2024 世界交通运输大会（WTC2024）论文集

（公路工程）

世界交通运输大会执委会　编

人民交通出版社
北　京

内 容 提 要

本书为2024世界交通运输大会(WTC2024)论文集(公路工程),是由中国公路学会、世界交通运输大会执委会精选的142篇论文汇编而成。此论文集重点收录了公路工程领域的前沿研究及创新成果,可供从事交通运输工程等领域工作的人员参考,也可供高等院校相关师生学习。

图书在版编目(CIP)数据

2024世界交通运输大会(WTC2024)论文集. 公路工程 / 世界交通运输大会执委会编. — 北京 : 人民交通出版社股份有限公司,2024.6. —ISBN 978-7-114-19577-8

Ⅰ. U-53

中国国家版本馆CIP数据核字第2024L030D1号

2024 Shijie Jiaotong Yunshu Dahui(WTC2024) Lunwenji(Gonglu Gongcheng)

书　　名: **2024世界交通运输大会(WTC2024)论文集**(公路工程)
著 作 者: 世界交通运输大会执委会
责任编辑: 郭晓旭
责任校对: 赵媛媛　魏佳宁　龙　雪
责任印制: 刘高彤
出版发行: 人民交通出版社
地　　址: (100011)北京市朝阳区安定门外外馆斜街3号
网　　址: http://www.ccpcl.com.cn
销售电话: (010)59757973
总 经 销: 人民交通出版社发行部
经　　销: 各地新华书店
印　　刷: 北京虎彩文化传播有限公司
开　　本: 889×1194　1/16
印　　张: 53.75
字　　数: 1626千
版　　次: 2024年6月　第1版
印　　次: 2024年6月　第1次印刷
书　　号: ISBN 978-7-114-19577-8
定　　价: 148.00元

编 委 会

目　　录

公路工程

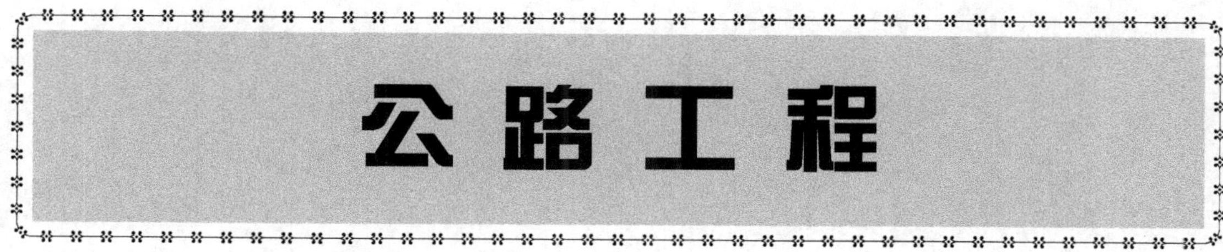
公路工程

热力耦合下钢渣多孔沥青路面响应研究

孟啸光*[1]　安伟亮[2]　王丽丽[3]
(1.东南大学交通学院;2.南京市公共工程建设中心;3.苏州市三创路面有限公司)

摘　要　本文基于 ABAQUS 有限元软件建立了路面热力耦合模型,考虑一天内的温度变化,分析了不同车速和温度下钢渣多孔沥青路面的响应规律。结果表明,钢渣的加入可以满足路面热力耦合作用下的抗变形能力要求。研究发现,车速较低时面层层底主要承受压应力和剪应力,车速达到 115km/h 左右时纵向应力变为拉应力,整体纵向应力幅值超过横向,因此建议以纵向拉伸破坏为路面结构设计的主要考虑因素。

关键词　路面性能　钢渣　多孔沥青混合料　有限元　力学响应

0　引言

为降低施工成本和施工对环境影响,我国正在进行以钢渣作为筑路材料方面的研究。我国年产钢渣达 1.69 亿 t,其坚硬性能及结构特性使其成为理想的多孔沥青混合料材料,但国内对其利用率不足 20%。此外,深入理解多孔沥青路面在极端温度变化下的热力响应对提升其耐久性和降低维护成本至关重要,有助于促进经济高效的交通基础设施建设。

目前学界对沥青路面的热力耦合作用有大量研究,郭成超等[1]借助三维有限元软件,研究了大气温度对机场道面作用范围和作用规律,并对比了水泥路面在冬夏的应变值变化规律。李盛[2]等通过 ABAQUS 软件建立热力耦合模型,得出了轴载、车速和裂缝宽度变化与面层层底应力的定量关系。许路凯等[3]基于热力学理论,通过有限元建立了 CRC + AC 复合路面热力耦合模型并证实了可靠性。杨三强等[4]基于断裂力学原理,在 ABAQUS 有限元软件中模拟了车速、重载和极端温度应力对 Top-down 裂缝的影响,得出了不同影响因素与不同方向应力的对应关系。张顺杰[5]利用有限元软件建立了机场复合道面热力耦合模型,得到了不同季节、不同滑行速度下各层间应力应变的变化规律,并结合监测系统验证了模型的准确性。田荣燕等[6]基于水-热-力耦合作用理论,在 COMSOL 有限元软件中进行模拟,提出了适用多年冻土区 CRCP 路面的合理结构形式。综合考虑,当前学界对于钢渣多孔沥青路面的热力耦合响应缺乏研究成果。

本文主要探讨钢渣多孔沥青混合料路面受温度和荷载共同作用下的路面响应特征,通过 ABAQUS 有限元软件建立模型并施加边界条件,对路面结构施加正弦波荷载并分析荷载作用下的力学响应。

1　有限元建模

1.1　模型建立

模型采用典型的三层路面结构(面层、基层和底基层),设定为完全连续的弹性层状体系,不考虑自重,各层材料具有各向异性的性质,受到外部荷载后产生连续均匀变形。设定面层厚度为 18cm,基层厚度为 38cm。

网格划分技术采用三维线性八节点常规单元(C3D8R),约束和网格划分后的模型如图 1 所示。

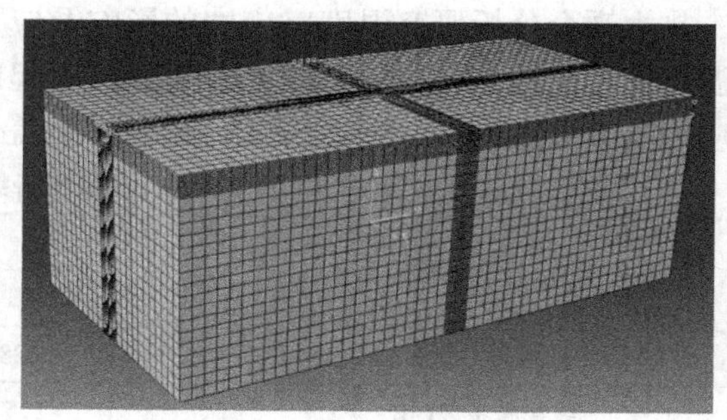

图 1　路面结构有限元模型

1.2　计算参数

路面各层的结构基本参数参考周勇[7]、张豪[8]的研究结果,取值如表 1 所示。

路面结构基本力学参数 表1

结构层	厚度(cm)	密度(kg/m³)	动态模量(MPa)	泊松比	阻尼比
面层(OGFC-13)	18	2367	—	0.25	0.9
基层(CTB)	38	2300	1800	025	0.8
底基层	—	1800	40	0.4	0.4

对于面层材料的动态模量,根据课题组的钢渣多孔沥青混合料路用性能研究成果,当钢渣掺量在50%~60%时,混合料的各项路用性能和功能均表现优异,满足各项指标要求。综合考虑后选用50%钢渣掺量混合料的动态模量进行数值模拟。集料为玄武岩和钢渣,沥青采用课题组研发的橡胶高黏改性沥青作为胶结料。矿粉采用优质石灰岩磨制成的矿粉,表面无明显团粒结块。

根据《公路工程沥青及沥青混合料试验规程》(JTG E20—2011)T 0703,制备旋转压实试件,通过控制试件高度控制空隙率为20%。试验温度选取0℃、15℃、30℃、45℃,加载频率分别为5Hz、10Hz、15Hz、25Hz。以正弦波形式加载,试验结果数据如表2所示。

不同频率及温度的动态模量(MPa) 表2

频率	温度			
	25℃	20℃	10℃	5℃
0Hz	5151	4928	4467	3984
15 Hz	3462	3005	2562	2156
30 Hz	1424	1265	981.2	762.3
45 Hz	715.2	308	226.6	174.2

2 热力耦合理论和温度场分析

2.1 热力耦合基本特征和分析方法

热力耦合分析研究温度对应力的影响及应力对温度变化的反作用,重点在于温度变化引起的热应力及其导致的材料塑性形变。此分析涵盖位移、应力、应变等相互关联的复杂耦合场。常见应用包括塑性形变引发的内部热量、接触物体间的热能传递,以及接触面摩擦产成的热量,均涉及热量与力学性能的相互作用。

根据研究需求和分析技术的不同,热力耦合分析可以被划分为顺序式和完全耦合两种方式。本研究采取顺序耦合的方式,先进行热传递分析,之后再以得到的温度分布作为已知的荷载条件进行结构分析。这意味着先前步骤的分析结果将被用作随后步骤的荷载或边界条件。基于此方法,构建了具有半刚性基层的开级配抗滑磨耗层(OGFC)路面结构的热力耦合有限元模型。在这个模型中,沥青面层的热学和力学性质会随着温度的变化而调整。利用ABAQUS软件中的FILM子程序来定义外部环境温度随时间的变化,模拟"气温及对流热交换"过程。同时,使用DFLUX子程序来定义随时间变化的热流,模拟"太阳辐射"效应。最终,通过定义24h的温度变化曲线来进行稳态和瞬态热传导分析,以此模拟OGFC半刚性基层路面结构的温度场。

2.2 热力学参数的获取

各结构层的热力学参数参考王利娟[9]对常用沥青面层材料的热传导试验以及温度场导热系数的研究中的温度边界数据,以及许路凯[3]针对不同季节温度场分析的温度场热力系数,各指标如表3所示。

钢渣路面各结构层材料热力学参数 表3

参数	OGFC-13				CTB	底基层
	0℃	15℃	30℃	45℃		
热传导率[J/(m·h·℃)]	2628	2997	3240	3798	5620	5600
线膨胀系数(10^{-5}/℃)	1.5	1.3	1.2	1.1	0.98	0.45
比热容[J/(kg·℃)]	865				911	1040
路面发射率 ε	0.9					
太阳辐射吸收率 α_s	0.9					
Stefan-Boltzmanc 常数 σ	2.041×10^{-4}					

温度边界条件数据如表4所示,采用了某气象站春季的24h实测数据。取日照时间8h,日平均风速2.1m/s,日太阳辐射总量$1.2\times10^7 J/m^2$。在本研究中,选择在春季进行钢渣多孔沥青路面热力响应的分析,主要是因为春季的温度变化范围较大,可以为评估材料的热稳定性和适应性提供理想的条件。同时春季代表了过渡季节的典型气候特征,能够模拟出影响路面性能的关键环境因素,确保研究结果具有广泛的适用性和实际意义。此外,通过在这一季节内分析材料响应,可以更全面地理解和预测材料在年度气候变化中的表现。

温度边界数据　　表4

时间	温度(℃)	时间	温度(℃)
1:00	19.6	13:00	22.9
2:00	19.1	14:00	23.4
3:00	18.7	15:00	22.9
4:00	18.2	16:00	22.6
5:00	18.5	17:00	22.1
6:00	18.9	18:00	21.6
7:00	19.3	19:00	21.3
8:00	19.7	20:00	20.2
9:00	21.2	21:00	20
10:00	21.6	22:00	19.8
11:00	22	23:00	19.1
12:00	22.6	24:00	18.6

2.3 温度响应分析

路面结构会经历热量的吸收和释放过程,这种过程中由于吸热与散热速率的差异,会导致热量在路面材料内部聚集。因此,在有限元分析中,需要通过重复多个温度循环来进行模拟,这意味着要用一天的温度数据重复模拟数天。研究显示,经过4个温度循环,路面结构层的温度分布会达到一个相对稳定的状态。

使用表4中温度数据连续施加4个温度周期后,路面结构层的温度变化趋于稳定,从模拟结果中选择一天中温度最低的6:00和温度最高的14:00时的结构温度场展示,如图2~图5所示。

图2　6:00时路面结构温度场

图3　14:00时路面结构温度场

图4　6:00时热流分布图

图5　14:00时热流分布图

从图中的结果可见,沥青路面温度随深度不同而变化:深度增加,波动减少。表层温度明显受外界影响,变化剧烈,峰值可能超过环境温度。深度超过0.8m的土基层温度较稳定,通常高于26℃。整体上,路面温度变化与气温波动相符。

夜间至清晨,无太阳辐射时,温度下降;早晨至下午,路面因吸热而逐渐升温,峰值随深度增加而延迟出现。14:00后,随气温降低,表层及其他各层温度开始下降。

根据观察试验可知,当热通量呈正值时,路面正处于热释放状态;负值则意味着吸热。在早晨6:00,路面没有接收到太阳辐射,因此处于热释放状态;到了下午14:00,在太阳辐射的作用下,路面则转为吸热状态。

3　应力响应分析

3.1　热力耦合作用下应力响应

在周期性荷载作用下,构件在周期性压缩和拉伸交替作用中,会经历循环加载与卸载。这种循环作用会引起材料的疲劳损伤。当应力幅值超过某一临界值时,例如超过0.7MPa,材料的疲劳损伤将加速发展。根据此条件,压缩和拉伸的作用可以通过公式(1)进行模拟:

$$P(t)=P_{\max}\sin^2\left(\frac{T}{\pi}t\right) \tag{1}$$

式中:$P_{\max}$——行车荷载的幅值;

T——行车荷载的作用时间。

在分析道路结构的性能时,车辆行驶引起的动态荷载对其影响显著,特别是对内部结构层的应力和变形。基于已有研究,考虑到动态荷载对路面结构层性能的关键影响,公式(2)可用来估算相关应力,如下所示:

$$f=\frac{v}{0.169h\cdot \mathrm{e}^{-0.00941v}+0.036d} \tag{2}$$

式中:v——行驶速度;

h——路面深度;

d——轮胎当量圆直径,本文取轮胎荷载模型尺寸的最大值,为26cm。

由上述公式可以计算出不同荷载频率对应的运行速度及作用时间如表5所示。

不同荷载频率对应的运行速度及作用时长　表5

频率(Hz)	速度(km/h)	作用时长(s)
25	115	0.040007
20	92	0.050009
10	50	0.092016
5	23	0.200035

沿轮隙中心行车方向2~3cm处取横向应力最大值,轮胎行驶正前方取层底纵向应力最大值,对面层层底应力进行分析,绘制热力耦合作用下不同温度场应力随时间变化关系曲线如图6、图7所示。

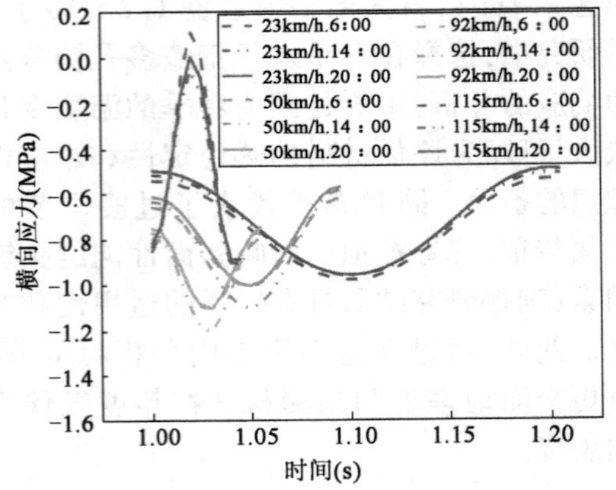

图6　不同车速面层底部横向应力变化

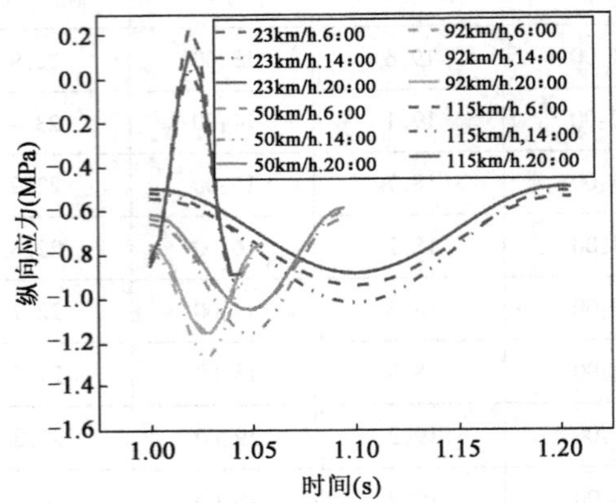

图7　不同车速面层底部纵向应力变化

根据不同温度场及不同荷载频率下的面层底部应力响应可以发现,钢渣多孔沥青混合料面层底部横向应力和纵向应力在车速为23~92km/h之间主要承受压应力,层底拉应力响应不明显,当车速增加到115km/h左右时,随着荷载作用,横向应力逐渐由压应力减小为0,纵向应力逐渐减小然后变为拉应力。

在同一种行车速度下,在14:00的路面应力响应幅度最大,6:00的应力响应次之,证明面层的温度对层底的应力响应作用明显,应力响应的幅值最容易受高温影响而产生较大应力,此时面层结构变化幅度更大,更容易发生开裂破坏。

此外,受温度和不同频率荷载的共同作用,面层层底纵向应力幅值大于横向应力,说明钢渣多孔沥青混合料面层更容易因纵向应力过大而产生结构破坏。且多孔沥青混合料中加入的钢渣集料增加了面层材料的抗压强度,并使其具有良好的变形能力和稳定性,从而使面层在受到车辆荷载时能够承受较大的压力。因此宜把层底的纵向拉伸破坏作为主要的控制标准。

3.2 热力耦合作用下剪切应力响应

路表面的剪应力在轮胎中部最大,并且剪应力呈带状分布,在轮胎沿车辆行驶方向前段主要体现为拉应力,后端主要体现为压应力。应力分布云图如图 8 所示。路表面整体的剪应力比较大,且分布广,从轮胎前端一直到轮胎后端,道路面层的剪应力由拉应力变为压应力,变形程度较大。在远离轮胎的地方剪应力逐渐变小。底层受剪应力和横向、纵向压应力的共同作用容易形成横向裂缝。

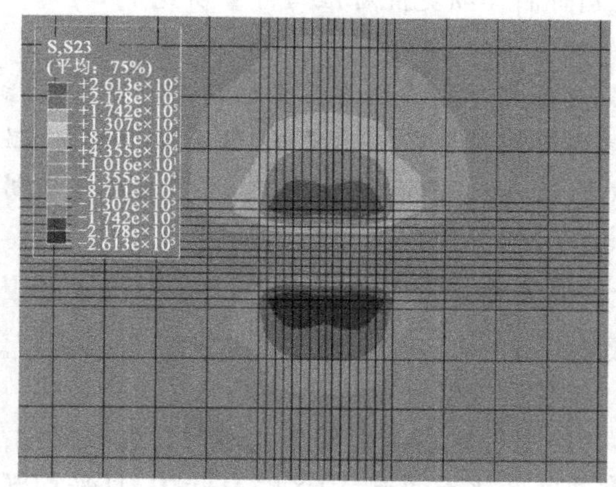

图 8 剪应力分布云图

图 9 为热力耦合作用下不同车速面层底部剪应力变化曲线,面层底部剪应力在低温作用下产生的剪应力略高于高温作用下的剪应力,剪应力受低温影响更明显。上午 6:00,路表温度较低,层底的应力响应较大,这表明该材料在该地区使用时受低温影响易发生剪切变形,但材料整体性能较好,仍具有较好的抗剪切破坏性能。

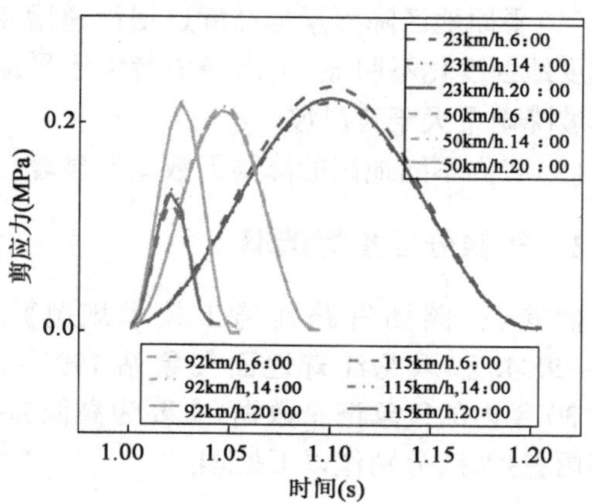

图 9 热力耦合作用下不同车速面层底部剪应力变化

车速 23km/h 时,层底剪应力最大,且随车速增加而降低。低速时,车辆荷载近似静态,面层变形大,材料的抗剪性能较强,导致较大剪应力。但随着车速升高,荷载增大,面层变形增加,剪切性能降低,剪应力减小。高速行驶时,因惯性和空气阻力作用,车辆对路面作用复杂不稳定,剪应力仅为低速时的一半。

4 结语

本研究系统地探讨了钢渣多孔沥青路面在不同深度处的温度变化、应力响应及剪应力分布情况,揭示了温度和车速对路面性能的影响机制。研究结果表明,路面面层受外界气温和太阳辐射的影响显著,随深度增加温度变化幅度减小;车速为 90km/h 以下时,面层底部主要承受压应力,当车速增加到 115km/h 左右时,横向压应力变为 0,纵向压应力逐渐减小直至变为拉应力,在相同车速下,14:00 的路面应力响应最大。此外,在 23km/h 车速下,层底剪应力最大,且随车速增快而减小。最后,对比标准中规定的数据,钢渣集料完全可以提供足够的路面抗剪切强度和抗变形能力,表明了钢渣在提高路面性能方面的实用价值。

参考文献

[1] 郭成超,张顺杰,杨晓东,等.不同季节影响下复合道面力学响应分析[J].城市道桥与防洪,2024,1:205-208.

[2] 李盛,孙煜,许路凯.热力耦合下 CRC+AC 复合式路面沥青层力学响应分析[J].中南大学学报(自然科学版),2023,54(1):183-196.

[3] 许路凯.连续配筋混凝土刚柔复合式路面热力耦合下的力学行为[D].长沙:长沙理工大学,2021.

[4] 杨三强,廖松洋,郭猛,等.基于热力耦合的沥青路面 Top-down 裂缝影响因素研究[J].公路工程,2022,47(4):103-110.

[5] 张顺杰.热力耦合作用下机场复合道面力学响应研究[D].郑州:郑州大学,2022.

[6] 田荣燕,黄晓明,般大泉,郑彬双.基于水-热-力耦合作用的冻土区 CRCP 路面应力特性[J].东南大学学报(自然科学版),2020,50(2):286-293.

[7] 周勇.基于材料变异性的 OGFC 路面力学响

应及排水特性研究[D].长沙:湖南大学,2019.
[8] 张豪.连续配筋混凝土刚柔复合式路面沥青面层Top-Down开裂研究[D].长沙:长沙理工大学,2021.
[9] 王利娟.常用沥青面层材料的热传导试验特性研究[D].西安:长安大学,2015.

黑龙江省公路沥青路面设计气候分区研究及环境参数推荐

刘甑馨[1]　周紫君[2]　冯德成[1]　易军艳*[1]
(1.哈尔滨工业大学交通科学与工程学院;2.交通运输部科学研究院标准与计量研究中心)

摘　要　为了建立较为细化的黑龙江省气候分区,发挥其在黑龙江省沥青路面结构设计当中的指导意义,本文搜集省内若干气象站近30年观测记录数据,从黑龙江省气候特点出发,选取高温指标、低温指标及雨量指标为分区依据,运用系统聚类分析方法,以ArcGIS软件及SPSS软件为工具,将黑龙江省划分为五个气候分区,并推荐了可适用于黑龙江省沥青路面结构设计中环境因素的选取值。

关键词　气候分区　系统聚类分析　ArcGIS　SPSS　环境参数　路面设计

0　引言

近年来,我国基础设施建设事业高速发展,公路运输能力作为其重要组成部分之一,随着国家政策和国民需求的变更,拥有了新的发展目标[1-3]。要保证我国公路运输的生命力,首先应做好公路结构设计,其中,环境因素的考量起着决定性作用,黑龙江省作为我国低温气候特点最显著的省份,地处北纬43°26′~53°33′,横跨东经121°11′~135°05′[4],省内不同地区的气候差异明显,因此,应当在大而宽泛的全国分区基础上形成一套较细化的黑龙江省气候分区,在沥青路面设计和施工阶段起指导性作用,使得气候和沥青路面结构更加协调,增长路面使用寿命[5]。

1　黑龙江省气候特点简介

黑龙江省位于中国版图"鸡首",极东极北的地理特点使其拥有漫长国境线,属于寒温带与温带大陆性季风气候,包含中温带、寒温带两个热量带和湿润型、半湿润型、半干旱型三种湿润区,山地海拔高度不超过1000m,平原海拔在50~200m之间[6]。冬季气温严寒,受季风影响气候干燥,近五十年极端低温可达-49.7℃。夏季气温较高,且多雨[7]。

年平均气温分布特征如下:

(1)平原地区温度随纬度递增而递减变化,同经度地区变化不明显,山区略有起伏,且平均气温低于同纬度平原地区。

(2)年平均气温0℃分界线为北纬48°。

(3)气温随季节更替变化明显,冬季全省普遍低温,南北部气温差异最大;夏季全省普遍高温,南北部差异最小。春秋季省内大部分地区平均气温在0℃以上;大兴安岭北部地区受西伯利亚干冷气流影响,平均气温低于0℃。

降雨量分布特征如下:

(1)平原地区降雨量随经度递增而递增变化,同纬度地区变化不明显,山区降雨量大于平原,且迎风坡降雨量大于背风坡。

(2)省内不同地区的降雨天数差异显著。

2　气候分区指标选取

依据《公路沥青路面施工技术规范》(JTG F40—2004)和黑龙江省地面气象站1991—2020年这30年内的气象记录数据,主要为高低温指标及降雨量指标,分别作以下处理。

基金项目:黑龙江省交通运输厅科技项目(MSSJH20200022)、黑龙江头雁计划(HITTY-20190028)。

(1)高温指标

分别计算各气象站30年内每年6月、7月、8月中每天日平均气温的平均值,最高者为当年最热月,30个最热月的平均日最高气温的平均值为该气象站点的高温指标值。

(2)低温指标

分别计算各气象站30年内每年1月、2月、12月中每天日平均气温的平均值,最低者为当年最冷月,30个最冷月的极端最低气温平均值为该气象站点的低温指标值。

(3)雨量指标

分别计算各气象站30年内每年日降雨量的总和,为当年年降雨量,30个年降雨量的总和为该气象站点的雨量指标值。

各气象站点处理结果见表1。

黑龙江省部分气象站点信息

表1

台站号	台站名称	纬度(°)	经度(°)	高温指标(℃)	低温指标(℃)	雨量指标(mm)
54096	绥芬河	44.23	131.10	25.16	-32.60	690.45
54094	牡丹江	44.34	129.36	28.55	-35.30	641.33
50983	虎林	45.46	132.58	26.62	-34.20	691.35
50978	鸡西	45.18	130.56	27.48	-33.30	624.88
50973	勃利	45.45	130.36	27.66	-33.90	598.01
50968	尚志	45.13	127.58	27.77	-40.40	725.70
50963	通河	45.58	128.44	27.60	-41.70	623.43
50953	哈尔滨	45.45	126.46	28.49	-36.20	600.14
50950	肇州	45.42	125.15	28.65	-40.70	491.77
50888	宝清	46.19	132.11	27.59	-34.80	588.30
50877	依兰	46.18	129.35	27.79	-34.40	615.24
50873	佳木斯	46.49	130.17	27.98	-38.80	648.59
50862	铁力	46.59	128.01	27.26	-43.70	734.48
50854	安达	46.23	125.19	28.64	-37.90	498.51
50853	绥化	46.37	126.58	27.70	-38.10	614.54
50136	漠河	52.58	122.31	26.40	-48.10	492.65
50246	塔河	52.21	124.43	26.27	-45.30	534.06
50247	呼中	52.02	123.34	25.99	-47.70	547.57
50349	新林	51.42	124.20	25.92	-44.80	603.74
50353	呼玛	51.43	126.39	27.65	-44.30	495.65
50442	大兴安岭	50.24	124.07	26.71	-43.70	605.15
50468	黑河	50.15	127.27	27.23	-40.50	611.12
50557	嫩江	49.10	125.14	27.47	-43.90	537.92
50564	孙吴	49.26	127.21	27.12	-41.20	605.48
50658	克山	48.03	125.53	27.57	-42.40	594.95
50739	龙江	47.20	123.11	28.63	-34.00	540.75
50742	富裕	47.48	124.29	28.30	-38.10	497.98
50745	齐齐哈尔	47.23	123.55	28.74	-36.70	484.69
50756	海伦	47.26	126.58	27.22	-40.40	626.28
50758	明水	47.10	125.54	27.45	-40.10	579.94
50744	伊春	47.44	128.55	27.27	-42.20	731.26
50775	鹤岗	47.20	130.16	26.87	-36.90	742.89
50788	富锦	47.14	131.59	27.29	-37.20	578.84
50844	泰来	46.24	123.25	29.19	-36.90	439.68

3 指标结果插值处理

若进行黑龙江省的连续气候分区,仅依靠各个点的小样本数据难以实现,因此需要对数据作插值加密处理。

在空间插值方法中,反距离权重插值法[8]可利用已知的一组表面数据,依靠距离权重去定义其他点位未知信息,符合需求,其特点为:样本所占比重与离插值点的距离成反比,可用式(1)表达:

$$Z = \sum_{i=1}^{n} \frac{1}{(D_i)^p} Z_i \Big/ \sum_{i=1}^{n} \frac{1}{(D_i)^p} \tag{1}$$

式中:Z——估计值;

Z_i——样本值;

n——样本数;

D_i——对应排序的样本值与插值点距离;

p——距离的幂。

将处理好的数据和黑龙江省行政区划矢量文件导入ArcGIS软件,利用ArcGIS软件的ArcToolbox工具中插值分析的反距离权重法对已有的气象点数据进行加密,注意边界定义为黑龙江省境内[9],由此得到三大气候指标在黑龙江省境内的分布情况。从结果来看,最热月平均日最高气温分布符合随纬度递增而递减的规律。极端低温分布在随纬度变化的基础上,也呈现随经度递增而温度回暖的趋势。降雨量分布基本与经度变化一致,但受地形的影响较大,在山地地区存在明显上升趋势。

4 聚类分区

插值加密后的样本数量大,数据清晰,即使划分标准未定义,运用聚类分析法也可对其进行合理分类处理,目前常见的聚类分析方法为系统聚类、动态聚类、模糊聚类等[11-16],经比较,系统聚类方法符合需求,因此选择其作为分区方法,过程如下。

对三个指标数据进行标准化处理,需借助SPSS软件,原理见式(2)[17]。

$$x_{ij}^* = \begin{cases} \dfrac{x_{ij} - \bar{x}_j}{S_j} & 若\ S_j \neq 0 \\ 0 & 若\ S_j = 0 \end{cases} \begin{pmatrix} i = 1,2,\cdots,n \\ j = 1,2,\cdots,m \end{pmatrix} \tag{2}$$

式中:x_{ij}^*——样本标准化后数据值;

x_{ij}——样本值;

$\bar{x}_j$——样本平均值;

S_j——该指标下样本标准差。

选取系统聚类分类方法中应用最广的离差平方和法,基于同类间离差平方和应该小,而不同类之间离差平方和应该大的原则评价不同指标间的距离或相似系数[18]。方法原理为:将现有样本先假定分为k类,G_t类的样本离差平方和计算见式(3)。如果将G_p类和G_q类合并为一个类别,假设为G_r,按照式(3),则这三类别类内离差平方和见式(4)~式(6)。类内离差平方和反映了类内的数据值分散程度,如果S_r-S_p-S_q小,则能说明G_p和G_q分为一类是合理的。

$$W_t = \sum_{i=1}^{n_t} [X_{(i)}^{(t)} - \bar{X}^{(t)}]^T [X_{(i)}^{(t)} - \bar{X}^{(t)}] \tag{3}$$

式中:n_t——G_t类的样品个数;

$\bar{X}^{(t)}$——G_t的重心;

$X_{(i)}^{(t)}$——G_t中第i个样品。

$$S_p = \sum_{i=1}^{n_p} (X_{ip} - \bar{X}_p)'(X_{ip} - \bar{X}_p) \tag{4}$$

$$S_q = \sum_{i=1}^{n_q} (X_{iq} - \bar{X}_q)'(X_{iq} - \bar{X}_q) \tag{5}$$

$$S_r = \sum_{i=1}^{n_r} (X_{ir} - \bar{X}_r)'(X_{ir} - \bar{X}_r) \tag{6}$$

式中:S_p——合并后G_q类的离差平方和;

S_q——合并后G_q类的离差平方和;

S_r——合并后G_r类的离差平方和。

具体操作为:在SPSS软件内导入GIS软件加密的样本数据,采用聚类分析法进行分区,将分区点信息反导入GIS软件,完成分区图绘制。在进行数据处理时,选取了3、4、5、6、7类的选项,进行具体分析时,在分类为5个时,点的聚集速度和误差相较于其他类型收敛是最好的。具体分区所包含地级市及县区如表2所示。

分区涵盖地级市、县区表 表2

分区	地级市	县区
Ⅰ区	大兴安岭地区	漠河市、塔河县、呼玛县
Ⅱ区	大兴安岭地区	呼玛县
	黑河市	爱辉区、嫩江市、孙吴县、五大连池市、逊克县、北安市
	齐齐哈尔市	讷河市、克山县、克东县、依安县、拜泉县、富裕县

续上表

分区	地级市	县区
Ⅱ区	绥化市	海伦市、明水县、绥棱县、北林区、望奎县、望奎县、安达市
	伊春市	嘉荫县
	大庆市	林甸县
Ⅲ区	鹤岗市	萝北县、绥滨县
	佳木斯市	抚远市、同江市、富锦市、桦川县、桦南县、汤原县、郊区
	双鸭山市	饶河县、宝清县、友谊县、宝山区、四方台区、尖山区、岭东区、集贤县
	七台河市	茄子河区、勃利县、新兴区、桃山区
	鸡西市	虎林市、密山市、鸡东县、城子河区、鸡冠区、恒山区、滴道区、麻山区、梨树区
	哈尔滨市	依兰县、方正县、通河县、木兰县、巴彦县、呼兰区、松北区、道里区、南岗区、平房区、香坊区、道外区、双城区、宾县、阿城区、五常市、延寿县、尚志市
	牡丹江市	林口县、海林市、穆棱市、阳明区、爱民区、西安区、东安区、宁安市
	绥化市	肇东市、兰西县、青冈县、望奎县、北林区
	伊春市	南岔区、大箐山县
Ⅳ区	黑河市	逊克县、北安市
	伊春市	嘉荫县、汤旺河区、新青区、友好区、伊春区、翠峦区、西林区、铁力市、南岔区、大箐山县
	绥化市	海伦市、绥棱县、北林区、庆安县
	哈尔滨市	巴彦县、木兰县、通河县
	鹤岗市	萝北县、东山区、向阳区、工农区、南山区、兴安区、兴山区
	佳木斯市	桦川县、汤原县、东风区、前进区、向阳区、郊区
	双鸭山市	集贤县
	鸡西	密山市、虎林市
	牡丹江	穆棱市、绥芬河市、东宁市
Ⅴ区	齐齐哈尔市	讷河市、依安县、富裕县、甘南县、梅里斯达斡尔族区、碾子山区、建华区、铁锋区、龙沙区、昂昂溪区、龙江县、富拉尔基区、泰来县
	大庆市	林甸县、杜尔伯特蒙古族自治县、让胡路区、萨尔图区、龙凤区、红岗区、大同区、肇州县、肇源县
	绥化市	安达市、青冈县、兰西县、肇东市
	哈尔滨市	松北区、双城区

分区结果显示Ⅳ区在黑龙江省东部有分块现象，探究发现块一为山地地形，存在山脉，海拔较高，极端气温较周围会更低，因此分至Ⅳ区。块二存在湖泊，研究表明冬季和夜间的湖区降水量反而较陆地多，而黑龙江冬季漫长，此湖区降雨量也较周围陆区多，因此该处也分至Ⅳ区。

依据分区结果，统计对比每个分区高温指标、低温指标及降雨量指标，见图1～图3。

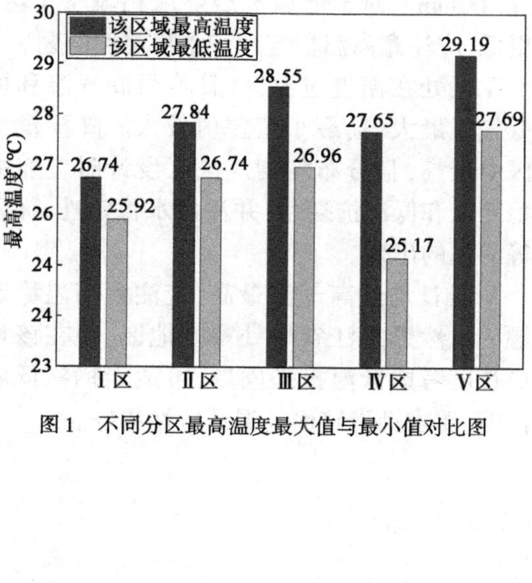

图1　不同分区最高温度最大值与最小值对比图

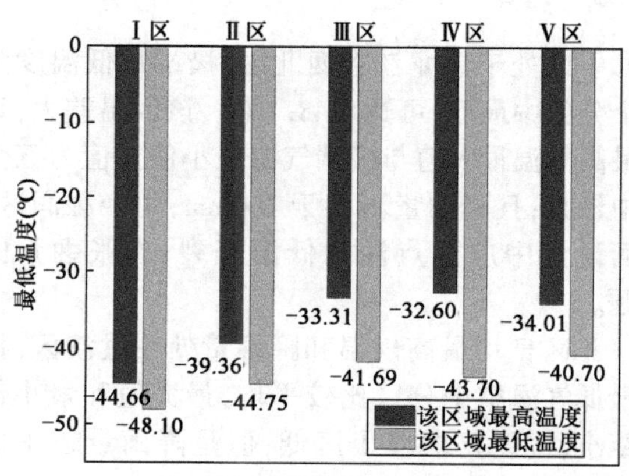

图2　不同分区最低温度最大值与最小值对比图

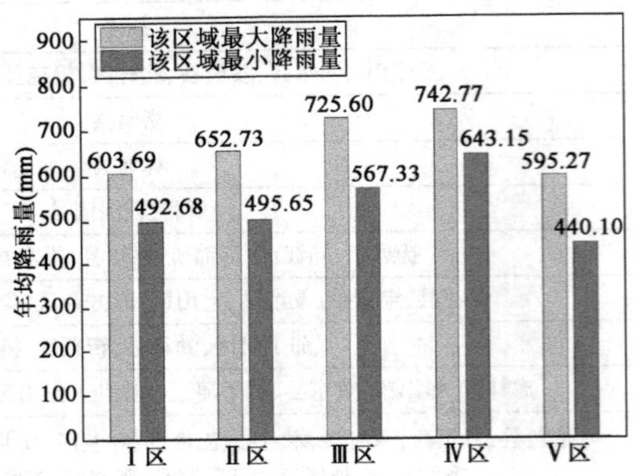

图3　不同分区降雨量最大值与最小值对比图

5　黑龙江省沥青路面设计环境参数推荐

基于黑龙江省气候分区，参考各区气象站资料，推荐黑龙江省沥青路面设计环境参数的选取如表3所示。

黑龙江省沥青路面设计环境参数选取推荐　　表3

气候分区		Ⅰ区	Ⅱ区	Ⅲ区	Ⅳ区	Ⅴ区
环境参数	最热月平均气温(℃)	18.48	21.96	23.58	21.88	24.41
	最冷月平均气温(℃)	-25.83	-23.13	-18.36	-18.88	-19.90
	年平均气温(℃)	-2.99	1.09	4.43	3.22	4.48
	沥青层永久变形基准等效温度(℃)	6.64	11.05	13.83	12.32	14.41
	基准路面结构温度调整系数(结构层疲劳)	0.69	0.81	0.91	0.87	0.92
	基准路面结构温度调整系数(路基顶面压应变)	0.73	0.76	0.82	0.79	0.82
	冻结指数(℃·日)	3815	3089	2285	2580	2290
	季节性冻土地区调整系数	0.62	0.65	0.68	0.67	0.68
	大地多年最大冻深(mm)	2600	2400	2000	2200	2000
贯入强度验算	月平均气温≥0℃的月份数	6	7	7	7	7
	月平均气温≥0℃的月份的月平均气温的平均值(℃)	11.76	13.94	15.39	13.75	15.90
低温开裂验算	路面低温设计温度(℃)	-43.80	-37.38	-31.30	-32.58	-32.95
	沥青蠕变劲度(MPa)	270	190	230	200	200

6　讨论

Ⅰ区处于黑龙江省西北端，极端最低温度为五个分区中最低，可达-48.1℃。该区温差大，日均最高气温最大值与极端气温最小值差值为五个区中最大；且降雨量不小于400mm，为半湿润区。路面设计中应重点注意低温开裂、冻胀翻浆的问题。

Ⅱ区日均最高气温和降雨量处在过渡区，极端最低气温整个分区比较平均，最大值和最小值差距小，抗裂要求较Ⅰ区低，但是降雨量较Ⅰ区大，要更加注意冻胀翻浆问题。

Ⅲ区日均最高气温温度较高，年降雨量较多，超过700mm。对于低温抗裂要求相较于Ⅰ区、Ⅱ区更低，应注意高温稳定性和水稳定性问题。

Ⅳ区处在温度过渡区，日均最高气温和极端最低气温最大值、最小值差值较大。降雨量为五个区中最高，且分布均匀。该区设计时应兼顾高温稳定性和低温抗裂性，并注意水稳定性、冻融循环等问题的出现。

Ⅴ区日均最高气温最高，应注意高温稳定性问题。虽然黑龙江省地处寒冷地区，但在该地区不应过度考虑低温抗裂问题，可适当牺牲低温抗裂性能，要求沥青路面高温适应性更好。

7 结语

（1）本文通过调研黑龙江省气象站观测数据，合理选取气候指标，实现了建立黑龙江省较为细化的气候分区目标，避免了黑龙江省由于极端低温而导致通用规范指标选取困难问题。

（2）分区采用系统聚类分析方法，借助 ArcGIS 软件及 SPSS 软件，将黑龙江省划分为了五个气候分区，并对黑龙江省沥青路面设计中环境指标的选取提供了参考。

参考文献

[1] 于华洋，马涛，王大为．中国路面工程学术研究综述 2020［J］．中国公路学报，2020，33（10）：1-66.

[2] 于波，祝捷．探讨黑龙江省高等级公路沥青路面的病害［J］．黑龙江交通科技，2010，33（11）：1-2.

[3] 李秀凤，景海民．寒冷地区沥青路面损坏原因分析［J］．黑龙江交通科技，2010，33（11）：23-24.

[4] 田宝星，宫丽娟，杨帆．气候变化对黑龙江省自然植被气候生产潜力的影响［J］．农学学报，2021，11（3）：60-67.

[5] 周谦．基于气候交通特点的沥青路面结构研究［D］．西安：长安大学，2008.

[6] 李秀芬，姜丽霞，李险峰，等．1961—2017 年黑龙江省蒸发量演变特征及其与气候因子的关系［J］．气象，2021，47（6）：755-766.

[7] CHEN F W，LIU C W. Estimation of the spatial rainfall distribution using inverse distance weighting（IDW）in the middle of Taiwan，China［J］. Paddy and Water Environment，2012，10（3）：209-222.

[8] 张海涛，高丹丹，马盛盛，等．基于 PG 的黑龙江省沥青路面气候分区与标准的研究［J］．公路交通科技，2017，34（12）：9-15.

[9] 曹鸣宇．基于 GIS 的黑龙江省谷子种植生态适宜性区划研究［D］．大庆：黑龙江八一农垦大学，2022.

[10] KANG Z，ZHAO X，PENG C，et al. Partition level multiview subspace clustering［J］. Neural Networks，2020，122：279-288.

[11] 包焕升，孙立镌，孙青彬．灰色系统聚类分析在作物分区中的应用［J］．哈尔滨科学技术大学学报，1993，17（2）：52-57.

[12] 何晓锐，廖小辉，张路青，等．白龙江流域崩滑灾害孕灾因子聚类分区与道路工程扰动效应分析［J］．工程地质学报，2022，30（3）：672-687.

[13] 朱赫，杨姗姗，刘晗，等．基于主成分分析和聚类分析的山东省农业节水分区［J］．济南大学学报（自然科学版），2022，36（4）：391-396，403.

[14] 曾祥茜．基于动态聚类方法的东中国海生态分区、检验及应用［D］．天津：天津农学院，2017.

[15] 李龙俊．基于聚类分区和改进蚁群算法的清洁机器人路径规划研究［D］．南京：南京邮电大学，2016.

[16] 朱慕熔．基于模糊聚类分析县域土地整理分区研究［D］．南昌：江西师范大学，2016.

[17] WU Y P，TIAN J W，LIU S，et al. Bi-microporous metal-organic frameworks with cubane［M（4）（OH）（4）］（M = Ni，Co）clusters and pore-space partition for electrocatalytic methanol oxidation reaction［J］. Ange wandte Chemie International Edition，2019，58（35）：12185-12189.

[18] 周强．广西红水河流域生态经济区划研究［D］．南宁：南宁师范大学，2019.

纵坡条件下的钢桥面铺装层受力响应特性

吴文斌[1] 贾兴利[*1] 荣学文[2] 党 涛[2]
(1. 长安大学公路学院;2. 陕西华山路桥集团有限公司)

摘 要 为了更好了解不同纵坡条件对桥面铺装的受力及病害影响规律,本文通过时温等效原理将不同坡度换算成铺装层沥青材料模量,采用有限元方法分析了坡度对铺装层表面纵向拉应力、横向拉应力、表面纵向剪应力、横向剪应力、铺装层最大竖向位移及层间最大剪应力的影响。分析结果表明,坡度的增加相当于铺装层材料模量降低,随着坡度的增加,铺装层表面纵向拉应力、剪应力增大,铺装层表面横向拉应力、剪应力减小,铺装层最大竖向位移增大,大纵坡条件更容易使桥面铺装层产生车辙病害,同时铺装层间最大剪应力也增大,最大剪应力位置在铺装层底,层底钢桥面板与沥青混凝土模量相差较大,更容易发生应力集中,在大纵坡几何线形条件下,该位置容易发生脱层推移破坏,建议做好铺装层防水措施。

关键词 桥面铺装 纵坡 时温等效 受力特性 有限元

0 引言

航站区站前道路高架桥多采用钢桥形式,由于航站区站前可利用空间有限,航站区站前道路高架桥需要在有限范围内克服较大高差,因此航站楼前高架桥纵坡较大。车辆在复杂线形桥面上行驶时,行驶速度有所下降,车轮荷载与路面的作用时间增长,根据时温等效原理,荷载作用时间增长相当于沥青混凝土铺装结构的温度上升,导致沥青混凝土的模量减小[1-3]。同时,由于大纵坡的存在,车辆在桥面上行驶时,频繁制动,大纵坡钢桥面铺装层不仅受到竖向垂直荷载的作用,还受到水平制动力及纵坡提供的水平分力的综合作用[4-6],桥面铺装层受力相较于普通桥面更为复杂。因此研究纵坡条件下桥面铺装层结构受力特性对提高机场航站区桥面铺装层耐久性和安全性具有重要意义[7-10]。

不少学者对于桥面铺装层的受力做了相关研究。陶雅乐[11]研究了小半径曲线弯坡桥受力特性,分析了桥面坡度、曲率半径、铺装模量等对铺装层疲劳寿命的影响。周北辰[12]建立了轮胎桥面铺装接触有限元模型,模拟重载交通对桥面铺装层的作用,研究了桥面铺装层纵向裂缝形成机理和影响因素。赵海涛[13]通过分析桥面铺装病害产生机理,提出了桥面铺装层主要力学控制指标,基于接触理论建立了轮胎-桥面铺装层三维有限元模型。侯贵等[14]选取桥面铺装层厚度、模量、纵坡、圆曲线半径、温度、超载6个主要实际工况,研究了寒冷地区荷载温度耦合状态下的桥面铺装层层间力学状态。

目前,关于桥面铺装受力特性的研究较多,但针对大纵坡条件下的钢桥面铺装层受力特性及设计方法研究较少,大纵坡条件下钢桥铺装层受力更为复杂,病害更为严重。同时,很少有研究考虑桥面纵坡对铺装层材料模量的影响。本文通过时温等效原理将坡度与铺装层材料模量联系起来,研究了纵坡对桥面铺装层受力的影响,对桥面铺装层受力特性的研究具有一定意义。

1 计算模型与理论

1.1 有限元模型

1.1.1 模型构建

本文以依托西安咸阳机场T5航站楼前高架桥为工程背景,由于建模分析结果的对称性,本研究中对半幅钢桥进行建模,实际建模宽度为10.38m,建模长度为15m。全桥为钢箱梁桥,桥面横坡为2%,桥面铺装采用上层SMA-13沥青混凝土,下层采用GA-10沥青混凝土,这种SMA + GA铺装组合结构具有耐磨防水性能好等优点,桥面建模有限元模型见图1。

基金项目:陕西省重点研发计划(2021SF-514)。

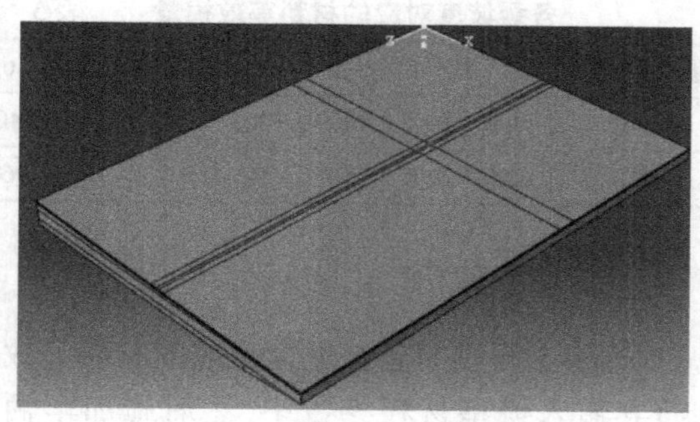

图 1　钢桥面铺装有限元模型

利用 ABAQUS 有限元软件对钢桥模型施加约束，钢桥底面完全固结，xz 方向无位移，y 方向允许竖向位移。对钢桥桥面铺装各层之间施加绑定约束，使各层之间形成统一整体，相互作用，变形一致。施加荷载为单轴双轮组 140kN，荷载作用范围长度 25cm，宽度 20cm，两轮之间间隔 10cm，然后根据坡度计算得到施加的水平荷载和垂直荷载。然后对建好的模型布设种子，并进行网格划分，整个钢桥模型单元总数为 1729，钢桥面板层共划分 1197 个单元格，铺装层下面层 GA-10 共划分 247 个单元格，铺装层上面层 SMA-13 共划分 285 个单元格，钢桥模型网格划分如图 2 所示。

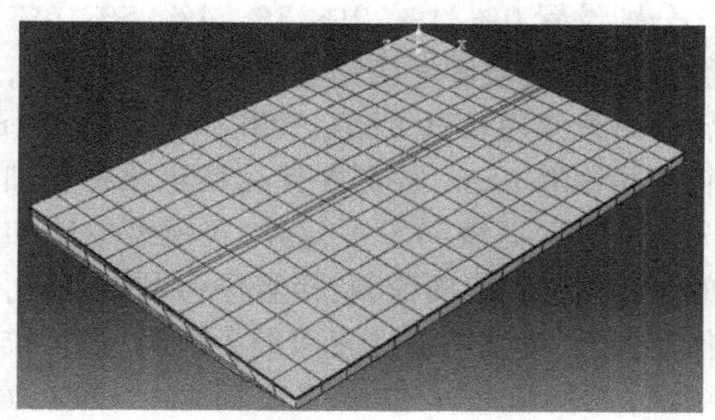

图 2　有限元网格划分

1.1.2　材料参数

材料模量是表征材料性能的重要参数之一，材料模量的大小会影响材料受力时的变形和恢复能力，材料的模量越大，意味着材料的刚性越强，受力时抵抗变形的能力就越强；相反，材料的模量越小，在受到同样的外力时会发生更大的变形。材料的泊松比可以表征材料受力之后横向变形和纵向变形的相对大小，泊松比大的材料说明受力后横向变形相较纵向变形大，反之则说明横向变形较纵向变形小。此外，铺装层各层材料厚度也是影响模型受力结果的重要参数，铺装层各层材料结构力学参数见表 1。

桥面铺装材料力学参数　　表 1

材料	厚度(mm)	弹性模量(MPa)	泊松比
SMA-13	40	1400	0.35
GA-10	30	1000	0.3
钢	—	21000	0.3

1.2　时温等效原理

时温等效原理可以用来描述高分子材料的力学松弛现象。它表明，高分子材料的同一力学松弛现象可以在不同的温度和不同的时间尺度上观察到。沥青混合料正是这样一种高分子材料，其力学松弛现象符合时温等效原理，外力作用时间延长等效于沥青混合料温度升高，时温等效原理可表示为：

$$E(T,t)=E(T_0,t/a_t) \tag{1}$$

式中：E——混合料模量(MPa)；

T——混合料 t 时刻的温度(℃)；

T_0——混合料初始温度(℃)；

t——作用时间(s)；

a_t——位移因子。

时间温度换算按 WLF 公式(2)计算：

$$\lg a_t=\frac{-C_1(T-T_s)}{C_2+(T-T_s)} \tag{2}$$

式中：C_1、C_2——参数；

T_s——参考温度。

1.3　坡度等效换算

1.3.1　荷载作用时间

当汽车在桥面上行驶时，桥面坡度越大，凸形竖曲线的顶部视距越小，为了保证行驶安全稳定，行车速度也越小。对于桥面线形来说，一般超过 3% 的纵坡即为大纵坡。长安大学闫莹研究了车速与纵坡的关系，各级坡度对应的车辆行驶速度如表 2 所示。

行车速度与坡度对应表　　表 2

坡度(%)	0	1	2	3	4	5	6
速度 v(km/h)	60.0	59.0	57.7	56.9	50.8	43.6	35.6

随着坡度的增加，行驶速度减小，车辆荷载作用时间随之增加，荷载作用时间按公式(3)进行计算。

$$t=\frac{L}{v}=\frac{0.36NP}{N_w pBv} \tag{3}$$

式中：L——行驶距离(m)；

v——行驶速度(km/h)；

N——荷载作用次数(次)；

P——车辆轴重(kN)；

N_w——单个轴轮数(个)；

p——轮胎与地面接触压力(MPa)；

B——轮胎与地面接触宽度(cm)。

荷载作用次数取 500000 次，车辆轴重 140kN，单个轴轮数为 4，轮胎与地面接触压力为 0.7MPa，轮胎与地面接触宽度为 20cm，通过计算得各级坡度对应的荷载作用时间如表 3 所示。

荷载作用时间与坡度对应表　表 3

坡度(%)	0	1	2	3	4	5	6
作用时间(s)	7500	7627	7798	7908	8858	10321	12640

1.3.2　等效温度

根据时温等效原理，坡度为 0 时对应温度取 23℃，通过 WLF 公式计算得到 t 时刻对应混合料温度，各级坡度对应温度如表 4 所示。

行车速度与坡度对应表　表 4

坡度(%)	0	1	2	3	4	5	6
等效温度(℃)	23	23	23.1	23.1	23.4	23.8	24.4

坡度增加导致车辆在桥面上行驶时间增长，等效于铺装层材料温度升高，从表中可以看出坡度从 0% 增加到 6%，铺装层温度从 23℃ 升高到 24.4℃。

1.3.3　等效模量

铺装层材料模量与铺装层材料温度具有相关性，材料温度升高引起材料内部分子热运动加剧，在力的作用下材料变形增大，模量降低。大连理工大学做了关于沥青混合料模量与温度关系的研究，给出了沥青混合料温度修正系数公式。

$$K = \frac{E_{T_0}}{E_{T_1}} = e^{-0.0288(T_0 - T_1)} \tag{4}$$

式中：K——反算模量温度修正系数；

E_{T_0}——T_0 时刻对应的模量(MPa)；

E_{T_1}——T_1 时刻对应的模量(MPa)。

本文中的钢桥面铺装上层 SMA-13 沥青混凝土材料模量取 1400MPa，下层 GA-10 沥青混凝土材料模量取 1000MPa，通过公式计算得到各级坡度下的 SMA-13 和 GA-10 换算等效模量，如表 5 所示。

各级坡度对应的材料等效模量　表 5

坡度(%)	0	1	2	3	4	5	6
SMA-13	1400	1400	1400	1400	1400	1400	1400
GA-10	1000	1000	997	997	988	977	960

2　结果与分析

根据表 5 得到的各级坡度对应的材料等效模量，将其输入模型材料参数中，然后施加车辆荷载，进行网格划分，提交作业分析，得到模型分析结果如图 3 所示。

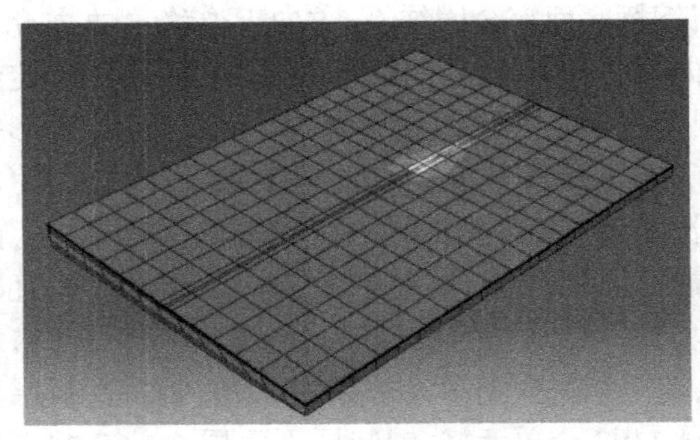

图 3　模型分析结果图

2.1　纵坡对铺装层表面拉应力的影响

分别设置 0%、1%、2%、3%、4%、5%、6% 的纵坡，输入不同坡度下的铺装层等效模量参数，每个轮胎荷载作用长度 25cm，荷载作用宽度 20cm，两轮之间相隔 10cm，根据牛顿运动定律将轮轴荷载分解为竖向荷载和水平荷载，在模型中施加相应的竖向压强和表面荷载，接着进行网格划分，提交作业分析，读取铺装层表面最大纵向、横向拉应力结果，不同坡度下铺装层表面最大拉应力见图 4。

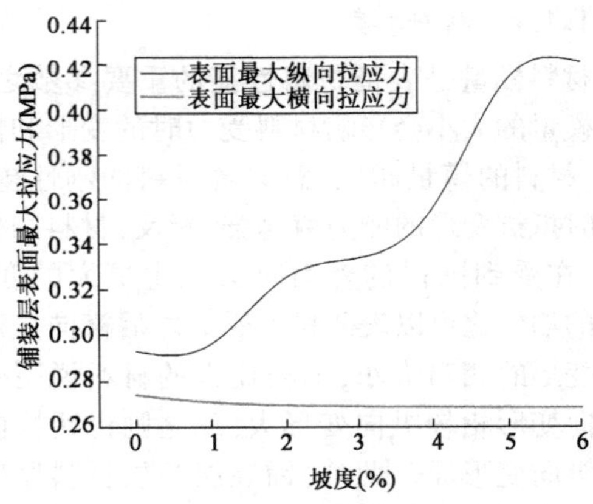

图 4　不同坡度下铺装层表面最大拉应力

从图4中可以看出,铺装层表面最大纵向拉应力随着坡度的增加而增大,铺装层表面最大横向拉应力随着坡度的增加而减小。纵坡对铺装层表面最大横向拉应力影响很小,坡度从0%增大到6%,铺装层表面最大横向拉应力从0.274MPa减小到0.268MPa,铺装层表面最大横向拉应力只减小了2.18%,因此坡度对铺装层表面横向拉应力几乎没有影响。从图中可以看出,在坡度的影响下,铺装层表面最大纵向拉应力有明显的变化,坡度从0%增大到6%,铺装层表面最大纵向拉应力增大了43.6%。因此,建议纵坡不要过大,在长期车辆荷载的反复作用下,铺装层表面易发生疲劳开裂。

2.2 纵坡对铺装层表面剪应力的影响

通过改变铺装层上层SMA-13和下层GA-10的模量参数以及竖向荷载和表面荷载,提交作业进行模型结果分析,得到不同坡度下铺装层表面最大剪应力,如图5所示。

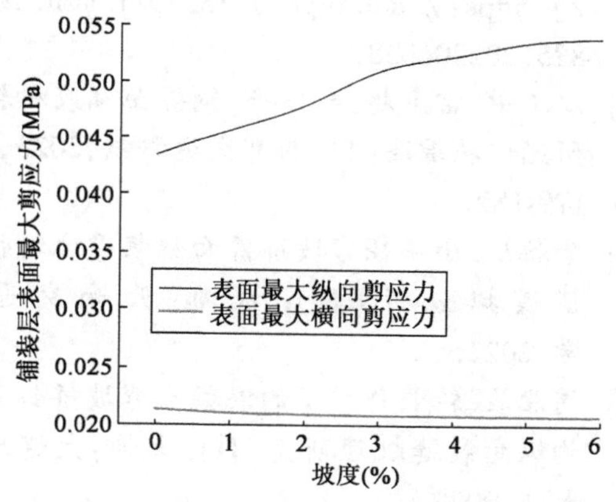

图5 不同坡度下铺装层表面最大剪应力

从图5中可以看出,铺装层表面最大纵向剪应力随着坡度的增加而增大,铺装层表面最大横向剪应力随着坡度的增加而减小,坡度对横向剪应力的影响较小,当坡度小于3%时,纵向剪应力增加速度较快,纵坡超过3%后,纵向剪应力的增加速度减慢。在坡度的影响下,车辆荷载重力的水平分力随着坡度的增加而增大,再加上车辆的水平制动,导致铺装层表面纵向受到较大剪应力,铺装层表面易发生剪切推移破坏。

2.3 纵坡对铺装层竖向位移的影响

在坡度的影响下,钢桥面铺装层受力发生变化,图6为不同坡度下的铺装层最大竖向位移。

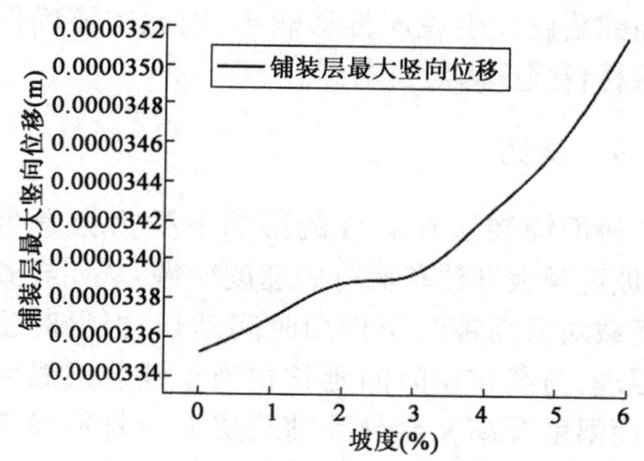

图6 不同坡度下铺装层最大竖向位移

从图6可以看出,坡度与铺装层最大竖向位移成正相关,桥面铺装层坡度越大,铺装层表面最大竖向位移越大,且随着坡度的增大,铺装层最大竖向位移增大速度越来越快。当夏季气候炎热,铺装层温度升高,在坡度的影响下,铺装层竖向位移更加明显,此时大纵坡桥面易发生车辙病害。

2.4 纵坡对铺装层层间最大剪应力的影响

利用有限元软件分析得到不同坡度下铺装层层间最大剪应力,如图7所示。

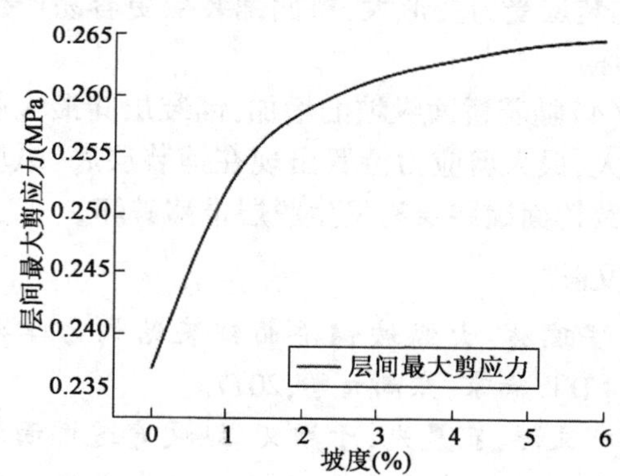

图7 不同坡度下铺装层层间最大剪应力

通过ABAQUS有限元软件建模结果分析得到,铺装层层间最大剪应力出现在铺装层底,且纵向剪应力远大于横向剪应力。随着钢桥桥面纵坡的增加,铺装层层间最大剪应力不断增大,但增长速度随纵坡增加而减小。出现此种现象的原因可能是铺装上层和铺装下层的模量差远小于铺装下层和钢桥面板的模量差,上下层形成一个整体,上下层间应力小,而铺装下层GA-10和钢桥面板模量差大,在外力的作用下易产生相对运动的趋势,导致铺装层底剪应力增大。大纵坡条件下,当铺装层底剪应力超过材料容许剪应力时,容易引起桥面铺装层发生脱层推移病害,因此需要确保黏结层材料强度满足要求。

3 结语

桥面铺装层在坡度的影响下受力会发生变化,坡度越大导致车辆行驶速度变慢,从而导致车辆荷载对桥面铺装层作用时间延长,根据时温等效原理,荷载作用时间延长相当于铺装层温度升高,而温度升高又会导致铺装层沥青材料模量降低,从而影响铺装层受力结果。通过 ABAQUS 有限元软件模拟钢桥面铺装在不同坡度条件下的受力特性,得出以下结论:

(1)随着桥面铺装层坡度的增大,车辆荷载沿桥面纵向的分力增加,在车辆荷载的作用下,铺装层表面最大纵向拉应力增大,铺装层表面最大横向拉应力减小。

(2)随着桥面纵坡的增加,铺装层表面的最大纵向剪应力不断增加,铺装层表面的最大横向剪应力不断减小。

(3)由于坡度的增大,铺装层沥青的模量减小,铺装层的最大竖向位移增大,因此,在上坡路段,铺装层受力变形大,桥面铺装层更容易产生车辙破坏。

(4)随着桥面纵坡的增加,铺装层间最大剪应力增大,最大剪应力位置出现在铺装层底,纵坡增加导致桥面铺装层易发生脱层推移破坏。

参考文献

[1] 罗瑞林. 大纵坡钢桥面铺装结构力学研究[D]. 南京:东南大学,2017.

[2] 祁文洋,孔晨光,于增义. 纵坡弯道桥面沥青铺装结构剪应力分析[J]. 华东交通大学学报,2014,31(3):18-22.

[3] 罗建群,陶雅乐. 桥面纵坡对小半径曲线桥铺装层受力的影响分析[J]. 交通科技,2022,(5):49-56.

[4] 彭兴国,陈辉强,刘大路,等. 桥面铺装层间剪应力技术指标多维度分析[J]. 山西建筑,2020,46(20):4-7.

[5] 陈以恒. 钢桥面浇注式沥青混凝土铺装脱层推移病害力学机理[D]. 重庆:重庆交通大学,2020.

[6] 袁海舟,周建珠,陈小兵,等. 纵坡对钢桥面铺装层力学响应的影响[J]. 交通运输研究,2018,4(3):57-63.

[7] 徐靖涵,郑木莲. 桥面铺装有限元模拟与应用研究进展[J/OL]. 工程力学[2024-02-22]. http://kns.cnki.net/kcms/detail/11.2595.O3.20240122.1622.004.html.

[8] 何丽红,谷颖佳,张博,等. 混凝土桥面防水黏结层剪应力有限元分析[J]. 公路,2024,69(1):53-57.

[9] 王礼根. 动载作用下钢桥面双层 SMA 铺装层有限元分析[J/OL]. 路基工程:1-9[2024-02-22]. https://doi.org/10.13379/j.issn.1003-8825.202306038.

[10] 江二中,雷杰超,韦万峰. 钢桥面铺装材料的研究进展综述[J]. 西部交通科技,2023,11:179-182.

[11] 陶雅乐. 小半径弯坡桥桥面铺装受力特性数值模拟分析[D]. 成都:西南交通大学,2022.

[12] 周北辰. 轮载作用下的混凝土弯坡桥铺装结构纵向裂缝机理研究[D]. 大连:大连理工大学,2022.

[13] 赵海涛. 大纵坡环氧沥青混凝土钢桥面铺装研究[D]. 太原:太原科技大学,2020.

[14] 侯贵,王选仓,赵伦,等. 寒冷地区桥面铺装层层间工作状态[J]. 长安大学学报(自然科学版),2018,38(4):39-47.

含 Top-down 裂缝的沥青路面结构力学响应仿真分析

王　敏[1]　于　新*[1,2,4]　陈　晨[3,4]
(1. 河海大学土木与交通学院;2. 长沙理工大学交通运输工程学院;
3. 河海大学水利水电学院;4. 长沙理工大学公路养护技术国家工程研究中心)

摘　要　为揭示在交通荷载作用下 Top-down 裂缝对沥青路面力学响应的影响规律,将有限差分法(FDM)和离散元法(DEM)相结合建立了足尺路面结构耦合模型,并通过 MLS66 加速加载试验验证了模型的有效性,分析了 Top-down 裂缝深度和纵向长度因素对沥青路面横向拉应力、竖向剪应力和竖向压应力分布的影响。结果表明:随着 Top-down 裂缝的纵向发展,中面层的拉应力及其作用范围明显增大,将会导致该区域的疲劳性能衰减,当沥青路面出现 Top-down 裂缝,沥青上面层与中面层的剪应力和压应力将迅速增大,在 Top-down 裂缝发展纵向延伸初期及时修补,可有效控制压应力和剪应力的进一步发展,避免车辙性能恶化。

关键词　足尺路面结构　Top-down 裂缝　FDM-DEM 耦合模型　交通荷载　力学响应

0　引言

长期服役的沥青路面在交通荷载和温度应力的反复作用下,沥青层表面首先在轮迹带边缘形成初期的自上而下(Top-down,TD)裂缝。随着裂缝竖向和纵向发展,形成的网状裂缝使地表水轻易地侵入路面结构内部,使裂缝周围的沥青混合料滋生剥落、松动、凹坑等次生病害,严重影响沥青路面结构的耐久性和行车舒适性[1]。因此,分析 TD 裂缝对路面结构力学响应的影响,对研究路面结构劣化过程具有重要意义。

近年来围绕 Top-down 裂缝开展了一系列研究,普遍认为 Top-down 裂缝是由环境温度、车辆荷载、路面结构和材料共同作用形成的,其中拉应力、剪切应力和温度应力是裂缝萌生和扩展的主要驱动因素。如 Mohammad[2] 分析车轮荷载牵引引起的路面水平拉应变和轮胎边缘的高剪切应变是裂缝产生的重要原因,从而导致裂缝进一步发展。Gu[3] 采用三维有限元法分析了传统柔性路面在交通荷载作用下的力学响应,确定剪切应力、横向拉应力和纵向拉应力是与裂缝相关的关键响应。可以看出,以往对 Top-down 裂缝的研究主要采用有限元法分析裂缝的起裂机理和扩展路径,缺乏 Top-down 裂缝对力学行为影响的探究。

以往的研究[4-5] 表明,沥青材料的非均质性和各向异性对路面的力学行为有显著影响。因此,有必要从细观尺度上研究 Top-down 裂缝路面结构的力学行为。离散元法(DEM)有效地解决了弹性层状系统理论中假定宏观连续性的局限性,使人们能够更全面地理解路面结构在颗粒水平上表现出的复杂力学行为[6-7]。

因此,本文建立了具有千万颗粒容量的路面结构三维 DEM 模型,并在此基础上结合有限差分法(FDM)建立足尺路面结构模型,通过预定义裂缝研究了不同裂缝特征对路面力学响应的影响,为研究 Top-down 裂缝对路面结构性能的危害提供了基础。

1　试验路概况

为开展高速公路沥青路面结构力学响应监测及足尺试验研究,江苏省在交通行业"十三五"期间铺筑了 MLS66 足尺加速加载试验路,基本结构为我国高速公路典型半刚性基层路面结构形式[8],如图 1 所示。本文依据试验路结构形式、材

基金项目:国家重点研发计划资助(项目编号:2021YFB2601200);公路养护技术国家工程技术研究中心(长沙理工大学)开放基金项目(NO. kfj230207)。

料配合比以及材料性能试验等建立路面模型,并通过力学响应监测结果进行模型验证。

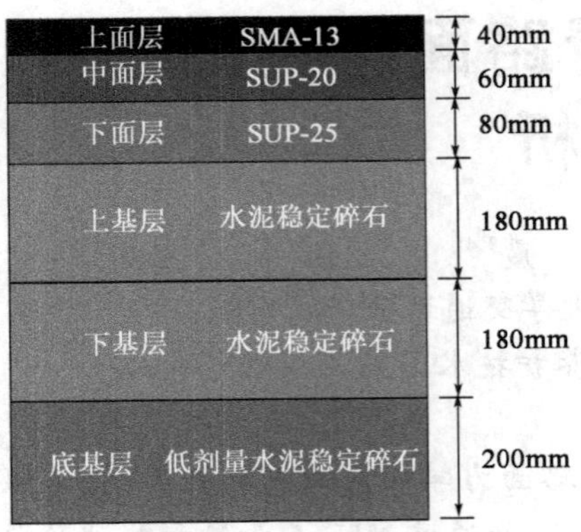

图1 MLS66加速试验的结构形式

试验路沥青面层分为上、中、下三层路面结构,其中上中面层所用混合料采用SBS改性沥青,下面层所用的混合料采用70号基质沥青。基层由上、下、底基层组成,水泥稳定碎石材料的水泥含量分别为4.3%和3.0%[8]。

2 宏细观耦合模型

2.1 几何模型

本文采用FLAC软件构建宏观连续模型,考虑路面车道宽度、边界条件及计算效率,将FLAC模型尺寸设置为长3750mm、宽3750mm、高3000mm。模型的边界条件为约束模型边界平面内网格点运动。

本文采用PFC软件构建细观离散模型,根据应力等效原理,将双圆均布载荷等效为矩形载荷,两轮中心距离为314mm,单轮压力范围为192×186mm[9]。综上所述,PFC模型的长、宽、高分别为600mm、240mm和740mm。投放粒径不小于4.75mm粗集料clump,使用直径为2.5mm的球按照六方紧密排布结构填充到路面结构模型中,将与clump重叠的球定义为粗集料单元,将剩余的球共同定义为砂浆单元(包含细集料和胶浆),路面结构离散元模型如图2所示。

PFC模型距离前后两侧边界均为1755mm,距离左右两侧边界均为1575mm,距离底面边界为2260mm。其中模型坐标原点o点位于离散元模型左下顶点,x方向为垂直于行车方向(横向),y方向为行车方向(纵向),z方向为路面深度方向(竖向),耦合模型的相对位置如图3所示。

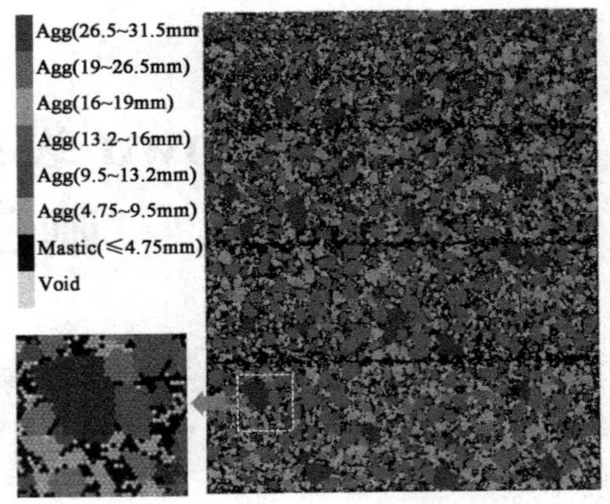

图2 离散元PFC模型

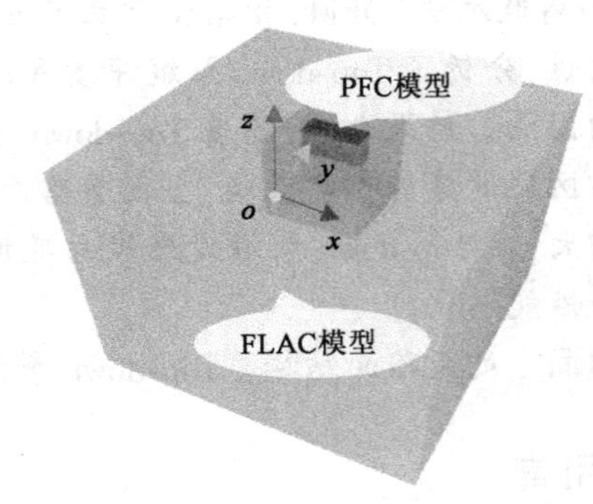

图3 耦合模型的相对位置

2.2 力学模型

FLAC模型采用弹性本构模型,宏观力学参数如表1所示。

FLAC模型宏观力学参数 表1

结构层	弹性模量(MPa)	泊松比
上面层	2522	0.3
中面层	4516	0.25
下面层	3513	0.25
上基层	15000	0.25
下基层	15000	0.25
底基层	10000	0.25

模型基于以下考虑:

①基于常温下材料参数开展力学研究,不将温度作为研究变量。

②静力加载作用时间较短,认为路面结构尚处于弹性状态。

③采用六方紧密排布结构代替简单的立方体排布结构,提高了复杂应力状态的模拟精度[10]。

因此,PFC模型选择线性接触黏结模型开展模拟研究,路面结构层间接触设置为完全黏结状态。在文献[11-13]的基础上,确定不同混合料的细观参数。

2.3 模型验证

对加载板底面的 zone-face 施加 0.7MPa 垂直向下的应力，设置模型计算模式为 timestep scale，使离散元和有限元模型在时步上统一。循环计算直至模型中的不平衡力小于模型内力的平均值的1‰以下时结束运算，得到力学响应云图，如图4所示。

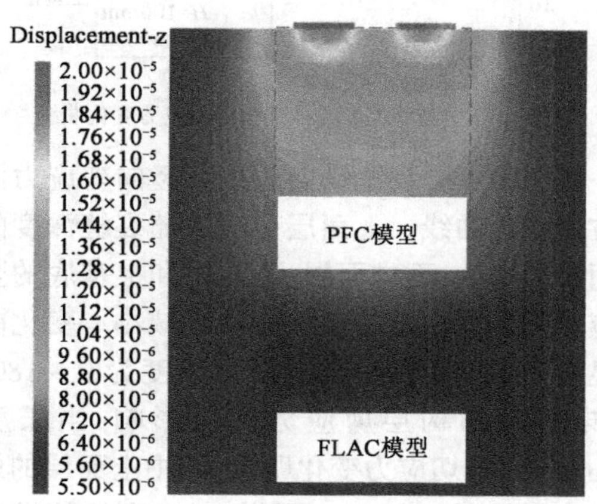

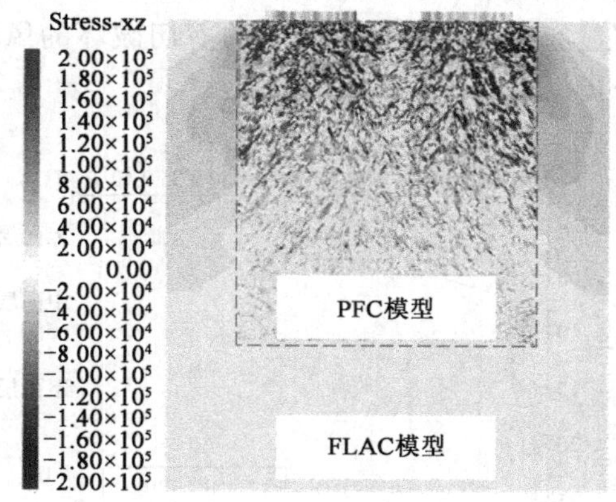

图4 力学响应云图

如图4所示，耦合模型的力学响应云图反映了两个区域协同效果良好。通过与监测数据的对比，该耦合模型能较准确地反映路面结构状态，满足计算精度要求，如表2所示。

实测数据与仿真结果对比 表2

结构层位置		实测值	模拟值
横向应变(με)	中面层底	−38.21	−37.96
纵向应变(με)	下面层底	10.42	9.16
竖向应变(με)	下面层底	−160.74	−152.21
应力(kPa)	基层顶面	−71.99	−81.65
	路基顶面	−4.57	−6.98

3 模拟工况

3.1 工况设置

本文将 Top-down 裂缝形貌简化为直线形状，采用颗粒去除法在离散元模型中通过删除相应位置的球来构造初始裂缝。

选取裂缝深度（H = 0mm、40mm、100mm、180mm）和纵向长度（L = 0mm、60mm、120mm、180mm、240mm）作为变量。Top-down 裂缝设置在左加载板外边缘，沿加载板对称轴 y = 120mm 对称布置，如图5所示。

图5 模拟工况示意图

3.2 力学响应计算方法

由于车轮位置的对称性，测量位置选择在左车轮中心正下方的区域。力学响应通过测量球获得，布设间距设为 20mm，测量球尺寸[14]如表3所示。

测量球尺寸 表3

位置	上面层	中面层	下面层、上基层、下基层、底基层
直径(mm)	25	40	50

4 结果分析与讨论

4.1 横向拉应力分析

图6为不同裂缝深度下横向拉应力沿深度方向的变化曲线。当裂缝在上面层范围内时，仅上层横向拉应力增加 6.15%，未对其余结构层产生明显影响。当裂缝扩展至中面层范围内时，其影响范围迅速扩大到整个沥青面层。尤其在中面层内的拉应力区，最大拉应力提高了 89.62%。当裂缝继续向下面层发展时，其变化规律与中面层阶段相似，但影响特征更为显著，表现为中面层的拉应力区竖向范围从 70～90mm 扩大到 50～95mm，最大拉应力增加了 4.23 倍。Chen 等[15]提出在相同条件下，材料受拉应力越大，疲劳寿命越短。因此，随着 Top-down 裂缝的扩展延伸，中面层在车辆荷载的重复作用下容易产生疲劳损伤。

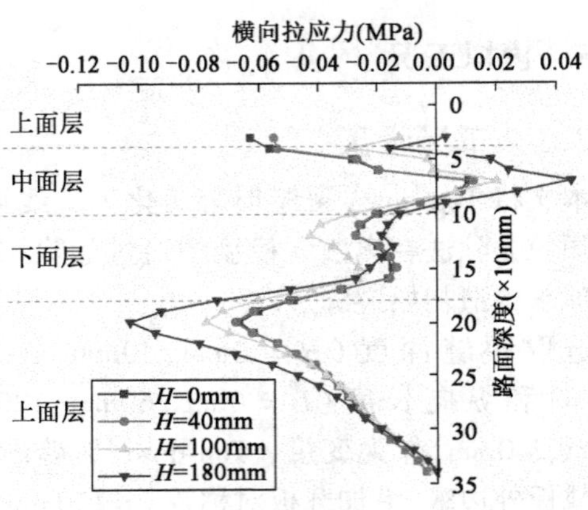

图 6　不同裂缝深度条件下横向拉应力变化曲线

图 7 为不同裂缝纵向长度条件下横向拉应力沿深度方向的变化曲线，随着裂缝纵向长度的发展，拉应力区的横向应力呈现出先慢后快的增长趋势，中面层的拉应力区则呈现出先快后慢的增长趋势，其中拉应力最大值分别提升了 57.45%、105.18%、90.69%、89.67%，因此路面养护应更加关注裂缝发展的初始阶段。

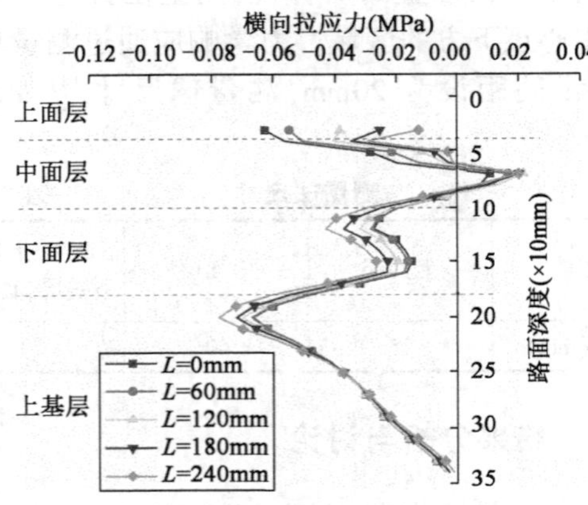

图 7　不同裂缝纵向长度条件下横向拉应力变化曲线

4.2　竖向剪应力分析

图 8 为不同裂缝深度下竖向剪应力沿深度方向曲线，Liu 等[16]在基于有限单元法(FEM)的沥青路面力学响应研究中也得到了类似的剪应力分布规律。裂缝出现前后，竖向剪应力出现了显著提升，但是随着裂缝深度的增加，竖向剪应力提升速度逐渐缓慢。其中最大竖向剪应力出现在路面以下 20～50mm 范围内。在轮载的反复作用下，当结构层的剪切应力超过沥青混合料的抗剪强度时，由此产生的流动变形将逐渐积累，形成失稳型车辙病害[17-19]。因此，一旦上、中面层出现 Top-down 裂缝，路面发生剪切破坏的风险会显著增加。

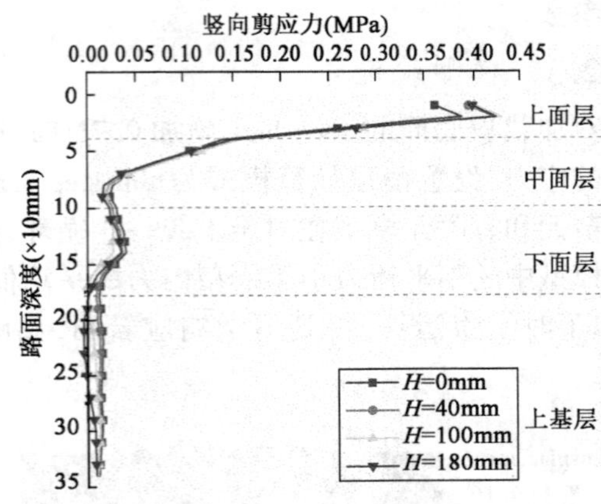

图 8　不同裂缝深度条件下竖向剪应力变化曲线

图 9 为不同裂缝纵向长度下竖向剪应力沿深度方向变化曲线。上面层剪应力随裂缝深度的增加而缓慢增大，而中面层、下面层和上基底的竖向剪应力随裂缝深度的增加而缓慢减小。变化曲线明显有“两阶段”特征，当纵向长度为 0～180mm 时，未对各结构层剪应力产生影响；当长度为 240mm 时，剪切应力变化明显，其中上面层的最大剪应力增加了 9.06%。同样，一旦裂缝的纵向长度超过加载板时，上、中面层的剪切破坏的风险将进一步提升。

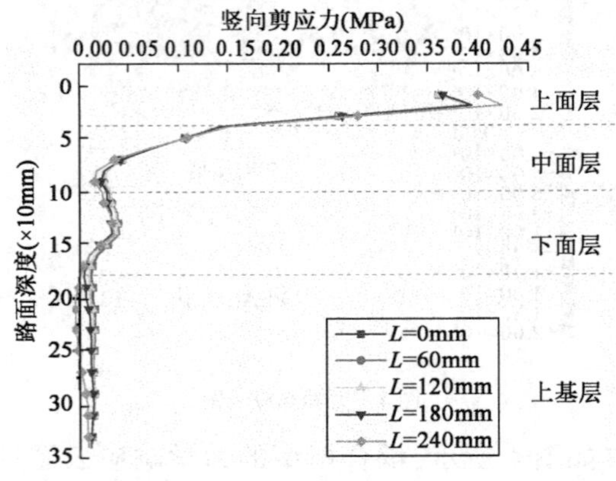

图 9　不同裂缝纵向长度条件下竖向剪应力变化曲线

4.3　竖向压应力分析

图 10 为不同裂缝深度下竖向压应力沿深度方向的变化曲线，当裂缝深度为 40mm 时，路面上面层的竖向压应力显著增大，而当裂缝深度为 100mm 和 180mm 时，路面上面层的竖向压应力呈现出缓慢增长特征，最大压应力变化率分别为 7.51%、8.62% 和 8.78%。以往的研究[20-21]认为，压密型车辙病害是指沥青路面因压应力引起的不可逆变形。因此，Top-down 裂缝的出现增加了上

面层车辙的风险，并且随着裂缝的竖向发展，中、下面层面临的车辙风险逐步增加。

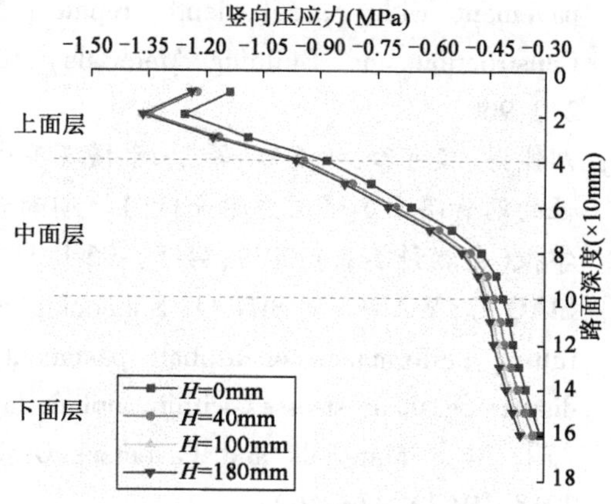

图 10 不同裂缝深度条件下竖向压应力变化曲线

图 11 为不同裂缝纵向长度下竖向压应力沿深度方向的变化曲线。影响规律具有显著的“两阶段”特征。当裂缝纵向长度在 0 ~ 180mm 范围内时，路面结构竖向压应力变化幅度在 5% 以内，而当裂缝纵向长度达到 240mm 时，沥青路面的竖向压应力迅速增大。上、中、下层最大竖向压应力分别增大 8.92%、10.50% 和 14.33%。因此，在裂缝纵向长度超过加载板长度之前，应采取有效措施对裂缝进行修补。

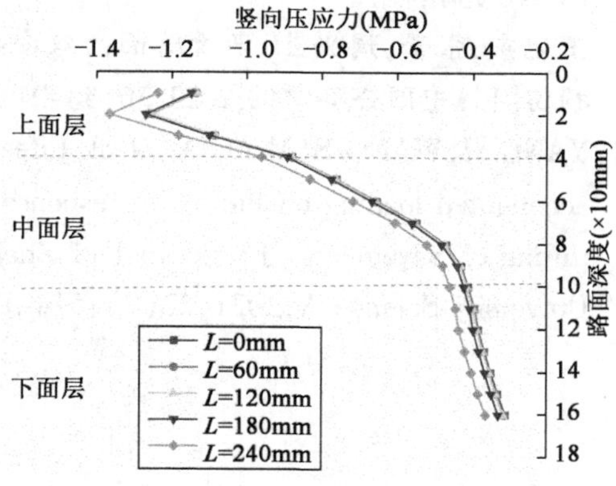

图 11 不同裂缝纵向长度条件下竖向压应力变化曲线

5 结语

本研究得出的主要结论如下：

(1) 沥青中面层在车辆荷载的作用下出现了小范围的拉应力区，随着 Top-down 裂缝的纵向发展，中面层的拉应力及其作用范围明显增大，表明该处位置更容易发生疲劳破坏。

(2) 当沥青路面出现 Top-down 裂缝，沥青上面层与中面层的剪应力和压应力将迅速增大，表明该处位置的车辙病发生机率显著提高。

(3) 在 Top-down 裂缝发展纵向延伸初期及时修补，可有效控制压应力和剪应力的进一步发展，延缓车辙病害的发生。

本文仅分析了 Top-down 裂缝在常温和单荷载条件下对路面结构力学响应的影响规律，未考虑高温、低温和动荷载的影响，将在今后的研究中予以补充。

参考文献

[1] ALIHA M R M, SARBIJAN M J. Effects of loading, geometry and material properties on fracture parameters of a pavement containing top-down and bottom-up cracks [J]. Engineering Fracture Mechanics, 2016, 166: 182-197.

[2] MOHAMMAD F A, COLLOP A C, BROWN S F. Effects of surface cracking on responsesin flexible pavements [C]// Proceedings of the Institution of Civil Engineers-Transport. Thomas Telford Ltd, 2005, 158(2): 127-134.

[3] GU F, LUO X, WEST R C, et al. Energy-based crack initiation model for load-related top-down cracking in asphalt pavement [J]. Construction and Building Materials, 2018, 159: 587-597.

[4] KUSUMAWARDANI D M, WONG Y D. Effect of aggregate shape properties on performance of porous asphalt mixture [J]. Journal of Materials in Civil Engineering, 2021, 33(8): 208.

[5] ZHU J, MA T, LIN Z, et al. Effect of aggregate structure on load-carrying capacity and deformation resistance of porous asphalt concrete based on discrete-element modelling [J]. International Journal of Pavement Engineering, 2022, 23(11): 4023-4033.

[6] SHAN J, ZHANG Y, WU S, et al. Cracking behavior of asphalt pavement with a graded gravel layer based on computational granular mechanics [J]. Construction and Building Materials, 2022, 345: 128.

[7] ZHOU X, CHEN S, GE D, et al. Investigation of asphalt mixture internal structure consistency in accelerated discrete element models [J]. Construction and Building Materials, 2020,

244:118.

[8] LIU Z, GU X. Performance evaluation of full-scale accelerated pavement using NDT and laboratory tests: a case study in Jiangsu, China [J]. Case Studies in Construction Materials, 2023,18:83.

[9] 陈磊磊,陈道燮,陈超录,等.基于沥青路面结构力学行为的车辙深度控制标准[J].交通运输工程学报,2020,20(6):62-70.

[10] ZHOU X. Discrete element simulation of asphalt mixture from modeling to application [D]. Sydney: Michigan Technological University, 2021.

[11] LIU Y, YOU Z, DAI Q, et al. Review of advances in understanding impacts of mix composition characteristics on asphalt concrete (AC) mechanics [J]. International Journal of Pavement Engineering, 2011,12(4):385-405.

[12] LIU Y, YOU Z, ZHAO Y. Three-dimensional discrete element modeling of asphalt concrete: Size effects of elements [J]. Construction and Building Materials, 2012,37:775-782.

[13] ZHOU X, LIU Y, YOU Z. Discrete element modeling for sieve analysis with image-based realistic aggregates [J]. Advances of transportation: Infrastructure and materials, 2016,2:916-923.

[14] SI C, ZHOU X, YOU Z, et al. Micro-mechanical analysis of high modulus asphalt concrete pavement [J]. Construction and Building Materials, 2019,220:128-141.

[15] CHEN J, WANG H, XIE P. Finite element modeling of mechanical responses of concrete pavement with partial depth repair [J]. Construction and Building Materials, 2020, 240:960.

[16] 刘能源,颜可珍,胡迎斌,等.基于横观各向同性的沥青路面加铺层力学分析[J].湖南大学学报(自然科学版),2017,44(5):96-103.

[17] LIAO G, WANG S, SHI Q. Enhancing anti-rutting performance of asphalt pavement by dispersing shear stresses within asphalt layers [J]. Road Materials and Pavement Design, 2018,19(2):453-469.

[18] NIAN T, LI P, MAO Y, et al. Connections between chemical composition and rheology of aged base asphalt binders during repeated freeze-thaw cycles [J]. Construction and Building Materials, 2018,159:338-350.

[19] NIAN T, LI S, LI P, et al. Mechanical response of interlayer structural shear performance of asphalt pavement with functional layer considering interlayer contact state [J]. Case Studies in Construction Materials, 2023, 18:e01934.

[20] 王旭东,张蕾,周兴业.沥青路面的双向疲劳损伤[J].中国公路学报,2023,36(5):21-37.

[21] YANG H, WANG S, MIAO Y, et al. Effects of accelerated loading on the stress response and rutting of pavements [J]. Journal of Zhejiang University-Science A, 2021,22(7):514-527.

水基高分子不黏轮乳化沥青研发及性能评价

吴耀东*

(辽宁省交通科学研究院有限责任公司)

摘　要　黏层是使各面层之间黏结成一个整体,防止由于车辆荷载作用引起的层间结构移位,减少病害的发生。但在实际工程应用中常常发生被施工车辆碾压黏轮带走,造成黏层破坏,且对环境造成污染。本文以乳化改性沥青、水基高分子聚合物及助剂等材料为研究对象,通过正交试验设计,测试不黏轮乳化沥青的存储稳定性、蒸发后残留物的性能指标及不黏轮性能，研发水基高分子不黏轮乳化沥青，通过扫描电镜探究不黏轮作用机理。结果表明，该不黏轮乳化沥青具有破乳速度快、黏结强度高、高温不黏轮等优点，有效解决普通黏层施工中黏轮引起的耐久性低、环境污染的问题，有助于促进异步施工的薄层罩面技术的推广应用。

关键词 乳化沥青 水基高分子聚合物 不黏轮 研发 性能评价

0 引言

黏层是为了加强路面沥青层与沥青层之间、沥青层与水泥混凝土路面之间的黏结而洒布的沥青材料薄层。黏层的作用是使各面层之间黏结成一个整体，防止由于车辆荷载作用引起层间结构移位，有效减少沥青路面病害的发生。但施工过程中层间黏结施工质量控制常常被忽视而成为薄弱环节。目前，黏层在实际工程应用中存在破乳速度慢、成型强度低、路用性能差等问题，即使乳化沥青已经完全破乳成膜，常常会被后续进场的摊铺车、运输车等施工车辆碾压黏轮带走（图1），造成黏层破坏，降低黏结效果[1]。针对上述问题，研发一种高性能不黏轮乳化沥青可以有效解决这一问题。本文基于已有的高性能乳化改性沥青技术，以乳化改性沥青、水基高分子材料、助剂等为研究对象，通过正交试验设计方法，研发一种水基高分子不黏轮乳化沥青。通过存储稳定性、60℃不黏轮性以及蒸发后残留物的软化点、延度、针入度试验，确定其配方。

图1 施工车辆黏轮现象

1 正交试验设计

对于水基高分子不黏轮乳化沥青的研制，设计3因素3水平的正交试验。3因素为：水性高分子材料种类、掺量和助剂掺量。每个因素选取3个水平，其中水基高分子聚合物选用湖南某公司生产的EP系列产品，即801、803和806；结合厂家推荐掺量及前期室内试验验证结果，选定掺量为4.0%、6.0%和8.0%；考虑到不黏轮外掺剂与沥青微粒间的粒径差别较大，沥青微粒处于微米级，而水基高分子聚合物处于纳米级，为保障不黏轮乳化沥青的存储稳定性，添加一定量的助剂，助剂掺量为0.1%、0.3%、0.5%。正交试验设计如表1所示。

不黏轮乳化沥青配方正交试验设计表 表1

试验编号	水基高分子材料种类	水基高分子材料掺量（%）	助剂掺量（%）
试验1	801	4	0.1
试验2	801	6	0.3
试验3	801	8	0.5
试验4	803	4	0.3
试验5	803	6	0.5
试验6	803	8	0.1
试验7	806	4	0.5
试验8	806	6	0.1
试验9	806	8	0.3

2 不黏轮乳化沥青的制备工艺

（1）将基质沥青预热到170～180℃，将SBS改性剂加入到基质沥青中，经沥青剪切机，在转速为4500～5500r/min的条件下高速剪切1h，得到改性沥青，备用。

（2）将水预热至55℃，将乳化剂、稳定剂加入到水中，搅拌均匀，得到皂液；调节皂液的pH值为1.8～2.0，将皂液加热到60℃，备用。

（3）将上述配制好的改性沥青和皂液经胶体磨均匀分散及研磨后，形成水包油型乳液，制备出乳化改性沥青。

（4）当乳化沥青降至常温时，将水基高分子聚合物材料、助剂加入到乳液中，搅拌15～30min，制备出水基高分子不黏轮乳化沥青。

3 数据分析

结合正交试验设计，进行了60℃不黏轮存储稳定性、蒸发后残留物的软化点、延度、针入度试验,试验结果汇总表如表2所示。由于60℃不黏轮性能试验属于定性试验,在进行极差分析法中,无法进行定量分析,故采用打分制对其进行定量评价。评分原则为:黏轮50分(图2),不黏轮100分(图3)。

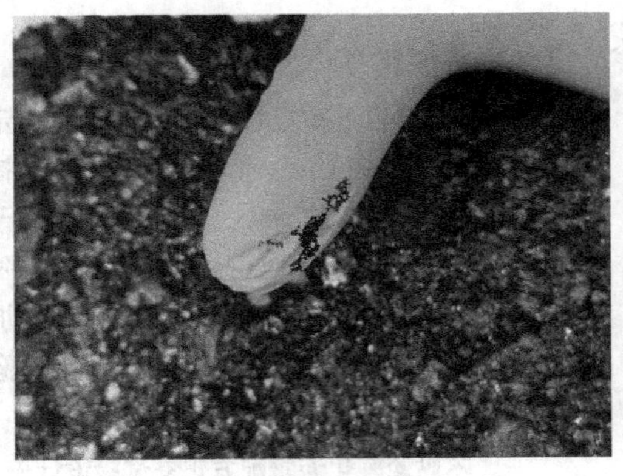

图2　黏轮(指按法)

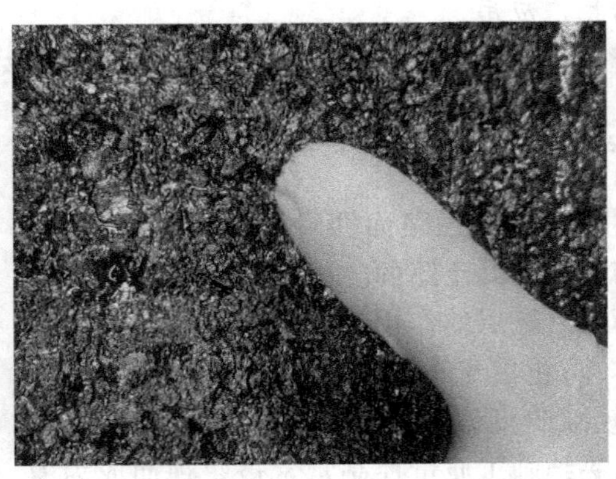

图3　不黏轮(指按法)

不黏轮乳化沥青配方正交试验试验结果汇总表　　表2

试验项目	存储稳定性(%)	60℃不黏轮(指按法)	蒸发残留物		
			针入度(0.1mm)	软化点(℃)	5℃延度(cm)
试验1	0.14	黏轮	68.5	53.2	32.4
试验2	0.11	不黏轮	67.1	53.5	32.6
试验3	0.08	不黏轮	65.4	53.8	33.1
试验4	0.03	黏轮	63.7	58.1	33.5
试验5	0.02	不黏轮	65.5	63.1	38.7
试验6	0.14	不黏轮	68.1	67.8	42.3
试验7	0.03	黏轮	58.7	54.6	34.4
试验8	0.12	黏轮	60.4	56.7	35.1
试验9	0.03	不黏轮	63.1	58.9	35.8

试验结果采用极差分析法对各项测试指标进行分析,分析结果如表3~表7所示。

软化点极差分析结果　　表3

项目	水基高分子材料种类	水基高分子材料掺量	助剂
K_1	160.5	165.9	177.7
K_2	189	173.3	170.5
K_3	170.2	180.5	171.5
K_1	53.5	55.3	59.233
K_2	63	57.767	56.833
K_3	56.733	60.167	57.167
R	9.5	4.867	2.4
因素每水平试验重复数	3	3	3
因素最佳水平	803	8.0	0.1
因素主次顺序	水基高分子材料种类>水基高分子材料掺量>助剂		

延度(5℃)极差分析结果 表4

项目	水基高分子材料种类	水基高分子材料掺量	助剂
K_1	98.1	100.3	109.8
K_2	114.5	106.4	101.9
K_3	105.3	111.2	106.2
K_1	32.7	33.433	36.6
K_2	38.167	35.467	33.967
K_3	35.1	37.067	35.4
R	5.467	3.633	2.633
因素每水平试验重复数	3	3	3
因素最佳水平	803	8.0	0.1
因素主次顺序	水基高分子材料种类 > 水基高分子材料掺量 > 助剂		

针入度(25℃)极差分析结果 表5

项目	水基高分子材料种类	水基高分子材料掺量	助剂
K_1	201	190.9	197
K_2	197.3	193	193.9
K_3	182.2	196.6	189.6
K_1	67	63.633	65.667
K_2	65.767	64.333	64.633
K_3	60.733	65.533	63.2
R	6.267	1.9	2.467
因素每水平试验重复数	3	3	3
因素最佳水平	801	8.0	0.1
因素主次顺序	水基高分子材料种类 > 助剂 > 水基高分子材料掺量		

存储稳定性(1d)极差分析结果 表6

项目	水基高分子材料种类	水基高分子材料掺量	助剂
K_1	0.33	0.2	0.4
K_2	0.19	0.25	0.17
K_3	0.18	0.25	0.13
K_1	0.11	0.067	0.133
K_2	0.063	0.083	0.057
K_3	0.06	0.083	0.043
R	0.05	0.017	0.09
因素每水平试验重复数	3	3	3
因素最佳水平	801	6.0	0.1
因素主次顺序	助剂 > 水基高分子材料种类 > 水基高分子材料掺量		

不黏轮(60℃)极差分析结果　　表7

项目	水基高分子材料种类	水基高分子材料掺量	悬浮剂
K_1	260	150	200
K_2	250	240	250
K_3	180	300	240
K_1	86.667	50	66.667
K_2	83.333	80	83.333
K_3	60	100	80
R	26.667	50	16.667
因素每水平试验重复数	3	3	3
因素最佳水平	801	8.0	0.3
因素主次顺序	水基高分子材料掺量>水基高分子材料种类>助剂		

从软化点、延度(5℃)的极差分析可知,各因素对其的影响关系由大到小依次为:种类>掺量>助剂。从针入度的极差分析可知,各因素对其的影响关系由大到小依次为:种类>助剂>掺量。可见,水基高分子材料种类对软化点、延度(5℃)和针入度性能影响较大,不同材料体现出不同的效果,这是由于材料本身组成成分、分子量及结构不同导致的。同时,由试验结果可以看出,801性能指标偏低,基本与乳化改性沥青性能指标接近,这是因为801的热稳定性较差、与沥青的相容性也不稳定,在蒸发残留过程中,出现结块析出现象,影响其性能的发挥,从而导致性能指标变化不明显或者不规律。而803更注重其与沥青的相容性,但是以牺牲一定量的不黏轮性能来实现的,为达到较好的不黏轮效果,需要增加掺量来保证。

由表6存储稳定性的极差分析可知,各因素对其的影响关系由大到小依次为:助剂>种类>掺量。可见,助剂的添加有助于提升不黏轮乳化沥青的存储稳定性,且不影响其路用性能。

由表7可知,各因素对其的影响关系由大到小依次为:掺量>种类>助剂。可见,通过添加水基高分子材料,可提高不黏轮性能,且随着掺量的增加,不黏轮性能更优。同时,水基高分子材料因其具有亲油亲水特性,与沥青中的弹性体改性剂交联结合,提高了沥青的韧性,提升沥青的延度,这与试验结果相符。

虽然经正交试验存储稳定性和不黏轮(60℃)极差分析,推荐最优组合水基高分子材料种类为801,但是由于801的存储稳定性相对较差,且蒸发残留物过程会有析出,无法准确判别性能。综合考虑黏层的技术要求、材料的价格及运输经济性的要求,推荐最优组合为:水基高分子材料种类为803、掺量为6.0%、助剂掺量为0.3%。

4　不黏轮机理分析

为探究其不黏轮机理,本文采用扫描电子显微镜观测分析不黏轮乳化沥青固化后的纹理情况,项目共制作乳化改性沥青、水基高分子材料803及4种(2%、4%、6%和10%)不同掺量的水基高分子不黏轮乳化沥青,共计6组试件进行观测及比较。样品制备如图4~图6所示;放到500倍水基高分子不黏轮乳化沥青固化物断面结构,试验结果如图7~图12所示。

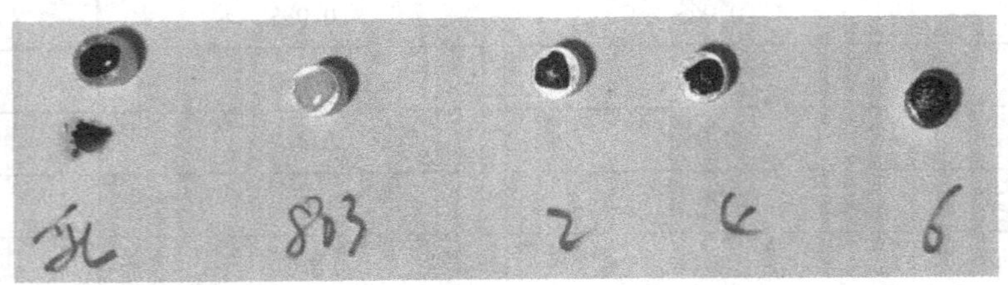

图4　扫描电镜用试验样品(固化前)

图5　试验样品(固化后)

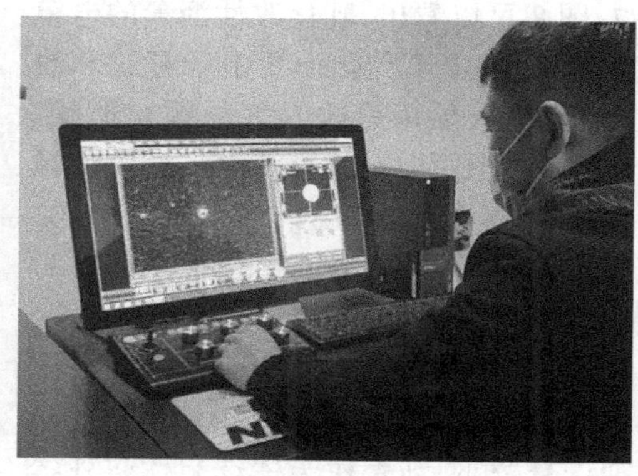

图6　电镜分析

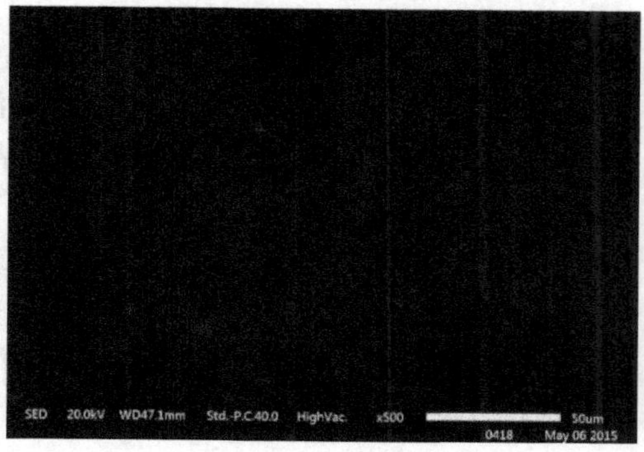

图7　乳化沥青

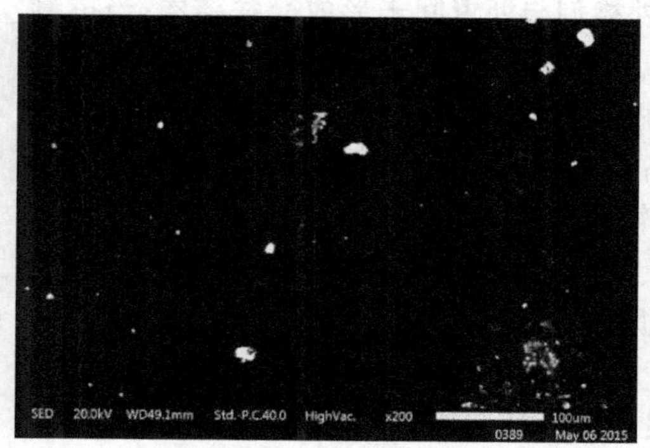

图8　外掺剂803

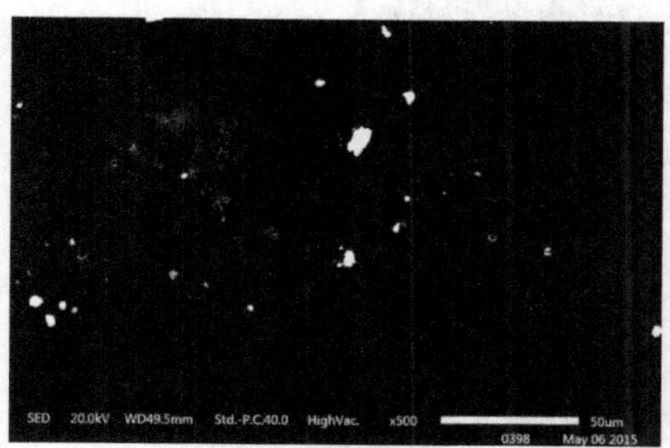

图9　乳化沥青+2%外掺剂803

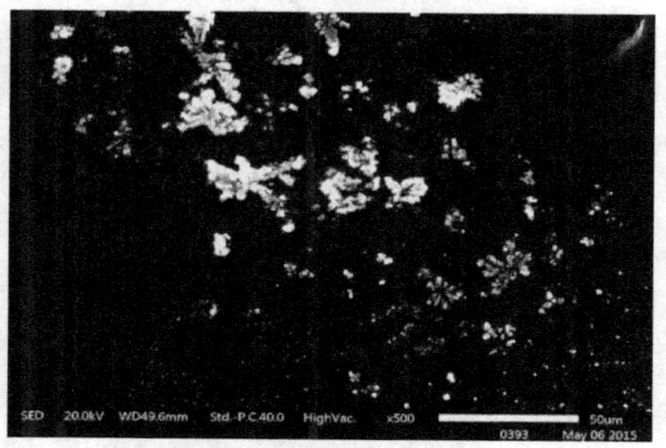

图10　乳化沥青+4%外掺剂803

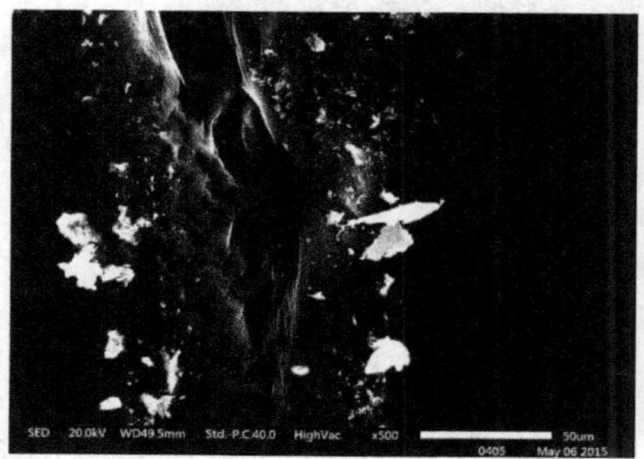

图11　乳化沥青+6%外掺剂803

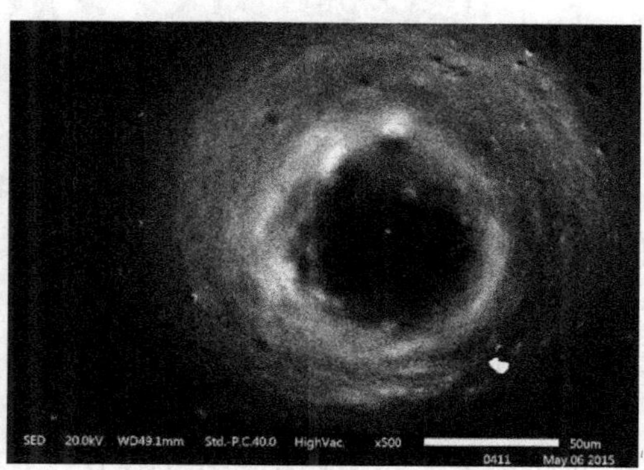

图12　乳化沥青+10%外掺剂803

由图7、图8可以看出,乳化改性沥青的电镜扫描图几乎为黑色,由于乳化沥青中含有SBS改性剂,表面形貌中依稀可见改性剂的颗粒形状。而803的电镜扫描图中,表面形貌中可见白色颗粒均匀分布其中,形状大小不一。由于外掺剂803固化后为无色透明固体,分析其白色可见部分为环氧树脂的有效成分。

由图9~图12可以看出,当掺量为2%时,此时电镜扫描图与外掺剂的电镜扫描图相似。这是由于外掺剂掺量较小,沥青作为连续载体将外掺剂包裹,使得外掺剂以微小颗粒均匀分布在沥青中,表明外掺剂与沥青间未形成交联结构;当掺量为4%时,可以明显看出沥青微粒与外掺剂颗粒发生聚集,相互交联形成空间网状结构,表面形貌类似于结晶;当掺量为6%时,外掺剂颗粒继续聚集变大,逐渐呈连续相,表明沥青微粒与外掺剂颗粒基本完成交联,形成互穿的网状结构;当掺量为10%时,沥青基本被803颗粒聚集包裹,形成"海岛结构"。

通过表面形貌分析,水基高分子聚合物与沥青间相互作用,交联形成空间网状结构,从而实现了黏结强度的提高和高温不黏轮性能。这是由于添加的水基高分子聚合物材料具有亲油、亲水两种基团,亲油基团与沥青相互交联形成网状结构,而亲水基团则会自身聚集交联[2]。亲油基团与沥青交联形成空间网状结构,吸附沥青中的轻质组分,降低高温敏感性,从而降低沥青与轮胎的黏附性。同时,由于其密度小于乳化沥青,在密度差的作用下使得部分水性高分子乳液漂浮在乳化沥青上面,待乳化沥青破乳后,会在沥青表面形成一层较为薄的隔离膜,隔离膜隔离了车轮与沥青,起到不黏轮的效果[3]。

5 不黏轮性能评价

本文进行了水基高分子不黏轮乳化沥青的不黏轮性能评价,为尽量模拟高温时的不黏轮情况,选择夏季8月份晴天,当日气温26.3℃,下午2点进行模拟试验。将原路面清扫干净,计算铺筑面积,按洒布量0.45kg/m^{2}将水基高分子不黏轮乳化沥青均匀涂刷在测试面积内,30min后进行不黏轮性能测试。试验结果如图13所示。

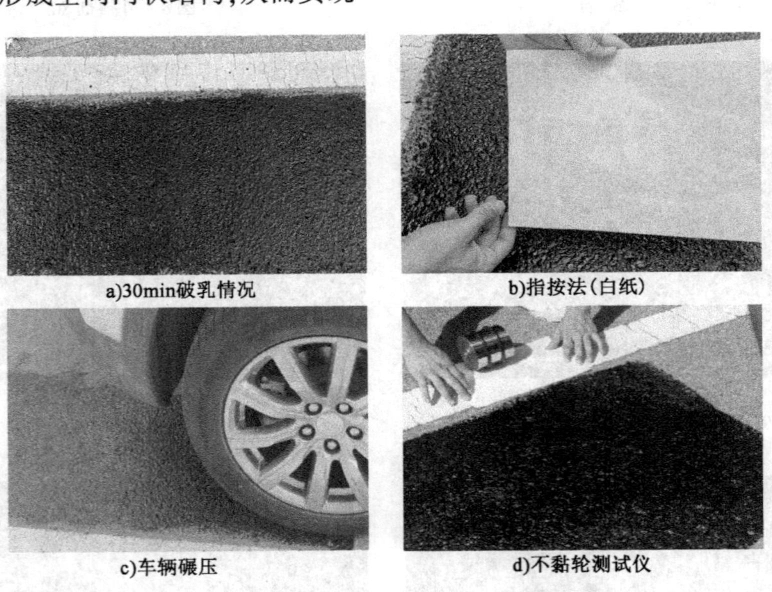

a)30min破乳情况 b)指按法(白纸) c)车辆碾压 d)不黏轮测试仪

图13 水基高分子不黏轮乳化沥青不黏轮性能测试

由图13可以看出,通过室外模拟,水基高分子不黏轮乳化沥青30min后基本完全破乳,颜色变黑,通过指按法不黏手,用白色纸张按压乳化沥青表面未黏有沥青;经车辆碾压后,不黏轮,在碾压处留有轮胎的压痕;采用室内不黏轮测试仪[4],不黏轮。综合来看,水基高分子不黏轮乳化沥青具有破乳速度快、高温不黏轮的特性。

6 结语

水基高分子不黏轮乳化沥青是一种新型的乳化沥青产品,结合了乳化改性技术与水性高分子低熔点聚合物技术,突破了硬质沥青不易乳化的技术难题,提升路用性能同时实现不黏轮。该产品具有破乳速度快、黏结强度高、高温不黏轮等优点,适用于普通路况的黏层和下封层,有效解决普通黏层施工中黏轮引起的黏层破坏、环境污染等问题。

参考文献

[1] 王文峰,郭良倩,于迪尔,等.不黏轮乳化沥青在桥面防水层中的应用研究[J].石油沥青,2015,29(3):9-13.

[2] 陈香,关永胜,刘杰,等.不黏轮乳化沥青的制备及其机理研究[C]//江苏省公路学会学术论文集(2017年),2018.

[3] 李啸华,袁野,王体红,等.不黏轮乳化沥青应用性能评价及在城市道路大修中的应用[J].石油沥青,2019,33(3):32-36.

[4] 杜红阳.水性高分子改性乳化沥青在公路工程中的应用研究[D].重庆:重庆交通大学,2019.

Noise Characteristics Test of A Single Grade Polyurethane Porous Elastic Mixture

Yingyong Zheng Sen Han*

(College of Highway, Chang' an University)

Abstract This study focuses on investigating the indoor noise reduction characteristics of a single-particle polyurethane porous elastic mixture. Initially, the anti-rutting properties, anti-bending properties, anti-water damage properties, and anti-sliding properties of two specifically designed single-particle polyurethane porous elastic mixtures were evaluated. The findings indicate that the single-particle polyurethane porous elastic mixture exhibits exceptional performance and displays good resistance to temperature deformation. Furthermore, the study primarily examines the noise reduction performance of the mixture. Laboratory tests were conducted using self-developed tire rolling and vertical falling equipment to assess the noise reduction performance. Additionally, the sound absorption coefficient of the mixture was determined using a standing wave tube. Both the tire rolling and vertical falling methods demonstrated that, compared to conventional asphalt concrete (AC), the PERS-8 mixture achieved a reduction in noise level of approximately 4-6dB(A). Furthermore, the standing wave tube tests revealed that the PERS-8 mixture exhibited a higher sound absorption coefficient than the OGFC-10 mixture.

Keywords Single grade Polyurethane Rubber particle Noise reduction

0 Introduction

Environmental noise is a major risk to human health today, and noise interference has a strong positive correlation with people's hearing, vision, and neurological function, cardiovascular and cerebrovascular diseases[1-3]. In March 2021, China for the first time included "strengthening environmental noise pollution control" in the 14th Five-Year Plan and the outline of the 2035 vision goals, aiming to actively promote the prevention and control of urban noise pollution[4]. Road traffic noise is the main source of urban noise, which is mainly composed of tire-road noise, body structure vibration noise, vehicle power system noise and exhaust noise[5]. The main component of urban traffic is the car. With the development of the automobile industry and the popularity of electric vehicles, the vibration noise of the body structure and the dynamic noise of the vehicle have been well controlled. When the speed of the car is more than 40km/h, the tire-road noise has become the main part of the road traffic noise[5-6]. In addition, entering the 21st century, the number of urban motor vehicles is increasing rapidly, and the service life of automobile tires is generally 3 to 5 years, the future, the explosive growth of waste tires will bring no small challenge to environmental governance[7-8]. In recent years, road workers use waste rubber tires for low noise pavement more and more research, in 2009 in Europe, a covering 7 countries, 12 research institutions, a total budget of 4.5 million euros, a six-year, called PERSUADE low noise pavement research program launched[9]. According to Swedish engineer Nilsson, who first proposed the concept of polyurethane porous elastic mixture(PERS), polyurethane porous elastic mixture needs to be mixed with 20% (mass ratio) rubber particles, and the porosity of not less than 20% of the mixture[10]. This new road paving technology consists mainly of rubber particles from recycled automotive tires combined with synthetic resins such as polyurethane, and the test roads already laid have shown that it can achieve extremely high noise reduction (up to 12dB (A)) compared to the traditional dense asphalt concrete pavement AC or SMA pavement[11-13]. There is no denying that the noise reduction performance of polyurethane porous elastic mixture in the current noise reduction road surface is the best, so it is often called ultra-quiet road [14].

Past studies have focused on the graded polyurethane porous elastic mixture of Open-Graded Friction Course (OGFC) for design purposes[15-16]. However, it has been demonstrated that calculating the amount of polyurethane based on asphalt film thickness design theory is not advisable[17]. Furthermore, while the single particle size of the polyurethane macadam mixture has shown to effectively reduce impact vibration noise by 6 ~ 8dB compared to OGFC[18], research on the design of polyurethane porous elastic mixture using single-particle grading is still in its infancy. Additionally, there are limited studies on the noise reduction performance of single-particle porous elastic mixture. Considering the mechanism of road noise reduction, factors influencing noise reduction can be categorized into three aspects: road stiffness, surface texture, and voidage. From the point of view of noise reduction, the single-grade framework interstitial-elastic mixture is a relatively perfect low-noise pavement. Reducing Mean Profile Depth(MPD) and improving the gap elasticity ratio contribute to the reduction of low-frequency noise, consequently reducing overall tire-road noise. It has been proven that the noise reduction performance of the single-stage polyurethane macadam mixture surpasses that of OGFC. Polyurethane, as a polymer material, enhances structural damping, suppresses peak vibrations, and reduces vibration propagation along the structure. Moreover, increasing the rubber content helps enhance road damping, decrease road stiffness, and subsequently increase energy loss during the transmission of noise energy, leading to noise reduction. Finally, maintaining a minimum void ratio of 20% in the single skeleton void mixture aids in reducing noise transmission, mitigating the pumping effect, minimizing horn amplification, and ultimately decreasing noise levels. The existing study frequently observes rubber particle content below 20%, with particle sizes typically less than 2.36mm. This results in an overall low volume of rubber particles, thereby limiting their effectiveness in reducing pavement mixture stiffness. Conversely, an excessive volume proportion of rubber particles can compromise the mixture's interface bonding performance, leading to inadequate anti-spalling properties. Consequently, this deficiency may exacerbate issues regarding the durability of the road surface. Currently, there exist limited studies on the elastic mixed structure of the single grain interstitial frame, highlighting the necessity for comprehensive research in this area.

This study utilized a single particle size of 4.75 ~ 7.5mm stone, 2.36 ~ 4.75mm rubber content(10%, 20%), and two-component polyurethane to prepare a single-particle polyurethane porous elastic mixture with adesign porosity of 15% ~ 20%. The focus of this study was on the noise reduction performance of the mixture while also ensuring that the high temperature stability, low temperature bending performance, water stability, and anti-slip performance of the single particle frame hole structure mixture met application requirements. To evaluate the noise reduction performance of the mixture, indoor noise reduction performance tests were conducted using the tire rolling falling method and the tire vertical falling method. Additionally, the sound absorption coefficient of drilled core samples was tested using a standing wave tube. The objective of this study was to investigate the feasibility of implementing a single-stage polyurethane skeleton void mixture as a noise reduction pavement and pave the way for future research in this area.

1 Materials and mixture preparation

1.1 Raw materials

1.1.1 Polyurethane

As an adhesive in pavement mixtures, polyurethane is required to exhibit outstanding adhesion and cohesion properties in order to provide sufficient strength to the mixture. This is essential for ensuring that the pavement possesses adequate bearing capacity and durability. The polyurethane utilized in this research is a two-component system comprising component A (primarily isocyanate) and component B (polyol). The morphology of the blended polyurethane is depicted in the accompanying Figure 1, while the specific properties are presented in Table 1.

Figure 1 Two components polyurethane

Properties of polyurethane Table 1

Indexes	Results	
Viscosity (25°C, Pa/s)	Component A (isocyanate, black)	Component B (polyol, brown)
	4.78 ±0.1	1.33 ±0.1
Density (25℃, g/cm³)	1.22	1.32
	1.26	
Curing time	3.5h	
Tensile strength (7d, MPa)	13.7	
Drawing strength (7d, MPa)	PU-Crumb Rubber	PU-Aggregate
	8	4.9

1.1.2 Crumb rubber

In this study, crumb rubber particles with a particle size range of 2.36 ~ 4.75mm were employed as a partial replacement for stone aggregates. Table 2 presents the fundamental properties associated with these particles.

Properties of crumb rubber Table 2

Indexes	Results	Specification
Apparent density (g/cm³)	1.253	—
Moisture content (%)	0.3	<1
Carbon black content (%)	35	≥28
Rubber hydrocarbon content (%)	55	≥28
Elongated flat content (%)	6.3	<10
Shore hardness (%)	75	55 ~ 80

1.1.3 Aggregate

The study employs a grading type of 4.75 ~ 7.5mm single grain size. To form a skeleton structure of mutual interlocking, the mineral particles must possess certain properties such as strength, wear resistance, skid resistance, and impact resistance. The stone used in this study is diorite, which is widely distributed in the central and southern Qinling Mountains of Shaanxi Province. The technical indexes of the stone are presented in the Table 3.

Properties of coarse aggregate Table 3

Indexes	Results	Specification
Apparent relative density (g/cm³)	3.048	—
Gross volume relative density (g/cm³)	2.897	—
Crush value (%)	18.1	≤26

continued

Indexes	Results	Specification
Los Angeles wear loss(%)	19.5	≤28
Burnishing value(%)	49.2	≥42
Needle flake content(%)	8.8	≤10
Water absorption(%)	0.87	≤2.0

1.2 Mixture preparation

The PERS-8 mixture is designed using the volume method. The void ratio of the main skeleton is determined through an aggregate packing density test to obtain the void volume of the main skeleton. The void volume of the main skeleton is then equal to the sum of the fine aggregate volume, cement volume, mineral powder volume, and final void ratio of the mixture. The bulk density of coarse aggregates was determined using method T 0309 of JTG E42—2005 Aggregate Test Regulations for Highway Engineering. The particles above the key sieve holes in the mineral mixture were screened out and filled into the container as samples. The container had a height of 170mm and a diameter of 151mm(2R). The samples were filled to 1/3 of the container's height and uniformly inserted 25 times from the edge to the middle. The container was then filled to the top and the surface was scraped flat.

The formula is used to calculate the bulk density and ore gap rate of aggregate in a compacted state.

$$\rho = \frac{m_2 - m_1}{V} \tag{1}$$

Where, ρ is packing density in the rammed state (t/m^3); m_1 is mass of capacity cylinder(kg); m_2 is the total mass of the capacity cylinder and the sample (t/m^3); V is volume of the capacity cylinder(L).

$$VCA_{DRC} = \left(1 - \frac{\rho}{\rho_b}\right) \times 100 \tag{2}$$

Where, VCA_{DRC} is skeleton clearance rate of coarse aggregate under rammed state(%); ρ_b is gross bulk density of coarse aggregate as determined by T 0304 (t/m^3); ρ is the total mass of the capacity cylinder and the sample(t/m^3).

The PERS-8 Marshall sample wasprepared using the standard method. The design porosity of the sample was determined to be 20% based on the theoretical maximum density of the mixture. The Marshall double-sided compaction method was used 50 times.

To ensure the uniform distribution of rubber particles in the mixture, the rubber particles were mixed with the stone before adding the binder. This ensured the uniform distribution of rubber particles and stone in the mixture. The polyurethane was mixed at room temperature (25℃) according to the ratio of two-component polyurethane A : B = 4 : 1. After approximately 30 minutes, the polyurethane was added to the rubber particles and stone for cold mixing for 6 minutes.

Preparation of Standard Marshall Test Specimen: After mixing the materials, fill the mixture into the mold according to the calculated theoretical maximum density and design void ratio of 18%. The formed Marshall specimen is shown in Figure 2a).

Preparation of Plate Sample: Pour the mixture into a 300mm × 300mm × 50mm test mold, the sample of rutting plate is shown in Figure 2b).

The mixture is poured into a 500mm × 500mm × 50mm test mold. Plate sample is shown in Figure 2c) and d).

a)PU-8 Marshall specimen b)300mm×300mm specimen

c)500mm×500mm specimen PU-8(10) d)500mm×500mm specimen PU-8 (20)

Figure 2 PU-8 indoor test specimen

2 Laboratory test methods

2.1 Pavement performance test

The high-temperature stability, low-temperature stability, water stability, anti-strip performance. All the experiments were conducted in accordance with the Chinese standard JTG E20.

2.2 Noise performance test

2.2.1 Tire vertical drop method

The test for evaluating tire noise performance during vertical fall was conducted using ASTM standard test tires. The test plate measured 500mm × 500mm × 50mm, with a distance of 90cm between the bottom of the tire and the upper part of the test plate. The tire was suspended by a chain through the wheel hub, with the upper part of the chain welded with an iron plate and adsorbed by an electromagnetic relay. The tire's fall and adsorption are controlled by an external switch that powers the electromagnetic relay. To reduce background noise during the test, the chain is wrapped with a damping sheet. A sound level meter, equipped with sound-absorbing cotton (Beijing East Vibration Institute), is placed 30cm from the center of the test board. Noise testing was conducted using data translation software.

2.2.2 Tire rolling down method

The tire rolling drop test equipment, developed by the New Pavement Research Institute of Chang'an University, was used to test the rolling noise of a 500mm × 500mm × 50mm pavement at a speed of 30km/h. The specific equipment parameters are detailed in the reference[19].

2.2.3 Sound absorption coefficient test

A cylindrical sample was extracted from the circuit panel and its sound absorption coefficient was tested using the BSW standing wave tube. The sample measured 100mm × 50mm.

3 Results and discussions

3.1 Pavement performance of PERS-8

The PERS-8 rutting plate underwent a high-temperature performance test using a rutting instrument. The test was conducted at a temperature of 60℃, with a wheel pressure of 0.7MPa, a test wheel travel of 230mm, and a round-trip speed of 42 times/min. The dynamic stability was measured, and the cutting track plate was a 30mm × 35mm × 250mm trabecular specimen. The flexural tensile strength, maximum flexural tensile strain, and bending stiffness modulus of PERS 8 were calculated during failure using a low-temperature bending test at -10℃. The water stability of a standard PERS-8 Marshall specimen was tested through a water immersion flying test. The anti-sliding characteristics of PERS-8 were evaluated by measuring the British Pendulum Number (BPN) of the specimen using a pendulum instrument. The performance results are summarised in Table 4.

Pavement performance of PERS-8 Table 4

Indexes	Test results		Specifi cation
	10% wt Rubber	20% wt Rubber	
Dynamic stability (times/mm)	33158	42000	≥5000
Failure strain(με)	3730	5006	≥2500
Immersion flying test (%)	5.4	3.3	≤20
BPN(20℃)	82.6	87.7	45

Table 4 demonstrates that the dynamic stability of the PERS-8 mixture exceeds the code requirements for asphalt mixture, with a rubber content of either 10% or 20%. It is worth noting that polyurethane is not as sensitive to temperature as asphalt, and therefore rutting tests at 60℃ will not cause significant rutting to the mixture. Studies have also shown that the dynamic stability of polyurethane gravel mixture surpasses the specification for asphalt mixture. However, the addition of a large number of rubber particles to the mixture results in the storage of energy by these particles during the rolling process of the rutting test wheel. This stored energy is then released after the wheel is rolled, which effectively reduces the plastic deformation of the mixture. As a result, PERS-8 exhibits excellent high-temperature performance. Furthermore, the low temperature bending performance test indicates that the incorporation of rubber crumb enhances the recover ability of PERS- 8 from load-induced deformation, resulting in excellent low temperature cracking resistance. This outcome can be attributed to the robust bonding capabilities of polyurethane, which firmly binds the aggregate and rubber together. During the immersion flight test, PERS- 8 exhibited satisfactory flight loss and performance, which may be attributed to the strong adhesion of polyurethane. Additionally, the incorporation of a large number of rubber particles allowed the test piece to absorb most of the impact energy, thereby reducing damage. The skid resistance of PERS- 8 also meets the specified requirements. It is predictable that during the actual use, the polyurethane film on the mixture's surface will gradually wear off due to the load, exposing the aggregate. This exposure will enhance the mixture's skid resistance.

3.2 Noise reduction performance of PERS-8

3.2.1 Tire-pavement noise

Tire and road noise can be categorised into pumping noise, vibration noise, and rolling noise. The vibration noise of the tire on the road is simulated using the tire vertical falling method, while the rolling noise is simulated using the tire rolling falling method. The test results are presented in the Figure 3.

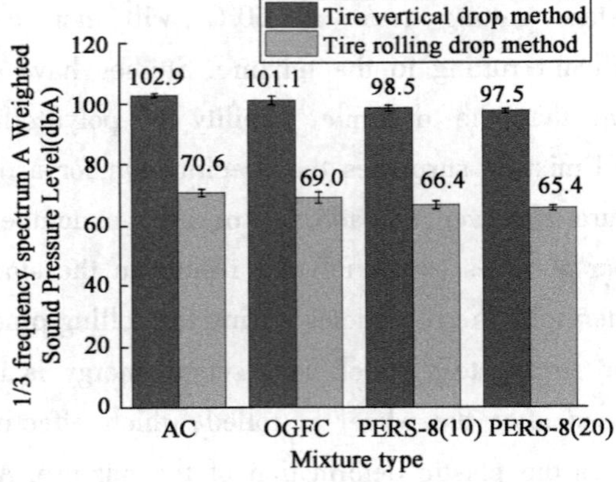

Figure 3 Tire-Pavement noise

The noise magnitude is sorted as shown in Figure 1when the tire vertical drop method is used. AC > OGFC > PERS-8(10) > PERS-8(20). PERS-8 has significant noise reduction performance than AC. PERS- 8 with 10% and 20% rubber content reduces noise by 4. 4dbA and 5. 5dbA respectively compared to AC mixture. This is because the addition of rubber particles reduces the stiffness of the mixture. The dynamic modulus of ordinary asphalt concrete is 20 to 1500 times higher than that of PERS[20]. This can be attributed to the fact that PERS is softer than ordinary asphalt pavement, resulting in less tire vibration. As a result, when a tire falls from the same height, the noise generated between the tire and pavement is reduced. Additionally, the inclusion of rubber particles allows PERS to store some of the energy when it receives an impact force. The impact energy is further dissipated and noise is reduced. Additionally, PERS-8 shows a comparable reduction in noise to OGFC, while the difference between OGFC and AC is not significant. This is due to the fact that tire vertical fall mainly produces vibration noise, and the impact of void ratio on noise is not dominant. Finally, the noise level of PERS-8 with 10% and 20% rubber content is only 1dbA. This can be attributed to the strong adhesion of the two-component polyurethane used after curing, which results in a high stiffness for both types of PERS- 8. Increasing the rubber particle content does not significantly affect the stiffness of PERS. As the voidage of PERS- 8 with 20% rubber content is smaller than that of PERS- 8 with 10% rubber content, the noise reduction capability of PERS-8(20) is also somewhat limited.

From Figure 3, it is evident that the noise level between different roads and tires follows a similar trend when employing the tire rolling and falling method. Moreover, PERS-8 shows a consistent reduction of 4 ~ 5dBA compared to AC, even with this method. This can be attributed to the incorporation of rubber particles, which effectively reduces vibration noise between the tire and the road surface. Additionally, PERS- 8 possesses a smaller nominal maximum particle size compared to AC and OGFC, the macrotexture of the pavement is reduced, and the vibration and noise of the tire are further reduced during driving. However, the advantages of OGFC in noise reduction with large gaps are not as pronounced when compared to AC. This can be attributed to two factors. Firstly, the tire specimen length on the road board is only 50 cm, with a contact time between the tire and the road surface of merely 80 ms to 100 ms. Due to this limited contact time, the noise-absorbing capabilities of large gaps are not fully showcased. Secondly, the accuracy of intercepting the contact time between the tire and the road plate is not precise enough, thereby affecting the processing of noise data. Consequently, further research should focus on enhancing the accuracy of intercepting the contact time between the tire and the road surface. Additionally, considering an increased length of the road surface would facilitate greater contact time between the tire and the road surface, allowing for a better representation of actual tire-road noise characteristics.

3.2.2 Absorption coefficient

When sound propagates through a material, it undergoes various phenomena. A portion of the sound is fully reflected, another portion is transmitted, and a fraction is converted into heat energy within the material's gaps. Typically, this conversion of sound energy into heat energy serves as an indicator of the material's sound absorption capability. The sound absorption capacity is quantified by the sound absorption coefficient α, which represents the proportion of sound wave absorption per unit area. The range of α typically falls between 0 and 1, where 0 indicates complete sound wave reflection and 1 signifies total sound wave absorption. A higher sound absorption coefficient indicates a stronger sound absorption capacity for the material.

To measure the sound absorption coefficient of the mixed material, we used an impedance tube device provided by BSWA. The sample is placed in a section of the impedance tube. At one end of the device, a speaker emits white noise, and the resulting sound waves travel down the tube to create two plane waves, an incident wave and a reflected wave[22]. A cylindrical specimen, measuring 100mm in diameter and 50mm in height, was extracted from the rut plate for testing purposes.

Previous studies have indicated that the noise frequency between the tire and the road surface primarily concentrates within the range of 630 to 2000Hz[23]. Therefore, this study selected a frequency range of 63 to 1600Hz for sound absorption measurement. Figure 4 depicts the sound absorption coefficients of PU-8 and OGFC-10, both of which contain two types of rubber. The results show that the sound absorption coefficient of the two types of PERS-8 is significantly higher than that of OGFC-10. Notably, the void ratio of PERS-8(10) and PERS-8(20) is 18% and 16%, respectively, whereas that of OGFC-10 is 20%. As previous studies have reported, a higher void ratio leads to a higher sound absorption coefficient[24,25]. However, the opposite result was obtained in this study, which can be attributed to the larger interconnecting voidage of PERS-8 relative to OGFC-10. Consequently, the sound absorption coefficient remains relatively high even when the voidage is lower than that of OGFC.

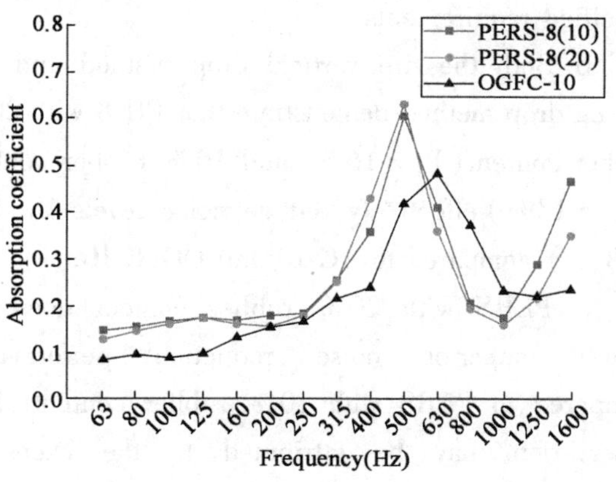

Figure 4 Sound absorption coefficient of PERS-8 with different rubber content

When comparing PERS-8 with different rubber content, it is observed that although the porosity of PERS-8 with 10% rubber content is greater than that of 20% rubber content, the latter displays better sound absorption performance. This can be attributed to the increase of rubber content, which enables finer rubber particles to fully fill the gaps between stones, resulting in better continuity between the gaps. Furthermore, this leads to a higher connection gap and better sound absorption coefficient.

Additionally, it is noted that the frequency corresponding to the position of the maximum peak of PERS-8 appears to be smaller than that of OGFC-10. This may be due to the difference in mixture type, as previous studies have shown that large void mixtures such as OGFC and PAC have greater absorption of medium and high frequency sound waves[26].

4 Conclusions

In this study, we conducted single grading design for a polyurethane porous elastic mixture using a single particle grade. We then tested the performance of the mixture with varying rubber particle content. Furthermore, we evaluated the noise reduction capabilities of the polyurethane porous elastic mixture using indoor noise testing equipment. Our findings are summarized as follows:

a. The rutting resistance, low-temperature bending performance, water stability performance, and skid resistance of both types of rubber-mixed polyurethane porous elastic mixtures meet the specified requirements.

b. Both the tire vertical drop method and tire rolling drop method demonstrate that PU-8 with 20% rubber content (V_v = 16%) and 10% rubber content (V_v = 18%) effectively reduce noise levels by 4 ~ 6dB(A) compared to AC-10 and OGFC-10.

c. PERS with 20% rubber content does not exhibit superior noise reduction performance compared to PERS with 10% rubber content. This observation may be attributed to the excessive adhesive force of the polyurethane used after curing, which diminishes the damping and noise reduction performance of the mixture. Further studies should investigate the optimal rubber content and polyurethane content.

d. Although PU-8 with 20% rubber content has a smaller voidage, it possesses the highest sound absorption coefficient when compared to PERS-8 and OGFC with 10% rubber content. This suggests that the addition of rubber content effectively enhances the interconnecting voids in the single-grain polyurethane porous elastic mixture, resulting in maximum sound absorption coefficients. Further analysis is necessary to explore the relationship between different rubber content and interconnecting voids in PERS.

References

[1] SINGH D, KUMARI N, SHARMA P A. Review of adverse effects of road traffic noise on human health[J]. Fluctuation and Noise Letters, 2018, 17(1):1830001.

[2] ROSWALL N, RAASCHOU-NIELSEN O, KETZEL M. Long-term residential road traffic noise and NO_2 exposure in relation to risk of incident myocardial infarction-a Danish cohort study[J]. Environmental Research, 2017, 156: 80-86.

[3] BARCELO M A, VARGA D, TOBIAS A, et al. Long term effects of traffic noise on mortality in the city of Barcelona, 2004—2007 [J]. Environmental Research, 2016, 147:193-206.

[4] NPC. S ocial development and the long-range objectives through the year 2035[EB/OL]. http//www. gov. cnxinwen2021-0313content.

[5] EJSMONT J A, GOUBERT L, RONOWSKI G. Low noise poroelastic road surfaces [J]. Coatings(Basel), 2016, 6(2):18.

[6] LI T, BURDISSO R, SANDU C. Literature review of models on tire-pavement interaction noise [J]. Journal of Sound and Vibration, 2018, 420:357-445.

[7] PARK J, DÍAZ-POSADA N, MEJÍA-DUGAND S. Challenges in implementing the extended producer responsibility in an emerging economy: The end-of-life tire management in Colombia[J]. Journal of Cleaner Production, 2018, 189:754-762.

[8] FAZLI A, RODRIGUE D, Recycling waste tires into ground tire rubber (GTR)/rubber compounds: a review [J]. Journal of Composites Science, 2020, 4(3):103.

[9] KOKOT D, MIHAEL R. Poroelastic block

pavement as a low tyre/road noise solution for cities[C]//Proceedings of the Euronoise 2015: 1309-1313.

[10] GOUBERT L, BENDTSEN H, BERGIERS A, et al. The poroelastic road surface(PERS): is the 10dB reducing pavement within reach? [J]. Materials and Infrastructures, 2016, 5.

[11] SANDBERG U. Low noise road surfaces-a state-of-the-art review [J]. Journal of the Acoustical Society of Japan, 1999, 20: 1-17.

[12] LIAO G, WANG H, XIONG J, et al. Mechanical properties of poroelastic road surface with different material compositions [J]. Journal of Materials in Civil Engineering, 2020, 32(9).

[13] LYU L, DONG Y, ZHAO D, et al. Mechanical and acoustic properties composition design and effects analysis of poroelastic road surface[J]. Journal of Materials in Civil Engineering, 2021, 33(10).

[14] GOUBERT L. In developing a durable and ultra low noise poroelastic pavement [C] // Inter-noise and Noise-con Congress and Conference Proceedings, Institute of Noise Control Engineering, 2014: 4688-4697.

[15] CONG L, WANG T, TAN L, et al. Laboratory evaluation on performance of porous polyurethane mixtures and OGFC[J]. Construction & Building Materials, 2018, 169: 436-442.

[16] XU Y, DUAN M, LI Y, et al. Durability evaluation of single-component polyurethane-bonded porous mixtures [J]. Journal of Materials in Civil Engineering, 2021, 33(7).

[17] KONGQING Q. The research on interface damage around rubber particles of porous elastic mixture [D]. Nanjing: Southeast University, 2020.

[18] CHEN J, YIN X, WANG H, et al. Evaluation of durability and functional performance of porous polyurethane mixture in porous pavement[J]. Journal of Cleaner Production, 2018, 188: 12-19.

[19] DONG S, HAN S, LUO Y L, et al. Evaluation of tire-pavement noise based on three-dimensional pavement texture characteristics [J]. Construction & Building Materials, 2021, 306: 124935.

[20] BILIGIRI K P, KALMAN B, SAMUELSSON A. Understanding the fundamental material properties of low-noise poroelastic road surfaces [J]. The International Journal of Pavement Engineering, 2013, 14(1): 12-23.

[21] LIAO G, SAKHAEIFAR M S, HEITZMAN M, et al. The effects of pavement surface characteristics on tire/pavement noise [J]. Applied Acoustics, 2014, 76: 14-23.

[22] KNABBEN R M, TRICHÊS G, GERGES S N Y, et al. Evaluation of sound absorption capacity of asphalt mixtures [J]. Applied Acoustics, 2016: 114: 266-274.

[23] GARG N, SHARMA O M S. Design considerations for enhancing sound insulation characteristics of window glazing for traffic noise abatement [J]. Building Acoustics, 2012, 19(2): 89-97.

[24] CHU L, FWA T F, TAN K H. Evaluation of wearing course mix designs on sound absorption improvement of porous asphalt pavement [J]. Construction & Building Materials, 2017, 141: 402-409.

[25] LIU Y, LIU W, YANG B, et al. In study on correlation between voidage and sound absorption coefficient of urban low noise road pavement[C]//2011: 3520-3523.

[26] LI B, CAO K, ZHOU J, et al. Laboratory investigation on influence of mixture parameters on noise reduction characteristics of porous asphalt concrete [J]. The International Journal of Pavement Engineering, 2023, 24 (2): 1-15.

多孔沥青路面降噪性能维护标准的研究

高雅琳[1]　李纯茜[2]　陈兴年[3]　陈先华*[1]
(1. 东南大学交通学院;2. 江苏东方高速公路经营管理有限公司;
3. 湖州市华兴城建发展有限公司)

摘　要　为研究多孔沥青路面空隙堵塞情况下降噪性能的演变规律,本文提出降噪性能维护标准,采用 CT 扫描重构三维路面模型,并借助 Abaqus 有限元软件建立路面-空气-轮胎耦合模型,对堵塞效应下不同空隙率的轮胎/路面噪声进行分析。结果表明:随着空隙率的增加,轮胎/路面噪声的平均声压级逐渐降低,最低路面噪声声压级明显降低,而最大路面噪声声压级差别并不明显;降雨对多孔沥青路面的降噪性能影响并不明显;堵塞和堵塞降雨叠加条件下,路面噪声平均声压级增加值随着空隙率的增大先增大后减小。本文提出安静路面维修养护工作的临界空隙率阈值标准:清洗降噪路面的界限空隙率为 17%,失效警戒空隙率为 14%。

关键词　降噪性能　有限元模拟　维护标准　多孔沥青混合料

0　引言

随着现代工业和社会经济的快速发展,交通基础设施建设越来越完善,汽车保有量不断增长,但随之带来的交通噪声污染问题日益严重。道路噪声已逐渐成为城市环境噪声污染的主要问题[1]。多孔沥青路面采用空隙率较大、连通空隙较多的沥青混合料铺筑路面表层[2],不仅可以通过连通空隙快速排出雨水,有效缓解甚至避免城市内涝问题,而且可以有效降低轮胎/路面噪声,在市政降噪方面作用显著,被广泛应用于市政道路建设中。但在其服役过程中,多孔结构表面易受到灰尘和碎屑的堵塞以及在车辆荷载作用下发生变形堵塞空隙[3-4],甚至沥青黏结剂的蠕变也会导致空隙堵塞[5],导致空隙率下降影响降噪性能甚至缩短使用寿命。基于多孔沥青混合料的降噪原理,已有学者对多孔沥青混合料的堵塞机理及噪声特性等进行研究[6-9],但从降噪角度何时对服役的多孔沥青路面进行维修和养护,以恢复提高其降噪性能和延长使用寿命,还缺乏明确的标准。

基于以上问题,本文通过模拟多孔沥青路面降雨和堵塞的实际状态,采用 CT 扫描重构多孔沥青路面三维模型,并借助 Abaqus 有限元软件构建路面-空气-轮胎耦合模型,以此探究堵塞效应导致空隙率下降时多孔沥青混合料的降噪性能演变规律,进而从降噪角度对路面服役期间的维护标准提出建议,对多孔沥青路面的维修和养护工作具有积极的现实意义。

1　试验准备

1.1　原材料

本文选用 70 号基质沥青 +10% 高黏剂改性的高黏沥青,25℃针入度为 4.42mm,软化点为 71.2℃,延度(5℃)为 35.9cm。集料采用玄武岩;玄武岩和矿粉各项性能指标均满足技术规范要求。

1.2　试件制备

本文以 PA-13 按规范方法进行不同空隙率(14% ~20%)的多孔沥青混合料配合比设计。根据《公路工程沥青及沥青混合料试验规程》(JTG E20—2011)制备多孔沥青混合料试件,首先确定集料初始级配范围与初始沥青用量,制备马歇尔试件,进行析漏与飞散实验,综合析漏损失、飞散损失和空隙率分布得到 PA-13 级配的最佳油石比,最终确定不同空隙率的沥青混合料的合成级配,见图 1。并将多孔沥青混合料切割成 6cm × 6cm × 6cm 的立方体试件,为后续扫描工作做准备。

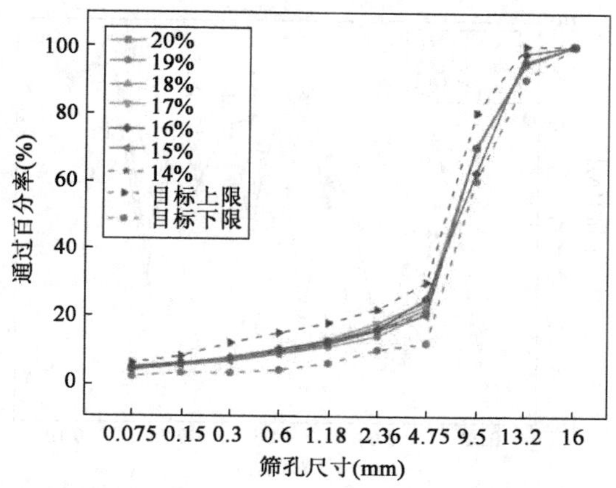

图1　不同空隙率的多孔沥青混合料的级配曲线

1.3　试验方案

对制备好的不同空隙率的多孔沥青混合料平行试件进行降雨模拟、堵塞模拟以及降雨和堵塞叠加模拟。采用东南大学高精度工业 CT 扫描仪对以上试件和原始试件进行扫描,再使用三维重构软件处理图像识别混合料各组分,从而建立相应的多孔沥青路面三维重构模型,并利用 Abaqus 有限元软件建立路面-空气-轮胎耦合模型。通过有限元模拟得到不同条件下路面的轮胎/路面噪声分布规律,以此探究多孔沥青混合料的降噪性能演变规律,并在此基础上提出合理的降噪性能维护标准。

2　有限元模型建立

2.1　三维重构模型

多孔排水性沥青混合料因受到内部空隙分布的影响,X 射线沿扫描方向的衰减系数是一变量[10]。通过测定被测材料内部的 X 射线衰减系数,经计算机运算处理,将其转化为图像上的灰度分布,从而获得含有细观结构信息的二维数字图像。在本节的扫描及有限元建模工作中,选择空隙率为 20% 的多孔沥青混合料作为研究对象。

本试验扫描间隔为 0.1mm,扫描后对切片进行预处理,如图 2 所示。使用三维重构软件 Mimics 处理扫描图像,通过阈值识别混合料中的各组分。将 CT 扫描图像导入 Mimics 软件中进行叠加处理,根据体像素分布图中 CT 值的阶梯式变化,得出粗集料和沥青砂浆的 CT 值范围为 49 ~ 255HU,空隙的 CT 值范围为 0 ~ 49HU。在上述得到的阈值基础上,利用 Calculate 3D 模块分别建立粗集料和沥青砂浆以及空隙部分的三维重构模型,厚度设为 5cm。

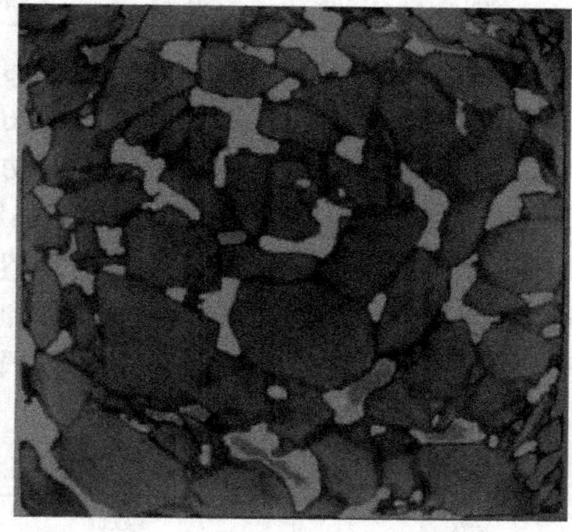

图2　CT 扫描预处理后图象

2.2　路面-空气-轮胎耦合模型

将在 Mimics 软件中建好的路面三维重构模型导入到 Abaqus 有限元软件中,构建路面-空气-轮胎的三维耦合模型。将路面模型导入 Abaqus 有限元软件中,模型如图 3 所示。从图 3b) 中可以看出路面的空隙分布。将其定义为线弹性材料,相关参数见表 1。再构建 1m × 1m × 0.8m 的立方体空气模型,将轮胎部分挖去,设置声学单元 Acoustic,单元类型 AC3D4。并将外界边界条件设为完全吸收边界条件,覆盖空气模型的四周和顶部声阻抗。设置空气模型材料密度为 1.2kg/m^3,屈曲模量为 14200Pa。

a)路面三维网格

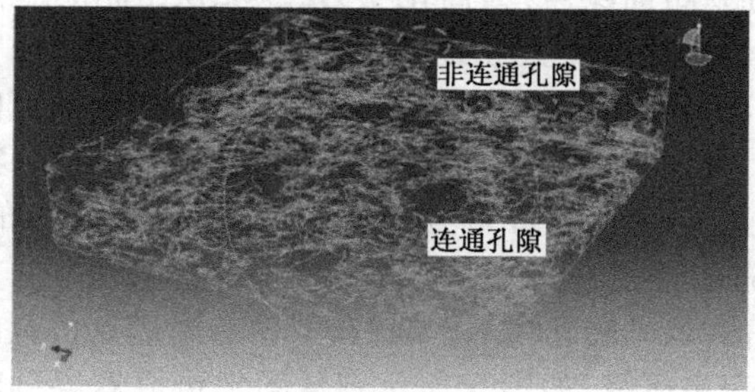

b)空隙分布

图3　路面模型

路面材料参数　　表1

材料	密度(kg/m^3)	阻尼系数	泊松比	模量(Pa)
路面	2400	0.9	0.15	3×10^9

若考虑汽车轮胎的多种非线性特征来构建模型,会导致计算过程过于复杂,且收敛性不好[11]。本文利用Abaqus有限元软件的Revolution功能建立简化轮胎模型,材料选为橡胶,采用Yeoh本构模型。单元类型定义为C3D8R[12],轮胎模型的材料参数设置见表2。将路面模型、空气模型和轮胎模型导入Abaqus有限元软件并完成装配,耦合模型如图4所示。

轮胎橡胶材料的Yeoh模型材料参数　表2

参数	数值
C_{10}	0.7×10^6
C_{20}	-0.27×10^6
C_{30}	0.09×10^6
D_1	7.25×10^{-8}
D_2	0
D_3	0
密度(kg/m^3)	1100

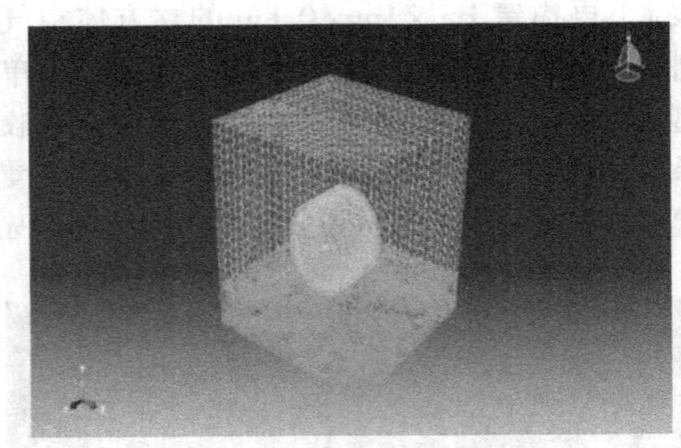

图4　路面-空气-轮胎耦合模型

2.3　轮胎/路面噪声分析验证

采用上述耦合模型来模拟车辆行驶过程中的轮胎/路面噪声,为简化受力过程,仅给轮胎施加一个角速度使其原地转动。研究采用了谢永[13]得出的60km/h的车速下的轮胎竖向位移-距离曲线,施加到轮胎上模拟车辆行驶时的竖向位移。通过有限元分析得到不同时刻的声压场分布,Abaqus有限元软件得到的是轮胎/路面噪声的声压值,将其转化为声压级,获取轮胎附近点位置的噪声声压级,如图5所示。从图中可以观察到轮胎/路面噪声曲线呈现出明显的周期性波峰和波谷,与实际情况相符合。

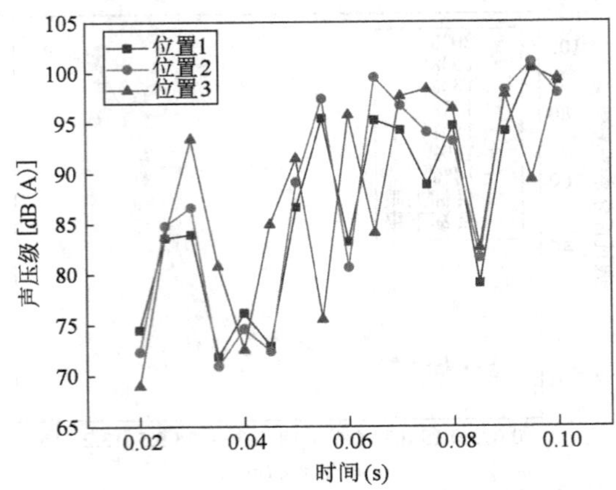

图5　轮胎/路面噪声声压级

3　堵塞效用下多孔沥青混合料降噪性能研究

3.1　空隙率变化原始模拟

本节先基于空隙率的变化对轮胎/路面模型的噪声变化进行分析,与前述2.1节模型扫描建立步骤相同,基于CT扫描对不同空隙率的多孔沥青路面进行三维重构,获取相应的CT扫描图。再将上文建立的耦合模型中的路面部分替换为不同空隙率的路面重构模型,选取轮胎附近的点来读取声压值数据,将其转换为相应的声压级,绘制不同空隙率路面的轮胎/路面噪声箱形图,如图6所示。随着空隙率的增加,轮胎/路面噪声的平均声压级逐渐降低,最低路面噪声声压级明显降低,但最高路面噪声声压级的差别并不明显。因为随着空隙率增大,通过路面空隙直接耗散的噪声增加,此部分噪声直接被路面吸收;通过路面空隙多次反射回到获取噪声点的噪声也增加,当反射声和直射声在获取噪声点相遇时会发生干涉,使得获取的噪声声压级明显降低。并且不论空隙率如何变化,都会有从声源直射到获取噪声点的声音。因此最低噪声声压级会明显降低,而最大噪声声压级的变化并不明显。

此外,当空隙率从14%增加到17%时,轮胎/路面噪声明显降低,而空隙率从17%增加到20%时,轮胎/路面噪声变化则没有前者明显。故从路面堵塞导致路面空隙率下降和降噪的角度提出,将17%作为提醒清洗路面的界限空隙率,当空隙率低于17%时,应当及时清洗路面,并将14%作为失效警戒空隙率。

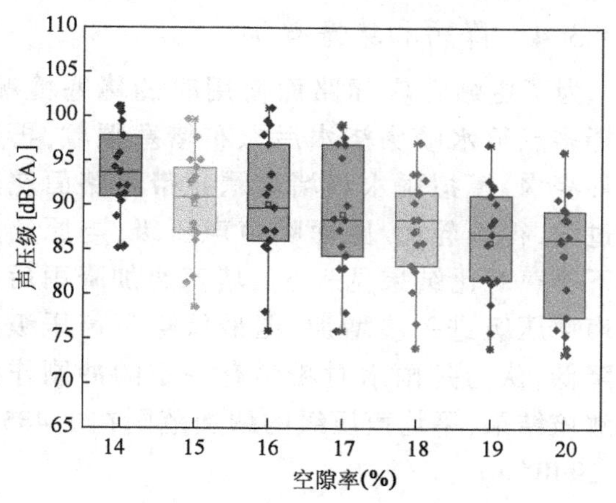

图 6　不同空隙率路面噪声分布

3.2　降雨模拟

本文采用室内可控洒水的方式，来模拟降雨路面覆水状态，研究多孔沥青混合料在降雨条件下的降噪性能变化。试验给水装置为洒水量可控的多点给水喷头，如图 7 所示。据调研得到 2022 年南京市平均降雨量为 102mm，按照此降雨强度给混合料试件浇水，以模拟降雨条件下雨水填充路面空隙的状态。

完成洒水试验后将多孔沥青混合料进行同前述步骤的三维重构，得到不同空隙率多孔沥青混合料在降雨条件下的轮胎/路面噪声声压级，如图 8所示。与 3.1 节中得到的原始干燥条件下的轮胎/路面噪声进行对比，如表 3 所示。对比可得，降雨对多孔沥青混合料的降噪性能影响并不明显，整体变化趋势与干燥状态下基本相同，路面噪声平均声压级增加值为 0.587 ~ 1.142dB(A)。

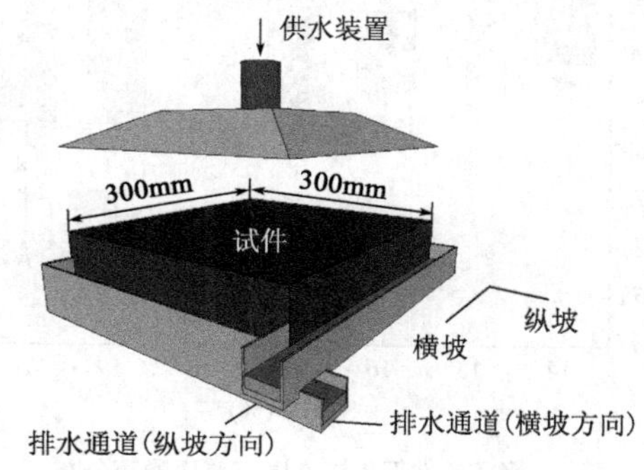

图 7　洒水试验给水装置

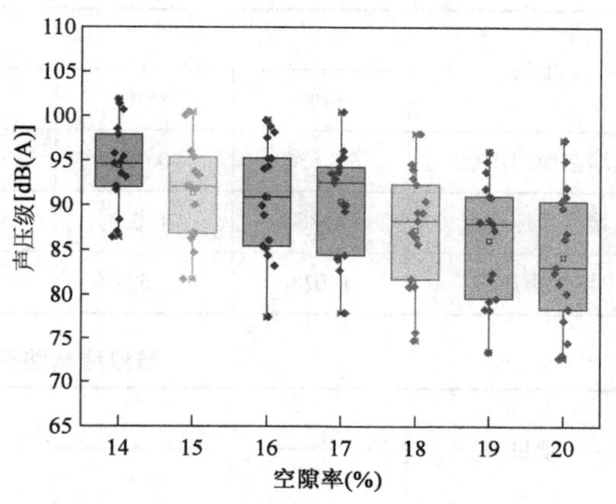

图 8　降雨条件下不同空隙率路面噪声声压级分布

模拟降雨路面噪声声压级对比[dB(A)]　　表 3

项目	空隙率						
	14%	15%	16%	17%	18%	19%	20%
干燥声压级	93.836	90.104	90.089	88.987	87.203	85.817	84.338
降雨声压级	94.423	91.174	91.075	89.797	88.345	86.584	84.997
增加声压级	0.587	1.070	0.986	0.811	1.142	0.767	0.659

3.3　堵塞模拟

研究表明，细颗粒粉尘是造成路面堵塞的主要成分[14]，本文选择 0.15 ~ 0.6mm 玄武岩、0.15 ~ 0.6mm石灰岩、0.15 ~ 0.3mm 橡胶粉作为堵塞物，将堵塞物混合并撒布在试件表面，为使混合堵塞物充分进入混合料空隙中，在振动台上让试件振动 5min，期间不断添加堵塞物，振动完成后拂去试件表面尘土。对堵塞后的试件进行三维重构，并通过有限元模拟得到堵塞后的轮胎/路面噪声声压级(图 9)，与堵塞前对比，如表 4所示。可得堵塞后的多孔沥青混合料的噪声声压级明显增加，空隙率 16% 及以下的多孔沥青混合料的最低声压级均高于 80dB(A)，最高声压级变化不明显，平均声压级增加范围在 1.028 ~5.247dB(A)。

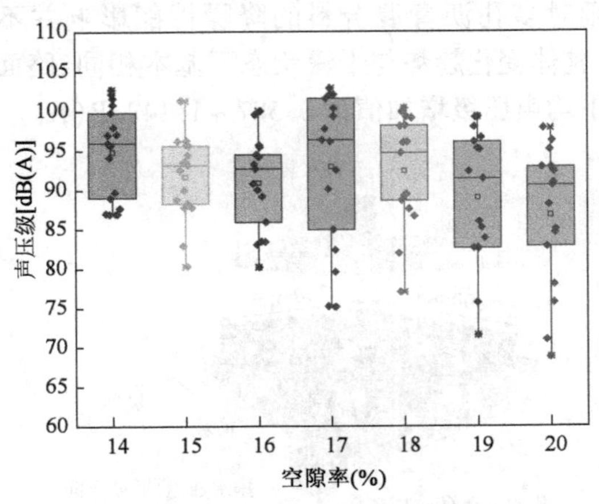

图9 堵塞条件下不同空隙率路面噪声分布

3.4 降雨和堵塞叠加

为了更贴合实际路面使用时的堵塞情况，选择多点给水喷头浇水后撒布堵塞颗粒，再给试件浇水，模拟雨水将堵塞颗粒带入路面空隙的过程，得到轮胎/路面噪声声压级，与原始条件下噪声对比结果见表5。堵塞叠加降雨后的噪声声压级进一步增加，但最低噪声声压级反而降低，认为是雨水对粉尘有一定的冲刷作用导致该结果，平均声压级的增加范围在1.485～6.329dB(A)。

模拟堵塞路面噪声声压级对比[dB(A)] 表4

项目	空隙率						
	14%	15%	16%	17%	18%	19%	20%
堵塞前声压级	93.836	90.104	90.089	88.987	87.203	85.817	84.338
堵塞后声压级	94.864	91.683	91.889	92.996	92.450	88.884	86.530
增加声压级	1.028	1.579	1.800	4.010	5.247	3.067	2.192

模拟堵塞路面噪声声压级对比[dB(A)] 表5

项目	空隙率						
	14%	15%	16%	17%	18%	19%	20%
原始声压级	93.836	90.104	90.089	88.987	87.203	85.817	84.338
降雨+堵塞声压级	95.320	92.157	92.061	93.978	93.374	92.146	87.920
增加声压级	1.485	2.053	1.972	4.992	6.171	6.329	3.582

将三种条件下不同空隙率的平均噪声声压级增加值进行对比，如图10所示。降雨条件下，多孔沥青混合料的平均噪声声压级增加值均在1.2dB(A)以下；堵塞和堵塞降雨叠加条件下，多孔沥青混合料的平均噪声声压级增加值先增大后减少，空隙率20%的声压级增加值相比空隙率17%～19%的低，认为空隙率较大的多孔沥青混合料有较好的抗堵塞和降噪能力；空隙率14%～16%的声压级增加幅度相似，空隙率17%～19%的声压级增加幅度相似且明显增加，即在这一空隙率区间内，堵塞导致路面噪声声压级明显增加。故与前文结论一致，当路面空隙率低于17%时，应当及时清洗路面，清理路面堵塞物，恢复由于路面堵塞而降低的降噪能力；当路面空隙率降低至14%及以下时，认为该路面将不再具备明显的降噪优势。

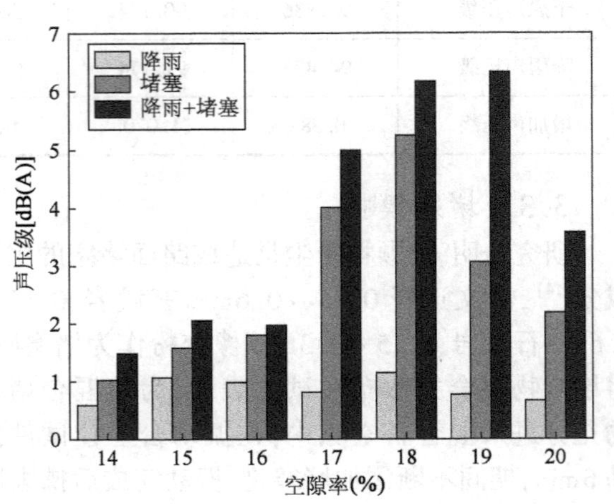

图10 不同条件下路面噪声平均声压级增值

4 结语

本文制备不同空隙率的多孔沥青混合料试件,采用CT扫描试件重构三维路面模型来还原真实的混合料空隙结构,并通过有限元软件模拟不同条件下多孔沥青路面降噪性能的演变规律,得到以下结论:

(1)随着空隙率的增加,轮胎/路面噪声平均声压级逐渐降低,最小路面噪声声压级明显降低,而最大路面噪声声压级差别并不明显。

(2)降雨对多孔沥青混合料的降噪性能影响并不明显,整体变化趋势与干燥状态下基本相同,路面噪声平均声压级增加在0.587~1.142dB(A)。

(3)堵塞和堵塞降雨叠加条件下,路面噪声平均声压级增加值随着空隙率增大先增大后减少。

(4)结合空隙率变化和堵塞模拟,提出安静路面维修养护工作的临界空隙率阈值标准:清洗降噪路面的界限空隙率为17%,失效警戒空隙率为14%。

参考文献

[1] 刘明茜.基于细观结构的多孔沥青混合料降噪性能研究[D].南京:南京航空航天大学,2021.

[2] CROCKER M J. Handbook of Noise and Vibration Control[M]. New Jersey: John Wiley &Sons,2007.

[3] TAKAHASHI S. Comprehensive study on the porous asphalt effects on expressways in Japan: based on field data analysis in the last decade [J]. Road Materials and Pavement Design, 2013,14(2):239-255.

[4] MANSOUR T N, PUTMAN B J. Influence of Aggregate gradation on the performance properties of porous asphalt mixtures [J]. Journal of Materials in Civil Engineering,2013, 25(2):281-288.

[5] HAMZAH M O, HASAN M R M, VAN D V M. Permeability loss in porous asphalt due to binder creep [J]. Construction and Building Materials,2012,30:10-15.

[6] 何亮,周子栋,VAN D B W,等.多孔沥青混合料堵塞规律离散元仿真[J].交通运输工程学报,2023,23(02):78-91.

[7] 李金凤,何兆益,孔林.多孔沥青混合料的声学性能评价[J].西南交通大学学报,2022,57(1):207-214.

[8] VAITKUS A, ANDRIEJAUSKAS T, VOROBJOVAS V, et al. Asphalt wearing course optimization for road traffic noise reduction[J]. Construction and Building Materials,2017,152:345-356.

[9] 陈俊,孙振浩,李嘉浩,等.基于声传播模拟的多孔沥青混合料吸声性能与孔结构关系[J].重庆交通大学学报(自然科学版),2023,42(8):38-44.

[10] 李纯茜.多孔沥青混合料的吸声特性与降噪行为研究[D].南京:东南大学,2023.

[11] 朱飞.扩建条件下高速公路降噪方法研究[D].南京:东南大学,2021.

[12] 杨佳昆.基于有限元数值模拟进行沥青路面噪声特性研究[D].长春:吉林大学,2023.

[13] 谢永.车-胎-路耦合下沥青路面车外噪声特性及频谱评定[D].南京:东南大学,2017.

[14] 魏定邦.基于细观结构的排水沥青路面空隙堵塞规律及其机理研究[D].兰州:兰州交通大学,2020.

多尺度钢渣集料与沥青界面黏附性研究

胡培琦[1] 安伟亮[2] 王丽丽[3] 陈先华*[1]

(1.东南大学交通学院;2.南京市公共工程建设中心;3.苏州三创路面工程有限公司)

摘 要 集料-沥青的黏附性能对道路的耐久性有着重要影响,而钢渣作为一种具有良好路用性能的材料,关于其与沥青的黏附性的研究相对较少。为了探究钢渣集料与沥青界面的黏附性能,本文研究提出通过宏观、微观和纳米观试验分别对钢渣、玄武岩和石灰岩集料与沥青界面黏附性进行评价。结果显示,钢渣表现出较高的黏附性。具体来说,宏观试验揭示钢渣粗糙表面提升了与沥青的接触,微观分析发现其颗粒不规则性增加了界面黏附性,而纳米级试验表明钢渣表面的高吸附能力显著提高了黏附力。本研究针对钢渣沥青混合料的路用性能给出了基于多尺度黏附性评价的试验支撑,对钢渣等冶炼渣运用于道路工程的课题具有一定的指导意义。

关键词 道路工程 钢渣 路用性能 黏附性 多尺度评价

0 引言

钢渣,作为钢铁冶炼的副产物,每年在我国产生近1亿t,累计堆存量接近18亿t[1]。其复杂成分和低胶凝活性导致资源化利用难度大,利用率低,同时造成了大量占地和环境污染问题[2]。尽管钢渣的坚硬质地、高硬度强度和表面粗糙多孔特性预示其在道路建设中具有潜在应用价值[3],但目前关于其与沥青黏附性的研究仍相对缺乏。钢渣集料中的游离氧化钙和氧化镁含量可能导致沥青混合料吸水后体积膨胀和开裂,影响体积稳定性[4-6]。此外,高吸水率可增加沥青混合料的实际沥青用量[7],而钢渣表面的陈化产物可能阻碍与沥青的直接黏结,从而将进一步影响黏附性能[8-11]。

鉴于这些问题,本研究计划通过宏观水浸法、微观颗粒特征法以及纳米级原子力显微镜(AFM)分析,综合评估钢渣与沥青间的黏附性,目的是探究其耐水性、颗粒特征对吸附性的影响及微观黏附机制,尤其是陈化产物的作用。通过多尺度研究深入分析钢渣与沥青间的黏附性能,评估钢渣在沥青混合料中的应用潜力,旨在为钢渣在道路工程中的高效利用提供科学依据。

1 集料与沥青黏附机理和评价方法

1.1 黏附机理和影响因素

在公路沥青路面的服役过程中,水分引起的沥青路面集料剥离是公路病害的主要形式之一,因此,深入研究集料与沥青之间的黏附性对于提高路面耐久性和减少病害具有重要意义。

目前大多数学者认为,沥青与集料之间的黏附不仅涉及复杂的物理作用,如机械粘接和极性作用力[12],而且还涉及静电力和化学键力(如离子键、共价键和配位键)[13],这些力量在黏附过程中起到了关键作用。分析沥青与钢渣的黏附性时,应综合考虑物理因素(如集料的表面结构和沥青的黏附特性)和化学因素(如集料的 pH 值和沥青的化学特性)。

钢渣、玄武岩和石灰岩作为集料,它们与沥青的黏附机制既有相似之处也有差异。钢渣因其多孔结构和碱性特性,能有效吸附沥青。而玄武岩的黏附性因其晶体结构而异,体现出不均一的黏附特点,且呈现中性到弱碱性。石灰岩则因其碱性和致密均匀的微晶结构,在与沥青的黏附上表现出独特的特性。而为了探究钢渣、玄武岩、石灰岩三种集料的形态结构和表面纹理,经过预处理后,采用扫描电子显微镜(SEM)进行分析。三种集料的 SEM 图像展示于图1。

由图1可知,钢渣表面的矿物相对较为复杂,呈现出明显的粗糙度和多孔特性;相比之下,玄武岩和石灰岩表面的晶体结构种类较多,但结构相对一致,表面杂质和不规则性相较钢渣少,呈现出相对平滑、密实的特点。钢渣的多孔结构和微裂缝为沥青提供了更多接触面积,初步判断钢渣具有更好的黏附性。接下来将介绍本研究采用的多尺度黏附性评价方法。

a)钢渣表面形貌

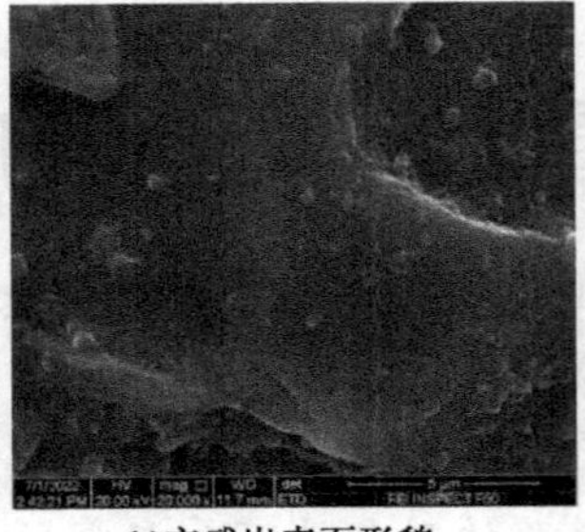
b)玄武岩表面形貌

c)石灰岩表面形貌

图1 电子扫描显微镜成像结果

1.2 黏附性评价方法

当前,宏观试验中用于评估沥青与集料附着力及其抗水损害能力的方法众多,通常分为动态法和静态法。动态法因其操作复杂在国内较少采用。静态法则包括多种试验,如水煮法、水浸法、NAT法、残留马歇尔试验等[14],以简便直观为特点。本次研究中所使用的水浸法因其简单操作和直观结果而在国内外广泛应用,且能更直观地检测裹附沥青后的集料表面的抗水侵蚀能力[15],尽管其可能存在因主观性导致的误差,但依然具有广泛的可接受性和可比性,且是评估黏附性的经典方法。

微观试验将使用 Occhio-SCAN700 全自动激光颗粒度分析仪通过数字图像分析技术评估粗集料的颗粒形态特征,如长度、宽度、长宽比、圆度等,以分析钢渣颗粒特性与混合料性能之间的关系,为其进一步应用提供依据。

纳米观试验中使用的原子力显微镜(AFM)是一种高分辨率显微技术,通过探测探针与样品之间的相互作用力,获取材料表面的形貌及物理性质信息。AFM 能够精确测量样品表面的黏附力,并提供详细的表面三维形貌、材料模量和粗糙度数据[16],进而深入探讨钢渣界面的黏附特性。

鉴于每种试验方法都有其独特的优势和局限,选择适当的试验方法需根据具体需求决定。本研究旨在通过宏观、微观、纳米观多尺度方法,综合分析钢渣与沥青间的黏附性能,为钢渣在道路材料中的应用提供科学支撑。

2 钢渣与沥青黏附性试验评价

2.1 试验材料

本次研究采用江苏永联钢厂提供的钢渣,对比材料玄武岩和石灰岩均来源于苏州三创路面工程有限公司。沥青采用橡胶高黏改性沥青(简称"HVR"),HVR 由 20% 胶粉掺量和 8% 外掺高黏改性剂对 70 号石油沥青进行复合改性而成,25℃针入度 55.0(0.1mm),软化点 88.2℃,5℃延度 41.3cm,60℃动力黏度 121020Pa·s,25℃弹性恢复为 95.5%。所用改性沥青主要用于与粗集料拌和制备沥青裹附的集料。

2.2 多尺度试验过程及结果

2.2.1 水浸法评价集料黏附性

根据规范,分别选取粒径为 9.5~13.2mm 之间的钢渣、玄武岩、石灰岩三种石料各 20 颗和 70 号基质沥青、高胶沥青两种沥青胶结料,而后按照比例与沥青拌和,使集料表面完全被沥青膜裹覆。拌和完成后将裹有沥青的集料取出,浸入水温 80℃ ±2℃的恒温水槽中,保持 30min,将集料表面剥离及浮于水面的沥青捞出。取出样品浸入冷水,观察裹覆集料的沥青膜剥落情况,对集料进行编号并称取集料质量变化,结合目测法观察集料剥落情况和实测集料剥落质量分数,确定不同集料的黏附等级,见表 1。

水浸质量剥落率　　表 1

沥青种类 / 集料种类	70 号基质沥青 剥落率 W_b(%)	高胶沥青 剥落率 W_b(%)	目测观察黏附性等级
钢渣	14.50	9.66	5
玄武岩	15.82	12.31	5
石灰岩	22.73	16.52	4

通过试验,观察到经过微沸水浴及冷却水浴循环后,黏附高胶沥青的集料上沥青膜剥落均较少,故可以得出所有集料对高胶沥青的黏附性均较好,但黏附基质沥青的仅有石灰岩表面的沥青膜剥落率大于 20%。根据水浸法的规定目测判断,石灰岩与沥青黏附等级为 4 级,钢渣和玄武岩集料的黏附等级均能达到 5 级。结合集料表面形貌看,钢渣多孔粗糙的表面特征,为集料与沥青的黏附提供了更大接触面积,使得沥青和钢渣吸附得更加牢固。

2.2.2 基于集料的颗粒特征分析评价集料黏附性

首先对被测集料进行筛分,选取粒径为 9.5~13.2mm的粗集料颗粒若干,置于粒度分析仪中进行扫描成像。分别获得钢渣、玄武岩和石灰岩集料的颗粒图像如图 2 所示。

为研究集料颗粒特征,首先使用软件绘制集料颗粒特征参数示意图,然后根据颗粒扫描结果确定纵横比、矩形度、形状系数、轮廓系数、粗糙度、棱角度、凸度、分形维数等数据,根据粒度分析仪扫描的颗粒特征数据,对比三种集料的颗粒特征参数值,见表 2。

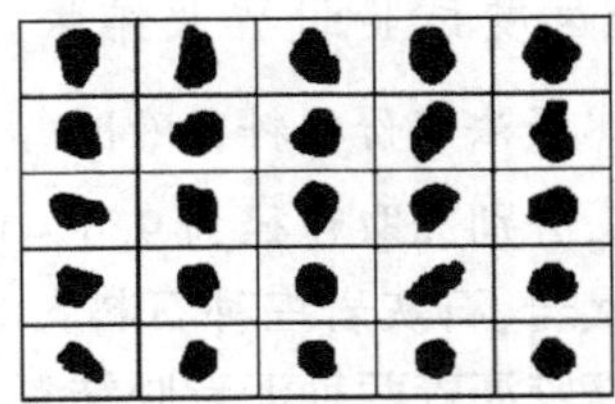

a)钢渣颗粒

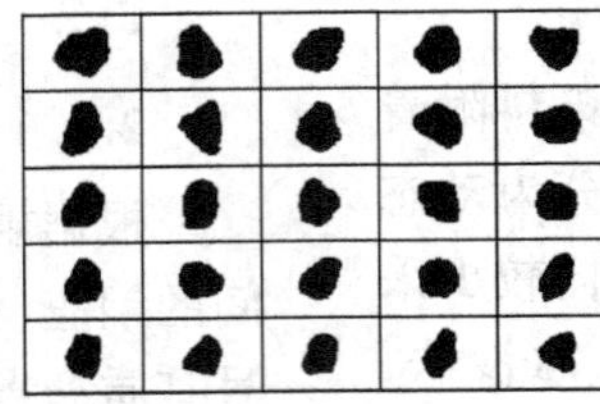

b)玄武岩颗粒

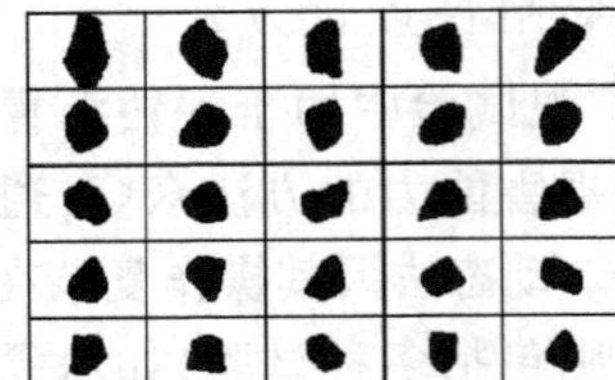

c)石灰岩颗粒

图2　集料样品颗粒图像

不同集料的颗粒特征参数　　表2

特征参数	钢渣			玄武岩			石灰岩		
	均值	标准差	变异系数	均值	标准差	变异系数	均值	标准差	变异系数
纵横比(%)	73.36	11.34	0.157	74.51	9.73	0.131	68.92	9.19	0.133
矩形度(%)	73.46	3.79	0.052	74.46	3.98	0.053	75.72	4.38	0.058
形状系数(%)	55.38	19.86	0.359	55.88	15.78	0.282	61.73	13.58	0.220
轮廓系数	0.72	0.17	0.234	0.74	0.13	0.171	0.78	0.09	0.125
粗糙度	2.28	2.49	1.091	1.92	1.50	0.783	1.49	0.61	0.409
分形维数	1.04	0.05	0.046	1.03	0.02	0.022	1.02	0.008	0.007
棱角度	1.01	0.10	0.096	1.00	0.08	0.077	1.03	0.09	0.088
凸度(%)	78.16	16.97	0.217	78.83	13.25	0.168	84.80	10.35	0.122

从表2可见,钢渣集料的表面特性使其在沥青黏附性方面明显优于玄武岩和石灰岩。具体而言,钢渣的更高粗糙度(2.28对比1.92/1.49,变异系数1.091)可提供额外的沥青黏附点,增强黏附力;钢渣的形状系数(55.38%,变异系数0.359)显示出较大的形状多样性和不规则性,可促进沥青咬合;钢渣的分形维数稍高(1.04),与其较低的凸度(78.16%)结合,反映了表面结构的复杂性,这有助于沥青黏着。这些微观颗粒特征综合提升了钢渣在沥青混合料中的黏附性并表现出优越的路用潜力,有助于提高道路的性能和耐久性。

2.2.3　基于原子力显微镜(AFM)测定钢渣黏附力

本研究利用原子力显微镜(AFM)的力-距离曲线法来精确测量样品表面的黏附力,这种方法基于探针与样品表面原子间作用力随距离变化的原理,通过构建力-距离曲线来获取集料表面的黏附力数据。考虑到固体集料表面化学性质的复杂性,本研究还进行了钢渣集料黏附性的定性分析。

首先用砂纸对钢渣集料表面进行打磨,使之平整均匀,然后在15μm×15μm的范围内测出其二维和三维形貌图。同时利用Nanoscope Analysis软件,通过点列阵方式形成的测试面生成二维和三维的黏附力分布图,见图3。

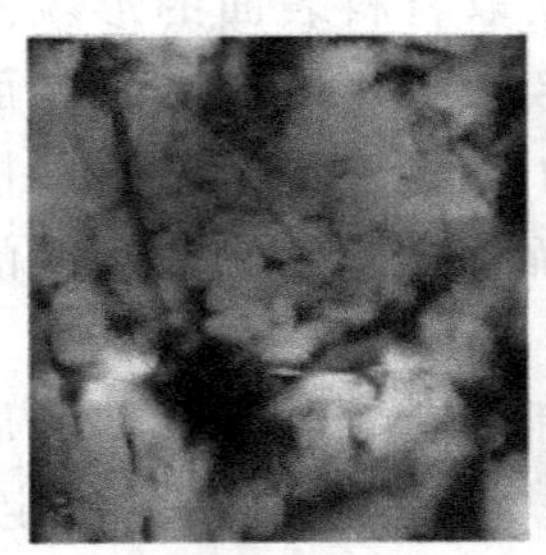

a)钢渣二维形貌图

b)钢渣三维形貌图

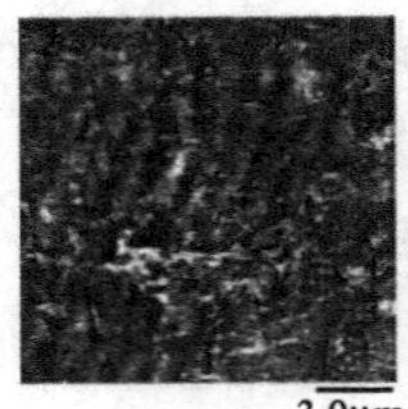

c)二维黏附力分布图

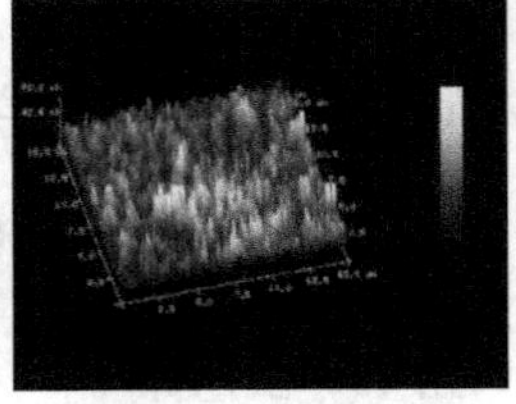

d)三维黏附力分布图

图3　钢渣集料样品AFM成像图

通过黏附力分布图与形貌图的比较,观察到钢渣的高黏附力区域(图中浅色区域)主要集中在表面凹陷的结构处,这些区域展示出较强的黏附力(达92nN),能够与胶结料形成强黏附作用。黏附力峰值周围的浅色区域显示,钢渣与胶结料的黏结呈现出一种“整体性”分布,意味着强吸附点周围没有黏附力显著下降的区域,表明钢渣整体具有良好的吸附能力。此外，黏附力峰值频繁出现在集料表面的凹陷处，表明表面粗糙度较高的区域通常具有更强的整体黏附力。因此，钢渣表面的孔隙结构和强整体黏附力共同作用，确保了集料与胶结料之间更紧密的结合，这对于提高混合材料的整体性能至关重要。

利用原子力显微镜（AFM）Contact 模式下的 Ramp 模块，并基于样品成像图，在钢渣集料形貌图的相似色区选点绘制力-距离曲线。直接通过测量力与扫描器伸进量（F-Z 曲线）并转换成力与探针-样品距离（F-D 曲线），直观展现了钢渣的微观力学特性，揭示其黏附力行为。力曲线、F-Z 曲线及 F-D 曲线如图 4 所示。

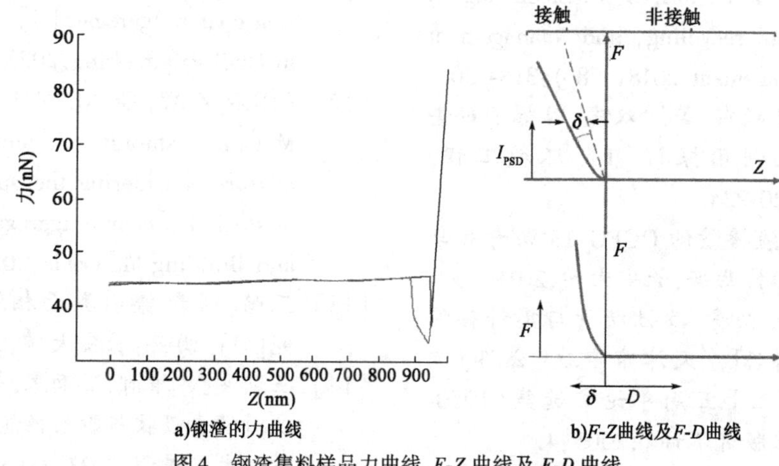

图 4　钢渣集料样品力曲线、F-Z 曲线及 F-D 曲线

图 4 分析显示，在探针未接触样品前，F-Z 曲线和 F-D 曲线形状相同。探针接触后，扫描器 Z 轴移动量等于悬臂梁弯曲加样品形变量。F-D 曲线清晰展示了力与样品形变的关系。通过撤回阶段（红线）最低点至基线的差值，反映出样品黏附力。悬臂梁的能量耗散（蓝线与红线间面积）反映了其非弹性形变，与样品黏弹性相关。蓝线（Trace）拐点微小，表明样品坚硬，探针压入浅；红线（Retrace）的明显拐点标示"跳离点"。选取集料深色与浅色区各 3 点，取平均值代表集料黏附力。对照玄武岩和石灰岩，得出三种集料的纳米观黏附力值。三种集料的纳米观黏附力 F 值见表 3。

不同集料的纳米观黏附力（nN）　　表 3

岩石类型	钢渣	玄武岩	石灰岩
黏附力	41.61	35.44	18.27

根据已有研究成果，表面黏附力计算可采用物体间纳米观作用力的 DMT 理论。该理论指的是一种用于描述物体间接触力和摩擦力的理论，取探针曲率半径为 5nm，使用 DMT 理论可以算出样品与探针的黏附功见表 4。

集料与探针黏附功 W（mJ/m^2）　　表 4

岩石类型	钢渣	玄武岩	石灰岩
黏附力	1324.5	1128.1	581.6

通过 DMT 理论计算发现，钢渣的黏附功显著高于玄武岩和石灰岩，归因于其对硅探针表现出的强烈原子间吸附能力，导致高黏附力和形变。且根据现有学者通过表面能法分析强调了钢渣独特的化学组成尤其是高氧化物含量，展现出强烈的原子间吸附能力，导致其相较于玄武岩和石灰岩具有更高的黏附功[17-18]，纳米观试验和表面能结果综合证实了钢渣在黏附功方面的显著优势，为其在道路建设中的优选材料地位提供了科学支持。

3　结语

本文通过改进钢渣与沥青间的黏附性研究方法，分别从宏观、微观、纳米观多尺度综合评价钢渣-沥青的黏附性。根据以上不同试验结果，得出以下结论：

（1）通过传统的水浸法研究发现，钢渣对沥青的黏附性最优，且其水浴循环后剥落率仅为 9.66%，显著低于玄武岩和石灰岩，证明钢渣具有较好的耐水损害能力。

（2）根据颗粒特征试验结果，钢渣集料的高粗糙度（2.28）、不规则形状系数（55.38%）、高分形维数（1.04）及低凸度（78.16%）结合，反映了其多孔粗糙表面特征，为沥青提供了更多牢固的吸附点，显示出其优越的道路材料性能和耐久性。

(3)使用原子力显微镜(AFM)分析揭示钢渣表面黏附力"整体式"分布,特别在凹陷区域表现出强黏附力。根据DMT理论计算得出,钢渣黏附功最高,并结合表面能法分析得出钢渣优异的黏附性主要由于其独特的化学组成。

参考文献

[1] GUO J L, BAO Y P, WANG M. Steel slag in China: treatment, recycling, and management [J]. Waste Management,2018(78):318-330.

[2] 任旭,王会刚,吴跃东,等."双碳"目标下钢渣处理及资源化利用探讨[J]. 环境工程, 2022,40(8):220-224.

[3] 刘兴成. 不同钢渣掺量的OGFC 13沥青混合料性能研究[D]. 西安:长安大学,2019.

[4] 许克学,周卫峰. 沥青、改性沥青与集料黏附性问题的讨论[C]//天津市市政(公路)工程研究院院庆五十五周年论文选集(1950-2005)下册.[出版者不详],2005:4.

[5] 陈南,薛明. 钢渣与沥青黏附性的评价[J]. 粉煤灰,2008,20(5):12-14.

[6] 磨炼同,林顺,孟秀元,等. 钢渣体积膨胀特性研究与胀裂模拟[J]. 中国公路学报,2021,34(10):180-189.

[7] 高颖,王伟赫,陈萌,等. 钢渣体积膨胀行为及改性方法研究进展[J]. 科学技术与工程, 2021,21(33):14040-14048.

[8] 李晓刚,郭永奇,周洪军,等. 钢渣沥青混凝土耐久性室内试验研究[J]. 科学技术与工程, 2023,23(12):5267-5277.

[9] 李超,陈宗武,谢君,等. 钢渣沥青混凝土技术及其应用研究进展[J]. 材料导报,2017,31(3):86-95,122.

[10] 秦林清. 陈化对钢渣及其沥青混凝土的体积和水稳定性能影响研究[J]. 中外公路, 2019,39(6):264-270.

[11] QU L C, MENG X Y, MO L T, et al. Effect of hydration products on the inter-facial bonding properties between asphalt binder and steel slag coarse aggregate[J]. Journal of Materials in Civil Engineering,2023,35(2):04022432.

[12] CHEN Z W, GONG Z L, JIAO Y Y, et al. Moisture stability improvement of asphalt mixture considering the surface characteristics of steel slag coarse aggregate[J]. Construction and Building Materials,2020,251:118987.

[13] 王璐. 沥青-集料界面相结构和黏附机理研究[D]. 西安:长安大学,2015.

[14] 王利波,吕维前,王雨露,等. 钢渣集料表面形貌对沥青吸收与黏附性能的影响分析[J]. 科学技术与工程,2023,23(33):14406-14419.

[15] 中华人民共和国交通运输部. 公路工程沥青及沥青混合料试验规程: JTG E20—2011 [S]. 北京:人民交通出版社,2011.

[16] 虞将苗,周文理. 宏纳观多尺度集料-沥青黏附性评价[J]. 材料导报, 2021, 35(2): 2052-2056.

[17] 安伟亮. 钢渣粗集料及对多孔沥青混合料路用性能的影响研究[D]. 南京:东南大学,2023.

[18] 罗蓉,郑松松,张德润,等. 基于表面能理论的沥青与集料黏附性能评价[J]. 中国公路学报,2017,30(6):209-214.

热塑性聚氨酯(TPU)改性沥青的制备及改性机理研究

金　鑫*[1]　李德利[1]　付昊轩[1]　杨　野[1]　李艳凤[1]　王凤池[1]　孙思威[2]
(1. 沈阳建筑大学交通与测绘工程学院;2. 辽宁省交通科学研究院有限责任公司)

摘　要　针对传统聚合物改性剂的分散性、相容性与贮存稳定性差的问题,自主合成一种TPU沥青改性剂,根据正交设计及灰色关联分析方法,以反应温度、剪切时间和剪切转数作为考察因素,研究了

TPU 改性沥青的制备工艺参数，并通过针入度、软化点和延度度试验优化了 TPU 的掺配方案。采用红外光谱(FTIR)、扫描电镜(SEM)试验分析了软段结构、C_h和 r 对 TPU 改性沥青的化学特性和微观结构的影响规律，由此揭示了 TPU 改性沥青的内在化学反应机制。结果表明，两种 TPU 沥青改性剂均在掺量为5%时，改性沥青的性能最佳，TPU 中的异氰酸根均可以与基质沥青中类如羰基、苯酚以及羧酸等活性官能团发生化学反应生成新的化合物。

关键词 TPU 沥青改性剂 化学结构 改性机理 微观形貌

0 引言

目前在我国长寿命路面研究中，优化路面结构和提升铺筑材料性能尤为关键。基于此，研究者从沥青材料性能改善等方面开展研究，以提升路面使用性能[1-3]。聚氨酯材料作为道路领域中新型应用材料，为沥青路面性能提升提供新的方法和思路。

聚氨酯(PU)作为一种新兴的有机高分子材料，被誉为“第五大塑料”[4]，根据原料单体和配方，聚氨酯材料可具有许多独特的性能，主原料按化学成分可分为多异氰酸酯、聚酯多元醇、聚醚多元醇等。合成所需助剂的品种很多，从功能上分有催化剂、扩链剂、交联剂等。其所涉及的门类繁多，制品配方灵活、产品性能优异，并广泛地应用于交通运输、土木建筑、医疗等领域[5-10]。

其中，TPU 作为一种新型高分子材料，十分有必要深入研究其分子结构组成对胶结料的作用机理及性能影响[11-12]。为此，本文提出 TPU 改性沥青的制备工艺，以反应温度、剪切时间、剪切转数作为影响因素，并通过灰色关联分析探讨 TPU 改性沥青的最佳制备工艺。采用 FTIR、SEM 对 TPU 改性沥青的化学性质与微观结构进行分析与研究。

1 TPU 改性沥青的制备

1.1 试验材料

1.1.1 基质沥青(BA)

试验采用辽河 A-90 道路石油沥青，如表 1 所示，其性能符合《公路沥青路面施工技术规范》(JTG F40—2004)(简称《规范》)对 2-2 区 A 级沥青的性能要求。

基质沥青的技术性能

表 1

技术指标		检测值	《规范》要求	参照规范(JTG E20—2011)
25℃针入度(0.1mm)		80	80～100	T 0604—2011
软化点(℃)		48	≥44	T 0606—2011
5℃延度(cm)		9	—	T 0605—2011
密度(g/cm^3)		1.003	实测记录	T 0603—2011
闪点(℃)		254	≥245	T 0611—2011
C_2HCl_3溶解度(%)		99.87	≥99.5	T 0607—2011
RTFOT 残留物	质量损失(%)	0.05	≤±0.8	T 0610—2011
	25℃ 针入度比(%)	73.2	≥57	T 0610—2011
	5℃ 残留延度(cm)	2.3	≥8	T 0610—2011

1.1.2 TPU 沥青改性剂

制备所得聚酯型与聚醚型 TPU 沥青改性剂，其外观形貌如图 1 所示。

1.2 TPU 改性沥青的制备工艺

采用 BME 100L 实验室专用剪切设备对 TPU 改性沥青进行制备，制备流程如图 2 所示。首先，将预设添加量的 TPU 沿陶瓷缸侧壁缓慢倒入已预热至 T_1℃(添加 TPU 前的反应温度)的 BA 中，在剪切转速为 S_1r/min(添加 TPU 前的剪切转数)下，剪切 t_1h(添加 TPU 前的剪切时间)。充分剪切后，加入预设比例的 TPU，使整个体系保持在 T_2℃(添加 TPU 后的反应温度)，将转速调至 S_2r/min(添加 TPU 后的剪切转数)，剪切 t_2 h(添加 TPU 后的剪切时间)。停止剪切后，制备得到 TPU 质量分数为 n% 的 TPU 改性沥青，随后将制备好的试样放置在样品架内，待测使用。

a)聚酯型TPU

b)聚醚型TPU

图1　自制 TPU 沥青改性剂

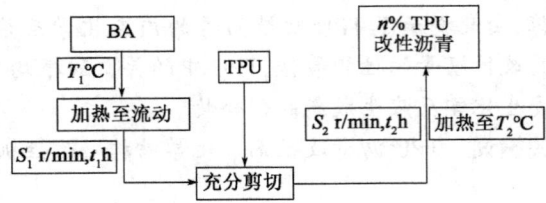

BA
T_1℃
加热至流动
S_1 r/min,t_1h
TPU
充分剪切
S_2 r/min,t_2h
加热至T_2℃
n% TPU 改性沥青

图2　TPU 改性沥青制备流程图

1.3　基于正交设计法与灰色关联度的 TPU 改性沥青制备参数确定

本文分别以反应温度、剪切时间和剪切转数为控制因素,每项控制因素取三个水平,采用 $L_9(3^4)$ 正交表,具体正交试验设计方案见表2。

正交试验 3 因素 3 水平　　表2

因素分类		A 反应温度(℃)	B 剪切时间(h)	C 剪切转速(r/min)	水平组合
试验编号	1	T_1:145 T_2:150	t_1:0.5 t_2:0.5	S_1:5000 S_2:3000	A1B1C1
	2	T_1:145 T_2:150	t_1:1 t_2:0.5	S_1:3000 S_2:3000	A1B2C2
	3	T_1:145 T_2:150	t_1:1 t_2:1	S_1:5000 S_2:5000	A1B3C3
	4	T_1:155 T_2:160	t_1:0.5 t_2:0.5	S_1:3000 S_2:3000	A2B1C2
	5	T_1:155 T_2:160	t_1:1 t_2:0.5	S_1:5000 S_2:5000	A2B2C3
	6	T_1:155 T_2:160	t_1:1 t_2:1	S_1:5000 S_2:3000	A2B3C1
	7	T_1:165 T_2:170	t_1:0.5 t_2:0.5	S_1:5000 S_2:5000	A3B1C3
	8	T_1:165 T_2:170	t_1:1 t_2:0.5	S_1:5000 S_2:3000	A3B2C1
	9	T_1:165 T_2:170	t_1:1 t_2:1	S_1:3000 S_2:3000	A3B3C2

不同制备工艺条件下 TPU 改性沥青的物理性能变化试验结果如图3和图4所示。

由图3可知,随反应温度升高,TPU 改性沥青试样的延度呈下降的趋势;软化点先上升后下降,最后趋于平缓;针入度则无明显变化规律。

随着剪切时间增加,TPU 改性沥青试样的针入度和延度均先上升后下降,软化点上升,由此说明,剪切时间过短,改性剂作用效果不明显;剪切时间过长,会导致热沥青与氧气接触时间过长,从而加速沥青的老化,并且还会造成改性剂的细化程度增大,从而对 TPU 改性沥青的低温性能产生影响。由图4可知,PG 连续高温分级温度随反应温度升高,先上升,后下降,最后趋于平稳。通过试验发现,当 S_1 为 3000r/min 与 5000r/min 时,对 TPU 改性沥青试样的性能影响不明显;当 S_2 为 5000r/min 时,在 TPU 掺入后,反应温度会明显升高,改性沥青的针入度和延度会略有下降。由此说明沥青在高速剪切时,温度迅速升高,剪切速度太快会导致温度急剧上升,加速沥青老化。

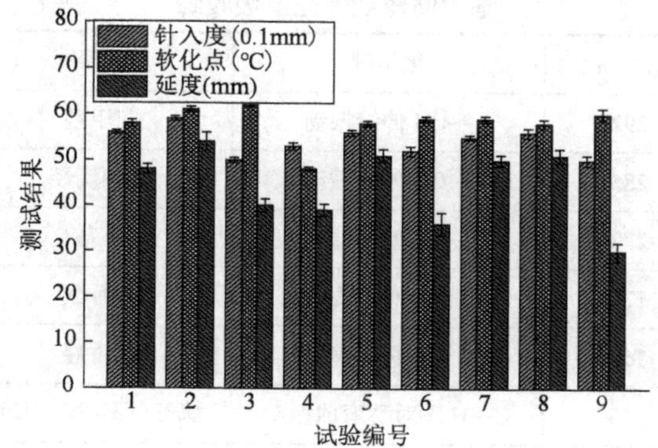

图3 TPU 改性沥青试验结果

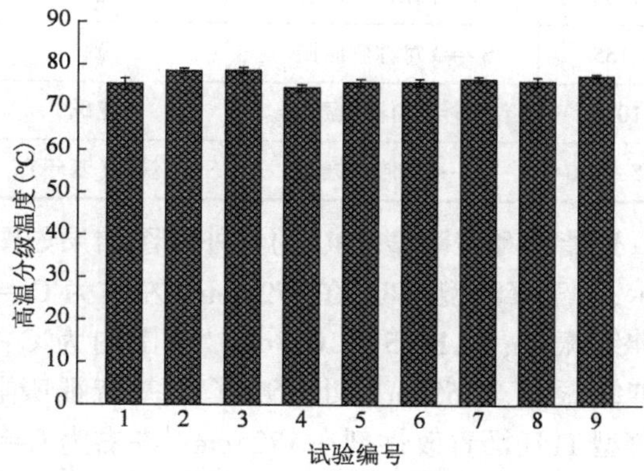

图4 TPU 改性沥青高温分级温度

(1)确定参考数列及比较数列。针对反应温度、剪切时间和剪切转数三个考察因素及其水平变化中提取相应的试验数据，将分析指标针入度、软化点、5℃延度和高温连续分级温度作为比较数列 X_i：

$$X_i = [x_i(1), x_i(2), \cdots, x_i(k)] \quad (1)$$

式中，$i=1,2,\cdots,m$；$k=1,2,\cdots,n$。其中 i 为影响因素的种类，k 为影响因素的水平，利用均值法，见式(2)，使变量无量纲化，详见表3。

数据无量纲化处理 表3

试验编号	针入度(0.1mm)	软化点(℃)	延度(mm)	高温分级温度(℃)
1	56	58	48	75.4
2	59	61	54	78.5
3	50	62	40	78.7
4	53	48	39	74.6
5	56	58	51	75.9
6	52	59	36	76
7	55	59	50	76.7
8	56	58	51	76.1
9	50	60	30	77.5

$$x_i(k) = \frac{x_i(k)}{\frac{1}{m}\sum_{k=1}^{m} x_i(k)} \quad (2)$$

$$X_0 = [x_0(1), x_0(2), \cdots, x_0(k)] \quad (3)$$

式中，$i=1,2,\cdots,m$；$k=1,2,\cdots,n$。

以 $\{x_0\} = \{59\ 62\ 54\ 79\}$ 作为参考数据。

(2)依据式(4)，逐个计算每个被评价对象的数据列与参考数据列对应的绝对差值，如表4所示。

$$\Delta_i(k) = |x_0(k) - x_i(k)| \quad (4)$$

绝对差值 表4

试验编号	针入度(0.1mm)	软化点(℃)	延度(mm)	高温分级温度(℃)
1	3	4	6	3.6
2	0	1	0	0.5
3	9	0	14	0.3
4	6	14	15	4.4
5	3	4	3	3.6
6	7	3	18	3
7	4	3	4	2.3
8	3	4	3	2.9
9	9	2	14	1.5

(3)求差序列，根据差序列求两极最大差与最小差。

$$M = \max_i \max_k \Delta_i(k) \quad (5)$$

$$m = \max_i \max_k \Delta_i(k) \quad (6)$$

式中，$i=1,2,\cdots,m$；$k=1,2,\cdots,n$。

(4)求关联系数及关联度，如表5所示。

关联系数：

$$\gamma_{0i}(k) = \frac{m+\rho M}{\Delta_i(k)+\rho M} \quad (7)$$

式中，$\rho=0.5$，$i=1,2,\cdots,m$；$k=1,2,\cdots,n$。

关联度：

$$\gamma_{0i} = \frac{1}{n}\sum_{k=1}^{n}\gamma_{0i}(k) \quad (8)$$

式中，$i=1,2,\cdots,m$。

关联系数与关联度 表5

试验编号	针入度(0.1mm)	软化点(℃)	延度(mm)	高温分级温度(℃)	关联度
1	0.422	0.345	0.253	0.373	0.348
2	1.000	0.600	1.000	0.759	0.838
3	0.542	1.030	0.343	1.000	0.729
4	0.501	0.750	0.143	0.578	0.493
5	0.143	0.111	0.143	0.139	0.134
6	0.517	0.714	0.294	0.714	0.559
7	0.175	0.221	0.175	0.269	0.210
8	0.155	0.121	0.155	0.159	0.148
9	0.443	0.518	0.333	0.871	0.616

(5)关联度排序：$\gamma_2 > \gamma_3 > \gamma_9 > \gamma_6 > \gamma_4 > \gamma_1 > \gamma_7 > \gamma_8 > \gamma_5$。

综上可知，2号的关联度最大，结合表2，确定的制备工艺参数为：T_1 和 T_2 分别为145℃和150℃；t_1 和 t_2 分别为1h和0.5h；S_1 和 S_2 分别为3000r/min和3000r/min。

2 TPU改性沥青的改性机理研究

2.1 FTIR分析

本研究采用日本SHIMADZU公司生产的IRTracer-100型FTIR进行测试，测试范围为400～4000cm^{-1}，扫描次数为32次，分辨率为4cm^{-1}，试样测试采用ATR模式。

基质沥青的红外光谱如图5所示，基质沥青红外光谱特征峰的波数、化学键以及相对应的官能团如表6所示。

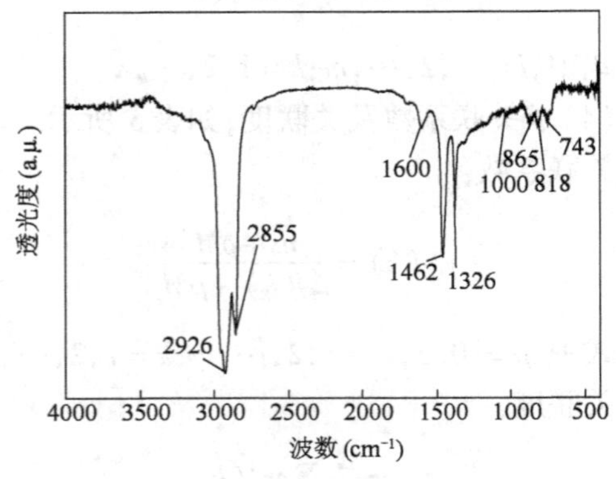

图5 基质沥青的红外谱图

基质沥青红外光谱吸收峰 表6

波数(cm^{-1})	化学键	官能团
2922	—CH伸缩振动	亚甲基
2850	—CH伸缩振动	环和烷烃
2724	—CH伸缩振动	醛基
1700	C═O伸缩振动	芳香酮
1600	C═C伸缩振动	芳香烃
1460	C—H不对称弯曲振动	烷基(CH_2和CH_3)
1376	CH对称弯曲振动	烷基(CH_3)
1306	CH面内弯曲振动	烷烃
1155	S═O对称弯曲振动	砜
1030	S═O伸缩振动	亚砜
865～720	—CH伸缩振动	烷烃(苯环)

聚酯型和聚醚型TPU的红外谱图结果如图6所示，对于聚酯型TPU，在1727cm^{-1}左右为C═O的伸缩振动；在1365～1058cm^{-1}范围内为C—O的伸缩振动，1365cm^{-1}处对应了酯基特征吸收。聚醚型TPU沥青改性剂在1725cm^{-1}左右为C═O的伸缩振动；在1316～1000cm^{-1}范围内为C—O—C的伸缩振动，在1101cm^{-1}附近出现了氨酯基中—O—(醚基)的特征峰。1457～1580cm^{-1}处的吸收峰主要为氨酯基、脲基或酰胺基中的羰基C═O振动；1375cm^{-1}则为酯基中C—O键、羟基与C连接的吸收峰；在指纹区域500～900cm^{-1}范围内多处吸收峰为异氰酸根中苯环的振动。

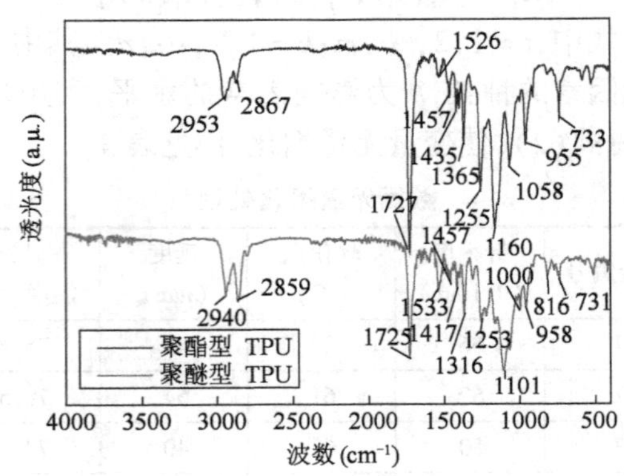

图6 两种改性剂的红外谱图

TPU改性沥青的红外谱如图7所示。

由图7a)可见，C_h与r对聚酯型TPU改性沥青峰形和出峰位置无影响，在3343cm^{-1}处出现的特征峰归属于氨基甲酸乙酯基团带；2917cm^{-1}和

$2847cm^{-1}$处较强的吸收峰是由于CH_3或CH_2的不对称伸缩振动和对称振动；$2159cm^{-1}$处的吸收峰为－NH（仲胺）的特征吸收峰；$500\sim900cm^{-1}$范围内多处吸收峰为异氰酸根中苯环的振动。

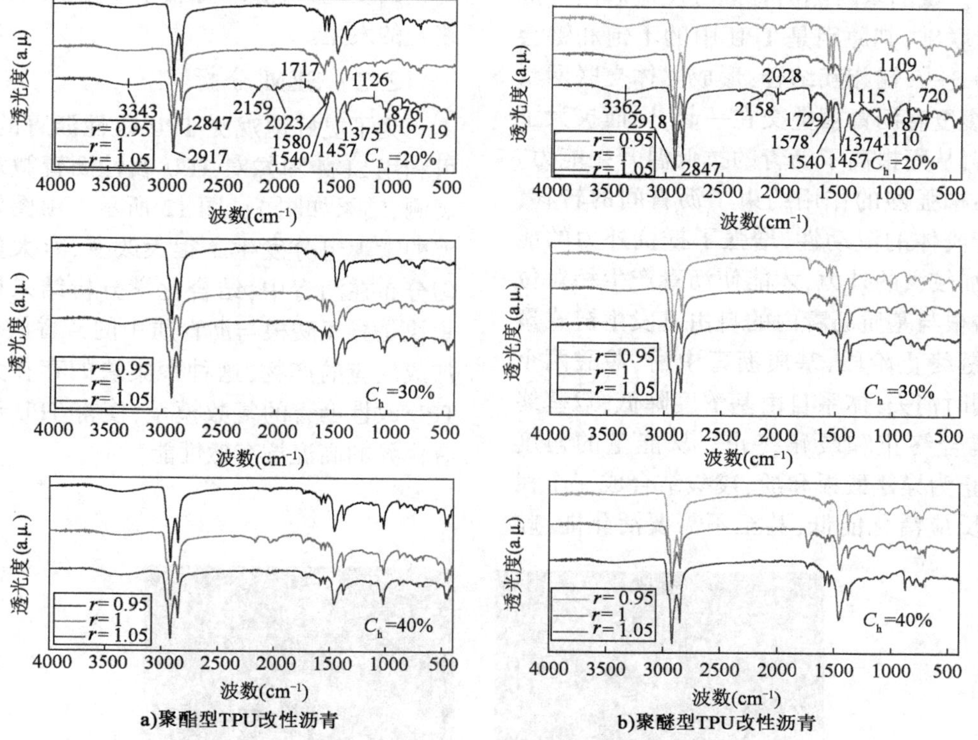

图7　TPU改性沥青的红外谱

聚醚型TPU改性沥青的红外谱图结果如图7b）所示，所有试样的峰型、峰值大小及出峰位置均无差别，$3362cm^{-1}$处出现的特征峰归属于氨基甲酸乙酯基团带，这与—OH的重叠有关；在$2918cm^{-1}$和$2847cm^{-1}$处较强的吸收的峰是由于CH_3或CH_2的不对称伸缩振动和对称振动；在$1729cm^{-1}$为C═O的伸缩振动；$1578\sim1457cm^{-1}$处的吸收峰为—NH（仲胺）的特征吸收峰；$1150cm^{-1}$附近的峰为氨酯基中—O—（醚基）的吸收峰；$1109cm^{-1}$附近的吸收峰与S═O键化合物的振动模式相对应。

如图8所示，TPU的特征结构式氨基甲酸酯基，说明TPU与基质沥青发生了化学反应。

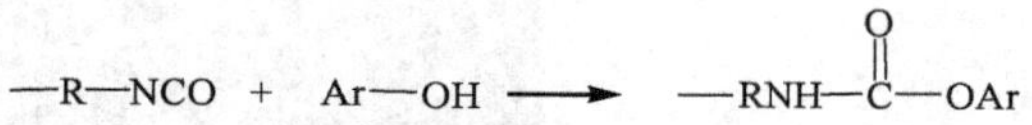

$$\text{—R—NCO} + \text{Ar—OH} \longrightarrow \text{—RNH—}\overset{\overset{\displaystyle O}{\|}}{C}\text{—OAr}$$

图8　异氰酸根与酚的反应方程式

随着TPU沥青改性剂的加入，原基质沥青中苯环的含量增大；峰值在$1000cm^{-1}$以下主要是不饱和苯环中C—H（═C—H）面外弯曲振动吸收峰。从而得知，辽河90号石油沥青分子主要由羰基化合物、芳香烃、不饱和与饱和烃以及少量含硫化合物组成。这可以推测出反应方程式，如图9所示。

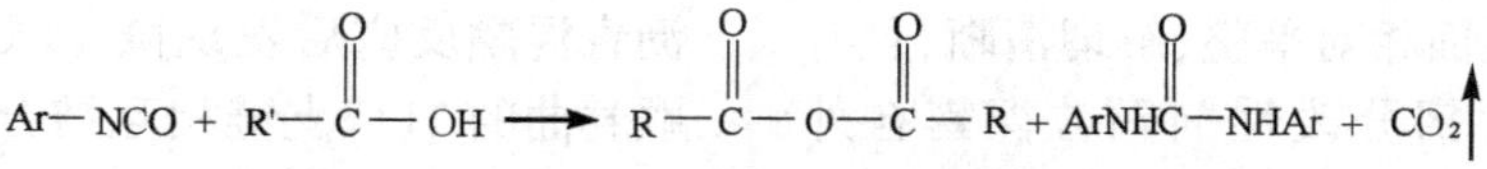

$$\text{Ar—NCO} + \text{R'—}\overset{\overset{\displaystyle O}{\|}}{C}\text{—OH} \longrightarrow \text{R—}\overset{\overset{\displaystyle O}{\|}}{C}\text{—O—}\overset{\overset{\displaystyle O}{\|}}{C}\text{—R} + \text{ArNH}\overset{\overset{\displaystyle O}{\|}}{C}\text{—NHAr} + CO_2\uparrow$$

图9　异氰酸根与羧酸的反应方程式

$477cm^{-1}$处为二硫醚S—S弱的吸收峰，掺入TPU沥青改性剂后，$453cm^{-1}$处的特征峰变大。由此推测，可能是由于TPU中不饱和沥青中的S—S键发生了加成反应，最终形成大分子间的交联。S_x中的x为$1\sim2$，因为2个以上的硫原子的硫桥很难生成，具体反应方程式如图10所示。

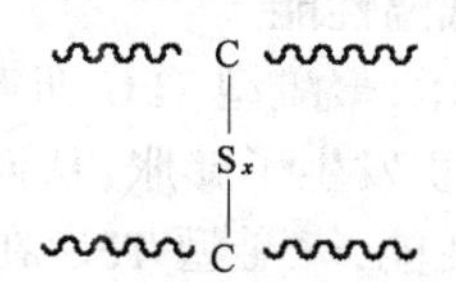

图10　TPU改性沥青内部交联反应方程式

由图 10 可见,TPU 的加入会增加饱和分的含量,降低沥青的黏性,增大胶质的含量,从而提高沥青的塑性。氨酯基与热沥青混融反应后内部能出现微丝状联结,其原因是 TPU 中的不饱和键会与沥青中的 S—S 键相互结合,形成立体交联网状结构,TPU 裹复着沥青褶叠交在一起,因而扩大了黏弹域范畴,从而提高了沥青的抗低温开裂能力。交联网络结构强烈的作用约束了沥青间的转移,限制着沥青胶体的流动性,增强了抵抗外力的能力,只有施加较大的外力,才能使沥青产生相对位移。异氰酸根与基质沥青内的自由基发生链式聚合反应,在链终止阶段,基质沥青中酚、羧酸两个自由基会同时消失,体系自由基浓度降低,双基终止主要为偶合终止和歧化终止。从能量的角度看,偶合终止为异氰酸根和酚、羧酸结合成一个稳定的分子,反应活化能低,甚至不需要活化能;歧化反应涉及 S ═O 键的断裂,反应活化能较偶合终止高一些。高温时有利于 TPU 改性沥青的歧化终止的发生,低温时有利于 TPU 改性沥青的耦合终止的发生。

2.2 SEM 分析

为了更好地观测 TPU 改性沥青的表面形态,可利用 SEM 图像对 TPU 改性沥青微观形貌进行观测,结果如图 11、图 12 所示。由图发现基质沥青的微观组分发生了很大改变,有大量聚集块均匀分布在沥青中,结合化学分析结果推测这些聚集块是异氰酸根与沥青质中的芳香族化合物之间加成反应的产物,这种聚集块的存在大幅提高了 TPU 改性沥青的复数模量,使得 TPU 改性沥青具有优异的高温抗车辙性能。

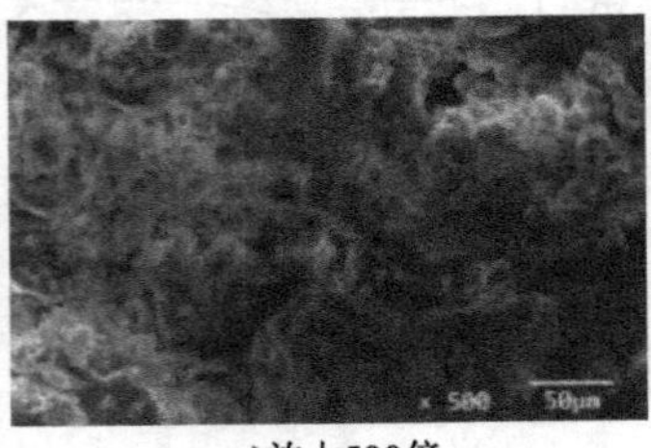

a)放大500倍

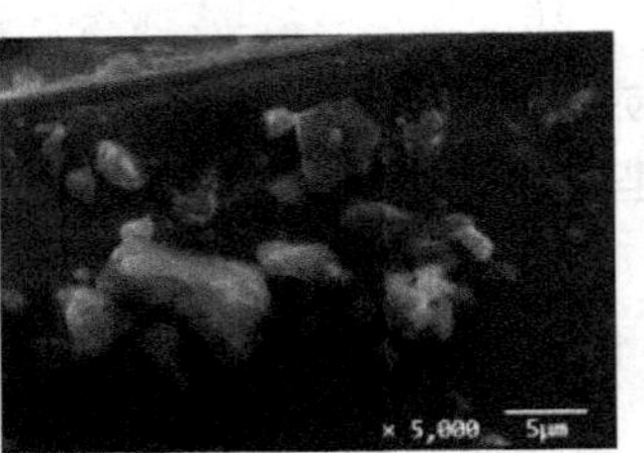

b)放大5000倍

图 11 聚酯型 TPU 改性沥青的 SEM 图像

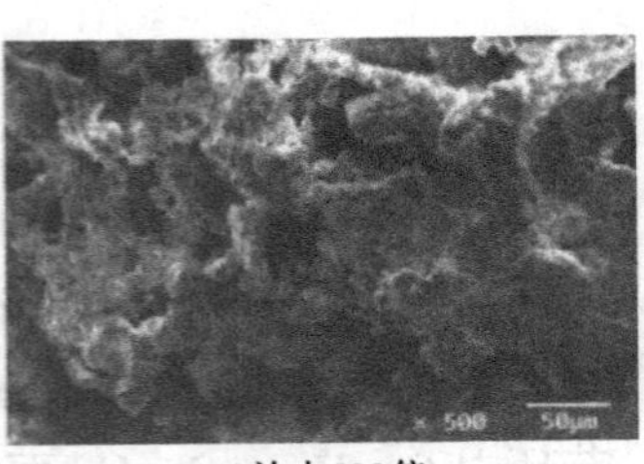

a)放大500倍

b)放大5000倍

图 12 聚醚型 TPU 改性沥青的 SEM 图像

从图 11 可以看到聚酯型 TPU 改性沥青受外力后的断裂形式属于脆性断裂,界面无任何堆积物,5000 倍下,颗粒表面相对平整、解理清晰,且有细小颗粒团簇附着。部分改性剂颗粒裸露在外部,不能被基质沥青完全包裹,这是由于过量的聚酯型 TPU 的加入造成界面的黏结变差,从而降低了改性沥青的低温性能。

如图 12 所示,聚醚型 TPU 沥青改性剂掺入基质沥青后,其体积发生了膨胀,从而有效改善了基质沥青的工作性能,聚醚型 TPU 在沥青中形成网络结构,从而有助于改善沥青的低温性能。在 5000 倍率下,聚醚型 TPU 改性沥青表面比较粗糙,分布细小的纹路和白色块体,聚醚型 TPU 与热沥青混融反应后发现微丝状联结,其中有一些柔顺卷曲的 TPU 支链相互结合,形成立体交联网状结构,又裹复着沥青褶叠交联在一起,因而扩大了黏弹域范畴,从而提高其强度。网络强烈的作用约束了沥青间的转移,限制着沥青胶体的流动性,增强了抵抗外力的能力,只有施加较大的外力,才能使沥青产生相对位移,因而沥青的低温抗裂性能将得到显著提升。

3 结语

(1)采用正交设计以及灰色关联度分析得到TPU改性沥青的适宜制备工艺为:T_1和T_2分别为145℃和150℃;t_1和t_2分别为1h和0.5h;S_1和S_2分别为3000r/min和3000r/min。

(2)聚酯型和聚醚型TPU中的异氰酸根均可以与基质沥青中类如羰基、苯酚以及羧酸等活性官能团发生化学反应,生成新的化合物。

(3)聚酯型TPU沥青改性剂的颗粒均匀分布于基质沥青,聚酯型TPU分子之间的附着力远远大于沥青的渗透力,颗粒抱团游离在沥青中。而聚醚型TPU的有机分子链可以嵌入到基质沥青层状结构中。

(4)TPU沥青改性剂中MDI的含量是影响改性沥青高温稳定性的重要因素。综合考虑各影响因素,推荐TPU沥青改性剂的适宜掺量为5%。

参考文献

[1] JIN X, GUO N S, YOU Z P, et al. Rheological properties and micro-characteristics of polyurethane composite modified asphalt[J]. Construction and Building Materials, 2020, 234: 117395.

[2] 金鑫,郭乃胜,尤占平,等.聚氨酯改性沥青的研究现状及发展趋势[J].材料导报,2019,33(11):3686-3694.

[3] 王海成,金娇,刘帅,等.环境友好型绿色道路研究进展与展望[J].中南大学学报(自然科学版),2021,52(7):2137-2169.

[4] JIN X, GUO N S, YOU Z P, et al. Design and performance of polyurethane elastomers composed with different soft segments[J]. Materials, 2020, 13(21): 1-37.

[5] 洪斌,王建翎,李添帅,等.再生路面用聚氨酯改性沥青改性机理与路用性能[J].中国公路学报,2023,36(12):275-288.

[6] 李添帅,陆国阳,梁栋,等.聚氨酯前驱体基化学改性沥青及其改性机理[J].中国公路学报,2021,34(10):45-59.

[7] 张映雪,朱文静,邱冬华,等.SBS/PU复合改性沥青混合料性能试验研究[J].长沙理工大学学报(自然科学版),2023,20(6):100-108.

[8] 杨帆,丛林,龚红仁,等.热固性聚氨酯改性沥青桥面铺装材料制备及性能研究[J].中南大学学报(自然科学版),2023,54(7):2841-2852.

[9] 张增平,王力,朱友信,等.多亚甲基多苯基多异氰酸酯(PAPI)型聚氨酯改性沥青的流变性能[J].材料科学与工程学报,2023,41(2):235-240.

[10] 刘涛.聚氨酯固-固相变改性沥青的调温、流变特性及改性机理研究[D].大连:大连海事大学,2023.

[11] 金鑫,郭乃胜,闫思檬,等.聚氨酯复合改性的沥青的制备研究[J].中国公路学报,2021,34(3):80-94.

[12] JIN X, WANG F C, YANG Y H, et al. Evaluation and mechanism of interaction effect between thermoplastic polyurethane elastomer modified asphalt and fillers[J]. Journal of Applied Poly mer Science, 2022, 139(40): 52979.

超掺量橡胶粉对沥青及混合料性能影响

李广俊 王晨成*

(招商局重庆公路工程检测中心有限公司)

摘 要 将废旧橡胶轮胎研磨成粉作为道路沥青改性剂是其无害化处理的有效方式。本文主要研究高掺量橡胶粉对沥青及混合料性能的影响。制备不同掺量(30%、40%、50%)的沥青,通过软化点、针入度、延度、黏度、弹性恢复、复数模量、相位角等指标对高掺量橡胶沥青的常规及高温流变性能进行研究,采用动稳定度试验、低温小梁劈裂试验、马歇尔残留稳定度试验、冻融劈裂试验,探究橡胶粉对沥青混合料路用性能影响。结果表明:超掺量橡胶沥青相比70号基质沥青5℃延度、复数模量、软化点、黏度、弹性恢复增大,相位角针入度逐渐减小,胶粉的加入使基质沥青中的轻质油分被大量吸收,胶质与沥青质的含量相对增加,使得沥青弹性成分增多,黏性成分减少。同时,橡胶粉的加入可以大幅提高沥青混合料的高温性能、低温性能,一定程度提高其抗水损害能力。

关键词　道路工程　橡胶粉　沥青　沥青混合料

0　引言

废旧橡胶轮胎是最难处理的工业有害固体废弃物之一,将橡胶轮胎研磨成橡胶粉添加到道路沥青中是无害化处理的最佳方法。胶粉改性沥青及其混合料作为环保型路面材料,在高低温性能、疲劳性能方面展现出良好的性能优势[1-6]。Khalili等[7]基于流变性能指标试验研究了胶粉粒径(20目、40目)和掺量(10%、15%、20%)对橡胶沥青性能的影响。试验结果表明,沥青黏度会随着胶粉掺量的增加显著增大,且橡胶的加入能够提高沥青混合料的变形恢复能力。叶智刚等[8]研究了胶粉种类、胶粉掺量(10%、20%、30%)基质沥青种类对橡胶沥青性能的影响。通过三大指标、弹性恢复等常规试验对橡胶沥青性能进行分析,结果表明橡胶粉粒径尺寸能够影响胶结料的软化点和黏弹性能。其中,尺寸较大粒径橡胶粉能大幅增强沥青胶结料高温性能,而小尺寸胶粉能一定程度增大胶结料延度。

目前国内外大多研究是基于胶粉中、低掺量(10%～20%)下对沥青性能影响,现目前我国废旧轮胎存量较大,轮胎产量持续增长,需要提高橡胶粉掺量来消耗更多的废弃轮胎并缓解其带来的环境压力,目前对高掺量胶粉改性沥青的性能研究较少。本文重点研究超掺量(30%以上)胶粉改性沥青及其混合料性能,研究橡胶沥青胶浆的常规性能,如软化点、针入度、延度、黏度等,并进一步对高温流变性能进行研究,为胶粉改性沥青的工程应用提供理论指导。

1　实验部分

1.1　原材料

1.1.1　沥青

本文采用基质沥青来自金陵化工,标号为70。根据沥青试验规程对各物理性能进行测试,试验结果见表1。

沥青物理性能　　表1

指标	单位	技术标准	检测结果	试验方法
针入度(25℃,5s,100g)	0.1mm	60～80	77.6	T 0604
软化点(R&B)	℃	≥47	51.2	T 0606
60℃动力黏度	Pa·s	≥180	194	T 0620
5℃延度	cm	20	3.2	T 0605
15℃延度	cm	≥100	>150	T 0605
蜡含量(蒸馏法)	%	≤2.2	1.6	T 0615
闪点	℃	≥260	>300	T 0611
溶解度	%	≥99.5	99.7	T 0607
密度(15℃)	g/cm^3	实测记录	1.027	T 0603

1.1.2　橡胶粉

本文选用的橡胶粉为定州增力胶粉有限公司生产的60目橡胶粉,粒径一般为250μm,其参数指标如表2所示。

1.1.3　集料

本文选用重庆本地石料的主要性能指标见表3。

橡胶粉主要参数指标 表2

检测项目	碳黑含量	灰分	丙酮抽出物	橡胶烃含量
实测值	31.2	8.0	6.1	53.2
技术标准	≥28	≤8	≤16	≥48
试验方法	GB/T 14837	GB 4498	GB/T 3516	GB/T 14837

集料主要参数指标 表3

实验项目		石灰岩碎石粒径(mm)		
集料规格(mm)		0~5	5~10	10~15
压碎值		—	20.6	21.2
软石含量		1.5	1.8	1.8
洛杉矶磨耗损失		18.6	21.8	23.4
水洗法 <0.075mm(%)		0.68	0.92	0.71
针片状颗粒含量(%)	>9.5mm	—	8.3	—
	>9.5mm	—	9.2	—
与沥青黏附等级		—	—	5级

1.2 试验方案

(1)首先制备橡胶沥青,用电炉加热沥青加热至140℃并加入活化剂,升温至185℃时加入胶粉,继续加热至200℃左右时保持温度搅拌50min使胶粉充分溶胀,然后使用高速剪切机进行剪切,速率为7000r/min,时间为8~10min,剪切完毕即制得超高掺量胶粉改性沥青[9]。

(2)进行三大指标、布什黏度、弹性恢复试验,研究不同粉胶比的再生沥青常规物理性能。

通过DSR温度扫描试验,研究不同类型沥青胶浆的高温流变性能。动态剪切流变仪参数:温度46~82℃,温度步幅为6℃。升温速率为1℃/min。采用25mm标准DSR圆盘样品尺寸,间距设置为1mm。标准频率设置10rad/s。

(3)引入基质沥青混合料为对照组,采用动稳定度试验于评估橡胶沥青混合料在高温下的抗车辙性能;低温小梁劈裂试验评估沥青混合料在低温度下的抗裂性能;冻融劈裂比试验评估橡胶沥青混合料的抗水损害性能。

2 结果与讨论

2.1 超掺量橡胶沥青常规物理性能

图1为不同橡胶粉掺量(30%、40%、50%)的橡胶沥青三大指标、布什黏度及弹性恢复变化图。

由图1a)可知,掺量为35%、40%、50%的橡胶沥青分别比70号沥青提升6.3cm、8.5cm、8.9cm,橡胶粉与沥青的连接靠的是橡胶粉颗粒周围形成的凝胶膜,但橡胶沥青材料的凝胶膜并不能起到加筋作用,而是通过橡胶粉颗粒的拉伸效果发挥作用,当橡胶粉颗粒与沥青的结合面的应力超过极限值从而被拉断,因此橡胶沥青断裂的表面不平整较为粗糙。

由图1b)可知,随着橡胶粉掺量增加,针入度逐渐减小,与基质沥青相比平均下降48%左右。这有两个原因:一是橡胶粉可以吸收沥青中的轻质油分,这些轻质油分通常具有良好的流动性和低黏度特点。当这些轻质分子被橡胶粉吸收后,沥青中剩余的成分相对更为稠重和黏稠,导致针入度降低。橡胶粉与沥青中的油分相互作用,引起橡胶粉的溶胀,进一步增大混合物的体积和黏度,使得针入度减小。橡胶粉的加入可能导致沥青中胶质的相对含量增加。胶质是介于轻质油分和沥青质之间的组分,具有较高的黏度和弹性。随着胶质含量的增加,沥青的黏弹性提高,从而导致针入度下降。当橡胶粉掺量30%时,针入度降低变化较大,此时沥青中的轻质油分含量已经减少,即使增大掺量针入度也不会有太大变化,此时沥青胶体的结构呈现溶凝胶型或凝胶型结构。

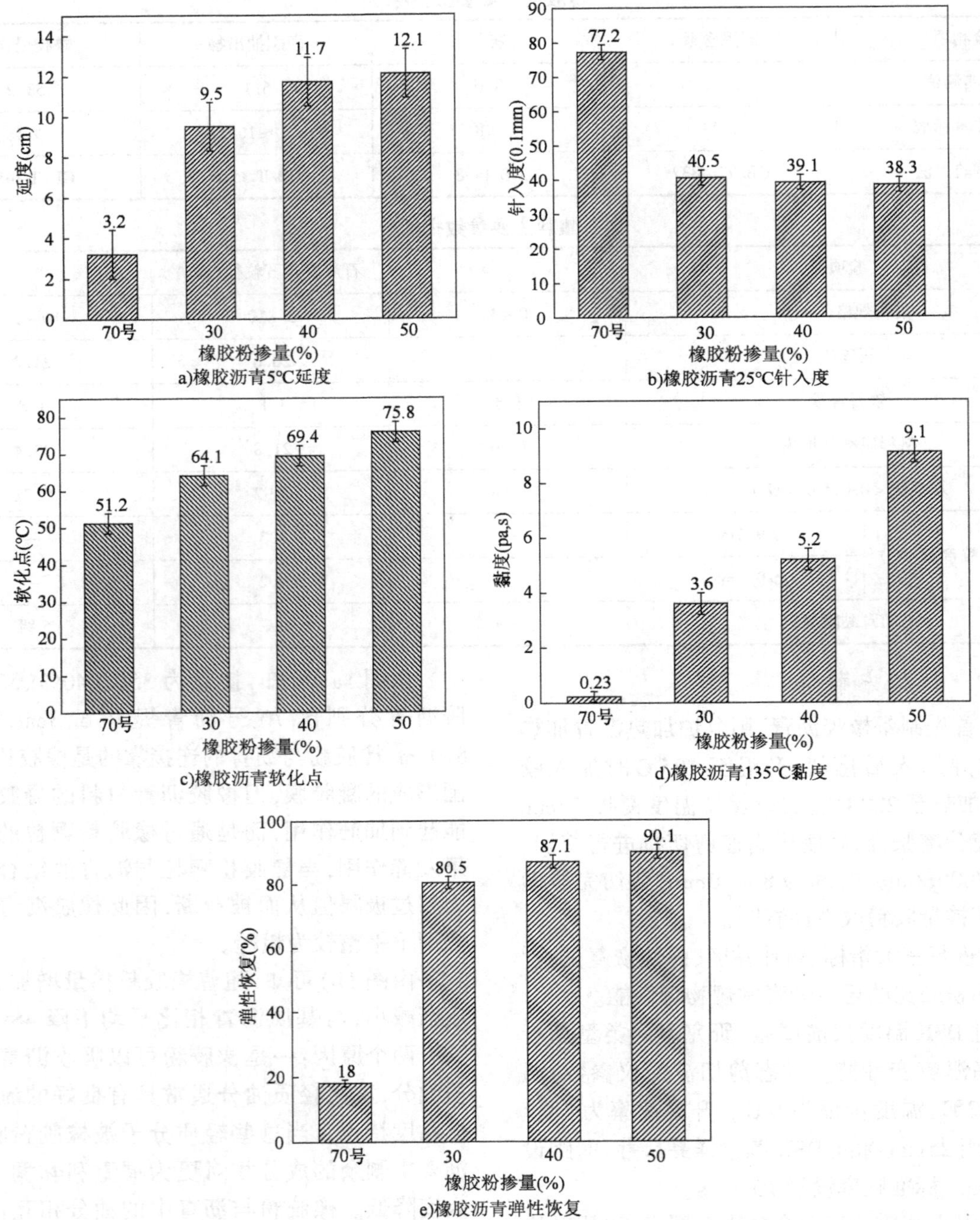

图1 橡胶沥青常规物理性能

由图1c)可知,软化点随着橡胶粉掺量增加逐渐增大。掺量为35%、40%、50%的橡胶沥青比70号沥青分别提升了12.9℃、19.2℃、24.6℃,原因主要是橡胶粉能够吸收沥青中的轻质油分,这些轻质油分通常具有较低的黏度和较高的流动性,它们的减少使得沥青中残留的组分变得更加黏稠和硬化。同时,橡胶粉的溶胀效应使得沥青混合物的体积和黏度增加,这也有助于提升软化点。此外,橡胶粉可能与沥青中的胶质及沥青质发生化学反应,如交联反应,进一步提高了混合物的凝聚力和耐高温性能。这些交联结构增加了沥青混合物的结构稳定性,从而在较高温度下仍能保持一定的硬度和形态,因此软化点随橡胶粉掺量增加而提高。

由图1e)可知,橡胶粉的掺入还能增强沥青的弹性恢复能力,并且橡胶粉掺量越高,弹性恢复能力越好，分析原因，沥青本身的弹性较低，不具备足够的弹性恢复能力，而橡胶粉本身具有良好的弹性恢复能力，橡胶粉与沥青相互融合后，橡胶粉良好的弹性恢复能力可以很好地弥补沥青本身弹性较弱这一性质的劣势，从而提高基质沥青整体的弹性恢复能力。

2.2 超掺量橡胶沥青高温流变特性

橡胶沥青随温度变化的复数模量曲线及相位角如图2所示。

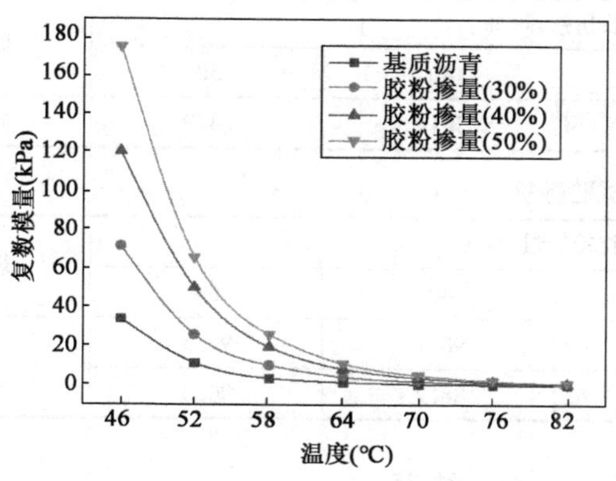

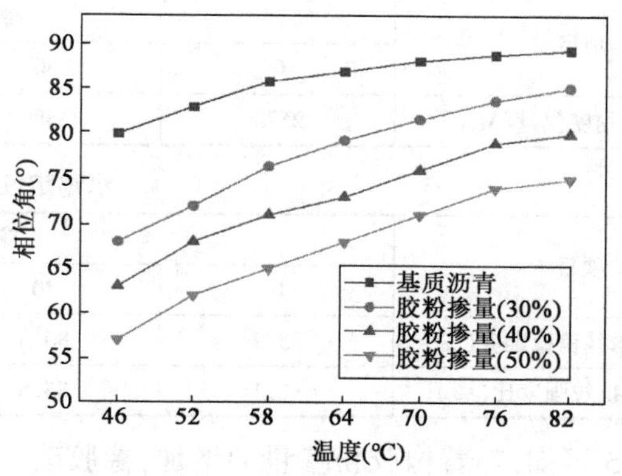

图2 复数模量与相位角

图2显示的是沥青混合料的复数模量（G^*）随温度变化的曲线，考察了不同橡胶粉掺量对沥青混合料性能的影响。由图2可知，随着温度的升高而显示出 G^* 值的下降，在同一温度条件下，随着橡胶掺量的增大，橡胶沥青复数模量逐渐增大。以46℃为例，掺量为30%、40%、50%的橡胶沥青比70号沥青分别提高了40kPa、82kPa、121kPa，原因是橡胶粉加入后发生溶胀反应，沥青质和胶质含量增大，沥青变黏稠，导致其复数剪切模量增大。在较高的掺量（40%和50%）时，沥青混合料的 G^* 在整个温度范围内都保持了较高的值，这表明这些混合料具有更好的抗高温变形能力。在低温端（46℃左右），橡胶粉的掺入量对 G^* 影响不大，而在中高温区域（52℃及以上），橡胶粉掺入量对提高 G^* 起到了显著作用。

相位角体现材料的黏弹特性，当温度在46～82℃范围内时，橡胶改性的相位角随着温度升高而持续增大，改性沥青混合料（30%、40%、50%橡胶粉掺量）的软化点随着温度的升高而有明显的增加。随着橡胶粉掺量的增加，每个温度点上的软化点值都在降低，这表明橡胶改性沥青对温度的敏感度增加。这种趋势意味着橡胶粉的加入降低了混合料的原始软化点，但随着温度的升高，改性沥青的软化点值增加的速度也随之加快。这可能是因为橡胶粉与沥青中的沥青质和胶质发生反应，导致在低温时混合物更为柔软，在升温过程中由于橡胶粉的物理和化学作用，增加了混合物的弹性和黏结性，从而提高了软化点的升温速率。随着温度的升高，沥青软化，此时黏性成分比例增大，弹性成分比例减少，但橡胶沥青的相位角依然小于70号基质沥青，这是因为橡胶粉本身具有弹性特征，加入到沥青后，从本质上改变了其黏弹特性。

2.3 超掺量橡胶沥青混合料路用性能

本文从混合料层面研究超掺量橡胶沥青混合料路用性能，研究掺量过高后对路用性能的影响，混合料级配选择AC-13，级配范围见表4，油石比选择4.7%。

表5～表7为路用性能数据。

AC-13 级配范围 表4

筛孔尺寸（mm）	16	13.2	9.5	4.75	2.36	1.18	0.6	0.3	0.15	0.075
级配范围	100	90～100	68～85	38～68	24～50	15～38	10～28	7～20	5～15	4～8
目标级配	100	95	76.5	53	37	26.5	19	13.5	10	6

车辙试验数据　表5

项目	橡胶粉掺量(%)				规范值
	70号	30	40	50	
动稳定度(次/mm)	1610	3675	6830	7216	>800

小梁弯曲劲度模量　表6

项目	橡胶粉掺量(%)				规范值
	0	30	40	50	
破坏弯曲劲度模量(MPa)	2578	3380	3415	3479	≥2000

水稳定性试验数据　表7

项目	橡胶粉掺量(%)				规范值
	0	30	40	50	
浸水马歇尔残留稳定度(%)	85.2	86.3	90.1	92.5	≥80
冻融劈裂抗拉强度比(%)	82.1	85.5	88.2	90.3	

由表5可知,随着橡胶粉掺量的增加,橡胶改性沥青混合料的高温性能有不同程度的提高。当橡胶粉掺量从0增加到30%时,动稳定度值由1610次/mm增加到3675次/mm,提升幅度达到128.2%。橡胶粉掺量从40%增加到50%时,动稳定度值由6830次/mm增加到7216次/mm,提升幅度为5.3%。当橡胶粉掺量高于40%时,对动稳定度的提升幅度有限。在车辙深度方面,橡胶粉改性沥青混合料的变形小于基质沥青混合料。分析认为,由于橡胶粉掺量的增加使沥青弹性组分增加,显著提高了在高温下的抗永久变形能力。

由小梁低温弯曲试验结果可以看出,橡胶粉对沥青混合料的低温性能有不同程度的提升。在30%的橡胶粉掺量下,基质沥青混合料的弯曲模量从2578MPa提升至3380MPa。提升幅度达31.1%。虽则橡胶粉掺量的进一步增加,其弯曲模量也随之提高,但提升幅度变化不明显。分析认为,由于橡胶粉颗粒的加入,改变了原有基质沥青的黏弹性组分,使得混合料的柔韧性提高,低温抗变形能力得到改善,进一步增强了基质沥青混合料的低温抗裂效果。

浸水马歇尔残留稳定度和冻融劈裂比都能够反映沥青混合料的抗水损害能力。由表4可以看出,随着橡胶粉掺量从0增加至50%,其浸水马歇尔残留稳定度和冻融劈裂比由85.2%、82.1%分别提升至92.5%、90.3%,提升幅度分别为7.28%、8.2%。说明橡胶粉可以一定程度的提高基质沥青混合料的抗水损害能力,但是提升幅度随橡胶粉掺量变化不大。

3　结语

本文主要结论如下:

(1)通过常规性能试验得出,超掺量橡胶沥青5℃延度、软化点、黏度、弹性恢复增大,针入度逐渐减小,基质沥青中的轻质油分被橡胶粉大量吸收,胶质与沥青质的含量相对增加,使沥青变硬。

(2)随着橡胶粉掺量的增加,沥青混合料在低温时的 G^* 逐渐降低,但在高温区间,高橡胶粉掺量的沥青混合料 G^* 下降速度较慢。沥青质和胶质含量增大使沥青变黏稠,橡胶粉的加入使得沥青弹性成分增多,黏性成分减少。随着温度的升高,黏性成分比例增大,弹性成分比例减少。

(3)橡胶粉的加入可以大幅提高沥青混合料的高温性能、低温性能,同时一定程度地提高沥青混合料的抗水损害能力,但是对水稳定性提升幅度不大。

参考文献

[1] 覃峰,唐银青.橡胶粉改性水泥乳化沥青砂浆性能试验研究[J].混凝土,2017(11):157-160,165.

[2] 谢川.废轮胎胶粉改性沥青现状研究[J].中国轮胎资源综合利用,2018(2):23-28.

[3] 杨西铭.老化橡胶粉及其改性沥青的路用性能研究[J].内蒙古公路与运输,2021(1):12-14.

[4] 肖飞鹏,王涛,王嘉宇,等.橡胶沥青路面降噪技术原理与研究进展[J].中国公路学报,

2019,32(4):73-91.

[5] 蔡斌,余功新,李彦伟,等.超高掺量胶粉改性沥青性能[J].重庆交通大学学报(自然科学版),2021,40(9):117-123.

[6] 李小重,王笑风,冯明林.橡胶颗粒对沥青的改性机理及其混溶体系分析[J].中外公路,2021,41(5):249-253.

[7] KHALILI M, JADIDI K, KARAKOUZIAN M, et al. Rheological Properties of Modified Crumb Rubber Asphalt Binder and Selecting the Best Modified Bind-er Using AHP Method[J]. Case Studies in Con-struction Materials, 2019, 11:00276.

[8] 叶智刚,孔宪明,余剑英,等.橡胶粉改性沥青的研究[J].武汉理工大学学报,2003,5(1):11-14.

[9] 蔡斌.大掺量胶粉改性沥青配方及工艺设计[J].公路交通科技(应用技术版),2018,14(6):92-94.

高掺量活化脱硫胶粉改性沥青混合料性能研究

张明明[1] 曹东伟*[1,2] 夏 磊[1] 张 宏[3]

(1.长安大学材料科学与工程学院;2.中路高科交通检测检验认证有限公司;3.山西路桥再生资源开发有限公司)

摘 要 为改善胶粉改性沥青路面性能,促进胶粉的高效回收利用,本文制备了胶粉掺量为30%~50%的活化脱硫胶粉改性沥青,并分别以30%、40%、50%胶粉掺量的胶粉改性沥青作为原材料制备了沥青混合料,评价了其高低温、水稳定性等路用性能。结果表明,高掺量活化脱硫胶粉改性沥青混合料高温抗车辙能力和低温韧性提升明显,其中,40%掺量的改性沥青对混合料整体提升最大,但混合料的高温抗车辙性能和低温抗裂性能都随着胶粉掺量的增加有所降低。本研究为高效利用胶粉提供了一定的参考和理论基础。

关键词 道路工程 高掺量 活化脱硫胶粉 沥青混合料 路用性能

0 引言

随着世界经济的日新月异和交通运输行业的蓬勃发展,全球橡胶轮胎产量居高不下。研究表明[1],在沥青中掺入胶粉可以有效地提高沥青路面的抗车辙、抗疲劳开裂的能力,还能降低温度敏感性,从而提升道路的耐久性和服务寿命。

然而,在工程实践中,橡胶沥青由于胶粉与沥青之间的相容性较差、难以压实、生产温度较高等,出现了较为严重的离析、施工和易性较差等问题,导致橡胶沥青路面性能差、耐久性差[2-4],限制了橡胶沥青的进一步扩大应用。为此,为了改善橡胶沥青存在的上述问题,国内外学者进行了大量研究,旨在改善橡胶沥青储存稳定性、提升胶粉掺量、降低使用温度等,并取得了一定的研究成果[5-6]。橡胶沥青黏度大、易离析、难存储是其难以应用的重要原因,通过将胶粉进行活化能够在一定程度上改善胶粉与沥青的相容性,并提升橡胶沥青的稳定性[7-9]。另外,为了改善胶粉在沥青中的掺量,改善橡胶沥青离析较大的问题,研究人员将胶粉进行脱硫活化处理或将胶粉与SBS等改性剂进行复合掺入沥青[10],并同时降低SBS掺量、提升胶粉掺量,在提升路面性能的同时降低改性沥青的使用成本,但此类聚合物复合改性沥青的相容性问题依然存在[11]。

如何提升橡胶沥青的胶粉掺量,进一步扩大废旧胶粉的高效利用,是目前的研究重点之一[12-14]。王洋利用SBS、硬化剂等助剂研发了大掺量脱硫胶粉改性沥青,将脱硫胶粉在沥青中的

基金项目:中央引导地方科技发展资金项目(236Z1218G)。

掺量提升至30%,其成果在工程实践中得到了验证[13]。蔡斌确定了大掺量大掺量胶粉改性沥青的最佳制备参数,制备了30%的胶粉改性沥青,研究发现其贮存稳定性和低温性能均由于20%掺量的胶粉改性沥青[15]。尽管不同学者对大掺量胶粉改性沥青进行了大量研究,但胶粉掺量并未得到较大的提升,一般控制在30%左右[16-18]。

因此,为了明显提升胶粉在沥青中的掺量,本文制备了30%~50%掺量高性能胶粉改性沥青沥青混合料,并对其高低温、水稳定性等性能进行了评价,以期实现废旧胶粉在道路工程中的高效利用,改善改性沥青综合性能,有效提高我国废旧轮胎资源化利用,显著降低沥青路面建设成本。

1 材料与试验

1.1 原材料

1.1.1 沥青

本文采用雄安新区京德高速公路实体建设工程中沥青,包括胶粉掺量为30%、40%、50%的胶粉改性沥青(分别命名为HRA_{30}、HRA_{40}、HRA_{50}),参照规范《公路工程沥青及沥青混合料试验规程》(JTG E20—2011)(以下简称《规程》)对其基本性能指标进行测试,基本性能如表1所示。

1.1.2 集料

本文沥青混合料涉及上中下面层三种,因此选用玄武岩和石灰岩作为本文集料,集料和矿粉性能指标均满足相关规范要求。

胶粉改性沥青技术指标要求　　表1

指标	HRA_{30}	HRA_{40}	HRA_{50}
针入度(25℃,5s,100g)(0.1cm)	41	42	45
延度(5℃,5cm/min)(cm)	17	16	13
软化点($T_{R\&B}$)(℃)	89.5	84.0	74.0
离析(℃)	1.0	2.0	2.5
弹性恢复25℃(%)	96	95	91
布氏旋转黏度180℃(Pa·s)	3.02	2.13	3.39
5℃测力延度峰值力(N)	102.8	91.3	77.6
闪点(coc)(℃)	274	276	278
PG等级(℃)	88-	88-	88-
Jnr3.2/(kPa^{-1})	1.42	0.93	0.88

1.2 试验方法

1.2.1 高掺量胶粉改性沥青混合料制备

结合不同掺量HRA特性,本研究借鉴国内外断级配橡胶沥青混合料和传统混合料的组成特点,发挥粗集料骨架和胶粉改性沥青胶结料功能,依据级配理论和设计方法创新性开发不同粒径胶粉改性沥青碎石。其设计目的一方面采用骨架结构强调石料之间的骨架形成和嵌挤能力的提高,同时确保包括细集料、矿料及胶粉改性沥青组成胶砂的密实性,最终使设计的混合料具备优良的路用性能,并以此为依据设计制备热拌沥青混合料。

本文制备三种不同的热拌沥青混合料作为本文对比分析对象,即以HRA_{30}、HRA_{40}、HRA_{50}为原材料制备三种不同沥青混合料,油石比分别为5.18%、4.88%、4.50%,并分别命名为HRAM-13、HRAM-20、HRAM-25。级配曲线如图1所示。

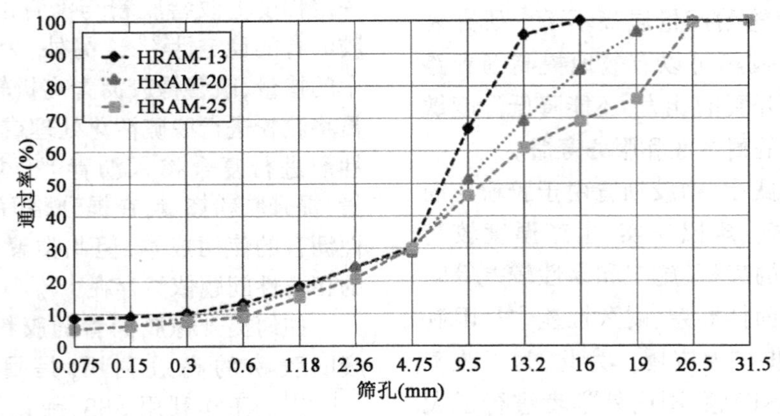

图1　混合料的合成级配曲线

1.2.2　路用性能试验

(1)车辙试验。

车辙试验是衡量沥青路面高温稳定性的重要试验,本文按照《规程》中试验方法对三种高掺量胶粉改性沥青混合料进行车辙试验并进行动稳定度的计算和分析。

(2)小梁弯曲试验。

低温开裂是保证改性沥青路用耐久性能的主要指标。本文采用参照《规程》中的小梁弯曲试验对高掺量胶粉改性沥青进行低温开裂性能评价。

(3)水稳定性。

①浸水马歇尔试验。

本文根据《规程》对高掺量胶粉改性沥青试验进行浸水马歇尔试验,参照《规程》相关公式计算得到残留稳定度并进行评价。

②冻融劈裂试验。

每种混合料类型成型 12 个马歇尔试件,共分为 3 组,每组 4 个,将其中一组试件置于常温(25℃)水浴中,保温 2h 后测其劈裂强度;另一组试件进行一次冻融后进行劈裂强度试验;最后一组试件用来测试冻融循环后的劈裂强度,本研究只开展两次冻融试验。

2　结果与讨论

2.1　高温性能

高掺量胶粉改性沥青混合料车辙试验结果如图 2 所示。

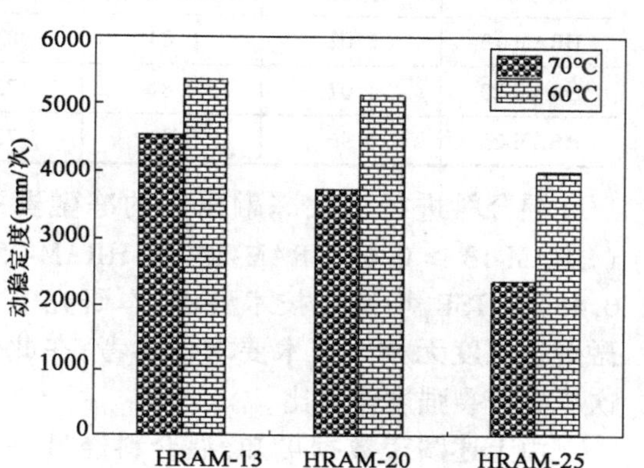

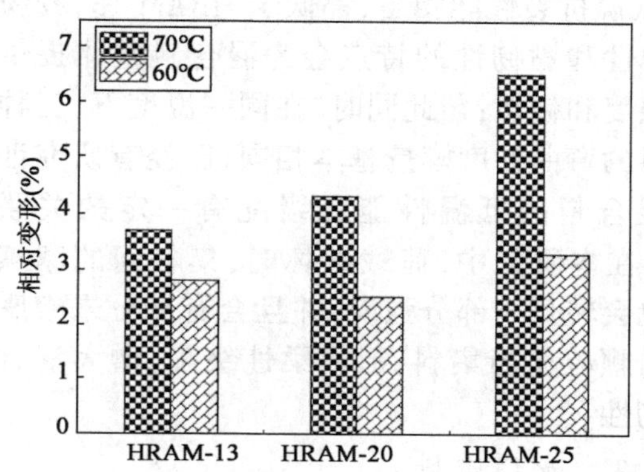

图 2　三种混合料车辙试验结果对比

根据河北雄安新区京德高速公路永久路面建设技术要求,HRAM-13 沥青混合料在温度为 70℃时的动稳定度应大于或等于 3000mm/次,HRAM-20 沥青混合料在 60℃时的动稳定度应大于或等于 5000mm/次,HRAM-25 沥青混合料在 60℃时的动稳定度也应大于或等于 3000mm/次。由图 2 可以看出,本研究数据均符合该沥青混合料技术指标要求。

从三种级配的动稳定度看,无论温度是 60℃还是 70℃,动稳定度的大小关系都为 HRAM-13 > HRAM-20 > HRAM-25,与 60℃动稳定度相比,极端 70℃动稳定度的衰减程度随着沥青中橡胶粉掺量的增大而增大,说明高掺量活化脱硫胶粉改性沥青虽然有着较好的高温性能,但是高温相对低温的性能衰减也比较大;HRAM-13 有着较高的动稳定度,其良好的嵌挤骨架也发挥了一定的作用,与此同时,60℃时,HRAM-20 的动稳定度与 HRAM-13 相差仅 4.4%,说明 40% 掺量的改性沥青有着较高的抗变形能力。

从相对变形来看,在同样的碾压次数下,相对变形值越小,说明车辙深度越小,进而混合料的高温稳定性就越高,70℃时的相对变形与动稳定度成反比,而 60℃时 HRAM-20 的相对变形却最小,这明在级配类型不占优的情况下,40% 掺量的改性沥青对混合料整体的高温性能起到了积极的作用。

2.2　低温性能

高掺量活化脱硫胶粉改性沥青混合料小梁低温弯曲试验结果如表 2 所示。

小梁低温弯曲试验结果　　表2

混合料	抗弯拉强度(MPa)		最大弯拉应变(με)		弯曲劲度模量(MPa)	
	-10℃	-20℃	-10℃	-20℃	-10℃	-20℃
HRAM-13	13.2	9.5	3244	2162	4069	4394
HRAM-20	11.8	8.4	2947	1893	4004	4437
HRAM-25	10.9	—	2882	—	3782	—

由表2可知,三种混合料低温抵抗荷载能力顺序为HRAM-13 > HRAM-20 > HRAM-25,其中每种混合料-10℃的抗弯拉强度要比-20℃高,说明低温会导致混合料抵抗荷载能力的衰减,极致低温可能会致其脆断,胶粉与沥青的模量不同,低温时容易发生应力集中,此过程消耗大量能量,无形中增加了沥青抗冲击的强度。

从最大弯拉应变来看,HRAM-20和HRAM-25的低温抗裂性能相当,都低于HRAM-13,胶粉富有弹性和黏韧性的特点会为混合料整体提供屈服强度和韧性;与此同时,在同一温度下,三种混合料的弯曲劲度模量基本相同,已经有研究证明过混合料的低温性能和级配有一定的关联性[19],在本研究中,荷载破坏时,集料间的摩擦作用也会转化一部分强度,并且会有部分未溶胀的胶粉颗粒充当集料,形成柔性级配,增大混合料的韧性。

2.3　水稳定性

(1)高掺量胶粉改性沥青混合料浸水马歇尔试验结果如表3所示。

残留稳定度MS试验结果　　表3

混合料	浸水前(kN)	浸水后(kN)	残留稳定度MS(%)	技术要求(%)
HRAM-13	12.77	11.77	92.2	≥85
HRAM-20	11.90	10.78	90.6	≥85
HRAM-25	11.16	10.45	90.1	≥85

由表中数据可知,三种混合料的马歇尔稳定度和残留稳定度(MS)均满足河北雄安新区京德、荣乌新线高速公路永久路面建设技术要求,并且三者的残留稳定度(MS)均能够达到90%以上,说明它们都具有良好的水稳定性,其中HRAM-20与HRAM-25水稳定性相当,与HRAM-13最高只差2.3%。

(2)高掺量活化脱硫胶粉改性沥青混合料冻融劈裂试验试验结果如表4、表5所示。

一次冻融劈裂强度比TSR试验结果　表4

混合料	冻融前	一次冻融后	TSR_1(%)	技术要求(%)
HRAM-13	1.07	0.95	88.8	≥85
HRAM-20	1.11	0.98	87.9	≥85
HRAM-25	1.05	0.90	85.4	≥80

二次冻融劈裂强度比TSR试验结果　表5

混合料	冻融前	二次冻融后	TSR_2(%)
HRAM-13	1.02	0.84	82.6
HRAM-20	1.07	0.81	75.8
HRAM-25	0.96	0.69	72.2

混合料进行一次冻融以后的冻融劈裂强度(HRAM-13 ≥ 0.6;HRAM-20和HRAM-25均≥0.45)与TSR_1均满足技术要求,本研究中二次冻融劈裂强度无相关技术要求作参考,在此仅与一次冻融劈裂强度作对比。

由上述图表数据可知,混合料经过一次或多次冻融循环后的劈裂强度会降低。无论是冻融前,还是冻融后,HRAM-20的劈裂强度总比其他两种混合料略高一些,表明HRAM-20(40%掺量)结构中集料和裹附橡胶沥青的表面张力更低,融合效果更好,在沥青-集料截面外力的破坏情况下,界面黏结程度更强,有着良好剪压作用下的力学性能。但从两次冻融后的劈裂强度比可以看出,水稳定性的高低顺序为HRAM-13 > HRAM-20 > HRAM-25,在三种混合料的空隙率都为3.5%的情况下,由于40%掺量和50%掺量橡胶复合改性沥青的黏附性较低,因此对混合料力学强度的贡献有所削弱。

图3表明,一次冻融后,HRAM-13和HRAM-20劈裂强度的衰减程度近乎相同,HRAM-25稍高一些,而进行二次冻融以后,三种混合料的劈裂强度衰减程度有了明显差异,同时,经过两次冻融后,HRAM-20与HRAM-25的TSR远远大于HRAM-13,说明冻融循环次数的增加对三种混合料水稳定性影响程度的大小关系为HRAM-25 >

HRAM-20 > HRAM-13。

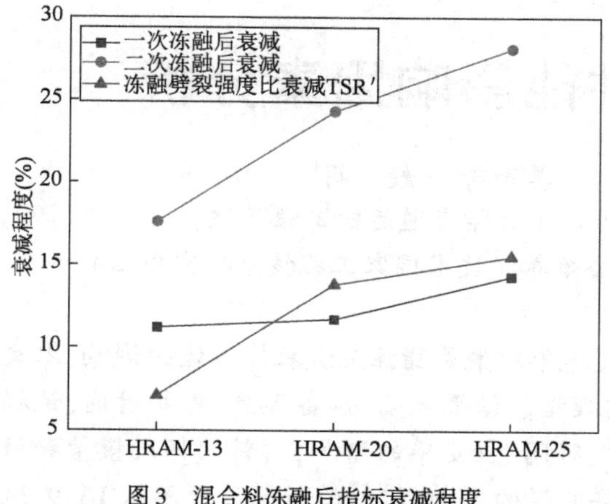

图 3 混合料冻融后指标衰减程度

3 结语

本文制备了胶粉掺量为 30% ~50% 的高掺量活化脱硫胶粉改性沥青，以及三种沥青混合料，从高低温性能和水稳定性方面验证了高掺量胶粉改性沥青的路用性能。研究发现，高掺量活化脱硫胶粉改性沥青混合料高温抗车辙能力和低温韧性提升明显，但其高温抗车辙性能和低温抗裂性能都随着胶粉掺量的增加有所降低。本文研究结论为进一步研究高效利用胶粉提供了一定的理论基础。后续研究将进一步探讨高掺量活化脱硫胶粉改性沥青性能提升机理。

参考文献

[1] 余苗，赵晓宁，陈海峰，等. 橡胶颗粒改性沥青混合料黏弹性研究[J]. 公路交通科技，2023，40(2)：1-7.

[2] 次仁拉姆. 橡胶粉. 废塑料复合改性沥青的性能研究[J]. 中外公路，2020，40(2)，258-262.

[3] 冯会杰. 胶粉掺量对橡胶沥青性能的影响[D]. 西安：长安大学，2022.

[4] 杨法勇. 脱硫胶粉/SBS 复合改性沥青及其混合料性能研究[D]. 西安：长安大学，2022.

[5] CAO D W，TAN H，YANG Z，et al. Research on Performance of Natural Rubber Latex Composite-Modified Asphalt，Journal of Testing and Evaluation[J]. 2022，50(4)：1962-1976.

[6] ZHANG X R，WANG X F，WAN C G，et al. Performance evaluation of asphalt binder and mixture modified by pre-treated crumb rubber [J]. Construction and Building Materials 2023：362.

[7] 吕磊，赵辰，李蕊，等. 烯烃复分解催化胶粉改性沥青制备工艺与性能评价[J]. 中国公路学报，2023，36(12)：143-154.

[8] 张帆. 基于废机油的低黏度橡胶沥青性能及机理研究[D]. 西安：长安大学，2022.

[9] 赵梦珍，徐周聪，伍杰，等. 废食用油脱硫胶粉/SBS 复合改性沥青混合料的路用性能评价[J]. 公路交通技术，2021，37(4)：63-69.

[10] 宋亮，王朝辉，舒诚，等. SBS/胶粉复合改性沥青研究进展与性能评价[J]. 中国公路学报，2021，34(10)：17-33.

[11] 李小重，王笑风，冯明林，等. 橡胶颗粒对沥青的改性机理及其混溶体系分析[J]. 中外公路，2021，41(5)：249-253.

[12] 王国清，曹东伟，王志斌，等. 大掺量胶粉改性沥青胶结料流变性能对比研究[J]. 公路交通科技，2022，39(7)：7-14，22.

[13] 王洋. 大掺量脱硫胶粉改性沥青及其混合料性能研究[D]. 长安：西安大学，2021.

[14] WANG G Q，WANG X，LV S T，et al. Laboratory Investigation of Rubberized Asphalt Using High-Content Rubber Powder [J]. Materials，2020，13(19).

[15] 蔡斌. 大掺量胶粉改性沥青配方及工艺设计[J]. 公路交通科技(应用技术版)，2018，14(6)：92-94.

[16] 周慧，周开利. 大掺量胶粉/SBS 复合改性沥青混合料制备及路用性能研究[J]. 四川水泥，2021(4)：98-99，198.

[17] 王国清，宋书康，秦禄生，等. 大掺量胶粉改性沥青胶砂高低温性能研究[J]. 重庆交通大学学报(自然科学版)，2020，39(8)：90-94.

[18] 司伟，张博文，杨若聪，等. 青藏高寒区基于真实环境冻融作用的沥青混合料冻融疲劳破坏表征[J]. 长安大学学报(自然科学版)，2023，43(3)：11-21.

聚氨酯注浆液的拉伸性能影响因素分析

赵　双[1]　于　新*[1,2,4]　陈　晨[3,4]　姜子琦[1]　殷　明[1]

(1.河海大学土木与交通工程学院;2.长沙理工大学交通运输工程学院;
3.河海大学水利水电工程学院;4.长沙理工大学公路养护技术国家工程技术研究中心)

摘　要　为研究制备温度、养护时间、尺寸效应和应变速率对聚氨酯注浆液拉伸性能的影响,本文开展了不同测试条件件下的单轴拉伸试验,并建立相应的本构模型。结果表明,制备温度、养护时间、试样长度与应变速率均会影响聚氨酯注浆液的拉伸性能,随温度、时间、应变率的增加,材料的杨氏模量和拉伸强度呈增大趋势,断裂伸长率呈减小趋势。此外,随着试样长度的增加,材料的断裂伸长率从165%递减至17%。基于拉伸试验的应力-应变关系特征,确定拉伸行为本构方程,模型拟合优度在0.983以上。

关键词　聚氨酯注浆液　制备温度　养护时间　尺寸效应　应变速率

0　引言

裂缝是沥青路面的常见病害,现有的路面病害处治技术主要有道路大开挖修复、病害局部挖补、单车道连续铣刨和非开挖注浆技术。非开挖注浆技术[1-3]因其不阻断交通、对环境破坏和影响小、施工工期短、施工成本低等特点作为一种快速无损修复路面的技术,在公路深层病害维修中的运用越来越多。同时聚氨酯注浆液因其具有反应速度快且强度高[4]、黏度小[5]、抗渗性好[6]、施工便捷[7]等优势,广泛应用于非开挖注浆。

影响聚氨酯注浆液压缩性能的因素有很多,例如制备温度、应变速率和尺寸效应的影响[8-9]。Mirza等人[10-12],研究了温度对聚合物注浆液压缩性能的影响,发现温度越低,抗压强度越高,且在温度变化时体积变化符合热胀冷缩规律。王[13]研制了一种新型聚氨酯弹性体注浆液,并测试了其在应变率效应的单轴压缩性能,结果发现材料各项性能随应变率的增加而增大。上述学者的研究表明,温度、固化时间、尺寸效应和加载速率对材料的力学参数影响显著。但目前的研究主要集中在聚氨酯泡沫注浆液的性能研究上,而对于路面裂缝修补的高强度、高韧性的不发泡型聚氨酯注浆液性能鲜有报道。而高聚物注浆液作为焊缝材料应用到道路工程中时,材料强度和韧性是保证裂缝修补效果的基础,注浆液的拉伸性能也是达到裂缝修复的关键。但目前对聚氨酯注浆液的拉伸性能影响因素及规律尚不明晰。

本文自主制备了适用于路面裂缝修补的新型不发泡聚氨酯注浆液,并考虑养护温度、制备时间、应变速率和尺寸效应等因素对聚氨酯液拉伸性能的影响,开展单轴拉伸试验,分析不同因素对液拉伸变形行为的影响,并建立相应的本构模型。本研究对促进聚氨酯液的理解认知及其在实体工程中的推广应用提供了理论基础,具有一定的指导意义。

1　材料和测试

1.1　聚氨酯注浆液

注浆液由A组分和B组分组成。组分A由聚合多元醇、阻燃剂(TCPP)、扩链剂(ADR 4380)、稳泡剂(B8443)和催化剂(DMDEE)组成,质量比分别为60:30:6.5:1:2.5。组分B的主要成分是异氰酸酯(PAPI)和增塑剂(BPO),质量比为7:3。将A、B组分按照质量比为1:1.1的比例均匀混合30s后即可得到不发泡不膨胀的聚氨酯注浆液。

1.2　试验方案设计

考虑尺寸效应、应变速率等因素,同时参考《树脂浇铸体性能试验方法》(GB/T 2567—

基金项目:国家重点科技发展计划(2021YFB2601200);公路养护技术国家工程技术研究中心(长沙理工大学)开放基金项目(No.5502);KFJ230207。

2021)[14]制备并在室温下测试拉伸试样,试验工况见表1。

拉伸试验工况　　表1

试验项目		拉伸试验工况		
制备温度		25℃	35℃	45℃
养护时间		1d	3d	7d
加载速率		2×10^{-3}/s	10^{-2}/s	5×10^{-2}/s
尺寸效应	宽度	0.5W	1.0W	1.5W
	长度	0.5G	1.0G	1.5G

注:制备温度与养护温度一致,对照组的试样尺寸为1.0W、1.0G,制备温度为25℃,养护时间为3d,加载速率为10^{-2}/s。

2 结果与分析

2.1 应力应变曲线特征分析

聚氨酯注浆液在单轴拉伸下的典型应力-应变曲线如图1所示,可分为弹性、屈服和应变硬化阶段3个阶段。

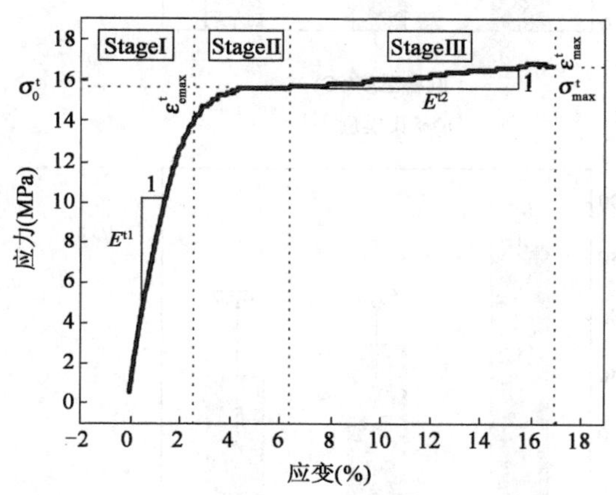

图1　注浆液在单轴拉伸下的代表性本构曲线

(1)弹性阶段,该阶段应力在接近最大拉伸弹性应变之前与轴向应变成正比,试样变形较小,若载荷消失,变形可恢复。这主要是因为此阶段受力较小,材料的软硬段能够共同协作抵抗外部载荷,各部分应力和应变分布均匀。在外力作用下,组成软硬段的分子链仅发生了伸展运动引起变形而不发生断裂,卸载后,变形可完全恢复[15-16]。此阶段的斜率为注浆材料的杨氏模量E^{t1},最大拉伸弹性应变为ε_{emax}^t。

(2)屈服阶段,该阶段应力保持不变,但应变呈现增大趋势,出现一定的屈服平台,局部产生不可恢复的形变,由弹性转变为塑性。这是因为在载荷作用下分子链内部间相互作用减小,应力增长率也变小,能量吸收加快[17]。该阶段的应变介于最大弹性应变ε_{emax}^t和屈服应变ε_0^t之间,且在屈服应变处,应力持续增大至屈服应力σ_0^t。

(3)材料硬化阶段,该阶段曲线段的形状表明应力应变增加近似正比,试样发生应变硬化。这是因为在载荷作用下,分子链发生充分伸展后,重新进行排列组合,恢复了抵抗变形的能力,应力持续增加[15]。而且这一阶段的切线模量基本是恒定的,等于线段的斜率,即E_{t2}。在极限拉应力σ_{max}^t下,当应变达到ε_{max}^t时试样发生断裂,试样的断裂面是光滑的且垂直于加载方向,如图2所示。

图2　注浆液的拉伸破坏断面图

2.2 拉伸性能影响因素

2.2.1 制备温度

图3给出了温度对聚氨酯注浆材料拉伸力学参数的变化关系图。由图3a)可以看出,在不同的制备温度下制备的试样,拉伸试验的应力应变响应不同,但均为非线性。拉伸试样应力-应变曲线的斜率随着制备温度的升高呈增大趋势,且屈服阶段减小,应变软化阶段消失,试样变脆。此外还可以看出,随着制备温度的升高,试样的杨氏模量和拉伸强度增加,而相应的断裂伸长率减小。这主要是由于温度升高加快了分子的运动速率,使分子链段之间的结合力增加,从而导致试样的抗拉强度和弹性模量增加[18]。而聚氨酯材料的拉伸强度主要是由分子链的力学强度决定,断裂伸长率由分子链的柔韧性来决定,其强度和断裂伸长率成反比,因此,在力学强度增加的同时断裂伸长率降低。因此,随着制备温度的升高,试样相应

的断裂伸长率减小[19],这与图3a)一致,应力-应变曲线没有明显的屈服和硬化阶段,试样变脆后断裂。

2.2.2 养护时间

由图4a)可以看出,试样在不同的养护龄期下进行养护后,拉伸试验的应力应变响应不同。拉伸试样应力-应变曲线的斜率随着制备温度的升高呈增大趋势,且材料硬化阶段减少。且随着养护时间的增加,拉伸试样的杨氏模量和拉伸强度分别增加197.38%、23.94%;而断裂伸长率减小41.37%。这主要是由于固化过程中聚氨酯由颗粒状变为网状结构,大分子量比例呈现上升趋势,而随着养护时间的增加,内部紧密的网络结构,链段之间的缠结越复杂越紧密,材料发生变形的可能性越小,从而导致试样的抗拉强度和弹性模量增加,相应的断裂伸长率减小[20]。这与图4a)中的变化趋势一致,随着养护时间的增加材料硬化阶段减少,试样变脆。

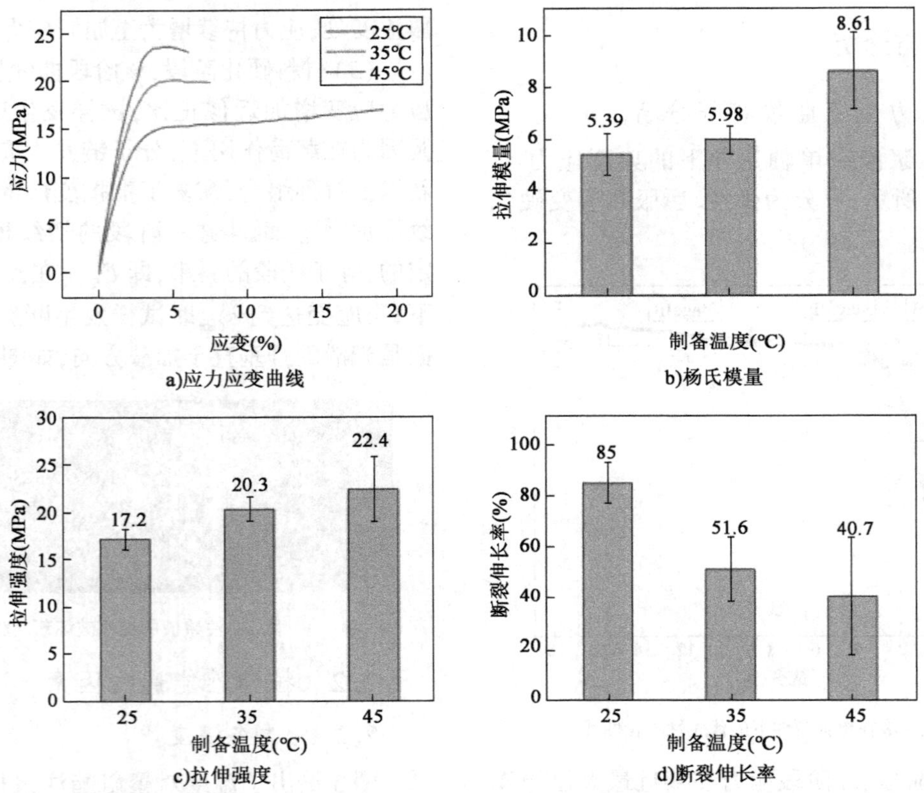

图3 制备温度对拉伸性能的影响

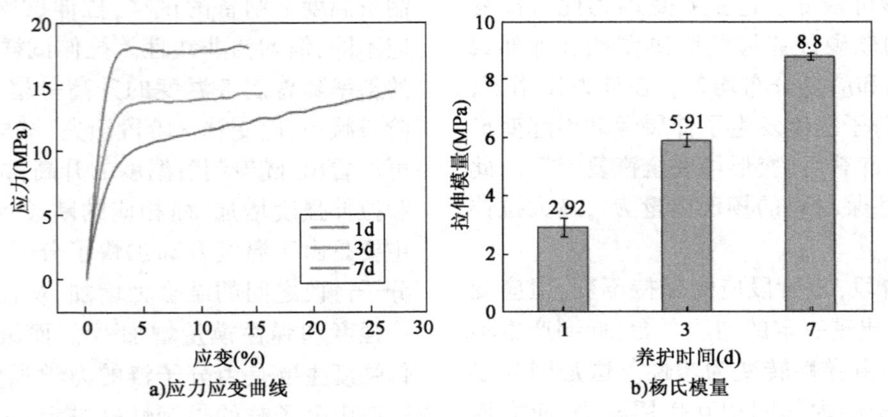

图 4

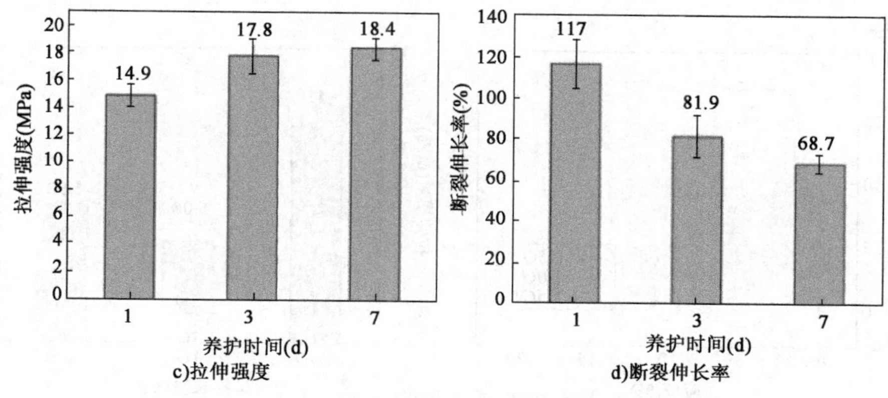

c)拉伸强度 d)断裂伸长率

图4 养护时间对拉伸性能的影响

2.2.3 尺寸效应

通过改变拉伸试样的宽度和长度,来研究试样的尺寸效应对材料拉伸性能的影响规律,不同尺寸下注浆材料的拉伸力学参数变化如图5、图6所示。

由图5a)可以看出,随着试样宽度的增加,拉伸试样应力-应变曲线的斜率呈增大趋势,因此材料的刚度也不断增加。此外还可看出,随着试样宽度的增加,杨氏模量增加,而拉伸强度变化不显著,但总体和断裂伸长率变化规律一致呈现先增加后减小的趋势[21]。

由图6a)中可以看出,随着试样长度的增加,拉伸试样应力-应变曲线的斜率呈减小趋势,屈服和应变软化阶段也随之缩短,试件变脆,断裂伸长率随之减小。且随着试样长度的增加,杨氏模量不断减小,而拉伸强度变化不显著;但断裂伸长率呈现急剧减小趋势,其断裂伸长率从165%递减至17%。这是由于随着试件长度的增加,材料内部存在的一些初始的缺陷(如夹杂、气泡等)会更多,这些缺陷会在拉伸过程中承受更大的应力,从而导致应力集中,试样断裂,且断后伸长率伸长的那部分包括了缩颈的那部分,长度越长,缩颈的贡献越小,断后伸长率越小,因此造成断裂伸长率大幅降低[22]。

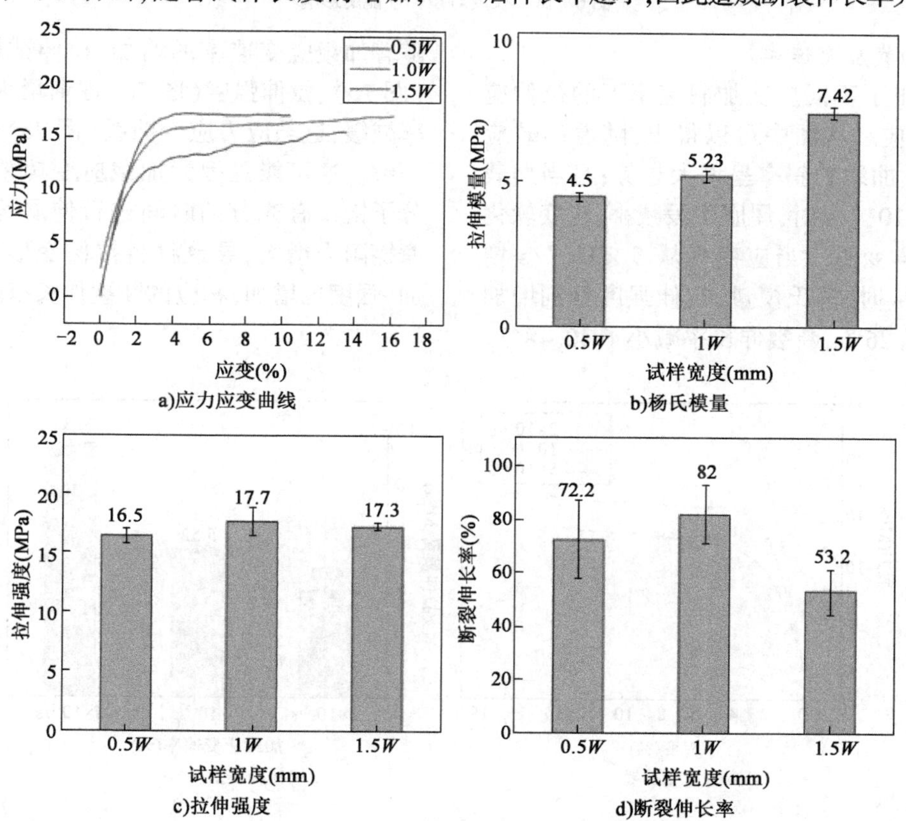

a)应力应变曲线 b)杨氏模量

c)拉伸强度 d)断裂伸长率

图5 试样宽度对拉伸性能的影响

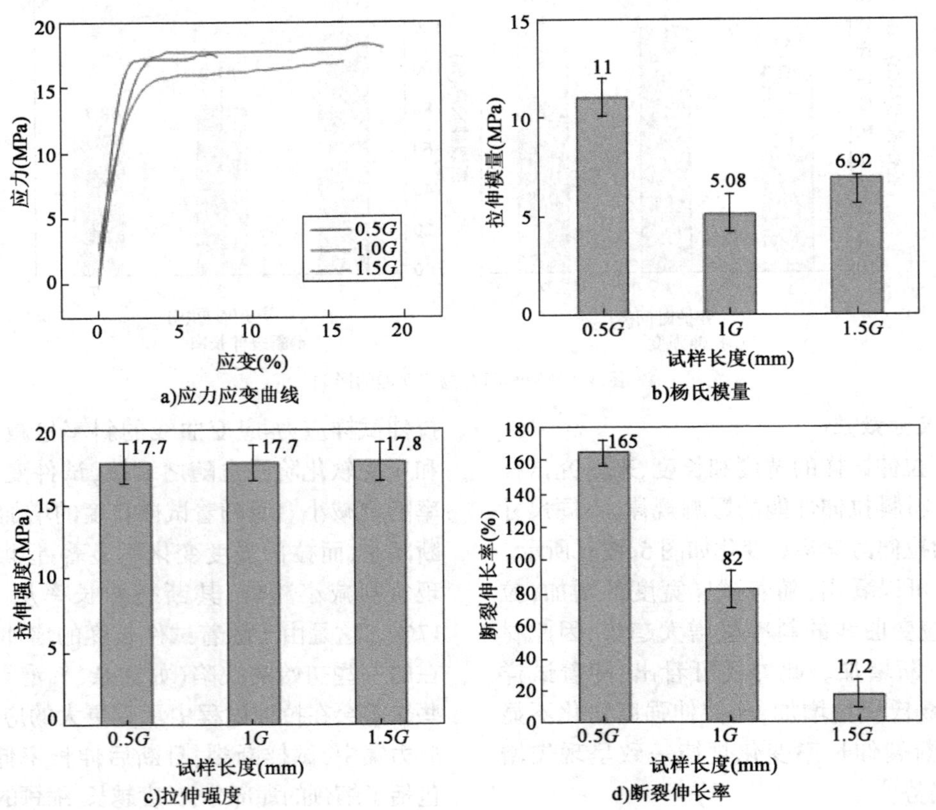

图6　试样长度对拉伸性能的影响

2.2.4　加载应变速率

图7a)给出了不同应变加载速率下的拉伸应力应变力学响应。从图中可以得出,随着加载应变速率的增加,曲线的斜率呈增大趋势;且当加载速率大于10×10^{-4}/s时,屈服阶段减小,应变软化阶段消失,试样变脆。当应变率从5×10^{-5}/s增加到5×10^{-3}/s时,杨氏模量、拉伸强度分别增加了128.7%、44.26%,断裂伸长率减小了40.48%。随着加载应变速率的增加,拉伸试样的杨氏模量(图7b)、拉伸强度(图7c)逐渐增大,同时增长速率减缓,这与应力应变曲线(图7a)中的变化规律一致。这可能是因为加载应变速率增大,聚氨酯分子链没有充分的时间进行伸展运动,相互间的摩擦阻力增大,导致材料拉伸变形所需的应力增加,强度也增加,相应的断裂伸长率降低[23-24]。

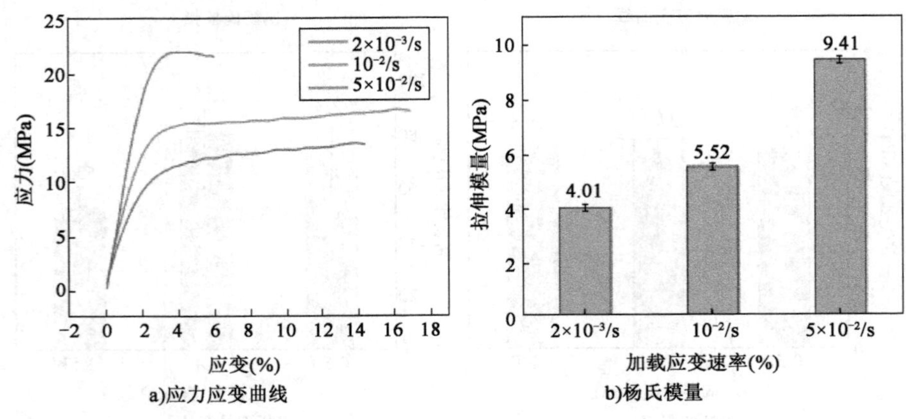

图　7

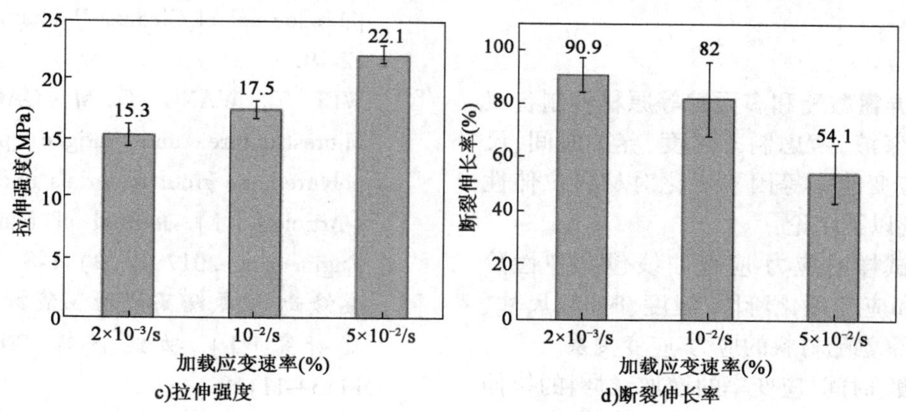

图 7　加载应变速率对拉伸性能的影响

2.3　本构模型

根据注浆液拉伸试验应力-应变三阶段变化特征，建立相应的函数关系来拟合试验数据，从而确定拉伸本构方程。

Matsuoka[25]和 Fang[21]分别提出可以描述高聚物非线性黏弹性行为的本构模型，表达式分别为：

$$\sigma = C_1 \exp(-C_2\varepsilon)\cdot\varepsilon\cdot\exp(-C_3\varepsilon^{C_4}) \quad (1)$$

$$\sigma = C_1[1-\exp(-C_2\varepsilon^{C_3})]\cdot\exp(\varepsilon^{C_4}) \quad (2)$$

式中：$C_1 \sim C_4$——模型参数；

σ、ε——应力、应变。

使用这两种模型对拉伸性能的主要影响因素，如不同制备温度、应变速率、养护时间以及不同长度尺寸下的拉伸应力-应变关系进行拟合，如图 8 所示，这两种模型的拟合优度均在 0.983 以上，表明拟合程度较高。

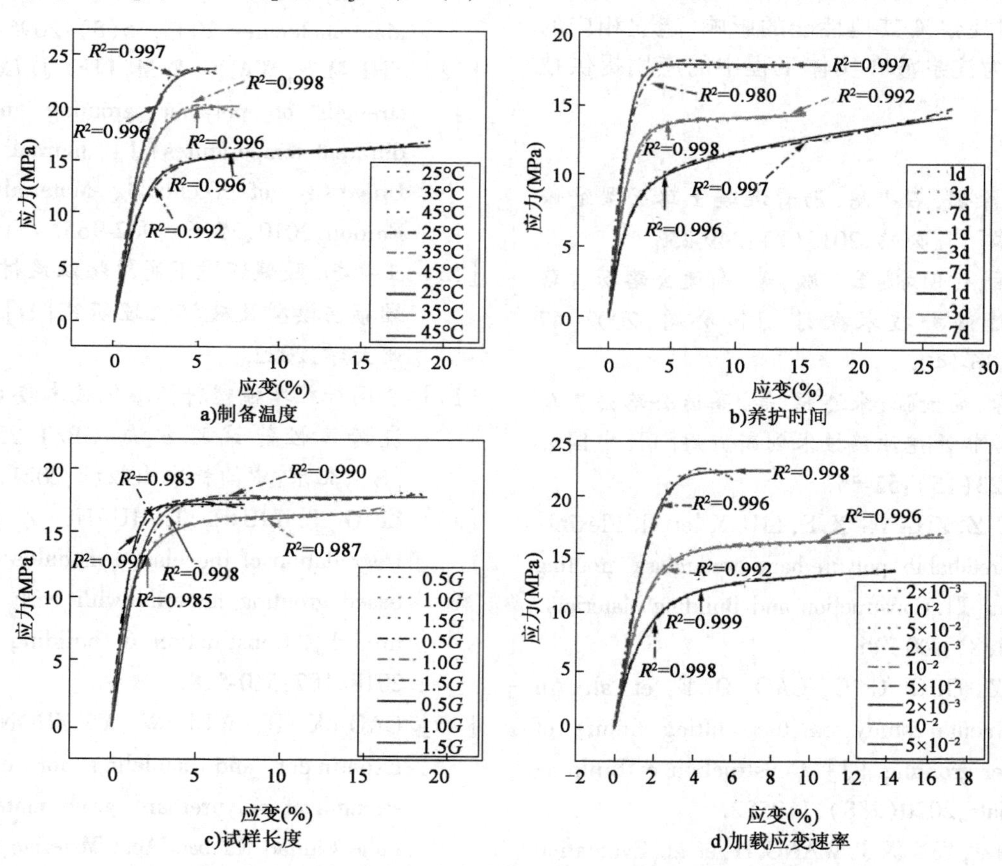

图 8　两种模型对不同影响因素下聚氨酯注浆材料的拉伸应力-应变关系拟合

3 结语

本文采用异氰酸酯和多元醇等原材料制备双组分聚氨酯注浆液,考虑制备温度、养护时间、尺寸效应、加载应变速率等因素变化对材料拉伸性能的影响,得到以下结论:

(1)拉伸试样的应力-应变曲线包含弹性阶段、屈服阶段和应变硬化阶段,温度、时间、尺寸、应变率均影响聚氨酯材料的应力-应变关系。

(2)随温度、时间、应变率的增加,材料的拉伸强度分别增加了30.23%、23.49%、44.44%,断裂伸长率降低了52.12%、41.28%、40.48%。除试样长度对材料断裂伸长率影响显著外,尺寸效应对拉伸性能的影响可以忽略不计。

(3)本文找到注浆液的非线性本构模型,并验证该模型能够准确描述聚氨酯材料在显著影响因素作用下的变形行为,这为实际工程应用提供了理论基础。

本研究的不足之处在于:未考虑不同因素对注浆液的弯曲、压缩能性能的影响。后续会考虑不同因素对注浆液其他性能的影响,建立相应的本构模型,为注浆液在实体工程中的应用提供技术参考。

参考文献

[1] 李峰,徐剑,石小培.沥青混凝土路面裂缝修补技术[J].公路,2013(7):249-253.

[2] 高艳丽,付丽琴,王玉顺,等.高速公路沥青路面裂缝修补技术探讨[J].公路,2002,47(9):136-140.

[3] 朱新春,周金强,朱连照,等.高速公路沥青路面裂缝非开挖注浆技术创新应用[J].中国公路,2023(15):52-55.

[4] YANG Z, ZHANG X F, LIU X, et al. Flexible and stretchable polyurethane/waterglass grouting material[J]. Construction and Building Materials, 2017(138):240-246.

[5] LIN ZZ, GUO C C, CAO D F, et al. An experimental study on the cutting failure of polymer grouting. [J]. Construction & Building Materials, 2020(258):119582.

[6] CHEN J, YIN X J, WANG H, et al. Evaluation of durability and functional performance of porous polyurethane mixture in porous pavement [J]. Journal of Cleaner Production, 2018, 188: 12-19.

[7] WEI Y, WANG F M, GAO X, et al. Microstructure and fatigue performance of polyurethane grout materials under compression (Article) [J]. Journal of Materials in Civil Engineering, 2017, 29(9):1-8.

[8] 秦修云.聚氨酯高聚物注浆材料的制备及性能研究[J].功能材料,2023,54(11):11134-11138.

[9] 周庆秀,赵鑫,徐海峰,等.聚氨酯注浆材料性能影响因素研究[J].中国水运(下半月),2023,23(9):142-144.

[10] MIRZA J, SALEH K, LANGEVIN M, et al. Properties of microfine cement grouts at 4℃, 10℃ and 20℃ [J]. Construction and Building Materials, 2013, 47:1145-1153.

[11] AMY M H, DANIEL J D, SHAW L H, et al. Effects of reaction temperature on the formation of polyurethane prepolymer structures [J]. Macromolecules, 2003, 36(8):2695-2704.

[12] SHI M S, WANG F M, LUO J. Compressive strength of polymer grouting material at different temperatures [J]. Journal of Wuhan University of Technology-Materials Science Edition, 2010, 25(6):962-965.

[13] 王振扬.酸碱环境下高聚物注浆材料单轴压缩损伤模型及破坏机理研究[D].郑州:郑州大学,2022.

[14] 全国纤维增强塑料标准化技术委员会.树脂浇铸体性能试验方法:GB/T 2567—2021[S].北京:中国标准出版社,2021.

[15] LI Q T, LIU L J, HUANG Z H, et al. Degradation of the elastic modulus of cement-based grouting material with early ages after fire [J]. Construction & building materials, 2018, 187:510-518.

[16] GAO X H, WEI W Y, ZHONG Y H. Experiment and modeling for compressive strength of polyurethane grout materials [J]. Fuhe Cailiao Xuebao/Acta Materiae Compositae Sinica, 2017, 34(2):438-445.

[17] LI XX, WAN J C, ZHENG D, et al.

Compressive mechanical properties of self-expanding grouting materials with different densities. [J]. Construction & Building Materials,2022,Vol. 332:127308.

[18] 余自森.不发泡型高聚物注浆材料力学特性试验研究[D].郑州:郑州大学,2020.

[19] 石明生,夏威夷.聚氨酯高聚物注浆固化温度试验研究[J].化工新型材料,2014,42(7):133-135.

[20] KHAN A S, LOPEZ-PAMIES. Time and temperature dependent response and relaxation of a soft polymer[J]. International Journal of Plasticity,2002,18(10):1359-1372.

[21] 潘旺,夏洋洋,张超,等.新型聚氨酯弹性体注浆材料的压缩尺寸效应及应变率效应[J].材料导报,2023,37(15):269-275.

[22] HOSSAIN D, TSCHOPP M A, WARD D K. Molecular dynamics simulations of deformation mechanisms of amorphous polyethylene[J]. Polymer,2011,51(25):6071-6083.

[23] 马东方,陈大年,王焕然.不同应变率下纤维增强高聚物复合材料试验研究[A].第十九届全国复合材料学术会议[C],2016.

[24] 阮班超,史同亚,王永刚.E玻璃纤维增强环氧树脂基复合材料轴向拉伸力学性能的应变率效应[J].复合材料学报,2018,35(10):2715-2722.

[25] WANG P, YAN H, WANG Z, et al. Degradation mechanisms of polyurethane grouting materials under quasi-static and cyclic compression loading: Density and size effects [J]. Construction & Building Materials, 2023, 408:133795.

生物再生沥青长期路用性能研究

董泽蛟 刘瑞瑞 周 涛* 万珊宏 李凌雯
(哈尔滨工业大学交通科学与工程学院)

摘 要 为了促进生物再生沥青的研究和应用,本文选择了大豆油渣、棕榈油渣两种不同来源的生物油作为生物基沥青再生剂,并以石油基再生剂为参照。基于沥青物理性能的恢复规律提出了再生剂最佳掺量确定方法;基于流变学原理和PG连续分级方法研究了生物基沥青再生剂对沥青高、低温性能和疲劳性能的影响;基于表面自由能理论和力学拉伸试验探究了其对沥青抗水损性能的影响。结果表明:生物基沥青再生剂对老化沥青软化效果显著,但对延度指标恢复程度有限,且再生沥青物理指标与再生剂掺量表现为线性或指数关系;生物再生沥青低温分级水平和温度敏感性均优于原样沥青,且疲劳寿命延长10倍左右;生物基沥青再生剂的引入会削弱沥青内聚强度,导致再生沥青易发生黏聚性失效,抗水损害性能降低。

关键词 生物油 沥青再生剂 生物再生沥青 流变特性 路用性能 水稳定性

0 引言

据统计,我国每年公路维修均会产生上亿吨再生沥青混合料(Reclaimed Asphalt Pavement, RAP),且该数据呈现逐年上升的趋势[1-2]。废料堆放和管理需要占用土地资源,处理不当还会导致地下水、土壤等被污染,因此,RAP再生利用已成为道路行业研究者的重要关注点之一[3-5]。

高效再生剂是实现RAP高值化利用的前提,传统石油基沥青再生剂价格昂贵、不可再生且对人体

基金项目:国家自然科学基金(52208432),吉林省科技发展计划项目(20210203136SF),吉林省交通运输科技项目(2021ZDGC-2),黑龙江省博士后面上项目(LBH-Z22019)。

有害,亟须为其寻找可持续性替代品[6]。已有研究发现农作物秸秆、废弃食用油、动物粪便、植物油下脚料等生物质材料经过特殊加工得到的生物油可用于沥青再生[7-9]。废弃食用油产量大、来源广,可有效恢复沥青物理性能及低温流变性能,并与沥青具有较好的相容性;但其酸值普遍较高,对沥青高温性能和水稳定性不利,需要借助化学改性手段降低酸值[10-11]。源自废弃秸秆、废旧木材的生物油同样具有客观的再生潜力,可显著增强沥青塑性和低温抗开裂能力,但由于饱和脂肪酸类化合物含量较高,抗老化性能较差[12-13]。热解过程中产油率较大的蓖麻油可使沥青的黏弹性能得到恢复,同时能提高沥青的低温性能和温度敏感性[14-15]。此外,从动物粪便中提取出的生物油由于含有能够增加沥青质二聚体堆积距离的酰胺基团,也能够改善沥青低温性能,降低黏度和施工温度[16]。

综上所述,大量研究表明生物油是一种具有再生潜力的绿色可再生材料。因此,本研究选择产量较大的大豆油渣、棕榈油渣两种生物油作为生物基沥青再生剂,分别研究了两种生物基沥青再生剂对老化沥青基本物理性能、黏弹流变特性和抗水损害性能等长期路用性能的再生作用,较全面地对比和讨论了生物基沥青再生剂与石油基沥青再生剂的效果差异;同时发现了单一生物油作为沥青再生剂的优势与不足,为高效生物基沥青再生剂的后续研发指明了方向。

1 材料制备与试验方法

1.1 原材料

本文原材料主要包括基质沥青、生物基沥青再生剂和石油基沥青再生剂。其中,基质沥青为辽河石化70号沥青,生物基沥青再生剂为大豆油渣、棕榈油渣等副产物,各原材料基本技术性能见表1。

原材料基本技术性能 表1

材料	技术性能		技术要求
基质沥青(Base Asphalt,BA)	密度(15℃,g/cm^3)	0.997	实测
	针入度(25℃,0.1mm)	77.1	60~80
	软化点(℃)	46.5	≥45
	延度(10℃,cm)	>100	>25
大豆油渣(Waste Soybean Oil,WSO)	密度(15℃,g/cm^3)	0.965	实测
	60℃黏度(Pa·s)	0.117	实测
棕榈油渣(Waste Palm Oil,WPO)	密度(15℃,g/cm^3)	0.896	实测
	60℃黏度(Pa·s)	0.053	实测
石油基沥青再生剂(Petroleum Based Rejuvenator,PBR)	密度(15℃,g/cm^3)	0.955	实测
	60℃黏度(Pa·s)	0.046	实测

1.2 老化沥青及再生沥青的制备

本研究先后进行沥青的短期老化和长期老化,得到老化沥青,简称"PAV"。

制备再生沥青时,将不同种类的再生剂分别以5%、10%和15%(沥青质量分数)的掺量加入老化沥青。为便于区分,下文统一将大豆油再生沥青简称为"WSOA"(Waste Soybean Oil Asphalt),棕榈油再生沥青简称为"WPOA"(Waste Palm Oil Asphalt),石油基再生沥青简称为"PBRA"(Petroleum Based Rejuvenated Asphalt)。

1.3 试验方法

本研究根据《公路工程沥青及沥青混合料试验规程》(JTG E20—2011)对各沥青试样的软化点、针入度、延度进行试验。采用动态剪切流变仪和弯曲梁流变仪对沥青流变特性进行了测试;借助接触角测定仪和气动附着拉伸试验仪测试了不同沥青的抗水损害性能。

2 结果与讨论

2.1 常规路用性能

不同再生沥青的物理指标随掺量的变化情况如图1所示。伴随不同沥青再生剂掺量的增加,沥青的软化点呈现降低趋势,针入度和延度不断增大,且软化点恢复水平与再生剂掺量存在良好的线性关系,而针入度指标、10℃延度指标与再生剂掺量均表现为指数关系。

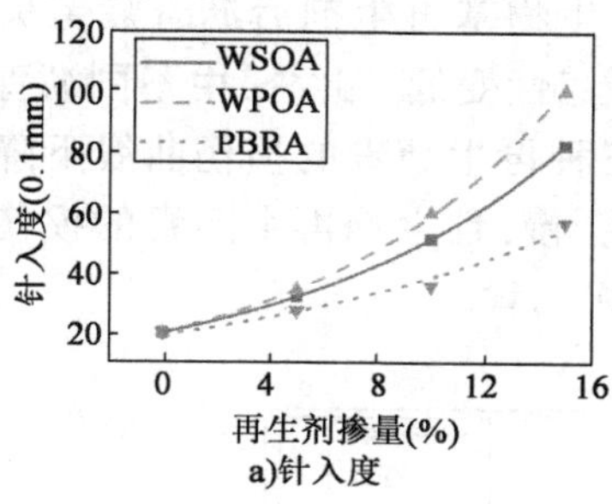

a)针入度

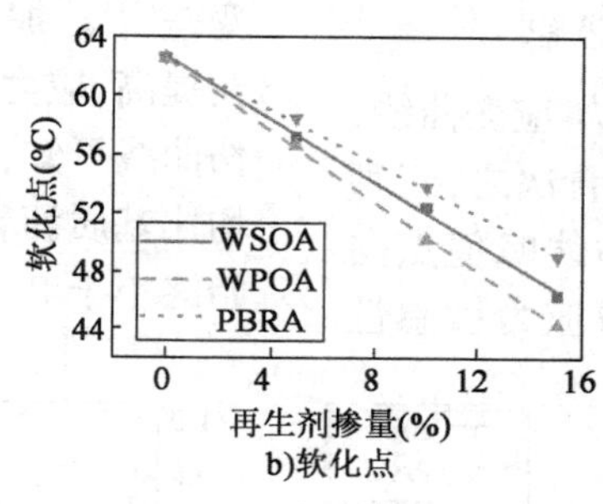

b)软化点

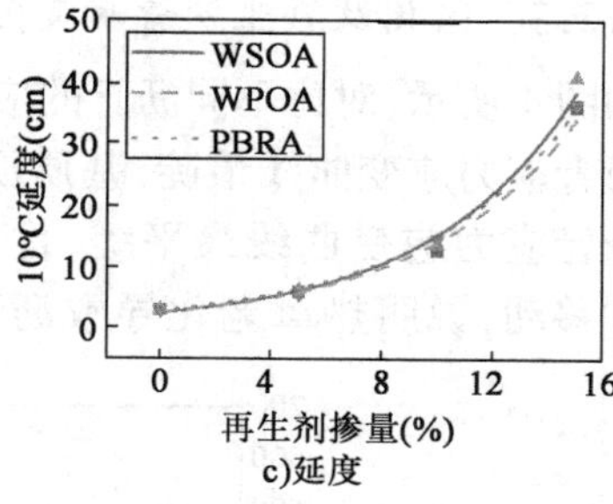

c)延度

图1 不同沥青三大指标

根据上述性能恢复规律反算老化沥青各指标恢复至老化前水平时所需的再生剂掺量,结果如表2所示。本文以针入度和软化点指标均可恢复至基质沥青水平为依据反算再生剂掺量范围并确定三种再生剂的最佳掺量分别为15.0%(WSO)、13.0%(WPO)、20.0%(PBR)。

沥青不同指标对应的再生剂最佳掺量 表2

物理指标	反算掺量范围(%)		
	WSO	WPO	PBR
针入度	13.8~15	12~13	19~20.4
软化点	14.2~16	12.3~14	16.8~19
10℃延度	>21.1	>20.1	>22.7

采用上述最佳掺量进行再生沥青制备和性能检测,所测得的基本物理指标见表3。

最佳掺量下再生沥青三大指标 表3

物理指标	针入度(0.1mm)	软化点(℃)	延度(cm)
15% WSOA	81.6	46.5	36.7
13% WPOA	80.5	47.0	31.3
20% PBRA	79.5	46.0	45.0
BA	77.1	46.5	>100

2.2 流变特性

2.2.1 老化及再生沥青PG连续分级

根据ASTM D7643-10规范要求对不同沥青进行PG连续分级,图2汇总了不同沥青的性能连续分级温度,沥青老化后发生严重的脆化、硬化,高温性能提升,低温性能下降。三种沥青再生剂的添加均使沥青低温抗裂性能显著提升至PG-26 ~ PG-28范围内,该水平明显优于基质沥青[17]。此外,石油基再生沥青PBRA的高温分级温度相对较低,说明相比石油基沥青再生剂,两种生物基沥青再生剂对沥青高温性能的负面影响较小。上述现象是因为大豆油渣、棕榈油渣等生物基沥青再生剂主要由饱和及不饱和脂肪酸、脂肪酸酯及醇类化合物组成,其分子量相对偏大,因此对沥青高温抗车辙性能的不利影响较小。

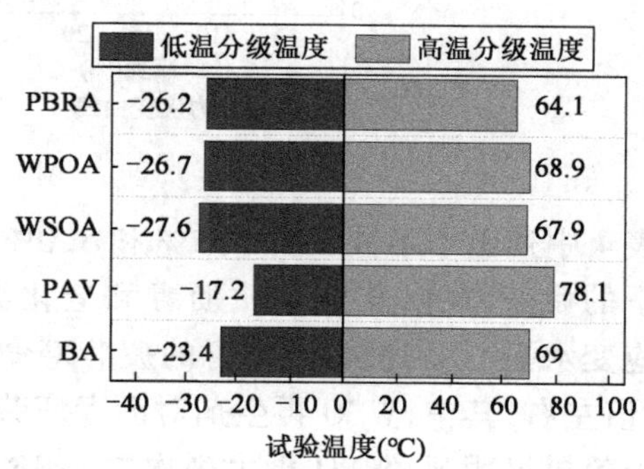

图2 不同沥青PG连续分级温度

2.2.2 老化及再生沥青黏弹主曲线

图3为沥青老化及再生前后复数模量和相位角主曲线图。在低频域内,三种再生沥青复数模量均明显低于老化沥青,相位角大于老化沥青,且PBRA模量最低,与高温PG分级结果一致。高频范围内,WSOA和WPOA模量均低于基质沥青,同样证明两种生物再生沥青低温性能优于未老化水平,对低温抗开裂能力的改善效果强于PBRA。此外,纵观全频率范围内不同沥青力学指标的变化幅度,可知相比PBRA沥青和基质沥青,WSOA和WPOA沥青的温度敏感性较优,说明生物基沥青再生剂不仅能够有效恢复老化沥青路用性能,还对沥青温度敏感性具备积极影响。

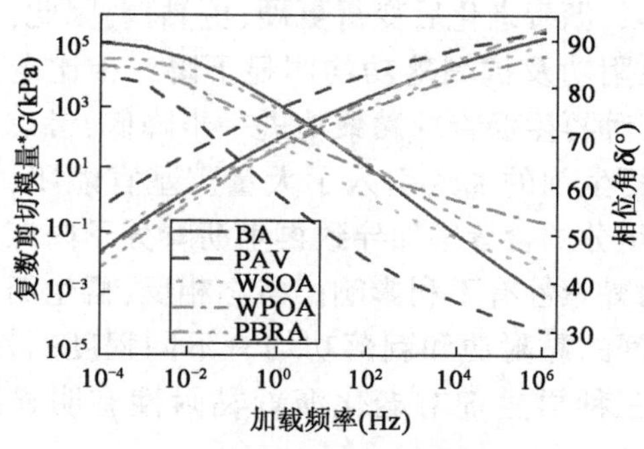

图3 不同沥青黏弹参数主曲线

2.2.3 老化及再生沥青耐疲劳性能

如图4所示,对比不同沥青的应力-应变曲线,老化沥青应力应变曲线最陡,基质沥青次之,三种再生沥青应力应变曲线最平缓,且曲线峰值点向右下方移动,说明热氧老化导致沥青应力敏感性变差[19]。加入生物基再生剂后沥青疲劳失效应变提高,应力敏感性变低。此外,由不同沥青的损伤曲线可知,三种再生沥青的损伤曲线下降趋势均比基质沥青缓慢,且生物再生沥青的损伤程度始终小于PBRA沥青。

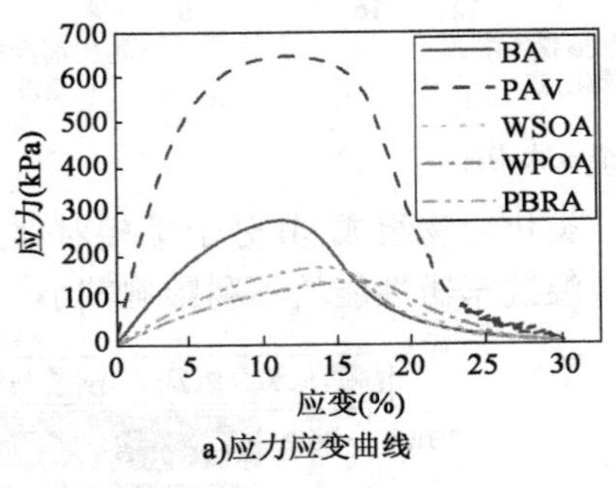

a)应力应变曲线

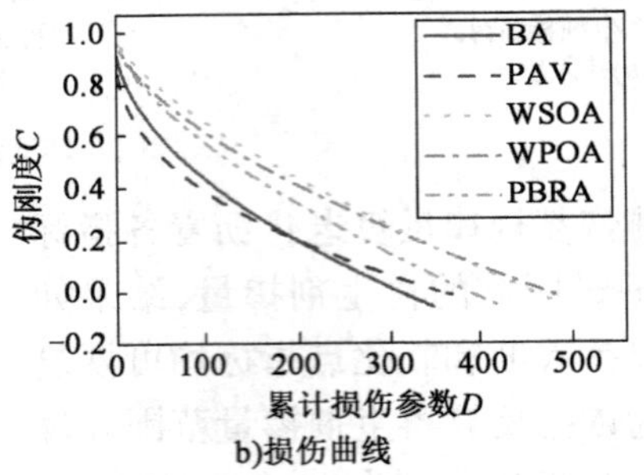

b)损伤曲线

图4 不同沥青LAS试验曲线

表4中列出了不同沥青2.5%和5.0%应变水平下的疲劳寿命,相比基质沥青和老化沥青,不同应变水平下,三种再生沥青的疲劳寿命均提高10倍左右,其中,WSO再生剂对沥青疲劳寿命的延长效果最明显,WPO再生剂次之,PBR再生剂最差。

不同沥青疲劳寿命　　表4

疲劳寿命	BA	PAV	WSOA	WPOA	PBRA
$N_f^{2.5}$	3720	5018	41592	22454	13036
$N_f^{5.0}$	782	499	6633	4198	2683

2.3 抗水损害性能

2.3.1 老化及再生沥青黏附特性

本文根据不同探测液体在沥青表面的接触角计算沥青的各项表面自由能参数,并计算黏聚功、黏附功和剥落功,定量评价沥青与石料之间的黏附特性[19]。

表5汇总了不同沥青的黏附特性评价参数试验结果,沥青老化后变得更硬、更黏稠,因此,黏聚功、黏附功及抗剥落功均明显下降。相比老化沥青,三种再生沥青的黏聚功进一步降低,考虑是生物基再生剂的加入引入了大量羰基官能团,且小分子组分的含量增加导致再生沥青分子内聚力降低,对黏聚性有不利影响。与之相反,再生沥青与集料间的黏附功和剥落功均有不同程度的提高,说明三种再生剂对老化沥青黏附性有明显改善作用。

沥青黏附特性评价指标　　表5

物理指标	黏聚功	黏附功	剥落功
	(mJ/m²)		
BA	42.93	52.20	276.61
PAV	37.18	47.06	123.69
WSOA	32.84	48.63	277.38
WPOA	29.43	54.57	282.85
PBRA	25.67	49.35	273.60

2.3.2 老化及再生沥青界面破坏行为

本节采用力学拉伸试验评价体系中的拉脱测试法,研究不同沥青界面破坏形式和拉伸强度[20]。图5为不同沥青界面破坏模式,无水状态下,不同沥青的破坏形式均为黏聚性破坏,说明薄弱界面为沥青-沥青界面;有水状态下,老化沥青与石板之间为黏附性破坏,即沥青几乎全从集料表面剥落。而再生沥青由于黏聚功小于黏附功和剥落功,因此,浸水前后均为内聚力损失,仅需较小的力就能将其自身拉断,拉脱时锭子中央内部与石板脱离后,边缘处的沥青膜仍与石板粘连。这一现象也与2.1节中再生沥青较差的10℃延度指标一致。

图6列出了老化和再生沥青浸水前后的拉脱强度,干燥状态下再生剂的加入严重削弱了沥青的内聚强度;浸水状态下,水分扩散进入沥青膜内部,对沥青内聚力以及沥青-集料界面的黏附强度均产生不利影响。其中,老化沥青黏附性受水分影响最大,沥青膜失去对集料的黏着力进而从集料表面剥落;再生沥青则是沥青材料自身断裂引起的界面失效。

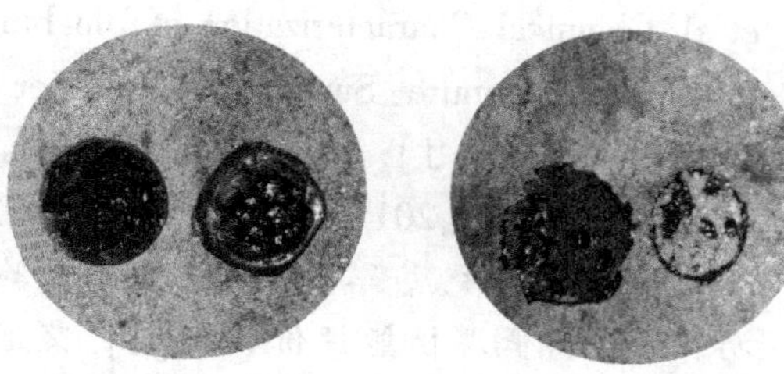

a)基质沥青黏聚性破坏　　b)老化沥青黏附性破坏

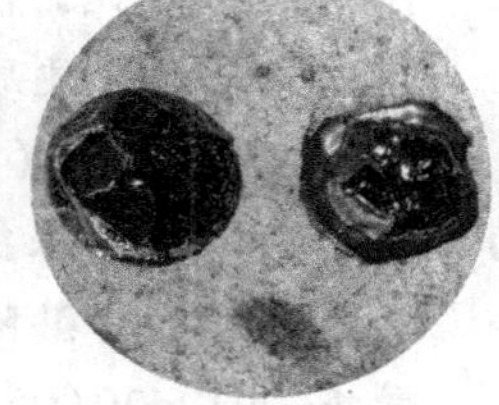

c)再生沥青黏聚性破坏　　d)再生沥青黏聚性破坏

图5　不同沥青界面破坏模式

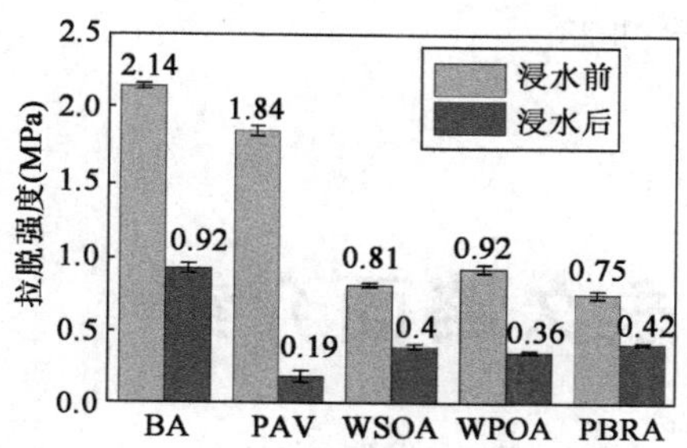

图6　不同沥青界面拉脱强度

3　结语

(1)生物基沥青再生剂可有效恢复沥青物理性能,且再生沥青软化点与再生剂掺量线性负相关,针入度和10℃延度指标均与再生剂掺量表现为指数关系;不同再生剂的最佳掺量分别为15%(WSO)、13%(WPO)、20%(PBR)。

(2)生物基沥青再生剂可将老化沥青低温性能恢复至优于基质沥青水平,对高温性能不利影响较小,且可显著改善沥青温度敏感性并延长沥青疲劳寿命10倍左右。

(3)沥青老化后变硬变稠,抗水损害性能劣化;生物基沥青再生剂对沥青/集料黏附特性有利,但会大幅降低沥青内聚强度,导致黏聚性失效,对沥青抗水损害性能不利。

参考文献

[1] HE Y, WEI W. Renewable Energy Consumption: Does It Matter for China's Sustainable Development? [J]. Energies, 2023, 16(3): 1242.

[2] 陈禹衡,易军艳,裴忠实等. 高比例冷再生用水性环氧树脂基胶结料性能研究[J]. 中国公路学报,2023,36(12):107-119.

[3] 修金芹. 厂拌热再生沥青混合料在阜锦高速公路养护应用研究[D]. 西安:长安大学,2023.

[4] AI X M, PEI Z S, CAO J W, et al. Environmental impact assessment of recycled HMA with RAP materials from the rotary decomposition process compared to virgin HMA and conventional recycled HMA [J]. Journal of Cleaner Production, 2023, 389: 136078.

[5] 中国公路学报》编辑部. 中国路面工程学术研究综述[J]. 中国公路学报,2020,33 (10):1-66.

[6] 王海成,金娇,刘帅,等. 环境友好型绿色道路研究进展与展望[J]. 中南大学学报(自然科学版),2021,52(7):2137-2169.

[7] 唐伯明,曹芯芯,朱洪洲,等. 生物基再生剂再生沥青胶结料路用性能分析[J]. 中国公路学报,2019,32(4):207-214.

[8] ZHENG Z Q, YING F, YU J H, et al. A comprehensive review of bio-oil, bio-binder and bio-asphalt materials: Their source, composition, preparation and performance [J]. Journal of Traffic and Transportation Engineering (English Edition), 2022, 9(02): 151-166.

[9] GRANGEIRO D B A, FIGUEIRÊDO L L L C, GARCÍA H Á. Addition of Encapsulated Soybean Oil and Waste Cooking Oil in Asphalt Mixtures: Effects on Mechanical Properties and Self-Healing of Fatigue Damage[J]. Journal of Materials in Civil Engineering, 2022, 34 (4): 04022002.

[10] AZAHAR W, JAYA R P, HAININ M R, et al. Chemical modification of waste cooking oil to improve the physical and rheological properties of asphalt binder[J]. Construction & Building Materials, 2016, 126(NOV. 15): 218-226.

[11] 万贵稳. 废食用油基沥青再生剂的制备与性能研究[D]. 武汉:武汉理工大学,2019.

[12] ZHANG R, JI J, YOU Z, et al. Modification Mechanism of Using Waste Wood-Based Bio-Oil to Modify Petroleum Asphalt [J]. Journal

of Materials in Civil Engineering, 2020, 32(12):04020375.

[13] ZHENG W, WANG H, YOU Z, et al. Mechanism and rheological characterization of MDI modified Wood-Based Bio-Oil asphalt [J]. Construction and Building Materials, 2021,309:11.

[14] 刘瑞瑞,周涛,谭婷,等. 蓖麻基生物油对不同老化程度沥青的再生作用[J]. 中南大学学报(自然科学版), 2023, 54(6): 2271-2281.

[15] ZHENG X, XU W, XU H, et al. Research on the Ability of Bio-rejuvenators to Disaggregate Oxidized Asphaltene Nanoclusters in Aged Asphalt[J]. ACS OMEGA, 2022, 7(25):14.

[16] ELHAM H F, ERIC W K, ABOLGHASEM S, et al. Chemical Characterization of Bio binder from Swine Manure: Sustainable Modifier for Asphalt Binder [J]. Journal of Materials in Civil Engineering, 2011, 23(11):1506-1513.

[17] 冯德成,崔世彤,易军艳,等. EBBR试验下沥青结合料低温性能评价指标[J]. 交通运输工程学报, 2021, 21(5):94-103.

[18] 张喜军,仝配配,蔺习雄,等. 基于线性振幅扫描试验评价硬质沥青的疲劳性能[J]. 材料导报, 2021, 35(18):18083-18089.

[19] 罗蓉,郑松松,张德润,等. 基于表面能理论的沥青与集料黏附性能评价[J]. 中国公路学报, 2017, 30(06):209-214.

[20] 施青文. 热氧作用下蓖麻油基生物沥青与集料黏附性研究[D]. 北京:北京建筑大学, 2023.

高掺量胶粉改性沥青及永久路面介绍

曹东伟*[1,2] 张明明[3] 王国清[4] 邱文利[4] 夏 磊[3] 张表志[1]

(1. 中路高科交通检测检验认证有限公司;2. 交通运输部公路科学研究院;
3. 长安大学材料科学与工程学院;4. 河北雄安京德高速公路有限公司)

摘 要 为改善胶粉改性沥青路面性能,促进胶粉的高效回收利用,本文首先使用活化胶粉制备了胶粉掺量为30%~50%的胶粉改性沥青,评价了活化胶粉沥青的流变性能,创新胶粉改性沥青碎石的配合比设计,介绍了其混合料的高低温性能、水稳定性等路用性能;然后提出基于高掺量活化胶粉沥青的长寿命永久沥青路面结构形式,计算分析了其路面结构性能指标。结果表明,本文制备的高掺量活化胶粉改性沥青具有优越的高低温性能和抗疲劳性能,沥青混合料高温抗车辙能力和低温韧性提升明显,提出的路面结构性能优势突出。本研究为使用高性能、绿色低碳沥青新材料提升沥青路面结构寿命提供了技术依据。

关键词 高掺量 活化胶粉 沥青混合料 永久路面 施工技术

0 引言

我国交通基础设施经过近30多年的高速发展,高速公路通车里程已超过18万km,在建设技术等方面已经具备了再上新台阶的技术力量和坚实基础。另外,汽车工业的快速发展引发的环境污染问题日益严重。汽车废旧轮胎难以分解、长期堆放会阻碍动植物生长,对环境造成不可逆的伤害。近年来,将废旧轮胎制成胶粉改性剂添加至沥青路面中是一种公认的绿色解决方案,胶粉改性沥青可以大量消耗废旧轮胎,减少道路建设中对自然资源的利用[1-2]。废旧橡胶粉用于沥青改性技术极大地降低了路面养护成本,提高了废旧轮胎的无害化利用率,在资源紧缺、提倡节能环

基金项目:中央引导地方科技发展资金项目(236Z1218G)。

保、可持续发展的当今社会有着重要的现实意义[3]。

然而,在工程实践中,常规胶粉改性沥青技术存在着高温加工容易老化、高温存储稳定性差、容易离析沉淀造成质量不稳定等缺点,这导致胶粉改性沥青橡胶粉利用率低,不能实现最大程度对废胶粉合理利用[3-5],并限制了橡胶沥青的进一步扩大应用。高掺量胶粉改性沥青的胶粉含量通常在30%以上。高掺量橡胶沥青路面在保证沥青路面具有较好高温稳定性、抗老化性、抗疲劳性的同时提高了废旧胶粉的利用率,更大程度地让橡胶粉被合理利用[6-7]。

如何提升橡胶沥青的胶粉掺量,发展高掺量橡胶沥青路面施工技术,进一步扩大废旧胶粉的高效利用,是目前的研究重点之一[8-10]。王洋利用SBS、硬化剂等助剂研发了高掺量脱硫胶粉改性沥青,将脱硫胶粉在沥青中的掺量提升到了30%,其成果在工程实践中得到了验证[9]。蔡斌确定了高掺量胶粉改性沥青的最佳制备参数,制备了30%的胶粉改性沥青,研究发现其储存稳定性和低温性能均由于20%掺量的胶粉改性沥青[11]。尽管不同学者对大掺量胶粉改性沥青进行了大量研究,但胶粉掺量并未得到较大的提升,一般控制在30%左右[12-14]。

本文以高掺量活化胶粉改性沥青为研究对象,开展高掺量胶粉沥青材料和性能研究,结合雄安新区京德高速公路等工程,介绍了永久沥青路面典型结构、沥青混合料设计、施工工艺等方面。

1 高掺量胶粉改性沥青

1.1 改性机理

1.1.1 胶粉活化裂解

本研究将胶粉本体预脱硫活化并在沥青中高效、绿色、低成本的进行深度解交联,实现了高掺量胶粉改性沥青的制备。

项目组研发了一种废旧橡胶浅裂解方法,通过新型双螺杆挤出技术或高效热氧解交联技术,使胶粉的三维多重交联网络在剪切、热压及脱硫剂的综合作用下破坏,对橡胶的浅裂程度可实现精准控制。该方法所得浅裂橡胶在低速剪切、短时间、较低温度下可制备得到降解程度高的凝胶炭黑和低分子量的溶胶产物。

1.1.2 沥青组分间相互作用

从聚集态结构上来看,沥青是以饱和分、芳香分、胶质和沥青质按极性依次增大的顺序构成的胶体体系(图1)。橡胶链状溶胶产物与沥青中饱和烃及环烷芳烃互溶后会形成团簇聚集体,导致沥青饱和分和芳香分含量的降低,而沥青质含量则升高。

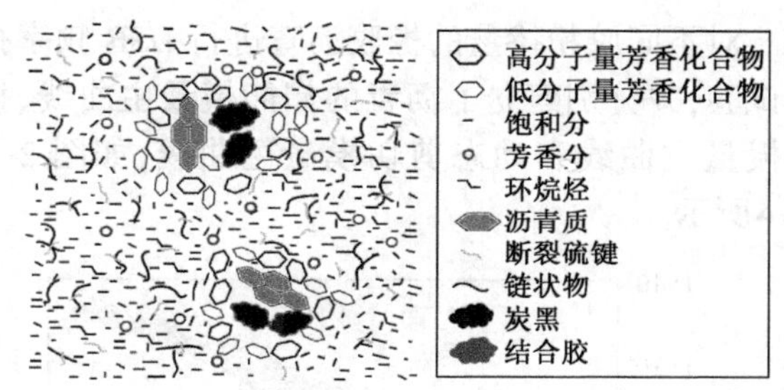

图1 高掺量胶粉改性沥青的微观胶体结构示意图

1.2 改性沥青对比

通过研究发现,浅裂解温度为300℃时,橡胶网络和纳米炭黑完全解离,降解橡胶的平均分子量低,与沥青分子易实现互溶。当降解橡胶含量高达50%以上,135℃的黏度仍小于3Pa·s。该橡胶降解程度高,与基质沥青有相似的流变特性,相比现有胶粉改性沥青耗油更低(仅4.5%~5.5%,表1),因此可作为沥青"第五组分",高掺量替代沥青应用于道路。

不同种类橡胶沥青的指标对比 表1

橡胶沥青种类	传统橡胶沥青	工厂化橡胶沥青	高掺量胶粉改性沥青
降解程度	低(溶胶20%~30%)	中(溶胶40%~50%)	高(溶胶>50%)
尺寸	1mm	30μm	1μm
作用方式	弹性砂粒作用	弹性矿粉作用	胶结作用
油石比(%)	9	5.5~6.5	4.5~5.5

1.3 高掺量胶粉改性沥青性能指标

通过本文研究技术制备得到的高掺量胶粉改性沥青和70号基质沥青性能指标如表2所示。

不同掺量胶粉改性沥青技术指标　　表2

指标	试验结果			
	70 号	30% 胶粉	40% 胶粉	50% 胶粉
针入度(25℃,5s,100 g)(0.1cm)	76	41	42	45
延度(5℃,5cm/min)(cm)	24	17	16	13
软化点($T_{R\&B}$)(℃)	72	89.5	84.0	74.0
离析(℃)	0.5	1.0	2.0	2.5
弹性恢复 25℃(%)	94	96	95	91
布氏旋转黏度 180℃(Pa·s)	1.27	3.02	2.13	3.39
5℃测力延度最大力(N)	—	102.8	91.3	77.6
闪点(coc)(℃)	243	274	276	278
PG 等级(℃)	72	88	88	88
Jnr3.2/(kPa^{-1})	—	1.42	0.93	0.88

2　高掺量胶粉改性沥青流变性能

2.1　线黏弹特性分析

对不同胶粉掺量的橡胶沥青进行 DSR 频率扫描试验,并分别建立了沥青的储能模量主曲线、损耗模量主曲线和动态剪切模量主曲线,如图 2 ~ 图 4所示。

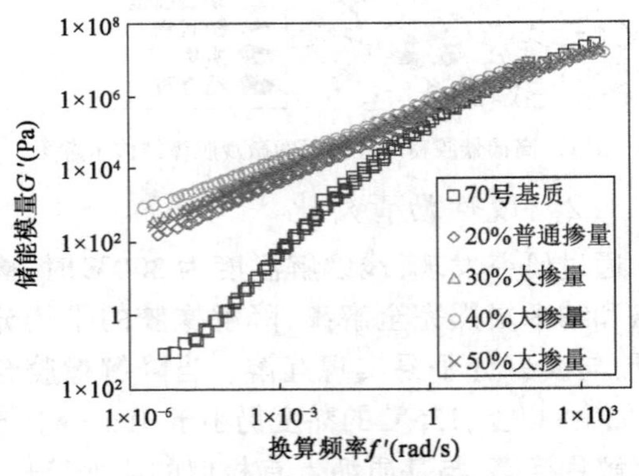

图 2　不同沥青测试的储能模量主曲线

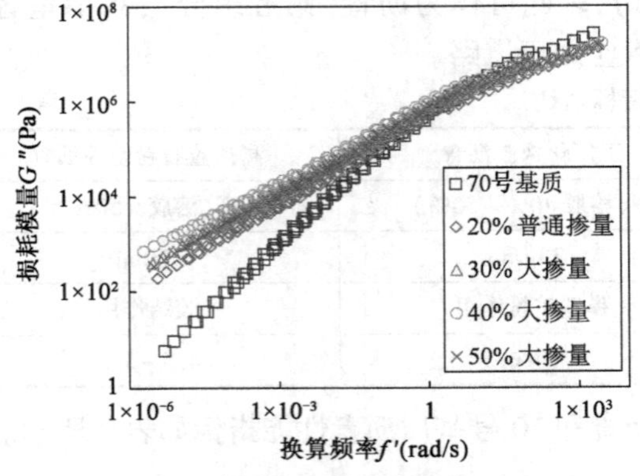

图 3　不同沥青的损耗模量主曲线

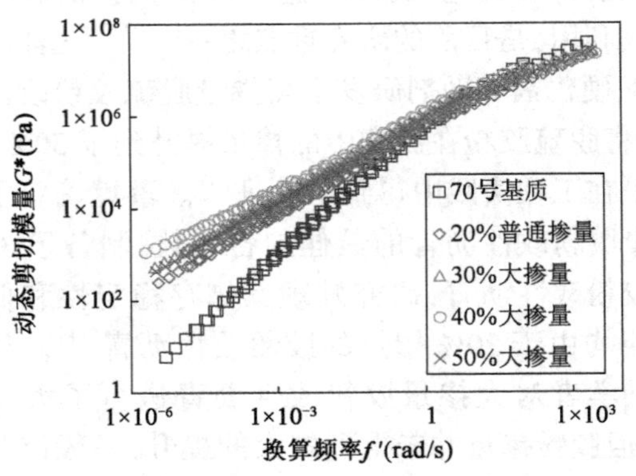

图 4　动态剪切模量主曲线

大掺量胶粉改性沥青的储能模量均显著高于普通橡胶沥青(20% 掺量),且随着胶粉掺量的增加,储能模量也在逐渐增加。但值得注意的是,这种增加不是没有限制的,试验结果表明,50% 胶粉掺量橡胶沥青的储能模量与 30% 橡胶沥青的储能模量值几乎相同,二者数据点存在大量重合,因此 40% 的胶粉掺量可能是最佳胶粉掺量。

普通橡胶沥青的抗疲劳特性要优于大掺量胶粉改性沥青,胶粉改性剂的加入能够增强沥青的抗低温开裂能力,但高温条件下基质沥青的抗疲劳能力则要优于胶粉改性沥青。与基质沥青相比,胶粉改性沥青有着更好的高温抗车辙能力和低温抗开裂能力。

在一定范围内,橡胶沥青复数模量将随着胶粉掺量的增加而增加,40% 胶粉掺量橡胶沥青的复数模量值明显高于 30% 胶粉掺量橡胶沥青及普通橡胶沥青。需要指出的是,50% 胶粉掺量橡胶沥青的模量主曲线与 30% 胶粉掺量模量主曲线几乎重合,这表明胶粉掺量对于沥青高温抗车辙能力的提升存在最优化问题,其抗车辙能力不会随着胶粉掺量的增加而持续增加。

2.2 蠕变恢复性能

不同种类沥青在60℃下不同沥青的 MSCR 试验结果如图5所示。

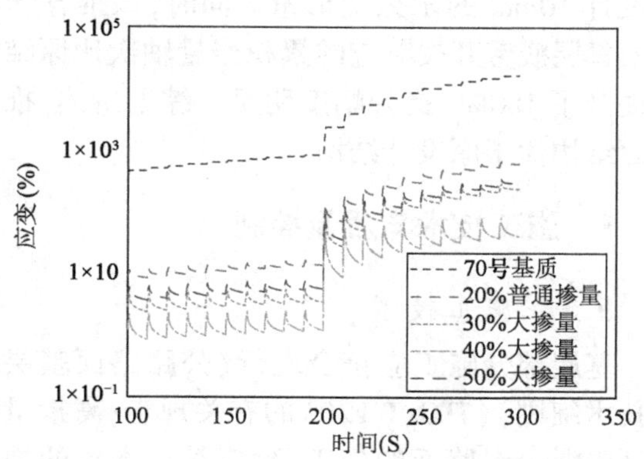

图5 不同沥青 MSCR 试验的时间-应变测试结果

胶粉掺量对沥青的高温蠕变特性也有显著影响。从 R 和 Jnr 的计算结果可以看到,除50%粉胶比外,随着胶粉掺量的增加,沥青的弹性恢复率逐渐增加而不可恢复柔量逐渐降低。在0.1kPa和3.2kPa应力水平下,20%胶粉掺量的弹性恢复率最差,不可恢复柔量值最大;40%胶粉掺量橡胶沥青的弹性恢复性能最好,不可恢复柔量值也最小。30%和50%胶粉掺量橡胶沥青的高温弹性恢复能力接近,均位于20%胶粉掺量和40%胶粉掺量之间。

3 高掺量胶粉改性沥青混合料

3.1 混合料设计

本项目研究借鉴国内外断级配橡胶沥青混合料和传统混合料的组成特点,创新性开发出胶粉改性沥青碎石(Stone Rubber Asphalt,SRA),使设计的矿料组成为骨架密实断级配,其设计目的一方面采用骨架结构强调石料之间的骨架形成和嵌挤能力的提高,同时确保包括细集料、矿料及胶粉改性沥青组成胶砂的密实性,最终使设计的混合料具备优良的路用性能。

基于胶浆理论的三级分散系,采用层层推进的方式将沥青混合料的不同构成进行了划分(图6)。此种设计方法大大减少了人为因素的干扰,通过区分材料(不同矿料和胶结料)与结构(不同矿料组成与性能)的逻辑关系,能有效实现基于性能混合料设计中“材料与结构”的统一,因此,采用此设计方法将更加客观、合理。

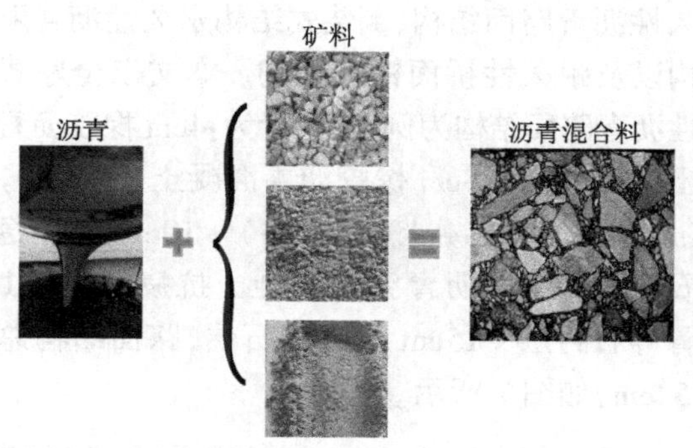

图6 沥青混合料构成简单划分

3.2 混合料性能

3.2.1 高温性能

按照《公路工程沥青及沥青混合料试验规程》(JTG E20—2011),对 SRA 系列混合料进行高温性能、低温性能以及水稳定性能进行测试。

通过分析测试结果可以发现,高掺量胶粉改性沥青混合料的高温性能优越,且随着胶粉的增加有所提升。

3.2.2 低温性能

采用低温弯曲试验评价 SRA 的低温性能。已经有研究证明过混合料的低温性能和级配有一定的关联性[15],在本研究中,随着胶粉掺量的增加,混合料破坏应变得以提升,提升幅度在10%左右,这与其胶结料低温抗变形能力有关。

3.2.3 水稳定性

随着胶粉掺量的增加,混合料水稳定性有所提升。同时,同一沥青胶结料条件下,不同级配类型的水稳定性相差不明显,可见水稳定性的大小主要与胶结料性能有关。

4 永久路面结构

我国已建成世界规模体量最大的高速公路网,目前高速公路沥青路面的设计寿命为15年,与长寿命路面设计目标、交通强国建设的要求还有差距。调查表明,60%的高速公路在使用10~12年需要进行大中修。永久沥青路面在设计、建造过程中采用先进技术、合理的路面结构以及优质的材料,可实现路面使用寿命40~50年。

本研究基于“环境—功能—材料—结构”协调设计思想,提出了适应于高掺量胶粉改性沥青的长寿命永久沥青路面结构。设计的路面结构主要有半刚性基层永久性沥青路面结构、全厚式结构永久性沥青路面结构、倒装式结构永久性沥青路面结构以及耐久性桥面铺装结构。本文以全厚式永久性沥青路面结构为例,其设计为:4cm 橡胶沥青混凝土(SRA-13) + 8cm 橡胶沥青混凝土(SRA-20) + 10cm 橡胶沥青混凝土(SRA-25) + 10cm 沥青稳定碎石 + 4cm 改性沥青沥青混凝土抗疲劳层 + 1cm 沥青碎石封层 + 15cm 级配碎石层,路面结构总厚度 52cm,如图 7 所示。

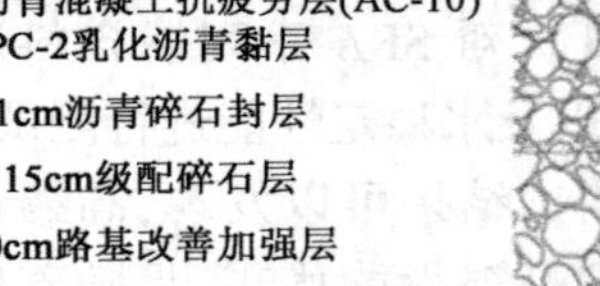
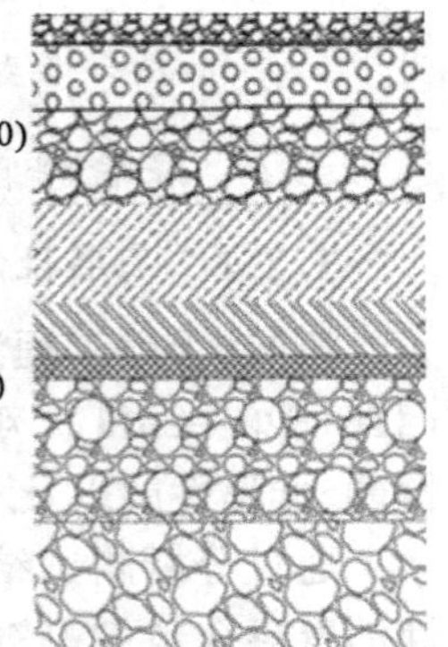

图 7　全厚式永久性沥青路面结构示意图

将原设计路面与推荐全厚式永久性沥青路面结构进行对比分析可以发现,所有结构都满足设计年限内的路用性能要求。推荐结构全厚式永久性沥青路面结构寿命比原结构存在大幅提升,其沥青面层的永久变形量仅为 2.5mm,远低于原结构设计 10mm 的永久变形量。同时,该推荐结构的沥青层疲劳开裂对应的累积当量轴次比原结构的提升了 180%,提升幅度明显。综上所述,推荐路面结构优于原设计结构。

5　施工技术与质量控制

5.1　施工技术

基层部分施工应符合现行《公路路面基层施工技术细则》(JTG/T F20)的有关规定;高掺量胶粉沥青混合料路面的施工,除应符合本章的规定外,尚应符合现行《公路沥青路面施工技术规范》(JTG F40)的规定。

高掺量胶粉沥青混合料生产温度应符合表 3 的规定。

高掺量胶粉沥青混合料的生产温度(℃)　　表 3

类型	集料加热温度	沥青温度	出料温度	弃料温度
控制要求	190 ~ 200	175 ~ 190	180 ~ 190	210

高掺量胶粉沥青混合料拌和时间应经试拌确定,拌和时间应以获得裹覆良好、拌和均匀的沥青混合料为准,从结合料给料结束至拌缸门打开为止的净拌和时间不宜小于 35s。另外,高掺量胶粉改性沥青应及时使用,避免长期储存,储存时间不宜超过 48h。

5.2　质量控制

基层施工质量管理与检查应符合现行《公路路面基层施工技术细则》(JTG/T F20)的有关规定。交工验收阶段的工程质量检查与验收应符合现行《公路工程质量检验评定标准》(JTG F80)的相关规定。

6　结语

本文研究了高掺量活化胶粉改性沥青的制备方法,评价了掺量 30% ~50% 胶粉沥青流变性能,提出了高掺量胶粉改性沥青碎石的配合比设计,介绍了其高低温性能、水稳定性等路用性能;研究提出了基于高掺量活化胶粉沥青的长寿命永久沥青路面结构型式,计算分析路面结构性能指标。本研究为使用高性能、绿色低碳沥青新材料提升沥青路面结构寿命提供了技术依据。

参考文献

[1] 过震文,琚利平,于晓晓,等. 干法直投胶粉改性沥青混合料的研究和应用进展[J]. 石油沥青,2020,34(4):1-8.

[2] RODRIGUEZ-FERNANDEZ, BAHERI F T, Cavalli M C, et al. Microstructure analysis and mechanical performance of crumb rubber modified asphalt concrete using the dry process [J]. Construction and Building Materials, 2020:259.

[3] 杨法勇. 脱硫胶粉/SBS 复合改性沥青及其混合料性能研究[D]. 西安:长安大学,2022.

[4] 次仁拉姆. 橡胶粉/废塑料复合改性沥青的性能研究[J]. 中外公路,2020,40(2):258-262.

[5] 冯会杰. 胶粉掺量对橡胶沥青性能的影响[D]. 西安:长安大学,2022.

[6] 王新强,王国清,秦禄生,等. 橡胶沥青砂浆与混合料复合模量的关联性[J]. 公路交通科

技,2020,37(1):10-16.

[7] 祝谭雍,程其瑜,刘韬,等.基于环形加载试验的稳定型橡胶沥青热再生混合料抗裂性能研究[J].公路交通科技,2020,37(8):7-14.

[8] 王国清,曹东伟,王志斌,等.大掺量胶粉改性沥青胶结料流变性能对比研究[J].公路交通科技,2022,39(7):7-14,22.

[9] 王洋.大掺量脱硫胶粉改性沥青及其混合料性能研究[J].2021.

[10] WANG G Q, WANG X Q, LV S T, et al. Laboratory Investigation of Rubberized Asphalt Using High-Content Rubber Powder [J]. Materials,2020,13(19).

[11] 蔡斌.大掺量胶粉改性沥青配方及工艺设计[J].公路交通科技(应用技术版),2018,14(6):92-94.

[12] 周慧,周开利.大掺量胶粉/SBS复合改性沥青混合料制备及路用性能研究[J].四川水泥,2021(4):98-99,198.

[13] 王国清,宋书康,秦禄生,等.大掺量胶粉改性沥青胶砂高低温性能研究[J].重庆交通大学学报(自然科学版),2020,39(8):90-94.

[14] 康佳旺.大掺量胶粉/SBS复合改性沥青混合料永久变形试验研究[D].西安:长安大学,2020.

[15] 司伟,张博文,杨若聪,等.青藏高寒区基于真实环境冻融作用的沥青混合料冻融疲劳破坏表征[J].长安大学学报(自然科学版),2023,43(3):11-21.

季冻区泡沫沥青冷再生长期服役性能评价

杨 野*[1] 邱 莎[2] 张东旭[3] 张怀志[1] 金 鑫[1]

(1.沈阳建筑大学交通与测绘工程学院;2.辽宁新发展交通集团有限公司;3.辽宁省交通高等专科学校)

摘 要 基于实际工程调查分析评价季冻区重载交通泡沫沥青冷再生下面层长期服役效果。本文针对路面技术状况指数(PQI)、路面损坏状况指数(PCI)、路面行驶质量指数(RQI)、路面车辙深度指数(RDI)、病害演化、现场病害调查与钻芯取样等进行分析评价。结果表明,泡沫沥青冷再生道路服役5年,PCI处于优水平,服役7年PCI为良,优于普通对比路段。泡沫沥青冷再生路面性能变异性大于普通对比路段。服役6年和8年,泡沫沥青冷再生层在横缝处出现破碎和松散。泡沫沥青冷再生应用于季冻区重载交通路段效果良好,但应提高水稳定性。

关键词 道路工程 重交通 沥青路面 泡沫冷再生 长期服役性能

0 引言

泡沫沥青冷再生技术以泡沫沥青和水泥作为主要胶结料,与大量沥青混合料回收料(RAP)、新集料等常温拌和形成的一种绿色节能型沥青路面再生材料,常用于路面结构中的中下面层。徐金枝、郝培文等通过加速加载试验、低温弯曲试验、飞散试验研究了泡沫沥青和水泥两种黏结材料对泡沫沥青冷再生混合料高温抗变形能力、低温抗裂性以及抗松散性能的影响[1]。李强等研究得到级配对高温稳定性的影响更加显著,而水泥剂量对水稳定性的影响更加显著,建议在控制水泥掺量的前提下通过优化级配来改善泡沫沥青冷再生混合料的路用性能[2]。闫立群等提出泡沫沥青在冷再生混合料中呈“点焊”分布,分散面积与劈裂强度之间有良好的二次函数关系。水泥水化产物形成簇状嵌挤的加筋结构,提高了冷再生混合料的界面黏结强度,改善了混合料的空隙级配[3]。

基金项目:辽宁省交通科技项目(202216)。

王锐军等提出随着养生时间增加,水泥水化产物逐渐与沥青胶浆相互交织形成蜂窝结构,从而提升力学强度[4]。李志刚、郝培文等通过室内试验和工业CT扫描,推荐半密封养生36h+全密封养生36h作为泡沫沥青冷再生混合料中长期养生方法[5]。王开凤等通过对泡沫沥青再生基层混合料强度构成原理分析,提出以获得混合料最大黏聚力为目标的配合比设计方法[6]。陈谦等建立了基于功效系数法的泡沫沥青冷再生混合料路用性能评价模型,提出泡沫沥青含量为3.0%时,路用性能相对较好[7]。周雯怡、易军艳等提出偶联剂可以有效改善泡沫沥青冷再生混合料的疲劳性能、低温性能和劈裂强度,还使混合料具有极佳的扩散能力与剪切破坏强度[8]。温彦凯、郭乃胜等采用正交设计方法,研究了粉胶比、沥青老化程度及老化沥青黏附试验温度3个因素对泡沫沥青胶浆与老化沥青间黏附特性的影响[9]。李秀君等研究了水性环氧树脂的掺加方式及掺量、混合料的储存时间与温度对泡沫沥青冷再生混合料性能的影响[10]。杨彦海等针对厂拌热再生技术和乳化沥青冷再生技术进行了后评价研究[11-12]。综上,目前针对泡沫沥青冷再生混合料的研究主要集中材料组成、养生方法和混合料性能,项目组前期针对厂拌热再生和乳化沥青冷再生技术进行了后评价研究,而针对季冻区重载交通泡沫沥青冷再生长期服役性能研究较少。

本文针对季冻区重载交通下泡沫沥青冷再生技术PQI、PCI、RQI、RDI、病害演化、现场病害调查与钻芯取样等进行跟踪调查研究,为后续应用奠定基础。

1 工程概况及评价方法

1.1 工程概况

营口庄西线位于辽宁省营口境内,一级公路,双向六车道,设计速度80km/h,路面宽28m,交通荷载等级为重载交通。2015年进行维修,原沥青混合料面层全部铣刨回收,K129+443~K142+090段采用4cm细粒式改性沥青混合料+6cm中粒式改性沥青混合料+设纤维碎石封层+12cm泡沫沥青厂拌冷再生+1cm改性乳化沥青碎石封层的路面结构。K142+090~K145+592段路面结构采用4cm细粒式改性沥青混合料+6cm中粒式改性沥青混合料的路面结构。

1.2 评价内容与方法

本文通过PQI、PCI、RQI、RDI分析,得到泡沫沥青冷再生技术路面技术状况变化情况,分析病害发展演化规律。基于检测数据选取代表路段进行路面现场病害调查与钻芯取样,分析病害产生原因。通过检测数据分析,现场病害调查与钻芯取样等多角度评价季冻区泡沫沥青冷再生长期服役性能。

2 历年检测数据分析

2.1 路面技术状况

2015—2022年,泡沫沥青冷再生路段和普通对比路段PCI、RQI、RDI分方向检测结果如图1所示。由图1可知,泡沫沥青冷再生路段PCI平均值普遍高于普通路段。2020年开始泡沫冷再生路段和普通对比路段PCI出现显著下降,服役7年,泡沫沥青冷再生路段PCI由2020年的优衰减为良,而普通对比路段则由2020年的良衰减为中。RQI和RDI两种结构均未出现严重衰减。由PCI衰减情况可知,泡沫沥青冷再生应用于重载交通路段路面技术状况较好。泡沫沥青冷再生路段和普通对比路段2022年PQI、PCI、RQI、RDI箱型图统计对比如图2所示。由图2可知,泡沫沥青冷再生路段PQI和PCI明显优于普通对比路段,RQI和RDI与普通对比路段相近,但泡沫沥青冷再生路段路面性能变异性显著大于普通对比路段。

2.2 病害演化情况

2021年和2022年对路面病害情况进行了统计分析,如图3所示。由图3可知,2022年泡沫沥青冷再生路段上行主要病害为纵缝、横缝、龟裂,下行主要病害为横缝、纵缝。与2021年相比,泡沫沥青冷再生路段各种病害均有所发展,其中纵缝出现较大的发展,龟裂也发展显著。2022年,普通对比路段上行主要病害为纵缝、横缝和龟裂,下行主要病害为纵缝、横缝,龟裂发展显著。与2021年相比,普通对比路段纵缝出现较大发展。典型病害同一位置发展情况见表1。由表1可知,龟裂面积和严重程度持续扩大,部分位置出现了新的纵缝。

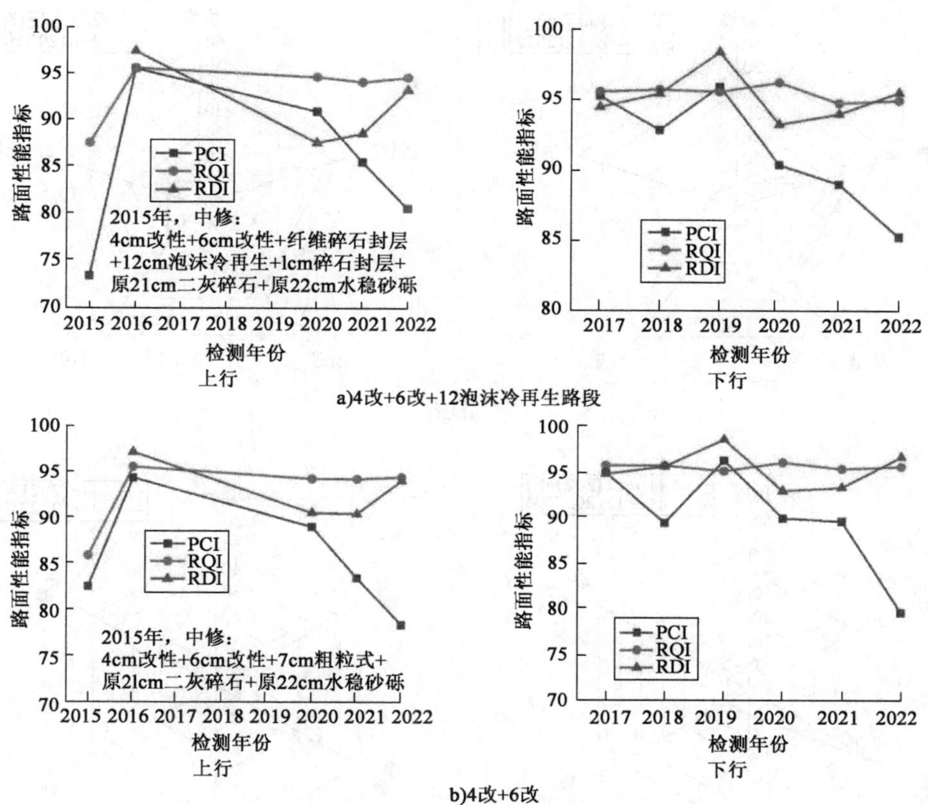

图1　2015—2022年泡沫沥青冷再生路段和普通对比路段分方向路面性能检测结果

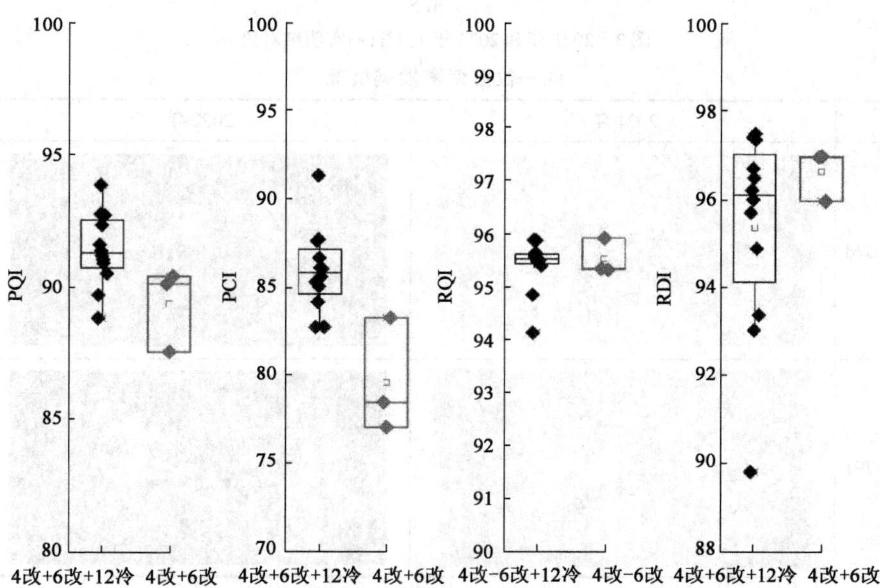

图2　2022年泡沫沥青冷再生路段和普通对比路段路面技术状况对比

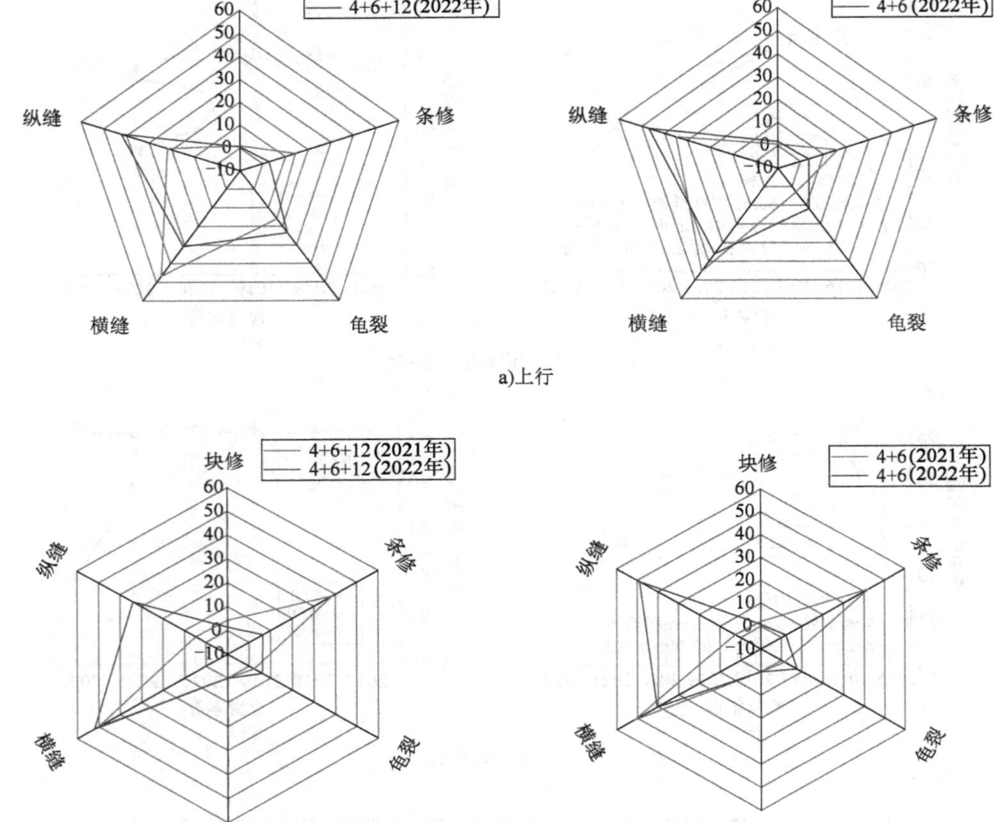

图 3　2021 年和 2022 年上下行病害明细对比

同一位置病害发展情况　　表 1

桩号	2021 年	2022 年	描述
K129 + 577 ~ K129 + 578			龟裂裂缝加深
K143 + 790 ~ K143 + 791			产生新纵缝

3　现场病害调查与取样分析

3.1　病害调查

基于检测数据和全线现场整体观测选取 K137 + 000 ~ K137 + 500 代表路段于 2017 年、2021 年和 2023 年进行分方向分车道的泡沫沥青冷再生路段路面病害调查。2017 年，上下行行车道和超车道全线轻度车辙，主要病害为横缝，横缝未贯通整个路幅。2021 年和 2023 年，上下行外侧行车道由于重载交通渠化，进一步发展，形成 3 ~ 5cm 车辙，内侧行车道和超车道车辙进一步发展，但轻于外侧行车道,车辙深度在 1cm 左右,主要病害仍为横缝,大部分横缝贯通整个路幅。未考虑车辙,针对横向裂缝率(条/km)和 PCI 进行了计算,路面现场病害调查与计算见表 2。

泡沫沥青冷再生路段路面病害调查情况 表 2

车道	方向	年份	横向裂缝(m)			横向裂缝率(条/km)	PCI
			轻	中	重		
外侧行车道	上行	2017	0	2	16	6	94.5
		2021	0	0	23.5	10	91.5
		2023	0	0	30.5	12	90.7
	下行	2017	0	0	6	4	97.5
		2021	0	0	23.5	10	91.5
		2023	0	0	30.5	12	90.7
内侧行车道	上行	2017	0	4	16	7	93.3
		2021	0	0	18.8	10	92.3
		2023	0	0	30.5	12	90.6
	下行	2017	0	0	11	6	96.4
		2021	0	0	18.8	10	92.3
		2023	0	0	30.5	12	90.6
超车道	上行	2017	3.0	4	16	9	92.1
		2021	0	0	23.5	10	91.5
		2023	0	0	28.1	12	90.8
	下行	2017	0	2.5	12	8	95.1
		2021	0	0	23.5	10	91.5
		2023	0	0	30.5	12	89.5

由表 2 可知,泡沫沥青冷再生路段 PCI 基本处于优水平。2017 年主要为重度横缝,存在轻、中横缝,2021 年和 2022 年全部为重度裂缝,横向裂缝率逐渐增加,但明显小于普通沥青路面,说明泡沫沥青冷再生能够减少横缝发生。

3.2 钻芯取样

本文从病害处、病害附近处、行车道良好处以及硬路肩处进行泡沫冷再生路段钻芯取样,测量芯样厚度,观察分析层间黏结、各结构层及芯孔情况。不同年份典型芯样对比见表 3。

通过钻取芯样得到:改性沥青混合料表面层、中面层和泡沫沥青冷再生层厚度均符合设计要求。由表 3 可知,路面完好处,改性沥青混合料表面层、中面层与泡沫沥青冷再生层黏结完好,能够清晰可见泡沫沥青冷再生层上下的封层,再生层表面密实光滑。服役 2 年横缝处泡沫沥青冷再生层开裂未破碎松散,服役 6 年横缝处泡沫沥青冷再生层钻芯过程中破碎,服役 8 年横缝处泡沫沥青冷再生层出现松散现象,说明泡沫沥青冷再生层对水比较敏感,应用过程中要注意防水,设置封层。

不同年份典型芯样对比 表 3

年份	完好处	横缝处
2017	 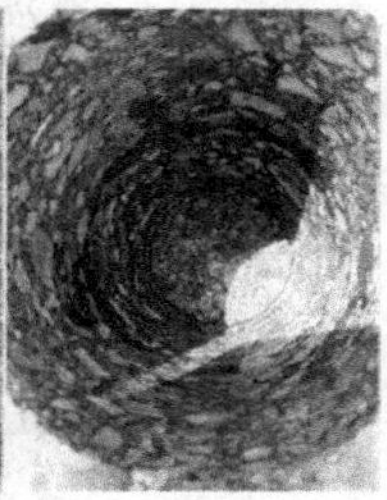	 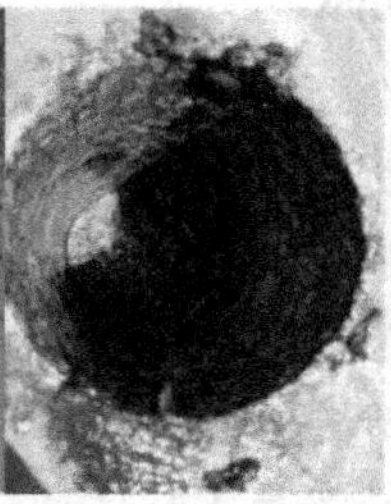

续上表

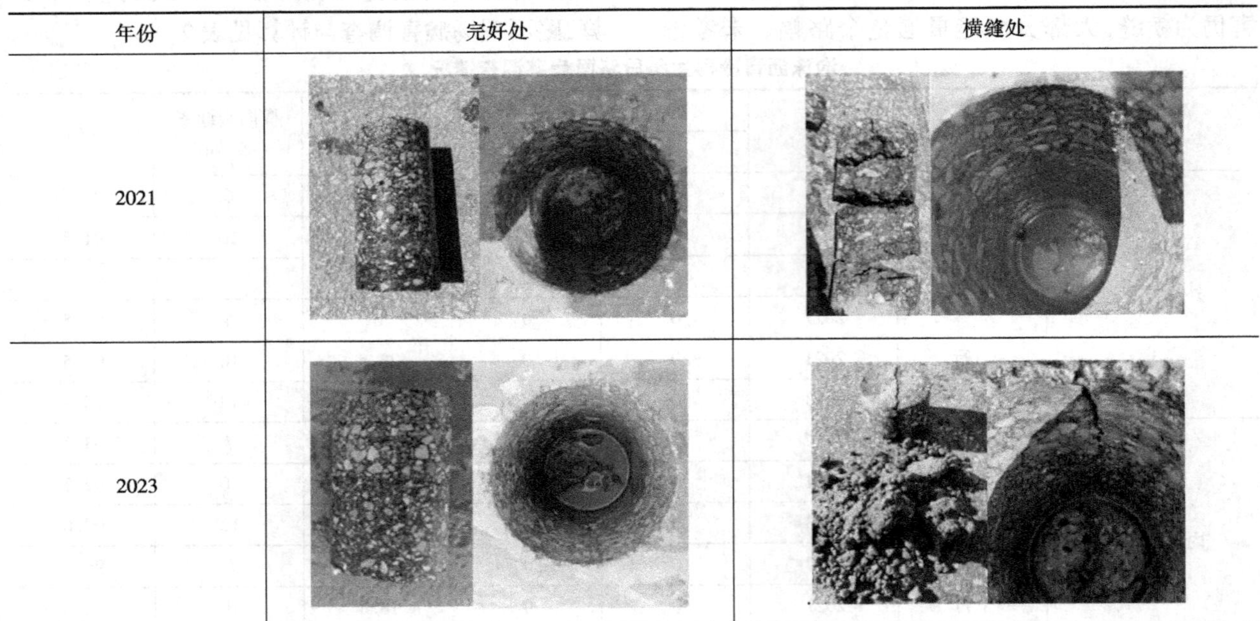

年份	完好处	横缝处
2021		
2023		

4 结语

本文通过检测数据、现场调查和钻芯取样对泡沫沥青冷再生技术在季冻区重载交通应用长期服役效果进行评价,得到以下结论:

(1)泡沫沥青冷再生技术作为下面层服役5年,PCI处于优水平,服役7年衰减为良,优于普通对比路段,适用于重载交通路段。

(2)泡沫沥青冷再生路段路面性能变异性大于普通对比路段,这主要由于泡沫沥青冷再生混合料性能易受生产、施工因素影响,应加强施工控制。

(3)泡沫沥青冷再生路段横缝较少,说明泡沫沥青冷再生混合料能够有效减少路面横缝的产生。

(4)服役6年和8年后,泡沫沥青冷再层芯样在横缝处出现破碎和松散,说明泡沫沥青冷再生层对水比较敏感,应提高混合料水稳定性,设置上下封层,避免水的侵扰。

参考文献

[1] 徐金枝,郝培文,王宏,等.两种黏结料对泡沫沥青冷再生混合料性能的影响[J].复合材料学报,2017,34(4):687-693.

[2] 李强,许傲,陈浩,等.级配和水泥掺量对泡沫沥青冷再生混合料路用性能的影响[J].铁道科学与工程学报,2021,18(2):402-407.

[3] 闫立群,焦建斌,任靖峰,等.泡沫沥青和水泥对冷再生混合料性能的影响机理[J].科学技术与工程,2021,21(32):13899-13905.

[4] 王锐军,李强,商健林,等.拌和用水量和养生时间对泡沫沥青冷再生混合料力学性能的影响[J].林业工程学报,2022,7(2):180-185.

[5] 李志刚,郝培文.养生方法对泡沫沥青冷再生混合料性能的影响[J].北京工业大学学报,2016,42(10):1519-1525.

[6] 王开凤,曾鹏,朱云升.基于最大黏聚力性能的泡沫沥青冷再生混合料配合比设计方法[J].中外公路,2018,38(2):192-196.

[7] 陈谦,宋亮,王帅,等.泡沫沥青冷再生混合料路用性能综合评价[J].重庆交通大学学报(自然科学版),2021,40(2):83-88.

[8] 周雯怡,易军艳,陈卓,等.泡沫沥青冷再生混合料界面黏附性提升原理与路用性能验证[J].材料导报,2022,36(16):37-45.

[9] 温彦凯,郭乃胜,王淋,等.考虑胶浆黏附性的泡沫沥青冷再生混合料性能[J].建筑材料学报,2020,23(6):1504-1511.

[10] 李秀君,高世柱,赵麟昊,等.水性环氧树脂改性泡沫沥青冷再生混合料性能[J].建筑材料学报,2021,24(4):874-880.

[11] 杨彦海,崔宏,杨野,等.沥青路面厂拌热再生技术使用效果分析与评价[J].中外公路,

2023,43(1):63-68.
[12] 杨彦海,钱百通,安中华,等.乳化沥青厂拌冷再生技术使用效果评价研究[J].公路工程,2021,46(4):129-137,156.

基于光电比色法测评矿料与沥青的黏附性

陈 庚 吕 磊*
(长安大学公路学院)

摘 要 为了探索各种矿料与沥青之间黏附性的优劣,改善路用沥青混合料的性能,本文使用光电比色法评价沥青与所选11类样品矿料的黏附性,并与常规水煮法评价黏附性进行对比验证。结果表明,11类样品矿料与沥青的黏附率最高的是4号白云岩,最低的是2号绿沸石,且对于同一种矿料,黏附性最高相差约30%。两种试验方法在评价矿料与沥青的黏附性时具有一致性,但光电比色法可以将集料与沥青的黏附强度区分更细。

关键词 黏附性 矿料特性 光电比色法

0 引言

沥青路面具有多项优点,包括力学性能好、噪声低、行车舒适、工期短和养护维修简单等,在公路工程中有着广泛的应用[1]。据统计,在我国高速公路中,超过90%的路面采用沥青路面,然而,目前我国沥青路面在使用6~12年就需要进行大中修[2]。大量的调查显示,当沥青路面发生早期破坏时,路面的整体结构并未受到严重破坏,仍具备基本的使用性能。然而,裂缝、剥落和坑槽等现象的出现降低了路面的整体使用性能。当沥青与矿料之间的黏附强度较差时,沥青和矿料的界面就容易发生破坏,从而导致路面的损坏[3]。

沥青与矿料之间的黏附性已有众多学者进行了研究。基于表面能理论,使用接触角测定仪可以计算沥青-集料间黏附功和剥落功,从而评价沥青与集料间的黏附性。此外,还有更先进的微观测试方法来表征沥青-集料间的黏附性,如使用扫描电子显微镜[4]或是原子力显微镜[5]。

上述研究使用了不同的方法来探究沥青与集料之间的黏附性,操作较为复杂,仪器的要求也较高。定性分析黏附性的水煮法虽然操作简单,耗时短,但无法对试验结果进行量化,且受试验者主观因素的影响。因此,本研究将基于定量分析的光电比色法来评价多种矿料与沥青黏附性的优劣,并与常规水煮法得到的结果进行比较。

1 光电比色法的基本原理

1.1 朗伯-比尔定律

朗伯-比尔定律是描述当一束平行单色光垂直照射在一个均匀非散射的吸光物质上时,该物质的吸光度与吸光物质的浓度、吸收层厚度和透光度之间的关系。该定律是吸光光度法、比色分析法和光电比色法定量分析的基础。

当一束平行单色光照射到某一溶液时,部分光线会透过溶液,部分光线会在界面上散射,还有部分光线会被溶液吸收。此时,单色光的强度符合下式(1):

$$I_0 = I_a + I_r + I_t \tag{1}$$

式中:I_0——入射光强度;

I_a——吸收光强度;

I_r——反射光强度;

I_t——透射光强度。

在一般情况下,反射光强度很小可忽略不计,故上式可简化为式(2):

$$I_0 = I_a + I_t \tag{2}$$

透射光的强度I_t与入射光的强度I_0之比被称为透光率或透光度,用T表示,如式(3)所示:

$$T = I_t / I_a \tag{3}$$

透光率取负对数的值为吸光度(光密度、消光度),用A表示,如式(4)所示:

$$A = -\lg T = \lg(1/T) = \lg(I_a/I_t) \tag{4}$$

液体的吸收光强度与其吸光度成正比。透光度和吸光度可以通过式(4)相互转换。因此,当有色溶液受到光照射时,可以用式(5)来表示满足的规律:

$$A = KCL \tag{5}$$

式中:A——吸光度;

K——溶液的吸光系数;

C——溶液的浓度;

L——光程(溶液的厚度)。

根据上述公式可以得出,当某束单色光射入有色溶液时,且入射光强度、吸光度和溶液厚度保持不变时,吸光度会随着溶液浓度的变化而变化。

1.2 分光光度计

分光光度计在测量的准确性、灵敏度和应用范围上都比光电比色计更具优势。因此,在测量沥青和集料的黏附性时,选择使用分光光度计来测量反应溶液的吸光度。分光光度计由光源、单色器、样品室、检测器、信号处理器和显示与存储系统组成。光源可以产生多个波长,通过分光装置可以选择特定波长的光源。当光线透过样品溶液后,分光光度计可以计算出样品溶液的吸光值,从而推算出样品溶液的浓度。

分光光度计通常根据不同波长范围进行分类,包括紫外光区(200~380nm)、可见光区(380~780nm)和红外光区(2.5~25μm)。根据波长的不同范围,分光光度计可以分为紫外分光光度计、可见光分光光度计和红外分光光度计。在本文中采用上海佑科UV-752N型紫外-可见光分光光度计,其波长范围为195~1020nm。

1.3 光电比色法试验原理

光电比色法用于评估沥青和集料的黏附性时,是通过测量沥青的剥落程度来反映它们之间的黏附程度,而酚藏花红染料在其中表现出强烈的显色效果和染色效果。当将集料置于一定浓度的酚藏花红溶液时,集料表面会吸附溶液中的酚藏花红染料,进而导致溶液中酚藏花红染料的浓度下降。取一定量的集料和沥青进行混合,然后将拌和好的沥青混合料放入含有酚藏花红染料的溶液中,在60℃的水浴条件下静置。在水浸的过程中,沥青会逐渐从集料表面剥离,而集料表面暴露的部分会吸附溶液中的酚藏花红染料,从而导致溶液中酚藏花红染料的浓度减小。通过使用分光光度计测量处理前后两个溶液的吸光度,可以根据溶液浓度的变化来计算沥青的剥离程度,从而反推出沥青和集料之间的黏附率。

2 光电比色法试验过程

2.1 绘制酚藏花红溶液标准曲线

(1)使用精密天平称取0.1000g的酚藏花红,然后将其倾倒入含有10L蒸馏水的容器中,以制备浓度为0.010mg/mL的酚藏花红溶液。

(2)从浓度为0.010mg/mL的酚藏花红溶液中取出一部分,然后将其分别稀释成浓度为0.002mg/mL、0.004mg/mL、0.006mg/mL与0.008mg/mL的酚藏花红溶液。

(3)将0.002mg/mL、0.004mg/mL、0.006mg/mL、0.008mg/mL和0.010mg/mL五种不同浓度的酚藏花红溶液装入锥形瓶中,然后将它们一同置于60℃的水浴箱中保温2h。2h后,取出锥形瓶,使其冷却至室温。

(4)根据酚藏花红溶液在不同检测波长下的吸收曲线在波长为510nm时酚藏花红溶液的吸光度达到最大值,因此选择510nm作为检测波长。在分光光度计预热30min后,取适量蒸馏水溶液和五种不同浓度的酚藏花红溶液,分别装入比色皿中。将蒸馏水的吸光度值设定为0,将其作为基准来测量不同浓度酚藏花红溶液的吸光度。在测量过程中,每种浓度分别进行三次吸光度值测量,然后取这三个值的平均值作为最终结果。

(5)以酚藏花红溶液的浓度为横坐标,相应浓度下的吸光度为纵坐标,制作酚藏花红溶液的标准曲线,如图1所示。通过对酚藏花红溶液浓度与吸光度进行线性拟合,得到式6的结果,线性拟合的方差R^2为0.998,表明拟合结果良好。

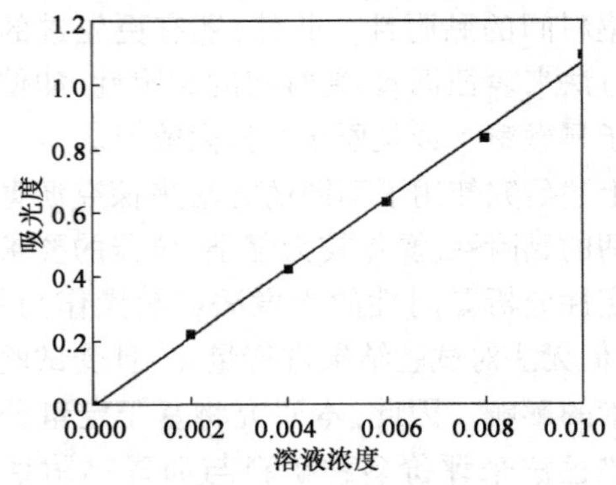

图1 酚藏花红溶液标准吸收曲线

$$q = 107.15 \times A \quad (6)$$

式中：A——吸光度；

q——溶液浓度。

2.2 试验步骤

(1)取约700g粒径为4.75～9.5mm的集料，经过彻底清洗后，在140℃的条件下烘干4h。同时，将沥青在140℃的条件下保温30min。然后将300g的干净集料与6g的沥青(精确至0.02g)在140℃的条件下混合，直到沥青均匀地附着在集料表面。接着，将混合好的沥青混合料在室温条件下静置24h，然后均匀地分成三份，放入锥形瓶中。另外，取三份100g的干净集料放入另外三个锥形瓶中。

(2)将配置好的浓度为0.010mg/mL的酚藏花红溶液放入60℃的水浴箱中保温30min。然后将每个锥形瓶内的干净集料或沥青混合料加入200mL的酚藏花红溶液。最后，将锥形瓶放入60℃的水浴箱中保温2h。

(3)以蒸馏水的吸光度值为基准，测量各个锥形瓶内酚藏花红溶液的吸光度。每个溶液进行三次测量，取平均值作为最终结果。根据式(6)，对所得的吸光度进行计算，以确定各个锥形瓶内的酚藏花红溶液浓度。

(4)计算试验结果中未经沥青拌合的干净集料吸附量q_1，计算公式如下：

$$q_1 = (C_0 - C_1)V_1/m_1 \quad (7)$$

式中：q_1——集料的吸附量(mg/g)；

C_0——酚藏花红溶液初始浓度(mg/mL)；

C_1——集料吸附酚藏花红后溶液的浓度(mg/mL)；

V_1——试验所用酚藏花红溶液的体积(mL)；

m_1——集料的重量(g)。

沥青混合料的吸附量q_2的计算如式(8)所示。

$$q_2 = (C_0 - C_2)V_2/m_2 \quad (8)$$

式中：q_2——沥青混合料的吸附量(mg/g)；

C_2——沥青混合料吸附酚藏花红后溶液的浓度(mg/mL)；

V_2——试验所用酚藏花红溶的体积(mL)；

m_2——沥青混合料的重量(g)。

沥青混合料的剥落率和黏附率的计算分别如式(9)和式(10)所示。

$$S_t(q) = \frac{q_1}{q_2} \times 100\% \quad (9)$$

$$A_d = [1 - S_t(q)] \times 100\% \quad (10)$$

式中：$S_t(q)$——沥青的剥落率(%)；

A_d——沥青和集料的黏附率(%)。

3 光电比色法试验结果

利用光电比色法对十一类样品集料和沥青的黏附性进行测量，并分别进行三组平行试验，取三次平行试验的平均值作为最终结果。试验结果如表1所示。

集料与沥青的黏附率 表1

序号	矿料种类	黏附率(%)
1	玄武岩	79.41
2	绿沸石	12.20
3	石英岩	16.88
4	白云岩	88.90
5	辉绿岩	61.99
6	玄武岩	49.16
7	石灰岩	54.52
8	石灰岩	83.98
9	石灰岩	75.51
10	红砂岩	75.55
11	片麻岩	42.57

依据矿料和沥青的黏附率从大到小依次对所选试验集料进行排序，顺序为：4号白云岩、8号石灰岩、1号玄武岩、10号红砂岩、9号石灰岩、5号辉绿岩、7号石灰岩、6号玄武岩、11号片麻岩、3号石英岩、2号绿沸石。

4 水煮法评价沥青和矿料的黏附性

4.1 水煮法试验步骤

《公路工程沥青及沥青混合料试验规程》(JTG E20—2011)[6]采用水煮法试验作为评估沥青和粗集料黏附性的标准试验方法。水煮法试验方案操作简单，易于执行，并在一定程度上能反映沥青与集料之间的黏附性。

(1)选取5块粒径介于13.2～19mm之间的近似立方体状的集料，在洗净并系上细线后，将其放入温度约为105℃(±5℃)的烘箱中，进行1h的保温。

(2)按照规定的方法将所用的沥青进行加热，然后将热集料用细线提起，放入热沥青中浸泡45s后取出，确保集料表面完全覆盖着沥青。

(3)将沥青包裹的集料冷却15min后,将它们放入盛有水的大烧杯中,然后将大烧杯加热,以保持水一直处于微沸状态。

(4)3min后观察集料表面沥青的剥离情况,并根据规程中的评估方法对黏附等级进行评定。

4.2 水煮法试验结果

在水煮法评估沥青和集料的黏附性时,将黏附性等级分成了5个级别,其中黏附性等级越高,表示沥青和集料的黏附性越强。水煮法评估沥青和集料黏附性等级的标准列在表2。

沥青和集料黏附性等级 表2

等级	剥落率(%)	剥落现象
1	>60	沥青膜大部分剥离,集料裸露面积大于60%
2	35~60	沥青膜剥离较多,集料裸露面积在35%~60%之间
3	20~35	沥青膜部分产生剥离,集料裸露面积在20%~30%之间
4	5~20	沥青膜基本完好,集料表面部分有少量剥离
5	低于5	集料表面沥青膜完好或棱角边缘存在少量剥离

根据矿料与沥青的黏附性等级的标准对本文所研究的11类集料进行黏附性等级进行评定,结果如表3所示。

矿料的黏附性等级 表3

序号	矿料种类	黏附等级
1	玄武岩	5
2	绿沸石	1
3	石英岩	1
4	白云岩	5
5	辉绿岩	4
6	玄武岩	3
7	石灰岩	4
8	石灰岩	5
9	石灰岩	4
10	红砂岩	4
11	片麻岩	3

从表3中可以得知,1号玄武岩、4号白云岩和8号石灰岩与沥青的黏附性表现最佳,黏附性等级为5级;5号辉绿岩、7号石灰岩、9号石灰岩和10号红砂岩与沥青的黏附性等级为4级;6号玄武岩和11号片麻岩与沥青的黏附性等级为3级;而2号绿沸石和3号石英岩与沥青的黏附性最差,黏附性等级为1级。

5 结语

根据光电比色法的实验结果,八种矿料样品中4号白云岩和8号石灰岩与沥青之间的黏附能力最强,而3号石英岩和2号绿沸石与沥青的黏附性最弱。此外,同一种集料与沥青的黏附性也会有明显的差异。例如,对于两种玄武岩,1号玄武岩与沥青的黏附强度明显优于6号玄武岩,它们之间的黏附率相差约30%。对于3种石灰岩,8号石灰岩与沥青的黏附性最强,而7号石灰岩与沥青的黏附性最弱,且它们之间的黏附率也相差约30%。因此,对于同类集料,沥青和集料的黏附性也会有很大的区别,在实际的道路建设工程中需要注意辨别使用。

通过比较水煮法和光电比色法的试验结果,可以发现这两种试验方法在评估沥青和集料的黏附性时结果是一致的。然而,当使用水煮法无法区分属于同一黏附性等级的不同集料的优劣时,光电比色法能够定量区分它们黏附性的优劣。

参考文献

[1] 张超凡.水泥路面与沥青路面优缺点比较[J].交通世界,2018(27):20-21.

[2] 吕松涛,赵霈,鲁巍巍,等.面向长寿命的既有高速公路沥青路面延寿设计综述[J/OL].交通运输工程学报:1-36.[2024-04-13].

[3] ROBERTS F L,KANDHAL P S,BROWN E R,et al. Hot mix asphalt materials,mixture design and construction. Asphalt Mixtures[J]. Asphalt Mixtures,1991.

[4] 王鹏.沥青与集料界面的黏附性能研究[D].广州:华南理工大学,2017.

[5] LI Y J, YANG J, TAN T. In: Transportation Research Board 94th Annual Meeting[C]. Washington DC,2015:17.

[6] 中华人民共和国交通运输部.公路工程沥青及沥青混合料试验规程:JTG E20—2011[S].北京:人民交通出版社,2011.

基于民用机场沥青道面材料设计的抗剥落剂研究

杨文渊　钱振东*　梁凯帝
（东南大学智能运输系统中心）

摘　要　沥青混凝土中集料的松散和剥落是沥青路面中典型的病害类型，对于机场道面而言，这一问题更不容忽视。剥落的集料可能在飞机高速行驶的过程中卷入螺旋桨造成重大事故，或残留于跑道上对飞机轮胎造成长期疲劳损害。然而机场道面所受到的高胎压、飞机高温尾流、动水压力形成的荷载-温度-水的耦合作用相对于公路路面更容易造成道面集料剥落，因此，有必要选择适合于机场沥青道面的抗剥落剂，并对混合料的抗剥落性能做出评价。本文提出同时使用高分子非胺类抗剥落剂处理沥青和使用消石灰处理粗集料，并用 MATLAB 图像处理的方法计算剥落像素面积占比来评价沥青混合料的抗剥落性能。结果表明：两种抗剥落剂适配性良好，以最佳掺量单独加入消石灰和非胺类抗剥落剂测得的剥落像素面积占比分别为 21.3%和 20.9%，两种抗剥落剂以各自最佳掺量同时加入时测得车辙板的剥落像素面积占比为 47.43%。且同时加入两种抗剥落剂的抗剥落性能比单独使用提升 14.47%、比不使用抗剥落剂提升 40.8%。因此，在实际施工中对机场沥青道面材料设计时，宜加入最佳掺量的两种抗剥落剂。

关键词　机场道面　评价方法　抗剥落剂　最佳掺量　非胺类

0　引言

随着社会经济的发展，我国新建机场逐渐开始从混凝土道面向沥青道面转变，但在提高路面抗滑性、舒适性的同时也迎来了新的病害问题。

集料剥落归根结底是水损害问题。沥青混凝土中集料的剥落指的是集料在车辆或飞机荷载作用下脱离路面结构的过程，是一种典型的病害形式[1]，集料剥落大致可以分为三种：一种是沥青自身的黏结性能衰减导致的黏聚性破坏，如图 1a）所示；一种是集料-沥青界面黏结性能衰减导致的黏附性破坏，实质上是水损害，如图 1b）所示；一种是由于粗集料自身物理性质较弱而导致的断裂破坏，如图 1c）所示。三种集料破坏形式同时存在、相互影响。

张宜洛[2]研究了抗剥落剂石灰的加入对沥青混合料水稳定性的变化规律，彭丹丹[3]等分析了抗剥落剂的发展历程，从作用于集料的石灰到作用于沥青的高分子胺类，都分析了各自的抗剥落原理和优势。杨文卉[1]全面分析了沥青种类、集料、纤维、填料等与 SMA 沥青混凝土抗剥落能力的相关性，并提出用肯塔堡飞散实验评价沥青混合料的抗剥落性能。黄诗洪[4]研究了不同抗剥落剂作用于橡胶复合改性沥青的流变性，得出高分子类和硅烷类抗剥落剂对改性沥青的流变性有所影响的结论。周宴湃[5]对比研究了胺类、非胺类、纳米 SiO_2 三种剥落剂的路用性能，得出非胺类对沥青混合料的各项性能都有所提升且提升效果最好的结论。

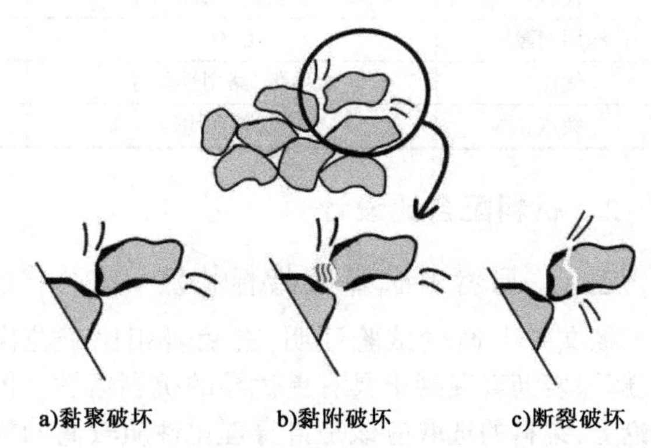

图 1　集料剥落形式

本研究提出一种沥青混合料抗剥落性能的评价指标，并分析目前常用的抗剥落剂单独使用、混合使用对酸性集料混合料抗剥落能力有何影响。

基金项目：国家自然科学基金面上项目（51878167）。

1 两种抗剥落剂适配性分析

为了避免两种抗剥落剂产生化学反应,应注意两种抗剥落剂的作用机理。非胺类抗剥落剂是近年来人工合成的一类分子结构中含有多个活性基团的抗剥落剂,可同时为碱性集料和非碱性集料降低界面张力,适用集料的范围更广泛[6]。非胺类抗剥落剂(图2)选择PM_JL_06A沥青抗剥落剂,此剥落剂是较新的、非阳离子的沥青抗剥落剂,适用于各种酸碱石料,抗水损害能力强,少量添加就能提供极高的稳定性。研究表明,非胺类抗剥落剂可以改善沥青和酸性集料的吸附[7]。沥青抗剥落剂的推荐掺量为沥青质量的0.1% ~ 0.5%[8]。石灰类抗剥落剂的加入可以在集料表面形成多孔的表面层,一定程度上增加了集料的比表面积,增强了沥青的吸附性。

目前大量使用的是作用于沥青的高分子非胺类抗剥落剂,掺量在质量分数为0.3%的情况下能使集料和沥青的黏附性等级由3级提高至5级。目前较多使用的还有作用于集料的石灰抗剥落剂,张宜洛[2]验证了用50%石灰代替矿粉能最大化提高沥青混合料的高温稳定性和水稳定性。王延海[9]指出单独加入石灰抗剥落剂和非胺类抗剥落剂,沥青混合料的水稳定性相当,短期老化和长期老化的残留稳定度也相当。常用抗剥落剂见表1。

图2 非胺类抗剥落剂

然而,目前沥青机场道面仍然面临道面集料的剥落问题。为进一步提高其抗剥落能力,本文将研究两类剥落剂混合使用的适配性及使用效果,并用恰当的方法评价混合料的抗剥落性能。石灰类抗剥落剂使用消石灰,其中有效CaO、MgO含量为68.7%,满足规范要求(≥65%)。非胺类抗剥落剂使用PM_JL_06A。

非胺类抗剥落剂的使用方法是:直接将抗剥落剂加入热沥青,可见其稳定性极高,氧化还原性适中。且适用于各种酸碱集料[10],因此消石灰将不会与非胺类抗剥落剂发生化学反应。

常用抗剥落剂 表1

类型	无机类	高分子类	
代表	石灰、水泥	胺类	非胺类
作用对象	集料	沥青	沥青
优点	成本低,路用性能好	路用性能好,使用方便	路用性能好,使用方便
缺点	难以混合均匀	热稳定性差,受热易分解	成本较高

2 材料配合比设计

2.1 原材料选择及指标检测

杨文卉[1]通过试验证明,玄武岩相比于花岗岩、辉绿岩沥青混凝土具有更优异的抗剥落性。但理论上,集料的选取应该是自身理化性质较高的酸性花岗岩,石灰抗剥落剂能有效减少酸性集料和酸性沥青黏结不良的问题。且加入抗剥落剂后的酸性集料沥青混凝土有更加优异的综合性能[11]。

本文采用机场道面常用的SMA沥青混凝土,原材料采用花岗岩粗集料、花岗岩机制砂细集料、石灰岩矿粉、石油沥青A-90、聚酯纤维,以及抗剥落剂,其中抗剥落剂包括处理集料的消石灰以及处理沥青的高分子非胺类物质。根据《民用机场沥青道面设计规范》(MH/T 5010—2017)[12]中的检测指标对所选原材料的基本性质进行检测,相应技术指标见表2 ~ 表5(表观相对密度对S5:10 ~ 15mm,S6:5 ~ 15mm,S7:5 ~ 10mm,S8:3 ~ 10mm的粗集料予以要求)。

本文细集料选取花岗岩制成的S10(0 ~ 5mm)、S11(0 ~ 3mm)机制砂。

对于沥青的选择,沥青标号对于沥青混凝土的抗剥落性影响不大,但沥青种类对于沥青混凝土的抗剥落性影响显著[13]。

花岗岩粗集料技术指标 表2

技术指标		试验结果	规范要求
表观相对密度	S5(10~15mm)	3.013	≥2.60
	S6(5~15mm)	2.975	
	S7(5~10mm)	2.913	
	S8(3~10mm)	2.839	
洛杉矶磨耗值(%)		12.3	≤28
磨光值(PSV)		56.0	≥42
针片状颗粒含量(%)		1.1	≤12
小于0.075mm颗粒含量(%)		0.2	≤1
压碎值(%)		11.3	≤20
坚固性(%)		0.6	≤10
吸水率(%)		0.6	≤2

机制砂技术指标 表3

技术指标	试验结果	规范要求
水分挥发性物质含量(%)	9.2	≤10
黏附性等级	5	老化前,≥4
	4	老化后,≥3
	1	老化前后之差≤1
	2	添加抗剥落剂前后≥1
残留稳定度(%)	87	≥80
冻融劈裂强度(%)	89	≥80

机场道面石油沥青 A-90 技术指标 表4

技术指标		试验结果	规范要求
表观相对密度	S10(0~5mm)	2.807	≥2.50
	S11(0~3mm)	2.785	
坚固性		0.9	≤12
小于0.075mm颗粒含量(%)		0.4	≤3

非胺类沥青抗剥落剂 PM_JL_06A 基本性质 表5

技术指标	试验结果	规范要求
针入度(25℃,100g,5s)(0.1mm)	88.0	80~100
软化点(℃)	46.4	≥45
延度(15℃,5cm/min)(cm)	>100	≥100
延度(10℃,5cm/min)(cm)	>100	≥50
闪点(℃)	286	≥245
薄膜烘箱试验(RTFOT)		
质量损失(%)	0.06	≤±0.8
残留针入度比(25℃,%)	67.1	≥57

由表2~表5可知,机场道面的SMA沥青混凝土中的原材料各项指标均满足规范要求。

2.2 配合比设计

机场道面沥青混凝土通常采用间断级配SMA

沥青混凝土,其粗集料占集料总重的70%以上,有较强的支撑能力,较好的路用性能。且SMA级配类型能形成最大强度的集料结构,沥青混凝土的水稳定性和高温稳定性更好[14]。

2.2.1　级配设计

根据以往的工程实践经验,本文采用SMA-13沥青混凝土作为研究对象。根据《民用机场沥青道面施工技术规范》(MH/T 5011—2019)中对于粗集料的粒径规格,试验所用集料分为S5:10～15mm,S6:5～15mm,S7:5～10mm,S8:3～10mm,S9:3～5mm。级配组成如表6所示。

级配设计表　表6

筛孔尺寸(mm)	16	13.2	9.5	4.75	2.36	1.18	0.6	0.3	0.15	0.075
筛孔通过率(%)	100	91.3	57.6	26.9	19.2	17.1	13.5	10.2	9.1	8.0

2.2.2　最佳油石比确定

最佳油石比通过马歇尔试验确定,本研究需要制备4组马歇尔试件。①未加入抗剥落剂;②单独加入传统抗剥落剂,掺量为矿粉质量的50%为最佳;③单独加入高分子非胺类抗剥落剂,掺量为0.3%为最佳;④两种抗剥落剂同时加入,分别使用各自最佳掺量。

根据以往工程经验,机场沥青道面成型的油石比在5.5%～6.1%之间。本文以0.2%为梯度制作马歇尔试件,试验结果如表7～表10所示。

SMA-13马歇尔试件试验结果(未加入抗剥落剂)　表7

油石比(%)	理论最大密度	流值(0.1mm)	毛体积密度(g/cm^3)	矿料间隙率(%)	马歇尔稳定度	沥青饱和度
5.5	2.536	23.6	2.481	17.0	9.4	74.1
5.7	2.542	24.3	2.472	16.9	9.6	75.8
5.9	2.556	24.8	2.493	17.1	10.5	80.3
6.1	2.561	24.2	2.471	17.2	9.6	84.6

SMA-13马歇尔试件试验结果(单独加入传统抗剥落剂)　表8

油石比(%)	理论最大密度	流值(0.1mm)	毛体积密度(g/cm^3)	矿料间隙率(%)	马歇尔稳定度	沥青饱和度
5.5	2.596	23.2	2.483	17.1	9.5	74.3
5.7	2.582	27.3	2.462	17.2	9.7	76.8
5.9	2.576	24.6	2.503	17.4	10.7	81.3
6.1	2.561	24.1	2.461	17.1	9.3	85.2

SMA-13马歇尔试件试验结果(单独加入非胺类抗剥落剂)　表9

油石比(%)	理论最大密度	流值(0.1mm)	毛体积密度(g/cm^3)	矿料间隙率(%)	马歇尔稳定度	沥青饱和度
5.5	2.616	22.3	2.473	17.0	10.1	75.6
5.7	2.601	23.4	2.462	16.9	10.3	78.4
5.9	2.596	23.1	2.493	17.1	11.2	82.6
6.1	2.581	22.1	2.501	16.9	10.7	87.9

SMA-13马歇尔试件试验结果(混合加入两种抗剥落剂)　表10

油石比(%)	理论最大密度	流值(0.1mm)	毛体积密度(g/cm^3)	矿料间隙率(%)	马歇尔稳定度	沥青饱和度
5.5	2.613	21.3	2.481	16.8	10.7	75.4
5.7	2.602	21.1	2.492	16.7	11.4	77.6
5.9	2.593	20.3	2.512	16.6	10.9	84.2
6.1	2.582	20.5	2.493	17.1	11.1	88.3

由表作图可知，四种工况各自沥青最佳用量为：5.7%，5.9%，5.7%，5.9%。

3 基于机场道面的抗剥落性试验与评价

3.1 机场环境对混合料的影响

3.1.1 动水压力

机场道面在飞机荷载与水的综合作用下产生的动水压力和孔隙水压力会使沥青混凝土中集料发生剥落病害[1]，且根据伯努利定理可知，轮胎荷载产生的动水压力和飞机速度的平方成正比，且飞机相比于公路汽车的行驶速度大得多，因此，产生的动水压力对沥青路面的影响不容忽略。动水压力如下：

$$P=\frac{1}{2}\rho v^2 \tag{1}$$

式中：P——动水压力(MPa)；

ρ——水密度(kg/m^3)；

v——载具行驶速度(m/s)。

3.1.2 高温尾流

统计表明，大型喷气式公务机是目前国内保有量最大的公务机种类，占比约为1/3[14]。在飞机加速的过程中会喷出大量高温气体，尾流核心范围内温度可达1400～1600℃[15]，这使得沥青路面表面的温度迅速升高，增大了沥青混合料剥落的概率。

本文为模拟真实机场道面的水-高温-高荷载的耦合作用，将车辙板试件置于60℃恒温水浴24h后再进行60分钟高温轮辙试验。

3.2 剥落状况评价指标

周秉誉[16]利用温控式轮式加速磨光机模拟行车荷载，并利用温控装置模拟路面服役时的温度，能比较真实地模拟真实的车辆荷载。杨文卉[1]利用沥青混合料车辙试验机模拟飞机的轮载对车辙板加载，钻芯取样后用肯塔堡飞散试验测试沥青混合料的剥落状况，这种评价方式使芯样造成二次的剥落，有失合理性。

本文采用图像处理法计算黑白像素面积占比来评价沥青混合料的抗剥落性能。车辙板试件在轮辙试验过程中可能会出现两种剥落：①沥青黏结力不足而导致的集料剥落，视觉上形成灰度更高的坑槽孔洞；②集料自身强度不足造成集料本身断裂而剥落，视觉上形成灰度更低的断裂截面。但轮辙试验区域由于沥青层地磨耗，灰度整体上会比其他区域低。将采集到的图像读入MATLAB，设置两种不同的灰度临界值分两次转化为二值化的黑白图像，分别分离出灰度较深和灰度较浅的区域。第一次计算剥落后黑色像素面积占比，第二次计算剥落后白色像素面积占比。两者相加即车辙板实际剥落面积占比，以此评价目标沥青混合料的剥落状况。计算公式如下：

$$T=\frac{T_0}{S}+\frac{T_1}{S} \tag{2}$$

式中：T_0——黑色像素面积；

T_1——白色像素面积；

T——剥落率面积占比；

S——车辙板有效表面积。

本文在图像采集时舍弃边缘20mm的部分，以此保证图像灰度变化完全是由于轮辙碾压集料而导致的。

3.3 试验步骤

本文评价沥青混合料抗剥落性能步骤如下：

(1)将未加抗剥落剂、单独加入消石灰、单独加入非胺类抗剥落剂、同时加入消石灰和非胺类的抗剥落剂的沥青混合料利用轮碾法成型标准尺寸的300mm×300mm×50mm的车辙板，每组三个。

(2)确认车辙板平整后，将车辙板试件置于无其他光源的LED环境中进行图像采集。

(3)用60℃水浴温度对车辙板进行预处理。模拟真实的机场道面降雨和飞机高温尾流温度环境。

(4)将水浴处理后的试件置于SYD-0719型车辙试验机下，温度设置为60℃，车轮荷载分别设置为1.3MPa、1.4MPa、1.5MPa进行60min的高温轮辙试验。

(5)将轮辙试验后的车辙板用毛刷处理，刷去已经剥落但是仍然黏附在车辙板上的集料。再将毛刷处理后的车辙板放置于无其他光源的LED环境中，再次采集图像。

(6)将两次采集好的图像四边内缩20mm，消除因车辙板模具嵌挤而引起的集料剥落的影响。

(7)将采集到的彩色图像通过MATLAB转化为灰色图像。最后利用MATLAB计算出剥落前后图像像素面积占比。

LED灯光过强会导致所的照片曝光，从而导致所得图像经 MATLAB 处理后,白色像素面积过大而导致结果不符。因此,需将照片曝光度调节至最优值,以保证结果准确性。

3.4 试验结果及分析

传统抗剥落剂采用石灰或水泥,与集料混合使用。本文采用消石灰,经过晾晒后加入混合料中进行抗剥落性能检测。

设置一组对照试验,测试未加如抗剥落剂车辙板试件的抗剥落性能,如表11所示。

加入消石灰作为抗剥落剂,测得不同温度水浴预处理下车辙板剥落像素面积占比如表12所示。

作用于沥青的剥落剂采用高分子非胺类抗剥落剂 AM-3 型,根据以往工程经验可知其最佳掺量为0.3%。试件剥落像素面积占比如表13所示。

同时加入消石灰抗剥落剂和非胺类抗剥落剂,计算试件剥落像素面积占比如表14所示。

剥落面积占比(未加入抗剥落剂) 表11

荷载(MPa)	1.3		1.4		1.5	
剥落图像(黑色/白色)						
剥落面积占比	13.3%	24.6%	16.7%	32.8%	21.3%	33.6
总和	37.9%		49.5%		54.9%	

剥落面积占比(仅加入消石灰) 表12

荷载(MPa)	1.3		1.4		1.5	
剥落图像(黑色/白色)						
剥落面积占比	7.8%	4.3%	14.3%	7.4%	10.3%	13.8%
总和	12.1%		21.7%		24.1%	

剥落面积占比(仅加入非胺类抗剥落剂) 表13

荷载(MPa)	1.3		1.4		1.5	
剥落图像(黑色/白色)						
剥落面积占比	7.5%	4.2%	16.8%	6.3%	16.6%	9.3%
总和	11.7%		23.1%		25.9%	

剥落面积占比(加入两种抗剥落剂) 表14

荷载(MPa)	1.3		1.4		1.5	
剥落图像(黑色/白色)						
剥落面积占比	3.9%	1.9%	5.4%	2.0%	4.6%	2.1%
总和	5.8%		7.4%		6.7%	

注:剥落面积占比并非简单的计算黑色和白色像素面积总和,而是反复调整灰度阈值后,人为选择剥落区域而计算面积的结果。

4 结语

(1)本文提出用图像处理后的车辙板来计算剥落面积占比,以此反映沥青混合料的抗剥落性能。研究表明,消石灰能使混合料抗剥落性能提升26.13%、非胺类剥落剂能提升26.53%、两种抗剥落剂混合加入时能提升40.8%。

(2)未加入抗剥落剂时,剥落面积占比高达54.9%。因此,对于机场道面的荷载、高温环境和材料设计而言,抗剥落剂的加入十分必要。

(3)本文抗剥落评价指标不能排除试件同一位置二次深度剥落的影响,可进一步配合集料剥落的质量损失法来完善评价方案。

(4)可进一步探究两种抗剥落剂都加入时对沥青混合料路用性能的影响。若路用性能亦有提升,两种抗剥落剂同时加入将是最佳方案。

(5)本试验未探究两种抗剥落剂同时加入时各自的最佳用量,而是使用以往试验经验的最佳用量,可进一步研究使剥落面积占比最小化的最佳用量。

参考文献

[1] 杨文卉.机场道面改性沥青SMA混凝土抗剥落性能研究[D].南京:东南大学,2023.

[2] 张宜洛,颜祖兴.石灰、抗剥落剂对花岗岩沥青混合料水稳性影响的分析[J].交通标准化,2003(9):71-74.

[3] 彭丹丹,陈华鑫,张晨旭,等.沥青抗剥落剂的研究进展[J].材料导报,2014,28(S1):325-327,338.

[4] 黄诗洪.不同类型抗剥落剂与橡胶复合改性沥青的流变性能研究[J].中外公路,2023,43(5):254-258.

[5] 周宴湃.3种抗剥落剂的路用性能对比研究[J].公路与汽运,2022(4):78-80.

[6] 张博文.抗剥落剂在高速公路沥青路面的应用浅析[J].广东建材,2023,39(5):25-29.

[7] 廖光坚.抗剥落剂对沥青及花岗岩集料沥青混合料性能的影响[J].路基工程,2023(2):101-106.

[8] 曹艳明.路用抗剥落剂性能[J].交通世界(建养.机械),2010(9):258-259.

[9] 王延海.三种沥青抗剥落剂的性能对比研究[J].公路工程,2011,36(3):172-174,186.

[10] 中华人民共和国交通运输部.沥青混合料改性添加剂 第四部分 抗剥落剂:JT/T860.4—2014[S].北京:人民交通出版社股份有限公司,2014.

[11] 熊泽斌,闫小虎,董芸.酸性骨料沥青混凝土耐久性研究[J].人民长江,2023,54(3):200-204,209.

[12] 中国民用航空局.民用机场沥青道面设计规范:MH/T 5004—2017[S].北京:中国民航机场建设集团公司,2017.

[13] 吕刚.重载交通桥面沥青铺装抗剥落性能的影响因素研究[J].中国高新科技,2022(22):109-111.

[14] 于芳芳,史建邦,邓小宝.飞机尾流温度场测量与数值模拟[J].工程与试验,2011,51(4):31-33,54.

[15] 刘仁武.矿料级配和抗剥落剂对沥青混合料耐久性的影响[J].冶金管理,2021(9):109-110.

[16] 周秉誉.多孔沥青混合料抗剥落能力试验方法及其评价[D].哈尔滨:哈尔滨工业大学,2019.

SBS聚合物改性沥青二次相分离产生原因及评价方法

陈 麟 陈振超 汪健江 焦月朋 张云风 栾学昊 梁 明*
(山东大学齐鲁交通学院)

摘 要 SBS改性沥青在热储存条件下的相分离行为研究对道路工程领域至关重要。由于研究困难以及手段有限,学者们普遍研究的是一次相分离行为,对二次相分离行为鲜有报道。本文参考相近领域对SBS改性沥青产生二次相分离的原因作出总结,综述了3类聚合物改性沥青储存稳定性评价方法,以及分子动力学法、相场法和观测法。分子动力学模拟方法从微观角度模拟聚合物改性沥青相容性,阐述聚合物之间的相互作用。相场模型可以准确地模拟和追踪改性沥青微观相态与时间的演变,提供了深入了解二次相分离过程的机会。采用观察法可用于观察聚合物改性沥青形貌图,显示聚合物改性剂大小及分布。最后针对未来SBS改性沥青二次相分离研究方法作出简要总结。

关键词 SBS聚合物改性沥青 二次相分离 分子动力学法 相场法 观测法

0 引言

SBS改性沥青是常用于路面材料的一种石油产品,由于其具有出色的黏附性和黏弹性,在交通工程领域中得到广泛应用。改性沥青是基质沥青和聚合物改性剂混合加工而形成的,然而SBS改性沥青中的各分子相对分子质量、密度、溶解度等性质不同,导致在热储存过程中它们的相互作用减弱,致使改性沥青从初始的均匀相逐渐分散、凝聚、离析,发生相分离现象,影响路用性能[1]。因此,对改性沥青在热储存条件下的相分离行为研究是至关重要的。

为了分析改性沥青相分离行为,各学者作出了一些探索。Liang[2]等采用相场法研究了苯乙烯-丁二烯-苯乙烯(SBS)改性沥青的相分离行为,旨在揭示控制相分离过程的关键参数,并评估各种苯乙烯-丁二烯结构对相行为的影响。Fan[3]等人采用普通性能试验、扫频试验、多应力蠕变恢复试验和Cole-cole规则检测等方法对废旧橡胶屑改性沥青的流变性能和相分离进行了研究,发现改性沥青中保持适当的橡胶含量对产品的稳定性至关重要。Liu[4]等在SBS改性沥青中发现二次相分离现象,SBS的存在增加了环氧沥青在固化反应过程中的初始黏度。结果表明,沥青微观相分离现象是众多学者研究的重点,由于沥青的二次相分离现象缺少表征手段而研究较少。

二次相分离行为影响沥青路用性能,具有很大的研究空间和研究价值。本文参考各行业学者对二次相分离的研究,总结改性沥青二次相分离的产生原因和表征方法。最后针对改性沥青相分离研究进行总结并提出展望。

1 二次相分离概述

1.1 二次相分离基本模型

大部分SBS聚合物和沥青在热力学上是不相容的,即它们是不稳定的均相体系,SBS聚合物容易从改性沥青中析出,发生相分离[5-6]。随着沥青质量分数的增加,聚合物相中出现第二次相分离现象,具体如图1所示,但在沥青领域二次相分离研究无具体表征手段,不能明确所观察到的SBS聚合物二次相分离产生原因。所谓的一次(二次)相分离的起源是由于流体动力学、橡胶相的黏弹性效应、扩散、表面张力、聚合反应和相分离的组合效应。参考各行业学者对二次相分离的研究,二次相分离产生原因可能由于饱和分吸收苯乙烯

基金项目:山东大学齐鲁青年学者高层次人才项目(202099000060),山东省自然科学基金项目(ZR2020ME244),济南市科研带头人工作室(202228101),国家重点研发计划项目(2022YFB2603300)。

(丁二烯),嵌段断裂,使聚合物中的(丁二烯)苯乙烯过饱和在聚合物中发生二次相分离[7-9]。

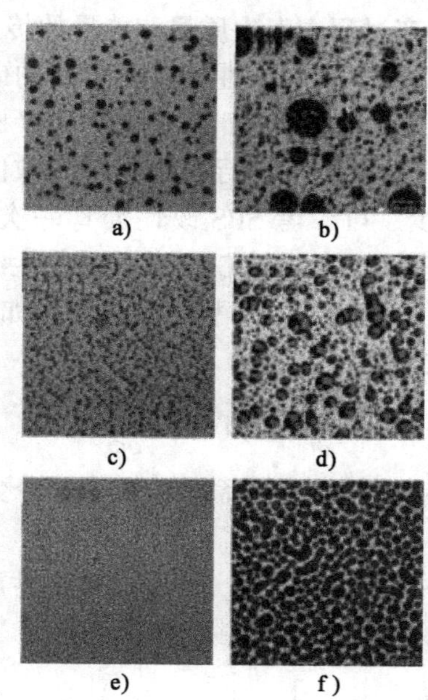

图1 SBS改性沥青中的二次相分离现象[4]

1.2 多相体系自由能函数

多相体系的自由能函数用来模拟及预测物质(如沥青、合金和液体等)介观能量变化。自由能函数由一系列保守场变量和非保守场变量来预测描述微观结构变化,一系列场变量组成具有扩散相界面的相场。这些场变量的时间和空间变化描述物质微观结构变化,微观结构变化朝着自由能减少的方向进行的,在相场理论中总自由能可由一系列的保守的($c_1,c_2,\cdots,c_n$)和非保守的($\eta_1,\eta_2,\cdots,\eta_{p1}$)场变量函数项表示,如式(1)所示[10]。

$$F=\int[f(c_1,c_2,\cdots,c_n,\eta_1,\eta_2,\cdots,\eta_{p1})+\sum_{i=1}^{n}\alpha_i(\nabla c_i)^2+\sum_{i=1}^{3}\sum_{j=1}^{3}\sum_{k=1}^{3}\beta_{ij}\nabla_i\eta_k\nabla_j\eta_k]\mathrm{d}^3r+\iint G(r-r')\mathrm{d}^3r\mathrm{d}^3r' \quad (1)$$

式中第一项为局部自由能函数;第二项、第三项为非局部梯度自由能函数;第四项为长程自由能函数,如弹性作用、静电作用等。可简写为:

$$F=\int_V(f_{loc}+f_{gr})\mathrm{d}V+F_{lr} \quad (2)$$

式中:f_{loc}——局部自由能密度;

f_{gr}——非局部梯度自由能密度;

V——物质体积;

F_{lr}——长程自由能。

在改性沥青的研究中,由于大多数学者[11-13]主要研究沥青热储存温度下(130℃)的自由能,在高温状态下,任何长程自由能是不存在的。

局部自由能在相场理论中作用显著,它表示体系自由能的局部贡献,不同体系演变过程中的表达形式存在明显差异[14-15]。通常情况下,在沥青相场模型中用双势阱模型来表示局部自由能密度,如式(3)所示,其中ϕ为局部组成部分。

$$f(\phi)=4\Delta f\left(-\frac{1}{2}\phi^2+\frac{1}{4}\phi^4\right) \quad (3)$$

在相场理论中,非局部梯度自由能来源交界面的短程相互作用力。其与相场变量在交界面的组成和结构变化情况有关,如式(4)所示[16],其中κ为梯度能量系数,控制界面厚度。

$$f_{gr}=\frac{1}{2}\kappa\left|\nabla\phi\right|^2 \quad (4)$$

长程自由能F_{lr}用来表示非局部自由能中长程相互作用。长程自由能具体的表达式需要具体研究对象的参数来确定。在改性沥青中常用弹性自由能表示,如式(5)所示。其中u为位移场,α为热膨胀系数,ΔT温度变量,I为张量。

$$F_{lr}=\frac{1}{2}((\nabla u+(\nabla u)^T)-(\alpha\Delta T)I:[E(\phi):((\nabla u+(\nabla u)^T)-(\alpha\Delta T)I] \quad (5)$$

2 SBS改性沥青的二次相分离表征方法

2.1 分子动力学法

近年来,分子动力学被广泛运用于道路沥青领域。Sun[17]等介绍了聚合物改性沥青和纳米材料改性沥青的分子动力学模拟,总结了分子动力学模拟缺陷。Wei[18]等采用分子动力学模拟分析不同的改性沥青体系。构建聚合物改性沥青的模型,模拟参数检测了两种组分之间内在相互作用和相容性的变化,结果表明物理混合和化学反应是导致改性剂与原生沥青之间分子相互作用的关键因素,直接决定了改性沥青的微相分离。Zhang[19]等人利用分子动力学模拟构建老化沥青胶结料再生剂的分子模型。结果表明,再生剂能均匀地分布在老化沥青胶结料中,并形成具有良好一致性和相容性的交联网络结构混合料。由此可见,采用分子动力学模拟方法研究沥青与SBS聚合物的相容性的研究较少,且由高分子材料相容性的研究结果可知,采用分子动力学模拟SBS

改性沥青相容性及力学性能的研究是可行的。

分子动力学模拟方法从微观角度模拟石油沥青和聚合物改性剂的相容性,阐述聚合物改性剂与沥青之间的相互作用[20]。因此,可以利用分子动力学对 SBS 改性沥青的二次相分离行为研究。

2.2 相场法

在聚合物改性沥青中,发生二次相分离的原因是聚合物相中相μ^{α}和相μ^{β}的化学势不同,两相不共存。造成化学势不同的原因主要是是聚合物体系内丁二烯和苯乙烯内温度不等于相平衡的温度,这就是相分离的驱动力,如式(6)所示。

$$\Delta\mu = \mu^{\alpha} - \mu^{\beta} \tag{6}$$

当$\Delta\mu > 0$时,α相的组分会增加,β相的组分会减少;$\Delta\mu < 0$时结果相反,相的组分只会在不平衡状态和特定驱动力下被改变。影响相分离的主要因素是状态的改变(如温度、压强和压力等),在整个材料的体系中会生成新的相,最后发生相的转变,在转变过程中发生质量和能量的传递变化。

尽管对于聚合物改性沥青相分离的研究已取得显著进展[21-23],但从相场理论角度对 SBS 改性沥青二次相分离过程进行理论解释和数值模拟的研究却很少。可参考 SBS 改性沥青一次相分离,利用多物理场仿真软件 COMSOL 对改性沥青的相分离过程仿真模拟[24-25],构建相场模型如式(7)所示,进行数值模拟。

$$\frac{\partial\phi}{\partial t} = \nabla M(\phi)\nabla\frac{\delta F}{\delta\phi} \tag{7}$$

式中:ϕ——改性沥青体系中的聚合物分数;

$\nabla M(\phi)$——迁移系数;

F——体系自由能。其聚合物改性沥青多项体系的总自由能如下:

$$F = \int_V (f_{\mathrm{loc}} + f_{\mathrm{gr}})\,\mathrm{d}V = \int_V \left\{ f_0 + RT\left[\begin{matrix}\frac{s\phi}{N_{\mathrm{p}}}\ln(s\phi) + \frac{1 - s\phi}{N_{\mathrm{b}}} \\ \ln(1 - s\phi) + s\phi(1 - s\phi)\chi\end{matrix}\right] + \frac{1}{2}\kappa\,|\nabla\phi|^2 \right\}\mathrm{d}V \tag{8}$$

式中:R——普适气体常数;

T——开尔文温度;

N_{p}、N_{b}——聚合物和沥青的分子链段数;

χ——相互作用参数;

κ——梯度能量系数。

由于聚合物进入沥青时,聚合物会吸收沥青中的轻馏分致使聚合物体积变大,出现溶胀现象。当研究体系中沥青的组成固定不变时,溶胀现象是聚合物分子结构变化的关键因素,因此,在聚合物改性沥青体系总自由能中引入溶胀系数(s)[6]。

在 COMSOL 软件上进行模拟实施,边界条件和参数设定,最后进行数值计算。即在聚合物的改性沥青中对参数条件[$M(\phi)$、κ、s 等]进行预估算,与具体实验结果对比,进行参数修正,最后得出改性沥青不同时间段相分离的相场模型。例如,笔者团队利用 SBS 改性沥青粒径分布实验结果和模拟结果进行对比[25],可以在 COMSOL 软件中清晰地观测到 SBS 改性沥青在热储存过程中聚合物和沥青发生相分离的全部过程,与实验结果对比在同一时间段发生相似相分离现象。

该改性沥青微观相态变化模型仅考虑扩散状态下的相分离行为。但在实际相分离过程中,重力场影响因素较大,对相分离过程起到加速作用。因此,可在扩散相场模型的基础上耦合 Navier-Stokes 方程,模拟更真实的改性沥青相态变化[25]。将 Navier-Stokes 方程和扩散相场模型耦合形成完整的 Cahn-Hilliard 方程,如式(9)所示。

$$\frac{\partial\phi}{\partial t} + \nabla u\phi = \nabla M(\phi)\nabla\frac{\delta F}{\delta\phi} \tag{9}$$

综上,可以建立 Navier-Stokes 方程耦合相场模型,对改性沥青的相分离行为进行描述,完整展示沥青与聚合物之间的相态变化。但目前基于相场理论的改性沥青相分离研究处于初级阶段,文献中相场法自由能函数的分子链段数未作准确定义,仅在二维状态下建立相分离相场模型,没有二次相分离的相场模型参考等,在未来的研究中可对沥青各组分分子链段数深入研究,确定沥青各组分分子链段数之比。从三维角度耦合多物理场(相场模型、重力场、温度场和结晶场等)建立相分离模型。基于相场理论分析并构建 SBS 聚合物相场模型。

2.3 微纳形貌观测法

聚合物改性沥青中各微观结构的分散性也是评价热储存条件下改性沥青相分离现象的重要因素。目前众多学者通过荧光显微镜、原子力显微镜和扫描电镜来观测聚合物改性沥青的形貌图。

荧光显微镜可以观测聚合物改性剂分散在石油沥青中形成的聚合物相,其受到短波光波激发时可以射出波长较长的光,从而区分聚合物相和沥青相[26]。有研究表明,不规则的 PE 相结构可能导致储存稳定性较差,而 SBS 改性沥青的亲和性较好、边界线柔和,预示着 SBS 聚合物较 PE 相有着更好的储存稳定性[27-28]。扫描电镜技术利用电子束代替可见光,照射在待测样品表面,激发不同形貌信息,研究以获取聚合物改性沥青微观结构形态。此外,扫描电镜结合能谱分析仪可实现对样品化学元素的分析。郑乃涛[29]等使用扫描电镜评价岩沥青、湖沥青、SBS、抗车辙剂、增强剂和石油沥青的相容性。原子力显微镜是一种高分辨率的显微镜,能够在纳米尺度下观察材料的表面形貌和结构,是研究聚合物改性沥青微观结构的重要工具[30-31]。研究人员通过原子力显微镜观察了 3 种石油沥青及相应 SBS 改性沥青的表面形貌,发现 SBS 改性沥青表面的"峰状结构"数量增多,尺寸减小,但面积占比增加,这是因为 SBS 高温溶胀形成网状结构[32]。综上,SBS 聚合物改性沥青可通过观测法发现在热储存条件下发生相分离现象,采用观测法对 SBS 改性沥青的二次相分离进行研究是必不可少的。

3 结语

分子动力学、相场法和观测法在改性沥青相分离的应用中,可以精确地模拟及追踪改性沥青微观相态与时间的变化关系,展示 SBS 改性沥青发生相分离长大、聚集和重力诱导的过程。目前对聚合物沥青二次相分离过程进行理论解释和数值模拟的研究较少,存在一些不足,如对二次相分离形成原因和二次相分离对沥青路用性能的影响未知等。在未来的研究中,可以结合分子动力学、相场法和观测法根据实际情况对 SBS 改性沥青的二次相分离行为研究。

参考文献

[1] 王立志,刘凯,王鹏,等.微观特性对 SBS 改性沥青存储稳定性影响研究[J].山东建筑大学学报,2020,35(6):7-14,36.

[2] LIANG M, XIN X, FAN W, et al. Phase field simulation and microscopic observation of phase separation and thermal stability of polymer modified asphalt[J]. Construction and Building Materials,2019,204:132-143.

[3] FAN L, ZHANG Y Z, MA S J. Study on Rheological Property and Phase Separation of Modified Asphalt by Waste Crumb Rubber[J]. Advanced Materials Research, 2012, 374: 1361-1364.

[4] LIU Y,ZHANG J,JIANG Y,et al. Investigation of secondary phase separation and mechanical properties of epoxy SBS-modified asphalts[J]. Construction and Building Materials,2018,165: 163-172.

[5] 孙大权,吕伟民. SBS 改性沥青热储存稳定性研究[J].建筑材料学报,2006(6):671-674.

[6] 梁明.聚合物改性沥青多相体系的流变学和形态学研究[D].青岛:中国石油大学(华东),2020.

[7] MATHEW V S,SINTUREL C,GEORGE S C,et al. Epoxy resin/liquid natural rubber system: secondary phase separation and its impact on mechanical properties[J]. Journal of materials science,2010,45:1769-1781.

[8] RULLER J A, FRIEBELE E J. Evidence of Secondary-Phase Separation in an Alkali Borosilicate Glass[J]. Journal of the American Ceramic Society,1992,75(4):1026-1027.

[9] ZHANG Y,REN S,SOHRABI S,et al. Primary and secondary phase separation in Cu-Zr-Al bulk metallic glass by control of quenching conditions [J]. Intermetallics,2023,156:107853.

[10] YADAV V,VANHERPE L,MOELANS N. Effect of volume fractions on microstructure evolution in isotropic volume-conserved two-phase alloys: A phase-field study [J]. Computational Materials Science,2016,125:297-308.

[11] AZARHOOSH A, ABANDANSARI H F, HAMEDI G H. Surface-free energy and fatigue performance of hot-mix asphalt modified with nano lime[J]. Journal of Materials in Civil Engineering,2019,31(9):04019192.

[12] LI J,ZHANG X N,LIU Y,et al. Effect of Rock Asphalt on the Surface Free Energy of Asphalt [J]. Advanced Materials Research,2013,785: 963-966.

[13] XU O,XIANG S,YANG X,et al. Estimation of the surface free energy and moisture

susceptibility of asphalt mastic and aggregate system containing salt storage additive [J]. Construction and Building Materials, 2022, 318:125814.

[14] LEVITAS V I, SAMANI K. Coherent solid/liquid interface with stress relaxation in a phase-field approach to the melting/solidification transition [J]. Physical Review B,2011,84(14):140103.

[15] BHATE D N, KUMAR A, BOWER A F. Diffuse interface model for electromigration and stress voiding [J]. Journal of Applied Physics,2000,87(4):1712-1721.

[16] CHEN J,JIN Z. Three-dimensional numerical simulation of viscoelastic phase separation under shear: the roles of bulk and shear relaxation moduli [J]. Chinese Journal of Polymer Science,2015,33(11):1562-1573.

[17] SUN C, LI F, WANG S. Molecular Dynamics Simulation Technology in Asphalt Materials [C] // 2022 4th International Academic Exchange Conference on Science and Technology Innovation (IAECST). IEEE, 2022:303-306.

[18] WEI K, SU Y, CAO X, et al. Molecular Dynamics Simulation of Interaction between Polymer Modifier and Asphalt [J]. Journal of Testing and Evaluation, 2022, 50(4): 2175-2189.

[19] ZHANG X, NING Y, ZHOU X, et al. Quantifying the rejuvenation effects of soybean-oil on aged asphalt-binder using molecular dynamics simulations [J]. Journal of Cleaner Production,2021,317:128375.

[20] 汪海年,郑文华,尤占平,等.聚合物改性剂和石油沥青相容性评价方法研究进展[J].交通运输工程学报,2023,23(1):8-26.

[21] LI C,WANG Q. A critical review on performance and phase separation of thermosetting epoxy asphalt binders and bond coats [J]. Construction and Building Materials,2022,326:126792.

[22] DING H,ZHANG H,ZHANG H,et al. Direct Observation of Crystalline Wax in Asphalt Binders by Variable-temperature Polarizing Microscope [J]. Journal of Materials in Civil Engineering,2022,34(10):04022244.

[23] ZHAO R,LI C. Viscosity-curing time behavior, viscoelastic properties, and phase separation of graphene oxide/epoxy asphalt composites [J]. Polymer Composites,2022,43(8):5454-5464.

[24] LIANG M, FAN W. Phase behavior and hot storage characteristics of asphalt modified with various polyethylene: Experimental and numerical characterizations [J]. Construction and Building Materials,2019,203:608-620.

[25] LIANG M,FAN W. Experimental and simulation study of phase microstructure and storage stability of asphalt modified with ethylene-vinyl acetate [J]. Journal of Materials in Civil Engineering,2019,31(12):04019288.

[26] LIANG M,FAN W. Viscous properties, storage stability and their relationships with microstructure of tire scrap rubber modified asphalt [J]. Construction and Building Materials,2015,74:124-131.

[27] KOU C, KANG A, et al. Protocol for the morphology analysis of SBS polymer modified bitumen images obtained by using fluorescent microscopy [J]. International journal of pavement engineering,2019,20(5):585-591.

[28] SUN D,LU W. Phase morphology of polymer modified road asphalt [J]. Petroleum science and technology,2006,24(7):839-849.

[29] 郑乃涛,徐新蔚.不同种类改性剂与基质沥青相容性研究[J].公路交通科技(应用技术版),2012,8(12):167-170.

[30] JIANG W,LI M. Application of atomic force microscopy in bitumen materials at the nanoscale: A review [J]. Construction and Building Materials,2022,342:128059.

[31] RASHID F, HOSSAIN Z, BHASIN A. Nanomechanistic properties of reclaimed asphalt pavement modified asphalt binders using an atomic force microscope [J]. International Journal of Pavement Engineering, 2019,20(3):357-365.

[32] YU Z, BAN X, XU Y, et al. Study on the Rheological Performance and Microscopic Mechanism of PPA/SBS/SBR Composite-Modified Asphalt Cold Replenishment Liquid [J]. Applied Sciences, 2023, 13(20): 11193.

高模量全柔性沥青路面结构与材料设计

徐希忠*[1,2]　韦金城[1,2]　张晓萌[1,2]　李作钰[1,2]

(1. 山东省交通科学研究院;2. 高速公路养护技术交通行业重点实验室(济南))

摘　要　为了分析法国高模量沥青混合料 Enrobés à Module Élevé(简称"EME")在我国全厚式沥青路面中的适用性,本文采用硬质沥青,参考法国高模量沥青混凝土设计流程,设计了满足法国高模量沥青混合料标准的 EME-14(间断级配和连续级配)高模量沥青混合料,分析了高模量混合料性能,对比了高模量沥青混合料与我国普遍使用的 SBS 改性 AC-13 沥青混合料模量及疲劳性能,通过两点弯曲模量和疲劳试验获取了结构设计输入参数,并基于实测材料参数和交通轴载谱数据,采用法国路面设计程序 LCPC Alize 执行了全厚式沥青路面结构设计,并拟定路段铺筑试验路。结果表明:两种高模量沥青混合料水稳定性、高温稳定性优良,抗疲劳性能较好,复数模量均显著高于 SBS 改性沥青混合料;在相同设计年限下,高模量沥青混合料的使用可显著减薄路面结构厚度,减少石料用量,节约工期,具有显著的经济效益;在相同的路面结构厚度下,全厚式高模量沥青路面可显著提升路面结构寿命。

关键词　高模量沥青混合料　EME2　沥青混合料设计　路面结构设计　对比分析

0　引言

由于温度的变化和车辆荷载的综合作用,传统的沥青路面结构容易产生疲劳开裂和永久变形破坏[1]。高模量沥青混合料技术是 20 世纪 80 年代末在法国发展起来的,高模量沥青混合料是一种力学强度高、水稳定性好、抗永久变形性能和抗疲劳性能优良的新型路面材料,被广泛应用于国内外道路交通建设[2]。美国将高模量沥青混合料应用于长寿命沥青路面中用作下面层和基层,用以提升路面中整体结构性能、减小路面结构厚度。随着交通运输行业的发展,客货运输量迅速增长,人们对于路面性能的要求日益提高,欧美、南非、澳大利亚等国家和地区陆续开展了高模量沥青混合料的理论研究与工程应用[3-4]。而我国在 21 世纪才逐渐引进并应用高模量沥青混合料,主要用以提升路面在道路荷载与交通量与日俱增情况下抵抗永久变形能力[5]。

文献[6]采用 SK-70 号基质沥青,添加 PR-Module 高模量改性剂制备高模量沥青混合料,采用马歇尔试验、劈裂试验以及回弹模量试验测试了其力学性能,结果表明,添加 PR-Module 后沥青混合料模量比普通沥青混合料大,相位角减小。文献[7]通过添加不同剂量的 PR PLASTS 制备高模量沥青混合料,得出 PR PLASTS 的添加,显著提高了沥青混合料抗永久变形性能,低温性能和抗水损害性能也有一定的提高。文献[8]基于硬质沥青和低标号沥青复掺技术制备高模量沥青混合料,采用 MMLS3 加速加载、低温弯曲和四点弯曲疲劳试验分别测试了混合料的耐久性、低温性能及疲劳性能,得出了适宜的硬质沥青和天然岩沥青掺量。文献[9]对比了低标号沥青与伊朗岩沥青改性沥青高模量沥青混合料的性能,研究发现 8% 掺量的伊朗岩沥青改性沥青与 30#低标号沥青路用性能基本相当。文献[10]研究了广西地区全厚式沥青路面结构与材料性能,分析得出沥青稳定碎石用于基层具有良好的性能。文献[11]基于有限元方法研究了含高模量沥青混凝土层路面结

基金项目:国家自然科学基金(42107213)、国家重点研发计划(2018YFB1600100)、山东省自然科学基金(ZR2020QE271、ZR2020KE024)、山东省重点研发计划(2019GSF109020、2019GGX101042)。

构的力学性能,研究表明高模量层可显著改善路面结构受力性能。文献[12]分析了全厚式高模量、全厚式普通沥青路面结构以及半刚性基层三种路面结构层底的应力状态,结果表明全厚式高模量沥青路面结构可显著减薄路面结构厚度,是抗车辙抗疲劳优良的路面结构类型。

综上分析,国外高模量沥青混凝土技术已相对成熟,且应用广泛。我国高模量沥青混合料主要通过提升沥青胶结料的模量或者添加高模量改性剂来制备高模量沥青混凝土,然而,却未明确是否达到法国EME2沥青混合料模量和疲劳要求,且大多高模量沥青混合料用于半刚性基层沥青路面,对于高模量全厚式沥青路面结构研究相对较少。本文采用法国真正高模量沥青混合料设计方法及流程,评价了高模量沥青混合料的高低温性能、水敏感性以及疲劳和模量性能,并与我国常用的SBS改性AC-13沥青混合料的模量和疲劳性能进行了对比,获取了结构设计参数,基于实测轴载谱数据,采用法国路面设计程序LCPC Alize执行了全厚式沥青路面分析与设计,对我国高模量沥青混合料的进一步应用与发展提供参考借鉴。

1 EME2沥青混合料设计

1.1 设计步骤

EME 2成功的关键在于采用基于独特的性能测试机制来设计混合料。传统的沥青混合料设计基于体积指标,性能试验较少,而EME2混合料设计过程需要满足设定的多种工程性能标准。在混合料设计过程结束时,级配和沥青含量是一个结果,与我国传统规范目标级配有所区别。混合设计过程[8]要求在4个步骤中执行5个性能测试试验。高模量沥青混合料设计步骤如图1所示。

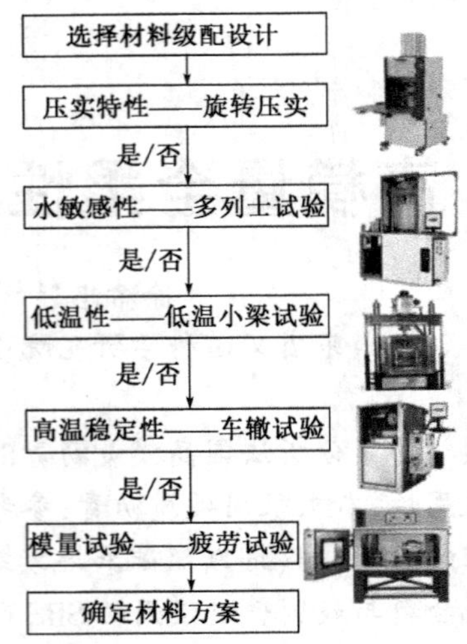

图1 EME2混合料设计过程

1.2 试验材料与试验方案

集料采用螺狮山石灰岩,其各项性能指标均满足《沥青路面施工技术规范》(JTG F40—2004)的要求,胶结料采用法国15号基质沥青,性能指标如表1所示,考虑到高模量沥青混合料所属层位及集料分档情况,选用EME-14(连续和间断)两种级配进行研究,级配设计见表2。

将上述材料按照表2中的级配进行室内试验。按照法国标准,采用PCG旋转压实仪成型,测得丰度系数$K>3.4$时,沥青含量为5.4%,法国标准下旋转压实孔隙率及实测孔隙率结果如表3所示。

法国15号基质沥青技术指标 表1

试验项目	单位	试验结果	技术要求	试验方法
针入度(100g,5s,25℃)	0.1mm	16.9	10~20	T 0604
软化点	℃	66.6	60~70	T 0605
15℃延度	cm	21.7	—	T 0606
TFOT或RTFOT后残留物				
质量变化	%	0.051	≤0.5	T 0609
残留针入度	%	71	≥55	T 0604
残留延度(15℃)	cm	—	—	T 0605

EME-14沥青混合料设计级配 表2

筛孔尺寸(mm)	16	13.2	9.5	4.75	2.36	1.18	0.6	0.3	0.15	0.075
连续级配通过率(%)	100	97	90.1	48.7	33.1	25.7	16.1	10.6	7.9	5.7
间断级配通过率(%)	100	88.6	63.7	47.1	33.9	26.4	16.4	10.72	7.7	5.76

旋转压实孔隙率与实测孔隙率结果　表3

级配类型	PCG 旋转压实孔隙率(%)	实测孔隙率(%)
连续级配	5.0	4.2
间断级配	5.4	4.4

1.3 试验方案

利用两种级配制备沥青混合料,分别进行多列士试验、大型车辙试验、低温弯曲试验、梯形梁两点弯曲复数模量试验和疲劳试验,对混合料水敏感性、高温稳定性、低温稳定性、疲劳性能以及力学性能进行评价。

2 路用性能试验

2.1 水敏感性试验

由于我国大部分地区夏季都有大量降水,雨水对沥青混合料的性能具有显著影响,同时,水敏感性是高模量沥青混合料设计方法要求测试的性能之一,用多列士试验(EN12697-12)抗压强度比ITSR表征,因而,本文采用沥青混合料水敏感性多列士试验,评价高模量沥青混合料水稳定性能。试验结果如表4所列。

两种级配高模量沥青混合多列士试验结果　表4

混合料类型	对照组			试验组			比值(%)	要求(%)
	空隙率(%)	压力(kN)	压强(MPa)	空隙率(%)	压力(kN)	压强(MPa)		
EME-14 连续	2.6	48.8	4.31	2.7	51.8	4.6	93.7	≥75
EME-14 间断	3.2	49.8	4.40	3.1	52.3	4.7	93.7	

由表4可知,两种级配高模量沥青混合料抗水损害能力远高于法国规范要求。这是由于硬质沥青具有较高的黏度,与集料的黏附性较好,对提升混合料水稳定性有利。

2.2 高温稳定性

在行车荷载反复作用下,沥青路面永久变形累积主要在炎热的夏季发生,加之自然气候的不断变化导致极端天气出现呈现出常态化趋势,有调查显示,部分地区路面温度可达75℃以上,虽是短时出现,但对路面造成的危害不容忽略。因此,有必要对高模量沥青混合料高温稳定性进行分析。采用法国车辙试验(EN12697-22)评价混合料的高温稳定性。试验中,每种混合料充气轮胎碾压法成型两个长500mm、宽180mm、高100mm试件,将试件在60℃恒温箱中保温12h,轮胎压力为0.6MPa,当试件经受指定的荷载循环次数为1000、3000、10000、30000时,设备停止运转,通过专用仪器测定相应加载循环次数下的车辙深度。

根据法国大型车辙试验过程测定并记录数据,绘制车辙深度随荷载循环次数的曲线,如图2所示。

从图2可以看出,随着压实次数的增加,变形率增加速率逐渐减缓,这是由于沥青混合料被压密,导致累积变形速率逐步缩小,而且在30000次荷载循环后,连续级配和夹断级配变形率分别为3.1%和2.6%,远低于法国标准混合料变形率不大于7.5%的要求,硬质沥青高模量沥青混合料高温性能优良。

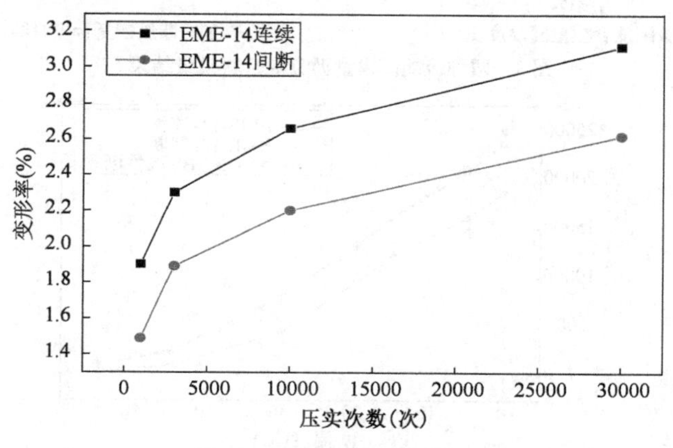

图2　法国大型车辙试验结果

2.3　低温性能

由于法国大部分地区冬季气候温和,故在法国标准中,高模量沥青混合料对低温性能无明确要求。但我国许多地区冬季处于0℃以下,因此,低温性能是沥青混合料重要性能。因而,参考《公路工程沥青及沥青混合料试验规程》(JTJ 052—2011),对两种高模量沥青混合料低温性能进行低温性能试验,结果如表5所示。

高模量沥青混合料低温性能试验结果　　表5

级配类型	空隙率(%)	最大荷载(kN)	跨中挠度(mm)	抗弯拉强度(MPa)	劲度模量(MPa)	破坏应变(με)	要求(με)
EME-14 连续	3.0	1.238	0.500	9.90	3740.2	2647.5	≥2000
EME-14 间断	2.9	1.248	0.438	10.05	4372.1	2299.5	

我国沥青路面相关规范以沥青混合料最大弯拉应变描述沥青混合料抵抗低温开裂性能,混合料低温破坏应变大说明低温抗裂性能越优良。从表5中可以得出,两种级配的高模量沥青混合料的弯拉应变分别为2647.5和2299.5,间断级配略小于连续级配,但均满足已有的高模量沥青混合料低温性能要求。

3　模量和疲劳特性

3.1　模量特性

模量是沥青混合料的基本特性之一,同时,模量是沥青路面结构分析与设计的重要输入参数,由于设计理念与材料的特殊性,高模量沥青混合料模量特性必然异于常规沥青混合料。因此,分析高模量沥青混合料模量特性是十分必要的。本文采用法国两点梯形梁试验方法测得高模量沥青混合料动态模量。试件为轮碾成型的30cm×30cm×5cm,车辙板,切制成高250mm、下底宽56mm、上底宽25mm、厚度为25mm的梯形梁试件,试验温度为0℃、5℃、15℃、20℃、35℃、45℃、55℃,频率为5Hz、10Hz、15Hz、20Hz、25Hz下的动态模量,试验结果绘于图3中。为突出高模量沥青混合料模量优势,以代表行车速度的频率10Hz为例,比较了两种高模量沥青混合料与常规SBS改性沥青混合料的模量特性,试验结果如图4所示。

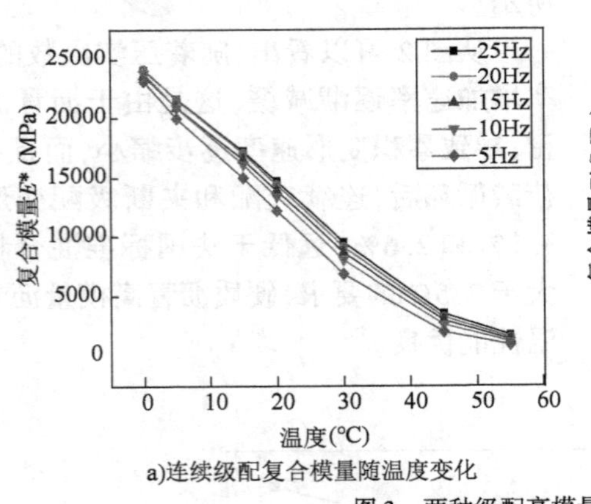

a)连续级配复合模量随温度变化

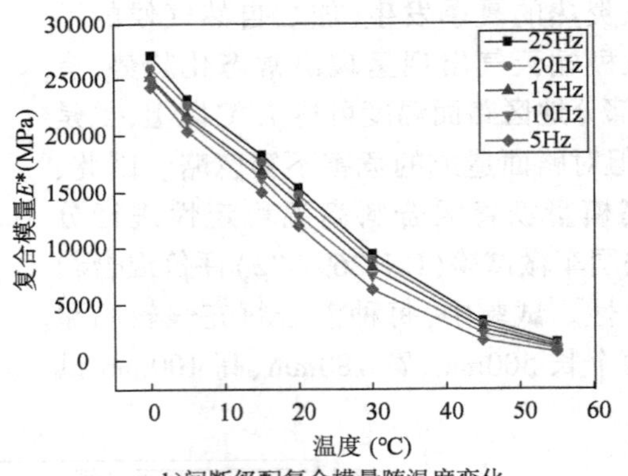

b)间断级配复合模量随温度变化

图3　两种级配高模量沥青混合料模量结果

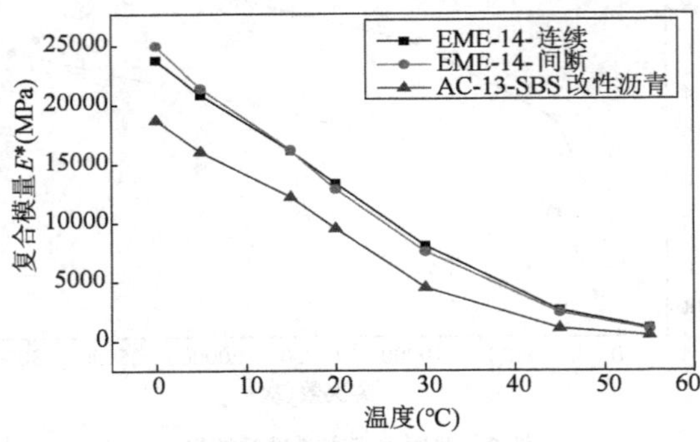

图4　三种沥青混合料模量比较

由图3可以看出，随着温度升高，两种级配高模量沥青混合料均呈现出下降趋势，且下降速率逐渐减慢，随着频率的增大，复合模量逐渐增大，这与常规沥青混合料规律相似。图4表明，10Hz条件下，两种高模量沥青混合料模量大致相当，均远高于SBS改性AC-13沥青混合料，以（20℃，10Hz）为例，在此条件下两种高模量沥青混合料分别达到了13390MPa和12875MPa，远高于相同条件下常规沥青混合料的复合模量（9000左右）。根据法国标准要求，取（15℃，10 Hz）下的复数模量为输入参数，分别为16139MPa和16219MPa。

3.2 疲劳性能

沥青混合料的疲劳性能值指在特定条件下，抵抗循环交变荷载而不出现疲劳破坏的能力，是沥青混合料重要性能之一。本文沥青混合料两点弯曲疲劳试验仪，按照控制应变的加载方式执行试验。试样制备方法与动态模量相同，每种级配切制18根梯形梁试件，分别在110με、130με和150με，（10℃，25 Hz）条件下测试6根试件的疲劳寿命，以构建两种级配高模量沥青混合料疲劳曲线，获取疲劳曲线斜率 b、疲劳寿命残余标准差SN、百万次疲劳破坏应变 ε_6 等路面设计参数。两种级配高模量沥青混合料应力-疲劳寿命双对数曲线如图5所示。为比较分析高模量沥青混合料与常规沥青混合料的疲劳性能，采用130με条件，对SBS改性AC-13沥青混合料进行了梯形梁弯曲疲劳试验，试验结果列于表6中。

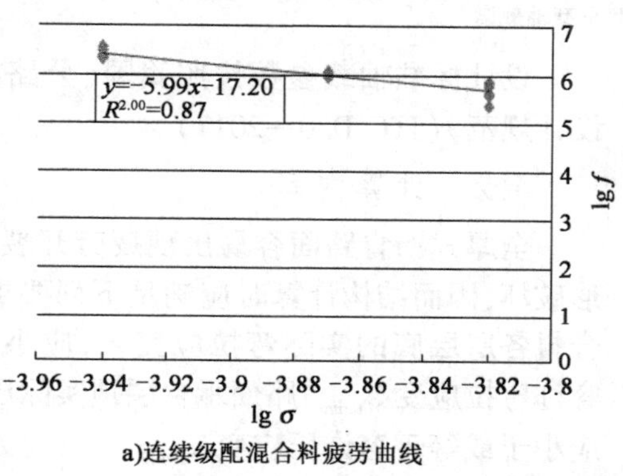

a)连续级配混合料疲劳曲线

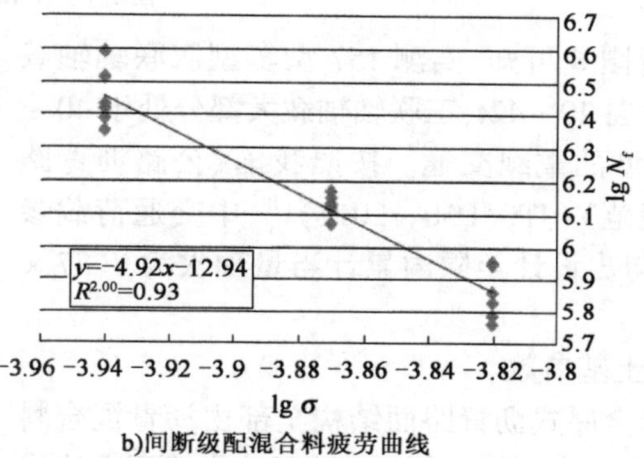

b)间断级配混合料疲劳曲线

图5　两种级配高模量沥青混合料疲劳曲线

图5表明，两种级配高模量沥青混合料疲劳寿命与应变关系双对数坐标上均呈现出线性关系，且连续级配的疲劳曲线斜率比间断级配的斜率要小，说明连续级配疲劳寿命对应力水平变化敏感性较小。

三种沥青混合料疲劳寿命比较　　表6

沥青混合料类型	试验条件	疲劳寿命均值
AC-13	10℃，25Hz 130με	1205645
EME-14（连续）		1126384
EME-14（间断）		1135782

由表6可见，两种高模量沥青混合料疲劳寿命相差不大，但小于SBS改性AC-13沥青混合料的疲劳寿命，这是由于高模量沥青混合料采用了硬质沥青，导致疲劳寿命减小，但两种高模量沥青混合料疲劳性能均满足法国标准疲劳性能要求。

3.3 路面结构设计参数汇总

路面结构设计参数获取是路面结构设计过程中极为关键的一部分，设计参数或其是否合理，对路面结构设计结果有重要影响。本文基于室内试验实测沥青混合料试验参数，其中，高模量沥青混合料设计参数获取过程本文中已给出，其他沥青混合料按相同方法获取，不再赘述。沥青混合料结构设计参数列于表7。

沥青混合料结构设计参数　　表7

沥青混合料类型	E^*（15℃，10 Hz）MPa	$-1/b$	SN	$\varepsilon_6\times10^{-6}$（10℃，25Hz）
SMA-13	7340	6.2	0.24	100
AC-20	10450	5.8	0.28	85
AC-25	11620	5.6	0.31	80
EME-14（连续）	16139	4.9	0.26	139
EME-14（间断）	16219	6.3	0.27	$\varepsilon_6=142$

4　基于实测参数的路面结构设计及经济效益对比

4.1　设计参数

(1)工程基本概况。

该道路为高速公路,设计年限30年,设计速度120km/h,双向六车道,基准等效温度为20℃。

(2)交通参数。

为了使路面结构设计更加合理,在与拟铺筑试验路相连通的路段安装了动态称重系统,测试了改高速公路的轴载谱,选择有代表性的157车型三联轴和双联轴轴载谱进行分析,见图6。

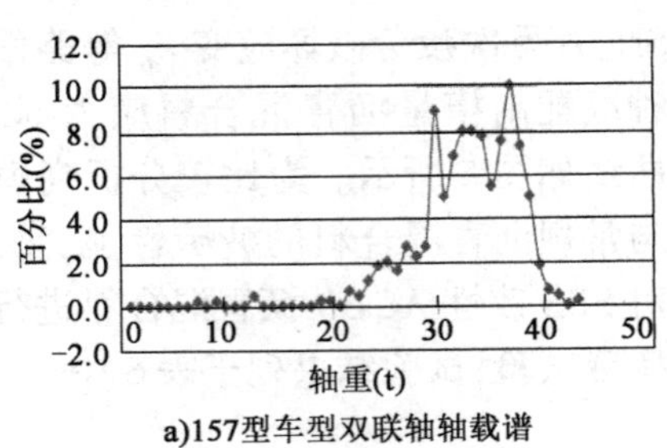

a)157型车型双联轴轴载谱

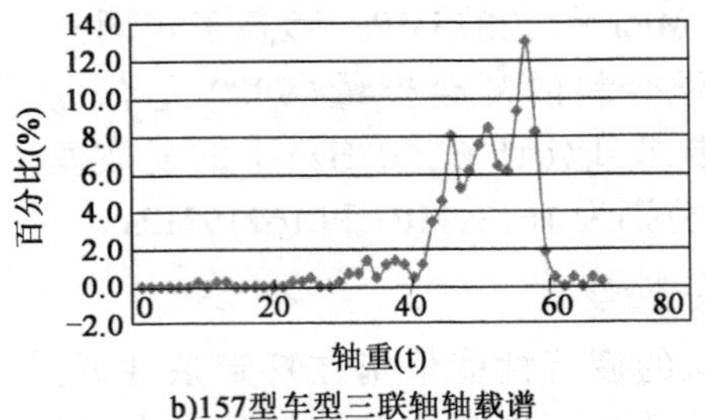

b)157型车型三联轴轴载谱

图6　实测157型车型轴载谱

分析图6可知,实测157型车型双联轴轴载大多集中在20~42t,三联轴轴载大部分处于40~68t,是典型的重载交通。按照我国《公路沥青路面设计规范》(JTG D50—2017)[13]中交通荷载参数分析,得出设计年限内累计当量轴次为7.87×10^8次。

(3)土基参数。

由于全厚式沥青路面结构全部由沥青混合料组成,刚度较半刚性基层弱,因而对路基要求比半刚性基层要高。因而,采用综合稳定土,路基回弹模量为120MPa。沥青混合料参数采用上节得出的材料参数。

(4)标准轴载参数。

设计标准轴载参数按照我国《公路沥青路面设计规范》(JTG D50—2017)。

4.2　计算内容

全厚式沥青路面容易出现疲劳开裂与永久变形破坏,因而结构计算时应满足下列要求:沥青混合料各层层底的实际弯拉应变ε_t,应小于或等于容许弯拉应变ε_{tadmi};路面承台层顶实际压应变ε_z,应小于或等于容许压应变ε_{zadmi}。

4.3　计算结果

采用法国路面设计程序LCPC Alize执行了常规全厚式沥青路面结构与全厚式高模量沥青路面设计,计算结果如图7所示。

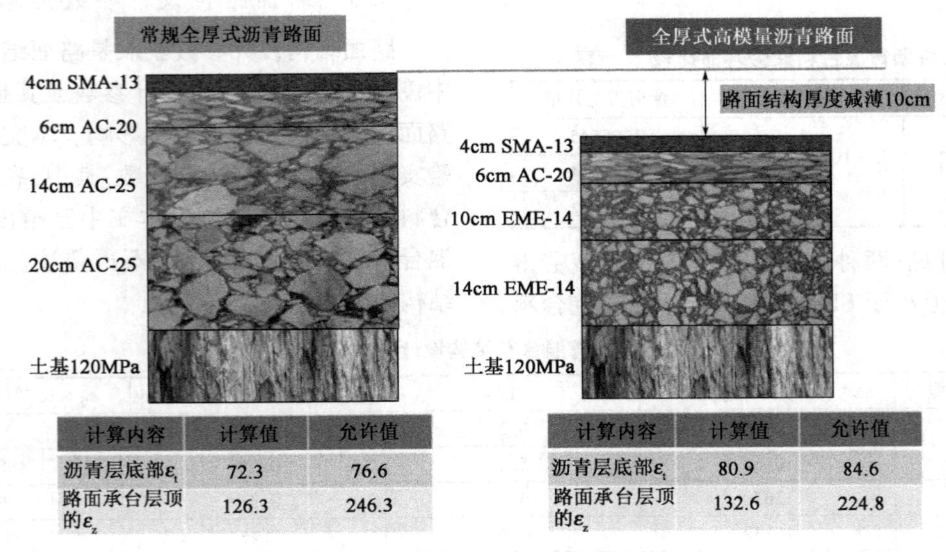

计算内容	计算值	允许值
沥青层底部ε_t	72.3	76.6
路面承台层顶的ε_z	126.3	246.3

计算内容	计算值	允许值
沥青层底部ε_t	80.9	84.6
路面承台层顶的ε_z	132.6	224.8

图7　全厚式沥青路面设计结果

由图7可知，采用高模量沥青混合料可使路面结构层厚度显著减少，为公路建设部门节省大量的材料和建筑费用。同时，采用LCPC Alize疲劳寿命反演模块按常规全厚式沥青路面结构厚度为基准厚度，计算相同厚度下沥青路面疲劳寿命，得出两种结构疲劳寿命分别为30年和45年，可见高模量沥青路面结构性能的改善将使路面的使用寿命比常规全厚式沥青路面更长。

4.4 两种全厚式沥青路面经济效益分析

以山东省道路建筑材料价格为例，对两种全厚式沥青路面结构进行经济效益比较，得到以下结论：

(1)在建设期，常规全厚式沥青路面结构每千米单价549.1万元，全厚式高模量沥青路面每千米单价567.9万元，山东省典型路面结构每千米单价540.9万元。

(2)在建设期，全厚式高模量沥青路面结构比常规全厚式沥青路面结构在每延公里集料的需求量上减少了37.5%，可大量节约石料，并极大地减少因建设对沿线周边山体的开采，降低对周围环境的破坏。

(3)在建设期，因为路面结构的改变，全厚式高模量沥青路面与常规全厚式沥青路面结构比较，能够节省施工周期6个月，可以极大地降低施工企业的设备租赁投入和人员成本，显著降低施工企业的施工成本、管理成本，具有极大的经济效益。

5 结语

(1)法国高模量沥青混合体系是以性能为主，沥青混合料设计方法合理。

(2)级配类型对高模量沥青混合料模量特性影响不大，但对疲劳性能影响显著，连续级配比间断级配沥青混合疲劳寿命受应力状态影响小，两种高模量沥青混合料模量均显著大于SBS改性AC-13沥青混合料。由于使用了硬质沥青，两种高模量沥青混合料疲劳性能较SBS改性AC-13沥青混合料差，但两种高模量沥青混合料疲劳性能均满足法国标准疲劳性能要求。

(3)高模量沥青混合料用于全厚式沥青路面，可使路面结构层厚度显著减少，为公路建设部门节省大量的材料和建筑费用，具有显著的经济效益。相同交通轴载和结构厚度条件下，全厚式高模量沥青路面的成本为常规全厚式沥青路面的1.5倍，可在路面设计寿命期间，减少结构维护，从而降低寿命周期成本。

参考文献

[1] 姚祖康. 沥青路面结构设计[M]. 北京：人民交通出版社，2011.

[2] Anon. The modulus and fatigue values for EME2 in Colas research database for the period 2003 to 2008 [C] // Colas CST, Europeanroads Review 14 Spring, 2009.

[3] LIP, ZHENG M L, WANG F, et al. Laboratory Performance Evaluation of High Modulus Asphalt Concrete Modified with Different Additives[J]. Advances in Materials Science and Engineering, 2017: 1-14.

[4] LEE H J, LEE J H, PARK H M. Performance Evaluation of High Modulus Asphalt Mixtures for Long Life Asphalt Pavements[J]. Construction & Building Materials, 2007, 21(5): 1079-1087.

[5] 刘云全，朱建平. 高模量沥青混凝土[M]. 北京：人民交通出版社股份有限公司，2014.

[6] 赵毅，梁乃兴，秦旻，等. PR-Module改性沥青混合料力学性能[J]. 长安大学学报(自然科学版)，2015，35(4)：32-40.

[7] 肖庆一，芮少权，王航，等. 添加PR PLASTS抗车辙剂沥青混合料试验研究[J]. 武汉理工大学学报(自然科学版)，2006，28(7)：36-39.

[8] 杨琳. 基于低标号沥青与岩沥青掺配技术高模量沥青混合料耐久性试验研究[J]. 公路工程，2016，41(4)：297-301.

[9] 王知乐. 硬质沥青与岩沥青改性沥青高模量混合料路用性能对比试验研究[J]. 工业建筑，2019，49，(5)：121-125.

[10] 张永德. 广西地区全厚式沥青路面材料与力学性能研究[D]. 重庆：重庆交通大学，2008.

[11] 欧阳伟，范兴华，王连广. 高模量沥青混凝土路面抗车辙性能分析[J]. 公路交通科技，2008，25(10)：5-8.

[12] 李涛，刘宁，张涛. 全厚式高模量沥青混凝土路面结构设计及力学分析[J]. 公路，2013，4：90-95.

[13] 中华人民共和国交通运输部. 公路沥青路面设计规范：JTG D50—2017[S]. 北京：人民交通出版社股份有限公司，2017.

抗盐冻腐蚀水泥混凝土力学性能和耐久性能研究

李洪斌*
(辽宁省交通科学研究院有限责任公司)

摘 要 为了提高水泥混凝土的抗盐冻腐蚀性能,本文在混凝土中掺加了自主研制的抗盐冻腐蚀外加剂,对比普通水泥混凝土、掺加矿物掺合料及减水剂、引气剂的水泥混凝土,研究了抗盐冻腐蚀水泥混凝土的力学性能和耐久性能。结果表明,掺加抗盐冻腐蚀外加剂的水泥混凝土具有良好的抗压强度、抗弯拉强度、劈裂抗拉强度、抗压弹性模量、抗弯拉弹性模量、动弹性模量等力学性能及良好的抗渗性、抗冻融性能、抗盐冻腐蚀性能,耐久性良好,为抗盐冻腐蚀水泥混凝土的应用提供了借鉴。

关键词 水泥混凝土 盐冻腐蚀 力学性能 耐久性

高速公路收费广场和服务区主要采用水泥混凝土路面,东北季冻地区冬季下雪频繁,为了保证行车的安全性,通常采用在路面上撒含盐融雪剂的方式,部分融雪剂被车辆轮胎带到收费广场和服务区水泥混凝土路面上,在盐水侵蚀及冻胀的作用下,水泥混凝土表面3~15mm深度范围内,出现剥蚀、脱落现象,影响路面的使用性能和耐久性,不但维修困难,而且大量增加了维修成本。为了解决水泥混凝土的盐冻腐蚀病害、延长路面及构造物的使用寿命,节约养护维修成本,本文开展了抗盐冻腐蚀水泥混凝土的研究,并比较分析了其力学性能和耐久性能,为抗盐冻腐蚀水泥混凝土的应用提供借鉴。

1 试验所用原材料

1.1 水泥

本研究选用的水泥为辽阳天瑞水泥有限公司生产的42.5级普通硅酸盐水泥,质量检测结果见表1,符合国家标准。

水泥性能 表1

项目	细度(80μm筛余)(%)	标准稠度需水量(%)	凝结时间(min)		抗压强度(MPa)		抗折强度(MPa)	
			初凝	终凝	3d	28d	3d	28d
技术指标	≤10	≤28.0	≥45	≤600	≥17.0	≥42.5	≥4.5	≥7.5
实测值	2.0	26.0	165	310	18.9	48.5	4.7	8.7

1.2 粗集料

粗集料应质地坚硬、洁净,粒形以不规则碎石状为佳,本次试验选用的碎石为辽宁省云鹏矿业科技有限公司生产,分为4.75~9.5mm、9.5~19mm、19~31.5mm三种规格,粗集料检测结果见表2。根据水泥混凝土级配范围要求,经计算确定三档粗集料比例为4.75~9.5mm:9.5~19mm:19~31.5mm=25:35:40。

粗集料检测结果 表2

检测项目	技术指标	检测结果
表观密度(g/cm^3)	≥2.50	2.725
压碎值(%)	≤25	18.1
坚固性(%)	≤8.0	5.1
吸水率(%)	≤2.0	0.46
针片状颗粒含量(%)	≤15.0	6.5
硫化物及硫酸盐含量(%)	≤1.0	0.48

1.3 细集料

细集料应使用质地坚硬、耐久、洁净的天然砂或机制砂,砂以中粗砂为佳,本次试验选用的天然砂产自抚顺峡河,细度模数2.6,为中砂,质量检测结果如表3所示。

1.4 掺合料

矿物掺合料粉煤灰采用F类Ⅰ级粉煤灰,由辽宁中电工程有限公司生产,各项技术指标均符合规范要求(表4)。

细集料检测结果 表3

检测项目	技术指标	检测结果
表观密度(g/cm^3)	≥2.50	2.612
坚固性	≤8.0	4.2
吸水率	≤2.0	0.4
硫化物及硫酸盐含量(%)	≤0.5	0.007

粉煤灰检测结果 表4

项目	细度(%)	烧失量(%)	需水量(%)	含水率(%)	游离氧化钙含量(%)	SO_3(%)
技术要求	≤12.0	≤5.0	≤95.0	≤1.0	<1.0	≤3.0
检测结果	8.2	1.88	94.1	0.2	0.4	0.8

配制抗盐冻腐蚀水泥混凝土时,掺入粉煤灰、矿粉等掺合料可以增大水泥浆的流动性,进一步填充水泥石中的空隙,提高水泥混凝土的强度。同时,加入粉煤灰、矿粉等掺合料,可使水泥混凝土的抗渗性、抗冻性与耐久性均得到提高。本研究中,对比组水泥混凝土掺加了矿物掺合料粉煤灰、矿粉及减水剂、引气剂,增加了混凝土的致密性,降低了其渗透性,在一定程度上提高了混凝土的耐久性能。

1.5 外加剂

本项目采用自主研制的抗盐冻腐蚀外加剂,为粉状,掺加了膨润土和硬脂肪酸钙,性能指标如表5所示。

外加剂性能 表5

项目	泌水率比(%)	凝结时间差(min)	抗压强度比(28d)(%)	弯拉强度比(28d)(%)	收缩率比(28d)(%)	含气量(%)	减水率(%)
技术指标	≤85	-90~120	≥100	≥110	≤120	≥3.0	≥20.0
实测值	43.2	45	132	120	110	4.8	25.3

为了配制出抗压、抗弯强度高又耐久性好的混凝土,要求混凝土水灰比要小、密实度要高,而抗盐冻腐蚀外加剂的掺入能够减少混凝土的用水量,降低混凝土的黏度,增加流动性,同时在混凝土中形成大量形状规则而微小的气泡,可以减少水压的危害,从而提高混凝土的抗冻性。

2 抗盐冻腐蚀水泥混凝土配合比设计

根据强度等级C40/4.5MPa、塌落度在70~80mm之间的要求,水泥混凝土配合比设计见表6。

不同组成的水泥混凝土配合比 表6

试件编号	各材料所用质量(kg/m^3)								
	水泥	粉煤灰	矿粉	水	河砂	碎石	减水剂	引气剂	抗盐腐蚀剂
C1	450	—	—	192	611	1186	—	—	—
C2	370	50	—	162	611	1186	—	—	36.96
C3	370	50	30	162	611	1186	2.5	1.8	—

注:C2组抗盐腐蚀剂的掺量为胶凝材料的8.8%。

C3组掺加液体引气剂及聚羧酸高性能减水剂。

采用上述配合比设计在试验室进行了试件制作,所有混凝土均采用强制型搅拌机搅拌,在振动台上机械振捣,钢模成型。新拌混凝土均具有较好的和易性,振捣密实后,24h后脱模,在标准条件下养护28d,温度为(20±2)℃,相对湿度95%以上。然后,进行了混凝土力学性能和耐久性研究。

3　抗盐冻腐蚀水泥混凝土力学性能研究

3.1　强度

成型150mm×150mm×150mm的立方体试件,标准养护28d后,进行抗压强度、劈裂抗拉强度试验,试验结果如表7所示。成型150mm×150mm×550mm的试件,标准养护28d,采用抗弯拉试验装置进行抗弯拉强度试验,结果如表7所示。

强度试验结果　表7

试件编号	抗压强度(MPa)	抗弯拉强度(MPa)	劈裂抗拉强度(MPa)
C1	46.67	6.45	1.78
C2	48.49	6.71	1.86
C3	47.54	6.66	1.83

从表中数据可以看出,抗压强度、抗弯拉强度能够满足要求,三组试件之间,抗压强度、抗弯拉强度、劈裂抗拉强度差别不大。

3.2　弹性模量

成型150mm×150mm×300mm的棱柱体试件6根,标准养护28d,进行抗压弹性模量试验。成型150mm×150mm×550mm的棱柱体试件6根,试件标准养护28d,进行抗弯拉弹性模量试验。成型100mm×100mm×400mm的试件,标准养护28d,进行混凝土动弹性模量试验。各弹性模量试验结果如表8所示。

弹性模量试验结果　表8

试件编号	抗压弹性模量($\times 10^4$MPa)	抗弯拉弹性模量(GPa)	动弹性模量(GPa)
C1	3.18	34.2	41.26
C2	3.26	33.9	40.98
C3	3.21	32.3	42.33

从表中数据可以看出,三组试件之间,抗压弹性模量、抗弯拉弹性模量、动弹性模量差别不大。

4　抗盐冻腐蚀水泥混凝土耐久性能研究

4.1　抗渗性能

标准试件为上口直径175mm、下口直径185mm、高150mm的锥台。每组试件6个,试件成型后24h拆模,将两端面清理干净后,在温度为(20±2)℃、相对湿度95%以上条件下养护28d。采用水泥混凝土渗透仪进行试验。试验结果如表9所示。

抗渗试验结果　表9

试件编号	抗渗等级
C1	P6
C2	P12
C3	P10

以上试验结果表明,抗盐冻腐蚀水泥混凝土的内部结构得到改善,达到P12抗渗等级的技术标准,具有较高的抗渗性能,能够满足路用混凝土抗渗耐久性的要求。

4.2　抗冻融性能

首先按表6配合比成型三组标准试件,尺寸为100mm×100mm×400mm,标准养护28d,按照《公路工程水泥及水泥混凝土试验规程》(JTG E30—2005)中T 0565—2005的方法进行冻融试验。

相对动弹性模量按下式计算:

计算经不同次数冻融循环后试件的相对动弹性模量及试件的质量变化率,当相对动弹性模量不大于60%或质量损失率达5%时的冻融循环次数n,即为试件的最大抗冻循环次数。

根据试验结果,作出冻融循环次数和相对动弹性模量、冻融循环次数和质量损失率的变化曲线,见图1、图2。

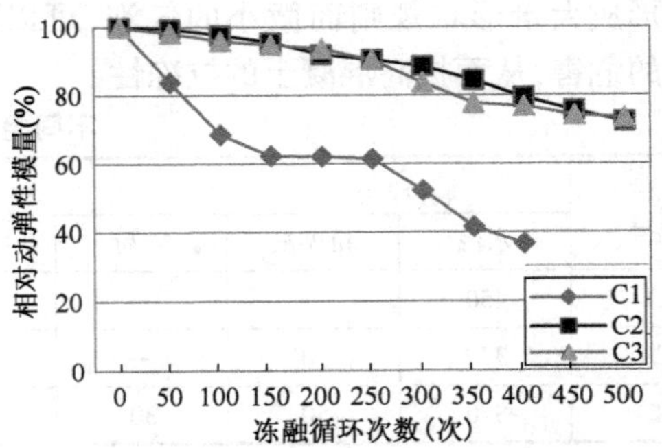

图1　冻融循环试验相对动弹模损失图

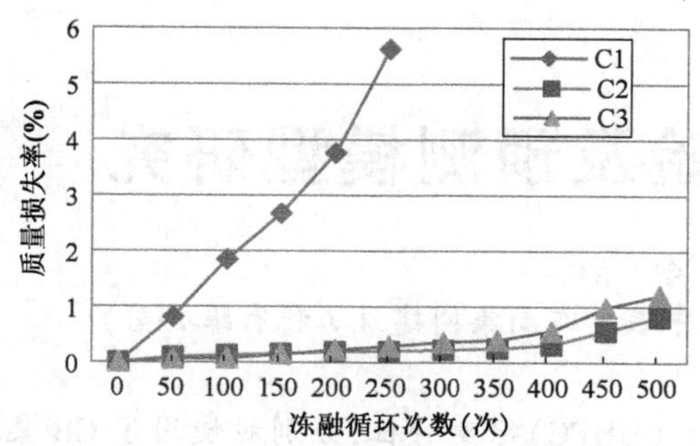

图2　冻融循环试验质量损失率变化图

从图中可以看出，从相对动弹模角度看(图1)，C1在250次左右退出冻融循环，C2、C3在500次冻融循环后，依然满足动弹性模量损失不大于60%，且试件外观完好；从质量损失角度看(图2)，C1在250次左右退出冻融循环，C2、C3在500次冻融循环后，依然满足质量损失率不大于5%，说明C1组试件的抗冻性差，C2、C3组试件抗冻性良好，并且C2、C3组试件抗冻性能相差不大。试验结果表明，水泥混凝土中掺入抗盐腐蚀剂后，与掺加了矿物掺合料粉煤灰、矿粉及减水剂、引气剂的水泥混凝土，同样增加了混凝土的密实程度，减小了空隙率，混凝土试件在快速冻融循环过程中，减少了水分的渗入，增强了抗冻融性能。

4.3　抗盐冻腐蚀性能

采用混凝土面层抗盐冻试验方法测定混凝土表面单位面积的盐冻剥落量，用于评价混凝土表面撒除冰盐条件下抵抗盐冻剥蚀的能力。参照《公路水泥混凝土路面施工技术细则》(JTG/T F30—2014)附录C的试验方法进行。

成型100mm×100mm×400mm的试件5根，养生1d，试件脱模并放入20℃±2℃的水中养生28d后，先把试件表面清洗干净，并用湿布把试件表面擦干。

盐冻试验时，将测试面—成型面浸在4% NaCl溶液中5mm深，剥落量以每块试件盐冻试验前、后单位表面积的质量损失(kg/m²)表示。

经计算整理，30次盐冻循环后混凝土剥落量试验结果如表10所示。

混凝土剥落量试验结果　　表10

试件编号	剥落量(kg/m²)
C1	1.46
C2	0.73
C3	0.98

从上表数据可以看出，经30次盐冻循环后，抗盐冻腐蚀水泥混凝土和掺加矿物掺合料及外加剂的混凝土剥落量满足小于1.0kg/m²的技术要求，而掺加抗盐冻腐蚀外加剂的水泥混凝土抗盐冻腐蚀性能最优。

5　结语

(1)掺加抗盐冻腐蚀外加剂的水泥混凝土具有良好的抗压强度、抗弯拉强度、劈裂抗拉强度、抗压弹性模量、抗弯拉弹性模量、动弹性模量等力学性能。

(2)掺加抗盐冻腐蚀外加剂的水泥混凝土具有良好的抗渗性、抗冻融性能、抗盐冻腐蚀性能，耐久性良好。

参考文献

[1] 中华人民共和国交通运输部. 公路工程水泥及水泥混凝土试验规程:JTG E30—2005[S]. 北京:人民交通出版社,2005.

[2] 中华人民共和国交通运输部. 季节性冻土地区公路设计与施工技术规范:JTG/T D30—2014[S]. 北京:人民交通出版社股份有限公司,2014.

[3] 胡超. 引气抗冻混凝土在东北地区的应用[J]. 北方交通,2017(8):34-36.

[4] 张国强,覃维祖. 混凝土抗盐冻剥蚀试验方法的研究[J]. 公路交通科技,2004(4):67-70.

内养护 UHPC 的徐变试验及预测模型研究

刘亚林[*1]　范玮琛[1]　李　淑[2]
(1. 北京科技大学国家材料服役安全科学中心;2. 中铁十四局集团建筑工程有限公司)

摘　要　为明确使用 CB 集料的内养护超高性能混凝土(UHPC)徐变特征,分别对使用了 CB 集料、LWA 轻质集料、玄武岩集料(BS)以及不使用集料的六组 UHPC 进行了力学和徐变性能测试,分析了使用不同集料的 UHPC 的徐变性能规律。基于徐变的试验结果,分析了三种不同的徐变预测模型对使用不同集料的 UHPC 徐变预测的适用性。结果表明:使用 CB 集料的 UHPC 相较于无较粗集料的普通 UHPC 力学性能显著增强,使用轻集料(LWA)的 UHPC 在力学性能测试中均表现出较低的强度值;LWA 会增加 UHPC 的徐变变形,使用 CB 集料的内养护 UHPC 可以进一步减少 UHPC 徐变,CB 集料对徐变的抑制程度高于玄武岩集料;R-fib MC2010 模型及 R-AASHTO 模型能较好地预测六组 UHPC 的徐变发展,而 B3 模型对六组 UHPC 试件的徐变预测结果相较试验值均偏差较大,无法采用此模型进行 UHPC 徐变预测。

关键词　桥梁工程　超高性能混凝土　内养护　徐变　预测模型

0　引言

超高性能混凝土(Ultra high performance concrete,UHPC)具有超高强度、高韧性的特点,还具有良好的延性和耐久性,能够满足现代工程结构向更高、更长、更深的方向发展。它的研究和应用已成为桥梁、路面、船舶工程、建筑墙体、军事结构等土木工程领域的热点和前沿技术[1-3]。UHPC 的水胶比(w/b)很低,约为 0.2,大量的胶凝材料(一般为 800~1200kg/m^3)和纤维使其具有应变硬化性能,因此其性能与普通混凝土(NC)和高性能混凝土(HPC)相比有明显的差异。国内外学者主要是在与 UHPC 结构设计相关的属性方面,包括抗压和抗拉强度、弹性模量、疲劳行为、冲击阻力、黏结强度和收缩特性等方面的研究取得了进展[4-7],然而关于 UHPC 的徐变特性的研究仍然有限。

徐变是混凝土材料的固有时变特性,混凝土徐变是指在持续荷载作用下,混凝土结构的变形将随时间不断增加的现象,同时徐变也是造成大跨径预应力混凝土桥梁预应力损失、截面开裂和跨中挠度显著增加的主要原因[8]。混凝土徐变受许多因素的影响,如加载龄期、加载持续时间、环境条件、试件大小、应力水平等。因此,对 UHPC 的徐变特性进行研究是 UHPC 能应用于实际工程中的前提。

由于 UHPC 水胶比极低且胶凝材料含量大,其自收缩可高达 500~900 μm/m[9-11],自然养护下叠加干燥收缩及温度应变,高约束状态下早期开裂风险高,易劣化混凝土结构力学性能和耐久性[12-14]。使用膨胀剂(EA)或内养介质(IC)等收缩缓解方法一直很有效。然而,EA 或超吸收聚合物(SAP)或轻质集料(LWA)等常用 IC 剂可能会降低 UHPC 的强度或弹性模量,从而对其力学性能产生负面影响[15-17]。研究表明,含 SAP 的混凝土表现出比普通混凝土更高的徐变,这种现象这可能是由于混凝土内部形成了较大孔隙,水泥水化延迟和内部相对湿度更高[18]。而对于 LWA 轻质集料,由于 LWA 的刚度较低,LWA 会恶化普通混凝土的徐变特性。[19-21]

近年来研究发现,CB 集料具有一定孔隙率也可作为 IC 介质,采用 CB 集料的 UHPC,自收缩的降低率可达 50%~90%[22-23],同时改善了 UHPC 的力学性能。CB 集料由高温(1000℃以上)烧结的生铝土矿制成。它的主要化学相是刚玉(α-Al_2O_3)和莫来石($3Al_2O_3 \cdot 2SiO_2$),这使它成为一种高强度、高硬度材料。除了有利于 UHPC 的力学性能之外,与普通集料相比,CB 集料用于制备高摩擦路面时可提供优异的抗滑性和耐磨性[24-25]。或用于水泥复合材料时可提供优异的抗冲击性[26-27]。

本文对采用轻集料(LWA)和CB集料制备的内养护UHPC的徐变性能进行了试验,同时与普通UHPC进行对比,并将试验结果与现有徐变预测模型预测结果进行了对比分析,以期明确UHPC徐变性能的影响因素从而为UHPC结构的设计提供相应的依据。

1 UHPC徐变试验概况

1.1 UHPC原料及配合比

各原材料(图1)及其参数如下:水泥采用PI42.5硅酸盐水泥,硅灰为灰白色粉末,超细石英粉为M2000级;石英砂采用洁净河沙,粒径范围为0.45~2mm;减水剂为液体聚羧酸减水剂(PCE,固含量40%);钢纤维采用铜包直钢纤维,长度13mm,直径0.2mm,强度为2850MPa。集料采用三种较粗集料(1~5mm),多孔集料为烧结铝矾土(Calcined Bauxite,CB)集料和膨胀页岩轻集料(Lightweight Aggregate,LWA),另一种为玄武岩集料(Basalt,BS)。

采用的配合比如表1所示,共六种UHPC,分两组制备和试验,编号分别为U-N、U-LWA、U-CB1、U-CB1R、U-CB2R、U-BS,其中U-N为不含较粗集料的UHPC对照组。

a)LWA骨料

b)CB骨料

c)BS骨料

图1 三种集料

UHPC配合比(kg/m³) 表1

组别	ID	水泥	硅灰	超细石英粉	减水剂	水胶比 w/b	总用水量	钢纤维	集料	标准砂
第一组	U-N	665	135	165	9.6	0.20	160	157	0	1254
	U-CB1					0.20	174		415	810
	U-LWA					0.20	176		110	964
第二组	U-CB1R	665	135	165	9.6	0.20	174	157	415	810
	U-CB2R					0.20	180		620	591
	U-BS					0.20	160		415	875

1.2 试块制作及养护

UHPC拌好后,浇入试模制成测试力学性能、收缩及徐变的试件。试件浇筑成型后,用塑料膜密封,24h后试件脱模,第一组UHPC在室内放置3d后,移到(20±2)℃和95%相对湿度的标准养护室中至测试龄期,第二组UHPC在室内水箱中养护至测试龄期。

1.3 力学性能测试

在UHPC徐变试验前,对龄期为7d、28d的标准养护试件进行抗压强度、抗折强度以及弹性模量测试,抗压强度和弹性模量参照《活性粉末混凝土》(GB/T 31387—2015)进行,分布采用100mm×100mm×100mm的试件和100mm ×100mm ×300mm的试件。抗折强度参照《水泥胶砂强度检验方法(ISO法)》(GB/T 17671—2021)进行,采用40mm ×40mm×160mm的试件[28]。

1.4 徐变和收缩性能测试

徐变试验期间六组试件所在室内的温度和相对湿度变化历程如下所示。

U-N、U-LWA、U-CB1三组试件室内温度及相对湿度变化如图2所示。

环境温度在13.5~25.6℃之间变化,平均值为18.9℃。环境相对湿度变化较明显,在17.4%~72.5%之间变化,平均值为44.2%。

U-CB1R、U-CB2R、U-BS三组试件室内温度及相对湿度变化如图3所示。

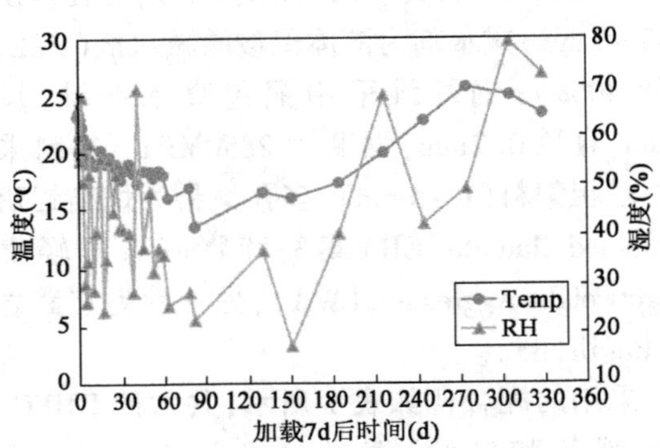

图2　U-N、U-LWA、U-CB1三组试件室内温度及相对湿度变化曲线

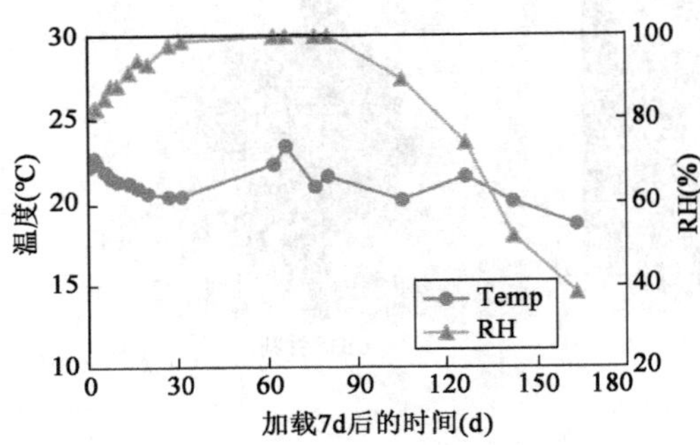

图3　U-CB1R、U-CB2R、U-BS三组试件室内温度及相对湿度变化曲线

可以看到环境温度变化较小，基本在20.0～23.0℃之间变化，平均值为21.4℃。环境相对湿度在加载后龄期80d前变化不大，之后逐渐降低，在38.5%～99.9%之间变化，平均值为85.8%。

收缩和徐变试验参照《普通混凝土长期性能和耐久性能试验方法标准》(GB/T 50082—2009)进行。采用100mm×100mm×400mm的棱柱体试件，徐变和收缩测试试件各2个，分别取2个试件4个测试数据的平均值作为总变形和收缩变形的评定值，徐变变形为总变形与收缩变形的差值[28]。徐变试验采用混凝土压缩徐变专用试验仪完成，收缩试件放置在徐变试件旁边，以使两类试件经历相同的温湿度条件；收缩和徐变应变均通过成量千分表来测量，试验布置如图4所示。徐变应变和收缩应变测试的起点均为7d，测试环境均为室内自然条件。本试验U-N、U-LWA、U-CB1三组初始应力水平为0.4，监测周期为1年，U-CB1R、U-CB2R、U-BS三组初始应力水平为0.32，监测周期为半年。

图4　徐变和收缩试验装置

2　试验结果及分析

2.1　力学性能试验结果

UHPC试件7d和28d力学试验结果如图5所示。可以注意到，第一组中使用LWA轻质集料的UHPC试件在三项力学性能测试中均表现出较低的强度值，尤其是在抗压强度与抗折强度方面，抗压强度相较于同为标准养护的U-N和U-CB1在28d龄期时分别低16.9%和20.2%，抗折强度相较于同为标准养护的U-N和U-CB1在28d龄期时分别低15.2%和16.0%；这一现象可以归因于LWA的强度较弱、密度较低、内部封闭的孔隙可能较多，从而降低了UHPC体系的力学性能。使用CB集料的U-CB1相较于无较粗集料的普通UHPC试件力学性能均有所增强，表明CB集料增强了UHPC的力学性能；而在第二组中，使用更高掺量CB集料的U-CB2R组UHPC试件相较于U-CB1R组抗折强度和弹性模量有所降低，抗折强度在7d龄期时降低了5.6MPa，在28d龄期时降低了3.9MPa，弹性模量在7d龄期时降低了1GPa，在28d龄期时降低了3GPa；U-BS相较于U-CB1R和U-CB2R的抗压强度在7d龄期时分别低11MPa和9MPa，在28d龄期时分别低9MPa和8MPa，因此使用CB集料的UHPC试件的抗压强度相较于使用BS集料的UHPC试件有所提高。

2.2　徐变试验结果

2.2.1　徐变计算

本试验实测UHPC徐变试件的总应变由加载时的瞬时弹性应变、徐变应变、收缩应变等三个部分组成，即：徐变应变=总应变-收缩应变-瞬时弹性应变。

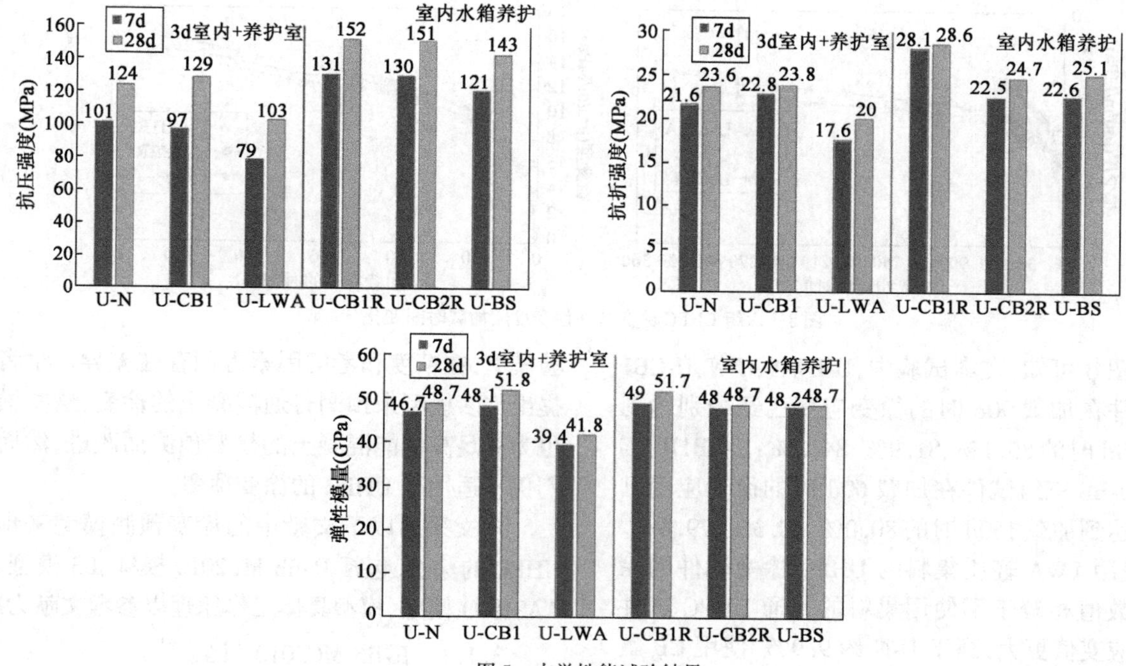

图5　力学性能试验结果

总应变可通过千分表读数实测得到。瞬时弹性应变可在加载时实测得到，收缩应变可从收缩试件中实测得到。由于UHPC的徐变试件与收缩试件的试验环境相同，两者均包含了相同环境下温湿度变化引起的应变，且徐变试件的温湿度变形和收缩试件近似相等，因此本试验徐变应变的计算中无须考虑温湿度变化的修正。

2.2.2　徐变结果

根据试验结果，计算得到的六组UHPC徐变试件徐变应变随加载时间变化如图6所示。

计算得到的六组UHPC徐变试件徐变系数随加载时间变化如图7所示。

计算得到的六组UHPC徐变试件徐变度随加载时间变化如图8所示。

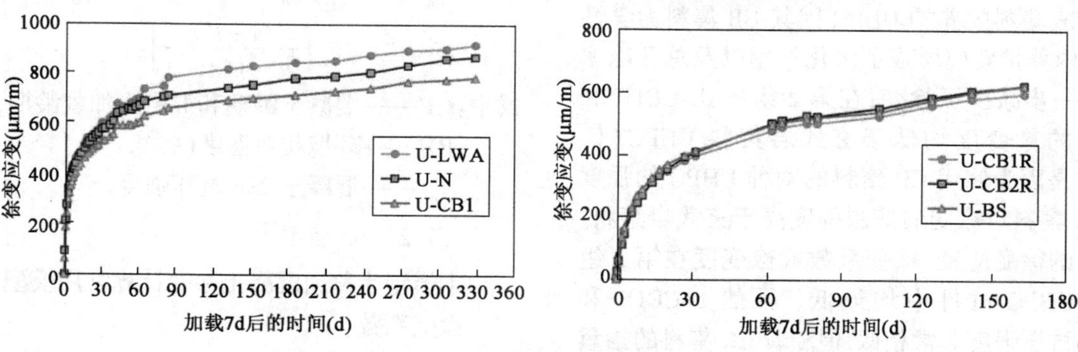

图6　六组UHPC徐变试件徐变应变随加载时间变化

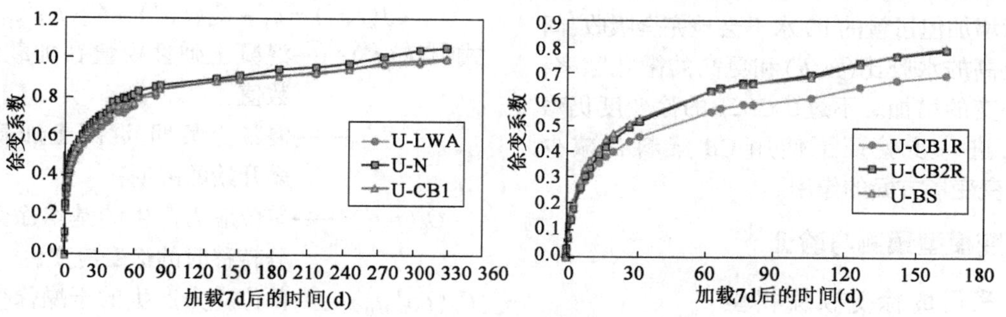

图7　六组UHPC徐变试件徐变系数随加载时间变化

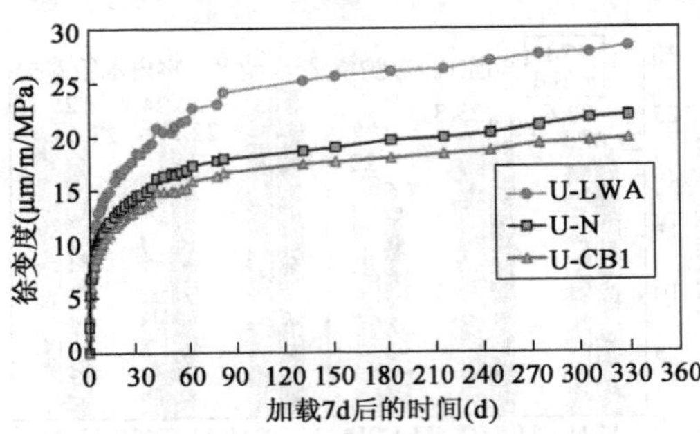

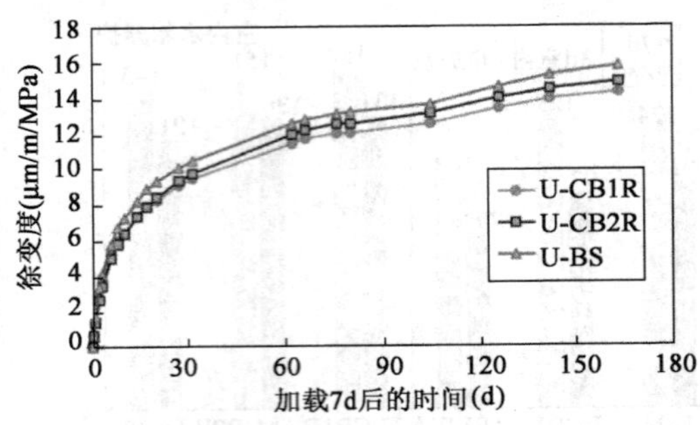

图8 六组 UHPC 徐变试件徐变度随加载时间变化

由图6可知:在本试验中,U-LWA、U-N、U-CB1三组试件在加载90d时的徐变应变已经分别达到加载330d时的85.1%、81.9%、84.3%;U-CB1R、U-CB2R、U-BS三组试件在加载60d时的徐变应变已经分别达到加载160d时的80.0%、80.3%、79.6%。此时,使用LWA轻质集料的UHPC徐变试件的徐变应变数值相较于不使用集料的普通UHPC试件的徐变应变值更大,高于U-N约9.9%,使用CB集料的UHPC试件徐变应变数值更小,低于U-N约7.2%;U-CB1R、U-CB2R、U-BS三组试件的徐变应变数值则较为接近。

由图7、图8可知:在第1组中,U-CB1在0~330d的加载时间内,其徐变度和徐变应变最低,其1年徐变度比普通UHPC对照组U-N降低了10%,而U-LWA的徐变度比U-N高29.2%,比U-CB1高43.7%,因此LWA会增加UHPC徐变度和徐变变形。而CB集料内养护UHPC因其CB集料力学性能更强,内养护效应增强了水化作用以及总孔隙率更低,进一步减少了徐变;在第2组中,U-CB1R和U-CB2R的徐变度均低于玄武岩集料UHPC(U-BS)。这是因为使用CB集料的两种UHPC的强度更高,CB集料对徐变的抑制程度高于玄武岩集料。U-CB1R的徐变应变、徐变系数或徐变度在第2组的三种UHPC试件中均最低。虽然U-CB1R和CB2R的抗压强度非常相似,但随着CB集料的掺量增加,U-CB2R的徐变变形也增加,这是由于CB集料虽然掺量增加但过量的IC水不会被完全吸收,间接产生了更高的水胶比(w/b)和更高的微孔隙率,从而导致徐变的增加。不过U-CB2R的徐变度仍略低于U-BS,进一步验证了使用CB集料在减少UHPC的徐变变形方面的作用。

3 徐变模型预测与验证

3.1 采用的徐变预测模型

目前公认的混凝土徐变预测模型大多是半经验模型,在精度和考虑因素方面存在差异。学者们提出许多模型来预测普通混凝土的徐变,这些模型也为满足高性能混凝土的徐变预测而改进,然而它们仍不适用于UHPC的徐变预测。

本文采用以下文献中的徐变预测模型来预测UHPC的徐变,包括R-fib MC2010模型、B3模型、R-AASHTO模型,模型具体工作原理以参考文献为准。

3.1.1 R-fib MC2010模型[29]

本模型为XU等[29]依据UHPC徐变试验对原始fib MC2010模型修正后提出的。

徐变系数:

$$\phi(t,t') = \phi_{bc}(t,t') + \phi_{dc}(t,t')$$

$$\phi_{bc}(t,t') = \frac{1.8}{f_{cm}^{0.7}}\ln\left[\left(\frac{30}{t'_{adj}} + 0.035\right)^2 (t-t') + 1\right]$$

$$\phi_{dc}(t,t') = \frac{412}{f_{cm}^{1.4}} \cdot \beta_{RH} \cdot \frac{1}{0.1 + (t'_{adj})^{0.2}} \cdot \left[\frac{(t-t')}{\beta_h + (t-t')}\right]^{\gamma_{dc}}$$

式中:t,t'——混凝土龄期和混凝土加载龄期;

RH——环境相对湿度(%);

f_{cm}——混凝土28d抗压强度。

3.1.2 B3模型[30]

本模型为普通混凝土徐变计算常用模型。

徐变系数:

$$\phi(t,t') = E(t')J(t,t') - 1$$

$$J(t,t') = q_1 + C_0(t,t') + C_d(t,t',t_0)$$

式中:$E(t')$——混凝土弹性模量在加载龄期时的数值;

t、t'、t_0——混凝土龄期、混凝土加载龄期、干燥开始的龄期;

$C_0(t,t')$——单位应力产生的基本徐变,即无水分转移时的徐变应变;

$C_d(t,t',t_0)$——单位应力产生的干燥徐变,即有水分转移时的徐变应变;

q_1——基于混凝土成分和强度的材料经验系数。

3.1.3 R-AASHTO 模型[31]

本模型为 Mohebbi A 等[31]依据多组 UHPC 徐变试验结果对原始 AASHTO 模型进行修正提出的。徐变系数：

$$\phi(t,t') = 1.2k_s k_{hc} k_f k_L k_{td} K_3$$

式中：t——混凝土龄期；

t'——混凝土加载龄期；

k_s、k_{hc}、k_f、k_L、k_{td}——系数；

K_3——UHPC 材料的徐变修正因子。

3.2 徐变预测模型验证

六组 UHPC 徐变试验结果与徐变预测模型的对比如图 9、图 10 所示。

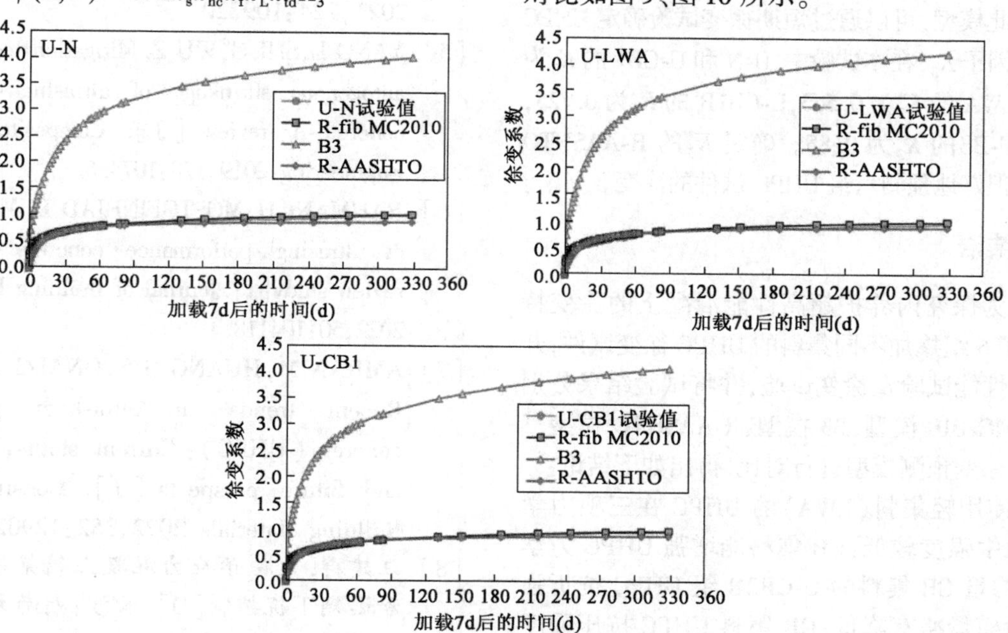

图 9 U-N、U-CB1、U-LWA 三组试件试验结果与模型对比

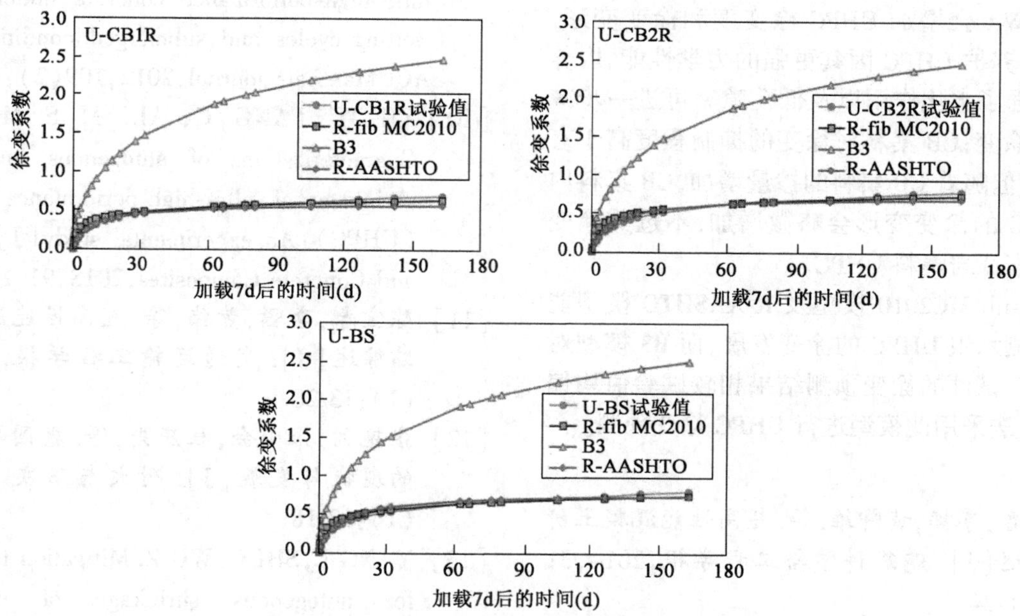

图 10 U-CB1R、U-CB2R、U-BS 三组试件试验结果与模型对比

可以看到，B3 模型远高估了 6 组 UHPC 的徐变(超过两倍)，该模型均高估了六组 UHPC 的基本徐变和干燥徐变，其中预测的干燥徐变占总徐变的 25% ~ 32%(44%)和 5%(90%)，这表明该模型过于高估了低徐变时期的干燥徐变。

R-fib MC2010 模型中将 UHPC 的强度改为由

弹性模量计算得到的强度,在本试验中集料影响因子最终确定U-N为1.05,U-LWA为0.895,使用CB和玄武岩集料的UHPC为1.15,那么,R-fib MC2010模型预测的徐变曲线可以很好地匹配所有六种UHPC的试验曲线。例如,对U-N、U-CB1和U-LWA的预测值几乎与试验数据重叠。

R-AASHTO模型的材料修正因子K_3默认值为1.0,基于此模型,可以通过短期徐变试验确定UHPC材料修正因子K_3,在本试验中,U-N和U-CB1的K_3为0.725,U-LWA的K_3为0.565,U-CB1R的K_3为0.725,U-CB2R、U-BS的K_3为0.85。确定K_3的R-AASHTO模型可以很好地预测六组UHPC试件的徐变。

4 结语

本文为探究内养护超高性能混凝土的徐变特性,制作了6组掺加不同集料的UHPC徐变试件,开展了力学性能试验及徐变试验,并将试验结果分别与R-fib MC2010模型、B3模型、R-AASHTO模型三种混凝土徐变预测模型进行对比,得出如下结论:

(1)使用轻集料(LWA)的UHPC在三项力学性能测试中强度较低;CB集料能增强UHPC力学性能;高掺量CB集料的U-CB2R组UHPC抗折强度和弹性模量略有降低;CB集料UHPC抗压强度强于BS集料UHPC。

(2)LWA会增加UHPC徐变度和徐变变形,CB集料内养护UHPC因其更强的力学性能、内养护效应增强了水化作用以及低孔隙率可进一步减少UHPC徐变;CB集料对徐变的抑制程度高于玄武岩集料;但随着CB集料的掺量增加,CB集料内养护UHPC的徐变变形会略微增加,不过其徐变度仍低于玄武岩集料UHPC。

(3)R-fib MC2010模型及R-AASHTO模型能较好地预测六组UHPC的徐变发展,而B3模型对六组UHPC试件的徐变预测结果相较试验值均偏差较大,无法采用此模型进行UHPC徐变预测。

参考文献

[1] 陈宝春,季韬,黄卿维,等.超高性能混凝土研究综述[J].建筑科学与工程学报,2014,31(3):1-24.

[2] ZHOU M, WU Z, OUYANG X, et al. Mixture design methods for ultra-high-performance concrete-a review[J]. Cement and Concrete Composites,2021,124:104242.

[3] GRAYBEAL B, BRÜHWILER E, KIM B S, et al. International perspective on UHPC in bridge engineering[J]. Journal of Bridge Engineering, 2020,25(11):04020094.

[4] DU J, MENG W, KHAYAT K H, et al. New development of ultra-high-performance concrete (UHPC)[J]. Composites Part B: Engineering, 2021,224:109220.

[5] YANG L, SHI C, WU Z. Mitigation techniques for autogenous shrinkage of ultra-high-performance concrete-A review[J]. Composites Part B: Engineering,2019,178:107456.

[6] BAHMANI H, MOSTOFINEJAD D. Microstructure of ultra-high-performance concrete (UHPC)-A review study[J]. Journal of Building Engineering, 2022,50:104118.

[7] AMRAN M, HUANG S S, ONAIZI A M, et al. Recent trends in ultra-high performance concrete (UHPC): Current status, challenges, and future prospects[J]. Construction and Building Materials,2022,352:129029.

[8] 汪建群.大跨预应力混凝土箱梁桥早期开裂和远期下挠控制[D].长沙:湖南大学,2011.

[9] SOLIMAN A, NEHDI M. Early-age shrinkage of ultra-high-performance concrete under drying/wetting cycles and submerged conditions[J]. ACI Materials Journal,2012,109(2):131.

[10] XIE T, FANG C, ALI M S M, et al. Characterizations of autogenous and drying shrinkage of ultra-high-performance concrete (UHPC): An experimental study[J]. Cement and Concrete Composites,2018,91:156-173.

[11] 陈宝春,李聪,黄伟,等.超高性能混凝土收缩综述[J].交通运输工程学报,2018,18(1):13-28.

[12] 张艳利,张小会,程庆先,等.我国耐火原料的现状与发展[J].耐火与石灰,2023,48(1):12-18.

[13] YANG L, SHI C, WU Z. Mitigation techniques for autogenous shrinkage of ultra-high-performance concrete-A review[J]. Composites Part B: Engineering,2019,178:107456.

[14] 王立成,张磊.混凝土内养护技术研究进展[J].建筑材料学报,2020,23(6):1471-1478.

[15] CUI Y,LI Y,WANG Q,Engineering performance and expansion mechanism of MgO expansion agent in ultra-high performance concrete (UHPC),J. Build. Eng. 68(2023)106079.

[16] JUST J, WYRZYKOWSKI M, BAJARE D. Lura, Internal curing by superabsorbent polymers in ultra-high performance concrete [R]. Cem. Concr. Res. 76(2015)82-90.

[17] MENG W, KHAYAT K. Effects of saturated lightweight sand content on key characteristics of ultra-high-performance concrete[R]. Cem. Concr. Res. 101(2017)46-54.

[18] LI L, DABARERA A, DAO V, Basic tensile creep of concrete with and without superabsorbent polymers at early ages, Constr [R]. Build. Mater. 320(2022)126180.

[19] TANG W C,CUI H Z,WU M. Creep and creep recovery properties of polystyrene aggregate concrete[J]. Constr. Build. Mater. 51(2014) 338-43.

[20] AL-MUFTI R L, FRIED A N, Pulse velocity assessment of early age creep of concrete, Constr[R]. Build. Mater. 121(2016)622-8.

[21] HONG S H,CHOI J S,YUAN T F. A review on concrete creep characteristics and its evaluation on high-strength lightweight concrete [R]. J. Mater. Res. Technol. 23 (2023)230-251.

[22] FANG B Z,LI H,CAO J W,etal. Structure and performance of calcined bauxite[J]. Advanced Materials Research,2014,887:305-308

[23] BUITELAAR P. Ultra-thin heavy reinforced high performance concrete overlays. In: 6th International Symposium on Utilization of High Strength/High Performance Concrete [C]. Leipzig,Germany,2002:1577-1590.

[24] XIONG R,ZONG Y,LV H,et al. Investigation on anti-skid performance of asphalt mixture composed of calcined bauxite and limestone aggregate, Constr [R]. Build. Mater. 306 (2021)124932.

[25] HUAN X, SHENG Y, WANG L, et al. Evolution of texture and skid resistance change of high-friction surface due to differential-polishing undergoing simulated traffic wear, Tribol[J]. Int. 177(2023)107944.

[26] ZHANG F, POH L H, ZHANG M H, Resistance of cement-based materials against high-velocity small caliber deformable projectile impact, Int. J. Impact Eng[R]. 144 (2020)103629.

[27] ZHONG R, ZHANG F, POH L H, et al. Assessing the effectiveness of UHPFRC, FRHSC and ECC against high velocity projectile impact, Cem. Concr [R]. Compos. 120(2021)104013.

[28] 刘路明,方志,刘福财,等. 室内环境下UHPC的收缩徐变试验和预测[J]. 中国公路学报,2021,34(8):35-44.

[29] dU B F I. Model Code 2010,Number vol. 65 in fib Bulletin [J]. International Federation for Structural Concrete(fib),2012.

[30] BAZANT Z P, BAWEJA S. Creep and shrinkage prediction model for analysis and design of concrete structures: Model B3 [J]. ACI Special Publications,2000,194:1-84.

[31] MOHEBBI A, GRAYBEAL B. Prestress loss model for ultra-high performance concrete[J]. Engineering Structures,2022,252:113645.

激光找平摊铺机在桥面铺装施工中的应用研究

李 翔* 黄建军[2]

(1. 昌吉城建市政工程建设有限公司;2. 中交第三公路工程局有限公司)

摘 要 桥面铺装是行车中车轮直接作用的部分,亦称桥面保护层。桥面铺装其作用是防止车辆轮胎或履带直接磨耗桥面板,保护主梁不受到雨水侵蚀,对分散车辆轮重的集中荷载起到一定作用以及桥梁面层铺设前起到找平作用。因此,其施工质量的好坏将直接对桥梁本身及行车安全性、舒适性产生直接影响。混凝土桥面铺装具有施工面积广、劳动力需求大、作业时间长等特点,采用新设备、新工艺对提高施工质量和施工效率有较大意义。

关键词 桥面铺装 找平 新设备新工艺

0 引言

广西三江至柳州高速公路项目应用新型激光摊铺机进行桥面铺装,该工艺在桥面混凝土浇筑前,每隔100m在混凝土防撞护栏上放出控制高程,做好标记,调整基准控制高程。依据施工图纸设计高程、横纵坡度,把整理好的数据传输到基站数据库里。摊铺机在工作时通过基站发出的信号来控制桥面混凝土高程、横纵坡度。

新型激光摊铺机自带行走轨道,比传统摊铺机在轨道安装上节省了大量时间。摊铺机就位前先将轨道安装在已经浇筑完成的混凝土防撞护栏上。摊铺机配备自动升降液压系统,在轨道安装完毕后直接将摊铺机放置在轨道上,利用激光系统、自动升降液压系统功能对其高程及横纵坡度进行自动调整。摊铺时可利用水准仪对铺装层高程进行随机复核,若有发现存在误差,则及时进行调整。

1 技术特点

采用激光摊铺机施作桥面铺装节省了大量人工和时间,且能有效保证施工质量。

三柳项目使用新型激光摊铺机,相比传统工艺施工,不仅在施工效率、施工标准方面取得较大提升,激光控制高程,达到对混凝土摊铺的高精度智能控制,在控制器输入高程和里程激光精准控制高程,实现摊铺机的自动调整。高频振捣推料均匀提浆效果好。行走装置可选钢轮或橡胶轮节省安装轨道材料,平整度IRI值达到设计要求并远高于常规摊铺机,而且在经济效益上也取得了较好的效果,既节省了用工又缩短了施工时间。

2 适用范围

本施工方法适用于高速公路、普通公路、市政道路等桥面混凝土铺装、隧道路面、广场地面、机场等混凝土摊铺。

3 施工工艺及操作要点

3.1 施工工艺流程

施工工艺流程如图1所示。

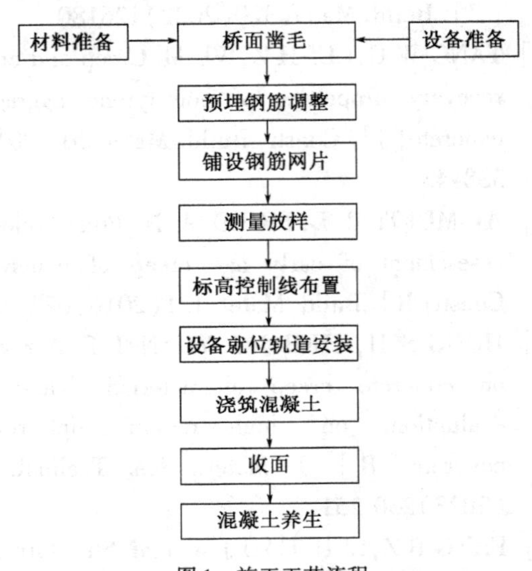

图1 施工工艺流程

3.2 桥面凿毛

桥面铺装施工前,先对梁板顶面进行人工凿毛,去除表面松散的混凝土、浮浆及油迹等杂物,并用MHS11型十一头凿毛机对桥面进行整体凿毛,用高压水枪对梁面冲洗干净,做到无积尘、油污、浮浆、松散混凝土(图2)。

图2 桥面凿毛、清理

3.3 梁面预埋钢筋调整

采用人工对梁面预埋钢筋做调平处理，为下部钢筋网片的铺设做准备(图3)。

图3 梁面预埋钢筋调整

3.4 铺设钢筋网片

桥面防裂钢筋网在专业厂家加工生产，集中运输至施工现场进行安装。钢筋焊网在施工前需根据浇筑宽度进行网片尺寸设计，钢筋网片底部设置同强度等级混凝土垫块控制保护层厚度，防止混凝土卸料时导致网片筋下沉变形。安装时必须用梁面预埋钩筋将其反扣并点焊连接牢固。横向挂线检查网片筋的顶面高程，如有误可调整梁面预埋筋的高度来控制网片筋的顶面高程，使其符合设计要求。施工时，严禁机动车辆在钢筋网上行走。钢筋网片安装如图4所示。

3.5 测量放样

精确定位钢线夹的高程，施工前每5m放样一个纵向控制点，确保桥面铺装施工与桥面设计高程一致(图5)。

3.6 高程控制线

高程控制线如图6所示。

3.7 摊铺机就位及轨道安装

摊铺机就位后在防撞护栏顶面安装摊铺机行走轨道(图7)，轨道每节3m共有8节。

图4 钢筋网片安装

图5 测量放样

图6 高程控制线布置

图7 摊铺机就位

3.8 浇筑混凝土

桥面铺装采用半幅一联式整体施工。

混凝土振捣施工采用摊铺机自带5台振捣器与高频振捣刮板相结合的方法进行,振捣时需沿轨道反复行走。摊铺机的次数视混凝土振捣的情况而定,当振捣后混凝土已比较密实,并且没有过多浮浆的情况下,可停止滚动。摊铺机振捣完成后,设专人对面层的平整情况进行检查,在其后做好精平工作。混凝土浇筑如图8所示。

3.9 第一次抹面和第二次抹面

摊铺机整平压实后,电子初平机第一抹面,保证表面的平整度,同时对浮浆进行及时处理以免造成露骨现象。在混凝土有一定强度后用抹光机再次抹面,抹面过程中严禁洒水。混凝土收面如图9所示。

图8 混凝土浇筑

图9 收面

3.10 桥面混凝土养生

桥面养生在混凝土面层先铺一层带膜土工布，后洒水养生（图10），严禁对混凝土表面进行洒水养生，混凝土养生时间需延长至7d。在混凝土强度达到设计强度前，严禁车辆通行。

图10 覆盖养生

4 材料与设备

4.1 机械设备情况

机械设备各情况见表1。

机械设备配置表

表1

序号	机械设备名称	规格型号	单位	数量	备注
1	混凝土集中拌和楼	HZS90型	座	2	良好
2	混凝土运输车	$10m^3/12m^3$	台	6	良好
3	装载机	20	台	1	良好
4	电焊机	BX1-500	台	6	良好
5	泵车		台	1	良好
6	激光超声波摊铺机	星斗	台	1	良好
7	磨光机	驾驶型	台	2	良好
8	凿毛机		台	2	良好
9	撬棍		根	6	良好
10	发电机	30kW	台	1	良好
11	电子初平机	手扶电动	台	1	良好

4.2 材料配备情况

施工所用混凝土由拌和站供应,再由混凝土罐车运输至现场浇筑;桥面调平现浇层采用定制的 ϕ10mm 带肋钢筋网片,其他所需钢筋在桥梁附近集中加工,运至现场安装,现场配备钢筋弯曲机、钢筋切断机等钢筋加工设备,确保钢筋加工满足施工要求。

5 质量控制

5.1 桥面铺装实测项目

按照《公路工程质量检验评定标准》(JTG F80/1—2017)检验项目见表2。

水泥混凝土桥面铺装实测项目 表2

项次	检查项目		规定值或允许偏差	检查方法和频率
1	混凝土强度(MPa)		在合格标准内	按 JTG F80/1—2017 附录 D 检查
2	厚度(mm)		+10,-5	水准仪:测量桥面铺装施工前后相对高差:长度不大于100m 每车道测3处
3	平整度(mm)	σ(mm)	≤1.32	平整度仪:全桥每车道连续检测,每100m 计算 σ/IRI
		IRI(m/km)	≤2.2	
		最大间隙 h(mm)	≤3	3m 直尺:半幅车道板带每200m 测2处×5尺
4	横坡(%)		±0.15	水准仪:长度不大于200m 时测5个断面,每增加100m 增加1个断面
5	抗滑构造深度(mm)		0.7~1.1	铺砂法:长度不大于200m 时测5处,每增加100m 增加1处

5.2 桥面铺装控制要点

(1)实体质量。

影响因素:配合比选定、原材料的质量、摊铺工艺、养护等。

(2)高程。

影响因素:测量放样、摊铺机基准线控制等。

(3)平整度。

影响因素:混凝土摊铺工艺、设备选型等。

5.3 质量保证措施

(1)梁面凿毛。

采用 MHS11 型 11 头凿毛机对梁面进行凿毛,去掉梁面的浮浆,露出粗糙面,确保新旧混凝土的结合。

(2)混凝土摊铺。

采用激光超声波(双系统)桁架摊铺机进行混凝土摊铺。

(3)混凝土配合比。

使用部位:桥面铺装。

坍落度:160~200mm。

水泥:京兰 PO52.5。

粉煤灰:山西神头 F 类Ⅰ级粉煤灰。

粗集料:5~20mm 连续级配(广水天成采石场)。

掺配比例:5~10mm(30%):10~20mm(70%)。

机制砂:大新砂厂黄砂,Ⅱ区中砂。

减水剂:四川铁科新型材料有限公司,聚羧酸性高性能减水剂,掺量1.2%。

理论配合比(kg):水泥:粉煤灰:黄砂:碎石:水:外加剂=400:71:678:1155:146:5.65

6 节能措施

节能降耗是我国建设资源节约型、环境友好型社会的主要依托方式之一,也是企业减少运行成本,并且提高经营质量的有效途径。公路施工是一项高耗能的作业,因此节能减排工作迫在眉睫。

6.1 推广使用散装水泥

发展散装水泥是国家的重要产业政策,是构建环境友好型和资源节约型社会的重要手段,使用散装水泥可以有效节约、减少污染、保护环境。

6.2 使用节能施工机械

施工前对目前使用的工程机械进行综合评价,对机械的总体状况、耗油量、燃油量都进行有效的评估监测,把耗油量大、机械状况差的设备进行更换,本工法采用 XD-JGHT219 型悬挂式超声波桁架摊铺整平机施工,提高了施工过程中对混凝土摊铺过程控制,有效节约了劳动力,降低了施工成本,提高了成产效益,同时响应号召节能降耗,减少了污染,也提高了效率。

6.3 采用连续式搅拌混凝土

混凝土搅拌采用连续式。目前大多数公路施工采用间歇式搅拌施工,虽然这种方式精准度比较高、搅拌的质量好,但是其生产效率低下、投入的量比较大、环保型比较差。采用连续式搅拌混凝土操作的费用明显减少,设备启动的燃油率较低,很大程度上解决了物料浪费、环境污染等问题。

7 效益分析

7.1 经济效益对比

新旧经济效益对比见表3。

新旧经济效益对比　　表3

	旧工装	新工装
摊铺面积	传统摊铺机半幅施工:11.9m	超声波桁架摊铺机 可整幅摊铺:11.9×2m
行走方式	①采用槽钢做轨道,一般选用10mm厚的槽钢,125米需44根×槽钢260元(现行价格)=11440元。 ②下边钢筋支点焊接,需人工6~8人完成,钢筋支点每千米需1.5t左右,4km×1.5t=7.5t×钢筋4200元/吨(现行价格)=25200元	以护栏作支撑,无须轨道。 护栏上放24m方钢(可移动),布料人即可完成
摊铺机	传统摊铺机:12.5m 1台10万元(操作人员:1人)	超声波桁架摊铺机:1台40万元(操作人员:1人)
收面方式	手扶抹光收面6台×10000元=60000元(操作人员:6人)	驾驶型抹光机2台×32000元=64000元(操作人员:2人)
布料	布料人:6~8人	布料人:8人
总计	设备款:160000元 人工费:15~19人,3000~3800元/d(按每人每天200元计算)	设备款:464000元 人工费:11×200元/d=2200元/d(按每人每天200元计算)
时间	半幅一联桥面铺装完成需2~4d(按每联120m计算)	每2d可以完成一联(按每联125m计算)。按此计算完成半幅一联所需人工费用就可节省6800元,节省2~3d时间

合计:完成所有桥面铺装(37联)可节省:人工费37联×6800元=251600元;槽钢轨道费11400元;钢筋支点费25200元。完成武大二分部所有桥梁桥面铺装可节省人工和材料费用约288200元。

7.2 节能效益

本工艺的成功应用,不仅可以降低运行成本,还可以有效提高经济效益,缩短项目在桥面铺装施工该项工程的工期,从而获得更高的项目利润,对于项目以及企业节约成本、促进发展有着远大的意义。

8 结语

8.1 环保效益

激光摊铺机桥面铺装施工过程中有效遏制乱排乱放,保护当地生态环境,另外仅用一天时间完成一幅桥面铺装,与旧工装2~4d的工时相比,在一定程度上减少了噪声污染。

8.2 社会效益

三柳项目6标段是各个标段中唯一采用新型激光摊铺机施工的项目部,相比其他标段传统工艺施工,不仅在施工效率、施工标准方面取得较大提升,而且在经济效益上也取得了较好的效果,既节省了用工又缩短了施工时间。此外,通过业主组织参观三柳6标激光摊铺机桥面铺装首件工程施工,赢得了建设单位、监理单位和其他参见单位的高度赞扬,取得了良好的社会效益。

参考文献

[1] 付智.《公路水泥混凝土路面施工技术细则》实施手册[M].北京:人民交通出版股份有限公司,2014.

[2] 王保江.桥面调平层悬轨式提浆整平工艺探讨[J].公路与汽运,2013(2):37-40.

公路中央分隔带混凝土护栏施工工艺研究

李 翔[*1] 黄建军[2]
(1.昌吉城建市政工程建设有限公司;2.中交第三公路工程局有限公司)

摘 要 近年来,随着高速公路迅速发展,中央分隔带混凝土护栏在交通建设中得到广泛应用,并且随着国家现代化建设步伐的不断加快,工程施工工期不断加快,质量和安全要求更加严格,如何快速、保质保量地完成中央分隔带混凝土护栏直接关系到后期路面成型的进度。为了保证工程施工进度、改善中央分隔带混凝土护栏施工质量和安全,采用预制施工技术进行中央分隔带混凝土护栏施工,在不降低安全标准的同时,能够加快施工进度,改进混凝土外观质量,减少环境。

关键词 混凝土护栏 预制混凝土 中央分隔带

0 引言

本文结合预制中央分隔带混凝土护栏施工工艺带在高速公路中分护栏施工的应用,对预制中央分隔带混凝土护栏的施工工法特点、适用范围、工艺原理、施工工艺流程等进行详细阐述,并对施工中的劳动力组织、机具设备使用及质量控制措施、安全措施、环保措施等进行说明。

1 技术特点

(1)质量控制好:传统现浇混凝土护栏施工易出现漏浆、蜂窝、麻面等质量问题。预制混凝土护栏采用定型钢模板一次浇筑成型,整体性好,外观美观。

(2)施工速度快:预制混凝土护栏采用工厂集中预制,标准化现场施工管理,可提前预制生产,缩短施工周期。

(3)环境污染少:预制混凝土护栏避免了现浇方式在施工现场产生大量扬尘、噪声、污水、建筑残余垃圾的问题,有利于环境保护。

2 适用范围

本工法适用于公路中央分隔带混凝土护栏施工,对施工工期紧、施工路线长、施工要求高的中央分隔带混凝土护栏施工尤为适用。

3 工艺原理

预制中央分隔带混凝土护栏是将传统的现浇中央分隔带混凝土护栏改为预制方式进行施工,中分带混凝土护栏由现浇改为预制不改变护栏防护等级,不降低安全标准。每块预制混凝土护栏长度4m,建设标准化中分带混凝土护栏预制场集中预制,采用定型钢模板一次浇筑完成。现场拼装时,先将护栏下砂砾处理平整,并采用砂浆找平,利用专业的混凝土护栏安装设备吊装,相邻两护栏采用传力杆进行连接,传力杆插入相邻护栏灌满M15水泥浆的预埋套管内。

4 工艺流程及操作要点

4.1 施工工艺流程

施工工艺流程如图1所示。

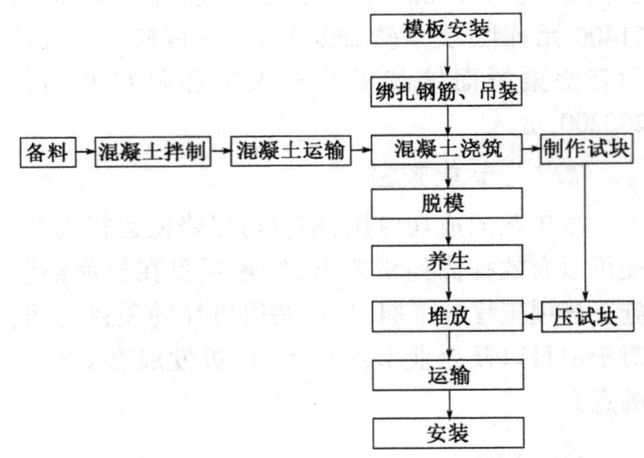

图1 预制中央分隔带混凝土护栏施工工艺流程

4.2 操作要点

4.2.1 预制场建设

预制场采用工厂化建设布局模式,功能区域齐全并挂牌标识,形成固定模块化生产流水线。

模块区域包括预制护栏生产区、钢筋加工区、钢筋存放区、成品堆放区等。

4.2.2 模板选择与安装

护栏模板采用定型钢模板，每节长度为 4m（模板内净长），前后面板厚 5mm，两端侧模厚 12mm；模板进场后需报监理工程师认可后，方可投入使用。

4.2.3 钢筋制作安装

(1)材料进场。

(2)钢筋加工和安装。

钢筋焊接的接头形式、焊接方法、焊接材料的性能、适应范围应符合《钢筋焊接及验收规程》的规定。

在钢筋安装后，按照图纸设计要求预埋好传力杆套管，预埋套管采用 ϕ10mm 加强钢筋固定牢靠，不能左右或上下歪斜，确保位置准确。

4.2.4 混凝土浇筑

混凝土集中拌和，浇筑高频振捣后，及时整平、抹面收浆、覆盖养护。

4.2.5 混凝土养生及存放

在拆模以前连续保持预制护栏表面湿润，拆模时间应根据气温和混凝土达到的强度而定，夏季宜在混凝土终凝后 24h，冬季应以混凝土强度不低于 5MPa 为宜，拆模不得破坏混凝土表面和棱角。拆模后继续保持洒水养生 7d，达到设计强度后方可移运、堆放和安装。

预制护栏养生完成后通过叉车转运至存放区，转运过程中应保持叉车匀速平稳，卸载时在人工指挥下缓慢落入枕木上，每层预制护栏之间垫枕木，防止预制护栏损坏。

4.2.6 预制护栏安装

在强度达到设计要求后，采用运输车将护栏运至施工现场，混凝土护栏预制块件在吊装、运输、安装过程中，注意对预制护栏进行保护，装车时每层预制护栏之间垫枕木，不得损伤边角或断裂，否则在安装就位后，采用不低于混凝土护栏强度的材料及时修补；同时，现场应提前做好测量放样工作，控制混凝土护栏顶面高程及护栏两侧边线。

安装护栏时，先将护栏下砂砾处理平整，并采用砂浆找平，利用专业的混凝土护栏安装设备吊装，相邻两护栏采用传力杆进行连接，连接时，先用水泥浆灌满预埋套管 2，同时将传力杆一端先插入相邻的预埋套管 1 内，最后将传力杆的另一端插入灌满水泥浆的预埋套管 2 内。固定牢固后在施工缝处填塞沥青麻絮，并用水泥砂浆勾缝。

5 材料与设备

5.1 劳动力组织

劳动力组织见表 1。

劳动力组织 表 1

序号	单项工程	所需人数	职责范围	备注
1	项目经理	1	施工现场总负责	
2	技术负责人	1	施工技术、质量等现场总负责	
3	专职质检员	1	现场质量控制检查、施工记录、数据整理等	
4	施工员	2	现场施工组织	
5	试验员	2	试验及检测工作	
6	测量员	2	现场施工放样	
7	安全员	1	现场安全工作	
8	机械操作手	4	机械设备操作、驾驶	
9	现场安装护栏人员	12	护栏安装	
10	混凝土工	20	混凝土浇筑	
11	钢筋工	10	钢筋加工制作及安装	
12	电焊工	2	钢筋焊接	
13	合计	58		

5.2 工程材料

工程材料见表2。

主要工程材料 表2

序号	材料名称	规格	单位	数量	备注
1	预制护栏模具	4m/2m	套	84	
2	预制混凝土	C30	m^3	7120	
3	传力杆	HPB圆钢:ϕ32×400mm	t	17.658	
4	钢筋	HPB圆钢ϕ10	t	341.649	
5	预埋套管	钢管:ϕ45×3×200mm	t	4.931	
		钢管:ϕ60×3×230mm	t	7.715	

5.3 工程机械设备

工程机械设备见表3。

工程机械设备 表3

序号	设备名称	设备型号	单位	数量	用途	备注
1	钢筋切割机		台	3	钢筋加工	
2	钢筋弯曲机		台	3	钢筋加工	
3	钢筋调直机		台	3	钢筋加工	
4	电焊机		台	1	钢筋焊接	
5	叉车	7t	台	4	护栏转运、安装	
6	罐车	12m^3	台	2	混凝土运输	
7	运输挂车	13m	台	2	护栏运输	
8	洒水车		台	1	洒水降尘	

6 质量控制

6.1 控制依据

根据设计和规范要求,以及预制中分带混凝土护栏控制要点,在预制中分带混凝土护栏施工过程中进行施工质量控制,并对发现的问题及时纠偏,保证预制中分带混凝土护栏施工质量。

(1)有关施工的国家规范及行业标准,如《公路工程质量检验评定标准》(JTG F80/1—2017)。

(2)设计图纸和有关设计技术要求。

(3)合同文件等。

预制混凝土护栏实测项目见表4。

预制混凝土护栏实测项目 表4

项次	检查项目		规定值或允许偏差	检查方法和频率
1	护栏断面尺寸(mm)	高度	±10	尺量:每1km每侧测5处
		顶宽	±5	
		底宽	±5	
2	钢筋骨架尺寸(mm)		满足设计要求	过程检测,尺量:每1km每侧测5处
3	横向偏位(mm)		±20	尺量:每1km每侧测5处
4	基础厚度(mm)		±10% *H*	过程检测,尺量:每1km每侧测5处
5	护栏混凝土强度(MPa)		满足设计要求	按JTG F80/1—2017附录D检测
6	混凝土护栏块件之间的错位(mm)		≤5	尺量:每1km每侧测5处

6.2 质量保证措施

(1)坚持技术交底制度,根据项目部、业主及公司审批通过的施工方案编制各工序技术交底,同时对管理人员、施工人员进行设计意图交底、施工方案交底、施工工艺交底、质量标准交底、安全标准交底、创优措施交底。

(2)严格"三检"制度,"三检"即:自检、互检、交接检。上道工序不合格,不准进入下道工序,上道工序必须为下道工序服务,即提供可靠的质量保证。

(3)按合同要求组织施工设备进场,运至施工现场的各种机械设备,必须经过检查、确认,并报请经监理工程师检查认证合格。

(4)施工用各种原材料(包括钢筋、水泥等)均须具有产品合格证及其相应试验报告等质量证明资料和使用说明,并按合同文件及规范要求进行抽样试验,报送监理试验室平行审查。

(5)施工过程中按报经批准的施工措施计划和规范、合同要求作业、文明施工,加强质量和安全控制,并做好原始资料的记录、整理和工程总结工作,当发现作业效果不符合设计、合同及施工技术规范、规程要求时,及时修订施工措施计划,报监理批准后实施。

(6)每批集料进场,均应按规范要求的技术指标进行取样检验。每次取样的分析结果,应及时提交监理工程师审查。

7 环保措施

(1)施工中,要密切与当地政府取得工作上的支持,要注意占用的乡村道路及施工便道的养护,及时洒水保养,减少飞尘对农作物和周围居民生活的影响。

(2)要注意加强现场施工人员文明教育,施工过程中必须与当地群众做好关系。对于噪声要控制好。尽量将噪声降至最低。

(3)做好检查、标识工作,水泥等粉细散装材料,应尽量采取室内存放或严密遮盖,卸运时要采取有效措施,减少扬尘,易燃、易爆物品做好安全隔离措施。

(4)加强机械设备维修保养等管理工作,确保机况正常,防止噪声污染。

8 节能措施

预制中分带混凝土护栏采用工厂化集中预制,施工效率高,外观质量好,资源利用率高,避免了重复施工造成的资源浪费。

9 结语

9.1 经济效益分析

原现浇中分带混凝土护栏技术经济指标为541元/m,由于预制护栏钢筋用量增多,现预制中分带混凝土护栏技术经济指标为750元/m,增加造价为209元/m。但是,由于预制中分带混凝土护栏能够加快施工进度、降低环境污染,其对因进度、环境污染造成的经济损失更小。使用混凝土预制件可以大大缩短施工周期,提高工程进度,同时也可以减少现场施工的人力、物力和时间成本。由于预制件的生产具有规模化优势,相对于现场浇筑的混凝土结构,预制件的成本更低。

9.2 社会效益分析

预制中分带混凝土护栏采用工厂化集中预制,减少场地干扰,降低噪声,防止扬尘,减少环境污染。

预制混凝土护栏工艺与传统工艺相比在节能措施方面有着质量稳定可靠、施工方便快捷、成本低廉、环保节能的优势。

参考文献

[1] 付智.《公路水泥混凝土路面施工技术细则》实施手册[M].北京:人民交通出版社股份有限公司,2014.

[2] 姚祖康.水泥混凝土路面设计理论和方法[M].北京:人民交通出版社,2003.

新疆戈壁砂砾土地区土路肩摊铺机一次整体摊铺成型施工技术应用

王明伟*　邹国勋　王坤杰
(中交一公局第六工程有限公司)

摘　要　目前我国大多施工单位土路肩施工采用传统人工配合小型夯机分层填筑、夯实,施工投入大、效率低,施工质量控制困难,尤其是新疆戈壁砂砾土地区,砂砾土含泥量低,土质松散,土路肩不易成型,外观质量较差;新疆G575线巴哈公路土建四标段土路肩施工采用土路肩摊铺机一次整体摊铺成型施工技术,提高了施工效率,降低了施工成本,成型的土路肩外观效果较好,各项指标均符合规范要求,经济和社会效益显著,可为类似工程提供借鉴依据。

关键词　新疆戈壁砂砾土地区　土路肩摊铺机　施工效率　质量控制

0　引言

新疆G575线巴哈公路土建四标段工程线路穿越戈壁地区,全长55.36km,是新疆首个PPP项目,标准化施工要求较高。传统人工配合小型夯机分层填筑、夯实,人员、机具投入多,施工速度慢、成本高,且新疆戈壁地区地质主要以砂砾土为主,含泥量在5.3%~7.5%之间,土质松散,通过人工分层填筑成型困难,同时小型夯机夯实极易产生缺边掉角现象,成型的土路肩表面平整度、横坡、线形、压实度等各项指标难以控制,外观质量较差,不满足项目质量控制及品质工程提升的要求。

考虑到施工成本和效益,项目土路肩施工采用就地取材的方式,通过对地方砂砾土成分进行分析,对施工工艺、机具组合及砂砾土的含水率等进行试验施工总结,最终确定采用土路肩摊铺机一次整体摊铺成型施工工艺进行施工,大大提高了土路肩的施工效率、降低了施工成本,成型的土路肩各项指标均符合规范要求。

1　施工优势

(1)土路肩摊铺机是由老旧摊铺机改造而成,充分利用了老旧摊铺机的残余价值,降低了整机制造成本。

(2)一次整体摊铺振动成型,最大摊铺速度10 m/min,摊铺效率高,保障了施工工期。

(3)利用摊铺机上的液压油缸伸缩来控制土路肩的摊铺宽度与厚度,并加装平板振动夯对土路肩进行夯实,夯实效果好,初始压实度达到93%以上;同时依据测量定位线行走,确保了成型后的土路肩边缘直顺、线形的美观。

(4)不需人工架设模板、填土、压实,减少了人员、机械的投入。

(5)施工环节连接有序,施工流程规范、标准,施工质量稳定、可控,由人为控制转为机械控制,提高了现场施工标准化。

2　施工工艺

2.1　工艺原理

土路肩摊铺机是将一台老旧的摊铺机通过改装料斗和横向刮板输料机构,加装压实成型和配重装置重新组装而成。改造后的摊铺机利用液压油缸伸缩控制摊铺宽度与厚度,利用压实成型装置加装平板振动夯进行夯实,并在平板夯侧向加装挡板,控制土路肩整体成型效果。将传统的上料、平整、夯实、切边、再平整、碾压等工序,变为一次整体摊铺成型作业,通过运输车喂料、自动传料、自动夯实系统等,一次整体摊铺成型。

2.2　施工工艺流程及操作要点

2.2.1　工艺流程

施工准备→料场闷料→施工放样→集料运输→摊铺振动成型→检查验收。

2.2.2 施工前期准备

土路肩施工前,清除路基表面杂物。

2.2.3 料场闷料

土路肩摊铺前 2 ~ 3d 对取土场进行灌水闷料,根据项目现场一系列的摊铺总结试验确定含水率达 8.7% ~10.2% 时砂砾土塑性较好,摊铺成型的土路肩完整、不易塌边,取料时应进行全段面开挖,保证填料含水率均匀一致(图 1、图 2)。

图 1 场灌水闷料

图 2 取料

2.2.4 施工放样

测量员在路基顶放出土路肩的边线,配合钢卷尺在土路肩横断面方向放出路肩培土设计宽度,洒白灰线进行标记。

2.2.5 集料运输

集料采用自卸车运料,按指定的运输路线快速运到施工现场,设专人指挥车辆卸料,减少集料水分蒸发,确保土路肩成型质量(图 3)。

2.2.6 土路肩摊铺振动成型

(1)土路肩摊铺采用一台 DTU95C 摊铺机通过改装料斗和横向刮板输料机构(图 4),加装压实成型装置(图 5、图 6),一次整体摊铺振动成型施工工艺进行施工(图 7),一次摊铺厚度为 15 ~ 50cm,摊铺前检查机械运转情况,并严格控制土路肩摊铺厚度、宽度。

图 3 集料运输

图 4 料斗、横向刮板改装

图 5 压实成型装置

图 6 压实成型装置加装平板振动夯

图 7　一次整体摊铺成型

(2)摊铺机准备就绪,同时现场已有 2 车以上存料时开始摊铺作业。运料车辆卸料时严禁碰撞摊铺机,在距摊铺机料斗前 30cm 处停住,挂空挡,由摊铺机推动前进卸料,卸料时要保证摊铺机料斗中剩余一部分混合料不要露出刮料板,料车离开后应及时收斗使剩余集料同下一车一起摊铺(图 8)。

图 8　摊铺机推动料车前进卸料

(3)土路肩摊铺前,调整摊铺机行走限位装置与土路肩事先放出的边线对齐(图 9),摊铺机行走过程中保持限位装置与边线始终重合,确保成型的土路肩线形直顺;同时通过调整液压油缸伸缩来控制摊铺宽度与厚度,调整熨平板的倾角控制横坡;摊铺前人工调整液压油缸使熨平板底部距下承层顶的距离为土路肩的松铺厚度,采用走挂钢丝绳的方法控制高程。同时为保证成型土路肩与下承层垂直度,调整内侧档板距下承层顶不超过 1cm(图 10)。

图 9　摊铺机机行走限位装置

图 10　成型系统内侧挡板

(4)通过试验段及后期施工确定摊铺机行走速度和压实成型装置至最佳振动频率,行走速度为 3 ~ 5m/min,振动频率为 3500 ~ 4500r/min 时,成型的土路肩表面平整,线形顺直,无塌边现象。当摊铺机速度大于 5/min 时,随着摊铺速度和振动频率逐渐增大,表面压实逐渐降低,塌边掉角现象越发严重。考虑到土路肩施工进度、成型后的外观质量、经济性等,将摊铺速度控制在 3 ~ 5m/min,振动频率控制在 3500 ~ 4500r/min 之间。开始摊铺后,摊铺机先缓慢起步逐渐达到设定摊铺速度,调整压实成型装置至最佳振动频率,摊铺过程中自动振动夯实成型,成型后的土路肩压实度达 93% 以上(图 11、图 12)。

图 11　土路肩摊铺

图 12　土路肩成型效果

3 质量控制要点

(1)严格控制土路肩摊铺机摊铺速度和压实装置振动频率,摊铺速度控制不能超过5m/min,振动频率不低于3500r/min,保证成型的土路肩线形直顺,压实度符合设计及规范要求。

(2)土路肩摊铺前必须对取土场进行灌水闷料,现场摊铺时集料的含水率控制在8.7% ~10.2%之间,若含水率偏低,及时采用洒水车进行补水。

(3)施工时应设专人负责看护放样钢丝及高度传感器,避免扰动钢丝或钢丝与传感器分离。同时要注意随时检查摊铺面下返数,发现与实际不符及时调整。

(4)摊铺过程中,指定专人紧盯摊铺机行走限位装置与土路肩边线对齐,确保成型土路肩线形直顺。

4 效益分析

4.1 工期效益

(1)土路肩摊铺机一次整体摊铺成型,无须停机夯实和人工找补等,较传统人工摊铺施工连续性强,确保了工程整体进度。

(2)传统人工摊铺土路肩,1个作业班组每天施工500~600m,使用土路肩摊铺机一个作业面每天可摊铺1500~2000m,摊铺速度约是传统施工方法的3倍,大大提高了施工效率。

4.2 经济效益

据测算,项目共计110.72km土路肩,传统人工摊铺每延米成本在4.5~6.2元之间,土路肩摊铺机一次整体摊铺成型每延米的施工成本为1.5~2.6元,共计节约成本约332160元,大大降低了施工成本。

4.3 安全效益

施工过程中仅需采用一台摊铺机配合运输车即可完成摊铺成型作业,无须装载机、压路机及其他施工机具,避免了工人与机械交叉作业,降低了施工安全隐患,提高了施工的安全性。

4.4 社会效益

有效地解决了新疆戈壁地区砂砾土含泥量低、土质松散、土路肩成型困难、易发生缺边掉角、压实度不合格的难题,大大提高土路肩施工质量和施工效率;改善了传统土路肩施工效率低、外观质量差、安全风险大等缺点,突破了传统人工摊铺土路肩施工工艺对施工速度的制约。

5 结语

土路肩摊铺机一次整体摊铺成型施工技术的成功应用,大大提高了土路肩成型后的外观质量和施工效率,降低了施工成本,推进工程项目品质提升,具有良好的社会、经济效益,值得推广应用。

参考文献

[1] 王先丽.谈公路建设中土路肩的施工[J].山西建筑,2013,39(4):153-154.

[2] 新疆维吾尔自治区交通厅.新疆维吾尔自治区公路建设标准化管理手册.第3册.路面工程[M].北京:人民交通出版社股份有限公司,2015.

混凝土双K断裂模型研究进展

陈 辰[1] 王海龙[2] 曲广雷[1] 李田园[2] 郑木莲*[1]

(1.长安大学公路学院;2.中铁大桥局第七工程有限公司)

摘 要 双K断裂模型属于非线性断裂力学模型,基于虚拟裂缝模型和应力强度因子叠加原理提出。本文介绍了双K断裂模型的背景、概念和研究现状,主要包括双K断裂模型产生的背景、概念以及各国学者在试验方法、裂缝检测方法和混凝土尺寸效应上取得的成果。

基金项目:国家自然科学基金(52078051);国家自然科学基金(52378430);中铁大桥局集团有限公司科技项目(JZDQ-JSFW-28)。

关键词 双K断裂模型 试验方法 监测方法 尺寸效应

0 引言

断裂力学是研究工程结构安全性和完整性的有效方法。近年来,线弹性断裂力学(Linear Elastic Fracture Mechanics,LEFM)和弹塑性断裂力学(Elasto-plastic Fracture Mechanics,EPFM)得到了长足发展。混凝土是一种准脆性材料,由粗集料、沙子、水泥、水和外加剂组成,某些内部缺陷(如微裂纹)的不可避免存在以及这些内部结构的复杂性决定了各向异性,线弹性和弹塑性断裂力学不能完整评价混凝土材料的断裂性能。

自从Kaplan在1961年首次应用Griffith理论将断裂力学引入混凝土断裂性能的研究中以来,混凝土断裂模型的研究取得了显著进展。国内外学者相继提出了多种断裂模型[1],其中最为重要的是我国学者徐世烺与Reinhardt在1999年共同提出了双K断裂模型。本文针对混凝土双K断裂模型作综述介绍。

1 双K断裂模型简介

混凝土的断裂过程可划分为三个主要阶段:裂缝的起裂阶段、裂缝的稳定扩展阶段、裂缝的失稳扩展阶段。在分析混凝土结构,尤其是需要严格控制裂缝的结构时,传统上常采用单参数方法,如临界应力强度因子K、临界能力释放率G以及J积分等来评估其断裂性能。双K断裂模型提出,断裂韧度的增值是由于混凝土集料间的齿合黏聚作用所致,即失稳断裂韧度与起裂断裂韧度的差值取决于集料特性。相较于其他断裂模型,双K断裂模型融合了虚拟裂缝模型和等效弹性模型方法,有效规避了复杂的数值计算,同时也省略了回归分析。双K断裂模型提出了两个关键的断裂韧度参数,即起裂断裂韧度K_{IC}^{ini}和失稳断裂韧度K_{IC}^{un},用以判定裂缝的起裂和失稳过程,相应的断裂准则为:

$K < K_{IC}^{ini}$,裂缝不发生扩展;

$K_{IC}^{ini} \leqslant K < K_{IC}^{un}$,裂缝呈稳定扩展状态;

$K \geqslant K_{IC}^{un}$,裂缝发生失稳扩展。

起裂韧度K_{IC}^{ini}是材料在开裂开始时抵抗载荷的固有能力,并且材料仅在开裂开始前承受载荷。失稳断裂韧度K_{I}^{un}C是指材料结构在峰值载荷时刻抵抗载荷的能力。当载荷达到最大值时,稳定裂纹扩展,裂纹长度从a_0延伸到临界值a_c。在双K断裂模型中,a_c由两个分量叠加,即弹性无应力裂纹a_0和等效弹性虚拟裂纹Δa。起裂韧度和断裂韧度是相互关联的,而不是两个独立的参数,它们之间的差异是作用在虚拟裂纹Δa上内聚力的结果,即内聚韧性。这导致起裂韧度、失稳断裂韧度和内聚力之间存在定律:

$$K_{IC}^{ini} + K_{IC}^{c} = K_{IC}^{un} \tag{1}$$

双K断裂参数的测试方法简单实用。双K断裂模型因其实用性和准确性受到了研究人员的广泛认可。除RILEM标准外,我国规范《水工混凝土断裂试验规范》(DL/T 5332—2005)[2]也是基于双K断裂准则制定的。

2 双K断裂模型的发展

2.1 试验方法

当前,研究混凝土双K断裂参数的主要试验方法包括直接拉伸法、紧凑拉伸法、三点弯曲梁法以及楔入劈拉法。

(1)直接拉伸法。

直接拉伸法最初应用于金属材料断裂性能的测试。Hillerborg首次将直接拉伸法应用于测定混凝土断裂能。自此,该方法在混凝土断裂性能研究领域得到了广泛应用,并被公认为测定混凝土应力-应变全曲线最直接的方法。

直接拉伸法虽然能够得到应力-应变全曲线,但仍存在一些固有缺点:对试验机要求较高,要保证其刚度必须远超混凝土试件在极限荷载下的刚度;当试件变形较大时,存在超出试验机所能承受的最大拉伸荷载的风险,此时必须立即卸载并重新调整刚性架,增加了试验的复杂性和操作难度,影响试验结果的准确性[3]。因此,目前很少采用该方法研究混凝土的断裂性能。

(2)紧凑拉伸法。

紧凑拉伸法最初用于测试金属及塑料材料的断裂性能,紧凑拉伸试件如图1所示。1988年,Wittmann[4]首次将紧凑拉伸法应用于测试混凝土P-CMOD曲线。

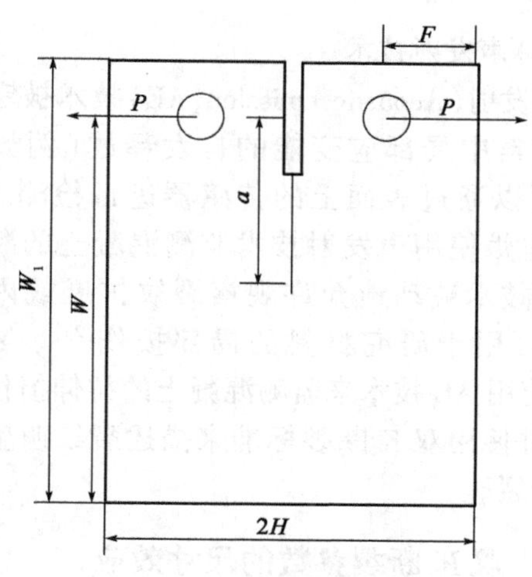

图1　紧凑拉伸试件

紧凑拉伸法的缺点在于试件安装相对烦琐、加载速度不易控制，容易增大试验误差，因此该方法并未得到广泛应用。

(3)三点弯曲梁法。

三点弯曲梁法是国际结构与材料研究所联合会(RILEM)混凝土断裂力学委员会(50FMC)于1985年颁布的测试混凝土断裂能的标准试验方法[5-6]；1991年RILEM混凝土断裂参数测试技术委员会(TC89-FMT)分别根据两参数断裂模型和尺寸效应模型将三点弯曲梁法做为失稳断裂韧度和临界裂缝张开口位移以及断裂能和临界过渡区长度的标准测定方法[7-8]；我国于2005年颁布的《水工混凝土断裂试验规程》(DL/T 5332—2005)将三点弯曲梁法列入测定混凝土断裂韧度的标准试验方法，并制定了统一的测试方法和计算公式[2]。三点弯曲梁试件如图2所示。

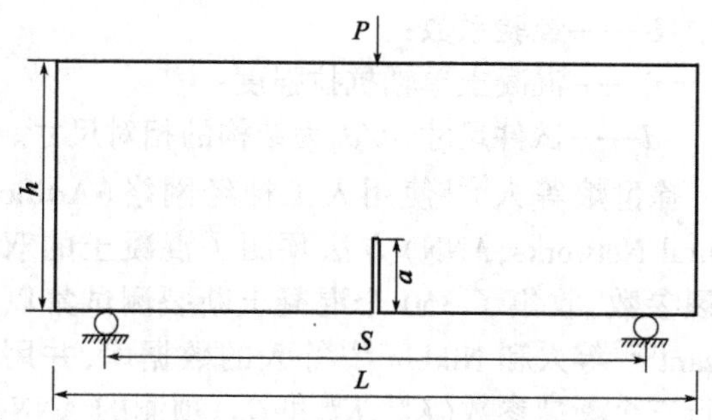

图2　三点弯曲梁法试件

虽然三点弯曲梁法适用性高，有统一的试验方法和计算公式，但仍存在以下问题：受跨高比的限制，若跨高比较大，随着试件自重增加，试验误差增大；由于加载集中，弯曲分布不均匀，某处的缺陷可能显示不出来；对于既有混凝土结构，获得三点弯曲梁试件形式较困难。

(4)楔入劈拉法。

考虑到三点弯曲梁的缺点，RILEM又提出了楔入劈拉几何形式[9]。相较于三点弯曲梁法和紧凑拉伸法，楔入劈拉法采用试件尺寸较小从而节省了材料使用、试件的韧带面积较大有助于更准确地反映混凝土断裂性能，试验结果不受试件自重的影响。

如图3所示，通过楔形加载装置，将加载方式由直接施加拉力变为直接施加压力，然后再经传力装置将压力转换为垂直裂缝面的拉力，形成张开型裂纹的受力状态。1989年，赵国藩院士等采用楔入劈拉法测定了混凝土断裂能和断裂韧度，并在试验中首次将RILEM提出的单线支撑改为双线支撑[10]，后被《水工混凝土断裂试验规程》(DL/T 5332—2005)列入测量混凝土断裂性能的标准试验方法。

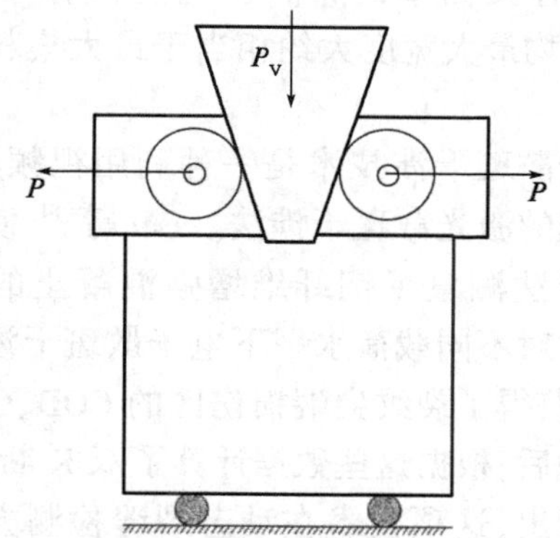

图3　楔入劈拉法试样

2.2　裂缝检测技术

监测技术在双K裂缝参数的确定中起着重要作用。随着监测技术的发展，几种新颖先进的监测技术已被用于双K断裂参数确定。

(1)应变计技术。

应变计监测技术是最简单、方便的技术。徐世烺首先用应变计检测混凝土裂缝的初始裂纹，然后用于确定双K裂缝参数。同时，RILEM标准TC265-TDK[11]也推荐了这种技术。使用应变仪监测技术确定TPB试验中起裂荷载的方法如图4所示。为了提高测量的灵敏度，建议使用全桥应变仪配置进行监测。由于试样制备和运输过程中可能发生损坏，很难识别缺口尖端，因此应沿试样高度粘贴两对应变计，其中一对应变计的中心线穿过裂纹尖端,另一对应变计的中心线距离裂纹尖端20mm。应变片也对称地粘在试样的前侧和后侧,以考虑加载过程中可能产生的扭转影响。

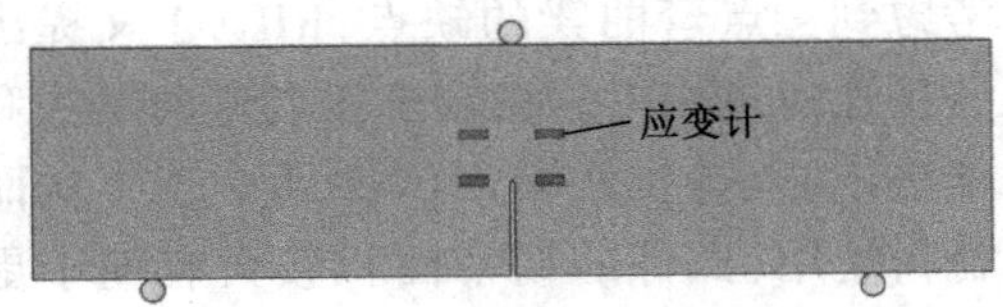

图4 应变计监测技术示意图

(2)激光/电子散斑干涉技术。

激光/电子散斑干涉测量法是一种非接触、无损且高精度的测量表面全场变形的方法,这种光学技术测量变形的灵敏度小于光波长。在结构力学中,精度可以从几微米到几百纳米不等[12]。徐世烺[11]在三点弯曲断裂试验中使用了激光散斑干涉法,并使用该干涉法测量试样表面的平面内位移[13]。他们发现,在失稳断裂发生之前,裂纹有明显的萌生和稳定扩展阶段,FPZ的形状是不规则的,有长而窄的带。在这些试样中测得的FPZ的平均最大宽度大约相当于最大集料粒径的一半。

电子散斑干涉技术是一种利用视频检测、记录和处理的激光散斑干涉法。Dai等[14]使用电子散斑干涉法测量了钢纤维增强混凝土的断裂过程。通过对不同载荷水平下电子散斑干涉法的定量分析,获得了裂纹尖端损伤区的COD、CMOD和长度。随后,根据这些数据计算了双K断裂参数。他们还指出,这项技术在动态裂缝检测方面很有前景。

(3)数字图像相关技术。

数字图像相关(Digital image correlation,DIC)技术是一种有效而实用的全场变形测量方法,广泛应用于材料行为、结构变形、和断裂过程的研究[15-18]。徐世烺等[19]的研究表明,DIC技术可用于应变局部化区发展的定性分析。DIC分析结果表明,在峰值载荷之前确实存在稳定的裂纹扩展阶段,即使在峰值载荷前试样表面没有出现明显的裂纹。在峰值载荷之后,裂纹扩展变得快速且不稳定。Dong等人[20]使用DIC技术研究了混凝土裂缝扩展,他们发现FPZ的演变受到韧带长度、起裂韧度和断裂韧度的影响。Wang等人[21]通过DIC技术获得了FPZ中的COD剖面以计算内聚力,三个水平截面的COD值可以从位移跳跃的值中获得。

(4)声发射技术。

声发射(Acoustic emission,AE)技术被定义为应力材料中局部应变能的自发释放(例如微裂纹),可以通过表面上的传感器进行检测。1982年,徐世烺使用声发射技术监测混凝土的断裂过程。该技术被动地允许观察裂纹扩展或内部缺陷,并可用于研究材料的局部损伤[22]。Yue等人[23]使用AE技术来监测混凝土的拉伸损伤演化行为,并使用双K断裂标准来描述裂纹萌生和不稳定断裂。

3 双K断裂参数的尺寸效应

在混凝土结构的断裂过程中,裂缝尖端的钝化源于断裂过程区的出现,这使得结构在破坏时表现出不同程度的尺寸效应现象。基于混凝土断裂过程的非线性行为特征,Bažant提出了针对混凝土材料的的尺寸效应模型。该模型的核心在于三个基本假设:

(1)在结构破坏过程中所消耗的能量是一个与结构几何尺寸及断裂过程区宽度紧密相关的连续函数。

(2)断裂过程区宽度主要取决于组成材料的最大颗粒粒径,而非结构几何尺寸。

(3)结构在二维和三维空间上均保持几何相似性。

Bažant推导出了破坏应力σ_N与试件尺寸d的关系表达式:

$$\sigma_N = \overline{B} f_t \left(1 + \frac{d}{d_0}\right)^{-1/2} \tag{2}$$

式中:$\overline{B}$——经验系数;

f_t——混凝土单轴抗拉强度;

d——试件尺寸,d/d_0为结构的相对尺寸。

徐世烺等人[24]使用人工神经网络(Artificial Neural Networks,ANN)方法预测了混凝土的双K断裂参数,收集了350个混凝土断裂测试集以及Bažant[25]等人和Nikbin[26]等人的数据库,并用于进行三个断裂参数(K_{IC}^{ini},K_{IC}^{un}和G_F)预测的ANN模型。结果表明,断裂参数对最大集料粒径最敏感,对抗压强度最敏感。

3.1 初始缝高比

吴智敏[27]在研究中选取了四种不同的初始缝高比(0.2、0.4、0.5、0.6)的试件,其尺寸为

400mm×400mm×200mm，进行了楔入劈拉试验，试验结果表明，混凝土的双K断裂参数与初始缝高比没有明显关联。徐世烺等人采用初始缝高比为0.2～0.6、尺寸为800mm×200mm×200mm的三点弯曲梁试件研究缝高比对三点弯曲梁法下双K断裂参数的影响，计算得到的双K断裂参数对初始缝高比不敏感。

3.2 跨高比

室内试验通常采用跨高比为4的试件进行三点弯曲试验，但实际工程中跨高比并不一定为4，赵艳华[28]等通过数值模拟的方法模拟了跨高比为3～8的情况下混凝土的断裂过程，研究了不同跨高比对双K断裂参数的影响，模拟结果表明混凝土失稳断裂韧度不受跨高比的影响，取决于材料自身特点；但起裂韧度随着高度和跨高比的变化呈现出一定的尺寸效应。

4 结语

本文介绍了双K断裂模型的背景、概念、试验方法、裂缝检测方法及混凝土断裂尺寸效应。

双K断裂模型问世以来，引起了国内外学者的广泛关注，取得了诸多成果，被RILEM标准和我国《水工混凝土断裂试验规范》(DL/T 5332—2005)收录作为理论和试验依据。相信通过国内外学者的共同努力，双K断裂模型将推动混凝土材料断裂性能研究取得更多成果，让混凝土断裂力学广泛应用于建筑工程各领域。

参考文献

[1] YIN X, LI Q H, WANG Q M, et al. The double-K fracture model: A state-of-the-art review[J]. Engineering Fracture Mechanics, 2023, 277.

[2] 电力行业水电施工标准化技术委员会. 水工混凝土断裂试验规程: DL/T 5332—2005[S]. 北京: 中国电力出版社, 2006.

[3] 顾惠琳. 混凝土单轴直接拉伸应力-应变全曲线试验方法[J]. 建筑材料学报, 2003, (1): 66-71.

[4] WITTMANN F H, ROKUGO K, BRüHWILER E. Fracture energy and strain softening of concrete as determined by means of compact tension specimens [J]. Materials and Structures, 1988, 21(1): 21-32.

[5] HILLERBORG A. Results of three comparative test series for determining the fracture energy for concrete[J]. Materials and Structures, 1985, 18: 407-413.

[6] FMC50 R C. Determination of the fracture energy of mortar and concrete by means of the three-point bend tests on notched beam[J]. Materials and Structures, 1985, 18: 285-490.

[7] FMT89 R C. Determination of fracture parameters K_{Ic} and $CTOD_c$ of plain concrete using three-point bend tests[J]. Materials and Structures, 1990, 23: 457-460.

[8] FMT89 R C. Size effect method for determining fracture energy and process zone size of concrete [J]. Materials and Structures, 1990, 23: 461-465.

[9] SHAH S P, CARPINTERI A. Fracture Mechanics Test Method for Concrete[R]. London: Chaman& Hall, 1991.

[10] ZHAO G F, JIAO H, XU S L. Study on fracture behavior with wedge-splitting test method[C]. Proceedings of the Fracture Process in Concrete, Rock and Ceramics, London, 1991, Chapman& Hall.

[11] XU S, LI Q, WU Y, et al. RILEM Standard: testing methods for determination of the double-K criterion for crack propagation in concrete using wedge-splitting tests and three-point bending beam tests, recommendation of RILEM TC265-TDK [J]. Materials and Structures, 2021, 54(6): 220.

[12] DE LA TORRE I M, MONTES M D H, FLORES-MORENO J M, et al. Laser speckle based digital optical methods in structural mechanics: A review[J]. Optics and Lasers in Engineering, 2016, 87: 32-58.

[13] XU S, REINHARDT, H. W. Determination of double-K criterion for crack propagation in quasi-brittle materials, Part II: analytical evaluating and practical measuring methods for three-point bending notched beams [J]. International journal of fracture, 1999, 98: 151-177.

[14] DAI X, PU Q, WANG L, et al. Measurement on

fracture process and prediction of the load capacity of steel fiber reinforced concrete by electronic speckle pattern interferometry[J]. Composites Part B:Engineering,2011,42(5):1181-1188.

[15] XU L,HUANG B,LI V C,et al. High-strength high-ductility Engineered/Strain-Hardening Cementitious Composites (ECC/SHCC) incorporating geopolymer fine aggregates[J]. Cement and Concrete Composites, 2022, 125:104296.

[16] HUANG B T, LI Q H, XU S L, et al. Development of reinforced ultra-high toughness cementitious composite permanent formwork: Experimental study and Digital Image Correlation analysis[J]. Composite Structures, 2017,180:892-903.

[17] PENG K D, HUANG B T, XU L Y, et al. Flexural strengthening of reinforced concrete beams using geopolymer-bonded small-diameter CFRP bars[J]. Engineering Structures,2022,256:113992.

[18] GOLEWSKI G L. Measurement of fracture mechanics parameters of concrete containing fly ash thanks to use of Digital Image Correlation(DIC) method[J]. Measurement, 2019,135:96-105.

[19] XU S,LI Q,WU Y,et al. Influential factors for double-K fracture parameters analyzed by the round robin tests of RILEM TC265-TDK[J]. Materials and Structures,2021,54(6):227.

[20] DONG W, WU Z, ZHOU X, et al. FPZ evolution of mixed mode fracture in concrete: Experimental and numerical[J]. Engineering Failure Analysis,2017,75:54-70.

[21] WANG S,HU S,YANG J,et al. The influence of crack on the fracture parameters of concrete based on digital image correlation technology [J]. Magazine of Concrete Research,2021,73(22):1167-1179.

[22] GROSSE C U, FINCK F. Quantitative evaluation of fracture processes in concrete using signal-based acoustic emission techniques [J]. Cement and Concrete Composites,2006,28(4):330-336.

[23] YUE J G,KUNNATH S K,XIAO Y. Uniaxial concrete tension damage evolution using acoustic emission monitoring[J]. Construction and Building Materials,2020,232:117281.

[24] XU S,WANG Q,LYU Y,et al. Prediction of fracture parameters of concrete using an artificial neural network approach [J]. Engineering Fracture Mechanics, 2021, 258:108090.

[25] BAŽANT Z P, BECQ-GIRAUDON E. Statistical prediction of fracture parameters of concrete and implications for choice of testing standard[J]. Cement and Concrete Research, 2002,32(4):529-556.

[26] NIKBIN M,RAHIMI R S,ALLAHYARI H. A new empirical formula for prediction of fracture energy of concrete based on the artificial neural network[J]. Eng Fract Mech, 2017, 186:466-482.

[27] 吴智敏,徐世烺,卢喜经,等.试件初始缝长对混凝土双K断裂参数的影响[J].水利学报,2000,(04):35-39.

[28] 赵艳华,徐世烺.跨高比对混凝土双K断裂参数的影响(英文)[J].三峡大学学报(自然科学版),2002,(1):35-41.

Study on the Preparation Process and Performance of High-Content SBS-Rubber Composite Modified Asphalt

Zhu Qiao Changpeng Men* Sen Han
(School of Highway, Chang'an University)

Abstract The continuous development of the transportation and automobile industries has led to an increase in global per capita car ownership. However, this increase has also resulted in a significant accumulation of waste tires, which presents a significant environmental challenge. The development of environmentally friendly and efficient methods for the utilization of these waste tires has become imperative. Meanwhile, conventional rubber-modified asphalt not only contains a low rubber content but also presents various challenges that hinder its widespread adoption. Consequently, the development of high-content, high-performance rubber-modified asphalt has become a key objective. In this context, the SBS and rubber composite modification method has emerged as a promising approach. However, despite the growing interest in this field, the research on high-content SBS-rubber composite modified asphalt remains limited. This is particularly evident in the lack of clarity regarding the preparation method, performance characteristics, and micro-mechanism. In this paper, we aimed to contribute to the advancement of this field by investigating the preparation process of modified asphalt. To this end, we employed a 4% linear SBS and 20%, 40 mesh rubber combination. Two preparation methods were trailed: direct shearing and first shearing and then stirring. Compatibilizer and cracking agent were then added to improve the performance of the modified asphalt. Finally, the preparation method of adding compatibilizer and SBS for shearing and then adding rubber and cracking agent for stirring was determined. The properties of composite modified asphalt with different contents of SBS were then studied. Composite modification was achieved using 2% ~6% SBS and 20% rubber. The properties and modification mechanism of the resulting material were then studied. The results show that increasing the SBS dosage can significantly improve a series of properties of composite modified asphalt, including penetration, softening point, ductility, and viscosity. While increasing the rubber cracking time can enhance some properties of composite modified asphalt to a certain extent, it will reduce the softening point and viscosity. In addition, it was found that the effect of SBS on composite modified asphalt is less than that of rubber cracking time. In order to ensure the performance of composite modified asphalt, the rubber cracking time should be strictly controlled. Based on these findings, it can be concluded that high-content SBS rubber-modified asphalt exhibits excellent performance and high application value.

Keywords SBS, Rubber powder SBS-rubber composite modified asphalt preparation process

0 Introduction

Charles H. McDonald was the first to utilize wet-modified rubber powder asphalt on a road surface (Shivakoti, 2006). Dong (Dong C C, 2003) conducted research into rubber powder modified asphalt pavement at domestic and international levels, concluding that the ordinary rubber powder modified asphalt pavement was still unable to meet the increasing traffic demand and that further improvements were necessary to enhance the performance of rubber powder modified asphalt pavement. Multiple studies have shown that SBS/rubber composite modified asphalt has better performance than either SBS or rubber modified asphalt alone. It is an effective way to overcome the limitations of both types of modified asphalt(Haibin, 2022). Chen Li (Chen Li, 2008) discovered in her research on rubber powder/SBS composite modified asphalt that the composite modification performance of SBS and rubber powder effectively enhances the high-temperature performance of asphalt and stabilizes the modified asphalt. Zhang(Zhang, Z. H, 2008) believes that the performance of composite modified asphalt is mainly affected by factors such as temperature, raw materials, modifier content, and shear rate. In order to better disperse the rubber in the SBS, the rubber powder needs to be fully mixed and developed. Dong et al. (Qiang, 2013) argue that the amount of rubber, mixing time, mixing speed, and mixing temperature directly affect the conventional and high-temperature performance of SBS/CR composite modified asphalt, but have almost no effect on the low-temperature performance. Liang et al. (Liang, 2015) observed in their research on SBS/rubber powder composite modified asphalt that the performance improvement of modified asphalt gradually diminishes when the SBS content exceeds 1%. Furthermore, they noted that SBS forms a grid-like structure within the composite. Dong Zejiao (Dong Zejiao, 2019) discovered through research that the grid structure in composite modified asphalt becomes denser as a result of the interaction between rubber powder particles, thereby improving the performance of composite modification.

It is found that the performance of conventional rubber-modified asphalt makes it difficult to meet the current transportation demands. The composite modification of SBS and rubber can improve the performance of asphalt to some extent. However, the research on this modification method is currently limited, the SBS and rubber content is relatively low. The preparation process and modification mechanism of high-content SBS-rubber composite modification are not clear. Therefore further research is necessary.

1 Materials and preparation

1.1 Materials

1.1.1 Asphalt

In general, grades of matrix asphalt ranging from 70# to 90# and above are selected for use as modified asphalt. The higher content of saturated phenol and aromatic components in these grades facilitates better swelling and dispersion of SBS and rubber. Consequently, 90# matrix asphalt is used as modified asphalt in this paper. Table 1 provides a summary of the basic technical indexes of the 90# matrix asphalt.

The basic technical indexes of the 90# matrix asphalt Table 1

Performance Index	Unit	Test Result	Technical Require
Penetration(25℃)	0.1mm	85	80 ~ 100
Softening point	℃	47.5	>44
Ductility(15℃)	cm	>150	>100
Viscosity(135℃)	Pa · s	1.10	—
Density	g/cm^3	1.030	—

1.1.2 Rubber powder

In recent years, the utilization of waste rubber powder as an asphalt modifier has become increasingly prevalent. Consequently, the production process has also diversified. In the context of road construction, the source of waste rubber powder is typically derived from the crushing and grinding of waste tires. The production processes employed include the room temperature crushing method, the low temperature crushing method, the wet crushing method, and the ozone crushing method, among others.

Rubber powder is typically classified according to its particle size. The 40 ~ 80 mesh variety is most commonly employed as a modifier for asphalt. As the mesh number increases, the particle size of the rubber powder decreases, which alsoleads higher costs. In this study, 40-mesh rubber powder obtained through the room temperature crushing method is utilized as the modifier. Table 2 presents the basic technical indexes of rubber powder.

Basic technical indexes of rubber powder

Table 2

	Request	Test result
Density(g/cm^3)	—	1.21
Moisture(%)	<1.0	0.39
Metal Content(%)	<0.02	0.008
Fiber Content(%)	≤0.1	0

1.1.3 SBS

SBS(styrene-butadiene-styrene block copolymer) is one of the largest and most widely used asphalt modifiers in the world. SBS exhibits elasticity similar to rubber at normal temperatures but exhibits plasticity at high temperatures, which plays a significantrole in improving the high-temperature properties of asphalt. SBS has two structures, namely star-shaped and linear. In general, star-shaped SBS exhibits high strength and good wear resistance, while linear SBS demonstrates superior compatibility and is more readily amenable to cutting into small molecules, thereby facilitating the formation of a more stable dispersion system in asphalt. Consequently, linear SBS (YH791 SBS 1301) was selected as the modifier in this study. Table 3 presents the basic technical indexes of SBS (YH791 SBS 1301).

Basic technical indexes of SBS

(YH791 SBS 1301) Table 3

Structure	Linear
Block Ratio	30/70
Tensile Strength(MPa)	24
300% elongation strength(MPa)	2.4
Elongation at break(%)	900
Shore hardness A	72

1.1.4 Other additives

To enhance the dissolution of SBS and rubber powder in the matrix asphalt and achieve a more effective modification effect, compatibilizers, and cracking agents are employed in modification. The compatibilizer can supplement the aromatic fractions in the asphalt, promoting the blending of SBS, rubber, and asphalt.

The cracking agent utilized in this study was independently developed by our laboratory and takes the form of a dark brown viscous paste. The cracking agent primarily facilitates the desulfurization reaction of rubber, leading to the rupture of sulfur cross-linking bonds between rubber molecules. This process causes the macromolecules of the rubber to fragment into smaller molecules, thereby reducing the molecular weight of the rubber and forming a more uniform dispersion system.

1.2 Preparation method of composite modified asphalt

Currently, numerous techniques exist for preparing SBS and rubber composite modifications, yet they are limited to small dosages of SBS rubber composite modifications. The content of SBS is predominantly 1% ~ 3%, with the rubber content typically below 20%. There is a paucity of research on the performance and preparation method of high-content SBS rubber composite modified asphalt.

In this section, 4% SBS content and 20% rubber powder content were selected as the benchmark for a detailed study on the preparation method of high-content SBS rubber composite modified asphalt. The feeding sequence, preparation temperature, preparation time, and preparation method were determined. This study proved the feasibility of high-content SBS rubber composite modification and laid the foundation for future performance research.

(1) Mixing Process for Preparing Composite Modified Asphalt

The preparation process will greatly affect the dispersion of SBS and rubber in asphalt, thereby affecting the final performance of the modified asphalt. According to the characteristics of SBS and rubber, two preparation processes were formulated: ①After SBS shearing for 20 minutes, add rubber and continue shearing for 1 to 2 hours. ②After SBS shearing for 20 minutes, add rubber powder and stir for 1 to 2 hours. The specific process is shown in Figure 1.

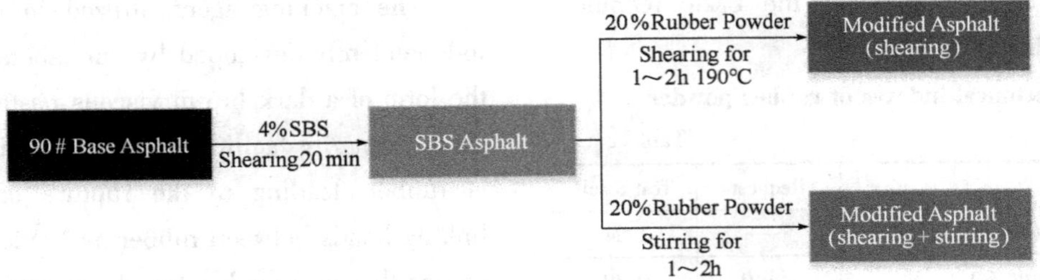

Figure 1 Preparation processes for two types of composite modified asphalt

The proportion of rubber in the entire dispersion system is the largest. The cracking time and degree of rubber have a significant impact on the performance of modified asphalt. Therefore, this section takes the cracking time of rubber as the node to compare the penetration, softening point, and ductility of the two asphalts when the rubber cracks for 1h and 2h, respectively. The technical indices of the two types of composite modified asphalt are depicted in Table 4.

Technical index of two types of composite modified asphalt Table 4

Performance process	Rubber Cracking Time (h)	Penetration(25℃) (0.1mm)	Softening point(℃)	Ductility(5℃)(cm)
Modified asphalt (shearing)	1	25.4	90.2	6.8
	2	28.7	87.3	7.8
Modified asphalt (shearing + stirring)	1	29.2	86.4	7.5
	2	32.7	84.6	8.2

The preceding table indicates that the production process of shearing first and then stirring is more effective than direct shearing in several performance aspects. This is because when the quantity of rubber powder is considerable, a considerable number of rubber powder particles can readily obstruct the shear instrument, rendering it challenging for the shear instrument to shear the rubber powder particles into smaller particles and disperse them into asphalt and SBS. Consequently, the production process of shearing first and then stirring is employed in the remaining operations.

(2) Additives for Preparing Composite Modified Asphalt

The objective of this study is to enhance the dispersion of SBS and rubber in asphalt, thereby stabilizing the system. To this end, the production process of modified asphalt has been modified to include the addition of a compatibilizer and cracking agent.

This section compares three production methods: without any admixtures, with only the addition of a cracking agent, and with the addition of both compatibilizer and cracking agent. Figure 2 illustrates the process of composite modified asphalt preparation with different additives.

The penetration, softening point, and ductility indicators of the modified asphalt produced with different additives at different cracking times are compared and the results are as shown in Figure 3.

Figure 3 illustrates that the modified asphalt with additives exhibits enhanced penetration, ductility, and a reduced softening point, in addition to a similar pattern with an increase in cracking time. The degree of change is arranged in order of size, specifically with the addition of compatibilizer and cracking agent, followed by the addition of only the cracking agent, and finally, without additives.

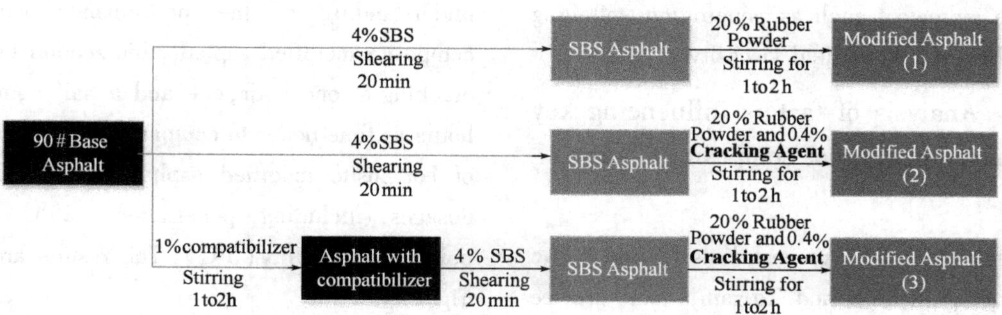

Figure 2 Process of composite modified asphalt preparation with different additives

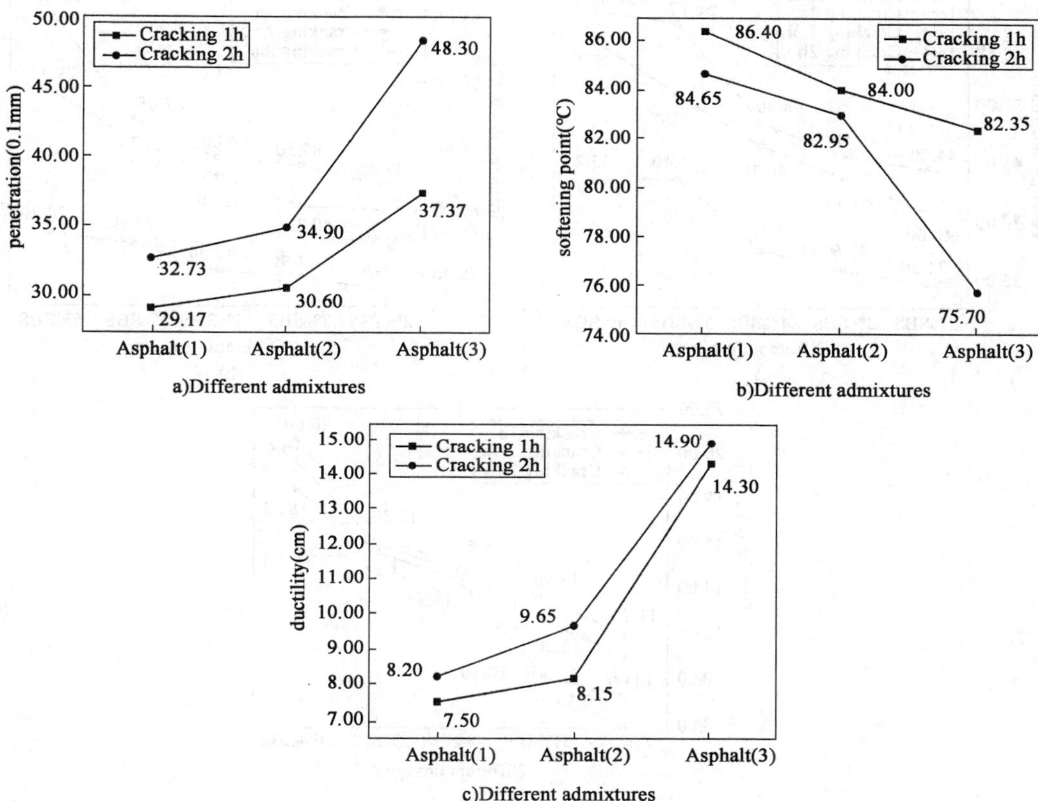

Figure 3 Technical index of composite modified asphalt with different admixtures(a-penetration,b-softening point,c-ductility)

This is because the rubber powder particles become smaller and more uniformly dispersed as a result of cracking, which in turn leads to the formation of a more stable structure with asphalt and SBS. However, the addition of a cracking agent on its own has a limited impact on performance. This is because both SBS and rubber in asphalt require the consumption of lighter components for reaction. Although a pure cracking agent can accelerate rubber cracking, it does not further promote swelling. The addition of a compatibilizer supplements the lighter components in the system, allowing rubber powder to swell and crack more effectively. In summary, the optimal preparation formula is SBS, compatibilizer, rubber powder, and cracking agent.

2 Analysis of factors affecting the performance of composite modified asphalt

This section presents a comparative analysis of the performance of composite modified asphalt with different SBS dosages (2% ~ 6%) based on the preparation methods determined in the previous sections. The analysis includes the evaluation of performance indicators such as penetration, softening point, ductility, and Brookfield viscosity.

2.1 Analysis of factors influencing key performance indicators of composite modified asphalt

The rubber cracking process lasts for up to two hours, with a significantperiod. To gain a more precise understanding of the performance variations in composite modified asphalt, this section takes rubber cracking at one hour, one and a half hours, and two hours as time nodes to compare the basic performance of composite modified asphalt under different SBS dosages, including penetration (25℃), softening point, and ductility (5℃). The results are shown in Figure 4.

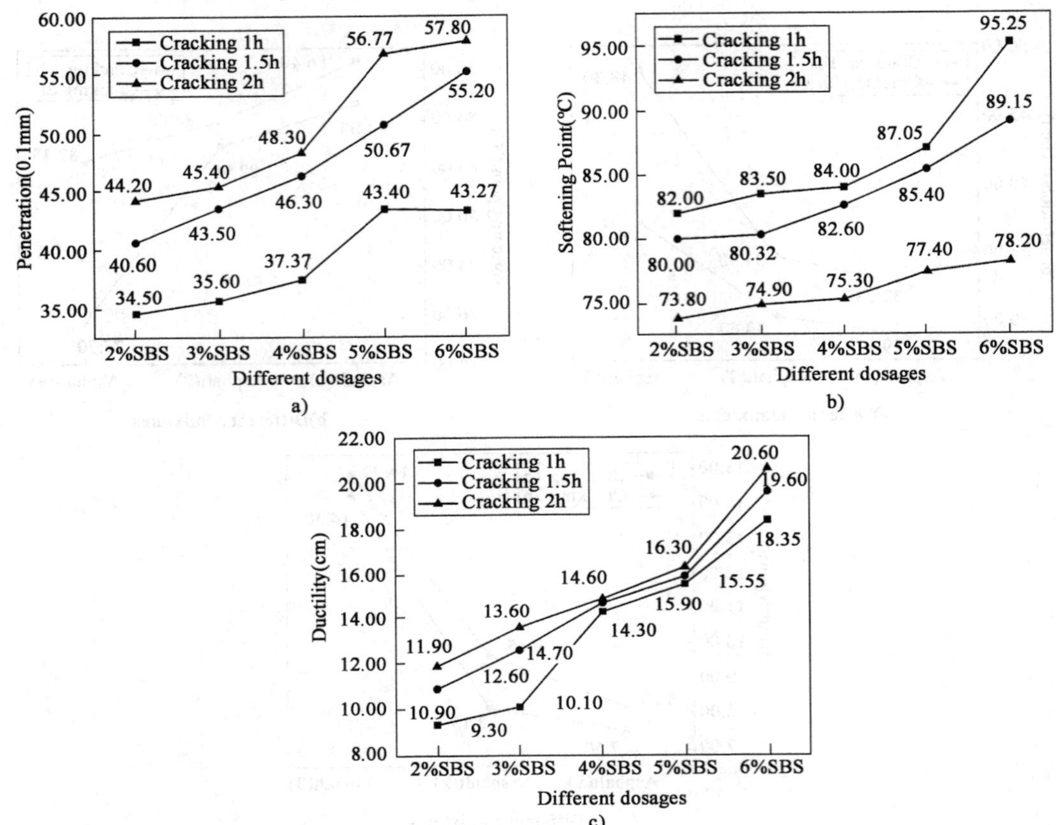

Figure 4 Technical index of composite modified asphalt with different SBS dosages (a-penetration, b-softening point, c-ductility)

It can be observed that with the increase in the dosage of SBS, there is an increase in the penetration, softening point, and ductility, resulting in a significant performance improvement. This is evidenced by an increase in penetration, softening point, and ductility. Regarding cracking time, the longer the cracking time, the higher the penetration and ductility, while the softening point gradually decreases. This is also due to the gradual cracking of rubber particles as the cracking time increases, which results in the overall softening of the asphalt and an improvement in its penetration and low-temperature ductility.

2.2 Analysis of factors influencing viscosity of composite modified asphalt

The viscosity of asphalt can be used to characterize its shear deformation resistance at high temperatures. High viscosity enables asphalt to achieve better high-temperature performance, while also improving its adhesion to stone and other materials, resulting in an enhanced overall performance of the mixture. This study selected 180℃ Brookfield viscosity as the measurement method, and the results are presented in Figure 5.

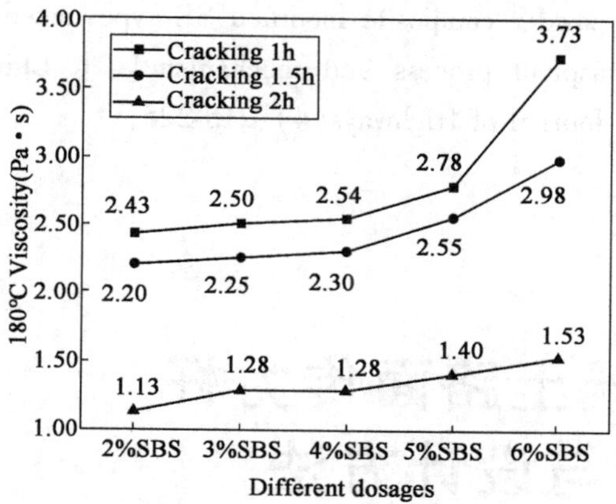

Figure 5 180℃ viscosity of composite modified asphalt with different SBS dosages

It can be observed that the viscosity of the modified asphalt increases gradually with the increase of SBS content, but decreases with the increase of rubber cracking time. The increase in viscosity is attributable to two factors: the inherent viscosity of rubber itself and the increase in the network structure within the system caused by the increase in SBS content. Conversely, the reduction in viscosity resulting from an increase in cracking time is attributable to the expansion of the rubber molecule network, which leads to a decrease in overall viscosity.

3 Conclusions

(1) This study identified the optimal preparation process for SBS rubber composite modified asphalt. The process involved heating the asphalt to 190℃, adding a compatibilizer (1%) and shear for 20 minutes, followed by the addition of 20% to 40 mesh rubber powder and a cracking agent (0.4%), and stirring for 1 ~ 2 hours.

(2) A comparison of the performance of composite modified asphalt with different SBS contents revealed that an increase in SBS content can enhance various properties of composite modified asphalt to a certain extent, including penetration, softening point, and ductility.

(3) A comparison of the performance of composite modified asphalt with different SBS content and different rubber cracking times revealed that an improvement in rubber cracking time can enhance certain properties of composite modified asphalt, while other properties are relatively diminished. This is exemplified by an increase in penetration, a decrease in softening point, and an increase in ductility.

(4) The viscosity of the modified asphalt increases with the increase of SBS content, while the viscosity of the modified asphalt decreases with the increase of cracking time. Furthermore, the effect of SBS on the overall viscosity of the composite modified asphalt is smaller than that of the cracking time. Therefore, to ensure that the viscosity of the composite modified asphalt can be within a reasonable range, the cracking time of rubber should be strictly controlled.

(5) This study investigated the preparation process and performance of high-content SBS rubber composite modified asphalt. The results demonstrated that the composite modified asphalt exhibited excellent performance, thereby confirming the feasibility of high-content SBS rubber composite modified asphalt.

References

[1] SHIVAKOTI A. Performance evaluation of 2002 and 2003 Alberta Asphalt Rubber project[R]. University of Alberta(Canada)2006,157.

[2] DONG C C. Production of rubber powder modified asphalt and itsapplication in highway construction[J]. Special rubber products 2003, (3):19-23.

[3] HAIBIN L, ZIXUAN F, HUA L, et al. Performance and inorganic fume emission reduction of desulfurized rubber powder/ styrene-butadiene-styrene composite modified asphalt and its mixture[J]. Journal of Cleaner Production, 2022, 364.

[4] Chen Li. Research on the Performance of SBS Rubber Composite Modified Asphalt Northern Transportation[J]. 2008. (8):29-31.

[5] ZHANG Z H. Analysis of the production process of rubber/SBS composite modified asphalt[J]. Petroleum Asphalt, 2008(1):39-44.

[6] QIANG D F,ZHE Z W,ZHEN Z Y,et al. Effect of Shear Time and the Crumb Rubber Percentage on the Properties of Composite Modified Asphalt [J]. Advanced Materials Research,2013,848(848-848):26-30.

[7] LIANG M,XIN X,FAN W,et al. Investigation of the rheological properties and storage stability of CR/SBS modified asphalt [J]. Construction and Building Materials,2015,74:235-240.

[8] DONG Z,ZHOU T,LUAN H,et al. SBS/rubber powder composite modified SH type mixed bio asphalt process and mechanism [J]. Chinese Journal of Highways(4):215-225.

基于有限元模型的混凝土路面传力杆接缝传荷效率分析与设计方法

姚 尧*[1] 蒋应红[1] 谈至明[2]

(1. 上海市城市建设设计研究总院(集团)有限公司;2. 同济大学道路与交通工程教育部重点实验室)

摘 要 本文构建了全尺寸水泥混凝土路面有限元模型,结合1957年美国海军工程实验室进行的机场水泥混凝土路面接缝传荷特性试验数据,对有限元模型进行了校验标定,确定了能够精确反映路面及传力杆实际受力状况的接触参数。基于前述有限元模型对水泥混凝土路面传力杆接缝传荷效率进行了计算分析,结果表明:接缝传荷效率LTE与接缝传荷刚度k_τ、荷载半径a与面板刚度半径l_c的比值a/l_c、基层刚度有关。随着k_τ的增大,LTE_w与LTE_P均不断增大;随着a/l_c的增大,LTE_w增大,而LTE_P减小。最后给出了$a/l_c<0.5$时的LTE回归计算式。同时,基层的传荷作用可显著降低接缝的LTE_P,但对LTE_w的影响可忽略,结合计算结果给出了反映基层效应系数λ_{LTE}的回归计算式。该方法已在新一版规范修编稿中应用。

关键词 道路与机场工程 水泥混凝土铺面 基层效应 传力杆接缝 传荷效率

0 引言

当车辆荷载作用点接近接缝处时,受荷板会产生弯沉,同时由于传力杆接缝将部分荷载传递至相邻板块,导致未受荷板也随之产生一定的弯沉变形。将传力杆接缝传递部分荷载至未受荷板的能力称为接缝的传荷效率(LTE)。目前,LTE通常采用以下三种方式表示[1~4]:

(1)基于接缝两侧路面板弯沉的传荷效率LTE_w,两种常用的表示形式如式(1)所示。

$$LTE_w=\frac{w_1}{w_u}$$

$$LTE_w^*=\frac{2w_u}{w_1+w_u} \tag{1}$$

式中:w_1——受荷板板边的最大弯沉值(mm);

w_u——未受荷板板边的最大弯沉值(mm)。

LTE_w与LTE_w^*是等效参数,可转换使用,其间的关系按下式计算:

$$LTE_w^*=\frac{2LTE_w}{1+LTE_w}$$

(2)基于传力杆接缝传递荷载量的传荷效率LTE_P,计算式如式(2)所示。

$$LTE_P=\frac{P_t}{P_1} \tag{2}$$

式中:P_t——传力杆传递的荷载总量(kN);

P_1——外荷载(kN)。

(3)基于受荷板弯拉应力折减的传荷效率LTE_σ,计算式如式(3)所示。

$$LTE_\sigma=\frac{\sigma_t}{\sigma_0} \tag{3}$$

基金项目:2023上海市"超级博士后"资助(2023045)。

式中：σ_t——设置传力杆后板内最大弯拉应力值（MPa）；

σ_0——未设置传力杆时板内最大弯拉应力值（MPa）。

王（Wang）[5] 和黄仰贤（Huang）[6-8] 等人于1974年通过有限元建立了Winkler地基上、弹性半空间体地基上及层状地基上路面的实体模型，分析了面层边缘处的挠度和应力后，提出了以相邻面板边缘的挠度值之比 LTE_w 作为评价缩缝传荷能力的指标。由于挠度在实际工程中方便测量，因此该方法一经提出便得到了诸多道路工作者的认可，该方法已经是目前评价传力杆传荷能力的最主流方法[9]。但是以挠度比作为评价传荷能力的指标只是宏观规律的总结，并不能反映出传力杆与混凝土之间的细观力学响应。

在有限元技术得到发展后，一些学者提出以荷载作用下路面缩缝结构最不利位置处的应力比 LTE_σ 作为反映其传荷能力的间接评价指标，显然，该方法中应力难以在试验中测得准确数值，因此很难在实际工程中推广使用。

Ioannides于1990年[10]给出了粒料嵌锁型接缝的不同LTE之间的关系曲线以及接缝抗剪刚度与 LTE_w 的关系曲线。然而传力杆接缝的设计参数除面板参数外，还需考虑传力杆的尺寸及布设间距，因此LTE的变化规律较粒料嵌锁型接缝复杂，需深入研究分析。

荷载比指标 LTE_P 可直接反映传力杆的荷载传递量，在传力杆尺寸设计中方便使用。但目前测试手段受限，无法有效检测传力杆与混凝土间的荷载分布状况，难以通过 LTE_P 直接评价接缝的传荷能力。

综上所述，由于路面板的弯沉值可直接测量，故 LTE_w 被广泛运用于道路施工检测，而在设计计算时，关注传力杆的受力特性，故荷载比指标 LTE_P 在被普遍采用。因此，本文将以全尺寸有限元模型为基础，对传力杆接缝的传荷效率进行深入研究，以期形成利用 LTE_P 设计，通过 LTE_w 检测的水泥混凝土铺面传力杆接缝设计闭环。

1 构建全尺寸有限元模型

1.1 模型参数标定

以美国海军工程实验室1957年进行的机场水泥混凝土路面接缝传荷特性试验为基础，建立相同的有限元模型：试验路面板为两块7.62/m×4.57/m×0.25/m的水泥混凝土板组成，修筑于地基支撑模量 k_0 =54.3/MPa的土基上，接缝宽度为19/mm；15根光圆钢筋传力杆长度均为508/mm，直径均为28.6/mm，其间距为304.8/mm，设置于混凝土面板厚度的中间位置。传力杆一端做防护涂层处理，另一端与混凝土锚固在一起，以两端交替的方式布设于接缝处；荷载参数为：压强1.4/MPa，面积396.24/mm×406.4/mm，作用于板边中部，如图1所示，试验路中的各结构层材料参数如表1所示。

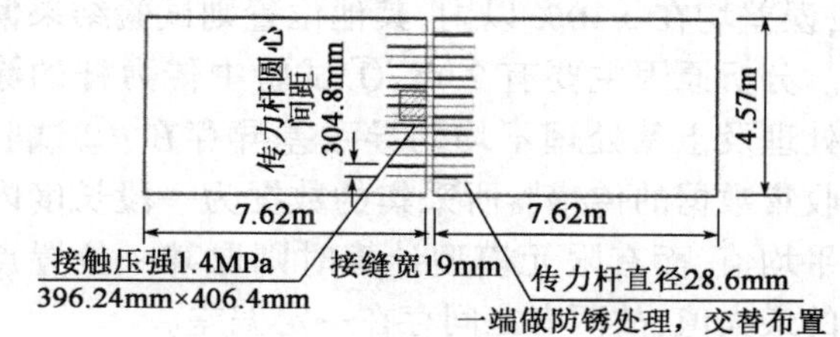

图1 路面模型示意图

道路材料参数表 表1

材料	弹性模量（MPa）	泊松比	密度（kg/m³）
混凝土面层	28600	0.15	2400
传力杆	200000	0.30	7800

有限元建模单元选择：传力杆与混凝土均采用SOLID65号实体单元，传力杆与混凝土接触面采用TARGE170、CONTA173号接触单元。

模拟，水泥混凝土梁下的Winkler地基采用SURF154号单元模拟。

计算分析后得到不同位置处传力杆受到的剪力和弯矩，其中最大剪力和最大正负弯矩的数值解与美国海军工程实验室测试结果的对比如表2所示。

传力杆有限元模型计算结果 表2

距离中心传力杆的距离（mm）	最大正弯矩（kN·m）			最大负弯矩（kN·m）			最大剪力（kN）		
	Ansys	试验	误差（%）	Ansys	试验	误差（%）	Ansys	试验	误差（%）
0	0.295	0.288	2.4	0.198	0.189	4.8	24.35	22.87	6
304.8	0.263	0.259	1.5	0.173	0.184	-6.0	16.05	14.65	10

续上表

距离中心传力杆的距离(mm)	最大正弯矩(kN·m)			最大负弯矩(kN·m)			最大剪力(kN)		
	Ansys	试验	误差(%)	Ansys	试验	误差(%)	Ansys	试验	误差(%)
609.6	0.164	0.174	-5.7	0.093	0.122	-23.8	8.92	9.79	-9
914.4	0.113	0.185	-38.9	0.032	0.052	-38.5	2.95	4.08	-28
1219.2	0.082	0.128	-35.9	0.023	0.059	-61.0	0.97	2.4	-60

对比表中的数据发现,在荷载作用点下方传力杆的弯矩与剪力均为最大值,随着距离增大,传力杆传递的剪力减小。分析数据发现,接缝传力杆传递的弯矩值很小,可忽略;传递总剪力的有限元计算结果为82.13/kN,试验测试结果为84.71/kN,两者误差为3.0%,精度满足设计要求。当关注每根传力杆受力状况时,发现距离中心位置传力杆越远,计算结果误差的绝对值越大,中心位置及相邻位置处剪力值的有限元计算结果与试验结果接近,误差均在±10%以内,其他位置则试验结果偏大。分析原因主要有2点:①试验中传力杆的涂层处理及土基处理不均匀导致差异存在;②试验中收集数据的传感器所采集的数据为一段长度内的平均值,而有限元模型计算时则取某一位置点处的最大值,故两者之间存在一定偏差。

综上所述,有限元模型中设置的各接触参数能够精确地模拟水泥混凝土路面的实际受力状况。当关注传力杆传递的荷载量时,利用上述接触参数建立的有限元模型能够精确的模拟实际工况,且计算精度符合设计要求。

1.2 全尺寸路面实体模型

参考我国《公路水泥混凝土路面设计规范》(JTG D40—2011)(简称《规范》),选择实体模型参数如下:水泥混凝土板块长宽为5m×4.5m,厚度取220~400mm,传力杆长度取400~500mm,间距取250~350mm,直径取15~38mm。

《规范》中规定了基层的尺寸应比水泥混凝土面层宽不少于500mm。基层超宽对混凝土板的荷载响应会造成一定的影响,谈至明、周玉民等结合理论分析与有限元分析,系统地研究了基层超宽对混凝土板的荷载应力、温度应力和弯沉的影响规律[11]。研究表明:随着基层超宽量的增加,混凝土板临界荷位处的荷载应力有所下降,下降幅度在0~38%之间;基层超宽对板中的弯沉影响很小,可以忽略不计,而对板角弯沉影响较大,随着横向超宽量的增加,板角弯沉不断减少,当基层超宽量大于3m后,对板角弯沉的影响不再显著,因而当基层超宽≥3m后可视为无限超宽[12-13]。

综合《规范》要求及相关研究结果,选取基层平面尺寸为11m×5.5m(路肩宽为0.5m),基层厚度取0.2m~0.4m。

在建立有限元实体模型时采用Winkler地基模型,地基支撑模量取30~100MPa/m。模型中的接触参数按前文所述设定,材料参数如表3所示。实体模型中面板长度取半长,如图2所示,在图中虚线处设置对称边界条件。

全尺寸路面有限元模型参数取值 表3

结构层	模量(MPa)	泊松比
水泥混凝土面层	30000	0.15
半刚性基层	4000~10000	0.35
传力杆	210000	0.30
Winkler地基	30~100	—

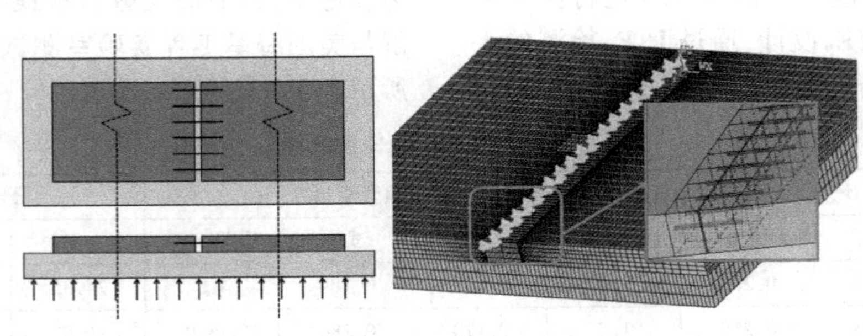

图2 路面传力杆接缝实体模型示意图

2 传力杆接缝的传荷效率

2.1 无基层传力杆接缝的传荷效率研究

利用有限元模型计算分析 Winkler 地基上水泥混凝土铺面(即单层板)传力杆接缝的 LTE_w、LTE_P。荷载作用位置选取最不利位置:板边中部荷载和板角荷载。计算结果表明,接缝传荷效率 LTE 与接缝传荷刚度 k_τ,荷载半径 a 和面板刚度半径 l_c 的比值 a/l_c 有关,其变化规律如图 3、图 4 所示,其中横坐标 ξ_τ 为去量纲后的相对传荷刚度,按式(4)计算:

$$\xi_\tau=\frac{k_\tau}{k_0 s l_c}$$

$$l_c=\sqrt[4]{\frac{E_c h_c^3}{12(1-v_c^2)k_0}} \tag{4}$$

式中:k_τ——传力杆接缝传荷刚度,计算方法参见文献[14];

k_0——Winkler 地基模量;

s——传力杆间距;

l_c——混凝土面板的刚度半径;

E_c、v_c——混凝土面层的模量和泊松比;

h_c——混凝土面层厚度。

图 3、图 4 表明,当 a/l_c 不同时,两种荷位条件下传力杆接缝的 LTE 随接缝相对传荷刚度 ξ_τ 的变化规律相同:随着 ξ_τ 的增大,LTE_w 与 LTE_P 均不断增大。a/l_c 对 LTE_w 与 LTE_P 的影响相反,随着 a/l_c 的增大,LTE_w 增大,而 LTE_P 减小。综合大量计算结果得到 LTE 的回归计算式为式(5),其中 $a/l_c<0.5$。

$$LTE_w=\begin{cases}1-\left[0.3525\ln\left(\dfrac{a}{l_c}\right)+1.6690\right]\xi_\tau^{-0.223\ln\left(\frac{a}{l_c}\right)-1.0788} & (\text{板边中部})\\ 1-\left[0.8166\left(\dfrac{a}{l_c}\right)^{-0.134}\right]\xi_\tau^{-0.7876\left(\frac{a}{l_c}\right)^{0.1132}} & (\text{板角})\end{cases} \tag{5}$$

$$LTE_P=\begin{cases}\dfrac{1}{2}-\left[0.126\ln\left(\dfrac{a}{l_c}\right)+0.410\right]\xi_\tau^{-0.035\ln\left(\frac{a}{l_c}\right)-0.3665} & (\text{板边中部})\\ \dfrac{1}{2}-\left[0.0555\left(\dfrac{a}{l_c}\right)^{-1.116}\right]\xi_\tau^{-0.1339\left(\frac{a}{l_c}\right)-0.905} & (\text{板角})\end{cases} \tag{6}$$

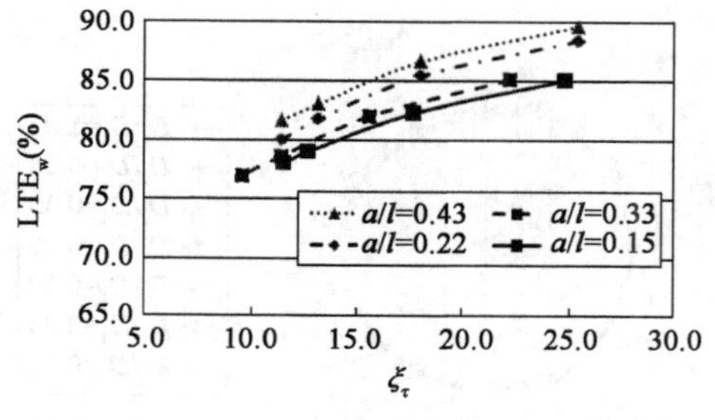

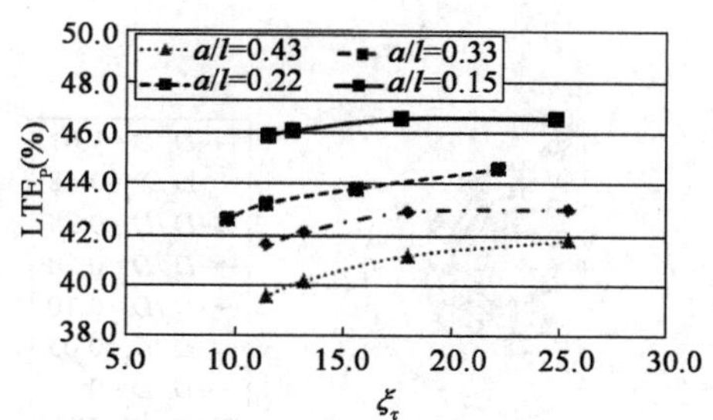

图 3 板边中部荷载作用下 LTE-ξ_τ 关系曲线

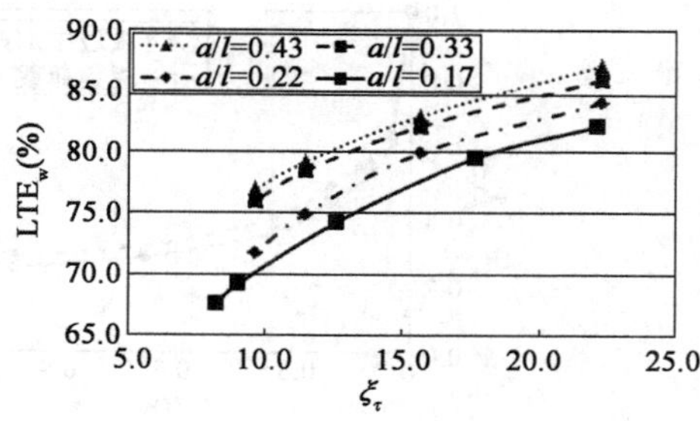

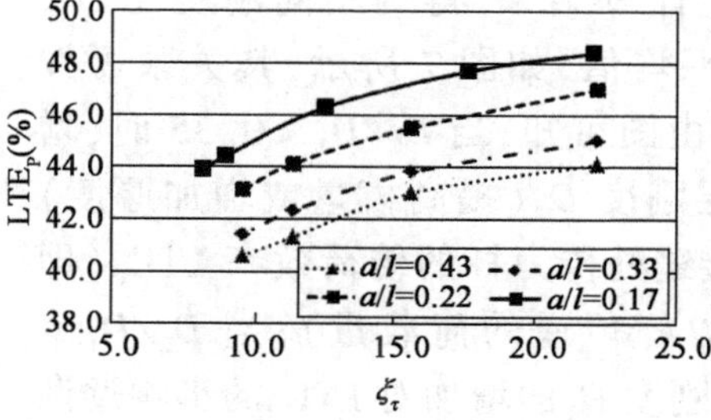

图 4 板角荷载作用下 LTE-ξ_τ 关系曲线

回归值和计算值残差的标准偏差为 0.010(板边中部荷载)和 0.012(板角荷载),具有较高精度。

2.2　基层刚度对传荷能力的影响

水泥混凝土铺面下布设半刚性基层后(即双层板),基层在接缝处可提供部分传荷能力,从而减小传力杆传递的荷载量,然而目前的设计规范考虑接缝传荷效应时并未区分是否设置基层,在选择传力杆尺寸时未能考量基层效应,故本节基于前述有限元模型对该问题进行了研究探讨。

定义 λ_{LTEP} 为布设半刚性基层后传力杆接缝的荷载传递效率 LTE_P 与未设基层时的 LTE_P 的比值;λ_{LTEw} 为布设半刚性基层后传力杆接缝的弯沉传递效率 LTE_w 与未设基层时的 LTE_w 的比值,按式(7)计算。利用有限元计算分析时,首先计算得到未设基层时传力杆接缝的传荷效率 LTE,然后保持面层参数不变,增设不同刚度的基层,计算得到对应的接缝 LTE,进而得到 λ_{LTE}。

$$\lambda_{LTE_P}(D_2/D_1)=\frac{LTE_P(D_1,D_2,a/l_c,\xi_\tau)}{LTE_P(D_1,0,a/l_c,\xi_\tau)}$$

$$\lambda_{LTE_w}(D_2/D_1)=\frac{LTE_w(D_1,D_2,a/l_c,\xi_\tau)}{LTE_w(D_1,0,a/l_c,\xi_\tau)} \tag{7}$$

式中:面层板的刚度为 D_1,半刚性基层的刚度为 D_2。

在前述有限元模型选择的参数范围内,随机选择面板与半刚性基层的模量及厚度组合进行分析,大量计算后得到结果如图 5、图 6 所示。图中每一环为一条 λ_{LTE} 的等值线,由图可看出:当基层与面层的刚度相同时,λ_{LTE} 均在同一条等值线左右波动;λ_{LTEP} 随 D_2/D_1 的增大而减小,但 λ_{LTEw} 基本不会变动,总是在 1 的等值线左右波动。结果表明,当半刚性基层与面板的刚度比 D_2/D_1 确定后,λ_{LTEP} 是一恒定值,该值随着 D_2/D_1 的增大而减小,而 λ_{LTEw} 则不受 D_2/D_1 的影响。

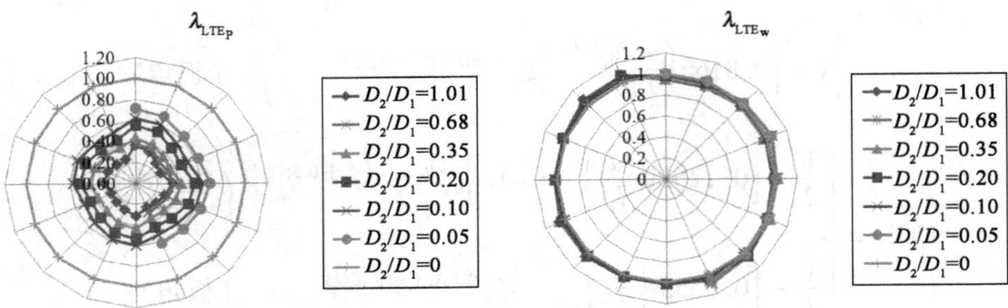

图 5　板边中部荷载作用下基层刚度对 λ_{LTE} 的影响

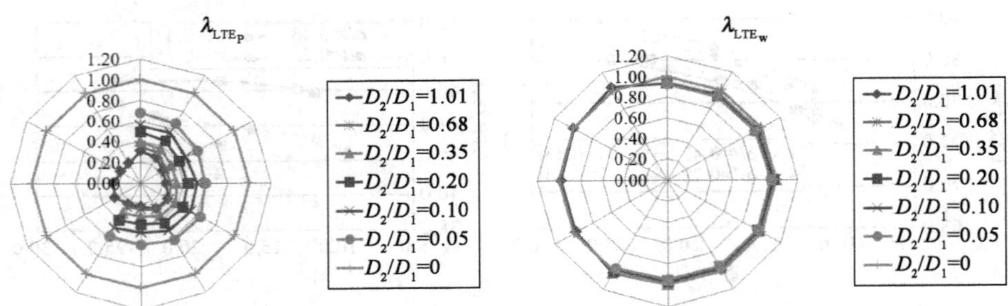

图 6　板角荷载作用下基层刚度对 λ_{LTE} 的影响

根据上述计算结果,得到不同刚度比 D_2/D_1 下 λ_{LTEP} 的平均值,如图 7 所示,其关系可按式(8)计算。由图可知,当 $D_2/D_1<0.35$ 时,增大半刚性基层刚度 D_2(提高模量或增加厚度)可有效降低接缝处传力杆的传荷效率 LTE_P(即有效减小传力杆传递的荷载量);当 $D_2/D_1>0.35$ 后,基层刚度 D_2 的增加对 LTE_P 的影响逐渐减缓。

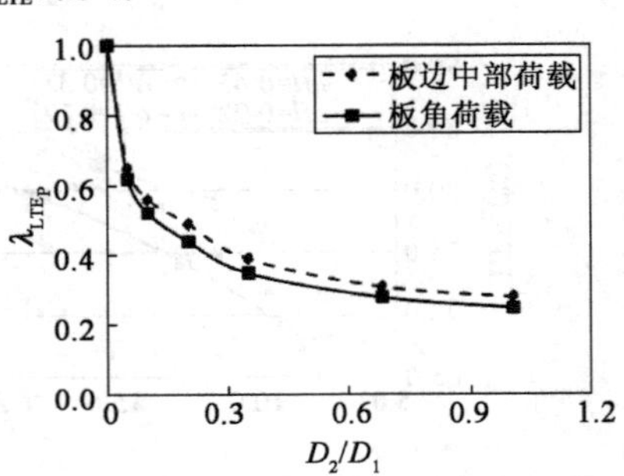

图 7　基层刚度对 λ_{LTEP} 的影响

$$\lambda_{LTE_P}=\frac{A_1\lambda_D+1}{A_2\lambda_D+1} \tag{8}$$

式中：λ_D——基层与面层的刚度比 D_2/D_1；

A_1、A_2——拟合系数，按表 4 取值（刚度比 $D_2/D_1<1$）。

回归系数 A_1、A_2 取值 表4

荷载位置	A_1	A_2
板边中部	3.723	14.55
板角		16.69

利用上述回归式计算 λ_{LTE_P} 的回归值与计算值残差的标准差为 0.044，满足设计精度。

3 算例

3.1 单层板结构

算例结构参数选取如下：混凝土板长 5/m，宽 4.5/m，厚 $h_c=250$/mm，模量为 $E_c=30000$MPa，泊松比 $v_c=0.15$；接缝宽度为 $\delta=10$/mm，传力杆直径为 $d_s=25$/mm，间距为 $s=250$/mm，共布设 18 根，模量 $E_s=210000$MPa，泊松比 $v_s=0.3$；地基回弹模量 $k_0=54.3$MPa/m；轮载为 $P_1=50$/kN，荷载半径 $a=0.15$/m。

根据作者已发表的文献[14]方法计算得到该传力杆接缝的传荷刚度 $k_\tau=345$MN/m，面板刚度半径 $l_c=0.94$/m，去量纲后的相对传荷刚度 $\xi_\tau=27.4$，荷载相对半径 $a/l_c=0.160$。

当荷载作用于板角时，由本文回归式计算得到 $LTE_P=45.8\%$，则接缝传递的总剪力 $P_t=22.9$/kN。

当荷载作用于板边中部时，由本文回归式计算得到 $LTE_P=43.4\%$，则接缝传递的总剪力 $P_t=21.7$/kN。

3.2 双层板结构

在单层结构算例中增设半刚性基层，基层超宽为 0.5m，厚度为 0.25m，模量为 8000MPa，泊松比为 0.30，半刚性基层的刚度 $D_b=11.4$MN·m，水泥混凝土面层的刚度 $D_c=40.0$MN·m，刚度比 $D_b/D_c=0.285$。

板角荷载：考虑基层效应后，由式(8)计算得到基层对传荷效率的影响系数 $\lambda_{LTEP}=0.362$，则 $LTE_P=45.8\%\times0.362=16.6\%$，接缝传递的总剪力 $P_t=8.30$/kN。

板边中部荷载：考虑基层效应后，由式(8)计算得到基层对传荷效率的影响系数 $\lambda_{LTEP}=0.400$，进而求得 $LTE_P=43.4\%\times0.400=17.3\%$，接缝传递的总剪力 $P_t=8.65$/kN。

4 结语

(1)本文建立了三维有限元实体路面模型，并将计算结果与美国海军工程实验室 1957 年进行的机场水泥混凝土路面接缝传荷特性试验结果进行了对比，结果表明，接缝传递的总剪力的 Ansys 计算结果为 82.13/kN，试验测试结果为 84.71/kN，两者误差为 3.0%。当关注传力杆传递的荷载量时，利用上述接触参数建立的有限元模型能够精确的模拟实际工况，且计算精度符合设计要求。

(2)依据设计规范尺寸建立了相应的路面实体模型，计算分析了弯沉传荷效应 LTE_w 与荷载传荷效率 LTE_P 的变化情况，结果表明传荷效率 LTE 与接缝传荷刚度 k_τ、荷载半径 a 与面板刚度半径 l_c 的比值 a/l_c、基层刚度有关，在大量计算结果的基础上给出了 LTE 的回归计算式。

(3)通过在有限元模型中加入半刚性基层，分析了基层刚度对传荷效率 LTE 的影响，指出基层刚度的增大会降低荷载传荷效率 LTE_P，但不会影响弯沉传荷效率 LTE_w，结合计算结果给出了反应基层效应系数 λ_{LTE} 的回归计算式。

(4)本研究给出了定量分析刚性铺面传力杆接缝传荷能力的计算方法，达到了利用 LTE_P 正向设计，通过 LTE_w 检测的刚性铺面传力杆接缝闭环设计目的，为精细化设计传力杆接缝奠定了基础，该方法目前已在《公路水泥混凝土路面设计规范》(JTG D40—2011)修编稿中应用，未来可拓展至机场水泥混凝土铺面设计中应用。

参考文献

[1] IOANNIDES A M, KOROVESIS G T. Analysis and Design of Doweled Slab-on-Grade Pavement Systems [J]. Journal of Transportation Engineering, 1992, 118(6): 745-768.

[2] KHAZANOVICH L, GOTLIF A. Evaluation of PCC joint stiffness using LTPP data [C] // Eighth International Conference on Concrete Pavements American Association of State Highway and Transportation Officials (AASHTO) American Concrete Pavement Association Cement Association of Canada Colorado Department of Transportation Concrete Reinforcing Steel

Institute Federal Highway Administration Portland Cement Association Purdue University Transportation Research Board. 2005.

[3] HAMMONS M. Advanced pavement design: Finite element modeling for rigid pavement joints, Report II: Model development [R]. William J. Hughes Technical Center (US),1998.

[4] Hammons M I, Ioannides A M. Advanced Pavement Design: Finite Element Modeling for Rigid Pavement Joints[J]. Report I-Background Investigation. 1997:107.

[5] WANG S K. Advanced Analysis of Rigid Pavement [J]. Transportation Engineering Journal,1972,98(1):37-44.

[6] HUANG Y H, WANG S T. Finite-element analysis of concrete slabs and its Implications for rigid pavement design [J]. Highway Research Record,1973:55-69.

[7] HUANG Y H, WANG S T. Finite-element analysis of rigid pavements with partial subgrade contact[J]. Transportation Research Record, 1974,485:39-54.

[8] HUANG Y H. Finite Element Analysis of Slabs on Elastic Solids[J]. Journal of Transportation Engineering,1974,100(2):403-416.

[9] 付立平,姚祖康. 混凝土路面接缝传荷能力的有限元分析[J]. 华东公路,1988(5):3-12.

[10] IOANNIDES A M, KOROVESIS G T. Aggregate interlock: a pure-shear load transfer mechanism [J]. Transportation Research Record,1990:1286.

[11] 周玉民,谈至明,刘伯莹. 超宽刚性或半刚性基层水泥混凝土路面结构设计[J]. 公路交通科技(应用技术版),2007(11):5.

[12] 谈至明,周玉民,刘伯莹. 水泥混凝土路面板温度翘曲应力[J]. 公路,2004(11):5.

[13] 周玉民,谈至明,赵军. 考虑基层超宽的水泥混凝土路面荷载应力计算[J]. 同济大学学报:自然科学版,2007,35(10):5.

[14] 姚尧,谈至明,朱唐亮,等. 水泥混凝土路面传力杆应力分析力学模型[J]. 同济大学学报:自然科学版,2018,46(2):6.

[15] 周正峰,凌建明,袁捷. 机场水泥混凝土道面接缝传荷能力分析[J]. 土木工程学报,2009(2):7.

RAP掺量对再生沥青混合料耐老化性能影响

尹 杰[1] 邢明亮*[2] 游庆龙[1]
(1. 长安大学公路学院;2. 长安大学材料科学与工程学院)

摘 要 在循环荷载和环境因素作用下,沥青路面会出现不同程度的老化,产生了大量废旧沥青混合料料(RAP)。为了研究RAP掺量和再生剂类型对再生沥青混合料设计和性能的影响,添加了三种不同油基再生剂,探究再生剂类型对再生沥青三大指标的影响。选用最佳掺量的再生剂和20%、30%、40% RAP掺量制备再生沥青混合料,利用室内短期长期老化试验、车辙试验、低温弯曲试验和浸水马歇尔试验,评价了再生沥青混合料的路用性能和耐老化性能。

关键词 道路工程 再生沥青混合料 RAP掺量 路用性能 耐老化性能

0 引言

沥青老化会使路面出现不同程度的损坏,影响路面使用性能[1-3]。沥青路面损坏会产生大量RAP料,再生技术可以将RAP料循环利用,实现可持续发展[4]。研究表明,沥青混合料再生技术可节约43%~51%工程材料成本[5]。为了延缓再生沥青混合料的老化,研究人员展开了大量研究,RAP掺量、再生剂类型及混溶程度等对再生沥青混合料老化有很大影响。

沥青混合料再生技术不仅能满足路用性能,也要求尽可能提高旧料掺配率[6]。Yu等[7]采用汉堡车轮跟踪试验和断裂试验对40% RAP掺量的再生沥青混合料性能研究,高RAP掺量能改善再生沥青混合料开裂性能。左峰等[8]通过路用性能试验和弯曲疲劳试验研究了再生沥青混合料性能,RAP掺量对混合料低温抗裂性能和抗水损害有影响。

为了探究如何延缓再生沥青混合料老化,刘芳等[9]利用动态频率扫描和傅里叶红外光谱分析了再生沥青性能,在老化过程中,再生沥青的流变性能与新沥青相近,初期衰减较快,后期衰减较慢。Guo 等[10]发现了温拌再生沥青混合料在短期和长期老化后水稳定性和低温抗裂性降低。李强等[11]采用 DSR 试验和 BBR 试验研究了再生沥青及混合料的老化机理。陈华鑫等[12]分析了沥青老化的微观官能团指数,研究了再生剂对沥青抗老化性能影响。冯振刚等[13]认为再生剂能提高沥青低温性能,但再生剂过量会降低沥青流变性能,加速沥青老化。Mohammadafzali M 等[14]认为再生沥青抗裂性优于新沥青,掺加不同种类再生剂的混合料老化速度不同。X. Shu [15]等认为RAP 能提高混合料抗弯拉强度,但 RAP 具有较低的蠕变应变能耗散率,受力后转化为损伤,疲劳寿命较短。Suo 等[16]认为老化过程增加了再生沥青混合料拉伸强度,老化不会增加其弹性模量。

鉴于此,本文采用不同再生剂类型研究再生剂对再生沥青性能影响,研究 RAP 掺量对再生沥青混合料的影响,利用路用性能指标的变化率分析再生沥青混合料的耐老化性能,为再生沥青混合料老化性能研究提供理论基础。

1 原材料与试验方法

1.1 原材料

1.1.1 新沥青

试验所用新沥青为中海 70 号 A 级道路石油沥青,主要技术性质见表 1。

新沥青技术指标　　表 1

检测项目	规范要求	试验结果	试验方法
针入度(25℃)(0.1mm)	60 ~ 80	67	T 0604—2011
软化点(℃)	>45	49.5	T 0606—2011
延度(15℃)(cm)	>100	>100	T 0605—2011
闪点(℃)	295	≥260	T 0611—2011
135℃旋转黏度(Pa·s)	实测	0.49	T 0609—2011

1.1.2 旧沥青

试验的旧沥青为 RAP 料经抽提离心、旋转蒸发等过程获得,主要技术性质见表 2。

旧沥青技术指标　　表 2

检测项目	规范要求	试验结果	试验方法
针入度(25℃)(0.1mm)	60 ~ 80	15	T 0604—2011
软化点(环球法)(℃)	>45	68.5	T 0606—2011
延度(15℃)(cm)	>100	1.1	T 0605—2011
135℃旋转黏度(Pa·s)	实测	1.26	T 0609—2011

1.1.3 再生剂

试验选用了三种不同油基再生剂,其主要技术性质见表 3。

再生剂技术性能指标　　表 3

检测项目	再生剂类型		
	再生剂 A	再生剂 B	再生剂 C
60℃黏度(Pa·s)	0.071	0.301	0.062
闪点(℃)	>220	>220	>220
外观	黄褐色	黑褐色	褐色

1.1.4 RAP 料

RAP 料是从西安市政破损的路面和磨耗层中得到的,由于新铣刨的 RAP 料中含有大量大块材料,在对 RAP 料旧料进行分析之前应先对其进行预处理。先对 RAP 料进行加热软化,防止 RAP 料二次老化;利用人工掰碎,必要时采用锤子轻敲的方式;在破碎过程中要防止集料破碎,导致 RAP 料变异性增大。

1.2 试验方案

1.2.1 确定再生剂掺量和制备再生沥青

由于 RAP 料经抽提离心和旋转蒸发后得到的沥青很少,利用旋转薄膜烘箱试验将基质沥青老化后得到的老化沥青进行试验。将老化沥青加热至 135℃,选用三种不同油基的再生剂,掺量为 5%、8%、11%、14%,在 135℃ 烘箱中保温渗透 30min,以 2000r/min 的转速剪切 10min 制备再生沥青。利用三大指标评价再生剂对老化沥青的恢复效果,优选再生剂和再生剂掺量。

1.2.2 再生沥青混合料试验方案

利用优选的再生剂和掺量,掺入 RAP 料,制备级配为 AC-13 的再生沥青混合料,RAP 料的掺量为 20%、30%、40%。对再生沥青混合料模拟室内短期、长期老化,对再生沥青混合料路用性能进行评价,采用车辙试验、低温弯曲试验和浸水马歇尔试验来评价再生沥青混合料的路用性能,评价

RAP掺量对再生沥青混合料耐老化性能的影响。

室内试验模拟短期老化(图1),将拌和好的沥青混合料均匀摊铺在大浅盘中,将装有松散混合料的浅盘放入135℃±3℃的烘箱中,在通风的条件下加热4h±5min,每1h翻拌一次,加热4h后取出。

图1　室内模拟混合料短期老化

室内试验模拟长期老化(图2),将短期老化后沥青混合料成型试件,再放入85℃±3℃的烘箱中,在通风的条件下加热5d±0.5h,试件发生长期老化。该过程中尽可能保证不移动试件,取出试件自然冷却至室温。

图2　室内模拟混合料长期老化

2　试验结果与分析

2.1　再生剂掺量确定

由图3可知,在再生沥青中,再生剂的掺量增加,再生沥青的针入度和延度增加,针入度和延度的增长率呈下降趋势;软化点减小,软化点的减小率也呈下降趋势。沥青针入度表征了沥青的黏稠性,在相同掺量下,再生剂C对再生沥青的黏稠性调节效果更好,同时对沥青的软化点和延度的改善效果最好。再生沥青的延度无法恢复至新沥青水平,再生剂和再生沥青混合属于物理混溶,不能有效提高沥青的延展性。三种不同类型再生剂对再生沥青性能的改善效果为:C>A>B,分析原因为加入再生剂后使得再生沥青组分相对平衡,再生剂C与沥青组分的相容性更佳。

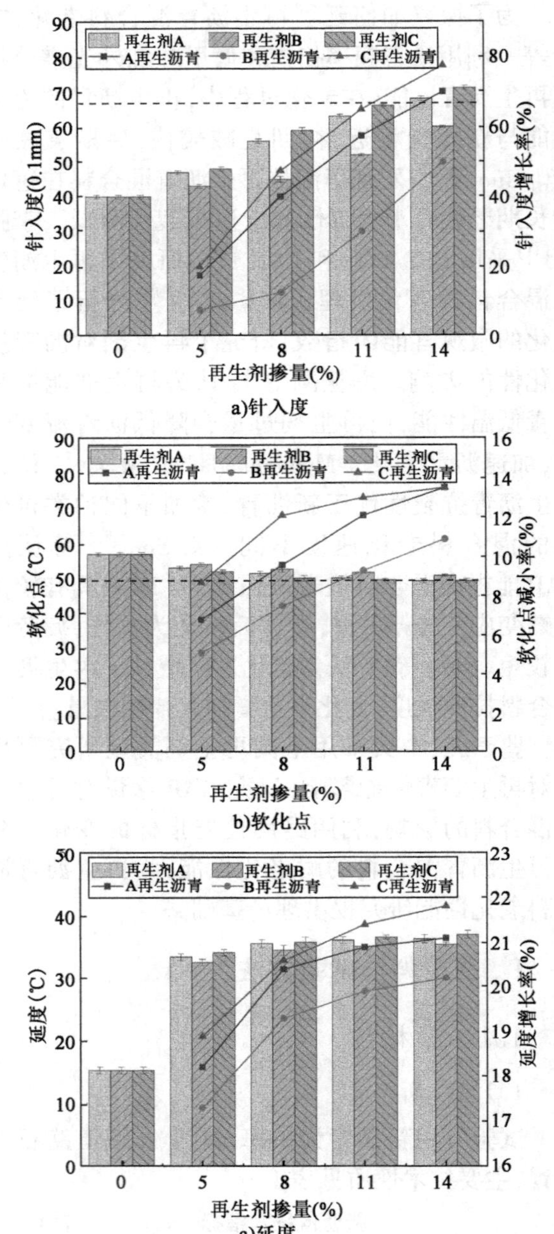

图3　再生剂类型和掺量对再生沥青性能影响

在再生剂掺量为14%时,再生剂B改善沥青的针入度仍未达到新沥青水平。按照再生沥青的针入度达到新沥青水平时确定再生剂的掺量。再生沥青针入度达到新沥青针入度时,此时再生剂掺量为最佳掺量。根据试验结果,再生剂A和再生剂C的最佳掺量分别为13.4%、11.6%。考虑再生沥青的经济成本,后续混合料性能试验中均采用再生剂C,掺量取11.6%。

2.2 高温稳定性

采用11.6%的再生剂C改善再生沥青混合料,对再生沥青混合料进行短期老化和长期老化后,利用车辙试验评价其高温稳定性,结果如图4。

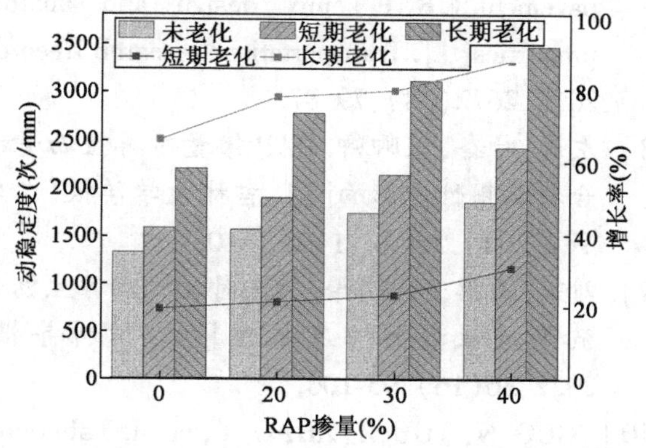

图4 RAP掺量对再生沥青混合料动稳定度影响

由图4可知,再生沥青混合料的动稳定度都满足规范中大于800次的要求,RAP掺量增加,再生沥青混合料动稳定度增大,高温稳定性能提高。分析其原因为RAP料中旧沥青老化后变硬变脆,劲度也变大,使再生沥青混合料的高温稳定性提高。

在短期和长期老化后,利用动稳定度增长率变化反映再生沥青混合料的耐老化性能。RAP掺量增加,再生沥青混合料的动稳定度增长率呈现增大的趋势,且RAP掺量从30%~40%时,动稳定度增长率曲线变化幅度最大。RAP掺量增大,再生沥青混合料耐老化性能降低,在RAP掺量为40%时,耐老化性能最小。

2.3 水稳定性

采用最佳掺量的再生剂C,改变RAP掺量制备AC-13型再生沥青混合料,制备短期老化和长期老化后马歇尔试件,利用浸水马歇尔试验评价再生沥青混合料的水稳定性,结果如图5所示。

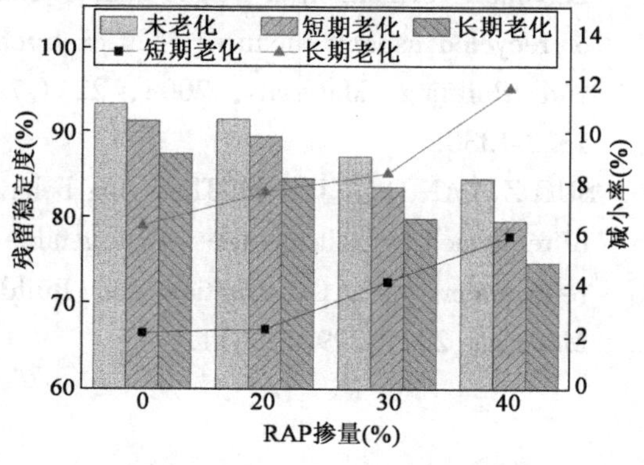

图5 RAP掺量对再生沥青混合料残留稳定度影响

由图5可知,未老化的再生沥青混合料残留稳定度都满足规范中大于80%的要求。随着RAP掺量增加,再生沥青混合料的残留稳定度减小,再生沥青混合料的水稳定性能降低。分析原因为旧沥青含量增加,沥青与集料之间的黏附性降低。在短期和长期老化后,利用残留稳定度减小率变化反映再生沥青混合料的耐老化性能。长期老化对再生沥青混合料的水稳定性影响大,RAP掺量增加,混合料残留稳定度减小率增加,减小率曲线幅度在增大,再生沥青混合料的耐老化性能降低。

2.4 低温抗裂性

采用最佳掺量的再生剂C和不同RAP掺量下制备AC-13型再生沥青混合料,利用短期和长期老化后的小梁试件,用低温弯曲试验评价再生沥青混合料的低温抗裂性能,试验结果如图6所示。

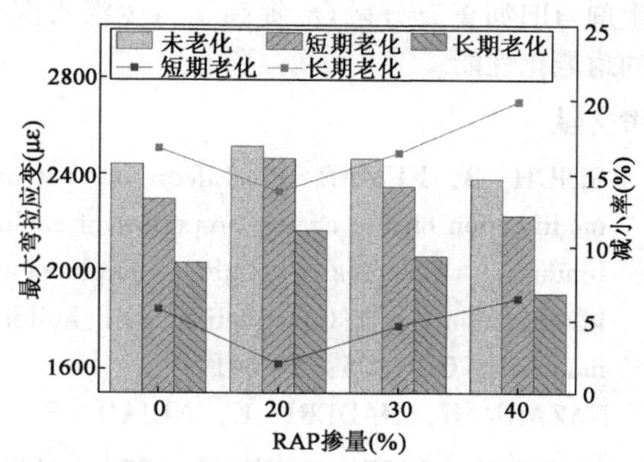

图6 RAP掺量对再生沥青混合料最大弯拉应变影响

由图6可知,未老化和短期老化后的小梁试件均满足规范中最大弯拉应变大于2000με的要求。RAP掺量增加,再生沥青混合料的最大弯拉应变先增大后减小,再生沥青混合料的低温抗裂性能先提高后降低。

在短期和长期老化后,通过最大弯拉应变减小率变化反映再生沥青混合料的耐老化性能。在短期老化后,再生沥青混合料的最大弯拉应变减小率很小,RAP掺量为30%的再生沥青混合料最大弯拉应变减小率低于普通沥青混合料。最大弯拉应变减小率随着RAP掺量增加呈现先减小后增大的趋势,再生沥青混合料的耐老化性能先提高后降低。分析原因为再生沥青混合料在室内模拟老化过程中,加热时再生剂在混合料中进行扩散,使再生剂与旧沥青充分融合,提升了再生效果以及再生沥青混合料的耐老化性能。

3 结语

(1)随着再生剂掺量增加,再生沥青的针入度和延度增加,针入度和延度的增长率呈下降趋势;随着软化点减小,软化点的减小率也呈下降趋势。再生剂对再生沥青性能的改善效果为:C > A > B,再生剂A和再生剂C的最佳掺量分别为13.4%、11.6%。

(2)RAP掺量增加,再生沥青混合料动稳定度增大,高温稳定性能提高;再生沥青混合料的残留稳定度减小,混合料的水稳定性能降低;再生沥青混合料的最大弯拉应变先增大后减小,低温抗裂性能先提高后降低。

(3)RAP掺量增加,再生沥青混合料的耐老化性能总体呈现一直降低的趋势,也会呈现先提高后降低的趋势,分析原因为模拟老化过程加热,使再生剂与旧沥青充分融合,提高了再生沥青混合料的耐老化性能。

参考文献

[1] SINGH B, KUMAR P. Effect of polymer modification on the ageing properties of asphalt binders: Chemical and morphological investigation[J]. Construction and building materials,2019,205:633-641.

[2] NAZARI H, NADERI K, NEJAD F M. Improving aging resistance and fatigue performance of asphalt binders using inorganic nanoparticles[J]. Construction and Building Materials,2018,170:591-602.

[3] TAUSTE R, MORENO-NAVARRO F, SOL-SÁNCHEZ M,et al. Understanding the bitumen ageing phenomenon:A review[J]. Construction and Building Materials,2018,192:593-609.

[4] 游庆龙,马靖莲,彭芳文,等.适应不同交通量的冷再生基层沥青路面结构厚度研究[J].公路交通科技,2014,31(7):26-31.

[5] 耿九光.高速公路旧沥青混合料热再生技术研究[D].西安:长安大学,2007.

[6] VALDÉS G, PÉREZ-JIMÉNEZ F, MIRÓ R,et al. Experimental study of recycled asphalt mixtures with high percentages of reclaimed asphalt pavement(RAP)[J]. Construction and Building Materials,2011,25(3):1289-1297.

[7] YU S,SHEN S,ZHOU X,et al. Effect of partial blending on high content reclaimed asphalt pavement (RAP) mix design and mixture properties[J]. Transportation Research Record,2018,2672(28):79-87.

[8] 左锋,叶奋,宋卿卿.RAP掺量对再生沥青混合料路用性能影响[J].吉林大学学报(工学版),2020,50(4):1403-1410.

[9] 刘芳,王旗,张倫,等.老化对废机油再生沥青流变特性的影响及机理[J].材料导报,2022,36(16):95-100.

[10] GUO N,YOU Z,ZHAO Y,et al. Laboratory performance of warm mix asphalt containing recycled asphalt mixtures[J]. Construction and Building Materials,2014,64:141-149.

[11] 李强,孙光旭,罗桑,等.二次老化条件下温拌再生沥青胶结料的抗车辙和低温性能评价(英文)[J]. Journal of Southeast University (English Edition),2020,36(01):81-87.

[12] 陈华鑫,崔宇,尹艳平,等.再生剂类型对沥青抗老化性能的影响[J].中国科技论文,2022,17(6):589-594.

[13] 冯振刚,赵培馨,姚冬冬,等.废机油残留物在沥青混合料中的应用研究进展[J].中国科技论文,2021,16(2):121-127,143.

[14] MOHAMMADAFZALI M,ALI H,MUSSELMAN J A,et al. The effect of aging on the cracking resistance of recycled asphalt[J]. Advances in Civil Engineering,2017.

[15] SHU X, HUANG B, VUKOSAVLJEVIC D. Laboratory evaluation of fatigue characteristics of recycled asphalt mixture[J]. Construction and Building Materials, 2008, 22(7):1323-1330.

[16] SUO Z,YAN Q,JI J,et al. The aging behavior of reclaimed asphalt mixture with vegetable oil rejuvenators[J]. Construction and Building Materials,2021,299:123811.

泡沫橡胶沥青复合冷再生混合料技术特性研究

裴建中* 康昊怡
(长安大学公路学院)

摘 要 为了探究泡沫橡胶沥青复合冷再生混合料的技术特性，本文采用自制的橡胶沥青进行发泡，优选最佳发泡条件，制备泡沫橡胶沥青，设计两种不同 RAP、RAI 掺量的级配进行配合比设计，经旋转压实成型后对混合料试件进行力学性能、水稳性能的测试，最后针对混合料的微观特性进行观测，结果表明：泡沫橡胶沥青在165℃、2.8%用水量下具备优良的发泡效果；两种泡沫橡胶沥青复合冷再生混合料的最佳拌和用水量分别为4.95%、4.78%，最佳沥青用量分别为3.0%、2.5%；按照上述条件成型两种不同级配的混合料均具备良好的力学性能、水稳性能及变形能力；掺加水泥后产生的水化产物可降低混合料空隙率，同时将大空隙分割成小孔，有效提升混合料的密实性。

关键词 泡沫沥青 橡胶沥青 复合式冷再生 性能检验 微观特性

0 引言

半刚性基层是我国高等级公路最常用的路面结构，随着道路使用年限的增长，当前我国公路网大多处于大中修阶段，在维修过程中产生了大量沥青混合料回收料（RAP）与无机回收料（RAI），而这些材料的再生利用对于环境保护、砂石材料的节约、经济费用节约有重大意义。

泡沫沥青冷再生技术是利用发泡技术制备泡沫沥青，在常温下与再生混合料进行拌和，碾压、重新铺筑利用的节能环保的施工工艺。近年来，国内外众多学者对该技术进行了深入研究，研究内容主要包括泡沫沥青的评价指标[1-4]、发泡影响因素[5-7]、混合料配合比设计[8-9]、混合料宏观力学性能[10-11]、混合料微观性能[12-14]等方向。

泡沫沥青技术多采用基质沥青发泡，而对于改性沥青发泡的使用较少，橡胶沥青作为一种环保材料，通过胶粉颗粒与基质沥青的溶胀作用，可有效提升沥青性能，但通常橡胶沥青黏度较大，不利于发泡。因此，本文采用高温高速剪切的方法制备橡胶沥青，有效降低其黏度，在最佳发泡条件下制备泡沫橡胶沥青，与再生混合料 RAP、RAI 拌和，形成泡沫橡胶沥青复合冷再生混合料，并验证其性能。

1 原材料与试验方案

1.1 原材料

(1)橡胶沥青。

本文选择 A-70 基质沥青加入 40 目 A 级胶粉，在220℃、3000r/min 条件下剪切4小时进行改性沥青的制备，原材料相关参数如表1～表3所示。

A-70 基质沥青技术参数 表1

分析项目	A-70	质量指标	试验方法
25℃针入度(0.1mm)	71	60～80	T 0604
针入度指数(PI)	-0.99	-1.5～+1.0	T 0604
软化点(℃)	49.6	≥46	T 0606
60℃动力黏度(Pa·s)	221	≥180	T 0620
15℃延度(cm)	>100	≥100	T 0605
闪点(℃)	289	≥260	T 0611
蜡含量(%)	1.9	≤2.2	T 0615
溶解度(三氯乙烯)(%)	99.79	≥99.5	T 0607
TFOT(或 RTFOT)后残留物质量变化(%)	-0.064	-0.8～+0.8	T 0609

橡胶粉技术参数 表2

分析项目	检测值	标准要求	试验方法
体积密度(g/cm^3)	0.301	0.25~0.46	《硫化橡胶粉》(GB/T 19208—2008)
筛余物(%)	6.9	≤10	《硫化橡胶粉》(GB/T 19208—2008)
纤维含量(%)	0.2	≤0.5	《硫化橡胶粉》(GB/T 19208—2008)
密度(g/m^3)	1.18	1.1~1.2	《硫化橡胶粉》(GB/T 19208—2008)

泡沫橡胶沥青技术参数 表3

技术参数	25℃针入度(0.1mm)	15℃延度(cm)	软化点(℃)	135℃旋转黏度(Pa·s)
数值	44.1	23.2	58.3	0.8

(2)RAP、RAI。

本文采用的RAP、RAI取自陕西省某高速公路,相关技术性能如表4所示。

RAP、RAI技术性能参数 表4

	沥青含量(%)	含水率(%)	压碎值(%)	洛杉矶磨耗损失(%)	针片状颗粒含量(%)
RAP抽提前	3.3	1.8	—	—	11.1
RAP抽提后	—	—	18.9	25.6	7.5
RAI	—	2.09	20.1	—	13.4

(3)水泥。

在混合料中加入部分水泥,水泥与水发生化学反应可形成钙矾石等水化产物,水化产物可交叉填充混合料内部空隙,增强混合料密实性,提升混合料的强度,本文采用42.5级普通硅酸盐水泥,相关技术性能满足要求。

1.2 发泡试验方案

试验方案:采用维特根WLB-10S发泡机进行沥青发泡试验,变化1%、2%、3%、4%四种用水量,155℃、160℃、165℃、170℃四种温度,以膨胀率和半衰期为评价指标进行发泡试验,测试结果见表5。

发泡试验结果 表5

温度(℃)	用水量	膨胀率(倍)	半衰期(s)
155	1%	5.7	22.4
	2%	7.2	16.6
	3%	10.4	8.5
	4%	14	7.6
160	1%	6	21.1
	2%	10.6	15.8
	3%	12.5	9.8
	4%	14.6	7.6

续上表

温度(℃)	用水量	膨胀率(倍)	半衰期(s)
165	1%	6.6	20.6
	2%	9.7	14.9
	3%	13.6	11.4
	4%	15.4	7.9
170	1%	7.8	19.4
	2%	9.8	14.1
	3%	13.1	10.2
	4%	16.3	6.2

按照《公路沥青路面再生技术规范》(JTG/T 5521—2019)确定沥青最佳发泡温度为165℃,最佳发泡用水量为2.8%,对应的膨胀率为12.8倍,半衰期为12.2s。

2 配合比设计

2.1 级配

本文首先对所选的RAP和RAI材料进行级配筛分,随后根据再生规范中粗粒式泡沫沥青混合料级配设计范围进行级配设计。为最大程度的利用废旧材料,设计方案不加入新的集料,采用RAP和RAI复合,添加部分水泥充当细集料的方式进行设计,拟采用两种掺配方案设计级配,级配1为10%RAP+88.5%RAI+1.5%水泥;级配2为30%RAP+68.5%RAI+1.5%水泥,设计结果如表6所示。

泡沫沥青混合料级配 表6

各筛孔尺寸	通过百分率(%)				
	RAP	RAI	水泥	级配1	级配2
26.5	100	99.1	100	99.2	99.4
19	92.8	89.1	100	89.6	90.4

续上表

各筛孔尺寸	通过百分率(%)				
	RAP	RAI	水泥	级配1	级配2
16	85.9	82.4	100	83	83.7
13.2	78.3	72.8	100	73.8	74.9
9.5	73.5	53.5	100	56.2	60.2
4.75	51.2	36.7	100	39.1	42
2.36	34.1	25.3	100	27.3	29.1
1.18	23.6	19.2	100	20.9	21.8
0.6	12.7	14.9	100	16	15.5
0.3	5.7	9.8	100	10.7	9.9
0.15	3.3	5.8	99.5	7	6.5
0.075	1.7	4.7	99	5.8	5.2

2.2 最佳拌和用水量

在泡沫沥青混合料拌和过程中,额外加入适当水分可有效分散泡沫沥青,使得混合料拌和更均匀,还可减小混合料中集料摩擦力,提升压实效果,但过多的水分可能导致泡沫沥青与集料之间的黏附力下降,养生结束后混合料空隙率过大,从而降低混合料的密实性,因此本文变化3%、4%、5%、6%、7%五种用水量,采用重型击实试验确定最佳拌合用水量。级配1、2击实曲线如图1、图2所示。

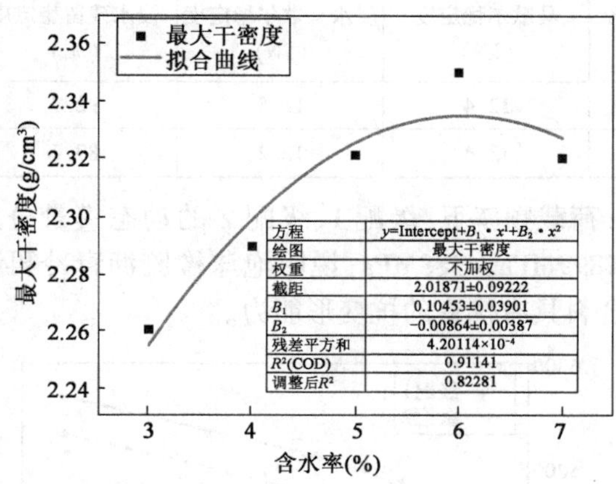

图1 级配1击实曲线

根据上述曲线可知,级配1的最佳含水率为6.19%,级配2的最佳含水率为5.98%,根据工程相关经验,在最佳含水率的基础上折减20%得到的含水率下成型的泡沫沥青混合料具备更好的性能。因此,级配1的最佳拌和用水量折减后为4.95%,级配2的最佳拌和用水量折减后为4.78%。

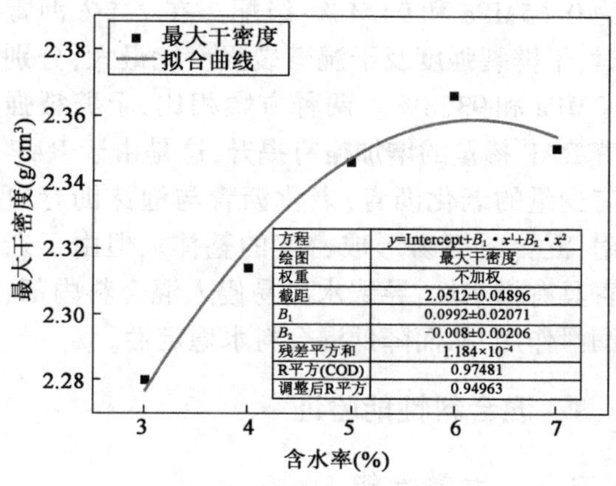

图2 级配2击实曲线

2.3 最佳沥青用量

泡沫沥青混合料的沥青用量一般在1.8%~3.5%之间,本文设置1.5%~3.5%五种沥青用量经旋转压实成型、养生后进行劈裂强度试验,测试结果如图3、图4所示。

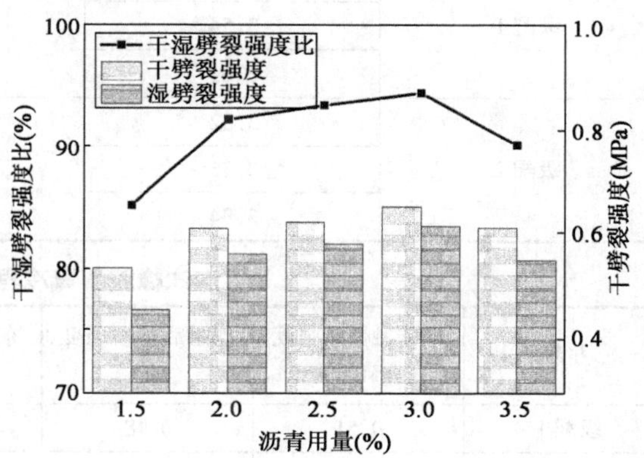

图3 级配1劈裂强度

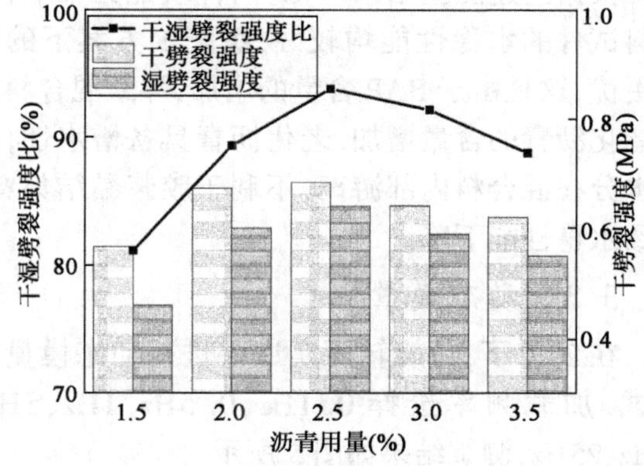

图4 级配2劈裂强度

由图4可知:混合料的劈裂强度随着沥青用量的增加呈现先增后降的趋势,级配1在3.0%沥青用量时,干劈裂强度及干湿劈裂强度比最大,分别为 0.65MPa 和 94.4%;级配 2 在 2.5% 沥青用量时,干劈裂强度及干湿劈裂强度比最大,分别为 0.68MPa 和 93.8%。两种方案相比,干劈裂强度随着 RAP 掺量的增加略有提升,这是由于 RAP 中含有少量的老化沥青,老化沥青与泡沫沥青更易黏附,混合料更易形成密实的整体。但由于老化沥青具有憎水性,导致水更易侵入混合料内部,起到润滑作用,从而降低混合料水稳定性。

3　混合料性能验证

3.1　力学性能

泡沫橡胶沥青冷再生混合料的力学性能通过无侧限抗压强度和抗压回弹模量这两个评价指标进行衡量。前者用于确定材料的最大承载能力,后者用于测试材料在弹性变形区间的力学性能变化。这两个指标均可作为评估再生混合料性能的重要依据。试验过程中,利用万能试验机对旋转压实成型试件进行测试,测试结果如表 7 所示。从表中可以看出,两种级配的抗压强度指标均能满足规范要求。这表明面层、基层经过铣刨再生处理,并通过泡沫橡胶沥青复合再生后,其性能仍然保持良好,验证了所采用技术的可行性。

3.2　水稳定性能

泡沫橡胶沥青冷再生混合料的水稳定性能通过冻融劈裂强度比和浸水马歇尔残留稳定度这两个评价指标进行衡量,冻融劈裂强度试验采用旋转压实成型试件,马歇尔稳定度试验采用马歇尔方法成型试件。测试结果见表 8。

泡沫橡胶沥青冷再生混合料力学性能测试结果　　表 7

类型	抗压强度(MPa)	均值	抗压回弹模量(MPa)	均值
级配 1	3.56	3.57	1188.69	1220.92
	3.54		1207.81	
	3.61		1266.25	
级配 2	3.32	3.34	1142.67	1077.44
	3.36		1000.42	
	3.34		1089.23	

泡沫橡胶沥青冷再生混合料水稳性能测试结果　　表 8

方案	未冻融劈裂强度(MPa)	冻融后劈裂强度(MPa)	冻融劈裂强度比(%)	马歇尔稳定度(kN)	浸水马歇尔稳定度(kN)	浸水残留稳定度(%)
级配 1	0.51	0.48	94.1	12.4	11.5	92.7
级配 2	0.54	0.5	92.6	13.6	12.2	89.7

根据上述测验结果可知:两种级配方案下,混合料试件的水稳性能均较好,级配 1 方案下的性能更优,这是由于 RAP 含量的增加,导致混合料内部老化沥青的含量增加,老化沥青具备憎水性,导致水分在混合料内部游离,不利于胶浆黏结集料,导致水稳性能下降。

3.3　动态模量

在 20℃下,对旋转压实试件进行动态模量的测试,加载频率选择 0.1Hz、0.5Hz、1Hz、5Hz、10Hz、25Hz,测试结果如图 5 所示。

由图 5 可知,随着加载频率的增加,混合料的动态模量逐渐上升,尤其在 5Hz 之前上升很快,随后上升速度变缓。两种方案相比,级配 2 的动态模量较低,表明 RAP 的增加会改善混合料的柔性;5Hz 荷载频率下,级配 1、级配 2 的动态模量分别为 4899MPa、4388MPa,说明泡沫橡胶沥青冷再生混合料具有优良的抗变形能力。

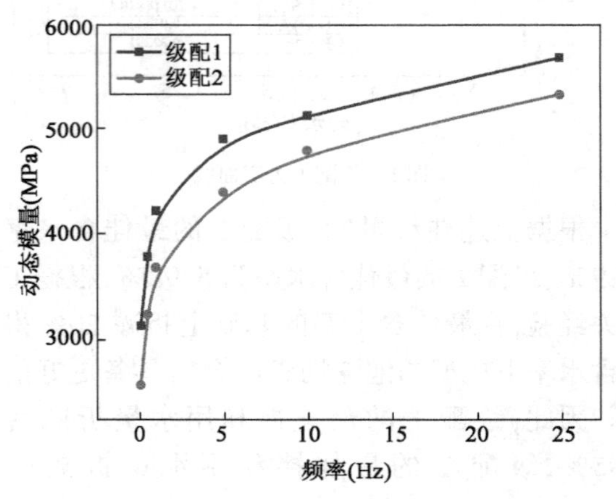

图 5　两种级配 20℃动态模量试验结果

4 微观特性

上述宏观试验表明,泡沫橡胶沥青冷再生混合料具备较好的路用性能,而泡沫沥青冷再生混合料的强度形成机理与常规混合料有所不同,主要依靠泡沫沥青与细集料结合形成胶浆,以点焊的形式,将粗集料相互黏结,因而研究其内部分布具有重要意义。为深入研究其微观机理,本文采用扫描电子显微镜对加水泥的胶浆试样和不加水泥的胶浆试样进行观测,2000 倍放大效果下,未添加水泥微观形貌图扫描结果如图 6a)所示,添加 1.5% 水泥微观形貌图如图 6b)所示。10000 倍放大效果下,添加 1.5% 水泥微观形貌图如图 7 所示。

a)无水泥

b)有水泥

图 6 2000 倍下混合料微观形貌图

a)无水泥

b)有水泥

图 7 10000 倍下混合料微观形貌图

由上图可知:在 2000 倍下,无水泥的试样能看出混合料内部的颗粒分布较为松散,具有明显的沥青膜,而添加水泥后,表面存在很多细丝交错。10000 倍下,无水泥试样表面充满的沥青,显得很光滑,而添加水泥的试样,细丝交错,这些细丝是水泥的水化产物,主要为钙矾石等,水化产物的存在降低了混合料空隙率,同时水化产物附着在沥青胶浆表面,增大了内部的摩擦力,使得混合料内部大空隙分割成了更多的小空隙,增大了混合料的密实性。另外,水泥本身是一种高强材料,添加水泥提高了混合料的强度。

5 结语

(1)橡胶沥青最佳发泡条件为:发泡温度 165℃,发泡用水量 2.8%,对应的膨胀率为 12.8 倍,半衰期为 12.2s。

(2)在水泥掺量为 1.5% 条件下,设计两种级配进行泡沫橡胶沥青冷再生混合料配合比设计,级配 1 和级配 2 对应的最佳拌和用水量分别为 4.95%、4.78%;最佳沥青用量分别为 3.0%、2.5%。

(3)经性能测试,两种级配下的力学性能、水稳性能、抗变形性能较优,表明利用泡沫橡胶沥青将 RAP 和 RAI 复合再生技术具有可行性。

(4)微观形貌表明,掺加水泥后产生的水化产物可降低混合料空隙率,同时将大空隙分割成小孔,有效提升混合料的密实性。

参考文献

[1] 李峰,黄颂昌,徐剑. 泡沫沥青衰变方程与发

泡特性评价[J]. 同济大学学报(自然科学版),2011,39(7):1031-1034.

[2] HANDE I. OZTURK M,EMIN K. Novel Testing Procedure for Assessment of Quality of Foamed Warm Mix Asphalt Binders[J]. Transportation Research Board,2014,26(8):401-404.

[3] 李强,李豪,卢勇,等. 沥青发泡性能机理分析及评价指标优化研究[J]. 现代交通技术,2011,8(4):7-10.

[4] 于泳潭. 基于水稳拌和站的泡沫沥青冷再生技术研究[D]. 广州:华南理工大学,2018.

[5] 朱奕峰. 泡沫沥青冷再生混合料配比设计研究[D]. 杭州:浙江工业大学,2015.

[6] 李峰,曾蔚,徐剑. 沥青发泡特性的优化[J]. 建筑材料学报,2015,18(1):162-167.

[7] 李强,陈浩,张帅. 沥青发泡特性及其影响因素研究[J]. 公路工程,2019,44(6):62-65,70.

[8] 徐金枝. 泡沫沥青及泡沫沥青冷再生混合料技术性能研究[D]. 西安:长安大学,2007.

[9] 赵晓峰,赵伦,孙耀宁,等. 泡沫沥青冷再生混合料配合比及路用性能试验研究[J]. 公路交通科技(应用技术版),2017,13(11):177-181.

[10] GHABCHI R,SINGH D,ZAMAN M. Evaluation of moisture susceptibility moisture Susceptibility of asphalt mixes containing RAP and different types of aggregates and asphalt binders using the surface free energy method [J]. Construction and Building Materials,2014,73:479-489.

[11] 李鹏飞,韩占闯. 泡沫沥青就地冷再生混合料力学性能影响因素研究[J]. 中外公路,2019,39(2):260-264.

[12] 刘青. 不同水泥掺量泡沫沥青冷再生混合料细微观空隙分布特征[J]. 公路工程,2016,41(5):256-262.

[13] 李国锋,郝培文,蒋鹤,等. 冻融循环对泡沫沥青再生混合料微观结构的影响[J]. 北京工业大学学报,2017,43(10):1508-1513.

[14] 姚柒忠. 泡沫沥青再生混合料强度形成结构的微观研究及性能分析[D]. 哈尔滨:哈尔滨工业大学,2018.

[15] 王宏. 养生温度对冷再生混合料路用性能及泡沫沥青分散性状的影响[J]. 公路,2016,61(4):226-232.

无机纳米材料复合改性沥青混合料路用性能研究

刘子洋* 方晨宇

(长安大学公路学院)

摘 要 初选纳米SiO_2、纳米TiO_2、纳米ZnO、纳米Al_2O_3、纳米ZrO_2、纳米MgO作为改性材料,通过表面修饰后无机纳米材料的亲油化度优选出修饰效果最佳的偶联剂及其剂量,进而制备复合改性沥青,以沥青常规指标优选出无机纳米材料的最佳组合及最佳剂量。之后通过车辙试验、三轴试验和低温弯曲试验对改善后沥青混合料的路用性能进行评价。结果表明,无机纳米材料复合改性沥青混合料的高温稳定性改善最明显,低温抗裂性和抗剪性能均得到提升。

关键词 纳米材料 沥青混合料 偶联剂 路用性能

0 引言

随着公路建设规模的迅速扩大,公路交通压力也越来越大。我国公路路面面层铺装以沥青材料为主,受车流量以及气候等因素的影响,以基质沥青为原料的路面面层使用年限较短。路面在遭受车辆碾压后稳定性逐渐下降导致沥青性能老化，随之所产生的车辙形变、低温脆裂、路面渗水等公路病害也越发繁多，严重影响交通行驶安全[1]。为提高公路路面的稳定性，确保行车安全，在基质沥青中添加改性材料已在路面面层原料中被广泛使用。单一的聚合物改性材料由于高温稳定性差且原材料成本较高，难以满足实际应用需求。基于纳米粒子具有高强活性，能与其他聚合性改性材料产生叠加效果。基于此，在基质沥青中掺入相应比例的纳米材料，有助于提高路面面层性能，延长公路使用年限[2-4]。

故本文拟采用常见的无机纳米材料对沥青进行改性，并通过物理力学试验对沥青混合料路用性能进行评价，从而确定最佳组合及最佳剂量。

1 原材料

1.1 基质沥青

采用的基质沥青是70号沥青，主要技术指标如表1所示。

基质沥青的主要技术指标　　表1

试验项目		试验结果	要求
针入度(25℃,100g,5s)($\times 10^{-1}$mm)		76.3	60~80
软化点(环球法)(℃)		46.0	≥45.0
延度(5cm/min,10℃)(mm)		103	≥0
延度(5cm/min,15℃)(mm)		1084	≥1000
RTFOT	质量变化(%)	0.59	-0.8~0.8
	针入度比(%)	73.1	≥61
	延度(5cm/min,15℃)(mm)	226	≥60

根据规范中关于沥青基本性质的技术指标可知，该沥青能够用于改性沥青试验中。

1.2 集料及矿粉

根据《公路工程集料试验规程》(JTG 3432—2005)对所用集料及矿粉各项指标依次检验，所得结果均符合要求，可作为后续试验所用。

2 纳米材料初选

选用纳米SiO_2、纳米TiO_2、纳米ZnO、纳米Al_2O_3、纳米ZrO_2、纳米MgO共六种纳米材料，并使其纯度一致，以控制纯度对实验结果的影响。为从所选用六种无机纳米材料中选出对基质沥青性质或者对基质沥青某一性质影响较好的无机纳米材料，通过对无机纳米材料改性沥青的针入度、延度和软化点沥青基本指标进行试验分析，并与基质沥青的三大指标进行对比，优选出3种纳米材料。试验结果如图1~图3所示。

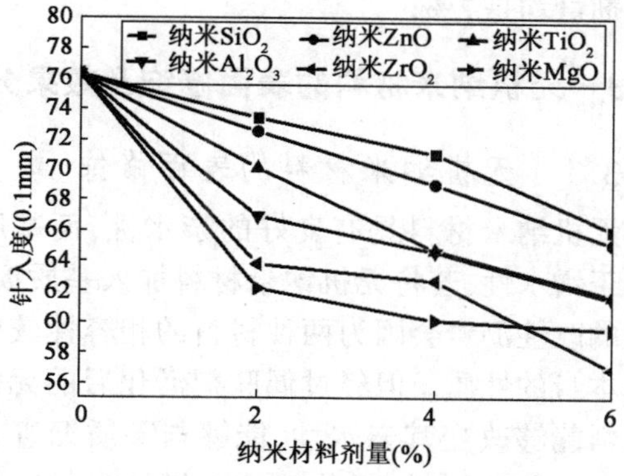

图1　改性沥青针入度指标

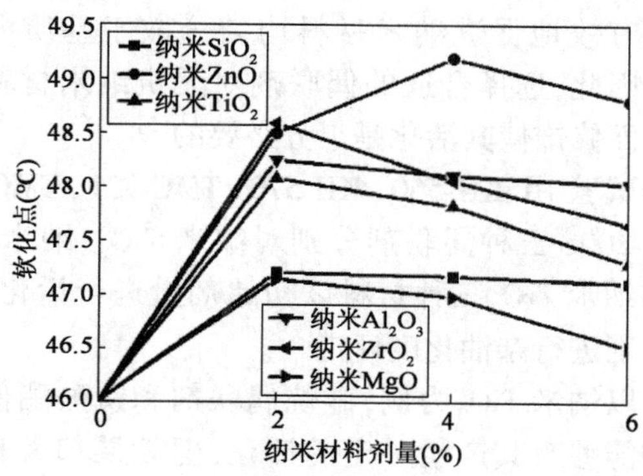

图2　改性沥青软化点指标

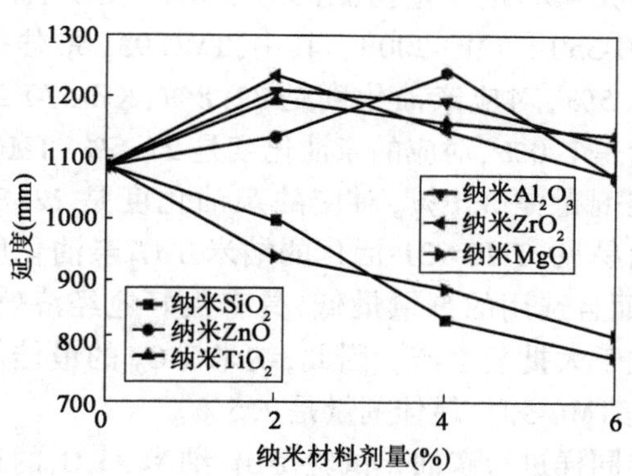

图3　改性沥青延度指标

由图1~图3分析可知，4%剂量的纳米ZnO改性沥青具有较好的高低温性能，但考虑到经济问题，故不用纳米ZnO进行复合改性沥青。纳米ZrO_2、纳米Al_2O_3、纳米TiO_2改性沥青的针入度、软化点和延度均较基质沥青有一定幅度的提高，但是提高幅度并不是很明显，纳米SiO_2和纳米MgO能够改善基质沥青的黏度和高温性能，但是对其低温性能却有着明显的副作用。综合以上因素，选用的无机纳米材料是纳米 ZrO_2、纳米 Al_2O_3、纳米 TiO_2。由图1-3可以看出,所选用的纳米材料的最佳剂量均是2%。

3　无机纳米材料的表面修饰及效果分析

3.1　无机纳米材料的表面修饰

无机纳米材料具有良好的亲水性,而基质沥青属于憎水性,若将无机纳米材料加入基质沥青,得到的改性沥青会因为两种材料的相容性较差而影响本身的性质。但经过偶联剂活化后的无机纳米材料能够改变其亲水性,能够与基质沥青很好地相容。与此同时,活化后的无机纳米材料颗粒的表面能会减小,解决了纳米材料的团聚问题,这样就有效地促进纳米材料均匀分散于基质沥青中。因此,选择合适的偶联剂对无机纳米材料进行表面修饰使其活化是十分必要的[5]。

试验用 KH-550、KH-570、TMC-931、TMC-和 TMC-200S 五种偶联剂分别对纳米 TiO_2、纳米 Al_2O_3和纳米 ZrO_2三种材料以初始剂量进行活化,然后分别进行亲油化度评定[6]。

以纳米 TiO_2为例,硅烷偶联剂和钛酸酯偶联剂均能够对其产生一定的活化,但效果却大有不同。总体而言,五种偶联剂对纳米 TiO_2的活化作用由大到小顺序是:TMC-931 > KH-570 > TMC-27 > KH-550 > TMC-200S。其中,TMC-931 最佳剂量是2.5%,对应亲油化度是32.8%;KH-570 最佳剂量是7.0%,对应的亲油化度是27.5%;TMC-27 最佳剂量是3.0%,对应的亲油化度是22.8%。显而易见,TMC-931 活化的纳米 TiO_2亲油化度最高,而且选用的剂量最低,具有很好地经济效应,有益于大批量生产。因此,纳米 TiO_2 的最佳偶联剂是 TMC-931,最佳剂量是2.5%。

同样进行亲油化试验得出:纳米 Al_2O_3的最佳偶联剂是 TMC-27,最佳剂量是2.5%;纳米 ZrO_2的最佳偶联剂是 TMC-931,最佳剂量是2.5%。

3.2　表面修饰微观分析

为揭示偶联剂与无机纳米材料的结合机理,通过红外光谱法对经过最佳偶联剂及其最佳剂量活化后的纳米 TiO_2、纳米 Al_2O_3和纳米 ZrO_2进行机理分析。试验设备采用 VERTEX70 型傅里叶变换红外光谱仪。试验扫描范围是 $4000cm^{-1}$ ~ $400cm^{-1}$,为更加直观地对比分析活化前后光谱图的差别,图中已将活化前后光谱图放进同一张图中,如图4所示。

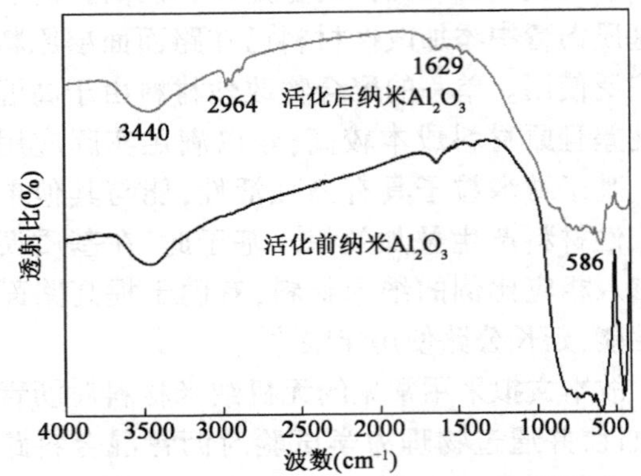

图4　纳米 Al_2O_3活化前后红外光谱图

由图4看出,在 $3440cm^{-1}$处出现了吸收峰,是纳米 Al_2O_3 中羟基-OH 的伸缩振动引起的,而 $586cm^{-1}$处的吸收峰是纳米 Al_2O_3中 Al-O 的伸缩振动。此外,经过钛酸酯偶联剂 TMC-27 活化后的纳米Al_2O_3不仅具有活化前的吸收峰,在 $2964cm^{-1}$处也出现了明显的吸收峰,这是由钛酸酯偶联剂 TMC-27 的单烷氧基中甲基-CH_3的不对称伸缩振动引起的,说明钛酸酯偶联剂 TMC-27 已经成功与纳米 Al_2O_3的表面偶联在一起了。

由图5分析可知,经过钛酸酯偶联剂 TMC-931 活化后的纳米 ZrO_2在 $2926cm^{-1}$处出现了一个新的吸收峰,这个峰是由 TMC-931 的单烷氧基中甲基－CH_3的不对称振动引起的。此外,活化后的纳米 ZrO_2 在 $3395cm^{-1}$处与 $499cm^{-1}$处还具有吸收峰。由此可以证明,钛酸酯偶联剂 TMC-931 已经与纳米 ZrO_2表面连接,如图6所示。

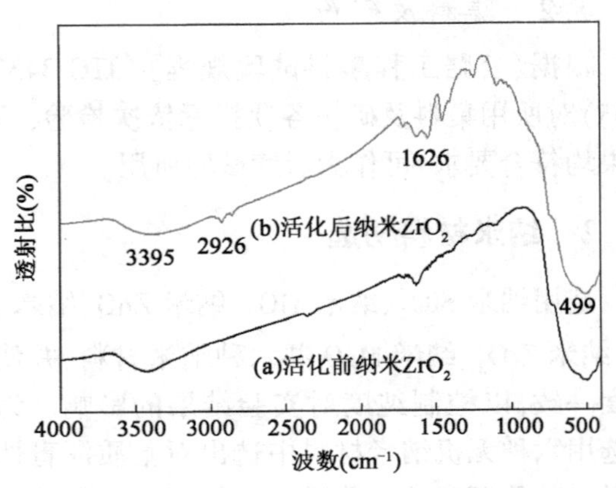

图5　纳米 ZrO_2活化前后红外光谱图

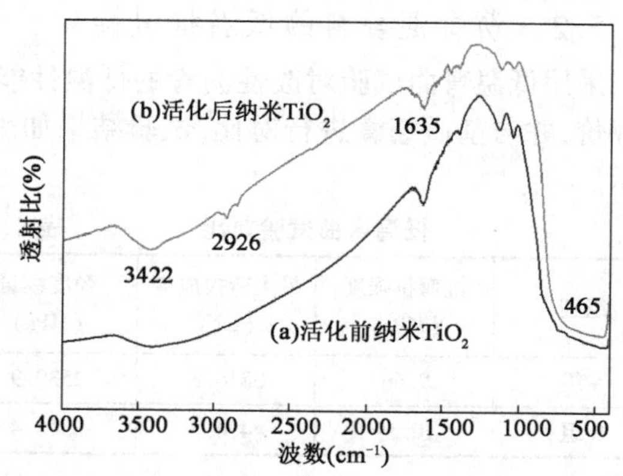

图6 纳米 TiO_2 活化前后红外光谱图

图6是纳米 TiO_2 的光谱图，可以看出，3422cm^{-1}处的吸收峰对应于纳米 TiO_2 中羟基-OH的伸缩振动，指纹区465cm^{-1}处的吸收峰对应于纳米 TiO_2中 Ti-O-Ti 的振动吸收峰。由 TMC-931 的单烷氧基中甲基-CH_3的不对称振动在 2926cm^{-1}处引起一个新的吸收峰，由此可以证明：钛酸酯偶联剂 TMC-931 已经与纳米 TiO_2 表面连在一起了。

故采用2.5% TMC-931 对纳米 TiO_2进行活化，下文均称最佳组合活化纳米 TiO_2。同样，经过最佳剂量是2.5% TMC-27 活化的纳米 Al_2O_3下文均称最佳组合活化纳米 Al_2O_3，经过最佳剂量是2.5% TMC-931 活化的纳米 ZrO_2下文均称最佳组合活化纳米 ZrO_2。

4 无机纳米材料改性沥青的最佳组合

为了全面研究分析最佳组合活化的纳米 TiO_2、纳米 Al_2O_3和纳米 ZrO_2改性沥青的基本性能，通过正交试验方法比选出三种无机纳米材料的最佳组合，进而制复合改性沥青。试验以纳米 TiO_2、纳米 Al_2O_3和纳米 ZrO_2为3个因素，以每种纳米材料改性沥青的剂量为影响水平（剂量是基质沥青的质量百分数），可以选用正交表 L9(34)计算，从而确定无机纳米材料的最佳组合。通过上文对6种无机纳米材料改性沥青三大指标的试验得出每种纳米材料的掺量分别是1.0%、2.0%和3.0%，正交表如表2所示[7]。

正交表 表2

组别	纳米 Al_2O_3	纳米 ZrO_2	纳米 TiO_2
1	1%	1%	1%
2	1%	2%	2%

续上表

组别	纳米 Al_2O_3	纳米 ZrO_2	纳米 TiO_2
3	1%	3%	3%
4	2%	1%	2%
5	2%	2%	3%
6	2%	3%	1%
7	3%	1%	3%
8	3%	2%	1%
9	3%	3%	2%

为确定最佳组合活化的纳米材料改性沥青的最佳组合，试验依然采用沥青的针入度、延度和软化点三大指标作为评价沥青性能的参数值。由于基质沥青在15℃时的延度达到1084mm，改性效果比较难以体现出来，本试验采用10℃的延度。改性沥青基础指标实验数据如表3所示。

正交试验结果 表3

组别	针入度(0.1mm)	软化点(℃)	10℃延度(mm)
1	57.7	56.7	109
2	60.2	53.8	122
3	60.9	53.4	103
4	58.4	54.5	107
5	61.2	54.5	118
6	56.7	52.8	113
7	60.7	52.5	117
8	55.1	55.8	127
9	56.5	53.1	119

对上述数据进行极差法处理可得出三种最优方案：①方案一：3%纳米 Al_2O_3 + 3%纳米 ZrO_2 + 1%纳米 TiO_2；②方案二：1%纳米 Al_2O_3 + 2%纳米 ZrO_2 + 1%纳米 TiO_2；③方案三：3%纳米 Al_2O_3 + 2%纳米 ZrO_2 + 1%纳米 TiO_2。

对纳米 TiO_2而言，三种方案的最优水平均是1%，因此，选定纳米 TiO_2剂量1%。影响沥青延度的主要因素纳米 ZrO_2，对应最佳方案是方案三，因此选定纳米 ZrO_2剂量2%。在三种方案中，纳米 Al_2O_3均属于次要因素，最优水平有1%和3%两个。当纳米 Al_2O_3剂量为1%时，满足方案三，对沥青软化点改善效果最佳；当纳米 Al_2O_3剂量为3%时，沥青针入度和延度均是最佳水平，但是对于沥青软化点则是最差水平。

因此，根据综合平衡法以及考虑到经济成本问题，选定纳米 Al_2O_3剂量为1%，故最佳组合活化后无机纳米材料改性沥青的最佳组合是:1% 纳米 Al_2O_3 +2% 纳米 ZrO_2 +1% 纳米 TiO_2。

5 复合改性沥青混合料路用性能

为了验证复合改性沥青较基质沥青性能有显著改善,本章通过沥青混合料的路用性能对比分析其改善效果。为了研究的普适性,采用上面层 AC-16 沥青混合料的路用性能进行试验。针对路用性能的研究主要从高温稳定性和低温抗裂性进行,为更好地对比分析基质沥青和复合改性沥青混合料的路用性能,二者采用相同的油石比,即 4.6%。并将上述试验中的基质沥青混合料记为 A 组,复合改性沥青混合料记为 B 组[9-14]。

5.1 沥青混合料的高温稳定性

对沥青混合料高温性的评价通常采用车辙试验,试验结果如表 4 所示。

车辙试验对比　　表 4

组别	45min 变形量(mm)	60min 变形量(mm)	动稳定度次(min)
A 组	4.31	4.85	1166.7
B 组	2.58	2.71	4846.2

无机纳米材料复合改性沥青混合料动稳定度较基质沥青的提高了 315%。车辙试验的动稳定度与试件的高温稳定性存在密切关系,动稳定度的提高恰好表明复合改性沥青混合料的高温稳定性得到显著的改善。究其原因是纳米粒子均匀分散于基质沥青之中且达到了共容,纳米粒子与基质沥青界面具有较强的结合能力;经过活化后的无机纳米材料表面具有的官能团与基质沥青分析表面的官能团发生了化学反应,形成了均匀的沥青体系,从而复合改性沥青的高温稳定性有明显改善。之后通过三轴试验加以辅证,结果如表 5 所示。

三轴试验对比　　表 5

组别	黏结力(kPa)	内摩擦角(°)
A 组	103.9	31.5
B 组	125.8	39.5

可以看出,复合改性沥青混合料的黏结力和内摩擦角较基质沥青混合料均有显著提高,提高幅度分别是 24.8% 和 21.1%,佐证了高温环境下具有较高的稳定性。

5.2 沥青混合料的低温抗裂性

采用低温弯曲试验对改性沥青的低温性能进行评价,并与基质沥青进行对比,试验结果如表 6 所示。

低温弯曲试验对比　　表 6

组别	抗弯拉强度(MPa)	最大弯拉应变(με)	劲度模量(MPa)
A 组	9.66	3816.8	2530.9
B 组	10.19	4404.8	2313.4

由表 6 可以看出,无机纳米材料复合改性沥青混合料的抗弯拉强度较基质沥青混合料提高了 5.5%,最大弯拉应变提高了 15.4%,说明沥青混合料低温环境下容许应变变大,低温性能得到改善,这与复合改性沥青的延度指标规律一致。无机纳米材料复合改性沥青混合料的劲度模量降低了 8.6%,说明沥青混合料在同样荷载作用下抵抗破坏能力增强了。因此,可以证明无机纳米材料复合改性沥青混合料的低温性能得到改善,能够有效地抑制沥青路面低温病害,有益于路面的使用寿命。

6 结语

(1)根据无机纳米材料所具有的特殊性质,通过沥青常规指标初选出三种纳米材料,分别是纳米 Al_2O_3、纳米 ZrO_2、纳米 TiO_2。

(2)对这三种无机纳米材料应用偶联剂进行表面修饰后,对基质沥青进行改性,并采用正交试验法优选出最佳无机纳米材料组合,即 1% 纳米 Al_2O_3 +2% 纳米 ZrO_2 +1% 纳 TiO_2。

(3)通过复合改性沥青混合料的高温车辙试验、三轴试验和低温弯曲试验评价混合料的路用性能,得出复合改性沥青的高低温性能有了明显的提高。

参考文献

[1] 雷俊安,郑南翔,董善真. 长期老化对沥青表面能及其与集料黏附性的影响[J]. 建筑材料学报,2021,24(2):393-398.

[2] 辛宪涛. 纳米材料改性沥青路用性能研究[D]. 南京:东南大学,2012.

[3] 于鹏. 纳米复合改性沥青道面铺装混凝土研究[D]. 南京:东南大学,2013.

[4] 黄彬,马丽萍,许文娟. 改性沥青的研究进展

[J]. 材料导报,2010,24(1):137-141.

[5] 颜婷婷,张登松,施利毅. 纳米结构材料的制备及应用进展[J]. 上海大学学报自然科学版,2011,17(4):447-457.

[6] 王刘欣. 纳米改性沥青路面材料性能研究[D]. 吉林:吉林大学,2016.

[7] 俞喜兰,彭水根,刘栋,等. 改性沥青中 SBS、SBR 各自掺量测定方法研究[J]. 公路工程,2021,46(3):289-294.

[8] 赵珑,张换水,李九苏. 浅谈聚合物改性沥青的研究进展[J]. 企业技术开发,2007,26(2):87-89.

[9] 中华人民共和国交通运输部. 公路工程集料试验规程:JTG E42—2005[S]. 北京:人民交通出版社,2005.

[10] 王昊鹏,龚明辉,杨军,等. 纳米改性沥青研究进展[J]. 石油沥青,2015(3):51-58.

[11] 马峰. 纳米碳酸钙改性沥青路用性能及改性机理研究[D]. 西安:长安大学,2004.

[12] 张金升,李志,李明田,等. 纳米改性沥青相容性和分散稳定机理研究[J]. 公路,2005(8):151-155.

[13] 中华人民共和国交通运输部. 公路工程沥青及沥青混合料试验规程:[S] JTG E20—2011. 北京:人民交通出版社,2011.

[14] 中华人民共和国交通运输部. 公路沥青路面施工技术规范:[S]. JTG F40—2004 北京:人民交通出版社,2004.

道路用水性环氧树脂改性乳化沥青研究进展

朱宏东　张久鹏*

(长安大学公路学院)

摘　要　水性环氧树脂改性乳化沥青,以其较高的黏度、优越的强度和简化的施工流程等特性,在沥青路面养护维修工程中得到广泛应用。本文综合分析并评述了水性环氧改性乳化沥青的制备方法、改性机理和在道路工程中的应用实践,同时也分析探讨水性环氧乳化体系目前所面临的问题,并对未来的研究方向和潜在发展进行展望。

关键词　沥青路面　水性环氧树脂　乳化沥青　微表处

0　引言

在沥青路面工程领域,绿色环保的施工技术正成为公路建设和养护领域的新趋势,其中乳化沥青作为关键的养护材料存在挑战[1]。它固化缓慢,初始强度不足,且在高温条件下的表现需要改进[2]。此外,由于固含量和黏度较低,以及黏附性不佳,其实用性遭到了限制[3]。

为了提升传统乳化沥青的性能,研究者们开发了水性环氧树脂乳化沥青(WEREA),现已被广泛研究和应用[4]。在水分蒸发后,WEREA 完全固化形成了一个高强度的空间网络结构胶结材料,这种胶结材料具有类似环氧沥青的出色性能,其性能会受到环氧树脂(WER)和固化剂的用量以及与乳化沥青的比例等因素的影响[5]。

众多学者对水性环氧树脂改性乳化沥青(WEREA)进行了深入研究,并已将其应用于沥青路面黏结层、雾封层、微表面处理等多个方面[6-7]。

现有的研究文献已经深入探讨了水性环氧改性乳化沥青的基础理论与应用技术,并对其进行了初步的工程实验研究。本篇文章综述了近年来关于水性环氧乳化沥青制备方法以及其在实际中的应用状况。

1　水性环氧乳化沥青的制备方法

1.1　水性环氧树脂的制备方法

水性环氧树脂是指利用一系列物理化学方法使环氧树脂在水中均匀分散为细小的颗粒、液滴或胶体,形成乳液、分散体或溶液。这类材料因其环保特性、低燃性、轻微气味以及能在冷湿或常温条件下固化而备受青睐。其卓越的黏结性和对多样材质的黏附性使其在涂料、粘合剂、浇注制品和绝缘材料等领域得到广泛应用[8-9]。然而,它们也存在缺点,如缓慢的水分蒸发速度导致固化和表面干燥缓慢,以及与水的接触角大。目前,主要的水性环氧树脂制备技术包括机械法、相反转法、固化剂乳化法和化学改性法[10]。

机械法,又称直接乳化法,涉及将环氧树脂粉碎成粉末,并将这些粉末混入乳化剂的水溶液中。通过高速搅拌或应用超声波,粉末被细致地分散在溶液里;另一种方法是加热环氧树脂和乳化剂的混合物,然后在适宜温度下添加水并高速搅拌,从而得到稳定的乳液[11]。相反转法通过高速剪切和连续加水,将含有环氧树脂和乳化剂的混合溶液的油包水结构转变为水包油结构,这时乳化剂的活性链与环氧树脂链结合,形成稳定的乳液[12-13]。固化剂乳化法使用具有亲油和亲水端的固化剂作为乳化剂来乳化环氧树脂,其主要步骤包括扩链和成盐反应[14]。化学改性法则通过化学反应改变树脂本身,引入表面活性剂或亲水基团,赋予环氧树脂自乳化功能。离子型水性环氧树脂根据化学反应的不同,可以进行醚化、酯化、接枝和开环等反应来制备,而非离子型的则仅在水中溶胀,因此只能在水中分散或形成乳液[15]。

机械法以其流程直接和成本效益著称,但由于储存期稳定性欠佳,该方法在商业生产上不太常见。相反转法则在涂料行业得到广泛应用,它的优势在于低成本、简易工艺、较高的储存稳定性以及适宜的连续生产能力,因此在实践中扮演着重要角色。固化剂乳化法与化学改性法能生成稳定且粒径均匀的水性环氧乳液,然而,这些方法工艺复杂、成本较高,通常限于实验室研究阶段。

1.2　水性环氧树脂改性乳化沥青的方法

改性乳化沥青的生产方法一般分为三类:先乳化后改性、先改性后乳化以及改性和乳化同步进行。水性环氧树脂与乳化沥青在水中均以“水包油”的形式稳定存在,它们的固体含量相似,混合并稍作搅拌后可形成稳定共存的均匀混合物。但是,环氧固化剂往往为黏稠液体,需要使用高速分散设备将其均匀分散在乳液中,以先乳化后改性的流程较为容易达到预期效果。这种改性乳化沥青通常需要实时配制,按照固化剂的混合顺序可以分为两种工艺,如图 1 所示。在水性环氧树脂含量低于 10% 时两种工艺所得改性沥青黏结强度几乎相同,当其含量超过 10% 时工艺 A 制出的水性环氧改性沥青性能更优[16]。

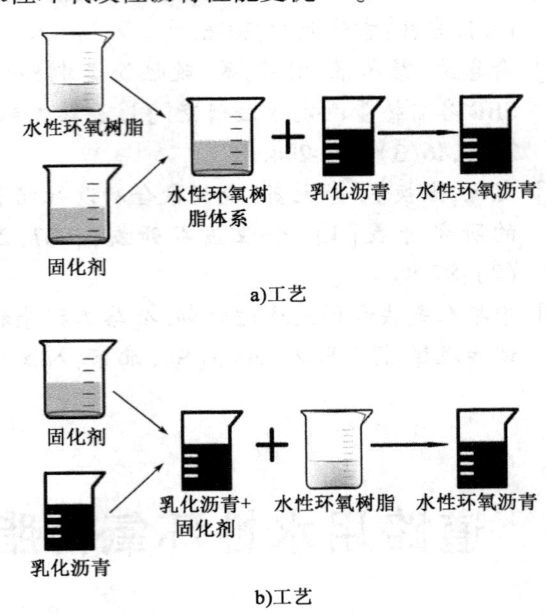

图 1　水性环氧树脂制作工艺[16]

2　水性环氧乳化沥青改性机理研究

在施工中,水分蒸发和电荷作用使水性环氧树脂破乳并固化,其分子和沥青粒子在离子电荷的影响下物理交联,同时环氧树脂分子间发生化学交联,形成高强度、高黏结力和热稳定的三维网络结构[16]。

2.1　水性环氧树脂的固化

当前,对水性环氧树脂(WER)固化机理的研究较为深入,其中大部分研究识别出 WER 固化过程包括几个关键步骤:水分挥发、环氧粒子之间的接触、固化剂的扩散以及环氧粒子间的交联反应[17-19]。研究者们不断探索并完善 WER 的固化反应和机理,其详细过程见图 2。在水性环氧体系中,伴随水分的逸散,环氧粒子趋向聚集,固化剂分子渗透到聚集体内并启动交联固化反应。因 WER 含有大量水分,其分散状态和与水性固化剂的相容性都会影响固化效果。若环氧树脂粒子在水中稳定且分散良好,粒径小,与水性固化剂的相容性高,则更可能获得性能优良且均一的固化成品。

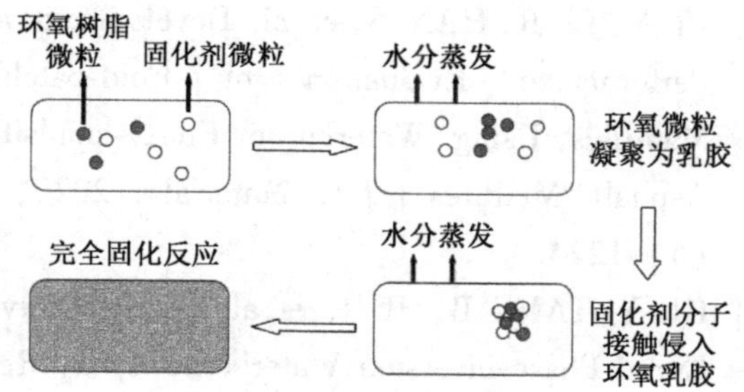

图2 水性环氧树脂固化过程[19]

2.2 水性环氧沥青的强度形成

水性环氧乳化沥青主要构成为乳化沥青、WER 体系和水。水性环氧沥青的复杂共混体系不仅包含了水性环氧树脂的固化过程，还涉及沥青与环氧分子之间的物理缠绕和化学键的相互作用，导致物理和化学交联反应。

水性环氧沥青强度的形成可以简化为三个步骤[20]。首先，在混合好的三相体系中，水分蒸发引发表层 WER 固化，在沥青中形成网络结构；接着，改性乳化沥青内固化，形成胶结料内部骨架；最终，体系内剩余水分蒸发，使得水性环氧与沥青结合，达到稳定固化状态。沥青胶结料的三维网络结构为体系提供了骨架支撑，环氧与沥青之间的交联作用还使得沥青表面形成吸附层，这些确保了改性乳化沥青具备出色的高温稳定性。然而，固化过程中，体积收缩和水分蒸发引发内应力，体系的高交联密度和脆性限制分子链滑动，导致其在外力作用下的变形能力降低，即在低温条件下性能的降低。

3 水性环氧乳化沥青应用进展

3.1 微表处

微表处是常用养护方法，但性能可因乳化沥青不佳快速衰退，出现掉粒或抗滑不足。使用水性环氧树脂可改善这些问题，提高耐久性，因为它增强了沥青与集料的黏合。沥青和集料的黏结力是微表处的关键，不良沥青会导致集料散失。高温和车载压力还可能使集料重排，进一步影响抗滑性。

Liu 等人[21-22]的研究显示，水性环氧乳化沥青可以增强沥青的密实度和黏结性能，且其性能优于 SBS 改性沥青，具有更好的高温稳定性和抗水损性。同时，水性环氧树脂能改善微表面处理中的集料与沥青的黏接，增强其在湿热条件下的抗变形能力。王兆宇[23]、刘慧杰[24]、王洋分[25]别基于湿轮磨耗试验、轮辙变形试验和加速加载试验研究了水性环氧乳化沥青微表处的耐久性，结果表明水性环氧树脂能够较好地改善微表处混合料的耐磨耗性能、抗水损坏性能、抗车辙性能，且较普通微表处混合料寿命延长。

在固化过程中，水性环氧树脂形成与沥青颗粒相交联的三维网络结构，但小掺量下由于结构不够紧密改性效果不明显。微表处应用中，环氧树脂的添加量一般不超过 10%，因为超过一定掺量后性能提升有限并且不经济，同时过度发达的环氧网络可导致混合料的低温性能恶化。

3.2 雾封层

雾封层能有效地修补初期沥青路面问题，如恢复沥青表面，稳固脱落的集料以避免广泛剥离，并密封细小裂缝以阻止水分渗透导致水损。使用水性环氧树脂改性乳化沥青可提高雾封层的黏结和耐磨性，减少泛油和提升抗滑性，同时填补裂缝并增强封水效果。

曾德亮等人[26]的研究显示水性环氧改性乳化沥青雾封层材料不仅增强路面集料固结和防水抗渗，施工简便且性能稳定，还能有效封闭微裂缝，是优良的路面预防性养护选择。许卉[27]将水性环氧树脂加入含沙雾封层水显著提升了路面的防水性，试验结果表面在固定洒布量下，细集料越少，水性环氧砂浆比例越高，填充空隙效果更佳，整体防水性能更优。刘国瀑[28]依据水性环氧乳化沥青金刚砂封层机理，提出了黏结力、耐久性和防水性的标准，并据此设计了加速加载磨耗试验、紫外老化试验、封水性能试验及拧搓试验的性能评估方案。通过室内试验和试验段铺筑，研究发现双层水性环氧乳化沥青金刚砂封层的应用不仅增强了路面的抗滑和防水能力，而且深化了路面色泽，美观了道路并提高了行车安全性。

3.3 坑槽及裂缝补修

沥青路面易遭坑槽和裂缝破坏，影响驾驶平顺性。新型冷补沥青材料如水性环氧乳化沥青，可迅速修补并减缓水损害，延长路面寿命。此材料弥补了传统冷补料的缺陷，提高了修补效率和稳定性，有助于提升路面维修质量和耐久性。

赵成[29]和张争奇等[30]的研究表明，水性环氧乳化沥青混合料可以快速修复坑槽，其高温性能和水稳定性达标,但水性环氧组分掺量过高易导致低温时脆性增加。张倩等人[31]研究发现,使用水性环氧乳化沥青、水泥水性环氧乳化沥青和SBS改性乳化沥青作为修补黏结料时,合适的洒布量可增强剪切和拉拔强度,而过量则降低强度。张争奇等人[32]针对冷补料在低温季节出现松散、剥落等病害,以低温小梁试验检验几种冷补料的低温抗裂性能,发现水性环氧 - SBR 型冷补料在水性环氧型冷补料高强度、高黏聚性的基础上更具优异的低温抗裂性能。

4 结语

总体来看,环氧树脂水性化技术已经取得显著进展,并已发展至相对成熟的水平。尽管如此,对水性环氧树脂改性乳化沥青的性能进行深入研究以及其在沥青路面维护中的应用依旧需要更多的探索与研究。

(1)对于水性环氧树脂与乳化沥青的兼容性、水性环氧树脂乳液的稳定性,以及水性环氧树脂改性乳化沥青的综合性能,都需要进行更深层次的研究探讨。此外,也需要对配合水性环氧树脂使用的固化剂进行详细研究,包括固化剂和乳化沥青之间的相容性问题。

(2)由于环氧树脂在室外环境中的应用相对较少,尤其在道路工程中,其性能可能因耐候性不佳而降低。为此,建议将来的研究重点放在水性环氧乳化沥青的室外耐老化性能上。

(3)当前,水性环氧乳化沥青在道路维护的微表处理、雾封层、黏结层和坑槽修补方面有广泛研究,但在混合料应用技术上尚不成熟。多数工程实践仍依循现行标准,其长期性能待进一步监测。因此,急需专门的设计和施工指导体系来发挥其潜在优势。

参考文献

[1] CAI X, HUANG W, LIANG J, et al. Study of Pavement Performance of Thin-coat Waterborne Epoxy Emulsified Asphalt Mixture[J]. Frontiers in Materials, 2020, 7(88):1-10.

[2] HU C, ZHAO J, LENG Z, et al. Laboratory Evaluation of Waterborne Epoxy Bitumen Emulsion for Pavement Preventative Maintenance Application [J]. Construction and Building Materials, 2019, 197:220-227.

[3] BI Y, LI R, HAN S, et al. Development and Performance Evaluation of Cold-patching Materials Using Waterborne Epoxy-emulsified Asphalt Mixtures [J]. Materials, 2020, 13(5):1224.

[4] GU Y, TANG B, HE L, et al. Compatibility of Cured Phase-inversion Waterborne Epoxy Resin Emulsified Asphalt [J]. Construction and Building Materials, 2019, 229(116942):1-17.

[5] CHEN Q, LU Y, WANG C, et al. Effect of Raw Material Composition on the Working Performance of Waterborne Epoxy Resin for Road [J]. International Journal of Pavement Engineering, 2022, 23(7):2380-2391.

[6] LI X, YE J, BADJONA Y, et al. Preparation and Performance of Colored Ultra-Thin Overlay for Preventive Maintenance [J]. Construction and Building Materials, 2020, 249(118619):1-11.

[7] ZHANG Z, WANG S, LU G. Properties of New Cold Patch Asphalt Liquid and Mixture Modified with Waterborne Epoxy Resin [J]. International Journal of Pavement Engineering, 2020, 21(13):1606-1616.

[8] DUAN Y, HUO Y, DUAN L. Preparation of Acrylic Resins Modified with Epoxy Resins and Their Behaviors as Binders of Waterborne Printing Ink on Plastic Film [J]. Colloids and Surfaces A: Physical Chemical and Engineering Aspects, 2017. 535:225-231.

[9] DING J, RAHMAN O U, PENG W, et al. A Novel Hydroxyl Epoxy Phosphate Monomer Enhancingthe Anticorrosive Performance of Waterborne Graphene/Epoxy Coatings [J]. Applied Surface Science, 2017. 427:981-991.

[10] 张广鑫,王文博,李胜. 水性环氧树脂的制备与应用研究进展[J]. 中国胶粘剂,2020,29(8):58-62,67.

[11] ELSESSER M T, HOLLINGSWORTH A D. Revisiting the Synthesis of a Well-known Comb-graft Copolymer Stabilizer and Its Application to the Dispersion Polymerization of Poly (Methyl Methacrylate) in Organic Media [J]. Langmuir the Acs Journal of Surfaces &

Colloids,2010,26(23):17989-17996.

[12] EE S L,DUAN X M,LI E W,et al. Droplet Size and Stability of Nano-emulsions Produced by the Tempera Ture Phase Inversion Method [J]. Chemical Engineering Journal,2008,140(3):626-613.

[13] 商培,董立志,胡中源,等. 水性环氧树脂的研究与应用[J]. 中国涂料,2019,34(8):34-39.

[14] ZHANG K, HUANG C, FANG Q, et al. Synthesis of a Self-emulsifiable Waterborne Epoxy Curing Agent Based on Glycidyl Tertiary Carboxylic Ester and Its Cure Characteristics[J]. Journal of Applied Polymer Science,2017,134(6):1-8.

[15] 黄凯,梁亮,李丹,等. 非离子型自乳化水性环氧树脂乳液的研制[J]. 涂料工业,2010,40(9):53-57.

[16] HE L,HOU Y,YANG F. Study of the Properties of Waterborne Epoxy Resin Emulsified Asphalt and Its Modification Mechanism[J]. Journal of Materials in Civil Engineering,2023,35(6):1-10.

[17] 李致立. 水性环氧乳化沥青制备工艺与微结构及其基本性能[D]. 重庆:重庆交通大学,2017.

[18] 郑木莲,范贤鹏,李洪印,等. 道路用水性环氧乳化沥青的研究进展[J]. 中国科技论文,2019,14(8):821-829.

[19] 刘侠,郑木莲,曹眉舒,等. 水性环氧树脂(WER)-丁苯橡胶(SBR)复合改性乳化沥青韧性性能[J]. 中国科技论文,2023,18(06):630-636.

[20] LIU F,ZHENG M,FAN X,et al. Properties and Mechanism of Waterborne Epoxy Resin-SBR Composite Modified Emulsified Asphalt [J]. Construction and Building Materials,2021,274(122059):1-15.

[21] LIU M, HAN S, PAN J, et al. Study on Cohesion Performance of Waterborne Epoxy Resin Emulsified Asphalt as Interlayer Materials [J]. Construction and Building Materials,2018,177:72-82.

[22] LIU M,HAN S,WANG Z,et al. Performance Evaluation of New Waterborne Epoxy Resin Modified Emulsified Asphalt Micro-surfacing [J]. Construction and Building Materials,2019,214:93-100.

[23] 王兆宇. 水性环氧微表处技术研究[D]. 西安:长安大学,2018.

[24] 刘慧杰. 水性环氧树脂乳化沥青胶结料及其微表处性能研究[D]. 西安:长安大学,2023.

[25] 王洋. 水性环氧树脂改性乳化沥青微表处耐久性研究[D]. 重庆:重庆交通大学,2023.

[26] 曾德亮. 水性环氧树脂改性乳化沥青在雾封层养护中的应用[J]. 公路,2015,60(2):212-215.

[27] 许卉. 基于水性环氧改性的含砂雾封层材料设计与路用性能研究[D]. 西安:长安大学,2023.

[28] 刘国瀑. 双层水性环氧乳化沥青金刚砂封层设计与耐久性能研究[D]. 西安:长安大学,2023.

[29] 赵成. 水性环氧树脂-乳化沥青-水泥复合快速修复材料设计与性能研究[D]. 西安:长安大学,2021.

[30] 张争奇,王素青,路国栋,等. 水性环氧冷补沥青的性能与制备工艺[J]. 建筑材料学报,2018,21(5):848-854.

[31] 张倩,张家伟,李泽,等. 沥青路面坑槽修补黏结料的性能[J]. 材料科学与工程学报,2018,36(6):981-984.

[32] 张争奇,赵勤胜,张伟,等. 水性环氧-SBR低温型冷补沥青研发及其混合料性能[J]. 江苏大学学报(自然科学版),2020,41(6):731-737.

聚丙烯/胶粉复合改性沥青的提抽回收与性能研究

陈祥宇　吕　磊*
(长安大学公路学院)

摘　要　为了探究直投式聚丙烯/胶粉复合改性沥青的性能优劣,本研究采用旋转蒸发的方法从复合改性沥青混合料中提抽回收改性沥青,并通过三大指标试验、动态剪切实验以及弯曲梁流变实验进一步探究回收沥青的高低温性能。结果表明,采用旋转蒸发法可以有效进行直投式改性沥青的高效回收,且聚丙烯/胶粉复合改性沥青的针入度相比基质沥青下降了44.5%,软化点上升了31.7%,5℃延度增长了约2.73倍,表明其高温性能的提升较大;同时聚丙烯/胶粉复合改性颗粒有利于改善沥青的黏稠度,一定程度阻止沥青的脆硬化,使沥青有更强的抗弯拉能力,从而增强其低温稳定性。

关键词　聚丙烯/胶粉复合改性　沥青提抽回收　旋转蒸发法

0　引言

随着社会的发展,废旧轮胎和废弃塑料所产生的污染已成为亟须解决的环境难题。为了贯彻节能减排、可持续发展理念,必须对废弃塑料和轮胎进行回收,为此国内外无数学者展开对塑料和废旧轮胎回收的研究。研究表明,将废旧轮胎磨细加工成橡胶粉掺入沥青当中,可以提高沥青的低温性能[1-2];将塑料处理后掺入沥青当中可以使沥青的高温性能以及水稳定性能得到改善[3-4]。

然而不论是胶粉还是塑料,单一的改性剂对沥青性能的提升还是有限的。针对这一现象,部分学者提出将橡胶粉和塑料进行复配制备出一种混合改性剂,以期获得性能提升的一个互补[5]。熊涛[6]对比了橡塑复合改性沥青同SBS改性沥青和橡胶沥青路用性能的优劣,发现橡塑复合改性沥青的高温抗剪切能力和抵抗水损害的能力都优于SBS改性沥青。

我国目前对橡塑复合改性沥青多数采用的是"湿法"改性,即通过高速剪切机实现改性剂和沥青的互融,但是湿法工艺存在的一个严重缺陷就是沥青的热稳定性不足,容易产生离析,且不易保存[7]。直投式(干法)是将改性剂直接掺入沥青与集料之中,调整拌和工艺,从而实现改性剂在沥青中的分散改性,有效避免了湿法改性的缺点。然而直投式复合改性沥青的性能优劣仍有待考究。

因此,本文针对橡塑复合改性沥青的干法改性,研究聚丙烯/胶粉复合改性沥青的提抽回收方法,并进一步通过三大指标试验、动态剪切流变实验以及弯曲梁流变实验来探究回收沥青的性能优劣。

1　试验内容与方法

1.1　改性沥青的抽提回收

在本研究的先前工作阶段,是采用直投式干法改性,得到聚丙烯/胶粉复合改性沥青混合料、聚丙烯改性沥青混合料以及胶粉改性沥青混合料三种混合料。由于沥青未经剪切改性而是与集料和改性剂等直接投入拌锅中进行拌和,因此获得改性沥青的方法不同于传统的湿法改性。

本研究采用旋转蒸发法[8]回收改性沥青,该装置可以在较低温度下完成三氯乙烯的蒸馏作业,在有效减少蒸馏时间的同时也可以防止沥青的二次老化。旋转蒸发法主要包括三个步骤:三氯乙烯和沥青溶液的获取、提纯、蒸馏。

1.1.1　混合溶液的获取

本研究采用全自动式沥青抽提仪来实现沥青与集料的初步分离,具体沥青抽提回收操作流程如下:

(1)事先将制备好的马歇尔试件放入100℃烘箱中加热软化,时间设置为30min,随后将其破碎成细的混合料冷却备用。

（2）将混合料放入烘箱中干燥加热至恒重，温度设置为60℃，随后取出并将其充分混合，按照离心机试验要求继续放入烘箱提升温度至100℃保温10min后取出备用。

（3）将硅油涂抹在离心杯外部表面，离心杯内装入滤纸。

（4）设置抽提旋转时间为180s，三氯乙烯自动添加剂量为650mL，总分离时间设置为540s。

（5）将混合料倒入清洗筛桶内，同时放入离心杯，关闭清洗筛，启动抽提程序。

（6）抽提完成后，回收三氯乙烯和沥青的混合溶液。

（7）清理筛桶内的剩余集料，更换滤纸，重复以上试验步骤来获得不同类型混合料的回收沥青。

滤纸的作用是除去混合料内部的矿粉，但是仍有部分矿粉会随着分离作用进入沥青和三氯乙烯的混合溶液当中，此时混合溶液内部同时含有沥青、三氯乙烯和少量的矿粉。因此，为了提高回收沥青的纯度，应对混合溶液进行分离提纯。

1.1.2 混合溶液的提纯

本节采用高速离心机对混合溶液进行提纯。具体分离过程如下：

（1）将混合溶液装入离心试剂管，对称的放入旋转凹槽当中，控制各个试剂管内溶液质量相同，防止离心过程中出现重心偏离。

（2）启动高速离心机，设置转速为4000r/min，离心时间设置为20min。

（3）离心结束后将试剂管取出，将上层清液转移至干净的烧瓶中，清除底部含有矿粉的浊液，上层清液即为三氯乙烯和沥青的混合溶液。

为了验证三氯乙烯和沥青的混合溶液中矿粉是否已被除尽，取少量上清液置于减压过滤器的滤纸上进行过滤，一边减压一边向清液中滴加三氯乙烯观察是否有矿粉吸附于滤纸上。若有，则重复以上操作直至无矿粉出现，此时说明矿粉已完全从溶液中分离，可以进行下一步沥青与三氯乙烯的蒸馏操作。

1.1.3 混合溶液的蒸馏

将矿粉除去之后，混合溶液此时为三氯乙烯和沥青的混合溶液。本节试验利用三氯乙烯和沥青的沸点不同，采用蒸馏的方法来获得纯度较高的回收沥青，具体操作步骤如下：

（1）打开低温冷却液循环泵，设置温度为1℃以便后续气体的冷凝回流，打开水循环。

（2）取离心后的液体300～400mL装入旋转烧瓶中，并连接烧瓶和冷凝管进气口，打开真空泵，使仪器内部处于绝对负压为6.67KPa（真空度94.7KPa）的压强环境。

（3）设置油浴温度为50℃，旋转烧瓶先以转速50r/min空转10min，随后浸入油浴锅中继续保持原转速，此时三氯乙烯开始缓慢蒸发，待回收瓶中无冷凝液流入时，将热油温度提升至157℃，持续保温15min。

（4）打开CO_2阀门，关闭真空泵，使装置内部压强恢复至正常水平，抬升旋转烧瓶，关闭旋转按钮，将瓶内沥青倒出即可得到回收沥青。

1.2 回收沥青流变性能研究

通过抽提回收分别得到了以下四种回收沥青：基质沥青、聚丙烯/胶粉复合改性沥青（以下简称复合改性沥青）、聚丙烯改性沥青以及胶粉改性沥青四种回收沥青，下面将从沥青的流变性能分析不同改性剂对沥青的改性效果。试验包括三大指标试验、动态剪切流变试验（DSR）以及弯曲梁流变试验（BBR）。

1.2.1 沥青的三大指标试验

为了研究不同改性剂对沥青的改性效果，本小节对四种不同的回收沥青分别进行针入度（25℃）、软化点和延度（5℃）三项指标的性能测试，以基质沥青为对照，观察不同改性剂对沥青的改性效果。其中25℃针入度测试采用WSY-026数显式沥青针入度测试仪来测试，延度测试拉伸速率设置为5cm/min，软化点测试采用环球法。

1.2.2 沥青的动态剪切流变试验（DSR）

本试验采用Anton Parr公司生产的Smart Pave 102型动态剪切流变仪，测试温度区间选择为40～80℃，角频率设置为10rad/s，设置转子和工作台之间的间距为1mm，转子采用25mm尺寸，温度监测时间设置为10min，取75个温度点位对沥青各项指标进行测试。

1.2.3 沥青的弯曲梁流变试验（BBR）

本文采用弯曲梁流变仪来进行沥青的弯曲梁流变试验。测定不同沥青的蠕变劲度S值和蠕变速率m值，并根据其变化规律来表征沥青低温性能的优劣。试验温度设置为－12℃、－18℃、

-24℃,跨中荷载的质量为100g,记录60s处的蠕变劲度S值和蠕变速率m值。

2 试验结果与讨论

2.1 三大指标试验结果

三种不同种类回收沥青以及基质沥青的基本性能指标如表1所示。

三大指标试验数据汇总 表1

回收沥青种类	针入度(0.1mm)	软化点(℃)	延度(5℃,cm)
基质沥青	67	48.0	4.2
聚丙烯/胶粉复合改性沥青	37.2	63.2	11.5
聚丙烯改性沥青	42.1	60.8	7.2
胶粉改性沥青	48.6	58.7	14.1

由表1可以看出:以基质沥青为基准,复合改性沥青,聚丙烯改性沥青和胶粉改性沥青的针入度均有所下降,其中复合改性沥青下降得最多。主要原因是复合改性颗粒吸收了沥青内部的轻质组分,使得黏度增大,整个沥青硬度增大,从而获得更强的抵抗高温剪切的能力。

三种改性沥青的软化点均比基质沥青有明显提升。总体而言,复合改性沥青的软化点要高于其余三种沥青,表明聚丙烯/胶粉粒子对沥青高温性能起到了很好的改善作用。主要原因是复合改性颗粒均匀地分散于沥青当中,形成稳定的三维网状结构,增强了沥青的高温稳定性。

四种不同沥青的延度大小排序为:胶粉改性沥青>复合改性沥青>聚丙烯改性沥青>基质沥青。这说明聚丙烯/胶粉复合改性颗粒掺入基质沥青之后,使得沥青延展性大幅度增加,受弯拉时不易断裂。

2.2 动态剪切流变实验结果

2.2.1 相位角

在高温条件下,相位角δ越小,表明该材料弹性成分所占比例越大,即具有较好的抵抗高温变形的能力。不同种类回收沥青相位角随温度的变化规律如图1所示。

在相位角变化过程中,三种改性沥青的相位角始终低于基质沥青,可见三种改性剂都一定程度上增大了基质沥青的黏弹性,其中复合改性沥青的相位角最小,表明复合改性颗粒的加入能有效降低沥青的弹性损失率,从而增强高温稳定性。

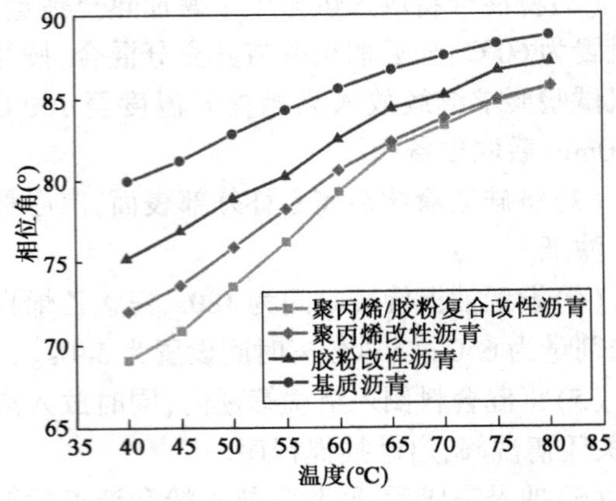

图1 不同回收沥青的相位角随扫描温度变化图

2.2.2 复数模量与车辙因子

动态剪切流变试验中,复数剪切模量G^*和车辙因子$G^*/\sin\delta$均可用于评价沥青的高温抗车辙性能,因此将二者合并分析。不同回收沥青复数模量随扫描温度的变化规律如图2所示。不同回收沥青车辙因子随扫描温度的变化规律如图3所示。

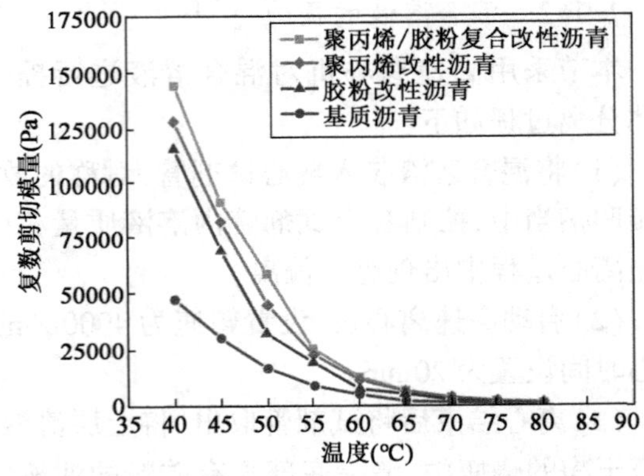

图2 不同回收沥青复数剪切模量随温度变化规律

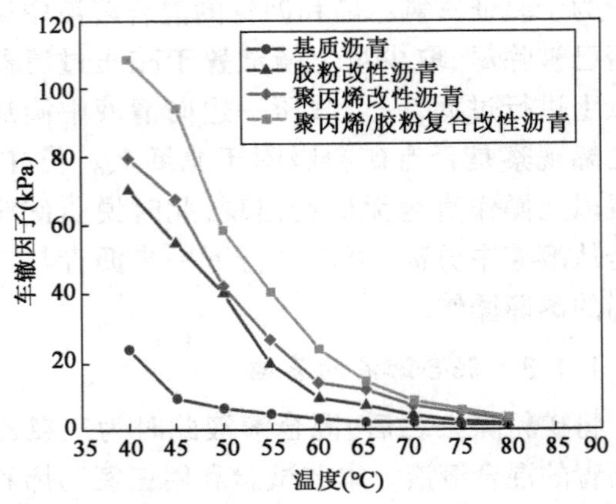

图3 不同回收沥青车辙因子随温度变化规律

在高温流变试验中,车辙因子可以用来很好地表征沥青混合料的高温性能,其值越大,说明沥青的高温稳定性就越好,抵抗温度剪切应力的能力也就越强。整体上来看,车辙因子的强弱排序为:复合改性沥青>聚丙烯改性沥青>胶粉改性沥青>基质沥青。在温度达到80℃后,三种改性沥青的车辙因子略高于基质沥青,表明高温下仍然具有一定的抗剪切能力。

2.3 弯曲梁流变试验结果

不同回收沥青的劲度模量 S 值以及蠕变速率 m 值分别如表2、表3所示。

不同回收沥青劲度模量 S 值 表2

回收沥青种类	S 值(MPa)		
	-12℃	-18℃	-24℃
基质沥青	234	374	622
聚丙烯/胶粉复合改性沥青	195	278	501
聚丙烯改性沥青	213	342	568
胶粉改性沥青	179	269	480

不同回收沥青蠕变速率 m 值 表3

回收沥青种类	m 值		
	-12℃	-18℃	-24℃
基质沥青	0.320	0.242	0.183
聚丙烯/胶粉复合改性沥青	0.347	0.301	0.248
聚丙烯改性沥青	0.333	0.280	0.199
胶粉改性沥青	0.365	0.326	0.263

根据相关规范的技术要求,沥青混合料在60s时的劲度模量 S 越小,表明其抗低温性能越强。由表2可知,复合改性沥青在-12℃、-18℃的劲度模量 S 都小于300MPa,且蠕变速率 m 都大于0.3,表明复合改性沥青在该温度下仍具有良好的低温抗裂性能,但极限使用温度不低于-24℃;同时对比基质沥青和其他三种改性沥青可以发现,三种改性剂都可以一定程度上减少沥青受低温时的温度应力,胶粉颗粒对于低温性能的提升最明显,聚丙烯/胶粉复合改性颗粒对沥青低温性能的提升优于单一聚丙烯颗粒。

3 结语

本研究通过旋转蒸发法实现沥青从混合料当中的抽提回收,并对回收沥青进行了三大指标的测试,接着从流变角度运用DSR,BBR等试验进一步对沥青的高低温性能展开研究。得到主要结论如下:

(1)通过旋转蒸发法可以回收得到高纯度的沥青,同时也能减少沥青的老化,保证回收沥青的性能。

(2)在基质沥青的基础上,随着聚丙烯/胶粉复合改性颗粒的加入,沥青的针入度下降了44.5%,软化点上升了31.7%,5℃延度增长了约2.73倍,对沥青高温性能的提升较大。

(3)运用DSR测定不同回收沥青的复数剪切模量 G^*、相位角 δ 和车辙因子 $G^*/\sin\delta$,发现聚丙烯/胶粉复合改性沥青的复数剪切模量和车辙因子都要高于其余三种沥青,相位角在中高温时能保持一个相对较低的水准,这说明聚丙烯/胶粉复合改性颗粒能有效改善沥青的黏弹性,在中高温时沥青能获得更高的抗剪切能力。

(4)通过BBR试验在-12℃、-18℃、-24℃三种温度下对沥青的 S 值和 m 值进行测定,结果发现聚丙烯/胶粉复合改性颗粒有利于改善沥青的黏稠度,一定程度阻止沥青的脆硬化,使沥青有更强的抗弯拉能力,从而增强低温稳定性。

通过旋转蒸发法可以有效除去沥青中的三氯乙烯,但是该过程也无法实现三氯乙烯的0残留,少量三氯乙烯依然存在于沥青当中。后续可从如何保证三氯乙烯的完全除尽入手,展开相关研究。

参考文献

[1] 冯明林,王笑风,杨博,等.橡胶改性沥青高低温特性试验分析[J].河南科学,2020,38(10):1606-1611.

[2] 张丽萍,邱欣,薛亮,等.废旧轮胎橡胶改性沥青混合料路用性能的室内试验[J].沈阳建筑大学学报(自然科学版),2005,(4):293-296.

[3] 廖利,李慧川,王刚.城市生活垃圾中混合废塑料改性道路沥青的试验研究[J].中国资源综合利用,2006,(9):28-32.

[4] 王涛,雷勇.聚丙烯改性沥青母料的制备研究[J].石油沥青,2015,29(2):40-43.

[5] 陈蒙蒙.橡塑高分子合金改性沥青混合料疲劳性能研究[D].济南:山东建筑大学,2016.

[6] 熊涛.橡塑复合改性沥青混合料性能研究[J].交通世界,2021,(25):144-146,156.

[7] 童守才.湿法改性塑料沥青在路面中的应用综述[J].青海交通科技,2022,34(2):64-70,77.

[8] 周水文,张晓华,张蓉,等.老化沥青抽提回收研究进展[J].筑路机械与施工机械化,2017,34(10):41-43.

沥青混合料现场压实的离散元分析

孙　超[1]　栗培龙[*1,2]　马彦飞[1]　苟熙卓[1]

(1.长安大学公路学院;2.长安大学道路结构与材料交通行业重点实验室)

摘　要　沥青混合料的压实是集料迁移、空隙衰减与结构骨架成型的过程,压实质量的提升有待于对结构演化的深入认知。采用离散元PFC软件对压路机作用下沥青路面压实特性进行了虚拟仿真分析,并从空隙率、集料位移、压实功和接触状态角度进行了探究。分析认为,结构骨架的成型是集料迁移滚动形成嵌挤的结果,压实功在末期主要提高了集料间的嵌挤效应,而非改变混合料的密实度。粗集料的空间分布均匀性对压实效果产生重要影响。路面中上部的集料表现为竖向迁移,中下部集料表现为水平向迁移及附加推挤效应,整体呈现旋涡状迁移状态,并致使边界处集料产生隆起。集料总接触数量以及平均接触力呈现先增后减的增长趋势。本研究有助于加深对沥青混合料的结构演化和压实机理的认识,为后续针对性的施工控制举措提供了思考。

关键词　沥青混合料　压实特性　离散元模拟　集料迁移　施工控制

0　引言

沥青混合料是由集料、沥青、空隙等构成的多级多相材料,具有显著的颗粒类性质及表观特性。其固有的离散性、非弹性、耗散性使结构在多种应力作用下呈现出不同特性的响应,在集料视角即表现为不同自由度的空间迁移[1]。压实是沥青混合料由松散堆积状态向骨架嵌挤状态演化的过程,伴随着集料的空间迁移和接触改变。分析压实过程中结构的演化特性是提高压实质量的必要手段。

Yu和Liu等[2-3]采用计算机断层扫描X-ray CT技术对沥青混合料内部集料颗粒在压实力作用下的迁移趋势进行三维重构,发现集料经迁移形成接触嵌挤并构成结构骨架。Li等[4]则进一步采用集料内嵌钢钉的方式对特征粒径的颗粒进行了标记。Shi等[5]采用摄影DIP的方式对切割截面处的集料运动形式进行了追踪。然而,CT扫描存在成本高和不连续的问题,摄影测量DIP存在损坏被测结构与表观性的问题,并且二者在集料分割标准方面无统一规定。

随着计算机模拟技术的发展,离散元仿真在研究沥青混合料强度成型方面具有一定潜力。龚芳媛等[6]归纳了集料迁移的表征方法和评价指标。赵立财认为离散元中颗粒运动特征相较于空隙率更适合评价压实质量[7]。Liu等[8]基于虚拟压实提出了集料位移增量、平动角等与压实质量呈正相关性。Zhu等[9]强调了离散元中集料非均匀的接触特征,集料间的有效接触是强度形成的基本保证。虽然虚拟化的马歇尔击实或旋转压实能在某种程度上反映压实的效果,但是与压路机的实际压实效果(静碾和振动)还是存在一定的差距,相关研究亟须推进。针对现场压实效果展开离散元模拟,有助于揭示实际施工过程中结构密实的演化机制,后续有助于提高压实水平和施工质量。

1　原材料

试验所用集料为陕西某矿所产破碎石灰岩,集料的相对密度见表1。沥青使用90号石油沥青,根据《公路工程沥青及沥青混合料试验规程》(JTG E20—2011)对其基本性能指标进行了测试,结果如表2所示。沥青混合料的级配按照《公路沥青路面施工技术规范》(JTG F40—2004)中所推荐及工程实际应用的连续密级配热拌沥青混合料AC-20,各粒径的通过百分率如图1所示。采用马歇尔法确定最佳沥青用量和空隙率,分别为3.9%和4.1%。

集料相对密度 表1

粒径(mm)	19.0	16.0	13.2	9.5	4.75	2.36	1.18
相对密度(g/cm)	2.712	2.697	2.689	2.701	2.711	2.686	2.714

沥青的技术性质 表2

试验项目		技术要求	测试结果
针入度(25℃,100 g,5 s)(0.1mm)		80~100	88.7
针入度指数 PI		-1.0~1.0	-0.5
延度(5cm · min^{-1},10℃)(cm)		≥25	78.4
延度(5cm · min^{-1},15℃)(cm)		≥100	>100
软化点(环球法)(℃)		≥45	48
闪点(开口瓶法)(℃)		≥245	285
溶解度(三氯乙烯)(%)		≥99.5	99.87
密度(15℃)/(g/cm)		1.01	1.042
RTFOT (163℃,85min)	质量变化(%)	-0.8~0.8	-0.065
	残留针入度比(25℃)(%)	≥57	61.3
	残留延度(10℃)(cm)	≥8	10
	残留延度(15℃)(cm)	≥8	45.8

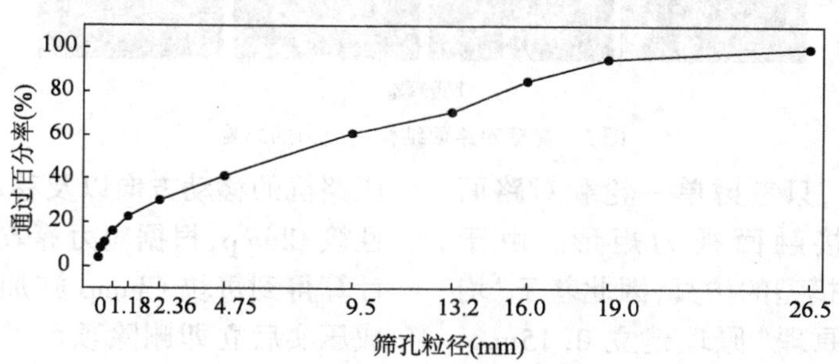

图1 沥青混合料的级配曲线

2 模型建立与试验方法

通过三维扫描的方式获得各粒径集料表面轮廓的三维点云数据文件,采用蓝光三维扫描技术获取真实集料颗粒的三维轮廓信息。通过 Geomagic 软件将扫描获得的点云数据处理导入三维 PFC(Particle Flow Code)模型的 STL 格式文件。采用 PFC 内置的 Bubble Pack 算法生成 Clump 来重建刚性集料的形状及其表面特征,利用 Clump Distribute 命令搭配各粒径集料所占质量比例并满足实际级配要求。沥青砂浆采用 1mm 半径的球形 Ball 颗粒进行模拟,空隙相通过随机删除规定比例的砂浆颗粒进行模拟。

模型中的颗粒单元通过接触发生相互作用,每一个接触都连接着两个实体单元,所有的变形行为及力的作用都发生在接触处。根据沥青混合料各组分间接触的特点,按照表3分配接触模型。

接触模型的选取 表3

接触部位	接触模型
集料单元之间	接触刚度模型+滑移模型
沥青胶浆单元之间	Burgers 接触模型
集料与砂浆单元之间	Burgers 接触模型

通过动态模量试验及时-温等效原理建立沥青混合料在宽温宽频条件下的主曲线方程,获得沥青胶浆的模型参数,如表4所示。集料的泊松比参数设置为0.25,弹性模量设为55GPa,摩擦因数取0.45。

Burgers 模型参数设定 表4

种类	E_1(MPa)	η_1(MPa · s)	E_2(MPa)	η_2(MPa · s)
AC-20	14.96	9.43	724.72	2.13

以钢轮压路机对沥青路面施加的静压力与激

振力为从参考,设计了实际荷载与沥青路面的模型。其中,压路机及施工操作的相关参数为:压路机操作重量10t,振动频率50Hz,振动幅值0.74mm,碾压温度150℃,碾压速度3km/h,激振力200kN。

由于计算机运行能力的限制,如果考虑矿料形状、级配参数等因素便只能建立有限尺寸的三维路面模型。为了研究路面结构在振动以及静压荷载下不同深度处的力学响应,建立了0.6m×0.8m的二维离散元路面模型。荷载的施加方式分为周期性振动荷载和静载两种模式,如图2所示。其中,振动荷载的路面振源设置为密度同铁的Clump模组,自0.3m高度处自由落下,模拟振动荷载对路面的击实作用。

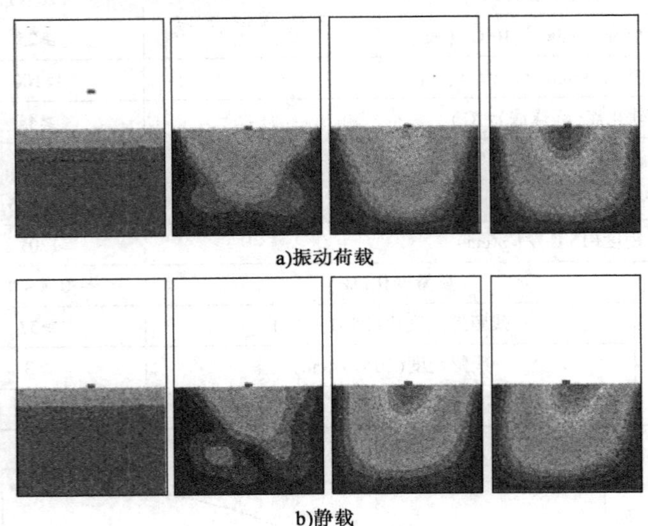

a)振动荷载

b)静载

图2 荷载对路面结构内应力的影响

为了简化分析过程,只考虑单一轮载对路面的压实作用,同时将接触面视为矩形。由于PFC3D主要用于小尺寸模型的仿真,因此基于"均布荷载-碾压时间等效原理"原理建立0.15m×0.05m×0.05m的路面模型,将路面分成5个0.03m×0.05m的矩形压实面,如图3所示。根据压路机的移动方向以及移动速度依次生成5块刚性簇Clump,根据应力等效原理以及压实面的面积计算得到每块Clump施加的力,在一个压实面完成压实后立即删除顶面的刚性加载板,以确保路面顶端无多余的竖向约束。在同一个压实面上的压实力作用周期设置为0.03s。

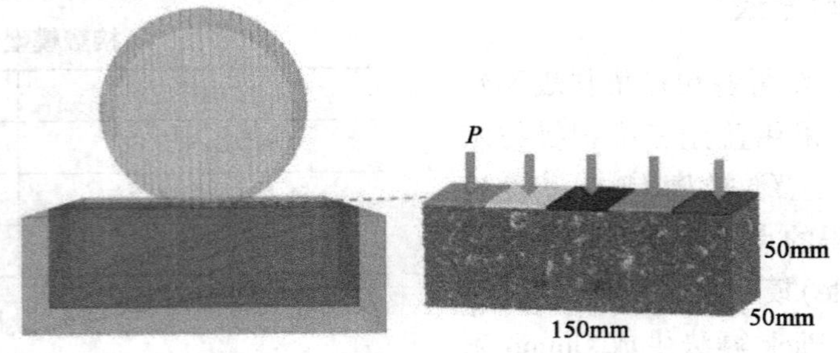

图3 均布荷载-碾压时间等效原理图

3 路面压实过程分析

3.1 空隙率

在路面模型内部设置了4个测量圆,用以监测压实过程中路面结构内部空隙率的演变规律。测量圆是PFC中记录某一特定范围内体积变化和力学响应的工具,包括空隙率、配位数、应变率和应力等,并可以通过PFC中的回调语句查看该过程量。其中,通过测量范围内颗粒的体积与空间整体的体积即可计算得到空隙率。为了减小边界效应对测量结果的影响,将测量圆设置在路面中部,测量圆的直径设置为混合料最大公称粒径的1.5倍,具体分布如图4所示,空隙率监测数值如图5所示。

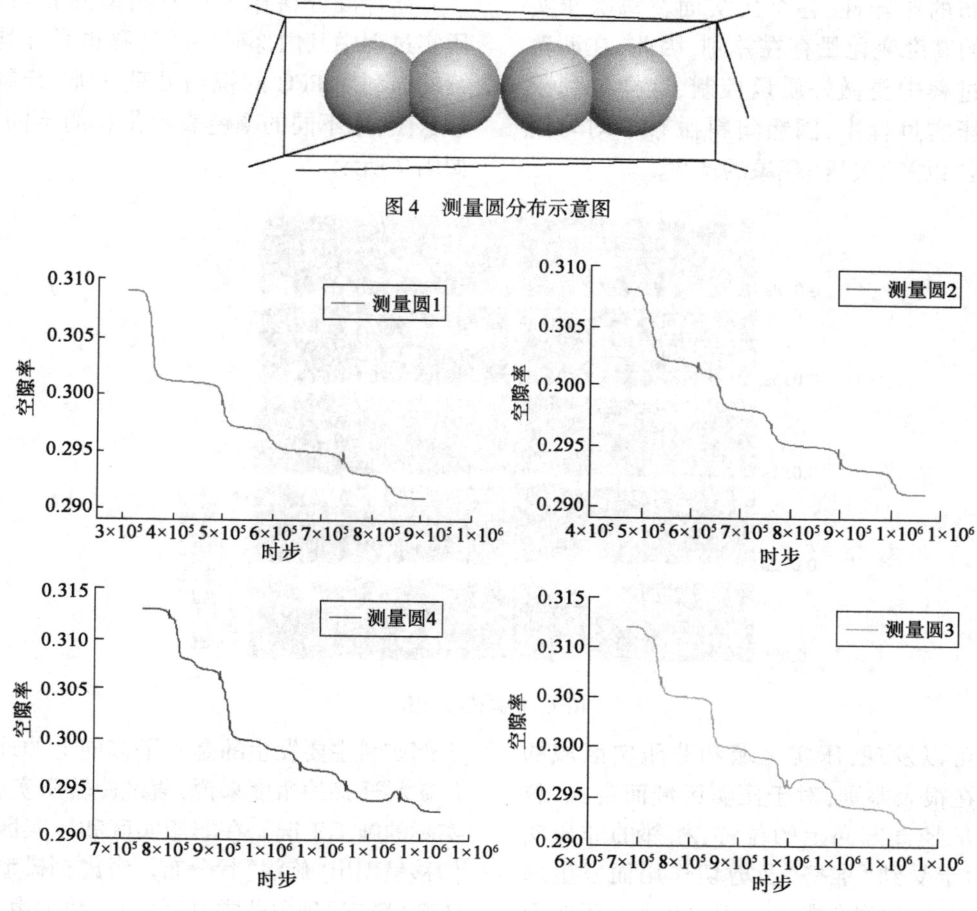

图4　测量圆分布示意图

图5　空隙率监测结果

由图5可以发现，在压实荷载的作用下，路面结构内部的空隙逐渐被沥青胶结料以及细集料组成的沥青胶浆所填充，粗集料颗粒发生迁移、滚动，彼此搭接形成了稳定的空间结构。经历了数次压实后，测量圆所在区域内部的空隙率发生了显著的变化，平均值从未压实的31%降低到29%。随着压实次数的增加，路面空隙率降低的幅度逐渐变小。第一遍压实完成后，路面空隙率平均降低了1%，后四遍压实空隙率累计降低了1%。路面结构在压实荷载的作用下密实度逐渐提高，矿料颗粒间的嵌挤效应增强，一部分压实功被用于克服矿料颗粒间的摩擦嵌挤，而不是用于改变混合料的体积上。

3.2　集料位移

以顶部压实面 Clump 作为研究对象，记录压实过程中路面压实高度的变化情况，结果如图6所示。

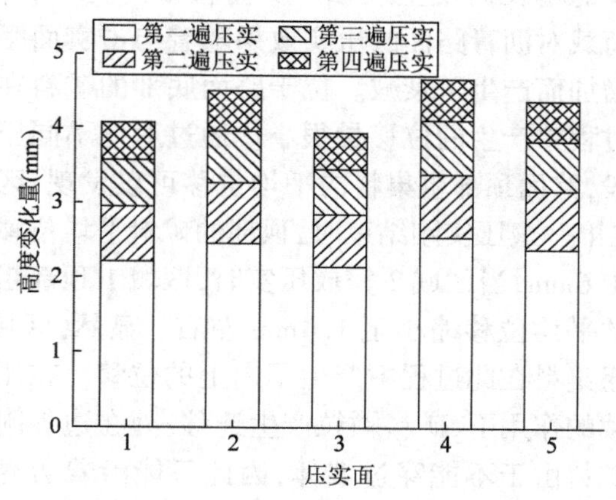

图6　路面压实高度变化

可以发现，结构的体积变化主要发生在首遍压实过程，后续逐渐衰减并趋于稳定。由于虚拟混合料空间分布的不均匀性，以及压实荷载造成的颗粒迁移状态的差异，造成沿压路机前进方向压实效果的变异性。路面压实高度的相对变化代表着沥青混合料空间结构和密实度的非线性演化，并与压实质量有着直接关联。随着路面结构密实度的提升，路面的骨架强度逐渐增强，在相同压实条件下，路面压实高度的增幅逐渐减小。由于粗集料分布的差异性,各个压实面在每次压实过程中产生的高度变化量存在差别,因此,在沥青混合料摊铺过程中要做好质量控制,这样有利于减少在后期压实过程中,因粗集料撒布不均匀而造成的“过压”以及“欠压”现象的产生。

沥青混合料作为一种典型的非均质材料,在压实过程中其内部矿料的迁移也是非均匀和不连续的。利用 PFC 的视图处理功能,绘制矿料的位移云图,用不同的颜色表示位移的不同大小,效果如图 7 所示。

图 7　矿料位移云图

由图 7 可以发现,压实区域和非压实区域的矿料位移存在很大差别,对于压实区域而言,矿料主要发生的是竖直方向上的位移,相邻的非压实区域,矿料由于受到“推挤”及剪切作用而发生水平方向上的移动,这种“推挤作用”随着与压实面距离的增长而发生衰减。从竖直方向上来看,压实荷载对沥青路面的压实效果随着与击实面距离的增加而产生了衰减。位于路面底部的矿料在压实过程中产生的位移量很小。通过对比不同压实阶段,路面顶部粗集料的平均位移可以发现,区域 1 在第一遍压实刚结束时,顶部的矿料平均位移约为 1.6mm,当区域 2 完成压实时,区域 1 顶部粗集料的平均位移缩小至 1.4mm 左右。显然,区域 1 的粗集料在此过程中产生了向上的位移。在压实荷载的作用下,矿料颗粒产生迁移,处在边界附近的矿料由于不能穿过墙体,因此只能沿着边界向没有约束的顶部运动,产生了这种“隆起”的现象。

为了研究路面压实过程中内部粗集料的迁移规律,当区域 2 完成第一遍压实时,将路面模型沿轴向剖切,导出截面上矿料、沥青胶浆的位置及位移信息,绘制位移矢量图,箭头方向表示颗粒运动方向,矢量长度统一设置为 1。效果如图 8 所示。

由图 8 可以发现,路面模型的中部及中上部的矿料以竖直方向上的迁移为主,路面模型下部及中下部矿料主要发生的是水平方向上的迁移。可见,从矿料迁移的角度来说,通过旋转压实过程更接近实际的施工工况。在非压实区和压实区之间,矿料位移呈现出“旋涡”状分布。考虑到模型边界区域,矿料“隆起”现象非常显著,为了减少由于边界约束而造成的“隆起”现象对压实过程的影响,在后续的分析的过程中主要研究的是区域 3 的压实过程。

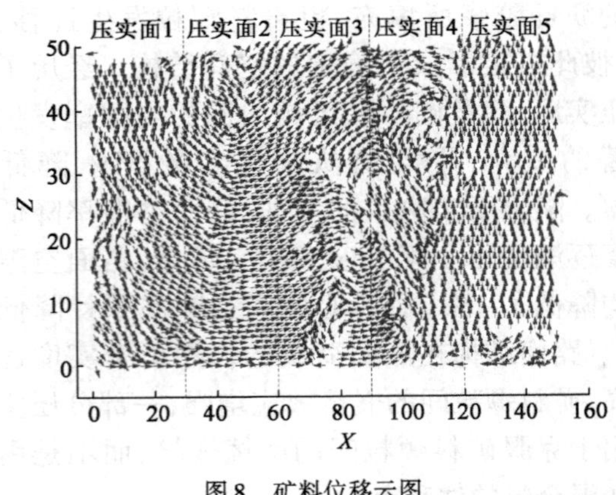

图 8　矿料位移云图

3.3　压实功及接触状态

矿料体系的接触状态反映了沥青混合料空间骨架的稳定性,矿料颗粒间的接触数量越多、平均接触力越大,说明混合料空间骨架的稳定性越好。在压实荷载的作用下,矿料颗粒会发生迁移滚动,彼此之间的接触状态也会随之发生变化。通过编写程序,对压实过程中矿料体系的总接触数量以及平均接触力进行统计,结果如图9所示。

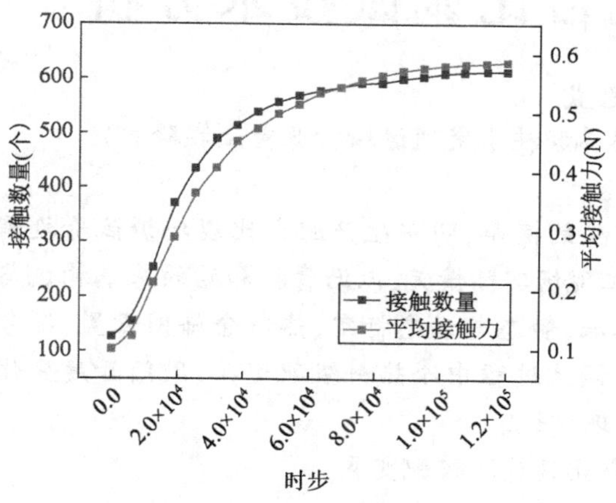

图9 矿料体系接触状态变化曲线

由图9可以发现,矿料体系总接触数量以及平均接触力在初始压实阶段增长速率较快,随着压实荷载作用时间的延长,两者的增长速率逐渐放缓。这说明骨架结构的强度取决于颗粒间接触数和接触力值,结构强度的增长是非线性的,并从不平衡态逐渐提高到强度更高的平衡态。沥青混合料的初压对于结构的承载能力起到关键作用,复压使颗粒体系产生更加充分的嵌挤。

4 结语

本研究构建了沥青路面压实的离散元模型,以AC-20中值级配的路面结构作为分析对象,研究了路面压实过程中结构演化规律及不同空间层位粗集料的运动迁移特性。结论如下:

(1)压实荷载对沥青路面施加的压实效果随深度的增加而产生非线性衰减,并呈现以荷载作用区域为中心的V形分布特征。

(2)在路面压实过程中,矿料颗粒的水平迁移主要发生在路面结构的中下部,路面底部的矿料在较弱的压实效果下产生有限的水平位移。在荷载作用区,矿料颗粒主要发生的是竖直向下的迁移,而非荷载作用区在轮载的的推挤作用下产生横向位移,且离压实面越远矿料受到的推挤作用越小。特别地,在荷载作用区域非荷载作用区之间的过渡地带,矿料位移呈现"旋涡"状分布。

(3)路面压实过程中,矿料间的总接触数量和平均接触力呈先增长后平稳的特征,且曲线趋势大致相同。随矿料接触数和接触力的非线性增长,骨架结构从非平衡态逐渐过渡到承载能力更高的平衡态,结构体系充分嵌挤密实。

参考文献

[1] 栗培龙,宿金菲,孙胜飞,等.多级矿料-沥青体系的颗粒特性、界面效应及迁移行为研究进展[J].中国公路学报,2023,36(1):1-15.

[2] LIU W C, LIN H W, GUO H Y, et al. An approach to investigate coarse aggregates movement of asphalt mixture based on wheel tracking test [J]. Construction and Building Materials,2021,309:125161.

[3] YU H N,DAI W,QIAN G P,et al. Research on microscopic contact characteristics of aggregates during compaction of asphalt mixtures [J]. Construction and Building Materials,2023,401:132678.

[4] LI J, LI P, SU J F, et al. Coarse aggregate movements during compaction and their relation with the densification properties of asphalt mixture[J]. International Journal of Pavement Engineering,2021,22(8):1052-1063.

[5] SHI L W, WANG D Y, JIN C N, et al. Measurement of coarse aggregates movement characteristics within asphalt mixture using digital image processing methods [J]. Measurement,2020,163:107948.

[6] 龚芳媛,拜佳威,陈祎,等.沥青混合料中集料迁移的表征方法与评价指标综述[J].材料导报:2022,1-26.

[7] 赵立财,卞雨馨.旋转压实中颗粒运动与压实特性的关联机制[J].浙江大学学报(工学版),2022,56(12):2471-2477,2506.

[8] LIU W D, GAO Y, HUANG X M, et al. Investigation of motion of coarse aggregates in asphalt mixture based on virtual simulation of compaction test [J]. International Journal of Pavement Engineering,2020,21(2):144-156.

[9] ZHU X,QIAN G P,YU H N,et al. Evaluation of coarse aggregate movement and contact unbalanced force during asphalt mixture compaction process based on discrete element method [J]. Construction and Building Materials,2022,328:127004.

AC 类沥青混合料生产配合比调试技术分析

张英楠* 孙思威
(辽宁省交通科学研究院有限责任公司高速公路养护技术交通运输行业重点实验室)

摘　要　为降低沥青混合料拌和站等料、溢料情况发生的概率,明确生产配合比现场调试阶段需要进行的关键工作内容。本文结合内蒙古大查高速公路施工现场实际情况,以沥青拌和站的基本构成与运行机制为切入点,阐述了生产配合比调试过程中的调试标准、静态与动态标定、热料仓筛网设置、筛分后合成生产配比及试拌验证等重点环节的调试方法,探讨了调试过程中冷热料级配变异、风门开度变化可能产生的不利影响,并针对调试过程中的典型问题给出处理建议。

关键词　沥青混合料　拌和站　质量控制　生产配合比设计　级配变异

0　引言

随着《"十四五"公路发展规划》的发布,我国西部偏远地区的高速公路网进入了新的发展机遇期,大量沥青路面的改扩建及新建工程对新时代的道路建设者提出了更高的质量控制要求[1]。其中,沥青混合料拌和站的质量管控是沥青路面施工质量控制的关键核心,拌和站调试合理与否直接影响着所产出混合料的设计符合性与质量稳定性。受石料资源开采限制,一条高等级公路往往需要多家石料厂供给原材,这使得带有热料二次筛分功能的间歇式沥青拌和站在我国占比达到约90%[2]。实际生产过程中,间歇式拌和站经常出现因冷热料仓不协调导致的等料、溢料等问题,严重限制了生产效率、增加了石料损耗、破坏了沥青混合料的级配稳定[3-5]。现场操作人员的解决措施多为哪个热料仓等料或溢料就减少或增加对应冷料仓的供料速度,而操作的尺度完全凭借"经验",已有研究表明这一操作过程会大大增加混合料级配变异的概率[6]。现行《公路沥青路面施工技术规范》(JTG F40—2004)指出:目标配合比设计得出的级配曲线是生产配合比设计的基准,目标配合比是控制冷料仓的依据,生产配合比设计则是协调热料仓与冷料仓之间的供料比例,使成品混合料级配趋近目标配合比,进而保证施工质量。现有研究均针对生产配合比调试的特定环节进行,对于调试流程中经验做法的原理机制、具体的调试方法、频发问题的解决对策却少有深入阐明分析,因此,有必要对沥青混合料生产配合比调试过程中关键工序的具体做法予以明确,分析各个环节之间的相互联系,在生产配合比设计流程中完成冷热料仓协调供料的前期调试,以保证沥青混合料生产稳定性,提高拌和站生产效率及石料利用率。

本文结合内蒙古大查高速公路沥青路面技术咨询项目的实际情况,首先以拌和站构成和运行机制为切入点,探讨冷热料仓之间的运行逻辑;随后重点分析生产配合比调试方法并提出调试过程需注意的细节及可能问题的处理建议,以期为 AC 类沥青混合料生产配合比的调试提供参考。

1　沥青拌和站构成与运行机制分析

内蒙古大查高速公路项目以中交西安筑路机械公司生产的4000 型间歇式沥青拌和站为主,德基机械和南方路机为辅。拌和站的主要构成与运行机制如图1 所示。

由图1 可知,石料从冷料仓到热料仓主要经历了皮带传送、冷料加热除尘、振动筛分环节,即目标配合比(冷料仓出料比例)到生产配合比(热料仓施工配合比)的转换过程,在此过程需要协调冷料仓的供料比例与筛分后热料仓出料的消耗比例处于相对平衡状态,实现冷热料间的充分转换利用。

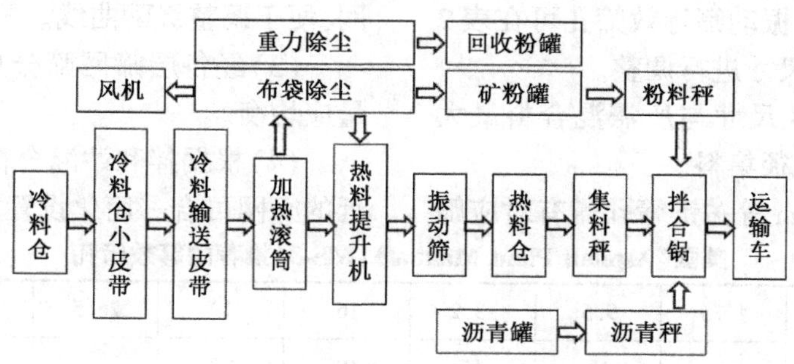

图1 沥青拌和站主要构成与运行机制

2 生产配合比调试方法分析

2.1 生产配合比调试标准

《公路沥青路面施工技术规范》(JTG F40—2004)并未给出生产配合比与目标配合比各档集料允许的级配变异范围,但给出了表1所示的相比于标准配合比级配的施工级配允许波动范围。

施工级配允许波动范围　表1

筛孔尺寸(mm)	计算机数据要求	总量检验要求	抽提筛分要求
0.075	±2%	±1%	±2%
≤2.36	±5%	±2%	±5%
≥4.75	±6%	±2%	±6%

由表1可知,总量检验要求较为严格,综合考虑集料粒径产生的不同误差范围,选择总量检验要求的级配变异范围作为生产配合比级配与目标配合比级配得调试标准,除0.075mm、2.36mm、4.75mm外,其他筛孔满足设计要求即可。

2.2 拌和站静态标定

拌和站静态标定一般由地方所属的质监站或专业计量机构进行,主要目的是对拌和站的各类秤、温度传感器等关键部件进行标定,给出相应的补偿系数,标定精度需满足规范要求。在热料仓集料秤标定时,所使用的砝码质量应至少达到量程质量的50%以上,采用多点位多次数、先用大质量砝码后减半质量复核的方法进行。后续进行冷料仓的动态标定时,可利用装载机接出热量仓余料,过地磅后在此检验热量仓集料秤的精度,出现偏差及时调整修正系数。

2.3 冷料仓动态标定

找出冷料仓小皮带转速(频率)与冷料流量的相关关系是保证冷热料仓之间集料供需平衡的关键。所谓动态标定,就是在固定各个冷料仓开口高度的情况下,各冷料仓在不同转速(频率)下依次放料称重,通过二次线性拟合得出转速与流量的关系式的过程。得到关系式后,即可根据所需产量反算出小皮带实际转速,保持该转速的稳定即可实现平稳的冷料供给。冷料仓动态标定的过程如下:

(1)复核后场集料级配需与目标配合比级配基本一致,有明显差异的需重新进行目标配合比设计。

(2)在冷料输送平皮带上标记一段固定长度S_1(m)约20m,用秒表记录平皮带通过此距离的时间t(s),由式(1)确定出平皮带转速v(m/s)。

$$v=\frac{s_1}{t} \tag{1}$$

(3)以冷料仓小皮带表显满额转速(频率)的25%、50%、75%分别放料,待出料稳定后取平皮带集料均匀段S_2(m)1~2m内所有集料,称取质量m(kg),测含水率w(%),由式(2)计算得到相应的流量Q(t/h)。

$$Q=\frac{3.6\cdot m\cdot S\cdot v}{1+\frac{w}{100}} \tag{2}$$

(4)以转速(频率)为横坐标、流量为纵坐标,绘制各冷料仓标定曲线,经二次线性拟合得到关系式。

2.4 热料仓筛网设置

经过加热的冷料通过筛网的二次筛分后分别存入对应的热料仓,筛网尺寸的合理配置可以提高振动筛的筛分效率,优化热料仓集料的级配组成。根据目前施工情况,一方面,难以在施工过程中获得热料仓级配实现对热料仓配比的实时动态调整;另一方面,不同路面级配类型同时生产的工况下,受温度制约替换筛网将显著降低生产效率。因此,结合现有研究成果,提出以下设置筛网尺寸的方法。根据现场经验,振动筛等效筛孔可在表2基础上结合碎石场筛网尺寸进行调整。

(1)最大筛网的筛孔尺寸与所需混合料最大公称粒径相符,筛除超粒径集料。

(2)2.36mm、4.75mm等关键筛孔需有对应筛网,便于调整级配曲线。

(3)经各层筛网筛分后进入热料仓的集料质量应均衡。

(4)根据拌和站混合料生产类型,筛孔尺寸接近的筛网可合一简化设置。

美国《Asphalt Plant Manual》(MS-3)推荐的等效筛孔 表2

标准筛筛孔(mm)	2.36	4.75	9.5	13.2	16	19	26.5	31.5	37.5	53
振动筛筛孔(mm)	3-4	6	11	15	19	22	30	35	41	60

2.5 热料仓出料调整合成级配

在完成拌和站静态标定、冷料仓动态标定、振动筛筛网配置后,按照施工产量和目标配合比确定各冷料仓上料比例、小皮带转速,开启加热滚筒、除尘风机等设备。为达到标准施工状态的除尘效果,使0.3mm以下颗粒的筛分结果具有代表性,风机风门开度需达到50%以上(新建拌和站适度降低开度)。待热料仓存储适量热料后逐仓依次放料,前3盘料废弃,从第4盘开始接收。装载机需将斗内热料匀速缓慢倒出并抹平料堆堆峰,技术人员测温后铲掉边角无代表性集料,从料堆上中下部各取1/3混合均匀,四分法取料后分别进行筛分后得到各仓单档级配曲线。以目标配合比曲线为基准,在满足2.1提出的变异范围情况下,合成得到热料仓配合比。

2.6 室内试拌验证及试验段验证

使用热料仓的各档集料按热料仓配合比掺配集料,按目标配合比确定的最佳沥青用料OAC、OAC±0.3%对3个沥青用量进行初步室内试拌和马歇尔试验,毛体积密度、空隙率、稳定度、流值等关键指标满足设计要求后,使用拌和站按上述的3个沥青用量进行出料,再次进行马歇尔试验检验关键指标得出生产阶段的最佳沥青用量,并进行抽提试验检验拌和站沥青添加量的精度。拌和站出沥青混合料之前,以确定的热量仓配合比、拌和站施工产量为参数,按2.3提出的方法反算冷料仓小皮带转速。出料过程中随时观察热料仓集料储存情况,若出现等料溢料现象,应及时从冷料级配、筛网状态等方面查找原因。生产参数确定完毕后,通过试验段试铺检验生产配合比实际施工效果,室内成型马歇尔试件、抽提筛分车辙试件验证技术指标和使用性能,在现场大规模生产前完成所有调试得出标准配合比。

3 调试过程中需注意的问题

3.1 冷料原材级配的变异情况

近年来,大查高速公路项目沿线关停了多家不符合环保要求的碎石场,使得部分石料紧张的标段需要从多家异地碎石场采购备料,而各家碎石场机械设备的破碎功、震动功、筛网规格、除尘效果各不相同;岩石母材的主要成分、密度、强度、针片状颗粒含量也存在着较大差异。除此之外,同一家碎石场生产的碎石受开采岩层变化的影响也存在着级配变异的可能。因此,掌握冷料级配的变异情况是调试出适用的目标配合比、生产配合比的基础,以下解决措施可供参考:

(1)在各阶段配合比设计取料过程中就要严格按上、中、下及四分法等规范要求的均匀取料方法进行,以获得代表性试样。

(2)每次批量进料后应进行筛分试验、观察岩石性状,记录分析进仓冷料级配和材质的变异情况,出现显著变异应联系碎石场确认母岩、筛网等生产状况。

(3)目标配合比设计与生产配合比设计间隔时间过长时,在生产配合比调试前应确认目标配合比级配与料仓内原材级配的符合情况,差异过大则应重新进行目标配合比设计。

3.2 成品混合料级配变异情况

成品混合料的级配变异多在试拌试铺和抽提试验筛分后被发现,冷料级配变异是主要诱因;其次,拌和站因生产产量过大导致的筛分不充分或筛网堵塞、热料仓因等料溢料产生的热料串仓、拌和时间过短等因素也是不可忽视的因素。除此之外,装料摊铺过程中的级配离析受篇幅限制在此不作过多阐述,针对混合料拌和站生产过程中的级配变异提出以下解决措施:

(1)重视目标配合比设计与生产配合比设计之

间的紧密联系，目标配合比控制冷料级配可行性与提供冷料仓配比，生产配合比在目标配合比的基础上将室内试验转换成拌和站生产，两者缺一不可。

(2)在拌和站设计生产产量范围内进行生产，生产前检查筛网配置，生产过程中监控筛网使用状态，生产后定期进行保养清理。

(3)按原材级配控制、静态标定、动态标定、筛网配置、热料仓均衡分配的流程进行生产配合比调试，使冷料仓、热料仓处于协调均衡的工作状态，减少等料溢料现象。

3.3 拌和站风门开度的控制

根据大查高速公路施工现场调研发现，拌和站的风门开度严重影响着 0.3mm 以下颗粒的分配情况，风门过大会将 0.3mm 以下颗粒抽出，风门过小则会影响加热滚桶中火焰的燃烧效率，进而降低集料的加热速度。这种状况在新组建的拌和站出现较多，因布袋除尘器没有灰尘堵塞，同样的风门开度下干净的布袋除尘效果明显强于使用过的布袋。经过大规模生产后，新站布袋除尘器上的尘土积累到一定程度时，除尘效果会相应下降。因此，生产配合比调试出热料过程中应对 0 ~ 3mm 机制砂予以关注，若 0.3mm 以下颗粒相比目标配合比明显缺失，则应在保证集料加热效率的情况下适度调低风门，在试验段生产过程中随产量的增加逐步提升风门开度，通过筛分和抽提试验确定级配分布稳定后开展大规模生产。

4 结语

生产配合比调试是沥青路面施工质量控制过程中的核心环节，稳定的冷料级配是所有调试工作的基础，拌和站精准的计量系统和合理的筛网配置则是拌和站高效生产的保障，全环节系统性的协同调试则是取得良好摊铺效果与使用性能的必要前提。本文根据实际施工经验，提出了避免冷料仓、热料仓级配变异的控制措施，给出了拌和站风门开度的控制建议，对减少等料溢料现象的发生、提高拌和站的生产效率具有一定的参考价值。目前，生产配合比的调试仍主要依靠现场工程师的人工管理，未来，有希望使现阶段积累的工程经验赋能到相关机械设备，继续探索全流程高效精准的数字化、智能化管理，进而全面提高沥青路面施工质量。

参考文献

[1] 交通运输部.《公路“十四五”发展规划》[EB/OL].[2022-01-29]. https://www.mot.gov.cn/zhuanti/shisiwujtysfzgh/202201/t20220129_3639054.html.

[2] 陈国富.连续式与间歇式沥青拌和站的对比分析[J].建筑机械,2011(11):93-94.

[3] 余琦,赵丁鑫,李佳佳,等.橡胶改性沥青混合料生产配合比调试优化及工程应用[J].广东公路交通,2020,46(6):1-6.

[4] 张文,张思杰.浅谈海外项目沥青混合料生产配合比的确定[J].公路交通科技(应用技术版),2020,16(5):156-157.

[5] 胥吉.SMA 生产配合比调试及拌和质量控制技术[J].公路交通技术,2018,34(4):42-46.

[6] 费松涛,应荣华,王君强.间歇式沥青混合料拌和站冷料仓流量标定[J].中外公路,2009,29(2):232-234.

冻融循环作用下大掺量 RAP 厂拌热再生沥青混合料性能分析

司 伟* 张 钘 张博文 汤贺翔
(长安大学公路学院)

摘 要 为研究冻融循环作用对不同再生工艺下大掺量 RAP 热再生沥青混合料宏观及细观结构的影响，制备了传统再生工艺下和分档再生工艺下 60% RAP 厂拌热再生沥青混合料以及对比用 AC-20 普通沥青混合料。通过高温车辙试验、低温小梁弯曲试验、冻融劈裂试验和 X-ray CT 扫描试验研究了 0、5、

10、15、20 次冻融循环作用对沥青混合料宏观性能及细观结构的影响。结果表明,随着冻融循环次数的增加,两种再生料的高温性能均出现不同程度的下降,但分档再生料的动稳定度指标下降更为平缓,结构更为稳定;分档再生料在各冻融次数下的稳定度指标虽然低于相应传统再生料,但仍满足规范要求。传统再生料在高次数(15、20 次)冻融循环作用下,低温性能衰减严重,而分档再生料在各冻融循环次数下的性能衰减规律与 AC-20 相近,表现出更好的低温稳定性能。两种再生料的水稳定性能随着冻融循环作用次数的增加而下降,其中分档再生料在各冻融循环作用下的 TSR 指标优于传统再生料,而传统再生料在高次数冻融作用下水稳性能严重下降,表明分档再生工艺增强了再生料的水稳性能。相较于传统再生料,随冻融循环次数作用次数的增加,分档再生料细观空隙率变化较小,空隙数量变化趋势与 AC-20 混合料更为相似,表明其内部结构较传统再生料更稳定。

关键词 厂拌热再生 路面材料 大掺量 RAP 分档再生工艺 宏观性能 CT 扫描

0 引言

沥青路面厂拌热再生目前在我国已得到广泛应用,是一种热门的养护技术[1-2]。我国公路养护维修过程中大量使用了厂拌热再生沥青混合料,当前工程实践已证明,废旧沥青路面材料的用量越高,热再生沥青混合料的低温抗裂性、水稳定性和耐久性越会有不同程度的下降,仅高温性能可以达到规范要求,且 RAP 比例越高,下降越明显,导致再生沥青路面的使用寿命缩短[3]。特别是在季冻地区,冻融循环作用下沥青路面损伤劣化逐渐累积产生冻融破坏。从再生工艺优化角度实现大掺量 RAP 厂拌热再生沥青混合料性能提升成为解决该问题的一个新的途径[4]。传统的热再生沥青混合料制备工艺中,RAP 旧沥青在加热、拌和过程中逐渐从回收沥青路面材料 RAP 中分离出来,并经再生剂与新沥青融合后分布在集料上,认为所制备沥青混合料中的新旧沥青达到完全融合状态,但与实际情况不符。已有研究表明,对 RAP 料进行分级,再进行再生处置后的新旧沥青融合效果要优于传统工艺下新旧沥青的融合效果[5]。鉴于此,本文通过课题组自制的冻融循环试验机对不同再生工艺下大掺量 RAP 再生沥青混合料进行冻融作用,通过高温车辙试验、低温小梁弯曲试验、冻融劈裂试验和 CT 扫描,从宏观和细观维度研究冻融循环作用对不同再生工艺下 60% RAP 厂拌热再生沥青混合料路用性能和细观结构的影响,为冻融环境下再生沥青混合料工艺改进和性能提升提供支撑。

1 原材料与试验方法

1.1 原材料

1.1.1 RAP

本试验中 RAP 取自 S217 养护维修工程铣刨下来的沥青混凝土路面中、上面层。将 RAP 料分为三档。RAP 性质如表 1、表 2 所示。

各档位 RAP 旧沥青含量 表 1

RAP 档位	试样组			平均油石比(%)
	试样 1	试样 2	试样 3	
0～5mm	5.9	6.4	6.2	6.2
5～10mm	3.4	2.8	3.5	3.2
10～20mm	0.7	1.3	1.2	1.1

RAP 基本性能 表 2

测试项目		单位	实测	规范要求	规范方法
石料压碎值		%	14.8	≤28	T 0316
洛杉矶磨耗值		%	17.4	≤30	T 0317
表观相对密度	粒径 0～5mm	%	2.723	≥2.50	T 0304
	粒径 5～10mm		2.659		
	粒径 10～20mm		2.635		

续上表

测试项目		单位	实测	规范要求	规范方法
吸水率	粒径0~5mm		0.6	≤2.0	T 0304
	粒径5~10mm		1.8		
	粒径10~20mm		1.8		

由表1可知,三种不同档位的RAP显示出随着粒径增大,油石比逐渐降低的趋势,本文按照分档理念将0~5mm档料划分为RAP富油细集料,5~20mm档料划为RAP旧粗料。

1.1.2 新沥青

为恢复RAP旧沥青的性能,应使用标号高于RAP旧沥青(70号)标号的新沥青[6]。本试验新沥青采用克炼90号沥青,基本技术指标见表3。

克炼90号基质沥青基本技术指标 表3

测试项目		单位	试验值	规范要求	试验方法
针入度(25℃,100g,5s)		mm	82	80~100	T 0604
软化点(环球法)		℃	47.0	≥45	T 0606
5℃延度		cm	57	≥30	T 0605
旋转薄膜加热后	质量损失	%	-0.018	-0.4~+0.4	T 0609
	残留针入度比	%	78.08	≥57	T 0604
	残留延度(10℃)	cm	43.63	≥8	T 0605

1.1.3 玄武岩纤维

本研究应用场景聚焦寒区,通过添加玄武岩纤维以提升其低温性能,结合已有研究,选定纤维掺量为0.4%(占再生沥青混合料的比例)[7-8],玄武岩纤维技术指标见表4。满足《纤维沥青路面施工技术指南》(T/CHTS 10016—2019)的性能要求[9]。

玄武岩纤维性能指标 表4

检验项目	玄武岩纤维
纤维直径(μm)	16
纤维长度(mm)	6
密度(g/cm³)	2.69
抗拉强度(MPa)	4000
含水率(%)	0.03

1.1.4 再生剂

再生剂技术指标见表5。

再生剂性能指标 表5

测试项目	单位	试验值	规范要求	试验方法
黏度(60℃)	mm²/s	110	50~175	T 0603
密度(25℃)	g/cm³	0.923	实测	T 0604
饱和分	%	24.1	≤30	T 0604
芳香分	%	28.3	实测	T 0615

1.1.5 集料与矿粉

新粗集料为石灰岩、新细集料为机制砂,依据《公路工程集料试验规程》(JTG E42—2005)进行新集料的性能测试,检测结果见表6、表7,性能均满足规范要求。矿粉为石灰岩矿粉,技术指标见表8。

新粗集料检测结果 表6

测试项目		单位	结果	规范要求	试验方法
压碎值		%	18.44	≤28	T 0306
洛杉矶磨耗值		%	14.0	≤30	T 0317
磨光值PSV		—	47.2	≥42	T 0321
表观相对密度	粒径0~4.75mm	—	2.675	≥2.500	T 0304
	粒径4.75~9.5mm		2.617		
	粒径9.5~13.2mm		2.684		
	粒径13.2~19mm		2.631		

新细集料检测结果 表7

测试项目	单位	测试结果	规范要求	试验方法
表观相对密度	—	2.931	≥2.500	T 0328
亚甲蓝值	g/kg	2.5	≤25	T 0349
坚固性	%	8.34	≤12	T 0340
含泥量(<0.075mm)	%	2.3	≤3	T 0333
砂当量	%	77	≥60	T 0334
棱角性(流动时间)	s	41	≥30	T 0345

矿粉检测结果 表8

矿粉测试项目	单位	测试结果	规范要求	试验方法
相对密度	—	2.713	≥2.500	T 0352
含水率	%	0.3	≤1	T 0103
外观	—	无团粒黏结块	无团粒黏结块	—
亲水系数	%	0.8	≤1	T 0353

1.2 大掺量 RAP 厂拌热再生沥青混合料制备

1.2.1 分档再生工艺

分档再生法是基于 RAP 分档理念在传统再生工艺基础上进行改进的,其原理在于按照不同档位 RAP 料油石比含量结果,将 RAP 料划分为 RAP 富油旧细料和 RAP 旧粗料,再对富油旧细料和 RAP 旧粗料分别再生后加入矿粉进行共混形成再生料。本文以表 1 的分档结果进行 60% RAP 再生混合料的制备,同时与传统工艺制备的再生料进行性能对比。

分档再生法成型试件具体步骤如下:首先,按照表 1 不同档位 RAP 料油石比含量结果,将 0 ~ 5mm 档 RAP 料划分为 RAP 富油细集料,5 ~ 20mm 档料划为 RAP 旧粗料,然后将两档 RAP 料和其他材料分别预热至上述温度备用。然后,将预热好的 RAP 旧粗料和新集料同时倒入混合料拌和锅内拌和 60s 使二者分布均匀,再将加热完毕的 RAP 富油旧细料、再生剂、BF 新沥青依次倒入拌和锅内均匀搅拌 100s 以充分再生 RAP 料中的老化沥青并使集料完全被再生沥青裹附,最后加入矿粉拌和均匀,拌和时间为 20s,总拌和时间为 180s。

1.2.2 配合比设计

本文以 AC-20 型级配为目标级配,设计 RAP 掺量为 60% 的再生料级配,其级配曲线如图 1 所示。

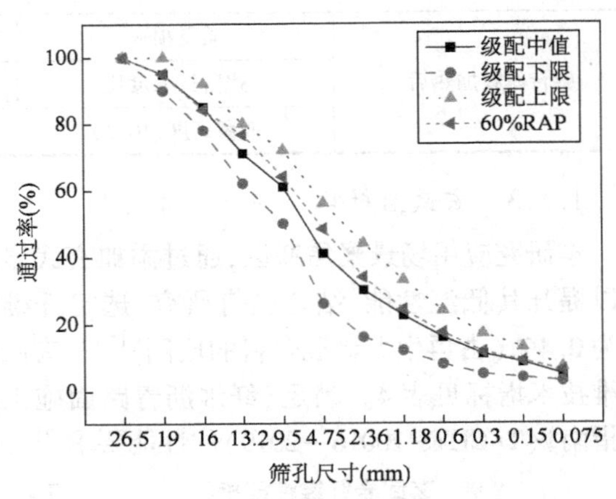

图 1 60% RAP 厂拌热再生沥青混合料级配曲线

1.3 冻融循环试验

采用自制的冻融循环试验机进行室内冻融循环试验,冻融循环试验机如图 2 所示。具体冻融过程为:先将试件先进行真空饱水 15min;再在长压水中保持 30min;取出后将试件置于聚乙烯盒中然后进行密封处理;将试件盒置于冻融循环试验机内;以 -30℃、16h 冻结和 30℃ 融化 6h 为一次冻融循环,分别作 5、10、15、20 次冻融循环处理。

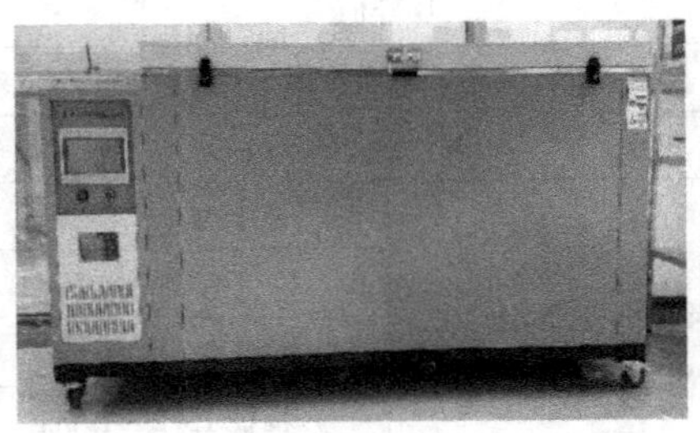

图 2 冻融循环试验机

1.4 试验方法

(1)选用高温车辙试验评价冻融处理后沥青混合料的高温稳定性能,试验温度为60℃,轮压为0.7MPz,加载速率为42mm/min,评价指标为动稳定度[10]。

(2)选用低温小梁弯曲试验评价再生沥青混合料的低温抗裂性,试验温度为-10℃,评价指标为弯曲劲度模量、抗弯拉强度及破坏应变。

(3)选用冻融劈裂试验评价再生沥青混合料的水稳定性,试验温度为-18℃,评价指标为冻融劈裂强度比(TSR)。

(4)通过X-ray CT图像处理技术对不同冻融循环作用下两种再生工艺60% RAP掺量厂拌热再生沥青混合料的空隙细观结构变化进行分析,评价指标为空隙数量与孔隙率。

2 试验结果与讨论

2.1 高温稳定性

如图3所示,两种再生工艺所制备的60% RAP掺量再生料在5、10、15、20次冻融循环作用后的动稳定度指标依然高于规范要求(>800次/mm)。整体看来,两种再生方法下的再生沥青混合料稳定度指标与AC-20沥青混合料变化趋势类似,均随着冻融次数的增加而下降,但AC-20混合料下降趋势更为平缓,而两种再生料的降幅显著。一般来说,由于RAP的存在,厂拌热再生沥青混合料表现出更好的高温性能,但在多重冻融循环作用下这种优势已被冻融破坏,且冻融循环次数越大,高温性能劣化越明显,当冻融循环次数达到作用20次时,厂拌热再生沥青混合料料的动稳定度指标已低于AC-20。从再生工艺角度分析,尽管两种再生工艺下的再生料动稳定度指标均呈下降趋势,但降幅差异性较大。传统60% RAP再生料降幅分别为21.23%、52.36%、56.89%、73.42%,而相应分档再生料降幅则为25.36%、38.51%、47.56%、61.91%。这表明,就再生工艺而言,分档再生工艺所制备的60% RAP厂拌热再生沥青混合料高温稳定性要优于相应传统再生料;0、5次低冻融循环作用下,传统再生料高温性能较好,但当冻融次数达到10次以上,传统再生料由于内部新旧沥青融合不充分、再生沥青与集料黏附性差等问题在冻融循环作用下被放大,导致其高温性能严重下降。相比之下,分档再生工艺对再生料的高温性能提升效果更好。

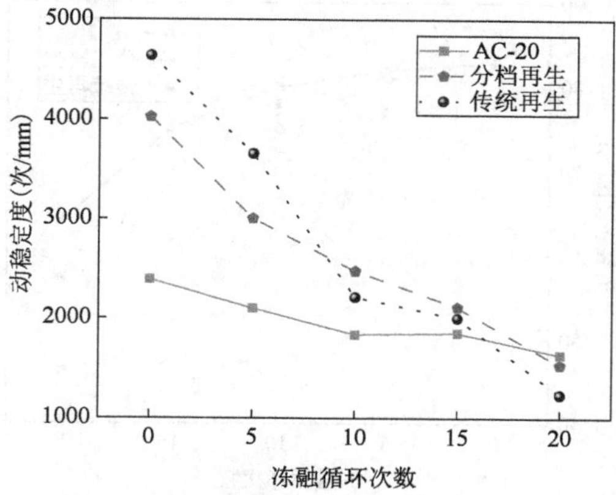

图3 冻融循环作用下动稳定度变化趋势

2.2 低温抗裂性

由图4可知,三种材料的最大弯拉应变随着冻融次数的增加而下降,整体看来,AC-20混合料及分档再生下60% RAP再生料的下降趋势较为平缓,而传统再生料在15次、20次冻融作用下弯拉应变下降显著,降幅分别达到42.5%、63.1%。冻融循环作用对三种混合料的低温性能均产生不利影响,且随着冻融次数的增加,其低温性能进一步劣化,但总体仍然呈现此规律:AC-20>60% RAP掺量分档再生料>60% RAP掺量传统再生料。

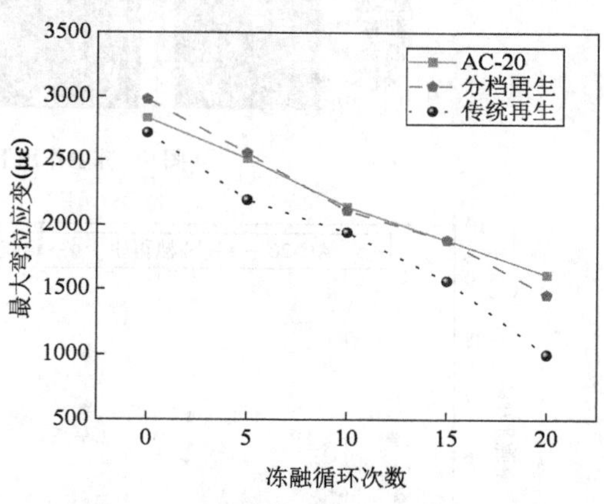

图4 冻融循环作用下最大弯拉应变变化趋势

2.3 水稳定性能

由图5可知,当冻融次数达到15,仅传统工艺下60% RAP再生料TSR为62%已不满足规范要求,而当冻融循环次数达到20次,三种材料均不满足规范的使用要求,这表明高次冻融作用会严重降低混合料水稳定性能。两种再生集料的指标在各冻融循环次数下均低于AC-20,这主要是由60% RAP掺量相对较大,老化沥青含量越高,材料中部分老化沥青仍较硬、较脆引起的。

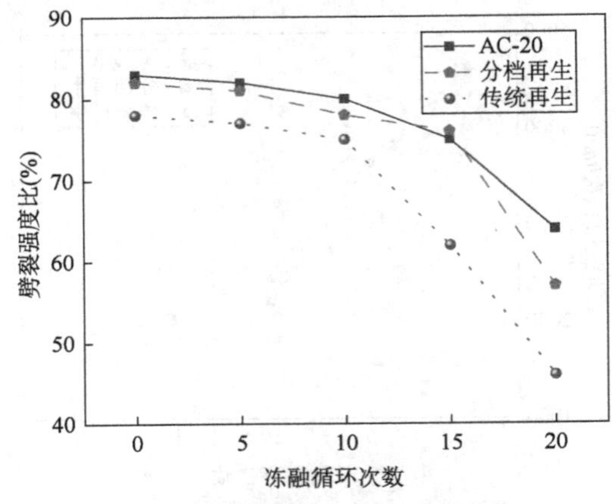

图5　冻融循环作用下 TSR 变化趋势

2.4　细观空隙结构变化分析

基于 CT 扫描的空隙率计算方式为统计空隙边界内部像素的数目占截面像素总数目的百分比;而空隙数量是在扫描图像中对空隙进行阀值分割并进行加权平均。

图 6 为经过多次冻融循环处理后的分档再生工艺与传统再生工艺下 60% RAP 再生料及 AC-20 沥青混合料在同一高度断面的扫描照片,空隙率及空隙数量随冻融循环次数变化如图 7、图 8 所示。

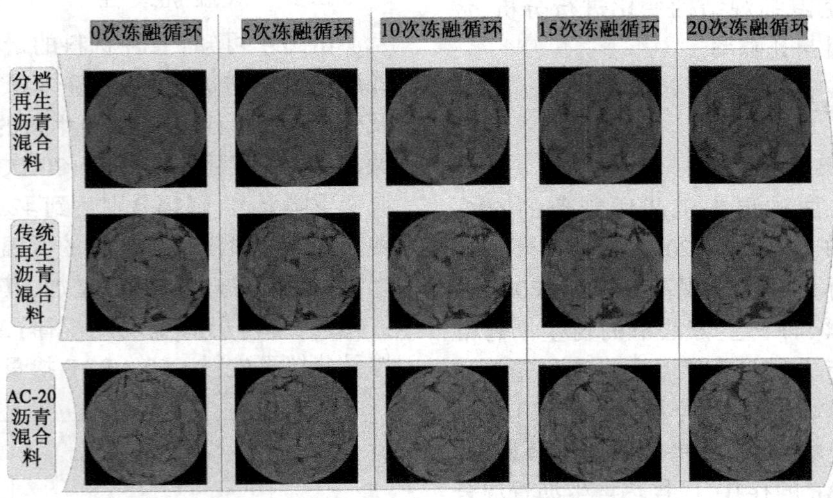

图6　冻融作用下各试件高度的中间部分的 CT 图

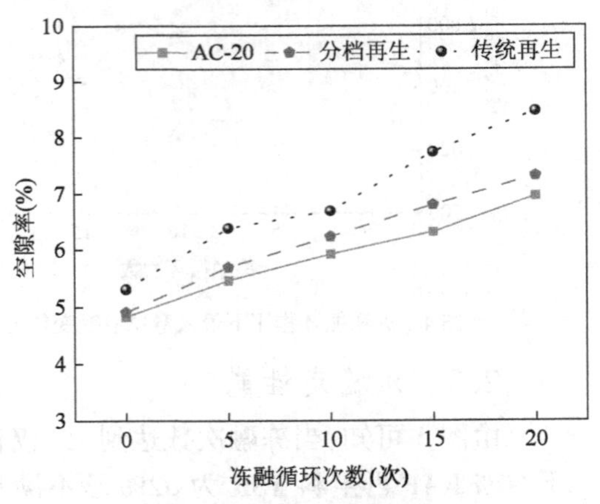

图7　冻融循环次数与空隙率的规律

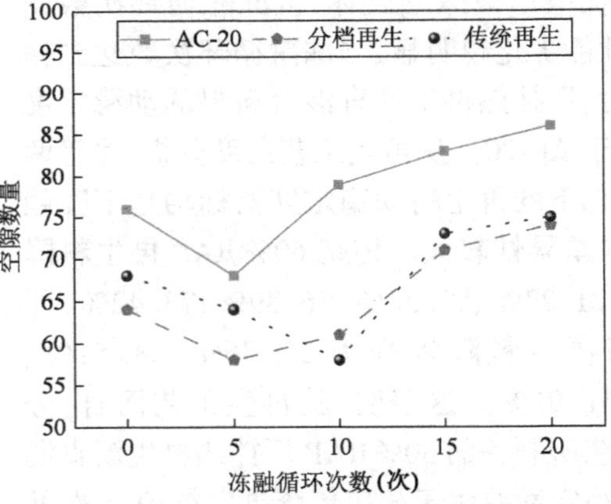

图8　冻融循环次数与空隙数量的规律

从图 7 可以看出,随着冻融循环次数的增加,两种再生工艺的 60% RAP 掺量厂拌热再生沥青混合料及 AC-20 混合料试件的空隙率也随之升高,表明冻融循环作用会让混合料内部不断出现新孔隙。与各自未冻融处理的试件相比,在 5 次、10 次、15 次、20 次冻融作用下 AC-20 及分档再生料的增幅分别为 13.2%、22.3%、31.5%、44.3% 和 16.1%、27.2%、38.5%、49.5%,两者曲线变化相对比较平缓且在低次冻融作用下较为相近，而传统再生料的变化幅度较大，在 15 次、20 次时最为明显，分别达到 45.7% 和 59.6%，这说明新旧沥青融合更为充分的分档再生料在高次冻融下内部结构比传统再生料更为稳定。如图 8 所示，随着冻融循环次数的增加，三种混合料的空隙数量变化呈现相同的趋势，即先降低后增加且增幅较低，但空隙数量下降与上升的节点呈现不同规律，其中 AC-20 混合料和60% RAP 分档再生料在5 次冻融循环作用下出现数量下降，而后上升，而 60% RAP 传统再生料在 5 次、10 次冻融过程中出现空隙数量持续下降的趋势并在第 15 次冻融下有所回升，三种混合料在低冻融次数下呈现空隙数量降低的原因在于材料内部已有空隙在冻融作用下发生融合，空隙融合连通，所以空隙数量下降，而到了高次冻融，其空隙融合过程基本完成，冻融作用所催生的新空隙以及微裂缝成为其数量增加的主要原因，但高次数冻融所引起的新空隙与裂缝较少，所以增幅较低。但传统再生料空隙数量在 5 次、10 次持续增加的现象表明该再生工艺下 60% RAP 再生料内部结构不稳定，受冻融影响最为显著。

3 结语

本研究通过设计相关试验并获取相应的试验指标，探究冻融循环作用对两种再生工艺 60% RAP 再生沥青混合料性能的影响，对比试验结果可知：

(1)相较于传统再生法，分档再生法其优势在于通过分档，对 RAP 富油旧细料中所含的大量 RAP 旧沥青进行重点再生，以促进新旧沥青融合程度并提升材料路用性能。

(2)两种再生工艺制备的 60% RAP 再生料，经过不同冻融循环次数后，动稳定度均高于规范要求，但随着循环次数增加，动稳定度呈下降趋势，但传统再生料降幅大于分档再生料，即冻融作用破坏了 RAP 中老化沥青原有的性能优势，高 RAP 含量影响了混合料的高温性能。

(3)三种材料的最大弯拉应变随冻融次数增加而下降，AC-20 和分档再生料较为平缓，而传统再生料在 15 次、20 次时降幅更大。冻融作用对各材料的低温性能均有不利影响，随冻融次数增加，混合料的低温性能进一步下降，但顺序仍为 AC-20 > 分档再生料 > 传统再生料。

(4)冻融作用导致再生料内部空隙率增加，水分侵入破坏了沥青与集料的黏结，同时冻胀效应也促使再生料体积扩大，提高了再生料开裂风险并降低了抗冻能力，冻融作用明显降低再生混合料的水稳性能，且再生料由于老化沥青的影响，抗冻性能降低更为显著。

(5)各冻融循环次数作用下分档再生料空隙率变化较小，说明其内部结构更稳定，传统再生料空隙率变化大，内部结构稳定性最差；分档再生料趋势与 AC-20 相似，空隙融合过程最短，性能最稳定。

参考文献

[1] 左锋，叶奋，宋卿卿. RAP 掺量对再生沥青混合料路用性能影响[J]. 吉林大学学报(工学版)，2020，50(4)：1403-1410.

[2] WU J R, REN H R, JIN A H. Low-temperature fracture resistance of plant-mixed heat recycled asphalt mixture based on SCB[J]. Materials Research Express, 2023, 10(11): 115101.

[3] 姚晓光，许涛，王燕. 沥青路面不同厂拌热再生方案经济环保性量化评价[J]. 武汉大学学报(工学版)，2021，54(12)：1133-1139.

[4] LIU H L, WANG J P, LU W W, et al. Optimization Design and Mechanical Performances of Plant-Mix Hot Recycled Asphalt Using Response Surface Methodology. [J]. Materials (Basel, Switzerland), 2023, 16(17): 5863.

[5] ZHONG K Z, FAN J W, X G J, et al. Evaluation of Cracking Resistance of High Modulus Asphalt Mixture Containing Reclaimed Asphalt Pavement [J]. Journal of Transportation Engineering Part B: Pavements, 2022, 148(3): 402-404.

[6] 张勤玲，王荣，杨保存，等. 盐腐蚀环境下再生玄武岩纤维沥青混合料耐久性试验研究[J]. 公路，2016，61(3)：171-175.

[7] ZHANG X Y, GU X Y, LV J X. Effect of basalt fiber distribution on the flexural-tensile rheological performance of asphalt mortar[J]. Construction and Building Materials, 2018, 179307-179314.

[8] XIAO QIN, SHEN A Q, GUO Y C, et al. Characterization of asphalt mastics reinforced with basalt fibers[J]. Construction and Building Materials,2018,159508-159516.

[9] 陈剑楠. 碳纳米管/玄武岩纤维多尺度复合材料的制备与性能研究[D]. 太原: 中北大学,2020.

[10] 徐金枝,郝培文,郭晓刚,等. 厂拌热再生沥青混合料组成设计方法综述[J]. 中国公路学报,2021,34(10):72-88.

浅色降温路面研究综述

陈志荣* 邢成炜 袁东东 彭宏欣 何 川 孙萌阳 洪金龙

(长安大学公路学院)

摘 要 为改善沥青路面在夏季高温时的抗车辙性能,缓解城市热岛效应,本文基于路面传热理论,系统总结了国内外浅色降温路面的研究现状,对各类浅色降温路面的工作原理以及相关技术问题进行对比。现有研究结果表明:①当前对于浅色降温路面技术的研究主要聚焦于反射涂层方面,但为了更全面地提升路用性能和降温效果,未来的研究应对浅色集料和浅色胶结料及其铺装形式等方面进行拓展;②浅色程度与降温效果的联系,即路面色彩与反射率之间的定量表征还有待进一步的研究,这有助于我们更深入地理解浅色降温路面技术的潜力和应用前景。

关键词 道路工程 浅色降温路面 浅色集料 反射率 色彩空间 城市热岛

0 引言

据统计,我国城市热岛效应现象比较普遍,有50%的城市存在不同程度的热岛效应,其中比较严重的占28%,而且这一比例还在不断上升[1-3]。这不仅影响着能源消耗和碳排放[4],还对城市生态环境和人类健康产生了不良影响。城市道路面积占城市用地面积的8%~20%[5],而作为道路下垫层常用的沥青混凝土材料,其对太阳热辐射的吸收效率高达85%~95%。夏季高温条件下路面温度会显著上升,不仅易产生车辙病害,降低道路服役寿命,同时也进一步加剧了热岛效应[6],影响居民的热舒适度[7-8]。对此,学者们提出了多种路面降温方法[9],总结如表1所示。

现有路面降温方式 表1

降温路面	原理	文献来源
热诱导沥青路面	热诱导路面通常由不同梯度热导率的材料构成,以调节沥青路面内部的热量流动,诱导路表热量传向路基,从而降低路面的温度	[10-14]
多孔透水沥青路面	由于混合料的大孔隙结构,该路面热导率显著低于密级配路面,且在水分蒸发以及空气对流作用下,路表温度能够有效降低	[15-20]
相变材料沥青路面	将相变材料掺入沥青混合料中,通过相变过程中释放或吸收的能量来进行储能潜热,实现调节路面温度的作用	[21-24]
集热式沥青路面	通过收集路域范围内的能量,减少热能在路面的传导,包括热电路面、光伏路面、水循环集热路面等形式	[25-29]

此外,路面降温的目的还可通过浅色路面形式来实现。浅色路面通过改变路面的颜色,增加对太阳光的反射率[30],从而降低路面的吸热性能。下文将对不同浅色路面的降温机理和技术措施进行阐述。

1 浅色路面降温机理

1.1 沥青路面传热理论

热量传递的基本方式有三种,包括热传导、热辐射和热对流[31]。当物体内部或物体之间存在温差时,热量会以这三种方式中的一种或多种从高温向低温处传递。路面在吸收太阳和大气热辐射的同时,温度升高,也会向环境辐射一部分能量[32]。路面接收和释放的辐射差值称为净辐射,净辐射的大小是影响路面温度的关键性因素,如式(1)所示。

$$R_n = R_i + R_a - R_r - R_s \tag{1}$$

式中:R_n——路面净辐射(W/m^2);

R_i——太阳入射辐射(W/m^2);

R_a——大气逆辐射(W/m^2);

R_r——路面反射辐射(W/m^2);

R_s——路面表面辐射(W/m^2)。

净辐射作用于路面之后以显热、潜热和传热的能量传递形式存在,如式(2)所示。其中,显热的释放是加剧热岛效应的主要道路热量来源。

$$R_n = H_S + H_L + H_C \tag{2}$$

式中:H_S——路面显热,指路面温度变化过程中传递的热量(W/m^2);

H_L——路面潜热,指路面材料在相变过程中吸收或释放的热量(W/m^2);

H_C——路面结构传热,路面结构间传导的热量(W/m^2)。

路面接收和释放的辐射按波长可划分为短波辐射和长波辐射。由于99%的太阳辐射位于0.3~3.5μm之间[33],主要集中于可见光和紫外线波段,属于短波辐射。它是影响道路热能的主要因素。净短波辐射R_{ns}可通过式(3)表示。

$$R_{ns} = R_i - R_r = (1-\alpha)R_i \tag{3}$$

式中:R_{ns}——净短波辐射(W/m^2);

α——太阳反射率或反射系数,即物体表面反射辐射量和入射辐射量的比值;

$1-\alpha$——吸收率。

因此,反射率的提高能够有效降低路域温度。相关研究表明,反射率每增加1%,地表的日最高温度可下降0.35℃左右[34]。此外,大气逆辐射和地表辐射也是影响路面热能的重要因素,这二者属于长波辐射,根据斯特藩玻尔兹曼定律,净长波辐射R_{nl}可通过式(4)表示,其受到环境与路面温差的影响。

$$R_{nl} = R_a - R_s = \varepsilon\sigma(T_a^4 - T_s^4) \tag{4}$$

式中:R_{nl}——净长波辐射(W/m^2);

ε——发射率;

σ——斯特藩玻尔兹曼常数,5.67×10^8 W/($m^2\cdot K^4$);

T_a——大气温度(K);

T_s——路表温度(K)。

太阳能的反射率受到多种因素的影响。城市道路中,反射率的大小与路面材质、路表颜色和光滑程度等因素有关。常见的路用材料反射率如表2所示[35-39]。

常见路用集料及路面整体反射率　　表2

材质	新建沥青路面	旧沥青路面	水泥路面	石灰岩	玄武岩	辉绿岩	花岗岩	大理石	砂
实测值(%)	4~10	10~17	15~25	10~18	15~25	18~30	8~34	20~40	58

1.2 色彩体系和色彩空间

除了路面材质,路面颜色对于反射率的影响也很显著[40]。色彩值的评价一般采用色彩空间,将颜色用数量形式进行表示。但目前对于路面色彩与反射率之间定量表征的研究还相对较少。

作为常用的色彩空间,Lab色彩空间的色域非常宽阔。它包含RGB和CMYK的所有色域,更加接近人类的视觉感知。该色彩空间由三个相互独立的分量组成,分别是L(明度)、a(红绿色度)、b(黄蓝色度),如图1所示。

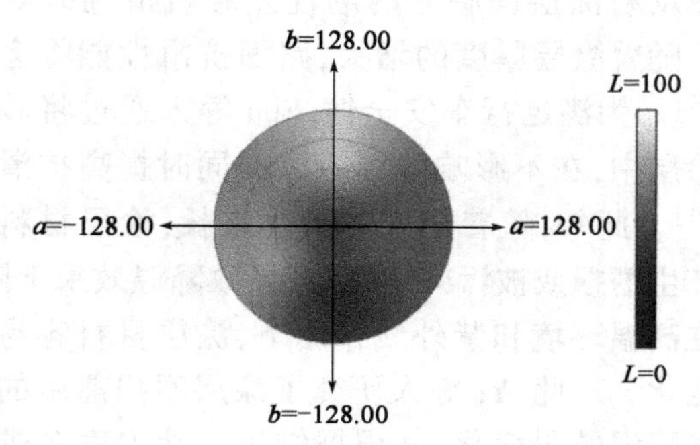

图1 Lab色彩空间示意图

其中,对路面降温效果影响最大的是 L 分量,L 值越大,表示颜色越亮,对太阳光的反射程度越高[41],其最大值为 100,对应着纯白。此外,a 和 b 分量也与反射率息息相关;a、b 分量的变化影响着物体的色调及饱和度,如果物体呈现出某个波长对应的颜色,那么,其表面的反射率在某个特定波长范围内会相对较高。综上,这意味着色彩浅、明度高的表面特性能够有效减少路面接收的净辐射,从而降低导热的传递和显热的释放,降低路面结构层温度。

2　浅色路面技术措施

2.1　热反射涂层沥青路面

热反射涂层沥青路面是一种在沥青路面表面涂覆太阳热反射功能涂层的路面铺装。热反射涂层一般由着色颜料、反射填料以及添加剂构成,组成带着色层、反射层、隔热层和辐射层的一种或多种组合的整体[42-43]。表 3 总结了其主要成分及特性。

热反射功能涂层组成及特性　　表 3

组成	主要成分	特性
着色颜料	$Fe_2O_3 \cdot H_2O$、Fe_2O_3、ZnO、$BaSO_4$ 和 Al_2O_3	折射率高
反射填料	CeO_2、SiO_2 和 TiO_2	耐热性强、白度高; 反射红外光和屏蔽紫外光的能力强[44-45]
隔热填料	中空玻璃微珠	导热系数低、抗压强度高、 稳定性好、易于分散流动

热反射涂层因其高反射率和低导热率而能有效降低热量传递[46]。然而,其在大面积应用路面时容易造成眩目,对行车安全产生不利影响。针对这一问题,乔[47]等人采用球形的纳米 CuO 颗粒作为功能材料制备了一种在可见光范围保持较低反射率,而在近红外光范围保持较高反射率的涂层,能够一定程度上减少炫眩目。Chen[48]等人则以 2% 掺量的 Fe_3O_4 为颜料调节涂层颜色为浅灰色,以平衡降温能力和视觉舒适性。

一方面,涂层的降温效果是近年来学者们研究的重点。热反射涂层的降温性能在一定范围内与涂层用量呈正相关关系,但涂覆量超过一定厚度后,降温性能将不再提升[44,49]。另一方面,传统的热反射涂层面临着耐磨性差和抗滑性差等问题。随着涂层厚度的增大,路面抗滑性能将会衰减[50]。为满足行车安全性,Sha 等人通过将砂掺入涂层中,在不影响降温效果的同时提高抗滑性能[51]。此外,随着使用时间的增长,涂层材料容易产生磨损或被污染物覆盖,导致降温效果下降。且在高温环境和紫外线作用下,涂层材料容易发生老化。对此,Yi 等人研究了涂层磨损前后的颜色和降温效果变化,并根据结果对涂层寿命进行了预测[52]。还有研究者们从涂层材料方面进行创新。如 Zhang[53]等人以热固性树脂为基体,研制的热固性粉末涂料,其抗滑性、耐磨性和附着力均优于常规涂层材料。

2.2　浅色铺装路面

一般情况下,沥青路面的主要构成包括集料和胶结料。除了上述的涂层应用外,还可以将集料或胶结料进行浅色化处理,以提高其反射率。我们将这种类型的路面定义为浅色铺装路面。浅色铺装路面所采用的集料主要是指颜色为白色或浅色的石料,它们具有较高的明度,主要包含硅石、花岗岩、白云质灰岩和白云岩等石料。然而,如果单独使用这些集料,由于它们被黑色的沥青胶结料覆盖,需要经过一定时间和磨损次数后才能裸露出来。因此,为了更有效地降低温度,通常会结合浅色胶结料的使用来增强降温效果。

目前常见的浅色胶结料包括脱色(透明)沥青、浅色沥青和热致变色沥青[54]。赵亮等人[55]通过对碳九石油树脂基料进行软化调和,再添加 EVA 和 SBS 对其复合改性,制备浅色沥青胶结料,并验证了其黏温特性和流变性能。Liu 等人[56]研究制备的硅烷偶联剂 KH550 改性透明沥青(CA)具有良好的路用性能、色度和反射率。Hu 等人[57]的研究则表明热致变色沥青能够降低 6.6℃ 的路面温度。然而,浅色胶结料也存在耐久性方面的问题[58]。对此,Shi 等人[59]通过在表面喷涂抗老化的微量密封树脂乳液，提高了彩色沥青路面44.1%的抵抗轮胎痕迹能力。王[60]则从材料方面入手，选择有机硅-聚丙酸酯对明色沥青进行耦合改性，得到一种色彩耐久型明色沥青路面。

而对于浅色集料，其降温效果不仅受集料色度的影响，粒径分布同样起到重要作用。对于相同的石料，表面反射率会随着集料粒径的增大而减小[61]。表4根据不同的浅色处理方式，总结了三种浅色铺装路面形式[62]。

浅色铺装方式对比 表4

类型	定义	特点
混合式	将浅色材料替代部分集料直接掺入沥青混合料中	路面结构和施工工艺更加简单，但浅色效果不如功能层和嵌入式
嵌入式	在路面表面嵌入浅色材料的铺装方式，一般以大空隙沥青混合料为母体结构，灌注浅色材料砂浆[63-64]	浅色材料在车辆荷载作用下容易飞散和剥落，其耐久性相对较差
功能层	一般使用脱色沥青、浅色沥青或树脂类高聚物结合料在路面表面形成浅色超薄磨耗功能层	浅色效果较好，但需单独施工，成本较高

除了铺装的方式，铺装的表面形貌以及宏微观纹理也会影响道路的反射特性[65-66]。对此，研究者们进行了诸多研究。然而，目前浅色集料在路面降温方面的应用相对较少。这主要是由于目前的路面铺装材料主要以深色集料如玄武岩、辉绿岩等为主，同时胶结料也主要以黑色沥青为主，浅色胶结料尚未实现大规模普及，这在一定程度上限制了浅色铺装的应用。但随着国家"双碳"目标的逐步推进，未来的研究重点将会更加倾向于这类环保友好型浅色铺装形式。

3 结语

本文针对如何缓解沥青路面高温病害和城市热岛效应，对不同形式浅色降温路面的特点和降温机理进行了总结和展望：

(1)浅色降温路面旨在通过提升路表反射率来实现降温效果，主要包括热反射涂层路面和浅色铺装路面。其中浅色铺装将浅色集料和浅色胶结料(浅色沥青、脱色沥青和热致变色沥青等)通过混合式、嵌入式和功能层的形式应用于路面。

(2)目前对于热反射涂层的研究主要集中于其抗滑性能、降温效果和涂布技术等领域，而在耐久性的评估、生命周期的考量和经济效益的分析方面仍显不足。相比之下，浅色集料的应用不仅能有效降温，并且能在全寿命周期内实现能耗和碳排放的最小化，随着我国"双碳"目标的推进，浅色集料的选取以及浅色胶结料的研发与应用具有广阔的发展前景。

(3)浅色降温路面作为一种绿色低碳的路面形式，其未来的研究重点将聚焦于涂层材料、浅色集料及浅色胶结料的研发与应用上；同时应对其在服役期间降温性能的变化规律进行更系统的研究，为降温路面的推广和应用提供更为全面的理论支撑。

参考文献

[1] ZIAEEMEHR B, JANDAGHIAN Z, GE H, et al. Increasing Solar Reflectivity of Building Envelope Materials to Mitigate Urban Heat Islands: State-of-the-Art Review[J]. Buildings, 2023, 13(11): 2868.

[2] IRFEEY A M M, CHAU H W, SUMAIYA M M F, et al. Sustainable Mitigation Strategies for Urban Heat Island Effects in Urban Areas[J]. Sustainability, 2023, 15(14): 10767.

[3] PAN L, YANG C, HAN J, et al. Comparing the Evolution of Land Surface Temperature and Driving Factors between Three Different Urban Agglomerations in China[J]. Sustainability, 2024, 16(2): 486.

[4] SANTAMOURIS M, CARTALIS C, SYNNEFA A, et al. On the impact of urban heat island and global warming on the power demand and electricity consumption of buildings—A review[J]. Energy and Buildings, 2015, 98: 119-124.

[5] 同济大学城市规划设计研究所，中国城市规划设计研究院，天津市建委城乡建设研究所，等. 城市道路交通规划设计规范[EB/OL]. 1995[2024-02-02].

[6] ANTING N, MD. DIN Mohd F, IWAO K, et al. Experimental evaluation of thermal performance of cool pavement material using waste tiles in tropical climate [J]. Energy and Buildings, 2017, 142: 211-219.

[7] BATTISTA G, DE LIETO VOLLARO E, OCŁOŃ P, et al. Effects of urban heat island mitigation strategies in an urban square: A numerical modelling and experimental investigation [J]. Energy and Buildings, 2023, 300: 113475.

[8] ZHUO S, ZHOU W, FANG P, et al. Cost-effective pearlescent pigments with high near-infrared reflectance and outstanding energy-saving ability for mitigating urban heat island effect[J]. Applied Energy, 2024, 353: 122051.

[9] 沙爱民,蒋玮.环保型多孔路面材料设计理念与架构[J].中国公路学报,2018,31(9):1-6.

[10] ANTING N, MD. DIN Mohd F, IWAO K, et al. Experimental evaluation of thermal performance of cool pavement material using waste tiles in tropical climate [J]. Energy and Buildings, 2017, 142: 211-219.

[11] YINFEI D, SHENGYUE W, SHUANGJIE W, et al. Cooling permafrost embankment by enhancing oriented heat conduction in asphalt pavement [J]. Applied Thermal Engineering, 2016, 103: 305-313.

[12] PEI W, ZHANG M, LAI Y, et al. Thermal stability analysis of crushed-rock embankments on a slope in permafrost regions [J]. Cold Regions Science and Technology, 2014, 106-107, 175-182.

[13] 杜银飞,王声乐.沥青路面取向热诱导传输机理与结构研究[D].南京:东南大学,2017.

[14] 宫兴,英红,梁凤芯,等.降低沥青路面温度的双向热诱导相变结构研究[J].材料导报,2023,37(13):101-106.

[15] MA H, LI A, MIN K, et al. Numerical investigation of thermal-humidity environment in pedestrian area of ecological community with the porous pavement in arid areas[J]. Solar Energy, 2023, 262: 111878.

[16] GAO L, WANG Z, XIE J, et al. Simulation of the Cooling Effect of Porous Asphalt Pavement with Different Air Voids [J]. Applied Sciences, 2019, 9(18): 3659.

[17] KUBILAY A, FERRARI A, DEROME D, et al. Smart wetting of permeable pavements as an evaporative-cooling measure for improving the urban climate during heat waves[J]. Journal of Building Physics, 2021, 45(1): 36-66.

[18] LIU Y, MA H, ZHANG C, et al. Watering on porous pavement for improvement of environmental human thermal comfort in an ecological community in arid area: A case study in Lanzhou, China[J]. Sustainable Cities and Society, 2022, 85: 104081.

[19] 蒋玮,沙爱民,肖晶晶,等.多孔沥青混合料的细观空隙特征与影响规律[J].同济大学学报(自然科学版),2015,43(1):67-74.

[20] 蒋玮,沙爱民,裴建中,等.透水沥青混合料的热物特性与热阻功能[J].功能材料,2012,43(3):379-382.

[21] HE L H, LI J R, ZHU H Z. Analysis on Application Prospect of Shape-Stabilized Phase Change Materials in Asphalt Pavement [J]. Applied Mechanics and Materials, 2013, 357-360: 1277-1281.

[22] MANNING B J, BENDER P R, COTE S A, et al. Assessing the feasibility of incorporating phase change material in hot mix asphalt[J]. Sustainable Cities and Society, 2015, 19: 11-16.

[23] SI W, ZHOU X Y, MA B, et al. The mechanism of different thermoregulation types of composite shape-stabilized phase change materials used in asphalt pavement [J]. Construction and Building Materials, 2015, 98: 547-558.

[24] ANUPAM B R, SAHOO U C, RATH P. Effect of two organic phase change materials on the thermal performance of asphalt pavements[J]. International Journal of Pavement Engineering, 2023, 24(1): 2215900.

[25] 沙爱民,蒋玮,王文通,等.面向智慧道路建

造的新型路面材料设计与展望[J].科学通报,2020,65(30):3259-3269.

[26] XIE P, WANG H. Potential benefit of photovoltaic pavement for mitigation of urban heat island effect [J]. Applied Thermal Engineering,2021,191:116883.

[27] 潘攀.太阳能集热沥青路面材料服役性能与集热时效性研究[D].武汉:武汉理工大学,2018[2024-01-27].

[28] 陈明宇.导热沥青混凝土路面太阳能集热及融雪化冰研究[D].武汉:武汉理工大学,2013.

[29] ALI M, BICER Y, AL-ANSARI T, et al. A systematic review of heat recovery from roads for mitigating urban heat island effects:current state and future directions [J]. Frontiers in Built Environment,2023,9:1292913.

[30] AUTELITANO F, MATERNINI G, GIULIANI F. Colorimetric and photometric characterisation of clear and coloured pavements for urban spaces [J]. Road Materials and Pavement Design,2021,22(5):1207-1218.

[31] ROH H S. Heat transfer theory for thermal non-equilibrium, quasi-equilibrium, and equilibrium[J]. International Journal of Heat and Mass Transfer,2013,64:661-670.

[32] 孙斌祥,黄尹泰,沈航,等.沥青路面热反射涂层的降温性能研究综述[J].科学技术与工程,2021,21(9):3446-3456.

[33] DING Z, LI X, FAN X, et al. A review of the development of colored radiative cooling surfaces [J]. Carbon Capture Science & Technology,2022,4:100066.

[34] SYNNEFA A, SANTAMOURIS M, APOSTOLAKIS K. On the development, optical properties and thermal performance of cool colored coatings for the urban environment[J]. Solar Energy, 2007,81(4):488-497.

[35] LENG W, WANG T, WANG G, et al. All-sky surface and top-of-atmosphere shortwave radiation components estimation: Surface shortwave radiation, PAR, UV radiation, and TOA albedo [J]. Remote Sensing of Environment,2023,298:113830.

[36] AKBARI H, MATTHEWS H D. Global cooling updates: Reflective roofs and pavements [J]. Energy and Buildings,2012,55:2-6.

[37] FORTUNIAK K. Numerical estimation of the effective albedo of an urban canyon [J]. Theoretical and Applied Climatology, 2008, 91:245-258.

[38] SANTAMOURIS M, SYNNEFA A, KARLESSI T. Using advanced cool materials in the urban built environment to mitigate heat islands and improve thermal comfort conditions[J]. Solar Energy,2011,85(12):3085-3102.

[39] ESTERS L, WIRTZ P, BRÜCKNER S, et al. What Is Albedo and What Does It Have to Do With Global Warming? [J]. Frontiers for Young Minds,2023,11:1113553.

[40] DOULOS L, SANTAMOURIS M, LIVADA I. Passive cooling of outdoor urban spaces. The role of materials[J]. Solar Energy, 2004, 77(2):231-249.

[41] 邢爽,张敏,王震. CIE 色度学系统在微弧氧化热控涂层中的应用[J].大学物理实验,2022,35(1):1-6.

[42] 孙斌祥,黄尹泰,沈航,等.沥青路面多层结构涂层的降温性能研究[J].工程科学与技术,2022,54(4):47-55.

[43] LU Y, RAHMAN M A, MOORE N W, et al. Lab-Controlled Experimental Evaluation of Heat-Reflective Coatings by Increasing Surface Albedo for Cool Pavements in Urban Areas [J]. Coatings,2021,12(1):7.

[44] NANXIANG Z, ZHIFENG L, ZEBIN L, et al. Design and Performance Research of Epoxy Thermal Reflective Coating on Asphalt Pavement [J]. Journal of Physics: Conference Series, 2021,2044.

[45] RUI S, YUE L, QIAN S, et al. Experimental investigation of the thermal insulation performance of Ce/Si/Ti oxide heat-reflective coating [J]. Journal of Zhejiang University-SCIENCE A,2023,24(10):11-14.

[46] CAO X, TANG B, ZHU H, et al. Cooling

Principle Analyses and Performance Evaluation of Heat-Reflective Coating for Asphalt Pavement[J]. Journal of Materials in Civil Engineering,2011,23(7):1067-1075.

[47] 乔次仁,次旦多杰,仁乾龙珠,等. 路用近红外反射涂层光热性能研究[J]. 运输经理世界,2021(14):102-104.

[48] YUANZHAO C,ZHENXIA L,SIQING D,et al. Research on heat reflective coating technology of asphalt pavement[J]. International Journal of Pavement Engineering, 2022, 23 (13): 11-16.

[49] 郑木莲,何利涛,高璇,等. 基于降温功能的沥青路面热反射涂层性能分析[J]. 交通运输工程学报,2013,13(5):10-16.

[50] HU B,LIANG Y H,GUO L Y,et al. Preparation and performance evaluation of epoxy-based heat reflective coating for the pavement [J]. IOP Conference Series: Earth and Environmental Science,2017,61(1):15.

[51] SHA A,LIU Z,TANG K,et al. Solar heating reflective coating layer (SHRCL) to cool the asphalt pavement surface[J]. Construction and Building Materials,2017,139:355-364.

[52] YI Y,JIANG Y,FAN J,et al. Durability of a heat-reflective coating on an asphalt pavement [J]. Road Materials and Pavement Design, 2022,23(11):2651-2668.

[53] ZHANG H,QUAN W,LIU J,et al. Thermosetting powder coating for asphalt pavement[J]. Road Materials and Pavement Design,2020,21(1): 13-19.

[54] 高晓通. 环境自适应路面变色材料性能研究[D]. 乌鲁木齐:新疆大学,2021.

[55] 赵亮,凌昊. 浅色沥青胶结料的开发与应用研究[D]. 上海:华东理工大学. 2017.

[56] LIU S, GUO R. Design and experiment of KH550 modified high transparency clear asphalt and light colored asphalt pavement [J]. Road Materials and Pavement Design, 2023,24(11):2621-2640.

[57] HU J, YU X B. Innovative thermochromic asphalt coating: characterisation and thermal performance[J]. Road Materials and Pavement Design,2016,17:187-202.

[58] 张恺. 色彩耐久型彩色沥青路面的研究及应用[D]. 武汉:武汉理工大学,2019.

[59] NING S, HUAN S. Experimental Study on Color Durability of Color Asphalt Pavement [J]. IOP Conference Series: Materials Science and Engineering,2017,207(1):22-26.

[60] 王蒙蒙. 色彩耐久型明色沥青流变及其路用性能研究[D]. 西安:长安大学,2022.

[61] QIN Y,TAN K,YANG H,et al. The albedo of crushed-rock layers and its implication to cool roadbeds in permafrost regions [J]. Cold Regions Science and Technology, 2016, 128: 32-37.

[62] 张乐. 明色化铺装材料在隧道中的应用技术研究[D]. 重庆:重庆交通大学,2020.

[63] 王海洋,杨群. 彩色半柔性路面设计及色彩效果分析[J]. 交通科技,2023(2):33-36.

[64] 代明欣. 低吸热灌注式沥青路面设计与性能研究[D]. 长沙:中南大学,2022.

[65] 王祥东. 沥青路面光学反射特性影响因素分析[D]. 长沙:长沙理工大学,2022.

[66] CUPPO F L S, GARCÍA-VALENZUELA A, OLIVARES J A. Influence of surface roughness on the diffuse to near-normal viewing reflectance factor of coatings and its consequences on color measurements [J]. Color Research & Application,2013,38(3): 177-187.

Pavement Performance and Dynamic Modulus Prediction of Hot Recycled Asphalt Mixtures

Ping Li*[1] Zhongliang Bai[1] Bin Liu[2] Wei Li[1] Hui Wang[3] Mei Lin[1]

(1. College of Civil Engineering, Lanzhou Univ. of Technology; 2. Gansu Vocational College of Architecture; 3. Gansu Province Transportation Planning, Survey & Design Intitute Co. ltd)

Abstract Dynamic modulus of hot recycled asphalt mixtures and pavement performance are crucial for the service life of asphalt pavement. Taken a dense graded asphalt mixture with a nominal maximum particle size of 20mm as the object, the content of reclaimed asphalt pavement (RAP) was 0%, 35%, 40% and 45% of the total mass of the mixture and its mechanical performance was investigated. A Universal Testing Machine (UTM) was used to measure the dynamic modulus of hot recycled asphalt mixtures at different temperatures and loading frequencies, and the dynamic modulus was predicted by Hirsch model. When the RAP content increased to 45% of the total mass of the mixture, water stability and low-temperature cracking resistance decreased; when the strain level was constant, the fatigue life of the hot recycled asphalt mixture increased gradually with the increasing temperature and decreased gradually with the rising RAP content. The predicted values of dynamic modulus by Hirsch model modified by the temperature coefficient $T(x)$ were very close to the measured values of dynamic modulus.

Keywords Hot recycled asphalt mixture Pavement performance Dynamic modulus Hirsch model

0 Introduction

During the process of maintenance of highways, a lot of reclaimed asphalt pavement (RAP) has occurred in highway construction which needs to reuse in asphalt pavements. It is necessary to further verify high-temperature stability[1], low-temperature cracking[2], water stability[3] and fatigue performance[4] of hot recycled asphalt pavement under the different vehicle loads as well as natural environment. In addition, pavement performance can not effectively describe the mechanical condition of asphalt pavements. One of the most important mechanical parameters characterizing the stiffness and viscoelasticity of asphalt mixtures is the dynamic modulus, which provides an accurate analysis of the mechanical properties of hot recycled asphalt pavements.

Taken RAP obtained from the highway between Dingxi City to Lanzhou City in the Northwest of China as the object, hot recycled asphalt pavement is easy to occur diseases including low-temperature cracking, hollow spot and map cracking due to special climate conditions that annual average temperature in July is over 30℃ and annual average temperature in January is over −16℃. The research on design proportions, pavement performance and dynamic modulus of hot recycled asphalt mixture needs to be concerned in construction. Scholars had performed many reycled asphalt mixture by conducting Rutting Tests[5], Multiple Freeze-thaw Cycle Tests[6], Beam Bending Tests[7], and Marshall Immersion Tests[8]. Additionally, fatigue resistance was an important index of recycled asphalt mixtures, and the addition of RAP reduced the fatigue resistance of asphalt mixtures[9]. The strain level and temperature had a large effect on the fatigue life of asphalt mixtures according to Beam Bending Tests[10], Four Point Bending Fatigue Tests[11], and asphalt mixture fatigue equations[12].

From the results of the above studies, pavement performance could not give a perfect description of the mechanical properties for recycled asphalt mixtures. It is necessary for structure design in hot recycled pavement to further analyse dynamic modulus. Before structure design of hot recycled asphalt pavement, it is significant to provide a reasonable range of dynamic modulus by verifying pavement performance and predicting mechanical property[13]. Scholars found that the dynamic modulus of asphalt mixtures increased with the increasing loading frequency and decreased with the increasing temperature. Increasing the content of RAP resulted in the dynamic modulus increasing, but in the fatigue resistance reducing[14]. It is uncertain that principal curve of the dynamic modulus would change with the use of larger reclaimed aggregate, modified binders and additives[15]. Scholars developed models for predicted dynamic modulus of asphalt mixtures[16]. Hirsch model, Witczak model, NCHRP model and other models could simulate the dynamic modulus of asphalt mixtures. But Hirsch model in dynamic modulus of asphalt mixtures predicted more accurately than the other models and required fewer experimental parameters, which made it easier to use structure design of asphalt pavement[17-18]. It was proved that predicted values of dynamic modulus by Hirsch model could be effectivly used to analyse mechanical property of new asphalt pavement structure, but could not be proved to use that of hot recycled asphalt pavement structure[19]. Although there was a lot of research on pavement performance and dynamic modulus of recycled asphalt mixtures, further study on the mechanical property, modified dynamic modulus of recycled asphalt mixtures was conducted under the conditions of different temperature, loading frequency and strain level in order to meet the pavement performance requirements. In summary, scholars have conducted research on the pavement performance of hot recycled asphalt mixtures. However, in order to extend the service life of asphalt pavement, it is necessary to study the dynamic modulus of the material through simulation methods.

1 Materials and experimental methods

1.1 Materials

1.1.1 Reclaimed asphalt pavement

Recycled asphalt pavement was selected from construction of the pavement maintenance at the section of highway from Dingxi City to Lanzhou City, which was built in 2019. Table 1 shown the index test results.

Extracted recycled asphalt mixture Table 1

Particle size(mm)	Mineral aggregate mass(g)	Asphalt mass(g)	Asphalt-aggregate ratio(%)	Mineral powder mass(g)
0~5	941.5	58.5	6.21	141.2
5~10	1174.1	37.9	3.2	135.0
10~15	2646.6	53.0	2.02	89.98
15~20	2870.2	58.1	1.76	87.54

1.1.2 Asphalt

The properties of new asphalt and recycled asphalt are shown in Table 2.

Performance indexes of asphalt Table 2

Experimental index	New asphalt	Recycled asphalt
Penetration at 25℃(0.1mm)	87	21
Softening point(℃)	46.5	66
Ductility at 15℃(cm)	>100	4.5
Viscosity at 60℃(Pa·s)	286	515

1.1.3 Design proportions

The results of hot recycled asphalt mixture in Marshall Test were shown in Table 3.

1.1.4 Regenerant

OR regenerant prepared by Changlong Highway Technology Maintenance Institute Co., Ltd. in Gansu was used Header, Footer, Page Numbering.

Marshall Test results Table 3

RAP content(%)	Stability(kN)	Void ratio(%)	Mineral gap ratio(%)	Asphalt saturation(%)
35	10.08	4.8	14.9	67.8
	9.87	4.9	15.1	67.5
	9.34	4.9	14.8	66.8
40	11.53	4.3	13.9	69.3
	11.03	4.4	14.1	69.1
	10.83	4.5	14.5	68.9
	10.46	4.6	14.7	68.7
45	12.04	3.9	13.1	70.1
	11.93	4.0	13.3	69.8
	11.89	4.2	13.7	69.5

1.2 Materials

1.2.1 Asphalt complex shear modulus test

Complex shear modulus of asphalt was expressed as G_b^* which was detected by Frequency Sweeping Test of Dynamic Shear Rheometer.

1.2.2 High-temperature stability test

High-temperature stability of the hot recycled asphalt mixture was tested by using Rutting Test and Single-axle Penetration Test.

1.2.3 Water stability test

Water stability of the hot recycled asphalt mixture was tested by using Freeze-thaw Splitting Test as well as Marshall Immersion Test.

1.2.4 Low-temperature cracking

The low-temperature cracking of the hot recycled asphalt mixture wastested by using Beam Bending Test and Semi-circular Bending Test.

1.2.5 Four-point Bending Fatigue Test and Dynamic modulus test

The Four-point Bending Fatigue Testand dynamic modulus were conducted by UTM-100 instrument.

2 Results and discussion

2.1 High-temperature performance

The results of Rutting Test showed that dynamic stability of the hot recycled asphalt mixture increased with the increasing RAP contents (Figure 1). Penetration strengths of the hot recycled asphalt mixture increased with the increasing RAP contents (Table 4).

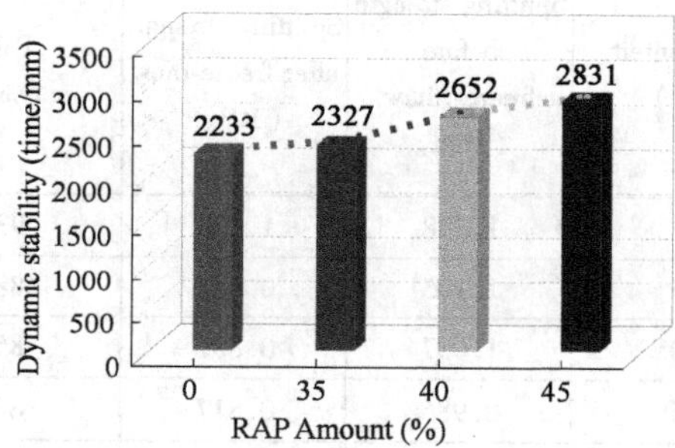

Figure 1 Dynamic stability

Results of penetration strength Table 4

Rap content (%)	Penetration stress coefficient	Damage ultimate load(N)	Penetration strength(MPa)
0	0.35	1870.00	0.64
35	0.44	1900.00	0.68
40	0.35	1984.00	0.71
45	0.35	2036.00	0.79

Because hot recycled asphalt mixture with the increasing content of RAP had a higher viscosity and better adhesion than that of asphalt mixture without RAP, the high-temperature performance of hot recycled asphalt mixture was superior to that of asphalt mixture without RAP.

2.2 Water stability

The results of Freeze-thaw Splitting Test and Marshall Immersion Test of the hot recycled asphalt mixture were shown in Table 5 and Table 6. The freeze-thaw splitting tensile strength ratio and residual stability decreased with the increasing content of RAP. In the previous section, the phenomenon of asphalt spalling from aggregate surface and mixture loosening caused by water would decrease because the percentage of effective asphalt content in the mixture increased with the increasing content of RAP. However, due to the small proportion of coarse aggregate in the dense graded asphalt mixture, the result would lead to limiting contact among mineral and increasing the void ratio of the mixture. Therefore, the water stability of the hot recycled asphalt mixture gradually decreased with the increasing content of RAP.

Results of Freeze-thaw Splitting Test

Table 5

RAP content (%)	Splitting strength before freeze- thaw (MPa)	Splitting strength after freeze-thaw (MPa)	TSR (%)
0	1.278	1.188	93
35	1.105	0.972	88
40	1.037	0.881	85
45	0.986	0.817	83
Technical index requirement	—	—	≥75

Results of Marshall Immersion Test

Table 6

RAP content (%)	Residual stability (%)	Test requirements (%)
0	89.46	≥80
35	88.53	
40	86.75	
45	81.14	

2.3 Low-temperature cracking resistance

The results from the Beam Bending Test of hot recycled asphalt mixture were shown in Table 7. The maximum load and bending tensile strain at the time of damage of the specimens decreased with the increasing content of RAP. It indicated that the ability of with standing loads for hot recycled asphalt mixture would reduce at low temperatures. According to the results of the Semi-circular Bending Test of the mixture in Table 8, the fracture energy of the hot recycled asphalt mixture tended to decrease significantly with the increasing content of RAP. It indicated that the RAP content had a great influence on the low-temperature performance of the hot recycled asphalt mixture, and the low-temperature performance became worse with the increasing content of RAP.

Results of the Beam Bending Test Table 7

RAP content (%)	Maximum load at failure of test piece(N)	Maximum bending tensile strain of specimen at failure(με)	Bending of specimen at failure stiffness modulus(MPa)
0	1398.0	4536.7	2047.6
35	1056.2	2756.2	3185.7
40	879.7	2479.8	3274
45	674.4	2358.3	3355

Results of the Semi-circular Bending Test

Table 8

RAP content(%)	Fracture energy(kJ/m^2)
0	3431
35	2545
40	2160
45	1727

2.4 Fatigue performance

The fatigue life of hot recycled asphalt mixture with 0%、35%、40% and 45% content of RAP was examined at 15℃,20℃ and 25℃. The fatigue life of all mixture increased significantly with the increasing temperature because under the strain-controlled mode, stiffness modulus of the hot recycled asphalt mixture would decrease and rate of crack propagation would slow down with the increasing of temperature, which resulted in a longer fatigue life of the hot recycled asphalt mixture. With the increasing of RAP content, the fatigue life of the hot recycled asphalt mixture had a significant decreasing (Figure 2) because the void ratio of the hot recycled asphalt mixture would increase and the mixture saturation of the hot recycled asphalt mixture would decrease.

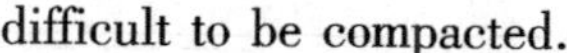

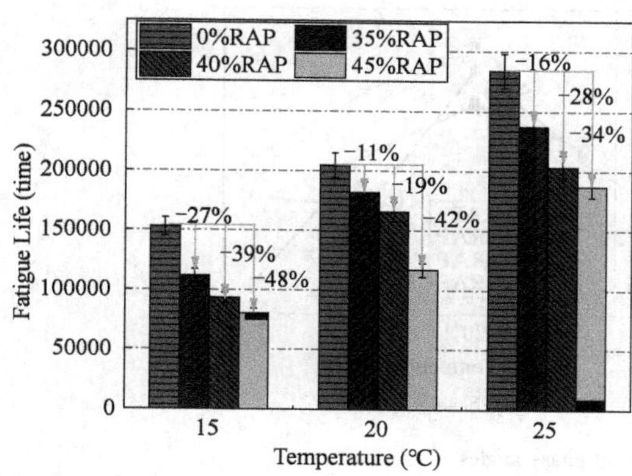

Figure 2 Fatigue life of hot recycled asphalt mixture at different temperature

The fatigue life of hot recycled asphalt mixture with 0%, 35%, 40% and 45% content of RAP was examined at 300με, 500με and 700με of strain level. The fatigue life of the hot recycled asphalt mixture decreased with increasing strain level, as shown in Figure 3. Reason on the decreasing of fatigue life was that the compaction effect of the hot recycled asphalt mixture was affected by the increase in RAP content at the same strain level and was difficult to be compacted.

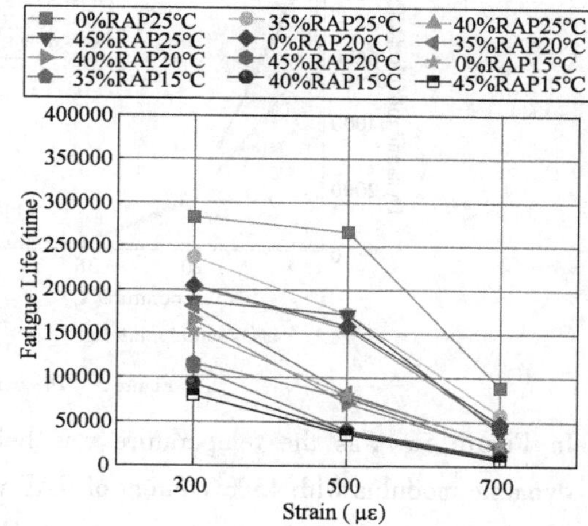

Figure 3 Variation of the fatigue life and strain level

2.5 Dynamic modulus

The dynamic modulus was examined at different loading frequency, as shown in Figure 4. The dynamic modulus of the hot recycled asphalt mixture decreased with the increasing of temperature, and increased with the increasing of loading frequency when the temperature was constant.

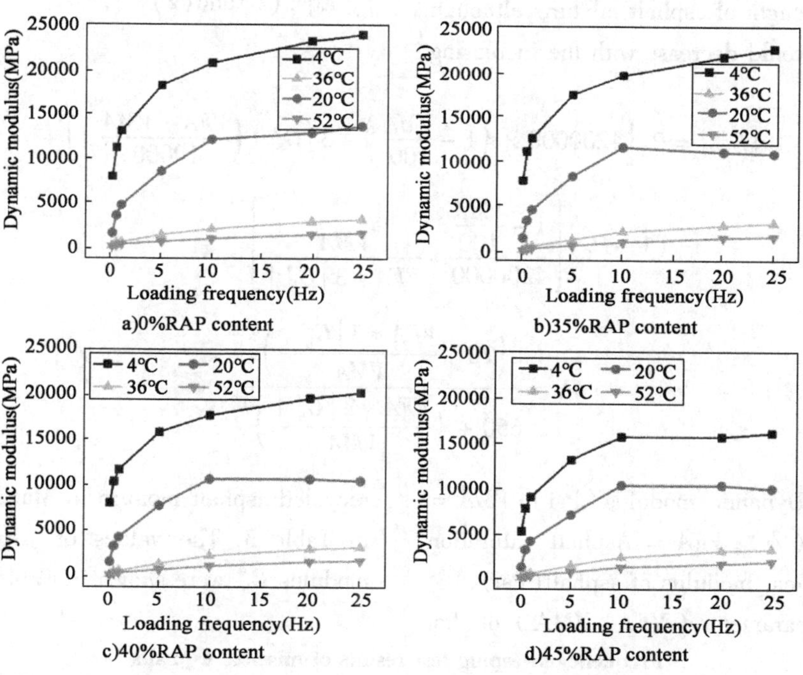

Figure 4 Relationship between dynamic modulus and loading frequency

The relationship between the dynamic modulus and the phase angle of the hot recycled asphalt mixture with the different temperature was analyzed at 0.1Hz, 10Hz and 25Hz of loading frequency. It was only shown as the variation of the dynamic modulus and phase angle at 0.1Hz (Figure 5).

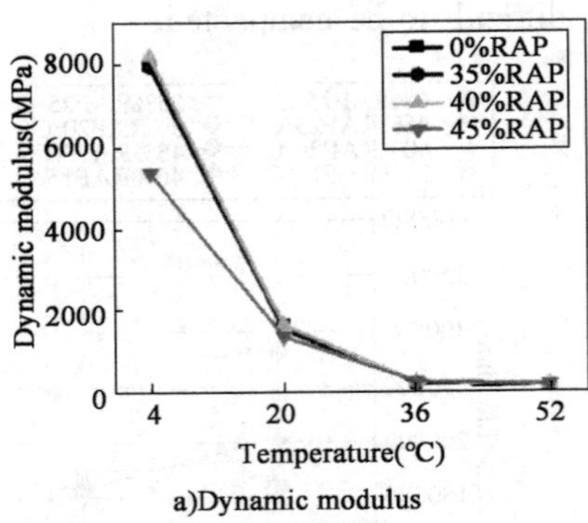

a)Dynamic modulus

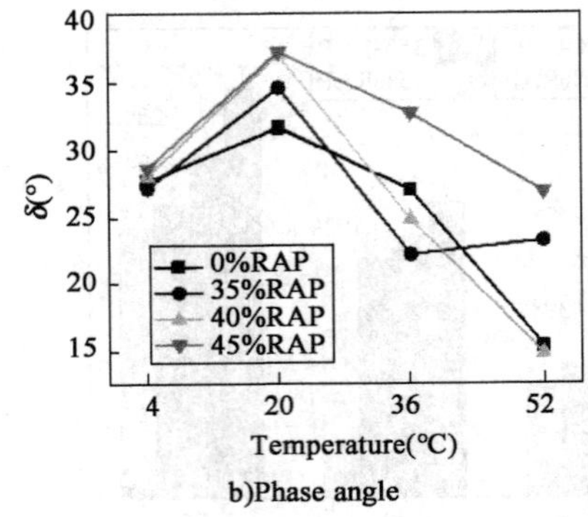

b)Phase angle

Figure 5 The dynamic modulus and phase angles

In Figure 5a), as the temperature was below 20℃ dynamic modulus with 45% content of RAP was obviously less than that of other contents of RAP because the increasing of RAP content would lead to more nonuniform in asphalt mixture at low temperature and denser in asphalt mixture above 20℃. So dynamic modulus of all contents of RAP was not obviously change.

In Figure 5b), phase angle of the hot recycled asphalt mixture had a decreasing trend in the range of 36 ~ 52℃ due to the increase of RAP content leading to an increase of strength of asphalt mixture, although viscosity of asphalt would decrease with the increasing temperature. The phase angle of the hot recycled asphalt mixture occurred decreasing trend with the increasing nonuniformity of the mixture under the condition of high temperature and low frequency.

2.6 Predicted model of dynamic modulus by hirsch model

Hirsch model is one of the models used for prediction of the dynamic modulus, which has fewer input parameters and higher accuracy than other predicting models. Hirsch model could be expressed by Eqs. (1) and (2)[17].

$$|E^*| = P_C\left[4200000 \times \left(1 - \frac{VMA}{100}\right) + 3|G_b^*|\left(\frac{VFA \cdot VMA}{10000}\right)\right] + (1 - P_C)\left[\frac{1 - \frac{VMA}{100}}{4200000} + \frac{VMA}{VFA * 3|G_b^*|}\right]^{-1} \quad (1)$$

$$P_C = \frac{\left(20 + \frac{VFA * 3|G_b^*|}{VMA}\right)^{0.58}}{650 + \left(\frac{VFA * 3|G_b^*|}{VMA}\right)^{0.58}} \quad (2)$$

Where E^* = Dynamic modulus (Psi); VMA = Aggregate porosity (%); VFA = Asphalt saturation (%); and G_b^* = Shear modulus of asphalt (Psi).

The volume parameter (VFA, VMA) of hot recycled asphalt mixture in Marshall Test was shown in Table 3. The values of Asphalt complex shear modulus G_b^* were shown in Table 9.

Frequency sweeping test results of miscible asphalts Table 9

Frequency (Hz)	Temperature (℃)	G_b^* (Pa)
1	20	386772
10		2857527
20		3111125

continued

Frequency(Hz)	Temperature(℃)	G_b^* (Pa)
1	36	36285
10		216379
20		366913
1	52	5757
10		38072
20		67937

The relationship between the predicted and measured values of dynamic modulus of the hot recycled asphalt mixture by Hirsch model was shown as Figure 6a). Predicted values of dynamic modulus by Hirsch model could be used to analyse mechanical property of new asphalt pavement structure, but could not be used that of hot recycled asphalt pavement structure in view of predicted values of dynamic modulus by Hirsch model less than measured values. During experiment of dynamic modulus, because dynamic modulus of hot recycled asphalt mixtures was highly sensitive to temperature, the temperature coefficient $T(x)$ was used to modify the Hirsch model, as shown in the following formula,

$$|E^*| = (kx+b)\left\{ P_C\left[4200000\times\left(1-\frac{VMA}{100}\right)+3|G_b^*|\left(\frac{VFA\cdot VMA}{10000}\right)\right]+ (1-P_C)\left(\frac{1-\dfrac{VMA}{100}}{4200000}+\frac{VMA}{VFA*3|G_b^*|}\right)^{-1}\right\} \quad (3)$$

Where $k = 0.00115$; x = Experimental temperature; and $b = 2.003$.

The modified relationship of measured and predicted values was shown as Figure 6b). The values of the dynamic modulus predicted at different load frequency by the $T(x)$ modified Hirsch model were closer to the measured values of dynamic modulus. Compared with 180 measured and predicted values of dynamic modulus, relative error between modified and measured values was close to 10%. Therefore, the $T(x)$ modified Hirsch model can predict move accurately than not modified model.

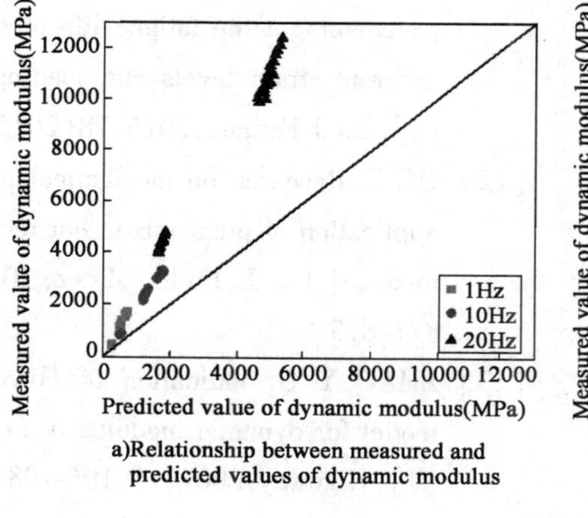

a)Relationship between measured and predicted values of dynamic modulus

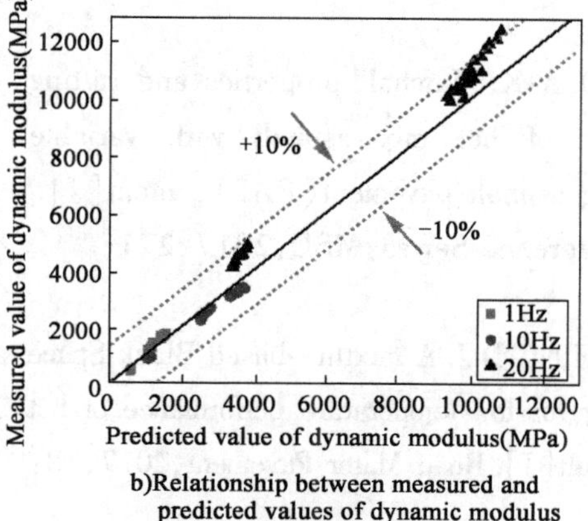

b)Relationship between measured and predicted values of dynamic modulus by modified Hirsch model

Figure 6 Measured and predicted values of the dynamic modulus

Modified Hirsch model has more effective than Hirsch model. However, because the prediction value of the dynamic modulus below 20℃ is not accurate enough, it is necessary to further research other predicted model of dynamic modulus of hot recycled asphalt mixture to suit for the condition of low temperature.

3 Conclusion

(1) The low-temperature performance as well as the water stability, fatigue life of the hot recycled asphalt mixture decreased with the increasing RAP contents. In the process of design on mixture proportion of hot recycled asphalt mixture, the content of RAP was controlled less than 45%.

(2) The dynamic modulus of the hot recycled asphalt mixture decreased with the increasing RAP contents, and value differences of the dynamic modulus were relatively large between 4℃ and 20℃. The value differences of the dynamic modulus with the increasing RAP contents were not obvious between 36℃ and 52℃. Hot recycled asphalt pavements should be more concerned with changes of the low-temperature performance during service.

(3) Hirsch model for the prediction on the dynamic modulus of hot recycled asphalt mixture overestimated the dynamic modulus due to its temperature sensitivity. After modified by a temperature coefficient T(x), modified Hirsch model could more accurately predict the dynamic modulus of hot recycled asphalt mixture above 20℃.

References

[1] ARSHAD A K. Marshall properties and rutting resistance of hot mix asphalt with variable reclaimed asphalt pavement (RAP) content [J]. IOP Conference Series: MSE, 2017, 271: 012078.

[2] MENSCHING D J. A mixture-based Black Space parameter for low-temperature performance of hot mix asphalt [J]. Road Mater Pavement, 2017, 18: 404-425.

[3] JAHROMI S G. Estimation of resistance to moisture destruction in asphalt mixtures [J]. Constr Build Mater, 2009, 23(06): 2324-2331.

[4] BOTELLA R. Application of a strain sweep test to assess fatigue behavior of asphalt binders [J]. Constr Build Mater, 2012, 36(2012): 906-912.

[5] NEJAD F M. Rutting performance prediction of warm mix asphalt containing reclaimed asphalt pavements [J]. Road Mater Pavement, 2013, 15(1): 207-219.

[6] JIANG Y. Effect of rap content on water temperature durability of hot recycled asphalt mixture [J]. J. Jiangsu. Univ,. Nat. Sci, 2018, 39(3): 368-272.

[7] LI H B. Study on waste engine oil and waste cooking oil on performance improvement of aged asphalt and application in reclaimed asphalt mixture [J]. Constr Build Mater, 2021, 276(9): 122138.

[8] RAFIQ W. Investigation on Hamburg Wheel-Tracking Device Stripping Performance Properties of Recycled Hot-Mix Asphalt Mixtures [J]. Materials, 2020, 13(21): 4704.

[9] XIAO F P. Fluences of crumb rubber size and type on reclaimed asphalt pavement (RAP) mixtures [J]. Constr Build Mater, 2009, 23(2): 1028-1034.

[10] XU O M. Research on fatigue limit tensile strain of SBS modified asphalt mixture [J]. J. Build. Mater, 2010, 13(2): 193-197.

[11] MANNAN U A. Effects of recycled asphalt pavements on the fatigue life of asphalt under different strain levels and loading frequencies [J]. Int J Fatigue, 2015, 78(2015): 72-80.

[12] HE Z. Research on mechanical properties and application of plant mixed hot recycled asphalt mixture [J]. J. Build. Mater, 2016, 19(5): 871-875.

[13] ZHAO Y Q. Validation of Hirsch prediction model for dynamic modulus of asphalt mixture [J]. Highway, 2007, 11: 196-198.

[14] HE Z. Dynamic modulus of porous asphalt mixture and its prediction model [J]. J. Jilin. Univ, Eng. Technol. Ed, 2022, 52(6): 1375-1385.

[15] KASSEM H. Effect of asphalt mixture components on the uncertainty in dynamic modular mastercurves[J]. Transport Res Rec, 2020,2674(5):135-148.

[16] NOBAKHT M, M S Sakhaeifar. Dynamic modulus and phase angle prediction of laboratory aged asphalt mixtures[J]. Constr Build Mater,2018,190:740-751.

[17] YANG X L. Research Progress on Dynamic Modulus Prediction Modeling for Asphalt Mixtures[J]. Materials Review, 2018, 32(13):2230-2240.

[18] MENG A X. Dynamic Modulus and Prediction Modeling of Asphalt Mixture Based on Structural Intrinsic Frequency[J]. China J. Highw. Transp,2019,32(2):31-38.

[19] MOUSSA G S, OWAIS M. Modeling Hot-Mix asphalt dynamic modulus using deep residual neural Networks: Parametric and sensitivity analysis study[J]. Constr Build Mater,2021, 294(2021):123589.

基于宏观与微观角度的老化沥青评价指标研究

高晨光　刘亚敏*　钟国亮　韩旭晖

（长安大学公路学院）

摘　要　针对目前现有指标不能客观、准确评价沥青老化行为的问题，本文采用温度循环老化箱(TCAOT)对3种基质沥青和2种改性沥青进行短期和长期老化，并使用动态剪切流变仪和Varian600-IR红外光谱仪(FTIR)从宏观和微观两个角度对老化后的沥青胶结料的流变性能技术指标和化学官能团进行测试与分析，推荐用于评价沥青胶结料老化的宏观和微观指标。研究结果表明：对于特定温度复数剪切模量，当温度为60℃时沥青胶结料具有较大的流动性，其黏弹特征更加显著，$G^*_{60℃}$更适用于评价全程老化沥青胶结料的流变性能，同时通过对比分析发现相比亚砜基面积SA，羰基面积CA更适用于评价老化沥青胶结料微观特性。

关键词　道路工程　老化沥青　复数剪切模量　红外光谱扫描　官能团

0　引言

国内外学者针对沥青胶结料老化后的宏观性能做了大量研究。针对常规指标：祁文洋、纪小平等人研究表明老化后，沥青胶结料针入度、延度减小，而软化点、旋转黏度增大[1-4]。对于流变性能评价指标，张霞、杨三强等研究表明老化前后沥青胶结料的复数剪切模量及相位角发生了显著的变化，流变学试验误差较低，且沥青胶结料流变学指标与其混合料路用性能高度相关[5-8]。因此，流变学指标在评价沥青胶结料老化行为方面具有得天独厚的优势。然而在我国现行规范中，沥青胶结料评价体系最突出的问题在于评价指标不能真实反映沥青的使用品质，且与其混合料路用性能联系不紧密。

多年来，对老化沥青胶结料的研究主要集中在元素的变化，直到红外光谱技术的发展，老化前后官能团的定性及定量分析变为可能。Petersen研究表明酮和亚砜基是老化过程中形成为主要氧化产物，而二羧酸酐和羧酸含量相对较少[10]。邢成炜、刘奔等对老化含氧官能团进行了分类，亚砜基化合物主要为S═O，其吸收峰位于波段975 ~

基金项目：国家自然科学基金项目，轮胎作用下多孔弹性路面超静音作用机理及调控机制研究(52278431)；国家自然科学基金项目，基于彩色图像的沥青路面表面立体数值模拟及其构造评价(51608048)；福建省交通科技项目，水泥路面抗滑性能智能识别、检测及恢复关键技术研究(202236)。

1100cm^{-1}位置区间;羰基化合物主要有酮、醛、羧酸、酯、酸酐等,其吸收峰主要位于波段 1650 ~ 1820cm^{-1}位置区间[11-14]。杨震、葛晓杰等研究表明老化沥青胶结料宏观技术指标与其微观分子结构息息相关[15-18]。

本文考虑通过从宏观和微观角度两方面入手分析不同老化水平下沥青胶结料流变特性和官能团的变化规律,以探索适用于全程老化沥青胶结料的客观、全面的评价指标。

1　原材料及试验方法

1.1　原材料

本文共选取了 3 种基质沥青和 2 种改性沥青用于试验分析:①基质沥青:中海 70 号、SK70 号、SK90 号;②改性沥青:SK 改性沥青、GS 改性沥青,5 种沥青胶结料的技术性质见表 1。

研究用 5 种沥青胶结料技术性质　　表 1

沥青种类	简写	针入度(0.1mm)	软化点(℃)	延度(cm)
中海 70 号基质沥青	ZH-70 号	74	47.2	>100(10℃)
SK70 号基质沥青	SK-70 号	64	47.1	>100(10℃)
SK90 号基质沥青	SK-90 号	82.4	46.5	>100(10℃)
SK 改性沥青	SK-SBS	59.2	69.4	31.2(5℃)
GS 改性沥青	GS-SBS	64.1	66.7	37.1(5℃)

1.2　试验方法

1.2.1　老化模拟试验

本研究中沥青的老化模拟试验采用自主研发的全程老化模拟装置:温度循环老化箱(TCAOT),如图 1 所示,并利用该设备对沥青进行不同程度的老化试验。短期老化:沥青试样在温度 163℃(± 0.5℃)的条件下加热不少于 105min,加热总时间为 120min。长期老化:完成短期老化后,将烘箱温度调至 95℃(± 0.5℃)进行长期老化,烘箱温度应在 20min 内达到设定温度。老化后的沥青胶结料在室内进行基本技术指标的测试。

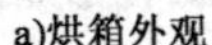

a)烘箱外观

b)老化支架三维图

c)老化支架实物图

图 1　温度循环老化箱 TCAOT 组成

1.2.2　流变性能测试

对于老化沥青流变性能测试设备,本文采用动态剪切流变仪 DSR 进行,如图 2 所示。该试验采用直径 25mm 的平板,试样膜厚 1mm,测试范围为 46 ~ 76℃,可通过温度扫描试验用于评价沥青的高温性能。

1.2.3　红外光谱分析

对于老化沥青官能团的测试设备,本文采用美国 Varian600-IR 红外光谱仪对研究中所涉及的沥青(原样沥青、老化沥青)进行化学特性分析,如图 3 所示。试验时,红外光谱仪(FTIR)扫描分辨率为 4cm^{-1},测试光谱为 600 ~ 4000cm^{-1}区间,扫描次数为 32 次,同一样品重复装样 3 次扫描。

图2 MCR 302 型动态剪切流变仪 DSR

图3 沥青胶结料官能团测试所用的红外光谱分析仪

2 结果与分析

2.1 老化沥青胶结料流变指标分析

为了定量评价流变性能，结合 DSR 试验的温度范围以及我国规范技术要求，本文将 46℃、60℃、76℃对应的复数剪切模量作为相应的评价指标，并分别记为 $G^*_{46℃}$、$G^*_{60℃}$、$G^*_{76℃}$。

复数剪切模量中的储能模量指的是在材料弹性形变过程中，由于材料的内部分子结构发生变化，导致材料内部储存了一定的能量，这部分能量在材料恢复原状时释放出来的模量。

复数剪切模量与储能模量的关系可以由式(1)表示。

$$G^* = G'/2(1+V) \tag{1}$$

式中：G^*——复数剪切模量；

G'——储能模量；

V——泊松比。

图4 为不同老化水平下 5 种沥青胶结料的 $G^*_{46℃}$、$G^*_{60℃}$、$G^*_{76℃}$ 的计算结果。图5 为通过式(1)计算的不同老化时间改性沥青储能模量。

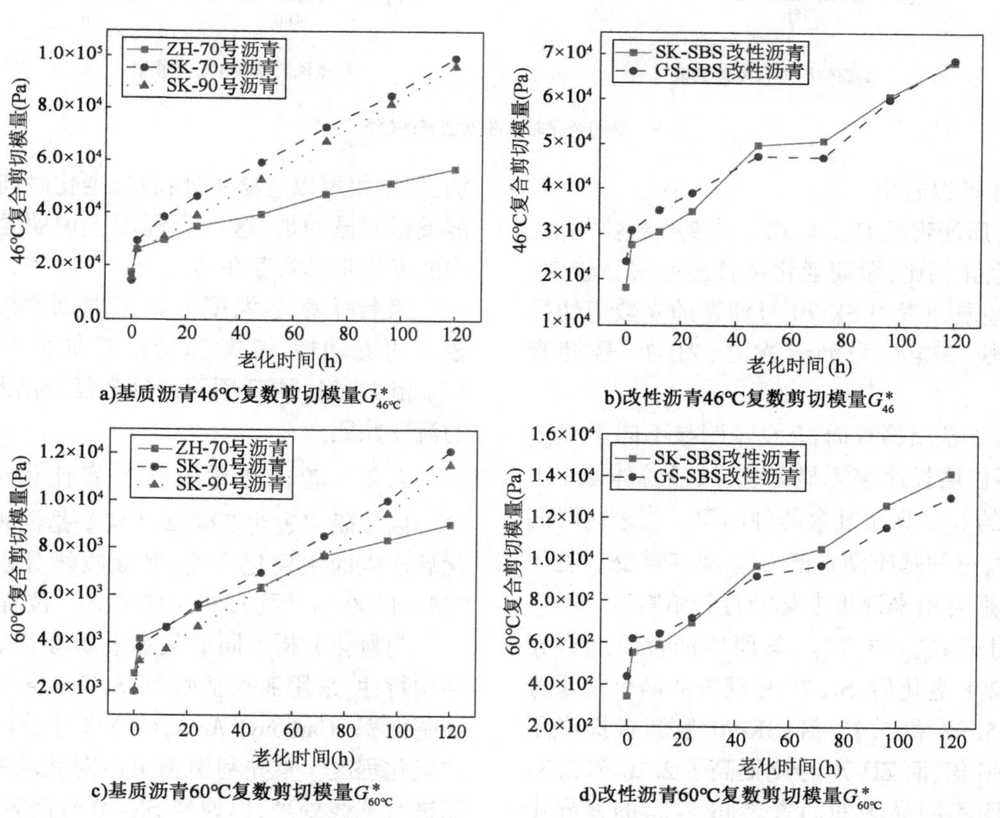

图 4

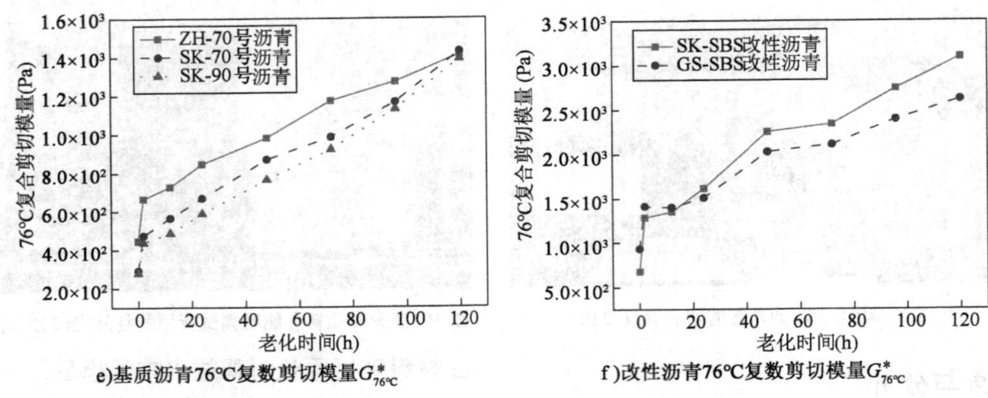

e)基质沥青76℃复数剪切模量$G^*_{76℃}$　　f)改性沥青76℃复数剪切模量$G^*_{76℃}$

图4　不同老化水平下5种沥青胶结料的特定温度复数剪切模量计算结果

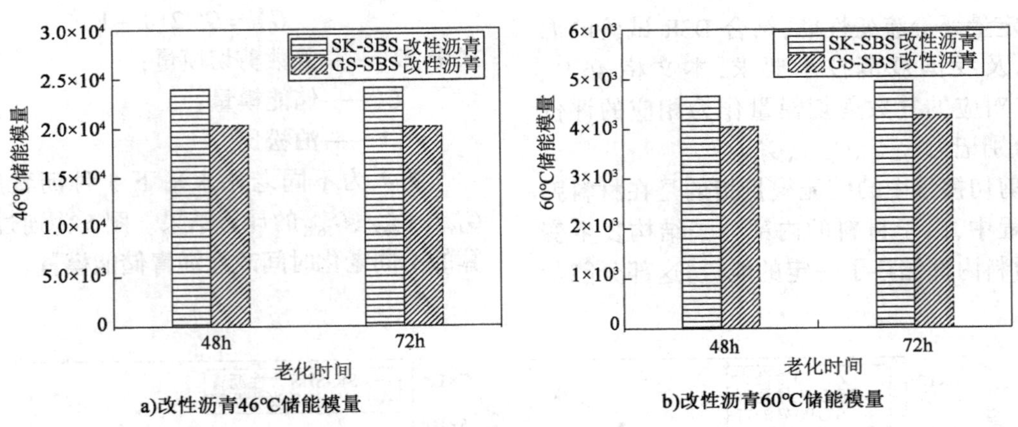

a)改性沥青46℃储能模量　　b)改性沥青60℃储能模量

图5　不同老化时间改性沥青的储能模量

从图4可以看出:

(1)基质沥青的$G^*_{46℃}$与$G^*_{60℃}$的变化趋势相似,且与长期老化相比,短期老化增长速率明显较大。另外3种基质沥青中SK-70号沥青的复数剪切模量增长最快,SK-90号沥青次之,ZH-70号沥青最慢。

(2)对于基质沥青而言,$G^*_{76℃}$明显不同于$G^*_{46℃}$与$G^*_{60℃}$,不仅增长速率无显著差异,且总体上ZH-70号沥青的$G^*_{76℃}$高于其余两种沥青。当老化时间为120h时,三种基质沥青的$G^*_{76℃}$基本重叠。基于此,$G^*_{76℃}$不适合用来评价老化沥青胶结料。

(3)对于$G^*_{46℃}$与$G^*_{60℃}$,与原样沥青胶结料相比,经过120h老化后,SK-70号沥青的两个模量分别提高了5.92和5.13倍;SK-90号沥青提高了5.22和4.86倍,而ZH-70号则提高了2.26和2.31倍。这说明不同品牌的沥青之间,$G^*_{60℃}$的差异小于$G^*_{46℃}$。

对比这两个老化时间段改性沥青的46℃和60℃的储能模量(图5),46℃储能模量虽有所增加,但增幅可以忽略不计;较长老化时间的60℃储能模量明显增加,这一定程度上说明这个时间段内的老化是真实存在的。

综上所述,当温度为60℃时沥青胶结料具有较大的流动性,其黏弹特征更加显著,因此,与$G^*_{46℃}$相比,$G^*_{60℃}$更适用于评价全程老化沥青胶结料的流变性能。

2.2　老化沥青胶结料官能团分析

以往研究表明亚砜基和羰基是沥青胶结料老化后产生的主要化合物,其吸收峰分别位于波段975~1100cm^{-1}及1650~1820cm^{-1}位置区间。

为量化分析不同老化水平沥青胶结料的化学结构特性,采用亚砜基面积(Sulfoxide Area,SA)和羰基面积(Carbonyl Area,CA)来评价沥青胶结料的老化程度。首先利用Matlab对获取的红外光谱图进行基线处理,以原样SK-70号沥青为例,基线处理结果如图6所示,然后运用Origin计算不同老化水平下沥青胶结料亚砜基面积SA及羰基面积CA,并利用式(2)计算对应的残留值,结果如

图7～图11所示。

$$RV = \frac{P_i}{P_0} \tag{2}$$

式中：RV——指标残留值；

P_i——老化后沥青胶结料的技术指标；

P_0——原样沥青胶结料技术指标。

一般来说，对于随老化时间延长而减少的评价指标，残留值越大，说明抗老化性能越好；对于随老化时间的延长而增加的评价指标，残留值越小，说明抗老化性能越好。

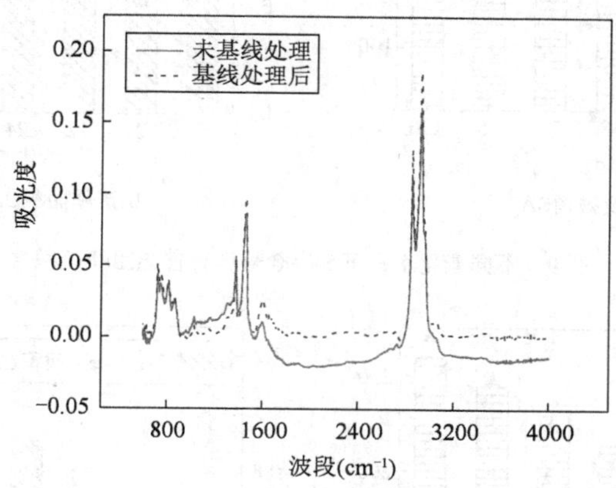

图6　原样SK-70号沥青红外光谱图基线处理结果

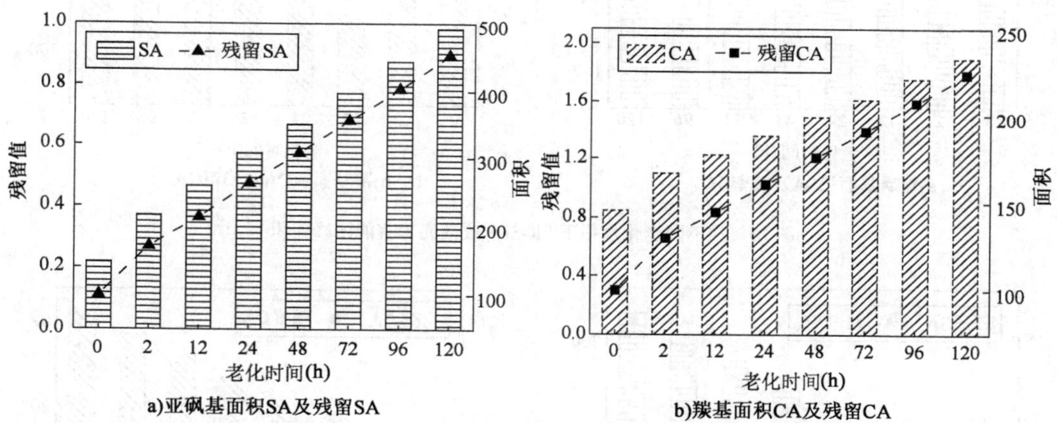

图7　在不同老化水平下ZH-70号沥青官能团峰面积

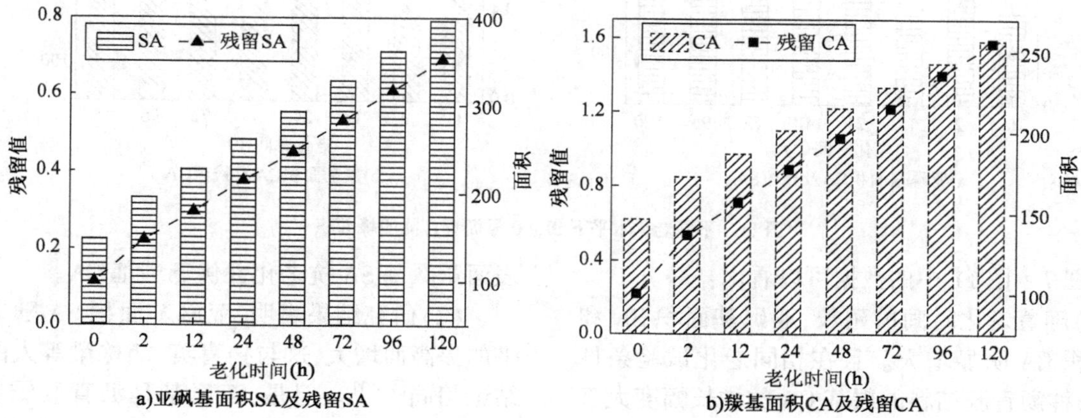

图8　在不同老化水平下SK-70号沥青官能团峰面积

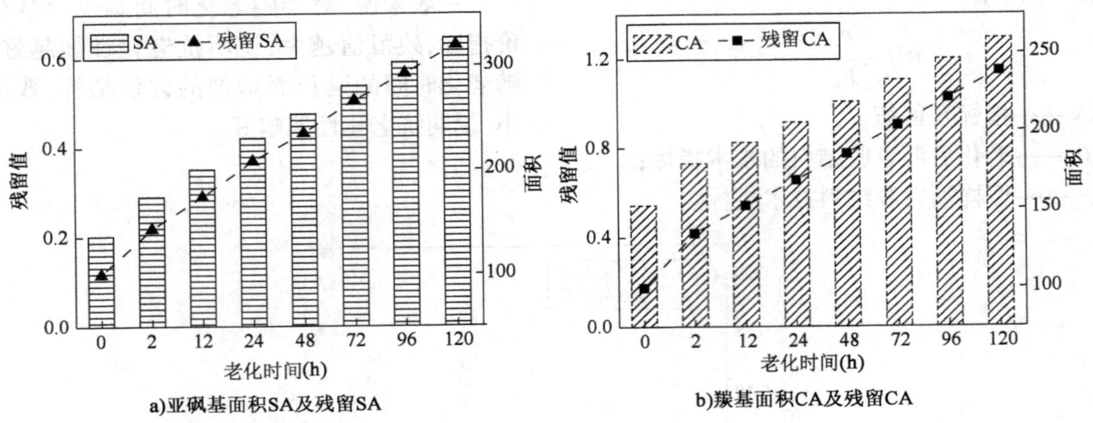

a)亚砜基面积SA及残留SA　　b)羰基面积CA及残留CA

图 9　不同老化水平下 SK-90 号沥青官能团峰面积

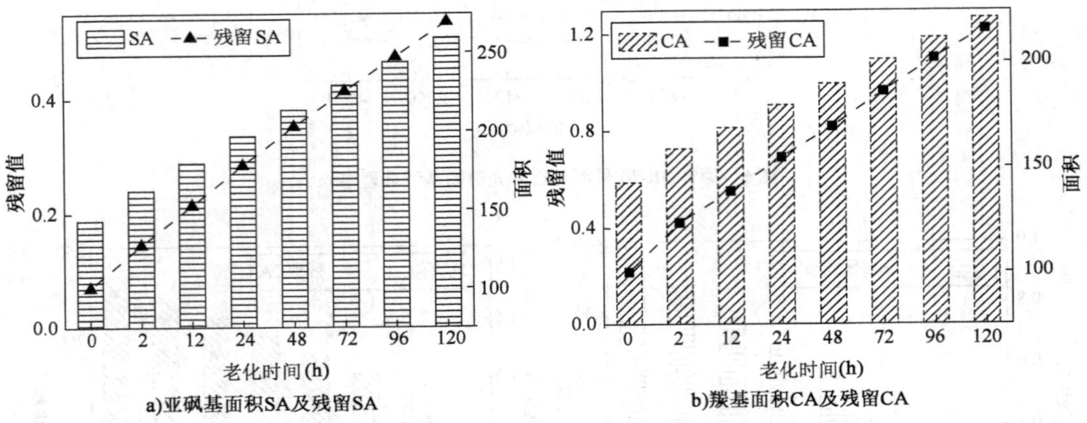

a)亚砜基面积SA及残留SA　　b)羰基面积CA及残留CA

图 10　在不同老化水平下 SK-SBS 改性沥青官能团峰面积

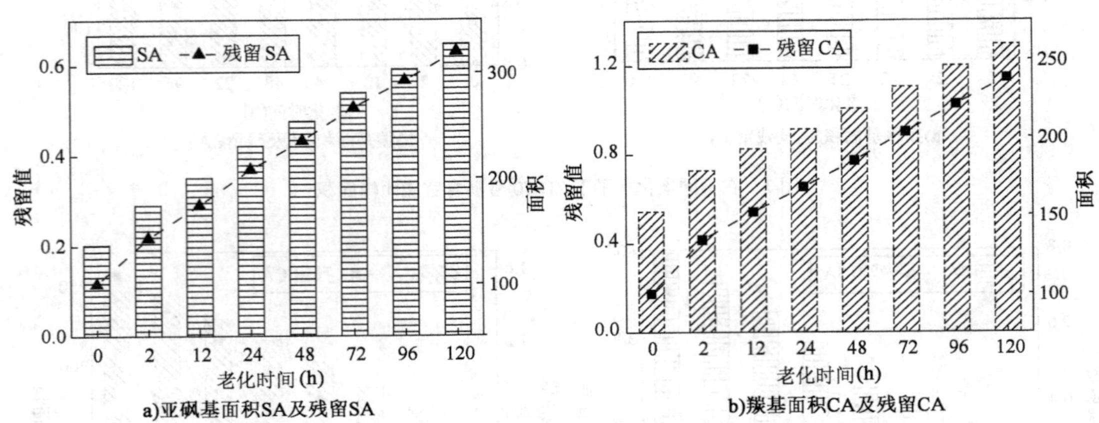

a)亚砜基面积SA及残留SA　　b)羰基面积CA及残留CA

图 11　不同老化水平下 SK-90 号沥青官能团峰面积

从图 7 ~ 图 11 中的数据可以看出：

(1)随着老化时间的延长，亚砜基面积 SA 和羰基面积 CA 明显增大。且在相同老化试验条件下，同一种沥青胶结料的羰基 CA 的增长幅度大于亚砜基面积 SA 的增长幅度，并且根据计算的残留值看出，羰基 CA 残留值大于亚砜基 SA 残留值，表面亚砜基 SA 抗老化性优于羰基 CA。

(2)研究结果表明，亚砜基面积 SA 随老化水平的提高而增大，这与杨喜英、胡栋梁等人的研究结论相同[19-20]。但是，亚砜基是沥青胶结料中 S 元素发生氧化反应而形成 S ═O 化学键。当 S 元素含量少时，随着老化不断进行，能与氧气反应生成亚砜基的 S 元素逐渐减少、浓度降低，直至活性 S 元素消耗完，亚砜基将不再产生。因此，亚砜基的生成速率主要取决于 S 元素含量。

由于原油来源及加工工艺的差异，不同类型沥青胶结料 S 元素含量存在差异，导致亚砜基面积 SA 的变化规律不尽相同，没有呈现一致的规律；而羰基面积 CA 则具有普遍性，都随着老化水平的提高而增大。

由此可见，相比亚砜基面积 SA，羰基面积 CA 更适合被用来评价全程老化沥青胶结料微观特性。

3 结语

（1）对于特定温度复合剪切模量 G^*，当温度为 60℃时沥青胶结料具有较大的流动性，其黏弹特征更加显著，因此与 $G^*_{46℃}$ 和 $G^*_{76℃}$ 相比，$G^*_{60℃}$ 更适用于评价全程老化沥青胶结料的流变性能。

（2）通过对比分析发现：与亚砜基面积 SA 相比，随老化水平的提高，羰基面积 CA 的变化更具普遍性，更适合用来评价全程老化沥青胶结料微观特性。

（3）目前虽然通过对比分析，提出了更适用于评价全程老化沥青胶结料的宏观和微观指标，但是在未来还需针对 60℃复数剪切模量 $G^*_{60℃}$ 和羰基面积 CA 与基本技术指标的显著性分析进行系统的研究。

参考文献

[1] 祁文洋，李立寒，张明杰，等. SBS 改性沥青的阶段性老化特征与机理[J]. 同济大学学报（自然科学版）. 2016，44(1):95-99.

[2] 纪小平，侯月琴，许辉，等. 基于动态老化方程的沥青抗老化性能对比研究[J]. 建筑材料学报. 2013，1(2):365-369.

[3] 师晓鸽，周靓. 沥青老化程度的影响因素分析[J]. 石油沥青. 2014，28(1):36-42.

[4] 沈燕，康爱红，王超，等. 橡胶沥青混合料中橡胶沥青老化程度的表征[J]. 合成橡胶工业. 2017，40(6):467-472.

[5] 张霞，黄刚，刘昭，等. 热、光、水耦合老化条件对温拌沥青性能的影响[J]. 公路交通科技，2019，36(7):10-19.

[6] 杨三强，饶奇，史向英. 不同老化程度下沥青流变力学性能[J]. 长沙理工大学学报. 2019，16(1):22-27.

[7] 贾彦丽，栗威，魏建国. 基于力学流变特性的高模量沥青老化性能研究[J]. 材料导报. 2016，30:406-415.

[8] 马莉骍. 沥青及沥青混合料老化过程中的线黏弹性能研究[D]. 武汉：武汉理工大学，2012.

[9] AIREY G D. RheologicalCharacteristics of Polymer Modified and Aged Bitumens[D]. Nottingham：University of Nottingham，1997.

[10] PETERSEN J C. Chemical Composition of Asphalt as Related to Asphalt Durability：State of the Art. Transportation Research Record，1984，999:13-30.

[11] 邢成炜，刘黎萍，刘威. 线型 SBS 改性沥青不同时程老化流变特征及阶段判别[J]. 东南大学学报. 2019，42(2):380-387.

[12] 刘奔，深菊男，石鹏程. 老化沥青纳米尺度微观特性及其官能团性能[J]. 公路交通科技. 2016，33(2):6-13.

[13] 郭猛，刘海清，李亚非，等. 沥青老化再生过程中的流变与化学特性[J]. 交通运输研究. 2020，6(05):21-27.

[14] YUAN D D，JIANG W，AIMIN S，et al. (2023) Technology Method and Functional Characteristics of Road Thermoelectric Generator System Based on Seebeck Effect[J]. Applied Energy，Volume 331，120459，https://doi.org/10.1016/j.apenergy.2022.120459.

[15] 杨震，张肖宁，虞将苗. 沥青老化前后微观及宏观力学性能的对比研究[J]. 建筑材料学报. 2018，21(2):335-339.

[16] 杨震，张肖宁，虞将苗，等. 基质沥青老化前后多尺度特性研究[J]. 建筑材料学报. 2018，21(3):420-425.

[17] JIANG W，YUAN D D，SHAN J H，et al. Experimental Study of the Performance of Porous Ultra-thin Asphalt Overlay[J]. International Journal of Pavement Engineering，2022(23):6，2049-2061.

[18] 葛晓杰，乌兰，张国宏，等. 甘肃省沥青路面长期老化后沥青微观分析研究[J]. 硅酸盐通报. 2017，36(9):3213-3219.

[19] 杨喜英.红外光谱技术评价沥青老化程度的方法研究[J].北方交通,2019,2:57-64.

[20] 胡栋梁,顾兴宇,孙丽君,等.基于量子化学的沥青热老化与紫外老化机理[J].交通运输工程学报,2023,23(2):141-152.

基于SCB试验的流动胶浆沥青混合料抗裂性能研究

彭铁坤* 吴旷怀
(广州大学土木工程学院)

摘　要　流动胶浆沥青混合料是基于胶浆流动可塑的一种不同于传统热拌沥青混合料的材料,这种材料从理论上已经得到验证。为研究流动胶浆沥青混合料的抗裂性能,使用半圆弯曲试验(SCB)分别研究流动胶浆沥青混合料和AC-13在常温下的抗裂性能,并分析了峰值断裂力、断裂能和J积分断裂韧度等抗裂评价指标。结果表明,流动胶浆沥青混合料的峰值断裂力、断裂能和J积分断裂韧度比普通混合料大;峰值断裂力、断裂能和J积分断裂韧度随着试件预设切缝的增大而下降。流动胶浆沥青混合料的抗裂性能比普通沥青混合料好,具有极大的应用前景。

关键词　SCB试验　流动胶浆沥青混合料　抗裂性能　断裂能

0　引言

近年来,我国公路路面出现了无法逆转的病害,严重缩短了路面的使用寿命,如何提升沥青路面耐久性、延长路面使用寿命已成为亟待解决的问题。大多数解决方法是从沥青混合料的组成成分入手,研究沥青、集料、矿粉及添加剂等对混合料及路面性能的影响。从沥青混合料的设计方法作为切入点而提高混合料的性能的研究较少,其原因在于现有混合料设计方法较为成熟。现行的热拌沥青混合料(Hot Mix Asphalt,HMA)理论体系和设计方法往往是先保证混合料的抗车辙性能,但会不可避免地导致沥青路面路面发生水损害、疲劳开裂以及耐久性[1-3]。

目前,热拌沥青混合料的设计方法可分为体积设计法和力学设计法两大类[4-5],包括马歇尔法、Superpave法、GTM法、SAC法、贝雷法、CAVF法以及平衡设计法等[6-10]。其中,Superpave法属于典型体积设计法。马歇尔法也可归结为体积设计法。现有的热拌沥青混合料无法同时满足抗车辙、抗裂和耐久性等众多要求而采取抗车辙优先的策略。吴旷怀[11]开创性地根据沥青胶浆处于流动状态提出了流动胶浆沥青混合料(Fluid Mastic Asphalt,FMA)的设计理论,从根源上解决了现行HMA设计方法中的不足的问题。张平周[12]将流动胶浆混合料用于裂缝处治,研究发现采用流动胶浆处治裂缝效果非常好,能够有效地防止裂缝的再次开裂和反射。

评价沥青混合料的常用方法包括间接拉伸试验和小梁弯曲试验。间接拉伸试验不能真实反映路面结构内部的受力状态,小梁弯曲试验对于既有沥青路面的评估时,试件获取制备较困难。近年来,半圆弯曲试验(SCB)以其操作简单、便捷和能够满足沥青混合料质量控制要求等优点受到国内外学者的青睐。刘宇等人[13]总结了SCB试验的应用情况;付欣等[14]提出了适合于SCB试验模拟的参数;杨大田等[15]认为SCB试验用于表征沥青混合料的力学特性更为适合。

综上所述,流动胶浆沥青混合料是不同于传统热拌沥青混合料的一种全新的沥青混合料,具有很广的应用前景。因此,本文使用SCB试验研究流动胶浆沥青混合料的抗裂性能,并分析了抗裂能、断裂力等抗裂指标,为流动胶浆沥青混合料路面的设计提供理论指导。

1 流动胶浆沥青混合料设计

1.1 混合料设计思路

流动胶浆沥青混合料的设计包括胶浆设计和骨架设计。为保证混合料的密实度，骨架采用间断级配。胶浆则使用体积填充法，沥青胶浆全部填充骨架间隙。各组分之间满足以下关系：

$$P_{ag}+P_{ma}=100 \tag{1}$$

$$\frac{P_{ag}(V_{ag}-VV)}{100\cdot\gamma_c}\cdot F_d=\frac{P_{ma}}{\gamma_{ma}} \tag{2}$$

式中：P_{ag}、P_{ma}——FMA 的集料用量和胶浆用量（重量百分数）；

VV——设计内部空隙率，FMA 的内部空隙率实测值通常为 0.4% ~0.6%；

γ_{ma}——胶浆的合成密度；

γ_c——集料捣实或压实状态的堆积密度；

γ_{ag}——集料的合成毛体积密度；

F_d——填充度，表示胶浆对骨架空隙的填充程度，取值范围为 0 ~1.0；

V_{ag}——FMA 混合料的骨架间隙率。试验实测骨架间隙率，联立式(1)和式(2)，即可计算得到集料和胶浆用量的用量百分数，进一步可得到油石比或沥青含量。

1.2 混合料原材料

级配碎石使用辉绿岩，捣实状态下的堆积密度为 1.850g/cm^3，集料的技术指标如表 1 所示。填料为石灰岩矿粉，密度为 2.732g/cm^3，粉胶比为 1.0。沥青选用高黏改性沥青，沥青的相关技术指标见表 2。骨架设计选用 4.75 ~9.5mm、9.5 ~13.2mm两档粗集料，根据最大密实原则按照泰波公式计算得到两档料的质量比例为 62.7∶37.3。选取 AC-13 作为对照组，依照《公路沥青路面施工技术规范》取矿料级配范围中值，沥青混合料设计空隙率为(4.0 ±0.5)%，油石比为 4.9%。

粗集料指标　　表 1

试验项目	单位	试验结果	规范标准
石料压碎值	%	22	≤26
洛杉矶磨耗	%	25	≤28
吸水率	%	0.2	≤2
表观相对密度	g/cm^3	2.87	≥2.6
针片状颗粒含量	%	12	≤15

高黏改性沥青技术指标　　表 2

技术指标	检验结果
针入度(25℃,100g,5s)(0.1mm)	51
软化点($T_{R\&B}$)(℃)	89.5
延度(5℃,5cm/s)(cm)	35.8

2 SCB 试验

(1)试验在万能试验机(UTM)上开展，试验机底部为梁式支座，支座间距为 8cm。通过试验机计算机的自动数据采集系统自动记录竖向的压力与位移。

(2)试验温度为 25℃。加载速率为 1mm/min。

(3)流动胶浆混合料在成型过程中的胶浆处于流动状态，成型时可自密实，成型过程与普通混合料不同。首先按设计用量称量材料，置于 190℃的烘箱中加热 3h，然后将烘箱温度升至 220℃，加热 1h。将粗集料在 220℃下干拌 90s 后加入沥青拌和 90s，最后加入矿粉拌和 90s。将混合料在车辙板试模上成型成车辙板，再取芯成直径为 100mm、高度为 50mm 的圆柱形试样，沿高度方向切割成半圆形状，试件中间预设裂缝，深度为 15mm、20mm、25mm。半圆试件需要放置在试验温度(25 ±5)℃环境中保温 40min，再放置在试验台上，如图 1 所示。

图 1　SCB 试验试件加载示意图

(4)沥青混合料的半圆弯曲试验的性能评价指标包括断裂能、断裂力和 J 积分断裂韧度等。

3 试验结果分析

3.1 试件破坏过程

如图 2 所示，沥青混合料半圆试件的破坏过程可大致分为三个阶段：阶段一为微裂缝发展阶段，随着荷载的增大，试件从弹性阶段转变为塑性阶段,并出现了微裂缝,但微裂缝较小,且位于预设开口缝尖端处,未出现明显的宏观裂缝。阶段二为宏观裂缝发展阶段,试件表面宏观裂纹在达到峰值力荷载后会产生,但是试件还未破坏,沥青胶浆起到抵抗裂缝的作用,当试件表面产生宏观裂纹后,沥青混合料试件的裂纹将进入快速增长阶段,其抗裂能力迅速降低。阶段三为试件破坏阶段,宏观裂缝随着荷载的进一步增大而不断发展,直至试件裂成两半,试件最终破坏,试验结束。

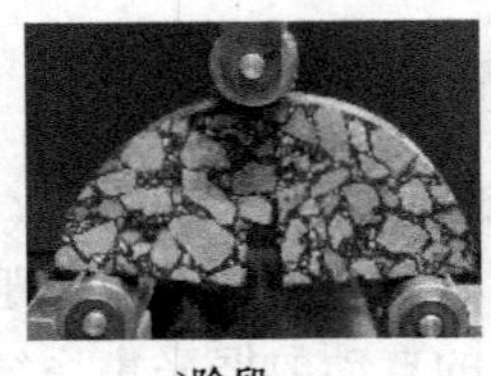
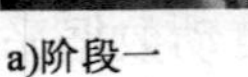
a)阶段一

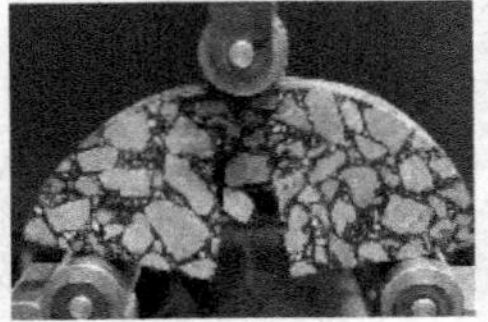
b)阶段二

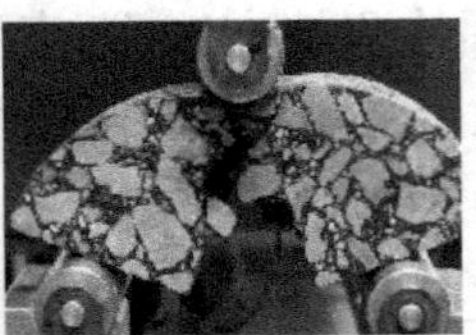
c)阶段三

图 2　半圆试件破坏状态

3.2　试验评价指标

图 3 为不同长度预设裂缝的半圆试件试验曲线,图中的“L15”表示预设裂缝长度为 15mm,依此类推。由图中的荷载曲线可知,试件在加载的初始阶段处于弹性阶段,位移随着荷载增大而呈现线性增大趋势。之后进入塑性阶段,位移随着荷载增大趋势变缓,达到峰值荷载之后,处于卸载阶段,此时沥青混合料在达到峰值力后依然能够承受一定的荷载,试件的柔性变形较大,能够抵御裂纹的扩展。

此外,由图 3 可知,随着预设裂缝长度的增大,试件的荷载峰值力不断减小,原因在于随着预设裂缝长度的增大,试件存储的能量变小,抵抗开裂的能力下降。FMA 材料的峰值荷载比 AC 混合料大,说明 FMA 混合料的抵抗开裂的能力更强。在试件卸载阶段,可以明显看出 AC 混合料的卸载速率比 FMA 大,表明 FMA 的柔性更大,抵抗变形的能力更好。为进一步研究 FMA 材料的抗裂能力,根据试验曲线计算相应的抗裂指标。

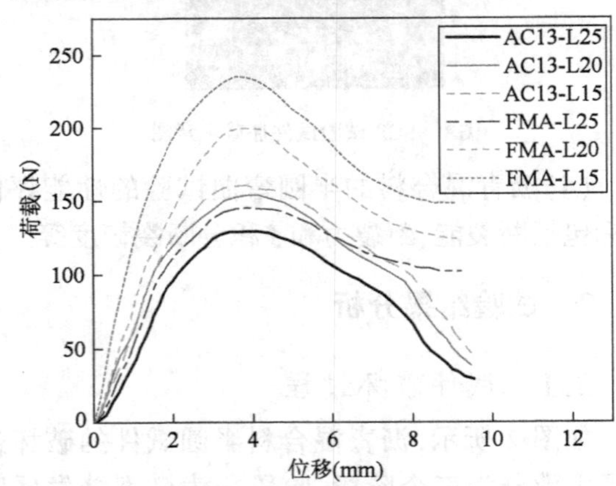

图 3　不同长度预设裂缝的半圆试件试验曲线

(1)峰值断裂力。

峰值断裂力直观地反映试件的抗裂强度,两种混合料的断裂力如表 1 所示。由表 3 可知,FMA 的峰值力比 AC 混合料大,表明 FMA 混合料的抗裂能力比 AC 混合料强。

不同混合料的峰值断裂力(单位:N)　表 3

开缝长度(mm)	混合料类型	
	FMA	AC-13
L15	245	165
L20	201	155
L25	135	125

(2)断裂能 G_f。

断裂能是反应试件存储能量的能力,断裂能越大,试件的抗裂能力越好。断裂能可以由试件的半圆试验的荷载位移曲线求得。

$$G_f = \frac{W_f}{A} \tag{3}$$

式中:G_f——断裂能;

W_f——断裂功;

A——断裂面面积。

通过计算得到各试件的断裂能如表 4 所示。

不同混合料的断裂能(J)　表 4

开缝长度(mm)	混合料类型	
	FMA	AC-13
L15	180.49	175.4
L20	178.54	171.4
L25	167.4	160.3

当外力做功等于材料断裂能的时候,材料发生破坏,能量指标是一个包含力和位移响应的综合指标。但总的来说,断裂能仍然反映的是试件

的抵抗开裂的能力。由表4可知,FMA混合料试件的断裂能要大于AC,进一步表明FMA的抗裂能力要强于AC。

(3)J积分断裂韧度。

J积分反映的是裂纹尖端应力应变场的强度,是一个积分值与积分路径无关的积分常数。其定义式如下:

$$J = \int_{\Gamma} \left(W\mathrm{d}y - \vec{T}\frac{\partial \vec{u}}{\partial x}\mathrm{d}s \right) \tag{4}$$

式中:W——裂纹体的应变能密度;

T、u——力矢量和位移矢量。

J积分断裂韧度反映的是沥青混合料的抗裂性能,是材料的固有属性,无论试件的几何形状如何,J积分断裂韧度是不变的。裂纹体的J积分可以通过试验获得,通常对三个不同预设切缝的半圆试件进行试验,获取竖向荷载和位移数据。计算三个试件的荷载功,拟合荷载功-切缝长度曲线,则拟合直线的斜率绝对值为混合料的J积分断裂韧度。FMA和AC-13混合料的J积分断裂韧度计算的拟合曲线如图4所示。

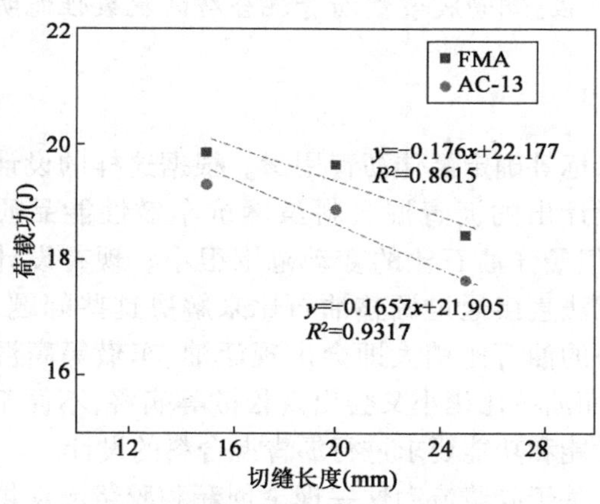

图4 J积分断裂韧度计算

由图4可知,荷载功随着切缝长度的增大而减小,一方面是切缝长度大的试件断裂所需的荷载较小,另一方面是切缝长度大的试件存储的能量小。显而易见,FMA混合料的J积分断裂韧度比AC混合料大,进一步说明FMA混合料拥有较好的抗裂性能。

4 结语

本文通过半圆试验研究了流动胶浆沥青混合料的抗裂性能,并将其与AC-13混合料的抗裂性能作了比较,能得出以下结论:

(1)流动胶浆沥青混合料半圆试件的破坏过程可分为三个阶段:微裂缝发展阶段、宏观裂缝发展阶段和破坏阶段。

(2)相较于普通混合料,流动胶浆沥青混合料拥有较大的柔性,在试件破坏时不会立刻断裂。

(3)随着预设切缝的增大,沥青混合料半圆试件的抗裂性能降低,峰值断裂力、断裂能和J积分断裂韧度都降低。流动胶浆沥青混合料的抗裂性能比普通沥青混合料好。

参考文献

[1] 谭忆秋,李冠男,单丽岩,等.沥青微观结构组成研究进展[J].交通运输工程学报,2020,20(6):1-17.

[2] 郑健龙,吕松涛,刘超超.长寿命路面的技术体系及关键科学问题与技术前沿[J].科学通报,2020(30):9.

[3] 徐慧宁,石浩,谭忆秋.沥青混合料三维空隙形态特征评价方法及分析[J].中国公路学报,2020,33(10):210-220.

[4] 王旭东.一种新型沥青混合料体积设计方法的探讨[J].上海公路,2011(2):1-3,8,12.

[5] 张肖宁,王绍怀,吴旷怀,等.沥青混合料组成设计的CAVF法[J].公路,2001(12):17-21.

[6] 张肖宁,郭祖辛,吴旷怀.按体积法设计沥青混合料[J].哈尔滨建筑大学学报,1995(2):28-36.

[7] 吴传海,刘仰韶.基于GTM的抗车辙沥青混合料配合比设计方法[J].武汉理工大学学报(交通科学与工程版),2012,36(1):51-55.

[8] 李九苏,保安青,姜舜君.超高模量沥青混凝土的制备与路用性能研究[J].交通科学与工程,2023,39(2):8-15.

[9] 周震宇,曾峰,郝玮,等.高模量沥青混合料马歇尔法配合比设计指标研究[J].公路,2021,66(7):69-75.

[10] 杨光,王旭东.高模量沥青混凝土在半刚性基层长寿命沥青路面中应用的合理性研究[J].公路交通科技,2019,36(5):20-26,56.

[11] 何湘峰,吴旷怀,许新权,等.沥青路面裂缝的新型浇筑式快速处治技术及应用[J].公路工程,2023,48(6):130-137.

[12] 张平周.新型浇筑式沥青混合料反射裂缝处治研究[D].广州:广州大学,2023.

[13] 刘宇,张肖宁,迟凤霞. 国外SCB(半圆弯拉)试验方法在沥青混合料中的研究与应用[J]. 中外公路,2008,28(3):190-192.

[14] 付欣,刘秋,陈拴发. 基于ANSYS的带切口半圆弯曲试验参数分析[J]. 公路交通科技,2012,29(2):13-17.

[15] 杨大田,朱洪洲. 沥青混合料的半圆弯拉与小梁三点弯拉对比试验[J]. 武汉理工大学学报:交通科学与工程版,2010,34(6):4.

基于浇筑工艺的流动胶浆型沥青混合料抗裂性能研究

郑钰祺 吴旷怀*
(广州大学土木工程学院)

摘 要 基于胶浆流动这一理论创新和胶浆流动填充骨架空隙的原理,本文提出了流动胶浆沥青混合料(Fluid Mastic Asphalt,FMA)。沥青混合料可采用振动密实成型,要求胶浆具有良好的流动性。FM-13抗车辙能力强,抗裂性能且高温性能优异,作为功能路面材料可应用于应力吸收结构层、裂缝修补等。本文选用低温弯曲试验和半圆弯曲试验,与AC-13和SMA-13试验结果对比,研究流动胶浆型沥青混合料的抗裂性能影响规律。研究结果表明:温度对于流动胶浆型沥青混合料的抗裂性能影响显著。相较于AC-13和SMA-13沥青混合料,FMA-13对于温度的敏感性更强;流动胶浆型沥青混合料的抗裂性能明显更优。

关键词 反射裂缝 流动胶浆型沥青混合料 抗裂性能

0 引言

由于沥青路面具有行车舒适美观、噪声低、不设接缝、平整度高、与轮胎附着力较好等优点,它在路面设计时已逐步取代了混凝土路面,成为主要路面结构形式之一[1]。目前,高速公路沥青路面的设计寿命年限为15年[2]。在路面服役期间,沥青路面材料普遍存在耐久性不足的问题,其原因很多,无法回避的就是材料的抗裂性能差导致裂缝的产生,大大缩短了使用寿命。疲劳和裂缝已经成为除了车辙以外的最常见的病害。但沥青混合料的抗车辙性和抗裂性在设计上是相互矛盾的。抗车辙性能好的材料,抗裂性能就相对于较差,该问题阻碍了长寿命路面材料设计的进一步发展。

现今常用的沥青混合料设计方法主要有马歇尔设计法和SUPERPAVE法等[3-4]。这些方法根据混合料的体积参数进行设计,再考虑其路用性能。设计流程通常是先根据规范推荐的工程级配范围设计沥青混合料级配,再根据体积指标或力学指标等确定最佳沥青用量。根据这样的设计流程设计出的沥青混合料虽然抗车辙性能品质稳定,但最佳油石比的变动范围很小。现有设计方法无法直接通过调整油石比来解决这些问题,混合料的油石比稍大即会出现泛油、车辙等高温病害,而油石比稍小又会出现松散等病害,不便于根据性能和功能要求进行沥青混合料的设计。

基于胶浆流动这一理论创新和胶浆流动填充骨架空隙的原理,现提出了流动胶浆型沥青混合料(Fluid Mastic Asphalt,FMA)。在满足规范要求的条件下,尽可能地使用粒径大的粗集料来保证骨架结构,采用浇筑式沥青混合料的施工工艺,利用改性沥青的特点,设计出一种在高温条件下拌和免碾压的高性能混合料。该混合料的高温稳定性能要明显优于普通浇筑式混凝土,能够满足《公路沥青路面施工技术规范》(JTG F40—2004)规范要求的动稳定度技术标准(>3000次/mm)[5-6]。但将其应用于路面结构不仅仅需要考虑高温稳定性,还需要考虑抗裂性能和耐久性等技术指标。本文选用低温弯曲试验和半圆弯曲试验,与AC-13

和 SMA-13 混合料进行对比，研究流动胶浆型沥青混合料抗裂性能影响规律及其低温抗裂性能，为该沥青混合料应用于路面结构提供技术支持。

1 试验

1.1 原材料

本文试验选用广州大象超薄路面技术开发有限公司生产的超高黏改性沥青。沥青技术指标如表 1 所示，满足规范《公路沥青路面施工技术规范》(JTG F40—2004)相关技术标准。

超高黏改性沥青技术指标 表 1

技术指标	单位	规范标准	检验结果
针入度 25℃,100g,5s	0.1mm	30 ~ 60	40.1
软化点 $T_{R\&B}$	℃	≥60	101
延度 5℃	mm	≥20	37
沥青的相对密度	g/cm^3	实测	1.04
动力黏度 60℃	Pa · s	≥400000	>580000

填料采用巩义市百川环保工程有限公司提供的粒化高炉矿渣微粉(矿粉)。填料技术指标如表 2 所示，满足《用于水泥、砂浆和混凝土中的粒化高炉矿渣粉》(GB/T 18046—2017)中矿粉质量要求。

矿粉技术指标 表 2

试验项目	单位	试验结果	规范标准
表观相对密度	g/cm^3	2.84	≥2.80
比表面积	m^2/kg	472	≥400
含水量	%	0.2	≤1.0

集料采用广州市政工程维修处的辉绿岩。集料技术指标如表 3 所示，满足《公路沥青路面施工技术规范》(JTG F40—2004)中质量要求。

粗集料技术指标 表 3

试验项目	单位	试验结果	规范标准
石料压碎值	%	20	≤26
洛杉矶磨耗	%	26	≤28
吸水率	%	0.2	≤2
表观相对密度	g/cm^3	2.87	≥2.6
针片状	%	13	≤15

1.2 流动胶浆型沥青混合料设计

本文胶浆流动这一理论创新和胶浆流动填充骨架空隙的原理，提出了胶浆流动型沥青混合料，它是指大流动性的胶浆依靠自身流动或振动辅助提浆填充集料间隙而成型的内部空隙率小于 1% 的骨架密实型热拌沥青混合料。FMA 的沥青含量一般较高，施工中可通过提高施工温度或添加温拌剂等技术措施增大胶浆的流动性，也可采用振动辅助提浆等技术措施实现集料间隙的密实填充[7]。

FMA 级配设计需对混合料的组分进一步细化，分为集料和胶浆两组分，并对其中各组分进行不同功能划分。集料需要提供的骨架密实型结构体系以保证抵抗竖向变形能力；填料和沥青所组成的胶砂会直接影响混合料的路用性能，需从胶浆流动填充骨架的角度出发，通过灵活调整混合料的沥青用量来满足不同功能路面需求。因此，该混合料的配合比设计可以具体分为骨架结构和沥青胶浆设计。

基于上述流动胶浆型沥青混合料的设计思路，其配合比设计的具体步骤如下：

(1)在流动胶浆型沥青混合料设计思路中，沥青混合料中粒径小于 4.75mm 以下的细集料对骨架结构的形成影响很小[16]。故本设计选用 4.75 ~ 9.5mm和 9.5 ~ 13.2mm 两档粗集料设计骨架结构。

(2)沥青胶浆填充骨架间隙，则胶浆体积、空隙率及骨架间隙率的关系为：

$$P_{ag} + P_{ma} = 100 \tag{1}$$

$$\frac{P_{ag}(V_{ag} - VV)}{100 \cdot \gamma_c} \cdot F_d = \frac{P_{ma} - (1 - F_d)P_{ma0}}{\gamma_{ma}} \tag{2}$$

(3)在完全填充的状态下，填充度 $F_d \approx 1$ 胶浆体积等于骨架空隙体积，则有：

$$\frac{P_{ag}(V_{ag} - VV)}{100 \cdot \gamma_c} \cdot F_d = \frac{P_{ma}}{\gamma_{ma}} \tag{3}$$

V_{ag}为 FMA 混合料的骨架间隙率。当集料全部为粗集料时，可采用 VCA_{DRC}代替 V_{ag}进行配合比计算，V_{ag}按下式计算：

$$V_{ag} = \left(1 - \frac{\gamma_c}{\gamma_{ag}}\right) \tag{4}$$

本文材料经过检测计算得到的相关参数具体如下：

4.75 ~ 9.5mm 与 9.5 ~ 13.2mm 两档集料的质量比为 37:63；掺配而成的骨架未添加细集料，集料的合成有效相对密度 γ_{ag}为 1.894。胶浆的粉胶比为 1.0，矿粉相对密度为 2.880，胶浆合成相对密度 γ_{ma}为 1.508。干法实测骨架间隙率 V_{ag}为 31.8%，黏附胶浆用量 P_{ma0} 为 5.4%。取 VV 为 0.5%，F_d = 0.95，计算得到集料的质量分数 P_{ag}为

80.7%,胶浆的质量分数 P_{ma} 为19.3%。

由于FMA混合料是根据骨架结构和胶浆进行设计,基于现行HMA体系进一步改进,因此选用AC-13和SMA-13作为对照组进行对比。

2 试验结果分析

2.1 低温弯曲试验

本研究采用小梁低温弯曲试验评价流动胶浆型沥青混合料的低温抗裂性能。主要的评价指标有最大荷载均值、跨中挠度、抗弯拉强度均值、极限弯拉应变均值和破坏时弯曲劲度模量。在采用三点弯曲模式对小梁试件进行低温试验前,采用分别制备级配为FMA-13、AC-13和SMA-13的车辙板,待成型后,切割成长250mm±2.0mm、宽30mm±2.0mm、高35mm±2.0mm的试件,AC-13、FMA-13和SMA-13各有4个平行试件,在试验前应保证试件在-10℃下养护足够时间[8]。在试验温度-10℃和50mm/min速率的条件下在跨中加载直至试件断裂破坏。平行试件中的结果大于标准差的1.46倍时,该试验数据视为无效。将无效数据剔除后,计算数据的平均值,试验结果如表4所示。

不同沥青混合料低温弯曲试验结果　表4

沥青混合料	抗弯拉强度均值(MPa)	极限弯拉应变均值(με)	破坏时弯曲劲度模量(MPa)
FMA-13	8.25	6123	1387
AC-13	10.26	3086.67	3539
SMA-13	9.94	3102	3163

由表4可知,FMA-13沥青混合料的极限弯拉应变高于GAC-13沥青混合料,且均满足《公路沥青路面施工技术规范》(JTG F40—2004)中沥青混合料低温弯曲试验破坏应变应不小于2000με的要求。FMA-13混合料破坏时的弯曲劲度模量和抗弯拉强度均值要优于AC-13沥青混合料。由于在-10℃的条件下,跨中断裂现象是产生微小变形后产生裂缝,但试件本身并未断裂,相较于AC-13和SMA-13级配下小梁直接断裂,说明了FMA-13的低温弯曲性能更强。极限弯拉应变是指试件在受到极限条件的作用下,试件抵抗外力产生的变形量。极限弯拉应变越大,混合料的变形能力越强,其主要表现在试件的抗开裂性能上。由于FMA-13在保证混合料的骨架结构下,相较于传统级配AC-13和SMA-13沥青混合料,FMA-13具有更高的沥青用量,沥青混合料具有更好的低温变形性能,流动胶浆型沥青混合料的低温抗裂性能要明显更优。

2.2 半圆弯曲试验

本研究将成型的马歇尔试件垂直于高度从中间切取直径为100mm、高度为30mm的圆柱体,目的是避免表面不均匀对试验造成误差。再沿直径方向切开获得两个半圆试件,沿着半圆试件切一条长度为10mm、厚度为2mm的预制切口,具体切割流程以及试件的尺寸分别如图1、图2所示,每一种工况成型3个平行试件。经预实验测试,过大的竖向位移会导致试验的受力模式发生改变,因此本试验以竖向位移达到9mm为结束条件。根据AASHTO TP 105规范,半圆弯曲试验采用万能试验机进行加载。试验温度为15℃和5℃,加载速率为1mm/min,记录试件加载过程中的荷载位移数据,绘制荷载位移曲线,并计算得到峰值力、峰值位移,断裂能、峰前应变能和峰后应变能来评价沥青混合料的抗裂性能[9-10]。

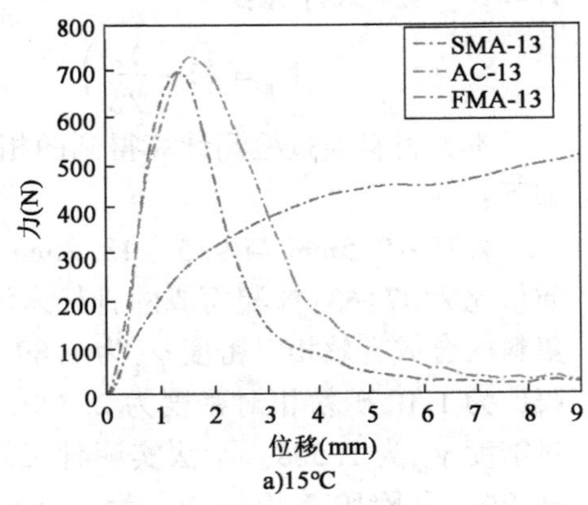

a)15℃

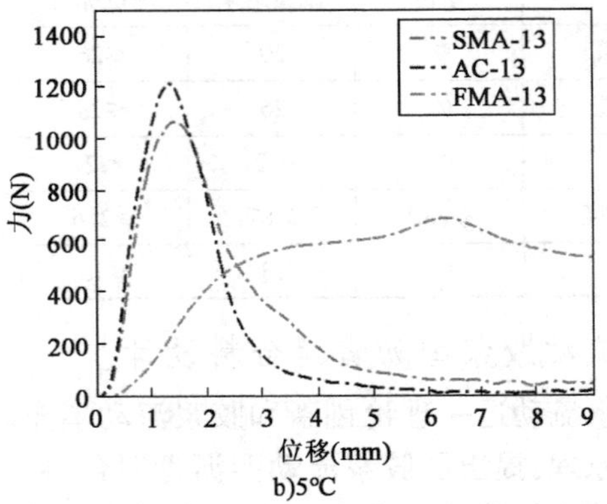

b)5℃

图1　半圆弯曲试验结果

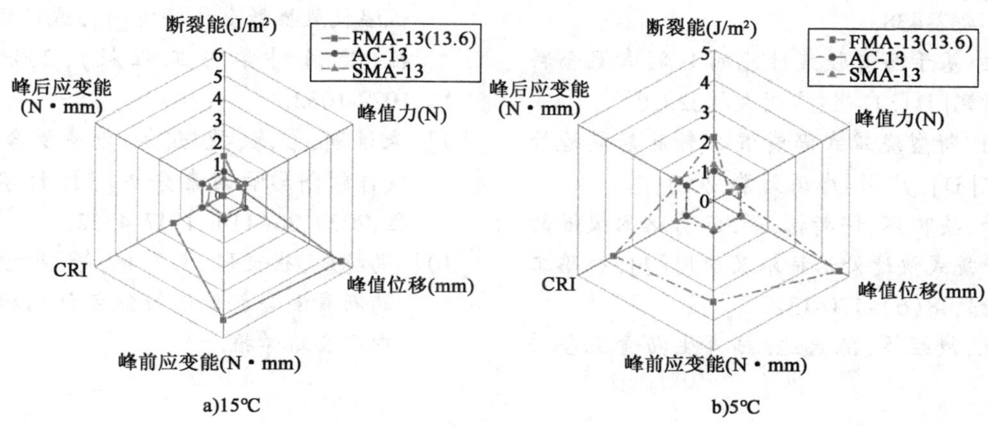

图2 不同抗裂性能指标

由图1可知,在15℃的条件下,FMA沥青混合料随着位移的增加荷载也在不断增大,甚至未出现峰值力,说明材料的柔性要远高于普通沥青混合料;5℃时才出现峰值力,但曲线下降的趋势十分缓慢,要远慢于AC-13和SMA-13混合料。因此,FMA-13混合料在常温下的抗裂性能时要远大于普通沥青混合料。

通过荷载位移曲线计算得到图2各个抗裂性能指标。根据指标可以看出,由于FMA-13混合料并未完全发生破坏,因此其断裂能只是普通沥青混合料的2倍左右。但将应变能分为峰前应变能和峰后应变能可以看出,FMA混合料的峰前应变能和峰值位移能够达到AC-13沥青混合料的5倍多以上,而SMA-13与AC-13混合料的抗裂指标比较接近,进一步验证了FMA混合料的柔性和抗裂性能都要远优于普通沥青混合料。出现这种现象的原因主要是:FMA-13的沥青用量要远大于普通沥青混合料,因此FMA中胶浆性能对于混合料的抗裂性能影响非常大,混合料的弯拉模量小于AC-13的弯拉模量,在间接拉伸的受力状态下,其特性要更趋向于胶浆性能。同时,由于CRI指数跟断裂能相关性强,因FMA材料在常温下未完全破坏,所以CRI并不能够用于评价FMA-13的抗裂性能。

3 结语

本文对流动胶浆型沥青混合料在不同试验温度的情况下进行了小梁弯曲试验和半圆弯曲试验,同时通过与AC-13和SMA-13沥青混合料试验结果进行对比分析,得到以下结论:

(1)FMA-13沥青混合料的极限弯拉应变高于AC-13和SMA-13沥青混合料,流动胶浆型沥青混合料的低温抗裂性能要明显更优。

(2)温度对与流动胶浆型沥青混合料的抗裂性能影响显著。随着温度降低,FMA-13混合料的荷载-位移曲线逐渐收缩,并出现峰值,而SMA-13和AC-13的曲线趋势无明显变化。

(3)通过对比FMA-13、AC-13与SMA-13的抗裂性能指标发现,FMA-13沥青混合料的断裂能是普通沥青混合料的2倍,同时材料并未完全破坏,甚至15℃的条件下,尚未出现峰值。FMA混合料的峰前应变能能够达到普通混合料的5倍以上,说明材料具有优异的抗裂能力。

本研究提出了流动胶浆的设计概念,并研究了流动胶浆设计下对混合料抗裂性能的影响,后续将进一步研究其疲劳耐久机制。

参考文献

[1] 王林,韦金城,张晓萌,等."四个一体化"破解长寿命沥青路面技术瓶颈[J].科学通报,2020,65(30):3238-3246.

[2] 郑健龙,吕松涛,刘超超.长寿命路面的技术体系及关键科学问题与技术前沿[J].科学通报,2020,65(30):3219-3227.

[3] LIU S T, CAO W D, LI X J, et al. Principle analysis of mix design and performance evaluation on Superpave mixture modified with Buton rock asphalt [J]. Construction and Building Material. 2018,176:549-555.

[4] XIAO F P, AMIRKHANIAN S N, PUTMAN B J, et al. Feasibility of Superpave gyratory compaction of rubberized asphalt concrete mixtures containing reclaimed asphalt pavement [J]. Construction and Building Material 2012,

27(1):432-438.

[5] 赵文生. 基于沥青胶浆性能的 U 沥青混合料性能研究[D]. 广州:广州大学,2020.

[6] 张平周. 新型浇筑式沥青混合料反射裂缝处治研究[D]. 广州:广州大学,2021.

[7] 何湘峰,吴旷怀,许新权,等. 沥青路面裂缝的新型浇筑式快速处治技术及应用[J]. 公路工程,2023,48(6):130-137.

[8] 耿九光,戴经梁,陈忠达. 热再生沥青混合料低温抗裂性能全程评价[J]. 武汉理工大学学报(交通科学与工程版),2008,32(6):1029-1032.

[9] 朱洪洲,袁海,魏巧,等. 沥青混合料断裂-微波自愈合影响因素分析[J]. 科学技术与工程,2020,20(11):4547-4552.

[10] 冯德成,崔世彤,易军艳,等. 基于 SCB 试验的沥青混合料低温性能评价指标研究[J]. 中国公路学报.

胶粉裂解方式对胶粉-SBS 复合改性沥青性能的影响

姚爱玲[1]　兰兆禹*[1]　田伯科[2]　张　品[2]　方晨宇[1]　陈志鹏[1]

(1. 长安大学公路学院;2. 中铁七局集团第三工程有限公司)

摘　要　为制备高掺量胶粉-SBS 复合改性沥青,从胶粉裂解的角度展开研究。首先通过工厂化高温裂解胶粉与裂解剂化学裂解胶粉两种方案对比,研究复合改性沥青的性能指标变化,并分析了溶胀胶粉所用的芳烃油掺量的影响,得出先用 3% 芳烃油溶胀胶粉,再用裂解剂化学裂解胶粉的方案对胶粉脱硫效果最佳。接着在上述试验的基础上,探究裂解剂掺量对改性效果的影响,进而确定复合改性沥青中最佳裂解剂用量为 1.5%。最后从微观层面分析,采用荧光显微镜观察掺加不同剂量裂解剂后胶粉的状态,同时采用扫描电镜观察胶粉裂解对沥青形貌改变,进一步验证了裂解剂用量为 1.5% 的合理性。SEM 图片表明,裂解胶粉能够成功渗透进沥青中,形成丝状包膜结构,胶粉充分吸收沥青组分并以形成网状结构。

关键词　胶粉　裂解方式　脱硫　复合改性沥青

0　引言

胶粉和 SBS 作为两种沥青改性剂被广泛应用,SBS 可以显著提升沥青及其混合料的高低温性能,并增强其抗热氧老化性,而在抗紫外老化方面的表现并不显著[1],且成本较高。为增强 SBS 改性沥青的抗老化性能,Rasool 等[2]研究者尝试引入胶粉,研究结果表明,胶粉的加入确实能够有效延缓改性沥青的紫外老化进程。胶粉不仅提升了沥青的高温性能与抗疲劳性,其高阻尼减振特性还有助于降低路面行车噪声[3]。然而,随着胶粉掺量的增加,沥青的黏度也相应上升,导致胶粉在沥青中的分散变得困难,进而影响了沥青的热稳定性及混合料的施工性。为解决此问题,有研究者提出了采用外加交联剂的方法以促进沥青与胶粉的相容性。杨中才等[4]学者通过引入交联剂,成功将沥青中的胶粉掺量提升至 25%,该沥青混合料的高温性能表现优异,而低温性能则变化不大。尽管交联剂的使用提高了沥青与胶粉的相容性,但同时也导致了黏度的增加。为了降低施工温度,Septimorien[5]等和孙玉浩[6]采用了高密度聚乙烯作为降粘剂,并发现其能够有效降低胶粉改性沥青的黏度。这些方法局限于作用在沥青与胶粉的整体。大掺量的胶粉加入使得部分胶粉在初期难以与沥青充分接触,进而影响了整个体系的流动性。因此,为提高胶粉改性沥青的性能并增加其掺量,对胶粉本身进行处置很重要。胶粉内部 S—S 键和 C—S 键的存在使得硫化胶粉交联

基金项目:中铁七局第三工程有限公司 2023 年度高新技术研发计划项目(HJGSHT 02-JS-2022-002)。

形成复杂的空间结构[7]，若对胶粉进行裂解脱硫处理，如通过化学试剂、微生物或高温进行裂解等方法[8-11]针对硫交联键进行断裂，则内部新生成的小分子链可以更好地分散在沥青中形成新的交联[12]。因此，本文旨在复合改性沥青中通过提高胶粉的掺量而相应减少 SBS 的掺量，在提升改性沥青性能的同时实现更大的经济价值和环保效益，选择常用的高温裂解和化学裂解两种方案进行对比，对改性沥青的性能特点进行深入的研究和探讨，优选出最佳裂解方案。

1 原材料

1.1 基质沥青

研究使用的基质沥青为 A-70 道路石油沥青，产自茂名石化，技术指标见表 1。

基质沥青的主要技术指标 表 1

技术指标		试验值
25℃针入度(0.1mm)		70.1
软化点(℃)		48.5
10℃延度(cm)		37.9
15℃延度(cm)		≥150
60℃动力黏度(Pa·s)		203
RTFOT 后	质量损失(%)	0.66
	针入度比(%)	67.3
	10℃残留延度(cm)	13.2

1.2 改性剂

改性剂为胶粉与巴陵石化生产的 YH791 型线型 SBS，SBS 技术指标见表 2。所用胶粉一种是由废轮胎碎片制成的硫化胶粉，另一种是工厂化高温条件下裂解脱硫产生的胶粉，即将硫化胶粉通过 200～250℃螺旋回路，再利用水冷降温至 40℃以下。两种胶粉细度均为 40 目，其他指标见表 3。

SBS 技术指标 表 2

指标	结构	嵌段比	拉伸强度(MPa)	断裂伸长率(%)
试验值	线性	30/70	23	720

胶粉技术指标 表 3

胶粉种类	纤维含量(%)	含水率(%)	橡胶烃含量(%)	灰分(%)
硫化胶粉	0.43	0.48	56.8	6.0
裂解胶粉	0.42	0.51	60.1	5.5

1.3 外加剂

为增加胶粉在沥青中的掺量，可以通过添加芳烃油使胶粉溶胀分散，添加裂解剂进来打开胶粉硫化体系。本研究选用河北某公司生产的裂解剂 RHT8501，性能参数分别见表 4、表 5。

裂解剂性能参数 表 4

项目	外观	初熔点℃	加热减量(%)	灼烧减量(%)
RHT8501	砖红色粉末	84	9	20

芳烃油性能参数 表 5

外观	芳烃含量(%)	20℃密度(kg/m^3)	粘重常数	闪点(℃)
绿褐色	87	1.02	0.836	220

2 试验方案与制备工艺

2.1 试验方案

普通的硫化胶粉直接改性沥青由于其硫化体系的存在，大量掺入后容易在沥青中形成团聚，难以均匀分散。故为了复合改性沥青中胶粉掺量，需要减小胶粉分子量和颗粒尺寸，提高胶粉在沥青中的分散性，即破坏胶粉中的 S—S 键，对胶粉进行裂解。另外，由于芳烃油含有大量轻质组分，可以促使胶粉溶胀，以便其与裂解剂充分接触，并提高沥青相容性。由此，拟定了以下三种试验方案：①普通硫化胶粉未处理；②工厂裂解胶粉；③普通硫化胶粉经 1.5% 裂解剂处理。其中胶粉掺量为 30%，SBS 掺量为 3%，芳烃油掺量从 2% 到 5%，依次增加 1%，以探究不同裂解方法以及芳烃油掺量对改性沥青的影响。

2.2 沥青制备工艺

复合改性沥青制备前需要将废旧胶粉、颗粒状 SBS 和基质沥青进行预处理，以便进行后续的试验操作。①废旧胶粉的处理：选取适量的废旧胶粉，随后，加入芳烃油和裂解剂，放入电动搅拌器中充分搅拌，直至裂解剂完全溶解。再将其放入 110℃的烘箱中预活化 60min，以确保各组分充分融合与活化。②颗粒状 SBS 的处理：将其放入高速粉碎机中打碎至粉末，过程持续约 15min，以便后续与其他材料混合使用。③基质沥青的处理：将基质沥青加热至 160℃，并维持在这一温度，确保其在后续制备过程中保持流动性和均匀性。

复合改性沥青的制备如下:①将粉碎后的SBS加入基质沥青。在3500 r/min、190℃的条件下预剪切15min,以确保SBS在沥青中均匀分散。②根据设定的比例加入胶粉。在3500 r/min、190℃的条件下预剪切15min。③完成预剪切后,将沥青的剪切速度提升至6500r/min,并在190℃的温度下正式剪切80min,以促进各组分之间的充分混合与反应。④将沥青置于160℃的烘箱中发育1.5h,以完成胶粉-SBS复合改性沥青的制备过程。通过上述步骤,可以制得性能优良、稳定性强的胶粉-SBS复合改性沥青,满足各种工程应用的需求。

3 复合改性沥青效果对比

对三种试验方案下胶粉-SBS复合改性沥青各项指标进行检验,详细的试验结果见表6。

三种试验方案下复合改性沥青试验结果 表6

试验方案	芳烃油掺量(%)	软化点(℃)	25℃针入度(0.1mm)	5℃延度(cm)	180℃旋转黏度(Pa·s)	弹性恢复(%)	48h软化点差(℃)
普通硫化胶粉	2	92.3	37.2	7.6	6.22	91.2	6.2
	3	91.6	40.3	8.9	6.30	88.7	5.8
	4	88.3	43.8	9.2	6.08	83.8	6.0
	5	87.8	48.2	9.6	5.97	80.7	6.0
工厂裂解胶粉	2	83.4	51.3	15.9	4.26	75.2	3.7
	3	85.2	55.4	18.2	4.58	78.3	3.5
	4	84.7	56.8	19.3	4.24	76.6	3.8
	5	83.3	58.2	20.2	4.03	75.8	3.9
普通胶粉+裂解剂	2	81.9	52.8	19.8	3.38	85.3	2.5
	3	82.7	56.4	22.7	3.19	86.2	2.2
	4	80.3	59.3	23.2	3.12	85.2	2.0
	5	77.4	61.1	23.8	2.99	83.2	2.4

3.1 针入度与延度

三种试验方案的沥青针入度与延度都随芳烃油掺量的增加而增大,分析可知,通过芳烃油的溶胀和裂解作用可以降低沥青的稠度,提高针入度。延度提高则是因为芳烃油可以溶解高掺量胶粉堆积形成聚集体,裂解处理后的胶粉变得更加微小,易于分散,因此不容易像普通胶粉改性沥青一样在胶粉聚集处断裂。

3.2 软化点与黏度

改性后沥青的软化点和黏度随芳烃油掺量的增大总体呈下降趋势,究其原因是芳烃油分子量较小,加入后使沥青轻质组分比例增加。低掺量时轻微有上升是因为添加芳烃油可以一定程度促进SBS和胶粉与沥青的相互作用。两种裂解方案下沥青的软化点和黏度均优于普通胶粉方案,但裂解剂方案的下降程度更明显,是因为工厂裂解方案的胶粉是先裂解后溶胀,作用不够充分。而裂解剂方案下,胶粉得到很好的溶胀,并同时断裂了胶粉中的硫键,显著降低了复合改性沥青的软化点和黏度。

3.3 弹性恢复

随着芳烃油掺量的增加,普通胶粉复合改性沥青的弹性恢复呈现出持续下降的趋势。芳烃油的添加主要起到促进胶粉和SBS更好地分散的作用,并使它们与沥青之间的网格结构变得更加疏松。这一变化导致体系的模量降低,从而降低了复合改性沥青的弹性恢复能力。当芳烃油掺量超过3%,两种裂解方案下弹性恢复同样呈现下降趋势,但相比之下它们的下降幅度较小。继续增大掺量,裂解剂方案下沥青的弹性恢复远优于工厂裂解方案,甚至高于普通胶粉方案。这一结果表明,在适当的条件下,胶粉脱硫后仍能提供更好的弹性恢复性能。这归因于工厂裂解是通过高温对内部化学键进行无差别破坏,导致胶粉无法形成良好的交织结构,从而缺乏弹性。相比之下,裂解剂是通过化学方式精确地切断S—S和S—C键[13]。

3.4 储存稳定性

随着芳烃油用量的增加，三种复合改性沥青的软化点差先下降后上升。当芳烃油掺量为3%时，普通胶粉和工厂裂解胶粉复合改性沥青的储存稳定性最佳，采用裂解剂方案时，芳烃油掺量为4%时最佳。这表明，适量添加芳烃油能够提高复合改性沥青的储存稳定性。然而，过多的芳烃油添加导致体系黏度降低，因此48h软化点差会增大。另外，发现虽然两种裂解方式均能提高稳定性，但采用裂解剂方案后，48h软化点差更低，表明其储存稳定性更佳。

综上所述，大量添加胶粉和SBS会导致沥青软化点上升和黏度增加，延度较差，掺入芳烃油能够改善其性能，过量添加芳烃油则又会影响复合沥青的弹性恢复能力和储存稳定性。综合考虑芳烃油掺量为3%时效果最佳。同时两种裂解方案对比下，使用裂解剂化学裂解胶粉得到的改性沥青各项性能指标均优于工厂高温裂解方案。

4 微观分析

4.1 荧光显微镜

为验证裂解剂掺量是否合适并排除沥青和其他改性剂的影响，故使用芳烃油替代沥青作为溶剂制备试样，观察100倍荧光显微镜下不同裂解剂掺量的胶粉状态，如图1所示。

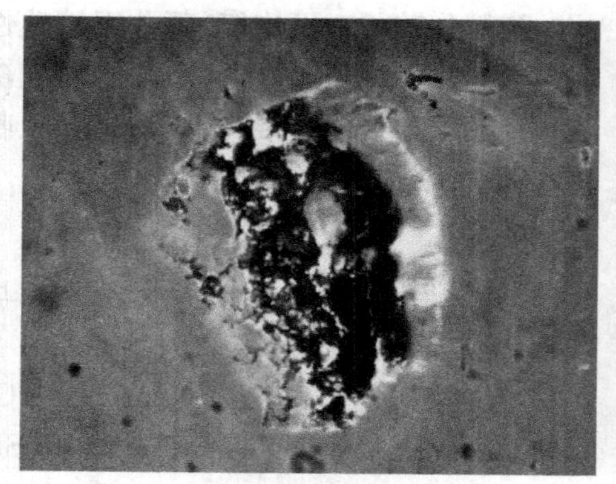

a)未加裂解剂

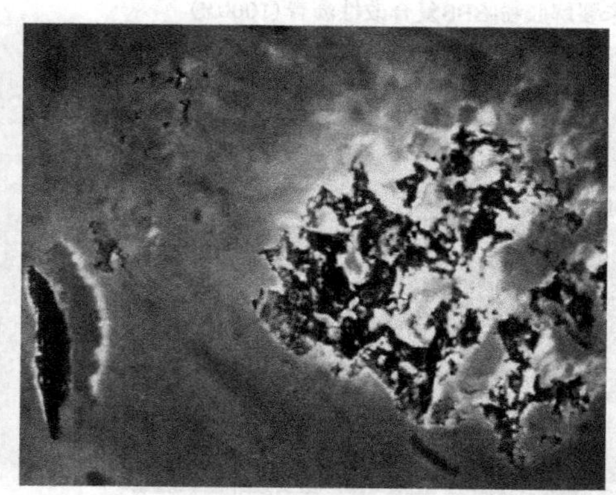

b)裂解剂掺量1%

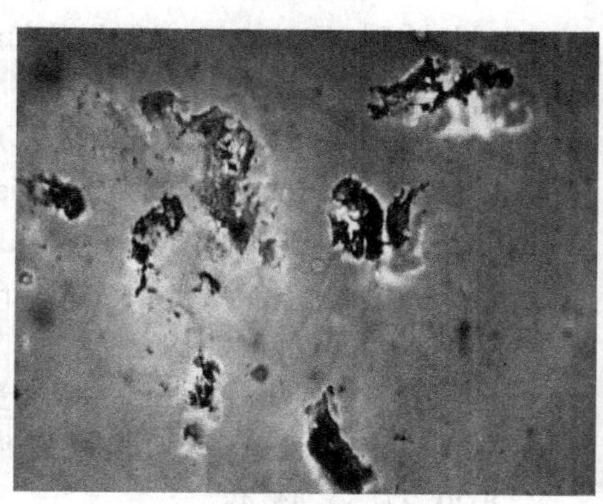

c)裂解剂掺量1.5%

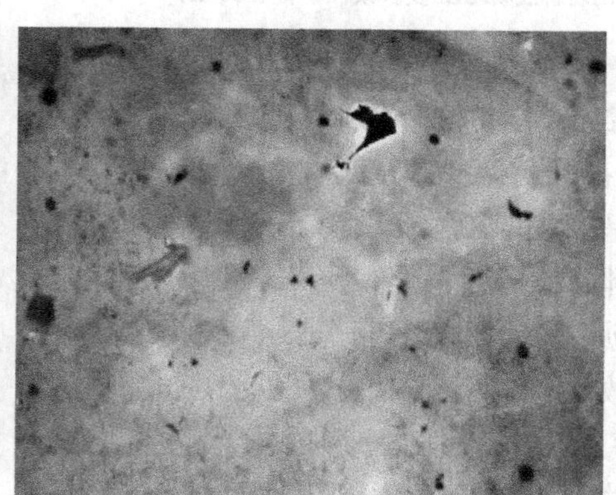

d)裂解剂掺量2%

图1 荧光显微试验图像

根据荧光图像的观察结果，未添加裂解剂的胶粉呈现出密集的团聚现象，颜色较深，彼此之间难以分离。然而，当裂解剂掺量达到1%时，胶粉开始逐渐分离，并且颜色变得更为透亮。随着裂解剂掺量的进一步增加，胶粉团聚体逐渐裂解并分散，体积也相应减小，最终以独立的小片形式分布在芳烃油中。值得注意的是，当裂解剂掺量达到2%时，胶粉几乎被完全降解成细小的微粒。这一现象解释了为何在2%裂解剂掺量下，改性沥青的性能会受到较大的负面影响。故裂解剂掺量过多或过少的掺量都会产生不利影响。

4.2 扫描电镜

扫描电镜图像可以提供更详细的微观立体影像信息，对改性沥青进行形貌观察，有助于深入了解改性沥青的空间结构以及不同改性方式对其结构的影响。将裂解与未裂解的胶粉-SBS复合改性沥青形貌进行放大1000倍观察,所得图像如图2所示。

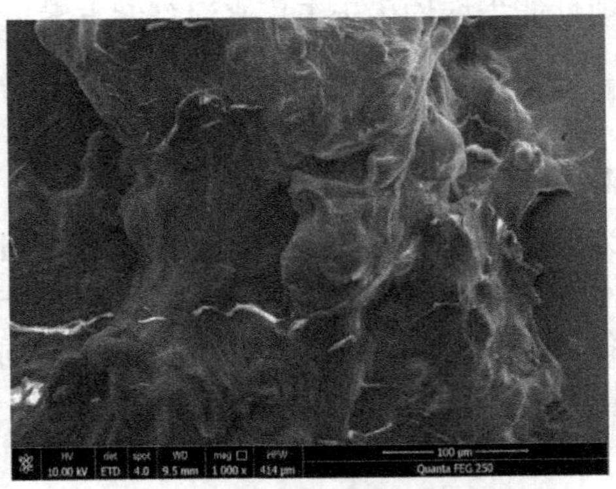

a)未裂解胶粉-SBS复合改性沥青(1000X)

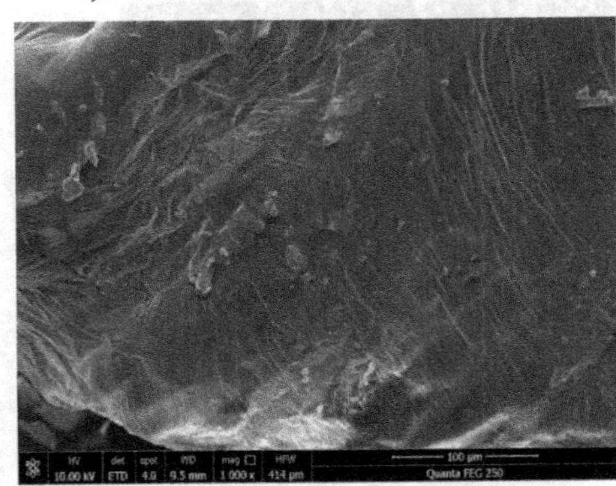

b)裂解胶粉-SBS复合改性沥青(1000X)

图2　扫描电镜试验图像

针对未裂解胶粉,改性剂在沥青中的分散状态呈现不均衡的特点,部分区域与沥青发生轻微化学反应,呈现团聚现象,表面布满折皱,空隙较大,导致局部膨胀,这种条件下SBS和胶粉不能充分发育,在沥青中溶胀不充分[13]。对于裂解胶粉,观察到改性剂的溶胀和分散更为明显。部分沥青成功渗透进入胶粉中,形成丝状包膜结构。整体上,改性剂与沥青之间的界面呈现出缓慢过渡的特点,二者之间的化学反应良好。此外,沥青并非光滑平整,而是由胶粉延伸出许多突触至沥青中,相互接枝相连,形成了致密的体系,从而提高了改性沥青的稳定性。

5　结语

(1)随着芳烃油掺量的增加,对沥青三大指标有着较明显正向改善,旋转黏度也有所降低。但是对于其他指标,过量的芳烃油会对沥青产生不利影响,如弹性恢复能力和储存稳定性会随掺量先升高后降低。综合考虑各性能指标,选择用3%掺量的芳烃油溶胀胶粉效果最佳。

(2)试验结果表明,裂解剂方案在改善沥青性能方面具有显著优势,相比工厂裂解方案,它能更有效地降低软化点,提高针入度、延度、旋转黏度、弹性恢复和储存稳定性。这表明在适当的条件下,裂解剂方案能够为胶粉改性沥青提供更好的性能表现。

(3)裂解剂在1.5%掺量下沥青具有最好的延度和储存稳定性,继续增加掺量,通过荧光显微镜可以看到经2%裂解剂处理后的胶粉已被过度裂解。

(4)SEM结果显示,在未裂解胶粉改性沥青中,胶粉分散状态不均衡,部分区域改性剂堆积严重,空隙较大。相比之下,裂解胶粉成功渗透进沥青中,形成丝状包膜结构,胶粉充分吸收沥青组分并以网状结构散布。

参考文献

[1] 隆艳梅. SBS改性沥青机理分析与抗老化试验研究[J]. 西部交通科技,2020.

[2] RASOOL R T, WANG S, ZHANG Y, et al. Improving the aging resistance of SBS modified asphalt with the addition of highly reclaimed rubber[J]. Construction & Building Materials, 2017,145(AUG.1):126-134.

[3] EASA S M, HU C, ZHENG X. Understanding damping performance and mechanism of crumb rubber and styrene-butadiene-styrene compound modified asphalts [J]. Construction and Building Materials,2019,206.

[4] 杨中才,王根宝,陈继红. 高掺量橡胶沥青SMA-13综合性能研究[J]. 交通科技与经济,2020,22(5):45-48.

[5] SEPTIMORIEN E A, FRISKILA L, NATASYA B, et al. Ductility improvement of high density polyethylene(HDPE)-modified bitumen through adding modified lignin [J]. IOP Conference Series Materials Science and Engineering, 2019,541:12035.

[6] 孙玉浩. 高掺量橡胶改性沥青性能评价及混合料设计技术[D]. 天津:河北工业大学,2016.

[7] SHENG Y, LI H, GENG J, et al. Production and performance of desulfurized rubber asphalt binder[J]. International Journal of Pavement Research and Technology, 2017:262-273.
[8] 马涛,陈葱琳,张阳,等.胶粉应用于沥青改性技术的发展综述[J].中国公路学报,2021,34(10):1-16.
[9] 张荣军,刘乃友.裂解剂掺量的变化对橡胶改性沥青性能的影响研究[J].路基工程,2016(4):115-119.
[10] 李元虎.废胶粉的生物法与化学法脱硫再生技术、机理及结构与性能研究[D].北京:北京化工大学,2012.
[11] 李元虎,赵素合,王雅琴,等.酵母菌生物脱硫胎面胶粉及其填充天然橡胶的力学性能[J].合成橡胶工业,2011,34(4):301-304.
[12] 姚爱玲,冯旭冉,李宜航,等.高掺量胶粉-SBS复合改性沥青的高低温流变性能与微观机理[J].中国科技论文,2023,18(12):1340-1345.
[13] MING L, XUE X, FAN W, et al. Viscous properties, storage stability and their relationships with microstructure of tire scrap rubber modified asphalt[J]. Construction and Building Materials, 2015, 74 (Jan. 15): 124-131.

基于BBR试验的UF/MMF微胶囊沥青低温性能分析

王瑞祥* 张洪亮
(长安大学特殊区域公路工程教育部重点实验室)

摘 要 本文基于BBR试验,分析了两种微胶囊(脲醛树脂UF、甲醇改性蜜胺树脂MMF)沥青的低温性能,并针对分析结果提出另外两种评价指标(PG连续分级温度、沥青低温柔量),最后根据混合料小梁弯曲试验结果对4种评价指标进行比选。研究发现:UF和MMF微胶囊沥青的低温性能相差较低,且4种评价指标具有一致性,均可评价沥青低温性能的优劣,但PG连续分级温度和混合料试验结果具有更高的显著水平,更适合作为路用性能的评价指标。

关键词 BBR试验 微胶囊 沥青 低温性能 评价指标

0 引言

裂缝是沥青道路破损的主要形式之一,裂缝不仅会使道路表面变得松散和凹凸不平,还会极大降低驾驶的舒适度和道路的使用寿命。为了解决该问题,学者们发现向沥青材料中添加微胶囊可以对沥青中出现的微裂缝可以做到针对性的及时修复,是修复裂缝的有效手段[1-2]。尽管这种方法有效,但微胶囊的使用可能会影响沥青的低温性能,而这一性能被证实在防止沥青路面在寒冷条件下裂开方面至关重要,占沥青路面开裂总贡献率的80%以上[3-4]。在我国,一般情况下沥青的低温性能是通过其延伸度来评估的,但有研究指出这种方法可能并不准确[5-7]。

基于此,美国采用了低温弯曲梁流变试验(BBR)以及PG分级系统来更准确地评估沥青的低温性能。研究证明[8-9],通过分析BBR试验结果可以有效评估沥青路面在低温下的开裂可能性。特别是,使用Burgers模型结合分析沥青的S值和m值,已被证明可以有效评估SBS改性沥青的低温性能。然而,目前BBR试验的评估通常只依赖于单一指标,这限制了其全面性。尽管PG分级提供了一种标准化的低温性能评估方法,但同一PG级别内不同沥青之间的性能差异并没有得

基金项目:陕西省自然科学基础研究计划(2023-JC-YB-418)。

到充分的体现。因此,一个综合评价指标,同时考虑沥青的低温变形和应力松弛能力,成为提高评价准确性的必要措施[10-11]。

本文基于 BBR 试验,分别测试加入两种微胶囊的沥青的低温性能,并根据试验结果建立其他相应的评价指标,最后根据沥青混合料小梁弯曲试验结果选出更适合路用性能的评价指标,为微胶囊沥青的合理使用及推广提供一定的参考。

1 试验材料与方法

1.1 试验材料

1.1.1 微胶囊沥青的制备

目前应用于沥青路面的微胶囊多以原位聚合法制备为主[12]。这种方法主要使用树脂类材料作为囊壁材料,其主要优点包括良好的热稳定性和较低的成本。然而,热固性树脂材料的通常在低温条件下性能表现不佳[13]。这可能会影响微胶囊在寒冷地区沥青路面的应用效果。根据相关文献[14-15],本研究选择脲醛树脂(UF)、甲醇改性蜜胺树脂(MMF)两种材料。具体制备过程可分三步:囊壁材料预聚体的合成、囊芯材料的乳化、微胶囊的包覆合成。首先,通过反应釜合成囊壁材料预聚体溶液;然后,通过高速剪切的方法将囊芯材料分散在溶液中,形成若干水包油液滴;最后,将上述两种溶液混合,在一定转速的情况下通过原位聚合法将囊芯材料包覆制备形成微胶囊。完成制备后,将其按拟定的质量比加入沥青中。然后将混合物加热至130℃,并使用搅拌器在 800～1000r/min 的速率搅拌,持续 10～15min,以确保微胶囊和沥青混合均匀。

1.1.2 微胶囊沥青混合料的制备

本研究采用的微胶囊沥青混合料为 AC-13 型密集级配,最佳油石比确定为 5.0%,级配曲线如图 1 所示。

1.2 试验方法

1.2.1 低温弯曲蠕变试验

根据相关规范的要求,对沥青在不同低温条件下(－12℃、－18℃和－24℃)进行测试,分别测定沥青的劲度模量(S)和蠕变柔量(m),以评估沥青材料在低温下的弹性和变形能力。基于课题已有研究[16],综合考虑分散性、物理指标等,选定含有 MMF 和 UF 微胶囊的掺量分别为沥青质量的 2%、3% 和 3%、4%。

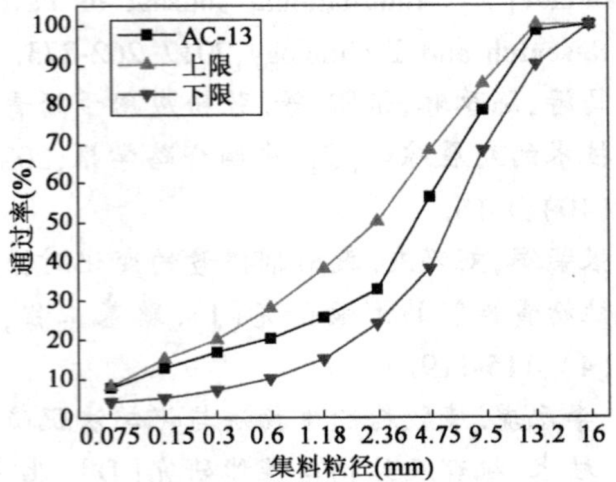

图 1 微胶囊沥青混合料级配曲线

1.2.2 低温小梁弯曲试验

根据 1.1.2 中级配制备 AC-13 混合料,其中微胶囊的掺量分别设置为沥青质量的 3%(UF)和 4%(MMF),拌和完成后根据规范要求成型长×宽×高＝250mm×30mm×35mm 的小梁试件,加载速率选择 50mm/min,在－10℃条件下进行低温弯曲试验。

2 结果与讨论

2.1 BBR 试验结果

BBR 试验结果如图 2 所示。

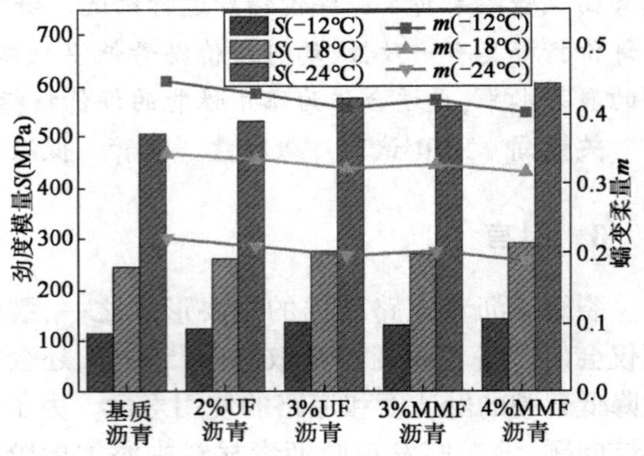

图 2 沥青 BBR 试验结果

从图中的结果可以观察到,随着温度的下降,沥青的劲度模量增加,而蠕变柔量减少。这种变化表明在低温环境下,沥青的性质趋向于变得更脆,其强度得到提升,但同时抗变形能力减弱。这一现象是因为在较低的温度下,沥青材料的热运动减少,分子间的相互作用力增强,导致材料整体变得更硬但也更易破坏。根据 Superpave 规范要求，S 和 m 的值应分别小于300MPa 和大于0.3，各沥青在 -24℃下均不能满足要求。另外，加入微胶囊的沥青，低温性能相较于基质沥青均有下降，这是由于微胶囊作为刚性粒子分散于沥青内部，降低了沥青的流动性，阻碍其内部应力释放，导致应力松弛能力降低，并且随着微胶囊掺量的增大降低程度越高。此外，同掺量下的 MMF 沥青低温性能略优于 UF 沥青，这一方面是因为二者均为热固性树脂，在低温下均表现出脆性增加的特点；而另一方面，MMF 的交联程度往往大于 UF，这使得其在低温下耐冲击性能降低幅度可能相对较小，从而表现出略好的低温性能。

2.2 PG 连续分级温度

根据 ASTM D7643-10 要求，可以采用 PG 连续分级温度 T_c来评价沥青的低温性能，其通过插值法来确定 T_c值，计算公式如式(1) ~式(4)所示：

$$T_{c,m} = T_1 + \left(\frac{p_s - p_1}{p_2 - p_1}\right)(T_2 - T_1) \tag{1}$$

$$T_{c,S} = T_1 + \left[\frac{\lg(p_s) - \lg(p_1)}{\lg(p_2) - \lg(p_1)}\right](T_2 - T_1) \tag{2}$$

$$T_c = \max\{T_{c,m}, T_{c,S}\} \tag{3}$$

$$\Delta T_c = T_{c,S} - T_{c,m} \tag{4}$$

式中：$T_{c,m}$、$T_{c,S}$——m 和 S 对应的分级温度；

T_1、T_2——试验温度；

p_1、p_2——计算 $T_{c,m}$ 和 $T_{c,S}$ 时对应的 m、S 值；

p_s——规范要求值，计算 $T_{c,m}$和 $T_{c,S}$时分别取 0.3 和 300。

计算结果如表 1 所示。

沥青的分级温度　表1

分级温度	基质沥青	2% UF沥青	3% UF沥青	3% MMF沥青	4% MMF沥青
$T_{c,S}$(℃)	-19.675	-19.180	-18.682	-18.869	-18.250
$T_{c,m}$(℃)	-20.115	-19.667	-19.048	-19.296	-18.750
T_c(℃)	-19.675	-19.180	-18.682	-18.869	-18.250
ΔT_c	0.439	0.487	0.366	0.427	0.500

ΔT_c是用于分析沥青在低温条件下的行为的重要参数，当 $\Delta T_c > 0$ 时，意味着沥青的破裂温度高于其蠕变过渡温度。在这种情况下，沥青的低温行为主要受到劲度的影响，即沥青在低温下更倾向于因强度大而变得脆性破碎。而当 $\Delta T_c < 0$ 时，则表明此时沥青的低温行为主要受蠕变速率的控制，这意味着沥青更可能在持续加载下发生形变，而不是突然破坏。由表中计算结果可知，各沥青的低温行为均主要受劲度模量控制，且各个沥青的 ΔT_c值相差不大，这说明微胶囊在该掺量下并未改变原样沥青自身所具备的均相结构。值得注意的是，UF 掺量增加使得 ΔT_c值减小，而 MMF 掺量增加则会使得其升高，这可能是 UF 树脂由于交联结构相对较弱，其在低温下可能更容易出现物理性能的退化，由此使得沥青低温性能转而偏向蠕变速率控制，即沥青的松弛性能表现的更加重要。

2.3 沥青低温柔量

在沥青的低温性能研究中，除了使用 PG 的连续分级温度 T_c来区分同一等级内不同沥青材料的性能差异，还可以通过结合 S 值和 m 值来提出一个新的评估指标——沥青低温柔量。这一指标被定义为在单位蠕变刚度下的蠕变速率，用字母 k 表示，单位为 MPa^{-1}。这意味着，通过计算沥青在一定温度和载荷条件下的蠕变速率与其蠕变刚度的比值，可以得到一个更细致的衡量沥青低温性能的指标。计算如公式(5)所示，计算的结果可以如图 3 所示。

$$k = \frac{m}{S} \tag{5}$$

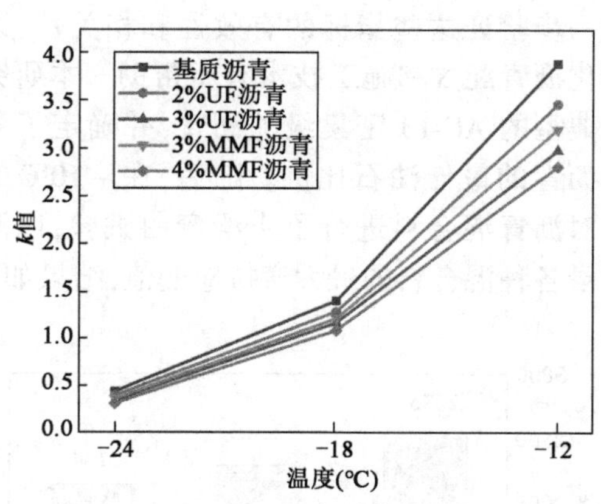

图 3　各沥青的 k 值对比

由图中可以看出，基质沥青的 k 值在各个温度下都为最大，说明其低温性能最好。从图中还可以看出，随着微胶囊掺量的增加，沥青的低温性能下降。这可能是因为微胶囊的囊壁材料在低温下的物理性质不足以支持沥青的原有弹性特性，从而影响整体的低温行为。随着温度升高，沥青的k值差值变得更大,这表明在较低温度下沥青表现更多的固态特性,其弹性性质降低,使得掺有微胶囊的沥青与纯沥青之间的性能差异变得更加明显。沥青在接近固态的低温环境下,微胶囊可能不足以提供必要的弹性支持,从而导致性能下降。此外,当温度从-18℃升至-12℃时,k值的增长速率的显著提高。这说明,随着温度的逐渐升高,沥青内部分子的运动能量增加。这增加了分子链段的活动性,促使沥青整体的结构活动性提升。

2.4　基于混合料小梁弯曲试验的微胶囊沥青低温评价指标比选

在沥青混合料的低温抗裂能力评估中,通过混合料能够有效反映出沥青的低温性能[17]。通过小梁弯曲试验所测量的最大弯拉应变值可以直观地表示材料在实际应用中承受低温和载荷时的变形和断裂能力。小梁弯曲试验是一种在预定的低温条件下对沥青混合料试件进行加载,直到发生断裂的实验方法。最大弯拉应变值表示在断裂点时试件中纤维的最大伸长率,这一数值高表示沥青混合料具有更好的延展性和较低的脆性,从而表现出更优越的低温抗裂性能。在本研究中,通过将小梁弯曲试验中得到的最大弯拉应变值与其他已有的低温性能评价指标进行相关分析,可以进一步验证这些指标的有效性和相关性,以期对优化沥青配方和施工技术有所帮助。本研究选定了典型的AC-13密集级配沥青,并确定了各种硬质沥青的最佳油石比例。随后,在-10℃的条件下对沥青混合料进行了小梁弯曲试验,以测量并记录各种混合料的最大弯拉应变值,结果如图4所示。

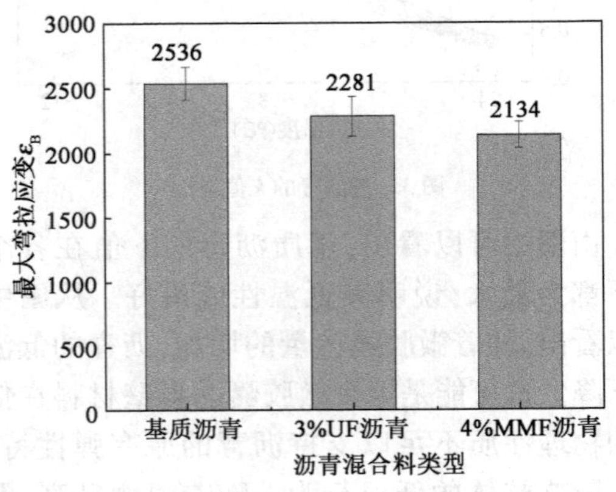

图4　不同沥青混合料的最大弯拉应变

将基于BBR试验的硬质沥青低温评价指标(-12℃)与混合料最大弯拉应力进行皮尔逊相关性分析,结果如表2所示。

各指标的皮尔逊相关性分析结果　　表2

评价指标	S	m	T_c	k
r	-0.986	0.974	-0.998	0.976
p	0.105	0.145	0.044	0.140

在皮尔逊相关性分析中,r值和p值分别衡量了两个变量之间的线性关系强度和统计显著性。r值越接近0则变量相关性越低,p值一般在0.05以下才能认为变量间的相关关系显著。由表中结果可知,T_c的相关性较好,且显著水平也较高。因此,相较于S、m、k指标,T_c作为一个指标在预测和评估沥青混合料的低温性能,特别是评价抗裂能力方面更适用。

3　结语

本文基于BBR试验结果,结合另外提出两种评价指标,综合分析两种含微胶囊的沥青的低温性能,并根据混合料小梁弯曲试验结果优选出更合适的评价指标,具体结论如下:

(1)同等掺量下,由于材料交联密度的区别,MMF微胶囊沥青的低温性能略优于UF微胶囊沥青。

(2)四种评价指标具有一致性,均可用来评价沥青的低温性能,其中PG连续分级温度更适合用作微胶囊沥青混合料的路用性能评价指标。

另外,本研究仅考虑了BBR试验中的部分指标,且混合料比对样本不够充分,后续研究将进一步结合多种指标(如综合柔量参数、松弛时间等),在大样本条件下优选出更加合适的评价指标。

参考文献

[1] SU J F, QIU J, SCHLANGEN E. Stability investigation of self-healing microcapsules containing rejuvenator for bitumen. Polymer degradation and stability. 2013, 98(6): 1205-1215.

[2] CHUNG K, LEE S, PARK M, et al. Preparation and characterization of microcapsule-containing self-healing asphalt. Journal of Industrial and Engineering Chemistry, 2015, 29: 330-337.

[3] 王书杰,余秀兰,王君.基于BBR方法的沥青

胶浆低温性能研究[J]. 公路交通科技:应用技术版,2018(3):006.

[4] 汤豆,连城. SBS 掺量对改性沥青及其混合料低温性能影响[J]. 内蒙古公路与运输,2015,(5):8-11.

[5] 秦育彬. 30 号硬质沥青及其混合料性能研究[J]. 中外公路,2013,33(6):248 250.

[6] 周纯秀,王璐,张中丽,等. 超硬质沥青改性结合料流变性能分析[J]. 哈尔滨工业大学学报,2020,52(9):144 151.

[7] 张洪瑞. 50 号硬质沥青在干旱高寒地区沥青路面下面层的适用性研究[D]. 西安:长安大学,2013.

[8] 孙依人. 沥青混合料黏弹性表征及细观力学预测[D]. 大连:大连理工大学,2017.

[9] 董文龙,关维阳,黄卫东. 不同老化状态下 SBS 改性沥青的低温性能分析[J]. 建筑材料学报,2018,21(2):268-274.

[10] 谭忆秋,符永康,纪伦,等. 橡胶沥青低温评价指标[J]. 哈尔滨工业大学学报,2016,48(3):66 70.

[11] 徐加秋,阳恩慧,李奥,等. 沥青胶结料低温临界开裂温度计算 的改进方法[J]. 哈尔滨工业大学学报,2020,52(9):92 100.

[12] 郑木莲,张金昊,田艳娟,等. 沥青材料微胶囊自修复技术研究进展[J]. 中国科技论文,2019,14(12):1374-1382.

[13] CHEN Q, WANG C, YU S, et al. Low-temperature mechanical properties of polyurethane-modified waterborne epoxy resin for pavement coating[J]. International Journal of Pavement Engineering, 2023,24(2):2099853.

[14] YUAN L, GU A, LIANG G. Preparation and properties of poly (urea-formaldehyde) microcapsules filled with epoxy resins [J]. Materials Chemistry and Physics, 2008,110(2):417-425.

[15] AHANGARAN F, HAYATY M, NAVARCHIAN A H, et al. Development of self-healing epoxy composites via incorporation of microencapsulated epoxy and mercaptan in poly (methyl methacrylate) shell [J]. Polymer Testing, 2018,73:395-403.

[16] ZHANG H, BAI Y, CHENG F. Rheological and self-healing properties of asphalt binder containing microcapsules[J]. Construction and Building Materials, 2018,187:138-148.

[17] 李波,张喜军,李剑新,等. 基于 Burgers 模型的硬质沥青低温性能评价[J]. 建筑材料学报,2021,24(5):1110-1116.

细观空隙特征对多孔沥青路面吸声性能的影响

易瑶瑶* 卢 川 郑木莲

(长安大学公路学院)

摘 要 为探究多孔沥青混合料空隙结构特性对多孔沥青路面吸声系数峰值大小和峰值频率的影响机制,本文于细观尺度下,选用截面空隙率、截面平均空隙直径、截面平均空隙数量和空隙分形维数等参数评价多孔沥青混合料的空隙大小与空隙分布情况;采用驻波管吸声系数试验,研究三种目标空隙率下,细观空隙特征对多孔沥青面层吸声系数的影响机制。结果表明:多孔沥青混合料平均吸声系数随着试件空隙率的提高而增大。当试件空隙率为 18%、21% 和 23% 时,吸声系数峰值频率分别为 630Hz、800Hz 和 1250Hz;多孔沥青混合料试件底部和顶部两端的空隙率和空隙直径均大于试件中部,同一试件中,截面空隙率的增大主要依靠截面空隙直径的增大而非空隙数量的增多;随着试件空隙率的增大,试件在不同高度下的截面空隙率、截面空隙数量、空隙等效直径和空隙分形维数等参数均增大。

关键词 多孔沥青路面 吸声系数 细观空隙特征 降噪路面 图像处理

0 引言

随着现代经济建设的蓬勃发展,公路交通建设逐渐完善,居民私家车持有量也逐年上升,因此而产生的交通噪声污染日益严重。交通噪声因其影响范围广、强度大等特点,已成为我国城市环境的一大公害[1]。交通噪声的存在,会危害人体神经系统和心血管系统、影响居民正常生活,甚至令驾驶员分心而引发交通事故[2]。近年来,许多措施被用于治理道路交通噪声,包括合理规划布局、交通管制、声屏障技术和优选道路材料等[3]。其中,多孔沥青混合料因其良好的降噪效果和排水抗滑性能,具有广泛的应用前景[4-5]。多孔沥青混合料优良的吸声性能源于其内部丰富的空隙对轮胎-路面噪声间“泵吸噪声”的降低作用[6],为此,本文对多孔沥青路面微观空隙结构与吸声系数的关系进行了深入探究。

1 研究方法

1.1 试件成型

多孔沥青混合料吸声性能的实现依赖其高空隙率(通常不小于15%),因此笔者按照《排水沥青路面设计与施工技术规范》(JTG/T 3350-03—2020)[7]中的级配范围设计了三组目标空隙率分别为18%、21%和23%的多孔沥青混合料配合比,以研究不同空隙率下多孔沥青混合料的吸声性能差异。沥青用量根据析漏试验与飞散试验结果确定。选用90号基质沥青,并添加12% HVA高黏剂,高黏沥青技术指标如表1所示,级配设计见表2。

HVA高黏改性沥青技术指标 表1

指标	针入度(25℃,100g,5s)	软化点	5℃延度(5cm/min)
结果	45	82	35.1
单位	0.1mm	℃	cm

多孔沥青混合料配合比设计表 表2

序号	空隙率(%)	16.0	13.2	9.5	4.75	2.36	1.18	0.6	0.3	0.15	0.075	沥青用量(%)
1	18	100	95	56	19	14.5	12	10	9	7	5	4.5
2	21	100	91	57	16	12	10	9	6.5	6.5	4.5	4.3
3	23	100	90	70	12	9.3	7.5	6.5	6	5	3.5	4.2

在多孔沥青混合料中,粗集料用量占比超过80%,混合料骨架强度的形成主要依靠粗集料间的嵌挤。因此,多孔沥青混合料对粗集料的强度提出了更高的要求,选用的粗集料应洁净、干燥、均匀、不含风化颗粒、黏附性佳、形状近立方体、含较少针片状颗粒和软弱颗粒,具有足够的强度、耐久性和耐磨耗性。在工程应用中,多孔沥青混合料的粗集料主要可选用玄武岩、辉绿岩、花岗岩等矿料。

本试验中,选用强度较高的玄武岩粗集料和石灰岩细集料。采用轮碾压实法钻芯取样成型驻波管试验试件,试件直径为9.5cm,高度为5cm;采用双面击实50次法成型标准马歇尔试件以进行截面图像采集和空隙参数分析。

1.2 测定方法

目前,用于测试轮胎/路面噪声的方法主要有近场测法、远场测试法、室内试验法等。对于多孔材料的吸声系数测试,常使用的仪器为驻波管,常采用的方法为传递函数法和驻波比法。

多孔沥青混合料的每个空隙相当于一个亥姆霍兹共鸣器,单孔结构间并联进行共振吸声[8]。声波入射到沥青混合料表面后,一部分进入混合料内部空隙,进入空隙的声波带动空隙内的空气产生振动摩擦,声能部分转化为热能,从而达到吸声降噪的效果。多孔沥青混合料的吸声性能用吸声系数α表示,α越大,沥青路面的吸声降噪性能越好。当$\alpha=0$时,噪声声波被完全反射,沥青混合料无吸声效果;当$\alpha=1$时,噪声声波完全被沥青混合料吸收。

吸声系数表达式为:

$$\alpha=\frac{U_{\alpha}}{U_{r}} \tag{1}$$

式中:U_{α}——沥青路面吸收的声能;

U_{r}——入射到沥青路面的总声能。

驻波现象是指入射波与反射波相互干扰而产生的声波不再推进的现象。声波呈周期性变化的规律,完全的驻波需要两列频率和振幅相同、振动方向均一致、传播方向相反的声波相叠加,这时,声波的波形不再向前做任何推进。驻波管法原理是通过在驻波管内发出声波并产生驻波，将驻波的极大值与极小值相比后得到材料的吸声系数。驻波管为一根平直、坚硬、气密性良好的刚性圆管，试件安装在驻波管内一端，声频信号发生器安装在另一端，并产生入射正弦平面波，结构如图1所示。其部件包括声频信号发生器、驻波管、探管、传声器和输出装置等。

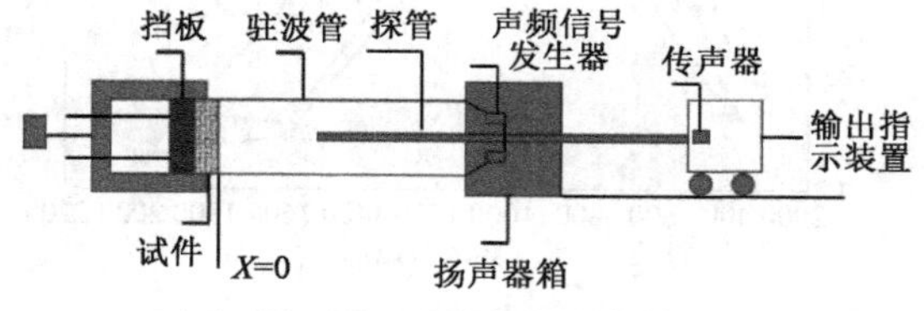

图1 驻波管结构图

本试验参考《声学阻抗管中吸声系数和声阻抗的测量》(GB/T 18696.2—2002)[9]中的驻波比法，测试直径为9.5cm、厚度为5cm的圆柱形多孔沥青混合料试件吸声系数。

指定频率下的吸声系数 α 根据驻波的声压极大值 $|p_{max}|$ 和声压极小值 $|p_{min}|$ 算得，其计算公式如下：

$$s = 10^{\Delta L/20}$$

$$\alpha = \frac{4 \times 10^{\Delta L/20}}{(10^{\Delta L/20} + 1)^2} \tag{2}$$

式中：s——驻波比；

ΔL——声压极大值和极小值的极差(dB)。

在使用前，应对试验装置进行校验，以保证试验结果的可靠性。

1.3 图像处理

为获取更多的截面图像，将1.1中设计的每组级配成型三个马歇尔试件。对成型的马歇尔试件分别进行切片处理，使用数码相机在同一距离处、同一光源下获取多孔沥青混合料试件在不同高度下的圆形截面图像，试件切割位置如图2所示。

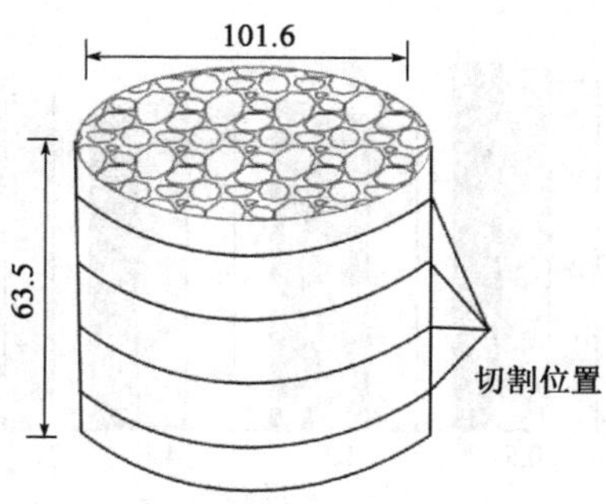

图2 马歇尔试件切割方法(尺寸单位:mm)

由于切割过程中，切割机刀片温度会急剧上升，不仅对沥青混合料有损伤，还会对切割机的刀片有一定磨损，故采用喷水冷却的方式使刀片降温。

二维图像普遍存在噪声，不能直接应用空隙参数的获取。在使用Matlab和image j对所获取试件截面图像进行灰度变化、滤波降噪和图像区域分割后[10-11]，提取其空隙参数，灰度处理后的多孔沥青混合料截面见图3，滤波处理后的多孔沥青混合料截面与空隙结构提取结果见图4，其中白色部分为空隙，黑色部分为矿料和沥青胶浆实体。在空隙的提取中，阈值的选择较关键，经多次尝试后确定处适合多多孔沥青混合料空隙结构提取的阈值，由图3~4可见，空隙提取图与实际截面图像中的空隙率相近。

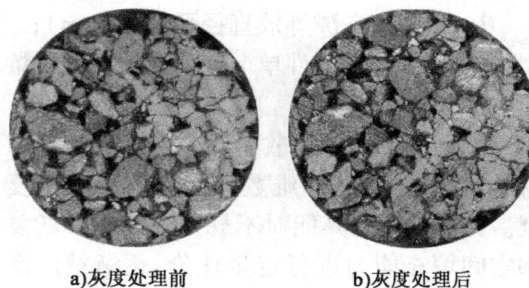

a)灰度处理前　　b)灰度处理后

图3 多孔沥青混合料截面图像灰度处理前后

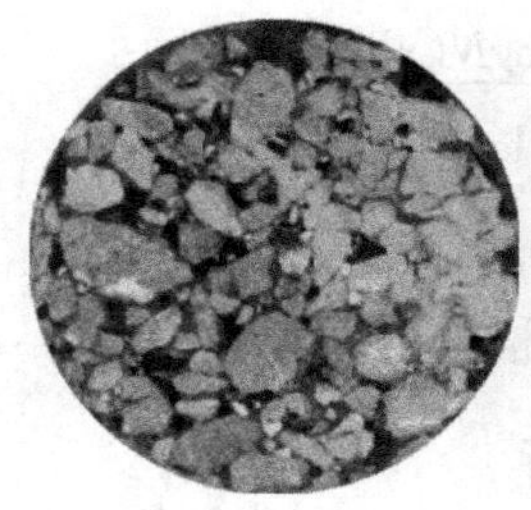

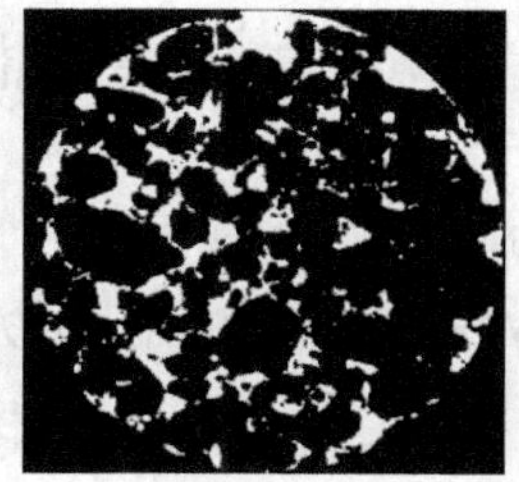

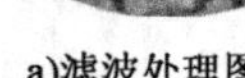

a)滤波处理图　　b)空隙结构图

图4 多孔沥青混合料截面图像滤波处理图与空隙结构提取图

通过以上步骤，可以得到多孔沥青混合料试件内部截面的空隙率、空隙数量、空隙分形维数和各空隙面积等参数。

1.4 空隙参数的选取

多孔沥青混合料内部的空隙结构决定了其吸声性能。本节选取截面空隙率、截面空隙数量、截面空隙大小和空隙形状等空隙参数来评价多孔沥青混合料的空隙结构，并探究空隙特征与吸声性能间的关系。各截面空隙参数取三个平行试件均值计入。

(1)截面空隙率。

计算表达式如下：

$$V=\frac{\sum_{i=1}^{n}A_i}{\frac{\pi D^2}{4}}\times 100\% \tag{3}$$

式中：A_i——截面中每个空隙的面积(mm^2)；

D——马歇尔试件截面圆直径(mm)。

(2)截面空隙大小。

单个空隙等效直径和截面平均空隙等效直径平均值的表达式如下：

$$d_i=2\sqrt{\frac{A_i}{\pi}}$$

$$d=\frac{\sum d_i}{n} \tag{4}$$

式中：d_i——单个空隙面积等效直径(mm)；

d——截面空隙等效直径平均值(mm)；

n——混合料试件单个截面内的空隙数量。

(3)截面空隙形状。

声能在空隙内的耗散与混合料内部的空隙形态有关，本节采用分形维数评价空隙形状的复杂程度。分形理论因其能对不规则几何图形的复杂性和空间填充能力进行定量评价，逐渐被广泛应用于自然科学的各个领域。分形维数又叫分维，是分形理论研究中的重要参数，其表达式如下：

$$D_c=\lim_{r\to 0}\left(\frac{\log N(r)}{\log\frac{1}{r}}\right)$$

式中：r——方格边长；

$N(r)$——被测图形的方格个数。

2　试验结果与分析

通过驻波管试验，测得空隙率分别为18%、21%、23%的沥青混合料试件在各频率下的吸声系数结果，如图5所示。为便于观察，将测得的吸声系数结果乘以100，并以%作为吸声系数的单位。

通过图5可以发现，三组空隙率试件的吸声系数曲线变化规律则整体相近，都出现了明显峰值。空隙率为18%、21%和23%的试件峰值频率分别为630Hz、800Hz和1250Hz，即随着空隙率的增大，峰值频率呈现向右移动的趋势。在峰值频率向高频移动的同时，峰值吸声系数也随之增大，分别为81%、93%和95%，说明试件空隙率的提高更有利于高频噪声的吸收，空隙率的降低有利于低频噪声的吸收。

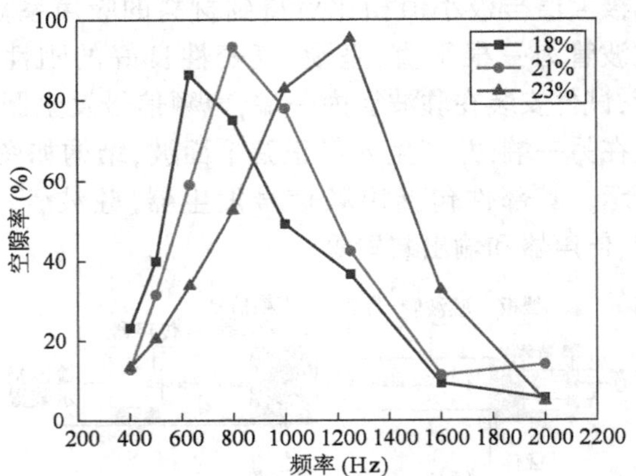

图5　不同空隙率沥青混合料吸声系数

但空隙率只是混合料空隙情况的整体指标，空隙大小、数量、分布和形状等空隙特征的差异也对多孔材料的吸声性能有着重要影响。为探究空隙特征对多孔沥青混合料吸声性能的影响，根据1.1中配合比成型马歇尔试件，按照1.3中方法所获取各截面空隙情况，结果汇总如图6～图9所示。

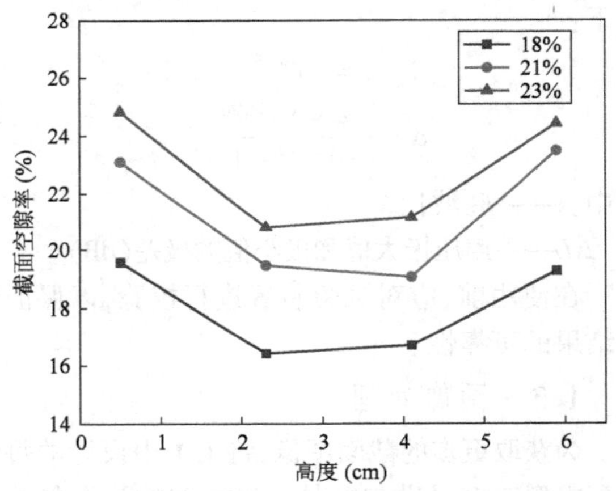

图6　不同空隙率下的空隙率沿高度分布

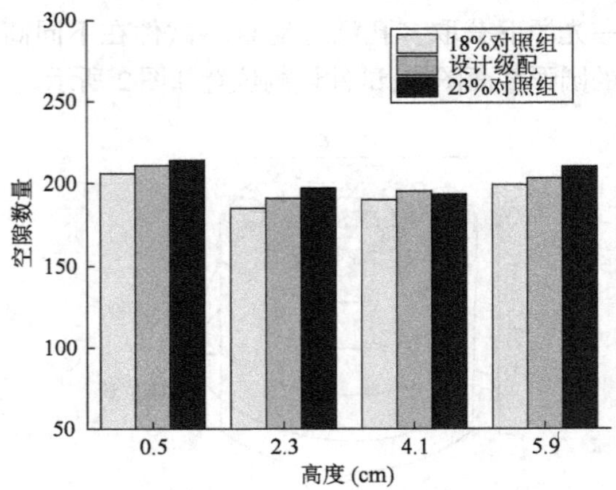

图7　不同空隙率不同高度试件截面空隙数量

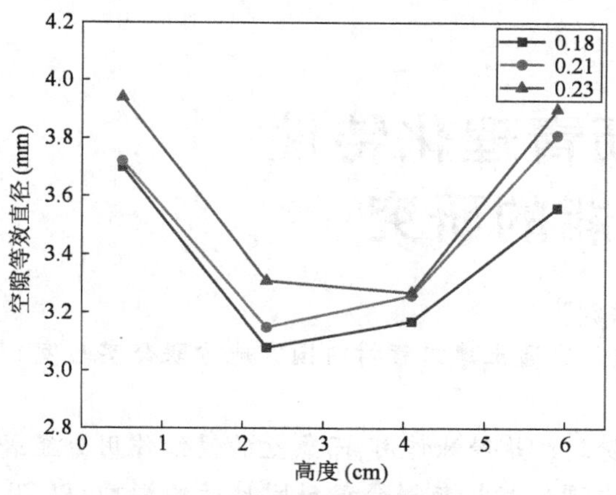

图8　不同空隙率下的空隙等效直径分布

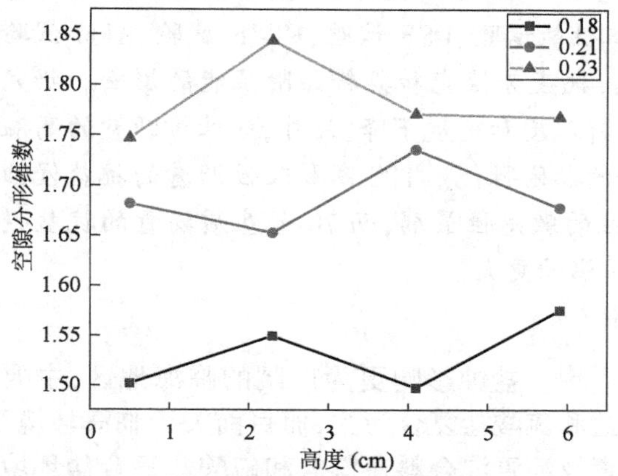

图9　不同空隙率下的空隙分形维数

根据图6～图9可知，当空隙率增大后，不同试件高度下的截面空隙率、截面空隙数量、截面空隙平均等效直径和空隙分形维数等均有不同程度的增大。说明在不同空隙率的试件中，空隙率的增大不仅依靠空隙大小的增长，还依靠空隙数量的增加，同时空隙率的增大会带来更为曲折复杂的空隙形状。当试件空隙率分别为18%、21%和23%时，其试件截面的平均空隙率分别为18.0%、21.3%和22.8%，与测得的试件整体空隙率相近。当混合料试件空隙率从18%增大到21%时，空隙数量增加1.1%；当空隙率从21%增大到23%时，空隙数量增加1.0%。

此外，由图6～图9可知，试件高度的变化对截面空隙率与空隙直径影响较大，对截面空隙数量影响较小，对截面空隙分形维数无明显影响。其中，试件两端的空隙率和空隙直径均明显大于试件中部。试件两端截面的空隙率平均比试件中部高18.5%，试件两端截面的空隙等效直径平均比中部大17.6%，说明在同一试件中，截面空隙率的提高主要依靠平均空隙面积的增大，而非空隙数量的增多。

3　结语

(1)吸声系数的均值随着空隙率的提高而增大。当试件空隙率为18%、21%和23%时，吸声系数峰值频率分别为630Hz、800Hz和1250Hz。

(2)多孔沥青混合料试件两端的空隙率和空隙直径均大于试件中部，截面空隙率的增大主要依靠截面空隙直径的增大。

(3)随着试件空隙率的增大，试件在不同高度下的截面空隙率、截面空隙数量、空隙等效直径和空隙分形维数等参数均增大。

参考文献

[1] 曾曜. 浅论交通噪声对居住小区的影响特征及防治对策[J]. 科学技术与工程，2012，12(21)：5400-5403.

[2] YU Y，MAYEDA E R，PAUL K C，et al. Traffic-related Noise Exposure and Late-life Dementia and Cognitive Impairment in Mexican-Americans [J]. Epidemiology，2020，31(6)：771.

[3] WU Q, ZHANG X, CAO G. Study on the prevention and control measures of China's urban road traffic noise pollution[J]. E3S Web of Conferences，2019，96：03003.

[4] LOU K，XIAO P，KANG A，et al. Effects of asphalt pavement characteristics on traffic noise reduction in different frequencies [J]. Transportation Research Part D：Transport and Environment，2022，106：103259.

[5] BICHAJŁO L, KOŁODZIEJ K. Porous asphalt pavement for traffic noise reduction and pavement dewatering-the pollution problem[J]. E3S Web of Conferences，2018，45：00114.

[6] 叶中辰. 多空隙橡胶沥青混合料吸声减振降噪性能研究[D]. 西安：长安大学，2021.

[7] 孙俊锋，张海涛，于腾江，等. 多孔沥青混合料降噪的细观模拟与宏观试验[J]. 林业工程学报，2021，6(6)：165-171.

[8] 陈剑. 基于透水混凝土和多孔沥青混凝土细观结构的堵塞特性研究[D]. 西安：长安大学，2021.

[9] 郑冬. 基于集料形貌特性的多孔沥青混合料空隙演变机理研究[D]. 南京：东南大学，2021.

海盐侵蚀环境下沥青理化特性与集料黏附性能的研究

杜翮宇[1] 朱洪洲*[2]
(1.重庆交通大学材料科学与工程学院;2.重庆交通大学交通土建工程材料国家地方联合实验室)

摘 要 沥青路面在实际服役过程中会不可避免地受到氯盐侵蚀作用,而氯盐的侵蚀作用会显著影响沥青和沥青混合料的路用性能。为探究海盐侵蚀对沥青理化特性与混合料黏附性能的影响,以70号基质沥青、SBS改性沥青、TPS高黏改性沥青为分析对象,自制干湿-冻融循环试验,以实现盐水对沥青不同程度的侵蚀模拟。对不同盐蚀程度的沥青分别开展基本性能试验、DSR试验、FT-IR试验、AFM试验和表面能试验等试验以分析盐蚀对沥青三大指标、高温性能、抗疲劳性能和集料黏附性能的影响。研究结果表明:盐蚀会加剧沥青的老化,使沥青的软化点上升,而针入度和延度下降;此外,盐蚀对沥青的高温抗变形能力有增强作用,但会降低沥青的抗疲劳性能和集料的黏附性能。TPS高黏改性沥青的抗盐侵蚀能力最好与集料的黏附效果最好,抗水损能力最强,对于盐蚀的敏感性最弱,而70号基质沥青的抗盐侵蚀相关能力最弱;与水侵蚀相比,海盐侵蚀对沥青路用性能的影响更大。

关键词 海盐侵蚀 理化特性 流变性能 表面黏附

0 引言

临海环境下服役的沥青路面除了遭受常规的热氧、光氧等不利环境影响因素,还受盐雾、海潮盐渍的影响,易形成局部的高盐环境。海盐侵蚀下,盐溶液、水分及其内部含有的盐离子会渗入沥青路面结构中,在行车荷载造成的动水压力作用下,水分和盐离子对沥青混合料产生侵蚀,严重破坏路面结构,导致沥青与集料松散、脱落,引起沥青路面产生早期病害,显著降低沥青路面的使用寿命[1-2]。

Zhu[3]、张苛等[4]学者研究了氯盐侵蚀对沥青或沥青混合料的性能影响。熊锐等[5]分析了硫酸盐对沥青性能劣化影响。Yang[6]和Meng等[7]学者对比分析了不同盐分单独侵蚀对沥青性能影响及影响程度大小。Guo[8]、沙爱民等[9]学者研究了盐分浓度、时间和温度、循环次数等不同因素对沥青、沥青混合料的影响。综合国内外有关盐蚀方面的研究可知,目前盐蚀环境设置条件没有统一标准,多数都以氯盐为主要盐分[10-11],配置不同浓度盐溶液,再耦合高低温、动水等其他因素进行试验[12-13]。盐蚀影响更为广阔的临海地区,主要以氯盐和硫酸盐复合为主,而目前关于临海环境下,沥青及沥青混合料在氯盐和硫酸盐复合盐环境下的损伤机理研究较少。张吉哲等人[14]研究了水压力作用以及盐溶液侵蚀加速沥青胶浆-集料界面强度的衰减,即行车荷载产生的动水压力会推动沥青路面的水损害进程。张争奇[15-16]等人的研究认为,引起沥青混合料耐久性降低主要是多因素耦合作用导致。沥青混合料路用性能随盐分浓度增加而降低,水稳定性下降尤为显著,残留稳定度和冻融劈裂强度比在盐分长期侵蚀后已无法满足施工技术规范要求。

因此,本文结合以往研究,在室内模拟海盐浓度,为加速沥青的侵蚀破坏,对70号基质沥青、SBS改性沥青、TPS改性沥青进行干湿-冻融循环,并设置纯水组作为对照。以侵蚀后沥青的流变性能、化学和宏微观形貌变化以及与集料的黏附性能进行研究拉伸强度,探讨盐冻融循环条件下对沥青以及与集料黏附性能的影响,同时采用红外光谱仪(FT-IR)和原子力显微镜(AFM),结合宏微观特征,使用沥青-集料-水之间的黏附功 W_{as}、剥落

基金项目:国家自然科学基金(52078091);重庆市研究生联合培养基地建设项目(JDLHPYJD2020014);重庆交通大学交通土建工程材料国家地方联合工程研究中心开放基金项目(TCEM-2023-09)。

功 W_{aws} 以及沥青水稳定性指标 ER 来评价沥青与集料的黏附效果以及沥青混合料的抗水损能力，并且建立盐蚀沥青-集料黏附性能的后期衰变预估模型，分析盐蚀沥青表面微观特征及内在破坏机理，以期为未来临海地区沥青公路工程建设与养护提供参考。

1 材料与方法

1.1 原材料

为了分析不同沥青在经海盐侵蚀后的路用性能和理化特征，选用70号基质沥青和SBS改性沥青广泛应用于各级公路建设，是具有一定代表性的沥青材料。滨海区域通常使用高黏沥青作为黏结材料。故本文所用沥青为70号基质沥青（简称“基质沥青”）、SBS改性沥青（简称“SBS沥青”，SBS改性剂掺量为5%）、TPS高黏改性沥青（简称“TPS沥青”）。其中基质沥青和SBS沥青为成品沥青，TPS沥青为实验室自制粉末TPS掺量为8%。70号基质沥青、成品SBS改性沥青（SBS掺量为5%）、TPS高黏改性沥青作为研究对象。TPS（TAF-PACK-Super）高黏改性沥青由成品SBS改性沥青中加入8%的TPS高黏改性剂，进行高温高速剪切，进而得到高黏沥青。

根据《公路工程沥青及沥青混合料试验规程》（JTG E20—2011）对三种沥青开展基本性能试验，试验结果如表1所示，均满足《公路沥青路面施工技术规范》（JTG F40—2004）的性能要求。

沥青三大指标测试结果 表1

测试项目	测试结果			规范要求			试验方法
	70号	SBS	TPS	70号	SBS	TPS	
针入度(25℃,100g,5s)(0.1mm)	68.5	51	46	60～80	40～60	≥40	T 0604—2011
延度(15℃,5cm/min)(cm)	≥100	28	59	≥100	≥24	≥30	T 0605—2011
软化点(℃)	47.2	65.7	84.2	≥43	≥64.5	≥80	T 0606—2011
TFOT后残留物							
质量变化(%)	-0.11	-0.52	-0.3	≤±0.8	≤±1.0	≤±1.0	T 0609—2011
残留针入度(%)	67.3	70	66	≥58	≥65	≥65	T 0604—2011
残留延度(15℃)(cm)	17	19.8(5℃)	29	>4	≥15	>15	T 0605—2011

1.2 干湿-冻融循环试验

为了分析海盐对沥青材料的侵蚀效应，进行干湿-冻融循环试验，模拟海水对沥青的侵蚀。室内模拟盐蚀的试剂选用 NaCl 和 Na_2SO_4，按1:8的比例配置，盐水浓度为6%，并设置纯水对照组，室内模拟盐蚀环境的高温取60℃，低温取－20℃。

干湿-冻融循环试验是将制备的沥青薄膜试件放入60℃烘箱干燥10h（图1a）；然后将烘干试件分别在25℃环境下的纯水和盐溶液中浸泡14h（图1b）；浸泡后的试件随后在－20℃的低温下冷冻10h（图2c）；最后，冷冻后的试件在25℃室温下养护14h（图1d），至此完成一次干湿-冻融循环，本研究分别进行了5次、10次、15次、20次循环。

a)干燥

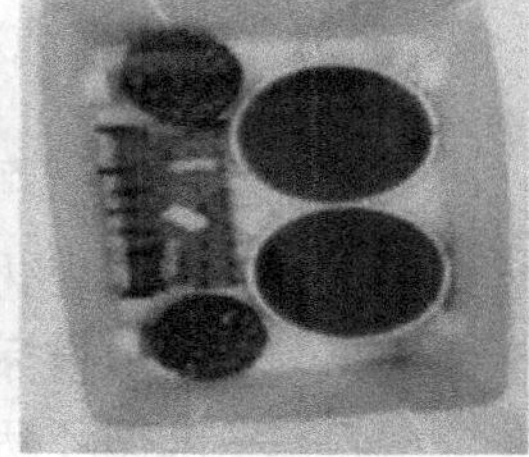
b)浸泡

c)冷冻

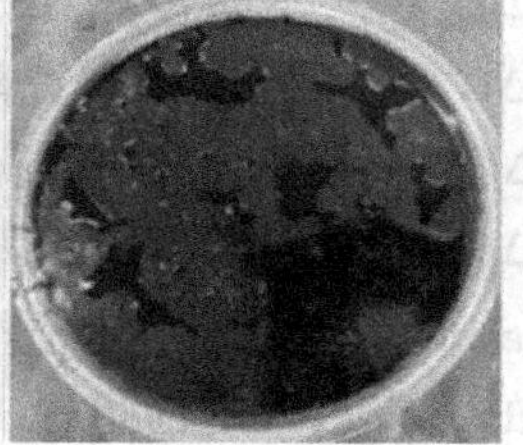
d)自融

图1 沥青试件干湿-冻融循环

1.3 DSR试验

采用动态剪切流变仪（DSR）对干湿-冻融循环后的沥青进行温度扫描，分析三种沥青盐蚀循环后流变性能变化规律，评价其高温稳定性和抗疲劳性能。扫描温度为46~88℃,升温步长为6℃;平行板直径为25mm,间距为1mm,扫描频率为10rad/s。

1.4 FT-IR测试

采用美国Bruker公司的红外光谱仪(TENSOR Ⅱ)对干湿-冻融循环10次、20次的盐蚀沥青薄膜样品进行扫描,同时设置原样沥青为对照组,根据图谱变化分析盐蚀沥青化学组分变化。红外光谱仪的分辨率为4cm^{-1},扫描次数为32次,波数扫描范围为4000~400cm^{-1}。

1.5 AFM测试

采用原子力显微镜(AFM)扫描的沥青试件,为定量分析盐蚀沥青表面各相态之间的差异性,选择试样表面轮廓算术平均偏差R_a作为评价沥青表面粗糙度的指标,如式(1)所示。每个试件选取表面的6个点,每个点的扫描范围为10μm×10μm,经修正得到沥青微观尺度的表面粗糙度信息。

$$R_a = \frac{1}{N}\sum_{i=1}^{N}|Z_i| \tag{1}$$

式中:Z_i——AFM扫描图中每点的高程(μm);

N——总测试的点数。

1.6 沥青-集料的黏附功、剥落功与ER(能量比)测试

接触角试验(图2)取石灰岩切成薄片进行清洗和抛光进行躺滴法测定沥青试件的接触角,使用乙二醇、甲酰胺、丙三醇作为测试溶剂,进行表面能参数计算。

a)接触角试验试件

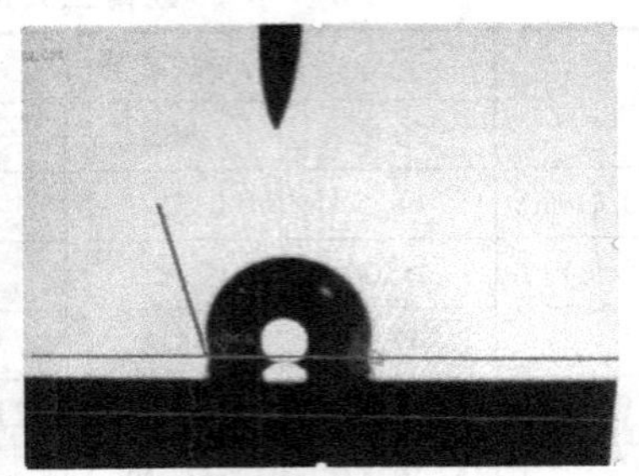

b)液滴滴落试件

图2 盐蚀沥青接触角试验

沥青路面水损坏过程包含沥青-水和集料-水两个两相黏附系统,所以沥青-集料-水的黏附模型可用式(2)表示。

$$\Delta W_{aws} = \Delta G_w + \Delta G_{as} - \Delta G_{aw} - \Delta G_{ws}$$
$$W_{aws} = -\Delta G_{aws} \tag{2}$$

式中:ΔW_{aws}——克服沥青-集料-水黏附力的功;

ΔG_{aws}——沥青-集料-水黏附总能量;

ΔG_w——示沥青黏附能;

ΔG_{as}——沥青-集料黏附功(剥落功);

ΔG_{aw}——沥青与水的黏附功(剥落功);

ΔG_{ws}——集料与水的黏附功(剥落功)。

Bhasin[17]、汪海年[18]等人提出基于黏附功和剥落功的沥青水稳定性指标ER,其值越大说明沥青与集料的黏附效果越好,沥青混合料的抗水损能力越强。ER指标计算表达式如下。

$$ER = \left|\frac{W_{as}}{W_{aws}}\right| \tag{3}$$

2 结果与讨论

2.1 盐蚀沥青的流变性能

2.1.1 基本性能

根据《公路工程沥青及沥青混合料试验规程》(JTG E20—2011)规程的试验方法,对干湿-冻融循环后的三种沥青进行三大指标试验,并采用式(3)计算各针入度、软化点和延度等指标的变化率,分析盐蚀和水蚀对三种沥青基本性能的影响。

$$r = \frac{I_1 - I_0}{I_0} \times 100 \tag{4}$$

式中:r——指标变化率,$r>0$表示指标增加,$r<0$表示指标下降;

I_0——未循环沥青指标值;

I_1——干湿-冻融循环一定次数后的沥青的指标值。

三种沥青的在不同盐蚀和水蚀循环次数后的针入度、延度和软化点如图3~图5所示。

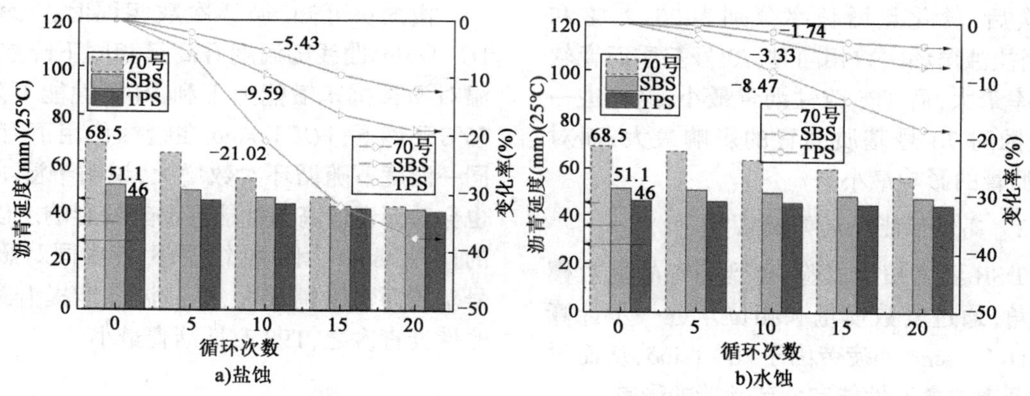

图3　盐蚀和水蚀循环后沥青针入度及变化率

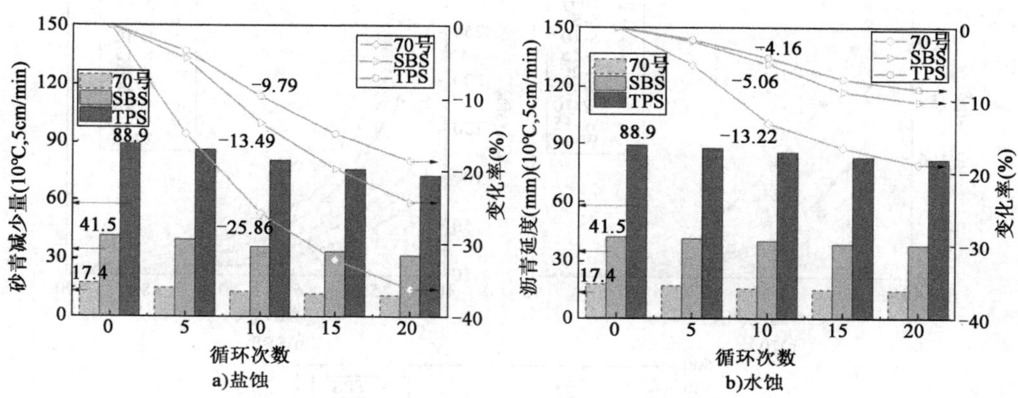

图4　盐蚀和水蚀循环后沥青延度及变化率

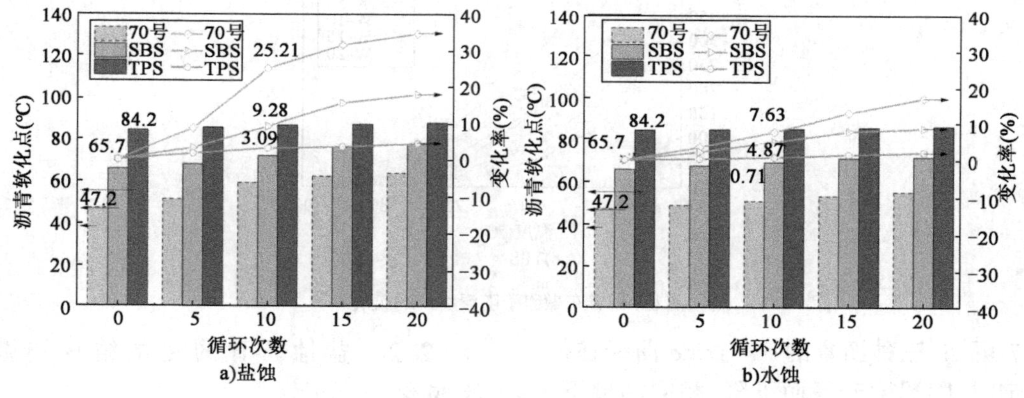

图5　盐蚀和水蚀循环后沥青软化点及变化率

由图3和图4可知，随着循环次数的增加，三种盐蚀沥青和水蚀沥青的针入度和延度变化规律是相同的，均随循环次数的增加而降低，且下降速率逐渐降低。此外，盐蚀沥青针入度和延度的下降幅度大于水蚀沥青，如70号基质沥青在盐蚀和水蚀循环10次后，针入度下降率分别为21.02%和8.47%，延度下降率分别为25.86%和13.22%，这表明盐蚀对沥青性能的影响大于水蚀，而且在盐蚀循环后，三种沥青延度最大变化速率点提前，进一步说明了盐蚀加剧了沥青性能的变化。不同盐蚀和水蚀对不同沥青的影响程度也有显著差异。以盐蚀循环10次为例，70号基质沥青、SBS改性沥青和TPS改性沥青的针入度下降率分别为21.02%、9.59%和5.43%，延度下降率分别为25.86%、13.49%和9.79%。这表明盐蚀对70号基质沥青的影响最大，而对TPS改性沥青的影响最小。同针入度和延度，盐蚀对沥青软化点的影响比水蚀大，如70号基质沥青分别在盐蚀和水蚀循环10次后,软化点增长率分别为25.21%和7.63%,当盐蚀循环次数相同时,70号基质沥青软化点增长率最大,而TPS改性沥青最小,这也进一步说明盐蚀对70号基质沥青的影响最大,而对TPS改性沥青的影响最小。

2.1.2　高温性能和疲劳性能

根据DSR温度扫描试验,得到沥青的复数模量和相位角,通过复数模量和相位角进一步计算车辙因子$|G^*|/\sin\delta$和疲劳因子$|G^*|\sin\delta$,从而讨论盐蚀对沥青的高温性能和疲劳性能的影响。

由图6可知,循环次数相同时,三种沥青的$|G^*|/\sin\delta$曲线随温度升高呈相同下降趋势,即升温对沥青抗车辙能力不利,高温性能下降。46~76℃环境下,$|G^*|/\sin\delta$在盐蚀作用下有所增大,同一温度下随循环次数增大,说明干湿-冻融循环也会对沥青的高温性能有提升的影响。以46℃下的$|G^*|/\sin\delta$为例,盐蚀循环20次同对照组比,70号基质沥青增幅最大,即高温性能提升最大,SBS改性沥青次之,TPS改性沥青最小。

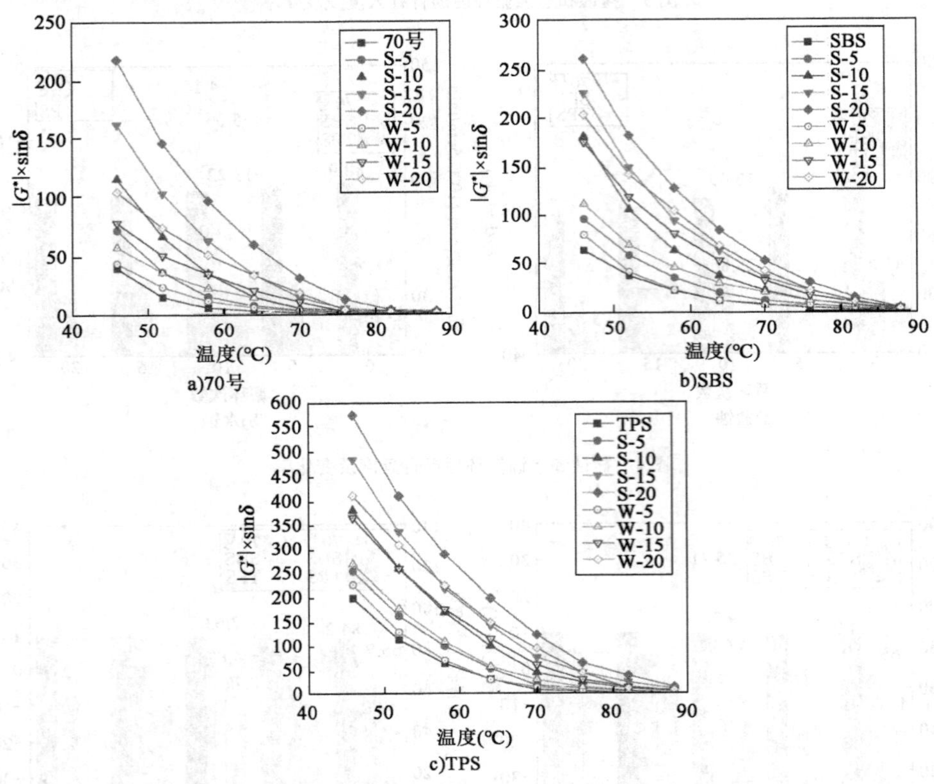

图6　沥青车辙因子随温度(℃)变化

由图7可知,三种沥青的$|G^*|\sin\delta$曲线在循环次数一定时,随温度升高而下降,相同温度下,$|G^*|\sin\delta$随循环次数增大,说明干湿-冻融循环加剧了盐蚀作用。相同温度、循环次数下,三种沥青盐蚀后的$|G^*|\sin\delta$均大于水蚀,说明盐蚀对于沥青疲劳性能损伤是普遍的,但对三种沥青疲劳性能损伤程度不同,以46℃下的$|G^*|\sin\delta$为例,盐蚀循环20次同对照组相比,70号基质沥青、SBS改性沥青、TPS改性沥青的$|G^*|\sin\delta$的增幅依次减小,说明70号基质沥青的总体疲劳性能下降最大,SBS改性沥青次之,TPS改性沥青最小。

2.2　盐蚀沥青的化学结构和微观形貌的变化

2.2.1　盐蚀沥青的化学结构变化

不同干湿-冻融循环次数后盐蚀沥青红外光谱图谱如图8所示。由图8a)可知,不同沥青的红外光谱变化趋势是一致的。沥青在2918cm^{-1}、2849cm^{-1}处的特征吸收峰及1456cm^{-1}、1373cm^{-1}处的特征吸收峰分别为链烷烃类的C—H伸缩和C—H弯曲振动;SBS改性沥青和TPS改性沥青在波数966cm^{-1}附近有一个特征吸收峰丁二烯基C═C,这是由于SBS改性剂产生的。

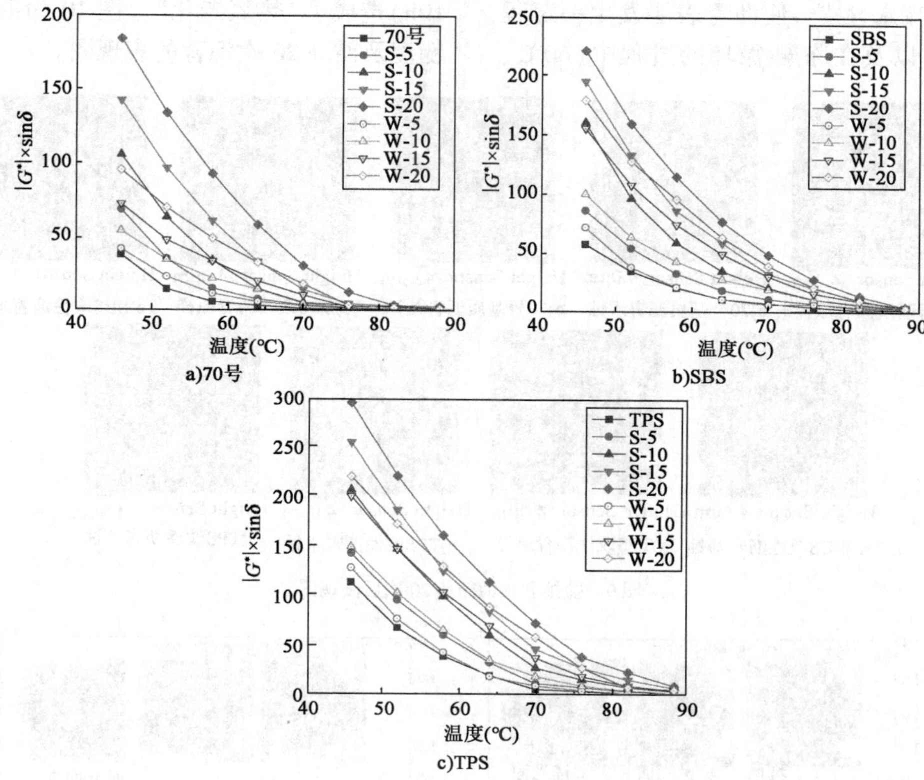

图7　沥青疲劳因子随温度(℃)变化

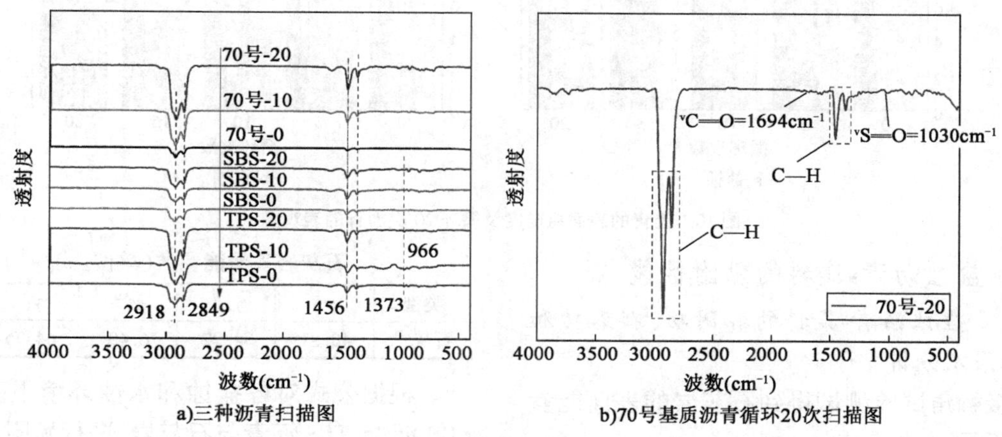

图8　FT-IR 扫描结果

以70号基质沥青盐蚀循环20次的图谱为例分析，在波数1694cm^{-1}、1030cm^{-1}附近出现了新的峰值，对应为羰基C═O伸缩振动和亚砜基S═O伸缩振动，这可能是由于沥青在发生盐老化以及在冻融-循环的过程中(60℃、10h)造成“热氧老化”后的主要产物。随着干湿-冻融循环次数的增加，沥青图谱的吸收峰面积增大，可能是盐蚀后沥青中溶液(极性水分子和电解质)与一些活性成分的相互作用导致了沥青-溶液侵蚀体系的物理变化和化学反应。

2.2.2　盐蚀沥青的微观形貌

三种沥青在盐蚀和水蚀循环20次后的微观结构如图9所示。由图可知，盐蚀后三种沥青的蜂相数量减少，各相态之间差异性变小，沥青表面呈现“均一化”发展，即沥青微观表面变得更光滑。图9给出了不同沥青的粗糙度参数R_a，由图可知三种沥青的R_a均随着循环次数的增加而减小，这可能是由于沥青中羧酸类和酚类等轻质组分在盐分子侵蚀下发生一定程度的溶解和电离，羧酸与盐溶液中Na^+等碱性离子生成皂类化合物，改变了沥青原本的疏水性[19],使沥青表层发生一定程度的“盐老化”以及在冻融-循环的过程中(60℃、10h)造成了“热氧老化”。图10为沥青的表面粗糙度及循环20次沥青的表观图。

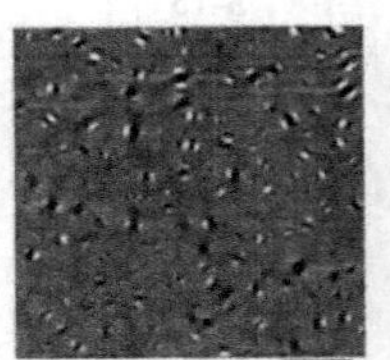

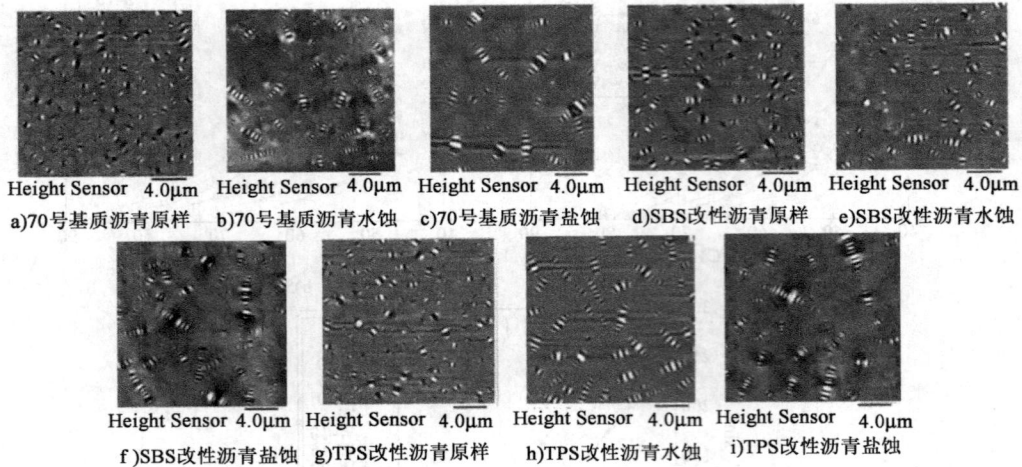

a)70号基质沥青原样

b)70号基质沥青水蚀

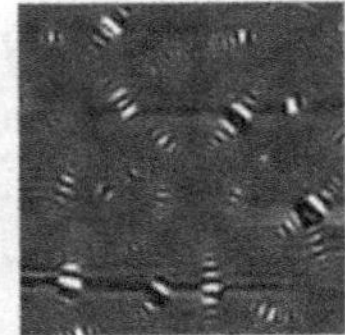

c)70号基质沥青盐蚀

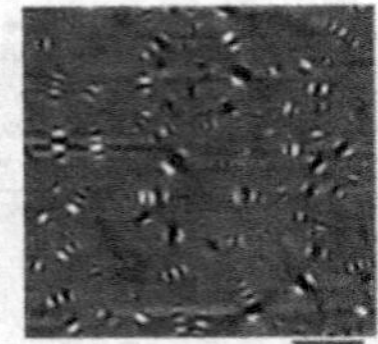

d)SBS改性沥青原样

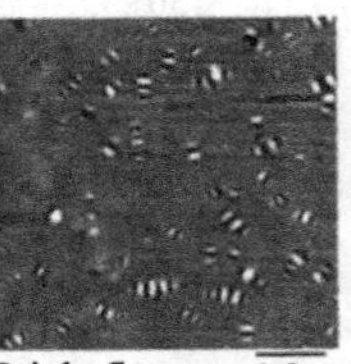

e)SBS改性沥青水蚀

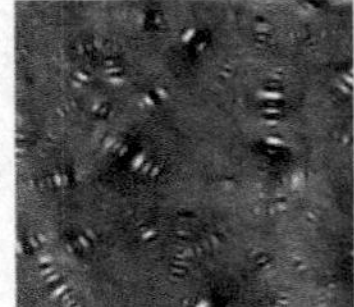

f)SBS改性沥青盐蚀

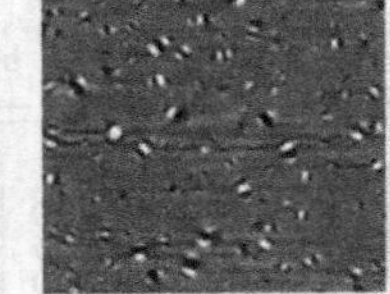

g)TPS改性沥青原样

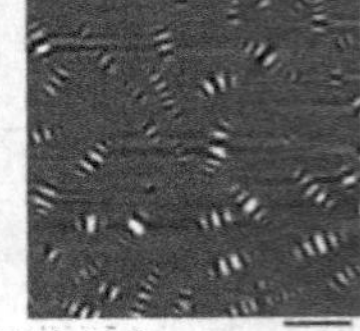

h)TPS改性沥青水蚀

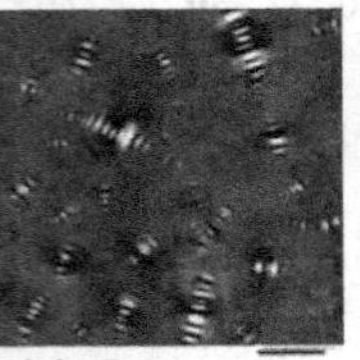

i)TPS改性沥青盐蚀

图9　盐蚀和水蚀循环20次后微观图

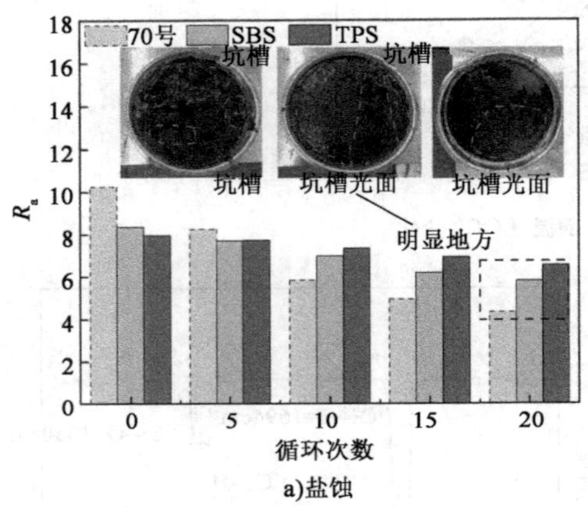

a)盐蚀

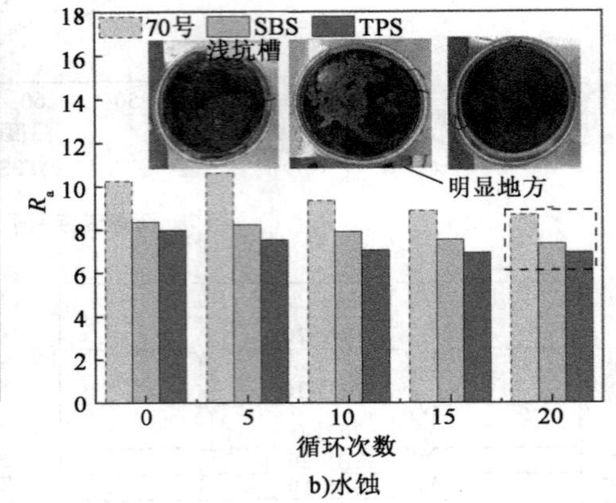

b)水蚀

图10　沥青的表面粗糙度及循环20次沥青的表观图

2.3　盐蚀沥青-集料的黏附性能

2.3.1　盐蚀沥青-集料的黏附功、剥落功和ER计算结果及分析

通过接触角试验测试得到石灰岩的表面能参数如表2所示。

石灰岩表面能参数(单位:mJ/m²)　　表2

类型	γ_s	γ_s^{LW}	γ_s^{AB}	γ_s^+	γ_s^-
石灰岩	40.81	34.32	6.49	64.75	0.16

根据公式对各盐蚀和水蚀环境下基质沥青、SBS沥青、TPS沥青与石灰岩,进行黏附功、剥落功和ER指数计算,结果如表3～表5所示。

基质沥青黏附功、剥落功和ER指数　　表3

沥青种类	黏附功(mJ/m²)	剥落功(mJ/m²)	ER
基质沥青对照组	63.46	-65.91	0.96
水蚀-5次	61.12	-66.51	0.92
水蚀-10次	58.87	-67.63	0.87
水蚀-15次	55.96	-68.55	0.82
水蚀-20次	54.28	-69.89	0.78
盐蚀-5次	59.55	-70.05	0.85
盐蚀-10次	53.68	-72.15	0.74
盐蚀-15次	45.58	-74.69	0.61
盐蚀-20次	42.67	-76.21	0.56

SBS 沥青黏附功、剥落功和 ER 指数 表4

沥青种类	黏附功(mJ/m²)	剥落功(mJ/m²)	ER
SBS 沥青对照组	73.04	-60.29	1.21
水蚀-5次	69.39	-63.18	1.10
水蚀-10次	66.48	-65.38	1.02
水蚀-15次	63.71	-67.57	0.94
水蚀-20次	62.15	-68.21	0.91
盐蚀-5次	66.12	-62.59	1.06
盐蚀-10次	58.40	-65.34	0.89
盐蚀-15次	53.58	-69.95	0.77
盐蚀-20次	49.74	-71.91	0.69

TPS 沥青黏附功、剥落功和 ER 指数 表5

沥青种类	黏附功(mJ/m²)	剥落功(mJ/m²)	ER
TPS 沥青对照组	89.61	-57.21	1.57
水蚀-5次	82.98	-58.33	1.42
水蚀-10次	78.75	-59.91	1.31
水蚀-15次	74.63	-60.39	1.24
水蚀-20次	70.73	-61.05	1.16
盐蚀-5次	83.24	-59.13	1.41
盐蚀-10次	73.99	-61.34	1.21
盐蚀-15次	67.51	-64.83	1.04
盐蚀-20次	62.67	-65.26	0.96

由表3~表5可知：

三种沥青的黏附功呈下降趋势，剥落功的绝对值呈上升趋势，说明随着干湿-冻融循环次数的增加，沥青的黏附性和抗水损能力均一定程度下降。

对比盐蚀和水蚀环境，在循环20次后，盐蚀环境和水蚀环境下基质沥青、SBS沥青和TPS沥青的黏附功下降幅度分别为32.76%、31.91%、30.63%和14.47%、14.91%、21.07%；剥落功绝对值的上升幅度分别为15.63、19.27%、14.07%和6.05%、13.14%、6.7%。盐蚀环境下黏附功的下降值和剥落功绝对值的上升幅度均大于纯水侵蚀环境，说明盐蚀环境对沥青黏附性能劣化影响明显，致使沥青混合料的抗水损能力下降程度大于水蚀环境。

对比同侵蚀环境下三种沥青的黏附功，TPS沥青>SBS沥青>基质沥青，对于三种沥青-水-集料的剥落功绝对值，基质沥青>SBS沥青>TPS沥青，说明基质沥青的抗水损能力小于SBS沥青和TPS沥青，TPS沥青的抗水损能力最强。

对比各种工况下的ER指数，TPS沥青无论是水蚀还是盐蚀后的ER指数均大于SBS沥青和基质沥青，且总体大于"1"，只在盐蚀循环20次后略低于"1"，说明其拥有较好的黏附性能和抗水损能力。

2.3.2 盐蚀沥青-集料黏附性能衰变模型

ER指数能综合考虑了多种界面下的沥青-集料-水的黏附和破坏情况，能够有效表达沥青-集料黏附性能。为表征ER在盐蚀和水蚀后续过程的趋势发展，对表3~表5中计算的ER指数进行方程拟合，建立后期预估模型，结果如图11所示。

通过表3~表5中的沥青黏附功、剥落功，计算黏附功与剥落功之比，得到能量比ER。通过不同循环次数以及盐蚀和水蚀不同工况下的ER指数，得到沥青-集料的黏附性能随循环次数增加而变化的趋势图以及拟合数值方程。

由图11可知，基质沥青在循环过程中，盐蚀对其黏附性的破坏逐渐加剧，盐蚀和水蚀情况下的ER差距逐渐拉大，在循环20次达到最大值后趋向缓和。盐蚀和水蚀前后SBS沥青总体ER值均大于基质沥青，说明在盐蚀环境下其拥有更好的黏附性能和抗水损能力。

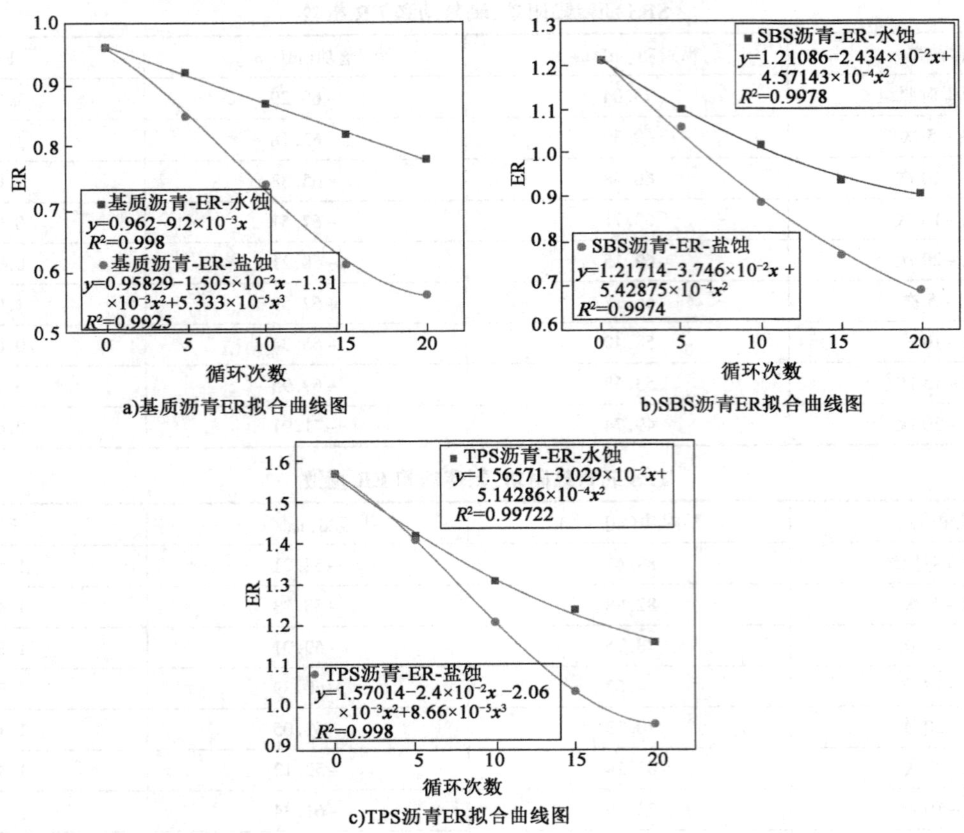

图 11　盐蚀沥青 ER 指数预估模型

TPS 沥青在循环 5 次前,盐蚀和水蚀环境下的 ER 值几乎没有区别,5 次循环以后盐蚀和水蚀的之间的 ER 差值逐渐增大,在盐蚀 20 次循环后趋向缓和。初期循环次数下的 ER 指数还反映了 TPS 沥青对盐蚀环境的敏感性较弱,小于 SBS 沥青和基质沥青;总体降幅较低,说明其抗盐蚀能力大于 SBS 沥青和基质沥青。

3　结语

本研究基于三大指标试验、DSR 试验等,分析了沥青的路用性能随海盐侵蚀程度的变化规律,并结合 FT-IR 、AFM 和接触角等试验,从微观层面分析了盐蚀沥青的微观结构变化以及沥青与混合料黏附性能,揭示了盐蚀以及沥青-集料黏附性能衰变的机理。主要研究结论如下:

(1)盐蚀会加剧沥青的老化,随着盐蚀程度的增加,沥青的软化点上升,针入度和延度下降,但变化速率均逐渐降低。此外,沥青的高温抗变形能力也随着盐蚀程度的增加而增加,但抗疲劳性能降低。

(2)盐蚀后沥青中的轻质组分与盐溶液发生了化学反应,沥青图谱峰值面积增大,同时生成新的羧基 C ═O 和亚砜基 S ═O 基团,从而使沥青老化,进一步影响其路用性能。

(3)盐蚀循环后三种沥青的黏附功下降幅度均大于水蚀循环后的黏附功降幅,说明盐蚀环境使得沥青的黏附性能劣化加剧,混合料发生水损坏的可能性增加。TPS 沥青的黏附功大于剥落功绝对值,拥有优越的黏附性能和抗水损能力。三种沥青黏附性能和相应混合料抗水损能力,TPS 沥青 > SBS 沥青 > 基质沥青,根据 ER 趋势走向三种沥青对于盐蚀的敏感性,TPS 沥青 < SBS 沥青 < 基质沥青。

高黏沥青在研究中表现出了优越的抗水损、抗盐蚀和抗疲劳等优点。在未来临海地区沥青路面的设计中,可以优先考虑采用高黏沥青作为筑路材料;在施工中采用密集配或增大路面厚度以降低车辙、水损等病害发生的概率;在养护时通过建立盐蚀沥青与集料的黏附性衰变模型,来预测道路寿命以及病害发生的可能性。

参考文献

[1] ZHANG K, LI W L, HAN F F. Performance

deterioration mechanism and improvement techniques of asphalt mixture in salty and humid environment [J]. Construction and Building Materials,2019,208(5):749.

[2] BEHNAM A,SALEH S T. Simultaneous effects of salted water and water flow on asphalt concrete pavement deterioration under freeze-thaw cycles [J]. International Journal of Pavement Engineering,2014,15(5):383.

[3] ZHOU P L,WANG W S,ZHU L L,et al. Study on performance damage and mechanism analysis of asphalt under action of chloride salt erosion [J]. Materials,2021,14(11):3089.

[4] 张苛,罗要飞.盐蚀环境下沥青结合料化学组分及性能演化[J].科学技术与工程,2020,20(36):15081-15087.

[5] 熊锐,冯宝珠,乔宁,等.硫酸盐冻融循环条件下沥青性能评价[J].重庆交通大学学报(自然科学版),2022,41(4):70-75.

[6] YANG H,PANG L,ZOU Y X,el al. The effect of water solution erosion on rheological, cohesion and adhesion properties of asphalt [J]. Construction and Building Materials,2020(246):118465.

[7] MENG Y Y, HU C C, TANG Y K, et al. Investigation on the erosion mechanism of simulated salt conditions on bitumen [J]. Construction and Building Materials,2022,334.

[8] GUO Q L,LI G Y,GAO Y,et al. Experimental investigation on bonding property of asphalt-aggregate interface under the actions of salt immersion and freeze-thaw cycles [J]. Construction and Building Materials,2019,206:590.

[9] 陈华梁,沙爱民,蒋玮,等.盐-湿-热循环条件下沥青混合料的力学行为特征[J].公路交通科技,2016,33(12):42.

[10] WANG F Y,QIN X Y,PANG W C,et al. Performance Deterioration of Asphalt Mixture under Chloride Salt Erosion [J]. MATERIALS,2021,14(12):3339.

[11] LUO Y,ZHANG K,LI Z,et al. Evaluation of performance deterioration characteristics of asphalt mixture in corrosion environment formed by snow-melting agents [J]. Journal of materials in civil engineering,2022(3):34.

[12] 王岚,王宇.盐冻破坏条件下沥青混合料的抗裂性能及影响因素[J].建筑材料学报,2016,19(4):773-778.

[13] 王岚,弓宁宁,邢永明.盐冻融循环对沥青混合料性能的影响因素研究[J].功能材料,2016,4(47):4088-4093.

[14] 张吉哲,王静,李岩,等.沥青胶浆-集料界面水盐侵蚀损伤规律研究[J].材料导报,2022,36(16):21-29.

[15] 张苛,张争奇.含盐高湿环境对沥青混合料性能及内部形态的影响[J].武汉理工大学学报,2014,36(9):48-53.

[16] 张争奇,王志祥,李志宏,等.含盐高湿环境下沥青混合料耐久性[J].北京工业大学学报,2015,41(9):1365-1374.

[17] BHASIN A. Development of methods to quantify bitumen-aggregate adhesion due to water [J/OL]. 2016-07-19.

[18] 汪海年,许卉,王江峰,等.集料理化特性对沥青-集料界面黏附性能的影响[J].长安大学学报(自然科学版),2022,42(03):52-61.

[19] 徐国葆.我国沿海大气中盐雾含量与分布[J].环境技术,1994(3):1.

Study on Microwave Deicing of Cement-based Materials Containing Carbonyl Iron Powder Based on the Electromagnetic Wave Loss Absorption Mechanism

Heping Qiu Huaxin Chen* Yimin Liu Yunhao Jiao Yujin Yao Yongchang Wu
(School of Materials Science and Engineering, Chang'an University)

Abstract Carbonyl iron powder (CIP) is a material with favorable microwave absorption and heating ability. Using it to prepare cement-based materials (CBMs) may improve the microwave deicing efficiency of the concrete pavement. In this study, the mechanical and durability properties of CBMs were determined. Next, the EM properties and microwave absorption characteristics of the CBMs with different CIP contents were investigated. Furthermore, the microwave deicing efficiency of CBMs was measured by using the ice layer shedding time (ILST) as the evaluation index. The result showed that a certain amount of CIP could effectively improve the mechanical strength and durability of CBMs. When the content of CIP was 20 vol%, the compressive strength and the freeze-thaw cycles of CBMs were up to 46.1 MPa and 250 times, respectively. Moreover, adding the CIP improved the permittivity and permeability of CBMs. With the increase of CIP content, the dielectric and magnetic properties of the CBMs were improved. The core-shell structure formed by $Ca(OH)_2$ and $CaCO_3$ coating CIP could suppress the dielectric loss of CBMs, improving its impedance matching characteristics, enhancing its microwave absorption capacity accordingly. The CBMs with 20 vol% CIP content exhibited favorable mean RL and effective bandwidth, which were −9.84dB and 5.60GHz. In addition, with the increase of the CIP content, the ILST of CBMs was further reduced. Meanwhile, compared to the icing temperature, the effect of ice layer thickness on the ILST of CBMs was weak.

Keywords Carbonyl iron powder Cement-based materials Microwave deicing Electromagnetic wave loss Road engineering

0 Introduction

Under the low-temperature environment condition, road surface icing seriously affects driving safety and increases the incidence of traffic accidents (Chen et al., 2018; Qiu et al., 2023a). In recent years, to further improve the efficiency of pavement deicing, microwave deicing has been used as a new thermal technology in the field of concrete pavement deicing (Qiu et al., 2023b; Zhao et al., 2023; Xia et al., 2023). The principle of microwave deicing is to use microwave transmitters to emit microwave energy to the pavement coated with ice (Wei et al., 2019; Makul et al., 2014). The materials inside the road absorb the microwave energy to convert it into heat energy. The heat energy is transferred to the road surface for deicing (Schwenke et al., 2015; Buttress et al., 2015). However, the microwave absorption efficiency of traditional cement-based materials (CBMs) is weak, which reduces its deicing efficiency. Therefore, it is necessary to add absorbing materials to cement-based materials, which can improve the overall microwave heating ability of the samples (Shen et al., 2021; Wang et al., 2016; Ozturk et al., 2020).

Generally, the absorbing materials are mainly

divided into dielectric loss and magnetic loss types. Carbon-based materials, including graphite, carbon fibers, and carbon nanotubes are the main dielectric loss absorbing materials (Quan et al., 2021). However, the addition of graphite had a significant negative effect on the mechanical properties of concrete, which limited its application. Furthermore, the agglomeration effect of fiber materials and nanomaterials in concrete similarly affected their application (Cui et al., 2015; Isfahani et al., 2016; Akbar et al., 2021). Magnetic iron-based materials such as iron powder, mmagnetite and carbonyl iron powder (CIP) are favorable magnetic loss absorbing materials (Qin et al., 2022; Houbi et al., 2021).

Among the many absorbing materials, the CIP has a favorable microwave absorption ability, which was widely used in civil engineering (Afghahi et al., 2016; Shen et al., 2022). It was mainly used to absorb and shield the electromagnetic (EM) waves generated by electronic devices and communication technologies, which could reduce bad effect for concrete constructions and human body (Stefaniuk et al., 2022). Wanasinghe prepared an EM shielding cementitious material using CIP and carbon fiber composite, and its average shielding effectiveness (SE) could reach 51.3dB (Wanasinghe et al., 2021). Shen prepared microwave-absorbing cement mortar with CIP and cement, and found that small dosage of CIP had a significant improvement on the microwave absorption ability of mortar (Shen et al., 2022). Jang covered the surface of cement mortar with the composite material prepared by CIP to determine its EM shielding effect, and found that its EM SE could be up to 50dB at the frequency between 1 and 2GHz, while that of the control group was only 5.8dB (Jang et al., 2022). Moreover, the CIP had favorable dispersibility and could be uniformly dispersed inside cement mortar to form multiple CIP-cement stone-CIP microwave-absorbing network structures (Zhu et al., 2021). Furthermore, the microwave heating and deicing efficiency of CBMs was mainly affected by its microwave absorption ability. Therefore, CBMs prepared by CIP with favorable microwave absorption properties may have high microwave deicing efficiency, which may be applied to the concrete pavement.

In this study, the CIP as the main absorbing material was used to prepared the CIP CBMs (CCBMs) in different content. The engineering performance of the CBMs was investigated to analyze the effect after adding CIP in the macro and micro scale. Then, its EM parameters and microwave reflection loss (RL) were measured to characterize its microwave absorption ability. Moreover, the microwave deicing characteristics of CBMs coated with ice after microwave heating were studied to analyze its deicing efficiency. The study might provide a new reference and theoretical basis for microwave deicing of the concrete pavement.

1 Materials and methods

1.1 Raw materials and mixture proportions of CBMs

The P · O 42.5 ordinary Portland cement was used to prepare the CBMs with natural sand. The CIP was used as the absorbing material to add in this system. The chemical compositions of cement and CIP are shown in Table 1 and Table 2, respectively.

Chemical composition of the cement Table 1

Chemical composition	CaO	SiO_2	Al_2O_3	MgO	SO_3	Fe_2O_3	loss on ignition
Mass (wt%)	66.4	20.1	4.3	1.1	3.1	3.1	1.9

Chemical composition of the CIP Table 2

Chemical composition	Fe	C	O	N	Others
Mass (wt%)	99.65	0.042	0.031	0.05	0.227

The dosage of CIP was 0, 5, 10, 15 and 20 of the volume percentage of cement (vol%), respectively. Furthermore, the 0 vol% sample was the control group of the ordinary CBMs. In addition, the water and sand content were 50 and 300 of the mass percentage of cement (wt%), respectively. The mixed proportion designs are shown in Table 3. The CIP and cement were mixed to prepare the CBMs with sand and water. The prepared samples were poured into steel molds. After 24 h casting, the samples were demolded and placed in a standard curing room with a relative temperature of (20 ± 2)℃ and relative humidity of 95% ± 5% for curing 28d.

Mixture proportions of CBMs Table 3

Type	Cement	Water (wt%)	Sand (wt%)	CIP (vol%)
C	1	50	300	0
C1C	1	50	300	5
C2C	1	50	300	10
C3C	1	50	300	15
C4C	1	50	300	20

1.2 Mechanical strength test

According to the Chinese standard [JTG 3420—2020 (T 0506—2005)], the compressive and flexural strength of CBMs was tested. The CBMs with 40mm × 40mm × 160mm dimensions was tested for its flexural strength at a 50 N/s loading rate. The CBMs was broken after the flexural test to test its compressive strength at a 2400 N/s loading rate. Each group sample was tested three times under the same conditions, and the average results were used.

1.3 Frost resistance durability test

According to the Chinese standard (MH 5006—2015), the frost resistance durability needs to be considered when paving the aerodrome. The CBMs should have favorable frost resistance, which could effectively reduce the deterioration effect of freeze-thaw cycles on the concrete pavement, improving its durability. Hence, according to the Chinese standard [JTG 3420—2020 (T 0596—2020)], the frost resistance of CBMs with 40mm × 40mm × 160mm dimensions was tested. The CBMs was immersed in water at 20 ± 2℃ for 4 days. The CBMs was tested by freeze-thaw cycles with 4h each cycle time, and the freezing and thawing temperatures were (−18 ± 2)℃ and (5 ± 2)℃, respectively. The mass of the CBMs was measured every 5 cycles. When the relative dynamic elastic modulus of CBMs decreased to 60% of the initial value or its mass loss rate exceeded 5%, the measurement was stopped, and the corresponding data were recorded. Each group sample was tested three times under the same conditions, and the average results were used.

1.4 Microscopic measurement

The X-ray Diffraction (XRD) was used to analyze the physical phase composition of the ground powder raw materials with Cu-Kα radiation (40 kV, 100 mA) and 2θ angle ranging from 15 to 80° with a scanning rate of 6°/min. The Fourier Transform infrared spectroscopy (FTIR) was used to analyze the chemical changes of the ground powder CBMs with a wavenumber range from 400 to 4000cm^{-1} and 32 spectral scan times at attenuated total reflectance (ATR) pattern. The Scanning Electron Microscope (SEM) was used to obverse the microstructure of the samples. The test voltage of the equipment was set at 15 kV with a vacuum test environment.

1.5 EM parameters and RL measurement

The EM parameters of CBMs could characterize their EM properties, which were measured using the coaxial vector network analyzer (CVNA) between the 2GHz and 18GHz frequency range. The measured materials were ground into powder and mixed with paraffin according to the corresponding volume ratio (Xie et al., 2017; Wang et al., 2012). After the paraffin was heated to molten, the material was placed in the paraffin liquid to mix thoroughly. The sample with 22mm × 10mm × 2mm dimensions was cooled and solidified for 24 hours before testing. Each group sample was tested three times under the same conditions, and the average results were used.

The reflection loss (RL) of CBMs mainly affected their microwave absorption characteristics. The RL of CBMs was measured using the arching reflected method between the 2GHz and 18GHz frequency range(Shen et al., 2022; Xie et al., 2017). Before testing, the CBMs with 180mm × 180mm × 20mm dimensions needed to be dry pretreated. Each group sample was tested three times under the same conditions, and the average results were used.

1.6 Microwave deicing test

A microwave oven was used as the mainheating device for deicing properties of CBMs. Its microwave frequency and power are 2.45GHz and 900 W, respectively. Meanwhile, the ice layer shedding time (ILST) is used as an index to evaluate its microwave deicing efficiency (Qiu et al., 2023c; Qiu et al., 2023d). Before microwave deicing, the CBMs were placed into silicone molds. A certain thickness of water was filled in the molds. The samples were placed in a low-temperature condition to freeze for 12 h. The different levels of icing temperature(−10 and −20℃) and ice layer thickness (1 and 2cm) were selected as the influence factors for deicing efficiency of CBMs. Each group sample was tested three times under the same conditions, and the average results were used.

2 Results and discussions

2.1 Mechanical properties of CBMs

The mechanical strengths of CBMs with different CIP content, including compressive and flexural strengths, are shown in Figure 1. It could be seen that with the increase of CIP content, the compressive strength of CBMs was continuously improved. Compared with the 35.8 MPa strength of C, the 38.7 MPa strength of C1C was 8.1% higher than that of C. When the CIP content was 10%, the strength of C4C was 46.1 MPa, which was 28.8% higher than that of C. Different from the changing trend of compressive strength, the flexural strength of CCBMs increased and then decreased with the increase of CIP content. Compared with the 7.2MPa strength of C, the maximum strength of C2C was 7.5 MPa. However, the strength of C4C was down to 7.1MPa, which was 0.1MPa lower than that of C. Within a certain dosage range, the addition of CIP improved the mechanical strength of CBMs and increased the load resistance accordingly.

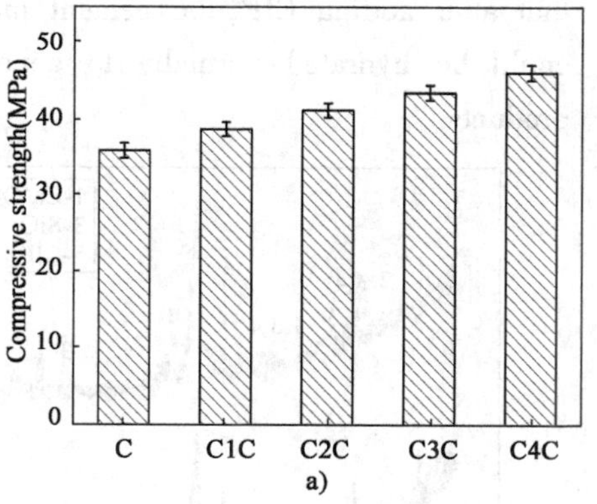

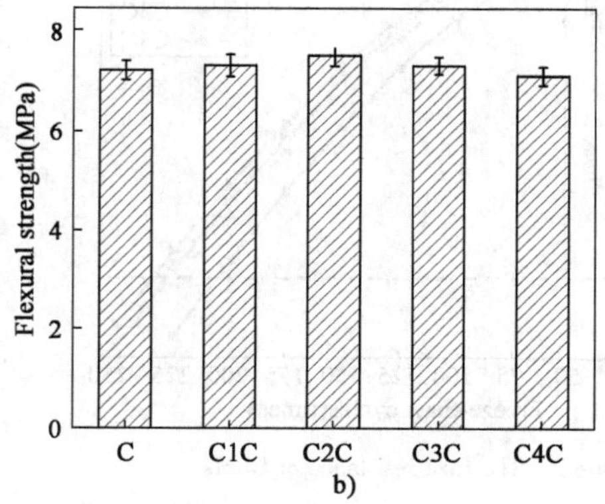

Figure 1 The compressive and flexural strength of CBMs

The microscopic analysis of CCBMs indicated that the addition of CIP hardly participated in and affected the hydration process of the cement matrix. Therefore, the hardness, size, and dispersibility of CIP were the influencing factors that promoted the change in the strength of CBMs(Zhu et al., 2021; Syrkin et al., 1966). Meanwhile, it could be found that adding CIP could catalyze $Ca(OH)_2$ to generate $CaCO_3$. Therefore, the carbonization of CCBMs might be the main factor affecting its strength. After being affected by carbonation, the surface shrinkage existed in CBMs, which might create microcracks to reduce the flexural strength of the samples. Furthermore, the CBMs could generate free water during the carbonization reaction, which promoted further hydration reaction of the cement. The $CaCO_3$ generated by the reaction could fill the pores inside the samples, which could further improve its compressive strength(Liu et al. ,2021).

2.2 Frost resistance properties of CBMs

During the test, it was found that when the times of freeze-thaw cycles was larger than 200, the mass loss rate of the cement-based material was only 0.06%. Therefore, according to the Chinese standard JTG 3420—2020 (T 0596—2020), the relative dynamic modulus reduced to 60% of the initial value was used as the evaluation index. The frost resistance properties of CBMs with different CIP content are shown in Figure 2. During the freeze-thaw cycles, the decreasing trend of the relative dynamic modulus of the CBMs was mainly divided into two stages, a slow decline stage from 100% to 90% and a rapid decline stage from 90% to 60%. At the beginning of the freeze-thaw cycles, the sample changed from no damage to micro-cracks inside, which was a slow process. With the times of freeze-thaw cycles increased, the micro-cracks in the sample rapidly expanded to form macro-cracks. Eventually, the CBMs were destroyed.

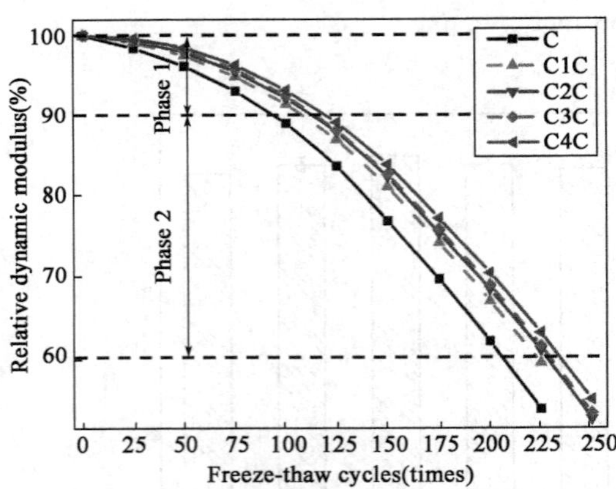

Figure 2 The frost resistance of CBMs

It could be seen that within a certain range, with the increase of CIP content, the times of freeze-thaw cycles of the cement-based material increased, indicating an improvement in its frost resistance durability. Compared with the C with 225 cycles times, when the CIP content was larger than 5%, the cycles of the samples was up to 250 times. This change trend was consistent with the that of the compressive strength of the samples, which might be related to the effect of CIP on the carbonation of CBMs. Suitable CIP content could improve the frost resistance of CBMs to increase the durability, which might reduce the deterioration effect of the external environment on the pavement.

Under the influence of carbonation, $CaCO_3$ generated by the chemical reaction of $Ca(OH)_2$ in CBMs could fill its internal pores (Chen et al., 2020a). It might reduce the content of water-formed ice crystals in the pore structure under low temperature environment, reducing its influence on stress on the pore structure of CBMs, and correspondingly improving the frost resistance of the samples. However, a large amount of CIP might cause excessive carbonation reaction of CBMs, which might lead to the decomposition of C—S—H to affect the durability of the samples (Morandeau et al., 2014). Therefore, considering the service life of the microwave-absorbing structure and pavement, the content of CIP should not be too large.

2.3 XRD and FTIR analysis of CBMs

The XRD spectrum of the CCBMs is shown in Figure 3. It could be seen that the characteristic peaks of AFt, $Ca(OH)_2$ and CIP existed. It indicated that after adding CIP, the cement matrix in CBMs could be hydrated normally to generate hydration products.

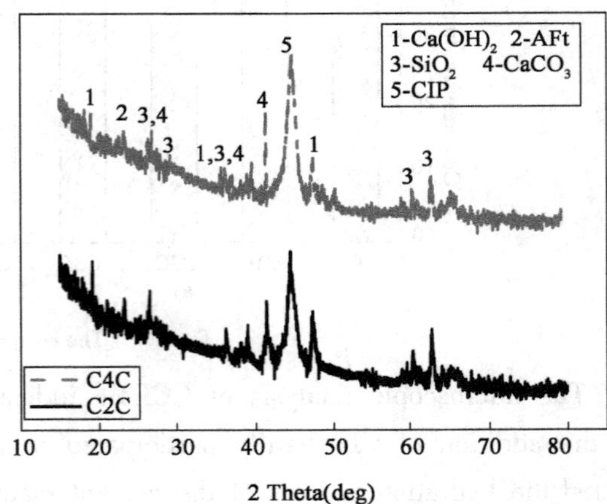

Figure 3 The XRD spectrum of CCBMs

With the increase of CIP content, the characteristic peaks of $Ca(OH)_2$ and $CaCO_3$ obviously decreased and increased, respectively, which might be related to the composition of CIP. The addition of CIP might affect the reaction of hydration product $Ca(OH)_2$ with CO_2 in the air to generate $CaCO_3$, which might affect the microwave absorption capacity, mechanical strength and durability of CBMs (Shen et al., 2022).

The FTIR spectra of the CCBMs is shown in Figure 4. It could be seen that the characteristic peaks of the C—S—H gels appeared at 901 and $1097cm^{-1}$, which were caused by the Si-O stretching vibration in Q_2 tetrahedron and Q_4 tetrahedron, respectively (Kupwade-Patil et al., 2018). In addition, due to Si-O symmetric vibration, the SiO_2 characteristic peak appeared at $409cm^{-1}$ and $520cm^{-1}$, and its peak width was affected by the Ca-Si ratio (C/S). Affected the H—O—H bending vibration, the characteristic peak of the water molecule was at $1784cm^{-1}$. The relatively complete hydration process of the cement matrix caused the characteristic peak of the water molecule to be unobvious.

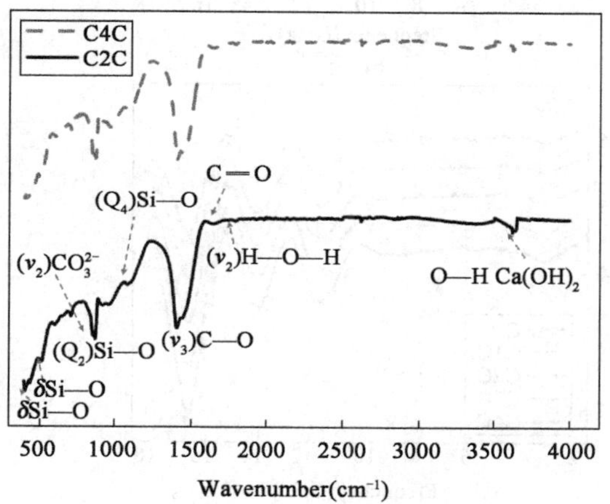

Figure 4 The FTIR spectra of CCBMs

The characteristic peaks of C =O appeared at $1632m^{-1}$, which indicated that during the process of cement hydration, CIP was no chemical reaction with it (Chen et al., 2016). The characteristic peak O—H of $Ca(OH)_2$ appeared at $3641cm^{-1}$. In addition, the characteristic peak CO_3^{2-} of $CaCO_3$ appeared at $856cm^{-1}$, which was caused by the out-of-plane bending vibration of CO_3^{2-}. Moreover, the characteristic peak C—O of $CaCO_3$ appeared at $1410cm^{-1}$, which was mainly caused by the chemical reaction between $Ca(OH)_2$ and CO_2 (Shao et al., 2014). It could be seen that with the increase of CIP content, the O—H peak at $3641cm^{-1}$ and the C—O peak at $1450cm^{-1}$ of the CBMs decreased and increased. It indicated that adding CIP might promote the formation of $CaCO_3$ in the cement matrix.

2.4 EM properties and microwave RL of CBMs

2.4.1 Permittivity and dielectric loss of CBMs

Permittivity ($\varepsilon = \varepsilon' - j\varepsilon''$) is an important EM parameter, including ε' and ε'' as the real part and imaginary part of the permittivity. The permittivity could be used to calculate tan δ_ε, which could reflect the dielectric loss ability of the sample (Sista et al., 2021), according to Equation (1).

$$\tan\delta_\varepsilon = \frac{\varepsilon''}{\varepsilon'} \tag{1}$$

Where δ_ε represents dielectric loss angle. The dielectric properties of different raw mat erials and CBMs at microwave frequencies from 2GHz to 18GHz are shown in Figure 5. It could be seen that in the electric field, the cement had certain dielectric properties, and the real part and imaginary part of the permittivity were around 6 and 0.3, respectively, as shown in Figure 5a) and b). Compared to the dielectric properties of cement, ε' and ε'' of CIP could be between 9 and 10 and between 0.6 and 1.6, respectively. It indicated that the CIP had the best ε in the microwave frequency range tested. Meanwhile, the tan δ_ε of CIP was basically higher than that of cement, indicating its favorable dielectric loss capability. However, in the frequency range of 4 to 9.16GHz, the dielectric loss capability of CIP was slightly lower than that of cement. The electric energy storage capacity of CIP might be much larger than its electric energy loss capacity. Affected by these factors, the dielectric loss capacity of CIP was low.

For the CCBMs, with the increase of CIP content, its ε' and ε'' gradually increased, correspondingly improving its ε, as shown in Figure 5d) and e). After adding CIP, the dielectric loss ability of the CBMs was significantly improved, but its tan δ_ε changed less with the increase of CIP content. It might be affected by hydration products in the cement matrix. These hydration products coated the CIP particles to form a core-shell structure, which could insulate CIP to suppress its dielectric loss ability, thereby weakening its dielectric properties change tendency (Shen et al., 2022; Li et al., 2017). Therefore, with the increase of CIP content, the dielectric properties growth rate of CBMs decreased.

In addition, in the electric field, the tan δ_ε of the CBMs appeared at many peaks, mainly affected by the relaxation phenomenon caused by its dielectric polarization (Shen et al., 2021; Chen et al., 2020b), as shown in Figure 5f). Meanwhile, due to inhomogeneous characteristics, the movement of the CBMs internal free electrons in the electric field could form an electric dipole moment, which caused interfacial polarization in its internal heterogeneous medium. It had a certain influence on the relaxation process of CBMs (Wang et al., 2016; Song et al., 2021; Zheng et al., 2022). The Debye relaxation model could explain the phenomena to a certain extent according to Equations (2) to (4).

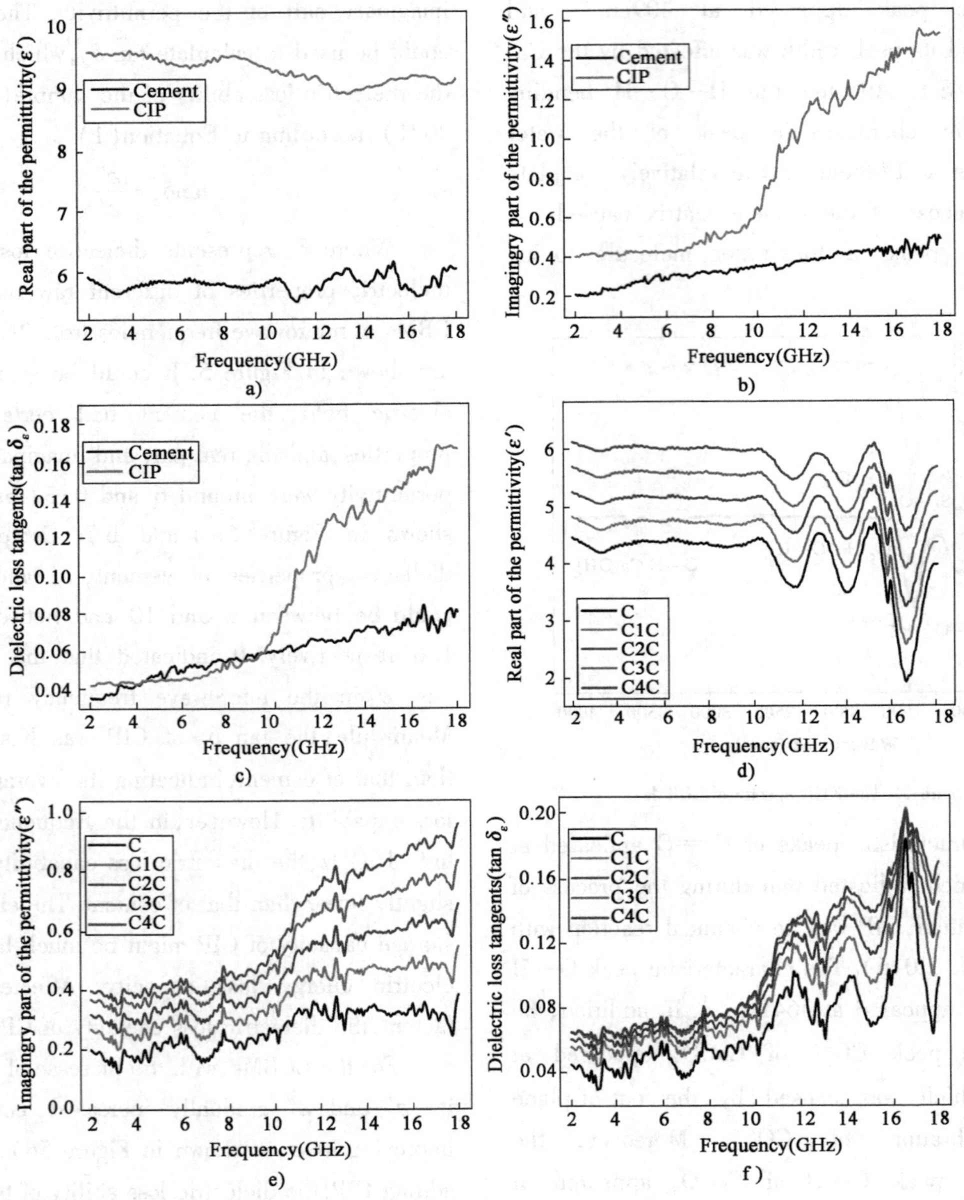

Figure 5 The changes of a) the real part, b) the imaginary part of the permittivity, c) the dielectric loss tangents of raw materials and d) the real part, e) the imaginary part of the permittivity, f) the dielectric loss tangents of CBMs from 2GHz to 18GHz frequency

$$\varepsilon' = \varepsilon_\infty + \frac{\varepsilon_s - \varepsilon_\infty}{1 + \omega^2\tau^2} \tag{2}$$

$$\varepsilon'' = \frac{\omega\tau(\varepsilon_s - \varepsilon_\infty)}{1 + \omega^2\tau^2} \tag{3}$$

$$\tan\delta_\varepsilon = \frac{\varepsilon''}{\varepsilon'} = \frac{\omega\tau(\varepsilon_s - \varepsilon_\infty)}{(\varepsilon_s + \varepsilon_\infty\omega^2\tau^2)} \tag{4}$$

where ω and τ represent the angular frequency and the relaxation time, respectively. Moreover, the relationship between ε' and ε'' of the sample satisfied Equation(5).

$$\left(\varepsilon' - \frac{\varepsilon_s + \varepsilon_\infty}{2}\right)^2 + (\varepsilon'')^2 = \left(\frac{\varepsilon_s + \varepsilon_\infty}{2}\right)^2 \tag{5}$$

In a low-frequency electric field, the rate of electric field change was low, and the change time for the polarization of the CBMs was sufficient, thereby reducing its dielectric loss. With the increase of frequency, the rate of change of the electric field accelerated, resulting in insufficient polarization of the samples and increased dielectric loss. During this process, their relaxation time was changed accordingly due to the different degrees of polarization of the samples. For CBMs, the generation of a dielectric loss peak was a relaxation process. It was worth noting that under the action of a high-frequency electric field, the peak change of the samples was more severe than that of a low-frequency electric field, indicating that its relaxation phenomenon in a high-frequency electric field was obvious.

Meanwhile, with the increase of CIP content, the dielectric loss peaks of CBMs had a flat trend. It might be that more CIP particles were coated by hydration products to form the core-shell structure. It indicated that the structure might suppress the dielectric loss of the samples, thereby reducing its Debye relaxation process.

2.4.2 Permeability and magnetic loss of CBMs

Permeability ($\mu = \mu' - j\mu''$) also is an important EM parameter, including μ' and μ'' as the real part and imaginary part of the permeability. The permeability could be used to calculate tan δ_μ, which could reflect the magnetic loss ability of the sample, according to Equation(6).

$$\tan\delta_\mu = \frac{\mu''}{\mu'} \tag{6}$$

Where δ_μ represents magnetic loss angle. The magnetic properties of different raw materials and CBMs at microwave frequencies from 2GHz to 18GHz are shown in Figure 6.

For cement, although it had a certain μ' and μ'', the values were close to 1 and 0, respectively, indicating that its poor magnetic properties and properties were less affected by the magnetic field. As a magnetic loss material, the μ' and μ'' of CIP were between 3 and 1 and around 1, respectively, which were larger than that of cement, indicating it had favorable μ, as shown in Figure 6 a) and b). With the increase of frequency, the μ' of CIP gradually decreased. Under the influence of the magnetic field frequency, the μ'' of magnetite was basically stable. Furthermore, its tan δ_μ was much larger than that of cement, indicating that it had favorable magnetic loss ability. The addition of CIP could effectively improve μ' and μ'' of CBMs. With the increase of CIP content, its μ' and μ'' gradually increased, as shown in Figure 6 d) and e). However, the overall growth rate of μ gradually decreased with the increase of CIP content. Correspondingly, the change trend of its tan δ_μ was consistent with μ.

Raw materials and CBMs might be affected by the eddy current effect in changing magnetic fields. The eddy current loss caused by the eddy current effect was the main component of the magnetic loss of the material, and the others might be related to the natural resonance phenomena of the material (Sista et al., 2021; Wang et al., 2020a). Using C_0 as the evaluation index could effectively analyze the influence of the eddy current effect on the magnetic loss characteristics of the material (Sun et al., 2013; Jia et al., 2019). C_0 can be calculated according to Equation(7).

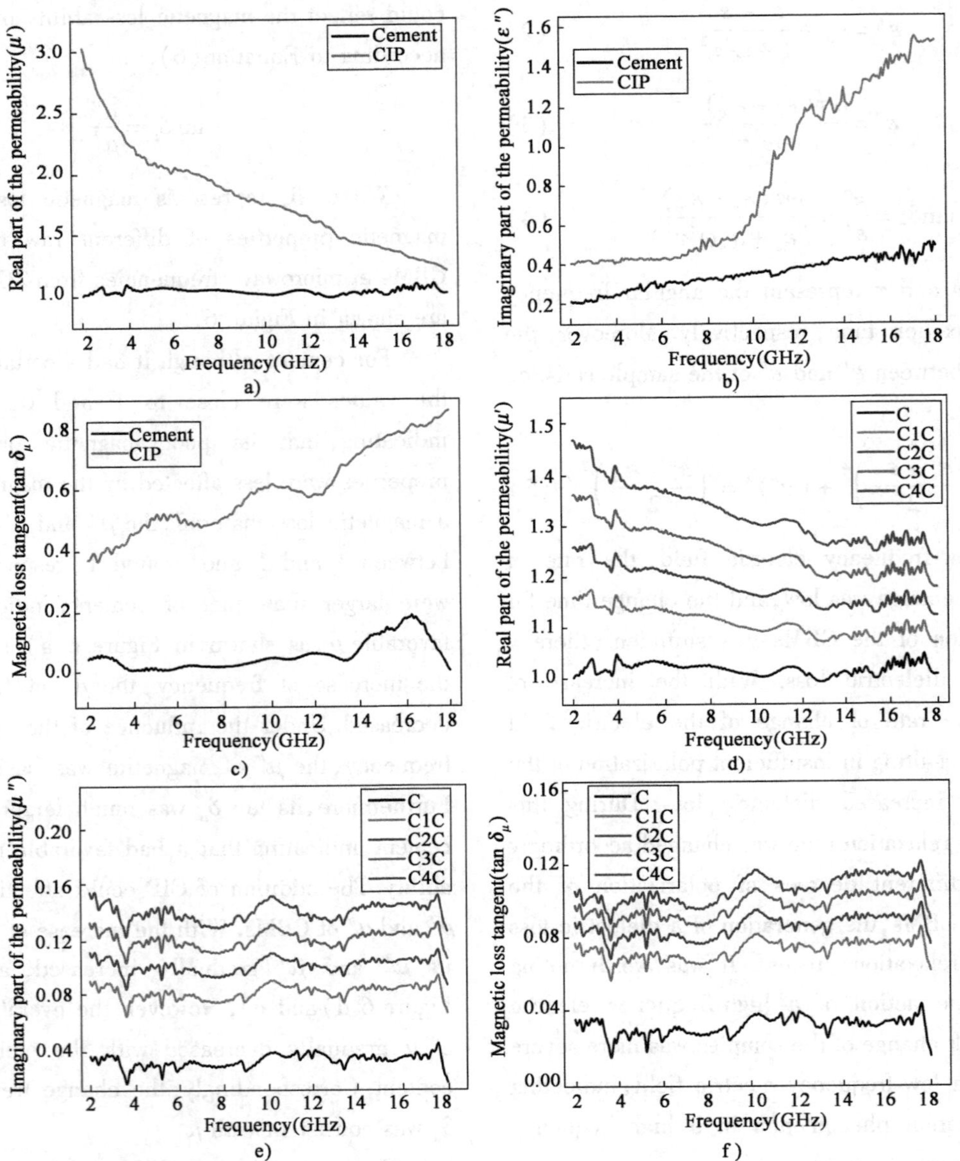

Figure 6 The changes of a) the real part, b) the imaginary part of the permeability, c) the magnetic loss tangents of raw materials and d) the real part, e) the imaginary part of the permeability, f) the magnetic loss tangents of CBMs from 2GHz to 18GHz frequency

$$C_0 = \frac{\mu''}{(\mu')^2 f} \tag{7}$$

Where f represents the microwave frequency. The C_0 of raw materials and CBMs are shown in Figure 7. In a magnetic field with changing frequency, the C_0 of the samples always tends to be constant, indicating that its magnetic loss was mainly affected by the eddy current effect (Wang et al., 2020b). It could be seen that the C_0 of CIP and cement varied with the frequency, which indicated that the eddy current effect mainly caused the magnetic loss of the raw material in the magnetic field. For CBMs, the C_0 of samples with different CIP content showed a consistent change with the change of magnetic field frequency, which was mainly divided into three stages. The first stage was when the frequency was between 2GHz and 6GHz, and its C_0 was greatly reduced with increased frequency. In this stage, the natural resonance mainly affected the magnetic loss (Guo et al., 2021). Then, the second stage was between 6GHz and 11GHz, and its C_0 decreased slowly with the influence of frequency. In this stage, its magnetic loss was mainly affected by the combined coupled resonance and eddy current effect (Wang et al. , 2020a). The third stage was when the frequency was between 11GHz and 18GHz, and its C_0 was basically constant under the influence of frequency. In this stage, the eddy current effect mainly affected its magnetic loss.

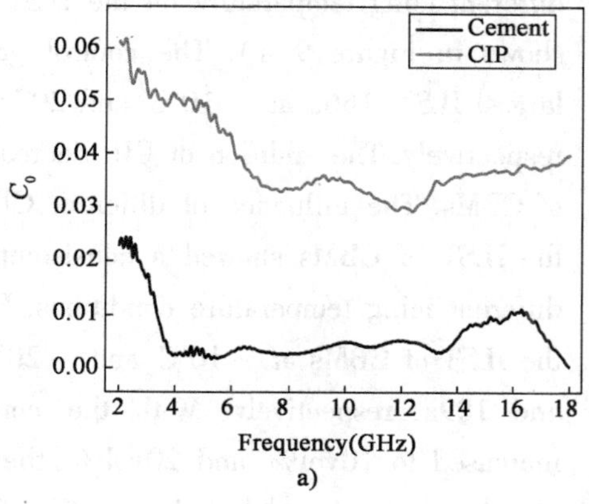

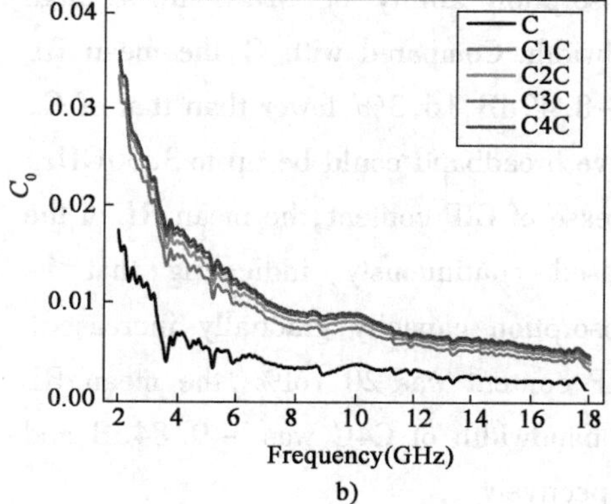

Figure 7 The C_0 curves and eddy current effect of raw materials and CBMs

Hence, atthe different frequency, the factors that dominated the magnetic loss of CBMs were different, and the magnetic loss ability of the CBMs might change. Correspondingly, its tan δ_{μ} had irregular changes, as shown in Figure 6f) (Mishra et al. ,2014).

2.4.3 Microwave absorption characteristics of CBMs

The RL was the main evaluation index to determine the microwave absorption capacity and efficiency of thesamples. The RL of the CBMs at 2 ~ 18GHz was shown in Figure 8. It could be seen that C had a certain microwave absorption ability, and its RL was basically stable between 4.5dB and 8.5dB. Its minimum RL was 8.23dB. With the increase of CIP content, in the alternating EM field, the RL of the samples showed obvious fluctuations, accompanied by multiple peaks and troughs under the influence of microwave interference.

In addition, the minimum RL of CBMs with different CIP contents were -11.21, -12.11, -12.73, -16.29, respectively. It could be seen that with the increase of CIP content, the RL of the CBMs continuously decreases, indicating the improvement of its microwave absorption ability. But the minimum RL was at different frequencies for CBMs. Therefore, only compared with the samples minimum RL was not suitable to reflect its microwave absorption efficiency in the whole frequency band. Relevant papers indicated that the mean RL and effective bandwidth of the sample were important indicators to evaluate its microwave absorption efficiency (Shi et al. , 2022). The effective bandwidth was the sum of frequency when the CBMs RL was less than -10dB. Some papers have reported that when the RL of CBMs was less than -10dB, its microwave absorption efficiency was more than 90% (Shuang et al. , 2022). The corresponding parameters are shown in Table 4.

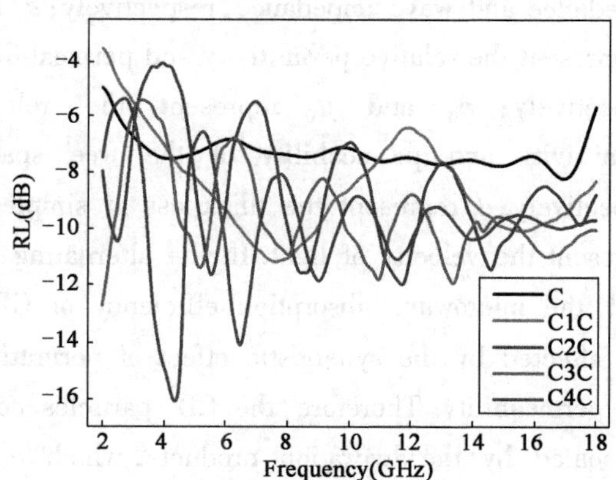

Figure 8 The RL curves of CBMs

Mean RL and effective frequency bandwidth of the CBMs Table 4

CIP content (vol%)	Minimum RL (dB)	Mean RL (dB)	Effective bandwidth (GHz)
0	-8.23	-7.30	0
5	-11.21	-8.49	3.36
10	-12.11	-8.63	4.80
15	-12.73	-9.51	5.28
20	-16.29	-9.84	5.60

It could be seen that C hadthe mean RL of −7.30dB and the effective bandwidth of 0GHz. The addition of CIP could effectively improve the microwave absorption ability of CBMs in a large effective bandwidth. Compared with C, the mean RL of C1C was −8.49dB, 16.3% lower than that of C, and its effective broadband could be up to 3.36GHz. With the increase of CIP content, the mean RL of the CBMs decreased continuously, indicating that its microwave absorption capacity gradually increased. When the CIP content was 20 vol%, the mean RL and effective bandwidth of C4C was −9.84dB and 5.60GHz, respectively.

In addition, based on transmission line theory, the RL of samples could be expressed by using the EM parameters, according to Equations (8) and (9) (Wang et al., 2016; Li et al., 2017).

$$Zn_{\text{in}} = Zn_0\sqrt{\frac{\mu_0\mu_{\text{r}}}{\varepsilon_0\varepsilon_{\text{r}}}}\tanh\left\{j\left(\frac{2\pi fd}{c}\right)\sqrt{\mu_0\mu_{\text{r}}\varepsilon_0\varepsilon_{\text{r}}}\right\} \quad (8)$$

$$\text{RL} = 20\log_{10}\left|\frac{Zn_{\text{in}} - Zn_0}{Zn_{\text{in}} + Zn_0}\right| \quad (9)$$

Where Zn_{in} and Zn_0 represent the input impedance and wave impedance, respectively; ε_{r} and μ_{r} represent the relative permittivity and permeability, respectively; ε_0 and μ_0 represent the relative permittivity and permeability of the free space, respectively; d represent the thickness of simples; c represent the velocity of light. In the alternating EM field, the microwave absorption efficiency of CBMs was affected by the synergistic effect of permittivity and permeability. Therefore, the CIP particles could be coated by the hydration products, which could reduce its dielectric properties, improving impedance matching between its permeability to improve its microwave absorption. It could promote the microwave absorption capacity of CBMs.

2.5 Microwave deicing efficiency of CBMs

The changes in the ILST of CBMs under different temperature and ice layer thickness are shown in Figure 9. The ice layer thickness of CBMs was controlled at 10mm to analyze the effect of different icing temperature on the ILST of CBMs, as shown in Figure 9 a). The control group had the largest ILST, 166s at −10℃ and 207s at −20℃, respectively. The addition of CIP decreased the ILST of CBMs. The influence of different CIP content on the ILST of CBMs showed a consistent trend under different icing temperature conditions. For the C1C, the ILST of CBMs at −10℃ and −20℃ were 152s and 189s, respectively. With the content of CIP increased to 10vol% and 20vol%, the ILST of the samples was reduced by 42s and 57s, 50s and 65s, compared to that of the control group, respectively, for the same icing temperature.

Furthermore, the effect of different ice layer thickness on the ILST of CBMs was investigated, as shown in Figure 9b). In the test, the icing temperature of CBMs was controlled at −10℃. When the ice layer thickness was 10mm, the ILST of the control group was 166s. The addition of CIP could reduce the ILST of CBMs. For the C2C and C4C, the ILST of CBMs was 138s and 109s, 16.9% and 34.3% less than that of the control group, respectively. When the ice layer thickness increased to 20mm. The ILST of the control group increased by 13s. The ILST of the SCBMs-50 and SCBMs-100 increased by only 9s.

The ILST of CBMs increased with increasing ice layer thickness, but the increment was weak. It indicated that the change of this factor had a small effect on the ILST of CBMs, which may be related to the weak polarity of ice (Deb et al., 2018). During microwave heating, since the microwave absorption ability of ice is weak, most of the microwave energy may pass through the ice layer to be absorbed by the CBMs to increase their surface temperature. Therefore, the ice thickness may only greatly affect the distance of the microwave transmission path.

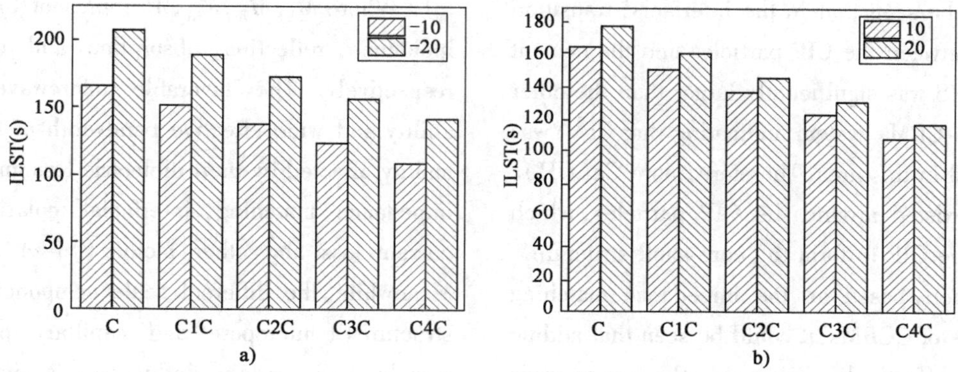

Figure 9 The ILST of CBMs coated with ice in different a) icing temperature and b) ice layer thickness

2.6 Microwave absorption and deicing mechanism of CBMs

The SEM technology was used tomeasure the microstructure of CCBMs, which could characterize the EM properties and impedance matching characteristics of samples in the micro scale, as shown in Figure 10. It could be seen that in the cement hydration product system, the $Ca(OH)_2$ was the main component to coat the surface of CIP. Furthermore, due to the promotion effect of CIP, the $CaCO_3$ might existed around the CIP. Hence, the CIP particle could be coated by $Ca(OH)_2$ and $CaCO_3$ to form the core-shell structure, which might improve the impedance matching of the CBMs, to affect its microwave absorption ability. Meanwhile, the core-shell structure tightly coated the CIP particles to reduce the risk of CIP oxidation.

Some papers have reported that $Ca(OH)_2$ existed in the region of high C/S (Shao et al., 2014). Therefore, the investigation of C/S in the CBMs could studied the distribution characteristics of the core-shell structure. The C/S line distribution of CCBMs is shown in Figure 11.

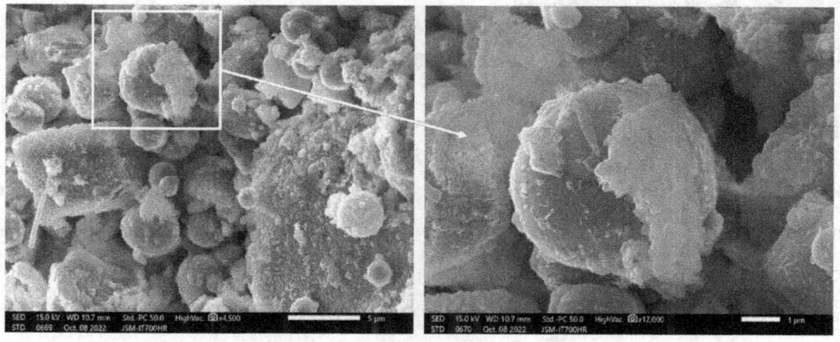
Figure 10 The SEM images of CCBMs

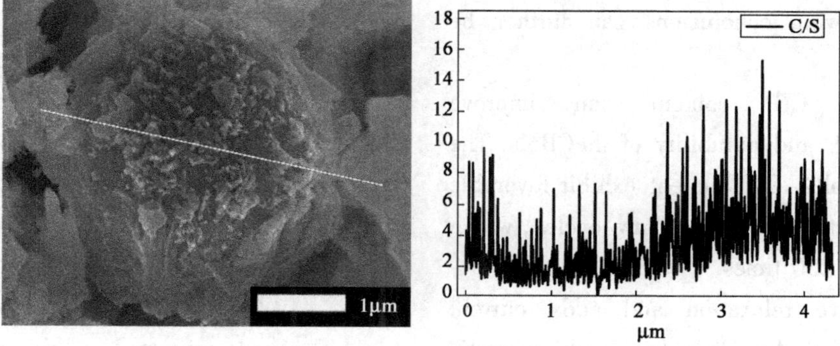

Figure 11 The C/S line distribution of CCBMs

It could be seen that in the interfacial transition zones(ITZ) between the CIP particles and the cement matrix, the C/S was significantly larger than the other regions in the CBMs system, indicating that Ca^{2+} was mainly existed in this area. Therefore, more $Ca(OH)_2$ and $CaCO_3$ existed around the CIP particles, which well coated the CIP to form the core-shell structure.

In addition, based on the impedance matching characteristics of CCBMs, it could be seen that adding CIP could effectively improve the microwave absorption ability of CBMs. Under the action of alternating EM field, the mechanism of the CBMs absorption microwaves is shown in Figure 12. The relationship between the microwave and the CBMs satisfied the following Equation(10).

$$M_I = M_R + M_A + M_T \tag{10}$$

Where M_I, M_R, M_A, M_T represent the microwave incidence, reflection, absorption and transmission, respectively. The favorable microwave absorption ability and wide effective bandwidth of CCBMs were mainly affected by their dielectric loss, magnetic loss, impedance matching, interfacial polarization, eddy current loss and other factors (Si et al., 2022). Meanwhile, the different scale components and pore structures (micropore and capillary pore) in the sample had certain influence on its microwave absorption ability (Shen et al., 2021; Sun et al., 2020). Therefore, CCBMs could effectively absorb microwave. After absorption microwave, the CCBMs could convert the microwave energy to the heat. The heat could be transferred to the surface of CCBMs for deicing.

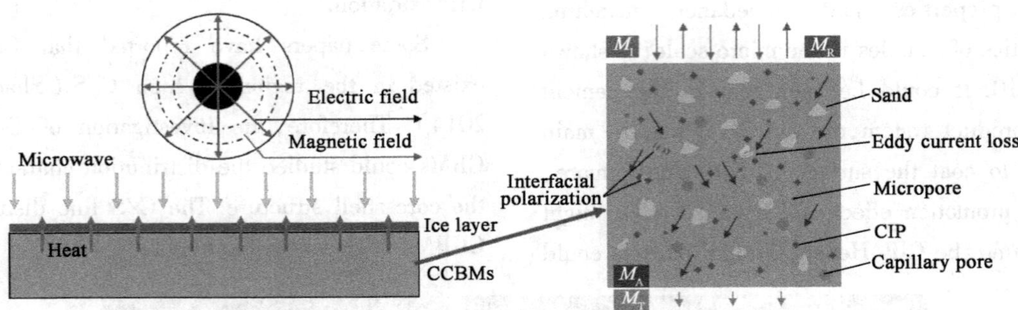

Figure 12 Schematic diagram of CCBMs absorption microwave and deicing

3 Conclusions

This study focused on theeffect of CIP on the microwave deicing efficiency of CBMs. The mechanical and durability were of samples were investigated. Moreover, the EM properties and microwave absorption characteristics of samples were further tested. Based on the studies analysis and findings, the following conclusions can further be drawn:

(1) Optimum CIP content can improve mechanical strength and durability of theCBMs. The samples with 20 vol% CIP content exhibit favorable compressive strength and freeze-thaw cycles, which are 46.1 MPa and 250 times.

(2) The Debye relaxation and eddy current effect are vital for the dielectric and magnetic properties of CBMs, respectively. Moreover, due to the core-shell structure of CIP, the Debye relaxation process is attenuated, which can improve the impedance matching characteristics of samples.

(3) Adding CIP effectively improves the microwave absorption capacity of the CBMs. When the CIP content is 20 vol%, the mean RL and effective bandwidth of the samples are −9.84dB and 5.60GHz.

(4) With increase of CIP content, the ILST of CBMs is reduced. When the CIP content is 20 vol%, its ILST is about 34% less than that of the control group, indicating its favorable microwave deicing efficiency.

4 Acknowledgements

The work presented in this paper was supported

by the National Natural Science Foundation of China (No. 52178410).

References

[1] AFGHAHI S S S, MIRZAZADEH A, JAFARIAN M, et al. A new multicomponent material based on carbonyl iron/carbon nanofiber/lanthanum-strontium-manganite as microwave absorbers in the range of 8 ~ 12GHz [J]. Ceramics International, 2016, 42(8): 9697-9702.

[2] AKBAR A, KODUR V K R, LIEW K M. Microstructural changes and mechanical performance of cement composites reinforced with recycled carbon fibers [J]. Cement and Concrete Composites, 2021, 121: 104069.

[3] BUTTRESS A, JONES A, KINGMAN S. Microwave processing of cement and concrete materials-towards an industrial reality? [J]. Cement and Concrete Research, 2015, 68: 112-123.

[4] CHEN F, BALIEU R. A state-of-the-art review of intrinsic and enhanced electrical properties of asphalt materials: theories, analysis and applications [J]. Materials & Design, 2020b, 195: 109067.

[5] CHEN T, GAO X. Use of carbonation curing to improve mechanical strength and durability of pervious concrete [J]. ACS Sustainable Chemistry & Engineering, 2020, 8 (9): 3872-3884.

[6] CHEN H, WU Y, XIA H, et al. Review of ice-pavement adhesion study and development of hydrophobic surface in pavement deicing [J]. Journal of Traffic and Transportation Engineering (English Edition), 2018, 5 (3): 224-238.

[7] CHEN D, YU M, ZHU M, et al. Carbonyl iron powder surface modification of magnetorheological elastomers for vibration absorbing application [J]. Smart Materials and Structures, 2016, 25 (11): 115005.

[8] CUI H, LIAO W, MI X, et al. Study on functional and mechanical properties of cement mortar with graphite-modified microencapsulated phase-change materials [J]. Energy and Buildings, 2015, 105: 273-284.

[9] DEB P, ORR A, BROMWICH D H, et al. Summer drivers of atmospheric variability affecting ice shelf thinning in the Amundsen Sea Embayment, West Antarctica [J]. Geophysical Research Letters, 2018, 45(9): 4124-4133.

[10] GUO H, WANG Z, AN D, et al. Collaborative design of cement-based composites incorporated with cooper slag in considerations of engineering properties and microwave-absorbing characters [J]. Journal of Cleaner Production, 2021, 283: 124614.

[11] HOUBI A, ALDASHEVICH Z A, ATASSI Y, et al. Microwave absorbing properties of ferrites and their composites: a review [J]. Journal of Magnetism and Magnetic Materials, 2021, 529: 167839.

[12] ISFAHANI F T, LI W, REDAELLI E. Dispersion of multi-walled carbon nanotubes and its effects on the properties of cement composites [J]. Cement and Concrete Composites, 2016, 74: 154-163.

[13] JANG D, CHOI B H, YOON H N, et al. Improved electromagnetic wave shielding capability of carbonyl iron powder-embedded lightweight CFRP composites [J]. Composite Structures, 2022, 286: 115326.

[14] JIA Z, GAO Z, FENG A, et al. Laminated microwave absorbers of a-site cation deficiency perovskite La0. 8FeO_3 doped at hybrid RGO carbon [J]. Composites Part B: Engineering, 2019, 176: 107246.

[15] KUPWADE P K, PALKOVIC S D, BUMAJDAD A, et al. Use of silica fume and natural volcanic ash as a replacement to Portland cement: micro and pore structural investigation using NMR, XRD, FTIR and X-ray microtomography [J]. Construction and Building Materials, 2018, 158: 574-590.

[16] LI W, LE C, LV J, et al. Electromagnetic and oxidation resistance properties of core-shell structure flaked carbonyl iron powder SiO_2

nanocomposite[J]. physica status solidi (a), 2017,214(6):1600747.

[17] LIU B, QIN J, SHI J, et al. New perspectives on utilization of CO_2 sequestration technologies in cement-based materials [J]. Construction and Building Materials, 2021, 272:121660.

[18] MAKUL N, RATTANADECHO P, AGRAWAL D K. Applications of microwave energy in cement and concrete-a review[J]. Renewable and Sustainable Energy Reviews, 2014, 37: 715-733.

[19] MISHRA M, SINGH A P, SINGH B P, et al. Conducting ferrofluid: a high-performance microwave shielding material[J]. Journal of Materials Chemistry A, 2014, 2 (32): 13159-13168.

[20] MORANDEAU A, THIERY M, DANGLA P. Investigation of the carbonation mechanism of CH and CSH in terms of kinetics, microstructure changes and moisture properties [J]. Cement and Concrete Research, 2014, 56:153-170.

[21] QIN M, ZHANG L, WU H. Dielectric loss mechanism in electromagnetic wave absorbing materials [J]. Advanced Science, 2022, 9 (10):2105553.

[22] QIU H, CHEN H, WU Y, et al. Heating characteristics and deicing properties of magnetite mortar microwave-absorbing layer on concrete pavement[J]. Journal of Materials in Civil Engineering, 2023a, 35(10):04023324.

[23] QIU H, WU Y, CHEN H, et al. Influence of SiC on the thermal energy transfer and storage characteristics of microwave-absorbing concrete containing magnetite and/or carbonyl iron powder [J]. Construction and Building Materials, 2023b, 366:130191.

[24] QIU H, WU Y, CHEN H, et al. Effect of silicon carbide powder on temperature field distribution characteristics and microwave deicing efficiency of cement concrete containing magnetite (Fe_3O_4) powder [J]. Construction and Building Materials, 2023c, 392:132005.

[25] QIU H, WU Y, CHEN H, et al. Microwave heating characteristics of cement mortar containing carbonyl iron powder applied to airport pavement deicing [J]. Cold Regions Science and Technology, 2023d:104098.

[26] QUAN B, GU W, SHENG J, et al. From intrinsic dielectric loss to geometry patterns: dual-principles strategy for ultrabroad band microwave absorption [J]. Nano Research, 2021, 14:1495-1501.

[27] SHAO Y, ROSTAMI V, HE Z, et al. Accelerated carbonation of Portland limestone cement [J]. Journal of Materials in Civil Engineering, 2014, 26(1):117-124.

[28] SHEN Y, LI Q, XU S, et al. Electromagnetic wave absorption of multifunctional cementitious composites incorporating polyvinyl alcohol (PVA) fibers and fly ash: Effects of microstructure and hydration[J]. Cement and Concrete Research, 2021, 143:106389.

[29] SHI Y, JING H, LIU B, et al. Electromagnetic (EM) wave absorption properties of cementitious building composites containing MnZn ferrite: preferable effective bandwidth and thickness via iron and graphite addition [J]. Journal of Magnetism and Magnetic Materials, 2022, 560:169555.

[30] SHEN Y, LI Q, XU S. Microwave absorption properties of cementitious composites containing carbonyl iron powder (CIP) and fly ash: formation and effect of CIP core-shell structure [J]. Cement and Concrete Composites, 2022, 131:104559.

[31] DENG S, AI H M, WANG B M. Research on the electromagnetic wave absorption properties of GNPs/EMD cement composite [J]. Construction and Building Materials, 2022, 321:126398.

[32] SISTA K S, DWARAPUDI S, KUMAR D, et al. Carbonyl iron powders as absorption

material for microwave interference shielding: a review [J]. Journal of Alloys and Compounds,2021,853:157251.

[33] SI T,XIE S,JI Z,et al. Synergistic effects of carbon black and steel fibers on electromagnetic wave shielding and mechanical properties of graphite/cement composites [J]. Journal of Building Engineering,2022,45:103561.

[34] SONG X, LU X, ZHAO H, et al. Study on large-scale spatial dynamic absorption of Fe_3O_4 and SiO_2 shell-core and nano-Fe_3O_4 magnetic particles[J]. ACS Applied Electronic Materials,2021,3(11):5066-5076.

[35] STEFANIUK D,SOBÓTKA M,JARCZEWSKA K, et al. Microstructure properties of cementitious mortars with selected additives for electromagnetic waves absorbing applications [J]. Cement and Concrete Composites,2022, 134:104732.

[36] SUN J, HUANG Y, ASLANI F, et al. Electromagnetic wave absorbing performance of 3D printed wave-shape copper solid cementitious element [J]. Cement and Concrete Composites,2020,114:103789.

[37] SUN X,HE J,LI G,et al. Laminated magnetic graphene with enhanced electromagnetic wave absorption properties[J]. Journal of Materials Chemistry C,2013,1(4):765-777.

[38] SYRKIN V G,TOLMASSKII I S,PETROVA A A. Relationship between the electromagnetic and physicochemical properties of carbonyl iron powder[J]. Soviet Powder Metallurgy and Metal Ceramics,1966,5(7):545-550.

[39] WANASINGHE D, ASLANI F, MA G. An experimental and simulation-based study on the effect of carbonyl iron, heavyweight aggregate powders, and carbon fibres on the electromagnetic shielding properties of cement-based composites [J]. Construction and Building Materials,2021,313:125538.

[40] WANG X,PAN F,XIANG Z,et al. Magnetic vortex core-shell Fe_3O_4@C nanorings with enhanced microwave absorption performance [J]. Carbon,2020b,157:130-139.

[41] WANG Z Y,WANG Z,NING M. Optimization of electromagnetic wave absorption bandwidth of cement-based composites with doped expanded perlite [J]. Construction and Building Materials,2020a,259:119863.

[42] WANG B,WEI J,QIAO L,et al. Influence of the interface reflections on the microwave reflection loss for carbonyl iron/paraffin composite backed by a perfect conduction plate[J]. Journal of magnetism and magnetic materials,2012,324(5):761-765.

[43] WANG Z,ZHANG T,ZHOU L. Investigation on electromagnetic and microwave absorption properties of copper slag-filled cement mortar [J]. Cement and Concrete Composites,2016, 74:174-181.

[44] WEI W, SHAO Z, ZHANG Y, et al. Fundamentals and applications of microwave energy in rock and concrete processing-a review [J]. Applied Thermal Engineering, 2019,157:113751.

[45] XIA W,BAI E,LU S,et al. Optimal design and experimental study of horn antenna in pavement microwave deicing technology[J]. Cold Regions Science and Technology,2023, 205:103695.

[46] XIE S,JI Z,YANG Y,et al. Layered gypsum-based composites with grid structures for S-band electromagnetic wave absorption [J]. Composite Structures,2017,180:513-520.

[47] ZHU J,WANG X,WANG X,et al. Carbonyl iron powder/ethyl cellulose hybrid wall microcapsules encapsulating epoxy resin for wave absorption and self-healing [J]. Composites Science and Technology, 2021, 214:108960.

[48] ZHAO J, WANG X, XIN L, et al. Concrete pavement with microwave heating enhancement functional layer for efficient de-icing:design and case study[J]. Cold Regions Science and Technology,2023,210:103846.

[49] ZHENG W, YAO Z, ZHANG X, et al.

Fabrication and properties of structural microwave absorption composites based on VARI process [J]. Journal of Materials Science: Materials in Electronics, 2022, 33 (8):5127-5137.

高温养护下机制砂自密实混凝土性能研究

刘　轩[1]　王旭昊*[1]　刘倩倩[1]　汪　愿[1]　宋鹏飞[1]　葛行健[1,2]
(1.长安大学公路学院;2.镇江市公路事业发展中心)

摘　要　本文探究了矿物掺合料及高温养护条件对机制砂自密实混凝土(MS-SCC)常规性能影响规律;并利用SEM扫描电子显微镜技术,揭示了微观原理。结果显示,各试验组均通过了工作性和力学性能测试,其中粉煤灰因其"微珠效应"更有利于提高新拌MS-SCC施工和易性。矿粉更有利于混凝土早期水化,可提高力学性能。高温养护环境对MS-SCC水化的促进作用要高于其对混凝土界面过渡区(ITZ)的负面作用,对C60混凝土强度提升显著。混凝土预制构件生产过程中,可通过高温养护提高MS-SCC预制构件的抗压强度,缩短养护时间,提高效益。

关键词　高温养护　矿物掺合料　机制砂自密实混凝土　力学性能　微观结构分析

0　引言

混凝土预制构件因其美观、施工周期短、结构性能稳定的优点受到行业关注。自密实混凝土(Self-Compacting Concrete,简称SCC)无须振捣便可自动密实,有效降低了混凝土在配置大量钢筋的建筑结构中的振捣难度,减少预制混凝土构件生产过程中表面易产生气泡、蜂窝、麻面、强度不均的问题[1-3]。然而,由于混凝土生产中天然砂的广泛使用,优质的天然砂资源迅速枯竭。机制砂成本较低且可再生,母岩来源广泛,且受地区分布的影响较小[4]。机制砂(MS)已经成为天然砂的一个具有广泛前景的替代品。

机制砂自密实混凝土(MS-SCC)的胶凝材料中一般会加入矿物掺合料作为辅助胶凝材料,有利于提升混凝土的整体性能[5]。孙伟华[6]选取矿渣、粉煤灰和石灰石粉作为掺合料,机制砂为细集料,制备一种强度和耐久性能优异的自密实混凝土。蓝波桥等[7]研究证明自密实混凝土的流动性随矿渣掺量的增加而提高。此外,养护制度的不同会对硬化混凝土强度产生影响[8],赵行立等[9]研究了高温养护对粉煤灰基自密实混凝土性能的影响;李晓玲[10]探究了高温水养护对矿物掺合料混凝土预制构件的影响,得到了混凝土性能随养护条件的变化规律。

综上,本文将系统比较粉煤灰、矿粉及半粉煤灰半矿粉三种掺合料组合对机制砂自密实混凝土工作性、不同养护条件下预制构件力学性能及微观结构发展差异,以期为机制砂自密实混凝土预制构件生产提供理论支持与技术参考。

1　原材料与试验方法

1.1　原材料与配合比设计

试验所使用水泥为宁国水泥厂生产的P·O52.5的水泥,矿粉采用宁波恒隆生产的S95矿粉,粉煤灰采用国电泰州发电有限公司的Ⅰ级粉煤灰,胶凝材料化学组成如表1所示。粗集料为石灰石,最大公称粒径为25mm。细集料主要有两种,分别为天然砂(NS)和凝灰岩机制砂(MS),机制砂取代率为20%,级配曲线如图1所示,技术指标如表2所示。试验采用聚羧酸系高性能减水剂,性能满足标准要求,掺量根据强度等级和胶凝材料种类确定。试验用水采用城市居民生活用水。

胶凝材料化学组成 表1

种类	化学成分(%)							
	Fe_2O_3	SiO_2	Al_2O_3	CaO	MgO	SO_3	TiO_2	烧失量
P·O 52.5 级水泥	3.80	22.15	5.63	66.04	0.96	3.05	1.19	2.21
粉煤灰	3.24	58.06	31.28	1.90	0.60	0.85	1.30	1.95
矿粉	7.00	50.88	19.41	11.19	1.35	0.69	0.69	2.17

细集料技术指标 表2

种类	表观密度(g/cm^3)	棱角性(s)	压碎值(%)	MB 值(g/kg)	砂当量(%)	吸水率(%)
MS	2.650	25.16	6.2	1.1	69	2.00
NS	2.610	21.33	11.4	0.2	75	1.42

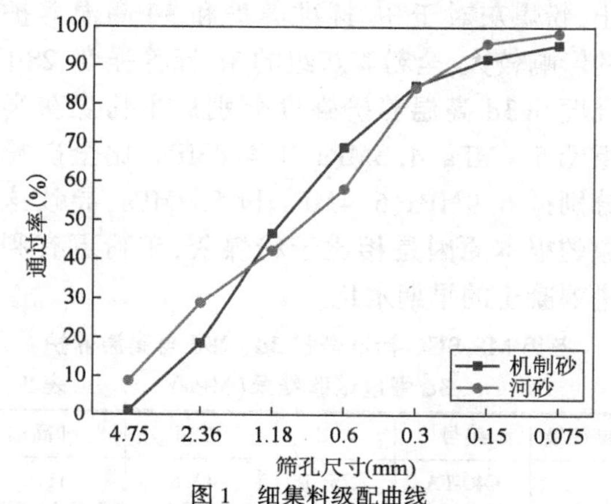

图1 细集料级配曲线

本研究中,各强度等级的混凝土的外加剂掺量、水灰比和合成集料系统的空隙率均保持不变,在 V_{paste}/V_{void} 值保持不变的情况下,各试验组的胶凝材料质量保持不变。C40 和 C60 的基准配合比的水灰比分别为 0.40、0.32。共设计 6 组机制砂自密实混凝土样品组,包括两种强度等级不同掺合料的 6 组机制砂自密实混凝土样品组,三种矿物掺合料组为全粉煤灰组、全矿粉组、半粉煤灰半矿粉组。各试验组配合比如表 3 所示。

试验配合比(kg/m^3) 表3

编号	水泥	粉煤灰/硅灰	矿粉	粒径 10~20mm 碎石	粒径 5~10mm 碎石	河砂	机制砂	水	减水剂掺量
C40-FA	192	192	0	771	133	731	133	153	1.3%
C40-H	192	96	96	771	133	731	133	153	1.3%
C40-S	192	0	192	771	133	731	133	153	1.3%
C60-FA	270	180	0	761	224	700	175	141	1.6%
C60-H	270	90	90	761	224	700	175	141	1.6%
C60-S	270	0	180	761	224	700	175	141	1.6%

1.2 试验方法

参照《自密实混凝土应用技术规程》(JGJ/T 283—2012),自密实混凝土(SCC)的流动性和体积填充性主要通过坍落扩展度值和 T_{500} 流动时间予以表征,通过 J 环拓展度试验的值与坍落扩展度的差值 PA 来表征新拌 SCC 的间隙通过性。参照《公路工程水泥及水泥混凝土试验规程》(JTG 3420—2020)进行新拌混凝土工作性能试验。

自密实混凝土抗压强度测定采用边长为 100mm 的立方体试块,在温度为 23℃、湿度为 90% 的标准养护条件下养护 3d 与 28d,在 60℃条件下进行 3d 高温养护。最终抗压强度取 3 个样品的平均值。微观结构观测采用超高分辨率场发射扫描电子显微镜进行对具有代表性特征的样品进行观察。

2 结果与分析

2.1 施工和易性

表 4 为加入不同掺合料的各强度等级机制砂自密实混凝土样品工作性能参数。由表 4 可知,各组混凝土样品均具有良好的抗离析性能,未发生离析现象。6 组自密实混凝土的坍落扩展度与

J型环坍落度之差为50~90mm,其间隙通过性较差,这可能是由于机制砂表面粗糙和石粉的吸水特性,同时研究中选用的粗集料粒径较大,不利于混凝土通过狭窄孔隙。

MS-SCC 工作性能指标参数 表4

强度等级	编号	抗离析性	坍落扩展度(mm)	T_{500}(s)	PA = $d-D$(mm)
C40	C40-FA	良好	660	6.7	80
	C40-H	良好	640	7.3	70
	C40-S	良好	630	16	50
C60	C60-FA	良好	640	4.3	70
	C60-H	良好	610	10	90
	C60-S	良好	610	9.8	90

各强度等级MS-SCC中随着粉煤灰掺量增加,坍落扩展度与T_{500}存在较大提升,这是由于粉煤灰的微珠效应,可在硬化过程对水泥水化颗粒起到一定的润滑作用,从而提高了新拌MS-SCC的体积填充性与流动性。C40混凝土中全矿粉组自密实混凝土的坍落扩展度与J型环坍落度之差最小,半粉煤灰半矿粉组次之,全粉煤灰组最大,可见矿粉的掺入提高了C40混凝土的间隙通过性。C40配合比设计中可根据实际工作需求适当改变辅助胶凝材料中粉煤灰和矿粉的占比从而有效提高其体积填充性或间隙通过性。对C60混凝土而言,半粉煤灰半矿粉组混凝土各工作指标参数与全矿粉组较为接近,但差于全粉煤灰组。因此粉煤灰对于C60混凝土工作性的正面影响更显著,可适当提高其粉煤灰含量从而优化其工作性。

2.2 力学性能

表5为强度等级为C40和C60的MS-SCC的抗压强度在以辅助胶凝材料、养护龄期及养护条件为变量的情况下的变化趋势。C40和C60混凝土的3d高温养护强度和28d强度均高于设计强度,其主要原因是本研究中MS-SCC所使用了等级较高的水泥、MS-SCC的胶凝材料中掺入了粉煤灰和矿粉、以及经过级配优化后MS-SCC的集料系统密实度较高,这些因素均会使ITZ空隙率降低,提高力学强度。

此外,辅助胶凝材料对于MS-SCC力学性能有着较为显著的影响,但对于不同强度等级混凝土的影响机制不同。比较表5数据可得出,相比于V_{paste}/V_{void}更高的C60混凝土,辅助胶凝材料对于C40混凝土的影响更显著。粉煤灰和矿粉对C40混凝土的3d和28d强度有着较为显著的影响,但对3d高温养护强度的影响较小。而对于C60混凝土,粉煤灰对于3d标准养护和3d高温养护强度的影响较大,全粉煤灰组的3d标养强度、28d标养强度和3d高温养护强度分别比半粉煤灰半矿粉组低5.0MPa、4.3MPa和4.8MPa,比全矿粉组则分别低6.9MPa、6.4MPa和5.9MPa;导致这一现象的根本原因是相比于粉煤灰,矿粉更有利于促进混凝土的早期水化。

各组MS-SCC标准养护3d、28d与高温养护3d强度试验结果(MPa) 表5

强度等级	编号	3d	28d	3d高温
C40	C40-FA	25.5	42.8	41.0
	C40-H	21.9	45.3	42.2
	C40-S	26.7	48.3	43.7
C60	C60-FA	39.9	61.3	67.3
	C60-H	44.9	65.6	72.1
	C60-S	46.8	67.7	73.2

相比于C40混凝土,高温养护对C60试验组强度有较大提升。高温养护试件与28d试件抗压强度的差值在5MPa之内,因此MS-SCC预制构件3d高温养护完全满足抗压强度要求。

2.3 微观形貌分析

图2a)、b)、c)分别为C40半粉煤灰半矿粉组混凝土在3d标准养护、3d高温养护和28d标准养护的SEM图像;图2d)、e)、f)则分别为C60半粉煤灰半矿粉组混凝土在相同龄期和养护条件下的SEM图像。

强度等级为C40和C60的MS-SCC在3d标准养护下的水化产物生成量较小,且均尚未形成致密的网状结构,水化产物的结构整体较为疏松。相比之下,在图2b)、c)、e)、f)中,28d标准养护和3d高温养护的C40和C60混凝土的水化产物的结构均较为致密。

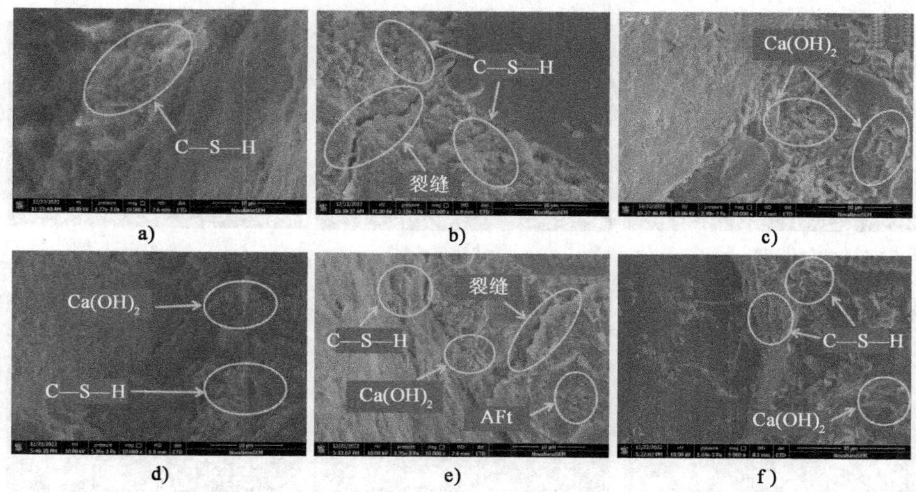

图2 C40 与 C60 混凝土半粉煤灰半矿粉组的 SEM 图像

3d 高温养护下的 C60 混凝土的 ITZ 上出现了较多的裂缝。而在 2.2 节中,3d 高温养护下的混凝土力学性能仍高于 28d 标准养护的混凝土。因此高温养护对混凝土水化的促进作用要高于其对水泥混凝土 ITZ 结构的负面作用。所以通过 3d 高温养护获得的强度预测 28d 标准养护强度的方法,可以在改变辅助胶凝材料种类的情况下具有较好的适用性。

图 3a)、b)、c)为 C40 混凝土全粉煤灰组在 3d 标准养护、3d 高温养护和 28d 标准养护的 SEM 图像;图 3d)、e)、f)分别为 C40 混凝土全矿粉组在相同龄期和养护条件下的 SEM 图像。图中 C40 混凝土的 3d 高温养护和 28d 标准养护的水化产物均形成了致密的结构。

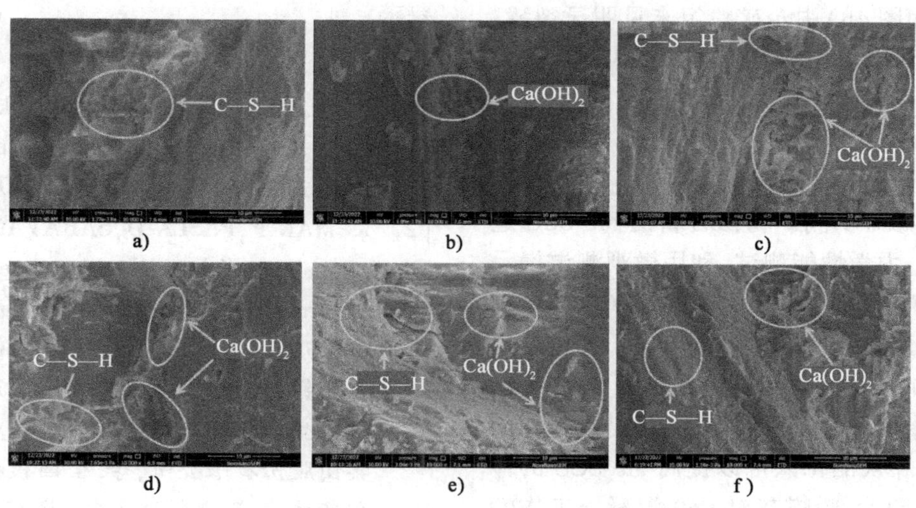

图3 C40 混凝土全粉煤灰与全矿粉组 SEM 图像

对比图 3a)、c)与 b)、d),相比于全粉煤灰组混凝土,由于矿粉中细粉料的含量更高,全矿粉组混凝土的水化产物更加细小、均匀,且其形态也更加规则。而对比观察图 3a)、b),不难看出相比于全粉煤灰组混凝土,全矿粉组混凝土水化产物的发育程度更高,结构更加密实,导致该现象的原因在于:矿粉中较多的细粉料能够为水化反应提供更多的附着点和反应界面。

图 4a)、b)、c)为 C60 混凝土全粉煤灰组在 3d 标准养护、3d 高温养护和 28d 标准养护的 SEM 图像;图 4d)、e)、f)分别为 C60 混凝土全矿粉组在相同龄期和养护条件下的 SEM 图像。图中 C60 混凝土 3d 高温养护下出现裂缝,但其强度仍大于 28d 常温养护条件,也可说明高温养护的优势大于其负面影响。

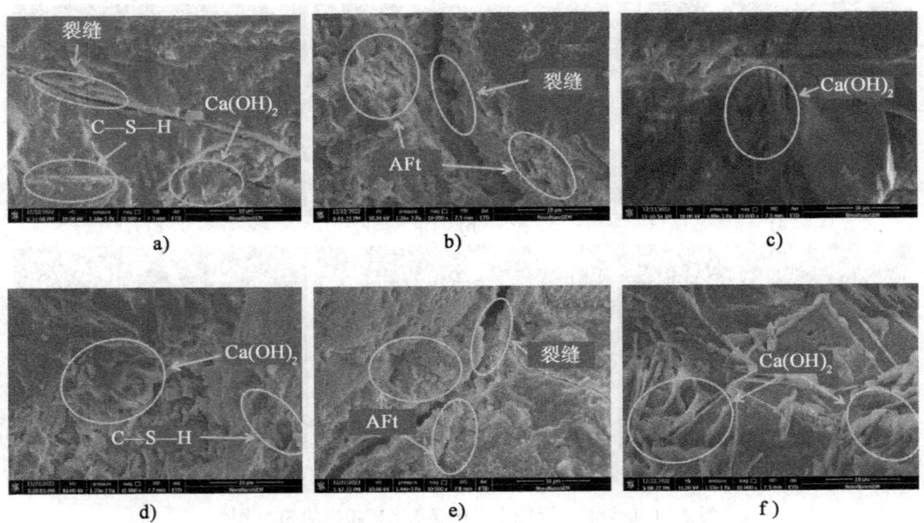

图4 C60 混凝土全粉煤灰与全矿粉组的 SEM 图像

C60 的全粉煤灰组和全矿粉组混凝土在水化产物上的差异与 C40 混凝土基本相同,但全矿粉组的混凝土 ITZ 中,C—S—H 的数量更多,而全粉煤灰组的 ITZ 中,$Ca(OH)_2$的数量更多,这主要是因为粉煤灰与矿粉对水泥水化反应的参与方式的差异所导致的。图 4a)中全粉煤灰组 C60 混凝土产生了裂缝,而图 4b)中全矿粉组未见明显裂缝,也同样说明矿粉比粉煤灰更有利于 MS-SCC 的力学性能。

3 结语

本研究对掺有不同矿物掺合料的 MS-SCC 进行工作性测试、力学性能测试,利用微观测试揭示了矿物掺合料及高温养护条件对 MS-SCC 的影响机理。具体结论如下:

(1)试验的混凝土拌合物均通过了各项工作性测试,表现出良好的工作性能,满足自密实混凝土的要求。粉煤灰的掺入可以提高 MS-SCC 的体积填充性和流动性,粉煤灰对 C60 混凝土工作性提升更加显著。

(2)6 组自密实混凝土抗压强度均达到设计强度,以矿粉为矿物掺和料的 MS-SCC,其基本力学性能优于以粉煤灰为矿物掺合料的混凝土。全矿粉组混凝土水化产物的发育程度更高,结构更加密实,相对于粉煤灰,矿粉更有利于混凝土早期水化。

(3)高温养护对 MS-SCC 水化的促进作用要高于其对混凝土 ITZ 结构的负面作用。高温养护环境提高了 C60 混凝土的抗压强度。

(4)高温养护 MS-SCC 试件与 28d 试件抗压强度的差值在 5MPa 之内,可以通过 3d 高温养护的强度预测 28d 标准养护强度。MS-SCC 预制混凝土构件实际生产中,在保证力学性能的基础上建议尽量采用高温养护,同时应兼顾经济性要求。

参考文献

[1] RASEKH H. Rheology and workability of SCC [J]. Self-Compacting Concrete: Materials, Properties and Applications, 2020: 31-63.

[2] KUMAR P, PASLA D, SARAVANAN T J. Self-compacting lightweight aggregate concrete and its properties: a review [J]. Construction and Building Materials, 2023, 375: 130861.

[3] 龙光银,孙清臣,钟旭. 自密实混凝土在预制构件生产中的应用研究[C]//中国建设科技集团股份有限公司,等. 全国模板脚手架工程创新技术交流会论文集. 北京:《施工技术》杂志社,2017:63-66.

[4] 中国建筑材料联合会. 建设用砂:GB/T 14684—2022[S]. 北京:中国标准出版社,2022.

[5] 李曼. 掺合料对机制砂自密实混凝土性能的影响研究[J]. 砖瓦,2023(5):58-60.

[6] 孙伟华. 掺合料对机制砂自密实混凝土的性能影响研究[D]. 重庆:重庆交通大学,2021.

[7] 蓝波桥. 矿物掺合料对 CRTSⅢ型板填充自密实混凝土性能影响研究[J]. 新型建筑材料,

2018,45(11):127-130.

[8] 胡益彰.蒸养条件下大掺量矿物掺合料混凝土的性能研究[D].济南:山东大学,2016.

[9] 赵行立.早期高温养护对粉煤灰基自密实混凝土性能的影响[J].硅酸盐通报,2020,39(9):2821-2829,2843.

[10] 李晓玲.早期高温水养护对矿物料混凝土力学性能影响的研究[D].徐州:中国矿业大学,2014.

图像法在线检测粗集料粒形级配参数研究

黄前龙[1,2,3*]　洪伟华[4]　蔡燕霞[1,2,3]　麻旭荣[5]　路凯冀[1,2,3]

(1.中路高科(北京)公路技术有限公司;
2.公路建设与养护新材料技术应用交通运输行业研发中心;
3.交通运输部公路科学研究院;4.浙江交投矿业有限公司;
5.浙江交通资源投资集团有限公司)

摘　要　为促进粗集料粒形级配检测智能化发展,分析图像法在线检测粗集料粒形级配的稳定性和可靠性,对其检测流程进行了阐述,提出了重复性误差和检测精度误差评价指标,并对4.75~9.5mm、9.5~16mm、16~19mm、19~26.5mm、26.5~31.5mm规格粗集料进行了单级料重复性试验,对4.75~16mm、16~26.5mm规格粗集料进行了级配料离线与在线检测对比试验。研究表明:单级料颗粒级配重复性误差最大为5.7%,针片状颗粒含量重复性误差最大为4.13%;级配料颗粒级配重复性误差最大为4.0%,针片状颗粒含量重复性误差最大为2.02%,粒形级配检测精度误差最大为2.0%,针片状颗粒含量检测精度误差最大为0.63%。离线与在线检测结果具有较高的吻合度,能够满足实际工程检测要求。

关键词　图像法　在线检测　粗集料　粒形级配　重复性误差　检测精度误差

0　引言

集料工业化生产已成为行业发展趋势,日均产量达数万吨,给其质量检验带来严峻考验。目前集料颗粒级配、针片状颗粒含量等粒形级配指标检测仍多以离线检测方式为主,该检测方法检测效率低、实效性差,严重影响了其稳定性和可靠性,难以满足质量控制需求。因此,有必要开展集料质量在线检测技术研究。

Hamzeloo E[1]等人利用神经网络技术对矿石的粒度分布进行了研究,表明颗粒的最大内切圆直径是表征粒度最合适的方法。史源[2]设计了一种基于背光的图像采集系统,实现了对石料颗粒图像的处理,并提取了各种形态特征参数,完成了对石料级配的测量。邹鹏[3]和包静[4]分别提出了基于多源视觉图像处理技术的石料级配的测量方法。李聪[5]等人结合CMOS工业相机和彩色编码光栅搭建了测量系统,实现对物体体积的测量,结果显示该方法的测量精度在2.2%以内。AgimelenO S[6]等人提出了两种不同的方法用来降低在线测量中颗粒尺寸和形状估算的误差,并根据颗粒的长宽比参数提出了一种计算颗粒粒度的方法。秦雪[7]对粗、细石料分别进行了二维、三维形状特征研究,对细石料提出了一种测量细度模数的新方法。丁旭东[8]等人基于三维检测原理,采取结构光方式搭建了粗石料检测系统。郭美虹[9]等人基于多目视觉技术研究了石料的形状特征参数以及石料级配。黄习敏[10]基于机器视觉图像处理技术设计了矿石粒度检测系统,采用NRSS算法解决了图像中运动模糊的问题,提出了基于多尺度形态学梯度改进的分割算法。涂新斌等[11]采用图像分析方法对不同种类岩石形态特征进行研究,提出了相关二维形状参数。张泽琳等[12]提出一种对比度受限自适应直方图均衡化CLARE和SUSAN边缘检测算法的颗粒粒度检测方法,并将其用于检测煤堆颗粒。曹源文等[13]人基于最小外接矩形原理实现集料颗粒形状的快速检测。周建昆等[14]通过数字图像处理技术采用逆光拍摄方法分析了其检测针片状颗粒的适用性,结果表明该法对大粒径集料颗粒针片状含量评价具有较好的适用性和准确性。林书庆[15]结合MATLAB图像识别对粗集料针片状颗粒含量进行分析,实现了对其快速检测。

基于上述研究成果,为研究图像法在线检测粗集料粒形级配的稳定性和可靠性,对4.75～9.5mm、9.5～16mm、16～19mm、19～26.5mm、26.5～31.5mm规格粗集料进行了单级料重复性试验,对4.75～16mm、16～26.5mm规格粗集料进行了级配料离线与在线检测对比试验,并分析了其重复性误差和检测精度误差,从而为实现集料质量检测智能化发展、促进在线检测技术在工程中的推广应用提供依据。

1 原材料与试验方案

1.1 原材料

试验采用4.75～31.5mm粒径范围的凝灰岩,依据《建设用卵石、碎石》(GB/T 14685—2022)[16]进行了物化性能试验,结果见表1。所用集料洁净、坚固程度等指标满足要求,有效保证后续试验检测数据的准确性。

粗集料物化性能试验结果 表1

指标	含泥量(%)	泥块含量(%)	表观密度(kg/m)	吸水率(%)	坚固性(%)	压碎值(%)	硫化物及硫酸盐含量(%)	氯化物含量[以氯离子质量计(%)]
结果	0.2	0	2600	1.1	1	6	0.2	0.0001

1.2 试验方案

生产过程中粗集料粒形级配检测指标主要为颗粒级配、针片状颗粒含量。为研究图像法在线检测粗集料粒形级配的重复性误差和检测精度误差,对粗集料进行单级料重复性试验、级配料离线与在线检测对比试验。通过重复性试验各筛孔结果极差值中的最大值、针片状颗粒含量极差值反映颗粒级配、针片状颗粒含量重复性误差;通过筛分法检测颗粒级配、规准仪法测针片状颗粒含量与重复在线检测结果均值对比偏差的绝对值反映检测精度误差。

通过筛分选出4.75～9.5mm、9.5～16mm、16～19mm、19～26.5mm、26.5～31.5mm粒径范围的单级料,取样数量满足《公路工程集料试验规程》(JTG 3432—2024)[17]要求;采用粒形级配分析仪对五种单级料进行五次重复在线检测,最后对每种单级料进行重复性误差分析。选取4.75～16mm、16～26.5mm两种规格粗集料,运用筛分法和规准仪法离线检测粗集料的颗粒级配和针片状颗粒含量;运用图像法对两种规格进行五次重复在线检测,根据试验结果分析级配料的重复性误差和检测精度误差。

筛分法检测颗粒级配、规准仪法检测针片状颗粒含量具体参考《建设用卵石、碎石》(GB/T 14685—2022)。在线采用粗集料粒形级配分析仪进行检测,如图1所示,具体工作流程如图2所示。三维图像处理与分析利用结构光3D测量技术,实现粗集料三维重建,如图3所示。二维图像处理与分析经过相机标定、图像采集、图像灰度化、图像分割、轮廓提取等过程,实现图像精准分割,提取集料边缘轮廓,以提高后续运算处理的准确性和分析精度。处理后灰度图与轮廓提取图如图4、图5所示。基于图像法处理,获取各颗待测粗集料对应的长度、宽度与高度信息,通过数据处理得到粗集料的长度、宽度、高度、粒径、体积、颗粒级配及针片状颗粒含量等参数。

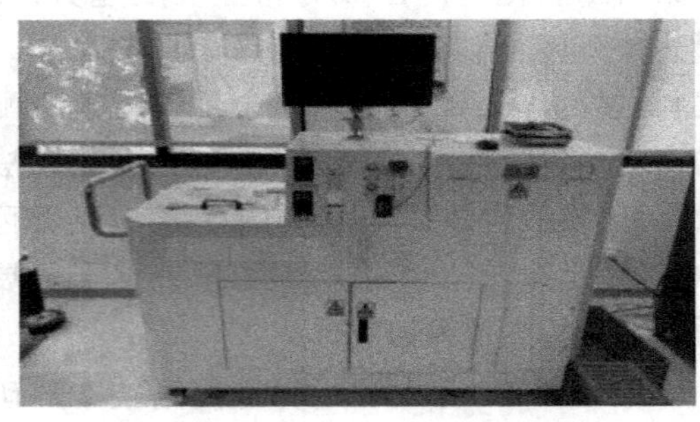

图1 粗集料粒形级配分析仪

2 单级料重复性试验结果分析

对4.75～9.5mm、9.5～16mm、16～19mm、19～26.5mm、26.5～31.5mm的单级料进行重复性试验,颗粒级配与针片状颗粒含量重复性误差试验结果如图6所示。

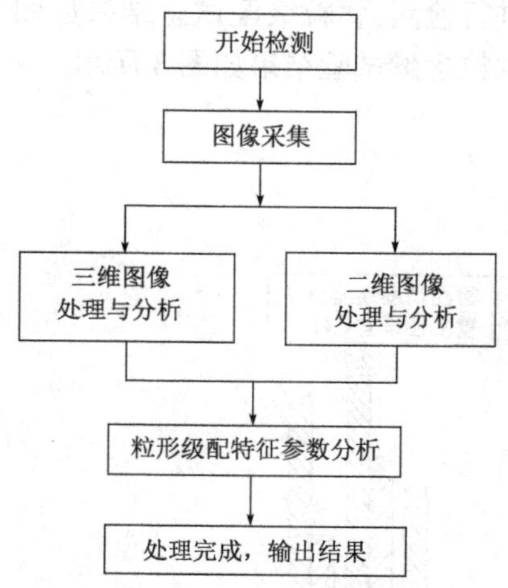

图2 图像法在线检测粗集料粒形级配流程

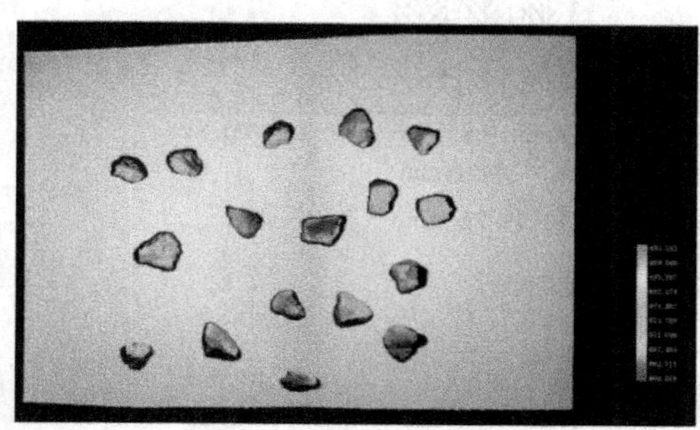

图3 粗集料三维重建

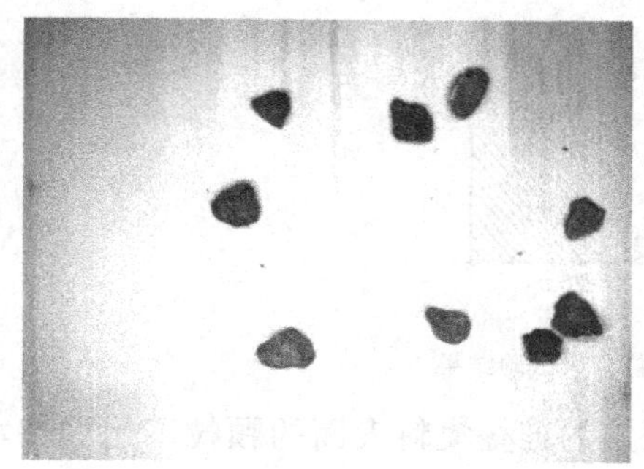

图4 处理后灰度图

图5 轮廓提取图

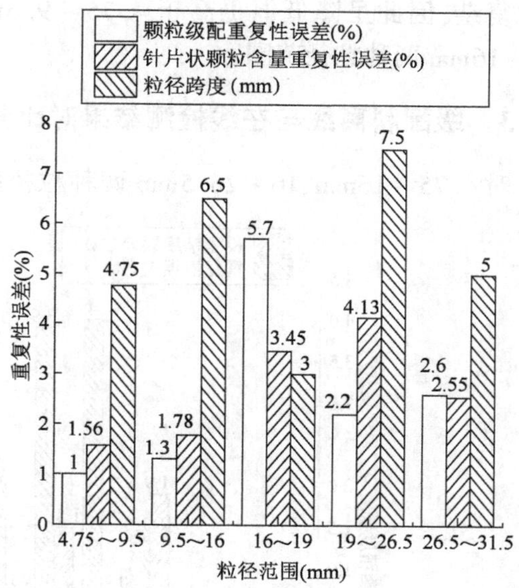

图6 不同粒径范围粗集料重复性误差统计

由图6可知，颗粒级配重复性误差随着粒径增大，呈先增大后减小的趋势，颗粒级配重复性误差最大为5.7%，位于16～19mm粒径范围内，颗粒级配重复性误差从大到小依次为16～19mm、26.5～31.5mm、19～26.5mm、9.5～16mm、4.75～9.5mm。针片状颗粒含量最大重复性误差随着粒径增大，呈先增大后减小的趋势，最大为4.13%，位于19～26.5mm粒径范围内，针片状颗粒含量重复性误差从大到小依次为19～26.5mm、16～19mm、26.5～31.5mm、9.5～16mm、4.75～9.5mm。究其原因，一方面因其粗集料颗粒粒径跨度范围、粒形差异较大，且粗集料颗粒形状差异性随粒径增大而减少，因此，重复性误差呈先增大后减小的趋势；另一方面是因为检测过程中虽然能够大概率采集到粗集料颗粒的最大接触面，但对部分具有一定厚度、形状不规则的粗集料而言，拍摄的投影面存在较大随机性，其轮廓形状、面积及周长各不相同，进而影响粗集料颗粒的体积计算，最终影响重复性误差。4.75～9.5mm、9.5～16mm两种粒径范围的粗集料尺寸偏小、粒形简单，但粒径跨度较大，因此能较多适应粒形级配变化，从而重复性误差也较小；而16～19mm粒径范围的粗集料尺寸较大，粒形变化较复杂，但粒径跨度较小，适应粒形级配的变化情况也少，重复性误差也随之增大；19～26.5mm、26.5～31.5mm两种粒径范围的粗集料尺寸较大、粒形较复杂，但粒径跨度较大，能适应粒径级配变化的情况也较多，所以重复性误差也随之降低，但由于粒径较大，粒形变化复杂,因此虽降低但仍高于 4.75～9.5mm、9.5～16mm 两种粒径范围。

3　级配料离线与在线检测结果对比分析

对 4.75～16mm、16～26.5mm 两种粒径范围粗集料进行检测,颗粒级配试验结果如图 7 所示,针片状颗粒含量试验结果如图 8 所示。

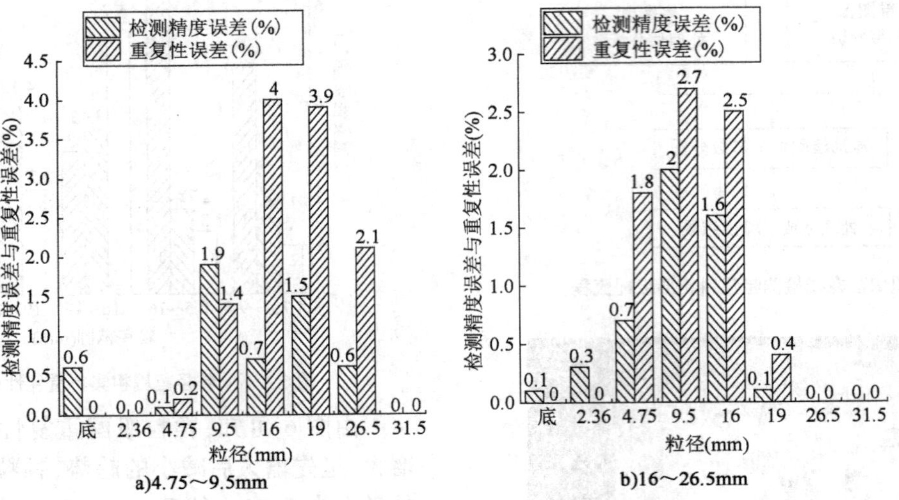

图 7　粗集料离线与在线检测颗粒级配试验误差分析

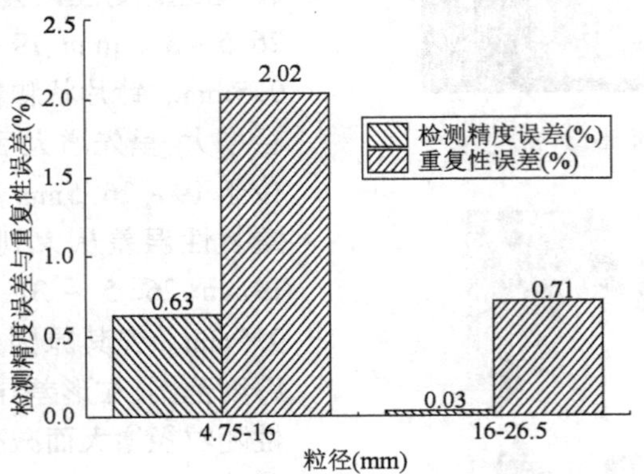

图 8　粗集料离线与在线检测针片状颗粒含量试验结果

由结果可知,4.75～16mm 范围粗集料颗粒级配重复性误差最大为 2.7%,针片状颗粒含量重复性误差最大为 2.02%,颗粒级配离线与在线检测精度误差、针片状颗粒含量检测精度误差最大分别 2.0%、0.63%。16～26.5mm 范围粗集料颗粒级配重复性误差、针片状颗粒含量重复性误差最大分别为 4%、0.71%,颗粒级配离线与在线检测精度误差最大为 1.9%,针片状颗粒含量检测精度误差最大为 0.03%。两种粒径范围粗集料检测精度误差结果整体呈现先增大后减小趋势。在线与离线检测颗粒级配和针片状颗粒含量结果吻合度较高,能够满足工程检测要求。其中误差主要源于图像在采集过程中容易受到外部环境的影响,另外采集的堆叠集料表面的颗粒不是保持水平状态,也会造成一定误差。

4　结语

(1)对图像法在线检测粗集料粒形级配具体工作流程进行了说明。三维图像处理与分析利用结构光 3D 测量技术,实现粗集料三维重建,二维图像处理与分析实现图像精准分割,提高检测精度。

(2)提出了图像法在线检测粗集料粒形级配的重复性误差和检测精度误差评价指标:通过各筛孔结果极差值中的最大值、针片状颗粒含量结果极差值反映颗粒级配、针片状颗粒含量在线检测重复性误差；通过筛分法检测颗粒级配、规准仪法检测针片状颗粒含量与重复在线检测结果均值对比偏差的绝对值反映检测精度误差。

(3)单级料重复性试验结果表明，粗集料颗粒级配重复性误差最大为5.7%，针片状颗粒含量重复性误差最大为4.13%，并对单级料重复性误差变化原因进行了分析。

(4)级配料离线与在线检测对比分析结果表明，粗集料颗粒级配重复性检测误差与检测精度误差最大分别为4.0%、2.0%，针片状颗粒含量重复性检测误差与检测精度误差最大分别为2.02%、0.63%。两种粒径范围粗集料在线检测精度误差结果整体呈现先增大后减小趋势。在线与离线检测结果契合度较高，能够满足实际工程检测要求。

参考文献

[1] HAMZELOO E, MASSINAEI M, MEHRSHAD N. Estimation of particle size distribution on an industrial conveyor belt using image analysis and neural networks[J]. Powder Technology, 2014, 261:185-190.

[2] 史源.基于LabVIEW的集料颗粒检测与级配分析[D].西安:长安大学,2014.

[3] 邹鹏.基于多源视觉的集料级配实时检测系统设计与实现[D].西安:长安大学,2015.

[4] 包静.基于多源视觉的集料动态图像采集系统研究[D].西安:长安大学,2015.

[5] 李聪,张宁,刘超.基于相移法的复杂表面物体体积测量系统[J].长春理工大学学报(自然科学版),2015(2):74-77.

[6] AGIMELEN O S, JAWOR-BACZYNSKA A, MCGINTY J, et al. Integration of in situ imaging and chord length distribution measurements for estimation of particle size and shape[J]. 2016, 144:87-100.

[7] 秦雪.基于图像分析的集料形状特征与分布特征研究[D].青岛:青岛理工大学,2016.

[8] 丁旭东,耿超,崔珊珊.基于结构光的粗集料颗粒粒径计算方法研究[J].现代交通技术,2018,15(3):9-13.

[9] 郭美虹,周新刚,秦绪祥.图像处理技术在混凝土集料形状参数分析中的应用研究[J].烟台大学学报(自然科学与工程版),2019,32(4):382-390.

[10] 黄习敏.基于图像识别的在线粒度检测方法研究与检测系统设计[D].赣州:江西理工大学,2019.

[11] 涂新斌,王思敬.图像分析的颗粒形状参数描述[J].岩土工程学报,2004,26(5):659-662.

[12] 张泽琳,杨建国,苏晓兰.煤堆图像分割与特征提取[J].中南大学学报(自然科学版),2014(6):1900-1907.

[13] 曹源文,杨国林,张莹莹,等.基于最小外接矩形的集料颗粒形状特征快速评价方法研究[J].重庆交通大学学报(自然科学版),2019,38(6):61-65.

[14] 周建昆,曾晟,梁乃兴,等.基于数字图像处理技术的粗集料针片状评价与实例验证[J].公路交通技术,2021,37(3):46-50.

[15] 林书庆.基于图像识别对粗集料粒形的分析[J].科学技术创新,2021(2):147-148.

[16] 中国建筑材料联合会.建设用卵石、碎石:GB/T 14685—2022[S].北京:中国标准出版社,2022.

[17] 中华人民共和国交通运输部.公路工程集料试验规程:JTG 3432—2024[S].北京:人民交通出版社股份有限公司,2024.

砂岩集料黏附性机理及改善方法研究

王帅林*　郑南翔　刘金铎　廖周运　王显鑫
(长安大学公路学院)

摘　要　为解决采用硅酸钠改性砂岩集料黏附性不足的问题,本文采用砂岩作为研究对象,采用电镜扫描和能谱分析法分析了黏附性不足的机理,采用四种不同的方案对采用硅酸钠溶液强化后的砂岩集料的黏附性进行研究,根据强化的结果采用车辙试验、小梁低温弯曲试验和浸水马歇尔试验对强化方案的黏附性改善效果进行评价。结果表明,采用硅烷偶联剂浸泡强化砂岩和5%浓度的石灰水溶液浸泡强化砂岩集料的黏附性改善效果显著,考虑到硅烷偶联剂成本较高,推荐采用5%浓度的石灰水溶液浸泡硅酸钠处理的砂岩集料以改善强化砂岩集料的黏附性。通过对砂岩沥青混合料的路用性能研究发现,5%浓度的石灰水溶液浸泡强化的砂岩混合料的水稳定性略差于规范要求,高温性能提升显著,动稳定度提高18.18%,车辙深度降低23.1%,低温性能有所提高,各项路用性能参数均能满足规范要求。

关键词　砂岩　集料强化　硅酸钠　剥落剂　黏附性

0　引言

随着我国经济的持续发展,我国公路建设里程也不断增加。目前道路常用的岩石主要有性能优良的玄武岩、石灰岩等集料,但随着公路建设里程的增长以及环保要求的持续提高,优质岩石的储量逐渐减少。四川地区具有丰富的砂岩资源,但经调查大部分砂岩的强度低,吸水率高,加工出的砂岩集料不满足沥青路面建设所用集料的要求。若能采取措施改善砂岩集料的物理力学性质,将其应用于沥青路面建设中,将有效缓解项目石料紧缺的局面,降低工程造价。

目前对集料强化的研究大多应用于再生集料中,通过物理[1-5]或化学方法[6-9]对再生集料进行强化处理,以降低再生集料的吸水率,提高再生集料的力学性能和表观密度。物理方法多采用对集料进行外表的处理,如李秋义等[6]提出再生集料的整形强化法,处理后的集料密度有所提高,空隙率、吸水率和压碎值都有所降低,使得再生集料可以得到很好的强化效果。

化学方法多采用化学试剂对集料进行浸泡去除其表面杂质,如 Kim 等[10-14]用稀盐酸和硫酸钠溶液对再生集料进行强化处理,以再生集料表面剩余水泥砂浆量作为评价指标,研究盐酸或硫酸钠去除再生集料表面旧水泥砂浆的效果,结果表明以 HCl 洗去再生集料表面黏附的水泥砂浆的效果要优于 Na_2SO_4。为改善硅酸钠改性砂岩造成黏附性不足的问题,本文采用四种研究方案分析了抗剥落剂的类型对砂岩沥青混合料黏附性的影响,确定了针对强化砂岩集料黏附性改善最佳方案,同时对该方案在沥青混合料路用性能的适用性进行研究。

1　原材料的性能

1.1　砂岩集料

按照《公路工程集料试验规程》(JTG 3432—2024),将砂岩集料粒径分为10~20mm、5~10mm两档,考虑到两档粗集料难以很好地调整出满意的级配曲线,将10~20mm这一档砂岩粗集料通过整形机整形,将集料整形成规则的立方体形状,减小集料的针片状含量。测定砂岩集料的各项性能,见表1。

砂岩集料的性能　　表1

技术指标		试验结果	技术标准
表观相对密度(g/cm^3)	15~20mm	2.628	≥2.5
	10~15mm	2.610	≥2.5
	5~10mm	2.609	≥2.5
吸水率(%)	15~20mm	2.663	≤3.0
	10~15mm	3.031	≤3.0
	5~10mm	3.811	≤3.0
压碎值(%)		28.9	≤28
磨耗值(%)		33.8	≤30
坚固性(%)		19.1	≤12

从表1的结果可以看出，砂岩集料的吸水率较大，集料磨耗值和压碎值较高，表明砂岩集料的力学性能较差。不满足修建高等级公路所需筑路材料的要求，因此需对其进一步处理。

考虑到砂岩集料呈酸性且砂岩破碎生产的石屑中小于0.075mm的颗粒含量较高，因此本次选用的细集料为石灰岩，其技术指标见表2。

石灰岩各项指标　表2

技术指标	试验结果	技术标准
表观相对密度(g/cm³)	2.726	≥2.50
砂当量(%)	65	≥60
坚固性(%)	10.1	≤12
棱角性(s)	45	≥30

1.2 沥青

采用SBS改性沥青，其各项指标检测结果如表3所示。

SBS改性沥青实测结果　表3

技术指标	试验结果	技术标准
针入度(25℃、100g、5s)(0.1mm)	55	≥50
软化点(℃)	80	≥75
延度(5℃、5cm/min)(cm)	32	≥20
闪点(℃)	260	≥230
溶解度(%)	99.6	≥99

1.3 矿粉

对所用矿粉进行实测得到数据，如表4所示。

矿粉的实测结果　表4

技术指标		试验结果	技术标准
表观相对密度(g/cm³)		2.694	≥2.50
含水量(%)		0.1	≤1
粒径范围	<0.6mm颗粒含量(%)	100	100
	<0.15mm颗粒含量(%)	90.4	90~100
	<0.075mm颗粒含量(%)	75.7	75~100
外观		无团粒结块	无团粒结块
亲水系数		0.76	<1
塑性指数		3.85	<4

1.4 强化剂

硅酸钠又称泡花碱，是硅酸钠或硅酸钾等硅酸盐的水溶液，为无色透明溶液。本文使用硅酸钠进行试验研究，生产厂家为嘉善县优瑞耐火有限公司。硅酸钠的各项参数见表5。

硅酸钠各项参数　表5

密度(20℃)(g/mL)	二氧化硅质量分数(%)	氧化钠质量分数(%)	波美度(20℃)(Bé)	模数(M)	固含量(%)
1.385	26.98	8.53	38.5	3.30	35.5

2 集料强化后指标及问题

2.1 强化后砂岩集料性能

向水玻璃中加入清水采用8%浓度的硅酸钠(即20%浓度的水玻璃溶液)浸泡砂岩集料24h后测得强化砂岩集料的物理性能数据，如表6所示。

20%浓度水玻璃改性后砂岩集料的性能　表6

技术指标		试验结果		技术标准
		原砂岩集料	强化改性后砂岩集料	
表观相对密度(g/cm³)	15~20mm	2.643	2.610	≥2.5
	10~15mm	2.643	2.610	≥2.5
	5~10mm	2.664	2.623	≥2.5
吸水率(%)	15~20mm	3.38	2.80	≤3.0
	10~15mm	3.41	2.82	≤3.0
	5~10mm	3.82	3.50	≤3.0
压碎值(%)		28.9	19.9	≤28
磨耗值(%)		33.8	26.2	≤30
坚固性(%)		19.1	8.1	≤12

通过对比表6可知，通过水玻璃处理后砂岩集料的吸水率、压碎值和磨耗值等得到大幅改善。改性后的砂岩集料均能满足相应的技术标准。

2.2 黏附性问题

研究发现砂岩集料在经水玻璃处理后出现黏附性急剧下降的现象，经水煮法试验可观察到集料表面沥青膜剥落严重,为进一步研究砂岩集料黏附性变化机理对水玻璃处理后集料表面进行了能谱分析,结果如图1所示。

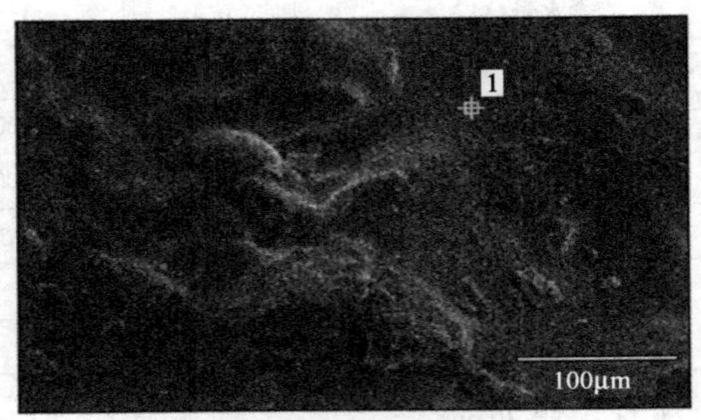

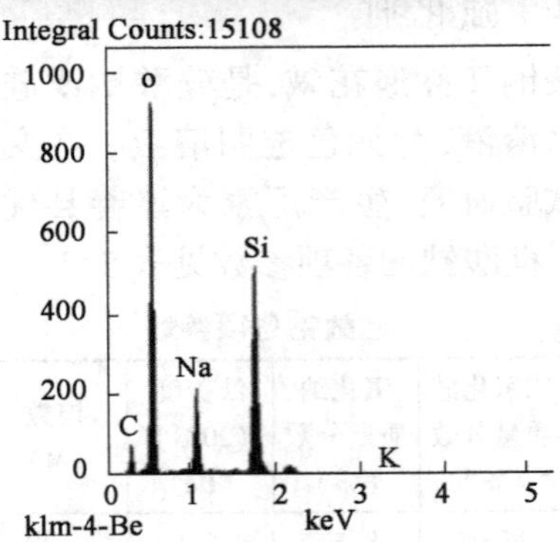

图1　水玻璃处理后集料能谱分析图

对能谱图进行分析,得出各元素的质量百分比,结果见表7。

能谱分析结果表　　表7

元素	C	O	Na	Si	K
质量百分比(%)	5.85	53.13	10.01	30.14	0.88

通过能谱分析得到水玻璃浸泡集料后,集料表面 SiO_2 的含量占到64.47%,远超过集料本身的 SiO_2,这就表明水玻璃结晶硬化后在集料表面生成硅酸凝胶,酸性的硅胶严重影响了集料表面与沥青的黏附性,同时集料表面生成的光滑的硅酸凝胶薄膜,降低了集料表面的粗糙度,降低了沥青与集料的黏结界面面积,从而减小沥青与集料之间的机械结合力,影响黏附性。因此,对于水玻璃处理的集料需要解决其与沥青黏附性不足的问题。

3　集料黏附性改善方法研究

3.1　基于力学理论的黏附性评价方法

砂岩本身为典型的酸性集料,经研究发现,经过硅酸钠处理之后的砂岩强度和吸水率的到有效改善,但其黏附性却显著降低。

根据已有的研究,本文采用8%浓度的硅酸钠溶液对砂岩进行强化处理,探究不同改性剂对其黏结性的提升效果。参照ASTMD 4541-09,采用美国狄夫斯高生产的PosiTest AT-A附着力测试仪进行拉拔试验,拉拔试验仪如图2所示,分辨率为0.01MPa,测量精度为±1%,其可以通过对锭子施加拉拔力来测定基材与黏结物之间的黏结力 F,按照式(1)换算为拉拔强度 σ。

$$\sigma=\frac{F}{S}=\frac{4F}{\pi D^2} \tag{1}$$

式中:σ——拉拔强度(MPa);

F——拉拔力(kN);

S——接触面积(m^2);

D——锭子直径(m)。

图2　拉拔试验仪

3.2　基于沥青剥落的黏附性评价方法

为评价抗剥落剂类型对沥青混合料黏附性影响,同时考虑试验的可操作性,采用水煮法进行试验,将裹覆沥青的13.2~19mm的集料在微沸的水中煮3min,检验在4种不同的抗剥落剂下强化砂岩集料与沥青的黏附性,水煮试验结果如图3所示。

砂岩集料 SiO_2 含量虽然较高,但因其粗糙的表面,增大沥青与集料的黏结面积;此外,高温状态下的液相沥青渗入集料表面的孔隙和微裂缝,在增加沥青与集料黏结面积的同时,硬化的沥青嵌入集料表面裂缝以及锚固在集料孔隙中,也产生楔合力,提高沥青与砂岩集料之间的黏结力,使得未处理砂岩集料与沥青的黏附性较好。

经过水玻璃浸泡后的强化集料,由于水玻璃结晶硬化后在集料表面生成酸性且光滑的硅酸凝胶,一方面影响了沥青与集料的化学黏附,另一方面降低了集料表面的粗糙度,减小沥青与集料之间的机械结合力,影响黏附性。汇总拉拔试验和水煮试验结果并进行对比研究,如表8所示。

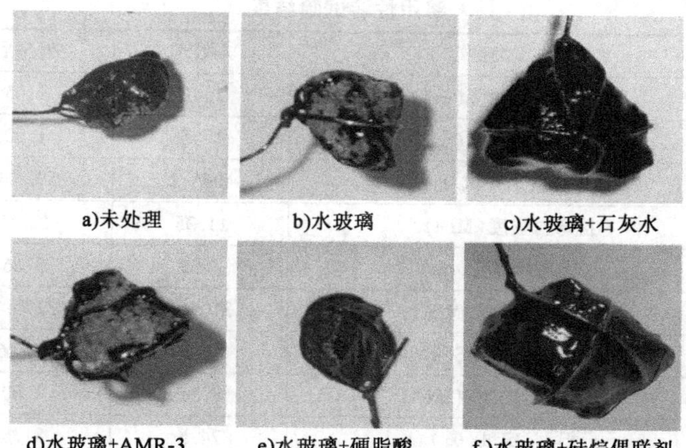

图3 水煮法试验结果照片

沥青-集料黏附性试验结果 表8

试验方案	试验结果	拉拔强度(MPa)	黏附性等级
对照组	水玻璃强化砂岩	0.42	1
方案一	石灰水浸泡强化砂岩	2.02	5
方案二	AMR-3 抗剥落剂	0.67	1
方案三	硬脂酸裹附强化砂岩	1.89	4
方案四	硅烷偶联剂浸泡强化砂岩	2.16	5

由表4可得,硅烷偶联剂浸泡强化集料后对其与沥青的黏附性改善效果最好,AMR-3抗剥落剂效果较差。虽然石灰水与硅烷偶联剂浸泡后的黏附性等级均为5级,但硅烷偶联剂改善后集料与沥青的拉拔强度是要高于石灰水浸泡处理的。沥青在添加AMR-3抗剥落剂后与硅酸钠强化集料的黏附性等级为1级,与未添加抗剥落剂的沥青黏附性等级一致,但拉拔强度确是要高于未添加抗剥落剂的沥青。

综上所述,硅烷偶联剂与石灰水对集料与沥青的改善效果最佳,但考虑到硅烷偶联剂成本较高,故采用5%浓度的石灰水溶液浸泡硅酸钠处理的砂岩集料,以改善黏附性。

4 强化砂岩混合料黏附性效果分析

4.1 路用性能验证

根据上述分析,用石灰水浸泡处理后可以很好地解决水玻璃处理后集料与沥青黏附性不足的问题。为了验证改性后砂岩集料其沥青混合料是否满足使用要求,选用AC-20型沥青混合料进行配合比设计,采用车辙试验、低温弯曲试验、浸水马歇尔试验等对强化改性砂岩沥青混合料黏附性问题是否得到解决展开研究。

本文采用AC-20型密级配设计,这种级配细集料可充分地填充于粗集料骨架结构的空隙中,形成密实的沥青混合料。这种密级配有效降低了空隙率,增强混合料的抗水损害能力,有效提升沥青混合料的耐久性,图4为级配曲线。

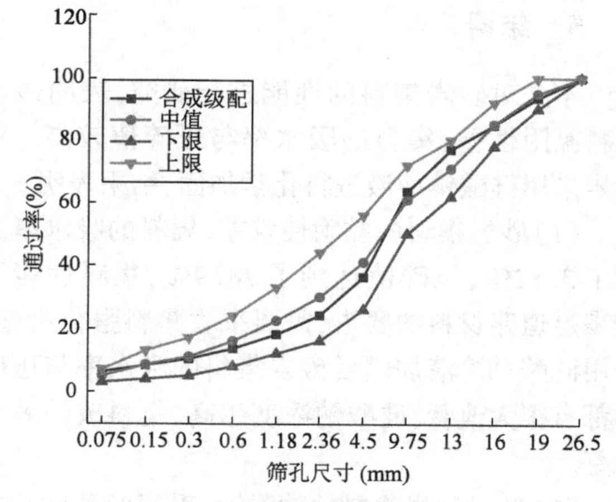

图4 合成级配曲线图

之后进行车辙试验、小梁低温弯曲试验、浸水马歇尔试验验证其沥青混合料的水稳定性、高温稳定性以及低温性能,表9为三大试验的各项数据。

路用性能试验结果　　表9

试验内容	方案类型	未处理	处理后	增长/减少百分比(%)
车辙试验结果	45min 车辙深度(mm)	1.42	1.05	-25.87
	60min 车辙深度(mm)	1.56	1.20	-23.08
	动稳定度 DS(次/mm)	4846.2	5727.0	+18.18
小梁低温弯曲试验结果	抗弯拉强度(MPa)	11.35	12.11	+6.70
	最大弯拉应变(με)	3655	3766	+3.04
	弯曲劲度模量(MPa)	3105.3	3215.8	+3.56
浸水马歇尔试验结果	30min 稳定度 MS(kN)	11.51	11.76	+2.17
	48h 稳定度 MS(kN)	8.57	9.60	+12.02
	残留稳定度(%)	74.5	81.6	+9.53

4.2　试验结果分析

根据上述试验数据,车辙试验表明,砂岩集料在经过强化改性处理后,集料的力学强度得到一定的增强,在车轮荷载的反复碾压作用下集料不再容易发生破碎,最终使得动稳定度提高了18.2%,且车辙深度有着明显的降低。浸水马歇尔试验和小梁低温弯曲试验结果表明,当砂岩集料经过强化改性处理后,压碎值降低,吸水率降低,可以一定程度上提高其沥青混合料的水稳定性能,集料力学性质的提升延缓了裂缝在集料中的发展速度,集料微裂缝得填充使得沥青混合料裂缝发展受阻,一定程度上提升了沥青混合料低温下的弯拉强度以及最大弯拉应变,低温抗裂性能有所提升。

5　结语

本文对砂岩集料的性能进行研究,表明砂岩集料黏附性差、集料的吸水率与压碎值较高。对砂岩采用硅酸钠溶液进行化学加固,结果表明:

(1)砂岩集料的黏附性较差,集料的吸水率达到了3.82%,压碎值达到了28.9%,集料性能不能满足道路材料的要求,需要采去集料强化措施。采用硅酸钠溶液加固后砂岩集料的吸水率与压碎值都有很大改善,硅酸钠浓度越高,集料改性效果越好。

(2)针对砂岩集料的黏附性,采用四种试验方案对硅酸钠处理之后的集料进行研究,结果表明,硅烷偶联剂浸泡强化砂岩和5%浓度的石灰水溶液浸泡硅酸钠处理的砂岩集料的效果最佳,但考虑到研究的费用,应优先选用后者,对改性后的砂岩集料进行技术论证,发现处理后的砂岩集料均能满足相应的技术标准。

(3)通过对改性后混合料路用性能的研究,结果表明,使用硅酸钠及石灰水处理集料其水稳定性略差于规范要求,高温性能提升显著,动稳定度提高了18.18%,车辙深度降低了23.1%,低温性能也有所增加。故可以认为沥青混合料的路用性能满足要求,验证了采用5%浓度的石灰水溶液浸泡硅酸钠处理的砂岩集料,可以改善砂岩集料力学性能和黏附性不足的问题。

参考文献

[1] 胡忠辉.大粒径再生集料水泥稳定碎石基层性能试验研究[D].淄博:山东理工大学,2016.

[2] 刘陵庆.水泥稳定再生集料的性能及设计研究[D].西安:长安大学,2014.

[3] 张涛.再生集料改性及其在沥青混合料中的应用[D].武汉:武汉理工大学,2010.

[4] 宋学锋,白超.化学强化剂对再生集料及再生混凝土性能的影响研究[J].硅酸盐通报,2019,38(6):1748-1754.

[5] 华小巧.建筑废弃物再生集料强化与再生混凝土的研究[D].昆明:昆明理工大学,2009.

[6] 李秋义,李云霞,朱崇绩.颗粒整形对再生粗集料性能的影响[J].材料科学与工艺,2005,(6):579-581,585.

[7] 马士宾,牛宗岳,刘月钊,等.建筑垃圾再生集料性能强化研究进展[J].建筑科学与工程学报,2022,39(6):1-13.

[8] 苏燕,古松,常晓蕾,等.加热改性再生混凝土粗集料试验研究[J].混凝土与水泥制品,2015(10):6-10.

[9] SHIMA H, TATEYASHIKI H, MATSUHASHI R, et al. An advanced concrete recycling technology and its applicability assessment through input-output analysis[J]. Journal of Advanced Concrete Technology, 2005, 3(1): 53-67.

[10] KIM Y, HANIF A, USMAN M, et al. Influence of bonded mortar of recycled concrete aggregates on interfacial characteristics Porosity assessment based on pore segmentation from backscattered electron image analysis[J]. Construction and Building Materials, 2019, 212: 149-163.

[11] TAM V W Y, TAM C M, LE K N. Removal of cement mortar remains from recycled aggregate using pre-soaking approaches[J]. Resources, Conservation and Recycling, 2007, 50(1): 82-101.

[12] PURUSHOTHAMAN R, AMIRTHAVALLI R R, KARAN L. Influence of treatment methods on the strength and performance characteristics of recycled aggregate concrete[J]. Journal of Materials in Civil Engineering, 2015, 27(5).

[13] 夏文静,蒋斌,吴涛,等.基于正交试验采用多指标矩阵分析改性生土墙体材料热湿配合比[J].硅酸盐通报,2020,39(06): 1859-1867.

[14] 孟定宇.低冰点雾封层材料设计及性能评价[D].哈尔滨:哈尔滨工业大学,2016.

基于图像的机制砂细粉含量快速检测研究

刘 婕[1] 王英英[1] 李航英[1] 马亚萌[1] 薛 瑛[2*]

(1.长安大学信息工程学院;2.甘肃省公路交通建设集团有限公司)

摘 要 机制砂中的细粉含量是影响其性能的关键因素,然而现有的细粉含量检测方法存在周期长、自动化程度不足等问题。本文提出了一种基于图像特征的机制砂细粉含量快速检测方法。首先,通过烘干、筛分和超声波清洗等流程,制备出细粉含量在0.25%~8%范围内的机制砂混合悬浊溶液。随后,利用内置光源的封闭式图像采集平台,采集悬浊溶液的图像。通过对图像进行裁剪、读取RGB值,并将其转换为LCH和HSI颜色空间以提取图像特征,建立图像特征和细粉含量数据集。分析图像特征随时间变化规律确定最佳图像采集时间,利用相关分析筛选出与细粉含量变化高度相关的特征。最后采用多元线性回归分析法建立图像特征与细粉含量的拟合关系式,并通过实际采集图像进行验证。结果表明,图像采集时间最优区间为6~7min,筛选的图像特征与细粉含量的相关系数大于0.85,预测值与实际值的最大误差率小于6.927%。表明该方法在机制砂细粉含量快速检测中的可行性和有效性,为道路材料领域提供了一种新的检测手段。

关键词 道路材料 机制砂 细粉含量 图像特征 多元线性回归分析

0 引言

在公路建设行业全面推行"品质工程"的环境下,混凝土质量成为公路建设项目质量控制的关键点。细粉含量作为评估混凝土机制砂质量的关键指标,对以机制砂为细集料的拌合物性能具有显著的影响[1-2]。然而,传统的细粉含量检测方法,如《公路工程集料试验规程》[3]和《公路桥涵施工技术规范》[4]中的筛洗法、砂当量法、亚甲蓝法等,存在操作烦琐、耗时长且结果易受人为因素影响的缺点,尤其对于细集料连续、同时进场的实况下,现有试验检验方法取样频率已无法满足细

基金项目:甘肃省交通运输厅科技项目(2022-03)。

集料“车车必检”的检测需求。

近年来,随着机器视觉技术的不断发展,基于图像分析的液体中某种成分快速检测方法逐渐成为研究热点。刘泽宇[5]、郭景宝等[6]设计了一种原砂含泥量检测装置,研究得到了浊度和含泥量的对应关系。王风雅[7]采用数字图像采集技术对涡洗之后的原砂浊液进行图像采集,并建立了线性预测模型和BP神经网络预测模型,以预测原砂的含泥量,实现了铸砂含泥量的准确测量。符凯娟等[8]等人使用回归方法对草莓叶片图像进行分析,研究了32种颜色特征与叶片含水率之间的关系,并从中筛选出了最能反映叶片含水率变化的图像特征,建立了最优的草莓叶片含水率回归预测模型。Yuanyang Zhu 等[9]通过采集液体图像,提取中心区域400像素的平均RGB值,并将其转换为CIE Lab色彩空间值通过浊度与相应颜色成分(R、G、B、L、a、b、灰度)的函数关系实现快速测量水的浊度。Ruiz-Navarro 等[10]利用计算机视觉技术分析量化化学试剂与水样品反应后的图片颜色特征,建立预测模型,预测出水样品中的游离氯浓度。以上研究利用图像特征的分析建立模型实现图像中某组分的准确测量,能够为本研究机制砂细粉含量的快速检测提供了解决思路。

耿方圆等[11-12]采用光学显微镜设备对机制砂进行拍摄及预处理,采用深度学习网络对机制砂附着石粉进行分割,分别得到机制砂表面附着石粉和散落石粉的量化结果。李姝彤等[13]基于机制砂细粉溶液的图像特征建立机器学习模型对机制砂细粉含量进行预测,达到了很高的预测精度。当前基于图像法的机制砂细粉含量快速检测得到了发展,但依然存在试验设置偏重原理实现,样本量缺乏,图像特征和细粉含量的相关性解释不充分等问题,距离实际应用还有一定的距离。

本研究以路桥隧实工况出发,设计了机制砂细粉含量快速检测研究方案。首先将不同质量分数细粉含量的机制砂样品,制备成悬浊液。然后设计暗箱避免外界光线干扰,通过图像采集系统对悬浊液进行拍照。最后对图像进行预处理和特征提取,筛选出敏感特征,确定最优拍照时间区间,分析图像特征和细粉含量的关系,并建立基于多元线性回归的预测模型,可以作为一种快速、直观且经济的机制砂细粉含量检测方法,应用于实际工程。

1 图像采集

本研究首先通过制备不同质量分数细粉含量的机制砂悬浊液,以模拟路桥隧建设中混凝土机制砂的实际应用场景。将装有机制砂悬浊液的烧杯放入设计好的暗箱中,再通过计算机上的图像采集软件对机制砂悬浊液图像进行采集。图像采集的流程图如图1所示。

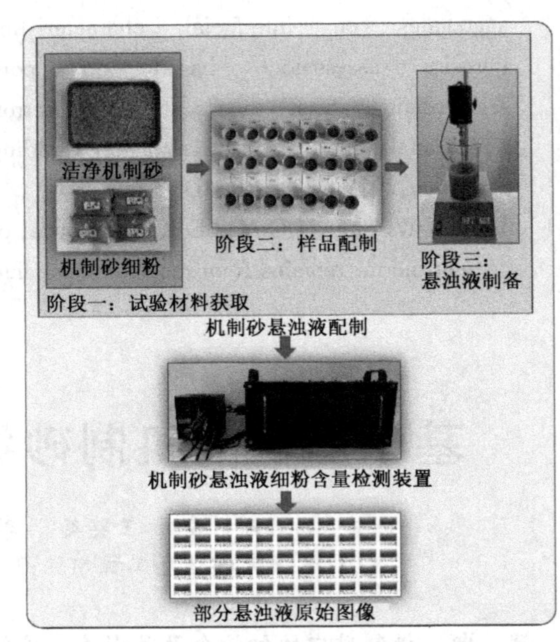

图1 机制砂悬浊液图像采集流程

1.1 机制砂悬浊液制备

路桥隧建设中常见的机制砂细粉含量的质量分数范围为0.05%~8%,本研究在此范围内进行了覆盖,尽可能还原了工程中检测机制砂细粉含量实况。机制砂悬浊液制备主要分为三个阶段:试验材料获取、样品配制、悬浊液制备。

将从工地上获取的机制砂经过烘干至恒重,再通过0.075mm筛子进一步筛分,获得小于0.075mm的细粉,其中包含石粉和黏土粉成分,如图1阶段一的机制砂细粉图所示。将粒径大于0.075mm的机制砂置于超声波清洗设备中,通过高频振动和清洗液的共同作用,去除机制砂表面的细粉,烘干后得到纯净的机制砂样品,如图1阶段一的洁净机制砂所示。机制砂样品每次实验所取用的机制砂样品总重为200g,其中机制砂细粉的质量从0.5g逐渐增加至16.0g,每次增加0.5g。随后,添加纯净机制砂使总质量达到200g。部分机制砂样品细粉含量质量分数如表1所示。机制砂配制样品实物图如图1阶段二中所示。

部分机制砂样品参数　表1

序号	机制砂细粉质量(g)	纯净机制砂质量(g)	总质量(g)	细粉质量分数(%)
1	0.5	199.5	200	0.25
2	1.0	199.0	200	0.50
3	1.5	198.5	200	0.75
4	2.0	198.0	200	1.00
5	2.5	197.5	200	1.25
6	3.0	197.0	200	1.50

制备机制砂悬浊液的操作流程如下：首先，将预先配置好的机制砂样品精准地放入圆底烧杯中。随后，量取600mL的洁净水，缓慢倒入烧杯中，与机制砂样品充分接触。紧接着，利用细集料搅拌装置，以600r/min(±60r/min)的恒定转速对悬浊液进行搅拌，这一过程持续5min，确保机制砂与水能够完全且均匀地混合。搅拌完成后，将悬浊液转移至特制的方形石英烧杯中，以供后续实验使用，如图1中阶段三所示。

1.2 图像采集装置

将盛有悬浊液的方形石英烧杯放入一个特制的暗箱中。该暗箱内部配备了光学相机、定制石英烧杯、光源等设备。经过反复试验和优化后确定设备之间的相对位置。相机型号为大恒相机MER-500-14GM，纯净石英烧杯的尺寸为长100mm、宽100mm、高90mm，光源采用白色机器视觉方形光源。在这个密闭且光线受控的暗箱中，通过控制计算机上的图像采集软件对机制砂悬浊液进行拍照，并采集图像数据，如图1中机制砂悬浊液细粉含量检测装置所示。如图1部分悬浊液图像所示，清晰地展示了机制砂悬浊液中的细粉分布情况，为后续的分析和研究提供了重要的视觉依据。

2 建立机制砂悬浊液预测模型

基于采集到的不同质量分数细粉含量的机制砂悬浊液图片，通过图像分割、特征提取和细致的统计分析，筛选出与细粉含量密切相关的敏感图像特征，利用多元线性回归方法，构建了预测模型，以定量描述图像特征与机制砂细粉含量之间的复杂关系。

2.1 颜色空间选择

机制砂悬浊液表面漂有浮沫，底部有大粒径机制砂沉积，这些都会干扰图像的分析，因而需要对相机拍摄得到的图片进行裁剪，保留有利于提取特征的图像。原始图像的大小为1628×1236，裁剪过后为800×700。

通过对裁剪后的机制砂悬浊液图像进行特征提取，以实现细粉含量的精确检测。在计算机视觉和图像处理领域，颜色信息是关键的识别依据，而多种颜色空间提供了表达这些信息的不同方式。针对机制砂悬浊液检测细粉含量的特定需求，本研究选择使用RGB、HSI以及LCH三种颜色空间。

RGB空间保留图像的原始颜色信息同时避免了颜色空间转换，提高了处理效率，这一特性对于需要快速响应的机制砂悬浊液检测系统尤为重要。

HSI空间包括色调、饱和度和强度三个分量，有助于更准确地提取与细粉含量相关的颜色特征。

LCH空间通过分解颜色信息为亮度、色相和饱和度三个分量，使得颜色特征更加独立，有助于对机制砂悬浊液中的颜色进行更细粒度的分析和处理。由于LCH空间与人类对颜色的感知更为接近，它能够更准确地描述图像中的颜色信息，特别是与细粉含量相关的颜色变化。

RGB、HSI和LCH三种颜色空间在机制砂悬浊液检测细粉含量的应用中各具优势。通过结合使用这些颜色空间，我们能够更全面地提取和分析图像中的颜色特征，从而提高机制砂悬浊液检测细粉含量的准确性和效率。

对机制砂悬浊液图片在RGB、HSI和RGB空间进行特征提取，得到的部分数据如表2所示。

机制砂悬浊液在HSI空间的特征值　表2

细粉(g)	H1	S	I
0.5	39.21	102.83	178.95
1	39.24	102.00	174.40
1.5	41.52	98.00	218.69
2	41.63	97.48	217.91
2.5	40.13	100.93	195.06
3	40.35	100.00	195.67
3.5	39.57	101.18	182.23

续上表

细粉(g)	H1	S	I
4	39.15	101.31	174.71
4.5	39.22	101.42	176.51
5	38.71	101.35	166.01
5.5	38.58	102.33	166.85
6	38.03	101.62	156.81
6.5	38.26	101.80	163.59
7	37.70	101.074	148.06
7.5	37.59	101.05	146.72
8	37.61	100.04	144.23
8.5	37.40	98.69	136.28
9	37.33	99.21	136.73
9.5	37.51	99.68	141.27
10	36.5	100.98	131.81

2.2　图像采集时间区间确定

机制砂悬浊液图像和采集时间密切相关，配制的样品会逐渐沉降，如图2所示，可以观察到悬浊液图像在0min、5min、10min的明显变化。悬浊液静置时间的长短影响机制砂细粉含量的预测结果，时间过短颗粒在液体中仍然保持较高的分散状态，无法对特征区域进行区分；时间过长导致图像中上层液体中的细粉含量过少，无法进行特征提取和数据预测。

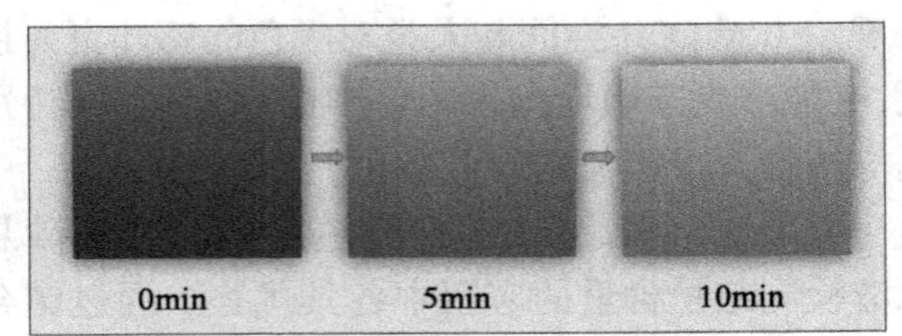

图2　机制砂悬浊液时间序列图像

为分析确定悬浊液静置时间，选择细粉含量质量分数为0.25%、2%、4%、6%、8%的机制砂样品制成悬浊液通过暗箱进行拍照，拍照间隔为15s，拍照时长为10min。分析图像的R、G、B、H、S、I、L、C、H值随静置时间变化规律，如图3所示，以静置时间为横坐标，以图像的L、R、G特征值为纵坐标。

由图3中可知，折线在静置时间为8~10min时部分特征点线图重合，表明静置时间超过8min后，图像特征对不同克数的图像难以表征，在6~7min时，三条折线都不重合，且相差最大。综上所述，选取的检测时间应该为特征值差异相对最明显的，所以选取6~7min作为静置时间。

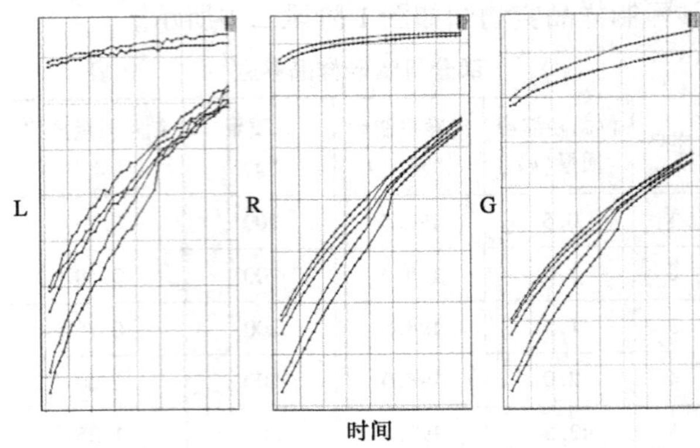

图3　机制砂悬浊液L、H、G值随时间变化曲线(不同细粉含量)

2.3　基于多元线性回归的机制砂细粉含量检测模型

为了全面研究机制砂细粉含量与悬浊液图像颜色特征的关系，筛选有效特征，对机制砂悬浊液样本数据进行Pearson相关性分析，以揭示两者间的相互作用关系，其定义可表示为式(1)：

$$\rho = \frac{C_{ij}}{\sigma_i\sigma_j} = \frac{\mathrm{cov}(x_i, x_j)}{\sqrt{\mathrm{var}(x_i)}\sqrt{\mathrm{var}(x_j)}} = \frac{\sum_{i=1}^{n}\sum_{j=1}^{n}(x_i - \overline{x_i})(x_j - \overline{x_j})}{\sqrt{\sum_{i=1}^{n}(x_i - \overline{x_i})^2}\sqrt{\sum_{j=1}^{n}(x_j - \overline{x_j})^2}} \tag{1}$$

式中：$\overline{x_i} = \frac{\sum_{i=1}^{n} x_i}{n}$；$\overline{x_j} = \frac{\sum_{j=1}^{n} x_j}{n}$；$C_{ij}$为变量$x_i$和$x_j$的协方差，$\sigma_i$为$x_i$的标准差；$\sigma_j$为$x_j$的标准差；$\rho$为$x_i$和$x_j$的相关系数。

通过悬浊液图像特征与细粉含量的Pearson相关性分析，从9个初始图像特征中获得与细粉含量质量密切相关的5个显著特征，其与细粉含量质量的相关系数如表3所示。可见R值、G值、B值、L值、C值的相关系数绝对值均大于0.85，说明这5组图像特征与机制砂细粉含量质量分数之间具有较大的相关性。因此，选取以上特征用来表征细粉含量，这些特征可进一步用作细粉含量的预测。

图像特征与细粉含量的相关系数　　表3

特征参数	Pearson系数
H1	−0.8070
S	−0.6838
I	−0.8359
R	−0.8829
G	−0.8759

续上表

特征参数	Pearson 系数
B	-0.8527
L	-0.8891
C	-0.9320
H2	-0.7511

针对32条机制砂细粉克数对应的图像特征建立的数据集，分别提取5个显著特征R、G、B、L和C作为自变量，将实际的机制砂细粉含量作为因变量，采用多元线性回归函数拟合数据集中自变量和因变量之间的关系，建立细粉含量预测模型，回归方程为式(2)（决定系数$R^2=0.867$）：

$$y=-160.113+1.081R-1.795G+0.255B+5.213L-6.572C \quad (2)$$

式中：y——细粉含量预测值。

3 模型应用与验证

对建立的机制砂细粉含量预测模型进行精度检验，检验样本为验证组的5个数据，随机选取5种不同质量分数细粉含量的机制砂进行悬浊液制备，拍照提取图像上述3个显著的特征，代入式(2)，对上述模型进行测试，得到机制砂细粉含量预测值。

按式(3)计算相对误差，机制砂细粉含量检测模型的测试结果如表3所示。

$$R_e=\frac{|y_p-y|}{y}\times 100\% \quad (3)$$

式中：R_e——相对误差；

y_p——细粉含量预测值；

y——细粉含量实测值。

机制砂细粉含量检测模型测试结果进行统计，如表4所示，相对误差最大值6.927%，相对误差最小值为1.2%，表明了所提模型的实用性。

机制砂细粉含量检测模型预测结果　表4

实测值y(g)	预测值y_p(g)	相对误差R_e(%)
1.5	1.518	1.200
3.5	3.343	4.486
9.5	9.940	4.632
11.0	11.762	6.927
14.5	14.113	2.667

4 结语

本研究将不同克数的机制砂细粉和筛除细粉后并清洗的纯净机制砂混合，制备成悬浊液利用图像采集系统进行拍照，对采集的图像进行分割和特征提取，通过分析图像特征随时间的变化确定了图像采集时间区间，进而分析图像特征和细粉含量值的相关性，筛选出最佳特征，分析图像特征和细粉含量的关系，并建立基于多元回归的预测模型，得出如下主要结论：

(1)机制砂悬浊液图像特征的R、G、B、L、C特征与机制砂细粉含量具有较强的相关性，相关系数的绝对值均大于0.85，可作为石粉含量的有效表征。

(2)悬浊液制备完成后，确定图像最优采集时间区间为6~7min。

(3)基于筛选的5个图像特征，建立细粉含量预测的多项式回归预测模型，决定系数$R^2=0.867$，采用不同母岩的机制砂进行验证，其最大相对误差为6.927%，最小相对误差为1.20%。

与传统机制砂细粉含量测试方法相比，本文基于图像特征的检测方法，操作简单、耗时短、减小了人为因素的干扰准确性，同时回归模型具有快速计算的优点，对简化机制砂细粉含量检测流程、提高检测效率具有重要意义。为了进一步提高模型在不同母岩机制砂的泛化能力，后续研究中需要增加不同母岩和来源机制砂的实验样本，其次，尝试更多的图像特征并结合机器学习模型算法，以进一步提高模型的预测精度和稳定性。

参考文献

[1] 张如林，陈玉前，刘书童，等. 机制砂石粉含量对混凝土的性能影响研究[J]. 混凝土，2016，(3)：84-85.

[2] CHEN X，YUGUANG G，LI B，et al. Coupled effects of the content and methylene blue value (MBV) of microfines on the performance of manufactured sand concrete[J]. Construction and Building Materials，2020(240)：117953.

[3] 中华人民共和国交通部. 公路工程集料试验规程：JTG E42—2005[S]. 北京：人民交通出版社，2005.

[4] 中华人民共和国交通运输部. 公路桥涵施工技术规范：JTG/T F50—2011[S]. 北京：人民

交通出版社,2011.
[5] 刘泽宇.浊度法原砂含泥量检测方法及装置[D].哈尔滨:哈尔滨理工大学,2019.
[6] 郭景宝,马旭梁,李大勇,等.一种快速检测原砂含泥量的自动装置[J].铸造,2019,68(2):181-185.
[7] 王风雅.原砂细粉含量的图像检测方法研究[D].哈尔滨:哈尔滨理工大学,2021.
[8] 符凯娟,冯全,陈佰鸿.基于图像特征的草莓叶片含水率检测模型[J].林业机械与木工设备,2020,48(8):27-34.
[9] YUANYANG Z,PINGPING C,SHENG L,et al. Development of a New Method for Turbidity Measurement Using Two NIR Digital Cameras[J]. ACS,omega,2020,5(10):5421-5428.
[10] RUIZ-NAVARRO J A,SANTOS-LÓPEZ F M,PORTELLA-DELGADO J M,et al. Computer vision technique to improve the color ratio in estimating the concentration of free chlorine[C]// International Conference on Computer Science,Electronics and Industrial Engineering (CSEI). Cham: Springer International Publishing,2021:127-141.
[11] 耿方圆,高尧,李伟,等.基于改进UNet网络的机制砂石粉分割量化方法[J].计算机系统应用,2022,31(5):213-221.
[12] 耿方圆.基于深度神经网络的机制砂石粉量化方法研究[D].西安:长安大学,2022.
[13] 李姝彤,李伟,高尧,等.基于机器学习XGBoost的机制砂细粉含量预测[J].计算机系统应用,2023,32(3):256-264.

不同粒径水泥稳定碎石材料收缩性能研究

卫奥忠[1] 李联伟* 沙明宇[2] 范闻归[1] 李 程[1,3]
(1.长安大学公路学院;2.甘肃格瑞工程检测公司;3.西藏建工建材集团有限公司)

摘 要 为研究水泥稳定材料最大粒径对开裂性能的影响,本文以k法作为级配理论设计基础,采用花岗岩碎石材料设计了3种不同最大粒径(19.0mm、26.5mm及31.5mm)级配,开展了温度收缩及干燥收缩试验,对比了两种收缩特性对水泥稳定碎石材料开裂性能的相对影响。研究结果显示,在干缩性能测试中,最大粒径为31.5mm的水泥稳定碎石材料具有较好的抗干缩性,而最大粒径为19.0mm的材料则干缩性能较差。在温度收缩性方面的测试中发现,最大粒径为31.5mm的材料则在低温环境下展示了更好的抗裂性和稳定性。该研究还表明,相较于干燥收缩,温度收缩对水泥稳定碎石材料的性能影响更为显著,为道路基层抗裂的研究提供了重要的技术支持。

关键词 水泥稳定碎石 级配设计 干缩 温缩

0 引言

半刚性基层具有板体性好、承载力强、原材料来源广及耐久性好的优点。水泥稳定碎石材料能够提供较高的承载能力和抗压强度,广泛用于半刚性基层建设。根据实际工程项目发现,以水泥稳定材料进行基层建设,在路面养护结束初期就出现开裂,在我国西北地区由于昼夜温差大及气候问题,半刚性基层开裂问题更为普遍和严重。水泥稳定基层收缩开裂与基层的水化和固化有关[1]。大多数研究结果表明,水稳碎石材料的干燥收缩是导致收缩开裂的主要原因。在路面上,水泥稳定基层的收缩裂缝可以通过沥青混凝土表面反射,使水渗入基层,水会导致基层刚度的损失,与没有裂缝的路面相比,会导致更快的恶化速度[2-3],水的存在显著影响水稳碎石材料的膨胀和收缩,温度变化会增强收缩或因冻结而引起膨胀[4]。

级配设计是影响作为水泥稳定碎石基层强度性能和开裂性能的关键因素。刘文涛[5]研究了不同级配及水泥剂量对水稳碎石力学与收缩性能的影响。结果显示,当粗、中、细混合料的水泥剂量分别维持在4.5% ~7%,4.5% ~6.97%及4.5% ~

6.83%之间时，可有效平衡材料的强度与抗裂性。蒋应军[6]采用逐级填充理论与室内试验，优化二灰（石灰与粉煤灰）碎石的道路性能，通过确定粗集料的多级嵌挤骨架结构，并依据二灰结合料的最大黏聚力原则，通过试验确定合适的二灰比例。胡力群[7]研究了不同粗集料掺量对水稳碎石材料抗裂性及抗侵蚀方面的影响。部分学者采用垂直振动设备对最大粒径为53mm的水泥碎石材料的压实性能进行了探讨[8]。还有研究人员通过改良矿料级配降低水泥剂量，减少干缩和温缩裂缝数量，利用粗集料嵌挤原则和最大密实度理论寻找集料间隙率合理极小值下的矿料级配，提高水稳碎石材料抗裂性能[9-10]。Phuong[11]将集料组分（0.425~9.5mm）替换为橡胶集料（3~6mm），体积百分比分别为0%、5%、10%和20%。结果表明，橡胶水泥稳定集料在降低半刚性路面结构内的温度和温度波动方面具有潜力。部分研究人员将钢渣替代碎石设计成级配钢渣混合料，形成全固废钢渣基道路基层材料。分析钢渣基道路基层材料的稳定性、强度增长规律、抗开裂特性与长期稳定性[12]。

本文基于苏联时期捷尔等人提出 k 法作为级配理论设计基础，在 $k=0.73$ 时，设计3种不同最大粒径级配的水泥稳定碎石材料，通过对水泥稳定碎石材料温缩及干缩性能研究分析，分析不同级配下水泥稳定碎石材料收缩性能变化。

1 试验原材料及配合比设计

1.1 级配碎石材料及胶凝材料

花岗岩基本性能（表1）参照《公路工程集料试验规程》（JTG E42—2005）执行测试）。水泥采用P.O 42.5缓凝水泥，其具体性能指标（表2）参考《水泥标准稠度用水量、凝结时间、安定性检验方法》[13]（GB/T 1346—2011）标准进行检验。其试验结果均满足《公路路面基层施工技术细则》（JTG/T F20—2015）对水稳材料的性能要求。

花岗岩碎石材料基本性能参数 表1

试验项目	试验结果	规范要求	试验规程
压碎值（%）	21.8	≤30	T 0316—2005
相对表观密度（g/cm³）	2.664	—	T 0308—2005
毛体积相对密度（g/cm³）	2.614	—	T 0308—2005
吸水率（%）	0.70	—	T 0308—2005 T 0332—2005
小于0.075mm颗粒含量（%）	0.2	≤3	T 0333—2000

水泥主要性能指标 表2

试验项目		试验结果	规范要求	试验规程
水泥标准稠度用水量（g）		140	—	GB/T 1346—2011
凝结时间（min）	初凝时间	332	>180	GB/T 1346—2011
	终凝时间	463	>360，<600	GB/T 1346—2011
安定性（mm）		0~0.5	<5	GB/T 1346—2011
密度（g/cm³）		3.03	—	T 0503—2005
比表面积		316	>300	T 0505—2020

1.2 配合比设计

试验采用k法进行级配设计，k 值取0.73，选用19.0mm［级配编号记为C-B-1（19.0）］，26.5mm［级配编号记为C-B-1（26.5）］及31.5mm［级配编号记为C-B-1（31.5）］粒径进行级配设计，具体计算公式见式（1）~式（3）；级配曲线如图1所示，水泥掺量为4%。

$$P=100\times\left(1-\frac{k^{x}-1}{k^{n_1}-1}\right)^{n_1} \tag{1}$$

$$P=3.32\times\lg\frac{D}{d_x} \tag{2}$$

$$n_1=3.32\times\lg\frac{D}{0.004} \tag{3}$$

式中：P——粒径 d 集料的通过百分率，100%；

D——最大颗粒尺寸（mm）。

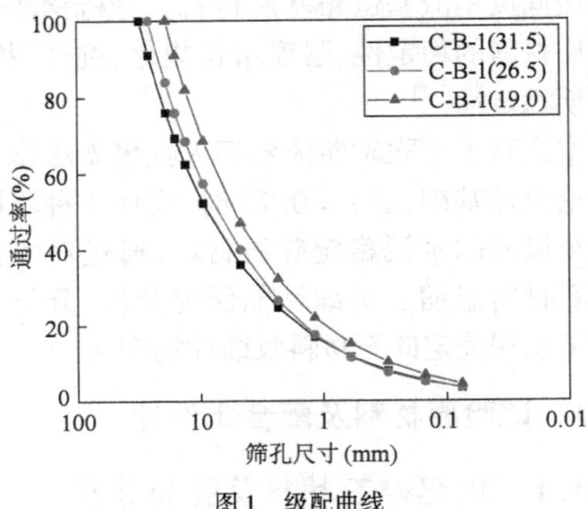

图1 级配曲线

2 试验设备及试验方法

2.1 干缩试验设备及方法

本次试验根据《公路工程无机结合料稳定材料试验规程》[14]中T 0854—2009进行干缩试验。试验环境采用图2所示的干缩试验，该仪器可固定湿度和稳定，方便观察及记录数据，试件尺寸为400mm×100mm×100mm。

试验过程中采用千分表进行试验数据观测，每天记录千分表读数(图3)。

图2 干缩试验箱

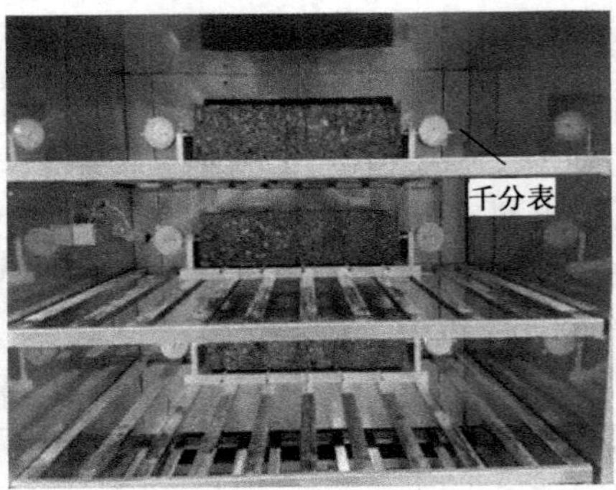

图3 干缩试验示意图

2.2 温缩试验设备及方法

温缩试验参考《公路工程无机结合料稳定材料试验规程》(JTG E51—2009)中T 0855—2009，采用应变法进行试验。试验采用高低温交变箱(图4)作为试验环境，该仪器具有保温保湿功能，并且可设置程式控制温度变化。

图4 温缩试验箱

温缩试验采用与干缩试验相同的标准梁式试件，在标准梁两侧粘贴应变片(图5)，并通过数据采集仪进行数据的记录，如图6所示，数据采集仪每1min进行一次读数并记录，温缩试验箱可全程监控温度变化。

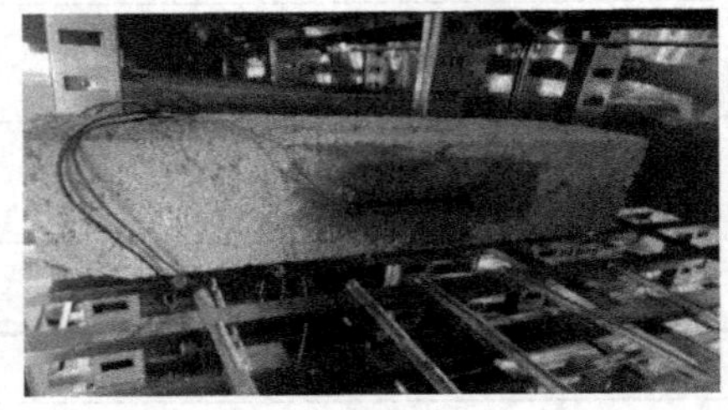

图5 温缩试验标准试件

图6 数据采集仪

3 水稳碎石材料收缩性能研究

3.1 水稳碎石材料干缩性能研究

图7展示了3种不同级配水稳碎石材料30天

观测期内应变变化,研究表明3种级配水稳碎石材料在初始阶段(即第一天)表现出了膨胀的趋势,该趋势可归因于试件在浸水处理后,由于水泥发生水化反应而引起的体积变化。随着时间的推移,由于干缩过程中的失水作用,所有试件的应变均显示出一种整体的收缩趋势。

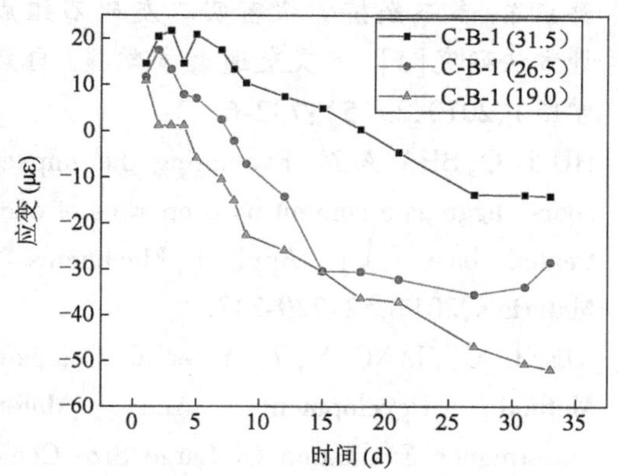

图7 3种级配水稳碎石材料干缩应变

图8展示了3种级配水稳碎石材料干缩系数对比,在干缩性能方面,不同最大粒径级配表现出明显差异,其中最大控制粒径为31.5mm的级配的水稳碎石材料展示了最优的干缩性能,19.0mm的级配水稳碎石材料表现出相对较差的干缩性能。

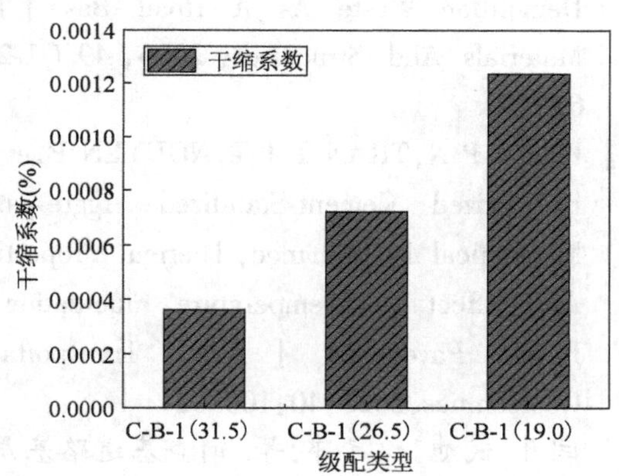

图8 3种级配水稳碎石材料干缩系数对比

3.2 水稳碎石材料温缩性能研究

温缩试验记录了3种不同级配水稳碎石材料在-10~50℃的温度变化区间内应变变化情况,其中每个温度区间内为此3h,应变稳定后记录数据。

图9可以观察到在20℃以上区间,三组级配的应变差别不显著,表明在较高温度下,这些级配的水泥材料具有相似的稳定性。随着温度的逐渐降低,三种不同粒径分布的水稳碎石材料表现出增强的收缩应变特性。在-10~50℃的温度区间内,C-B-1(26.5)级配的温缩应变显著小于其他两种级配,但是该级配的在0℃范围附近温缩变化速率较快,说明该组材料在0℃以下时,受温度影响较大。

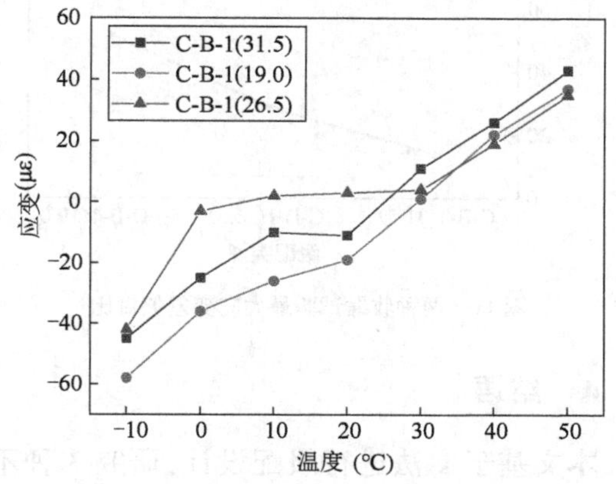

图9 -10℃~50℃水稳碎石材料应变变化

通过图10对比3种不同级配水稳碎石材料温缩系数,可以得出在低温环境(0℃以下)下,大粒径级配(31.5)显示出更优的抗裂性能和稳定性。

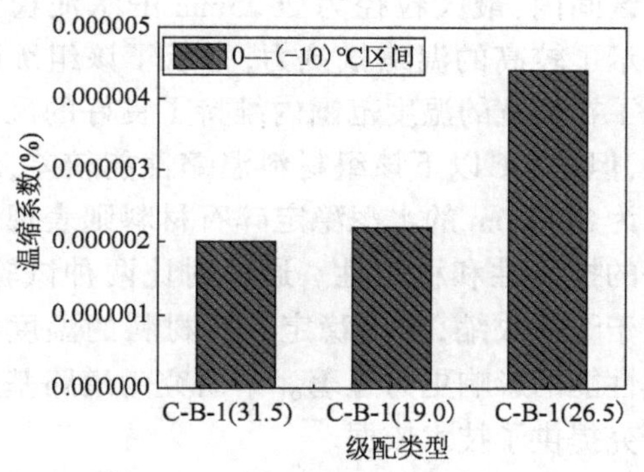

图10 0~-10℃水稳碎石材料温缩系数

3.3 温度收缩及干燥收缩对比分析

图11展示了干缩试验与温缩试验中应变最大值的对比分析。通过与干缩试验结果进行比较,观察到干缩试验的最大应变值约为50 με,而由温度变化引起的胀缩应变在整个温度区间内表现出显著的差异性,其绝对差值达到了约115 με。与干缩试验的最大应变值相比较,后者通常位于30~60 με的范围内,呈现出明显的差异性。温缩试验的周期相对较短,这一观察强调了在当基层材料为花岗岩碎石且水泥掺量为4%时,温度变化引致的收缩效应对材料性能的影响显著高于干燥

收缩。此种差异在极端温度条件下(温度过高或过低)尤为突出。

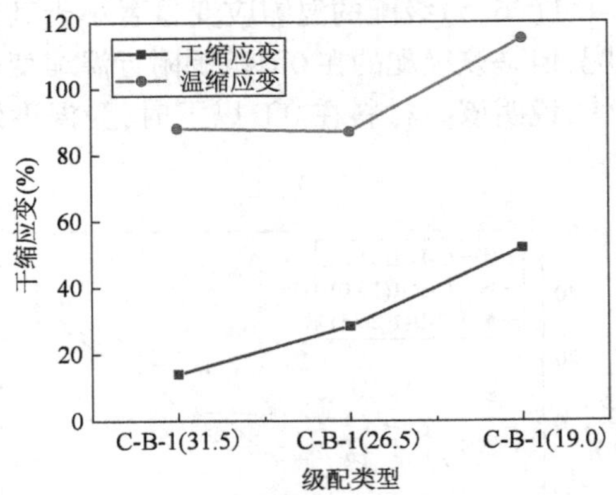

图11 两种收缩试验最大应变差值对比

4 结语

本文基于k法进行级配设计,研究3种不同最大粒径水泥稳定材料的收缩特性。研究表明,对在干缩性能试验中,具有最大粒径31.5mm的水泥稳定碎石材料展现出较好的干缩抗性,最大粒径为19.0mm的相应材料则干缩性能较差。在温度收缩性方面的研究进一步表明,在0~50℃的温度区间内,最大粒径为26.5mm的水泥稳定材料展示了较高的温缩抵抗力,指示了该组级配输文采了在较宽的温度范围内维持了良好的尺寸稳定性,但在0℃以下该组材料温缩性能较差,最大粒径为31.5mm的水泥稳定碎石材料则表现出了较好的抗裂性和稳定性。通过对比两种试验数,相较于干燥收缩,水泥稳定碎石材料的温度收缩对其性能的影响更为显著。本研究为道路基层抗裂研究提供了技术依据。

参考文献

[1] LEOCI R. Animal by-products (ABPs): origins, uses, and European regulations[M]. Universitas Studiorum, 2014.

[2] GEORGE K P. Minimizing cracking in cement-treated materials for improved performance [M]. No. R&D Bulletin RD123, 2002.

[3] Petit C, Al-Qadi I L, Millien A. Cracking in pavements: Mitigation, risk assessment and prevention [C] // Proceedings of the fifth international RILEM conference, Limoges, France. 2004.

[4] 刘东,高寒. 大温差郎川路沥青路面半刚性结构层开裂机理与处治技术研究[D]. 成都:西南交通大学,2010.

[5] 李智,刘健,刘文涛. 湿热地区高等级公路半刚性基层强度与开裂性能优化[J]. 科学技术与工程,2019,19(1):236-243.

[6] 蒋应军. 多级嵌挤骨架密实二灰碎石组成设计方法研究[J]. 重庆交通大学学报(自然科学版),2010,29(5):732-6.

[7] HU L Q, SHA A M. Evaluating the impact of coarse aggregate content on properties of cement treated base [J]. Applied Mechanics and Materials, 2011, 52:729-733.

[8] DENG C, JIANG Y, YI Y, et al. Compaction Method Development And Materials Performance Evaluation Of Large Size Cement-Treated Macadam Materials [J]. Construction And Building Materials, 2023, 397:132428.

[9] 张金龙,李文瑛,吕文全,等. 振动法水泥稳定碎石基层抗裂级配优化设计研究[J]. 公路交通技术,2014,(2):5-8,12.

[10] XUAN D X, MOLENAAR A A A, HOUBEN L J M. Shrinkage Cracking Of Cement-Treated Demolition Waste As A Road Base [J]. Materials And Structures, 2016, 49 (1-2): 631-40.

[11] PHAM P N, TRAN T T T, NGUYEN P, et al. Rubberized Cement-Stabilized Aggre-gates: Mechanical Performance, Thermal Properties, And Effect On Temperature Fluctuation In Road Pavements [J]. Transportation Geotechnics, 2023, 40:100982.

[12] 闫升,武旭,魏定邦,等. 钢渣基道路基层材料设计与路用性能研究[J]. 公路,2024,69(1):41-7.

[13] 颜碧兰,江丽珍,刘宸,等.《水泥标准稠度用水量、凝结时间、安定性检验方法》(GB 1346)标准修订内容简介[J]. 中国建材科技,2001,10(2):4.

[14] 交通部公路科学研究院. 公路工程无机结合料稳定材料试验规程:JTG E51—2009[S]. 北京:人民交通出版社,2009.

新型缓释抗凝冰改性剂对寒区沥青混合料性能影响的研究

王梓潇[1,2] 郭晓刚[3] 郝培文*[1]
(1.长安大学公路学院;2.内蒙古交通集团蒙通养护有限责任公司;3.中田纳西州立大学)

摘 要 随着我国西部和北部交通运输业的不断发展,道路积雪结冰问题成为道路养护部门亟须解决的难题。本文自主研发了缓释抗凝冰改性剂,可显著改善冰雪频发区域沥青路面的凝冰情况。为了进一步了解缓释抗凝冰改性剂的作用机理,保障混合料设计与质量,本文采用不同掺配比例下沥青混凝土试件进行了马歇尔试验、低温劈裂试验、冰点试验,评价了新型缓释抗凝冰改性剂对寒区沥青混合料性能影响的研究。研究发现,通过考虑沥青混合料的高温性能与抗低温、水损能力的平衡设计,缓释抗凝冰改性剂的最佳掺配比例为5.0%,改性后沥青混凝土降低了冰点20.1℃,具有较好的融冰能力。为抗凝冰材料技术在路面的应用提供了技术支持,从而有效保障公路的运营能力以及交通运输的通畅。

关键词 缓释抗凝冰改性剂 冰点试验 最佳掺配比例 沥青混合料 路用性能

0 引言

随着我国交通运输业的迅猛发展,以及为促进西部和北部综合交通枢纽建设、推动区域协调发展,在内蒙古自治区、黑龙江省、西藏自治区等高海拔、寒冷地区进行公路建设的项目逐渐增多[1]。然而,道路积雪结冰问题成为这些地区道路运营和养护部门急需解决的重大难题[2]。为确保安全行车、减少道路冰雪灾害、保持道路畅通,研究人员进行了大量关于寒区沥青路面融雪除冰技术的研究[3]。抗凝冰改性沥青混凝土技术是一种通过将低冰点材料直接或间接掺加至沥青混合料中的方法,通过车辆碾压和毛细管压等作用,将抗结冰有效成分释放到路面空隙,利用其溶解吸热和电离放热等化学作用进行融雪除冰[4]。本文自主研发了一种缓释抗凝冰改性剂,在降低路面冰点的基础上,通过添加缓释剂、增强剂和抗腐蚀剂,显著改善了冰雪频发区域沥青路面的凝冰情况。然而,尽管这种改性剂在实际应用中表现出良好的性能,其作用机理仍不十分清楚,对沥青混合料路用性能的具体影响尚未明确,从而给缓释抗凝冰改性剂的设计、优化、应用和推广带来了一定困难。

主流抗凝冰改性剂的主要成分为氯盐(如氯化钠、氯化钙和氯化钾等),其主要作用原理是在毛细管压力和车辆碾压作用下,逐渐使沥青混合料内部的盐分析出,从而降低道路表面水的冰点[5]。抗凝冰剂的添加方式主要是使用吸附性材料做载体,将氯盐类除冰剂裹覆并替代矿粉添加至沥青混合料中[6]。目前,抗凝冰剂的主要种类包括 Mafilon、Vergelimit 和 IceBaneTM 等[7]。Vergelimit 通过将氯盐与憎水脂类通过化学反应结合,适用于气温在-15℃的区域,且在连续降雪降温的环境下具有较好的耐久性。然而,Vergelimit 会使沥青混合料的抗水损害能力减弱,抗车辙能力降低[8]。而 Mafilon 则采用多孔火成岩裹覆盐分,虽然试验表明其沥青混合料的稳定性和车辙动稳定度等指标均符合相关要求,但在-10℃时的除冰效果较差[9]。抗凝冰剂在道路工程中有很好的应用前景,但在排水、抗滑及降噪方面仍存在不足[10]。为确保沥青混合料的路用性能符合要求,研究人员对添加剂的掺量进行了大量试验研究[11]。例如孟献春[12]等人研究中,通过蓄盐抗凝冰剂的研究,确保各项性能指标均符合规范要求的前提下,其掺量应在4%~6%范围内。而有其他学者认为,较高的掺配比例不会对路面性能造成影响[13-14]。

然而,当前面临的问题之一是蓄盐类抗结冰添加剂随时间推移,其浓度逐渐降低,其融雪除冰性能存在一定的衰减[15]。因此,需要进一步研究、解决当前抗结冰技术所面临的时效性和稳定性问题[16-17]。本文侧重于全面评估自主研发的缓释抗凝冰改性剂对沥青混凝土路用性能的影响，引入马歇尔试验、低温劈裂试验、冰点试验等，通过深入探讨缓释抗凝冰改性剂的作用机理以及对沥青混合料性能的影响，从而提高抗凝冰效果，优化改性剂掺量设计，延长其在道路运营中的实际应用寿命，进而为抗凝冰技术的实际应用提供科学依据和技术支持。

1　试验

本研究通过引入缓释剂、增强剂以及抗腐蚀剂，自主研发了缓释抗凝冰改性剂。缓释剂通过树脂成分均匀裹覆氯盐表面，形成直径约为3mm的圆形颗粒，降低了氯盐与水直接接触的面积，延缓了氯盐在沥青混合料中的释放时间，减少氯盐流失，提高路面融雪化冰的耐久性。增强剂使改性剂颗粒具有一定的强度，避免其在搅拌、碾压中破碎。抗腐蚀剂可以保护路面结构物，减缓盐化物对桥梁及路面构造物的腐蚀。缓释抗凝冰改性剂旨在提高道路抗凝冰性能的同时保护路面结构，使其更具实用性和环保性。

为了研究不同掺量的缓释抗凝冰改性剂对沥青混合料路用性能的影响，本文设计了典型的AC-16沥青混合料试件，通过按照不同掺配比例(1%、3%、5%、7%)添加缓释抗凝冰改性剂，与对照组(0%，不掺配)进行对比，通过马歇尔稳定度试验、冻融劈裂试验、冰点试验，测试了相应沥青混合料试件的高温、低温及融冰性能。从而评价缓释抗凝冰改性剂对沥青混合料的影响，优化改性剂掺量。

1.1　原材料

1.1.1　沥青

沥青为SBS改性沥青，其技术指标见表1。

沥青检测结果　　表1

试验项目		技术指标	检测结果	试验方法
针入度(25℃,100g,5s)(0.1mm)		60~80	65	T 0604
针入度指数		-0.4	-0.3	T 0604
软化点R&B(℃)		55	73.5	T 0606
延度(5℃,5cm/min)(cm)		30	>100	T 0605
135℃运动黏度(Pa·s)		3	1.31	T 0625
闪点(℃)		230	284	T 0611
溶解度(%)		99	99.5	T 0607
弹性恢复(25℃)(%)		65	90	T 0662
存贮稳定性离析，48h软化点差(℃)		2.5	1.0	T 0661
薄膜加热(163℃,5h)	质量损失(%)	±1.0	-0.3	T 0609
	针入度比(25℃)(%)	60	84	T 0604
	残留延度(5℃)(cm)	20	21	T 0605

1.1.2　集料

目标配合比设计所选用的集料包括以下规格：10~15mm、5~10mm、3~5mm、0~3mm。所有这些集料的母岩均为石灰岩。通过对各项技术指标的检测，确保其满足规范的要求，具体检测结果详见表2。

粗集料的技术指标检测结果　　表2

指标	单位	指标要求	检测结果	试验方法
压碎值	%	28	18.3	T 0316
洛杉矶磨耗值	%	30	16.1	T 0316

1.1.3　缓释抗凝冰改性剂

缓释抗凝冰改性剂采用多元混合物的优化设计，其核心成分涵盖缓释剂、抗腐蚀剂、增强剂、氯化钙、氯化钾以及氯化钠。所有原料按照规定的质量比例，在搅拌机中经过充分混合，随后通过压片机进行成型，最终通过回转筛筛分，以获得符合颗粒尺寸要求的成品颗粒。在使用过程中，通过干拌法与其他原材料一同混合搅拌，制备成沥青混合料试件。其技术标准应满足表3中规定的要求。

缓释抗凝冰改性剂技术要求　　表3

技术指标	技术参数
缓释剂掺量	20%
密度	1.8g/mL
颗粒度	0.1~5mm
熔点	260℃
溶液pH值	7~8

1.1.4　合成级配及最佳油石比

AC-16沥青混合料试件的级配采用最大密实理论设计，其合成级配曲线见图1所示。通过沥青混合料马歇尔击实试验结果，最终确定最佳油石比为5.20%。

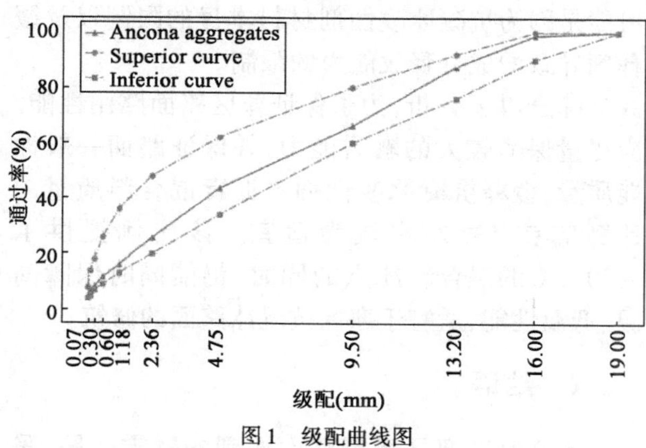

图1 级配曲线图

1.2 试验条件

采用上述矿料级配和确定的油石比进行马歇尔试验方法，制备马歇尔击实试件。在室内试验时，拌和温度为175℃，成型温度为160℃，正反两面各击实75次，按照JTG E20—2011（T 0709—2011）标准进行试验。冻融劈裂试验中，试件成型温度为175℃，击实温度为160℃，正反两面各击实50次，按照沥青混合料冻融劈裂试验T 0729—2000进行，试验温度为25℃，加载速率为50mm/min。冰点试验则按照《公路沥青混合料用融冰雪材料 第2部分：盐化物材料》（JT/T 1210.2—2018）附录C所述方法进行。

2 试验结果

2.1 歇尔试验

分别制备无添加改性剂以及改性剂掺量为1%、3%、5%、7%的AC-13沥青混合料试件，进行马歇尔强度和流值测试。结果如图2、图3所示。

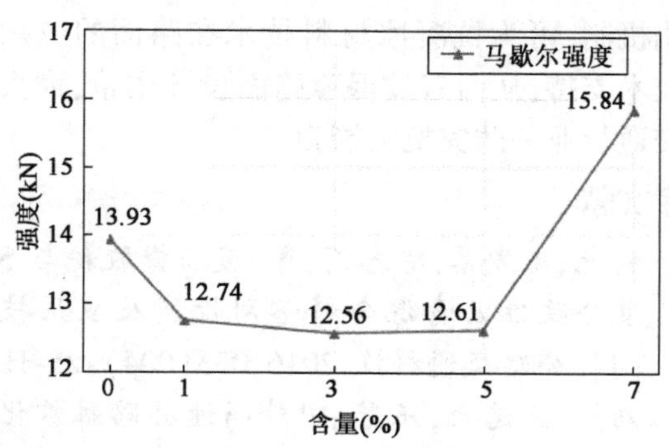

图2 马歇尔强度与改性剂含量关系

随着缓释抗凝冰改性剂的掺量的增加，沥青混合料的马歇尔稳定度先小幅降低，掺量1%的沥青混合料相比对照组稳定度下降了8.54%。掺量达到3%时，达到了最低点，共下降了9.83%。随后，混合料的马歇尔稳定度随着改性剂的掺量而增加，掺量7%时达到最高，相对参照组其马歇尔稳定度增加了13.71%。而流值的变化与改性剂掺量并没有形成一定规律，其随掺量的增减，在一定范围内小幅波动。

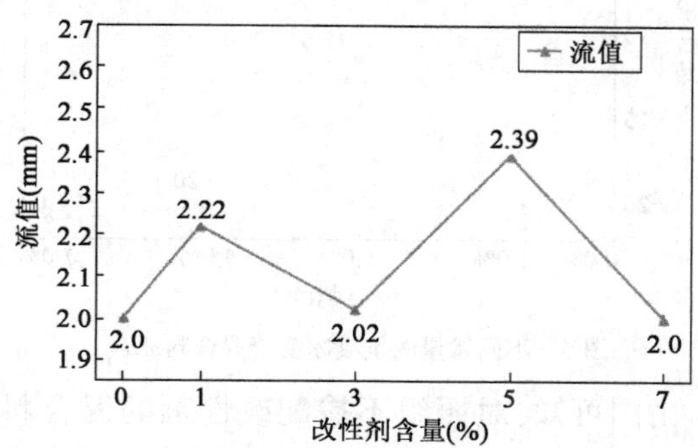

图3 流值与改性剂含量的关系

2.2 冻融劈裂强度比

抗凝冰改性剂的添加对沥青混合料的冻融劈裂强度影响较为关键，通过分别制备无添加改性剂以及改性剂掺量为1%、3%、5%、7%的AC-13沥青混合料试件，进行冻融劈裂强度试验。结果如图4所示。

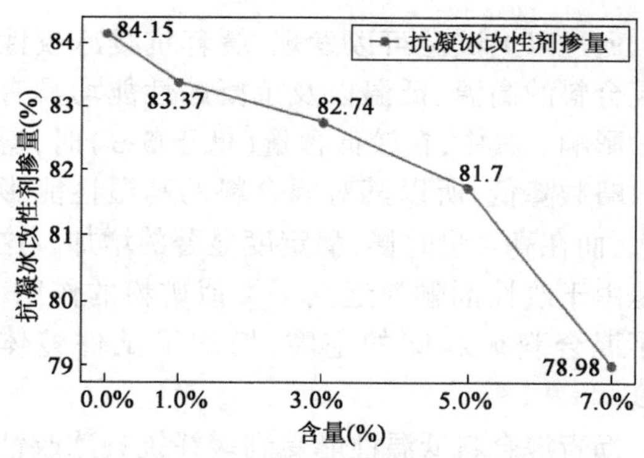

图4 沥青混合料不同抗凝冰改性剂掺量的劈裂强度比

由图可知，AC-13随着抗凝冰改性剂的添加，冻融劈裂强度比出现逐渐降低的趋势，当抗凝冰改性剂的含量在沥青混合料质量的5%时开始加速下降，其冻融劈裂强度的强度比为81.7%，相比对照组下降了2.91；当抗凝冰改性剂的含量在沥青混合料质量的7%时，到达最小，其冻融劈裂强度的强度比为78.98%，相对参照组共下降了6.14%。

2.3 冰点试验

按照以上试验同样掺配比例进行冰点试验的

样品制作,切割成 100mm×100mm×50mm 的试块。其测试结果如图5所示。

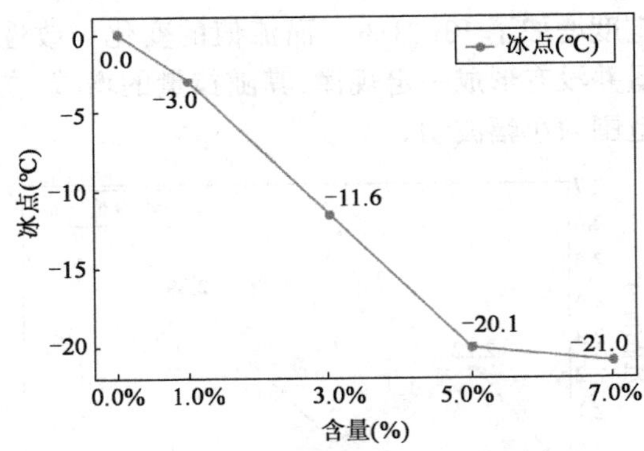

图5　不同掺量的抗凝冰沥青混合料冰点

由图可知,对照组不掺配改性剂的混合料其冰点为0℃。掺量为1%时,冰点下降到了-3℃,可以认为此时抗凝冰改性剂起到了少许作用,但由于掺量较低,效果并不显著;冰点随着抗凝冰改性剂掺量的升高而快速降低,到3%时,冰点降到-11.6℃;但到达5%时,冰点降低速度逐渐放缓,5%掺量的冰点与7%掺量的相差不大,相差仅0.9℃,分别为-20.1℃、-21.0℃。

3　讨论

通过以上试验可以发现,缓释抗凝冰改性剂对混合料的高温、低温以及抗凝冰性能均具有一定的影响。其中,在较低含量(低于5%)时,稳定度只略微降低,所以其对混合料的高温性能影响不大,而在高含量时候,稳定度显著的增加。这可能是由于改性剂颗粒起到了类似矿粉的作用,填补了混合料矿料间的空隙,增加了试件整体密实度。

沥青混合料低温性能受到缓释抗凝冰改性剂的影响较大,其变化速率随含量由缓到快,在较低含量(低于5%)时,低温性能仍能维持在较高水平,但是达到较高含量(7%)时,出现了显著的降低,已不能满足要求。这是由于改性剂的亲水性,导致了水分更加容易渗入试件内部,在低温时产生较多的内部微损害,使得混合料的抗低温、抗水损害能力下降。

而混合料的冰点测试是直接影响混合料冬季的融雪能力。缓释抗凝冰改性剂的掺量与混合料融雪性能直接相关,而达到较高含量(7%)时,出现了融雪效果饱和现象。这种融雪效用的下降,可能是因为抗凝冰改性剂材料本身的限制以及缓释剂导致的成分释放能力的限制。

综合以上分析,为了保证寒区路面路用性能,应尽量保障较大的融雪能力,并保证路面一般性能质量,缓释抗凝冰改性剂占沥青混合料质量的比例应在5%左右较为适宜。该比例提供了-20.1℃的混合料冰点的同时,仍能同时保障高温、低温性能,适宜于寒区抗凝冰路面的修筑。

4　结语

本文针对寒区沥青路面遇到的融雪问题,采用了新型缓释抗凝冰改性剂对沥青混合料进行改进,通过测试不同掺配比下沥青混合料高温、低温、冰点性能,评价了改性剂含量对沥青混合料性能的影响,提供了该改性剂的融冰作用机理,优化了改性剂掺量设计。主要结论如下:

(1)将不同掺量的改性剂添加至沥青中,通过马歇尔试验、冻融劈裂试验、冰点试验确定了最佳的改性剂掺量,为混合料质量的5.0%。

(2)缓释抗凝冰改性剂具有融雪效果饱和现象,其掺配比例较高时,其融雪效果不再显著增长。

(3)缓释抗凝冰改性可以在一定程度上增加沥青混合料的高温性能,但同时降低其抗低温和水损的能力,设计掺配比例时,应考虑多种性能的平衡设计。

(4)缓释抗凝冰改性剂具有较好的融冰能力,降低冰点20.1℃,可有效起到融冰、抗凝的作用。

新型缓释抗凝冰改性剂考虑的沥青路面长期的融雪、抗凝冰作用,对其深入研究,了解其性能作用机制,可为抗凝冰材料技术在路面的应用提供技术支持,从而有效保障路面设计质量,大大提高交通行业的防灾抗灾能力。

参考文献

[1] 杨光,申爱琴,陈志国,等. 废旧橡胶粉与SBS复合改性沥青混合料路用性能及应用技术[J]. 公路交通科技,2016,033(004):25-31.

[2] 刘凯,王选仓,王芳. 中外高速公路融雪化冰技术和方法[J]. 交通企业管理,2009,24(008):73-74.

[3] LI Y, SHA A, TIAN Z, et al. Review on superhydrophobic anti-icing coating for pavement[J]. Journal of Materials Science,

2023,58(8):3377-3400.

[4] 谭忆秋,张驰,徐慧宁,等.主动除冰雪路面融雪化冰特性及路用性能研究综述[J].中国公路学报,2019(4):17.

[5] 周斌,刘嵩,孙劲晖,等.融雪剂的融雪性能评价方法综述[J].公路交通科技:应用技术版,2017(5):3.

[6] 郭鹏,冯云霞,孟献春,等.蓄盐融雪除冰剂微观分析及对混合料水稳定性的影响[J].材料导报,2020,34(6):4.

[7] CHEN H, WU Y, XIA H, et al. Review of ice-pavement adhesion study and development of hydrophobic surface in pavement deicing[J]. Journal of Traffic and Transportation Engineering(English Edition), 2018, 5(3): 224-238.

[8] PEI Z, YI J, LI Y, et al. Material design and performance analysis of the anti-ice and antiskid wear layer on pavement[J]. Construction and Building Materials, 2021, 282: 122734.

[9] ZHENG M, WU S, WANG C, et al. A study on evaluation and application of snowmelt performance of anti-icing asphalt pavement[J]. Applied Sciences, 2017, 7(6): 583.

[10] 环保缓释型主动融冰雪涂层材料研究[J].中国公路学报,2020,33(9):155-167.

[11] 张小龙,马晓燕,魏永峰,等.融雪抑冰材料的性能研究[J].公路交通科技:应用技术版,2015(5):3.

[12] 孟献春,孟建玮,潘维霖,等.蓄盐类沥青混合料路用性能与融冰特性研究[J].化工新型材料,2020,48(6):4.

[13] 孟勇军,时建刚,白雪,等.抗凝冰沥青混凝土的优化设计研究[J].中外公路,2012,32(4):5.

[14] 吉玉梅,李耀业.抗凝冰填料沥青混合料路用性能研究[J].2021.

[15] LU C, ZHANG Z, QIANG Y, et al. A hydrophobic and sustainable anti-icing sand fog seal for asphalt pavement: its preparation and characterization[J]. Construction and Building Materials, 2023, 401: 132918.

[16] 张争奇,罗要飞,赵富强.储盐类融雪抑冰材料对沥青混合料性能影响研究进展[J].化工进展,2018,37(6):13.

[17] 任永祥.相变材料用于自融雪沥青路面的可行性研究[J].公路交通科技(应用技术版),2019(2):2.

生物油再生沥青混合料技术方法综述

岳　磊[1]　丁　湛[2]　栗培龙*[1,3]　蒋修明[1,3]　Basit Ali[1,4]

(1.长安大学公路学院;2.长安大学水利与环境学院;

3.长安大学道路结构与材料交通运输行业重点实验室;4.长安大学国际教育学院)

摘　要　针对生物油用于沥青混合料再生技术中的关键问题,本文介绍了生物油制备高效再生剂的技术方法,论述了再生剂掺量的确定方法;总结了生物质再生剂用于热再生沥青混合料的组成设计方法以及工艺方法;分析了生物油对再生混合料路用性能的影响规律;进一步开展基于多类型生物油混溶的高效再生剂研究,完善适用于生物油再生沥青混合料的组成设计方法及工艺条件,是实现沥青路面绿色再生的重要方法。

关键词　道路工程　生物油　再生沥青混合料　再生剂　再生方法

基金项目:国家自然科学基金项目(52378432,52308430)、陕西省重点研发项目(2022SF-169)。

0　引言

目前废旧沥青混合料(Reclaimed asphalt pavement,RAP)可用于热拌、温拌、冷拌等多种工艺条件的再生技术。面对原油资源短缺和公路建养的迫切需求,RAP料的再利用极具经济和环保效益[1]。RAP料的再利用可以减少道路建设材料的浪费,节省RAP的处置空间资源,同时可以降低沥青路面材料生产和铺筑过程中的环境污染[2];但RAP料的不恰当使用或掺量过高(一般不应超过30%)可能导致路面开裂[3-4]。

与新沥青相比,RAP材料中的沥青结合料长期暴露在外界环境下发生老化或硬化,在拌和与铺筑阶段,轻组分快速挥发或被受热集料吸附;在服役阶段,长期经受着热、氧、光、水和荷载的耦合作用,沥青结合料发生老化。RAP材料热再生利用时,需添加一定比例的新沥青或再生剂以降低老化对再生沥青混合料性能的影响[5]。目前,常用的沥青再生剂仍以石油基为主,芳香分含量较高,高温易氧化,且石油属于不可再生资源[6]。而生物质再生剂来源于生物质材料,制备工艺完善,可以用于老化沥青材料的再生[7-8]。生物质再生剂的使用可以减少道路工程对石化资源的依赖,有助于提高RAP再生利用率,改善再生沥青混合料的性能。本文在梳理、总结国内外生物油再生老化沥青混合料研究成果的基础上,对生物油再生沥青混合料的关键环节进行了综述,以期完善沥青混合料绿色再生的技术方案。

1　生物基再生剂及其掺量确定

1.1　生物基再生剂材料组成设计

生物油或经处理后的生物质重油可以直接用作沥青再生剂,也可用作基质油料,辅以增塑剂、抗老化剂、稳定剂、胶粉等材料,制备沥青复合生物基再生剂[9-10]。生物油源自有机生物质材料,来源广泛,制备方法主要分为物理加工、生物化学转化和热化学转化三类,具体见表1。其中物理机械加工获取的新鲜压榨油通常用于餐饮业,生物化学转化方法在能源行业较为常见,而热化学技术为废弃生物质材料在道路领域的应用提供了解决途径。热化学转化方法的液态产物获得率、组成特性和性能受到生物质种类和粒径大小、溶剂类型、催化剂浓度、液固比、气体停留时间、升温速率、液化(裂解)时间和温度等多种因素的影响[11]。

生物油获取方法对比　　表1

制备方法		特点
物理机械加工		以加压榨取工艺为主,技术成本低,如花生油、菜籽油、大豆油和玉米油等新鲜压榨油
生物化学转化		主要利用厌氧发酵和生物酶技术,成本昂贵、转化周期长、环境条件要求高、产率低
热化学转化	热裂解	在无氧或缺氧条件下,生物质材料热裂解为可燃气体、生物油和木炭等低分子量产品,且三种产品的比例取决于裂解条件,转化速率快
	水热液化	在亚/超临界水中进行,设备成本较高、条件苛刻,产物获得率较低且含氧量高
	溶剂液化	产物以液态为主,少量残渣和气体,转化速率较快,产物活性高、可控性较好

与石油基再生剂相比,生物油本身含有水、羟基、羰基化合物等组分和其他易挥发性物质,影响热稳定性和耐老化性,不利于沥青材料的高效再生,特别是老化程度严重的RAP料[12]。对生物油进一步处理获得生物质重油,或复配功能化辅助材料制备沥青再生剂,是提高再生效果的主要方式。

对生物油的处理方法包括[13-15]:①过滤、蒸馏、加热等物理方法;②氧化、树脂化等化学方法;③聚合物改性、多种类生物油混溶等复合改性方法。当前对生物油的物理处理主要是去除原油中的水分、轻质组分和残渣等,以获得生物质重油。在浓缩和提纯的基础上,国内外学者通常将生物油复掺增塑剂、树脂、抗老化剂等功能化材料制备复合再生剂[16]。此外,Samieadel等[17]将海藻和猪粪两种生物油共混,发现生物油的复合比单一生物油具有更好的再生效果。可见,生物质再生剂的来源广泛、制备方法成熟,但需要精制处理,以提高稳定性和再生功效。生物油的组成复杂性和高反应活性,具备了进一步功能化处理的前提。

1.2　再生剂掺量确定方法

朱洪洲等[18]建立了再生沥青针入度、延度和软化点性能模型，以原样沥青的性能指标确定了平均掺量，进一步通过符合技术标准确定的范围中值作为备选掺量，最后取两个掺量的平均值确定了最佳掺量。Chen 等[10]同样以老化沥青三大指标和黏度恢复到原样沥青水平来确定最佳理论掺量，结合再生剂的技术要求和经济性原则，即可确定最佳掺量。Borghi 等[19]以 RAP 料中旧沥青的针入度水平进行再生剂掺量的选择，依据式(1)确定最佳掺量。Zaumanis 等[20]基于 PG 性能等级的变化提出了再生剂最佳掺量的确定方法。先由式(1)估计 RAP 中旧沥青的针入度值恢复到目标值所需剂量；高温临界温度恢复到目标性能分级计算最大掺量，见式(2)；由式(3)、(4)估计中、低临界温度恢复所需剂量，取较大值作为最小掺量；基于性能预测图谱最佳剂量。

$$\frac{\log_e \dfrac{PEN}{A}}{B} \tag{1}$$

$$\text{max dose},\% = \frac{(\text{high PG}_{\text{target}} - \text{high PG}_{\text{RAP}}) \cdot (-\%_{\text{trial}})}{\text{high PG}_{\text{RAP}} - \text{high PG}_{\text{trial}}} \tag{2}$$

$$\text{min dose},\%_{\text{low PG}} = \frac{(\text{low PG}_{\text{target}} - \text{low PG}_{\text{RAP}}) \cdot (-\%_{\text{trial}})}{\text{low PG}_{\text{RAP}} - \text{low PG}_{\text{trial}}} \tag{3}$$

$$\text{min dose},\%_{\text{intermed PG}} = \frac{(5000 - \text{intermed PG}_{\text{RAP}}) \cdot (-\%_{\text{trial}})}{\text{intermed PG}_{\text{RAP}} - \text{intermed PG}_{\text{trial}}} \tag{4}$$

式中：

dose——再生剂掺量；

PEN——针入度值；

A、B——常数；

max dose，%、min dose，$\%_{\text{low PG}}$和 min dose，$\%_{\text{intermed PG}}$——高、低、中临界温度恢复所需的剂量；

$\%_{\text{trial}}$——试验混合物的再生剂掺量；

high PG_{target}、low PG_{target}——目标分级的高、低临界温度；

high PG_{RAP}、low PG_{RAP}和 high PG_{trial}、low PG_{trial}——RAP 和试验混合物的高、低临界温度；

intermed PG_{RAP}、intermed PG_{trial}——RAP 和试验混合料中温临界温度的疲劳因子。

现阶段主要是依据再生沥青基本技术性能恢复至原样沥青水平或技术标准进行再生剂最佳掺量的确定，以延度等低温指标水平选择的掺量往往较大，且恢复程度不仅与生物质再生剂的材料特性有关，RAP 旧沥青的性质和再生目标等级均会影响再生剂合理用量的确定。后续需深入探究选用何种沥青指标和目标水平，以及提高选用关键指标与掺配剂量函数模型的精度，以确定生物质再生剂最佳掺量。

2 生物再生沥青混合料技术方案

2.1 再生沥青混合料设计方法

废旧沥青混合料的再生方案分为组成设计和再生工艺的确定两个阶段。其中组成设计包括 RAP 中旧沥青含量及集料级配确定、RAP 料掺配比例确定、生物油再生剂的组成设计、新沥青与新集料的品种选用及级配设计、最佳沥青用量及新沥青添加量确定等，如图 1 所示。

2.2 生物油再生沥青混合料处理方法

再生工艺需要确定旧料的预处理方式、材料掺配次序、拌和温度与时长等，具体处理方法见表 2。总体而言，生物油一般先加入预热的老化沥青混合料中，但成本会显著增加[21-22]。通过对旧料的初步再生，而后加入预热的新沥青与新集料拌和获得再生沥青混合料，也有不添加新料再生沥青混合料。此外，一些学者[23]采用生物沥青再生老化沥青混合料。值得注意的是，RAP 料中的旧沥青老化更为严重，后续应考虑采用复合再生剂提高 RAP 料的最大掺量。由于 RAP 料的变异性、生物基再生剂的多样性，限制了生物油在废旧沥青混合料再生技术中的规范化应用。

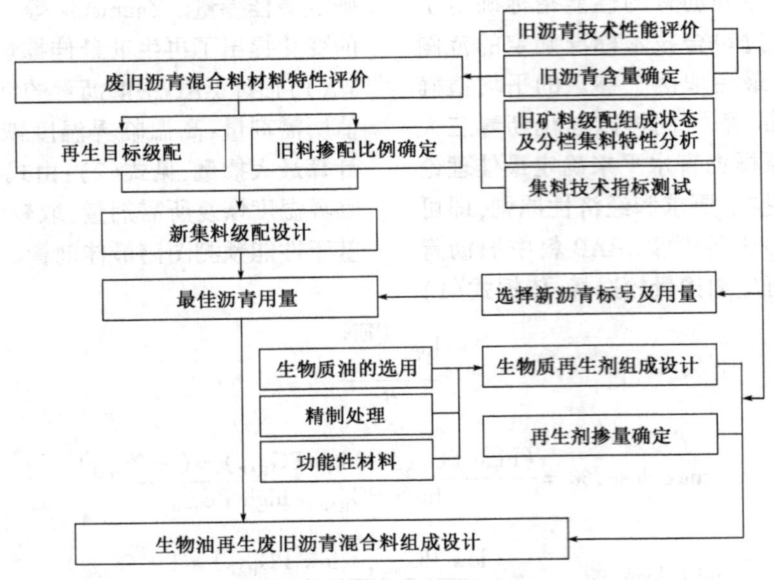

图1 生物油再生废旧沥青混合料配合比设计

生物油处理废旧沥青混合料工艺 表2

旧料类型	预热温度(℃)	预热时间(h)	再生剂	再生沥青混合方法
RAP料	130	—	枣籽油[24]	再生剂与旧料、新沥青混合,再与新集料拌和
RAP料	175~195	2	废弃油脂[25]	高温下再生剂与旧料、新集料混合,再与新沥青拌和
RAS旧料	135	0.5	猪粪[26]	旧料与再生剂拌和,不添加新料
RAP料	175	2(RAP料), 16(新集料)	废食用油[27]	预热的再生剂与RAP料搅拌,再与新集料、沥青拌和,压实温度下固化2h
RAP料	145	2	废植物油[28]	预热的RAP料和再生剂拌和制备再生沥青混合料,预热温度下保持4h
RAP料	160	—	生物沥青[23]	生物沥青(含10%的木质生物油)与RAP料混合制备再生沥青混合料

3 再生沥青混合料性能评价

近年来,国内外学者开始了生物油再生沥青混合料多种路用性能的研究,如表3所示。当前研究较为一致的表明,生物油的加入能够改善废旧沥青混合料的低温性能,对高温性能有负面影响。研究表明,随着生物油的加入及掺量的增加,再生沥青混合料的抗疲劳性能产生不同程度的提高,但受RAP掺量影响显著,而一些研究指出抗疲劳性能降低。对水稳定性能,部分研究提出生物油有助于提高再生沥青混合料的水稳定性能,而少量研究认为,生物油的加入及掺量的提高对水稳定性能的再生效果不显著,甚至产生不利影响。

与生物油再生沥青相比,关于生物油对老化沥青混合料性能影响的研究较少,并且表现出一定的不确定性。这主要是因为影响再生沥青混合料性能的因素众多,包括旧料的来源及性质、新料特性及其与旧料的配伍性、生物油的类型和掺量、再生工艺、生物油与老化沥青混合料的相容性等。

生物油对老化沥青混合料性能的影响 表3

性能	试验方法	性能降低	性能提高	效果不显著
高温性能	车辙试验、动态蠕变试验	Mirhosseini等[24]、Zhang等[29]、Ziari等[27]、Kaseer等[30]		
抗疲劳性能	四点弯曲疲劳试验、间接拉伸疲劳试验	Zhang等[29]	Mirhosseini等[24]、Zaumanis等[28]、Mangiafico等[31]、Kowalski等[32]	
低温性能	低温弯曲试验、半圆弯曲试验		Zhang等[29]、Elkashef等、Kowalski等[32]、Cong等[33]	
水稳定性能	冻融劈裂试验、浸水马歇尔试验、间接拉伸强度试验、浸水汉堡车辙试验	Zaumanis等[28]	Devulapalli等[34]、Ziari等[27]、Cong等[33]、Song等[35]	Mirhosseini等[24]

4 结语

(1)直接将生物油用作再生剂一般需要精制处理,适用于老化程度不严重的沥青材料再生。生物油的高反应活性为进一步功能化处理提供了条件。对于 RAP 料的再生,建议将生物油与稳定剂、增塑剂、抗老化剂等功能性材料复合,以实现 RAP 料的大掺量再利用。

(2)再生剂掺量的确定需要平衡高温、低温性能的恢复水平,但以低温指标水平选择的掺量往往较大。在考虑技术标准要求和生产成本的基础上,综合确定沥青指标和目标再生水平,构建关键指标与掺量的精细化模型,以确定生物质再生剂最佳掺量。

(3)生物油再生沥青混合料的路用性能表现出一定的不确定性,改善低温性能,对高温性能不利,抗疲劳性能和水稳定性能受 RAP 材料特性和生物油种类影响较大。进一步开展多种类生物油混溶和功能化处理研究,完善适用于生物油再生沥青混合料的组成设计方法及工艺条件,有利于生物油用于沥青路面再生的推广应用。

参考文献

[1] FANG Y, ZHANG Z, YANG J, et al. Comprehensive review on the application of bio-rejuvenator in the regeneration of waste asphalt materials[J]. Construction and Building Materials,2021,295:123631.

[2] ZAUMANIS M, MALLICK R B, FRANK R. 100% recycled hot mix asphalt: A review and analysis[J]. Resources, Conservation and Recycling,2014,92:230-245.

[3] BAGHAEE MOGHADDAM T, BAAJ H. The use of rejuvenating agents in production of recycled hot mix asphalt: A systematic review[J]. Construction and Building Materials,2016,114:805-816.

[4] OLDHAM D, HUNG A, PARAST M M, et al. Investigating bitumen rejuvenation mechanisms using a coupled rheometry-morphology characterization approach[J]. Construction and Building Materials,2018,159:37-45.

[5] 徐金枝,郝培文,郭晓刚,等.厂拌热再生沥青混合料组成设计方法综述[J].中国公路学报,2021,34(10):72-88.

[6] ZADSHIR M, OLDHAM D J, HOSSEINNEZHAD S, et al. Investigating bio-rejuvenation mechanisms in asphalt binder via laboratory experiments and molecular dynamics simulation[J]. Construction and Building Materials,2018,190:392-402.

[7] RAOUF M A, WILLIAMS C R. General rheological properties of fractionated switchgrass bio-oil as a pavement material[J]. Road Materials and Pavement Design,2010,11(9):325-353.

[8] ZHANG R, YOU Z, WANG H, et al. The impact of bio-oil as rejuvenator for aged asphalt binder[J]. Construction and Building Materials,2019,196:134-143.

[9] CAO X, WANG H, CAO X, et al. Investigation of rheological and chemical properties asphalt binder rejuvenated with waste vegetable oil[J]. Construction and Building Materials,2018,180:455-463.

[10] CHEN M, LENG B, WU S, et al. Physical, chemical and rheological properties of waste edible vegetable oil rejuvenated asphalt binders[J]. Construction and Building Materials,2014,66:286-298.

[11] JIANG W, KUMAR A, ADAMOPOULOS S. Liquefaction of lignocellulosic materials and its applications in wood adhesives—a review[J]. Industrial Crops and Products, 2018, 124:325-342.

[12] LI H, FENG Z, AHMED A T, et al. Repurposing waste oils into cleaner aged asphalt pavement materials: a critical review[J]. Journal of Cleaner Production, 2022, 334:130230.

[13] JIANG X, LI P, DING Z, et al. Liquefied wheat straw as phenols for bio-based phenolic resins: reaction parameters optimization and chemical routes[J]. Industrial Crops and Products,2022,187:115489.

[14] JIANG X, LI P, DING Z, et al. Thermochemical liquefaction of wheat straw and its effectiveness as an extender for asphalt binders:

characterization of liquefied products and potential opportunities [J]. Construction and Building Materials,2021,305:124769.

[15] SU N,XIAO F,WANG J,et al. Productions and applications of bio-asphalts:a review[J]. Construction and Building Materials, 2018, 183:578-591.

[16] XU G,WANG H,SUN W. Molecular dynamics study of rejuvenator effect on RAP binder: Diffusion behavior and molecular structure [J]. Construction and Building Materials, 2018,158:1046-1054.

[17] SAMIEADEL A,ISLAM R A,PHANI R D K, et al. Improving recycled asphalt using sustainable hybrid rejuvenators with enhanced intercalation into oxidized asphaltenes nanoaggregates[J]. Construction and Building Materials,2020,262:120090.

[18] 朱洪洲,钟伟明,万逸秋,等. 生物重油再生沥青物理性能试验研究[J]. 重庆交通大学学报(自然科学版),2018,37(8):23-28.

[19] BORGHI A,CARRIÓN A J D B,PRESTI D L, et al. Effects of laboratory aging on properties of biorejuvenated asphalt binders[J]. Journal of Materials in Civil Engineering, 2017, 29 (10):04017149.

[20] ZAUMANIS M, MALLICK R B, FRANK R. Determining optimum rejuvenator dose for asphalt recycling based on Superpave performance grade specifications [J]. Construction and Building Materials, 2014, 69:159-166.

[21] LU D X,SALEH M,NGUYEN N H T. Effect of rejuvenator and mixing methods on behaviour of warm mix asphalt containing high RAP content [J]. Construction and Building Materials,2019,197:792-802.

[22] ZAUMANIS M,BOESIGER L,KUNZ B,et al. Determining optimum rejuvenator addition location in asphalt production plant [J]. Construction and Building Materials, 2019, 198:368-378.

[23] INGRASSIA L P,LU X,FERROTTI G,et al. Investigating the "circular propensity" of road bio-binders:Effectiveness in hot recycling of reclaimed asphalt and recyclability potential [J]. Journal of Cleaner Production, 2020, 255:120193.

[24] FOROUTAN M A,TAHAMI S A,HOFF I,et al. Performance evaluation of asphalt mixtures containing high-RAP binder content and bio-oil rejuvenator[J]. Construction and Building Materials,2019,227:116465.

[25] DEVULAPALLI L, KOTHANDARAMAN S, SARANG G. Effect of rejuvenating agents on stone matrix asphalt mixtures incorporating RAP [J]. Construction and Building Materials,2020,254:119298.

[26] OLDHAM D J, FINI E H, CHAILLEUX E. Application of a bio-binder as a rejuvenator for wet processed asphalt shingles in pavement construction [J]. Construction and Building Materials,2015,86:75-84.

[27] ZIARI H, MONIRI A, BAHRI P, et al. The effect of rejuvenators on the aging resistance of recycled asphalt mixtures [J]. Construction and Building Materials,2019,224:89-98.

[28] ZAUMANIS M,MALLICK R B,POULIKAKOS L,et al. Influence of six rejuvenators on the performance properties of Reclaimed Asphalt Pavement (RAP) binder and 100% recycled asphalt mixtures [J]. Construction and Building Materials,2014,71:538-550.

[29] ZHANG J, ZHANG X, LIANG M, et al. Influence of different rejuvenating agents on rheological behavior and dynamic response of recycled asphalt mixtures incorporating 60% RAP dosage[J]. Construction and Building Materials,2020,238:117778.

[30] KASEER F,YIN F,ARÁMBULA M E,et al. Stiffness characterization of asphalt mixtures with high recycled material content and recycling agents[J]. Transportation Research Record,2017,2633(1):58-68.

[31] MANGIAFICO S,SAUZÉAT C,DI B H,et al. Complex modulus and fatigue performances of

bituminous mixtures with reclaimed asphalt pavement and a recycling agent of vegetable origin [J]. Road Materials and Pavement Design,2017,18:315 - 330.

[32] KOWALSKI K J, KRÓL J B, BAĖKOWSKI W, et al. Thermal and fatigue evaluation of asphalt mixtures containing RAP treated with a bio-agent[J]. Applied Sciences,2017.

[33] CONG P, ZHANG Y, LIU N. Investigation of the properties of asphalt mixtures incorporating reclaimed SBS modified asphalt pavement [J]. Construction and Building Materials, 2016,113:334-340.

[34] DEVULAPALLI L, KOTHANDARAMAN S, SARANG G. Evaluation of rejuvenator's effectiveness on the reclaimed asphalt pavement incorporated stone matrix asphalt mixtures [J]. Construction and Building Materials,2019,224:909-919.

[35] SONG W, HUANG B, SHU X. Influence of warm-mix asphalt technology and rejuvenator on performance of asphalt mixtures containing 50% reclaimed asphalt pavement[J]. Journal of Cleaner Production,2018,192:191-198.

干湿循环下纳米 SiO_2 和聚丙烯纤维改性煤矸石二灰混合料三轴试验与 NMR 试验研究

段文聪　李英明*　储安健
（安徽理工大学矿业工程学院）

摘　要　为解决煤矸石、粉煤灰等废料大量堆积的问题，探索纳米 SiO_2 和聚丙烯（PP）纤维加筋煤矸石二灰混合料（CGLM）材料的干湿循环耐久性。通过开展不同干湿循环周期下的三轴试验、核磁共振（NMR）试验，研究了 2.5%（质量分数）纳米 SiO_2 和 0.15%（体积分数）PP 纤维单掺和复掺 CGLM 三轴力学行为及微观结构变化规律。研究结果表明：干湿循环次数的增加会导致改性 CGLM 应力-应变曲线显示应变强软化特性，极限偏应力和黏聚力会经历先下降后上升的变化，而内摩擦角变化不明显；复掺 CGLM 大、中孔百分比相较于未改性 CGLM 分别降低 1.7%、6.1%，小孔百分比相应增加 7.8%；干湿循环周期对改性前后 CGLM 微观结构影响较大，随着干湿循环次数增加，孔隙总体积、孔隙率呈现先上升后降低趋势；循环后期由于胶结作用和水化反应持续进行，大、中孔径不断缩小向小孔范围聚集，复掺 CGLM 改性效果与两种材料对 CGLM 孔隙的影响密切相关。

关键词　干湿循环　纳米 SiO_2　聚丙烯纤维　煤矸石二灰混合料　三轴试验　NMR 试验

0　引言

煤矸石是煤炭开采的伴生物。不仅造成地面土地占用，而且影响环境和居民生活[1]。近年来，粉煤灰、石灰稳定煤矸石做路面基层逐渐被推广应用，但随着使用年限的增长，暴露出二灰稳定类混合料前期强度低、抗裂性差等缺点[2]。为提高煤矸石二灰混合料路基耐久性和使用寿命，对该种路基开展进一步改性处理，具有必要的实际意义。

目前，不少国内外学者通过在二灰稳定类混合料中添加新的材料来达到改性混合料的目的。Zhang Hao 等[3]开展了磷石膏替代二灰碎石混合料中部分石灰和集料相关改性试验研究，研究表明，磷石膏可以提升混合料水稳性能、收缩性能。唐克纯等[4]指出适量堆存的固硫灰可以明显提升二灰混合料的强度和抗干缩性能。孙立东等[5]在二灰稳定红黏土中掺加 PP 纤维，并进行了室内试验和微观机理分析，结果发现 PP 纤维的掺入能够

基金项目：国家自然科学基金资助项目（52174102，51874002）；安徽省重点研究与开发计划项目（2022m07020007）。

改性二灰稳定红黏土材料。Innocent Kafodya 等[6]通过无侧限抗压强度试验,发现二灰土中掺加质量分数为0.75%的剑麻纤维能有效提高二灰土抗压强度。李敏等[7]提出二灰和改性聚乙烯醇作为固化材料的方法,发现联合固化有助于改善盐渍土抗剪强度等性能。上述添加新材料改性二灰稳定类混合料更多关注的是抗干缩性能、无侧限抗压强度,而对改性后混合料的三轴剪切强度特性,尤其是干湿循环下对剪切强度的影响研究较少。

鉴于此,通过纳米 SiO_2 和 PP 纤维改性 CGLM 的无侧限抗压强度试验、劈裂强度试验[8],得到2.5%纳米 SiO_2 和0.15% PP 纤维为最优掺量。本文通过常规三轴试验、NMR 试验。研究改性 CGLM 应力-应变曲线、极限偏应力、抗剪强度等指标随改性材料类别差异的变化规律;从微观角度分析干湿循环效应下改性 CGLM 孔隙结构变化规律。研究结果为将来纳米 SiO_2 和 PP 纤维对 CGLM 作为公路路面基层等工程建设提供基础数据。

1 试验材料及试验方案

1.1 试验材料

试验煤矸石取自淮南某矿区堆存一年以上矸石山。石灰采用江西新余惠灰实业有限公司生产的熟石灰粉,试验所用粉煤灰取自河南省郑州热电厂的排灰,为优质二级灰。试验所用纳米 SiO_2 粒径小,分布均匀。试验所用 PP 纤维来自湖南长沙汇祥纤维工厂,纤维类型属于12mm的束状单丝。

1.2 试样制备

首先按照配比称取一定质量的石灰与粉煤灰干拌3min,然后加入相应配比煤矸石进行3min的二次干拌,最后将2.5%纳米 SiO_2 和0.15% PP 纤维单掺或复掺到一定量的水中(混合料质量的10.5%)混合,再把混合料和水充分搅拌5min后,密封静置6h。待混合料内水分达到均匀分布后,将试样均分为4份(每份48.75g),逐次加入三瓣膜中击实成型,制得试样直径约为39.1mm,高度为80mm,并用塑料薄膜密封养护7d后进行干湿循环。

1.3 试验方案

电热干燥箱温度范围为10~300℃,试样按照在40℃干燥箱中脱水20h、20℃自来水中吸水4h为一次干湿循环过程,干湿循环次数N设计为0次、1次、2次、4次、6次。本次试验选用南京土壤仪器厂的TSZ-6全自动三轴仪。对经过不同干湿循环次数后的CGLM试样进行UU三轴试验,围压分别选取25kPa、75kPa、100kPa,加载速率为 $0.8mm \cdot min^{-1}$,试验设置剪切应变为15%时停止,由计算机实时控制并记录整个试验过程及试验数据。NMR试验仪器选用苏州纽迈分析仪器公司生产的MesoMR12-060H-1核磁共振分析仪,对经过不同干湿循环次数的改性CGLM饱和后进行微观孔隙结构分析。

所有试样均以CGLM为基本混合料,根据掺加改性材料类别差异分为4组,分别为CGLM-0、CGLM-1、CGLM-2、CGLM-3。共60组试验,总共180组有效数据。试样制备、试验设备如图1所示,三轴试验工况如表1所示。

a)击实仪

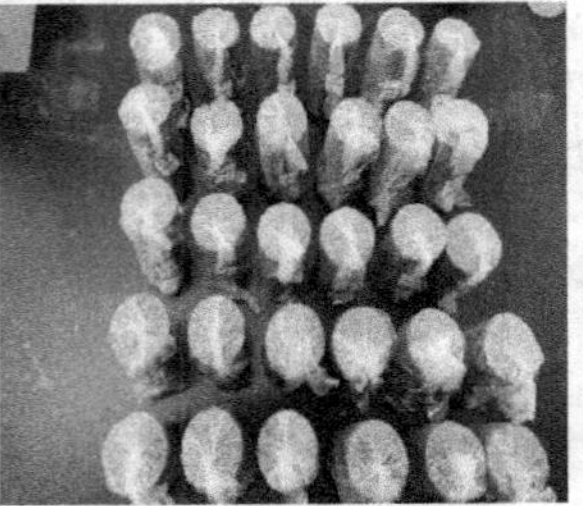
b)密封试样

c)全自动三轴仪

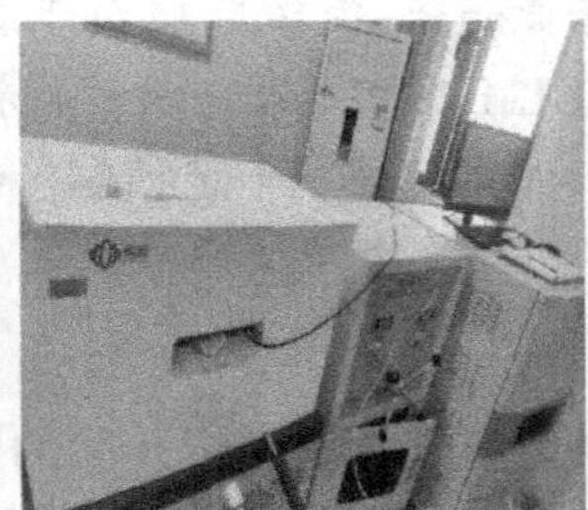
d)NMR分析系统

图1 试样制备、试验仪器

三轴试验工况 表1

试验编号	改性材料种类	围压大小(kPa)	干湿循环次数	龄期(d)	试样总个数
CGLM-0	0	25/75/100	0/1/2/4/6	7	45
CGLM-1	2.5%纳米 SiO_2	25/75/100	0/1/2/4/6	7	45
CGLM-2	0.15%纤维	25/75/100	0/1/2/4/6	7	45
CGLM-3	2.5%纳米 SiO_2 +0.15%纤维	25/75/100	0/1/2/4/6	7	45

2 三轴结果分析

2.1 应力-应变曲线及极限偏应力

改性 CGLM 三轴试验得到的应力应变曲线如图 2 所示(其中,ε_1为轴向应变,σ_1-σ_3为偏应力),由图 2a)、b)可见:干湿循环下改性 CGLM 应力-应变曲线的类型及特征未产生明显变化,均为应变强软化型。试样在开始加载到偏应力峰值的80%,这段区间基本呈线性增加;当加载荷载超过偏应力峰值后,偏应力随应变增加出现降低现象;随着应变逐渐增大,偏应力降幅逐渐变小,偏应力值趋于稳定,即"残余强度"阶段。当 $N=4$、$\sigma_3=100$kPa 时,CGLM-0、CGLM-1、CGLM-2、CGLM-3 峰值点轴向应变值分别为2.3%、2.4%、2.8%、3.0%,可见 CGLM-2、CGLM-3 的峰值点轴向应变值高于 CGLM-0、CGLM-1。这说明 PP 纤维在剪切过程中很好地发挥其连接作用,增强了试样的延展性,提高了峰值点应变值。

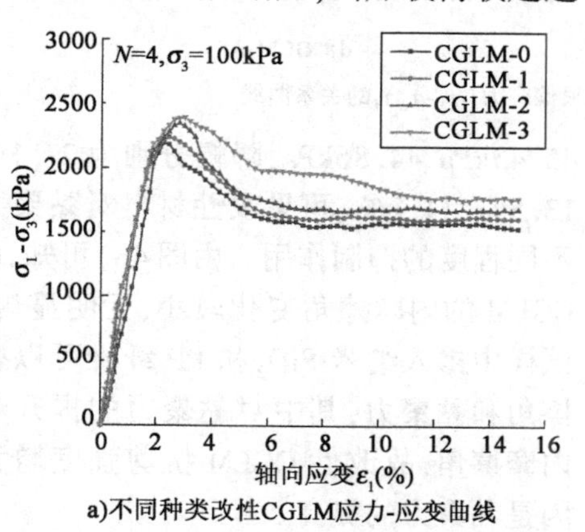

a)不同种类改性CGLM应力-应变曲线

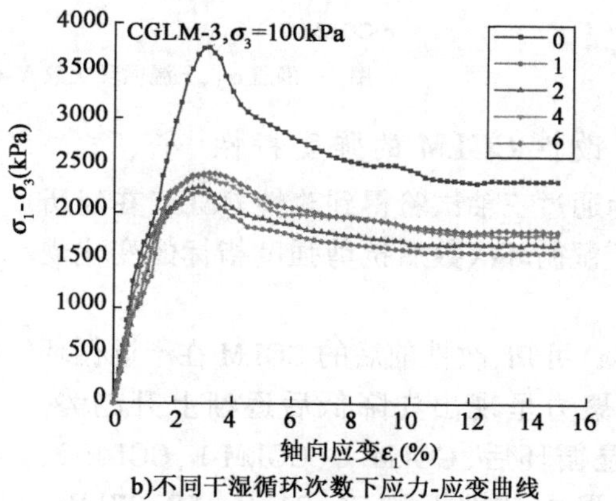

b)不同干湿循环次数下应力-应变曲线

图 2 干湿循环下改性 CGLM 应力-应变曲线

为进一步揭示干湿循环下纳米 SiO_2 和 PP 纤维改性 CGLM 的强度变化规律,选取上述应变软化型应力-应变曲线中试样破坏时的偏应力值为极限偏应力,从而得到 CGLM-0、CGLM-1、CGLM-2、CGLM-3 关于围压 σ_3、干湿循环次数 N、极限偏应力$(\sigma_1-\sigma_3)_f$三者之间的关系曲线,如图 3 所示

图 3 显示,围压相同时,极限偏应力随干湿循环次数增加呈现出先急剧降低后逐渐增大的趋势。以 CGLM-3 为例(围压 100kPa),第一次循环后极限偏应力从 3743kPa 下降至 2214kPa,之后至第六循环逐渐回升至 2349kPa。这表明首次循环显著降低了材料强度,但随后强度因内部颗粒间胶结增强而回升。极限偏应力随围压升高而增加,当 $N=6$、$\sigma_3=25$kPa 时,CGLM-1、CGLM-2、CGLM-3 的极限偏应力分别为 2092kPa、2055kPa、2167kPa,比 CGLM-0 在相同围压下增幅分别为12.0%、10.1%、16.0%,显示纳米 SiO_2 和 PP 纤维的固化作用,特别是两者共掺改性效果最佳。该结果均符合《公路土工试验规程》(JTG 3430—2020)的相关规定。

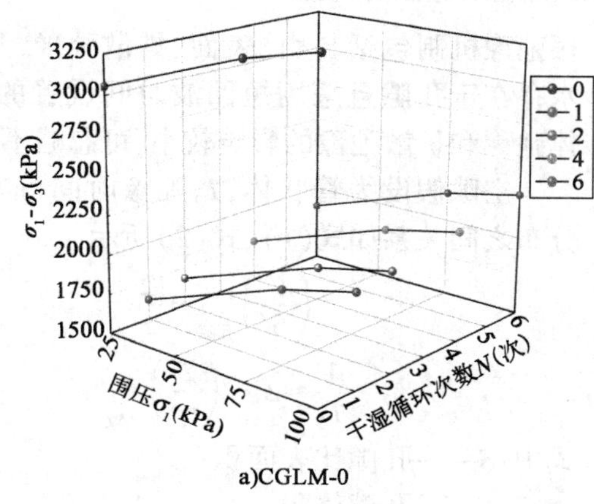

a)CGLM-0

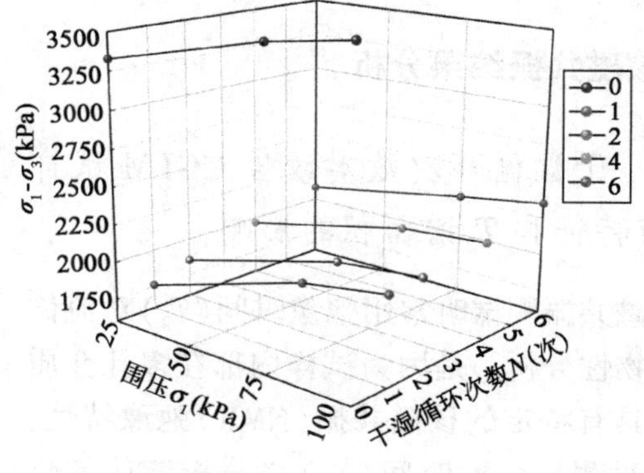

b)CGLM-1

图 3

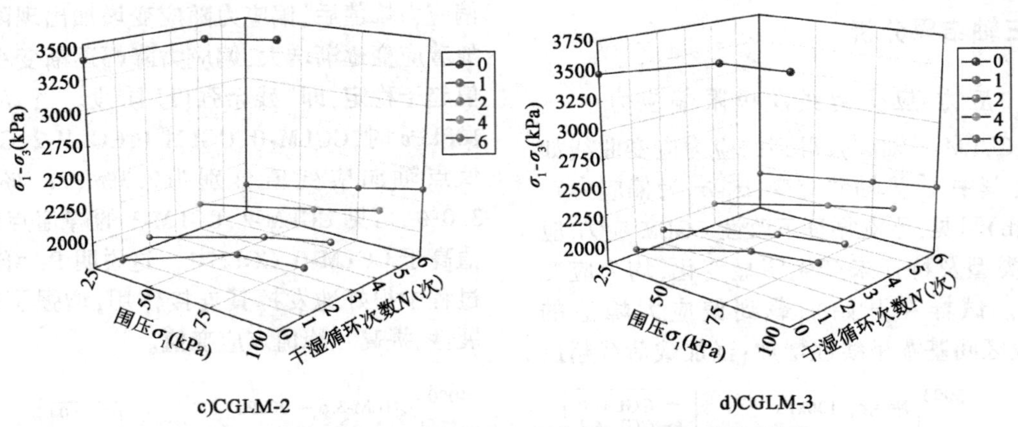

图3 围压 σ_3、干湿循环次数 N、极限偏应力 $(\sigma_1-\sigma_3)_f$ 的关系曲线

2.2 改性 CGLM 的强度特性

图4为通过三轴试验得到改性CGLM在经历不同次数干湿循环次数后抗剪强度指标的变化规律曲线。

由图4a)可知,改性前后的CGLM在干湿循环作用下,黏聚力呈现出先降低后逐渐上升趋势。第1次干湿循环后,CGLM-0、CGLM-1、CGLM-2、CGLM-3黏聚力分别下降75.21kPa、59.27kPa、45.45kPa、44.86kPa,降幅分别为27.1%、20.1%、13.5%、11.2%,可见改性材料对黏聚力的劣化有不同程度的抑制作用。由图4b)可知,改性前后的CGLM的内摩擦角变化较小,无明显规律。综上,试样中掺入纳米 SiO_2 和PP纤维可以提升其内摩擦角和黏聚力,其中对黏聚力的提升幅度远大于内摩擦角,故改性CGLM抗剪强度增大的主要原因是黏聚力的提高。

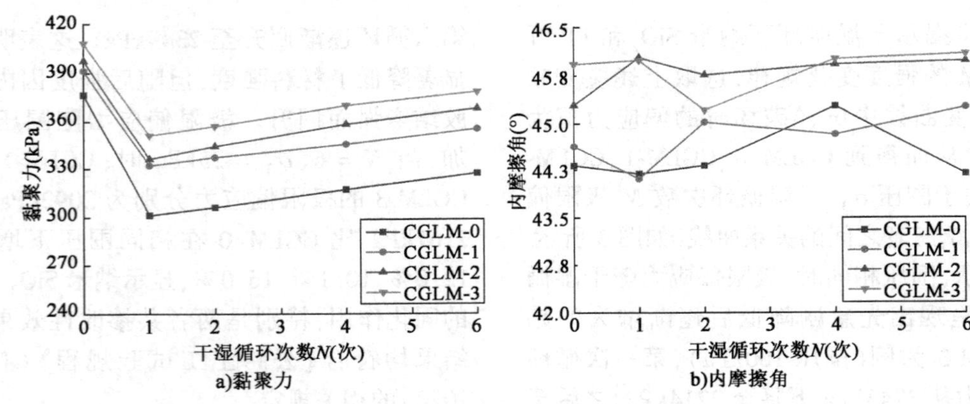

图4 改性CGLM抗剪强度指标和干湿循环次数的关系曲线

3 核磁共振结果分析

3.1 干湿循环次数对改性CGLM试样 T_2 谱分布特征和 T_2 谱面积的影响

用核磁共振测试时常用弛豫时间(T_2)对流体开展相关物性分析。是因为试样内部在多孔介质中的流体具有特定的核磁共振(NMR)弛豫特性,研究者通过测量弛豫时间(T_2)来分析流体的物性。试样的结构紧密程度对氢质子束缚程度有正相关作用,而 T_2 能够表征这种束缚程度。核磁共振弛豫机制包括自由、表面、扩散弛豫,且在仅有水存在于孔隙且采用短回波时间设置的情况下,体弛豫和扩散弛豫的影响较小,可忽略不计。

空隙假设为管状体,T_2 弛豫时间分布与孔径分布之间关系如式(1)、式(2)所示。

$$\left(\frac{V}{S}\right)_{孔隙}=\frac{2}{r} \tag{1}$$

$$\frac{1}{T_2}\approx 2\cdot\left(\frac{2}{r_2}\right)_{孔隙} \tag{2}$$

式中:S——孔隙比表面积;

V——孔隙体积;

r——孔隙半径;

T_2——谱值与孔隙体积成正比。

CGLM-0、CGLM-3 在各干湿循环次数下内部孔隙水的 T_2 谱如图 5 所示。

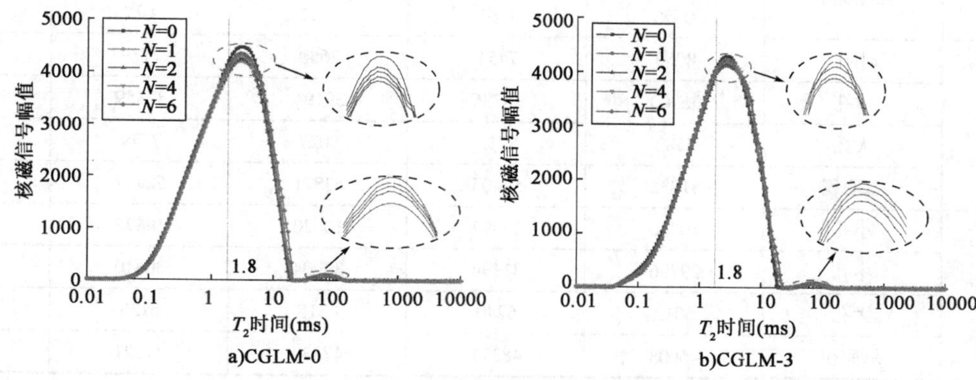

图 5 不同干湿循环次数下的 T_2 谱分布曲线

从图 5 可知：CGLM-0、CGLM-3 均包括 2 个波峰形态，其中左边面积较大波峰为主峰，主要分布在 0.04 ~ 18.04ms 附近。右边较小波峰为次峰，主要分布在 33.7 ~ 135.18ms 区间；对比 CGLM-3 和 CGLM-0T_2 谱曲线主、次峰放大图发现：前者曲线变化更加紧密，微观解释为前者孔隙半径变化幅度更小，说明纳米 SiO_2 和 PP 纤维对干湿循环下改性 CGLM 孔隙半径变化有所影响；当 T_2 值小于 1.8ms 时，CGLM-0、CGLM-3 T_2 曲线在 6 次循环下均相互靠近，表明这段区域孔隙受干湿循环影响较小。当 T_2 在 1.8 ~ 135.18ms 之间时，干湿循环作用对 T_2 曲线影响较大；随着干湿循环次数增加，CGLM-0、CGLM-3 主峰均呈现出先大幅度降低，后缓慢提升趋势。而次峰则相反，表现出先大幅提高，后逐渐降低趋势。

根据岩土孔隙分类标准[9]，试样孔隙按照孔径大小分为小孔（$r < 1\mu m$）、中孔（$1\mu m \leqslant r \leqslant 20\mu m$）和大孔（$20\mu m < r \leqslant 1000\mu m$）。表 2 显示了在不同干湿循环次数下 CGLM-0 和 CGLM-3 样本内不同孔径的核磁共振 T_2 谱面积数据，这些数据可以定量描述试样内部整体孔隙体积大小[10]。图 6 为孔径分布百分比变化曲线。

由表 2、图 6 可知，CGLM-0、CGLM-3 的内部孔隙主要以中孔为主，小、大孔占比较小。其中，0 次循环时，CGLM-3 相较于 CGLM-0 大、中孔百分比分别下降 1.7%、6.1%，小孔相应增加 7.8%；随着干湿循环次数增加，大、中孔呈现出先增加后波动性减少，小孔呈现出先减少后稳步增加趋势。第 1 次干湿循环后，CGLM-0、CGLM-3T_2 谱面积增幅分别为 4.8%、3.8%。2 ~ 6 次干湿循环后，谱面积开始缓慢减少，降幅分别达到 3.1%、3.2%。可见第 1 次循环对试样有很大的劣化影响，谱面积出现增加。后期试样因为内部胶结作用、絮状物产生在孔隙中持续进行，导致孔隙减少，谱面积降低。

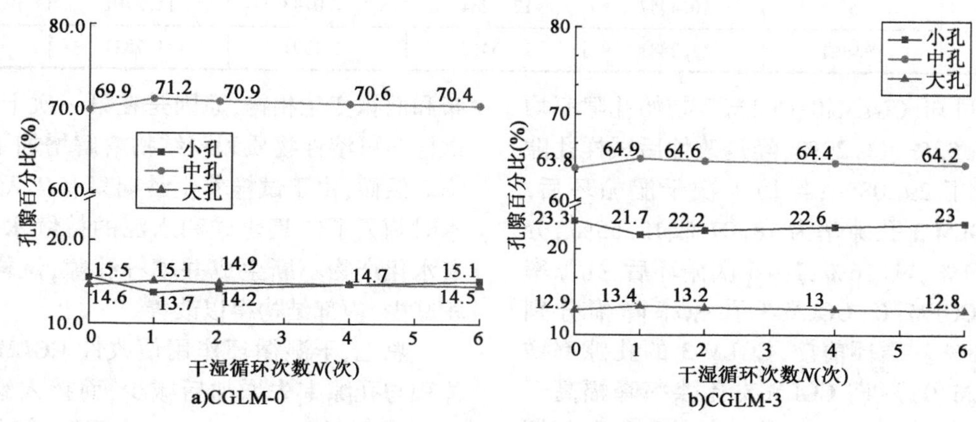

图 6 不同干湿循环下的孔径分布变化图

不同干湿循环次数下不同孔径 T_2 谱面积 表2

试样编号	孔隙类别	谱面积				
		0次	1次	2次	4次	6次
CGLM-0	小孔	8050	7454	7650	7779	7955
	中孔	36300	38736	39194	37359	37089
	大孔	7582	8215	8027	7779	7639
	总面积	51932	54405	53871	52917	52683
CGLM-3	小孔	10860	10497	10620	10672	10777
	中孔	29736	31394	30904	30410	30081
	大孔	6012	6240	6315	6139	5997
	总面积	46608	48371	47839	47221	46855

3.2 干湿循环次数对改性CGLM试样孔隙率的影响

孔隙率 n 指的是块状材料内部孔隙体积与材料在自然状态下总体积的比值,可反映出材料孔隙特征和孔隙发展规律。对于纳米 SiO_2 和PP纤维改性CGLM做路基填料来说,孔隙率高低能反映其密实度的大小[10],表3为通过核磁共振试验得到不同干湿循环次数下的孔隙率数据。

干湿循环下试样孔隙率变化 表3

试样编号	平行试样编号	孔隙率(%)				
		0	1	2	4	6
CGLM-0	1	14.7092	16.8736	16.1372	16.8123	13.9378
	2	16.2701	18.6510	18.1912	16.9371	16.8981
	3	16.0270	18.2850	18.0499	17.7261	18.0282
	4	15.6139	17.809	17.0730	16.8837	16.9441
	5	16.9838	18.7405	18.8432	18.0503	18.9363
	平均值	15.9208	18.0722	17.6589	17.2819	16.9489
CGLM-3	1	11.2833	12.5298	13.0180	12.4940	11.5299
	2	11.0960	12.2803	12.1936	11.1328	11.9263
	3	11.8203	12.9210	12.6175	12.9948	11.4520
	4	11.7452	12.2750	12.0871	11.0218	12.5780
	5	10.4957	12.7264	11.0793	11.2701	10.4273
	平均值	11.2881	12.5465	12.1991	11.7827	11.5827

由表3可知,CGLM-0、CGLM-3初始孔隙率均值分别为15.92%、11.29%,经过改性后试样孔隙率均值降低了29.08%;经历1次干湿循环后,CGLM-0、CGLM-3孔隙率为18.07%、12.55%,分别增长13.51%、11.16%;2~6次循环后,孔隙率开始降低,CGLM-0、CGLM-3孔隙率降幅分别6.20%、7.73%。循环前期,CGLM-3的孔隙率增长低于CGLM-0;后期CGLM-3孔隙率降幅高于CGLM-0,说明改性的CGLM能有效控制循环初期孔隙增加并加快后期孔隙填充速率。这与 T_2 谱分布和面积变化相符,原因是在第一次干湿循环中,试样内可溶性物质和胶结物溶解增加了试样孔隙率。然而,由于试样养生龄期只有7天,短期内吸水时刺激了二氧化硅和水泥的持续水化反应,随着水化产物不断生成并填补孔隙,试样总孔隙体积减少,内部结构得以改善。

总之,干湿循环作用使改性CGLM的总孔隙体积与孔隙率先增加后减少,而掺入纳米 SiO_2 和PP纤维的改性CGLM,在6次干湿循环过程中,总孔隙体积和孔隙率均低于未改性CGLM。

4 结语

(1)第1次干湿循环后,极限偏应力急剧下降。2~6次循环后,呈现缓慢提升趋势。不同改性条件下,干湿循环后改性CGLM应力-应变曲线未发生明显差别,均表现为应变强软化型。

(2)纳米SiO_2和PP纤维对CGLM黏聚力提升效果明显,对内摩擦角没有太大影响。

(3)改性前后CGLM内部孔隙以中孔为主,小、大孔比例较小。初次干湿循环对改性CGLM孔隙劣化影响较大,但随着循环次数增加,胶结持续作用导致试样内部孔隙不断被胶结产物填充,中、大孔转变为小孔,孔隙结构逐渐趋于密实。

(4)实际应用中,路基填料的受力状况由于受到环境和交通荷载的多元影响而显得复杂。未来研究可针对改性CGLM在多种干湿循环条件下的抗剪性能进行探究,并通过真三轴试验研究其在动荷载影响下的行为,从而深入研究改性CGLM的路用性能。

参考文献

[1] 周楠,姚依南,宋卫剑,等.煤矿矸石处理技术现状与展望[J].采矿与安全工程学报,2020,37(1):136-146.

[2] 牛清奎.煤矸石二灰混合料路基工程技术和理论研究[D].天津:天津大学,2008.

[3] ZHANG H, CHENG Y, YANG L, et al. Modification of Lim-eFly Ash-Crushed Stone with Phosphogyps-um for Road Base [J]. Advances in Civil Engineering,2020,2020.

[4] 唐克纯,卢忠远,章岩,等.固硫灰改性二灰结合料的研究[J].非金属矿,2013,36(2):1-4.

[5] 孙立东.红黏土作为基层材料路用性能及其强度形成机理研究[D].天津:河北工业大学,2020.

[6] FARAJZADEHHA S, MOAYED R Z, MAHDIKHANI M. Comparative study on uniaxial and triaxial strength of plastic concrete containing nano silica [J]. Construction and Building Materials,2020,244:118212.

[7] 李敏,于禾苗,杜红普,等.冻融循环对二灰和改性聚乙烯醇固化盐渍土力学性能的影响[J].岩土力学,2022,43(2):489-498.

[8] 储安健,李英明,黄顺杰,等.纳米SiO_2和聚丙烯纤维对煤矸石二灰混合料改性试验研究[J].硅酸盐通报,2022,41(5):1669-1776.

[9] 刘宽,叶万军,高海军,等.干湿环境下膨胀土力学性能劣化的多尺度效应[J].岩石力学与工程学报,2020,39(10):2148-2159.

[10] 宋勇军,张磊涛,任建喜,等.基于核磁共振技术的弱胶结砂岩干湿循环损伤特性研究[J].岩石力学与工程学报,2019,38(4):825-831.

SHA改性沥青的微观特性研究

樊延超* 周纯秀 孙天书

(大连海事大学交通运输工程学院)

摘 要 为研究超硬质沥青SHA(Super Hard Asphalt)改性沥青的微观特性及改性机理,采用SHA作为改性剂对AH-90道路石油沥青进行改性,制备了不同掺量(5%、6%、7%和8%)的SHA改性沥青,对改性沥青进行了扫描电子显微镜(SEM)试验、热重(TG)试验、差示扫描量热(DSC)试验和傅里叶红外光谱(FTIR)试验。试验结果表明:SHA改性沥青中SHA以弹性颗粒的形态存在,SHA弹性颗粒分散在沥青中可以显著提升沥青的弹性、高温抗车辙性能和抗永久变形性能,且随着SHA掺量的提高,沥青的弹性逐渐增强。SHA的掺入有效改善了基质沥青的热稳定性。沥青的玻璃化转变温度随SHA掺量的升

基金项目:国家自然科学基金(51308084);中央高校基本科研业务费专项资金(3132014326);大连海事大学“双一流建设专项”项目(BSCXXM021)。

高变化幅度不大,适量SHA的掺入对沥青低温抗裂性能影响较小。SHA改性沥青的红外光谱图峰值特征与基质沥青基本一致,SHA与基质沥青之间未发生化学反应,SHA改性沥青为物理改性。

关键词　道路工程　超硬质沥青　改性沥青　微观特性　改性机理

0　引言

随着我国经济的高速发展,环境保护变得愈发重要,而资源的不合理利用会造成很多的环境污染。我国能源资源的结构和特点决定了现阶段煤炭仍然是中国的主要能源,而煤炭目前的主要用途是燃烧且消耗量很大[1-2]。然而,考虑到燃煤产生的污染物排放和环保要求的提高,煤炭的清洁利用变得越来越紧迫。煤直接液化是重要的洁净煤利用技术之一,是煤在高温高压下与催化剂、氢气和给氢溶剂发生的加氢裂化反应,煤直接液化残渣(Direct Coal Liquefaction Residue,DCLR)是煤液化加氢裂化过程的副产物,超硬质沥青SHA(Super Hard Asphalt)则是煤直接液化残渣DCLR经精加工后得到的产物。

在煤清洁能源的再生利用、煤直接液化残渣DCLR和超硬质沥青SHA的性能研究方面,国内外做了一些研究。魏建明[3]等研制出超硬质沥青SHA材料,研究并介绍了其生产过程、物理特性、化学组成及其对环境的影响,并提出了超硬质沥青SHA作为路面材料应用于道路工程的挑战。王璐[4-5]等通过宏观试验,研究了超硬质沥青SHA改性沥青的高、低温流变性能,结果表明SHA可以提高改性沥青的高温稳定性能,同时又可以保证改性沥青的低温抗开裂性能。季节[6]等对煤直接液化残渣DCLR和特立尼达湖沥青TLA改性沥青的性能进行分析比较,结果表明DCLR和TLA均可以提高沥青的高温性能,DCLR在高温条件下对沥青性能的改善效果优于TLA,考虑到天然沥青TLA的成本高且产量少,而DCLR有着更优异的性能、更低廉的价格,且可以实现煤炭资源的再生利用,因此可以考虑采用DCLR材料代替TLA材料。在国外,许多欧洲发达国家的研究和应用方面做了大量工作,发现用硬质沥青制备得到的沥青混合料有着良好的高温性能和耐久性能。亚洲研究者对硬质沥青高模量混合料的性能进行研究,结果表明其具有良好的抗疲劳特性和抗永久变形能力。美国研究者将SBS改性剂和化合物添加剂等掺入硬质沥青中进行复合改性,结果表明复合改性硬质沥青可以提高沥青的高温抗车辙性能和抗疲劳特性。

将硬质沥青材料应用于道路工程中,可以改善路面的高温抗车辙能力、抗疲劳破坏能力和抗永久变形能力[7-9],使用煤直接液化工艺的工业副产品生产超硬质沥青SHA以取代天然沥青TLA,会实现更好的路面工程性质和更低廉的价格,实现资源的再生利用,对于环境的保护有着重要和积极的意义。因此,对超硬质沥青进行全面的研究是十分必要的。目前,国内外学者对于SHA改性沥青的微观特性及改性机理方面的研究相对较少。鉴于此,本文采用超硬质沥青SHA作为改性剂,对不同质量分数的SHA改性沥青,借助扫描电子显微镜(SEM)、热重(TG)、差示扫描量热(DSC)和红外光谱扫描(FTIR)试验,分析了SHA改性沥青的微观特性及改性机理,探究SHA对沥青的改性效果,为SHA的工程应用提供理论支撑。

1　试验材料与方法

1.1　试验材料

1.1.1　基质沥青

本研究所开展的试验选用的基质沥青为辽宁宝来生物有限公司生产的壳牌AH-90道路石油沥青,参照《公路工程沥青及沥青混合料试验规程》(JTG E20—2011)进行沥青主要技术性能测试试验,获得的沥青相关技术性能如表1所示。由表1可知,基质沥青的各项技术指标均满足《公路沥青路面施工技术规范》(JTG F40—2004)技术要求。

基质沥青的主要技术性能　　表1

测试项目	检测值	《公路沥青路面施工技术规范》技术要求
针入度(25℃,0.1mm)	90.8	88～100
软化点(25℃,℃)	47.2	≥44

续上表

测试项目		检测值	《公路沥青路面施工技术规范》技术要求
延度(15℃,cm)		≥100	≥100
C_2HCL_3溶解度(%)		99.87	≥99.5
RTFOT残留物	质量损失(%)	0.08	≤±0.8
	25℃针入度比(%)	72.6	≥57
	15℃残留延度(cm)	74.8	≥20

1.1.2 SHA沥青改性剂

本文选用国家能源集团北京低碳清洁能源研究院研发的超硬质沥青SHA作为沥青改性剂材料,其外观呈黑色颗粒状,如图1所示。SHA与其他三种石油沥青的化学组分对比如表2所示,经对比后得出可以将超硬质沥青SHA作为沥青改性剂用于改性基质沥青,以改善基质沥青的各项技术性能。

图1 SHA改性剂

超硬质沥青与三种石油沥青的化学组分对比 表2

沥青种类	沥青四组分				沥青总含量	甲苯不溶物	
	饱和分(S)	芳香分(Ar)	胶质(R)	沥青质(As)		有机不溶物	无机不溶物
30号中石油沥青	6.80	37.63	49.57	6.00	99.81	0.07	0.12
90号SK石油沥青	9.19	51.28	30.32	9.21	97.67	2.08	0.25
湖沥青TLA	3.34	24.87	45.14	26.65	62.92	1.25	35.83
超硬质沥青SHA	0.51	7.91	49.39	42.19	47.03	37.71	15.26

1.2 SHA改性沥青的制备

首先,将基质沥青加热至130℃,使其呈流动状态,将质量分数为5%、6%、7%和8%的超硬质沥青SHA在常温下分别掺入流动态的基质沥青中进行混合后,共同放置于140℃的烘箱中20min。采用BME-100L型高速剪切乳化机进行剪切,使其均匀分散在基质沥青中,剪切速率为5000r/min,加热板在设定温度为180℃,剪切时间为45min,完成4种不同掺量的SHA改性沥青试样制备。

1.3 试验方法

1.3.1 扫描电镜SEM试验

采用日本日立公司生产的S-4800型场发射扫描电子显微镜(SEM)对沥青样品进行观测。由于基质沥青和SHA改性沥青均为非导电材料,因此需要对沥青的表面进行预先喷金处理,试验的测试温度为25℃。

1.3.2 热重TG试验

采用美国TA TGA Q50型热重分析仪对沥青试样进行测试。TG试验过程中全程通入氮气作为保护气,试样的测试温度为由室温升至800℃,升温速率为20℃/min。

1.3.3 差示扫描量热DSC试验

采用美国TA DSC Q10型差示扫描量热仪对沥青试样进行测试。DSC试验过程中全程通入氮气作为保护气,升温速率为10℃/min,测试范围为-60℃~150℃。

1.4 傅里叶红外光谱FTIR试验

采用美国赛默飞Nicolet6700型傅里叶红外光谱仪对沥青试样进行测试。FTIR试验的测试方法为ATR法,扫描范围为4000cm^{-1}到400cm^{-1},扫描分辨率为4cm^{-1},扫描次数为16次。

2 试验结果与分析

2.1 SEM观测

基质沥青、SHA改性剂和SHA改性沥青的扫描电镜SEM微观形貌观测结果如图2所示。

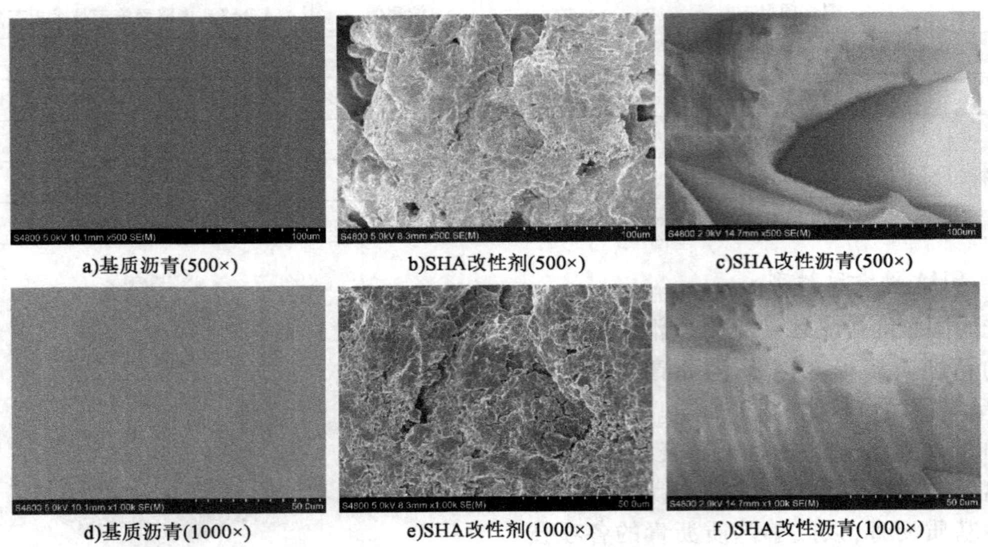

图 2　SEM 微观形貌观测图

图 2a)和 d)分别为基质沥青放大 500 倍和 1000 倍后的微观形貌图。如图 2a)和 d)所示,基质沥青的微观形貌表面呈平整光滑的镜面形态,质地分布均匀,整体表面呈均相形态,微观形貌较为平整。

图 2b)和 e)分别为 SHA 改性剂放大 500 倍和 1000 倍后的微观形貌图。如图 2b)和 e)所示,SHA 改性剂表面粗糙、结构紧密、棱角清晰、形状不规则,存在着一定的间隙和孔隙,这有助于其在改性沥青制备过程中快速分散。

图 2c)和 f)分别为 SHA 改性沥青放大 500 倍和 1000 倍后的微观形貌图。如图 2c)和 f)所示,SHA 改性沥青表面较基质沥青表面粗糙,微观表面分散着细小状颗粒,这是由于 SHA 改性沥青在高温高速剪切过程中 SHA 颗粒与沥青充分接触出现了溶胀和降解等现象。SHA 以弹性微小颗粒的形态被沥青包裹,且无明显的团聚现象,这表明 SHA 与沥青具有良好的相容性。SHA 改性沥青表面未出现明显的微裂缝,这说明 SHA 改性沥青具有良好的抗裂性能、稳定性和较为稳定的微观结构。SHA 改性沥青中,SHA 颗粒具有较大的粒径,以弹性颗粒的形态分散在沥青中,宏观上能显著地提升 SHA 改性沥青的弹性、高温抗车辙性能和抗永久变形性能。

2.2　TG 观测

基质沥青和 SHA 改性沥青的 TG 曲线如图 3 所示,反映了基质沥青与不同掺量 SHA 改性沥青之间热稳定性的差异。

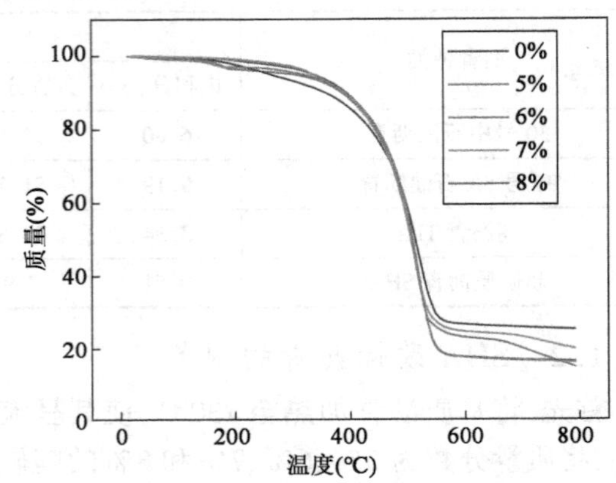

图 3　基质沥青和 SHA 改性沥青的 TG 曲线

由图 3 可以看出,不同类型沥青的 TG 曲线呈现相似的变化趋势和失重特性,均只存在一次热失重过程。在 0 ~ 180℃温度区间范围内,基质沥青和 SHA 改性沥青的质量几乎不发生变化,表明其在这一温度区间范围内较为稳定,没有发生物质的分解;在 180 ~ 550℃温度区间范围内,各沥青的质量随温度的升高而逐渐减小;在 550℃以后,各沥青试样基本分解结束,热失重曲线逐渐趋于稳定。由图 3 还可以看出,SHA 改性沥青的 TG 曲线要明显高于基质沥青的 TG 曲线,且随着 SHA 质量分数的增大而逐渐提高,这说明 SHA 的掺入改善了沥青的高温性能,SHA 改性沥青较基质沥青具有更好的热稳定性。

基质沥青和不同掺量 SHA 改性沥青的 TG-DTG 曲线如图 4 所示,能够更直观、更准确地反映出最大分解速率和温度,从而分析基质沥青与不同掺量 SHA 改性沥青随温度变化产生的质量变化及热效应变化。从图 4 中可以看出，各沥青仅有一个热分解阶段。基质沥青热失重主要发生在 260～550℃之间，在 513℃左右时热失重速率达到最大值。SHA 改性沥青热失重主要发生在 300～580℃之间，在 520℃左右时热失重速率达到最大值。可以看出，SHA 改性沥青发生热失重的温度区间和最大热失重速率发生温度均要明显高于基质沥青，说明 SHA 的掺入有利于提升沥青的热稳定性能。

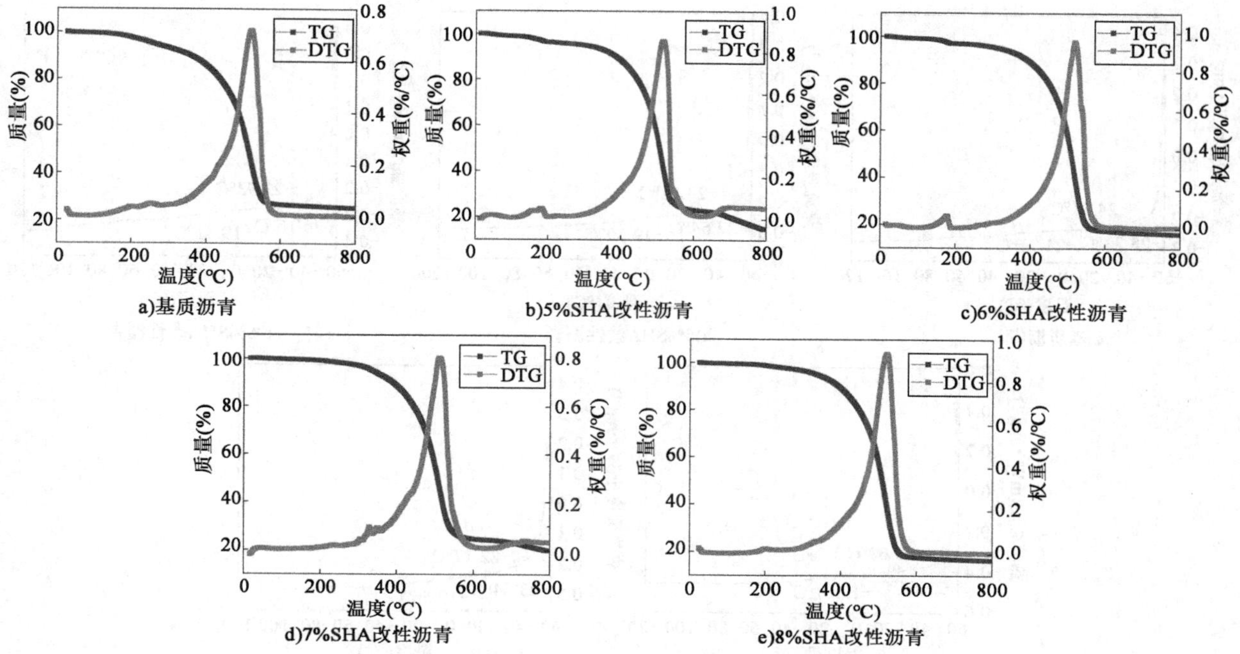

图 4 基质沥青和不同质量分数 SHA 改性沥青的 TG-DTG 曲线

热稳定性的评价指标通常选用测试样品质量损失为 5% 和 10% 对应的热分解温度。基质沥青和不同掺量 SHA 改性沥青的热稳定性评价指标 $T_{5\%}$ 和 $T_{10\%}$ 如表 3 所示。由表 3 可知，SHA 改性沥青较基质沥青的 $T_{5\%}$ 和 $T_{10\%}$ 明显提高，7% SHA 改性沥青较基质沥青其 $T_{5\%}$ 和 $T_{10\%}$ 分别提高了 73.5℃和 33.9℃，随着 SHA 质量分数的提高，8% SHA 改性沥青较 7% SHA 改性沥青其 $T_{5\%}$ 和 $T_{10\%}$ 分别提高了 1.4℃和 2.3℃，这说明随着 SHA 掺量的增加，改性沥青的热稳定性逐渐提高，但当 SHA 掺量超过 7% 的时候，提升的幅度在减小。由此可见，SHA 的掺入可以提升沥青的热稳定性，但掺量不宜过高，SHA 在高掺量下的改善效果并不显著，且改善的效果逐渐降低。

不同类型沥青的 TG 评价指标 表 3

沥青种类	$T_{5\%}$(℃)	$T_{10\%}$(℃)
基质	261.2	357.5
5% SHA 改性	299.5	386.2
6% SHA 改性	316.4	389.6
7% SHA 改性	334.7	391.4
8% SHA 改性	336.1	393.7

2.3 DSC 观测

基质沥青和不同掺量 SHA 改性沥青的 DSC 曲线如图 5 所示，各类型沥青的玻璃化转变温度 T_g 如表 4 所示。

不同类型沥青的玻璃化转变温度 表 4

沥青种类	玻璃化转变温度 T_g(℃)
基质	-24.31
5% SHA 改性	-23.22
6% SHA 改性	-22.93
7% SHA 改性	-22.60
8% SHA 改性	-22.17

从图 5 中可以看出，通过 DSC 方法得到的玻璃化转变温度 T_g 均为负值，符合沥青实际服役的低温温度。由表 4 可知，基质沥青的玻璃化转变温度 T_g 最低，其低温性能最好。SHA 改性沥青的玻璃化转变温度 T_g 与 SHA 的质量分数呈正相关，随着掺量的增加，SHA 改性沥青的玻璃化转变温度 T_g 不断升高，而低温性能逐渐下降，与沥青材料的低温性能呈负相关。SHA 改性沥青的玻璃化转

变温度 T_g 较基质沥青有所升高,7% SHA 改性沥青较基质沥青其玻璃化转变温度 T_g 提高了 1.71℃,随着 SHA 质量分数的提高,8% SHA 改性沥青较 7% SHA 改性沥青其玻璃化转变温度 T_g 提高了 0.43℃,这说明随着 SHA 掺量的增加,改性沥青的低温性能有所降低,但降低幅度不大,其低温抗裂性能较基质沥青基本保持不变。由此可见,适量 SHA 的掺入在改善沥青的高温性能和热稳定性的同时可以保持低温性能基本不变。

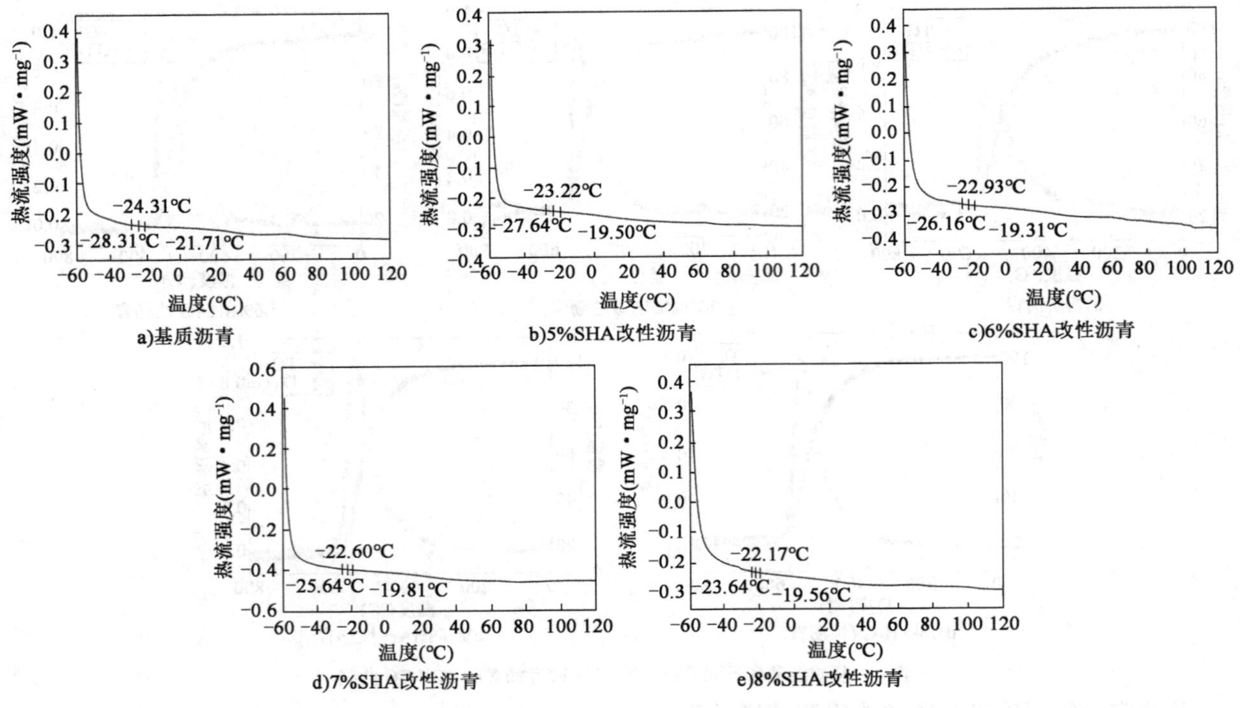

图 5　基质沥青和不同质量分数 SHA 改性沥青的 DSC 曲线

2.4　FTIR 观测

基质沥青和不同掺量 SHA 改性沥青的红外光谱测试结果如图 6 所示。基质沥青的红外光谱图如图 6a)所示,从图中可以看出较强的吸收峰位于波数 3353.26cm^{-1}、2919.16cm^{-1}、2850.06cm^{-1}、1597.55cm^{-1}、1454.54cm^{-1}、1375.36cm^{-1}、1036.46cm^{-1}、809.47cm^{-1}和 720.06cm^{-1}处。其中 3353.26cm^{-1}处出现的是—NH—特征吸收峰,是由 N—H 键的对称伸缩振动形成的。2919.16cm^{-1}和 2850.06cm^{-1}处吸收峰是分别由—CH_2—在 C—H 面的不对称伸缩振动和对称伸缩振动形成的。1597.55cm^{-1}处吸收峰是由苯环骨架振动产生的。1454.54cm^{-1}处吸收峰是由—CH_2—中 C—H 面内弯曲振动和—CH_3 中 C—H 面内变角振动叠加形成的。1375.36cm^{-1}处吸收峰主要是由—CH_3 对称弯曲振动形成的。1300 ~ 400cm^{-1} 处为指纹区,其中 1036.46cm^{-1}处吸收峰为 S═O 伸缩振动形成的,809.47cm^{-1}和 720.06cm^{-1}两处为芳香族化合物中苯环伸缩振动形成的。

对图 6b) ~ e)中不同质量分数 SHA 改性沥青与基质沥青的图谱对比可以看出,不同掺量 SHA 改性沥青的红外光谱与基质沥青基本一致,均未产生新的特征峰,特征峰所对应的位置和波数也未发生明显的变化,仅部分吸收峰的强度发生了改变,这表明 SHA 与基质沥青之间并未发生化学反应,SHA 改性沥青为物理改性。

3　结语

本文通过 SEM 试验、TG 试验、DSC 试验和 FTIR 试验,对 AH-90 基质沥青和 4 种不同掺量 SHA 改性沥青(5%、6%、7% 和 8%)的微观特性和形貌进行试验,主要结论如下:

(1) SHA 改性沥青的微观形貌中存在着细小状的 SHA 弹性颗粒,且被沥青完全包裹,由于 SHA 颗粒具有较大弹性和颗粒粒径,能显著地提升 SHA 改性沥青的弹性、高温抗车辙性能和抗永久变形性能。

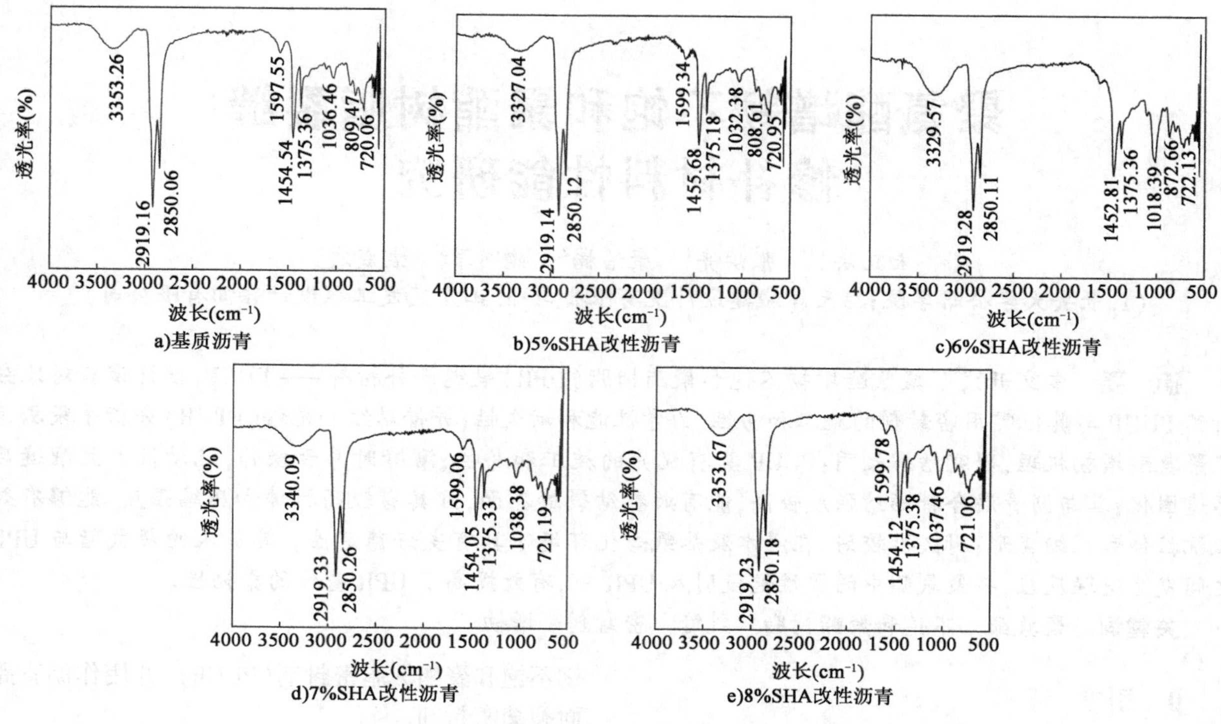

图 6 基质沥青和不同质量分数 SHA 改性沥青的红外光谱图

(2)SHA 改性沥青较基质沥青具有更好的高温性能和热稳定性。随着 SHA 掺量的升高，沥青的热稳定性逐渐提高，但掺量超过一定限度后，提升的幅度在减小，改善的效果逐渐下降，因此 SHA 在沥青中的掺量不宜过高。

(3)随着 SHA 掺量的增加，SHA 改性沥青的低温性能有所降低，但降低幅度不大。适量的 SHA 在改善基质沥青的高温性能和热稳定性能的同时对沥青的低温性影响较小。

(4)SHA 改性沥青的红外光谱图与基质沥青基本一致，主要吸收峰仅存在强度差异。因此 SHA 与基质沥青之间并未发生化学反应，SHA 改性沥青为物理改性。

(5)综合沥青的高温抗车辙性能、热稳定性和低温抗裂性能，沥青制备工艺的复杂性和经济性的考虑，SHA 改性沥青的掺量宜控制在 7% 左右。

参考文献

[1] 武强，涂坤，曾一凡，等. 打造我国主体能源(煤炭)升级版面临的主要问题与对策探讨[J]. 煤炭学报，2019，44(06)：1625-1636.

[2] 陈浜. 基于视觉计算的煤岩识别方法研究[D]. 北京：中国矿业大学(北京)，2018.

[3] WEI J，ZHANG S，SHENG Y，et al. Super Hard Asphalt (SHA) from Direct Coal Liquefaction Process as Pavement Material[J]. Journal of Cleaner Production，2020，274(9)：123815.

[4] 王璐. 超硬质沥青 SHA 流变与疲劳特性试验研究[D]. 大连：大连海事大学，2020.

[5] 周纯秀，王璐，张中丽，等. 超硬质沥青改性结合料流变性能分析[J]. 哈尔滨工业大学学报，2020，52(09)：144-151.

[6] 季节，石越峰，索智，等. DCLR 与 TLA 共混改性沥青的性能对比[J]. 燃料化学学报，2015，43(09)：1061-1067.

[7] 董雨明. 硬质沥青及其混合料流变特性与低温性能研究[D]. 哈尔滨：哈尔滨工业大学，2015.

[8] 张喜军，仝配配，蔺习雄，等. 基于线性振幅扫描试验评价硬质沥青的疲劳性能[J]. 材料导报，2021，35(18)：18083-18089.

[9] 王朝辉，舒诚，韩冰，等. 高模量沥青混凝土研究进展[J]. 长安大学学报(自然科学版)，2020，40(01)：1-15.

聚氨酯增韧不饱和聚酯树脂裂缝修补材料性能研究

朱孔法*[1] 张洪亮[1] 康浩楠[2] 魏同军[3] 袁成志[1]
(1. 长安大学公路学院;2. 天津城建设计院有限公司;3. 山东交发工程设计咨询有限公司)

摘 要 本文开发了聚氨酯增韧不饱和聚酯树脂(UPR)裂缝修补材料——PUUP,设计试验对比分析了 PUUP 与其他常用密封剂的施工和易性、力学性能和耐久性,并借助红外光谱(FT-IR)分析手段揭示了聚氨酯增韧机理,研究结果表明:PUUP 具有优异的施工和易性,灌缝时易于操作,流动性大且灌缝后迅速固化;其与沥青混合料黏结强度较高,能有效黏结裂缝界面,且具有较高拉伸和压缩强度,能够有效抵抗拉伸和压缩变形;耐久性较好,在浸水及热氧老化环境下具有良好稳定性。其加入的聚氨酯与 UPR 之间发生交联反应,将聚氨酯中的柔性链段引入 UPR 中,有效提高了 UPR 基体的柔韧性。

关键词 聚氨酯 不饱和聚酯树脂 裂缝 密封剂 增韧

0 引言

目前常用的沥青路面裂缝处理方式就是在裂缝处灌注密封剂,达到封闭裂缝的目的。目前常用的密封剂包括热拌沥青类[1-3]、乳化沥青类[4-5]及聚合物类[6-9]。热拌沥青类密封剂需加热施工,黏度受温度的影响大。其黏度在施工过程中随着温度的下降迅速下降,丧失流动性,难以完全封填裂缝[10]。乳化沥青类密封剂虽然施工方便,但强度形成缓慢且黏结强度低,路面修补后很容易在短时间内出现二次开裂[10-11]。而聚合物类密封剂由于其易于常温操作且具有良好的力学性能和稳定性等优点,在路面裂缝修补施工中逐渐得到推广应用。其中,环氧树脂(EP)由于其具有优异的强度和耐久性,而逐渐被学者应用于路面裂缝修补中且效果显著,有效填封了裂缝[10-12]。但由于其成本较高,也限制住了其推广应用。

不饱和聚酯树脂(UPR)作为一种热固性树脂,与 EP 类似,其具有优异的力学性能,耐化学腐蚀性能以及耐热性能,且其与 EP 相比,原料更广泛,成本更低,价格仅为 EP 的一半[13]。因此,尝试使用 UPR 代替 EP 作为密封剂,将更加具有经济效益。但是,UPR 和 EP 类似,材料强度高但延展性差[14-15]。因此,借鉴前人的研究[16-18],本研究使用聚氨酯作为增韧剂增韧 UPR,制备聚氨酯增韧不饱和聚酯树脂密封剂(PUUP),并用作沥青路面裂缝密封剂。

1 原材料与试验方法

1.1 原材料与样品制备

本文使用的聚氨酯为单组分湿固化聚氨酯,UPR 为间苯型 UPR。引发剂和促进剂分别为过氧化苯甲酰(BPO)和 N,N 二甲基苯胺(DMA)。稀释剂为苯乙烯,用于提高密封剂的流动性。阻聚剂为对苯二酚,用于延缓 UPR 固化,延长密封剂的可操作时间。为进一步提高 UPR 的强度,使其更好地承受车辆荷载,参考相关研究[19-20],选择添加纳米 $CaCO_3$ 作为填料。原材料技术指标见表 1。

根据预先流动性试验、体积稳定性试验以及力学性能确定的原材料配比,将 1.5wt% 引发剂、10wt% 稀释剂、0.6wt‰阻聚剂、4wt% 纳米碳酸钙和 40wt% 聚氨酯与 UPR 混合,在常温下用电动搅拌机对其进行搅拌混合,后加入 0.75wt% 的促进剂搅拌,得到聚氨酯增韧不饱和聚酯树脂密封剂(PUUP)。

本文选择 4 种常温路面裂缝修补材料——环氧树脂密封剂(EP)、有机硅树脂密封剂(SI)、聚氨酯密封剂(PU)和 SBS 乳化沥青密封剂进行对比试验。

基金项目:东营市科技计划项目(2021ZD36);龙岩市科技计划项目(2021LYF17068)。

原材料主要技术指标

表1

技术参数	密度 (g/cm^3)	黏度 (25℃)/Pa·s	表干时间 (25℃)h	固化时间 (25℃)h	酸值 (mg KOH/g)	凝胶时间 (25℃)/min	熔点 (℃)	沸点 (℃)	闪点 (℃)	粒径 (μm)
聚氨酯	1.7	0.35	3.5	26	—	—	—	—	—	—
UPR	—	0.75	—	—	14	14	—	—	—	—
BPO	1.16	—	—	—	—	—	105	—	—	—
DMA	0.96	—	—	—	—	—	2.5	193	62.8	—
苯乙烯	0.909	—	—	—	—	—	-30.6	146	31	—
对苯二酚	1.340	—	—	—	—	—	173	288	165	—
纳米 $CaCO_3$	2.7	—	—	—	—	—	—	—	—	20~50

1.2 试验方法

根据沥青路面对裂缝修补材料使用性能的要求，修补材料本身必须具备优异的技术性能，包括良好的施工性能、力学性能以及耐久性。因此，本文选择以下试验对不同裂缝修补材料的技术性能进行研究：

(1)施工和易性

进行黏度试验。

(2)力学性能

①拉伸性能：进行拉伸试验。

②压缩性能：进行压缩试验。

③黏结性能：进行拉拔试验。

(3)耐久性能

①抗水损害性能：进行冻融前后的拉伸试验。

②抗老化性能：进行老化前后的拉伸试验。

此外，为探究聚氨酯的增韧机理，本研究对制备的裂缝处治材料进行 FT-IR 分析，从微观层面分析增韧前后材料化学结构和官能团的变化，从而揭示其微观改性机理。

相关的测试试验方法如下。

1.2.1 拉伸试验

试验方法参考《树脂浇筑体性能试验方法》(GB/T 2567—2008)，试件拉伸强度按照式(1)计算，而断裂伸长率则按照式(2)计算。

$$\sigma_t = \frac{P}{b \times h} \tag{1}$$

$$\varepsilon_t = \frac{\Delta L_b}{L_0} \times 100 \tag{2}$$

式中：σ_t——拉伸强度(MPa)；

P——破坏荷载(N)；

b——试件宽度(mm)；

h——试件厚度(mm)；

ε_t——试件的断裂伸长率(%)；

L_0——试件的测量标距(mm)；

ΔL_b——试件断裂时标距 L_0 内的伸长量(mm)。

1.2.2 压缩试验

测试方法依照《树脂浇铸体性能试验方法》(GB/T 2567—2008)，试件压缩强度按照式(3)进行计算。

$$\sigma_c = \frac{P}{S} = \frac{P}{b \cdot h} \tag{3}$$

式中：σ_c——试件压缩强度(MPa)；

P——破坏荷载(或最大荷载,N)；

S——试样横截面积(mm^2)；

b——试样宽度(mm)；

h——试样厚度(mm)。

1.2.3 拉拔试验

按照《公路工程沥青与沥青混合料试验规程》(JTG E20—2011)中的试件成型标准，制备了车辙板试件。随后，使用钻芯设备将车辙板钻取直径为 100mm 的芯样。取两个芯样，使其平面对齐后，保留 5mm 的宽度，灌入密封剂。在常温下养生 48h 后，制得黏结试件。黏结试件的示意图可参见图1。

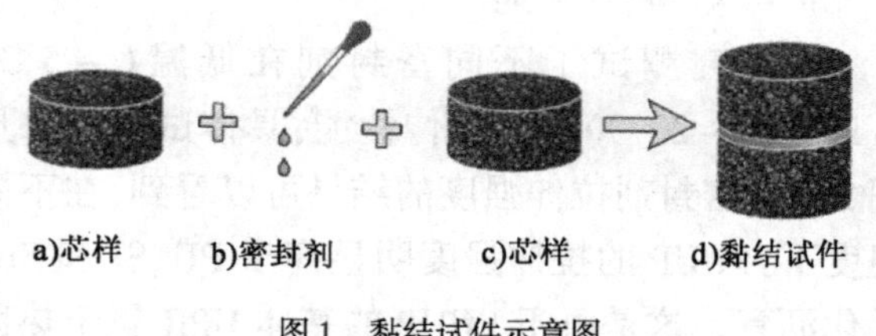

图1 黏结试件示意图

1.2.4 FT-IR

FT-IR 分析试验设备采用 Nicolet IS5 红外光谱仪，测试波长范围 400~4000cm^{-1}。

2　结果与讨论

2.1　施工和易性

本研究测试了不同密封剂在25℃下的黏度变化,具体试验结果见图2,由于PU为填缝料,缺乏流动性,所以没有黏度数据。从图2中可以观察到,本文所开发的PUUP密封剂在前期黏度增长较为缓慢,明显低于其他密封剂,表现出出色的流动性。然而,后期黏度快速上升,明显高于其他密封剂,使得PUUP能够更迅速地形成强度。根据《混凝土裂缝用环氧树脂灌浆材料》(JC/T 1041—2007)标准以及相关研究[10-11],灌缝材料的黏度在2000mPa·s以下时,有利于灌缝施工操作。根据黏度试验结果可知,PUUP的易操作时间在60min以内,与EP和SI相当,有助于便捷的灌缝施工。此外,在灌缝完成后,PUUP黏度的迅速上升,使得密封剂能够快速黏结裂缝界面,有效封闭裂缝,相较于其他密封剂,PUUP具有更为出色的施工和易性和裂缝封闭效果。

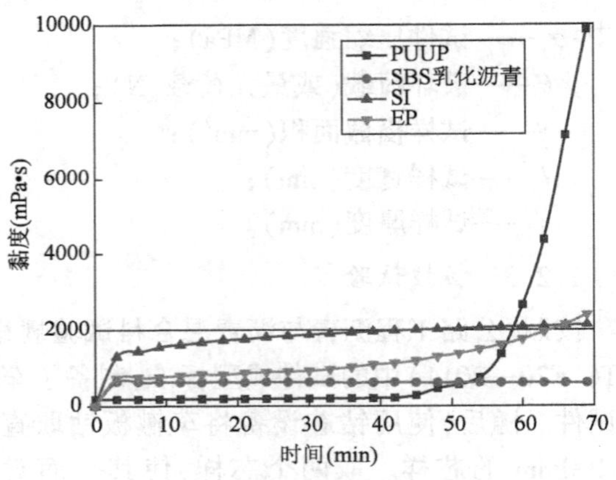

图2　不同密封剂的黏度变化

2.2　力学性能

2.2.1　拉伸性能

本研究测试了不同密封剂在低温(-5℃、-15℃和-20℃)下的拉伸性能,具体试验结果见图3。从密封剂拉伸强度的结果可以看到,在不同温度下,PUUP的拉伸强度明显高于PU、SI和SBS乳化沥青。这是由于PUUP的基体UPR属于热固性树脂,经过引发固化后形成致密的三维交联网络,从而具备较高的强度。然而,与EP相比,PUUP的强度较低。这是因为EP也作为热固性树脂,其形成的交联网络更为致密,因此具有更高的强度[21]。同时,强度较低的聚氨酯的添加也削弱了PUUP的整体强度。

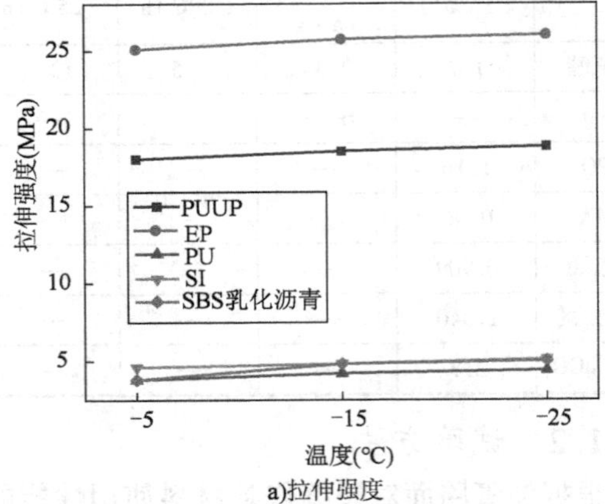

a)拉伸强度

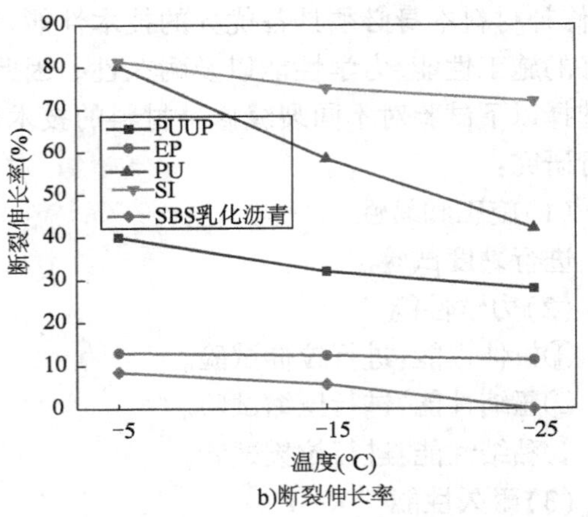

b)断裂伸长率

图3　不同密封剂在不同温度下的拉伸强度和断裂伸长率

从图3b)中可以观察到,PUUP的断裂延伸率较SI和PU小。这是因为PUUP的基体UPR,其内部形成了致密的交联网络,这限制了基体内部聚合物链之间的相对运动,从而在一定程度上限制了PUUP的变形能力。然而,值得注意的是,PUUP的断裂延伸率明显高于EP,这要归功于在UPR基体中添加的聚氨酯。聚氨酯与UPR聚合物链形成互穿的网络结构,提高了UPR的变形能力,使得PUUP在断裂延伸方面表现得比EP更为出色[16,22]。

2.2.2　压缩性能

本研究测试了不同密封剂在常温(25℃)、以及高温(45℃和60℃)环境下的压缩性能,具体试验结果见图4,SBS乳化沥青蒸发残留物由于材料特性无法通过压缩试验测得最大压应力值,故不作对比探究。从图4中可以看出,PUUP的抗压强度明显高于PU和SI,为它们的3~4倍。这主要归因于UPR具有致密的交联网络,能够有效地抵抗压缩变形。然而,与EP相比,PUUP的抗压强度较低,这是由于PUUP的交联网络强度不及EP[21],同时聚氨酯的添加也进一步削弱了其抗压缩变形能力。尽管如此,从其较高的抗压强度可以看出,PUUP仍然能够承受沥青路面的压缩变形。

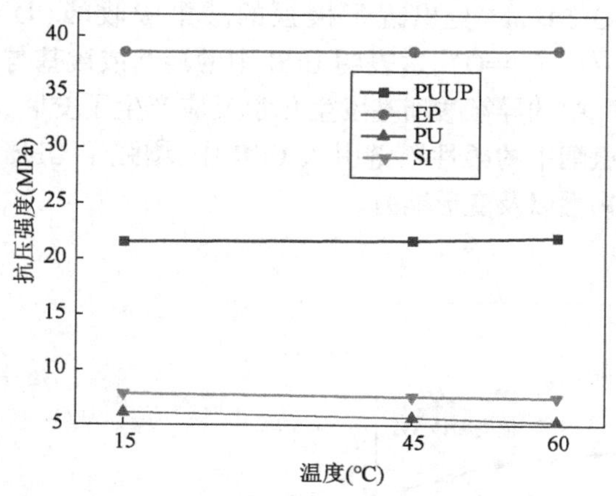

图4 不同密封剂在不同温度下的抗压强度

2.2.3 黏结性能

本文测试了不同密封剂的拉拔强度,试验结果见图5。从图5中可以观察到,各密封剂的拉拔强度大小次序与拉伸和抗压强度试验结果一致。PUUP的强度明显高于PU、SI和SBS乳化沥青,分别是SBS乳化沥青和SI强度的2.0和1.3倍,展现了优异的黏结性能。然而,PUUP的强度略低于EP,为EP强度的75%。这可能也是因为PUUP的聚合物结构内聚力较低于EP所致[21]。尽管如此,PUUP表现出卓越的黏结力,完全能够有效地黏结裂缝两端的界面。

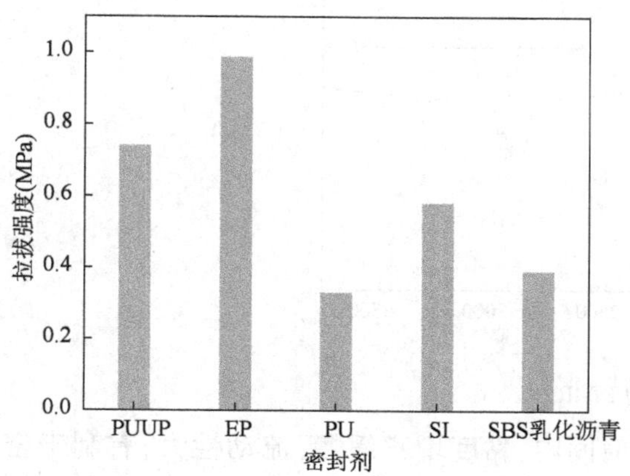

图5 不同密封剂的拉拔试验结果

2.3 耐久性

2.3.1 抗水损害性能

本文参照《公路工程沥青及沥青混合料试验规程》(JTG E20—2011)中沥青混合料冻融试验方法测试了不同密封剂在经历冻融前后的拉伸强度的变化,以此评价密封剂抗水损害性能,试验结果见图6。

从图6中可以看到,PUUP、EP、SI和SBS乳化沥青在冻融后的强度损失较小,强度损失率都在10%以下,表现出良好的抗水损害性能。然而,PU密封剂的强度损失率较大。这是由于PU聚合物链的软段和硬段上存在众多极性基团,它们之间形成了大量氢键。当环境中的水分侵入结构内部时,会与聚合物链上的极性基团形成氢键,从而破坏了原有形成的氢键,削弱了聚合链间的相互作用力,导致了力学性能的降低[23]。

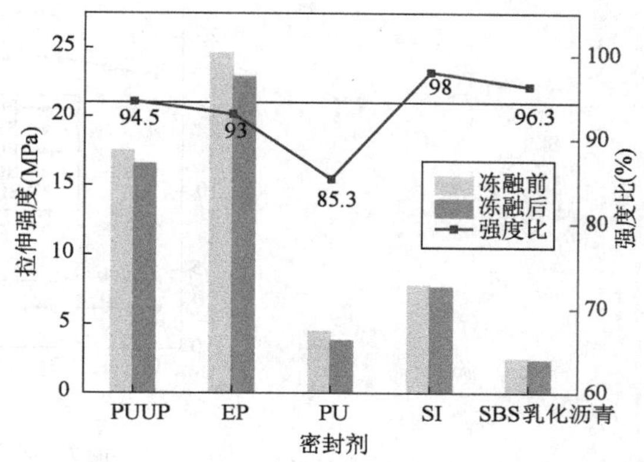

图6 冻融循环后各密封剂拉伸试验结果

2.3.2 抗老化性能

参照《公路工程沥青及沥青混合料试验规程》T 0734—2000,老化试验采用加速老化方法,老化温度为85℃ ±3℃,老化时间为10d,每隔24h各材料取三个试件在室温下冷却16h后测定各密封剂试件的拉伸强度,对比老化前后试件的拉伸性能,试验结果见图7(图中损失率为密封剂老化10d后的拉伸强度损失率)。从试验结果可以看出,PUUP的强度损失率仅略高于SI,但小于EP、PU和SBS乳化沥青的强度损失率。这说明PUUP的抗老化性能略低于SI但要优于EP、PU和SBS乳化沥青,展现出良好的耐老化性能。

2.4 FT-IR

本研究对UPR和PUUP进行了FT-IR分析,试验结果见图8。图8a)为UPR的红外光谱图,其中741.55cm^{-1}和701.20cm^{-1}为苯环上的C—H面外弯曲振动峰,位于指纹区,是间苯型UPR的代表峰,1597.56cm^{-1}为苯环的吸收峰,2956.62cm^{-1}为饱和烃(—CH_3)不对伸缩振动峰,1718.07cm^{-1}

为酯键上的羰基（C═O）伸缩振动峰，1644.23cm^{-1} 为不饱和 C ═C 伸缩振动峰，1449.53cm^{-1}和1372.85cm^{-1}为 C—H 键弯曲振动峰，1256.28cm^{-1} 和 1119.28cm^{-1} 为醚氧基（C—O—C）对称伸缩振动峰与不对称伸缩振动峰，UPR 的强吸收峰在 1718.07cm^{-1}，表明间苯型 UPR 分子中含有较多酯键。图 8b）为 PUUP 的红外光谱图，对比图 8a）发现，图谱中除了上述提到的吸收峰，还出现了许多新的吸收峰，多为聚氨酯的吸收峰，聚氨酯具有代表性的吸收峰包括伯胺、仲胺、叔胺与异氰酸酯基吸收峰，例如位于 3301.29cm^{-1} 的仲胺基吸收峰，位于 2270cm^{-1}的异氰酸酯吸收峰，同时发现图 8b）中位于 1256.28cm^{-1} 和 1119.28cm^{-1} 的醚氧基吸收峰消失了，而在 1093.51cm^{-1}处出现了极强的酸酐吸收峰（O ═C—O—C ═O），这表明 UPR 中的羟基或羧基与聚氨酯中的异氰酸酯基发生化学反应产生了交联，将聚氨酯中的柔性断链引入 UPR 中，增强了 UPR 的弹韧性以及变形能力。

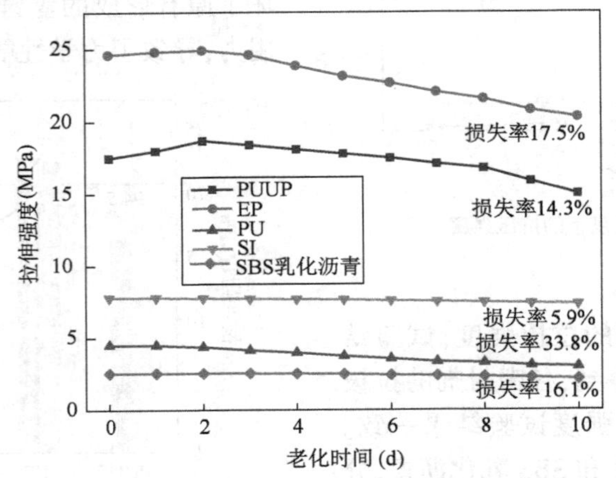

图 7　不同密封剂老化试验结果

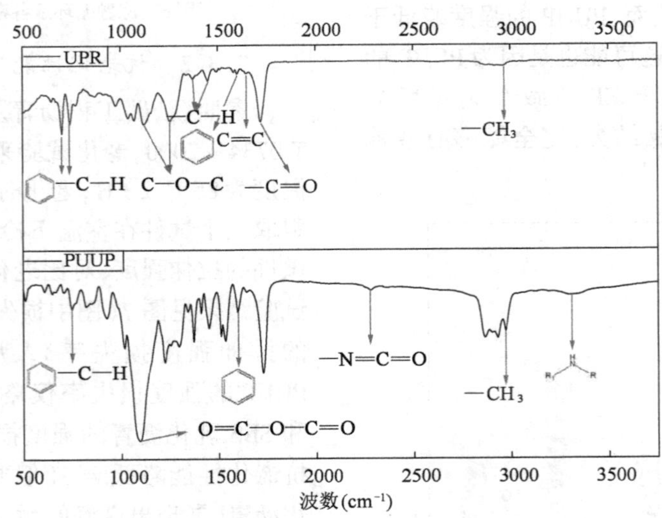

图 8　UPR 和 PUUP 的 FT-IR 图

3　结语

本文对 PUUP 的施工和易性、力学性能和耐久性进行了对比研究，同时探究了聚氨酯增韧 UPR 的机理。主要结论如下：

（1）PUUP 具有良好的施工和易性，在施工操作时间内，黏度增长缓慢，流动性大，有利于密封剂快速渗透进裂缝内部；裂缝修补后，黏度迅速增加，使密封剂更牢固地黏结裂缝表面。

（2）PUUP 具有较高的力学强度，能够有效抵抗拉伸和压缩变形，并且具有良好的黏结性能，能有效黏结裂缝界面。

(3)PUUP 的耐久性较好,在经受水分和老化后,性能衰减较少,并且在老化前期,性能略有提升,材料稳定性较好。

(4)FT-IR 分析结果表明,聚氨酯链段中的异氰酸酯基与 UPR 链段的羟基和羧基发生反应,产生交联,从而将聚氨酯的柔性链段引入 UPR 聚合物链上,提高了 UPR 基体的柔韧性和变形能力。

参考文献

[1] GONG Y, WU S, ZHANG Y, et al. Investigation of the high-temperature and rheological properties for asphalt sealant modified by SBS and rubber crumb[J]. Polymers, 2022, 14(13):2558.

[2] GONG Y, PANG Y, HE F, et al. Investigation on preparation and properties of crack sealants based on CNTs/SBS composite-modified asphalt[J]. Materials, 2021, 14(16):4569.

[3] CAO L, YANG C, DONG Z, et al. Aging mechanism of hot-poured sealants for asphalt pavement under natural environmental exposure[J]. International Journal of Pavement Engineering, 2022, 23(2):197-206.

[4] BIAN F, CAI H. Choice of crack repairing material for asphalt pavement based on AHP[J]. Journal of Testing and Evaluation, 2012, 40(7):1144-1147.

[5] 王知乐. 改性乳化沥青桥梁裂缝修补剂的试验研究[J]. 新型建筑材料, 2011, 38(10):89-91.

[6] YIN J, PANG Q, WU H, et al. Using a polymer-based sealant material to make crack repair of asphalt pavement[J]. Journal of Testing and Evaluation, 2018, 46(5):2056-2066.

[7] STERNER C L. Cold-applied fast-setting road repair material, applicator, and method: U. S. Patent 5,354,145[P]. 1994.

[8] 赵锋军,余航,洪绍友,等. 一种用于沥青路面修补的环氧灌缝材料及其制备方法: CN110564348A[P]. 2019.

[9] 邓剑涛. 改性聚氨酯用于高速公路沥青路面裂缝修复的应用研究[J]. 混凝土与水泥制品, 2010(3):23-25.

[10] FANG Y, MA B, WEI K, et al. Orthogonal experimental analysis of the material ratio and preparation technology of single-component epoxy resin for asphalt pavement crack repair[J]. Construction and Building Materials, 2021, 288:123074.

[11] MA B, HU Y, LIU F, et al. Performance of a novel epoxy crack sealant for asphalt pavements[J]. International Journal of Pavement Engineering, 2022, 23(9):3068-3081.

[12] WANG C, FAN Z, LI C, et al. Preparation and engineering properties of low-viscosity epoxy grouting materials modified with silicone for microcrack repair[J]. Construction and Building Materials, 2021, 290:123270.

[13] ZHANG H, ZHANG G, HAN F, et al. A lab study to develop a bridge deck pavement using bisphenol A unsaturated polyester resin modified asphalt mixture[J]. Construction and Building Materials, 2018, 159:83-98.

[14] KARGARZADEH H, SHELTAMI R M, AHMAD I, et al. Cellulose nanocrystal reinforced liquid natural rubber toughened unsaturated polyester: Effects of filler content and surface treatment on its morphological, thermal, mechanical, and viscoelastic properties[J]. Polymer, 2015, 71:51-59.

[15] AHMADI M, MOGHBELI M R, Shokrieh M M. Shrinkage and mechanical properties of unsaturated polyester reinforced with clay and core-shell rubber[J]. Iranian Polymer Journal, 2012, 21:855-868.

[16] WU H, ZHU M, LIU Z, et al. Developing a polymer-based crack repairing material using interpenetrate polymer network (IPN) technology[J]. Construction and Building Materials, 2015, 84:192-200.

[17] 张萌,葛雪松,吴琳,等. 聚氨酯对环氧树脂增韧性能研究[J]. 应用化工, 2018, 47(9):1850-1853.

[18] ZHANG K, HUANG J, WANG Y, et al. Eco-friendly epoxy-terminated polyurethane-modified

epoxy resin with efficient enhancement in toughness[J]. Polymers,2023,15(13):2803.

[19] 叶林忠,姜鲁华,杜芳林,等.纳米碳酸钙粒子增韧增强不饱和树脂的研究[J].中国塑料,2002(7):67-71.

[20] HASSAN T. A., RANGARI V. K., JEELANI S. Mechanical and Thermal Properties of Biobased $CaCO_3$/Soybean-based Hybrid Unsaturated Polyester Nanocomposites [J]. Journal of Applied Polymer Science,2013,130(3):1442-1452.

[21] RAMAKRISHNA H V, RAI S K. Effect on the mechanical properties and water absorption of granite powder composites on toughening epoxy with unsaturated polyester and unsaturated polyester with epoxy resin [J]. Journal of reinforced plastics and composites, 2006,25(1):17-32.

[22] 宋承哲,张冠华,屈丰来,等.热塑性聚氨酯改性环氧树脂的制备与微观特性表征[J].材料导报,2023,37(10):223-229.

[23] 刘厚均.聚氨酯弹性体手册[M].2版.北京:化学工业出版社,2012.

路用小麦秸秆纤维工艺与性能研究

孙天书*[1,2] 周纯秀[1,2] 樊延超[1,2]

(1.大连海事大学交通运输工程学院;2.辽宁省近海桥隧工程重点实验室)

摘 要 纤维加入沥青混合料中通过“加筋桥接”作用能够提升沥青路面的路用性能以及延长服役寿命。本文研究了小麦秸秆纤维制备工艺,采用氢氧化钠(NaOH)作为碱处理改性剂,通过吸油倍数与热失重率两个指标优选出最佳NaOH溶液浓度与浸润时间。使用SEM与FT-IR探究表面改性机理,采用锥入度与荧光显微镜试验对纤维沥青的抗剪切强度与分散情况进行评价,同时对比木质素纤维。研究表明:6%浓度NaOH溶液、加热温度60℃、浸泡40min后的改性小麦秸秆纤维基本性能接近木质素纤维。微观分析结果表明,碱处理后的小麦秸秆纤维表面更粗糙,相较于基质沥青,3%纤维掺量能够提升沥青的黏稠与抗剪切强度45.2%,荧光显微镜观测发现小麦秸秆纤维在沥青中的分散情况好于木质素纤维。

关键词 沥青路面 小麦秸秆纤维 纤维沥青 微观机理

0 引言

我国作为农业大国,秸秆资源非常丰富,其中小麦秸秆每年产生量为1.4t,占全国秸秆产生总量的19.9%,农作物秸秆的合理处治利用达到零碳排放模式是目前研究的热点,在道路领域中,将植物秸秆纤维作为外掺剂能够在沥青混合料中较好地分散、吸附沥青传递应力,减少路面裂缝的产生与进一步扩展,延长沥青路面的使用寿命。李旺明[1]研究发现玉米秸秆纤维掺量为0.2%时,沥青混合料高温稳定性达到最大值,动稳定度相对提升18.36%;程培峰[2]通过水稻秸秆纤维沥青胶浆进行试验发现纤维长度、掺量分别为9mm和4%,粉胶比在1.0~1.2时沥青胶浆的高低温性能最佳;沈思彤[3]研究发现当水稻秸秆纤维掺量0.3%时,SMA-16沥青混合料的高温与抗水损害能力最佳。考虑到秸秆纤维自身结构特殊性,采用碱处理改性的方式,破坏天然纤维素间部分化学键间的连接,提高纤维素比例,通过纤维吸油性和高温热稳定性优化出最佳碱处理工艺参数,通过SEM和FT-IR对处理前后小麦秸秆纤维测试表征,研究碱处理的作用机理,通过锥入度与荧光纤维镜试验对纤维沥青路用性能改善效果与纤维分散情况进行分析,并与路用木质素纤维进行比较[2],为后续小麦秸秆纤维在沥青路面中的应用奠定了基础,系统分析水稻秸秆纤维对沥青胶浆

基金项目:中央高校基本科研业务费专项资金资助(3132014326);大连海事大学“双一流建设专项”项目(BSCXXM021)。

性能的改善作用

1 改性小麦秸秆纤维制备工艺

1.1 试验材料

小麦秸秆来自河南省驻马店市农田，选择成熟期且无发霉现象的小麦秸秆，经自然晾干处理后使用铡刀截断成2～3cm的粗秸秆段，烘干备用。沥青采用辽宁盘锦90号基质沥青，该沥青在各项性能指标上均符合《公路工程沥青及沥青混合料试验规程》（JTG E20—2011）要求，具体技术指标见表1。碱处理表面改性剂选用广东何为化学试剂公司生产的分析纯NaOH。

90号基质沥青技术指标 表1

测试内容	试验结果	规范要求	试验方法
针入度(25℃,10g,5s,0.mm)	81.6	80～100	T 0604
软化点(R&B,℃)	44.0	>40	T 0606
延度(10℃,5cm/min,mm)	116	>100	T 0605

1.2 小麦秸秆纤维制备

湿法小麦秸秆纤维制备工艺为：预处理→浸泡处理→高速剪切分散→碱液表面改性处理→烘干筛分。为了确定烘干后小麦秸秆浸泡时长，通过纱布袋浸泡法[4]确定小麦秸秆段吸水性最佳的浸泡范围为2～4h，不同浸泡时间下小麦秸秆吸水倍数见表2。

不同浸泡时间下小麦秸秆吸水倍数 表2

浸泡时间(h)	0.5	1	2	4	6	8
吸水倍数(倍)	3.39	4.22	4.76	4.97	5.02	5.02

采用固定转速为3000r/min的家用小型粉碎机来将进行剪切试验，制备秸秆纤维需要考虑的因素有：浸泡时间、料仓给料量、剪切时间。以干燥筛分后0.6mm与0.3mm标准方孔筛上的小麦秸秆纤维作为可用纤维确定纤维提取率[5]，各因素下秸秆纤维提取率见表3～表5。

不同浸泡时间小麦秸秆纤维提取率 表3

浸泡时间(h)		干燥纤维质量(g)	关键筛孔质量(g)	纤维提取率(%)
2	破碎时间(1min) 料仓给料量(150g)	23.2	12.4	53.4
3		24.1	13.8	57.3
4		25.6	13.9	54.2

料仓给料量小麦秸秆纤维提取率 表4

料仓给料量(g)		干燥纤维质量(g)	关键筛孔质量(g)	纤维提取率(%)
100	破碎时间(1min) 浸泡时间(3h)	29.7	19.0	64.2
150		31.5	21.2	67.4
200		31.2	17.0	54.4
250		29.7	19.0	64.2

不同剪切时间小麦秸秆纤维提取率 表5

剪切时间(min)		干燥纤维质量(g)	关键筛孔质量(g)	纤维提取率(%)
1	料仓给料量(200g) 浸泡时间(3h)	29.7	19.0	64.2
2		31.5	21.2	67.4
3		31.2	17.0	54.4

综合以上不同因素下纤维提取率结果，可得出小麦秸秆纤维剪切制备工艺为：当将预处理后的小麦秸秆浸泡3h，料仓给料量200g，剪切2min时，纤维提取率较高，可达67.4%。

1.3 小麦秸秆纤维改性工艺研究

为了增强小麦秸秆纤维结合沥青的能力，对麦秸秆纤维表面进行碱处理[6]，增强小麦秸秆纤维吸持沥青能力与耐热性。称取一定质量的去离子水与NaOH结晶，配置质量分数分别为2%、4%、6%、8%的氢氧化钠溶液，将制备的小麦秸秆纤维放入不同浓度的NaOH溶液与浸泡时间在60℃水浴下进行碱处理[7]，浸泡后，使用去离子水清洗残留碱液，放入60℃恒温烘箱烘干至恒重，烘干时可将纤维放置在0.15mm方孔筛上以便纤维更好的分散性。烘干后的小麦秸秆纤维采用吸油倍数与热失重率两个指标综合确定出小麦秸秆纤维的最佳改性工艺。

1.3.1 吸油性

纤维的吸油性能是影响其在纤维沥青混合料结合自由沥青能力的重要参考指标，纤维吸油性能好，结合沥青能力越好，越有利于提升沥青与沥青混合料的整体性能。参考《沥青路面用纤维》（JT/T 533—2020），采用网篮吸持性试验[8]，首先将纤维放入60℃烘箱中8h进行干燥处理,称取10g干燥纤维(m_1),将纤维与100g(m_2)左右的沥青高温下进行充分搅拌5min左右。将搅拌后的纤维沥青室温冷却后倒置在0.2mm网篮上,放入160℃烘箱中静置2h,称取析出的沥青质量(m_3)。

通过称量单位质量秸秆纤维沥青的平均吸附质量,计算不同碱处理因素下改性小麦秸秆纤维的吸油倍数(E_1),吸油倍数计算见式(1)。试验结果如图1所示。

$$E_1 = \frac{m_2 - m_3}{m_1} \tag{1}$$

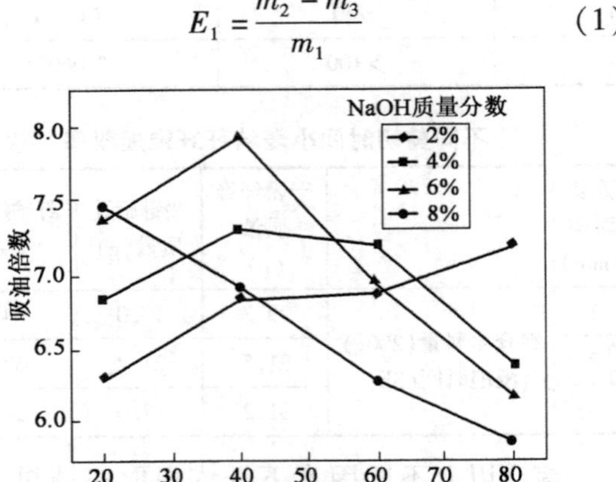

图1　吸油倍数图

小麦秸秆纤维经过碱处理改性后,纤维表面的粗糙程度发生改变,同时提升了纤维对沥青的吸持能力。采用同样操作测得未改性纤维吸油倍数为6.08,路用木质素纤维为8.17,由图1可知,当NaOH质量分数为6%,60℃水浴浸泡40min时改性小麦秸秆纤维吸油倍数最大为7.93,对比未改性秸秆纤维提升了30.4%。当NaOH质量分数为8%时,纤维吸油倍数随浸泡时间增加而降低,当浸泡80min时改性后的小麦秸秆纤维吸油倍数低于未改性纤维,这是因为高碱液浓度下随着浸泡时间的增加,秸秆纤维一些木质素、纤维素过多的被溶解,造成纤维微观结构发生塌陷[9],降低了吸油倍数。

1.3.2　耐热性

植物纤维沥青混合料在较高温度下拌和,要求纤维需要能够165~190℃的拌和温度下,不发生物理、化学性能改变,从而保证纤维沥青混合料从拌和、储存、到最终铺路过程中具有较好的热稳定性。高碱浓度处理秸秆纤维能够溶解或去除纤维中果胶、脂肪、半纤维素等热稳定性低的物质,提升秸秆纤维的耐热性。根据规范进行高温质量损失试验,将烘干后的秸秆纤维放入170℃烘箱中2h,称量冷却后纤维质量(m_4),计算不同碱处理因素下的热失重率(E_2),计算见式(2),并观察秸秆纤维加热前后的形貌,颜色变化。试验结果如图2所示。

$$E_2 = \frac{m_1 - m_4}{m_1} \tag{2}$$

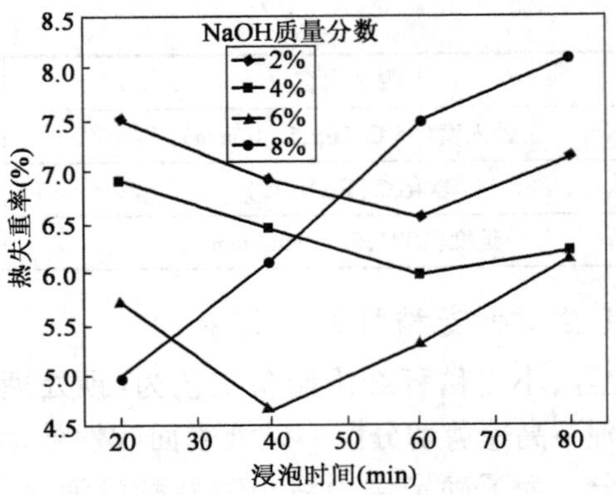

图2　热失重率图

采用同样操作测得未改性小麦纤维热失重率为7.60%,路用木质素纤维为5.57%。由图可知,当NaOH质量分数为2%、4%、6%时,改性小麦秸秆纤维的热失重率随浸泡时间增加呈现先降低后升高的变化,过长时间浸泡破坏了纤维的中空束状结构,造成热失重率上升。其中当浸泡时间小于60min时,热失重率随NaOH质量分数增加而减小,在NaOH质量分数为6%浸泡时间为40min时热失重率最低为4.65%,对比未改性秸秆纤维热失重率降低了38.8%,热失重率降低,纤维的热稳定性升高,经碱处理后纤维的耐热性得到了显著的提升。当8% NaOH浓度时,改性小麦纤维热失重率随浸泡时间增加而升高,碱液浓度过高会使纤维素容易氧化降解,造成纤维碳化,热稳定性降低。

综合吸油倍数与热失重率两个纤维性能指标测试结果,碱液浓度6%,浸泡温度60℃、浸泡时间40min时小麦秸秆纤维表面改性效果最佳。

1.4　表面改性机理分析

纤维对沥青的吸附增粘能力主要来自于纤维的表面状态,根据上文制备的表面改性小麦秸秆纤维,为了更好地研究表面改性机理,小麦秸秆纤维发生怎样的物理化学变化,本节将采用扫描电镜对比小麦秸秆纤维改性前后的表面形貌变化,采用红外光谱仪进行检测分析,探究改性前后纤维特征官能团的变化,最终分析小麦秸秆纤维表面改性机理。

1.4.1 扫描电镜试验分析

纤维吸持沥青能力主要取决于纤维表面形态，采用扫描电镜对未改性与改性小麦秸秆纤维的微观形貌进行实验。表面形态结构如图3所示。

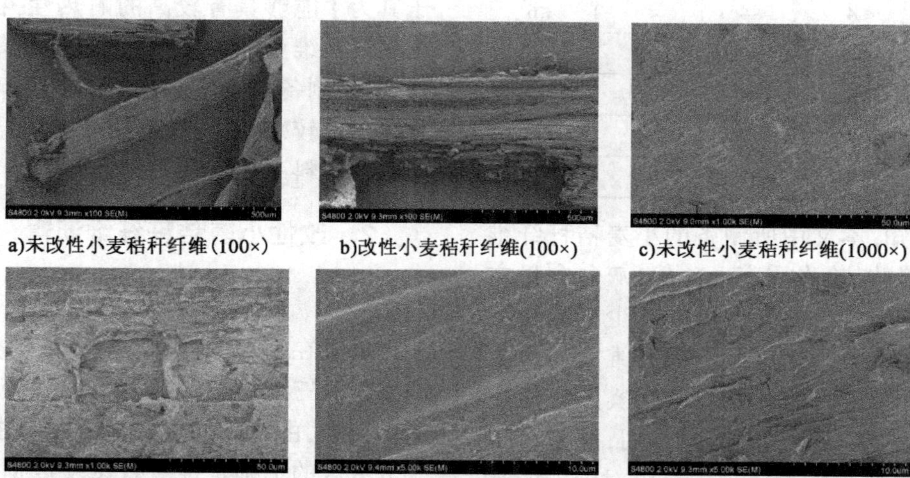

a)未改性小麦秸秆纤维(100×) b)改性小麦秸秆纤维(100×) c)未改性小麦秸秆纤维(1000×)

d)改性小麦秸秆纤维(1000×) e)未改性小麦秸秆纤维(5000×) f)改性小麦秸秆纤维(5000×)

图3 小麦秸秆纤维改性前后扫描电镜观测结果

从图3可以看出，在100倍率下，可以观测到采用湿法制备小麦秸秆纤维，剪切机刀头能够将湿润的小麦秸秆沿纤维生长方向劈分成长条状束状组织结构，保证了制得纤维的抗拉强度。对比未改性小麦秸秆纤维，碱处理后的小麦纤维表面粗糙程度大幅度增加，出现大量孔隙结构，有利于沥青组分的渗透与扩散。在2k与5k高倍率下，未改性小麦秸秆纤维的表面呈现出光滑的状态，表面较为平整，碱处理后的小麦纤维在高倍率下纤维表面凹凸不平，能够增加与沥青之间的摩擦，表面出现许多"突触"，有利于增加纤维与沥青的接触面积，从而增加纤维对沥青的吸持能力。

1.4.2 FTIR 试验分析

对改性前后的小麦秸秆纤维进行FTIR测试，测试结果如图4所示。

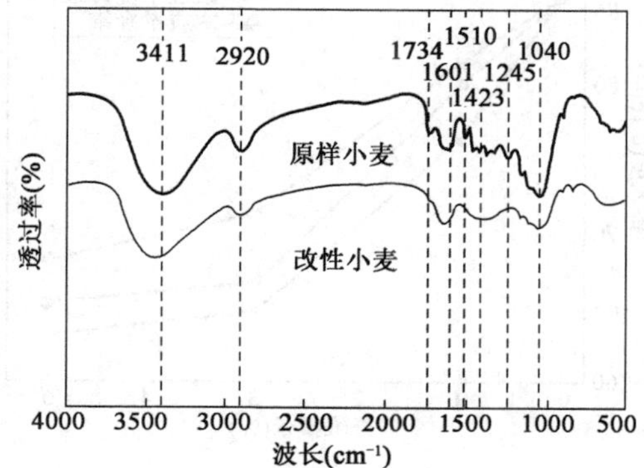

图4 FT-IR 试验结果

从图4可以看出碱处理对小麦秸秆纤维官能团产生了一定程度的影响，在3500～3300cm处宽而强的吸收峰，由分子内化学键合的O—H伸缩振动产生，影响纤维的吸水性能，为纤维素的典型特征谱带，$2920cm^{-1}$的吸收峰与烷烃和环烷烃的C—H的非对称伸缩振动有关，是纤维素与半纤维素的碳链吸收峰，在$1734cm^{-1}$的吸收峰有所削弱，该区域与果胶的C ═O振动有关，$1601cm^{-1}$芳香族—C ═C键的伸缩振动，苯环骨架伸缩振动的$1601cm^{-1}$和$1510cm^{-1}$吸收峰有轻微削弱，说明碱处理会破坏木质素的苯环骨架结构完整性。$1423cm^{-1}$是纤维素的典型特征峰；在1300～$1200cm^{-1}$区域内，主要由木质素的C ═O的伸缩振动和酚羟基C—O键的伸缩振动，为典型木质素的特点。经过改性后$1040cm^{-1}$处的吸收峰明显减弱，碱液与纤维表面—OH发生皂化反应，降解半纤维素中的还原性醛基组分，去除大部分半纤维素，进而提升纤维表面的粗糙程度。

1.5 纤维基本性能结果分析

由于本文制备的小麦秸秆纤维属于沥青路用纤维材料，采用将《沥青路面用木质素纤维》(JT/T 533—2020)中对絮状木质素纤维的要求作为参考，对制备的小麦秸秆纤维的基本性能指标进行分析，同时对路用木质素纤维进行平行试验作为参照组，三种纤维的基本性能测试结果见表6。

纤维基本性能测试结果 表6

纤维种类	小麦秸秆纤维	改性小麦秸秆纤维	木质素纤维	规范技术要求
平均长度(mm)	≤4	≤4	<6	≤6
吸油倍数(倍)	6.08	7.93	8.17	>5
热失重率(%)	7.6	4.60	5.57	≯6
pH值	6.9	7.7	7.8	7.5±1.0
灰分含量(%)	6.3	6.1	18.1	18.0±5.0

由表6可知,本文中所制备的小麦秸秆纤维在长度、吸油倍数、热失重率、pH值、灰分含量方面满足规范要求,适当的长度可以减少纤维在沥青混合料中缠绕,更好地分散发挥纤维在沥青中的加筋桥接作用,适宜的纤维长度在实际应用中既要满足纤维的界面作用力传递作用,又要利于实际施工要求。吸油能力体现了纤维对沥青的吸附增黏作用,经过表面改性处理后的小麦秸秆纤维达到接近路用絮状木质纤维的吸持沥青能力,碱处理增加了纤维表面的粗糙程度,进而提升了纤维的比表面积,提升与沥青的界面握裹力或黏结力。由于沥青的流动性,尤其是沥青用量较多的混合料级配在高温状态下更容易现象温度离析现象,高吸油性的纤维加入沥青胶浆中使黏稠度增加,结合更多自由沥青来减少这种现象的发生,同时纤维结合沥青的能力也反映了植物纤维与沥青间的兼容能力。热稳定性实验中,原样小麦秸秆纤维经过加热后颜色加深,从浅黄色变为深褐色,改性小麦秸秆纤维与木质素纤维颜色无明显变化,与热失重率结果相符,原因在于小麦秸秆纤维经过碱处理去除了纤维表面部分半纤维素、果胶、脂肪等热稳定性差的物质,且满足《JT/T 533—2020 沥青路面用纤维》规范中对絮状木质素纤维的热失重率≤6%的要求,说明NaOH的使用有利于提升纤维的高温稳定性,经过碱处理后的小麦秸秆纤维耐热性方面表现明显提升,能够达到木质素纤维同等施工拌和、摊铺的温度条件,但是在实际应用过程中,植物类纤维的加热温度与时间也不可过长。

通过纤维的pH值测试,小麦秸秆纤维呈中性,原样小麦改性后的小麦秸秆纤维与路用木质素纤维分别为7.7和7.8呈弱碱性,由于沥青是呈酸性的有机物质,因此弱碱性的纤维能够与沥青更好地结合,且满足规范7.5±1.0的要求。

通过灰分含量测结果可知,未改性与改性后的小麦秸秆纤维的灰分含量远远小于路用木质素纤维,木质素纤维有高达18.1%的灰分含量是由于其为了能够具有较高的耐热性,在出厂前会在木质素纤维上喷涂碳酸钙、硅藻土等耐高温的涂覆材料,制备的小麦秸秆纤维经过碱处理后高温热稳定性较好,可承受搅拌时的高温,因此无须喷涂涂覆材料。

2 改性小麦秸秆纤维沥青

2.1 锥入度

纤维在沥青中随机性且非均匀分布于沥青形成复杂的三维网络结构,导致纤维沥青的稠度和黏度增大,由于针入度试验标准针扎入纤维密集和分散区的不确定性导致试验数据的离散性[10],采用标准锥替代标准针评价纤维沥青的稠度,并由锥入度计算出抗剪强度评价纤维沥青的力学性能[11],抗剪强度计算公式如式(3)所示:

$$\tau_{\mathrm{f}}=\frac{981Q\cos^{2}\left(\frac{\partial}{2}\right)}{\pi h^{2}\tan^{2}\left(\frac{\partial}{2}\right)} \tag{3}$$

式中:τ_{f}——抗剪切强度(kPa);

h——贯入深度(mm);

Q——贯入总重(锥针、连杆和附件重量,203.5g);

∂——标准锥锥尖角度(30°)。

锥入温度采用标准针入度试验温度25℃。对不同掺量的未改性与改性秸秆和路用木质素纤维沥青进行锥入度试验并计算抗剪切强度。试验结果如图5、图6所示。

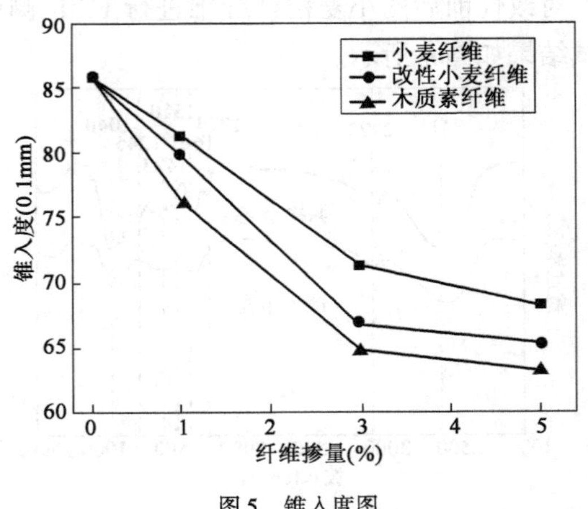

图5 锥入度图

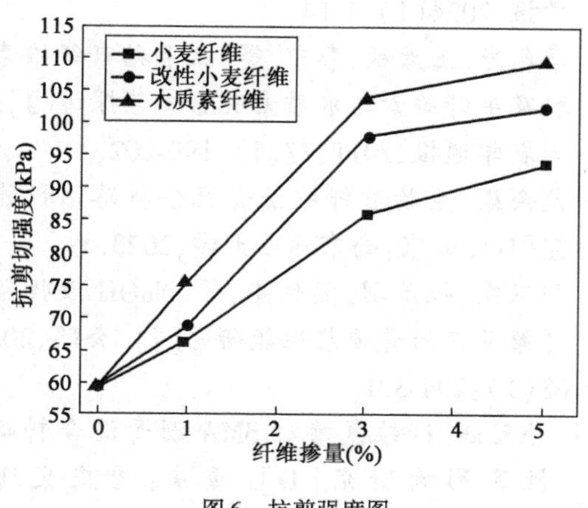

图6 抗剪强度图

由图5、图6可以看出,三种纤维随着掺量的增加,沥青的锥入深度减小,抗剪强度明显增加,掺量3%时,对比基质沥青贯入深度降低17%,抗剪强度提升45.2%。这是由于纤维通过吸附周围沥青提高了沥青稠度,并分散在沥青中形成各向异性的网络加筋作用,从而提升沥青胶浆的抗剪强度。对比未改性的小麦秸秆纤维,改性后的纤维随掺量变化的加筋增韧作用更明显,因为碱处理能够去除纤维上部分极性组分并增加表面粗糙和凹凸部分,增加纤维的比表面积,更容易吸收沥青中的轻质组分与沥青结合提升沥青稠度,减小锥针贯入深度。当纤维掺量由3%增加到5%时,对锥头的遏制作用不如1%到3%明显,说明当纤维掺量达到一定值时,继续添加纤维掺量可能趋于饱和,对于沥青增黏能力无法取得初始时的效果。同等掺量下改性后的小麦纤维的提升能力略小于木质素纤维,由于絮状木质素纤维分支较多,相互缠绕,对沥青的阻滞效应较好。总之,植物纤维的掺入有利于增强沥青的黏稠度与抗剪切强度。

2.2 荧光显微镜分析

沥青在高能紫外光照射下不会透光,出现任何荧光现象[12],而改性物质会出现荧光[13],由于沥青样品黑色不透明且难以制得较薄试样观测,采用落射式荧光显微镜[14]观察改性小麦秸秆纤维与木质素纤维在沥青中的分散性,纤维沥青采用乳化剪切机制备,纤维掺量选用3%,沥青样品加热后用玻璃棒蘸取滴在1cm×1cm盖玻片上制成。测试结果如图7所示。

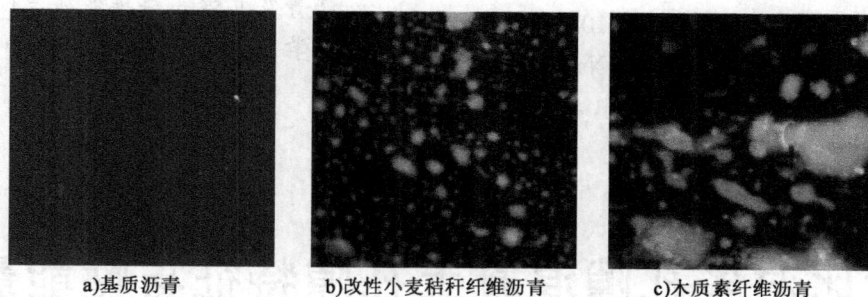

a)基质沥青

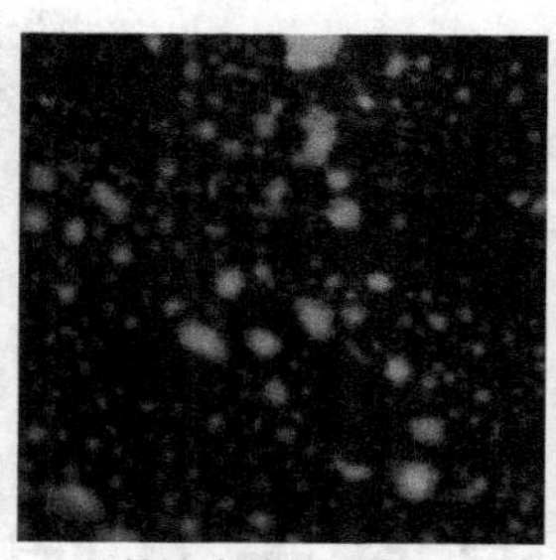
b)改性小麦秸秆纤维沥青

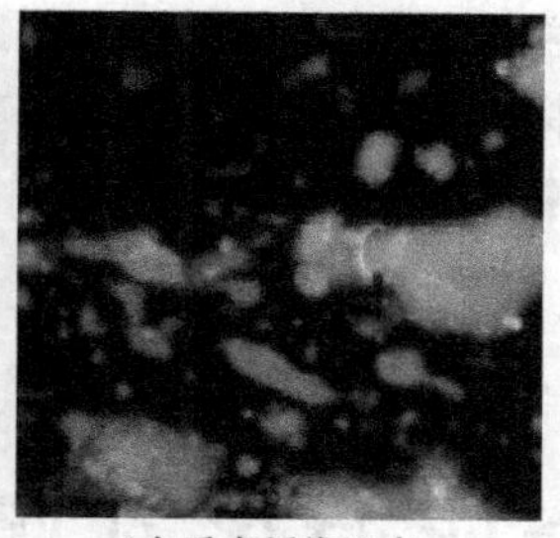
c)木质素纤维沥青

图7 荧光显微镜检测结果

图7中可观察到基质沥青不会出现荧光现象,背景色为黑色,改性小麦秸秆纤维沥青中绿色荧光点分散均匀,不易出现结团现象,吸收沥青中轻质组分具有较好的相容性形成空间网络结构。木质素纤维在沥青分布出现了一定程度的絮状团聚现象,形成的局部空间网络结构,分散效果不及改性秸秆小麦纤维,承担外部荷载时,不利于沥青混合料内部力的传递。

3 结语

本文研究小麦秸秆纤维制备工艺及碱处理工艺,对处理前后的小麦纤维表面构造与化学组分变化进行微观分析,对比处理后小麦纤维与木质素纤维对沥青黏稠度的影响和在沥青中的分散情况。

(1)借助纤维提取率指标确定"湿法"制备小麦秸秆纤维工艺中浸泡时间、料仓填充量和粉碎劈分时间分别为3h、200g和2min。

(2)通过傅里叶红外光谱仪(FT-IR)和扫描电子显微镜(SEM)研究碱处理前后小麦秸秆纤维物理化学变化与表面改性机理,发现碱处理后的小麦纤维表面粗糙出现许多"突触",增加秸秆纤维的比表面积,提升与沥青黏附效果,碱处理能够有效降低纤维表面半纤维素、木质素、果胶和脂肪等含量,提升纤维素比例,提高小麦秸秆纤维的热稳定性与力学性能。

(3)改性小麦纤维与木质纤维对沥青的改善效果各有优势,锥入度结果表明木质素纤维对沥青黏稠效果稍高于改性小麦纤维,荧光纤维镜结果表明改性小麦纤维长径比较小,在沥青中具有更好的分散性,可通过合理提高纤维掺量达到木质素纤维同样的效果。

参考文献

[1] 李旺明. 玉米秸秆纤维改良沥青混合料路用性能研究[J]. 西部交通科技,2020,(12):77-79.

[2] 程培峰,张开元,王聪,等. 水稻秸秆纤维沥青胶浆高低温性能及机理研究[J]. 应用化工,2022,51(6):1670-1674+1680.

[3] 沈思彤. 季冻区水稻秸秆纤维SMA混合料路用性能研究[D]. 哈尔滨:东北林业大学,2021.

[4] 彭开兴. 玉米秸秆纤维微观特性对其沥青胶浆粘弹特性影响研究[D]. 吉林:吉林建筑大学,2023.

[5] 徐豪,王琨,樊丽然,等. 新型沥青混合料掺加料玉米秸秆纤维的制备工艺及改性方法[J]. 山东交通学院学报,2023,31:102-108.

[6] 高崇风,韩鲁佳. 麦秸超微粉碎/NaOH同步处理纤维素分离特性研究[J/OL]. 农业机械学报,2024(1),1-14.

[7] 李春光,王彦秋,李宁,等. 玉米秸秆纤维素提取及半纤维素与木质素脱除工艺探讨[J]. 中国农学通报,2011,27(1):199-202.

[8] 熊余康. 生物质纤维沥青混合料路用性能研究[D]. 南京:南京林业大学,2023.

[9] 刘卫东,张洪刚,熊剑平,等. NaOH改性蔗渣纤维及其沥青胶浆性能研究[J]. 公路,2023,68(1):294-301.

[10] 孙天旺. 纤维复掺对SMA沥青混合料路用性能影响研究[D]. 重庆:重庆交通大学,2020.

[11] 刘丽,李剑,郝培文,等. 硅藻土改性沥青胶浆技术性能的评价方法[J]. 长安大学学报(自然科学版),2005,(3):23-27.

[12] 冯振刚,赵培馨,姚冬冬,等. 废机油残留物在沥青混合料中的应用研究进展[J]. 中国科技论文,2021,16(2):121-127+143.

[13] 吴明君. 秸秆纤维制备与纤维沥青胶浆路用性能研究[D]. 济南:山东交通学院,2022.

[14] 汪尧. 阿尔巴尼亚岩沥青/橡胶粉复合改性沥青及其混合料性能研究[D]. 南宁:广西大学,2021.

配合比对多孔隙混凝土孔隙特征与性能影响

张 毅[1,2] 侯 芸[2] 李 辉*[1] 杨 洁[1] 王 果[1]

(1. 同济大学交通运输工程学院;2. 中国公路工程咨询集团有限公司)

摘 要 为研究配合比对多孔隙混凝土内部孔隙特征和透水性能、降噪性能和强度的影响规律,对18组不同配合比的多孔隙混凝土的透水性能、降噪性能和强度值进行了测试;并通过工业CT获得了其内部孔隙特征值,分析了其不同性能与不同孔隙特征的相关关系。结果表明:配合比会对多孔隙混凝土的透水性能、降噪性能、强度和孔隙特征产生显著影响;不同孔隙特征在多孔隙混凝土内部呈现出在一定范围内随机分布的特点;孔隙特征会影响多孔隙混凝土的透水性能、降噪性能和强度,但不同孔隙特征的影响规律和影响程度不同。

关键词 多孔隙混凝土 孔隙特征 透水性能 降噪性能 强度

基金项目:科技部国家重点研发计划项目(2023YFE0121400),上海市科学技术委员会项目(23DZ1202103)。

0 引言

随着我国海绵城市建设的不断推进，多孔隙混凝土作为海绵城市建设技术之一被广泛应用到人行道、广场、停车场、小区道路、景观道路等区域[1]，其应用已被证明具有良好的透水、透气、降噪、提高行车安全、降低路表径流和城市雨洪风险以及缓解城市热岛效应等方面的作用[2-8]。

针对配合比对多孔隙混凝土的透水、降噪和强度影响研究已经开展了很多，并取得了一系列的成果[9-17]。但对多孔隙混凝土性能的研究多是基于宏观层面，较少有学者从多孔隙混凝土内部孔隙特征角度去分析配合比对其不同性能的影响以及孔隙特征与不同性能的关系[18-23]。基于此，本文使用工业 CT 获得不同配合比的多孔隙混凝土的孔隙特征，并通过对不同配合比的多孔隙混凝土的性能测试，分析多孔隙混凝土孔隙特征与不同性能的相关关系。结论可为多孔隙混凝土的配合比设计和性能优化提供技术支撑。

1 原材料

本文中制备多孔隙混凝土所使用的集料为玄武岩，其技术指标如表 1 中所示；水泥为海螺牌 P. O42.5普通硅酸盐水泥，其技术指标如表 2 所示；水为实验室自来水。

玄武岩集料物理力学指标

表 1

集料粒径(mm)	密度(g/cm³)	堆积密度(g/cm³)	空隙率(%)	针片状含量(%)	压碎值(%)
2.36~4.75	2.889	1.666	42.3	—	20.20
4.75~9.5	2.906	1.699	41.5	6.54	11.55
9.5~13.2	2.944	1.701	42.3	2.39	10.31

P. O 42.5 普通硅酸盐水泥技术指标

表 2

密度(g/cm³)	比表面积(m²/kg)	凝结时间(min)		抗压强度(MPa)		抗折强度(MPa)	
		初凝	终凝	3d	28d	3d	28d
3.15	360	175	234	27.5	49.0	5.5	8.0

2 试验方案

2.1 试验方法

多孔隙混凝土试件的制备主要参照《透水水泥混凝土路面技术规程》(CJJ/T 135—2009)[24]并结合相关的研究成果[12-13]和实验室条件等确定。本研究中多孔隙混凝土材料的拌和采用水泥裹石法，成型采用插捣加表面振动法，养生采用室外洒水土工布覆盖(图 1)。拌和所用的设备为 60L 强制式搅拌机，表面振动采用 1500W 附着式平板振动器(图 2)。

图 1 多孔隙混凝土试件室外洒水覆盖养生

图 2 60L 强制式混凝土搅拌机和附着式平板振动器

(1)透水性能：多孔隙混凝土的透水性能的测试采用降水头测试方法，所用的试件为厚度 5cm 的圆柱体(5 个平行试件)，其计算公式如式(1)所示：

$$k = \frac{\alpha l}{At}\ln(h_1 - h_2) \tag{1}$$

式中：k——多孔隙混凝土的透水系数(mm/s)；

α——测试筒内管的横截面面积(mm²)；

l——试件的高度，取为 50mm；

h_1——上水位线高度，取为 150mm；

h_2——下水位线高度，取为 0mm；

A——试件的横截面面积(mm²)；

t——水流通过上、下水位线的试件(s)。

(2)吸声降噪性能：多孔隙混凝土的吸声降噪性能采用驻波管法进行测试，所选用试件为厚度 5cm 的圆柱体(5 个平行试件)，测试频率为 200Hz、250Hz、315Hz、400Hz、500Hz、630Hz、

800Hz、1000Hz、1250Hz、1600Hz 和 2000Hz，取 11 个频率的平均值作为评价其吸声降噪性能的指标值，其计算公式如式(2)中所示：

$$\lambda = \frac{\lambda_1 + \cdots + \lambda_n}{n} \quad (2)$$

式中：λ——全频域平均吸声系数；

λ_1——200Hz 频率声音的吸声系数；

λ_n——2000Hz 频率声音的吸声系数；

n——所测声音频率数量，取为 11。

(3)强度：本研究中多孔隙混凝土的强度为其 28d 抗压强度和抗折强度，抗压强度测试采用 100mm×100mm×100mm 的立方体试件(5 个平行试件)，抗折强度测试采用 100mm×100mm×400mm 的长方体试件(3 个平行试件)[25]，由于试验采用的是非标准尺寸试件，本研究通过尺寸换算系数将所测数值进行换算得到标准试件强度值[14]，抗压强度值和抗折强度值分别如式(3)和式(4)中所示：

$$F_C = \frac{F}{A} \quad (3)$$

式中：F_C——多孔隙混凝土 28d 抗压强度(MPa)；

F——抗压破坏极限荷载(N)；

A——多孔隙混凝土试件的受压面积(mm^2)。

$$F_f = \frac{FL}{bh^2} \quad (4)$$

式中：F_f——多孔隙混凝土 28d 抗折强度(MPa)；

F——抗折破坏极限荷载(N)；

L——支座间距离，取为 300mm；

b——试件宽度，取为 100mm；

h——试件高度，取为 100mm。

(4)孔隙特征：本研究中多孔隙混凝土的孔隙特征指的是孔隙率、孔隙数量和等效孔径(通过孔隙面积换算得到)3 种二维孔隙特征值。多孔隙混凝土的内部孔隙通过工业 CT 扫描获得，扫描沿试件高度方向进行，扫描间隔为 0.2mm(3 个平行试件)。将扫描得到的断面图像进行二值化处理，并使用 Image J 软件进行数据提取(图 3 中)，得到断面的孔隙率值、孔隙数量和等效孔径值。考虑 CT 扫描获得的断面图像的清晰程度，选择从上成型面 0.5cm 处开始至 4.5cm 处止，间隔 0.4cm 取 1 个断面图像进行分析，取 11 个断面的平均值作为孔隙特征值。

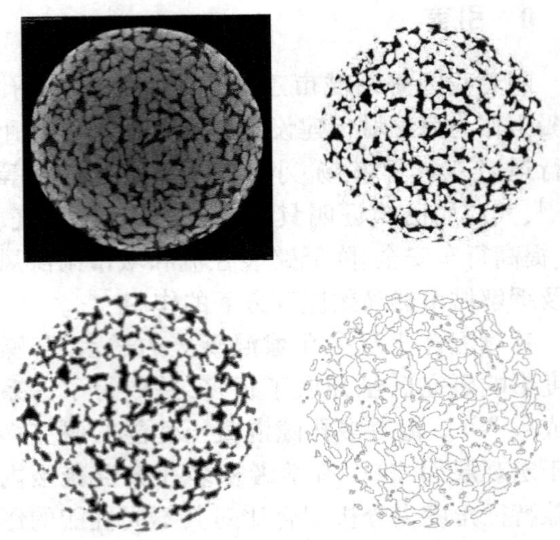

图 3　多孔隙混凝土的孔隙特征提取

2.2　配合比设计

为了研究配合比对多孔隙混凝土内部孔隙特征和不同性能的影响，对 9 组单一粒径(3 种粒径和 3 种灰集比)、4 组两种粒径组合和 5 组三种粒径组合的多孔隙混凝土展开研究，18 种多孔隙混凝土的配合比方案如表 3 中所示。

多孔隙混凝土配合比　　表 3

试件编号	集料级配(mm)			灰集比	水灰比
	2.36~4.75	4.75~9.5	9.5~13.2		
S1-1	100%	0	0	0.22	0.30
S1-2				0.24	
S1-3				0.26	
S2-1	0	100%	0	0.22	
S2-2				0.24	
S2-3				0.26	
S3-1	0	0	100%	0.22	
S3-2				0.24	
S3-3				0.26	
D1-1	10%	90%	0	0.22	
D2-1	20%	80%	0		
D3-1	0	90%	10%		
D4-1	0	80%	20%		
T1-1	10%	80%	10%		
T2-1	10%	70%	20%		
T3-1	15%	70%	15%		
T4-1	20%	70%	10%		
T5-1	20%	60%	20%		

3 结果与讨论

3.1 孔隙特征

将 Image J 软件处理后得到的图像参数值进行汇总,得到的结果如图 4 ~ 图 6 所示。

由图 4 可知:以 S1-1 为例,发现多孔隙混凝土的孔隙率、孔隙数量和等效孔径均呈现出沿高度方向在一定范围内随机波动变化的现象。这主要有 2 个方面的原因:① 制备多孔隙混凝土试件的集料大小不完全一致;② 水泥浆体在多孔隙混凝土内流动时也是呈现出较为随机的状态,使得各断面的孔隙率、孔隙数量和等效孔径有所不同,呈现随机分布的特点。

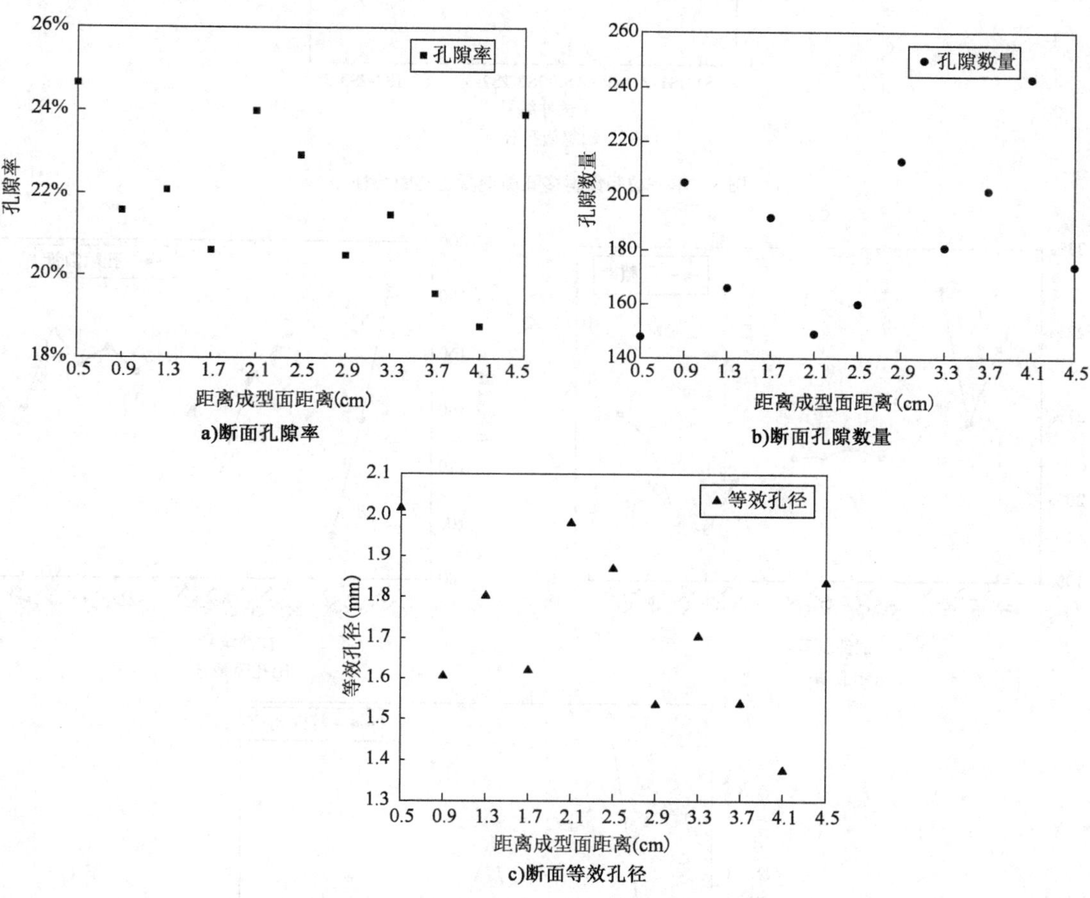

a)断面孔隙率

b)断面孔隙数量

c)断面等效孔径

图 4 多孔隙混凝土孔隙特征沿高度分布(S1-1 为例)

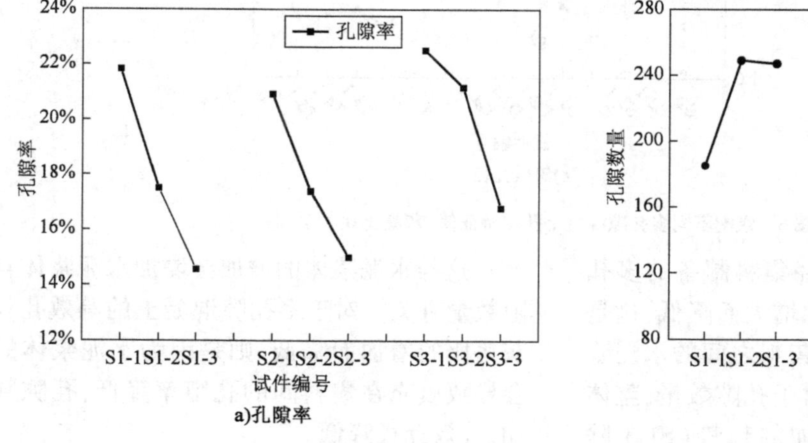

a)孔隙率

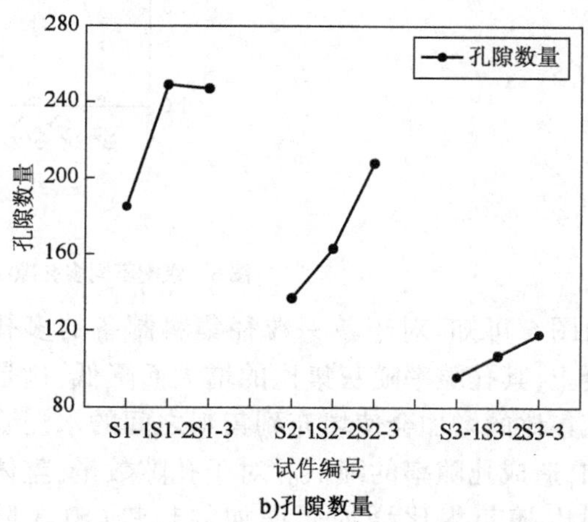

b)孔隙数量

图 5

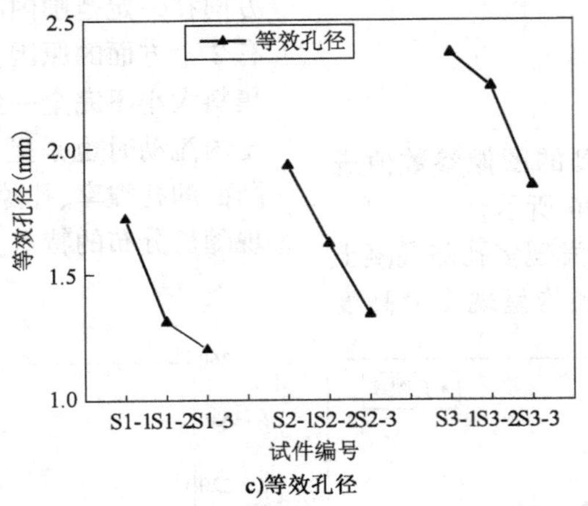

c)等效孔径

图5　单一粒径集料多孔隙混凝土孔隙特征

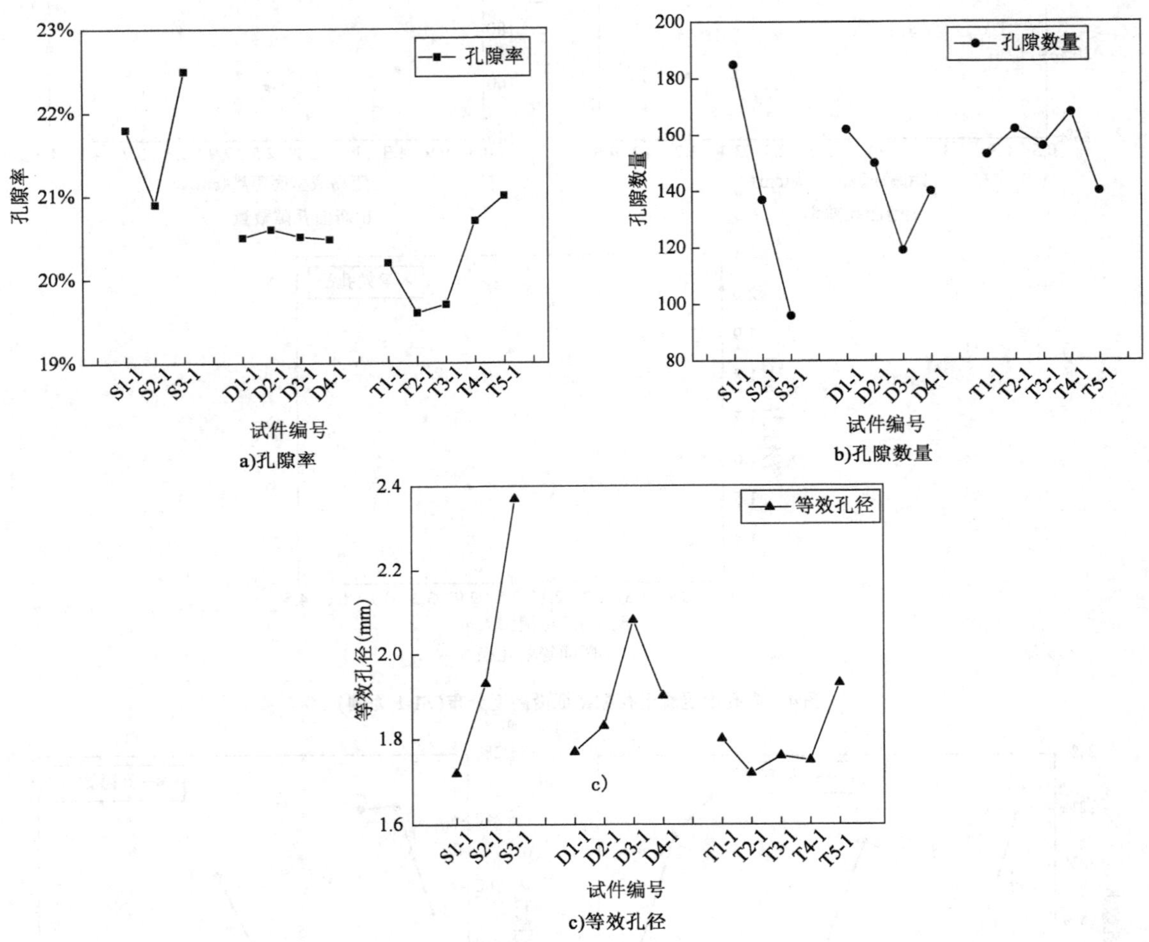

图6　级配不同多孔隙混凝土孔隙特征值(灰集比0.22)

由图5可知:对于单一粒径集料制备的多孔隙混凝土,其孔隙率随灰集比的增大而降低,这是因为灰集比的增加会使填充到集料之间的水泥浆体增加,造成孔隙率的降低。对于孔隙数量,整体上呈现出随灰集比增加而增加的趋势(S1-3除外),这与水泥浆体的增加会增加水泥浆体自身孔隙数量有关。对于多孔隙混凝土的等效孔径随着灰集比的增加而降低,则是因为水泥浆体的增加会导致填充在集料间的孔隙率降低,孔隙数量增加,等效孔径降低。

由图6可知:当制备多孔隙混凝土的集料级配不同(灰集比相同,均为0.22)时,多孔隙混凝土的孔隙率、孔隙数量和等效孔径均存在一定的差异。表明在其他条件相同时,集料级配会对多孔隙混凝土的不同孔隙特征产生显著影响。

综上可知:多孔隙混凝土的内部孔隙特征会受制备其的集料级配和灰集比的影响,因此在进行多孔隙混凝土的优化时,可同时通过调整级配和灰集比进行处理。

3.2 透水性能

将使用降水头测试方法得到的多孔隙混凝土的透水系数进行汇总分析,得到的结果如图7~图9所示。

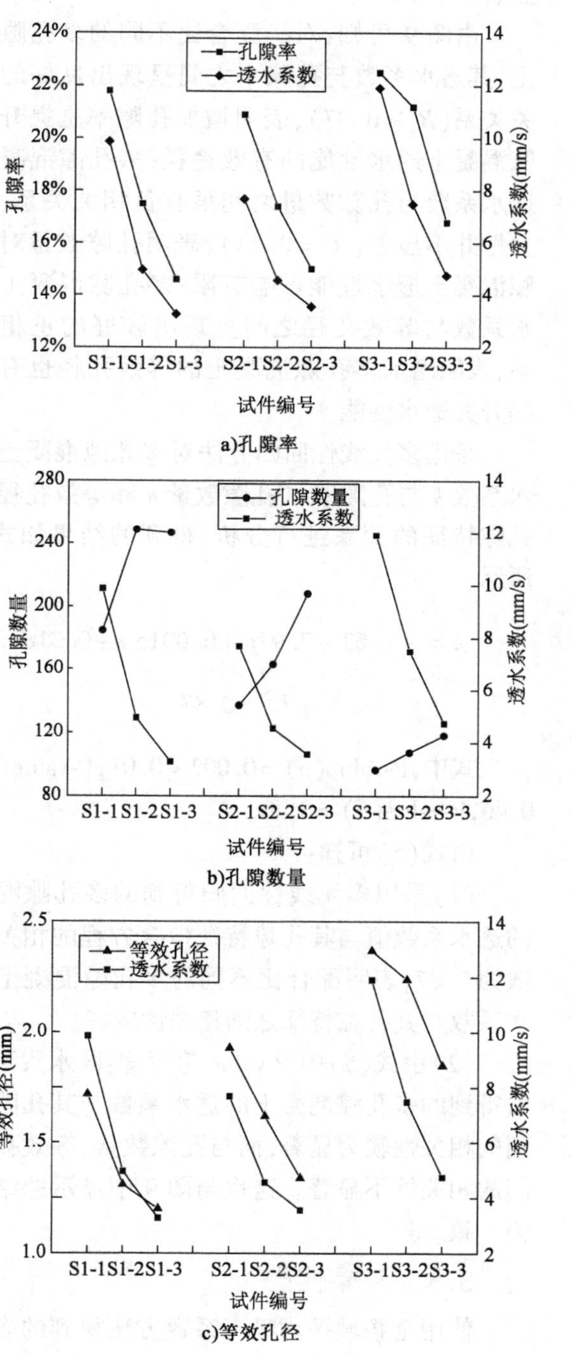

图7 单一粒径集料多孔隙混凝土透水系数与孔隙特征关系

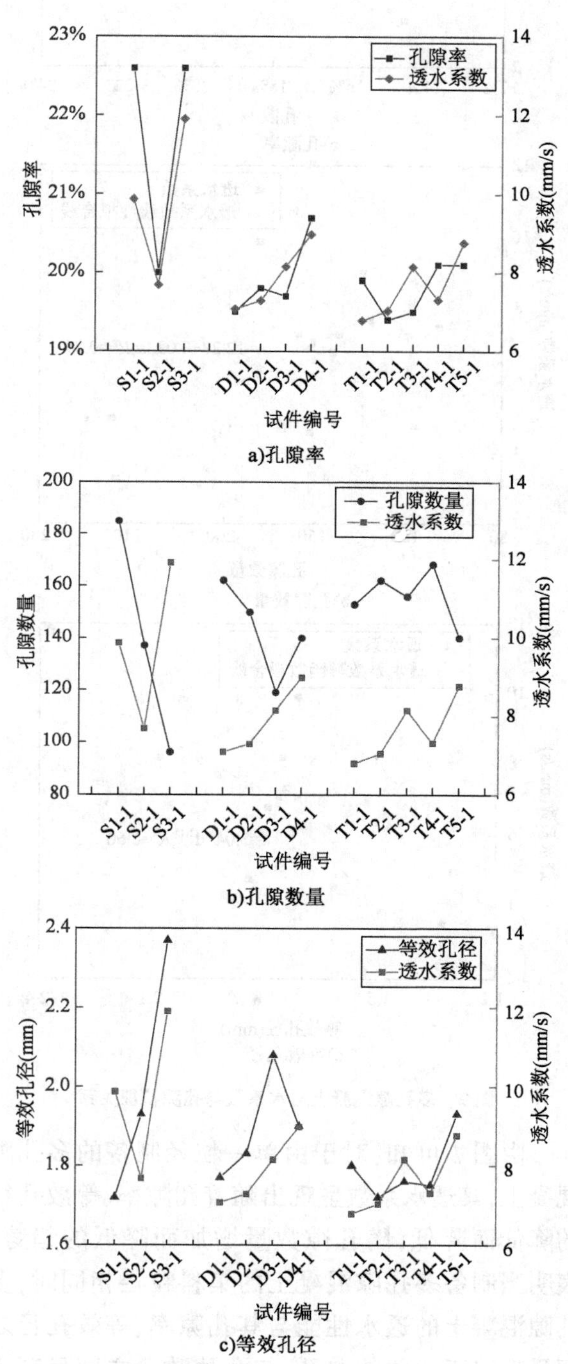

图8 不同级配多孔隙混凝土透水系数与孔隙特征关系

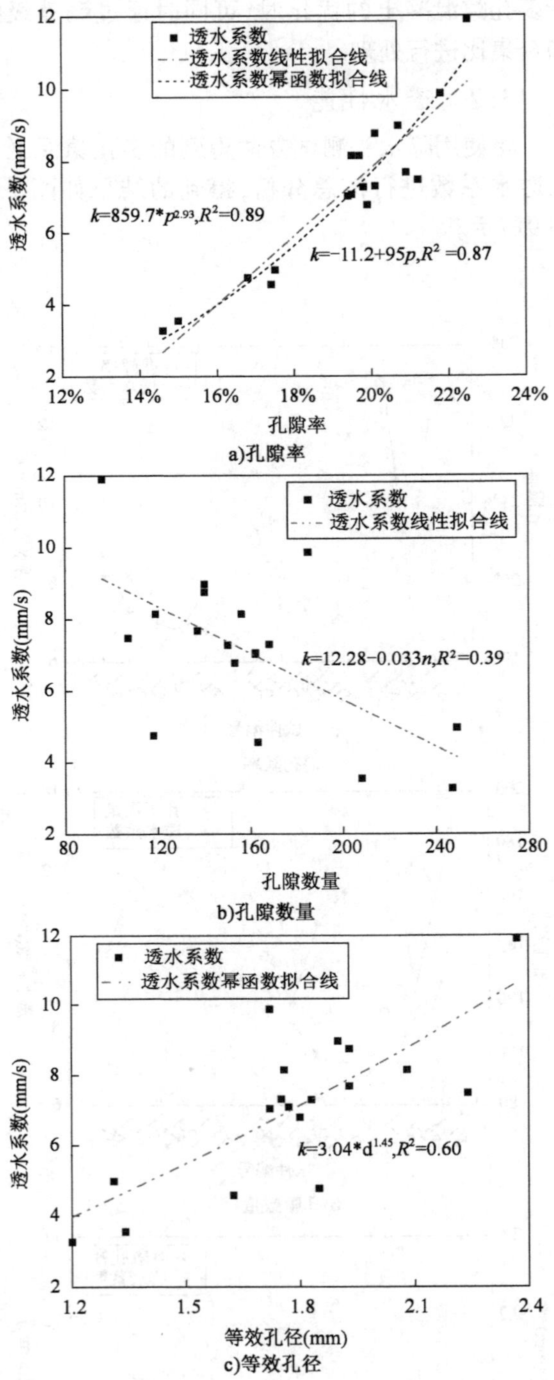

图 9　多孔隙混凝土透水系数与孔隙特征关系

由图 7 可知：对于由单一粒径制备的多孔隙混凝土，其透水系数呈现出随着孔隙率、等效孔径的降低而降低，随孔隙数量增加而降低的趋势。表明当制备多孔隙混凝土的集料粒径相同时，多孔隙混凝土的透水性能与其孔隙率、等效孔径之间呈现出正相关的关系，与孔隙数量之间呈现出负相关的关系。

由图 8 可知：当灰集比相同时，集料级配不同的多孔隙混凝土的透水系数与孔隙率之间整体上呈现出正相关的关系，但并不完全一致，表明孔隙率并不是唯一决定多孔隙混凝土透水性能的因素。此外，多孔隙混凝土的透水系数与孔隙数量和等效孔径之间并没有明显的相关关系，表明两者对多孔隙混凝土的透水性能影响不显著。

由图 9 可知：对于配合比不同的多孔隙混凝土，其透水系数与孔隙率之间呈现出良好的正相关关系($R^2 \geqslant 0.87$)，表明增加孔隙率是提升多孔隙混凝土透水性能的有效途径；多孔隙混凝土的透水系数与孔隙数量之间虽有负相关关系，但相关性并不显著($R^2 = 0.42$)，表明孔隙数量对多孔隙混凝土透水性能影响有限；多孔隙混凝土的透水系数与等效孔径之间呈现出较好的正相关关系，表明增加多孔隙混凝土的等效孔径也有利于提升其透水性能。

采用多元线性回归方法对多孔隙混凝土的透水系数 k 与孔隙率 p、孔隙数量 n 和等效孔径 d 等孔隙特征的关系进行分析，得到的结果如式(5)所示。

$$k = -1.63 + 7.97p + 0.0015n + 0.31d,\quad R^2 = 0.87 \tag{5}$$

式中，P-value(p) = 0.002 < 0.01，P-value(n) = 0.46，P-value(d) = 0.40。

由式(5)可知：

(1)采用多元线性回归得到的多孔隙混凝土的透水系数值与其孔隙特征拟合方程的相关性系数为 0.87，表明配合比不同的多孔隙混凝土的透水系数与其孔隙特征之间相关性较好。

(2)由式(5)中 P-value 值可知：降水头测试方法得到的多孔隙混凝土的透水系数与其孔隙率之间的相关性较为显著，而与孔隙数量、等效孔径之间的相关性不显著。这也与图 9 中显示的结果较为一致。

3.3　降噪性能

使用全频域平均吸声系数方法得到的多孔隙混凝土的降噪性能与孔隙特征结果如图 10 ~ 图 12中所示。

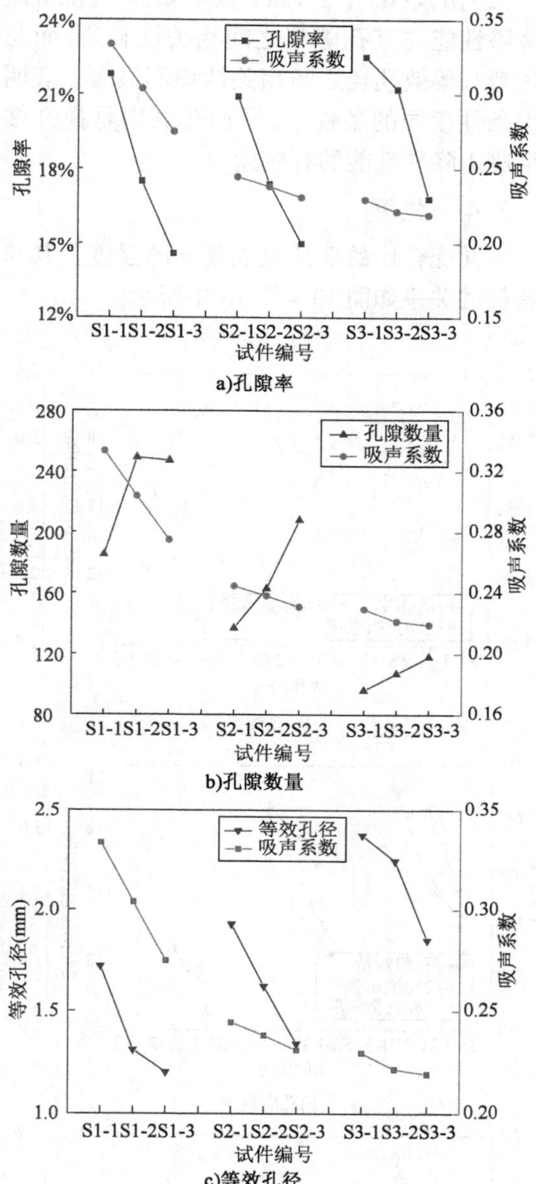

图10 单一粒径集料多孔隙混凝土降噪性能与孔隙特征关系

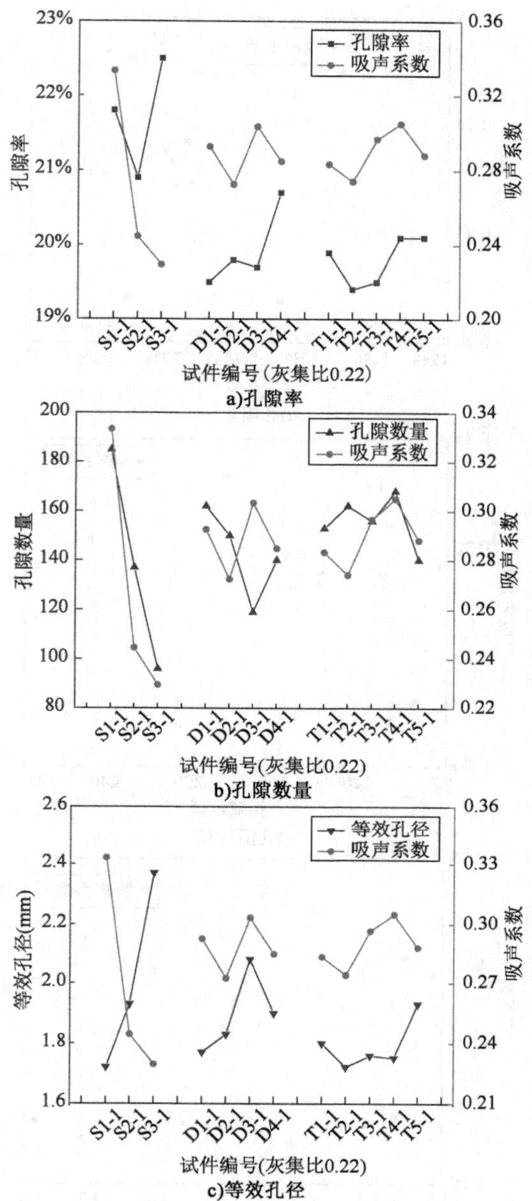

图11 不同级配多孔隙混凝土吸声降噪性能与孔隙特征关系

由图10可知：对于由相同粒径集料制备的多孔隙混凝土，其吸声系数整体上呈现出随孔隙率、等效孔径降低而降低，随孔隙数量增加而降低的趋势。表明当制备多孔隙混凝土的集料确定时，通过降低其灰集比值(提升孔隙率值)可有效提升其吸声降噪性能。此外，对于不同粒径集料制备的多孔隙混凝土，其吸声性能与其孔隙率、孔隙数量和等效孔径之间没有必然的联系，存在孔隙率相对高而吸声系数相对低的现象，表明对于由不同粒径集料制备的多孔隙混凝土，不能直接用其孔隙率值高低表征其吸声性能优劣。

由图11可知：当灰集比相同时，集料级配不同的多孔隙混凝土的吸声系数与孔隙率、孔隙数量和等效孔径之间并无明显的相关关系。表明当制备多孔隙混凝土的集料级配不同时，也不宜用其孔隙率、孔隙数量和等效孔径值表征其吸声性能。

由图12可知：对于配合比不同的多孔隙混凝土，其吸声系数与孔隙率、孔隙数量和等效孔径之间也没有明显的相关关系，即不能仅通过孔隙率、孔隙数量和等效孔径值高低去表征其吸声降噪性能优劣。

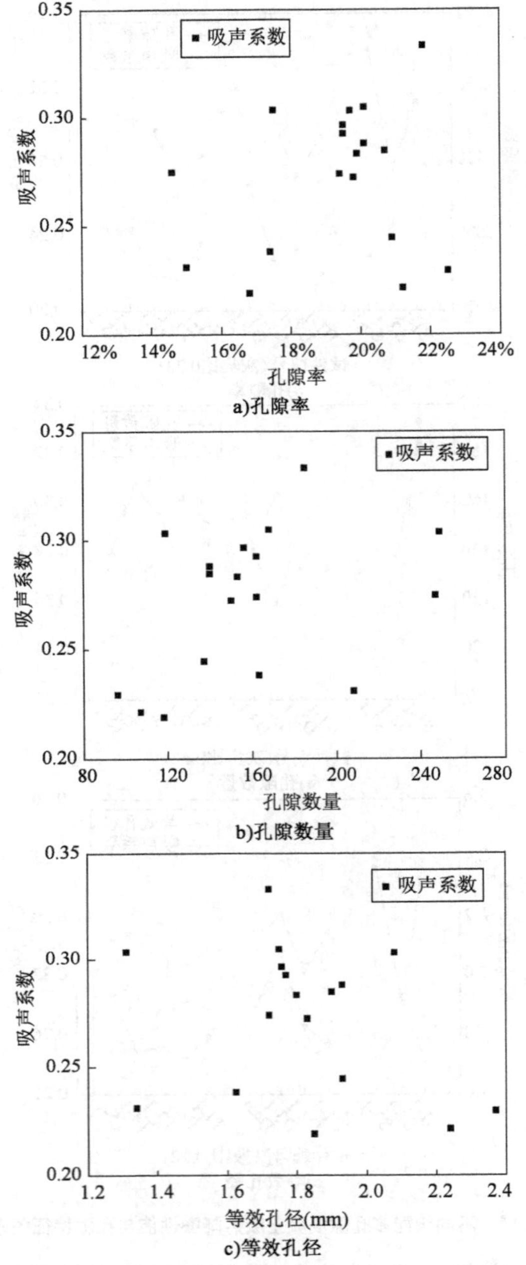

图12　多孔隙混凝土吸声系数与孔隙特征关系

采用多元线性回归的方法对多孔隙混凝土的吸声系数λ与孔隙率、孔隙数量和等效孔径的关系进行分析,得到的结果如式(6)所示:

$$\lambda = 0.118 + 1.738p + 0.00013n - 0.113d,\quad R^2 = 0.55 \tag{6}$$

式中,P-value(p) = 0.01 < 0.05,P-value(n) = 0.82,P-value(d) = 0.29。

由式(6)可知:

(1)多孔隙混凝土的吸声降噪性能虽受其孔隙特征的影响,但影响不显著(R^2 = 0.55)。

(2)由式(6)中P-value值可知,多孔隙混凝土的降噪性能与其孔隙率之间相关性显著,而与孔隙数量和等效孔径之间相关性均不显著。表明在其他条件相同的条件下,增加孔隙率是提升多孔隙混凝土降噪性能的有效途径。

3.4　强度

不同配合比的多孔隙混凝土的强度及其与孔隙特征的关系如图13～图15中所示。

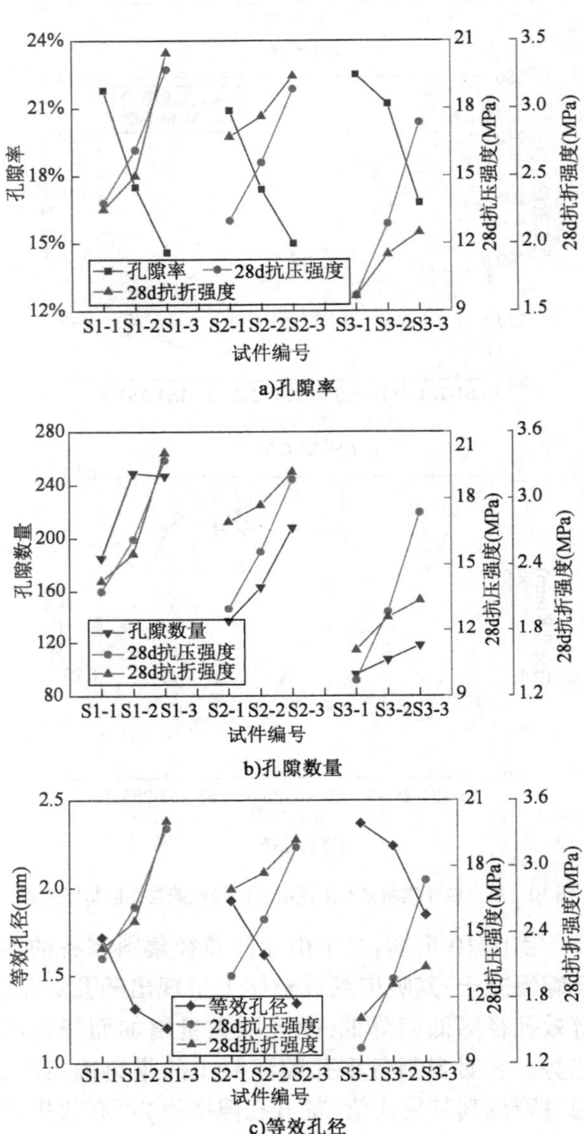

图13　单一粒径集料多孔隙混凝土强度与孔隙特征关系

由图13可知:对于由相同粒径集料制备的多孔隙混凝土,其28d抗压强度和抗折强度呈现出随着孔隙率和等效孔隙下降而下降,随孔隙数量增加而增加的整体趋势。而对由不同粒径集料制备的多孔隙混凝土，其28d抗压强度和抗折强度与孔隙率、孔隙数量和等效孔径之间没有必然关系，说明当制备多孔隙混凝土的集料粒径不同时，不宜用其孔隙特征值去表征其强度值。

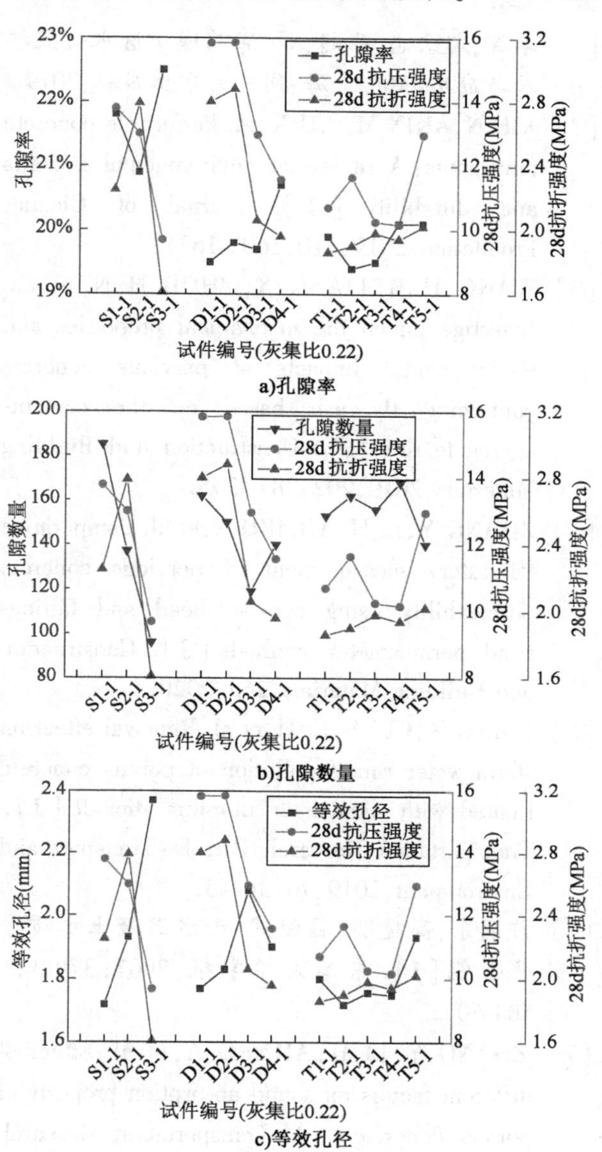

图14 不同级配多孔隙混凝土强度与孔隙特征关系

由图14可知：在灰集比相同的条件下，集料级配不同的多孔隙混凝土其28d抗压强度和抗折强度存在明显差异，表明在使用的水泥胶浆类型相同的条件下，可通过优化集料级配来提升其强度值。此外，可知集料级配不同的多孔隙混凝土其强度与孔隙率、孔隙数量和等效孔径之间没有必然关系。表明当制备多孔隙混凝土所用的集料级配不同时，不应用其孔隙特征值去表征去强度值。

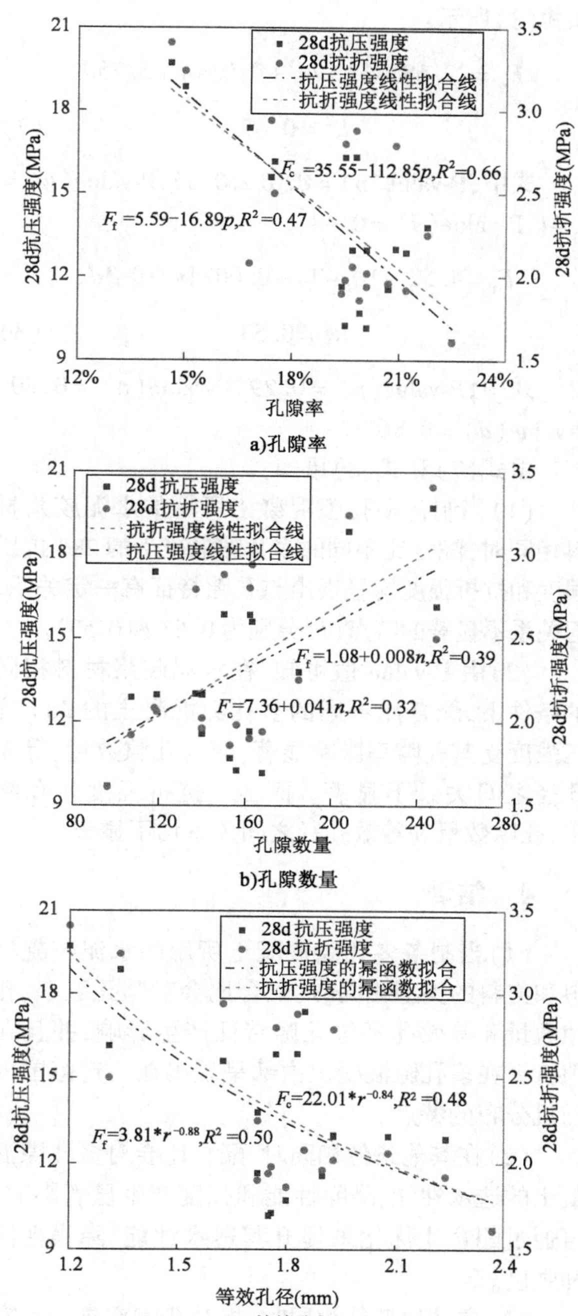

图15 多孔隙混凝土强度与孔隙特征关系

由图15可知：在制备多孔隙混凝土所用水泥胶浆类型相同的条件下，配合比不同的多孔隙混凝土其抗压强度和抗折强度值与孔隙率、孔隙数量和等效孔径之间虽有一定的相关性，但均不显著（相关性系数不高）。

采用多元线性回归的方法对多孔隙混凝土的抗压强度（F_c）、抗折强度（F_f）与孔隙率、孔隙数量和等效孔径的关系进行分析，得到的结果如式(7)

和式(8)所示：

$$F_c = 23.58 - 132.4p + 0.034n + 5.75d,\quad R^2 = 0.67 \tag{7}$$

式中，P-value(p) = 0.01 < 0.05，P-value(n) = 0.44，P-value(d) = 0.48。

$$F_f = 4.52 - 10.49p + 0.0024n - 0.3d,\quad R^2 = 0.53 \tag{8}$$

式中，P-value(p) = 0.29，P-value(n) = 0.80，P-value(d) = 0.86。

由式(7)和式(8)可知：

(1)当制备多孔隙混凝土所用的水泥胶浆材料相同时，配合比不同的多孔隙混凝土的28d抗压强度和抗折强度均呈现出与孔隙特征有一定关系，但关系不显著的特点(R^2分别为0.67和0.53)。

(2)由P-value值可知，在水泥胶浆材料相同的条件下，配合比不同的多孔隙混凝土的28d抗压强度受其孔隙率影响显著，而与孔隙数量、等效孔径之间关系不显著。而28d抗折强度与孔隙率、孔隙数量和等效孔径之间关系均不显著。

4 结语

(1)当制备多孔隙混凝土所用的水泥胶凝材料和集料的类型相同时，配合比会对其孔隙率、孔隙数量和等效孔径等孔隙特征产生影响，并且孔隙特征在多孔隙混凝土内部呈现出在一定范围内随机分布的特点。

(2)在其他条件相同时，配合比会对多孔隙混凝土的透水性能、降噪性能和强度产生显著影响，可通过配合比优化来提升其透水性能、降噪性能和强度。

(3)在其他条件相同时，提升孔隙率是一种有效提升多孔隙混凝土透水性能和降噪性能的方法，但会显著降低其强度。此外，孔隙率并不是决定透水性能、降噪性能和强度的唯一因素，不能仅从孔隙率值去判定其透水性能、降噪性能和强度优劣。

(4)多孔隙混凝土的孔隙数量和等效孔径虽会对透水性能、降噪性能和强度虽有影响，但影响程度有限。

本研究工作未考虑不同水灰比、外加剂掺加和集料类型对多孔隙混凝土孔隙特征、透水性能、降噪性能和强度的影响以及孔隙特征与不同性能之间的相关关系。此外，对于灰集比的范围考虑的也有限，在下一步工作中应予以考虑。

参考文献

[1] 李辉，赵文忠，张超，等. 海绵城市透水铺装技术与应用[M]. 上海：同济大学出版社，2019.

[2] XIE N, AKIN M, SHI X. M. Permeable concrete pavements: A review of environmental benefits and durability [J]. Journal of Cleaner Production. 2019, 210: 1605-1621.

[3] WANG H B, LIANG X, ZHOU H N, et al. Investigation on the mechanical properties and environmental impacts of pervious concrete containing fly ash based on the cement-aggregate ratio [J]. Construction and Building Materials, 2019, 202: 387- 395.

[4] ZHANG Y, LI H, AHMED A, et al. Comparative laboratory measurement of pervious concrete permeability using constant-head and falling-head permeameter methods [J]. Construction and Building Materials, 263, 2020.

[5] LIANG X, CUI S, LI H, et al. Removal effect on storm water runoff pollution of porous concrete treated with nanometer titanium dioxide [J]. Transportation Research Part D: Transport and Environment, 2019, 73: 34-45.

[6] 许国东，高建明，吕锡武. 透水混凝土水质净化性能[J]. 东南大学学报，2007, 37(3): 504-507.

[7] ZHANG Y, LI H, AHMED A, et al. Effect of different factors on sound absorption property of porous concrete [J]. Transportation Research Part D: Transport and Environment, 2020, 87: 102532.

[8] LI H. Literature review on cool pavement research, in: Pavement Mater. Heat Isl. Mitig [M]. Elsevier Inc., Davis, 2016, 15-42.

[9] 蒋正武，孙振平，王培铭. 若干因素对多孔透水混凝土性能的影响[J]. 建筑材料学报，2005, 8(5): 513-519.

[10] 曾伟. 透水混凝土配合比设计及性能研究[D]. 重庆：重庆大学，2007.

[11] 张贤超. 高性能透水混凝土配合比设计及其

生命周期环境评价体系研究[D]. 长沙：中南大学，2012.

[12] 余帆. 透水混凝土路面材料性能增强技术研究[D]. 上海：同济大学，2020.

[13] 张毅. 基于孔隙特征的多孔隙混凝土力学与环保性能研究[D]. 上海：同济大学，2021.

[14] SONG W M, ZHANG M M, WU H. Gray correlation analysis between mechanical performance and pore characteristics of permeable concrete [J]. Journal of Building Engineering, 2024, 86: 108793.

[15] LIU H B, LUO G B, WEI H B, et al. Strength, permeability, and freeze-thaw durability of pervious concrete with different aggregate sizes, porosities, and water-binder ratios [J]. Applied Science. 2018, 8, 1217.

[16] ZHONG R, WILLE K. Material design and characterization of high performance pervious concrete [J]. Construction and Building Materials. 2015, 98: 51-60.

[17] GORAN A, KEVERN J T, DANIEL M. Influence of silica fume on mechanical and durability of pervious concrete [J]. Construction and Building Materials, 2020, 247: 118453.

[18] 张蕊. 基于深度学习的透水混凝土透水性能与力学性能预测模型及孔隙结构优化研究[D]. 宜昌：三峡大学，2023.

[19] 马海锐. 基于模拟退火算法的透水混凝土孔隙结构三维重构技术[D]. 西安：长安大学，2023.

[20] 苗润阳，范宏，刘树明，杨海川. 基于图像分析的透水混凝土孔隙研究[J]. 混凝土，2021, 12: 40-43.

[21] ZHONG R, WILLE K. Linking pore system characteristics to the compressive behavior of pervious concrete [J]. Cement and Concrete Composites. 2016, 70(2): 130-138.

[22] ZHANG J, MA G D, MING R P, et al. Numerical study on seepage flow in pervious concrete based on 3D CT imaging [J]. Construction and Building Materials, 2018, 161 (10): 468-478.

[23] YU F, SUN D Q, HU M J, et al. Study on the pores characteristics and permeability simulation of pervious concrete based on 2D/3D CT images [J]. Construction and Building Materials, 2019, 200(6): 687-702.

[24] 中华人民共和国住房和城乡建设部. 透水水泥混凝土路面技术规程：CJJ/T 135—2009[S]. 北京：中国建筑工业出版社，2009.

[25] 中华人民共和国交通运输部. 公路工程水泥及水泥混凝土试验规程：JTG 3020—2020[S]. 北京：人民交通出版社股份有限公司，2020.

基于熵权-灰色关联分析模型的聚氨酯混凝土缓凝剂掺配优化研究

钱振宁[1,2] 钱振东*[1,2,3] 谢宇欣[1,2] 梁凯帝[1,2] 赵伟翔[1,2] 杨文渊[1,2]

(1. 东南大学智能运输系统中心；2. 南京现代综合交通实验室；
3. 东南大学交通基础设施安全风险管理交通行业重点实验室)

摘 要 聚氨酯混凝土是一种新型反应型钢桥面铺装材料，力学性能优异、温度敏感性低，具有良好的路用性能。但其作为反应型材料反应时间和凝固时间决定了铺装使用质量，为保证聚氨酯铺装体系综

基金项目：国家自然科学基金面上项目(51878167)。

合服役性能,有必要找到合适的缓凝剂及其最优掺量优化聚氨酯混凝土凝固时间、改善施工和易性。本文以缓凝剂种类和缓凝剂掺量为变量设计试验,通过贯入阻力试验、车辙试验与小梁弯曲试验,分析了不同缓凝剂的缓凝机理及对铺装体系的性能影响,采用熵权-灰色关联分析模型对试验结果进行优化研究。结果表明,聚氨酯铺装体系的凝固时间均随磷酸酯和蓖麻油的掺量先增后减,当二者的掺量分别达 1%(质量分数)、5% 时凝固时间最长,磷酸酯组试件最长初凝时间达 127min,最长终凝时间达 230min,是蓖麻油组试件的约 2.5 倍;磷酸酯、蓖麻油的掺量与聚氨酯铺装体系的高温稳定性成正相关,与低温稳定性成负相关;通过熵权-灰色关联分析模型分析得到,保证凝固时间一定,使用 1% 的磷酸酯作缓凝剂时,聚氨酯铺装体系兼具优良的高温稳定性与低温稳定性。研究结果可为提高聚氨酯铺装体系的施工和易性及聚氨酯混凝土缓凝剂优化提供解决方案。

关键词　道路工程　聚氨酯混凝土　熵权-灰色关联分析法　缓凝剂

0　引言

目前钢桥面铺装常采用的浇注式沥青混凝土铺装防水性能、抗开裂性能良好,对钢板追从性强,但高温稳定性不足,易产生车辙病害[1];环氧沥青混凝土铺装整体性好、综合性能优异,但其施工条件相对要求高、养护修复困难[2],双层 SMA 铺装具有良好的高、低温稳定性和抗滑性能,但水稳定性不佳、抗裂性较差[3]。采用聚氨酯结合料代替沥青作为胶结料与集料常温拌和成型的聚氨酯混凝土力学性能优异、温度敏感性低,高温稳定性、抗疲劳性能良好[4]。聚氨酯是一类由多异氰酸酯与多元醇加聚而成的高分子聚合物总称,其大分子主链上含有重复氨基甲酸酯链段(—NHCOO—)[5]。徐世法[6]等人的研究表明聚氨酯混凝土具有良好的力学性能和耐久性,其动稳定度、小梁弯拉应变接近目前最优沥青混合料的 10 倍,疲劳寿命是 SMA 沥青混合料的 8 倍左右[4,7]。然而,聚氨酯混凝土作为反应型铺装材料反应时间和凝固时间决定了铺装层的使用质量,普通聚氨酯混凝土初凝时间仅为几分钟,终凝时间一般在 30min 以内,因此普通聚氨酯混凝土路用性能无法充分释放且施工和易性较差[8-10]。研究表明,适量蓖麻油和磷酸酯可对聚氨酯混凝土起到有效缓凝作用[11],但目前缺乏对加入缓凝剂的聚氨酯铺装体系路用性能变化及机理研究。

熵权-灰色关联分析模型基于灰色关联分析理论,通过最大熵原理分配权重,避免局部数据关联度值控制整体灰关联倾向而造成误差,同时减少人为因素的主观影响,保证了分析的客观性[12]。因此,已被广泛应用于交通运输、土木工程等多个领域[13-15],并展现出良好的工程适用性与优化方案的全面性。本研究引入熵权-灰色关联分析模型,对聚氨酯混凝土的缓凝剂掺配进行决策优化。

为进一步明确缓凝剂对聚氨酯铺装体系关键路用性能的影响,本文参考《公路工程水泥和水泥混凝土试验规程》(JTG 3420—2020)中的贯入阻力法测定掺加不同种类、不同掺量缓凝剂的聚氨酯混凝土凝结时间;采用车辙试验与小梁弯曲试验评价缓凝剂种类和用量对聚氨酯铺装体系路用性能的影响;通过熵权-灰色关联分析模型分析试验结果,确定聚氨酯混凝土的最佳缓凝剂方案,以期为钢桥面用聚氨酯铺装体系的技术发展提供指南。

1　试验方案及材料

1.1　试验方案

为确定聚氨酯混凝土最优缓凝剂方案,以缓凝剂种类和缓凝剂掺量为变量设计正交试验,通过贯入阻力试验测定组合试件的凝固时间;通过车辙试验、小梁弯曲试验分别测试其路用性能。根据已有研究[11],磷酸酯掺量宜为 0.5% ~2.5%(质量分数,下同)、蓖麻油掺量范围为 2.5% ~12.5%。故本研究试验方案中将不添加缓凝剂的对照组作为第 1 组试验,第 2 ~6 组磷酸酯掺量设计为 0.5%、1%、1.5%、2%、2.5%,第 7 ~11 组蓖麻油掺量设计为 2.5%、5%、7.5%、10%、12.5%,共计 11 个试验方案,每组试验进行三次,试验结果取平均值以减小实验误差。

如图 1 所示,聚氨酯铺装体系组合试件由钢板、防水黏结层、保护层、黏层、碎石撒布层与磨耗层等部分组成。其中防水黏结层采用聚氨酯黏结剂,保护层采用 35mm 聚氨酯混合料。防水黏结层与保护层界面发生固化反应,形成大量疏水基团从而有效提高铺装体系防水性能;碎石撒布层与环氧树脂黏层形成嵌挤结构,有效增大保护层与磨耗层间接触面积,从而提高聚氨酯铺装体系的黏结性能和整体性。

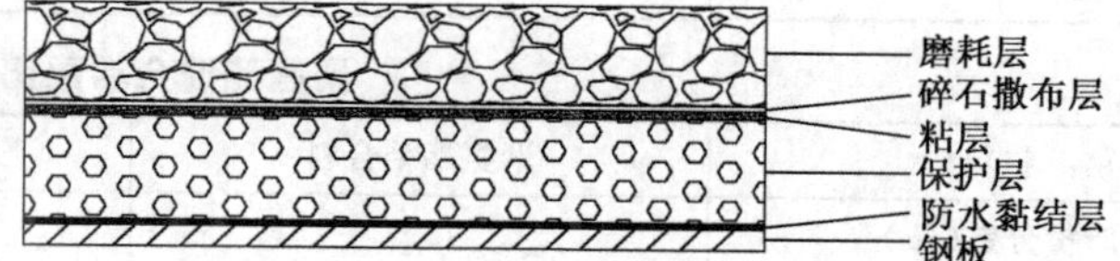

图1 聚氨酯铺装体系组合试件

1.2 聚氨酯混合料原材料技术指标

1.2.1 聚氨酯结合料

聚氨酯结合料由聚氨酯预聚物(二苯基甲烷-4,4′-异氰酸酯,四苯基甲烷四异氰酸酯)制备获得,根据《公路钢桥面聚酯型聚氨酯混凝土铺装技术指南》(T/CHTS 10033—2021)主要控制材料的断裂伸长率、拉伸强度、热固性、吸水率等指标,本实验所用聚氨酯结合料主要技术指标检验结果如表1所示。

聚氨酯结合料技术指标 表1

试验项目	单位	技术要求	检测结果	试验方法
拉伸强度	MPa	≥10	28.0	GB/T 1040—2006
断裂伸长率	%	≥25	28.5	GB/T 1040—2006
热固性(300℃)	%	—	不融化	GB/T 30598—2014
吸水率	%	≤0.3	0.11	GB/T 1034—2008

1.2.2 集料与配合比

采用粒径为0.075~9.5mm的机制砂与天然砾石为集料,其中天然砾石整体针片状颗粒含量偏低,棱角性低,集料技术指标如表2所示,级配组成如表3所示。

聚氨酯混合料由聚氨酯结合料、集料、硅烷偶联剂以及缓凝剂常温拌和而成,其中硅烷偶联剂通过水解在胶结料和集料间形成化学键,从而提升聚氨酯混合料的均一性与稳定性。

本研究试验方案中将不添加缓凝剂的对照组作为第1组试验,材料配合比如表4所示;第2~11组试验单独外加掺加缓凝剂,磷酸酯掺量为0.5%(质量分数,下同)、1%、1.5%、2%、2.5%,蓖麻油掺量为2.5%、5%、7.5%、10%、12.5%。缓凝剂水分含量小于等于1%,黏度在3000~8000MPa·s之间,游离酸含量小于或等于0.2%[11]。

聚氨酯混合料集料技术指标 表2

试验项目	单位	技术要求	检测结果	试验方法
粗集料				
压碎值	%	≤20	16.7	JTG E42—2005 T 0316
磨光值	—	≥42	48	JTG E42—2005 T 0321
洛杉矶磨耗损失	%	≤26.0	17.6	JTG E42—2005 T 0317
表观相对密度	g/cm^3	≥2.4	2.79	JTG E42—2005 T 0304
吸水率	%	≤2.0	1.35	JTG E42—2005 T 0304
坚固性	%	≤12	9	JTG E42—2005 T 0314
针片状颗粒含量	%	≤5.0	3.8	JTG E42—2005 T 0312
泥土杂物含量(冲洗法)	%	≤3.0	1.9	JTG E42—2005 T 0310
细集料				
表观相对密度	g/cm^3	≥2.4	2.62	JTG E42—2005 T 0304
吸水率	%	≤2.0	1.7	JTG E42—2005 T 0304
含水率	%	≤0.3	0.1	JTG E42—2005 T 0305
坚固性(粒径在0.3mm以上)	%	≤12	9	JTG E42—2005 T 0314

聚氨酯混合料集料级配 表3

筛孔尺寸(mm)	9.5	4.75	2.36	0.6	0.3	0.15	0.075
设计级配	100	87.6	41.5	21.3	8.9	5.6	1.1

聚氨酯混合料配比组成 表4

材料	聚氨酯结合料	集料	硅烷偶联剂
质量分数(%)	13.7	86.1	0.2

2 试验结果分析

2.1 贯入阻力试验结果分析

通过贯入阻力试验测得的单位面积贯入阻力是计算聚氨酯凝固时间的关键指标,凝固时间由式(1)线性回归换算得出,初凝时间、终凝时间分别对应单位面积贯入阻力为3.5MPa、28MPa时的测试时间,结果如图4所示。

$$\ln t = a + b\ln\frac{P}{A} \tag{1}$$

式中:t——单位面积贯入阻力对应的测试时间;

a、b——线性回归系数;

P——测针贯入深度为25mm时的贯入压力;

A——贯入测针截面面积。

由图2a)可知,试件的凝固时间随磷酸酯掺量增加呈先增后减的趋势。当磷酸酯掺量达到1%时,初、终凝时间都达到峰值。这是因为磷酸酯掺量达1%前,磷酸酯不足量,主要与氨基甲酸酯基团(—NHCOO—)发生聚合反应[17],导致凝固时间大幅延长,当磷酸酯掺量超过1.0%后,磷酸酯逐渐过量,作催化剂加速硅烷偶联剂水解,且随磷酸酯掺量增加,催化效果越来越明显,当磷酸酯掺量达2.5%时,催化效果最优,凝固时间逐渐稳定。由图2b)可知,试件的凝固时间随蓖麻油掺量增加呈先增后减的趋势,但增幅相对磷酸酯组试件较小。这是因为当蓖麻油掺量达5%前蓖麻油不足量,蓖麻油分子主要分散于集料表面,延缓聚氨酯与集料间的胶结从而导致凝固时间延长。当蓖麻油过量后,蓖麻油分子分散到试件各处,更容易与聚醚多元醇和异氰酸酯发生反应,从而加速聚氨酯混凝土的凝固。

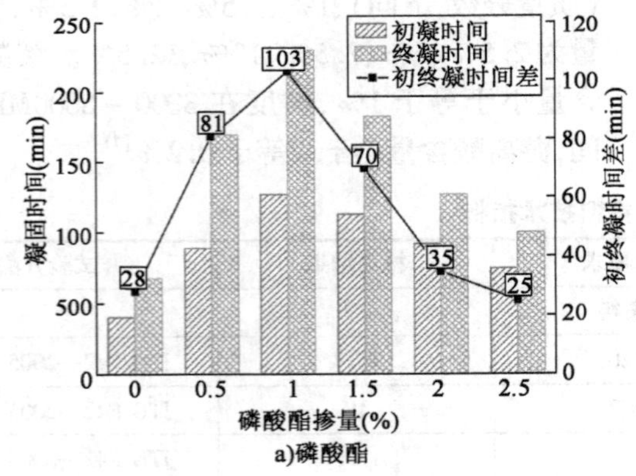

a)磷酸酯

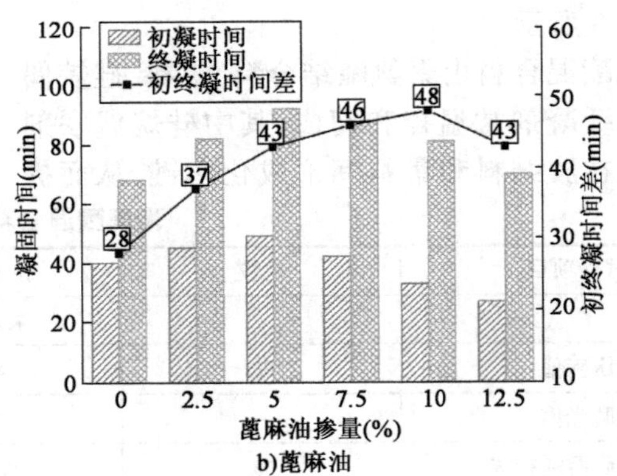

b)蓖麻油

图2 凝固时间

2.2 高温车辙试验结果分析

高温车辙试验测得的动稳定度是评价聚氨酯铺装体系在规定温度、重复荷载作用条件下抵抗塑性流动变形能力的有效方法,其试验结果如图3所示。

由图3可知,组合试件的高温稳定性优良,动稳定度均在21000次/min以上;随磷酸酯掺量增加,试件高温稳定性逐步提高,但增幅越来越小,这是因为磷酸酯掺量达1%前不足量,其主要与氨基甲酸酯基团(—NHCOO—)发生聚合反应,生成的磷酸基聚氨酯具有较优的力学强度;当磷酸酯掺量超过1.0%后逐渐过量,其作为催化剂可加速硅烷偶联剂水解,在聚氨酯结合料和无机集料间形成化学键,同时提升了聚氨酯混合料的均一性与稳定性,继续增加磷酸酯掺量,此时催化效率已达峰值,硅烷偶联剂可充分反应,因此高温稳定性增幅逐渐减小,动稳定度趋于稳定。

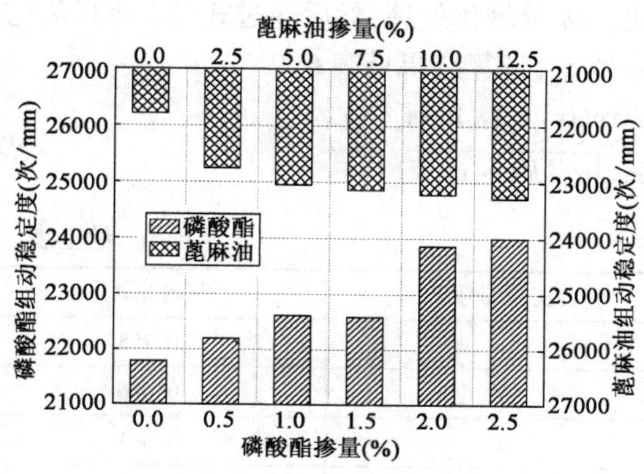

图3 动稳定度

蓖麻油组试件动稳定度随蓖麻油的掺量增加持续提高,但增幅逐渐减缓。这是因为蓖麻油与聚醚多元醇和异氰酸酯反应生成的蓖麻油基聚氨酯高温稳定性优异,随蓖麻油掺量增加,蓖麻油基聚氨酯含量越来越高,当蓖麻油掺量达5%后,受限于化学平衡,此时聚氨酯铺装体系高温稳定性的提升效果越来越缓。

2.3 低温弯曲试验结果分析

通过低温弯曲试验测得的弯曲破坏应变可评价聚氨酯铺装体系的低温特性以及规定加载速率条件下的弯曲力学性质,试验结果如图4所示。

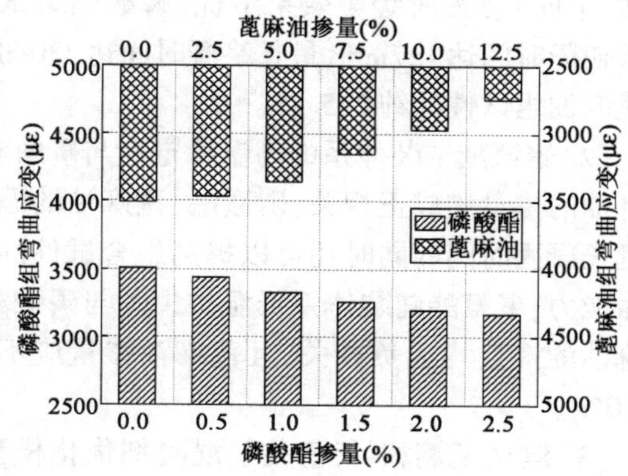

图4 弯曲破坏应变

如图4所示,随磷酸酯掺量增加,组合试件的低温小梁弯曲应变逐渐下降,这是因为磷酸酯与氨基甲酸酯基团聚合生成的磷酸基聚氨酯具有更大的刚度,低温下更易脆性开裂,同时硅烷偶联剂加速水解在聚氨酯结合料和无机集料间形成的化学键,增强铺装整体性的同时导致其低温稳定性下降。

随蓖麻油掺量增加,组合试件的低温小梁弯曲应变逐渐下降,当蓖麻油掺量为10%和12.5%(第10、11组实验)时低温小梁弯曲应变低于3000με,不符合规范要求,因此蓖麻油作缓凝剂其掺量应不超过10%。蓖麻油与聚醚多元醇和异氰酸酯反应生成的蓖麻油基聚氨酯刚度更大,在低温环境下抗开裂能力差,易产生脆性破坏。

3 基于熵权-灰色关联分析模型的缓凝剂优化研究

熵权-灰色关联分析模型基于灰色关联分析理论,借鉴熵权法分配权重,可以有效避免模糊数据过度精确化而导致的不必要误差[16],能够很好解决不确定多属性决策中的问题。根据以上试验结果可知,缓凝剂种类与掺量能显著影响聚氨酯铺装体系的施工和易性、高温稳定性与低温抗裂性,本研究引入熵权-灰色关联分析模型对聚氨酯铺装体系的缓凝剂方案进行优化。模型建立与计算的具体步骤如下所示:

(1)确定评价对象与评价指标。评价指标参考序列由各评价指标最佳值组成,本研究参考所依托项目施工技术标准选取参考序列 $x_0=\{x_0(k)\mid k=1,2,\cdots,n\}$,比较序列为各试验组数据 $x_i=\{x_i(k)\mid k=1,2,\cdots,n\}$。

根据前文试验结果,当蓖麻油掺量为10%和12.5%(第10、11组实验)时,聚氨酯混凝土初凝时间不符合施工要求或组合试件低温抗裂性不符合规范要求,故熵权-灰色关联缓凝剂优化模型数据集共存在9个样本,不添加缓凝剂的对照组为第1组试验,第2~6组磷酸酯掺量设计为0.5%、1%、1.5%、2%、2.5%,第7~9组蓖麻油掺量设计为2.5%、5%、7.5%,如表5所示。

熵权-灰色关联分析矩阵 表5

实验编号	初凝时间(min)	终凝时间(min)	动稳定度(次/mm)	弯曲应变(με)
1	40	68	21790	3510
2	89	170	22200	3440
3	127	230	22619	3330
4	113	183	22589	3260
5	92	127	23861	3200
6	75	100	23999	3170
7	45	82	22756	3470
8	49	92	23048	3360
9	42	88	23136	3150

(2)为减少各性能指标参数之间绝对数值差异巨大对优化方案结果的影响,需对表 10 中的数据进行无量纲化处理,然后通过式(2)计算灰色关联系数 ξ_{ij},计算结果见表 6。

$$\xi_{ij}=\frac{\min\limits_{i}\min\limits_{k}|x_0(k)-x_i(k)|+\rho\max\limits_{i}\max\limits_{k}|x_0(k)-x_i(k)|}{|x_0(k)-x_i(k)|+\rho\max\limits_{i}\max\limits_{k}|x_0(k)-x_i(k)|} \tag{2}$$

式中:ξ_{ij}——关联系数;

ρ——分辨系数,$\rho\in(0,1)$,本文取 $\rho=0.5$。

灰色关联系数 表 6

实验编号	初凝时间(min)	终凝时间(min)	动稳定度(次/mm)	弯曲应变(με)
1	0.297	0.333	0.878	1.000
2	0.547	0.574	0.898	0.970
3	1.000	1.000	0.920	0.925
4	0.766	0.633	0.918	0.899
5	0.568	0.440	0.991	0.878
6	0.469	0.384	1.000	0.868
7	0.359	0.354	0.927	0.982
8	0.371	0.370	0.943	0.937
9	0.351	0.363	0.948	0.861

(3)为克服多指标评价中权重确定的主观性,采用熵权法确定各评价指标的信息熵 E_j 以及权重系数 ω_j,计算结果见表 7。

$$E_j=-\frac{\sum_{i=1}^{n}\xi_{ij}\ln(\xi_{ij})}{\ln n} \tag{3}$$

$$\omega_j=\frac{1-E_j}{\sum_{j=1}^{k}1-E_j} \tag{4}$$

式中:E_j——信息熵;

n——最大数据组数量;

ω_j——权重系数。

各指标权重系数 表 7

初凝时间	终凝时间	动稳定度	弯曲应变
0.291	0.287	0.211	0.211

(4)灰熵关联度计算如式(5)所示,计算结果见表 8。

$$\beta_i=\sum_{j=1}^{k}\xi_{ij}\omega_j \tag{5}$$

式中:β_i——灰熵关联度。

灰熵关联度 表 8

实验编号	灰熵关联度
1	0.578
2	0.718
3	0.967
4	0.788
5	0.686
6	0.641
7	0.609
8	0.611
9	0.588

根据计算结果可知,试验方案 3 的灰熵关联度最大,说明使用 1% 质量分数的磷酸酯作缓凝剂时组合试件的综合性能最优,即初凝时间为 127min、终凝时间为 230 min、动稳定度为 22619 次/mm、弯曲应变为 3330με。

4 结语

(1)磷酸酯与蓖麻油均可有效延长聚氨酯混凝土的凝固时间,当二者的掺量分别达 1%(质量分数,下同)、5% 时缓凝效果最优,磷酸酯组试件最长初凝时间达 127min,最长终凝时间达 230min,是蓖麻油组试件的约 2.5 倍。

(2)聚氨酯铺装体系的高温稳定性与磷酸酯、蓖麻油的掺量均成正相关,磷酸酯、蓖麻油的添加在延长凝固时间的同时还可以提高组合试件的抗车辙能力;聚氨酯铺装体系低温抗裂性与磷酸酯、蓖麻油的掺量均成负相关,且蓖麻油掺量应不超过 10%。

(3)建立了熵权-灰色关联混凝剂优化模型,研究表明,使用 1% 的磷酸酯作缓凝剂时,聚氨酯铺装体系兼具优良的高温稳定性与低温抗裂性;缓凝剂的最优掺量和缓凝时间随工程现场环境条件的变化而不同,需要根据工程环境条件作相应调整。

参考文献

[1] 王民,汪昊,王滔,等. 矿粉性能及其对浇注式沥青胶浆高温性能的影响分析[J]. Materials Reports,2023,37(S1):195-200.

[2] 万宁,贺求生,张帅,等. 聚氨酯/环氧树脂改

性沥青混合料路用性能研究[J]. 公路交通科技,2022,39(9):9-15.

[3] 张伟. 钢桥面抗裂延性铺装材料特性及疲劳性能研究[D]. 杭州:浙江大学,2019.

[4]《中国公路学报》编辑部. 中国路面工程学术研究综述·2020[J]. 中国公路学报,2020,33(10):1-66.

[5] 洪斌,陆国阳,高峻凌,等. 路用聚氨酯胶结料的抗紫外老化性能[J]. 中国公路学报,2020,33(10):240-253.

[6] 徐世法,张业兴,郭昱涛,等. 基于贯入阻力测试系统的聚氨酯混凝土压实时机确定方法[J]. 中国公路学报,2021,34(7):226-235.

[7] GAO H,SUN Q. Study on Fatigue Test and Life Prediction of Polyurethane Cement Composite (PUC) Under High Or Low Temperature Conditions[J]. Advances In Materials Science And Engineering,2020,2020:E2398064.

[8] ZHENG D,QIAN Z D,LI P,et al. Performance Evaluation of High-Elasticity Asphalt Mixture Containing Inorganic Nano-Titanium Dioxide For Applications In High Altitude Regions[J]. Construction And Building Materials, 2019, 199:594-600.

[9] HONG B,LU G,GAO J,et al. Evaluation of Polyurethane Dense Graded Concrete Prepared Using The Vacuum Assisted Resin Transfer Molding Technology [J]. Construction And Building Materials,2021,269:121340.

[10] 江凯,苏谦,冯旭. 早强型含水不饱和聚氨酯混凝土力学性能[J]. 交通运输工程学报,2016,16(2):10-17.

[11] LI L,YU T. Curing Comparison and Performance Investigation of Polyurethane Concrete With Retarders [J]. Construction And Building Materials,2022,326:126883.

[12] 祝斯月,陈拴发,秦先涛,等. 基于灰关联熵分析法的高粘改性沥青关键指标[J]. 材料科学与工程学报,2014,32(6):863-867.

[13] DAI B,LI D,ZHANG L,et al. Rock Mass Classification Method Based on Entropy Weight-TOPSIS-Grey Correlation Analysis[J]. Sustainability,2022,14(17):10500.

[14] 赵怀鑫,孙星星,徐倩倩,等. 基于灰熵法的公路货运量和货物周转量关联因素分析[J]. 交通运输工程学报,2018,18(4):160-170.

[15] 冯忠居,朱彦名,高雪池,等. 基于熵权-灰关联法的岩质开挖边坡安全评价模型[J]. 交通运输工程学报,2020,20(2):55-65.

[16] UMNIATI B S,RISDANARENI P,ZEIN F T Z. Workability Enhancement of Geopolymer Concrete Through The Use of Retarder[C]// Green construction and engineering education for sustainable future:Proceedings of The Green Construction And Engineering Education (GCEE) Conference 2017. East Java,Indonesia, 2017:020033.

[17] 李龙. 磷酸盐聚酯型水性聚氨酯及其复合材料的合成与性能研究[D]. 合肥:安徽大学,2014.

[18] 刘人境,高曦含,张光军. 基于灰熵模型的区间型指标和权重的不确定多属性决策方法及其应用[J]. 控制与决策,2020,35(3):657-666.

沥青路面热反射涂层综述

梁海亮[1] 张 峰[2] 陈 春[3] 陈先华*[1]

(1. 东南大学交通学院;2. 苏州市相城区公路事业发展中心;
3. 苏州通恒市政公用建设管理有限公司)

摘 要 热岛效应增加了城市的温度与降温能源需求,恶化了城市的居住舒适性。热反射涂层是缓解热岛效应的重要技术,能从反射与辐射角度降低路面温度。本文从热反射涂层工作机理出发,阐明了热反射材料评价指标,梳理了混合物成分组成,列举了热反射技术研究成果,评价了其降温效果与路用性能,最后对经济性和环境问题进行讨论,并展望了发展前景。结果表明:热反射涂层的降温效果一般达10℃以上,能有效降低路面温度;AC级配在相同涂料用量的情况下有较好的降温效果;一般选用灰色涂料平衡降温和防眩目效果;热反射涂层可以通过添加防滑颗粒增强抗滑性,添加光稳定剂延缓涂层老化;热反射涂层对经济社会和自然环境的效益远大于本身造价。

关键词 热岛效应 热反射涂层 道路工程 降温效果 路用性能

0 引言

"热岛效应"是一种城市地区温度比周围农村郊区地区温度更高的现象,其平均强度一般可达4~5K,在很多情况下甚至会超过7~8K[1],在高温季节尤为显著[2]。出现这种情况的原因之一是传统黑色沥青路面的反射率较低,通常在0.05~0.15范围内[3],且对太阳热辐射的吸收率高达0.85~0.95[4],这说明城市传统沥青路面能在白天吸收较多热量,然后在晚上释放,加速了热岛现象的产生。过高的温度对环境极为有害,其不仅会导致沥青路面产生高温病害如车辙和路面泛油等,还会影响人的身体健康。欧洲统计显示,在2003年夏季热潮中,英格兰、威尔士、法国、意大利和葡萄牙约有22080人因高温而死亡[5]。为了从源头上缓解沥青路面高温病害,营造美丽宜居城市环境,在20世纪50年代,美国、日本及欧洲等发达国家学者开始着力研究热反射涂料,并在70年代逐渐形成理论体系。1978年,日本武居二郎[6]提出用于建筑物的热反射涂料。1990年,Paul[7]制作出一种反射红外线的颜料,其对750~1000mm的红外线有75%的反射率。Li等[8]发现,路面材料反照率每提升0.1,路面在夏天和冬天的最高温度会分别降低约6℃和3℃,且太阳辐射峰值与路面冷却呈线性关系。Mohegh等[9]通过天气研究和预测模拟发现,路面反照率每上升0.1,空气温度会下降约0.3℃。我国于20世纪90年代开始对热反射涂层展开研究。1998年,沃群鸣[10]将氧化铝、二氧化钛等金属氧化物细粉作为填料加入硅酸盐结晶相,从而研制出红外辐射涂料,其对5~15μm波段内红外线的辐射能力可达85%以上。2003年,郭年华[11]运用聚氨酯对氯丙树脂进行改性,得到了性能较好的热反射涂料。郑木莲等[12]以改性双酚A型环氧树脂为基料,金红石型钛白粉为颜填料制作反射涂层,发现白色涂层表面降温最高可达25℃,试件内部2.5cm处可降9.4℃,而灰色涂层表面可降12℃。综上可知,国内外研究者对热反射涂层工作机理、降温效果等方面展开了相关研究,取得了一定成果,但关于热反射涂料的评价指标,降温效果对比仍不明确,需进一步研究探讨。

因此,本文将从热反射涂层工作机理出发,聚焦评价指标与组成成分,通过梳理研究成果对热反射涂层降温效果与路用性能进行评价,最后对经济性与环境问题进行分析,并对未来前景进行展望。

1 热反射涂料工作机理

热反射涂料工作机理主要可以分为反射和辐射两部分:反射即把太阳辐射立即反射出去;辐射即先将太阳辐射吸收,然后将能量辐射到外层空间[4]。太阳辐射光谱的分区、波段及占比如表1所示。

太阳辐射分区、波段及占比[13-14] 表1

分区	波段(μm)	占比
可见光谱区	0.4~0.76	50%
近红外光谱区	0.76~4.0	42%
紫外光谱区	<0.4	7%
远红外光谱区	>4.0	1%

可以看出,太阳辐射能量主要集中在可见光谱区和红外光谱区,若可见光反射率较大,则易引起眩目,因此若想达到较好的降温效果,材料在近红外光谱区应拥有较高反射率。除此之外,热反射涂层材料也要有较好的辐射能力。在气象学中,由于大气层对3~5μm与8~13μm范围内的辐射吸收能力较弱,透过率在80%以上,因此将此称为"大气窗口"[15]。涂层材料在吸收太阳辐射后,需在"大气窗口"波段拥有较好的发射率,以长波形式将能量发射到外层空间。热反射涂层工作原理如图1所示。

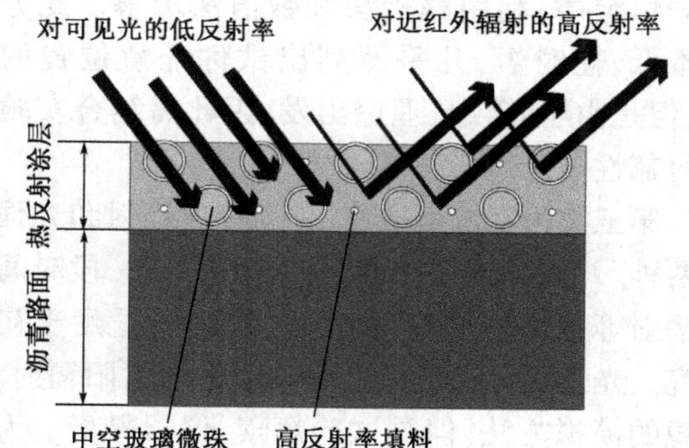

图1 热反射涂层工作原理[16-17]

沥青路面热流方程[18]如下：

$$q''=\alpha(E_0+E_{sky})-E_{sur}-E_h \tag{1}$$

式中：α——辐射吸收率（无量纲）；

q''——净热流密度；

E_0——太阳总辐射强度；

E_{sky}——大气逆辐射强度；

E_{sur}——路面长波辐射强度；

E_h——对流换热强度（W/m^2）。

当径流热密度>0时，路面正在升温；当径流热密度<0时，路面正在降温；当径流热密度为0时，路面处于热平衡状态。

2 热反射涂料评价指标

2.1 反照率（albedo）

反照率的定义是全波段反射辐射与全波段入射辐射之比。反照率越高，意味着热反射涂层总反射辐射越多，总体降温效果越明显。Santamouris等[1]指出，平均反照率每增加0.1，路面最高和平均温度分别降低0.95℃和0.27℃。相反，反照率越低，热反射涂层总反射辐射越少，总体降温效果越不明显。高反照率和低反照率分别对应于反射性（浅色）和吸收性（深色）。反照率计算公式[19]如下：

$$R=\frac{\int_{\lambda_1}^{\lambda_2}R(\lambda)\cdot E(\lambda)\mathrm{d}\lambda}{\int_{\lambda_1}^{\lambda_2}E(\lambda)\mathrm{d}\lambda} \tag{2}$$

式中：R——反照率；

λ——辐射波长；

$R(\lambda)$——对应辐射反射率；

$E(\lambda)$——对应辐射标准光谱辐照度；

λ_2、λ_1——辐射范围上下限波长。

2.2 反射率（reflectance）

反射率是热反射涂层某一波段内向一定方向的反射辐射与入射辐射之比。反射包括镜面反射和漫反射且反射率的范围在0和1之间。反射率越高，表面反射的某一波段太阳辐射越多，路面吸收的辐射越少，路面温度也相应地更低。美国材料与试验协会（ASTM）编制的E1918标准方法为常用的太阳反射率测试方法，即日射强度计法。由于太阳光辐射大多在0.29~3.0μm范围内，是短波辐射，而地球辐射包括地球表面、大气、云层等辐射大多在3~100μm范围内，是长波辐射，因此该方法原理为运用辐射表过滤掉长波辐射，精确感应短波辐射，从而获得短波辐射值与反射值，二者之比即为太阳反射率[19]。

2.3 红外辐射率/发射率（emittance）

红外发射率为在0和1范围内的一个参数。红外发射率定义了高温材料通过一定数量的红外辐射方式释放部分热量的能力[3]。随着辐射率值的提高，释放热量的能力也会增强，这也会降低路面温度。

2.4 折射率（折光系数）

填料（散射质点）和基料折射率的差异对可见光和近红外辐射的散射能力及最佳反射波长起决定性作用，如式(3)~式(7)所示[4,20]。

$$\lambda=\frac{d}{k} \tag{3}$$

$$I=I_0\mathrm{e}^{-Sx} \tag{4}$$

$$S=kN\pi r^2 \tag{5}$$

$$k=\frac{0.9\times(m^2+2)}{n_R\pi(m^2-1)} \tag{6}$$

$$m=\frac{n_P}{n_R} \tag{7}$$

式中：n_P——填料的折射率；

n_R——基料的折射率；

m——散射比；

k——散射因素；

N——单位体积内散射质点数（cm^{-3}）；

r——散射质点平均半径（cm）；

S——散射系数（cm^{-1}）；

x——试件厚度（cm）；

I_0——光的原始强度（$W\cdot m^{-2}$）；

I——散射后光的剩余强度（$W\cdot m^{-2}$）；

d——填料粒径（cm）；

λ——最佳反射波长（μm）。

2.5　降温效果

降温效果是评价热反射涂层性能的直观指标。系统梳理已有研究成果可知,热反射涂层沥青路面降温测试方法主要分为3类,如表2所示。

第一类为室外试验法,即在室外试铺一段进行测试,其试件尺寸视具体情况而定。优点为环境真实,试验可信度高。缺点为复现性差,易受突发情况影响。

第二类为温度场有限元模拟法,依据传热学理论,确定各参数和限制如导热系数、比热容、边界条件等,建立导热微分方程,然后根据能量转化和守恒定律,利用解析法和数值法求解。此方法成本低、耗时短,几乎罗列出试件任意位置的温度,但是由于其仅从理论出发,因此需结合实验验证可靠性。

第三类为室内模拟法,分为等效辐射和光强变化两种。等效辐射法设置固定功率,以一段时间内的辐射等量代替一日辐射,简单易行,适用于初步研究。光强变化法模拟自然环境下的太阳辐射,是理想的模拟方法,但是试验烦琐、仪器昂贵。为方便后续进行抗车辙试验等路用性能研究,室内试件尺寸一般为300mm×300mm×50mm车辙板尺寸。

热反射涂层沥青路面常用降温测试方法[4,14,21,22]　　表2

测试方法		试件尺寸(mm)	测温位置	优缺点
室外试验		据实验情况而定(较大)	具有代表性点位	可信度高,复现性差,易受影响
温度场有限元模拟法		根据模拟情况确定	几乎任意位置	成本低,需结合实验证明有效性
室内模拟	等效辐射	一般为300×300×50或其他尺寸	表面、底面、25mm深处等具有代表性点位	操作简单用时短,适用初步研究
	光强变化			模拟真实,操作困难,价格昂贵

3　热反射涂料组成

沥青路面热反射涂料是由基料、填料、助剂组成的混合物。将其涂在沥青面层上并等待养护固化后,热反射涂料能附着在沥青路面上形成涂层,具有缓解沥青路面高温病害、降低路面温度的作用。

3.1　基料(主要成膜物质)

基料,也称主要成膜物质,是涂于沥青混凝土表面能够固结成膜的材料,包括天然的植物油、动物油和树脂,也有人工合成材料如改性环氧树脂、水性丙烯酸乳液、聚丙乙烯基树脂等[23]。树脂可分为热塑性树脂和热固性树脂:热塑性树脂可以反复进行熔化冷却;热固性树脂在固化后既不溶解,也不熔化[14]。由于要尽量减少材料对光的吸收,因此用于热反射涂层的主要成膜物质透明度应较高,耐紫外线破坏且应尽量减少C—O—C、C═O、—OH等吸热基团的存在[24]。不同树脂与二氧化钛混合反射率如表3所示。

不同树脂与二氧化钛反射率[4]　　表3

基料	反射率
聚氨酯树脂+TiO_2	0.26
环氧树脂+TiO_2	0.25
丙烯酸树脂+TiO_2	0.24
有机硅醇酸树脂+TiO_2	0.22
有机硅-丙烯酸树脂+TiO_2	0.19

3.2　填料(次要成膜物质)

填料,也称次要成膜物质,主要包括功能填料和着色填料。功能填料的作用是将光线反射出去,且能将吸收的热量以红外辐射的形式发射出去,将路面吸收的热量最小化,起隔热作用。由于长波形式的辐射较难被大气层吸收,因此热量会直接到达外部空间,从而降低空气温度[14]。高发射率材料如表4所示。

高发射率材料发射波段及发射率[4]　　表4

材料	发射波段(μm)	发射率
TiO_2	6~15	≥0.85
SiO_2	4.5~8	≥0.80
γ-Al_2O_3	6.5~11.5	≥0.95
ZnO	8~13.5	≥0.85
Fe_2O_3	4~10	≥0.86
SiC	6~10	≥0.89
ZrO_2	5~12	≥0.87
MgO	8~15	0.85
BN	2~6.5	≥0.80
ZnSe	22~40	≥0.75
CdS	17~31	≥0.75
莫来石	8~16	0.8
	16~25	0.7

着色填料可分为无机颜料和有机颜料两大类,无机颜料包括金属氧化物和盐,有机颜料是不

溶于水的合成颜料,其作用都是通过改变路面颜色从而改善路面的反射率。其中,二氧化钛是应用最多的填料,因为白色几乎能反射所有波长的能量[25]。一般来说,颜色越浅,反射率越高,因此二氧化钛作为无毒稳定的白色颜料应用最为广泛。然而,过多地添加二氧化钛易导致反射率过高使驾驶员眩目,不利于行车安全,因此着色填料一般包含多种颜料如炭黑等,使涂层趋近灰色,改善视觉效果[21]。为了尽可能减少眩目,学者提出了具有高反照度的黑色涂料,其对近红外线有较大反射率,对可见光的反射率却较低[16]。不同颜色反射率如表5所示。

不同颜色反射率[26] 表5

颜色	反射率	颜色	反射率
白色	≥80%	绿色	≥20%
红色	≥45%	蓝色	≥20%
桔红色	≥55%	紫色	≥35%
黄色	≥60%	黑色	≈ 3%

另外,根据光散射理论可知,光波遇到不均匀结构会产生与主波方向不一致的次级波,二者合成产生干涉现象,使光波偏离原来方向,引起三种散射:填料粒子散射、粒子吸收透射、辐射粒子衍射[4]。由于散射干扰,光在行进方向上能量会被削弱,散射质点与基体折射率相差越大,散射越严重。因此,填料(散射质点)折光率越大,散射后太阳辐射强度就越低,吸收辐射越少,降温效果越显著。常用填料折射率如表6所示。

常用填料折射率[18] 表6

填料	折射率	填料	折射率
TiO_2(R)	2.8	Al_2O_3	1.70
TiO_2(A)	2.55	$BaSO_4$	1.64
ZnS	2.37	重晶石	1.64
ZnO	2.20	$CaCO_3$	1.63
Sb_2O_3	2.15	$MgSO_4$	1.58
立德粉	1.84	SiO_2	1.54
硅藻土	1.45		

3.3 助剂(辅助成膜物质)

助剂,也称辅助成膜物质,其作用是辅助涂料形成涂膜,提高涂层性能。根据作用的不同,常用助剂及作用如表7所示。

常用助剂种类及作用[27] 表7

助剂	作用
分散剂	分散颜料颗粒,防止沉降凝聚
消泡剂	界面化学消泡,降低自由能
流平剂	改变张力,改善涂膜外观
催干剂	改善漆膜干燥速率
增型剂	增强柔韧附着,提高耐寒性
紫外线吸收剂	防止材料光氧化降解、老化

4 热反射涂料降温功效调查

收集热反射涂层沥青路面研究成果,整理涂层降温效果数据如表8所示。

热反射涂层降温效果调查[28-35] 表8

基料	填料	应用方式	颜色	热反射涂层降温效果(℃)		
				上表面	2.5cm 厚度处	下表面
水性丙烯酸	TiO_2(R)、SiO_2、空心玻璃微珠	AC-13	—	11.2	7.9	—
改性双酚A型环氧树脂	TiO_2(R)	AC-16	白	22.8	—	7
			灰	12	—	—
聚丙乙烯基树脂	TiO_2、炭黑	AC-13	灰	10.9	—	9.5
E-51 环氧树脂	硅藻土、TiO_2(R)、氧化铁红	SMA-13	粉红	11.3	—	—
MMA 树脂	TiO_2(R)、SiO_2	SMA-13	—	—	8.2	—
		OGFC-13	—	—	8	—
苯丙乳液	TiO_2、炭黑、膨胀珍珠岩	AC-16	—	7	—	6.7
不饱和聚酯树脂	TiO_2(R)、SiO_2、中空微珠	AC-13	—	—	12(2cm)	8
		SMA-13	—	—	10(2cm)	7
		OGFC-13	—	—	10(2cm)	5
水性环氧树脂乳液	TiO_2、玻璃微珠、机制砂	AC-13	—	12.8	—	14
硅丙乳液	TiO_2、炭黑、玻璃微珠	AC-13	灰	11.4	—	12.5

(1)当热反射涂层运用于沥青路面时,路面表面降温效果一般大于10℃,这将有助于减缓沥青路面高温病害的产生。

(2)对比AC、SMA和OGFC三种混合料级配,AC密级配结构降温效果最为明显。这是因为密集配试件构造深度小,热反射涂料能较好地覆盖沥青路面,因此热反射涂层下的沥青混合料多数采用密集配。由于SMA级配注重路面抗滑性能,构造深度较大,而OGFC级配注重路面排水性能,孔隙率较大,因此二者需要较多热反射涂料才能密封试件表面,无法平衡热反射经济性。

(3)虽然白色涂料理论上反射率最高,降温效果最好,但是能反射的可见光也最多,极易引起道路眩光且让交通标志难以辨识,严重影响交通安全。同时,由于炭黑热吸收率较高,不利于降低路面温度,因此填料可以通过铁红加铁绿配制灰色涂料。与白色涂料相比,灰色涂料降温性能虽有大幅下降,但降温效果仍较为明显。

(4)在硅烷偶联剂分子桥的帮助下,纯丙溶液和含有不饱和键的有机硅单体能形成复合涂料,其中,硅烷氧基连接无机物,有机官能基连接有机物。虽然硅丙乳液的降温效果相较于其他基料并不突出,但是它结合了有机硅的耐高温性、耐候性、耐化学品性以及丙烯酸类树脂的高保色性、柔韧性、附着性等优点。硅丙乳液、苯丙乳液等是复合型基料,能同时结合原材料的优点,是较为新颖的热反射路面研究方向。

5　热反射涂料路用性能

5.1　路面抗滑性能

路面抗滑性能主要通过横向力系数、摩擦系数、构造深度三个指标进行表征[36]。横向力系数测试法分为单轮与双轮,单位为SFC。摩擦系数一般通过摆式仪进行测试,单位是British Pendulum(tester)Number(BPN),体现了车辆行驶过程中的制动性能。构造深度TD一般通过铺砂法进行测试,单位为mm,体现了路面的宏观抗滑性能。根据相关文献[4,26]可知,相比于普通试件,由于铺筑热反射涂层后路面构造深度变浅且涂料成膜后交联密度较大,路面更为光滑,涂层抗滑性能有较大幅度下降,甚至出现未能满足规范标准的情况。

因此,涂料中应含有防滑材料如防滑颗粒、成膜树脂等。从宏观方面,应适宜增大路面粗糙度,增多表面纹理;从微观方面,要增加集料纹理与胶结材料的黏性[15]。同时,由于表面防滑颗粒会遮盖热反射涂层,因此通常采用夹层方式将防滑颗粒包裹在涂层中,涂刷底层时,底层厚度应控制在防滑颗粒粒径的1/2左右[4]。根据《公路沥青路面设计规范》(JTG D50—2017)[37]抗滑技术要求,高速公路和一级公路沥青路面的摆式值必须≥45BPN,横向力系数SFC_{60}必须≥54,构造深度*TD*必须≥0.45mm。

5.2　防眩光性能

依据眩光反射原理,眩光可分为直射眩光与反射眩光。直射眩光是由光源直射引起的,反射眩光是由光滑表面光线反射引起的。为测定眩光,日本遮热铺装技术协会运用色差计对热反射涂层铺装前后路面进行色彩采集,以明度差异作为测试指标[4]。热反射涂层会在两方面增强路面眩光:一是涂料加强了对可见光的反射,二是填平了路面凹槽,削弱了路面的“漫反射”。因此,应选用适宜的涂层颜色如灰色等,在保持高反射率的同时减少路面眩光,保障交通安全。

5.3　耐久性能

耐久性能包括耐水性、耐碱性、耐磨性、耐酸性、耐老化等性能。在耐久性能测试过程中,主要观察热反射涂层粉化、开裂、剥落、气泡、明显变色等病害现象。其中,热反射涂层的老化是主要研究对象,因为它直接影响到热反射涂层的使用寿命和性价比。热反射涂层的老化因素主要可分为内因和外因两方面。其中,内因包括材料组成与链结构、材料的聚集状态及杂质;外因包括较高的环境温度与热氧、太阳光作用下的降解交联、氧化反应,以及水作用下的溶解、抽提和吸收[38],这些因素会导致涂层失光率持续上升,拉伸强度、反射率和降温效果进一步下降。

为减缓热反射涂料老化,常用方法是在混合料中加入光稳定剂,包括受阻胺光稳定剂、紫外光吸收剂、光屏蔽剂等。受阻胺光稳定剂主要的作用是捕获自由基、激发猝灭态,从而阻止氧化链式反应。紫外光吸收剂会选择性吸收紫外线并将能量释放,而光屏蔽剂则是直接将辐射反射[38]。

5.4　黏附性能

由于热反射涂层只是沥青路面上的薄层,因

此涂层底与沥青路面要有较好的黏结强度。拉拔试验是测试黏结强度的常用方法,即通过将涂层与沥青混合料拉离时的力换算成单位面积上的受力评价黏结强度,如公式(8)所示:

$$BS = \frac{4F}{\pi D^2} \tag{8}$$

式中:BS——黏结强度(MPa);

F——最大荷载值(N);

D——试件直径(mm)。

根据文献[39]可知,涂层与沥青混凝土试件的黏附性能有待提高,且不同涂层用量下的拉拔强度并无明显变化,这是因为热反射涂料在固化成膜时会放热,使沥青膜起泡、脱落,从而降低涂层与沥青膜的黏附性。因此,在新建沥青路面铺设热反射涂层时,应考虑等待车辆轮胎对路面进行初步磨损或直接对路面进行打磨。

6 存在问题与未来展望

6.1 经济性与环境影响

研究[40]发现,不少甲方和施工方认为铺筑降温路面性价比不高,且性能风险不可避免。这是因为降温路面技术远没有传统沥青路面成熟,存在使用寿命短、降温性能不稳定等缺点。然而,尽管热反射涂层沥青路面价格高于传统沥青路面,热反射涂层带来的环境效益是巨大的。Akbari等[41]对全球二氧化碳排放量进行预测,认为全世界城市道路反照率每提升0.15,二氧化碳排放量将减少20Gt,价值5000亿美元。Rosenfeld等[42]从能源角度出发,认为热反射涂层沥青路面每年能节省价值1500万美元的冷却能源。Taha[43]则从医疗与就业保障角度出发,认为热反射涂层沥青路面每年能减少烟雾引起的疾病和失业费用高达7600万美元。

由此可见,虽然在短期内热反射涂层沥青路面并不能体现其经济性,但是从长远来看,应用热反射涂层对经济社会和自然环境都较为有利。同时,赵明博[18]从我国实际情况出发,通过计算得出我国摊铺1m^2 × 2mm热反射涂层的成本为48.98元,远低于其他发达国家,具有很强的市场竞争力。

6.2 未来发展

热反射涂层在夏天能有效降低路面温度,但在冬天却使空气温度进一步下降,增加了冬季的供暖需求,这将不利于社会活动的进行。因此,学者们提出热致变色路面材料,这种具有动态光学特性的涂层可以根据环境温度或太阳辐射强度变化而改变其反射率[44]。热致变色路面涂层在我国研究逐渐增多。彭炜智[45]从微观机理、沥青胶结料性能、沥青混合料性能和实际温控效果等角度尝试了热致变色材料在沥青路面的运用。李璐[46]探究了热致变色材料对SBS改性沥青的影响。

在热反射涂层中加入具有高感热或者高潜热容量的纳米材料也是未来重要的发展方向。李煜炜[47]制备了具有高反射率高荧光强度的二氧化钛量子点改性沥青,确定了二氧化钛量子点粒径和掺量对沥青光学特性与路用性能的影响,验证了其调温性能。

7 结语

(1)从热反射涂料工作机理出发,引出了反照率、反射率、辐射率、折射率等评价指标。介绍了热反射涂料的组成,包括基料、填料与助剂,其中填料又分为功能填料与着色填料。基料主要起黏结成膜作用,填料主要起反射与辐射作用,助剂主要起各种辅助作用。

(2)整理了热反射涂层研究成果,发现相比普通沥青路面,热反射涂层能将路面平均温度降低10℃以上,大幅降低了路面车辙、泛油等高温病害的出现。在高反射率、高发射率颜料的帮助下,降温效果更为明显。热反射涂层因其高反射率、高辐射率等特性而具备了优良的降温功效,但同时存在易眩光、抗滑能力不足等缺陷。

(3)在AC、SMA、OGFC等级配试件中,热反射涂层应用方式一般为AC,这是因为密集配路面孔隙率低、构造深度小,达到目标降温效果所需热反射涂料较少,能够尽量平衡经济性。

(4)分析了热反射涂层的路用性。虽然其在防眩光性能、黏附性能、耐温变性能等方面能满足基本要求,但是在耐老化性能、抗滑性能仍需提升,包括加入防滑颗粒提升抗滑性,加入光稳定剂延缓涂层老化等。

(5)从长远发展来看,热反射涂层有助于节约能源,减少世界碳排放,营造宜居城市环境,对经济社会和自然环境都有较大益处,其价值远大于本身造价。

(6)提出了热反射涂层未来发展方向,如制备由有机材料和无机材料组合而成的复合型基料,使用热致变色材料动态调节太阳反射率,在热反射涂层中加入具有高感热或者高潜热容量的纳米材料。

参考文献

[1] SANTAMOURIS M,DING L,FIORITO F,et al. Passive and active cooling for the outdoor built environment-Analysis and assessment of the cooling potential of mitigation technologies using performance data from 220 large scale projects[J]. Solar Energy,2017,154:14-33.

[2] ARNFIELD A J. Two decades of urban climate research: a review of turbulence, exchanges of energy and water, and the urban heat island [J]. International Journal of Climatology: a Journal of the Royal Meteorological Society, 2003,23(1):1-26.

[3] ZHU S, MAI X. A review of using reflective pavement materials as mitigation tactics to counter the effects of urban heat island[J]. Advanced Composites and Hybrid Materials, 2019,2:381-388.

[4] 程承. 热反射型沥青路面涂料制备与性能评价[D]. 西安:长安大学,2012.

[5] GAITANI N, SPANOU A, SALIARI M, et al. Improving the microclimate in urban areas: a case study in the centre of Athens[J]. Building Services Engineering Research and Technology, 2011,32(1):53-71.

[6] 武居二郎. 太阳热反射涂料[J]. 涂装与涂料, 1978,12:38-44.

[7] PAULWEBER. I. R. reflectingpaint: US, 4916014[P]. 1990-04-10.

[8] LI H, HARVEY J, KENDALL A. Field measurement of albedo for different land cover materials and effects on thermal performance [J]. Building and environment, 2013, 59: 536-546.

[9] MILLSTEIN D, MENON S. Regional climate consequences of large-scale cool roof and photovoltaic array deployment[J]. Environmental Research Letters,2011,6(3):034001.

[10] 沃群鸣. 红外辐射涂料原理和工艺方法研究[J]. 中国建筑防水,1998(4):14-15.

[11] 郭年华. 聚氨酯改性氯丙树脂太阳热反射涂料的研制[J]. 现代涂料与涂装,2003(1):6-9.

[12] 郑木莲,何利涛,高璇,等. 基于降温功能的沥青路面热反射涂层性能分析[J]. 交通运输工程学报,2013,13(5):10-16.

[13] 梁满杰. 沥青路面光热效应机理及热反射涂层技术研究[D]. 哈尔滨:哈尔滨工业大学,2006.

[14] 李文珍. 沥青路面不饱和聚酯降温涂料的研发[D]. 重庆:重庆交通大学,2011.

[15] 杨朝旭. 低热蓄积型沥青混合料对城市热环境影响的试验与理论研究[D]. 南京:南京航空航天大学,2010.

[16] KINOUCHI T, YOSHINAKA T, FUKAE N, et al. Development of cool pavement with dark colored high albedo coating[J]. Target,2003, 50(40):40.

[17] WANG C, WANG Z H, KALOUSH K E, et al. Cool pavements for urban heat island mitigation: A synthetic review[J]. Renewable and Sustainable Energy Reviews, 2021, 146:111171.

[18] 赵明博. 沥青路面热反射型涂料的研制及性能研究[D]. 长沙:长沙理工大学,2017.

[19] XIE N, LI H, ZHAO W, et al. Optical and durability performance of near-infrared reflective coatings for cool pavement: Laboratorial investigation [J]. Building and Environment,2019,163:106334.

[20] SHA A, LIU Z, TANG K, et al. Solar heating reflective coating layer (SHRCL) to cool the asphalt pavement surface[J]. Construction and Building Materials,2017,139:355-364.

[21] 刘佩. 低吸热沥青路面降温技术试验研究[D]. 长沙:长沙理工大学,2016.

[22] 申爱琴,孔涛,郭寅川,等. 沥青路面水性丙烯酸热反射涂层优化设计与路用性能[J]. 硅酸盐通报,2021,40(11):3829-3836.

[23] 王田昊. 沥青路面热反射复合涂层制备与性

能研究[D].西安:长安大学,2020.

[24] 邓琰荣.沥青路面太阳热反射涂层组成设计及路用性能研究[D].西安:长安大学,2012.

[25] GARTLAND, L. Heat islands: understanding and mitigating heat in urban areas. Earthscan, UK. 2008,58.

[26] 汤琨.遮热式路面太阳热反射涂层研究[D].西安:长安大学,2009.

[27] 张静.沥青路面热阻及热反射技术应用研究[D].哈尔滨:哈尔滨工业大学,2008.

[28] 赵昕.沥青路面热效应发生理论及调节方法[D].西安:长安大学,2011.

[29] 王丽琛.沥青路面红外反射涂层的增强机理研究[D].南京:东南大学,2017.

[30] 张鑫.沥青路面热反射与热阻技术降温机理与应用研究[D].哈尔滨:哈尔滨工业大学,2011.

[31] 舒永法,韩占闯,陈浙江,等.热反射涂层及其对沥青路面高温性能的影响[J].筑路机械与施工机械化,2019,36(2):38-43.

[32] 曹雪娟.沥青路面不饱和聚酯热反射涂料研制及性能评价[D].重庆:重庆交通大学,2011.

[33] WANG H, XU G, FENG D, et al. Solar-reflective coating as a cooling overlay for asphalt pavement [C] // Third International Conference on Smart Materials and Nanotechnology in Engineering. 2012,8409: 84091S.

[34] CAO X, TANG B, ZHU H, et al. Cooling Principle Analyses and Performance Evaluation of Heat-Reflective Coating for Asphalt Pavement [J]. Journal of Materials in Civil Engineering,2011,23(7).

[35] ZHENG M, HAN L, WANG F, et al. Comparison and analysis on heat reflective coating for asphalt pavement based on cooling effect and anti-skid performance [J]. Construction and Building Materials,2015,93: 1197-1205.

[36] 中华人民共和国交通运输部.公路路基路面现场测试规程:JTG 3450—2019[S].北京:人民交通出版社,2019.

[37] 中华人民共和国交通运输部.公路沥青路面设计规范:JTG D60—2019[S].北京:人民交通出版社,2019.

[38] 袁颖.沥青路面不饱和聚酯热反射涂层老化行为及抗老化措施的研究[D].重庆:重庆交通大学,2014.

[39] 刘攀.路用水性环氧树脂基热反射涂料的研发[D].重庆:重庆交通大学,2017.

[40] SYSTEMATICS C. Cool pavement report: EPA Cool pavements study-Task[J]. 2005.

[41] AKBARI H, MENON S, Rosenfeld A. Global cooling: increasing world-wide urban albedos to offset CO2[J]. Climatic change, 2009, 94(3-4):275-286.

[42] ROSENFELD A H, AKBARI H, ROMM J J, et al. Cool communities: strategies for heat island mitigation and smog reduction[J]. Energy and buildings,1998,28(1):51-62.

[43] TAHA H. Modeling the impacts of large-scale albedo changes on ozone air quality in the South Coast Air Basin [J]. Atmospheric Environment,1997,31(11):1667-1676.

[44] Santamouris M, Synnefa A, Karlessi T. Using advanced cool materials in the urban built environment to mitigate heat islands and improve thermal comfort conditions[J]. Solar energy,2011,85(12):3085-3102.

[45] 彭炜智.基于热致变色材料的温度智能调控沥青路面研究[D].南京:东南大学,2020.

[46] 李璐.热致变色材料复配SBS改性沥青的制备与性能研究[D].长沙:湖南大学,2019.

[47] 李煜炜.TiO_2量子点改性沥青的制备与调温特性研究[D].南京:东南大学,2022.

FEM Simulation Study on Tire Vibration Noise of PERS

Changpeng Men　Sen Han*
(College of Highway　Chang'an University)

Abstract　Porous elastic road surface (PERS), as a new type of low-noise pavement, has been proven to exhibit excellent noise reduction performance. However, the noise reduction mechanism and regulation mechanism remain unclear. In this study, based on the finite element method (FEM) simulation, the influence of pavement parameters and vehicle driving conditions on the vibration noise reduction performance of PERS was investigated. The results indicate that the tire vibration noise reduction performance of PERS increases with the increase in road surface damping ratio while decreasing with the increase in road surface texture depth, vehicle speed, and vehicle load. This study provides theoretical guidance for the revelation and design application of the vibration noise reduction performance regulation mechanism of PERS.

Keywords　Road engineering　Porous elastic road surface(PERS)　Tire vibration noise　Finite element method(FEM)　Regulation mechanism

0　Introduction

Tire/road noise refers to the noise generated during vehicledriving due to the interaction between the tire and the road surface. Based on different mechanisms, it is primarily divided into two parts: tire vibration noise and air-pumping noise (Ling et al., 2021).

Tire vibration noise is mainly caused by the vertical excitation of the tire due to the road surface texture during tire rolling, resulting in radial and tangential vibrations of the tire tread blocks (Zhou et al., 2021). This, in turn, induces vibration in the surrounding air, producing noise. Such noise is primarily influenced by factors such as road surface roughness, damping characteristics, tire elasticity, vehicle load, vehicle speed, and so on. Air-pumping noise originates from the compression and release of air between the tire and the road surface (Guo et al., 2021). It is mainly influenced by factors such as the size of tire tread blocks, road surface porosity and texture, vehicle load, and so on. However, the reduction of air-pumping noise primarily relies on the optimization of road surface porosity and texture, yet achieving precise control over road mixture porosity structure and surface texture to achieve the desired effect is challenging. Compared to air-pumping noise, tire vibration noise is more controllable. By improving road surface damping property, texture depth, and other methods, the tire vibration noise could be significantly reduced. Therefore, the tire vibration noise is more susceptible to control and reduction.

Porouselastic road surfaces (PERS) were initially proposed in Sweden, where a large amount of rubber particles were incorporated into the road mixture and a high porosity grading was adopted to provide the road surface with both good elasticity and a large void ratio (Goubert, 2019). Compared to dense-graded asphalt pavements, PERS can reduce tire-road noise by 8 ~ 12dB (A), far exceeding the reduction achieved by conventional porous asphalt pavements (2 ~ 4dB(A)) (Yi et al., 2019).

In September 2009, Europe launched the EU-funded PERSUADE project to validate the excellent

Funding: National Natural Science Foundation of China (52278431).

noise reduction performance of PERS (Sandberg et al., 2011). Studies have analyzed the influence of the material composition of PERS on the mechanical and sound absorption properties (Lyu et al., 2021; Wang et al., 2017). Currently, research on PERS mixture materials design and tire/road noise reduction performance characterization is relatively mature. However, the noise reduction mechanism and regulation mechanism of PERS remain unclear, hindering the design and widespread application of noise reduction functionality in PERS. Moreover, the finite element method (FEM) is considered a more effective method for studying the noise reduction mechanism of pavement mixtures compared to indoor experiments (Ding et al., 2019; Sun et al., 2021).

Therefore, this study aims to investigate the law of influence and regulation mechanisms of tire vibration noise in PERS using FEM by Abaqus. It is anticipated that the test results will provide theoretical guidance for the material design and practical application conditions of PERS.

1 Simulation methodology

1.1 Establishment of the tire-road-air coupled finite element model

In this study, separate models for the tire, road surface, and air were established, and they were assembled to form a ternarycoupled acoustic-solid model to investigate the tire vibration noise of PERS. The mesh models are illustrated in Figure 1.

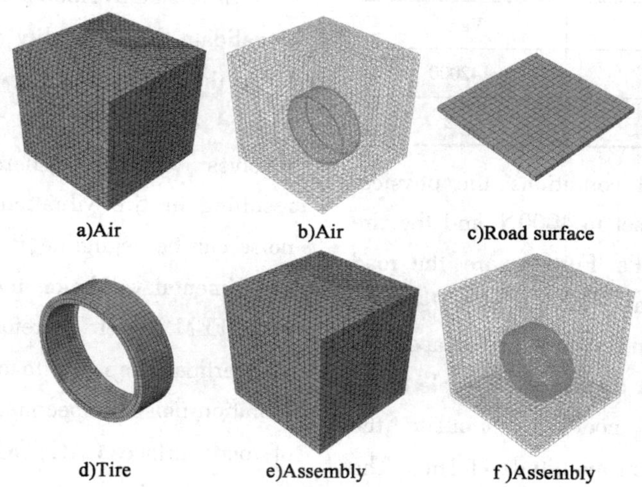

Figure 1 Finite element mesh models of

For the tire model, we based our modeling on the geometric parameters of actual tires, with specific dimensional parameters listed in Table 1. Additionally, to enhance the efficiency of subsequent model solving and the success of convergence, this study retained only the tire tread and sidewall parts that have the greatest impact on vibration noise. The mesh elements adopted were eight-node linear hexahedral elements (C3D8R), with the mesh model illustrated in Figure 1 (d). The widely used Yeoh constitutive model was chosen as the rubber material model for the tire, with specific material parameters listed in Table 2.

Dimensional parameters of tire model Table 1

Tire part	Inner ring radius (m)	Outer ring radius (m)	Width (m)	Thickness (m)
Tread	0.303	0.323	0.195	0.02
Sidewall	0.280	0.303	0.002	0.023

Material Property Parameters of Tire Table 2

Yeoh Model Parameters					
C10	C20	C30	D1	D2	D3
0.7×10^{6}	-0.27×10^{6}	0.09×10^{6}	7.25×10^{8}	0	0

As tire/road noise is primarily associated with the surface layer of the road, this study retained only the surface layer of the road structure. Three types of road surface models, namely PERS, AC, and OGFC, were selected for investigation. The dimensions of the road surface model (length × width × thickness) were set as 1000 × 1000 × 40mm. The mesh model is illustrated in Figure 1 (c). Based on preliminary indoor test results, the parameters of the three road surface materials are listed in Table 3.

The air model is a cubic model with a side length of 1000mm, excluding the tire part. It utilizes four-node linear tetrahedral elements (AC3D4), as illustrated in Figure 1 (a) and (b). The material property parameters of the air model are listed in Table 4.

Material property parameters of different road surface Table 3

Road surface type	Elastic modulus (MPa)	Density (kg/m^3)	Poisson's ratio	Damping ratio
AC	6000	2500	0.26	0.020
OGFC	3000	2200	0.28	0.026
PERS	800	1600	0.32	0.044

Material property parameters of air model

Table 4

Parameter	Value
Bulk modulus (Pa)	142000
Density (kg/m^3)	1.2

According to practical conditions, the physical load of the tire model was set to 4000N, and the tire pressure was set to 2.4 kPa. Furthermore, the road surfacemodel was smooth and unable to reflect the vertical excitation vibration of the tire caused by texture during tire rolling. A displacement cycle curve was applied to the tire model to simulate the phenomenon, with a vibration amplitude of 1mm. The tire's rotational rolling was achieved by applying an initial angular velocity of 51.6 rad/s, corresponding to a vehicle speed of 60km/h.

Based on the above model, by obtaining the variation law of instantaneous sound pressure over time at a certain node of the air model, the sound pressure-time curve for this model could be obtained. By equation (1), the sound pressure can be converted into sound pressure level. In this study, the average sound pressure level corresponding to the average sound pressure of node 3432 within 0.1s was selected as the evaluation index for the level of tire vibration noise.

$$L_P = 20\log_{10}\left(\frac{P}{P_0}\right) \quad (1)$$

1.2 Model validation

In this study, indoor experiments were conducted to validate the rationality of the above FEM models. Since the interaction between the tire and the road surface during the tire vertical drop test mainly involves vibration generated after their impact, resulting in tire vibration noise, while air-pumping noise can be negligible, it can be utilized as an indoor experimental validation method for the tire vibration noise FEM model. Therefore, this study employed the tire vertical drop test to collect and analyze the tire vibration noise of specimens with three different types of road surfaces (AC, OGFC, PERS) and compared the trend of experimental results with the FEM simulation results to validate the rationality of the FEM model.

As shown in Figure 2, the specific experimental procedure involved using acoustic sensors in a semi-anechoic chamber to collect the sound pressure generated by the impact of a smooth-surface tire vertically dropped from a height of 90cm onto the road surface specimens. Statistical analysis was performed on the collected data, and the average sound pressure level corresponding to the average sound pressure within 0.2s was used as the evaluation index for the level of tire vibration noise.

The material parameters used in theFEM simulation refer to Table 3, and the values in Table 3 are derived from the performance parameters obtained from the preliminary testing of the mixture specimens used in the tire vertical drop test. The comparison between the experimental results of the tire vertical drop test and the FEM is shown in Figure 3.

Figure 2 Tire vertical drop test

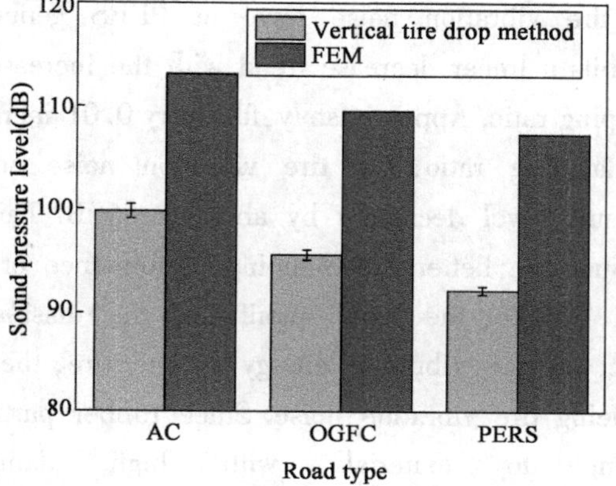

Figure 3 Tire vibration noise of different road surfaces under FEM and tire vertical drop test

According to Figure 3, the tire vibration noise levels of the three types of road surfaces maintain the same trend in both the FEM and the tire vertical drop test, with PERS < OGFC < AC. This indicates that the FEM model can roughly accurately reflect the tire vibration noise level of the road surface specimens and can be applied to explore the differences in noise levels among different road surface types and vehicle driving conditions.

Based on the aforementioned FEM model and controlled variable method, this study conducted simulation research on the tire vibration noise levels of PERS with different material parameters (damping ratio, texture depth) and different vehicle driving conditions (vehicle speed, vehicle load). The study aims to elucidate the noise reduction performance regulation mechanism of PERS and provide a theoretical basis for better design of low-noise PERS.

2 Results and discussion

2.1 Analysis of tire vibration noise field distribution

Based on theFEM models described in 1.1, four typical tire vibration noise field distribution maps for the three types of road surfaces were selected, as shown in Figure 4.

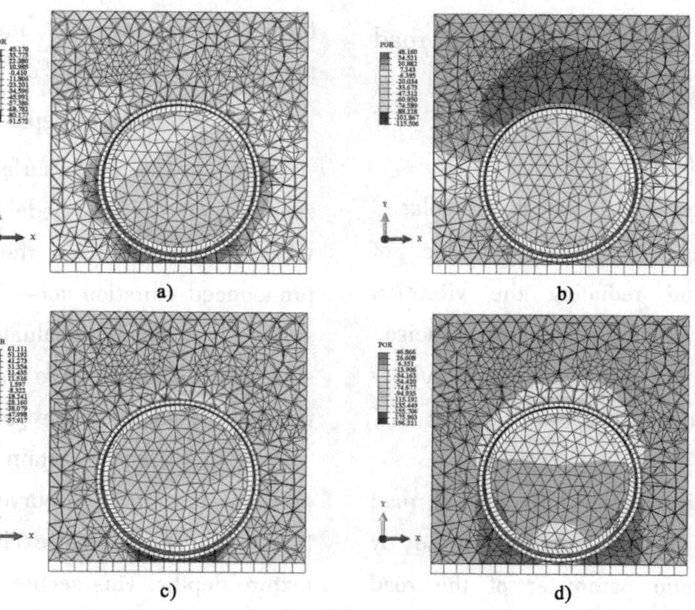

Figure 4 Typical tire vibration noise distribution map

According to Figure 4, the main generation location of tire vibration noise is at the contact position between the tire and the road surface, and it propagates outward in a hemispherical manner. This is mainly due to the vibration of the tire caused by the collision between the tire and the road surface, with the main source of sound located at the contact position. As shown in Figure 5, analyzing the variation of sound pressure at node 3432 of the air part over 0.1s reveals that the sound pressure curve exhibits periodic fluctuations, which are related to the periodic collision between the tire and the road surface. Furthermore, there is an overall decreasing trend in sound pressure over time, which is attributed to the damping effect of the road surface gradually reducing the sound energy.

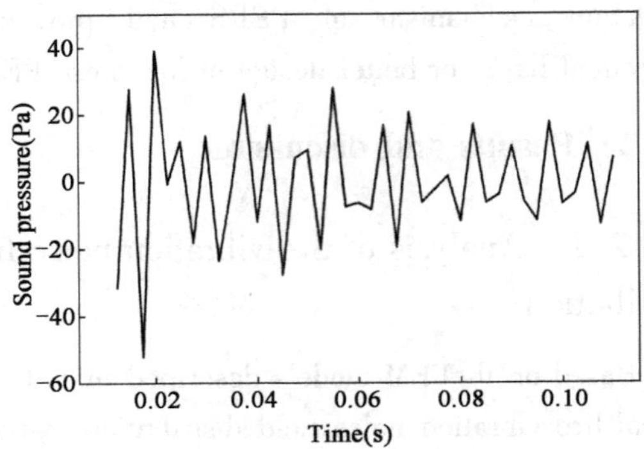

Figure 5 Time-domain sound pressure curve of PERS tire vibration noise

2.2 Analysis of the influence of road surface parameters on tire vibration noise

2.2.1 Damping ratio

Road surface mixture is atypical viscoelastic material with damping properties, capable of effectively absorbing and reducing the vibration energy of tires, thereby reducing tire vibration noise. In PERS, the addition of a large amount of rubber particles enhances its damping properties (Luo et al., 2023).

This section investigates the influence of road surface damping ratio on tire vibration noise by altering the damping ratio parameter of the road surface, and the calculation results are shown in Figure 6.

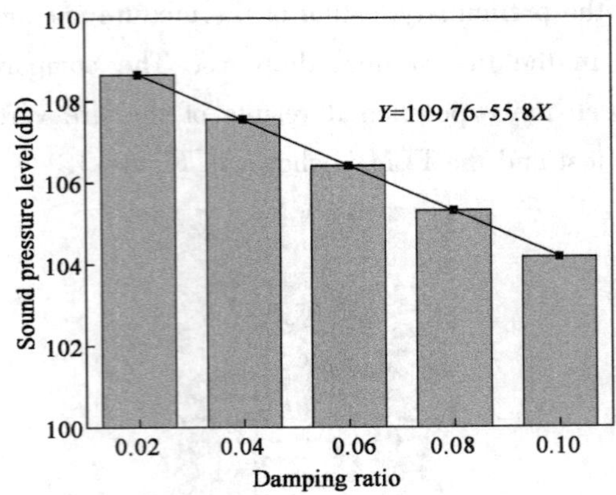

Figure 6 The influence of damping ratio on tire vibration noise of PERS

According to Figure 6, it can be observed that the tire vibration noise level of PERS generally exhibits a linear decrease trend with the increase in damping ratio. Approximately, for every 0.01 increase in damping ratio, the tire vibration noise sound pressure level decreases by about 0.55dB. This is because the better the damping performance of the road surface, the more significant the dissipative effect on the vibration energy of the tire, thereby reducing tire vibration noise. Since rubber particles belong to materials with high damping characteristics, it can be expected that by increasing the content of rubber particles, the damping performance of PERS can be enhanced, thereby further improving the tire/road noise reduction performance of the PERS.

2.2.2 Texture depth

The actual road surface is rough, unlike the smooth state in the model, which leads to vertical vibration excitation on the tire, resulting in more pronounced vibration noise. The roughness of the road surface is commonly evaluated using the parameter of structural depth, which is mainly related to the type of pavement gradation, aggregate size, and shape.

In this study, a certain frequency and magnitude of vibration amplitude curve were applied to the tire to simulate the vertical excitation caused by different texture depths. This section investigates the variation of tire vibration noise by simulating the effect of different road surface texture depths on the vertical excitation of the tire, by changing the amplification of the vertical excitation curve. The calculation results are shown in Figure 7.

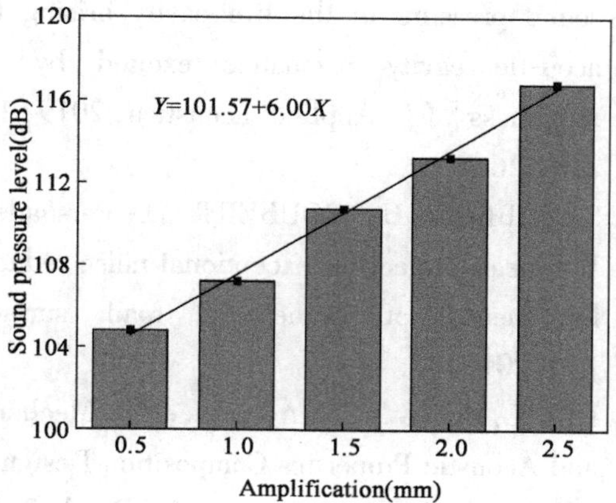

Figure 7 The influence of amplification on vibration noise of PERS

According to Figure 7, it can be observed that for every 0.5mm increase in vertical excitation amplitude, the tire vibration noise of PERS increases by approximately 6dB. This is consistent with the actual phenomenon of more severe tire vibration caused by increasing road surface roughness. Therefore, it can be considered to use smaller aggregate sizes to reduce the texture depth of the road surface, to improve the tire vibration noise reduction ability of PERS.

2.3 Analysis of the influence of vehicle driving conditions on tire vibration noise

2.3.1 Vehicle speed

To investigate the influence of vehicle speed on the tire vibration noise level of PERS, different angular velocities were applied to the tire model, corresponding to 17.2 rad/s, 34.4 rad/s, 51.6 rad/s, 68.8 rad/s, 86.0 rad/s, and 103.2 rad/s, respectively corresponding to vehicle speeds of 20km/h, 40km/h, 60km/h, 80km/h, 100km/h, and 120km/h. The variation of PERS tire vibration noise with vehicle speed is shown in Figure 8.

According to Figure 8, the tire vibration noise level of PERS increases with the increase in vehicle speed, but the rate of increase gradually slows down. This is because as the vehicle speed increases, the excitation of the road surface on the tire becomes more frequent and intense, to some extent enhancing the tire vibration noise. Therefore, proper control of the vehicle speed of PERS can better exploit its noise reduction performance.

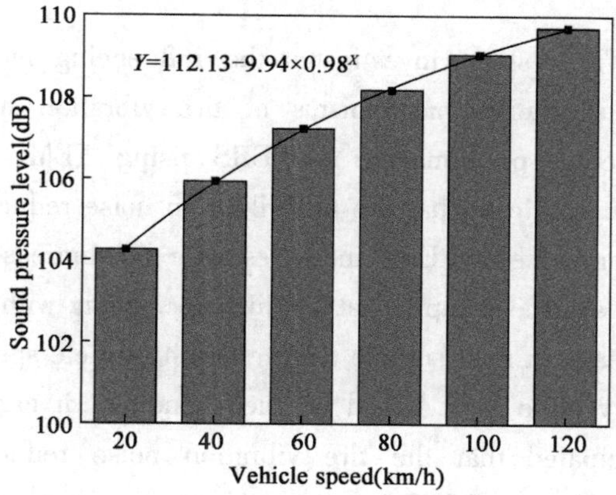

Figure 8 The influence of vehicle speed on tire vibration noise of PERS

2.3.2 Vehicle load

Vehicle load is also an important factor affecting tire/road noise, this study sets different physical loads of 4000N, 6000N, 8000N, 10000N, and 12000N for tires. The variation of PERS tire vibration noise with different vehicle loads is shown in Figure 9.

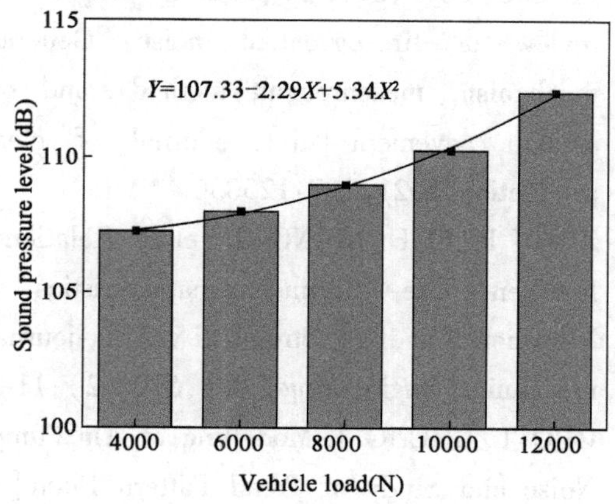

Figure 9 The influence of vehicle load on tire vibration noise of PERS

According to Figure 9, it is evident that the tire vibration noise level of PERS increases with the increase in vehicle load. When the vehicle load increases, the deformation of the tire during interaction with the road surface becomes larger, resulting in more pronounced air vibrations.

Considering the relatively poor durability of PERS compared to other types of road surfaces, and to ensure both its service life and noise reduction effectiveness, restrictions should be placed on the vehicle load on PERS pavement.

3 Conclusions

This study investigates the influencing factors and regulation mechanisms of tire vibration noise reduction performance of PERS using FEM. The results indicate that the tire vibration noise reduction performance of PERS increases with the increase in road surface damping ratio, while decreasing with the increase in road surface texture depth, vehicle speed, and vehicle load. Based on these findings, it can be anticipated that the tire vibration noise reduction performance of PERS can be effectively enhanced by increasing the amount of rubber particles, reducing the size of aggregate particles, and controlling vehicle speed and load. The insights provided by this study into the regulation mechanisms of tire vibration noise reduction performance of PERS, as well as its design and application, hold a theoretical significance.

References

[1] LING S, YU F, SUN D., et al. A comprehensive review of tire-pavement noise: Generation mechanism, measurement methods, and quiet asphalt pavement [J]. Journal of cleaner production, 2021, 287: 125056.

[2] ZHOU H, LI H, LIANG C., et al. Relationship between Tire Ground Characteristics and Vibration Noise[J]. Strojniski vestnik-journal of mechanical engineering, 2021, 67(1-2): 11-26.

[3] GUO T, CHENG J. Modelling of Air Pumping Noise and Study of Tread Pattern Pitch [J]. Journal of applied science and engineering, 2021, 24(2): 151-159.

[4] GOUBERT L. A New Test Track With The Ultra Noise Reducing Poro- elastic Road Surface (PERS) In Gent, Belgium[J]. 2019.

[5] YI J, LIU X, SHAN Y., et al. Characteristics of sound pressure in the tire cavity arising from acoustic cavity resonance excited by road roughness [J]. Applied acoustics, 2019, 146: 218-226.

[6] SANDBERG U, GOUBERT L. Persuade: a European project for exceptional noise reduction by means of poroelastic road surfaces. [J]. 2011.

[7] LYU L, DONG Y, ZHAO, D., et al. Mechanical and Acoustic Properties Composition Design and Effects Analysis of Poroelastic Road Surface [J]. Journal of materials in civil engineering, 2021, 33(10): 04021281.

[8] WANG D, SCHACHT A, LENG Z., et al. Effects of material composition on mechanical and acoustic performance of poroelastic road surface(PERS) [J]. Construction and building materials, 2017, 135: 352-360.

[9] DING Y, WANG H. FEM-BEM analysis of tyre-pavement noise on porous asphalt surfaces with different textures [J]. International journal of pavement engineering, 2019, 20 (9): 1090-1097.

[10] SUN J, ZHANG H, WU G., et al. Micro-structural analysis of noise reduction mechanism of porous asphalt mixture based on FEM [J]. Multidiscipline modeling in materials and structures, 2021, 17 (6): 1154-1167.

[11] LUO Y, HAN S, WU C., et al. Laboratory evaluation on performance of Polyurethane Porous Elastic Mixture. [J]. Construction and building materials, 2023, 397: 132399.

酸处理钢渣微观特性及其沥青混合料性能研究

赵伟翔* 闻 舞 胡 靖
(东南大学智能运输系统研究中心)

摘 要 为抑制钢渣膨胀,提高钢渣沥青混合料的路用性能,本文采用不同浓度的乙酸溶液对钢渣进行预处理,将预处理后的钢渣代替玄武岩集料制备钢渣沥青混合料,对表面改性钢渣的吸水率、压碎值和黏附性等性能进行了测试,基于XRF实验和SEM实验,探索预处理后钢渣微观形貌结构特性,基于冻融劈裂实验、车辙试验、浸水马歇尔试验、体积膨胀性试验、低温小梁弯曲试验和三点弯曲疲劳试验等,对钢渣沥青混合料高、低温性能和水稳定及疲劳性能的影响进行研究。通过细观层次分析探讨钢渣微观特性和钢渣沥青混合料宏观性能之间的内在联系,揭示钢渣沥青混合料的性能与增强机理。结果表明:通过乙酸对钢渣进行改性,可减少钢渣中的游离氧化钙和游离氧化镁并使得钢渣表面更加粗糙,可提高沥青在集料表面的黏附性。钢渣沥青混合料的路用性能显著提升的同时体积安定性也得到了保证。

关键词 道路工程 沥青混合料 改性钢渣 路用性能

0 引言

随着我国经济的不断发展,道路建设事业迅猛发展,大量的天然集料达到了供不应求的状况,因此考虑将钢渣作为沥青混凝土的替代集料得到了公路研究人员的广泛关注。钢渣作为钢铁工业炼钢的废弃产品,其产生量可以达到粗钢生产量的10% ~20%[1],数量巨大。

大量研究表明,钢渣可以代替天然集料用于公路建设,但因其体积稳定性较差致使沥青路面开裂、鼓包等问题严重制约着钢渣在公路工程中的应用。相关学者认为造成钢渣膨胀也与游离氧化钙和氧化镁的分布有关[2],*f*-CaO和*f*-MgO在钢渣内并不是均匀分布,而是局部集中分布,在水的作用下生成$Ca(OH)_2$和$Mg(OH)_2$晶体,随着时间的推移,晶体不断增大并挤压自身周围物质[3-4],致使材料膨胀开裂。Wang等[5]建立了钢渣体积膨胀方程用于计算6种钢渣的体积变化,结果表明游离氧化钙产生的部分膨胀可被颗粒间空隙吸收,造成材料损坏是由于游离氧化钙过渡膨胀,应限制允许钢渣游离氧化钙的含量在7.3% ~9.25%范围内。Brand等[6]采用高压釜试验测试三种钢渣的膨胀特性,结果表明游离CaO和游离MgO具有显著的膨胀特征。Wang等[7]也通过高压釜表明钢渣产生膨胀与*f*-CaO含量有很大关系。目前,*f*-CaO和*f*-MgO对钢渣体积安定性的造成影响,众多学者已达成共识。

钢渣作为一种工业废弃物应用到道路建设,能够显著提高沥青路面对的路用性能。何政文[8]采用60℃水浴处理钢渣,结果表明钢渣在60℃水浴消解效率是常温下的2倍。Lun等[9]采用100℃蒸汽处理和2.0MPa高压处理钢渣,发现这2种方式能够有效减少钢渣膨胀,并且高压处理效果优于蒸汽处理。甄云璞等[10]通过研究发现,在钢渣中加入粉煤灰后,钢渣可以和粉煤灰中的SiO_2和Al_2O_3反应,可以降低钢渣的活性,并表明粉煤灰改善效果最佳。张玉柱等[11]研究表明铁尾矿和钢渣在高温下反应可以明显降低*f*-CaO的含量,消解率可达76.27%。基于上述背景,本文针对钢渣集料体积安定性机理,对比分析了钢渣原材料微观特性及其沥青混合料路用性能,为促进钢渣在道路工程中的广泛应用提供工程指导。

1 原材料与实验方法

1.1 原材料

本文采用的粗集料类型为玄武岩,其规格为:玄武岩1号料(10 ~15mm)、玄武岩2号料(5 ~10mm)、玄武岩3号料(3 ~5mm)、玄武岩4号料

基金项目:江苏省自然科学基金面上项目(No. SBK2022020299)。

(0～3mm),钢渣为永钢生产的陈化钢渣,其规格为:钢渣1号料(10～15mm)和钢渣2号料(5～10mm)。根据《公路工程集料试验规程》(JTG E42—2005)对集料进行基本的物理指标测试,结果见表1。

沥青采用SBS改性沥青I-D,根据《公路沥青路面施工技术规范》(JTG F40—2004)进行沥青基本性能检测试验,结果见表2。采用山东天罡化工公司生产的乙酸(工业级型),含量99.9%,具体参数见表3所示。

集料技术指标汇总　　表1

项目	压碎值	表观密度	表干密度	毛体积密度	吸水率
玄武岩1号	10.32	2.9456	2.8940	2.8588	1.2217
玄武岩2号	10.32	2.9417	2.8563	2.8256	1.4071
玄武岩3号	10.32	2.9341	2.8352	2.8134	1.4632
玄武岩4号	10.32	2.8062	—	—	—
标准要求	≤26	≥2.6	≥2.6	≥2.6	≤2
钢渣1号	14.20	3.5589	3.4681	3.1990	2.8119
钢渣2号	14.20	3.4521	3.3455	3.0957	2.7819
标准要求	≤26	≥2.9	≥2.9	≥2.9	≤3

沥青技术指标汇总　　表2

项目		实测值	标准要求
针入度(100g,5s,25℃,0.1mm)		41	30～60
针入度指数PI		0.3	≥0
软化点(℃)		67	≥60
延度(5℃,5cm/min,cm)		28	≥20
运动黏度(135℃,Pa·s)		1.4	≤3
溶解度(三氯乙烯,%)		99.7	≥99.0
闪点(开口杯,%)		287	≥230
离析,软化点差(℃)		0.7	≤2.5
弹性恢复(25℃,%)		89	≥75
RTFOT老化后	质量损失(%)	0.4	±1.0
	针入度比25℃(%)	68	≥65
	延度(5℃,5cm/min,cm)	9.3	≥8

乙酸参数　　表3

结构式	化学名	分子量	熔点	密度	沸点	折射率
$C_2H_4O_2$	乙酸	60.5	16.3℃	1.048g/cm^3	117.1℃	1.37

1.2　试验方法

1.2.1　钢渣表面处理

由于钢渣存在较多金属氧化物,根据酸碱中和原理,使用乙酸进行处理钢渣。盐酸、硫酸为常见强酸,操作不当易造成安全风险,并对人体造成危害;常见的弱酸有碳酸、乙酸、磷酸、草酸等,其中碳酸易挥发,而磷酸和草酸酸性较弱且废液易造成水污染,因此采用乙酸处理钢渣。首先,将乙酸与蒸馏水进行混合,分别配制5%、10%和15%的乙酸溶液,然后,将钢渣浸泡至3种浓度的乙酸溶液中,使用pH计每隔一定时间测试溶液pH值;至pH值较稳定后,结束浸泡;最后,将钢渣取出,置于105℃烘箱内烘干,得到的改性钢渣分别记为:A5SS(5%乙酸改性钢渣)、A10SS(10%乙酸改性钢渣)、A15SS(15%乙酸改性钢渣)。

1.2.2　钢渣微观性能

首先使用XFK固体粉碎机将钢渣和玄武岩粗集料分别粉碎3min,然后使用0.075mm方孔筛对钢渣和玄武岩粉末进行过筛，以保证粉末粒径<0.075mm，对≥4.75mm的玄武岩和钢渣进行洗涤、干燥、研磨，得到小于80μm的粉末作为样品，进行XRF试验。使用XRD衍射仪对玄武岩与永钢钢渣的矿物成分进行分析。

1.2.3 钢渣沥青混合料

（1）通过浸水马歇尔试验与冻融劈裂试验测试钢渣沥青混合料的水稳定性。将两组马歇尔试件在60℃水浴中分别浸水40min与48h后进行马歇尔稳定度试验；参照规范[13]中T 0709—2011的冻融劈裂试验。

（2）参照规范[13]在60.0℃±1℃，0.7MPa±0.05MPa的条件下进行车辙试验以检验钢渣沥青混合料的高温稳定性。在试验温度为-10℃的条件下进行低温小梁弯曲试验，检验钢渣沥青混合料的低温稳定性。小梁试件中点加载速率为50mm/min，试验前将切割好的小梁试件置于低温环境箱中保温6h。

（3）目前并无规范对钢渣沥青混合料体积稳定试验做出具体说明，参照相关文献[12]进行钢渣沥青混合料的膨胀性试验。测量60℃水浴浸泡72h前后三个位置的直径和六个位置的高，计算可得混合料的体积。

（4）三点弯曲试验

通过三点弯曲试验研究沥青混合料的抗弯拉性能，试验按规范中[14]T 0715方法进行。试验机采用UTM-130，试件尺寸为250mm×30mm×35mm，试验参照规范采用50mm/min的加载速率，加载方式为单点加载，试验温度采用15℃。

将试件放置在15℃环境箱中保温4h后取出，将试件放置支座上，使用UTM-130进行疲劳试验，选取10Hz加载频率和半正弦波形，应力比为0.25、0.3、0.35和0.4。弯拉强度表征沥青混合料的瞬时最大抗拉能力，超过抗拉强度后，荷载迅速下降，裂缝就会急剧扩展。计算公式如下式：

$$R_B = \frac{3 \times L \times P_B}{2 \times b \times h^2}$$

式中：R_B——试件破坏时的抗弯拉强度（MPa）；

b——跨中断面试件的宽度（mm）；

h——跨中断面试件的高度（mm）；

L——试件的跨径（mm）；

P_B——试件破坏时的最大荷载（N）。

2 结果和分析

2.1 钢渣的化学和矿物组成

2.1.1 成分及表面形态

表4为玄武岩及钢渣XRF试验结果，结果表明，玄武岩主要为硅、铁、铝、钙的氧化物，SiO_2、Fe_2O_3、Al_2O_3、CaO、MgO的总占比高达82.28%，并且SiO_2含量最多，占41.68%，这主要因为玄武岩由钙长石、拉长石、石英[14]等组成。钢渣主要由CaO、Fe_2O_3、SiO_2和MgO组成，占样品的85.41%，Fe_2O_3含量为28.75%，这也解释了钢渣表观密度大的原因。集料的酸碱性通常依据SiO_2的含量，SiO_2<52%时为碱性，52%<SiO_2<65%为中型，SiO_2>65%时为酸性。因此，钢渣和玄武岩都为碱性集料，并且钢渣的碱性更强。按照这种划分方式，不能直观评价集料的碱性，因此采用碱度M进行计算，M为CaO的含量比上SiO_2和P_2O_5的含量之和，M<1.8为低碱度，1.8<M<2.5为中碱度，M>2.5为高碱度。玄武岩和钢渣碱度计算结果如表5所示。通过乙酸处理钢渣，能够很大程度降低钢渣碱性，使之变为低碱性集料。乙酸预处理后的钢渣集料碱度均大于玄武岩这有助于增加钢渣集料表面的化学吸附能力，增强与沥青的黏附力。

玄武岩及钢渣XRF试验结果 表4

集料类型	化学成分								
	CaO	Fe_2O_3	SiO_2	MgO	MnO	Al_2O_3	P_2O_5	TiO_2	其他
B	8.72	10.45	41.68	5.20	0.18	16.23	0.58	1.67	15.29
USS	38.26	28.75	13.24	5.24	3.24	2.35	3.14	0.74	5.04
A5SS	34.11	30.69	15.72	4.89	3.38	2.74	3.71	0.89	3.87
A10SS	32.23	31.52	16.65	4.52	3.64	2.56	4.35	0.93	3.60
A15SS	30.42	32.84	16.62	4.26	3.34	2.62	4.81	0.97	4.12

玄武岩及钢渣碱度计算结果　表5

类型	B	USS	A5SS	A10SS	A15SS
碱度	0.21	2.36	1.76	1.53	1.42

2.1.2　SEM

采用SEM对玄武岩及酸处理钢渣的微观形貌进行观察,结果如图1所示。从图中可以看出,玄武岩表面致密,基本无孔隙,矿物结晶物较小,表面纹理呈现规律性变化,存在平整面。与玄武岩相比,钢渣表面形貌特征十分丰富,凹凸不平,存在较多裂纹、孔隙,有一定近椭圆形或近圆形的转炉钢渣特征结构,这使得钢渣吸水性增强,且集料粒形棱角较大、较多。5%浓度的乙酸处理后,不能将钢渣内的*f*-CaO、*f*-MgO完全反应,可在A5SS表面看到和USS相似不规则晶体,同时在表面生成少量絮状物。10%浓度的乙酸处理后,在钢渣表面形成大量针片状晶体,在钢渣烘干过程中,会产生大量的铁氧化物[15-16]。15%浓度的乙酸处理后,钢渣表面晶体与乙酸反应完全,表面完全破坏,呈现大量规律的絮状物,说明此时乙酸含量过多,生成大量铁离子,烘干后氧化产生大量Fe_2O_3,这与不同乙酸浓度处理后钢渣烘干后的外观相一致。

a)SEM micrograph of B

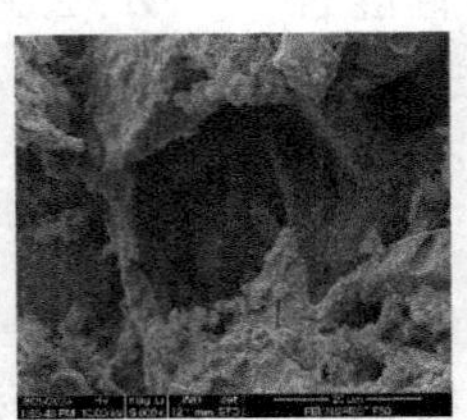
b)SEM micrograph of USS

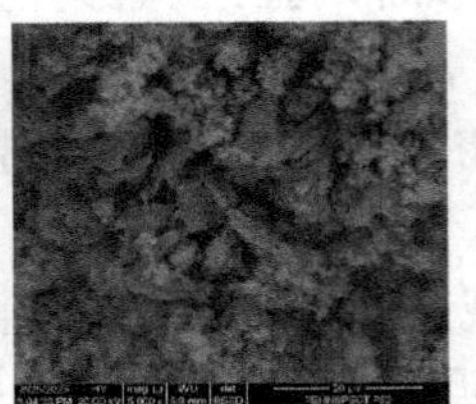
c)SEM micrograph of A5SS

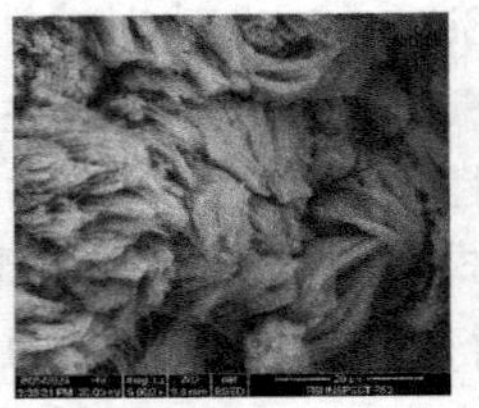
d)SEM micrograph　of A15SS

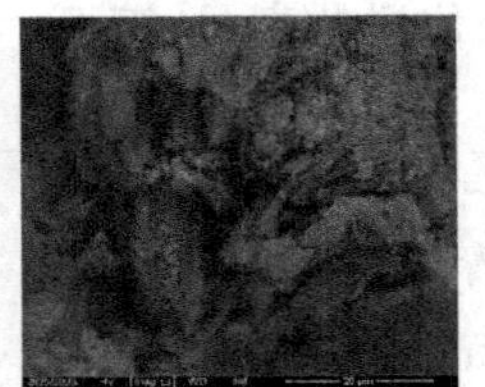
e)SEM micrograph　of A10SS

图1　玄武岩及钢渣SEM图像

2.2　钢渣沥青混合料

2.2.1　水稳定性

2.2.1.1　浸水马歇尔试验

从图2可以看出,5种混合料的残留稳定度均满足规范要求。由于混合料试件浸水时间只有48h,不足以使水进入混合料试件中和钢渣进行水化反应,USS-AM的体积稳定性和力学性能仍保持良好状态。通过乙酸对钢渣进行处理,A5SS-AM、A10SS-AM、A15SS-AM的马歇尔稳定度和残留稳定度均有提高,甚至好于B-AM。A15SS-AM的马歇尔稳定度最高,为18.47kN,残留稳定度从87.47%提高到95.55%,效果显著。

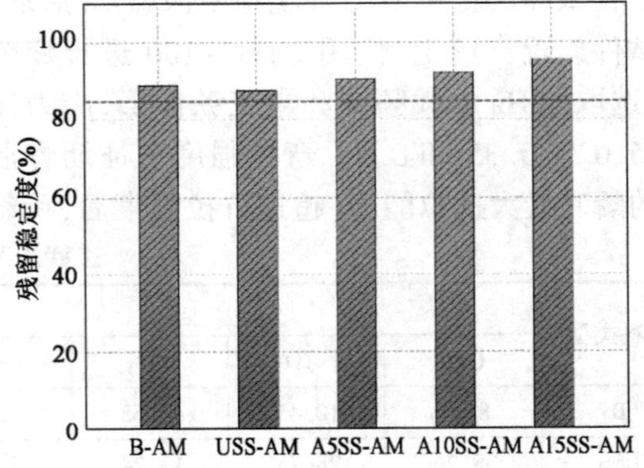

图2　不同类型混合料浸水马歇尔试验结果

2.2.1.2　冻融劈裂试验

从图3可以看出,5种混合料的残留稳定度均满足规范要求。USS-AM 的 TSR 最低，与 B-AM 相比，A5SS-AM、A10SS-AM、A15SS-AM 的劈裂强度比相接近，劈裂强度有略微提高。沥青混合料在冻融作用下，劈裂强度有显著下降，水浸入钢渣后促进 CaO 发生水化，对混合料破坏显著，USS-AM 残留稳定度最低，低于 B-AM，通过乙酸对钢渣进行处理，可改善钢渣沥青混合料的冻融损伤，效果和 B-AM 接近。

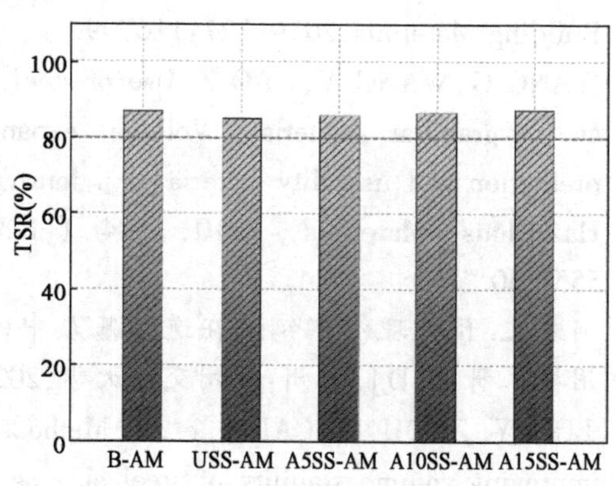

图 3　不同类型混合料冻融劈裂试验结果

2.2.2　高温稳定性

从图 4 可以看出，5 种混合料的动稳定度均大于 3000，满足规范要求。不处理钢渣沥青混合料具有最小的车辙深度和最小的动稳定度，相较于其他混合料高温性能最低，但也满足规范要求，这可能是钢渣本身压碎值较高，更加容易二次破碎，所以抗车辙永久变形能力有所下降。与玄武岩沥青混合料相比，通过乙酸处理钢渣后，A5SS-AM、A10SS-AM、A15SS-AM 抵抗高温变形能力较好，其高温稳定性良好。

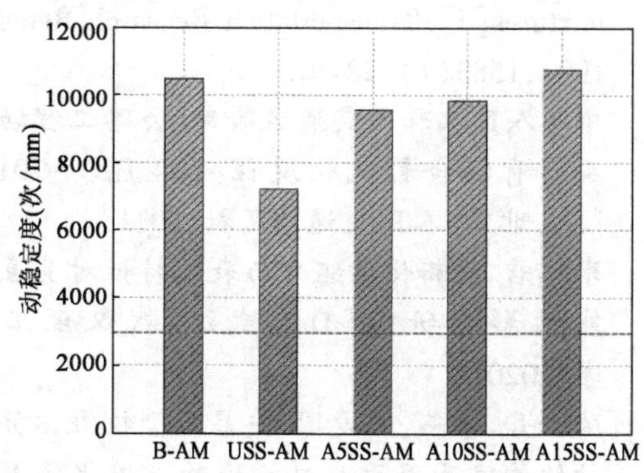

图 4　不同类型混合料车辙试验结果

2.2.3　体积膨胀性

从图 5 可以看出，不同类型沥青混合料的体积膨胀性都满足规范要求，均表现出较好的体积稳定性。USS-AM 的体积膨胀性最大，为 1.26%，虽然满足规范要求，可能是因为浸水时间为 72h，水浸入钢渣后与钢渣内部的 f-CaO、f-MgO 进行水化反应，随着时间的推移，晶体不断增大并挤压自身周围物质，致使混合料开裂。B-AM 体积膨胀性较小，这说明玄武岩自身的体积稳定性优异，通过乙酸对钢渣进行处理后，A5SS-AM、A10SS-AM、A15SS-AM 体积膨胀率显著降低。

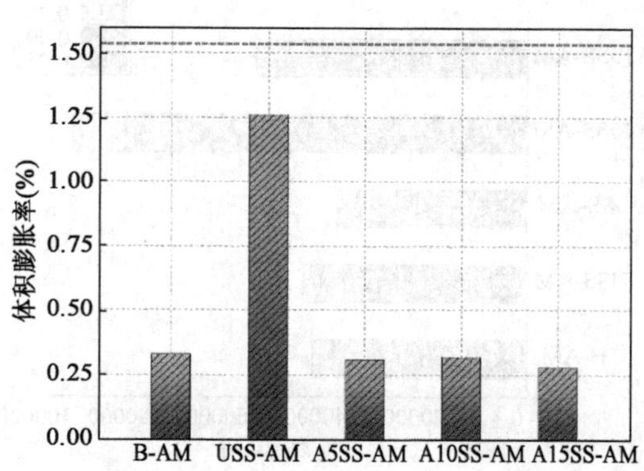

图 5　不同类型混合料体积膨胀性试验结果

2.2.4　低温抗裂性

从图 6 可以看出，不同类型混合料低温抗裂性均满足要求。跨中挠度和弯拉应变是衡量沥青混合料低温变形能力的指标。跨中挠度和弯拉应变越大，沥青混合料的变形范围越大，抗低温开裂性能越好。通过乙酸对钢渣进行预处理，可以稍微提高钢渣沥青混合料的低温抗裂性，这可能是因为钢渣压碎值较玄武岩偏大，钢渣表面和内部存在较多空隙，在外力作用下易破碎，多孔的结构又使得钢渣与沥青的黏附性增强，从而防止集料滑动，可稍微提高钢渣沥青混合料的低温抗裂性。

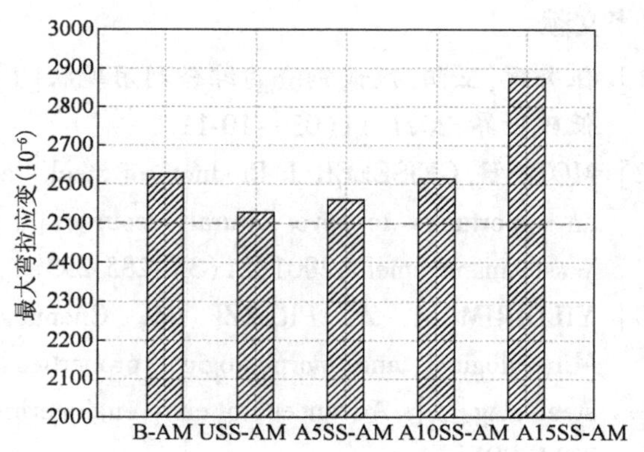

图 6　不同类型混合料低温弯曲试验结果

2.2.5　疲劳性能

不同类型混合料试验结果如图7所示结果表明,A10SS-AM疲劳寿命较B-AM显著提升,这是因为钢渣多孔的结构增强了钢渣与沥青之间的黏附性,增强了矿料和沥青胶浆之间的稳定结构,钢渣沥青混合料抵抗反复弯曲拉伸载荷的能力得到了提高。

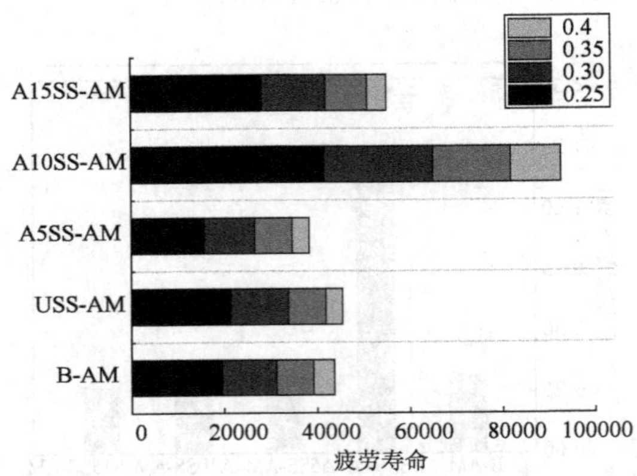

图7　不同类型混合料疲劳试验试验结果

3　结语

(1)通过乙酸对钢渣改性,减少钢渣中的游离氧化钙和游离氧化镁同时并在钢渣表面形成絮状晶体,使得钢渣表面更加粗糙,可提高沥青在集料表面的黏附性。

(2)相较于未处理钢渣沥青混合料,通过掺入乙酸改性钢渣,沥青混合料的水稳定性、高温稳定性、低温抗裂性和体积膨胀性得到提高的同时,体积稳定性得到显著提高。

(3)相较于其他类型沥青混合料,A10SS-AM疲劳寿命显著提高,综合上述实验结果,推荐采用10%浓度的乙酸处理钢渣。

参考文献

[1] 伍秀群,王阳.浅谈钢渣的综合利用现状[J].低碳世界,2021,11(03):10-11.

[2] MOTZ H, GEISELER J. Products of steel slags an opportunity to save natural resources[J]. Waste management,2001,21(3):285-293.

[3] YILDIRIM I Z, PREZZI M, Chemical, Mineralogical, and morphological properties of steel slag[J]. Advances in civil engineering,2011,2011.

[4] 张同生,刘福田,王建伟,等.钢渣安定性与活性激发的研究进展[J].硅酸盐通报,2007(05):980-984.

[5] 张光明,连芳,张作顺,等.钢渣中的f-CaO及稳定化处理的研究进展[J].矿物学报,2012,32(S1):203-204.

[6] CIKMIT A A, TSUCHIDA T, HASHIMOTO R, et al. Expansion characteristic of steel slag mixed with soft clay[J]. Construction and Building Materials,2019,227:116799.

[7] WANG G, WANG Y, GAO Z. Use of steel slag as a granular material: Volume expansion prediction and usability criteria[J]. Journal of Hazardous Materials, 2010, 184(1-3): 555-560.

[8] 何政文.预处理酒钢钢渣在道路基层中的应用技术研究[D].兰州:兰州交通大学,2020.

[9] LUN Y, ZHOU M, CAI X, et al. Methods for improving volume stability of steel slag as fine aggregate[J]. Journal of Wuhan University of Technology-Mater. Sci. Ed.,2008,23:737-742.

[10] 许莹,王巧玲,胡晨光,等.液态钢渣在线重构技术研究进展[J].矿产综合利用,2019(02):1-8.

[11] LI Z, ZHAO S, ZHAO X, et al. Cementitious property modification of basic oxygen furnace steel slag[J]. Construction and Building Materials,2013,48:575-579.

[12] KANDHAL P S, HOFFMAN G L. Evaluation of steel slag fine aggregate in hot-mix asphalt mixtures[J]. Transportation Research Record,1997,1583(1):28-36.

[13] 中华人民共和国交通运输部.公路工程沥青及沥青混合料试验规程:JTG E20—2011.[S].北京:人民交通出版社,2011.

[14] 李仁君.集料化学组分与表观特性对其表面能的影响研究[D].武汉:武汉理工大学,2020.

[15] 陈丹丹,李燕,王爱国.尖晶石型铁氧体异质结的构建及用于有机污染物光催化降解的研究进展[J].材料导报,2023(16):1-21.

[16] 张竞哲,苑高千,解厚波,等.尖晶石型铁氧体处理废水中Cr(Ⅵ)研究现状与进展[J].环境化学:1-17.

长大隧道内湾式停车带变速车道长度研究

张佳乐[1] 马朝辉[2] 佘明星[2] 潘兵宏*[1]
(1. 长安大学公路学院;2. 保利长大工程有限公司)

摘 要 为研究隧道内湾式停车带变速车道长度设计值,采用路侧激光雷达和无人机获取隧道内交通数据及高速公路一般路段的车辆原始轨迹数据,通过分析隧道内车辆运行速度的变化,得到隧道交通流的独特特征。以高速公路车辆换道轨迹替代隧道内车辆驶入和驶出湾式停车带的换道轨迹,利用修正双曲正切函数换道模型拟合轨迹,左、右换道的拟合优度分别达到97.8%和97.6%。根据车辆微观行为建立了长大隧道内湾式停车带变速车道长度计算模型,标定模型相关参数,提出隧道内湾式停车带变速车道长度的建议值。研究成果可为隧道内湾式停车带合理化和安全化的设计提供参考依据。

关键词 长大隧道 湾式停车带 变速车道长度 换道模型 道路工程

0 引言

近年来,我国公路隧道蓬勃发展,取得显著成就,隧道规模的不断扩大为城市发展和交通强国建设注入了源源不断的动力。随着城市化进程的加速推进和交通运输需求的日益增长,中国隧道建设进入了一个快速发展期。

然而,随着公路隧道数量的不断增加,隧道引发的交通事故也随之增多。相关研究表明[1],长隧道和特长隧道的事故分布与紧急停车带密切相关,并且多发生于紧急停车带及其影响段。目前长大隧道内紧急停车带的设置存在出入口渐变段长度不足等问题,易导致撞壁、追尾等交通事故。由于半封闭的环境,事故发生后救援难度大,引发二次事故或连环事故的概率增加。重庆分界梁隧道、沙夏高速公路肖坂隧道、武深高速公路亚桂山隧道等隧道均在紧急停车带及其渐变处发生严重交通事故,故障车辆驶出驶入停车带时没有足够的渐变段长度予以过渡,使其不能安全地停入或驶出紧急停车带,增加了与直行车辆发生追尾等事故的风险。此外,随着技术进步,未来中国隧道建设将朝着规模化、智能化、环保化建设方向发展,山东济潍高速公路打造的盘顶山智慧隧道,实现通过隧道不降速。港湾式紧急停车带可在高速运行的隧道内减少事故发生率,车流量大时可快速处理突发状况并恢复交通。而高速运行的隧道内车辆在进出湾式停车带时速差更大,易与主干道车辆发生碰撞,因此,长大隧道内紧急停车带渐变段的设计指标需要进一步研究。

国内外学者对隧道内交通流和湾式停车带做了相关研究。张晋伟[2]基于驾驶人对隧道交通流的影响,对隧道内车速变化进行分析。郭会杰[3]总结了隧道紧急停车带变截面段的变形特征并提出加固方法。黄婷等[4]基于相关理论提出了高速公路隧道紧急停车带端墙立面标记的设计方案;李长风[5]通过分析隧道地质、水文等条件,提出隧道紧急停车带塌方处置原则并提出相关措施;L. Tian[6]根据高速公路隧道的独特复杂度,在人工智能网络中经典FCM聚类算法的基础上进行改进,提出了一种改进的FCM聚类算法;Shang, T[7]通过分析实测数据的相关性和差异性,研究了隧道类型对交通流的影响,揭示了不同类型隧道汽车跟随行为的显著差异;刘林[8]对长隧道、特长隧道湾式停车带的建筑限界给了一个最大界定值;潘兵宏[9]和崔晋恺[10]基于安全性对紧急停车带的设置形式和加、减速车道以及停车区长度进行分析,并建立计算模型,给出最终建议值。

《新理念公路设计指南》中提出,紧急停车带主要承担硬路肩不足2.5m时供车辆行驶过程中遇到紧急情况时临时停放的作用。国外对于隧道内紧急停车带设计指标的研究有限,只有《日本公路技术标准的解说与应用》与美国《公路与城市道路几何设计》等相关规范中对紧急停车带的几何指标有所规定。《公路工程技术标准》(JTG B01—2004,下称《标准》)、《公路隧道设计规范 第一册 土建工程》(JTG 3370.1—2018)规定:“长大隧道内紧急停车带长度应大于 50m,有效长度应大于 40m、宽不小于 3.5 m,应设置上下游过渡段。”《标准》中规定了隧道内紧急停车带的长度和宽度极限值,仅提出应设置渐变段,而对于港湾式停车带变速车道的具体几何设计没有明确规定和提及。

本文拟基于 11 条长大隧道内路侧激光雷达收集的车辆交通数据,分析隧道内的交通流特点;并用修正双曲正切函数换道模型模拟分析隧道内车辆驶入驶出湾式停车带的换道轨迹和特点;最后基于车辆微观行为建立隧道内湾式停车带变速车道长度的计算模型,依次标定参数,提出长大隧道内湾式停车带变速车道的长度设计指标。

1 隧道内交通数据采集与分析

1.1 交通数据采集

为了获取隧道内的交通数据,得到隧道内车辆运行速度分布特点,为建立湾式停车带变速车道长度计算模型提供基础交通数据,采用路侧激光雷达对包茂高速和福银高速上的 11 条长隧道开展现场数据采集(图1),每条隧道内设置7 个观测点位(图 2)。采集路段沿线设施完好、标志标线清晰,无明显的行车干扰因素。

选取所测数据中标准差较大的车速数据进行计算,可计算调查总样本量应大于 217 辆。通过 Nano-L Survey 2S 软件处理初始数据文件,并根据《标准》中标准小型车外廓尺寸规定,以车长 6m 为界将采集的数据按车型分为小型车与大型车两组。

1.2 运行速度分布特点

限速 80km/h 的殿岭隧道调查点 I 大、小型车的地点车速频率分布如图 3 所示。

由图 3 知调查点 I 的地点车速频率分布为标准正态分布,其余调查点和隧道具有相似的分布情况(篇幅原因不赘述)。计算得到不同限速的长大隧道各调查点的地点车速(表 1)。

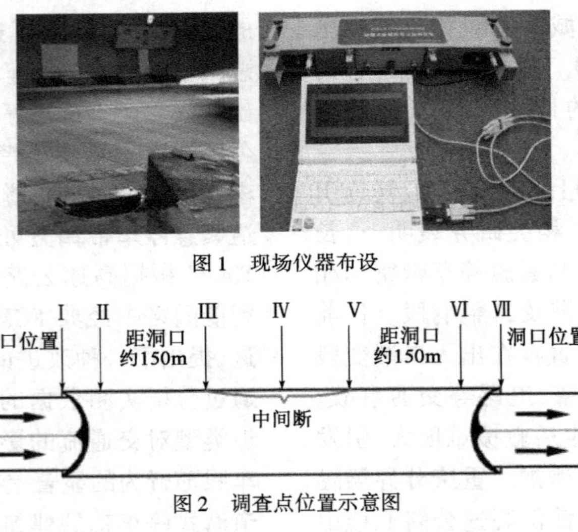

图 1 现场仪器布设

图 2 调查点位置示意图

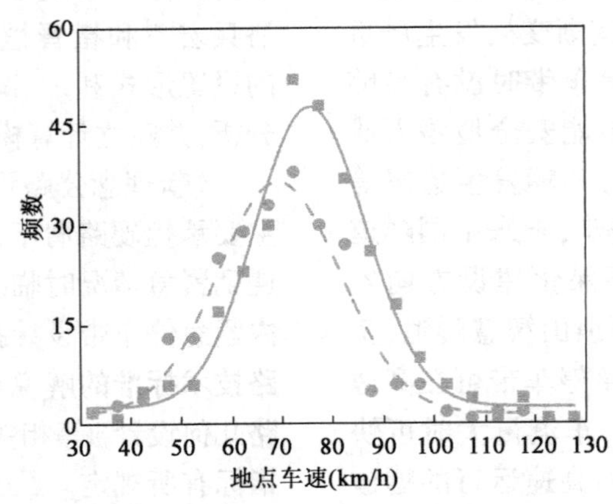

图 3 殿岭隧道调查点 I 地点车速频率分布(图中圆点和虚线为小型车的车速频数和正态分布曲线;方块和实线为大型车的)

各限速条件隧道各调查点不同车型地点车速(取整)(km/h) 表1

隧道限速	车型	地点车速	调查点						
			Ⅰ	Ⅱ	Ⅲ	Ⅳ	Ⅴ	Ⅵ	Ⅶ
部分限速100km/h	小型车	15%位车速	78	78	81	80	81	79	80
		85%位车速	107	108	111	110	113	108	107
		平均车速	95	95	98	97	99	96	96
	大型车	15%位车速	64	66	67	73	75	75	70
		85%位车速	92	94	101	101	108	103	100
		平均车速	80	82	87	90	94	91	88
限速80km/h	小型车	15%位车速	60	64	66	70	69	71	67
		85%位车速	88	91	93	90	96	100	91
		平均车速	76	80	82	83	85	87	81
	大型车	15%位车速	52	54	56	67	64	68	61
		85%位车速	81	82	84	88	92	97	79
		平均车速	70	70	72	80	80	84	72
限速60km/h	小型车	15%位车速	45	46	51	53	55	52	52
		85%位车速	75	77	81	83	86	81	79
		平均车速	62	64	69	70	72	70	68
	大型车	15%位车速	42	43	44	49	50	51	49
		85%位车速	70	71	77	79	83	80	76
		平均车速	58	59	63	67	69	68	65

由表1可得:

(1)同一条隧道小型车的运行速度普遍高于大型车,且 V_{85} 均高于隧道限速。

(2)不同限速下车辆速差不同,因为小型车的动力性能更好,在降低限速时更需控制车速;此外,限速100km/h的隧道通常分车型限速,导致其运行速度差远大于60km/h的隧道。

(3)车辆在入口处运行速度比中间段低,因为隧道入口的“黑洞效应”明显,驾驶人会有短暂视觉不清晰现象,因此通常会减速进入隧道。长隧道入口到中部速度上升,因为此时“黑洞效应”的影响结束,驾驶人已适应隧道内昏暗的环境。从中部到出口,运行速度降低,因为经过隧道出口时“白洞效应”明显,驾驶人观察不到洞外路况,出于安全性一般会适当降速。

1.3 换道行为分析

车辆在隧道内行驶时,需考虑由行车道驶入湾式停车带的右换道(简称“入口右换道”)和故障解除后车辆驶出湾式停车带的左换道(简称“出口左换道”)。由于隧道内无法使用无人机、跟踪雷达等设备进行数据采集和拍摄;同时隧道内一般情况下不允许换道,车辆遇故障的概率很低,难以获得足够的换道数据样本,且车辆换道的特征在隧道内外基本是相同的,均与车辆的行驶速度、换道宽度、换道安全性有关。故隧道内车辆驶入、驶出湾式停车带的换道过程与高速公路一般路段换道过程类似,因此本文采取在隧道外用无人机采集车辆换道轨迹数据。

利用Tracker提取高速公路基本路段车辆换道轨迹数据94组,其中左换道21组,右换道73组。车辆的换道长度和宽度如图4、图5所示。

双曲正切函数换道轨迹模型是与驾驶人行为强相关、较好地吻合实际换道轨迹的换道模型[11]。但该模型表达范围无法涵盖整个函数,并且所拟合的换道宽度与实际宽度间存在偏差,因此基于宽度边界条件对该函数模型进行修正[式(1)~式(2)]:

$$x(t)=\frac{\beta}{\tan(\tau/2)}\tanh\left[\frac{\tau}{L/V_{\mathrm{d}}}\left(t-\frac{L}{2V_{\mathrm{d}}}\right)\right]+\frac{x_0+x_{\mathrm{T}}}{2},t\in\left[0,\frac{L}{V_{\mathrm{d}}}\right] \tag{1}$$

$$\beta=\begin{cases}W/2 & (\text{左换道})\\ -W/2 & (\text{右换道})\end{cases} \tag{2}$$

式中:β——换道横向距离(m);

$x(t)$——车辆在 t 时刻的横向位置(m);

x_0、x_T——车辆在换道起、终点的横向位置(m);

L——换道长度(m);

V_d——纵向平均速度(m/s);

W——横向位移总宽度(m);

τ——换道紧急系数;

t——换道时间(s)。

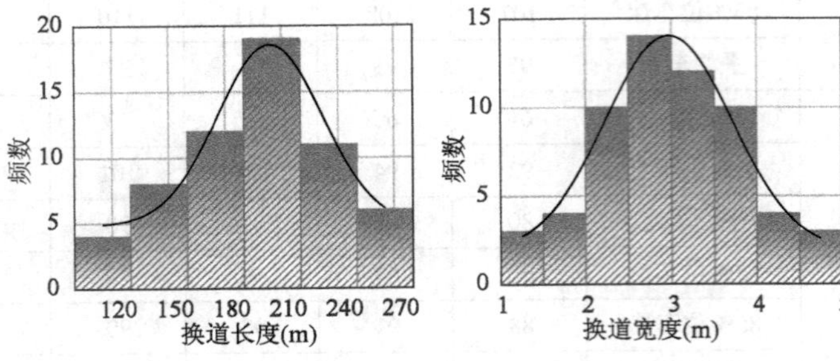

图4 右换道轨迹特征

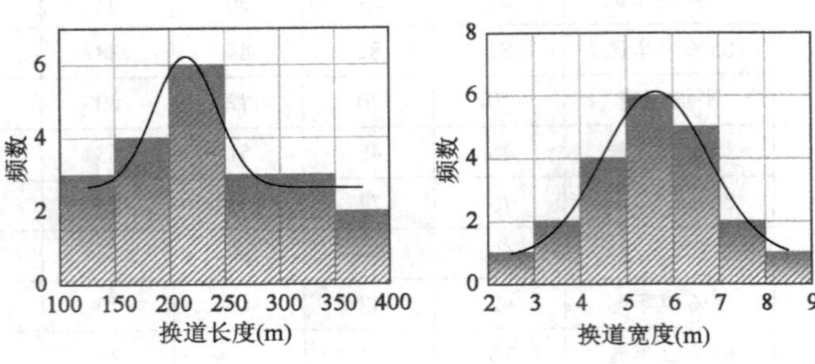

图5 左换道轨迹特征

采用 Pathyn 计算该模型对换道轨迹的平均拟合优度为 97.6% 和 97.8%,表明该模型拟合换道轨迹具有较高的可行度和适配度。

2 隧道内湾式停车带变速车道长度

2.1 减速车道长度计算模型

隧道内港湾式停车带平行式减速车道(图6)可分为渐变段和减速段两个部分。

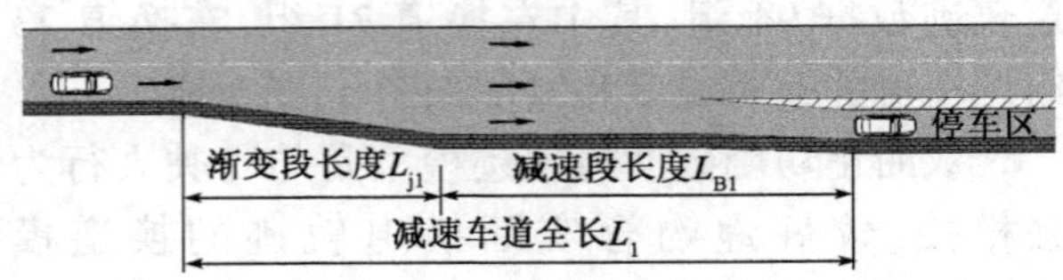

图6 平行式减速车道长度模型图

故湾式停车带减速车道长度 L_1 按式(3)计算:

$$L_1 = L_{J_1} + L_{B_1} \tag{3}$$

式中:L_{J_1}——渐变段长度(m);

L_{B_1}——减速段长度(m)。

2.1.1 渐变段长度 L_{J_1}

由微观换道行为知渐变段长度即为车辆从渐变段起点开始的右换道长度。由前文知修正双曲正切函数换道模型能较好拟合换道轨迹,此时车辆横向速度、横向加速度及横向加速度变化率表达式如下式所示:

$$x'(t) = \frac{W\tau V_d}{2L\tanh(\tau/2)}\left[\tanh^2\left(\frac{\tau V_d}{L}t\ \frac{\tau}{2}\right) - 1\right] \tag{4}$$

$$x''(t) = \frac{W}{\tanh(\tau/2)}\left(\frac{\tau V_d}{L}\right)^2 \left[\tanh^3\left(\frac{\tau V_d}{L}t - \frac{\tau}{2}\right) - \tanh\left(\frac{\tau V_d}{L}t - \frac{\tau}{2}\right)\right] \tag{5}$$

$$x'''(t) = \frac{W}{\tanh(\tau/2)}\left(\frac{\tau V_d}{L}\right)^3 \left[\tanh^4\left(\frac{\tau V_d}{L}t - \frac{\tau}{2}\right) - 1\right] \tag{6}$$

考虑车辆换道横移过程中乘客的舒适性,横向加速度和其变化率需满足式(7)、式(8)所示的约束条件:

$$x''(t) \leqslant \frac{2\sqrt{3}W}{9\tanh(\tau/2)}\left(\frac{\tau V_d}{L}\right)^2 \leqslant a_{\max} \tag{7}$$

$$x'''(t) \leqslant \frac{W}{\tanh(\tau/2)}\left(\frac{\tau V_d}{L}\right)^3 \leqslant \sigma_{\max} \tag{8}$$

联合上式可得到换道长度 L_{J_1}(式9):

$$L_{J_1}\max\left\{\sqrt{\frac{2\sqrt{3}W}{9a_{\max}\tanh(\tau_{\max}/2)}}\tau_{\max}V_d,\ \sqrt[3]{\frac{W}{\sigma_{\max}\tanh(\tau_{\max}/2)}}\tau_{\max}V_d\right\} \quad (9)$$

式中:$a_{\max}$——横向加速度最大值(m/s^2)v = 60km/h、80km/h、100km/h 时分别取 1.078、0.882、0.784 m/s^2[12];

$\sigma_{\max}$——横向加速度变化率最大值(m/s^3),取 0.6m/s^3[13];

$\tau_{\max}$——换道紧急系数最大值。

由换道紧急系数分布图(图7)可知左、右换道 τ 值分别集中在 2.5~5.5 和 2.5~7.0。

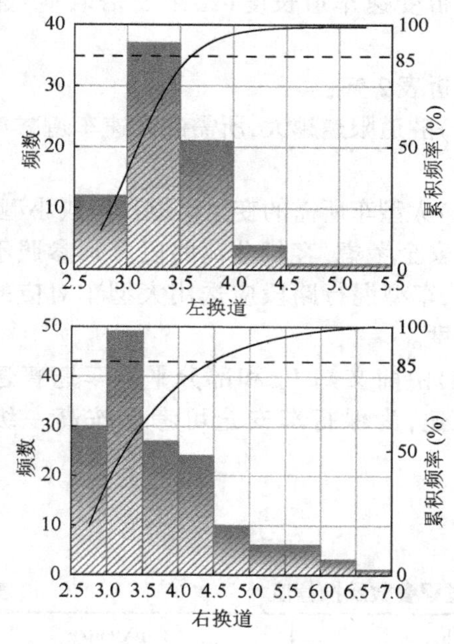

图7 换道紧急系数分布

为保证大部分车辆平稳安全换道,采用 85 分位 τ 值计算换道长度,即左换道、右换道紧急系数最大值分别为 3.7、4.5。

2.1.2 减速段长度 L_{B_1}

车辆所需的减速距离为:

$$L'_{B_1}=\frac{v_{q_1}^2-v_m^2}{25.92a_d}=\frac{v_{q_1}^2-v_m^2}{25.92[a_i+g(f+i)]} \quad (10)$$

$$a_d=\frac{Gf+G\sin i}{m}+a_i\approx g(f+i)+a_i \quad (11)$$

式中:v_{q_1}——车辆驶入减速段起点的初始速度(km/h);

v_m——终点速度(km/h),取 0km/h;

a_d——车辆在变速车道上的减速度(m/s^2);

a_i——车辆在减速段的减速度;

g——重力加速度,取 9.8m/s^2;

f——路面滚动摩阻力系数值,取 0.015;

i——道路纵坡(%),按最不利情况取 3% 计算。

满足驾驶人舒适性的减速度为 1~1.5m/s^2,参考常见的小型车减速度考虑最不利情况,并综合车辆减速的紧急性和稳定性,大、小型车的减速度分别取 1.5、3m/s^2。

车辆在渐变段匀减速行驶至减速段起点的速度 v_{q_1} 按式(12)计算:

$$v_{q_1}=\sqrt{25.92\times a_d L_{J_1}+v_0^2} \quad (12)$$

式中:v_0——渐变段起点速度(km/h),取隧道限速。

2.2 加速车道长度计算模型

隧道湾式停车带平行式加速车道如图8所示。

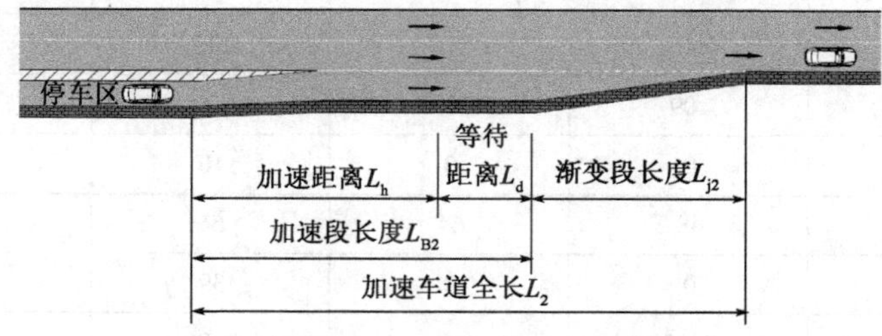

图8 平行式加速车道长度模型图

故湾式停车带加速车道长度 L_2 可采用式(13)计算:

$$L_2=L_{J_2}+L_h+L_d \quad (13)$$

式中:L_{J_2}——渐变段长度(m),按实测左换道长度取值;

L_h——加速至汇入速度需要长度(m);

L_d——等待长度(m)。

2.2.1 加速距离 L_h

$$L_h=\frac{v_{q_2}^2-v_c^2}{25.92a_a}=\frac{v_{q_2}^2-v_c^2}{25.92[a_j+g(f-i)]} \quad (14)$$

$$a_a = \frac{Gf - G\sin i}{m} + a_j \approx g(f - i) + a_j \tag{15}$$

式中：v_{q2}——车辆加速至渐变段起点的速度(km/h)；

v_c——车辆初始速度(km/h)，取0km/h；

a_a——车辆在变速车道上的加速度(m/s^2)；

a_j——车辆动力性能提供的加速度(m/s^2)，根据常见小型车百公里加速时间，小型车取1.6 m/s^2，大型车取1m/s^2。

$$v_{q2} = \sqrt{v_h^2 - 25.92 \times a_a L_{J_2}} \tag{16}$$

式中：v_h——安全汇入主线的运行速度。

2.2.2 等待距离 L_d

等待插入间隙时车辆通常保持匀速行驶，等待距离 L_d 计算见式(17)：

$$L_d = \frac{v_{q2}}{3.6} t_d \tag{17}$$

式中：t_d——等待时间，按式(18)计算：

$$t_d = \overline{hn} = \frac{\left\{\tau + \frac{2}{\lambda} - \left[\lambda\left(t_c + \frac{1}{\lambda}\right)^2 + \frac{1}{\lambda} - \tau\lambda t_c - \tau\right] e^{-\lambda(t_c - \tau)}\right\}\left\{1 - \left[\lambda(t_c - \tau) + 1\right] e^{-\lambda(t_c - \tau)}\right\}}{\left[\lambda(t_c - \tau) + 1\right] e^{-\lambda(t_c - \tau)}} \tag{18}$$

式中：t_c——可插入间隙值(s)，按1.0m/s的换道横移率计算；

λ——目标车道的车辆到达率，$\lambda = 2Q/3600$；

Q——隧道最大服务交通量[14]；

τ——车头时距最小值(s)。

$$\tau = t_z + t_s + \frac{3.6l}{v} \tag{19}$$

式中：t_z——驾驶人紧急情况下的反应时间，取0.6s[15]；

t_s——协调制动时间，取0.4s[18]；

l——车身长度，大、小型车分别取13.7m、6m[17]。

2.3 湾式停车带变速车道长度建议值

在式(3)中代入各个参数，计算得到隧道内湾式停车带变速车道长度(结果5倍取整)建议值(表2)。

分析表2知：

(1)隧道限速越大，所需的变速车道减速段长度越长。

(2)大型车所需的变速车道长度较小型车长，为行车安全考虑，客货分离路段分别参照不同车型取值，车型混行路段应选用大型车对应的减速车道长度。

(3)由前文知 V_{85} 和部分平均车速普遍高于隧道限速，为保行车安全可考虑按高一级限速取值。

隧道内湾式停车带变速车道长度计算过程参数及推荐值　　表2

参数	60km/h		80km/h		100km/h	
	小型车	大型车	小型车	大型车	小型车	大型车
左换道长度	90	90	115	115	125	125
右换道长度	109	109	139	139	151	151
v_{q1}	0	0	0	10	0	56
v_h	48	48	64	64	80	80
v_{q2}	0	0	0	39	41	60
t_q	3.99	2.82	4.25	3.90	6.20	5.60
L_{B1}	—	—	—	1	—	35
L_1	110	110	140	145	150	190
L_h	—	—	—	40	44	95
L_d	—	—	—	43	68	93
L_2	90	90	115	195	125	310

3 结语

根据路侧激光雷达实测的交通运行数据，分析了不同限速的长大隧道内大小车型运行速度分布规律。基于隧道内交通流和车辆换道轨迹特性，建立了长大隧道内湾式停车带变速车道长度的计算模型，提出了不同限速和车型的变速车道长度建议值。本文创新点如下：

(1)采用修正双曲正切函数换道模型拟合车辆换道轨迹，左、右换道的拟合优度分别为97.8%、97.6%，表明该换道模型能够准确描述车辆的换道特征。

(2)根据微观换道行为，将车辆在加速车道上的行驶过程分为加速段、等待段和渐变段，在减速车道上的行驶过程分为渐变段和减速段，解释了变速车道长度确定的依据。

本文由于隧道内特殊环境所限，数据调查相对困难，调查的数据有一定的局限性。此外，停车带几何设计还应该考虑建造成本、隧道施工难度等因素。因此，综合多方面因素，对港湾式紧急停车带变速车道的设计进行多目标优化、进一步结合隧道主线线形考虑湾式停车带设置位置及视距条件对长度的影响将是后续的研究方向。

参考文献

[1] 王芳菲，彭立飞. 山区高速公路隧道交通事故特征分析——以G65包茂高速6条隧道为例[J]. 隧道建设(中英文)，2023，43(5)：816-25.

[2] 张晋伟. 高速公路隧道及互通区运行车速模型研究[D]. 重庆：重庆交通大学，2009.

[3] 郭会杰，陈丽俊，张立鑫，等. 软岩公路隧道紧急停车带变截面段变形特征及加固方法[J]. 科学技术与工程，2022，22(35)：15765-74.

[4] 黄婷，蒋锦港，牟星宇，等. 公路隧道紧急停车带端墙立面标记方案优化设计[J]. 中外公路，2022，42(1)：267-72.

[5] 李长风. 隧道紧急停车带塌方处治技术探讨[J]. 山东交通科技，2020，(4)：24-6.

[6] TIAN L, JIANG J, TIAN L. Safety analysis of traffic flow characteristics of highway tunnel based on artificial intelligence flow net algorithm [J]. Cluster Computing，2019，22(1)：573-82.

[7] SHANG T, LU J, LUO Y, et al. Understanding the traffic flow in different types of freeway tunnels based on car-following behaviors analysis[J]. Tunnelling and Underground Space Technology，2024，143：105494.

[8] 刘林. 隧道建筑限界及内轮廓设计要点探讨[J]. 科技创新与应用，2023，13(1)：128-30，34.

[9] 潘兵宏，周智涛，曾志刚. 高速公路港湾式停车带布置形式及设计参数研究[J]. 中外公路，2013，33(6)：341-5.

[10] 崔晋恺. 高速公路公共汽车停靠站、港湾式停车带、观景台技术标准研究[D]. 西安：长安大学，2016.

[11] 王烨. 基于轨迹数据的高速公路车辆换道特性与换道模型研究[D]. 西安：长安大学，2021.

[12] 刘斌. 基于乘客感受的互通式立交范围内路面宽度过渡段关键技术研究[D]. 西安：长安大学，2019.

[13] 黄艳国，许伦辉，罗强，等. 加速度变化对道路平面线形行车舒适性评价方法[J]. 广西师范大学学报(自然科学版)，2014，32(2)：1-8.

[14] 中华人民共和国交通运输部. 公路路线设计规范：JTG D20—2017[S]. 北京：人民交通出版社，2018.

[15] 杨耀. 高速公路最小安全行车间距研究[D]. 西安：长安大学，2017.

基于浮动车数据的高速公路圆曲线路段货车转向速度特征研究

谢逸超*[1]　孟腾飞[1]　聂渝涵[2]　奚圣宇[1]　张　驰[1]
(1. 长安大学公路学院;2. 长安大学运输工程学院)

摘　要　为明确高速公路左转圆曲线路段事故数高于右转圆曲线路段的原因,利用超高频 GPS 浮动货车对广西地区三条高速公路圆曲线路段车辆速度进行采集。基于 GPS 实测数据分析了圆曲线半径、转角、长度、入口速度、前后纵坡及平均纵坡对左右偏圆曲线速度的影响。结果表明:高速公路圆曲线长度、圆曲线转角以及圆曲线入口运行速度对左右偏圆曲线路段速度均有显著影响;在相同的圆曲线转角、长度及入口速度条件下,随着影响因素的逐渐增大,左偏圆曲线路段货车的速度变化率绝对值通常高于右偏圆曲线路段;在同一圆曲线路段,货车在左偏方向的速度通常大于右偏圆曲线路段。研究结果可为高速公路安全性评价及道路设计提供参考。

关键词　交通安全　超高频 GPS 浮动货车　转向速度　圆曲线路段

0　引言

在高速公路的研究中,事故率与道路设计元素之间的关系一直备受关注。在分析四川地区高速公路圆曲线转向与事故数量关联性时,可以发现一个显著的趋势:当高速公路中左偏圆曲线的数量相对较多时,其事故数量也呈现出相对较高的趋势。

车速与交通事故之间存在着密切的关联,车速的快慢往往直接影响事故发生的频率和严重程度[1]。但现阶段车辆在左右偏圆曲线范围内的运行特性并未得到充分揭示,尤其缺乏对车辆左右转速度特性的实测研究,以至于现有的运行速度模型无法适应不同转向圆曲线的速度预测。因此,若能合理分析货车在左右偏圆曲线路段的速度特征,就可在不同转向的圆曲线路段采取不同的速度控制策略,降低由车辆超速导致的交通事故发生率。

传统的圆曲线段运行速度在 20 世纪 60 年代已经被国内外的学者关注,并将速度运用到道路安全研究领域,对于交通领域产生了极大的影响。多数研究主要聚焦于从道路几何线形的二维或三维空间层面,深入剖析并预测速度的变化趋势,但对速度研究多数基于小半径的低等级道路[2-3],对高速公路的圆曲线速度特征研究较少,且对于左右偏圆曲线路段运行速度的分析也基本处于空白。不仅如此,科学且合理的车速数据采集方法是确保运行速度预测模型具备有效性和准确性的另一重要环节[4]。车速的变化存在不同程度的差异性,而传统的断面测速方法往往受到天气条件的制约,进而影响其测量的精确度;此外,这种方法在数据获取方面的效率也相对较低。相比之下,使用采用超高频 GPS 浮动货车采集真实环境下自然流多车辆连续的速度数据显然是一种高效且便捷的数据采集手段,为精确分析货车转向时的速度特性提供了坚实的基础。

本文针对高速公路车辆的运行特点和实际道路情况,基于超高频 GPS 浮动货车采取车辆速度数据。在数据采集的基础上,分析车辆在左右偏圆曲线路段上的速度差异性。研究成果可为高速公路运行车速预测和线形设计一致性评价提供技术依据,为交通安全设施设计和交通管理提供分析手段。

1　数据采集

1.1　试验路段

试验选取广西地区三条高速公路进行浮动货车速度数据采集,测试路段均主要的技术指标见

基金项目:陕西省自然科学基础研究计划面上项目(2023-JC-YB-391)、四川省交通运输科技项目(2022-ZL-04)。

表1,试验中共选取三条高速公路35段圆曲线进行观测(表2)。调研断面平曲线半径变化范围为763~2600m;道路纵坡在-2.22%~3.9%之间变化,其中坡度的绝对值小于3%的路段约占90%,平纵线形指标较高。

高速公路圆曲线转向与事故数统计 表1

高速公路名称	主线正/反向	左偏圆曲线数量(个)	右偏圆曲线数量(个)	事故数(起)
YK高速公路	主线正向	50	57	97
	主线反向	57	50	114
CY高速公路	主线正向	34	49	480
	主线反向	49	34	531
LX高速公路	主线正向	55	47	310
	主线反向	47	55	281

试验路段主要技术指标 表2

路段编号	1号高速公路	2号高速公路	3号高速公路
设计速度(km/h)	120		
路基宽度(m)	28.0	28.0	28.0
最大纵坡(%)	-2.22	2.27	3.9
平均纵坡(%)	0.15	0.04	0.03
最小平曲线半径(m)	1000	1752.84	763

1.2 超高频GPS浮动货车数据分析

浮动车一般是指安装了车载GPS定位装置的车辆,本文获取的浮动车数据为国内某快递公司货车行驶数据。基于其高频数据传输特点,在行驶过程中每间隔1s就会记录车辆的编号、时间、位置、速度、航向角等信息,并将海量原始数据记录于csv文件中,相较于传统手段获取采集数据,其具有覆盖范围广、检测精度高、过程动态连续及隐蔽性好的特点[5]。

选择适当且合理的测试路段,是确保所获取速度数据具备准确性和有效性的首要前提。本文采集的数据为3条高速公路内某季度每天的的浮动车数据,均被记录在原始csv文件中。利用编程软件实现坐标、时间转换;基于施工图资料实现车路桩号匹配。数据筛选与数据清洗流程如图1所示,获得期望的车辆速度并展开进一步研究。

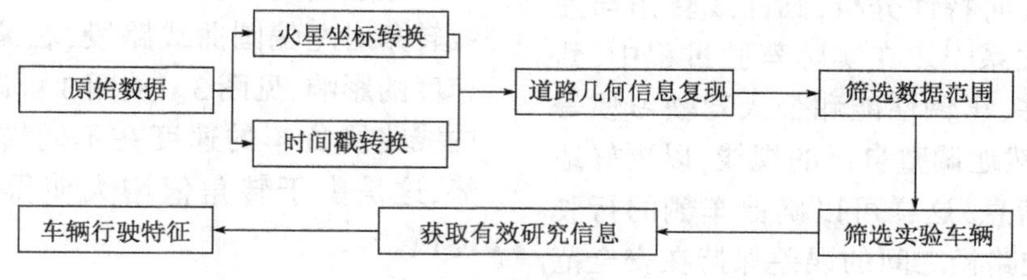

图1 数据处理流程

1.3 样本量确定

为保证观测精度达到统计学要求并充分反映车辆在不同场景下的状态变化,参考统计学原理,每段圆曲线所需的最小样本量可由式(1)确定[6]。

$$n = \left(\frac{\sigma K}{E}\right)^2 \tag{1}$$

式中:n——最小样本量;

σ——标准差,货车取9;

K——置信度,本文取置信水平为95%,$K=1.96$;

E——运行速度测量容许误差,一般取2.5km/h。

由式(1)可得最小样本量为53veh。在现场调研过程中,采用GPS浮动货车进行数据记录,以精准捕捉车速数据。考虑到测试路段的交通构成特点,将每段圆曲线的总样本量控制在约300辆车,以确保货车在圆曲线段的车速样本量达到统计学上的充足性和代表性要求,旨在提高数据的准确性和可靠性,为后续分析提供坚实基础。

2 理论分析

在高速公路上,公路线形对车速有直接影响,各线形指标共同作用于人车交互。驾驶者会根据线形调整车速,既受限又保持灵活性。本文探讨各线形指标对左右转速度影响。

2.1　圆曲线半径

当车辆行驶在非直线路段时,曲率突变可能导致车辆离心加速度的大小和方向的突变,进而导致事故。因此,在道路设计与交通安全领域的研究中,深入探讨圆曲线半径对车辆速度的影响以及其与车辆稳定性之间的关联,成为一项至关重要的研究内容。这对于优化道路设计、提升交通安全水平具有重要的理论和实践价值。

在分析曲线半径对速度的影响时,需排除那些纵坡较大的断面,以确保数据的准确性。通过对比左偏圆曲线路段和右偏圆曲线路段的货车速度与圆曲线半径的关系(图 2),可以得出以下结论:随着圆曲线半径从 710m 增加到 1500m,左偏圆曲线路段的车辆速度增长较快;当平均半径在 1500～3000m 范围内变化时,左偏圆曲线路段的车辆速度变化相对平稳;随着半径的进一步增大,车辆的运行速度也呈现出逐渐增加的趋势。而对于右偏圆曲线路段,当平均半径在 710～2500m 范围内变化时,车辆的运行速度则相对较为稳定。

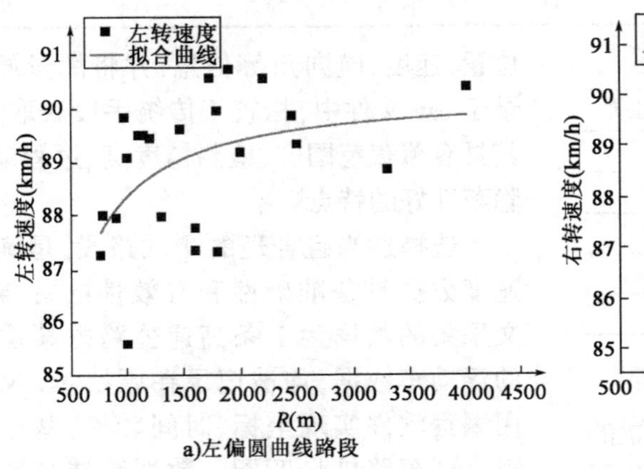

a)左偏圆曲线路段

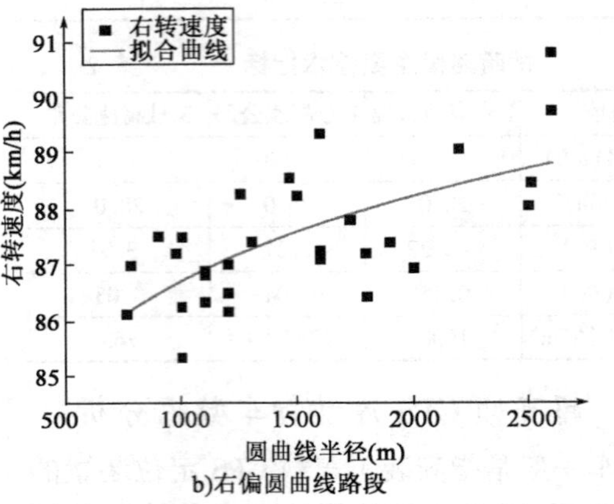

b)右偏圆曲线路段

图 2　圆曲线半径与速度关系

2.2　圆曲线转角

通过对车辆转向特性分析,圆曲线转角与速度之间存在一定关系[7]。在实际驾驶过程中,驾驶员根据道路条件、车辆性能和个人驾驶习惯等因素综合考虑,自然地调整自己的视线,以更好地获取前方的道路信息,这样可以确保车辆的行驶轨迹与预期的行驶路径之间的误差保持在安全范围内。因此可以通过曲线转角来量化驾驶员视野转动的转角大小。

选取曲线半径相近、纵坡较小的路段分析曲线转角对左偏圆曲线路段、右偏圆曲线路段车辆速度的影响,见图 3。从图 3 可以看出,左、右偏圆曲线路段货车的速度在不同转角下呈现递减趋势,这是由于转角值增大使得驾驶人驾驶更加谨慎。

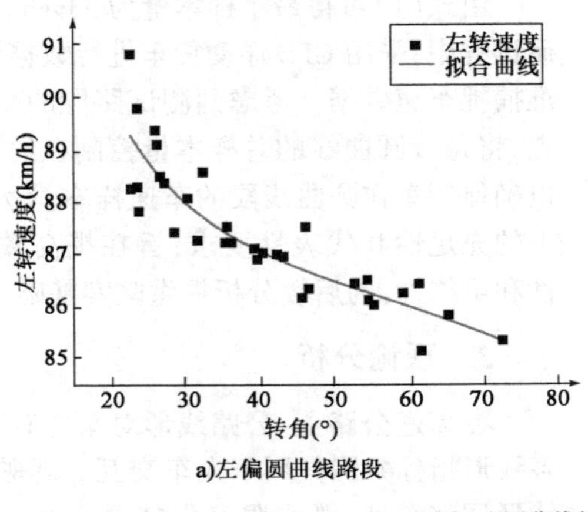

a)左偏圆曲线路段

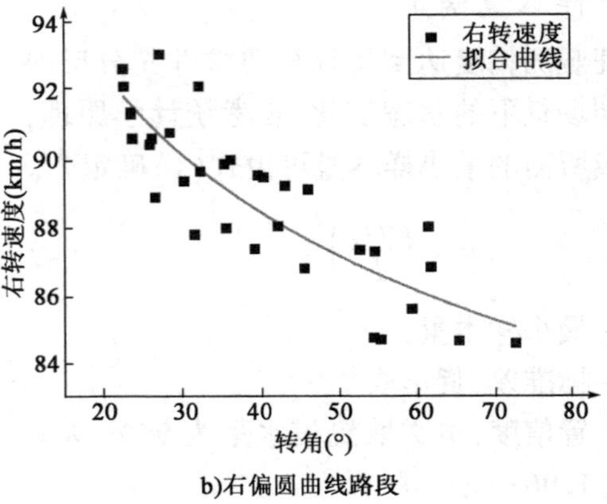

b)右偏圆曲线路段

图 3　圆曲线转角与速度关系

2.3 圆曲线长度

圆曲线的长度是影响驾驶员在曲线上行驶时间的重要因素，也是决定车辆行驶稳定性和乘客舒适度的关键因素。为探究圆曲线长度对车辆速度的影响，选取曲线半径相近、纵坡较小的路段进行深入研究。分析结果如图 4 所示，从图中可以观察到，在左偏圆曲线路段和右偏圆曲线路段，货车的速度随着圆曲线长度的增加呈现递减趋势。这是因为较长的圆曲线为驾驶员提供了更充分的时间和距离来适应曲线的变化，从而能够更平稳地完成减速过程。而在圆曲线长度较短的路段，当驾驶员车速较快时，他们可能还没来得及及时减速就已经驶出了圆曲线，因此车速相对较高。

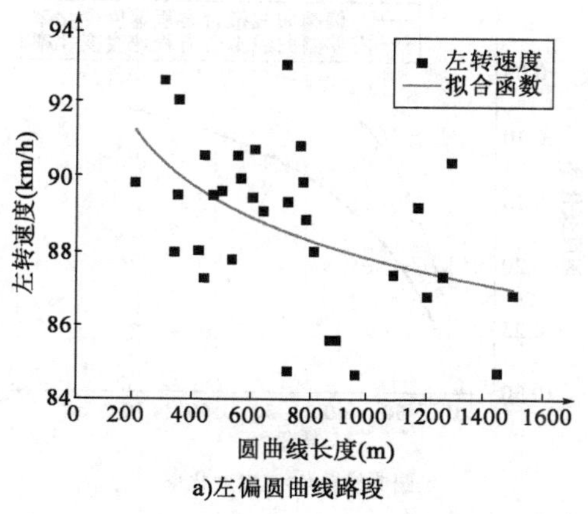

a)左偏圆曲线路段

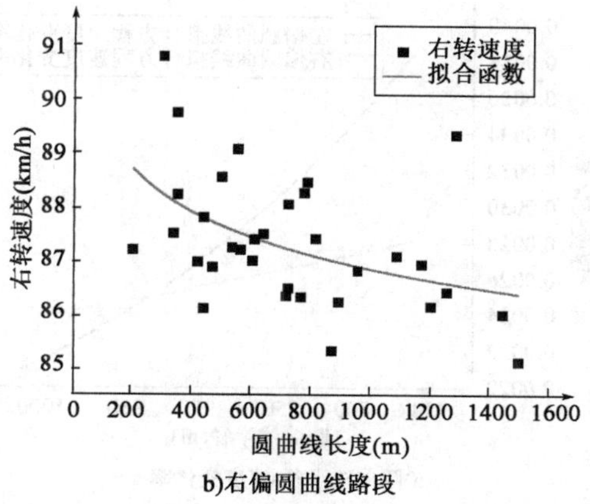

b)右偏圆曲线路段

图 4 圆曲线长度与速度关系

2.4 圆曲线入口速度

此外，鉴于圆曲线路段的车速在一个一个断面处叠加累积形成，选取坡度及半径均适中的路段，分析圆曲线入口处的车辆速度对圆曲线路段速度的影响，见图 5。由图 5 可知：圆曲线入口速度对左偏圆曲线路段速度有显著影响，两者线形正相关；同理，圆曲线入口速度对右偏圆曲线路段速度也有着类似的显著影响。

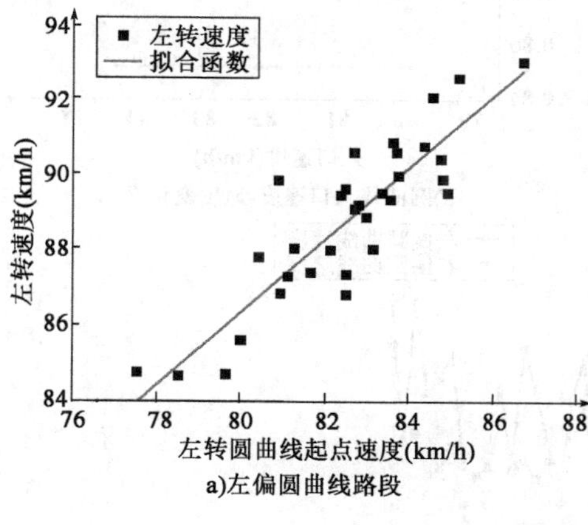

a)左偏圆曲线路段

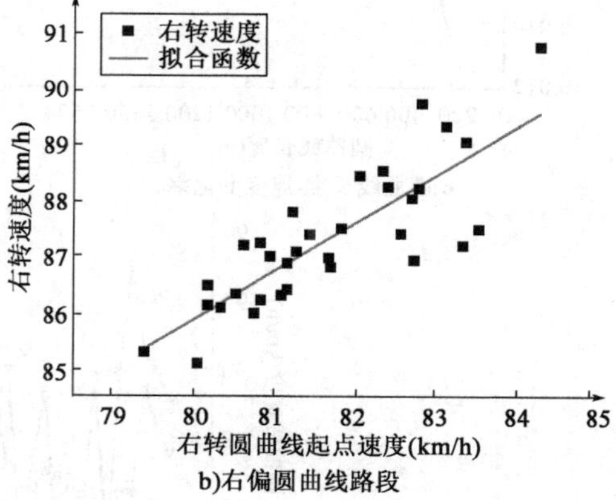

b)右偏圆曲线路段

图 5 圆曲线入口速度与速度关系

2.5 圆曲线前、后纵坡及平均纵坡

在上坡路段，坡度与车速呈负相关，事故率却随坡度的增大而上升。这主要是由于坡度增大导致驾驶者视距受限，从而提高了事故发生率。相反，在下坡路段，坡度与车速呈正相关，这使得车辆更难以受驾驶人控制，易发生事故[8]。在左右偏圆曲线路段，当纵坡坡度不一致时，选取该路段的平均坡度 $\bar{x}_i$ 分析纵断面线形对速度的影响。平均坡度指选定路段纵坡的加权平均值，计算可由式(2)确定[6]：

$$\bar{x}_i = \frac{\sum_{i=1}^{n}(\alpha_i L_i)}{L} \tag{2}$$

式中：$\bar{x}_i$——平均纵坡；

α_i——第 i 段坡度；

L_i——第 i 段长度；

L——整段长度。

为充分考虑车辆进入圆曲线前及驶出圆曲线后,道路纵坡对速度的影响,本文选取圆曲线起点前150m、圆曲线终点后150m以及圆曲线范围内的平均纵坡,分析其对左右偏圆曲线速度的影响,在分析纵坡对圆曲线路段速度的影响时,数据呈现较大离散度。这主要因为实验路段高速公路上90%的路段纵坡控制在3%以内,表明纵坡变化不显著,因此对速度直接影响有限。

3　转向速度特征分析

对第2节中拟合方程求导,计算拟合方程的速度变化率及速度绝对值,结果如图6所示。

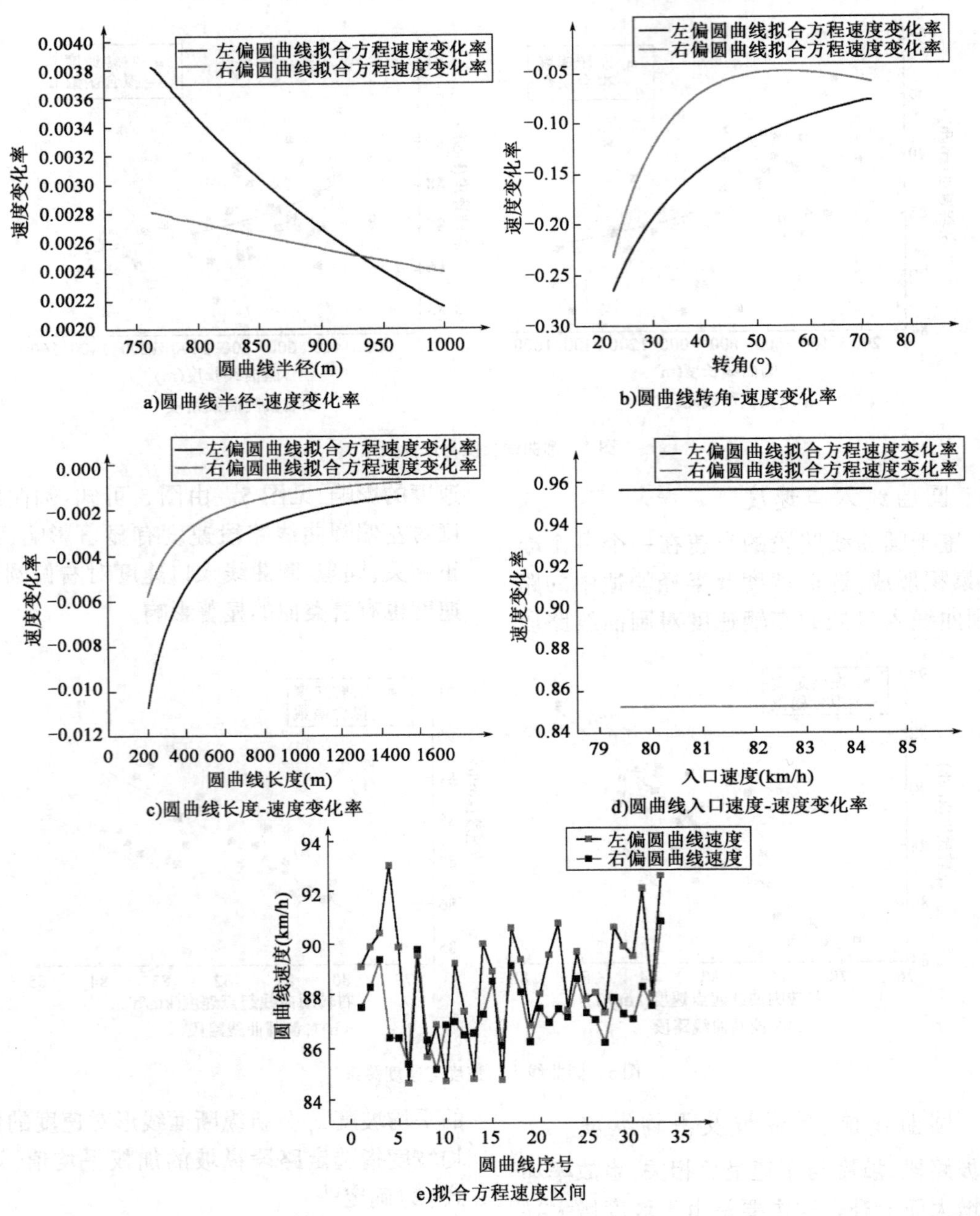

图6　拟合方程速度变化率及区间

从图6中可以看出:

(1)相同影响因素下,计算左右转速度变化率的差值并取均值。随着转角增大,左转速度变化率高于右转0.11;随着长度增大,左转速度变化率高于右转0.001;随着入口速度增大,左转速度变化率高于右转0.105。

(2)在同一圆曲线路段,货车在左偏方向的速度通常大于右偏圆曲线路段,左偏圆曲线路段速度的85%分位值为90.563km/h,右偏圆曲线路段速度的85%分位值为88.49km/h;左偏圆曲线路段速度的50%分位值为89.189km/h,右偏圆曲线路段速度的50%分位值为87.21km/h。

随着车速的提高,事故概率会同步增加[9]。车辆在两种路段上的速度差异和变化速率的不同,进一步导致左偏圆曲线路段在实际交通运行中更容易发生事故。通过对货车转向速度特征的分析,解释了左偏圆曲线数量较多的高速公路具有较高事故数量的原因。

4 结语

(1)本文利用超高频GPS浮动货车对广西地区三条高速圆曲线路段车辆速度进行采集,基于左右偏圆曲线路段半径、转角、长度及入口速度等线形指标,分析货车在左右转路段的速度差异性。

(2)随着影响因素的逐渐增大,左偏圆曲线路段货车的速度变化率绝对值通常高于右偏路段;同一圆曲线路段,货车在左偏方向的速度通常大于右偏路段。

(3)本文调研样本量有限,转向速度特征分析适用于纵面指标较高的高速公路圆曲线路段。后期将进一步对影响因素进行偏相关分析,确定模型变量及其系数,构建速度预测模型并以其余高速圆曲线路段进行验证。高速公路运行环境较为复杂,速度除了受道路线形条件、路侧余宽影响外,驾驶人心生理特性[10]、天气环境等因素也可作为影响变量对模型进行进一步修正。

参考文献

[1] 潘义勇,尤逸文,吴静婷. 换道事故严重程度影响因素异质性和可转移性分析[J/OL]. 吉林大学学报(工学版):1-9[2024-01-22]. https://doi.org/10.13229/j.cnki.jdxbgxb.20230410.

[2] 郭启明,王雪松,陈志贵. 基于驾驶模拟实验的山区高速公路运行速度建模[J]. 同济大学学报(自然科学版),2019,47(7):1004-1010.

[3] CVITANIĆ D, MALJKOVIĆ B. Operating speed models of two-lane rural state roads developed on continuous speed data[J]. Tehnicki vjesnik/Technical Gazette,2017,24(6):97.

[4] 张驰,翟艺阳,王韩,等. 基于ETC数据的山区高速公路客货车行驶速度特征研究[J]. 中国公路学报,2023,36(11):441-455. DOI:10.19721/j.cnki.1001-7372.2023.11.024.

[5] VOS J, FARAH H. Speed development at freeway curves based on high frequency floating car data[J]. European Journal of Transport and Infrastructure Research,2022,22(2):201-223.

[6] 袁华智,阎莹,袁志兵,等. 考虑多因素修正的山区二级公路弯坡组合路段小型车运行速度模型[J]. 中国公路学报,2022,35(1):286-297. DOI:10.19721/j.cnki.1001-7372.2022.01.025.

[7] KRAMMES R A, BRACKETT R Q, SHAFER M A, et al. Horizontal alignment design consistency for rural two-lane highways[R]. United States. Federal Highway Administration,1995.

[8] CALIENDO C, GENOVESE G, RUSSO I. A 3D CFD modeling for assessing the effects of both longitudinal slope and traffic volume on user safety within a naturally ventilated road tunnel in the event of a fire accident[J]. IATSS Research,2022,46(4):547-558.

[9] YANG Z, YANG Z. Key Contributory Factors Influencing Cycling Safety: Comprehensive Review Based on Accident Data and Literature Survey[J]. ASCE-ASME Journal of Risk and Uncertainty in Engineering Systems, Part A: Civil Engineering,2023,9(3):04023018.

[10] 阎莹,袁华智,杨香丽,等. 基于多源数据的单调道路环境与驾驶疲劳关系模型[J]. 中国公路学报,2021,34(5):156-167.

山区高速公路行车风险辨识与预测方法

夏嫣姿* 　刘　锴　周郁茗　王宝烽　齐思博

(长安大学公路学院)

摘　要　由于山区风险特征的复杂性,目前国内外关于山区高速公路行车风险的研究不成系统。基于此,在解释行车风险的基础上,本文对 2014—2024 年间山区高速公路行车风险研究成果进行统计分析,发现该领域研究受到国内外学者广泛关注与日益重视。因此,从山区高速公路行车风险辨识、风险预测方法 2 个方面对已有研究成果进行梳理和综合评述。首先,从人-车-路-环境 4 个辨识方面整理山区高速公路风险特征,形成风险特征体系;接着,以数据收集、风险度量、模型构建和模型验证 4 个子步骤综述风险预测方法;在模型构建步骤,基于广义线性和机器学习两种回归模型类型,比较了各类型方法优缺点。由此得到对相关研究的问题讨论如下:①山区高速公路行车风险辨识研究不甚全面,多源化风险辨识特征的耦合研究有所忽略;②风险度量缺乏统一标准,且各种算法在山区高速公路领域的实践相对欠缺,尤其是优化算法;③在未来研究中,值得关注电车的特征与“三高”新气候特征对山区高速公路行车风险的影响;同时在数据层面,扩张的实时数据和众包数据有望为行车风险预测带来新的机遇。

关键词　山区高速公路　行车风险　风险辨识　风险预测　机器学习

0　引言

随着国民经济稳步增长与社会发展的需求,我国公路建设已取得阶段性成就,根据中国交通运输部统计数据,截至 2022 年底,我国高速公路总里程为 17.73 万 km,其中山区高速公路占比已高于 25%[1]。然而,由于山区地形起伏、地表崎岖,河流密布,气候多变,山区高速公路线形呈现线形复杂、坡陡弯急、构造物密集等特点,具有复杂曲线、长大纵坡、桥隧群等安全阻碍,导致山区高速公路运营管控难度大,交通安全形势严峻。根据国家统计局数据[2]显示,2021 年全国各省份平均交通事故数为 8810 起,省份中山地面积占比最高的四川省(68.7%)、贵州省(64.3%)和广西省(59.8%),交通事故数分别高出平均数的 9%、105%和 119%,山区道路行车风险高于一般路段。

国内外学者关于山区高速公路行车风险展开了大量研究,包含桥隧路段[3]、立交区段[4]、曲线路段[5]、积水路段[6]等,使用的风险分析方法也多种多样。然而,由于山区高速公路的风险特征突出且复杂,现有行车风险研究在风险源的辨识存在局限性,风险预测方法不系统。因此为进一步了解山区高速公路行车风险的发展历程,对已有研究进行调研和分析,希望可以为未来研究人员提供研究方向、加速系统构建。

随着我国提出建设高质量综合立体交通网的总目标,山区高速公路里程将持续上升。考虑到行车风险的研究处于快速发展变化的阶段,有必要对山区高速公路领域进行总结。本文主要对 2014—2024 年的山区高速公路行车风险进行分析,整理风险源的辨识成果,归纳风险预测方法,并进一步讨论每种算法的优缺点。本文主要回答的问题见图 1。表 1 为本文用到的简写名称。

1　研究背景

1.1　行车风险含义

风险(risk)是事件发生或造成损失的严重程度。19 世纪,风险最早出现于经济学研究中[7],20 世纪被引入到工程和科学领域[8],行车风险(driving risk)指道路上行驶车辆发生事故的可能性或严重程度,行车风险研究是管控交通事故的有效手段。行车风险的总体轮廓如图 2 所示,可以观察到风险是如何随着驾驶表现而传播的,从而给其他道路使用者带来风险,并最终导致交通事故。

基金项目:陕西省自然科学基础研究计划面上项目(2023-JC-YB-391)、四川省交通运输科技项目(2022-ZL-04)。

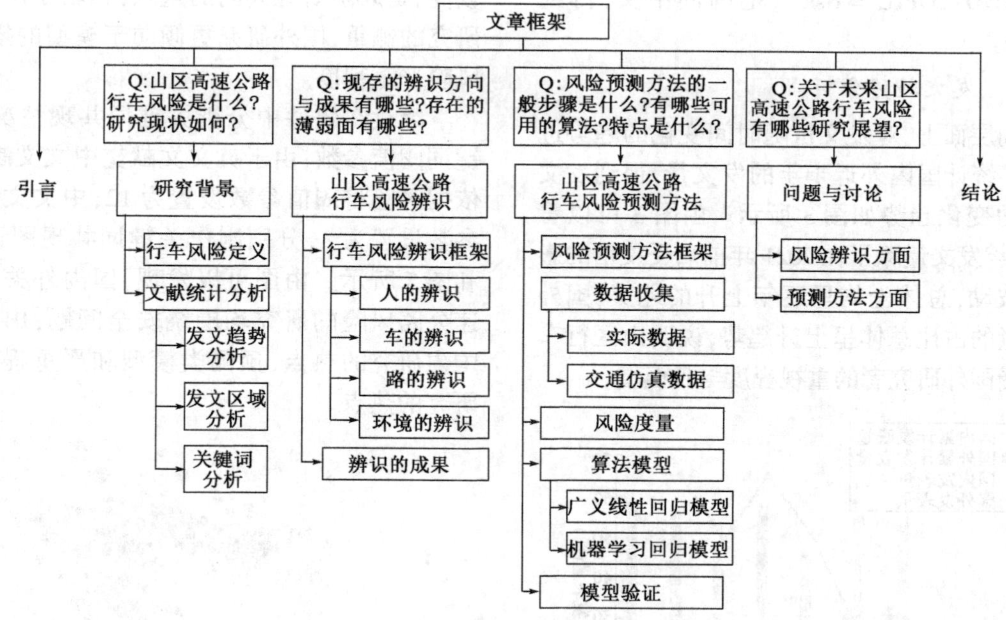

图1 本文所回答的问题及框架图

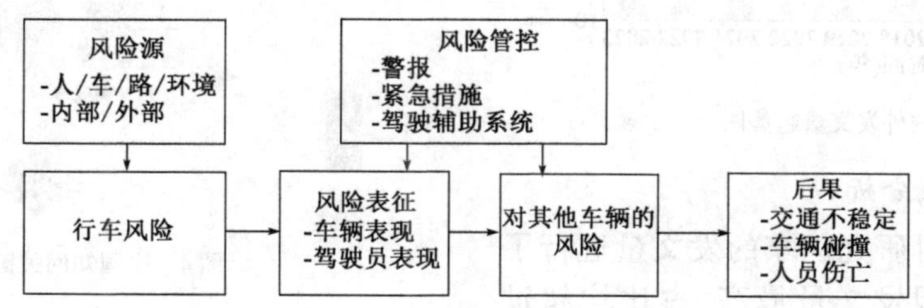

图2 行车风险的总体轮廓

简写名称参照表 表1

简写	全称	意译	简写	全称	意译
BPNN	Back propagation neural network	反向传播神经网络	NBR	Negative binominal regression	负二项回归
DNN	Deep neutral network	深度神经网络	NN	Neutral network	神经网络
DT	Decision tree	决策树	PSO	Particle swarm optimization	粒子群优化
GA	Genetic algorithm	遗传算法	RF	Random forest	随机森林
GBDT	Gradient boosting decision tree	梯度提升决策树	RNN	Recurrent neural network	循环神经网络
GWO	Grey wolf optimization	灰狼优化	RP	Random parameter	随机参数
LGBM	Light gradient boosting machine	轻度梯度提升机	RP-LR	Random-parameter logistic regression	匹配的病例控制逻辑回归
LR	Logistic regression	逻辑回归	SSA	Sparrow search algorithm	麻雀搜索算法
LSTM	Long-short term memory	长短期记忆法	SVM	Support vector machine	支持向量机
ML	Machine learning	机器学习			

1.2 文献统计分析

使用文献计量分析进一步研究山区高速公路行车风险的研究现状。中文数据来源于 CNKI 数据库,中文检索式为“主题 = 山区高速公路 + 山区公路 AND 主题 = 风险”,检索时间范围为 2014-01-01 至 2024-01-01,类型为期刊文章、学位论文和会议论文,得到 305 条结果;外文数据来源于 Web of Science ™(WoS)数据库,英文检索式为“TOPIC = mountain or mountainous or rural AND TOPIC = highway or expressway or freeway or trafficway AND TOPIC = risk”,范围同中文,得到440 条结果。

1.2.1　发文趋势分析

在时间层面上,对发文量随时间变化的趋势进行了分析。统计国内外近十年的发文量,得到发文量随时间的变化趋势如图 3 所示。由图 3 可以看出,国内外年发文量除了在 2021 年前后受疫情的影响而略显波动,总体上均呈逐年上升的趋势;国外累计发文量的占比总体呈上升趋势,说明山区行车风险问题受国外研究者的重视程度与日俱增。

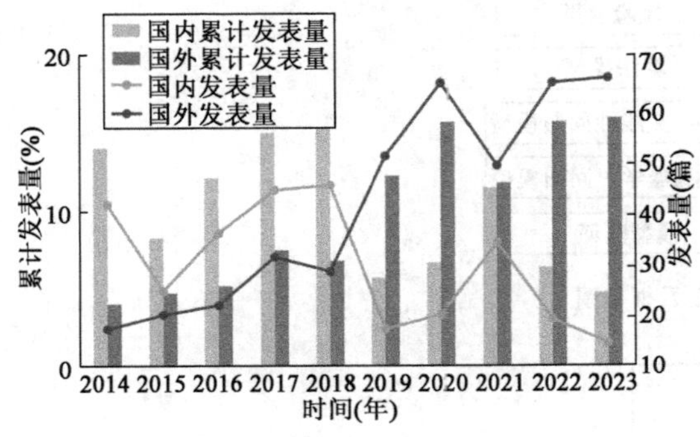

图 3　国内外发文量趋势图

1.2.2　发文区域分析

在区域层面上,对研究国家的发文量进行了分析,发现中国、美国发文量最高,占比均超过30%,山区行车风险问题引起了多个国家研究者的广泛关注。

1.2.3　关键词分析

首先是关键词频次的分析,使用 Citespace 软件分别导入中英文文献数据,分别对中英文文献进行关键词频次统计,得到前 10 位关键词如表 2 所示,发现 risk assessment(风险评估)、accidents(交通事故)、safety(交通安全)在国内外频次中均较高,是风险研究共同的重点;相较于国内对山区研究的侧重,国外研究更倾向于模型的搭建,以及风险严重程度。

继续在软件中分析关键词共现情况,设置关键词阈值参数,由于英文文献交中文文献体量大,依据经验将阈值参数设置为 12,中文文献的阈值参数设置为 3,分别制作关键词共现图谱,如图 4 和图 5 所示。由图可以发现,国内外关于山区高速公路风险的研究均围绕安全问题,山区问题是国内研究的热点,预测类模型和严重程度是国外研究的热点。

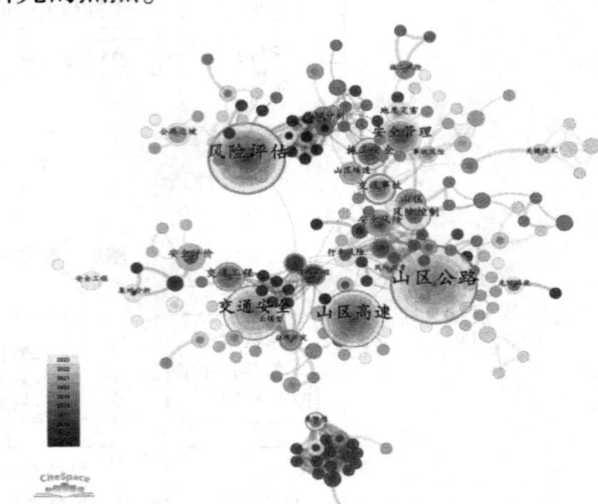

图 4　中国知网关键词共现图

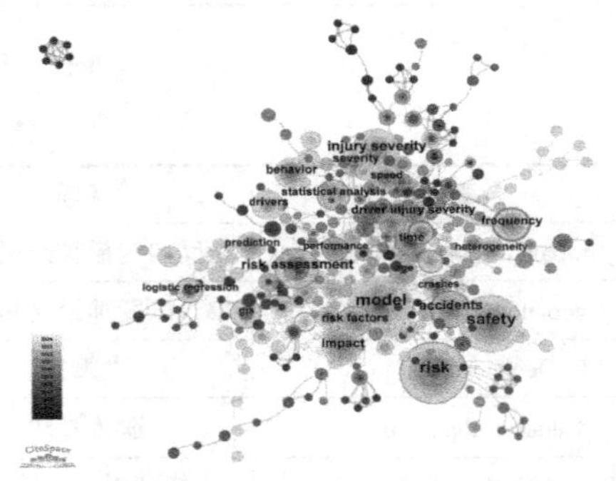

图 5　WoS 关键词共现图

中英文关键词频次统计　　表 2

英文关键词	频次	中心性	中文关键词	频次	中心性
risk	72	0.12	山区公路	53	0.38
model	70	0.07	风险评估	41	0.29
safety	64	0.02	山区高速	30	0.16
injury severity	36	0.05	交通安全	27	0.12
risk assessment	30	0.15	安全管理	13	0.08
accidents	27	0.26	施工安全	8	0.17
impact	24	0.01	山区	7	0.12
frequency	20	0.40	交通工程	7	0.16
driver injury severity	19	0.02	风险控制	7	0.12
behavior	18	0.07	交通事故	6	0.20

2 山区高速公路行车风险辨识

2.1 行车风险辨识框架

风险辨识是风险研究的首要任务，指对风险源、事件及其原因和潜在后果的发现、确认和描述[9]。对行车风险的准确辨识有助于在风险分析阶段明确研究对象，制定行车风险防控措施。山区地形地貌起伏、气候多变、空间狭窄，山区高速公路的行车条件更加复杂[10]，使其具有一系列区别于一般高速公路的风险因素。寇敏等曾在2022年把道路交通安全风险辨识的因素分为微观与宏观两类，其中微观因素按人、车、路、环境4个方面为基本框架做了系统的整理[11]。

2.1.1 人的辨识

驾驶人是驾驶过程中风险感知的直接对象，统计表明驾驶人的损伤或失误可能引发94%的交通事故[12,13]。山区高速公路复杂不利的行车环境会导致驾驶人心理负荷增加和危险驾驶行为，Faure等采集了驾驶人在复杂环境行车过程的眨眼特性，发现随驾驶难度增加，驾驶人眨眼频率对其视觉负荷的表征效果会降低[14]。

驾驶人心生理方面，学者以驾驶人负荷或眼动特征为切入点，研究了山区高速公路的不同行驶环境的行车安全问题：长大下坡条件[15]、隧道群条件[16]、桥隧群条件[17]、隧道与互通立交出入口小净距条件[18]，Zheng等引入瞳孔震荡的动态性指标，以研究驾驶风险波动的趋势[19]。驾驶行为方面，徐进等研究发现切弯、压线等驾驶行为会导致车辆对撞或碰撞风险[20]。

2.1.2 车的辨识

车辆自身技术状况往往由于山区不理想的行驶条件而引发的组件损坏，主要体现在连续上坡路段时的拉缸、烧蚀问题和连续下坡时的制动失灵问题。

关于后者，目前国内已形成较完善的货车制动毂温升模型[21]应用于风险研究[22]，张驰等基于合成坡度下的连续下坡货车行驶的风险要素，构建事故风险度量方程[23]；Liu等考虑到冬季泼水降温后路面结冰导致的风险[24]。然而关于连续上坡时的研究较有限，仍在探索车辆的动力性能[25]。

车辆间冲突风险往往由于山区狭窄的横向空间导致越线、碰撞、追尾等的不安全行为。国外学者在该方面研究较充分，Ghalehni等研究了山区公路车辆侵占对向车道的风险[26]；Chen等研究了山区高速公路货车碰撞风险[27]；进一步地，Khan等研究了山区高速公路货车碰撞严重程度，采用了更全面的因素集和更先进的DNN模型[28]。关于山区高速公路跟驰问题，戢晓峰等研究了移动遮断的货车跟驰事故风险[29]，还研究了小客车跟驰风险[30]；邹海云等研究了连续下坡时的货车追尾问题[31]。

2.1.3 路的辨识

由于地形条件的限制，山区高速公路常采用较为不利的平、纵、横线形指标。关于平面线形，张驰等研究了多心卵形曲线路段的行车风险影响因素[32]；山区小半径平曲线易引发视距不良问题，李星等[33]对山区高速公路采用紧急停车视距安全风险进行了分析。关于纵断面线形，Zhang等基于泊松模型研究了连续下坡路段交通事故发生机理[34]，胡立伟等识别了山区长大下坡路段货车行车风险因素[35]。关于横断面线形，吴忠广等研究了岩质高边坡的高速公路运营风险。进一步地，Rusli等出于对线形综合影响的考虑，使用随机NBR模型对单车事故风险的影响[36]。未来研究中，还可以考虑山区高速公路狭窄横断面、附属设施的设置对行车风险的影响，例如Zou等发现设立护栏能够降低车辆对向碰撞风险[37]。

受地形可用空间的限制，山区高速公路中出现了许多桥梁、隧道、互通式立交等构造物数量大且密集的工程现状，车辆在构造物密集区行驶时，具有更严重的行车风险[38-39]。Pervez等分析了隧道群路段碰撞发生的影响因素，包含季节、白天、驾驶人年龄等[40]；尚婷等充分挖掘山区多桥隧路段的风险源预测路侧事故发生[41]；张驰等[42]运用VISSIM仿真软件对隧道-互通出入口小净距展开研究，结合单、多因素分析构建风险预测模型。

2.1.4 环境的辨识

气候主要包括光照、气温和降水等，其中降水尤为重要。因为太阳辐射、降水量、气温、湿度、风速会随海拔高度的变化而变化[43]，所以山区气候所具有的降雨(雪)频繁、大雾频发、侧风灾害等重要特征。

山地降雨有量多且频繁的特点[44-46]，林忠玲等对交通灾害雨天气风险进行了系统综述，梳理了安全风险致因、评估方法和应用技术等相关研究成果[47]。山区海拔梯度变化快导致气象状况的垂直变化显著[48]，山区雨雾频繁，雨雾会严重影响驾驶人视线，导致行车风险[49]；由于山区临崖傍水的险恶环境，山区高速公路行驶车辆易受到峡谷横风和侧风的影响，尤其在桥梁路段，风力较大时会危机行车安全[50]，王露等使用仿真技术构建道路侧风模型研究了侧风条件下的山区高速公路行车稳定性[51]。

2.2　辨识结果

为进一步可视化研究情况，将检索数据导入 Endnote 文献管理软件，按照题目关键词出现频次，对风险辨识因素分 5 个等级可视化处理，如图 6所示，图中气泡颜色越深代表该项关键词频次越高，研究越丰富。

梳理行车风险辨识研究成果，整理了已有的山区高速公路风险元素，如图 7 所示。

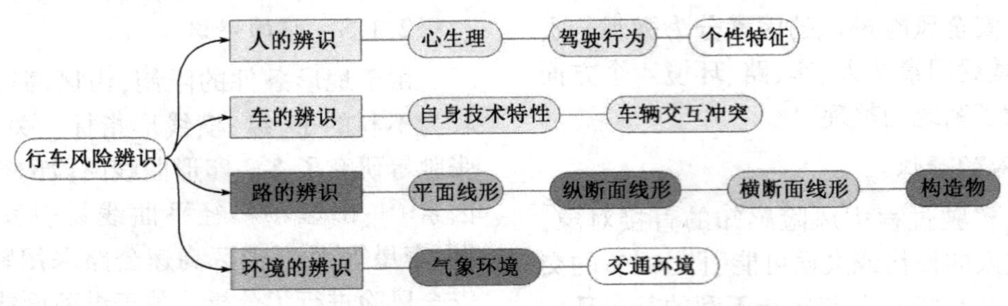

图 6　高速公路与山区高速公路行车风险辨识研究现状

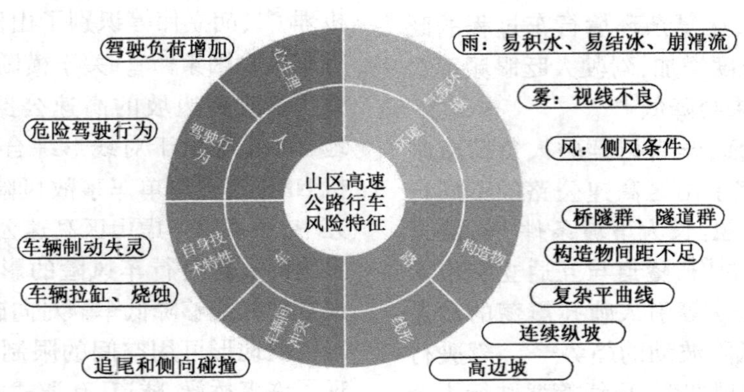

图 7　山区高速公路行车风险特征分类图

3　行车风险预测方法

3.1　风险预测方法框架

基于行车风险的复杂性，风险预测作为行车风险分析的前沿点和热点，可以对还未发生的行车风险进行预判，以便实现及时、适当地开展主/被动手段管控风险，是降低道路安全风险的突破口[11]。随着日益复杂的研究问题和呈指数增长的数据量，简单的数学公式已无法满足现有需求，机器学习、功能性源代码、仿真算法模型被使用于行车风险预测研究过程中。刘奕等认为风险分析的一般步骤是“数据 + 模型 + 计算”[52]，风险预测作为风险分析的一部分，可以将大多数风险预测方法分为数据收集、风险度量、模型构建和模型验证 4 个步骤。

3.2　数据收集

风险预测的数据来源包含交通仿真数据和实际数据。交通仿真数据是通过交通仿真软件建立交通仿真模型，对车辆行驶进行仿真实验得到的数据。

3.2.1　实际数据

实际数据包括历史事故数据、道路数据、气象数据和其他数据等。在现阶段行车风险预测研究中，交通事故数据占主要部分，来源有交通管理机构所提供的数据[53]和互联网公开的数据集[54]；数据结构可能包括事故参与者信息、车辆信息、道路线形和环境信息等，数据结构的多样性取决于被提供信息的丰富程度；Gutierrez-Osorio 等曾系统综述了用于预测研究的道路事故数据类型与来源[55]；在此基础上，出于研究问题的需要，还有学者融合多源数据进行风险预测分析，向曦等为研究高速公路气象风险，调研了云南昆磨高速公路交通气象数据、桥隧数据和地灾数据，考虑了数据的时空分布，使用核密度分析区域制图，以隐患路段普查结果作为训练要素，建立气象风险 RF 预测模型，生成预测结果并形成可视化的预测栅格[56]；更进一步地，Bao 等在城市短期碰撞风险预测研究中，以城市可采集的多源数据为基础，根据数据的时空特性将多源数据集分成三类，提出了一种时空卷积的 LSTM 预测风险。多源数据的处理方式在山区风险预测研究中值得借鉴。

在山区高速公路行车风险预测中，由于山区人、车、路、环境等方面行车风险的复杂性，对多源数据结构融合的需求相较于一般公路更大。未来随着道路传感器、全球精准定位系统和更多车载智能仪表的加入，预计将会出现新的数据共享机制、信息来源和更广泛的数据，可用更深入的风险预测研究。因此，多源数据的灵活有效处理是山区高速公路行车风险研究值得注意的关键问题之一。

3.2.2 交通仿真数据

在我国，由于交通事故数据的可获得性较低[57]，一定程度上限制了风险预测方法的可行性，因此交通仿真数据作为一种替代数据同样能够满足风险预测的模型需求。交通仿真技术可以在节约试验成本的同时，考虑行车过程中多种数据变量，侧重于的山区高速公路风险的微观研究。然而，仿真模型与真实场景的贴进度直接影响仿真分析的精确度与可信度。因此仿真模型参数的标定是关键点，实际交通事故数据也可用于交通仿真模型参数的标定中。

3.3 风险度量

行车风险是车辆发生事故的可能性或严重程度的大小，在构建风险预测算法模型前需要选取合适的方法对风险量化。目前对风险的度量无固定的量化标准，需要结合具体的风险预测对象和对象特征量化风险，现有研究对行车风险的量化主要集中于指定特征参数、判定风险等级或直接使用事故数据。

指定特征参数适用于具有显著特征的风险预测对象，以车辆行为为风险预测对象的研究为例，由于碰撞事件和近碰撞事件的易发性，TTC[58] 和 PET[59] 是常用的风险度量特征参数[60]；势场理论早期被用于自动驾驶车辆的轨迹规划中[61]，风险场法是场论在行车风险领域中的应用，将行车风险量化为场的特征参数，在车辆行为分析中已有一定研究基础[62]，有学者尝试将道路因素融入风险场进行综合量化[63]；道路传统理论认为道路交通系统具有人、车、路、环境 4 类要素，而各类要素下有多个风险因素，因此在多风险因素的复杂行车环境中，单一的风险度量参数无法体现多个因素的共同作用，也因此部分学者制定了风险评估体系，使用多种赋权的手段达到对整体风险量化的目的；还有学者直接以交通事故数量化行车风险，直接从风险结果切入，具有一定的合理性。目前风险度量的缺陷和难点在于如何度量行车环境中多风险因素的共同作用，尤其对于复杂环境复杂的山区高速公路，应当深入研究提升风险度量的综合性和精确性的有效方法。

3.4 算法模型

风险预测模型按原理可分为广义线性回归预测模型与机器学习回归预测模型两大类。常用的行车风险预测模型（图 8）分为：LR[64]、NB[65]、NN[66]、SVM[67]、DT[68]。相关代表性研究如表 3 所示。

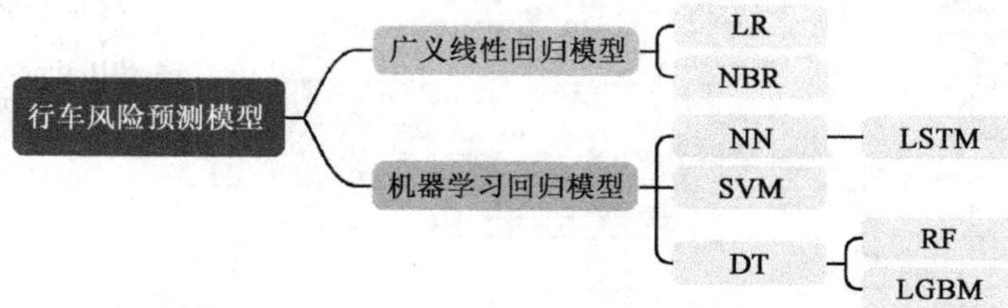

图 8 风险预测模型分类图

风险预测模型代表性研究 表3

模型	时间	研究者	关键内容
LR	2022年	Yuan等[69]	对比Bayesian-LR和ML的模型识别与预测结果,发现Bayesian-LR的识别性能较优,预测性能较弱,更适合用于高精度数据集
	2020年	Xing等[70]	基于车辆轨迹数据建立了收费站上游进口道的交通冲突风险4种随机LR模型进行性能比较,发现RP-LR模型具有最高的预测精度
NBR	2021年	Zhang等[71]	基于车载数据和道路事故数据,应用随机效应NBR模型预测了道路平曲线段的风险值
	2018年	吴佩洁等[72]	在传统NBR模型的基础上,使用Bayesian方法改进模型,建立了面向路网交通安全管理的大区段事故风险预测
LSTM	2023年	Ye等[73]	基于仿真分别使用LSTM和RNN模型预测高速公路合流区的事故风险,发现LSTM预测结果具有更高准确度
SVM	2023年	Zhong等[74]	为预测交通事故中的伤亡人数,构建并比较了GA-SVM、SSA-SVM等4种预测模型,发现SSA-SVM在因果关联分析中具有较好的性能
	2023年	Li等[75]	构建比较了包含SVM的4种山区高速公路交通事故严重程度ML模型,发现改进后的SVM具有更优的预测性能
RF	2022年	乔建刚等[76]	基于山区高速公路隧道出入口段交通事故数据时空特性,构建风险等级预测模型,对隧道不同区段进行风险预测分析
	2022年	戢晓峰等[77]	基于山区弯道车辆轨迹数据,建立Logistic、RF、SVM三种风险预测模型,经对比得出RF预测模型整体性能较优的结论
LGBM	2022年	戢晓峰等[30]	基于车辆轨迹数据与交通流数据,使用RF、SVM法建立LGBM货车移动遮断风险小客车跟驰风险预测模型
	2023年	戢晓峰等[29]	在原有模型基础上加入了道路线形与交通事故等数据,融入双变量冲突极值模型

在WoS上检索道路交通领域内风险预测的5种算法模型相关文献,导入Citespace软件生成聚类时间线图,如图9所示。机器学习层面,机器学习是最常被使用的算法,早在2014年就被用于事故、碰撞分析,神经网络是热门的机器学习算法;预测模型层面,NBR和LR曾是经常被使用的模型;此外,随机森林算法用于预测事故的热度较高。

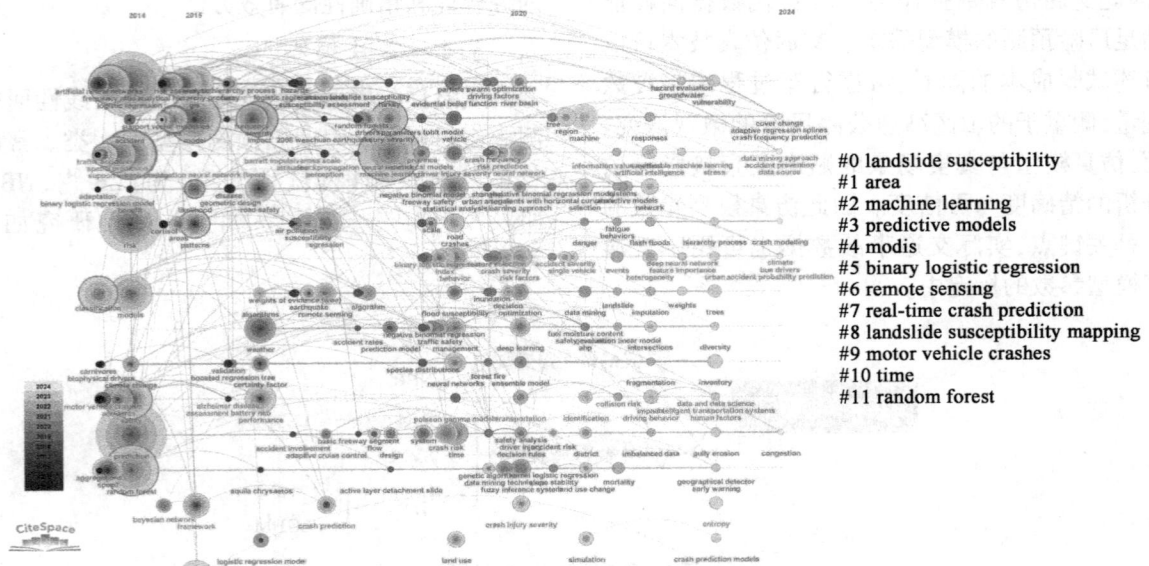

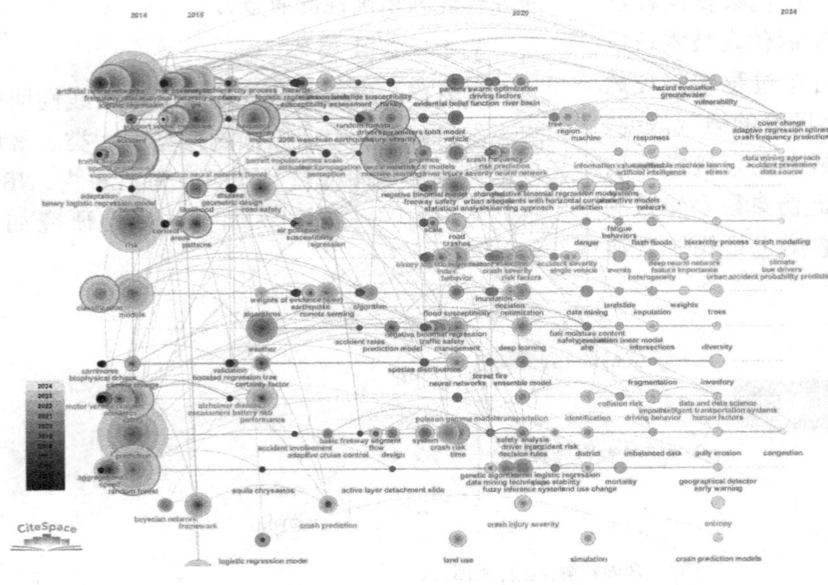

图9 算法模型聚类时间线图

3.4.1 广义线性回归模型

(1)LR 模型

LR 模型是以多元非线性回归的方式完成单个因变量于多个自变量之间的回归分析,具有良好的预测性能,适用于风险因素耦合联系较弱的短时间预测情况[64]。LR 模型包含 Bayesian-LR 和 RP-LR 等不同类型,其中 RP-LR 可以良好地考虑风险事件的异质性[78]。

在山区高速公路行车风险的早期研究中,标准 LR 模型常被使用[79-80],且由于其简单、易操作的特点,也被用于与其他风险预测模型结果的比较。其他类型 LR 在交通事故预测领域已取得一定研究基础,并且考虑到山区风险事件的异质性和数据结构的多样性,使用其他类型 LR 模型是解决山区风险问题的突破口之一。

(2)NBR 模型

NBR 模型的因变量服从负二项分布,在分析均值和方差不相等的数据具有明显优势,符合风险预测常用的交通事故数据服从具有方差远大于均值的特点。NBR 模型更适用于因变量服从负二项分布的交通事故数据,直接使用事故数据作为风险度量的预测研究适合采用 NBR 模型。类似于 LR,RP-NBR 模型[81]还可以考虑事件的异质性。

3.4.2 机器学习回归模型

(1)NN 模型

NN 模型可以学习交通事故各个影响因素之间的高维特征,发现高维特征间的复杂结构,并且构建变量间的多维非线性关系,弥补了经典 ML 未考虑相关复杂因素的不足,具有更高的预测精度和准确率[82]。

LSTM 是经优化后的 RNN 算法,当数据结构包含时间序列时,可以良好处理时序数据预测问题。但使用 LSTM 需要注意,处理超长序列时会导致训练时间大大增长,同时在超长的序列中进行反向传播也可能会导致梯度消失,降低模型的可靠性。总体而言,LSTM 作为一种有效的时序数据预测方法,同时具备 NN 的一般优点,且具有异构数据处理经验,在山区高速公路行车风险预测中仍有较大研究空间。

(2)SVM 模型

SVM 是一种基于结构风险最小化原则的 ML 算法,通过将低维特征空间中的非线性输入向量转换到高维特征空间中并构造一个具有特殊性质的线性决策面,从而保证网络的高泛化能力[83-84],可用于解决分类或回归问题。

由于数据结构和精度的要求变化,风险预测问题中的 SVM 算法,正在通过自然启发的元启发式方法进行不断优化。SVM 作为处理多变量事件复杂关系的有效算法,相关模型优化研究较为充分,但在山区高速公路行车风险的应用较有限,常被用于和其他 ML 模型对比。

(3)DT 模型

RF 是一种包含多个 DT 的分类器,可以较好地处理分类、回归,以及多自变量时的降维问题,适用于数据来源多、类型杂的高速公路行车风险场景,故而也常被使用在山区高速公路行车风险分析中。LGBM 是一种 GBDT 方法,能够在不损害准确率的条件下加快模型的训练速度,减小算法消耗空间。

RF 法与 LGBM 法相比,前者以多决策树原理拥有良好的算法精度,能够共同考虑多种因素复杂作用,被使用次数更多;后者以优化的单决策树原理拥有更快的计算速度和挖掘潜在因素的能力,是更新的算法模型。广义线性回归法与机器学习回归法优缺点、局限性比较见表 4。

预测模型对比表 表 4

模型	优点	缺点与局限性
广义线性回归	(1)可以反映各工况下的行车风险; (2)对数据量要求不高	(1)模型鲁棒性较差; (2)无法考虑因素间的关联性
机器学习回归	(1)可以高效处理大数据,挖掘数据价值; (2)对数据噪声容忍度强; (3)自动化水平高,简易方便	(1)模型结果可解释性差[85]; (2)对训练数据样本量有一定要求; (3)需要结合数据结构选择合适的 ML 算法

3.5 模型验证

在构建好风险预测模型后,验证模型的可行性、准确性、精度、鲁棒性是必要的环节。关于 ML 算法模型,Das 等曾列表整理了一系列受普遍认可的特征参数,用来表征 ML 模型的性能指标[85]。

除此之外,在模型可行性验证方面,引入实际数据与模型计算结果进行对比是被普遍认可的方法;在模型准确性验证方面,使用实测数据标定/训练模型的同时,使用交通事故数据对模型预测结果进行相关性分析,从而得到预测结果的准确性;此外,以相同的数据样本构建多种类似的算法模型,最后进行相关参数的对比也是一种有较强说服力的模型验证方法,多用于ML中。

4　问题与讨论

综合以上对国内外研究文献的归纳与分析,目前国内外学者对山区高速公路行车风险的研究集中于风险辨识和风险预测两个方面,并取得了较为丰富的研究成果,从人、车、路、环境等多角度研究了山区高速公路行车风险问题,为山区道路安全保障提供了丰富的理论基础和实践经验。

在风险辨识方面,对照一般路段的研究框架,尽管目前山区风险研究已取得一定成果,但仍有一些局限性。人的辨识层面,研究主要集中在山区道路条件对驾驶员所造成的心生理和行为上的压力,构建了多种量化指标,而在山区复杂气候环境方面的研究比较少。车的辨识层面,国外学者的研究强调车辆间冲突行为,认为山区狭窄的横向空间导致山区行车风险,而国内学者的研究则较多地集中于车辆自身的技术状况,并对山区连续下坡的线形所导致的货车毂温升问题展开了充实的研究,而针对连续上坡时的车辆自身技术状况则比较少。路的辨识层面,山区不良的平纵横线形是风险研究的重点,复杂密集的构造物是风险研究的热点,众多学者开展了丰富的研究并取得了丰富的成果,而仅有少数学者关注到不良组合与道路附属设施带来的影响。环境的辨识层面,大部分学者意识到山区雨雾风特殊环境所带来的风险问题,而缺乏对山区特殊气候发生机理的梳理。在未来研究中,随着电车的普及使用和高原高寒高海拔的“三高”山区公路项目的不断落成,可以关注电车特征与新气候特征,拓宽研究范围;同时,还应考虑山区多风险因素耦合研究。

在风险预测方面,以数据收集、风险度量、模型构建和模型验证的方法步骤,国内外道路交通的风险预测方法研究呈多元化发展趋势,而在山区高速公路领域的应用仍处于起步阶段。在数据收集层面,国内外大多数学者采用实际数据,少数学者使用交通仿真数据,且由于山区多元风险因素和不同地区数据结构的差异,数据结构往往呈多元化和多源化特点,因此灵活处理数据是未来值得关注的问题之一;同时,随着ITS的发展,道路将会产生更多实时数据,众包数据技术在其他行业已有大量实践基础,数据的增长会为行车风险预测带来新的机遇。在风险度量的层面,部分学者通过制定风险评估体系以量化风险,虽有一定的研究基础,然而由于侧重对象的不同未形成统一的量化标准。在算法模型的层面,国内外学者采用的模型有所不同,有较丰富的研究基础且呈现多元化的局势,但总体来说,研究集中于一般公路交通领域,山区高速公路领域的实践相对欠缺,也缺少优化算法的尝试。

5　结语

(1)基于研究背景的调查和文献统计分析结果,山区高速公路行车风险在国外研究中呈上升趋势,中国、美国、加拿大和印度是研究的中坚力量,而国内研究对山区问题有更多关注度,预测类模型和风险严重程度则是国外研究的热点。

(2)从预设的道路风险辨识框架出发,从人、车、路、环境4个角度梳理得到驾驶负荷增加、危险驾驶行为、车辆制动失灵等13个既有山区高速公路行车风险特征,以及风险辨识的薄弱面有:复杂气候环境对驾驶人的影响、连续上坡时的车辆问题、道路线形组合、道路附属设施等。

(3)将行车风险预测研究划分为4个子步骤,重点讨论了算法模型部分内容。风险预测模型包括广义线性回归模型和机器学习回归模型。前者由于其简单的操作和优化后的良好性能依旧出现于风险预测研究中,后者有更强的数据处理能力,是未来风险预测的主流算法。

(4)未来,电车的普及和“三高”公路的建设为山区高速公路行车风险研究带来新的问题;实时数据的风险预测和众包数据的使用可能会为行车风险研究带来新的机遇。

参考文献

[1] 刘德敬,高银钧,田毕江,等.考虑均值异质性的高原山区公路责任事故严重度风险因素辨识[J].安全与环境学报,2023,23(11):4024-4032.

[2] 国家统计局.中国统计年鉴[M].北京:中国统计出版社,2022.

[3] 肖殿良,郭忠印,周子楚,等. 山区高速公路桥隧群运行风险预警系统[J]. 公路,2017,62(11):168-173.

[4] 王晓飞,符锌砂,葛婷. 高速公路立交入口区域行车风险评价模型[J]. 交通运输工程学报,2011,11(5):88-92.

[5] 张驰,孟良,汪双杰,等. 高速公路曲线路段小客车制动行为侧滑风险仿真分析[J]. 中国公路学报,2015,28(12):134-142.

[6] 张驰,王博,贺九平,等. 基于行车动力学的高速公路积水路段行车风险分析[J]. 交通信息与安全,2019,37(5):9-17.

[7] BÜHLMANN H. Mathematical methods in risk theory[M]. Berlin:Springer,2007.

[8] 殷杰,尹占娥,许世远,等. 灾害风险理论与风险管理方法研究[J]. 灾害学,2009,24(2):7-11,15.

[9] 全国风险管理标准化技术委员会. 风险管理术语:GB/T 23694—2013[S]. 北京:中国标准出版社,2014.

[10] 孙龙声,方勇,郭忠印. 山区高速公路运行环境复杂路段行车安全预警系统[J]. 公路工程,2014,39(5):54-58.

[11] 寇敏,张萌萌,赵军学,等. 道路交通安全风险辨识与分析方法综述[J]. 交通信息与安全,2022,40(6):22-32.

[12] KINNEAR N,HELMAN S,WALLBANK C,et al. An experimental study of factors associated with driver frustration and overtaking intentions [J]. Accident Analysis & Prevention,2015,79:221-230.

[13] WANG W, XI J, CHEN H. Modeling and recognizing driver behavior based on driving data: a survey[J]. Mathematical Problems in Engineering,2014:1-20.

[14] FAURE V,LOBJOIS R,BENGUIGUI N. The effects of driving environment complexity and dual tasking on drivers' mental workload and eye blink behavior [J]. Transportation Research Part F: Traffic Psychology and Behaviour,2016,40:78-90.

[15] 林声,刘建蓓,阎莹,等. 基于驾驶负荷的山区高速公路长大下坡路段安全性评价模型[J]. 交通运输工程学报,2013,13(6):99-106.

[16] SHANG T,QI H,HUANG A,et al. A comparative driving safety study of mountainous expressway individual tunnel and tunnel group based on eye gaze behavior [J]. Plos One, 2022, 17(2):0263835.

[17] ZHANG B, BAI J, YIN Z, et al. Study on the driver visual workload of bridge-tunnel groups on mountainous expressways [J]. Applied Sciences,2023,13(18):10186.

[18] 徐进,陈正欢,廖祺硕,等. 基于心电数据的高速公路高密度互通立交驾驶负荷研究[J]. 吉林大学学报(工学版):1-12.

[19] ZHENG H, DU Z, WANG S. Dynamic driving risk in highway tunnel groups based on pupillary oscillations[J]. Accident Analysis & Prevention,2024,195:107414.

[20] 陈正委,张杰,徐进. 高速公路互通立交小半径匝道雨雪天事故风险与限速研究[J]. 公路,2023,68(4):217-225.

[21] 张驰,侯宇迪,杨坤,等. 公路长大下坡路段货车制动毂温升模型研究综述[J]. 长安大学学报(自然科学版),2019,39(3):96-107.

[22] 张驰,胡涛,侯宇迪,等. 基于制动毂温升的连续下坡货车事故风险评价模型[J]. 华南理工大学学报(自然科学版),2020,48(11):19-29.

[23] 张驰,向宇杰,兰富安,等. 基于合成坡度的连续下坡路段货车行车风险评价方法[J]. 公路交通科技,2023,40(10):51-61.

[24] LIU J X,ZHU J. Safety adaptability of engine retarder (jacobs) on long downhill of expressways [J]. Journal of Physics: Conference Series,2019,1187(3):032105.

[25] 练子文. 高速公路连续上坡路段车辆运行特性及爬坡车道设置研究[D]. 长沙:长沙理工大学,2022.

[26] GHALEHNI S A, BOROUJERDIAN A M. Model of encroachment into opposite lanes in horizontal curves of rural roads [J]. IATSS Research,2023,47(2):277-285.

[27] CHEN Z, WEN H, ZHU Q, et al. Severity analysis of multi-truck crashes on mountain freeways using a mixed logit model [J]. Sustainability,2023,15(8):6499.

[28] KHAN M N,DAS A,AHMED M M. Prediction of truck-involved crash severity on a rural mountainous freeway using transfer learning with res net-50 deep neural network [J]. Journal of Transportation Engineering,Part A: Systems,2024,150(2):04023131.

[29] 戢晓峰,耿昭师,曹瑞,等.严重冲突场景下山区双车道公路货车跟驰风险预测[J].安全与环境学报,2023,23(9):2975-2983.

[30] 戢晓峰,徐迎豪,普永明,等.山区双车道公路货车移动遮断小客车跟驰风险预测模型[J/OL].吉林大学学报(工学版):1-9[2024-05-05].

[31] 邹海云,刘锴,张驰,等.高速公路连续下坡路段货车追尾风险评价研究[J].公路交通科技,2022,39(12):188-195,238.

[32] 张驰,李永春,吴斌,等.高速公路多心卵形曲线路段行车风险分析[J].公路,2022,67(3):1-10.

[33] 李星,王科,林宣财,等.高速公路内侧车道采用紧急制动停车视距安全风险分析[J].公路交通科技,2021,38(9):78-84.

[34] ZHANG T, LIU D, MI X. Research on the safety characteristic of continuous downgrade segment in two-lane highway [C] // ICLEM 2010,2010:1280-1289.

[35] 胡立伟,李林育,古含焱,等.山区长大下坡路段货车行车风险因素识别[J].长安大学学报(自然科学版),2019,39(1):116-126.

[36] RUSLI R, HAQUE Md M, KING M, et al. Single-vehicle crashes along rural mountainous highways in malaysia: an application of random parameters negative binomial model [J]. Accident Analysis & Prevention, 2017, 102: 153-164.

[37] MODELER Y Z P. An insight into the performance of road barriers-redistribution of barrier-relevant crashes[J]. Accident Analysis and Prevention,2016.

[38] 刘路.相邻隧道与互通安全分析和合理间距研究[D].重庆:重庆交通大学,2014.

[39] 闫彬.山区高速公路桥隧群路段行车安全研究[D].西安:长安大学,2013.

[40] PERVEZ A, ASCE S M, HUANG H, et al. Factors affecting injury severity of crashes in freeway tunnel groups: a random parameter approach [J]. Journal of Transportation Engineering,Part A:Systems,2022.

[41] 尚婷,唐杰,黄政东,等.山区高速公路多桥隧段路侧事故预测研究[J].公路交通科技,2022,39(10):141-152.

[42] 张驰,王博,杨坤,等.高速公路隧道与互通出入口小净距路段行车风险评价方法[J].安全与环境学报,2023,23(6):1739-1751.

[43] 毛政旦.论山地气候带和气候型[J].地理研究,1989(3):21-29.

[44] BRITANNICA T. Orographic precipitation: definition,cause,location and facts[EB/OL]. [2023-11-24] https: // www. britannica. com/science/orographic-precipitation.

[45] HOUZE R A. Orographic effects on precipitating clouds[J]. Reviews of Geophysics,2012,50.

[46] ROE G H. Orographic precipitation[J]. Annual Review of Earth and Planetary Sciences,2005, 33(1):645-671.

[47] 林忠玲,王荣华,马森,等.交通灾害雨天气交通安全风险管理研究综述[J].公路,2022,67(1):272-279.

[48] 温惠英,薛刚.山区公路交通事故多要素风险综合分析方法:以山区雨雾天气为例[J].中国安全科学学报,2019,29(90):161-166.

[49] 薛晴婉,徐嘉伟,闫学东,等.雾天驾驶人车辆操纵行为特性及其与追尾风险相关性分析[J].交通信息与安全,2022,40(1):

19-27.

[50] KWON S D, KIM D H, LEE S H, et al. Design criteria of wind barriers for traffic-part 1: wind barrier performance[J]. Wind and Structures, 2011, 14(1): 55-70.

[51] 王露,许甜,薛恒,等. 侧风作用下山区高速公路行车稳定性仿真分析[J]. 交通信息与安全,2019,37(3):20-27.

[52] 刘奕,钱静,范维澄. 走向精准:突发事件风险分析方法发展综述[J]. 中国安全科学学报,2022,32(9):1-10.

[53] YAN J, ZENG S, TIAN B, et al. Relationship between highway geometric characteristics and accident risk: a multilayer perceptron model (MLP) approach[J]. Sustainability, 2023, 15(3): 1893.

[54] LI Z N, HUANG X H, MU T, et al. Attention-based lane change and crash risk prediction model in highways[J]. IEEE Transactions on Intelligent Transportation Systems, 2022, 23(12): 22909-22922.

[55] GUTIERREZ O C, PEDRAZA C. Modern data sources and techniques for analysis and forecast of road accidents: a review[J]. Journal of Traffic and Transportation Engineering (English Edition), 2020, 7(4): 432-446.

[56] 向曦,王鑫瑞,彭启洋,等. 基于随机森林算法的云南昆磨高速公路气象风险研究[J]. 灾害学,2024,39(2):21-25,72.

[57]《中国公路学报》编辑部. 中国交通工程学术研究综述·2016[J]. 中国公路学报,2016,29(6):1-161.

[58] HAYWARD J C. Near-miss determination through use of a scale of danger[J]. Highway Research Record, 1972.

[59] HYDÉN C. The development of a method for traffic safety evaluation: the swedish traffic conflicts technique[C]//1987.

[60] KIM J, KUM D. Collision risk assessment algorithm via lane-based probabilistic motion prediction of surrounding vehicles[J]. IEEE Transactions on Intelligent Transportation Systems, 2018, 19(9): 2965-2976.

[61] TSOURVELOUDIS N C, VALAVANIS K P, HEBERT T. Autonomous vehicle navigation utilizing electrostatic potential fields and fuzzy logic[J]. IEEE Transactions on Robotics and Automation, 2001, 17(4): 490-497.

[62] LI L, GAN J, JI X, et al. Dynamic driving risk potential field model under the connected and automated vehicles environment and its application in car-following modeling[J]. IEEE Transactions on Intelligent Transportation Systems, 2022, 23(1): 122-141.

[63] 张驰,王博,陈星光,等. 基于风险场的高速公路高风险区域甄别方法[J]. 中国安全科学学报,2023,33(5):144-151.

[64] GUO M, ZHAO X, YAO Y, et al. A study of freeway crash risk prediction and interpretation based on risky driving behavior and traffic flow data[J]. Accident Analysis & Prevention, 2021, 160: 106328.

[65] KRONPRASERT N, BOONTAN K, KANHA P. Crash prediction models for horizontal curve segments on two-lane rural roads in thailand[J]. Sustainability, 2021, 13(16): 9011.

[66] LI P, ABDEL A M, YUAN J. Real-time crash risk prediction on arterials based on LSTM-CNN[J]. Accident Analysis & Prevention, 2020, 135: 105371.

[67] 樊博,马筱栎,雷小诗,等. 基于支持向量机的高速公路事故实时风险预测[J]. 工业工程,2021,24(4):143-149.

[68] 吕能超,杜子君,吴超仲,等. 多车道高速公路出口开口段安全特性分析[J]. 交通运输系统工程与信息,2021,21(3):120-130.

[69] YUAN Z, HE K, YANG Y. A roadway safety sustainable approach: modeling for real-time traffic crash with limited data and its reliability verification[J]. Journal of Advanced Transportation, 2022: 1-14.

[70] XING L, HE J, ABDEL A M, et al. Time-

varying analysis of traffic conflicts at the upstream approach of toll plaza[J]. Accident Analysis & Prevention,2020,141:05539.

[71] ZHANG C,HE J,KING M,et al. A crash risk identification method for freeway segments with horizontal curvature based on real-time vehicle kinetic response[J]. Accident Analysis & Prevention,2021,150:105911.

[72] 吴佩洁,孟祥海,崔洪海.面向NSM的高速公路大区段事故风险预测方法[J].交通信息与安全,2018,36(4):7-14.

[73] YE Q, LI Y, NIU B. Risk propagation mechanism and prediction model for the highway merging area[J]. Applied Sciences, 2023,13(14):8014.

[74] ZHONG W,DU L. Predicting traffic casualties using support vector machines with heuristic algorithms: a study based on collision data of urban roads[J]. Sustainability, 2023, 15(4):2944.

[75] LI J,GUO F,ZHOU Y,et al. Predicting the severity of traffic accidents on mountain freeways with dynamic traffic and weather data[J]. Transportation Safety and Environment, 2023,5(4):1.

[76] 乔建刚,王傑,岳凌峰.基于随机森林的高速公路运营隧道风险判别法则研究[J].中国安全生产科学技术,2022,18(9):195-202.

[77] 戢晓峰,谢世坤,覃文文,等.基于轨迹数据的山区危险性弯道路段交通事故风险动态预测[J].中国公路学报,2022,35(4):277-285.

[78] YU R,HAN L,ZHANG H. Trajectory data based freeway high-risk events prediction and its influencing factors analysis[J]. Accident Analysis & Prevention,2021,154:106085.

[79] 徐铖铖,刘攀,王炜,等.恶劣天气下高速公路实时事故风险预测模型[J].吉林大学学报(工学版),2013,43(1):68-73.

[80] 周雨,杨华,刘志萍,等.沪昆高速江西段交通事故气象风险分析和概率预测[J].气象与减灾研究,2019,42(2):133-139.

[81] CHENG Z, YAO X, BAO Y, et al. Freeway crash risk prediction considering unobserved heterogeneity: a random effect negative binomial regression approach[J]. Journal of Transportation Safety & Security,2023:1-25.

[82] 张延孔,卢家品,张帅超,等.基于路网结构的城市交通事故短期风险预测方法[J].智能系统学报,2020,15(4):663-671.

[83] CORTES C, VAPNIK V. Support-vector Networks[J]. Machine Learning, 1995, 20(3):273-297.

[84] WANG E G,SUN J,JIANG S,et al. Modeling the various merging behaviors at expressway on-ramp bottlenecks using support vector machine models[J]. Transportation Research Procedia,2017,25:1327-1341.

[85] DAS S, DUTTA A, DEY K, et al. Vehicle involvements in hydroplaning crashes: applying interpretable machine learning[J]. Transportation Research Interdisciplinary Perspectives,2020,6:100176.

高速公路直线段货车轨迹摆动特征与车道宽度研究

孟腾飞*[1] 谢逸超[1] 聂渝涵[2] 奚圣宇[1] 张 驰[1]
(1.长安大学公路学院;2.长安大学运输工程学院)

摘 要 为了解高速公路直线路段货车的轨迹摆动特征与相关规律,为车道宽度的确定提供参考和依据,本研究利用广西GX高速公路的浮动车轨迹数据进行相关的研究。首先提取了四段纵坡较小且无构造物干扰的直线路段轨迹数据,然后经过坐标系转换、道路拟合等手段计算出车辆的轨迹摆动指标,并利用基于密度的DBSCAN算法对数据进行筛选,最后基于此数据对车辆的速度指标和横向摆动指标进行了分析与研究。结果表明,货车车辆速度与横向摆动数据分布较为均匀,且相对于外侧车道,内侧车道的车辆行驶速度较高,轨迹摆动程度较大,同时不同行驶速度下货车存在不同的轨迹摆动特征;货车轨迹摆动的平均值和85分位值分别为0.31m和0.49m。因此,建议高速公路车道宽度的最小值和一般值分别为3.35m和3.55m。

关键词 交通工程 高速公路 横向摆动 货车 浮动车数据 车道宽度

0 引言

据统计,截至2022年末,我国高速公路里程达17.73万km,位居世界第一。随着我国高速公路总里程的增加,交通事故与交通安全也逐渐引起了人们的重视,高速公路交通事故发生率最高,死亡率约为普通公路的8倍[1]。车辆行驶速度和行驶轨迹作为驾驶人驾驶行为的直观体现,与驾驶安全有着直接的关系[2]。在实际驾驶过程中,由于受到驾驶员、车辆和道路环境等方面的影响,发现车辆的行驶轨迹并不严格遵守车道中心线,相反地,驾驶人会不断调整方向盘从而表现出相对于车道中心线的横向震荡[3]。

近年来,不少学者针对车辆行驶轨迹进行研究,吴少峰等[4]通过实地驾驶模拟实验收集车辆轨迹数据,并对车辆的横向偏移进行统计分析,揭示高速公路直线与曲线路段车辆轨迹变化特征。徐进等[3,5]基于无人机航拍数据集,对不同地区、不同车型的车辆轨迹摆动特征进行了对比分析。Chen等[6]提取无人机视频的轨迹数据,对车辆的横向轨迹行为进行了分析和汇总,最终提出了一种基于视频轨迹数据识别危险驾驶行为的风险度量方法。Wan等[7]利用无人机视频提取了互通式立交入口匝道区域的车辆行驶轨迹特征,分析了车辆便道行为对目标车道交通运行状态的影响。

我国现有的车道宽度存在显著的盈余,按照线形规范设计车辆专用车道可能会导致设计冗余,因此有学者提出在保障行驶的安全性和舒适性的基础上,目前的车道宽度可以进行缩减[8-9],也有不少学者根据车辆的轨迹特征对车道宽度缩减值进行了相关论证。Huang等[10]通过路侧传感设施收集了高速公路上车辆经过特定位置的横向行驶特征,并建立了分位数回归模型,最终针对小客车专用车道给出最小值3m以及与一般值3.5m的建议值。Liu等[11]利用雷达-视频集成系统收集到高精度轨迹数据并采取统计方法揭示汽车的横向轨迹特征,最后提出了汽车有效宽度的拟合表达式,第95、90、85分位数的有效车道宽度分别是3.2m、3.0m、2.8m。Ding等[12]利用德国自然驾驶数据集对车辆的速度分布、横向摆动以及摆动周期内行驶的距离进行仔细阐述,针对不同速度给出了车道宽度最小值和最优值。徐进等[3-5]根据实车驾驶试验、无人机航拍数据提取了车辆轨迹数据,同时针对自动驾驶车道宽度和小客车专用车道车道宽度的最小值和一般值给出了建议值,

基金项目:陕西省自然科学基础研究计划面上项目(2023-JC-YB-391)、四川省交通运输科技项目(2022-ZL-04)。

分别为 3.0m、3.0m 与 3.25m。

综上所述,以往的研究往往从路侧摄像机、无人机航拍视频和实车驾驶试验提取车辆轨迹数据,这些数据存在样本量少、地点受限、轨迹数据不连续等问题,本文利用超高频 GPS 轨迹数据,可以获得海量的连续的自然驾驶轨迹数据。以往的研究集中于分析弯道、城市道路等路段的小客车在震荡特性,缺少针对高速公路直线路段的车辆震荡特性的研究,并且所得到的车道宽度大多针对小客车,而高速公路的车道宽度主要由货车进行控制。本研究分析货车在高速公路直线段的横向摆动指标,对提高高速公路货车安全、明确货车驾驶轨迹特征以及确定更加合理有效的车道宽度与横断面指标具有十分重要的意义。

1　研究方法

1.1　数据来源

本研究使用车载设备获取自然驾驶状态下货车的 GPS 数据,采集路段为西部某高速公路(图1)。该高速公路为双向四车道高速公路,车道宽度为 3.75m,设计速度 100km/h,浮动车车辆宽度为 2.55m,时间跨度为 2023 年 6 月 1 日至 7 月 1 日;采样频率为 1s,共计回传 1521 万条数据,每条数据包含车辆位置坐标、时间戳、车辆行驶速度、航向角等数据信息。数据采集车辆及设备如图2 所示。

图1　GX 高速公路行驶环境

结合设计资料与地图,本研究共提取 4 段直线路段共计约 20 万个轨迹数据作为研究对象,长度均为 1km 附近,且研究路段的纵坡小于 2%,附近无互通式立交、隧道、桥梁等复杂构造物,直线路段前后线形良好。

图2　数据采集车辆及设备

1.2　轨迹摆动

本文选择横向摆动(LA)这一指标用来表征车辆横向运动的特征参数,车辆轨迹的横向摆动是指汽车在车道保持的过程中,在特定范围内轻微上下波动的情况。这是由于人工驾驶车辆受到驾驶习惯和周围环境等因素的影响,车辆的行驶轨迹相较于车道中心线会存在一定的偏移,而当车辆的偏移超过一定程度后,驾驶人会选择控制方向盘并调整车身位置,从而造成车身位置轻微上下摆动的现象发生,如图 3 所示。

横向振幅反映了车辆在车道内行驶时的偏移程度,主要是根据车辆在一个摆动周期内的最大横向位置和最小横向位置之间的差值决定,即:

$$\mathrm{LA} = y_{\max} - y_{\min} \tag{1}$$

式中:LA——车辆在车道保持过程中的横向摆动(m);

$y_{\max}$、$y_{\min}$——车辆在一个震荡周期内横向位置的最大值和最小值(m)。

1.3　数据处理

本文数据处理主要包括以下内容:

(1)坐标系转换:浮动车轨迹数据为非线性加密的 GCJ-02 火星坐标系,具体如图 4a)所示,利用 Coordinates Converter 库,根据数据的经纬度,将其坐标系转换为投影坐标系。

(2)试验路段提取:根据设计资料的坐标信息,确定研究路段的投影坐标系并提取研究路段范围内的轨迹数据,GPS 点在 CAD 中的复原情况与地图匹配情况如图 4b)所示,99%的轨迹数据均在横断面范围内,数据精度高。

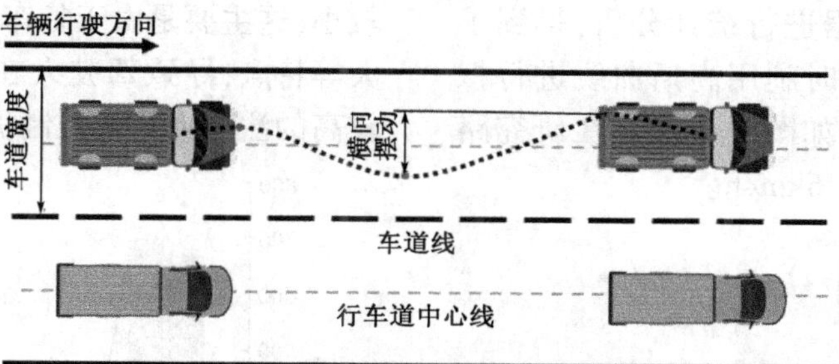

图 3　车辆轨迹横向摆动示意图

车辆编号	时间戳	经度	纬度	速度	航向角
355743	1688005971	110.471	25.536	80.647	4.660
355743	1688005972	110.471	25.536	80.848	4.138
355743	1688005973	110.471	25.536	80.607	4.363
355743	1688005974	110.472	25.536	80.668	5.549
355743	1688005975	110.472	25.537	80.370	4.866
355743	1688005976	110.472	25.537	80.478	3.718
355743	1688005977	110.472	25.537	80.238	4.312
355743	1688005978	110.472	25.537	80.168	3.904
355743	1688005979	110.472	25.538	79.831	4.269
355743	1688005980	110.472	25.538	79.886	4.177
355743	1688005981	110.473	25.538	79.927	4.484
355743	1688005982	110.473	25.538	80.208	5.357
355743	1688005983	110.473	25.539	80.686	5.933
355743	1688005984	110.473	25.539	81.738	4.144
…………	…………	…………	…………	…………	…………
355743	1688006060	110.486	25.557	81.458	4.922
355743	1688006061	110.486	25.557	80.950	3.997
355743	1688006062	110.486	25.557	80.579	5.272

a)轨迹数据原始结构

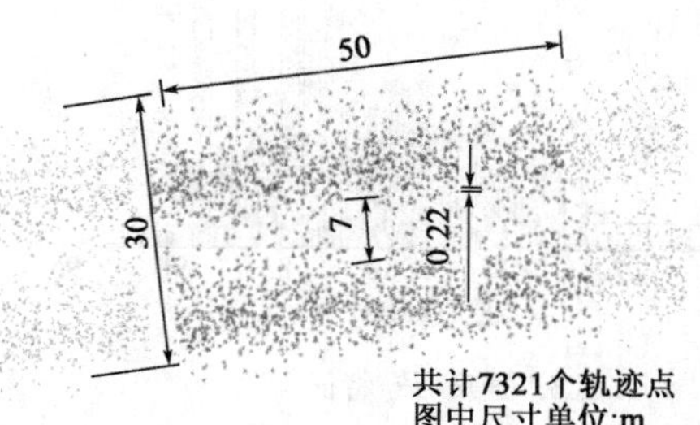

b)试验路段轨迹点示意

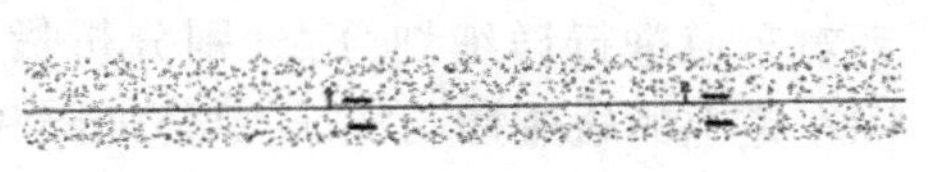

c)道路线形拟合情况

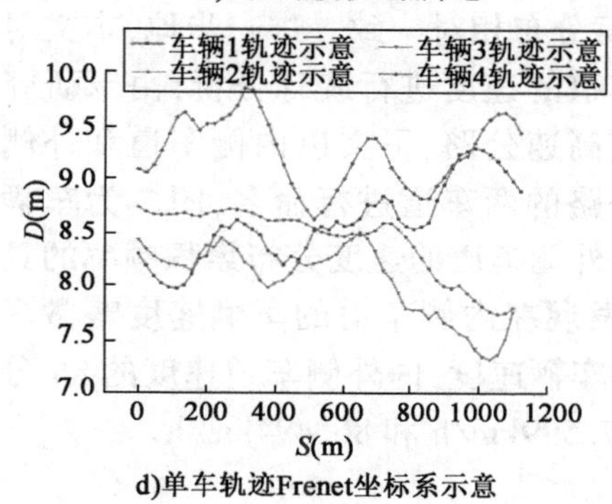

d)单车轨迹Frenet坐标系示意

图 4　数据处理流程

(3)道路线形拟合:考虑到研究路段均为直线,根据海量的道路轨迹点对道路线形进行一次函数拟合,道路拟合结果如图 4c)所示。

(4)单车轨迹提取与转换:根据车辆编号与时间戳信息对单车的轨迹数据进行提取,同时根据道路数据将轨迹数据中的投影坐标系转变为 Frenet 坐标系,S 代表车辆某时刻距离研究路段起点的距离,D 代表车辆某时刻距离道路中线的距离,D 这一指标后续用于计算 LA。

(5)数据剔除:由于本研究讨论的是车辆在车道保持过程中的轨迹摆动行为,因此需要对存在换道行为的车辆进行剔除。

(6)数据降噪:为保障数据的准确性,本文采取基于密度的 DBSCAN 算法对车辆的横向摆动与速度值进行聚类。聚类结果如图 5 所示,其中 eps = 1,Minpts = 5,聚类标签除 0 之外的数据代表噪声。

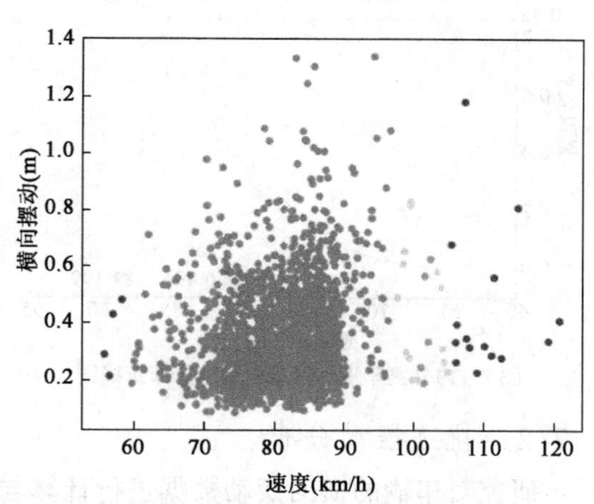

图 5　基于密度的 DBSCAN 算法聚类图

2　数据分析与结果

2.1　速度分布

为明确观测路段中车辆的速度分布情况,本

文对经降噪后的速度数据进行统计分析,得到了车辆的速度频数分布,同时利用高斯曲线进行拟合车辆的速度频率曲线,如图6所示。在研究路段中,货车平均速度为81.6km/h。

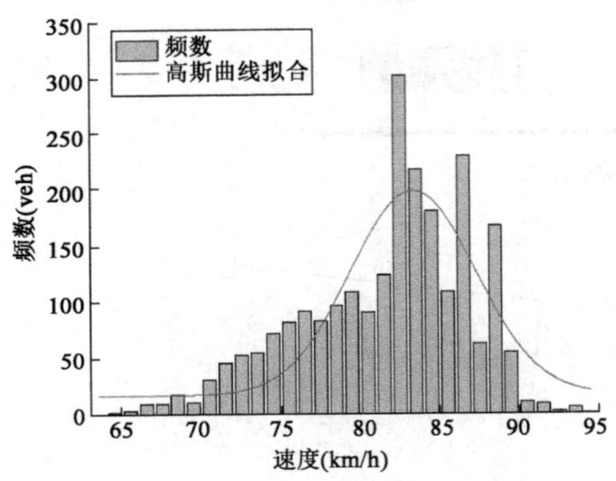

图6 速度分布特征

由此可以发现,本研究的货车车辆速度分布较为集中,速度分布相对一致。进一步地,本文对车辆在不同车道的速度进行统计分析,由于研究路段为双车道高速公路,下文以内侧车道和外侧车道对高速公路的两车道进行命名,图7为车辆在内侧车道和外侧车道的速度分布累积频率的具体情况,可以发现在内侧车道的车辆速度略微高于外侧车道的车辆速度,内外侧车道速度的85分位值分别为87.599km/h和86.494km/h。

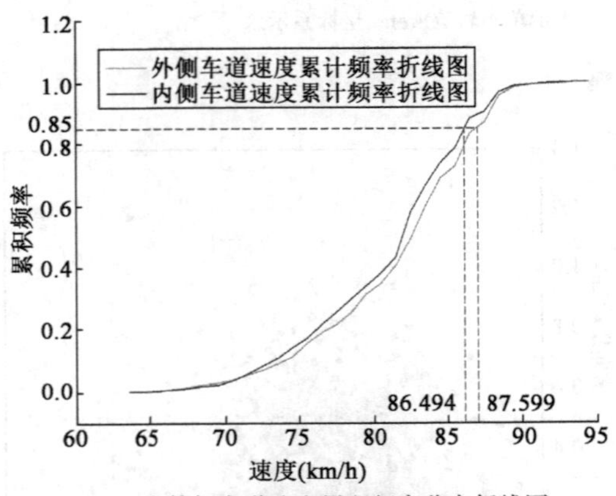

图7 内外侧车道速度累积频率分布折线图

2.2 轨迹摆动分布

本研究对车辆的横向摆动数据进行计算与统计分析,并绘制横向摆动频数分布直方图(图8),利用高斯曲线进行拟合。通过统计分析发现,货车车辆在研究路段的轨迹摆动15分位值为0.17m,平均数为0.31m,85分位值为0.49m。货车车辆的轨迹摆动分布较为集中且轨迹摆动幅度较小,这主要是由于货车车辆的宽度大、操作难度大等特点,导致驾驶人在驾驶的过程中时刻保持较高的注意力用于控制货车车辆。

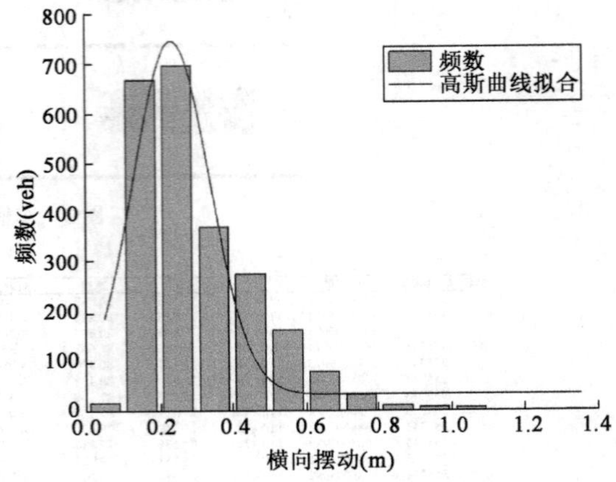

图8 横向摆动分布特征

2.3 车道位置对横向摆动的影响

为研究车道位置对货车车辆在直线路段的横向摆动的影响,本文根据研究路段的横断面,将车道分为了内侧车道和外侧车道,通过Frenet坐标系对车道进行详细划分,分别分析货车车辆在不同车道上的轨迹摆动特征,具体如图9所示。

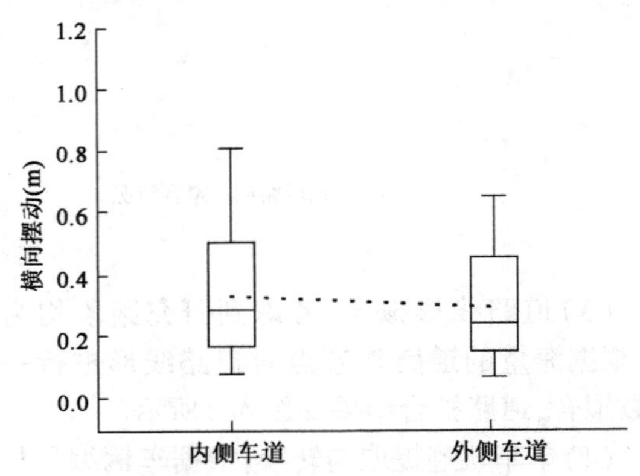

图9 不同车道位置横向摆动分布

货车在两个车道上的横向摆动特征通过假设检验,发现存在明显差异。货车在内侧车道的轨迹摆动平均值(0.336m)和85分位值(0.510m)高于外侧车道的轨迹摆动平均值(0.298m)和85分位值(0.461m)。

2.4 车辆速度对横向摆动的影响

行驶速度会对驾驶人的感知与判断产生至关重要的影响,从而影响驾驶人的驾驶行为。为研究行驶速度对车辆横向摆动的影响,本文研究路段内货车速度范围为64~94km/h,以2.5km/h为固定间隔将其分为12个区间。为保证研究的准确性,将首尾两个数据过少的区间进行剔除,共计剩余10个区间,对速度数据进行筛选并将筛选出来的数据进行统计分析。

为了更加直观且清晰地观测轨迹摆动值与行驶速度之间的关系,本研究提取了每个速度区间内的指标特征分位值,并绘制了折线图,包括平均数、15分位数、50分位数、85分位数,绘制结果如图10所示。

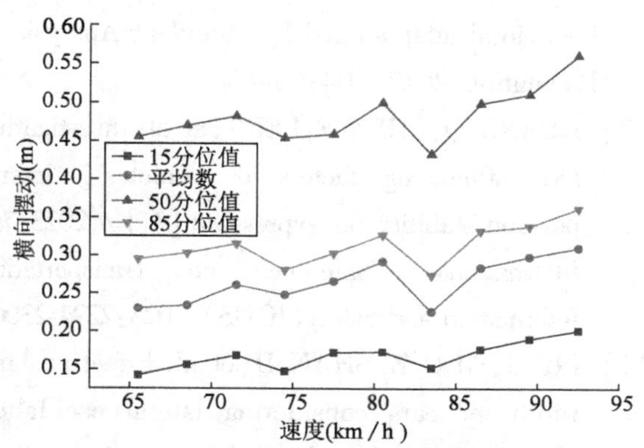

图10 不同速度下轨迹横向摆动分布

通过方差分析可以发现,不同行驶速度下货车的横向轨迹摆动存在着显著的差异,因此可以发现速度也是影响货车车辆在直线路段轨迹摆动的因素。

由图10可以看出,货车车辆的轨迹摆动程度相对较为稳定,但依旧存在随着行驶速度的增加由相应的上涨趋势,特殊的是,在80~85km/h的区间内,货车的轨迹摆动幅度随着车辆行驶速度的增加而减小,后续会对此处存在突变的原因进行更加深入的分析。综上所述,货车车辆的轨迹摆动虽然更加均匀,但其与运行速度的关系大体呈现正相关的关系,这也与我们的常识较为符合,即速度越高,驾驶人的横向控制能力越差,车辆运行的安全性就越差。后续道路管理部门可以通过控制车辆速度来减少车辆的横向摆动从而达到降低道路安全风险的目的。

3 高速公路车道宽度确定

高速公路车道宽度主要有车身宽度、轨迹摆动和侧向安全富裕三个因素决定[5]。针对车辆宽度而言,中国乃至大多数国家技术标准下的车道宽度是基于混合交通情况,控制车型主要为大货车,其代表车型的车身宽度为2.55m;针对轨迹摆动指标而言,在确定高速公路车道宽度时,利用轨迹摆动的平均值作为决定车道宽度最小值的依据;利用轨迹摆动85分位值作为决定轨迹摆动一般值的依据;针对侧向安全富裕而言,目前规范一般左右两侧分别取0.25m,共计0.5m[13]。

根据本文对货车车辆横向摆动数据的统计分析与相关研究,货车车辆轨迹摆动的平均值为0.31m,货车车辆轨迹摆动的85分位值为0.49m,因此对于高速公路车道宽度的建议值分别为:

(1)高速公路车道宽度最小值为2.55+0.31+0.5=3.36m,取整后为3.35m。

(2)高速公路车道宽度一般值为2.55+0.49+0.5=3.54m,取整后为3.55m。

4 结语

本研究基于浮动车数据对高速公路直线路段货车车辆的轨迹摆动特性进行相关的分析与研究,同时提出了轨迹摆动(LA)用于评估车辆的轨迹摆动,并且利用LA这一指标结合车辆宽度和侧向安全富裕确定合适的车道宽度。

本文首先所获得的浮动车数据进行处理,主要包括坐标系转换、样本路段选择、轨迹提取与指标计算三个部分,同时为了剔除误差过大的数据,利用基于密度的DBSCAN算法进行聚类,筛选出满足研究要求的数据,之后对车辆的速度、轨迹摆动分布特征进行了分析。

车辆的轨迹摆动特征受道路线形、车辆性能、驾驶状态、驾驶能力等方面的综合影响,同时也是研究车辆在车道保持过程中的控制水平以及现有车道宽度富裕度的重要因素。基于上述原因,本文探讨了车道位置、车辆速度等因素对车辆横向摆动特征的影响,结果表明车道位置和车辆速度对车辆的横向摆动有所影响。

本文最后结合之前的结论,确定了车道宽度的一般值与最小值,分别为3.35m和3.55m,结果表明目前我国的高速公路车道宽度存在明显富裕量,这与前人的研究结果一致。

综上所述,本文分析了高速公路货车直线路段的轨迹摆动特征,研究了车道位置和车辆行驶速度对轨迹摆动的影响,最终给出了高速公路车道宽度理论建议值。本文依旧存在许多不足,后续的研究将主要针对以下方向进行:

(1)针对不同车型、不同线形条件下轨迹摆动特征进行对比分析研究。

(2)车道宽度的确定需要考虑恶劣天气、长陡下坡等不利因素,研究的适用场景需进一步考虑。

参考文献

[1] 中华人民共和国国家统计局. 中国统计年鉴[M]. 北京:中国统计出版社,2022.

[2] VAN DER H R, DE RIDDER S. Influence of roadside infrastructure on driving behavior: driving simulator study [J]. Transportation Research Record,2007,2018(1):36-44.

[3] 徐进,张玉,戴振华,等.人类自然驾驶状态下车辆轨迹摆动特性与车道宽度[J].汽车安全与节能学报,2022,13(04):718-728.

[4] 吴少峰,陈智威,张高峰,等.基于实车数据的高速公路行驶轨迹偏移和车道侧向余宽[J].中国公路学报,2023,36(05):197-209.

[5] 庄稼丰,李正军,丁瑞,等.高速公路车辆轨迹摆动特征与小客车道宽度研究[J].交通运输系统工程与信息,2023,23(01):324-336.

[6] CHEN S, XUE Q, ZHAO X, et al. Risky driving behavior recognition based on vehicle trajectory [J]. International Journal of Environmental Research and Public Health, 2021, 18 (23):12373.

[7] WAN Q, PENG G, LI Z, et al. Spatiotemporal trajectory characteristic analysis for traffic state transition prediction near expressway merge bottleneck[J]. Transportation Research Part C: Emerging Technologies,2020,117:102682.

[8] 马栋栋,吴玉涛,郭宏伟.小客车交通条件下车道宽度对通行能力的影响[J].公路,2011(11):130-132.

[9] MECHERI S, ROSEY F, LOBJOIS R. The effects of lane width, shoulder width, and road cross-sectional reallocation on drivers' behavioral adaptations[J]. Accident Analysis & Prevention,2017,104:65-73.

[10] HUANG Q, CHEN F, LEI T, et al. Investigating the influencing factors of vehicles' lateral position stability on expressway[C]//2023 7th International Conference on Transportation Information and Safety(ICTIS),2023:2294-2306.

[11] LIU J, GUO Z, SHAN D, et al. Effective lane width for cars considering lateral oscillation characteristics based on high-precision field data [J]. International Journal of Transportation Science and Technology,2023.

[12] DING R, PAN C, DAI Z, et al. Lateral oscillation characteristics of vehicle trajectories on the straight sections of freeways [J]. Applied Sciences,2022,12(22):11498.

[13] 徐耀赐.道路交通工程设计理论基础[M].北京:人民交通出版社股份有限公司,2020.

基于模糊层次分析法的轨道泥石流风险评估

杨心悦　丁　东*　范家和　蔡业林

(长安大学公路学院)

摘　要　泥石流具有极大的破坏性,其特殊的形成条件使轨道受到水毁破坏,落石冲击及淤埋板结,损失严重。为了明确铁路受泥石流毁坏程度的影响因子权重及其对应的风险分布,现总结并提炼传统的泥石流风险评价指标体系,并结合轨道结构响应特征,建立模糊综合评价法与层次分析法相结合的评价模型。首先,总结轨道泥石流冲淤毁坏的影响因子,构建层次分析结构。然后,用层次分析法计算风险因素的权重,结果表明,泥石流的最大冲出量、最大落石高差和最大落石粒径对铁路轨道的毁坏起主要影响作用。然后,选择合适的隶属度函数,得到最终的综合评估值。通过以上方法对西部某泥石流频发的三

基金项目:大学生创新创业训练计划项目(S202310710132);大学生创新创业训练计划项目(铁路道岔积雪特征与挡雪装置研究);国家重点研发计划课题(2021YFB2600601,2021YFB2600600)。

个区段进行风险评估,数据表明区间1风险最大,区间2风险最小。本文对铁路轨道泥石流有了更深入的了解,对进一步保障铁路运营安全具有重要的意义。

关键词 泥石流 铁路 淤埋板结 模糊层次综合评价 风险评估

0 引言

山地区域地形陡峭、地质复杂、风化作用强烈、土壤松软,在此孕灾环境下,极端降水会诱发泥石流、滑坡等地质灾害[1]。大量的水体浸透使山坡或沟床中的固体堆积物质稳定性和摩擦力降低,进而在自身重力作用下快速运动,形成泥石流。由于泥石流携带大型的石块和大量的沙砾,因此在高速前进中,固体物质所具有强大的能量会产生巨大的破坏力,冲毁公路铁路等交通设施。铁路沿线山高壁陡,河谷深切,施工难度极大,造价极高,若受到影响则损失较为严重[2]。1981年的7月26—28日,辽宁老帽山地区连降暴雨,山洪暴发,引发了大规模泥石流灾害,冲毁哈大铁路路基4.9km,造成406次列车颠覆,铁路中断运营8天[3]。而铁路作为加快山区经济发展的助推器,应尽量避免受到泥石流等自然灾害的摧毁。因此,对铁路轨道泥石流的研究对维护铁路运营安全、降低维修成本具有重要的意义。

目前有较多学者针对泥石流对铁路的影响及防治措施展开了研究。高泽民等[4]应用随机森林和梯度提升树模型对泥石流进行定量化危险性评价。刘科等[5]结合成昆铁路K295泥石流灾害整治工程,分析了泥石流的活动特征、发展趋势等,并提出了治理措施。王金生[6]通过勘察兰渝铁路泥石流区的形成条件,提出预防隧道泥石流的关键,针对性地提出防治措施及建议。李朝安等[7]建立了山区铁路沿线泥石流灾害的预警系统。穆成林等[8]通过对铁路所处的孕灾环境特征进行分析,得出了泥石流的形成机理以及发展趋势。

显而易见的是,现有研究多集中于对泥石流自身的分析与防治,关乎铁路的研究也仅评价了铁路段泥石流的易发性,谢修齐等[9]对泥石流危险性进行多层次综合分析;刘剑刚[10]利用层次分析法对灾害区的泥石流灾害诱发因素进行权重分析。并未直接讨论泥石流的发生对铁路轨道的毁坏程度,而轨道的好坏直接影响铁路的运营,在得出轨道受泥石流毁坏的影响因子的基础上提出的防治措施将更加有效地保护山区铁路运营安全。

因此,本文研究铁路轨道受泥石流不同程度毁坏的风险,不仅考虑泥石流本身性质,还囊括了铁路轨道的结构对其受泥石流冲淤毁坏程度的影响。由于影响因素太多,风险评估具有一定的复杂性。因此,为系统梳理因泥石流灾害引发的轨道上部结构毁坏风险,本文总结并提炼了传统的泥石流风险评价指标体系并结合轨道结构响应特征,建立了模糊综合评价法与层次分析法相结合的评价模型,对轨道泥石流冲淤毁坏进行了危险性评价。

1 基于模糊层次综合评价法的轨道泥石流冲淤毁坏风险评价

1.1 轨道泥石流冲淤毁坏影响因子

影响泥石流孕育、演化和破坏的因子总量十分庞大,包括地质环境、地形地貌、水文气象、物源[11]等外部因素,以及本身的特征和受灾对象等内部因素。但如今针对铁路轨道泥石流的破坏形式和轨道毁坏致灾因子研究仍有不足。

根据相关文献和调查研究发现,铁路泥石流破坏形式大致分为三类:

(1)泥石流水毁破坏

由于泥石流的产生要求具备强大的水源补给,因此,一场泥石流灾害的发生会带来十分巨大的水量。相应地,其流动时生成的搬运力和摧毁力也不容小觑,可直接埋没铁路、公路,毁坏基础建筑物。所以,水毁破坏是泥石流的主要破坏形式。而泥石流水毁破坏程度受流体本身的性质、最大冲出量、发生频率、冲击力和持续时间等因素的影响,控制流水进而成为降低泥石流灾害的重要手段。

(2)落石冲击破坏

典型的泥石流由悬浮着粗大固体碎屑物并富含粉砂及黏土的黏稠泥浆组成。其中,粗大固体碎屑物由岩屑、砂石、石块组成,而不同类型的岩石体具有不同的物理力学性质。因此,研究落实冲击的破坏强度需要将岩石有关性质,包括最大落石高差、最大落石粒径和落石冲击频率等考虑在内。

(3)轨道淤埋板结

在泥石流演化的中后阶段,部分大型物源,如滑坡、崩塌堆积体,呈流态化向前推进的速度越来越小,往往会产生部分残留[2];且同时受到环境建筑物的阻碍,泥石流具有的动能迅速降低,很快停止了运动,使得各种建筑物及构筑物被淤埋[12]以至于后期板结。而影响淤埋板结现象的主要因子包括泥石流总冲出量、泥石流黏度、排水效率和天气因素等,具有很高的研究价值。

1.2 构建轨道泥石流冲淤毁坏风险评估指标体系

根据调研结果,遵循指标体系的系统性、层次性和可操作性,建立递阶层次结构模型,分析各致灾因子之间的相互关系,将其按照不同属性分为若干层次,即目标层 A(1项)、一级指标 B(3项)和二级指标 C(13项),如图1所示。

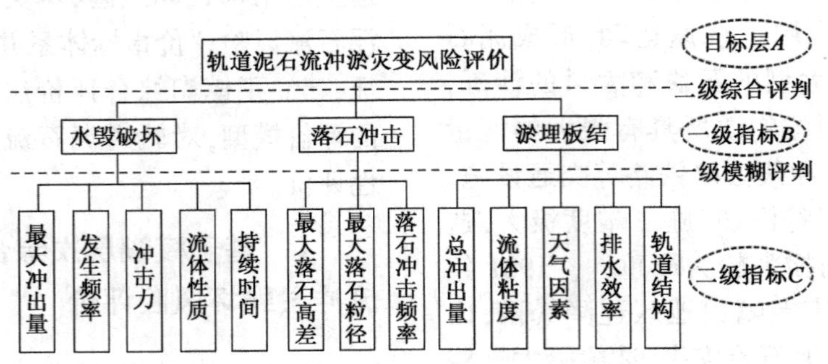

图1 轨道泥石流冲淤灾变风险评价体系

1.3 构造泥石流毁坏风险判断矩阵

判断矩阵表示的是与上一级评价指标有关联的所有下级指标同类因子之间的相对重要程度。其中,相对重要程度的定量化依照1-9标度值与指标重要性等级表进行赋值。假定目标元素为 A,与之相关联的准则元素为 $B_1,B_2,\cdots,B_n$,通过向领域内专家发放调查问卷,考虑下层元素对上层元素的重要性,得到 $A-B$ 两者间的判断矩阵。本研究通过对回馈数据进行加权平均处理,得到了4个判断矩阵(一级指标矩阵1个,二级指标矩阵3个)。见表1。

标度值与指标重要性等级 表1

标度值	重要性等级
1	D_i 与 D_j 相比,D_i 与 D_j 同等重要
3	D_i 与 D_j 相比,D_i 与 D_j 稍微重要
5	D_i 与 D_j 相比,D_i 与 D_j 明显重要
7	D_i 与 D_j 相比,D_i 与 D_j 强烈重要
9	D_i 与 D_j 相比,D_i 与 D_j 极端重要

注:1.判断矩阵应满足:$d_{ij}>0$;$d_{ij}=1/d_{ji}$。

2. $d_{ij}=(2,4,6,8)$是表中相邻判断的中值。

1.4 确定致灾因子相对权重

在以上研究的基础上,计算每个判断矩阵的权重向量,进而求出整个判断矩阵的合成权重,用于泥石流冲淤毁坏的风险演化。对于判断矩阵 D,应先计算其特征向量 W,然后求出最大特征值 $\lambda_{\max}$,即通过 $DW=\lambda_{\max}W$。在求特征向量之前,应先进行归一化处理,得 W 的 n 个分量 W_i,即相应 n 个因子的权重。本研究通过方根法计算了每个判断矩阵的最大特征值和特征向量,并进行了一致性检验。最终因子相对权重计算结果如表2所示。

由表2可以看出,每个判断矩阵一致性检验所得出的一致性比率值均小于0.1,符合要求。一级指标中水毁破坏所占权重最大,为0.542,落石冲击与其相差不大。结合二级指标来看,最大冲出量的权重值最高,为0.295;最大落石高差和最大落石粒径权重相当;天气因素对泥石流毁坏风险的影响最小,仅占0.008。由此可看出泥石流的最大冲出量、最大落石高差和最大落石粒径对铁路轨道的毁坏起主要影响作用。

泥石流灾变致灾因子相对权重计算结果 表2

一级指标 B	权重值 ω_1	CR	二级指标 C	权重值 ω_2	CR	$\omega_1 \times \omega_2$
水毁破坏 B_1	0.542	0.052	最大冲出量 C_1	0.544	0.064	0.295
			发生频率 C_2	0.154		0.083
			冲击力 C_3	0.164		0.089
			流体性质 C_4	0.039		0.021
			持续时间 C_5	0.098		0.053
落石冲击 B_2	0.321		最大落石高差 C_6	0.414	0.036	0.133
			最大落石粒径 C_7	0.399		0.128
			落石冲击频率 C_8	0.187		0.060
淤埋板结 B_3	0.137		总冲出量 C_9	0.519	0.058	0.071
			流体黏度 C_{10}	0.145		0.020
			天气因素 C_{11}	0.056		0.008
			排水效率 C_{12}	0.194		0.027
			轨道结构 C_{13}	0.087		0.012

2 泥石流淤埋毁坏风险的模糊综合评价

2.1 构建模糊集合

针对轨道泥石流冲淤的实际情况，参考领域内研究成果并结合相关评价标准，将轨道泥石流风险评估的各项因子分为五个等级，建立模糊评价集合：

$$V=\{V_1,V_2,V_3,V_4,V_5\}=\{\mathrm{I},\mathrm{II},\mathrm{III},\mathrm{IV},\mathrm{V}\}$$

式中，I～V 分别代表极轻微、轻微、中度、严重和极严重，以此量化评价等级，如表 3 所示。

评价等级量化表 表3

等级	I	II	III	IV
描述	极轻微	轻微	中度	严重
量化值	95	85	65	45

2.2 确定隶属度函数

隶属度函数是指隶属度对各个因素的函数，可以通过函数计算确定每个因素的隶属度，再进行下一步模糊综合评判。隶属度函数的确定过程既客观又主观，且类型较多。因此，本文参考国内外相关领域的研究，最终选择柯西分布形式，具体函数关系式如下：

$$A_1(x)=\begin{cases}1 & x\leqslant 30\\ \dfrac{1}{1+\left(\dfrac{x-30}{10}\right)^2} & 30<x\end{cases}$$

$$A_2(x)=\frac{1}{1+\left(\dfrac{x-45}{10}\right)^2}$$

$$A_3(x)=\frac{1}{1+\left(\dfrac{x-65}{10}\right)^2}$$

$$A_4(x)=\frac{1}{1+\left(\dfrac{x-85}{10}\right)^2}$$

$$A_5(x)=\begin{cases}\dfrac{1}{1+\left(\dfrac{x-95}{10}\right)^2} & x\leqslant 95\\ 1 & 95<x\end{cases}$$

将上述函数关系以曲线形式绘制在一张图像中（图2），观察其分布规律，可更加直观地估算出评价对象的隶属度大小。

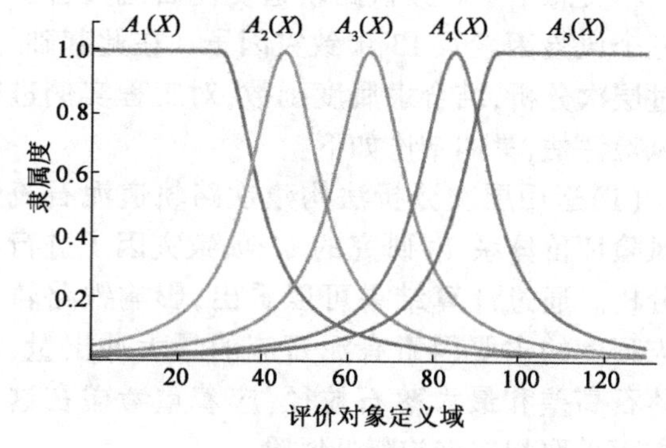

图2 隶属度函数曲线

2.3 铁路泥石流风险模糊综合评判

根据实际采集的数据和分析结果，合理按照

评价等级量化表,对第二级因素集的各个因素评分,接着将其评估指标量化值代入隶属度函数得到对应隶属度,组合后得到各单因素评判矩阵:

$$R_i = \begin{pmatrix} r_{11} & r_{12} & r_{13} & r_{14} & r_{15} \\ r_{21} & r_{22} & r_{23} & r_{24} & r_{25} \\ \cdots & \cdots & \cdots & \cdots & \cdots \\ r_{n1} & r_{n2} & r_{n3} & r_{n4} & r_{n5} \end{pmatrix}$$

其中,$i = 1$、2、3 分别表示三个一级指标;与 i 相对应的 n 指三个一级指标分别对应的二级指标个数,即分别为 5、3、5。

在此基础上,对西部某泥石流频发的三个区段进行风险评估,邀请领域根据地质状态、天气情况、轨道结构等特征,参考表 3 量化标准,对二级指标单因子进行打分(表 4),并代入隶属度函数得到单因子评判矩阵。

根据所求的模糊评判矩阵和各因子的相对权重,计算各准则层的模糊综合评价,按照最大隶属度原则得到目标层向量如表 4 所示。进而,根据最大隶属度原则对三个区间的泥石流冲淤毁坏风险进行评价,三个区间的评价值为 52.84、63.60 和 54.94,因此,区间 1 风险最大,区间 2 风险最小。

各区间目标层模糊综合评判结果向量　　表 4

一级指标	区间段		
	区间 1	区间 2	区间 3
B_1	0.439	0.707	0.4548
B_2	0.598	0.582	0.6404
B_3	0.716	0.479	0.7105

3　结语

本文总结了导致铁路轨道受泥石流灾害影响的三个风险因素及 13 项致灾因子。在此基础上,通过层次分析,结合隶属度函数,对工程实例进行了风险评估,具体结论如下:

(1)运用层次分析法构建铁路轨道泥石流毁坏风险评价体系,对研究的 13 项致灾因子进行权重分析。通过计算结果可以看出,影响铁路轨道受灾程度的主要因素有泥石流的最大冲出量、最大落石高差和最大落石粒径,应着重考虑在这三个方面采取相应措施降低风险。

(2)通过利用模糊层次综合评判方法对西部某泥石流频发的三个区段进行风险评估。根据最大隶属度原则得出区间一的风险最大,结果表明这种层次分析与模糊综合评价相结合的方法对此类泥石流风险评估问题的解决效果较好。因此,可为其他泥石流取断风险评估提供借鉴。

参考文献

[1] 史培军,杨文涛.山区孕灾环境下地震和极端天气气候对地质灾害的影响[J].气候变化研究进展,2020,16(04):405-414.

[2] 蒋涛,崔圣华,许向宁,等.基于遥感解译的典型强震区泥石流物源发育及演化——以四川都汶高速沿线为例[J].地质通报:1-12.

[3] 何红.老帽山滑坡和泥石流特点[J].大连教育学院学报,2000,(03):68-71.

[4] 高泽民,丁明涛,杨国辉,等.川藏铁路孜热—波密段泥石流灾害危险性评价[J].工程地质学报,2021,29(02):478-485.

[5] 刘科,李云鹏,郦亚军,等.成昆铁路 k295 泥石流灾害特征分析及治理对策研究[J].隧道建设(中英文),2023,43(07):1246-1256.

[6] 张俊德,张志强.南疆铁路 k230 段冻土区滑坡泥石流勘察整治[J].中国地质灾害与防治学报,2010,21(03):43-45.

[7] 王金生.隧道泥石流的成因及防治措施研究[J].铁道建筑,2011,(05):63-65.

[8] 李朝安,王良玮,廖凯,等.山区铁路沿线泥石流灾害预警研究[J].岩石力学与工程学报,2014,33(S2):3810-3816.

[9] 谢修齐,魏鸿,石胜国.铁路山坡泥石流危险度的多层次综合评判和防治技术[J].土壤侵蚀与水土保持学报,1998,(04):83-89.

[10] 刘剑刚.层次分析法在辽南泥石流危险度评价中的应用[J].长春师范学院学报,2012,31(06):51-55.

[11] 王维早,雷霆,许强.基于层次分析法的河北省太行山区泥石流灾害危险性评估研究[J].地球与环境,2010,38(03):357-362.

[12] 黄琦,谢涛,陈欢欢,等.2020 年 8 月甘肃武都群发泥石流基本特征及减灾建议[J].公路,2022,67(09):30-37.

混合交通流下高速公路停车视距长度研究

刘 洋[1] 王 红*[1] 王祎旸[2] 孙伟民[1] 陈秋成[1] 朱顺应[1,3]
(1. 武汉理工大学交通与物流工程学院;2. 长江三峡通航管理局;
3. 交通信息与安全教育部工程研究中心)

摘 要 为探究不同渗透率情况下人工驾驶车辆(Human Driven Vehicle,HDV)和自动驾驶车辆(Autonomous Vehicle,AV)形成的混合交通流对现行停车视距规范值的适应性。本文通过无人机获取了武汉智能网联车辆测试区内自然情况下的混合交通流数据,通过DataFromSky交通云计算平台对数据进行了轨迹数据提取,并采用互信息法(Mutual Information Method,MIM)分析得到不同跟驰情况下的车辆反应时间;然后基于AV和HDV的驾驶差异性,构建了考虑渗透率情况的混合交通流停车视距长度计算模型;根据收集的数据构建仿真场景和参数标定,对所构建的停车视距计算模型进行交通安全和运行效率验证。结果表明,自动驾驶车辆反应时间相较于人工驾驶车辆平均缩短了46%,本文构建的混合交通流下高速公路停车视距计算模型所确定出的长度计算值相较于规范值,在不同渗透下均表现出更好的适应性。

关键词 道路工程 停车视距 混合交通流 反应时间 互信息法

0 引言

停车视距(Stopping Sight Distance,SSD)作为基本的道路线形设计指标,在保障行车安全方面具有至关重要的作用。近年来,随着AV(Autonomous Vehicle)逐渐普及,在未来道路实现全L5级自动驾驶之前,必然存在由人工驾驶到自动驾驶的过渡阶段,此阶段的道路交通流为HDV(Human-driven Vehicles,HDV)和AV所构成的混合交通流[1]。目前,各国的标准规范中停车视距都是按照HDV进行规定的。因此,为确保高速公路交通安全,有必要对混合交通流下的高速公路停车视距进行研究。

传统的人工驾驶环境中,国内外学者针对停车视距的研究主要集中在理论模型的修正和道路线形的检验。Fambro[2]等将停车视距定义为制动反应距离和制动距离两个分量之和,提出了一种确定高速公路几何设计停车视距要求的新模型。吴善根[3]、袁浩[4]等,从运动学角度分析车辆制动过程,建立车辆制动模型,以此构建停车视距计算模型,通过参数分析得出停车视距的计算主要受制动减速度、反应时间以及运行速度的影响。

在混合交通流环境下,不少学者通过考虑人工驾驶中人为因素的影响来研究自动驾驶情境下停车视距的改变情况。Khoury[5]基于现行AASHTO标准中停车视距影响参数进行修订,消除其中人工驾驶所带来影响,得出渗透率100%情况下中停车视距的推荐值。Welde and Qiao[6]基于AV和HDV的反应时间不同,通过采用AV的0.5s反应时间[7]对传统停车视距计算模型进行修改,并对不同智能等级的车辆都进行了停车视距等道路参数的研究,并得出L3级和L5级车辆的停车视距最小长度明显缩短。Ye[8]在AASHTO和NCHRP[9]研究的基础上,考虑人类驾驶员和自动驾驶汽车之间的反应时间差异,调整了停车视距的计算参数并推导出自动驾驶汽车的停车视距。

上述研究从AV和HDV的差异性出发研究了不同驾驶情况下的停车视距问题,构建混合交通流下的停车视距计算模型时只考虑了单辆车辆情况未能考虑渗透率的影响。同时,在研究停车视距中反应时间的影响时,大部分研究采用数值模拟或者仿真的方法计算车辆反应时间,缺乏对于真实情况下的车辆反应时间研究。

基金项目:国家自然科学基金,合流串联段安全与效率联合优化的车路协同深度调控机制与策略(52272337)。

因此,本文通过收集自然交通情况下的混合交通流数据,考虑现行高速公路停车视距计算模型与混合交通流的适应性,建立考虑渗透率下的混合交通流停车视距计算模型;采用互信息法分析了混合交通流中AV和HDV反应时间,用于计算模型参数的调整;最后通过仿真实验输出的数据采用交通冲突率(Time To Collision,TTC)、交通流功率计算交通安全、效率指标,分析不同混合交通流环境对本模型的影响并进行相关模型的对比评价。

1　实验数据准备

国家智能网联车辆(武汉)测试示范区开放测试道路为L4级智能驾驶车辆和人工驾驶车辆混行的道路,其道路条件和交通环境符合本文研究需采集数据的预期。本研究对示范区的开放测试道路进行高空无人机视频记录,视频以1080P(1920×1080)分辨率、25fps的帧率录制,每次记录覆盖了约450m长的路段,如图1所示。

图1　国家智能网联车辆(武汉)测试示范区部分开放测试路段

采用DataFromSky交通数据云计算平台对无人机收集的混合交通流车辆轨迹数据进行分析,得到的轨迹数据包含轨迹ID、车辆长度、车辆宽度、车辆位置、车辆速度和加速度等。为确定混合交通流的跟驰参数,根据以下过滤规则筛选跟驰车辆条件:

(1)车辆始终保持跟驰关系。

(2)跟驰车跟驰前导车的时间最短为30s。

(3)跟驰车辆与前导车的车头时距不大于9s。

根据以上数据过滤规则进行数据筛选,最终提取到了185组有效跟驰轨迹。

2　混合交通流下车辆反应时间标定

对于收集的自然交通流数据,其中车辆轨迹数据存在非周期性和随机性,在以往研究中,部分学者采用互相关法[10]和对比图法[11]对跟驰数据进行反应时间的标定,通过分析两车的相对速度与跟驰车辆的加速度的最大相关系数,并计算这个时刻两个时间序列的时延值,即反应时间[12]。但是,互相关法对于非线性关系适应性较差,且对噪声比较敏感,容易受到噪点的影响。因此,本文在以往研究的基础上,考虑到互相关法的计算特性,通过互信息法计算车辆的反应时间。

互信息可以度量两个随机变量间的相互依赖程度。两个时间序列之间的相关性越强,它们之间的互信息值越大。当互信息为0时,表示两个变量相互独立;当互信息为正值时,表示两个变量存在正相关性;当互信息为负值时,表示两个变量存在负相关性。

因此,对于加速度序列$X=a(n)$和相对速度序列$Y=\Delta v(n)$,互信息的定义如下:

$$I(X,Y)=\iint p(x,y)\cdot\log\left[\frac{p(x,y)}{p(x)p(y)}\right]\mathrm{d}x\mathrm{d}y \tag{1}$$

式中:$I(X,Y)$——X和Y序列的互信息值;

$p(x,y)$——X和Y的联合概率密度函数;

$p(x)$——连续随机变量X的边缘概率密度函数;

$p(y)$——连续随机变量Y的边缘概率密度函数。

互信息法标定驾驶反应时间的具体步骤如下:

(1)筛选跟驰数据,求解不同跟驰状态下的反应时间。

(2)选择不同的时延值τ^*,将相对速度进行滞后τ^*个时间单位。

(3)计算滞后之后两个互信息。通过比较不同时延值τ^*下的互信息值,找到互信息最大的时延值。即求解$\tau=\{\tau^*\mid\max(I(X;Y_{\tau^*}))\}$

3　基于渗透率的停车视距计算模型

停车视距是车辆在行驶时,驾驶员发现前方车辆或障碍物起,制动至前方车辆或障碍物所需的最小距离。我国停车视距计算主要依据《公路路线设计规范》(JTG D20—2017),规定停车视距由驾驶员做出反应过程中车辆行驶的距离和车辆制动所行驶的距离两部分组成,如图2所示。

在混合交通流环境下,AV和HDV停车视距的差异性主要体现在反应和制动过程中的驾驶差异性。因此,可根据后方跟驰车辆的不同将混合交通流下车辆的跟驰情况分为 4 种。如图 3 所示。

基于上述内容,本文分别构建 HDV 和 AV 的反应距离和减速制动距离计算模型,并考虑渗透率的影响,构建混合交通流下不同渗透率的停车视距计算模型。

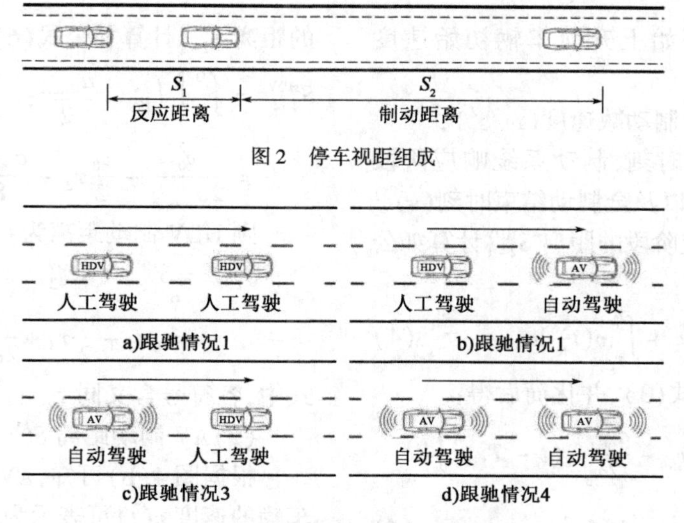

图 2　停车视距组成

a)跟驰情况1　b)跟驰情况1　c)跟驰情况3　d)跟驰情况4

图 3　混合交通流中 4 种车辆跟驰情况

3.1　反应距离计算

在反应阶段,车辆通过对环境的感知获取到的信息进行处理,并做出响应,在此过程中一般认为无法采取操作,称为反应阶段。不同跟驰情况下,车辆的反应距离可由式(2)计算得出。

$$S_1^i = v_i T_{s,i} \tag{2}$$

式中:S_1^i——第 i ($i=1,2,3,4$) 种跟驰模式下,车辆的反应距离(m);

v_i——第 i 种跟驰模式下,跟驰车辆的速度(m/s);

$T_{s,i}$——第 i 种跟驰模式下跟驰车辆的反应时间(s)。

3.2　制动距离计算

3.2.1　制动过程分析

根据《汽车理论》[13]可知,HDV 车辆完整的制动简化为如图 4a)所示过程:①驾驶员发现危险或障碍物,随后产生制动意图并采取制动措施,此阶段称为反应阶段,这一阶段所需时间为反应时间为 τ_1;②采取制动措施到制动措施实施的过程,驾驶员踏下制动踏板,经过一定时间后才能产生制动力,此阶段所需时间为 τ_2;③制动力上升至最大减速度的过程,此阶段所需时间为 τ_3;④车辆以最大制动减速度进行制动的过程,此阶段所需时间为 τ_4。

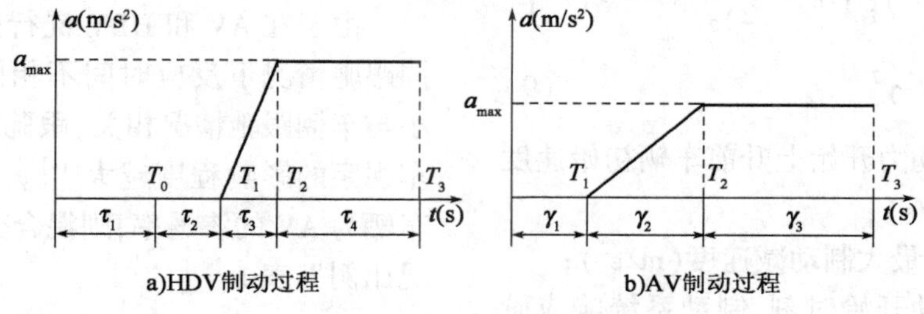

a)HDV制动过程　b)AV制动过程

图 4　HDV 于 AV 制动过程示意

AV 在制动过程上与 HDV 存在差异,制动过程如图 4b)所示。AV 所需的反应时间相对较小,记为 γ_1;其次,由于 AV 在做出制动决策后可由系统直接产生制动减速度,因此 AV 制动响应时间更短,记为 γ_2;最后,在全制动阶段,AV 最大制动减速度更小,到制动结束的时间记为 γ_3。

3.2.2　制动距离计算

(1)HDV 制动距离 S_2^{HDV}

根据图 4a)可知,HDV 制动过程中任意时刻 t 车辆的速度 $v(t)$ 可表示为:

$$v(t)=\begin{cases} v_0-\int_{T_1}^{t}\frac{a_{\max,c}}{\tau_3}(t-T_1)\mathrm{d}t & t\in[T_1,T_2] \\ (v_0-\frac{a_{\max,c}}{2}\tau_3)-a_{\max,c}(t-T_2) & t\in[T_2,T_3] \end{cases} \tag{3}$$

式中：v_0——制动力开始上升前车辆初始速度(m/s)；

$a_{\max,c}$——HDV最大制动减速度(m/s^2)；

T_1、T_2、T_3——制动开始时刻、制动系统响应阶段结束时刻以及全制动结束时刻(s)。

HDV制动系统响应阶段的距离S_{2-1}^{HDV}计算如公式所示：

$$S_{2-1}^{HDV}=v_0\tau_2+\int_{T_1}^{T_2}v(t)\mathrm{d}t \tag{4}$$

将公式(4)代入公式(3),并化简后得：

$$S_{2-1}^{HDV}=v_0\tau_2+\int_{T_1}^{T_2}\left[v_0-\frac{a_{\max,c}}{2\tau_3}(t-T_1)^2\right]\mathrm{d}t$$

$$=v_0(\tau_2+\tau_3)-\frac{a_{\max,c}}{6}\tau_3^2 \tag{5}$$

同理,根据公式(5)HDV制动系统响应阶段的距离S_{2-2}^{c}计算如公式(6)所示：

$$S_{2-2}^{HDV}=\int_{T_2}^{T_3}\left[\left(v_0-\frac{a_{\max,c}}{2}\tau_3\right)-a_{\max,c}(t-T_2)\right]\mathrm{d}t$$

$$=\frac{v_0^2}{2a_{\max,c}}-\frac{v_0}{2}\tau_3-\frac{a_{\max,c}}{8}\tau_3^2 \tag{6}$$

则HDV制动距离为：

$$S_2^{HDV}=S_{2-1}^{HDV}+S_{2-2}^{HDV}$$

$$=v_0\tau_2+\frac{v_0}{2}\tau_3+\frac{v_0^2}{2a_{\max,c}}-\frac{7a_{\max,c}}{24}\tau_3^2 \tag{7}$$

式中,各符号含义同上。

(2)AV制动距离S_2^{AV}

根据图4(b)可知,AV制动过程中任意时刻t车辆的速度$v(t)$可表示为：

$$v(t)=\begin{cases} v_0-\int_{T_1}^{t}\frac{a_{\max,A}}{\gamma_2}(t-T_1)\mathrm{d}t & t\in[T_1,T_2] \\ (v_0-\frac{a_{\max,A}}{2}\gamma_2)-a_{\max,A}(t-T_2) & t\in[T_2,T_3] \end{cases} \tag{8}$$

式中：v_0——制动力开始上升前车辆初始速度(m/s)；

$a_{\max,A}$——AV最大制动减速度(m/s^2)；

T_1、T_2——制动开始时刻、制动系统响应阶段结束时刻(s)。

联立公式(8)可得AV制动系统响应阶段的距离S_{2-1}^{AV}计算如下：

$$S_{2-1}^{AV}=\int_{T_1}^{T_2}v(t)\mathrm{d}t=\int_{T_1}^{T_2}\left[v_0-\frac{a_{\max,A}}{2\gamma_2}(t-T_1)^2\right]\mathrm{d}t$$

$$=v_0\gamma_2-\frac{a_{\max,A}}{6}\gamma_2^2 \tag{9}$$

式中：v_0——制动力开始上升前车辆初始速度(m/s)；

$a_{\max,A}$——AV最大制动减速度(m/s^2)；

T_1、T_2、T_3——制动开始时刻、制动系统响应阶段结束时刻以及全制动结束时刻(s)。

同理,根据公式(8),AV制动系统响应阶段的距离S_{2-2}^{AV}计算如公式(10)所示：

$$S_{2-2}^{AV}=\int_{T_2}^{T_3}\left[\left(v_0-\frac{a_{\max,A}}{2}\gamma_2\right)-a_{\max,A}(t-T_2)\right]\mathrm{d}t$$

$$=\frac{v_0^2}{2a_{\max,A}}-\frac{v_0}{2}\gamma_2-\frac{a_{\max,A}}{8}\gamma_2^2 \tag{10}$$

则AV制动距离为：

$$S_2^{AV}=S_{2-1}^{AV}+S_{2-2}^{AV}$$

$$=\frac{v_0}{2}\gamma_2+\frac{v_0^2}{2\alpha_{\max,A}}-\frac{7a_{\max,A}}{24}\gamma_2^2 \tag{11}$$

式中,各符号含义同上。

3.3　车辆停车视距计算

由于在AV和HDV混行的混合交通流中,不同跟驰情况下反应时间不相同,即停车视距的大小与车辆跟驰情况相关,跟驰情况比例越大,对停车视距的影响程度越大[14]。令P_A表示后方跟驰车辆为AV的渗透率,则混合交通流中两种跟驰情况比例见表1。

混合交通流中跟驰情况比例　　表1

跟驰情况		跟驰情况所占比例 P_i
前导车	跟驰车	
HDV	HDV	$(1-P_A)(1-P_A)$
AV	HDV	$P_A(1-P_A)$
HDV	AV	$(1-P_A)P_A$
AV	AV	$P_A{}^2$

结合车辆跟驰情况比例,本文通过引入耦合系数ξ_i来确定混合交通流下停车视距的计算模型,其计算如公式(12)。

$$\xi_i = P_i \tag{12}$$

式中:ξ_i——不同的跟驰情况下停车视距耦合系数;

P_i——不同跟驰情况在混合交通流中所占的比重。

那么,对于不同渗透率下的混合交通流,停车视距可表示为公式(13):

$$SSD = \sum_i \xi_i \cdot S_i (i=1,2,3,4) \tag{13}$$

式中:各字符含义同上。

4 停车视距计算及仿真验证

4.1 停车视距计算

4.1.1 反应距离计算

针对混合交通流下4种跟驰情况的数据,运用互相关法对不同的反应时间取值进行互信息法分析,考虑到大部分研究得到的反应时间范围处于0~3s之间,将时间延滞最大范围取3s,得到部分结果如图5所示。

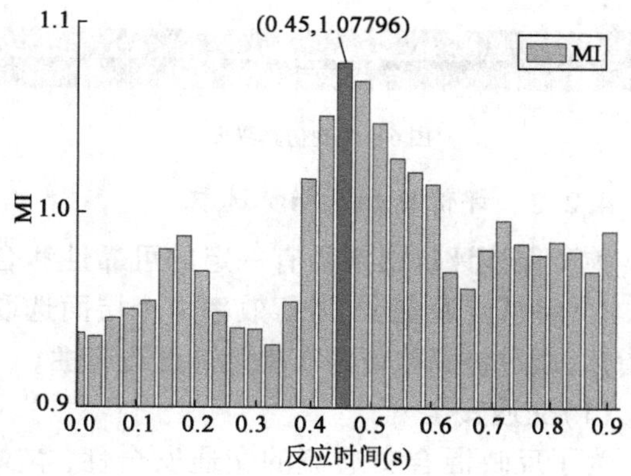

图5 基于互信息法标定的反应时间

从图5可知,在将两车相对速度滞后0.45s的情况下与跟驰车辆的加速度的互信息最大,即此刻的两车相对速度与跟驰车辆的加速度相关性最大。因此,可以认为0.45s是该车辆在该工况下的反应时间。同理可以得到4种跟驰情况下反应时间结果,如表2所示。

在不同跟驰情况和设计速度下,车辆反应距离计算结果见表3。

反应时间标定结果 表2

跟驰情况		反应时间均值(s)	标准差
前导车	跟驰车		
HDV	HDV	0.825	0.350
AV	HDV	1.033	0.368
HDV	AV	0.530	0.233
AV	AV	0.473	0.222

不同跟驰情况下反应距离计算结果 表3

跟驰情况		反应距离(m)		
		设计速度(km/h)		
前导车	跟驰车	120	100	80
HDV	HDV	27.50	22.92	18.33
AV	HDV	34.43	28.69	22.96
HDV	AV	17.67	14.72	11.78
AV	AV	15.77	13.14	10.51

4.1.2 制动距离计算

根据收集得到的混合交通流数据进行分析,得到HDV最大制动减速度为3.02m/s^2,AV最大制动减速度为2.5m/s^2。车辆运行速度选取设计速度的85%,制动协调阶段τ_2和τ_3、γ_2分别取0.3s和0.2s、0.4s,根据公式(7)和公式(11)计算出不同设计速度下AV和HDV车辆制动距离,结果见表4。

车辆制动距离计算结果 表4

设计速度(km/h)	运行速度(km/h)	制动距离计算值(m)	
		HDV	AV
120	102	145.09	164.74
100	85	102.32	114.97
80	68	66.99	74.13

4.1.3 混合交通流下停车视距计算

以设计速度为120km/h为例,对自动驾驶车辆渗透率从0到100%,步长为20%,根据本文构建的混合交通流下的停车视距计算模型计算出不同渗透率下的停车视距取值,结果见表5。

混合交通流停车视距计算结果 表5

渗透率(%)	停车视距(m)
0	172.59
20	175.59
40	177.88
60	179.46
80	180.34
100	180.51

4.2 停车视距仿真验证

4.2.1 仿真平台搭建

(1)场景参数标定

SUMO作为一款开源的软件,具有良好的系统适应性、可拓展性、可视化等优点,目前已经被应用与自动驾驶、车联网仿真等方面。本文采用SUMO对构建的停车视距计算模型进行仿真验证,根据高速公路停车视距的定义,确定主要的道路场景参数,各参数具体数值见表6。

仿真参数设置 表6

参数	参数取值
行车道宽度(m)	3.75
道路长度(m)	1000
交通量(pcu/h)	3200
设计速度(km/h)	120

(2)仿真跟驰模型

①HDV跟驰模型

Krauss模型作为典型的跟驰模型之一,具有模型表达含义明确的特点,且模型的准确性也得到了较为广泛的认可,同时因其参数标定较为简洁,便于标定,在交通流仿真软件中广泛应用。因此本文采用Krauss模型作为HDV的跟驰模型,其具体表达式见公式(14)。

$$\begin{cases} d_b \leq d_f + g \\ v_{safe} = v_f + \dfrac{g - v\pi}{(v_b + v_f)/2a + \tau} \end{cases} \tag{14}$$

式中:d_b——跟驰车辆已当前速度在下一时间段行驶的距离(m);

d_f——前方车辆紧急刹车过中行驶的距离(m);

g——当前时刻,前后车间距(m);

v_{safe}——安全车速(km/h);

v_b、v_f——前导车和跟驰车运行速度(km/h);

a——跟驰车最大制动减速度(m/s^2);

τ——跟驰车辆反应时间(s)。

②AV跟驰模型

ACC(自适应巡航控制,Adaptive cruise control)是由加州大学PATH实验室通过实车实验数据构建的跟驰模型。模型主要包括速度控制、间隙调整以及防碰撞控制等方面,当目标车辆前方存在车辆时,车辆需要根据当前交通状态动态调整车间距,其跟车加速度可以表示为:

$$a_i(t) = \lambda_1 e_i(t) + \lambda_2 \Delta v(t-1) \tag{15}$$

式中:$a_i(t)$——AV的跟车加速度(m/s^2);

$e_i(t)$——车辆i的车辆间距误差[15](m);

λ_1、λ_2——位置和速度偏差的控制增益,分别取0.23s^{-2}和0.07s^{-1}[16];

$\Delta v(t-1)$——前后车辆的速度差(m/s)。

(3)车辆参数标定

AV和HDV的车辆模型参数主要包括车身长度、车辆运行速度、以及加减速特性、驾驶习惯特性等方面,本文分别对这些参数进行标定,具体标定结果见表7。

SUMO中的车辆模型及参数设置 表7

模型参数	AV	HDV
车身长度(m)	4	4
最大加速度(m)	2.5	3.0
最大制动减速度(m/s^2)	2.5	3.02
舒适减速度(m/s^2)	1.2	1.8
最小车间距(m)	5	3.5
驾驶员不完美系数	1.0	1.5

根据上述对路网文件的绘制以及仿真参数的标定,将路网文件与车流文连接到配置文件,并用SUMO进行调用,搭建仿真场景如图6所示。

图6 跟驰仿真界面

4.2.2 评价目标及指标选取

为了保证评价结果具有一定的可靠性和合理性,本文将从交通安全、运行效率两个层面选取评价指标,通过仿真验证停车视距长度适应性。

(1)交通安全

为了反映混合交通流的交通安全性,本文将交通冲突率作为安全性评价指标。目前较为广泛的交通冲突识别方法为采用TTC(Time To Collision)模型进行识别[17]。因此本文以TTC作为交通冲突判断依据,TTC阈值取1.5s。TTC的取值越小,表明前后车辆发生碰撞的概率越大,安全性越低;反之,安全性越高。其计算如式(16)所示。

$$\mathrm{TTC}_j = \frac{x_{j-1} - x_j - L_{j-1}}{v_j - v_{j-1}} \tag{16}$$

式中:TTC_j——第j辆车与前车(第$j-1$辆车)的

碰撞时间(s);

x_{j-1}、x_j——前后车辆的位置(m);

L_{j-1}——前车的车身长度(m);

v_j、v_{j-1}——前后车辆的速度(km/h),且 $v_j > v_{j-1}$。

(2)运行效率

在交通效率方面,考虑路段车流量及运行速度,类比物理学中功率,将路段中单位时间内车流量行驶的总公里数定义为交通流功率,及路段内车流量、车流速度与时间间隔的乘积[18],其计算式如式(17)所示。

$$E = q \cdot v \cdot t \tag{17}$$

式中:E——交通流功率(km);

q——实际交通状况下通过的车辆数;

v——实际交通状况下的平均运行速度(km/h);

t——统计时间,取1h。

4.2.3 仿真实验与结果分析

在设计速度120km/h情况下,混合交通流停车视距长度计算值最小为172.31m,规范值为210m。本文以20%为渗透率步长,对0~100%的渗透率进行划分,并在不同渗透率下,对停车视距长度160~220m以10m为长度步长进行仿真实验。

根据仿真获取的相同道路条件下,不同渗透率和停车视距长度组合的冲突数,根据公式(16)和公式(17),计算出不同组合下的交通冲突率和运行效率,结果如图7和图8所示。

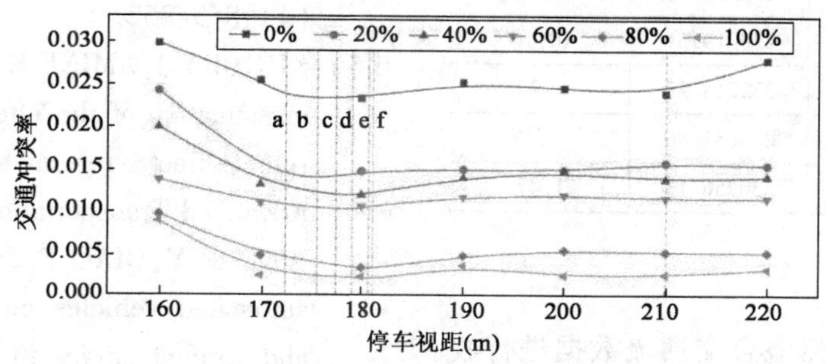

图7 不同渗透率、停车视距长度下交通冲突率

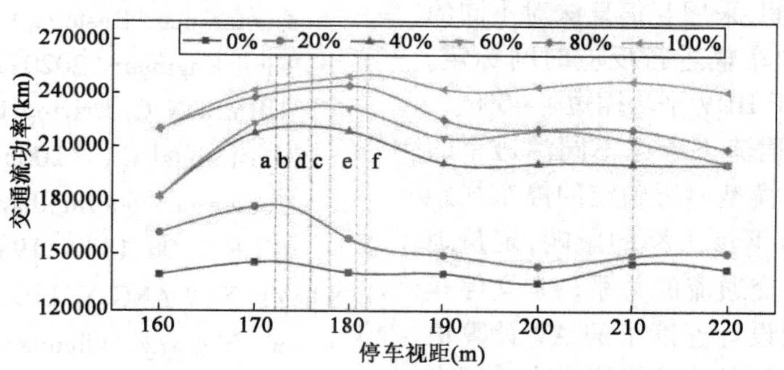

图8 不同渗透率、停车视距长度下交通流功率

由图7和图8得,a、b、c、d、e、f分别为交通冲突率和交通流功率不同渗透率下拐点的垂线段。随着渗透率下由0%向100%递增,交通冲突率整体出现下降趋势,交通功率整体出现上升趋势,表明自动驾驶车辆的引入能够有效地提高道路交通中的安全性和运行效率。

当处于固定渗透率情况下,随着停车视距的增加交通冲突率逐渐降低,当长度超过一定范围后,交通冲突率将趋于平稳,不再产生较大波动。这表明停车视距一旦达到了合理的长度后,冲突率会保持在一定的阈值内,其受停车视距长度的影响将不再显著。不同渗透率下的停车视距合理范围见表8所示。根据图7所知不同渗透率下的冲突率凹凸分界点,最终集中于180m附近,符合模型计算结果。在各渗透率下,模型计算值的交通流功率均优于基于规范值计算出来的交通流功率,对比结果和提升幅度见表9。综上分析表明本文所确定的不同渗透率下停车视距计算长度能够满足交通安全性的需求。

考虑安全与效率的视距计算值与仿真值对比

表8

渗透率(%)	计算值(m)	仿真确定值(m)
0	172.59	172~173
20	175.59	175~176
40	177.88	176~179
60	179.46	179~180
80	180.34	180~181
100	180.51	180~181

计算值、规范值交通流功率对比 表9

渗透率(%)	规范值交通流功率(km)	计算值交通流功率(km)	提升幅度(%)
0	145174.94	145921.89	5.14
20	149581.42	176582.12	18.05
40	200554.72	220919.51	10.16
60	213107.01	232218.23	8.97
80	219342.44	243851.86	11.17
100	246632.25	250256.15	1.47

5 结语

(1)本文通过对自然混合交通流数据进行收集,通过互信息法分析了混合交通流中AV和HDV不同跟驰情况下反应时间,采用互信息法对不同的跟驰状态下不同类型的车辆进行反应时间标定。发现AV反应时间相较于HDV平均缩短了46%。

(2)构建了混合交通流下考虑不同渗透率的高速公路停车视距计算模型。所确定的停车视距耦合系数考虑了异质流下渗透率的影响,定量地确定了停车视距与混合交通流的关系。本文停车视距计算模型得到不同设计速度下的AV计算值小于HDV的计算值,且两者的计算值皆小于现有规范规定,说明了AV的混入可以在更短的制动长度内保证安全性,具有一定减少工程造价改善环境的积极意义。

(3)构建了混合交通流仿真场景,从安全、效率方面验证停车视距长度适应性。通过仿真实验可知,在同一渗透率下,停车视距的计算值相较于规范值,能够在保障安全的情况下,显著提升运行效率。

参考文献

[1] DAI Z,LIU X C,CHEN X,et al. Joint optimization of scheduling and capacity for mixed traffic with autonomous and human-driven buses: A dynamic programming approach [J]. Transportation Research Part C: Emerging Technologies,2020,114:598-619.

[2] FAMBRO D,FITZPATRICK K,KOPPA R. New Stopping Sight Distance Model for Use in Highway Geometric Design[J]. Transportation Research Record Journal of the Transportation Research Board,2000,1701(1):1-8.

[3] 吴善根,李涛,林宣财,等.基于制动减速度的高速公路停车视距研究[J].公路交通科技,2021,38(9):51-59.

[4] 袁浩,史桂芳,黄晓明,等.停车视距制动模型[J].东南大学学报(自然科学版),2009,39(4):859-862.

[5] KHOURY J,AMINE K,ABI SAAD R. An initial investigation of the effects of a fully automated vehicle fleet on geometric design[J]. Journal of Advanced Transportation,2019,2019.

[6] WELDE Y,QIAO F. Effects of autonomous and automated vehicles on stopping sight distance and vertical curves in geometric design[C]// 13th Asia Pacific Transportation Development Conference. Reston, VA: American Society of Civil Engineers,2020:715-724.

[7] URMSON C. Driving beyond stopping distance constraints[C]//2006 IEEE/RSJ International Conference on Intelligent Robots and Systems. IEEE,2006:1189-1194.

[8] YE X,WANG X,LIU S,et al. Feasibility study of highway alignment design controls for autonomous vehicles[J]. Accident Analysis & Prevention,2021,159:106252.

[9] CAMPBELL J L. Human factors guidelines for road systems [M]. Transportation Research Board,2012.

[10] 杨林,邢翠芳,赵海冰.汽车跟驰状态下驾驶员反应时间研究[J].计算技术与自动化,2015,34(3):33-37.

[11] 乔晋.车辆跟驰模型参数标定与验证研究[D].上海:上海交通大学,2008.

[12] OZAKI H. Reaction and anticipation in the

car-following behavior[J]. Transportation and traffic theory,1993,12:349-366.

[13] 余志生.汽车理论[M].6版.北京:机械工业出版社,2019.

[14] XIE D F,ZHAO X M,HE Z. Heterogeneous Traffic Mixing Regular and Connected Vehicles:Modeling and Stabilization[J]. IEEE Transactions on Intelligent Transportation Systems,2019,20(6):2060-2071.

[15] 印顺超.车联网环境下完全自动驾驶高速公路几何设计标准研究[D].西安:长安大学,2022.

[16] XIAO L,WANG M,SCHAKEL W,Van Arem B. Unravelling effects of cooperative adaptive cruise control deactivation on traffic flow characteristics at merging bottlenecks[J]. Transportation Research Part C: Emerging Technologies,2018,96:380-397.

[17] 杨萌萌.基于交通安全的高速公路爬坡车道设置依据研究[D].南京:东南大学,2016.

[18] KERNER B S. Introduction to Modern Traffic Flow Theory and Control: The Long Road to Three-Phase Traffic Theory[M]. Springer Science & Business Media,2009.

高速公路路域风光资源协同利用评价方法

刘东旭* 吴志强
(长安大学公路学院)

摘 要 为保证高速公路路域建设风光能源供电系统的可行性,提出评价高速公路路域风光资源协同利用的方法。本文通过对比选取ERA5气象再分析数据库作为气象数据来源;以风能、太阳能资源的丰富度、稳定性以及互补性构建风光资源指标评价体系;结合模糊层次分析法确定各评价指标权重,采用模糊综合评价法评估区域风光资源的协同利用等级,并以云南某高速公路为例进行方法应用。

关键词 交通工程 绿色交通 风光资源 评价指标 模糊综合评价

0 引言

近年来,随着我国高速公路建设规模不断增长,高速公路路域中收费站、服务区、路堤边坡等风光资源可利用范围也在随之扩大。随着国家整体能源结构的调整,太阳能、风能等清洁能源的利用率、产品可靠度都在逐步提升,利用风光能源供电是降低公路能耗的新发展方向之一。

由于不同地区风光资源禀赋的不同,且风电和光伏出力具有随机性、波动性和不可控性,致使供电稳定性不足、建设成本较高,目前公路行业对路域风光能源的利用大多基于工程经验。为准确评价区域风光能源特性,需选取合理的风光资源评价指标和的评价方法,评估服务区风光资源利用潜力。林凌雪[1]等提出根据不同地区的风光资源特性来进行独立微电网电源配置;王飞[2]等综合考虑风光资源储量、稳定性和互补性的资源属性,构建量化指标对区域风光资源量进行评价。李剑楠[3]等将风电自然特性类指标分为波动性指标、随机性指标、资源性指标以及运营指标以评价风能的分布特性与有效利用率。

本文以云南省某高速公路为研究对象,基于区域风光资源特性和风光能源供电需求进行“风光资源协同利用评价方法”的研究。

1 资源调查方式

受风光能源供电系统气象设计参数类型、各参数数据集长序列数据完整性、测量成本等影响,风速、太阳能辐照量以及温度的长时间尺度实测数据的获取较为困难。基于同步卫星采集的气象再分析数据在保证数据准确性的同时具有较好的时空覆盖性,适用于风光能源供电系统气象设计参数基础数据的调查。当前全球气象再分析数据库类型众多,包括WorldClim、ERA5、NASA-

MERRA全球再分析数据库、中国区域地面气象要素驱动数据集等。

经表1分析可知,WorldClim、NASA-MERRA再分析气象数据库的时间尺度或空间分辨率较低,在较为精细的区域风光资源特性分析与发电预测中实用性有限;ERA5与中国区域地面气象要素驱动数据集的时间尺度与空间分辨率均相对精细,基本满足使用需求,故本文选择ERA5全球气象再分析数据库作为数据调查来源。

气象再分析数据库资料对比 表1

数据库类型	资源类型	时间尺度	时间跨度	空间分辨率
WorldClim	风速、太阳辐射数据、温度	逐月	1960~2018	2.5°
ERA5		逐时	1981~至今	0.1°
NASA-MERRA		逐时	1979~至今	0.5°×0.67°
中国区域地面气象要素驱动数据集		逐3小时	1979~2018	0.1°

2 风光资源协同利用评价指标

风能、太阳能资源的协同利用既取决于区域单一风能、太阳能资源条件的优劣性,又与风能、太阳能资源在时间上的发展趋势相关。本文从风能、太阳能资源的特有属性的层面,构建风光资源协同利用指标评价体系,包括风能资源评价指标、太阳能资源评价指标以及风光资源互补评价指标,其中从资源丰富度、稳定性评价风能、太阳能资源;从风光资源互补程度评价风能、太阳能资源的互补性。

2.1 风能资源丰富度评价指标

风能资源的丰富度可采用有效风功率密度进行评估,其计算方法见式(1)。

$$\mathrm{EWPD}=\frac{1}{2n}\sum_{i=1}^{n}\rho v^3 \tag{1}$$

式中:EWPD——风功率密度($\mathrm{W\cdot m^{-2}}$);

ρ——空气密度($\mathrm{kg\cdot m^{-3}}$);

v——风速($\mathrm{m\cdot s^{-1}}$);

n——小时风速处于有效风速范围内的个数。

考虑有效风功率密度及有效风速(≥3m/s)全年累积小时数,国家气象局将我国风能资源的丰富度划分为4级,见表2。

风能资源丰富度分级 表2

分级	丰富区(Ⅰ)	较丰富区(Ⅱ)	可利用区(Ⅲ)	贫乏区(Ⅳ)
年有效风功率密度(W/m²)	>200	150~200	50~150	<50
年风速累积小时数(≥3m/s)	>5000	3000~5000	2000~3000	<2000
年风速累积小时数(≥6m/s)	>2200	1500~2200	350~1500	<350

2.2 太阳能资源丰富度评价指标

太阳能资源丰富度常采用水平面太阳能辐照量来衡量,《太阳能资源评估方法》中以年水平面太阳能总辐照量作为太阳能资源的分级指标,将我国区域太阳能资源利用潜力分为四类,见表3。

年水平面总辐照量(GHR)等级 表3

等级	分级阈值($\mathrm{kW\cdot h\cdot m^{-2}}$)	太阳能丰富度
A	GHR≥1750	最丰富
B	1400≤GHR<1750	很丰富
C	1050≤GHR<1400	丰富
D	GHR<1050	一般

2.3 风能/太阳能资源稳定性评价指标

针对风能、太阳能资源的波动性,《风电场风能资源评估方法标准》与《太阳能资源评估方法》中均提出以风光资源的月日平均值为研究对象进行稳定度分级,见表4,计算见式(2)。

$$\tau=\frac{\Phi_{\min}}{\Phi_{\max}} \tag{2}$$

式中:τ——年风能、太阳能稳定度;

$\Phi_{\min}$——年各月平均日光照强度G_c/风速v最小值;

$\Phi_{\max}$——年各月平均日光照强度G_c/风速v最大值。

风能/太阳能资源稳定度等级 表4

等级划分	很稳定	稳定	一般	欠稳定
分级阈值	$\tau>0.47$	$0.36\le\tau<0.47$	$0.28\le\tau<0.36$	$\tau<0.28$

2.4 风光资源互补程度评价指标

本文采用 Kendall 秩相关参数法量化评价区域风能、太阳能资源的互补性[4]，以月日均风速 v，月日均水平面辐照量 G_c 作为基础数据，构建全年1—12月日均风速、月日均辐照量的样本空间 $\Omega(v,G_c)$，得到风能、太阳能资源的相关系数值 r，并进行互补性分级（表5）。Kendall 秩相关系数的一般形式见式(3)。

$$r = P[(x_i - x_j)(y_i - y_j) > 0] - P[(x_i - x_j)(y_i - y_j) < 0] \tag{3}$$

式中：(x_i, y_i)——月均风资源和月均光资源组成的样本值；

r——从样本中随机选取的两组观测值一致的概率与不一致的概率之差；

P——样本空间中随机选取两组观测值一致的概率或不一致的概率值。

风光资源互补性等级　　表5

等级划分	很强	强	一般	弱
分级阈值	$r < -0.5$	$-0.5 \leqslant r < -0.3$	$-0.3 \leqslant r < -0.15$	$r > -0.15$

综上，可构建风光资源协同利用的指标评价体系，见图1。

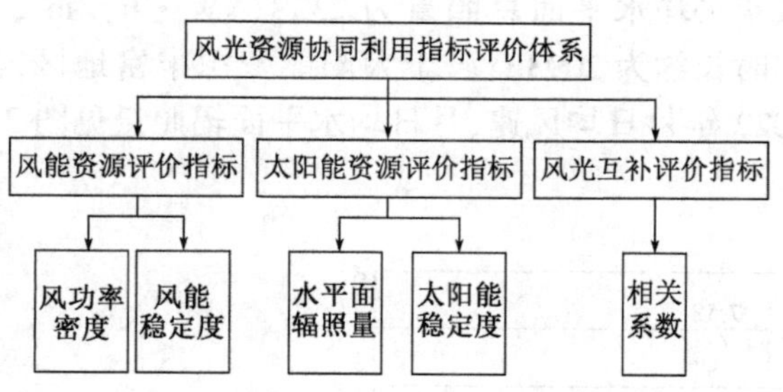

图1　风光资源协同利用的指标评价体系

3 风光资源协同利用模糊综合评价

模糊综合评价理论是以模糊数学为基础，通过模糊运算获得集合表示评价结果[5]。模糊评价方法能够直观反应区域风光资源各类指标的优劣势，获得风光资源协同利用的评价等级。

3.1 建立评估集

由于已有技术标准与规范针对风能、太阳能资源的评价分级均采用4级评价，因此本文划分的风光能资源协同利用指标的评价等级也确定为4级 $V = \{v_1, v_2, v_3, v_4\}$，对应评语为{差，一般，好，很好}。

3.2 基于模糊层次分析法的指标权重确定

(1)构造模糊互补矩阵

使用0.1～0.9标度赋值法（模糊互补矩阵标度见表6），将各评价指标进行重要度分级，评级后的评价指标进行两两比较，i 指标与 j 指标的比较结果记为 d_{ij}，构造模糊互补矩阵 $D = (d_{ij})_{n\times n}$，见式(4)。

判断矩阵标度表　　表6

i 指标与 j 指标对比	d_{ij}
i 远远劣于 j	0.1
i 很劣于 j	0.2
i 劣于 j	0.3
i 稍劣于 j	0.4
i、j 优劣相同	0.5
i 稍优于 j	0.6
i 优于 j	0.7
i 很优于 j	0.8
i 远远优于 j	0.9

$$D = (d_{ij})_{n\times n} = \begin{bmatrix} d_{11} & \cdots & d_{1n} \\ \vdots & \ddots & \vdots \\ d_{n1} & \cdots & d_{nn} \end{bmatrix} \tag{4}$$

(2)计算权重值

$$w_i = \frac{1}{n} - \frac{1}{2a} + \frac{1}{an}\sum_{k=1}^{n} d_{ik} \tag{5}$$

式中：w_i——第 i 个指标权重值；

$a = (n-1)/2$；

n——评价指标数量。

(3)一致性检验

由于模糊互补矩阵 D 的确定受人为因素的影响较大，因此有必要进行一致性检验，以评估模糊互补矩阵的优劣[6]。一致性指标 CI 计算方法如下：构建权重矩阵 W，$W = (w_{ij})_{n\times n}$，w_{ij} 计算式见式(6)，一致性指标 CI 计算式见式(7)。

$$w_{ij} = a(w_i - w_j) + 0.5 \tag{6}$$

$$\mathrm{CI} = \frac{\sum_{i=1}^{n}\sum_{j=1}^{n} |w_{ij} - d_{ij}|}{n^2} \tag{7}$$

计算出的 CI 值应满足 CI < 0.10，否则需重新调整模糊互补矩阵 D，直到一致性比例满足要求。

3.3 构造隶属度函数

路域风光资源的评价指标均属于定量连续型数据,可利用"半梯形"分布函数建立隶属度与连续型指标之间的关系,确定各项二级指标的隶属度,见式(8)~式(11)。

$$b_1(x_m)=\begin{cases}1, x_m\leqslant a_1\\ \dfrac{a_2-x_m}{a_2-a_1}, a_1\leqslant x_m\leqslant a_2\\ 0, x_m\geqslant a_2\end{cases} \tag{8}$$

$$b_2(x_m)=\begin{cases}0, x_m<a_1\text{或}x_m>a_3\\ \dfrac{-(a_1-x_m)}{a_2-a_1}, a_1<x_m\leqslant a_2\\ \dfrac{a_3-x_m}{a_3-a_2}, a_2<x_m\leqslant a_3\end{cases} \tag{9}$$

$$b_3(x_m)=\begin{cases}0, x_m<a_2\text{或}x_m>a_4\\ \dfrac{-(a_2-x_m)}{a_3-a_2}, a_2<x_m\leqslant a_3\\ \dfrac{a_4-x_m}{a_4-a_3}, a_3<x_m\leqslant a_4\end{cases} \tag{10}$$

$$b_4(x_m)=\begin{cases}0, x_m\leqslant a_3\\ \dfrac{-(a_3-x_m)}{a_4-a_3}, a_3<x_m\leqslant a_4\\ 1, x_m>a_4\end{cases} \tag{11}$$

式中:$b_n(x_m)$——第 m 个指标在第 n 级评价指标的隶属度;

x_m——第 m 个评价指标实测值;

a_1、a_2、a_3、a_4——评价指标在4种评价等级下的标准值。

3.4 模糊矩阵构造与结果评价

将指标实测数值代入隶属函数,式(8)~式(11),得到二级指标在不同等级的隶属度向量 R_i;根据已求得各级指标权重(一级指标的权重记为 A,风能、太阳能资源和风光互补的二级指标权重分别记为 A_1、A_2 和 A_3),通过式(12)构建单因素模糊评判矩阵 B 以及综合模糊评价向量 C,C 中数值反映出风光资源协同利用水平在4个评价因子区间的隶属情况,依据最大隶属度原则评价路域风光资源协同利用水平等级,其中等级为"好""很好"的应用场景采用风光资源供电的适用性较优。

$$C=A\begin{bmatrix}B_1\\B_2\\B_3\end{bmatrix}=A\begin{bmatrix}A_1\times R_1\\A_2\times R_2\\A_3\times R_3\end{bmatrix} \tag{12}$$

4 工程案例

Y高速公路位于云南省曲靖市,通过当地气象观测站以及ERA5气象再分析数据库得到Y高速公路所在区域的2022年风能、太阳能资源各月数据。Y高速公路所在区域距地表10m高度处的年均风速为3.99m/s,年均风功率密度约为64W/m^2,年最大风速约为9m/s,年均有效风速(≥3m/s)时长约为5295h,年均有效风速(≥6m/s)时长约为720h,属于风资源可利用地区;Y高速公路所在区域年平均水平面总照量为2338(kW·h)/m^2,日照时长约为2093h,属于太阳能资源丰富地区,其2022年月日均风速、月日均水平面辐照量见图2。

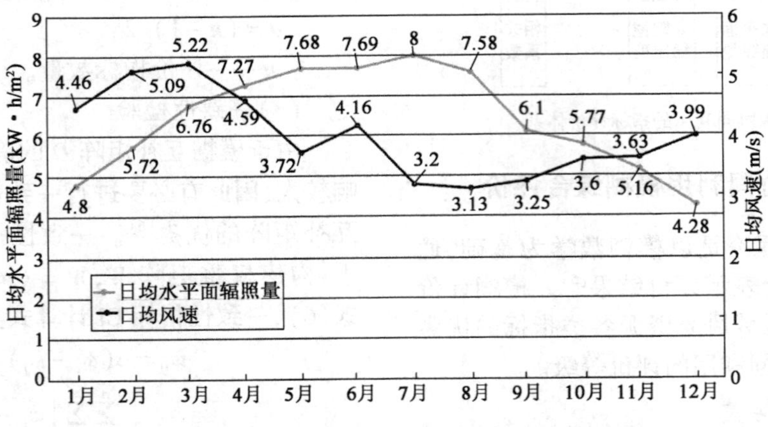

图2 Y高速公路区域2022年月均风速、月日均水平面辐照量

基于Y高速公路22年月均风速、月日均水平面辐照量数据,由上文式(2),Y高速公路太阳能资源稳定度 $\tau=0.535$,处于很稳定等级;风能资源稳定度 $\tau=0.6$,处于很稳定等级;同时,由图2可

知，Y 高速公路所在区域的风能、太阳能资源特征呈现为 4—10 月份太阳能资源较强、风资源相对较弱；在 1—3、10—12 月份风资源较强、太阳能资源相对较弱，风光资源在时间上呈现宏观互补特征，采用 Kendall 秩相关系数，见上文式(3)，计算得到 Y 高速公路得相关系数 $r = -0.21$，Y 高速公路风光资源综合特性见表 7。

Y 高速公风光资源特性　　表 7

资源类型	丰富度等级	稳定性	互补性
风能	可利用	很稳定	$r=-0.21$，互补性一般
太阳能	丰富	很稳定	

基于上述模糊层次分析法的权重确定步骤，邀请行业专家评分，以此构建判别矩阵，见表 8 ~ 表 10，并按式(5)确定各评价指标的权重值。最终形成的风光能资源协同利用权重组合见表 11，按式(6-7)进行一致性检验，其 CI = 0.033 < 0.1，符合一致性比例的要求。

一级指标判别矩阵　　表 8

指标	风能资源	太阳能资源	风光互补
风能资源	0.5	0.71	0.82
太阳能资源	0.29	0.5	0.76
风光互补	0.18	0.24	0.5

风资源二级指标判别矩阵　　表 9

指标	风功率密度	风能稳定度
风功率密度	0.5	0.61
风能稳定度	0.39	0.5

太阳能资源二级指标判别矩阵　　表 10

指标	水平面辐照量	太阳能稳定度
水平面辐照量	0.5	0.62
太阳能稳定度	0.38	0.5

各因素的权重　　表 11

一级指标 A	权重	二级指标 A_j	权重
风能资源评价指标	0.51	风功率密度	0.61
		风能稳定度	0.39
太阳能资源评价指标	0.35	水平面辐照量	0.62
		太阳能稳定度	0.38
风光互补评价指标	0.14	相关系数	1

依据本文 3.3 节的模糊综合评价法以及 Y 高速公路风光资源数据，采用式 9-12 计算得到风能资源指标、太阳能资源指标、风光互补的二级指标隶属度矩阵 R_1、R_2、R_3，以及综合模糊评估向量 C。

$$R_1 = \begin{pmatrix} 0 & 0.86 & 0.14 & 0 \\ 0 & 0 & 0 & 1 \end{pmatrix}$$

$$R_2 = \begin{pmatrix} 0 & 0 & 0 & 1 \\ 0 & 0 & 0 & 1 \end{pmatrix}$$

$$R_3 = (00.60.40)$$

$$C = A\begin{bmatrix} A_1 \times R_1 \\ A_2 \times R_2 \\ A_3 \times R_3 \end{bmatrix} = [00.3510.10.549]$$

根据 3.1 节中划分的风能、太阳能资源协同利用指标的评价等级，依据模糊综合评价法的最大隶属度原则，Y 高速公路所处区域的风光资源的协同利用潜力为最优等级“很好”，适于建设风光能源供电系统。

5　结语

(1)通过对比多种全球气象再分析数据库的时间、空间分辨率以及精确度等，选取应用广泛且效果较优的 ERA5 气象再分析数据库作为气象数据来源，提高了数据来源的可靠性。

(2)依据相关风能、太阳能资源的评价标准及已有研究，考虑风能、太阳能资源的丰富度、稳定性以及互补性构建风能、太阳能资源协同利用指标评价体系。

(3)采用模糊层次分析法对路域风光资源指标赋权，利用模糊综合评价法划分路域风光能资源的协同利用等级。

(4)利用有关资料经计算，Y 高速公路所处区域的风光资源的协同利用潜力为最优等级“很好”，适合于建设风光能源供电系统。

(5)高速公路风光资源协同利用评价方法适用于评价长周期气象资料完备的路域风光资源，对是否建设路域风光能源供电系统具有一定参考价值。

参考文献

[1] 林凌雪，廖碧英，管霖. 基于风光资源特性的独立微电网电源优化配置方法[J]. 华南理工大学学报(自然科学版)，2021，49(07)：103-115.

[2] 王飞，宋士瞻，曹永吉，等. 基于连续小波变换的风光发电资源多尺度评估[J]. 山东大学学报(工学版)，2018，48(05)：124-130.

[3] 李剑楠，乔颖，鲁宗相，等. 多时空尺度风电统计特性评价指标体系及其应用[J]. 中国电机

工程学报,2013,33(13):53-61.
[4] 赵继超,袁越,傅质馨,等.基于Copula理论的风光互补发电系统可靠性评估[J].电力自动化设备,2013,33(01):124-129.
[5] 张新洁,马思思.基于模糊层次分析的高速公路零碳服务区评价[J].科技和产业,2023,23(03):83-89.
[6] 徐改丽.模糊互补判断矩阵的一致性及群体集结方法研究[D].南宁:广西大学,2007.

服务区风光能源供电设施配置方法研究

吴志强* 刘东旭 彭 杰
(长安大学公路学院)

摘 要 随着社会的发展和能源需求的不断增长,新能源供电设施在服务区的配置问题成为亟待解决的问题。本研究旨在建立一种有效的服务区风光能源供电设施配置模型,以实现可持续和高效的能源利用。具体而言,以并网型风光能源供电系统的全寿命周期投入成本以及风光能源供电率为控制目标,以系统功率平衡为约束条件,构建并网型风光能源供电设施模型,并利用NSGA-II优化算法求解模型,得到最优的供电设施配置方案。并在此基础上通过实际工程案例——者海服务区,展示了所提方法的应用和实际效果,验证模型的可行性和实用性。

关键词 服务区 供电设施配置 多目标优化 NSGA-Ⅱ算法

0 引言

交通运输作为实现“碳达峰、碳中和”目标的关键领域,其节能减排任重道远,清洁能源替代是交通领域减碳的重要手段。2020年我国高速公路服务区数量达3220对,估算用电量达12.8亿(kW·h)/年,其中绝大多数依赖电网供能,且我国化石能源发电占比超过60%,风、光等清洁能源发电占比低。此外,作为公路基础设施的重要组成部分,我国公路服务区数量已达3220对(2020年),年用电量高达1.28×10^9kW·h,近似于一个百万人口地级市的全年耗电量,年累计碳排放量高达1.23×10^6t,是公路能耗与碳排放的主要单元之一。

国内外学者针对供电系统的配置问题展开了相应的研究。Jemaa A B[1]以系统总成本最小为优化目标,供电可靠性(缺电率)为约束条件,进行容量优化配置;Fatemeh J A[2]以独立风光储发电系统建设运维全寿命周期的建设运维成本为目标函数,选择等效损耗因子(ELF)作为系统可靠性约束指标,采用粒子群算法优化配置,得到风光储发电设施容量配置。

赵星虎[3]考虑地区风光供电出力相关性,以系统建设成本、缺电率和弃风弃光浪费率最低为目标函数,构建风光互补发电系统的优化模型;成驰[4]等采用当地风速和辐射强度等气象因子日变化典型特征曲线为基础数据,以风光互补发电系统日输出功率曲线最接近当地负荷曲线为最优化目标,以风电和光伏装机容量为变量,建立一种并网风光互补容量优化配置模型。

王鑫等[5]以海南省的光照、风速条件以及负荷功率为参考数据,以综合经济效益最优为控制目标,利用粒子群优化算法(PSO)得出全局最优位置,得到微电网风光储的最优装机容量配比。

本文以“清洁能源高效利用”为需求牵引,开展公路服务区并网型风光能源供电设施配置方法研究,提出满足服务区用电需求的风光能源供电设施配置方法,实现风光资源在公路服务区的高效利用。

1 服务区风光能源供电设施配置模型构建

1.1 目标函数

1.1.1 风光能源供电设施投入总成本

并网型风光能源供电系统的建设投入同样涵

盖了风光等供电设施的前期建设安装以及后期运行维护的全过程,此外还包括供电系统向电网购电成本。并网型风光能源供电系统的全寿命周期投入成本见式(1)。

$$C = C_b + C_o + C_p \tag{1}$$

式中:C——并网型风光能源供电系统的全寿命周期投入成本(万元);

C_b——供电系统的建设成本(万元);

C_o——供电系统运行维护成本(万元);

C_p——供电系统向电网购(售)电成本。

并网型风光能源供电系统的主要设备有风力发电机、光伏组件、整流器以及并网逆变控制器,此外还包括市电连接的输电线路,各设备的建设成本包括购置费用与设备安装的人工费,其建设总成本如式(2)所示。

$$C_b = n_f C_f + n_{pv} C_{pv} + \mu C_L + C_{zl} + C_{nb} \tag{2}$$

式中:C_f——风力发电机单价(万元);

C_{pv}——光伏组件单价(万元);

C_L——单位千米电缆的敷设成本(万元);

C_{zl}——整流器建设成本(万元);

C_{nb}——逆变器建设成本(万元);

n_f——风力发电机布置数量(座);

n_{pv}——光伏组件布置数量(片);

μ——电缆铺设距离(km)。

风光能源供电系统的运行维护成本主要与设备的容量有关,主要包括人工费与设备维修产生的费用,见式(3)。

$$C_o = v_1 n_f + v_2 n_{pv} + v_4 + v_5 + v_6 \mu C_L \tag{3}$$

式中:v_i——单位风机、光伏组件、整流器、逆变器、单位距离电缆的每年运行维护成本。

并网型风光能源供电系统与市电电网连接,供电系统产能不足时,需要根据当地工商用电价格从市电电网买电,以保障用电需求;当系统产能过剩时,在未布设储能设施的情况下,可以将多余电等售出消纳产能。其供电系统的购电成本及售电利润见式(4)、式(5)。

$$C_p = \eta_b \sum_{i=1}^{n} q_i \tag{4}$$

$$C_p = \eta_s \sum_{i=1}^{n} q'_i \tag{5}$$

式中:η_b——系统购电单价[(kW·h)/万元];

η_s——系统售电单价[(kW·h)/万元];

q_i——系统第 i 年购电量(kW·h);

q'_i——系统第 i 年售电量(kW·h)。

1.1.2 风光能源供电率

公路服务区采用并网型风光能源供电系统供电,其电力供给一方面源于风能、太阳能发电,另一方面源于电网,为充分利用区域风能、太阳能资源,提升并网型风光能源供电系统的自供电能力,减少对于电网的依赖,降低电网电力消耗产生的碳排放,因此采用风光能源供电率作为并网型风光能源供电系统的又一个控制目标,在满足用电端用电负荷需求的前提下,风光能源供电率越高,系统的自供电能力和独立性越强,风光能源供电率见式(6):

$$\mathrm{EER} = \frac{\sum_{t=1}^{365} W_{f,pv}}{\sum_{t=1}^{365} W_{load}} \tag{6}$$

式中:EER——风光能源供电率;

$W_{f,pv}$——风光能源日供电量(kW·h);

W_{load}——负载端日用电量(kW·h)。

1.2 约束条件

1.2.1 供电系统的逐时功率平衡约束

并网型风光能源供电系统与电网连接,供电可靠性得以保证,供电设施容量配置的约束限制条件较少,主要体现在供电系统的逐时功率平衡约束,即依据典型代表年的风光资源气象参数,维持风力发电机组、光伏组件、市电供电功率与负载功率的逐时功率平衡,见式(7):

$$W_f(t) + W_{pv}(t) + W_{grid}(t) = W_{load}(t) \tag{7}$$

式中:$W_f(t)$——t 时刻风机的发电量(kW·h);

$WW_{pv}(t)$——光伏组件的发电量(kW·h);

$W_{grid}(t)$——t 时刻电网的输电状况,取正值代表系统从电网购电,取负值代表系统向电网售电(kW·h);

$W_{load}(t)$——t 时刻负载端用电量(kW·h)。

1.2.2 风机/光伏组件装机量约束

理论上只要投入资金足够多就能得到高水平的风光供电率,摆脱市电依赖,实现服务区能源自洽。但是由于实际服务区空间资源紧张,满足风光组件布设条件的地方有限。因此,风光能源供电系统在保证逐时功率平衡的条件下还需要约束风力发电机/光伏组件装机量,见式(8)、式(9):

$$0 \leqslant n_f \leqslant n_{fmax} \tag{8}$$

$$0 \leqslant n_{pv} \leqslant n_{pvmax} \quad (9)$$

式中：n_{fmax}——服务区可布置最大风力发电机装机量；

n_{pvmax}——服务区可布置最大光伏组件装机量。

2　基于NSGA-Ⅱ算法的模型求解

2.1　NSGA-Ⅱ算法原理

非支配排序遗传算法(Non-dominated Sorting Genetic Algorithm Ⅱ)是一种用于解决多目标优化问题的进化计算算法。其基本思想是模拟自然界的进化过程，通过遗传算子(交叉、变异)对种群中的个体进行操作，从而实现从初始群体到最优解的逐代优化过程。它通过不断迭代、交叉、变异以及选择等操作来搜索解空间，并利用帕累托支配关系来判定和维护解集的多样性[6]。

2.2　模型求解

本文选用python软件完成多目标遗传算法的编写，以求解服务区风光能源供电设施的最优配置方案。

据NSGA-Ⅱ算法的运行流程，以及上文对并网型风光能源供电设置容量配置的目标函数及约束条件的分析，得到并网型风光能源供电设施容量配置模型的NSGA-Ⅱ算法算法主要步骤如下，其配置模型的算法流程见图1。

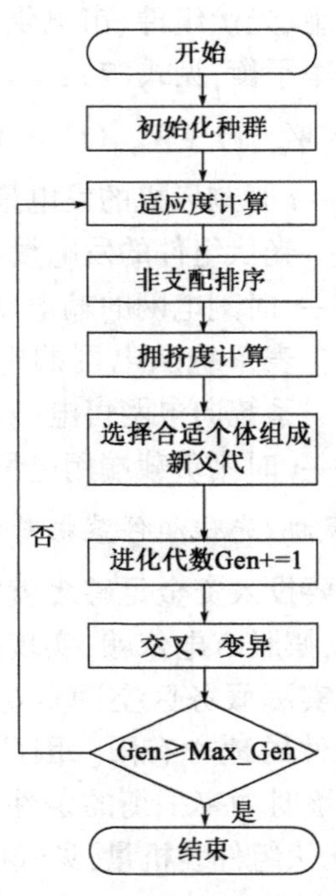

图1　NSGA-Ⅱ算法流程图

步骤1：初始化种群：根据设置的种群数量，随机生成一组满足约束条件的个体，每个个体都代表一个潜在的解决方案。

步骤2：计算适应度：对种群中的每个个体进行评估，计算其目标函数值以及相应的约束条件，得到一组适应度向量。

步骤3：非支配排序：根据Pareto支配的概念将个体进行非支配排序，得到每个个体对应的非支配级别。

步骤4：计算拥挤度距离：在每个非支配排序级别中，计算每个个体与其相邻个体之间的距离，于维持种群的多样性。

步骤5：生成新种群：从当前种群中选择出下一代种群。首先选择非支配层级高的个体，然后根据拥挤度选择高拥挤度的个体。

步骤6：交叉和异操作：对选择出来的个体进行交叉和变异操作，产生新的个体，并将它们加入下一代种群中。

步骤7：重复执行步骤2～6，直到达到预定的终止条件(例如达到最大迭代次数)。

步骤8：选择最佳解：从最终的非支配层级中选择最佳的解作为最终的优化结果。

3　工程案例—者海服务区风光能源供电设施配置

3.1　工程概况

宣威至会泽高速公路起点接威宁至宣威高速公路(在建)，止点位于会泽县黑土村，全长99.1km，双向4车道/沥青路面，设计速度80km/h，桥隧比70.03%，设置1处服务区、2处停车区、7处匝道收费站，预计2025年5月建成通车。区域年均太阳能总辐照量为1599kW·h/m^2、年均风速为3.3m/s，太阳能、风能资源较好，且在夏季风能资源较差时，太阳能资源较好；冬季太阳辐射量降低时，风速呈上升趋势，两者呈现较好的互补性。本文以者海服务区为例，完成风光能源供电系统的配置。

3.2　供电设施配置

3.2.1　参数设置

者海服务区并网型风光能源供电设施配置模型需要的具体参数值包括：供电系统各类设施的单位建设成本、维护成本；该区域电网购电与余电上网电价；负荷端功率分布；风光组件的基本参数、供电端单一风力发电机、光伏组件发电功率。

(1)风机、光伏组件以及并网逆变器等的建设及运行成本数据源自 EnergyTrend，其中，风力发电机和光伏组件的基本参数如表1所示，风光能源供电系统的各部分建设成本与运行维护成本如表2所示。

风力发电机与光伏组件基本参数 表1

类型	工作温度	最大荷载	标称功率	标准工作条件	风轮直径/组件面积	质量
风力发电机	-40～80℃	—	3kW	12m/s	2.1m	220kg
光伏组件	-45～80℃	5400Pa	600W	1000W/m^2	2.83m^2	35.3kg

风光能源供电设施的建设及运行维护成本 表2

系统元件	建设成本	运行维护成本
风力发电机	0.41万元/kW	50元·(kW·年)$^{-1}$
光伏组件	0.48万元/kW	250元·(kW·年)$^{-1}$
整流器	2.35万元	210元·年$^{-1}$
并网逆变器	3.75万元	410元·年$^{-1}$
输电线路	10万元/km	0.2万元·(年·km)$^{-1}$

(2)2022年云南省电网购电电价依据云南普通工商业用电电费单价确定为0.77元(kW·h)；可再生能源余电上网电价为0.22元/(kW·h)。

(3)由于者海服务区尚未建成，通过类比同等规模服务区用电情况，考虑新建服务区客流量的增长，其负荷端用电量如图2所示。为保证者海服务区在全寿命周期内风光能源的高效利用，本文选取2040—2045服务年限作为设计服务年限，采用其负荷端用电量分布作为负荷端设计参数数据。

(4)经调查该服务区当地的风光资源时间分布如图3风光资源时间序列分布图所示；单座风力发电机、单位光伏组件风光出力时间序列通过当地风光资源计算得出见图4。

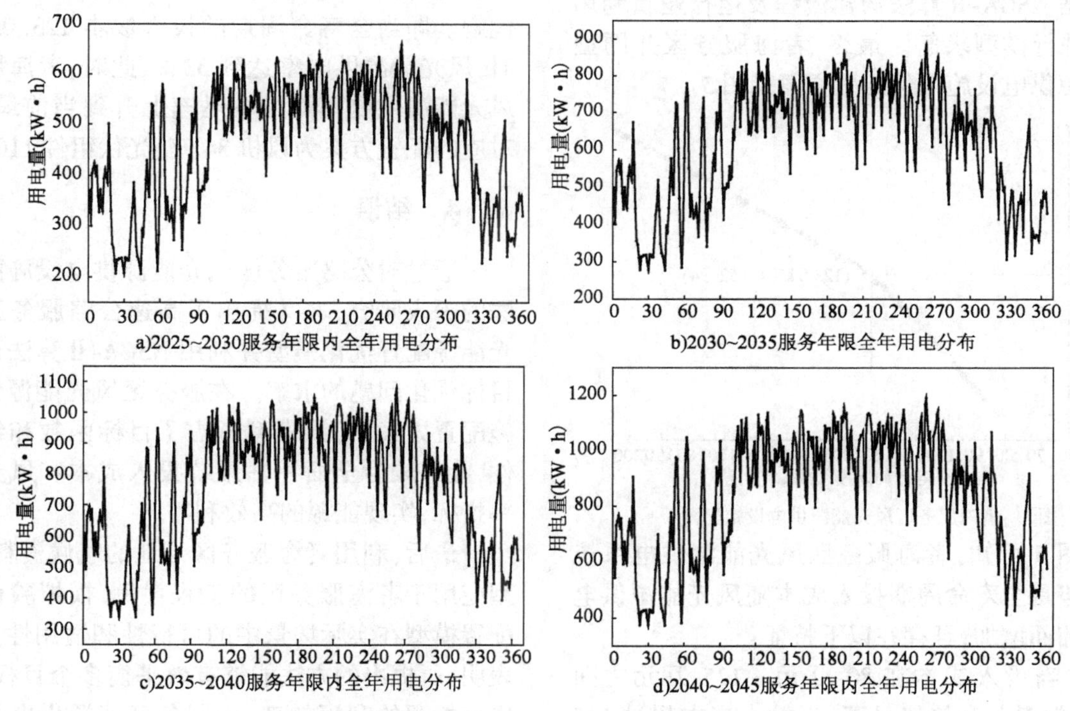

图2 者海服务区各服务年限全年用电分布图谱

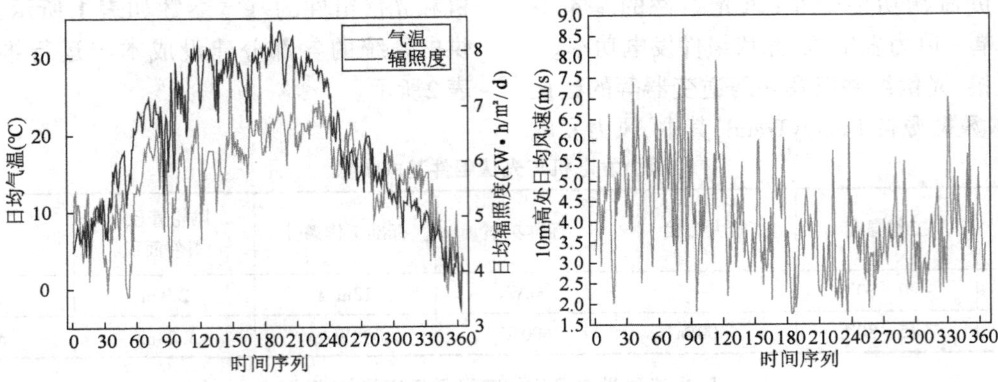

图3　风光资源时间序列分布图

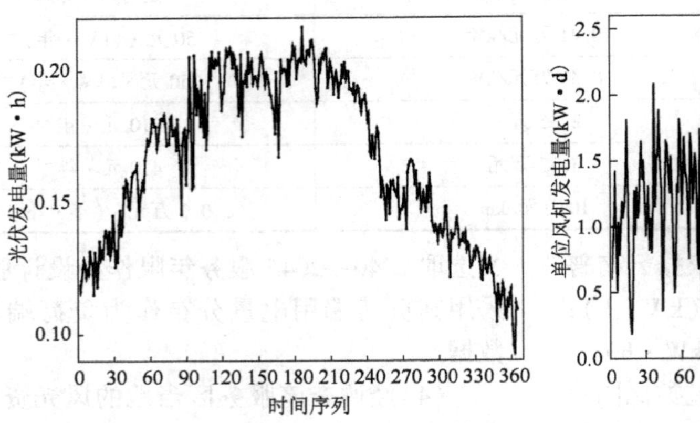

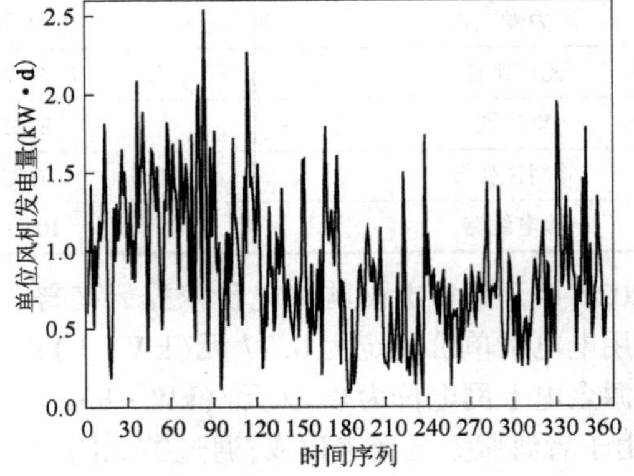

图4　单位风/光组件发电时间序列

3.2.2　模型求解与方案确定

根据NSGA-Ⅱ算法构建流程及运行逻辑利用python进行模型求解。最终,者海服务区并网型风光能源供电设施最优配置方案见图5。

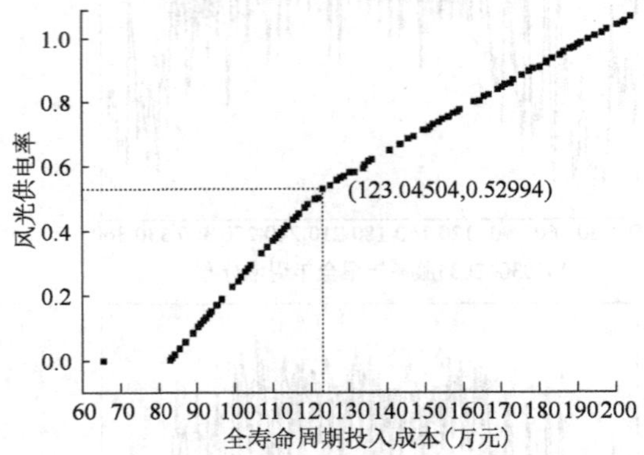

图5　者海服务区风光能源供电设施配置

由图5可知,者海服务区风光能源供电系统的总趋势是全寿命周期投入成本随风光能源供电率的增加而增加,且存在以下特征:

(1)当投入成本在80万元~125万元之间时,供电效率上升趋势显著;当投入成本超过125万元时,供电效率的提升效率有所减缓。

(2)由图5可知,在相同的风光能源供电率下,图像拐点处为风光能源供电设施配置方案最优解。即当全寿命周期的投入成本123.05万元时,风光能源供电率达到53%,此时,者海服务区风光能源供电率随成本迅速上升到当前最大值。对应的配置方案为风机34座、光伏组件110块。

4　结语

通过对公路服务区风光能源供电设施配置方法的深入研究,本文提出了高速公路服务区的风光能源配置优化模型并利用NSGA-Ⅱ算法进行多目标优化问题的求解。在服务区风光能源供电设施配置方案中,该模型考虑了目标函数和约束条件,能够较为全面评估系统投入成本和风光供电率指标,实现能源的高效利用。

最后,利用者海服务区当地的气候资料,将模型应用于者海服务区的工程案例,模拟验证了该配置模型在实际场景中的可行性和适用性。结果表明,所提出的方法能够有效平衡多个目标,提高风光能源的利用效率,为服务区能源供电设施的规划和设计提供了有力支持。

然而,本文的模型是建立在当区域风光资源评估之后,对于综合考虑区域风光资源的配置模型的建立还需要进一步的研究。另外,考虑实际情况的多样性,模型还需要考虑更多的约束条件和目标函数,如供电稳定性、缺电率和空间利用等,以便更加全面地评估配置方案。

参考文献

[1] BEN JEMAA A, ESSOUNBOULI N, HAMZAOUI A. Optimum sizing of hybrid PV/Wind/battery installation using a fuzzy PSO [C]. 2014 3rd International Symposium on Environmental-Friendly Energies and Applications (EFEA), 2014,6.

[2] FATEMEH JAHANBANI ARDAKANI G R, MEHRDAD ABEDI. Design of an optimum hybrid renewable energy system considering reliability indices[J]. 18th Iranian Conference on Electrical Engineering, 2010, 842-847.

[3] 赵星虎,张会林.计及风光出力相关性的风光互补发电系统优化[J].软件导刊,2021,20(05):82-85.

[4] 成驰,许杨,杨宏青.并网风光互补资源评价与系统容量优化配置[J].水电能源科学,2014,32(06):193-6,206.

[5] 王鑫,陈祖翠,卞在平,等.基于粒子群优化算法的智慧微电网风光储容量优化配置[J].综合智慧能源,2022,44(06):52-58.

[6] DEB K, PRATAP A, AGARWAL S, et al. A fast and elitist multiobjective genetic algorithm: NSGA-Ⅱ[J]. IEEE transactions on evolutionary computation, 2002, 6(2):182-197.

桩承式路堤平面土拱结构形态研究

方 昊 郑俊杰* 后如意 林缘祥
(华中科技大学土木与水利工程学院)

摘 要 土拱效应是桩承式路堤的主要荷载传递机制,土拱形态对于研究土拱效应至关重要。基于平面土拱完全形成时路堤填土中剪切带的分布形式,假设平面土拱形态为分段圆锥曲线族,推导出了不同情况下平面土拱形态的解析表达式,其解析表达式是桩顶宽度、桩间距和路堤填土摩擦角的函数,并以此为基础给出了等沉面高度与土拱形态相关参数的近似数学关系。利用 ABAQUS 建立桩承式路堤有限元(FEM)数值模型并结合试验结果验证了解析解的正确性。

关键词 土拱效应 桩承式路堤 剪切带 土拱结构形态 等沉面 解析解

0 引言

在桩承式路堤中,由于桩和地基土的刚度差异,在路堤荷载的作用下,桩和桩间土会产生差异沉降,进而导致路堤填土产生相对滑动并形成剪切带,在这个过程中,部分填土的主应力方向发生了偏转,桩间土上方的部分荷载转移至桩上,从而使桩间土承担的荷载减小,桩顶承担的荷载变大,这种由于路堤填土相对滑动而导致的应力重分布的现象就是土拱效应,而这种抽象的概念可以用具有一定实体意义的“土拱结构”进行描述,研究土拱形态对研究土拱效应至关重要。

有很多学者针对土拱形态提出了多种数学模型。Terzaghi[1]将土拱结构理解为柱状,其影响高度大约为两倍的活动门宽度;H&R 模型[2]认为土拱结构呈半球壳形,其可拆分为一个球形土拱和四个平面圆形土拱;Van Eekelen 等人[3]、Pham[4]认为土拱结构由同心半球拱和同心圆拱,且认为球形土拱高度和平面土拱高度分别为 0.5 倍对角桩间距和相邻桩间距,在此基础上,宫跃航等人[5]和 Ye 等人[6]提出了一种三角形布桩情况下的土拱形态数学模型; Lai 等人[7]基于室内模型试验

基金项目:国家重点研究发展计划项目(2016YFC0800200);国家自然科学基金项目(52078236,51878313)。

结果和离散元数值模拟结果,认为平面土拱结构完全形成后的形态可用高度为0.8倍净桩间距的抛物线描述;Lai等人[8]基于大量离散元数值模拟结果,在给定摩擦角的情况下总结出了土拱内外拱高及等沉面高度的表达式;Wang等人[9]根据三维活动门试验结果,认为三维条件下的等沉面高度为1.1~1.94倍的净桩间距。上述研究的数学模型中均未考虑路堤填土摩擦角的影响。Zhuang和Cui[10]的研究表明拱高随摩擦角的变化而变化,但并未给出具体的拱高和摩擦角之间的数学关系;赵明华等人[11],戴天毅和肖世国[12]利用迭代的方法计算等沉面高度,但并未给出其显式表达式;综上所述,已有的平面土拱形态数学模型差异较大,且均有不足,并不能考虑不同桩顶宽度、桩间距和摩擦角情况下的平面土拱形态,也没有给出不同情况下等沉面高度与土拱形态之间的数学关系。

本文基于平面土拱完全形成时路堤填土中剪切带的分布形式,假设平面土拱形态为分段圆锥曲线族,分类讨论了不同情况下土拱形态的解析解,其解析解是桩帽宽度、桩间距和路堤填土摩擦角的函数,并给出了等沉面高度和土拱形态相关参数的近似数学关系,利用数值模拟结果和试验结果验证了其正确性。

1 土拱形态数学模型的建立及求解

1.1 基本假定

为使问题简化,本文做出如下基本假定:

(1)土拱问题简化为平面应变问题[7-8,15-17],仅研究平面土拱形态。

(2)路堤填土为各向同性、均质的理想弹塑性材料,满足Mohr-Coulomb屈服准则,摩擦角为φ。

(3)桩顶完全光滑,与路堤填土间不存在摩擦力。

(4)仅考虑路堤填土自重的影响,且路堤中可以形成完整的土拱[15,17]。

(5)平面土拱形态主要与桩顶弹性区和通过桩顶边缘的竖直剪切带有关。

(6)等沉面高度与土拱形态相关参数之间存在一定的数学关系。

1.2 剪切带分布形式

King等人[13]基于室内模型试验,给出了平面土拱完全形成时,路堤填土中的剪切带分布形式,Smith等人[14]指出其分布形式类似于反向的地基整体剪切破坏时的应力滑移线场,如图1所示。

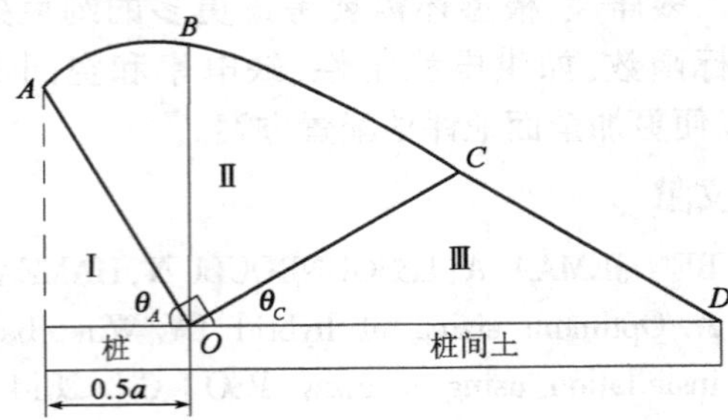

图1 剪切带分布形式

其中,桩顶宽度为a,剪切带区域可分为三个区域。区域Ⅰ为桩顶的弹性区,边界为剪切带OA。由于桩顶光滑,与路堤填土不存在摩擦力,任意一点的大主应力为竖直方向,小主应力为水平方向。根据极限平衡理论,有:

$$\theta_A = \frac{\pi}{4} + \frac{\varphi}{2} \tag{1}$$

区域Ⅱ似以线段OA、线段OC和对数螺旋线AC为边界的扇形过渡区域,中心角为直角,OB为该区域内的竖直剪切带,当对数螺旋线AC的原点在桩顶的边缘处时,有如下关系:

$$|OC| = |OA|e^{\frac{\pi}{2}\tan\varphi} = \frac{ae^{\frac{\pi}{2}\tan\varphi}}{2\cos\theta_A} \tag{2}$$

区域Ⅲ为被动朗肯区,大主应力方向为水平方向,小主应力方向为竖直方向,根据极限平衡理论,有:

$$\theta_C = \frac{\pi}{4} - \frac{\varphi}{2} \tag{3}$$

当对数螺旋线AC的原点在桩顶的边缘处时,可以推导出剪切带的极限影响范围OD的长度为:

$$|OD| = 2|OC|\cos\theta_C = \frac{a\cos\theta_C e^{\frac{\pi}{4}\tan\varphi}}{\cos\theta_A} \tag{4}$$

定义此时OD的长度为s_{int},并假设桩间距为s。在不同净桩间距$(s-a)$下的情况下,对数螺旋线AC的原点不一定在桩顶的边缘处,竖直剪切带OB的长度也不同,接下来将分情况进行讨论。

当$s-a \geqslant s_{int}$,即净桩间距不小于剪切带的极限影响范围时,King等人[13]认为对数螺旋线AC的原点在桩顶的边缘处,本文认为此时对数螺旋线AC的原点不一定在桩顶的边缘处,当$s-a \geqslant s_{int}$时,原点在桩顶的边缘右下方,即AO延长线上的

O'处，当 $s-a \geqslant s_{int}$ 时，原点在桩顶的边缘处，如图2所示。

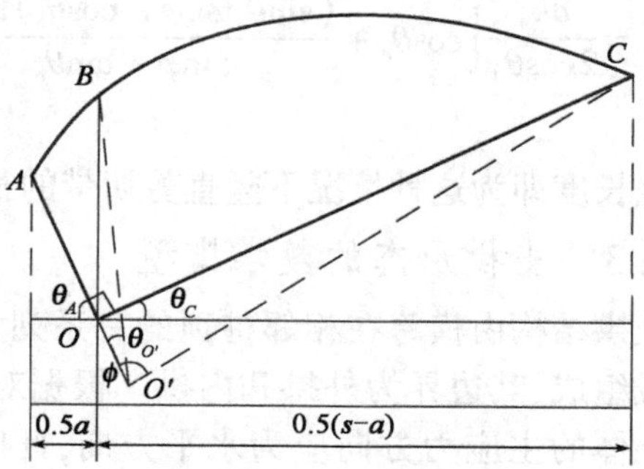

图2 $s-a \geqslant s_{int}$ 时的剪切带分布形式

要确定 OB 的长度，首先要确定 $\theta_{O'}$ 和 φ。根据几何关系，可以得到 $O'A$ 的长度为：

$$|O'A| = |OA| + \frac{|OC|}{\tan\theta_{O'}} = \frac{a}{2\cos\theta_A} + \frac{s-a}{2\cos\theta_C \tan\theta_{O'}} \tag{5}$$

$O'C$ 的长度为：

$$|O'C| = \frac{|OC|}{\sin\theta_{O'}} = \frac{s-a}{2\cos\theta_C \sin\theta_{O'}} \tag{6}$$

由于 AC 为对数螺旋线，且原点在 O'，所以有：

$$|O'C| = |O'A| e^{\theta_{O'}\tan\varphi} \tag{7}$$

结合式(5)、式(6)和式(7)：

$$\frac{s-a}{2\cos\theta_C \sin\theta_{O'}} = \left(\frac{a}{2\cos\theta_A} + \frac{s-a}{2\cos\theta_C \tan\theta_{O'}}\right) e^{\theta_{O'}\tan\varphi} \tag{8}$$

求解式(8)可以得到 $\theta_{O'}$，的近似解。$O'B$ 的长度为：

$$|O'B| = |O'A| e^{\phi\tan\varphi} = \left(\frac{a}{2\cos\theta_A} + \frac{s-a}{2\cos\theta_C \tan\theta_{O'}}\right) e^{\phi\tan\varphi} \tag{9}$$

在 $\Delta OO'B$ 中，有如下关系：

$$\frac{|OO'|}{\sin(\theta_C - \phi)} = \frac{|O'B|}{\sin(\pi - \theta_C)} = \frac{|OB|}{\sin\phi} \tag{10}$$

将式(9)代入式(10)，可得：

$$\frac{\dfrac{s-a}{2\cos\theta_C \tan\theta_{O'}}}{\sin(\theta_C - \phi)} = \frac{\left(\dfrac{a}{2\cos\theta_A} + \dfrac{s-a}{2\cos\theta_C \tan\theta_{O'}}\right) e^{\phi\tan\varphi}}{\sin(\pi - \theta_C)} \tag{11}$$

求解式(11)可以得到 ϕ 的近似解，结合式(10)就可以确定竖直剪切带 OB 的长度为：

$$|OB| = \left(\frac{a}{2\cos\theta_A} + \frac{s-a}{2\cos\theta_C \tan\theta_{O'}}\right) e^{\phi\tan\varphi} \frac{\sin\phi}{\sin\theta_C} \tag{12}$$

需要指出的是，当 $s-a = s_{int}$ 时，$\theta_{O'} = 0.5\pi$，$\phi = \theta_C$，此时原点在桩顶的边缘处，竖直剪切带 OB 的长度为：

$$|OB| = \frac{a e^{\theta_C \tan\varphi}}{2\cos\theta_A} \tag{13}$$

当 $s-a < s_{int}$ 时，剪切带 AC 仍可近似为对数螺旋线，但其原点会发生偏移，在桩顶的边缘左下方，即 CO 延长线上的 O'处，如图3所示。

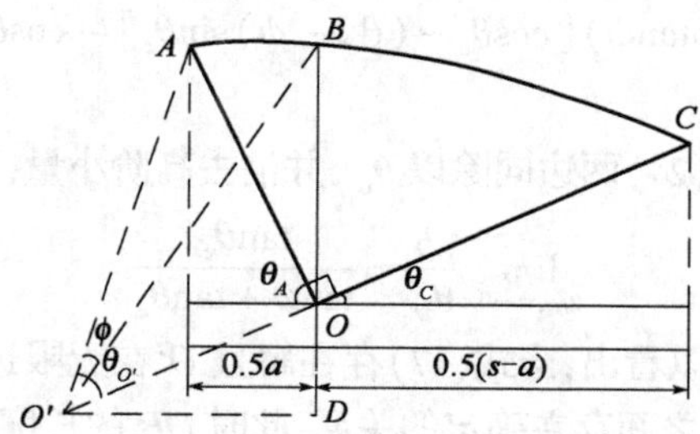

图3 $s-a < s_{int}$ 时的剪切带分布形式

要确定 OB 的长度，首先要确定 θ_O 和 φ。根据几何关系，可以得到 $O'A$ 的长度为：

$$|O'A| = \frac{|OA|}{\sin\theta_{O'}} = \frac{a}{2\cos\theta_A \sin\theta_{O'}} \tag{14}$$

$O'C$ 的长度为：

$$|O'C| = |O'O| + |OC| = \frac{a}{2\cos\theta_A \tan\theta_{O'}} + \frac{s-a}{2\cos\theta_C} \tag{15}$$

由于 AC 为对数螺旋线，且原点在 O'，所以有：

$$|O'C| = |O'A| e^{\theta_{O'}\tan\varphi} \tag{16}$$

结合式(14)、式(15)和式(16)：

$$\frac{a}{2\cos\theta_A \tan\theta_{O'}} + \frac{s-a}{2\cos\theta_C} = \frac{a e^{\theta_{O'}\tan\varphi}}{2\cos\theta_A \sin\theta_{O'}} \tag{17}$$

求解式(17)可以得到 $\theta_{O'}$，的近似解。$O'B$ 的长度为：

$$|O'B| = |O'A| e^{\phi\tan\varphi} = \frac{a e^{\phi\tan\varphi}}{2\cos\theta_A \sin\theta_O} \tag{18}$$

在 $\Delta OO'D$ 中，有如下关系：

$$|O'D| = |O'O| \cos\theta_C = \frac{a\cos\theta_C}{2\cos\theta_A \tan\theta_{O'}} \tag{19}$$

在 $\Delta O'BD$ 中，有如下关系：

$$|O'D| = |O'B| \cos(\theta_C + \theta_{O'} - \phi) \tag{20}$$

结合式(18)～式(20)，可得：

$$\frac{a\cos\theta_C}{2\cos\theta_A \tan\theta_{O'}} = \frac{a e^{\phi\tan\varphi}}{2\cos\theta_A \sin\theta_{O'}} \cos(\theta_C + \theta_{O'} - \phi) \tag{21}$$

求解式(21)可以得到 ϕ 的近似解，就可以确定竖直剪切带 OB 的长度为：

$$|OB|=\frac{a\sin(\theta_C+\theta_{O'}-\phi)\mathrm{e}^{\phi\tan\varphi}}{2\cos\theta_A\sin\theta_{O'}}-\frac{a\sin\theta_C}{2\cos\theta_A\tan\theta_{O'}} \tag{22}$$

式(21)可以进一步简化,即:

$$\mathrm{e}^{\phi\tan\varphi}[\cos\theta_c\cos(\theta_{O'}-\phi)-\sin\theta_c\sin(\theta_{O'}-\phi)]-\cos\theta_c\cos\theta_{O'}=0 \tag{23}$$

当 O' 在无限远处时,$\theta_{O'}\to0$,$\phi\to0$,此时对式(23)进行泰勒展开,有:

$$(1+\phi\tan\phi)[\cos\theta_c-(\theta_{O'}-\phi)\sin\theta_c]-\cos\theta_c=0 \tag{24}$$

式(24)两边同除以 $\theta_{O'}$,并消去高阶小量,可得:

$$\lim_{\theta_{O'},\phi\to0}\frac{\phi}{\theta_{O'}}=\frac{\tan\theta_c}{\tan\varphi+\tan\theta_c} \tag{25}$$

可以看出,当式(17)存在解且 O' 在无限远处时,ϕ 和 $\theta_{O'}$ 之间存在确定的关系,此时 OB 的长度为:

$$\begin{aligned}\lim_{\theta_{O'},\phi\to0}|OB|&=\frac{a\sin(\theta_c+\theta_{O'}-\phi)\mathrm{e}^{\phi\tan\varphi}-a\sin\theta_c\cos\theta_{O'}}{2\sin\theta_{O'}\cos\theta_A}\\&=\frac{a}{2\cos\theta_A}\left[\cos\theta_c+\frac{\phi}{\theta_{O'}}(\sin\theta_c\tan\varphi-\cos\theta_c)\right]\\&=\frac{a}{2\cos\theta_A}\left[\cos\theta_c+\frac{(\sin\theta_c\tan\varphi-\cos\theta_c)\tan\theta_c}{\tan\varphi+\tan\theta_c}\right]\end{aligned} \tag{26}$$

当式(17)不存在解时,说明剪切带 OA 无法完全影响到以线段 OA、线段 OC 和对数螺旋线 AC 为边界的扇形过渡区域,此时剪切带分布如图4所示。

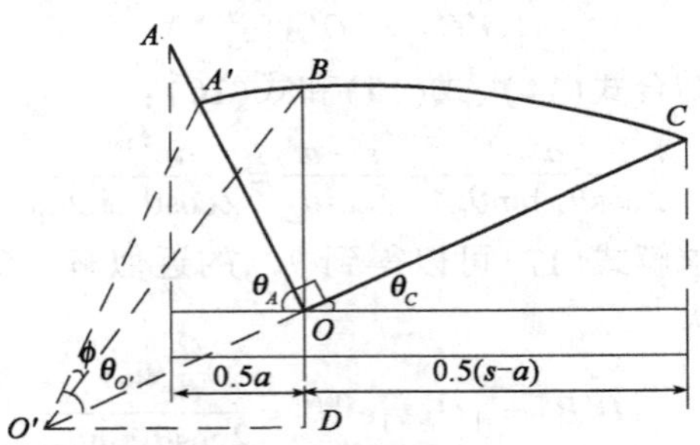

图4　式(17)无解时的剪切带分布形式

图中,能影响到扇形过渡区域的只有部分剪切带 OA'。假设此时 OA' 的长度和 OA 的长度之间存在如下关系:

$$|OA'|=k_A|OA|\quad(0<k_A<1) \tag{27}$$

按照前述步骤,可得方程组:

$$\begin{cases}\dfrac{k_Aa}{2\cos\theta_A\tan\theta_{O'}}+\dfrac{s-a}{2\cos\theta_C}=\dfrac{k_Aa\mathrm{e}^{\theta_{O'}\tan\varphi}}{2\cos\theta_A\sin\theta_{O'}}\\[2ex]\dfrac{k_Aa\cos\theta_c}{2\cos\theta_A\tan\theta_{O'}}=\dfrac{k_Aa\mathrm{e}^{\phi\tan\varphi}}{2\cos\theta_A\sin\theta_{O'}}\cos(\theta_c+\theta_{O'}-\phi)\end{cases} \tag{28}$$

不断调整 k_A,当方程组(28)刚好有解,即 $\theta_O\to0$,$\phi\to0$ 时,OB 的长度为:

$$|OB|=\frac{ak_A}{2\cos\theta_A}\left[\cos\theta_c+\frac{(\sin\theta_c\tan\varphi-\cos\theta_c)\tan\theta_c}{\tan\varphi+\tan\theta_c}\right] \tag{29}$$

该长度即为这种情况下竖直剪切带的长度。

1.3　土拱形态的数学模型

土拱结构由横跨在相邻桩顶的一系列大主应力迹线组成,其边界为外拱和内拱。根据对称性,拱顶土体的主应力方向应为水平方向,此时的土压力系数 $K=1$。而等沉面以上土体的土压力系数为静土压力系数,即 $K=K_0$。不难看出 $K_0<1$,也就是说拱顶并不是等沉面,土拱外拱和等沉面之间存在一个土拱的影响区域,如图5所示。

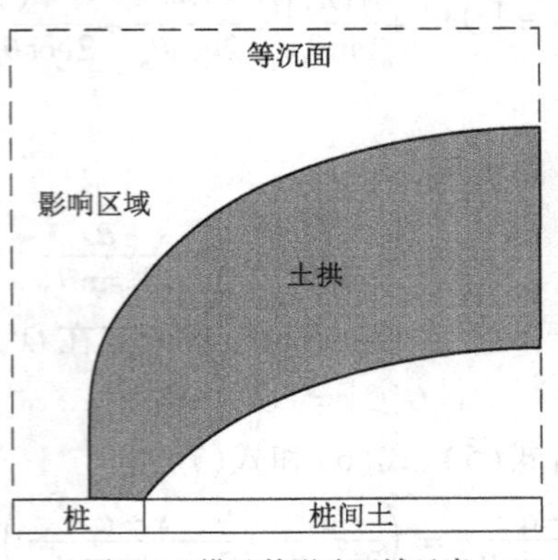

图5　土拱及其影响区域示意

为方便分析,假设外拱高度为 h_{out},内拱高度为 h_{in},半拱跨为 d_{s},平面土拱结构形态为分段圆锥曲线族,且在桩顶的弹性区内,大主应力迹线均竖直向下,如图6所示。

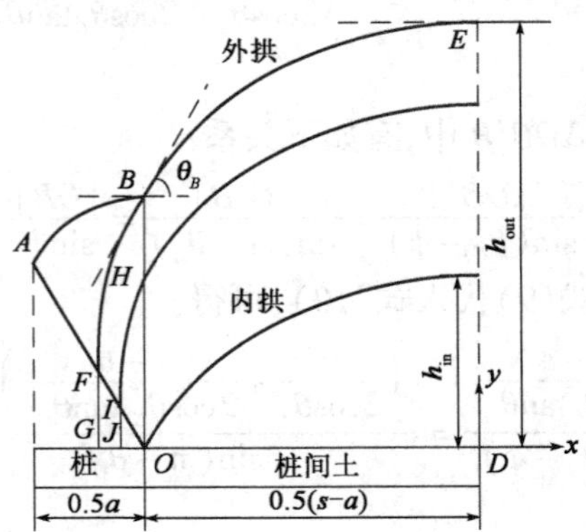

图6　平面土拱结构形态数学模型

由于对称性,DE 上任意一点的剪应力 τ_{xy} 为0,其大主应力方向均为水平方向,同时,根据极限平衡理论,OB 上所有点的大主应力方向与 x 轴的

角度为$\frac{\pi}{4}+\frac{\varphi}{2}$,即

$$\theta_B=\frac{\pi}{4}+\frac{\varphi}{2} \tag{30}$$

因此在 $OBDE$ 区域内,经过 OB 上任意一点 H 的大主应力迹线表达式可以写成:

$$y=a_1x^2+a_2 \tag{31}$$

式(31)边界条件为:

$$\begin{cases} y|_{x=-0.5(s-a)}=|OH|\in[0,|OB|] \\ \left.\frac{\mathrm{d}y}{\mathrm{d}x}\right|_{x=-0.5(s-a)}=\tan\left(\frac{\pi}{4}+\frac{\varphi}{2}\right) \end{cases} \tag{32}$$

利用式(32),可以求出式(31)的表达式为:

$$y=-\frac{\tan\left(\frac{\pi}{4}+\frac{\varphi}{2}\right)}{s-a}x^2+\frac{(s-a)\tan\left(\frac{\pi}{4}+\frac{\varphi}{2}\right)}{4}+|OH| \tag{33}$$

因此外拱和内拱的表达式为:

$$\begin{cases} y_{\text{out}}=-\frac{\tan\left(\frac{\pi}{4}+\frac{\varphi}{2}\right)}{s-a}x^2+\frac{(s-a)\tan\left(\frac{\pi}{4}+\frac{\varphi}{2}\right)}{4}+|OB| \\ y_{\text{in}}=-\frac{\tan\left(\frac{\pi}{4}+\frac{\varphi}{2}\right)}{s-a}x^2+\frac{(s-a)\tan\left(\frac{\pi}{4}+\frac{\varphi}{2}\right)}{4} \end{cases} \tag{34}$$

可以得到外拱高和内拱高为:

$$\begin{cases} h_{\text{out}}=y_{\text{out}}|_{x=0}=\frac{(s-a)\tan\left(\frac{\pi}{4}+\frac{\varphi}{2}\right)}{4}+|OB| \\ h_{\text{in}}=y_{\text{in}}|_{x=0}=\frac{(s-a)\tan\left(\frac{\pi}{4}+\frac{\varphi}{2}\right)}{4} \end{cases} \tag{35}$$

从上式可以看出,外拱高和外拱高不仅与桩顶宽度、桩间距相关,还与路堤填土的摩擦角有关。

对于由剪切带 OA、OB 和 AB 包围的区域内的土拱,假设在该区域内经过 OB 上任意一点 H 的一系列大主应力迹线表达式为:

$$x=\beta_1y^2+\beta_2y+\beta_3 \tag{36}$$

在剪切带 OB 上,有:

$$\begin{cases} |x|_{y=|OH|}=-0.5(s-a) \\ \left.\frac{\mathrm{d}x}{\mathrm{d}y}\right|_{y=|OH|}=\tan\left(\frac{\pi}{4}-\frac{\varphi}{2}\right) \end{cases} \tag{37}$$

线段 OA 的方程为:

$$x=-\tan\left(\frac{\pi}{4}-\frac{\varphi}{2}\right)y-0.5(s-a) \tag{38}$$

联立式(36)和式(38),可得:

$$\beta_1y^2+\left[\beta_2+\tan\left(\frac{\pi}{4}-\frac{\varphi}{2}\right)\right]y+[\beta_3+0.5(s-a)]=0 \tag{39}$$

求解方程(39),可得 IJ 的长度为:

$$|IJ|=\frac{-\beta_2-\tan\left(\frac{\pi}{4}-\frac{\varphi}{2}\right)}{2\beta_1}+\frac{\sqrt{\left[\beta_2+\tan\left(\frac{\pi}{4}-\frac{\varphi}{2}\right)\right]^2-4\beta_1[\beta_3+0.5(s-a)]}}{2\beta_1} \tag{40}$$

根据极限平衡理论,剪切带 OA 上任意一点的大主应力方向与 x 轴垂直,即:

$$\left|\frac{\mathrm{d}x}{\mathrm{d}y}\right|_{y=|I|}=0 \tag{41}$$

结合式(36)至式(41),有:

$$\begin{cases} \beta_1|OH|^2+\beta_2|OH|+\beta_3=-0.5(s-a) \\ 2\beta_1|OH|+\beta_2=\tan\left(\frac{\pi}{4}-\frac{\varphi}{2}\right) \\ \sqrt{\left[\beta_2+\tan\left(\frac{\pi}{4}-\frac{\varphi}{2}\right)\right]^2-4\beta_1[\beta_3+0.5(s-a)]}=\tan\left(\frac{\pi}{4}-\frac{\varphi}{2}\right) \end{cases} \tag{42}$$

求解式(42)可以得到系数:

$$\begin{cases} \beta_1=\frac{3\tan\left(\frac{\pi}{4}-\frac{\varphi}{2}\right)}{4|OH|} \\ \beta_2=-\frac{\tan\left(\frac{\pi}{4}-\frac{\varphi}{2}\right)}{2} \\ \beta_3=-0.5(s-a)-\frac{|OH|\tan\left(\frac{\pi}{4}-\frac{\varphi}{2}\right)}{4} \end{cases} \tag{43}$$

由于在桩顶的弹性区内,大主应力迹线均竖直向下,因此将式(43)带入式(36),并令|OH|=|OB|,可以得到外拱的半拱跨|DG|为:

$$d_s = |DG| = 0.5(s-a) + \frac{|OB|}{3\tan\left(\frac{\pi}{4}+\frac{\varphi}{2}\right)} \tag{44}$$

1.4　等沉面高度

在路堤某高度上方,路堤填土的沉降和侧向位移沿水平方向的分布较为均匀,该高度为等沉面高度,在此高度以上的路堤填土的主应力方向为竖直方向,土压力系数均为静土压力系数。等沉面高度为土拱效应的最大影响高度,与土拱外拱高度存在一定的关系。由上述分析可以看出,土拱结构由横跨在相邻桩顶的一系列大主应力迹线组成,其存在也会影响等沉面以下路堤填土的主应力方向,使其相对于竖直方向发生偏转,因此等沉面高度可以通过外拱高度和土拱结构影响区域内主应力迹线的分布来确定。由于等沉面下影响区域内的主应力迹线整体分布形式难以确定,本文假设等沉面以下存在大主应力迹线的近似反对称区域,其反对称中心的高度为外拱高度,如图7所示,假设等沉面高度为 h_{eq},根据几何关系,可以得到:

$$h_{eq} = 2h_{out} \tag{45}$$

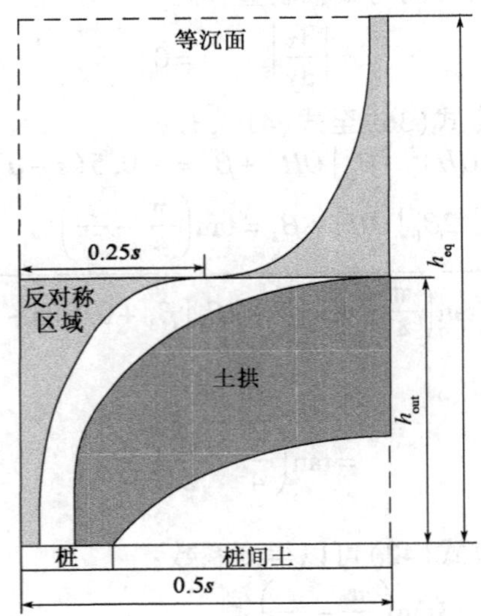

图7　土拱、反对称区域及等沉面示意

2　验证

2.1　试验验证

赖汉江[15]基于室内二维模型试验,观察得到了桩承式路堤平面土拱结构完全发展时的土拱高度,试验参数为:$a=75\text{mm}$,$s=375\text{mm}$,$\varphi=37.86°$。试验结果表明,土拱的外拱高度为 $0.8(s-a)$。利用本文方法计算得到的土拱外拱高度为246mm,即 $0.82(s-a)$,与试验结果非常接近。

曹卫平等人[16]基于室内二维模型试验,观察得到了桩承式路堤的等沉面高度,试验参数为:$a=0.15\text{m}$,$s=0.75\text{m}$,$\varphi=30°$。观察得到路堤表面无明显差异沉降时对应的路堤填筑高度,即等沉面高度为 $(1.4\sim1.6)(s-a)$。利用本文方法计算得到的等沉面高度为0.909m,即 $1.52(s-a)$,和试验结果吻合的很好。

2.2　数值模拟验证

本文利用ABAQUS建立了平面应变条件下的有限元数值模型,以进一步验证本文方法的正确性。模型参考参考文献[17],本文采用的路堤填土基本参数为:弹性模量 $E=20\text{MPa}$,黏聚力 $c=1\text{kPa}$,剪胀角 $\psi=1°$,重度 $\gamma=20\text{kN/m}^3$。由于本文仅关注土拱形态,因此将地基土和桩均简化为弹性体,且厚度均为1m。桩的弹性模量 $E_p=20\text{GPa}$,泊松比 $\nu_p=0.15$。地基土弹性模量 $E_s=700\text{kPa}$,泊松比 $v_s=0.25$。桩和路堤填土界面的接触设置为水平向的无摩擦接触和垂直向的硬接触,网格均采用非线性完全积分平面应变单元。可以很容易得到路堤填土的静土压力系数为:

$$K_0 = \frac{\nu}{1-\nu} \approx 0.33 \tag{46}$$

分三种情况验证理论方法的正确性。

情况一:路堤高度 $h_e=3\text{m}$,摩擦角 $\varphi=30°$,泊松比 $\nu=0.25$,桩顶宽度 $a=0.3\text{m}$,桩间距 $s=1.3\text{m}$。经过计算,$s-a<s_{int}$ 且式(17)存在解,剪切带分布形式如图3所示。

首先验证外拱高度和等沉面高度。图8为数值模拟得出来的路堤中线($x=0$)不同高度处的土压力系数。从图中可以看出,土压力系数 $K=1$ 处对应的高度为外拱高度,约为0.808m,利用本文理论计算出来的高度为0.785m;土压力系数 $K=0.33$ 处对应的最低高度为等沉面高度,约为1.536m,利用本文理论计算出来的高度为1.57m。可以看出,本文计算得到的外拱高度和等沉面高度和数值模拟的结果吻合的很好。

其次验证拱跨和内拱高度。提取数值模拟结

果中外拱高度以下路堤填土的大主应力迹线分布,并大致勾勒出土拱结构的边界,如图9所示。

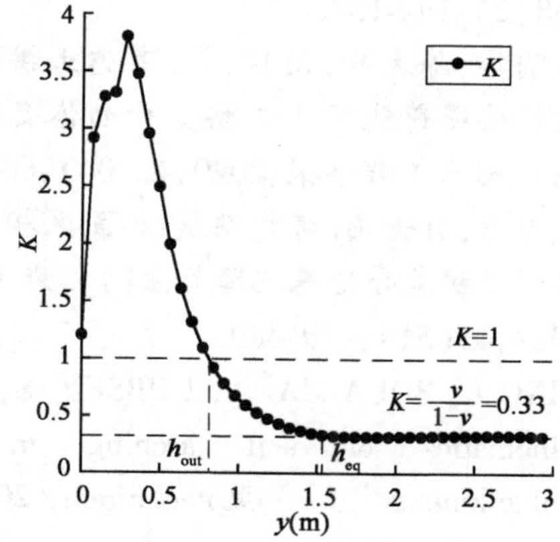

图8 路堤中线不同高度处的土压力系数

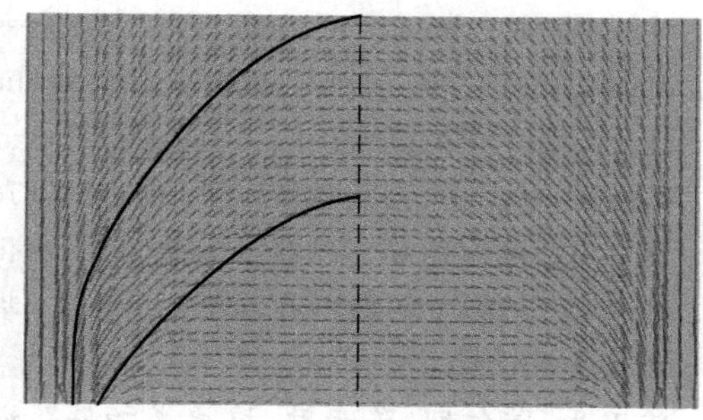
图9 路堤填土大主应力迹线分布

估算得到图中内拱高度为0.437m,半拱跨为0.556m。利用本文理论计算得到的内拱高度为0.433m,半拱跨为0.568m。可以看出,本文计算得到的外拱高度和等沉面高度和数值模拟的结果吻合的很好。表1总结了数值模拟和理论计算得到的结果和相对误差。

数值模拟及理论计算结果对比(情况一)

表1

分类	数值模拟	理论计算	相对误差
内拱高度(m)	0.437	0.433	-0.9%
外拱高度(m)	0.808	0.785	-2.8%
等沉面高度(m)	1.536	1.57	2.2%
半拱跨(m)	0.556	0.568	2.2%

情况二:路堤高度 $h_e=5$m,摩擦角 $\varphi=23°$,泊松比 $\nu=0.3$,桩顶宽度 $a=0.5$m,桩间距 $s=2$m。经过计算,$s-a \geqslant s_{int}$,剪切带分布形式如图2所示。利用情况一中的步骤进行验证,表2总结了该情况下数值模拟和理论计算得到的结果和相对误差。

数值模拟及理论计算结果对比(情况二) 表2

分类	数值模拟	理论计算	相对误差
内拱高度(m)	0.583	0.569	-2.4%
外拱高度(m)	1.136	1.15	1.2%
等沉面高度(m)	2.204	2.3	4.4%
半拱跨(m)	0.908	0.878	-3.3%

情况三:路堤高度 $h_e=3$m,摩擦角 $\varphi=37°$,泊松比 $\nu=0.3$,桩顶宽度 $a=0.5$m,桩间距 $s=1.25$m。经过计算,$s-a<s_{int}$ 且式(17)不存在解,剪切带分布形式如图4所示。利用前述步骤进行验证,表3总结了该情况下数值模拟和理论计算得到的结果和相对误差。

数值模拟及理论计算结果对比(情况三) 表3

分类	数值模拟	理论计算	相对误差
内拱高度(m)	0.362	0.376	3.9%
外拱高度(m)	0.76	0.746	1.2%
等沉面高度(m)	1.6	1.492	-6.8%
半拱跨(m)	0.451	0.437	-3.1%

可以看出,针对三种不同的情况,本文的理论计算结果和数值模拟的结果吻合的都很好,因此,本文的理论方法是正确可行的。

3 结语

本文提出了可以考虑不同情况的路堤填土中剪切带分布形式、土拱形态和等沉面高度的解析解,结果表明:不同情况下,路堤填土中剪切带的分布形式不同,可大致分为前文所述的三种情况;土拱形态可以近似为分段圆锥曲线族,其形态主要与桩顶的弹性区和通过桩顶边缘的竖直剪切带有关,等沉面高度可以近似为外拱高度的两倍。本文没有考虑三维条件下的土拱形态和等沉面高度,可以进一步对该问题进行研究,并增加算例验证解析解的正确性。

参考文献

[1] TERZAGHI K T. Theoretical Soil Mechanics [M]. [S. L]: [s. n.], 1943.

[2] HEWLETT W J, RANDOLPH M F. Analysis of piled embankments [J]. Ground Engineering, 1988, 21(3): 12-18.

[3] VAN EEKELEN S J M, BEZUIJEN A, VAN TOL A F. An analytical model for arching in piled embankments [J]. Geotextiles and

Geomembranes,2013,39:78-102.

[4] PHAM T A. Analysis of geosynthetic-reinforced pile-supported embankment with soil-structure interaction models [J]. Computers and Geotechnics,2020,121:103438.

[5] 宫跃航,李明宝,郑俊杰.三角形布桩下桩承式加筋路堤荷载传递效率研究[J].岩土力学,2021,42(11):3051-3058.

[6] YE G B,WANG M,ZHANG Z,et al. Geosynthetic-reinforced pile-supported embankments with caps in a triangular pattern over soft clay [J]. Geotextiles and Geomembranes,2020,48(1):52-61.

[7] LAI H J, ZHENG J J, CUI M J. Improved analytical soil arching model for the design of piled embankments[J]. International Journal of Geomechanics,2021,21(3):04020261.

[8] LAI H J,ZHENG J J,CUI M J,et al. "Soil arching" for piled embankments:insights from stress redistribution behaviour of DEM modelling[J]. Acta Geotechnica, 2020, 15:2117-36.

[9] WANG T, BUI P D, LUO Q, et al. Three-dimensional physical modeling of load transfer in basal reinforced embankments under differential settlement [J]. Geotextiles and Geomembranes,2023,51(2):330-341.

[10] ZHUANG Y,CUI X. Analysis and modification of the Hewlett and Randolph method [J]. Proceedings of the Institution of Civil Engineers-Geotechnical Engineering, 2015, 168(2):144-157.

[11] 赵明华,陈大兴,刘猛,等.考虑土拱效应影响的路堤荷载下土工格室加筋体变形分析[J].岩土工程学报,2020,42(04):601-609.

[12] 戴天毅,肖世国.考虑路堤-加固区相互作用的刚性桩复合地基沉降算法[J].岩土力学,2022,43(S1):479-489.

[13] KING L, BOUAZZA A, DUBSKY S, et al. Kinematics of soil arching in piled embankments [J]. Géotechnique, 2019, 69(11):941-958.

[14] SMITH E J, BOUAZZA A, KING L E. Numerical simulation of the progressive development of soil arching in column-supported embankments [J]. Canadian Geotechnical Journal,2022,59(2):159-176.

[15] 赖汉江.桩承式加筋路堤土拱形成—演化机理及承载特性宏细观分析[D].武汉:华中科技大学,2016.

[16] 曹卫平,陈仁朋,陈云敏.桩承式加筋路堤土拱效应试验研究[J].岩土工程学报,2007,03:436-441.

[17] MEENA N K,NIMBALKAR S,FATAHI B,et al. Effects of soil arching on behavior of pile-supported railway embankment: 2D FEM approach [J]. Computers and Geotechnics,2020,123:103601.

滚压成型螺杆桩破坏模式及极限承载力计算方法研究

傅白林　李若松*

(长安大学公路学院)

摘　要　通过数值分析研究了滚压成型螺杆桩的临界螺距和破坏模式,数值模拟结果表明,在极限状态下,当螺距小于临界螺距时,滚压成型螺杆桩发生柱体剪切破坏;当螺距大于临界螺距时,滚压成型螺杆桩发生滑移线面破坏,同时确定了临界距径比在2~2.5之间。此外,对桩周土性质和螺纹结果参数对临界螺距的影响进行了研究,结果表明,内摩擦角 φ、黏聚力 C 和弹性模量 E 对临界螺距大小影响较小;螺纹宽度和厚度对临界螺距影响较大。最后,根据柱体剪切破坏模型,提出了承载力计算方法。

关键词 地基处理 滚压成型螺杆桩 临界螺距 距径比 破坏模式

0 引言

滚压成型螺杆桩,俗称螺纹桩,是一种具有新颖异形截面的桩型。其特殊设计的螺纹结构与周围土壤能够形成有效的机械咬合,扩展土体塑性变形区域,进而显著增加桩侧的阻力。相较于传统桩基,螺纹桩具有多项优势,包括更高的竖向承载能力、更快的施工速度、更少的混凝土用量以及更显著的经济效益。因此,螺纹桩已成为我国各类工程中的重要选择。在大跨度桥梁、高层建筑、高速铁路和公路基础、软土地区复合地基处理以及沿海地区抗拔桩等领域,螺纹桩都得到了广泛应用,并且取得了令人满意的成效。其可靠性、经济性以及适应性使其成为现代土木工程中备受推崇的一种基础结构形式。

国内学者们对螺纹桩竖向承载机理及计算方法进行了深入研究。祝世平提出了深度修正系数以提高计算精度,吴敏则提出了螺纹桩桩侧阻力计算应依据土体抗剪强度的观点。董天文推导了不同螺距下的极限承载力计算方法,而李成巍通过试验验证了螺纹桩竖向承载力计算公式。这些研究为螺纹桩工程设计和施工提供了理论支持和实践指导。

国内外学者们对螺纹桩竖向承载机理和计算方法进行了深入研究,这些研究成果在工程实践中得到了应用。然而,他们对螺纹桩的破坏模式进行的分析相对较少。螺纹桩的存在改变了其竖向受荷机制,导致其破坏模式分为螺旋滑裂面破坏和柱体剪切破坏,这取决于螺牙间距。国内外学者们进行了相关研究,如 Rao 等提出了当螺牙间距大于临界间距时,螺旋桩达到极限荷载时的破坏面接近圆柱形。J. I. Adams 等提出螺旋桩基础竖向抗拔破坏模式有叶片支撑模型和圆柱模型。尽管有这些研究,但准确的临界螺距仍不明确,对应的数值模拟研究工作几乎为空白。为了更好地理解螺纹桩的承载机理和破坏模式,有必要对临界螺距进行深入研究,并结合数值模拟进行验证。这样的研究将有助于更精确地确定螺纹桩的承载力计算方法,提高其在工程实践中的应用效果,从而推动螺纹桩技术的进一步发展。

有鉴于此,本文拟通过大型通用非线性有限元软件 Abaqus 对螺纹桩的临界螺距和破坏模式进行深入的研究,并在此基础上提出螺纹桩的竖向承载力计算公式,希望为螺纹桩进一步推广与应用给予理论支撑。

1 螺纹桩数值计算

1.1 模型结构参数确定

螺纹桩的桩身结构参数有桩的外径 D、桩的内径 d、内螺纹厚度 H、外螺纹厚度 h、螺纹宽度 W、螺纹间距 S、桩长 L。如图 1 所示。

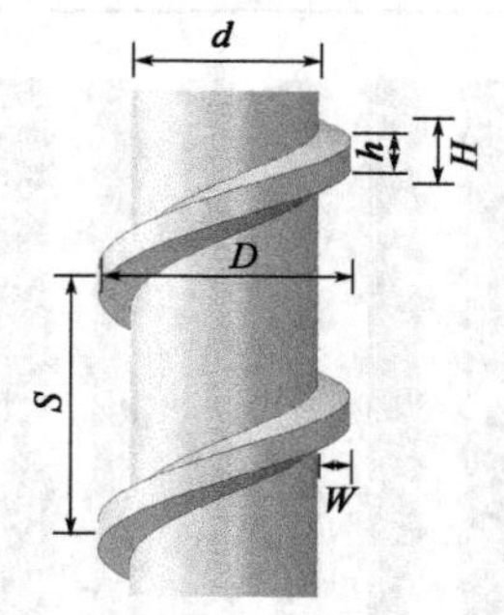

图 1 螺纹桩结构尺寸

本次数值模拟的结构参数选取基于现场实际工程情况,重点关注临界螺距和破坏模式的研究。除了改变桩距 S 的大小外,其他参数统一取值为 $L=5\text{m}$、$D=0.4\text{m}$、$d=0.3\text{m}$、$H=10\text{cm}$、$h=5\text{cm}$、$W=5\text{cm}$。根据工程实践和理论研究,地基模型水平方向长度取桩身长度的 6 ~ 10 倍,竖向长度为桩身长度的 1.5 倍,以减少边界条件影响。因此,本次数值模拟选取 4m × 4m × 7m 的长方体地基模型,并采用 C3D4 单元进行网格划分,示意图如图 2所示。

图 2 有限元模型

此次数值模拟引入距径比[1](S/d)来对螺距划分,根据距径比的大小共划分8个螺距,如表1所示。不同螺距的螺纹桩数值模型如图3所示。

模型桩分组 表1

编号	桩内径 d(m)	螺距 S(m)	距径比 S/d
A	0.3	0.15	0.5
B		0.3	1
C		0.45	1.5
D		0.6	2
E		0.75	2.5
F		0.9	3
G		1.05	3.5
H		1.2	4

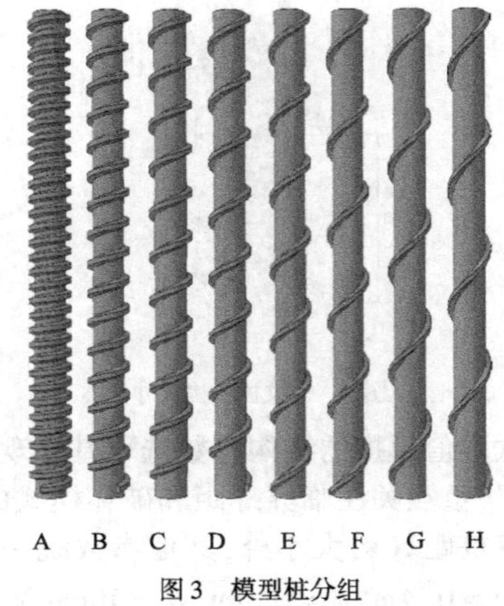

图3 模型桩分组

1.2 材料和桩-土接触面参数确定

在本次数值分析中,螺纹桩桩身采用C20混凝土浇筑,使用线弹性材料模拟其行为,而桩周土采用弹塑性模型,并应用Mohr-Coulomb准则作为破坏准则。土体力学参数见表2。考虑到螺纹与土的相互作用对研究螺纹桩复合地基至关重要,模型中螺纹与桩周土的接触面采用面面接触,共7对接触面,接触面法向采用硬接触,切向采用罚函数,摩擦系数设为0.3。边界条件设定为地基底部完全约束,顶部自由,侧面约束平面外法线方向。

力学强度参数 表2

项目	弹性模量(MPa)	泊松比	黏聚力(kPa)	摩擦角(°)	密度(g/cm^3)
桩	25000	0.18	—	—	2400
土	15	0.28	28	20	2000

1.3 地应力平衡

岩土工程中,地应力平衡是至关重要的[16]。以往的螺纹桩数值分析缺乏此步骤,影响结果可靠性。为了准确分析螺纹桩承载机理,模拟实际受力情况,必须进行地应力平衡。本文采用ODB文件导入方法实现地应力平衡,结果显示U3方向最大位移为9.849×10^{-4}m,效果良好(图4)。

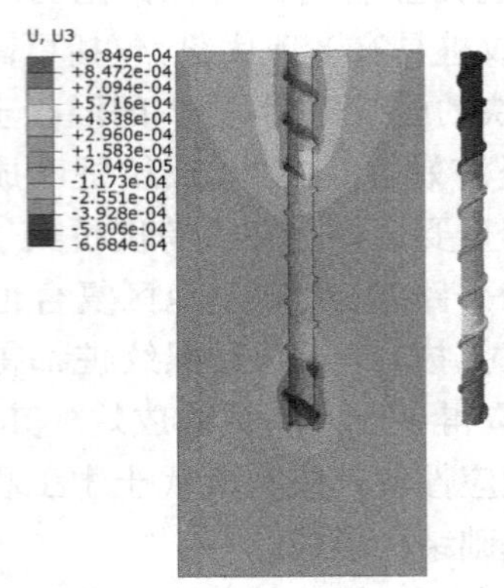

图4 地应力平衡结果

在此次数值模拟中,通过在螺纹桩桩头处施加竖向向下位移来模拟桩的竖向受压过程,位移量大小为120mm,进而研究其在极限荷载下的破坏模式。根据《建筑基桩检测技术规范》[18],于缓变形荷载-沉降曲线将沉降值达到40mm时视为极限破坏状态。本次数值工作得到的荷载沉降曲线呈现缓变形特征,因此将竖向超过40mm位移的桩周土区域视为塑性破坏区域,并以灰白色表示,这有助于准确描述螺纹桩在受力过程中的破坏情况。

1.4 数值模拟结果

根据数值模拟结果显示,当螺纹桩的距径比小于2时,桩周土的塑性破坏区域相互贯通,形成一个整体,类似于圆柱形的竖向剪切破坏。随着螺距的增大,各螺纹处的塑性破坏区域逐渐相互分离。当距径比大于2.5时,螺纹桩的桩周土破坏形状由柱体剪切破坏转变为滑移线面破坏。根据位移云图分析,可确定临界距径比在2~2.5之间。这些发现对于理解螺纹桩在不同距径比条件下的破坏模式提供了重要参考,有助于优化设计和工程实践中的螺纹桩应用(图5)。

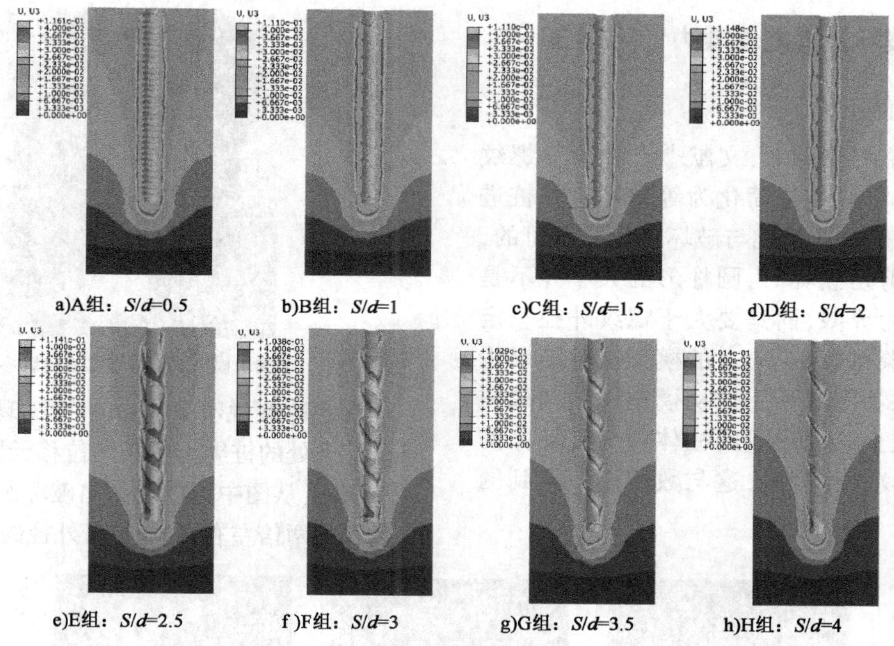

图5 土体塑性应变云图

2 临界螺距影响参数分析

2.1 桩周土体性质影响

考虑土体不同内摩擦角 φ、黏聚力 C 和弹性模量 E 对临界螺距的影响得到如图所示曲线。由图6可见，随着黏聚力的增大，临界螺距呈减小趋势；随着内摩擦角增大，临界螺距呈增大趋势；随着弹性模量增大，临界螺距呈增大趋势，但变化范围都不大，总体而言，临界距径比在2～3之间。

2.2 桩体结构参数影响

考虑不同螺纹厚度和螺纹宽度对临界螺距的影响得到的曲线如图7所示，由图7可见，随着螺纹厚度或螺纹宽度的增大，临界距径比都是呈增大趋势，且变化幅度较大。

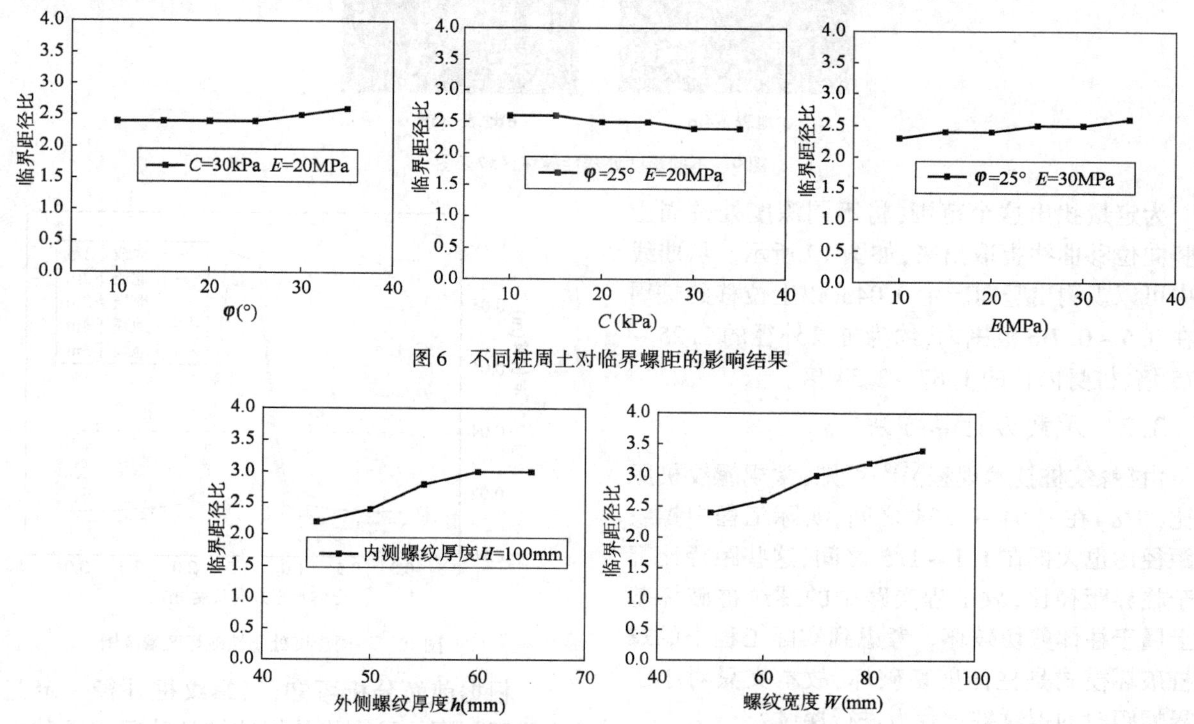

图6 不同桩周土对临界螺距的影响结果

图7 不同螺纹结构尺寸对临界螺距的影响结果

3　基于破坏模式的承载力计算方法

3.1　数值分析

螺距小于临界螺距时，文献[19-23]在计算螺纹桩的侧阻力时，将螺纹桩简化为等外径直杆桩进行计算，但实际上这样简化与破坏特征是不符的，因为发生柱体剪切破坏时，圆柱形的大小并不是以螺纹桩外径为界限，而是要大于螺纹外径一定范围。这个现象可以从 rao[7] 的模型试验结果观测到，试验结果如图 8 所示。从模型试验结果图中可以看出，桩土共同形成的柱体剪切破坏体的尺寸是大于螺纹桩外径的，这与数值模拟得到的结果一致。

图 8　模型试验中螺纹桩的破坏模式

为更直观说明圆柱形的大小，现将数值模拟中不同深度处的桩周土的竖向位移云图提取出来，如图 9 所示，从图中可以观测出破坏圆柱体大小为桩身内径的两倍左右，约为桩身外径的1.5倍。

a)地表下1m

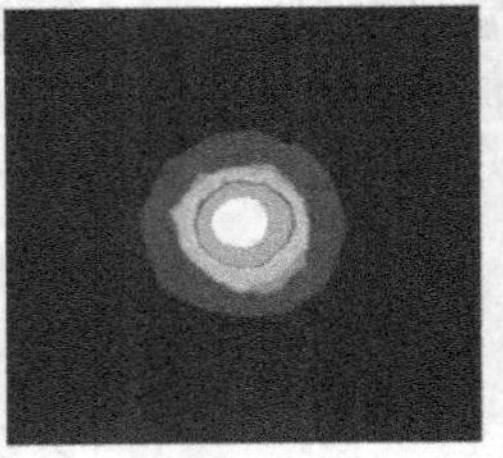

b)地表下2m

c)地表下3m

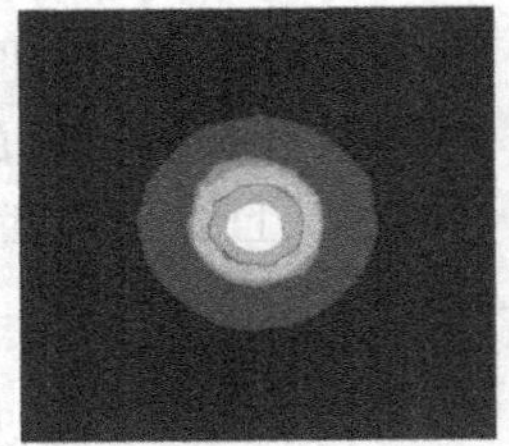

d)地表下4m

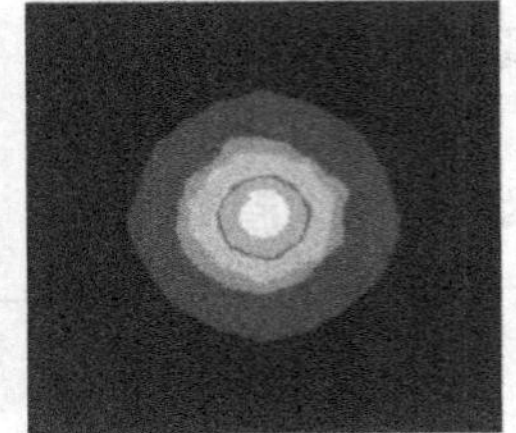

e)地表下5m

图 9　不同深度处塑性破坏区域云图

为定量找出这个范围，将不同深度处桩周土的竖向位移曲线提取出来，如图 10 所示。从曲线图中可以观测出竖向产生 0.04m 以上位移的桩周土在 0.5 ~ 0.7m 范围内，约为桩身外径的 1.25 ~ 1.75 倍，桩身内径的 1.67 ~ 2.34 倍。

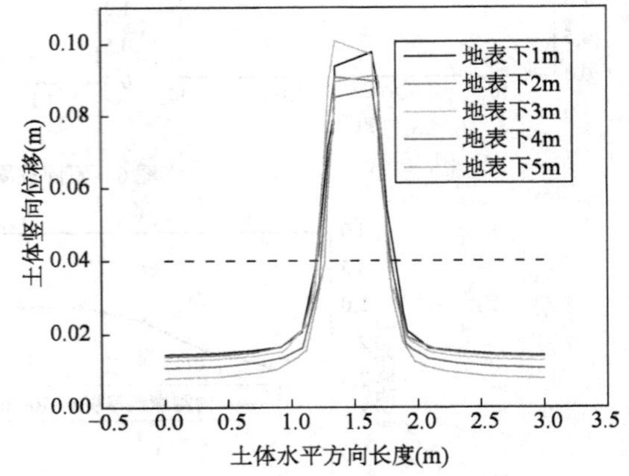

图 10　不同深度处塑性破坏区域范围

3.2　承载力计算方法

由《螺纹桩技术规程》[19]可知，常规螺纹桩距径比(S/d)在 1.04 ~ 1.34 之间，实际工程中螺纹桩距径比也大抵在 1.1 ~ 1.5 之间，这些距径比都小于临界距径比，故工程实践中的螺纹桩破坏基本上属于柱体剪切破坏。考虑到实际工程中的螺纹桩破坏模式是柱体剪切破坏，故本文只对小于临界螺距时的螺纹桩承载力进行探讨。

根据前面分析可知，以螺纹桩外径一定范围为界限的圆柱桩来代替螺纹桩计算竖向承载力更为合理。本次计算方法考虑以 1.5 倍桩身外径的圆柱形作为计算模型，如图 11 所示。

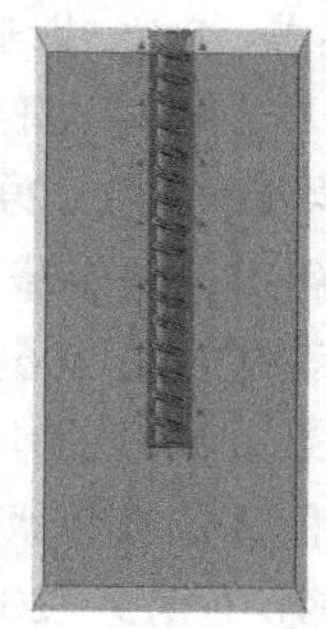

图 11 承载力计算模型

在柱体剪切破坏模型的基础上，提出承载力计算公式如下：

$$Q_{uk}=Q_{sk}+Q_{pk}=S\sum\tau_{sk,i}l_i+q_{pk}A_p \tag{1}$$

$$S=1.5\pi D \tag{2}$$

$$A_p=1.5\pi D^2/4 \tag{3}$$

式中：Q_{uk}——单桩竖向极限承载力标准值；

Q_{sk}——单桩总极限侧阻力标准值；

Q_{pk}——单桩总极限端阻力标准值；

S——等效圆柱体桩身周长；

$\tau_{sk,i}$——桩侧第 i 层土体的极限抗剪强度标准值；

l_i——桩穿越第 i 层土的厚度；

q_{pk}——等效圆柱桩端处土的极限端阻力标准值；

A_p——等效圆柱桩端截面积；

D——螺纹桩外径。

《螺杆桩技术设计与施工技术规程》[20]指出土体的抗剪强度 τ 可通过土的状态和土体的法向应力值确定，但土体的法向应力值不易确定，且土体的抗剪强度是通过黏聚力、内摩擦角和法向应力三部分换算得到，存在误差传递和误差放大的问题。为方便实际工程中计算，本文中的抗剪强度值取为土体的桩侧摩阻力值，且根据郝兵[24]的研究，在一般黏性土中桩侧摩阻力等于土体的不排水抗剪强度，同时根据汤姆利逊[25]78 根桩试验结果统计提出的 α 法理论：

$q_{sik}=\alpha C_{si}$（q_{sik} 为桩极限侧阻力标准值）；

式中：C_{si}——黏性土的不排水抗剪强度；

α——黏着力系数，取值在 0.2～1 之间。

可知在计算桩的竖向承载力时以桩侧摩阻力极限值代替抗剪强度计算出来的竖向承载力结果是偏于安全的。得到的改进承载力计算公式如下：

$$Q_{uk}=Q_{sk}+Q_{pk}=S\sum q_{sk,i}l_i+q_{pk}A_p \tag{4}$$

式中：$q_{sk,i}$——干作业钻孔桩极限侧阻力标准值，可按现行行业标准《建筑桩基技术规范》（JGJ 94）中干作业钻孔桩极限侧阻力标准值取值。

4 结语

本文通过数值分析的方法，对螺纹桩的临界螺距和破坏模式进行了研究，讨论了影响临界螺距的因素，并提出了螺纹桩承载力计算方法。主要得到以下结论：

（1）通过数值模拟发现螺纹桩的破坏模式分为柱体剪切破坏和滑移线面破坏这两种，并确定了临界距径比在 2～2.5 之间。

（2）通过改变螺纹桩桩周土体的抗剪强度参数、变形强度参数和螺纹桩的螺纹宽度、厚度，研究了不同因素对螺纹桩临界螺距的影响。结果表明，桩周土体性质相比较螺纹桩的结构参数而言，其对螺纹桩的临界螺距影响更小。

（3）根据圆柱形剪切破坏模型，提出相应承载力计算方法，该方法可方便运用于工程设计中。

参考文献

[1] 钱建固，陈宏伟，贾鹏，等. 注浆成型螺纹桩接触面特性试验研究[J]. 岩石力学与工程学报，2013，32(9)：1744-1749.

[2] 吴敏，李波扬. 全螺旋灌注桩——螺纹桩竖向承载力初探[J]. 武汉大学学报（工学版），2002(5)：109-112.

[3] 董天文，梁力，王明恕，等. 极限荷载条件下螺旋桩的螺距设计与承载力计算[J]. 岩土工程学报，2006(11)：2031-2034.

[4] 祝世平. 全螺旋灌注桩承载特性的研究[D]. 长沙：中南大学，2007.

[5] 李成巍，陈锦剑，吴琼，等. 灌注螺纹桩承载机理与计算方法[J]. 上海交通大学学报，2010，44(6)：726-730.

[6] 杨启安，沈保汉. 螺纹桩承载机理及承载力计算方法[J]. 工业建筑，2013，43(1)：67-70.

[7] RAO S，PRASAD Y，SHETTY M. The behaviour of model screw piles in cohesive soils[J]. Soil and Foundations，1993，31(2)：35-50.

[8] ADAMS J I，HAYES U C. The uplift capacity

of shallow foundation [J]. Ontario Hydro Research Quarterly,1967,19(1):1-13.

[9] UDWARI J J, RODGERS T E, SINGH H. A rational approach to thedesign of high capacity multi-helix screw anchors [C]. Transmission and Distribution Conference and Exposition. 1979:606-610.

[10] CLEMENCE S P, PEPER F D. Measurement of lateral stress aroundmulti-helix anchors in sand[J]. Geotechnical Testing Journal. 1984, 7(3):145- 152.

[11] SAKR M. Performance of helical piles in oil sand [J]. Canadian Geotechnical Journal. 2009,46(9):1046-1061.

[12] 赵赟,张陈蓉,凌巧龙,等. 软土地区注浆成型螺纹桩抗拔承载力的计算[J]. 岩土力学,2015,36(S1):334-340.

[13] 马甲宽,胡志平,任翔,等. 基于太沙基极限平衡理论的螺纹桩承载力计算[J]. 地下空间与工程学报,2022,18(4):1111-1118,1145.

[14] 董天文,李士伟,张亚军,等. 软土地基螺旋桩竖向抗拔极限承载力计算方法[J]. 岩石力学与工程学报,2009,28(S1):3057-3062.

[15] 徐学燕,张培柱,安莹. 锥形桩改良土体冻胀性和融沉性研究[J]. 冰川冻土,1997(4):66-70.

[16] 郭怀志,马启超,薛玺成,等. 岩体初始应力场的分析方法[J]. 岩土工程学报,1983(3):64-75.

[17] 代汝林,李忠芳,王姣. 基于ABAQUS的初始地应力平衡方法研究[J]. 重庆工商大学学报(自然科学版),2012,29(9):76-81.

[18] 中华人民共和国住房和城乡建设部. 建筑基桩检测技术规范:JGJ 106—2014[S]. 北京:中国建筑工业出版社,2014.

[19] 中华人民共和国住房和城乡建设部. 螺纹桩技术规程:JGJ/T 379—2016[S]. 北京:中国建筑工业出版社,2011.

[20] 海南卓典工程有限公司. 螺杆桩技术设计与施工技术规程:CZ-2006[S]. [S. L]:[s. n.], 1998.

[21] 胡家忠. 滚压成型螺旋灌注桩受力机理分析[D]. 北京:北京交通大学,2008.

[22] 窦德功,鲁子爱. 螺纹桩承载性状分析与研究[J]. 水运工程,2012(4):32-35+43.

[23] 杨启安,沈保汉. 螺纹桩承载机理及承载力计算方法[J]. 工业建筑,2013,43(1):67-70.

[24] 郝兵,王清,范铁强. 岩土工程中几种土的摩阻力辨析[J]. 勘察科学技术,2013(6):12-15,26.

[25] TOMLINSON M J. 桩的设计与施工[M]. 朱世杰,译. 北京:人民交通出版社,1984.

岛状冻土雷达信号时域特征分析

梁智超[1]　张　锋*[1]　王　站[2]　权　磊[3]

(1. 哈尔滨工业大学交通科学与工程学院;2. 上海市浦东新区道路运输事业发展中心;
3. 交通运输部公路科学研究院)

摘　要　岛状冻土对外界热力条件的敏感性大,使得寒区工程的稳定性受岛状冻土的影响较大,因此对岛状冻土的勘察具有重要意义。为了探明探地雷达在探测岛状冻土时的时域特征,本文基于时域有限差分法建立了多年岛状冻土的正演模型,分析了不同雷达天线频率、不同冻土介电常数条件下的岛状冻土界面电场强度的变化规律。结果表明:随着天线频率由50MHz增大至250MHz时,岛状冻土界面处的电场强度呈现先增大后减小的趋势,上下界面处电场强度最大时天线频率为190MHz和180MHz;岛状

基金项目:吉林省交通运输创新发展支撑项目(2023-1-6)。

冻土上部的黏土正温的介电常数由20增加至26时，上界面的适宜探测频率分别为由185MHz降低至165MHz。该研究结果可为中低频探地雷达探测岛状冻土时提供理论支撑。

关键词 时域有限差分法 岛状冻土 探地雷达 天线频率 介电常数

0 引言

随着全球气候变暖，加之由于人类的活动，如森林砍伐等，这就导致多年冻土容易发生退化。冻土的退化会导致路基受到的危害程度大，继而导致一系列冻融相关病害频发，因此在多年冻土区域修筑公路时需要准确的确定冻土层的时空分布[1]。现阶段多年冻土区冻土层的确定主要是依靠传统的地貌、地形判别和钻探等传统探测方法。钻探等是一种点状式的探测方法，对周边生态环境破坏较大。而探地雷达与传统钻探方法相比，具有无损性、成果直观、准确、高效等特点。

目前国内外学者针对探地雷达模拟开展了系统研究并取得丰富的成果。Antonis Giannopoulos[2]推出一种基于时域有限差分法(FDTD)探地雷达正演模拟软件，可用于探地雷达的成像研究。Guo等[3]采用gprMax用来模拟探地雷达探测植物根系的有效性和可行性，适合探测根系分布较浅和根茎较大的情况，可根据实际需要选择适宜的频率。Sun等[4]用地质雷达检测初衬和二衬中的钢拱架和钢筋时，采用gprMax软件进行正演模拟，表明在初衬中的检测时可行的。尹光辉等[5]采用gprMax和Matlab软件分别对充气空洞和充水空洞模型进行正演模拟。李世念等[6]依然采用gprMax软件对两种不同的空洞模型进行正演模拟，为探地雷达检测空洞提供了指导。Wilkinson等[7]人在使用gprMax模拟定制蝴蝶结天线和商用GSSI 5100型号天线在不同空间深度、不同天线间距下探测不同目标体时，GSSI型号天线的模拟结果与天线的实测结果基本一致。张军伟[8]等采用gprMax对地下管线的探测进行了精细化模拟。Wang等[9]采用gprMax软件，来模拟探测具有表面水分的薄沥青层的探地雷达信号。Majchrowska等[10]改善gprMax对色彩特性材料建模中的不足，同时采用了一种混合线性-非线性优化方法，将多级德拜展开拟合到给定的电介质数据。

本文的目的是通过时域有限差分法建立岛状冻土正演模型，采用不同天线频率的雷达电磁波探测模型中岛状冻土，研究其探测到冻土时的时域信号，为探地雷达探测岛状冻土提供一种指导。

1 探地雷达正演模型

1.1 时间域有限差分法

时间域有限差分法(Finite Difference Time Domain, FDTD)是基于麦克斯韦方程组，在直角坐标系中以电场强度 $\boldsymbol{E}$ 和磁场强度 $\boldsymbol{H}$ 为分量展开麦克斯韦旋度方程，如公式(1)～公式(6)所示：

$$\frac{\partial E_z}{\partial y}-\frac{\partial E_y}{\partial z}=-\mu\frac{\partial H_x}{\partial t}-\sigma_m H_x \tag{1}$$

$$\frac{\partial E_x}{\partial z}-\frac{\partial E_z}{\partial x}=-\mu\frac{\partial H_y}{\partial t}-\sigma_m H_y \tag{2}$$

$$\frac{\partial E_y}{\partial x}-\frac{\partial E_x}{\partial y}=-\mu\frac{\partial H_z}{\partial t}-\sigma_m H_z \tag{3}$$

$$\frac{\partial H_z}{\partial y}-\frac{\partial H_y}{\partial z}=\varepsilon\frac{\partial E_x}{\partial t}+\sigma E_x \tag{4}$$

$$\frac{\partial H_x}{\partial z}-\frac{\partial H_z}{\partial x}=\varepsilon\frac{\partial E_y}{\partial t}+\sigma E_y \tag{5}$$

$$\frac{\partial H_y}{\partial x}-\frac{\partial H_x}{\partial y}=\varepsilon\frac{\partial E_z}{\partial t}+\sigma E_z \tag{6}$$

在1997年时，K. S. Yee对上述的六个公式引入差分的格式，用 $f(x,y,z,t)$ 来代替电场强度 $\boldsymbol{E}$ 和磁场强度 $\boldsymbol{H}$ 在直角坐标系中任一分量[11]，则在时刻 $n\Delta t$ 时，该点的任一函数 $f(x,y,z,t)$ 的值可表示为式(7)：

$$f(x,y,z,t)=f(i\Delta x,j\Delta y,k\Delta z,n\Delta t)=f^n(i,j,k) \tag{7}$$

式中：Δx、Δy、Δz——网格在 x、y、z 方向上的空间步长；

Δt——时间步长；

n——时间步长的个数。

上述方法将时间和空间进行离散，并对各个电场分量和磁场分量逐个计算时间步长，最终求得空间上的电磁场的分布。

1.2 岛状冻土结构模型建立

传统的基于正演的探地雷达研究许多都是基于实际工程中建立等比例缩小的模型，以提高设计中的雷达天线频率，进而提高分辨率和精度。在本研究中所依托实际工程中位于东北大小兴安岭地区，地层中的岛状冻土范围在2m以下，厚度在几米至十几米不等,基岩所在深度也在10m以下范围内。而高频率的探地雷达衰减严重一般探测范围为2m以内,这就导致了高频率的探地雷达系统不适合探测冻土。本节根据实际工程建立了基于岛状冻土的温度分层介电常数模型,其中雷达的天线频率均为中低频率。

图1显示了正演模拟时所建立的不同冻土厚度的模型尺寸图。基于所依托实际工程的实测数据,将冻土分为三层不同温度的冻土层,其中最外层冻土温度为-0.5℃,中间冻土层温度为-1.0℃,最内侧冻土温度为-1.5℃。

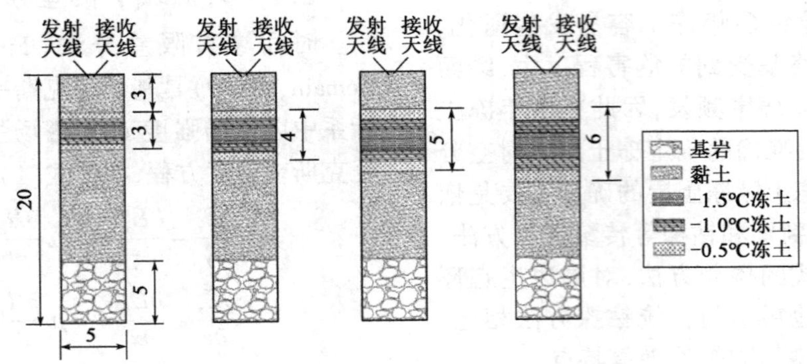

图1 不同冻土厚度的模型尺寸(尺寸单位:m)

以黏土介电常数为20,冻土上限为3m、厚度为3m为例,正演模拟中的电磁参数设置情况。其中基岩介电常数 $\varepsilon_r=5$,电导率 $\sigma=0.001$S/m,由于基岩属于非磁性材料,相对磁导率 $\mu_r=1$,磁损耗率 $\sigma_*=0$;黏土介电常数 $\varepsilon_r=20$,电导率 $\sigma=0.015$S/m,由于黏土属于非磁性材料,相对磁导率 $\mu_r=1$,磁损耗率 $\sigma_*=0$;岛状冻土分三层结构设置,根据[12]采用孔隙比为中值,即为0.723时在-2℃、-1℃、0℃时的介电常数分别为7.77、8.52、10.44,因此-1.5℃和-0.5℃时的介电常数采用插值的形式来确定,分别为8.15和9.48,岛状冻土的电导率 $\sigma=0.0033$S/m,由于岛状冻土属于非磁性材料,相对磁导率 $\mu_r=1$,磁损耗率 $\sigma_*=0$。

2 雷达信号电场强度影响因素分析

2.1 天线频率-电场强度的关系

探地雷达常用频率范围为40MHz~3GHz范围内,且根据实际工程经验来看200MHz雷达天线频率最适宜的探测深度为3~4m范围内,100MHz雷达天线频率最适宜的探测深度为8~10m范围内[13]。在本章节中冻土的上下界面的深度范围为3~9m,为了能够更好地反映不同雷达天线频率下冻土上下界面的变化规律,在本研究中将模拟中所采用的雷达天线频率设置为50~250MHz,并以5MHz为间隔进行探地雷达探测岛状冻土的正演模拟。

图2为不同雷达天线频率下的上下界面处的电场强度。从上图中可以看出探地雷达在采用不同的天线频率探测冻土时,其上下界面出现不同的变化规律。上界面处的电场强度为正相位且下界面的电场强度为负相位。下界面与上界面相比时其电场强度小了一个量级。随着天线频率的增大上界面处的电场强度随着天线频率在50~250MHz范围内增大时呈现先增大后减小的趋势,下界面处的电场强度随着天线频率的增大时呈现先减小后增大的趋势。上界处电场强度最大时天线频率为190MHz,而下界面处电场强度最大时天线频率为180MHz,也即当采用此频率时探测此深度和厚度下的冻土时其上下界面在雷达图像中显示最为清晰。

2.2 介质的介电常数-电场强度的关系

为了研究冻土周围黏土正温时的介电常数变化与上下界面处的电场强度之间的关系,在本节中采用不同的黏土正温时的介电常数进行探地雷达探测岛状冻土的正演模拟,其介电常数分别设置为20、22、24和26,冻土模型尺寸如图1中上限深度为3m、厚度为3m的模型所示。同时为了研究探地雷达探测不同深度的岛状冻土的上下界面的适宜频率,采用与2.1节中相同的雷达天线频率设置。

图3为探测不同黏土正温介电常数下的冻土

上下界面电场强度随雷达天线频率变化图。从图中可以看出随着天线频率的变化冻土上下界面处的电场强度随着天线频率的变化呈现不同的变化规律。在上界面处其电场强度随着雷达天线频率的增大呈现先增大后减小的趋势,下界面则是呈现先减小后增大的趋势。而且上界面的电场强度为正相位,但下界面的电场强度则是负相位,从数值上也可以看到下界面处的电场强度值明显要比上界面处的电场强度小一个量级。上下界面处的电场强度随着介电常数的变化呈现不同的变化规律。上界面处电场强度会随着周围黏土正温时介电常数的增大而逐渐增大,但下界面处电场强度则会随着周围黏土正温时介电常数的增大而逐渐减小,如参照其绝对值来看,则其绝对值都是呈现逐渐增大的趋势,这是因为时域曲线中所反映的都是在经过界面处所反射回来的电磁波。在正温黏土与冻土的界面处,电磁波传播时的反射系数在有一种介质的介电常数保持不变时会随着两种介质的介电常数差值的增大而逐渐增大。因此也就有了更多的电磁波在界面处反射回去被接收天线接收,故在保持冻土的介电常数不变的情况下增大黏土的正温介电常数会导致两种介质介电常数差值的增大,也就引起了更多的电磁波被接收天线接收,进而有了电场强度绝对值的增大。而且从上图中也可以看出随着黏土的正温介电常数的增大上下界面处的适宜探测频率均在逐渐减小,从原始数据中看到黏土正温的介电常数分别取 20、22、24 和 26 时,上界面的适宜探测频率分别为 185MHz、180MHz、175MHz 和 165MHz,下界面的适宜探测频率分别为 180MHz、170MHz、165MHz 和 160MHz。

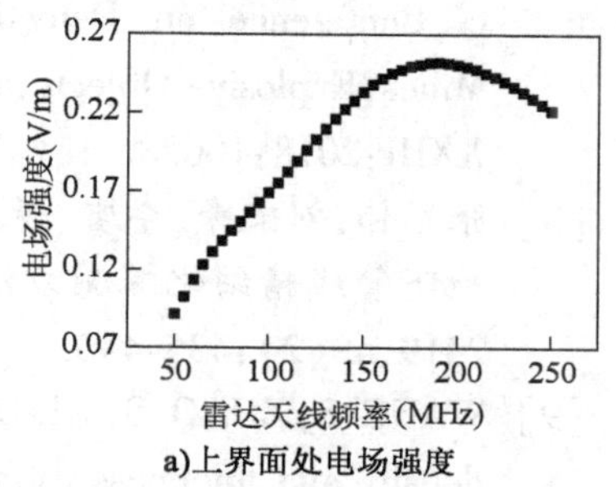

a)上界面处电场强度

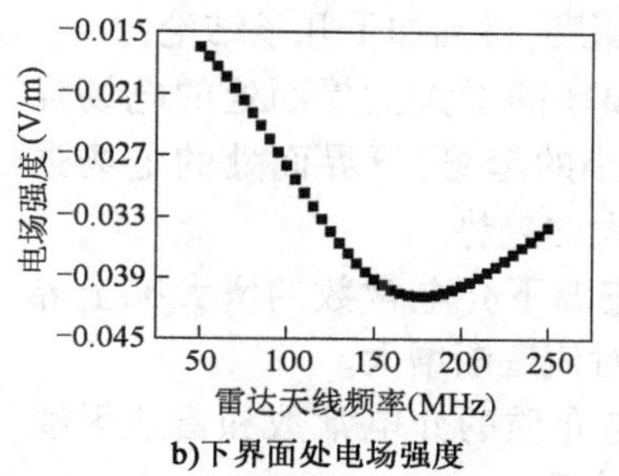

b)下界面处电场强度

图 2　冻土上下界面处电场强度随雷达天线频率变化

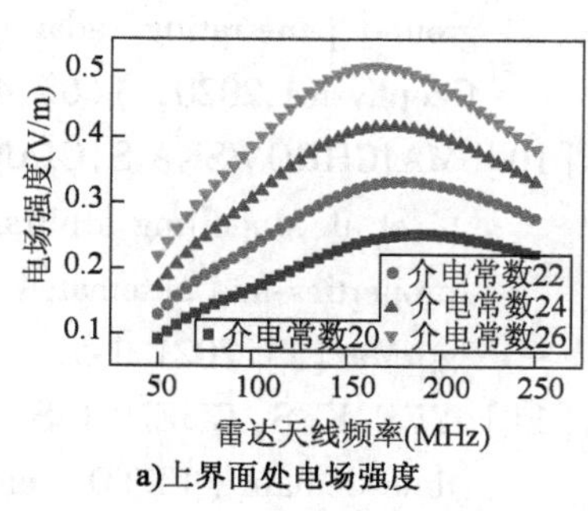

a)上界面处电场强度

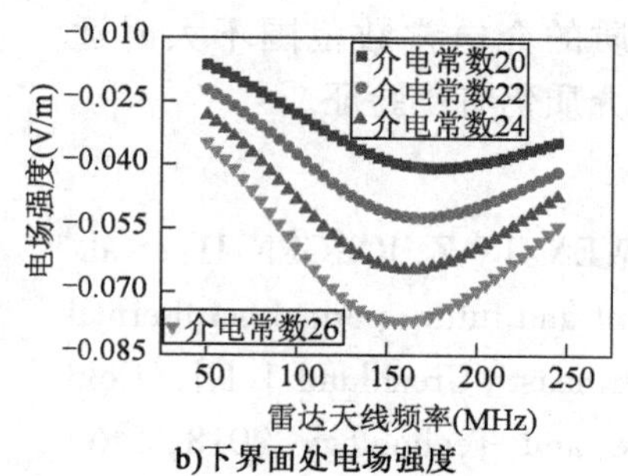

b)下界面处电场强度

图 3　不同黏土正温介电常数时冻土上下界面电场强度随天线频率变化

2.3　中低频雷达探测深度模型

在传统的探地雷达应用中,工程师们大多根据实际工程经验来粗略的估计特定雷达天线频率所适宜探测的深度范围,并没有相关文献可以给出具体的探测深度,这是由于特定的雷达天线频率所能探测的深度范围受多种因素的影响,如发射天线与接收天线的效率、入射方向与接收方向的增益、目标体的散射截面、介质的吸收系数、目标物的深度[13],甚至探测时的天气情况、工程师的经验等情况都会影响雷达的探测深度。在不考虑雷达系统与目标物时,建立一种在天气良好的情况下探地雷达的适宜探测深度与天线频率之间的关系。本研究则基于探地雷达采用不同的雷达天线频率在探测不同上限深度和不同黏土正温下的介电常数下的岛状冻土正演模拟,以上界面处电场强度绝对值的最大值所处的雷达天线频率作为此深度下和此黏土的正温介电常数下的最佳天线频率。本文是为了在给定频率和介质的介电常数下来计算探测深度,因此将雷达的天线频率作为第一个影响因素、介质的介电常数作为第二个影响因素,探测深度作为两个影响因素下的因变量,并对此进行多元线性拟合,得到如式(8)的拟合公式,并得到很好的拟合效果。

$$h = 26.046 - 0.087f - 0.333\varepsilon_r \quad (50 \leqslant f \leqslant 250, 20 \leqslant \varepsilon_r \leqslant 26, R^2 = 0.967) \tag{8}$$

式中:h——探测深度(m);

f——雷达天线频率(MHz);

ε_r——介质的相对介电常数。

3 结语

本章采用时域有限差分法进行探地雷达探测岛状冻土的正演模拟,并从时域角度分析了冻土上下界面所处位置和其界面处的电场强度与模型中各个影响因素之间的关系,同时拟合得到中低频雷达的适宜探测深度,得到如下几条结论:

(1)随着天线频率的增大上界面处的电场强度呈现先增大后减小的趋势,下界面处的电场强度呈现先减小后增大的趋势。

(2)随着黏土正温下介电常数的增大冻土界面处电场强度的绝对值逐渐增大。

(3)探测深度与介质的介电常数和雷达天线频率均为负相关的关系。

本研究提出的探地雷达探测深度模型仅对中低频雷达且所测土质的介电常数范围不大时适用,对其他的频率和介质仍有待验证。

参考文献

[1] LAURA H R, WENXIN Z, JØRGEN H, et al. Modelling present and future permafrost thermal regimes in Northeast Greenland [J]. Cold Regions Science and Technology, 2018, 146: 199-213.

[2] GIANNOPOULOS, ANTONIOS. The investigation of transmission-line matrix and finite-difference time-domain methods for the forward problem of ground probing radar. [J]. University of York, 1998, 31(4): 261-262.

[3] LI G, CUI X H, CHEN J. Sensitive factors analysis in using GPR for detecting plant roots based on forward modeling [J]. Progress in Geophysics, 2012, 27(4): 1754-1763.

[4] SUN Z, LIU J, ZHANG X, et al. The tunnel lining detection forward numeral simulation and measured data analysis based on gprMax [J]. Chinese Journal of Engineering Geophysics, 2013, 10(5): 730-735.

[5] 尹光辉,冯雨宁,张怀凯,等.基于gprMax软件的道路路基空洞探地雷达正演模拟[J].物探化探计算技术,2016,38(4):480-486.

[6] 李世念,王秀荣,林恬,等.基于gprMax的道路空洞三维探地雷达正演数值模拟[J].中国地质灾害与防治学报,2020,31(3):132-138.

[7] WILKINSON J, DAVIDSON N. A Validation Study of the Simulation Software gprMax by Varying Antenna Stand-Off Height: Detection and sensing of mines, explosive objects, and obscured targets xxiii [Z]. Bishop s s, isaacs j c. Conference on Detection and Sensing of Mines, Explosive Objects, and Obscured Targets XXIII: 2018: 10628.

[8] 张军伟,刘秉峰,李雪,等.基于gprMax 2D的地下管线精细化探测方法[J].物探与化探,2019,43(2):435-440.

[9] WANG S, ZHAO S, AL-QADI I L. Real-Time density and thickness estimation of thin asphalt pavement overlay during compaction using ground penetrating radar data [J]. Surveys in Geophysics, 2020, 41(6): 431-445.

[10] MAJCHROWSKA S, GIANNAKIS I, WARREN C, et al. Modelling arbitrary complex dielectric properties-an automated implementation for gprMax[J]. 2021, 1-5.

[11] YEE K S, CHEN J S. The finite-difference time-domain (FDTD) and the finite-volume time-domain (FVTD) methods in solving Maxwell's equations [J]. IEEE Transactions on Antennas & Propagation, 1997, 45 (3): 354-363.

[12] 王站.基于探地雷达的岛状冻土界面识别方法研究[D].哈尔滨:哈尔滨工业大学,2022,10-29.

[13] 曾昭发,刘四新,冯晅.探地雷达原理与应用[M].北京:电子工业出版社,2010.

The Development and Challenge of Non-conventional Probe Techniques in Marine Geotechnical Engineering

Yixuan Che [1] Lulu Liu *[2] Xiaoyan Liu [2] Guojun Cai [3] Songyu Liu [1]
(1. College of Transportation, Southeast University;
2. China University of Mining and Technology; 3. Anhui Jianzhu University)

Abstract Cone Penetration Testing (CPTU) is the most significant in-situ testing method used internationally for marine geotechnical exploration, characterized by its speed, cost-effectiveness, and reliability. However, extensive test results indicate that traditional CPTU testing techniques struggle to maintain precision under high-pressure conditions in deep-sea environments. Consequently, several non-conventional probe techniques have been proposed by scholars worldwide to address these issues, demonstrating strong applicability in marine geotechnical environments. This paper provides an introduction to irregular marine geotechnical penetration techniques from the perspectives of equipment development, theoretical research, and numerical simulation, presenting prospects for the future direction of this technology.

Keywords Marine geotechnical engineering In-situ testing Non-conventional Probe Techniques

0 Introduction

In alignment with the "Belt and Road" strategy, China's coastal regions have experienced continuous development, backed by robust state support, leading to a rapid surge in offshore engineering projects.

As offshore engineering scales up in size and complexity, there is a growing need for stricter evaluation of sensitivity, safety, and durability indicators. Hence, urgent advancements in reliable Marine geotechnical investigation technology are imperative. Marine soil predominantly consists of thick, unconsolidated soft sediment, markedly differing in engineering properties from continental sedimentary soil. It exhibits specific traits such as heightened sensitivity, porosity, thixotropy, and compressibility. In Marine engineering, the terrain is complicated and the soil is easy to be disturbed. Borehole sampling and laboratory tests induce stress release and sample disturbance, hampering the accurate reflection of the true physical and mechanical properties of Marine soil in test results. Marine in-situ testing technology is a method to evaluate the geotechnical properties of the foundation in situ at the bottom of the ocean. It does not use sampling, is simple, fast, low cost, real and reliable data, and is the most effective way to obtain geotechnical engineering parameters.

Presently, the predominant probes employed in Marine static sounding are conventional conical probes. Yet, in high confining stress environments within seabeds, conventional conical probes struggle to guarantee accurate measurement of pore water pressure elements. Moreover, they fail to quantitatively depict the impact of overlying soil stress on the recorded conical tip resistance value. Consequently, the accuracy of data in Marine soft soil diminishes with escalating seawater depth.

In response, scholars have sequentially introduced variousnon-conventional probe techniques grounded in the full-flow theory to address these challenges.

1 Development of equipment and instruments

Preceding the advent of full-flow penetration technology, Marine static penetration (submarine CPT) was employed for Marine formation assessment. According to its working mode, the penetration equipment can be divided into three types: platform, seabed and underground. Notably, seabed-type equipment (refer to Figure 1) has garnered widespread usage globally due to its ability to ensure the integrity of the exploration trajectory. At present, the more well-known deep-sea seabed CPT system mainly includes: The ROSON series sea-bed CPT system developed by Vandenberg in the Netherlands, the MANTA series sea-bed static sounding system developed by Geomil, the Neptune 5000 standard Marine CPT developed by Datem, And SEACALF sea-bed CPT system developed by Dutch company Fugro.

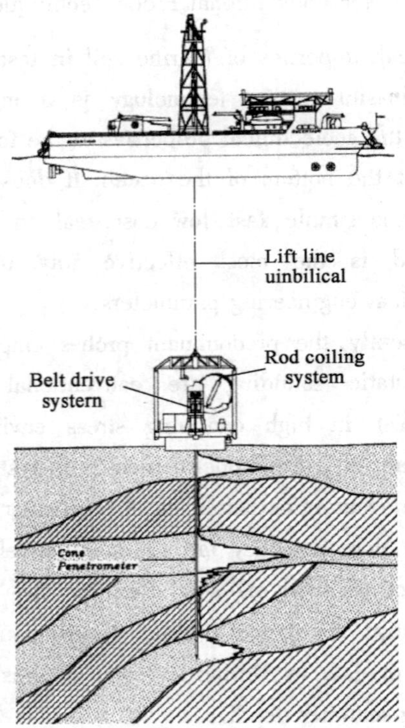

Figure 1 Sea-bed CPT

Initially, during the evolution of Marine sounding, cone-shaped probes served as the predominant penetration instruments. In 1971, the $10cm^2$ Fugro probe was used at sea for the first time, and the cone-tip resistance q_c and sleeve friction f_s were measured. The 1972 test at Ekofisk by NGI and McClelland used a $10cm^2$ vibration-line conical probe developed by NGI. In 1974—1975, Janbu, Senneset and others carried out measurement studies of pore pressure in Norway, USA and Sweden respectively, after which Fugro Company developed a piezoelectric cone probe (CPTU) that could measure pore water pressure u. The CPTU was first used at sea by Fugro in 1981.

Prior to 1985, the majority of instruments featured cone-mounting with pore pressure sensors (u_1). Subsequently, after 1985, most instruments incorporated pore pressure sensors positioned at the shoulder (u_2) (Refer to Figure 2).

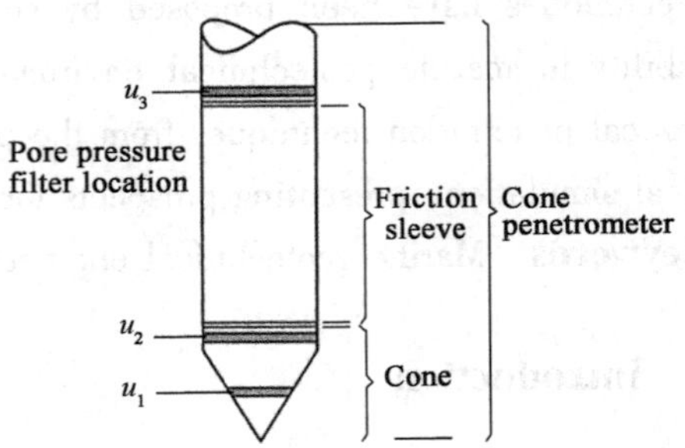

Figure 2 Position of pressure sensor on the cone probe

International standards for cone penetration encompass: a 60° cone tip angle, a $10cm^2$ projected area at the cone base, a $150cm^2$ friction sleeve area, hydraulic jack penetration pressure ranging from 100-120kPa, with the cone static penetration instrument inserted into soil at a speed of 20mm · s driven by the hydraulic jack.

Advancements in Marine probing technology reveal a decreasing accuracy trend in data obtained via traditional CPTU testing technology in ultra-soft soil as water depth increases, demonstrated by the following:

(1) In the high confining stress environment of the seabed, the probe pressure element of the instrument loses the accuracy of the measurement of soft soil during the penetration process;

(2) the effect of overlying soil weight cannot be correctly quantified;

(3) The measured cone tip resistance needs to be corrected for the overlying soil weight and pore water pressure, because the pore water pressure in the Marine environment is often large, which will bring a large error.

Consequently, irregular probe technology emerged under this backdrop, encompassing commonly used special-shaped penetration instruments like T-type (Figure 3), ball-type, plate-type, etc.

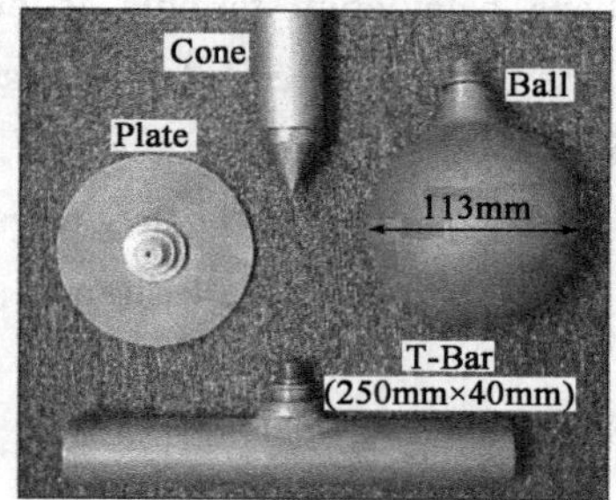

Figure 3 T-bar, ball penetrometer and plate penetrometer

Stewart D. P. and Randolph M. F. introduced the T-Bar full-flow penetration meter in 1991, initially designed as a laboratory apparatus to enhance the strength distribution of testing centrifugal samples, finding its inaugural application in Marine engineering practice in 1998.

Vallejo initially proposed the ball-type full-flow penetration instrument in 1982, with its relevant engineering application studied for the first time in 1998.

2 Theoretical researches and developments

The penetration of a cone probe is theoretically intricate, influenced by diverse soil characteristics like stiffness, stress and strength anisotropy, sensitivity, and strain rate dependency. These factors pose challenges for theoretical simulations due to their complexity and the limitations of available theoretical solutions. Consequently, assessing soil properties through conical penetration heavily relies on experiential interpretation. Conversely, the penetration resistance of a specially shaped probe primarily stems from soil flow around the probe rather than the added volume of the probe in the ground. As a result, its resistance to penetration is less influenced by soil stiffness, stress, and strength anisotropy. Nevertheless, the penetration resistance of T-shaped and ball-shaped probes remains susceptible to soil strain rate and sensitivity. These influences, however, can be quantified in field assessments through test method alterations, such as employing variable rate tests and cyclic penetration tests.

M. F. Randolph et al. (1984) applied classical plastic theory to derive the precise solution for the ultimate lateral resistance of circular piles within viscous soil. This theory enables the computation of the failure load, P, through the upper and lower bound methods.

$$\frac{P}{cd} = \pi + 2\Delta + 2\cos\Delta + 4\left[\cos\left(\frac{\Delta}{2}\right) + \sin\left(\frac{\Delta}{2}\right)\right] \quad (1)$$

In the context, a represents the pile adhesion; c is the shear strength; d is the pile diameter.

$$\frac{P}{cd} = \pi + 2\Delta + \psi(\sqrt{2} + \sin\psi) \quad (2)$$

In the context, $\psi = \frac{\pi}{4} - \frac{\Delta}{2}$.

Subsequent to the publication of the aforementioned theory, it was initially perceived as a means to compute the precise surface friction value of the T-probe. Yet, further research revealed that the upper bound solution overlooked a region of negative plastic work, an aspect previously disregarded in computations. When this region is taken into account, there is a small difference between the upper and lower bound solutions. M. F. Randolph et al. (2000) adjusted the velocity field within Randolph & Houlsby's work (1984) through finite element analysis, providing the upper bound solution for penetrating a spherical object into a rigid plastic material meeting the Tresca or Mises yield criterion V (Refer to Figure 4).

Accurately measuring penetration resistance stands as a complex challenge in engineering, where employing large deformation finite element analysis offers a viable solution. Nonetheless, soil softening around the probe and the presence of soil shear zones contribute significantly to substantial deviations in obtained values.

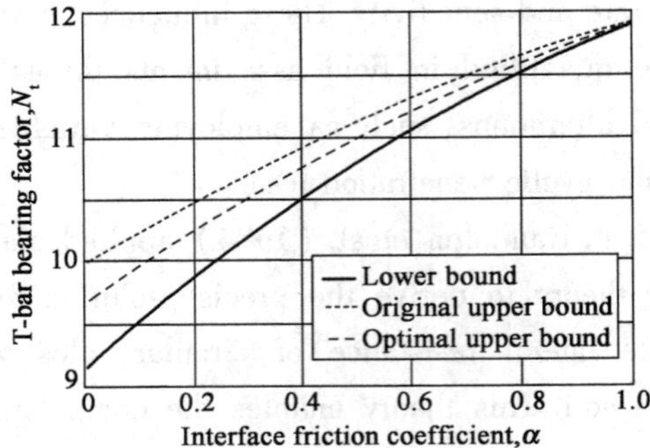

Figure 4　Solution for T-bar penetrometer after Randolph & Houlsby (1984)

Building upon this issue, Itai Einav et al. (2005) developed a theoretical framework to analyse the penetration of rigid bodies into plastic deformable solid media. The strain path method (UBSPM) based on the upper bound method is used to optimize and analyse the ideal plastic material model. The formula for calculating the resistance coefficients of T-shaped and spherical shapes is derived as follows:

$$N_{\mathrm{Tbar}} = 4\pi + 6\alpha \tag{3}$$

$$N_{\mathrm{Ball}} = 17.16 + 8\alpha \tag{4}$$

The above calculation formula is obtained by considering the soil as a completely plastic body. When considering the combined effect of strain rate and strain softening, the approximate expression of the penetration of the probe can be written as:

$$\begin{aligned} N_{\mathrm{Tbar}} &\approx (1 + 6.7\lambda)(\delta_{\mathrm{rem}} + (1 - \delta_{\mathrm{rem}})\mathrm{e}^{-1.5\xi_{\mathrm{Tbar}}/\xi_{95}})N_{\mathrm{Tbar-ideal}} \\ N_{\mathrm{Ball}} &\approx (1 + 4.8\lambda)(\delta_{\mathrm{rem}} + (1 - \delta_{\mathrm{rem}})\mathrm{e}^{-1.5\xi_{\mathrm{Ball}}/\xi_{95}})N_{\mathrm{Ball-ideal}} \end{aligned} \tag{5}$$

In formula (5), δ_{rem} represents the ratio of the complete remolded strength to the initial shear strength; ξ_{Tbar}、ξ_{Ball} respectively denote the average amplitude of the shear strain experienced by the soil unit during T-bar and ball penetrometer tests, estimated to be 3.85 and 2.05, respectively; ξ_{95} is the absolute plastic shear strain value when the soil reaches 95% remolding; $N_{\mathrm{Tbar-ideal}}$ and $N_{\mathrm{Ball-ideal}}$ are the bearing capacity factors obtained when considering the soil as an ideal perfectly plastic body.

Itai Einav et al. (2005) deliberated on the impact of various parameter combinations on penetration resistance, depicted in Figure 5.

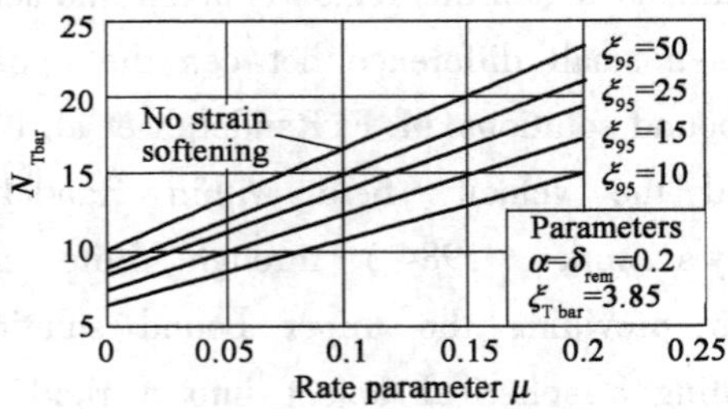

Figure 5　Effect of combined strain rate and strain softening on N_{Tbar} and N_{Ball}

Observing the figure, the compensatory effect is more pronounced in the T probe, while the lower value is more fitting for the ball probe. Comparing this outcome with fielddata suggests that the axisymmetric strain field significantly impacts the swift deterioration of strength in anisotropic soil.

3　Development in numerical studies

Despite the complexities involved in numerically simulating the entire flow penetration process, the axial symmetry of T-shaped and spherical probes offers a more detailed insight into soil failure mechanisms than what is achievable with conical penetration. This analysis provides a robust theoretical basis for identifying factors associated with penetration resistance and shear strength, making the estimation of soil shear strength from measured penetration resistance less dependent on soil type.

M. F. Randolph and his team used small-strain finite element analysis to derive shear strength (s_u) by averaging peak values from various tests and developed a method to calculate T-shaped probe penetration resistance, considering mesh refinement levels and a model for strength anisotropy and strain-softening.

Einav et al. (2005) estimated total plastic work using the upper bound method but ignored strain rate and soil softening effects on shear strength. H. Zhou and M. F. Randolph (2009) improved this by applying Large Deformation Finite Element techniques and the RITSS method with dense mesh for small strains to account for soil strength degradation from increased strain rates during penetration.

Their approach, which optimizes shape and element distribution for computational efficiency, shows that soil-probe interaction during penetration involves a balance between strength gain from high strain rates and loss from disturbances, varying by soil type. They offer a formula to predict penetration resistance by considering the effects of strain rates and softening.

$$s_u = \left[1 + \mu \log\left(\frac{\max(|\dot{\gamma}_{max}|, \dot{\gamma}_{ref})}{\dot{\gamma}_{ref}}\right)\right] \times [\delta_{rem} + (1 - \delta_{rem}) e^{-3\xi/\xi_{95}}] s_{u0} \tag{6}$$

In the formula, $\dot{\gamma}_{ref}$ is the reference shear strain rate, set to 3×10^{-6} s; μ is the rate of strength enhancement per cycle, ranging from 0.05 to 0.2; s_{u0} represents the original shear strength before softening; δ_{rem} is the ratio of the complete remolded shear strength to the initial shear strength of the soil; ξ denotes the cumulative absolute plastic shear strain at the Gauss points; ξ_{95} is the value when the soil has been remolded by 95%, ranging from 10 to 50, indicating the soil's relative ductility.

Subsequently, the authors validated the results of the Large Deformation Finite Element (LDFE) analysis, leading to the following observations:

In scenarios with soils that are ideally strain-rate-independent and do not exhibit softening, the LDFE results closely align with those obtained from small-strain finite element analyses.

Analyzing the influence of strain rate alone, without considering strain softening, significantly impacts penetration resistance. This effect is marginally more pronounced for spherical probes compared to T-shaped ones.

Ignoring strain rate effects and focusing only on strain softening significantly affects penetration resistance, slightly less so for spherical than T-shaped probes due to ductility differences. M. F. Randolph et al. validated their Large Deformation Finite Element analysis results against Einav & Randolph's (2005) method, adjusting parameters (R_T, R_{ball}, etc.) to account for soil softening. They derived N_{Tbar} and N_{ball} from s_{u0} and found a good match between detailed finite element results and Einav & Randolph's simplified formula (Figure 6).

$$\begin{aligned} N_{Tbar} &\approx (1 + 4.8\lambda)(\delta_{rem} + (1 - \delta_{rem}) e^{-1.5\xi_{Tbar}/\xi_{95}}) N_{Tbar-ideal} \\ N_{ball} &\approx (1 + 4.8\lambda)(\delta_{rem} + (1 - \delta_{rem}) e^{-1.5\xi_{ball}/\xi_{95}}) N_{ball-ideal} \end{aligned} \tag{7}$$

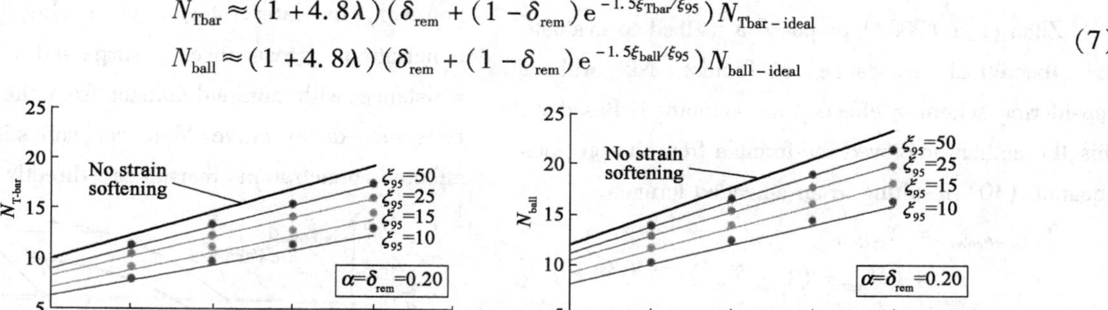

Figure 6 Combined FE solutions plotted against predicted results from separate FE analysis

Using subscript k to represent T-shaped and spherical probes uniformly, the formula above can be simplified as:

$$N_k \approx (\delta_{rem} + (1 - \delta_{rem}) e^{-1.5\xi_k/\xi_{95}}) N_{k,\text{no softening}} \tag{8}$$

H. Zhou et al. (2009) used Large Deformation Finite Element methods to simulate cyclic penetration tests in soft soil with T-shaped and spherical probes. They observed the soil strength's gradual decline from its original state to full deformation. The study showed that the failure zone first shrinks then grows, with the

T-shaped probe's failure zone exceeding 2 diameters and the spherical probe's nearing 1.8 diameters, indicating full deformation.

Tests were carried out over 5-6 cycles at a penetration depth of 3 diameters until complete soil reshaping, followed by 4 cycles at 4 diameters. They modeled the resistance decrease during these tests with an analytical formula.

$$N_{\text{cycle } i} = [\delta'_{\text{rem}} + (1 - \delta'_{\text{rem}}) e^{-6i\xi_k/\xi_{95}}] N_{k,\text{no softening}}$$
$$N_{\text{cycle } i} = [\delta''_{\text{rem}} + (1 - \delta''_{\text{rem}}) e^{-3(2i-0.5)\xi_k/\xi_{95}}] N_{\text{cycle}0.25} \tag{9}$$

In the formula, represents the average magnitude of the plastic shear strain experienced by the unit of soil; $N_{\text{cycle}0.25}$ is the initial penetration resistance; δ'_{rem} and δ''_{rem} are represented by the following formulas:

$$\delta'_{\text{rem}} = \delta_{\text{rem}}[1 + 0.3 \times (1 - \delta_{\text{rem}})^{1.5}]$$
$$\delta''_{\text{rem}} = \delta'_{\text{rem}} / [\delta'_{\text{rem}} + (1 - \delta'_{\text{rem}}) e^{-1.5\xi_k/\xi_{95}}] \tag{10}$$

H. Zhou et al. also noted that while the resistance-displacement trends were similar for T-shaped and spherical probes, the penetration and pullout resistance of spherical probes remained consistently higher than those of T-shaped probes. The $N_{\text{cycle},i}$ value declined sharply during initial cycles, particularly in brittle soils, but asymptotically decreased as the cyclic process progressed.

Zhou et al. (2009) proposed a method to evaluate the theoretical resistance coefficient Nk without considering softening effects (no softening). Based on this, the authors improved the formula from the previous equation (10), resulting in an amended formula.

$$N_{k,\text{no softening}} = N_{\text{cycle } 0} = [\delta''_{\text{rem}} + (1 - \delta''_{\text{rem}}) e^{-1.5\xi_k/\xi_{95}}] \tag{11}$$

Upon comparison with the approximate relationship (9) proposed by Zhou & Randolph (2009), the precision notably increased, with a maximum error of approximately 6%. Additionally, the study found that once strain softening was completed, rate parameters could be estimated by adjusting the penetration rate in the final stages of the cyclic test.

H. Zhou et al. (2011) employed Large Deformation Finite Element methods to depict soil flow mechanisms during penetration based on simulation results (Figure 7). These mechanisms encompassed notional shaft extension in the probe projection area and local flow in the spherical probe area.

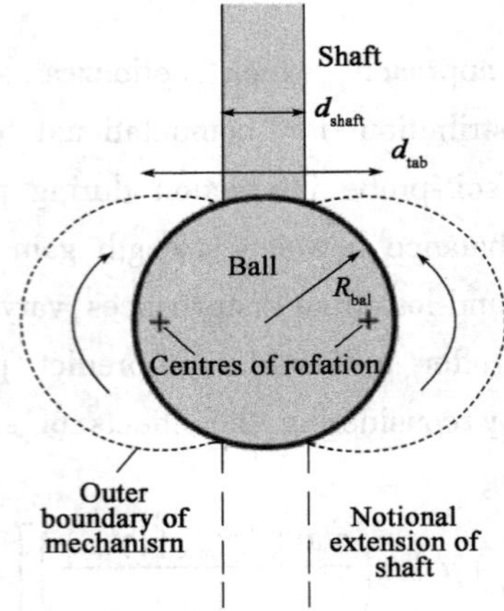

Figure 7 Basis of upper bound mechanism for shafted ball

H. Zhou et al. (2011), by varying the rod-ball diameter ratio, assessed its influence on soil resistance during single penetration and withdrawal processes, deriving the resistance-depth relationship (Figure 8). Findings indicated resistance decreased with a decrease in the ball axis diameter ratio. Without a rod, no significant difference was observed between penetration and withdrawal resistances; however, in later stages of cyclic penetration, penetration resistance surpassed withdrawal resistance, with minimal impact from the rod on the resistance decay curve. Moreover, soil stiffness index affected penetration resistance, directly correlating

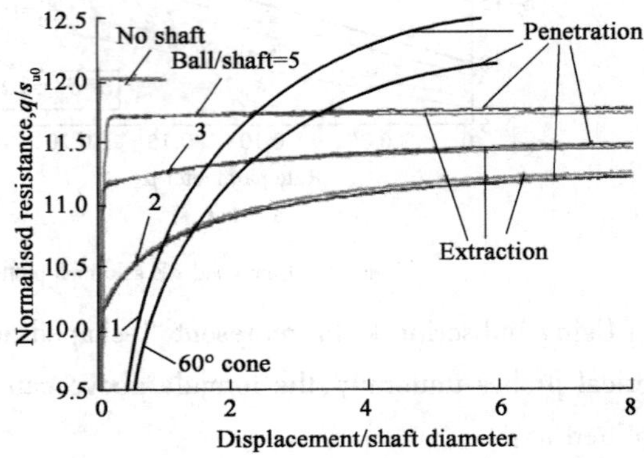

Figure 8 Resistance-displacement responses for various ball-shaft diameter ratios and cone

with the rod-ball area ratio.

4 Development direction of non-conventional probe techniques

This paper offers an in-depth overview encompassing equipment, theoretical frameworks, and numerical simulation in the domain of irregular marine geotechnical penetration techniques. On the equipment front, it delves into the operational systems of marine static penetration and charts the developmental trajectory of instruments used in marine geotechnical exploration. In terms of theories, it synthesizes methodologies employed by various scholars, utilizing classical elastoplastic mechanics theory and finite element analysis to interpret soil parameters and uncover patterns in soil failure modes. As for numerical simulation, it further corroborates the precision, scientific validity, and viability of prevailing theories through simulation outcomes.

However, the intricate research settings have left numerous aspects of irregular marine geotechnical probing insufficiently explored:

During penetration, the probing equipment faces susceptibility to seabed currents, necessitating enhancements in marine geotechnical devices to mitigate external disturbances and ensure heightened detection accuracy.

Presently, the wired data transmission used in current marine geotechnical probing tools limits their probing depth. Exploring the possibility of developing wireless-capable equipment could aid in achieving more efficient, expedited, and intelligent exploration endeavors, especially in deep-sea environments.

The refinement of non-conventional probe techniques necessitates extensive on-site testing data that are precise for validation. Despite being adopted in developed countries like the United States, Australia, and the Netherlands, irregular marine geotechnical probing lacks practical application in many other nations. Hence, the validity of its application in soft soil areas across different countries remains contingent upon on-site experiments.

The interpretation of data gathered from irregular marine geotechnical probing, especially in the determination of soil strength, heavily relies on empirical methods. Given the nature of marine soft soil, relying solely on empirical approaches to evaluate soil strength without thorough data validation poses inherent risks. Although utilizing theoretical solutions derived from conical probing offers one solution for rectifying irregular probing data interpretation discrepancies, further comprehensive scrutiny of the variances between irregular and conical probing theories remains imperative.

References

[1] LUNNE T. The Fourth James K. Mitchell Lecture: The CPT in offshore soil investigations-a historic perspective [J]. Geomechanics and geoengineering: An international journal, 2012, 7(2): 75-101.

[2] LOW H E, LUNNE T, ANDERSEN K H, et al. Estimation of intact and remoulded undrained shear strengths from penetration tests in soft clays [J]. Geotechnique, 2010, 60 (11): 843-859.

[3] RANDOLPH M F, HOULSBY G T. Limiting pressure on a circular pile loaded laterally in cohesive soil[J].

[4] RANDOLPH M F, MARTIN C M, HU Y. Limiting resistance of a spherical penetrometer in cohesive material [J]. Geotechnique, 2000, 50 (5): 573-582.

[5] EINAV I, RANDOLPH M F. Combining upper bound and strain path methods for evaluating penetration resistance [J]. International Journal for Numerical Methods in Engineering, 2005, 63 (14): 1991-2016.

[6] RANDOLPH M F, KNUT H. ANDERSEN. Numerical Analysis of T-Bar Penetration in Soft Clay[J]. International journal of geomechanics, 2006, 6(6): 411-420.

[7] ZHOU H, RANDOLPH M F. Resistance Of Full-flow Penetrometers In Rate-dependent Andstrain-softening Clay [J]. Geotechnique, 2009, 59(2): 79-86.

[8] H U Y. RANDOLPH M F. A practical numerical

approach for large deformation problems in soil [J]. Int. J. Numer. Anal. Methods Geomech. 1998,22(5):327-350.

[9] ZHOU H. Numerical investigations into cycling of full-flow penetrometers in soft clay [J]. Geotechnique,2009,59(10):801-812.

[10] ZHOU H,RANDOLPH M F. Effect of shaft on resistance of a ball penetrometer [J]. Geotechnique,2011,61(11):973-981.

[11] WHITE D J RANDOLPH M F. Seabed characterization and models for pipeline-soil interaction[J]. Int. J. Offshore Polar Engng, 2009,17(3)193-204.

[12] WHITE D J, GAUDIN C, BOYLAN, N, et al. Interpretation of T-bar penetrometer tests at shallow embedment and in very soft soils[J]. Geotech nique. 2010,47(2):218-229.

[13] ZHOU M,HOSSAIN M S,HU Y,et al. Behaviour of ball penetrometer in uniform single- and double-layer clays[J]. Geotechnique,2013,63(8):682-694.

[14] CARTER J P, BALAAM N P. AFENA users' manual. Sydney, Australia: Centre for Geotechnical Research [D]. University of Sydney,1995.

[15] HOSSAIN M S, HU Y, RANDOLPH M F, et al. Limiting cavity depth for spudcan foundations penetrating clay[J]. Géotechnique,2013,55(9): 679-690,

[16] STEWART D P, RANDOLPH M F T-bar penetration testing in soft clay [J]. Geotech. Engrg. ,1994,120(12): 2230-2235.

[17] HOUSE A R, OLIVEIRA J R M S, RANDOLPH M F. Evaluating the coefficient of consolidation using penetration tests [J]. International Journal of Physical Modelling in Geotechnics,2001(3):17-26.

[18] YAFRATE, N, DEJONG, J, DEGROOT, D, et al. Evaluation of Remolded Shear Strength and Sensitivity of Soft Clay Using Full-Flow Penetrometers[J]. Journal of geotechnical and geoenvironmental engineering,2009,135(9): 1179-1189.

[19] DEJONG J T,YAFRATE N J,DEGROOT D J. Evaluation of undrained shear strength using full-flow penetrometers[J]. Journal of geotechnical and geoenvironmental engineering,2011,137(1):14-26.

[20] HOUSE A R, OLIVEIRA J R M S, RANDOLPH M F. Evaluating the coefficient of consolidation using penetration tests [J]. International Journal of Physical Modelling in Geotechnics,2001,1: 17-26.

[21] LEHANE B M,O'LOUGHLIN C D,GAUDIN C, et al. Rate effects on penetrometer resistance in kaolin[J]. Géotechnique,2009, 59: 41-52.

[22] RANDOLPH M F,HEFER P A,GEISE J M,et al. Improved seabed strength profiling using T-bar penetrometer[C]. International Conference on Offshore Site Investigation and Foundation Behaviour-"New Frontiers". London: Society for Underwater Technology,1998:221-235.

[23] KELLEHER P J, RANDOLPH M F. Seabed geotechnical characterization with the portable remotely operated drill[C]. Proceedings of the International Symposium on Frontiers in Offshore Geotechnics Perth: University of Western Australia,1998,365-371.

[24] CAI GUOJUN. Research on Theory and Engineering Application of Modern Digital Multifunctional CPTU Technology [D]. Nanjing: Southeast University,2010.

[25] YANG Y. Research on Penetration Mechanism and Engineering Application of Ball-type Full Flow Penetrometer [D]. Nanjing: Southeast University,2018.

[26] XIA H, CAI G J, LIU S Y. Review on the Application of Full Flow Penetration Technology in Marine Geotechnical Engineering [J]. Proceedings of the Tenth National Conference on Engineering Geology,2016:192-197.

[27] FAN Q L, LUAN M T, LIU ZHANGE G. Numerical Simulation of Penetration Resistance of T-shaped Penetrometer in Soft Soil [J]. Rock and Soil Mechanics, 2009, 30 (9):

2850-2854.

[28] CHEN Q,XU X,SHI Y H,et al. Research and Progress on Domestic and Foreign Subsea Static Cone Penetration Test Techniques[J]. South China Sea Geology Research, 2009: 78-89.

[29] GUO SHAOZENG Z, LIU R. Application of Static Cone Penetration Test Technology in Marine Engineering[C]. Proceedings of the Twelfth National Conference on Soil Mechanics and Geotechnical Engineering,2015:207-211.

螺纹桩承载特性研究现状与展望

吴佳洁[1] 李 哲[1] 刘路路*[1,2]

(1. 长安大学公路学院;2. 中国矿业大学深部岩土力学与地下工程国家重点实验室)

摘 要 螺纹桩作为一种新型的地基处理桩型在工程实践中得到广泛应用,其独特的结构改变了桩与土之间相互作用的方式,桩侧摩阻力得到极大提高,同时降低了施工成本,但其独特的结构导致其受力机理分析复杂。国内外学者采用模型试验、数值分析、理论分析、现场试验等手段对其在竖向和水平荷载作用下的承载特性展开研究,对影响螺纹桩承载因素展开深入系统的分析,深化了螺纹桩的受力及变形特征的理解,但由于模型试验的方法、试验场地地质条件、应用场景、数值模拟与理论分析方法存在差异性和桩-土相互作用具有复杂性等原因,对螺纹桩承载特性及其适用性的研究仍需展开大量具有实际意义的工作。通过查阅现有关于螺纹桩受力分析的研究资料,对螺纹桩抗压、抗拔和水平向承载特性研究现状进行分析总结,指出现有研究不足,并阐述今后螺纹桩承载研究发展重点。

关键词 螺纹桩 抗拔承载 抗压承载 水平承载 承载力计算公式 螺纹结构参数

0 引言

螺纹桩是一种桩身表面带有连续螺纹的异型桩基础,其最早可以追溯到19世纪末期,英国人采用单螺纹螺杆作灯塔使用。20世纪60年代法国科学家研发出最早的全螺纹灌注桩。20世纪70年代美国科学家Tomlinson提出螺纹桩α理论,指出螺纹桩与土体相互作用,使得螺纹桩承载力提高。国内关于螺纹桩的研究工作开展较晚,李波杨、吴敏[1]等借鉴国外资料设计,提出了一种新型的螺纹桩的成桩工艺——全螺旋灌注桩螺纹桩,并分析了该桩型的承载机理,比较了螺纹桩与直杆桩承载特性差异,研究表明,螺纹桩同直杆桩相比,承载能力得到显著提高,技术经济效益显著。凭借承载力高、稳定性强、桩身材料利用率高等优点,螺纹桩已广泛应用于房建、道路、输电和港工等基础设施建设中。目前,螺纹桩虽早已运用于,但其承载特性研究仍然落后于工程实践,缺少准确的计算公式,阻碍螺纹桩的设计应用。随着经济技术发展,螺纹桩应用场景也在不断拓展,为合理设计、安全应用螺纹桩,研究螺纹桩在不同受荷方式下的承载机理分析是十分有必要的。

1 螺纹桩承载特性研究

1.1 螺纹桩抗拔承载特性研究

随着地下空间、水利及港口工程、海上风能发电和高层建筑等工程的开发建设,对桩基抗拔承载力的需求日益提高,传统等截面直杆桩主要通过桩侧阻力和桩体自重抵抗上拔力,只能通过增大桩径或加大桩长来提高承载力以满足工程建设要求,从而增大施工成本。得益于螺纹桩独特的桩身结构,通过挤密土体以及螺纹与土体的机械咬合作用,桩侧摩阻力得到极大的提高,从而有效提高单位桩长的上拔承载力,有效减小施工成本。

螺旋桩一种直径较小的叶片式螺纹桩,附着在桩上的叶片厚度小、外径大,在电力基础设施建设领域广泛应用。Mooney等[2]基于模型和现场试验,研究粉土、黏土中螺旋锚的抗拔承载特性,并提出了一种估算螺旋锚抗拔力的方法。

刘志鹏等[3]根据不同埋深工况,提出浅埋工况下含待定参数 N 的考虑桩型和土性参数的破坏模型和深埋工况下的椭球面破坏模型,并求解得出抗拔极限承载力,结合螺旋桩竖向上拔砂箱模型试验得出:双锚盘螺旋桩上层锚盘上方土压力与荷载呈正相关;下层锚盘上方土压力与荷载增量成反比。

单锚盘承载力叠加法(IBM)[4-5]、圆柱面剪切法(CSM)[6-7]以及经验公式法[8-9]是目前主流计算桩基抗拔承载能力的方法。但针对不同埋深工况,尚无统一的承载力计算方法,采用单锚盘承载力叠加法与圆柱面剪切法所得承载力计算结果与实际工程测试数据不符,对此,李青松等[10]基于圆孔扩张理论,采用 Tresca 屈服准则修正了螺旋桩抗拔承载力计算方法,计算误差约10%。

由于沿海软土地区,钻孔灌注螺纹桩难以施工,科研人员研发了注浆成型螺纹桩,该新型抗拔桩型可有效解决建筑抗浮问题,与等截面传统直杆灌注桩相比,抗拔承载力得到显著提升[11-12]。为探究这一新型注浆螺纹桩的抗拔承载机理,王斌[13]等通过有限元数值模拟,对注浆成型螺纹桩的抗拔性能和承载机制展开分析,螺纹桩与桩周土体的紧密咬合,增大了桩侧摩阻力,同等截面圆桩相比,极限抗拔承载力提高2~5倍。考虑到不同螺纹间距,会对螺纹桩的抗拔承载特性产生影响,钱建固[14]等通过室内模型实验,分析相同截面圆桩和注浆成型螺纹桩的抗拔承载特性差异,指出存在最优螺纹距径比,使得桩体抗拔承载力最高。赵赟[15]等对上拔过程中的注浆成型螺纹桩展开研究,基于螺牙间距对螺牙附近土体破坏滑裂面开展的力学机制和螺距和螺牙突出尺寸的比例关系,将螺纹桩的抗拔承载力分为3种破坏形态,得到相应形态下的承载力计算公式。

螺杆灌注桩是一种上部为圆滑直杆、下部为螺纹形的组合式灌注桩,王浩宇等[16]通过均匀砂土的砂箱模型试验,对螺杆灌注桩竖向抗拔承载特性展开研究,研究表明,螺杆桩单桩的抗拔极限承载力与砂土相对密实度有关,密实度越好,效果越强;但受限于图像处理分析技术,该研究无法对实际施工过程中的挤土效应进行模拟,螺杆桩的竖向抗拔承载特性是基于均匀砂土条件下得出。王曙光等[17]通过室内模型试验对螺杆灌注桩抗拔承载机理进行了研究,并在现有抗拔极限承载力表达式中引入折减系数。室内模型试验表明,极限状态下,螺杆灌注桩螺纹段的极限抗拔侧阻力由桩周土的抗剪强度决定,破坏面为连续拱形截面;现场试验结果表明,螺纹段的抗拔折减系数低于直杆段,需进一步积累地区实测经验。

马宏伟等[18]采用模型试验方法分析了螺纹对桩承载力的影响,螺距能够显著提升试验工况下存在最优螺距内径比,其值为1.26。

目前国内外学者基于理论分析、模型试验及现场试验对螺纹桩的抗拔承载能力展开了大量研究工作,对螺纹桩的承载特性已有了一定的认识,并提出了相应的承载力计算公式。基于室内及仿真模拟得出的公式是基于均匀土层得出,对于实际工程的适用性还有待验证。螺纹桩极限抗拔侧阻力主要源自桩周土的抗剪强度,承载能力发挥受桩侧土体的物理性质影响大,螺纹结构参数变化也是影响抗拔承载力的重要因素,存在最优螺纹距径比使得承载力最大。

1.2 螺纹桩抗压承载特性研究

徐学燕等[19]通过静载荷试验分析了不同螺齿宽度、螺距条件下螺纹桩的承载性能,指出螺纹桩的极限承载力与螺齿宽度成正比,与螺距成反比。

方崇等[20]基于螺杆桩的静荷载试验资料对螺杆桩竖向承载特性展开研究,探讨了直杆段和螺纹段的受力特征和螺纹桩的破坏及荷载传递机理,指出螺纹间距设置不当会造成螺纹与土层破坏时间不一致,且需根据土层土质合理设计螺纹设置的起始深度,以提高单桩承载力。

以往关于其承载力主要是通过现场静荷载试验确定,在理论上没有进行承载力的研究,胡焕校等[21]通过双曲线法对全螺旋灌注桩的极限承载力进行预测,发现该法的拟合曲线与实测桩顶荷载-桩顶沉降曲线较为吻合且预测结果安全。

窦德功等[22]对螺纹桩尚未达到极限承载力时的承载能力计算方法展开研究,获得了螺纹桩不同桩段阻力和竖向极限承载力计算公式。

孙文怀等[23]对螺纹桩的受力机理展开分析,在现有规范基础上,探讨了螺纹桩单桩承载力的确定方法。

杨启安等[24]对已有螺纹桩承载力计算公式进行总结,并提出的等效侧阻概念,取螺纹段侧阻等效增强系数β为1.3～2.0，在传统桩桩基承载力计算公式的基础上计算螺纹桩的承载力。

孟振等[25]通过砂箱试验，研究砂土中螺纹桩承载特性，探讨螺距对承载力的影响，并对桩周土展开物理试验，指出内径相同条件下，螺纹桩极限承载能力分别是相同直杆桩3～4倍，外径相同直径桩1～2倍；在一定范围内螺纹桩的极限承载能力、桩侧极限摩阻力以及控制沉降的能力随着螺距的减小而增强。

Krasinski[26]采用数值模拟方法对螺纹桩承载机理进行了研究，并通过现场载荷试验验证对螺旋桩与非黏性土的相互作用进行数值分析是可靠的。但该研究是通过只是一个简化的原型进行验证，关于桩-土相互作用的分析的还需基于专门设计的实验室桩-土试验模型以及更准确的计算方法来分析计算受荷时的桩周土变形。

Mali等[27]通过室内模型实验，对比研究螺纹桩与直杆桩承载性能差异，研究表明螺纹桩长径比为2～4.1的螺旋桩端承载力比同桩长径的直杆桩高2～12倍。

高建中等[28]通过对延安新区某湿陷性黄土挖方区高层建筑物螺杆桩承载力静载试验的分析，表明螺杆桩具有摩擦-端承桩的特征，单桩承载力较高，在同样的地质条件下，在超过一定深度后，桩长的增加对桩的承载力特征值影响并不大。

陈亚东等[29-31]基于室内模型试验和数值模拟，对螺纹间距、螺纹段长度对螺杆桩极限承载力的影响规律及竖向荷载作用下螺杆桩的承载特性展开研究。研究表明，螺杆桩整体承载力较等直径单桩提高近30%，当螺距为1.0～1.33倍桩径时，螺杆桩承载表现最佳；螺杆桩螺纹段长度一般以不超过2/3倍桩长为宜；增加桩外径可快速提升螺杆桩极限承载力。

王国才等[32]对螺纹群桩的承载机理和荷载传递过程展开数值分析，探讨了桩数、桩间距、承台厚度、桩长和桩周土特性等因素对螺纹桩群桩承载能力的影响。

徐丽娜等[33]综合室内半面模型桩试验和数字图像相关技术(DIC)，对竖向承压状态下螺纹桩的承载特性展开研究，分析不同螺牙高度、不同荷载条件对桩身极限承载性能的影响。研究表明，桩身承载力会随螺牙高度增加得到一定的提升。

王曙光等[34]通过室内模型试验和现场试验，对比分析螺杆桩和直杆桩的破坏形态，探讨螺纹装受压时的承载机理和承载力计算。研究表明螺纹段的侧阻力来源于土体的抗剪强度，而直杆段的侧阻力来源于桩体与土体之间的摩擦力。考虑到土的抗剪强度是螺纹桩承载力的主要来源，而土的抗剪强度计算较为复杂，其基于现场和室内试验结果，将极限侧阻力增大系数λ和极限端阻力折减系数β引入已有单桩极限承载力计算公式中，但两系数是基于实验所得，不具普适性，还需通过工程实践作进一步调整。

冷伍明等[35]通过模型试验和数值模拟，分析了螺纹桩竖向承载性状，探讨不同螺纹结构参数对螺纹桩承载力的影响。研究表明，螺纹桩承载力变化主要受螺距和螺纹宽度的影响；桩周土体的剪切力是螺纹桩桩侧承载力主要来源，并存在一最优螺距使螺纹桩极限承载力最大。

郭春香等[36]基于室内模型试验验证数值方法对多年冻土地区钻孔灌注螺纹桩承载力展开研究，发现螺纹与冻土机械咬合作用提供了近90%的承载力，多年冻土的抗剪强度指标影响桩基承载的主要因素。

马甲宽等[37]基于太沙基极限平衡理论，分析螺纹桩的承载机理，并提出了单桩极限承载力计算方法。研究表明，在达到极限荷载时，螺牙提供的承载力约为总承载力的85%；黏聚力c、摩擦角φ以及埋深是影响螺牙承载的主要因素。

窦德功等[38]提出了螺纹桩竖向极限承载力理论计算公式，并将该公式计算结果与现场试验结果做对比，发现误差在10%左右；其还分析了螺纹桩桩身长度、螺牙宽度和厚度、螺距和桩身外径等因素对桩极限承载力的影响，螺纹桩极限承载力与各因素间的变化规律如图1所示。

变截面螺纹桩是一种基于灌注螺纹桩改进，桩身截面由上而下逐渐变小的新桩型，该桩型已运用至实际工程中。但现有研究主要集中在普通传统螺纹桩，对于变截面螺纹桩承载特性尚处于起步阶段，周扬等[39]基于变截面螺纹桩的室内模型试验和数值模拟，对该型桩的承载特性展开分析，分析不同螺纹结构参数对桩身承载力的影响。研究结果表明，变截面螺纹桩材料制作用量小于普通螺纹桩和直杆桩，其侧摩阻力优于普通螺纹桩和直杆桩；螺纹宽度、厚度、间距及桩身截面变化率会对桩身承载力产生影响。

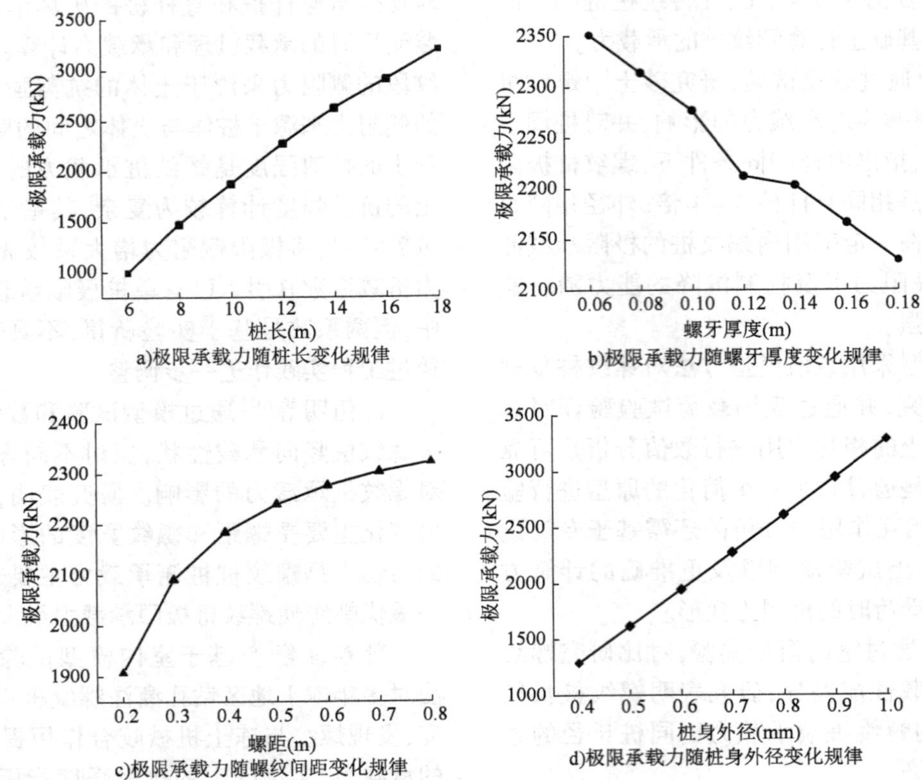

图1 单桩承载力随螺纹桩桩身参数变化规律

上述研究表明,螺纹桩同直杆桩相比,具有更强的承载能力,螺纹桩承载力的提升主要得益于螺纹与桩侧土的相互咬合,桩的承载力主要受螺间距、螺牙高度及桩径等螺纹桩桩身参数影响,存在最优螺距使得承载力最大。对变截面螺纹桩,存在最优螺纹净间距和螺纹厚度,使得桩身承载力最高。现有学者基于理论、试验提出的螺纹桩单桩承载力计算公式也具有一定参考价值。

1.3 螺纹桩水平向受荷承载特性研究

Mittal 等[40]通过螺旋桩水平承载特性的砂箱试验研究了水平承载力作用在螺旋桩地面以上部分时桩的承载特性,指出地面以上桩身承受水平荷载离地面高度越高,螺旋桩的水平承载效果越差 Prasad[41-42]等通过缩尺试验研究了不同锚盘个数的螺旋锚承受水平荷载时的水平承载能力。

胡伟等[43]通过水平拉拔模型试验,对砂土中单螺旋锚桩水平承载特性展开研究,结果表明:桩锚直径比小于等于 5 单螺旋锚桩的水平承载力,在埋深比大于4 后,可直接以等直径裸桩计算。

张新春等[44]基于自制的锚土动力相互作用模型试验系统,研究了水平荷载作用下螺旋桩水平位移特性,其水平位移大小主要受长径比、叶片外伸比的改变的影响,且在水平荷载下,同长径比的螺旋锚顶水平位移比直桩小。

传统桩基中,斜桩同竖直桩基相比更好的抗倾覆能力,更能适应某些复杂工况,而群桩同单桩相比具有更高的承载能力,考虑到螺纹桩自身承载能力高于直杆桩,韦芳芳等[45]基于有限元数值模型,对比分析螺旋桩软土地基抗拔试验及砂土地基水平承载试验。结果表明:倾斜螺旋桩的水平承载性能与首层叶片埋深呈正相关,直至 4 倍叶片直径的埋深时,水平承载性能基本不再变化。

董天文等[46]通过 3 桩等边三角形承台原型群桩基础的斜向抗拔、垂直抗拔和单桩垂直抗拔试验,研究群桩基础在斜向荷载和垂直荷载上拔过程中的群桩效率,指出荷载水平分量加快了斜向抗拔螺旋群桩基础的上拔破坏。

刘志鹏等[47]通过开展砂土地基中螺旋桩竖直、倾斜群桩的模型试验,探讨了水平向荷载作用下倾斜群桩的极限承载力和群桩效应,研究表明:水平向荷载作用下,相同位置处,竖直群桩的土压力小于倾斜 15°群桩前排桩和后排桩的最大桩侧土压力。

高建章[48]等过室内大型物理模型试验，对螺纹微型桩支挡结构在管道滑坡中的支护机理及适用性展开研究，研究表明螺纹微型桩在横向承载性能方面有所欠缺。

目前关于螺纹桩水平承载力研究较少，且多为倾斜桩的水平承载研究，桩型集中在螺旋桩，对于螺杆灌注桩、注浆成型螺纹的水平承载研究较少，特别是对于钢钒应用在沿海区域的注浆成型螺纹桩，且势必会受到海浪、风力等水平荷载的作用，对改型桩的水平承载特性是十分有必要的。

2 承载力计算方法

2.1 螺纹桩单桩竖向承载力计算公式

2.1.1 螺纹桩竖向承压单桩承载力计算公式

(1)按经验方法计算[49]

《螺杆灌注桩技术规程》(T/CECS 780—2020)螺杆灌注桩单桩竖向承载力初步设计时可按下式估算：

$$Q_{uk}=Q_{sk1}+Q_{sk2}+Q_{pk}=u\sum\alpha_i q_{sik}l_i+u\sum_{j=1}^{m}\beta_{sj}q_{sjk}l_j+q_{pk}A_p$$

式中：Q_{uk}——螺杆灌注桩单桩竖向承载力标准值；

Q_{sk1}——螺杆灌注桩直杆段总极限测阻力标准值(kN)；

Q_{sk2}——螺杆灌注桩螺纹段总极限测阻力标准值(kN)；

u——桩身桩周长；

q_{sik}、q_{sjk}——直杆段周围第 i 层土、螺纹段周围第 j 层土的极限侧阻力标准值，无相关地区经验时，可按规范中表5.3.2-1取值；

l_i——直杆段桩身在第 i 层土内的长度；

l_j——螺纹段桩身在第 j 层土内的长度；

A_p——螺杆灌注桩直杆段横截面面积(m^2)；

q_{pk}——极限端阻力标准值，无地区经验时，可按表5.3.2-2取值；

α_i——相应于直杆段第 i 层土的极限侧阻力增强系数，可根据工程经验确定，无经验时依据土性选择 $\alpha=1.0\sim12$；黏性土取1.0，粉土、粉砂、细砂、中砂宜取低值。粗砂、砾砂、碎石土、全风化岩、强风化岩、中风化岩宜取高值；

β_{sj}——相应于螺纹段第 j 层土的极限侧阻力增强系数，无地区经验时，β_{sj}可按表5.3.2.3取值。

(2)基于统一强度理论的螺纹桩承载力计算方法[50]

当 S_p 与 b_h 的比值 $S_p/b_h<6$ 时，计算螺纹桩极限承载力采用圆柱形剪切破坏模型；当螺距 $S_p/b_h>6$ 且 $S_p>D$ 时，采用单独承载破坏模型，即此时 $S_p>H_r$。

$S_p>H_r$ 时，螺纹桩承载力由螺牙承载力、螺纹间直杆段侧摩阻力、桩底承载力三部分组成。

螺纹桩极限承载力计算公式为：

$$Q_{ult}=Q_{ul1}+Q_{ul2}+Q_{ul3}=\lambda_3 b_h\sum_{i=1}^{n}\left\{N_{qi}h_i\left[\left(\sum_{j=1}^{i-1}\gamma_j h_j\right)+\frac{\gamma_i h_i}{2}\right]+N_{cj}c_{ti}+\frac{1}{2}N_\gamma\gamma_i h_i\right\}+\frac{\sum_{i=1}^{n}\tan\delta_i h_0 K_i h_i\left[\left(\sum_{j=1}^{i-1}\gamma_j h_j\right)+\frac{\gamma_i h_i}{2}\right]}{\tan(\eta_1)}+q_{pk}A_p$$

式中：i、j——不同划分土层；

b_h——螺牙高度；

K_i——第 i 层土体的静止土压力系数；

h_j——第 j 层土体厚度；

γ_j——第 j 层土体的重度；

N_{qi}、N_{ci}、$N_{\gamma i}$——第 i 层的土体承载系数；

h_i——上下螺牙间有效摩擦高度；

h_0——上下螺牙间直杆段有效摩擦高度；

K_i——第 i 层土体静止土压力系数；

$p(z)$——埋深 z 处的土体自重应力；

A_p——直杆段底面积；

$$\lambda_3=\frac{1}{2}\left(\frac{1}{\sin(\eta_1)}+\frac{1}{\sin(\eta_2)}\right);$$

η_1、η_2——分别螺距沿内周和外周展开的倾角，$\tan(\eta_1)=\frac{S_p}{\pi d}$，$\tan(\eta_2)=\frac{S_p}{\pi D}$。

$S_p\leqslant H_r$ 时，不再运用太沙基极限平衡理论计算螺纹桩的极限承载力，此时承载力计算方法如下

$$Q'_{ull}=Q'_{ull}+Q'_{ul2}+Q'_{ul3}=\sum_{i=1}^{n}\frac{c_{ti}h_ih_a}{\tan(\eta_2)}+\sum_{i=1}^{n}\frac{K_ih_i\tan(\varphi_{ti}h_a)+\tan\delta_i t\left[\left(\sum_{j=1}^{i-1}\gamma_jh_j\right)+\frac{\gamma_ih_i}{2}\right]+q_{pk}A_p}{\tan(\eta_2)}$$

式中：Q'_{ul1}、Q'_{ul2}、Q'_{ul3}——桩侧土体摩阻力、螺牙摩阻力以及桩端承载力；

$h_a=S_p-t$；

η_2——螺距沿内周和外周展开的倾角；

q_{pk}——端阻力标准值；

φ_{ti}、c_{ti}——内摩擦角和黏聚力。

2.1.2　单桩抗拔承载力计算公式

(1)引入抗拔折减系数的螺杆灌注桩单桩极限抗拔承载力计算公式

$$T_{uk}=u(\sum\lambda_iq_{sik}l_i+\sum\lambda_j\beta_jq_{sjk}l_j)$$

式中：u——螺杆桩周长(以螺纹的外径计算所得)；

λ_i——直杆段第 i 层土的抗拔折减系数；

q_{sik}——直杆段第 i 层土的极限桩侧阻力值；

l_i——直杆段第 i 层土的厚度；

λ_j——螺纹段第 j 层土的抗拔折减系数；

β_j——螺纹段第 j 层土的桩侧增大系数；

q_{sjk}——螺纹段第 j 层土的极限侧阻力值；

l_j——螺纹段段第 j 层土的厚度。

(2)赵赟计算方法

通过对螺牙附近土体滑裂面的开展可知，基于螺距 s 和螺牙高度 d 的比例关系，可将螺纹桩抗拔承载分为三种破坏形态：

①当 0＝90°时，此时发生圆柱体剪切破坏，可将螺纹桩视作$(D+2d)$的等截面桩来计算极限承载力：

$$F_i=\int_{z_i}^{z_{i+1}}dz\int_0^{\pi D-2d/\sin\beta}[\tau_A\cdot(z+l\tan\beta)]dl$$

式中：$\tau_A\cdot(z+l\tan\beta)$——螺牙对应深度$(z+t\tan\beta)$处莫尔圆中 C' 对应剪切应力值；

l——深度 z 处的螺牙沿着直径为$(D+2d)$圆积分的积分路径长度。

②当 $\tan\theta>S/D$ 时，上拔承载力由滑裂面内土体自重 G 和滑裂面上的竖向压力 $\sum_{\sigma_v}$ 和摩阻力 τ 在竖向上的投影 $\sum\tau_v$ 提供。

$$G_i=\frac{z_{i+1}-z_i}{(D+2d)\sin\theta}\int_0^S[(D+2d-z\cot\theta)^2-D^2]dz$$

$$\sum\sigma_v=\int_{z_i}^{z_{i+1}}dz\cos\theta\int_0^{\pi D-2d/\sin\beta}\cdot[\sigma_B\cdot(z+l\tan\beta)\left(1-\frac{l\tan\beta}{S}\right)]dl$$

$$\sum\tau_v=\int_{z_i}^{z_{i+1}}dz\int_0^{\pi D-2d/\sin\beta}[\sigma_C(z+l\tan\beta)\left(1-\frac{l\tan\beta}{S}\right)]dl$$

式中：$\sigma_B\cdot(z+l\tan\beta)$——在螺牙对应深度 $z+l\tan\beta$ 处摩尔圆中 B' 点的 σ 值，$\tau_{C'}(z+l\tan\beta)$为在螺牙对应深度 $z+l\tan\beta$ 处摩尔圆中 C'点的 τ 值。

③当 $\tan\theta<S/D$ 时，此时上拔承载力 F 由滑裂面内的土体自重 G 和滑裂面上的竖向压力 $\sum\sigma_v$和摩阻力 τ 在竖向的投影 $\sum\tau_v$提供。同时还受 p_i作用，其范围为 $\pi D-S$，，$S_1=d\tan\theta\cot\beta$。

$$P_i=\int_{z_i}^{z_{i+1}}(K_0\sigma_{v1}\tan\varphi+c)(\pi D-S_1)dz$$

$$G_i=\frac{z_{i+1}-z_i}{(D+2d)\sin\theta}\int_0^{d\tan\theta}[(D+2d-z\cot0)^2-D^2]dz$$

$$\sum\sigma_v=\int_{zi}^{z_{i+1}}dz\cdot\int_0^{\pi D-s_1}[\sigma_B\cdot(z+l\tan\beta)\left(1-\frac{l\tan\beta}{d\tan\theta}\right)]dt$$

$$\sum\tau_v=\int_{zi}^{z_{i+1}}dz\int_0^{\pi D-s_1}[\tau_{c'}(z+l\tan\beta)\left(1-\frac{l\tan\beta}{d\tan\theta}\right)]dl$$

故螺纹桩承载力 Q 可表示为：

$$Q=W+\sum_{i=1}^{m}F_i+\sum_{i=1}^{m}P_i$$

式中：F_i——第 i 层土中螺牙引起土体剪切提供的上拔承载力；

P_i——第 i 层土中等截面部分发生桩土界面剪切破坏提供的上拔承载力；

W——桩身自重；

m——地基土分层。

2.2 螺纹桩各承载力计算公式对比

目前关于螺纹桩的承载力计算公式的研究主要集中在抗拔和抗压方面,对于水平向承载计算鲜有涉及,受拔与承压状态下,螺纹桩承载力计算公式优缺点对比见表1。

螺纹桩承载力计算公式优缺点对比 表1

承载力计算公式	承载状态	优点	缺点
《螺杆灌注桩技术规程》螺杆灌注桩单桩竖向承载力计算公式	竖向承压	所得结果偏于安全,可运用于工程实践中	没有考虑螺距对螺杆桩承载力的影响,直接引入桩侧增强系数计算螺纹段的承载力,且增强系数需根据工程经验确定,所得结果准确度不高,所得结果偏于保守
基于统一强度理论的螺纹桩承载力计算方法	竖向承压	考虑了螺牙对承载力的影响,弥补了单独承载破坏模式下,确定了螺纹桩极限承载力计算公式	依赖统一强度理论参数 b,该参数取值对计算结果影响较大,且目前太沙基地基极限承载力系数 N_γ、N_q 和 N_c 取值较为困难
赵赟计算方法	竖向受拔	考虑了螺牙对螺纹桩抗拔承载力的影响	计算方法较为复杂,忽略了螺牙自身厚度处的侧摩阻力
引入抗拔折减系数螺杆灌注桩单桩极限抗拔承载力计算公式	竖向受拔	弥补规范中抗拔承载力计算空白,可运用于工程实践中,该公式基于实验结果得出,具有一定的准确度	未考虑螺纹参数对承载力的影响,且螺杆桩灌注桩螺纹段抗拔折减系数略低于直杆段的抗拔折减系数,后续需加大测试工作,进一步积累地区经验

3 结语

由现有研究可知,螺纹桩竖向承载力主要受特性受螺纹间距距、螺纹宽度、螺牙高度、长径比等螺纹结构参数的影响,同时还受桩周土层的物理性质影响。

目前关于螺纹桩承载力计算公式多基于理论提出,现行规范中极限承载力计算需考虑不同地区工程经验基于存在一定误差,极大地影响螺纹桩的设计与应用;室内模型试验研究的土层采用均质土层,实验时将土自下而上填埋桩身进行试验,而不是同实际施工拧进灌注,忽略了螺纹桩施工对桩周土层影响,得出的结论有待进一步验证;现场试验受限于工程,只能在特定区域展开研究,而不同地区地质条件不同,现有研究得出结论不具有普适性。现有螺纹桩承载力研究多集中于承压特性研究,关于水平承载和竖向抗拔承载性的研究工作不足,亟待完善。

现有研究主要为静载试验,动荷载条件下螺纹的承载特性研究不足,可作为日后研究重点。

变截面螺纹桩作为一种新型桩型,虽已应用于实际工程,但其理论研究欠缺,尚处起步阶段,该桩型的承载特性、承载力计算公式、桩-土破坏特征及群桩承载效应等研究工作同普通螺纹桩及直杆桩相比,存在明显不足。据现有研究可知,其同普通螺纹桩相比具有更好的承载力和材料利用率,未来可将这一桩型的承载特性作为研究方向,借鉴现有普通螺纹桩的研究方法展开研究。

参考文献

[1] 李波扬,吴敏.一种新型的全螺旋灌注桩—螺纹桩[J].建筑结构,2004(8):55-57.

[2] MOONEY J S,ADAMCZAK S K,CLEMENCE S P. uplift capacity of helical anchors in clay and silt.[C]//1985.

[3] 刘志鹏,孔纲强,文磊,等.螺旋桩竖向抗拔极限承载力理论计算分析[J].中南大学学报(自然科学版),2021,52(10):3659-3667.

[4] MERIFIELD R S,LYAMIN A V,SLOAN S W,et al. Three-dimensional lower bound solutions for stability of plate anchors in clay[J]. Journal of Geotechnical and Geoenvironmental Engineering,2003,129(3):243-253.

[5] 郝冬雪,符胜男,陈榕,等.砂土中锚板拉拔模型试验及其抗拔力计算[J].岩土工程学报,2015,37(11):2101-2106.

[6] LIVNEH B,EL NAGGAR M H. Axial testing and numerical modeling of square shaft helical piles under compressive and tensile loading[J]. Canadian Geotechnical Journal,2008,45(8):1142-1155.

[7] SAKR M. Performance of helical piles in oil

sand[J]. Canadian Geotechnical Journal,2009,46(9):1046-1061.

[8] TSUHA C D H C, AOKI N. Relationship between installation torque and uplift capacity of deep helical piles in sand [J]. Canadian Geotechnical Journal,2010,47(6):635-647.

[9] EL SHARNOUBYMM,EL NAGGAR M H. Field investigation of axial monotonic and cyclic performance of reinforced helical pulldown micropiles[J]. Canadian Geotechnical Journal,2012,49(5):560-573.

[10] 李青松,文磊,孔纲强,等.基于孔扩张理论的螺旋桩抗拔承载力计算分析[J].岩土力学,2021,42(4):1088-1094+1103.

[11] 董天文,李士伟,张亚军,等.软土地基螺旋桩竖向抗拔极限承载力计算方法[J].岩石力学与工程学报,2009,28(S1):3057-3062.

[12] SPRINCE A, PAKRASTINSH L. HELICAL PILE BEHAVIOUR AND LOAD TRANSFER MECHANISM IN DIFFERENT SOILS[C]. 2009.

[13] 王斌,钱建固,陈宏伟,等.注浆成型螺纹桩抗拔承载特性的数值分析[J].岩土力学,2014,35(S2):572-578.

[14] 钱建固,陈宏伟,贾鹏,等.注浆成型螺纹桩接触面特性试验研究[J].岩石力学与工程学报,2013,32(9):1744-1749.

[15] 赵赞,张陈蓉,凌巧龙,等.软土地区注浆成型螺纹桩抗拔承载力的计算[J].岩土力学,2015,36(S1):334-340.

[16] 王浩宇.螺杆灌注桩竖向抗拔承载特性的模型试验研究[J].建筑科学,2022,38(3):119-128.

[17] 王曙光,王浩宇,唐建中,等.螺杆灌注桩抗拔承载机理的试验研究[J].岩土工程学报,2023,45(10):2156-2164.

[18] 马宏伟,胡志涛,袁松,等.螺纹桩的抗拔承载特性模型试验与螺距优化[J].安徽理工大学学报(自然科学版),2023,43(2):44-50.

[19] 徐学燕,于琳琳,刘复孝.滚压成型灌注螺纹桩承载性能研究[J].土木建筑与环境工程,2011,33(3):19-24.

[20] 方崇,张信贵,彭桂皎.对新型螺杆灌注桩的受力特征与破坏性状的探讨[J].岩土工程技术,2006(6):316-319.

[21] 胡焕校,刘静,祝世平.全螺旋灌注桩单桩极限承载力的预测[J].中南大学学报(自然科学版),2007(6):1239-1244.

[22] 窦德功,鲁子爱.螺纹桩承载性状分析与研究[J].水运工程,2012(4):32-35+43.

[23] 孙文怀,张元冬,魏厚峰,等.螺纹桩在软弱地层中的应用[J].华北水利水电学院学报,2009,30(3):74-76.

[24] 孟振,陈锦剑,王建华,等.砂土中螺纹桩承载特性的模型试验研究[J].岩土力学,2012,33(S1):141-145.

[25] 杨启安,沈保汉.螺纹桩承载机理及承载力计算方法[J].工业建筑,2013,43(1):67-70.

[26] KRASIŃSKI A. Numerical simulation of screw displacement pile interaction with non-cohesive soil [J]. Archives of Civil and Mechanical Engineering,2014,14(1):122-133.

[27] MALIK A A,KUWANO J,TACHIBANA S,et al. End bearing capacity comparison of screw pile with straight pipe pile under similar ground conditions [J]. Acta Geotechnica,2017,12(2):415-428.

[28] 高建中,张瑞松.湿陷性黄土地区螺杆桩承载力静载试验研究[J].岩土工程技术,2017,31(3):109-114.

[29] 陈亚东,于艳,孙华圣,等.竖向受荷螺杆桩承载特性离散元数值模拟[J].湖南大学学报(自然科学版),2018,45(S1):20-24.

[30] 陈亚东,于艳,董云,等.竖向受荷螺杆桩工作性状试验研究[J].地下空间与工程学报,2022,18(3):860-867.

[31] 陈亚东,王安汀,蔡江东,等.竖向受荷螺杆桩承载变形特性模型试验[J].施工技术,2017,46(14):116-119.

[32] 王国才,束炜,赵志明,等.竖向荷载作用下螺纹群桩承载特性和群桩效应研究[J].浙江工业大学学报,2022,50(3):290-298.

[33] 徐丽娜,齐晨晖,郑俊杰,等.螺牙高度对螺纹桩竖向承载特性的影响[J].土木与环境

工程学报(中英文):1-10.

[34] 王曙光,冯浙,唐建中,等.竖向荷载作用下螺杆灌注桩受压承载机理的试验研究[J].岩土工程学报,2021,43(2):383-389.

[35] 冷伍明,魏广帅,聂如松,等.螺纹桩竖向承载特性及承载机理研究[J].铁道工程学报,2020,37(5):1-6+35.

[36] 郭春香,张维嘉,刘涛,等.冻土地区钻孔灌注螺纹桩竖向承载特性分析[J].水利水运工程学报:1-10.

[37] 马甲宽,胡志平,任翔,等.基于太沙基极限平衡理论的螺纹桩承载力计算[J].地下空间与工程学报,2022,18(4):1111-1118+1145.

[38] 窦德功,高倩.螺纹桩竖向承载力及其影响因素研究[J].港工技术,2020,57(1):55-58.

[39] 周杨,肖世国,徐骏,等.变截面螺纹桩竖向承载特性试验研究[J].岩土力学,2017,38(3):747-754+783.

[40] MITTAL S, GANJOO B, SHEKHAR S. Static Equilibrium of Screw Anchor Pile Under Lateral Load in Sands[J]. Geotechnical and Geological Engineering, 2010, 28 (5): 717-725.

[41] PRASAD Y V S N, RAO S N. Lateral Capacity of Helical Piles in Clays [J]. Journal of Geotechnical Engineering, 1996, 122:938-941.

[42] PRASAD Y V S N, RAO S N. Pullout behaviour of model pile and helical pile anchors Subjected to lateral cyclic loading [J]. Canadian Geotechnical Journal, 1994, 31 (1):110-119.

[43] 胡伟,孟建伟,刘顺凯,等.单螺旋锚桩水平承载机理试验与理论研究[J].岩土工程学报,2020,42(1):158-167.

[44] 张新春,白云灿,何泽群,等.砂土中螺旋锚基础水平振动特性的模型试验研究[J].应用力学学报,2020,37(2):601-606+929-930.

[45] 韦芳芳,邵盛,陈道申,等.黏土中倾斜螺旋桩的水平承载性能数值模拟及理论研究[J].东南大学学报(自然科学版),2021,51(3):463-472.

[46] 董天文,张亚军,李士伟,等.斜向抗拔螺旋群桩基础承载性状试验研究[J].岩土工程学报,2008,30(3):429-433.

[47] 刘志鹏,孔纲强,文磊,等.砂土地基中倾斜螺旋桩群桩上拔与水平承载特性模型试验[J].岩土力学,2021,42(7):1944-1950.

[48] 高建章,方迎潮,王学军,等.山区天然气管道—滑坡体系下花管微型桩与螺纹微型桩支护性能对比试验[J].中国地质灾害与防治学报,2023,34(2):120-131.

[49] 中国工程建设标准化协会.螺杆灌注桩技术规程:T/CECS 780—2020[S].北京:中国计划出版社,2020.

[50] 马甲宽,罗丽娟,任翔,等.基于统一强度理论的螺纹桩承载力计算方法[J].上海交通大学学报,2022,56(6):754-763.

风积沙填料累积应变预测模型研究进展

张宏博* 郑天赞 关晓琳 黄荣松
(长安大学公路学院)

摘 要 随着沙漠地区公路及铁路建设的进行,就地取材已然成为必然趋势。风积沙作为沙漠地区丰富的工程材料逐渐成为研究的热点,结合已有的文献研究,系统说明了风积沙作为路基填料在循环荷载作用下的动力特性,通过对比风积沙以外的土样材料阐明并分析风积沙填料在循环荷载下累积应变预测模型的研究进展。提出了累积应变预测模型的适用条件和范围,为风积沙填料应变预测模型的选取有一定指导意义。

关键词 风积沙 循环荷载 累积应变预测模型 研究综述

0 引言

大量的公路、铁路建筑项目沙漠地区修建工程,就绕不开风积沙。风积沙是一种具有特殊性的土体,其主要特点为结构松散、级配不良、孔隙率大、强度较低、沉降均匀等特点,分布广泛、储量丰富、取材方便[1]。然而,这种材料缺乏黏附力和凝聚力,有良好的渗透性能,微粒较为细腻,水分含量低,保持水的功能有限,并且没有明显的毛细管虹吸效应。因此,当受到外力的影响时,它很容易变得分散并移动位置,难以满足工程建设的需要。针对风积沙作为路基填料的问题,相关国内外学者对其在循环荷载下的累积变形进行了研究,并提出了基于不同计算方法和理论的预测模型,旨在揭示风积沙填料的动力变形规律,对沙漠地区路基建设和运营维护有一定的参考价值。

为了能更好地说明沙漠地区风积沙填料预测模型的研究综述,本文主要通过四个方面来开展研究。首先对风积沙自身力学特性进行说明,能更好的了解其变化机理;其次是循环荷载的介绍和阐述,归纳出不同荷载形式的简化处理方法;进而总结学者们关于风积沙累积应变预测模型所进行的研究,借此说明关于这方面研究进展;最后对以上所有内容进行归纳总结,梳理出研究的方法和方向,并提出一些未来可以研究的方面,为以后的相关研究提供借鉴。

1 风积沙力学特性

风积沙是自然条件下长期风积而成的一种特殊土,其形成的直接原因是气候干燥,多见于沙漠地区[2]。世界沙漠面积约5000万km^2,占全球陆地面积的33%。中国沙漠地区总面积为170万km^2,占中国陆地总面积的17.7%,主要分布在宁夏、内蒙古、青海、甘肃、新疆等西北地区[3]。风积沙具有颗粒均匀、结构松散、保水性差、天然含水量小、抗剪强度低等特点[4]。

张生辉、漠河以及Padmakumar等人[5-7]在室内试验的环境下,深入研究了风积沙作为路基填料的静力特性。他们的研究成果揭示了风积沙的CBR值和回弹模量是如何随着含水率的变化而变化的,为我们提供了关于风积沙静力特性随含水率变化的深入理解。

安建林等人[8]在前人研究的基础上,进一步阐明了风积沙回弹模量与含水量、干密度之间的关系。他们的研究不仅分析了风积沙强度的变化规律,还为我们提供了关于风积沙工程性质的新认识。

这两组研究者的工作,不仅加深了我们对风积沙作为路基填料时静力特性的理解,也为我们提供了关于风积沙在工程应用中的宝贵数据和建议。

陈同庆及其团队[9]利用现场承载板试验,对风积沙路基的强度进行了精确的测定,并据此提出了风积沙的强度标准值;陈忠达等人[10]在综合了大量室内外试验数据的基础上,深入探讨了风积沙的工程特性。发现风积沙在构建路基时展现出了优越的承载能力。基于这一发现,进一步提出了风积沙路基设计的回弹模量值应为100 MPa的建议,为风积沙在路基建设中的实际应用提供了有力的理论支撑。

这两项研究从不同的角度对风积沙在工程中的应用进行了深入的研究,不仅丰富了风积沙的相关理论知识,还为风积沙在实际工程中的应用提供了有力的科学依据。

2 荷载形式

汽车与公路结构相互作用,车辆行驶产生的动荷载通过路面传递至路基。复杂的交通荷载特性和路面不平整性共同作用,导致道路开裂、松散等病害累积,加剧道路破坏。为解决此问题,需深入研究交通荷载动力效应,探讨道路破坏机理,并采取有效措施减少交通荷载影响,提升道路寿命和安全性。

2.1 振动性

汽车行驶时会产生多种振动,但研究路堤动力特性时通常忽略车辆自身振动,更关注路面不平整导致的垂直振动。这种振动通过车辆结构传递到道路中,简化分析常用两自由度振动模型描述。该模型有助于理解车辆与道路相互作用,为优化道路设计和性能提供理论依据。

2.2 瞬时性

车辆行驶时,车轮与路面的接触时间短暂,受行驶速度影响,通常在0.01~0.1s。路堤动力响应时间与车速成反比,承受冲击荷载。车轮经过时产生大动荷载,迅速达到峰值后快速卸载。这种动荷载对路堤动力响应和长期性能至关重要。

2.3 长期性

相较于地震和爆破等高强度冲击荷载,交通荷载展现出其独特的性质。虽然单辆车在高速公路上短暂的行驶一般不会对路堤结构造成即时且明显的破坏,然而,随着时间的推移,持续的交通流量累积将对路堤结构产生不可忽视的影响。以某条采用粗粒土高填方路基的高速公路为例,其长期循环特性在预设的20年设计寿命内会导致单条车道经受大量动荷载作用次数。因此,在道路设计和维护中,必须重视交通荷载的长期累积效应,以确保道路的安全和耐久。

2.4 交通荷载简化模型

交通荷载具有多重特性,如随机性、瞬时性和长期反复性,这些特性使得交通荷载成为一种极为复杂的动力荷载。其复杂性源于多种因素,包括道路结构类型、车辆类型及其运行状态等。全球在道路和机场跑道设计中广泛采用线状或集中荷载模拟方法,以静态的方式研究交通荷载的影响。这种方法简化了交通荷载的复杂性,便于设计和规范制定。

尽管这种方法在一定程度上有其合理性,但它忽略了交通荷载的动态特性和随机性,因此在实际应用中可能存在一定的局限性。为了更准确地模拟和评估交通荷载对道路结构的影响,未来的研究需要更加深入地探讨交通荷载的动态特性和随机性,并发展更为先进的模拟方法和分析技术。

目前交通荷载模型采用了多种简化形式。这些模型旨在捕捉交通荷载的主要特征,同时降低分析的复杂性。虽然这些模型在一定程度上能够反映实际交通荷载的特性,但它们仍然存在一定的局限性。因此,未来的研究需要不断探索更为精确的交通荷载模拟方法,以更好地评估道路结构的安全性和耐久性。

(1)半正弦波荷载

轮胎在行驶过程中的受力分布因汽车振动和道路结构相互作用而呈现动态波动特性。这种动态变化可以通过加载和卸载的交替来描述。为更准确模拟此变化,半正弦波荷载被用作简化交通荷载的形式,它既简化了分析过程,又能反映实际交通荷载的动态性,为道路安全及耐久性评估提供参考。

(2)矩形波荷载

贺冠军在其研究中[11],采用了周期性的矩形波荷载来模拟实际交通荷载,并进行了一系列实验,以详细探究路基在不同荷载作用下的不均匀沉降情况。值得注意的是,这种矩形波荷载并非连续作用,而是存在明显的间隔时段。

(3)冲击荷载

在长期交通荷载和自然环境因素的作用下,路面结构会出现多种损害,如坑槽和裂缝。当车辆经过这些不平整区域时,轮胎与坑槽的碰撞可能导致车辆短暂跳离路面,进而产生强烈的冲击振动。这种冲击振动会反作用于路面,形成所谓的冲击荷载,对路面结构造成进一步影响。

(4)随机荷载

路面的凹凸起伏具有显著的随机性,这使得汽车在行驶过程中产生的动荷载也呈现出随机和不均匀的振动模式。这种动荷载被称为随机荷载,对路面的长期性能和耐久性产生重要影响。随机荷载虽然看似杂乱无章,但实则能够最为真实地模拟实际交通荷载的简化形态,从而为路面设计和维护提供重要的参考依据。

(5)移动荷载

移动荷载模型被视为交通荷载简化中的理想化选择[12]。当车辆以恒定速度行驶时,通过考察横断面上任意一点的受力情况,我们可以发现动荷载的传递需要一定时间。为了更准确地模拟这一过程,我们将车辆经过的点概念化为一个面。在有限元分析中,这具体表现为将路面细分为多个网格,并将移动荷载施加在相应网格单元上。这种方法为模拟实际交通荷载提供了有效手段,同时也有助于更精确地评估路面的力学响应。

3 累积应变预测模型

3.1 黏土

高军[13]基于循环动三轴试验数据,分析了孔隙水压力与累积塑性应变之间的对应关系,通过引入太沙基-伦杜立克固结方程,给出了一种新的饱和黏土累积塑性应变非线性预测模型好地反映饱和黏土孔隙水压力和累积塑性应变的发展变化;郑晴晴等人[14]考虑时间间歇的影响,通过进行系列的动三轴试验揭示了软黏土在列车间歇性荷载下的长期应变发展规律,基于双曲函数拟合结果,阐明了振比对归一化应变增长率的影响规律,并建立了考虑间歇效应的塑性应变长期发展曲线预测模型,可以用于地铁荷载下软土地基长期应变的计算分析;周盈[15]通过开展一系列循环三轴试验,得到了循环前后的软黏土的剪切波速,阐明了循环荷载下土体变形作用机理,基于模拟退火算法建立了黏土的 HCA 改进模型。

谢栎等人[16]通过 应用 GDS 动三轴仪器,探究了不同循环应力比、固结应力比及围压对红黏土累积变形特性的影响规律,基于以上内容建立了红黏土在长期循环荷载作用下的累积变形预测模型;边学成等人[17]基于残余应变模型揭示了路基基床底层和地基累积变形的发展规律,建立了列车动荷载作用下黏土的累积变形计算方法;经过物理模型试验的验证,确认了预测模型及其相关计算方法的准确性和适用性。同时,通过试验数据分析和处理,成功确定了模型中的关键参数取值方法。

3.2　粗粒土填料

梅慧浩等人[18]针对不同含水率的粗粒土试样,考虑围压和动应力幅值开展动三轴试验,基于安定理论,划分了不同条件下试样的动力行为,探讨了含水率对粗粒土试样累积塑性应变的影响,提出了塑性蠕变动力行为累积塑性应变预测模型;王启云等人[19]利用 MTS 加载系统和自制模型箱,得出了振动变形与加载次数的关系曲线,探讨了动应力幅值、加载频率对振动变形的影响规律,基于试验结果建立了路基振动变形分析模型,可为高速铁路粗粒土路基变形评价提供参考。

冷伍明等人[20]探讨了路基填料在动荷载作用下的动力特性,获得了动载作用下路基的动应力,分析了围压、动应力及含水率对粗粒土填料变形特性的影响并基于试验结果建立了累积塑性应变预测模型;周文权等人[21]为研究重载铁路粗粒土基床层在循环荷载作用下的累积变形发展规律,开展了不同围压、动应力幅值和含水率的大型动三轴试验。分析了各种条件下粗粒土试样的轴向累积应变-循环振次的关系与变化规律,提出了一个适合路基粗粒土累积应变计算的预测模型,明确了模型参数的物理意义及确定方法。

3.3　风积沙

聂如松等人[22]通过进行不同应力水平的动三轴试验,探究了风积沙填料累积塑性变形随振次的变化规律,提出了风积沙试样塑性行为判定准则,建立了考虑动应力幅值、含水率及围压的风积沙累积塑性应变预测模型;邹波等人[23]探究了循环荷载作用下风积沙填料的弹性应变规律,结合考虑不同因素的循环荷载试验,建立了与土体性质、围压及循环动荷载参数相关的风积细砂填料弹性应变预测模型。

韦朝等人[24]针对列车荷载探究了风积沙填料填筑铁路路基的累积塑性变形规律,将风积沙试样的累积塑性应变曲线划分为三类曲线,基于累积应变曲线构建了风积沙临界动应力经验公式,可为沙漠铁路的设计、施工以及运营提供经验和理论依据;刘家顺等人[25]探究了间歇性循环荷载作用下风积土路基变形特性,基于极差方法,采用双 Abel 黏壶建立了考虑间歇性循环荷载作用的冻融风积沙分数阶累积塑性应变预测模型。

综上所述,现有关于动荷载作用下土体轴向累积塑性应变的模型主要有 Monismith 模型[26],考虑静偏应力的改进指数模型[27-28]和双曲线模型,且预测模型大多没有考虑荷载形式的影响,列车荷载作用下的预测模型研究相较于其他荷载形式更多;以上的研究成果都能够对相应条件下的实际工程提供科学依据,但关于风积沙在循环荷载作用下累积塑性应变预测模型的研究还较少,日后可以将预测模型与实际条件更好地结合起来。

4　结语

本文从风积沙的力学特性、荷载形式、累积塑性应变预测模型几个方面对国内外学者们的研究成果和内容进行归纳总结,对主要研究的几类土的预测模型进行梳理总结,得出关于风积沙累积塑性应变预测模型的研究内容和方向,主要有以下几方面:

(1)沙漠地区公路和铁路的建设,考虑水的缺乏就地取材是最佳选择,风积沙的研究是重中之重。

(2)风积沙路基的受力荷载研究中,铁路荷载研究相较于汽车荷载更加深入全面,但总体关于风积沙的荷载形式研究相对较少。

(3)风积沙填料在荷载作用下的累积塑性应变预测模型的理论研究成果比较多,且能够提供一定的科学依据,日后应更好地结合实际工程。

(4)风积沙累积塑性应变预测模型的研究目前还够全面,尚未形成系统性的研究体系,未来可以对风积沙的荷载形式着重研究。

参考文献

[1] 吴立坚,郑甲佳,邓捷. 高液限土路基的沉降变形规律[J]. 岩土力学,2013,34(S2):351-355.

[2] 巩桢翰. 风积沙及物理改良风积沙填筑重载铁路路基的工程特性研究[D]. 兰州:兰州交通大学,2020.

[3] 高玉生,程汝恩,屈志勇,等. 中国沙漠风积沙工程性质研究及工程应用[M]. 北京:中国水利水电出版社,2013.

[4] ELIPE M G, LOPEZ Q S. Aeolian sands: Characterization, options of improvement and possible employment in construction-The State-of-the-art [J]. Construction and Building Materials,2014,73:728-739.

[5] 张生辉,李志勇,彭帝,等. 风积沙作为路基填料的静力特性研究[J]. 岩土力学,2007,28(12):2511-2516.

[6] 漠河. 特哈马不同含泥量风积沙路基填料特性试验研究[D]. 兰州:兰州交通大学,2015.

[7] PADMAKUMAR G P, SRINIVAS K, UDAY K V, et al. Characterization of aeolian sands from Indian desert[J]. Engineering Geology,2012,139-140:38-49.

[8] 安建林. 新疆风积沙力学性质与动力性能研究[D]. 西安:长安大学,2003.

[9] 陈同庆,金昌宁. 中国沙漠地区风积沙路基强度参数试验研究—以塔克拉玛干、毛乌素沙漠公路为例[J]. 中国沙漠,2008(5):855-859.

[10] 陈忠达,张登良. 塔克拉玛干风积沙工程特性[J]. 西安公路交通大学学报,2001(3):1-4.

[11] 贺冠军. 交通荷载对低路堤下软土地基沉降影响的室内试验与研究 ID1[D]. 南京:河海大学,2005.

[12] 柯唯. 交通荷载作用下粗粒土公路高路堤动力特性响应研究[D]. 长沙:长沙理工大学,2019.

[13] 高军. 饱和黏土累积塑性应变非线性预测模型研究[J]. 岩石力学与工程学报,2015,34(S1):3534-3540.

[14] 郑晴晴,夏唐代,张孟雅,等. 间歇性循环荷载下原状淤泥质软黏土应变预测模型[J]. 浙江大学学报(工学版),2020,54(5):889-898.

[15] 周盈. 交通循环荷载作用下软黏土长期动力特性研究[D]. 杭州:浙江大学,2023.

[16] 谢栎,吴建奇. 循环荷载作用下红黏土累积变形研究[J]. 地震工程学报,2019,41(6):1623-1629.

[17] 边学成,蒋红光,申文明,等. 基于模型试验的高铁路基动力累积变形研究[J]. 土木工程学报,2011,44(6):112-119.

[18] 梅慧浩,冷伍明,刘文劼,等. 持续动荷载作用下基床粗粒土填料累积塑性应变试验研究[J]. 铁道学报,2017,39(2):119-126.

[19] 王启云,肖南雄,张丙强,等. 高速列车荷载作用下粗粒土填料振动变形特性分析[J]. 铁道学报,2023,45(1):114-121.

[20] 冷伍明,周文权,聂如松,等. 重载铁路粗粒土填料动力特性及累积变形分析[J]. 岩土力学,2016,37(3):728-736.

[21] 周文权,冷伍明,聂如松,等. 重载铁路粗粒土填料累积变形预测模型与应用[J]. 铁道学报,2019,41(11):100-107.

[22] 聂如松,钱冲,刘婷,等. 风积沙路基填料累积塑性应变及预测模型[J]. 铁道科学与工程学报,2022,19(9):2609-2619.

[23] 邹波. 列车荷载下风积沙填料弹性应变及预测模型[J]. 铁道科学与工程学报,2023,12-13.

[24] 韦朝. 风积沙填筑铁路路基累积塑性变形及临界动应力试验研究[J]. 铁道科学与工程学报,2024,21(1):138-148.

[25] 刘家顺,任钰,朱开新,等. 间歇性循环荷载下冻融风积土变形特性及分数阶预测模型[J]. 工程力学,2014,3:1-11.

[26] MONISMITH CLOGAWA N, FREEME C R. Permanent deformation characteristics of

subgrade soils due to repeated load [J]. Transport Research Record, 1975, 537: 1-17.

[27] LD O, SELIG E T. Cumulative plastic deformation for fine grained subgrade soils[J]. Journal of Geotechnical and Geoenvironmental Engineering, 1996, 122(12): 1006-1013.

[28] CHAIJC, MIURA N. Traffic-load-inducedpermanent deformation of road on soft subsoil [J]. Journal of Geotechnical and Geoenvironmental Engineering, 2002, 128 (11): 907-916.

黄土微-细观结构特性研究进展

章一博　晏长根*

(长安大学公路学院)

摘　要　在岩土工程建设和自然灾害防护中,对黄土结构特性进行分析成为提升其强度和稳定性的关键。其中,针对黄土微-细观结构特性的研究可从机理层面阐释土体的强度和变形特征,进一步为黄土宏观力学行为的控制与分析提供研究方法。文章围绕三个方面归纳总结了黄土微-细观结构特性研究的重要成果,首先从土颗粒形态、粒间接触关系、孔隙骨架结构特征、胶结类型 4 个角度分析了其结构形成机理及工程应用特性;其次对于黄土微-细观理论研究方面,总结了从微-细观角度表征黄土宏观力学特性的机理分析方法,建立了宏-细-微观结构特性的关联;最后从黄土微-细观试验研究方面,对比分析了直接法和间接法对不同细-微观特性分析的针对性和适用性,可用于指导确定合理的试验研究方法。此外,在黄土微-细观特性研究趋势展望中指出,利用物理模拟法对其物理化学作用深入研究更具工程应用价值。

关键词　黄土　微-细观结构　颗粒接触　孔隙特征　理论研究　试验方法对比

0　引言

黄土作为第四纪时期的风力搬运堆积物,具有特殊的亚稳态微细观结构[1]。近年来,黄土地区受自然条件以及人类活动影响地质灾害频发。黄土的微细观结构是反映土体强度和变形特征的重要因素,其宏观物理力学性质本质上是内部结构特征的外在表现,因此,黄土微细观结构的稳定对保障地基处理和边坡防护等基础工程的安全建设和正常运营有重要意义[2,3]。

综上,从微细观角度研究黄土的力学性能,对解释黄土宏观力学行为有指导性意义,也是研究者最为关注的内容之一。本文从黄土的微-细观结构特性、理论研究和试验研究三个方面,论述了国内外黄土微细观结构的研究进展。在归纳总结黄土微细观结构特性的主要影响因素的基础上,从理论研究和试验研究两个角度对比分析了不同研究方法的优势和特点,并展望了黄土微-细观结构研究方法的未来趋势。

1　黄土微-细观结构特性研究

黄土结构是影响土体工程性质的重要因素。根据尺度效应及灾变特性,可将黄土的结构划分为宏观结构、细观结构、微观结构,如表 1 所示。其中,对于黄土的微细观结构特性,XIE、徐盼盼等[4,5]学者经过系统性地研究,认为应从土颗粒形态、粒间接触关系、孔隙骨架结构特征、胶结类型 4 个方面进行综合分析。

黄土结构分类　　表 1

结构类型	定义	尺度(m)	具体类型	灾变特性
宏观结构	板块、地貌带、坡体及内部结构面	$> 1.0\times10^1$	构造带、层面、滑面、节理	控制灾害区划特征,影响边坡入渗特性及稳定性

基金项目:国家自然科学基金项目(NO. 42077265)。

续上表

结构类型	定义	尺度(m)	具体类型	灾变特性
细观结构	肉眼可见的黄土块体、团聚结构的构造关系	1.0×10^{-3} ~ 1.0×10^{1}	块体、团聚体间接触面或孔隙等	控制黄土块体局部连续性,如裂隙、孔洞等
微观结构	肉眼不可见的集粒、土颗粒的构造关系	$<1.0\times10^{-3}$	颗粒、集粒间接触面、孔隙骨架等	控制黄土土体强度、渗透及变形特性

1.1 土颗粒形态及胶结类型

黄土土壤结构主要由粉粒(5 ~ 75μm)和黏粒(<5μm)组成。如图 1 所示,粉粒作为黄土骨架结构的基本单元,在沉积过程中大部分被黏粒、碳酸钙和二氧化硅等晶体包裹形成集粒。此外,黏粒作为固体颗粒间的黏结剂,使大量微细碎屑、粉粒、集粒等相互附着、胶结,形成团聚结构,如图 1d)所示。

a)骨架颗粒

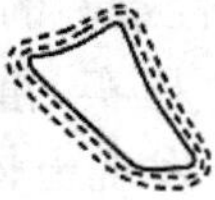
b)外包黏土颗粒

c)集粒

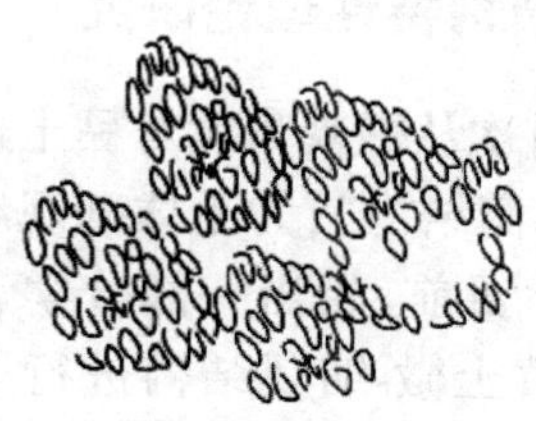
d)团聚结构

图 1 黄土颗粒形态

当黄土中的团聚结构含量高于基本颗粒时,土壤孔隙被细粒土和微晶体填充,使土体结构致密、稳定性增强。反之,土壤内部容易形成开放性的架空松散结构,土体强度和稳定性降低。

1.2 粒间接触关系

土体结构失稳破坏的本质,是在外部条件作用下土体内部基本颗粒重新排列,处于初始稳定状态的原生结构发生重塑。因此,粒间接触关系是判断土颗粒是否容易产生相对滑移的重要指标[6]。如图 2 所示,黄土中颗粒按接触形式可分为直接接触和通过填充物(黏粒、可溶盐、碳酸钙晶体等)间接接触;根据接触面大小,可细分为直接点接触、间接点接触、直接面接触、间接面接触[7]。

相较于间接接触,直接接触对力的作用更加敏感,而前者由于填充物的特殊性质,对水的作用更加敏感。点接触比面接触稳定性差,这是由于接触面积越小,接触点处的平均应力越大,颗粒间容易产生相对滑移。

1.3 孔隙骨架结构特征

黄土结构的孔隙骨架结构特征是由土颗粒形态和粒间接触关系等因素(表 2)决定的[8,9]。因此,众多学者将黄土中孔隙分为 3 类,即支架孔隙、镶嵌孔隙、胶结物孔隙[10],如图 3 所示。

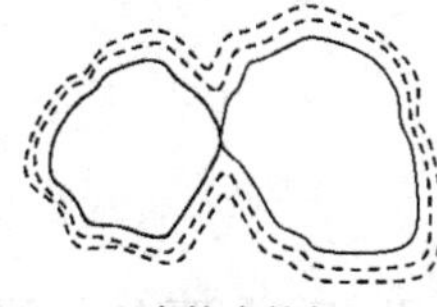
a)直接点接触

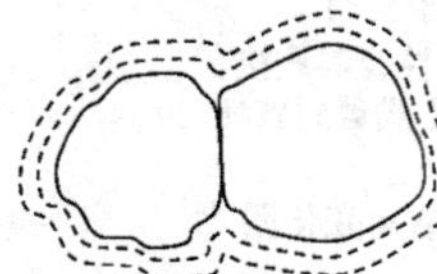
b)直接面接触

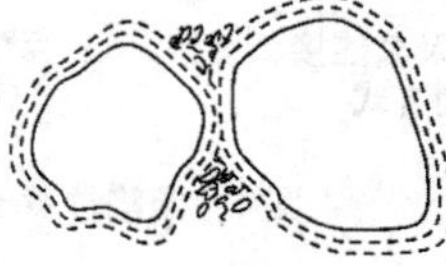
c)间接点接触

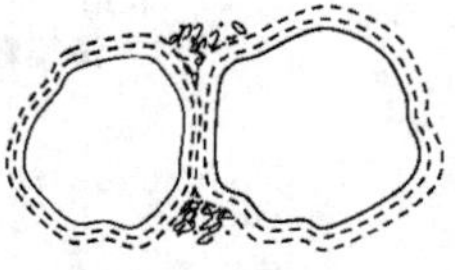
d)间接面接触

图 2 颗粒接触形式

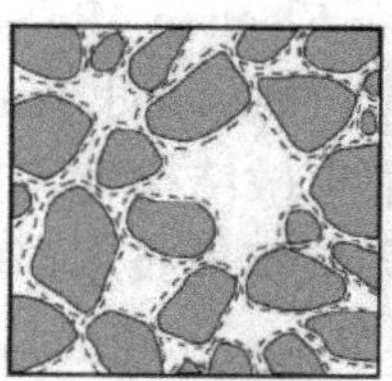
a)支架孔隙

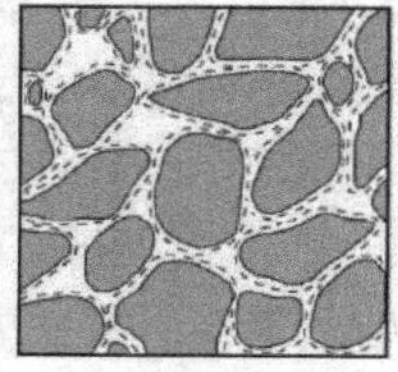
b)镶嵌孔隙

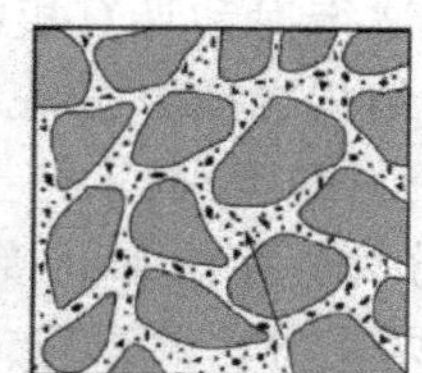
c)胶结物孔隙

图 3 黄土孔隙类型[10]

黄土孔隙分类　　表2

孔隙类型	定义	直径(μm)	孔隙特征	结构稳定性
支架孔隙	骨架颗粒通过支架接触形成的孔隙	8~32	以点接触为主,孔径远大于周围颗粒,孔隙连通性好	不稳定
镶嵌孔隙	骨架颗粒镶嵌排列构成的粒间裂隙	2~8	点接触和面接触共存,孔径小于周围颗粒,孔隙连通性较好	较稳定
胶结物孔隙	集粒、团聚结构内部形成的微小孔隙	<2	颗粒排列紧密,孔隙封闭,内部一般被细粒土或胶结物填充	稳定,较难产生压缩变形

2　黄土微-细观结构特性理论研究

1925年,Terzaghi首次从微观角度对黏土进行研究,认为土体具有"蜂窝结构",为土体微观结构的发展奠定了基础[5]。目前,相当一部分学者结合先进的观测技术对黄土微-细观结构进行了针对性研究,并建立其宏-细-微观特性之间的联系,取得了大量的研究成果。

单帅[6]利用微观力学方法研究了蠕变黄土的本构关系,分析了不同应力路径下黄土蠕变的微观结构变化特性。包含等[11]研究了黄土颗粒形状系数、形态分维度、概率熵以及微-宏观各向异性的关联度。Xu等[12]探索了重塑黄土在饱和状态下的渗透特性与微观结构演化之间的关系。Zhao等[13]认为土颗粒形态和粒间接触关系是导致黄土冻融循环后抗剪强度劣化的重要因素。任文博等[14]从微观力学角度讨论了黄土湿陷机理与物性指标的关系,如图4所示。Li等[15]明确了原状、压实、重塑黄土间的微-宏观边界条件。Ge等[16]发现土体孔径分布和孔隙类型是饱和状态黄土产生"局部坍塌"效应的主导因素。Xu等[17]研究了黄土微观结构与渗透系数的相关性。张俊然[18]等研究指出不同黄土微观结构特征会导致其土-水特征曲线在不同吸力范围内产生异化现象。赵鲁庆等[19]定义了黄土细观界面类型,并对其结构特征、扩张规律及灾害效应进行综合性分析。目前,从微-细观角度对黄土宏观力学表现的机理分析方法已经较为完善,但是对于土颗粒之间接触方式和力学特性的直接判定还处于探索阶段。

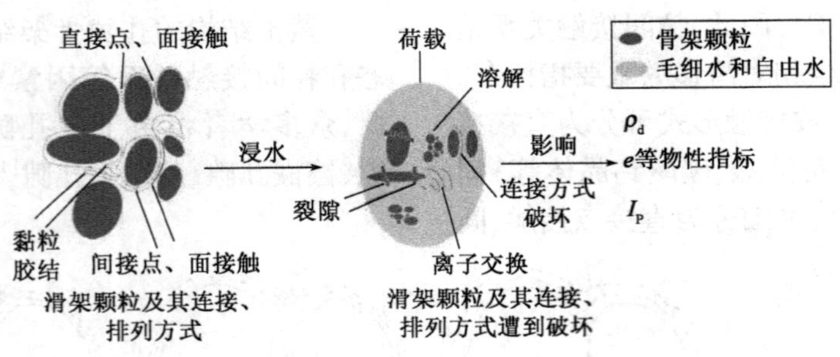

图4　湿陷性黄土微结构变化图[14]

3　黄土微-细观结构特性试验研究

随着光学探测、电磁波衍射和计算机技术的推广和应用,土体微细观结构的研究方法得到了进一步发展。根据观测资料的类别,表征土体微-细观结构的研究方法可分为直接法和间接法[20],如表3所示,对比分析了两类方法的原理、优缺点和适用性。直接法可通过直接获取土体微细观结构图像信息进行定性分析,主要包括光学显微镜法(Optical Microscopy,OM)、扫描电子显微镜法(Scanning Electron Microscopy,SEM)、计算机断层扫描技术(Computed Tomography,CT)等。间接法是通过采集微结构特征数据进行定量分析,主要包括X射线衍射技术(Diffraction of X-ray,XRD)、压汞法(Mercury Intrusion Porosimetry,MIP)、氮吸附法等。

微细观结构研究方法 表3

试验方法		原理	观测资料	优点	缺点
直接法	光学显微镜法	利用可见光和透镜放大样品	获得二维微观结构图像,经二值化和三维可视化处理后可得到三维微观结构图像	观察方便、成本低	景深小,观测视野部分清晰,分辨率只有几百纳米,不能无损观测
	电子显微镜法	利用电子束/离子束打到样品上,根据反射深浅成像		分辨率高、景深大、保真度高	只能反映样品表层颗粒、孔隙结构特征,不能无损观测
	计算机断层扫描技术	利用X射线穿过不同组成、密度、厚度的样品,其投影不一样		可无损观测微观结构图像	观测尺寸和精度有限,试验费用高
间接法	X射线衍射技术	利用X射线在晶体中的衍射现象得到材料的成分、结构和形态特征	获得矿物成分和晶面间距	表征参数保真度高,通过进一步处理可反映多物相特征参数	数据精度受同类元素和叠加峰影响,设备费用高
	压汞法	利用汞的不浸润性将汞压入样品中,得到孔隙特征	测量各个尺寸孔隙的总体积		无法测量封闭孔隙;由于压汞设备的压力问题,部分微小孔隙和超大孔隙无法测量
	氮吸附法	利用氮气的等温吸附特性,测定孔隙特征	测量土颗粒、孔隙比表面积		测大孔隙时氮气不能充斥整个孔隙,会产生误差

3.1 直接方法

(1)光学显微镜法

光学显微镜法是最早在土体微-细观结构研究领域推广使用的方法。Wei等[21]针对黄土土壤特性优化了连续切片技术,建立了能够反映颗粒真实空间形态的黄土土体三维微观结构模型,如图5所示。段金贵等[22]使用OM法观察对比了黄土经微生物固化处理前后的图像,对固化黄土的增强机理进行了分析。

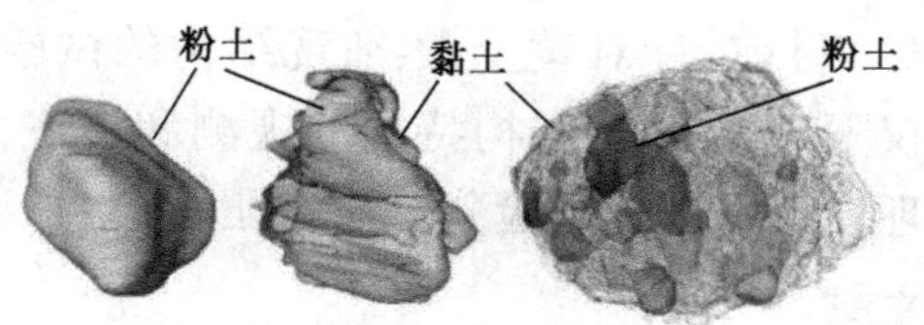

图5 黄土土体三维微观结构模型[21]

(2)电子显微镜法

目前,有多种适用于黄土微观结构观测的电子显微镜,如扫描电子显微镜(SEM)、环境扫描电子显微镜(ESEM)、聚焦离子束-扫描电镜(FIB-SEM)等。其中,SEM和ESEM均可用来观测土体二维微结构特征,但前者对试样制备和真空环境的要求更高;FIB-SEM则是通过对经离子束铣削后的样品进行扫描,从而建立土体三维微观结构模型[23]。Feng等[24]利用SEM研究了黄土的垂直发育节理,验证了黄土中的孔隙富集区和垂直管状通道是形成微-细尺度原生垂直节理的基础结构。王力[25]利用SEM采集不同地区马兰黄土微观结构图像,如图6所示,定性研究了黄土的湿陷性。Hu等[26]利用ESEM对压实黄土干湿循环过程中的微观结构进行观测,建立了考虑微观结构特征影响的压实黄土劣化模型。

图6 不同放大倍数下马兰黄土的SEM图像[25]

(3)计算机断层扫描技术

计算机断层扫描技术可通过扫描样品断面采集二维灰度图,经二值化和三维可视化处理后构建三维微观结构模型,如图7所示。Xu等[17]利用CT技术研究了盐风化对盐渍黄土微观结构强度的影响。

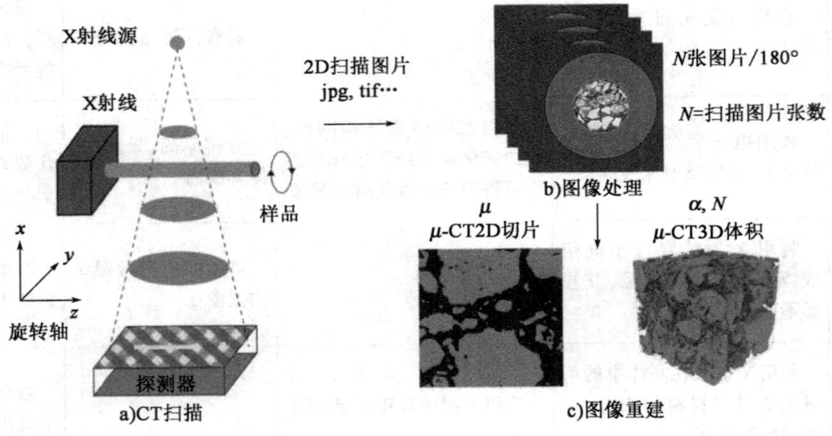

图7 微观层析成像原理图[28]

3.2 间接方法

(1) X射线衍射技术

X射线衍射技术广泛应用于黄土矿物成分和定向排列的定量分析。高智慧等[29]采用XRD技术对不同时期天然黄土的矿物成分进行分析,解释了其性状差异。Khansivarova等[30]利用XRD技术对不同地区第四纪黄土矿物成分进行统计并建立了矿物学数据库。Hu等[31]研究了酸性环境中黄土物相的变化,解释了黄土经乙酸和硫酸钠作用后微观结构破坏和抗剪强度减弱的原因。

(2)压汞法

压汞法是测试黄土孔隙分布特征的有效方法。葛苗苗等[32]将MIP与SEM结合,对不同应力状态和含水率的黄土细观结构进行了研究,总结了黄土地基细观沉降机理。李建东等[33]利用MIP和XRD技术研究了固化剂处理前后黄土微观结构变化,处理后的黄土孔隙结构和矿物晶面间距均有明显改变。

(3)氮吸附法

氮吸附法广泛应用于黄土颗粒比表面积、结合水膜厚度和孔径的测试。符文媛[34]利用氮吸附法研究了增湿过程中黄土颗粒的吸附规律,包含单层吸附、多层吸附和毛细凝聚三个阶段。谷留杨[35]结合氮吸附法研究了硫酸盐含量对黄土微观结构的影响,发现随着含盐量增加,土颗粒比表面积减小,结合水膜变薄。何攀等[36]采用氮吸附法对盐渍黄土进行研究,结果表明结合水膜厚度和深层渗透性呈正相关。

4 结语

本文对黄土的微-细观结构特性及其研究现状进行了综述,表明黄土微-细观结构研究对其宏观力学特性控制的重要性,现得出结论如下:

(1)黄土的微-细观结构特征主要包含土颗粒形态、粒间接触关系、孔隙骨架结构特征、胶结类型,影响着黄土的各类特殊工程力学性质。其中,孔隙骨架特征和胶结类型是影响黄土湿陷性的关键因素,土颗粒形态和粒间接触关系是影响黄土各向异性和冻融循环后强度劣化的主导因素。

(2)对于黄土的宏观力学表现,大多数理论研究聚焦于微-细观结构特征的机理分析,还可考虑土体微-细观力学表现、物理化学作用层面的研究。

(3)目前,针对黄土微-细观结构的试验研究方法仅限于微-细观结构特征的观测和描述,可结合物理模拟法进行试验分析与论证。

参考文献

[1] JUANG C H, DIJKSTRA T, WASOWSKI J, et al. Loess geohazards research in China: Advances and challenges for mega engineering projects[J]. Engineering Geology, 2019, 251: 1-10.

[2] 罗浩,伍法权,常金源,等. 马兰黄土孔隙结构特征——以赵家岸地区黄土为例[J]. 工程地质学报,2021,29(5):1366-1372.

[3] LIAN B, WANG X, ZHAN H, et al. Creep

mechanical and microstructural insights into the failure mechanism of loess landslides induced by dry-wet cycles in the Heifangtai platform, China [J]. Engineering Geology, 2022, 300:106589.

[4] XIE W L, LI P, ZHANG M S, et al. Collapse behavior and mic rostructural evolution of loess soils from the Loess Plateau of China [J]. Journal of Mountain Science, 2018, 15 (8): 1642-1657.

[5] 徐盼盼. 重塑黄土渗透性变化的水-土作用机制研究[D]. 西安:长安大学,2022.

[6] 单帅. 延安新区黄土蠕变特性研究[D]. 西安:西北大学,2021.

[7] 张杰,李萍,李同录,等. 黄土沉积过程及微结构模型的非连续变形分析[J]. 工程地质学报,2021,29(4):1199-1206.

[8] WANG J D, LI P, MA Y, et al. Evolution of pore-size distribution of intact loess and remolded loess due to consolidation[J]. Journal of Soils and Sediments, 2019, 19 (3): 1226-1238.

[9] 范文,魏亚妮,于渤,等. 黄土湿陷微观机理研究现状及发展趋势[J]. 水文地质工程地质,2022,49(5):144-156.

[10] XU P,ZHANG Q,QIAN H,et al. an investigation into the relationship between saturated permeability and microstructure of remolded loess:a case study from Chinese Loess Plateau [J]. Geoderma,2021,382:114774.

[11] 包含,马扬帆,兰恒星,等. 基于微结构量化的含渐变带黄土各向异性特征研究[J]. 中国公路学报,2022,35(10):88-99.

[12] XU P, ZHANG Q, QIAN H, et al. Microstructure and permeability evolution of remolded loess with different dry densities under saturated seepage [J]. Engineering Geology,2021,282:105875.

[13] ZHAO L,PENG J,MA P,et al. Microstructure response to shear strength deterioration in loess after freeze-thaw cycles [J]. Engineering Geology,2023,323:107229.

[14] 任文博,胡少磊,刘云龙,等. 黄土湿陷系数与其物性指标的定量关系分析[J]. 地震工程学报,2023,45(2):311-318.

[15] LI Z,QI Z,QI S,et al. Microstructural changes and micro-macro-relationships of an intact, compacted and remolded loess for land-creation project from the Loess Plateau [J]. Environmental Earth Sciences, 2021, 80 (17):593.

[16] GE M, PINEDA J A, SHENG D, et al. Microstructural effects on the wetting-induced collapse in compacted loess [J]. Computers and Geotechnics,2021,138:104359.

[17] XU J,LI Y,REN C,et al. Influence of freeze-thaw cycles on microstructure and hydraulic conductivity of saline intact loess [J]. Cold Regions Science and Technology, 2021, 181:103183.

[18] 张俊然,宋陈雨,姜彤,等. 非饱和黄土高吸力下的水力力学特性及微观结构分析[J]. 岩土力学,2023,44(8):2229-2237.

[19] 赵鲁庆,彭建兵,马鹏辉,等. 黄土细观界面及其灾害效应研究初探[J]. 工程地质学报,2023,31(6):1783-1798.

[20] XU P, QIAN H, CHEN J, et al. New insights into microstructure evolution mechanism of compacted loess and its engineering implications [J]. Bulletin of Engineering Geology and the Environment, 2023, 82 (1):36.

[21] WEI T, FAN W, YU N, et al. Three-dimensional microstructure characterization of loess based on a serial sectioning technique [J]. Engineering Geology,2019,261:105265.

[22] 段金贵,王怀星,姚姬璇,等. 黄土坡面的微生物矿化加固及抗侵蚀性能试验研究[J]. 水土保持通报,2022,42(5):33-40.

[23] ZHANG X, LU Y, LI X, et al. Microscopic structure changes of Malan loess after humidification in South Jingyang Plateau, China [J]. Environmental Earth Sciences, 2019,78(10):287.

[24] FENG L, LIN H, ZHANG M, et al. Development and evolution of Loess vertical

joints on the Chinese Loess Plateau at different spatiotemporal scales [J]. Engineering Geology,2020,265:105372.

[25] 王力.基于微结构单元理论的黄土湿陷性预测模型研究[D].西安:长安大学,2022.

[26] HU C M, YUAN Y L, MEI Y, et al. Comprehensive strength deterioration model of compacted loess exposed to drying-wetting cycles [J]. Bulletin of Engineering Geology and the Environment,2020,79(1):383-398.

[27] YU B,FAN W,FAN J H,et al. X-ray micro-computed tomography (μ-CT) for 3D characterization of particle kinematics representing water-induced loess micro-fabric collapse [J]. Engineering Geology, 2020, 279:105895.

[28] 孙银磊,汤连生,刘洁.非饱和土微观结构与粒间吸力的研究进展[J].岩土力学,2020,41(4):1095-1122.

[29] 高智慧,左璐.原状黄土天然孔隙比定量评价方法[J].地质科技通报,2023,42(6):53-62.

[30] KHANSIVAROVA N M,LEVCHENKO S V,BONDAREVA O S,et al. Mineralogy of loess in southern European Russia:X-ray diffraction data[J]. Russian Geology and Geophysics,2022,63(10):1111-1118.

[31] HU W,CHENG W C,WANG L,et al. Microstructural characteristics deterioration of intact loess under acid and saline solutions and resultant macro-mechanical properties[J]. Soil and Tillage Research,2022,220:105382.

[32] 葛苗苗,何璇,谷川,等.压缩及增减湿作用下非饱和黄土细观结构演化规律研究[J].工程地质学报,2022:1-13.

[33] 李建东,王旭,张延杰,等.F1离子固化剂加固黄土强度及微观结构试验研究[J].东南大学学报(自然科学版),2021,51(4):618-624.

[34] 符文媛.水蒸气增湿过程中黄土颗粒的吸附规律研究[D].兰州:兰州交通大学,2024.

[35] 谷留杨.硫酸盐含量对黄土物理力学性质的影响研究[D].兰州:兰州大学,2021.

[36] 何攀,许强,刘佳良,等.基于核磁共振与氮吸附技术的黄土含盐量对结合水膜厚度的影响研究[J].水文地质工程地质,2020,47(5):142-149.

路基动态回弹模量试验、表征及设计方法

范海山 张军辉*

(长沙理工大学交通运输工程学院)

摘 要 路基动回弹模量具有显著的非线性及黏弹性特征,现有设计方法往往忽略了这一特性。为此,本文开展了路基动回弹模量试验、表征及设计方法的系统研究。首先,基于三维移动荷载作用下路基动力响应分析,提出了考虑静偏应力水平的动三轴实验方法;然后,基于Kelvin黏弹性模型建立了考虑非线性及黏弹性特征的五参数预估模型;进而,建立了基于压应变等效的路基设计模量等效迭代计算方法,并建立了路基设计模量数据库;最后,基于基因表达式编程方法构建了路基设计模量快速经验确定方法。结果表明,动三轴试验中接触应力设置为围压及循环应力的固定倍数是不合理的,所提出路基土回弹模量预估模型具有良好的拟合精度,所建立的经验公式能实现路基设计模量精准预测。由此可见,路基设计模量不应为静态量,而应为与路基参数、路面结构类型及车速紧密相关的状态量。

关键词 公路路基 回弹模量 设计方法 基因表达式编程 非线性 黏弹性

0 引言

在路基的各项参数中,路基动态回弹模量是表征其在行车动载作用下应力-应变特性的关键参数[1-2],也是路基路面结构设计时的重要指标,客观准确地获取路基动态回弹模量是开展耐久性道路设计理论与方法研究的关键。当前,室内试验已然证实路基具有显著的非线性、黏弹性以及物性状态依赖性等特征[3],且已建立了考虑压实度、含水率、应力状态、荷载速率、干湿和冻融循环等因素的回弹模量预估模型[4-5]。但在进行路基路面响应分析以及原位测试时,仍多将路基视为线性体系。由此可见,亟需开展路基动态回弹模量试验、表征以及设计等方面的系统研究。

试验方法上,路基动态回弹模量的研究大多基于动三轴试验,即通过采集一系列不同循环应力及围压组合下的路基回弹弯沉来获取路基土动态回弹模量应力依赖特性。Lin 等[6]首先完成围压施加,进而在围压恒定情况下施加循环荷载。美国 AASHTO T307-99 试验规程以及我国《公路土工试验规程》中 T 0194—2019 均是在围压稳定后,进一步施加接触应力以模拟上覆荷载。刘维正等[7]在试验时,设定 $\sigma_c=0.5\sigma_3$ 来考虑上覆路面结构和车辆产生的竖向荷载。臧濛等[8]通过开展不同静偏应力比(σ_c/σ_3)以及动偏应力比(σ_d/σ_3)情况下的动三轴试验,发现静偏应力对路基土动力特性将产生显著影响。但无论哪一种试验方法,无外乎首先施加围压及接触应力,待稳定后进一步施加循环应力。而绝大多数试验方法中接触应力大多设置为定值或为围压以及循环应力的固定倍数,这种处理方式仅能覆盖路基浅层的应力状态。

在表征模型上,路基动态回弹模量最早是由 Seed 提出的,指的是路基在循环荷载的反复作用下,处于回弹阶段时循环应力峰值与回弹应变的比值。Seed[9]通过开展不同偏应力及围压及下的三轴试验,发现随着围压的增加路基回弹模量逐渐增大,并根据结果提出了基于体应力的路基土动态回弹模量预估模型。随后,Uzan[10]通过在 Seed 模型基础上,考虑循环应力对路基土动态回弹模量的影响。进一步的,Witczak[11]对 Uzan 模型进行了修正,引入标准大气压 p_a 消除了量纲问题,并应用八面体剪应力替换循环应力构建模型。时至今日,路基土动态回弹模量预估模型能综合考虑含水率、压实度、应力状态、荷载频率的影响。但在构建模型时仍大多将接触应力与循环应力之和作为偏应力,忽略了偏应力动静来源。

设计方法上,通过参考现行规范体系以及现有文献结果可知,路基设计模量取值主要有三种方法。第一种为规范提出的标准试验方法,即开展当量应力状态下的室内动三轴试验,并考虑湿度、冻融等折减后计算路基结构回弹模量。例如我国现行路基规范将体应力 70kPa,八面体剪应力 13kPa 作为标准应力状态来计算路基土等效模量。但当量应力水平应与路面结构及路基本体参数相关,不应为固定值。第二种是开展原位测试并以弯沉等效原则计算路基顶面当量回弹模量,例如路面设计中的路基顶面综合当量模量计算[12],这种方式既没有考虑路基非线性特征,也无法考虑运营期路基实际受力状态。第三种为基于迭代计算的路基等结构回弹模量计算[13-14],这种方式充分考虑了路基动态回弹模量的应力相关特性,且能考虑路基长期运营过程中的湿度演化[15]。但实际应用时需要经过复杂的数值计算,使用门槛较高。

综上所述,目前路基动回弹模量还存在模型不准确、试验不合理、设计不正确等问题。亟需提出一种准确的路基设计模量确定方法。为此,本文首先基于室内试验应力状态提出室内动三轴试验方法;进而,提出了路基动态回弹模量预估模型;最后,基于基因表达式编程方法建立路基设计模量经验确定方法。

1 路基土动回弹模量试验方法

1.1 路基动力响应分析模型

传统三轴试验在指定加载序列时,大多基于一种或几种典型路面结构开展计算,计算模型大多基于平面应变或轴对称模型,计算模型与实际情况存在差别,且缺乏对路基内部应力状态的全面分析。因此,本节采用笔者前期建立了三维移动荷载作用下多层层状动力体系解析计算方法开展分析计算[16]。

如图 1 所示,将沥青路面结构简化为 n 层层状半空间体系。其中,路面考虑为多层层状体系($1\sim N-1$ 层),路基考虑为模量随深度的变化的半空间结构(N 层),荷载考虑为三向椭圆移动荷载。图中，P_x、P_y、P_z代表荷载于x、y、z方向上的应力分量；a_0、b_0表示椭圆荷载的x和y轴上的径长；E_{vn}、n_{en}、μ_{hn}、μ_{vn}、h_n分别表示第n层结构的垂直模量、模量比、水平与垂直方向泊松比、结构厚度；V表示速度，t表示时间。参考Vrettos[17]对各种颗粒土模量非均匀分布的研究，采用式(1)来描述路基模量E_{vN}垂直分布规律。

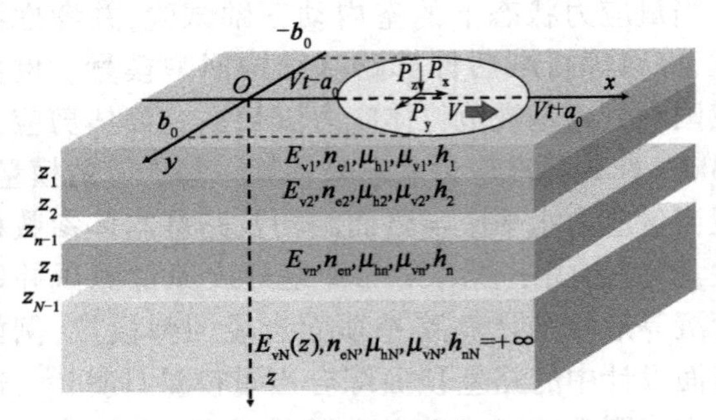

图1　移动荷载下多层层状体系力学模型

$$E_{vN}(z)=E_{v0}+(E_{v\infty}-E_{v0})(1-\mathrm{e}^{-\alpha z}) \tag{1}$$

式中：$E_{vN}(z)$——路基沿深度的垂直模量；

E_{v0}——路基表面模量；

$E_{v\infty}$——路基无穷处垂直模量；

α——描述模量沿深度变化程度的无量纲常数；

e——自然常数，e≈2.718；

z——路基面垂直距离。

1.2　路基动力响应计算

为全面获取路基内部动力响应，以无机结合料稳定类基层和粒料类底基层、无机结合料稳定类基层和无机结合料稳定类底基层两类路面结构为例开展计算，设置了如表1、表2所示的参数范围。各结构层参数取值依据《公路沥青路面设计规范》(JTG D50—2017)。车速考虑为20km/h、40km/h、60km/h、80km/h、100km/h、120km/h共6个水平，轴载考虑为700kPa，直径21.3cm的双圆垂直均布荷载。计算时，在表1、表2所示范围内随机生成400组路面结构，分别计算不同车速下路基4.0m范围内竖向应力、水平应力大小。

无机结合料稳定类基层和粒料类底基层路面结构参数取值表　　表1

结构层	E_v(MPa)	n_e	$\mu_v(=\mu_h)$	h(m)	ρ(kg·m^{-3})	层间接触系数F_n(m^3·N^{-1})
面层	7000~13000，线弹性	0.1~0.5	0.25	0.02~0.25	2.4×10^3	$F^x=F^y=1\times10^{-10}\sim1\times10^{-4}$，$F^z=1\times10^{-10}$
基层	7000~14000，线弹性	0.1~0.5	0.25	0.15~0.60	2.3×10^3	$F^x=F^y=1\times10^{-10}\sim1\times10^{-4}$，$F^z=1\times10^{-10}$
底基层	200~600，线弹性	0.1~0.5	0.35	0.15~0.20	2.0×10^3	$F^x=F^y=1\times10^{-10}\sim1\times10^{-4}$，$F^z=1\times10^{-10}$
路基	E_{v0}:50~200 $E_{v\infty}-E_{v0}$:50~200 α:0.01~0.20	1.00	0.30~0.40	∞	1.8×10^3	—

注：层间接触系数1×10^{-10}近乎完全连续，1×10^{-4}则基本处于完全滑动。

无机结合料稳定类基层和无机结合料稳定类底基层路面结构参数取值表　　表2

结构层	E_v(MPa)	n_e	$\mu_v(=\mu_h)$	h(m)	ρ(kg·m^{-3})	层间接触系数F_n(m^3·N^{-1})
面层	7000~13000，线弹性	0.1~0.5	0.25	0.02~0.25	2.4×10^3	$F^x=F^y=1\times10^{-10}\sim1\times10^{-4}$，$F^z=1\times10^{-10}$
基层	7000~14000，线弹性	0.1~0.5	0.25	0.20~0.50	2.3×10^3	$F^x=F^y=1\times10^{-10}\sim1\times10^{-4}$，$F^z=1\times10^{-10}$
底基层	7000~14000，线弹性	0.1~0.5	0.25	0.15~0.20	2.3×10^3	$F^x=F^y=1\times10^{-10}\sim1\times10^{-4}$，$F^z=1\times10^{-10}$
路基	E_{v0}:50~200 $E_{v\infty}-E_{v0}$:50~200 α:0.01~0.20	1.00	0.30~0.40	∞	1.8×10^3	—

1.3　路基动三轴加载序列

所建立的回弹模量加载序列包含围压σ_3、循环应力σ_d、接触应力σ_c，分别对应路基结构内部的围压、动偏应力和静偏应力，结合路基内部受力状态，应按式(2)进行计算。分别对路基不同深度处的围压σ_3、循环应力σ_d、接触应力σ_c开展计算，可得到如图2所示的应力状态面。

$$\begin{cases}\sigma_3=K_0(\rho gz+\sigma_0)+\sigma_{D3}\\ \sigma_d=\sigma_{D1}\\ \sigma_c=(1-K_0)(\rho gz+\sigma_0)\end{cases} \tag{2}$$

式中：K_0——静止土压力系数，取 $K_0=\mu/(1-\mu)$；

ρ——密度；

g——重力加速度，取 9.8m/s^2；

σ_{D1}——垂直动载；

σ_{D3}——水平动载；

σ_0——上覆路面结构重度，按实际路面厚度计算。

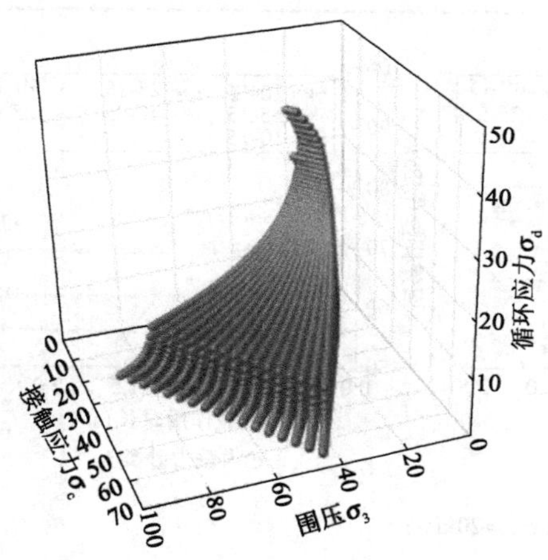

图 2　路基土内部应力状态

从图中可见，应力状态面在空间内近似呈现一个三角锥的形状。进一步的，综合上述全部的应力状态，将围压和接触应力等分成 10 个区块，每个区块内读取最大循环应力和最小循环应力，按照区块中心-循环应力最大值和最小值绘制了如图 3 所示的应力状态包络面。根据图 3 包络面，选取了如图 3 和表 3 所示的 28 个典型应力状态。拟合结果进行计算。分别计算 20km/h、40km/h、60km/h、80km/h、100km/h、120km/h 车速下路基不同深度位置的荷载作用时长范围，另外选择 6 个典型荷载作用时长，分别为 100ms、200ms、400ms、700ms、1000ms 和 2300ms。

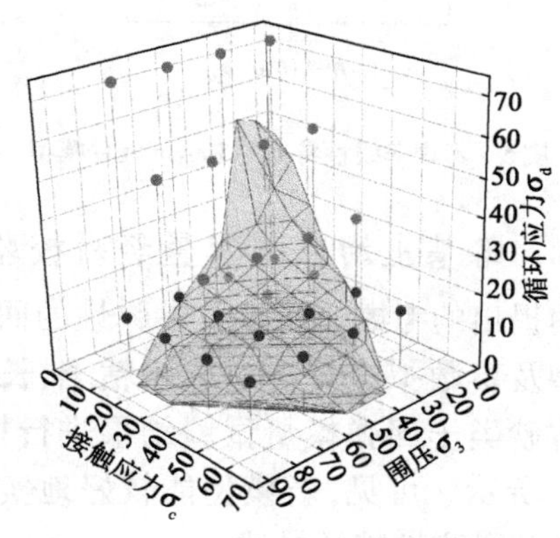

图 3　路基土应力状态包络面及典型应力状态选取

考虑静偏应力水平路基土加载序列　表 3

序列	围压 σ_3 (kPa)	循环应力 σ_d (kPa)	接触应力 σ_c (kPa)	循环次数
0	60.0	35.0	40.0	1000
1	20.0	15.0	10.0	100
2	40.0	15.0	10.0	100
3	60.0	15.0	10.0	100
4	80.0	15.0	10.0	100
5	20.0	15.0	25.0	100
6	40.0	15.0	25.0	100
7	60.0	15.0	25.0	100
8	80.0	15.0	25.0	100
9	20.0	15.0	40.0	100
10	40.0	15.0	40.0	100
11	60.0	15.0	40.0	100
12	80.0	15.0	40.0	100
13	20.0	15.0	55.0	100
14	40.0	15.0	55.0	100
15	60.0	15.0	55.0	100
16	80.0	15.0	55.0	100
17	20.0	35.0	40.0	100
18	40.0	35.0	40.0	100
19	60.0	35.0	40.0	100
20	80.0	35.0	40.0	100
21	20.0	55.0	25.0	100
22	40.0	55.0	25.0	100
23	60.0	55.0	25.0	100
24	80.0	55.0	25.0	100
25	20.0	75.0	10.0	100
26	40.0	75.0	10.0	100
27	60.0	75.0	10.0	100
28	80.0	75.0	10.0	100

2　路基土动回弹模量表征模型

2.1　路基土动回弹模量试验

选取黏土、砂类土 2 种典型细粒土，采用现行《公路土工试验规程》完成了基本土性试验测试，结果如表 4 所示。进而，分别开展 100ms、200ms、400ms、700ms、1000ms 和 2300ms 荷载作用时长下动三轴试验（表 3）。试验设备采用意大利 Controls 公司的 Dynatriax100/14 动三轴试验系统。荷载为半正矢脉冲荷载,间歇时间统一取0.9s。试验结果如图4所示。可见,不同荷载作用时长及应力状态下回弹模量差异明显,路基土同时具有非线性和黏弹性特征。

路基土基本物性参数表　　表4

土样来源	相对密度	液限	塑性指数	最佳含水率	最大干密度	细粒含量	分类
广州	2.67	20.2	14.4	12.1	1.80	65.6	低液限黏土
长沙	2.74	38.3	18.2	10.1	2.00	62.8	
内蒙古	2.59	19.7	8.1	7.7	1.88	2.6	砂类土

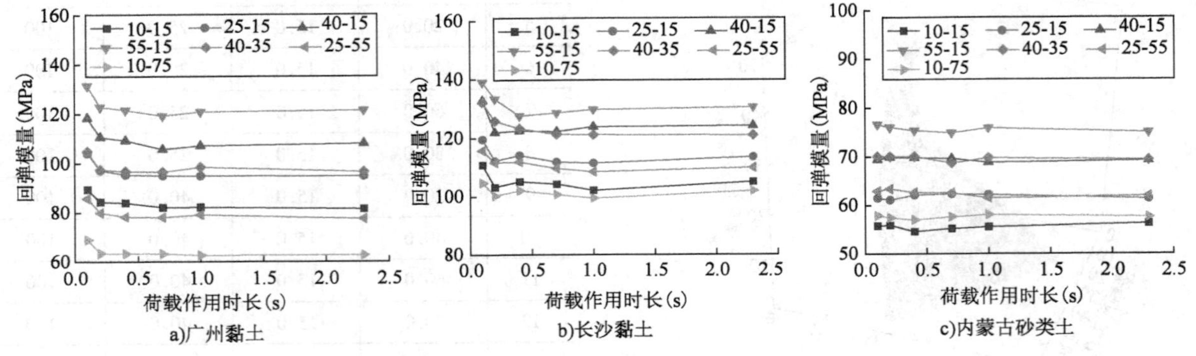

图4　新加载序列下动三轴试验结果(σ_3 = 20kPa)

注:图例为"接触应力-循环应力"。

2.2　路基土动回弹模量预估模型

对于非线性,由于传统$K-\theta$模型、Uzan模型、NCHRP 1-28A模型以及Ni模型在拟合时忽略了偏应力的动静来源,使得拟合效果不佳,相关系数普遍低于0.60。由于篇幅原因,这里不展示拟合结果。因而,本文将八面体剪应力τ_{oct}拆分出由动载产生的τ_{octD}以及由静载产生的τ_{octS}两部分。参照广泛应用的NCHRP 1-28A模型,构建如式(3)所示的预估模型。

$$E = k_0 p_a \left(\frac{\theta}{p_a}\right)^{k_1} \left(\frac{\tau_{octD}}{p_a}+1\right)^{k_2} \left(\frac{\tau_{octS}}{p_a}+1\right)^{k_3} \quad (3)$$

式中:k_0、k_1、k_2、k_3——拟合参数;

τ_{octD}——动偏应力;

τ_{octS}——静偏应力;

p_a——标准大气压。

对于黏弹性,可通过元件模型进行描述。黏弹性元件模型构成越复杂,所描述的黏弹性行为也越接近实际试验中黏弹性行为。但相应的,拟合参数将成倍增加,进而导致路基参数拟合难度大幅提升。从应用上看,单个弹簧和黏壶元件的组合便可实现回弹模量的频率相关特性。考虑到路基回弹模量是在消除了塑形应变基础上得到的,因而采用Kelvin模型作为基础黏弹性模型。进一步的,定义弹簧元件参数E和黏壶元件参数η与应力状态存在函数关系,模型如图5所示。对于弹性元件参数f_1,认为其满足式(3);对于黏壶元件参数函数f_2,也可建立类似于式(3)的函数,但这样将导致模型参数多达8个,不便于模型使用。因而,这里引入阻尼系数的概念,定义$\eta = k^* E$。这样处理后,仅需k_0、k_1、k_2、k_3、k^*五个参数便可同时考虑非线性及黏弹性两个因素。

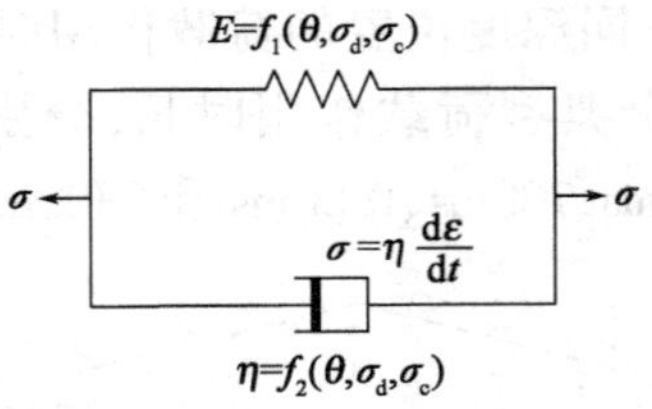

图5　考虑非线性特征的Kelvin元件模型

2.3　路基土动回弹模量经验校验

应用提出的考虑非线性及黏弹性的回弹模量预估模型及参数拟合算法对广州粘土、长沙粘土和内蒙古砂类土回弹模量试验结果进行拟合,结果如表5所示。可见,新模型能较好地实现路基土非线性和黏弹性特征描述。

预估模型拟合效果 表5

土样	k_0	k_1	k_2	k_3	k^*	R	平均误差
广州黏土	0.85	0.10	-1.43	1.79	0.014	0.97	4.66%
长沙黏土	0.99	0.04	-0.22	1.17	0.012	0.96	1.89%
内蒙古砂类土	0.64	0.57	-1.12	0.24	0.001	0.99	1.43%

3 路基设计模量确定方法

3.1 路基设计模量等效算法

弹性层状体系理论仍是当前路基路面设计时采用的经典模型。对于设计者而言，路基部分仅需模量这一个参数，而对其背后复杂的特征往往并不关注。回弹模量预估模型代表的是路基内一点模量和应力状态间的关系，由此需要开展等效迭代计算获得路基整体模量，即路基设计模量。考虑到沥青路面设计规范采用路基层顶压应变作为路基结构设计指标，本节初步选择广泛应用的弯沉响应和规范体系的压应变响应作为等效指标建立设计模量计算方法。步骤如下：

(1)建立对应数值模型，输入荷载条件开展计算，并读取目标响应 Res。

(2)构建与步骤(1)中完全相同尺寸的路面结构有限元模型，路面部分参数及荷载与步骤(1)一致，但路基则假定为线弹性结构。按式(4)计算路基模量初始值 $M_{\mathrm{R}}^{(0)}$。

(3)计算沥青路面动力响应，读取对应响应 $\mathrm{Res}^{(n)}$。按式(5)进行路基模量迭代计算，按式(6)计算迭代误差，并按式(7)进行收敛判定。

$$M_{\mathrm{R}}^{(0)}=\frac{1}{N_1}\sum_{i=1}^{N_1}\overline{E}_{1i}(t_{\mathrm{M}}) \tag{4}$$

式中：N_1——荷载作用中心位置沿深度方向对应结构层节点总数；

t_{M}——荷载峰值时刻。

$$M_{\mathrm{R}}^{(n)}=M_{\mathrm{R}}^{(n-1)}\times\frac{\mathrm{Res}^{(n-1)}}{\mathrm{Res}} \tag{5}$$

$$\mathrm{err}^{(n)}=\left|\frac{\mathrm{Res}^{(n)}-\mathrm{Res}}{\mathrm{Res}}\right| \tag{6}$$

$$\left|\frac{M_{\mathrm{R}}^{(n)}}{M_{\mathrm{R}}^{(n-1)}}-1\right|<0.01;\mathrm{err}^{(n)}<1\% \tag{7}$$

3.2 路基设计模量数据库建立

考虑路基非线性及黏弹性的三维数值模型计算存在收敛难、耗时长等问题，这里在进行路基路面响应计算时仍采用平面应变假设。模型长为20m，路基厚度取5m。路面考虑为线弹性结构，而路基部分则考虑非线性及黏弹性特征。模型整体由 CPE4 单元以及 CINPE4 无限元单元组成。路基应力状态计算见式(8)。取 20km/h、40km/h、60km/h、80km/h、100km/h、120km/h 共6个车速。路面结构参数取值同表1、表2。对于路基参数，k_0 范围 0.3~3.0，k_1 范围 0.0~0.6，k_2 范围 -3.0~1.0，k_3 范围 -1.0~5.0，k^* 范围 0.0~0.1。对于每一组路基参数(k_1、k_1、k_2、k_3、k^*)，随机生成一组路面结构参数，应用 ABAQUS 开展不同车速下的路基等效结构模量计算。共完成1200组不同路面结构计算。

$$\begin{cases}\theta=(\sigma_{Dx}+\sigma_{Dy}+\sigma_{Dz})+(1+2K_0)(\rho gz+\sigma_0)\\ \tau_{\mathrm{octD}}=\dfrac{1}{3}[(\sigma_{Dx}-\sigma_{Dy})^2+(\sigma_{Dy}-\sigma_{Dz})^2+\\ \qquad(\sigma_{Dx}-\sigma_{Dz})^2+6(\tau_{Dxy}^2+\tau_{Dxz}^2+\tau_{Dyz}^2)]^{0.5}\\ \tau_{\mathrm{octS}}=\sqrt{2}/3\times(1-K_0)(\rho gz+\sigma_0)\end{cases} \tag{8}$$

式中：σ_{Dx}、σ_{Dy}、σ_{Dz}——x, y, z 方向上的附加动应力；

τ_{Dxy}、τ_{Dyz}、τ_{Dxz}——$x-y$、$y-z$、$x-z$ 面上的剪应力，均由有限元迭代计算获得。

两类路面结构下基于弯沉以及压应变等效的路基结构模量对比如图6所示。可见，压应变等效原则结果大多小于弯沉等效原则。若采用弯沉等效原则，则路基顶面计算压应变大多低于实际值，使得设计偏危险。加之路基顶面压应变更符合现行沥青路面设计体系，因而选取路基顶面压应变作为等效指标。

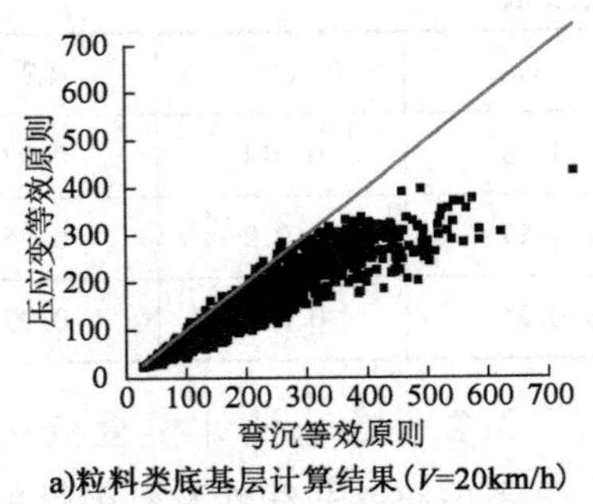

a)粒料类底基层计算结果(V=20km/h)

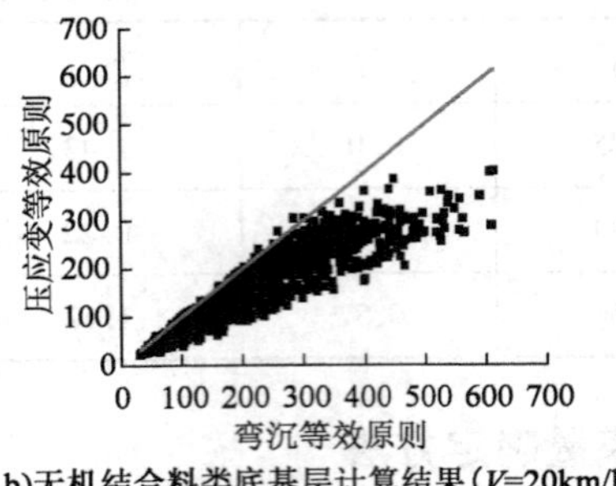

b)无机结合料类底基层计算结果(V=20km/h)

图6　不同等效原则下路基结构模量对比图

3.3　路基设计模量快速预估模型

基因表达式编程算法(Gene Expression Programming,GEP)是一种新型自适应演化算法,由Ferreira在遗传算法和遗传编程的基础上提出的。其既有遗传算法“定长线性串”的简单,也有遗传编程“动态树结构”的搜索能力。与遗传算法基本类似,GEP算法主要包括:初始化种群、适应度计算、选择、变异、重组、转座等步骤。考虑到篇幅原因,本文不再对基本GEP算法进行详述,相关细节可见文献[18]。值得指出的是,本文在采用该算法时,变量集T不仅仅包含路面厚度、路基参数以及车速等自变量,还包括若干模型拟合参数,在获得个体染色体对应的数学表达式基础上,对表达式按照最小二乘法原则拟合模型参数,进而对拟合效果进行评价。个体适应度评价计算如式(9)所示,GEP算法参数选择如表6所示。优选的经验公式分别如式(11)和式(12)所示,拟合结果如图7所示。可见,路基动回弹模量应是一个状态量,与路面结构类型及车速紧密相关。综上所述,所提出的经验公式能满足现场实际应用,亦可作为一种高效的路基结构模量确定方法。

$$\mathrm{Fit}_i = \left(1 + \frac{\mathrm{Err}_i - \mathrm{Err}_{\min}}{\mathrm{Err}_{\max} - \mathrm{Err}_{\min}}\right)^{-1} \tag{9}$$

式中:　Fit_i——个体i的适应度值;

Err_i——个体i染色体对应数学表达式平均拟合误差;

$\mathrm{Err}_{\max}$、$\mathrm{Err}_{\min}$——所有个体误差Err_i中的最大和最小值。

多种群GEP算法模型参数表　　表6

参数名	参数值
种群规模	子种群数量4,子种群个体数200,总个体数4×200=800
移民概率	0.25
迭代上限	600
选择方式	竞标竞赛法,每次随机抽取20%个体,取适应度最高个体。累计共抽取20%个体
符号集F	{+,-,×,÷,^}
变量集T	自变量组(7个):路面厚度H,路基参数k_0、k_1、k_2、k_3、k^*,车速V模型拟合参数(14个):A_1~A_{14}
基因个数,头基因长度	7,12
基因连接符⊗	×
变异率	0.02+0.18×(当前迭代/迭代上限)
重组率	0.20(单点、双点重组概率均为0.10)
基因重组率	0.05
基因转座率	15%(顺序插入、根转座、基因转座各5%)
转座数量	1、2、3、4、5、6

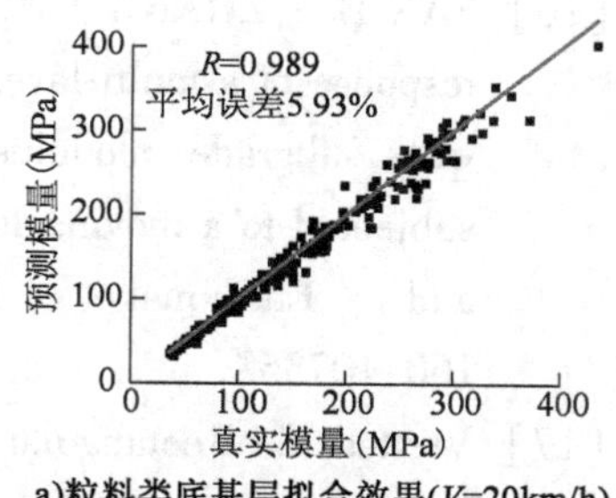

a)粒料类底基层拟合效果(V=20km/h)

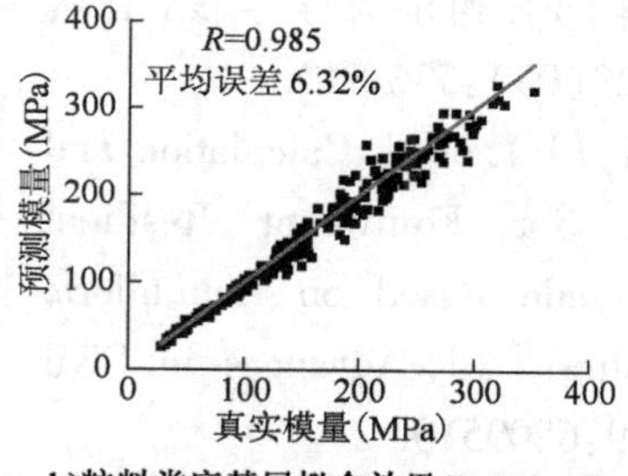

b)粒料类底基层拟合效果(V=20km/h)

图7 GEP算法路基结构模量测试集预测效果

$$\overline{M}_{R}=(0.033H+0.144)\times(2.485+0.518k^{*}V-81.255k_{0})\times 1.161^{[(0.351/H+k^{*})k^{*}V+k_{1}]\times 0.810+0.221}\times(k_{2}+8.935)\times 1.048^{k_{3}}\times(k^{*}-0.813) \tag{10}$$

$$\overline{M}_{R}=(1.714k_{0}k^{*}H)\times[(-1.388H+0.587k_{0})k^{*}+0.264]\times[2.133+(0.118Hk_{3}+1.120)k^{*}]\times 1.289^{k_{2}+(1+0.231V)k^{*}-0.0006}\times 1.042^{k_{3}}k_{0}\times[51.669+(k_{2}-10.611)Hk_{2}]\times(-0.0006/k_{1}+k^{*}+3.417) \tag{11}$$

4 结语

本文路基动回弹模量还存在模型不准确、试验不合理、设计不正确等问题。开展了路基动回弹模量研究,解决了路基设计模量取值难题,主要结论如下:

(1)路基土动三轴试验时应全面考虑路基内部应力状态,其接触应力不应设置为围压或循环应力的固定倍数。

(2)路基土动回弹模量不仅受应力状态的显著影响,同时还受荷载作用时长的显著影响,应全面考虑其非线性及黏弹性。

(3)路基设计模量宜采用压应变等效原则开展计算,且路基设计模量为与路面结构类型、车速相关的变量。本文所提出路基设计模量经验模型具有良好的实用性。

参考文献

[1] NG CWW, ZHOU C, YUAN Q, et al. Resilient modulus of unsaturated subgrade soil: experimental and theoretical investigations[J]. Canadian Geotechnical Journal, 2013, 50(2): 223-232.

[2] 中国公路学报编辑部. 中国路基工程学术研究综述2021[J]. 中国公路学报, 2021, 34(03): 1-49.

[3] 张军辉,彭俊辉,郑健龙. 路基土动态回弹模量预估进展与展望[J]. 中国公路学报, 2020, 33(01): 1-13.

[4] 罗志刚. 路基与粒料层动态模量参数研究[D]. 上海:同济大学, 2007.

[5] 蒋红光,陈思涵,孙辉,等. 黄泛区中高液限黏土动、静态回弹模量及预估模型研究[J]. 中国公路学报, 2021, 34(03): 103-112.

[6] LIN B, ZHANG F, FENG D. Long-term resilient behaviour of thawed saturated silty clay under repeated cyclic loading: experimental evidence and evolution model[J]. Road Materials and Pavement Design, 2019, 20(3): 608-622.

[7] 刘维正,万家乐,徐阳,等. 反复湿化和动载作用下路基红黏土累积变形特性研究[J]. 中国公路学报, 2022, 35(8): 129-139.

[8] 臧濛,孔令伟,郭爱国. 静偏应力下湛江结构性黏土的动力特性[J]. 岩土力学, 2017, 38(1): 33-40.

[9] SEED HB, MITRY FG, MONOSMITH CL, et al. Prediction of Pavement Deflection from Laboratory Repeated Load Tests[C]. NCHRP Report, 1967, 35: 22-43.

[10] UZAN J. Characterization of Granular Material[J]. Transportation Research Record, 1985, 1022(1): 52-59.

[11] WITCZAK M, UZAN J. The Universal Airport Design System, Report I of IV. Granular Material Characterization [D]. Maryland: University of Maryland, 1988.

[12] 姜爱锋,姚祖康. 路面结构中地基顶面当量

回弹模量的换算[J].同济大学学报(自然科学版),2001,29(05):536-540.

[13] YAO Y, QIAN J, LI J, et al. Calculation and Control Methods for Equivalent Resilient Modulus of Subgrade Based on Nonuniform Distribution of Stress[J]. Advances in Civil Engineering,2019:6809510.

[14] 蒋应军,侯传岭,秦宪峰,等.基层顶面当量回弹模量换算新方法[J].公路交通科技,2005,22(5):38-42.

[15] Peng Junhui, Zhang Junhui, Li Jue, et al. Modeling humidity and stress-dependent subgrade soils in flexible pavements[J]. Computers and Geotechnics, 2020, 120:103413.

[16] FAN H S, ZHANG J H, ZHENG J L. Dynamic response of a multi-layered pavement structure with subgrade modulus varying with depth subjected to a moving load[J]. Soil Dynamics and Earthquake Engineering, 2022, 160:107358.

[17] Vrettos C. Rectangular footing on soil with depth-degrading stiffness: Vertical and rocking impedances under conditional existence of surface waves[J]. Soil Dynamics and Earthquake Engineering,2014,65:294-302.

[18] 张克俊.基因表达式编程理论及其监督机器学习模型研究[D].杭州:浙江大学,2010,17-38.

挤扩支盘桩沉降分析与承载力特性研究

谢宏丽　周志军*

(长安大学公路学院)

摘　要　为了完善挤扩支盘桩在承载力以及沉降简化和模拟方面的研究，本文通过ABAQUS模拟潮汕京灶大桥挤扩支盘桩实际运用情况，与现场实测数据对比，建立了四组模拟试验，对挤扩支盘桩与传统灌注桩的沉降特性和承载力特性进行分析对比。结果表明：在相同位移荷载作用下，挤扩支盘桩的承载力显著高于传统灌注桩的承载力，单盘、双盘、三盘挤扩支盘桩的承载力差别不大；当传统灌注桩达到破坏位移时，挤扩支盘桩仍有继续承载的能力，挤扩支盘桩的极限承载力约为传统灌注桩的1.5倍；在正常荷载作用下，挤扩支盘桩抗变形能力强，产生的沉降量小；与在正常荷载作用时的 Q-s 曲线相比，挤扩支盘桩不同盘在极限荷载作用时的 Q-s 曲线波动更大。研究结果为完善挤扩支盘桩理论提供参考，对指导设计施工具有重大意义。

关键词　挤扩支盘桩　传统灌注桩　沉降　承载力　ABAQUS

0 引言

挤扩支盘桩是一种在传统灌注桩基础上，采用仿生原理而发展的，在具有较高承载力的土层，用液压挤扩设备通过挤扩形成具有若干分支、承力盘，再放入钢筋笼并灌注混凝土，形成挤扩支盘桩，是传统灌注桩与侧向液压挤扩设备相结合构成的增设盘或支而成的新型桩基技术[1]。挤扩支盘桩是由桩身和支盘组成的，桩身荷载可通过支盘传递到周围土体，从而使桩周围土体的应力状态得到改善，也能减小沉降量，提高单桩的承载力，从而获得良好的技术经济效果[2]。

目前，国内对支盘桩承载力性状的研究成果丰富。李勇[3]得出挤扩支盘桩具有小变形、缓变形、高回弹率的特点，并通过潮汕环线现场沉降监测的初步数据，说明了挤扩支盘桩的变形控制能

基金项目：陕西省交通科技项目(23-72K)。

力[4]。王伊丽等[5]探讨了支盘间距、支盘数量、支盘直径对挤扩支盘桩的不同影响，得出在工程实践应用中，应全面考虑施工难度、施工速度等因素，寻求最佳支盘间距、最优支盘数量和最优支盘直径。陈飞[6]通过现场原位测试验，表明挤扩支盘桩的荷载－沉降曲线为缓变型，加荷初期桩摩阻力发挥较多，加荷后期，摩阻力已发挥到极限，所加荷载主要由支盘承担，支盘承担的荷载超过总荷载的一半，挤扩支盘桩的支盘阻力主要体现端承力的性质，桩侧摩阻力和承力盘阻力的发挥具有明显的时序效应。Wang 等[7]通过 ABAQUS 模拟，得出单挤扩支盘群桩的抗拔极限承载力比传统等直径群桩提高了 60%，挤扩支盘桩的承载力大于传统的灌注桩。张敏霞等[8]得出挤扩支盘桩通过增大桩周土体变形位移场的范围，减小了土体变形位移场的强度，提高了桩基承载能力。尽管上述学者在挤扩支盘桩的承载力特性以及沉降方面的研究很有参考意义，但也普遍存在现场试验耗费大、测点少、试验数据少、耗费时间精力多的问题[9]。

挤扩支盘桩在实际运用中仍存在许多的不确定性，在沉降的合理简化与准确模拟等方面的研究需进一步开展[10]。本文以潮汕京灶大桥挤扩支盘桩的实际应用情况为背景，利用有限元软件，与依托工程沉降结果进行对比，提高成果的可信度[11]。在此基础上建立新的模型，探究在相同位移荷载以及相同荷载作用下，挤扩支盘桩与传统灌注桩的沉降特性和承载力特性，对完善支盘桩理论、指导设计施工具有重大意义。

1 现场试验与数值模拟对比分析

1.1 现场数据

根据潮汕京灶大桥挤扩支盘桩的实际应用情况，取金灶枢纽互通主线桥变径桩 12#1 的试验数据，桩长 $L = 56.5$m，桩径为 $d = 1.8/1.4$m。共设置了 5 个支盘，位于粉砂、细砂、粉质黏土、中砂、粉质黏土中，现场土层物理参数见表 1。

现场土层物理参数　　表 1

土层	密度 ρ(g·cm^{-1})	弹性模量 E_s(MPa)	黏聚力 C(kPa)	内摩擦角 φ(°)
淤泥	1498	0.8	7.2	5.8
粉质黏土	1506	18.35	15.63	23.9
粉砂	1658	28.5	9.65	26.6

续上表

土层	密度 ρ(g·cm^{-1})	弹性模量 E_s(MPa)	黏聚力 C(kPa)	内摩擦角 φ(°)
粉质黏土	1833	19.65	23.27	18.9
粉砂	1579	30.1	16.12	28.5
粉质黏土	1960	10.96	29.22	20.3
中砂	1708	45.2	25.54	35.9
粉质黏土	2089	17.59	40.76	25.8
粗砂	1812	78.23	19.24	41.5

1.2 模型建立

采用 ABAQUS 进行数值模拟[12]，与潮汕京灶大桥挤扩支盘桩的实际沉降变形曲线进行对比分析。设置土体边长为桩径的 20 倍，即横向设置为 36m；设置土体高度为桩长的 2 倍，即纵向设置为 113m[13]。

由于挤扩支盘桩支盘的成型过程中存在挤密效应，必须考虑在沉降及变形中周围土体模量的增长，因此在模拟过程中将支盘周围土体的弹性模量提高近 2 倍[14]。挤扩支盘桩桩身模型采用 C40 混凝土，如表 2 所示。

桩体参数　　表 2

密度	弹性模量	泊松比	摩擦系数
ρ(g·cm^{-1})	E_s(MPa)	μ	—
2500	41.50	27.76	0.68

1.3 模型验证

采用有限元软件在桩顶中心施加荷载 13400kN，单级加载 1340kN，分 10 级加载完成。提高支盘周围土体的弹性模量约 2 倍的情况下，现场试验沉降变形曲线与模拟沉降变形曲线较吻合。有限元模拟下 Q-s 曲线与现场试验结果比对见图 1。可知两者的拟合状态较好，故模型设置及其所取参数较为合理，可以认为模型能够反映挤扩支盘桩真实应力状态。

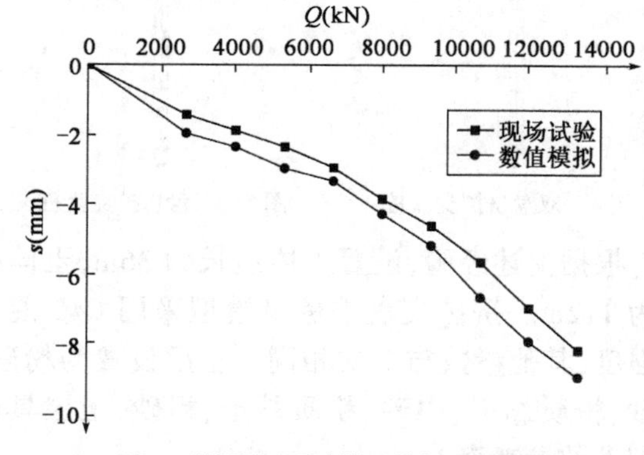

图 1　现场试验及有限元模拟沉降对比

2　有限元分析

设置四组模型对比试验，研究挤扩支盘桩与传统灌注桩的沉降变形特性、单桩承载能力，以及在正常荷载或极限荷载作用时单盘、双盘、三盘挤扩支盘桩 $Q\text{-}s$ 沉降变形曲线的差异。

2.1　参数设置

以潮汕京灶大桥实际运用情况为依托，建立3个挤扩支盘桩计算模型和1个传统灌注桩计算模型。挤扩支盘桩和传统灌注桩桩长 L 均设为56m，桩径 $d=1.8$m。挤扩支盘桩支盘高度设置为1.3m，支盘直径 $D=2.6$m，3个模型分别设置为单盘、双盘、三盘。单盘位于粉质黏土中，位置距离桩顶26m；双盘位于粉质黏土、中砂中，位置分别距离桩顶26m、39m；三盘位于粉质黏土、中砂、粉质黏土中，位置分别距离桩顶26m、39m、49m。具体模型参数见图2～图5。

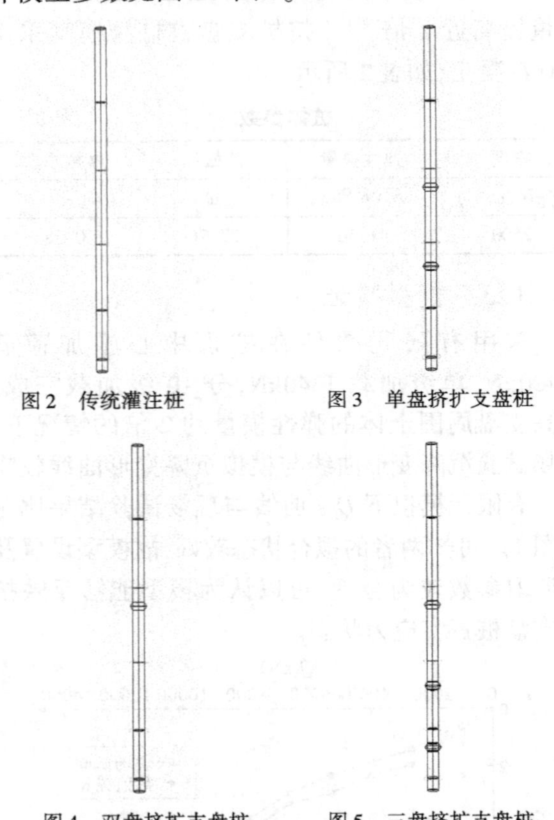

图2　传统灌注桩　　图3　单盘挤扩支盘桩

图4　双盘挤扩支盘桩　　图5　三盘挤扩支盘桩

根据上述经验，设置土体边长为36m，土体高度为112m。挤扩支盘桩桩身模型采用C40混凝土强度，其他参数与上文相同。土层设置为粉砂、细砂、粉质黏土、中砂、粉质黏土、粗砂，土层具体物理参数参考表1。

2.2　试验安排

(1)设置在相同位移20mm的情况下，得到传统灌注桩和挤扩支盘桩的正常承载力。进行挤扩支盘桩和传统灌注桩之间，以及各个盘数挤扩支盘桩之间承载力特性的对比。

(2)设置在相同位移40mm的情况下，得到传统灌注桩和挤扩支盘桩的极限承载力，将不同盘数的挤扩支盘桩极限承载力与传统灌注桩极限承载力进行对比。

(3)控制在正常荷载作用下，将不同盘数挤扩支盘桩沉降变形特性与传统灌注桩沉降变形特性进行比较。

(4)控制在极限荷载作用下，得到的各个盘数挤扩支盘桩 $Q\text{-}s$ 曲线与正常荷载作用下各个盘数的 $Q\text{-}s$ 曲线进行对比。

3　模拟结果分析

3.1　挤扩支盘桩承载力特性分析

当施加20mm的位移荷载时，此时沉降未达破坏值，对应输出的反力并不是极限承载力。图6为20mm位移下传统灌注桩和不同盘数挤扩支盘桩的 $Q\text{-}s$ 曲线。传统灌注桩和挤扩支盘桩在其他条件相同，控制位移荷载为20mm的工况下，传统灌注桩承载力为1985kN；单盘、双盘、三盘挤扩支盘桩在达到位移20mm时，承载力分别为6503kN、6911kN、7023kN，都远远超于传统灌注桩的承载力。可见挤扩支盘桩的承载力显著高于传统灌注桩的承载力，此种情况下挤扩支盘桩承载力约为传统灌注桩的3.5倍。

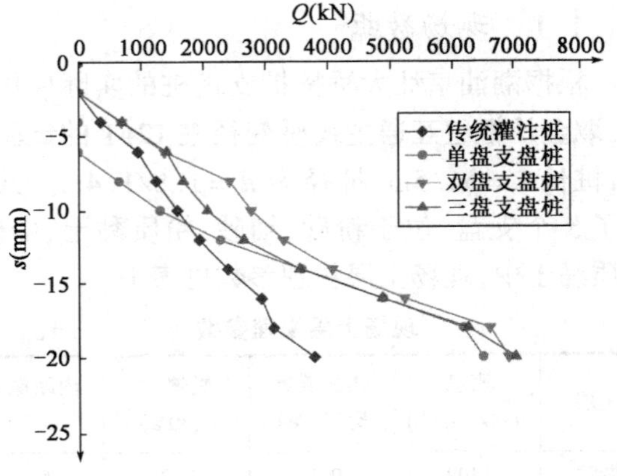

图6　20mm位移下传统灌注桩和挤扩支盘桩 $Q\text{-}s$ 曲线

当施加40mm的位移荷载时，此时沉降已达破坏值,对应输出的反力为极限承载力。图7为40mm位移下传统灌注桩和不同盘数挤扩支盘桩的Q-s曲线,在其他条件相同,位移荷载为40mm的工况下,传统灌注桩承载力为16194kN,单盘、双盘、三盘挤扩支盘桩在达到位移40mm时,荷载分别为22934kN、23453kN、23535kN。当传统灌注桩和挤扩支盘桩都达到破坏位移时,挤扩支盘桩的极限承载力约为传统灌注桩的1.5倍,主要是由于支盘增大了桩体和桩周土体的接触面积,同时挤扩设备也对附近土体产生挤密作用。

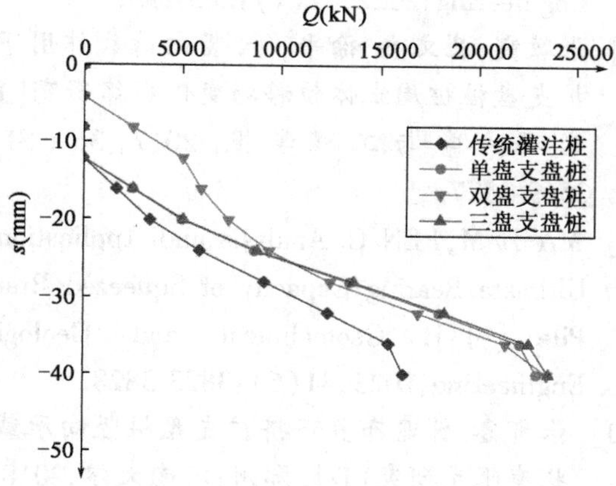

图7 40mm位移下传统灌注桩和挤扩支盘 Q-s 曲线

由于桩身形成的支盘与周围土体形成的侧阻力和摩擦阻力的共同作用,使挤扩支盘桩具有较大的侧阻力和摩擦阻力,这些都有效的增加了挤扩支盘桩的承载力,导致挤扩支盘桩相对传统灌注桩展现出更优越的承载力特性。

在控制位移荷载相同的情况下,单盘、双盘、三盘挤扩支盘桩的承载力差别不大,Q-s曲线基本吻合。对于单桩挤扩支盘桩,不同支盘位置的分布,适当调整对整个桩体的承载力性状影响不大。

挤扩支盘桩承载特性的优越发挥,根本原因在于挤扩设备对支盘附近土体的挤密作用。挤扩支盘桩在竖向荷载作用下,不同盘所承受的荷载大小是不一样的,支盘是承受荷载的主要部位[15]。为了增大支盘承力效果,将大部分荷载传递给桩周土体,增大桩基的承载能力,应该尽量在压缩性低、抗剪强度高等力学条件较好的土层中设置支盘。

3.2 挤扩支盘桩沉降特性分析

分别在传统灌注桩和不同盘数挤扩支盘桩桩顶施加竖向荷载,每级加载1340kN,分10级加载完成。提取各级荷载作用下桩顶中心节点的沉降,如图8所示为正常荷载作用下传统灌注桩和不同盘数挤扩支盘桩的Q-s曲线。当荷载加载到13400kN时,传统灌注桩累计沉降量为33.92mm,单盘、双盘、三盘挤扩支盘桩累计沉降量分别为24.71mm、24.22mm、24.06mm。可见在相同荷载的作用下,挤扩支盘桩的沉降量小于传统灌注桩。

控制荷载相同的情况下,在传统灌注桩和不同盘数挤扩支盘桩桩顶施加24000kN荷载,每级加载2400kN,分10级加载完成。提取各级荷载作用下桩顶中心节点的沉降,如图9所示为极限荷载作用下传统灌注桩和不同盘数挤扩支盘桩的Q-s曲线。荷载加载到16800kN时,传统灌注桩的累计沉降量已超过40mm。当荷载达到24000kN时,传统灌注桩的累计沉降为57.89m,挤扩支盘桩单盘、双盘、三盘的累计沉降量分别为43.02mm、40.99mm、40.79mm。可见挤扩支盘桩的承载能力比传统灌注桩高了17.07%。由于挤扩支盘桩在挤扩过程中对周围土体的挤压作用,使挤扩支盘桩侧阻力和摩擦阻力可以有效的分散荷载,从而使桩基承载能力得到提升,故当传统灌注桩达到极限承载力时,其挤扩支盘桩的扩张土体体系仍能继续承载一部分荷载。

根据图8和图9,比较单盘、双盘、三盘挤扩支盘桩在正常荷载作用下和极限荷载作用下的沉降变形曲线,正常荷载作用下的挤扩支盘桩Q-s曲线几乎重叠,极限荷载作用下的挤扩支盘桩Q-s曲线拟合程度良好。可见极限荷载作用下的沉降曲线,会比正常荷载情况下的沉降曲线差异更大,可能是由极限荷载工况下端阻力占主导作用,而正常荷载工况下端阻力表现不明显,侧阻力为主导作用引起的。

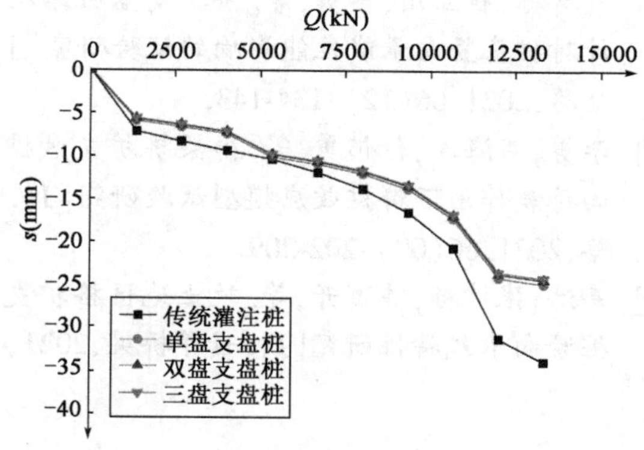

图8 正常荷载下传统灌注桩和挤扩支盘桩 Q-s 曲线

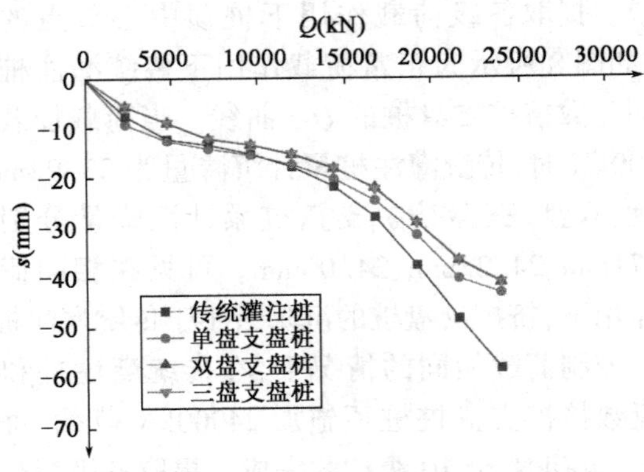

图9 极限荷载下传统灌注桩和挤扩支盘桩 Q-s 曲线

4 结语

(1)单盘、双盘、三盘挤扩支盘桩的承载能力差别不大,Q-s 曲线基本吻合。由于支盘增大了桩身和桩周土体的接触面积,同时挤扩设备也对附近土体产生挤密作用,导致挤扩支盘桩的承载力显著高于传统灌注桩的承载力。

(2)由于挤扩支盘桩在施工过程中存在挤扩作用,使挤扩支盘桩相对传统灌注桩而言,增加了侧阻力和摩擦阻力,能更好地分担荷载。因而在相同荷载作用下,挤扩支盘桩的沉降量明显小于传统灌注桩,挤扩支盘桩有较好的抗变形能力。

(3)单盘、双盘、三盘挤扩支盘桩在极限荷载作用下 Q-s 曲线比正常荷载作用下 Q-s 曲线差异更大。因此挤扩支盘桩在设计与施工时,应该充分考虑其在极限荷载作用下的沉降问题以及承载力情况,确保桩基安全稳定。

参考文献

[1] 巨玉文,梁仁旺,赵明伟,等.竖向荷载作用下挤扩支盘桩的试验研究及设计分析[J].岩土力学,2004,(02):308-311,315.

[2] 黄群标,崔立川,李勇,等.挤扩支盘桩结构设计对桩基竖向承载性能影响的试验研究[J].公路,2021,66(12):134-143.

[3] 李勇,石海洋,付佰勇,等.桥梁挤扩支盘桩竖向荷载作用下群桩效应模型试验研究[J].公路,2021,66(09):202-209.

[4] 易浩,张坤标,陈页开,等.软土地区挤扩支盘桩竖向承载特性研究[J].世界桥梁,2021,49(05):79-86.

[5] 王伊丽,徐良英,李碧青,等.挤扩支盘桩竖向承载力特性和影响因素的数值研究[J].土木工程学报,2015,48(S2):158-162.

[6] 陈飞,吴开兴,何书.挤扩支盘桩承载力性状的现场试验研究[J].岩土工程学报,2013,35(S2):990-993.

[7] WANG D H, JU Y Z, SONG MZ, et al. Uplift Bearing Capacity of Squeezed Branch Pile Group [J]. Geotechnical and Geological Engineering, 2022, 41(1):283-293.

[8] 张敏霞,崔文杰,徐平,等.竖向荷载作用下挤扩支盘桩桩周土体位移场变化规律研究[J].岩石力学与工程学报, 2017, 36(S1): 3569-3577.

[9] MA H M, PEN C. Analysis and Application of Ultimate Bearing Capacity of Squeezed Branch Pile [J]. Geotechnical and Geological Engineering, 2023, 41(6):3823-3828.

[10] 张贯鑫.错盘布置下挤扩支盘桩竖向承载性状有限元研究[D].郑州:河南大学,2018.

[11] 李连祥,李先军.不同扩径体数量、位置对支盘桩承载力的影响[J].山东大学学报(工学版),2016,46(05):88-94.

[12] ZHANG J, ZHANG Z, ZHANG S R, et al. Numerical simulation of the influence of pile geometry on the heat transfer process of foundation soil in permafrost regions[J]. Case Studies in Thermal Engineering, 2022, 38(2022):102324.

[13] 向劲东,彭社琴,郑卫锋,等.基于FLAC3D盘径比对挤扩支盘桩承载性状的影响研究[J].建筑技术,2020,51(08):971-975.

[14] 李勇,易绍平,贺冠军.桥梁挤扩支盘桩沉降分析与抗变形能力[J].广东公路交通,2019,45(05):49-54.

[15] 宋大明,刘飞,尚俊良,等.竖向荷载作用下挤扩支盘桩承载性能分析[J].公路与汽运,2022(5):99-102.

土拱效应下桩间距计算方法研究现状与展望

李怀鑫*
（长安大学公路学院）

摘　要　公路边坡支护工程中，桩间距是抗滑桩设计中的重要参数，通过现场经验对桩间距进行估计缺乏系统的理论支撑，而理论计算中是否考虑土拱效应所得到的桩间距值具有较大的误差，因此鉴于土拱效应对桩间距计算的重要性，本文对目前桩间距的计算方法进行了系统总结，从模型试验、数值仿真、理论计算等方面归纳总结土拱效应下桩间距计算方法研究现状，并通过工程案例分析不同理论计算结果的差异性，旨在能够建立统一目前主流理论的桩间距计算公式。同时，指出土拱效应条件下桩间距计算方法研究的发展趋势，并针对土拱效应条件下桩间距的计算方法提出了相关建议，以期对未来抗滑桩桩间距方面的计算与分析提供新思路。

关键词　公路工程　土拱效应　抗滑桩　桩间距　土压力　研究综述

0　引言

西部交通基础设施建设中，高速公路沿线山区地形复杂、地质条件多变，高边坡的挖方或填方路基结构易导致工程滑坡问题，而抗滑桩作为稳定滑坡的支挡结构，具有抗滑能力强、施工安全等优点，因此广泛应用于公路边坡支护工程中。由于桩间距是抗滑桩设计的主要内容之一，合理的桩间距既能减少资源的浪费，又能充分发挥抗滑桩的阻滑能力，因此近些年对抗滑桩桩间距的计算一直是研究的热点[1-2]。

抗滑桩的设计普遍采用非连续结构，其利用土体自身强度形成的拱效应将桩后土体的下滑推力传递到桩身以达到边坡支护效果。目前，抗滑桩桩间距的理论计算普遍考虑土拱效应影响，基于土拱效应的桩间距计算方法主要可分成三类。第一类为利用抗滑桩桩后和桩侧摩阻力之和不小于桩后滑坡推力的条件以及拱顶或拱脚处的强度准则求解桩间距，第二类为基于统一强度理论求解桩间距，第三类基于桩-土间相互作用机制求解桩间距，由于不同求解方法导致计算结果具有差异性，因此统一现有桩间距理论计算方法具有重要实践意义[3]。

为充分了解国内外关于土拱效应条件下桩间距计算方法的研究现状与进展，本文根据桩间距计算方法将相关研究内容分为模型试验、数值仿真以及理论计算等方面，并通过工程案例对理论解析中的计算误差进行了比较，最后阐述了相关研究中存在的不足，并对未来可能研究的方向进行了展望。

1　理论计算模型假设

抗滑桩支护边坡过程中桩体下部嵌入锚固层，而上部由于受力会产生变形问题，因此相关学者普遍假定桩体为刚性体，受力过程中不发生变形，而且土拱效应发生的前提是具有适当的桩间距以及土体类别。此外，基于土拱效应的桩间距通常需对理论模型进行假设，包括拱迹线以及土压力等。

1.1　拱迹线假设

合理的拱迹线假设有利于桩间距理论解析解的构建，Handy 等[4]在前人的研究成果上，采用 Mohr 应力圆对沟槽中介质由于土拱效应引起的应力重分布进行了研究，认为可用悬链线的小主应力轨迹来描述拱迹线；Adachi 等[5]将拱区定义成等边三角形来进行理论分析；Paik 等[6]则采用圆弧形的小主应力轨迹对挡土墙后的土拱效应进行分析；王一楠等[7]假定土拱为悬链形，并在此基础上开展土拱高度和土压力的计算；Kellogg 等[8]通过不同的工程实践发现，土拱迹线的形状存在抛物线形、半球形以及圆顶形等。由于拱迹线的不同导致土拱高度取值也具有差异性，Guido 等[9]依据土拱理论建议拱高取 0.71 倍抗滑桩桩间净距，H&R 等[10]采用半球壳土拱理论假设土拱高度为

0.5倍抗滑桩桩间净距;Chen等[11]对室内二维模型试验测得土拱高度为1.4~1.6倍抗滑桩桩间净距;曹卫平等[12]通过对台缙高速公路试验段的现场测试认为土拱高度为1.87倍抗滑桩桩间距。以上研究表明土拱效应的几何形态尚未达成共识导致拱迹线难以确定,且不同拱迹线假设条件下桩间土拱高度也具有差异性,因此相关学者[13]利用桩后均布荷载进行受力计算,从而避免因拱迹线形态差异导致的计算结果异同。

1.2 土压力假设

抗滑桩桩间距计算模型中通常考虑土拱效应,土拱效应最初来源于1884年英国科学家Roberts提出的"粮仓效应",土拱效应最初由Terzaghi[14]提出,并通过活动门试验(图1)对土拱效应开展了研究。

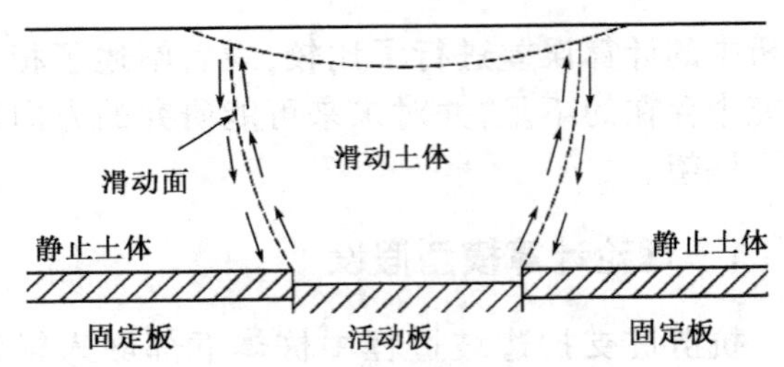

图1 Terzaghi活动门试验示意图

抗滑桩支护过程中改变了边坡内部原有应力状态,当抗滑桩受到滑体的推力后将反作用力施加于滑体,最终使边坡与抗滑桩达到一种平衡状态,由于边坡下滑力的计算结果直接影响到抗滑桩的设计,因此对滑坡推力的研究至关重要。由于桩后土拱效应的影响导致抗滑桩内侧土体应力发生偏转,因此基于土拱效应下的有限土压力计算结果差异性较大。戴自航等[15]在大量现场实验以及室内模型试验的基础上,将不同土质对应的滑坡下滑力分布形式进行总结,其汇总结果如表1所示。

滑坡推力分布函数[15] 表1

土体类别	推力形式	推力分布函数
岩石	矩形或平行四边形	$q(z)=\dfrac{E}{h}$
砂土或散体	三角形~抛物线形	$q(z)=\dfrac{(36k-24)E}{h^3}z^2+\dfrac{(18-24k)E}{h^2}z$
黏土	抛物线~三角形	$q(z)=\dfrac{(36k-24)E}{h^3}z^2+\dfrac{(18-24k)E}{h^2}z$
黏土和砂土间	梯形	$q(z)=\dfrac{1.8E}{h^2}z+\dfrac{E}{10h}$

2 桩间距计算方法

2.1 模型试验

考虑到土拱效应对抗滑桩设计的重要性,模型试验一种常见的研究手段,其通过比例缩小或等比模型上进行相应试验,试验对象为仿照原型或实际结构,并按照一定比例尺复制而成的试验代表物,由于模拟条件必须是几何相似、物理相似和材料相似,因此模型试验具有实际结构的全部或部分特征,可根据模型相似理论由模型的试验结果反向推算实际结构的工作模型。Lawrence等[16]通过现场抗滑桩模型试验,对桩周土的受力机理进行监测并进行分析;金林等[17]通过红外热成像技术开展抗滑桩土拱效应的模型试验,从温度场角度对桩间土拱效应的形成与发展进行研究;姜彤等[18]通过三维激光扫描和DIC测量等多种非接触测试手段对不同布桩形式下桩间土体的应力、位移、破裂扩展等进行研究;杨明等[19]通过离心机对小比例尺寸抗滑桩模型进行试验,基于试验结果可知不同桩间距下土拱拱高以及破坏特征如表2所示。

不同桩间距下土拱拱高及破坏特性[19] 表2

模型编号	桩间净距(cm)	土拱拱矢(cm)	拱脚破坏情况
1	3	1.2	未破坏
2	5	1.8	
3	8	2.2	
4	10	4.2	出现裂纹
5	12	形成土拱但土拱已破坏	出现裂缝及多处斜拉裂纹
6	17	未形成土拱	出现裂缝

2.2 数值模拟

随着各种数值模拟软件的开发,通过数值模拟反演桩间距成为一种常见的方法,He等[20]通过有限元数值软件Plaxis进一步对影响桩间距的影响因素进行研究,结果表明对于单排桩而言,桩后土体下滑力、桩间距、桩-土界面参数等是影响土拱效应主要因素,而桩截面尺寸、土体类型和泊松比是次要影响因素,对于双排桩而言,交错型布桩方式优于平行式布桩方式,且双排桩行距、桩间距和泊松比是主要影响因素,桩截面尺寸、土体类型和接触面强度参数是次要影响因素;李怀鑫等[21]、林斌等[22]、Li 等[23]通过有限元软件 $FLAC^{3D}$ 建立三维模型对桩后和桩间土拱的应力机理进行分析,并分析多种影响因素下相邻抗滑桩中轴线上的应力变化进行了研究,并对不同土体抗剪强度、不同桩-土接触面、不同下滑力以及不同桩截面尺寸下桩后土拱和桩间土拱所承担的荷载比进行研究;向先超等[24]通过颗粒流软件 PFC^{2D} 对抗滑桩截面大小、间距、桩土相对变形速度和土体颗粒粒度组成对土拱效应的形成、发展、破坏和再形成过程的影响,并对不同影响因素对土拱的极限承载能力、残余承载能力和桩土荷载分担比的影响规律。以上研究手段厘清了桩间土拱效应的形成机理及其影响因素,对抗滑桩优化设计具有借鉴意义。桩间土拱效应云图如图 2 所示。

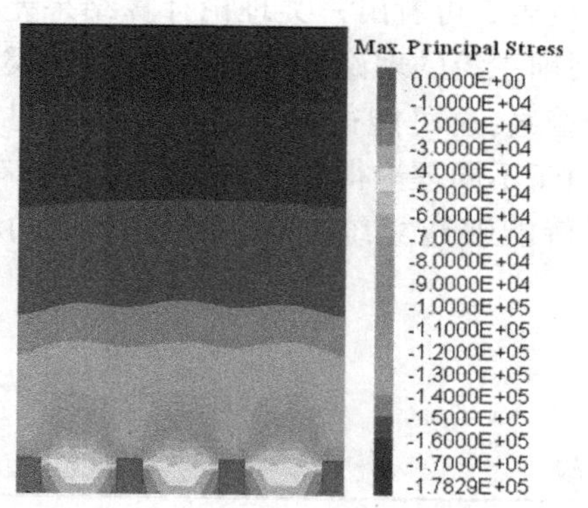

图 2 桩间土拱效应云图[22]

2.3 理论计算

2.3.1 基本假定

目前,相关规范对桩间距的取值范围未有统一标准,而且在不同理论支撑条件下,桩间距也未有统一的求解模型,因此理论计算通常需要对模型进行假定,即:

(1)当桩间距达到极限值时,端承拱和摩擦拱同时存在且共同抵抗滑坡下滑力。

(2)土体极限状态下满足 Mohr-Coulomb 强度准则。

(3)不考虑抗滑桩桩间三维土拱效应。

(4)不考虑抗滑桩变形,即假定桩体为刚性抗滑桩。

2.3.2 计算方法

基于相关学者研究成果统计,理论桩间距求解模型整体可分三类:第一类是利用桩侧摩阻力之和不小于桩间土拱上的推力条件以及拱顶或拱脚滑动面处的强度准则求解,其求解方法基于土拱的联合和分拆模型[25-29]。由于该方法假定边坡为单层地质条件,因此其计算过程繁琐程度大幅度降低,土拱的联合和分拆模型如图 3 所示。

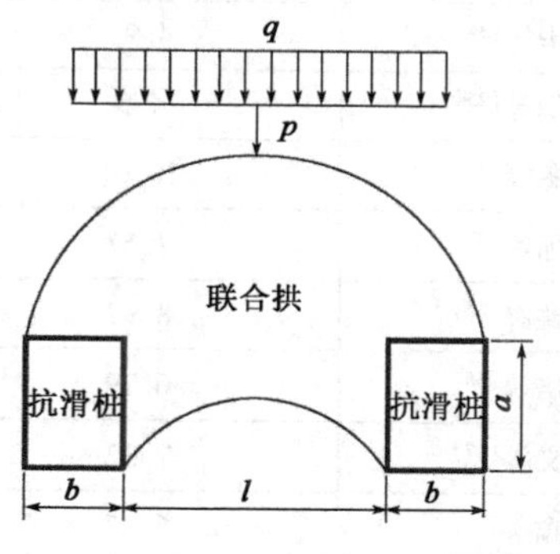
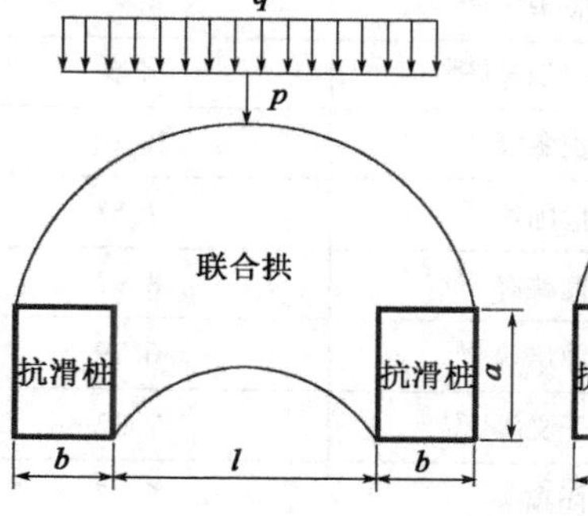

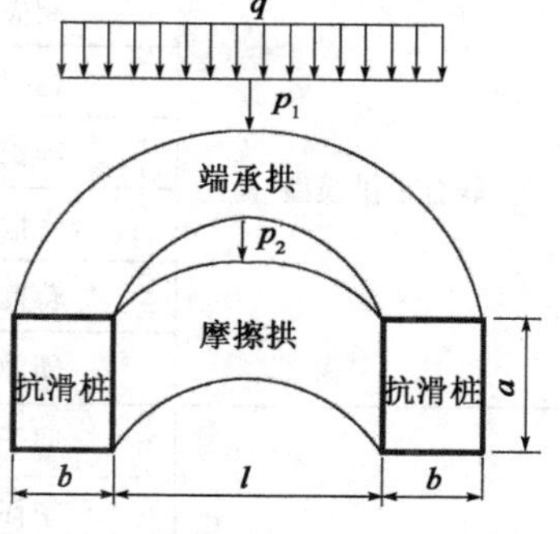

图 3 土拱的联合和分拆模型[26]

第二类方法是考虑到土体自重和中间主应力,将统一强度理论引入整体静力平衡计算中[30-32],普遍用于多层地质条件下抗滑桩桩间距的计算,其计算模型见图 4。

第三类方法是根据桩-土相互作用机制求解[33],该种方法基于弹性力学,但由于土体是一种弹塑性材料,弹性理论无法体现土体的相关性质(黏聚力、内摩擦角等),因此其应用范围有限,仅可用于弹性阶段抗滑桩桩间距理论计算,其计算模型见图 5。

3 工程案例探讨

以四川北部某高速公路堆积体路堑高边坡为依托[28](图 6),室内试验测得土体重度 $\gamma=20\mathrm{kN/m^3}$,土体黏聚力 $c=50\mathrm{kPa}$,内摩擦角 $\varphi=28°$,桩体截面面积为 $a\times b=3\mathrm{m}\times2\mathrm{m}$,桩长 $l=22\mathrm{m}$,工程中该桩间距值取 6m。当只考虑桩间水平土拱效应时,抗滑桩承担的荷载为拱后土体的剩余下滑力,采用矩形分布荷载计算出结果偏于安全,因此在进行桩间距的理论计算中,假定作用拱后的边坡推力为矩形分布,采用传递系数法可算得坡体推力 $E = 1050\text{kN/m}$,故单位厚度土拱后边坡推力 $q = E/h = 95.45\text{kPa}$,不同理论计算结果见表 3。

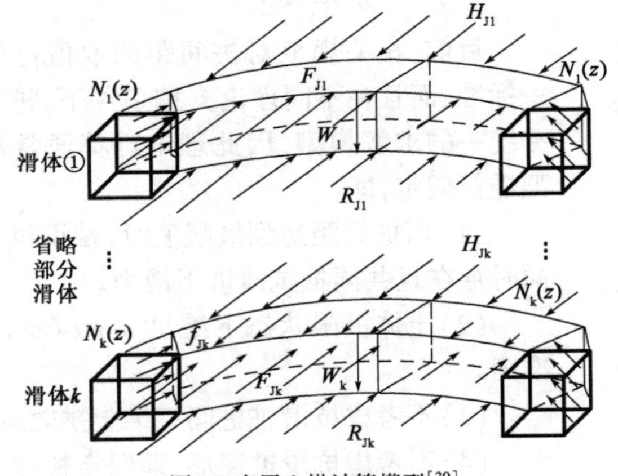

图 4　多层土拱计算模型[30]

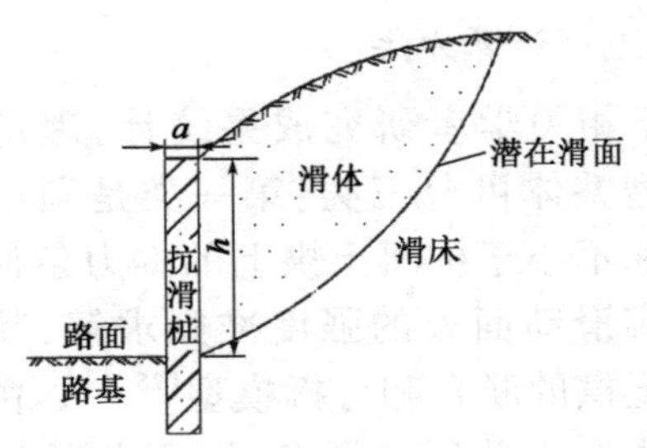

图 6　工程实例简图[28]

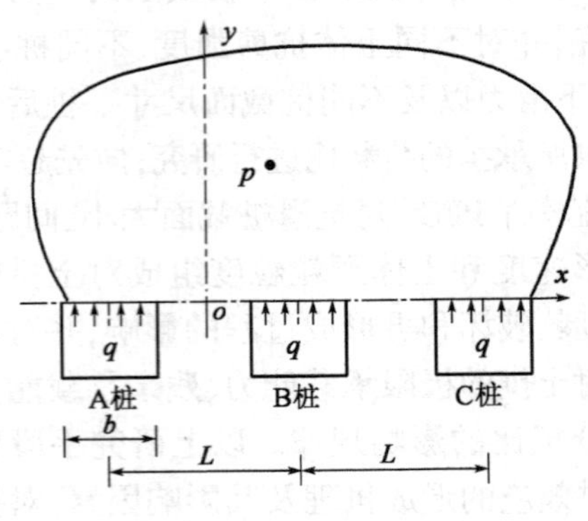

图 5　桩-土相互作用计算模型[33]

通过表 2 可看出三类理论计算结果差异性较大,在目前主流的理论计算模型中,第一类计算方法比较普遍,这可能得益于该理论模型对计算的简化,由于不同理论得到的桩间距值也各有不同,因此亟待能够建立统一目前主流理论的桩间距公式。

不同算法下的桩间距比较　　表 3

理论计算方法		相关文献	桩间距(m)	差值比
静力平衡条件	联合土拱模型	周应华等[34]	4.93	17.8%
		赵明华等[25]	4.9	18.3%
		李长冬等[29]	10.01	66.8%
		肖世国等[28]	7.57	26.2%
		蒋良潍等[35]	8.97	49.5%
		周德培等[36]	6.79	13.2%
	分拆土拱模型	邱子义等[27]	7.32	22%
		李怀鑫等[26]	6.37	6.2%
		张玲等[13]	8.65	44.2%
		林斌等[3]	9.10	51.7%
		马显春等[37]	9.2	53.3%
统一强度理论		刘涛等[30]	4.8	20%
		张海宽等[31]	7.1	18.3%
		曾江波等[32]	6.5	8.3%
桩-土相互作用机制		李邵军等[27]	10.6	76.6%

注:差值比 $= \dfrac{|\text{理论桩间距} - \text{实际桩间距}|}{\text{实际桩间距}}$。

4 结论与展望

抗滑桩桩间距的选取不仅考虑到土体抗剪强度参数、桩截面尺寸、时间效应、温度效应等影响，而且还需要考虑到施工过程中的施工技术以及成本控制等，目前虽然有较多关于桩间距的理论计算方法，但其中的一些相关问题仍需要进行进一步探讨：

(1)理论计算中模型假设的不确定性。如拱迹线假设、土压力假设、土体强度假设以及土拱联合与分拆假设等，不同理论假设支撑不同的理论模型，这也导致理论结果具有差异性。

(2)桩间土拱边界的定义模糊。虽然土拱效应普遍存在抗滑桩支护工程中，但关于土拱效应的边界确定是个难题，而且土拱随深度变化具有三维效应，土拱沿滑动方向不同，其界限更难确定，因此确定滑动方向下土拱效应的边界问题是相关研究的重点。

(3)现有理论大多基于单排桩而言，随着未来山区交通建设的发展，必定会产生多排抗滑桩支护高边坡的问题，因此基于土拱效应理论确定多排抗滑桩支护下桩间距以及排间距问题是未来相关研究的方面之一。

(4)现有理论研究中均未考虑桩体的变形特性，即假定既有桩体绝对位移和变形，但工程案例表明桩体在边坡支护过程不仅会发生自身小变形问题，而且还会由于随桩后土压力增加发生相对位移，因此理论计算过程中需考虑桩体变形协调问题。

(5)现有数值仿真软件中本构模型有限，针对部分特殊土体需自定义本构关系，因此开发自定义本构方程以及实现数值仿真中的二次开发是桩间距分析的难点和热点。

(6)基于静力平衡条件、统一强度理论、桩-土相互作用等方法所得到的计算结果具有差异性，因此亟待相关学者能够统一目前主流理论的桩间距公式，并结合工程实践进行验证。

参考文献

[1] ASHOUR M, ARDALAN H. Analysis of pile stabilized slopes based on soil-pile interaction [J]. Computers and Geotechnics, 2012, 39: 85-97.

[2] ZHANG H K, LI C D, YAO W M, et al. A Novel Approach for Determining Pile Spacing considering Interactions among Multilayered Sliding Masses in Colluvial Landslides, China [J]. KSCE Journal of Civil Engineering, 2019, 23(9): 3935-3950.

[3] 林斌，李怀鑫，范登政，等. 悬臂式抗滑桩受力特性分析及桩间距计算[J]. 人民长江，2021，52(4)：177-181.

[4] HANDY R L. The arch in soil arching [J]. Journal of Geotechnical Engineering, 1985, 111 (03): 302-318.

[5] ADACHI T, KIMURA M, Tada S. Analysis on the preventive mechanism of landslide stabilizing piles [J]. Numerical Models in geomechanics, 1989, 105(2): 691-698.

[6] PAIK K H, SALGADO R. Estimation of active earth pressure against rigid retaining walls considering arching effect [J]. Géotechnique, 2003, 53(7): 643-645.

[7] 王一楠，陈梅君. 悬链线法计算桩承式加筋路堤的土拱形态[J]. 岩土工程学报，2021，43 (S2)：276-279.

[8] KELLOGG C G. Discussion of the arch in soil arching [J]. Journal of Geotechnical Engineering, 1987, 113(3): 269-271.

[9] GUIDO V A, KNUEPPEL J D, SWEENY M A. Plate loading tests on geogrid-reinforced earth slabs[C]// Geosynthetic' 87 Conference, 1987, New Orlenns.

[10] HEWLETT W J, RANDOLH M F. Analysis of piled embankments [J]. Ground Engineering, 1988, 21(3): 12-18.

[11] CHEN Y M, CAO W P, CHEN R P. An experimental investigation of soil arching within basal reinforced and unreinforced piled embankments [J]. Geotextiles and Geomembranes, 2008, 26(2): 164-174.

[12] 曹卫平，胡伟伟. 桩承式加筋路堤三维土拱效应试验研究[J]. 岩土力学，2014，35(2)：351-358.

[13] 张玲，陈金海，赵明华. 考虑土拱效应的悬臂式抗滑桩最大桩间距确定[J]. 岩土力学，

2019,40(11):4497-4505,4522.

[14] TERZAGHI K. Theoretical Soil Mechanics [M]. New York:John Wiley & Sons,1943.

[15] 戴自航.抗滑桩滑坡推力和桩前滑体抗力分布规律的研究[J].岩石力学与工程学报,2002,21(4):517-521.

[16] LAWRENCE. The mechanism of load transfer in granular materials utilizing tactile pressure sensor [D]. University of Massachusetts Lowell,2002.

[17] 金林,胡新丽,谭福林,等.基于红外热成像技术的抗滑桩土拱效应模型试验研究[J].岩土力学,2016,37(8):2333-2342.

[18] 姜彤,雷家华,王润泽,等.抗滑桩不同布桩方式加固效果对比模型试验研究[J].应用基础与工程科学学报,2019,27(2):404-417.

[19] 杨明,姚令侃,王广军.桩间土拱效应离心模型试验及数值模拟研究[J].岩土工程学报,2007,29(10):1477-1482.

[20] HE G F,LI Z G,YUAN Y,et al. Optimization analysis of the factors affecting the factors the soil arching effect between landslide stabilizing piles[J]. Natural Resource Modeling,2018,31:4- 21.

[21] 李怀鑫,晏长根,林斌,等.桩-土界面倾角和含水率对抗滑桩的阻滑效应分析[J].煤田地质与勘探,2023,51(5):123-132.

[22] 林斌,赵咏佳,李怀鑫,等.土拱应力传递模型及其形态差异性对比[J].工业建筑,2023,53(1):182-188.

[23] LI C D,TANG H M,HU X L,et al. Numerical modelling study of the load sharing law of anti-sliding piles based on the soil arching effect for Erliban landslide,China[J]. KSCE Journal of Civil Engineering,2013,17(6):1251-1262.

[24] 向先超,张华,蒋国盛,等.基于颗粒流的抗滑桩土拱效应研究[J].岩土工程学报,2011,33(3):386-391.

[25] 赵明华,廖彬彬,刘思思.基于拱效应的边坡抗滑桩桩间距计算[J].岩土力学,2010,31(4):1211 -1216.

[26] 李怀鑫,范登政.基于双拱作用的抗滑桩最大桩间距计算[J].赤峰学院学报(自然科学版),2019,35(12):81-84.

[27] 邱子义,韩同春,豆红强,等.桩后及桩侧土拱共同作用的抗滑桩桩间距分析[J].浙江大学学报(工学版),2016,50(3):559-565.

[28] 肖世国,程富强.再论悬臂式抗滑桩合理桩间距的计算方法[J].岩土力学,2015,36(01):111-116.

[29] 李长冬.抗滑桩与滑坡体相互作用机理及其优化研究[D].北京:中国地质大学,2009.

[30] 刘涛,张海宽,张友,等.三维复合多层滑坡体中抗滑桩最小桩间距研究[J].岩石力学与工程学报,2018,37(2):473-484.

[31] 张海宽,张友,刘涛,等.基于统一强度理论多层滑坡体中抗滑桩最大桩间距研究[J].地质科技情报,2017,36(5):209-215.

[32] 曾江波,张海宽,姚文敏等.考虑地下水影响的多层渣土边坡抗滑桩最大桩间距研究[J].长江科学院院报,2019,36(9):104-109.

[33] 李邵军,陈静,练操.边坡桩-土相互作用的土拱力学模型与桩间距问题[J].岩土力学,2010,31(5):1352-1358.

[34] 周应华,周德培,冯君.推力桩桩间土拱几何力学特性及桩间距的确定[J].岩土力学,2006,(3):455-457,462.

[35] 蒋良潍,黄润秋,蒋忠信.黏性土桩间土拱效应计算与桩间距分析[J].岩土力学,2006,(3):445-450.

[36] 周德培,肖世国,夏雄.边坡工程中抗滑桩合理桩间距的探讨[J].岩土工程学报,2004,(1):132-135.

[37] 马显春,上官力.基于抗滑承载力的单排抗滑桩最大桩间距计算方法[J].中国地质灾害与防治学报,2018,29(2):43-47,93.

软土地区改扩建路基差异沉降控制技术应用综述

王晓宇　毛雪松*
（长安大学公路学院）

摘　要　目前对于软土地区改扩建道路而言，路基横向刚度差异是面临的主要问题。软土及过湿土类特殊土，若不进行处理，会导致路基在汽车荷载作用下产生较大的累积变形及不均匀沉降，新老路基的差异沉降将更加明显。本文分析了新老路基差异沉降产生的原因，总结了目前改扩建路基差异沉降特性研究已取得的成果和不足之处。

关键词　改扩建工程　差异沉降　病害成因　软土地区

0　引言

近年来，随着经济水平的飞速发展，交通量增加导致现有的公路满足不了需求，这就迫切需求对现有道路进行改扩建[1]。目前沿海地区很多道路都是建设在软土地基上，由于软土具有含水率高、抗剪强度低、压缩性大等特点，而且改扩建道路在运营期主要承受货车、挂车等重车荷载，“重车边行”的交通模式致使路基加宽部位承受荷载过大、荷载频率高的特殊情况，复杂的道路状况与长期重载作用将大大加重因新、老路基的差异性而引起路基结构的不均匀沉降，所以解决新老路基之间出现的差异性沉降问题是关键[2-3]。

鉴于此，本文回顾以往关于软土地区改扩建路基差异沉降方面的最新研究进展，并简要论述复合地基的加固机理和桩体设计参数的选取，土工格栅的作用模式以及设置层数和层位对新老路基拼接处的影响，泡沫轻质填料的作用机理以及对差异沉降的影响情况，以期本文研究可以为后续此类相关研究提供一些借鉴。

1　新老路基差异沉降分析

1.1　新老路基的地基固结差异变形

由于软土自身特殊的工程性质，新路基下的地基土易产生压缩变形，由于受到道路本身和行车荷载的影响，老路基下部地基的固结变形基本稳定，这样就会使地表发生差异沉降，造成了路基结构的破坏，如图1所示。

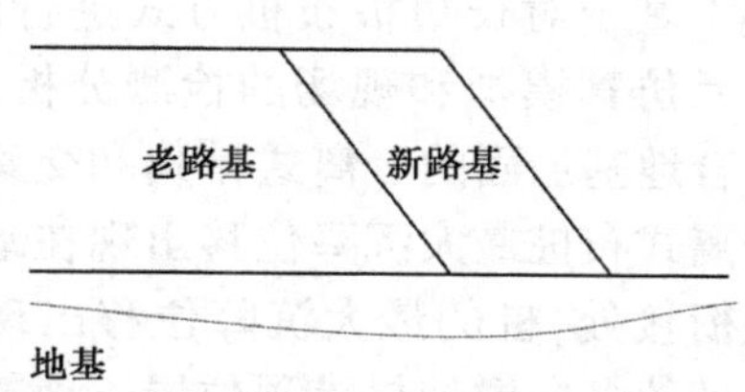

图1　由于地基固结变形引起的差异沉降

1.2　新路基的压缩变形

改扩建项目的差异性沉降主要原因之一是新建路基沉降值控制不当，新路基在施工中未采取合理的措施，当填土路基压实度不足、路基填料质量不达标等因素，导致新路基施工完成后，沉降速度过快或沉降值过大[4]，如图2所示。

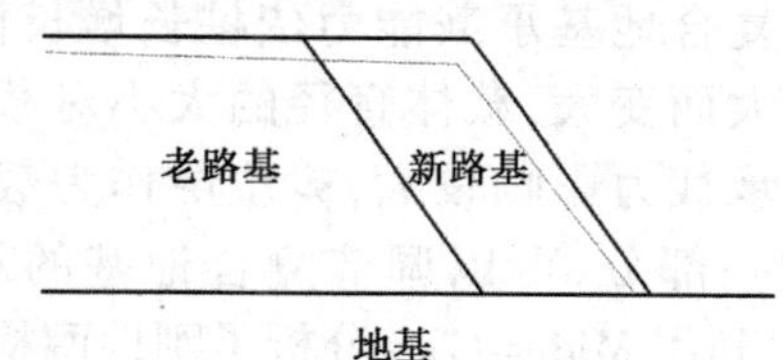

图2　新老路基自身压缩引起的差异沉降

1.3　新老路基结合部强度不足

新老路基结合部分是拼宽路基的薄弱部位。新路基沿结合面发生滑移，在产生差异沉降的同时也有可能导致结合部错台及整体失稳，会使新老路基结合部的路基损坏，如图3所示。

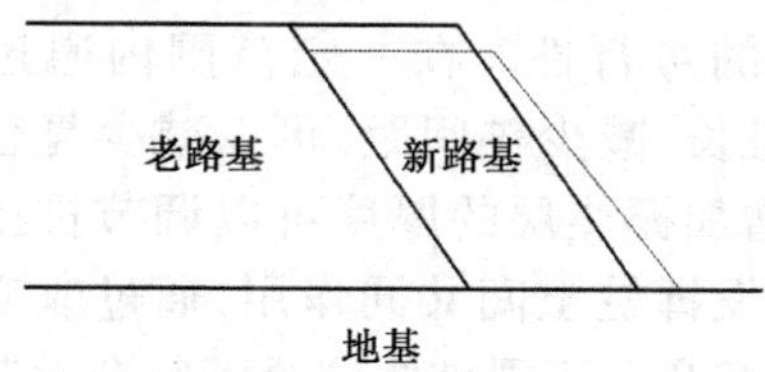

图3　由于结合部滑移引起的差异沉降

2 差异沉降处置措施

2.1 复合地基加固

在上部建筑荷载作用下,通过桩和桩间土共同承担荷载的作用减少复合地基最终沉降量,进而改善新老路基的差异沉降[5]。

翁效林等[6]利用土工离心机并在其安装了载荷装置及应力和位移测试设备,同时此模型能达到和实际相符的应力效果。研究了拓宽路基在预应力管桩复合地基下沉降变形特点,该方法不仅能较好地控制差异变形而且还可减少施工时间,通过设置加筋垫层和桩帽缓解了桩体的上刺现象。刘彬[7]基于对长短桩布桩方式进行改变,进行了离散元仿真模拟和现场的检测分析,提出了长短桩复合地基加固的分离式排列和交叉式排列方案。分离式布桩最大沉降位移出现在地基面上两种桩型衔接处,桩的最大沉降位移出现在两种桩型衔接处的多向搅拌桩桩顶位置。地基表面的线路中心线位置是交叉式布桩地基沉降量最大处,多向搅拌桩顶部处桩体的位移较大。Okyay等[8]使用土工离心机分析了垫层的尺寸,桩体之间的距离和重复荷载条件下的荷载传递机理。桩间距减小及垫层变厚可以使荷载的传递效果变好,由于循环荷载的作用下荷载传递效率降低。李建强等[9]采用 ABAQUS 有限元模型分析,得到了载体桩复合地基承载能力依桩长增长而增大,依桩径加大而变大,载体直径的大小对载体桩复合地基的承载力影响较大,褥垫层作为载体桩复合地基的一部分,可以调节复合地基的承载力。潘晓光[10]利用 Midas-GTS 分析了刚性网格小型桩复合地基的承载变形情况。得到张拉网和格梁能有效调节复合地基中应力分配,进而充分发挥土体和桩体的承载能力。刚性网格小型桩复合地基能明显提高地基承载能力,减小地基的沉降变形。张拉网和格梁能够直接或间接地提高地基的抗侧向变形能力,进而提高地基的整体性。

通过上述研究验证了复合地基处置拓宽路基差异沉降的可行性。在一定范围内通过增大桩径、增大桩长、减少桩间距,可以减少复合地基的沉降量,增加褥垫层的厚度可以调节桩土应力比从而充分发挥桩土间共同作用,通过改变布设桩体的形式探究了不同桩体位置下复合地基沉降量的差异。

2.2 土工格栅作用

土体与土工格栅的网格相互连接,使土体的侧向移动降低,并且能使路基和土工格栅形成一个柔性整体结构,可以有效地减小新老路基的差异沉降[11]。

汪益敏等[12]利用自建模型对拼宽路堤进行试验,通过变化土工格栅加铺层数,在相同荷载作用下,发现与无加筋路堤相比,铺设两层土工格栅可以有效减少路堤顶面的沉降。魏晋等[13]通过室内模拟试验,对拓宽后格栅的设置情况下路基变形后的内部应力规律进行对比分析。土工格栅加筋材料应首先考虑位于路基底部设置,考虑经济和效能优先单层铺设,若路基沉降过大再考虑增加铺设层数,但一味增加铺设层数对缓解拓宽路基差异沉降的控制效果有限。羊晔等[14]通过使用室内的缩尺模型进行试验,得到了土工格栅对降低新老路基的差异沉降有较好的效果,最佳加筋位置位于路基的中部和上部。石妍茹[15]运用数值模拟手段建立模型,通过控制土工格栅层数、坡度、拼宽宽度三个变量共模拟了七种工况,分析了不同设计参数对路基沉降的影响和规律。在底部和顶部铺设土工格栅有利于降低新老路基不均匀沉降,提高路基承载力的同时加强了路基的稳定性。李袁昊[16]通过提取工程及试验参数,利用 FLAC 3D 模拟了铺设土工格栅后的拓宽路基,改变格栅数量分析对应条件下的应力与应变情况及路基的变化趋势,结果表明路基底部加筋可减小变形,顶部加筋可分散应力,若路基的顶部和底部同时加固效果最佳。Forsman 等[17]利用现场试验和 PLAXIS 有限元相结合方法,对新老道路扩宽拼接加筋位置中的应力、应变特性进行了研究。通过采取加筋的方法可以减少新老路基的水平应力和水平位移,从而改善路基性能。

通过上述研究表明了土工格栅对于新老路基的差异沉降有较好的控制作用。对不同加筋方案中路基的差异沉降和土工格栅的受力特性进行了分析,研究了新老路基在不同层位、层数的土工格栅作用下的差异沉降控制效果,表明了在路基顶部和底部铺设土工格栅时效果最好,降低了不均匀沉降,同时新老路基在结合部的连接加强,整体的稳定性得到了改善。

2.3 泡沫轻质填料

泡沫轻质填料是通过物理手段把水泥、水、发泡剂及粉煤灰等材料按照一定的比例进行配制而成，具有轻质性、流动性、隔热性、强度具有可调节性，用其代替普通填土进行路堤填筑，可以减小地基的沉降量[18]。

曹德洪[19]结合申嘉湖杭高速公路，介绍了泡沫轻质填料制作过程中的发泡工艺、混合工艺、浇筑工艺以及相应的技术特点和设计指标，同时验证了施工的可行性。吕锡岭[20]结合实际的高速公路拓宽工程，通过改变拓宽参数分析新老路基的差异沉降，并得到了现场的地基应力分布特点和下沉特征，拓宽宽度变大导致老路基受影响的范围广，差异沉降明显且呈非线性增长。开挖越大泡沫混凝土的应力置换效果越好，差异沉降减小。李群[21]结合李睦路改扩建工程，通过在泡沫轻质土内部埋设混凝土压力计和应变计，来进行监测新建路基和既有路基的差异沉降。随着时间的推移，路基剖面沉降逐渐增加，其中新建道路侧沉降比现有道路侧沉降多，靠近新路侧的位置更容易发生二次沉降。新老路基拼接处沉降量最大且呈现类似于勺型的曲线。杨莹[22]探究了高填方路基施工中，轻质土填料与普通填料对沉降变形的影响程度。轻质土填料具备良好的坡脚水平位移控制能力，能显著减小地基沉降。马瑞霞[23]使用有限元软件分析了用轻质路基填料填筑后，拓宽路基的变形趋势和特点。填筑泡沫混凝土期间，从路基的中心向两侧竖向位移逐渐降低并呈现凹形趋势。在设计中需要考虑泡沫混凝土的重度与地基承载力之间的联系，泡沫混凝土重度过大时会加重新老路基的差异沉降。骆永震等[24]利用 FLAC3D 软件，模拟和研究了在施工中泡沫轻质土路基的位移及应力变化规律。加筋泡沫轻质土可以减少路基基底的竖向应力并改善其应力的分布，相较于普通泡沫轻质土，当加筋率达到 0.75% 时，泡沫轻质土路基的最大基底沉降达到最小值。

通过上述研究验证了泡沫轻质填料处置新老路基差异沉降的可行性。探究了泡沫轻质土拓宽路基的地基附加应力分布规律和沉降特性，并且泡沫轻质填料较传统路基土填料能更有效抑制路基在边坡底部位置的水平位移，对于现有路堤地基深层水平位移并没有明显的影响。

3 结语

综上，总结了新老路基在拓宽工程中的病害及其处理方法，回顾和展望了国内外学者在这方面的研究历程和成果。分析了扩宽工程引发的常见病害形成机理，并提出了相应的处理措施。经过长期的工程实践和科学研究，已验证了上述三种方法对于解决新老路基差异沉降问题的有效性。在处理软土地基上的路基拓宽时，应根据具体工况采取相应措施。

(1)老路下的地基未采用任何处理方式时，可选择轻质填料作为新路基填料，从而减少对地基的干扰并减轻差异沉降问题。

(2)老路下的地基已经采用复合地基法处理，在进行路基拓宽时，可以采用同样的处理方法，有效地减少差异沉降的可能性。

(3)在新老路基结合处采用土工格栅加固，限制了拓宽路基的侧向位移，有助于提高路基的整体稳定性。

参考文献

[1] 于建荣，程小强，李峰，等. 改扩建道路纵向加高拓宽路基沉降特性与影响因素研究[J]. 路基工程，2019(5):35-39.

[2] 蒋鑫，蒋怡，梁雪娇，等. 软土地基高速公路路基拓宽改建全过程变形特性数值模拟[J]. 铁道科学与工程学报，2015，12(5):1039-1046.

[3] 凌建明，钱劲松，黄琴龙，等. 路基拓宽工程处治技术及其效果[J]. 同济大学学报(自然科学版)，2007(1):45-49.

[4] 洪亮. 高速公路改扩建填方路基差异沉降因素及控制技术研究[J]. 交通世界，2023(24):44-46.

[5] 吴政洲，刘爱华，王甦宇，等. 复合地基的发展及其有限元分析应用综述[J]. 山西建筑，2022，48(2):83-86.

[6] 翁效林，张留俊，李林涛，等. 拓宽路基差异沉降控制技术模型试验研究[J]. 岩土工程学报，2011，33(1):159-164.

[7] 刘彬. 长短桩布桩方式对复合地基沉降变形影响研究[J]. 人民长江，2019，50(7):144-149.

[8] OKAYAY U S，DIAS D，THOREL L，et al. Centrifuge modeling of a pile-suppor ted granular earth-platform[J]. Journal of Geotechnical and Geoenvironmental Engineering，2014，140(2):04013015.

[9] 李建强,刘洪滨,张家尊,等. 载体桩复合地基性状数值模拟研究[J]. 工业建筑,2018,48(6):107-110.

[10] 潘晓光. 基于 Midas-GTS 的刚性网格-小型桩复合地基变形特性研究[J]. 路基工程,2020(5):115-119.

[11] 郑刚,龚晓南,谢永利,等. 地基处理技术发展综述[J]. 土木工程学报,2012,45(02):127-146.

[12] 汪益敏,闫岑,于恒,等. 静载作用下土工格栅加筋拓宽路堤土中应力特征试验研究[J]. 岩土力学,2018,39(S1):311-317.

[13] 魏晋,田鹏江. 加筋拓宽路基模型试验研究[J]. 科学技术创新,2023(15):134-137.

[14] 羊晔,刘松玉,邓永锋. 加筋路基处治不均匀沉降模型试验研究[J]. 岩土力学,2009,30(3):703-706,711.

[15] 石妍茹. 高速公路改扩建路基填筑质量无损检测与沉降变形监测研究[D]. 济南:山东交通学院,2022.

[16] 李袁昊,王宁. 拓宽道路路基变形特性及土工格栅处治措施研究[J]. 矿业研究与开发,2016,36(11):89-93.

[17] JUHA ,VELIM. Synthetic reinforcement in the widening of a road embankment on soft ground [J]. Geotechnical engineering for transportation infrastructure. Balkema. Rotterdam,1999:1489-1496.

[18] 唐勇斌. 泡沫轻质土换填公路浅埋中厚层软土地基处理分析[J]. 路基工程,2023(4):108-112.

[19] 曹德洪,应海见,丁飞龙. 气泡混合轻质土新技术在申嘉湖杭高速公路练杭段中的应用[J]. 公路,2010(09):75-78.

[20] 吕锡岭. 泡沫混凝土拓宽路基的差异沉降研究[J]. 水文地质工程地质,2012,39(3):75-80.

[21] 李群. 泡沫轻质土在既有软基道路扩建中的应用及沉降预测研究[D]. 北京:北京科技大学,2019.

[22] 杨莹. 泡沫轻质土在高填帮宽路基中的应用[J]. 铁道建筑,2022,62(1):135-138+143.

[23] 马瑞霞. 泡沫混凝土在某公路路基改扩建中的应用研究[J]. 山西交通科技,2023(4):45-48.

[24] 骆永震,许江波,王元直,等. 加筋泡沫轻质土路基施工过程应力变形模拟分析[J]. 科学技术与工程,2020,20(25):10379-10387.

既有铁路桥梁涵洞放坡开挖扩建安全性分析

许家伟*[1]　崔冠华[1]　史纪萌[2]*

(1. 长安大学公路学院;2. 长安大学运输工程学院)

摘　要　随着城市建设发展,老旧铁路桥梁涵洞扩建工程数量日益增长。为研究铁路桥梁涵洞扩建对运营条件下铁路桥梁安全性的影响,以某铁路桥涵洞扩建工程为例,采用数值模拟方法进行分析,结果表明:基于有限元法计算得到的线路最大沉降量、桥台受力情况与桥台位移量均在安全范围内,有限元计算结果与现场监测结果相近,可信度较高。

关键词　铁路桥涵　涵洞扩建　边坡稳定　有限元法

0　引言

随着城市建设与经济、社会的高速发展,许多老旧铁路桥涵已不满足当前交通运输能力的需求,老旧铁路桥梁涵洞扩建工程数量日益增长。运营条件下铁路桥梁对工后变形较为敏感,为确保既有铁路线路运营安全,已有许多学者进行相关研究[1-2]。从国内外相关工程实例来看,既有铁路桥梁涵洞开挖扩建主要从涵洞两侧路基与涵洞上方线路进行加固(如槽钢、挖孔桩、钢轨桩等),

以保证既有铁路运营安全[3]。开展运营条件下既有铁路桥梁涵洞扩建安全性分析对提高工程效率、保障施工安全具有重要意义[4]。

1 工程概况

某铁路桥涵需对原有桥梁涵洞进行扩建，将左右两侧桥台进行切割，开挖出可供行人通行的人行涵洞。桥梁跨度约 16.5m，桥梁两侧桥台为扩大基础，地下埋深约 7.5m，地上约 6m，原车行涵洞净空约 4.2m。位置关系如图 1 所示。

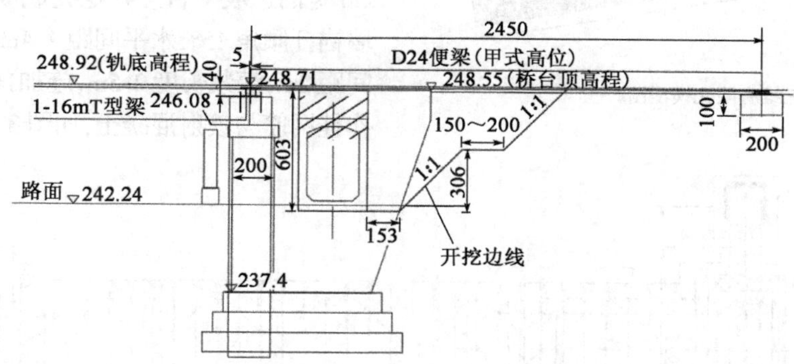

图 1 相对位置关系(尺寸单位：cm；高程单位：m)

2 模型建立

2.1 参数选取

依据地质勘探报告，改桥涵扩建工程所属地层自上而下依次为素填土、新黄土、古土壤、老黄土、粉质黏土、砂土等，其相应物理力学参数如表 1 所示，桥梁结构与挖孔桩结构的材料参数设置如表 2 所示。

地层结构参数　　表 1

名称	重度($kN \cdot m^{-3}$)	弹性模量(kPa)	泊松比(μ)	黏聚力(kPa)	内摩擦角(°)
素填土	17.2	5.0×10^3	0.32	15	18
新黄土	18.6	8.9×10^3	0.33	28	20
古土壤	20.0	10.0×10^3	0.33	35	21
老黄土	20.5	7.2×10^3	0.32	32	21
古土壤	20.0	10.2×10^3	0.32	40	22
粉质黏土	19.8	11.1×10^3	0.26	55	22
砂土	20.3	11.1×10^3	0.31	14	20

桥台等其他结构参数　　表 2

名称	本构模型	重度($kN \cdot m^{-3}$)	弹性模量(kPa)	泊松比(μ)
桥台结构	弹性	3.00×10^7	0.25	23.5
锚杆锚索	弹性	1.96×10^8	0.28	78.5
喷射混凝土	弹性	2.03×10^7	0.25	23
挡土墙	弹性	2.70×10^7	0.25	23
挖孔桩	弹性	3.00×10^7	0.25	23.5

2.2 计算模型

应用 Midas Gts NX 有限元分析软件对工况进行模拟，建立模型如图 2 所示。通过静力分析得到桥台放坡开挖时地下车库的位移与内力响应特征。模型计算尺寸长×宽×高为 60m×20m×14.6m。桥台主体结构采用弹性本构，使用实体单元进行计算，锚杆锚索使用 1D 植入式桁架进行计算，喷射混凝土使用 2D 板单元进行计算。

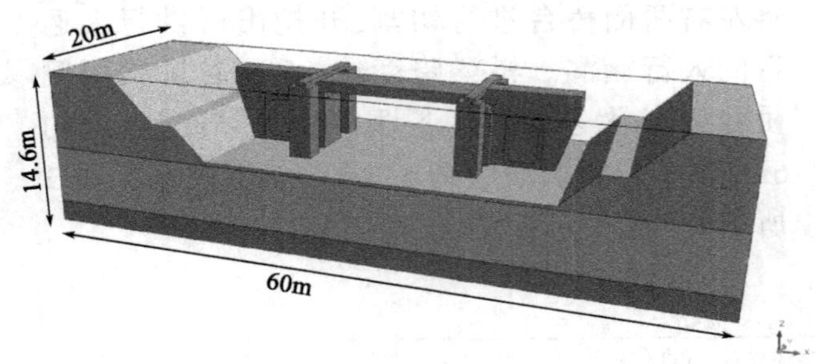

图2 三维有限元模型图

2.3 施工过程模拟

(1)施作混凝土方柱、横抬梁、架设便梁。

(2)桥台两侧土体放坡开挖,消除涵洞施工过程中路基侧土压力,将桥台后背填土下挖至涵洞底约6m位置,开挖坡度1:1,在3m位置设置1.5~2m宽的边坡平台。开挖完成成后施作土钉墙,土钉墙锚杆倾角15°,水平间距1.4m,竖直间距1.4m,横向间距2m,灌浆长度2.5m,施加预应力200kN。坡面施作挂网筋与喷射混凝土,如图3所示。

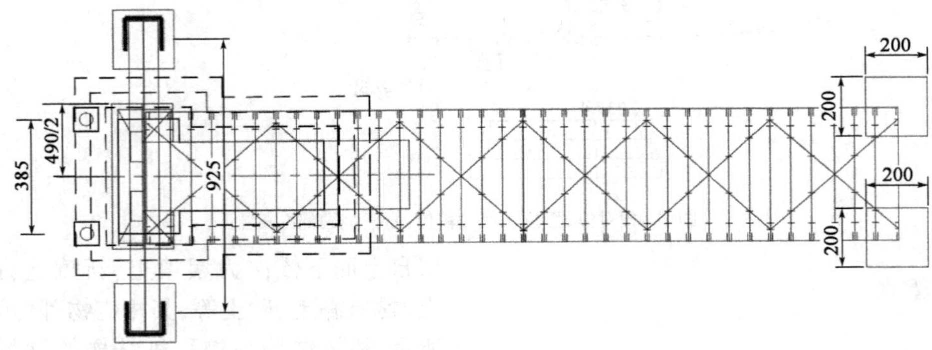

图3 架设横抬梁、便梁(尺寸单位:cm)

(3)由上至下分层切割桥台,切割完成后进行现场浇筑人行涵洞框架。待框架结构达到强度后,回填C35混凝土。

(4)回填台后路基材料,恢复桥台结构。

3 结果分析

3.1 边坡安全计算

边坡开挖后,边坡安全系数为1.96875,如图4所示,图中标注部分为塑性变形区,该区域收到较大的剪切应力,在荷载较大时将产生剪切变形,形成滑裂面。坡脚处塑形应变最大,可达到0.01059。

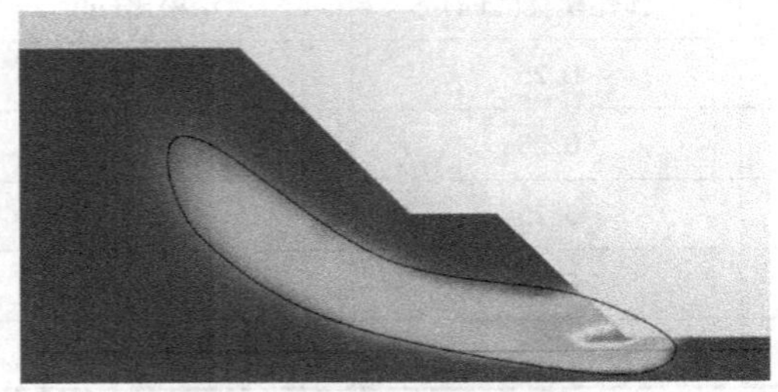

图4 工后边坡应变云图

参考《建筑边坡工程技术规范》(GB 50330—2013)对边坡稳定性的要求[5],边坡安全系数应大于1.25,边坡安全系数满足要求,边坡最大塑形应变发生在二级台阶坡脚处,最大变形量处于安全范围内,不会发生剪切破坏。

3.2 边坡位移(坡顶沉降量)计算

为验算桥台上方路线的整体沉降情况,对坡顶位移情况进行验算。如图所示设置测点1~12,待沉降稳定后测量其沉降量,测点布设情况如图5所示。

图5 坡顶沉降量测点布置

从测点1到12,位移量呈增长趋势,增长速度逐步减缓,最大竖向位移量为7.9mm。

3.3 既有桥台结构位移与受力情况

边坡开挖后,原桥台结构与土体接触面的应力情况发生改变,桥台受力与变形发生对应改变。原桥台结构与土体接触面如下:

分析可知,放坡后桥台受力情况主要为水平方向推力的变化,桥台结构受到土体水平方向轴力作用(图6)。对桥台与土体接触面底部取点研究位移与受力情况,测点分布如图7、图8所示。

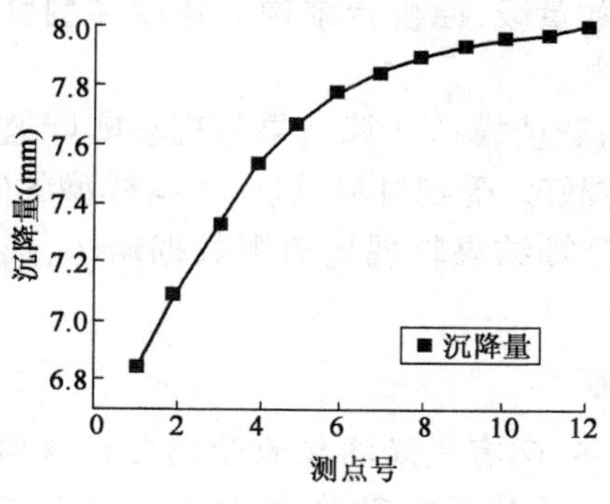

图6 坡顶沉降量

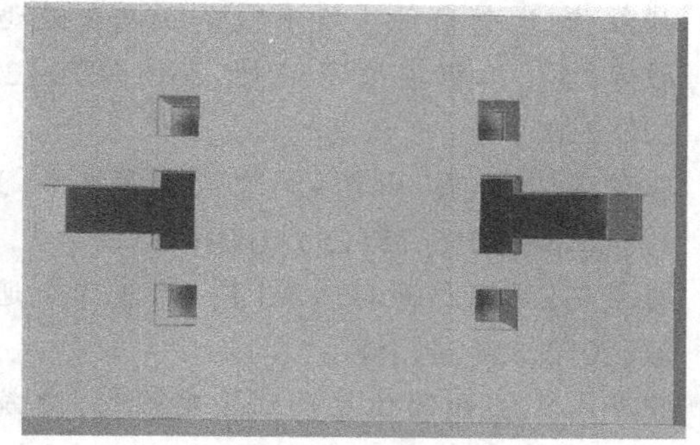
图7 桥台与土体接触面

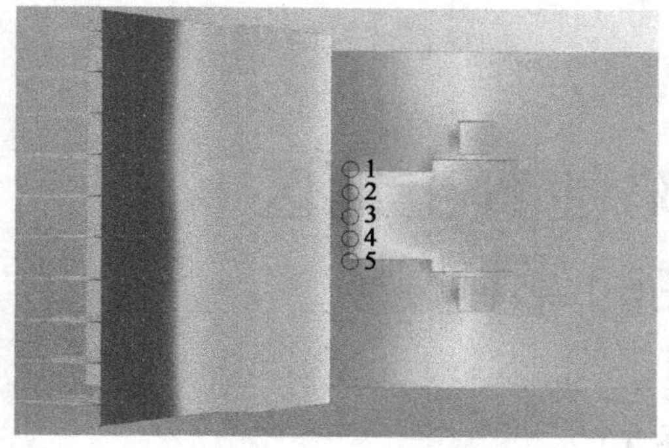

图8 桥台底测点分布图

底座处位移为 10^{-4}m 数量级,对桥台的影响可以忽略不计。桥台底部收到的土压力约为 10^{2}kPa 数量级,桥台混凝土结构的抗压强度约为 20~30MPa 数量级,应力大小远小于混凝土抗压强度极限。原桥台结构的强度和刚度均为安全范围内,见表3和表4。

各测点水平方向位移 表3

测点序号	水平方向位移(mm)
1	-0.3807
2	-0.3958
3	-0.3474
4	-0.3361
5	-0.3575

各测点水平方向应力 表4

测点序号	水平方向应力(kPa)
1	-81.2927
2	-69.6522
3	-70.1174
4	-73.2363
5	-79.3868

4 施工验证

为监测桥台上方路线整体的沉降情况,在线路左右侧各设置监测点3个,监测数据如图9和图10所示。现场监测数据表明,涵洞施工初期阶段,线路沉降变形速率较大,线路沉降变形一直处于急剧爬升状态;约经过20d,变形速率变缓,线路沉降变形进入缓慢增长状态,最终在约30d时趋于稳定,线路最大沉降为9.8mm。

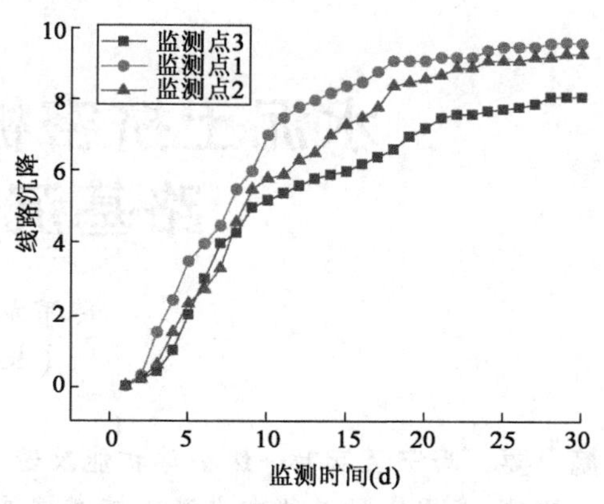

图9 线路左侧沉降监测数据

数值模拟其计算结果最大沉降量为7.9mm,与现场实际的监测情况相差不大。考虑到工程现场实际施工的复杂性,可以近似认为桥台扩挖的数值模拟具有较高可信度。

5 结语

通过对下穿铁路桥台进行迈达斯 GTS NX 建模,我们研究了在桥台切割开挖人行通道前,放坡

开挖边坡时边坡的稳定性、坡顶坡底沉降变形以及开挖边坡后原桥台结构所受土压力和变形情况,得到以下结论:

(1)边坡开挖后,边坡安全系数为1.96875,坡脚处塑形应变最大,可达到0.01059。

(2)不施作土钉墙时坡顶从测点1到12,位移量呈增长趋势,增长速度逐步减缓,最大位移量为7.9mm。坡顶最大沉降量满足《建筑边坡工程技术规范》(GB 50330—2013)中对边坡沉降量的要求。

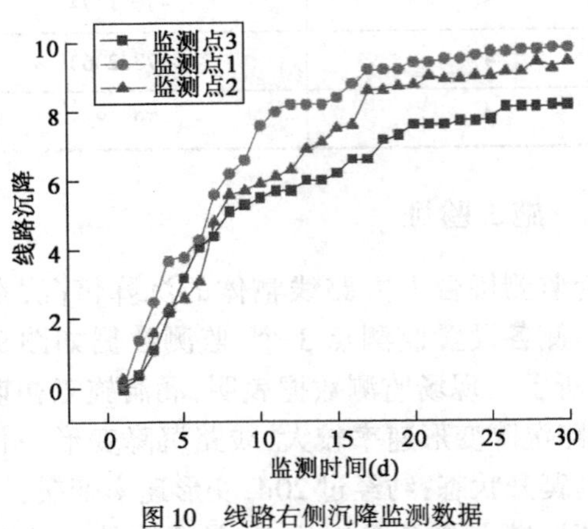

图10　线路右侧沉降监测数据

(3)底座处位移为10^{-4}m数量级,对桥台的影响可以忽略不计。桥台底部收到的土压力约为10^2kPa数量级,原桥台结构的强度和刚度均为安全范围内。

(4)数值模拟计算结果与现场实际监测数据吻合度较好。受到材料属性、本构模型的限制,数值模拟计算结果较现场监测数据略小,属于合理范围内。

参考文献

[1] 刘伟.既有线涵洞接长开挖支护结构设计与施工[J].工程技术研究,2021,6(09):218-219.

[2] 姚红伟.运营条件下既有铁路涵洞改造施工技术[J].工程建设与设计,2018(07):224-227,230.

[3] 张俊海.铁路既有线涵洞改造加固技术[J].价值工程,2016,35(25):160-163.

[4] 孙景环.涵洞加固与改造[J].黑龙江交通科技,2012,35(04):88.

[5] 中华人民共和国住房和城乡建设部.建筑边坡工程技术规范:GB 50330—2013[S].北京:中国建筑工业出版社,2013.

水泥土挤密桩对湿陷性黄土地区路基沉降特性的影响

陈甲龙　毛雪松*　吴　谦

(长安大学公路学院)

摘　要　西宁至互助一级公路扩能改造工程中利用水泥土挤密桩加固新建路基,利用Midas GTS NX有限元软件,采用实际工程中水泥土挤密桩复合地基各部分(地基土、桩体、原路基填土、新路基填土)的试验结果作为模型材料的基本参数,在此基础上建立了二维水泥土挤密桩复合地基模型,对水泥挤密桩的几何尺寸对路基沉降量的影响进行研究。研究探讨,在改扩建路基施工过程中,不同几何尺寸的水泥挤密桩对路基沉降量的影响。综合分析桩径、桩长及桩间距对道路沉降的影响,表明桩长10m、桩径0.4m、桩间距1.0m的水泥土挤密桩处治地基较为合理。

关键词　水泥土挤密桩　改扩建路基　有限元　沉降特性

基金项目:陕西省自然科学基础研究计划项目(2024JC-YBMS-253);内蒙古自治区交通运输厅建设科技项目(NJ-2022-20)。

0 引言

湿陷性黄土土质均匀、结构疏松,未浸水时表现出较小的压缩性和较高的强度。然而,一旦受水浸湿,其结构会迅速破坏,强度下降,且会出现显著的下沉现象[1-2]。黄土湿陷性的危害深远且严重,主要体现在对建筑与基础设施稳定性的极大威胁上。这种土壤在遭遇水分后,会迅速发生显著的沉降现象,从而引发结构性的破坏、建筑倾斜甚至倒塌等严重后果。这种突发的沉降事件,其发生时间和影响程度难以预测,大大增加了事故的风险性和不确定性。随着西部地区的基础设施建设步伐不断加快,湿陷性黄土所带来的技术挑战和经济压力也愈发凸显。如何准确预测并有效应对这种土壤特性所带来的经济损失,已经成为一个亟待解决的重大问题。我们迫切需要深入研究湿陷性黄土的机理,开发更为高效、经济的地基处理方法,以确保西部地区基础设施建设的顺利进行。

近年来,针对湿陷性黄土路段桩基工程的应用,许多学者采用包括理论探讨,现场模型试验,有限元模拟等方法,进行了大量的研究[3-6]。研究湿陷性黄土力学特性的有:王永鑫、邵生俊、韩常领等[7]针对湿陷性黄土的变形特性评价方法不足的问题,提出采用原位砂井浸水试验方法。Wang Jiagding, Zhang Dengfei, Zhang Yongshuang[8]发现黄土增湿所导致的吸力减小会对其非饱和渗透性产生较大影响。

针对挤密桩处理湿陷性黄土地基的研究有:袁博[9]通过 Midas GTS/NX 有限元计算软件分析宝兰客运专线某段黄土路基,发现在未挤密区全部发生湿陷时,挤密区边缘剪应力和沉降变形随距挤密区边缘距离增大逐渐减小,竖向应力随深度增加呈增加趋势;杲斐[10]以兰张三、四条线路为研究对象,采用原位实验和有限元仿真相结合的方法,对粉煤灰碎石桩锤击冲击扩容技术进行深入研究。试验结果显示,与未受破坏的土体相比较,复合基础中桩间土体的挤密系数有明显提高;李志亮[11]通过对常规桩距、桩径等参数进行调整后,并以实际案例加以证实,采用三七灰土做桩体材料,桩径 500mm,桩距 1.3m,与常规的灰土挤压桩相比,其经济效益更高。

然而,对于采用水泥土挤密桩的改扩建路基沉降特性的研究相对较少。通过利用 Midas GTS NX 软件,结合西宁至互助一级公路扩能改造工程,对改扩建水泥土挤密桩地基的沉降特性进行了详细的分析与研究。

1 工程概况

西宁至互助一级公路扩能改造工程位于青海省海东市互助县,旨在提升连接西宁市与互助县的交通效率。该工程分为改扩建和新建两段,其中改扩建路段从互助县塘川镇三其村(桩号 K5 +300)延伸至余家村(K27 +800),全长约 22.5km。原道路为 20m 宽的双向四车道,车道宽 3.75m,改建后将变为 33.5m 宽的双向六车道,通过在原道路两侧各加宽 6.75m 实现。工程中,针对Ⅱ、Ⅲ级自重湿陷性黄土填方路段,采用了水泥土挤密桩技术,桩间距为 1m,桩径 40cm,按正三角形梅花状布置,确保桩间土的平均挤密系数不低于 0.93。

2 改扩建路基数值模型的建立

2.1 基本假定

有限元二维分析模型假设土体、桩体和填土为各向同性;采用 Mohr-Coulomb 屈服准则,忽略土体成层性和时间效应;在模拟桩土相互作用时,通过设置接触单元并保持荷载过程中接触面摩擦系数不变来处理桩与地基土的相互作用。

2.2 建立改扩建路基几何模型

本文选择 MidasGTS NX 软件进行路基几何模型的构建。通过施工现场材料,确定材料参数,通过实际情况以及相关文献,确定本构模型和边界条件。根据施工实际方案,选择不同的桩长,桩径以及桩间距进行模拟。详细数据见表 1。

水泥挤密桩设计参数　　表 1

设计参数	参数取值(m)		
桩长	6	8	10
桩径	0.3	0.4	0.5
桩间距	0.8	1	1.2

为方便分析比较,建立一个基本的计算模型,以此模型为标准,通过更改模型内各参数以及尺寸,模拟不同的工况和边界条件,讨论复合地基内

部沉降变化及其影响因素,基本计算模型采用二维全幅路基分析,如图1所示。

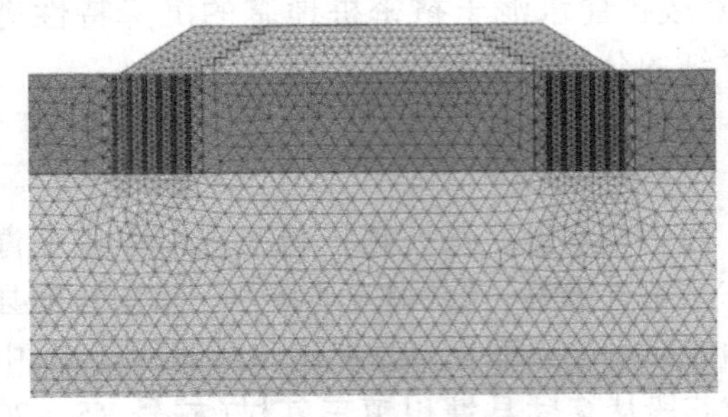

图1　道路几何模型及网格划分

2.3　模型材料及其本构选取

为模拟水泥挤密桩复合地基的沉降特性,建立了基于二维有限元的模型。模型中,新旧路基、地基及挤密后的地基被假设为弹塑性材料。模型中所采用的各个材料的参数详见表2。在进行水泥挤密桩施工时,桩体对其周围的土体会产生挤压密实作用,导致桩周土体的物理力学性质提高。在挤压密实后,湿陷性黄土地基的物理力学参数见表3。

模型中各材料物理力学参数　表2

材料名称	重度 γ(kN·m³)	内摩擦角 φ(°)	黏聚力 c(kPa)	弹性模量 E(MPa)	泊松比
原路基填土	13.1	20.0	21.5	17.2	0.3
新路基填土	19.2	22.6	25.3	18.2	0.3
湿陷性黄土	14.2	21.2	18.7	8.9	0.3
水泥挤密桩	42	—	—	53	0.18

挤密状态地基参数　表3

桩几何尺寸(m)	重度 γ(kN·m³)	内摩擦角 φ(°)	黏聚力 c(kPa)	弹性模量 E(MPa)	泊松比
桩径0.3	18.3	23.1	23.6	19600	0.3
桩径0.4	19.5	24.6	29.4	21500	0.3
桩径0.5	20.6	25.3	30.2	22700	0.3
桩间距0.6	21.7	22.6	33.5	23800	0.3
桩间距0.8	19.4	24.6	29.6	21300	0.3
桩间距1	16.5	21	21.7	17600	0.3

所选取的弹性模量和泊松比,是根据实际施工中所采用的黄土地区常用数值得来。通过施工现场的地质勘察报告,选取具有代表性的数值,确定内摩擦角,重度以及黏聚力。

2.4　确定改扩建路基模型的边界条件

在构建改扩建水泥土挤密桩路基模型时,我们首先设定模型的初始应力场为重力场,模拟地质环境中的自然状态。施加重力荷载以体现地球重力对地基的实际作用。边界条件的设定考虑了模型的各个方面:顶面作为自由边界,模拟地表无约束条件;底部限制平动和转动,确保垂直方向的稳定性;侧面施加水平位移约束,限制 x 方向的自由度,反映侧面土壤的水平约束;水泥挤密桩模型特别限制 y 方向的转动位移,更真实地模拟工程中的受力情况。

3　数值计算结果分析

3.1　桩径对路基沉降的影响

为研究桩径对路基沉降的影响,对桩间距和桩长进行控制。桩间距统一设置为1m,桩长统一设置为10m。改变水泥挤密桩的桩径,分别进行模拟。水泥挤密桩的桩径分别设置为0.3m、0.4m和0.5m。

如图2所示,随着湿陷性黄土地基的置换率

的增大,施工过程中产生的沉降越小。且随着桩径的增大,道路沉降量减小,当桩径由0.4增大到0.5时,沉降量变化不大。

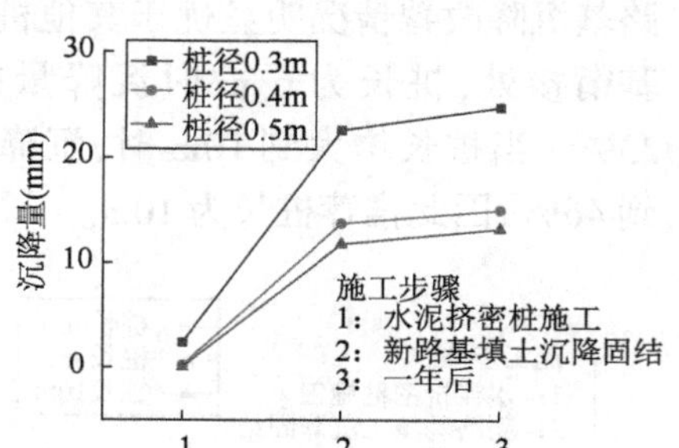

a)新旧路基衔接处

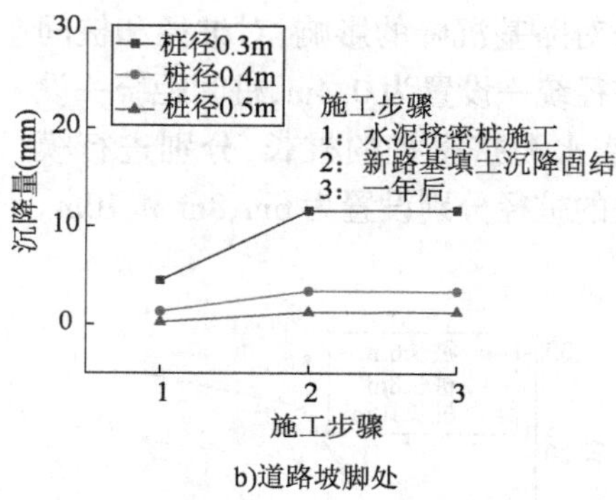

b)道路坡脚处

图2　水泥挤密桩桩径对路基沉降特性的影响

挤密桩桩径的增大能够有效减少复合地基的沉降,主要是因为桩体在土体中产生的挤密效果和承载能力得到增强。随着桩径的增加,桩体对土体的挤密作用范围扩大,能够影响更广泛的土体区域,从而提供更均匀的支撑,减少土体的压缩和变形。这种挤密作用还能促使土颗粒重新排列,提高土体的密实度,增强其承载能力和抗沉降性能。

然而,当桩径增加到一定程度后,土体的挤密作用和承载能力可能达到饱和,进一步增大桩径对沉降的减少效果不再显著。

随着桩径的增大,挤密桩的造价成本和施工成本都会增加,综合考虑经济和复合地基改善效果,推荐采用桩径为0.4m的水泥挤密桩。

3.2 桩间距对路基沉降的影响

为研究桩间距对路基沉降的影响,对桩径和桩长进行控制。桩径统一设置为0.4m,桩长统一设置为10m。改变水泥挤密桩的桩间距,分别进行模拟。水泥挤密桩的桩径分别设置为0.8m、1.0m和1.2m。

如图3所示,桩间距越小,地基置换率越高,沉降越小。施工初期,桩间距变化对沉降影响不大;随着施工进行,桩间距增加导致沉降增幅增大。桩间距1.2m时,挤密范围有限,沉降量大。桩间距0.8m和0.6m时,土体挤密良好,承载特性佳。桩间距从0.8m减至0.6m,沉降变化不大。

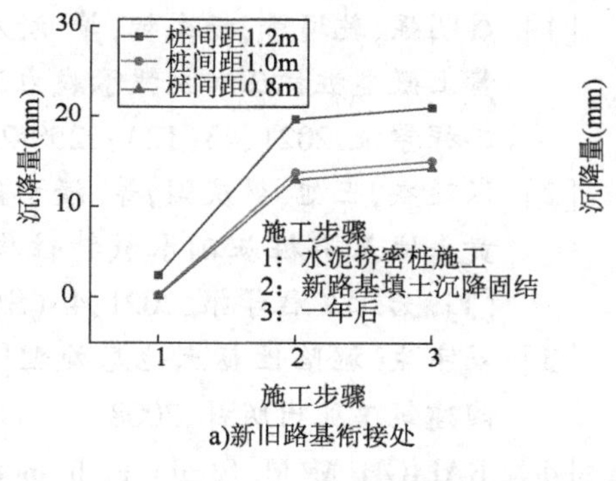

a)新旧路基衔接处

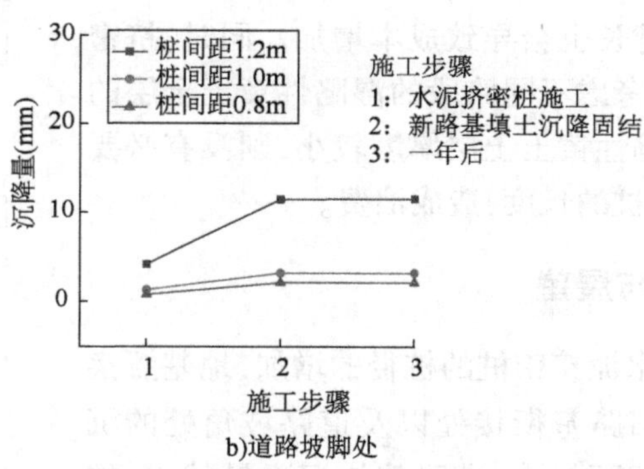

b)道路坡脚处

图3　水泥挤密桩桩间距对路基沉降特性的影响

增大挤密桩的桩间距可能会导致地基沉降量的增加,主要是因为桩间距扩大后,相邻桩间的挤密作用减弱,形成未充分挤密的土体区域,增加了沉降。同时,土体的非均匀性在不均匀土层中可能导致沉降不均,局部挤密遗漏也会引起沉降不稳定。桩间距减小到一定程度后,沉降量变化不大,是因为挤密效应的叠加达到饱和,挤密影响范围有限。

当桩间距过小时,挤密桩的施工难度将加大,施工成本增加,综合考虑采取桩间距为1.0m更为合适。

3.3 桩长对路基沉降的影响

为研究桩长对路基沉降的影响,对桩径和桩间距进行控制。桩径统一设置为0.4m,桩间距统一设置为1.0m。改变水泥挤密桩的桩长,分别进行模拟。水泥挤密桩的桩径分别设置为6m、8m和10m。

如图4所示,随着水泥挤密桩桩长的增长,路基沉降量整体呈现减小的趋势。桩长为10m时,路基沉降改善情况明显优于其他桩长。在新旧路基衔接处,桩长为6 m时沉降量的减小幅度为23% ,当桩长增大到10m时,沉降量减小幅度达到46% ,因此推荐桩长为10m。

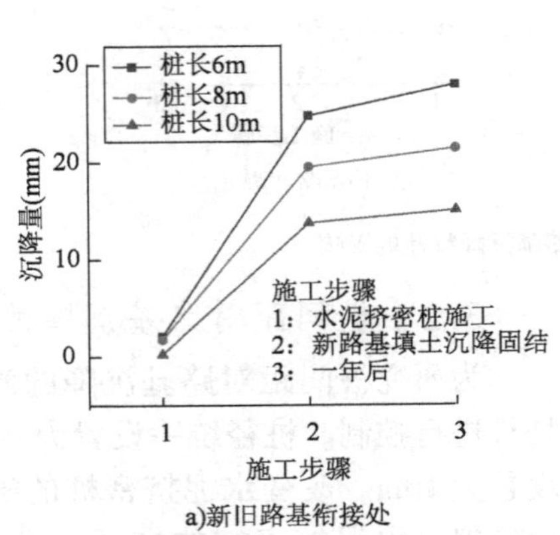

a)新旧路基衔接处

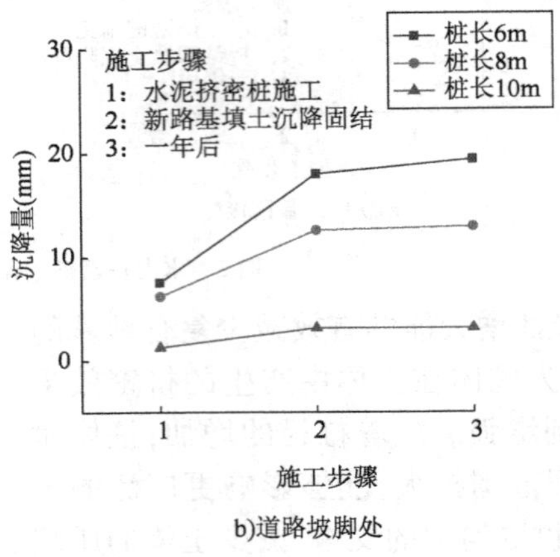

b)道路坡脚处

图4 桩长对路基沉降特性的影响

桩长越长,复合地基的沉降量减小的原因主要包括较长桩能够强化深部加固效应,穿透浅层不稳定土层,提高地基整体稳定性;此外,长桩在施工过程中能够挤密更多土体,降低土体的压缩性,减小地基沉降。同时,长桩提供更大的支持面积,抵抗荷载扩散,减缓土体压缩变形,降低地基沉降。桩端阻力的增加以及对差异沉降的均匀支持也为减小沉降提供了有效途径。

虽然桩长较长的挤密桩有利于降低路基沉降量,但是桩长越长也会导致成本增加。同时,挤密桩的桩长也要考虑不同路段的湿陷性黄土土层的深度,如果湿陷性黄土土层厚度较小,则没有必要一味增加挤密桩的长度,造成浪费。

4 结论与展望

(1)随着水泥挤密桩的桩径的增加,地基置换率增大,在新旧路基衔接处以及道路坡角处的沉降量减小;桩间距越小,道路整体沉降量越小;桩长越长,复合地基的位移沉降减小。

(2)当水泥挤密桩桩径和桩间距的增大到一定值时,道路沉降量总体变化不大,但施工难度和成本会大幅上升,因此综合考虑,推荐采用桩径0.4m,桩间距1m,桩长10m的水泥挤密桩。

在模拟地基沉降时,目前仅考虑了路基自重应力,未包括车辆荷载,这在实际道路中是必要的。土体的各向异性和非均质性在模拟中被简化为各向同性和均匀性,未来研究需细化网格并参考详细地勘数据。二维地基模型简化了工况,无法模拟群桩效应。后续研究将建立三维模型,细化地基单元,考虑车辆荷载和地基应力变化,以更准确地分析沉降。

参考文献

[1] 盛明强,乾增珍,杨文智,等.浸水饱和条件下黄土微型桩抗压和抗拔承载力试验[J].岩土工程学报,2021,43(12):2258-2264.

[2] 张延杰,王旭,梁庆国,等.浸水条件下湿陷性黄土地基群桩基础承载特性模型试验研究[J].岩土工程学报,2021,43(S1):219-223.

[3] 罗宇生.湿陷性黄土地基处理[M].北京:中国建筑工业出版社,2008.

[4] BALIGH M M. Strain Path method[J]. Jour Geotech Engng Div. ASCE, 1985, 111(9): 30-39.

[5] 邓友生,李龙,刘俊聪,等.波纹塑料套管煤矸石CFG桩复合路基承载试验[J].中国公路学报,2023,36(04):48-57.

[6] 祁巧艳,刘亚龙.基于塑性理论的湿陷性黄土

本构模型[J]. 兰州理工大学学报,2015,41(03):117-121.

[7] 魏平,魏静,杨松林,等. 高速铁路低路基桩网结构土工格栅动力特性[J]. 交通运输工程学报,2017,17(06):19-27.

[8] 邓友生,李龙,赵衡,等. 基于透明土的梅花桩沉桩挤土效应[J]. 湖南大学学报(自然科学版),2022,49(07):205-213.

[9] 王永鑫,邵生俊,韩常领,等. 湿陷性黄土砂井浸水试验的应用研究[J].

[10] WANG J D,ZHANG D F,ZHANG Y S,et al. Variations in hydraulic properties of collapsible loess exposed to shearing [J]. Acta Geotechnica,2022,17(7):19-27.

[11] 袁博. 黄土路基湿陷变形对挤密区影响的数值模拟研究[J]. 粉煤灰综合利用,2021,35(02):65-69.

[12] 果斐. 高速铁路黄土地基水泥土柱锤冲扩桩工作性能研究[J]. 铁道建筑,2022,62(01):148-152.

[13] 李志亮. 灰土挤密桩处理湿陷性黄土方法研究[J]. 山西建筑,2015,41(05):50-52.

BFRPC-岩石黏结滑移性能与损伤声学聚类分析

宫亚峰[1] 吴树正[1] 焦明伟[2] 高 祎*[3]

(1. 吉林大学交通学院;2. 吉林省交通规划设计院;
3. 吉林省交通运输综合行政执法局)

摘 要 为探究玄武岩纤维活性粉末混凝土(Basalt Fiber Reactive Powder Concrete,BFRPC)-岩石黏结滑移性能与损伤模式,本文以M40普通水泥砂浆做对照,以材料类型、黏结长度为控制变量开展室内推出试验,探究其对浆体-岩石黏结强度的影响;基于声发射技术与K-means聚类分析,对黏结滑移损伤过程进行声学特征表征,并得到以下结论:两种浆体材料的黏结强度与浇筑长度均呈负相关趋势,而BFRPC与岩石间的平均极限黏结应力最大可达10.44MPa,是M40普通水泥砂浆的1.69~1.82倍;BFRPC凭借其优异的材料性能与级配设置,使其在拥有高强黏结性能的同时,仍可以保证锚固体的整体性;在浆体-岩石试件黏结滑移破坏过程中,其破坏模式以剪切破坏为主,但也有拉伸破坏发生;除此之外,黏结失效过程中,浆体-岩石界面会产生较大的径向压力与砂浆基体应力,迫使岩石基体发生胀裂。

关键词 BFRPC 岩石 黏结强度 推出实验 声发射

0 引言

随着高速公路建设不断深入山区腹地,岩质边坡加固成为公路建设的重要环节[1]。采用锚索技术增强岩土体强度和稳定性是岩土工程领域的常用手段,边坡坡体的稳定性的基础是注浆体与边坡岩体的有效黏结[2]。

预应力锚索锚固端的作用机理是通过高性能灌浆料将索体、岩体黏结为统一整体,当坡体发生变形,荷载将从索体传递至围岩基础[3]。传统水泥砂浆强度低、耐久性差,作为永久支护工程质量难以保证[4]。为提高黏结强度,一味地延长锚固长度会引起地质损害。因此,选取绿色且高性能的材料配制注浆材料是提高锚固体性能的发展趋势。

超高性能混凝土(Ultra-High-Performance Concrete,UHPC)是一种新型的水泥基复合材料,具有较高的抗压强度、抗拉强度以及优异的抗渗

基金项目:国家重点研发计划课题(2021YFB2600604,2021YFB2600600);吉林省交通运输科技项目(2022-1-8);吉林省交通运输创新发展支撑项目(2024-1-10);吉林省科技发展计划项目(20230402048GH)。

性与耐久性能。因此,将 UHPC 用作锚固端注浆材料可充分发挥其性能[5]。有学者发现,纤维的掺入并应用到边坡锚固端灌浆材料中,可以显著提升砂浆的锚固性能[6]。而常用的纤维包括钢纤维、聚丙烯纤维等,存在抗腐蚀性差、生产过程不环保等问题,尤其是在岩石裂隙中,工作环境恶劣,极易引发锚固体黏结失效[7]。玄武岩纤维生产过程环保,并且对腐蚀环境具有显著惰性,不易发生腐蚀,是符合 21 世纪生态环境要求的绿色新材料。因此,本文以玄武岩纤维活性粉末混凝土(BFRPC)为注浆材料开展与岩体黏结性能研究。

声发射技术可以实时采集材料破坏过程中的声学信号并识别材料破坏模式,利用 K-means 聚类算法对 RA-AF 信号进行聚类处理,可以将破坏信号分为拉伸和剪切破坏,从微观角度解析材料损伤机理[8]。

综上所述,本文以吉林省东部山区典型岩质边坡为背景,制备了 BFRPC-花岗岩柱状黏结试件,通过开展室内推出试验,探究其黏结性能增强机理;利用声发射技术采集 BFRPC 黏结滑移损伤过程中的界面过渡区声学特征型号,通过 K-means 聚类算法对 RA、AF 分类处理,明晰 BFRPC-岩石黏结滑移损伤模式与机理。

1　黏结性能测试方案设计

1.1　试件制备

本试验花岗岩取自吉林省东部山区典型地质边坡路段,其基本力学参数如表 1 所示。将花岗岩切割呈表面光滑的边长为 150mm 立方体石块;在立方体试块中心切出直径为 50mm 的贯通圆孔;将试件圆孔一侧封底,在另一端浇筑不同高度的 BFRPC。BFRPC 配合比如表 1 所示,制备试件如图 1 所示。设置 M40 水泥砂浆作为对照组,如表 2 所示为试件参数设计。

花岗岩材料力学性能与玄武岩纤维活性粉末混凝土配合比($kg/1 \cdot m^3$)　　表 1

花岗岩	密度(kg/m^3)	孔隙率(%)	弹性模量(GPa)	抗压强度(MPa)	劈裂抗拉强度(MPa)
	2780	3.6	53.9	165	23.4

材料	水泥	石英砂		石英粉	硅灰	水	减水剂
		0.15～0.3mm	0.3～0.6mm				
用量	841.8	582.8	364.2	311.4	210.4	151.4	69.1

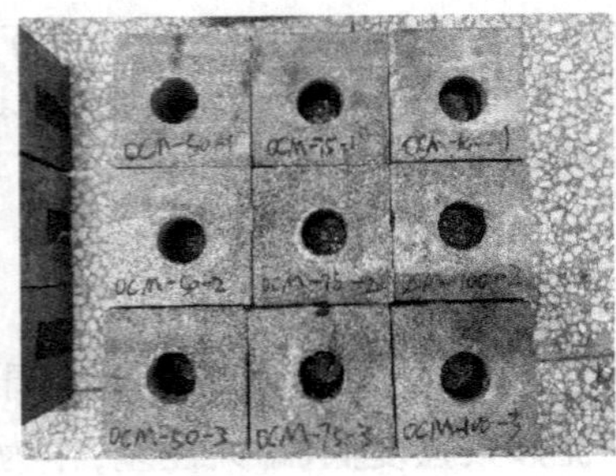

图 1　浆体-岩石柱状黏结试件

试件参数设计　　表 2

试件编号	浆体类型	浇筑高度(mm)	数量
BFRPC-50	BFRPC	50	3
BFRPC-75	BFRPC	75	3
BFRPC-100	BFRPC	100	3
OCM-50	M40	50	3
OCM-75	M40	75	3
OCM-100	M40	100	3

1.2 试验设备与测试方法

1.2.1 黏结强度测试

浆体与岩石间的黏结强度测试采用推出试验,在试件底部放置垫块提供反力,保证浆体块有空间脱出,定制直径45mm钢传力轴传递荷载,试验装置如图2所示。

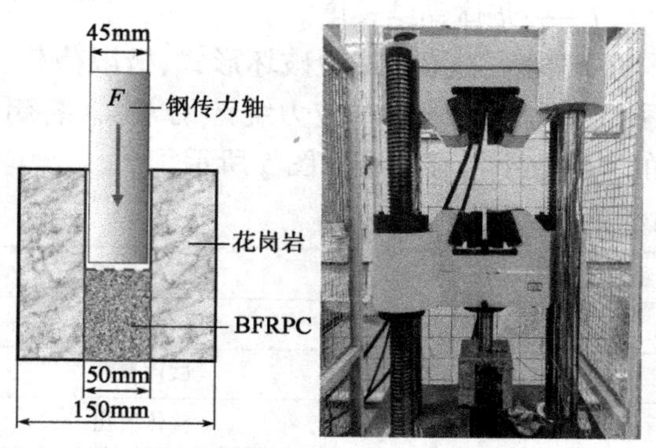

图2 试件形态与试验装置示意图

试验采用位移控制加载,加载速度为0.2mm/s,当灌浆材料被推出或者试件劈裂破坏试验停止。

1.2.2 黏结失效声学信号采集

本文采用SAEU2S-6声发射采集分析系统捕获拉拔破坏过程中的声发射参数。为了保证声发射信号质量,将凡士林作为偶联剂均匀涂抹于混凝土试件侧面中心位置,利用胶带将AE传感器固定在该位置,保证AE传感器封闭贴合在试件表面。

2 黏结性能与损伤分析

2.1 试验现象及过程

2.1.1 破坏形式

通过推出试验,浆体-岩石柱状黏结试件发生黏结失效,即界面发生剪切破坏,当极限滑移量达到5mm,仅有残余黏结强度将浆体推出,即可认为黏结失效。试件破坏形态如图3所示。

图3 浆体-岩石柱状黏结试件破坏形态

试件在加载前期并无异样,在加载后期可以观察到底部浆体瞬间被破坏,随后并伴随着界面周边岩石破碎被匀速推出。根据试验现象可以将破坏形式分为下列两类:

(1)推出破坏

各个试件整体上没有明显裂缝,仅在岩石自由端表面周围一定范围内形成微裂缝以及碎裂的情况,界面裂缝并没有贯穿至岩石侧表面,混凝土后期在稳定作用力下滑移。

(2)劈裂破坏

混凝土在受力过程中,表面产生径向应力作用于界面岩石,当径向力大于抗拉强度,岩石不能有效抵抗横向变形,造成以混凝土为轴心的斜裂缝贯穿混凝土试件表面产生劈裂破坏。

从图3中可以明显观察到破碎的岩石,有些试件甚至出现贯穿裂纹,形成整体性破坏。

2.1.2 黏结滑移曲线分析

由试验数据提取试件荷载与浆体滑移位移,并绘制得到的典型黏结滑移曲线如图4所示。

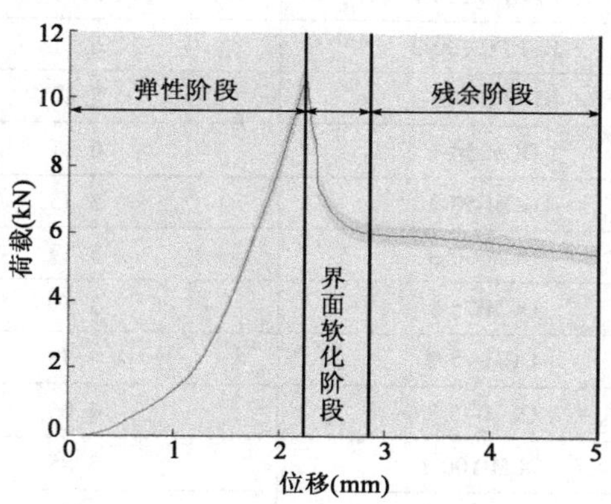

图4 典型黏结滑移

(1)弹性阶段

该阶段位于加载阶段前期,位移区间约为0~2.3mm之间,该阶段无论是砂浆还是BFRPC均能保证与岩石黏结,并在弹性阶段末期和界面软化阶段初期达到荷载最大值。界面间黏结应力与位移近似线性,该阶段的应力来源主要为界面间化学胶结力。

(2)界面软化阶段

当荷载持续增加,化学胶结作用被破坏,浆体与岩石界面发生脱黏,并且出现微裂纹。裂缝一旦出现便沿着加载方向延伸直至自由端,界面间的化学胶结力不足以提供黏结强度,此时荷载达到最大值。

(3)残余阶段

在该阶段化学胶结力完全消失,黏结强度由浆体-岩石界面产生破碎混凝土挤压界面产生的残余摩擦力提供,强度大小由破碎界面的粗糙程度决定,并在很小的范围内波动。

2.2 BFRPC与钢绞线黏结强度

2.2.1 黏结强度计算

由于界面并未设置连接键,因此黏结应力主要由化学胶结力和摩擦力组成,且岩石与混凝土黏结长度较小,假定黏结应力沿浆体长度方向均匀分布,黏结强度按照式(1)计算。

$$\tau = \frac{F}{\pi d_0 l} \tag{1}$$

式中:F——所施加荷载;

d_0——岩石锚孔直径,本文均为50mm;

l——浆体黏结长度。

不同构件的拉拔试验破坏形式、极限荷载、临界黏结应力和极限黏结应力统计见表3。各组试件的平均黏结滑移曲线如图5所示。

浆体-岩石黏结应力统计表 表3

试件编号	极限黏结应力τ_u(MPa)	残余黏结应力τ_r(MPa)	破坏形式
BFRPC-50-1	10.60	5.92	整体脱出
BFRPC-50-2	9.89	4.92	试件劈裂
BFRPC-50-3	10.83	5.09	整体脱出
BFRPC-75-1	7.15	5.13	整体脱出
BFRPC-75-2	8.23	4.65	整体脱出
BFRPC-75-3	6.79	3.57	试件劈裂
BFRPC-100-1	5.37	2.05	整体脱出
BFRPC-100-2	6.21	2.85	整体脱出
BFRPC-100-3	5.82	2.03	整体脱出
OCM-50-1	6.11	3.17	整体脱出
OCM-50-2	5.35	2.59	整体脱出
OCM-50-3	5.79	3.06	试件劈裂
OCM-75-1	3.59	1.89	整体脱出
OCM-75-2	4.53	2.48	整体脱出
OCM-75-3	4.06	2.02	整体脱出
OCM-100-1	3.85	1.78	试件劈裂
OCM-100-2	3.25	1.52	整体脱出
OCM-100-3	3.16	1.80	整体脱出

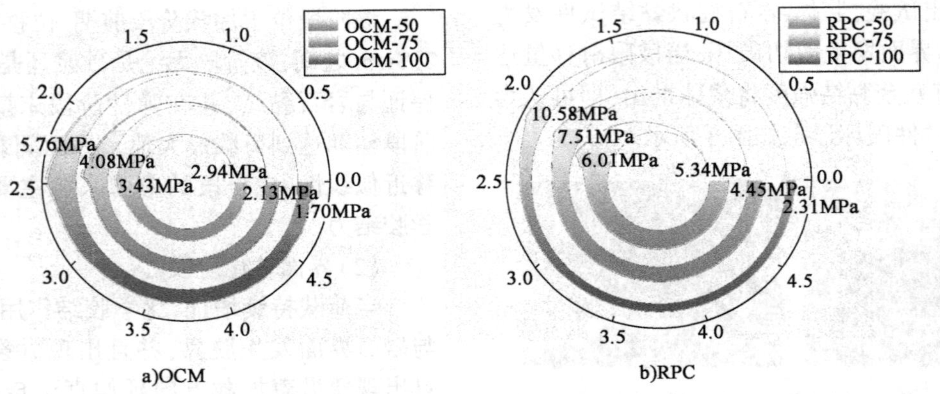

图5 OCM与RPC黏结滑移曲线图

2.2.2 黏结强度影响因素分析

通过对黏结强度取平均后发现，BFRPC 与岩石间的平均极限黏结应力最大可达 10.44MPa，平均残余应力为 5.31MPa。极限黏结应力约为 M40 水泥砂浆的 1.69～1.82 倍，残余应力约为 M40 水泥砂浆的 1.75 倍。

分析发现，根据式(1)所计算出的黏结应力反映了单位长度上浆体与岩体间的黏结强度，因此浇筑长度的增加而黏结强度减小。究其原因，黏结长度越长则赋予黏结应力分布不均的更多可能性，从而验证了在界面裂缝发展过程中，距离加载端越远反而受力越小。

BFRPC 表现出优异的黏结性能，这是由于玄武岩纤维活性粉末混凝土的水灰比(0.18)远小于 M40 水泥砂浆(0.4)，高性能硅灰的掺加可以填充材料的细部孔隙，提升混凝土内部密实度，增大浆体与岩石间的有效接触面积；级配更细微、表面更清洁、强度更高的石英砂，使 BFRPC 黏合在石英砂的周围形成一个结晶团，并使晶体增长、团结，提高水泥的密实度，此外、石英砂本身具有一定的活性，可以进行水化，从而填充了毛细孔，降低了混凝土包裹石英砂后形成水泥石的孔隙率，改善了水泥石的整体性[7]；综上，BFRPC 能提供更为优异的化学胶结力，提高整体黏结强度[9]。

2.3 BFRPC 与钢绞线黏结滑移损伤

2.3.1 K-means 聚类

聚类分析方法作为统计学领域的一种方法，可通过样本点之间的相似性对样本点进行分类处理，且不需要提前获知判别标准，直接对原始变量进行分类，因此可用于 RA-AF 关联分析中，作为对声发射事件信号拉伸破坏和剪切破坏的分类依据[10]。

K-means 聚类先将原始数据分为 K 组，随机选取 K 个聚类中心，通过样本点和聚类中心的距离进行分配并不断迭代，最后将原始数据分为 K 个簇。对于给定的数据集合，将其聚类到 K 类中去，要求式(2)的值最小：

$$\arg\min_{s}\sum_{k=1}^{k}\sum_{x_j\in S_k}\|x_j-m_k\|^2 \tag{2}$$

式中：S——整个数据集合；

S_k——聚类形成的数据集合，是每个类集合的“中心”。

K-means 聚类算法先将原始数据分为 K 个非空子集，计算每个子集的中心如式(3)所示：

$$m_k=\frac{1}{N_k}\sum_{x_i\in S_k}x_i \tag{3}$$

将每个数据点 X_i 分配到其最近的 m_k 近的，当最后的迭代结果不再变化时结束。

2.3.2 RA-AF 关联分析

在浆体-岩石柱状黏结试件破坏过程中，不同破坏形式对应着不同的声发射信号特征。

基于 K-means 聚类的 RA-AF 关联分布图，如图 6 所示。通过对比发现，整体脱出的所有试件，在破坏过程中 RA 占比均在 60% 以上且 AF 占比 30%～40%，说明其破坏模式以剪切破坏为主，但仍有拉伸破坏发生。以 OCM-100-1 试件为例进行分析，在试件推出过程中，浆体与岩石界面存在体胀现象，从而产生较大的径向压力与砂浆基体应力。如图 7 所示，当岩石基体的强度不足以承受砂浆在脱出过程中的径向压力时，便发生开裂，这些受岩体的强度及其节理发育情况影响较大[11]。

通过对比 OCM 与 BFRPC 两种浆体类型破坏过程中 RA 信号强度分析，后者在信号总量上略小于 OCM 试件。这说明，BFRPC 在脱出过程中仍能维持自身整体性，仅在黏结界面发生破坏而避免裂缝向浆体内部发育。这得益于 BFRPC 材料的高强度，且玄武岩纤维在浆体内部而形成的网络结构，从而保证了浆体的整体性。

3 结语

本文通过室内推出试验研究高性能灌浆料 BFRPC、M40 水泥砂浆与花岗岩间的黏结性能，讨论了注浆长长度与材料性能对黏结强度的影响，利用声发射技术结合 K-means 聚类分析对浆体-岩石黏结滑移破坏类型进行声学表征。主要得出以下结论：

(1)BFRPC 与岩石间的平均极限黏结应力最大可达 10.44MPa，平均残余应力为 5.31MPa，黏结性能优于 M40 普通水泥砂浆，分别为 M40 水泥砂浆的 1.69～1.82 倍与 1.75 倍。

(2)黏结强度随浇筑长度的增加而减小。黏结长度越长则赋予黏结应力分布不均的更多可能性，距离加载端越远反而受力越小。BFRPC 凭借其优异的材料性能，保证了其不仅能提供较高的黏结强度，还能在黏结滑移过程中维持锚固段浆体的整体性。

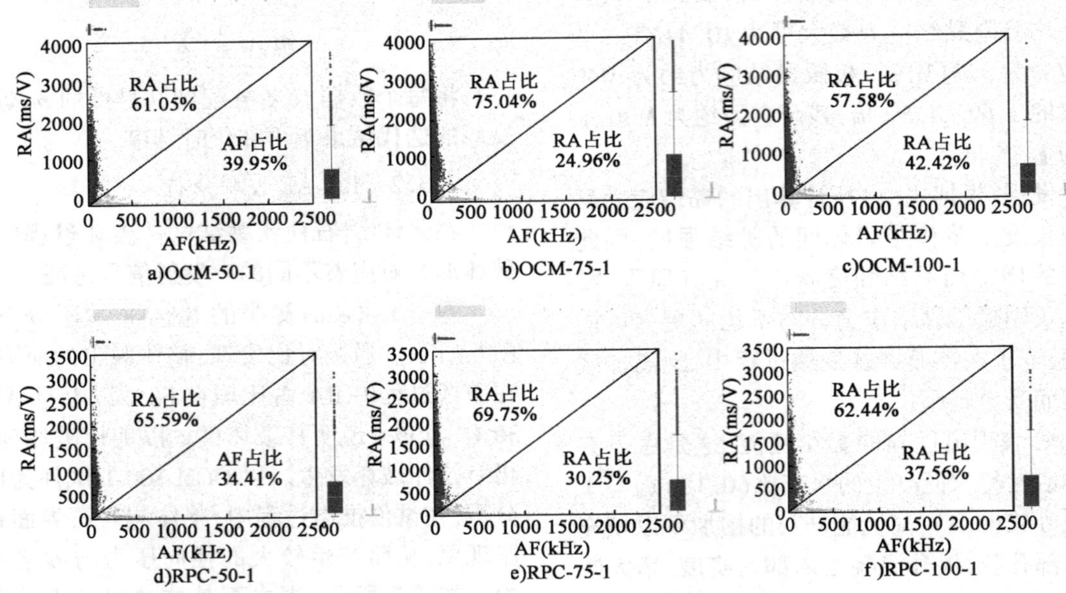

图6　基于K-means聚类的RA-AF关联分布以及占比

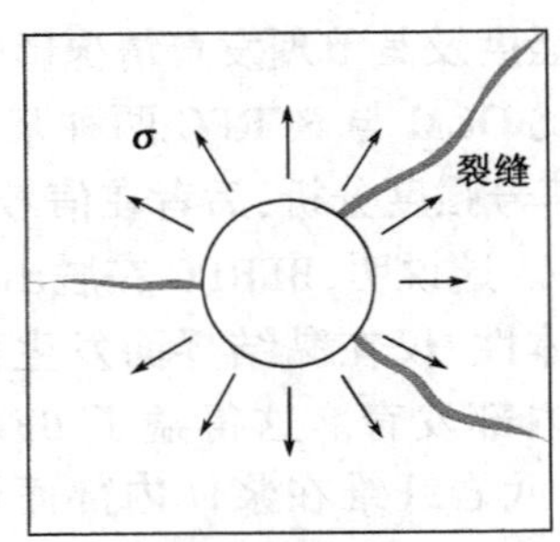

图7　脱出过程中的径向应力示意图

(3)基于K-means聚类的RA-AF关联分析，柱状浆体在黏结滑移破坏过程中，其破坏模式以剪切破坏为主，但仍有拉伸破坏发生。

(4)在浆体-岩石柱状黏结试件推出过程中，浆体与岩石界面存在体胀现象，从而产生较大的径向压力与砂浆基体应力，促使岩石基体开裂。

参考文献

[1] 左亚淮.预应力锚索技术在岩质边坡治理的应用[J].现代矿业，2023，39(11)：98-102，115.

[2] ZHU HW，XIANG Q，LUO B，et. al. Evaluation of failure risk for prestressed anchor cables based on theAHP-ideal point method：An engineering application[J]. Engineering Failure Analysis，2022，138：106293.

[3] 张旷怡.基于高性能材料大型岩锚体系应用研究[D].长沙：湖南大学，2017.

[4] 吴树正.BFRPC与钢绞线锚固体系黏结滑移性能与损伤行为研究[D].长春：吉林大学，2023.

[5] QI JN，CHENG Z，JOHN MA ZG，et. al. Bond strength of reinforcing bars in ultra-high performance concrete：Experimental study and fiber-matrix discrete model[J]. Engineering Structures，2022，248(1)：113290.

[6] 任青阳，张勇，许虎，等.砂浆中聚丙烯纤维掺量对预应力锚杆锚固性能影响研究[J].三峡大学学报(自然科学版)，2020，42(6)：61-67.

[7] 吕翔.季冻区玄武岩纤维活性粉末混凝土耐久性能和力学性能研究[D].长春：吉林大学，2021.

[8] 关庆圆.钢筋混凝土梁损伤过程的声发射多参数分析及损伤识别[D].扬州：扬州大学，2023.

[9] 宫亚峰，宋加祥，吴树正，等.BFRPC与预应力钢绞线黏结-滑移本构模型[J].中国公路学报，2023，36(9)：96-105.

[10] BI J，ZHAO Y，WU ZJ，et al. Research on crack classification method and failure precursor index based on RA-AF value of

brittle rock [J]. Theoretical and Applied Fracture Mechanics,2024,129:104179.

[11] 张洪侨.高性能岩锚体系界面间粘结性能的试验研究[D].长沙:湖南大学,2013.

炭质页岩在自然风化过程中的崩解破碎机制

王悦月 毛雪松* 吴 谦 陈欣怡

(长安大学公路学院)

摘 要 炭质页岩具有强度低、遇水易软化、易发生风化崩解等特性,为研究自然风化条件下炭质页岩的物理崩解破碎机制,设计了为期12个月的风化演变试验,并借助筛分试验和IPP(Image Pro Plus)软件分析了炭质页岩单一粒径填料的级配组成、崩解比、分形维数及颗粒轮廓随自然风化过程的变化规律。试验结果表明:随着风化的进行,40~60mm大颗粒逐渐减少,0.075~40mm细颗粒粒组不同幅度增加,且崩解产物主要集中在大于5mm粒径区间,呈现显著的物理风化;炭质页岩单一粒径填料的崩解比、分形维数、颗粒丰度、圆形度和形状系数随着风化的进行呈递增趋势,风化产物轮廓的复杂程度逐渐降低。研究结论表明,圆形度可较好地指示炭质页岩填料的风化程度;温度、降水量、辐射是影响炭质页岩填料物理风化的关键环境因素。季节对炭质页岩崩解剧烈程度的影响大小顺序为:冬季>夏季>秋季>春季。

关键词 路基工程 炭质页岩 风化演变 崩解破碎 颗粒轮廓 环境因素

0 引言

炭质页岩广泛分布于我国的西南地区,其作为路堤填料已被推广应用[1]。但由于炭质页岩具有强度低、水稳定性差、胶结程度弱等工程特性,在外界环境因素影响下容易受到风化作用的侵袭,出现软化、崩解破碎的现象。当用作路基填料时,这种风化作用会导致岩体工程力学性能劣化,从而造成路堤失稳。因此,有必要进一步深入研究长期自然风化作用下炭质页岩的崩解破碎机制。

国内外针对软岩的崩解破碎机制已经做了大量研究,刘凤云[2]、张宗堂[3]、郭宁[4]、付宏渊[5]等利用干湿循环、击实试验等室内试验对软岩的崩解特性进行了研究,提出吸水膨胀是软岩在外力作用下不断崩解的原因。常洲[6]、张静波[7]对炭质页岩填料进行了三轴湿化变形试验,从颗粒破碎的角度阐述了炭质页岩填料湿化变形的规律。曾玲[8-9]、付业扬[10]和Liu[11]等通过干湿循环试验得到了干湿循环次数对炭质页岩微观结构和岩体裂隙等参数的影响关系。以上研究均聚焦于荷载和干湿循环等室内条件下炭质页岩的崩解特性,而忽略了自然风化条件下炭质页岩的崩解行为,缺少对风化过程中炭质页岩的轮廓演变机制的研究。

鉴于此,本文以云南墨临高速公路工程为依托,设计历时长达一年的风化演变试验,针对单一粒径填料,研究其在物理风化过程中级配、崩解比、分形维数与颗粒形态的变化规律,通过相关性分析探究环境因素对炭质页岩崩解特性的影响程度。研究成果为炭质页岩在公路交通中的资源化利用提供理论基础,具有重要的工程意义。

1 试验材料及方法

1.1 试验材料

本试验材料取自墨-临高速公路路用炭质页岩弃料,岩体呈黑灰色,颗粒均匀且微裂隙发育,主要含有的矿物成分有石英、方解石、白云石、斜长石、白云母、黄铁矿、绿泥石、蒙脱石和伊利石,具体含量见图1。干燥状态和浸水48h的炭质页岩原岩的$I_{s(50)}$值分别为1.141MPa和0.586MPa,

基金项目:国家自然科学基金青年科学基金项目(52308435);陕西省自然科学基础研究计划项目(2024JC-YBMS-253)。

属于软岩级别,说明其抗压强度较小,容易发生破碎。

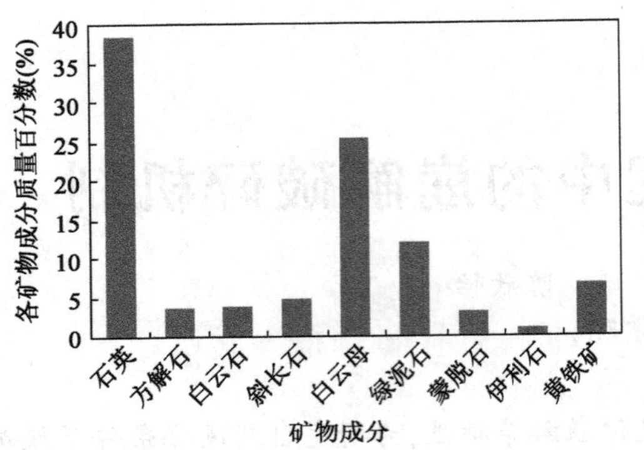

图1 炭质页岩的矿物成分

1.2 试验方法

为了研究自然气候影响下炭质页岩原岩的崩解特性,本试验采用历时一年的风化演变设计。首选选取40~60mm的炭质页岩10块,要求其样件形状、大小和重量尽可能相似,将其置于50℃的烘箱中烘干至恒重,取出冷却至室温后将试样放置于直径24cm、深度5cm的不锈钢圆盘中;圆盘中心附近打有一直径2.5cm的孔,并用1mm的方格网覆盖,可方便、快速地排出圆盘中的积水,同时防止岩石碎屑随水流排失,并定时清理孔洞,避免杂物堵塞。然后将装有试样的圆盘固定于西安市某处地面平整、视野开阔的开放场地进行风化试验,试验周期从2021年10月到2022年10月。每间隔一月的固定时间对试样进行烘干及筛分处理,确定试样的级配组成及崩解特性。最后采用IPP(Image-Pro Plus)软件对炭质页岩颗粒形态轮廓演化特征进行分析。

由图2的气象监测数据可知,西安冬季的月均温度和月均降水量全年最低,空气比较干冷;夏季的月均季温度普遍在18~31℃,且高温天数居多,降水量居全年最高,占全年的40%。春季和秋季的月均气温和降水量较为适中。

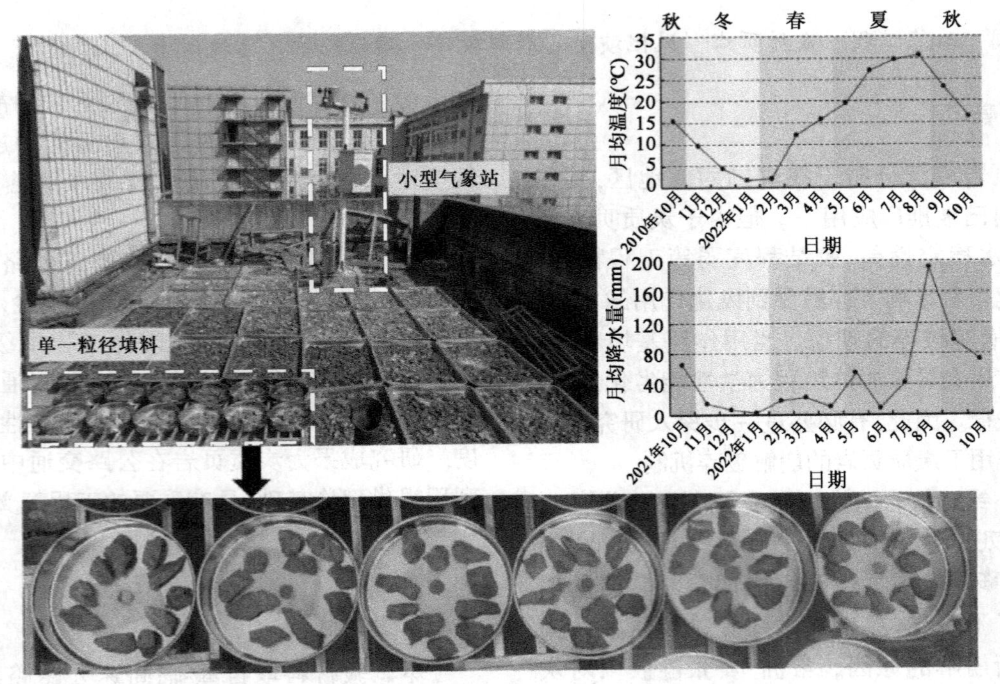

图2 风化试验现场及气候数据监测

2 试验结果及分析

2.1 风化过程中单一粒径填料的崩解破碎特征

图3展示了为期12个月的炭质页岩单一粒径填料的风化过程。新鲜的炭质页岩[图3a)]具有结构致密、掂掟重实、原生构造(如微层理)发育等特征;随着风化的进行,当风化3个月时,单一粒径填料出现一定的崩解退化现象[图3b)、c)],岩块出现不同程度的崩解破碎,碎块大多呈鳞片状结构,鳞片多具亮黑色,用手触摸碎块染手,并且可以感受到明显的粗糙感,且圆盘中心出现了

黄褐色的沉积物；风化6个月至9个月时，单一粒径填料的崩解破碎现象明显[图3d)、e)]，经过了西安市的春季和夏季，其间不断有大颗粒的破碎，中档粒料及细颗粒逐渐增多；风化9个月后，西安进入秋季，大颗粒崩解破碎趋于平缓，细颗粒增长显著[图3f)]，整体已基本崩解泥化。综合来看，风化过程中，炭质页岩单一粒径填料呈现“大颗粒逐渐减少，细颗粒逐渐增多”的趋势。

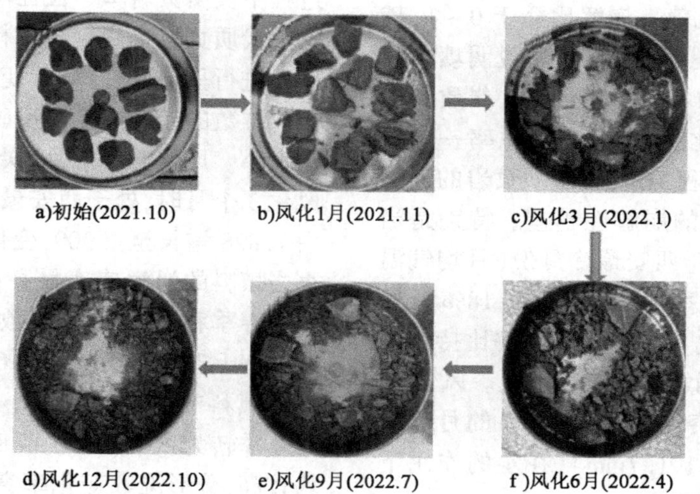

图3 单一粒径填料的自然风化过程

2.2 单一粒径填料的颗粒组分变化特征

在风化作用下，单一粒径的炭质页岩会逐渐崩解碎化为颗粒粒径较小的碎屑和黏土，形成松散物集合体。颗粒组分特征能够展示试样的颗粒组成与状态，如图4所示，随着风化作用的进行，炭质页岩单一粒径填料的颗粒粒径分布曲线向上移动，表明细颗粒比例逐渐增加，粗颗粒含量减小，风化程度逐渐增强。具体地，对各档粒径的占比演化趋势进行了统计分析，如图5所示，40～60mm颗粒含量始终处于减少状态，整体减少了66.65%；20～40mm颗粒含量逐渐增加至35.25%，之后逐渐减少至风化12月的26.28%；10～20mm、5～10mm粒组颗粒含量增长幅度较大，分别增加了17.06%和15.83%；0.075～2mm、2～5mm粒组颗粒含量增长幅度较小，分别为2.3%和4.77%。小于0.075mm的粉、黏粒含量生成率很小，仅有0.4%。单一粒径的炭质页岩破碎为大小不一的颗粒，充分说明了炭质页岩发生了显著的以物理风化为主的崩解。而粉、黏粒的出现表明炭质页岩崩解过程还受到了水岩化学作用的影响，由于西安自2021年入冬以来月均气温较低(0～5℃)，降水量十分有限(月均降雨量为2.9～20mm)，导致颗粒的次生黏土化进程十分缓慢，黏土颗粒增长不明显。

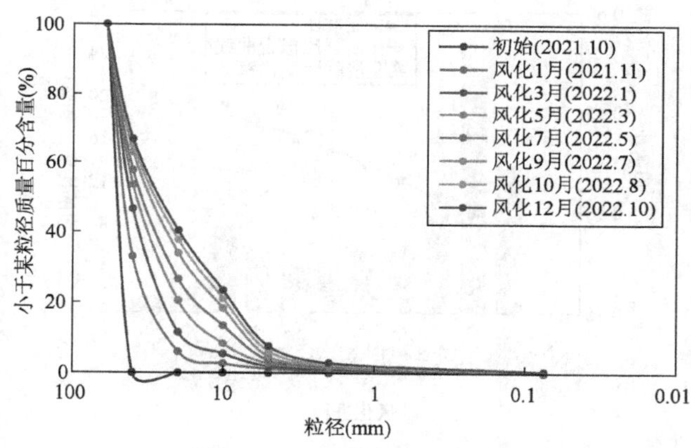

图4 风化过程中单一粒径填料的级配曲线

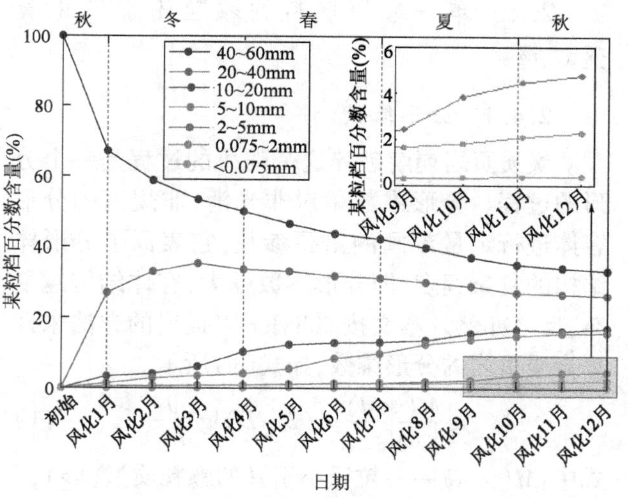

图5 各粒档百分数含量

2.3　单一粒径填料的崩解特性

根据Erguler[12]提出的崩解比,对风化后炭质页岩填料的崩解程度进行表征,崩解比(D_R)指的是风化后级配曲线与初始级配曲线的面积差,与初始级配上方面积的比值。崩解比介于0~1,越趋近于0,说明填料不崩解;越趋于1,说明填料崩解激烈。将计算所得的不同风化过程中炭质页岩单一粒径填料的崩解比,与崩解比变化率一同绘制于图6。随着风化过程的进行,炭质页岩的崩解比逐渐增大,表明岩石的崩解性越差。特别是当风化到第3个月时,处于西安最冷月份(月均气温为1.7℃),崩解比变化率达到最大(22.18%),处于快速崩解阶段。风化4~12个月崩解比持续增长,但变化较小,说明崩解程度较为平缓。风化10个月时崩解比变化率突增,是由于8月的月均降雨量为一年中最大值(191.7mm),在水的作用下会促进炭质页岩的崩解泥化。

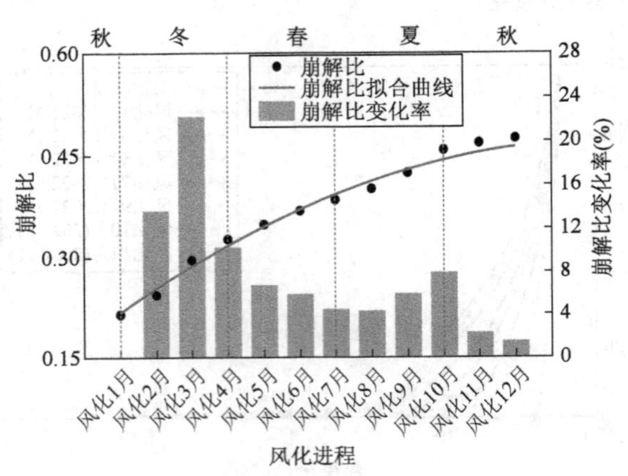

图6　单一粒径填料的崩解比变化情况

2.4　单一粒径填料的颗粒轮廓风化演变过程

2.4.1　分形维数

炭质页岩崩解破碎这个随机的过程是一个分形的过程。分形维数是对非光滑、非规则的分形客体进行定量刻画的重要参数,它表征了分形体结构的复杂程度,即分形维数越大,客体结构越复杂,反之亦然。本文按照Tyler[13]提出的方法来计算炭质页岩的分形维数,如式(1)所示。

$$\lg \frac{M(<d)}{M_0} = (3-D)\lg \frac{d}{d_{max}} \tag{1}$$

式中:$M(<d)$——粒径小于d的颗粒质量(kg);

M_0——颗粒总质量(kg);

d——颗粒粒径(mm);

d_{max}——最大颗粒粒径(mm);

D——分形维数。

图7展示了根据式(1)计算得到的不同风化过程中炭质页岩单一粒径填料的分形维数变化情况。炭质页岩单一粒径填料的分形维数随风化作用的进行呈递增趋势,其变化规律与崩解比类似。分形维数的变化规律可反映出炭质页岩崩解速率的大小。风化前2个月,炭质页岩分形维数较低;风化3个月时,处于西安最冷月份1月,分形维数由1.828增长至1.909,变化率为4.4%,表明炭质页岩填料的崩解速率最高;风化4~9个月,西安处于春季和夏季,分形维数持续增长,但分形维数变化率上升较缓,介于1.10%~2.64%,表明炭质页岩填料的崩解速率较小;风化10个月时,西安由夏季转为秋季(2022年8月),降雨量与气温值均较高,分形维数变化率突增,达到了2.03%;风化10个月后,分形维数变化率进一步减小,说明该风化阶段下的炭质页岩单一粒径填料崩解速率最小,稳定程度较高。其中,1月和8月,分形维数变化显著,表明气温及降水量是影响其物理风化的关键因素。

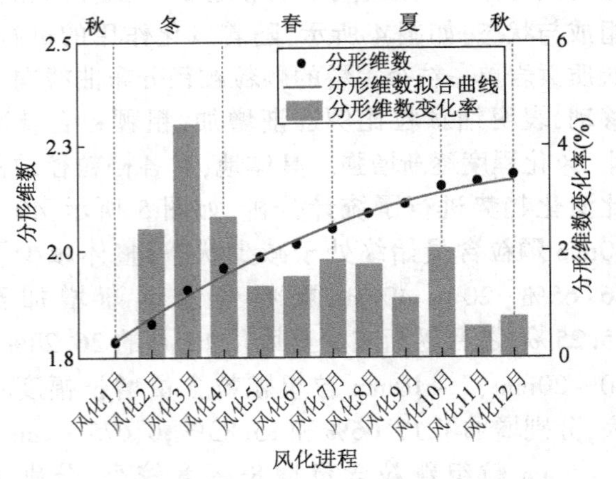

图7　单一粒径填料的分形维数变化情况

2.4.2　颗粒形状参数

选取不同风化阶段的2~5mm、5~10mm、10~20mm、20~40mm、40~60mm粒组的试样,每份样品中颗粒为50粒;然后将其平铺在带有标尺的白板上并拍摄高清图片;最后利用IPP(Image-Pro Plus)软件对不同粒径的风化试样的丰度(C)、圆形度(R)和形状系数(F)进行统计分析,结果如图8所示。

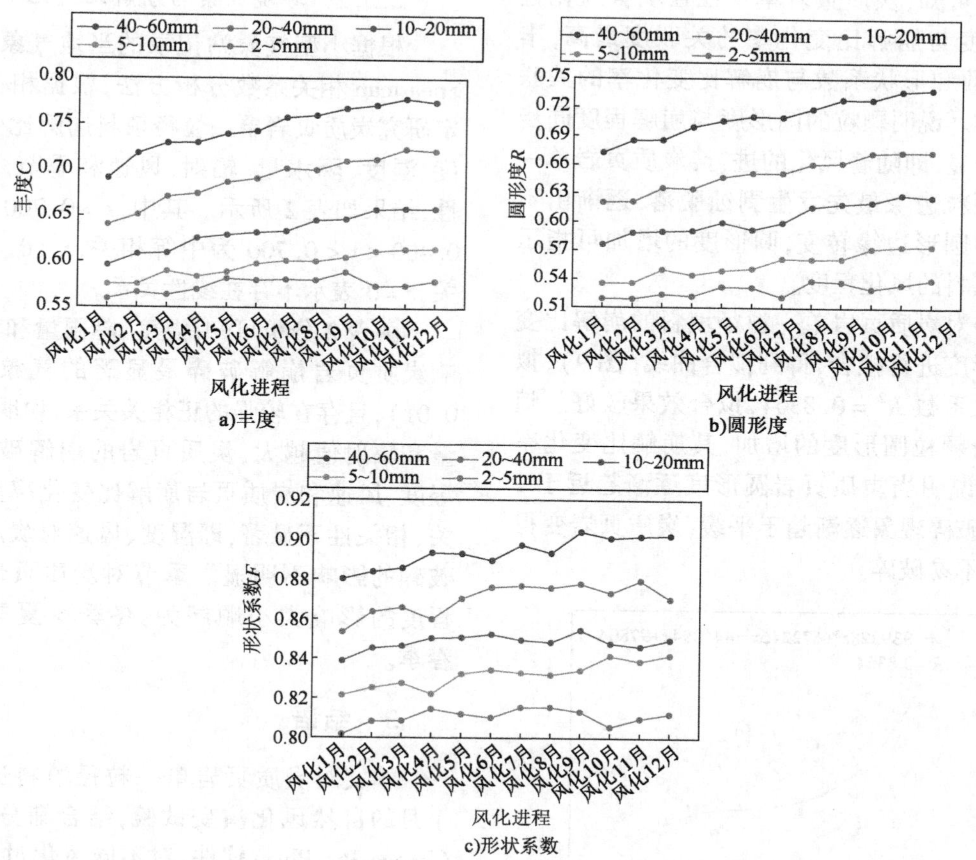

图8 单一粒径填料的颗粒轮廓指标变化曲线

对于炭质页岩单一粒径填料，丰度和圆形度的变化趋势相似[图8a)、b)]：随着风化作用的进行，丰度和圆形度逐渐增大，并逐渐趋近于1，粒径越小其值越低，且40～60mm、20～40mm、10～20mm变化趋势明显，而5～10mm、2～5mm的变化趋势不明显，说明从粗到细风化产物的形状从扁圆向长条形演化，单个粒组颗粒在风化过程中逐渐由长条状向扁圆化发展，且5～10mm、2～5mm的粒组颗粒演变特征已不明显。尽管形状系数的变化幅度稍小[图8c)]，但也能看出风化产物轮廓的复杂程度在逐渐降低，这预示着随着风化的进行，颗粒形状在逐渐向更圆滑、更稳定的方向发展。

2.5 相关性分析

2.5.1 崩解比与颗粒形态的关系

为进一步探究炭质页岩单一粒径填料的崩解比与颗粒形态之间变化趋势的关联程度，利用灰色关联度法进行描述，关联度越接近于1，则表示二者的相关性越高[14]。以崩解比变化率为参考数列，丰度、圆形度、形状系数、分形维数为比较数列，选取均值化方式对各序列进行处理分析。考虑到5～10mm、2～5mm粒组颗粒演变程度不明显，故选取40～60mm、20～40mm、10～20mm的丰度、圆形度、形状系数的平均值，各参数与崩解比的关联度如表1所示。

各颗粒形态参数与崩解比的关联度 表1

风化进程		风化2月	风化4月	风化6月	风化8月	风化10月	风化12月	平均值	排名
各参数与崩解比的关联度 γ	丰度	0.547	0.736	0.806	0.677	0.998	0.538	0.690	2
	圆形度	0.557	0.747	0.799	0.683	0.976	0.548	0.692	1
	形状系数	0.528	0.727	0.807	0.672	0.972	0.528	0.683	4
	分形维数	0.544	0.735	0.805	0.678	1.000	0.538	0.689	3

由表1可知,炭质页岩单一粒径填料风化过程中,圆形度与崩解比变化率的关联度最高,丰度、分形维数和形状系数与崩解比变化率的关联度依次减小。说明颗粒的圆形度与崩解程度同步变化最为明显,即随着风化的进行,炭质页岩单一粒径填料颗粒边缘最先发生剥蚀脱落,逐渐由不规则边缘向圆形边缘转变,圆形度的增加可指示炭质页岩填料的风化程度。

进一步对炭质页岩单一粒径填料的崩解比变化率与圆形度进行拟合,得到拟合曲线(图9),拟合后的相关系数 $R^2=0.8364$,拟合效果较好。随着炭质页岩颗粒圆形度的增加,其崩解比变化率逐渐下降,说明当炭质页岩圆形度逐渐趋近于1时,其崩解破碎现象逐渐趋于平缓,炭质页岩变得更加稳定,不易破碎。

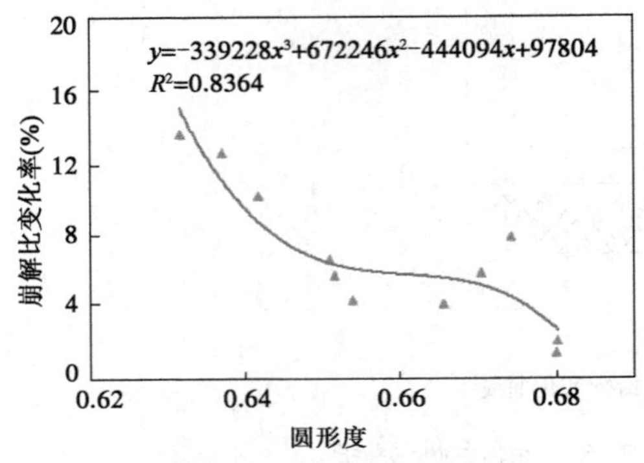

图9　崩解比变化率与圆形度变化曲线

2.5.2　环境因素与崩解比变化率的关系

根据小型气象站记录的当地气象数据,采用Spearman相关系数分析方法,根据相关系数 r 判定研究炭质页岩单一粒径填料崩解比变化率与温度、湿度、降水量、辐射、风速和季节之间的相关性,结果如表2所示。其中,$r>0.700$ 为强相关,$0.400<r<0.700$ 为中等相关,$r<0.400$ 为弱相关,$r=0$ 表示不存在线性关系。

由表2分析可知,温度、降雨量和辐射都是影响炭质页岩崩解破碎最显著的气象因素($P<0.01$),且存在较强的正相关关系,说明温度、降雨量和辐射值越大,炭质页岩的崩解破碎越剧烈。湿度、风速和炭质页岩崩解比变化率呈弱的正相关,相关性不显著,即湿度、风速对炭质页岩崩解破碎的影响不明显。季节对炭质页岩崩解剧烈程度的影响大小顺序为:冬季>夏季>秋季>春季。

3　结语

本文对炭质页岩单一粒径填料进行为期12个月的自然风化演变试验,结合筛分试验和IPP(Image-Pro Plus)软件,对不同风化过程中试样的级配组成、崩解特性以及颗粒形态轮廓演化特征进行分析,主要结论如下:

环境因素雨炭质页岩崩解比变化率的相关系数　　表2

环境参数	与崩解比变化率的相关性								
	温度	湿度	降雨量	辐射	风速	春季	夏季	秋季	冬季
r	0.790**	0.245	0.722**	0.734**	0.337	0.412	0.649**	0.364*	0.841**

注:**表示采用双尾显著性检测时 $P<0.01$,相关性非常显著;*表示 $0.01\leq P<0.05$,相关性显著。

(1)风化过程中,炭质页岩单一粒径填料呈现"40～60mm大颗粒逐渐减少,0.075～40mm细颗粒不同幅度增大"的趋势,且崩解产物主要集中在>5mm粒径区间,表明炭质页岩发生了显著的以物理风化为主的崩解。

(2)炭质页岩单一粒径填料的崩解比和分形维数随着风化的进行呈递增趋势,两者的变化率整体呈先增大后减小的规律,表明炭质页岩的崩解性越差。

(3)随着风化作用的进行,颗粒丰度、圆形度和形状系数逐渐增大,风化产物轮廓的复杂程度逐渐降低。较大的粒径可导致颗粒形态参数的变化趋势愈发明显。圆形度与崩解比变化率的关联度最高,圆形度可较好地指示炭质页岩填料的风化程度。

(4)温度、降水量、辐射是影响炭质页岩填料物理风化的关键环境因素;湿度和风速对炭质页岩崩解破碎的影响不明显。季节对炭质页岩崩解剧烈程度的影响大小顺序为:冬季>夏季>秋季>春季。

参考文献

[1] 何忠明,刘正夫,卢逸恒.动力湿化作用下炭质泥岩路堤填料崩解及强度特性试验[J].中南大学学报(自然科学版),2023,54(7):

2853-2866.

[2] 刘凤云,郑文凤,谢飞,等.改良川西红层软岩填料崩解特性试验研究[J].工程地质学报,2023:1-18.

[3] 张宗堂,高文华,张志敏,等.基于Weibull分布的红砂岩颗粒崩解破碎演化规律[J].岩土力学,2020,41(3):877-885.

[4] 郭宁,杨逾,梁鹏飞,等.水岩作用下砂岩的崩解机理及加固方法的研究进展[J].材料导报,2023,37(S2):272-277.

[5] 付宏渊,刘杰,曾铃,等.考虑荷载及干湿循环作用的炭质泥岩崩解特征试验[J].中国公路学报,2019,32(9):22-31.

[6] 常洲,张留俊,黄平明,等.炭质页岩的颗粒破碎及其路用性能试验研究[J].岩土力学,2022,43(11):3117-3126.

[7] 张静波,吕岩松,王云.贵州地区炭质页岩填料路用性能与路基结构设计研究[J].公路,2016,61(11):35-40.

[8] 曾铃,罗锦涛,侯鹏,等.干湿循环作用下预崩解炭质泥岩裂隙发育规律及强度特性[J].中国公路学报,2020,33(9):1-11.

[9] 曾铃,邱健,匡波,等.干湿循环作用下预崩解炭质泥岩强度特性及其劣化机制[J].中南大学学报(自然科学版),2023,54(9):3635-3646.

[10] 付业扬,刘朝晖,高乾丰,等.干湿循环作用下预崩解炭质泥岩微观结构及持水特性研究[J].中南大学学报(自然科学版),2023,54(1):292-304.

[11] LIU XX,LI Y,WANG WW. Study on mechanical properties and energy characteristics of carbonaceous shale with different fissure angles under dry-wet cycles[J]. Bulletin of Engineering Geology and the Environment,2022,81:319.

[12] ERGULER Z A,SHAKOOR A. Relative contribution of various climatic processes in disintegration of clay-bearing rocks [J]. Engineering Geology,2009,108(1-2):36-42.

[13] TYLER S W, Wheatcraft S W. Fractal Scaling of Soil Particle Size Distribution: Analysis and Limitations [J]. Soil Science Society of America Journal,1992,56(2):362-369.

[14] 张宗战.强风化炭质页岩崩解特性的灰关联分析[J].兰州工业学院学报,2018,25(2):43-46.

渝东北巴东组软岩边坡变形机制及处治技术

周小军*[1,2] 黄万坦[1] 蒋 科[1] 袁 兵[1] 魏为成[1] 任全香[1]

(1.招商局重庆交通科研设计院有限公司;

2.重庆交通大学山区公路水运交通地质减灾重庆市高校重点实验室)

摘 要 为解决渝东北某山区高速公路三叠系巴东组软岩边坡稳定性问题,本文基于现场调查、详细勘探和变形监测等方法,分析该地区巴东组斜坡变形孕灾地质背景,查明软弱夹层层面位置和深度,从斜坡岩体结构特点、物质组成、力学性质变化、诱发因素等角度揭示巴东组边坡变形机理和失稳演化过程,结合工程实际从安全性和稳定性等方面提出"局部清方+抗滑桩支挡+截、排水"的加固处治方案。研究结果表明:①边坡变形破坏受斜坡体内部地质和外部扰动因素共同影响,三叠系巴东组坡体发育软弱夹层为内在因素,坡脚开挖形成临空面为外在因素;斜坡体不同部位位移及速率呈增大-稳定-增大的规律,巴东组土体宏观上表现出触变性和灵敏性的双重特性。②斜坡稳定性现场调查判断与数值计算结果基本吻合。斜坡典型剖面正常工况(天然工况)下整体稳定系数为1.03,处于欠稳定状态;在非正常工

基金项目:第二次青藏高原综合科学考察研究专项项目(2019QZKK0902)。

况Ⅰ(饱水工况)下稳定系数为0.98,处于不稳定状态。③采用"局部清方+抗滑桩支挡+截排水"的处治措施,具有承载能力强、支挡效果好、对坡体扰动小的优势,能确保一次根治、不留后患。针对巴东组地层斜坡变形产生、发展和治理进行的有益探讨,有利于为今后山区同类型软岩边坡防灾减灾提供理论指导和技术支撑。

关键词　巴东组软岩　变形破坏　失稳机理　软弱夹层　防治减灾

0　引言

三叠系巴东组地层物质组成复杂、岩体抗风化能力弱、力学强度低,内部常发育含泥质较高的软弱结构层;受建造过程沉积环境和改造过程地区构造作用影响,形成巴东组地层特殊岩体结构,属于渝东北和鄂西等地区典型的"易滑地层"[1-3]。随着西部大开发战略的持续推进,我国高速公路网不断延伸和发展[4-5],建设过程中不可避免穿越上述地层,该类地层天然状态下力学性质较为稳定,但开挖后强度发生显著劣化,进而引发边坡失稳和防护工程变形破坏等病害,是目前世界公认的地质难题。

巴东组地层斜坡失稳滑动具有频率高、灾度重、突发性强等特点,严重制约着区域工程建设及经济发展,其形成条件及成因机制复杂。巴东组地层在三叠系巴东期受海退序列兼有振荡运动而形成,1912 年由德国地理和地质学家 Richthofen(李希霍芬)命名为"巴东层",1925 年中国地质学家谢家荣更名为"巴东组"[6-7]。该地层因其特殊地域分布,国外专家学者研究鲜有涉及,可供借鉴成熟理论和经验较少,随着我国基础设施建设推动和提升,国内工程科技人员对巴东组及其相似地层进行了相关研究。殷跃平[8]对巴东组(T_2b)紫红色泥岩进行系统试验研究,从微观角度分析强度与颗粒组成、孔隙特征及化学成分间的规律。研究得出该地层黏土矿物含量一般为17.9%,有效蒙脱石含量一般在1.27%~6.01%,水对该地层力学性质影响较大,自然状态下岩体强度较高,但开挖、切坡等作用后,强度劣化显著。卢海峰[9-10]以沪蓉西高速为研究背景,通过巴东组边坡破坏统计分析,得出缓倾顺层滑动破坏岩层倾角主要集中在10°~20°之间,而反倾破坏边坡岩层倾角主要在50°~70°之间,并在室内和现场试验基础上,得出巴东组边坡岩体两种主要破坏模式和工程特性方面的规律。祝艳波[11]以宜巴高速巴东组软岩屑土夹层作为研究对象,采用各类物理、化学、力学试验和数值模拟等手段从非饱和土角度研究该类软弱夹层工程特性,进而分析其对软岩路堑边坡稳定性影响。赵德君[12]依据工程地质学理论确定斜坡结构、岩层倾角、地形坡度、物质组成以及变形特点是巴东组滑坡形成的内部主控因子,概化出巴东组滑坡三种基本类型;通过数值模拟研究巴东组滑坡成坡过程,提出巴东组滑坡有效勘察方法和防治手段。柳万里[13]以巴东组泥岩为研究对象,开展天然与饱和状态泥岩的单轴压缩试验,研究饱水作用对泥岩强度参数与变形特性影响规律及其对能量演化特征的影响机制;利用颗粒流软件模拟试样微裂纹发育特征与能量演化规律,揭示泥岩能量演化的微细观机制。孟朕[14]对三峡库区巴东组粉砂质泥岩和砂岩开展干湿循环作用下微观结构 CT 扫描试验,结果表明:随着干湿循环次数增加,巴东组粉砂质泥岩内部微观结构逐渐松散,空隙逐渐扩张甚至相互联结发育产生明显贯通裂纹,而砂岩内部微观结构没有发生明显变化;岩石内部微观结构劣化效应的敏感性随干湿循环次数增加而降低。由于巴东组软岩特定研究区域、地质沉积历史、构造作用及岩体特性,研究结论具有特定的适用性。

本文依托渝东北巫溪至开州高速公路建设工程,针对三叠系巴东组软岩典型边坡实例,查明软弱夹层层面位置和深度,在地质背景条件、变形监测数据分析基础上,总结该类软岩边坡变形机制,利用数值计算和工程类比等手段,分析斜坡失稳滑动过程,结合边坡实际从安全性和稳定性方面提出加固处治方案。弄清巴东组软岩边坡变形失稳破坏规律,不仅能够为斜坡稳定性评价和治理提供理论支撑,也能够为类似地区防灾减灾设计提供技术参考,对于指导边坡施工、工程平稳推进和保障国家财产安全具有重要意义。

1　工程环境背景

1.1　工程概况

巫溪至云阳至开州高速公路是渝东北地区横向高速路网的重要通道之一,线路区内以构造溶蚀和剥蚀堆积地貌为主。巫云开高速巫溪至云阳段全长 49.87km,建设标准为 4 车道高速公路,设计速度 80km/h,路基宽度 25.5m,沥青混凝土路面,桥涵设计荷载为公路-I 级。全线巴东组地层段 8.48km,占线路全长 17.1%,其中 B1 合同段路线长度 16.1km,巴东组地层段 4.58km,占比 28.5%;B2 合同段路线长度 33.8km,巴东组地层段 3.9km,占比 11.5%。对建设过程沿线边坡开挖变形破坏进行统计,线路区三叠系巴东组软岩段边坡均表现出不同程度稳定性问题,是影响公路建设关键因素,严重制约工程进度持续推进。

B1 合同段 K64 +530 ~ K64 +788 段边坡位于云阳县沙市上坪村,后缘为路幅宽度 4.5m 水泥混凝土乡道、前缘为路幅宽度 5.0m 新建水泥混凝土施工便道,前后分别与溜子河大桥和陈家屋场大桥相接。场区内上覆第四系全新统人工堆积层(Q_4^{me})填筑土,崩坡积层(Q_4^{c+dl})块石土,下伏三叠系中统巴东组三段(T_2b^3)泥灰岩,巴东组二段(T_2b^2)泥岩、泥灰岩,巴东组一段(T_2b^1)泥灰岩,三叠系下统嘉陵江组地段(T_1j^4)岩溶角砾岩、灰岩。受沙市隐伏断裂带影响,边坡岩体整体较破碎;风化程度由外到内呈渐变减弱趋势,无明显风化分界区。经补充勘探显示,局部存在泥化软弱夹层,如图 1 所示,其中巴东组二段(T_2b^2)泥岩含有较多黏土矿物,具有微膨胀性,当水进入泥岩裂隙后,水与泥岩中矿物发生物理化学变化,将促进裂隙发展,产生崩解物。

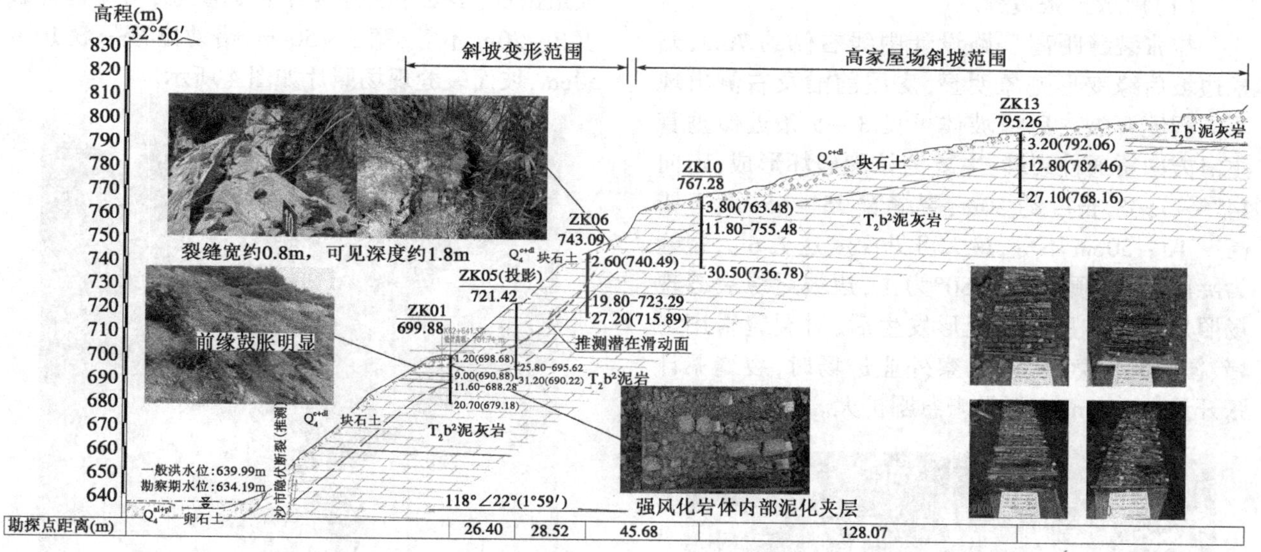

图 1 K64 +530 ~ K64 +788 段斜坡变形体典型地质剖面

1.2 边坡处理原设计方案

K64 +530 ~ K64 +788 段原设计为 3 级路堑边坡,最大挖方高度 32.8m,分级高度 10.0m,分级平台宽度 2.0m。第 1 级和第 3 级坡面采用 3m × 3m 锚杆框架格子梁支护,框格梁设置不少于 4 排 ϕ32mm 锚杆,长度 9 ~ 12m;第 2 级坡面采用 3m × 3m 锚索框架格子梁支护,锚索设置为不少于 4 排 6 束 ϕ15.24mm 钢绞线,长度 18.0 ~ 22.0m,锚固段长度 8.0m,如图 2 所示。

2 边坡变形及失稳成因分析

2.1 边坡变形破坏特征

在建高速公路从斜坡前缘以桥梁接路基形式通过,受影响里程长度约 182m。变形区微地貌为斜坡,地势北高南低,平面形态总体略呈“半椭圆形”,纵向长约 84m、横向宽约 101m、厚度 3 ~ 18m,平均厚度 11.0m,面积约 0.76 × 10^4 m^2,体积约 8.36 × $10^4$$m^3$,依据钻探揭露滑面和变形迹象确定其变形方向为 213°。边坡共布置 5 个监测断面、22 个监测点。

2.1.1 斜坡失稳区特征

边坡自上而下分级开挖,第 1 级边坡开挖后已施作锚杆,当开挖至第 2 级边坡时,2 号施工监测点出现数据异常,最大沉降达 38cm,最大偏移 50cm,现场踏勘发现后缘出现多条裂缝,最大缝宽 40cm,高差 67cm;边坡中部开裂,出现成组剪切裂

缝,随时间推移逐渐贯通,边坡前缘局部挤压隆起和溜坍。

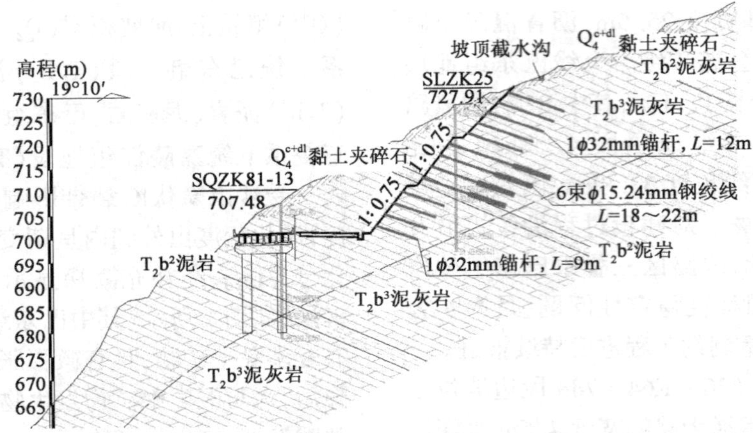

图2 边坡原设计方案图

(1)后缘拉张裂缝

拉张裂缝距离公路设计中线右侧约70m,开挖边坡后缘变形迹象明显,房屋前沿及右侧出现不同程度开裂。后缘坡体可见3～5条近似垂直主滑方向贯通性裂缝,主要为拉裂破坏形成,走向147°～150°,长度约30m,裂缝宽35～65cm、下错高度10～50cm不等,最大可见深度达1.6m,裂缝为陡倾发育,倾角60～80°为主,边坡后缘裂缝现场照片如图3所示。变形发生后,对裂缝采用封堵、覆盖等应急措施,勘察外业进场时,裂缝累计张开量1～4cm,变形量未急剧扩大。

图3 边坡后缘地表裂缝现场照片

(2)坡中剪切裂缝

位于开挖边坡中部及两侧边界区,可见10余条近似平行于主滑方向的剪切、拉剪型裂缝,大多成组出现,多处于贯通～半贯通状态,可见延伸长度2～20m不等,宽5～50cm、错动位移一般10～50cm,坡面裂缝现场照片如图4所示。

图4 边坡坡面裂缝现场照片

(3)前缘溜坍、鼓胀裂缝

边坡前缘地形陡峭,具备临空条件;施工便道从前缘通过使得斜坡应力重分布,极大削弱边坡岩土体自稳能力,具有向临空面滑移趋势,导致前缘局部发生较明显鼓胀破坏,如图5所示。

2.1.2 监测数据分析

选择边坡后缘、坡面和前缘典型监测点数据进行分析,如图6所示,由监测数据和裂缝出现时间及位置分析可知:

(1)边坡位移呈现“增大-稳定-增大”的规律,边坡整个变形过程呈“加速-匀速-加速”的状态,剪出口位于前缘陡坡临空段，在补充勘探中发现巴东组二段（T_2b^2）泥岩、泥灰岩层中存在泥化夹层，当开挖坡脚，变形持续增加，坡体内裂缝逐渐贯通，直至整体滑动，不仅对斜坡体本身造成影响，也将危及溜子河大桥左幅安全。

图5　边坡前缘裂缝、鼓胀现场照片

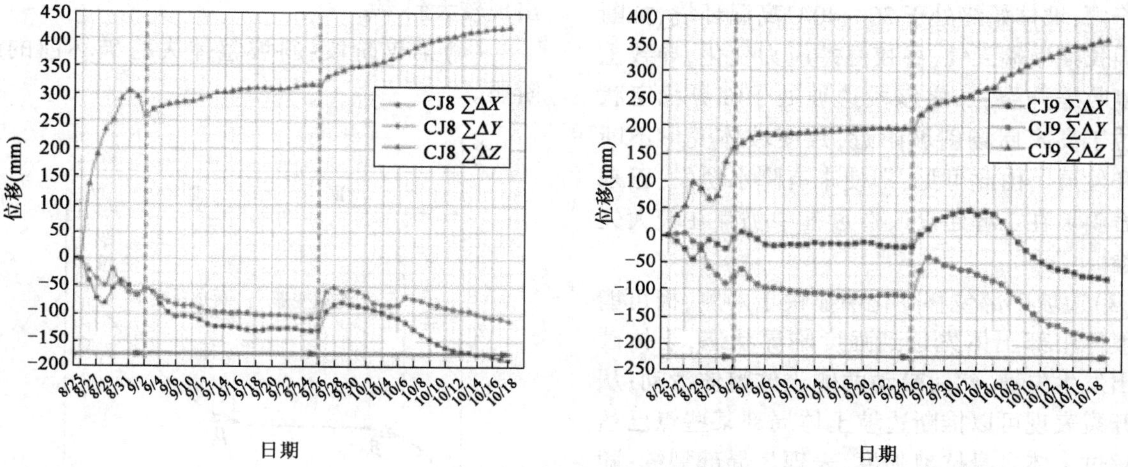

a)边坡后缘位移监测数据曲线

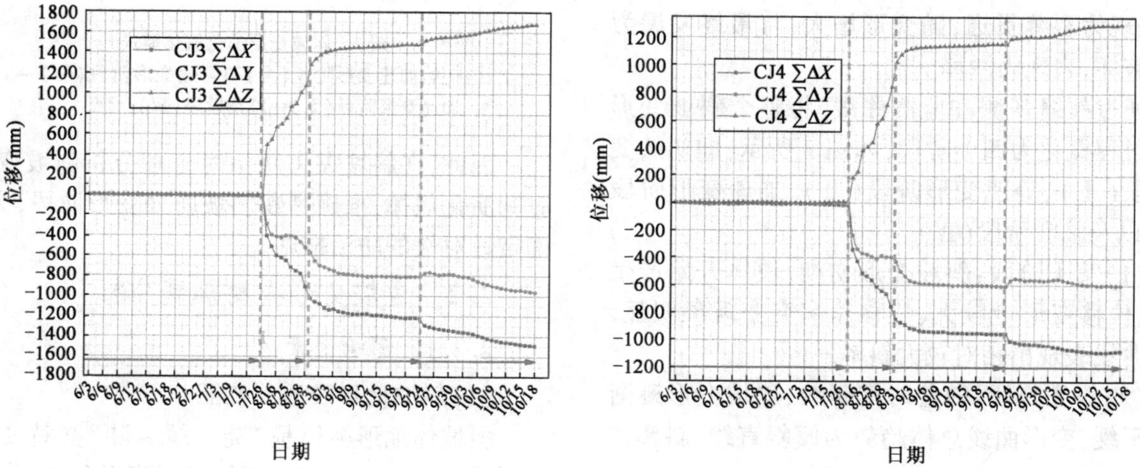

b)边坡坡面位移监测数据曲线

图　6

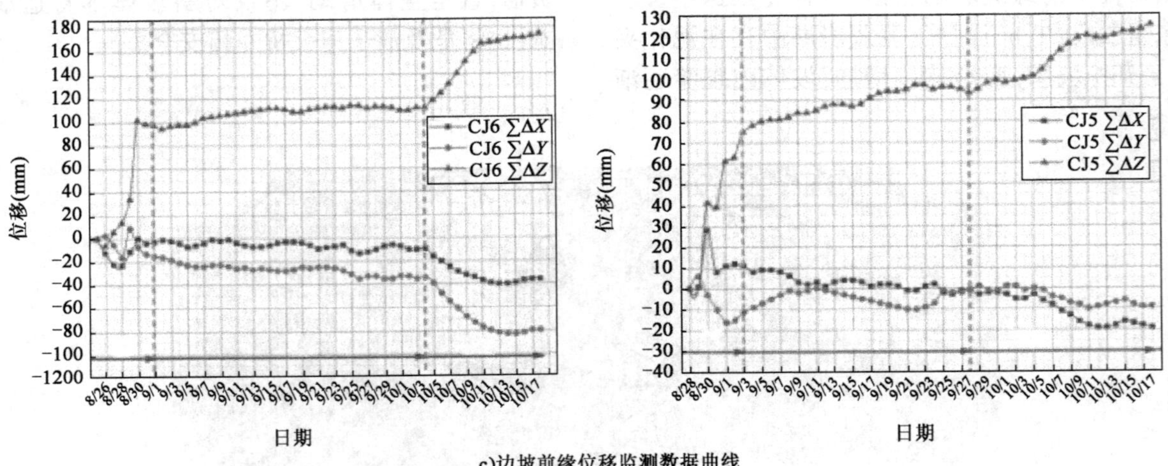

c)边坡前缘位移监测数据曲线

图6　边坡不同部位位移监测曲线

(2)边坡发生变形迹象以来,渝东北地区40d未有降雨,坡体始终处于30~40℃高温环境,推断可能因长期极端天气,昼夜温差应力变化,导致土体反复收缩开裂,加之该段边坡处于临界稳定状态且位于高家屋场斜坡附近,致使坡体变形不断变化和发展。由此可见,即使未有降水诱发,巴东组软岩斜坡在工程建设改造过程中仍存在较大失稳风险。

(3)边坡中部位移变化明显快于两侧,极可能边坡坡体中部土体先达到强度临界状态,土体破坏拱出发生失稳,然后带动两侧土体整体滑动;从边坡开裂表现可以推断边坡土体局部某些点已达到或超过土体自身抗剪强度,表现为局部裂缝;随时间推移,土体局部剪损破坏可能发育为整体剪损,表现为裂缝贯通;随变形增大,将最终发展为整体破坏,表现为滑塌。

通过裂缝观测和监测曲线,将整个斜坡变形演化过程概化为四个阶段,如图7所示,即初始变形阶段(Ⅰ)、等速变形阶段(Ⅱ)、加速变形阶段(Ⅲ)以及临滑阶段(Ⅳ)。

(1)第Ⅰ阶段:斜坡变形初期,坡体开始产生裂缝,位移变形量较大、位移速率突变现象明显,变形曲线表现出相对较大斜率。

(2)第Ⅱ阶段:随着时间延续,斜坡变形逐渐趋于平缓,变形曲线总体趋势为倾斜直线,斜率较小,宏观上变形速率基本保持不变。

(3)第Ⅲ阶段:在经历等速变形后,内外部条件不断发生变化,坡体变形进一步发展,位移量增大,变形速率再次表现出不断加速增长趋势,斜坡即将进入整体失稳特征越发显著,变形曲线再次出现较大斜率。

(4)第Ⅳ阶段:斜坡整体失稳破坏前的最后阶段。

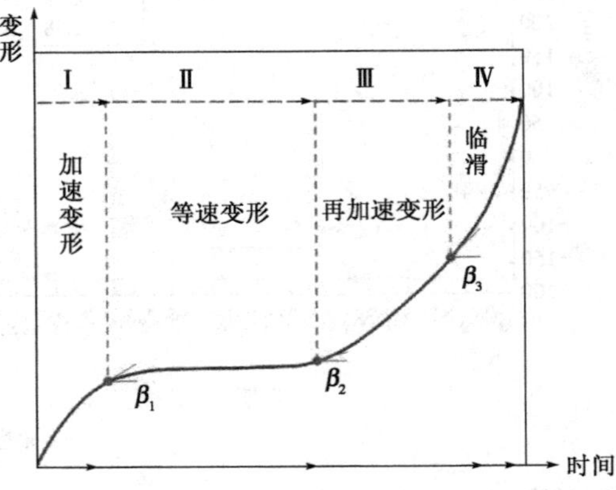

图7　斜坡变形演化概化模式

注:初始加速变形阶段(Ⅰ)→等速变形阶段(Ⅱ)→加速变形阶段(Ⅲ)→临滑阶段(Ⅳ)

因此,在斜坡灾害防治时合理分析斜坡变形-时间演化规律,准确判断斜坡所处变形阶段,方能确定针对性的防治措施。

2.2　边坡变形失稳机制分析

2.2.1　影响因素

(1)斜坡地形及地貌特征

斜坡体地形整体呈"陡~缓~陡"交替变化,地形坡角18°~45°,前、后缘相对高差约54m。前缘剪出口高程693m,以陡坡为主;后缘高程747m,地势较开阔。原始地表植被以低矮灌木为主,较不发育。斜坡体前缘陡峭且临空,使得岩土体易在自重作用下卸荷，为斜坡变形失稳提供了空间条件。

(2)斜坡地层特征及构造

斜坡区地层主要为三叠系中统巴东组二段(T_2b^2)泥灰岩、泥岩，三叠系中统巴东组三段(T_2b^3)泥灰岩。其中泥灰岩是介于灰岩与泥岩之间的过渡性岩石，具有灰岩和泥岩双重特性，泥灰岩与泥岩层位软硬组合以及两种岩石特性相互耦合使得巴东组地层工程性质变得复杂，因此，该类特殊性岩体组成的斜坡在建设过程中容易发生变形和滑坡等灾害，难以准确预报及有效防护。

地质构造越复杂越强烈，越容易发生斜坡变形失稳等病害。斜坡区位于沙市隐伏断裂附近，受断裂带影响，地层岩体较为松散破碎，岩芯多呈块状，少量呈短柱状及柱状；裂隙发育和风化作用使得岩体强度指标内聚力及内摩擦角相对较低。松散破碎岩层一方面为斜坡体变形发育提供物质条件，另一方面使得斜坡稳定性减弱，当受到外界扰动时，容易发生失稳破坏。

(3)软弱夹层控制作用

软弱夹层对边坡稳定性有显著作用。三叠系巴东组地层受沉积环境差异、构造运动、物理化学风化等强烈作用，加之地层中软硬相间岩性组合，使得巴东组地层普遍发育对工程稳定性影响较大的泥化夹层。经补充钻探，斜坡岩层存在三叠系巴东期泥紫红色岩和灰绿色泥灰岩，软硬相间的沉积岩层结构为软弱夹层形成提供了物质条件和力学作用基础。软岩及软硬互层结构经构造作用产生不均匀变形及失稳弯曲，经长期热力和水力等外界因素多重作用，劣化为软弱夹层。斜坡体内钻孔揭露了强风化岩体内部存在泥化胶结现象，如图2所示，表现为黏土夹碎石，对该泥化夹层经试验测试，饱和快剪内聚力11.09kPa，摩擦角10.02°，饱和残剪内聚力11.29kPa，摩擦角8.71°。软弱夹层为斜坡滑动提供潜在滑面，其物理力学性质较之原生岩体均有较大幅度减弱，是影响边坡稳定性的重要内在因素。

(4)斜坡开挖情况

边坡开挖为斜坡滑动提供外部条件。后缘附近受乡道和民房影响，局部形成临空低矮边坡，前缘开挖施工便道形成临空高边坡。施工便道的修建使得坡前阻滑段约束作用降低；边坡开挖过程使得坡面岩体暴露，岩层几何关系发生改变，加之三叠系巴东组地层触变性和灵敏性，部分岩层在自重作用下力学平衡被打破，发生弯曲变形。对典型剖面开挖前后进行数值分析，如图8所示，边坡前缘开挖前后，总位移出现明显增量变化，集中在斜坡下部，宏观上坡脚表现出鼓胀；斜坡上部等效应力增量显著大于坡脚，宏观上表现出后缘和坡面出现裂缝。

a)开挖前后等效应力增量变化

b)开挖前后总位移增量变化

图8 斜坡数值模拟分析图

2.2.2 机制分析

巴东组软岩斜坡整体变形整体表现为，坡顶28m范围内出现多条与路线平行的卸荷裂隙，坡中出现多处剪裂，坡脚局部隆起。斜坡变形发展实质是坡体应力和应变不断调整的过程，当坡体应变调整超过一定界限，宏观上表现出斜坡变形或破坏。

自然状态下巴东组软岩斜坡，一方面坡表覆盖一定厚度崩坡积层(Q_4^{c+dl})且植被较发育，能有效保持坡体水分平衡，当发生降雨时，水分下渗深度集中在表层，对软弱夹层及下覆岩体软化程度有限；另一方面斜坡前缘有较大范围阻滑段，提供较大安全储备，因此，天然状态下巴东组软岩斜坡整体表现为处于稳定状态。

巴东组软岩斜坡经过工程建设，天然斜坡快速改造为人工斜坡，坡体出现应力重新调整，发生明显应力重分布现象,“瞬时”改变坡体应力状态和结构环境,加速了斜坡演化和变形。

(1)边坡由上至下进行开挖时,坡顶附近因水平应力降低出现拉应力,岩土体抗拉强度远小于抗压和抗剪强度,巴东组软岩本身物理力学性质较差,造成坡顶出现拉张变形,后缘表现为出现拉张裂缝;当坡体向临空方向发生变形,后缘岩土体失去支撑获得向前变形势能,造成拉裂缝向边坡两侧延伸,并逐渐形成贯通性裂缝,因此,在无法放缓坡度消除不利拉应力情况下,应考虑“压顶”“锁头”的加固设计理念。

(2)坡面开挖使得坡体中主应力方向发生偏转,最大主应力趋于坡面平行,最小主应力趋于坡面正交。构成坡体的岩土体之间力学性能差异、结构差异和应力史差异等,造成坡体开挖后引起差异卸荷回弹而形成残余应力,导致坡体中岩体产生剪裂面,坡体中部表现为出现剪切裂缝。

(3)边坡前缘修建施工便道,一方面坡脚附近形成明显应力集中带,坡脚越陡,最大主应力或剪应力在临空面附近增大越明显,另一方面阻滑段开挖减载形成顺向临空面,使得安全储备减小,且软弱夹层因开挖从坡体出露,受风化崩解等因素影响,前缘下部软弱夹层物理力学性质急剧劣化,使得抗滑作用大大降低,前缘表现出放射状挤压裂缝和鼓胀裂缝。当斜坡裂缝完全贯通,将在重力或其他外力作用下发生整体失稳,因此,斜坡防护工程常常强调“固脚强腰”的加固设计理念。

3　边坡防治工程加固设计

3.1　边坡加固设计方案比选

三叠系巴东组软岩边坡变形表现为“加速-匀速-加速”的渐进变化过程,其间伴随有坡体应力重分布、软弱结构面劣化,裂隙扩展延伸等,其失稳破坏是岩体强度、软弱夹层等内在因素和边坡开挖等外部条件共同作用的结果。针对该斜坡特点,提出“抗滑桩支护 + 局部放坡 + 截排水”和“放坡 + 锚索框架格子梁 + 截排水”的处治方案,对不同类型边坡加固方案综合比选,如表1所示。

边坡加固处治方案技术比较表　　表1

序号	处治方案	优点	缺点	造价匡算(万元)	备注
方案1	抗滑桩支护 + 局部放坡 + 截排水	①施工工艺及质量可控,技术成熟; ②减少场地扰动,能最大限度保证边坡安全; ③减少土方二次调运	圬工量大	1900	推荐
方案2	放坡 + 锚索框架格子梁 + 截排水	施工工艺简单	①场地后缘清方较多,清方后缘边坡已进入国土划定的高家屋场斜坡,工程措施和协调难度均较大; ②原土石方调运方案需要调整,对项目整体土石方平衡影响较大; ③新增占地面积显著增大,征地难度大; ④清方位于巴东组地层,易引起二次边坡滑塌灾害风险,安全隐患大	1940	

当采用平行于自然斜坡设计坡率,将形成高达70m的七级高边坡,放坡平面范围超过100m,需设置大量锚索和锚杆框架梁等防护工程,同时侵入后缘高家屋场斜坡体,对巴东组地层大范围扰动,极易引发新的次生灾害。基于预加固和工程补偿原则,本次边坡加固综合地形、地质和自然环境因素,推荐采用“抗滑桩支护 + 局部放坡 + 截排水”处治方案,一方面有效减小高边坡开挖后的卸荷松弛,控制坡体物理力学参数工程扰动降低幅度,另一方面大幅度减小工程防治规模,有效保护环境。

3.2　边坡稳定性分析及加固设计

3.2.1　稳定性分析

根据斜坡变形危害程度、公路等级、周围环境及其工程重要性,防治工程安全等级定为Ⅰ级;正常工况(天然工况)要求稳定安全系数1.2~1.3，非正常工况Ⅰ(饱和工况)要求稳定安全系数1.1~1.2[12]。斜坡前缘为溜子河大桥，后缘存有既有民房，建设标准为4车道高速公路，因此，设计稳定安全系数F_s取大值，正常工况取1.3，非正常工况Ⅰ取1.2。选择典型剖面，岩土体主要物理力学参数如表2所示，斜坡稳定性由式(1)进行理论推算[12]：

$$E_i = W_{Qi}\sin\alpha_i - \frac{1}{F_s}(c_i l_i + W_{Qi}\cos\alpha_i\tan\varphi_i) + E_{i-1}\psi_{i-1}$$

其中：

$$\psi_{i-1} = \cos(\alpha_{i-1} - \alpha_i) - \frac{\tan\varphi_i}{F_s}\sin(\alpha_{i-1} - \alpha_i)$$

式中：W_{Qi}——第i个土条重力与外加竖向荷载之和(kN)；

α_i、α_{i-1}——第i和第$i-1$个土条底滑面倾角(°)；

c_i、φ_i——第i个土条底黏聚力(kPa)和内摩擦角(°)；

l_i——第i个土条底滑面长度(m)；

E_{i-1}——第$i-1$个土条传递给第i个土条的下滑力(kN)。

斜坡体岩土物理力学参数 表2

地质代号	地层岩性	天然密度(g/cm³)	饱和密度(g/cm³)	地基承载力特征值[f_{a0}](kPa)	天然抗剪强度		饱和抗剪强度		桩侧土的摩阻力标准值q_{ik}(kPa)	基底摩擦系数μ
					c(kPa)	φ(°)	c(kPa)	φ(°)		
Q_4^{c+dl}	块石土	19.5	20	230	7.5	28	—	—	240	0.4
	强风化泥灰岩	20.6	21.2	450	27	25	26	24	250	0.4
	泥化夹层(强风化岩内部黏土夹碎石)	20.6	21.2	150	12.07	10.54	11.09	10.02	50	0.3
T_2b^2	中风化泥灰岩	26.0	26.2	800	870	34.45	—	—	350	0.45
	中风化泥岩	26.1	26.3	400	330	31.49	—	—	250	0.45

斜坡变形体治理前、后稳定性验算结果如表3所示。斜坡治理前，正常工况(天然工况)下整体稳定系数为1.03，处于欠稳定状态；在非正常工况Ⅰ(饱水工况)下稳定系数为0.98，处于不稳定状态，安全储备不足，应对斜坡体进行治理；经局部放坡和抗滑桩支挡治理，Ⅰ-Ⅰ和Ⅱ-Ⅱ典型剖面设桩位置最大剩余下滑力分别为910.86 kN/m和837.72 kN/m，桩顶最大位移分别为-48.34mm和-46.92mm，斜坡体稳定，安全系数和桩顶位移均满足规范要求。

斜坡变形体治理前后稳定性计算结果表 表3

计算剖面	阶段	计算工况	稳定系数	备注	阶段	安全系数	剩余下滑力(kN/m)	备注
Ⅰ-Ⅰ	现状(治理前)	天然工况	1.03	欠稳定	治理前	1.3	910.86	抗滑桩支挡
		非正常工况Ⅰ	0.98	不稳定		1.2	885.31	抗滑桩支挡
Ⅱ-Ⅱ	现状(治理前)	天然工况	1.04	欠稳定	治理后	1.3	837.72	抗滑桩支挡
		非正常工况Ⅰ	0.98	不稳定		1.2	825.53	抗滑桩支挡

3.2.2 *边坡加固设计*

斜坡变形体采用“抗滑桩支护+局部放坡+截排水”进行处治，如图9所示。

(1)K64+530~K64+788段右侧边坡按不小于1:1坡率放坡，K64+535~K64+730第一级平台设置抗滑桩支挡，桩间距5m，采用C30现浇混凝土抗滑桩(其中K64+608~K64+685段设置14根桩，桩径2m×3m；K64+540~K64+608段、K64+685~K64+730段分别设置14根和10根，桩径1.5m×2m)。

(2)K64+608~K64+730段抗滑桩为埋置式桩，桩顶外露1m。第一级边坡采用锚杆框架梁防护,第二级、第三级边坡采用锚索框架梁防护,第四级、第五级边坡采用锚杆框架梁防护;单根锚杆和锚索锚固力分别不小于 100kN 和 550kN。

(3)原设计路中墙 K64 + 593 ~ K64 + 690 调整为桩径 1.5m × 2m 抗滑桩,桩间距 5m,采用 C30 现浇混凝土桩板墙。

(4)第一级边坡坡体设置一排仰斜式排水孔,边坡平台设置截水沟、增设截排水沟,将坡体地表水引排至边坡范围外。

(5)边坡后缘一定范围采用钢花管注浆加固坡顶。

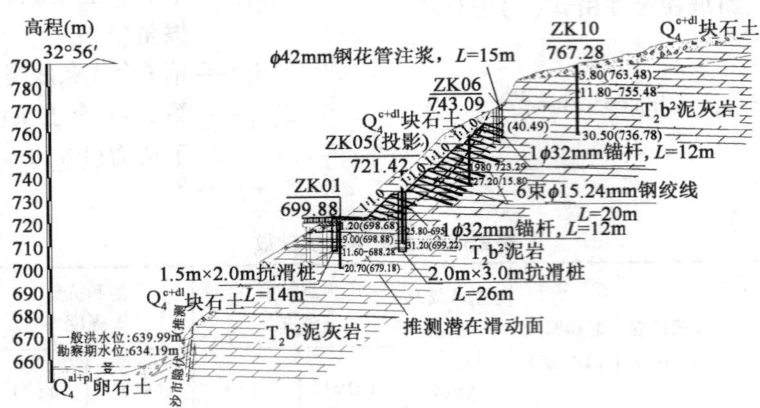

图 9　抗滑桩支护 + 局部放坡 + 截排水处治设计图

施工时先行采用钢花管注浆加固坡顶,由于边坡已经发生变形,坡面局部隆起,对现状边坡按设计坡率放坡加固,变形监测稳定阶段进行抗滑桩施工;考虑变形主要集中在边坡中部,抗滑桩由边坡两侧向中间推进,采用跳槽开挖;抗滑桩施工完成后进行桩前边坡放坡。

4　结语

三叠系巴东组软岩地层复杂的沉积环境和构造作用,使得岩层软硬相间,工程力学性质差,变形失稳治理难度大,公认为“易滑地层”。三叠系巴东组地层占巫云开高速公路(巫溪至云阳段)全线 17.1%,该地层斜坡稳定性是影响工程安全和制约工程进度的关键因素,只有正确掌握斜坡变形迹象和发展阶段,才能合理分析坡体稳定状态;基于地质背景和变形监测分析,结合具体工程实例对巴东组软岩边坡破坏机制进行分析,提出有效防治方案,为类似边坡变形预测和加固提供理论和技术支撑。

(1)三叠系巴东组软岩边坡位移呈现“增大-稳定-增大”的规律,边坡变形整体表现为“加速-匀速-加速”的变化过程;随着变形加剧,斜坡体不同部位对应不同变形迹象,坡顶数米范围出现拉裂缝,坡中岩土体差异部位出现剪切裂缝和坡脚局部鼓胀隆起等现象,当裂缝全部贯通,发生整体失稳。

(2)三叠系巴东组地层常见不同岩性交替变化和软弱夹层,不同特性岩层耦合作用使得该地层斜坡变形难以准确预报和有效防护;巴东组软岩变形失稳破坏是岩体强度、软弱夹层等内在因素和边坡开挖等外部条件共同作用的结果,即使未有降水诱发,巴东组软岩斜坡在工程建设改造过程中仍存在较大失稳风险。

(3)三叠系巴东组岩土体具有一定灵敏性和触变性,该类边坡处治应积极贯彻预加固和及时工程补偿原则,以降低开挖引起的卸荷松弛;针对巴东组软岩既有斜坡变形失稳,采用“局部清方 + 抗滑桩支挡 + 截排水”的处治措施,具有承载能力强、支挡效果好、对坡体扰动小的优势,能最大限度避免发生二次次生灾害。

参考文献

[1] 吴益平,余宏明,胡艳新. 巴东新城区紫红色泥岩工程地质性质研究[J]. 岩土力学,2006,27(7):1201-1205.

[2] 亢金涛,吴琼,唐辉明,等. 岩石/结构面劣化导致巴东组软硬互层岩体强度劣化的作用机制[J]. 地球科学,2019,44(11):3950-3960.

[3] 吴琼,王晓晗,唐辉明,等. 巴东组易滑地层异性层面剪切特性及水致劣化规律研究[J]. 岩土力学,2019,40(5):1881-1889.

[4] 林永胜,周小军,胡伟,等.渝东北山区某涵洞地基加固处治技术[J].公路交通技术,2023,39(5):10-15.

[5] 周小军,向灵芝,郝春华.杨家屋场桥下弃土型泥石流调查与防治设计[J].路基工程,2020,(5):188-194.

[6] 张成忠.渝东北巴东组围岩隧道支护可靠性研究[D].重庆:重庆交通大学,2021.

[7] 晏同珍.水文工程地质与环境保护[M].武汉:中国地质大学出版社,1994.

[8] 殷跃平,胡瑞林.三峡库区巴东组(T_2b)紫红色泥岩工程地质特征研究[J].工程地质学报,2004,12(2):124-135.

[9] 卢海峰,陈从新,袁从华,等.巴东组红层软岩缓倾顺层边坡破坏机制分析[J].岩石力学与工程学报,2010,29(S2):3569-3577.

[10] 卢海峰.巴东组软岩边坡岩体工程特性及破坏机理研究[D].武汉:中国科学院研究生院,2010.

[11] 祝艳波,余宏明.巴东组碎屑土夹层的非饱和蠕变经验模型[J].中国公路学报,2016,29(4):22-30.

[12] 赵德君.鄂西-渝东巴东组滑坡的有效勘察与防治研究[D].武汉:中国地质大学,2017.

[13] 柳万里,晏鄂川,戴航,等.巴东组泥岩水作用的特征强度及其能量演化规律研究[J].岩石力学与工程学报,2020,39(2):311-317.

[14] 孟联,吴琼,鲁莎,等.基于CT扫描的巴东组易滑岩组微观结构劣化研究[J].安全与环境工程,2022,29(4):11-23.

[15] 中华人民共和国交通运输部 公路滑坡防治设计规范:JTG/T 3334—2018[S].北京:人民交通出版社股份有限公司,2019.

[16] 国家标准化管理委员会.滑坡防治设计规范:GB/T 38509—2020[S].北京:中国标准出版社,2020.

粉煤灰基泡沫轻质土新旧路基搭接施工变形特性研究

陈　朋　陈俊玮　牛立可*　惠　冰　李程程

(山东省交通科学研究院)

摘　要　目的:研究不同配合比条件下粉煤灰基泡沫轻质土在高速公路拓宽新旧路基变形特征,掌握其变形规律,以提供其工作性能。方法:通过室内试验,研究不同配合比条件下粉煤灰基泡沫轻质土的物理力学性能,利用SEM电镜扫描分析粉煤灰基泡沫轻质土微观结构;通过理论分析研究一般填土路基和粉煤灰基泡沫轻质土的变形规律;通过现场监测对粉煤灰基泡沫轻质土变形进行实时监控,得到了泡沫轻质土路基拓宽工程施工过程中及道路运营期路基变形特征,并与数值分析数据进行对比,两者变形规律基本一致,验证了模拟的合理性;结果:粉煤灰基泡沫轻质土在路基拓宽工程中相较于一般填土与原始路基沉降差可减少56.1%,在施工过程及道路运营期内的侧向变形量减少47.4%;结论:利用粉煤灰基泡沫轻质土进行新旧路基搭接,提高工程质量的同时可解决土地占用问题,经济效益显著。

关键词　粉煤灰基泡沫轻质土　新旧路基搭接　数值分析　变形特征

基金项目:山东省交通运输厅科技计划项目(2022B38)。

0　引言

近些年来,随着国家经济社会快速发展,公路运输的需求量与日俱增,由于早期修建的公路对现代交通的迅猛增长预估不足,进而催生出了大量的公路拓宽项目[1-2]。新建路基与原有旧路基因固结时间不同产生的差异沉降带来的路面开裂与加宽路基占用耕地成为目前亟待解决的重点问题,粉煤灰基泡沫轻质土因其具有施工简便和质量轻的优点,目前在公路基路基工程中得到了越来越广泛的应用。

本文结合某实际工程通过有限元数值模拟软件对公路路基拓宽实际工程进行施工全过程数值分析,对比研究粉煤灰基泡沫轻质土与一般填土在路基拓宽施工及道路运营期内的变形差异,为类似工程的设计与施工提供参考[3-8]。

1　粉煤灰基泡沫轻质土物理力学特性研究

1.1　粉煤灰基泡沫轻质土配合比设计

粉煤灰基泡沫轻质土由水泥、粉煤灰、发泡剂、水组成[9]。其中水泥采用 P. O. 42.5 水泥,粉煤灰采用 II 类粉煤灰,发泡剂采用动物蛋白发泡剂,水采用自来水。根据工程路基填筑要求制定 3 种配合比方案。

对发泡剂进行 1∶60 倍稀释,将水泥、粉煤灰、水倒入搅拌机中,快速搅拌 40s,最后将泡沫称量倒入搅拌机中慢速搅拌 80s,静置 20s 最后倒入试模,试模(100mm × 100mm × 100mm)每三个试块为一组[10]。每个配合比进行三组试验研究。

根据规范要求[11],公路工程中粉煤灰基泡沫轻质土物理力学指标主要体现在发泡剂 1h 沉降距、泌水量、粉煤灰基泡沫轻质土流值、湿容重、抗压强度。不同配合比水泥基粉煤灰基泡沫轻质土性能指标见表 1。

不同水泥掺量粉煤灰基泡沫轻质土指标　表 1

水胶比 0.6	水泥掺量 260kg	水泥掺量 270kg	水泥掺量 280kg
沉降距(mm)	3.3	2.7	2.6
泌水量(mL)	23.2	21.1	19.3
流值(mm)	188	182	173
7d 抗压强度均值(MPa)	0.61	0.76	0.82
28d 抗压强度均值(MPa)	0.94	1.17	1.22

针对某实际工程路基拓宽工程设计技术要求,本项目路基填料可采用水泥掺量 270kg 配合比粉煤灰基泡沫轻质土进行施工。

1.2　粉煤灰基泡沫轻质土微观结构

扫描电子显微镜(SEM)是一种介于透射电子显微镜和光学显微镜之间的一种观察手段。通过光束与物质间的相互作用,来激发各种物理信息,对这些信息收集、放大、再成像以达到对物质微观形貌表征的目的。

粉煤灰基泡沫轻质土 SEM 图像如图 1 所示。

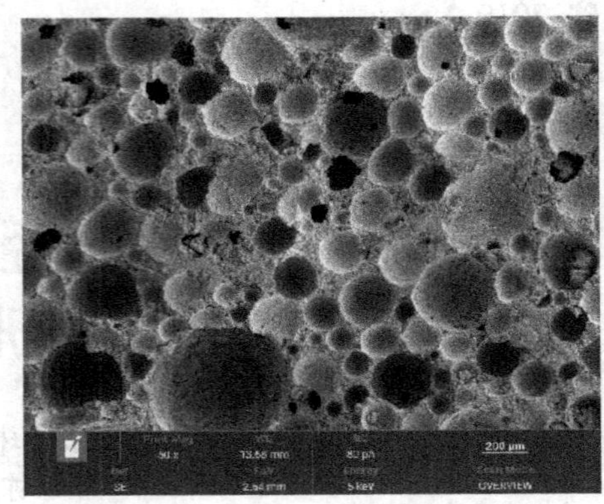

图 1　粉煤灰基泡沫轻质土 SEM 电镜扫描图

通过扫描电子显微镜(SEM)对粉煤灰基泡沫轻质土进行微观观察可以发现,泡沫土气泡较为均匀稠密,仅存在少量气泡破裂的情况,整体气泡结构完整、密实,具有良好的施工稳定性。

泡沫轻质土微观结构呈现蜂窝状,气泡的加入可以最大限度地降低其自重,气泡间为水泥浆密实填充,受压时存在明显的薄壳效应,其竖向抗压承载能力较强。

2　有限元数值模拟研究

2.1　工程背景

某实际工程公路拓宽采用一般填土填筑,填筑总高度为 6m,每层填筑高度 0.3m,路基部分预留台阶坡度1∶2,台阶高度1m,加宽段路面宽度为10.75m,加宽后总路面宽度25.5m,增加西侧两个车道及中央分隔带。公路路基拓宽工程示意图如图2所示。

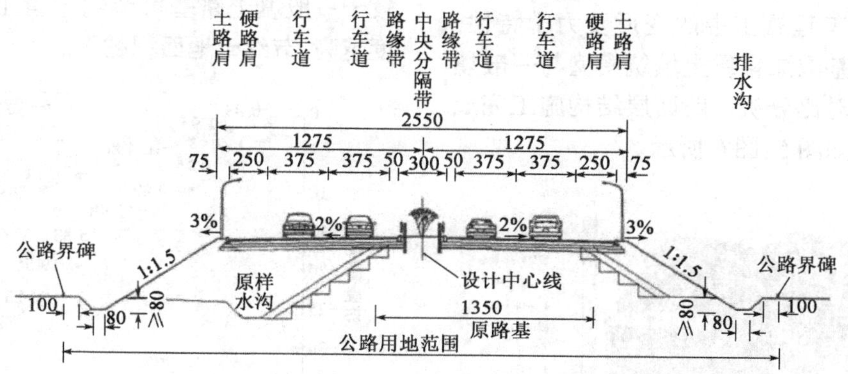

图2　公路路基拓宽工程示意图(尺寸单位:cm)

场地地层以原地表位置处自上而下分别为1-2素填土(厚度为1.6m)、2-2粉质黏土(厚度为3.4m)、4-2粉土(厚度为4.8m)、3-1粉质黏土(厚度为2.8m)、4-4粉土(厚度为11m)。

2.2　数值模型的建立

本文使用有限元数值模拟软件某公路路基拓宽实际工程施工全过程进行数值模拟,模型尺寸为50 m×90 m×31m,分别对一般填土和粉煤灰基泡沫轻质土填料进行拓宽段路基填筑的情况进行数值建模。

模拟施工步骤按实际工程情况设置,路面层施工完成后,运营期车辆均布荷载按30kPa考虑,具体计算模型如图3、图4所示。

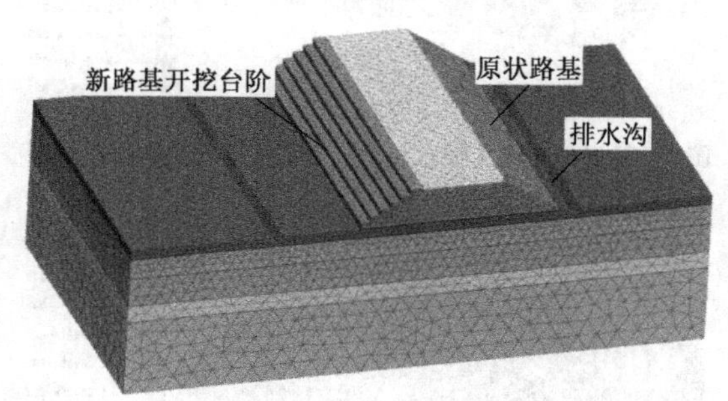

图3　一般填土路基拓宽填筑数值计算模型图

一般填土填筑模型按照工程实际,每层填筑高度为0.3m,拓宽段采用1∶1.5坡度设置。

粉煤灰基泡沫轻质土填筑模型采用外设70mm厚混凝土挂板,直立分层浇筑成型,每层浇筑高度为0.3m,下一层浇筑完成后施作上一层挂板并浇筑上一层泡沫轻质土。

数值模型路面材料及混凝土构件服从线弹性,素填土、粉土、粉质黏土、路基填土及粉煤灰基泡沫轻质土材料采用Mohr-Coulomb本构模型。具体土体参数根据该项目地质勘察报告确定,参数取值见表2。

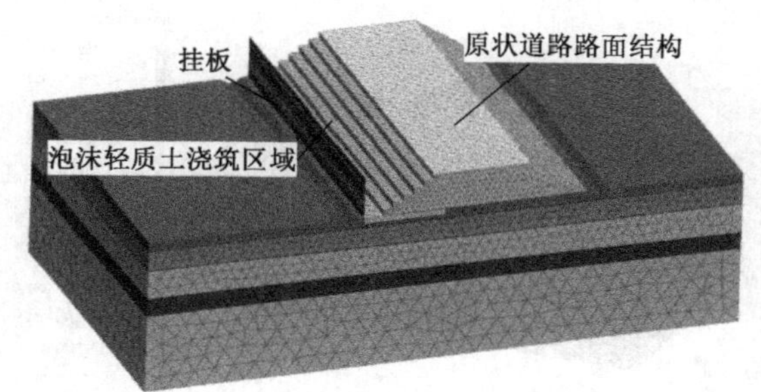

图4　粉煤灰基泡沫轻质土台背填筑数值计算模型图

数值模型材料参数表　　表2

材料	重度 γ (kN/m^3)	黏聚力 c (kPa)	内摩擦角 φ(°)	泊松比 v	弹性模量 E(MPa)
1-2素填土	17.5	14.5	12.3	0.31	10.2
2-2粉质黏土	17.9	19.8	12.1	0.29	7.1
4-2粉土	18.4	23.5	17.2	0.31	6.2
3-1粉质黏土	19.2	37.1	24.7	0.33	18.4
4-4粉土	18.1	22.8	15.3	0.28	7.6
混凝土	25	—	—	0.20	30000
沥青路面层	24	—	—	0.35	1200
泡沫轻质土	5.0	250	12	0.23	150

此外,在实际工程中,地基土体在被扰动前其内部往往存在应力而不发生位移,即地质经过长期的演化,使得土体在重力作用下存在着自重应力而无位移状态,因此为了保证数值计算的准确性,在数值计算前有必要进行地应力平衡。

2.3　计算模型沉降分析

为研究粉煤灰基泡沫轻质土相较于一般路基填土在公里拓宽工程施工中的变形及力学特性，分别建立粉煤灰基泡沫轻质土填筑模型与一般填土填筑模型进行对比分析。路面层结构施工完成时模型沉降云图如图5、图6所示。

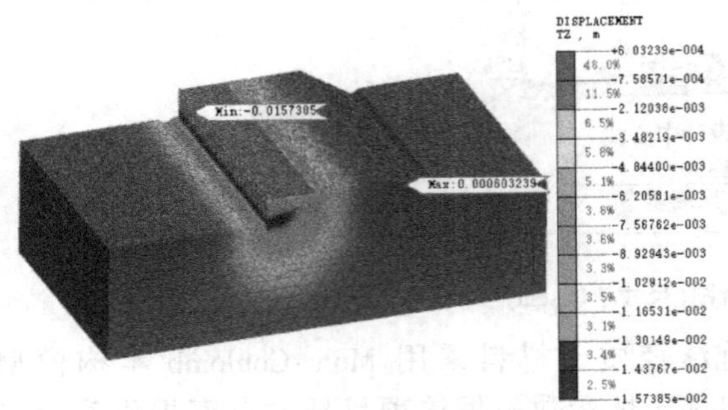

图5　粉煤灰基泡沫轻质土路基拓宽填筑完成时沉降云图

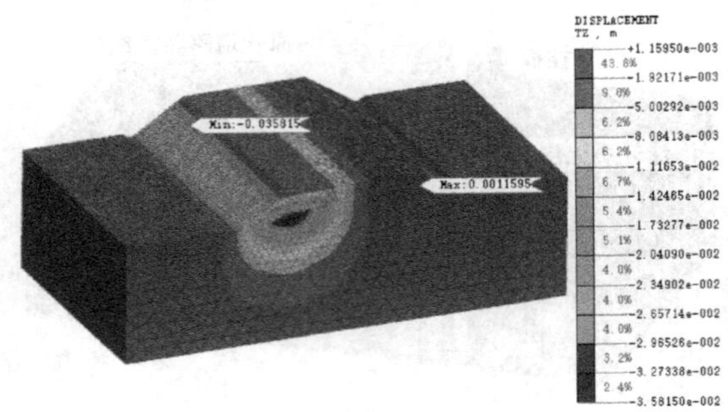

图6　一般填土路基拓宽填筑完成时沉降云图

由图5及图6可知，由于采用泡沫轻质土进行路基拓宽填筑时施工方式与一般填土路基不同，其最大沉降量位置也有所不同，采用泡沫轻质土填筑时最大沉降量位于新路基外侧的原地表处，采用一般填土填筑时则位于新路基内侧的原地表处，均为有效填量高度最高位置处。采用粉煤灰基泡沫轻质土进行填筑时原地表处最大沉降量为15.74mm，采用一般路基填土进行填筑时原地表处最大沉降量为35.82mm。

使用粉煤灰基泡沫轻质土填料进行路基填筑，相较于一般填土在台背填筑完成时可降低沉降量56.1%。

使用粉煤灰基泡沫轻质土与一般填土两种填料在各施工步骤原地表处最大沉降量变化时程曲线如图7所示。

对比两种填料在路基拓宽填筑施工过程及运营期原地表处最大沉降量时程曲线可以看出，得益于粉煤灰基泡沫轻质土的低自重与高强度，其沉降量相较于一般填土填料可大幅降低，而且由于泡沫轻质土新建路基采用直立浇筑的方式，相较于一般填土路基可节约大量土地资源，填筑高度越高，节约土地面积越大。

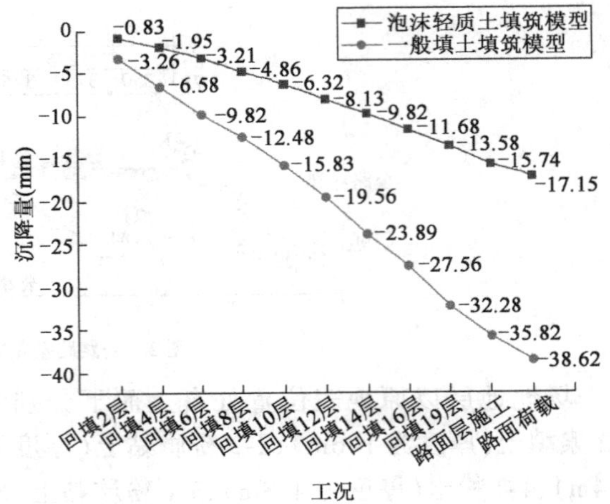

图7　路基填筑模型沉降最大值时程曲线图

2.4　计算模型侧向变形分析

路面层结构施工完成时模型 X 方向侧向位移云图如图8、图9所示。

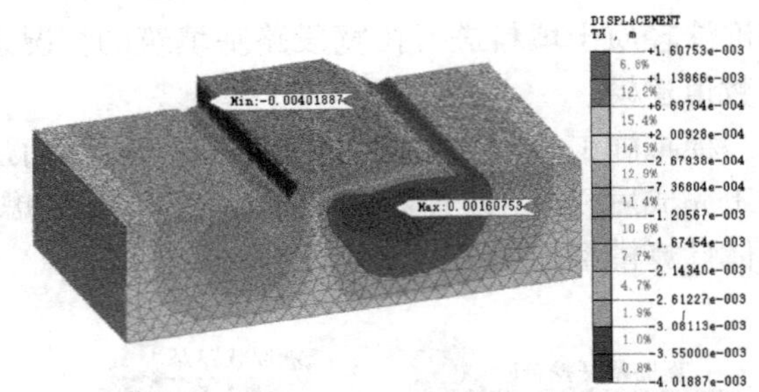

图8　粉煤灰基泡沫轻质土路基拓宽完成时侧向位移云图

图9　一般填土路基拓宽填筑完成时侧向位移云图

由图8及图9可知，路基拓宽填筑完成时采用泡沫轻质土填筑时最大水平位移点位于挂板侧中下部，采用一般填土填筑时最大水平位移点位于新路基坡脚位置处。采用粉煤灰基泡沫轻质土进行填筑时最大侧向位移量为4.02mm,采用一般路基填土进行填筑时挡墙最大侧向位移量为7.64mm。

使用粉煤灰基泡沫轻质土填料进行路基填筑,相较于一般填土在台背填筑完成时可降低挡墙结构侧向位移量47.4%。

使用粉煤灰基泡沫轻质土与一般填土两种填料在各施工步骤侧向位移量最大值变化时程曲线如图10所示。

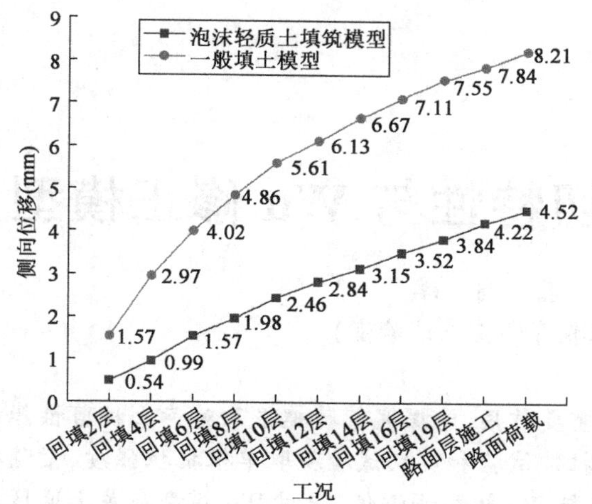

图10 路基填筑模型侧向位移最大值时程曲线图

对比两种填料在路基拓宽填筑施工过程及运营期挡墙结构侧向最大位移量时程曲线可以看出,相较于一般填土,粉煤灰基泡沫轻质土由于采用直立分层浇筑,自身强度高,自重轻,对原始旧路基一侧的影响极小,具有更好的安全性。

3 现场监测数据分析

路基拓宽填筑施工现场于路基中部位置,沿着道路方向每点间隔5m,布设5个沉降板观测点,用于对路基填筑过程中,原地面位置处沉降进行监测。将监测数据绘制为曲线图如图11所示。

通过对实地监测数据进行分析可以看出,随着路基填筑的进行,原地面处沉降量不断增大。由于原始路基处采用开挖预留台阶的方式原地表处的沉降量增速趋势先快后缓。

由图10与图11可以看出,在新路基填筑施工过程中,监测数据曲线与该工况下同一位置处数值模拟计算提取结果相似度较高,这也印证了基于Mohr-Coulomb本构模型的三维数值模拟计算的准确性。

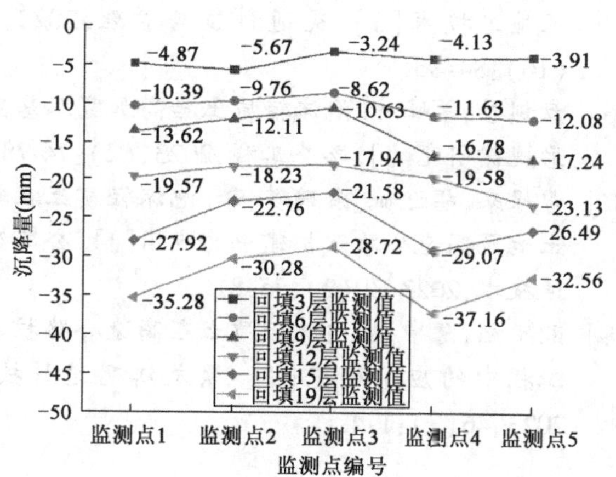

图11 现场监测数据结果时程曲线图

4 结语

(1)依托实际工程项目,进行粉煤灰基泡沫轻质土配合比设计室内试验,配合SEM电镜扫描技术揭示了泡沫轻质土的蜂窝状受力机理和高强度低自重的结构特征。

(2)使用有限元数值模拟软件对粉煤灰基泡沫轻质土路基拓宽实际工程施工全过程进行数值模拟,结果表明采用粉煤灰基泡沫轻质土进行填筑时原地表处最大沉降量为15.74mm,最大侧向位移量为4.02mm;采用一般路基填土时原地表处最大沉降量为35.82mm,最大侧向位移量为7.64mm。使用粉煤灰基泡沫轻质土填料进行路基填筑,相较于一般填土在路基拓宽填筑完成时可降低沉降量56.1%,侧向位移量降低47.4%。

(3)通过对监测数据进行分析可以得出:监测数据曲线与数值计算结果相似度较高,两者变形规律基本一致,验证了模拟的合理性。

参考文献

[1] 蔡历颖.泡沫轻质土在路堤工程中的应用研究[D].福州:福建农林大学,2019.

[2] 黄小波.现浇泡沫轻质土在柳南高速改扩建高填方路基的应用研究[D].广州:广州大学,2018.

[3] 周俊.泡沫轻质土路基的施工技术要点[J].交通世界,2023,(31):67-69.

[4] 钱茂华.泡沫轻质土在互通匝道路基填筑中的应用[J].西部交通科技,2023,(8):67-68,78.

[5] 张海华.高速公路改扩建工程泡沫轻质土路

基施工技术[J].交通科技与管理,2023,4(16):84-86..

[6] 盘训学,姜峰林.泡沫轻质土抬高加宽路基变形规律研究[J].路基工程,2023,(2):74-78.

[7] 曹禄来,胡迎斌,余鹏琪,等.泡沫轻质土在软土地区高速公路改扩建中的应用[J].公路交通技术,2023,39(2):75-81.

[8] 欧定福,陈中杰.泡沫轻质土在高速公路扩建工程中的应用研究[J].黑龙江交通科技,2023,46(3):1-4.

[9] 汪海洋.泡沫轻质土配合比设计要点及在桥头路基填筑中的应用研究[J].交通科技与管理,2023,4(23):78-81.

[10] 陈朋,惠冰,孟凌霄,等.粉煤灰基气泡轻质土配合比和抗压强度研究[J].公路与汽运,2022,212(5):47-49,61.

[11] 中华人民共和国住房和城乡建设部.气泡混合轻质土填筑工程技术规程:CJJT 177—2012[S].北京:中国建筑工业出版社,2012.

紫穗槐根系-黄土复合体剪切特性与Wu修正模型

庞清刚* 张艳杰 王晶 刘洋
(长安大学特殊地区公路工程教育部重点试验室)

摘　要　生态防护中植物根系对提升土体强度有着重要作用,为探究紫穗槐根系对黄土抗剪性能的增强作用,以紫穗槐根系与根土复合体为研究对象,通过拉伸试验和剪切试验获取单根抗拉强度、紫穗槐根系-黄土复合体抗剪强度参数。对比分析剪切试验结果与Wu模型预测值,探讨Wu模型在黄土地区的适用性。试验结果表明:随着紫穗槐根系直径增加,单根抗拉强度减小,且强度下降幅度存在阈值,即根系直径小于1mm时,下降幅度变化较大;大于1mm时,变化幅度趋于平缓。紫穗槐根系能够加固土体,随着根面积比的增加,根土复合体黏聚力的变化幅度较大,而内摩擦角值基本在平均值上下浮动;本文基于紫穗槐根系优化了Wu模型的固土修正因子,通过计算得到修正因子为0.44,模型预测值更加接近实测值。研究结果对黄土公路边坡生态防护有借鉴意义。

关键词　边坡防护　紫穗槐　抗拉强度　根土复合体　Wu模型

0　引言

自建设交通强国以来,我国西北地区综合立体交通网规划建设迅速增长,随着公路、铁路等基础设施的建设产生了大量的边坡。西北地区地质条件特殊,其中黄土地貌分布较广,黄土垂直节理发育[1],裸露的黄土边坡受到外界因素扰动易发生地质灾害,严重威胁到人类的生命安全以及公路运营[2]。

传统的坡面防护,如砂浆抹面、护面墙等,虽然具有较好的坡面防护效果,但大量采用圬工防护会破坏原有生态环境。现阶段的生态护坡技术能够缓解防护效果和生态修复间的矛盾,通过植物根系与土体的缠绕、串联加固土体,同时坡面植物能够起到一定的抗冲刷作用[3]。

植物根系在生态护坡中具有重要作用,根系的加入改变了土体的力学破坏模式,无根土体从脆性破坏特征变为根土复合体延性破坏特征[4]。国内外学者为了探明根系加固土体的机理,开展了大量研究。石浩廷等[5]研究表明根系垂直剪切面时,根系分布越集中,对根土复合体抗剪强度的提升越明显;王莉茹[6]等研究表明黄土高原陡坡6种植物根土复合体抗剪强度存在显著差异;Löbmann[7]等研究表明植物防护可以提高边坡稳定性,垂直根系和水平根系在加固土体时发挥不同的作用。

对于根土复合体强度模型方面,Wu[8]等学者首次建立根土复合体的强度模型,即根系土体相互作用的力学模型。在此基础上,其他学者对此进行改进,例如刘治兴[9]等通过对比分析野外实测值和Wu模型计算值,Wu模型高估了根系对土体的抗剪强度增强值,并引入修正系数0.47,提高了预测值的精度；卢海静[10]等通过对比原位剪切结果和Wu模型计算值，结果表明原位剪切试验的抗剪强度增量与模型计算根土复合体抗剪强度增量规律基本一致，但二者之间存在一定差值。现有研究表明，Wu氏根系固土模型受植物类型和土体性质的影响。因此，黄土地区Wu模型的适用性有待进一步研究。

鉴于此，本文以山西离隰高速公路黄土边坡绿化工程为依托，测试黄土地区常用护坡植物紫穗槐单根抗拉特性和紫穗槐根土复合体的剪切特性，并以试验结果值验证Wu模型预测值，对Wu模型在黄土地区使用的系数加以修正。

1 材料与方法

1.1 根系和土体材料

紫穗槐为多年生灌木，生存能力强，具有耐旱、耐湿、耐盐碱等抗逆性强的特点[11]，同时自身还具备根系发达，固土能力强，且易繁殖，生长快的特性[12]，广泛用于黄土地区边坡加固和生态修复[13]。

为减少挖取过程中对根系的损伤与破坏，保证试验对象完整，采用全挖掘法，如图1a)所示。采用塑料保鲜膜对紫穗槐根系进行包裹封装，防止根系水分蒸发，减少实测根系含水率误差。

试验用黄土取自山西离隰高速公路K68+258~K68+540路左侧边坡，为上更新统马兰组黄土。取样区域为1m×1m，清理区域表层杂草和松软土壤，然后挖掘距地表10~50cm的黄土土样。取得的土料烘干后碾碎并过2mm筛，参照原状黄土干密度，制作土体干密度为1.31g/cm^{3}的土样。

1.2 试样制备

现场采集的紫穗槐根系分为一年生和两年生。采集植物根系经过清洁和处理，将主根和侧根分离，使用游标卡尺在根系试样的上中下三段各量一次，最终取平均值作为拉伸试验试样的直径，不同年份的植物根系分开摆放。挑选直径为0.5~2mm之间不同年份的鲜活根系，单根拉伸试验的长度为6cm，一年生和两年生紫穗槐根系样本数量分别为62、65。然后进行不同根系直径条件下的单根拉伸试验，探究植物根系的特性。

目前土体根系含量描述方法主要有两种：一是根面积比(RAR)，即根土复合体剪切面上根系横截面积与试样横截面积之比(%)；二是含根量，常用方式有根土质量百分比或一定体积土体中根系质量。根面积比常用于根土复合体的强度计算。

按照《土工试验规程》(GB/T 50123—2019，中华人民共和国行业标准编写组，2019)分别制备含水率为9.31%、15.65%、17.44%；根面积比为0、0.10%、0.15%、0.20%、0.25%、0.30%的72个试件，研究不同土壤含水率及根面积比对土体剪切特性的影响。制作素土试样时，先将部分黄土加入击实筒内，利用击实锤分4层击实。击实完毕后，用环刀取样，即可得到干密度为1.31g/cm^{3}黄土重塑土样。制作含根系试样时，选取直径为1mm、长度为2cm的根系试样，将根系垂直且均匀置入试样中，制备不同根系含量的黄土试样。

1.3 试验方法设计

1.3.1 根系拉伸试验

紫穗槐根系具有较高的弹性，为柔性材料。进行根系拉伸试验时，根系与试验机的连接是试验成功的关键，为避免根系在夹具附近断裂，试验前在每根根系上、下两端包裹环氧树脂胶。根系拉伸试验采用电子万能试验机进行，如图1a)所示。

a)紫穗槐根系拉伸试验

b)紫穗槐根系形态

图1 紫穗槐根系及拉伸试验

1.3.2 直剪试验

采用南京土壤仪器厂有限公司生产的ZJ型应变控制式直剪仪(四联剪)。直剪试验法向应力设定为100kPa、200kPa、300kPa和400kPa，以0.8mm/min的剪切应变速率进行试验，直至测力计读数随剪切位移的增加不再变化或者剪切位移达到6mm，记录最大剪应力。具体操作步骤按《土工试验规程》(GB/T 50123—2019)进行。

2 试验结果

2.1 根系拉伸特征

通过根系拉伸试验得到紫穗槐不同根系直径抗拉强度应力-应变曲线,如图2所示。一年生紫穗槐根系直径范围0.5~1.8mm,应力范围6.23~34.55MPa。两年生紫穗槐根系直径在1.0~1.8mm,应力范围为19.56~43.02MPa。

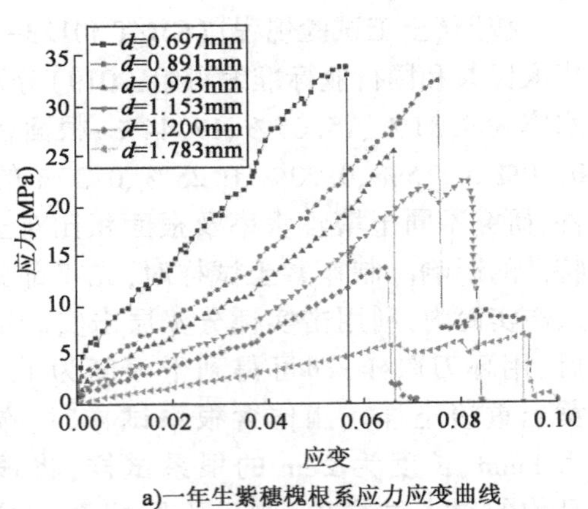

a)一年生紫穗槐根系应力应变曲线

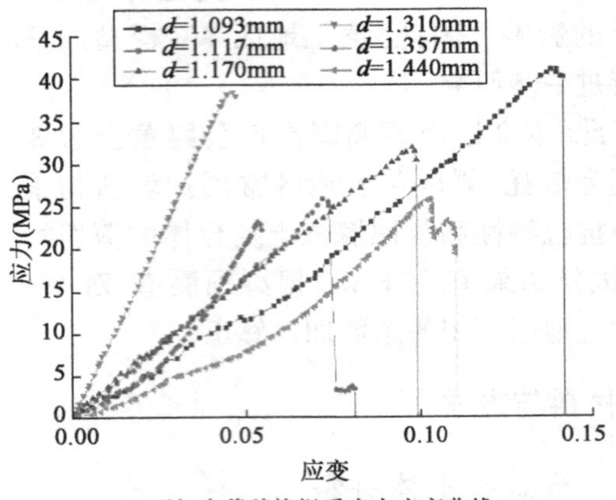

b)两年生紫穗槐根系应力应变曲线

图2 不同年份紫穗槐根系拉伸应力-应变曲线

从图2可知,部分根系应力-应变曲线存在不同之处,当根系达到峰值应力后,应力并没有降为0,而是先发生陡降,再有一次略微增大,直至断裂。根系进行拉伸试验时,可观察到根系表层先被拉断,而后内层的木质结构被拉断。这一现象与应力-应变曲线出现双峰值特征完全吻合,当根系表层发生断裂后,应力-应变曲线出现第一个峰值,然后内层木质结构继续承受拉应力,直至达到第二个峰值点,根系被拉断,出现双峰值特点。

不同根系直径的紫穗槐在单根受拉的初期阶段,应力-应变曲线近似呈现线性关系,表现出材料的弹性特征;达到峰值应力后,表明单根的受拉应力达到极限状态,随后出现应力下降,直至根系被拉断,应力迅速降为0。其中,一年生紫穗槐根系直径为0.697mm,初期阶段拉伸呈现线弹性变化,应变到达0.522时,峰值应力为34.985MPa,随后应力下降,应变达到0.057时,根系被拉断,应力降为0。

两年生直径1.093mm的紫穗槐根系与直径为1.170mm、1.310mm、1.357mm的紫穗槐根系单根应力-应变曲线呈现相似的变形规律。直径为1.117mm的两年生根系在初期阶段拉伸呈现线弹性变化,应变达到0.072时,峰值应力为26.686MPa,随后应力应变曲线开始下降,应变达到0.075时,应力降低到24.247MPa,此后应力-应变曲线开始呈现近乎直线的下降,在应变降低到0.076时,应力降至3.766MPa,随着应变的持续增加,应力基本保持稳定,应力-应变曲线呈现出直线状态,当应变达到0.08时,应力开始减少,最终根系被拉断。一年生和两年生紫穗槐根系拉伸过程呈现出相似的变形规律。均呈现出:初期线弹性拉伸,到达峰值应力后应力下降,根系被拉断,应力值为0。

通过根系拉伸试验得到不同根系直径的抗拉强度,如图3所示。抗拉强度是植物根系固有力学属性,反应在拉力作用下抵抗破坏的能力[14]。紫穗槐根系直径范围0.513~2.000mm,抗拉强度51.23~12.02MPa。由图3可知,紫穗槐根系抗拉强度与根系直径呈指数关系,且随着根系直径增加单根抗拉强度降低的趋势。其中,最小根系直径0.523mm的紫穗槐根系,抗拉强度为46.55MPa;最大根系直径1.783的紫穗槐根系,抗拉强度为12.02MPa。此外,当根系直径小于1mm时,紫穗槐的根系抗拉强度较大,且随根系直径增大,抗拉强度下降幅度较大;当根系直径大于1mm时,随着根系直径增加,单根抗拉强度下降幅度变小,抗拉强度逐渐趋于平缓。通过曲线拟合得到,抗拉强度 T_r 与根系直径 d 关系为 $T_r = 25.53d^{-1.17}$,$R^2 = 0.75$。研究表明,植物根系的直径越小,其单位纤维素含量就会更高,从而提升抗拉强度[15]。

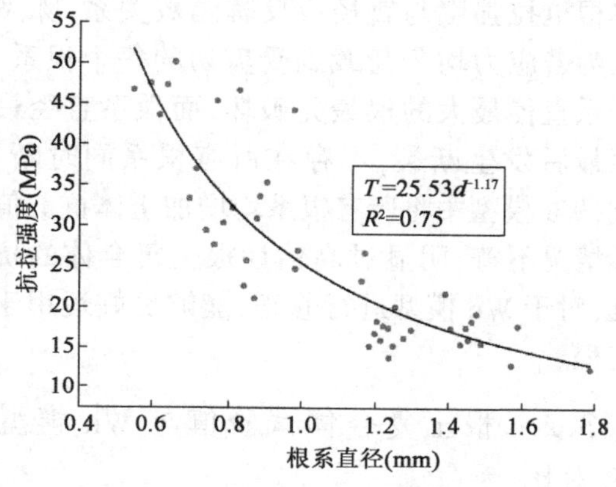

图3 一年生紫穗槐根系抗拉强度曲线

2.2 根土复合体抗剪强度分析

2.2.1 含水率对重塑黄土抗剪强度的影响

土体含水率是影响抗剪强度的一个重要因素。为研究含水率对无根重塑土抗剪强度影响，设置三种含水率9.31%、15.56%和17.44%，对三种情况下的抗剪强度进行曲线拟合，结果如图4所示。土体的抗剪强度与法向应力间的关系符合库仑定律。随着含水率的增加，土体的抗剪强度迅速减小。含水率从9.31%增大到17.44%，试样的抗剪强度减低了99.7～202.3kPa，减低幅度为41.9%～51.5%。从图5中可以看出，拟合曲线接近平行状态，曲线斜率表示土体的内摩擦角，表明含水率变化对内摩擦角影响较小。

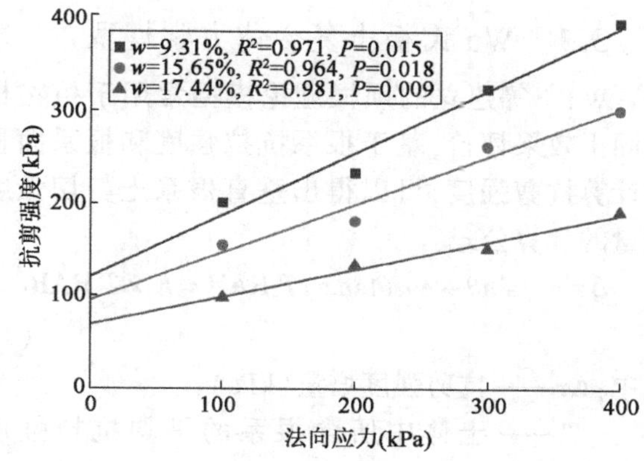

图4 重塑黄土试验抗剪强度

2.2.2 根系含量对根土复合体抗剪强度指标的影响

图5为不同含水率和根面积比条件下试样的内摩擦角和黏聚力的变化曲线。从图5可知，随着含水率的增加，黏聚力和内摩擦角均呈现减小的趋势，且减小幅度较大。当RAF＝0.15%时，随着根土复合体含水率的增加，黏聚力从156.38kPa减小至56.88kPa，减幅最大，为99.5kPa。当RAR＝0.3%时，随着含水率的增加，内摩擦角减幅最大，为16.03°。

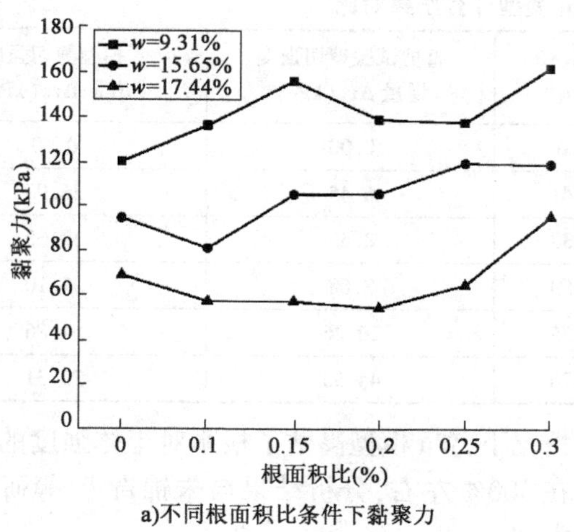

a)不同根面积比条件下黏聚力

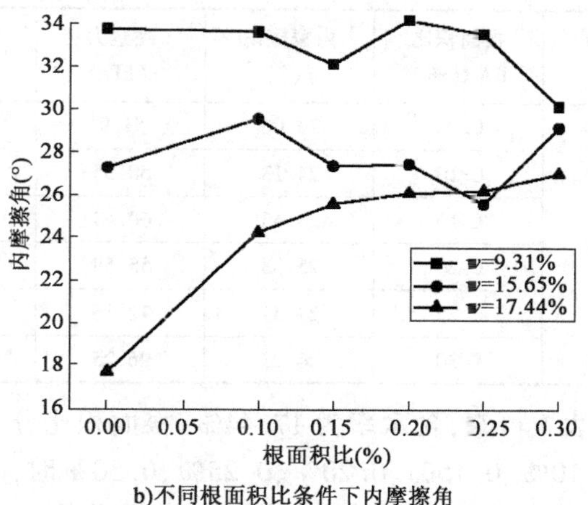

b)不同根面积比条件下内摩擦角

图5 直剪试验强度参数与根面积比的关系

当含水率为9.31%时，含根土内摩擦角和黏聚力的平均值分别为32.72°和146.26kPa。与无根土相比，内摩擦角减少了0.75°，黏聚力增加了26.35kPa；在含水率为15.65%的情况下，摩擦角的平均值为27.12°，黏聚力的平均值为104.11kPa，比无根土的内摩擦角减少0.21°，而黏聚力增加了11.28kPa。表明根系的加入减缓了含水率增加对根土复合体黏聚力减小的趋势，根系可以提高根土复合体的黏聚力。分析结果表明，随着根面积比的变化，同一含水率土体的内摩擦角基本都在平均值上下浮动，而黏聚力的变化幅度较大。

3　根土复合体试验值对Wu模型计算值修正

3.1　Wu氏根土复合体力学模型

Wu[8]等建立的须根理论模型常用于植物根系固土效果评价，基于根系抗拉强度和根系面积比计算抗剪强度，可以得出垂直根系土剪切强度增量的计算公式：

$$\Delta\tau = (\sin\theta + \cos\theta\tan\varphi)T_r\mathrm{RAR} = K \times T_r\mathrm{RAR} \tag{1}$$

式中：$\Delta\tau$——抗剪强度增量(kPa)；

T_r——土体中所含根系的平均抗拉强度(MPa)；

θ——剪切时剪切区的变形角度(°)；

φ——土体内摩擦角(°)；

RAR——根土复合体剪切面上根系横截面积与试样横截面积之比。

在Wu和Gray[21]后续研究中表明，计算时K值可近似取为1.2。

Wu模型假设根土复合体在剪切变形过程中，根系受拉达到极限状态，所有的根系同时断裂。从剪切试验过程中观察可知，并非所有根系发生断裂，部分根系仅从土体中拔出，未发生断裂。根系单根抗拉强度与直径成反幂函数关系，陈飞[3]等认为若应力均分荷载到受剪切的每个根系上，则根系直径最大的根最先破坏，而根系直径最小的根最后发生断裂，不存在所有根系同时断裂。因此，Wu模型中将所有根系均增加土体抗剪值与实际情况不符，明显过高估计根土复合体的抗剪强度，对于Wu模型进行修正，能够更好运用于实际工程。

3.2　根土复合体试验值与Wu模型计算值对比

从根土复合体抗剪强度分析可知，根系对土体参数的影响较为显著，其中对黏聚力影响较大，而对内摩擦角的影响则较小。试验结果表明，当含水率保持不变时，不同根系面积比的复合体内摩擦角基本保持不变。因此，同一法向应力下根系土体的抗剪强度增量近似等于黏聚力增量，如下表达式。

$$\Delta\tau_1 = c - c_0 \tag{2}$$

通过垂直根系土剪切强度公式计算增量与试验所测剪切强度增量，如表1所示。

根系土直剪试验结果和Wu模型计算结果对比　　表1

含水率 φ(°)	根面积比 RAR(%)	内摩擦角 φ(°)	黏聚力 c(kPa)	$T_r\cdot$RAR c(kPa)	直剪试验剪切强度增量 $\Delta\tau_1$(kPa)	模型剪切强度增量 $\Delta\tau_2$(kPa)
17.44%	0.00	23.06	51.9	0.00	0.00	0.00
	0.10	24.13	58.35	22.41	6.45	26.90
	0.15	24.45	60.43	31.38	8.53	37.65
	0.20	25.83	55.58	42.59	3.68	51.10
	0.25	24.57	72.16	51.55	20.26	61.86
	0.30	26.23	96.25	62.76	44.35	75.31

由表1可知，含水率为17.44%，根面积比分别为0.10%、0.15%、0.20%、0.25%、0.30%时，紫穗槐根系-黄土复合体抗剪强度增量分别为6.45kPa、8.53kPa、3.68kPa、20.26kPa、44.35kPa，基于Wu模型的抗剪强度增量分别为26.90、37.65、51.10、61.86、75.31kPa。试验所得抗剪强度增量与Wu模型预测值存在一定差值，随着根面积比增加两者差值先增加后减小，此现象与根系含量增加复合体抗剪强度存在一个最佳根系含量结果一致。在黄土地区含水率为17.44%的特定土壤情况下，Wu模型高估了根系对土体强度的增强值在300%左右，分析结果与朱锦奇[16]等研究结果类似。

通过数据拟合得到试验抗剪强度增量曲线，如图6所示。根据Wu模型的假设，K值被设定为1.2，从而使得拟合的相关系数达到了1，通过拟合直线发现，含水率为$w=17.44\%$时，曲线的斜率仅为0.44，这与Wu模型建议的系数存在较大差异。Wu模型为简化计算建立了几个基本假设，假设与实际情况存在一定差异，假设条件忽略了含水率对抗剪强度的影响,且根系不会同时发生断裂。根系受到剪切力作用时,应力随着根系的空间变化逐渐变化的。

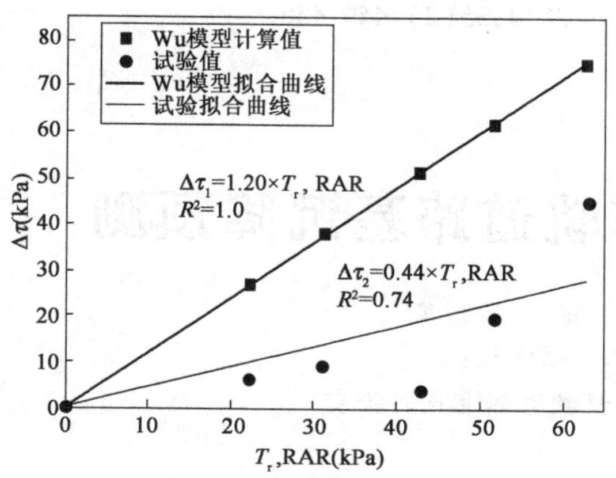

图6 Wu模型系数拟合修正图

鉴于理论值与试验值之间的巨大误差,且含水率为17.44%较为接近黄土的天然含水率,采用本组数据对 Wu 模型进行修正具有实际工程意义。设计黄土地区公路的生态护坡时,在含水率超过17.44%的情况下,应该将 Wu 模型中的 K 值修正到0.44。Wu 模型在黄土地区经修正可适用。

4 结语

(1)紫穗槐根系直径1mm 为抗拉强度变化幅度大小的阈值,当根系直径小于1mm 时,抗拉强度下降幅度较大;当根系直径大于1mm 时,随着根系直径增加,单根抗拉强度下降幅度较小,且逐渐趋于平缓。根系直径与抗拉强度呈指数关系,抗拉强度 T_r 与根系直径 d 关系为 $T_r=25.53d^{-1.17}$,$R^2=0.75$。

(2)土体抗剪强度与法向应力符合库仑定律。随着含水率的增加,土体抗剪强度迅速减小,最大减幅为202.3kPa;黏聚力也随含水率增加而减小,根系的加入减缓了含水率增加对根土复合体黏聚力减小的趋势,表明紫穗槐根系可以提高根土复合体的黏聚力。

(3)采用 Wu 模型计算的根土复合体提高抗剪强度值大于试验值,模型计算值比试验值平均高出33.91kPa。通过试验数据与理论值对比,引入修正系数0.44,能更好地在黄土地区使用 Wu 模型,预测值与试验值更加接近。

参考文献

[1] 冯立,张茂省,胡炜,等.黄土垂直节理细微观特征及发育机制探讨[J].岩土力学,2019,40(1):235-244.

[2] 叶万军,杨更社,常中华,等.黄土边坡剥落病害的发育特征及其发育程度评价[J].工程地质学报,2011,19(1):37-42.

[3] 陈飞,施康,钱乾,等.根土复合体材料的抗剪强度特性研究进展[J].有色金属科学与工程,2021,12(6):96-104.

[4] 邓超,周勇,严秋荣,等.重庆市褐色黏土根系固土特性的试验研究[J].公路,2013(7):244-248.

[5] 石浩廷,谢春燕,李雪尔,等.不同根系分布模式下的土坡抗剪性能研究[J].人民黄河,2019,41(4):74-77,82.

[6] 王莉茹,康永祥,巫翠华,等.黄土高原陡坡土坎植被根-土复合体抗剪强度研究[J].西北林学院学报,2021,36(2):17-23.

[7] LÖBMANN M T, GEITNER C, WELLSTEIN C, et al. The influence of herbaceous vegetation on slope stability-A review [J]. Earth-Science Reviews,2020,209:103328.

[8] WU T H, MCKINNELL W P, SWANSTON D N. Strength of tree roots and landslides on Prince of Wales Island, Alaska [J]. Canadian geotechnical journal, 1979, 16(1):19-33.

[9] 刘治兴,杨建英,杨阳,等.高速公路不同植物防护边坡根土复合体抗剪能力研究[J].生态环境学报,2015,24(4):631-637.

[10] 卢海静,胡夏嵩,付江涛,等.寒旱环境植物根系增强边坡土体抗剪强度的原位剪切试验研究[J].岩石力学与工程学报,2016,35(8):1712-1721.

[11] 金茜.毛乌素沙地不同株龄紫穗槐灌丛土壤矿质元素空间异质性研究[D].兰州:兰州大学,2014.

[12] 景宏伟,田寅,丁宁.沙漠高速公路路基植物防护技术[J].公路,2005(1):190-194.

[13] 陈航,张慧莉,田堪良,等.紫穗槐根系对黄土边坡加固作用的试验研究[J].人民黄河,2017,39(10):84-88.

[14] 杨果林,李亚龙,林宇亮,等.夹竹桃根系拉拔力学试验及计算模型研究[J].中南大学

学报(自然科学版),2023,54(6):2085-2099.

[15] GRAY D H. Biotechnical and soil bioengineering slope stabilization: a practical guide for erosion control [M]. [s. l.]: Wiley, 1996.

[16] 朱锦奇,王云琦,王玉杰,等. 基于试验与模型的根系增强抗剪强度分析[J]. 岩土力学,2014,35(2):449-458.

基于IGWO-SVR的无砟轨道路基沉降预测

聂明智[1] 苏 谦*[1,2] 张 棋[1] 赖艺鹏[1]

(1. 西南交通大学土木工程学院;

2. 西南交通大学高速铁路线路工程教育部重点实验室)

摘 要 在"交通强国,铁路先行"的指引下,国家高速铁路规模日益扩大,无论在铁路施工期间还是运维养护期间,路基沉降都是监测的重点,采用单一、传统的预测手段难以实现对路基沉降预测精确度的提升。本文提出一种IGWO-SVR预测模型,路基沉降主要影响因素为时间、前期沉降量以及平均沉降速率,以某新建铁路站场路基沉降数据为样本,将前50%、60%、70%、80%为训练集,余下数据为测试集,算法代码运行生成具有随机性,故重复训练10次后,以其平均值作为输出值,结果会更加可靠。采用决定系数(R^2)来判别模型拟合度,并使用均方根误差(RMSE)和平均绝对百分比误差(MAPE)作为模型性能的评价指标。结果表明:IGWO-SVR算法模型能够较好地预测路基沉降,且训练集的占比越大,对未来路基沉降预测越准确。

关键词 支持向量回归 灰狼优化算法 路基沉降预测 误差分析

0 引言

随着我国高速铁路技术的快速发展,高铁行驶速度也在不断提升,这也对我国铁路线路的平顺性有着更高的要求,而路线的平顺性与路基沉降息息相关。路基主要承受由承受着上部轨道结构的自重及列车的行车荷载。在上部荷载的作用下,路基会产生轻微沉降,从而影响乘客出行的舒适度、降低铁路的使用年限、提高铁路的运营期间的养护支出。而施工期间的路基沉降直接关系到路基的稳定性、铺轨的顺利和运营期间安全。因此,为提高铁路建设效率、保障未来运营期间动车安全,需要在施工期间对铁路路基的沉降量进行监测,并实时预测沉降未来的发展趋势。

早期预测地基沉降多是采用数值模拟方法进行预测,陈会宇等[1]采用有限元软件ABAQUS建立了三维有限元模型,预测施工期间路基沉降的时空规律;童宽源等[2]采用COMSOL Multiphysics软件对路基沉降特性进行模拟分析,分析铺设铁轨前后降雨强度、降雨持续时间以及降雨条件等因素影响下铁路路基的稳定性,并将结果与其他预测方法进行对比。随着地基沉降的计算方法的进一步发展,丁灵龙等[3]基于分层总和法,提出将有限元的初应变理论和 e-p 曲线相联系的新的计算方法,实现了由应变场到位移场的计算过程,但计算过程复杂、耗时长。相比之下,基于现场实测数据的沉降预测法具有预测过程简单和预测精度较高的优点,如指数曲线法、双曲线法和一些算法模型的加入如灰狼优化算法等。其中双曲线法、三点法、Asaoka法、指数曲线法等仅考虑了时间与沉降量间的关系,忽略了多种因素共同作用,导致预测结果与实测值可能相差较大;支持向量机算法(SVM)具有极高的非线性映射能力,可考虑多种因素对路基沉降量的影响作用,因此被广泛应用于沉降预测中。

由于工程实际以及路基沉降影响因素的复杂性,准确有效地预测路基沉降颇有难度。支持向量回归(SVR)具有很好的非线性映射能力,该理论在一些工程领域已得到了应用,取得了较好的预测效果。但传统支持向量机法在观测样本很多时,效率并不是很高,有时候很难找到一个合适的核函数,在此基础上,有学者提出将灰狼算法与支持向量机组合，利用灰狼算法找到惩罚系数 c 和核函数参数 g 的最优值，提高了预测精度，但在寻优过程中收敛速度对惩罚系数 c 和核函数参数 g 的寻优最终值存在偏差。

以此背景下，本文提出一种改进的灰狼优化算法，通过引入自适应参数来非线性动态调整搜索空间范围和收敛速度，以使算法更加灵活适应不同的优化问题，从而提高算法的全局搜索能力，以提高算法的性能和收敛速度与精度。

1 支持向量回归介绍

1.1 支持向量回归算法(SVR)

SVR(支持向量回归)是由 SVM(支持向量机)应用发展得到的一种新的算法。SVR(Support Vactor Regression)要使样本点到超平面最远，也就是说到超平面最远的样本点的"距离"最小，如图 1 所示。SVR 是回归算法中一个常用的算法，其引入了不敏感损失函数的概念，为此取得了优异的成果。通过寻求一最佳分类面使得训练样本到该分类面的偏差最小。

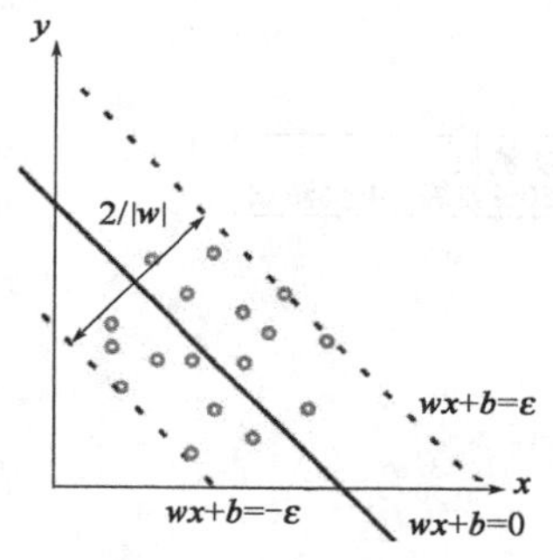

图 1 SVR 示意图

SVR 算法在预测时存在如下缺陷：

(1)SVR 在小样本问题中，能够表现出较好的推广能力，随着训练样本数量的增加，SVR 的计算复杂度也会增加，尤其是对于大规模数据集来说，训练时间较长，在大数据量样本下推广性弱。

(2)参数敏感性：SVR 对参数的选择非常敏感，不恰当的参数选择可能导致模型性能下降或过拟合。

(3)参数选择困难：SVR 的性能高度依赖于惩罚系数 c 和核函数参数 g 的选择，但选择合适的核函数并不容易，需要根据具体问题进行调试和优化。

1.2 GWO-SVR 算法

灰狼优化算法(GWO)是由澳大利亚某大学的学者在 2014 年提出来的一种群智能优化算法。它具有较强的参数少、收敛性能、易实现等诸多特点，由灰狼捕食猎物活动，受到不同等级的狼位置变化的启发而形成的一种优化搜索方法。近年来该算法受到了学者的广泛关注，并大范围运用到预测、图像分类、参数优化、规划等领域中。

将 GWO 算法与 SVR 算法结合，易寻得不同情况下惩罚系数 c 和核函数参数 g 的最优值，提高了预测精度。

1.3 IGWO-SVR 算法

GWO-SVR 算法在寻优惩罚系数 c 和核函数参数 g 值时，会存在后期收敛速度慢，寻优不彻底；容易局限于局部最优；全局范围内的搜索能力较弱；求解结果的精度不高的问题。

针对存在的缺陷，本文提出 IGWO-SVR 算法，通过引入非线性收敛因子，来调整搜索空间范围和收敛速度，从而提高算法的全局搜索能力。并由原来线性搜索步长公式变为：

$$2-1^{*}((2)/Max\_iteration) \quad (1)$$

$$2-\log10(1+(1/Max\_iteration)\hat{}2) \quad (2)$$

式中：Max_iteration——最大迭代次数。

在初期寻优阶段步长大，使得收敛速度快，减少训练时间；后期寻优阶段步长逐渐减小，使得寻优惩罚系数 c 和核函数参数 g 值的精度提高。

2 工程实例分析

2.1 工程概况

新建铁路线位于云南省某地，铁路为 I 级单线电气化客货共线铁路，设计速度为 160 km/h，对提高我国滇中、滇西区域综合交通运输速率，助推我国与周边国家互联互通，打开交通连接，促进地区经济发展具有重要意义；同时，临沧市将结束不通铁路的历史，驶入高铁发展加速时代，方便当地居民出行，加快地区发展。

车站位于大临线工段尾部，路堑累计长度为 1580m，含路堑高边坡工点 4 处，最高边坡达 54 m，路基工程填方、挖方数量大。临翔境内地势北高南低，干湿季节分明，雨量充沛，地下水系发达，受地形地貌影响,水文条件较为复杂,施工期间需要对路基沉降重点监测,做到实时预警。

2.2　不同算法下路基沉降预测结果分析

为了检验改进的灰狼优化算法模型的有效性,样本数据的个数为282,对轨道中心的路基沉降量进行预测。运用MATLAB编写IGWO-SVR模型代码,将实测数据划分为不同比例的训练集与预测集,对预测轨道中心沉降数据进行预测。设定狼群数量为100,最大迭代次数为20,本文采用均方根误差(RMSE)、平均绝对百分比误差(MAPE)来评价检验IGWO-SVR模型的精度,采用决定系数R^2来评价训练集拟合效果。其中均方根误差RMSE和平均绝对百分比误差MAPE越小并且越接近零,决定系数R^2越接近于1,则表明IGWO-SVR模型训练部分预测精度越高。因为预测结果具有一定的随机性,故所有评价标准均采用重复训练10次后的平均值,作为最终预测结果。不同比例下测试集沉降评价指标数据见表1,其中x、y分别表示训练集和测试集占原始数据的比例。

不同比例下测试集沉降评价指标数据表　表1

$x:y$	R^2	RMSE(mm)	MAPE(%)
50%:50%	0.985989	0.144584	0.805481
60%:40%	0.989545	0.128478	0.442525
70%:30%	0.992248	0.105895	0.281883
80%:20%	0.993488	0.084585	0.125450

从表1的结果可以看到IGWO-SVR模型训练效果,4种数据集划分比例下的决定系数R^2分别为0.985989、0.989545、0.992248、0.993488均大于0.985,表明这4种数据集划分比例均对沉降数据预测精度都很高。不同比例的训练集和预测集的预测沉降曲线如图2所示,从IGWO-SVR模型训练效果来看,随着训练集所占数据集的比例不断增加,RMSE也在不断增大,前80%的初始数据作为训练集,后20%作为测试集时,RMSE最小,数值为0.084585mm。对比各组的平均绝对百分比误差MAPE可以看出,随着训练集所占数据集的比例不断增加,MAPE也在不断减小,前80%的初始数据作为训练集,后20%作为测试集时,MAPE最小,数值为0.125450。

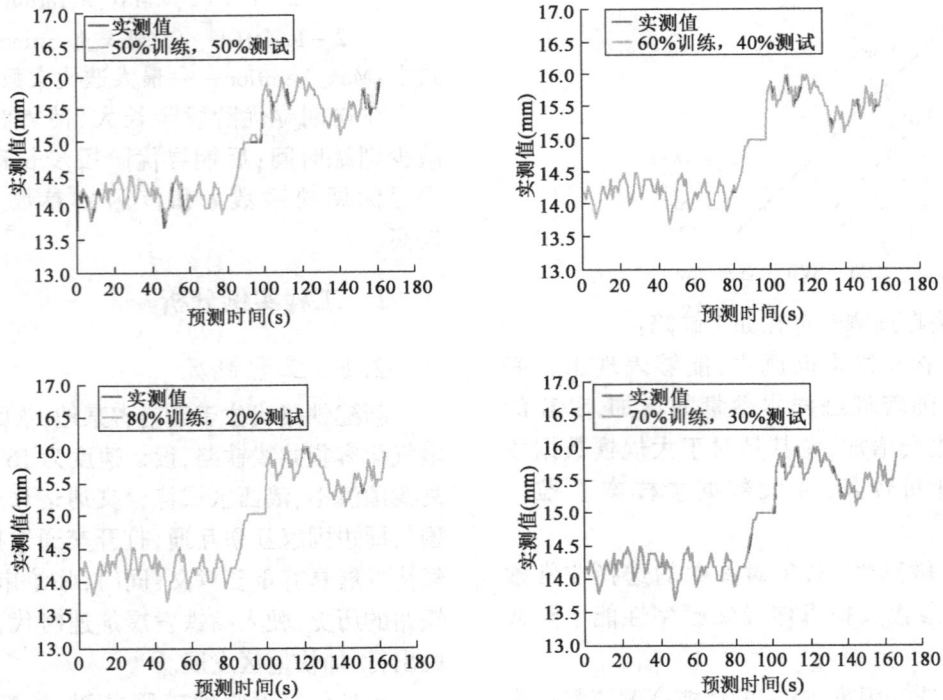

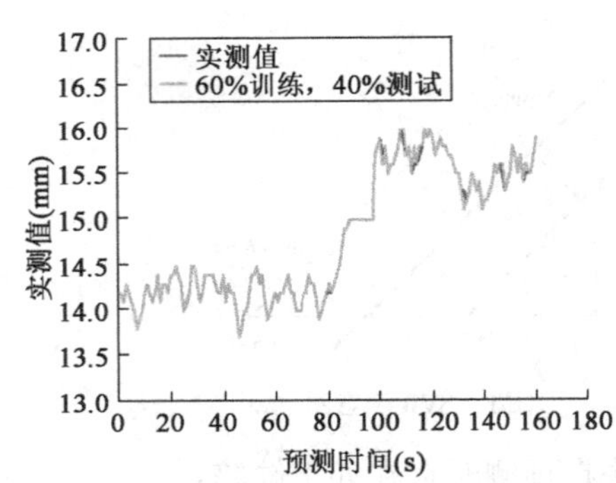

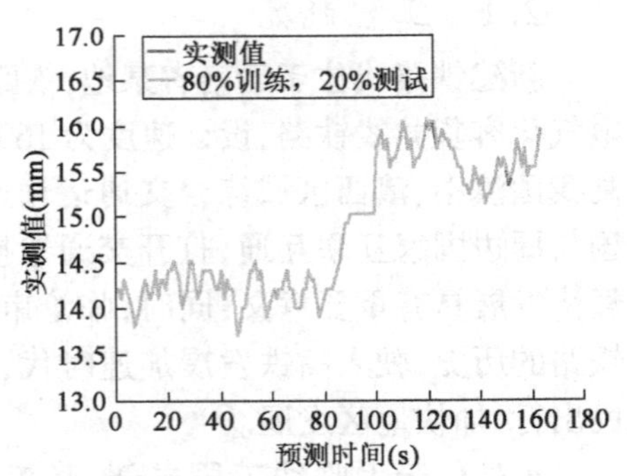

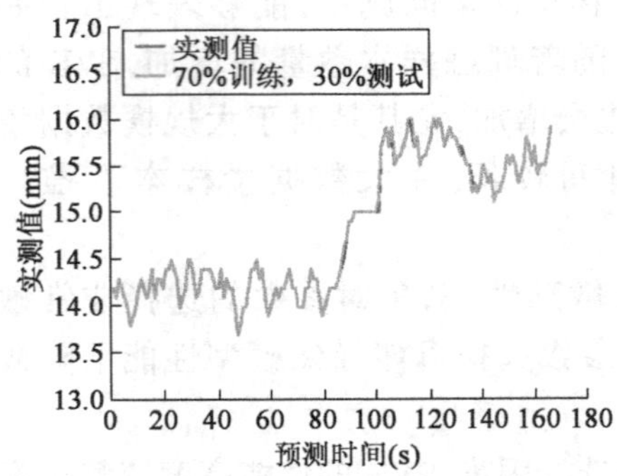

图　2

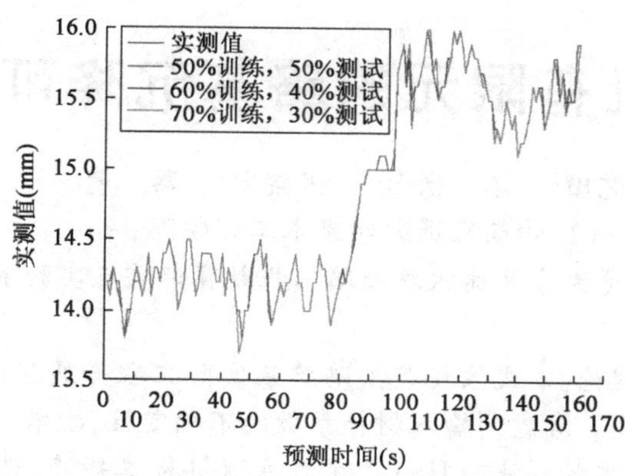

图2 基于IGWO-SVR模型预测轨道中心沉降

3 结语

IGWO-SVR模型中测试集和训练集占原始数据的比例会对模型的预测效果产生影响。随着训练集占原始数据比例提高,模型的预测精度也在提高。本文所选的4种训练集与预测集比例下,当训练集占初始数据的80%时、测试集占初始数据的20%时,该IGWO-SVR算法模型预测精度最高。通过实测数据的验证,本文提出的IGWO-SVR算法可以相对精确地对路基沉降进行预测,提高施工期间对路基稳定性监测的精准度,同时对后期铁路运营期间路基沉降提供借鉴。

参考文献

[1] 陈会宇.贵阳轨道交通区间隧道下穿既有铁路施工关键技术研究[D].贵阳:贵州大学,2023.

[2] 童宽源.鲁南高速铁路路基施工沉降变形监测及数值模拟分析[D].长沙:中南林业科技大学,2023.

[3] 丁灵龙,秦忠国,张峰,等.基于*e-p*曲线的非线性沉降计算[J].粉煤灰综合利用,2020,34(2):57-61.

[4] 廖向阳.新型路基沉降预测方法及其展望[J].价值工程,2023(19):166-168.

[5] 庞应刚,李安洪,徐骏,等.铁路路基沉降病害监测技术研究[J].铁道工程学报,2015,32(12):30-33,85.

[6] 袁伟.唐曹铁路软土路基沉降变形研究[D].成都:西南交通大学,2018.

[7] 薛祥,宋连亮,贾亮,等.高速公路软土路基工后沉降预测的新方法[J].岩土工程学报,2011,33(S1):132-137.

[8] 王聚光,高增增,徐凌雁,等.路基沉降对无砟轨道力学性能及运行舒适性影响研究[J].铁道勘察,2024,50(2):147-155,177.

[9] 李佳园,李耀南,惠继录.灰狼优化算法的应用综述[J].数字技术与应用,2022(9):10-13.

[10] 张晓凤,王秀英.灰狼优化算法研究综述[J].计算机科学,2019(3):30-38.

[11] 陈建东,聂斌,雷银香.一种改进灰狼优化算法[J].现代信息科技,2023(19):94-98.

[12] 容静,王凯,王文贯,等.一种改进SVM优化模型的沉降预测方法[J].工程勘察,2021,49(9):46-49,59.

[13] 杨馨宇.基于多源数据的季冻区路基沉降预测方法研究[D].长春:吉林大学,2022.

[14] 杜翠,张千里,刘杰.基于支持向量机的铁路路基病害智能识别方法[C]//中国土木工程学会.中国土木工程学会2017年学术年会论文集.北京:中国城市出版社,2017:11.

基于三维随机有限元的路基沉降可靠度研究

赖艺鹏[1]　苏　谦*[1,2]　张宗宇[1]　葛　萌[1]
(1. 西南交通大学土木工程学院;
2. 西南交通大学高速铁路线路工程教育部重点实验室)

摘　要　基于随机有限元的理论,本文依托某铁路路基实际工程开展了沉降可靠度研究,为该铁路路基填筑施工超填量确定提供借鉴。考虑到输入材料参数的不确定性,故本文采用基于乔列斯基分解的中心法模拟随机场,利用拉丁超立方抽样法(LHS)产生独立随机样本矩阵,选取土体材料的密度以及弹性模量作为随机变量,分析了铁路路基的沉降可靠度。算例结果表明:乔列斯基分解的中心法模拟过程便利,具有较高的计算效率及精准度;拉丁超立方抽样(LHS)不但保证了精度,同时大大减少了抽样的工作量;基于三维随机有限元的铁路路基沉降可靠度计算能够为实际工程提供参考。

关键词　随机有限元　路基沉降　乔列斯基分解　拉丁超立方抽样　可靠度

0　引言

路基沉降是由于土体在形成过程中具有多种复杂的物化作用,使土体参数存在空间变异性,从而对路基结构物产生较大影响,是影响道路平顺和路基稳定性的重要原因。而现如今的土体性质检测技术是经过大量的试验,从样品中选取个别来进行测试,对其土质的情况进行检测的抽样过程。经试验数据表明,土体的性质参数与其他人工生产材料相比,空间变异性更大[2]。

目前常见的对路基沉降可靠度的分析方法主要有两种:第一种为通过概率计算法来近似的来计算路基沉降的均值以及标准差,其主要原理为基于一阶泰勒展开式,根据路基沉降的计算理论公式及规范公式,同时考虑到公式中不同参数在空间中的变异性,将其作为随机变量[1]。该方式的原理较为简单,但是并不能很好的反应土体中应力-应变的规律,计算的精度较低,在实际工程中的可应用性较低。而随着人们对随机有限元的研究不断深入,在实际工程的可靠度分析中,随机有限元逐渐成为分析路基沉降的一种很好的方式。最早的随机有限元是将有普通的限元方法同 Monte-Carlo 的方法结合,该方法的原理同样较为简单,且其应用较广,但是其计算效率低下,计算成本高,计算工作量大等缺陷严重地阻碍了其广泛应用;而后,Ali, A 等人将随机场与有限元的极限分析相结合,以多层土体为例子,为随机有限元的分析奠定了很好的基础;其次,吴振君等人在进行可靠度分析时,提出以拉丁超立方抽样法将蒙特卡洛法代替,其最终的结果很好的证明了拉丁超立方法与蒙特卡洛法相比,很好地提高了可靠度分析的效率;蒙特卡洛法主要是通过每个基本事件发生的基本概率得到文想要知道的结果事件发生的概率,整体思路较为简单,但在实际工程中,不是所有的事件都能通过基本分析得到结果,有些带有随机性的问题,通过该方法得到的结果并非为一种好的选择;而拉丁超立方抽样法是一种从多元的参数分布中近似的随机抽样的方式,属于分层抽样技术,该方法通过改进采样策略,能够在较小的采样规模下得到较高精度,还能改善采样值的分布空间,从而使之在实际的工程应用中展现出更好的性能与效率,在处理高维的问题上,拉丁超立方抽样法也依旧显现出其广泛的适用性以及其优越性。

乔列斯基分解是将一个对称正定的矩阵转换成为一个三角矩阵与其转置矩阵的乘积的分解,其分解过程较为简单,且其计算效率高,能够很好地避免数值的不稳定及误差等问题;故在本文中主要采取以乔列斯基分解法为核心算法,通过随机有限元的方法,选取土体性质的主要影响因子为密度以及弹性模量作为随机变量,考虑土体材料的空间变异性,对某铁路路基进行了可靠度分析,根据已知的路基土体信息,在 Matlab 采用指数型自相关函数、拉丁超立方抽样方法生成相应的材料随机场文件，在 Abaqus 中导入脚本，将生成的随机场文件导入模型中，为每一个模型单元赋予相应的材料参数，生成 inp 文件，随后为加快计算效率，利用 Matlab 软件将生成的随机场数据替换 Abaqus 里 inp 文件的材料参数，快速生成多个 inp 文件，在将生成的 inp 文件运行完毕后，利用 Python 代码批量提取生成 obd 文件里的最大沉降数据，并见其进行计算分析得到铁路沉降的概率分布，为铁路路基填筑施工超填量确定提供借鉴。

1 土体的空间变异性

大量研究表明，由于历史的沉积作用，空间上任意两点土体之间总会存在着一定的相关性，不同的位置上的土体性质会存在一定的差异，但同时，其两者之间又会存在一定的关联性，并且这种关联性会随着两点之间的距离的增加而不断减弱，因此，在实际的工程中，我们需要考虑到这种土体之间的关联性是否会对路基沉降的可靠度分析造成影响。而在实际工程中现场实际的试验数据是十分有限的，在实际情况下我们无法得知每个地方土体的材质及其相关参数，基于这些已知的数据很难建立符合真实实际的土体模型，故本文采用理论的自相关函数来代替真实的函数，以此来建立土体模型。

常用的自相关函数主要有以下几种[3]。其相关函数如表 1 所示。

工程中常用的自相关函数 表 1

类型	波动范围	三维自相关函数
二阶子回归型(CSX)	$\delta=4a$	$\rho(\tau_x,\tau_y,\tau_z)=\exp\left[-4\left(\frac{\tau_x}{\delta_h}+\frac{\tau_y}{\delta_v}+\frac{\tau_z}{\delta_w}\right)\right]\left(1+\frac{4\tau_x}{\delta_h}\right)\left(1+\frac{4\tau_y}{\delta_v}\right)\left(1+\frac{4\tau_z}{\delta_w}\right)$
指数型(SNX)	$\delta=2b$	$\rho(\tau_x,\tau_y,\tau_z)=\exp\left[-2\left(\frac{\tau_x}{\delta_h}+\frac{\tau_y}{\delta_v}+\frac{\tau_z}{\delta_w}\right)\right]$
高斯型(SQX)	$\delta=\sqrt{\pi}c$	$\rho(\tau_x,\tau_y,\tau_z)=\exp\left[-\pi\left(\frac{\tau_x^2}{\delta_h^2}+\frac{\tau_y^2}{\delta_v^2}+\frac{\tau_z^2}{\delta_w^2}\right)\right]$
指数余弦型(SMK)	$\delta=d$	$\rho(\tau_x,\tau_y,\tau_z)=\exp\left[-\left(\frac{\tau_x}{\delta_h}+\frac{\tau_y}{\delta_v}+\frac{\tau_z}{\delta_w}\right)\right]\cos\left(\frac{4\tau_x}{\delta_h}\right)\cos\left(\frac{4\tau_y}{\delta_v}\right)\cos\left(\frac{4\tau_z}{\delta_w}\right)$
三角型(BIN)	$\delta=e$	$\rho(\tau_x,\tau_y,\tau_z)=\left(1-\frac{\tau_x}{\delta_h}\right)\left(1-\frac{\tau_y}{\delta_v}\right)\left(1-\frac{\tau_z}{\delta_w}\right)$ for $\tau_x\leqslant\delta_h$ and $\tau_y\leqslant\delta_v$ and $\tau_z\leqslant\delta_w$

2 应用实例

2.1 计算模型

本文采用 Abaqus 数值模拟软件依托某铁路 50m 长的路基区域进行模拟分析，为简便模型计算，在本次模拟中将该模型主要分为上下两部分，上部为铁路路基，下部为地基，具体横断面及模型图如图 1 与图 2 所示。

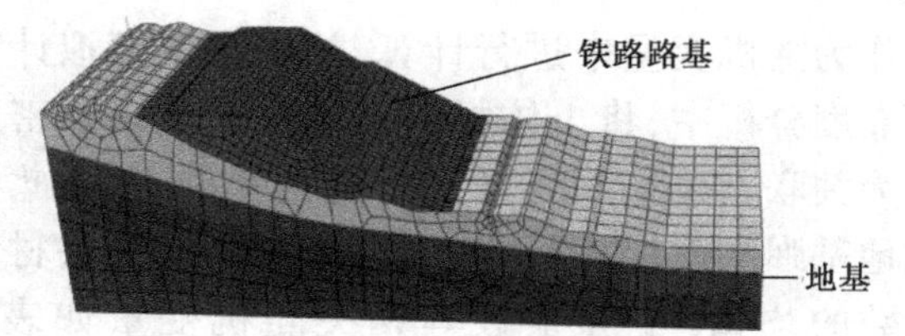

图 1 计算模型图

本次计算模型的约束边界条件为：底边完全固定，左右面固定横向位移，前后两个面固定前后位移，且在本次模型计算中仅考虑自重应力产生的影响，具体约束示意图如图 3 所示。

2.2 地质情况

在本次计算模型中，主要分为铁路路基与地基两部分，其中，在地基部分，在第一层地基中：黏土：砂质泥岩：块石：砾石 =4：3：3：2；在第二层地基中：砂岩碎石：粉质黏土 =1：4；在第三层地基中：强风化泥岩：弱风化泥岩 =7：1，其具体材料的各项参数如表 2 所示。

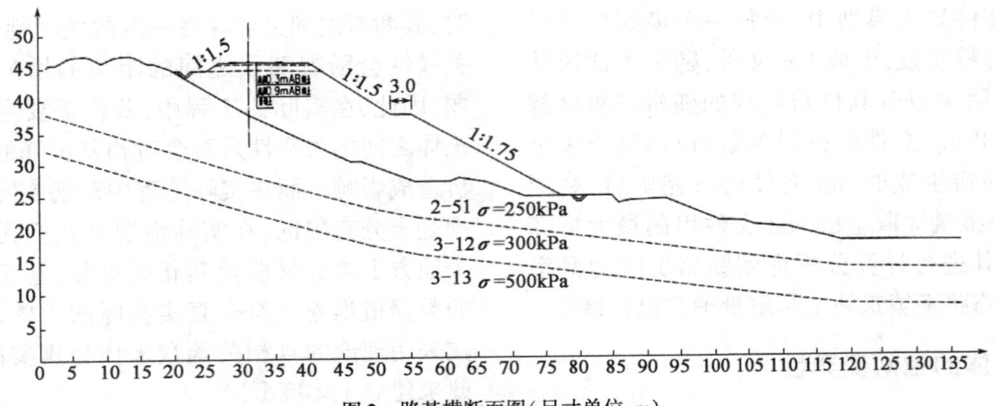

图2 路基横断面图(尺寸单位:m)

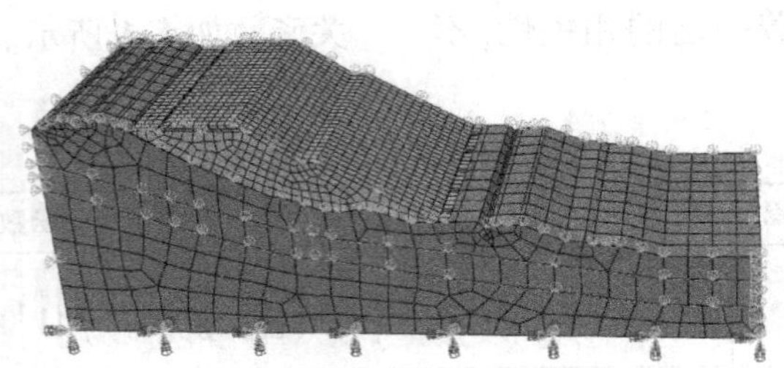

图3 模型约束边界示意图

模型材料参数 表2

部分	主要成分			密度(kg/m³)	弹性模量(MPa)	泊松比	内摩擦角(°)	黏聚力(kPa)
铁路路基	基床表层			2700	240	0.25	—	—
	基床底层			2700	220	0.3	—	—
	基床以下			2300	150	0.3	—	—
地基	第一层	素填土	砂质泥岩	2500	50000	0.25	20	30
			块石	1400	30000	0.25	30	20
			黏土	2700	10	0.3	8.5	20
		填筑土	砾石	2600	74	0.21	25	10
			砂质泥岩	2500	50000	0.25	20	30
			黏土	2700	10	0.3	8.5	20
	第二层	粉质黏土	砂岩碎石	2500	50	0.2	30	20
			粉质黏土	2700	10	0.3	8.5	20
	第三层	泥岩、砂岩	强风化泥岩	1800	10000	0.2	15	20
			弱风化泥岩	2000	20000	0.25	20	30

经研究表明,路基土体的弹性模量、密度、泊松比等性质存在着一定的空间变异性,因此在对路基沉降进行可靠度分析时,应考虑到土体之间的关联性,但由 Cambou 的研究可知,在普遍的情况下,土体的泊松比的空间变异性较小,因此在实际对路基进行可靠度分析时,一般不考虑将泊松比作为随机变量来进行计算,故在本次模拟计算可靠度分析中,将土体材料的弹性模量以及密度作为关联土体空间变异性的随机变量,并以此生成地基弹性模量及密度的随机场。地基相关材料参数的均值、变异系数等相关随机变量如表3所示。

地基沉降随机变量分布 表3

随机变量	分布类型	均值	变异系数
地基第一层弹性模量	指数分布	2×10^{10}Pa	0.3
地基第一层密度	指数分布	2770kg/m^3	0.3
地基第二层弹性模量	指数分布	1.8×10^{7}Pa	0.2
地基第二层密度	指数分布	2660kg/m^3	0.2
地基第三层弹性模量	指数分布	1.125×10^{10}Pa	0.2
地基第三层密度	指数分布	1825kg/m^3	0.2

2.3 计算过程

在本次路基沉降模拟计算中，首先参考文献[2]，利用该文献后面列出的生成随机场的Matlab代码，其核心算法是采用乔列斯基分解，但因其代码应用范围为二维随机场，故需要将其代码调整修改为三维自相关函数，而后根据已知土体随机变量的参数信息，采用指数型自相关函数、拉丁超立方抽样方法，利用Matlab生成地基材料的弹性模量及密度随机场文件，随后在Abaqus软件里导入材料随机场参数的赋值脚本，将随机场文件中的材料参数赋予相应的单元，生成inp文件；最后考虑到利用Abaqus导入脚本生成inp文件的效率较低，特别是当单元数超过1000，需要生成大量inp文件时，耗费时间过长，故最后采用Matlab软件，将Abaqus生成的inp文件中的材料参数进行修改，利用Matlab软件代码批量生成多个inp文件，最后在Abaqus中将得到的inp文件进行批量提交计算；而在本次的模拟计算中主要考虑的是地基沉降，故利用Python软件编写代码，将inp文件批量提交计算后生成的obd文件中最大的竖向沉降位移批量提取出来，并将数据进行收集，以此来对该地基的沉降进行可靠度分析。具体该路基土体的材料参数赋值之后的模型图如图4所示。

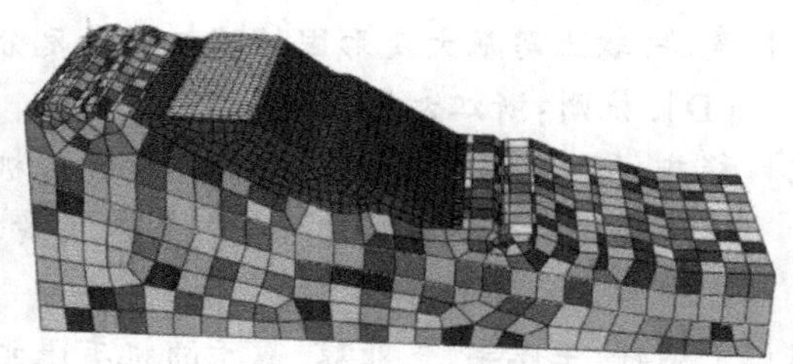

图4 材料参数赋值后模型图

2.4 计算结果

2.4.1 确定性分析

在本次模型计算中，以表2中的确定性材料参数，根据地基每层组成成分的比例，在Abaqus中将其相应的材料参数赋予相应单元，为模型建立相应的约束条件，并为其仅加上自身重力作用，以此来建立路基沉降的确定性模型，并得到在此种情况下的沉降云图，如图5所示，由该路基确定性沉降云图得到路基的最大沉降量为17.42cm。

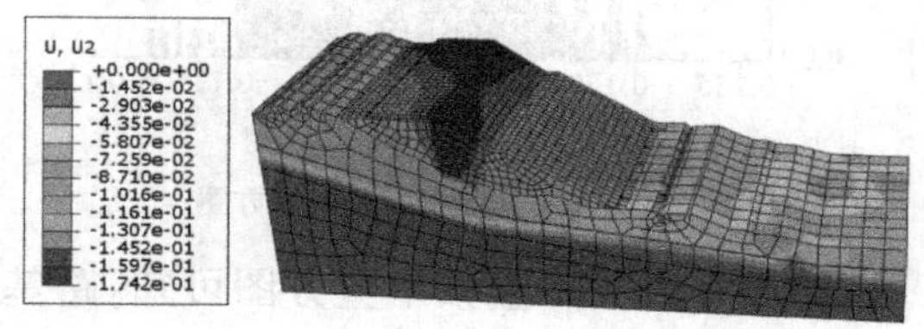

图5 路基确定性沉降云图

2.4.2 可靠度分析

以上述的确定性分析的模型作为蓝本，在此基础上，考虑到在实际工程中路基材料参数输入的不确定性以及材料参数的关联性，故在本次可靠度分析中将模型的最大沉降量作为随机输出参量，将最终的由相应随机场生成的文件结果进行统计分析，以此来对该模型的路基沉降进行可靠度分析。

本模型计算采用了基于乔列斯基分解的中点法模拟随机场，采用了拉丁超立方抽样法（LHS）总抽样了1000次来产生相应的独立标准随机样本矩阵。考虑到表3中地基弹性模量及密度参数的空间变异性，在本次模拟中建立的路基沉降的可靠度分析文件，采用了拉丁超立方抽样法进行抽样，统计抽样后的最大路基沉降结果，得到该路基最大沉降量统计图如图6所示。

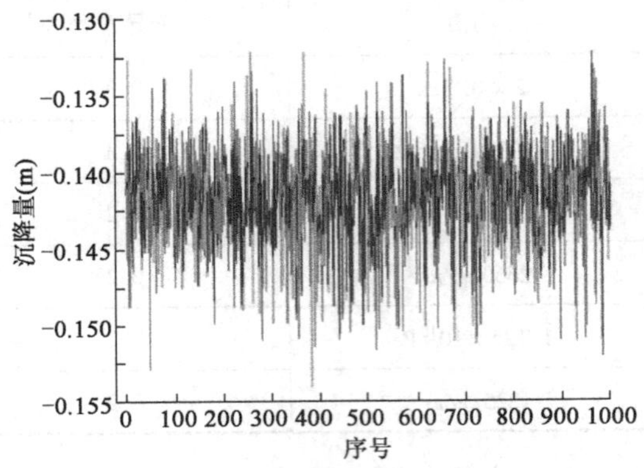

图6 最大沉降量统计图

统计拉丁超立方抽样的路基最大沉降量频率直方图如图7所示。

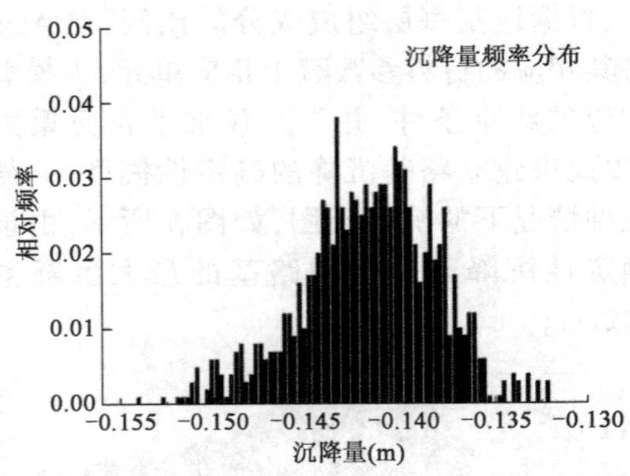

图7 路基最大沉降量频率直方图

由路基最大沉降量频率直方图可知:路基最大沉降量的最大值为15.40cm,最大沉降的平均值为14.17cm,标准差为3.60×10^{-3}m,最终该路基的最大沉降的最大值及最大沉降的平均值均小于确定性模型得到的最大沉降量。

3 结语

(1)对由于空间变异性引起的土体材料参数的不确定性及关联性的路基沉降分析,基于三维随机有限元的铁路路基沉降可靠度分析对其具有较好的评估效果。

(2)基于乔列斯基分解的中心法能够很有效地模拟相关参数随机场,模拟过程便利,可以模拟任意几何形状的随机场分布,具有较高的计算效率及精准度。该方法能够方便的同时模拟多个随机场,在解决考虑材料参数空间变异性的铁路路基沉降可靠度分析的问题上,提供了一种很有效的分析工具。

(3)通过对该铁路路基沉降可靠度分析,三维随机场有限元分析得到的铁路路基最大沉降低于确定性模型的最大沉降,建议按随机场模型的填料进行填筑,若沉降持续发生,则补充填筑。

参考文献

[1] 邓志平,钟敏,潘敏,等.考虑参数空间变异性和基于高效代理模型的边坡可靠度分析[J].岩土工程学报,2024,46(2):273-281.

[2] 董爱民.基于随机有限元的路基沉降可靠度研究[J].中外公路,2015,35(3):31-34.

[3] 蒋水华,李典庆,周创兵,等.考虑自相关函数影响的边坡可靠度分析[J].岩土工程学报,2014,36(3):508-518.

[4] 程强,罗书学,高新强.相关函数法计算相关距离的分析探讨[J].岩土力学,2000,21(3):281-283.

[5] 吴振君,王水林,葛修润.LHS方法在边坡可靠度分析中的应用[J].岩土力学,2010,31(4):1047-1054.

[6] 黄伟.考虑参数空间变异特性的边坡可靠度随机有限元分析[D].西安:长安大学,2023.

[7] 单逊.基于ABAQUS二次开发的随机有限元法在基坑可靠度计算中的应用[D].杭州:浙江理工大学,2021.

[8] 田旺.基于随机有限元的大厚度填土场地基础沉降可靠度分析[D].兰州:兰州交通大学,2023.

[9] 李霄辉.基于随机有限元的邻近铁路地铁站基坑施工变形分析[J].工业安全与环保,2019,45(9):19-23.

[10] 朱德胜,高越,费康.正常固结黏土边坡可靠度随机有限元分析[J].华中科技大学学报,2019,47(7):29-33.

[11] 李涛.软土路基大变形固结随机有限元分析[D].杭州:浙江大学,2006.

[12] 程井,何子瑶,刘忠,等.基于非线性随机有限元的堤坝边坡可靠度分析[J].人民黄河,2023,45(5):137-142.

[13] 王煜轩,王志丰,王亚琮.基于随机有限元法的路堑高边坡可靠性评价研究[J].公路,2023,68(1):10-18.

粗粒式填料颗粒破碎特性研究进展

蔡沛辰　毛雪松*　刘　进
（长安大学公路学院）

摘　要　粗粒式填料凭借其优良的工程特性而广泛应用于公路建设中，但其颗粒易在外荷载作用下发生破碎现象，颗粒破碎行为会引起其物理力学性质改变，进而给工程建设带来影响。探究颗粒破碎特性既可以揭示其力学机理，还可对建设工程的服役性能提供保障。本文重点梳理了粗粒式填料颗粒破碎方面的40篇文献，针对颗粒破碎指标、颗粒参数对破碎特性的影响情况以及颗粒破碎对材料性能的影响三方面，分析总结了目前粗粒式填料颗粒破碎特性研究已取得的成果和不足之处。最后针对现有研究情况，提出了进一步的研究和建议。

关键词　粗粒式填料　颗粒破碎　破碎指标　强度与变形　渗透性

0　引言

粗粒式颗粒具有众多优良的工程特性，因而在公路建设中被广泛用作路基填料。路基除承受填土自重、路面结构静荷载外，还受到车辆动荷载的反复作用[1]。在动静荷载作用下，路基土体内部应力发生变化，失去原有的平衡状态，粗颗粒重新排列构成新骨架，从而导致路基变形。粗粒土路基的动力累积变形特性非常复杂且影响因素众多，包括路基承受荷载的频率、动应力大小等[1-2]，但其根本原因是车辆荷载作用下粗粒土填料的颗粒破碎效应。与细颗粒材料相比，粗粒式填料具有自身颗粒破碎现象显著的特性，粗粒式填料的水力学特性与传统填料同样存在着明显差异[3-4]，因而其室内试验和现场试验中颗粒破碎效应不可忽略。因此，分析粗粒式填料的颗粒破碎特性十分必要。

颗粒破碎是指颗粒在荷载作用下发生破碎，从而在土体基质中产生应力的现象[5]。目前，粗粒式填料颗粒破碎特性的研究主要分为：量化表征颗粒破碎程度[5-18]、不同颗粒参数对颗粒破碎机制的影响[19-30]、颗粒破碎效应下材料性能[31-40]研究三方面。①为了定量化表征颗粒破碎的程度，众多学者先后提出了颗粒破碎指标（Particle Breakage Index）这一概念[5-8]。研究者们采用不同的方法来确定颗粒破碎指标，如有的学者考虑了破碎前后试样中所有粒径颗粒百分量的差值[5]，有的学者只考虑了某一特定粒径的颗粒[25,32]。此外，一些研究者在确定破碎指数时考虑了颗粒破碎时的存活概率[6]和级配曲线[7-8]。②颗粒破碎受到多种因素的影响，是一个十分复杂的过程。一方面，众多学者采用X射线扫描、压缩试验和数学模型分析等试验和方法，通过获取颗粒的真实形态轮廓，建立了颗粒形态与颗粒破碎间的关系[19-22]。另一方面，许多研究人员证明了填料孔隙率和相对密度对颗粒破碎特性具有依赖性，而颗粒破碎特性又是颗粒尺寸和形状的函数[23-27]。此外，Lv等人[28]，Shen等人[29]，Hardin等[6]，Xu等人[30]研究了填料颗粒粒度分布（级配）对颗粒介质性质的影响情况，上述研究表明，粗颗粒的级配、相对密度和孔隙比共同决定了颗粒骨架基质的排列情况。③颗粒破碎对粗颗粒填料的抗剪强度、剪胀性、变形、渗透性等性质均有影响。已有众多学者研究表明，颗粒破碎导致填料的工程性质因其力学性能的变化而改变，从而导致填料性能的不可预测性[31-34]，其影响因素包括颗粒形态、级配和填料骨架排列等，同时颗粒破碎会严重影响砂土等散体介质的渗透性，其内在机理为颗粒破碎会导致大颗粒变为多个细颗粒，并使得填料整体体积的压缩，从而导致渗透性降低[35-40]。

鉴于此，本文回顾以往关于粗颗式填料在颗粒破碎方面的最新研究进展，并简要论述颗粒破

基金项目：国家自然科学基金项目（51878064）；住房和城乡建设部研究开发项目（2020-K-078）。

碎对填料性能的影响情况,最后给出关于颗粒破碎的一些思考和建议,以期本文研究可以为后续此类相关研究提供一些借鉴。

1 颗粒破碎指标

颗粒破碎贯穿于路基的建设期与运营期,对路基的变形与稳定性均有影响,因此定量的研究颗粒破碎程度十分关键。目前国内外学者已经提出了众多颗粒破碎度量的方法。

Marsal[5]提出试验前与试验后各档筛余百分量差值的绝对值之和可以用来描述颗粒的破碎程度。Hardin[7]提出破碎势 B_p 与破碎参量 B_t 的概念,定义原级配曲线与0.074mm粒径线所围图形面积为 B_p,原级配曲线与试验后级配曲线所围图形面积为 B_t,并定义相对破碎参量为 $B_r = B_t/B_p$,指出 B_r 能表征级配曲线的变化程度。由于Hardin定义的破碎势 B_p 显著大于破碎参量 B_t,导致相对破碎参量 B_r 计算结果过小。Einav[8]提出颗粒破碎会有极限级配,把原级配曲线与极限级配曲线所围成的图形面积作为破碎势。Mcdowell[9]将Weibull分布函数引入到岩土材料的粒径分布中,认为颗粒的"存活概率"与其所承受的荷载符合Weibull分布函数。基于分形理论,Tyler[10]提出的质量测量法可对岩土材料的分形程度进行衡量,用以表征颗粒的破碎程度。徐日庆等[11]对粗粒土进行研究,将颗粒破碎而导致的级配变化过程分为3个阶段,并基于裂离参量,对粒状土的破碎进行了量化分析。此外,Ding和Zhang等人[12]对CDW再生骨料的组成和级配进行了设计,使其具有一定的代表性,然后对不同成型方式下的两种破碎指标(B_r,B_g)进行对比,并通过拟合不同加载状态下的变形指标对颗粒破碎进行了评价,当颗粒破碎达到极限状态时,基于分形理论提出了CDW再生骨料稳定级配的计算方法。Silva等人[13]针对建筑垃圾(CDW)再生填料,评估了压实能量对CDW颗粒破碎的影响情况,并与含碎石的砂质黏土(SC)土壤和土壤-CDW混合物进行了比较。

基于上述理论,张季如[14]、石修松[15]、丁林楠[16]、于际都[17]、李希[18]等对不同岩土材料进行荷载试验,分析了破碎率、分形维数、应力应变等参数之间的相互关系,并建立了一些模型对材料的破碎过程进行表征。综上,目前对于颗粒破碎指标的研究多集中于传统填料领域,而对于建筑固废再生填料类的特殊集料少有涉及,此领域目前仍存在空白。

2 不同颗粒参数对于颗粒破碎机制的影响

2.1 颗粒形态

颗粒形态包括颗粒大小、形状、棱角性和表面质地等。其中,正如许多研究人员所报道的那样,颗粒尺寸的测定并不像颗粒形状那样困难。图1给出了集料的三个基本形态参数,即形状、棱角性和表面纹理。

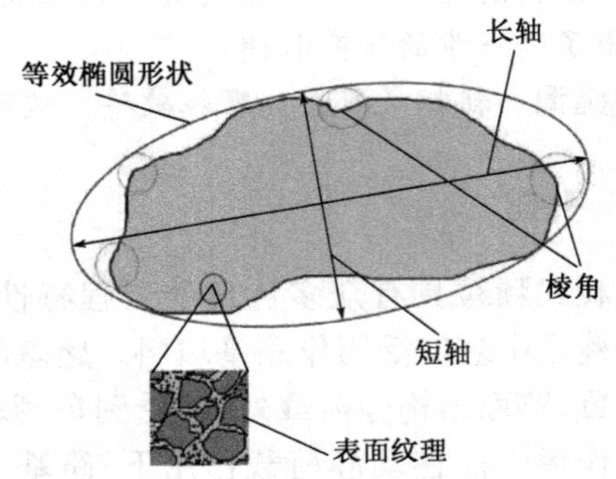

图1 粗颗粒的形态参数[3]

Ganju等[19]对小型的圆柱砂石集合体试样进行侧限单轴压缩试验,利用X射线微计算机断层扫描获取加载过程中颗粒的形态变化,统计分析了加载过程中颗粒的尺寸、形态以及细观结构的变化。随着对颗粒形态的了解更加细观且全面,研究人员发现颗粒的形态和颗粒压缩特性以及破碎特性之间具有一定的相关性。通过对颗粒进行压缩荷载作用下的物理试验和数值模拟,研究发现颗粒形态对颗粒的破碎强度、破碎模式、Weibull参数都有显著的影响[20]。Imseeh等[21-22]通过对不同形状的颗粒进行侧限单轴压缩试验的数值模拟,同样也发现不同形状的颗粒在加载作用下的力链传递方式存在较大的区别。

因此,为了全面了解粗颗粒填料颗粒的力学特性,基于颗粒真实形状探究颗粒在压缩过程中的压缩特性和破碎特性仍然是一个非常重要的课题。

2.2 孔隙率

粗粒式路基填料中的孔隙率决定了其相对密度,许多研究人员已经证明了孔隙率和相对密度对颗粒破碎特性的依赖性,而颗粒破碎特性又是颗粒尺寸和形状的函数[23]。根据一般的理解,如果两个具有相同矿物学和形状的不同试样在压缩载荷下保持不变,则具有较小孔隙率的试样,即较致密的材料由于没有颗粒重排的空间而更容易被压碎。但是,根据文献[24]的研究发现,孔隙率小的试样比孔隙率大的试样更不容易被压碎。Shahnazari 等[24]对两个不同地区的钙质砂进行了试验,发现在没有偏载的情况下,在等向压缩过程中,密实砂样的颗粒破碎程度小于松散砂样,这与 Lade 等人[25]的研究相似。这是因为颗粒间接触的增加有助于通过力链来耗散应力,从而降低了致密样品上的平均应力。另一方面,由于颗粒之间的接触较少,存在更多的空隙,因此具有更大空隙率的样品更容易破碎,因为影响破碎阻力的唯一参数是颗粒接触[26]。如图 2 所示,在单轴加载过程中,试样的初始高度 h 降低为 h-x,其中 x 就是试样因为颗粒破碎而产生的沉降或者变形,这是由于单个颗粒没有足够的接触点将载荷传递给其他颗粒,从而导致其断裂[3]。Dehnavi 等人[27]也有类似的研究结论,其中初始密度的增加减小了土体的体积变化,这是由于围压的限制作用和颗粒间的互锁效应增加所致。

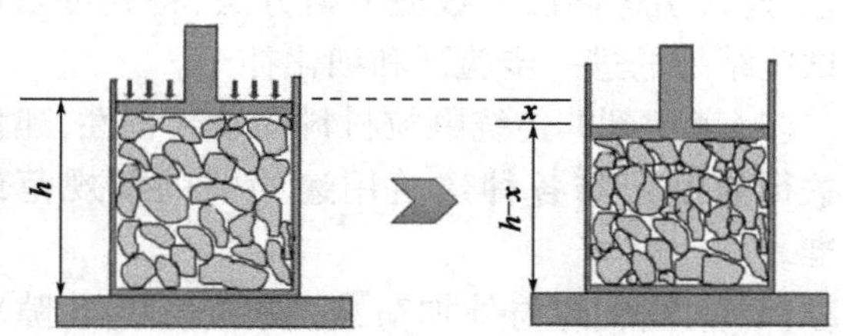

图 2　单轴压缩荷载作用下的粗颗粒填料[3]

2.3　初始级配

已有众多研究表明,初始级配是影响砂土或其他颗粒介质颗粒破碎的最重要因素之一。为了便于区分和研究,研究人员将其命名为"良好级配""均匀级配/不良级配""间隙级配",以及相应级配中的"较粗级配""中等级配"和"较细级配"。由于颗粒破碎的存在,使得粗颗粒填料的级配曲线在破碎过程中不断演化,从而影响填料的工程性质,如渗透性、抗剪强度和变形沉降等。

Lv 等人[28],Shen 等人[29],Hardin 等[6],Xu 等人[30]研究了填料颗粒粒度分布对颗粒介质性质的影响情况。上述研究表明,粗颗粒的级配、相对密度和孔隙比共同决定了颗粒骨架基质的排列情况。在许多研究中发现,均匀级配或级配不良的填料比级配良好的颗粒填料更容易破碎,这是由于级配良好的试样具有更多的颗粒种类,有利于形成合适的力链,从而更好地维持系统的稳定状态,更好地抵抗外界荷载而不发生破坏。另一方面,在级配不良的填料中,由于颗粒尺寸单一,因此存在更多的空隙,这导致其颗粒的破碎程度增大。值得注意的是,在低应力水平下,填料基质中的沉降或变形可能是由于较软的矿物颗粒在由较硬的矿物颗粒形成的空隙中压缩而产生的,并没有发生破碎[28]。Einav[8]对颗粒破碎定量化表征的过程中,研究得出填料级配曲线停止演化的最终分布也是填料初始级配的函数。

综上,颗粒破碎是一种十分不确定的行为,其受多种因素直接或间接的影响,要想研究初始级配对颗粒破碎的影响情况,即需要控制其他参数(形态、孔隙率)不变。通过回顾已有文献分析可知,颗粒初始级配对颗粒破碎具有较大的影响程度。

3　颗粒破碎对材料性能的影响

3.1　强度和变形特性

在日益发展的工程建设行业中,需要注意的是,高应力会导致粗粒式填料颗粒破碎而产生压缩变形。因此,在设计建设建筑物时,应充分考虑颗粒破碎对材料力学强度参数的影响。

Feda 等[31]对两种散体颗粒材料进行试验,研究了颗粒破碎对力学行为的影响,表明颗粒间接触键的断裂使力学行为突变,如由于颗粒破碎,初始密实的砂土可能表现为松散的砂土。其研究还发现,随着密度的增加,颗粒破碎抑制了剪胀现象。Indraratna 和 Salim 等[32]对玄武岩粗骨料进行了大型三轴试验,发现颗粒破碎对剪切强度和剪胀性具有较大的影响,颗粒破碎会影响颗粒介质的强度参数。其中,值得注意的是,最大摩擦角是固有摩擦角或基本摩擦角以及破碎和剪胀效应的总和,破碎效应引起的表观摩擦角随围压和破碎率的增大而增大。白柯楠等[33]基于大型直接剪切试验,对不同剪切速率下建筑垃圾再生粗粒料的强度和变形特性进行了室内试验研究,探讨了剪切速率对建筑垃圾再生粗粒料强度和变形特性的影响。Wei 等[34]对钙质砂进行了环剪试验,研究了形状、高宽比等破坏参数的变化对其抗剪强度的影响,结果表明土的抗剪强度因颗粒破碎而降低,但颗粒破碎伴随着颗粒重新排列提高了抗剪强度。

综上,如上述文献中提到的,颗粒破碎导致填料的工程性质因其力学性能的变化而改变,从而导致填料性能的不可预测性,其影响因素包括颗粒形态、级配和填料骨架排列等,同时颗粒破碎伴随着压缩和重新排列导致的填料整体体积的减小。因此,在粗颗粒填料力学强度和变形特性研究中,应考虑颗粒破碎效应的存在。

3.2　渗透性能

在粗颗粒材料中,颗粒破碎对粗粒式填料的渗透特性影响巨大,其一般用渗透系数来反应,渗透系数也建筑结构物渗流场分析的重要依据。对于此,目前已有众多学者对其进行了相关研究。

Al Hattamleh 等人[35]研究表明,破碎指数的增加会导致砂土渗透降低。DeJong 和 Geoffrey 等[36]通过对颗粒试样进行试验,并根据试样的初始状态和相对密度,建立了颗粒破碎程度和渗透率之间的关系。Cabalar 等人[37]选用选取了不同颗粒形状和级配的砂土,研究发现颗粒材料的渗透率受颗粒破碎的影响较大。Feia 等人[38]通过进行砂样加载过程中渗透率变化的研究,表明在剪胀过程中,随着孔隙比的增加,试样的渗透性不增加,而是停滞或降低。值得注意的是,这与一般认识相反,即在体积压缩过程中渗透率降低,而在剪胀过程中由于整体孔隙比的增加而增加。其原因是,颗粒破碎分别在加载前和加载后引起剪切带中的颗粒磨损和破碎,导致细颗粒堆积。此外,在水力压裂过程中使用的压裂砂也是一个颗粒破碎起重要作用的领域,因为闭合应力导致渗透率降低。Zheng 和 Tannant[39]对土体形态变化引起的闭合应力和颗粒破碎对渗透系数影响的研究表明,颗粒破碎影响土体的剪应力和应变特性,压缩引起的颗粒破碎与填砂体渗透性有关。Wang 等[40]通过对钙质土进行试验,揭示了其渗透系数与孔隙比之间的线性关系,并得出级配和粒径变化对砂土渗透系数的影响。

综上,颗粒破碎会严重影响砂土等材料的渗透性,其内在机理为颗粒破碎会导致大颗粒变为多个细颗粒,并使得填料整体体积的压缩,从而导致渗透性降低。渗透性是许多建筑结构必须要考虑的重要性能,其直接决定了建筑物孔压消散、稳定性和安全性。

4　进一步的研究和建议

颗粒破碎在不同类型的砂、碎石和堆石料中已得到了广泛的研究。然而,对于一些参数,如饱和度、加载速率和破碎动态演化过程等仍鲜有涉及或深入探究。同时,在已经开展的许多试验研究中,仍多研究于一个或两个参数对颗粒破碎的影响程度,少有研究工作同时考虑多个参数对颗粒破碎效应的影响。另外,值得注意的是,颗粒破碎研究中大多数仍是针对砂、碎石等传统颗粒材料,而对于建筑固废再生材料等特殊填料的破碎行为研究较少。鉴于此,本文提出以下建议供参考:

(1)颗粒破碎是一个从自身固有成分到诸多基质骨架等变化的过程。因此,建议在进行沉降分析和地基响应分析时,对粗颗粒材料的工程性能评价时充分考虑其颗粒破碎效应。

(2)为克服试验过程中对颗粒产生破碎的局限性,建议引进离散元数值分析方法,将其可以作为试验结果的进一步验证和细化补充。

(3)考虑到非传统颗粒材料的破碎特性,建议相关行业制定与各种建筑用途相关的新规范或标准。

(4)颗粒破碎与外加荷载、颗粒形态、孔隙率和初始级配等多种参数密切相关,单一形式的准则并不适用于不同类型的颗粒材料,故对于不同类型的材料(即砂、碎石、堆石料、建筑拆迁物等)而言,建议将破碎指标与多个参数(外加荷载、颗粒形态、孔隙率和初始级配等)同时建立相关性模型,这将真实有效地对粗颗粒填料的破碎性能做出合理的评估。

5　结语

通过对文献中已有数据的分析和总结,对于粗粒式填料的破碎特性研究方面可以得出以下结论:

(1)颗粒破碎指标的建立主要以试验统计为基础,采用单粒径和级配曲线两种方式来实现,其中 Einav,Hardin 和 Marsal 破碎指标是评价颗粒破碎较有效的指标。

(2)颗粒破碎是一种十分不确定的行为,受多种因素直接或间接的影响,其中颗粒初始级配对颗粒破碎的影响程度较大。

(3)粗粒式填料的抗剪强度因颗粒破碎效应而降低,但颗粒破碎伴随而产生的颗粒骨架重排会反过来提高其抗剪强度。

(4)粗粒式颗粒填料体积压缩过程中渗透率降低,而在剪胀过程中由于整体孔隙比的增加而增加。但由于颗粒破碎过程中颗粒堆积效应的存在,使得其结论可能完全相反。

参考文献

[1] 王启云,肖南雄,张丙强,等.考虑颗粒破碎效应的粗粒土填料累积变形试验研究[J].铁道学报,2022,44(8):117-124.

[2] 周文权,冷伍明,蔡德钩,等.循环荷载作用下路基粗粒土填料临界动应力和累积变形特性分析[J].铁道学报,2014,36(12):84-89.

[3] NITHIN J J,IMDADULLAH K,SRIKANTH K,et al. Particle breakage in construction materials:A geotechnical perspective[J]. Construction and Building Materials,2023,381:131308.

[4] 孔坤锋,陈锋,肖源杰,等.建筑固废再生填料累积变形及临界动应力试验研究[J].岩石力学与工程学报,2023,42(11):2820-2831.

[5] MARSAL R J. Mechanical properties of rockfill [J]. Embankment Dam Engineering, 1973, 109-200.

[6] NAKATA Y,HYODO M,HYDE A F L,et al. Microscopic particle crushing of sand subjected to high pressure one-dimensional compression [J]. Soils and Foundations, 2001, 41 (1): 69-82.

[7] HARDIN B O. Crushing of soil particles[J]. Journal of Geotechnical Engineering,1985,111 (10):1177-1192.

[8] EINAV I. Breakage mechanics—Part I:Theory [J]. Journal of the Mechanics and Physics of Solids,2007,55(6):1274-1297.

[9] MCDOWELL G R. On the yielding and plastic compression of sand[J]. Soils and Foundations, 2002,42(1):139-145.

[10] TYLER S W,WHEATCRAFT S W. Fractal scaling of soil particle-size distributions:analysis and limitations[J]. Soil Science Society of America Journal,1992,56(2):362-369.

[11] 徐日庆,畅帅,李雪刚,等.基于裂离参量的粒状土颗粒破碎量化方法[J].岩土工程学报,2013,35(12):2179-2185.

[12] DING L,ZHANG J,ZHOU C,et al. Particle breakage investigation of construction waste recycled aggregates in subgrade application scenario [J]. Powder Technology, 2022, 404:117448.

[13] SILVA T B D,CORREIA N D S,KUHN V D O,et al. Effect of compaction energy on grain breakage of CDW, local soil and soil-CDW mixtures[J]. International Journal of Geotechnical Engineering,2021,16(2):165-175.

[14] 张季如,祝杰,黄文竞.侧限压缩下石英砂砾的颗粒破碎特性及其分形描述[J].岩土工程学报,2008(6):783-789.

[15] 石修松,程展林.堆石料颗粒破碎的分形特性[J].岩石力学与工程学报,2010,29(S2):3852-3857.

[16] 丁林楠,李国英.基于分形级配方程的堆石料颗粒破碎SBG模型[J].岩土工程学报,2022,44(2):264-270.

[17] 于际都,刘斯宏,沈超敏,等.染色石膏颗粒一维压缩破碎与形状演化[J].河海大学学报(自然科学版),2022,50(1):110-116.

[18] 李希,张升,童晨曦,等.基于线性拟合的颗粒材料破碎状态表征[J].岩土力学,2015,36(S1):305-309.

[19] GANJU E,KLLLC M,PREZZI M,et al. Effect of particle characteristics on the evolution of particle size,particle morphology,and fabric of sands loaded under uniaxial compression[J]. Acta Geotechnica,2021,16(11):3489-3516.

[20] ZHANG X,BAUDET B A,YAO T J,et al. The influence of particle shape and mineralogy on the particle strength,breakage and compressibility[J]. International Journal of Geo-Engineering,2020,11(1):1.

[21] IMSEEH W H,JARRAR Z A,ALSHIBLI K A,et al. Influence of sand morphology on inter-

particle force and stress transmission using three-dimensional discrete-and finite-element methods[J]. Journal of Engineering Mechanics,2021,147(10):04021081.

[22] IMSEEH W H, ALSHIBLI K A. Influence of micro-and crystalline-scale properties on the fracture of silica sand particles using 3D finite-element analysis[J]. International Journal of Geomechanics,2021,21(9):04021154.

[23] Wu Y, YAMAMOTO H, CUI J, et al. Influence of load mode on particle crushing characteristics of silica sand at high stresses[J]. International Journal of Geomechanics, 2020, 20(3):04019194.

[24] SHAHNAZARI H, REZVANI R. Effective parameters for the particle breakage of calcareous sands: an experimental study[J]. Engineering Geology,2013,159:98-105.

[25] LADE P V, YAMAMURO J A, BOPP P A, et al. Significance of particle crushing in granular materials[J]. Geotechnical and Geological Engineering,1996,122(4):309-316.

[26] ZHAO B D, WANG J F, ANDO E, et al. Investigation of particle breakage under one-dimensional compression of sand using X-ray microtomography[J]. Canadian Geotechnical Journal,2020,57(5):754-762.

[27] DEHNAVI Y, SHAHNAZARI H, SALEHZADEH H, et al. Compressibility and undrained behavior of hormuz calcareous sand[J]. Electronic Journal of Geotechnical Engineering, 2010,15:1684-1702.

[28] LV Y, LI F, LIU Y W, et al. Comparative study of coral sand and silica sand in creep under general stress states[J]. Canadian Geotechnical Journal,2016,54(11):1601-1611.

[29] SHEN Y, ZHU Y H, LIU H L, et al. Macro-meso effects of gradation and particle morphology on the compressibility characteristics of calcareous sand[J]. Bulletin of Engineering Geology and the Environment,2017,77:1047-1055.

[30] XU D S, HUANG M, ZHOU Y, et al. One-dimensional compression behavior of calcareous sand and marine clay mixtures[J]. International Journal of Geomechanics, 2020, 20(9):04020137.

[31] FEDA J. Notes on the effect of grain crushing on the granular soil behaviour[J]. Engineering Geology,2002,63(1-2):93-98.

[32] INDRARATNA B, SALIM W. Modelling of particle breakage of coarse aggregates incorporating strength and dilatancy[J]. ICE Proceedings Geotechnical Engineering,2002,155(4):243-252.

[33] 白柯楠,高德彬,马学通,等.考虑颗粒破碎的建筑垃圾再生粗粒料大型剪切试验[J].路基工程,2021(1):46-50.

[34] WEI H Z, YIN M, ZHAO T, et al. Effect of particle breakage on the shear strength of calcareous sands[J]. Marine Geophysical Research,2021,42(3):1-11.

[35] AL-HATTAMLEH O H, AL-DEEKY H H, AKHTAR M N, et al. The consequence of particle crushing in engineering properties of granular materials[J]. International Journal of Geosciences,2013,4(7):1055-1060.

[36] DEJONG J T, CHRISTOPH GG. Influence of particle properties and initial specimen state on one-dimensional compression and hydraulic conductivity[J]. Journal of Geotechnical and Geoenvironmental Engineering, 2009, 135(3):449-454.

[37] CABALAR A F, AKBULUT N. EVALUATION of actual and estimated hydraulic conductivity of sands with different gradation and shape [J]. Springer Plus,2016,5(1):820.

[38] FEIA S, SULEM J, CANOU J, et al. Changes in permeability of sand during triaxial loading: effect of fine particles production[J]. Acta Geotechnica,2016,11(1):1-19.

[39] ZHENG W, TANNANT D. Frac sand crushing characteristics and morphology changes under high compressive stress and implications for sand pack permeability [J]. Canadian Geotechnical Journal,2016,53(9):1-12.

[40] WANG X Z, WANG X, CHEN J W, et al. Ex-

perimental study on permeability characteristics of calcareous soil[J]. Bulletin of Engineering Geology and the Environment, 2017, 77(9):1753-1762.

沙漠地区风积沙路基动力特性研究进展分析

郑天赞* 关晓琳 黄荣松
(长安大学公路学院)

摘 要 随着国家"一带一路"倡议的逐步实施,沙漠地区交通运输日益呈现高速化、重载化及大流量化的趋势,车辆传递给道路结构的循环荷载效应日益显著。为进一步了解风积沙路基在循环荷载下的动力特性,引入了安定性理论,本文介绍了我国沙漠分布及沙漠公路,从理论解析、数值模拟、室内试验和沉降预测模型等几个方面归纳总结风积沙路基动力特性的研究进展,指出现有研究取得的阶段性成果及不足之处。建议日后在开展路基动力特性研究时能够基于实际工程和材料真实物理性质,考虑荷载形式和荷载频率的影响,进而更加符合实际工程条件和实际应用,为以后的路基动力特性研究提供新思路和方法。

关键词 沙漠地区 道路工程 安定理论 动力特性 研究综述

0 引言

目前交通运输日益呈现高速化、重载化及大流量化的趋势,车辆传递给道路结构的循环荷载效应日益显著。作为传递交通荷载的关键结构路基所承受的交通荷载强度,荷载频率及荷载次数大大增加,这加剧了路基填料层的刚度劣化与变形累积,进而使下卧地基层中应力增大,造成道路的过大沉降、不均匀沉降及路面开裂等道路病害。交通循环荷载引起的累积沉降为工后沉降,对道路的服役性能有显著影响。

鉴于此,道路路基研究中引入了安定理论[1]来分析路基在循环荷载下的动力特性,能更好地发挥材料塑性性能。安定理论早期用来研究金属体的弹塑性行为,属于塑性力学的一部分,国外学者 Sharp 将 Shakedown 理论应用到了道路工程中[2],揭示了路基结构在循环交通荷载作用下表现出安定特性,一些国内外的专家们通过对微粒状材料实施多次压力测试时发现,这种粒子形态的固态转变过程有一个固定的应力阈值。一旦外部施压超过了这一数值,那么固化后的形状就会加快变化速度。为充分了解沙漠地区风积沙路基动力特性的研究现状与进展,本文介绍了我国沙漠分布及沙漠公路状况,从理论解析、安定理论、室内动三轴试验和沉降预测模型等几个方面探讨风积沙路基动力特性研究进展,并对未来可能研究的方向进行展望。

1 沙漠分布及沙漠公路

1.1 沙漠分布

我国是世界上沙漠分布最多的国家之一,沙漠总面积约为 70 万 km^2,占国土陆地总面积的 7.2% 以上[3]。沙漠形态分布广袤,西起新疆喀什噶尔,东迄东北平原西部,呈一条弧形带横跨经纬 50 多度连绵西北、华北和东北地区,尤其在西北内陆地区的新疆、宁夏、甘肃、青海等省(自治区),沙漠面积超过 50 万 km^2,占国土沙漠总面积的 70% 以上[4]。

1.2 沙漠公路

沙漠高速公路路基病害主要有沙害、路基不均匀下沉、路基盐胀、边坡失稳等几种类型。

在交通循环荷载反复作用下,即车辆的来往行驶,路基会承受一定的负荷。这种反复负荷作用会导致路基发生沉降变形[5]的现象。当沉降过大时,会对路面产生破坏,令路面的使用性能大幅降低,并影响车辆行驶的舒适性,甚至危及行车安全。

1995 年全线通车的塔里木沙漠公路是我国第

一条流动沙漠公路,全长约500km[6]。G7京新高速公路起于北京,直通乌鲁木齐。是一条重要交通干线。该高速公路全长约2800公里,被誉为世界上最长的穿越沙漠的公路。我国主要沙漠公路如表1所示[7]。

我国主要沙漠公路[7] 表1

主要沙漠公路	途径沙漠	里程(km)	建设状态
轮台-且末/民丰公路	塔克拉玛干沙漠	522	已建成
阿拉尔-和田公路		424	已建成
阿拉尔-且末公路		136	在建
尉犁-且末公路		333	在建
石河子-北屯公路	古尔班通古特沙漠	250.96	在建
五家渠-北屯公路		346	拟建
G7京新高速公路	巴丹吉林沙漠、腾格里沙漠、乌兰布和沙漠	2800	已建成
榆靖高速公路	毛乌素沙漠	134.17	已建成
营双高速公路	腾格里沙漠	157.56	已建成
镇乌公路	库尔奇沙漠	115	已建成

2 安定理论

2.1 道路安定性概念的引入

目前,国际上的柔性路面设计原理主要基于结构的力学性能[8]。但现在的设计方法一般只考虑到材料的弹性性能,无法体现其塑性性能,且当计算地基承载力时无法考虑循环荷载的作用。

针对这些问题安定理论引入道路结构设计。安定分析考虑了结构弹性与塑性行为,其目的在于保证在变值或循环荷载作用下有一范围,道路结构仍能保持稳定[9]。与传统的弹性分析相比,安定分析更加真实地反映了材料的塑性性能和结构的变形行为。安定理论的引入为柔性路面设计带来了新的思路和方法。它不仅考虑了结构的弹性和塑性特性,还能够在设计过程中综合考虑变值荷载和循环荷载的影响。

2.2 道路工程中的应用

2.2.1 柔性路面分析方面

基于国外学者在柔性路面应用中对安定理论的研究,钱建固等人[10]基于安定下限理论和数值分析方法,针对长期交通荷载,揭示了路面-路基系统的动力响应,探讨了多因素对道路安定性的影响规律;王娟等人[11],通过应用两种安定理论,揭示了循环荷载作用下的道路残余应力分布规律。安定极限位于弹性极限和塑性极限之间,更趋近于弹性极限。因此,道路设计时使用安定极限荷载更符合实际情况[12]。

2.2.2 级配碎石分析方面

金刚、王龙等人[13]通过对级配碎石基层材料进行循环加载实验,探讨了不同的动应力和围压条件下级配碎石永久应变变化规律。蒋应军等[14]人应用颗粒流理论构建了级配碎石动三轴数值试验方法,引用安定理论探究了级配碎石破坏临界应力与破坏临界应变。

2.2.3 路基土分析方面

大量的研究表明,颗粒状物质会经历三种不同的动态过程:塑性安定、塑性蠕变和增量破坏[15]。这种分类方式已被广泛认可。然而,也有学者如Cerni等人[16]指出,尽管粒状物料可能会出现持续增加的累计塑性变形速度,但并不总是恒定的,有时甚至会有所下降,不过这个变化是缓慢发生的。当这些粒状物料受到强烈震动时,如果其积累的塑性变形达到了一定的阈值,它们就可能从塑性蠕变转变成增量破坏模式。此外,王钰轲等人[17]通过对黄河泥沙的长期动力特性的深入探究,根据黄河泥沙的安定性能分析,得出了黄河泥沙允许循环应力比的公式,用于初判排水分解条件下黄河泥沙的长期动力稳定状况;廖化荣等人[18]则关注于华南地区的红色黏土路基,他们探索了循环运动负荷对于此类土壤的影响及其预测模型,并依据安定原理确定了不同湿度条件下的红色黏土在循环负荷影响下的临界压力等级与破裂范围;姚兆明等[19]人利用安定性理论构建了一个关于饱和软黏土在长期循环负荷下轴向塑性累积应变安定性的本构模型。

综上所述,安定理论在道路工程中的应用在基础理论研究方面取得了不少研究成果,目前在研究沙漠地区风积沙路基的动力特性方面，应用安定理论的工程鲜有研究。

3 理论研究和数值模拟

3.1 变形特性

随着交通建设的不断发展，探究循环荷载下风积沙的变形特性成为热点，刘大鹏等[20]通过动三轴试验研究了循环荷载作用下风积沙颗粒的累积塑性应变变化规律；赵莉[21]针对不同车速、行驶密度等因素对路基产生不同荷载频率的实际工程问题，考虑荷载频率和循环应力比系统分析了对粗粒土长期动力特性的影响规律。

张冰冰等[22]针对风积沙路基的处理问题，提出了风积沙路基中应用土工格室加固方法，揭示了加固后的不同路基深度动力响应特征，其中在土工格室加固风积沙层衰减幅度最大；刘明明等[23]人通过分析现场监测数据并结合室内动三轴试验，揭示了循环荷载作用下高填方风积沙路基的变形规律；肖利勇等[24]人利用单轴固结试验探讨不同含泥量风积沙的变形特性。

3.2 边坡稳定性

高利平等[25]人通过采用两种路基模型计算方法，对均质路堤填料及分层路堤填料的风积沙路基边坡进行稳定性分析，揭示了风积沙路基边坡稳定性变化规律；王迎等[26]人通过建立两种边坡失稳模型，提出了风积沙路基安全系数的推导公式和稳定性评价方法；刘国华[27]探讨了沙漠公路路基边坡常见病害类型与成因，通过对比试验，探究了风积沙有关的物理力学性质的具体参数及其统计规律；刘冰等[28]人采用新型水玻璃-酯类浆液加固风积沙边坡，揭示了新型水玻璃-酯类浆液填充率和加固深度两种影响因素对风积沙边坡稳定性的影响规律。

3.3 数值模拟

杨亚[29]利用 ABAQUS 软件建立了车路动力合有限元模型，探究了土工格室加固风积沙路基的动力性能；陈桂芬等[30]人通过数值模拟和理论分析相结合的方法探究了多因素影响下风积沙包芯路基的沉降变形规律，研究成果可为铁路开通运营后路基的养护维修提供理论依据和数据支持。

李埃军等[31]通过建立三维地基与路基模型，揭示了竖向位移、应力沿深度变化的规律以及动力响应的滞后效应；黄俊文[32]采用半正弦荷载来模拟交通荷载，通过 FLAC 3D 探讨了在车辆循环荷载作用下路基的动力响应；杜炜等[33]人利用三维离散元软件分析了不同组合条件下风积沙试样内部应力链、和颗粒旋转规律，揭示了土工格栅的变形规律。

4 室内动三轴试验

理论指导实践，实践验证理论，两者相辅相成，所以在研究过程中室内试验是不可或缺的一部分。

韦朝[34]通过一系列动三轴试验，探究了列车荷载作用下风积沙路基的累积塑性变形演变特性及临界动应力，构建了可考虑围压和含水率影响的风积沙临界动应力经验公式；胡国星[35]通过进行动三轴试验揭示了风积沙填料在列车循环荷载作用下的变形特性，建立了风积沙塑性变形行为判定标准。惠林冲等[36]人通过开展动三轴试验探究了沙漠地区风积沙的轴向累积塑性应变，得出了沙漠地区风积沙填料在循环动荷载作用下的动力特性规律；王立权等[37]人采用地聚合物加固风积沙，通过数值模拟和三轴试验相结合的方法确定了地聚合物对风积沙的固化效果。

本文总结了近期关于风积沙试验方面的研究内容，对于风积沙的累积塑性变形研究最为广泛，考虑和实际工程符合的多个影响因素，其中荷载频率对风积沙动力特性的影响需要进一步研究和发展。

5 沉降预测模型

循环荷载作用下土体沉降预测方法的研究对于各种工程设计具有极其重要的意义，尤其是在地震区建筑物、高速公路、高速铁路、飞机场以及近海建筑等的设计过程中。由于循环荷载的作用土体会发生累积变形，这一参数在工程设计中具有至关重要的作用[38]。

本文总结了近几年有关风积沙填料预测模型的研究成果。聂如松等[39]人通过开展一系列不同应力水平的动三轴试验，探究了风积沙填料累积塑性变形随振次的变化规律，提出了风积沙试样塑性行为判定准则,建立了考虑动应力幅值、含水率及围压的风积沙累积塑性应变预测模型;钱冲[40]通过拟合静、动三轴试验数据揭示了风积沙填料在列车动力荷载下的动变规律,构建了风积沙累积塑性应变的半对数预测模型,能很好地表示塑性应变发展规律,参数取值合理能够准确预测累积塑性应变;赵莉[41]结合不同荷载频率作用下粗粒填料动三轴试验数据,基于大次数循环累积变形预测模型 HCA 模型(High-cycle Accumulation Model),考虑荷载频率影响因素,提出了频率改进型 HCA 模型。

由以上研究成果来看,风积沙填料的预测模型主要是基于弹塑性本构模型进行研究的,在有限循环次数内能够很好地反映其应力应变关系,但都为考虑荷载频率对其的影响,理论推导下的多因素沉降预测模型仍是风积沙动力特性的重点思路和发展方向。

6 结语

为研究风积沙路基动力特性,本文从沙漠分布、安定理论、理论研究、数值模拟及预测模型等几个方面的研究成果说明其研究进展,并探讨了风积沙路基动力特性未来的研究方向。基于以上内容作者认为在以下几个方面需要进一步探讨和研究:

(1)随着西部大开发的推进,沙漠地区公路的建设,风积沙填料在动力荷载作用下的动力特性值得深究,可以借鉴其他地区砂土的研究思路和方法。

(2)安定理论在道路工程应用中可以很好地给出材料的力学判定准则,基于此思路可以对风积沙填料进行安定性分析。

(3)风积沙动力特性仍是未来的研究热点和方向,累积塑性应变是动力特性研究的主要方向,应结合现场试验对沉降预测模型进行完善;未来研究中应将荷载形式和荷载本身性质作为对风积沙路基影响的一个重要因素。

参考文献

[1] 张吉庆路用粒料类材料安定行为及路面结构安定性分析研究[D],广州:华南理工大学博士学位论文,2012.

[2] SHARP R W, BOOKER J R. Shakedown of Pavements under Moving Surface Loads [J]. Journal of Transportation Engineering, 1984, 110(1):1-14.

[3] 张阳,靳雪,龚先洁. 中国沙漠地区旅游业与旅客运输的空间格局及动态响应研究[J]. 干旱区地理,2021,44(4):1153-1163.

[4] 陈晓光,罗俊宝,张生辉. 沙漠地区公路建设成套技术[M]. 北京:人民交通出版社,2006:452.

[5] 张彩. 循环荷载作用下高速公路路基结构沉降变形控制技术[J]. 建筑机械,2022,(2):86-91.

[6] 刘畅. G111 线公路内蒙古科右中旗段沙害防治技术研究[D]. 长春:吉林大学,2011.

[7] 邓友生,彭程谱,刘俊聪等. 沙漠公路灾害防治方法及其工程应用[J]. 公路,2021,66(6):345-351.

[8] BROWN S F, BRUNTON J M, STOCK A F. Analytical design of bituminous pavements[J]. Proceedings of the Institution of Civil Engineers,1985,79(1):1-31.

[9] 罗丹. 重轴载对路基土安定性影响研究[D]. 重庆:重庆交通大学,2017.

[10] 钱建固,戴浴晨. 柔性路面结构设计的动力安定下限理论与分析方法[J]. 交通运输工程学报,2023,23(4):45-59.

[11] 王娟. 道路安定理论的进展及其应用 J,岩土力学,2014,5(5):1255-1262.

[12] 郭可欣. 土石混填路基安定行为数值模拟研究[D]. 天津:河北工业大学,2018.

[13] 金刚. 级配碎石三轴试验研究[D]. 大连:大连理工大学,2007,6.

[14] 蒋应军,陈浙江,李寿伟,等. 级配碎石塑性变形特性及其安定行为的数值模拟[J]. 同济大学学报(自然科学版),2015,43(6):872-876.

[15] WERKMEISTER S, NUNRICH R, DAWSON AR. Deformation Behavior of Granular Materials under Repeated Dynamic Load [J]. Environmental Geomechanics-Monte Verit,2002,2:1-9.

[16] CERNIG, CARDONEF, VIRGILIA, et al. Characterization of Per-manent Deformation Hehaviour of Unbound Granular Materials under Repeated Triaxial Loading [J]. Construction and Building

Materials,2012,28:79-87.

[17] 王钰轲,蒋睿,贾朝军,余翔,钟燕辉. 长期循环荷载下黄泛区黄河泥沙的变形特性及安定性分析[J/OL]. 铁道科学与工程学报,1-11[2023-11-23].

[18] 汤连生,张庆华,尹敬泽,等. 交通荷载下路基土动应力应变累积的特性[J]. 中山大学学报(自然科学版),2007(06):143-144.

[19] 姚兆明,陈晓霞. 长期循环荷载下饱和软黏土安定性模型[J]. 土木建筑与环境工程,2011,33(6):31-35.

[20] 刘大鹏,杨晓华,王婧. 循环荷载作用下风积沙的 εp-N 曲线特性和动强度试验研究[J]. 中外公路,2017,37(5).

[21] 蔡袁强,赵莉,曹志刚,等. 不同频率循环荷载下公路路基粗粒填料长期动力特性试验研究[J]. 岩石力学与工程学报,2017,36(5):1238-1246.

[22] 张冰冰,刘杰,阿肯江·托呼提,等. 土工格室加固风积沙路基不同深度动力响应试验研究[J]. 地质科技通报,2022,41(6):308-315.

[23] 刘明明,李绪森,郑天赞. 循环荷载下高填方风积沙路基变形规律研究[J]. 交通科技,2023,(5):7-9,16.

[24] 肖利勇,冯佳佳,杨波,等. 风积沙的变形特性试验研究[J]. 公路交通科技(应用技术版),2014,10(9):171-173.

[25] 高利平,齐秀峰. 风积沙路基边坡的稳定性分析研究[J]. 内蒙古农业大学学报(自然科学版),2009,30(2):212-215.

[26] 王迎,杨鹏,周燕. 风积沙路基稳定性分析[J]. 公路工程,2015,40(1):18-22+28.

[27] 刘国华. 沙漠公路路基边坡稳定性评价及设计方法[D]. 西安:长安大学,2013.

[28] 刘冰,万浩,袁敬强,等. 新型水玻璃-酯类浆液对风积沙边坡稳定性研究[J]. 公路,2021,66(8):68-73.

[29] 杨亚. 土工格室加固风积沙路基动力响应数值模拟研究[D]. 石河子:石河子大学,2023.

[30] 陈桂芬,李丽,赵加海,等. 格库铁路风积沙包芯路基沉降数值模拟[J]. 铁道标准设计,2022,66(9):51-57.

[31] 李埃军,段康进,张新元,等. 交通荷载作用下风积沙低路基动力响应分析[J]. 路基工程,2018,(3):26-30,45.

[32] 黄俊文,马涛,杨长卫,等. 交通荷载作用下风积沙路基动力响应分析[J]. 铁道建筑,2010(10):83-86.

[33] 杜炜,聂如松,李列列,等. 考虑不同边界条件的风积沙-土工格栅拉拔试验离散元模拟研究[J]. 岩土力学,2023,44(6):1849-1862.

[34] 韦朝. 风积沙填筑铁路路基累积塑性变形及临界动应力试验研究[J]. 铁道科学与工程学报,1-11.

[35] 胡国星. 循环荷载下风积沙填料的临界动应力[J]. 铁道建筑,2023,63(8):113-118.

[36] 惠林冲,罗强,李杰,等. 沙漠地区风积沙动力特性试验研究[J]. 交通科技,2023,(6):87-90.

[37] 王立权,李红康,刘彦彦,等. 地聚合物固化风积沙三轴试验数值模拟[J]. 路基工程,2023,(6):115-121.

[38] 王军,蔡袁强. 循环荷载作用下饱和软黏土应变累积模型研究[J]. 岩石力学与工程学报,2008,(2):331-338.

[39] 聂如松,钱冲,刘婷,等,赵加海. 风积沙路基填料累积塑性应变及预测模型[J]. 铁道科学与工程学报,2022,19(9):2609-2619.

[40] 钱冲. 风积沙填料动力特性及铁路基床底层动力稳定性评价研究[D]. 长沙:中南大学,2022.

[41] 赵莉. 不同荷载频率与细粒含量下路基粗粒填料动力特性研究[D]. 杭州:浙江大学,2017.

百米风化岩填方路基施工过程及压实效果分析

刘春舵[1]　王旭东[1]　李　鹏*[2]
(1. 中海建筑有限公司;2. 交通运输部公路科学研究所)

摘　要　百米级高填方路基在公路建设过程中并不多见,如何施工和确保工程质量是一个技术难题。在具体工程的基础上,结合室内试验、现场试验和长期跟踪沉降观测,开展了百米级高填方路基的技术研究。结果表明该路基风化岩填料以较坚硬岩和较软岩为主,可用于路堤填筑。介于风化岩填料软化系数小、遇水后强度降低的特点,提出了路基体下部的边坡坡面采用浆砌片石或满铺预制块进行封闭处理的防护形式。路基压实应采用大吨位振动压路机,详细总结了百米级风化岩填方路基的施工工艺和质量控制要点,并确定了每填筑2m进行一次强夯补压的高频处治措施。填筑完成后,应预留9个月以上的自然沉降稳定期。

关键词　百米级风化岩填方路基　施工工艺　沉降观测　自然沉降稳定期

0　引言

贵州省作为典型的喀斯特地貌山区,多山多谷,在高速公路建设中,路基填挖转换频繁、填筑高差大,不可避免地遇到风化岩地质、高填方路基[1]。当路基填高大甚至为百米时,如何合理利用风化岩填料进行施工,明确其施工工艺和质量控制措施,并得到其沉降变形规律,是一个待解决的技术难题。国内外学者通过理论分析、室内试验、现场试验、数值模拟、变形监测及预测等手段,对风化岩路基和高填方路基进行了大量的研究。刘新喜等[2]对强风化软岩填料的压实特性和湿化变形特性进行了研究,通过击实试验、*CBR* 试验和湿化变形试验,分析了其在路基填筑中的适宜性,并相应地提出了具体的施工措施。万冲等[3]结合具体工程项目,对泥岩弃渣的工程特性进行了系统的室内试验,得到了较为合理的填筑与碾压施工工艺,并通过数值模拟和沉降监测相结合的手段,论证了使用该施工工艺填筑后路基具有良好的稳定性。祝朝旺等[4]通过现场碾压试验,研究了填石料在振动压实作用下的变形特性,探讨了相应的施工工艺,并对松铺厚度与碾压遍数进行了优化。成铭等[5]以吉林省某高速公路项目为基础,开展了面波仪法、灌水法、K_{30}承载板检测法、压实沉降差法等填石路基施工质量检测方法的比较研究,分析了各自的适用性和优缺点,并对填石路基的施工质量检测方法与控制标准进行了探讨,提出了压实沉降差法相对简单易测、且理论可行的观点。黄宏辉等[6]依托我国西南地区某高速公路,对填石高路堤的沉降变形进行了长期监测,探讨了填石高路堤的沉降变形特征。但对于百米级风化岩填方路基的研究不多,本文依托具体工程,在通过室内试验分析风化岩填料力学性质和水理特性的基础上,对百米级风化岩填方路基的施工过程及压实效果进行了现场试验研究,详细总结了其施工工艺和质量控制要点,并确定了每填筑2m进行一次强夯补压的高频处治措施,建议百米级填方路基填筑完成后应预留 9 个月以上的自然沉降稳定期,以期能够为类似工程提供参考。

1　工程概况

贵州省雷山至榕江高速公路桃江互通往大桩号为白竹山隧道(长 2.2km)、往小桩号依次为桃江隧道(长 1.7km)和雷公山隧道(长 4.7km),三座隧道弃渣方量约 140 万 m^3,而设计弃土场位于一洼地处,运距远。为有效消化隧道弃渣方量,减少外弃,节约施工成本,且减少弃土场征地,绿色环保,故而将桃江互通 A 匝道 AK0 +000 ~ AK0 +200 段由桥梁变更为了高填方路基。

变更后,路基宽 24.5m、设计时速 80km/h、双

基金项目:贵州省交通运输厅科技项目(2021-122-046)。

向四车道。路基中心最大填高为63.6m,右侧最大边坡高度为114.4m,左侧为填平区,填平区顶面宽104.5m。右侧进行放坡,共13级,平面图如图1所示,横断面如图2所示。从上往下,第1～12级坡填高均为8m,第13级坡填高为10m。第1级坡坡率为1:1.5、第2～5级坡坡率为1:1.75、第6～11级坡坡率为1:2、第12级坡坡率为1:1.5、第13级坡坡率为1:1.75,坡脚处设置挡墙进行支挡,挡墙高10m,埋深1.6m。第7级坡底部设置宽度为8m的平台,第11级坡底部设置宽度为52.7m的宽平台(该宽平台处有主线桥桥墩),其余平台的宽度均为2m。整个路基横断面呈折线形,第1～7级坡的外侧有原岩质山体,对路基有一定的约束作用,有利于路基稳定;从第7级坡往下,进行约10°的转折,然后直至坡脚。填平区底高程基本等于第7级坡底高程,当填筑至第7级坡时,填平区与路基同时填筑与碾压。

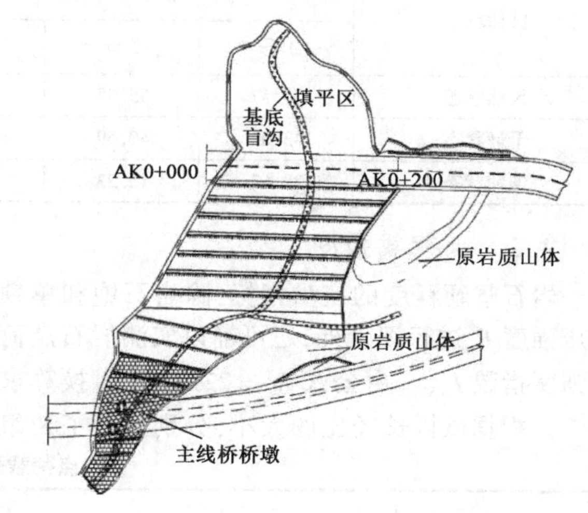

图1 平面示意图

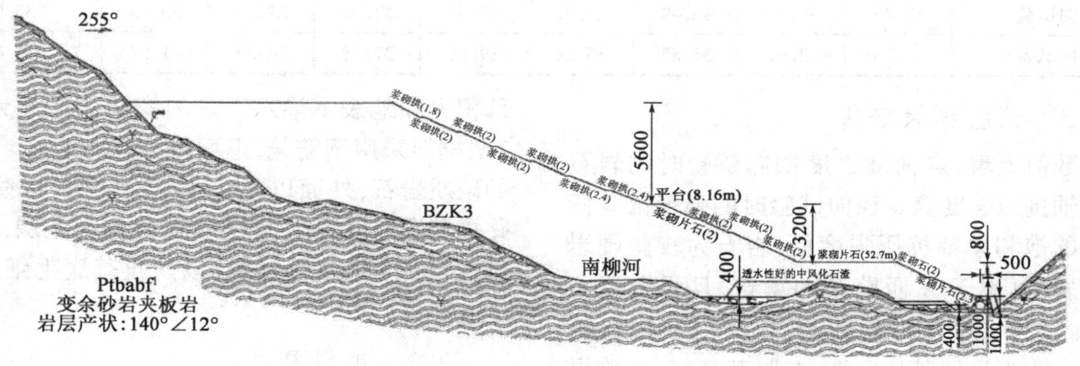

图2 横断面示意图(尺寸单位:cm)

场区内属中低山地貌,斜坡地形,自然地面横坡呈上陡下缓,坡率为1:1.3～1:2.6。覆盖层为含碎石粉质黏土,含少量碎石,厚度0～3.5m;局部为卵石土,卵石成分为变余砂岩、板岩,结构松散,含水饱和,粒径1.0～10.0cm,厚度2.0～5.0m。下伏基岩为强风化～中风化变余砂岩夹板岩,强风化层厚约9.0～15.0m,薄至中厚层状,节理发育。

2 室内试验

路基填料以强风化和中风化变余砂岩夹板岩为主。路用特性是明确填料能否可用作路基填筑的基础,对典型风化岩进行取样,然后进行单轴抗压强度和点荷载强度试验,分析其力学性质和水理特性,评价风化岩作为路基填料的适宜性,并确定风化岩的适用范围。

2.1 单轴抗压强度

选取代表性岩块,进行钻孔取芯和切削,依据规范[7]制取尺寸为ϕ50mm×100mm的圆柱体标准试样,高径比为2:1,共制得试样9个。分为A、B、C共3组,每组3个,在天然、干燥、饱和状态下分别进行岩石单轴抗压强度试验。试验时,将试样置于压力机承压板的中央,加载速度为0.5～1.0MPa/s,加载至试样破坏,并记取破坏荷载。A组试样进行天然状态下的单轴抗压强度试验;B组试样在烘箱内烘干至恒重后,进行干燥状态下的试验;C组试样在水中浸泡2昼夜后,取出并擦去表面水分,立即进行饱和状态下的试验,试验结果见表1。可知,风化岩的饱和单轴抗压强度为22.76MPa,根据规范[8]其属较软岩。饱和单轴抗压强度仅为干燥状态时的0.55,小于0.75,属软化岩石,遇水后强度明显降低。

单轴抗压强度试验结果 表1

试样状态	测试值(MPa)			平均(MPa)	岩石软化系数 k_p
	1号	2号	3号		
天然状态	27.57	35.58	21.46	28.20	0.55
干燥状态	43.62	40.49	38.96	41.02	
饱和状态	29.62	15.23	23.43	22.76	

2.2 点荷载强度

岩石坚硬程度的定量指标,除岩石饱和单轴抗压强度 R_c 进行评价外,还可辅以实测岩石点荷载强度指数 $I_{s(50)}$,由公式 $R_c = 22.82\ I_{s(50)}^{0.75}$ 换算求得[9]。根据试样长径比的大小,分别进行了8组点荷载径向与轴向试验,试验结果见表2。可知,点荷载强度径向试验时风化岩的饱和单轴抗压强度为35.97MPa,轴向试验时为37.89MPa,其属较坚硬岩[8]。

点荷载强度试验结果 表2

试验方式	测试值(MPa)								平均(MPa)
	1号	2号	3号	4号	5号	6号	7号	8号	
径向试验	18.43	39.47	33.49	29.62	47.91	52.32	31.36	35.15	35.97
轴向试验	37.76	43.61	56.85	15.24	39.81	37.68	30.59	41.57	37.89

2.3 试验结果分析

从数值上看,点荷载强度轴向试验时的岩石饱和单轴抗压强度值>径向试验时的强度值>标准试样的饱和单轴抗压强度值,岩石为较坚硬岩和较软岩,可用于A匝路基的填筑,且强度值≥15MPa,应按石方路堤进行填筑、控制与检测[10-11]。为保证路基稳定性,在路基基底、上路堤和路床等特殊填筑区的填料应采用硬质岩,而较坚硬岩用于下路堤的下部,较软岩尽量用于下路堤的上部。岩石属软化岩石,遇水后强度降低,这对路堤边坡防护提出了要求,应防止雨水渗入路堤。

3 百米高填方路基施工

3.1 基底处理

在路基填筑前,彻底清除地表松散土体,使路基填方体位于岩质地基上,确保地基容许承载力大于因填方体而产生的附加应力,最大限度地减少或避免地基沉降,并保证路基整体稳定。当自然地面横坡坡率缓于1:5时,清除地表松散土体并碾压密实后,可直接填筑路堤;当自然地面横坡坡率为1:5~1:2.5时,清除地表松散土体后,应开挖宽度不小于2m、内倾4%的台阶。同时,在基底处沿自然坡面设置Y字形盲沟,以疏导填方体内部积水和地表下渗水。盲沟横断面尺寸为2m×2m,框架采用钢筋笼,里面填充尺寸200~300mm的硬质岩石,外面以无纺土工布包裹,以防淤堵。路堤基底应设置50cm厚的排水隔离垫层,选用沙砾或碎石等透水性材料,以防止基底毛细水上升进入路堤。

3.2 填料要求

风化岩填料以较软岩和较坚硬岩为主,为确保满足质量要求,风化岩填料只适用于下路堤的填筑。在挡墙背、涵洞背等部位,不宜采用风化软岩填筑。风化岩路堤顶部应设置防渗层如碎石土层,或铺设无纺土工布隔离层,以防止水下渗入路堤。

3.3 上料与摊铺

采用装载机配合自卸汽车运输填料、推土机进行摊铺。沿线路纵向进行初步平整,使摊铺表面较为平顺、横纵向坡度较为顺畅,当局部有大石块时用破碎机进行破碎,保证压路机与填筑层顶面能均匀接触,确保压实效果。碾压前应记录松铺厚度。路基两侧填筑宽度各增加50cm,碾压后进行削坡处理,以保证路基边缘部分的压实质量。在同一填筑层的全宽范围内,应采用同一种填料,而岩性相差较大的填料应分层填筑。

3.4 压实

填石路基采用重型压实标准进行压实，选取自重不小于26t的大吨位振动压路机，激振力越大，压实效果也越好。填筑层整平后，压路机先静压1遍和弱振1遍，然后开始强振。强振的碾压遍数由试验路确定，最后两遍强振碾压时的沉降差应≤2mm。为保证填筑层平整度，最后再静压1遍。碾压时遵循“先边缘后中间、纵向直线进退、行驶速度先慢后快”的原则，在直线段压路机的运行路线应从路缘向路中心，然后再从路中心向两侧顺次碾压，以形成路拱。交接处应互相重叠压实，同层沿线路纵向行与行之间的重叠压实宽度不小于30cm，横向接头处重叠压实宽度不小于1.0m。

3.5 强夯补压

强夯补压可以提高路基的整体稳定性和强度，也是减小路基工后沉降变形的有效方法。以往的填石高填方路基，一般都是每填筑4m进行一次强夯补压。而对于百米级填方路基，为加快自然沉降，采取了每填筑2m进行一次强夯补压的高频处治措施，高能量点夯1遍+低能量满夯2遍。由于填石路基的渗透性好，可连续夯击，故不考虑夯击遍数的间隔时间。点夯时，采用等边三角形布置，隔行跳打，夯击点间距以2.5~3倍夯锤直径为宜，夯锤质量为15~25t，夯击能≥2000kN·m。每个夯击点的夯击次数应根据现场试验段试夯时的夯击次数和夯沉量关系曲线确定，并满足最后两击的平均夯沉量不大于50mm。点夯后用推土机将夯坑填平，并将表面整平。开始低能量满夯，按夯印搭接1/4锤径的原则，逐点低落距夯击，每点夯击2~3次，夯击能宜为1000kN·m。

3.6 边坡坡面防护

第1~6级边坡采用衬砌拱植草坡面防护，第7~9级边坡采用30cm厚的浆砌片石进行封闭处理的坡面防护，第10~11级路堤边坡、宽平台和第12~13级路堤边坡则采用满铺预制块进行封闭处理的坡面防护，以防止水渗入路堤，现场照片如图3所示。

3.7 路床填筑

路床应采用级配碎石填筑。级配碎石应满足：①单轴饱和抗压强度≥30MPa；②碎石最大粒径≤10cm；③级配良好；④含泥量≤5%。路床宜采用自重33t及以上的振动压路机压实，松铺厚度和碾压遍数可通过现场试验段确定。路床顶面的孔隙应采用硬质、中硬质石屑嵌补找平。

图3 现场照片

4 压实效果检测与分析

4.1 压实沉降差检测

施工过程压实质量检测采用压实沉降差控制，每碾压1遍即检测1次压实沉降差。现场布置了9个沉降差观测点，对9个测点的沉降差求平均，对比松铺厚度分别为40cm、50cm、60cm、70cm时各自的沉降差平均值随碾压遍数的变化，如图4所示。可知，随着碾压遍数的增加，沉降差值基本呈现出逐渐减小的规律。松铺厚度为40cm和50cm时的沉降差平均值明显要小于松铺厚度为60cm和70cm时的。当松铺厚度为40cm和50cm时，静压1遍+弱振1遍+强振第1遍，沉降差是一个明显锐减的过程；而松铺厚度为60cm和70cm时，弱振1遍时的沉降差值最大，这是因为60cm和70cm的松铺厚度显得有些偏厚，静压时的压实功作用不到该层的中部和底部，开振动后方可慢慢压实到该层的中部和底部。当沉降差平均值≤2mm时，松铺厚度为40cm和50cm时需要的强振碾压遍数为第6~7遍，而松铺厚度为60cm和70cm时则需要强振至第8~9遍。在进行路基填筑时，既要确保每层填筑层有较好的压实效果，又要兼顾经济性，因此确定出松铺厚度不超50cm、填料粒径控制在33.3cm以下、碾压遍数为9~10遍的路基填筑与碾压施工工艺，具体碾压方式为：静压1遍+弱振1遍+强振6~7遍，最后再静压1遍。

不同松铺厚度时，各测点的计算松铺系数如图5所示。可知，松铺厚度为40cm和50cm时，9个测点所对应的松铺系数分布较集中；松铺厚度为60cm和70cm时，随着松铺厚度的增加，松铺系数逐渐离散。因此选择松铺厚度不超 50cm、松铺系数控制在 1.15 ~1.18 的范围。

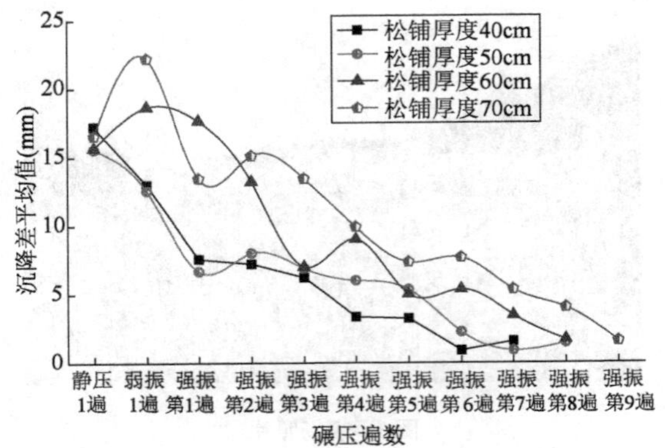

图 4　沉降差平均值随碾压遍数的变化

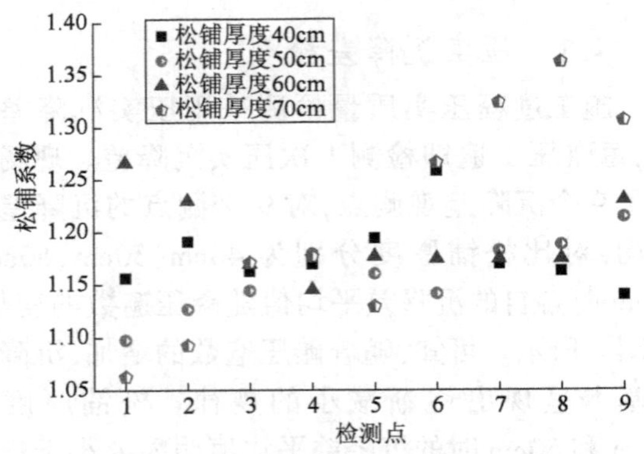

图 5　不同松铺厚度时的松铺系数

4.2　路床弯沉检测

路床顶面弯沉采用贝克曼梁法进行检测,结果如图 6 所示。测点数共计 40 个,大部分修正后的实测弯沉值位于 90 ~130(0.01mm)的区间,其数量占比为 70.0%;少部分数据位于 45 ~ 75(0.01mm)的区间,其数量占比为 30.0%。实测弯沉最小值为 46(0.01mm),最大值为 126(0.01mm),平均值为 93.75(0.01mm),标准差为 23.62(0.01mm)。高速公路时的弯沉目标可靠指标取 1.65[12],那么计算得弯沉代表值为 132.7(0.01mm),满足"≤设计弯沉值 180(0.01mm)"的要求,可进行路面结构层的铺筑。

4.3　路基沉降观测

依据现场情况,在路基右侧第 1 ~5 级路堤边坡的平台处,分别布置了 3 个地表沉降观测点,沉降过程曲线如图 7 所示。A 匝路基于 2021 年 6 月份开始填筑,在第 320 天下路堤基本成型。第 4 ~5 级路堤边坡处的沉降于第 292 天开始观测,第 1 ~3级路堤边坡处的沉降于第 347 天开始观测,在第 800 天项目建成通车运营。那么观测数据结果主要后路基自然沉降阶段的沉降量。第 4 ~5 级路堤的最大沉降量为 182mm,第 1 ~3 级路堤的最大沉降量为 172mm,前者大于后者,这是第 4 ~5 级路堤监测时间较早的缘故。在观测初期,路基沉降趋势明显,随时间明显增大。这是因为 93 区填筑完成之后,路基表面堆积了大量石料进行堆载预压,加之此时为 6—9 月正值雨季,路基的月沉降变化量较大。当观测至第 450 天时,路基沉降趋势开始逐渐变缓;当观测至第 600 天时,经历了 9 个多月的自然沉降期,沉降趋势接近收敛。此后连续 3 个月观测的沉降量平均值≤4mm/月,满足路面结构层铺筑的控制标准,并在第 700 天 A 匝道开始路面施工。

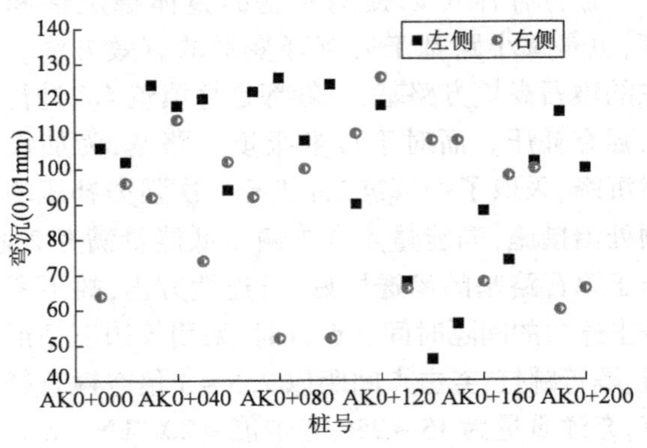

图 6　路床弯沉

5　结语

依托具体工程,结合室内试验、现场试验和长期跟踪沉降观测,研究了百米级风化岩填方路基的施工技术,总结了其施工工艺和质量控制要点,得出如下结论:

(1)百米级风化岩填方路基的填料为较坚硬岩和较软岩,其饱和单轴抗压强度值≥15MPa,按石方路堤进行填筑、控制与检测。在路基基底、上路堤和路床等特殊填筑区,填料应采用硬质岩,而较坚硬岩用于下路堤的下部,较软岩尽量用于下路堤的上部。风化岩的软化系数小,遇水后强度降低,故路基体下部的边坡坡面采用浆砌片石或满铺预制块进行封闭处理的防护形式,以防雨水渗入路堤。

(2)填石路基压实应采用自重不小于 26t 的大吨位振动压路机,确定了松铺厚度不超 50cm、松铺系数控制在1.15～1.18的范围、填料粒径控制在33.3cm以下且碾压遍数为9～10遍的路基填筑与碾压施工工艺，具体碾压方式为：静压1遍+弱振1遍+强振6～7遍，最后再静压1遍。

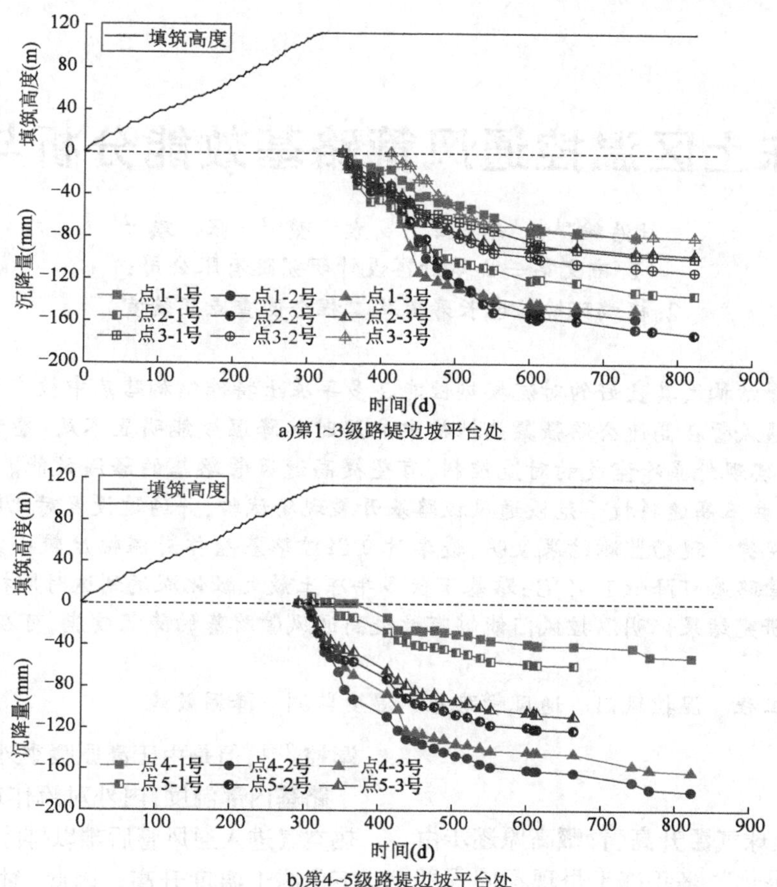

图7　路基表面沉降随时间变化曲线

(3)百米级填方路基应预留9个月以上的自然沉降稳定期，且月沉降率满足要求后，方可开展路面结构层的铺筑。

参考文献

[1] 吴立坚，卞晓琳，马显红．贵州特殊土填方路基设计与施工[M]．北京：人民交通出版社股份有限公司，2015.

[2] 刘新喜，夏元友，刘祖德，等．强风化软岩路基填筑适宜性研究[J]．岩土力学，2006，(6)：903-907.

[3] 万冲，罗聪．泥岩弃渣填筑公路路基施工过程及稳定性分析[J]．交通世界，2023，(29)：86-88.

[4] 祝朝旺，刘升传，吴立坚．高速公路高填路基松铺厚度与碾压遍数的优化[J]．路基工程，2011，(1)：92-93，96.

[5] 成铭，郭宇楠，卞晓琳，等．填石路基施工质量检测方法研究[J]．公路交通科技(应用技术版)，2019，15(4)：13-15.

[6] 黄宏辉，程天成，卞晓琳．V形冲沟高填石路基沉降变形特征研究[J]．公路交通科技(应用技术版)，2015，11(5)：38-39.

[7] 中华人民共和国交通运输部．公路工程岩石试验规程：JTG E41—2005[S]．北京：人民交通出版社股份有限公司，2005.

[8] 中华人民共和国建设部．岩土工程勘察规范：GB 50021—2001[S]．北京：中国建筑工业出版社，2004.

[9] 中华人民共和国住房和城乡建设部．工程岩体分级标准：GB/T 50218—2014[S]．北京：中国计划出版社，2015.

[10] 李海．填石路基施工技术方案及质量控制[J]．北方交通，2014，(11)：77-79，82.

[11] 赵河．高填方填石路基施工质量的控制[J]．黑龙江交通科技，2010，33(7)：57，59.

[12] 中华人民共和国交通运输部.公路工程质量检验评定标准 第一册 土建工程:JTG F80/1—2017[S].北京:人民交通出版社股份有限公司,2017.

多年冻土区温控通风管路基效能分析与评价

杜浩维*[1,2] 李自军[1,2] 袁 堃[1,2] 张 琪[1,2]
(1.中交第一公路勘察设计研究院有限公司;
2.极端环境绿色长寿道路工程全国重点实验室)

摘 要 通风管结构因其良好的对流换热性能在多年冻土特殊结构路基中被广泛应用,然而传统简易的全季节敞开式通风管在高速公路强聚热结构中应用时其降温效能明显不足;鉴于此,本文研发了一种温控式风门结构,实现外界冷空气的对流控制,有望提高通风管路基的降温效能。为了分析评价温控风门的工作效能,在共玉高速科技示范段通风板路基开展现场试验,并通过设置对比断面,对比分析温度场分布特征及变化规律。现场监测结果表明,暖季时期温控路基整体升温幅度较小,通风管内壁温度较未安装风门的通风管路基可降低1-3℃;路基下伏多年冻土最大融化深度到达时间提前约19天,能够减少冻土吸热时间。研究结果证明温控风门能够有效提高通风管路基的降温效能,可在冻土工程领域开展大规模应用。

关键词 冻土工程 温控风门 通风管路基 温度监测 降温效能

0 引言

近年来,随着全球气温升高,青藏高原逐步由“干冷化”转向“暖湿化”,多年冻土呈现不同程度的退化趋势,导致其物理力学性质发生显著变化,穿越多年冻土区公路、铁路等线性工程路基沉陷、开裂病害较为突出[1],威胁多年冻土工程安全运营。目前,针对多年冻土区道路工程的融沉防控问题,主要采用导冷、阻热、调温等措施[2,3],其中调温是指利用通风管或通风板路基,通过强迫对流方法,将外界冷空气导入路基内部,提高路基内部换热能力,进而实现对冻土路基的降温目的[4]。架空通风路基作为一种重要的主动保护冻土措施,具有结构简单、施工便捷、散热降温效果好等优点,被广泛应用于冻土工程领域。

为了分析通风路基的降温效果,杨永鹏等[5]结合青藏铁路清水河试验段的监测资料剖析阐述了通风路基对保护冻土的积极作用。马巍等[6]利用数值模拟的方法分析了架空路基长期热状况的变化规律,证明在路基结构中引入架空通风层,改变道路与多年冻土的接触条件是顺应工程与冻土相互和谐共存的必然需求。虽然架空通风路基的对流换热作用对路基底部地温进行了一定程度的调控[7,8],但是由于高原暖季外界环境温度往往高于路基内部温度,内外对流作用的减弱,极易造成热空气进入通风管后难以排除[9-11],进而导致路基下伏冻土温度升高。因此,对通风路基的控温性能提出了更高的要求[12-15]。

为了进一步提高架空通风路基的散热效能,本文通过研发温控式自开闭风门,对通风板路基温度数据开展实时采集和动态监测,基于现场试验监测资料对温控通风路基的降温过程和实际降温效能进行定量分析,并对其交流换热状态开展评价和验证,为今后进一步在实体工程中开展应用推广提供更有价值的借鉴和参考。

1 观测场地介绍

1.1 工程地质环境

青海省共和至玉树高速公路(以下简称共玉高速)鄂拉山至清水河段位于青藏高原多年冻土区边缘地带,属中、低纬度地带高海拔高温不稳定退化性多年冻土,具有地温高、退化速率快、热稳定性差的特征。根据现场钻探资料,该路段冻土特征为多冰冻土、富冰及饱冰冻土,融沉等级Ⅲ~Ⅳ级,冻土天然上限2.0~2.2m,冻土年平均地温

-0.27～-0.7℃。该路段年年均气温变化曲线如图1所示,从图中监测数据可以看出,自1953—2000年以来年平均气温为-4.2℃,升温率为0.28℃/10a,2000—2022年平均气温为-2.45℃,升温率为0.39℃/10a,远高于1953—2000年的平均值,说明自2000年以来,该地区的年平均气温升温率也在进一步增大,温升效应显著。

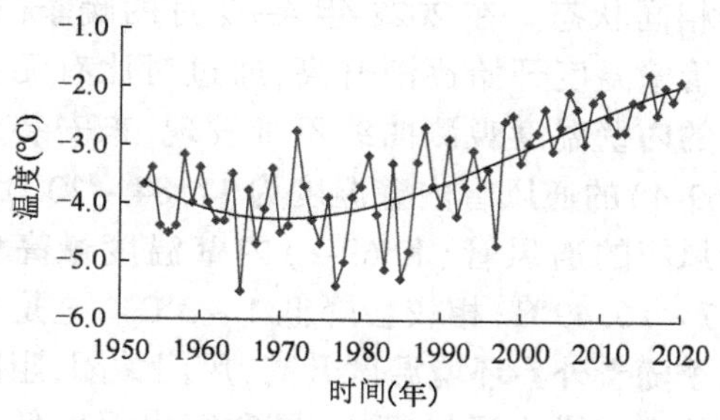

图1　共玉高速科技示范段年均气温变化图

1.2　试验观测场地布置

温控通风路基的工作原理是在通风管管口安装温控式自开闭风门,利用风门内部感温材料的冻胀热缩原理,控制风门低温开启、高温闭合。该装置通过调节进入通风管内部气流状态,实现通风管路基与大气间热量交换,进而引起管壁周边土体温度变化。

为了有效监测温控通风管内部温度,本文选取共玉高速科技示范段K569+550处通风板路基安装温控风门装置,开展现场实验研究,其观测断面布置如图2所示。此处路基高度3.0～4.8m,通风板安装在路面下1.0～2.2m处。选择编号569-1、569-2的两处通风管安装温控式自开闭风门,并在距离管口1.5m处安装温度传感器;作为对比断面,选取编号569-3、569-4的两处未安装风门通风管,仅布置温度传感器,用于监测和分析温控通风管的降温效果和工作效能。通风管内温度监测选用HOBO Tidbit无线温度传感器,该传感器测量范围:-40～100℃,精确度:-0.2℃,分辨率:-0.02℃,传感器采集频率为2h/次。

此外,为了揭示温控通风路基内部地温场分布特征及其变化规律,分别选取地温观测断面的路中、两侧路肩及坡脚位置,按图3所示布置竖向测温孔,测温孔深度15m,孔内热敏电阻传感器按0.5m间隔(0～4m)布置和1.0m间隔(4～11m)布置,对路基内部温度数据开展实时动态监测。温度监测使用铂电阻热敏传感器(标定精度±0.01℃),温度数据由数据采集仪自动记录,采集频率为2h/次。

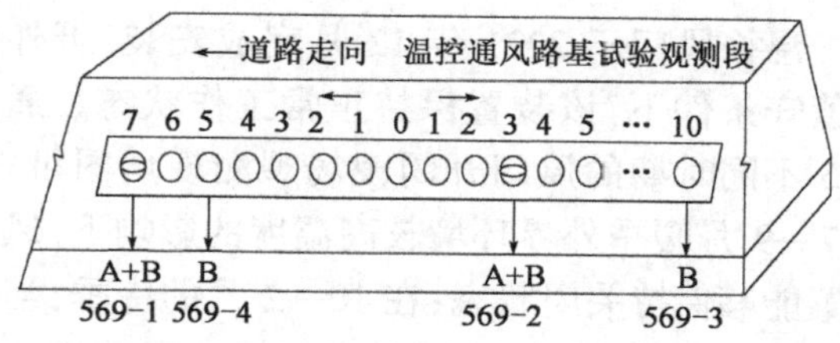

图2　温控通风路基观测布置图

A-自开闭风门;B-HOBO温度传感器

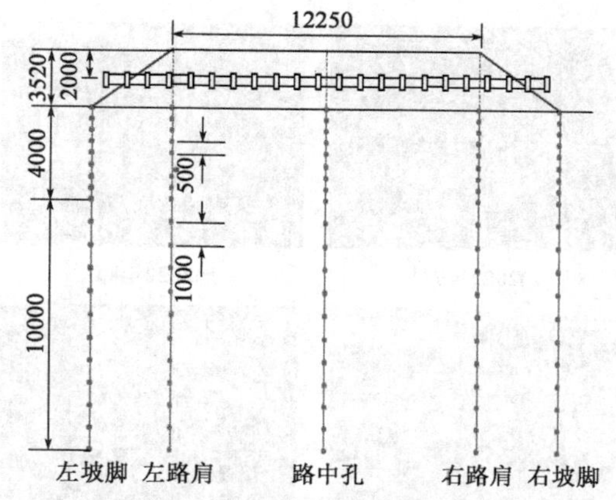

图3　温控通风路基地温监测断面(尺寸单位:mm)

通过采集路中地下1m处的传感器温度数据并进行统计分析,如图4所示,随时间推移,日平均地温数据变化呈现正弦波动,温度周期波动幅度和规律逐渐稳定,路基下部地温与外界环境气温变化幅度存在较好的相似性,本地区日平均地温高于0℃的正温期主要集中于7月上旬—11月中下旬,约为4个月,夏季平均地温为1.63℃,日平均地温在9月中旬达到峰值2.58℃。

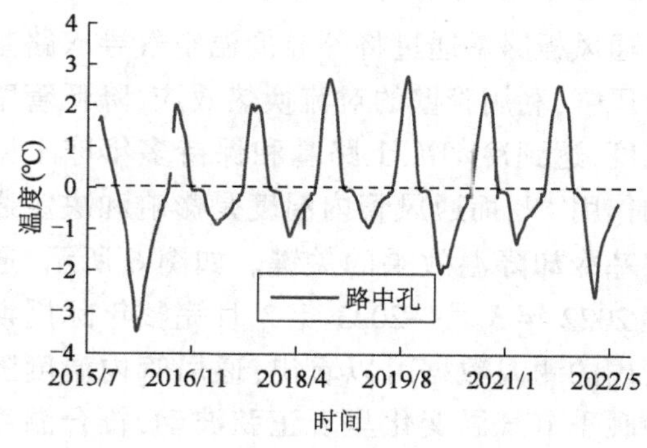

图4　2015—2022年地温数据

2　监测结果分析

2.1　温控风门野外工作状态分析

温控风门于 2021 年 12 月完成安装,野外无人值守条件下,该装置保持正常工作状态。通过图 5 不同时期的风门开闭现场观测现场图可知,在 7—9 月暖季外界环境较高温度的影响下,风门装置能够保持关闭状态;在 10—2 月的冷季,当环境温度较低时,风门装置可以保持开启状态。因此,随着冷暖季节交替,外界环境温度变化,利用温控风门自动开闭功能,可以实现对通风管内的气流状态控制,阻隔热季暖气流进入管道。

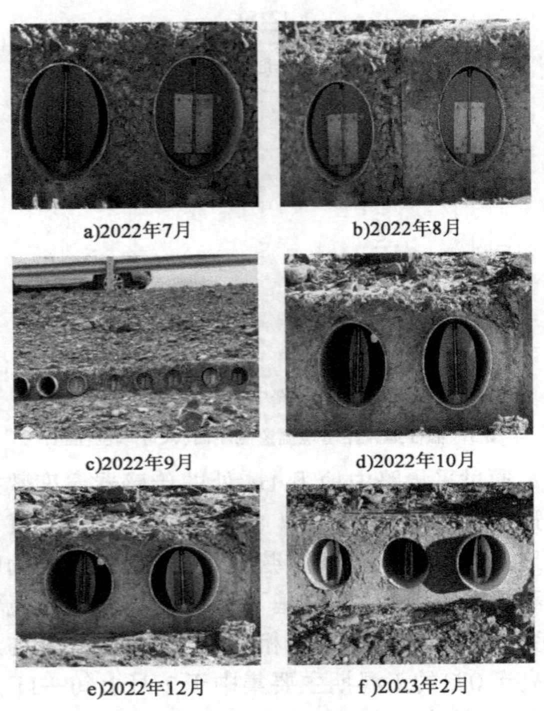

图 5　温控式自开闭风门工作状态

2.2　通风板内部状态研究

通风板路基通过将外界低温空气导入路基内部通风管,利用管壁的对流换热效应,降低管壁周边温度,达到冷却冻土路基和保持多年冻土稳定性的作用[16],而通风管内温度是影响和决定通风管路基冷却降温效果的关键。如图 6 所示,通过采集 2022 年 3 月—2023 年 3 月完整年际周期通风管内的测温数据可以看出,通风管内温度随外界冷暖季节气温变化呈现正弦波动,符合温度监测基本特征。由于温度传感器内置长度距离通风管管口较近,导致温度传感器受环境气温和太阳辐射等因素的影响,温度数据变化幅度较大且变化规律较为复杂。通过对比不同监测断面管内温度,可以看出在 2022 年 10 月—2023 年 3 月的冷季时段,两种路基通风管内的温度变化幅度基本保持一致,均为负温且温差较小,这是由于冷季的低温环境使风门一直处于开启状态,内外空气处于对流状态,两种条件下路基内部的热交换过程保持相同状态。在 2022 年 4—9 月的暖季,通风管内管壁温度开始逐渐升高,通过对比有无安装风门的内壁温度观测曲线不难发现,未安装风门(K569-4)的通风管内壁温度为 17.84 ~ 20.05℃,安装风门的通风管(K569-2)内壁温度最高值为 15.57 ~ 16.49℃,相较会降低 1 ~ 3℃。这是由于在暖季随着外界环境温度升高,风门关闭,阻隔了外界热空气进入通风管内,导致管内温度低于未安装风门的通风管,从而说明温控风门对阻隔暖季外界热空气进入通风管起到了保护作用,对降低通风管内温度起到了积极的作用,能够有效延长通风管内的低温周期,进而减少通风管内的年度总吸热量。

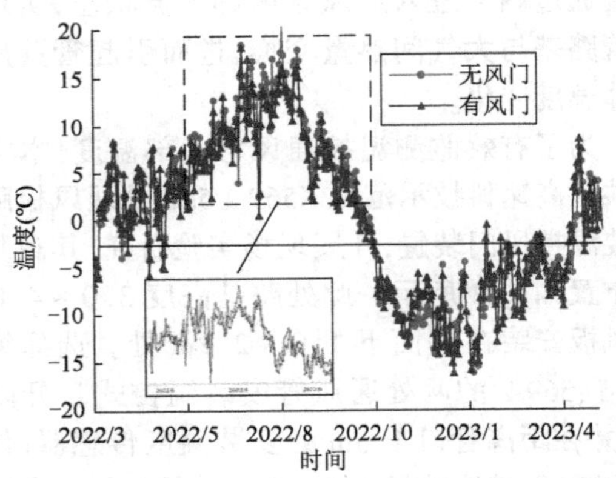

图 6　通风管内壁温度监测图

2.3　多年冻土地温调控效果分析

为研究温控通风路基对地温的调控效果,实时采集 2022 年 1—9 月下旬路基下伏多年冻土地温数据。图 7 为不同时期安装风门的试验断面(简称有风门)和未安装风门的对比断面(简称无风门)中心孔地温观测数据图,图中纵坐标为从天然地表起算的深度,横坐标为钻孔观测的地温值。由地温随时间变化曲线可以看出,随时间推移,外界环境温度逐步升高,不管是否安装风门,路基下伏多年冻土均经历了温度不断升高的过程,融化深度也随之不断增加,冻土上限较天然地基更浅。

温控通风管的影响主要体现在冻土融化速率、最大融化深度和到达时间。暖季温控通风路基融化速率和融化深度均相对普通路基要小，近路基表面地温受外界气温波动影响较大，在地表6m以下深度，安装风门的路基温度值较未安装风门的路基地温值也更低，温度波动更小，因此可以更加有效的维持多年冻土地温保持稳定。

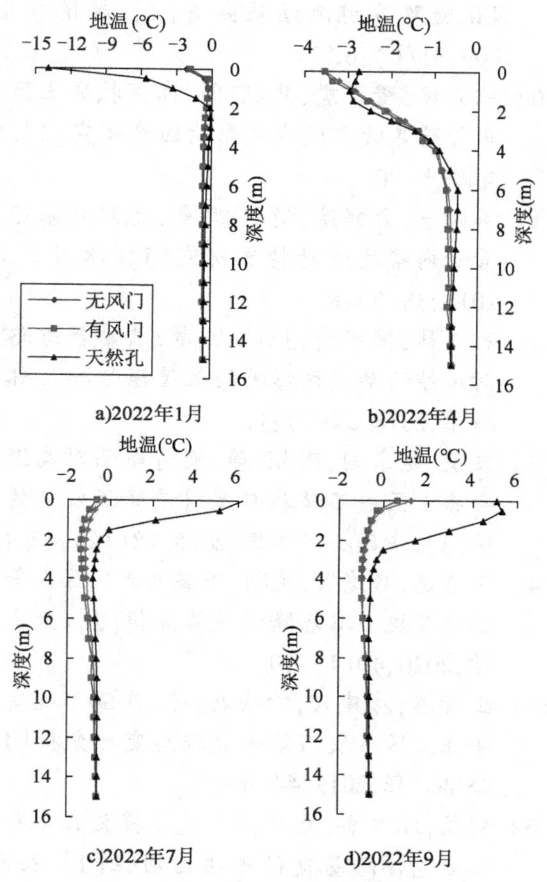

图7 有无风门路基和天然孔地温对比图

根据观测数据，安装温控风门的通风板路基到达最大融化深度的时间为8月3日，而未安装风门的通风板路基最大融化深度到达时间为8月22日，因此安装风门的通风板路基最大融化深度时间也提前约19d。当路基下伏多年冻土到达最大融化深度后，随着外界气温的降低，冻土地温开始下降，0℃分界点提前达到，能够有效缩短路基下伏多年冻土的吸热时间，进而减少冻土吸热量。若路基下部冻土的升温过程和时间不变，多年冻土吸热量需要依赖放热量进行折减，在完整的冻融循环周期中，安装风门的通风板路基相对普通路基减少了近20天的吸热时间，进一步证明了温控式自开闭风门具有减少吸热的作用。

多年冻土地温变化率可以反映多年冻土热稳定性的发展趋势，是冻土地温调控措施效能的重要衡量指标，年平均地温变化率是指同一监测位置一年内365(或366)天的温度变化的平均值。利用2019—2020年未安装风门和2022—2023年安装风门后的年际周期内地温观测数据，通过对比风门安装前后同一监测断面路中孔位置不同深度处的地温变化率，可以有效反映自开闭风门降温效能。由图8可见，除天然地基外，无论是否安装风门，通风板路基地温变化率均为负值，表明路基下伏多年冻土长期处于降温趋势。安装风门通风板路基路中位置地表以下7m内的降温率为0.02～0.15℃/a，未安装风门通风板路基地表以下7m内的降温率为0.01℃/a，安装风门后降温速率要高于安装风门前降温速率，进一步证明了温控风门降温的有效性。

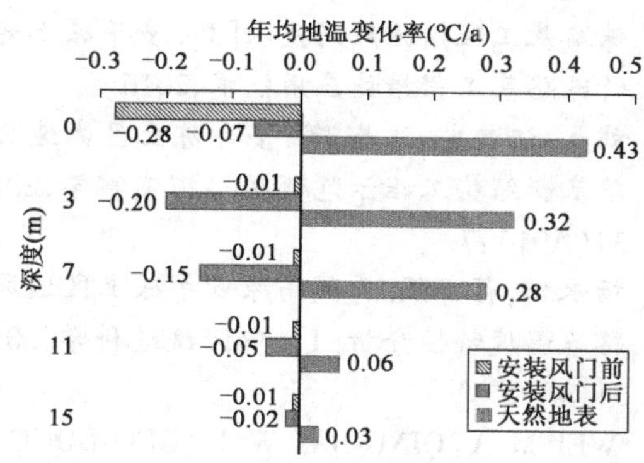

图8 安装风门前后路基冻土升温率

3 结语

本文选取共玉高速科技示范段通风板路基安装温控风门并设置对比断面，利用温度传感器实时采集通风管内部和路基下方土体温度数据，通过对比分析，形成如下结论：

(1)通过对比完整年际周期通风管内温度监测数据，在暖季温控通风管整体升温幅度小，与未安装风门断面相比，通风管内壁温度可有效降低1～3℃。

(2)通过对比通风板路基下方地温监测数据，相较于对比断面，温控通风路基地温值更低，且多年冻土最大融化深度到达时间提前，能够有效缩短土体吸热时间，进一步减少年度总吸热量。

(3)温控式自开闭风门作为通风板路基的重要补强措施，通过温度控制风门的自动开闭，能够有效阻隔暖季高温的扰动,保护多年冻土上限的相对稳定性,进一步提高通风板路基的降温效能。

参考文献

[1] WANG S, ZHANG Q, DONG Y, et al. Full-scale site evaluation of ventilation expressway embankments underlain by warm permafrost along the Gonghe-Yushu Expressway[J]. Frontiers of Structural and Civil Engineering, 2023, 17(7): 1047-1059.

[2] MA M, CHEN H, MA Y. Numerical evaluation of thermal stability of a W-shaped crushed-rock embankment with shady and sunny slopes in warm permafrost regions[J]. International Communications in Heat and Mass Transfer: A Rapid Communications Journal, 2023.

[3] 房建宏,李东庆,徐安华,等. 多年冻土地区特殊路基工程措施应用技术[J]. 多年冻土地区特殊路基工程措施应用技术,2016.

[4] 刘戈,汪双杰,汪晶,等. 多年冻土区高速公路路基新结构工程示范研究[J]. 灾害学,2019,34(A01):7.

[5] 杨永鹏,蒋富强. 青藏高原多年冻土区通风管路基温度特性分析[J]. 中国铁道科学,2010,31(4):5.

[6] WEI M A, QING-BAI W U, GUO-DONG C. Analyses of the Temperature Fields within an Air Convective Embankment of Crushed Rock Structure along the Qinghai-Tibet Railway[J]. Journal of Glaciology & Geocryology, 2006, 28(4): 586-595.

[7] 刘戈,袁堃,李金平,等. 透壁式通风管-块石复合气冷路基室内模型试验研究[J]. 冰川冻土,2014,36(4):870-875.

[8] 刘戈,汪双杰,孙红,等. 透壁式通风管-块石复合路基降温效果模型试验及数值模拟[J]. 岩土工程学报,2015,000(2):284-291.

[9] 俞祁浩,钱进,谷伟,等. 青藏铁路自动温控通风试验路基观测结果分析[J]. 铁道学报,2009,31(6):6.

[10] 宋正民,穆彦虎,马巍,等. 高海拔冻土区通风管路基管内风速及影响因素研究[J]. 冰川冻土,2021.

[11] 李晓宁,俞祁浩,游艳辉,等. 通风路基通风管管内空气流动特性研究[J]. 冰川冻土,2016,38(5):8.

[12] 孙兴林,张宇清,张举涛,等. 青藏铁路路基对风沙运动规律影响的数值模拟[J]. 林业科学,2018,54(7):11.

[13] 袁堃,赵永国,张娟,等. 沥青路面对高温多年冻土区块石路基自然对流降温效应的影响[J]. 中国公路学报,2015,28(12):42-48.

[14] 王青志,房建宏,晁刚. 高温冻土地区高等级公路片块石路基降温效果分析[J]. 岩土力学,2020,40(1):10.

[15] 王青志,房建宏,徐安花,等. 高温不稳定多年冻土区片块石路基热状态变化分析[J]. 公路工程,2019,44(6):5.

[16] 刘戈,汪双杰,袁堃,等. 复合措施在多年冻土区宽幅路基建设中的适用性[J]. 公路,2016,61(03):12-17.

不同能级强夯处治湿陷性黄土地基数值研究

从劭涵　毛雪松*　吴　谦　胡仪煦

(长安大学公路学院)

摘　要　为研究强夯处治湿陷性黄土地基时,强夯能级对土体变形与加固效果的影响,基于有限元数值模拟方法,采用 Mohr-Coulomb 本构模型,对某路基工程湿陷性黄土地基进行模型建立并计算土体位移与有效加固深度,从而评价不同能级下土体处治的作用效果。结果表明:单次夯击的沉降量随能级提

基金项目:内蒙古自治区交通运输厅建设科技项目(NJ-2022-20)、陕西省自然科学基础研究计划项目(2024JC-YBMS-253)。

高而递增，且增大速率随能级变化；最终夯沉量随能级提高而增大，当夯击能低于3000kN·m，夯击次数随能级增加而减少，当夯击能高于4000kN·m，夯击次数不再下降；采用1000kN·m、2000kN·m、3000kN·m、4000kN·m、5000kN·m、6000kN·m强夯能级的有效加固深度分别为2.93m、3.00m、3.30m、3.84m、4.21m、5.42m；综合模拟分析，强夯能级的选择应综合考虑加固深度和施工效率等要求，按需采用高能级强夯或中等能级进行合理施工安排。

关键词 岩土工程 路基工程 强夯法 数值模拟 黄土地基 有效加固深度

0 引言

我国黄土分布十分广泛，典型黄土主要集中分布在以黄河中游的甘肃、宁夏、陕西等区域[1]，在浸水的情况下，湿陷性黄土的压缩性不同于其他类型土，仅产生微小的压缩沉降，而是会产生快速且显著的下沉[2]，在上部荷载的作用下可能会产生严重的失稳破坏。在工程应用中，湿陷性黄土地基需要处治以提高工程性质，常见的处置方法包括灰土垫层法、挤密桩法、强夯或强夯置换法、预浸水处理法等，其中，强夯法以其施工简单、效率高、施工造价低，处理效果显著等优点[3]，广泛应用于众多实际工程的湿陷性黄土地基处理当中[4-10]。

近年来，强夯法在地基处理上被应用较广泛，其常被用于加固建筑地基、夯实机场填土、进行公路地基处理等多类实际工程中，并取得良好成效[11]。在处理湿陷性黄土方面，众多学者对使用强夯法加固湿陷性黄土的施工方法进行了研究分析，以现场试验和室内模型试验为主[12-15]。在强夯法的现场试验方面，苏亮等[16]采用高能级强夯进行现场夯实，并对处理后土体运用标准贯入试验、静力触探试验、平板载荷试验进行现场检测，分析了强夯作用效果的影响因素；在室内试验方面，张哲[17]基于类比相似准则，建立室内缩尺模型，研究了不同含水率、夯击能、落距与锤径下，强夯对湿陷性黄土地基的作用效果差异，为现场工程设计提供了可靠的依据。由于现场试验受工期和其他因素影响，结果具有偶然性，室内模型试验虽然在一定程度上解决此类问题，但保持地基土的原状较为困难，试验得到结果容易偏离现场实际情况。通过有限元方法，能够有效地弥补二者的不足，更合理地研究强夯法加固效果，为实际工程提供理论指导，目前强夯加固路基湿陷性黄土地基的研究尚且较少，对夯击能级与夯实效果的分析研究不足。

本文基于某实际路基工程中湿陷性黄土地基土的测试参数，结合强夯施工的实测数据，使用ABAQUS有限元分析软件进行数值分析，研究不同能级强夯处理路基湿陷性黄土地基的作用效果，以期为湿陷性黄土地区路基施工提供参考借鉴。

1 模型建立及土体基本参数

1.1 模型计算假定

强夯处理自重湿陷性黄土的过程复杂，加固效果影响因素较多，本文采用简化的模型进行数值模拟计算，假设自重湿陷性黄土地基满足以下条件：

(1)地基土为均质的各向同性的弹塑性半无限空间体。

(2)夯锤为刚体，仅有竖直方向位移，无水平方向位移及角位移。

(3)计算过程中仅考虑重力，不考虑其他外力影响。

(4)忽略地下水影响，不考虑孔隙水压力变化。

1.2 本构模型及土体参数

本次数值计算选用Mohr-Coulomb本构模型[18]，土体破坏时，某一面上剪切强度满足式(1)关系：

$$\tau_f = c + \sigma\tan\varphi \tag{1}$$

Mohr-Coulomb模型的屈服面函数[19]如式(1)、式(3)所示：

$$R_{mc}q - p\tan\varphi - c = 0 \tag{2}$$

$$R_{mc} = \frac{1}{\sqrt{3}\cos\varphi}\sin\left(\theta + \frac{\pi}{3}\right) + \frac{1}{3}\cos\left(\theta + \frac{\pi}{3}\right)\tan\varphi \tag{3}$$

式中：τ_f——土的抗剪强度(kPa)；

c——土的黏聚力(kPa)；

σ——剪切滑动面上的法向应力(kPa)；

φ——土的内摩擦角，即 q-p 应力面上Mohr-Coulomb屈服面的倾斜角(°)；

θ———一级偏角(°)。

对现场Ⅲ级自重湿陷性黄土钻孔取样并进行试验分析,根据《土工试验方法标准》(GB/T 50123—2019)进行物理力学参数的试验,统计的标准值如表1所示。

黄土物理力学参数汇总表 表1

土体名称	弹性模量(MPa)	泊松比	黏聚力(kPa)	内摩擦角(°)	土体密度(kg/m³)
Ⅲ级自重湿陷性黄土	7.85	0.35	24.1	21.8	1680

1.3 单元选取及网格划分

夯锤为钢材质,采用弹性单元,弹性模量取值为210GPa,泊松比为0.25,密度为7.85g/cm³。模拟中,夯锤采用圆柱形单元,底面半径均设置为1m,通过夯锤高度控制夯实能级大小。夯实能级选取依据《强夯地基处理技术规程》(CECS 279—2010)分级,低能级取1000kN·m、2000kN·m,3000kN·m,中等能级取4000kN·m、5000kN·m,高能级取6000kN·m。见表2。

夯锤尺寸及落距值表 表2

能级(kN·m)	夯锤半径(m)	夯锤高度(m)	落距(m)
1000	1	0.5	8
2000	1	1	8
3000	1	1.5	8
4000	1	2	8
5000	1	2.5	8
6000	1	3	8

土体单元尺寸选择根据夯实的影响范围进行设定,基于A. Oshima等[20,21]强夯离心试验及姚占勇等[22]进行的数值仿真结果,得到强夯土体水平向及竖直向有效加固影响范围经验公式如式(4)、式(5)所示:

$$R = a_R + b_R \lg(NMH) \tag{4}$$

$$Z = a_z + b_z \lg(NMH) \tag{5}$$

式中:R——水平加固范围(m);

Z——竖直加固范围(m);

N——夯击次数;

M——夯锤质量(t);

H——夯锤落距(m);

a_R、b_R、a_z、b_z——经验系数,取值见表3。

加固范围回归系数 表3

类型	a_z	b_z	a_R	b_R
相对密度增量5%	-7.715	3.358	-4.394	2.006
90%压实度	-15.850	5.016	-4.952	1.786

取6000kN·m能级,夯实10次的夯实情况进行影响范围计算,得竖向范围约5.2m,横向范围约3.3m,因此,选取土体为半径10m,深度10m的1/4圆柱体轴对称单元,土体尺寸大于夯实影响范围,且远大于夯锤尺寸,可忽略边界影响。

土体网格采用C3D8R单元,土体网格划分,自土体中心z轴向外,沿径向网格由密到疏,网格尺寸最小值0.1m,最大值0.5m,竖向网格尺寸均为0.2m,夯锤网格尺寸设置为0.2m,外侧设置圆弧,以便与土体接触状况更佳。土体及夯锤模型如图1所示。

1.4 边界条件

模型边界条件共设置4组:

(1)地基对称面边界,采用对称约束XSYMM,限制法向位移。

(2)地基底面边界,采用固定端约束。

(3)地基侧面边界,采用除竖向位移以外的全部约束。

(4)夯锤,采用除竖向位移以外的全部约束。

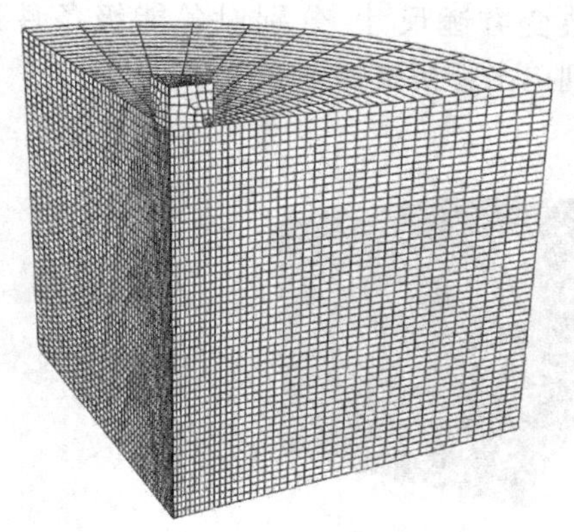

图1　土体及夯锤模型图

1.5　模拟计算过程

计算过程分为静力计算和动力计算两部分：静力部分，对整个系统设置自重应力，并进行初始计算，使土体稳定；动力部分，夯锤对土体的夯实冲击应力波作用规律可以简化为三角形冲击荷载，如图2所示，图中各值计算如式(6)～式(8)所示。

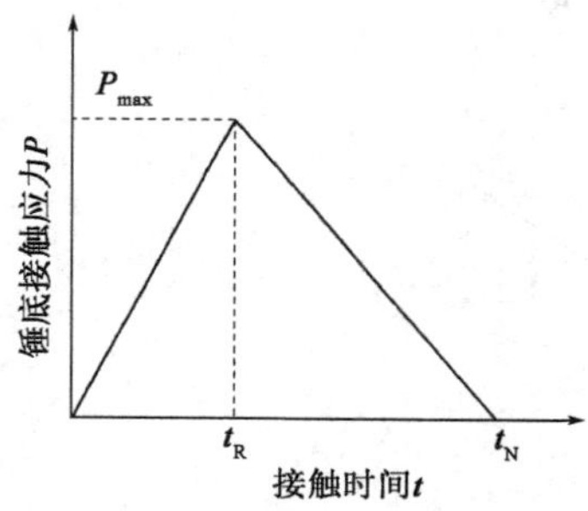

图2　强夯简化时程荷载示意图

$$t_N = \pi \sqrt{m/s} \tag{6}$$

$$P_{max} = \frac{v_0 \sqrt{ms}}{\pi r^2} \tag{7}$$

$$s = 2rE(1 - \mu^2) \tag{8}$$

式中：s——弹性常数；

m——夯锤质量(kg)；

r——夯锤半径(m)；

E——变形模量(MPa)；

μ——泊松比；

v_0——夯锤接触土体时速度(m/s)。

2　强夯下湿陷性黄土的位移分析

2.1　2000kN·m能级下模拟结果分析

本次现场施工采用的夯实功为2000kN·m能级，夯锤尺寸和落距设置同表2中夯实功2000kN·m能级对应参数，因此首先进行2000kN·m能级的模拟，并验证模拟结果准确性。

根据现场试验资料，分别于夯实1次、5次、13次(夯实结束)时，量测夯坑深度，所得深度值如表4所示。

现场夯沉量表　表4

夯实次数	1	5	13
夯坑深度(m)	0.31	0.81	1.25

夯实1次后，土体横向、竖向位移如图3所示，夯点中心表面土体沉降约0.33m，夯坑周围表面土体向上拱起约0.09m；土体水平向位移最大值0.09m，集中在夯锤下表面边缘与土体接触位置。经一次夯实后，土体变形竖向影响范围约3.5m，横向影响范围约2m。

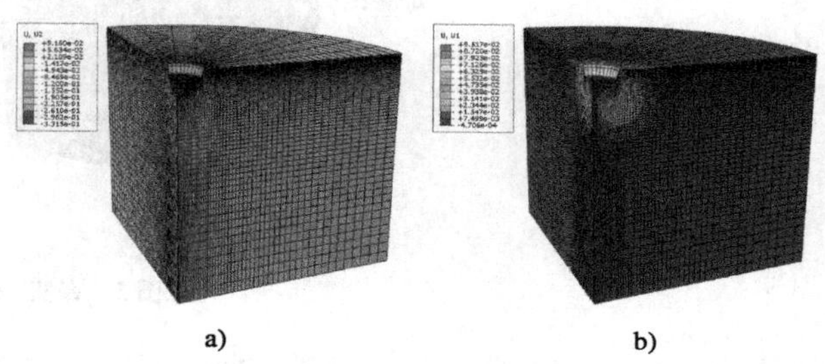

a)　b)

图3　夯实1次后土体位移图

由图3可知，地基土体经夯锤产生的冲击荷载作用后，在竖直方向上，夯坑中心土体向下产生了较大的位移，夯坑周围局部区域产生较小的向上位移，位移大小随深度增加呈减小趋势，而在远离夯点位置的区域，土体基本不产生位移。夯点附近土体在冲击能量下孔隙比减小，密实度增加，土体承载力得到提升。

夯实5次，土体横向、竖向位移如图4所示，夯点中心表面土体沉降约0.86m，夯坑周围表面土体向上拱起约0.2m；土体水平向位移最大值约0.25m。夯实13次后，土体横向、竖向位移如图5所示，夯点中心表面土体沉降约1.33m，夯坑周围表面土体向上拱起约0.27m；土体水平向位移最大值0.33m。

通过对比现场试验与数值模拟结果，土体位移情况在1次、5次及夯实结束时，变形情况及变化趋势基本一致，由此可证明本次数值模拟是准确的，可进行其他能级的模拟分析。

2.2　不同夯击能下土体位移对比分析

夯击能作为评价强夯地基处理效果的主要因

素之一,随着夯击能的大小变化,土体的夯实效果会产生显著变化,包括夯沉量、夯实次数、夯实效果和影响范围等。采用与2.1节相同的土体模型,仅改变夯锤尺寸,分别对各能级条件进行模拟,得到单击夯沉量如图6所示。

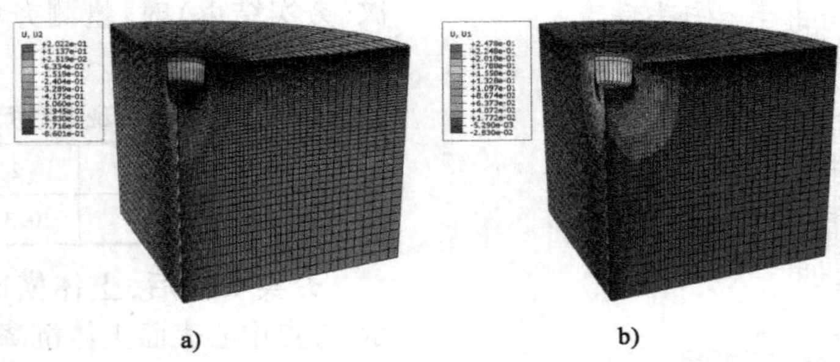

a)　　b)

图4　夯实5次后土体位移图

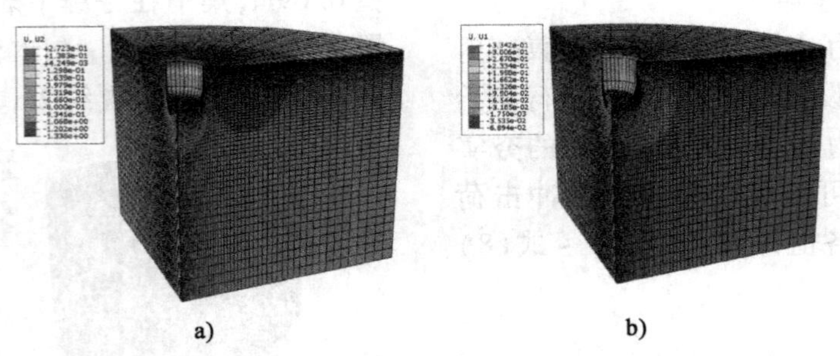

a)　　b)

图5　夯实13次后土体位移图

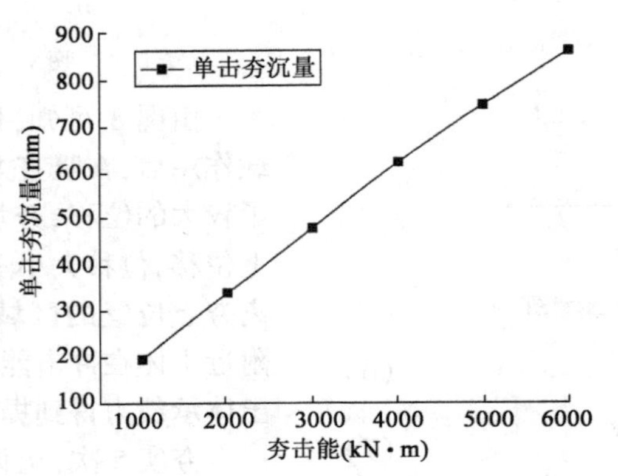

图6　各夯击能单击夯沉量

由图6可以看出,夯击能从1000kN·m开始,按1000kN·m的增量逐级递增,对应的单击夯沉量依次增加145mm、139mm、143mm、125mm、115mm,随着夯击能的增大,单次夯击的沉降量逐渐增大,4000kN·m能级以下时,单击夯沉量增大速率基本不变,4000kN·m能级以上时,单击夯沉量增大速率减缓。各夯击能条件下单次夯击位移云图如图7所示。

对各能级土体分别进行12次夯击模拟,得到不同能级下强夯夯沉量与夯击次数关系,如图8、图9所示。

根据《强夯地基处理技术规程》(CECS 279—2010)中规定,在强夯施工中,4000kN·m能级以下最后两击沉降量平均值不宜大于50mm,4000~6000kN·m能级最后两击沉降量平均值不宜大于100mm。由图9数据得到各能级夯实达到施工结束标准的夯击次数,如表5所示。

各夯击能夯实次数表　　表5

夯击能(kN·m)	1000	2000	3000	4000	5000	6000
夯击次数	12	10	9	9	9	11

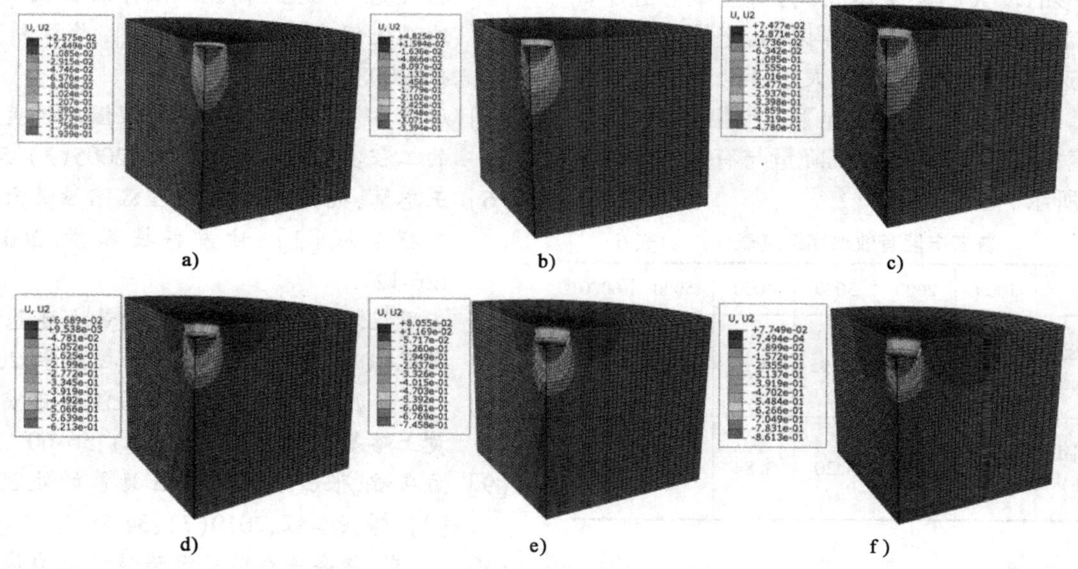

图7　不同夯击能条件夯沉量云图

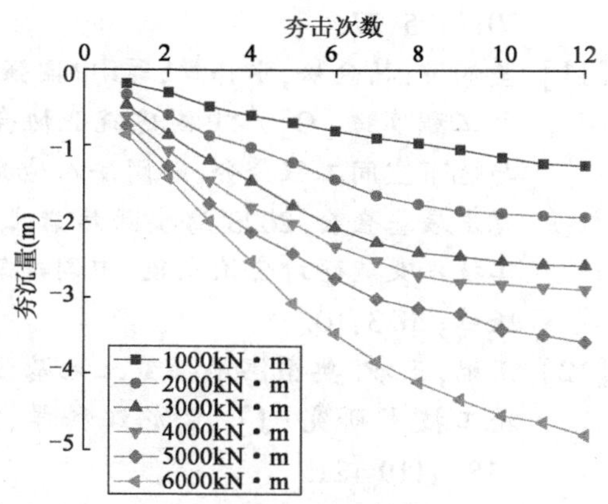

图8　不同能级下总夯沉量与夯击次数关系图

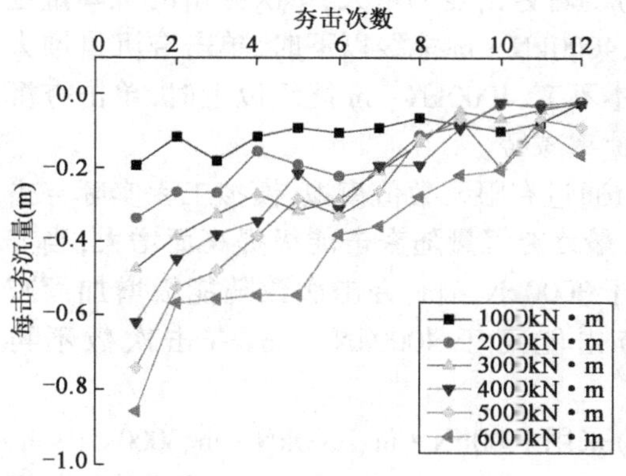

图9　不同能级下每击夯沉量与夯击次数关系图

综合以上结果可以看出，在本次夯实模拟中，最终夯沉量随夯击能提高而增大，当夯击能低于3000kN·m，即处于低能级强夯工况下，达到规程要求的夯击次数随着能级增加而减少，在此情况下选用较高的夯击能可以提高夯实效率，当夯击能高于4000kN·m，即处于中、高能级强夯工况下，达到规程要求的夯击次数不再下降。

3　土体有效加固深度分析

在有效加固深度的分析上，有部分学者认为，当土体某一深度竖向位移量等于地表沉降量5%时，可以将该深度视为有效加固深度的界限[17]，为了分析有效加固深度，首先将各夯击能下，夯击完成时各深度处土体的竖向位移量进行提取并汇总，得到土体沿深度方向竖向位移量如图10所示。

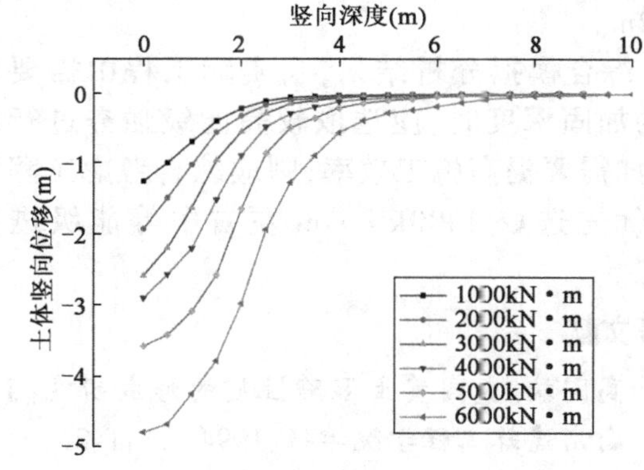

图10　不同夯击能下土体竖向位移量图

由图10分析可知，对于同一深度处土体，强夯能级从1000kN·m增大到6000kN·m，土体的竖向位移量会随之增大，其增大趋势与土体表面竖向位移的增大趋势基本相同;对于中心处不同深度的土体,在竖向深度 3m 以内,土体的竖向位移衰减速率较大,竖向深度大于 3m,衰减速率逐渐减缓。选取各夯击能情况下,土体地表沉降量 5% 的值,得到对应的土体沉降量与有效加固深度如表 6 所示。

各夯击能有效加固深度表　　表 6

能级	1000	2000	3000	4000	5000	6000
5% 地表竖向位移量(cm)	6.28	9.66	12.95	14.52	17.90	23.99
有效加固深度(m)	2.93	3.00	3.30	3.84	4.21	5.42

4　结语

(1)随着夯击能的增大,单次夯击的沉降量逐渐增大,4000kN · m 能级以下时,单击夯沉量增大速率基本不变,4000kN · m 能级以上时,单击夯沉量增大速率减缓。

(2)通过有限元数值模拟,模拟工程实际夯击情况下,最终夯沉量随夯击能级提高而增大,当夯击能低于 3000kN · m,夯击次数随能级增加而减少,当夯击能高于 4000kN · m,夯击次数不再下降。

(3)采用 1000kN · m、2000kN · m、3000kN · m、4000kN · m、5000kN · m、6000kN · m 强夯能级加固相同的湿陷性黄土地基时,有效加固深度逐渐增大,分别为 2.93m、3.00m、3.30m、3.84m、4.21m、5.42m。

综合模拟分析结果,当实际工程中需要较深的加固深度时,应选取较高能级强夯进行施工,如需要提高施工效率,则应综合考虑工程要求,优先选取 4000kN · m 左右中等能级进行施工。

参考文献

[1] 高国端. 我国黄土湿陷性质的形成研究[J]. 南京建筑工程学院学报,1994(2):1-8.

[2] 罗宇生. 湿陷性黄土地基评价[J]. 岩土工程学报,1998(4):90-94.

[3] 李岩磊,孙晓红,师秀钦. 湿陷性黄土地基处理方案优选[J]. 武汉大学学报(工学版),2018,51(S1):205-208.

[4] 杨天亮,叶观宝. 高能级强夯法在湿陷性黄土地基处理中的应用研究[J]. 长江科学院院报,2008(2):54-57.

[5] 廖正杰,叶开智. 强夯法处理湿陷性黄土地基的工程实践[J]. 路基工程,2005(3):54-56.

[6] 王志慧,巩良. 强夯法处理湿陷性黄土地基的工程实践[J]. 甘肃科技纵横,2007(2):126-127.

[7] 王思臣. 强夯法处理湿陷性黄土地基的应用研究[D]. 西安:西安建筑科技大学,2004.

[8] 刘念华,张鲲. 强夯法处理西湟路自重湿陷性黄土路基[J]. 公路,2002(6):56-60.

[9] 孟庆斌,张斌. 湿陷性黄土地基的处理与应用[J]. 煤炭工程,2010(7):34-36.

[10] 王岩. 强夯法在路基湿陷性黄土地基处理中的应用[J]. 黑龙江交通科技: 34. 2011:25,27.

[11] 董炳寅,杨金松,水伟厚,等. 中国强夯 40 年之工程实践[C]//中国建筑业协会深基础与地下空间工程分会,财团法人地工技术研究发展基金会. 2023 海峡两岸岩土工程/地工技术交流研讨会论文集. 中国建筑工业出版社,2023:10.

[12] 王勋,王沙. 典型湿陷性黄土地基强夯处理施工技术研究[J]. 黑龙江科学,2023,14(18):119-121.

[13] 腊润涛,张荣. 强夯法处理湿陷性黄土地基的效果评价[J]. 公路,2020,65(1):54-57.

[14] 张兴元,胡爱萍,郭建博,等. 高能级强夯加固湿陷性黄土地基动应力的研究[J]. 中国建材科技,2016,25(3):67-71.

[15] 李哲. 湿陷性黄土地区高速公路强夯路基及其特性[J]. 煤田地质与勘探,2008(5):48-50,53.

[16] 苏亮,时伟,水伟厚,等. 高能级强夯法处理深厚吹填砂土地基现场试验[J]//吉林大学学报(地球科学版):卷 51. 2021:1560-1569.

[17] 张哲. 高能级强夯振动衰减规律试验研究与分析[D]. 西安:长安大学,2023.

[18] 钱建固,袁聚云,赵春风,等. 土质学与土力学[M]. 5 版. 北京:人民交通出版社,2015.

[19] 王钕承. 高填方路堤强夯法施工数值模拟及

力学分析[D]. 重庆:重庆交通大学,2020.

[20] OSHIMA A, TAKADA N. Evaluation of compacted area of heavy tamping by cone point resistance[C]//Centrifuge 98. 1998:813-818.

[21] OSHIMA A, TAKADA N. Relation between compacted area and ram momentum by heavy tamping[C]//International Conference on Soil Mechanics and Foundation Engineering. 1999: 1641-1644.

[22] 姚占勇,周冲,蒋红光,等. 基于帽盖模型的强夯地基应力-应变特征与有效加固范围分析[J] 岩石力学与工程学报, 2018, 37: 969-977.

生物胶固化黄土的抗冻融性能研究

焦远帆 章一博 晏长根*

(长安大学公路学院)

摘　要　为了揭示生物胶固化黄土在冻融环境中的长期耐久性,本研究对比了素黄土和固化黄土在冻融循环条件下的外观形态和力学性能,探讨了生物胶对黄土抗冻融性能的增强机制。试验结果表明:试样加入生物胶后,试样质量损失减少,素黄土和固化黄土的质量损失率分别为2.4%和1%;生物胶的处理改善了试样力学特性的耐久性,素黄土黏聚力和内摩擦角劣化率分别为42.73%和11.11%,固化黄土的劣化率分别为15.16%和5.88%;生物胶对黄土抗冻融性能的增强机制主要是:生物胶的加入重塑了试样的微观结构,提高了微观结构的稳定性,且生物胶提供的胶结作用维持时间长.具有较强的耐久性。

关键词　冻融循环　固化黄土　抗剪强度　微观结构

0　引言

近年来,随着"西部大开发"战略推进和"一带一路"倡议的提出,我国交通运输设施投资建设的重心逐步由东部向中西部转移,黄土地区迎来了更多的发展机遇,也面临着更大地施工挑战。由于黄土特殊的形成环境及材料组成,导致其具有多孔隙、胶结作用弱和可溶盐含量高的特性[1],这些不良特性是造成黄土滑坡的主要诱因。此外,西北地区黄土处于季节性冰冻—融化交替的动态循环过程中,在冻融循环的环境中,黄土的力学性质和结构产生变化,工程性质进一步弱化,更加剧滑坡发育的风险[2]。因此,利用土壤稳定剂对黄土进行稳定处理对于交通工程安全建设和正常运营过程具有积极意义。

现阶段,利用传统的土壤改良剂(水泥、石灰、粉煤灰)进行固化处理已被充分证实能够很好地改善土体的工程性能[3]。然而,这些传统土壤稳定剂会在生产和施工时排放的大量温室气体和扬尘颗粒会污染大气环境,无法适应当代环境保护与可持续发展需求,这就促使各国学者开始探索低碳绿色、环境友好的土壤稳定剂,在此背景下,不同类型的生物聚合物被尝试应用于土壤固化[4-5]。其中,半乳甘露聚糖是一种广泛应用于食品和制药领域的多糖类生物胶[6],在提高机械强度[7]、抗侵蚀性[8]和降低渗透率[9]等方面展现出优异性能。然而,这种生物胶在冻融循环条件下的固化耐久性还没有得到很好的研究,有必要展开针对性研究。

鉴于以上背景,本研究对生物胶固化黄土开展了冻融循环试验和直剪试验,分析了冻融循环条件下黄土的形态变化。同时,通过SEM获取试样的微观图像,对比了素黄土和固化黄土的微观结构变化,探讨了生物胶固化黄土抗冻融循环性能改善的机制。研究成果有利于生物胶固化黄土

基金项目:国家自然科学基金项目(NO.42077265)。

护坡技术推广应用,对于黄土地区的工程安全建设具有一定参考价值。

1　试验介绍

1.1　试验材料

试验黄土取样自陕西延安地区某黄土路堑边坡,取样深度为 1.5 ~ 3.0m,将其风干碾碎,过 2mm 筛备用。参照《公路土工试验规程》(JTG 3430—2020)获得烘干黄土的基本物理力学特性:液限 25.5%,塑限 16.4%,塑性指数 9.1,最大干密度 1.7g/cm³,最佳含水率 17%。此外,测得试验黄土颗粒级配曲线如图 1 所示,经计算可知,C_u(非均匀系数) = 11.20 > 5,1 < C_c(曲率系数) = 1.73 <3,表明其级配良好。

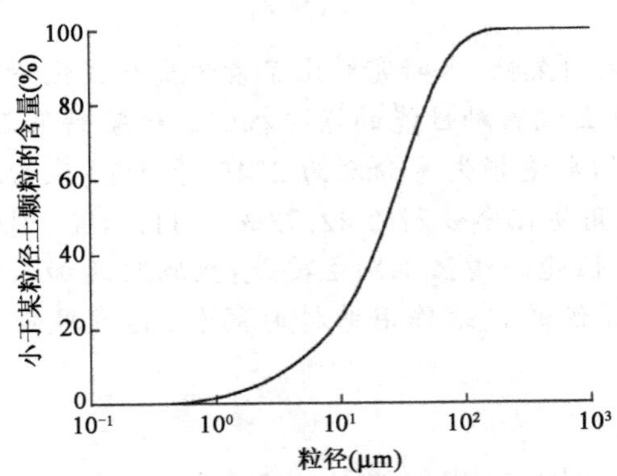

图 1　黄土颗粒组成成分

本研究所用的生物胶(图 2),自豆科种子的胚乳中提取,无污染,无其他异味,pH 值呈中性,常被用于食品增稠或稳定。生物胶粉末状态呈白色,在水中充分水化后形成透明的黏性溶液。

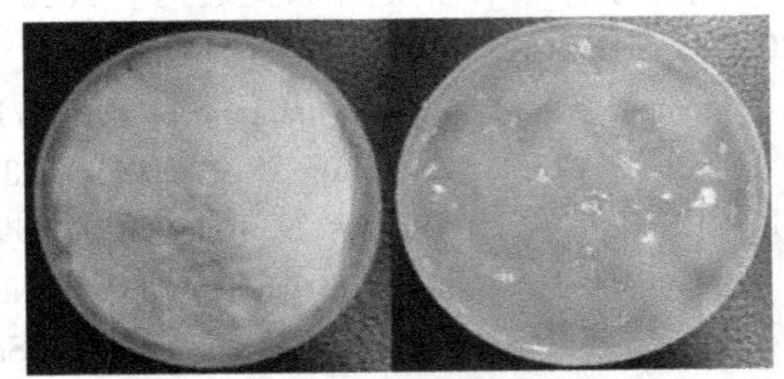

图 2　瓜尔豆胶粉末及水溶液

1.2　试样制备

试样的制备过程遵循以下步骤:①称取所需质量的黄土颗粒和生物胶粉末,在干燥状态下充分地混合,得到更为均匀的生物胶分布;②依据试验黄土最佳含水率 17%,称取需加的水量,喷洒在生物胶-黄土混合干料上拌匀;③将混合料放入密封袋中,并置于保温缸中静置闷料 24h,最大限度地实现生物胶对黄土的加固效果;④依据试验黄土最大干密度 1.7g/cm³ 击实制样,试样规格为 ϕ61.8mm × 20mm 的环刀试样。⑤使用保鲜膜包裹试样,粘贴标签,放入恒温恒湿箱中养护预定天数后,取出进行相关试验。在前期研究中,采用与本研究相同的黄土,并在相同的含水率、干密度、拌和方法等试验条件下开展了不同生物胶掺量和养护龄期的直剪试验[9],试验结果如表 1 所示。掺量 1.0% 固化黄土的黏聚力和内摩擦角提升效果最佳;而养护龄期 7d 和 28d 的效果差异较小,在实际工程应用中,掺量 1.0%,养护龄期 7d 的固化黄土具有更好的应用潜力。因此,本研究选取生物胶掺量 1%,养护龄期 7 天的固化黄土和素黄土开展试验。

不同掺量和养护期龄固化黄土的黏聚力和内摩擦角　　表 1

生物胶掺量(%)	黏聚力(kPa)			内摩擦角(°)		
	3 days	7days	28 days	3 days	7days	28days
0.25	66.17	76.62	79.78	27.5	28.1	28.4
0.5	69.65	79.78	81.95	28.1	28.3	28.8
1.0	76.77	101.56	105.64	27.9	28.5	28.9
1.5	75.18	80.82	83.87	27.1	27.3	28.6

1.3　试验方法

1.3.1　冻融循环试验

本试验使用 DWX-130-30 低温试验箱进行冷冻(图 3)。试验以周期 24h 进行循环,即在温度 −10℃下冷冻 12h 后立即取出后放入养护箱内在 20℃养护 12h,为一次循环。在整个循环过程中都用保鲜膜包裹试样,以防止实验过程中的水分散失。共进行 8 次循环,在准备试样时数量为试验所需的两倍。在每次冻融循环前后记录试样的外观参数和质量变化。

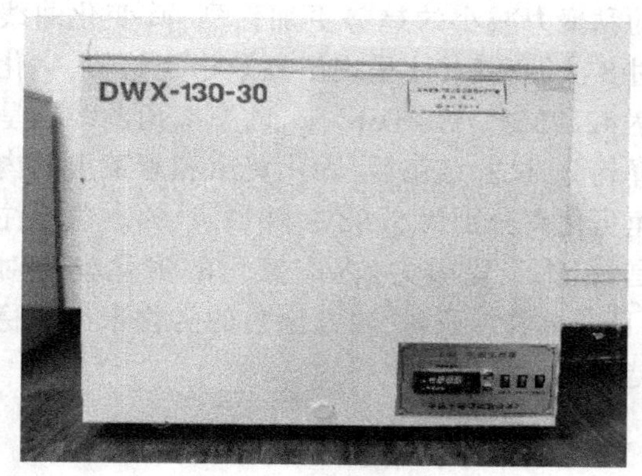

图3 低温试验箱

1.3.2 室内直剪试验

直剪试验采用应变控制式直剪仪，采用直剪-快剪剪切模式。检查完仪器后，将试样放入试验仪器，试验操作步骤及注意事项严格按照《土工试验方法标准》(GB/T 50123—2019)进行。在本次试验中，试样轴向位移速率设置为0.8mm/min，数据采集频率为0.05mm/次，垂直压力采用50kPa、100kPa、150kPa、200kPa。

1.3.3 微观结构试验

为了研究冻融循环条件对试样微观结构的影响，探讨生物胶对黄土抗冻融性能的增强机制，制备了素黄土和固化黄土的SEM样品进行对比分析。将试样捣碎成大小适中的碎块，真空镀金后，采用Quanra 600FEG场发射扫描电镜进行观测。选取放大倍数为1000的SEM图片进行微观结构分析。

2 试验结果及分析

2.1 冻融循环下的外观形态变化

图4和图5展示了冻融循环试验结果，反复的冻融试验会使试样表面产生裂隙，边缘土颗粒掉落，导致试样出现质量损失。从图4中可以看出，固化黄土质量随冻融循环次数增加而降低，在经历5次冻融循环后逐渐趋于平稳，在经历8次冻融循环后，固化黄土的质量为118.65g，质量损失率为1%。素黄土质量损失更加强烈，其质量变化曲线在试验过程中未呈现出稳定趋势，在经历8次冻融循环后，素黄土质量为117.12g，质量损失率为2.4%。从图5中可以看出，固化土试样在经历4次冻融循环后，表面出现了一条较宽的初始主裂隙，在经历4~8次冻融循环后，固化黄土表面初始主裂隙持续发育，同时出现多条细小裂隙沿主裂隙垂直方向发育的现象。相比之下，素黄土试样在冻融循环2次后，试样表面出现了密集且细小的缝隙，随着循环次数的增加，裂缝宽度开始逐渐增加，裂隙数量也略有增加，裂隙表现出互相连通的趋势。

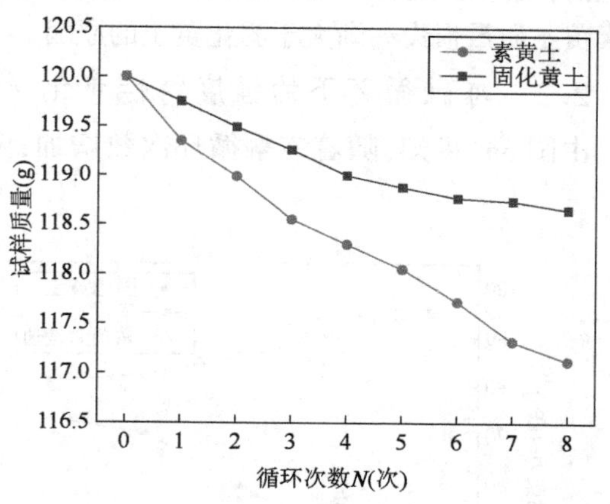

图4 试样质量与循环次数关系曲线

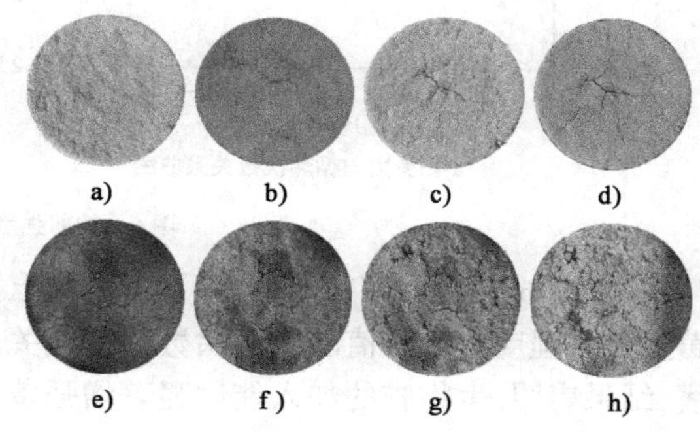

图5 试样表面裂隙发育图

a)~d)固化黄土冻融循环2、4、6、8次；e)~h)素黄土冻融循环2、4、6、8次

值得注意的是，生物胶的加入并未改善试样裂隙发育的现象，但是，两种试样的裂隙发育模式存在显著差异，固化黄土呈现出类似黏性土的裂隙发育规律[10]。分析原因，生物胶产生的胶结物为黄土颗粒提供了更大的胶结作用，改变了孔隙的大小和形状[7]，导致固化黄土在循环过程中承受了的拉张作用变大。相反地，素黄土颗粒间的胶结作用主要由黏粒和可溶盐提供，且颗粒间发育大量不规则大孔隙，在循环过程中，素黄土的胶

结作用逐渐减弱,试样分裂形成多个单元体,导致裂隙产生。因此,固化黄土的开裂集中于规模较大的主裂隙,而素黄土裂隙发育是由小到大,由细到宽,逐步贯通的过程。由于固化黄土和素黄土不同的裂隙发育过程,导致二者出现形态变化差异明显。对于素黄土试样,裂隙边缘出现凸起($N=4$),随后表面土颗粒呈小块单元体、散粒(裂隙相交处)和鳞片状(裂隙边缘处)剥离掉落($N=8$),表面不平整且存在严重凹陷。而固化黄土试样表面光滑,裂隙边缘未出现颗粒剥落现象,这也是造成素黄土质量损失逐渐大于固化黄土的原因。

2.2　冻融循环下的强度特性变化

由图6a)可知,随着冻融循环次数增加,两种试样的黏聚力均呈现劣化的趋势,固化黄土在经历6次冻融循环后黏聚力变化曲线趋于平缓,之后趋近稳定值,黏聚力劣化率为15.16%,而素黄土的黏聚力减小的趋势更加强烈,其变化曲线在经过8次循环后,才呈现出逐渐稳定趋势,劣化率高达42.73%。在图6b)中,内摩擦角曲线也呈现下降趋势,试验结束后,固化黄土和素黄土的内摩擦角劣化率分别为5.88%和11.11%。值得注意的是,相比于黏聚力,内摩擦角的劣化率相对较小,且在试验结束时,内摩擦角的劣化未出现稳定的趋势。

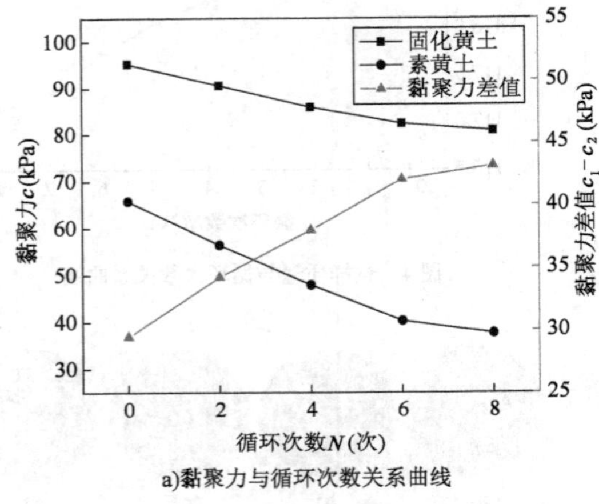

a)黏聚力与循环次数关系曲线

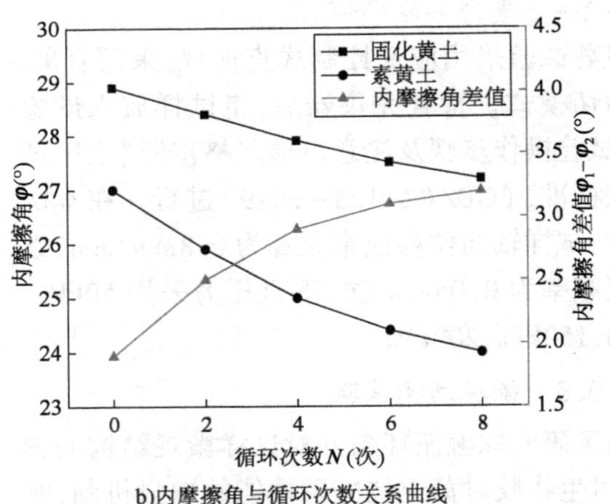

b)内摩擦角与循环次数关系曲线

图6　抗剪强度参数与循环次数关系曲线

同时,图6也展示了冻融循环下固化黄土与素黄土抗剪强度参数差值随循环次数的变化关系曲线,结果表明,生物胶的加入能够显著增强黄土抗剪强度参数的抗冻融性能。在冻融试验开始前,由于生物胶的固化作用,素黄土和固化黄土的黏聚力差值为29.45kPa,二者差值随冻融循环次数增加而逐渐增大至43.12kPa,增长率为46.42%。同样地,素黄土与固化黄土的内摩擦角差值曲线也呈现出相似的变化趋势,由1.9°增长至3.2°,增长率为68.42%。

3　黄土抗冻融性能增强机制探讨

图7、图8展示了固化黄土和素黄土在冻融循环条件下的微观结构变化。冻融循环试验开始前,可以观察到固化黄土呈现较致密的结构,颗粒边界模糊,且可以观察到絮状的胶结物大量分布于颗粒接触区域,起到黏结颗粒和填充孔隙的作用,裂缝细且少,相互不连通。冻融循环4次后,虽然絮状胶结物消失,但在颗粒边缘和裂隙边缘仍可观察到胶结物,随着裂隙逐渐扩张,观察到圆点状孔隙出现。冻融循环8次后,细小颗粒吸附于粗颗粒的现象,且粗颗粒开始出现点面接触,裂隙宽度增大,数量增多,但未贯穿整体结构。而素黄土中以粗颗粒为主,多以点面接触组成骨架,颗粒轮廓清晰,且表面通过黏粒吸附有细小颗粒,颗粒间发育有不规则状裂隙。冻融循环4次后,粗颗粒间点接触增多,且吸附的细小颗粒减少,裂隙逐渐扩张。冻融循环8次后,粗颗粒排列散乱,整体结构松散,细小颗粒多呈堆积状存在,出现贯穿的裂隙。

图7　固化黄土微结构图

a)～e)冻融循环0、2、4、6、8次

图8　素黄土微结构图

a)～e)冻融循环0、2、4、6、8次

在冻融循环过程中，试样中的水分在结冰和融化时会发生体积变化，导致试样的膨胀和收缩。这种循环性的冻胀融缩会导致黄土结构的松散和疏松[11]，在结冰时，水分会膨胀并填充颗粒之间的孔隙，使得颗粒之间的接触增加；而在融化时，水分会从试样中排出，使得颗粒间间距增大，颗粒间接触形式出现变化，孔隙增大，结构松散[12]。此外，水分的冻结还会破坏胶结物的结构，低温导致材料的黏结性能降低，且融化后黏结性能无法恢复到初始强度[13]。在上述因素的影响下，素黄土和固化黄土在冻融循环作用下均会表现出力学性能劣化，强度减弱的现象。综上所述，生物胶对黄土抗冻融性能的增强机制主要体现在以下三个方面：首先，生物胶的加入重塑了黄土的微观结构，其产生的胶结物填充黄土颗粒间的空隙，使得土体结构更紧密，初始孔隙更小，从而提高了土体的密实度，减小了水分渗透性，使得试样受水分的影响更小。其次，生物胶的加入提高了黄土微观结构的稳定性，缓解了循环性的冻胀融缩损伤行为，保持了黄土微观结构的完整性。最后，相比于素黄土，固化黄土中生物胶和黏粒共同提供胶结作用，且生物胶产生的胶结作用维持时间更长，具有更强的耐久性，进一步增强了土体的抗冻融性能。因此，固化黄土受冻融循环影响更小，耐久性和强度劣化效果更弱，抗冻融性能更强。

4　结语

(1)反复冻融使素黄土试样表面产生裂隙，边缘土颗粒剥离掉落，表面不平整且严重凹陷；固化黄土试样表面光滑，裂隙边缘未出现颗粒剥落现象。经历8次冻融循环后，素黄土质量损失率为2.4%，固化黄土质量损失率仅为1%。

(2)生物胶的处理显著地改善了试样在冻融循环条件下力学特性的耐久性。素黄土黏聚力和内摩擦角劣化率分别为42.73%和11.11%，固化黄土的劣化率分别为15.16%和5.88%。

(3)生物胶对黄土抗冻融性能的增强机制主要体现在以下三个方面：生物胶改善了试样的初始孔隙、颗粒间接触形式、胶结作用和整体结构，减小水分渗透性；生物胶的加入提高了黄土微观结构的稳定性，缓解冻融循环诱发的损伤，保持结构的完整性；生物胶提供的胶结作用维持时间长，具有较强的耐久性。

参考文献

[1] 张炜，张苏民. 我国黄土工程性质研究的发展[J]. 岩土工程学报，1995，(6)：80-88.

[2] 于洋，王根龙，宋飞，等. 伊犁地区冻融黄土滑坡形成机理研究[J]. 工程地质学报，2023，31(4)：1307-1318.

[3] 周海龙，申向东. 土壤固化剂的应用研究现状与展望[J]. 材料导报，2014，28(9)：134-138.

[4] 刘钊钊，王谦，钟秀梅，等. 木质素改良黄土的持水性和水稳性[J]. 岩石力学与工程学报，2020，39(12)：2582-2592.

[5] CHANG I，IM J，PRASIDHI A K，et al. Effects of Xanthan gum biopolymer on soil strengthening [J]. Construction and Building

Materials,2015,74:65-72.

[6] MUDGILl D,BARAK S,KHATKAR B S. Guar gum: processing, properties and food applications—a review[J]. Journal of food science and technology, 2014,51:409-418.

[7] JIA Z L,YAN C G,LI B,et al. Performance test and effect evaluation of guar gum-stabilized loess as a sustainable slope protection material [J]. Journal of Cleaner Production, 2023, 408:137085.

[8] 贾卓龙,晏长根,李博,等.瓜尔豆胶固化纤维黄土的抗侵蚀特性及生态护坡试验研究[J].岩土工程学报,2022,44(10):1881-1889.

[9] 杨万里,石玉玲,穆鹏雪,等.瓜尔豆胶固化黄土的工程特性及抗冲蚀试验研究[J].水文地质工程地质,2022,49(4):117-124.

[10] 唐朝生,施斌,刘春,等.黏性土在不同温度下干缩裂缝的发展规律及形态学定量分析[J].岩土工程学报,2007,29(5):743-749.

[11] 齐吉琳,张建明,朱元林.冻融作用对土结构性影响的土力学意义[J].岩石力学与工程学报,2003,(S2):2690-2694.

[12] 倪万魁,师华强.冻融循环作用对黄土微结构和强度的影响[J].冰川冻土,2014,36(4):922-927.

[13] 王元兰,黄寿恩,李忠海.黄原胶与瓜尔豆胶混胶黏度的影响因素及微结构研究[J].中国食品学报,2009,9(4):118-123.

盐渍土改良方法研究进展

吴 倩* 林旭辉 周雨涵

(长安大学公路学院)

摘 要 盐渍土具有盐胀、冻胀和溶陷等不良工程性质,易使土体发生变形和破坏。土体改良是盐渍土路基工程中常见的手段,为了系统分析改良材料对盐渍土物理力学特性的影响,总结了有效改善盐渍土工程特性的方法,基于土体改良方法的基本原理,并将其分为化学改良、物理改良和生物改良三大类,分别对其物质组成、加固机理和固化效果展开阐述。对盐渍土改良方法进行了总结和展望:化学改良方面可深入研究多种材料联合的固化效果,弥补单一材料改良存在的不足;物理改良方面考虑经济性和拌合效果,针对不同的盐渍土土质,改良材料须因地制宜;生物改良方面需提高MICP固化土体的胶结质量和均匀程度,还需进一步探索实用性。

关键词 盐渍土 改良机理 固化剂 离子交换

0 引言

盐渍土的易溶盐含量大于0.3%,因易溶盐的存在,具有溶陷、盐胀和腐蚀等不良工程性质[1]。随着国家“一带一路”倡议的推进,公路建设过程中不可避免要经过盐渍土路段,导致公路路基拱胀、路面开裂、不均匀沉降和翻浆等病害高发,严重影响交通安全和畅通。因此,须对盐渍土进行改良后才能用作路基填料,合理利用盐渍土是当前公路工程中主要的研究方向之一。

近年来,国内外诸多学者针对盐渍土的改良取得了丰富的研究成果,基于土体改良方法的基本原理,可分为化学改良,物理改良,生物改良三大类,化学改良材料和物理改良材料通过一系列物理化学反应,改善土体的密实程度、增大黏聚力和内摩擦角,改善盐渍土的力学性质[2-3]。随着绿色生态的理念提出,微生物诱导碳酸钙沉淀等技术也被应用到盐渍土改良中,通过微生物与矿物的相互作用,可直接导致矿物的溶解和沉淀,进而填充土体孔隙、胶结土颗粒、改善土体性能[4],是一种绿色环保的加固方法。

鉴于此,对这些改良方法进行系统分类与归纳,详细阐明其物质组成、固化机理和加固效果,结合盐渍土的基本性质与工程实践研究现状,对盐渍土改良方法进行了总结和展望,以期为盐渍土作为路基填料提供借鉴。

1 化学改良

化学改良主要是向土壤中加入固化剂,通过离子交换作用来提高土体强度,部分化学改良方法会产生碳酸化作用、结晶作用和硬凝作用等,使得土体的力学性能满足工程建设的需求。

1.1 石灰改良

石灰的主要成分为氧化钙,是一种气硬性无机胶凝材料。石灰消化反应产生 Ca^{2+} 与正一价阳离子发生离子交换作用,导致土体颗粒双电层的厚度减小,使得土体颗粒之间相互靠拢。消化反应形成的 $Ca(OH)_2$ 晶体与黏土颗粒结合,使改良后的土颗粒孔隙降低,熟石灰中的 Ca^{2+} 与黏土颗粒中的活性氧化硅和氧化铝发生反应,生成水化硅酸钙和水化铝酸钙,这些水化产物进一步填充土体颗粒孔隙,减小土体渗透性。此外,土中的 $Ca(OH)_2$ 与空气中的 CO_2 发生反应,形成的 $CaCO_3$ 晶体,将土体颗粒胶结在一起,极大提高了土体的强度[5]。

徐永丽等[6]分析了冻融及低温环境下石灰改良盐渍土的动力参数变化规律,温度降低、围压增加及频率增加条件下,动剪切模量增加且阻尼比减小;随着冻融循环次数增加,动剪切模量减小且阻尼比增加;吕前辉等[7-8]研究了石灰固化盐渍土的抗剪性能和强度的影响因素,试样冻融后的抗剪强度与改性聚乙烯醇掺量、石灰掺量、养护龄期和干密度呈正相关,与含盐量呈负相关。

1.2 地聚物改良

地聚物胶凝材料是以硅铝酸盐为原料,以碱性材料或者硅酸盐为激发剂,经过物理化学反应而形成的一种高度交叉的无定形胶凝材料,是一种绿色环保水泥。地聚物固化盐渍土机理包括:水玻璃和生石灰的水解作用,Na_2SiO_3 同 $Ca(OH)_2$ 形成硅酸钙凝胶(C-S-H);水玻璃和生石灰对粉煤灰的碱激发作用,SiO_2 及 Al_2O_3 可与 $Ca(OH)_2$ 相互作用形成水化硅酸钙和水化铝酸钙并发生凝胶作用;水玻璃与盐渍土中的化学离子、黏土矿物、长石和石英发生吸附作用,形成水合硅酸钙(镁)凝胶[9]。

吕擎峰等[10]从微观结构方面研究了水玻璃碱激发粉煤灰地聚物改良盐渍土的机理,碱激发地聚物生成大量的水化硅酸钙与水化铝酸钙等凝胶物质,这些物质胶结能力更强,易于填充于孔隙,达到连接土颗粒或团聚体的作用,因此强度明显提高。

1.3 油污泥热解残渣改良

油污泥热解残渣是油污泥通过热解法处理后残余的产物,主要化学成分与粉煤灰相似。其改良机理:掺加了油污泥热解残渣的盐渍土,内部会发生离子交换等反应,生成大量以钙元素为主的凝胶物,随着时间的增长,凝胶物由凝胶状态转化为晶体状态,使得改良土的强度及稳定性不断增强。

冉武平等[11]认为改良后盐渍土的回弹模量随残渣掺量的增加呈现先增后降,峰值点出现在10%掺量处;李博林等[12]发现颗粒间的嵌挤摩擦和离子间的置换反应促就了改良盐渍土强度的提高。

1.4 木质素改良

木质素作为一种新型的土壤固化剂,是一种复杂的有机高分子化合物,存在于大多数的陆生植物中。木质素磺酸钙是一种棕黄色粉末,其木质素含量为40% ~50%,具有较强的水溶性,常用做固土剂使用。木质素磺酸钙掺入土体后,土体颗粒被木质素磺酸钙粉末整体包裹,由于木质素磺酸钙本身具有黏结性,导致土体颗粒联结为整体,土体内部结构质地紧密,宏观表现出最优的力学特性。然而掺量过多时木质素磺酸钙粉末出现局部聚集状态,使得土体颗粒间摩阻力下降,从而削弱了土颗粒的骨架作用。

张森鑫等[13]分析碳酸盐渍土经木质素磺酸钙改良后的无侧限抗压强度与木质素磺酸钙的掺入量、冻融循环次数之间的关系,木质素磺酸使碳酸盐渍土的无侧限抗压强度和抗冻性得到提高。

1.5 联合固化改良

石灰在土体改良中有显著效果,改良后土体抗压强度和水理性质均有较大提升,但是单一石灰固化土体后,容易开裂,引起脆性破坏;尤其是氯盐渍土,石灰固化后其前期强度和水稳性较差,土体 pH 值较高,对周围环境产生较大污染。

粉煤灰是煤燃烧后的烟气从中收捕下来的细灰,颗粒细小,是燃煤电厂排出的主要固体废物,常被用作混凝土胶凝材料的部分替代物,粉煤灰加入土体中,水化产物能细化土体孔隙大小,使土体结构紧密,有效提高土体的强度和抗冻融能力,故石灰和粉煤灰被用来联合固化盐渍土。此外,SH固化剂是一种以聚丙烯酸基体系为主体的新型有机高分子材料,SH与土体中黏粒发生离子交换、键合、絮凝、吸附等作用,并利用胶体间的电性吸引力和高分子长链的搭接缠绕作用形成牢固的整体性空间网状结构,使土体颗粒间联结增强,降低土体的亲水性。SH常与石灰联合固化以改善土体的水稳性,石灰可弥补高分子材料使用年限短的缺点,两者形成高效的联合固化剂,整体改善土体的强度。表1统计了改良材料联合固化盐渍土的情况[14-18]。

改良材料联合固化盐渍土的情况 表1

改良材料	土体类型	结论
石灰和粉煤灰	碳酸盐渍土	相较于素盐渍土,在0℃下固化土强度提高了69.65%,在-10℃下固化土强度提高了78.7%
石灰、SH固化剂	氯盐渍土	石灰+SH固化土具有相对较好的抗冻融性能
石灰、粉煤灰和改性聚乙烯醇	氯盐渍土	联合固化盐渍土的UCS为1130.25kPa,是盐渍土初始UCS的5.18倍,并且具有良好的抗冻融性能
木质素磺酸钙、粉煤灰	碳酸盐渍土	按木质素磺酸钙0.75%、粉煤灰1.00%的添加量联合改良,提高碳酸盐渍土的抗冻性和无侧限抗压强度
石灰、水泥、粉煤灰和SH固化剂	氯盐渍土	SH的加入改善了固化土的应变软化,固化土的峰值偏应力和破坏应变均有所增加

2 物理改良

盐渍土物理改良方式包括换填法、设置隔离层、强夯法、材料改性法等。本节对材料改性法进行分析,物理材料改性法是在盐渍土中掺入一定比例的改良材料,以填充土颗粒之间的孔隙及改变土颗粒级配,实现改变土体的黏聚力和内摩擦角的目的,使其满足工程建设需求。

2.1 纤维改良

纤维作为土体改良材料,可有效抵抗土体破坏时的强度损失,增强土体的延展性。其改良原理:土体掺入纤维经拌合后,团聚体与纤维之间产生交织点,形成独特的空间网状结构,如图1所示。当试样发生变形时,一处纤维受力后,通过纤维交织点将荷载传递到与之相连的其他纤维,进而扩散至整个空间网状结构,使之共同受力。共同对土颗粒产生摩擦力和压力,限制土颗粒的移动,从而提高土的抗变形性能[19]。

柴寿喜等[20]系统分析了冻融后纤维加筋固化盐渍土的抗压强度与孔隙特征间的相关性,结果表明:加筋土越密实,筋土摩擦作用越强,土的抗压性能越好;魏丽等[21]发现试样整体布筋或中部布筋时,加筋效果更为显著,但是纤维改良过程中存在纤维与土颗粒拌和困难的缺点,会降低改良效果。

图1 改良盐渍放大100倍的SEM图[3]

2.2 纳米材料改良

纳米是一种良好的多孔介质材料,价格较高未得到广泛使用,常用的纳米材料包括纳米碳酸钙和纳米二氧化硅。其改良机理为:纳米材料具有亲水性,表面附有大量负电位较高的羟基,掺入盐渍土后,羟基的极性对金属钠离子产生了较大的吸附作用,使得溶液中游离钠离子的浓度降低,从而导致芒硝的结晶量减小,减弱盐分的破坏作用,达到改良土体性能的效果。

钟昌茂等[22]通过单次降温试验测试了纳米SiO_2对盐渍土盐胀的抑制效果,纳米会显著提高硫酸盐渍土的液塑限、抗剪强度,但也会造成盐渍土干密度迅速降低;龚富茂等[23]发现2%掺量的纳米二氧化硅、纳米碳酸钙或相变材料对含盐量在3%以下的硫酸盐渍土的改良效果均较好,其中纳米二氧化硅的改良效果优于纳米碳酸钙和相变材料。

3 生物改良

微生物诱导碳酸钙沉淀(MICP)是指微生物利用自身的脲酶进行尿素水解,产生碳酸根,与环境中的钙离子结合,形成一个以微生物为中心的碳酸钙封闭晶体,MICP技术机理主要包括尿素水解、反硝化作用、硫酸盐还原三种类型。MICP产生的碳酸钙胶结物会将土颗粒相互联结,形成新的土颗粒骨架,替换易溶盐和土颗粒形成的骨架。当遭遇降水时,易溶盐随水溶解,而土颗粒和碳酸钙形成骨架能保持土体较高的强度和抗变形能力[24]。

PENG等[25]发现经MICP加固后的盐渍土抗压强度有较大提高,其强度值在2.88~4.55MPa之间,土体渗透系数显著下降;胡坪伸等[26]在强盐渍粉砂土中进行微生物矿化试验,使盐渍粉砂土柱中的碳酸钙含量增加了8.11%,孔隙率降低了6.12%,土柱的力学强度指标值得到提升。与其他加固方法相比,MICP具备固化强度高、环境友好等优点,但是目前存在处理效率低、耗时长等局限,尤其是盐渍土的盐离子会抑制MICP的改良效果,可与木质素结合共同改良土体,木质素可为碳酸钙提供成核位点,进一步提高MICP的固化效果。

除了MICP技术之外,生物酶亦可固化土体,生物酶是一种通过植物发酵提取而出的新型改良材料,其改良机理是生物酶通过吸收土中水分,减小土颗粒的间距,以改变土颗粒结构,增加土体的密实度,从而提高土体的强度,具有无毒、耐高温的优点。生物酶能提高膨胀土的抗剪强度,可显著降低膨胀土的自由膨胀率[27],但有关生物酶改良盐渍土的研究还尚未见报道,在盐渍土的改良中有较大的研究空间。

4 结语

(1)化学改良方面可深入研究多种材料联合作用,以弥补使用单一材料存在的不足,同时结合微观试验更全面地揭示土体的力学性质,获得更加经济、绿色、高效的组合型固化剂。

(2)物理改良方面考虑经济性和拌合效果,对改良材料的掺量有着严格的要求,针对不同类型和不同颗粒级配的盐渍土土质,应根据工程实际情况选择最适宜的改良材料。

(3)在生物改良方面,微生物技术在改善土体的力学性能方面具有广阔的应用前景,需提高MICP固化土体的胶结质量和均匀程度,同时注意氯化铵副产物的污染问题,探讨微生物诱导碳酸钙沉淀技术的长效性能。

参考文献

[1] 中华人民共和国住房和城乡建设部.岩土工程勘察规范:GB 50021—2019[S].北京:中国建筑工业出版社,2019.

[2] 陈康亮,刘长武,杨伟峰,等.基于生石灰和粉煤灰改良硫酸盐渍土的强度特性[J].科学技术与工程,2020,20(26):10888-10893.

[3] 杨双双.石灰-聚丙烯纤维改良盐渍土的力学性质及机理分析[D].兰州:兰州理工大学,2023.

[4] 王博.MICP加固粗颗粒盐渍土试验及机理分析[D].哈尔滨:哈尔滨工业大学,2018.

[5] 付阳.石灰改良硫酸盐盐渍土盐胀特性试验研究[D].北京:北京交通大学,2022.

[6] 徐永丽,董子建,周吉森,等.冻融及不同温度下石灰改良盐渍土动力参数研究[J].岩土工程学报,2022,44(1):90-97.

[7] 吕前辉,柴寿喜,李敏.多因素影响下石灰固化盐渍土抗剪性能的试验研究[J].水文地质工程地质,2017,44(6):89-95.

[8] 文桃,米海珍,马连生,等.石灰改良黄土状硫酸盐渍土强度的影响因素研究[J].建筑科学与工程学报,2015,32(2):104-110.

[9] 申贝.地聚物胶凝材料固化硫酸盐渍土试验研究[D].兰州:兰州大学,2016.

[10] 吕擎峰,王子帅,何俊峰,等.碱激发地聚物固化盐渍土微观结构研究[J].长江科学院院报,2020,37(1):79-83.

[11] 冉武平,李世彤,陈远国.油污泥热解残渣改良新疆盐渍土回弹模量试验研究[J].公路工程,2022,47(4):111-116.

[12] 李博林,冉武平,曾立峰,等.油污泥热解残渣改良粗粒硫酸盐渍土力学性能试验研究[J/OL].力学与实践:1-10[2024-02-20].

[13] 张森鑫,袁方正,李治斌,等.冻融作用下木质素改良碳酸盐渍土力学性能研究[J].水

利科学与寒区工程,2022,5(7):8-11.
[14] 李治斌,刘利骄,黄帅,等.冻结二灰固化碳酸盐渍土及损伤模型研究[J/OL].长江科学院院报:1-8[2024-02-20].
[15] 方秋阳,柴寿喜,李敏,等.冻融循环对固化盐渍土的抗压强度与变形的影响[J].岩石力学与工程学报,2016,35(5):1041-1047.
[16] 李敏,于禾苗,杜红普,等.冻融循环对二灰和改性聚乙烯醇固化盐渍土力学性能的影响[J].岩土力学,2022,43(2):489-498.
[17] 张淼鑫,孙剑飞,张晓东,等.应用木质素磺酸钙-粉煤灰对寒区碳酸盐渍土力学性能的改良[J].东北林业大学学报,2022,50(10):96-100+107.
[18] LIW,CHAI S X,GUO Q L,et al. Mechanical properties and stabilizing mechanism of stabilized saline soils with four stabilizers[J]. Bulletin of Engineering Geology and the Environment,2020,79(10):1-14.
[19] 张艳美,张旭东,张鸿儒.土工合成纤维土补强机理试验研究及工程应用[J].岩土力学,2005(8):1323-1326.
[20] 柴寿喜,张琳,魏丽,等.冻融作用下纤维加筋固化盐渍土的抗压性能与微观结构[J].水文地质工程地质,2022,49(5):96-105.
[21] 魏丽,柴寿喜,姜宇波.含盐量与布筋方式对纤维加筋土抗压性能的影响[J].岩土力学,2017,38(S2):210-216.
[22] 钟昌茂,万旭升,龚富茂,等.硫酸盐渍土物理特性及纳米SiO_2固化机理研究[J].中外公路,2021,41(2):267-272.
[23] 龚富茂,万旭升,钟昌茂,等.纳米材料对硫酸盐渍土盐胀的影响[J].工业建筑,2020,50(1):118-124.
[24] 尹黎阳,唐朝生,谢约翰,等.微生物矿化作用改善岩土材料性能的影响因素[J].岩土力学,2019,40:2525-2546.
[25] PENG E X,HU X Y,CHOU Y L,et al. Study of microbially-induced carbonate precipitation for improving coarse-grained salty soil[J]. Journal of Cleaner Production,2022,365.
[26] 胡坪伸,张文,赵媛,等.青海强盐渍粉砂土MICP的有效性探索[J].土木工程学报,2022,55(3):65-73.
[27] 曾娟娟,文畅平,苏伟,等.基于生物酶改良膨胀土的试验研究[J].建筑科学,2017,33(5):69-73.

多年冻土区钻孔灌注桩基础温度场研究综述

王承昊　毛雪松*　吴　谦
(长安大学公路学院)

摘　要　多年冻土区钻孔灌注桩施工所带来的热扰动削弱了桩基早期热稳定性,对其早期承载力的形成具有不利影响,因此本文从影响桩基温度场的因素、热扰动对桩基承载力的影响以及改善措施三个方面对现有研究进行归纳总结。研究表明:钻孔灌注桩基础具有热扰动范围大、回冻时间长的特点。混凝土水化热、入模温度、成孔工艺及桩基尺寸对桩周土体的破坏尤为明显,极大地降低了桩基早期承载力,同时也延缓了上部结构的施工进度;桩周冻土性质作为次要因素,间接影响了桩基回冻进程。在热防护措施方面,使用低水化热胶凝材料、人工主动冷却等措施均有降低桩基温度、加速回冻的效果。

关键词　多年冻土　钻孔灌注桩基础　温度场　回冻过程

基金项目:陕西省自然科学基础研究计划项目(2024JC-YBMS-253);内蒙古自治区交通运输厅建设科技项目(NJ-2022-20)。

0 引言

中国作为世界第三大冻土分布国,多年冻土面积约为221万km^2,占国土面积的21.5%,其中高纬度多年冻土主要分布在大小兴安岭;高海拔多年冻土分布在青藏高原、阿尔泰山、天山、祁连山、横断山、喜马拉雅山,以及东部某些山地[1-2]。随着我国西部大开发与"一带一路"倡议的实施,冻土地区的工程建设逐年增多。与此同时,寒区建筑物基础对天然冻土的热扰动问题也备受关注,对此已开展了大量研究[3-4]。桩基础因承载力高、稳定性好等特点被大量应用于冻土工程建设中[5]。钻孔灌注桩作为桩基础的主要形式之一,其操作简单、施工便捷、适应性强,应用范围最为广泛[6-7]。在冻土地区,桩基础的承载能力主要取决于多年冻土与桩侧表面的冻结力,而桩-土界面的冻结强度又与温度息息相关[8]。桩基施工所产生的热量会造成桩周冻土升温融化,原天然土层的冻结状态改变,削弱桩与桩侧土体的冻结强度,进而导致桩基承载能力大幅降低[9]。因此,有必要开展多年冻土区钻孔灌注桩温度场的研究,本文从影响桩基温度场的因素、热扰动对桩基承载力的影响以及改善措施三个方面论述钻孔灌注桩温度场的研究现状,对多年冻土地区桩基础的设计与施工具有一定指导意义。

1 钻孔灌注桩温度场的影响因素

桩基施工会对桩周冻土产生较大热扰动且恢复到原始地温所需时间较长[10]。而这一过程是各方面因素综合作用的结果,本文将其划分为工程因素与自然因素。其中,工程因素主要包括:水化热、入模温度、成孔工艺、桩基尺寸;自然因素主要是冻土工程地质条件。

1.1 混凝土水化热

混凝土浇筑后,其所释放的水化热是导致桩周冻土升温的重要原因。贾晓云[2,11]对青藏铁路冻土区桥梁灌注桩施工过程的地温场进行了模拟计算,发现冻融圈的范围可达桩周附近7m,冻土地温受影响的范围在距桩中心10m以上。唐丽云[10,12]对冻土地区桩基础进行了三维非稳态热分析,发现在第5天时水化热达到峰值,引起热扰动半径约为6倍桩径。孟文清[13]进行了人工冻土条件下钻孔灌注桩现场试验,研究表明在混凝土浇筑初期,桩中心有明显温升,温度最高可达37~38℃。商允虎[14]对查拉坪旱桥桩基进行现场试验得出:桩身混凝土在浇筑后18天时温度仍在0℃以上。章金钊[8]研究认为水化热的径向影响程度随距离的增加而减小。徐树峰[15]研究认为输入的热量对桩周土的影响沿桩身方向表现为桩身中部高于两端。陈坤[16]基于青藏高原北麓河钻孔灌注桩现场试验对桩-土传热过程进行了分析,研究表明:桩体存在明显的分层现象,多年冻土上限以上部分桩体放热热流较弱,而以下部分较强;桩体深度方向温度存在较大的差异性,最大温度梯度可达11℃/m。李文利[17]以青藏铁路沱沱河沿岸的桥梁灌注桩为研究对象,经有限元计算发现冻土回冻时间可长达2年以上。

由以上研究可知,混凝土水化热具有释放热量快、辐射范围广、持续时间长、回冻过程久的特点,对桩基早期热稳定性具有十分不利的影响。

1.2 入模温度

桩基浇筑时,混凝土入模温度与冻土地温存在较大差异,其所携带的热量会对桩周冻土温度场产生较大的热扰动。贾艳敏[18]结合格尔木桩基试验场的实际工程建立了有限元模型,分析发现随着入模温度的提高,峰值温度增大,回冻时间延长。陈赵育[19]研究发现当以6℃入模温度灌注时,桩底最大融化深度为34cm,随着入模温度的不断提高,融化层厚度也随之增加,入模温度提高至15℃时,桩底融化层厚度可达55cm。李小和[20]对青藏铁路冻土区桩基的回冻过程模拟得出:回冻两个月后,单桩桩身表面处地温平均值在入模温度5℃及12℃的条件下分别达到了天然孔地温平均值的57.3%及53%。陈冬根[21]开展室内试验得出:入模温度的影响时间为0~100min,最大影响半径为3倍桩径。鉴于此,有诸多学者就如何合理控制入模温度给出了相关建议。李健宁[9]建议降低混凝土的入模温度,将其控制在5~10℃以内较为合理。贾艳敏[18]认为入模温度应控制在5℃左右,在夏季和秋季白天的灌浆施工中可放宽至10℃。

尽管已有诸多研究探讨了入模温度对桩基温度场的影响并给出了合理的温度区间,但区域气候、施工季节以及当地气温等因素都会对入模温度产生影响,在施工时难以控制。因此,在保证工程经济性的同时如何高效便捷地降低入模温度,仍是亟待解决的关键问题。

1.3　成孔工艺

多年冻土地区,钻孔灌注桩的成孔工艺主要采用旋挖钻成孔和冲击钻成孔两种方式。彭彦彬[22]将二者进行了对比:旋挖钻成孔为干法施工、定位准确且孔壁光顺;冲击钻成孔适用范围广,能在各种冻土条件、岩性及地下水条件下施工,但成孔不规则,钻孔速度慢。缑印[23]认为旋挖钻成孔效率高、机动性强,可以将对冻土的热扰动降到最低限度。原喜忠[24]发现采用冲击钻成孔时,循环泥浆带入的热量对地基温度场扰动较大。

因此,在条件允许的情况下,应优先采用旋挖钻成孔以减少对桩周冻土的影响。目前,关于成孔工艺所产生的热量,仍缺乏定量的计算,以后还需进一步研究。

1.4　桩基尺寸

桩基尺寸主要是指桩长与桩径,二者直接决定了钻孔深度与混凝土用量。贾艳敏[25]认为混凝土水化热对桩侧热扰动范围随着桩径的增大而增大,两者呈对数关系;对桩底热扰动范围随着桩长的增大而增大,两者呈线性关系。王神力[26]发现桩身混凝土温度下降到0℃的时间与桩径变化量的平方呈线性关系。赵元齐[27]发现随着桩径的增大,桩的峰值温度显著提高,尤其是桩径从0.8m扩大到1.0m时,最大温升提高了一倍,桩周冻土的回冻时间显著增长。

通过以上研究可知,桩基尺寸越大对桩周冻土的扰动程度越高,因此,若要桩基早日回冻并形成承载力,应在满足规范要求的条件下,尽量缩小桩长及桩径。

1.5　桩周冻土性质

桩周冻土的含冰量与年平均地温等对钻孔灌注桩温度场也会产生一定影响。原喜忠[24]通过现场试验得出:初始地温较低且土层含冰量较高的中上部地基升温相对较慢,但升温幅度较大。原思成[28]通过数值模拟得出:水化热对地温的影响范围随含冰量的减小而增大。陈赵育[19]发现随着含冰量的增加,桩基底部融化深度逐渐减小,高温少冰、富冰、含土冰层冻土区桩底最大融深分别为38cm、33cm和30cm。徐树峰[15]研究认为融化圈一定时,桩周土初始温度场的平均温度越高,所需外界输入的热量就越小。王相立[29]研究认为土体负温越低,桩体温降越快,正温持续时间越短。王旭[30]通过现场试验也得出了相似的结论:基桩在低温多年冻土区比高温不稳定多年冻土区回冻速率快。

由于桩周冻土性质的差异对桩基融化深度与回冻时间等均存在不同程度的影响,因此,在施工时应充分考虑当地冻土的工程地质条件,合理安排工期。

2　桩基热扰动对其承载力的影响

桩基承载力主要由桩侧摩阻力、桩端冻土抗力以及桩-土界面冻结力三部分组成。张守国[31]研究发现在桩周冻土融化期间,桩侧摩阻力很小,而桩端冻土由于升温和部分融化,所起的承载作用也是较小的。刘秀[32]认为随着冻土温度的下降,桩侧冻结力、桩端阻力及单桩承载力均有所增加。胡海东[33]通过室内试验得出:冻土区桩侧水热效应能使桩侧冻结应力减弱,导致桩身应变与桩顶位移增大,桩-土相对位移增加。吴鹏飞[34]发现随着温度的降低,桩-土界面冻结强度明显提高。吕晓亮[35]通过模型试验得出:冻结状态下的桩基极限承载力是未冻结状态下的11.6倍。

由此可见,施工过程所产生的热扰动不利于桩基早期承载力的形成,应采取相应措施减少外界热量对冻土地温的影响,加快桩基回冻以便缩短工期。

3　桩基热扰动的改善措施

目前,桩基热扰动的优化措施主要是从两方面入手:一是控制施工过程所产生的热量,二是通过外部人工干预,进行主动冷却。

在减少施工扰动方面,李文利[17]建议用粉煤灰和硅灰代替部分水泥以降低水泥总放热量。徐春华[36]提出使用由粉煤灰+硅粉+早强剂+减水剂组成的外加剂,可以缩小桩周土体的融化范围。马辉[37]建议改善混凝土的配合比,以减少混凝土的水化热。李文江[38]考虑了大气温度的影响,建议在冬季进行施工以减少对冻土环境的破坏。此外,降低混凝土的入模温度[9,18],采用干钻法的旋挖钻代替泥浆循环的冲击钻[22-24],合理控制桩长及桩径[27]等措施都有助于改善桩基早期的热稳定性。

在桩基主动冷却方面,范长新[39]采用了人工冻结技术,在土体内部设置冻结管,通过管内冷液循环带走土体热量。陈坤[40]提出一种在桩体内部预设冷却管,利用制冷设备循环冷却液给桩体降温的人工冷却措施,如图1所示。研究发现仅需2天的降温操作,就可将冻土地基恢复至原天然场地温以下。孙田[41]提出在桩基周围设置热棒阵的方法,研究发现外侧热棒形成的冻结区冰幕可有效阻隔外界热侵蚀;内侧热棒冻结区稳定发展,桩基承载力得以提高。周亚龙[42]采用在热棒外围浇筑混凝土的热桩基础,发现其可缩短桩周土体回冻时间约34%。孙兆辉[43]设计了一种可主动冷却多年冻土的太阳能制冷桩基。由图2可知:制冷系统运行2h后,桩-土界面可以保持较为稳定的低温。此外,温控桩能使桩基具有更高的承载力,即:在满足相同承载力要求的条件下,可以采用更小的桩基尺寸,大幅降低施工成本。

图1 试验桩及冷却管现场图[40]

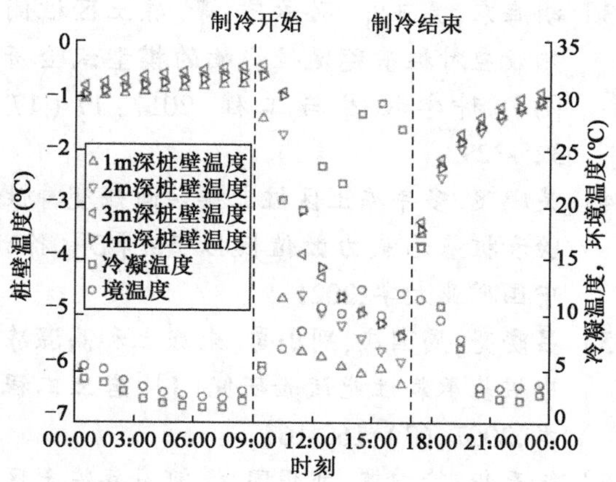

图2 制冷循环过程中测温点温度变化图[43]

4 结语

(1)多年冻土区钻孔灌注桩施工所产生的热量高,对桩基温度场的扰动范围广、回冻时间长,不利于桩基早期承载力的形成,大大延缓了桩上荷载的施加时间。

(2)水化热在灌注初期释放速率高,扰动半径大且持续时间长,是影响桩基温度场的主要因素。入模温度对天然冻土层的影响仅次于水化热,混凝土显热越高对桩周土体的破坏程度越大。成孔工艺建议采用旋挖钻施工,对冻土地温场的热扰动较小。桩长及桩径所带来的影响同样不容忽视,在条件允许时,应尽量缩小桩基尺寸。桩周冻土性质的差异对扰动范围及回冻时间等均有不同程度的影响,在进行工程建设时应合理安排施工进度。

(3)在改善桩基热扰动措施方面,采用低水化热胶凝材料、人工设置热管及热棒阵等措施均起到了有效降低桩基温度、促进桩周冻土回冻、加快承载力形成的作用,大大节约了施工等待时间。

参考文献

[1] 朱德举.多年冻土地区钻孔灌注桩的有限元分析[D].哈尔滨:东北林业大学,2004.

[2] 贾晓云,朱永全,李文江.高原冻土区桩基施工温度场研究[J].岩土力学,2004,(7):1139-1142.

[3] 吴青柏,董献付,刘永智.青藏公路沿线多年冻土对气候变化和工程影响的响应分析[J].冰川冻土,2005,(1):50-54.

[4] 程国栋,吴青柏,马巍.青藏铁路主动冷却路基的工程效果[J].中国科学(E辑:技术科学),2009,(1):16-22.

[5] 张召阳.考虑动载作用冻土桩基传递函数与极限承载力的研究[D].兰州:兰州交通大,2019.

[6] 王晓黎,陈频志,吴少海.青藏铁路桩基础形式的研究及应用[J].中国铁路,2003,(1):66-68.

[7] 刘雨.多年冻土地区单桩承载特性研究[D].南京:东南大学,2005.

[8] 章金钊,周彦军,周纲.青藏公路多年冻土地区桥梁桩基地基回冻时间的探讨[J].公路,2010,(1):33-38.

[9] 李健宁,孙学先.水化热对高温多年冻土区桩基温度场的影响[J].铁道科学与工程学报,2019,16(12):2984-2990.

[10] 唐丽云,杨更社.桩基施工对冻土地区桩基热影响分析[J].岩土工程学报,2010,32

(9):1350-1353.

[11] 贾晓云,李文江,朱永全.多年冻土区灌注桩混凝土水化热影响分析[J].石家庄铁道学院学报,2003,(4):88-90.

[12] 唐丽云,杨更社,龚霞,等.冻土桩基伴有相变的非稳态温度场研究[J].人民黄河,2008,(10):82-83.

[13] 孟文清,王相立,张亚鹏,等.人工冻土灌注桩桩身温度场及混凝土强度试验研究[J].混凝土与水泥制品,2015,(4):39-41.

[14] 商允虎,牛富俊,吴旭阳,等.多年冻土区钻孔灌注桩施工过程热力特性研究[J].铁道学报,2020,42(5):127-135.

[15] 徐树锋.多年冻土区钻孔灌注桩热学分析及模型试验研究[D].兰州:兰州交通大学,2014.

[16] 陈坤,俞祁浩,郭磊,等.基于灌注桩试验的多年冻土区桩-土传热过程分析[J].岩石力学与工程学报,2020,39(7):1483-1492.

[17] 李文利,张鹤,赵炜璇,等.有限元计算在多年冻土区混凝土灌注桩温度场分布[J].混凝土,2010,(7):8-10+14.

[18] 贾艳敏,田海旗,郭红雨.水化热及入模温度对灌注桩回冻过程影响的研究[J].工程力学,2011,28(S1):44-47.

[19] 陈赵育,李国玉,穆彦虎,等.混凝土的入模温度和水化热对青藏直流输电线路冻土桩基温度特性的影响[J].冰川冻土,2014,36(4):818-827.

[20] 李小和,杨永平,魏庆朝.多年冻土地区不同入模温度下桩基温度场数值分析[J].北京交通大学学报,2005,(1):9-13.

[21] 陈冬根,邵广军,李金平.入模温度及水化热对灌注桩桩周冻土热影响试验分析[J].公路,2017,62(3):79-84.

[22] 彭彦彬.多年冻土地区钻孔灌注桩基础施工技术[J].土工基础,2005,(4):81-83.

[23] 缑印,冯小鹏.浅谈高原冻土区桥梁桩基旋挖钻干法成孔施工技术[J].公路交通科技(应用技术版),2014,10(1):34-35.

[24] 原喜忠,马巍,刘永智.桥梁钻孔灌注桩施工中高温冻土地基温度场动态监测与研究[J].岩石力学与工程学报,2005,(6):1052-1055.

[25] 贾艳敏,徐达,郭红雨.相变效应对灌注桩与冻土回冻过程影响的研究[J].工程力学,2010,27(S1):145-149.

[26] 王神力.冻土环境灌注桩温度场变化及混凝土强度增长规律[D].兰州:兰州交通大学,2016.

[27] 赵元齐.多年冻土地区输电线路杆塔基础温度场分析[D].北京:北京交通大学,2015.

[28] 原思成,张鲁新,张先军.青藏铁路冻土区混凝土灌注桩施工对基础承载安全性影响研究[J].中国安全科学学报,2005,(10):88-96+2.

[29] 王相立.人工冻土灌注桩桩身温度场及混凝土强度研究[D].邯郸:河北工程大学,2015.

[30] 王旭,蒋代军,赵新宇,等.青藏高原多年冻土区不同地温分区下大直径钻孔灌注桩回冻规律试验研究[J].岩石力学与工程学报,2004,(24):4206-4211.

[31] 张守国.多年冻土地区钻孔灌注桩早期承载能力增长规律研究[D].西安:长安大学,2013.

[32] 刘秀.多年冻土地区钻孔灌注桩回冻过程承载力分析[D].哈尔滨:东北林业大学,2007.

[33] 胡海东,吴亚平,孙永宁,等.冻土区桩侧水热效应对桩基稳定性影响的模型试验研究[J].科学技术与工程,2017,17(17):325-329.

[34] 吴鹏飞.多年冻土区桩土接触面强度特性试验和桩基承载力数值模拟研究[D].徐州:中国矿业大学,2021.

[35] 吕晓亮,周国庆,别小勇.未冻土和高温冻土中桩基承载性能试验研究[J].岩土工程技术,2007,(3):160-163.

[36] 徐春华,徐学燕,邱明国.漠河多年冻土区混凝土灌注桩承载力形成时间数值分析[J].岩土工程学报,2005,(10):1190-1193.

[37] 马辉,廖小平,赖远明.青藏铁路多年冻土区桩基础施工中的混凝土温度控制问题[J].冰川冻土,2005,(2):176-181.

[38] 李文江,刘志春,朱永全,等.多年冻土桩基

温度场研究[J]. 铁道标准设计, 2004, (10):18-20 +101.

[39] 范长新,温智,王旭,等. 人工冻结法调控多年冻土区桩基础地温场的效果分析[J]. 中国安全生产科学技术, 2022, 18(8): 106-113.

[40] 陈坤,俞祁浩,郭磊,等. 多年冻土区灌注桩的人工冷却试验研究[J]. 中国公路学报, 2020,33(9):104-114.

[41] 孙田,郭宏新,周天宝,等. 利用热棒阵对多年冻土区桥墩进行主动热防护研究[J]. 冰川冻土,2023,45(5):1555-1563.

[42] 周亚龙,王旭,郭春香,等. 青藏铁路多年冻土区电力杆塔热桩基础的降温效果分析[J]. 冰川冻土,2019,41(1):100-108.

[43] 孙兆辉,刘建坤,陈浩华等. 多年冻土区太阳能制冷桩基主动冷却效果[J/OL]. 清华大学学报(自然科学版),1-10[2024-02-23]. https://doi.org/10.16511/j.cnki.qhdxxb.2024.21.007

基于探路雷达高寒干旱区路面结构深层病害探测图像特征的识别技术

高海伟*[1,2] 郑南翔[1,2] 蔡文才[3]

(1. 长安大学公路学院;2. 长安大学道路新技术研究所;3. 河南万里交通科技集团股份有限公司)

摘 要 为了无损、准确及高效地对高寒干旱地区干线公路半刚性基层沥青路面深层病害的检测,并依此经济合理地制定养护方案。本文采用探路雷达作为道路病害的无损检测手段,通过发射高频电磁波,接收并分析其中的信号,可视化路面结构缺陷。通过 gprMax 正演模拟和现场验证图谱对比分析,解读路面结构图谱异常图像,总结裂缝、脱空和松散等典型病害的成像特征。提出了半刚性基层沥青路面的雷达检测典型病害的雷达图像判定依据,为后续的检测及制定养护方案提供了参考依据。

关键词 探路雷达 沥青路面 半刚性基层 深层病害检测

0 引言

我国公路建设发展迅速,截至 2022 年末,全国公路总里程 535.48 万 km,其中,四级及以上等级公路里程 516.25 万 km,占比 96.4%;高速公路里程 17.73 万 km,连续多年位居世界第一。随着公路服役年限增长和交通重载的增长,我国公路养护里程也大幅增加。截至 2022 年末,全国公路养护里程高达 535.03 万 km,占公路总里程 99.9%。公路养护已成为我国公路建设领域的重要任务。大多数公路未达到设计年限就开始出现病害,病害的发展已经严重降低了路面使用寿命和路面服务质量。预防性养护的病害的处置一般只处理了路面结构的表层病害,并没有有效的处置路面结构深层病害。所以出现了前修后坏、多次维修同一病害等不正常的现象。所以,对于道路深层病害的探测识别,合理地确定道路表层病害和深层病害的处置方案,可以提高路面的使用寿命,节省养护资金,减少不良的社会影响。

公路路面病害主要检测方式有损检测和无损检测两类。无损检测相对于有损检测有无损、快速、安全的优点,适用于交通量大、不便于中断交通的大范围的道路检测项目。现阶段应用较多的无损检测主要包括探地雷达、超声波法、浅层瞬变电磁法等。目前探地雷达已经在地质勘探[1]、机场跑道病害检测[2]、高铁无砟轨道病害检测[3]、隧道超前探测[4]、桥梁桥墩基础探测[5]、城市地下工程病害[6]等领域广泛应用。近些年,更多的研究人员关注探地雷达在公路沥青路面工程病害检测中的应用。

基金项目:甘肃省交通运输厅科技项目(2022-12);陕西省交通运输厅交通科研项目(23-36K)。

在探地雷达在公路工程探测的研究中,总结归纳出公路路基土体脱空、疏松和滑移等典型地基病害的探地雷达图像特征[7],也利用了TLFC三维探地雷达是道路路基监测[8]。基于GPR技术在地下病害检测中发现了存在的环境干扰严重和检测精度低的问题,提出了一种基于差值检测的道路地下病害检测方法,提高了道路地下病害的检测精度[9]。并通过二维正演总结了一些道路地下病害体的典型GPR特征图谱[10]。对于公路早期病害采用探地雷达检测技术,构建了探地雷达的频带介电谱特征,对公路基层的密实度特征和含水量特征进行有效识别[11]。验证了探地雷达方法对道路浅层隐蔽性病害体识别应用效果较好[12]。也利用gprMax2D数值模拟了道路路面早期裂缝病害,提出了相应的识别方法[13]。通过探地雷达图谱特征与现场取芯对比,验证了探地雷达识别的准确性[14]。

在探路雷达探测公路路面工程病害相关研究中,研究者大多聚焦在探路雷达天线参数测定、雷达信号干扰源分析、信号算法处理、表层裂缝病害雷达反射图谱特征等方向,较少有针对特定交通环境和公路路面结构深层病害的图谱识别技术研究。本文结合高寒干旱区干线公路沥青路面结构特点及主要病害类型,基于探路雷达的成像原理,分析提取gprMax二维正演道路深层病害图像特征,并与现场病害实测图像及钻芯取样对比验证,总结高寒干旱地区典型公路深层病害雷达图谱特征,为合理准确识别路面深层病害,确定合理的病害养护方案提供依据。

1　探路雷达检测技术基本原理

探路雷达是针对道路结构特点开发的探地雷达,已经成为一种广泛应用于的路面结构深层病害无损检测技术手段。宽频带的探路雷达有精度高、抗干扰能力强等优点,探测采集道处理成像一体化,效率高,能够满足公路养护检测要求。

1.1　探路雷达检测原理

波在通过不同介电常数的材料时会发生反射和折射,通过分析波振幅,传播时间等参数,能够获得分析材料的内部组成、位置和尺寸等信息。

探路雷达主要是采用高频电磁波以宽频脉冲的方式,由发射器传入到路基路面中,电磁波在不同电性介质传播中,一部分会反射回来,一部分继续穿透,反射回来的电磁波信号由探路雷达的接收器接收,并经过信号处理后将电磁波信号转化为数字信号进行分析和存储,通过分析获取的数字信息,识别并解释路基路面结构以及相关界面性能。工作原理如图1所示。

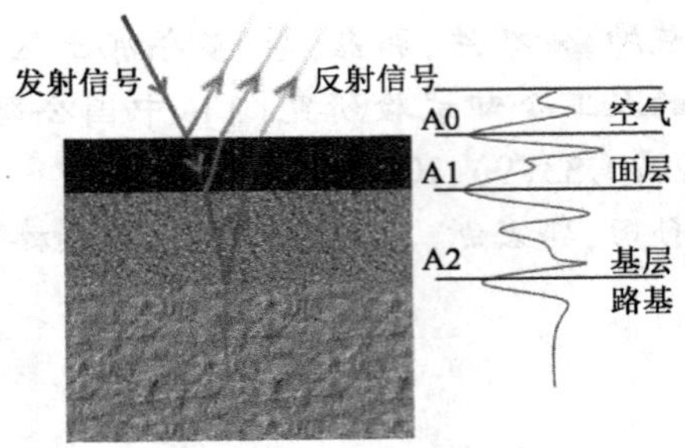

图1　探路雷达工作原理示意图

公路建成投入使用后,因自然、交通等因素的影响,路基路面会出现各种病害。病害处材料的介电常数与原路面材料的介电常数存在较为差异,电磁波的波速会在此处发生变化并产生相应的反射波。根据这些变化特征,可以识别路面结构层的状况,达到无损检测的目的。经探地雷达的天线激发后,电磁波经过空气层进入路面结构中,遇到介电常数有差异的界面时,会发生反射现象,反射波振幅A与反射系数R成正比,反射系数R的计算公式如下:

$$R=\frac{A_{入射}}{A_{反射}}=\frac{\sqrt{\varepsilon_1}-\sqrt{\varepsilon_2}}{\sqrt{\varepsilon_1}+\sqrt{\varepsilon_2}}$$

式中:ε_1、ε_2——分界面上下介质的相对介电常数。

电磁波在每层结构内发生反射和折射等现象,能量随着传播距离增大逐渐衰减。根据接收器获取的反射信号信息,借助理论及经验公式和模型,可较为准确地识别和解释路面结构层的病害信息。

1.2　探地雷达系统

探路雷达系统主要由收发组件、数据采集与成像系统构成。具体结构组成和工作原理如图2所示。

1.3　病害识别方法

探地雷达检测道路深层病害方法主要分为两类:信号判断和图像识别。结合探地雷达检测结果的数据形式,信号判断主要针对一维数据A-Scan,图像识别则主要针对二维数据B-Scan和C-Scan。

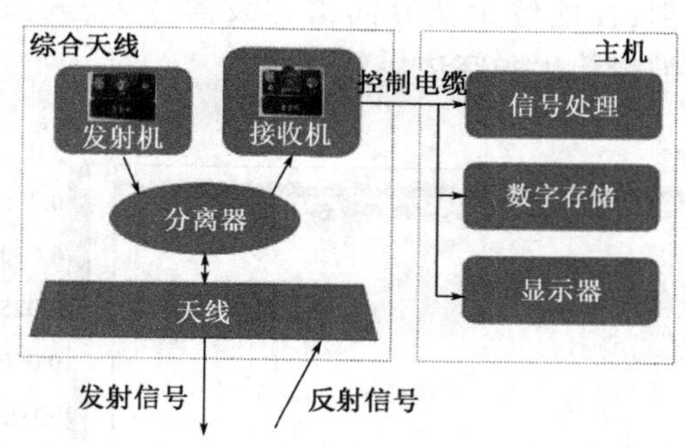

图2　工作原理图

采用 A-Scan 方法进行雷达信号判断,可以保留所有信息,而且检测速度快。但是,一维数据信息量有限,无法满足大规模的道路检测要求。B-Scan 方法进行图像识别是目前主流的方式,检测精度和速度相对平衡,基本能够满足检测要求。C-Scan 方法需要考虑三维数据的整体输入,目前的主流模型较难满足要求。本文采用 B-Scan 方法进行图像识别。

2　路面结构深层病害探路雷达正演

为深入认识探地雷达图谱的病害特征,利用 gprMax 对路面深层病害作正演模拟,获取道路深层病害正演雷达图像。分析病害图谱特征,可以为探路雷达检测的路面病害图谱的识别解释,以及确定合理的养护方案提供参考和依据。

gprMax 是一款基于有限差分法模拟电磁波传播的软件,基本原理是通过有限差分时域来求解 Maxwell 方程。

2.1　正演模型及参数设置

高寒干旱地区公路沥青路面病害的主要类型有裂缝、层间脱空、松散等[15]。为研究常见深层病害的数值模拟雷达图像,设计了裂缝、脱空及基层松散的正演模型。

2.1.1　模型构建

探路雷达检测的正演仿真道路结构如图 3 所示,道路模型结构为 21cm 的沥青混凝土面层、54cm 的水泥稳定砂砾基层和 30cm 的路基,具体的介质参数见表 1。

正演模型设定的参数　　表1

指标	参数及规格		
雷达参数	天线频率	天线间距	天线步长
	400Mhz	26cm	2cm
介电参数	路基	基层	面层
	7	12	6
电导率(S/m)	0.005	0.005	0.005

模型的长度为 3m,深度为 0.5m,病害模型图如图 3 所示。

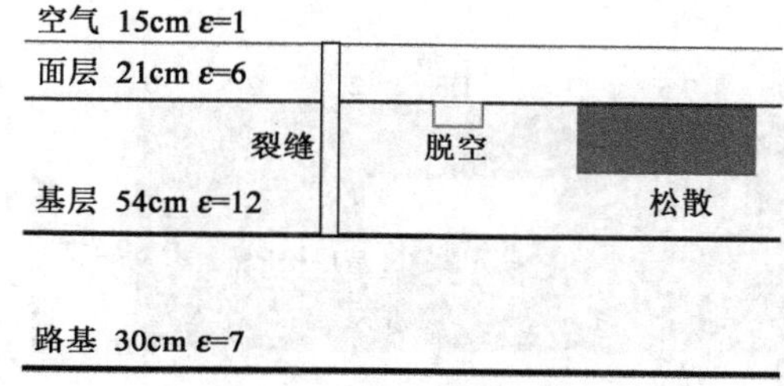

图3　公路深层病害正演模型

2.2　沥青路面病害正演结果

2.2.1　裂缝

如图 4 所示,当裂缝由面层顶部贯穿至基层底时,多通道成像图中的双曲线反射特征整体较明显,反射特征较容易识别。

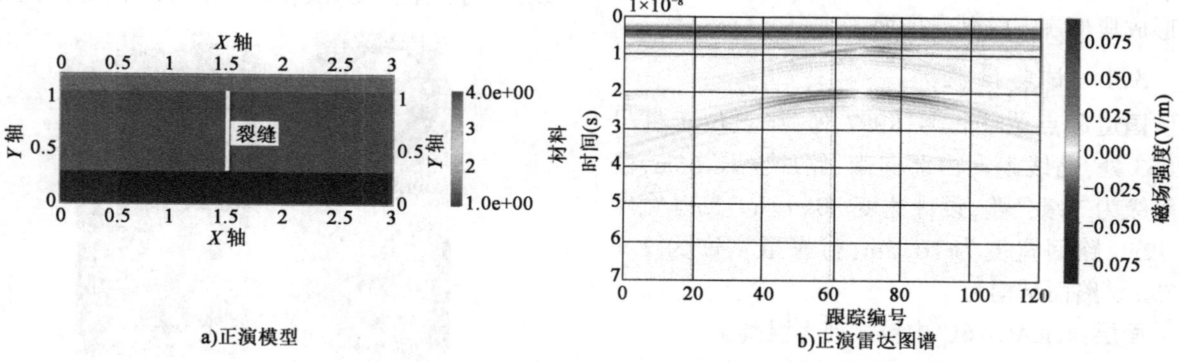

图4　裂缝的多通道图谱

2.2.2　脱空

如图 5 所示,脱空处基层与空气交界面会产生反射,在此位置交界面雷达波信号大、振幅强,绕射波描绘出脱空边界。

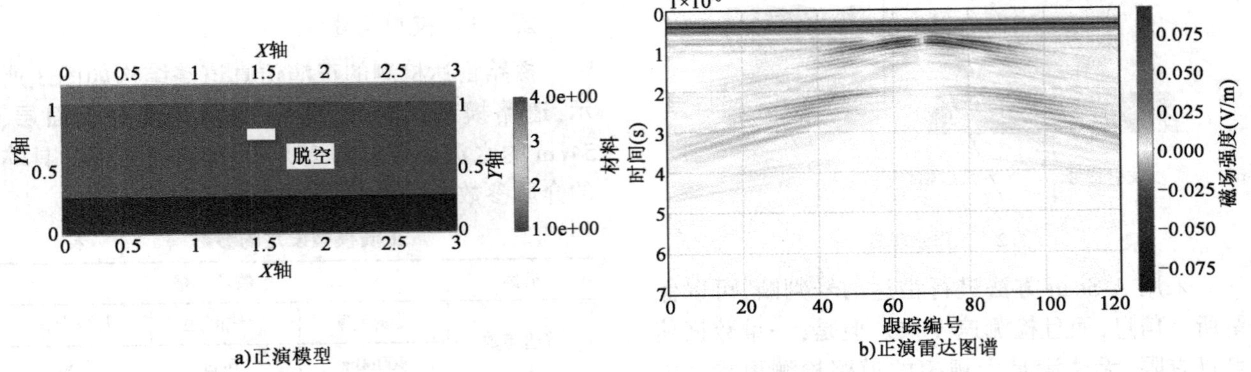

a)正演模型　　b)正演雷达图谱

图 5　脱空的多通道图谱

2.2.3　基层松散

如图 6 所示,未松散的基层介电常数差异不明显,反射波能量小,表现为谱图上同轴相未发生变化。基层松散处的发射信号,产生较强的反射,波形较为混乱,呈现弧状,同相轴错断,规律性差,其呈现同相轴不连续和错段。

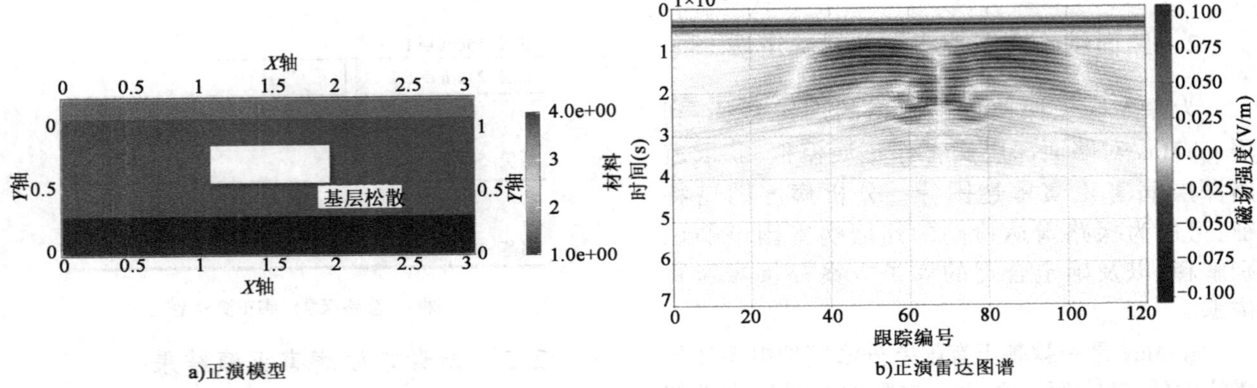

a)正演模型　　b)正演雷达图谱

图 6　基层松散的多通道图谱

3　探地雷达图像分析病害特征汇总-实例

以新疆某国道为例,利用专用道路探地雷达进行道路病害检测,来验证正演模拟结果,完善总结形成典型病害的判定依据。

3.1　试验段概况

国道起点位于桩号 K997 处,终点位于桩号 K1063 处,路线走向由北向南,路线全长 66m,公路等级为二级公路,设计速度 80km/h。路基宽度为 12m,路面宽度为 10.5m,行车道宽度为 2 × 3.75m。路面结构为:

面层:4cmAC-16C 中粒式沥青混凝土;

基层:20cm 水泥稳定砂砾基层;

底基层:20 ~ 29cm 天然沙砾底基层。

3.2　检测方案

实验采用的 LTD-2600 道路探地雷达系统,如图 7 所示,主要由雷达主机、LTD 全系列地面屏蔽天线、空气耦合喇叭天线、LSC 综合电缆和支架等组成。

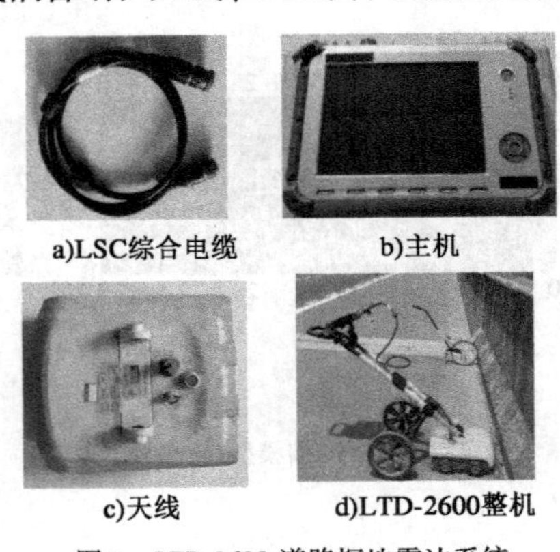
a)LSC综合电缆　　b)主机
c)天线　　d)LTD-2600整机

图 7　LTD-2600 道路探地雷达系统

技术参数详见表2。

雷达主机技术规格　　表2

序号	指标	规格
1	连续工作时间	≥4h
2	体积	340mm×268mm×70mm
3	主机重量	3.5kg
4	AD位数	16位
5	扫描速率	16/32/64/128/256/512/1024Hz可选
6	记录道长度	256/512/1024/2048/4096/8192可选
7	时窗范围	5~8000ns
8	动态范围	-10~130dB
9	实时软件处理功能	滤波、放大、道间平均、去背景处理
10	测量方式	逐点测量、距离触发测量、连续测量可选
11	工作温度：	-10~+50℃

经过现场踏勘，试验段选取K1035+980~K1035+990左幅和K1005+600~K1005+700右幅两段实施道路探地雷达检测及钻芯取样。

3.3 雷达检测结果

3.3.1 K1035+980~K1035+990左幅

经现场踏勘本路段出现重度龟裂、块裂如图8a)所示。雷达图谱[图8b)]中发射信号，产生较强的反射。而且波形较为混乱，规律性差，轴相关性差，其呈现同相轴不连续和错段，出现裂缝及松散的波形特征。在本路段选点钻芯取样结果显示[图8d)]：裂缝病害发展至整个面层和基层，沥青面层与水稳层结合差，水稳层顶部2~3cm松散破碎，中下部开裂，裂缝宽度约2mm。

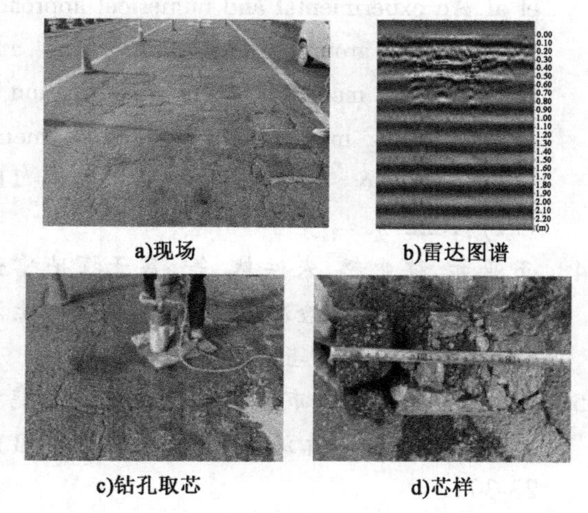

a)现场　b)雷达图谱　c)钻孔取芯　d)芯样

图8　K1035+980~K1035+990雷达检测

3.3.2 K1005+600~K1005+700右幅

经现场踏勘本路段路表出现横向裂缝病害，裂缝间的基层结构完好。如图9a)所示。雷达检测图谱[图9c)]显示：有明显的双曲线特征，基层底部位置波形较为混乱，相轴不连续。分析为裂缝已发展至基层底部，且裂缝底部伴随着基层松散。

a)现场

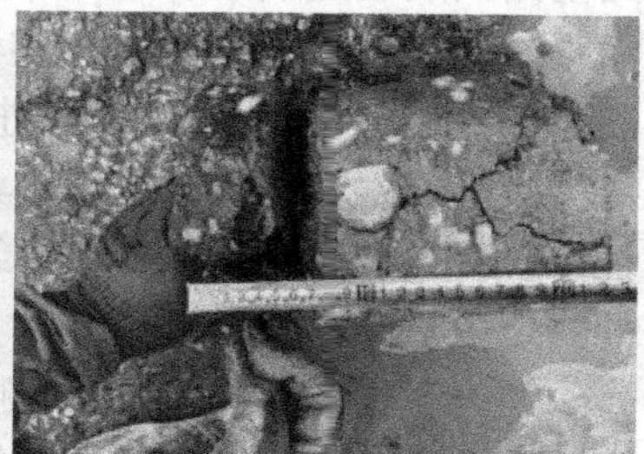

b)钻孔取芯

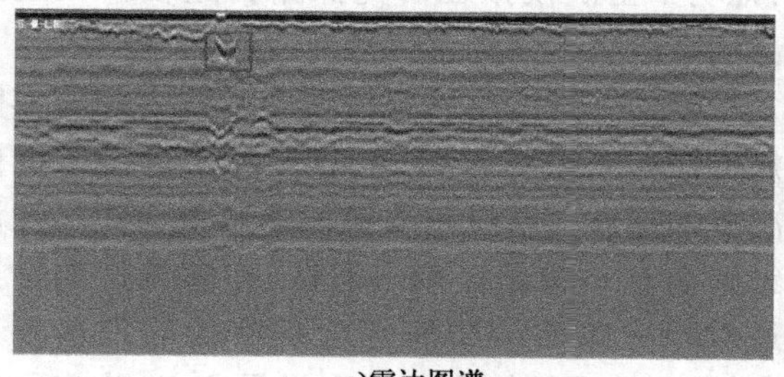

c)雷达图谱

图9　K1005+600~K1005+700雷达检测

钻芯取样[图9b)]显示裂缝由面层贯通至基层底，沥青面层与基层层间结合较差，水稳层中下部6~7cm松散破碎。

4 沥青路面典型病害图谱特征

三种典型病害模拟结果与实测结果的一致性，充分验证了病害模拟模型的有效性，进而反映出正演模型得到的结论具有一定的参考价值。结合实测结果，将高寒干旱地区半刚性基层沥青路面常发的深层病害的判定依据总结如下：

裂缝：分析裂缝的雷达图谱，可以看出雷达波反射信号在两边呈现直线延伸，但信号不明显，波形有明显的双曲线特征，与正演模拟结果相同。

脱空：分析脱空的雷达图谱，可以看出脱空区的雷达波反射信号在交界面处反射波振幅增大，同相轴错段，内部反射波增多，有一段水平强反射信号，波形呈现出脱空病害对应顶部距离较大的双曲线反射特征，并呈现高亮区域。

松散：分析松散的雷达图谱，可以看到有雷达波发射信号,产生较强的反射。但是雷达波的波形较为混乱,同相轴错断,规律性差,其呈现同相轴不连续和错段,波形具有较为杂乱的波形特征,与正演模拟结果相同。

5 结语

基于有限差分软件 gprMax 对探路雷达检测路基路面病害进行仿真模拟,对比了半刚性基层沥青试验路路面的雷达检测实测结果,并对裂缝、脱空和基层松散等典型病害进行了特征分析,总结了裂缝、脱空和基层松散等典型病害的成像特征,提出了高寒干旱地区路面结构典型深层病害的判定依据。

结合正演模拟与现场实测结果进行对比,可以看出正演模拟与现场探测、钻芯的结果较为吻合,证明了正演模拟在研究探路雷达在探测道路内部病害应用方面的可行性。

在路面结构深层病害模型中的病害相较实际的病害结构上整体性更好,且实际中的病害周围情况更加复杂。所以正演模拟的结果与实际探测的结果会有一定的区别。但是,正演模拟的结果通过对相应路面结构病害电磁特征的现场校正后,对解释路面结构病害具有指导意义,为实际使用探地雷达检测路面病害的判别提供参考。

参考文献

[1] CALLIGARIS C, FORTE E, BUSETTI A, et al. A joint geophysical approach to tune an integrated sinkhole monitoring method in evaporitic environments [J]. Near Surface Geophysics, 2023, 21(5): 317-332.

[2] XIE J, NIU F, SU W, et al. Identifying airport runway pavement diseases using complex signal analysis in gpr post-processing[J]. Journal of Applied Geophysics, 2021, 192.

[3] LI Y, LIU H, WANG S, et al. Method of railway subgrade diseases (defects) inspection, based on ground penetrating radar[J]. Acta Polytechnica Hungarica, 2023, 20(1): 199-211.

[4] CAO Y, LIU Q, TAO L. Application of ground penetrating radar for detecting grouting quality in highway tunnel[C/OL]. https://ieeexplore.ieee.org/document/8785549/.

[5] ATA M, ABOUHAMAD M, HASSANIEN SERROR M, et al. Data acquisition and structural analysis for bridge deck condition assessment using ground penetration radar: 04021064 [J]. Journal of Performance of Constructed Facilities, 2021, 35(5).

[6] BAO Y W, GAO R X, GUO D, et al. Forward modelling and detection of GPR in urban road base disease [J] Chemical Engineering Transactions, 2015, 46: 445-450.

[7] 陈廷柱. 探地雷达在检测道路路基病害中的应用[J]. 南阳理工学院学报, 2015, 7(4): 83-85, 93.

[8] LING J, QIAN R, SHANG K, et al. Research on the dynamic monitoring technology of road subgrades with time-lapse full-coverage 3d ground penetrating radar (GPR) [J]. Remote Sensing, 2022, 14(7): 1593.

[9] 许献磊, 杨峰, 乔旭, 等. 基于 GPR 的城市道路地下病害差值检测方法研究[J]. 科学技术与工程, 2016, 16(12): 83-88.

[10] 曾雄鹰, 王佳龙, 梁晓东, 等. 基于双频高动态探地雷达技术的道路地下病害检测研究[J]. 地球物理学进展, 2022, 37(5): 2225-2232.

[11] 张海如, 王国富, 张法全. 基于探地雷达信号频带介电谱特征的公路早期病害检测[J]. 科学技术与工程, 2018, 18(4): 344-348.

[12] 王鹏. 探地雷达在人行道地下病害体检测中的应用[J]. 测绘通报, 2019(S1): 199-203.

[13] RASOL M A, PEREZ-GRACIA V, SOLLA M, et al. An experimental and numerical approach to combine ground penetrating radar and computational modeling for the identification of early cracking in cement concrete pavements [J]. NDT & E International, 2020, 115 (SI): 102293.

[14] 王亚奇, 嵇业超, 朱浩然, 等. 基于探地雷达的路面隐性病害检测与识别研究[J]. 上海公路, 2021(3): 47-53, 154.

[15] 崔信. 乌鲁木齐城市道路服役状研究及病害成因浅析[J]. 青海交通科技, 2015(3): 23-30.

基于语义分割模型的沥青路面裂缝识别算法

李保险[1] 裴政旭[1] 张怀志*[1] 初 旭[1] 陆凤岐[2] 周思奇[1] 杨 梦[1]
(1. 沈阳建筑大学交通与测绘工程学院;
2. 辽宁轨道交通职业学院)

摘 要 为了准确识别高分辨率路面图像中的裂缝类病害,本文提出使用多种基于语义分割模型的裂缝提取方法。首先,将原始的路面图像进行处理拼接成整幅车道的路面图像,并对路面图像和标签图像进行预处理,将处理后的道路、标签图像作为不同的语义分割模型的图像库。其次,分别搭建 U-Net、Tiny-U-Net、U-Net + + (w/o DS)和 U-Net + + (w/DS)四种语义分割网络模型。在搭建好的路面图像数据库中,提取 7800 对图像库作为训练集和验证集。试验结果表明,U-Net + + L^3分支分割图像的 MIoU 较 U-Net 和 Tiny-U-Net 提高 2.0740% 和 4.6775%,PA 较 U-Net 降低 0.3614%,较 Tiny-U-Net 提高 0.0366%;试验结果表明,相较 U-Net,U-Net + + L^3分支由于应用了跳跃式连接结构,其在图像边缘和微小裂缝方面的识别效果更好。U-Net + + L^3分支分割图像的 MIoU 较 U-Net + + (w/o DS)降低0.0858%,PA 较 U-Net + + (w/o DS)降低 0.0937%,较 U-Net + + (w/DS)的 MIoU 与 PA 差别不大且预测效果极为接近。U-Net + + L^3分支相较 U-Net + + (w/o DS)和 U-Net + + (w/DS)来说在裂缝主干和图像边缘裂缝的识别效果上差异不大,是层数更少的模型。最终本文提出,U-Net + + L^3分支的网络更适合高分辨率路面图像中裂缝类病害的识别。

关键词 道路工程 深度学习 图像处理 语义分割 路面裂缝 裂缝检测

0 引言

随着我国公路总里程数的不断攀升,目前已形成以高速公路为骨架、普通干线为脉络、农村公路为基础的全国公路网。沥青路面作为我国公路建设优选的面层结构形式,具有行车舒适、抗滑性好、噪声小、养护维修简便等优势。但由于沥青混合料力学特性及施工质量等问题,沥青路面在服役期间,早期病害频发,路面结构损坏日益加重,路面材料性能持续衰减。路表面病害通常是道路结构损坏与路面材料缺陷在整个寿命周期内的集中体现[1-2],因此周期性的路面病害检测结果是路面道路养护决策体系的基础信息,亦是预估路面使用寿命和服役性能的可靠依据[3]。

快速准确地获取路面病害信息是道路管养的关键。传统检测方法是定期的人工巡查,该方法具有安全性差,主观性强、检测速度慢、精度低等缺点[4]。近十年间多功能路面检测车的广泛应用将路面病害检测逐渐带入了自动化时代。目前,绝大多数的公路管养部门可实现在行车速度下采集路面图像,并由人工进行内业处理,提取和统计路面病害。这种外业数据采集 + 内业人工提取病害已成为当前常用的病害检测方式[5]。由于内业工作枯燥且耗时,众多学者便将目光投向了自动化路面病害识别算法的研究。传统的路面裂缝自动化检测主要通过边缘检测算法[6]和阈值分割算法[7]实现。1998 年 Chanda[8]等人提出一种基于多尺度形态学的边缘检测算法,该算法有一定的抗噪性,但由于道路裂缝图像噪声的复杂性,该算法单独使用的效果并不理性。2009 年,Katakam[9]提出一种基于路面裂缝图像子块的阈值分割处理算法,将阈值分割处理应用在图像内每一个分割的子块中,最终得到裂缝信息,但该方法对道路裂缝图像的质量要求较高,因此检测效果不理想。2010 年,Tsai[10]等人阐述了图像分割技术在自动检测中的重要意义,并提出动态阈值的重要性。综上,传统的路面裂缝自动化检测方法相较人工检测提高了一定的效率,但在检测精度和自动化程度上仍存在不足。

随着深度学习理论的不断发展,在许多领域

基金项目:辽宁省博士科研启动基金计划项目,基于图像描述的沥青路面病害全目标智能描述算法编号:2022-BS-189。

内均得到了广泛应用并产生重大突破。基于深度学习理论的图像分类与分割技术的优势在于构建多层神经网络来对复杂概念进行逐级抽象概括，并利用大量经验数据的学习对未知的复杂问题进行准确判断与识别，最具代表性的模型结构为卷积神经网络(CNN)[11-12]。2016年Zhang[13]等人开始使用深度学习方法对路面裂缝进行检测，试验结果证明CNN相比传统方法可以更有效地消除图像噪声的影响，实现路面裂缝的自动检测。2017年Cha[14]等人利用图像处理技术对路面图片进行滤波处理，再使用CNN检测道路路面裂缝。2018年沙爱民[3]等人将2个CNN组合，首先进行道路路面病害识别，然后进行病害特征提取，最终实现道路病害的自动识别与量测。

U-Net深度学习模型是一种改进的全卷积神经网络模型(FCN)[15]，网络中无全连接层，可实现对于任意大小图像的语义分割检测。近年来在多个不同领域都实现使用该神经网络进行图像处理，检测性优异[16]。2015年，Ronneberger[17]等人提出U-Net神经网络模型，最早用于医学图像中的语义分割。该模型以卷积神经网络理论为基础，创造性地提出对称的编码与解码结构形式，实现了医学图像中像素级别的语义分割。2018年，Zhuo[18]等人提出一种基于U-Net的网络结构改进的U-Net++神经网络模型，该模型重新设计的连接式跳跃结构编码器与解码器之间子网络的特征图之间的语义差距，在医学图像上实现了优于U-Net模型的分割效果。2020年，Huang[19]等人提出一种基于U-Net和U-Net++模型的改进的U型结构网络，命名为U-Net3+，该网络重新设计了编码器和解码器之间的相互连接以及解码器之间的内部连接，以从全尺度捕获细粒度的细节和粗粒度的语义，在医学图像上实现了高精度目标识别、减少了网络参数并提高了计算效率。2019年Liu[20]等人和Ju[21]等人均提出将U-Net卷积神经网络应用于道路路面裂缝检测中，并且Ju等人提出一种基于U-Net改进的CrackU-Net实现对路面裂缝的自动识别，并且试验结果表明CrackU-Net对道路裂缝的识别效果比传统方法、全卷积网络(FCN)和U-Net均具有明显优势。2020年Stephen[22]等人提出一种基于U-Net改进的卷积神经网络，其使用预训练的ResNet-34神经网络取代U-Net的编码器，并使用基于循环学习的“单周期”训练计划来加快收敛速度，并取得了较好的训练效果。

综上所述，U-Net深度学习模型及其改进模型可实现不同种类图像中的目标分割，对于道路图像中的裂缝病害提取也有明显效果。但是，由于部分研究采用的数据集为随机收集的路面图像，因此不能实现研究成果工程应用。此外，由于经过训练的深度学习模型在工程应用中存在计算量大、推理耗时长等问题，一直没有得到实际的应用与推广。

1　系统概述

为实现训练模型的工程实用化，本文以多功能道路检测车采集的结构化沥青路面图像为研究对象。选取不同采集地点，不同采集参数下的高分辨率路面图像作为数据库的原始素材。首先，针对道路检测车采集图像的特点，进行左右相机图像拼接，以获得具有完整车道信息的路面图像。然后，以道路裂缝为标注目标，对收集到的高分辨率路面图像进行逐帧标注，同时分别对路面图像和标签图像进行预处理，包括调整图像尺寸、调整图像动态范围、灰度化等，在路面图像数据库中分别提取一定数量的路面图像与标签图像，设为训练集与测试集，比例约为7∶3。最后，搭建四种不同结构的路面裂缝分割深度学习模型，经过模型的训练与测试，对其识别准确率和推理时间进行对比分析。基于语义分割模型的沥青路面裂缝类病害识别流程如图1所示。

2　建立数据库

多功能道路检测车的原始路面图像由采集系统的左、右两个工业相机拍摄而成，每个相机采集的图像像素为2000×2048，即为实际路面的2.000×2.048m^2的面积。首先，为了在每张图像能够显示整个车道的信息，需要将左、右两个相机同步采集到的图像进行拼接，如图2所示。然后，针对数据库中的每张图像，进行路面裂缝类病害标注，将路面图像中裂缝类病害标注为红色，路面背景保存为白色(图3)。

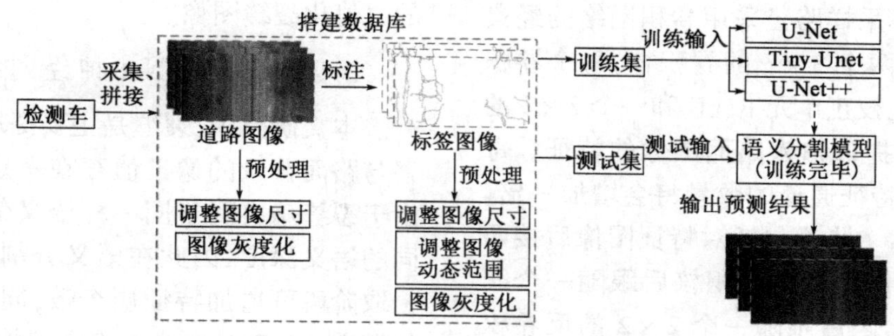

图1　路面裂缝类病害识别流程

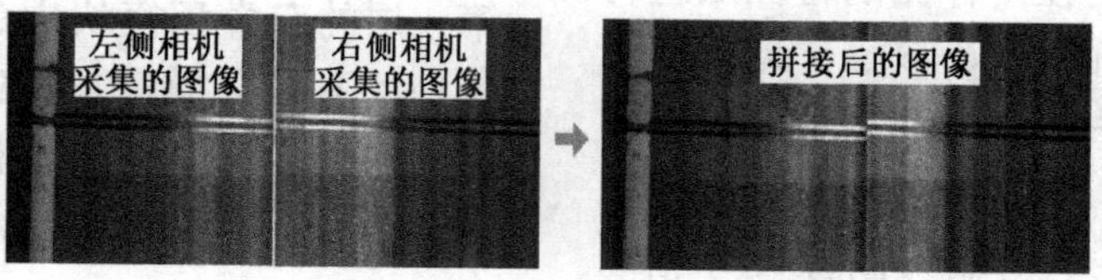

图2　路面图像的拼接

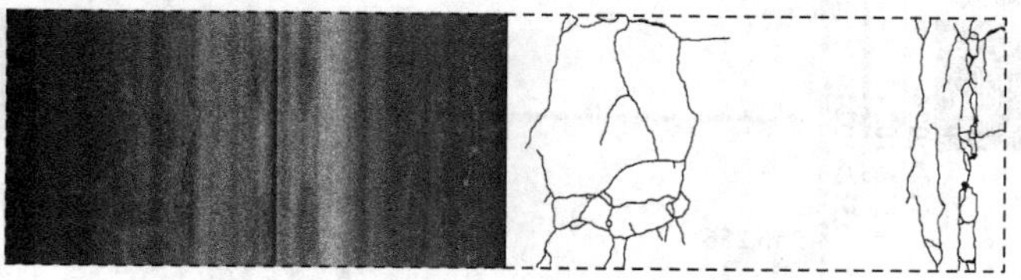

图3　人工标注的标签图像

3　基于语义分割网络的路面裂缝识别模型

3.1　U-Net 神经网络模型

U-Net 作为像素级别的语义分割模型相对 YOLO[23] 仅能识别目前区域的外接矩形框，U-Net 能够准确地输出目前区域的语义分割结果。而相对 Mask R-CNN[24]，U-Net 对细微目标提取的准确率更高。因此，利用 U-Net 作为基础模型进行改进，使其适用于道路裂缝类病害的提取。本文采用的 U-Net 神经网络模型的网络结构如图 4 所示。U-Net 神经网络模型主要由双卷积模块、下采样模块、上采样模块和 1×1 卷积模块组成，卷积编码和卷积解码的两条路径分别由多个模块组合而成，网络结构上整体呈现为 U 形。

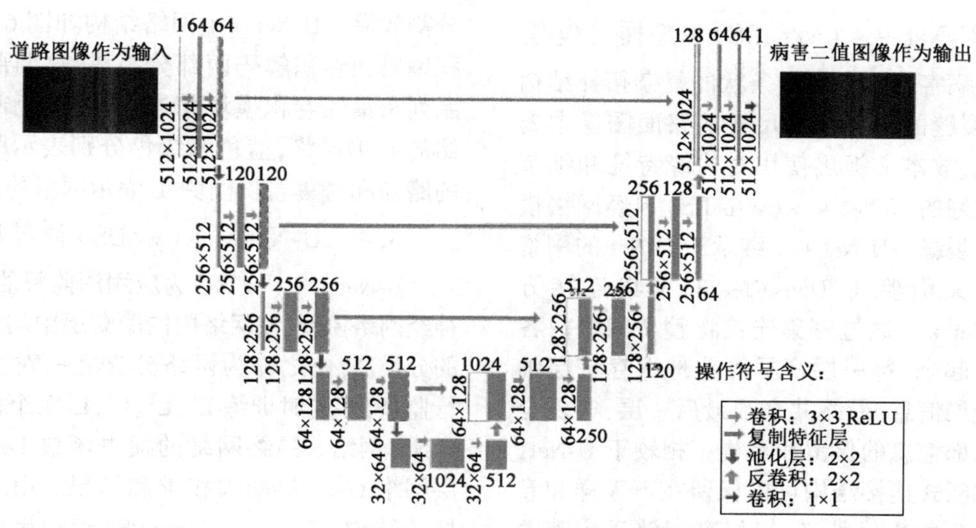

图4　U-Net 神经网络模型结构

网络模型中下采样路径采用卷积网络的经典结构,重复地应用两个 3 ×3 的卷积核,每个卷积核后跟随一个线性校正单元 ReLU 和一个 2 ×2 的最大池化层,用以提取输入路面图像的特征。每个下采样步骤中,特征通道的数量将会增加一倍。上采样路径中的每一步都包括对特征图像后接两个 3 ×3 的卷积核以及每个卷积核后跟随一个线性校正单元 ReLU,之后跟随一个 2 ×2 的反卷积核。为获得多尺度的特征,在每次反卷积之后,将反卷积特征层与下采样路径中存储的特征层进行合并,作为下一次反卷积的输入,该操作促进了训练过程中的反向传播损失最小化。在最后一层使用 1 ×1 的卷积核将 64 个分量的特征向量映射到一个通道中,最终输出一个与输入图像尺寸相同的二值化裂缝图像。

3.2　Tiny-U-Net 神经网络模型

本文研究中,裂缝是主要提取目标,裂缝类病害与路面背景的像素值存在一定的对比度,并且由于裂缝病害属于同一种语义信息,并且处于相同的语义深度,因此在语义分割网络的初始特征提取阶段可增加特征层个数,同时减少语义提取的深度。为验证此类深度学习模型的裂缝识别性能,本文提出 Tiny-U-Net。与 U-Net 相比,增加了第一层的双卷积模块中的特征层数量,同时减少了一次下采样操作,网络结构如图 5 所示。该网络同样由卷积编码和卷积解码两条路径组成,下采样至第三层后连接上采样操作。

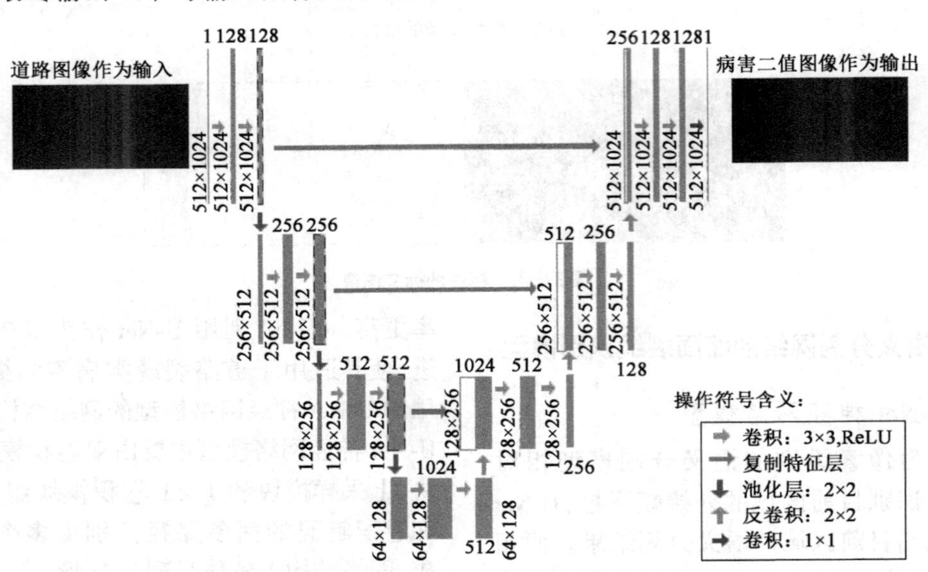

图 5　Tiny-U-Net 神经网络模型结构

3.3　U-Net + + (w/o DS) 神经网络模型

裂缝类病害的形态多为条状的复杂拓扑结构集合,因此裂缝的语义在大尺寸的路面图像中属于细节信息,故本文提出使用对边缘特征和细节特征保留较好的 U-Net + + (w/o DS) 神经网络模型提取路面裂缝。U-Net + + 继承于 U-Net 的网络结构,同时又借鉴了 DenseNet 的密集连接方式[25]。U-Net + + 通过密集连接将整个网络内各层相互关联起来,每一层都尽可能地保存该层细节信息和全局信息,最终共享给最后一层,实现全局信息和局部信息的保留和重构。相较于 U-Net,该网络的跳跃式连接结构可以保留在下采样和卷积操作中丢失的边缘特征,以提高裂缝类病害的分割效果。U-Net + + 网络结构如图 6 所示,由卷积编码和卷积解码两部分组成,这两部分通过一系列密集的卷积模块相连,图中黑色部分表示原始的 U 型网络,蓝色和绿色分别表示跳跃式连接的路径和密集卷积模块,L 表示网络的损失函数。

3.4　U-Net + + (w/DS) 神经网络模型

U-Net + + (w/DS) 为应用深监督的 U-Net + + 神经网络模型,该网络内的隐藏层中均添加了辅助的分类器,使之作为网络分支之一对主干网络进行监督,即同时训练 L^1、L^2、L^3、L^4 四个深度不同的 U-Net 网络。最终网络的损失函数 $Loss_{sum}$ 值为各层网络 $Loss_{Li}$ 值的加权求和结果。由于跳跃式连接的结构,U-Net + + (w/DS) 模型生成了多个语义层次的全分辨率特征图像,可以深度监控每个分支的训练情况,U-Net++(w/DS)网络结构如图7所示,该网络结构与U-Net++(w/o DS)网络相似,图中增加红色部分表示该网络内各层输出的 $Loss_{Li}$ 值。

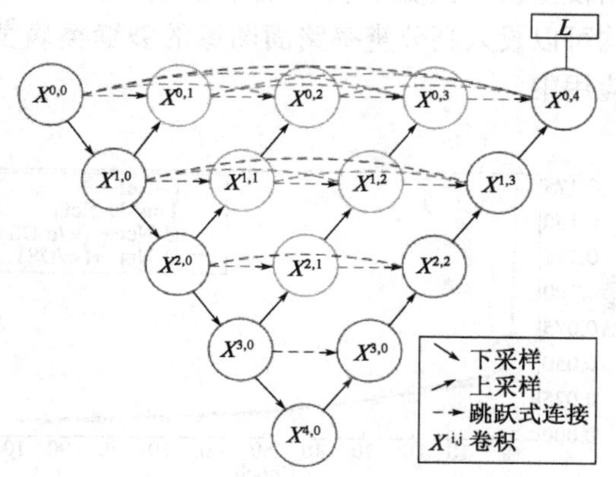

图6 U-Net++(w/o DS)神经网络模型结构

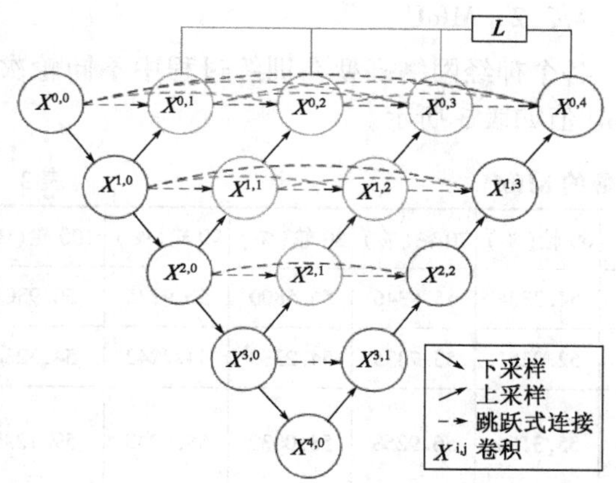

图7 U-Net++(w/DS)神经网络模型结构

在U-Net++模型中使用深监督,使模型可以在两种模式下运行:(1)精确模式,即所有分支分割的输出被平均;(2)快速模式,即使用某一分支的分割输出作为最终的输出图[18]。

U-Net++(w/DS)相较U-Net存在优势:可以在测试阶段进行剪枝。剪枝操作可以减少参数的计算量(L^1 和 L^4 的参数量相差很大),选择适合输入图像的网络深度,提高推理速度。

4 结论分析

4.1 评价指标

为验证本文提出的四种语义分割模型的性能,采用两种评价指标来评估不同模型在测试集上的表现:(1)图像分割结果的平均交并比(Mean Intersection Over Union,MIoU)。(2)像素准确率(Pixel Accuracy,PA)。

MIoU是目标检测和语义分割模型中常用的评价指标之一,能够衡量某几个类别的分割准确程度。对于某类别的交并比(Intersection Over Union,IoU)而言,其值为模型识别出的此类别区域与训练标签中此类别区域的重叠率,即标记区域和预测区域交集与并集的比值;MIoU即多个类别的IoU取平均值。在像素级的图像分割中,第1类到第 i 类的MIoU的计算方法为:

$$\mathrm{MIoU}=\frac{\sum_{i=1}^{k}\left(\frac{p_{ii}}{\sum_{j=1}^{k}p_{ij}+\sum_{j=1}^{k}p_{ji}-p_{ii}}\right)}{k} \tag{1}$$

式中:p_{ij}——标签分类为第 i 类,模型预测为第 j 类的像素数量;

p_{ii}——预测正确的像素数量;

$\sum_{j=1}^{k}p_{ij}$——图像中第 i 类像素总数,即标记区域;

$\sum_{j=1}^{k}p_{ji}$——图像中模型预测为第 i 类的像素总数,即预测区域;

k——类别数,本文图像分割试验是将路面图像分割为路面背景区域和裂缝类病害区域,所以 $k=2$。

PA是针对预测出的分割图像,逐像素地与标签图像进行比较,预测图像中的分类正确的像素数量与图像中总体像素数量的比值,其计算方法为:

$$\mathrm{PA}=\frac{\sum_{i=1}^{k}p_{ii}}{\sum_{i=1}^{k}\sum_{j=1}^{k}p_{ij}} \tag{2}$$

式中:$\sum_{i=1}^{k}p_{ii}$——图像中裂缝类别和路面背景类别所有预测正确的像素数量;

$\sum_{i=1}^{k}\sum_{j=1}^{k}p_{ij}$——图像全部的像素数量。

4.2 结果分析

四种语义分割网络模型均采用PyTorch框架就行搭建,并在同一台计算机上进行训练与测试,计算机设备基本参数如表1所示。

计算机基本参数　　表1

名称	型号
中央处理器	第12代英特尔 Core i7-12700KF 3.60GHz
计算机运行内存	16GB
主显卡	NVIDIA GeForce RTX 3090(24GB)
操作系统	Windows 10 专业版
CUDA	11.2

为了更加全面和客观地对语义分割模型的分割效果进行评估，本文利用相同的训练集图像对不同的语义分割模型进行训练，然后利用测试集对模型分割效果进行验证，网络模型训练中的超参数如学习率、训练周期等的取值如表2所示。

超参数的定义　　表2

超参数名称	超参数取值
Learn Rate	1×10^{-4}
Batch Size	2
Epochs	100
Beta1	0.9
Beta2	0.999
Eps	1×10^{-8}

4.2.1　损失函数值

U-Net模型、Tiny-U-Net模型、U-Net++(w/o DS)和U-Net++(w/DS)在训练中不同轮次的损失值如图8所示。以上四种网络分别训练100轮次，由Loss图像可看出，Loss值均小于1×10^{-3}，各网络模型损失函数的值均趋于收敛，说明以上网络均可以投入高分辨率路面图像的裂缝类病害识别应用中。

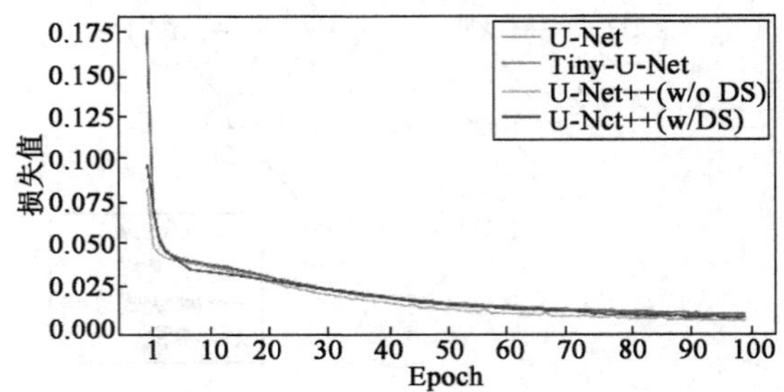

图8　各语义分割网络模型的损失曲线

4.2.2　MIoU

各个神经网络模型在训练过程中不同轮次的MIoU值如表3所示。

各语义分割模型分割图像的MIoU　　表3

模型	10轮(%)	20轮(%)	30轮(%)	40轮(%)	50轮(%)	60轮(%)	70轮(%)	80轮(%)	90轮(%)	100轮(%)
U-Net	38.7290	45.6360	49.5319	52.9292	53.8539	54.7824	55.9346	56.5800	56.9275	56.9301
Tiny-U-Net	36.4402	42.4635	45.9366	49.6210	51.9284	52.9251	53.7335	54.2239	54.3242	54.3266
U-Net++(w/o DS)	37.6545	44.9422	48.4347	51.9299	52.4758	55.3164	56.9268	58.0032	58.9248	59.1299
U-Net++(w/DS)	36.3583	44.7572	48.5834	52.0162	52.8077	55.8513	56.2910	58.0601	58.9858	59.1443

以下对U-Net++(w/DS)神经网络模型进行剪枝的操作并在精确模式下在验证集上计算评价指标。U-Net++(w/DS)模型不同分支的分割结果计算出的MIoU如表4所示。

U-Net++(w/DS)模型不同分支分割图像的MIoU　　表4

模型分支	U-Net++ L^1	U-Net++ L^2	U-Net++ L^3
MIoU(%)	49.8400	55.9303	59.0041

4.2.3　PA

各神经网络模型在训练过程中不同轮次的PA计算结果如图9所示。

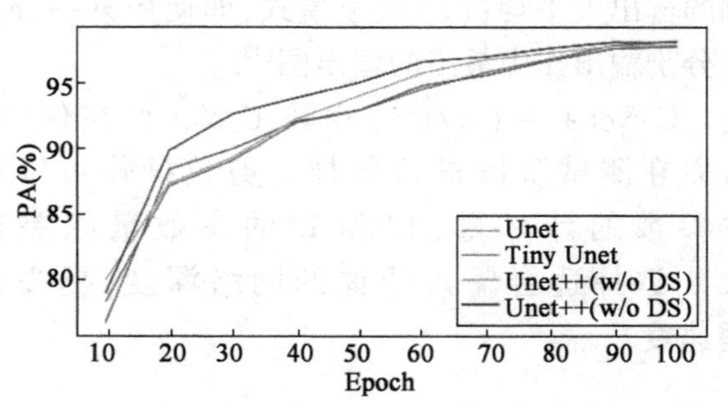

图9　各语义分割模型分割图像的PA

对于U-Net++(w/DS)神经网络模型，不同分支的分割结果计算得到的PA如表5所示。

表5 U-Net++(w/DS)模型不同分支分割图像的PA

网络分支	U-Net++ L^1	U-Net++ L^2	U-Net++ L^3
PA(%)	92.3476	96.0613	98.0298

U-Net和Tiny-U-Net模型在100轮次的训练中,损失曲线非常相似,MIoU和PA计算结果有一定的差距。Loss值最小分别在7.79×10^{-3}和9.08×10^{-3};以在最小Loss值情况下保存的模型进行分割评价指标的计算,MIoU分别为56.9301%和54.3266%,PA分别为98.3912%和97.9932%,结合预测图像来看,U-Net相对Tiny-U-Net的预测结果更好,能准确识别出较完整且联通的整条裂缝主干,在多条裂缝交汇处的识别准确度更高;Tiny-U-Net由于可训练参数的减少提高了训练及推理速度,但在裂缝类病害的识别效果与识别精度上不如U-Net。

U-Net++(w/o DS)和U-Net++(w/DS)模型Loss值的收敛速度很接近,U-Net++(w/o DS)模型的Loss值最小为5.42×10^{-3},比U-Net++(w/DS)模型的Loss值最小6.68×10^{-3}更接近于0,训练效果更好,但结合预测图像来看,U-Net++(w/DS)模型对裂缝主干的识别效果更好,且能更好地识别出短距离的较小的裂缝。

对于剪枝后的U-Net++(w/DS)模型,U-Net++ L^4分支的MIoU和PA分别为59.1299%和98.3021%;U-Net++ L^3分支的MIoU和PA分别为59.0041%和98.0298%。结合数据结果和预测图像,U-Net++ L^4和U-Net++ L^3的识别效果较接近,但U-Net++ L^3分支相对U-Net++ L^4的计算参数更少,模型体量更小,可以使用更少的计算资源并得到较好的识别结果。

4.3 不同网络结构对分割效果的影响

各语义分割模型对于路面图像中裂缝类病害的预测结果图像如图10、图11所示。如图10,针对纵向裂缝的主干识别效果,U-Net识别效果最好,基本实现完整识别裂缝主干及走向。U-Net++(w/DS)、U-Net++(w/o DS)、U-Net++ L^3分支识别效果其次,这三种网络在裂缝主干的走向上存在裂缝主干断裂,但裂缝主体及走向基本识别准确。Tiny-U-Net的识别结果再次,该网络在裂缝主体的识别上存在更长的未识别区域,效果相较以上三种模型较差。U-Net++ L^2、U-Net++ L^1识别效果最差,其在识别结果中存在大量的裂缝主体断裂不连续,不符合工程应用标准。针对细小裂缝及图像边缘裂缝识别效果,U-Net++(w/DS)、U-Net++(w/o DS)、U-Net++ L^3分支识别效果最好,如图中靠近图像下部的细小裂缝,以上三种模型是所有模型中识别效果最好的,但仍然存在部分未识别的情况。U-Net、Tiny-U-Net、U-Net++ L2、U-Net++ L1存在细小裂缝主体未识别甚至完全未识别出裂缝的情况。

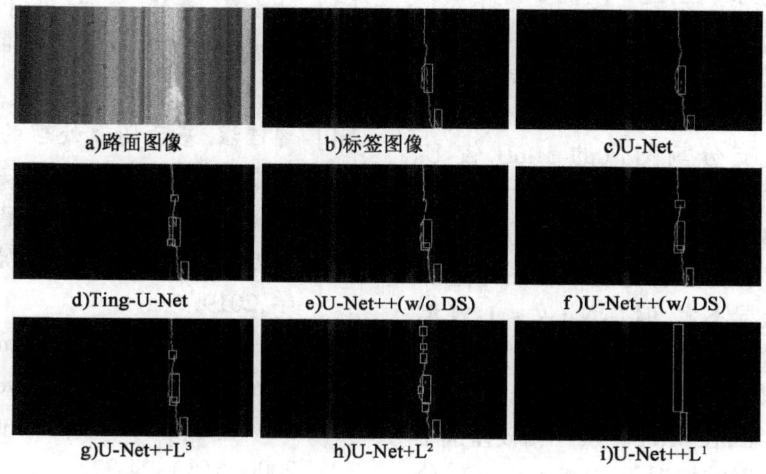

图10 各语义分割模型预测裂缝图像一

如图11所示,针对同时识别多条横、纵裂缝的效果来看,U-Net、U-Net++(w/o DS)、U-Net++(w/DS)、U-Net++ L^3网络模型的主要裂缝的骨架主体的识别效果相似。Tiny-U-Net的识别结果中裂缝主体断裂,识别效果稍差。U-Net + + L^2、U-Net + + L^1模型出现大量裂缝走向发生改变时未识别导致裂缝主体断裂,识别效果较差。针对靠近图像边缘的细小裂缝识别,Tiny-U-Net、U-Net + +(w/DS)、U-Net + + L^3识别效果相似,多条细小裂缝的位置已识别但存在部分识别出的裂缝中有断裂。U-Net 识别效果其次,该网络在多条细小裂缝的识别中存在整条裂缝未识别出的情况。U-Net + +(w/o DS)、U-Net + + L^2、U-Net + + L^1的识别效果最差,存在大量细小裂缝识别轮廓及走向均不清晰甚至未识别出裂缝信息。

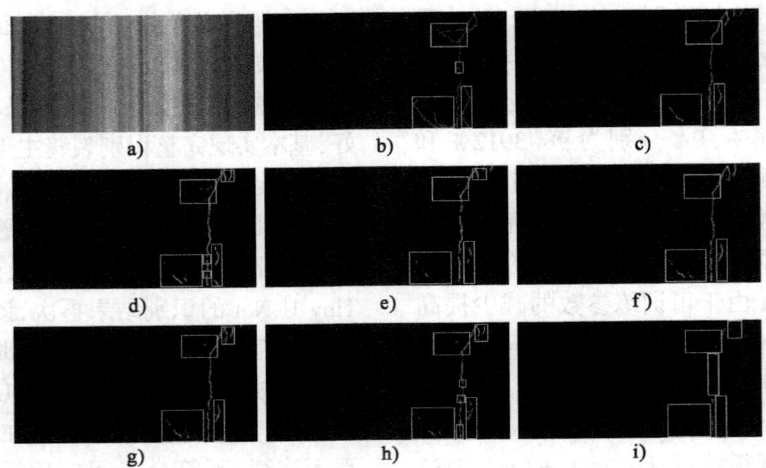

图 11 各语义分割模型预测裂缝图像二(各预测模型对应图像与图 10 相同)

5 结语

U-Net + + L^3分支分割图像的 MIoU 较 U-Net 和 Tiny-U-Net 提高 2.0740% 和 4.6775%;PA 较 U-Net 降低 0.3614%,较 Tiny-U-Net 提高 0.0366%。结合识别结果来看,U-Net + + L^3分支在识别细小裂缝时能识别出图像边缘的整条细小裂缝中的一部分裂缝段,但是 U-Net 几乎不能识别出边缘细小裂缝。U-Net + + L^3分支由于跳跃式连接结构的存在,相较 U-Net,其在图像边缘的细小裂缝的识别效果更好。

U-Net + + L^3 分支分割图像的 MIoU 较 U-Net + +(w/o DS)降低 0.0858%;PA 较 U-Net + +(w/o DS)降低 0.0937%。U-Net + + L^3分支相较 U-Net + +(w/o DS)来说在裂缝主干和图像边缘裂缝的识别效果上差异不大,但 U-Net + + L^3模型的计算参数更少,模型体量更小。

U-Net + + L^3分支是 U-Net + +(w/DS)在推理阶段进行剪枝后的模型,在 MIoU 与 PA 相较差别不大且预测效果极为接近的情况下,U-Net + + L^3分支模型更轻量化。

最终本文提出,U-Net + + L^3分支的网络更适合多功能道路检测车拍摄的高分辨率路面图像中裂缝类病害的识别,在实际工程中也具有一定的借鉴意义。

参考文献

[1] 魏道新. 半刚性基层沥青路面损坏模式与结构优化研究[D]. 西安:长安大学,2010.

[2] 谭忆秋,姚李,王海朋,等. 沥青路面结构早期损坏层位分析及对策研究[J]. 公路交通科技,2012,29(5):13-18 +29.

[3] 沙爱民,童峥,高杰. 基于卷积神经网络的路表病害识别与测量[J]. 中国公路学报,2018,31(1):10.

[4] 曹佳煜. 基于图像处理的路面裂缝自动检测技术研究[D]. 西安:长安大学,2014.

[5] 李保险. 基于路面三维图像的沥青路面裂缝自动识别算法[D]. 成都:西南交通大学,2019.

[6] WANG K C P. Designs and implementations of automated systems for pavement surface distress survey[J]. Journal of Infrastructure Systems, 2000,6(1):24-32.

[7] PAL,N R,S K. Object-background segmentation using new definitions of entropy[J]. Computers and Digital Techniques, IEE Proceedings E,1989.

[8] CHANDA B,KUNDU M K,PADMAJA Y V. A multi-scale morphologic edge detector [J]. Pattern Recognition,1998,31(10):1469-1478.

[9] KATAKAM N. Pavement Crack Detection System Through LocalizedThresholing[D]. University of Toledo,2009.

[10] TSAI Y C, KAUL V, MERSEREAU R M. Critical assessment of pavement distress segmentation methods [J]. Journal of transportation engineering, 2010, 136 (1): 11-19.

[11] KRIZHEVSKY A,SUTSKEVER I,HINTON G E. ImageNet classification with deep convolutional neural networks[J]. Commun. ACM,2017,60(6):84-90.

[12] LECUN Y,BOTTOU L. Gradient-based lear ning applied to document recognition [J]. Proceedings of the IEEE,1998,86(11):2278-2324.

[13] ZHANG L,YANG F,ZHANG D,et al. Road crack detection using deep convolutional neural network[C]. Proceedings of the IEEE International Conference on Image Processing,Phoenix,AZ,USA,2016:1-5.

[14] CHA Y J,CHOI W,BüYüKöZTüRK O. Deep Learning-Based Crack Damage Detection Using Convolutional Neural Networks [J]. Computer-Aided Civil and Infrastructure Engineering,2017,32(5):361-378.

[15] LONG,JONATHAN,SHELHAMER,et al. Fully Convolutional Networks for Semantic Segmentation[J]. IEEE Transactions on Pattern Analysis & Machine Intelligence,2017.

[16] 朱苏雅,杜建超,李云松,等.采用U-Net卷积网络的桥梁裂缝检测方法[J].西安电子科技大学学报,2019,46(4):8.

[17] RONNEBERGER O,FISCHER P,BROX T. U-net: Convolutional networks for biomedical image segmentation [C] // Medical image computing and computer-assisted intervention-MICCAI 2015:18th international conference, Munich, Germany, October 5-9, 2015, proceedings,part III 18. Springer International Publishing,2015:234-241.

[18] ZHOU Z,SIDDIQUEE M M R,TAJBAKHSH N, et al. U-Net + +: A Nested U-Net Architecture for Medical Image Segmentation [C]//4th Deep Learning in Medical Image Analysis(DLMIA) Workshop. 2018.

[19] HUANG H,LIN L,TONG R,et al. U-Net 3 +: A Full-Scale Connected U-Net for Medical Image Segmentation[C]//ICASSP 2020-2020 IEEE International Conference on Acoustics, Speech and Signal Processing (ICASSP). IEEE,2020.

[20] LIU Z, CAO Y, WANG Y, et al. Computer vision-based concrete crack detection using U-Net fully convolutional networks [J]. Automation in Construction,2019,104.

[21] JU H,LI W,TIGHE S,et al. CrackU-Net: A novel deep convolutional neural network for pixelwise pavement crack detection [J]. Structural Control and Health Monitoring, 2020(5):e2551.

[22] LAU S,CHONG E,YANG X,et al. Automated Pavement Crack Segmentation Using U-Net-based Convolutional Neural Network [J]. IEEE Access,2020.

[23] REDMON J,DIVVALA S,GIRSHICK R,et al. You only look once: Unified, real-time object detection [C] // Proceedings of the IEEE conference on computer vision and pattern recognition. 2016:779-788.

[24] ANANTHARAMAN R,VELAZQUEZ M,LEE Y. Utilizing mask R-CNN for detection and segmentation of oral diseases [C] // 2018 IEEE international conference on bioinformatics and biomedicine (BIBM). IEEE,2018:2197-2204.

[25] HUANG G,LIU Z,LAURENS V,et al. Densely Connected Convolutional Networks[C]// IEEE Computer Society. IEEE Computer Society,2016.

自动化视角下路面平整度检测技术研究进展

曹胡杨*[1]　耿莉雯[2]

(1.长安大学公路学院;2.长安大学长安都柏林国际交通学院)

摘　要　路面平整度是路面技术状况评价的重要指标之一,直接影响驾乘感受和行车安全。实现高效、准确的自动化路面平整度检测是保证完成日益繁重养护任务的必要条件。本文回顾了平整度评价指标,从集成化载具、数据采集、数据识别三方面综述了自动化视角下路面平整度检测技术的发展,指出了平整度检测技术的未来可能的发展方向。调研显示汽车、无人机、机器人等载具,三维激光扫描、三维高速相机、智能手机等数据采集手段,BP、NARX、LSTM等神经网络一同为路面平整度的自动化检测创造了条件。

关键词　路面检测　路面平整度　国际平整度指数IRI　三维激光扫描

0　引言

随着我国经济快速的发展,我国交通基础设施建设取得历史性成就,截至2022年末,我国公路里程已达到535.48万km,公路养护里程535.03万km,占公路里程比重为99.9%,全养路时代已经到来[1]。高效、准确的道路检测是完成繁重养护任务的必要条件。

路面平整度是路面技术状况评价的一个重要指标,1960年AASHTO道路试验研究表明大约95%的路面服务性能来自于道路表面的平整度,是一个涉及人、车、路三方面的指标[2]。路面平整度不仅能反映驾乘人员的感受和行车安全,也与道路服务质量和道路使用寿命有着紧密联系。因此,如何实现对路面平整度进行高效、精确的自动化检测是一直以来的研究重点。

目前,路面平整度检测技术已经从人工化、半自动化向着自动化发展。众多学者从检测载具、数据采集及识别技术等多方面进行优化,从而实现高效、精确的自动化检测。郭姣等[3-5]应用车载激光测量系统进行道路平整度检测,设计了平整度快速计算的算法,验证了通过激光测量车直接获取路面高程信息来计算IRI值的可能性。高仁强等[6-8]应用车载、机载激光雷达技术对道路进行点云与影像数据的获取,经过一系列滤波、插值等方法建立三维高程模型,在模型上进行平整度的可视化表达。车载、机载等快速载具的自动化发展为路面平整度检测提供了条件,机器学习、深度学习技术的发展真正为道面病害的自动化检测提供了内升动力。崔丹丹等[9-10]将车身质心垂直加速度信号和俯仰角加速度信号作为BP神经网络的输入,对路面功率谱密度进行了识别。田顺[11]在车辆振动仿真的基础上,对多种循环神经网络算法进行路面平整度的识别结果进行对比,发现LSTM神经网络识别效果更优。

本文旨在从路面平整度定义出发,回顾平整度评价指标,从集成化载具、数据采集、数据识别三方面综述了自动化视角下路面平整度检测技术的发展,指出了平整度检测技术的未来可能的发展方向。

1　路面平整度定义

路面平整度也被称为路面不平度,反映的是路面上凹凸不平和高程变化的程度,各国平整度的定义略有不同。中国交通运输部发布的《道路工程术语标准》(GBJ 124—1988)中规定路面平整度是路表面纵向凹凸量的偏差值。美国试验与材料协会(ASTM)定义路面平整度为路面表面相对于理想平面的竖向偏差[12]。因ASTM的定义充分考虑了人、车、路三方面的因素以及分析了其造成影响,所以得到广泛认可[13]。

2　路面平整度评价指标

2.1　现有路面平整度评价指标

目前国内外常用的评价指标有:三米直尺测定最大间隙Δh、平整度标准差σ、国际平整度指数

IRI、路面功率谱密度 PSD、路面纵断面指数 PI、路面平均评分等级 MPR、路面行驶质量数 RN 等。各平整度评价指标的原理及对应方法如表 1 所示。

常用平整度评价指标　　表 1

指标	原理	方法
Δh	路表与直尺基准面之间的最大间隙	3m 直尺法
σ	路面纵向相对高程变化的标准差	连续式平整度仪(八轮仪)
PSD	测量车辆行驶时的横向和垂向振动	功率谱密度法
PI	相对高程变化值和横移距离之比	加州断面仪
VBI	单向位移累积值	颠簸累计仪
MPR RN	主观评估	道路专业人士通过驾乘感受主观评估
IRI	标准车身悬架的总位移与行驶距离之比	适用于绝大部分方法及设备

日本规范中直接使用路面平整度标准差 σ 作为平整度指标,该指标一般被认为是得到 IRI 值的基础指标,我国曾通过大量实验研究证明两个指标通过实际项目可进行定量转换[14]。PSD 本身是车辆学科中的路面平整度指标,它主要通过测量车辆行驶时的横向和垂向振动来得到道路表面各测点的不平整率,从功率谱密度函数不仅能了解路面波的结构,还能反映出路面的总体特征[15-16]。路面纵断面指数 PI 主要在北美洲地区广泛应用,是加州断面仪的测量的输出结果。MPR 和 RN 均为基于驾乘人员感受的主观评估指标,但 RN 指标会在主观评估的同时结合断面类平整度的结果[17]。

2.2　国际平整度指数 IRI

各国的平整度检测方法和评价指标都有所差异,无法对采集的平整度数据进行横向对比和借鉴。世界银行在 1982 年邀请各国专家在巴西进行大量平整度实验,发现了 IRI 与其他评价指标均可相互转换,并基于此实验在 1986 年发布了 45 号技术文件,明确指出国际平整度指数 IRI 采用四分之一车模型,在 80km/h 速度下稳定行驶,计算标准车身悬架的总位移(单位为 m)与行驶距离(单位为 km)之比。同时编制了 IRI 计算模型和计算方法,建立了 IRI 与其他评价指标的相关性[16]。国际平整度指数 IRI 的优缺点如表 2 所示。

国际平整度指数的优缺点[12,17,18]　　表 2

指标	优点	缺点
IRI	(1)与大多数设备有着良好的适用性; (2)描述所有引起车辆振动的路面不平整,实践中证明也适用于中型、重型车辆; (3)只与路面纵断面高程有关,具有时间稳定性; (4)与其他指标高度相关,具有可转移性	(1)未考虑人的驾乘感受,仅涉及车、路两方面; (2)仅能反映竖向振动,不能反映平动、转动及车辆自身振动等; (3)受速度影响大,分级标准不适宜所有等级道路; (4)只反映道路整体平整度水平,不同道路无法体现出差异性

杨万桥[19]提出以人的加权加速度均方根值为路面平整度评价指标,经过模拟实验得出该指标于 IRI 的相关系数为 0.9263。张金喜[20-22]以乘客的心电指标 RMSSD 为依据对不同道路的路面平整度进行评价,并提出新的平整度舒适性评价方法和阈值。韦威[18]提出采用提出指标加权纵断面标准差 σ_w 评价路面平整度,在整体上把握的同时提取出路面局部不平整信息,弥补现有评价指标不能体现道路平整度差异性的不足。

未来,平整度评价指标会继续向着模型简单、便于应用、充分考虑人的驾乘体验、体现不同道路之间的局部差异性方向发展。

3　路面平整度检测技术

随着对道路检测及平整度检测方面的深入研究,快速载具、人工智能、机器学习等技术推进着路面平整度检测技术从人工化、半自动化向着自动化发展。

3.1　自动化视角下的快速载具

典型的人工、半自动检测方法有水准仪、3m 直尺法、连续式平整度仪法,是完全通过人力测量并人力处理数据结果,此类方法耗时费力,检测效率低、精度低、受人为影响较大。

为了能高效、精确地进行平整度检测,检测人员以各类车、机为载具,大大提升了检测效率。自 20 世纪 70 年代,第一辆车载路面损坏自动检测设备(GERPHO)投入使用[5],陆续涌现出了一批车载式的半自动化检测设备。目前应用最为广泛的设备是车载激光平整度测量系统,但此类设备存在着受车辆速度变化和自身振动影响大、一次只能测量一条纵断面信息等问题。

马荣贵[4,23-24]等提出了不同的基于惯性标准下的车载激光平整度测量系统,基于小波变换、去均值、去趋势项、自适应算法等方法对数据进行处理和修正,消除了测量系统受车速度变化、自身振动等因素的影响。周游佳[25]基于道路检测车研发非惯性平整度检测系统,利用移动参考算法消除检测过程中受车辆速度和振动的影响。

车载检测设备受速度和运行原理现在,自动化程度较低,无人机凭借其体积小巧灵活、检测安全高效的优势,在公路路面检测领域快速发展。刘颖[8]采用无人机采集道路平整度信息,克服了车载检测设备的片面性和偶然性,实现了全长任意道面的平整度检测,为路面平整度检测提供了新的思路。

同时随着人工智能和机器制造技术的发展,多功能机器人也在被尝试应用到道路检测当中。桂仲成[26]等人将2D/3D相机、激光雷达和探地雷达集成到具有一定路径规划能力的机器人上初步实现了道面内、外损坏的自动化检测。未来,集合智能机器人、无人机、车辆等载具的多功能、自动化设备是主力发展方向。

3.2 自动化视角下的数据采集

载具的自动化、集成化为路面平整度检测创造了条件,但数据采集技术才是影响后续自动化识别效率的关键。

吴秉军[27]利用自动跟踪全站仪、激光测距传感器、倾角仪等装置自动测量路面高程,从而生成路面高程云图,获取道路任意纵断面的高程值,进而对道路进行全断面平整度检测。

任鲜[28]等应用车载激光雷达测量系统测量道路三维点云数据,经过点云处理、模型重建、道路实验后得到道路平整度信息。高英达[6,8,29]等应用无人机采集道路三维点云数据,经过点云处理和道路特征提取后构建道路高程模型,实现对路面全长全断面的平整度检测。高英达同时利用Arcgis软件将平整度测量结果叠加在卫星地图上,将平整度空间分布可视化表达。

张梦虹[30-32]等应用地面三维激光扫描技术自动化采集路面高程点云信息,使用最小二乘法、RANSAC算法、DEM差分运算等数据处理方法,得到路面平整度信息。周游佳[25]应用线激光传感器和三维相机组合采集路面高程信息,采集的平整度数据可靠性和复现性高。同时他指出线此组合是国外道路检测行业最新的技术方案。

陈广华[33-36]等利用智能手机自动化采集车速、三向加速度、位置信息等行车数据,建立基于行车数据的平整度预测模型,进而获取道路的平整度数据。史小东[37]通过胎压传感器、加速度计和激光轮廓仪来采集行车振动数据,进而求解路面平整度。

随着汽车智能网联化的发展,车辆上装有越来越多的传感器,如车身加速度传感器、陀螺仪、悬架位移传感器等,且智能网联汽车可实现车车互联通信的优势。杜昭[38]应用加速度计及陀螺仪组件的采集终端对行车数据进行采集,并在后续研究中研究网联多车协同估计对平整度评估结果影响。

未来,全断面、精确化、自动化采集路面高程信息的三维检测手段的断面类设备,智能化、精确化、网联化采集行车振动数据的反应类设备是主要的发展方向。

3.3 自动化视角下的数据识别

随着计算机技术的快速发展,学者们开始尝试应用神经网络算法进行路面平整度识别,通过神经网络处理大量数据来寻找车辆振动响应和路面平整度的映射关系,进而建立模型求解路面平整度。因断面类方法直接采集到路面真实轮廓数据,自动化数据识别通常应用在反应类方法中。

韩豫[39]等人结合视觉几何组卷积神经网络和单步多框的目标检测算法实现了路面损坏自动化识别,并进一步通过ArcMap对检测结果进行了可视化处理

李源[38,40]等人借助增广卡尔曼滤波算法对行车振动数据进行分析,反演路面断面高程,进而求解平整度数据。

崔丹丹[9]将车身质心垂直加速度信号和俯仰角加速度信号作为BP神经网络的输入,对路面功率谱密度进行了识别,结果显示识别平均误差为1.23%。谷盛丰[10]将座椅加速度并将其作为BP神经网络的输入,引入遗传算法(GA)对BP神经网络进行调参,并对路面不平度进行了识别。

李杰[41]等对用于路面不平度识别的BP、

RBF、WNN 和 NARX 共 4 种神经网络的路面不平度识别结果进行了对比,NARX 网络识别效果最好。田顺[11,42]在车辆振动仿真的基础上,对多种循环神经网络算法进行路面平整度的识别结果进行对比,发现 LSTM 神经网络识别效果更优。

未来,研究出更准确、更简单建立行车振动与平整度关系的自动化识别算法是主要发展方向。

4 结语

本文回顾了平整度评价指标,概述了断面类和反应类平整度检测方法的研究进展,可得出以下结论:

(1)IRI 是目前被广泛认可的平整度评价指标,但其也存在很多不足。在未来,平整度评价指标会继续向着模型简单、便于应用、充分考虑人的驾乘体验、体现不同道路之间的局部差异性方向发展。

(2)汽车、无人机等载具,高速、高帧相机、三维激光扫描、立体视觉、智能手机等二维、三维数据采集手段,BP、NARX、LSTM 等快速、大数据量支持的机器学习、深度学习技术一同为路面平整度数据的自动化采集和识别创造了条件。

(3)在未来,采用三维成像技术通过插值、融合、转化等方式实现全断面数据采集以及借助机器学习、深度学习技术实现平整度的精准识别是未来研究需关注的方向。

参考文献

[1] 中华人民共和国交通运输部. 2022 年交通运输行业发展统计公报,2023.

[2] 周晓青,颜利,孙立军. 国际平整度指数与路面功率谱密度相关关系研究及验证[J]. 土木工程学报,2007,40(1):99-104.

[3] 郭姣,基于车载激光的道路平整度检测系统研究[D]. 北京:首都师范大学,2013.

[4] 马荣贵,宋宏勋. 嵌入式激光路面平整度检测系统研究[J]. 武汉理工大学学报(交通科学与工程版),2008(5):826-829.

[5] 郝灵恩. 多功能道路检测车发展综述[J]. 四川水泥,2017(2):136.

[6] 高仁强. 基于无人机 LiDAR 数据的公路路面监测和平整度评价方法研究[J]. 应用基础与工程科学学报,2018,26(4):681-696.

[7] 高英达. 基于机载激光雷达的路面车辙和平整度检测技术研究[D]. 南京:东南大学,2022.

[8] 刘颖. 基于无人机实景建模的机场道路路基平整度检测与分析研究[J]. 土木建筑工程信息技术,2021,13(3):51-57.

[9] 崔丹丹,张才千,韩东. 基于 BP 神经网络的路面不平度检测与仿真[J]. 计算机仿真,2014,31(5):162-166.

[10] 谷盛丰. 基于 BP 神经网络的路面不平度识别[J]. 汽车工程学报,2019,9(4):252-259.

[11] 田顺. 基于循环神经网络的路面不平度识别研究. 2023 世界交通运输大会(WTC2023),2023.

[12] 王大为. 德国不限速高速公路路面平整度评价方法综述[J]. 中国公路学报,2019,32(4):105-113,129.

[13] 刘云,钱振东. 路面平整度及车辆振动模型的研究综述[J]. 公路交通科技,2008,25(1):51-57.

[14] 董是. 中、日、美、加沥青路面技术状况评价标准比较与对接研究[J]. 重庆交通大学学报(自然科学版),2023,42(2):44-51.

[15] 周晓青,孙立军,颜利. 路面平整度评价发展及趋势[J]. 公路交通科技,2005,22(10):18-22.

[16] 刘梓然. 基于多传感器融合的路面平整度检测方法研究[D]. 阜新:辽宁工程技术大学,2022.

[17] 王永良. 沥青路面平整度评价指标研究综述[J]. 市政技术,2014. 32(2):26-29.

[18] 韦威. 沥青路面平整度评价及预测研究[D]. 重庆:重庆交通大学,2020.

[19] 杨万桥. 基于人—车—路相互作用的沥青路面平整度评价方法研究[D]. 西安:长安大学,2009.

[20] 张金喜. 基于 D-S 证据法的路面行车舒适性综合评价方法[J]. 华南理工大学学报(自然科学版),2019,47(2):106-112.

[21] 王书云. 基于生心理因素的沥青路面性能关键参数研究[D]. 北京:北京工业大学,2010.

[22] 张金喜,杜艳花. 基于乘客感受的沥青路面平整度评价方法[J]. 北京工业大学学报,2013,39(2):257-262.

[23] 王建锋,李平,韩毅.基于多传感器综合的路面不平度测量[J].武汉大学学报(工学版),2012.45(3):361-365.

[24] 毛庆洲.基于小波变换的路面平整度自适应提取算法[J].中国公路学报,2015,28(10):11-17.

[25] 周游佳.基于线激光传感器的非惯性道路平整度检测[D].北京:清华大学,2018,69.

[26] 桂仲成.钟新然,刘景泰.基于"云-边-端"架构的机场道面安全检测机器人系统.人工智能,2022(3):80-89.

[27] 吴秉军.基于路面高程自动测量的全断面平整度计算方法[J].中国公路学报,2016,29(11):10-17.

[28] 任鲜.车载激光雷达路面检测方法[D].北京:北京建筑大学,2023.

[29] 高英达.基于机载激光雷达的路面车辙和平整度检测技术研究[D].南京:东南大学,2022.

[30] 张梦虹.地面三维激光扫描应用于路面平整度检测的研究[D].北京:中国矿业大学,2018.

[31] 钟棉卿.基于移动激光雷达数据的路面状况检测方法研究[D].西安:长安大学,2020.

[32] 李伟,刘正坤.地面三维激光扫描技术用于道路平整度检测研究[J].北京测绘,2011(3):24-27.

[33] 陈广华.基于智能手机的路面行车质量智能化评价关键技术研究[D].北京:北京工业大学,2022.

[34] 陈广华.智能手机检测的行车振动数据与路面平整度关系[J].北京工业大学学报,2021,47(10):1148-1157.

[35] 王惠勇,张鹏.基于智能手机的路面平整度评价方法研究[J].公路与汽运,2017(5):188-191.

[36] 张金喜.基于行车振动的路面平整度智能检测方法研究[J].中外公路,2020,40(1):31-36.

[37] 史小东.基于轮胎胎压的路面平整度识别方法研究[D].哈尔滨:哈尔滨工业大学,2022.

[38] 杜昭,张文榕,朱兴一.基于网联车辆数据融合的路面平整度评估方法[J].中国公路学报:1-26.

[39] 韩豫.基于深度学习和 ArcMap 的路面病害智能综合检测方法[J].江苏大学学报(自然科学版),2023,44(4):490-496.

[40] 李源.基于卡尔曼滤波算法的路面平整度识别方法研究[D].哈尔滨:哈尔滨工业大学,2021.

[41] 李杰,基于 NARX 神经网络的路面不平度识别[J].汽车工程,2019,41(7):807-814.

[42] 贺毅捷.基于 LSTM 的路面识别研究[D].武汉:武汉理工大学,2021.

路面病害智能识别中的流形正则化应用研究

李保险* 初 旭 裴政旭 董一鸣 任靖宇 杨广涛 贺志鹏
(沈阳建筑大学交通与测绘工程学院)

摘 要 本研究旨在解决路面自动化检测中病害分割不连续的问题。将流形正则化引入路面病害检测的语义分割算法中,以提高深度学习模型的识别性能。在自建的路面数据集上,以语义分割深度学习模型为基础,引入原始图像像素间的上下文信息约束预测结果像素间的相似性。首先,利用正交试验确定流形正则化中多个参数的最佳水平组合。然后,将最佳组合分别在 Unet、Unet + + 和 Attention Unet(Att-Unet)模型上进行重复试验,以筛选最优深度学习模型。最后,针对裂缝和条状修补两类路面病害,以及道路标线目标进行识别,并讨论分析其识别效果。应用流形正则化的 Unet 模型(MR-Unet)在路面

基金项目:省博士科研启动基金计划项目(2022-BS-189),中国博士后科学基金第 72 批面上资助(2022M722224)。

病害识别效果与其他模型对比表现出色,平均交并比(MIoU)达到43.77%,F1分数达到49.77%,相比原始模型分别提升了0.99%和1.1%。通过观察识别案例结果可得,MR-Unet模型改善了病害提取的连续性。结果表明,MR-Unet模型相较于其他模型表现优越,表明流形正则化在语义分割模型中的应用提高了路面病害识别性能,特别在解决路面病害目标分割不连续问题上具有优势。本文研究成果丰富了路面病害自动化检测的理论,为实现路面自动化检测奠定基础。

关键词 流形正则化 深度学习 路面病害检测 语义分割 正交试验

0 引言

路面服役期间,随着使用年限的增加,路面结构损坏、路表病害、路面材料老化等问题逐渐产生。这些问题不仅影响驾驶舒适性,还增加了交通事故发生的风险。因此,应定期检查路面技术状况,并制定养护维修计划,以保持道路服务水平,避免病害持续劣化。

传统的人工路面状况检测耗时长,成本高,易造成交通拥堵[1]。自20世纪80年代初,众多学者基于图像处理、机器学习和深度学习等技术开展了路面病害自动化检测算法研究,包括阈值分割、边缘检测和区域生长。阈值分割通过在图像中建立像素阈值,根据像素值差异实现病害与背景区域分割[2]。边缘检测方法主要通过边缘检测算子实现,包括Canny算子、Prewitt算子和Sobel算子[3]。区域生长法对像素进行整合完成识别图像中的特定信息。然而,这些方法容易受到采集的路面图像质量等因素干扰,未得到广泛应用。机器学习方法主要包括小波变换、支持向量机和随机森林方法等[1]。Shi等人[4]使用随机森林方法提取路面病害特征。由于此类方法需要人工干预[5],因此无法实现全自动病害检测。以卷积神经网络(CNN)为代表的深度学习技术在图像识别和物体检测方面得到了广泛应用[6-7]。针对路面技术状况的精细评估,研究人员采用了像素级图像分割算法,例如全卷积网络(FCN)构建的像素级网络模型[8-9]。众多研究成果表明,以深度学习网络模型为基础的路面病害识别方法,可大幅提升病害识别准确率,并具有较高的泛化能力[10]。

当前,路面病害检测仍面临各种挑战,例如多类别病害的精准分割[10]、识别复杂拓扑结构的裂缝、裂缝分割不连续,以及噪声判断[11-12]等。专业检测车采集的路面图像分辨率较高,但在深度学习模型训练过程中,由于上下文语义信息的丢失,导致目标边缘的缺失或不连续[13]。本研究通过在深度学习训练中的损失函数中引入流形正则化约束,提升图像像素间的上下文信息关联性,增强了病害的分割准确性。因此,本文研究中,将流形正则化应用到路面病害分割网络中,并分别使用Unet、Unet++和Att-Unet模型进行试验验证。

1 相关工作

1.1 语义分割

语义分割是一项计算机视觉任务,不同于图像分类只需要给整幅图像一个标签,它会给图像中的物体和区域中像素给予对应分类标签。这种细致的识别有助于全面理解图像的细节。

语义分割依赖于手工制作的标签图像,提高了处理复杂场景的能力。卷积神经网络(CNN)[14]通过学习不同网络层中数据特征,提高了目标分割精度[15]。全卷积网络(FCNs)[8]实现了端到端的像素分类。Unet[16]及其变体[17-18]在医疗图像分割等任务中广泛应用。DeepLab模型,例如DeepLabv3[19]和DeepLabv3+[20],利用膨胀卷积高效捕捉多尺度信息。

在语义分割模型中,预测结果会出现边界模糊或类别定义不准确问题,要获得准确的分割结果,保留这些复杂的边界细节信息至关重要。但精确边界分割和细节信息保留仍是难点[21-22]。

1.2 流形正则化

正则化网络通常用于解决回归问题,特别是从稀疏数据中逼近多元函数。Vapnik统计学理论提供描述这一过程的基本结构。正则化约束通常被应用到机器学习中,支持向量机是典型的应用实例[23]。Krizhevsky A等人[15]介绍了一系列基于流形正则化的学习算法,这些算法基于边界分布的几何特性,利用再生核希尔伯特空间的特性,证明流形正则化的半监督算法可以有效利用无标注数据。

流形正则化促进了有监督和无监督学习的发展[23]。谱图理论与流形学习结合起来,在原始高维空间中找到具有平滑性约束的低维表示[24]。在无监督流形学习中,提取高维输入的低维流形结构,保留了输入图像的局部结构,提供了更强大的非线性降维功能。本研究中通过损失函数中引入显式流形正则化项,以约束模型参数的变化。

2　方法

2.1　损失函数

多分类交叉熵损失函数量化评估预测结果与标签间差异。当预测值偏低或偏高时对模型进行惩罚,公式定义为式(1)。

$$L_{\text{cls}}(\boldsymbol{y},\hat{\boldsymbol{y}}) = -\sum_{k=1}^{C} y_k \log(\hat{y}_k) \tag{1}$$

其中,C 是类别数量,k 是当前类别,y 是类别的真实概率值,y_k 代表第 k 个类别结果的真实值,$\hat{y}$ 代表网络模型对类别预测概率值,$\hat{y}_k$ 是模型对第 k 个类别结果的预测值。

语义分割是像素级的分类任务,将式(1)重新定义为式(2):

$$L_{\text{seg}}(\boldsymbol{y},\hat{\boldsymbol{y}}) = -\sum_{i=1}^{N}\sum_{k=1}^{C} y_k^i \log(\hat{y}_k^i) \tag{2}$$

其中,N 是像素总数,i 是当前像素,y_k^i 是第 i 个像素属于第 k 个类别的真实值,$\hat{y}_k^i$ 是第 i 个像素属于第 k 个类别的预测值。

该函数仅考虑模型预测结果与实际标签之间的差异,未考虑像素间关系。应用几何约束,可以提取图像中更多细节信息。流形正则化作为一种几何约束,可以应用特征点间的内在结构。在式(1)中添加正则化项重新定义为式(3):

$$L_{\text{MR}}(\boldsymbol{y},\hat{\boldsymbol{y}}) = L_{\text{seg}} + \lambda \|f\|_K^2 \tag{3}$$

其中,$\lambda > 0$ 表示正则项对结果的影响程度,如果过大,最终结果就会变得不准确,反之网络模型不会有明显改善。$\|f\|_K^2$ 表示流形正则化项,由正定函数 K 定义的再生核希尔伯特空间 $\mathscr{H}$ 的标准化确定。

图拉普拉斯是流形拉普拉斯的离散模拟。$\{x_i\}_{i=1}^{N}, x_i \in R^m$ 表示特征点的集合,获取特征点 (x_i, y_i) 与其他特征点间关系,引入相似性阈值 Filter 当且仅当 $\|x_i - x_j\|^2 <$ Filter 特征点对间关系如式(4)确定,反之为0。

$$G_{ij} = \mathrm{e}^{-\|x_i - x_j\|^2} \tag{4}$$

通过图拉普拉斯矩阵建立图像中与特征点 x 临近点间的相似性,正则化项可构建成公式(5):

$$\|f\|_K^2 = \sum_{i=1}^{N}\sum_{j\in N_i}\sum_{k=1}^{C} \|\hat{y}_k^i - \hat{y}_k^j\|^2 G_{ij} \tag{5}$$

其中,N_i 是 x_i 的相邻特征点集合。

损失函数 $L_{\text{MR}}(\boldsymbol{y},\hat{\boldsymbol{y}})$ 的优化问题如式(6)所示:

$$\underset{\theta}{\operatorname{argmin}}\left[\begin{array}{l}\sum_{i=1}^{N}\sum_{k=1}^{C} -y_k^i \log(\hat{y}_k^i) + \lambda \sum_{i=1}^{N_p}\sum_{j\in N_i}\sum_{k=1}^{C} \\ \|\hat{y}_k^i - \hat{y}_k^j\|^2 \mathrm{e}^{-\|x_i - x_j\|^2}\end{array}\right] \tag{6}$$

其中,θ 表示模型参数,N 是像素点集合,N_p 是子图像块集合。

在语义分割网络中,图片和标注图片可表示为$\{(P_m, T_m)|_{m=1}^{M}, P_m \in R^{w\times h\times 3}, T_m \in R^{w\times h\times 3}\}$,其中 M 是训练数据的数量,P_m 是第 m 个数据,T_m 是第 m 个数据标签,w 和 h 分别代表图像宽度和高度,C 是类别数量。引入分割系数 Split(简称"s"),将原始图像和预测图分割成 $s\times s$ 个子图像块,如式(7)所示:

$$\begin{cases}\{x_i\}_{i=1}^{s\times s}, x_i \in \boldsymbol{R}^{(w/s)\times(h/s)\times 1} \\ \{y_i\}_{i=1}^{N}, y_i \in \boldsymbol{R}^{(w/s)\times(h/s)\times C}\end{cases} \tag{7}$$

3　试验

3.1　数据集和参数设置

沥青路面数据集如图1所示,由2694幅图像组成,尺寸为3786×2000像素。数据集包括裂缝、条状修补和标线三种类别目标,各类别数量均衡。标线标注为绿色,条状修补为蓝色,裂缝为红色。训练时以0.9倍率随机抽取样本作为训练集,余下样本作为验证集。训练和验证过程中,输入图像尺寸为512×256像素。

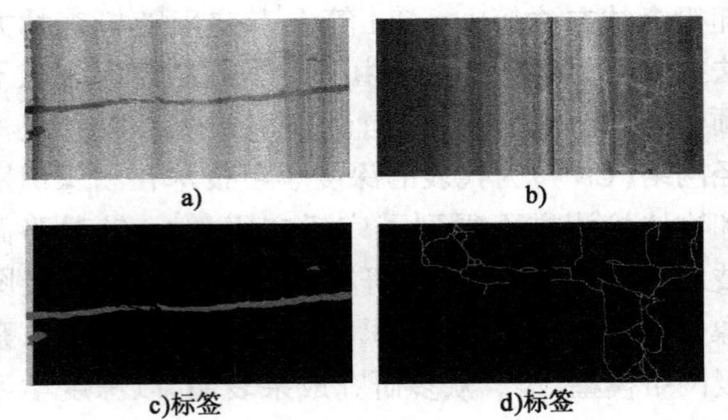

图1　数据集样本对

数据集图像对对应关系都经人工核验。试验的硬件平台为:3.70GHz Intel Core i9 CPU、32GB内存、NVIDIA GeForce RTX 3090(RAM 24GB)。

3.2　评价指标

评估深度学习模型性能的常用指标包括准确度、精确度和召回率等。本文利用IoU和F1分数来评估模型性能。

IoU 是预测值和真实值的交集与并集的比率，用式(8)表示。

$$IoU = \frac{预测值 \cap 真实值}{预测值 \cup 真实值} \tag{8}$$

F1 分数的计算公式如式(9)所示，通常用于评估分类器的鲁棒性。

$$F1分数 = \frac{2 \times 精确率 \times 召回率}{精确率 + 召回率} \tag{9}$$

3.3 正交试验

正交试验因其高效率而被广泛应用于多因素多水平的试验中。正交设计表是根据所研究因素代表性水平而建立的，用于评估各种因素的影响并确定最佳水平组合。从整个因子实验中选取有代表性的组合，均匀地分布在试验类别中把握整体情况。

我们研究分析了四个因素，如表 1 所示，每个因素包含三个层次，设计了正交设计表 $L_9(3^4)$。正交试验表和试验结果见表 2。

试验因素与水平　表 1

水平 (level)	参数			
	Split	λ	Filter	Model
1	10	0.01	2	Unet + +
2	12	0.001	3	Unet
3	14	0.0001	4	Att-Unet

试验结果　表 2

序号	参数				评估
	Split	λ	Filter	Model	MIoU(%)
1	10	0.01	2	Unet + +	42.914
2	10	0.001	3	Unet	43.242
3	10	0.0001	4	Att-Unet	42.800
4	12	0.01	3	Att-Unet	43.472
5	12	0.001	4	Unet + +	43.197
6	12	0.0001	2	Unet	43.444
7	14	0.01	4	Unet	43.080
8	14	0.001	2	Att-Unet	43.040
9	14	0.0001	3	Unet + +	43.005

根据不同因素水平组合试验极差 R 计算值如表 3 所示。i 水平的三个结果和为 K_i，i 水平的三个试验结果的平均值为 k_i。极差 R 代表总体变化范围即 K_i 最大值与最小值间的差距，可以评估研究因素的主次关系，以及该因子在所有水平上波动幅度。

极差计算表　表 3

参数	Split	λ	Filter	Model
K_1	128.956	129.466	129.398	129.116
K_2	130.113	129.479	129.719	129.766
K_3	129.125	129.249	129.077	129.312
k_1	42.985	43.155	43.133	43.039
k_2	43.371	43.160	43.240	43.255
k_3	43.042	43.083	43.026	43.104
R	0.386	0.077	0.214	0.217

根据极差 R 值可以看出，Split 参数对指标的影响最大，其次是 Model，接下来是 Filter，而 λ 对识别效果的影响最小。本试验选择各因素的最佳水平构建网络模型，如表 4 所示。

最佳水平组合　表 4

参数	Split	λ	Filter	Model
水平	2	2	2	2
最佳组合	12	0.001	3	Unet

3.4 病害识别效果

为试验流形正则化的影响，利用表 4 中最佳因子水平构建流形正则化项，分别在模型 Unet、Unet + +、Att − Unet 上进行试验。利用平均 IoU 值(MIoU)和 F1 分数评估模型鲁棒性，试验效果如表 5 所示。

不同模型试验对比(%) 表5

模型	MIoU	F1 分数
Unet	42.78	48.67
MR-Unet	43.77	49.77
Unet + +	43.42	49.31
MR-Unet + +	42.98	48.92
Att-Unet	43.54	49.50
MR-Att-Unet	43.42	49.45

观察表5数据,在沥青路面验证集的多个指标评估下,应用流形正则化的Unet模型(MR-Unet)优于应用流形正则化的Unet + +(MR-Unet + +)和应用流形正则化的Att-Unet(MR-Att-Unet),同时MR-Unet在六组试验中表现最佳。流形正则化应用在Unet + +和Att-Unet中出现预测效果损失,但与原始模型各指标评估值之差均小于0.5%,其原因可能是各模型目标特征信息提取策略不同,导致模型学习到冗余信息。

为了评估流形正则化对多类型路面特征识别效果,对Unet和MR-Unet试验进一步对比分析,迭代200轮次后训练损失趋于平稳如图2所示,试验效果见表6。在引入流形正则化后,裂缝的IoU值和F1分数值有了明显提高,分别提高了3.55%和6.21%。对于标线和条状修补IoU和F1分数值的提升不明显。

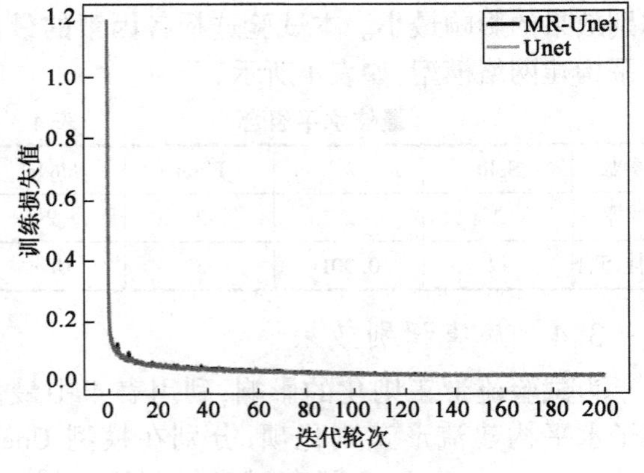

图2 模型训练损失值

不同模型试验效果(%) 表6

模型	目标类别	IoU	F1 分数
Unet	裂缝	4.25	8.23
	标线	51.16	56.97
	条状修补	17.95	20.65
MR-Unet	裂缝	7.80	14.44
	标线	51.37	57.07
	条状修补	18.05	21.02

如图3所示,为了直观展示MR-Unet在路面裂缝、标线和条状修补目标识别效果,将预测图像和原始图像进行前后贴合。第1列为原始路面图像,第2列是对应标签图像。第3列和第4列分别显示MR-Unet和Unet模型的识别效果。

流形正则化提高了各种路面病害识别的准确性。如图3中第1行所示,流形正则化的应用有利于检测细小裂缝。此外,标线识别也更加精确。

4 结语

本文深入研究了流形正则化理论,通过在损失函数中添加流形正则化项实现。利用正交试验确定流形正则化项最佳参数水平组合,搭建了最优模型MR-Unet。利用多个模型重复试验验证模型病害识别效果。

流形正则化利用数据低维流形结构信息,约束网络模型。原始路面图像和预测图分别被划分为等量像素块。通过建立原始路面图像中各块间流形结构上关系约束预测图像。流形正则化的应用建立了像素点间的关系,保留了更多目标细节信息。利用正交试验确定了流形正则化项中三个参数最优组合:Split为12,λ为0.001,Filter为3。添加流形正则项在Unet、Unet + +、Att-Unet进行多组试验。MR-Unet优于其他模型,MIoU值达43.77%,F1分数为49.77%,相比原始网络分别提升了0.99%和1.1%。说明,流形正则化显著提升了语义分割模型路面病害和特征的识别效果。

未来作者将MR-Unet应用于沥青路面其他类型病害和水泥路面病害识别中,进一步验证流形正则化的性能。计划改进流形正则化构建方式,使其不在受限于输入图像大小。此外,扩展流形正则化应用于无监督、弱监督和半监督路面病害识别中。

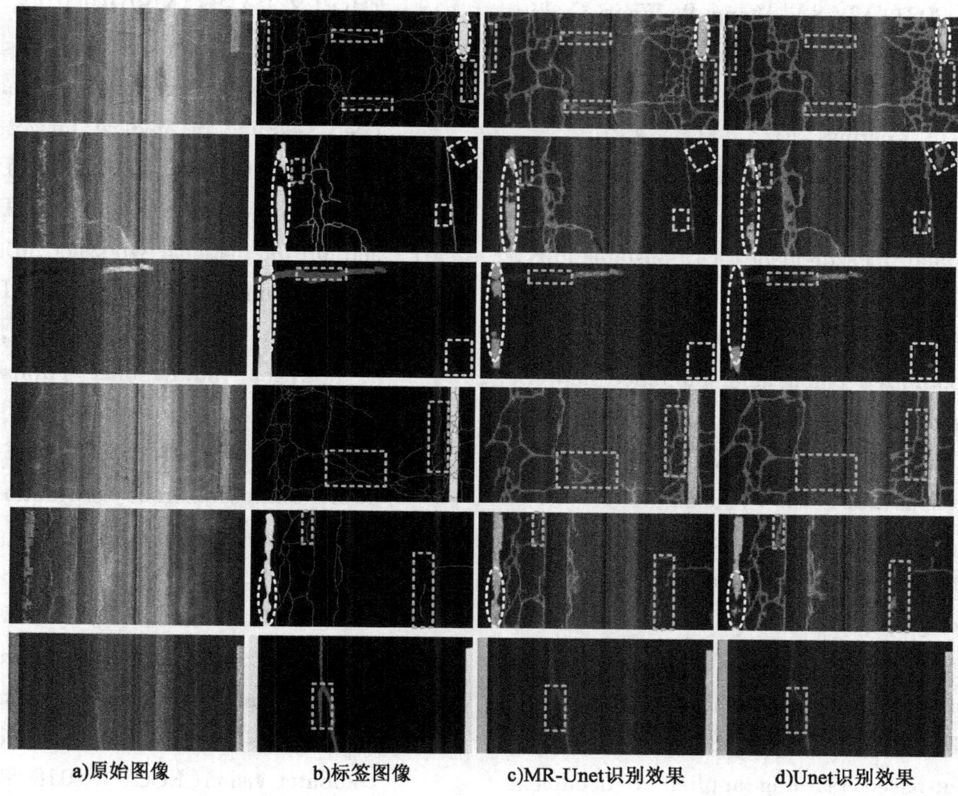

图 3　网络识别效果

参考文献

[1] YANG Z,LI L,LUO W. PDNet:Improved YOLOv5 Nondeformable disease detection network for asphalt pavement[J]. Computational Intelligence and Neuroscience,2022,2022.

[2] YU X,WANG X,DA X,et al. Crack detection algorithm of complex bridge based on image process[M]//CICTP 2020. 2020:1341-1353.

[3] JINHUI L. Pavement crack diseases detecting by image processing algorithm[J]. Journal of Chang'an University,2004,24(3):24-29.

[4] SHI Y,CUI L,QI Z,et al. Automatic road crack detection using random structured forests[J]. IEEE Transactions on Intelligent Transportation Systems,2016,17(12):3434-3445.

[5] LU P,DU K,YU W,et al. A new region growing-based method for road network extraction and its application on different resolution SAR images[J]. IEEE Journal of selected topics in applied Earth observations and remote sensing,2014,7(12):4772-4783.

[6] SZEGEDY C,LIU W,JIA Y,et al. Going deeper with convolutions[C]//Proceedings of the IEEE conference on computer vision and pattern recognition. 2015:1-9.

[7] THING V LL. IEEE Big Data Cup 2022:Privacy preserving matching of encrypted images with deep learning[C]//2022 IEEE International Conference on Big Data(Big Data). IEEE,2022:6481-6488.

[8] LONG J,SHELHAMER E,DARRELL T. Fully convolutional networks for semantic segmentation[C]//Proceedings of the IEEE conference on computer vision and pattern recognition. 2015:3431-3440.

[9] YU X,WANG X,DA X,et al. Crack detection algorithm of complex bridge based on image process[M]//CICTP 2020. 2020:1341-1353.

[10] BENMHAHE B,CHENTOUFI J A. Automated pavement distress detection,classification and measurement:A review[J]. International Jour-

nal of Advanced Computer Science and Applications,2021,12(8). Wang P, Wang C, Liu H, et al. Research on Automatic Pavement Crack Recognition Based on the Mask R-CNN Model[J]. Coatings,2023,13(2):430.

[11] FAN Z,LIN H,LI C,et al. Use of parallelResNet for high-performance pavement crack detection and measurement [J]. Sustainability, 2022,14(3):1825.

[12] TANG W,HUANG S,ZHAO Q,et al. An iteratively optimized patch label inference network for automatic pavement distress detection[J]. IEEE Transactions on Intelligent Transportation Systems,2021,23(7):8652-8661.

[13] XU J,DE MELLO S,LIU S,et al. Groupvit: Semantic segmentation emerges from text supervision[C]//Proceedings of the IEEE/CVF Conference on Computer Vision and Pattern Recognition. 2022:18134-18144.

[14] LE CUN Y,BOTTOU L,BENGIO Y,et al. Gradient-based learning applied to document recognition [J]. Proceedings of the IEEE, 1998,86(11):2278-2324.

[15] KRIZHEVSKY A,SUTSKEVER I,HINTON G E. ImageNet classification with deep convolutional neural networks[J]. Communications of the ACM,2017,60(6):84-90.

[16] RONNEBERGER O,FISCHER P,BROX T. U-net:Convolutional networks for biomedical image segmentation[C]//Medical Image Computing and Computer-Assisted Intervention-MICCAI 2015:18th International Conference, Munich, Germany, October 5-9, 2015, Proceedings, Part III 18. Springer International Publishing,2015:234-241.

[17] HUANG H,LIN L,TONG R,et al. Unet 3+: A full-scale connected unet for medical image segmentation[C]//ICASSP 2020-2020 IEEE international conference on acoustics, speech and signal processing(ICASSP). IEEE,2020: 1055-1059.

[18] ZHOU Z,RAHMAN SIDDIQUEE M M,TAJBAKHSH N,et al. Unet++:A nested u-net architecture for medical image segmentation[C]//Deep Learning in Medical Image Analysis and Multimodal Learning for Clinical Decision Support:4th International Workshop,DLMIA 2018, and 8th International Workshop,ML-CDS 2018, Held in Conjunction with MICCAI 2018,Granada, Spain, September 20, 2018, Proceedings 4. Springer International Publishing, 2018: 3-11.

[19] CHEN L C,PAPANDREOU G,SCHROFF F, et al. Rethinkingatrous convolution for semantic image segmentation[J]. arXiv preprint arXiv:1706.05587,2017.

[20] CHEN L C,ZHU Y,PAPANDREOU G,et al. Encoder-decoder withatrous separable convolution for semantic image segmentation [C]// Proceedings of the European conference on computer vision(ECCV). 2018:801-818.

[21] ZHU Y,LIANG Z,YAN J,et al. ED-Net:Automatic building extraction from high-resolution aerial images with boundary information[J]. IEEE Journal of Selected Topics in Applied Earth Observations and Remote Sensing,2021, 14:4595-4606.

[22] LIU Z,LI X,LUO P,et al. Semantic image segmentation via deep parsing network[C]//Proceedings of the IEEE international conference on computer vision. 2015:1377-1385.

[23] BELKIN M,NIYOGI P,SINDHWANI V. Manifold regularization:A geometric framework for learning from labeled and unlabeled examples [J]. Journal of machine learning research, 2006,7(11).

[24] SONG Z,YANG X,XU Z,et al. Graph-based semi-supervised learning:A comprehensive review[J]. IEEE Transactions on Neural Networks and Learning Systems,2022.

基于深度学习的沥青路面裂缝雷达图像判识

董明书*[1]　马川义[2]　齐　辉[2]　庄培芝[1]　管延华*[1]　孙仁娟[1]
(1. 山东大学齐鲁交通学院;2. 山东高速集团有限公司)

摘　要　探地雷达(Ground Penetrating Radar,GPR)是一种适用于道路隐藏病害的无损检测手段,因其数据解译高度依赖有经验的人工,从而造成了使用率低的问题。近年来,深度学习技术的兴起使路面雷达图像的智能判识成为可能,其中YOLO算法因具有较高的计算精度和效率逐渐成为图像识别中的前沿算法。本文基于沥青路面检测信息,通过反演方法构建出真实雷达图像数据集,克服了因沥青路面裂缝图像特征多变、噪声杂波明显等特性对于智能识别造成的干扰的问题,并采用最新发布的YOLO v8算法对数据集进行训练。训练过程中mAP值与损失函数的震荡幅度较小,说明该数据集具有较高的可靠性和准确性,最终通过引入注意力机制的方法,使总体的识别精度和召回率分别提升至99.4%和92.3%。经训练后的模型满足路面裂缝自动化检测的需求,为路面病害的智能识别和维修提供了依据。

关键词　探地雷达　人工智能　目标检测　深度学习算法　卷积神经网络

0　引言

截至2022年底,中国公路总里程已经超过535万km,总里程中低等级公路超过375万km,占70%以上。低等级公路路面普遍存在较为严重的路表损坏和隐形病害等问题,其中裂缝类病害约占60%以上,产生了巨大的交通安全隐患。探地雷达(Ground Penetrating Radar,GPR)作为一种高效、可穿透、成像分辨率高的无损检测手段,已广泛应用在道路隐藏病害的勘察中。使用探地雷达检测道路病害会生成大量图像数据,采用人工解译雷达数据的方法对经验要求高,且解译周期较长,造成解译效率低的问题。因此,构建探地雷达特征图谱,获取典型雷达图像特征,实现雷达图像的智能化识别,具有重要意义。Dinh等[1]采用迁移学习和卷积神经网络对地下结构物在探地雷达图像中显示出的双曲线特征进行了定位和提取,薛丽君等[2]从雷达B-scan图像入手构建典型数据集,实现了对道路内部病害的判识;但由于路面内部裂缝通常只能通过钻芯取样或路面开挖等有损检测方法进行验证,但钻芯取样无法分析裂缝的横向拓展趋势,路面开挖只能验证某一深度处的病害,二者均有其局限性且高度依赖精确的雷达图像判识和定位。由于以上验证手段均具有局限性并会降低路面使用寿命,目前并未出现公开的真实雷达数据集,研究多局限于未验证的数据集以及雷达正演软件的仿真模拟。

近年来,采用探地雷达检测地下结构物,并通过深度学习对雷达图像进行智能判识的研究已初见成效。童峥等[3]采用多种CNN模型构建出级联神经网络,进行了道路病害的快速识别与定位,徐辉等[4]采用LeNet深度学习网络对隧道衬砌病害进行了智能反演与识别。2016年,YOLO算法被提出,YOLO是you only look once的缩写,通过一次浏览即可对目标的类别和位置进行判断的单阶段模型。由于YOLO单阶段的特点,其在训练精度和训练效率等方面比其他算法具有更加明显的优势。YOLO v1至v3[5-7]将目标检测转变为回归问题,提高了检测效率,围绕召回率和精度不足的问题进行大量改进;姜彦南等[8]通过改进的YOLO v4模型对城市道路病害与结构物进行了自动识别。YOLO v5[9]继承了YOLO v3算法的优势,在前作者的基础上对该算法进行了数据增强、工程效率等多方面改进;YOLO v8算法进一步提升了YOLO v5模型的性能和灵活性,凭借更快的

基金项目:青年科学基金项目(52108374)。

检测速度和更高的检测精度广泛应用于交通工程、医学诊疗、安防监测等领域,成为图像识别中的前沿算法。

因低等级沥青路面病害数量较多且较为严重,导致了雷达图像噪声较大、图像模糊难以分辨,因此亟须改进训练模型,提高训练的精确度、召回率等指标。胡浩帮等[10]通过引入注意力机制的多视图病害分析对道路病害进行了分类,显著提升了训练结果的平均准确率和召回率。

本文构建出低等级沥青路面裂缝的雷达典型图像数据集,通过数据增强和噪声滤过对数据集进行处理。通过深度学习对雷达图像进行智能判识,解决人工识别雷达图像效率低的问题。

1　YOLO v8 框架

1.1　网络整体结构

YOLO v8 模型结构如图 1 所示,包括训练准备工作、特征提取骨干网络(BACKBONE)和特征综合检测头部网络(HEAD)三个部分。

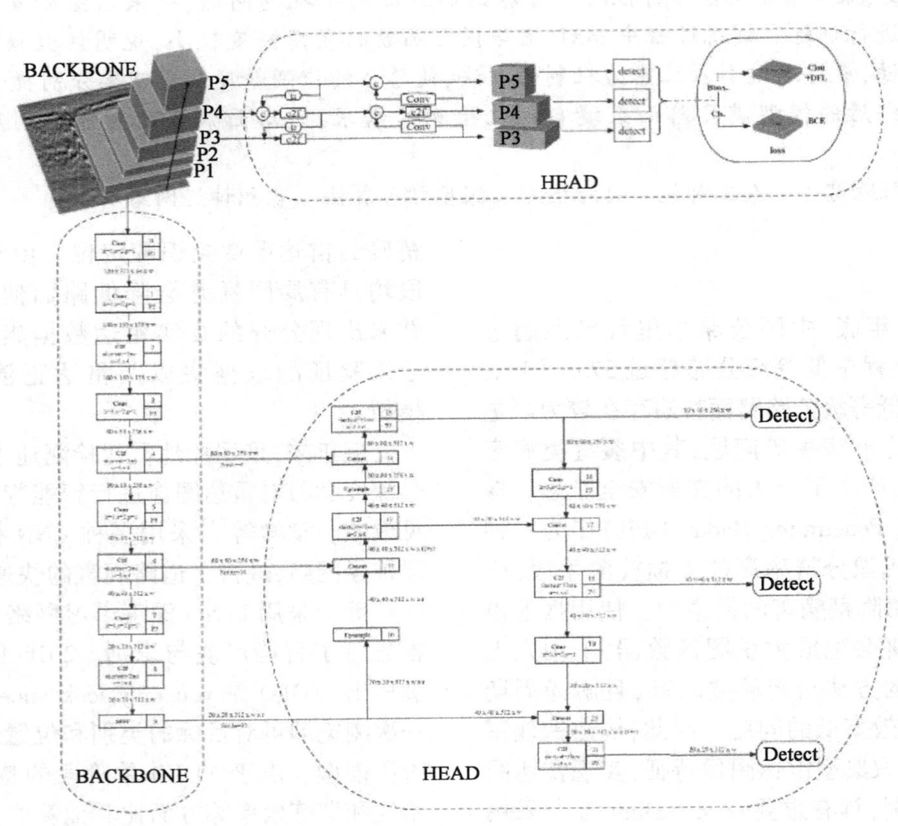

图 1　YOLO v8 模型结构

1.2　数据增强与聚类锚

在低等级路面中,经由验证的 GPR 裂缝图像数据量往往较少,且异常点图像特征表现形式多样,包含杂波噪声较多,因此需要进行必要的降噪处理与数据增强。Mosaic 数据增强是从 YOLO v4 版本提出的数据增强方法,数据增强效果如图 2 所示。该数据增强的原理为将 4 张图片通过随机缩放、剪切,拼接为一张图片。Mosaic 数据增强对比其他数据增强方式的优势在于:

(1)同时进行 4 张图像的训练,有效降低了训练所需的算力。

(2)不会在图片中添加额外的噪声信息。

(3)在每轮训练中实现了 regional dropout,减少了由于样本数量少而产生的过拟合现象。

完成数据增强后,通过聚类算法拟合出一组大、中、小三个尺度上最合适的聚类框,以便在预测过程中对路面裂缝进行更精确的分割。

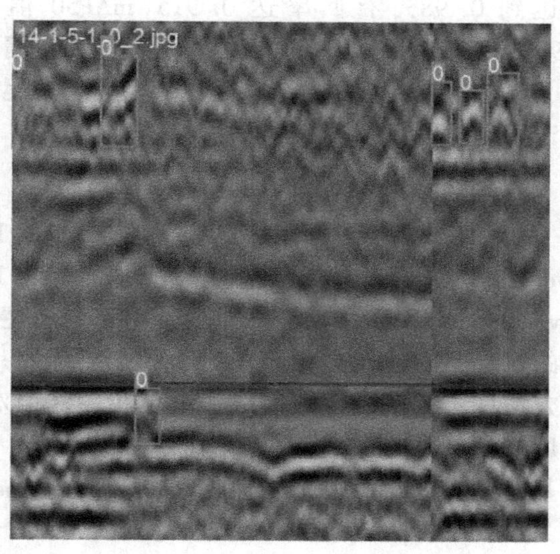

图2 Mosaic 数据增强效果图

1.3 骨干网络特征提取

YOLO v8 网络采用 Conv、C2f、SPPF 等基本结构搭建起特征提取网络。其中,通过 Conv 对图像进行 5 次下采样特征提取(见图 1 中 P1-P5)并对存在于不同感受野的图像特征进行提取;采用 C2f 对上一层输入的信息进行特征提取、融合,通过 drop out 在每次卷积过程中随机舍弃一定的通道数避免过拟合,并使用 Bottleneck 减少参数量和计算量;在骨干网络末端,使用 SPPF 池化使得最深层的特征矩阵获取更为丰富的信息。

在骨干网络中,采用了 ResNet 残差网络[11],残差网络结构如图 3 所示。残差网络中采用"shortcut"的连接方式,将经过卷积前后的特征矩阵进行拼接。可在进行卷积时最大程度保留原有的数据特征,降低了训练过拟合的概率,并让特征学习变得更加稳定。

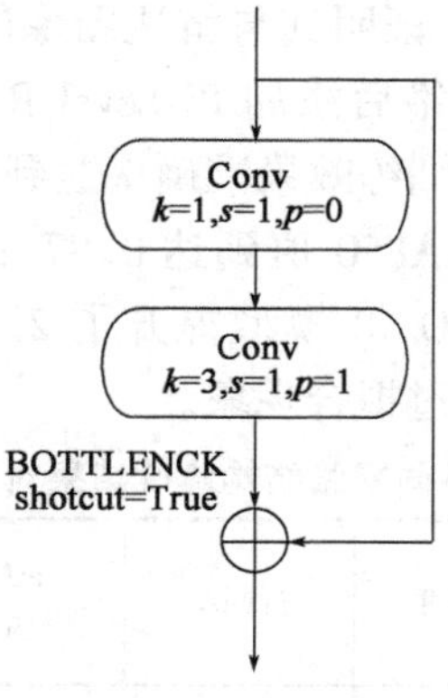

图3 残差网络结构

1.4 头部网络特征融合与检测

在沥青路面探地雷达图像中,裂缝尺寸通常呈现多样性,因此需要在多个不同尺度对裂缝进行检测。头部网络采用双向特征金字塔结构(BiFPN),通过两次上采样和两次下采样在大、中、小三个不同的尺度上形成特征层,并使每个特征层都具备其他两个特征层的特征信息,实现特征融合,提升检测的准确率和速度。

在检测中,YOLO v8 放弃 IOU 匹配或者单边比例的分配方式,使用正负样本分配匹配方式。该方式在计算预测框与真实框的匹配程度时,采用更为合理的 CIOU[12] 来进行评估。相比于传统的 IOU 计算方式,CIOU 不止关注预测框与真实框的交并比,同时也关注二者连心线的距离以及长宽比,通过中心点的归一化和候选框尺寸调整实现训练结果的快速收敛。

2 试验方案

2.1 探地雷达数据集获取

低等级公路路面裂缝类型较多且程度较严重,这导致雷达图像噪音较大,图像模糊难以分辨,探地雷达图像数据量大,因此在施工期限内对大量的雷达图像进行比选并选出典型的雷达图像进行验证和训练的难度较大。另一方面,由于验证雷达病害的途径有限,只能通过有损检测进行,而且检测手段对病害的验证大多受到视角和范围等方面的限制,需要一条清晰且可靠的路线对病害的典型雷达图像进行验证。

雷达图像采样采用挪威欧美大地公司的 GeoScope MK Ⅳ 三维探地雷达,该型号雷达使用地面耦合式天线,由 24 对天线通道组成天线阵列,一次行驶有效检测宽度 1.8m。

图 4 展示了一种雷达路面裂缝数据集的获取方式:总体数据集通过两条不同的路线实现,一条是根据观测铣刨病害进行对照的方式,另一条是根据对雷达图像上显示的病害取芯验证的方式。取芯病害只能验证竖向直径 10cm 内的病害,不适用于水平向裂缝的判别;铣刨病害只能验证同一层位的水平向典型病害,不适用于沿深度方向裂缝的判别。两种方法优势互补、共同印证,确认典型裂缝的雷达图谱。

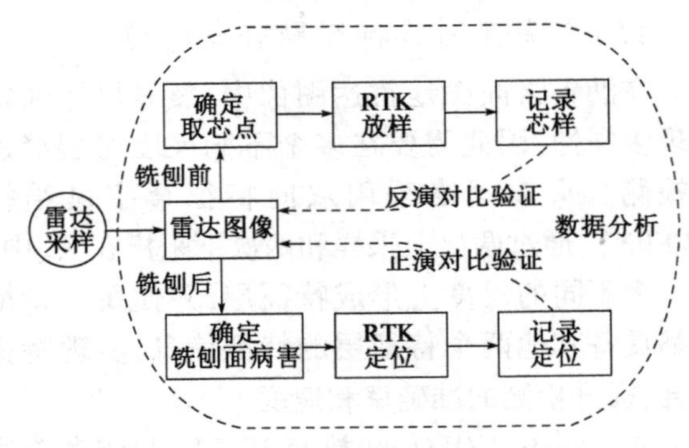

图4　数据集获取路线

钻芯取样的方式,能够反映出病害沿深度方向的联系,得出集中、典型的病害间联系。验证流程为对雷达图像进行初步分析后,寻找典型清晰的雷达图像作为钻芯取样点并对其定位,根据RTK定位对取样点位放样,再对放样点进行钻芯验证和裂缝特征记录,对照雷达图像预测病害与实际病害的类型和位置是否一致,从而判断数据是否可用。

铣刨分析的方式,能够反映出病害沿水平方向的联系,得出拓展、发育的病害之间的联系。验证流程为待铣刨清扫完成后,观察铣刨后路表,判断病害类型并采用RTK定位,将表现较为集中的典型病害标注在雷达图像中,并进行类型和位置验证。

2.2　实验方案及配置

为提高训练效率,采用迁移学习方法。将YOLO v8l.pt作为预训练模型,以4张图片为一组进行训练,将带有标注的728张数据集及60张空白背景按照7:2:1的比例分别分匹配至训练集、测试集与验证集进行训练。

3　实验结果分析与处理

3.1　YOLO v8训练结果

经过对比预训练权重,采用YOLO v8的l模型时效果最好,训练效果如图5所示。在图5a)与图5b)中,训练集与验证集的损失值随着训练轮次提升逐渐稳定下降,证明数据集制作准确可靠。图5c)表示准确率、召回率以及mAP值(mAP值为衡量准确率与召回率的综合指标,最大值为1,其中50~95表示采用50%~95%平均的IOU置信度对检测框进行过滤并计算AP值,比mAP50更加严格)随训练轮次提升的变化,最终训练准确率达到0.985,召回率达0.915,mAP50值达0.972,mAP50-95值达0.923。训练过程中,精确度、召回率以及mAP值稳定提升并在训练末尾有一定程度的下降,说明产生了过拟合现象。

3.2　模型改进对比

在YOLO v8l的网络结构基础上添加了Bi-level注意力机制,并与YOLO v8l进行对比,Bi-Level Routing Attention是一种基于动态稀疏注意力的双层路由注意力机制。对于一个目标图片,该方法首先在粗放区域筛除大量不相关键值对,然后在剩余区域的并集中应用细粒度的筛查。在此基础上构建了一种新的通用Vision Transformer,称为BiFormer。

Bi-Level Routing Attention与其他五种注意力机制的原理如图6所示,a)为原始的注意力方法,对全局进行筛查,复杂度极高,运算效率较差;图b)~d)分别为局部窗口、轴向条纹和扩张窗口,这些窗口通过人工设定的注意力窗口对复杂度简化;e)通过可变注意力机制实现自适应窗口注意力;以上方法均通过人工设定或与图像信息无关的稀疏性引入注意力机制,因此提出一种如f)所示的双层路由稀疏动态注意力机制,使其具有更加灵活的计算分配与内容感知。

Bi-Level Routing Attention的模型结构如图7所示,左侧为插入在骨干网络中SPPF层后的BiFormer整体架构,右侧为BiFormer块的详细信息。

两种训练模型的具体指标如表1所示,分析数据可知,在骨干网络中添加Bi-Level Routing Attention注意力机制[12]时,mAP50值与原模型相差不大,mAP50-95值更高,且验证集的损失值比其他模型更低,证明其与雷达图像的契合度更高。通过在骨干网络后添加Bi-Level Routing Attention注意力机制。训练效果准确率达到0.994,召回率达到0.923,MAP50值到达0.97,M50-95值到达0.946,较YOLO v8模型提升了2.4%,同时消除了训练后期的过拟合现象。

不同网络结构修改结果对比　　表1

模型	精确度	召回率	mAP 50	mAP 50-95
YOLO v8l	0.985	0.915	0.972	0.923
Bi-level	0.994	0.923	0.974	0.946

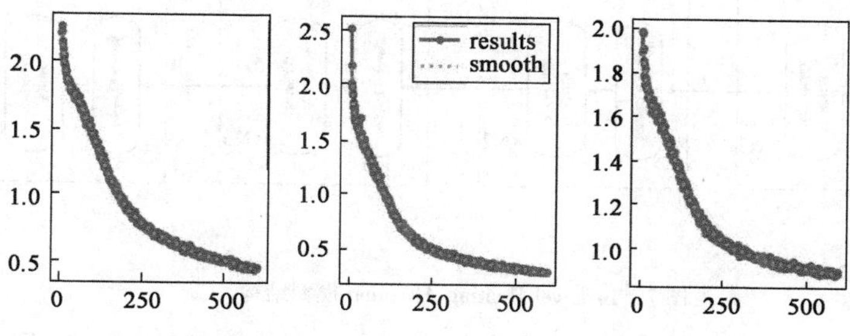

a)训练集预测框损失值、分类损失值、目标检测损失值变化

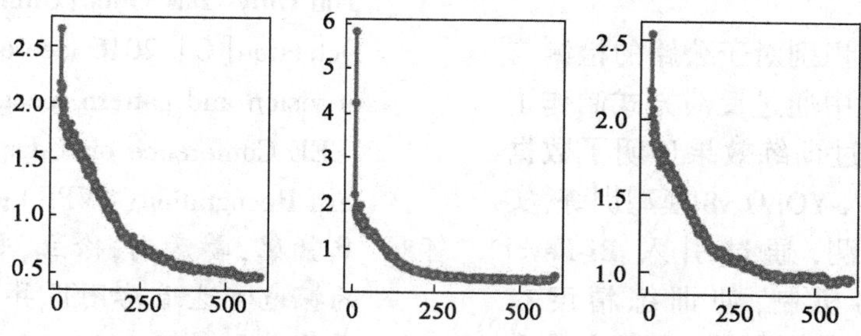

b)验证集预测框损失值、分类损失值、目标检测损失值变化

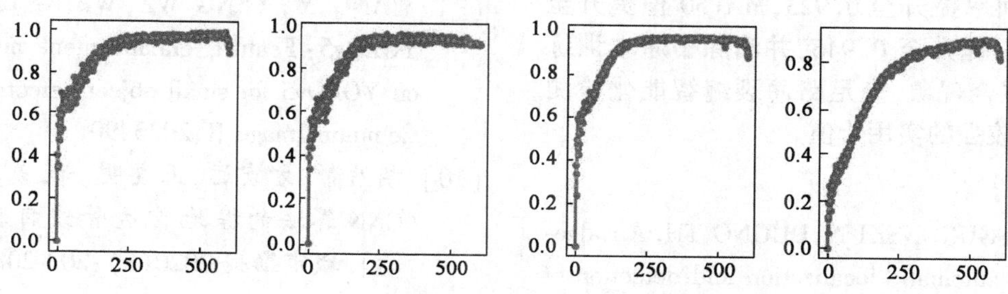

c)精确率、召回率、mAP值变化

图5　YOLO v81 模型训练效果

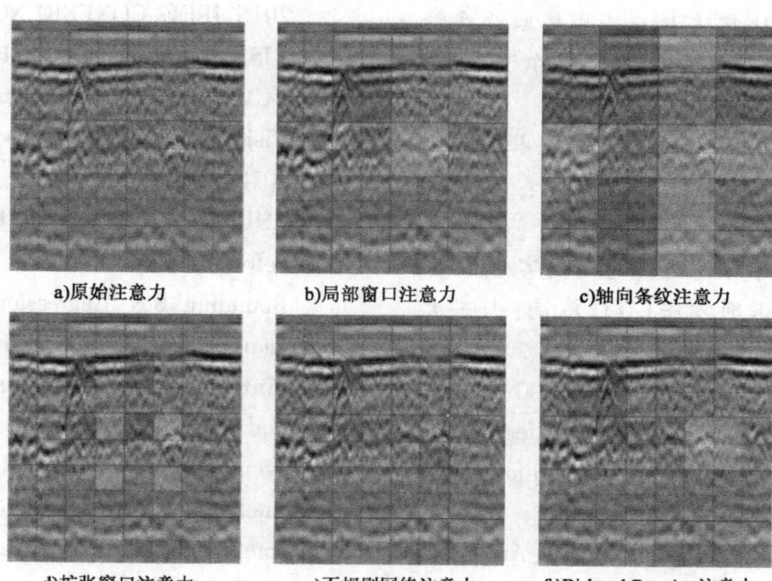

a)原始注意力　b)局部窗口注意力　c)轴向条纹注意力

d)扩张窗口注意力　e)不规则网络注意力　f)Bi-level Rouring注意力

图6　六种注意力机制对比分析

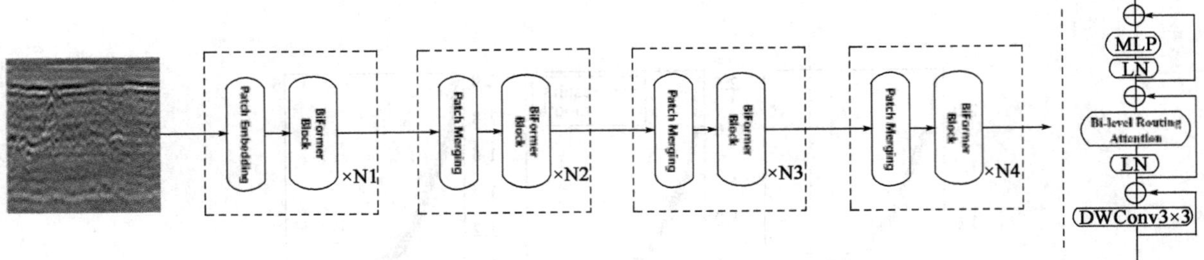

图7 Bi-Level Routing Attention 模型结构

4 结语

探地雷达图像的智能识别对于公路的检测与维护具有重要意义。本文中通过反演方式制作了准确可靠的数据集,并通过训练效果证明了数据集的稳定性;将数据集导入 YOLO v8 模型训练,实现了较精确的裂缝预测,通过引入 Bi-Level Routing Attention 注意力机制,使训练精度在 YOLO v8 的基础上得到了较大提升,准确率提升至0.994,召回率提升至0.923,MAP50 值提升至0.97,M500-95 提升至0.946,并消除了原本训练中出现的过拟合现象,满足路面裂缝智能化检测的需求,具有较强的实用价值。

参考文献

[1] DINH K,GUCUNSKI N,DUONG TH. An algorithm for automatic localization and detection of rebars from GPR data of concrete bridge decks[J]. AUTOMAT CONSTR 2018,89:292-298.

[2] 薛丽君.基于探地雷达 B-scan 图像双曲线特征的目标检测与定位研究[D].哈尔滨:哈尔滨工业大学,2021.

[3] 童峥.基于深度学习和探地雷达技术的路面结构病害检测研究[D].西安:长安大学,2018.

[4] 徐辉.基于深度学习的隧道衬砌病害 GPR 探测智能反演与识别方法[D].济南:山东大学,2019.

[5] REDMON J,FARHADI A. YOLO9000:Better, Faster,Stronger[C]//30th ieee conference on computer vision and pattern recognition(cvpr 2017)2017:6517-6525.

[6] REDMON J,FARHADI A. YOLOv3:An Incremental Improvement[J]. Ithaca:Cornell University Library,arXiv. org 2018.

[7] REDMON J,DIVVALA S,GIRSHICK R,et al. You Only Look Once:Unified,Real-Time Object Detection[C]. 2016 ieee conference on computer vision and pattern recognition(CVPR). 2016 IEEE Conference on Computer Vision and Pattern Recognition(CVPR);2016:779-788.

[8] 覃紫馨,姜彦南,徐立,等.基于 YOLO 算法的探地雷达道路图像异常自动检测[J].科学技术与工程 2023,23(27):11505-11512.

[9] WANG M,YANG WZ,WANG LJ,et al. FE-YOLOv5:Feature enhancement network based on YOLOv5 for small object detection[J]. J Vis Commun Image R,2023,90.

[10] 胡浩帮,方宏远,王复明,等.基于 Faster R-CNN 算法的探地雷达管线目标智能识别[J].城市勘测 2020(3):203-208.

[11] HE K M,ZHANG X Y,REN S Q,et al. Deep Residual Learning for Image Recognition[C]. 2016 IEEE CONFERENCE ON COMPUTER VISION AND PATTERN RECOGNITION (CVPR). 2016 IEEE Conference on Computer Vision and Pattern Recognition (CVPR); 2016:770-778.

[12] ZHENG Z H,WANG P,LIU W,et al. DistanceIoU Loss: Faster and Better Learning for Bounding Box Regression [C]. Thirty-fourth aaai conference on artificial intelligence, the thirty-second innovative applications of artificial intelligence conference and the tenth aaai symposium on educational advances in artificial intelligence. 34th AAAI Conference on Artificial Intelligence/32nd Innovative Applications of Artificial Intelligence Conference/10th AAAI Symposium on Educational Advances in Artifi-

cial Intelligence;2020:12993-13000.

[13] ZHU L, WANG X, KE Z, et al. LauIEEE. BiFormer: Vision Transformer with Bi-Level Routing Attention[C]. 2023 IEEE/Cvf Conference on computer vision and pattern recognition (CVPR),2023,10323-10333.

基于数字图像处理的路面裂缝识别技术

张 焱[1] 屈 鑫*[1] 良 健[2] 阮 妨[2]

(1.长安大学公路学院;2.西安西北民航项目管理有限公司)

摘 要 总结了路面裂缝图像处理的研究成果,分析了路面裂缝在图像识别领域的研究进展,包括了图像处理算法,深度学习算法以及数字图像识别技术在路面裂缝检测中的应用,此外,还介绍了深度学习方法在路面病害检测中的应用。研究结果表明:在裂缝图像处理算法方面,已经从传统的裂缝图像分割过渡到多特征融合的检测方法;在裂缝识别算法中,大量学者开始应用深度学习的手段对路面裂缝进行识别来提到裂缝识别精度和效率。通过应用激光、BIM、深度学习等技术对将来路面病害自动检测将产生巨大作用。

关键词 图像处理 裂缝检测 深度学习 检测算法

0 引言

目前,数字图像处理技术已经广泛应用于医学、航空航天工程、生物科学、交通运输工程等各个领域。数字图像识别技术在路面病害检测领域已经得到广泛应用,针对不同的路面病害类型,已经拥有各种方式的数字图像检测方法。例如,路面裂缝分为传统的图像识别和基于深度学习的图像识别;沥青路面离析分为传统图像识别以及红外识别检测;坑槽检测分为基于三维重建的方法,基于振动的方法和基于视觉的方法;主流的轮辙检测是通过激光对道面轮辙进行识别检测。

本文综述了数字图像处理技术在路面裂缝检测领域的应用现状。综述了路面病害检测算法,包括病害图像预处理、路面病害目标分割、图像特征提取与分类。本文的目的是为应用数字图像处理技术进行路面裂缝识别检测的研究人员提供详细的概述。

1 路面裂缝检测的图像处理算法

目前路面裂缝检测的图像处理算法主要包括:病害图像预处理、路面病害目标分割与分类、其他目标分割三方面。

1.1 病害图像预处理

在采集路面病害信息时受到自然环境和人为因素的干扰,同时采集图像的设备存在噪声等因素,导致采集的图像存在一定的干扰,所以必须对采集的道面图像进行图像预处理,降低噪声干扰,突出路面病害信息。常见的病害图像预处理包括:图像增强法、图像去噪法以及背景差法。

1.1.1 图像增强法

图像增强法是通过一些图像处理方法,如亮度调节、饱和度调节等方法减弱图像中某些特征,从而改善图像的视觉效果,突出图像目标部分与背景之间的差异。Zhang[1]等提出了一种基于Ridgelet方法的图像预处理,通过这种方法可以有效地增强道路裂缝图像的全局和局部对比效果,增强裂缝目标抑制背景噪声。

1.1.2 图像去噪法

图像去噪是指减少数字图像中噪声的过程。目前常用的图像去噪算法大体可分为两类,即空域像素特征去噪算法和变换域去噪算法(图1)。前者是直接在图像空间中进行处理,后者是间接的在图像变换域中进行处理。彭博[2]等提出了基于双层连通性的路面裂缝图像去噪算法,该算法可以消除连通长度较短的目标像素和孤立区域,有利于裂缝的连接与识别,同时对二值化图像去噪具有普适性(图2)。孙朝云[3]等为了满足路表三维形态精度重构和路面病害检测的要求,提出了路面三维数据去噪算法,该算法在兼顾路表三维细节的同时,可以较好地滤除高信噪比情况下的脉冲噪声干扰(图3)。

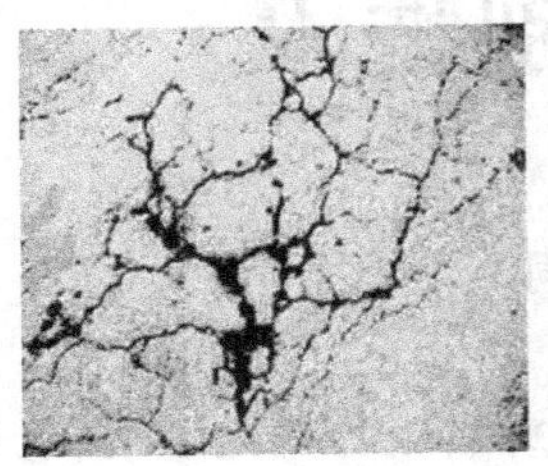
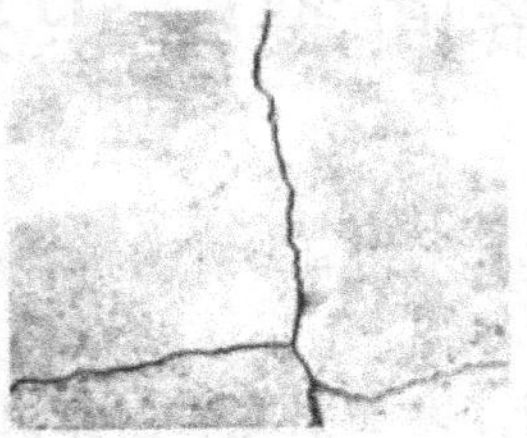

图1　图像增强后图像

图2　文献[2]图像去噪后图像

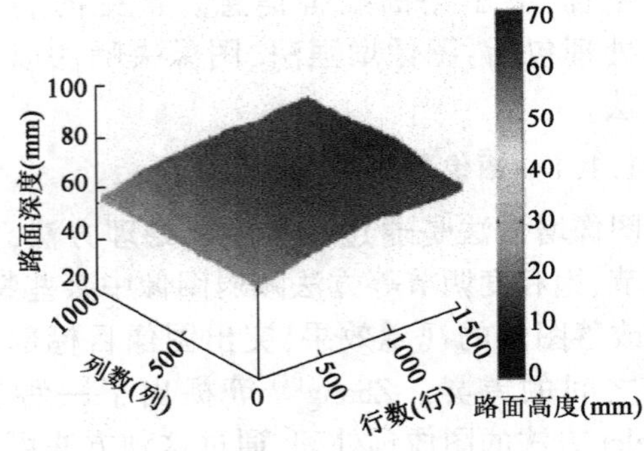

图3　文献[3]三维图像去噪

1.1.3　背景差法

背景差法的基本原理是将图像序列中的当前帧和已经确定好或实时获取的背景参考模型做减法,计算出与背景图像像素差异超过一定阈值的区域作为运动区域,从而来确定运动物体的位置、轮廓、大小等特征。该方法可以有效避免光照不均匀、轮胎印等噪声。袁梦霞[4]等提出了背景差法的路面三维裂缝识别方法,该方法较好的滤除噪声并保留裂缝信息,尤其是细小裂缝(图4)。

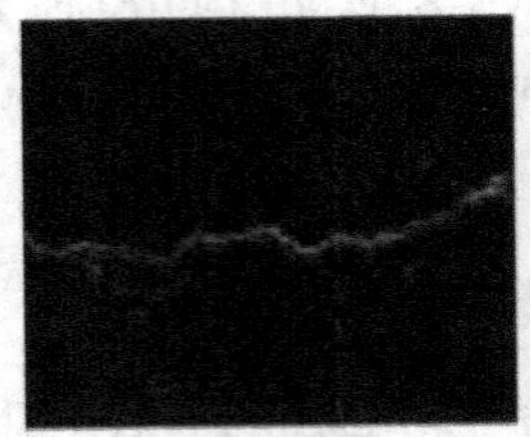
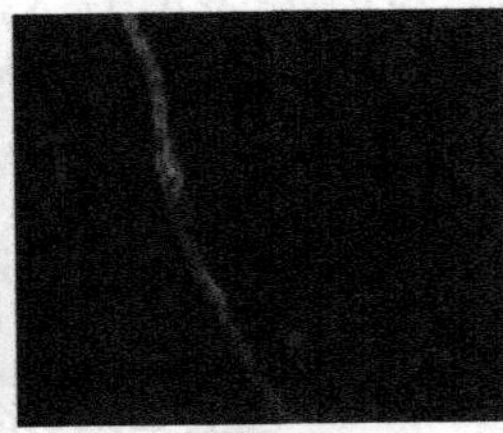

图4　文献[4]背景差法图像

通过以上三种图像预处理方法可知:图像增强法的关键是解决背景不均匀以及阴影的影响,图像增强法是对一整幅图像进行处理。同时背景差法也是对一整幅图像进行处理,对低频噪声的处理效果较好,计算量小,但是容易漏掉细小裂缝信息。图像去噪法对高频噪声的处理效果较好,但是不能有效地处理叠加在路面图像中的多种噪声。

1.2　路面裂缝目标分割

裂缝目标是最常见的路面病害破损目标,由于裂缝图像具有多纹理性、多目标性以及背景光照多变性等复杂特性,导致裂缝目标成为图像识别中较难识别的一种路面病害类型。

将裂缝从复杂的背景图像中分割出来是裂缝识别的重要前提,裂缝目标分割主要有以下几个方向:

1.2.1　阈值分割法

阈值分割法是基于区域的图像分割技术,其原理是把图像像素点分为若干类,按照灰度等级,对像素集合进行划分,得到的每个子集形成一个与现实景物相对应的区域,各个区域内部具有一致的属性,而相邻区域不具有这种一致的属性。大津法(OTSU)是一种典型的阈值分割算法,由日本学者大津于1979年提出。张振海[5]等提出了改进的OTSU法的裂缝识别方法,该方法将Canny边缘检测和OTSU相结合,可以有效地增强图像对比度和噪声滤除,并且能够精准确定裂缝位置(图5)。朱鑫[6]等提出了改进的OTSU方法用于图像裂缝分割,该方法可以有效降低边缘缺失状况且背景中杂质区域减少(图6)。

1.2.2　边缘检测法

图像的边缘检测方法是通过微分运算从图像的高频分量中提取信息。边缘检测法[7]充分利用了裂缝目标的边缘特性,突出显示像素灰度值变化较大的区域,抑制像素灰度变化较小的区域(图7)。常用的一阶梯度算子有 Roberts 算子、Prewitt 算子、Sobel 算子、Kirsch 算子;二阶导检测的边缘检测算子中较为经典的是 LOG 算子[8]。与上文提到的几种算法相比,Canny 边缘检测算法的信噪比较高,且检测精度更优等特点。田贝乐[9]等提出了优化的 Canny 边缘检测算法,该方法在保留了传统 Canny 算法的同时,可以明显地抑制噪声,保留原图像信息。

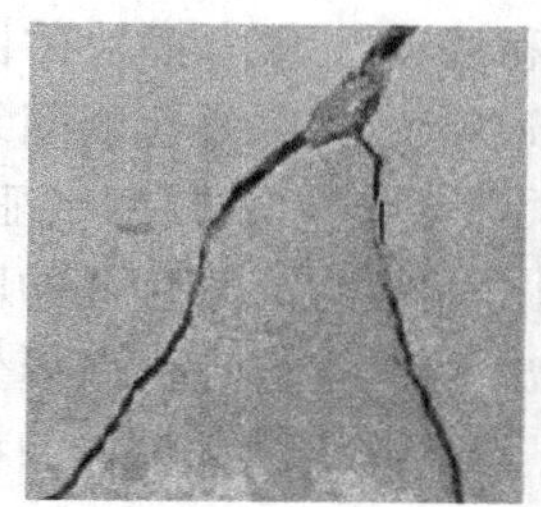
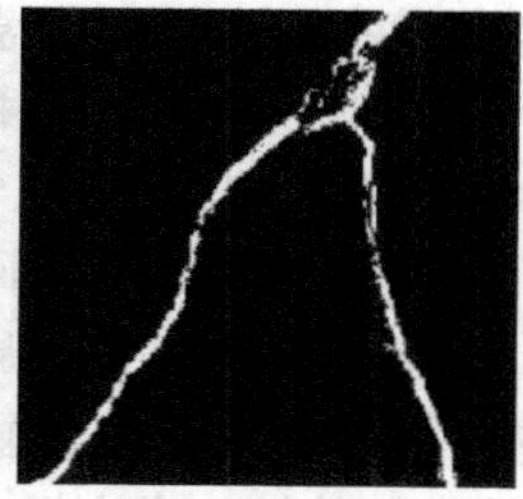

图5 文献[5]阈值分割法前后对比图

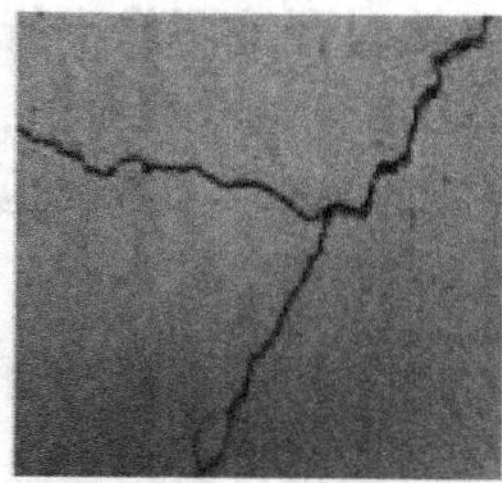
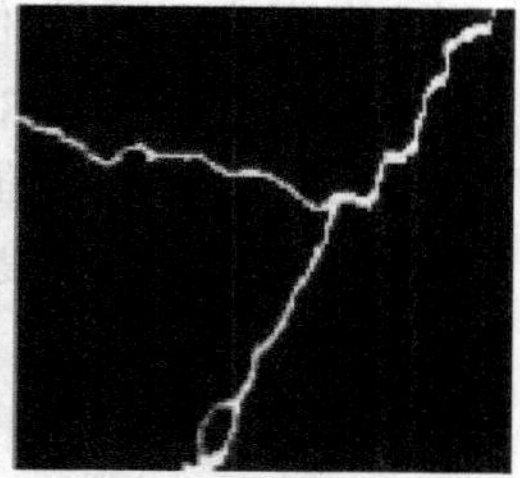

图6 文献[6]阈值分割法前后对比图

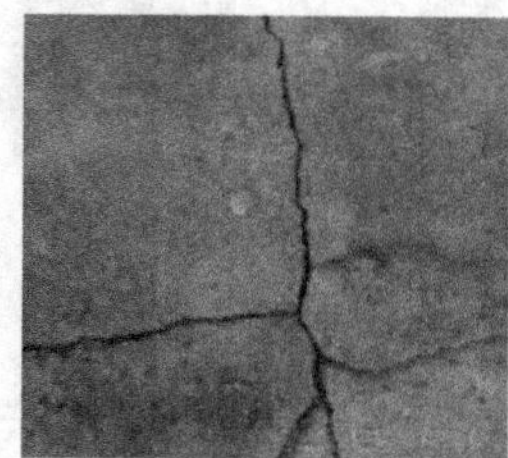
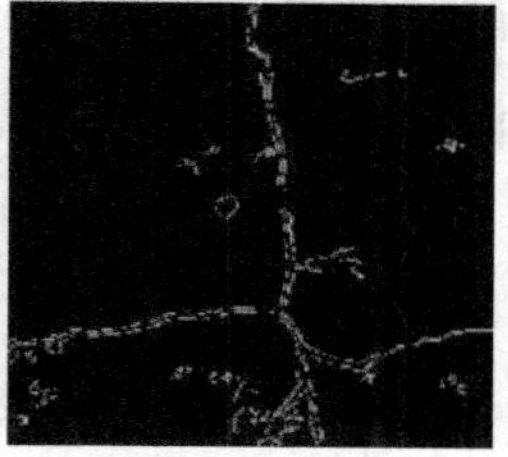

图7 文献[9]边缘检测法前后对比图

1.2.3 深度学习法

Cha[10]等采用卷积神经网络(CNN)检测图像裂缝,试验传统的 Canny 和 Sobel 边缘检测方法对所提出的 CNN 进行对比研究,结果表明 CNN 的识别准确率远高于其他算法。Tong[11]等将深度卷积神经网络(DCNN)应用于路面裂缝自动识别中。结果表明,该方法克服了裂缝图像标记不足的情况,提高了识别精度。Wang[12]等提出了一种卷积神经网络在细分图像单元上识别沥青表面裂缝的方法,该卷积神经网络有 3 个卷积层和 2 个全连接层组成,包含 1264240 个参数,研究表明,训练后的 CNN 在训练数据和测试数据上的准确率分别为 96.32% 和 94.29%(图8)。

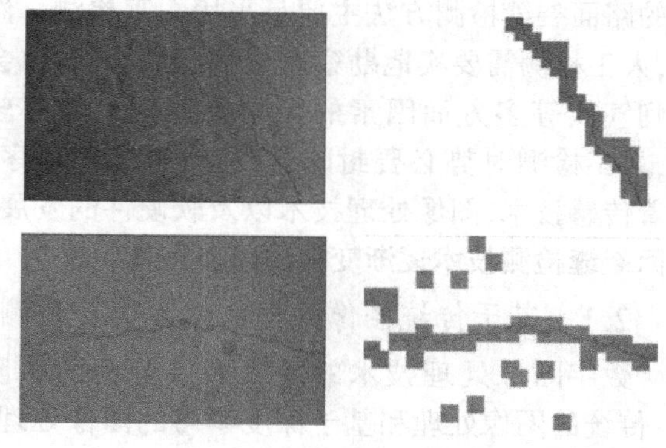

图8 深度学习法前后对比图

1.3 图像特征提取与分类

道面破损图像的特征提取与分类是道面病害检测的重要环节。通过对道面破损图像的特征提取和分类,可以有效地计算道面破损程度,使得道面管理人员准确的提出道面养护决策。

张大伟[13]等提出了基于 E-HRNet 的路面破损区域识别方法,采用车载单目摄像机采集路面图像,对图像进行预处理并生成图像破损数据集,在原有 HRNet 结构基础上,融合了卷积注意力模块,形成 E-HRNet 网络模型。结果表明,该模型分割精度更高且具有更好的实时性和泛化性(图9)。Chen[14]等以车载点云为研究对象,提出了一种路面点云损伤识别方法。结果表明,该算法对路面损伤提取的平均精度为 89.35%,平均召回率为 91.21%,具有较强的适用性和可靠性。

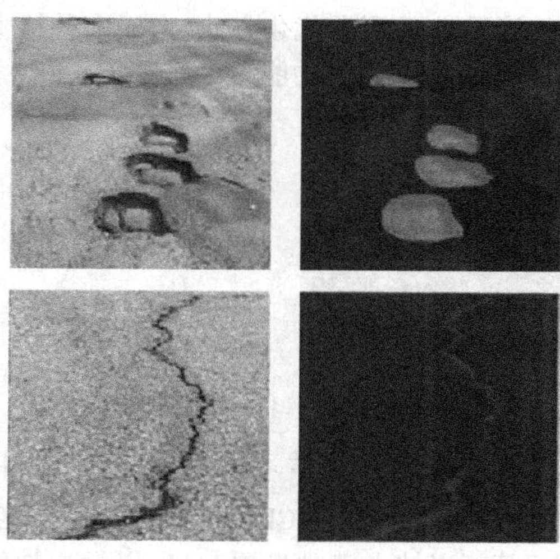

图9 文献[13]特征提取前后对比

2 图像识别技术在裂缝检测中的应用

路面裂缝是道路工程中常见的病害之一,以往的路面裂缝检测方法主要是采用人工检测。然而,人工检测需要实地勘察测量和记录,同时也会受到气候等多方面因素的影响导致检测效率较低,人工检测时势必要封闭道路,影响交通秩序。随着传感技术、图像处理技术以及软硬件的发展,路面裂缝检测技术逐渐变得成熟和完善。

2.1 基于传统图像处理的路面裂缝检测

数字图像处理技术的发展大致分为两个阶段:传统的图像处理和基于深度学习的图像处理。传统图像处理识别中特征提取主要依赖于人工对特征进行提取,进而对原始特征进行重构和表达,将最终重构好的特征进行提取。传统图像识别中每个方法都是针对据特特定的情况,所以泛化能力和鲁棒性较差。

王墨川[15]等提出基于曲率滤波和N-P准则的路面裂缝识别方法,通过曲率滤波算法保留裂缝信息,应用N-P准则实现裂缝检测。李鹏[16]等结合聚类分析和区域生长算法,提出了K-means聚类路面分割算法,根据图像灰度像素特征进行裂缝目标聚类,融合裂缝几何纹理特征将聚类中心值作为种子点区域生长,经过形态学滤波优化处理完成精确分割(图10)。Safaei[17]等提出了基于图像块的图像处理方法,将局部阈值技术应用于每个图像块,并根据图像块像素的空间分布检测出有裂缝的图像块,并且方法不限于路面纹理类型,具有较好的泛化性。König J[18]等人提出了优化的编码器-解码器优化方法,由于多种技术的组合,可以使分割裂缝的能力得到提高。

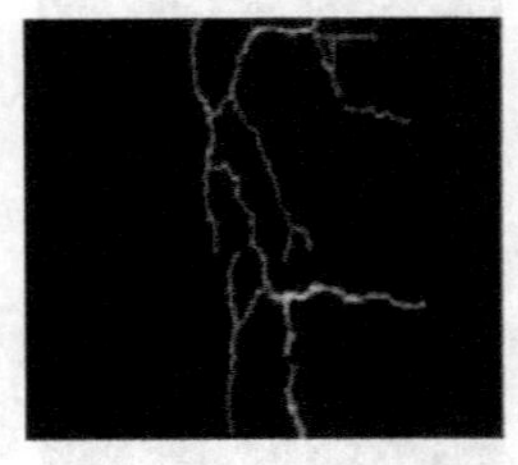
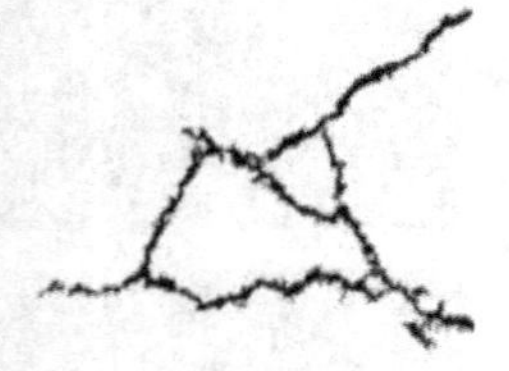

图10 文献[15][16]裂缝识别图片

2.2 基于深度学习的路面病害检测

随着计算机硬件和GPU的发展,人工智能、机器学习等新兴技术蓬勃发展起来,以卷积神经网络为代表的深度学习进入了图像处理领域。相较于传统的图像处理,深度学习的图像识别具有鲁棒性好、泛化能力强等优点,但是调整模型参数和训练模型需要消耗大量时间。

2.2.1 裂缝检测

Pham[19]等将包含裂缝的矩形区域通过区域卷积神经网络(R-CNN)进行检测,通过卷积神经网络进行相关区域的特征提取,同时通过实验对比模型和超参数,结果表明,基于金字塔的特征提取网络(FPN)可以更好地进行识别分类。Fan[20]等利用基于编码-解码器和残差注意力模块的图像频率关系,构建了一种道路图像裂缝检测网络RAO-UNet。该方法可以学习多个空间-频率特征,从而在节省计算成本的同时增强对高频特征的区分。在空间优化方面,提出了一种新的平衡损失函数,既解决了平衡问题,又保证了优化过程的稳定性和一致性。肖力炀[21]等提出了改进Mask R-CNN模型路面裂缝识别方法,通过改进Mask R-CNN模型对裂缝进行定位以及对裂缝图像进行分割,同时设计了C-Mask R-CNN多阈值检测方法,实现了裂缝在高阈值下的准确定位,该方法有效地解决了裂缝识别算法准确度不高等问题(图11)。

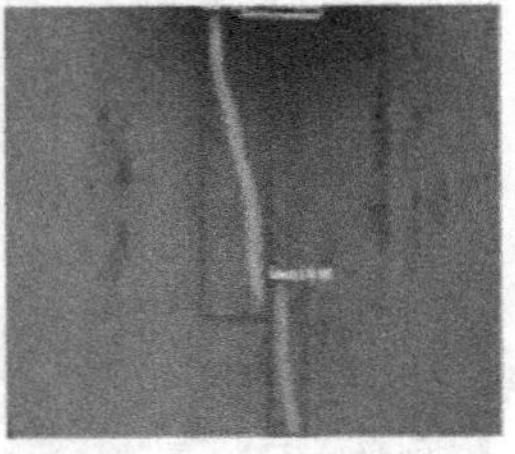

图11 文献[19][21]裂缝识别图片

2.2.2 离析检测

Shi[22]等运用红外图像和深度学习的方法进行沥青路面离析检测,使用CutMix(CD)图像增强的方法进行扩展原始数据集,通过训练YOLOv5模型检测沥青路面离析,并将其与Faster R-CNN和YOLOv7进行比较,结果表明在CD上训练的YOLOv5性能优于其他模型(图12)。Hoang[23]等提出基于计算机视觉的沥青路面离析的自动识别方法,该方法采用了基于吸引排斥中心对称局部二值模式的极限梯度增强机(ARCSLBP-XGBoost9)和深度卷积神经网络(DCNN),通过20次重复随机数据采样过程的试验结果表,ARCSLBP-XGBoost是一种有效的沥青路面离析检测方法,其分类准确率为0.95,精确率0.93,召回率0.98。

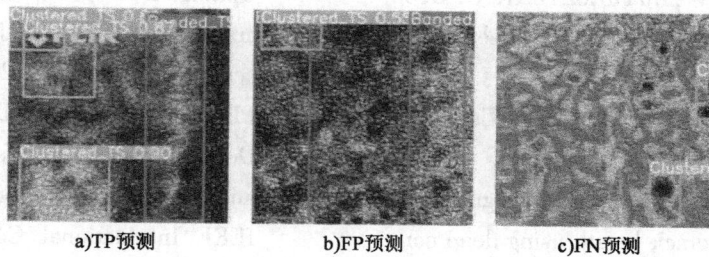

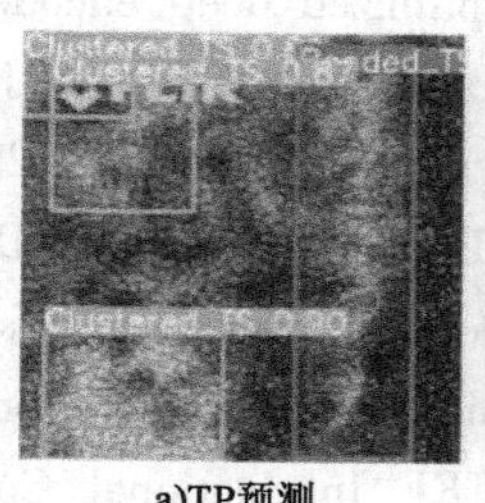

a)TP预测

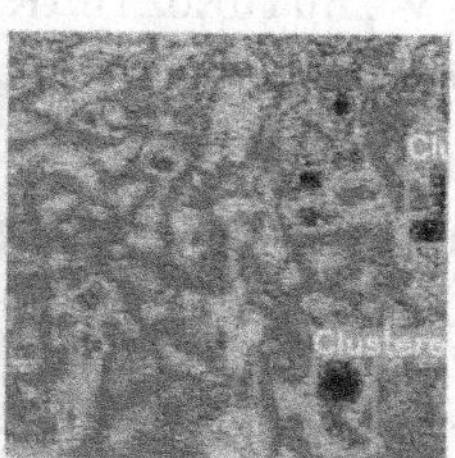
b)FP预测　c)FN预测

图12　文献[22]路面离析识别图片

2.2.3　坑槽检测

Chen[24]等提出了基于位置感知卷积神经网络的道面坑槽检测新方法，该方法由两个子网组成：第一个定位子网络采用高召回率网络模型来寻找尽可能多的候选区域，第二个基于部分的子网络对网络期望集中的候选区域进行分类。实验表明，该方法可以同时达到较高的准确率(95.2%)和召回率(92.0%)。Gupta[25]等提出了基于深度神经网络的热图像边界盒定位方法。实验表明，改进后的resnet34单次多盒检测器的平均精度为74.53%，而改进后的ResNet50-RetinaNet模型的平均精度为91.15%(图13)。

图13　文献[25]坑槽识别图片

3　结语

本文综述了数字图像识别技术在裂缝领域应用的研究现状以及深度学习方法在路面检测中的应用。系统地介绍了路面裂缝检测的图像处理算法，从病害图像预处理到裂缝目标分割再到特征提取与分类，全面概述了该领域的关键技术和方法。

通过对比分析基于传统图像处理和基于深度学习的两种方法，发现深度学习方法在一些场景下具有更好的性能表现。使用高清相机对道面裂缝进行图像采集是现在较为常用的方法，传统的图像识别在道面病害目标分割时，例如在边缘检测算法中可能会出现图像分割较差的情况。基于上述情况，采用基于深度学习算法(CNN、Faster R-CNN)对病害目标进行分类是另一种较好地解决办法。

参考文献

[1] ZHANG D, QU S, HE L, et al. Automatic ridgelet image enhancement algorithm for road crack image based on fuzzy entropy and fuzzy divergence [J]. Optics and Lasers in Engineering, 2009, 47(11): 1216-25.

[2] 彭博，罗楠欣，蒋阳升，等. 基于双层连通性检测的路面裂缝图像去噪算法 [J]. 公路交通科技，2015，32(11)：7-13 + 26.

[3] 孙朝云，郝雪丽，李伟，等. 路面三维数据去噪算法 [J]. 长安大学学报(自然科学版)，2015，35(1)：20-5.

[4] 袁梦霞，孙朝云. 基于目标减背景法的路面三维裂缝识别方法 [J]. 中外公路，2015，35(5)：88-93.

[5] 张振海，贾争满，季坤. 基于改进的Otsu法的地铁隧道裂缝识别方法研究 [J]. 重庆交通大学学报(自然科学版)，2022，41(1)：84-90.

[6] 朱鑫，漆泰岳，王睿，等. 一种改进的用于裂缝图像分割的Otsu方法 [J]. 地下空间与工程学报，2017，13(S1)：80-4.

[7] 徐志刚，车艳丽，李金龙，等. 路面破损图像自动处理技术研究进展 [J]. 交通运输工程学报，2019，19(1)：172-90.

[8] 庄天玺. 基于数字图像处理技术的机场道面裂缝智能检测方法与应用研究 [D]. 武汉：中国民用航空飞行学院，2023.

[9] 田贝乐，牛宏侠，刘义健. 一种优化的Canny边缘检测算法 [J]. 铁路计算机应用，2021，

30(10):14-8.

[10] CHA Y-J, CHOI W, BüYüKöZTüRK O. Deep Learning-Based Crack Damage Detection Using Convolutional Neural Networks [J]. Computer-Aided Civil and Infrastructure Engineering,2017,32(5):361-78.

[11] TONG Z,GAO J,HAN Z,et al. Recognition of asphalt pavement crack length using deep convolutional neural networks [J]. Road Materials and Pavement Design, 2018, 19 (6): 1334-49.

[12] WANG K C P,ZHANG A,LI J Q,et al. Deep Learning for Asphalt Pavement Cracking Recognition Using Convolutional Neural Network [Z]. AIRFIELD AND HIGHWAY PAVEMENTS 2017:DESIGN,CONSTRUCTION, EVALUATION,AND MANAGEMENT OF PAVEMENTS. 2017:166-77.

[13] 张大伟,田抑阳,徐培娟,等. 基于E-HRNet的路面破损区域识别方法[J]. 北京交通大学学报,2023,47(4):110-9.

[14] CHEN M, LIU R, YANG J, et al. Pavement Damage Identification Method Based on Point Cloud Multi-Source Feature Enhancement [J]. International Journal of Pavement Research and Technology,2022,15(2):257-68.

[15] 王墨川,何莉,胡成雪,等. 基于曲率滤波和N-P准则的路面裂缝识别方法[J]. 计算机工程与科学,2022,44(10):1822-31.

[16] 李鹏,李强,马味敏,等. 基于K-means聚类的路面裂缝分割算法[J]. 计算机工程与设计,2020,41(11):3143-7.

[17] SAFAEI N,SMADI O,MASOUD A,et al. An Automatic Image Processing Algorithm Based on Crack Pixel Density for Pavement Crack Detection and Classification [J]. International Journal of Pavement Research and Technology,2022,15(1):159-72.

[18] KöNIG J,JENKINS M D,MANNION M,et al. Optimized deep encoder-decoder methods for crack segmentation [J]. Digital Signal Processing,2021,108:102907.

[19] PHAM V,PHAM C,DANG T. Road Damage Detection and Classification with Detectron2 and Faster R-CNN; proceedings of the 2020 IEEE International Conference on Big Data (Big Data),F 10-13 Dec. 2020,2020 [C].

[20] FAN L,ZHAO H,LI Y,et al. RAO-UNet:a residual attention and octave UNet for road crack detection via balance loss [J]. IET Intelligent Transport Systems,2022,16(3):332-43.

[21] 肖力炀,李伟,袁博,等. 一种基于改进实例分割模型的路面裂缝检测方法[J]. 武汉大学学报(信息科学版),2023,48(5):765-76.

[22] SHI J, GONG H, CONG L, et al. Detecting temperature segregation in asphalt pavement construction using infrared imaging and deep learning [J]. International Journal of Pavement Engineering,2023,24(1):2258438.

[23] HOANG N-D, TRAN V-D. Computer vision based asphalt pavement segregation detection using image texture analysis integrated with extreme gradient boosting machine and deep convolutional neural networks [J]. Measurement, 2022,196:111207.

[24] CHEN H,YAO M,GU Q. Pothole detection using location-aware convolutional neural networks [J]. International Journal of Machine Learning and Cybernetics, 2020, 11 (4): 899-911.

[25] GUPTA S,SHARMA P,SHARMA D,et al. Detection and localization of potholes in thermal images using deep neural networks [J]. Multimedia Tools and Applications,2020,79(35): 26265-84.

三维激光点间距对水泥路面裂缝宽度检测的影响

王梓潇[1,2]　郝培文*[1]　郭晓刚[3]
(1. 长安大学公路学院;2. 内蒙古交通集团蒙通养护有限责任公司;3. 中田纳西州立大学)

摘　要　为研究三维激光点横向间距对水泥路面裂缝宽度检测结果的可靠性。本文采用室内三维激光检测系统获取4组激光点横向间距为0.5～1.5mm的水泥混凝土裂缝试件高程数据并建立三维模型,通过非线性最小二乘法拟合各裂缝断面,利用二阶微分峰值分析法识别裂缝宽度,分析了激光横向点间距对不同宽度裂缝检测可靠性及其误差变化规律。结果表明:随着激光点间距增加,裂缝宽度检测相对误差明显增大,0.5mm、0.75mm、1.0mm和1.5mm间距的最大相对误差分别为66.7%、89.2%、100%和100%;0.5mm点间距下,随着裂缝宽度不断增大,重复检测结果的变异系数由2.62%降低至0.22%,且重度裂缝检测的最大相对误差为66.7%,中度为47.8%,轻度仅为6.7%;同时,检测中的绝对误差可能导致对裂缝严重程度的高估,进而影响路面破损状况的评价准确性。本文的贡献在于揭示了激光点横向间距对水泥路面裂缝宽度检测的影响规律,为路面破损评价提供了重要参考。

关键词　道路工程　三维激光技术　裂缝检测　激光点横向间距　可靠性

0　引言

裂缝是水泥混凝土路面主要病害类型之一,水和杂质通过裂缝进入路面结构中,在气候和交通荷载反复作用下,可能导致唧泥、破碎板、板角断裂等病害,不仅会降低路面平整度和结构承载力,甚至严重缩减路面使用寿命[1-3]。因此,全面、准确掌握路面裂缝病害状态并及时的养护处治,是保证结构强度和延长服役寿命的关键。目前我国交通行业标准采用长度和宽度换算裂缝损坏面积,可靠的宽度检测结果是裂缝损坏程度分级的标准,是水泥混凝土路面损坏状况准确评价的基础[3-7]。

对于裂缝宽度的检测技术总体上有多个阶段的发展,传统方法是以人工检测为主,经历了平面图像检测,发展到如今的三维激光检测。人工检测的缺点明显,其存在安全风险,且效率低、误差大,尤其在大规模的路网的裂缝检测中难以满足快速、准确的需求[8-9];二维图像法受水渍、油渍、光照等因素干扰,检测结果准确性和可靠性还有待进一步提高[3,10-16]。三维线激光技术已经成为一项成熟的技术,被广泛应用于路面及结构的各种病害检测中,其能够使用高精度、高密度激光点云数据在车辆高速运行状态下采集整条车道的病害信息,[12,17-18]。Tsai[19]使用了3D激光设备,激光点间距设置为1mm,对沥青路面1mm到5mm宽的裂缝进行了点云数据的采集,通过动态优化验证了与测量真值的差异性,结果表明该方法可以有效检测宽度大于等于2mm的裂缝。Laefer[20]将预制好的试样通过激光间距为1.4mm的Trimble GS200 3D扫描仪获取其点云数据,与真实的裂缝宽度进行对比,结果表明裂缝宽度为1～3mm和5mm试件的最大绝对误差分别为1.16mm和0.1mm。M. Cabaleiro[21]应用三维激光扫描技术获取的矩形梁柱表面的裂缝点云,结果表明可识别出宽度为3mm的梁柱表面裂缝。刘西岭[22]利用点间距为5mm的三维激光扫描仪采集了宽度在15～21mm的沥青路面裂缝的数据点云,结果显示:一般情况下,计算的裂缝宽度会大于实测值,且案例中的相对误差没有超过12%,而最大绝对误差是1.83mm。肖庸[23]使用Faro freestyle手持式三维激光扫描仪获取数据精度为0.03mm的水泥混凝土路面三维点云,结果表明对于宽度在0.3～0.6mm之间的裂缝,三维数据计算结果与裂缝宽度观测仪观测结果的平均相对偏差为-9.01%。郎洪[24]基于深度学习采用点间距为1mm的三维图像检测裂缝,结果表明其准确率可达87.8%。曹霆[25]使用了点间距为1mm的三维激光设备,对25～45mm范围内的裂缝进行了宽度检测,与人工测量结果相比,误差在6%～8%之间。而肖文韬[26]利用激光间距为0.5mm的Leica P40激光扫描仪提取隧道水泥侧壁裂缝的宽度值,结果显示,可检测到的裂缝最小宽度为0.6mm,而激光检测值为0.64mm,裂缝宽度检测平均误差为5.86%。这些研究表明,三维激光检测技术具有高精度、高密度的特点,已经逐步广泛应用于公路路面裂缝检测。然而,激光器型号的差异性以及仪器架设高度的不同会最终引起激光横向点间距设置的不一样,从而引起检测系统的误差的变化。值得注意的是,当前研究对于激光横向点间距变化对激光裂缝宽度检测的影响未做出深入讨论,结果可靠性及误差变化规律还没有确定,因此无法为检测结果的量值溯源提供足够的依据。

本文采用四种不同的横向点间距,使用三维激光检测系统分别采集了水泥混凝土板0.5～1.5mm的裂缝三维点云数据,构建了面板于裂缝的三维几何模型,提取了断面的高程轮廓。裂缝宽度通过峰值分析与裂缝测宽仪同步进行了分析和计算,进而进行对比验证,并计算、评估预测值与真实值之间的误差大小。最后,实验的可靠性通过进一步使用高密度激光数据进行了重复验证。本研究的目标在于为将三维激光检测技术应用于路面裂缝宽度检测中,确定激光点横向间距提供全面的参考依据,从而提高检测的准确性和可靠性。

1 三维激光路面检测系统

1.1 工作原理

使用三维激光传感器进行路面扫描检测时,常常将激光发射器和CCD照相机以一定的角度和距离组装在一起,并安装在离被测物体一定距离的上方。激光发射器会发射红外激光,经过准直透镜形成扇形散射激光面,然后照射在检测面上。CCD相机会捕捉到被照射物体表面上的激光。当被检测物体的表面出现起伏不平时,激光线上各像素在CCD相机中的位置也会相应改变。计算原理的详细信息请参考图1。

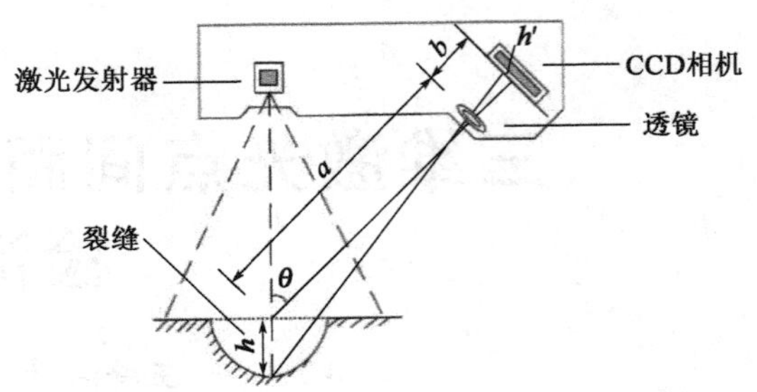

图1 激光三角法测量原理图

1.2 设备及参数

图2展示了一种由长安大学开发的室内三维激光检测系统,用于模拟不同检测条件下的路面形貌。该系统具有垂直检测精度高达0.1mm。安装在导轨上的LMI公司的Gocator一体式三维激光扫描设备由上方的传动装置驱动,可以在横向和纵向间距为0.5～50.0mm的范围内发射1060个激光测点的横断面,从而实现对待测物体表面高程的测量。通过调整激光设备的架设高度和脉冲触发频率,可以改变三维激光点之间的间距,即改变激光数据的横向和纵向间距。

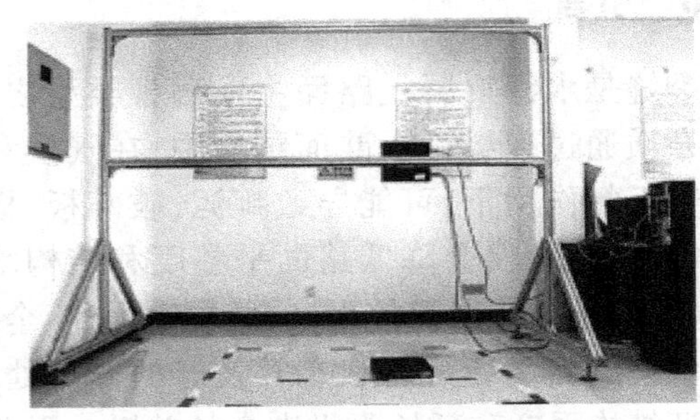
图2 研究采用的激光检测设备

在设备移动速度为200mm/s、曝光值为700μs的条件下,使用正交裂缝移动三维激光设备对水泥混凝土试件表面进行检测,得到的原始高程数据如表1所示。根据表中的数据可以得知:激光的左右端点坐标分别为-251.05mm和269.75mm,即有效检测宽度约为520mm,激光点与试件点之间的间距约为0.5mm。表1的第一列表示激光线沿检测方向的纵向间距,纵坐标的起始点和终点分别为0和798.99,表明有效检测长度为798.99mm,激光线的纵向间距约为0.5mm。其余部分表示对应沥青混合料试件点(x,y)的高程坐标。

部分水泥混凝土试件的高程原始数据

表1

y(mm)	-251.05	-250.55	…	-0.25	0.25	…	269.25	269.75
0	—	—	…	57.486	57.453	…	4.323	4.191
0.5	—	4.226	…	57.552	57.486	…	4.257	3.998
…	…	…	…	…	…	…	…	…
798.441	—	3.252	…	3.952.	4.137	…	3.357	3.115
798.99	—	—	…	3.886	3.994	…	—	—

2 试件与计算

2.1 水泥试件制备

参考《公路水泥混凝土路面施工技术规范(JTG F30—2003)》的相关规定，为了进行水泥混凝土路面裂缝宽度的测量实验，制备了两块尺寸为300mm×300mm×50mm的水泥混凝土板(图3)。这样做是为了确保数据样本的多样性和随机性，以全面系统地展示激光点横向间距对裂缝宽度识别的影响。并且随机选择了两块水泥混凝土试件，并按照一定间距选取裂缝的断面，以保证实验的可靠性和准确性。

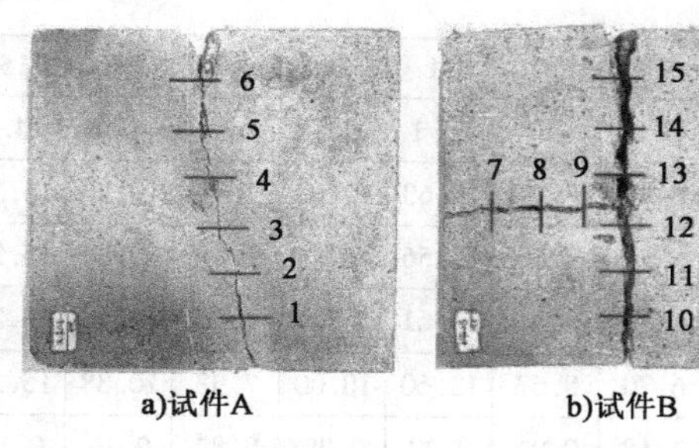

图3 水泥混凝土试件及不同宽度裂缝

2.2 点云采集与模型重构

选择了最大的激光点横向间距，即横向和纵向激光间的间距均为0.5mm，来获取两块水泥混凝土试件表面的激光点云数据。通过使用Matlab软件进行平滑处理和样条插值，我们成功重构了这两块水泥板的三维计算模型。图4展示了这些重构模型，其中代表0.5mm激光点间距的模型能够清晰展示裂缝的形态和高程信息。

为了进行对照验证，本文同时进行了人工检测，并采用以下方法：首先，在每块水泥板上标记出相应的裂缝断面；然后，使用裂缝测宽仪对各个断面的宽度进行重复测量；最后，将每个断面的测量结果取平均值，并将其汇总。这一检测过程如图5所示。通过进行人工检测，我们能够与三维激光检测的结果进行对比和验证。

2.3 裂缝宽度计算

在本研究中，采用Levenberg-Marquardt算法(LMA)的非线性最小二乘法来拟合各个裂缝断面，以提取裂缝宽度。随后，使用FFT滤波器对断面进行平滑处理。接着，基于二阶微分方法，对平滑后的裂缝拟合断面进行峰值分析。本文定义断面最低点作为基线，并通过对比判断，确定基线两侧的峰值点作为裂缝的边缘。裂缝宽度则被定义为两个峰值点之间的距离。最终的计算结果如图6所示。这种方法能够准确地提取裂缝的宽度信息，并为后续的分析和研究提供了基础。

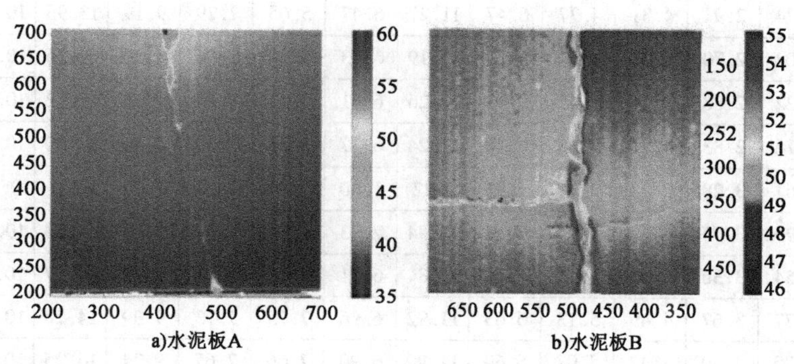

图4 两块水泥混凝土板的三维重构模型

a)裂缝测宽仪检测裂缝宽度

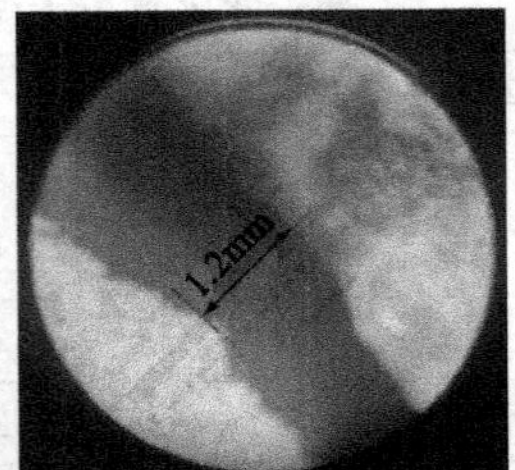

b)检测结果

图 5　人工检测裂缝宽度方法

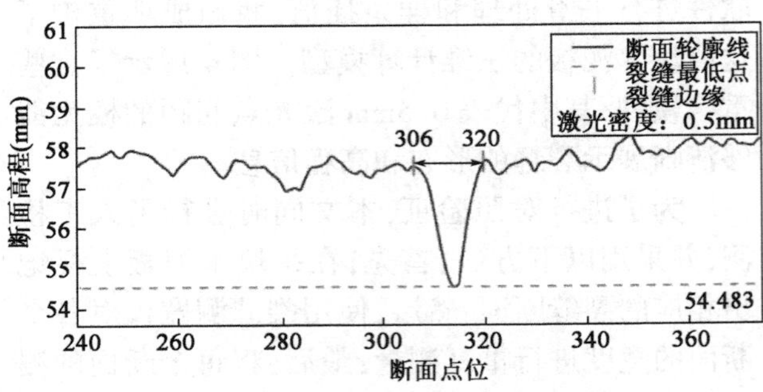

图 6　经峰值分析后的裂缝拟合断面

3　裂缝检测结果与误差计算分析

为了研究不同激光点横向间距对裂缝宽度检测的影响，本研究选择了 0.5mm、0.75mm、1mm 和 1.5mm 四种激光点间距进行裂缝宽度的检测。对两块水泥混凝土板进行了分别扫描测量，并重复进行了 3 次。这样，得到了在 4 种激光点间距下，共 15 个断面的 3 次裂缝宽度检测结果。具体的数据可以参见表 2。通过这样的实验设置，从而能够全面评估不同激光点间距对裂缝宽度检测结果的影响。

裂缝宽度检测结果　　表 2

检测条件		断面序号														
		1	2	3	4	5	6	7	8	9	10	11	12	13	14	15
人工测量(mm)		4.0	1.2	2.3	2.7	3.82	9.34	3.9	3.32	5.0	7.7	13.1	9.1	6.4	10.2	14.8
0.5mm	1	5.99	2.05	3.69	4.2	5.57	10.83	5.59	4.99	6.77	8.74	13.63	10.03	7.99	10.90	15.32
	2	5.43	1.93	3.53	4.04	5.4	10.76	5.43	4.82	6.59	8.56	13.56	9.96	7.84	10.84	15.27
	3	5.57	2.03	3.67	4.18	5.53	10.81	5.57	4.95	6.74	8.71	13.61	10.01	7.96	10.90	15.31
	$\bar{x}$	5.53	2.00	3.63	4.14	5.50	10.80	5.53	4.92	6.70	8.67	13.60	10.00	7.93	10.88	15.30
	CV(%)	1.29	2.62	1.96	1.72	1.32	0.27	1.29	1.48	1.18	0.91	0.22	0.29	0.82	0.26	0.14
0.75mm	1	5.66	2.34	3.90	4.49	6.49	10.53	6.47	5.65	7.28	8.77	1363	10.34	8.36	10.91	14.27
	2	5.47	2.15	3.71	4.29	6.27	10.46	6.23	5.39	7.06	8.56	13.56	10.24	8.17	10.84	14.09
	3	5.64	2.32	3.88	4.45	6.44	10.51	6.41	5.61	7.26	8.70	13.61	10.32	8.31	10.89	14.24
	$\bar{x}$	5.59	2.27	3.83	4.41	6.40	10.50	6.37	5.55	7.20	8.67	13.60	10.30	8.28	10.88	14.20
	CV(%)	1.52	3.76	2.23	1.96	1.47	0.28	1.60	2.06	1.38	1.01	0.22	0.42	0.97	0.27	0.55
1.0mm	1	6.24	2.91	4.31	4.77	6.47	11.27	6.47	5.65	7.29	9.19	13.95	10.34	8.69	10.98	15.39
	2	6.02	2.70	4.08	4.54	6.28	11.19	6.23	5.39	7.06	8.56	13.56	10.24	8.17	10.84	14.09
	3	6.22	2.88	4.27	4.45	6.45	11.26	6.41	5.61	7.25	9.14	13.92	10.33	8.66	10.96	15.37
	$\bar{x}$	6.16	2.83	4.22	4.68	6.40	11.24	6.37	5.55	7.20	9.10	13.90	10.30	8.57	10.94	15.35
	CV(%)	1.61	3.28	2.38	2.11	1.33	0.32	1.60	2.06	1.33	1.03	0.37	0.48	1.25	0.39	0.28
1.5mm	1	6.79	3.76	4.52	5.17	6.73	11.94	7.03	7.84	7.77	9.43	14.30	10.73	9.38	11.25	15.74
	2	6.54	3.36	4.25	4.91	6.44	11.84	6.71	7.42	7.51	9.20	14.17	10.57	9.16	11.12	15.63
	3	6.77	3.67	4.49	5.13	6.63	11.92	6.96	7.75	7.73	9.39	14.28	10.71	9.36	11.24	15.73
	$\bar{x}$	6.70	3.60	4.42	5.07	6.60	11.90	6.90	7.66	7.67	9.34	14.25	10.67	8.57	11.20	15.70
	CV(%)	1.69	4.76	2.73	2.25	1.82	0.36	1.99	2.36	1.49	1.07	0.40	0.67	1.16	0.53	0.32

3.1 重复测量对裂缝宽度检测结果的影响

如图7所示为0.5mm激光点间距下3次重复测量结果的柱状图以及在4种不同激光点间距下3次重复测量所得结果的变异系数CV所得点线图。

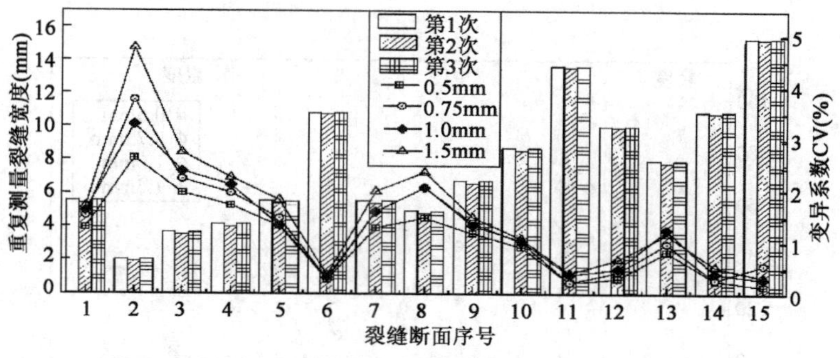

图7 0.5mm激光点间距下裂缝宽度及其识别变异系数

上图表明在进行裂缝检测时,1)随着激光点横向间距的增大,同一裂缝断面的变异系数CV呈增大趋势,以断面2为例,变异系数由2.62%增大到4.76%;2)裂缝宽度的变异系数(CV)与其大小呈负相关。较小的裂缝宽度通常伴随着较大的变异系数,这意味着检测的可靠性较低。在本研究中,裂缝宽度从1.2mm增加至14.8mm时,变异系数从2.62%降低至0.14%。为了减小测量误差,通过对裂缝宽度进行三次重复测量,并取平均值。这样的做法有助于提高测量的准确性和可靠性。

3.2 激光点横向间距与裂缝宽度的关系

根据图8,可观察到在4种不同的激光点横向间距下,裂缝断面的平均检测宽度与使用裂缝测宽仪得到的人工实测真值存在差异。总体而言,激光检测值相对于实测真值偏大。此外,我们还注意到随着激光点间距的增大,宽度检测值也相应增大。这表明激光点间距越大,裂缝的检测宽度值也会相应增加。

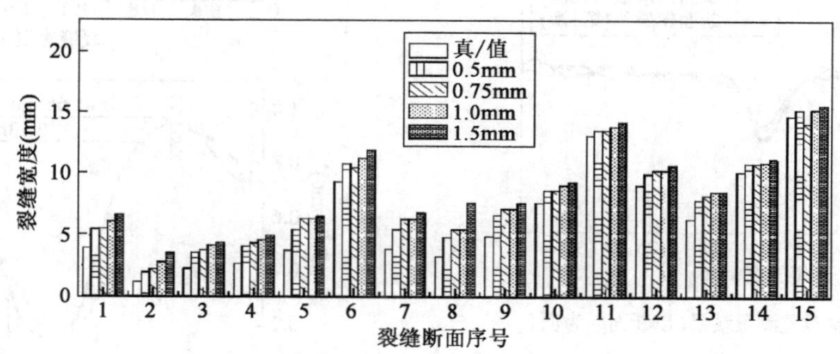

图8 断面裂缝宽度与激光横向点间距的关系

根据《公路技术状况评定标准(JTG 5210—2018)》,水泥混凝土路面裂缝宽度可以分为三个级别:轻度裂缝宽度小于3mm,中度裂缝宽度在3~10mm,重度裂缝宽度大于10mm。选取的15个断面按照上述级别标准进行分类,并得到了不同级别下各裂缝断面相对误差的散点图。图9展示了这一结果。通过这样的分级标准和分析,能够更好地理解和评估裂缝检测结果的准确性和可靠性。

根据图8的基础上,图9展示了不同激光间距下裂缝断面宽度的相对误差的汇总结果。以下是对图9的总结:

(1)裂缝宽度与相对误差呈负相关。以0.5mm激光间距为例,1.2mm裂缝的相对误差为66.7%,而14.8mm裂缝的相对误差仅为3.4%。这意味着裂缝越宽,相对误差越小,也就是说检测效果越好。

(2)在不同激光间距下,各个裂缝宽度的相对误差呈现出不同的分布情况。以5mm宽的裂缝为例,相对误差从34%增加到53.4%。也就是说,随着激光点间距的增大,裂缝宽度的检测相对误差也会增大。

(3)当激光点间距为0.5mm时,重度、中度和轻度分级裂缝的最大相对误差分别为66.7%、47.8%和6.7%。这表明本文的方法在宽度超过3mm的裂缝检测方面具有较高的准确性。

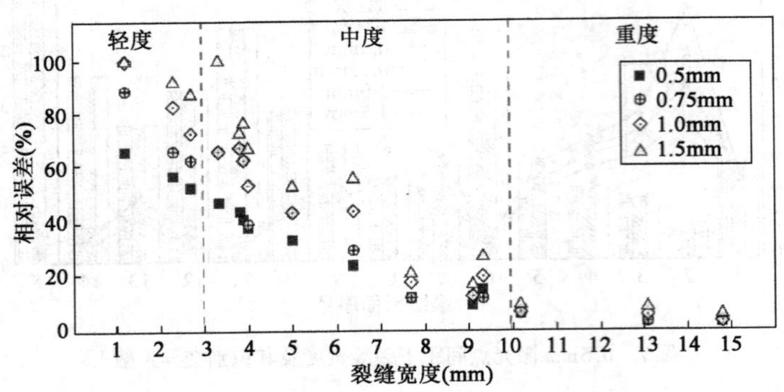

图9 不同分级裂缝宽度相对误差散点图

注:当相对误差超过100%时,取100%,代表无法识别裂缝宽度。

3.3 裂缝宽度识别误差原因分析

(1)重复测量导致裂缝宽度检测误差

以断面9为例,将其3次重复测量的高程数据进行拟合,如图10所示。

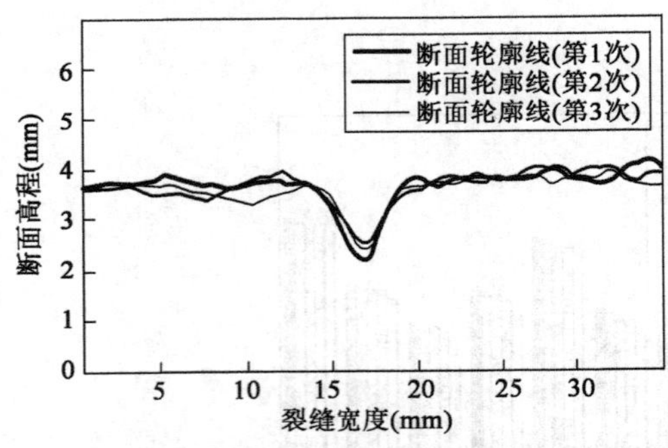

图10 同一断面3次重复测量结果(以断面9为例)

上图表明,即使采用相同的激光间距对同一断面的宽度进行识别,所得到的裂缝断面也是有所不同的,可能出现裂缝断面深度变小,宽度变大的情况。这主要是由于重复测量时仪器识别试件的起点不同,激光点必然无法准确重合,同时激光仪器自身的误差、光照等环境影响、设备行驶速度不均匀等多因素共同造成。

(2)不同激光点横向间距导致裂缝宽度检测误差

以第2断面为例,将其测量所得裂缝断面进行横向对比展示,如图11所示。

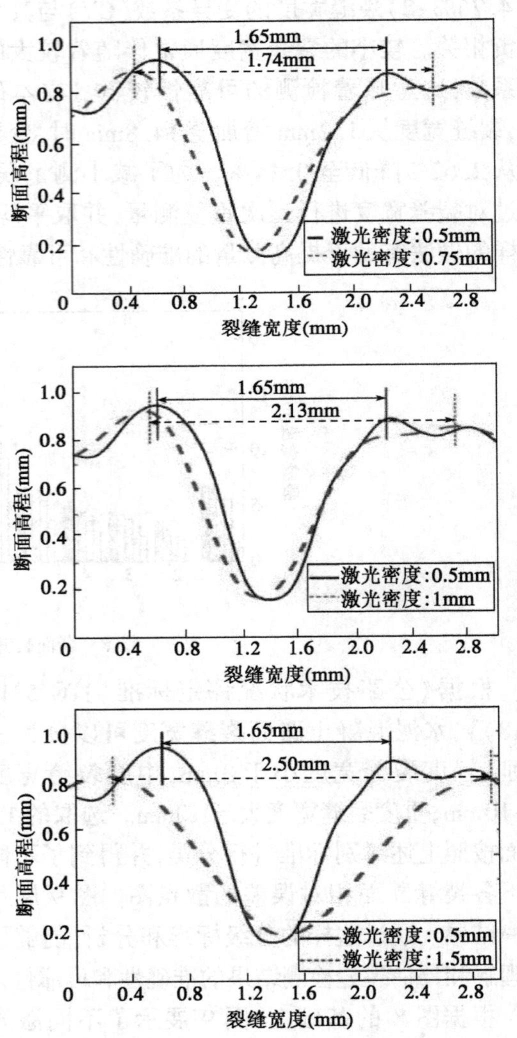

图11 裂缝不同激光点横向间距测量结果对比(以断面2为例)

由图11对比可知,不同激光点横向间距所检测识别到的裂缝断面宽度有所不同,激光间距由0.5mm增大到1.5mm,裂缝计算宽度整体呈增大趋势。这主要是由于激光间距的增大,激光点数量减少,所得到的裂缝拟合断面与实际断面误差变大,进而峰值分析识别得到的裂缝宽度误差也变大。由于环境、激光等的影响,也可能会存在激光间距大时,反而计算宽度变小,但属特殊情况。

4 结语

本研究通过对水泥混凝土裂缝宽度检测的实验和分析,得出了以下结论。

(1)由于多种因素的影响,如仪器系统误差、环境影响和人为误差等,重复测量时裂缝宽度的识别会产生误差。此外,激光点的准确重合也无法实现。比较分析裂缝识别的变异系数发现,它与裂缝宽度呈负相关。例如,在0.5mm的激光点间距下,随着裂缝宽度的增加,变异系数从2.62%降至0.22%。裂缝宽度较小时,识别的变异系数较大,说明检测的可靠性较低。

(2)不同激光点的横向间距对水泥混凝土裂缝宽度检测结果的均值和离散程度有较大影响。当激光点的横向间距从0.5mm减小至1.5mm时,裂缝检测的相对误差明显增加。特别是对于较窄的裂缝,以断面2为例,当激光间距大于0.75mm时,识别的相对误差都超过100%,这意味着该裂缝几乎无法被检测和识别。因此,过低的激光点间距可能导致对裂缝严重等级评价的低估,从而可能导致错误的路面养护决策。

(3)在0.5mm的激光点间距下,对于重度分级(≥10mm)和中度分级(3~10mm)的路面裂缝,识别的准确性较高,最小相对误差仅为3.4%。这表明高精度三维激光技术在检测3mm以上水泥混凝土裂缝宽度方面具有一定的可行性,并可应用于道路无损检测。然而,对于轻度分级(0~3mm)的路面裂缝,识别误差接近100%,几乎无法被检测和识别。因此,在实际路面裂缝宽度检测中,可以根据不同的误差限要求选择适当的激光点横向间距,以同时满足检测可靠性和数据处理效率的要求。

本文的研究通过对裂缝宽度与相对误差的相关性分析,揭示了裂缝宽度与检测误差之间的关系,对于提高水泥混凝土裂缝宽度检测的准确性和可靠性具有重要意义,并为相关领域的研究和实际应用提供了有益的参考和借鉴。未来可进一步探索不同类型裂缝、不同环境条件下的检测效果,以及优化检测设备和方法,从而提升路面裂缝检测技术应用效率和经济性。

参考文献

[1] PEDRO A. SERIGOS, JORGE A. PROZZI, Andre de Fortier Smit, Michael R. Murphy. Evaluation of 3D Automated Systems for the Measurement of Pavement Surface Cracking[J]. Journal of Transportation Engineering, 2016, 142(6): 05016003.

[2] KASTHURIRANGAN GOPALAKRISHNAN, SIDDHARTHA K. KHAITAN, ALOK CHOUDHARY, et. al. Deep Convolutional Neural Networks with transfer learning for computer vision-based data-driven pavement distress detection[J]. Construction and Building Materials, 2017, 157: 322-330.

[3] 马建,赵祥模,贺拴海,等.路面检测技术综述[J].交通运输工程学报,2017,17(5):121-137.

[4] 徐鹏,祝轩,姚丁,等.沥青路面养护智能检测与决策综述[J].中南大学学报(自然科学版),2021,52(7):2099-2117.

[5] NHAT-DUC HOANG, QUOC-LAM NGUYEN. A novel method for asphalt pavement crack classification based on image processing and machine learning[J]. Engineering with Computers, 2019, 35(2): 487-498.

[6] YASHON O. OUMA, MICHAEL HAHN. Wavelet-morphology based detection of incipient linear cracks in asphalt pavements from RGB camera imagery and classification using circular Radon transform[J]. Advanced Engineering Informatics, 2016, 30(3): 481-499.

[7] WANG WJ, ALLEN ZHANG, KELVIN C. P. WANG, et. al. Pavement Crack Width Measurement Based on Laplace's Equation for Continuity and Unambiguity[J]. Computer-Aided Civil and Infrastructure Engineering, 2018, 33(2): 110-123.

[8] MOHAN ARUN, POOBAL SUMATHI. Crack

detection using image processing: A critical review and analysis[J]. Alexandria Engineering Journal, 2018, 57(2): 787-798.

[9] SHUAI LI, YANG CAO, HUBO CAI. Automatic Pavement-Crack Detection and Segmentation Based on Steerable Matched Filtering and an Active Contour Model[J]. Journal of Computing in Civil Engineering, 2017, 31(5): 04017045.

[10] KEVIN WANG, OMAR SMADI. Automated Imaging Technologies for Pavement Distress Surveys[J]. Transportation Research E-Circular, 2011.

[11] DEBRA F. LAEFER, LINH TRUONG-HONG, HAMISH CARR, et al. Crack detection limits in unit based masonry with terrestrial laser scanning[J]. NDT and E International, 2014, 62: 66-76.

[12] 李清泉,邹勤,张德津.利用高精度三维测量技术进行路面破损检测[J].武汉大学学报(信息科学版),2017,42(11):1549-1564.

[13] BAOXIAN LI, KELVIN C. P. WANG, ALLEN ZHANG, et. al. Automatic Segmentation and Enhancement of Pavement Cracks Based on 3D Pavement Images [J]. Journal of Advanced Transportation, 2019, 2019: 1-9.

[14] 彭博,WANG K C P,陈成,等.基于1mm精度路面三维图像的裂缝种子自动识别算法[J].中国公路学报,2014,27(12):23-32.

[15] ZOU Q, CAO Y, U QQ, et. al. CrackTree: Automatic crack detection from pavement images [J]. Pattern Recognition Letters, 2012, 33(3): 227-238.

[16] GUAN J C, YANG X, DING L, et al. Automated pixel-level pavement distress detection based on stereo vision and deep learning[J]. Automation in Construction, 2021, 129: 103788.

[17] YICHANG(JAMES) TSAI, WU JC YICHING WU, AI CB, et al. Critical Assessment of Measuring Concrete Joint Faulting Using 3D Continuous Pavement Profile Data[J]. Journal of Transportation Engineering, 2012, 138(11): 1291-1296.

[18] LI QG, YAO H, YAO X, et al. A real-time 3D scanning system for pavement distortion inspection[J]. Measurement Science and Technology, 2010, 21(1): 015702(8pp).

[19] YI-CHANG JAMES TSAI, FENG LI. Critical Assessment of Detecting Asphalt Pavement Cracks under Different Lighting and Low Intensity Contrast Conditions Using Emerging 3D Laser Technology[J]. Journal of Transportation Engineering, 2012, 138 (5): 649-656.

[20] DEBRA F. LAEFER, LINH TRUONG-HONG, HAMISH CARR, et al. Crack detection limits in unit based masonry with terrestrial laser scanning[J]. NDT and E International, 2014, 62: 66-76.

[21] M. CABALEIRO, R. LINDENBERGH, W. F. GARD, et. al. Algorithm for automatic detection and analysis of cracks in timber beams from LiDAR data [J]. Construction and Building Materials, 2017, 130: 41-53.

[22] 刘西岭,李得军,陈年青,等.基于激光点云的采动区公路裂缝图像处理[J].煤炭技术,2021,40(1):66-69.

[23] 肖庸.混凝土表面三维点云预处理与早期裂缝提取技术研究[D].北京:清华大学,2020.

[24] 郎洪,温添,陆键,等.基于深度学习的三维路面裂缝类病害检测方法[J].东南大学学报(自然科学版),2021,51(1):53-60.

[25] 曹霆.基于三维点云及图像数据的路面裂缝检测关键技术研究[D].西安:长安大学,2018.

[26] 肖文韬.基于三维激光扫描技术的隧道衬砌表面裂缝检测与管理研究[D].厦门:厦门大学,2019.

基于 Burgers 的非线性沥青路面压实模型与试验验证

郑 涛[1] 王跃山[1] 罗清云[*2] 刘 晨[3] 宋长振[4]

(1. 中交北疆工程咨询有限公司;2. 长安大学道路施工技术与装备教育部重点实验室;
3. 内蒙古北疆交通信息工程技术有限公司;4. 内蒙古交通集团有限公司)

摘 要 为研究压实过程中被压材料粘弹塑变形对压路机振动的影响,将沥青混合料简化为 Burgers 模型,对模型进行受力分析,建立了包含振动压路机与被压材料的二自由度振动方程;采用 Wilson-θ 法求解非线性振动微分方程,对压实过程中材料的瞬时弹性变形量、黏弹性变形量、塑性变形占比进行分析,得出了材料黏弹塑性变化对振动轮位移的影响规律;基于耦合振动模型,对同一位置沥青混合料空隙率、模量与压实次数的关系进行仿真,并通过现场试验对模型进行了验证。研究结果表明,压实前期,被压材料变形以塑性变形为主,瞬时弹性变形和黏弹性变形占比较小;压实后期,被压材料变形以瞬时弹性变形和黏弹性变形为主,材料的塑性变形占比较小;随着材料被逐步压实,材料的模量逐渐增大,模量增量逐渐减小,材料力学特性趋于稳定。

关键词 振动压路机 沥青路面 智能压实 Burgers 模型 黏弹塑变形

0 引言

在路面施工中,压路机用于对道路基层、面层进行压实,减小被压材料的空隙率,使其达到一定的密实度。沥青路面压实质量对路面强度、稳定性等有重要影响。压实度过低,道路在使用过程中易出现车辙、开裂、水损坏等严重的早期破坏。现行的《公路路面施工技术规范》要求以钻芯取样的抽检方式检测路面密实度,这种检测方式以点带面,难以检测整个路面沥青层的施工质量[1]。

智能压实技术可对路面空隙率进行在线检测,已被应用于道路施工质量控制之中,并取得了较好的施工效果。智能压实技术通过测量振动轮中心处的垂直加速度,并采用各种方法得出路面智能压实测量值,对被压路面质量进行评估[2-3]。评价路面压实质量的模型可分为经验模型和机理模型:经验模型主要通过振动轮振动频率的比值对路面压实状态进行评价;机理模型通过建立钢轮与地面材料的动力学模型,采用钢轮的响应评定路面压实质量[4]。

在智能压实机理模型的研究方面,Chen 等采用开源的离散元程序模拟热拌沥青混合料的压实过程,并从微观的角度研究了空隙率、粗集料结构等因素对沥青混合料的压实过程的影响[5];黄宝涛对离散元程序进行二次开发,生成了可以准确控制其固相、液相、气相组成比例的不规则颗粒数值模拟体,并研究了振动压实中颗粒的空间组构和力学性能的演化过程[6];Liu 等使用离散元方法对碾压混凝土在压实过程中的颗粒运动、密度形成过程和压实特性进行研究[7];Kenneally 等采用有限元方法建立了振动压路机的压实模型,研究了钢轮响应与被压材料刚度、基层刚度之间的关系[8];Xu 等基于半变异函数模型,得出被压材料刚度的空间分布,并通过有限元模型分析路面压实响应,仿真结果的方差系数与现场试验值较为一致[9];郑苏河等将被压材料简化为 Kelvin 模型,建立了压路机的 4 自由度动力学模型,分析了压实过程中被压材料特性、钢轮与地面接触状况对振动轮响应的影响规律[10];沈培辉等针对双钢轮压路机,建立了 7 自由度的动力学跳振模型,在平稳接触、轻微碰撞、强烈碰撞三种工况下,对压路机的非线性振动响应进行研究[11];Shen 等基于

基金项目:公路建设与养护技术材料及装备交通运输行业研发中心基金(HT2021250042)。

Bouc-Wen滞回模型,对被压材料滞回特性与振动轮响应之间的关系进行研究[12]。

以上研究中,采用有限元或离散元方法建立压实模型,将振动压路机简化为钢轮,在钢轮上加载等效力,可对压实过程中钢轮和路面的响应进行分析;通过黏弹性的Kelvin模型对被压材料建模,可分析机架、振动轮与被压材料之间的相互作用情况。被压材料在压实过程中的塑性变形需要关注,因此采用Maxwell模型表述材料的瞬时弹性变形与塑性变形。建模过程中,将Maxwell模型和Kelvin模型串联,构成了Burgers模型;将被压材料简化为Burgers模型,可以充分地考虑混合料在压实过程中的黏弹塑性变形,并分析机架与振动轮、被压材料之间的相互作用,研究材料黏弹塑特性对压路机振动轮振动情况的影响。

1 基于burgers的非线性路面压实模型

1.1 Burgers模型参数

沥青混合料包含有沥青、矿料和空隙。混合料在振动压实的过程中具有非线性的力学特性。压实过程中,混合料的变形包含瞬时弹性变形、延迟弹性变形、塑性变形三部分,如图1所示。图1描述了压实过程中混合料的变形情况,横轴为时间,纵轴是混合料的变形量。在压实前期的t_0时刻,压路机的压实力作用在混合料上,混合料发生瞬时弹性变形;t_0时刻至t_1时刻,压路机持续对在混合料进行振动压实,混合料产生延迟弹性应变与塑性变形;在t_1时刻,振动压路机驶离被压的混合料,混合料的瞬时弹性变形快速地消失;t_1时刻之后,混合料的延迟弹性变形逐渐减小,直至变化为0;混合料的塑性变形保留,混合料被压路机压实。以Burgers模型描述沥青混合料的本构特性,可较好地模拟材料在压实过程发生的黏弹塑性变形。

Burgers模型包含的参数有:瞬时弹性模量E_e(MPa)、延迟弹性模量E_v(MPa)、延迟塑性系数η_v(MPa·s)、塑性系数η_p(MPa·s),见图2。

模型的基本参数与材料温度和材料空隙率的关系见下式[13]:

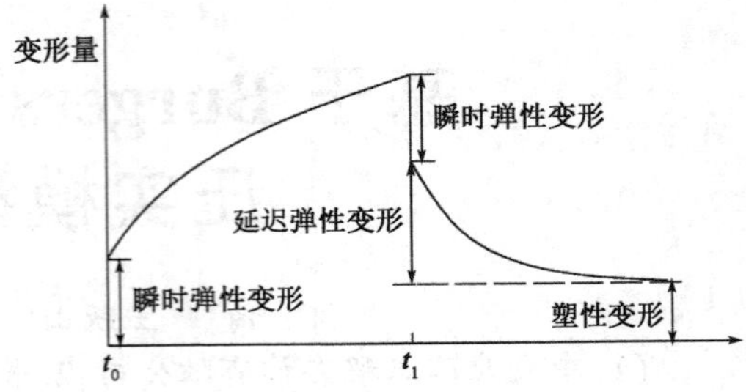

图1 材料的变形过程

$$E_e = 5340 + 84\times V_a - 54\times T - 28.5\times V_a^2 + 0.23\times V_a\cdot T + 0.31\times T^2 + 0\times V_a^3 + 0.15\times V_a^2\cdot T - 0.0085\times V_a\cdot T^2 - 0.00054\times T^3 \quad (1)$$

$$\eta_P = 7733 + 1565\times V_a - 144.4\times T - 138.4\times V_a^2 - 6.8\times V_a\cdot T + 1.1\times T^2 + 0\times V_a^3 + 0.5673\times V_a^2\cdot T - 0.01493\times V_a\cdot T^2 - 0.001496\times T^3 \quad (2)$$

$$E_v = 4088 - 384.4\times V_a - 41.53\times T + 12.7\times V_a^2 + 2.677\times V_a\cdot T + 0.1767\times T^2 + 0\times V_a^3 - 0.0657\times V_a^2\cdot T - 0.00446\times V_a\cdot T^2 - 0.0002987\times T^3 \quad (3)$$

$$\eta_V = 349.4 - 87.32\times V_a - 0.9664\times T + 7.825\times V_a^2 + 0.0933\times V_a\cdot T + 0.003178\times T^2 - 0.2273\times V_a^3 - 0.003858\times V_a^2\cdot T - 0.000065\times V_a\cdot T^2 - 0.0000056\times T^3 \quad (4)$$

式中:T——材料温度(℃);

V_a——材料空隙率(%)。

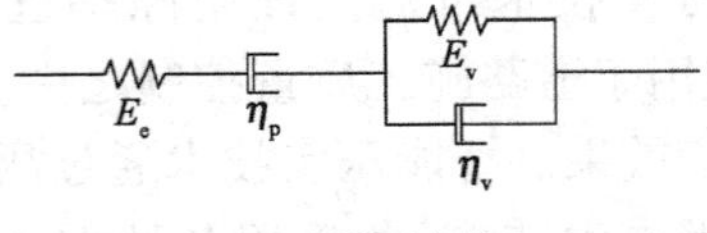

图2 模型参数

1.2 基于burgers的非线性路面压实模型

在压实过程中,仅考虑压路机竖直方向的运动,将振动压路机与混合料简化为二自由度动力学模型。该模型包含有弹簧、阻尼、质量块,压实模型如图3所示。

压路机对沥青混合料进行振动压实,通过动力学分析建立的振动方程为:

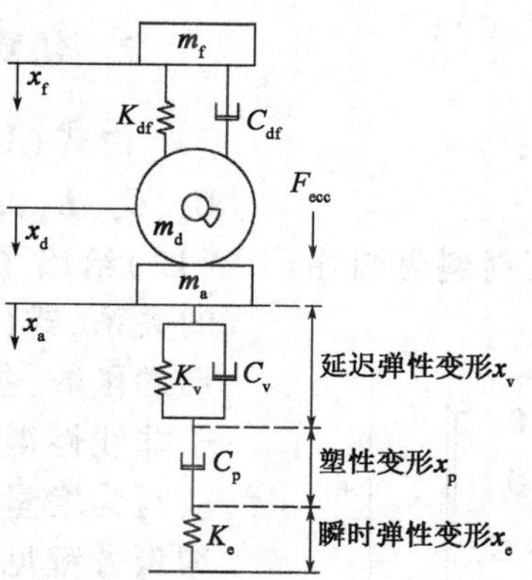

图3 振动压路机的动力学模型

$$\begin{bmatrix} m_f & 0 & 0 & 0 \\ 0 & m_a+m_f & m_a+m_f & m_a+m_f \\ 0 & 0 & 0 & 0 \\ 0 & 0 & 0 & 0 \end{bmatrix}\begin{bmatrix} \ddot{x}_f \\ \ddot{x}_e \\ \ddot{x}_p \\ \ddot{x}_v \end{bmatrix}+\begin{bmatrix} C_{df} & -C_{df} & -C_{df} & -C_{df} \\ -C_{df} & C_{df} & C_{df} & C_{df} \\ 0 & 0 & -C_p & 0 \\ 0 & 0 & 0 & -C_v \end{bmatrix}\begin{bmatrix} \dot{x}_f \\ \dot{x}_e \\ \dot{x}_p \\ \dot{x}_v \end{bmatrix}+$$

$$\begin{bmatrix} K_{df} & -K_{df} & -K_{df} & -K_{df} \\ -K_{df} & K_{df} & K_{df} & K_{df} \\ 0 & K_e & 0 & 0 \\ 0 & K_e & 0 & -K_v \end{bmatrix}\begin{bmatrix} x_f \\ x_e \\ x_p \\ x_v \end{bmatrix}=\begin{bmatrix} m_f g \\ F_{ecc}+m_a g+m_d g \\ 0 \\ 0 \end{bmatrix} \tag{5}$$

$$F_{ecc}=m_{ecc}r\omega^2\sin(\omega t) \tag{6}$$

$$K_e=\frac{E_e\times S}{H}\times 10^6 \tag{7}$$

$$K_v=\frac{E_v\times S}{H}\times 10^6 \tag{8}$$

$$C_p=\frac{\eta_P\times S}{H}\times 10^6 \tag{9}$$

$$C_v=\frac{\eta_v\times S}{H}\times 10^6 \tag{10}$$

$$m_a=\rho\cdot S\cdot H \tag{11}$$

$$V_a=\frac{V_{a0}\times H-100\times x_p}{H-x_p} \tag{12}$$

式中：m_f——压路机机架质量(kg)；
m_a——被压材料质量(kg)；
m_d——钢轮质量(kg)；
x_f——机架位移(m)；
x_e——沥青混合料的瞬时弹性变形(m)；
x_p——沥青混合料的塑性变形(m)；
x_v——沥青混合料的延迟弹性变形(m)；
C_{df}——车架与振动轮之间的阻尼系数(N·s/m)；
K_{df}——车架与振动轮之间的刚度(N/m)；
F_{ecc}——偏心块离心力沿竖直方向的分量(N)；
K_e、K_v——Burgers 模型的弹簧刚度(N/m)；
C_p、C_v——Burgers 模型的阻尼系数(N·s/m)；
m_{ecc}——振动轮激振器的偏心质量(kg)；
r——激振器质量块的偏心距(m)；
ω——激振器的角速度(rad/s)；
t——振动轮作用在被压材料的时间(s)；
ρ——混合料初始密度(kg/m³)；

S——钢轮与地面的接触面积(m^2);

H——路面初始摊铺厚度(m);

V_a——被压材料的空隙率(%);

V_{a0}——初始空隙率(%)。

当压路机驶离被压材料时,被压材料做自由振动,振动方程为:

$$\begin{bmatrix} m_a & m_a & m_a \\ 0 & 0 & 0 \\ 0 & 0 & 0 \end{bmatrix}\begin{bmatrix} \ddot{x}_e \\ \ddot{x}_p \\ \ddot{x}_v \end{bmatrix} + \begin{bmatrix} 0 & 0 & 0 \\ 0 & -C_p & 0 \\ 0 & 0 & -C_v \end{bmatrix}\begin{bmatrix} \dot{x}_e \\ \dot{x}_p \\ \dot{x}_v \end{bmatrix} + \begin{bmatrix} K_e & 0 & 0 \\ K_e & 0 & 0 \\ K_e & 0 & -K_v \end{bmatrix}\begin{bmatrix} x_e \\ x_p \\ x_v \end{bmatrix} = \begin{bmatrix} m_a g \\ 0 \\ 0 \end{bmatrix} \tag{13}$$

2 仿真分析

由式(1)~式(4)可知,Burgers模型参数C_p、C_v、K_e、K_v均为空隙率和温度的函数,式(12)给出了被压材料空隙率与塑性变形之间的关系,式(5)与式(13)的系数矩阵是塑性变形的函数,振动方程为非线性微分方程组。对于非线性微分方程组的求解,首先将其线性化,改写为增量方程的形式[14-15]。由式(5)得出的增量方程见下式:

$$\begin{bmatrix} m_f & 0 & 0 & 0 \\ 0 & m_a+m_f & m_a+m_f & m_a+m_f \\ 0 & 0 & 0 & 0 \\ 0 & 0 & 0 & 0 \end{bmatrix}\begin{bmatrix} \Delta\ddot{x}_f \\ \Delta\ddot{x}_e \\ \Delta\ddot{x}_p \\ \Delta\ddot{x}_v \end{bmatrix} + \begin{bmatrix} C_{df} & -C_{df} & -C_{df} & -C_{df} \\ -C_{df} & C_{df} & C_{df} & C_{df} \\ 0 & 0 & -C_p & 0 \\ 0 & 0 & 0 & -C_v \end{bmatrix}\begin{bmatrix} \Delta\dot{x}_f \\ \Delta\dot{x}_e \\ \Delta\dot{x}_p \\ \Delta\dot{x}_v \end{bmatrix} + \begin{bmatrix} K_{df} & -K_{df} & -K_{df} & -K_{df} \\ -K_{df} & K_{df} & K_{df} & K_{df} \\ 0 & K_e & \frac{\partial K_e}{\partial x_p}\cdot x_e - \frac{\partial C_p}{\partial x_p}\cdot \dot{x}_p & 0 \\ 0 & K_e & \frac{\partial K_e}{\partial x_p}\cdot x_e - \frac{\partial K_v}{\partial x_p}\cdot x_v - \frac{\partial y}{\partial x}\cdot \dot{x}_v & -K_v \end{bmatrix}\begin{bmatrix} \Delta x_f \\ \Delta x_e \\ \Delta x_p \\ \Delta x_v \end{bmatrix} = \begin{bmatrix} 0 \\ \Delta F_{ecc} \\ 0 \\ 0 \end{bmatrix} \tag{14}$$

由式(13)得出的增量方程见下式:

$$\begin{bmatrix} m_a & m_a & m_a \\ 0 & 0 & 0 \\ 0 & 0 & 0 \end{bmatrix}\begin{bmatrix} \Delta\ddot{x}_e \\ \Delta\ddot{x}_p \\ \Delta\ddot{x}_v \end{bmatrix} + \begin{bmatrix} 0 & 0 & 0 \\ 0 & -C_p & 0 \\ 0 & 0 & -C_v \end{bmatrix}\begin{bmatrix} \Delta\dot{x}_e \\ \Delta\dot{x}_p \\ \Delta\dot{x}_v \end{bmatrix} + \begin{bmatrix} K_e & 0 & 0 \\ K_e & \frac{\partial K_e}{\partial x_p}\cdot x_e - \frac{\partial C_p}{\partial x_p}\cdot \dot{x}_p & 0 \\ K_e & \frac{\partial K_e}{\partial x_p}\cdot x_e - \frac{\partial K_v}{\partial x_p}\cdot x_v - \frac{\partial y}{\partial x}\cdot \dot{x}_v & -K_v \end{bmatrix}\begin{bmatrix} \Delta x_e \\ \Delta x_p \\ \Delta x_v \end{bmatrix} = \begin{bmatrix} 0 \\ 0 \\ 0 \end{bmatrix} \tag{15}$$

求解非线性动力学方程的方法较多，主要有中心差分法、Houbolt 法、Wilson-θ 法、Newmark-β 法，其中隐式的 Wilson-θ 法与 Newmark-β 法是无条件稳定的。本文选取 Wilson-θ 法对增量方程进行求解，得出 t 时刻的增量值，最终求出 $t+\Delta t$ 时刻的动力学方程解[14-15]。

以某型双钢轮振动压路机为研究对象，进行仿真研究，仿真模型的参数如表 1 所示。

仿真参数 表 1

参数	数值
C_{df}(N·s/m)	9700
K_{df}(MN/m)	2
m_f(kg)	3820
m_d(kg)	5000
$m_{ecc}r$(kg·m)	1.41
ω(rad/s)	314
S(m²)	0.016
H(m)	0.09
ρ(kg/m³)	2240
g(m/s²)	9.8

在压实过程中，振动轮对地面的同一位置的有效碾压时间为 2s，沥青混合料的温度为 130℃[16-17]。采用上述的计算方法，对非线性微分方程组进行求解，得出 Burgers 模型的三个位移分量，求出沥青混合料的位移，如图 4 所示。

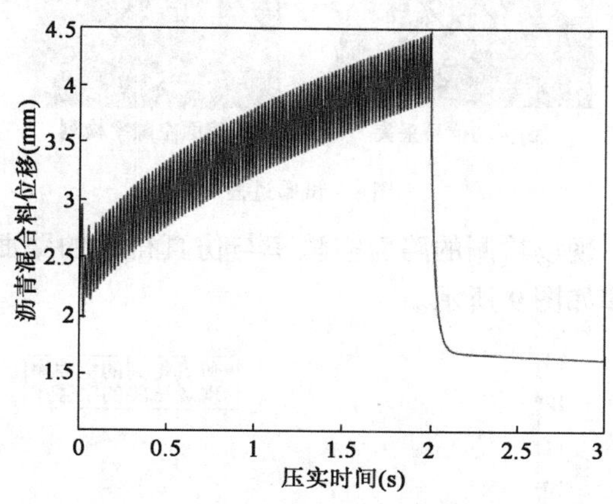

图 4 压实过程中沥青混合料位移

由图 4 可知，振动轮与沥青混合料接触瞬间，沥青混合料发生瞬时弹性变形；在 0～2s 内，沥青混合料的位移逐渐增大；在 2s 时，振动轮驶离混合料，混合料的瞬时弹性变形快速消失，延迟弹性变形逐渐减小至 0，混合料的塑性变形被最终保留，材料被压实；振动压实模型的仿真结果与沥青混合料压实过程中的变形情况一致。

压实过程中，压路机振动轮先与材料接触，被压材料受迫振动，在振动轮的作用下材料被压实，该过程见式(5)～式(12)建立的振动模型；压路机驶离被压材料，材料自由振荡，该过程见式(13)建立的振动模型；实际压实过程中，会重复上述过程多次，直至被压材料达到规定的空隙率。对沥青混合料压实过程进行仿真，得到的 Burgers 模型中瞬时弹性变形量、延迟弹性变形量与塑性变形量占比在压实过程中的变化情况，如图 5 所示。

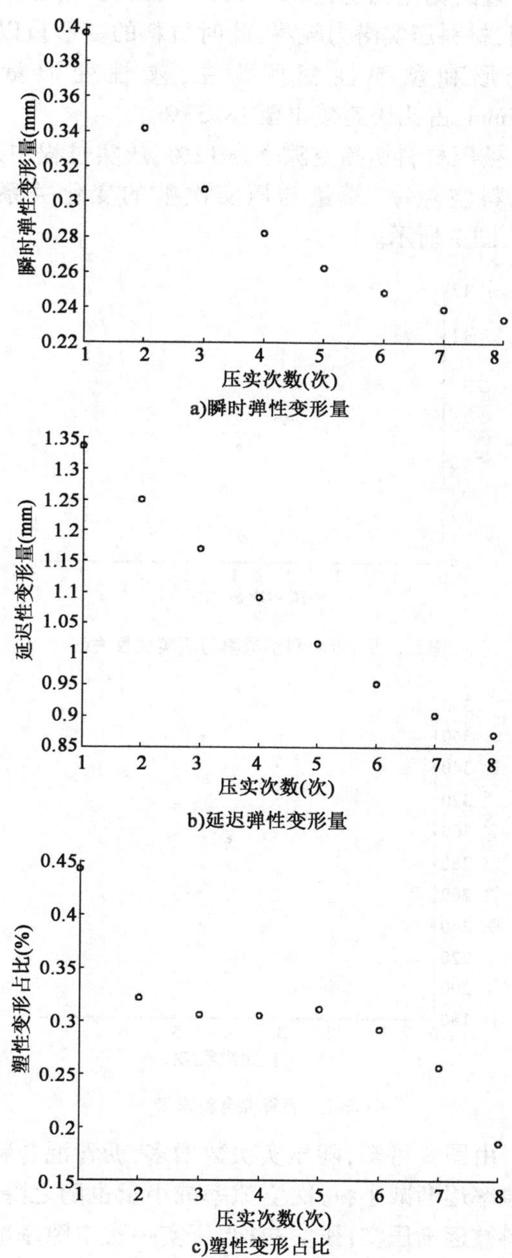

图 5 Burgers 模型变形量

由图5a)、图5b)可知,压实过程中,随着沥青混合料被逐渐压实,混合料刚度增大,混合料的瞬时弹性变形量与黏弹性变形量逐渐减小;在压实前期,瞬时弹性变形量与黏弹性变形量的变化量较大,随着材料被逐步压实,混合料瞬时弹性变形量与黏弹性变形量逐渐减小,材料的力学特性更加稳定。

由图5c)可知,在压实前期,塑性变形量为1.38mm,占总变形量的比例较大,为44.31%;在压实中期,材料被逐步压实,材料塑性变形量占总变形量的比例稳定,在30.48%~32.16%;在压实后期,材料压实潜力耗尽,此时材料的变形量以弹性变形和黏弹性变形为主,塑性变形量为0.25mm,占比快速减小至18.53%。

被压材料初始空隙率为12%,压实过程中,被压材料空隙率、模量与压实次数的变化关系如图6、图7所示。

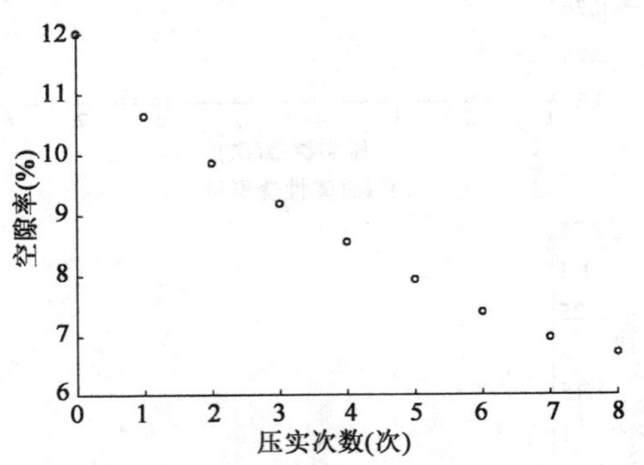

图6 沥青混合料空隙率与压实次数关系

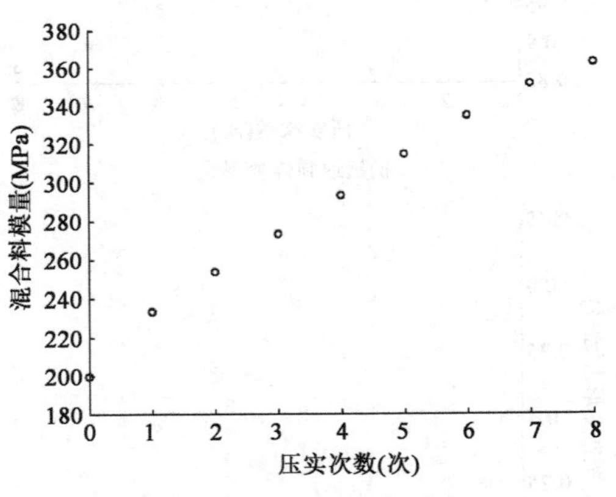

图7 沥青混合料模量

由图6可知,随压实次数增多,沥青混合料的空隙率逐渐减小,每次空隙率减小量也随之降低,材料被逐渐压实;压实初期,压实一次空隙率减小量较大,为1.37%;在压实后期,压实一次空隙率的减小量较小,为0.26%。由图7可知,随压实次数增多,混合料模量逐渐增大,增量逐渐减小,压实前期,混合料模量为199.91MPa,增量为33.44MPa;压实后期,混合料模量为362.66MPa,增量为11.31MPa。

3 试验研究

以双钢轮振动压路机为研究对象,进行相应的试验研究。试验采用的加速度传感器的工作范围为0~20g,加速度传感器沿垂直安装在振动轮的钢板上部,如图8b)所示;压路机的工作频率为50Hz,被压材料为ATB-25沥青混合料;在路面空隙率检测前,使用同期已铺筑路面的芯样对无核密度仪进行标定,试验过程中,采用5点检测求平均值的方法测量摊铺路面的密度。路面压实的试验过程如图8所示。

a)双钢轮振动压路机

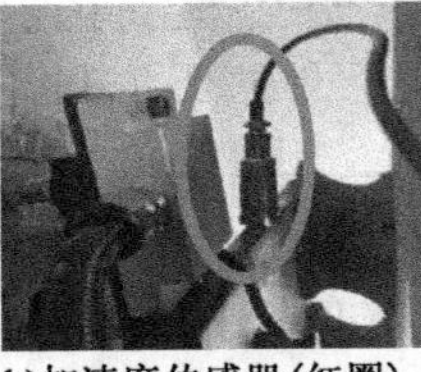

b)加速度传感器(红圈)安装位置

c)振动信号采集

d)路面空隙率检测

图8 试验过程

现场检测的路面空隙率与仿真得到的路面空隙率如图9所示。

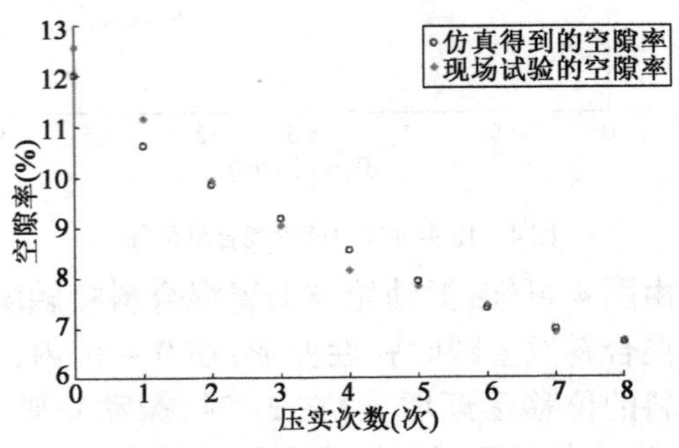

图9 仿真结果与试验现场空隙率对比

由图9可知,随压实次数的增加,沥青混合料的空隙率逐渐减小;压实前期,每次压实后混合料空隙率减小较大;压实后期,每次压实后混合料的空隙率减小较小;当空隙率减小至7%左右时,压实后路面空隙率变化较小,现场试验结果与模型仿真结果的变化趋势一致。以上分析表明,将沥青混合料简化为Burgers模型,建立的路面振动压实模型,可以较好地模拟压实过程中材料的粘弹塑性变形量的变化情况。

4 结语

在本文中,通过采用Burgers模型描述沥青混合料的黏弹塑特性,建立了振动压路机与混合料的相互作用模型,分析了压实过程中材料黏弹塑性变化对压路机振动的影响,通过现场试验对模型进行了验证,得出以下结论:

(1)采用Burgers模型对被压材料建模,可建立压实过程中材料黏弹塑特性与振动轮响应的关系,得出沥青混合料空隙率的变化规律。

(2)在压实前期,材料的塑性变形量为1.38mm,占总变形量比值较大,为44.31%,随着材料被逐步压实,材料主要发生弹性变形和黏弹性变形,塑性变形量为0.25mm,占比快速减小至18.53%;压实过程中,材料的瞬时弹性变形量与黏弹性变形量随着材料密实程度的增加而减小,材料刚度随密实度的增加而增大,且变化量逐渐降低,材料特性趋于稳定。

(3)Burgers模型的参数与混合料材料类型有关,后期研究可对不同材料确定模型的参数值,提高模型的实用性。

参考文献

[1] 刘东海,高雷,林敏,等.公路沥青层振动压实质量实时监控与评估[J].河海大学学报(自然科学版),2018,46(4):307-313.

[2] AN Z,LIU T,ZHANG Z,et al. Dynamic Optimization of Compaction Process for Rockfill Materials [J]. Automation in Construction, 2020, 110:103038.

[3] FATHI A,TIRADO C,ROCHA S,et al. Incorporating Calibrated Numerical Models in Estimating Moduli of Compacted Geomaterials from Integrated Intelligent Compaction Measurements and Laboratory Testing[J]. Transportation Research Record,2020,2674(4):75-88.

[4] 徐光辉,GEORGE CHANG. 智能压实测量值的发展方向[J].筑路机械与施工机械化,2018,35(4):19-24.

[5] CHEN J S,ZENG L,YIN J. Discrete Element Method (DEM) Analyses of Hot-mix Asphalt (HMA) Mixtures Compaction and Internal Structure[C]// Advanced Materials Research. Trans Tech Publications Ltd, 2013, 639: 1287-1294.

[6] 黄宝涛.振动压实对道路材料空间组构及其力学性能演化的离散元模拟[D].江苏:东南大学,2009.

[7] LIU Y,LI X Z. Numerical Simulation of Rolling Compaction Process for Rockfill Dam by Particle FlowCode[J]. Applied Mechanics & Materials, 2012,170-173:2000-2003.

[8] KENNEALLY B,MUSIMBI O M,WANG J,et al. Finite Element Analysis of Vibratory Roller Response on Layered Soil Systems[J]. Computers and Geotechnics,2015,67:73-82.

[9] XU Q W,GEORGE K. CHANG. Experimental and Numerical Study of Asphalt Material Geospatial Heterogeneity with Intelligent Compaction Technology on Roads[J]. Construction and Building Materials 2014,72(1):189-198.

[10] 郑书河,林述温.智能振动压路机动力学特性建模分析[J].中国工程机械学报,2011,9(4):398-403.

[11] 沈培辉,林述温.双钢轮压路机的非线性建模及其传动干扰分析[J].郑州大学学报(工学版),2017,38(2):66-71.

[12] SHEN P H,LIN S W. Mathematic Modeling and Characteristic Analysis for Dynamic System with Asymmetrical Hysteresis in Vibratory Compaction [J]. Meccanica, 2008, 43 (5): 505-515.

[13] BEAINY F,COMMURI S,ZAMAN M. Dynamical Response of Vibratory Rollers during the Compaction of Asphalt Pavements[J]. Journal of Engineering Mechanics, 2014, 140 (7):04014039.

[14] 傅忠广,任福春,杨昆,等.一般强非线性振动微分方程式的线性化和逐步积分法[J].非线性动力学学报,2001(4):

359-364.
[15] 刘广,刘济科,陈衍茂. 基于Wilson-θ和Newmark-β法的非线性动力学方程改进算法[J]. 计算力学学报,2017,34(4):433-439.
[16] 蔡德钧,叶阳升,闫宏业,等. 基于现场试验的高铁路基智能压实过程中振动波垂向传播机制[J]. 中国铁道科学,2020,41(3):1-10.
[17] 姚琳宁. 热拌沥青混合料施工过程中温度场变化及质量控制[D]. 西安:长安大学,2014.

EMC在混凝土路面超薄层罩面中的应用

马乃富[1]　李广俊*[2]　李克德[3]
(1. 广西桂湘高速公路有限公司;
2. 招商局重庆公路工程检测中心有限公司;
3. 重庆市智翔铺道技术工程有限公司)

摘　要　易罩面沥青混凝土(EMC)作为罩面层,被广泛用于沥青路面超薄层罩面,但在混凝土路面中的应用较少。为改善水泥混凝土路面技术状况,达到预养护的目的,在混凝土路面加铺1.8cm厚的EMC罩面层,采用精铣刨鼓获得平整粗糙的基面,利用多点找平系统进行纵向平整度控制,确保层间有足够的粗糙度和平整度;其次,选择合适的层间黏结材料,确保层间黏结强度;最后在超薄罩面施工中,明确合适的摊铺速度,确保罩面层的构造深度。通过试验段完善配合比设计、施工工艺参数,超薄罩面后的混凝土路面,开放交通2年后的路面技术状况MQI提高了2%左右、PQI和PCI提高了近6%、RQI提高了5%~8%、SRI也提高了近1%。这些数据表明:在高速公路水泥混凝土路面的预防性养护中,采用EMC进行超薄层罩面是可行的,可供同类工程参考。

关键词　EMC　水泥混凝土路面　超薄层罩面　工程应用

0　引言

截至2022年底,我国公路总里程已达到535万km,道路使用理念已由前期建设转为后期养护。“预防为主,防治结合”是我国各级公路养护作业的工作方针,预防性养护是最基本的策略和手段。薄层罩面则是一项应用广泛的预防性养护技术[1]。

20世纪70年代,为解决路面养护问题,法国和西班牙提出薄层罩面技术(BBM),BBM平整度、构造深度、耐久性及降噪性能较优[2]。1986年以后,法国提出了特薄面层(BBTM)和超薄面层的概念;20世纪80年代末,美国科氏公司研发了断级配超薄磨耗层罩面层(Novachip)技术,在美国的应用范围越来越广泛。20世纪90年代后期,德国引进Novachip技术,在恶劣交通环境下使用寿命可达8年以上。

超薄层罩面技术是一种新型预防性养护措施,符合当前道路建设和养护需要[3-4]。20世纪90年代中后期,我国逐步启动超薄层罩面技术研究[5]。2003年我国首次引进Novachip技术,2003—2009年,陆续应用于高速公路铺筑Novachip超薄层罩面试验路段[6]。

国外对于超薄层罩面沥青混合料设计没有统一的技术标准,国外研究者更加注重超薄罩面沥青混合料的使用性能,对超薄罩面和原路面层间结合问题以及长期性能研究较少。我国针对超薄层罩面的应用研究处于初级阶段,一般采用传统普通热拌料的设计方法,在设计、施工质量等方面尚未形成统一、成熟的标准体系,超薄层罩面长期性能有待进一步研究。

但是,这些研究成果及应用都是基于沥青路面,在水泥混凝土路面实施超薄罩面的成果及应用报道也很少。本文就EMC作为罩面层在混凝土路面超薄罩面中的应用情况进行介绍,以期对类似工程提供参考。

1 易罩面沥青混凝土

易罩面沥青混凝土(EMC)是将改性剂掺入到SBS改性沥青中,对SBS改性沥青进行再次改性,掺量为4%~8%,它大幅提高了胶结料的低温延度和弹性恢复率,包括老化后的弹性和韧性,而黏性却有明显降低。材料的低温性能优异,延度(5℃,5cm/min/cm)在65cm以上(包括残留延度显著优于SBS改性沥青),弹性恢复率在95%以上,而软化点接近于SBA改性沥青,说明高温性能也有保障,材料的综合性能远优于普通的SBS改性沥青。其混合料级配介于SMA与AC级配之间,有很好的压实性、密实防水、高弹抗裂、耐磨抗滑开放交通快等优点;更为重要的是罩面厚度薄(1.5~2.0cm),具有更高的适用性、经济性。

1.1 EMC胶结料的性能

EMC胶结料的技术指标与普通SBS改性沥青技术指标对比如表1所示。

EMC改性沥青技术指标 表1

技术参数	试验结果		试验方法
	EMC改性沥青	SBS改性沥青	
延度(5℃,5cm/min)(cm)	≥65	≥20	T 0605
软化点($T_{R\&B}$)(℃)	≥70	≥75	T 0606
运动粘度(135℃)(Pa·s)	≤1.1	≤1.8	T 0625,T 0619
弹性恢复(25℃)(%)	≥95	≥75	T 0662
质量变化(%)	±1.5	±1.0	T 0610,T 0609
残留延度(cm)	≥30	≥15	T 0605

表1表明:EMC胶结料135℃运动黏度低,低温延度和弹性恢复率高。同时,老化后的性能也更优,从而确保EMC具有更优的施工和易性和压实性。

1.2 EMC级配

EMC的集料采用玄武岩或性能相近的辉绿岩。EMC混合料的级配属于密级配范畴,介于SMA混合料与AC混合料级配之间,EMC级配范围如表2所示。

EMC高弹超薄罩面级配范围 表2

孔径(mm)	16	13.2	9.5	4.75	2.36	1.18	0.6	0.3	0.15	0.075
级配范围	100	100	90~100	32~44	23~33	16~26	12~22	8~18	6~16	6~8

1.3 EMC性能指标

EMC的油石比为5.4%~5.8%,混合料性能指标范围如表3所示。

EMC性能指标 表3

试验项目	技术指标
空隙率(VV)(%)	3~6
矿料间隙率(VMA)(%)	≥13.0
沥青饱和度(VFA)(%)	70~85
稳定度(kN)	≥7.5
浸水马歇尔残留稳定度(%)	≥85
低温弯曲应变(με)	≥2400
动稳定度(次/mm)	≥2800

注:马歇尔稳定度、动稳定度等强度试件在试验前应常温放置不小于72h。

2 EMC在混凝土路面超薄层罩面中的可行性分析

2.1 试验段施工内容

为验证EMC在水泥混凝土路面实施超薄层罩面的可行性,本项目进行了3km的试验段施工,试验段内容包括层间黏结、EMC的配合比设计与路用性能检测、原路面铣刨精度控制、EMC摊铺碾压工艺等。

2.1.1 配合比设计

试验段EMC配合比设计时,EMC油石比为5.6%。合成级配如表4所示,验证结果如表5所示,试验数据表明EMC完全满足高等级公路路面路用性能的需要。

试验段 EMC 的合成级配　　表4

孔径(mm)	16	13.2	9.5	4.75	2.36	1.18	0.6	0.3	0.15	0.075
级配范围	100	100	90~100	32~44	23~33	16~26	12~22	8~18	6~16	6~10
合成级配	100	100	99.7	41.6	29.8	21.6	15.0	12~4	11.1	8.8

试验段 EMC 配合比设计验证结果　　表5

试验项目	配合比设计值	试验方法
空隙率(VV)(%)	4.2	T 0705
矿料间隙率(VMA)(%)	15.6	T 0705
沥青饱和度(VFA)(%)	73.4	T 0705
稳定度(kN)	8.4	T 0709
浸水马歇尔残留稳定度(%)	90	T 0709
低温弯曲应变(με)	3030	T 0715
动稳定度(次/mm)	4145	T 0719

注:马歇尔稳定度、动稳定度等强度试件在试验前应常温放置不小于72h。

2.1.2　试验段施工工艺

(1)水泥混凝土界面精铣刨

由于罩面层与基面层材料的模量相差巨大,为保证层间有良好相容性、有足够的黏结力,罩面层不会发生推移,那么,基面铣刨是必不可少的,而且铣刨质量非常关键,既要保持一定的平整度又要一定的粗糙度(构造深度)。

铣刨深度控制在10~15mm之间,铣刨速度控制在0~10m/min之间,平整度≤3mm,构造深度控制为0.80~1.20mm。铣刨效果如图1所示。

图1　基面铣刨效果

(2)层间黏结

目前,国内超薄层罩面技术在水泥混凝土路面应用研究成果较少,层间黏结问题是主要原因之一。

为解决水泥混凝土界面黏结力的问题,需要选用黏结力更强的材料。本项目选择的溶剂型黏结剂具有施工操作方便、黏结强度高、能有效避免施工机械损伤和施工车辆粘轮等优点。洒布量为0.4kg/m^{2}时在5℃的黏结力(拉拔强度)结果如表6所示。

溶剂型黏结剂与改性乳化沥青的黏结力对比结果如表7所示。

通过对比试验,高强型溶剂黏结剂作为水泥混凝土超薄层罩面的层间黏结剂。其黏结能力显著优于快裂的高黏度改性乳化沥青。

(3)摊铺速度控制

薄层罩面施工中,混合料温度自然损失较快,而EMC具有相对较高的韧性及弹性,摊铺速度过快会导致表面有较多小洞穴,碾压后构造深度偏大,是早期病害的潜在隐患。EMC摊铺速度对构造深度的影响如表8所示。

与混凝土界面的黏结力(MPa)　　表6

1	2	3	4	5	平均值
2.08	1.99	2.11	1.92	1.88	2.00

不同黏结材料与铣刨混凝土界面的黏结力(MPa)　　表7

类型	1	2	3	4	5	洒布量	试验参数及温度
乳化沥青	0.42	0.40	0.39	0.45	0.40	0.6kg/m^2	5℃的黏结强度
溶剂型黏结剂	2.08	1.99	2.11	1.92	1.88	0.4kg/m^2	

EMC 摊铺速度对构造深度的影响

表 8

摊铺速度(m/min)	2	3	4	5	6	7	8	9	10
构造深度(mm)	0.65	0.82	0.91	1.09	1.16	1.26	1.32	1.40	1.57

因此,建议 EMC 超薄层罩面施工时摊铺速度控制在 4 ~5m/min 之间。

(4)碾压工艺

EMC 摊铺厚度只有 1.8cm,为达到最佳碾压效果,初压在摊铺后紧跟进行,为保证结构层压实度,采用了钢胶钢的碾压模式,禁止钢轮压路机开振动模式。

2.1.3 混合料性能检测

试验段施工 EMC 油石比为 5.6% 试验段混合料性能检测结果如表 9 所示。

试验段施工期间混合料性能检测结果汇总

表 9

试验项目	试验段施工期间统计值	配合比设计值	试验方法
空隙率(VV)(%)	4.3	4.2	T 0705
矿料间隙率(VMA)(%)	15.5	15.6	T 0705
沥青饱和度(VFA)(%)	71.8	73.4	T 0705
稳定度(kN)	9.2	8.4	T 0709
浸水马歇尔残留稳定度(%)	91	90	T 0709
低温弯曲应变(με)	3000	3030	T 0715
动稳定度(次/mm)	4180	4145	T 0719

备注:混合料性能每施工日 1 组,统计值为 9 个施工日的平均值。

试验段开放交通半年后的路用性能检测结果如表 10 所示。

试验段路用性能

表 10

路用性能参数	平整度(mm)		SFC	构造深度(mm)		RQI 指数	SRI 指数
	IRI	标准差 σ		激光	铺砂仪		
摊铺后	1.22	0.62	57.7	0.90	0.84	94.2	95.9
开放交通半年后	1.33	0.66	70.6	0.62	1.17	93.8	98.8
原混凝土路面(加铺前)						90.25	87.8

结果表明:EMC 薄层罩面后,平整度(RQI 指数)、抗滑性能(SRI 指数)优良,开放交通半年后,RQI 指数基本无衰减,SRI 指数却有小幅提高 EMC 薄层罩面技术适用性较好。

3 EMC 超薄层罩面

3.1 超薄层罩面结构设计

超薄层罩面结构图设计如图 2 所示。结构层分为三层,最上层为 1.8cmEMC 超薄罩面层,中间层为黏结层,采用溶剂型黏结剂;最底层为原地面,精铣刨深度为 1.5 ~2.0cm。

3.2 EMC 超薄层罩面的质量控制情况

施工过程中 EMC 混合料级配控制情况如表 11 所示。

施工过程中混合料级配(平均值)控制情况

表 11

孔径(mm)	9.5	4.75	2.36	1.18	0.6	0.3	0.15	0.075
级配范围	90 ~ 100	32 ~ 44	23 ~ 33	16 ~ 26	12 ~ 22	8 ~ 18	6 ~ 16	6 ~ 10
设计级配	99.7	41.6	29.8	21.6	15.0	12.4	11.1	8.8
工程级配	98	40.8	29.6	20.8	14.4	12.9	10.7	8.7

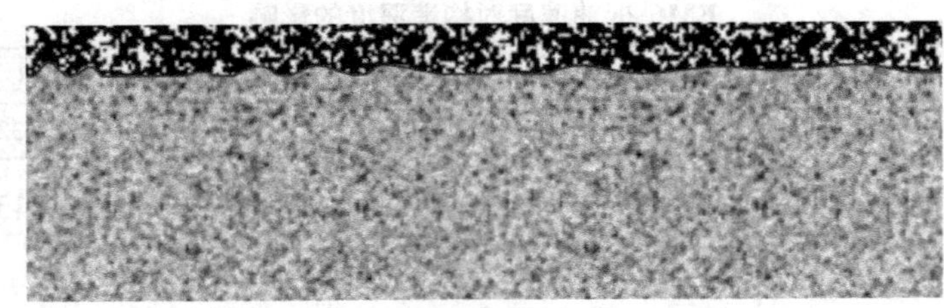

图2 超薄层罩面结构图设计

性能检测结果如表12所示。

施工过程中EMC性能检测结果 表12

性能参数	施工过程中EMC性能数据			试验方法
	设计要求	配合比	工程数据(平均值)	
空隙率(VV)(%)	3~6	4.3	4.5	T 0705
矿料间隙率(VMA)(%)	≥13.0	15.5	15.1	T 0705
沥青饱和度(VFA)(%)	70~85	73.6	78	T 0705
稳定度(kN)	≥7.5	8.2	8.6	T 0709
浸水马歇尔残留稳定度(%)	≥85	88	89	T 0709
低温弯曲应变(με)	≥2400	3100	2950	T 0715
动稳定度(次/mm)	≥2800	3990	3900	T 0719
黏结强度(23℃)	≥0.80	—	1.56	T 0985
平整度(σ)	≤1.2	—	0.66	T 0932
构造深度(mm)	0.8~1.2	—	0.90	T 0962

注:黏结强度为现场拉拔试验结果,施工历经夏、秋、冬三季,冬季数据更大。

从以上统计数据可以分析出,施工过程中,混合料的质量比较稳定,工程级配与设计级配间的波动满足规范要求,混合料的路用性能完全满足设计要求。

3.3 加铺前后路面技术状况

根据三柳路的路面技术状况检测,对比分析加铺前与加铺后路面MQI、PQI、PCI、RQI、SRI等性能指标,加铺后路面技术指标均得到提升,均达到"优"等水平,检测结果如表13所示。

加铺前后路面技术状况检测结果 表13

指标	加铺前-上行	加铺后-上行	加铺前-下行	加铺后-下行
MQI	93.1	95.2	93.6	95.1
PQI	90.3	96.8	90.9	96.1
PCI	92.8	99.4	93.6	99.4
RQI	85.1	93.2	85.6	90.1
SRI	96.7	97.5	97.5	99.0

目前,EMC超薄层罩面的168公路水泥混凝土路面,开放交通近2年,罩面层经过四季气候、环境温度变化的考验,尚未发现早期病害。

4 结语

EMC胶结料有较好的低温延度和弹性恢复率,包括老化后的弹性和韧性,而黏性却有明显降低。其混合料级配介于SMA与AC级配之间,有很好的压实性、密实防水、高弹抗裂、耐磨抗滑以及摊铺厚度薄(1.5~2.0cm)、开放交通快等优点,在水泥混凝土路面上实施超薄层罩面是可行的,并总结出以下三点结论:

(1)在水泥混凝土路面上实施超薄层罩面,旧混凝土路面铣刨是关键工序之一,建议以平整度和构造深度为控制参数，平整度≤3mm，构造深度控制在0.80～1.20mm之间。

(2)在水泥混凝土路面上实施超薄层罩面，层间黏结很重要，材料与铣刨界面的黏结强度(拉拔强度)不得小于1.0MPa，且不得粘轮和抗机械损伤。

(3)EMC具有相对较高的韧性及弹性，罩面施工摊铺速度建议控制在4～5m/min之间。碾压时不得开启振动。

参考文献

[1] 顾佳磊. 国内沥青路面预防性养护技术研究综述及问题探讨[J]. 上海建设科技,2023:6.

[2] 王岩. 高速公路沥青路面预防性养护措施研究[J]. 交通世界,2011(11):108-109.

[3] 刘林林,刘爱华,杨博凯,等. 超薄层罩面沥青混合料设计和技术发展研究综述[J]. 现代交通技术,2020,17(3):6-10.

[4] 孙祖望,任民. 沥青路面预防性养护实用技术[M]. 北京:中国建材工业出版社,2017.

[5] 曹晓娟. 温拌沥青混合料超薄罩面技术概述[J]. 建筑工程技术与设计,2014(31):1016.

[6] 沈阳. 超薄磨耗层性能评价及层间黏结状况研究[D]. 沈阳:沈阳建筑大学,2015.

考虑原路况的超薄磨耗层延寿效果分析

张　鹏　汪海年*　屈　鑫　焦　虎

(长安大学公路学院)

摘　要　为评价加铺超薄磨耗层后的长期路用性能，本文提出一种试验方法简单、并且能够相对真实模拟现场情况的复合试件室内延寿评价方法，通过室内模拟沥青路面真实状态，对不同老化状态和具有不同病害的在役沥青路面加铺超薄罩面后的延寿效果进行评价。结果表明，应力比对荷载循环次数影响大于温度；长期老化后的原路面会降低超薄罩面的延寿效果，原路面的裂缝病害对疲劳抗裂性能影响严重，长期老化和裂缝对疲劳抗裂性能的影响会叠加，因此当原路面存在裂缝时，需先对裂缝进行处理再加铺超薄磨耗层。

关键词　道路工程　沥青路面　超薄磨耗层　原路况　疲劳性能　延寿效果

0　引言

截至2023年底，我国高速公路总里程已达17.7万km，居世界第一，但研究表明，目前我国60%的高速公路在服务10～12年后便需要进行大修，17%的高速公路在服务6～8年后需要大修[1]，在役路面延寿问题是目前我国路面发展更为突出的问题。

超薄罩面技术不仅能够修复车辙、开裂等病害，并能够改善抗滑、降低噪声[2]，还可以有效地减小罩面层厚度、节约材料、降低造价，同时对路面使用性能有较高作用恢复，被广泛应用于路面预防性养护工作[3]。

目前关于超薄罩面层的研究较多，但主要集中在混合料的组成设计[4-7]、成型方法[8-10]等方面，受限于观测时间和检测数据影响，对超薄罩面的长期性能评价方法还未达成一致。一般加铺超薄罩面后的寿命主要分为功能性评价和力学性能或路用性能评价。关于功能性能，大多数学者一般都采用普通沥青混合料的评价方法[11-12]。而关于力学性能和路用性能，大多数学者仍然将评价普通沥青混合料的方法用于评价超薄罩面。超薄罩面的厚度最大仅有20mm，采用50mm厚的车辙板和35mm厚的小梁试件无法有效评价超薄罩面的路用性能[3,13]，尤其是沥青路面的疲劳抗裂性能与沥青层厚度有较大的关系[14]。黄卫东等

基金项目：国家重点研发计划(2021YFB2601000)。

人[15]在使用间接拉伸开裂的方法来评价超薄磨耗层沥青混合料的抗裂性能时发现,断裂能指标所反映出的疲劳性能与其他几个指标相悖,因此认为并不适用于评价超薄罩面层。Overlay test主要评价的是沥青路面抗反射裂缝能力[16],其控制指标为水平位移,加载波形采用循环半正弦三角形,但此种方法试件成型困难并且结果离散性大。

上述研究表明,目前我国对于超薄罩面延寿的研究尚不健全,首先就是对于原路面状态对于加铺超薄罩面影响的研究相对较少,不能够给予实际养护施工一定的科学指导;其次就是没有较为准确的能够评价超薄罩面延寿效果的室内评价方法。因此,本文提出了一种能够相对真实模拟现场情况的复合试件室内延寿评价方法,根据我国在役沥青路面劣化情况来选出了最具有代表性的热氧老化、车辙、裂缝三项老化状态进行模拟,以评价原路面老化情况下超薄磨耗层的延寿效果。

1 材料及试验方案

1.1 原材料

本文沥青采用SBS改性沥青作为原路面上面层沥青混合料的胶结料,采用课题组开发的高韧高弹改性沥青作为超薄层罩面的胶结料,沥青性能指标如表1所示。选择玄武岩作为粗集料,石灰岩作为细集料,石灰岩粉末作为矿粉,选择中裂、阳离子型乳化沥青作为黏层油材料,技术指标满足规范要求。本文原路面级配根据《公路沥青路面施工技术规范》(JTG F40—2004)选用SMA-13级配中值,如图1所示,超薄层罩面级配是提出的一种新型级配ARC-8如表2所示。最佳油石比为6.8%,由马歇尔试验确定。

沥青性能指标 表1

试验项目	SBS改性沥青	高韧高弹改性沥青	试验方法
针入度(25℃,0.1mm)	45	64.8	T 0604
软化点(℃)	76.5	92	T 0606
延度(5℃,cm)	24	45	T 0605
135℃旋转黏度(Pa·s)	2.23	3.67	T 0605
60℃动力黏度(Pa·s)	22365	281600	T 0620
黏韧性(N·m)	28.5	24.73	T 0624
韧性(N·m)	25.21	14.62	T 0624
25℃弹性恢复(%)	83	98	T 0662

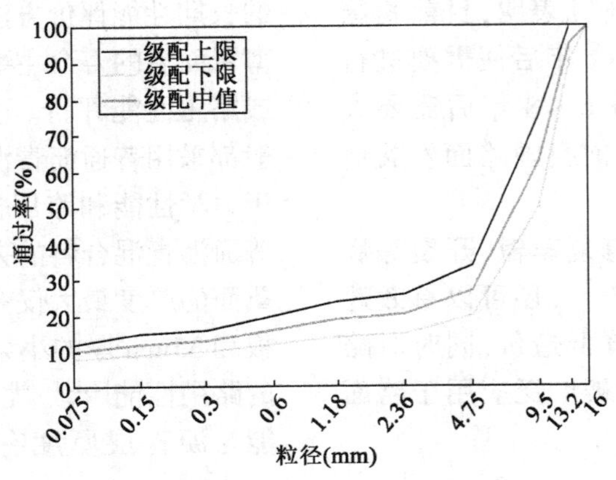

图1 SMA-13级配组成

ARC-8 级配组成　　表2

筛孔(mm)	通过率(%)
9.5	100
8	72.3
4.75	60.5
2.36	21.0
1.18	12.2
0.6	9.6
0.3	8.0
0.15	7.5
0.075	7.0

1.2 试验方法和方案设计

本文使用UTM-30万能试验机进行疲劳性能试验来测试超薄磨耗层对原路面的修复延寿作用。

1.2.1 疲劳性能试验

疲劳性能试验加载模具如图2所示,采取每1s中仅加载前0.1s的加载方式,波形选择循环半正矢波形,最大荷载测试方法与弯曲试验相同,加载速率设为12.5mm/min,此外为了保证试件全程处于受压状态,设定间隔的0.9s内也施加50N的荷载,试验终止条件为试件完全破坏,评价指标为复合小梁试件发生完全破坏时所对应的荷载循环次数。采用尺寸为150mm × 40mm × 60mm的SMA-13型小梁试件在某一温度下弯曲性能试验中的最大破坏荷载来作为该温度下所有试件的最大破坏荷载。

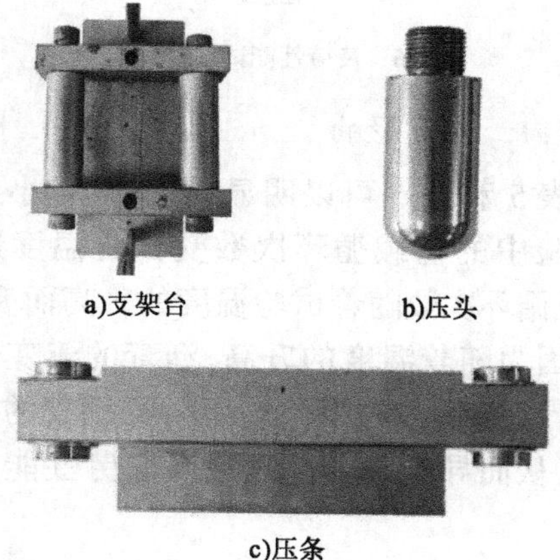

图2　疲劳性能试验所需模具

疲劳试验选择试验温度(25℃、15℃、10℃)和应力比(0.3、0.4和0.5)为影响因子设计试验方案如表3所示。

疲劳性能试验方案　　表3

方案编号	应力比	试验温度 T(℃)	方案编号	应力比	试验温度 T(℃)
1	0.3	25	6	0.5	15
2	0.4	25	7	0.3	10
3	0.5	25	8	0.4	10
4	0.3	15	9	0.5	10
5	0.4	15			

1.2.2 模拟原路面老化

本文选取了5种老化类型,具体老化方式及模拟条件如表4所示。

老化试验方案　　表4

老化类型	模拟条件	老化方式			
		短期老化	长期老化	预制车辙	预制裂缝
Ⅰ	新建路面	√			
Ⅱ	整个服役周期未出现严重车辙和裂缝	√	√		
Ⅲ	早期出现裂缝	√			√
Ⅳ	早期出现车辙	√		√	
Ⅴ	后期内部出现裂缝	√	√		√

1.3 试件成型方法

1.3.1 疲劳性能试件

本研究均使用旋转压实仪成型直径150mm、高度60mm的圆柱形试件,其中试件上部20mm厚为模拟的沥青路面加铺的超薄罩面厚度,再沿着加铺的超薄罩面顶部中心位置进行切割,切割宽度为40mm,得到复合小梁试件如图3所示。

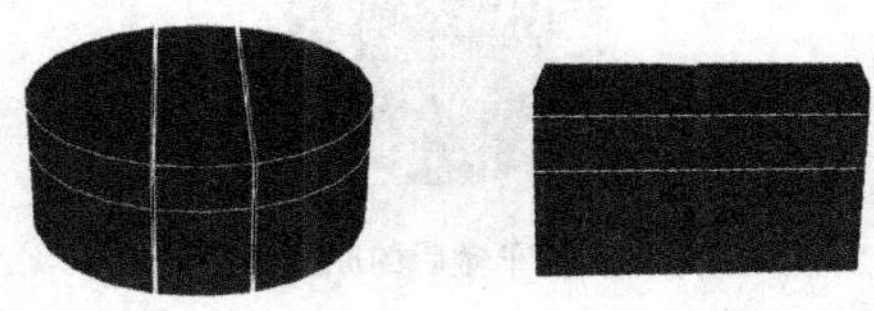

图3　疲劳性能试件成型方法

1.3.2 老化模拟方法

(1)Ⅰ型老化

采用烘箱老化法来室内模拟沥青混合料短期老化。通过在145℃ ±3℃的烘箱内强制通风加热4h ±5min,每小时翻拌混合料一次,4h后取出混合料成型试件。

(2)Ⅱ型老化

由于不同的老化程度会对沥青混合料的疲劳性能有所影响[16],本文结合《公路沥青路面预防养护技术规范》(JTJ 073.2—2001)中规定的罩面类预防性养护实施时间为通车后3~5年,采用在85℃烘箱内老化3天作为模拟沥青路面3~5年长期老化的手段。

(3)Ⅲ型老化

短期老化步骤与Ⅰ型老化相同,仅需要在成型原路面试件后进行切缝如图4所示,其中试件预制裂缝均在试件中心位置。

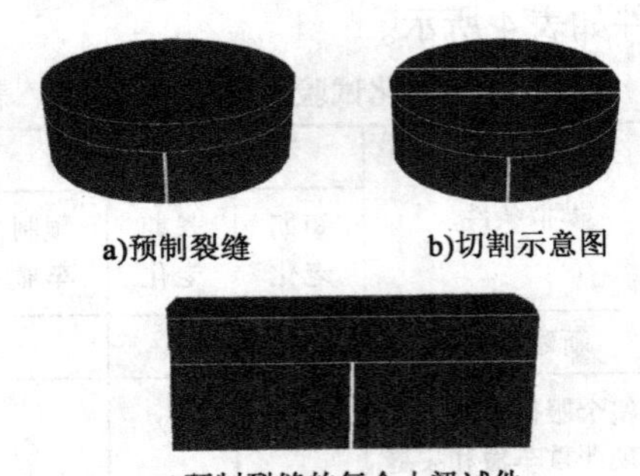

图4 预制裂缝的复合小梁试件制备方法

(4)Ⅳ型老化

首先对沥青混合料进行短期老化,成型一块尺寸为300mm×300mm×40mm的车辙板进行车辙试验,试验中为了能够更快的成型对应的车辙深度,将温度设为80℃±1℃,本文采用车辙模拟深度为10mm,试验完成后进行取芯,得到预制车辙后的直径150mm、厚40mm的圆柱形试件如图5所示。再按照1.3.1和1.3.2中方法成型试件。

图5 预制车辙后的原路面试样

(5)Ⅴ型老化

试件老化步骤与Ⅱ型老化相同,切缝步骤与Ⅲ型老化大致相同,仅在预制裂缝时有所不同,仅需要从老化过后的原路面下方向上切割2cm的裂缝,旨在模拟原沥青路面内部或者裂缝并未扩展到原面层顶部并且经过了长时间服役的路面老化状态。

2 试验结果及分析

2.1 疲劳性能影响因素分析

试验得到的不同温度下SMA-13型复合小梁弯曲试验最大破坏荷载结果及疲劳试验施加荷载结果如表5所示,疲劳性能试验结果如图6所示。

最大破坏荷载试验结果及疲劳试验施加荷载结果 表5

温度(℃)	破坏荷载(kN)	应力比	施加荷载(kN)
10	3.7	0.3	1.11
		0.4	1.48
		0.5	1.85
15	2.9	0.3	0.87
		0.4	1.16
		0.5	1.45
25	1.4	0.3	0.42
		0.4	0.56
		0.5	0.7

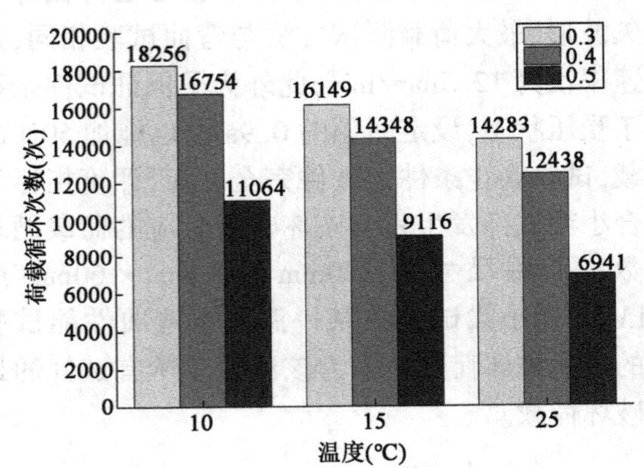

图6 疲劳性能试验结果

2.1.1 温度影响

从表5和图6可以明显看出,复合小梁疲劳加载试验中的荷载循环次数受试验温度影响较大,荷载循环次数随着试验温度的升高而变小,这可能是因为随着温度的升高,沥青的流变性能发生变化,对集料的黏附性有所下降,沥青的抗拉强度减小,从而导致破坏荷载以及疲劳性能都有所下降。

2.1.2 应力比影响

从图6中可以发现随着应力比的增加,荷载循环次数逐渐减小,可见重载车辆对路面的疲劳性能影响非常巨大,尤其是超载车辆的增多将会严重缩短超薄罩面的延寿效果。

2.2 不同老化方案对疲劳性能影响

施加五种不同的老化方式复合试件的疲劳性能试验结果如图7所示。

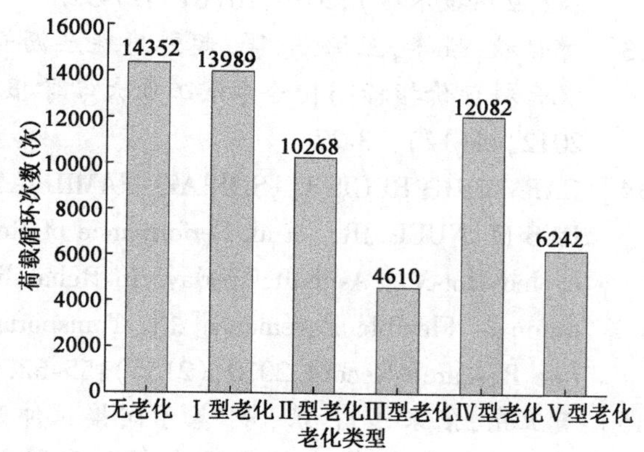

图7 不同老化类型的疲劳性能试验结果

从图7中可以明显看出Ⅰ型老化即短期老化几乎对复合小梁试件的疲劳性能没有影响。

经过长期老化的Ⅱ型老化试件的荷载循环次数明显减小，可能是因为原路面层所用的SBS改性沥青经过长期老化后，黏附性下降，并且沥青中轻质组分挥发，沥青质变多，流变性能变差，韧性不足，混合料变硬变脆，其抗拉强度下降，因此疲劳寿命急剧下降。

经过Ⅲ型老化后的复合小梁试件的荷载循环次数最低，这主要是因为Ⅲ型老化试件下方的原路面层预制了贯穿裂缝，原路面层与加铺层之间出现了应力集中点，从而使得裂缝扩展更加容易。

经过Ⅳ型老化后的复合小梁试件荷载循环次数有所下降，可能是因为预制的车辙部分由于已经经过多次车轮荷载的作用，辙痕处出现了集料脱落现象，并且集料表面的部分沥青被车辙仪的轮胎所带走，此处沥青膜变薄，此处的裂缝扩展速度加快。但是由于预制车辙时的车轮碾压，辙痕下方的原路面的密实度相对更大，其抗裂能力也会有所增加，综合来看其疲劳性能下降较小。

经过Ⅴ型老化的复合小梁试件荷载循环次数较Ⅱ型老化进一步下降，这是因为原路面层预制了裂缝，荷载加载过程直接从裂缝扩展开始，沥青混合料内部的裂缝处会产生应力集中现象，而原路面层沥青混合料又经过了长期老化，其抗裂能力进一步下降，裂缝扩展速度会相对加快，其抗裂能力的主要承担者为加铺的超薄罩面层，因此与Ⅲ老化复合小梁试件的试验结果接近，但由于比Ⅲ型老化的裂缝扩展长度要多出原路面层的20mm，因此其疲劳性能也会相对增加。

3 结语

通过对超薄磨耗层加铺结构疲劳性能的研究，得出如下结论：

(1)复合小梁试件疲劳加载过程主要分为三个阶段，第一阶段为变形积累阶段，当层底拉应力大于抗拉强度时发生开裂，于是发展为原路面开裂阶段，裂缝开始向上扩展，最终发展为罩面层抗裂阶段，裂缝扩展受阻，扩展速率减缓。

(2)在10～25℃之间，试验温度对复合小梁试件的疲劳性能影响较大，随着温度的上升，试件的抗疲劳开裂能力下降；应力比也会影响试件的疲劳性能，随着应力比的增加，试件抗疲劳开裂能力也会下降，对荷载循环次数影响的强弱排序为：应力比>温度。

(3)本文加铺结构疲劳试验结果表明当原路面存在车辙病害或裂缝时，超薄磨耗层延寿效果较差，应对其进行预处理，消除病害对加铺层延寿效果的影响，可为路面养护工作确定延寿加铺时机及养护处置方法提供经验。

参考文献

[1] 郑健龙，吕松涛，刘超超. 长寿命路面的技术体系及关键科学问题与技术前沿[J]. 科学通报，2020，65(30)：3219-3227.

[2]《中国公路学报》编辑部. 中国路面工程学术研究综述·2020[J]. 中国公路学报，2020，33(10)：1-66.

[3] 虞将苗，杨倪坤，于华洋. 道路高性能沥青超薄磨耗层技术研究与应用现状[J]. 中南大学学报(自然科学版)，2021，52(7)：2287-2298.

[4] YU J M, CHEN F D, DENG W, Ma Y M, Yu H Y. Design and performance of high-toughness ultra-thin friction course in south China[J]. Construction and Building Materials, 2020, 246.

[5] HU M J, LI L H, Peng F X. Laboratory investigation of OGFC-5 porous asphalt ultra-thin wearing course[J]. Construction and Building Materials, 2019, 219: 101-110.

[6] SON S, AL-QADI I L, Zehr T 4.75mm SMA

Performance and Cost-Effectiveness for Asphalt Thin Overlays [J]. International Journal of Pavement Engineering,2016,17(9):799-809.

[7] 王彦涛,林敬辉. GET-10 型高性能超薄磨耗层力学性能试验研究[J]. 公路,2023,68(4):98-103.

[8] YU JIANGMIAO, YANG NIKUN, CHEN FUDA, et al. Design of Cold-Mixed High-Toughness Ultra-Thin Asphalt Layer towards Sustainable Pavement Construction [J]. Buildings, 2021,11(12).

[9] 郑文华. 温拌橡胶沥青在超薄磨耗层中的应用技术研究[D]. 北京:北京建筑大学,2019.

[10] 张宝江. 温拌超薄磨耗层技术在公路养护中的应用[J]. 交通世界,2021,(23):106-107.

[11] CHEN W. D., Destech Publicat Inc. Study on Road Performances of Ultra-thin Wearing Layer Small Particle Size Asphalt Mixture; proceedings of the International Conference on Computer, Communications and Mechatronics Engineering(CCME), Shanghai, PEOPLES R CHINA, F Dec 22-23, 2018[C]. 2018.

[12] 王晓东,刘诗城,魏小皓,等. 超薄磨耗层小粒径沥青混合料性能研究[J]. 公路交通科技(应用技术版),2020,16(01):27-32.

[13] 谭忆秋,姚李,王海朋,等. 超薄磨耗层沥青混合料评价指标[J]. 哈尔滨工业大学学报,2012,44(12):73-77.

[14] CARVALHO REGIS L., SHIRAZI HAMID, AYRES MANUEL, JR., et al. Performance of Recycled Hot-Mix Asphalt Overlays in Rehabilitation of Flexible Pavements [J]. Transportation Research Record, 2010, (2155):55-62.

[15] 黄卫东,张家伟,吕泉,等. 基于间接拉伸开裂方法评价超薄磨耗层混合料抗裂性能[J]. 同济大学学报(自然科学版),2020,48(11):1588-1594.

[16] 吕松涛. 老化对沥青混合料疲劳性能的影响[J]. 科技信息,2012,(1):67-68.

沥青路面回收料骨料化再生技术研究与实践

高立波*[1,2]　霍继辉[3]　易军艳[4]　王　森[5]　马飞龙[5]

(1. 辽宁省交通科学研究院有限责任公司;
2. 高速公路养护技术交通运输行业重点实验室;
3. 辽宁省高速公路运营管理有限责任公司;4. 哈尔滨工业大学;
5. 辽宁交投公路科技养护有限责任公司)

摘　要　为实现沥青路面回收料(RAP)高值化、超大比例再生循环利用,本文基于室内外试验、工程验证对RAP精分离及集料化再生技术开展研究,提出了RAP精分离及集料化再生技术工艺、标准及适用范围。高速公路实际工程应用结果表明,该技术方案经济可行,可有效解决RAP中的"团粒现象",实现"油石分离",精分离后RAP(FRAP)可实现大比例添加(70%以上)、SMA表面层再生应用;集料化后RAP(ARAP)可当作新石料从下位滚筒添加。到目前为止,通车最长近4年,工程应用效果良好,具有巨大的社会、经济、环境效益,推广应用前景广阔。

关键词　沥青路面回收料(RAP)　精分离RAP(FRAP)　集料化再生RAP(ARAP)

辽宁省重点研发计划项目:辽宁省科学技术计划项目(2020JH2/10300097);辽宁省中央引导地方科技发展专项项目(2021JH6/10500218);辽宁省交通运输厅科技项目(2021032)。

0 引言

到2022年底，全国公路通车总里程达到535.48万km，其中高速公路17.73万km。到目前已经有相当数量的沥青路面达到了使用寿命，面临着大规模养护维修乃至重建。据推算，我国仅干线公路大中修工程，每年产生沥青路面旧料(RAP)达1.6亿t。根据“十四五”时期《各省公路建设规划》，预计2024—2025年，全国公路大修、中修总量68.34万km，产生的沥青路面旧料也将急速增长，与此同时，未来几年高速公路建设任务繁重，平均每年通车任务超过1万km，因此，沥青、石料资源的再生利用，是未来发展趋势，也是当下最热门的研究课题之一。

国内外的现有研究和应用表明，限制厂拌热再生技术中RAP掺配比例增大的最主要原因是RAP中“团粒现象”，即旧沥青细石料以团粒形式或附着在石料表面存在于旧料中，即假颗粒现象严重，造成如果RAP掺量大于30%，再生沥青混合料的级配变异性增大，质量难以保证[1]。

解决上述问题的有效途径是，采用沥青剥离和筛分的工艺，将废旧沥青混合料中集料表面的沥青分离，并将集料加工成为不同粒径的道路用矿料[2]，进而进行分离式再生技术的研究。目前，国内多个省份也开展了相关研究，取得了一些进展[3]，但在RAP预处理过程中仍然存在石料过度破碎、粘筛、RAP假颗粒严重、效率低等问题。本文，基于室内试验、工程验证对RAP精分离及集料化再生技术开展研究，并提出RAP精分离及骨料化标准，以期对相关工程提供借鉴。

本文将RAP精分离定义为，通过预处理，将RAP加工为假颗粒含量不大于设计要求的FRAP，可以大比例(70%)或100%添加到再生沥青混合料中，保证混合料级配稳定。将RAP集料化定义为，通过预处理，将RAP加工为沥青含量小于1.2%的微油FRAP，可以当作新石料通过拌和站下位滚筒添加到拌缸中使用。

1 不同处理方式RAP假颗粒分析

本文分别采用离心式物理剥离(精分离)、普通筛分、普通破碎(反击破、对辊)方式对RAP进行预处理，对处理后的FRAP“团粒现象”进行评价，本文采用假颗粒含量指标进行评价，对比分析。RAP中多个单颗粒粘聚在一起形成的团粒称之为假颗粒，假颗粒含量即假颗粒占总矿料的质量百分比，以FRAP抽提或燃烧前后分计筛余率偏差的绝对值来表征。

1.1 试验数据

采用不同预处理方式对RAP进行处理后，分别对预处理后的FRAP进行筛分、燃烧后再筛分，计算各筛孔燃烧前后分计筛余率，其偏差绝对值计为假颗粒含量，试验数据汇总如图1～图4所示。

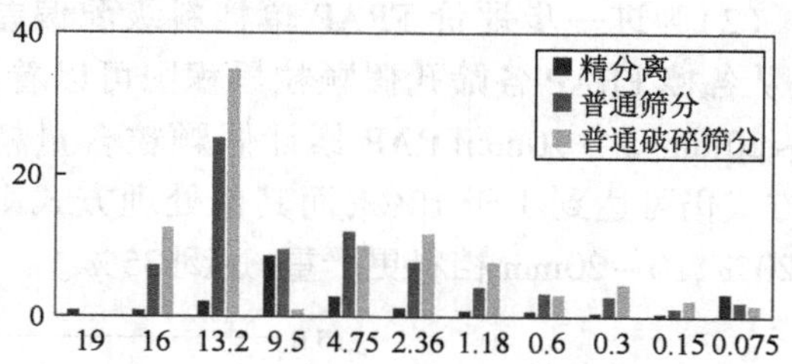

图1 10～20mm FRAP假颗粒含量

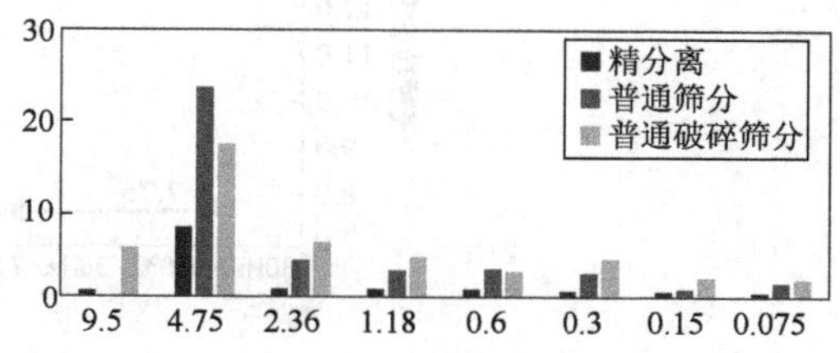

图2 5～10mm FRAP假颗粒含量

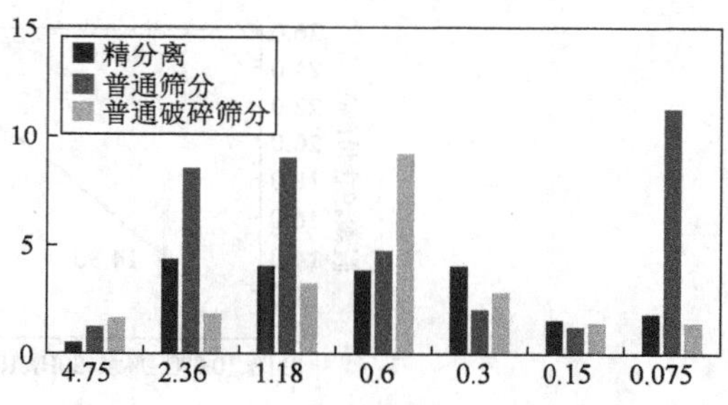

图3 0～5mm FRAP假颗粒含量

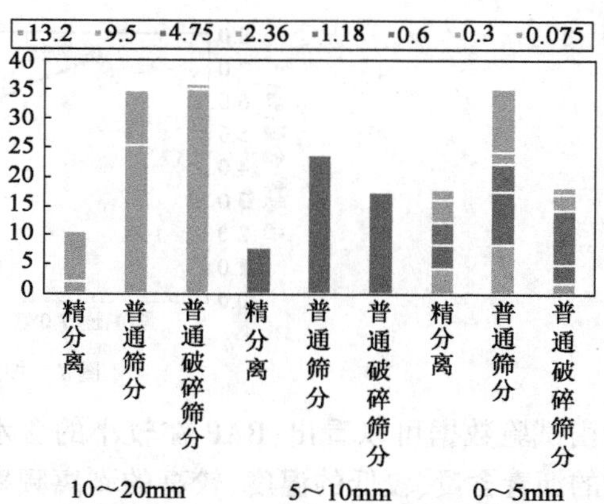

图4 不同处理方式FRAP假颗粒累积图

1.2 对比分析

对比分析不同RAP处理方式,初步得出以下结论:

(1)精分离处理方式对于消除RAP假颗粒即"团粒"现象最有效。试验表明,精分离方式预处理后,FRAP关键筛孔假粒径含量均可达到小于10%;普通筛分处理后,关键筛孔假粒径含量最大达到25.2%;普通破碎(反击破、对辊)筛分处理,关键筛孔假粒径含量最大达到34%。

(2)为进一步评价FRAP单档料级配偏差程度,从各档FRAP各筛孔假颗粒累积图可以看出,10~20mm、5~10mmFRAP累计假颗粒含量精分离方式仍可达到小于10%,而其他处理方式则大于20%,10~20mm档料更严重,达到35%。

综上,采用离心式精分离方式对RAP进行处理可以较好地控制旧料中的假颗粒含量,保证再生沥青混合料的级配稳定性。

2 RAP精分离、集料化再生试验研究

本文通过室内外试验,研究RAP含水率、分离工艺、温度、沥青含量等对RAP分离效果的影响,优化RAP精细分离加工工艺,同时进一步探讨RAP骨料化再生工艺。

2.1 室内试验

采用立轴冲击式破碎室内试验机,对RAP进行加工,并采用摇筛机进行筛分分档,试验分析温度、含水率、剥离频率、沥青含量、加工工艺对RAP分离效果的影响。部分试验结果见图5~图7。

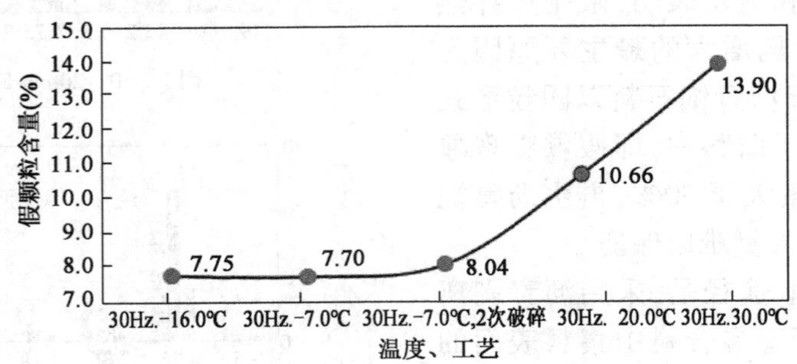

图5 加工温度与FRAP假颗粒关系

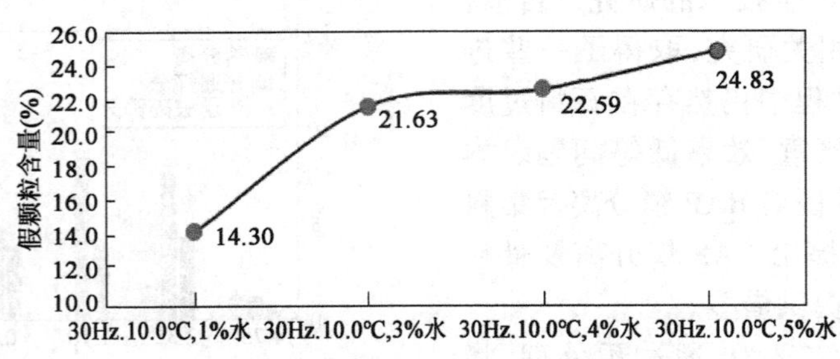

图6 RAP含水率与假颗粒关系

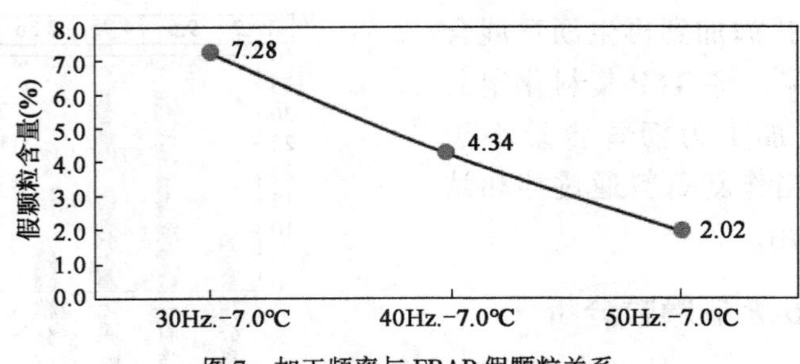

图7 加工频率与FRAP假颗粒关系

由试验数据可以看出:RAP在较小的含水率、较低的沥青含量、较低的温度、较高的剥离频率、较多的剥离次数条件下,可以获得较好的剥离效果。

2.2 室外试验研究

依托阜锦维修项目采用的楼式精分离设备,

开展不同精分离工艺对RAP分离效果的试验。本次试验共采用四种不同工艺进行精分离，分别为50Hz一次剥离、42Hz一次剥离、30Hz一次剥离和30Hz二次剥离。试验结果见表1。

不同工艺后FRAP沥青含量 表1

分离工艺	粒径	
	10~15mm	5~10mm
	沥青含量（抽提法）	沥青含量（抽提法）
30Hz二次剥离	0.86	1.00
50Hz剥离	1.17	1.60
42Hz剥离	1.97	1.71
30Hz剥离	2.02	2.08

通过本次试验，结合室内试验机试验结果，初步得出以下结论：

（1）二次剥离的效果要更优于单纯加大频率（50Hz）的试验结果。

（2）二次剥离工艺，10~15mm、5~10mmFRAP沥青含量可达到小于1.2%，假颗粒含量低于6%。满足当作新石料从下位滚筒上料需求，即可实现RAP集料化。

2.3 精分离、集料化工艺与设备

基于室内外试验，确定精分离与骨料化工艺如下：

（1）RAP精分离加工工艺：给料、剥离、一级筛分、二级筛分、除尘、输送、储存等。

（2）RAP集料化加工工艺：给料、一次剥离、一级筛分、二次剥离、二级筛分、除尘、输送、储存等。

精分离与集料化主要设备要求如下：

（1）设备宜选用楼式或平铺式结构，由原料供给、剥离、筛分、控制、除尘等系统组成。

（2）剥离主机宜采用离心式物理机械式分离方式，RAP由转子中心进入后，高速旋转甩出打在特制的砧板上进行沥青剥离作业，将RAP分离为沥青含量很少的FRAP粗料和沥青含量富集的FRAP细料。

（3）精筛分设备宜选用防黏结、易清理、易更换的筛网和装置，可选用多点驱动式概率筛，通过振动臂高频、小振幅的激打筛网解决RAP难筛分、易堵网的难题。

3 工程验证

依托桓永、阜锦高速公路路面维修项目，在沥青路面"原层位利用，大比例添加，高价值再生，多元化利用"方面取得了重大进展。在大面积推广应用大比例厂拌热再生技术的基础上，还成功完成了2项超大比例FRAP料厂拌热再生试验段的铺筑，具体名称与工程量见表2。其中70% RAP-AC沥青混合料和40% RAP-SMA混合料中20%的旧料是从原生料滚筒添加（当成新集料使用），而且未产生沥青烟气，也没有堵塞除尘布袋，工程实践验证了大比例（70%）添加和FRAP当作新石料应用的可行性，到目前为止，通车最长近4年，工程应用效果良好。这也探索了一个可行的、低造价的RAP集料化再生应用方向。

桓永、阜锦高速路面再生技术应用 表2

序号	技术名称			工程量
1	精分离+大比例厂拌热再生	20% FRAP料SMA表面层		24.8万t
		50% FRAP中下面层	LAC-16	11.8万t
			LAC-20	3.0万t
2	70% FRAP中面层试验路			4车道公里
3	40% FRAPSMA表面层试验路			1.1万m^2

4 FRAP技术要求

基于室内试验和工程验证，本文提出RAP精分离和集料化技术要求及适用范围。

4.1 适用范围

精分离后FRAP适用于沥青玛蹄脂碎石沥青混合料（SMA）、超薄磨耗层、微表处、厂拌热再生密级配沥青混合料（30% < FRAP掺量≤100%）等，以及对工程质量要求较高的厂拌热再生沥青混合料（FRAP掺量≤30%）和厂拌冷再生工程项目。

集料化FRAP适用于所有沥青混合料。

4.2 技术要求

精分离FRAP关键筛孔假颗粒含量不大于10%。

集料化FRAP沥青含量不大于1.2%（抽提法）。

5 结语

RAP精分离、集料化再生技术及应用，是一项即传统厂拌热再生之后的新一代全面将RAP资源化的再生技术，本文提出的RAP精分离、集料化技

术,从根本上解决了RAP中的"团粒现象",同时填补了现行《公路沥青路面再生技术规范》(JTG/T 5521—2019)中对RAP预处理没有做要求的空白,提出的技术要求标准,经初步工程应用验证,科学、可行,为国内外相关工程项目提供借鉴经验。

通过采用RAP精分离、集料化再生技术,可以将大量堆积如山的沥青路面旧料"变废为宝",高价值、大比例的应用到沥青路面中,大幅度提高再生沥青混合料的质量稳定性,具有巨大的社会经济环境效益,符合国家节能减排政策。

参考文献

[1] FENG DC, CAO JW, GAO LB, et al. Recent Development in Asphalt-Aggregate Separation Technology of Reclaimed Asphalt Pavement [J]. Journal of Road Engineering. 2022,07.

[2] AI X, CAO J, FENG D, et al. Performance evaluation of recycled asphalt mixtures with various percentages of RAP from the rotary decomposition process [J]. Construction and Building Materials 2022:321,126406.

[3] 高立波,王森,霍继辉,等.沥青路面旧料精分离技术与大比例再生技术在高速公路中的应用[J].北方交通,2021,(8):214-216.

微波加热温拌钢渣沥青混合料研究

武建民* 江 锴 左 闪 张景涛

(长安大学特殊地区公路工程教育部重点实验室)

摘 要 为研究微波加热温拌钢渣沥青混合料用于路面局部病害的快速养护,通过微波加热和传统烘箱加热成型试件,对比分析了不同加热方式、温拌剂和钢渣的加入对沥青混合料的路用性能影响。试验结果表明:与传统烘箱加热技术相比,微波加热提升了温拌沥青混合料的高温抗车辙性能、低温抗裂性、水稳性能和抗渗性能。掺加钢渣提高了混合料的高温抗车辙性能、低温抗开裂性能和水稳性能,但钢渣的多孔特性降低了混合料的抗渗性能。温拌剂的掺加有助于提高高温抗车辙性能,但其水稳性、低温抗裂性能和抗渗性能均有降低。

关键词 沥青路面 快速养护 微波加热 温拌 钢渣沥青混合料

0 引言

在车辆荷载和不良气候环境综合作用下,许多已建成的路面会出现松散、开裂、车辙和坑槽等病害,严重影响了路面使用性能和道路服务水平,对路面养护工作提出了更高的要求。

道路养管部门通常采用热拌沥青混合料(HMA)进行局部病害处治,这类材料具有与原路面黏结性好、修补质量稳定的优势,然而其拌和及施工温度一般在150℃以上,较高的温度不仅会产生大量沥青烟污染环境,而且能源消耗量巨大。同时开启拌和楼生产少量的沥青混合料用于局部病害处治,也会大大增加养护成本;而集中进行病害处理又难以实现病害快速养护的要求。因此有必要从温拌沥青混合料生产及路面局部病害维修工艺方面来解决上述问题。微波加热技术是一种快速升温、高效节能的加热方式,应用到沥青混合料生产中具有加热效率高、加热成本低的显著优势。将该技术与相应的路面微波养护车结合,可实现对沥青路面分散性的坑槽、车辙、松散类病害的快速修补,实现快速养护的目的。

Martina等将微波加热路面病害修复技术与其他现有的现场修复病害的方法进行了比较,发现微波加热技术具有加热深度大、效率高且被加热物体受热均匀的特点,且该种加热方式能量利用率极高[1]。Wang等采用多种手段对玄武岩进行了微波加热机理分析,发现其吸热特性与其矿质元素中的Si、Fe和Al高度相关,且采用微波加热技术可明显提升沥青混合料的抗弯拉强度[2]。

Trigos 测试了不同矿质来源的 26 种集料的加热系数及微波敏感性，研究了沥青混合料中集料类型对微波加热的升温敏感性，建立了集料温升时间与矿料物理属性之间的函数模型[3]。Yalcin 等研究了微波加热和感应加热对废金属沥青混合料自愈性能的影响，以及废金属代替集料对沥青混合料力学性能的影响[4]。王锴等研究了微波加热沥青混合料的升温效果和路用性能[5]。赵硕采用铁尾矿替代矿料，研究了铁尾矿和矿料升温特性的差异，开发了路用性能良好的铁尾矿沥青混合料[6]。向阳开等研究了钢渣沥青混合料微波加热自愈合性能，认为钢渣的掺入大大提高了沥青混合料的微波加热性能，并在一定程度上提高了沥青混合料的自愈合性能[7]。钱国平等对含电弧炉钢渣粗骨料的温拌沥青混合料长期老化进行了研究，得出采用钢渣骨料温拌沥青增加了沥青混合料的马歇尔稳定度、刚度、弹性模量和间接拉伸强度，钢渣温拌沥青混合料老化程度降低，性能得到提升[8]。温拌沥青技术可以降低 20~40℃的拌和生产温度，有利于减少有害气体排放，创造更好的养护工作条件[9-10]。为实现路面局部病害快速养护的目的，本文将微波加热于温拌技术相结合，设计一种微波加热温拌钢渣沥青混合料，对比分析不同加热方式、温拌剂和钢渣的加入对其路用性能的影响，并确定微波加热温拌钢渣沥青混合料的配合比组成。

1 原材料与配合比设计

1.1 原材料

试验所用到的原材料主要有 SBS 改性沥青、钢渣、闪长岩粗集料、石灰岩细集料和矿粉，温拌剂采用 Sasobit。经测试原材料各项指标均满足技术要求。其中钢渣根据粒径不同的呈现粗块状、小块状和粉状，对应标记为粗、细、粉，分别磨成粉状进行化学成分分析，结果见表 1。

三种规格钢渣化学成分分析 表 1

类型	化学成分及其含量(%)										
	CaO	Fe_2O_3	SiO_2	MgO	Al_2O_3	P_2O_5	MnO	TiO_2	SO_3	Cr_2O_3	其他
粗	45.05	24.28	13.46	3.11	4.55	1.56	5.22	1.38	0.31	0.51	0.57
细	42.45	21.19	20.12	2.93	4.37	1.54	4.14	1.27	0.51	0.58	0.80
粉	43.91	23.86	17.41	3.36	3.93	1.61	2.70	1.17	0.44	0.46	1.15

结合钢渣的化学成分进一步计算得出粗钢渣碱度 $M=3.00$，为高碱度钢渣；细钢渣碱度 $M=1.96$，为中碱度钢渣；而钢渣粉碱度 $M=2.31$，为中碱度钢渣。较高的碱度能保证沥青与钢渣具有较为优异的黏附性，因此可以认为所用钢渣与沥青黏附性较好。块状钢渣整体棱角性较好，表面粗糙，孔隙率较大，测得其吸水率在 1.82% ~2.0%之间，远大于闪长岩的 0.45%的吸水率。其膨胀率测得为 1.11%，满足不大于 2%的要求[11]。

1.2 微波升温特性研究及配合比设计

1.2.1 不同集料组成的微波升温特性研究

为使沥青混合料具有更好的微波加热升温效果，在集料中掺入一定比例的钢渣。为了研究集料组成种类不同对其升温特性的影响，采用路面修补常用的 AC-13 沥青混合料，将集料按粒径大小划分为 a 档(10~15mm)、b 档(5~10mm)、c 档(0~5mm)。由不同集料组合设计得到 7 种类型沥青混合料，如表 2 所示。其中 S 代表钢渣，D 代表闪长岩，L 代表石灰岩，组合中第一个字母表示 a 档粒径的集料，第二个字母表示 b 档粒径所用的集料，以此类推。如 DDS 表 a 档、b 档集料采用闪长岩，c 档集料采用钢渣。

不同类型组成的矿料 表 2

试件类型	a 档 (10~15mm)	b 档 (5~10mm)	c 档 (0~5mm)
DDL 型	D	D	L
SDL 型	S	D	L
DSL 型	D	S	L
DDS 型	D	D	S
SSL 型	S	S	L
SDS 型	S	D	S
DSS 型	D	S	S

对七种不同组成的集料进行微波加热升温特性测试。每组平行试样3个,质量为1300g。测试微波加热0～3min内不同矿料组合的温度,每间隔30s测试一次,结果如图1所示。

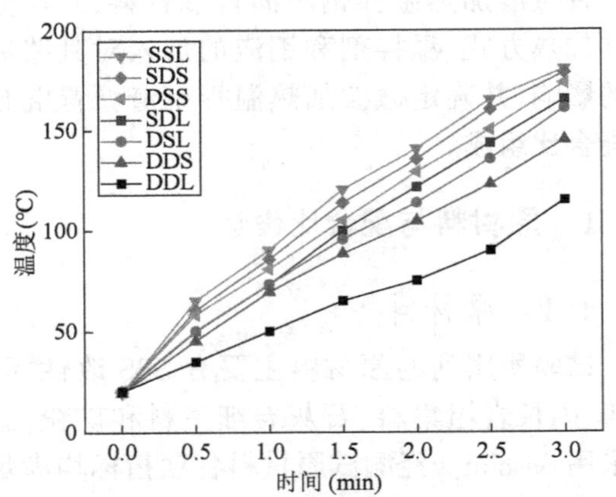

图1　不同集料组成的微波升温效果

由图1看出,钢渣的加入显著提高了混合料的微波加热效率,钢渣掺加比例越高,效果越显著。进一步分析钢渣粒径对其微波加热升温速率的影响,结果如图2所示。可以看出随着钢渣粒径的增长,其升温速率也逐渐加大。原因在于微波作用下集料的内部吸波物质吸收电磁能量,集料内部由于极化现象产生了类似摩擦的剧烈作用,粒径越大,吸收的能量越多,产生的摩擦作用越为明显,从而表现为集料的升温越快[4]。

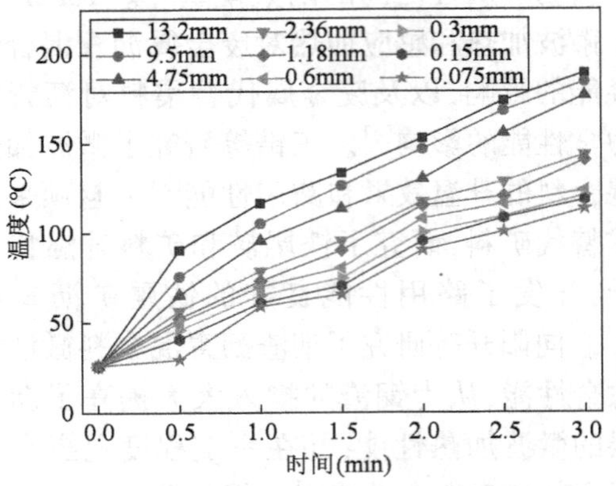

图2　不同粒径钢渣微波升温效果

选出微波加热速率较快的三种矿料组合进行级配设计,分别为SSL型、SDS型及DSS型。

1.2.2　级配组成设计

钢渣与闪长岩和石灰岩集料的表观密度相差较大,因此采用体积比[12]换算方式,对矿料级配进行修正设计,得出修正之后各档集料的质量比,见表3。

修正计算后的级配质量比(%)　表3

集料种类	钢渣 10～15mm	钢渣 5～10mm	钢渣 0～5mm	闪长岩 10～15mm	闪长岩	石灰岩	矿粉
SSL型	34.2	32	0	0	0	30	3.8
SDS型	33.6	0	35.3	0	27.3	0	3.8
DSS型	0	31.6	35.4	29.2	0	0	3.8

1.2.3　确定最佳油石比

为便于对比,增加一组全石型沥青混合料(DDL型),对上述四种不同矿料组成的温拌和热拌钢渣沥青混合料进行马歇尔试验,以确定其最佳油石比。

2　路用性能试验结果与分析

2.1　高温稳定性

分别采用微波加热和传统烘箱加热拌制温拌、热拌钢渣沥青混合料,成型车辙板试件后进行车辙试验,结果如图3所示。

由图3可知上述16种沥青混合料的动稳定度均大于2800次/mm,满足施工规范对沥青混合料高温稳定性的要求。

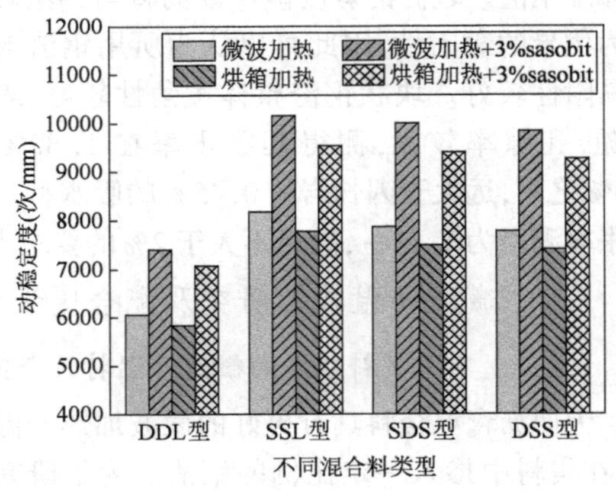

图3　不同类型沥青混合料的动稳定度

(1)微波加热可以提升混合料的动稳定度。分析原因为:微波加热可以蒸发掉矿料中的硫、磷等极性分子和燃点较低的柔韧性物质,改善集料的力学指标,使得粗集料的压碎值、磨耗值和坚固性均得到提高[3],从而提高混合料高温性能。

(2)掺入钢渣的沥青混合料动稳定度显著提高。进一步对比不同类型混合料的动稳定度,两种加热方式下均呈现钢渣替代集料后使得混合料的高温抗车辙性能得到了不同程度的提升。这是由于钢渣是一种强碱性物质,与沥青黏附性好,且钢渣棱角性好,表面粗糙,增强了集料间的嵌挤力,进而提高了混合料的高温抗变形能力。

(3)与普通热拌沥青混合料相比,3% Sasobit温拌剂的掺入提高了其高温抗车辙性能。原因在于:Sasobit的掺入可提高沥青的软化点,因此沥青混合料的高温稳定性会随着温拌剂Sasobit的加入而得到提升,Sasobit所吸附的沥青中的饱和组分随着沥青温度的降低逐渐析出,与沥青中未被熔化的Sasobit形成网状晶格结构,这种空间网状结构使得沥青在高温时的流动性降低,从而使混合料的稳定性得到一定的提升,抗车辙性能也随之提升。

2.2 低温抗裂性能

对上述16种沥青混合料进行低温弯曲试验,结果如图4所示。

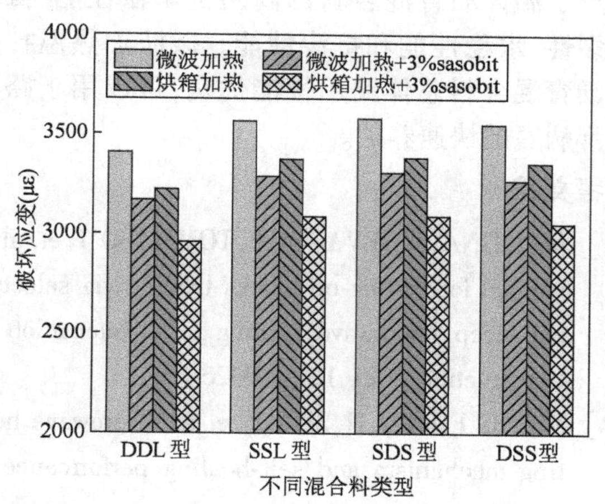

图4 不同类型沥青混合料低温弯曲试验结果

(1)微波加热相较于烘箱加热的同类型沥青混合料的破坏应变均有提升。具体原因为:微波加热是整体均匀加热,分子之间的激烈碰撞促进各原材料紧密融合,从而使得集料和钢渣能更好地与沥青黏附,从而提高了沥青混合料的低温性能。

(2)钢渣替代集料后使得沥青混合料的低温抗裂性得到了不同程度的提升。这是由于钢渣的多孔隙特性使得沥青混合料的油石比增大,同时钢渣的强碱性使得钢渣与沥青的粘附性更好,从而提高了其低温抗裂性能[12]。

(3)与普通热拌沥青混合料相比,3% Sasobit温拌剂的掺入降低了低温抗裂性。这是由于Sasobit中含有的异烷烃具有支链,其含量过大会对沥青的低温性能造成不利影响,使沥青向变硬变脆的方向发展,沥青的低温延度便出现降低的趋势,因此加入Sasobit温拌剂后混合料的低温性能出现较为明显的下降[10]。

2.3 水稳定性

残留稳定度结果如图5所示,残留强度比测试结果如图6所示。

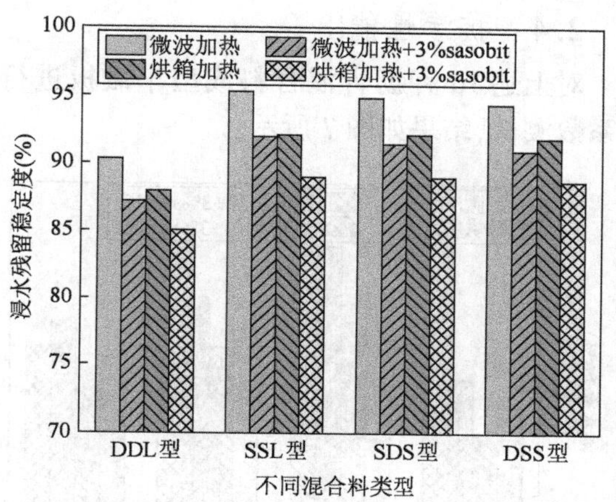

图5 各种沥青混合料浸水残留稳定度

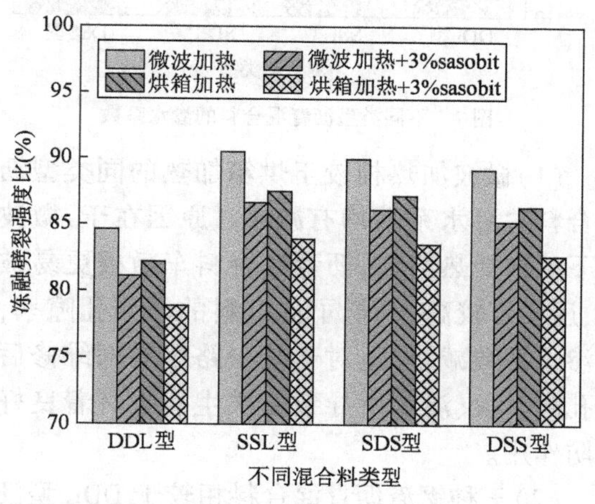

图6 各种沥青混合料冻融劈裂强度比

(1)微波加热相较于烘箱加热同类型沥青混合料的残留稳定度和冻融劈裂强度比均有提升;原因为:微波加热相比较于烘箱加热,加热时间短,加热效率高,加热均匀,使钢渣、石料与沥青的黏附性得到提升,从而提高了沥青混合料的水稳性能[6]。

(2)三种钢渣沥青混合料相较于DDL型沥青混合料的残留稳定度和冻融劈裂强度比具有一定的提升。原因在于:钢渣表面多孔且呈强碱性,对沥青的吸附能力高于闪长岩集料,因此它替代部分闪长岩后会提升混合料的水稳定性。

(3)与热拌沥青混合料相比,3% Sasobit温拌剂的掺入降低了水稳定性。由Sasobit降黏机理可知,Sasobit型温拌剂亲水性和润滑性较强,加入SBS改性沥青中,一方面会降低胶结料的黏度和混合料的施工温度;另一方面也会降低胶结料和粗集料的黏附性,导致温拌沥青混合料抗水损坏能力下降[10]。

2.4　抗渗性能

对上述16种沥青混合料成型车辙板进行渗水系数测试,结果如图7所示。

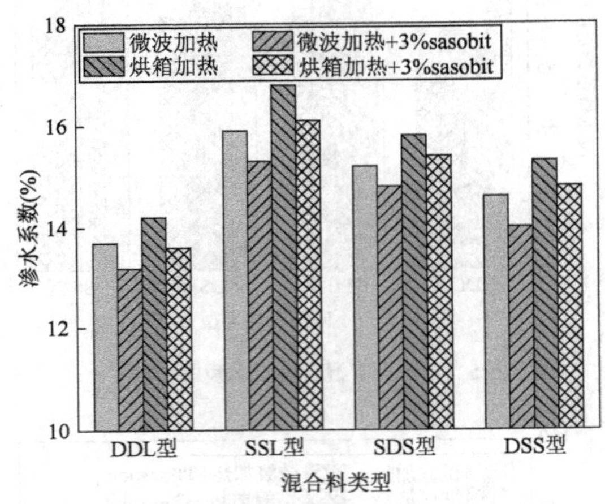

图7　不同类型沥青混合料的渗水系数

(1)微波加热相较于烘箱加热的同类型沥青混合料的渗水系数均有减小。原因在于:微波加热下矿料受热均匀,沥青混合料车辙板更易被压实,压实度较高,降低了混合料的压实孔隙率,因此渗水系数减小,这对于减少路面局部维修后由于孔隙率大、渗水所导致的次生病害有着良好的预防作用。

(2)三种钢渣沥青混合料相较于DDL型沥青混合料的渗水系数均有增大。原因在于:钢渣表面孔隙明显且集料孔隙率较闪长岩较大,替代部分闪长岩集料后会增大混合料的孔隙率,从而增大其渗水系数。

(3)与普通热拌沥青混合料相比,3% Sasobit温拌剂的掺入增大了渗水系数。相比较热拌沥青混合料,温拌沥青混合料的拌和与成型温度较低,混合料难以被充分压实,孔隙率增大,从而增大了渗水系数。

综合微波加热温拌钢渣沥青混合料路用性能,得益于微波加热的均匀性和对集料性能的改善,以及钢渣的掺加,微波加热温拌钢渣沥青混合料总体路用性能优良,满足用于路面局部病害快速养护的材料要求。

3　结语

(1)钢渣的掺加显著提高了集料的微波加热升温速率,且随着钢渣粒径增大,其微波加热升温速率越快。

(2)钢渣耐磨性好且呈强碱性的特征提升了温拌沥青混合料的高温抗车辙性能、低温抗开裂性能和水稳性能,但其多孔特性降低了温拌沥青混合料的抗渗性能;3% Sasobit温拌剂的掺入提高了沥青混合料高温抗车辙性能,但其水稳性、低温抗裂性能和抗渗性能均有不同程度的降低。

(3)与传统烘箱加热技术相比,微波加热方式提升了温拌沥青混合料的高温抗车辙性能、低温抗裂性、水稳性能和抗渗性能。微波加热温拌钢渣沥青混合料总体路用性能优良,可以用于路面局部病害的快速养护。

参考文献

[1] MARTINA T BEVACQUA, TOMMASO I, et. al A method for bottom-up cracks healing via selective and deep microwave heating[J]. Automation in Construction, 2021, 121: 103426.

[2] WANG F, ZHU H, SHU B, et al. Microwave heating mechanism and self-healing performance of asphalt mixture with basalt and limestone aggregates [J]. Construction and Building Materials, 2022, 342: 127973.

[3] TRIGOS L, GALLEGO J, ESCAVY J et al. Dielectric properties versus microwave heating susceptibility of aggregates for self-healing asphalt mixtures[J]. Construction and Building Materials, 2021, 293: 123475.

[4] YALCIN E. Effects of microwave and induction heating on the mechanical and self-healing

characteristics of the asphalt mixtures containing waste metal [J]. Construction and Building Materials, 2021, 286: 122965.

[5] 王锴. 微波响应型沥青路面坑槽快速修补材料研究[J]. 公路, 2021, 66(10): 385-389.

[6] 赵硕. 基于微波加热技术的铁尾矿沥青混合料性能研究[D]. 济南: 山东交通学院, 2022.

[7] 向阳开, 刘威震, 赵毅, 等. 钢渣沥青混合料微波加热自愈合性能研究[J]. 硅酸盐通报, 2022, 41(2): 667-677.

[8] 钱国平, 朱海. 含电弧炉钢渣粗骨料的温拌沥青混合料长期老化评价[J]. 中外公路, 2018, 38(4): 262-267

[9] RUBIO M C, Martínez G, Baena L, et al. Warm Mix Asphalt: An overview [J]. Journal of Cleaner Production, 2012, 24: 76-84.

[10] 张争奇, 张天天, 王相友, 等. 不同类型温拌剂对沥青混合料路用性能影响及其效能评价 [J]. 江苏大学学报(自然科学版), 2022, 43(6): 711-718.

[11] 中华人民共和国国家质量监督检验检疫总局, 中国国家标准化管理委员会. 耐磨沥青路面用钢渣 GB/T 24765—2009 [S]. 北京. 中国标准出版社. 2010.

[12] 李少卿. AC-13 钢渣-橡胶沥青混合料组成设计及路用性能研究 [D]. 西安: 长安大学, 2021.

基于高压水射流的水泥混凝土抗滑修复特性

杨晨光*[1] 弥海晨[1] 马庆伟[1] 郭 平[2]

(1. 西安公路研究院有限公司科技创新与产业化中心；
2. 陕西交控绿科环保有限公司)

摘 要 为解决拉毛水泥混凝土路面长期运营存在的表面滑腻、抗滑不足等问题，将高压水射流首次应用于隧道水泥路面实体工程抗滑功能修复，基于陕西省宝鸡至甘肃天水段高速公路隧道实体工程开展现场试验与分析研究，以轮迹带的路面摩擦系数 BPN 为关键指标，基于已换板、未换板区域实测数据，分析雕洗前后隧道内连续桩号点位的雕洗前后抗滑功能提升效果，从原路面 BPN_0-雕洗后 BPN_1 曲线、雕洗压力 P-摩擦系数提升率 t 曲线等方面研究高压水射流雕洗对轮迹带抗滑功能的修复规律。研究结果表明：高压水射流压力为 120MPa 时，可提升未换板区域的路面摩擦系数 BPN 范围为 28.6% ~42.3%，可提升已换板区域的 BPN 范围为 16.1% ~23.3%；将雕洗前后的 BPN_0-BPN_1 曲线拟合函数关系式，已换板区域关系式的相关性更高；高压水射流可使污染物严重裹覆路面区域的摩擦系数 BPN 提升至已换板区域的抗滑水平；雕洗压力 P 与摩擦系数提升率 t 符合 $t = 1.2384e^{0.0266p}$ 的数值关系，$R^2 = 0.9543$。高压水射流雕洗作为水泥路面抗滑功能修复技术可行。

关键词 道路工程 水泥混凝土 养护 高压水射流 抗滑 功能修复

0 引言

作为水泥混凝土路面里程最高的国家，我国水泥路面普遍分布在高等级公路隧道、机场及农村公路等区域[1]。其中，高等级公路隧道与农村公路的水泥混凝土路面仍以新建时拉毛为主要抗滑功能保障措施，运营 3 年以后普遍存在轮迹带磨光、整体滑腻等现象，遇雨水或刹车水时，交通事故发生概率加剧，抗滑功能的不足威胁行车安全性[2]。现有刻槽类技术可提升路面抗滑功能，但由于应用后行车噪声大、纹理耐久性不佳等反馈[3]，限制了水泥混凝土路面的功能性修复效果，故工程应用中多将抗滑功能不足的水泥混凝土路面实施"白改黑"，过度养护，且与"双碳"目标、长

基金项目：陕西省交通科技项目(22-42K)、陕西省青年人才托举工程(CLGC202205)、陕西交控西安公路研究院院士工作站。

寿命路面理念相悖。鉴于此,需加强水泥混凝土路面抗滑功能修复的低碳化研究。

目前,学者针对水泥混凝土路面抗滑功能低碳化修复开展了相应研究,目标是实现水泥混凝土路面的纹理化,形成露石混凝土[4-5]。周晚君等综合切削难易度和表面构造抗滑指标,推荐了适用于水泥路面金刚石切削路面的设备参数及纹理形式[6];丛卓红等分析了水泥混凝土路面纹理化的进展,提出现阶段路面纹理化技术仍以金刚石研磨为主[1]。祁文斌等基于露石深度、面积与摩擦系数间的关系,推荐了最佳露石深度范围[7];李彦伟提出精铣刨对表层纹理的改善具有较高价值[8];付虎威将精铣刨水泥混凝土路面在广昆高速隧道抗滑提升工程推广[9];弥海晨等对西商高速隧道水泥混凝土路面实施微铣刨,基于摩擦系数衰减规律推荐微铣刨后摩擦系数初始值不低于69[10]。

上述水泥混凝土路面纹理化研究均基于机械刀具破碎的思路出发,由于施工因素导致的路面纹理分布不可控,表层骨料扰动无法完全避免,现阶段路面纹理耐久性仍难以保障。

近年来,高压水射流技术逐渐进入道路养护工程,其中交通标线清除应用最为广泛,此外,申燚等利用ANSYS软件建立了高压水射流切割水泥混凝土路面模型,推荐了切割所需的高压水射流压力[11];陈俊等采用高压水射流凿毛处理钢纤维超高性能混凝土的修补界面[12];张建国等对装配式混凝土施工中的接缝面凿毛处理开展了高压水射流施工工艺研究[13],以上工程验证了高压水射流具有增强表层结构纹理的能力。

本文首次将高压水射流技术与水泥路面抗滑功能修复相结合,以宝天高速隧道水泥混凝土路面抗滑提升工程为依托,雕刻路面宏观纹理,洗净表面覆层浮浆,基于现场试验与数据分析,评估高压水射流雕洗作为抗滑功能修复技术的可行性。

1 技术特性

高压水射流技术是国际近年兴起的高科技清洗技术,具有清洗成本低、速度快、清净率高、应用范围广、不污染环境等特点。在跑道除油去胶、清除污水池内坚硬铝矾土垢层、公路标志标线的清除等方面应用广泛[14-15]。它的主要原理是利用高压发生装置使水加压到几十甚至百个大气压以上,形成的高压水经多个细孔径的喷射装置进一步形成高速的"水射流束",市面上将利用高速水射流束实现清洗目标的技术称为"高压水射流清洗技术",具有速度高、冲击力大的特性[16]。高压水射流属于物理清洗方法,与传统的路面铣刨、铣刨并加铺相比,具有压力流量可控、无二次污染、不破坏集料等优势,作为水泥路面抗滑功能修复时,高压水射流雕洗技术主要是通过水的冲击力彻底破碎、清除路面浮浆和垢层混合物,一方面完全去除垢层,另一方面清除路面浮浆,雕刻出类似与沥青混凝土的表面构造,雕洗形成的构造不仅可起到增强路面排水的功能,更能增加路面表面的宏观纹理与微观纹理,充分发挥路面的抗滑功能。

2 原路面状况

本文依托宝天高速公路槐树岭隧道上行行车道开展试验段实施及数据采集。槐树岭隧道上行为经拉毛的水泥混凝土路面,行车道分为已换板和未换板的两处区域,原水泥面板外观完整,无明显开裂、坑槽,未换板区域普遍存在轮迹带被浮浆磨耗、填充的现象,局部车轮迹带被镜面污染物覆盖污染,触感光滑,如图1、图2所示。

图1 磨平的纹理

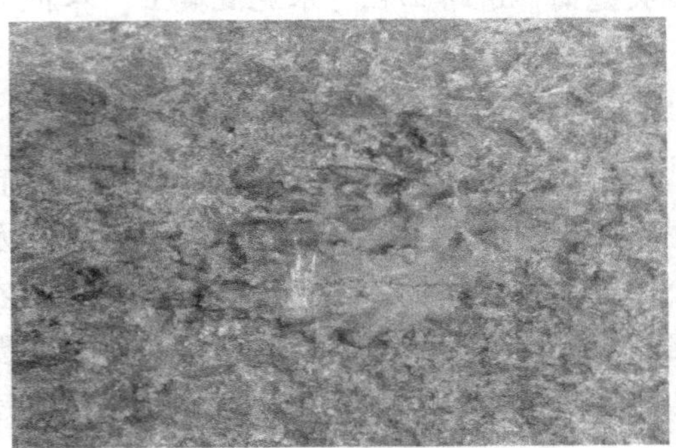

图2 被污染物裹覆的纹理

对行车道右轮迹带开展抗滑功能检测可知，已换板区域的轮迹带 BPN 为 58～64，抗滑功能较好；未换板区域的轮迹带 BPN 为 44～52，抗滑功能较已换板区域较差，未换板区域的路面抗滑性能降低，急需实施抗滑功能修复。摩擦系数现场检测见图 3。

图 3　检测路面摩擦系数

3　设备原理及参数

高压水射流雕洗设备由自行式雕洗机器人及供水车共同组成，核心是自行式雕洗机器人，高压水射流机器人由液压动力机构、PLC 控制系统、高压水供水装置、执行控制机构（喷嘴、自动移动臂）、发电机与管线等构成。水流自供水车由管线引导至高压水供水装置，通过 PLC 控制系统设定目标参数，由液压动力机构加压形成高压水，并自管线引至执行控制机构，由机器人底部的自行左右移动的喷嘴盘形成短距离、多个高压水射流束，左右往复进行雕洗。其中，机器人不行走时雕洗组件可清洗的路面宽度为 24cm，雕洗组件的横向行走频率为 10s/次。自行式雕洗机器人如图 4 所示。

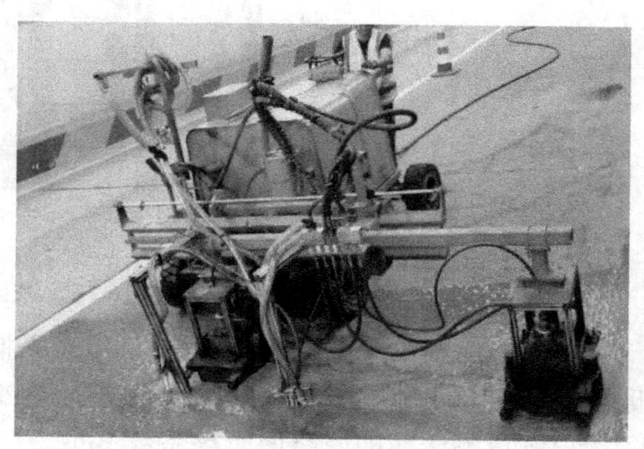

图 4　自行式雕洗机器人

4　数据分析

4.1　不同路面状况下抗滑功能的提升

采用高压水射流雕洗机器人对未换板区域 S_0、已换板区域 S_1 的行车道右轮迹带开展高压水射流雕洗，高压水射流压力设定为 120MPa，雕洗遍数为 1 次。以 BPN 为现场抗滑功能评价指标，对比雕洗前后的水泥混凝土路面抗滑功能 BPN_0、BPN_1，试验结果如图 5、图 6 所示。

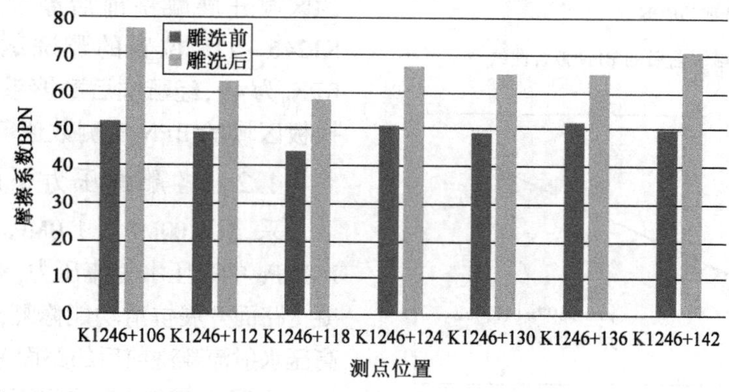

图 5　未换板区域 S_0 雕洗前后的 BPN

由图 5、图 6 可知：

（1）未换板区域的水泥混凝土路面摩擦系数 BPN 提升幅度高于已换板区域。未换板区域的水泥混凝土路面摩擦系数 BPN 在 58～64 之间，经雕洗后路面摩擦系数 BPN 提升至 69～76，提升幅度为 16%～21.7%。

（2）已换板区域的水泥混凝土路面摩擦系数 BPN 在 44～52 之间，经雕洗后路面摩擦系数 BPN 提升至 58～74，提升幅度为 28.6%～42.3%。

主要原因是高于水射流去除了未换板区域路面浮浆及顽固覆盖物，恢复水泥混凝土路面的表面粗糙纹理，而已换板区域抗滑功能较好，路面尚未存在顽固垢物层及已松散的浮浆,故抗滑功能提升空间有限。

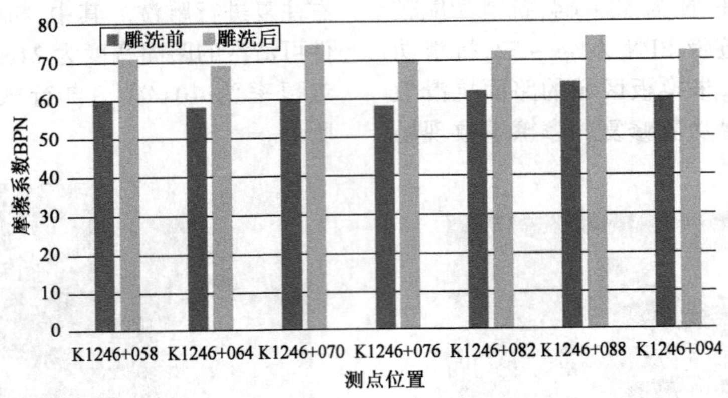

图6　已换板区域 S_1 雕洗前后的 BPN

基于 120MPa 高压水射流压力,分别拟合未换板、已换板区域的水泥混凝土路面雕洗前后 BPN 变化规律,以雕洗前的原路面摩擦系数 BPN_0 为 X 轴,雕洗后路面摩擦系数 BPN_1 为 Y 轴,绘制雕洗前后 BPN 拟合曲线见图 7、图 8。

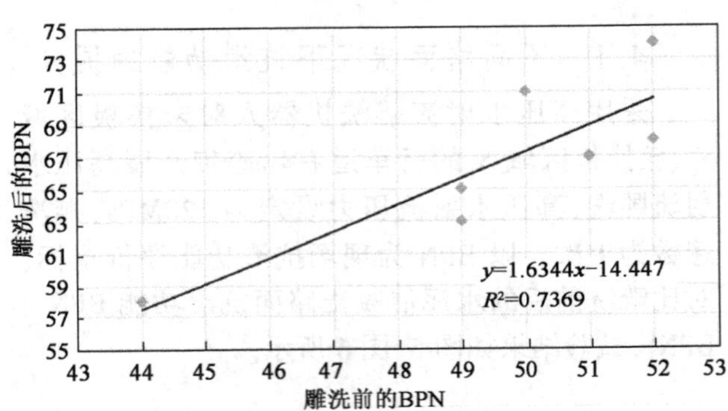

图7　未换板区域的雕洗前后的 BPN 拟合曲线

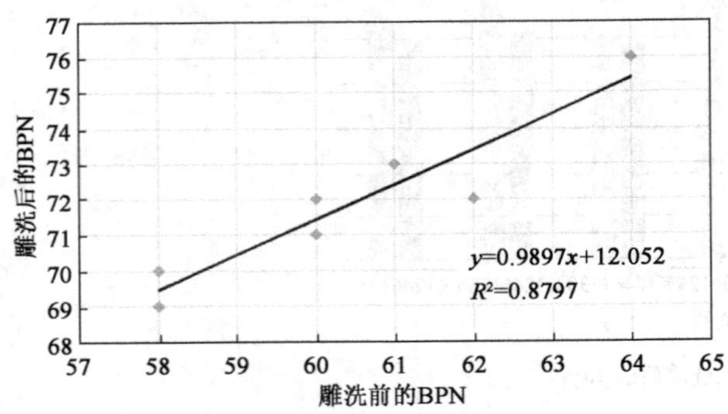

图8　已换板区域的雕洗前后的 BPN 拟合曲线

由图 7 ~ 图 8 可知,当高压水射流压力参数为 120MPa 时,雕洗遍数为一遍时,雕洗前后的路面摩擦系数 BPN 具有如下相关性:

(1)将水泥混凝土路面雕洗前后的 BPN_0-BPN_1 曲线可拟合形成线性关系式,已换板区域的 BPN_0-BPN_1 拟合曲线相关性高于未换板区域。其中,未换板区域的水泥混凝土路面雕洗前后的 BPN_0-BPN_1 线性关系式为 $Y = 1.6344X - 14.447$,$R^2 = 0.7369$;已换板区域的水泥混凝土路面雕洗前后的 BPN_0、BPN_1 拟合曲线关系式为 $Y = 0.9897X + 12.052$,$R^2 = 0.8797$。原因可能是已换板区域的水泥混凝土路面抗滑功能较好,表面纹理较均匀,而未换板区域抗滑功能因浮浆被磨平、油污及化学物质完全包裹路面纹理,表面纹理分布不均匀,故抗滑功能的规律性低于已换板区域。

(2)120MPa 的高压水射流可使污染物严重裹覆路面区域的摩擦系数 BPN 提升至已换板区域的抗滑水平。以图 2 污染物严重裹覆路面局部路段的区域开展雕洗前后摩擦系数对比,见图 4 中 K1246 + 118 位置的雕洗试验,雕洗前摩擦系数 BPN_0 为 44,经雕洗后摩擦系数 BPN_1 为 58,达到已换板区域的 BPN 实测数值范围。

4.2　各雕洗压力下路面抗滑功能提升

采用 100MPa、110MPa、120MPa、130MPa 及 140MPa 的高压水射流压力,对未换板区域的水泥混凝土路面开展抗滑功能修复,雕洗遍数为 1 次,不同高压水射流雕洗前后的路面 BPN_0、BPN_1 如图 9 所示。

由图 9 可知,雕洗前原路面的摩擦系数 BPN_0 存在数值变化,在 $BPN_0 = 50$ 附近波动,经雕洗后的路面摩擦系数 BPN_1 整体呈稳步增长趋势。

高压水射流雕洗压力 P 为 X 轴,摩擦系数提升率 t 为 Y 轴,其中 $t = \frac{BPN_1 - BPN_0}{BPN_0}$,绘制雕洗压力 P 与摩擦系数 BPN 提升率 t 的关系曲线,如图 10 所示。

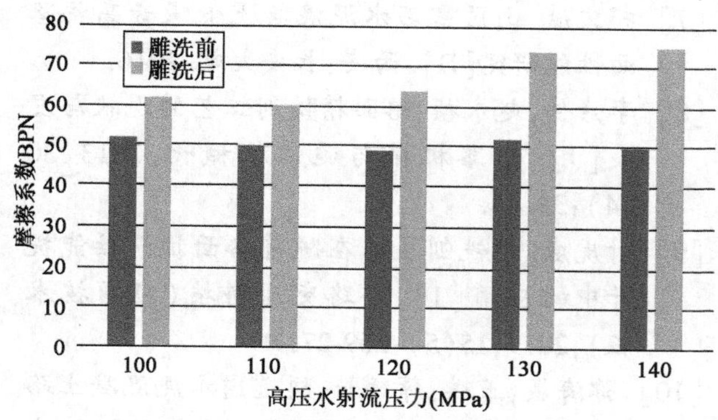

图 9 不同雕洗压力下雕洗前后摩擦系数

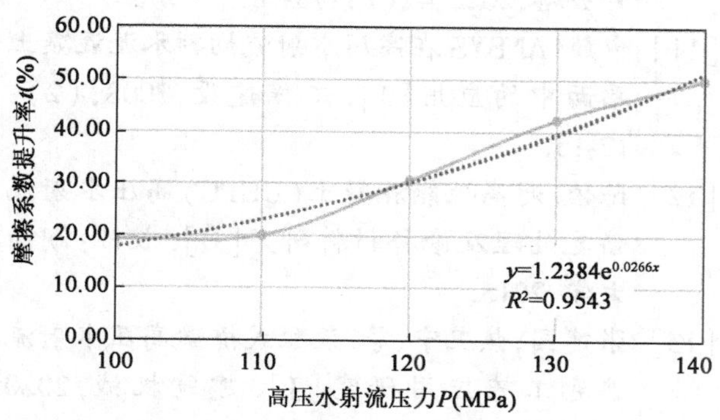

图 10 高压水射流压力 P-摩擦系数提升率 t

由图 10 可知,雕洗压力与摩擦系数提升率呈正相关,随着高压水射流的增大,水泥混凝土路面的摩擦系数提升率相应增长。雕洗压力 P 与摩擦系数提升率 t 之间符合 $t = 1.2384e^{0.0266p}$ 的关系,$R^2 = 0.9543$,相关性较高。

4.3 雕洗次数对路面抗滑功能的提升

采用 120MPa 的高压水射流雕洗压力,分别雕洗 1 遍、2 遍,结果如图 11、图 12 所示。

图 11 雕洗一遍后的路面

由图 11、图 12 可知:①采用 120MPa 高压水射流压力雕洗隧道水泥混凝土路面时,即可去除表面浮浆、使集料表面外露,实现露石水泥混凝土的表面构造。②与雕洗一遍的路面相比,雕洗两遍对原路面表面整体纹理的强度更大,路面亮度更高。

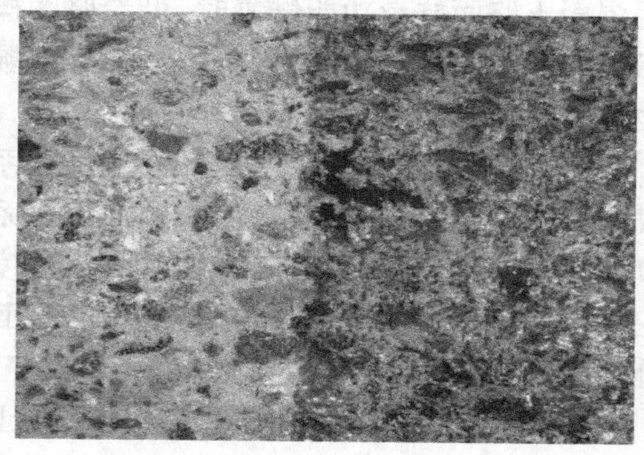

图 12 雕洗两遍(左)和一遍(右)

依据现场三组点位的检测数据,对比未雕洗、雕洗一遍与雕洗两遍的 BPN 数值提升幅度,试验结果如图 13 所示。

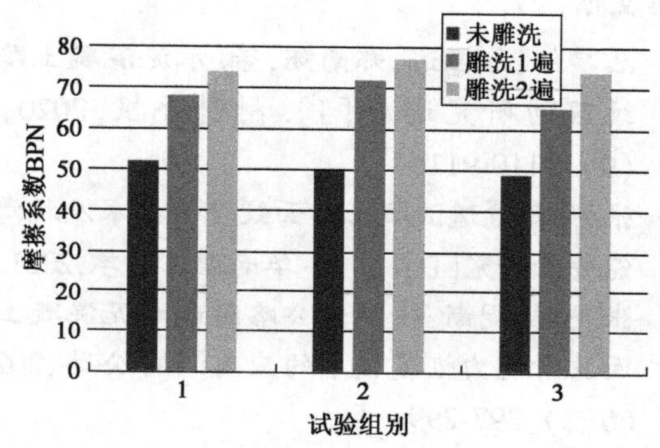

图 13 雕洗遍数与 BPN 的关系

由图 13 可知,雕洗一遍后的路面摩擦系数 BPN 提升幅度较大,雕洗两遍后的路面摩擦系数 BPN_2 与雕洗一遍的路面 BPN_1 相比具有小幅度提升。其中,雕洗一遍后的摩擦系数提升率 t 在 31% ~42% 之间,雕洗两遍后的 BPN_2 较雕洗 1 遍后的 BPN_1 的提升率 t 在 8% ~14% 之间。

5 结语

(1)高压水射流压力参数为 120MPa 时,已换板、未换板区域水泥混凝土路面轮迹带的摩擦系数均有提升,其中未换板区域抗滑功能不足,雕洗后提升幅度为 28.6% ~42.3%,高于抗滑达标的已换板区域提升幅度 16% ~21.7%,高压水射流雕洗对抗滑功能不足的轮迹带修复效果更显著。

(2)雕洗压力 P 与雕洗后摩擦系数提升率 t 之间存在正相关,随着高压水射流的增大,水泥混凝土路面的摩擦系数提升率随之增长。雕洗压力 P 与摩擦系数提升率 t 满足 $t = 1.2384e^{0.0266P}$ 的数值关系,R^2为0.9543,具有较强的相关性,用于水泥混凝土路面抗滑功能修复时,可参照摩擦系数目标值对应推荐自行式雕洗机器人的雕洗压力。

(3)高压水射流雕洗一遍后的路面摩擦系数BPN提升幅度较大,雕洗两遍后的路面摩擦系数BPN_2与雕洗一遍的路面BPN_1相比具有小幅度提升,亮度更高,宜在光线不足的隧道水泥路面内实施。

(4)高压水射流压力雕洗隧道水泥混凝土路面时,可去除表面浮浆、使集料表面外露,形成露石混凝土表面构造,后续将进一步开展高压水射流雕洗水泥混凝土路面的机理、雕洗前后宏观纹理分布规律研究。

参考文献

[1] 丛卓红,陈恒达,郑南翔,等.水泥混凝土路面纹理的研究进展[J].材料导报,2020,34(9):9110-9116.

[2] 张彬辉.隧道混凝土路面纹理化技术及抗滑性能评价研究[D].广州:华南理工大学,2021.

[3] 张艳聪,周新星.高速公路隧道水泥混凝土路面抗滑能力恢复技术的应用[J].公路,2021,66(2):297-299.

[4] 黄智健.露石混凝土路面抗滑构造三维形貌演化规律研究[D].长沙:长沙理工大学,2022.

[5] 黄彬.新一代机场道面纹理参数研究[D].西安:长安大学,2023.

[6] 周晚君.水泥路面纹理构造恢复方法及评价研究[D].西安:长安大学,2018.

[7] 祁文斌.山区露石水泥混凝土低噪音高抗路面性能研究[D].西安:长安大学,2016.

[8] 李彦伟,赵永祯.路面精铣刨工艺的现状与发展[J].筑路机械与施工机械化,2013,30(4):39-44.

[9] 付虎威.精铣刨技术在隧道路面抗滑性能提升中的应用[J].公路交通科技(应用技术版),2019,15(5):269-271.

[10] 弥海晨,王琪,薛辉等.隧道内水泥混凝土路面微铣刨后摩擦系数衰减规律研究[J].中外公路,2022,42(1):73-78.

[11] 申燚.ANSYS在高压水射流切割水泥混凝土路面中的应用[J].工程建设,2008,(2):12-15.

[12] 陈俊.超高性能混凝土(UHPC)高压水射流凿毛处理及修补材料研究[D].长沙:湖南大学,2015.

[13] 张建国,焦卫宁,等.装配式桥梁高压水射流凿毛工艺应用研究[J].建筑机械,2020(5):26-30.

[14] LIU X H, TANG P, GENG Q, et al. Effect of abrasive concentration on impact performance of abrasive water jet crushing concrete[J]. Shock and vibration,2019,2019:1-18.

[15] 杨晨光,李彧,弥海晨等.高压水射流技术在道路工程中的应用现状及展望[J].现代交通技术,2023,20(5):25-30.

[16] 倪鸣星.高压水射流清洗效果及损伤机理研究[D].北京:中国矿业大学,2019.

现场热再生装备升级与混合料性能提升研究

胡 伟[1] 王亚博[2] 高宏新[3] 王奕鹏[4] 易军艳*[2]

(1.辽宁省交通建设投资集团有限责任公司;2.哈尔滨工业大学交通科学与工程学院;
3.辽宁省交通高等专科学校;4.辽宁省交通规划设计院有限责任公司)

摘 要 现阶段,沥青路面养护过程中存在沥青路面废固资源利用率低,现场热再生技术存在再生

国家自然科学基金(52178420);辽宁省交通运输科技项目(202132)。

装备落后、再生混合料性能差等问题,因此,亟须进行现场热再生装备升级与混合料性能提升研究。本文瞄准沥青路面现场热再生存在的问题,总结现有现场热再生机组技术特点与不足,结合现场施工技术要求针对性进行现场热再生机组设备改造与升级,通过室内试验检验再生前后沥青混合料的路用性能。并依托实体工程进行试验段铺筑。对现场热再生机组进行升级改造能有效提高再生机组的热效率、再生混合料的拌和均匀性和拌和温度。室内试验结果表明,再生前沥青混合料高温性能较好,低温性能、水稳定性和疲劳性能较差,再生后沥青混合料具有良好的路用性能。现场测试结果表明,试验段的混合料路用性能均达到设计要求,摊铺温度有效提高。研究成果能够有效促进沥青路面废固资源循环利用,提高沥青路面养护水平。

关键词 路面养护 现场热再生 沥青混合料 路用性能

0 引言

近年来,我国早期修建的道路已经进入大中修期。数据显示,截至 2022 年年底,公路养护里程 535.03 万 km,占全国公路总里程的 99.9%。目前,沥青路面再生工艺主要包括厂拌冷再生、厂拌热再生、现场冷再生、现场热再生和全深式再生五种[1]。其中,现场热再生技术是采用现场热再生设备,对沥青路面进行加热、铣刨,就地掺入一定数量的新沥青、新集料、再生剂等,经过铣刨、拌和、摊铺、碾压等工序,从而实现沥青路面的再生[2-5]。沥青路面现场热再生技术作为一种绿色养护技术,在沥青路面养护建设过程中可以有效降低建设成本,并且可以较好地节约资源和保护环境,符合"十四五"绿色发展理念的要求[6]。

1971 年,德国 Wirtgen 公司生产了全世界第一台现场热再生设备,通过红外预加热设备对沥青路面进行加热铣刨。目前,现场热再生设备的研发主要是由欧洲、美国、日本等。其中具有代表性的现场热再生设备公司有德国 Wirtgen、芬兰 Kalottikone、加拿大 Martec、意大利 Marini、加拿大 Proytech[7]。国产现场热再生机组具有代表性的有南京英达、鞍山森远、江苏徐工、吉林嘉鹏四家公司推出的产品[8]。现场热再生技术可一次性实现现场旧沥青混凝土路面再生,具有无须运输沥青混合料、工效高、对公路运营影响程度低等优点。然而研究表明,现有现场热再生机组加热效率较低,热风损失较多,烟气较大,对施工现场附近车辆、人员以及施工路段周边生态环境产生一定的影响,同时,现有连续式现场热再生级配变异性大、质量控制不准确、再生混合料性能不稳定等问题,严重影响再生沥青混合料的路用性能[9-10]。

因此,为实现现场热再生技术高效与环境友好型利用,亟须针对现场热再生技术中存在的现场热再生设备加热效率低、混合料性能差等问题,开展现场热再生装备升级与混合料性能提升研究。对现场热再生技术装备进行综合设计与技术升级,提升装备现场加热效率,改善施工使用性能,保障施工现场安全性与环保性,保证现场热再生施工质量,推动现场热再生技术在公路养护工程中的应用。

1 热再生机组设备改造与升级

本研究针对鞍山森远第一代现场热再生机组进行装备改造与升级。现场热再生机组如图 1 所示。

图 1 现场热再生机组

1.1 拌和均匀性提升措施

现场热再生机组中原加热复拌机拌和方式为传统的推送式连续供料,再生混合料在拌锅内停留时间较短。因此再生混合料存在拌和不均匀的现象。本文对加热复拌机拌和锅进行了升级改造,将连续式出料改为间歇式出料,根据需要可以将出料时间设定在 20~40s 之间不等,增加了再生混合料的拌合时间,保证了再生混合料的充分拌和。

如图 2 所示,可以看出,设备升级改造前再生沥青混合料有花白料,设备升级改造后再生混合料无花白料,说明将连续式出料改为间歇式出料能够提高再生沥青混合料的拌和均匀性。

a)升级改造前

b)升级改造后

图2 设备升级改造前后现场热再生混合料

1.2 拌和温度提升措施

在拌和过程中,再生后混合料连续不间断加入摊铺机料斗内,没有二次加温装置,对再生料的拌和及温度控制非常不利。

本文对加热复拌机拌和锅进行了升级改造,在新式搅拌锅增加了一个燃烧器,将搅拌锅中的混合料再一次加热,这样可以提高再生混合料的温度。加热复拌机拌和锅升级改造后可以有效提高再生混合料的温度。混合料温度的提高可以提高施工质量,加快机组施工速度,节约燃油的消耗,达到节能减排的目的。升级改造后机组将大大提高工作效率,缩短施工时间,提高施工质量,减少安全隐患。如图3、图4所示。

对升级改造前后再生混合料出料温度进行测试,测试结果如图5所示。升级改造前再生混合料的出料温度较低且出料温度波动性较大。升级改造后再生混合料的出料温度有明显提升且出料温度波动性较小,说明增加二次加温装置不仅能够提高再生混合料的温度,还能提高再生混合料的温度均匀性。

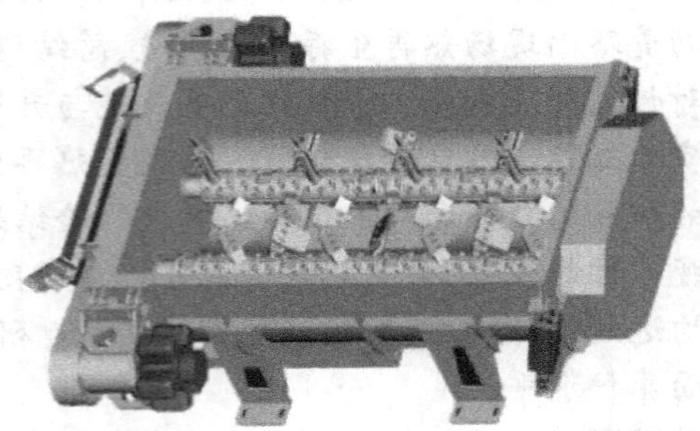

图3 设备升级改造后复拌机搅拌锅3D示意图

图4 安装加热复拌机拌搅拌锅

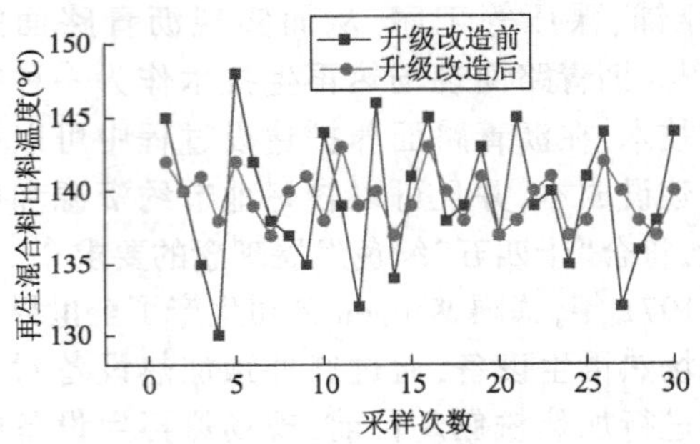

图5 设备升级改造前后再生混合料出料温度

1.3 热效率提升措施

改造以前加热机的油箱容量为1200L,在满负荷工作状态下的连续工作时间为8h左右,无法满足单日大工程量的施工作业需求。补充柴油需得等到设备冷却且原油箱内部锈蚀严重,铁锈脱落容易造成燃烧器故障。本次升级改造为加热机更换了容量为1800L的白钢油箱,大大增加了加热机的工作续航时间,也解决了油箱内易生锈的问题。

升级改造前加热铣刨机加热炉导风管锈蚀严重,部分已经断裂,致使热风传递不均匀,导致耙松料受热不均,部分耙松料温度低,漏白碴。本次升级改造为铣刨机更换了导热风管,彻底解决了耙松料受热不均的现象。如图6、图7所示。

图6 设备改造后更换加热机油箱

图7 加热炉隔热布加装约束装置

升级改造前再生机组加热炉上的隔热布缺少约束装置,导致隔热布很容易被热风吹起,导致热量流失,不利于保温,也对公路周围绿植产生影响。本次升级改造专门针对此问题给机组加热炉隔热布加装了约束装置,密封更严,有利于温度的提升和保持。

2 混合料路用性能验证

2.1 原材料

由于现场不同试验段将旧路分别再生为AC-10和AC-16,因此本研究室内试验研究AC-10和AC-16再生前后沥青混合料的路用性能。结合现场热再生的特点,室内试验全部样品为热铣刨料,通过室内试验研究再生前后沥青及沥青混合料的路用性能。

采用德国进口设备对旧料中的沥青进行回收,确定AC-10再生前混合料油石比为5.37%,AC-16再生前混合料油石比为4.8%。本研究中,现场热再生施工选用的再生剂的主要技术性能指标及检测结果如表1所示。

再生剂检测结果 表1

项目检测	性能指标	检测结果
60℃黏度	50~175	51.8
闪点(℃)	≥220	230
饱和分含量(%)	≤30	19.9
芳香分含量(%)	实测	60.4
薄膜烘箱试验前后黏度比	≤3	1.23
薄膜烘箱试验前后质量变化(%)	≤±4	-1.24
15℃密度(g/cm^3)	实测	1.025

根据碎石和机制砂的筛分数据,初步确定AC-10现场热再生沥青混合料各档碎石、机制砂和铣刨料掺配比例,新料添加量为20%,再生剂掺量为旧料重量的0.31%。根据碎石和机制砂的筛分数据,初步确定AC-16现场热再生沥青混合料各档碎石、机制砂和铣刨料掺配比例,新料添加量为10%,再生剂掺量为旧料重量的0.27%。

2.2 高温性能试验

本研究通过室内高温车辙试验对再生前后沥青混合料的高温性能进行研究。进行60℃、0.5MPa的标准车辙试验,以动稳定度DS作为车辙试验评价指标,试验过程如图8所示。高温性能试验结果如图9所示。

图8 高温车辙试验

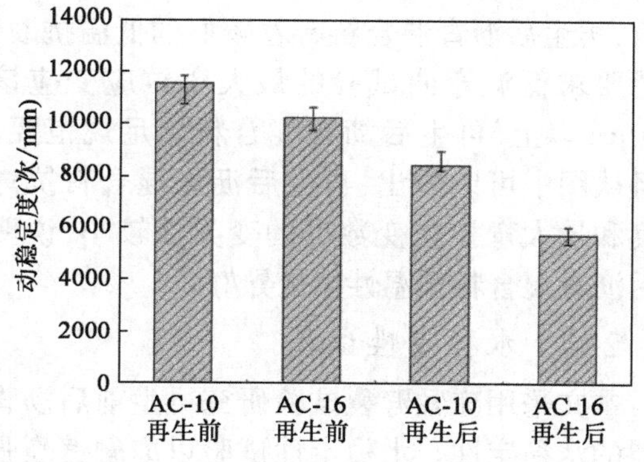

图9 高温车辙试验结果

根据《公路沥青路面施工技术规范》(JTG F40—2004)要求,普通沥青混合料的动稳定度DS不得小于2800次/mm,且其变异系数应控制在20%以内。从图9高温车辙试验结果可以看出,再生后沥青混合料动稳定度最小为5228次/mm,满足规范中的要求。再生前沥青混合料的动稳定度大于再生后沥青混合料动稳定度,主要是因为再生前混合料中老化沥青含量相对较多,老化沥青的针入度和延度较低,宏观上表现为较硬的状态。因此,再生前沥青混合料的动稳定度较大,高温抗车辙能力较好。再生后沥青混合料高温性能变异性较小,表明现场热再生沥青混合料过程中拌和均匀性较好。

2.3 低温性能试验

本研究开展低温小梁弯曲试验研究再生前后沥青混合料的低温性能。试验温度为-10℃±0.5℃,加载速率为50mm/min,试验过程如图10所示。试验结果如图11所示。

图10 小梁弯曲试验

从图11小梁弯曲试验结果可以看出,相比于再生前沥青混合料而言,再生后沥青混合料破坏时的抗弯拉强度、最大弯拉应变和弯曲劲度模量都有较大的提高。说明相比于再生前沥青混合料而言,再生后沥青混合料有着较好的低温抗裂性。规范要求低温弯曲试验的最大弯拉应变应该在2300με以上,再生后沥青混合料满足规范要求。并且从图中可以看出,再生后沥青混合料抗弯拉强度和最大弯拉应变数据的变异性较小,说明再生后沥青混合料低温性能变异好。

2.4 水稳定性试验

本文采用冻融劈裂试验研究再生前后沥青混合料的水稳定性。水稳定性试验以冻融劈裂强度比作为评价指标。再生前后沥青混合料冻融劈裂试验过程如图12所示。水稳定性试验结果如图13所示。

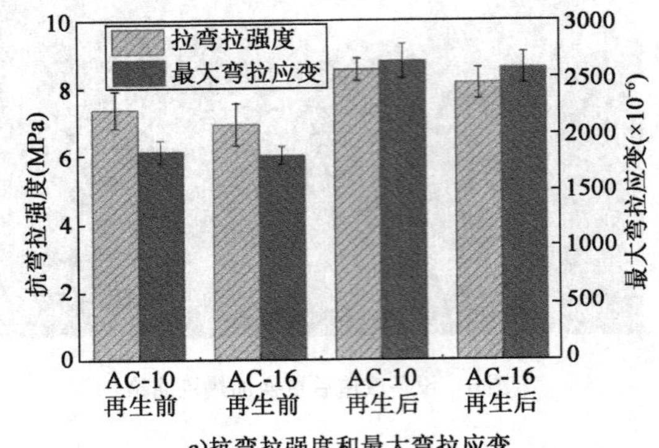

a)抗弯拉强度和最大弯拉应变

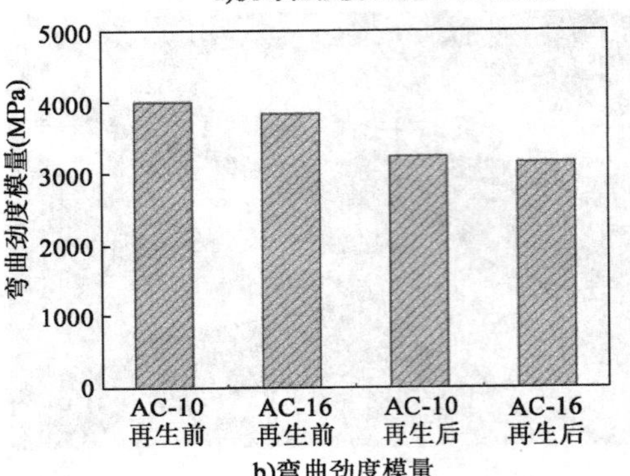

b)弯曲劲度模量

图11 小梁弯曲试验结果

图12 冻融劈裂试验

从图13可以看出,再生前沥青混合料的冻融劈裂强度比均小于75%,究其原因主要是因为再生前沥青混合料老化沥青含量较多,老化沥青抵抗变形能力较差,在冻胀应力和外荷载综合作用下沥青与集料黏结界面更容易产生开裂。同时融化过程中产生的水分易侵入老化沥青与集料黏结的薄弱之处,因此再生前沥青混合料冻融前后劈裂抗拉强度和冻融劈裂强度比均较低。再生后沥青混合料冻融劈裂强度比均大于75%,满足规范要求。究其原因主要是因为经过现场热再生之后,沥青混合料抵抗变形能力增强,沥青混合料水稳定性得到进一步提升。从图中可以看出,再生后沥青混合料水稳定性的变异性较小,表明现场热再生过程中沥青混合料拌合均匀性较好。

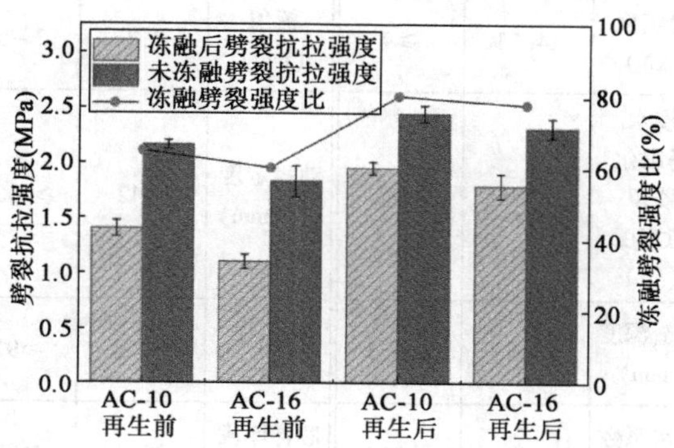

图 13 冻融劈裂试验结果

2.5 疲劳寿命试验

在采用四点弯曲疲劳试验来进行沥青混合料的疲劳试验时,试验温度选用 15℃。疲劳试验加载控制模式为等幅度应变控制模式。为了模拟不同荷载的车辆,控制疲劳试验时间,以增强试验的可行性,选用 300με、400με、500με 三种应变水平的疲劳试验。在目标试验应变水平下预加载 50 个循环,将前 50 个加载循环的平均劲度模量为初始的劲度模量。当确定好初始劲度模量后,试验机应在 50 个循环内自动调整并稳定到试验所需要的目标拉应变水平,同时按选择的加载循环间隔监控和记录试验参数和试验结果,确保系统操作正确。试验终止条件为弯曲劲度模量降低到初始劲度模量 50% 的对应循环次数。具体试验方法如图 14 所示。试验结果如图 15 和图 16 所示。

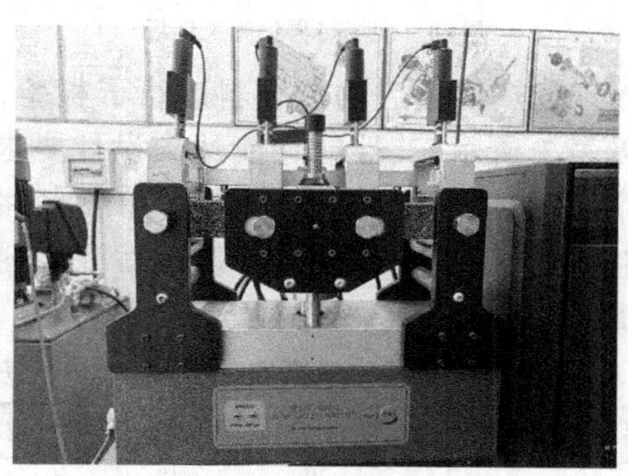

图 14 四点弯曲试验

从图 15 中试验结果可知,对于再生前沥青混合料,试验开始后,在较短时间内,试件弯曲劲度模量均产生断崖式下降。对于再生后沥青混合料,试验开始后,劲度模量急剧下降,达到一定数值后逐步进入稳定阶段,劲度模量平稳缓慢下降,曲线趋于水平。

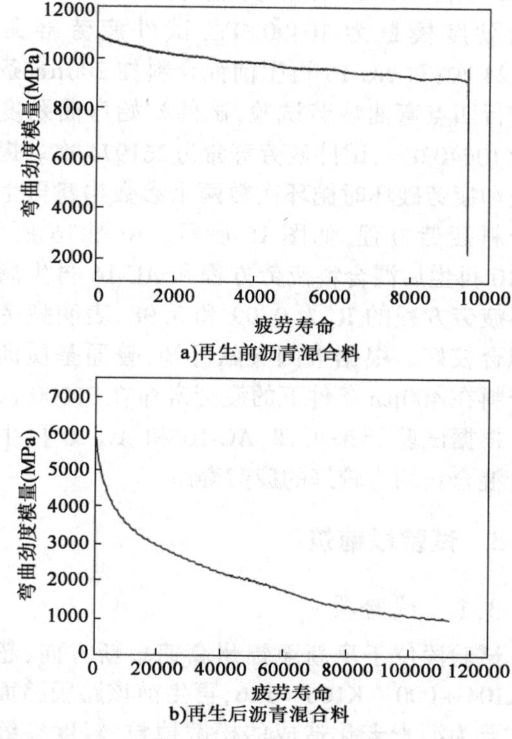

图 15 弯曲劲度模量变化趋势

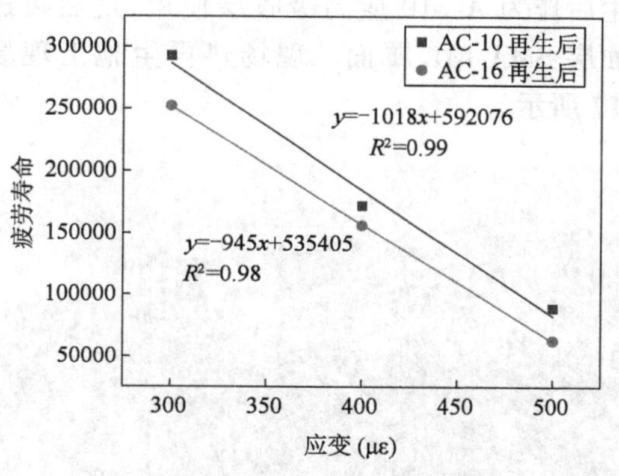

图 16 再生后沥青混合料疲劳方程

500με 条件下再生前沥青混合料试件弯曲劲度模量虽产生断崖式下降的同时,试件断裂,这是由于施加应变较大,试件产生较为明显的脆性破坏。300με 和 400με 条件下试件弯曲劲度模量虽产生断崖式下降,但试件较为完整。这是由于再生前混合料更硬更脆,抗变形能力差,在试件加载初始阶段即产生脆性断裂。500με 条件下试件变形较大,300με 和 400με 条件下试件变形较小,因此500με条件下试件断裂,300με和400με条件下试件脆性破坏不明显,试件较为完整。

在此基础上,对AC-10再生前混合料在250με条件下进行四点弯曲疲劳试验,试件初始弯曲劲度模量为10490MPa,试件疲劳寿命为235324次;对AC-16再生前混合料在200με条件下进行四点弯曲疲劳试验,试件初始弯曲劲度模量为10640MPa,试件疲劳寿命为261974次。提取应变和疲劳破坏时循环次数两个参数构建再生后混合料疲劳方程,如图16所示。由图16所示,AC-10再生后混合料疲劳方程和AC-16再生后混合料疲劳方程的R^2为0.99和0.98,表明疲劳方程拟合较好。根据查阅文献可知,普通基质沥青混合料在400με条件下的疲劳寿命在30000次以上。根据试验结果可知,AC-10和AC-16再生后沥青混合料均有较好的疲劳寿命。

3　试验段铺筑

3.1　试验段一

试验段位于阜新至锦州高速阜新方向,超车道K104+000~K106+126,再生前该路段路面病害主要为沥青老化造成的松散掉粒、轻度裂缝与轻度网裂。对旧路2cm超薄磨耗层现场热再生,再生后作为AC-10应力吸收层使用,之后再进行表面层SMA-13L罩面。现场热再生施工现场如图17所示。

图17　现场热再生施工现场

对现场热再生后的混合料进行了检验,试验结果见表2所示,其性能均能达到设计要求,对施工后的路面进行了压实度和渗水性能检测,均满足设计要求。且设备改造后混合料摊铺温度提升5~10℃。

现场施工质量检测结果　　表2

试验项目	检测结果	技术要求	试验项目	检测结果	技术要求
毛体积相对密度	2.459	—	孔隙率(%)	4.0	3~5
稳定度(kN)	14.73	≥9	流值(mm)	3.3	2~5
浸水马歇尔残留稳定度(%)	93.4	≥85	动稳定度(次/mm)	4542	≥3000
构造深度(mm)	0.6	≥0.5	压实度(%)	97.3	≥97
渗水系数(mL/min)	17	≤200	芯样厚度(mm)	20.4	≥20

3.2　试验段二

位于阜新至锦州高速阜新方向超车道,K93+800~K94+850段,再生前该路路面病害主要为沥青老化造成的松散掉粒与轻度裂缝。对旧路2cm超薄磨耗层和2cmAK-16现场热再生,再生后作为AC-16表面层使用,不再进行表面层SMA-13L罩面。现场热再生施工现场如图18所示。

图18　现场热再生施工现场

对现场热再生后的混合料进行了检验,试验结果见表3所示,其性能均能达到设计要求。同时对施工后的路面进行了压实度和渗水性能检测,均满足设计要求。且设备改造后混合料摊铺温度提升5~10℃。

现场施工质量检测结果　　表3

试验项目	检测结果	技术要求	试验项目	检测结果	技术要求
毛体积相对密度	2.481	—	孔隙率(%)	4.1	3~5
稳定度(kN)	9.72	≥9	流值(mm)	3.5	2~5

续上表

试验项目	检测结果	技术要求	试验项目	检测结果	技术要求
浸水马歇尔残留稳定度(%)	95.5	≥85	动稳定度(次/mm)	4680	≥3000
构造深度(mm)	0.8	≥0.5	压实度(%)	98.9	≥97
渗水系数(mL/min)	10	≤200	芯样厚度(cm)	40	≥40

4 结语

本文针对现场热再生技术目前存在的问题，采用再生机组升级与改造、室内试验和试验路铺筑等方法进行现场热再生装备升级与混合料性能提升研究。主要结论如下：

(1)明确现有热再生机组技术特点，对现有热再生机组设备进行改造与升级。再生沥青混合料施工和易性与混合料温度有关，通过二次加热手段提高再生沥青混合料温度能够提高热再生混合料的施工质量，将连续式出料改为间歇式出料能够增加混合料拌和时间，保证热再生混合料的拌和均匀性。铣刨机更换加热导管，可以解决耙松料受热不均的现象，对再生机组加热炉上隔热布加装约束装置有利于加热区域温度的提升和保持。

(2)通过车辙试验、小梁弯曲试验、冻融劈裂试验和四点弯曲疲劳寿命试验检验再生前后沥青混合料的路用性能。室内试验结果表明，再生前沥青混合料高温性能较好，低温性能、水稳定性、疲劳性能较差。再生后沥青混合料具有良好的路用性能，其中高温稳定性较好，低温性能、水稳性性能、疲劳性能满足高速公路使用要求。再生后路用性能变异性较小，表明现场热再生混合料再生过程中拌和均匀性较好。

(3)进行现场热再生试验段铺筑，对现场热再生后的混合料进行了检验，其性能均能达到设计要求，且现场摊铺温度比设备改造前提有效提升。

参考文献

[1] 牛文广. 沥青路面现场热再生技术现状与发展历程[J]. 中外公路,2019,39(5):50-59.

[2] CAO R J, LENG Z, HSU S C. Comparative eco-efficiency analysis on asphalt pavement rehabilitation alternatives: Hot in-place recycling and milling-and-filling [J]. Journal of Cleaner Production,2019,210,1385-1395.

[3] YANG Y H, ZHANG Q, WANG Z, et al. Road Performance Test and Evaluation Engineering in SMA Hot In-place Recycling. International Conference on Mechanics[J]. Building Material and Civil Engineering,2015,930-936.

[4] 曹晓旭. 热再生施工在丹大高速公路上的应用[J]. 北方交通,2011(7):1-3.

[5] 李严. 沥青路面厂拌热再生与现场热再生工艺对比[J]. 科技视界,2017(36):29+68.

[6] 肖飞鹏. 沥青材料再生利用的理论和方法[M]. 上海:同济大学出版社,2021.

[7] 周明旭. 基于清洁化视角的国省干线沥青路面现场热再生技术研究[D]. 重庆:重庆交通大学,2022.

[8] 鞍山森远 LRJ 型路面热再生加热机[J]. 建筑机械,2004(10):54.

[9] 侯雷鸣. 就地热再生沥青路面往复式加热研究[D]. 西安:长安大学,2023.

[10] 汤宁兴. 沥青路面就地热再生施工质量评价研究[D]. 南京:东南大学,2022.

掺土壤固化剂的高含泥量混凝土砌块试验力学与耐久性研究

郭少华[1] 张家玮[2] 周长俊*[2]

(1. 辽宁省交通规划设计研究院有限责任公司;2. 大连理工大学建设工程学院)

摘 要 本文基于 TS 固化剂开发 C20 及 C30 掺固化剂混凝土，以应用于道路护坡砌块及路缘石为导向,以抗压强度为核心指标,展开相对应配比下固化剂高含泥量混凝土的物理性质、力学性能及抗渗性能试验研究。结果表明,固结剂的加入降低了高含泥量对混凝土力学性能及抗渗性能的危害程度。相同配比条件下,外掺引气剂的固化剂混凝土较普通固化剂混凝土抗压强度及抗折强度提高约12.68%及16.73%,吸水率降低约48%。高含泥量混凝土砌块满足道路护坡砌块及路缘石相应规范要求,可作为道路护坡砌块、路缘石使用,降低公路整体造价,形成绿色环保的道路附属结构。

关键词 混凝土砌块 含泥量 固化剂 力学性能 耐久性

0 引言

随着我国"十四五"规划和乡村振兴战略的实施,交通基础及其附属设施成为战略实施的前提,同时产生大量的砂石集料需求,随之而来的是砂石开采和环境破坏[1,2]。然而,目前我国大部分地区存在砂石储量不足,集料品质较差等问题[3]。含泥量较高便是现有集料的典型问题,由于泥会对混凝土性能产生负面影响,采用水洗的做法会增加成本、浪费水资源,同时不利于环保[4-7]。因此有必要探究新型技术将高含泥量集料应用于混凝土。

固化剂稳定技术是一种新型工艺,其将渣土、建筑固废等作为被稳定材料,经拌和后在常温下固化形成的具有一定强度、抗水侵蚀好、抗盐冻性能强的固结混合物[8-9]。李其光[10]等对黄河泥沙固化土砌块进行试验。结果表明,以冲积泥沙为基料制作的固化土砌块,其抗压强度为3.5~10.6MPa,抗冻等级可以达到F20~F30。卢志鹏[11]提出了一种新型固化剂并以此固化剂与废弃砖土混合制作试块,砌块的60d抗压强度可达10.86MPa,其抗冻性能及吸水性也满足非烧结垃圾尾矿砖使用要求。目前国内外对于固化剂砌块的研究,主要集中在无粗细集料的砌块研究,其抗压强度通常小于10MPa。

本文基于TS固化剂开发C20及C30固化剂混凝土,以应用于道路护坡砌块及路缘石为导向,以抗压强度为核心指标,展开相应配比下固化剂混凝土的物理性质、力学性能及抗渗性能试验研究,为固化剂混凝土预制砌块的应用推广提供支撑。

1 试验材料与方案

水泥选自大连市水泥集团有限公司大连水泥厂生产的PO42.5R早强型水泥,依据《水泥标准稠度用水量、凝结时间、安定性检测方法》(GB/T 1346—2011)进行试验,水泥凝结时间及标准稠度见表1。

凝结时间及标准稠度 表1

试验项目	试验结果
初凝时间(min)	215
终凝时间(min)	277
标准稠度用水量(%)	29.0

依据《水泥胶砂强度检测方法(ISO法)》(GB/T 17671—2021)进行试验,水泥净浆强度见表2。

水泥净浆强度 表2

试验项目	养护时间(d)	强度(MPa)
抗压强度	3	29.5
	28	52.4
抗折强度	3	5.3
	28	8.5

水泥标准稠度用水量、凝结时间、安定性及水泥净浆强度满足《通用硅酸盐水泥》(GB 175—2023)规范要求。

粗集料(碎石)及细集料(石屑)均为含泥量较高集料,选自大连市天元矿业石料场。依据《普通混凝土用砂、石质量及检验方法标准》(JGJ 52—2006),粗集料级配选择为5~20mm,细集料级配选择为Ⅱ类。

依据《公路工程集料试验规程》(JTG E42—2005)进行粗集料的筛分试验、压碎值试验、含泥量试验及细集料的筛分试验、含泥量试验。粗集料筛分试验结果见图1,细集料筛分试验结果见图2,粗、细集料压碎值及含泥量试验结果见表3。

粗集料级配符合规范《普通混凝土用砂、石质量及检验方法标准》(JGJ 52—2006)对于5~20mm碎石的级配要求。细集料符合规范《普通混凝土用砂、石质量及检验方法标准》(JGJ 52—2006)对于Ⅱ类细集料的级配要求。

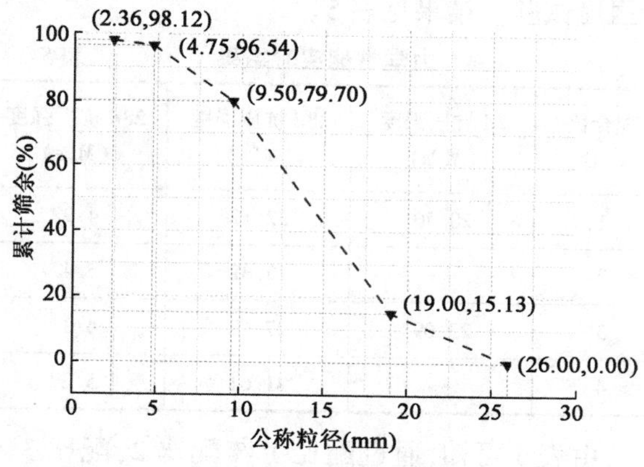

图1 粗集料级配曲线

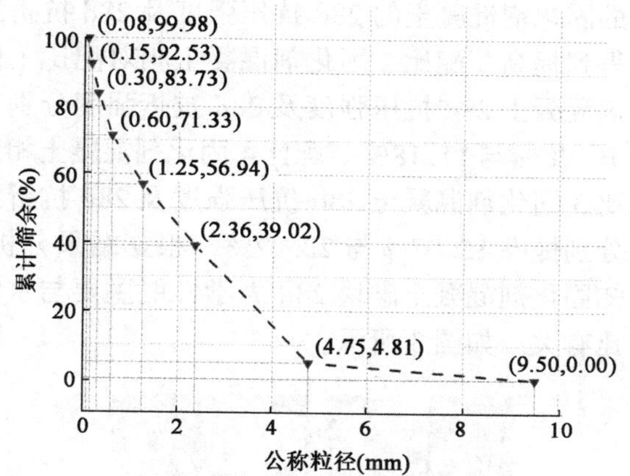

图2 细集料级配曲线

压碎值及含泥量试验结果 表3

集料	含泥量(%)	压碎值(%)
粗集料	4.37	13.93
细集料	26.80	—

粗集料的压碎值符合规范《普通混凝土用砂、石质量及检验方法标准》(JGJ 52—2006)对于压碎值的要求。

固化剂选自辽宁省某厂生产的TS固化剂，由增强材料、微膨胀材料、憎水材料等粉状功能性材料经物理混合而成。引气剂选自山西飞科新材料有限公司生产的α-磺酸钠液体状引气剂。土取自大连理工大学校内某工地建筑渣土。

2 试验方案

依据表4配合比设计各组分比例，泥在集料含泥量不足情况下，采用后掺土。采用先拌和后振捣成型工艺进行试件制作。其中1、2为C30固化剂混凝土配合比，3、4为C20固化剂混凝土。

依据《混凝土路缘石》(JC/T 899—2016)及《公路工程水泥及水泥混凝土试验规程》(JTG 3420—2020)对配比1、2固化剂混凝土试件开展抗压强度、抗折强度、干密度、吸水率、氯离子电通量试验。

依据《公路工程水泥混凝土制品 边坡砌块》(JT/T 1148—2017)及《公路工程水泥及水泥混凝土试验规程》(JTG 3420—2020)对配比3、4固化剂混凝土试件开展抗压强度、抗折强度、干密度、吸水率、氯离子电通量试验。

混凝土配合比 表4

配合比组合	水泥	粗集料	细集料	泥	固化剂	水	引气剂
1	1.00	2.61	1.48	0.66	0.048	0.51	0
2	1.00	2.61	1.48	0.66	0.048	0.51	0.003
3	1.00	2.94	1.89	0.70	0.057	0.54	0
4	1.00	2.94	1.89	0.70	0.057	0.54	0.003

2.1 力学性能

本研究依据《公路工程水泥及水泥混凝土试验规程》(JTG 3420—2020)水泥混凝土抗压强度试验方法(T 0553—2005)进行抗压强度试验，混凝土立方体抗压强度应按下式进行计算：

$$f_{cu}=\frac{F}{A}$$

式中：f_{cu}——混凝土立方体试件抗压强度(MPa)，计算结果应精确到0.01MPa；

F——试件破坏荷载(N)；

A——试件承压面积(mm^2)。

本文依据《公路工程水泥及水泥混凝土试验规程》(JTG 3420—2020)水泥混凝土弯拉强度试验方法(T 0558—2005)进行抗折强度试验，混凝土抗折强度应按下式进行计算：

$$f_f=\frac{M}{W}$$

式中：f_f——混凝土试件抗折强度，计算结果应精确到0.01MPa；

M——试件破坏时破坏面处的弯矩,依据试件荷载和支座距离计算得出;

W——试件破坏面的截面惯性矩。

2.2 物理性质

本研究依据《公路工程水泥混凝土制品 边坡砌块》(JT/T 1148—2017)及《混凝土路缘石》(JC/T 899—2016)混凝土试件干密度及吸水率应按下式进行计算:

$$\rho = \frac{m_d}{v_d}$$

$$W_a = \frac{m_s - m_d}{m_d} \times 100\%$$

式中:ρ——混凝土试件的干密度;

m_d——混凝土试件烘干后质量;

v_d——混凝土试件烘干后体积;

W_a——混凝土试件吸水率;

m_s——混凝土试件浸水后质量。

2.3 抗渗性能

本研究采用混凝土氯离子电通量法表征其抗渗性能。依据《公路工程水泥及水泥混凝土试验规程》(JTG 3420—2020)规范要求,试件的总电通量可按下式进行计算:

$$Q = 900(I_0 + 2I_{30} + 2I_{60} + 2I_{90} + \cdots + 2I_{270} + 2I_{300} + 2I_{330} + I_{360})$$

式中:Q——通过试件的总电通量(C);

I_0——初始电流(A);

I_t——在 t(min)时刻的电流(A)。

计算得到的通过试件的总电通量应换算成直径为 ϕ95mm 试件的电通量值,可按下式进行计算:

$$Q_s = Q_x \times \left(\frac{95}{x}\right)^2$$

式中:Q_s——通过直径为 95mm 的试件的电通量(C);

Q_x——通过直径为 100(mm)的试件的电通量(C);

x——试件的实际直径(mm)。

3 试验结果及分析

3.1 力学性能

依据《公路工程水泥及水泥混凝土试验规程》(JTG 3420—2020)进行相应试件的抗压强度和抗折强度试验。结果见表5。

力学性能实验结果 表5

配合比组合	7d 抗压强度(MPa)	28d 抗压强度(MPa)	28d 抗折强度(MPa)
1	20.70	32.12	4.92
2	—	35.32	5.47
3	23.09	27.47	4.31
4	—	31.61	5.27

由表5可知,通过配比1与配比2,配比3与配比4试验结果比较,相同配比情况下,外加引气剂的固化剂混凝土的28d抗压强度及28d抗折强度得到提高。配比2固化剂混凝土相对配比1固化剂混凝土28d抗压强度及28d抗折强度分别提高10.28%与11.18%。配比4固化剂混凝土相对配比3固化剂混凝土28d抗压强度及28d抗折强度分别提高15.07%与22.27%。根据结果分析,可知固化剂混凝土砌块28d力学性能主要与水泥占比有关。如图3所示。

图3 抗折强度试验过程中

3.2 物理性质

依据《公路工程水泥混凝土制品 边坡砌块》(JT/T 1148—2017)及《混凝土路缘石》(JC/T 899—2016)进行相应试件的干密度及吸水率试验。

由表6可知,通过配比1与配比2,配比3与配比4试验结果比较,相同配比情况下,外加引气剂的固化剂混凝土的吸水率降低。配比2固化剂混凝土相对配比1固化剂混凝土吸水率降低50.49%,配比4固化剂混凝土相对配比3固化剂混凝土吸水率降低42.73%。

物理性质试验结果　　表6

配合比组合	干密度(g/cm^3)	吸水率(%)
1	2.360	5.13
2	2.379	2.54
3	2.396	4.54
4	2.382	2.60

3.3　抗渗性能

依据《公路工程水泥及水泥混凝土试验规程》(JTG 3420—2020)进行相应试件的氯离子电通量试验(表7)。

氯离子电通量试验结果　　表7

配合比组合	氯离子电通量(C)
2	2527.2
4	2707.1

对氯离子电通量数据分析,与56d普通混凝土或56d低含泥量混凝土的氯离子电通量相比,在相同水灰比条件下,56d固化剂高含泥量混凝土的电通量略有提高[12-13]。可见,固结剂的加入减小了高含泥量对混凝土抗渗性能的危害程度。如图4所示。

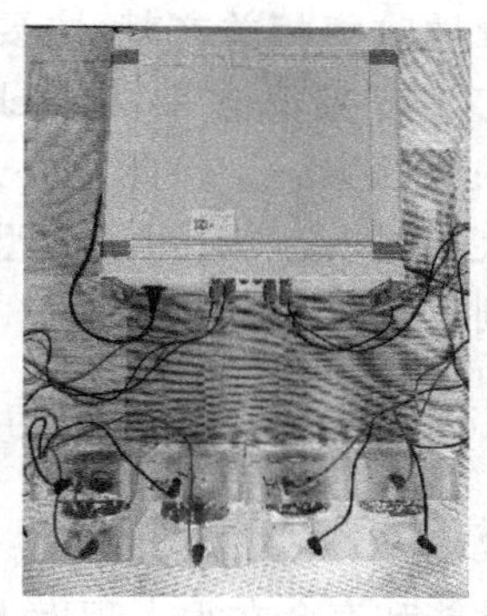

图4　氯离子电通量试验

4　结语

(1)固化剂的掺入有效改善了高含泥量混凝土的力学性能、物理性质和抗渗性能。

(2)适量引气剂的掺入可以提高固化剂混凝土的力学性能和物理性质。配比2固化剂混凝土相对配比1固化剂混凝土28d抗压强度及28d抗折强度分别提高10.28%与11.18%,吸水率降低50.49%。配比4固化剂混凝土相对配比3固化剂混凝土28d抗压强度及28d抗折强度分别提高15.07%与22.27%,吸水率降低42.73%。

(3)固化剂高含泥量混凝土可以作为道路护坡砌块、路缘石使用,成为水泥稳定类材料的替代方案,降低公路整体造价,形成绿色环保的道路附属结构。

未来需要进一步研究固化剂混凝土在抗冻、抗盐蚀方面的性能。

参考文献

[1] 胡幼奕. 砂石骨料产业转型升级及应建立的新模式[J]. 混凝土世界,2015(9):16-19.

[2] 彭能立,谭仕敏,朱继华,等. 湖南省建筑材料用砂石骨料资源开发利用现状及建议[J]. 国土资源导刊,2022,19(3):51-56.

[3] 杨树桐,孙忠科,蒋济同,等. 海洋骨料混凝土材料与结构性能研究进展[J]. 中国海洋大学学报(自然科学版),2023,53(10):11-19.

[4] 高瑞军,吴浩,王玲,等. 外掺机制砂石粉对水泥基材料流变性能的影响及机理[J]. 硅酸盐通报,2019,38(4):1080-1085.

[5] 夏京亮,高彦鹏,张鹏翔,等. 机制砂MB值对混凝土电通量和氯离子扩散系数的影响[J]. 建筑科学,2021,37(3):78-84.

[6] 李家正,龚德新,林育强,等. 人工砂泥粉对混凝土性能不利影响分析[J]. 人民长江,2023,54(2):177-183,199.

[7] 姜同辉,杨雄峰,阳佳丁,等. 石粉种类及含量对C60机制砂混凝土性能的影响[J]. 硅酸盐通报,2023,42(1):92-99.

[8] 力乙鹏,李婷. 土壤固化剂的固化机理与研究进展[J]. 材料导报,2020,34(S2):1273-1277.

[9] 钟玉健,张晓超,袁锐,等. 非钙基土壤固化剂加固机理及其应用性能研究进展[J]. 材料导报,2022,36(14):150-158.

[10] 李其光,宋中华,岳成鲲,等. 黄河下游泥沙固化土砌块在渠道衬砌中的应用[J]. 人民黄河,2009,31(12):100-101.

[11] 卢志鹏. 建筑废弃砖土固化剂配比及固化机理研究[D]. 北京:北京交通大学,2023.

[12] 冯仲伟,谢永江,朱长华,等. 混凝土电通量和氯离子扩散系数的若干问题研究[J]. 混凝土,2007(10):7-11.

[13] 郭伟,秦鸿根,孙伟,等. 外加剂与水胶比对混凝土氯离子渗透性的影响[J]. 硅酸盐通报,2010,29(6):1478-1483.

无人机在道路交通中的应用、机遇和挑战

彭宏欣 蒋 玮*
(长安大学公路学院)

摘 要 本文系统性地回顾了无人机在道路交通领域的应用,并对其在道路表面状况检测、道路交通安全事故管理、道路临近天气预报和交通流监控等方面的应用进行了深入探讨。采用系统性的方法,收集整理相关文献并进行综合分析,以揭示无人机在道路交通领域的应用现状和发展趋势;通过文献综述明确了无人机在这些领域中的优势和挑战。结果显示,无人机技术在道路交通管理中具有巨大潜力,能够提高效率、增强安全性和改善服务质量。然而,其应用仍面临着技术、法规、气象等多方面的挑战。最后,结论部分总结了无人机技术在道路交通领域的优势、问题和发展前景,强调了加强技术研发、规范管理和政企合作的重要性。通过本文的研究,有望推动无人机技术在道路交通领域的广泛应用,为道路交通的现代化和智能化发展提供有力支持。

关键词 无人机 道路交通 道路表面状况检测 安全事故管理 临近天气预报 交通流监控

0 引言

无人驾驶飞机(Unmanned Aerial Vehicle, UAV),简称无人机,能够在不需要机载驾驶员的情况下实现飞行任务和悬停,因其高机动性、高范围性、高经济性而被广泛使用,与执行相同任务的载人飞机相比具有更高的经济效益和安全性。

无人机在道路交通中的应用极为丰富,通过搭配视觉传感器、毫米波雷达、激光扫描仪、气象传感器等负载,能够达到提高道路检测与养护效率、加快道路交通事故应急响应速度、增强道路交通的安全性、监控引导交通流等目的。利用无人机采集的道路表面二维图像和三维点云数据,通过机器学习可以实现道路表面状况的自动化检测[1]。利用无人机的机动性和可达性,对道路交通安全事故现场进行检测报告、响应管理、调查分析和恢复清理能够提高事故现场管理效率和加快恢复交通[2]。利用无人机搭载集成的气象传感器,能够进行道路临近天气预报,大大提高了预报的准确性和精度,为车辆对恶劣天气的规避提供了数据支撑[3]。利用无人机的高范围性和目标检测与跟踪算法,可以实时监控交通流情况[4],对已经和可能出现拥堵的路段采取措施,同时可为交通工程专业的科学研究提供宝贵的数据。

尽管已经有一些学者进行无人机在道路交通中的应用研究,但这些研究过于分散,故应考虑将道路交通与无人机有关的文献进行系统聚类,以方便无人机技术在道路交通领域的变革与发展。本研究的重点是回顾无人机在四个不同的道路交通领域的研究工作,包括道路表面状况检测、道路交通安全事故管理、道路临近天气预报、交通流监控。研究系统地收集相关文献,主要包括期刊论文和会议论文,数据库主要为 Web of Science、Scopus 和 Google Scholar。除此之外,本次审查的重点是小型旋翼机的应用,对于大型无人机或固定翼无人机则不在考虑范围之内。

1 无人机在道路交通领域的应用

1.1 道路表面状况检测

道路的性能和寿命在很大程度上取决于路面的状况,因此保持道路表面在合理状态是道路管养部门的重要任务之一。对道路表面状况进行有效评估需要大量的数据,但收集这些数据既昂贵又耗时,目前有许多技术被广泛用于收集路面数据,这些技术在细节、成本、准确性和效率方面有所不同[5-7]。它们包括目视检查、自动检测、移动测绘系统、卫星或航空图像等。与更复杂的技术相比,目视检查等传统检测方法由于细节不足或过于主观而已经过时。比较先进的路面数据收集方法包括高分辨率图像采集、激光雷达扫描、自动路面状况调查、声发射、热成像、集成传感器等,无人机的运用是最具创新性的方法之一。无人机被证明在土木工程的结构健康检查和监测方面非常

有效,特别是在交通工程领域[8-12]。因此,目前越来越频繁地利用无人机来收集路面数据。

无人机的普及使得基于图像的处理工具可以实现自动化、低成本、快速、简单和高效的处理[13],图像分析方法的主要任务包括图像预处理、特征提取、边缘检测、曲率估计、色阶变换和密集点云生成[14-20]。

除此之外,深度学习算法也广泛应用于图像分析,其因与人类识别相当的准确性而受到各种应用的关注[21]。研究人员已将计算机技术如 Faster R-CNN 和随机森林应用于基础设施建设与管养[22-24]。除此之外,斑图生成技术、视频帧分类技术和事件检测技术等深度学习过程广泛应用于高速公路裂缝检测[25]。表 1 总结了无人机用于路面病害检测的无人机和负载类型、最佳飞行高度和检测的病害类型。

路面病害检测用无人机硬件参数、飞行参数及病害类型 表 1

文献来源	无人机型号	负载	分辨率(MP)	飞行高度(m)	病害类型
Romero-Chambi [11]	大疆幻影 4 pro	内置摄像头	20	2 ~ 40	坑槽
Silva[26]	大疆御 Air 2	内置摄像头	48	60	裂缝、坑槽
Pan[27]	大疆筋斗云 S900	12 通道多光谱	—	25	坑槽
Zhu[1]	大疆经纬 M600 pro	索尼阿尔法 7R Ⅲ	42	30	所有类型裂缝、坑槽
Zhong[28]	六旋翼无人机	索尼阿尔法 7R Ⅲ	42	30	裂缝、坑槽、修补
Sourav[29]	大疆御 2	RGB 相机、红外相机	20、48	40	裂缝

1.2 道路表面状况检测

道路交通安全事故管理是指从交通事故发生到解决的响应和管理过程,其主要包括四个部分:检测和报告[30]、响应和现场管理[31]、调查和分析[32]、恢复和清理[33]。无人机技术在加强道路交通安全事故管理方面具有巨大潜力,Bisio 等[34]从深度学习的角度系统地回顾了无人机辅助交通安全事故实时监测系统。Torbagh 等[2]研究了采用不同新兴技术对不同道路安全因素数据采集的影响。Outay 等[35]讨论了道路安全、交通和公路基础设施管理的发展和趋势。表 2 给出了按道路交通安全事故管理部分、相关技术和理论方法分类的详细信息,这有助于深入了解其实际实施情况。

无人机应用于交通事故管理的技术手段和方法 表 2

文献来源	无人机应用情况	技术手段	方法
Almeshal [36]	极端条件下的事故现场三维重建	UAV、SFM	理论框架、真实事故
Cappelletti[37]	事故现场重建	UAV、激光雷达扫描仪	试验测试
Nejjari [38]	高速公路实时事故检测	UAV,车载传感器,智能手机,地面无线传感器网络	系统
Wang[39]	车对行人的事故现场三维重建	UAV、激光雷达扫描仪,数值模拟	模拟、案例研究
Alkinani [40]	急救运送	UAV、5G、物联网、边缘计算	系统
Alam [33]	碎片物体检测	UAV、深度学习模型	理论框架

从表中可以看出,无人机在道路交通事故管理中的应用研究仍处于早期阶段,研究大多侧重于调查和分析事故,而道路交通安全事故管理的其他组成部分受到的关注相对较少。且大部分关注车对车事故,而对于车对自行车和车对行人的事故则研究较少。

1.3 道路表面状况检测

道路服务能力对天气条件非常敏感,即便是小雨天气也会使高速公路上的车辆速度降低 1 ~ 10km/h,而大雨则可能导致车速降低 15 ~ 45km/h,甚至完全停止[41]。现有的天气信息服务存在一个严重的问题:它们无法提供所需精度的本地短期(0.1 ~ 1h)天气信息(也称为临近天气预报),所应用的天气监测和预报模型与系统具有相对较低的分辨率(通常为 2 ~ 5km)。

无人机技术可用于移动天气监测站开发所需的天气服务。1970 年,首次使用无线电控制无人机在低层大气层进行气象测量[42],2010 年后,在技术发展进步的支持下,无人机开始广泛应用于大气气象测量的不同领域[43-47]。

关于使用这类无人机进行天气测量的文献很普遍,但大多数仅限于大气科学,与无人机相关的道路管理这一特定主题只占文献的一小部分。该部分的文献主要从支持道路交通管理的天气评估系统的要求;小型无人机在临近预报中的适用性;天气监测无人机的要求和规范;无人机天气测量中使用的传感器、设备和软件等四个方面进行研究,具体见表3。

利用无人机进行临近天气预报的文献审查　　表3

项目	文献来源	主题	理论结果	实际结果
支持道路交通管理的天气评估系统的要求	Hong[48]	基于深度神经网络的风速预报	基于深度神经网络模型和低空实测数据的低空局地风速预报。500m高度的预测是根据150m以下的数据生成的	—
	Siems-Anderson[49]	地面交通大数据天气系统适配	—	定义一个利用车辆、路况和天气数据的系统,并利用大数据技术对道路运输进行实时临近预报和预测
	Schleiss[50]	暴雨天气 雷达	解释由于评估测量的信息差距而导致的精度低的相关问题,以及当地天气特征如何影响降雨	低空、大气边界层空气参数及其变化的数据采集和处理信息
	Sah[51]	在多模式下使用无人机物流以及天气带来的挑战	—	恶劣天气条件增加风险,扰乱物流配送链
小型无人机在天气监测、临近预报中的适用性	Chilson[52]	联网无人机的大气测量	—	使用小型无人机,连接到三维气象网络,从大气边界层收集数据,并用它来改进预测和识别恶劣天气
	Leuenberger[53]	使用激光雷达和无人机观测来改进高影响数值天气预报	定义了世界气象组织观察系统能力分析和审查需求下层的对流层和全球到高分辨率数值天气预测应用程序区域。	—
	Prior[3]	地形和土地覆盖对低层大气剖面测量的影响	利用已建立的方程组,从测量的温度和压力数据确定饱和蒸汽压和水蒸气混合比	发布真实世界的测量,包括测量的分布作为高度的函数
	Chodorek[54]	利用无人机在城市环境中进行天气传感	—	结合低成本无人机和物联网解决方案,在城市环境中收集天气数据。研究通过长达6个月的测试程序进行验证。与其他低成本传感器解决方案相比,无人机平台提供了优越的数据

续上表

项目	文献来源	主题	理论结果	实际结果
气象监测无人机的要求和规格	Wang[55]	影响无人机的各种风效应	恒风、湍流和风切变等不同风对无人机影响的理论综述与研究	—
	Thielicke[56]	基于无人机的风速测定	—	介绍了一种基于无人机的超声波风速仪精确测风系统的设计与试验
	Karachalios[57]	无人机气象站的发展	—	利用开放平台 Arduino,搭建了一个 200g 的小型无人机气象站
用于无人机天气测量的传感器、设备和软件	Greene[58]	旋翼无人机传感器集成	—	研究温度传感器的集成方法,传感器的使用和安装以及期望的精度
	Abichandani[59]	使用小型多旋翼无人机测量风力	采用小型多转子测量风力的方法	基于测量产生的模拟风场
	Madokoro[60]	多传感无人机的发展	—	用于大气测量的六旋翼机和原型传感器套件的开发。本文介绍了以颗粒物检测为重点的测量系统的组成、传感器的放置和验证

对天气评估系统的要求可以通过对经济和社会的需求、可用技术以及缺乏此类所需系统的相关成本分析来确定。审查的论文大部分建议以两种形式改进道路气象信息和管理系统:一是利用车辆驾驶员使用的智能设备使得道路天气信息更加准确;二是将天气信息用更直观的方式如视频呈现在驾驶员的计划路线上。当今用于天气数据收集的无人机的主要挑战与气候耐受性有关,但现如今涉及无人机耐候性的研究相对较少,大部分研究是对无人机可用于安全飞行的时间段进行预测。在对气象监测用无人机的要求以及所使用的传感器和设备要求方面,目前普遍缺乏将传感器集成到无人机机身中的研究,并且缺乏数据处理所需的软件,如何改进数据处理的分发方法和软件,是道路临近天气预报需要解决的难题。

1.4 交通流监控

交通流监控的框架内定义了许多任务,包括车辆识别、计数、跟踪、道路事故和拥堵检测以及车速估计[61-64]。无人机在交通流监控中有着显著的优势,如自动修正高度和位置、覆盖范围动态化、实时数据收集与处理、障碍规避、静/动态监控等[65-67]。交通拥堵、流量分析等交通监控任务严重依赖车辆检测、计数和跟踪等核心任务,无人机结合深度学习的方式,正在为交通流监控任务提供解决方案。

深度学习需要大量的数据进行特征学习,因此合适的数据集是完成交通流监控任务的基本要求。目前,已公开的数据集种类众多[68-72],其中,Visdrone 是最大的无人机航空数据集,它可以完成图像物体检测、视频物体检测、单目标跟踪和多目标跟踪等任务。表 4 对基于深度学习的无人机监控交通流系统进行了总结和比较。

交通流监控主要包含交通目标检测、流量对象计数和交通对象跟踪三个方面。表 5 总结了用于车辆计数的任务和技术。当由于运动模糊、遮挡、比例和角度变化等各种因素而使物体检测具有挑战性时,物体跟踪特别有用。表 6 概述了交通监控中使用的主要车辆跟踪框架。

基于深度学习的无人机监控交通流系统总结和比较 表4

文献来源	框架	主干网络	数据集	物体分类	图片或视频
Li[61]	SA-CF	ResNet-101	i. CARPK ii. PUCPR + iii. VisDrone2018-car iv. UAVDT	单分类	图片
Zhang[73]	Cascaded Framework	ResNet-50 + DCN	VisDroneDet-2019	十分类	图片
Le[74]	BovVW + CNN model	Inception-ResNet-v2	VRDI	四分类	图片
Li[4]	SSP-SSD	ResNet-101	i. Custom ii. UAVDT	三分类	图片
Zhu[62]	Enhanced SSD	ResNet-101	UAVct	三分类	视频
Micheal[75]	Faster R-CNN	VGG-16	i. UAV123 ii. VIVID	单分类	视频
Ke[76]	Ensemble model	CNN + Haar	Custom	多分类	视频

基于无人机图像/视频的车辆计数方案总结与比较 表5

文献来源	任务	方法	准确率(%)
Ke[76]	测量交通流密度	基于运动估计计数	90.5
Li[77]	测量交通流密度	基于车道计数	85.3(夜晚) 97.6(白天)
Zhang[78]	计算交通量	通过绘制车辆轨迹	92.7
Holla[79]	消除相同的车辆	基于欧氏距离的相似性匹配	52.8

使用无人机图像/视频的车辆跟踪解决方案的总结和比较 表6

文献来源	任务	方法	算法
Micheal[75]	在优化后的无人机视频中自动跟踪目标	检测跟踪	KF
Fernandez-Sanjurjo[80]	处理实时跟踪中的遮挡问题	过滤法	KF + DCF tracker
Li[81]	在连续的帧中跟踪车辆	检测跟踪	KCF
Micheal[82]	弥补因未被发现车辆而造成的违规行为	训练法	LSTM
Wang[83]	使多目标跟踪中的身份切换最小化	检测跟踪	KF,Vehicle Re-ID

无人机在交通流监控领域的应用包括车辆识别、跟踪和计数。针对不同和多样化的无人机数据集的交通监控系统设计在很大程度上依赖于深度学习算法和图像处理。因此,提取特定的相关信息对于在车辆跟踪、交通密度/拥堵分析中实现良好性能至关重要。一般而言,最常见的车辆检测方法是使用静态目标检测框架;此外,车辆计数通常严格取决于先验检测和跟踪的性能。另外,与基于使用公共数据集的系统相比,使用自定义数据集训练的系统具有更高的准确性。

2 机遇和挑战

2.1 无人机的优势

无人机在道路交通领域的优势是多方面的。首先,无人机的非接触式信息传输避免了测试设备与路面的直接交互,从而最大限度地减少交通干扰和驾驶员的不适。其次,在应对道路交通安全事故方面,无人机的使用还可以快速评估损害的程度[38];通过现场实时图传,帮助应急人员减少评估状况所花费的时间[84]。另外,先进的道路天气预报可以减轻天气对道路服务水平的负面影响,具有巨大的潜在社会经济价值。最后,相较于传统的地面监控方式,无人机具有灵活性、实时性、全景视角、高适应性和更低的成本,能够为交通管理部门提供更加有效和高效的监控手段。

2.2 问题和挑战

无人机在道路交通领域面临的问题和挑战主要有以下几点:

（1）法律法规和隐私问题。各国对无人机的操作实施了许多限制，如飞行区和禁飞区的分类、飞行高度限制和最大允许有效载荷等。并且需要持有执照且技术熟练的专业人员来执行飞行任务。另外，在小型无人机的设计中很少考虑安全和隐私问题，导致无人机在使用开放、未加密和未经身份验证的通道的机载无线通信模块时，可能会面临各种网络攻击。

（2）飞行安全问题。无人机在空中飞行需要考虑到与其他航空器的碰撞风险，以及恶劣天气等因素对飞行安全的影响，因此应熟悉控制器灵敏度和连接性、传输频率、空域研究和障碍物识别、手动控制和紧急行动等方面技术，并且建立完善的飞行管制和监管体系。

（3）技术性能限制。目前无人机的续航能力、负载承受能力、飞行稳定性等方面还存在一定的技术性能限制，需要进一步提升技术水平以满足道路交通应用需求。

（4）通信和信号干扰。在城市或高空等复杂环境中，无人机的通信和信号可能会受到干扰，影响其飞行稳定性和监控测量效果，需要采取相应的措施加以解决。

3 结语

无人机技术在道路交通领域的应用具有巨大的潜力和重要性。通过对无人机在道路表面状况检测、道路交通安全事故管理、道路临近天气预报和交通流监控等方面的应用进行综述和分析，得出以下结论：

（1）无人机在道路表面状况检测方面的应用可以提高数据收集的效率和准确性，特别是在采用图像分析和深度学习算法的情况下，可以实现自动化的路面病害检测，为道路数字化养护提供重要支撑。

（2）无人机在道路交通安全事故管理方面的潜力正在逐渐被认识和利用，尤其是在事故检测报告、现场管理、调查分析和恢复清理等方面，可以提高事故管理的效率和准确性。

（3）利用无人机进行道路临近天气预报可以提供更精准、实时的天气信息，有助于改善道路服务能力，减少天气对道路交通的不利影响。

（4）无人机在交通流监控方面的应用可以实现对交通目标的识别、计数和跟踪，有助于监测交通流量，预防和应对交通拥堵等问题。

（5）无人机在道路交通领域的应用还面临着一些挑战，包括法规限制、技术要求、气象因素、安全和隐私问题等。因此，需要政府、学术界和产业界的共同努力，加强法规制定和技术创新，解决这些挑战，促进无人机技术在道路交通领域的持续发展和应用。

参考文献

[1] ZHU J, ZHONG J, MA T, et al. Pavement distress detection using convolutional neural networks with images captured via UAV [J]. Automation in Construction, 2022, 133: 103991.

[2] TORBAGHAN M E, SASIDHARAN M, REARDON L, et al. Understanding the potential of emerging digital technologies for improving road safety [J]. Accident Analysis & Prevention, 2022, 166: 106543.

[3] PRIOR E M, MILLER G R, BRUMBELOW K. Topographic and Landcover Influence on Lower Atmospheric Profiles Measured by Small Unoccupied Aerial Systems (sUAS) [J]. Drones, 2021, 5(3): 82.

[4] LI X, LI X, PAN H. Multi-scale vehicle detection in high-resolution aerial images with context information [J]. IEEE Access, 2020, 8: 208643-208657.

[5] COENEN T B, GOLROO A. A review on automated pavement distress detection methods [J]. Cogent Engineering, 2017, 4(1): 1374822.

[6] INZERILLO L, DI MINO G, ROBERTS R. Image-based 3D reconstruction using traditional and UAV datasets for analysis of road pavement distress [J]. Automation in Construction, 2018, 96: 457-469.

[7] RAGNOLI A, DE BLASIIS M R, DI BENEDETTO A. Pavement distress detection methods: A review [J]. Infrastructures, 2018, 3(4): 58.

[8] DUQUE L, SEO J, WACKER J. Synthesis of unmanned aerial vehicle applications for infrastructures [J]. Journal of Performance of Con-

structed Facilities,2018,32(4):04018046.

[9] KIM I-H,JEON H,BAEK S-C,et al. Application of crack identification techniques for an aging concrete bridge inspection using an unmanned aerial vehicle [J]. Sensors,2018,18(6):1881.

[10] PENG X,ZHONG X,ZHAO C,et al. The feasibility assessment study of bridge crack width recognition in images based on special inspection UAV [J]. Advances in Civil Engineering,2020,2020:1-17.

[11] ROMERO-CHAMBI E,VILLARROEL-QUEZADA S,ATENCIO E,et al. Analysis of optimal flight parameters of unmanned aerial vehicles (UAVs) for detecting potholes in pavements [J]. Applied Sciences,2020,10(12):4157.

[12] SPENCER JR B F,HOSKERE V,NARAZAKI Y. Advances in computer vision-based civil infrastructure inspection and monitoring [J]. Engineering,2019,5(2):199-222.

[13] REMONDINO F,NOCERINO E,TOSCHI I,et al. A critical review of automated photogrammetric processing of large datasets [J]. The International Archives of the Photogrammetry,Remote Sensing and Spatial Information Sciences,2017,42:591-599.

[14] ZHAO Y, WANG H, YAN R. Unstructured road edge detection and initial positioning approach based on monocular vision [J]. AASRI Procedia,2012,1:486-491.

[15] FOORGINEJAD A,KHALILI K. Umbrella curvature:a new curvature estimation method for point clouds [J]. Procedia Technology,2014,12:347-352.

[16] REMONDINO F,SPERA M G,NOCERINO E,et al. State of the art in high density image matching [J]. The photogrammetric record,2014,29(146):144-166.

[17] HARTMANN W,HAVLENA M,SCHINDLER K. Recent developments in large-scale tie-point matching [J]. ISPRS Journal of Photogrammetry and Remote Sensing,2016,115:47-62.

[18] VERHOEVEN G,KAREL W,STUHEC S,et al. Mind your grey tones:Examining the influence of decolourization methods on interest point extraction and matching for architectural image-based modelling[C]//3D-Arch 2015:3D Virtual Reconstruction and Visualization of Complex Architectures. Copernicus Gesellschaft,2015,40(W4):307-314.

[19] SCHONBERGER J L,FRAHM J M. Structure-from-motion revisited[C]//Proceedings of the IEEE conference on computer vision and pattern recognition. 2016:4104-4113.

[20] ROY T. Algorithm development for real-time infrastructure damage detection and analysis [D]. Purdue University,2017.

[21] HE K,ZHANG X,REN S,et al. Delving deep into rectifiers:Surpassing human-level performance on imagenet classification[C]//Proceedings of the IEEE international conference on computer vision. 2015:1026-1034.

[22] GOPALAKRISHNAN K,GHOLAMI H,VIDYADHARAN A,et al. Crack damage detection in unmanned aerial vehicle images of civil infrastructure using pre-trained deep learning model [J]. Int J Traffic Transp Eng,2018,8(1):1-14.

[23] DICK K,RUSSELL L,SOULEY DOSSO Y,et al. Deep learning for critical infrastructure resilience [J]. Journal of Infrastructure Systems,2019,25(2):05019003.

[24] ROBERTS R,GIANCONTIERI G,INZERILLO L,et al. Towards low-cost pavement condition health monitoring and analysis using deep learning [J]. Applied Sciences,2020,10(1):319.

[25] ELGHAISH F,TALEBI S,ABDELLATEF E,et al. Developing a new deep learning CNN model to detect and classify highway cracks [J]. Journal of Engineering,Design and Technology,2022,20(4):993-1014.

[26] SILVA L A, SANCHEZ SAN BLAS H, PERAL GARCíA D, et al. An architectural multi-agent system for a pavement monitoring system with pothole recognition in UAV images [J]. Sensors, 2020, 20(21): 6205.

[27] PAN Y, CHEN X, SUN Q, et al. Monitoring asphalt pavement aging and damage conditions from low-altitude UAV imagery based on a CNN approach [J]. Canadian Journal of Remote Sensing, 2021, 47(3): 432-449.

[28] ZHONG J, ZHU J, HUYAN J, et al. Multi-scale feature fusion network for pixel-level pavement distress detection [J]. Automation in Construction, 2022, 141: 104436.

[29] SOURAV M A A, MAHEDI M, CEYLAN H, et al. Evaluation of small uncrewed aircraft systems data in airfield pavement crack detection and rating [J]. Transportation Research Record, 2023, 2677(1): 653-668.

[30] SHARMA S, SEBASTIAN S. IoT based car accident detection and notification algorithm for general road accidents [J]. International Journal of Electrical & Computer Engineering2019, 9(5): 2088-8708.

[31] KHAN N A, AHMAD M, ALAM S, et al. Development of medidrone: A drone based emergency service system for Saudi Arabian healthcare [C] // 2021 International Conference on Computational Intelligence and Knowledge Economy (ICCIKE). IEEE, 2021: 407-412.

[32] WANG X, FAN Y, GONG B, et al. Research in traffic accident analysis based on multi-source data fusion [C] // 2021 International Conference on Intelligent Computing, Automation and Systems (ICICAS). IEEE, 2021: 264-270.

[33] ALAM H, VALLES D. Debris object detection caused by vehicle accidents using UAV and deep learning techniques [C] // 2021 IEEE 12th Annual Information Technology, Electronics and Mobile Communication Conference (IEMCON). IEEE, 2021: 1034-1039.

[34] BISIO I, GARIBOTTO C, HALEEM H, et al. A systematic review of drone based road traffic monitoring system [J]. IEEE Access, 202210: 101537-101555.

[35] OUTAY F, MENGASH H A, ADNAN M. Applications of unmanned aerial vehicle (UAV) in road safety, traffic and highway infrastructure management: Recent advances and challenges [J]. Transportation research part A: policy and practice, 2020, 141: 116-129.

[36] ALMESHAL A M, ALENEZI M R, ALSHATTI A K. Accuracy assessment of small unmanned aerial vehicle for traffic accident photogrammetry in the extreme operating conditions of Kuwait [J]. Information, 2020, 11(9): 442.

[37] CAPPELLETTI C, BONIARDI M, CASAROLI A, et al. Forensic engineering surveys with UAV photogrammetry and laser scanning techniques [J]. The International Archives of the Photogrammetry, Remote Sensing and Spatial Information Sciences, 2019, 42: 227-324.

[38] NEJJARI F, BENHLIMA L, BAH S. Event traffic detection using heterogenous wireless sensors network [C] // 2016 IEEE/ACS 13th International Conference of Computer Systems and Applications (AICCSA). IEEE, 2016: 1-6.

[39] WANG J, LI Z, ZOU D, et al. Reconstruction of a real-world car-to-pedestrian collision using geomatics techniques and numerical simulations [J]. Journal of forensic and legal medicine, 2022, 91: 102433.

[40] ALKINANI M H, ALMAZROI A A, JHANJHI N Z, et al. 5G and IoT based reporting and accident detection (RAD) system to deliver first aid box using unmanned aerial vehicle [J]. Sensors, 2021, 21(20): 6905.

[41] SZIROCZAK D, ROHACS D, ROHACS J. Review of using small UAV based meteorological measurements for road weather management [J]. Progress in Aerospace Sciences, 2022,

134:100859.

[42] HILL M, KONRAD T, MEYER J, et al. A small, radio-controlled aircraft as a platform for meteorological sensors [J]. [s. l.]: [s. n.], 1970.

[43] REUDER J, BRISSET P, JONASSEN M, et al. Sumo: A small unmanned meteorological observer for atmospheric boundary layer research [C]//IOP Conference Series: Earth and Environmental Science. IOP Publishing, 2008, 1(1):012014.

[44] LEGA M, KOSMATKA J, FERRARA C, et al. Using advanced aerial platforms and infrared thermography to track environmental contamination [J]. Environmental Forensics, 2012, 13(4):332-8.

[45] CAVOUKIAN A. Privacy and drones: Unmanned aerial vehicles [M]. Information and Privacy Commissioner of Ontario, Canada Ontario, 2012.

[46] MARTIN S, BANGE J, BEYRICH F. Meteorological profiling of the lower troposphere using the research UAV" M 2 AV Carolo" [J]. Atmospheric Measurement Techniques, 2011, 4(4):705-16.

[47] MAYER S, SANDVIK A, JONASSEN M O, et al. Atmospheric profiling with the UAS SUMO: a new perspective for the evaluation of fine-scale atmospheric models [J]. Meteorology and Atmospheric Physics, 2012, 116:15-26.

[48] HONG S, KU S. Improving wind speed forecasts using deep neural network [J]. International Journal of Advanced Culture Technology, 2019, 7(4):327-333.

[49] SIEMS-ANDERSON A R, WALKER C L, WIENER G, et al. An adaptive big data weather system for surface transportation [J]. Transportation research interdisciplinary perspectives, 2019, 3:100071.

[50] SCHLEISS M, OLSSON J, BERG P, et al. The accuracy of weather radar in heavy rain: a comparative study for Denmark, the Netherlands, Finland and Sweden [J]. Hydrology and Earth System Sciences, 2020, 24(6): 3157-3188.

[51] SAH B, GUPTA R, BANI-HANI D. Analysis of barriers to implement drone logistics [J]. International Journal of Logistics Research and Applications, 2021, 24(6):531-550.

[52] CHILSON P B, BELL T M, BREWSTER K A, et al. Moving towards a network of autonomous UAS atmospheric profiling stations for observations in the Earth's lower atmosphere: The 3D mesonet concept [J]. Sensors, 2019, 19(12):2720.

[53] LEUENBERGER D, HAEFELE A, OMANOVIC N, et al. Improving high-impact numerical weather prediction with lidar and drone observations [J]. Bulletin of the American Meteorological Society, 2020, 101(7):1036-1051.

[54] CHODOREK A, CHODOREK R R, YASTREBOV A. Weather sensing in an urban environment with the use of a uav and webrtc-based platform: A pilot study [J]. Sensors, 2021, 21(21):7113.

[55] WANG B H, WANG D B, ALI Z A, et al. An overview of various kinds of wind effects on unmanned aerial vehicle [J]. Measurement and Control, 2019, 52(7-8):731-739.

[56] THIELICKE W, HüBERT W, MüLLER U. Towards accurate and practical drone-based wind measurements with an ultrasonic anemometer [J]. Atmospheric Measurement Techniques Discussions, 2020:1-29.

[57] KARACHALIOS T, KANELLOPOULOS D, LAZARINIS F. Arduino sensor integrated drone for weather indices: A prototype for pre-flight preparation [J]. arXiv preprint arXiv, 2021:210616083.

[58] GREENE B R, SEGALES A R, BELL T M, et al. Environmental and sensor integration influences on temperature measurements by rotary-

wing unmanned aircraft systems [J]. Sensors, 2019,19(6):1470.

[59] ABICHANDANI P, LOBO D, FORD G, et al. Wind measurement and simulation techniques in multi-rotor small unmanned aerial vehicles [J]. IEEE Access, 2020, 8:54910-54927.

[60] MADOKORO H, KIGUCHI O, NAGAYOSHI T, et al. Development of drone-mounted multiple sensing system with advanced mobility for in situ atmospheric measurement: A case study focusing on PM2.5 local distribution [J]. Sensors, 2021, 21(14):4881.

[61] LI W, LI H, WU Q, et al. Simultaneously detecting and counting dense vehicles from drone images [J]. IEEE Transactions on Industrial Electronics, 2019, 66(12):9651-9662.

[62] ZHU J, SUN K, JIA S, et al. Urban traffic density estimation based on ultrahigh-resolution UAV video and deep neural network [J]. IEEE Journal of Selected Topics in Applied Earth Observations and Remote Sensing, 2018, 11(12):4968-4981.

[63] WAN M, GU G, QIAN W, et al. Unmanned aerial vehicle video-based target tracking algorithm using sparse representation [J]. IEEE Internet of Things Journal, 2019, 6 (6): 9689-9706.

[64] BALAMURALIDHAR N, TILON S, NEX F. MultEYE: Monitoring system for real-time vehicle detection, tracking and speed estimation from UAV imagery on edge-computing platforms [J]. Remote sensing, 2021, 13 (4):573.

[65] MASOOD K, KHAN M A. Trajectory Tracking and Hurdle Avoidance for an Autonomous Quadrotor UAV [J]. European Journal of Advances in Engineering and Technology, 2017, 4 (2):135-142.

[66] SALVO G, CARUSO L, SCORDO A. Urban traffic analysis through an UAV [J]. Procedia-Social and Behavioral Sciences, 2014, 111: 1083-1091.

[67] MORANDUZZO T, MELGANI F. Detecting cars in UAV images with a catalog-based approach [J]. IEEE Transactions on Geoscience and remote sensing, 2014, 52(10):6356-67.

[68] HSIEH M R, LIN Y L, HSU W H. Drone-based object counting by spatially regularized regional proposal network [C] //Proceedings of the IEEE international conference on computer vision. 2017:4145-4153.

[69] XU X, ZHANG X, YU B, et al. Dac-sdc low power object detection challenge for uav applications [J]. IEEE transactions on pattern analysis and machine intelligence, 2019, 43 (2):392-403.

[70] JENSEN M B, MØGELMOSE A, MOESLUND T B. Presenting the multi-view traffic intersection dataset (MTID): A detailed traffic-surveillance dataset[C]//2020 IEEE 23rd International Conference on Intelligent Transportation Systems (ITSC). IEEE, 2020:1-6.

[71] ZHANG H, SUN M, LI Q, et al. An empirical study of multi-scale object detection in high resolution UAV images [J]. Neurocomputing, 2021, 421:173-82.

[72] MUELLER M, SMITH N, GHANEM B. A benchmark and simulator for uav tracking[C] //Computer Vision-ECCV 2016: 14th European Conference, Amsterdam, The Netherlands, October 11-14, 2016, Proceedings, Part I 14. Springer International Publishing, 2016: 445-461.

[73] ZHANG X, IZQUIERDO E, CHANDRAMOULI K. Dense and small object detection in uav vision based on cascade network[C]//Proceedings of the IEEE/CVF International Conference on Computer Vision Workshops. 2019: 1-7.

[74] LE X, WANG Y, JO J. Combining deep and handcrafted image features for vehicle classification in drone imagery[C]//2018 Digital Im-

age Computing: Techniques and Applications (DICTA). IEEE, 2018:1-6.

[75] MICHEAL A A, VANI K. Automatic object tracking in optimized UAV video [J]. The Journal of Supercomputing, 2019, 75: 4986-4999.

[76] KE R, LI Z, TANG J, et al. Real-time traffic flow parameter estimation from UAV video based on ensemble classifier and optical flow [J]. IEEE Transactions on Intelligent Transportation Systems, 2018, 20(1):54-64.

[77] LI J, XU Z, FU L, et al. Domain adaptation from daytime to nighttime: A situation-sensitive vehicle detection and traffic flow parameter estimation framework [J]. Transportation Research Part C: Emerging Technologies, 2021, 124:102946.

[78] ZHANG J S, CAO J, MAO B. Application of deep learning and unmanned aerial vehicle technology in traffic flow monitoring [C] // 2017 International Conference on Machine Learning and Cybernetics (ICMLC). IEEE, 2017, 1:189-194.

[79] HOLLA A, VERMA U, PAI R M. Efficient vehicle counting by eliminating identical vehicles in uav aerial videos [C] // Proceedings of the 2020 IEEE International Conference on Distributed Computing, VLSI, Electrical Circuits and Robotics, 2020.

[80] FERNANDEZ-SANJURJO M, BOSQUET B, MUCIENTES M, et al. Real-time visual detection and tracking system for traffic monitoring [J]. Engineering Applications of Artificial Intelligence, 2019, 85:410-420.

[81] LI S, ZHANG W, LI G, et al. Vehicle detection in uav traffic video based on convolution neural network [C] // Proceedings of the 2018 IEEE Conference on Multimedia Information Processing and Retrieval (MIPR), 2018.

[82] MICHEAL A A, VANI K, SANJEEVI S, et al. Object detection and tracking with UAV data using deep learning [J]. Journal of the Indian Society of Remote Sensing, 2021, 49:463-469.

[83] WANG J, SIMEONOVA S, SHAHBAZI M. Orientation-and scale-invariant multi-vehicle detection and tracking from unmanned aerial videos [J]. Remote Sensing, 2019, 11(18):2155.

[84] HNG T J, WEILIE E L, WEI C S, et al. Relative velocity model to locate traffic accident with aerial cameras and YOLOv4 [C] // Proceedings of the 2021 13th International Conference on Information Technology and Electrical Engineering (ICITEE), 2021.

基于粒子群算法的短距路口信号控制方法

赵 哲* 谷壮壮 董浩然

(重庆交通大学交通运输学院)

摘 要 为了解决短距路口出口道车辆排队溢出的问题,基于短距路口的交通流特性,本文提出了一个信号配时优化模型,将两个路口视为整体进行协调联控。为满足实际交通环境的管控需求,该模型综合考虑了短距路口的三个关键性能指标:通行能力、停车延误以及排队长度。以淮舜南路短距路口为案例进行分析,应用粒子群优化算法对模型求解,确定两路口的共同周期和各相位有效绿灯时长,获得优化的信号配时方案。使用仿真软件VISSIM进行仿真实验,通过与现状配时方案对比结果,验证了优化方案的可靠度和实效性。

关键词 短距路口 信号配时 粒子群算法 交通仿真

0 引言

为满足交通需求的不断增长,我国城市道路建设规模不断扩大,路网密度持续上升,导致形成了大量短距路口。这些短距路口交通容量有限、交通运行稳定性差且车辆间相互干扰大,严重降低了路网的流畅性,并加剧了交通安全风险。优化短距路口的信号配时是一种有效的解决策略,能够有效缓解交通拥堵,增强路网的整体运输效率。由于短距路口间对车辆的存储能力受限[1],因此实施短距路口协调联控显得尤为关键,以期提升路口的通行效率。

1 短距路口定义及特性

1.1 短距路口的定义

短距路口是城市道路网络中两个相邻且相关性显著的路口。在上游输入的交通量超过中间路段容量的情况下,下游路口的排队车辆可能会溢出至上游路口,进而干扰上游路口的正常交通运行[2]。存在此现象的两路口可被认定为短距路口。

1.2 短距路口交通流特性分析

短距路口呈现复杂的交通流特征,因距离过近导致容易发生车辆排队溢出的现象,又因路口间相互影响,从而加剧拥堵。车流在短距路口需频繁启停[3],不仅增加了停车延误,降低了通行能力,还增大了交通事故发生率。所以适当的信号协调和配时优化是缓解短距路口交通压力的关键措施。

2 信号配时优化模型构建

2.1 短距路口信号优化方法

从交通流运行和交通波传播的角度出发,短距路口这一整体的交通流是相互联系的,对两个路口信号配时的协调联合优化,通过反复迭代两信号灯路口的配时参数计算来达到最佳效果,实现整体交通流的顺畅[4]。然而短距路口不适合采用单点定周期的信号控制,应采用协同控制策略,使得相邻路口的信号灯在时间上保持一定同步性。当短距路口出现在城市干道上时,往往成为交通瓶颈区域。交通瓶颈通常是节点的通行能力无法满足交通需求而产生,消除瓶颈的有效方法之一是优化信号控制来快速疏散路口排队车辆。为此,对短距路口的信号配时参数精细化调整[5],实现降低上游路口的车流量输入并增加下游路口的车流量输出,使其达到相对平衡状态,进而有效减轻短距路口区域的交通拥堵。

2.2 优化目标选取[6]

2.2.1 通行能力

通行能力是在特定的时间内,某道路或路段所能通过的最大车辆数。适用于衡量特定交通运行环境下,交通基础设施的最大服务能力。

2.2.2 停车延误

停车延误是由于交通堵塞或管控措施导致的额外行驶时间。具体到短距路口,表现为车辆穿越路口的实际耗时与在无阻碍城市道路行驶的理论耗时之差。

2.2.3 排队长度

排队长度是在路口某一信号相位的排队车辆的总长度。在短距路口,若下游路口的排队长度超出了道路的容纳能力,排队车辆将延伸至上游路口,可能导致整个系统的运行瘫痪。

2.3 优化模型

本研究构建了一个针对短距路口信号配时的多目标优化模型,通过提高通行能力、减少停车延误和缩短排队长度,来缓解交通拥堵并提升路网效率。追求理想情况下的最大通行能力 CAP、最小停车延误时间 D 以及最短排队长度 Q,以实现各项指标的最佳状态[7]。通过引入权重系数 a、b、c,可以调整这些指标在交通流量变化下的相对重要性。选择一个综合性能最优的方案作为最佳解决方案,并构建相应的多目标优化模型,该模型可以表示为以下公式:

$$\min f(g_{eij}, C) = \sum_i (a_i \times \mathrm{CAP} + b_i \times D + c_i \times Q) \tag{1}$$

$$\max \mathrm{CAP}(S_i, g_{eig}) = \sum_i \mathrm{CAP}_i = \sum_i S_i g_{eig} \tag{2}$$

$$\min V_{DP} = \frac{V_P \times (C - G)^2}{2\left(1 - \frac{V_P}{S}\right)} \tag{3}$$

$$\min Q = \frac{V}{3600} \times (R - 6) \times \left(1 + \frac{1}{\frac{S}{V} - 1}\right) \times \frac{L}{nF_u} \tag{4}$$

约束条件:

$$g_{ei,\min} \leqslant g_{ei} \leqslant g_{ei,\max} \tag{5}$$

$$\sum_i g_{eij} + L_i = C \tag{6}$$

优化模型中的权值系数按以下公式计算:

$$a_i = 2(2 - Y_i) \tag{7}$$

$$b_i = \frac{C}{2} \tag{8}$$

$$c_i = 2Y_i \frac{C}{3600} \tag{9}$$

式中:g_{eij}——有效绿灯时间(s);

CAP——信号控制路口的通行能力(pcu/h);

V_{DP}——百分比情形 P 时的每周期停车延误时间(s);

D——停车延误(s);

Q——排队长度(m);

Y_i——第 i 个路口的所有信号相位的各个最大 Y_{ij} 值之和;

Y_{ij}——第 i 路口第 j 相位的关键车道交通流量与最大通行能力之比;

a_i——第 i 路口通行能力权系数;

b_i——路口车辆停车延误权系数;

c_i——第 i 路口排队长度权系数;

L——总损失时间(s);

C——最佳周期时间(s)。

3　粒子群算法求解优化模型

3.1　粒子群算法定义

粒子群算法(PSO)最初由 Kennedy J 和 Eberhart R C 提出,启发于自然界中鸟群的觅食行为。该算法模仿鸟类寻找食物的策略来找到问题的最优解[8]。每一个可能的解被视作搜索空间中的一个"粒子"。这些粒子在搜索空间内移动,利用自身历史信息和其他粒子的信息来调整位置。每个粒子保持追踪它所发现的最佳位置(局部最优),同时,群体中的粒子共享信息并向着整体发现的最佳位置(全局最优)靠拢。随着迭代过程的不断进行,群体最终会收敛于最优解所在的位置[9]。

3.2　基于粒子群算法的信号优化步骤

以淮舜南路短距路口验证,基于工作日晚高峰时段(17:30 至 18:30)的交通流数据进行分析,第一辆车的车头时距为 4.54s,随后排队的车辆启动损失时间逐渐收敛于 2.95s。绿灯时间介于 17~85s 之间,黄灯时间为 3s,全红时间为 1s,相关的交通流数据如表 1 所示。

两路口交通流数据　　表1

交叉口	相位	车流方向		单车道交通流量 q(辆/h)	饱和流量 S(辆/h)	流量比 y	关键相位流量比
淮舜南路—洞山东路交叉口	相位一	南进口	直行	334	1800	0.19	0.25
			左转	389	1550	0.25	
	相位二	北进口	直行	517	1580	0.33	0.33
			左转	475	1550	0.31	
	相位三	东进口	直行	440	1800	0.24	0.24
		西进口	直行	340	1800	0.19	
	相位四	东进口	左转	261	1550	0.17	0.36
		西进口	左转	556	1550	0.36	
淮舜南路—林场路交叉口	相位一	南进口	直行	678	1800	0.38	0.38
			左转	135	1550	0.09	
	相位二	北进口	直行	594	1800	0.33	0.33
			左转	78	1550	0.05	
	相位三	东进口	直左	424	1800	0.24	0.24
		西进口	直左	288	1800	0.16	

经监测,该路口存在如下现状问题:

(1)洞山东路—林场路路口北出口道车辆排队溢出。

(2)两路口均采用单点定周期信号配时方案。

(3)洞山东路—淮舜南路路口东西直行相位存在空放现象,部分绿灯时间没有车辆通行。

在应用粒子群优化算法解决短距路口信号配时问题时,每一个潜在解被抽象为一个粒子,这些粒子在搜索空间内以特定速度移动。粒子的性能由适应度函数评估,以函数结果衡量当前位置的优劣。粒子的速度更新依赖于其自身历史最佳位置及其他粒子的最佳位置信息。通过不断迭代,粒子逐渐调整飞行方向和速度,最终汇聚至最优解。结合 PSO 进行短距路口信号配时优化,得到最理想的信号配时方案,具体实施步骤如下[9]:

(1)输入交通流参数:最大有效绿灯时间 g_{emax} 为 85s,最小有效绿灯时间 g_{emin} 为 10s,两路口的总损失时间 L 为 23s,短距路口共同周期 C_w 的范围为 $120s \leqslant C_w \leqslant 200s$。

(2)初始化参数:确定算法的关键参数,种群规模 M 粒子种群为 30 个,最大进化次数 N 为 300 次,加速常数 $c_1=2$、$c_2=2$,惯性系数 $\omega=0.8$。

(3)在搜索空间内随机分配每个粒子的位置 X_0 和速度 V_0(速度的范围为 $V_0 \sim V_{max}$)。

(4)适应度评估:根据两个路口的实际数据如表 1,制定适应度函数,并计算每个粒子的初始适应值。

(5)极值检测:在每次迭代中,识别每个粒子的个体极值 $P_{优}$ 以及全局极值 $G_{优}$。

(6)个体更新:对每一个粒子比较当前位置 X_t 的适应值与个体极值 P_t 的适应值进行比较,得到新的个体极值。

(7)全局更新:对每一个粒子比较当前位置 X_t 的适应值与全局极值 G_t 的适应值进行比较,得到新的全局极值。

(8)计算更新的粒子位置 $X_{(t+1)}$ 和速度 $V_{(t+1)}$ 如下:

$$V_{(t+1)} = \omega V_t + c_1 r_1 (P_t + X_t) + c_2 r_2 (G_t - X_t) \tag{10}$$

$$V_{(t+1)} = X_t + V_t \tag{11}$$

式中: ω——惯性系数;

c_1、c_2——加速常数,一般都取 2;

r_1、r_2——[0,1]间的随机数字;

P_t、G_t——粒子迭代 t 次时的个体极值、全局极值;

X_t——粒子迭代次数为 t 时的位置;

$X_{(t+1)}$、$V_{(t+1)}$——粒子迭代 $t+1$ 次时的位置和速度。

(9)判断算法是否达到终止条件:若满足,则输出最终结果;反之,重复步骤 4~8,持续迭代,直至找到全局最优解。

3.3 粒子群算法优化结果

通过粒子群算法对淮舜南路短距路口进行信号配时优化,将两个路口的交通量代入目标函数,得到短距路口的共同周期和两路口各相位有效绿灯时间[10]。设定有效绿灯时间的最小值为 10s,最大值为 85s,以及最大共同周期为 160s。在算法中,惯性系数 ω 为 0.8,加速常数 c_1、c_2 均为 2,随机数固定为 1。初始化一个包含 30 个粒子的种群并执行 300 次迭代,求得该短距路口优化后的最优共同周期为 160s,各相位的有效绿灯时间如表 2 所示。

优化后的周期及各相位有效绿灯时间　　表 2

交叉口	周期	相位 1 有效绿灯时间	相位 2 有效绿灯时间	相位 3 有效绿灯时间	相位 4 有效绿灯时间
淮舜南路—洞山东路	160s	66s	26s	31s	25s
淮舜南路—林场路	160s	49s	17s	85s	—

4 案例分析与仿真验证

4.1 交通数据调查

以淮舜南路林场路至洞山东路的短距路口为例,该区域在晚高峰时段(17:30—18:30)南北方向交通量激增,导致排队长度超出中间路段最大容量,频繁出现车辆排队溢出现象。经实地调研发现,两路口间距约 420m,淮舜南路短距路口渠化情况如图 1 所示。淮舜南路与洞山东路路口平峰期南北直行交通占主导地位,高峰期所有直行车道均达到过饱和状态,特别是南进口和西进口的左转流量急剧增加。淮舜南路与林场路路口全天主要交通流向为南北直行。表 3 记录了晚高峰时段的交通量数据。

短距路口晚高峰时段交通量(辆/h)　表3

交叉口	车流方向	左转交通量	直行交通量	右转交通量	总交通量
淮舜南路—洞山东路交叉口	北进口	475	1034	252	1761
	南进口	389	998	437	1824
	西进口	556	679	253	1488
	东进口	261	880	542	1683
淮舜南路—林场路交叉口	北进口	78	1188	148	1414
	南进口	135	1357	154	1646
	西进口	90	198	126	414
	东进口	203	221	174	598

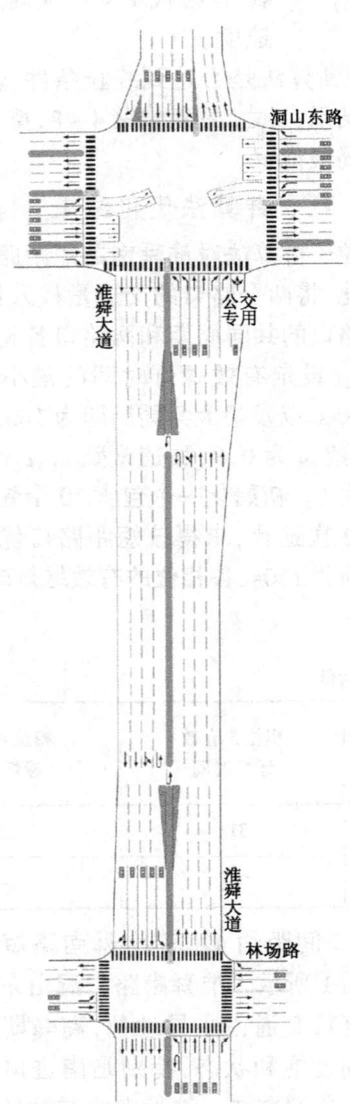

图1　淮舜南路短距路口渠化示意图

4.2　优化配时方案

根据粒子群优化算法求解的结果,即优化后的共同周期及各相位有效绿灯时间,得到淮舜南路与洞山东路路口信号配时优化方案,相位相序如图2所示;淮舜南路与林场路路口信号配时优化方案,相位相序如图3所示。

4.3　仿真验证

利用VISSIM软件对短距路口进行仿真分析,比较了现状与多目标优化后的信号配时方案。输入晚高峰交通量数据和信号配时参数,评估了不同方案下的停车延误、通行能力和排队长度。对比结果验证了多目标优化模型的效果,图4展示了淮舜南路短距路口的优化模型仿真效果图。

对比分析两路口在实施多目标优化模型前后的交通状况,发现优化后交通运行有显著提升,表4列出了两种信号配时方案的仿真对比结果。多目标优化方案在减少该短距路口的排队长度、降低停车延误和提升通行能力方面表现出显著优势,有效地缓解了短距路口的交通拥堵。通过路口进口道上的检测器数据对仿真结果进行评估,证实了优化效果。相较于现状,优化方案使两路口的总停车延误时间降低了7.81%,通行能力增加了10.23%,总排队长度减少了8.11%。因此,多目标优化模型为改善短距路口交通状况提供了更优的解决方案。

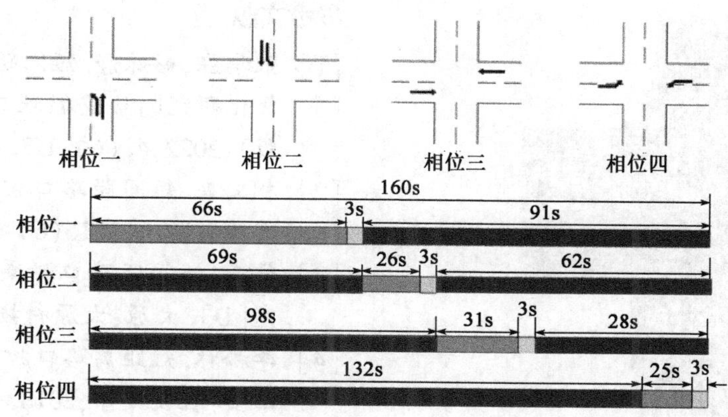

图2 淮舜南路—洞山东路路口相位相序图

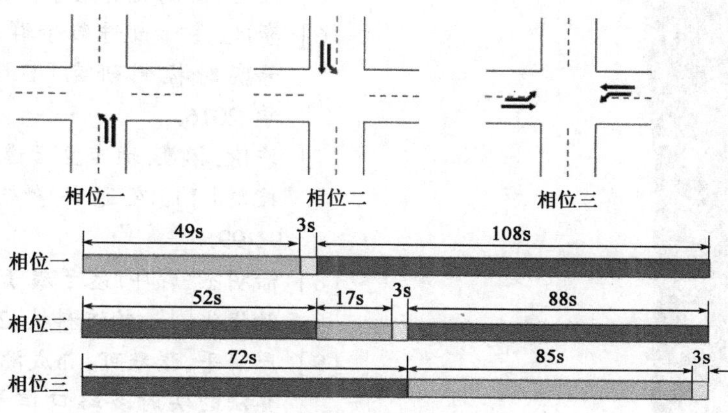

图3 淮舜南路与林场路路口相位相序图

两种配时方案的仿真结果对比表

表4

方案	淮舜南路—洞山东路交叉口		淮舜南路—林场路交叉口		两交叉口之和				淮舜南路方向	
	停车延误(s)	通行能力(辆/h)	停车延误(s)	通行能力(辆/h)	停车延误(s)	效益(%)	通行能力(辆/h)	效益(%)	总排队长度(m)	效益(%)
现状方案	163.4	14550	84.8	9800	248.2	—	8800	—	87.5	—
多目标优化模型方案	148.2	16055	80.6	11450	228.8	7.81	9700	10.23	80.4	8.11

5 结语

本文针对短距路口特点，提出了一个综合多目标优化模型，该模型综合考虑路口通行能力、停车延误和排队长度三个关键性能指标。运用粒子群优化算法对模型进行求解并以淮舜南路的短距路口验证，得出最优信号配时方案。VISSIM 仿真结果证明了优化后的性能指标显著改善，明显超越了现状配时方案，证明了此模型在提升短距路口交通效率方面的优越性。然而本文尚未考虑实际交通状况带来的影响，如行人、天气、节假日等，未来的研究需要考虑模型在多种交通场景下的适应性和鲁棒性。此外除了考虑通行能力、停车延误和排队长度指标，还可以引入更多性能指标，如停车次数、车辆能耗、行人安全等，构建一个更全面的评价体系。

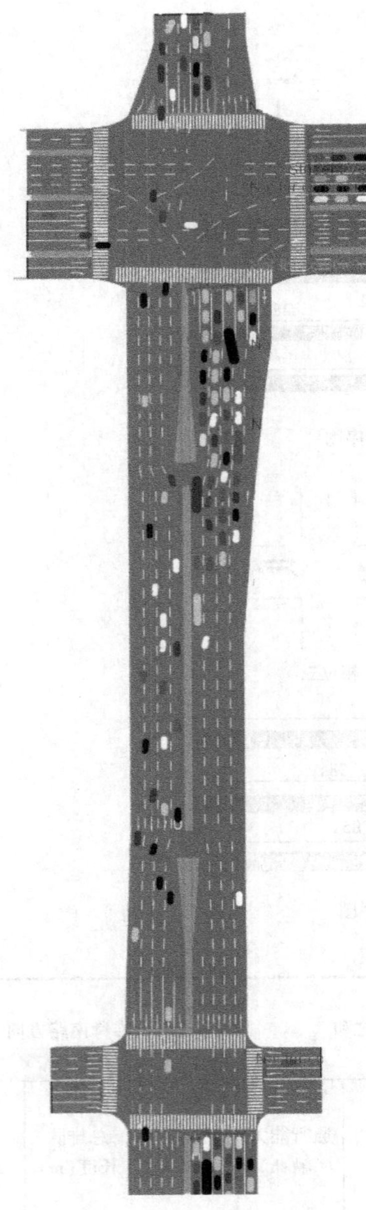

图4　优化模型仿真效果图

参考文献

[1] 张华磊,彭姝静.短间距路口多目标信号配时优化研究[J].安徽理工大学学报(自然科学版),2022,42(6):1-7.

[2] 相文森.短间距路口控制策略研究[J].城市道桥与防洪,2016(6):276-279+24.

[3] 侯森.短间距路口群渠化与信号配时优化研究[D].太原:太原科技大学,2015.

[4] 李松林.短距离路口控制方案优化研究[D].西安:长安大学,2018.

[5] 胡江涛.短距离路口信号配时优化研究[D].成都:西南交通大学,2017.

[6] 李欣.基于改进粒子群算法的路口多目标信号实时控制研究[D].天津:河北工业大学,2016.

[7] 许倩,招晨.城市主干道短距离路口信号优化控制[J].交通科学与工程,2023,39(1):91-99.

[8] 徐明杰,韩印.基于粒子群算法的路口信号配时优化[J].物流科技,2020,43(1):106-110.

[9] 严丽平,张默可,郭成源,等.基于量子粒子群算法的实时多路口信号控制[J].计算机仿真,2021,38(10):180-184.

[10] 卢慕洁.面向通行效率提升的路口群信号配时优化方法研究[D].南京:东南大学,2019.

基于微观交通仿真的交叉路口交通组织优化

柏宇栋*1　张兴华1　张明华1　蔡晓禹2

(1.重庆交通大学交通运输学院;2.重庆交通大学智慧城市学院)

摘　要　信号交叉路口作为城市道路网络中的关键节点,其所能提供的服务水平往往决定着整个路网的流畅程度。文章以重庆市兰花路-南滨路路口和汇龙路-雅居乐大门口路段为实例,通过调查该路口和路段的交通组织情况以及晚高峰时段的交通量和信号配时等数据,利用 VISSIM 仿真软件对该交叉路口进行建模仿真。根据运行仿真得到的结果对交叉路口现状存在的问题进行分析。然后从信号配时方面提出对该交叉路口的交通组织优化设计方案，再次进行建模仿真，并将仿真后的结果与现状对比分析。结果表明：优化后的方案在车辆平均延误、平均排队长度和最大排队长度方面均有所减少，交叉路口的转向服务水平等级有所提高，交叉口的运行状况得到了有效改善，论证了交通组织优化设计方案的可行性。

关键词 交通组织优化 信号配时 交叉路口延误 VISSIM 仿真

0 引言

随着城市交通需求的急剧增长，道路负荷不断攀升，提高交叉路口运行效率已成为改善整体道路状况的迫切需求。道路交叉路口直接影响城市交通流畅性，是车辆和行人交汇的关键节点。交叉路口的复杂交通状况常引发拥堵和事故，影响整体道路通行能力，阻碍城市高效运行[1]。在当前以及未来的交通优化措施中，交叉路口信号配时相对于路网改造显得尤为关键，能够以更经济的方式提高通行效率，更有效地发挥交通信号的作用。

在城市道路网络中，平面交叉路口是最常见的节点形态，采用信号器进行控制。尽管信号交叉路口提升了通行安全，却降低了通行能力。国内外学者在保证安全的前提下，着眼于交叉路口的信号配时和车道功能划分两方面的优化设计，来提高信号交叉口的通行效率。例如，韩义磊[2]通过对车道功能划分和信号配时的优化设计，利用 VISSIM 进行建模仿真，充分论证了该方案的可行性。而徐琛辉[3]提出了混合交叉路口交通信号配时的优化方法，综合考虑了机动车、非机动车和行人流的自身特点。陈凯佳[4]则通过 VISSIM 仿真软件对待行区设置进行微观建模仿真，以最大通行能力为目标确定了适用条件。陈丹丹[5]等通过设计两级模拟控制器，运用 MATLAB 仿真表明，模糊智能控制对红绿灯的实时控制优于定时控制，从而改善交叉口交通拥堵情况。马林[6]分析了交叉路口动态车道运行所需的条件，并提出了基于非线性整数规划的动态车道单点优化模型，有效降低了交叉路口车辆延误。C K WONG[7]等从理论角度建立了混合整数规划模型，以优化车道功能划分和信号控制。马晓旦[8]等通过 VISSIM 仿真软件对交叉路口进行优化设计，降低了车辆冲突，提高了通行能力。

综上，尽管已有相关研究致力通过各种方法来优化信号配时，从而改善交叉路口的通行能力，但对于重新设计信号相位方案的研究相对较少。本文在以往研究基础上，从应用型的角度出发，以兰花路-南滨路交叉路口、汇龙路-雅居乐大门口路段为例，通过利用 VISSIM 建模对比分析优化前后的交叉路口延误时间、排队长度等因素，提出了一种可行的优化方案，以改善交叉路口通行能力。

1 交叉路口概况

1.1 路口及路段区位

重庆市兰花路-南滨路交叉路口、汇龙路-雅居乐大门口路段位于南岸区，是标准的平面十字交叉路口和路段。兰花路为东西走向的城市主干道，南滨路和汇龙路为南北走向的城市主干道。该区域附近有较多小区、公园、学校和公司，沿线交通出行需求大。路口及路段区位情况如图 1 所示。

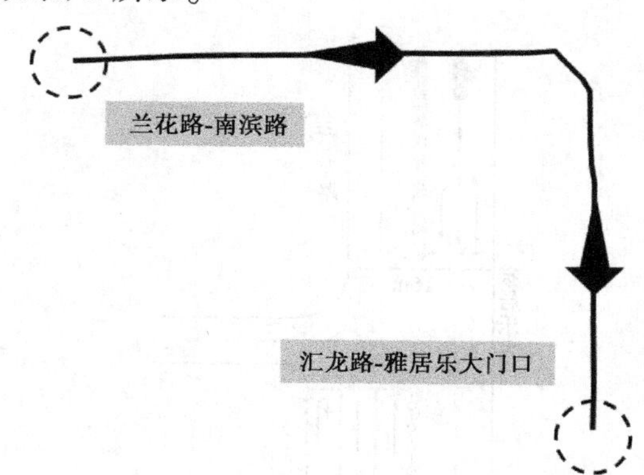

图 1 路口及路段区位图

1.2 路口及路段渠化

兰花路-南滨路为十字形信控路口，南滨路南侧进口段 3 车道，出口段 2 车道，南接巴滨路，北接丹回路，西侧双向四车道，东接兰花路，西接风临路。路口渠化情况如图 2 所示。

汇龙路-雅居乐大门口为信号控制路段，汇龙路南侧双向四车道，南接康恒路，北侧进口段 1 车道，出口段 2 车道，北接兰花路，路口渠化情况如图 3 所示。

1.3 基础数据采集

1.3.1 交通量数据采集

为了分析和优化兰花路-南滨路交叉路口、汇龙路-雅居乐大门口路段存在的问题，需要调查该路口和路段的交通量数据。本次调查采用录像法,调查时段为17:00—19:00。在调查期间,每个进口道和路段均设有一个摄像机,录制时长为2h。录像结束后,将对视频中的交通量按车型和方向进行统计,并最终转换为当量交通量。晚高峰小时流量如表1、表2所示。

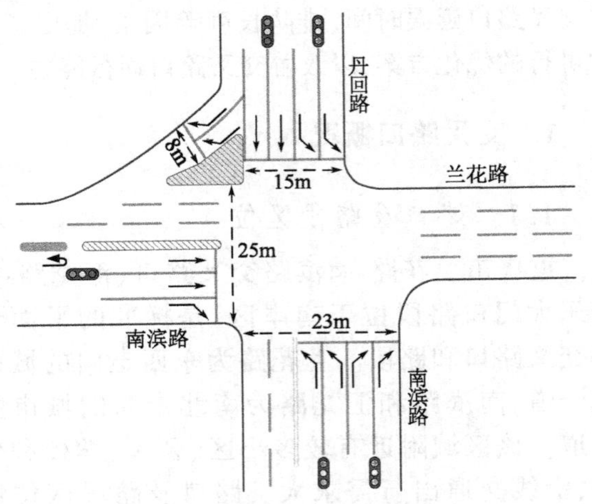

图2 兰花路-南滨路渠化示意图

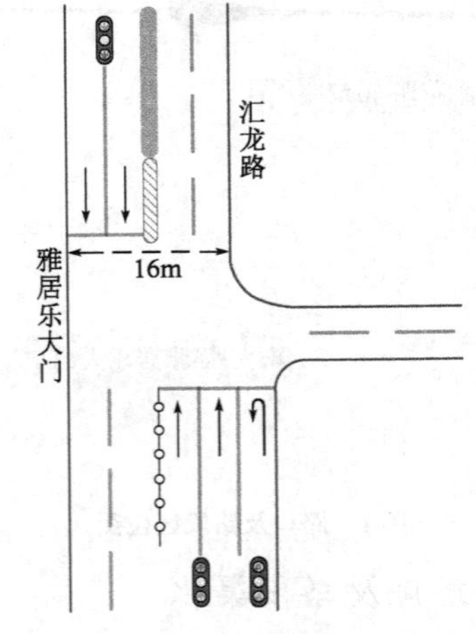

图3 汇龙路-雅居乐大门口渠化示意图

兰花路-南滨路路口晚高峰小时流量表 表1

进口	方向	流量(pcu/h)	合计(pcu/h)
北进口	左转	1564	3208
	直行	852	
	右转	252	
南进口	左转	708	1344
	右转	636	
西进口	直行	372	1104
	右转	732	

汇龙路-雅居乐大门口晚高峰小时流量表

表2

进口	方向	流量(pcu/h)	合计(pcu/h)
北进口	直行	1416	1416
南进口	掉头	208	1528
	直行	1020	

1.3.2 信号周期

兰花路-南滨路路口、汇龙路-雅居乐大门口路段现状配时方案情况如下:

1)兰花路-南滨路

在晚高峰时段,采用四相位信号灯控制进行管理,交叉口信号周期$T=150$s。具体相位设计和相位绿灯时长如图4所示。

2)汇龙路-雅居乐大门口

在晚高峰时段,采用三相位信号灯控制进行管理,交叉口信号周期$T=165$s。具体相位设计和相位绿灯时长如图5所示。

1号相位	2号相位	3号相位	4号相位
31s	57s	40s	22s

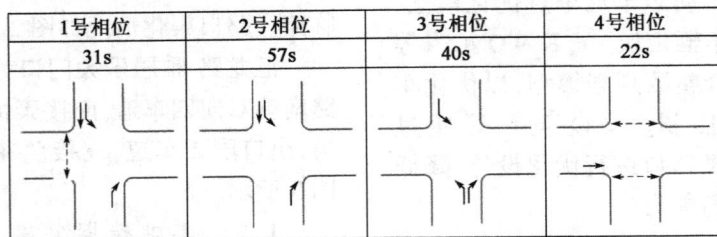

图4 兰花路-南滨路晚高峰现状相位图

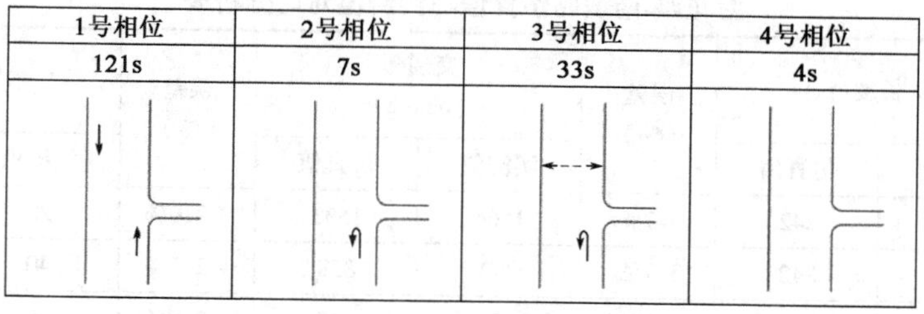

1号相位	2号相位	3号相位	4号相位
121s	7s	33s	4s

图5 汇龙路-雅居乐大门口晚高峰现状相位图

1.4 交通现状及问题

两处点位的车流轨迹为车辆从兰花路-南滨路南进口、北进口、西进口汇入兰花路，沿康恒路方向驶入汇龙路-雅居乐大门口路段。

经数据监测，南岸区兰花路-南滨路路口、汇龙路-雅居乐大门口路段晚高峰时段存在出口车辆排队溢出、跟车间距较大的问题，结合现场调查，具体分析如下：

1）兰花路-南滨路

东出口车辆排队溢出。北进口左转和南进口右转车流量较大，一个周期内同时连续放行128s，导致东出口车辆消散不及时，车辆排队溢出至路口内，东出口交通运行态势与溢出情况如图6所示。

图6 兰花路-南滨路东进口车流溢出情况

2）汇龙路-雅居乐大门口

北进口直行跟车间距较大。北进口直行车流量大，一个周期内连续放行121s，导致直行车辆跟车间距大，道路上的车辆数量不能充分利用道路容量，可能会造成交通效率下降。北进口跟车间距情况如图7所示。

2 交叉口现状建模仿真及验证

VISSIM是由德国PTV公司研发的微观仿真软件，其功能齐全，能够仿真多种影响路网运行的要素，包括道路类型、车辆轨迹、驾驶行为、信号控制和外部环境等。通过周期性运行，该软件能够生成对路网服务水平进行评估的结果[9]。本文根据前期实地调查数据，利用VISSIM对兰花路-南滨路路口以及汇龙路-雅居乐大门口路段进行了建模仿真。仿真结果如图8所示。

图7 汇龙路-雅居乐大门口北进口直行跟车间距示意图

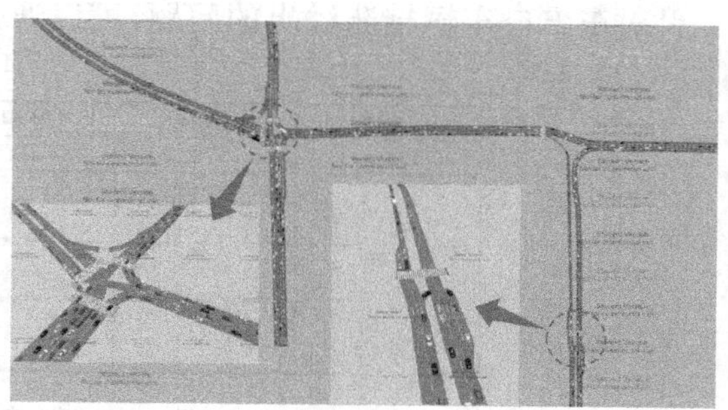

图8 现状仿真建模图

基于前期现场调查的交通流数据和交叉口的几何参数，使用VISSIM仿真软件对兰花路-南滨路路口和汇龙路-雅居乐大门口路段进行了建模。通过交通量、排队长度、车均延误等指标进行模型标定。为了确保仿真模型的真实性以及仿真结果的准确性，设定取不同随机种子10、20、30…100多次运行后取平均值。

此次仿真选取的校验对象为兰花路-南滨路，校验指标是最大排队长度、交通量以及延误，详细情况如表3所示。

兰花路-南滨路仿真值与实测值对比分析表　　表 3

进口道	转向	排队长度(m)		误差(%)	交通量(pcu/h)		误差(%)	车均延误(s)		误差(%)
		实测值	仿真值		实测值	仿真值		实测值	仿真值	
北进口	左转	233	242	3.7%	1564	1533	-2.0%	23	25	7.9%
	直行	233	242	3.7%	852	828	-2.8%	40	36	-9.6%
	右转	29	31	6.9%	252	247	-2.0%	26	24	-6.6%
南进口	左转	171	160	-6.6%	708	734	3.7%	83	79	-6.6%
	右转	171	160	-6.6%	636	661	3.9%	3	3	-7.7%
西进口	直行	187	195	4.0%	372	360	-3.2%	56	61	8.6%
	右转	187	195	4.0%	732	746	1.9%	48	44	-8.5%

由数据对比可知，对现状仿真获得的最大排队长度、交流流量以及延误值与实际调查值之间的误差均在 10% 以内，完全满足模型标定的要求，因此建立的仿真模型可用。

3　交通组织优化设计

针对兰花路-南滨路路口、汇龙路-雅居乐大门口路段交通运行情况，对沿线两个路口采取精细化配时优化，优化方案具体如下。

3.1　兰花路-南滨路路口

3.1.1　北进口左转、南进口右转减少放行时间

针对东出口车辆排队溢出的问题，可以通过控制南北进口车辆长时间持续汇入来解决，所以将北进口左转放行时间从 128s 减少至 123s，将南进口右转放行时间从 128s 减少至 113s，减少汇入东出口车流量。

3.1.2　北进口左转、南进口右转采取二次放行

针对东出口车辆排队溢出的问题，可以通过相位拆分重组的方式，调整放行顺序来解决，所以对北进口左转和南进口右转采取二次放行，北进口左转放行时间分别为 88s、35s，南进口右转放行时间分别为 88s、25s，避免北进口左转和南进口右转同时连续放行，缓解东出口车辆通行压力。

优化后的信号配时方案如图 9 所示。

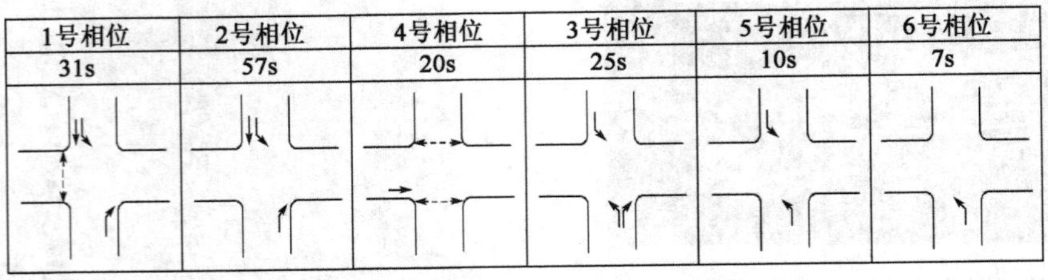

1号相位	2号相位	4号相位	3号相位	5号相位	6号相位
31s	57s	20s	25s	10s	7s

图 9　兰花路-南滨路晚高峰优化信控配时图

3.2　汇龙路-雅居乐大门口路段

针对北进口直行跟车间距大的问题，可以通过调整相位时间和放行顺序来解决，所以增加南进口掉头相位的放行时间，对北进口直行采取二次放行，放行时间分别为 74s、42s，提高直行车辆通行效率。

优化后的信号配时方案如图 10 所示。

4　优化方案仿真及评价

根据优化后的道路渠化和信号配时，对兰花路-南滨路路口、汇龙路-雅居乐大门口路段进行 VISSIM 仿真，分别从排队长度、延误、行程时间和停车次数等指标，与优化前的各数据进行对比分析。

4.1　路口优化效果

优化后，兰花路-南滨路路口、汇龙路-雅居乐大门口路段晚高峰时段交通运行情况明显改善，具体改善情况如下。

4.1.1　兰花路-南滨路路口

优化后，兰花路-南滨路路口北进口左转排队长度虽有上升，但在可控范围之内。路口总延误

为31.7s,较优化前39.2s下降19.1%,路口服务水平保持为D。优化前后对比如表4所示。

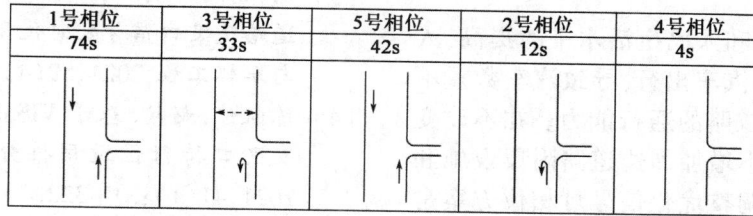

1号相位	3号相位	5号相位	2号相位	4号相位
74s	33s	42s	12s	4s

图10　汇龙路-雅居乐大门口晚高峰优化信控配时图

兰花路-南滨路优化方案评价对照表

表4

进口道	转向	晚高峰仿真评价								
		最大排队长度(m)		车均延误(s)		转向服务水平		路口服务水平		提升率(%)
		现状	优化	现状	优化	现状	优化	现状	优化	
北进口	左转	242	265	25	29	C	D	D	C	18.3%
	直行	242	265	36	21	D	C			
	右转	31	28	24	20	C	C			
南进口	左转	160	144	79	53	F	E	E	D	
	右转	160	144	3	3	A	A			
西进口	直行	195	182	61	56	F	E	E	E	
	右转	195	182	44	40	E	D			

4.1.2　汇龙路-雅居乐大门口路段

优化后,汇龙路-雅居乐大门口路段北进口直行排队220m,减少60m,直行车均延误为10.2s,较优化前12.0s下降14.4%。路口总延误为29.1s,较优化前33.8s下降13.7%,路口服务水平保持为D。优化前后对比如表5所示。

汇龙路-雅居乐大门口优化方案评价对照表

表5

进口道	转向	晚高峰仿真评价								
		最大排队长度(m)		车均延误(s)		转向服务水平		路口服务水平		提升率(%)
		现状	优化	现状	优化	现状	优化	现状	优化	
北进口	直行	285	216	12.0	10.2	B	B	D	D	13.7%
南进口	掉头	127	127	20.2	17.6	C	C			
	直行	127	127	69.2	59.6	F	E			

汇龙路-雅居乐大门口路段北进口跟车间距过大问题也得到了改善,改善前后对比如图11所示。

4.2　区域优化效果

兰花路-南滨路、汇龙路-雅居乐大门口优化方案实施后,晚高峰时段沿线整体通行效率得到提高,优化前存在兰花路-南滨路东出口车辆排队溢出、汇龙路-雅居乐大门口北进口直行跟车间距大等问题,优化后区域整体的通行效率都得到了提升。

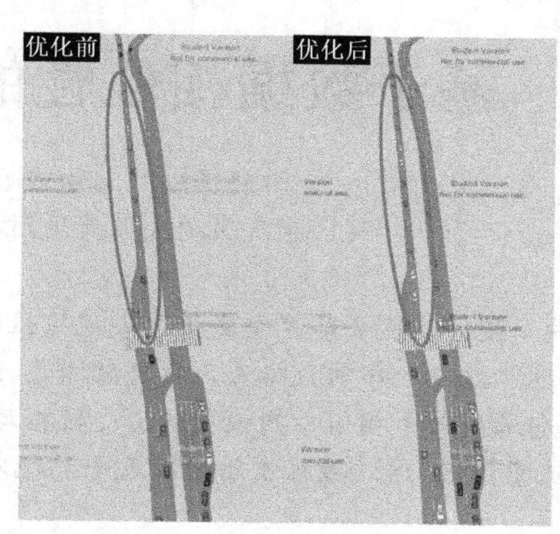

图11　汇龙路-雅居乐大门口优化前后对比图

5　结语

随着经济的发展和人民生活水平的提高，人们逐渐倾向于使用小汽车出行，导致汽车数量不断增加，从而降低了道路的通行能力。在不改变交叉口几何形态，也不增加周边道路附属设施和人力管控的前提下，调整优化信号灯相位方案是目前普遍使用的方法，可提高运行效率并降低运输车辆的管理成本[10]。

本文运用VISSIM仿真以交叉口总延误、排队长度、服务水平等指标为参数，全面优化重庆市兰花路-南滨路路口、汇龙路-雅居乐大门口路段的信号配时和相位相序。优化后的服务水平和总延误等性能指标有所提升，交叉口达到了一个比较理想的控制效果。结果表明，优化后的兰花路-南滨路交叉口车辆平均延误减少了18.3%、汇龙路-雅居乐大门口车辆平均延误减少了13.7%。由于作者经验不足，研究仍存在一些不足之处和值得深入研究与改进空间，机非混合特性是我国城市交通的特点，后续的研究将非机动车、过街行人和车辆滞留等因素考虑进模型中，提升模型的实用化水平。

参考文献

[1] 成军宇，王宁，白彦凯. 基于VISSIM仿真的城市交通路口优化设计[J]. 时代汽车，2023(8):14-16.

[2] 韩义磊，韩印，胡荣. 基于VISSIM仿真的交叉口交通组织优化设计[J]. 物流科技，2021，44(9):83-86.

[3] 徐琛辉，马明辉，王栋. 城市道路混合交通流道路交叉口信号配时优化方法[J]. 农业装备与车辆工程，2021，59(4):106-109.

[4] 陈凯佳，赵靖. 基于VISSIM仿真的十字信号交叉口待行区适用性分析[J]. 中外公路，2021，41(1):318-322.

[5] 陈丹丹，贾娟. 城市交叉口的智能控制策略[J]. 物流科技，2011，34(4):109-112.

[6] 马林. 基于动态车道的交叉口时空资源优化方法[D]. 长春：吉林大学，2020.

[7] C K Wong, B G Heydecker. Optimal allocation of turns to lanes at an isolated signal-controlled junction[J]. Transportation Research Part B, 2010, 45(4):667-681.

[8] 马晓旦，刘杰. 基于VISSIM的控江路与敦化路交叉口优化设计[J]. 物流科技，2019，42(7):68-70.

[9] Muchlisin Muchlisin. Modelling an Unconventional Intersection Single-point Urban interchange with PTV. VISSIM[C]. Proceed-ings of the Third International Conference on Sustainable Innovation 2019-Technology and Engineering (IcoSITE 2019), 2019.

[10] 白如意，汪涛，付晶燕，等. 基于VISSIM仿真的交叉口信号配时优化设计[J]. 物流科技，2022，45(1):80-83，95.

基于数据相似性的高速断面短时流量预测

杨泽鹏*[1]　许可心[1]　林　婧[1]　邢茹茹[1]　蔡晓禹[2]

(1. 重庆交通大学交通运输学院；2. 重庆交通大学智慧城市学院)

摘　要　高速公路流量变化周期规律性明显，数据相似性较高。可利用典型高速历史断面交通流量数据，选取过去一年的数据作为历史数据集，选用欧氏距离、余弦距离、协方差系数三种方法及其互相组合，分别采用七个相似性判模型从历史数据库中选择5个相似历史数据，并基于相似历史数据预测未来5min流量情况，通过数据波动情况及平均绝对误差分析不同模型的流量预测情况。分析表明使用余弦距离与欧式距离的结合模型流量数值预测精度在七个模型中是最好的，平均相对误差均处于18%以下，而余弦距离与协方差相似系数的组合模型在描述数据整体波动情况更具优势。

关键词 短时流量预测 周期相似 欧式距离 余弦距离 协方差相似系数

0 引言

高速公路短时流量预测对高速公路运行管理和运行效率提升具有重要意义，精准可靠的交通流量预测是进行动态交通控制与科学管理的关键。

根据使用方法的不同，可将短时流量预测方法归类为两种：基于数学模型进行预测以及采用神经网络等深度学习的人工智能预测方法。人工智能算法虽然能够得到较高的预测精度，但是其流程复杂烦琐[1]，在实际应用当中较难实现。且高速公路交通运行情况较城市道路更为简单，单个路段受别的路段影响较小，出行特征周期性强[2]，通过具体数学建模也能得到较好的预测结果。

目前被广泛使用的数学模型为时间序列模型。为提高其预测性能，许多学者在此基础上进行改进，YAO[3]等提出了短时交通流预测的线性混合方法和非线性混合方法，针对相似部分、不相似部分、无规则部分数据采取不同的模型进行预测；夏进[4]等考虑交通流数据变化的时空特征对传统时间序列模型进行分解重构，提升时间序列模型预测精度；李文勇[5]等通过 Box-Cox 指数变换建立了观测交通流量数据均值和方差之间的函数关系，以此来预测数据波动较大的时间序列。

除了时间序列法以外，不少学者基于交通流数据变化规律构建模型进行预测。杨东[6]等通过构建 AADT 与节假日预测流量变化关系模型，实现通过 AADT 来预测节假日流量变化趋势；杨春霞[7]等通过历史流量相似性来预测未来 5min 的流量情况。在采用数学模型进行预测的方法中，时间序列为较普遍采用的方法，但该方法在面对突发性情况的流量(如大型节假日工作日前后)会有较大偏差。

相较于城市道路，高速公路路段干扰较少，流量变化较为平稳，相似的流量数据也更多[8]。因此，本文通过从历史数据中按照工作日、特殊工作日、节假日找寻相似流量数据进行高速断面流量预测，组合并比对不同相似性判断模型，探究基于相似序列流量预测的变化规律，找寻在使用数学模型预测中精度较高的组合预测模型。

1 短时流量预测

交通出行呈时间周期性，不同日期的交通数据会呈现相似特性[9]。因此若保证了足量的历史流量数据，出现相似流量趋势的交通数据的可能性就会越大。在充足的历史数据中，采用一定规则选用更相似流量数据来预测目标时段流量的准确性也会更高[10]。如图1所示。

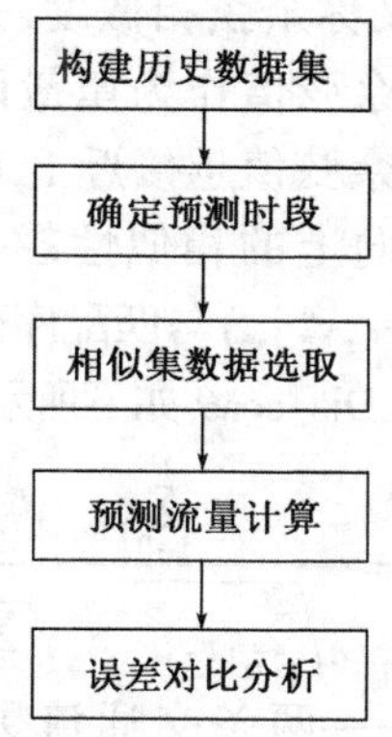

图1 流量预测流程图

1.1 历史流量数据集构建

历史流量数据越充足，出现相似规律的流量数据概率就越大，但一味地扩大数据库冗余的数据又会导致计算量增大，增加搜索时间。因此历史数据库的数据量需要有所界定。

对于日常工作日及日常周末出行，以一周为间隔周期则可能会出现相似规律的流量数据，但是对于特殊工作日或者是大型节假日，流量变化会出现较大的波动情况，采用过去一年的数据能够保证大部分日期下的流量数据出现周期性变化。

1.2 相似性判断规则

采用不同数据相似评价模型，从数值、方向、形状等方面从历史数据中找出最为相似的各组数据，用以预测交通参数未来变化情况。

1.2.1 欧式距离

欧式距离也称欧几里得距离，是最常见的距离度量，用于比较两个数据之间数值大小的相似性,距离越小,则数据之间的差值越小。定义在欧几里得空间中,计算目标序列 $Y_{(T)}(y_T^n,y_{T-1}^n\cdots,y_{T-M}^n)$与历史数据库中的匹配序列 $\boldsymbol{C}(c_T,c_{T-1},\cdots,c_{T-M})$之间的欧氏距离 Dis_Euclid 如下所示:

$$\text{Dis\_Eculid}=\sqrt{\sum_{i=0}^{M}(y_{T-i}^n-c_{T-i})^2}$$

式中:Dis_Eculi——两条交通流数据之间的欧式距离;

y_{T-i}^n——历史流量中 n 日 $T-i$ 时刻流量;

c_{T-i}——历史流量中 n 日 $T-i$ 时刻流量。

1.2.2 余弦距离

余弦距离,又称余弦相似度,是用向量空间中两个向量夹角的余弦值作为衡量两个个体间差异的大小的度量。余弦值越接近1,就表明夹角越接近0°,数据在方向上的相似性越一致。在目标序列 $Y_{(T)}(y_T^n,y_{T-1}^n,\cdots,y_{T-M}^n)$与匹配序列 $\boldsymbol{C}(c_T,c_{T-1},\cdots,c_{T-M})$的余弦距离 Dis_cosθ 如下所示:

$$\text{Dis\_cos}\theta=\frac{\sum_{i=0}^{M}c_{T-i}y_{T-i}^n}{\sqrt{\sum_{i=0}^{M}c_{T-i}^2}+\sqrt{\sum_{i=0}^{M}y_{T-i}^{n\ 2}}}$$

式中:Dis_cosθ——两条交通流数据之间的余弦距离。

1.2.3 协方差相似系数

协方差可用以评价两组数据之间的增减趋势一致性情况。两组数据之间的协方差相似系数越大,则二者之间的增减趋势越相似。在目标序列 $Y_{(T)}(y_T^n,y_{T-1}^n,\cdots,y_{T-M}^n)$与匹配序列 $\boldsymbol{C}(c_T,c_{T-1},\cdots,c_{T-M})$之间的协方差相似系数 $\rho(CY)$ 如下所示[11]:

$$\rho(CY)=\frac{\text{cov}(C,Y)}{\sigma(C)\sigma(Y)}$$

式中:$\rho(CY)$——两条交通流数据之间的相似度。

1.2.4 组合模型预测

通过采用归一化及相关性统一化处理,对上述模型之间两两组合或三者模型组合,综合多个模型判断指标来判断数据相似性。

目前最常用的归一化方法是 Min-Max 归一化,也称为离差标准化,是对原始数据的线性变换,使结果值映射到0~1之间。

$$x_0'=\frac{x-x_{\min}}{x_{\max}-x_{\min}}$$

由于三个相似距离模型各自的相关性不同,需要对模型的相关性进行统一处理。

$$x_0''=1-x_0'$$

对不同模型所得数据经过归一化、相关性统一处理后,采用以下公式组合模型判断历史数据流量变化趋势与目标数据流量变化趋势的相似性:

$$\chi=\frac{\sum_{i=1}^{n}x_i''}{n}$$

式中:χ——组合模型相似性系数;

x_i''——采用 i 方法所得出相似性判断值。

1.3 预测流量计算

由不同相似性判断模型选取的若干不同相似历史流量数据,对历史数据处于预测时段的流量数据进行等权平均计算,获得预测时段流量数据:

$$S=\frac{\sum_{i=1}^{n}s_i}{n}$$

式中:S——预测时段流量值;

s_i——预测时段历史流量值。

1.4 误差分析

采用平均相对误差(MAPE)计算不同方法所得预测流量与真实流量的误差值。

$$\text{MAPE}=\frac{1}{n}\sum_{i=1}^{n}\left|\frac{y_i-\hat{y}_i}{\hat{y}_i}\right|\times 100\%$$

式中:y_i——预测流量值;

$\hat{y}_i$——真实流量值。

2 数据分析

通过选取典型高速道路断面进行研究,选取特殊工作日(2023年9月28日)、节假日(2023年10月1日)、日常工作日(2023年10月19日)作为预测日,采用不同相似性判断模型及不同组合方式预测不同情况的高速断面流量。

2.1 预测流量数据分析

2.1.1 预测结果对比分析

分别采用欧式距离、余弦距离、协方差相似系数三个相似性模型的单独使用、两两组合、三个模型组合共计七个模型来选取历史相似集流量数据,对不同时间场景下的同一个时间段6:00—21:45间隔5min滚动预测流量(图2~图4)。

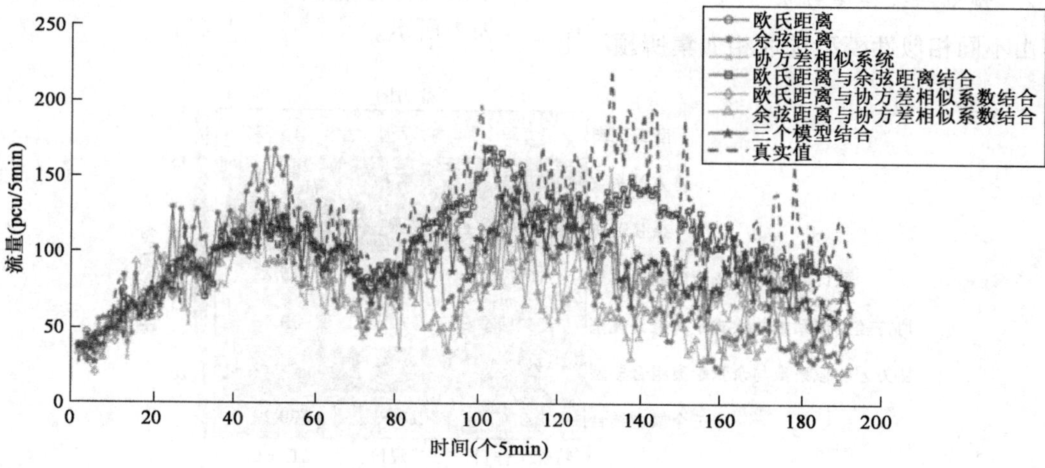

图2 特殊工作日预测流量对比图

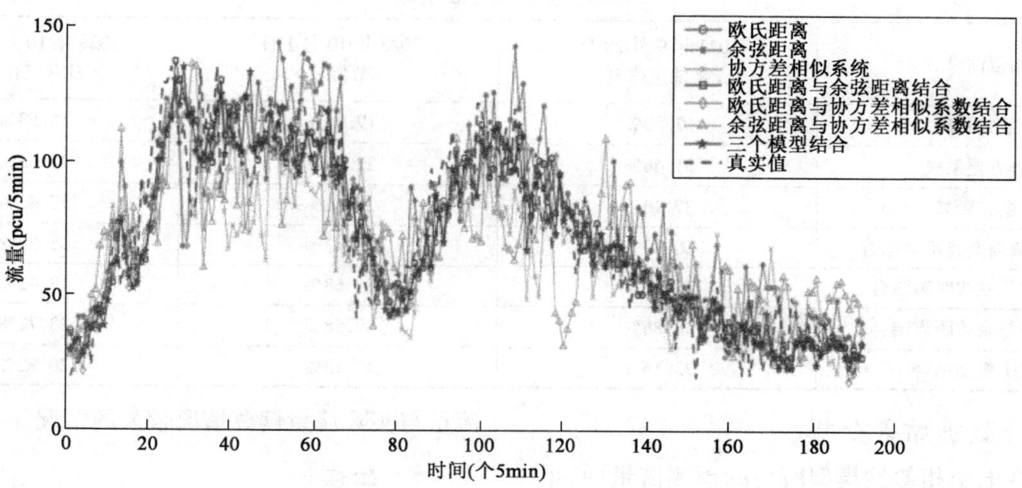

图3 节假日预测流量对比图

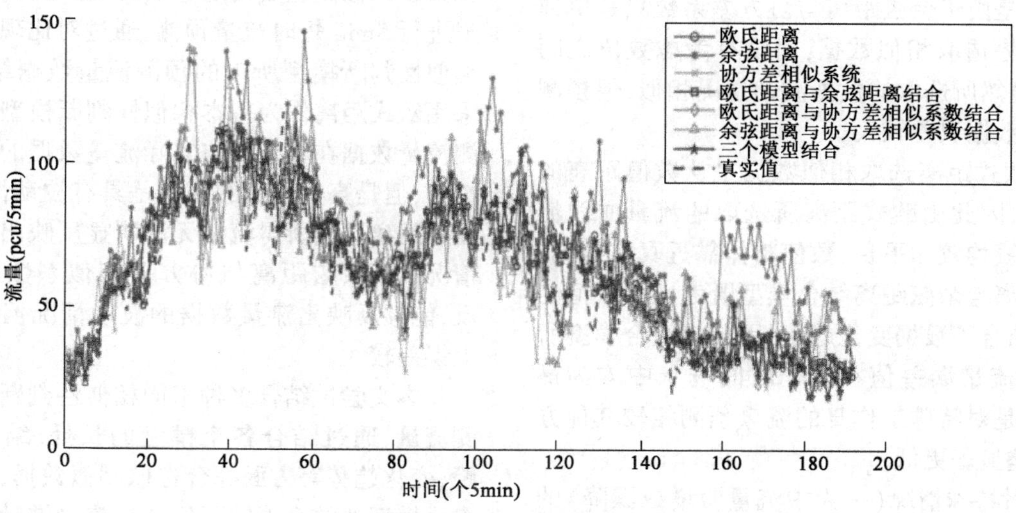

图4 工作日预测流量对比图

2.1.2　预测结果误差分析

计算由不同相似性模型选取相似集所预测出来的流量数据的MAPE(图5),误差计算结果如表1所示。

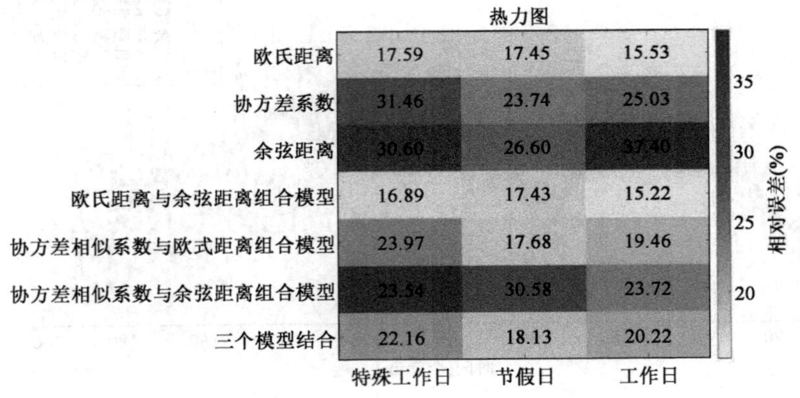

图5　MAPE误差热力图

平均相对误差对比分析　　表1

相似性模型	2023年9月28日(特殊工作日)	2023年10月1日(节假日)	2023年10月19日(日常工作日)
欧式距离	17.59%	17.45%	15.53%
协方差系数	31.46%	23.74%	25.03%
余弦距离	37.90%	26.60%	37.42%
欧式距离与余弦距离结合	16.89%	17.43%	15.22%
协方差与欧式距离结合	23.97%	17.68%	19.43%
协方差与余弦距离结合	38.86%	30.58%	23.72%
三个模型结合	22.16%	18.13%	20.22%

2.2　数据结果分析

(1)在七个相似性模型所得的预测流量中,单独采用余弦距离、协方差相似系数所得的误差交大,但其流量波动与实际流量值的波动情况较为贴合。这是由于余弦距离与协方差系数只是单纯从数据趋势选取相似数据,而没有考虑数值之间的相似,虽然所选取的数据波动情况相似,但预测所得流量数据误差较大。

(2)欧式距离选取相似数据是从数值距离的角度评估,因此由欧式距离所选取的流量曲线流量波动曲线均较为平稳,数值整体靠近真实数据。而欧式距离与余弦距离结合模型既考虑了数值的差距,有结合了数据变化趋势,因此该组合模型所得的预测流量误差值在三个时间场景中均为最低。尤其是对特殊工作日的流量预测相较其他方法,其误差显著更低。

(3)对特殊情况(一天中流量激增或骤降)的流量变化无法精准预测,在该时段下会出现预测流量与实际流量偏离情况较大的情况。

3　结语

本文采用基于交通大数据的环境下,通过寻找具备相似流量变化趋势的历史数据构建相似集来进行5min短时流量预测,通过对比现有的不同相似性判断模型所得的预测流量数据结果可得,采用欧式距离作为基本相似性判断模型所得的预测流量数据在数值上与实际流量数据的偏差是较小的,但是真实流量的变化是具有波动性的,基于欧式距离预测所得流量无法明显反映出这种波动情况。而余弦距离与协方差相似系数则正好相反,能够反映出流量数据的波动情况但是在数值上误差较大。

本文尝试结合多种不同相似性判断模型来预测流量,通过结合各个模型的长处,结合数值差距、变化趋势等方面综合选取相似数据,结果表明多个模型的结合能够更好地把流量波动趋势表达出来或提高预测精度。下一步可对各个相似性判断模型更细致地选取各自的优点来进行预测，从而进一步提升预测精度。

在后续的研究中可对不同模型采用不同加权的方法，或先使用一种方法筛选相似性后，再对筛选后的数据采用另外一种方法进行精选的方式来提升模型预测精度，同时保留流量数据的波动特征，以提高预测流量数据与真实流量数据的匹配度。

参考文献

[1] 闻川，成卫，肖海承. 基于多维流量特征的短时交通流量预测模型[J]. 公路交通科技，2023，40(07)：191-199.

[2] 刘艳丽，赵卓峰，丁维龙，等. 基于高速收费大数据的短时交通流量预测方法[J]. 计算机与数字工程，2019，47(05)：1164-1169 + 1188.

[3] YAO R H，ZHANG W S，ZHANG L H. Hybrid methods for short-term traffic flow prediction based on ARIMA-GARCH model and wavelet neural network [J]. Journal of Transportation Engineering Part A Systems，2020，146：04020086.

[4] 夏进，王正群，朱世明. 基于时间序列分解的交通流量预测模型[J]. 计算机应用，2023，43(4)：1129-1135.

[5] 李文勇，李俊卓，王涛. 基于 Box-Cox 指数变换改进的 ARIMA 模型交通流预测方法[J]. 武汉理工大学学报(交通科学与工程版)，2020，44(6)：974-977.

[6] 杨东，陆宇航，郭建华. 节假日路网流量预测方法与实例分析[J]. 无线互联科技，2021，18(8)：94-96.

[7] 杨春霞，符义琴，鲍铁男. 基于相似性的短时交通流预测[J]. 公路交通科技，2015，32(10)：124-128.

[8] 郭瑞军，于景，孙晓亮，等. 基于电子收费数据的高速公路交通流特性分析[J]. 大连交通大学学报，2018，39(1)：17-22.

[9] 陈航，陈玉敏，吴钱娇，等. 基于周相似性的短时交通流预测方法研究[J]. 测绘通报，2015(S1)：27

[10] 蔡晓禹，谭宇婷，雷财林，等. 交通大数据环境下短时交通流量预测研究[J]. 铁道运输与经济，2018，40(8)：88-93.

[11] 欧晓凌，裘刚，张毅，等. 城市交通流信息相似性分析与研究[J]. 中南公路工程，2003，28(2)：4-7.

基于高斯近邻的城市道路交通拥堵指数预测

林 婧* 杨泽鹏 许可心

(重庆交通大学交通运输学院)

摘 要 为准确反映交通拥堵指数在高峰时段的波动情况，本文对城市道路的交通拥堵指数整体变化规律进行充分分析，以预测未来 2min 的交通拥堵指数为目标函数，根据过去相同时刻的交通变化趋势进行预测，提出了一种基于高斯近邻算法的交通拥堵指数预测模型。并利用重庆市某商圈路段的实测数据进行验证分析，结果表明，模型在工作日高峰时段的交通拥堵指数预测精度达 89.67%，在非工作日高峰时段的预测精度达 89.45%。该方法在预测高峰时段的交通拥堵指数变化趋势方面表现出良好的效果，并在工作日和非工作日均具有较强的适应性。

关键词 高斯近邻 城市交通 交通拥堵指数

0 引言

交通拥堵指数作为一种衡量城市道路整体运行状态的综合性指标，对于定量评估城市交通状况具有重要意义。通过对城市拥堵指数变化趋势的精准预测，不仅可以为出行者提供科学的出行建议，促使其做出更为合理的出行决策，同时也能够为交通管理机构在制订有效的交通调控措施方面提供强有力的数据支撑,为改善城市交通状况做出了积极的贡献。基于此,近年来,围绕拥堵指数预测模型的研究逐渐成为国内外学者关注的焦点。

交通拥堵指数的预测本质上与交通流参数的预测属于同一类型的问题。目前,对于交通流参数进行预测的模型可大致分为以下四种主要类别[1],每一类都各具特点:(1)基于统计分析的预测模型,这一类模型以时间序列法为典型代表,适合应用于交通状况相对平稳的路段。其主要局限性在于对非线性数据进行处理的能力不足,使得在某些情况下交通拥堵指数的预测精度受到一定的限制。(2)基于非线性理论的预测模型,主要包含了混沌理论模型、小波分析模型等,这一类模型在应对和处理复杂多变的交通流状态时展现出较好的预测效果,能够较好地适应交通流的非线性特性,对于复杂变化的交通状况具有较强的预测能力。(3)基于机器学习的预测模型,深度学习模型、神经网络模型等均属于此类模型,通过学习和挖掘交通流数据与各种交通流影响因素之间存在的非线性关系[2],展现出良好的预测效果。但这类模型在选择影响因素时容易受到主观判断的影响,难以准确地对数据序列的变化趋势进行捕捉。(4)多种方法组合的预测模型,这一类模型通过整合上述几种方法的优势后再进行预测,与使用单一的模型进行预测相比,预测精度得到较大的提升,但由于该模型需要对不同的方法进行整合,导致预测过程的复杂性增加。

关于拥堵指数的预测研究目前主要集中在对上述的四类预测模型进行应用和改进。熊励[3]对影响交通拥堵的关键因素进行分析,在MapReduce的基础上提出一种多元变量对数线性回归的交通拥堵预测模型,能够对道路交通运行状态进行有效量化。非线性回归模型在选取影响交通拥堵指数的因素时,主要选取节假日、天气、交通管制、重大活动等因素[4-5],且经过验证综合考虑多种因素对模型的影响,能够提高模型预测的准确性。孙士宏[6]通过对路网中在途车辆的数量和拥堵指数之间的峰值延缓滞后情况进行分析,探索背后存在的机理,建立了以路网中在途车辆数量为基础的拥堵指数预测模型。对于机器学习预测模型在捕捉序列变化趋势时存在一定难度的问题,张璐等[7]提出了一种基于卷积神经网络的时间序列特征自动提取方法,该方法可以有效地克服传统方法中人工提取特征所带来的误差。邢一鸣[8]在超限学习机神经网络的基础上,建立了一种核超限学习机的群组算法,由若干个超限学习机的子模型分别对某一类的样本进行学习,使每一类样本的预测效果达到最优。赵晓华等[9]以地图导航数据和实地观测调查数据为基础,采用交通拥堵指数为快速路立交出口处的安全风险评判指标,基于极限梯度提升算法建立了一个交通拥堵指数预测模型,对道路安全管理有积极作用。

虽然目前已有的模型在交通拥堵指数的时序特征提取方面已取得较大进展,但仍然存在一些需要改进的地方。例如,以小时、分钟为时间间隔进行短期预测的模型,在拥堵指数序列相对稳定的情况下表现出较好的预测效果,但在高峰时段拥堵指数有较为明显的波动时,其预测精度仍有进一步提升的空间。

本文根据交通拥堵指数受天气、节假日或工作出行等因素的影响下,呈现出的不同变化态势,利用大量的历史数据挖掘、描述交通拥堵指数变化规律。在此基础上,构建一个具有较高准确性及可操作性的交通拥堵指数预测模型,实现对交通拥堵指数的2min级预测。

1 交通拥堵指数预测模型

基于高斯近邻的交通拥堵指数预测思路如下:首先,构建时间间隔为2min的交通拥堵指数历史态势数据库,获取当前观测的2min交通拥堵指数序列;其次,提取预测点前一段时间的交通拥堵指数作为目标序列,并取出历史数据库中相同时刻的交通拥堵指数序列作为匹配序列,对目标序列与不同的匹配序列之间的欧式距离进行计算;然后通过比较欧式距离的远近,选择最近k个距离对应的预测时刻交通拥堵指数,并利用高斯分布为不同距离赋予权重,最终的预测值通过这k个距离对应的与预测时刻同一时间点的历史交通拥堵指数和权重相乘得到。

1.1 高斯过程和高斯分布

高斯过程是一项重要的统计模型,旨在对时间、空间等连续域上的数据特性进行精准的描述和刻画。通过将连续输入空间中的每个点都分别映射到一个服从正态分布的随机变量上,实现函数在空间上的建模。并要求这些随机变量的任意个有限集合都必须服从多元正态分布,所有随机变量组成的联合分布则被表示为整个高斯过程的分布,描述了函数空间的全局特征。其核心思想在于采用无限维度的多元变量高斯分布,灵活地建立函数模型,从而实现对复杂函数关系的建模和预测。

直观上来说,高斯过程可以对函数进行灵活的拟合和回归,即使在数据样本稀疏或不均匀分布的情况下,也能够提供可靠的近似能力,即在给定一个输入变量 x 后,将输出相应的预测值 $f(x)$。高斯分布用来描述向量 x,高斯过程则用来描述函数 $f(x)$。在数学上,高斯过程可以被看作是一个以函数 $m(x)$ 为均值,以函数 $k(x,x')$ 为方差的高斯分布。其中,对任意变量 x,x',有:

$$m(x)=E[f(x)]k(x,x')=\mathrm{Cov}(f(x),f(x'))$$

高斯过程所具有的特性使其非常适合用于描述交通拥堵指数在时间和空间上的不确定性。因此,可以将交通拥堵指数的预测问题理解为一个高斯过程。在这个过程中,每个时间点所对应的拥堵指数被视为一个随机变量,而所有时间点上的拥堵指数则共同构成一个随机过程。

然而,要解决这一高斯过程的问题十分复杂。根据 Lu Zhang 在 Nearest Neighbor Gaussian Processes(NNGP) based model in Stan 中介绍的,高斯过程是一种由服从正态分布的一定数量的随机变量组合而成的联合分布,且高斯过程的边缘分布也属于高斯分布。因此,可以将该高斯过程简化为在历史交通数据中呈现共性态势的样本点之间的距离值服从正态分布的情况。通过利用历史交通数据来学习交通流的动态特性和模式,包括在不同时间粒度(如小时或分钟级别)上的波动规律,通过计算预测点与其距离最近的样本点之间的距离,并利用高斯分布为这些距离进行加权,以确保准确地预测交通拥堵指数。

1.2 基于高斯分布的近邻算法

假设定义某时刻某路段的预测交通拥堵指数为 I_{t+1},已知该路段当前时刻 t 前一段时间的交通拥堵指数,则当前时刻 t 的交通拥堵指数预测过程主要包含以下几个步骤:

步骤1:获取当前时刻 t 前一段时间对应的交通拥堵指数,作为目标序列 $X_{(t)}$:

$$X_{(t)}=[I_t,I_{t-1},I_{t-2},\cdots,I_{t-m+1}]$$

式中:I_t——预测日当前时刻 t 的交通拥堵指数。

步骤2:获取历史数据库中 n 天与目标序列相同时刻对应的交通拥堵指数,作为匹配序列 C_1,C_2,…,C_n:

$$C_n=[I_t^n,I_{t-1}^n,I_{t-2}^n,\cdots,I_{t-m+1}^n]$$

式中:I_t^n——历史 n 日在当前时刻 t 的交通拥堵指数。

步骤3:计算目标序列 $X_{(t)}$ 与匹配序列 C_1,C_2,…,C_n 的欧式距离 $D_1,D_2,\cdots,D_n$:

$$D_n=\sqrt{\sum_{i=0}^{m-1}(I_{t-i}-I_{t-i}^n)^2}$$

步骤4:将欧式距离 $D_1,D_2,\cdots D_n$ 由小到大排序,选出距离最小的 k 个邻居,其对应的 k 个欧式距离记为 $D_1^N,D_2^N,\cdots,D_k^N$。对这 k 个欧式距离求和,得到 $\sum_{i=1}^{k}D_i^N$(其中 $i=1,2,\cdots,k$)。将 k 个最近的欧式距离分别与距离之和相除,得到 $\mu_p=\frac{D_i^N}{\sum_{i=1}^{k}D_i^N}$。因样本点之间的距离服从正态分布,则样本点之间的距离权重 ω_{pi}:

$$\omega_p=\frac{1}{\sqrt{2\pi}}\mathrm{e}^{-\frac{\mu_p^2}{2}}$$

式中:$p=1,2,\cdots,k$。

步骤5:获取 k 个邻居在历史数据库中对应时刻 t 的历史交通拥堵指数,记为 $I_1^h,I_2^h,\cdots,I_k^h$。则 $t+1$ 时刻的交通拥堵指数预测值 I_{t+1} 为:

$$I_{t+1}=\sum_{i=1}^{p}\omega_p\times I_i^h$$

式中:$p=1,2,\cdots,k$。

2 算例分析

2.1 原始交通数据获取及数据库构建

本次实验的研究对象为重庆市某商圈路段,以 2023 年 10 月 9—15 日 16:30—19:00 时段的数据作为历史数据库,获取以 2min 为时间间隔的交通拥堵指数数据。原始数据情况如图 1 所示。选取工作日 2023 年 10 月 18 日和非工作日 2023 年 10 月 21 日晚高峰 17:00—19:00 时段的每 2min 交通拥堵指数进行预测分析。

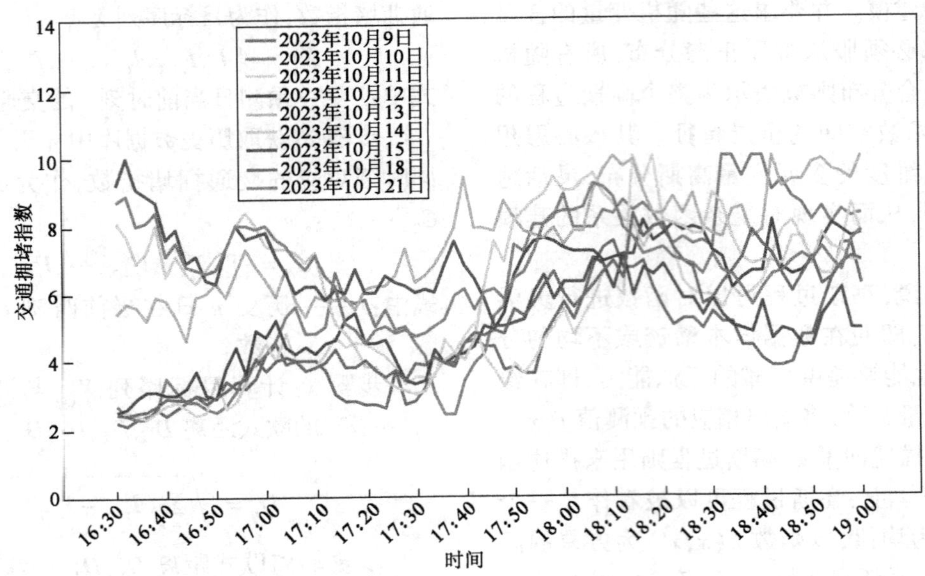

图1 重庆市某商圈路段2023年10月9—15日交通拥堵指数原始数据

2.2 预测效果评价指标

采用平均绝对误差(Mean Absolute Error, MAE)、平均绝对相对误差(Mean Absolute Percent Error, MAPE)来评估模型的预测结果,MAE、MAPE的计算公式如下:

$$\mathrm{MAE}=\frac{1}{n}\sum_{i=1}^{n}\left|yt-\hat{y}t\right|$$

$$\mathrm{MAPE}=\frac{1}{n}\sum_{i=1}^{n}\left|\frac{yt-\hat{y}t}{yt}\right|$$

式中:yt——实测数据;

$\hat{y}t$——预测结果。

2.3 预测结果分析

根据历史数据库中过去7天的交通拥堵指数变化趋势,分析发现选用 $k=3$, $m=15$ 进行预测时效果最佳。分别对实验路段的工作日2023年10月18日和非工作日2023年10月21日晚高峰17:00—19:00时段的交通拥堵指数进行预测,实际值与预测值对比结果如图2和图3所示。

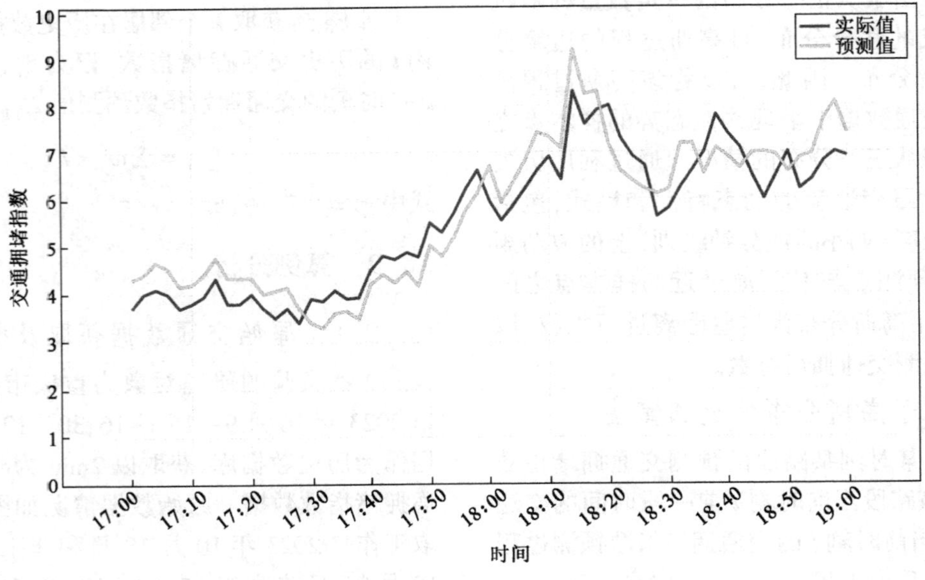

图2 2023年10月18日交通拥堵指数实际值与预测值对比

由图可以看出,基于高斯近邻方法建立的交通拥堵指数预测模型,能够较好地反映出交通拥堵指数的变化与时间的潜在关系。根据MAE、MAPE两个评价指标分别计算实验路段2023年

10月18日和2023年10月21日晚高峰时段交通拥堵指数预测结果与实际值的平均绝对误差、平均绝对相对误差,计算结果见表1。结果表明,交通拥堵指数的预测值与实际观测到的值较为接近,并且能良好地适应工作日交通流量和非工作日交通流量差异较大的情况,工作日高峰时段的预测精度达89.67%,非工作日高峰时段的预测精度达89.45%,有较强的适应性和可靠性。

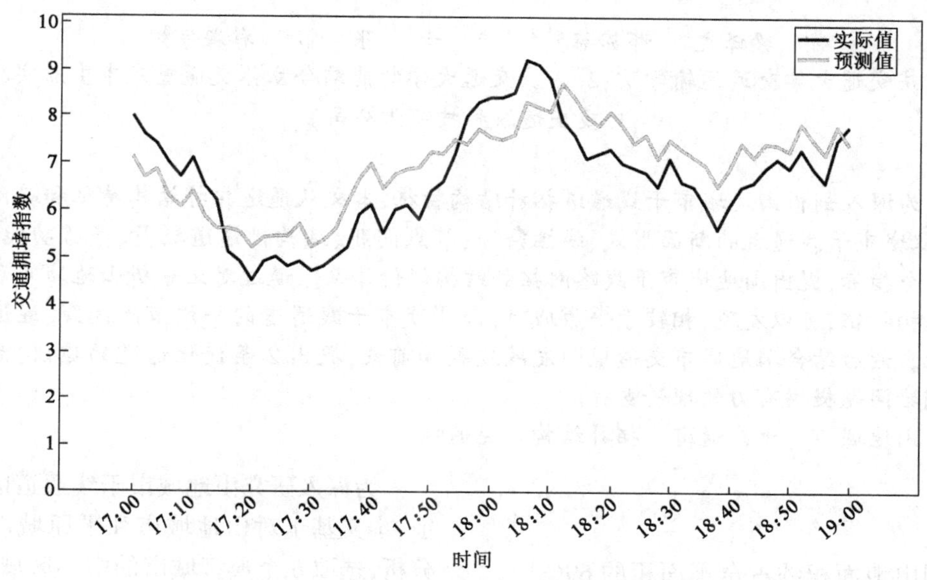

图3 2023年10月21日交通拥堵指数实际值与预测值对比

交通拥堵指数预测评价 表1

预测日期	MAE	MAPE
2023年10月18日	0.54	10.03%
2023年10月21日	0.68	10.55%

3 结语

在对交通拥堵指数整体变化规律进行深入分析的基础上,本文建立了一种基于高斯近邻算法的城市道路交通拥堵指数预测模型。并对重庆市某商圈路段晚高峰时段每2min的交通拥堵指数进行了实测分析,结果显示,模型预测精度相对较高,能够有效描述出高峰时段交通拥堵指数随交通状态变化波动明显的趋势。目前,由于历史数据库仅包含过去7天的数据,导致交通拥堵指数的预测精度受到一定的限制。未来,通过持续更新不同交通状态和其他场景下的拥堵指数历史样本数据,可以进一步提升模型预测的准确性和模型的可迁移性,提高模型的泛化能力。

参考文献

[1] 赵宏,翟冬梅,石朝辉.短时交通流预测模型综述[J].都市快轨交通,2019,32(4):50-54.

[2] 张翔宇,张强,吕明琪.基于演化模式挖掘和代价敏感学习的交通拥堵指数预测[J].高技术通讯,2020,30(9):918-927.

[3] 熊励,陆悦,杨淑芬.城市道路交通拥堵预测及持续时间研究[J].公路,2017,62(11):125-134.

[4] 戴娟莉,宋奇文.基于多因素的交通指数回归分析短时预测研究[J].公路与汽运,2015(3):32-35.

[5] 韦清波,何兆成,郑喜双,等.考虑多因素的城市道路交通拥堵指数预测研究[J].交通运输系统工程与信息,2017,17(1):74-81.

[6] 孙士宏,宋国华,孙建平,等.基于路网在途车辆数的拥堵指数短期预测[J].交通运输工程与信息学报,2023,21(3):98-107.

[7] 张璐,柳爽,田野.基于卷积和递归神经网络融合的交通状态指数预测[J].交通与运输,2021,37(1):91-95.

[8] 邢一鸣,班晓娟,刘旭,等.基于核超限学习机群组算法的交通拥堵预测[J].计算机科学,2019,46(11):241-246.

[9] 赵晓华,亓航,姚莹,等.基于可解释机器学习框架的快速路立交出口风险预测及致因解析[J].东南大学学报(自然科学版),2022,52(1):152-161.

山地城市干线路网拓扑结构评价体系研究

梁译文[1] 邢茹茹*[1,2] 朱 奇[3] 张 雷[3] 穆薇宇[3]
(1.重庆交通大学交通运输学院;2.重庆交通大学智能综合立体交通重庆市重点实验室;
3.重庆通渝科技有限公司)

摘 要 为深入剖析山地城市干线通道拓扑结构特征,本文从通道拓扑结构特征和路网连通度两个方面入手,选取城市干线通道的断面形式、线性条件、节点间距、结构性通道数量、通道功能、连通度指数和道路密度7个指标,提出山地城市干线路网拓扑结构评价体系。通过对比分析山地城市和平原城市干线通道拓扑结构特征,可以发现,相较于平原城市,山地城市干线通道的平均节点间距、连通度指数和道路密度均较低。最后结合山地城市交通规划发展政策和前景,提出2条优化通道的建议,为解决山地城市干线通道拥堵问题提供有力的理论支撑。

关键词 山地城市 干线通道 拓扑结构 连通性

0 引言

由于我国山地面积约占全国面积的69%[1],大部分城市交通规划都要考虑地势高差大、地形复杂等特点,城市干线通道的规划和建设难度较大、成本较高且易受地形影响,这也是造成山地城市路网结构复杂的主要原因。

目前,国内外学者对包括城市快速路和主干路的干线通道进行了大量研究。对于通道类型划分和通道发展策略方面,闵佳元[2]基于新时期城市化背景下,将跨障碍的通道分为四类,并根据道路交通发展需求对四类通道进行分析并提出规划建议;杜刚诚等[3]分析了中心城区到周边区域的快速路通道,提出“自上而下”与“自下而上”的交通发展策略;邓宇君等[4]利用地理信息系统(GIS)分析了云南省对外的主通道,并针对通道建设运营中面临的问题提出了相应的发展对策。在通道可达性方面,Daniel等[5]通过ArcGIS软件的Network Analyst计算了某市的路网连通性指数,并评估其路网连通性和覆盖范围的有效性;Alarcón等[6]基于GIS提取道路信息,研究并分析了科克莱省中心地带的路网连通性及其对医疗教育的影响;王泽东等[7]借助ArcGIS技术,分析并总结了胶州湾跨海通道对其交通可达性的影响。

为深入研究山地城市干线通道的拓扑结构特征,本文基于对山地城市和平原城市的路网特征分析,选取6个典型城市的中心区域进行研究,通过对研究区域的通道特征和连通性分析,提出山地城市干线路网拓扑结构的评价体系。

1 山地城市干线通道结构特征分析

1.1 山地城市的特征

本文主要选取重庆市、贵阳市、青岛市3个山地城市,并对其特征进行分析。

(1)重庆市

重庆市作为我国典型的山地城市,其地形空间主要呈现为“四山三槽,两江三片”的布局。由于独特的地形划分使得居民出行以南北为主,东西为辅的横纵向跨越主城区的出行现象,这也一定程度上影响重庆市交通路网的布局呈自由式分布,重庆市中心城区路网如图1所示。

(2)贵阳市

贵阳市地处云贵高原,其地貌主要以山地、丘陵为主,山高坡陡。四面环山的地形构造,使得贵阳的交通建设难度较大,目前贵阳市的路网呈现不规则的环射式分布,如图2所示。

(3)青岛市

青岛市作为我国依山傍海的山地城市之一,其地势呈现东高西低,南北两侧高、中间低的“凹”

基金项目:国家自然科学基金青年科学基金项目(52002045)、重庆市技术创新与应用发展专项重点项目(cstc2021jscx-gksbX0070)。

形，这种差异直接影响青岛市的路网布局和建设，使之路网布局为自由式分布，如图3所示。

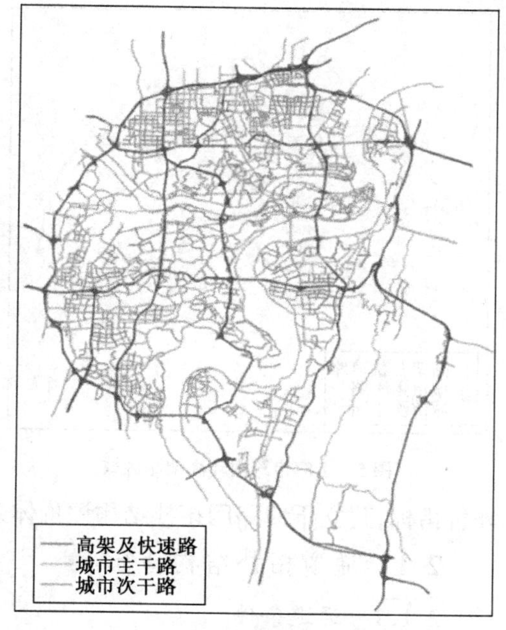

图1　重庆市跨内环快速路区域

图2　贵阳市跨二环路区域

图3　青岛市跨中心城区区域

1.2　平原城市的特征

对于平原城市的特征分析，本文主要选取了我国西南部的成都市、东部的上海市和南部的厦门市。

(1)成都市

与重庆相邻的成都市是我国典型的平原城市，两市相隔较近但路网特征却截然不同，如图4所示。由于成都地区大部分处于四川盆地内，地势较为平坦，使得成都市路网整体布局呈现环射状分布，即快速路一环扣一环，再通过射线进行连接。

(2)上海市

上海市作为长江三角洲冲积平原的一部分，是典型的临海平原城市，其地形地貌十分平坦。因此，上海市的路网布局是自由式与环射式路网布局相结合，形成混合式分布，既避免非直线系数过小,又分散了中心城区交通压力,使得路网更加完善,上海市中心城区路网如图5所示。

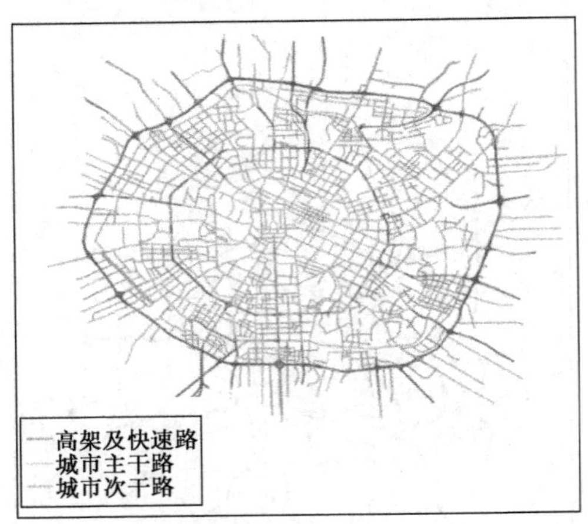

图4 成都市跨三环路区域

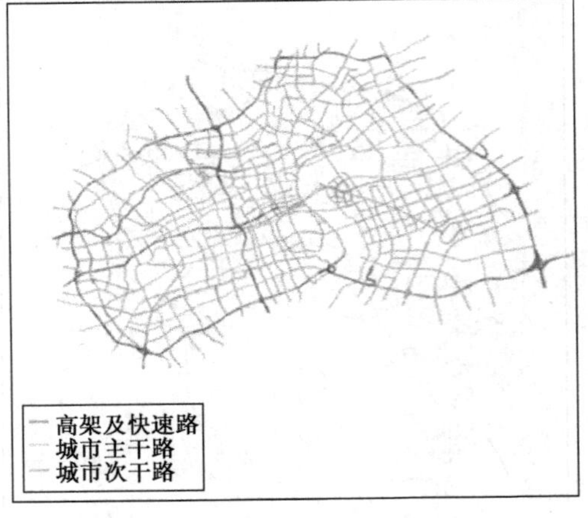

图5 上海市跨内环高架路区域

(3)厦门市

厦门市作为我国南部的临海平原城市,其地形以滨海平原为主,地势由西北向东南倾斜,平坦的地形使得厦门市的道路网构建成环射式,以厦门岛为中心,向岛外4区放射,中心城区路网如图6所示。

图6 厦门市跨厦门岛区域

2 干线路网拓扑结构评价体系构建

为达到对山地城市干线路网拓扑结构的综合性评价,所构建的评价指标体系应包含对干线通道的线性条件、连通性等方面的评价,且有清晰严谨的层次类别之分。通过对山地城市和平原城市的特征分析,结合指标选取的科学性和可比性原则,提出基于通道拓扑结构特征和路网连通度的评价指标,建立干线路网拓扑结构评价体系。

2.1 通道拓扑结构特征

2.1.1 通道条件

本文对于通道条件主要考虑其断面形式、线性条件和节点间距。

(1)断面形式

通道的断面形式是指通道横截面的形状和特征,包括通道的车道数、宽度、交叉口、路肩、人行道等多种要素。不同类型的道路和交通需求会导致形成不同的道路断面形式。

(2)线性条件

通道的线性条件是指通道的几何特性,包括水平曲线、超高、超宽等水平要素和坡度、曲线过渡等垂直要素。

(3)节点间距

节点间距是指某一条道路上出现十字或T形交叉路口的连续两个路口(包括信控交叉口和无信控交叉口)之间的间距,反映道路之间相交的密度,平均节点间距计算公式为:

$$\text{平均节点间距} = \frac{\text{道路总里程}}{\text{节点总数}} \tag{1}$$

2.1.2 结构性通道数量

结构性通道是指城市中主干道及以上的城市道路,它具有贯穿城市的特点,每平方公里通道数计算公式为:

$$\text{每平方公里通道数} = \frac{\text{通道总数}}{\text{区域面积}} \tag{2}$$

2.1.3 通道功能

通道功能是指车辆在通道上行驶时,通道所发挥的作用,包括局部服务功能和过境功能的通道。

2.2 路网连通度分析

连通性是指区域内的交通联系程度,它是城市规划的重要指标之一。目前常用来计算连通性度量方法有线-点比值法、交叉口密度法、道路密度法以及人行路径直度法等,本文主要从连通度指数和道路密度来分析路网的连通性。

2.2.1 连通度指数

连通度指数[8]是衡量路网连通性最常用的指标之一,计算公式如式(3)所示。当计算出的连通度指数越大,说明调查路段的连通性越好。

$$J=\frac{\sum_{i=1}^{n}m_i}{N}=\frac{2M}{N} \tag{3}$$

式中:J——路网连通度指数;

N——路网节点总数;

m_i——第 i 个节点所邻接的边数;

M——道路网总路段数。

2.2.2 道路密度

道路密度[9]是指某一研究区域的所有道路长度之和与区域面积的比值,单位为 km/km^2,计算公式如式(4)所示。当比值越大,说明该区域内的道路覆盖度较高,路网连通性越好。

$$道路密度=\frac{道路长度}{区域面积} \tag{4}$$

干线路网拓扑结构评价框架如图 7 所示。

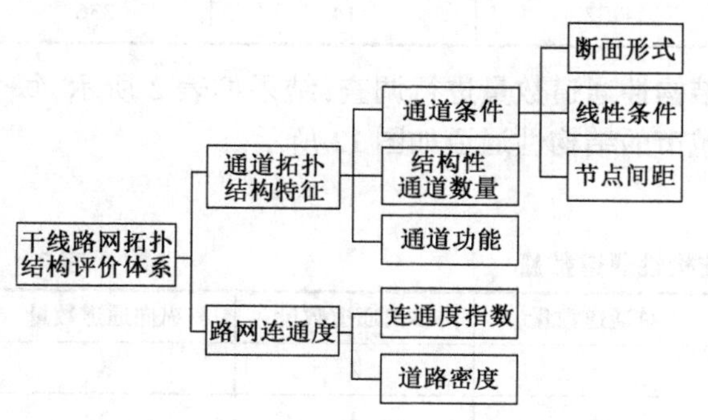

图7 干线通道拓扑结构评价体系

3 实例分析

3.1 通道拓扑结构特征分析

3.1.1 通道条件

(1)断面形式

在分析通道断面形式时,本文主要考虑重庆市和成都市两个典型城市的通道断面车道数。如图 8 所示,从黄花园桥隧段示意图可以看出,黄花园大桥双向 6 车道,石黄隧道双向 4 车道,长江大桥双向 8 车道,这表明重庆市跨内环快速路区域内的主要通道断面形式变化较大。断面形式的多变,会导致行驶在通道上的车辆容易产生变道行为,从而降低该通道通行效率,造成交通拥堵。

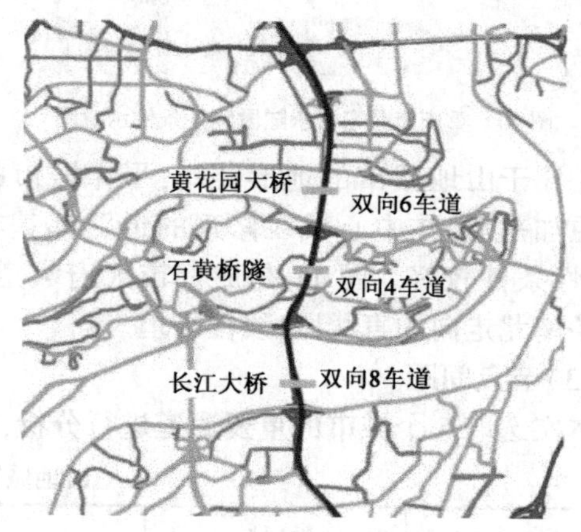

图8 重庆市黄花园桥隧通道标准示意图

相反,成都市跨三环路区域内的主要通道断面形式基本一致,如成都市解放路,从三环到一环内的所有节点,其断面形式都为双向 6 车道,断面形式统一,可减少换道行为,如图 9 所示。

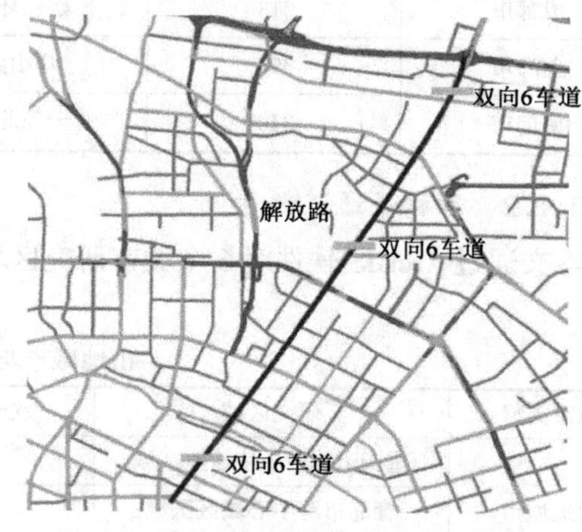

图9 成都市解放路通道标准示意图

(2)线性条件

由于山地城市地形较陡,使得已建道路通道线性复杂,如转弯次数较多、转弯半径较大、横纵面坡度较大等,这些线性条件均会影响通道的通行能力。图 10 是重庆市曾家岩桥隧段,从曾家岩嘉陵江大桥过曾家岩隧道到菜园坝长江大桥,其转弯半径变化较为明显,线性条件较差。

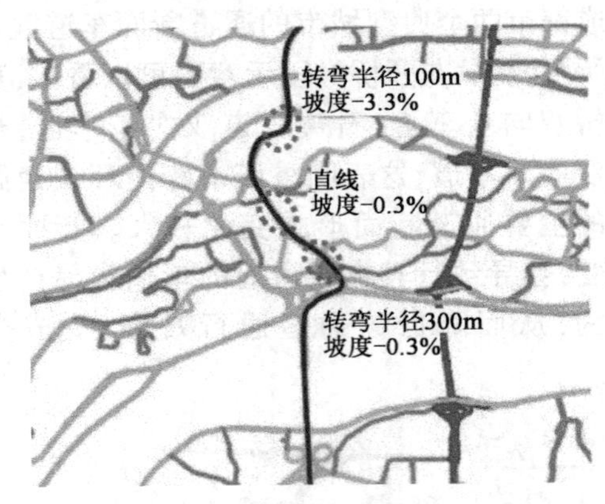

图10 重庆市曾家岩桥隧段线性条件示意图

相比于山地城市的地形陡峭,平原城市的地形则更加平坦,在中心城区修建的道路都基本平顺,线性条件较好。图11是成都市天府大道,其为一条南北走向的直线段,线性平坦。

(3)节点间距

本文选取6个城市的重要通道进行分析,结果如表1所示。从文献[10]中各市的节点间距分析,山地城市和平原城市的全市平均节点间距都较大,基本在300m左右,符合我国城市交叉口建设要求。但从研究区域通道的平均节点间距来看,山地城市通道的平均节点间距均小于平原城市,通道沿线开口较多,节点间距较小,导致进出通道的车辆容易引起通道拥堵。

图11 成都市天府大道线性条件示意图

山地城市与平原城市节点间距 表1

城市	全市[10]平均节点间距(m)	区域	路段长度(m)	节点总数	平均节点间距(m)
重庆市	324	学府大道	4310	24	180
青岛市	278	人民路	2942	17	173
贵阳市	358	中华路	2867	12	239
成都市	313	南三环路	5330	16	333
上海市	394	华山路	3625	13	279
厦门市	310	云顶北路	4702	14	336

3.1.2 结构性通道数量

本文通过ArcGIS软件对6个城市研究区域的结构性通道数量进行调查,结果如表2所示,每个城市的结构性通道如图12所示。

山地城市与平原城市结构性通道数量 表2

城市类型	研究区域	全长(m)	总通道数量	横向通道数量	纵向通道数量
山地城市	重庆市跨内环快速路区域	75	5	2	3
	青岛市跨中心城区区域	69	5	3	2
	贵阳市跨二环路区域	56	4	2	2
平原城市	成都市跨三环路区域	51	8	4	4
	上海市跨内环高架路区域	48	8	3	5
	厦门市跨厦门岛区域	51	8	4	4

根据式(2)可以求得6个城市的每平方公里通道数,结果如表3所示。由表3可见,山地城市每平方公里的通道数远小于平原城市,其中面积大致相等的青岛市与成都市,结构性通道数量也相差较大,说明贯穿山地城市的结构性通道数量较少,通道覆盖率较低,通道连通性较差。

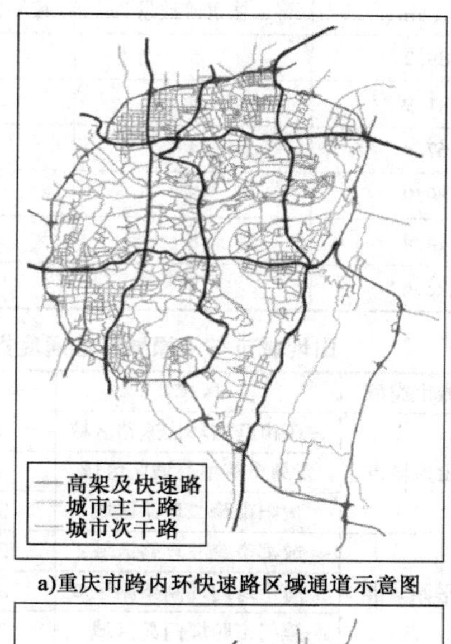

a)重庆市跨内环快速路区域通道示意图

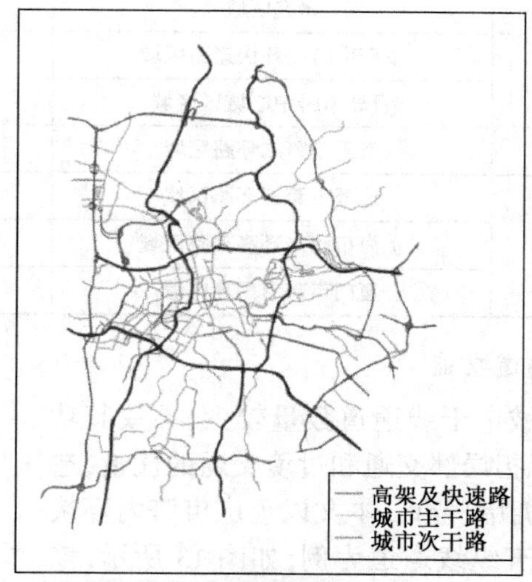

b)贵阳市跨二环路区域通道示意图

c)青岛市跨中心城区区域通道示意图

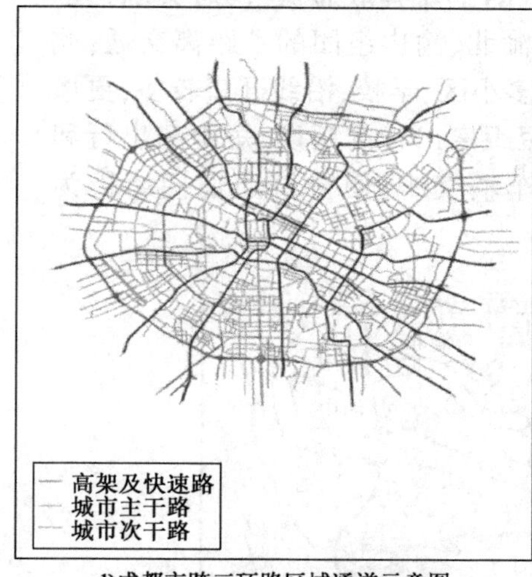

d)成都市跨三环路区域通道示意图

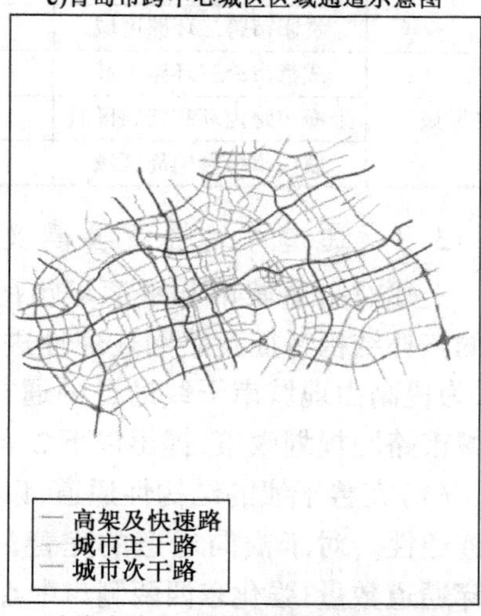

e)上海市跨内环高架路区域通道示意图

f)厦门市跨厦门岛区域通道示意图

图12 各市结构性通道示意图

山地城市与平原城市每平方公里通道数量　　表 3

城市类型	研究区域	面积(km^2)	总通道数量	每平方公里通道数量
山地城市	重庆市跨内环快速路区域	289.2	5	0.017
	青岛市跨中心城区区域	181.9	5	0.027
	贵阳市跨二环路区域	167.4	4	0.024
平原城市	成都市跨三环路区域	189.9	8	0.042
	上海市跨内环高架路区域	114.4	8	0.070
	厦门市跨厦门岛区域	126.6	8	0.063

3.1.3　通道功能

由于山地城市干线通道数量较少，导致其功能复合，均会承担局部交通和过境交通的流量，造成干线通道的拥堵严重。本文以重庆市跨内环快速路区域内的五纵线通道为例，如图 13 所示，该通道作为渝中区的主要集散通道，同时又承担巴南、南岸组团至渝北、渝中组团的长距离交通；此外，该通道沿途多小区、学校，沿线开口较多，更增加了各组团内短距离出行的延误，短距离出行和长距离出行的车辆交织，使得该通道拥堵极为严重。

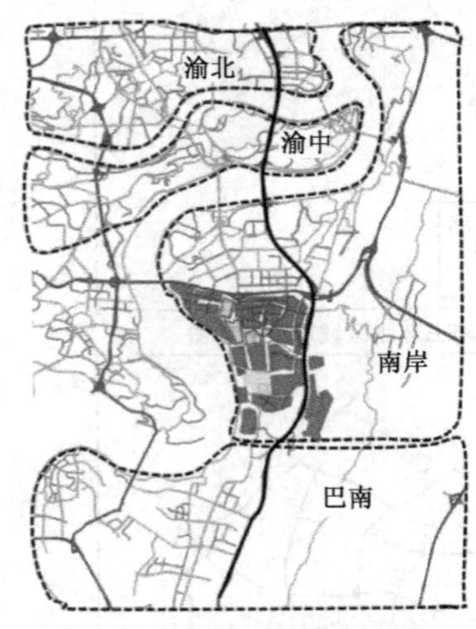

图 13　重庆主要通道功能示例图

3.2　路网连通度分析

3.2.1　连通度指数

通过式(3)对上述 6 个城市的干线通道进行调查和计算，结果如表 4 所示。从文献[11]的各市连通度指数来看，除青岛市以外的山地城市均小于平原城市；从计算所得的研究区域内干线通道连通度指数来看，山地城市均小于平原城市。

山地城市与平原城市连通度指数　　表 4

城市类型	区域	全市[11]	通道
山地城市	重庆市跨内环快速路区域	3.24	1.84
	青岛市跨中心城区区域	3.31	1.89
	贵阳市跨二环路区域	3.21	1.86
平原城市	成都市跨三环路区域	3.29	1.93
	上海市跨内环高架路区域	3.39	1.93
	厦门市跨厦门岛区域	3.26	1.90

3.2.2　道路密度

通过文献[11]和式(4)的计算，得到 6 个城市的道路密度和通道密度，如表 5 所示。山地城市的道路网密度均低于平原城市，且干线通道的密度也都低于平原城市，说明山地城市路网密度低，干线通道的连通性较差，影响居民出行的通勤效率。

山地城市与平原城市道路密度(km/km^2)

表 5

城市类型	区域	全市[11]	通道
山地城市	重庆市跨内环快速路区域	7.1	0.32
	青岛市跨中心城区区域	5.4	0.48
	贵阳市跨二环路区域	6.4	0.36
平原城市	成都市跨三环路区域	8.4	0.66
	上海市跨内环高架路区域	7.3	0.74
	厦门市跨厦门岛区域	8.6	0.81

3.3　通道可达性改善建议

上述对山地城市和平原城市的特征、干线通道的拓扑结构特征及路网连通性进行了分析和计算，为提高山地城市干线通道的通行效率，结合山地城市路网规划政策，提出以下 2 点改善措施：

(1)完善干线的结构性通道，以保证干线通道的连通性。对于横向通道的完善，可增加东西向贯穿通道数量，强化东西两侧与中心城区的交通联系，缓解其他横向通道的压力。对于纵向通道的完善，除了增加纵向通道数量外，还可在构建纵向通道时，减少通道的断面变化，并结合地形特征和规范要求，尽可能减少通道线性条件的大幅度变化。

(2)改善通道条件。由于山地城市独特的地形条件,导致城市干线通道的条件变化较大。可以提高低等级道路为快速路或高架道路,使得过境与到发交通分离;还可将进出流量较大的节点设置为高架立交,增加节点的通行能力,同时减少节点处的延误。

4 结语

本文介绍了山地城市与平原城市的特征,并以6个城市作为典型代表,分析了山地城市与平原城市的干线通道断面形式、线性条件、节点间距、结构性通道数量、通道功能、连通性指数及道路密度7个指标,结合山地城市路网规划发展政策,提出了完善干线结构性通道和改善通道条件的优化建议,对山地城市路网规划和干线通道研究具有一定的参考价值。

参考文献

[1] 郐俊成,赵礼昭.山地城市道路路网结构布局及设计优化——以重庆市江津鼎山"江洲湾"片区路网为例[J].公路交通技术,2023,39(2):1-7.

[2] 闵佳元.新时期城镇道路跨障碍通道规划设计研究[C]//中国城市规划学会城市交通规划学术委员会.绿色·智慧·融合——2021/2022年中国城市交通规划年会论文集.[出版者不详],2022:10.

[3] 杜刚诚,赖武宁.广州市黄埔区与中心城区快速通道规划研究[C]//中国城市规划学会城市交通规划学术委员会.品质交通与协同共治——2019年中国城市交通规划年会论文集.[出版者不详],2019:8.

[4] 邓宇君,和士辉,保锐,等.云南省高速公路对外运输主通道发展现状及对策分析[J].公路交通技术,2023,39(1):10-15.

[5] DANEL C B, SARAVANAN S, SAMSON M. GIS based road connectivity evaluation using graph theory[C]//Transportation Research: Proceedings of CTRG 2017. Springer: Singapore, 2020.

[6] ALARCóN Q J, RODRíGUEZ R R, CANCELAS G N, et al. Spatial analysis of territorial connectivity and accessibility in the province of Coclé in Panama[J]. Sustainability, 2023, 15(15).

[7] 王泽东,孙海燕,徐建斌,等.胶州湾跨海通道对区域交通可达性的空间影响[J].经济地理,2018,38(12):40-49.

[8] 周涛,但媛,朱军功.城市道路网连通性评价指标探析[J].城市交通,2015,13(1):60-65.

[9] 方彬,石飞.道路网连通性度量方法的研究进展和展望——从规范制定的角度探讨如何在中国推广街区制[J].国际城市规划,2019,34(4):72-78.

[10] 朱新宇,戴帅,刘金广.面向我国36大城市的道路网结构全息画像指标解析(五)——城市道路交叉口平均间距[J].道路交通管理,2023,(4):32-35.

[11] 朱新宇,戴帅,刘金广.面向我国36大城市的道路网结构全息画像指标解析——城市道路网连通度[J].道路交通管理,2022(12):32-35.

基于 ArcGIS 的福州仓山区公交可达性测度研究

张兴华[1] 邢茹茹[*1,2] 朱 奇[3] 张 雷[3] 穆薇宇[3]

(1. 重庆交通大学交通运输学院;2. 重庆交通大学智能综合立体交通重庆市重点实验室;3. 重庆通渝科技有限公司)

摘 要 本文以福州市仓山区为研究对象,利用 ArcGIS 网络分析法和缓冲区分析法构建了全面而

基金项目:国家自然科学基金青年科学基金(52002045)/重庆市技术创新与应用发展专项重点项目(cstc2021jscx-gksbX0070)。

精准的公交可达性度量模型。研究揭示了仓山区公交资源配置不均衡的问题,仓山区的公交可达性呈现东北至西南逐渐降低的趋势,中心区域向四周逐步降低,尤其是西南部较低。本文构建的模型为深入分析城市公交可达性提供了全新的视角,有望推动城市公共交通的均衡发展,为规划和管理公共交通带来重要的指导意义,为实现交通资源的最大化利用提供了强有力的支持。

关键词 公交可达性 ArcGIS 福州市仓山区

0 引言

仓山区作为福州市的一个市辖区,地理位置独特,历史悠久,具有丰富的文化和旅游资源。然而,随着人口流动和城市化进程,公交系统的可达性问题逐渐凸显。

在当前公交可达性研究中,尽管取得了一些成果,邓兴婷[1]认为公交可达性是反映城市公共交通基础设施空间布局合理性的重要指标;谢国微,钱林波,庞煜等人[2]认为公交系统是城市交通系统的重要组成部分,公交可达性作为评价公交系统的一项重要指标对于保证公交系统畅通运行有着重要的影响;吴红波,郭敏,杨肖肖等人[3]研究城市公交车路网的空间距离和时间可达性;王霄维,刘雪,王菁等人[4]在确保可达性的前提下,在高峰时段对大型公交车的行驶线路进行改换,来达到减轻人民大街上的交通压力的目的。但其局限性在于未全面考虑多方面因素,如公交站点服务范围、空间距离、交通小区分割和公交站点覆盖率等。社会经济因素方面的深入研究也相对匮乏。

本文的创新之处在于综合考虑多个因素,特别是对交通小区的精细划分和引入通行能力值,以提供更全面、准确的公交可达性评价。通过填补现有研究的不足,本文有望为城市交通规划和公共服务提供更科学的决策支持,促进公交系统的可持续发展,提高居民生活质量,推动城市交通系统的健康发展。

1 公交可达性测度方法构建

1.1 公交可达性的概念和定义

美国学者沃尔特·汉森于1959年首次提出可达性概念[5],衡量节点到达的难易程度。1999年,国内学者首次将可达性引入城市绿地系统评价。在交通领域,可达性反映出行者在给定交通系统下,从出发地到活动地的便利程度,对交通规划和政策制定至关重要。

在现有研究中,对于城市公交可达性的研究往往局限于整体性评估,忽略了公交站点分布对空间可达性的差异性贡献。因此,本文构建了更为细致的公交可达性度量模型,以更准确地反映城市内不同区域的公交服务水平。

1.2 影响公交可达性的因素

根据现有文献[6-10],影响公交可达性的关键因素主要有:

公交路网和线路规划:完善的公交路网和高质量的线路规划直接影响公交可达性。线路不足、站点分布不均可能导致交通不便。

平均可达距离:该指标反映了乘客需要行走的距离以达到最近的公交站点。较小的可达距离通常意味着更高的公交出行便利性。

服务范围:公交站点服务范围的大小直接关系到覆盖人口的多少和出行效率。服务范围过小可能效率低下,而范围过大则可能导致路线冗余和时间浪费。

公交站点覆盖率:反映了某区域内公交站点数量与总公交数量的比例。高覆盖率表示公交服务更便捷,能满足出行需求,低覆盖率则意味着需要加强公交建设。

出行时间:反映了从特定位置到目的地所需的时间成本,受公交调度、线路设计、人流集中度和道路状况等多方面因素影响。

1.3 可达性测度指标

本文从空间距离上计算公交站点的空间可达性。

(1)使用最短距离法和服务范围法评价公交可达性,最短距离法计算物理距离来找出最短路径,适用于有无向边的网格图[5]。然而,该方法仅考虑物理距离和拓扑空间,未涵盖其他重要因素如安全、舒适和出行成本。因此,在实际应用中,需结合多因素进行评估,计算过程如图1所示。

(2)服务范围法关注以车站为中心,通过度量公交站点的服务范围来评估公共汽车站的服务能力,进而判断其是否能够满足居民的出行需求。

计算过程如图2所示。

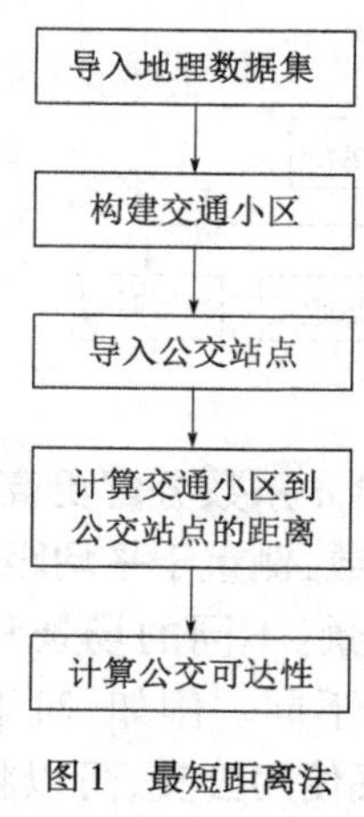

图1　最短距离法

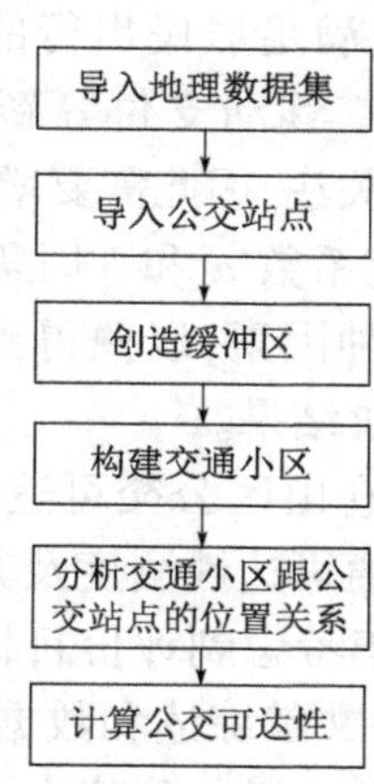

图2　服务范围法

1.4　公交可达性测度方法

(1)基于车站缓冲区的公交可达性评价

定义公交站点的服务范围半径 R 为800m,对于每个地理位置点 L,计算其包含的临近公交站点集合 S_1,其中任意一个站点到 L 的距离小于 R。对于列表 S_1 中的每个站点 i,计算它的每个邻接站点(即连通的站点)集合 S_i,以及这些邻接站点到 i 的距离 d_{ij},若 $d_{ij} \leqslant R$,则邻接站点将被视为临近站点[11]。对于给定的起点和终点,判断它们是否都在同一个站点的临近站点集合中,或者它们之间是否有一条通过站点之间的路径。如果是,则说明起点与终点之间存在公交可达路径。

(2)水平覆盖率

水平覆盖率是一种用于评估公交可达性的常用指标之一。使用水平覆盖率分析可确定某个区域内公交系统服务的范围,也就是有多少百分比的公交站点可以在给定距离800m内到达交通小区。通过GIS软件和相关方法,分别计算每个点到服务范围内公共交通设施的距离,并计算在给定距离内到达公共交通设施的数量占公交设施总量的比例,即水平覆盖率。

通过计算水平覆盖率,可以评估公共交通系统覆盖的面积。在实际应用中,通常会根据阈值和半径范围等因素进行调整,以便更好地适应不同的城市规划和管理需求。

2　结果与分析

2.1　影响公交可达性的因素分析

在进行公交可达性分析时,关键影响因素包括公交站点数量与覆盖面积、公交线路规划与运营、交通方式选择、居住密度以及交通环境设施与安全。为简化研究,本文选定以下几个影响因子进行分析:

(1)公交站点的服务范围:以目的点为中心设定800m缓冲区,涵盖范围内的公交站点数量作为研究对象。例如,在目的点 a 的800m缓冲区内有2个公交站点,站点 b 有5班公交车。

(2)空间距离(D):衡量公交站点到目的点的物理距离。在处理空间距离时,使用路网数据的最短路径距离,以提高计算准确度。

(3)交通小区分割:以300m为间隔插入数据采集点,将其设为出行起点与数据分析单元。每个数据采集点划定300m服务区,以此为研究范围,采集和统计每个服务区内的公交站点数据。

(4)公交站点覆盖率:衡量某一区域内公交站点数量占总公交数量的比例。高覆盖率表示更便捷的公交服务,满足居民的出行需求,而低覆盖率则提示需加强公交建设。

2.2　公交可达性评价指标体系

在本研究中,我们通过收集公交站点的位置数据,使用ArcGIS网络分析法和缓冲区分析法等方法,确定了研究区域内公交站点的分布情况和空间特征,评价指标如图3所示。

在计算各个交通小区的可达性能力时采用了一种基于公交站点数量的简易方法。具体来说,我们通过计算每个交通小区周围的公交站点数量占比研究区域内所有公交站点总数的比值,来衡量该小区的公交可达性水平。

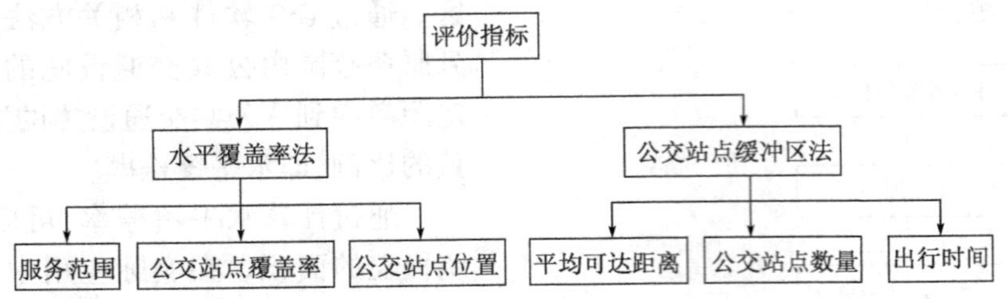

图3 评价指标

通过评估仓山区内各公交站点的位置、覆盖领域,可计算公交服务的可达性和便利程度。水平覆盖率的计算公式为:

Coverage Rate =

|Number of Points with Distance to Transit < = Threshold / Total Number of Points|

x 100%

其中,Threshold是可接受的最大距离阈值,Number of Points with Distance to Transit < = Threshold是某一半径范围内与交通小区距离不超过阈值的公交站点数,Total Number of Points是该区域内公交站点的总量。

站点平均可达距离是评价公交可达性的一种指标,它表示在某一目标区域内,居民到最近公交站点的平均距离,可以反映该区域公交服务的便捷程度和居民出行的时间成本。通过确定目标区域内所有公交站点的位置,并计算出每个站点相对于其他站点的距离。获取该地区的人口分布信息,综合考虑各个小区和重要基础设施(如学校、医院等)的位置信息,计算每个小区或基础设施到以其为中心的半径内所有站点的距离,从而得到该区域的平均可达距离。

可达性公式定义:用 N 表示临近公交站点的数量,使用 D 表示所有公交站点之间的平均距离,则公交可达性可用下面的公式计算:

$$可达性 = f(N, D)$$

其中 f 为自定义函数。例如:

$$f(N, D) = N \times a - D \times b$$

其中 a 和 b 是系数,可以根据不同的场景和需求进行设定。

在公式 $f(N, D) = N \times a - D \times b$ 中,系数 a 和 b 的取值会直接影响到计算可达性的结果。在选择系数时,需要考虑以下因素:

可达性的重要程度:根据使用场景和需求,确定可达性对最终评价结论的影响力大小。可达性越重要,则应当给 a 系数分配更高的权重,否则就应该降低 a 的系数,侧重于平均距离 D。

具体应用背景:不同的场景和需求对可达性的要求也会有所不同。例如,对于城市规划者而言,为了鼓励市民使用公交,可以将系数 a 设定得更高,以便更好地满足居民出行的便利和时间上的节约。而在推广移动支付等新技术设施时,D 可能相比 N 更受关注,因此需要增加 b 的系数。

总之,在确定系数 a 和 b 时需要根据具体情况来综合考虑各种因素,以便得到更加符合实际需求的可达性评价结果。

在进行福州仓山区公交可达性研究时,通过参考县域综合交通可达性测度及其与经济发展水平的关系[12],基于考虑到评价目标和数据来源等实际情况,在参考文献综述和数据分析的基础上,本次研究中选择将系数 a 取值为1,系数 b 取值为0.8。其中,系数 a 的取值1意味着在计算公交可达性时临近公交站点数量的影响是平等的;而系数 b 的取值0.8则意味着在计算公交可达性时还需考虑到公交站点间距离的影响,即公交服务的网格化水平。

基于以上指标,我们可以为公交可达性建立一套科学合理的评价体系,为公交系统的规划、建设和管理提供参考依据。同时,应该注意到不同类型城市涉及的问题可能有所不同,因此建议在某些具体的目标区域上进行更为详细和细致的测量。

2.3 公交可达性分析结果

通过采用ArcGIS软件结合克里金算法对福州仓山区的公交可达性进行深入分析。克里金插值算法是一种地理空间插值方法,用于推断地理空间上不同位置的值。该算法基于克里金变差函数,通过对已知点的观测值进行插值,生成连续的表面,这种插值方法考虑了空间上的相关性,即离散点之间的空间自相关性,从而可以生成具有空间连续性的预测表面。

本文通过交通小区划分,基于公交站点缓冲区和水平覆盖率科学量化每个交通小区的公交可达性能力。随后,通过克里金插值算法对公交可达性量化值结果进行插值分析和可视化呈现。结果如图4和表1所示。

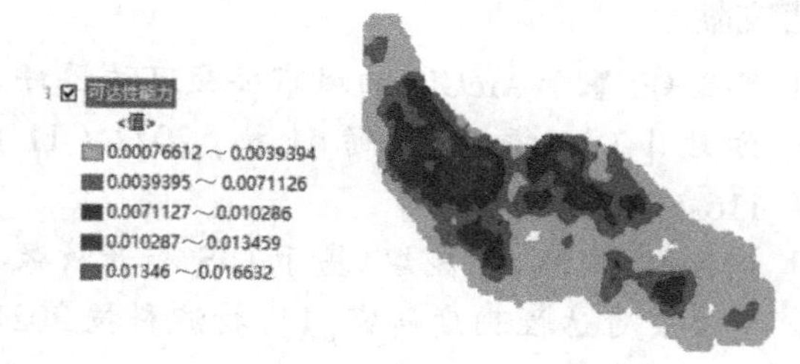

图4 基于水平覆盖率的公交可达性

可达性能力一览表 表1

序号	公交可达性量化值	公交可达性评价	地图颜色
1	0.00076612~0.0039394	极低	
2	0.0039395~0.0071126	低	
3	0.0071127~0.010286	较低	
4	0.010287~0.013459	良好	
5	0.01346~0.016632	较好	

在福州仓山区公交站点缓冲区的可达性分析中,发现该区域拥有约481个公交车站点,具有较高的公交站点覆盖率。通过克里金法插值分析和可视化呈现,采用自然间断点分级法将可达性量化值划分为5个等级,定义公交可达性良好的标准为每个交通小区内拥有公交站点数量超过6个。结果显示,只有两个地区的可达性能力超过平均水平,主要分布在北方三叉街、上腾区域、金山地区以及福州南站片区。这些站点分布合理,服务较好,尤其是主要居住区和商业区以及主要换乘站点和地铁站点周边。

值得注意的是,西北方向地区具有更多的公交站点分布,其可达性能力更高,与区域内路网密度和连接程度较好有关。虽然研究采用了缓冲区方法进行初步评价,但在实际应用中,需要结合其他指标及具体情况进行综合分析,以更全面地评估公交系统的可达性水平。结果如图5和表2所示。

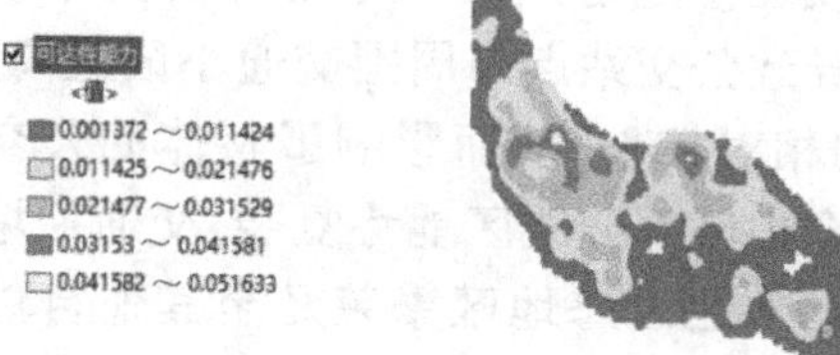

图5 基于公交站点缓冲区的公交可达性

可达性能力一览表 表2

序号	公交可达性量化值	公交可达性评价	地图颜色
1	0.001372~0.011424	极低	
2	0.011425~0.021476	低	
3	0.021477~0.031529	较低	
4	0.03153~0.041581	良好	
5	0.041582~0.051633	较好	

在公交可达性评价中,平均可达距离是一个重要的指标。针对福州仓山区,我们统计了公交车站点总数,并按照每个站点服务周边约800m的规律进行计算。本文采用自然间断点分级法将可达性量化值划分为5个等级,分别对应极低、低、极低、良好及较好,结果显示了仓山区公交可达性整体上存在不均衡性,可达性较好的地区主要集中在人口密集的老旧城区和主要换乘枢纽周边。同时,西北部地区由于离市中心较远,站点数量较少,可达性较低。

3 结论与建议

3.1 研究结论

本文以福州仓山区为研究对象,利用ArcGIS网络分析法和缓冲区分析法,构建了公交可达性度量模型,通过考虑公交站点数量和交通小区与公交站点的空间距离等因素,发现整个研究区域的公交可达性差异明显,主要呈现由烟台山片区和金山街道向周边逐渐降低的趋势。而公交可达性最差的区域主要集中在福湾地区和三江口地区。主要是由于公交资源不充足,公交站点数量较少,居民的出行需求得不到满足,导致这些地区的公交可达性较低;某些地区的交通路线规划不够完善,或在修建道路时未考虑到公交车辆的通行需求,导致公交站点与周围交通小区距离过远,行驶时间相对较长,从而影响了整体的公交可达性;福州仓山区部分地区地势复杂,交通拥堵问题更为突出,加之沿海地区繁荣乃至其他自然条件的限制,使得公交站点难以进一步向内陆地区渗透。值得一提的是,仓山万达广场、三叉街等主要地铁站点、动车站以及人口密集的居住小区的公交可达性相对较高,福州市政府将公交作为城市规划的重要组成部分,针对区域人口密集、商业繁荣等区域布局了大量公交站点。仓山区边缘地区主要为高速路段,公交需求较低且为避免影响路段交通安全,所以仓山区边缘地区公交可达性较低。

仓山区平均公交可达距离呈现正态分布,说明大多数地区到达公交站点的距离相差不大,这也表明公交站点的位置设置较为合理,能够满足大多数地区居民的出行需求。但仍存在一些地区公交站点数量较少的情况。但是,在各交通小区内公交站点数量呈现递减的趋势,即许多小区周边缺乏公交服务设施。同时,各交通小区之间的公交站点数量差距较大,导致部分地区的公交服务能力和到达其他地区的能力较弱,无法满足当地居民的出行需求。

3.2 改进公交可达性的建议

(1)增加公交站点数量。针对目前某些地区缺乏公交服务的问题,且公交出行需求较大的地区可以适当增加公交站点的数量,西北部地区公交数量明显不足,距离公交站点距离太远,需合理增加公交站点,以提高这些区域的公交可达性。

(2)改善交通路线规划。通过对交通现状的科学分析和评估,配合GIS(地理信息系统)技术手段,制定出更为合理和精细的交通路线规划,使得公交车辆能够更加便捷地达到居民出行的需求。调整公交线路,使公交车合理通过南部可达性较低地区,提高地区公交服务能力,使得公交资源利用最大化。

(3)合理分布公交站点。能够增加城市公交路网的覆盖面积,提高交通服务的可达性。通过公交站点的设置,可以形成一个便捷、高效的公交网络。

(4)加强公交的接驳服务。对于公交站点数量较少和人口较少的地区,可以加强接驳公交、自行车等的配套服务,增加便利性,提高可达性,还能减少公交资源的浪费。

(5)鼓励多种出行方式联合推广。现代城市已经出现了多种出行方式,并且这些方式之间存在着一定的相互补充性。

参考文献

[1] 邓兴婷. 基于ArcGIS的城市公交可达性评价方法[J]. 福建交通科技, 2022(11): 116-119+123.

[2] 谢国微,钱林波,庞煜. 基于GIS和开放数据的公交可达性测度研究[J]. 物流科技 2021, 44(12):102-106.

[3] 吴红波,郭敏,杨肖肖. 基于GIS网络分析的城市公交车路网可达性[J]. 北京交通大学学报,2021,45(1):70-77.

[4] 王霄维,刘雪,王菁. 基于可达性的城市公交微循环仿真与分析研究[J]. 科技创新导报 2018,15(18):185-86.

[5] 裴玉龙,潘恒彦,马部珍. 基于GIS的城市公共汽车站可达性研究[J]. 城市交通 2021,19(1):112-120.

[6] 石飞,朱乐,原榕. 公共交通可达性分析方法进展[J]. 人文地理,2022,37(6):20-29+46.

[7] 桑丽杰,舒永钢,祝炜平等. 杭州城市休闲绿地可达性分析[J]. 地理科学进展,2013,32(6):950-957.

[8] 黄正东,丁寅,张莹. 基于GIS可达性模型的公交出行预测[J]. 公路交通科技,2009,26(S1):137-141.

[9] 何保红,陈丽昌,高良鹏等. 公交站点可达性测度及其在停车分区中的应用[J]. 人文地理,2015,30(3):97-102.

[10] 于文涛,张可,李静等. 基于出行数据的城市公交网络可达性研究[J]. 交通运输系统工程与信息,2020,20(4):106-112.

[11] 郭磊善,张艳. 基于GIS的拉萨市公交可达性测度研究[J]. 高原科学研究 2022,6(3):111-116.

[12] 刘传明,曾菊新. 县域综合交通可达性测度及其与经济发展水平的关系——对湖北省79个县域的定量分析[J]. 地理研究,2011,30(12):2209-2221.

[13] SI N W, ZHONG Y Z, YAN L. Study on location of bus stop in subway service area based on residents' travel accessibility [J]. Sustainability, 2023, 15(5): 4517.

[14] CHAO S, WEI Q. A novel model for accessibility of bus station and its application to bottlenecks identification: a case study in Harbin[J]. Complexity, 2022.

[15] YANI H S, et al. Accessibility model of BRT stop locations using Geographically Weighted Regression (GWR): a case study in Banjarmasin, Indonesia [J]. International Journal of Transportation Science and Technology, 2023, 12(3): 779-792.

[16] HAO W, BRIAN J L, DAVID L. The node-place model, accessibility and station level transit ridership [J]. Journal of Transport Geography, 2023, 113.

城市路网连通性分析——以重庆冉家坝为例

程茜伶*[1] 梁译文[1] 代佳佳[2]

(1. 重庆交通大学交通运输学院;2. 重庆交通大学智慧城市学院)

摘　要　连通性是城市路网评价中的一项综合指标,本文构建了城市路网连通性的评价方法,采用路网密度、路网连接度指数、路网连通度指数进行区域对内连通性评价,以可达性系数对区域对外连通性进行评价,深入考虑了区域路网的拓扑结构连通性和节点转向连通性。本文以重庆冉家坝为例进行路网连通性分析,得到如下结果:冉家坝区域整体路网密度较低,且存在较多丁字路口和断头路;右进右出、立交转向不全、单向交通组织都对区域路网连通性带来影响,但单向交通组织影响最大;受地理条件限制,冉家坝与周边区域之间的连通性差。

关键词　城市路网　连通性　评价指数　重庆冉家坝

0　引言

交通拥堵问题是许多城市一直以来的痛点问题,而交通流的有效组织和流通与城市路网的连通性紧密相连,因此提高路网连通性是迫切需要的。

对连通性的研究起源于图论,该指标可以反映出网络的连通状态,体现网络的结构特征[1]。但城市路网连通性的分析较为复杂,研究结果因度量方法不同存在一定差异。从研究区域来看,大多数研究主要集中在国家、省级以及发达经济区层面,而对于省级以下层面的研究较少[2];从研究方法和模型来看,主要有费用加权距离法[3]、两步移动搜索法[4]和网络分析法[5]等;从度量方法来看,目前较多研究普遍将道路网简化为由节点和边构成的拓扑结构来对城市路网连通性进行分析,如汪明冲等基于地理信息系统(GIS)将路网看作简单相连的无拓扑结构进行各个通达性指标计算[6]。

但现实中,城市路网连通性受到单向交通组织、右进右出、禁左道、不完全连通立交等多种因素影响,仅使用传统定义上的连接度指数不足以反映路网结构的特点。因此,本文同时考虑城市道路网的拓扑结构连通性和节点转向的连通性,从对内和对外对城市路网连通性进行分析。

1　连通性的介绍

在交通中,连通性被作为交通运输网络的评价指标,道路网连通性是将道路网看作路径与交叉路口的拓扑集合,通过计算定量反映道路之间的相互连通情况[7]。路网连通性量化指标值越高,表征道路网结构越合理,连通性越好[8]。连通性高的路网能够减少主干道的交通量,为紧急车辆腾出空间,还能缩减公共设施连接和服务的成本,提升道路网的平均速度,减少交通拥堵,降低交通冲突的概率,从而避免交通事故。目前已经提出了很多反映路网连通性的指标,如"连接度"

"可达性""α指数""β指数""γ指数"等。

2 连通性评价方法

2.1 对内连通性分析

2.1.1 路网密度

路网密度是指一定范围内的道路总里程与该范围面积的比值[9]。路网密度计算公式如下：

$$D_i = \frac{L_i}{S_i} \tag{1}$$

式中：D_i——i类道路路网密度(km/km^2)；

L_i——i类道路在该区域的总长度(km)；

S_i——区域用地面积(km^2)，非建设用地除外。路网密度是保障路网连通性的基础，路网密度低是造成路网连通性差的基本影响因素之一。

2.1.2 路网连接度指数

路网连接度指数指区域路网中所有节点连接变数总和与节点数量的比值，计算公式为：

$$J = \sum_{i=1}^{n} m_i / N = \frac{2m}{N} \tag{2}$$

式中：J——路网连接度指数；

N——道路网节点数量；

m_i——第i节点所邻接的边数；

m——道路网总边数(路段数)。

连接度指数反映了路网拓扑结构的连通性，可体现路网中十字路口、丁字型路口及断头路数量。一般认为，该指标越高，表明路网中断头路越少，成环率越高，反之则成环率越低[11]。《城市交通规划理论及其应用》中对城市路网连通度要求大城市为3.6~3.9，中小城市为3.2~3.5[12]。

2.1.3 路网连通度指数

引入路网连通度指数，考虑区域内节点的转向问题，反映了节点转向的连通性。路网连通度指数是指路网中所有交叉路口进口道平均可转向数的平均值，亦即所有交叉路口的节点连通度的平均值，其计算公式为[11]：

$$J_i = \frac{\sum_{i=1}^{n} S_i}{N} = \sum_{i=1}^{n} (r_i / d_i^{\text{in}}) / N \tag{3}$$

式中：J_i——路网连通度指数；

S_i——交叉路口i的节点连通度；

N——路网节点数量；

r_i——交叉路口i的实际可转向数；

d_i^{in}——交叉路口i的进口方向数。

该指标与路网连接度进行的区别在于，该指标可以反映出路网连通性受到右进右出、单向交通组织、不完全连通立交等节点转向问题带来的影响。一般而言，路网连通度指数小于路网连接度指数，当路网中交叉路口均为完全转向时，则路网连接度与路网连通度大小相等。

2.2 对外连通性分析

相关研究表明[13]，单个节点的可达性可以定义为该节点到其他所有节点的相对可达性的总和。节点的可达性值可用距离指标表示，则节点i的可达性定义为：

$$A_i = \sum_{j=1}^{n} l_{i,j} \quad (j = 1,2,\cdots,n) \tag{4}$$

式中：$l_{i,j}$——节点i到节点j的最短距离。

系统内各点的可达性系数指各节点的可达性与系统内节点总可达性平均值之比，节点i的可达性系数可表示为：

$$R_i = \frac{A_i}{\frac{1}{n}\sum_{j=1}^{n} A_j} \quad (j = 1,2,\cdots,n) \tag{5}$$

可达性系数可用来说明整个交通网络中各节点可达关系的水平高低，可达性系数越小说明可达性状况越好。本文用该系数来计算研究区域与其周边区域之间的连通性。

3 实例分析

3.1 研究范围

重庆冉家坝位于中梁山和南山之间，嘉陵江以北，是渝北区与江北区的交界处。该片区地势整体较平，少部分丘陵分布其中，路网呈混合式布局，既有方格式又有自由式。

本研究中考虑到路网的完整性，界定包含冉家坝行政区划范围在内的内环快速路以南、嘉陵江以北的扩大区域为研究范围，并在本文中将研究范围统称为冉家坝。研究区域面积56.99km^2，轨道线纵横，快速路跨度广，主次干路网络密集，人车流量大，因此具有研究城市道路网络的代表性。

3.2 数据准备

以冉家坝区域最新的道路网络电子数据为基础，运用ArcGIS10.8软件，建立了各区域路网的空间数据库，得到各区域内的面积、各级道路总里程、节点数、路段数、最短路径等计算所需数据。

在对内连通性分析的路网连通性指标计算中，节点的转向判断较为复杂，则以人工对ArcGIS10.8软件所得节点的转向进行排查统计。

3.3 连通性分析

选择我国重庆冉家坝、重庆冉家坝核心区、香港油尖旺区、成都一环以内、北京西城区、上海黄浦区这五个不同城市中的典型区域进行指标的比较分析。

3.3.1 对内连通性

(1)路网密度

根据ArcGIS10.8导出的数据，运用式(1)对各典型区域中包括快速路、主干路、次干路、支路在内的整体路网密度进行统计分析，结果如表1所示。由表1可知，我国香港的整体路网密度最大，为29.45；冉家坝核心区的整体路网密度次之，为20.66；冉家坝的整体路网密度则偏低，为15.39，与冉家坝核心区相差较大。冉家坝受地形限制，难以形成高密度的交通网络，但其核心区地形较为平整，因此路网更密。

我国各区域现状路网连接度指数　表1

典型区域	整体路网密度(km/km^2)	路网连接度指数
重庆冉家坝	15.39	3.77
重庆冉家坝核心区	20.66	3.99
中国香港油尖旺区	29.45	5.94
成都一环以内	14.08	4.00
北京西城区	14.15	4.53
上海黄浦区	18.36	4.47

(2)路网连接度指数

由ArcGIS10.8导出数据，运用式(2)计算得到各区域现状路网连接度指数，如表1所示。我国香港油尖旺区的路网连接度指数最大，为5.94；冉家坝及冉家坝核心区的路网连接度指数分别为3.77、3.99，两者相差不大。

经过分析发现：①冉家坝和冉家坝核心区的路网连接度最低，两者密度相差较大，但路网连接度指数却相差较小，这与一般认为的冉家坝核心区比冉家坝路网连接度好得多不相符；②冉家坝的整体路网密度比北京、成都这类平原城市大，但路网连接度则相反。因此，判断冉家坝区内可能有较多丁字路口和断头路，极大降低了其路网连接度。

(3)路网连通度指数

针对右进右出、立交转向不全、单向交通组织这三种情况，在冉家坝区域中选择面积都在$5km^2$左右的典型区域1、2、3进行本指标的分析。区域1被快速路、轨道线及数条主干路贯穿，沿线存在较多“右进右出”管控道路；区域2路网受地势影响，道路呈自由式分布，较多交叉路口以立交连接；区域3是观音桥商圈区域，人流量极大，道路复杂，较多道路采用单向交通组织。

统计得到区域1、2、3的节点数、节点进口方向数、节点可转向数，采用式(3)计算得到各典型区域的路网连通指数，如表2所示。

各典型区域现状路网连通度指数　表2

典型区域	区域1	区域2	区域3
路网连通度指数	2.26	2.33	1.96
冉家坝连接度指数	3.77		

根据表2中数据，三个典型区域的路网连通度指数排名从低到高依次为区域3、区域1、区域2，且三个区域的该指标值都大大小于不考虑转向的冉家坝连接度指数。

区域1路网连通度指数为2.26，造成该指标较低的主要原因在于：①次、支路的连通受阻，导致大量车辆往主路汇集；②主路上重要节点转向压力大；③车辆绕行距离长，出行不便。因此，右进右出的交通组织方式一定程度降低了研究区域的路网连通性。

区域2路网连通度指数为2.33，造成该指标低于连接度指数的主要原因在于：①部分立交缺少部分方向的转向，导致车辆绕行距离长；②立交功能不全对主干路网的连通性造成影响。

区域3路网连通度指数最小，为1.96，这说明商圈周边的单向交通组织对路网连通性造成了极大影响。分析其主要原因在于：①单向交通组织导致部分交叉路口之间不能相互连通，车流疏通效率低;②车辆绕行距离加长;③该区域地势复杂,大部分支路弯曲且狭窄,造成车辆流通困难。

3.3.2　对外连通性分析

分析我国六个城市典型区域与其周边区域之间的连通性,根据式(4)、式(5)得到各城市典型区域的对外可达性系数,如表3所示。

对外可达性系数　　表3

城市	对外可达性系数
重庆冉家坝	1.53
中国香港油尖旺区	0.42
成都一环以内	0.63
北京西城区	0.85
上海黄浦区	1.34

由表3可知,我国香港油尖旺区的指标值最小,重庆冉家坝的指标值最大。该系数越小则可达性状况越好,可知我国香港油尖旺区的可达性最好,重庆冉家坝的可达性最差,即重庆冉家坝与周边相邻区域之间的连通性较差。

4　结语

综上,本文采用多种指标对冉家坝区域路网的对内、对外连通性进行了分析,发现右进右出、立交转向不全、单向交通组织也对路网连通性带来影响,其中单向交通组织影响最大。其次,冉家坝区域内存在较多丁字路口和断头路,极大降低了研究区域的路网连通性。再者,冉家坝与周边相邻区域间的对外连通性较差。

但针对城市路网的连通性分析较为复杂,除了受到本文中提到的各类因素影响以外,还与现实中道路通行能力、交通实况、潮汐车道、运输方式等因素有关,因此还有待进一步研究。

参考文献

[1] 江净超,陈江平,余洁.道路网的实况连通性指标[J].测绘与空间地理信息,2010,33(1):81-83,86.

[2] 覃玲萍,刘彦花,覃宇恬.基于GIS的南宁市A级景点网络通达度研究[J].城市勘测,2023(1):27-31.

[3] 钟洋,胡碧松,谭波,等.基于交通可达性的新兴高铁枢纽城市旅游发展响应研究——以江西省上饶市为例[J].资源开发与市场,2017,33(2):238-243.

[4] 张鹏飞,蔡忠亮,张成,等.基于E2SFCA的城市旅游景点的潜在空间可达性分析[J].测绘地理信息,2015,40(1):76-79.

[5] 张梦,孙浩捷,董煜,等.乌鲁木齐市旅游景点可达性及网络特征研究[J].资源开发与市场,2018,34(3):427-432.

[6] 汪明冲,霍颖铨,王泽希.基于GIS的佛山市禅城区路网空间通达性分析Ⅰ——通达性指标的选取与计算[J].佛山科学技术学院学报(自然科学版),2013,31(6):59-64.

[7] 姜阳,梁江.从封闭单元到街区制——基于道路网连通性的实例研究[C]//中国城市规划学会.东莞市人民政府持续发展理性规划——2017中国城市规划年会论文集(07城市设计).[出版者不详],2017:11.

[8] 朱新宇,戴帅,刘金广.面向我国36大城市的道路网结构全息画像指标解析——城市道路网连通度[J].道路交通管理,2022(12):32-35.

[9] 住房和城乡建设部城市交通基础设施监测与治理实验室,中国城市规划设计研究院,北京四维图新科技股份有限公司,等.中国主要城市道路网密度与运行状态监测报告(2022年度)[J].城乡建设,2023(1):70-80.

[10] 陆建,王炜.城市道路网规划指标体系[J].交通运输工程学报,2004(4):62-67.

[11] 周涛,但媛,朱军功.城市道路网连通性评价指标探析[J].城市交通,2015,13(1):60-65.

[12] 王炜,徐吉谦,杨涛.城市交通规划理论及其应用[M].南京:东南大学出版社,1998.

[13] 单勇兵.基于GIS的徐州公路交通网络可达性研究[J].徐州师范大学学报(自然科学版),2010,28(2):67-70.

基于 VISSIM 的交叉路口信号配时优化研究

常香玉[1] 冯嘉校*[2] 周乐雨[1] 骆 力[1]

(1. 重庆交通大学交通运输学院;2. 重庆交通大学智能综合立体交通重庆市重点实验室)

摘 要 交叉路口是城市道路的关键节点,也是交通事故多发点,因此对信号交叉路口进行优化,提高其服务水平至关重要。本文以光电路-明佳路交叉路口为例,调查分析交叉路口现状问题,并提出相应的配时优化方案,利用 VISSIM 仿真软件分析交叉路口延误时间、排队长度、尾气排放等参数,对比优化前后方案。结果表明,该交叉路口东进口和南进口排队长度明显缩短,路口总延误时间降低了 7.8%,尾气排放污染物也有所减少,在一定程度上改善了该交叉路口晚高峰的交通状况。

关键词 交通拥堵 信号配时优化 VISSIM 仿真 交叉路口延误

0 引言

随着汽车保有量的逐年上升,我国大部分城市的交通状况日益变差,交通拥堵问题越来越严重。交叉路口是影响道路通行能力和通行效率的重要节点,长期以来受到了国内外众多学者的关注。

目前,采用仿真技术对交叉路口进行提升改善相对广泛,也有大量的仿真软件相继研发。齐林[1]等人利用 AnyLogic 仿真软件,迭代信号灯时间,设置了车辆停留时间最小的信号灯时间。涂灵力[2]等人利用 SUMO 仿真软件再现了观海路-红旗东路现状真实的交叉路口拥堵情况,并证实了优化方案的可行性。范朋朋[3]等人对乌鲁木齐市农大东路-南昌路交叉路口进行 webster 法配时优化,并利用 VISSIM 软件仿真对比分析优化前后交通状况,大大降低出行汽车的平均排队长度与平均延误。

利用 VISSIM 软件对交叉路口进行仿真优化,主要从信号配时、道路渠化优化两方面着手优化。在信号配时优化方面:屈文秋[4]等人对成都信号交叉路口进行配时优化,并利用 VISSIM 软件验证了方案的有效性。胡群灿[5]等基于宁波的柳汀街与镇明路交叉路口实地调查,对其信号配时进行优化,并使用 VISSIM 软件进行仿真验证,结果表明,该路口通行效率得到较大提升。在车道渠化优化方面:马林[6]提出了动态车道单点优化模型以研究动态车道时空资源优化目标和策略。结果表明该方法有效降低了交叉路口车辆延误。在信号配时与车道渠化的组合优化方面:C K WONG[7]等人构建了一系列混合整数规划模型,寻求车道功能划分和信号配时的最优解;韩伟[8]等人以北京市某交叉路口为例,分析了交叉路口现存问题,分别从进口道渠化、信号配时等方面提出优化方案,并利用 VISSIM 验证了这一方案的可行性。

综上所述,目前已有大量文献研究通过优化信号配时以提高交叉路口通行能力,但其主要考虑到的是优化前后车辆排队长度、延误时间、停车次数等方面的比较,很少考虑到尾气污染物方面的提升,尾气污染物排放量和油耗的减少对环境影响有一定的积极作用。本文以重庆市南岸区光电路和明佳路交叉路口为例进行仿真建模,给出配时优化方案,对比分析延误时间、排队长度、尾气排放量等因素,提高该交叉路口的通行能力。

1 交叉路口调查

1.1 交叉路口现状概况

光电路-明佳路路口位于重庆市南岸区,是有信号灯控制的十字形交叉路口,其是连接赵家坝立交和南城立交的重要交通节点。明佳路南接桃源路,北接南坪西路;光电路东接花园路,西接丹龙路。路口周边有重庆珊瑚中学(明佳校区)、西

基金项目:重庆市教委科学技术研究项目(KJQN202200716)。

计花园、古楼四村、西南计算机有限责任公司、昌龙城市花园、安东防水工程有限公司、建安机械小区、花园路社区等公司、学校和小区,因此该交叉路口道路通行需求较大。明佳路-光电路交叉路口渠化图如图1所示。

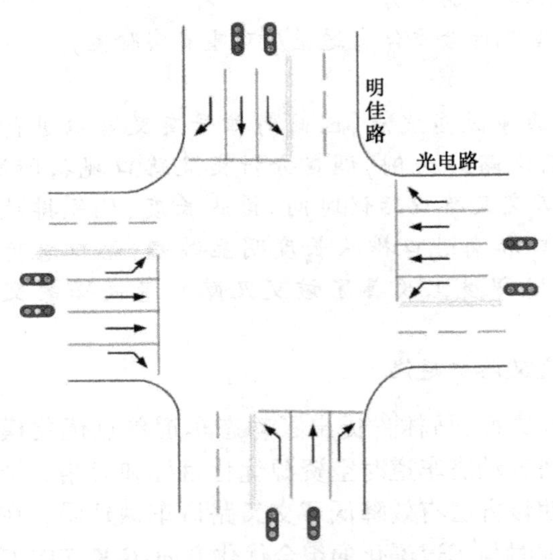

图1 交叉路口现状渠化图

1.2 交通流量和信号周期

本次采用人工实地调查的方法对明佳路-光电路交叉路口各进口道流量进行调查,调查时间段选取的是车流量具有明显增大趋势的工作日晚高峰17:30—17:45。相比其他进口道,东进口车流量最大,具体晚高峰流量数据见表1。

晚高峰流量调查表 表1

进口	方向	流量(pcu/h)	合计(pcu/h)
北进口	左转	204	504
	直行	156	
	右转	144	
东进口	左转	36	1320
	直行	828	
	右转	456	
南进口	左转	276	672
	直行	324	
	右转	72	
西进口	左转	360	856
	直行	352	
	右转	144	

光电路-明佳路交叉路口为4相位信号灯控制,信号周期为128s,每个相位间黄灯时间均为3s,其现状配时方案如图2所示。

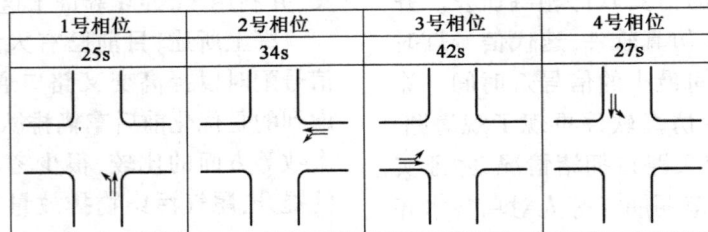

1号相位	2号相位	3号相位	4号相位
25s	34s	42s	27s

图2 现状配时方案图

2 交叉路口现状仿真

2.1 现状仿真

VISSIM软件是由德国PTV公司开发的一种微观仿真软件,主要用于城市交通网络的交通建模。它可以综合考虑影响路网运行的因素,产生评价路网服务水平的结果[9]。

根据调查得到的光电路-明佳路路口晚高峰相关的现状基础资料,在VISSIM仿真软件中设置好各参数,利用VISSIM对该路口进行仿真建模并运行,明佳路-光电路交叉路口现状仿真如图3所示。

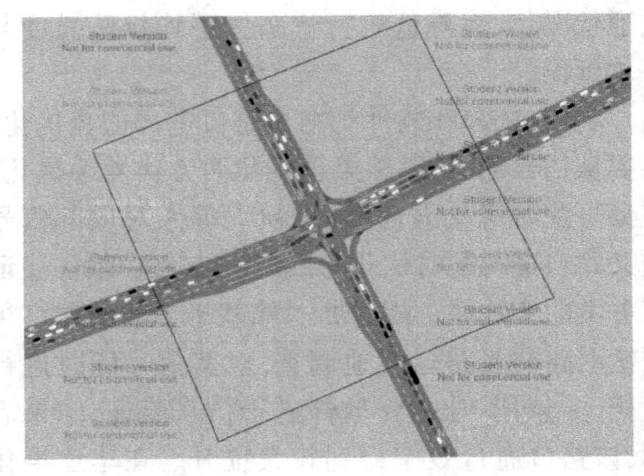

图3 交叉路口现状仿真效果图

2.2 现状问题分析

光电路-明佳路现状 VISSIM 仿真运行结果如表 2 所示。

现状仿真运行结果 表 2

进口方向	转向	排队长度(m)	最大排队长度(m)	车辆延误(s)
北进口	左转	51	148	82.5
	直行	51	148	71.9
	右转	51	148	12.9
东进口	左转	130	280	58.1
	直行	130	280	88.0
	右转	130	280	22.4
南进口	左转	111	285	104.6
	直行	111	285	113.5
	右转	111	285	16.0
西进口	左转	67	164	85.2
	直行	67	164	36.6
	右转	67	164	0.1

经过实地考察及仿真运行结果可以得出,光电路-明佳路交叉路口现状总体延误和排队长度较高,主要存在以下三个问题:

(1)东进口直行和南进口车辆排队较长

东进口直行和南进口车流量较大,放行时间不足,导致东进口直行和南进口车辆排队都超 250m。

(2)东进口左转存在空放

东进口左转车流量较小,存在空放情况。

(3)东出口车辆排队溢出

东出口仅有 2 条车道,西进口直行和北进口左转车辆连续放行,导致东出口车辆消散不及时,排队溢出至路口内。

3 交叉路口优化方案设计

本文针对光电路-明佳路路口存在的现状问题进行分析提出信号配时优化方案,并通过 VISSIM 仿真建模对优化方案进行验证与评估。

3.1 信号配时优化

在信号配时优化方面,赵靖等[10]以交叉路口总延误最小为目标,建立了适用于不同情况下的最佳周期简化模型。本文针对光电路-明佳路口晚高峰现状交通存在的问题,保持其信号周期不变,提出该路口信号配时优化方案,该方案具体措施包括:

(1)东进口直行增加放行时间

针对东进口直行放行时间不足的问题,通过相位搭接的方式,一是将东进口直行与西进口直行搭接;二是将东进口直行放行时间从 34s 增加到 40s,提高东进口车辆通行效率。

(2)东进口左转采取二次放行

针对东进口左转存在空放的问题,对东进口左转采取二次放行,放行时间分别为 18s、16s,提高路口通行效率。

(3)优化放行顺序

针对东出口车辆排队溢出的问题,通过调整放行顺序,避免西进口直行和北进口左转车辆连续放行,晚高峰优化配时图如图 4 所示。

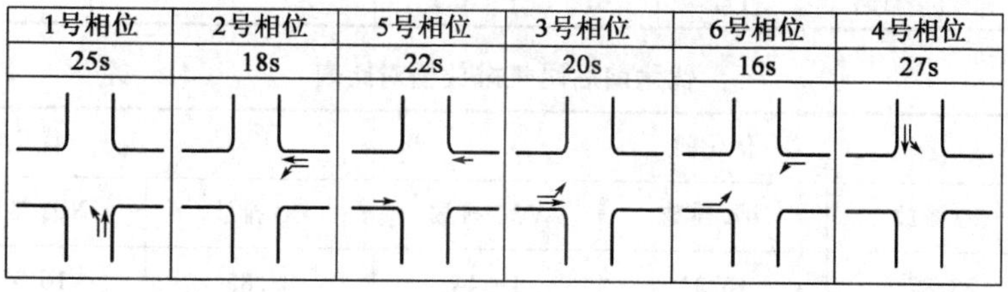

1号相位	2号相位	5号相位	3号相位	6号相位	4号相位
25s	18s	22s	20s	16s	27s

图 4 优化配时方案

3.2 优化仿真

根据上述提出的信号配时优化方案,在 VISSIM 仿真软件中设置好相应参数并运行,优化仿真运行如图 5 所示。

3.3 效果评价

参照美国 HCM 信号交叉路口服务水平[11],对每个进口道的每个转向进行评价(表 3)。

本文选取车辆延误、车辆排队长度以及尾气排放参数作为输出指标,信号配时方案优化前后输出结果如表 4 及表 5 所示。

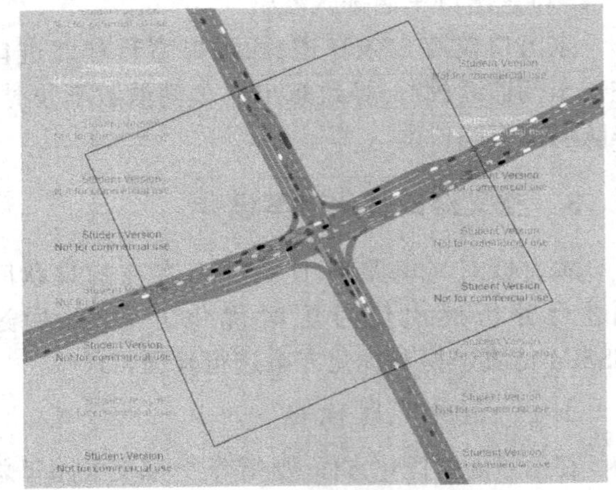

图5　交叉路口优化仿真效果图

路口服务水平参照表　　表3

服务水平等级	平均延误时间(s)	交通状况描述
A	≤5.0	自由交通流(畅通)
B	5.1～15.0	稳定交通流(较为畅通)
C	15.1～25.0	稳定交通流(缓行)
D	25.1～40.0	接近不稳定交通流(较为拥堵)
E	40.1～60.0	不稳定交通流(拥堵)
F	≥60.0	强制性交通流(严重拥堵)

晚高峰现状与优化方案评价对照表　　表4

进口道	转向	晚高峰仿真评价								
		排队长度		车均延误		转向服务水平		路口服务水平		提升率
		现状	优化	现状	优化	现状	优化	现状	优化	
北进口	左转	148	148	82.5	82.5	F	F	E	E	7.80%
	直行	148	148	71.9	77.2	F	F			
	右转	148	148	12.9	10.2	B	B			
东进口	左转	280	263	58.1	43.1	E	E			
	直行	280	263	88.0	74.2	F	F			
	右转	280	263	22.4	10.1	C	B			
南进口	左转	285	259	104.6	103.7	F	F			
	直行	285	259	113.5	110.0	F	F			
	右转	285	259	16.0	2.8	C	A			
西进口	左转	164	171	85.2	86.8	F	F			
	直行	164	171	36.6	37.3	D	D			
	右转	164	171	0.1	0.2	A	A			

优化前后尾气排放量对比表　　表5

进口道	优化前			优化后		
	CO排放	NO_x 排放	VOC排放	CO排放	NO_x 排放	VOC排放
北左	83.87	16.32	19.44	83.85	16.31	19.43
北直	36.44	7.09	8.45	36.44	7.09	8.45
北右	16.91	3.29	3.92	16.19	3.15	3.75
东左	8.14	1.58	1.89	7.11	1.38	1.65
东直	145.74	28.36	33.78	149.48	29.08	34.64
东右	35.22	6.85	8.16	36.15	7.03	8.38
南左	55.65	10.83	12.90	55.19	10.74	12.79
南直	78.12	15.20	18.10	76.27	14.84	17.68
南右	5.69	1.11	1.32	3.70	0.72	0.86

续上表

进口道	优化前			优化后		
	CO 排放	NO_x 排放	VOC 排放	CO 排放	NO_x 排放	VOC 排放
西左	90.36	17.58	20.94	80.85	15.73	18.74
西直	68.74	13.37	15.93	68.83	13.39	15.95
西右	9.92	1.93	2.30	9.94	1.93	2.30
总量	633.21	123.20	146.75	620.39	120.71	143.78

通过 VISSIM 现状和优化仿真结果对比,可以看出东进口直行和南进口车辆排队长队有所减短。优化后,晚高峰时段东进口直行车辆排队 263m,较优化前减少 17m,南进口车辆排队 259m,较优化前减少 26m,东进口和南进口排队拥堵问题得到缓解。东进口车辆平均延误时间明显减小,虽然优化前后路口服务水平都为 E,但路口总延误由优化前 57.7s 降低至 53.2s,提升 7.8%,路口交通拥堵情况有所改善。

一般来说,尾气排放量的计算公式可以表示为:

$$E = V \times EF \tag{1}$$

式中:E——尾气排放量;

V——车辆的行驶里程;

EF——单位行驶里程尾气排放因子,本文以标准小汽车的排放因子来计算。

由表 5 可以看出,实施优化方案后,虽然个别进口道的尾气排放量存在略微上升,但尾气总排放量由明显降低,对环境影响具有一定的积极作用。

3.4 仿真结果验证

为了验证优化方案仿真结果的有效性,本文在所提优化方案相位顺序及信号周期不变的情况下,将交叉路口相位通行时间参数进行调整,提出两种不同方案进行对比,仿真结果对比如表 6 所示。其中方案一将 2 号相位和 3 号相位通行时间分别改为 15s、23s;方案二将 5 号相位和 6 号相位通行时间分别改为 24s、14s。

不同方案仿真结果对比

表 6

进口道	方案一					方案二				
	排队长度	车均延误	CO 排放	NO_x 排放	VOC 排放	排队长度	车均延误	CO 排放	NO_x 排放	VOC 排放
北左	148	82.5	83.85	16.31	19.43	148	82.5	83.85	16.31	19.43
北直	148	72.4	36.58	7.12	8.48	148	72.4	36.58	7.12	8.48
北右	148	13.0	16.80	3.27	3.89	148	10.3	16.10	3.13	3.73
东左	287	32.5	6.28	1.22	1.46	269	31.8	6.20	1.21	1.44
东直	287	86.2	151.95	29.56	35.22	269	73.8	154.24	30.01	35.75
东右	287	20.3	32.93	6.41	7.63	269	15.5	37.44	7.29	8.68
南左	256	104.4	55.47	10.79	12.86	251	104.0	55.41	10.78	12.84
南直	256	113.9	78.34	15.24	18.16	251	106.5	79.49	15.47	18.42
南右	256	2.0	3.64	0.71	0.84	251	14.0	5.52	1.07	1.28
西左	160	83.3	86.09	16.75	19.95	171	92.6	77.12	15.01	17.87
西直	160	34.2	70.35	13.69	16.30	171	37.9	69.26	13.47	16.05
西右	160	0.2	9.94	1.93	2.30	171	0.2	9.94	1.93	2.30
总量	—	—	630.01	122.58	146.01	—	—	627.28	122.05	145.38

由上表可以看出,虽然方案二和方案三中南进口车辆排队长度较短,但东进口车辆排队长度分别为 287m、269m,均高于本文优化方案排队长度,且方案二和方案三总延误时间分别提升了 6.80%、7.28%,低于本文优化方案的提升效果。除此之外,其各项尾气排放量均较高,整体优化效

果不如所提优化方案,在一定程度上验证了本文优化方案仿真结果的有效性。

4 结语

本文以重庆市光电路-明佳路交叉路口为例,分析该交叉路口存在的现状问题,并从信号配时方面提出优化方案。为验证优化方案的有效性,采用VISSIM软件进行建模仿真,利用排队长度、车辆延误、尾气排放量等指标进行评价分析。结果表明,优化后的交叉路口车辆总延误减少了7.8%,车辆排队长度和尾气排放量也有明显降低,交叉路口的服务水平有所提高,论证了优化方案的可行性。本文采用了现状数据采集-数据分析-方案设计-仿真优化-方案评估的设计流程对重庆市信号交叉路口进行优化,其研究成果可以为重庆市的信号交叉路口交通拥堵改善提供参考。

但本文所提出的优化方案也存在一些不足之处,下一步研究将采用模型算法等较为准确的方法优化交叉路口信号配时,并且进一步综合考虑交叉路口早晚高峰的潮汐现象。因为光电路-明佳路交叉路口实际情况无人行横道,行人采用天桥方式过街,所以文中没有涉及行人过街问题。而对于非机动车过街问题,案例所选路段和交叉路口无非机动车道,路段车速大,机非混行较危险,非机动车较少,因此配时方案主要基于机动车交通流特性。下一步我们会研究无过街天桥的信号交叉路口,综合考虑机动车、非机动车和行人过街问题,提高优化方案的完整性。

参考文献

[1] 齐林,邵康.基于Anylogic的交通信号灯配时优化设计[J].电子测试,2022(19):56-59.

[2] 涂灵力,袁铃惠,郑永鑫,等.基于SUMO仿真的道路交叉路口优化与评估[C]//中国城市规划学会,重庆市人民政府.活力城乡美好人居——2019中国城市规划年会论文集(06城市交通规划).2019:9.

[3] 范朋朋,朱兴林,张乐,等.基于微观交通仿真的信号交叉路口优化[J].公路与汽运,2017(4):28-31.

[4] 屈文秋,张淳,张昊,等.基于VISSIM的交叉路口配时优化研究[J].电子测试,2021.

[5] 胡群灿,马晓旦,付晶燕.基于VISSIM仿真的交叉路口交通组织优化[J].中国水运,2021(12):142-144.

[6] 马林.基于动态车道的交叉路口时空资源优化方法[D].长春:吉林大学,2020.

[7] WONG C K,HEYDECKER B G. Optimal allocation of turns to lanes at an isolated signal-controlled junction [J]. Transportation Research Part B: Methodological, 2011, 45(4): 667-681.

[8] 韩伟,乔俊,赵钒宇.基于交通仿真的信号交叉路口交通组织优化[J].交通世界,2023(28):7-10.

[9] 邓红雨.公路运输条件下牛的运输应激反应研究[D].郑州:河南农业大学,2013.

[10] 赵靖,郑喆,韩印.排阵式交叉路口延误及最佳周期模型[J].公路学报,2019,32(3):135.

[11] 美国交通研究委员会.道路通行能力手册[M].任福田,刘小明,容建,等,译.北京:人民交通出版社,2007.

中心城区典型隧道通行能力提升分析

张明华* 柏宇栋 张兴华
(重庆交通大学交通运输学院)

摘 要 中心城区隧道是阻碍城市内交通快速通行重要瓶颈,随着城市化进程的加速和交通需求的增长,隧道作为城市交通的重要组成部分,其通行能力的提升对于缓解交通压力、改善城市交通状况具有重要意义。本文通过对中心城区典型隧道进行实地调研,统计分析重庆市沙坪坝区大学城隧道24h速度流量关系，发现大学城隧道全天流量大、车速较低，长期处于高流量、中低速运行状态。结合实际情况，运用 VISSIM 仿真模型对隧道现状进行仿真并修正，采用单一变量法分别研究了换道行为、交通组成、车速提升对分离式双车道隧道通行能力的影响程度。实验表明，隧道内部标线改为虚线后，通行能力可增加 2% ~3%。标线更改为虚线后，当平均车速增加 0.1 ~1km/h，隧道通行能力可以增加4% ~10%。隧道通行能力与大车比例总体呈现反比关系，大车比例从1.8%上升至6%时，通行能力下降2% ~2.5%。本文研究成果为大学城隧道及交通条件相仿的隧道进行优化设计与管控提供了实验数据支持，对维护城市交通高效稳定运行提供了参考意见。

关键词 中心城区隧道 通行能力 换道行为 交通组成 车速提升

0 引言

在城市发展过程中，为适应城市经济的快速发展和城市扩张，加强区域之间的交通联系，城市隧道的数量逐渐增多。尤其在山地城市，隧道已成为干道网络中的重要组成部分，虽然城市隧道在促进地区的交流与发展方面发挥了重要作用，但受地形、道路条件以及建筑景观等多方面因素的影响，山地城市干道隧道的线形、曲率以及坡度设计更为多样，因而此类隧道内部车辆速度差异显著，整体通行效率普遍较低，极易成为区域交通瓶颈，高峰期间经常出现拥堵的现象。因此分析城市隧道交通流运行特征及确定城市隧道实际通行能力，可为常发性拥堵管控及事故后交通管控提供关键数据支撑，对实现城市隧道交通安全的管理与控制具有重要理论意义和实际应用价值[1]。

对于隧道实测流量常用的方法为基于观测速度、流量和密度数据，建立流量、密度和速度之间的关系，以研究道路通行能力。如 Greenshields[2] 提出简单速度-密度线性关系模型，Greenberg[3] 提出适用于道路交通密度较大的速度-密度对数关系模型，同期 Underwood[4] 提出适用于道路交通流密度较小的速度-密度的指数关系模型。在这些学者的研究基础上，Edie[5] 提出了分段拟合的方法，用于描述交通流三参数之间的关系。同时，Van Aerde[6] 等学者利用曲线拟合的方法来计算通行能力。

因此本文通过 vissim 仿真系统对大学城隧道进行现状和优化方案仿真，输出典型断面通行能力趋势图，对比分析出标线、车辆构成及车速对通行能力的影响机理和程度。

1 交通运行现状和问题分析

1.1 研究对象选取

本文选取重庆市沙坪坝区大学城隧道为研究对象，大学城隧道西接璧山新区，下穿歌乐山，东至沙坪坝大学城片区。隧道左右线为分离式双向4车道且不可变道，全长约为 3800m，行车道宽 3.5m，设计车速为 60km/h。

隧道内道路线形总体呈连续上坡至平缓至连续下坡的走势。左线（璧山—沙坪坝）共设置边坡点3处，最大纵坡 0.94%，对应坡长 950m。隧道内部装配人工照明系统，隧道外照度与普通开放式公路相同。

1.2 大学城隧道交通流特性

本文从宏观层面对大学城隧道交通流特性进行研究，宏观交通流特性分析包括流量分析、速度分析、车头时距分析。24h 流量是研究隧道通行能力的一个重要方面。图 1 是大学城隧道出城（沙坪坝—璧山）和隧道入城（璧山—沙坪坝）单向高峰小时流率。由图可知，大学城隧道出城和入城的车道流量分布趋势相同，夜间流量较低，早高峰出现剧增并一直维持较高流量至凌晨。但白天进城方向流量略高于出城方向，大学城隧道最大整体通行水平维持在 230pcu/5min 左右，全天最大交通量高峰小时流量约 2900pcu/h。

分别对大学城隧道左右线的 24h 流量及车种进行统计，如表 1 所示，其中小汽车、出租车以及小型货车为小型车辆，公交车、大货车等起步加速等性能较差的车辆为大型车辆进行分类统计。对典型时段（早高峰、晚高峰、平峰）进行分析可知，高峰时段大车比例接近 2%，车辆间相互影响较大。

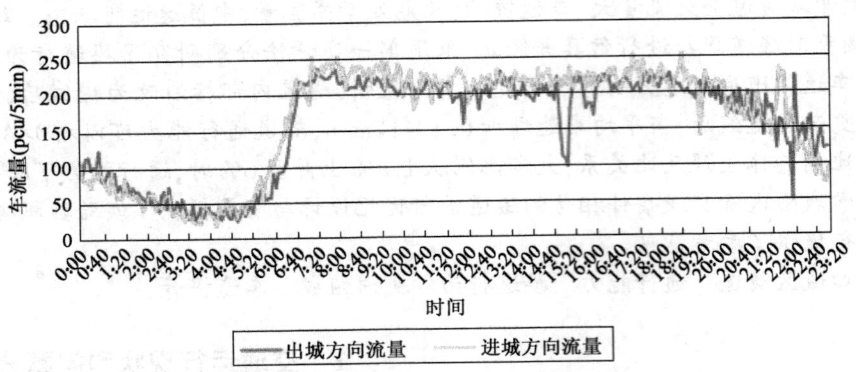

图 1 大学城隧道出城与隧道入城单向高峰小时流率

大学城隧道左右线流量及车种统计 表 1

时间	方向	小型车(辆)	大型车(辆)	车流量(pcu/h)	大型车占比
早高峰(7:30—9:30)	进城	5686	55	2898	0.96%
	出城	5225	100	2712.5	1.88%
平峰(14:00—16:00)	进城	5230	84	2699	1.58%
	出城	4592	65	2361	1.40%
晚高峰(17:30—19:30)	进城	5248	83	2707	1.56%
	出城	5181	41	2631.5	0.79%

对大学城隧道出城方向进行分析,如图 2 所示,除凌晨外,其余时段流量均维持较高水平,午、晚高峰平均速度低于 50km/h,高峰期平均速度远低于平峰速度。

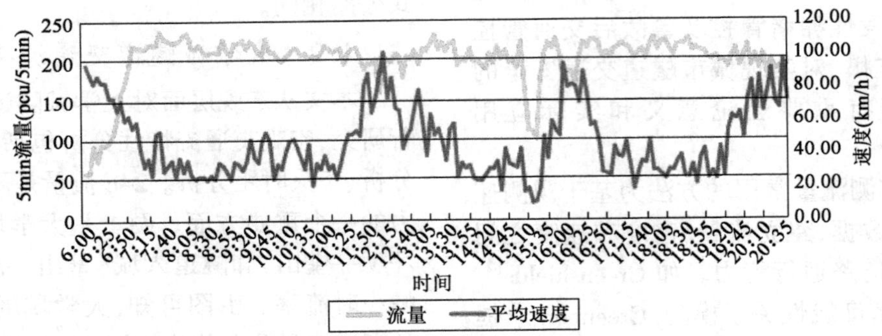

图 2 大学城隧道出城方向速度、流量时间变化图

根据统计的 5min 速度-流量数据,绘制 5min 流量-速度散点图,如图 3 所示。进行速度-流量关系拟合,当交通流速度为 44.6km/h 时,隧道流量达到峰值约 2900pcu/h;并且存在自由流、缓行、拥堵状态,因此确定大学城隧道在现有条件下的通行能力为 2900pcu/h。

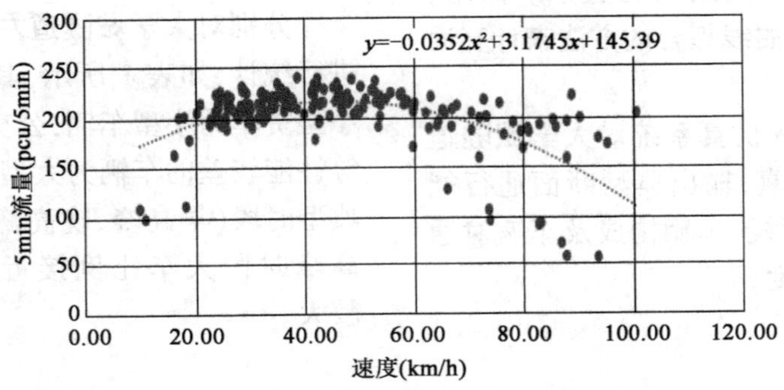

图 3 大学城隧道出城方向速度-流量散点图

2 大学城隧道仿真模型构建及校正

考虑到大学城隧道车辆交通条件复杂,为分研究换道行为、车辆组成和平均车速对隧道通行能力的影响,因此本节基于 VISSIM 仿真系统构建大学城隧道交通仿真模型,为下文通行能力影响因素分析及通行能力模型构建奠定基础。

2.1 仿真模型构建

为精准仿真不同交通运行状态下的大学城隧道实际运行情况,本文基于 VISSIM 仿真系统构建大学城隧道微观仿真模型,根据大学城隧道(进城)的实际坡度将隧道划分为四个坡度段:区段1:0.48%、区段2:0.52%、区段3:-0.94%、区段4:-0.78%,隧道内部全线为双车道宽3.5m,实线分隔,建立基本路段,其中隧道坡度基于Z坐标设置实现,隧道上游分车道设置流量输入及流量组成,实现车道级流量、车辆组成、车道变换的精准调节,可更精准的模拟不同交通状态下大学城隧道运行状况。

2.1.1 期望车速

期望速度分布是指车辆在不受其他车辆干扰或约束的条件下,驾驶员期望达到的安全行驶速度[7]。本文基于24h大学城隧道断面车辆速度分布频数,如表2所示,进行仿真模型期望车速标定。

速度频次-累计频率分布表 表2

速度区间(km/h)	频数	频率	累计频率
15~20	16	0.02	0.02
20~25	112	0.14	0.16
25~30	288	0.36	0.52
30~35	224	0.28	0.8
35~40	80	0.1	0.9
40~45	16	0.02	0.92
45~50	32	0.04	0.96
50~55	32	0.04	1

根据上述期望速度统计表,进行大学城隧道仿真模型期望速度分布标定工作。统计结果显示,车速主要集中分布在20~40km/h,期望速度分布曲线即为累积概率分布曲线,最终标定结果如图4所示。

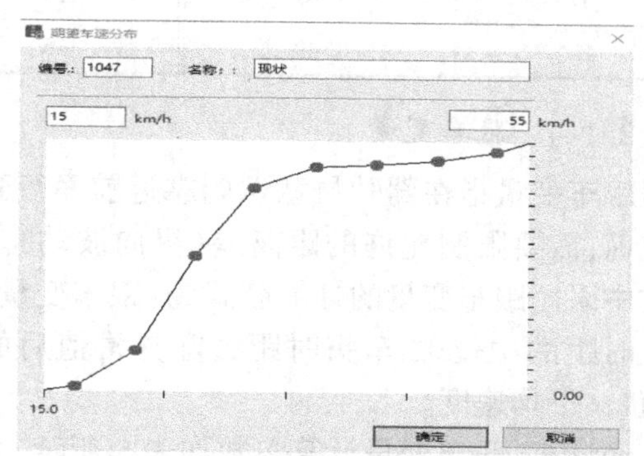

图4 期望车速分布

2.1.2 停车间距

停车间距为静止车辆与前车的期望安全距离。该参数标定工作依据拥堵状态下隧道断面视频中提取的车辆停车间距,共获取100辆车辆的停车间距,提取的停车间距如表3所示,其中60%的车间距大于1m,均值为1.54m,最终标定停车间距为1.54m。标定过程如表3所示。

停车间距统计表 表3

序号	停车间距(m)	序号	停车间距(m)	序号	停车间距(m)
1	1.2	9	0.95	…	…
2	1.73	10	1.5	95	2.56
3	2.13	11	1.34	95	0.75
4	2.12	12	2.28	97	1.32
5	1.46	13	2.68	98	1.49
6	0.99	14	1.5	99	1.52
7	2.09	15	0.72	100	1.56
8	0.71	16	1.03	均值	1.54

2.1.3 车头时距

车头时距是指在特定速度时驾驶员想要保持的间距。该参数标定工作是根据隧道断面检测的平均速度数据,因此此处等分选取隧道内不同坡度的路段车辆进行观测。根据 Wiedemann99 模型确定各断面安全车头时距,标定仿真模型车头时距参数。

从大学城隧道早高峰出城方向采集 50 个车头时距样本量,如表 4 所示,通过计算可知车头时距均值为 2.53s。

车头时距统计表 表 4

序号	车头时距(s)	序号	车头时距(s)	序号	车头时距(s)
1	3.44	9	2.63	17	3.63
2	1.36	10	3.2	18	3.36
3	2.39	11	2.5	19	2.81
4	3.3	12	2.57	20	3.4
5	1.98	13	3.1	21	1.53
6	2.58	14	2.38	22	2.46
7	1.41	15	2.4	…	…
8	1.49	16	2.18	均值	2.53

2.1.4 跟车变量

跟车变量指在驾驶员意识到靠近前面行驶车辆之前,需要限制允许的距离差(纵向波动)。在本文中采用跟车变量的计算公式为:跟车变量 = |车头时距的中位数-车头时距去除异常值后的平均值| × 平均速度。

经计算,跟车变量计算参数如表 5 所示,大学城隧道进城方向跟车变量为 1.41m。

跟车变量计算参数 表 5

车头时距中位数(s)	车头时距中位数(s)	平均速度(km/h)	跟车变量(m)
2.48	2.53	29.59	1.41

2.2 模型有效性评估

为了确认标定后的大学城隧道仿真模型是否可以准确反映隧道内部的实际运行状况,需开展模型的有效性评估。本文采用统计检验法对大学城隧道 VISSIM 仿真模型的运行结果进行定量分析,以流量与速度为指标,通过对比实际观测值与仿真运行值,验证所构建的仿真模型是否满足实际通行能力提取的要求[8]。

通过输入实测交通量,不断运行大学城隧道 VISSIM 仿真模型并输出各个区段的流量与速度。大学城隧道仿真模型的流量运行值与实际观测值的对比情况如表 6 和图 5 所示。对现状模型进行了 25 次重复试验,仿真模型的误差绝对值都在 5% 以内,平均误差值 4.8%,因此认定现状仿真模型精度较高。

仿真模型与实测结果误差对比表 表 6

序号	仿真结果(pcu/5min)	实测结果(pcu/5min)	两者误差比绝对值
1	205	214	4.2%
2	247	233	5.0%
…	…	…	…
24	232	221	4.9%
25	211	215	3.9%
平均值			4.8%

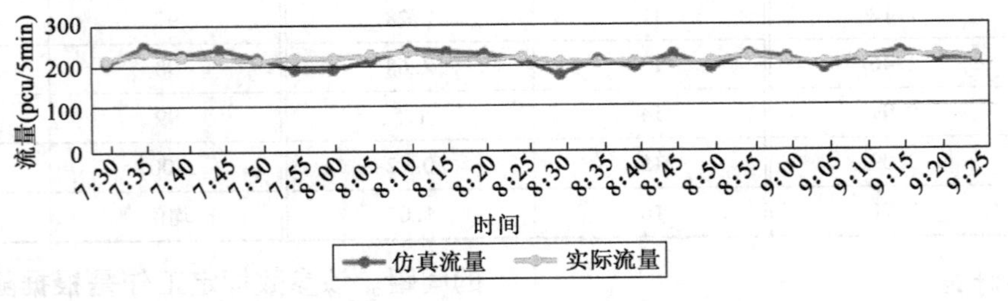

图 5 早高峰时段仿真与实际流量对比统计图

3 大学城隧道优化方案与仿真评价

基于上文所建立的大学城隧道 VISSIM 仿真模型,研究隧道内变道行为、车种构成及车速单一变量对通行能力的影响,本文在大学城隧道现状模型的基础上对单一条件进行调整,进行重复梯度变量变化仿真,从而分析各变量对大学城隧道通行能力的影响机理及程度。

3.1 换道行为对通行能力影响分析

实验设置对照组,一组为不改变隧道内道路几何条件的情况下,隧道内标线全部设置为实线,另一组根据隧道道路设计与施工标准在隧道两端出入口 100m 范围设置实线,隧道内部道路全线变为虚线,长度为 3600m,其余条件保持现状仿真模型不变。选取隧道内 4 处断面,统计不同标线形式下的通行能力,统计结果如图 6 和表 7 所示。

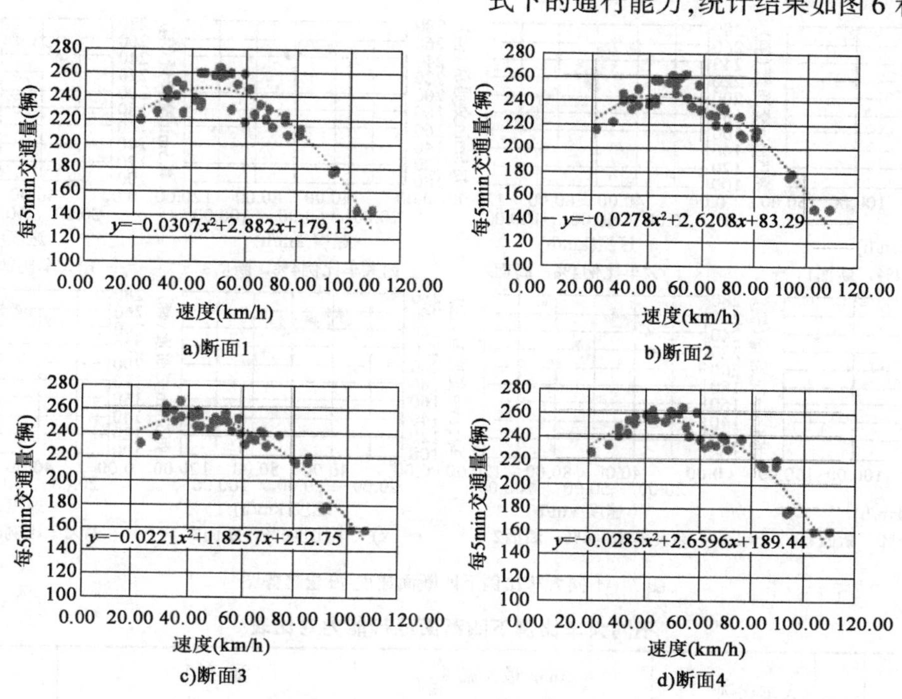

图 6 隧道内四个断面虚线情况速度-流量图

虚线情况下通行能力提升比例表 表 7

位置情况	5min 最大流量(pcu/5min)		通行能力(pcu/h)		提升比例
	现状	虚线	现状	虚线	
断面 1 隧道入口处	239	245	2868	2941	2.6%
断面 2 上坡路段	241	247	2892	2961	2.4%
断面 3 下坡路段	244	250	2928	3005	2.6%
断面 4 隧道出口处	246	252	2952	3023	2.4%
隧道通行能力平均提升比例					2.5%

3.2 交通组成对通行能力影响分析

交通组成作为交通流运行中的变量是隧道通行能力影响因素分析的重要参数。通常认为大型车的体积大,速度慢,对道路的通行能力有很大的影响。本次隧道通行能力分析中,交通组成为小型车辆 98.2%、大型车辆 1.8%。为了研究车种比例对大学城隧道通行能力的影响程度,通过改变大型车辆与小型车比例为 0:100%、1.8%:98.2%(现状)、4%:96%、6%:94%设置对照组,研究随着货车比例的上升是否对大学城隧道通行能力造成影响。

通过大学城隧道现状的 VISSIM 仿真模型进行仿真试验,在车辆输入中调整交通量的取值,从数据评价结果中输出该交通组成下速度与流量的取值,对四个断面流量进行分析,建立起该交通组成下的速度-流量趋势图,如图 7 所示;并计算隧道通行能力,如表 8 所示。

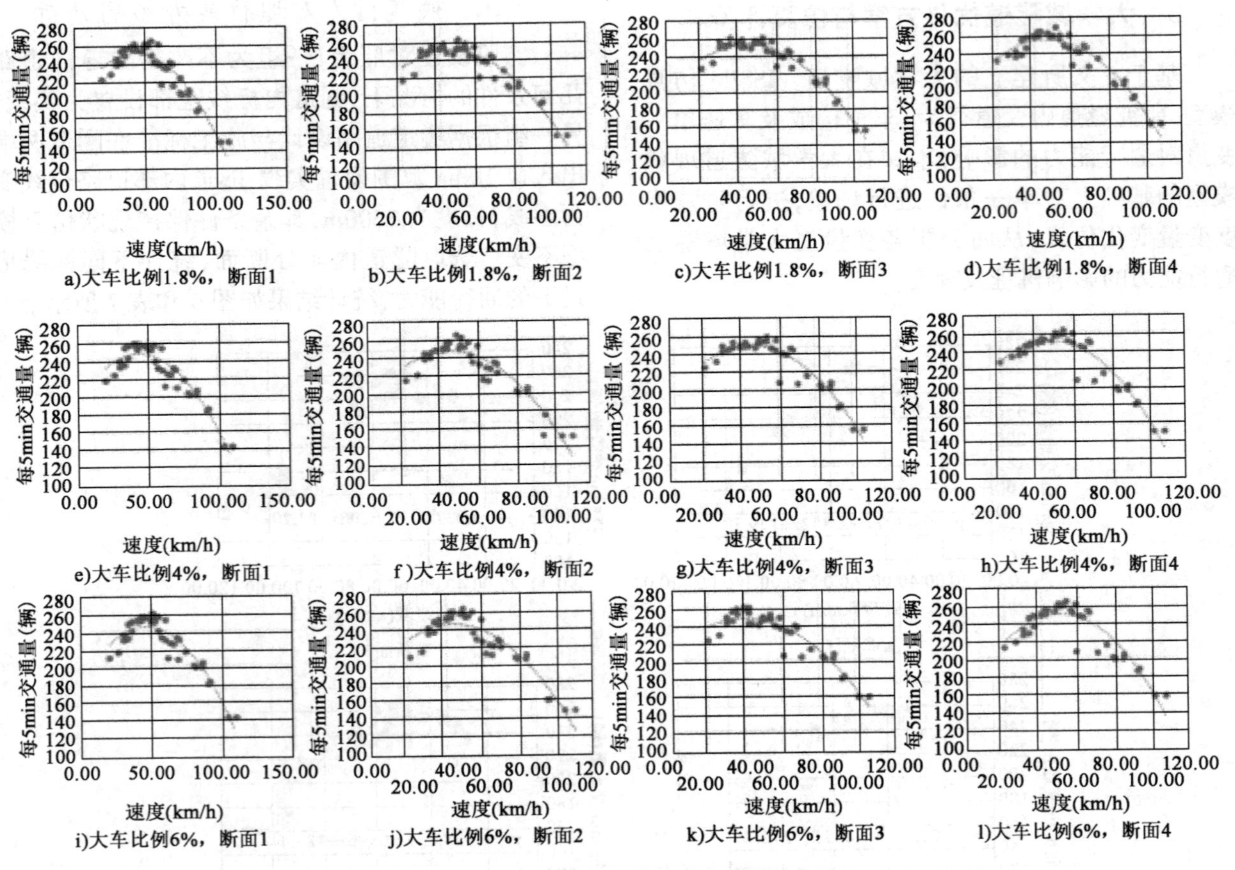

图7　不同大车比例下四断面速度-流量趋势图

不同大车比例下四断面通行能力对比表　　表8

断面位置	大车比例	5min 最大流量（pcu/5min）	通行能力（pcu/h）	下降比例
断面1	0.018	251	3012	—
	0.04	246	2952	2.0%
	0.06	245	2940	2.3%
断面2	0.018	252	3024	—
	0.04	247	2960	2.1%
	0.06	246	2952	2.4%
断面3	0.018	254	3051	—
	0.04	249	2990	2.0%
	0.06	248	2976	2.5%
断面4	0.018	256	3066	—
	0.04	251	3009	1.8%
	0.06	250	3000	2.2%

由上述图表可知：随着货车比例的增加隧道通行能力整体呈现下降趋势，货车比例4%时隧道通行能力为2977pcu/h，通行能力下降61pcu/h，变化率为－1.99%。车比例为6%时隧道通行能力为2967pcu/h，通行能力下降71pcu/h，变化率为－2.35%。

由此可见，通过改变其道路交通组成，增加货车比例，隧道通行能力呈现下降趋势。可以得出以下结论:交通组成是影响隧道通行能力的重要因素,其中货车等大型车的比例增加,会导致隧道通行能力下降。这与一般结论一致,货车道路占用面积大、加速度小,影响交通流的稳定性、造成隧道通行能力下降。

3.3 车速提升对通行能力影响分析

一般情况下,车速越快,车辆通行能力就越高,车辆运行更加安全。因为在单位时间内,更多的车辆可以通过同一段道路或交通节点,提高了交通系统的效率,缩短车辆通过隧道的时间,减少了车辆在隧道内暴露在风险中的时间。

本文为了探究在一定的增速条件下对大学城隧道的通行能力的影响,分别设置对照组:不提升速度、提升0.1km/h、0.2km/h、0.5km/h、0.7km/h、1km/h,其中为保证有充分的变道机会,设置道路条件为全虚线,计算断面1的通行能力来验证不同提速对隧道通行能力的影响程度。绘制断面1速度流量图如图8所示,仿真结果如表9所示。

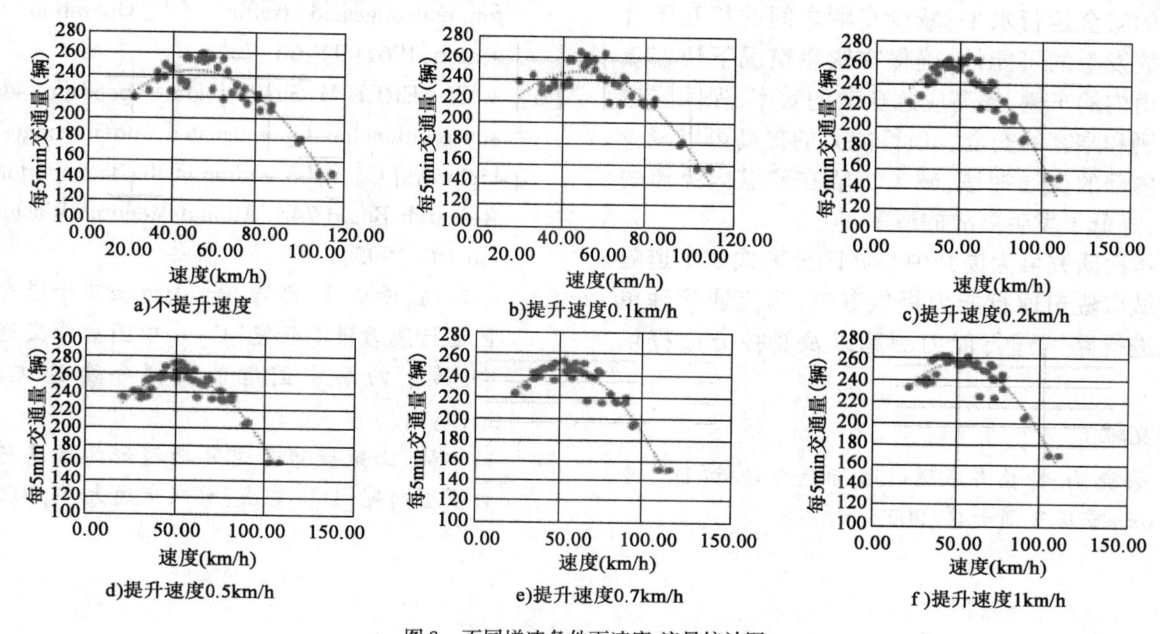

图8 不同增速条件下速度-流量统计图

不同增速条件下通行能力对比表 表9

期望速度	5min 最大流量(pcu/5min)	通行能力(pcu/h)	通行能力提升比例
实线+现状运行速度	239	2868	—
虚线+现状运行速度	245	2941	2.6%
虚线+速度提升0.1km/h	249	2986	4.1%
虚线+速度提升0.2km/h	251	3012	5.0%
虚线+速度提升0.5km/h	258	3095	7.9%
虚线+速度提升0.7km/h	260	3120	8.8%
虚线+速度提升1km/h	262	3147	9.7%

通过对大学城隧道全线虚线情况下不同提升速度的对比分析,虚线情况下随着车速提高,通行能力显著上升。由此可见,当对隧道内道路交通条件(标线、交通组织方式等)进行优化设计而引起的整体平均车速的提升对提升大学城隧道通行能力存在至关重要的作用,当平均车速提高0.2~1km/h时,通行能力提升5.0%~10%。

4 结语

本文结合中心城区典型隧道——大学城隧道作了交通调查与分析,针对大学城隧道24h交通运行情况进行交通特性分析,并利用VISSIM仿真技术,对隧道作出仿真。提出隧道进行了优化方案,通过分别调整单一变量(换道行为、交通组成、管理措施),进行仿真评估,建立隧道内4个断面各状态下的速度、流量趋势图及梯队对比分析表格。对比仿真结果表明,当大学城隧道内标线改为虚线后,隧道通行能力平均提升2.49%;随着大车比例增加到4%和6%,通行能力下降1.99%和2.35%;虚线情况下随着车速提高,通行能力显著提升,速度提高0.5km/h时,隧道通行能力提升7.91%。

通过提高隧道的通行能力,可以有效地提升隧道的安全运行水平,减少车辆之间的相互干扰和事故发生的可能性,确保在紧急情况下快速疏散隧道内的车辆,提高应急疏散的效率,保障隧道内车辆和乘客的安全。通行能力的提高可以减少隧道内部的交通拥堵,减少车辆在隧道内停滞的时间,降低了发生事故的概率。

本次研究可为提升中心城区分离式双车道隧道的城市隧道通行能力提供参考,为交通管理单位在进行路网通行能力测算以及管控方面提供支撑。

参考文献

[1] 荣晓楠.特长海底隧道通行能力分析[D].重庆:重庆交通大学,2022.

[2] GREENSHIELDS B D. A study of traffic capacity[C]//Proceedings of Highway Research Board. 1935,14:448-477.

[3] GREENBERG H. An analysis of traffic flow[J]. Operation Research,1959(7):78-85.

[4] UNDERWOOD R T. Speed, volume and density relationships[J]. Quality & Theory of Traffic Flow,1961:141-188.

[5] EDIE L C. Car following and steady-state theory for noncongested traffic[J]. Operation Research,1961(9):66-76.

[6] VAN AERDE M. Single regime speed-flow-density relationship for congested and uncongested highways[C]//Proceeding of the Transportation Research Board 74th Annual Meeting. Washington DC,1995:1-10.

[7] 蔡晓禹,李少博,彭博,等.山地城市干道交织区通行能力模型研究[C]//中国智能交通协会.第十四届中国智能交通年会论文集. 2019:18.

[8] 冯钿林.山地城市干道复杂线形隧道通行能力模型研究[D].重庆:重庆交通大学,2023.

城市交通流预测模型分析与研讨

代佳佳*[1] 梁译文[2] 程茜伶[2]
(1.重庆交通大学智慧城市学院;2.重庆交通大学交通运输学院)

摘　要　随着城市化进程的加速和交通需求的日益增长,有效的交通流预测对于缓解交通拥堵、提高道路使用效率、减少能源消耗和改善城市环境质量具有重要意义。本文综述了当前交通流预测的主要模型,包括基于传统统计的预测模型、基于非线性理论的预测模型、基于机器学习的预测模型、基于深度学习的预测模型,分析并讨论了它们的优势与局限性。

关键词　城市交通　交通流预测　预测模型

0　引言

在快速城市化的今天,交通流预测已成为城市交通管理和规划的关键组成部分。准确的交通流预测不仅能够帮助减少交通拥堵、提高道路使用效率,还能为智能交通系统的发展提供数据支持,进而实现能源节约和环境保护。随着大数据、人工智能等技术的发展,交通流预测领域正面临着新的挑战与机遇。

1　交通流预测的重要性

交通流预测在城市规划、交通管理和智能交通系统中扮演着重要角色。交通流预测的重要性主要体现在以下几个方面:

(1)路网优化与规划:准确的交通流量预测可以帮助城市规划者进行有效的路网设计和优化。了解未来交通需求变化,便于科学地安排道路建设和维护工作的优先级,提高城市整体交通运行效率。

(2)交通管理与控制:实时的交通流量预测使交通管理者能够快速响应即将到来的交通状况,调整信号灯控制策略或实施动态交通管制措施,以优化交通流。

(3)事故防范与应急响应:通过预测特定时间段和地点的交通流量,识别高风险区域并提前部署预防措施,减少事故发生的概率。此外,在发生交通事故或其他紧急情况时,交通流预测有助于制定有效的应急响应计划,减轻事件对交通的影响。

(4)环境影响评估:流量预测可用于评估不同交通模式对环境的影响,包括空气污染、噪声污染等,帮助制定政策降低交通对城市环境的负面影响。

(5)出行决策支持:为驾驶员和乘客提供准确的交通流量预测信息,帮助他们做出更明智的出行决策,如选择最佳出行时间和路线,为交通参与者带来便利。

(6)自动驾驶和车联网:在自动驾驶和车联网的背景下,交通流量预测成为车辆进行自我调整和相互沟通的重要数据基础,有助于实现车辆的高效协同和智能交通系统的整合。

对于城市交通管理,准确的交通流预测可以指导交通信号控制、路线规划和交通疏导;对于智能交通系统,实时交通流信息是实现动态导航和智能调度的基础;对于城市规划,长期交通流预测有助于城市道路网络设计和公共交通运输系统的规划。综上,交通流预测不仅对提升城市交通系统的运行效率、安全性和可持续性具有深远意义,而且对提高居民出行体验和促进经济发展也发挥着重要作用。

2 主要交通流预测模型

2.1 基于传统统计的预测模型

该类模型主要使用数理统计的方法处理历史的交通数据,假设未来的数据与过去的数据有着相同的特性。基于传统统计的模型主要有历史平均模型、时间序列模型、线性回归模型、卡尔曼滤波模型等。

历史平均模型是最早的交通流预测模型,该模型将历史交通数据进行整体平均,将其平均值作为预测结果[1]。该方法计算速度快但预测结果精度低,且实用性不强。

时间序列模型包括自回归模型(AR)、滑动平均模型(MA)、自回归—滑动平均混合模型(AMRA)、自回归求和滑动平均模型(ARIMA)、季节性差分自回归滑动平均模型(SARIMA)[2]。ARIMA 模型由 Box 和 Jenkins 提出,它结合了自回归(AR)、差分整合(I)和移动平均(MA)三种主要部分来分析和预测时间序列数据,1979 年 Ahmed 和 Cook 首次将时间序列模型用于交通流预测。ARIMA 和 ARMA 模型的主要区别在于差分运算。ARIMA 模型要求数据必须是平稳的或者通过差分成为平稳的,因此在使用该模型时,需要对数据进行适当的差分操作以确保模型的有效性。SARIMA 模型结合 ARIMA 模型的结构和季节性分析,能够更准确地捕捉和预测时间序列数据中的复杂模式,特别适合于那些显示出明显周期性变化的数据。

线性回归是最基本的回归分析形式,它研究的是单个自变量和因变量之间的线性关系。线性回归模型试图找到一个最佳拟合直线,使得所有数据点到这条直线的垂直距离(残差)的平方和最小。该模型适用于变量间关系近似线性的情况,其形式简单、参数直观、容易理解和解释。其不足之处包括模型假设的局限性、缺乏稳定性、无法处理多重共线性问题、不考虑时间序列特性。

卡尔曼滤波理论由 Kalman 于 1960 年提出,是一种高效的递归滤波算法,主要用于时间序列数据的估计问题,特别是在存在测量噪声的情况下对系统状态的估计。它通过结合系统的动态模型和观测模型,组成线性随即系统的状态空间模型对滤波器进行描述,采用递推算法对该滤波器的状态变量进行估计,从而得到过滤噪声后有用信号的最佳估计[2]。

2.2 基于非线性理论的预测模型

非线性理论预测模型主要以耗散结构论、协同论、自组织理论、混沌理论等非线性理论为基础。常用的非线性理论模型主要有:基于小波分析的模型、基于混沌理论的模型、基于突变理论的模型。

基于小波分析的预测模型首先是对交通流数据进行小波分析,将非线性系统的时间序列分解成多个分量后对每个分量分别进行预测,再合成分析得到最终预测结果。李存军[3]等根据交通流量的特点提出了在小波分析的基础上利用离散 Kalman 滤波进行预测的方法。

混沌理论的研究是非线性科学研究中的一个重要部分,混沌行为虽杂乱无章,但它在状态空间上呈现出一种有规则的分形结构,这一特征表明混沌系统具有一定的可预测性。理论上复杂系统中总是存在着混沌,而交通流本身具有大量随机的复杂性,因此可引入混沌时间序列理论解决交通流预测问题[4]。廖荣华[5]等提出一种改进邻近相点选取的方法,结果表明混沌时间序列局域法能适用于短时交通流预测。但是,混沌系统只能用于短期预测。

突变理论模型考虑到了交通流数据出现的突变现象,即非连续的“跳跃”现象。交通流在三种运行状态(即稳定、比较稳定、不稳定)之间的转换,不是一个渐进过程而是一种突变。唐铁桥[6]等考虑时间因素后采用燕尾突变理论进行交通流预测。

2.3 基于机器学习的预测模型

现有基于机器学习的预测模型有支持向量机、随机森林、梯度提升决策树等,该类模型可提高预测结果的准确性和鲁棒性。

2.3.1 支持向量机(SVM)

支持向量机(SVM)是一种通过监督学习实现目标二元分类的方法,主要用于分类和回归任务[7]。SVM 的核心思想是在特征空间中寻找一个超平面,这个超平面能够最好地分隔不同类别的数据点,在二维空间中,这个超平面就是一条直线。SVM 通过找到一个最大化两类数据之间边距(最近数据点与超平面之间的距离)的超平面来实现这一目标。

SVM 的优势包括:可有效处理非线性问题、可应对高维数据、适合小样本性能、时间序列预测、可适应不同的交通流预测场景;不足之处有对噪声敏感、训练时间长。在使用该模型进行流量预测时,为获得最佳预测效果,需对模型参数仔细调整。

2.3.2 随机森林(RF)

随机森林(RF)是一种集成学习算法,它的基本单元是决策树,构建多个决策树并集成所有的预测结果[8]。其核心思想包括以下几点:

(1)集成学习:随机森林采用了集成学习中的 Bagging 思想,即通过组合多个模型来提高整体预测性能。该方法优点在于其能够减少模型的方差,提高模型的泛化能力,并且对于噪声数据较为鲁棒。

(2)决策树:每个决策树都是一个弱分类器,它们独立地对数据进行预测。

(3)随机性:在构建每棵树时,随机森林会随机选择一部分特征和样本,这种随机性有助于减少模型的过拟合风险并提高模型的泛化能力。

(4)投票机制:对于分类问题,随机森林通过多数投票的方式来确定最终的分类结果;对于回归问题,则是通过平均所有决策树的预测值来得到最终的预测结果。

总的来说,随机森林算法因其高效、灵活且易于使用的特点在各种机器学习任务中得到广泛的应用。

2.3.3 梯度提升决策树(GBDT)

梯度提升决策树(GBDT)通过构建多个决策树来逐步修正预测误差,从而提高模型的整体性能[9]。GBDT 是一种迭代的算法,它通过连续地添加新的决策树来逐步逼近真实函数。每轮迭代都会根据当前模型的错误率来训练新的决策树,然后将这些决策树的结果累加起来作为最终的预测输出。GBDT 的核心思想源于 Boosting 方法,这种方法通过串行的方式训练基分类器,使得各个基分类器之间存在依赖关系。每个新加入的决策树都试图纠正现有模型的错误预测,从而逐步提高模型的准确性。

GBDT 有很多优点,例如,能够自动进行特征选择、对异常值和非参数数据具有较强的鲁棒性、能够有效地处理大规模数据集。此外,GBDT 通过每次迭代减少残差来防止过拟合,因此其具有很好的泛化能力。但 GBDT 也存在一些局限性,例如,GBDT 可能过于复杂导致训练时间较长,且对于噪声数据和离群点较为敏感,这可能会影响预测结果。

2.4 基于深度学习的预测模型

近年来,深度学习进入快速发展时期,CNN、RNN、LSTM、GCN 等模型陆续被研究学者提出并用于交通流预测。

2.4.1 卷积神经网络(CNN)

CNN是一种多层监督学习网格,其被广泛应用在图像识别、目标检测、自然语言处理等领域。CNN具有优秀的多特征提取能力,而交通流数据具有多种外部特征,CNN将复杂的交通流数据作为网格化或图像化数据进行处理,在一定程度上提升了预测模型的精度。Chen[10]等构建了一种多时空三维CNN结构模型;Zheng[11]等基于CNN构建了一个深度嵌入的学习模型;夏英[12]等提出一种基于时空注意力卷积神经网络的交通流量预测模型。

2.4.2 循环神经网络(RNN)

循环神经网络(RNN)是一种专门处理序列数据的神经网络,它能够处理序列中前后元素之间的依赖关系。与传统的神经网络不同,RNN可以在序列的演进方向上进行递归,这使得它能够捕捉到序列中的时间动态信息。RNN的结构特点是所有节点(也称为循环单元)按链式连接,这种结构允许信息在序列的不同时间步之间传递,从而使得网络能够"记住"前面的信息,并将其用于当前的计算中。在RNN中,每个循环单元都使用相同的参数,这意味着无论序列的长度如何,模型的参数数量都保持不变。这种参数共享机制减少了模型的复杂性,并有助于泛化到不同长度的序列。

传统的RNN存在梯度消失或梯度爆炸的问题,限制了它们处理长序列的能力。为了解决这个问题,研究者们提出了一些改进的RNN结构,例如,Cheng[13]等将RNN与CNN结合起来获取交通流信息的时空特征。

2.4.3 长短期记忆网络(LSTM)

Hochreiter等首次提出了LSTM算法,它是一种特殊的RNN,能够捕捉时间序列数据中的长期依赖关系,适合处理交通流量的时间相关性。LSTM通过引入门控制机制来解决传统RNN中的梯度消失问题。门控制机制包括输入门、遗忘门和输出门,这些门的作用是控制信息的流动,从而决定哪些信息应该被记住或忘记。LSTM的隐藏层输出包括"隐状态"和"记忆元"。隐状态会传递到输出层,而记忆元则是内部信息,用于保存长期的记忆。这种结构设计使得LSTM在处理时间序列数据时能有效地捕捉到间隔和延迟较长的重要事件。

LSTM通过其独特的门控制机制和记忆单元,不仅解决了传统RNN的梯度问题,还扩展了神经网络在时间序列分析领域的应用。王苗苗[14]将LSTM模型用于短时交通流预测;Shi[15]等构建了一种卷积长短期记忆网络模型(Conv-LSTM);Yao[16]等提出时空动态网络(STDN)模型,利用CNN和LSTM获取交通流数据的时空相关性。

2.4.4 图卷积网络(GCN)

图卷积网络(GCN)是一种专门处理图结构数据的神经网络,它通过提取图数据的特征来进行节点分类、图分类、边预测以及生成图的嵌入表示等任务。GCN的主要作用是从图数据中提取特征,这一点与CNN类似,但GCN专门针对图结构的数据。GCN的一个重要特点是引入了可以优化的卷积参数,这些参数通过训练过程中的优化来提取更加有效的特征。

当前,已有不少学者将GCN用于交通流量预测。Yu[17]等提出一种时空图卷积网络(STGCN)模型;Zhao[18]等将GCN与门控循环单元结合提出一种时间图卷积网络(T-GCN)模型;赵文竹[19]等提出一种多视角融合的时空动态卷积模型。

2.4.5 深度强化学习(DRL)

深度强化学习(DRL)是一种结合了深度学习和强化学习的技术领域,它使得智能体能够在复杂环境中进行有效的学习和决策。强化学习(RL)是一种计算方法,通过与环境的交互来学习如何做出决策。在强化学习中,智能体通过尝试不同的行为并从结果中获得奖励或惩罚来学习策略。深度学习(DL)是一种机器学习技术,它使用神经网络模型来学习数据的高层次特征。该方法有较好的感知能力和决策能力。深度学习模型能够处理高维度的输入数据,如图像和声音,这使得智能体能够更好地感知其环境。强化学习为智能体提供了在不同状态下做出最优决策的能力。

3 交通流预测的挑战与未来趋势

3.1 交通流预测的挑战

(1)数据的获取与处理

高质量、高时效性的数据是进行准确预测的前提。首先,要保证数据质量,这对于后续的分析和模型训练至关重要;其次,数据应具备时效性,交通流量预测往往需要实时或近实时的数据来捕捉交通状态的动态变化。

(2)模型的泛化能力

交通流量受多种因素影响,如天气、节假日、特殊事件等,模型需要具备捕捉这些复杂因素交互作用的能力。此外,交通系统中存在许多非线性关系,构建能够处理这些关系的模型是提高预测准确性的关键。

(3)实时性要求

在线预测系统需要在极短的时间内提供预测结果,以便及时调整交通控制策略。为了满足实时性要求,预测模型应具备快速响应和高性能计算的能力。

(4)多模态融合

如何有效整合不同来源和类型的数据,以及如何处理这些异构数据是提升预测性能的关键,主要包含以下三个方面:

①异构数据整合:来自不同来源的数据可能具有不同的格式和尺度,如何将这些数据有效整合是一个挑战。

②特征提取:从多模态数据中提取有用的特征,以便模型能够更好地理解交通流特性。

③融合方法:选择合适的数据融合方法,以便最大化预测性能。

为应对这些挑战,需不断探索新技术、新方法。例如,利用深度学习技术来提高模型的泛化能力;使用高效的算法和硬件加速技术来满足实时性要求;采用先进的数据分析方法来处理多模态数据。

3.2 未来趋势与展望

(1)跨领域融合

结合气象数据、社会事件信息、城市发展状况等多种因素进行交通流预测。此外,可借助气象学、社会学、城市规划等多个学科的知识,提高预测模型的准确度和鲁棒性。

(2)车联网技术的应用

随着车联网技术的发展,车与车、车与路之间的信息交换将为交通流量预测提供更为丰富的数据源。车联网收集的数据具有更高的时效性,有助于实现实时或近实时的交通流量预测。

(3)在线学习与自适应模型

开发能够在不断变化的环境中学习和适应的模型,模型可根据新收集的数据不断更新其参数和结构,实现动态交通流预测。

(4)强化模型可解释性

除追求预测精度外,未来的模型需更多地考虑可解释性。通过提高模型的可解释性,使用户和决策者理解模型的预测逻辑和决策过程,增加用户对预测系统的信任,促进模型在实际应用中的接受度。

4 结语

交通流预测作为交通管理的核心环节,其研究和应用前景广阔。面对不断变化的交通环境和日益增长的数据处理需求,研究人员需不断创新方法和技术,把握机遇、应对挑战,为城市交通管理提供更有效的支持。通过精准的交通流预测,我们可以期待一个更加高效、安全、可持续的交通系统。

参考文献

[1] 赵宏,翟冬梅,石朝辉.短时交通流预测模型综述[J].都市快轨交通,2019,32(4):50-54.

[2] 王进,史其信.短时交通流预测模型综述[J].中国公共安全(学术卷),2005,(1):92-98.

[3] 李存军,杨儒贵,张家树.基于小波分析的交通流量预测方法[J].计算机应用,2003,(12):7-8.

[4] 姚智胜.基于实时数据的道路网短时交通流预测理论与方法研究[D].北京:北京交通大学,2008.

[5] 廖荣华,兰时勇,刘正熙.基于混沌时间序列局域法的短时交通流预测[J].计算机技术与发展,2015,25(1):1-5.

[6] 唐铁桥,黄海军.用燕尾突变理论来讨论交通流预测[J].数学研究,2005(1):112-116.

[7] 罗川.基于最小二乘支持向量机的短时交通流预测方法研究[D].太原:太原理工大学,2019.

[8] 冒云香,李星毅.随机森林在短时交通流中的应用[J].计算机与数字工程,2020,48(7):1585-1589.

[9] 徐子娴.基于多特征梯度提升决策树的短时公交客流预测研究[D].昆明:云南大学,2020.

[10] CHEN C,LI K,TEO S G,et al. Exploiting spatio-

temporal correlations with multiple 3D convolutional neural networks for citywide vehicle flow prediction[C]//Proceedings of the 2018 IEEE International Conference on Data Mining (ICDM). Singapore: IEEE, 2018: 893-898.

[11] ZHENG Z, YANG Y, LIU J, et al. Deep and embedded learning approach for traffic flow prediction in urban informatics[J]. IEEE Transactions on Intelligent Transportation Systems, 2019, 20(10): 3927-3939.

[12] 夏英,刘敏.基于时空注意力卷积神经网络的交通流量预测[J].西南交通大学学报, 2023, 58(2): 340-347.

[13] CHENG X, ZHANG R, ZHOU J, et al. Deep transport: learning spatial-temporal dependency for traffic condition forecasting[C]//Proceedings of the 2018 International Joint Conference on Neural Networks (IJCNN). Rio de Janeiro: IEEE, 2018: 1-8.

[14] 王苗苗.基于机器学习的短时交通流预测方法研究[D].西安:长安大学,2017.

[15] SHI X J, CHEN Z R, WANG H, et al. Convolutional LSTM network: a machine learning approach for precipitation nowcasting[C]//29th Annual Conference on Neural Information Processing Systems. Montreal: NIPS, 2015: 802-810.

[16] YAO H X, TANG X F, WEI H, et al. Revisiting spatial-temporal similarity: a deep learning framework for traffic prediction[C]//Proceedings of the 33th AAAI Conference on Artificial Intelligence. Honolulu: AAAI, 2019: 5668-5675.

[17] YU B, YIN H T, ZHU Z X. Spatio-temporal graph convolutional networks: a deep learning framework for traffic forecasting[C]//Proceedings of the 27th International Joint Conference on Artificial Intelligence. Stockholm: IJCAI, 2018: 3634-3640.

[18] ZHAO L, SONG Y J, ZHANG C, et al. T-GCN: a temporal graph convolutional network for traffic prediction[J]. IEEE Transactions on Intelligent Transportation Systems, 2020, 21(9): 3848-3858.

[19] 赵文竹,袁冠,张艳梅,等.多视角融合的时空动态图卷积网络城市交通流量预测[J].软件学报, 2024: 1-23.

An Novel Approach to Three-Dimensional Pavement Distress Detection Utilizing Laser Line Sensing

Boyuan Tian Difei Wu* Chenglong Liu Yishun Li Yuchuan Du

(Key Laboratory of Road and Traffic Engineering of the Ministry of Education, Tongji University)

Abstract Currently, road management has transitioned from the peak of road construction to a focus on maintenance and maintenance-based strategies. To enable informed maintenance management decisions, it is crucial to comprehensively, accurately, swiftly, and reliably grasp pavement distress data. This paper proposes the adoption of a lightweight detection system for pavement distress based on line laser scanning. In comparison to traditional manual inspections and heavy equipment detection methods, this system offers a swifter and more efficient approach to pavement distress detection. It utilizes a line laser emitter to project a laser beam onto the road surface, while a high-speed industrial camera swiftly captures reflected images of the laser beam on the road surface. Following preprocessing of the camera-captured images, this paper employs a laser stripe center extraction algorithm to identify distorted features induced by road surface deformations within the laser beam.

Additionally, methods for recognizing the road baseline and discriminating pavement distress types are introduced. Finally, leveraging the principles of line laser 3D measurement, this paper presents a three-dimensional reconstruction method for deformations-related distress and conducts a comprehensive three-dimensional reconstruction of the collected road surface data.

Keywords Laser triangulation Defect identification 3D reconstruction Lightweight detection

0 Introduction

Road distress inspection is an important link to ensure road safety and sustainable development, its purpose is to find, evaluate and repair various distress on the road in time. Road distress include potholes, cracks, bridge jump, surface damage, etc., among which deformation distress mainly include subsidence, rutting and holding three categories, these distress will aggravate road wear and affect road use function, while reducing road service life, but also bring safety risks to drivers and pedestrians. Therefore, regular road disease inspection is very important to maintain the smooth road traffic and ensure the effective use of road assets.

The development of road detection technology can be divided into three stages: manual detection, semi-automatic detection, and intelligent detection. Manual detection involves manually measuring road ruts using a cross-sectional rigid ruler to achieve rut detection[1], but this method needs to block lanes, and the detection efficiency is low and greatly affected by human factors. In the early stage, methods for smoothness detection mainly used handheld three-meter rulers, continuous smoothness meters, and bump accumulators[2], but they have some problems such as low detection efficiency and cannot be used on a large scale.

As the traditional methods can not meet the needs of large-scale road inspection and maintenance, the road inspection vehicles equipped with advanced detection technology and equipment for road distress detection came into being. In 2006, China Industrial High-tech[3] developed CiCS rapid road condition detection system, which combines linear array camera and structured light lighting. It uses 13-point laser to collect road surface data images, and obtain road damage, smoothness and rutting information. Wuhan University developed the RTM multifunctional road condition detection system, which added a three-dimensional road surface detection system using sub-pixel segmentation technology, and the detection accuracy reached 0.1mm. And the system can detect multiple pavement indexes simultaneously. The equipment pairs for detecting deformation distress at present are shown in Table 1.

Comparison of testing equipment for deformation distress Table 1

Checkout equipment	Hardware structure	Precision & output	Advantage	Disadvantage
Laser profile	Single point laser, receiver, Scanning system	Obtain elevation information to detect flatness	High speed and high precision, non-contact measurement	Slow driving speed obstructs the traffic, and the repeatability of the detection results is poor
Multi-point laser detector	Discrete laser sensor	Rut depth can be detected, and rut detection accuracy is proportional to the number of sensors	High single point detection accuracy	The rut profile data cannot be obtained accurately enough
Vehicle lidar	Semiconductor laser, receiver, inertial measurement unit	The sensor resolution is 0.1mm, and the image data of pavement distress point cloud is output	Sub-millimeter accuracy; All-weather work; multiple parameter detection	The use and maintenance costs of high-precision equipment are high

continued

Checkout equipment	Hardware structure	Precision & output	Advantage	Disadvantage
Line laser detection equipment	Line laser transmitter, HD camera	Can detect the depth of road ruts, higher than manual measurement accuracy	High efficiency, simple installation of equipment	Laser line imaging is greatly affected by environmental factors

From the summary of the table, it can be seen that the heavy inspection vehicle equipment with high construction and maintenance costs is difficult to meet the needs of large-scale road detection. At present, in order to obtain the road condition information more quickly, accurately and frequently, a new research direction has emerged, that is, the use of light detection equipment to replace the precision heavy detection equipment. However, the existing road lightweight detection system is mainly for the recognition of pavement crack disease, and it is not ideal for the recognition of deformation diseases such as potholes, bags and ruts.

In the aspect of road rut detection, Wang et al installed 25 ultrasonic ranging sensors on the front crossbeam of the detection vehicle and used detect ground distance based on the principle of ultrasonic ranging. This enabled them to obtain the road cross-sectional profile and rut size. Wu et al. [4] utilized a line structured light lightweight device for measuring road ruts. The detection vehicle projected an infrared laser onto the road ruts and then captured image data using a camera, and applied relevant image processing algorithms to achieve real-time detection of road ruts. Li et al. [5] analyzed the line laser detection principle of road deformation and designed a line structured light deformation image processing method suitable for asphalt roads, achieving automated and rapid detection of road ruts. Hao et al. [6] used an infrared laser and a matrix 3D camera to rapidly capture the three-dimensional information of cement concrete road surfaces. They designed a dual-phase standard deviation filtering algorithm to achieve three-dimensional reconstruction of the road surface. Zhang et al. [7] based their work on three-dimensional laser scanning road data and simultaneously detected road cracks and surface deformation defects. Their method effectively detected road conditions and environments, with an accuracy rate of over 98%. Hong et al. [8] proposed a line laser-based visual measurement method for measuring road rut depth. By using calibration blocks, they determined the relationship between rut laser curve deformation and road rut depth, enabling accurate measurements of road rut depth. Chen et al. [9] presented a fast road rut detection method based on laser triangulation. They utilized an irregular triangular mesh for constructing a calibration grid and quickly calculating laser line coordinates, achieving real-time measurements of road ruts at 80 times per second.

The literature suggests that for lightweight, swift, and efficient detection of pavement deformation distress, employing line laser detection equipment is viable. Hence, this paper utilizes a light line laser emitter to project a beam onto the road surface, while a high-speed industrial camera swiftly captures the reflected image. By identifying the laser line on the road surface and extracting distortion characteristics caused by surface deformations, the distress type is determined, enabling the proposal of a three-dimensional reconstruction method for deformation distress.

1 Methodology

The research route and main contents of this paper are shown in Figure 1. In this paper, we design the line laser detection system and collect the detection pictures, identify and extract the laser line, and finally distinguish the distress types according to its shape variable.

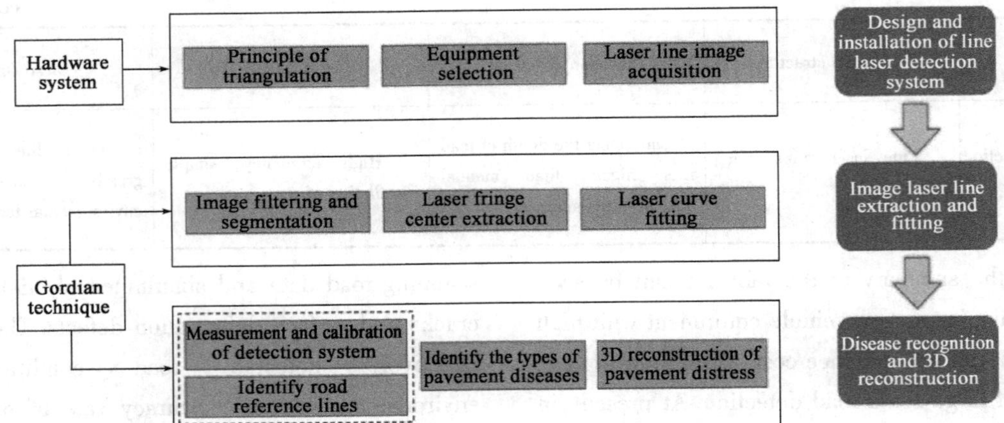

Figure 1 Technology roadmap

1.1 Line-laser-based vehicle-mounted equipment and detection principle

The line laser, emitted by the laser emitter, forms a straight laser line when projected onto a flat road surface. However, if there are surface defects on the road causing height variations, the laser line will be deformed. This deformation, as shown in Figure 2 depicting the actual acquisition system and captured images, can be analyzed to calculate the degree of bump on the measured pavement. The degree of laser stripe deformation is influenced by two factors: the relative position between the camera and the line laser emitter, and the actual height variation of the road surface. When the relative position between the camera and the line laser emitter remains constant, deformation parameters of the laser line can be extracted from the captured images to calculate the actual depth of the pavement distress. This method offers valuable insights for assessing road conditions and identifying road distress.

The lower left section of Figure 2 illustrates the working principle of the line laser for road surface distress detection. When the road surface being inspected is relatively flat without any distress, the laser emitted by the linelaser emitter (labeled as "a") projects onto the road surface at point "d." If there is road distress on the detected area, such as bumps or depressions, the actual projection points of the emitted laser will be at points "b" and "c," with point "b" being the vertical projection of point "c" onto the road surface plane.

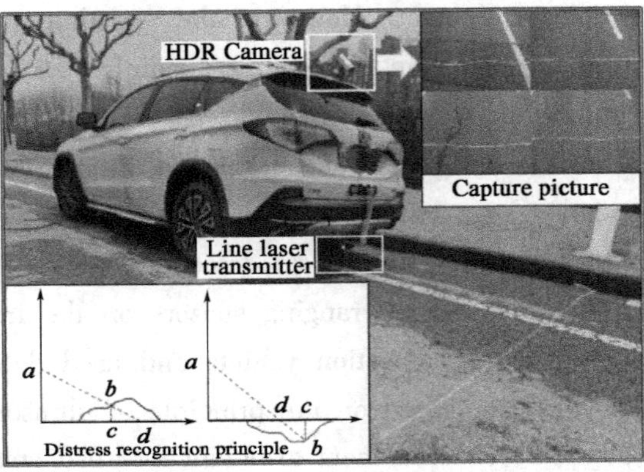

Figure 2 Distortion diagram of the laser line in the crater distress

Since the emission angle of the line laser emitter is fixed, and the relative position between the camera and the line laser emitter remains constant, the size of the surface defects (bumps or depressions) on the road surface can be calculated by measuring the distance between points "c" and "d." Finally, we can determine the specific size of the road surface distress according to the relationship between the projection points.

In order to realize the above detection method, we design a laser detection system for vehicle line. The system is constructed on the inspection vehicle by installing devices such as a line laser emitter, a high-definition camera, and a central industrial control computer. The specific parameters of the detection equipment are shown in Figure 3. The high-definition camera is used to capture images of the road surface and the laser line, with an effective pixel count of at least 1.6 million pixels. It can be powered by the central industrial control computer or the vehicle's power supply. During the inspection vehicle's movement, the high-definition camera continuously captures high-quality images at a frequency of up to 60 frames per second. The central industrial control computer is equipped with fourth or fifth-generation mobile communication technology, it can send image-capture commands to high-definition cameras based on the vehicle's speed or distance traveled, and record the corresponding GPS data. Simultaneously, it continuously receives, processes, and uploads the collected data. The central industrial control computer is installed inside the vehicle. The line laser emitter is powered by the vehicle and is capable of firing a straight visible beam that covers the width of a lane.

Camera

Line laser transmitter

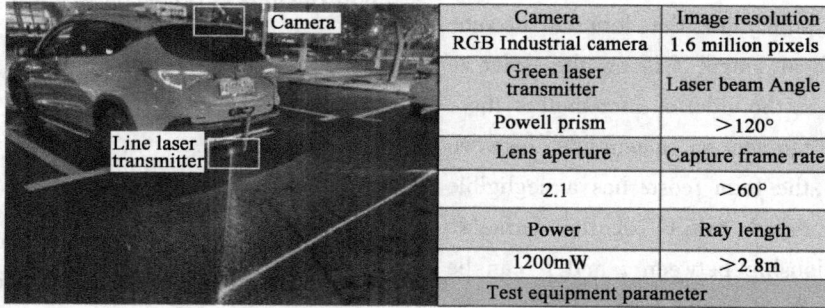

Camera	Image resolution
RGB Industrial camera	1.6 million pixels
Green laser transmitter	Laser beam Angle
Powell prism	>120°
Lens aperture	Capture frame rate
2.1	>60°
Power	Ray length
1200mW	>2.8m
Test equipment parameter	

Figure 3 Equipment installation diagram

This paper adopts the installation method of the line laser emitter and high-definition camera as shown in Figure 3. In order to reduce the impact of vibration on image acquisition, we also installed a bracket on the roof of the car to assist in fixing the camera.

1.2 System detection calculation principles

The working principle of the system is illustrated in Figure 4. Based on the principle of laser triangulation, the depth of road surface defects can be calculated. In Figure 4, the installation position of the line laser emitter is denoted as Las, and the installation position of the high-definition camera is labeled as Cam. The angle between the camera optical axis and the incident laser beam is represented as α, while the angle between the normal to the photosensitive surface and the incident laser beam is denoted as β. The elevation of the measurement point relative to the reference plane is indicated by h. The vertical distance from the camera lens center to the road surface is denoted as H, and the distance from the camera lens center to the imaging object is represented as L. The amount of deformation of the laser line at the corresponding measurement point in the camera imaging plane is denoted as i. The focal length of the camera lens is f, and the focal length of the camera is F.

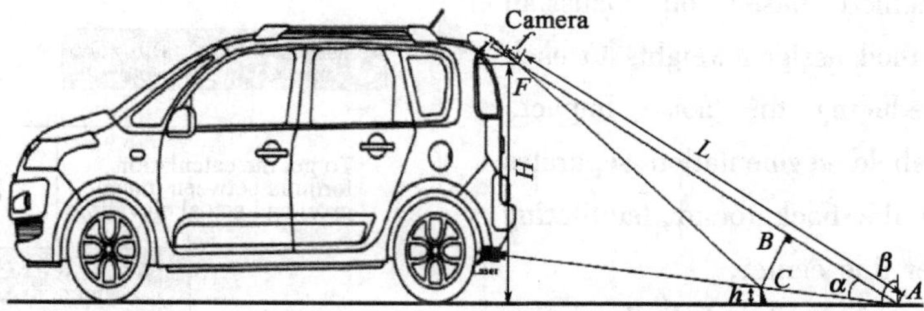

Figure 4 Calculation principles of line laser detection system

From the figure, it can be derived that: $i \cdot (L - AB) = f \cdot BC$, where $AB = \dfrac{h\cos\alpha}{\cos\beta}$, and $BC = \dfrac{h\sin\alpha}{\cos\beta}$. Rearranging the equation, we can obtain the formula for calculating the elevation h of the measurement point relative to the reference plane:

$$h = \frac{iL\cos\beta}{f\sin\alpha + i\cos\alpha} \tag{1}$$

The relationship between the distance L from the camera lens center to the imaging object and the installation height H of the lens is as follows: $H = L\cos(\beta - \alpha)$. Therefore, the relationship between h and H can be calculated as follows:

$$h = \frac{iH\cos\beta}{\cos(\beta - \alpha)(f\sin\alpha + i\cos\alpha)} \tag{2}$$

After the installation of the detection device, the variables L, α, β, and f in the formula become constants. As the focal length f is on the order of centimeters and i is on the order of micrometers, there is a significant difference in magnitude between them. Consequently, the term $i\cos\alpha$ has a negligible effect on the calculated results in the formula. Therefore, the relationship between i and h can be approximated as linear, which simplifies the representation in practical measurements as follows:

$$h = ki + b \tag{3}$$

In the equation, h represents the elevation of the measurement point relative to the reference line, k is the slope, which is influenced by the camera's intrinsic and extrinsic parameters, as well as the relative installation position between the line laser emitter and the camera. b represents the baseline deviation, which is typically treated as a constant and can be obtained from subsequent calibration experiments.

1.3 Laser line extraction and recognition

Gaussian noise is prevalent in online structured light systems, but it can be effectively mitigated using the Gaussian filter method based on Gaussian function theory. This method assigns weights to each pixel in the image, reducing the noise impact. Subsequently, local threshold segmentation separates the laser line part from the background, facilitating the extraction of the laser line center.

In practical scenarios, the width of the laser line pattern obtained from line laser measurement systems is often wider than a single pixel, which can compromise the accuracy of acquiring point cloud data on the object surface. Image processing is thus necessary to achieve a laser line width of one pixel. The gray-level centroid method compares gray values of points in the laser line pattern's cross-section, selecting the point with the highest gray value and pixels exceeding a certain threshold. The gray values of these selected pixels serve as their weights, and their row coordinates are weighted averaged to determine the laser line's center. With this method, the average extraction speed for a single image is approximately 0.06 seconds.

Following laser line center extraction, two-dimensional coordinate points are obtained from the image. As the extracted laser line may exhibit discontinuities, linear interpolation is employed to connect these points. However, the resulting line may still feature jagged edges in local areas. To better represent road surface characteristics, curve fitting of the data is necessary. This paper utilizes the Savitzky-Golay filtering method for this purpose. The Savitzky-Golay filter is a widely used curve fitting technique for smoothing or denoising signals. It effectively reduces noise influence while preserving the original curve characteristics by employing polynomial fitting and local weight-based smoothing or denoising.

1.4 Pavement deformation identification and evaluation

As shown in Figure 5, the method of disease recognition is divided into three parts, which are calibration and detection system, identification of pavement reference line and setting threshold to identify pavement disease types.

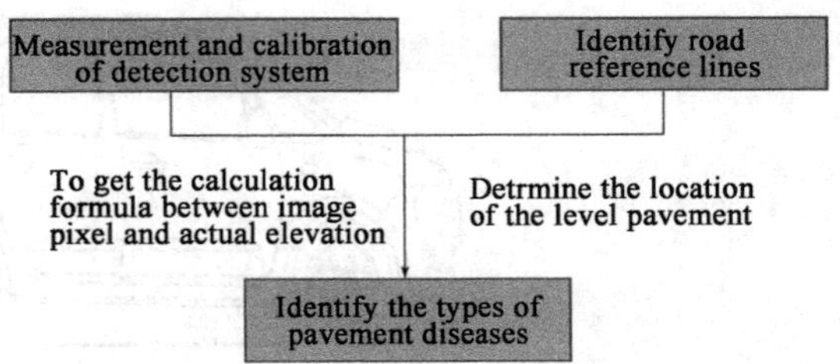

Figure 5 Distress identification and quantification process

The depth measurement of road surface defects is affected by factors such as the installation angles and positions of the laser emitter and camera.

Therefore, we can use standard blocks to calibrate the system before measurement and determine the parameters "k" and "b" in the formula (3) for calculating the elevation "h" of the measurement points. As shown in Figure 6, several calibration blocks with known heights are placed on a flat road surface, and the center line of the laser stripe is extracted. The heights of the calibration blocks from left to right in the figure are 30mm, 10mm, 20mm and 40mm.

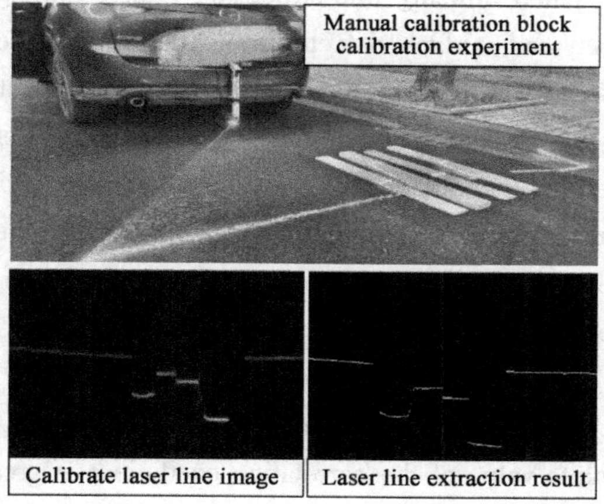

Figure 6 Calibration experiment and results of manual calibration blocks

In order to correlate the pixel differences in the image with the actual elevation of the measurement points, we first calculated the pixel differences corresponding to different heights of the calibration blocks in the image. The results are shown in Figure 7 below.

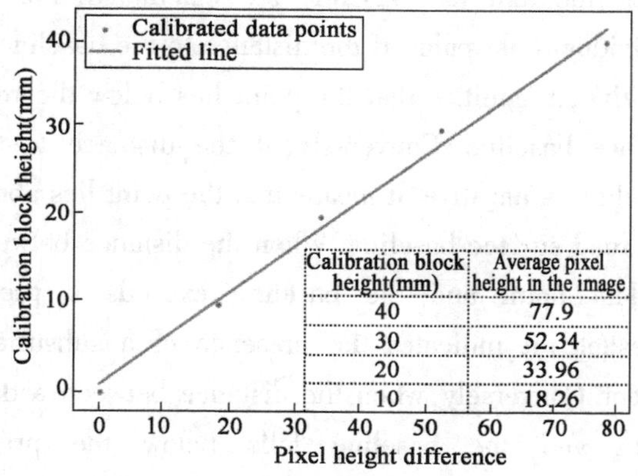

Calibration block height(mm)	Average pixel height in the image
40	77.9
30	52.34
20	33.96
10	18.26

Figure 7 Calibration fitting results

The fitting result is shown in Figure 7, with a calculated correlation coefficient of 0.995, indicating a linear correlation between the actual elevation "h" of the measurement points and the pixel height "i" in the laser stripe image. Additionally, the values of "k" and "b" are calculated as 0.5221 and 0.9445, respectively. With this information, we can calculate the height or depth of road surface deformities, facilitating the final three-dimensional surface reconstruction.

In the method based on the mobile line laser detection of road surface defects, accurate identification of the road surface baseline is crucial, as it provides a reference standard for determining the presence and type of defects on the road surface. When the line laser intersects with a flat road surface, it forms a straight line, whereas it bends when intersecting with uneven road surfaces. Hence, we can use a straight line segment as the baseline in the laser stripe image.

The process for determining the baseline is shown in Figure 8. First, for the acquired data points of the laser stripe, we perform linear fitting using the least squares method and then calculate the correlation coefficient of the fitted line. If the absolute value of the correlation coefficient is greater than 0.95, the laser stripe is considered to be on a flat road surface. If the absolute value of the correlation coefficient is less than or equal to 0.95, the laser stripe is deemed to be on an uneven road surface with significant defects.

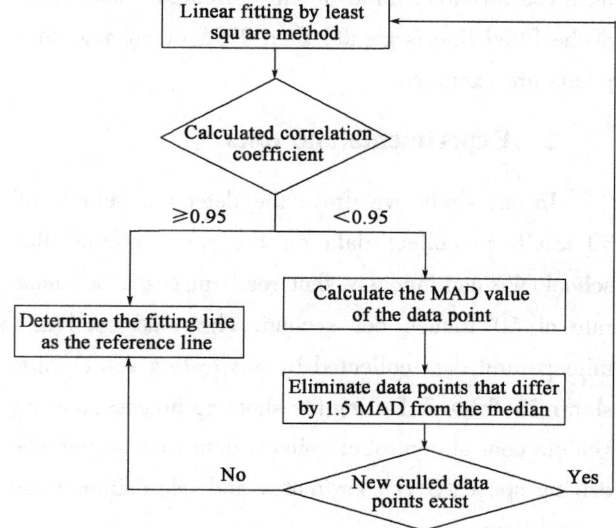

Figure 8 The baseline determines process

For the laser stripe data collected on a flat road surface, we can directly use the least squares method to perform linear fitting and obtain the straight line as the road surface baseline. For the laser stripe data collected on an uneven road surface, we can determine the baseline using the following methods:

(1) Since the laser line emitted by the line laser emitter covers the entire width of the lane, while common road surface defects typically only occupy a small portion of the lane's width, we can exclude the data points corresponding to the defect locations when determining the road surface baseline. Then, we perform least squares linear fitting on the remaining data points.

(2) Use the Median Absolute Deviation (MAD) method to set a threshold and exclude defect data points: First, perform linear fitting on the laser stripe data points and calculate the distance of each original data point to the fitted line. Next, calculate the median of the distances and the absolute deviation of the distance data (subtracting each distance data point from the median and taking the absolute value). Finally, calculate the MAD, which is the median of the absolute deviations, and exclude the distance data points whose absolute deviation from the median is greater than 1.5 times MAD.

(3) Perform linear fitting on the remaining data points after exclusion, and repeat the previous step until the absolute value of the correlation coefficient of the fitted line is greater than 0.95 or no new data points are excluded.

2 Experiments and data

In our study, we drove the detection vehicle at 30 km/h to collect data on the roads around the school. We continuously shot road images at a frame rate of 60 frames per second. The road sections, mileage and data collected by our testing vehicle are shown in Table 2. During the shooting process, the in-vehicle central controller collects data such as vehicle driving speed, GPS coordinates and acquisition time in real time.

Data collection quantity Table 2

Road	Collection quantity
Cao'an Road	9700
Jiasong North Road	11200
Changji East Road	8300

3 Experimental results

3.1 Distress types identification

When utilizing line-structured light scanning to detect road surface defects, laser lines may become deformed on uneven road surfaces. Therefore, it is possible to determine the type of road surface defect based on the deformation of laser lines observed in acquired images. To identify the deformation type of defects, the following discrimination method can be employed.

First, the linear correlation coefficient is calculated for identified and fitted laser lines. If the absolute value of the correlation coefficient is greater than or equal to 0.95, it indicates that the corresponding road surface location is relatively flat. Conversely, if the absolute value of the correlation coefficient is less than 0.95, it suggests that the road surface location where the laser line falls is uneven. Subsequently, the baseline position of the road surface for that laser line is determined.

Next, the distances between data points on the laser line and the baseline are calculated. For an individual data point, if the distance to the baseline is positive, it signifies that the point lies below the road surface baseline. Conversely, if the distance to the baseline is negative, it means that the point lies above the road surface baseline. When the distance between a data point and the baseline exceeds a preset threshold, it indicates the presence of a subsurface defect. Conversely, when the distance between a data point and the baseline falls below the preset threshold, it indicates the presence of a surface defect.

The specific threshold values can be determined based on the actual condition of the detected road surface and experimental results from manual calibration. Images containing road surface defect points are selected for defect type recognition and depth calculation, and the results are presented in Figure 9. We identified and classified 2411 pictures containing pavement diseases, and the recognition accuracy was 81.1%.

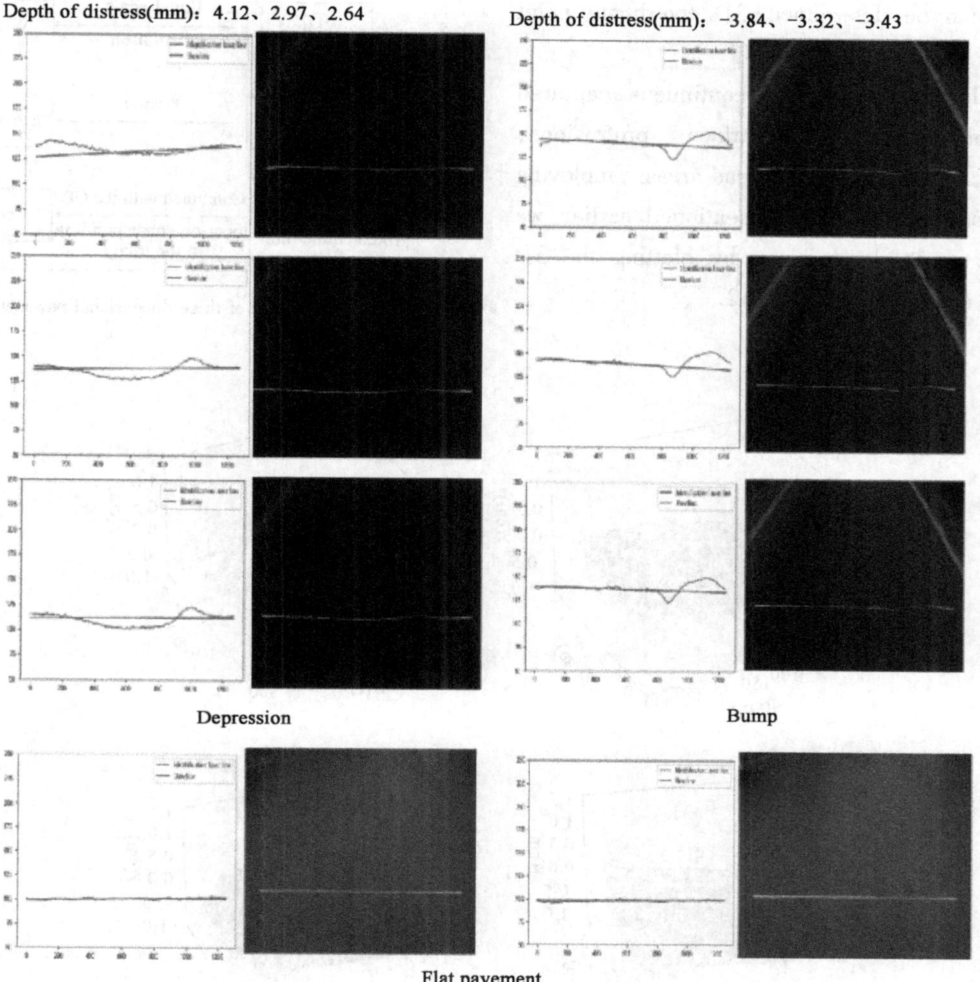

Figure 9 Distress types identification and depth calculation results

3.2 3D reconstruction of distress

The key to 3D reconstruction of the target using the line structured light 3D inspection system lies in transforming the two-dimensional coordinate point cloud obtained from the laser stripe data points in the image into a three-dimensional coordinate point cloud in the world coordinate system. As shown in Figure 10, this paper utilizes a relatively simple and fast method for 3D reconstruction, which is briefly introduced below.

For the extraction of data points corresponding to the laser stripe center in the image, the two-dimensional coordinates (x, y) correspond to the width (X) and elevation (Y) on the actual road surface, respectively. Since the length of the laser stripe projected on the road surface and its corresponding width in the acquired image are both known, the width at $x = 0$ is set to 0, allowing the actual width of each image data point to be calculated using a proportional method. By applying the baseline determination method from the previous section, the corresponding distance of each image data point to the baseline is calculated. Combining the formula results obtained from manual calibration experiments, the actual elevation of each image data point can be further computed. During the laser stripe image acquisition experiment, the detection vehicle recorded the GPS coordinates of each photo taken. As a result, the length coordinates corresponding to each image data point can be determined. 3D coordinate point cloud image is shown in Figure 11.

We selected a series of continuous captured images containing road surface protrusions, depressions, ruts, as well as flat road areas. Employing the 3D reconstruction method mentioned earlier, we generated a point cloud image by plotting the 3D coordinates, as shown in Figure 12.

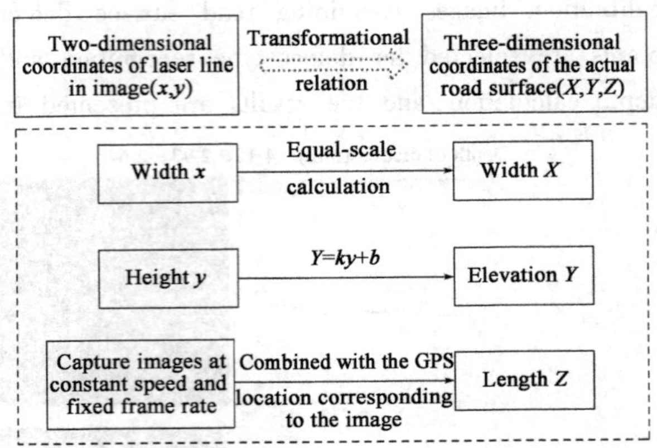

Figure 10 Fast method of three-dimensional pavement reconstruction

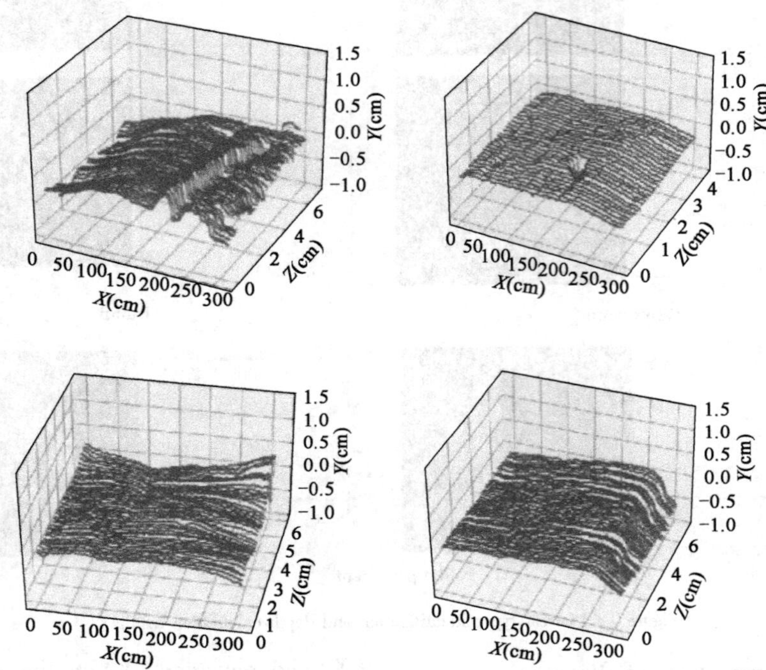

Figure 11 3D coordinate point cloud image

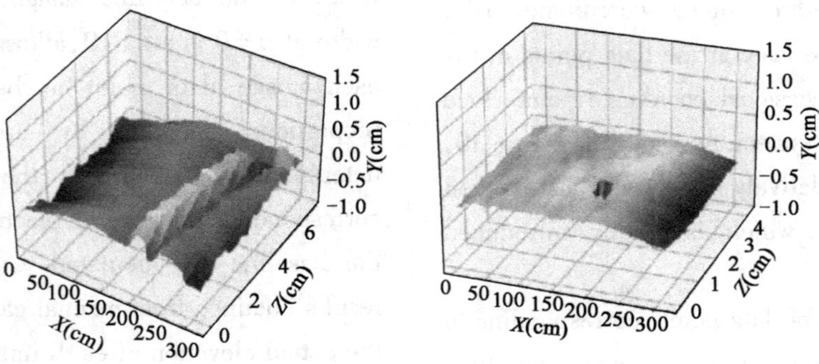

Figure 12

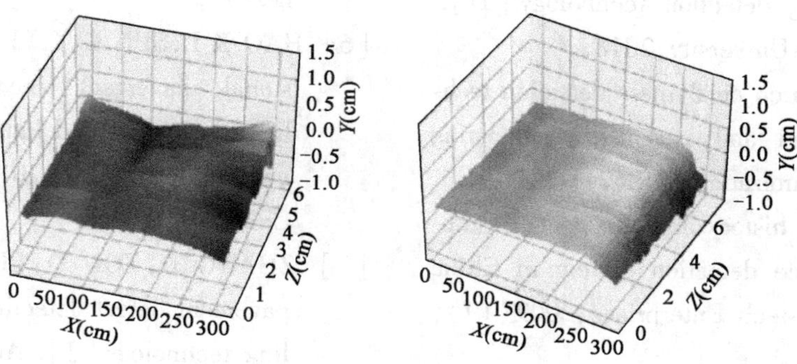

Figure 12 3D surface diagram

During the process of generating the 3D point cloud image, we noticed the presence of some missing values and outliers. To address this issue, we applied linear interpolation to fill in the missing values and set a threshold to remove outliers. Subsequently, based on the corrected 3D coordinates, we generated the corresponding 3D surface plot, as depicted in Figure 12.

From the 3D surface plots obtained through reconstruction, it is evident that the proposed method enables effective 3D reconstruction of road surface deformations such as protrusions, depressions, and ruts. This process proves to be beneficial for subsequent analysis and further processing tasks. Subsequently, we selected data from specific sections of the road for 3D reconstruction, and the results are presented in Figure 13.

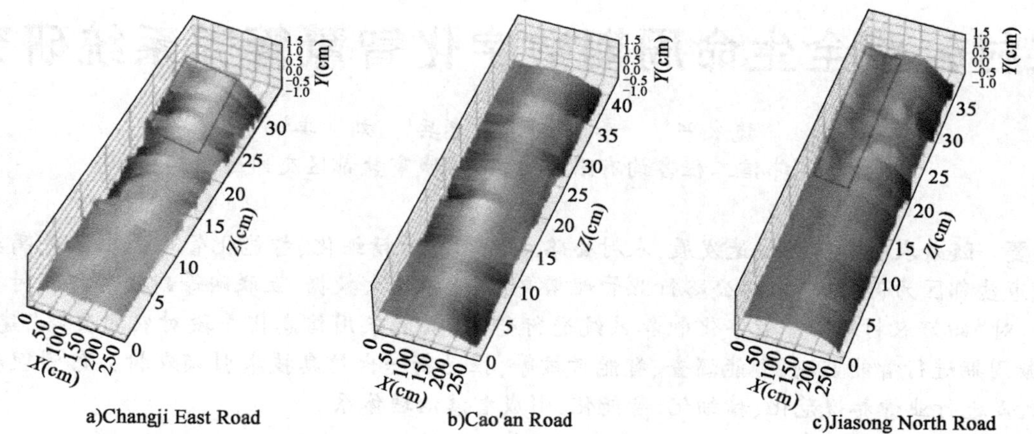

Figure 13 Part of the collected section of the 3D reconstruction

4 Conclusions

Utilizing line laser-based mobile scanning, the lightweight road surface defect detection system provides expedited and efficient detection compared to traditional methods. It supports large-scale and high-frequency road surface defect inspection and maintenance. This study investigates defect identification methods and 3D reconstruction techniques for road surface deformations, introducing the principles of a vehicle-mounted lightweight detection system based on line lasers and high-definition cameras. It includes methods for calculating defect depths and establishing pixel height relationships.

In the process of data collection, we found that the body vibration during driving has a great impact on the shooting laser line, so in the future research, we will further explore how to reduce the impact of road bumps.

References

[1] SI Y W. Research on integrated multi-point

laser road rutting detection technology [D]. Xi' an: Chang'an University, 2018.

[2] WANG J W. Research on flatness detection technology of roadbed and pavement engineering [J]. China Standardization, 2018(24): 191-192.

[3] SI E Y. Research history and prospect of automatic road surface detection system in China [J]. China High-tech Enterprises, 2009(19): 195-196.

[4] WU F F, LI J, YANG H M, et al. Based on line structured light pavement rutting test system research [J]. Journal of Electronic Measurement Technology, 2019(23): 132-136.

[5] LI L, SUN L J, TAN S G, et al. Linear structured light image processing flow for road rutting detection [J]. Journal of Tongji University (Natural Science), 2013, 41(5): 710-715. (in Chinese)

[6] HAO X L, SUN C Y, LI W, et al. Three-dimensional pavement reconstruction technology based on structured light [J]. Computer Engineering and Design, 2015(8): 2303-2307. (in Chinese)

[7] ZHANG D, ZOU Q, LIN H, et al. Automatic pavement defect detection using 3D laser profiling technology [J]. Automation in Construction, 2018, 96: 350-365.

[8] HONG Z, AI Q, CHEN K. Line-laser-based visual measurement for pavement 3D rut depth in driving state [J]. Electronics Letters, 2018, 54(20): 1172-1174.

[9] CHEN X Y, LEI B. A fast and robust rutting detection method [J]. Chinese Journal of Applied Sciences, 2013, 31(5): 512-518. (in Chinese)

农村公路全生命周期数字化智慧管养系统研究

魏永平*[1] 李 璇[1] 陈忠兵[1] 刘 丰[2]

(1. 江苏纬信工程咨询有限公司;2. 盐城市盐都区交通运输局)

摘 要 随着农村公路的快速发展,农村公路主管部门对精细化、智能化管理提出了更高要求。本文以盐城市盐都区为例,结合农村公路行业管理需要,探索推动大数据、互联网等新技术与农村公路管养深度融合,对“四好农村路”全数字化管养系统进行研究,实现采用信息化手段对农村公路“建、管、养、运”全生命周期进行智能监测、智能巡查、智能考核等,推动新一代信息技术引领农村公路管理养护长效机制建立,促进行业管养规范化、精细化、智能化,形成智慧治理体系。

关键词 农村公路 信息化 地理信息 管理养护

0 引言

随着农村公路的快速发展,农村公路的建设、管理、养护和运营全流程面临着巨大的挑战[1-3],由于农村公路点多线长面广,管理难度大[4],需要各级农村公路管理机构通过信息化手段促进业务流程整合和简化[5],从“建、管、养、运”等方面全面提升农村公路的综合管理能力。

近年来,盐城市盐都区已经形成畅通便捷、安全优质的农村公路网络体系,“四好农村路”建设具有较好的发展基础。全区农村公路目前尚无相对成熟的信息化管理平台,很多业务工作仍然存在不足,一方面由于农村公路建管养运产生大量数据,但大部分数据以人工记录为主,并且各个部门的数据不共享,造成“数据孤岛”,不能有效支撑行业管理;另一方面,农村公路管理单位目前仍通过人工巡查、纸质资料整理等方式对道路进行养护管理,工作量大且效率不高,缺乏有效的养护管理手段[6-7]。

因此,盐都区迫切需要建立一套功能完备的“四好农村路”全数字化管养系统,实现区、乡镇协同管理,通过信息系统完成数据导入、编辑、补充、修改、校验、报送等工作，提高工作效率及准确度[8]。

1 系统框架与功

1.1 总体思路

本次研究以农村公路管理养护体制痛点问题为抓手，以提升农村公路养护综合管理能力为目标，深度采用新一代信息化技术，基于“互联网+”综合使用管理模式，构建“信息共享、部门协作、过程留痕、安全预警、智能应用”的农村公路管理养护试点方案。

(1)“互联网+”，即构建基于互联网使用的农村公路养护管理应用软件、小程序软件等，实现农村公路管理养护过程中产生的文件、图像音频、图纸资料、管理日志等信息快速录入，并以业务版块为索引进行云端集中管理。

(2)“信息共享、部门协作”，指形成农村公路管理养护数据库，实现多部门信息流动共享与工作协同。

(3)“过程留痕、安全预警”，即多部门协同推进农村公路建设规划、进度管理、养护巡查等业务，并以照片、视频等留痕方式对农村公路隐患点信息实时上报，实现农村公路安全预警功能。

(4)“智能应用”，指采用分布式、互联网等技术，形成面向多级用户、多设备端的农村公路管理养护智能应用，包括农村公路全域一张图、建设管理、养护管理、路长制管理等。

1.2 系统构架设计

盐都区“四好农村路”全数字化管养系统架构包括基础支撑层、数据资源层、支撑层、应用层、用户层和展现层以及两套支撑体系，系统构架如图1所示。

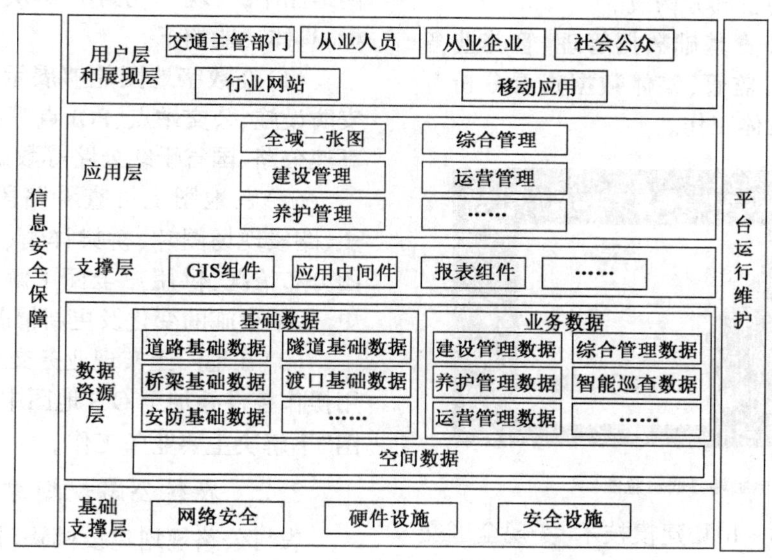

图1 盐都区“四好农村路”全数字化管养系统架构

1.2.1 基础支撑层

为系统运行提供必要的网络、硬件、安全等基础设施环境，各级平台需提供必要的服务器和虚拟机，满足平台的部署要求。

1.2.2 数据资源层

为系统提供数据服务，包括基础数据、业务数据、空间数据，其中基础数据包括道路基础数据、桥梁基础数据、隧道基础数据、渡口基础数据、交通安全设施基础数据等，业务数据包括建设管理数据、养护管理数据、运营管理数据、综合管理数据、智能巡查数据等，空间数据为基础数据与业务数据的位置、形态、大小分布等方面的信息。

1.2.3 应用支撑层

为系统提供统一、规范、基础的支撑环境，包括但不限于地理信息系统(GIS)组件、应用中间件、报表组件等。

1.2.4 应用层

为盐都区农村公路管理机构和工作人员提供全域一张图、建设管理、养护管理、运营管理、综合管理等服务。

1.2.5 用户层和展现层

为盐都区农村公路管理机构和工作人员提供与系统平台进行交互的功能,包括但不限于电脑端、决策大屏和移动端等。

1.2.6 信息安全保障体系

信息安全保障体系为系统提供安全支撑,依据严格的安全管理制度与安全技术规范,实现对系统各个层面的安全保护。

1.2.7 平台运行维护体系

平台运行维护体系是系统建设成果得以稳定、持续发展的重要保障,主要通过制定一套科学的长效运行机制,保障系统的长期稳定运行与可持续发展。

2 系统功能

盐都区"四好农村路"全数字化管养系统由电脑端、大屏端、移动端三部分构成。

电脑端(图2)负责基础数据管理、管养业务处置、考核机制实施、监管、整体数据查看分析等业务运作与监管的具体工作。

图2 电脑端界面示意图

大屏端基于GIS+BIM建模技术,实现全区交通设施、运行和养护质量的可视化展示,以及对管养数据实时统计、管养人员及设施实时定位、管养事件实时在线检测与预警等功能,提升行业管理的及时性、准确性和管理效能。

手机移动端(图3)负责基础数据查询、上报工作进度以及接收电脑端任务等,实现农村公路数据的随手可查、农村公路养护工作的实时处置等功能。

盐都区"四好农村路"全数字化管养系统主要包括全域"一张图"、农村公路规划建设、农村公路养护管理、农村公路综合管理和农村公路运营管理五大功能模块。

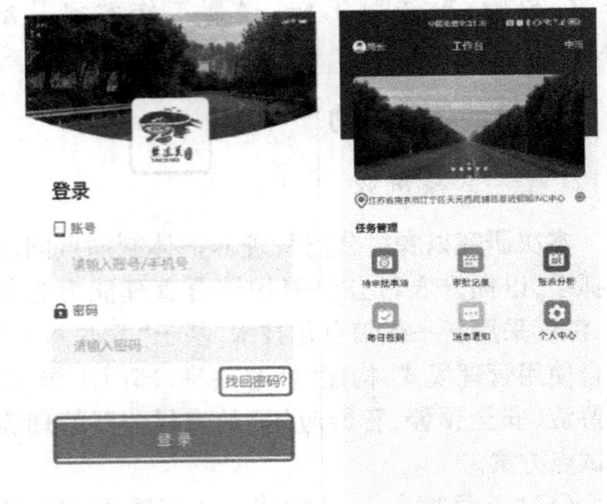

图3 手机端界面示意图

2.1 全域"一张图"

数字地图是对基础信息和业务信息的可视化展示,通过将建管养运中常用操作控件叠加至路网地图中,实现"一张图"解决主要业务工作的目标,具体功能如下。

(1)在数字地图能够展示和查询道路、桥梁、安防设施、公交站点、POI点等信息及属性,并叠加高速公路、国省干线公路等数据图层。

(2)在地图上可查看路段详情、路段建养历史、路段现场图片、桥梁详情、桥梁建养历史等地图分布情况,供用户全面了解农村公路的建养历史、基础设施的变化及更新情况。

(3)在地图上实现业务交互,将建管养运中常用操作控件叠加至GIS地图中,满足用户在"一张图"下解决主要业务工作。

2.2 农村公路规划建设模块

农村公路规划建设模块(图4)根据计划分类建立建设计划的线上流程,实现计划项目的编制、审核、上报、汇总、查询、统计功能,审批通过的计划信息自动生成工程建设项目信息。

2.3 农村公路养护管理模块

农村公路养护管理模块(图5)以现有的农村公路路网数据为基础,实现养护工作的信息化管理。通过对农村公路基础信息、养护巡查、养护文件、养护图像资料、养护质量评估等进行信息化处理,提供记录生成和查询服务,满足农村公路养护"统一领导、分级管理、协同工作"的管理机制。

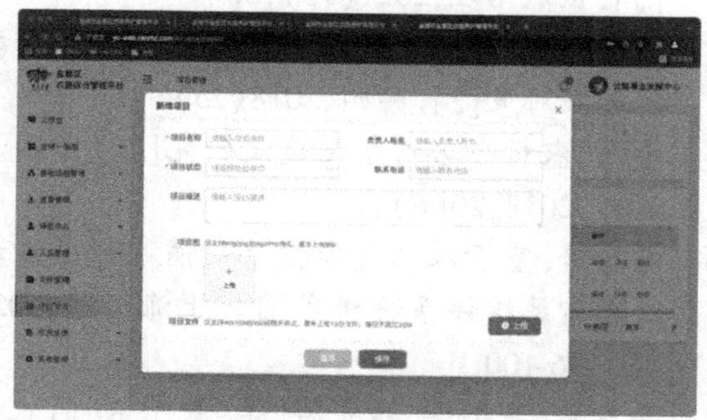

图4　农村公路规划建设模块功能界面

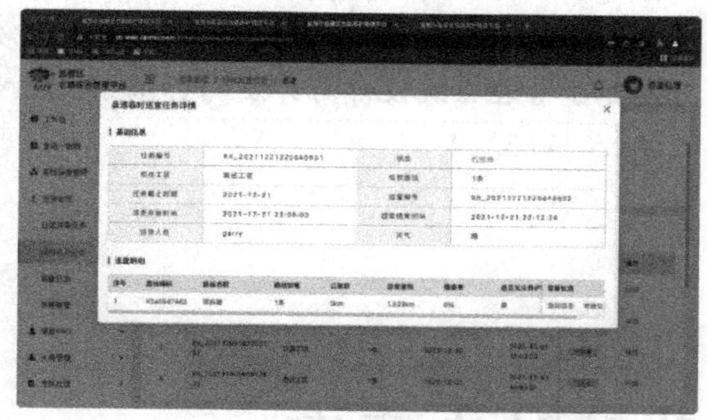

图5　农村公路养护管理模块功能界面

2.4　农村公路综合管理模块

农村公路综合管理模块(图6)主要是在对农村公路人员、机构等管理需求进行分析、研究的基础上,实现综合管理工作的信息化管理,实现各级行业主管单位对相关部门进行有力监督和管理,并提供记录生成和查询服务。

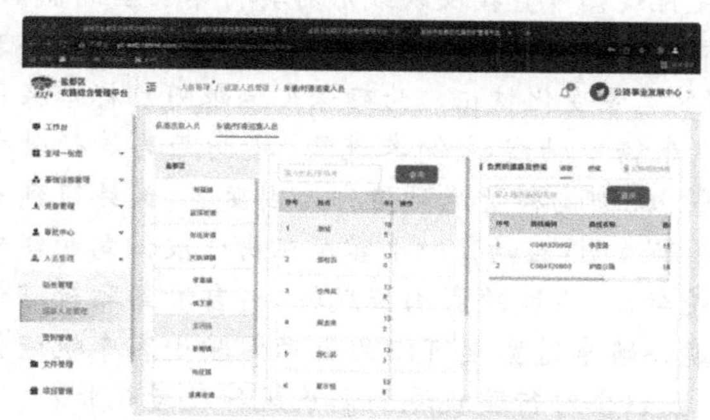

图6　农村公路综合管理模块功能界面

2.5　农村公路运营管理模块

运营服务业务分为公交运营统计和物流站点统计两大业务,接入城乡公交线路场站、农村物流等数据,并在全域"一张图"进行信息展示,实现查询和管理功能。

3　创新亮点

3.1　基于GIS+三维场景建模的可视化决策平台

本系统全域一张图功能基于GIS高清底图,主要有以下亮点功能:一是实现盐都区全域三维场景建模。二是实现实时在线数据可视化,包含的数据有在线养护人员定位、实时交通量统计、养护事件预警等。三是静态数据可视化,包含有全区公路(桥梁)数据、管养机构及人员数据、建设管理及其他行业数据等。四是交通事件实时在线检测及报警,在全省农村公路领域率先实现全天候实时报警。

3.2　基于人工智能(AI)雷视一体机构建了"空地"一体的多维度智能巡检体系

本系统充分整合雷达全天候、高精度的优势,和视频信息丰富、直观可见的优势,结合农村公路特点,在全省公路领域(含干线公路)率先研发应用AI雷视一体机,构建了由AI雷视一体机、人工巡查App、无人机巡查、车载摄像巡查等组成的"空地"一体多维度智能巡检体系,在全省率先实现"多模式(AI雷视一体机、人工巡查App、无人机、车载摄像)、多目标(同时识别检测范围内256个对象)、全天候(白天夜间均可识别,白天利用视频模式,夜间自动切换为雷达模式)、全环境(含极端天气下的检测)、全事件(各种公路事件)"实时在线智能检测。

3.3　构建全链条养护智能决策

本系统基于AI智能感知设备,实现事前全天候实时报警、事中养护方案自动生成、养护方案定向推送和养护工程控制以及事后过程留痕和养护绩效智能考核,形成面向农村公路管理养护的智能化决策体系。

4　结语

盐都区"四好农村路"全数字化管养系统围绕江苏省"四好农村路"高质量发展要求,结合农村公路建设、养护、管理和运营痛点问题,以提升农村公路现代化治理能力为目标,深度应用第五代移动通信技术(5G)、人工智能等新一代信息化技术,通过规范标准研究、数据资源整合、功能模块开发,构建"信息共享、部门协作、过程留痕、安全预警、智能应用"的农村公路管理养护方案,实现了农村公路建设监管全程化、管理精细化、养护智能化以及多维可视化,助力农村公路管养脱离劳动密集型管理"旧模式",迈入全数字化智能管理"新时代",对推动盐城市盐都区"四好农村路"高质量发展,服务农业农村现代化建设,具有重要的意义。

参考文献

[1] 王原.农村公路"一网一平台"管理服务系统研究[J].现代信息科技,2020.

[2] 赵俊飞,吴正云,查细雨,等.基于车路协调性分析乡村干线道路交通[J].中国物流与采购,2019(10):43.

[3] 卢霞.农村公路养护管理存在的问题及对策[J].区域治理,2021(13):2.

[4] 董绍伟.农村公路建设管理养护运营存在的问题及对策[J].神州,2018(25).

[5] 李晶.农村公路信息化建设研究[J].中国新通信,2018,20(6):1.

[6] 马建芳.基于人工智能技术的浦东新区农村公路智慧检评系统研究[J].上海公路,2022(2):96-100.

[7] 李月光,吴小萍,吕安涛,等.基于AI的农村公路养护管理评价方法研究[J].系统工程理论与实践,2013,33(6):6.

[8] 吕安涛,贾永新,曲艺,等.基于GIS的农村公路养护管理系统设计与开发[J].山东交通科技,2011(3):4.

基于PreScan的自动驾驶小客车弯坡段轨迹偏移研究

王晓飞*[1] 申天杰[1] 郭月利[2] 谢陈峰[2] 李新伟[3]

(1.华南理工大学土木与交通学院;2.广东省交通规划设计研究院集团股份有限公司;3.广州市综合交通枢纽有限公司)

摘 要 自动驾驶小客车横向偏移随平纵线形参数变化规律可直接反映线形对其行车安全的影响。本文采用PreScan-Simulink联合仿真平台,搭建了包含不同弯坡组合路段的实验场景,研究自动驾驶小客车在高速公路弯坡路段的行驶轨迹偏移规律,获取随线形的定量变化特征。为确保车辆跟随目标路径行驶,采用结合PD反馈的纯跟踪控制算法,并采集车速和"车辆中轴线-左侧车道线"横向距离等行驶数据。基于仿真数据,以车速、圆曲线半径和纵坡作为自变量,轨迹偏移量绝对值作为因变量,最终得到自动驾驶小客车在高速公路弯坡段的轨迹偏移关系模型。结果表明:自动驾驶小客车在曲线段偏向曲线外侧行驶;行驶轨迹偏移现象受圆曲线半径影响最大,其次是车速,纵坡的影响程度较小;自动驾驶轨迹偏移量整体较小,主要分布在[10cm,30cm]范围内,现有高速公路车道宽度可以为自动驾驶小客车轨迹偏移提供富余宽度,满足其行车需求。研究成果有效揭示弯坡组合对行驶轨迹的影响规律及量化特征,并为车道宽度设计提供参考和依据。

关键词 自动驾驶 轨迹偏移 圆曲线半径 车速 纵坡

0 引言

随着自动驾驶技术的不断突破和进步,自动驾驶汽车逐渐得到推广和应用。截至2023年,我国已开放智能网联汽车测试道路超过15000km,北京、上海和广州等多个城市逐步开放多条高速

基金项目:广东省自然科学基金资助项目(2022A1515011974)、国家自然科学基金资助项目(51878297)、广东省交通规划设计研究院集团资助项目(20221615)。

公路和快速路作为测试示范道路。车道宽度显著影响着公路的通行效率、安全性以及用地面积,而车辆行驶轨迹特性是确定车道宽度的重要因素。因此,为了确保现有道路车道宽度满足自动驾驶测试需求,有必要开展行驶轨迹偏移特性研究。

关于行驶轨迹与行车安全的关系,Fitzsimmons等[1]提出道路曲线段的碰撞风险大于直线段,风险增加与车辆偏离车道现象有关。一些学者[2-7]采用驾驶模拟器或实车开展研究,发现存在驾驶轨迹分散、混乱、波动幅度大等现象的路段存在安全隐患,车辆轨迹偏移规律能反映和评价道路的交通安全性。目前适用于自动驾驶的道路设施成为交通领域的研究热点,但已有道路线形设计规范主要考虑驾驶员的驾驶需求,未考虑自动驾驶车辆的特性和需求。一些学者针对自动驾驶车辆开展线形设计方面的研究,有研究[8-9]针对自动驾驶车辆特点,主要通过理论计算得到车辆停车视距、平纵线形指标推荐值,结果表明针对自动驾驶专用车道进行路线设计时可以放宽几何设计要求。

综上所述,国内外学者主要针对传统有人驾驶开展车辆行驶轨迹研究,一些学者采用理论计算的方式开展自动驾驶道路的线形设计研究,但该研究方式未能体现车辆动力特性。而采用仿真试验能体现车辆动力特性,并解决实车实验成本高、风险大的问题。基于此,本文针对高速公路弯坡路段,采用 PreScan-Simulink 联合仿真平台开展自动驾驶仿真试验,研究成果可揭示自动驾驶小客车在高速公路弯坡路段的轨迹规律。

1 仿真试验设计

1.1 道路模型建模

为研究车辆轨迹偏移现象,首先应明确偏移的影响因素。驾驶员驾驶技术、道路几何线形要素和路面条件等因素会影响到车辆的横向偏移。此外,研究表明公路弯道段的车辆行驶特性,发现车辆速度、圆曲线半径等因素与轨迹偏移量之间存在相关性,且在小半径曲线段车辆的偏移现象较为明显[10]。纵坡大小与事故风险存在一定的关联性,当纵坡大于 3% 时,事故发生概率明显增大[11]。

基于以上分析,本文选取车速、圆曲线半径和纵坡作为车辆行驶轨迹的影响因素。参考《公路路线设计规范》(JTG D20—2017)的相关规定,选取高速公路的设计车速区间为 80 ~ 120km/h,步长取 10km/h;圆曲线半径取值范围为 600 ~ 1500m,步长取 100m;纵坡取值见表 1。本文采用 PreScan 仿真软件建立道路模型,圆曲线长度取 200m,缓和曲线长度取 150m,车道宽度取 3.5m,路面类型为沥青路面。每组仿真试验开展 3 次,试验数据取平均值处理以减小仿真随机性的影响。

仿真试验设计参数汇总 表 1

圆曲线转向	圆曲线半径 (m)	纵坡 (%)	车速 (km/h)
左转	600、800、1000、1200、1400	−5、−4、−3、0、3、4、5	80、90、100、110、120
右转	700、900、1100、1300、1500		

1.2 车辆模型建立

本试验选取 PreScan 软件提供的 Audi A8 Sedan 小客车模型,模型外观尺寸规格为长 5.21m,宽 2.04m,高 1.44m。

为控制车辆跟随目标路径行驶,本文采用结合 PD 反馈的纯跟踪横向控制算法。将预瞄点设置在目标路径的左侧车道线上,预瞄距离取 10m,使用 Lane Marker 传感器模块获取车辆中轴线与左侧车道线的横向距离 L 以及预瞄点航向角偏差 θ,如图 1 所示。传感器采样频率设为 50Hz。令车辆搭载 PreScan 软件提供的纵向运动控制模块,以实时调节油门和刹车的开合度,确保车辆保持匀速行驶,减少车辆纵向加、减速对行驶轨迹横向偏移量的影响。

1.3 行驶轨迹指标

采用示波器模块采集车速、方向盘转角和"车辆中轴线-左侧车道线"横向距离等行驶数据。车辆行驶轨迹横向偏移量指车辆中轴线偏离车道中线的横向距离,如图 2 所示。以车辆前端为参考点,分别用 y_i 和 y_m 表示某个时间点车辆的轨迹横向偏移量和某个弯坡段的轨迹横向偏移量均值。y_i 和 y_m 的计算方法如式(1)、式(2)所示。

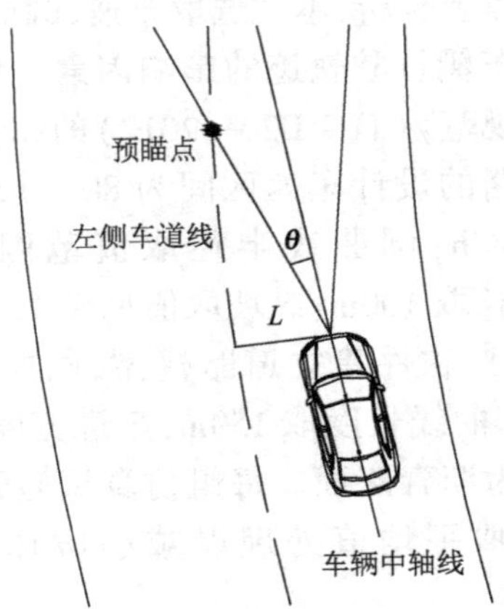

图1　车辆预瞄点示意图

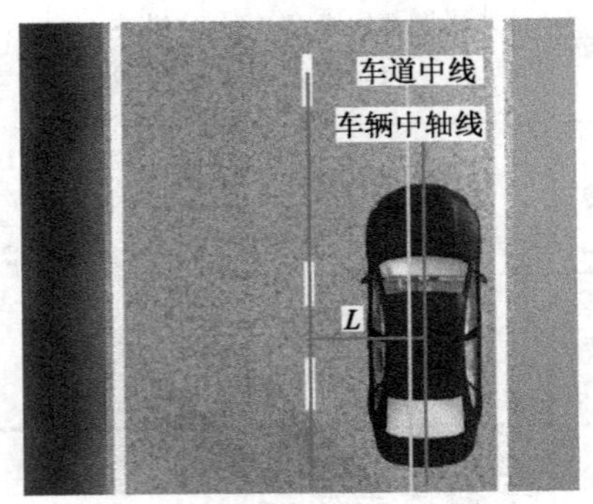

图2　轨迹偏移量示意图

$$y_i = \frac{350}{2} - L \tag{1}$$

$$y_m = \frac{y_{i1} + y_{i2} + y_{i3} + \cdots + y_{in}}{n} \tag{2}$$

式中:L——车辆中轴线与左侧车道线的横向距离(cm);

y_i——某个时间点车辆的轨迹横向偏移量(cm);

y_m——某个弯坡段的轨迹横向偏移量均值(cm)。

2　数据处理与分析

2.1　圆曲线半径分析

根据仿真结果,整理得到车辆在圆曲线段的行驶轨迹偏移量绝对值$|y_m|$。车辆在曲线段的偏移情况如图3所示。根据不同纵坡进行分类,获得车辆在不同车速、不同圆曲线半径下的轨迹偏移情况,并利用Origin软件绘制折线图,如图4所示。

a)左转弯

b)右转弯

图3　车辆在曲线段的轨迹偏移示意图

由图3可以看出,当车辆在左转弯行驶时,车辆向车道中线右侧偏移;而在右转弯中,车辆的行驶轨迹则偏向车道中线左侧。可见,在曲线路段行驶时,车辆轨迹偏向曲线外侧。

由图4可以看到,在同一纵坡下,车辆在弯坡路段的行驶轨迹偏移现象会受到圆曲线半径和车速的影响。

对于圆曲线半径,偏移量与圆曲线半径大小呈负相关关系。此外,圆曲线半径较大时,折线变化较为平缓;而圆曲线半径较小时,折线变化幅度较大。可见,圆曲线半径越小时,车辆轨迹偏移现象受圆曲线半径的影响程度就越大。

对于车速,车辆的轨迹偏移量与车速呈正相关关系。其中,在圆曲线半径较大的弯道,车辆轨迹偏移现象受车速的影响程度较小,即偏移量随车速增大的增幅较小。例如,车辆在半径600m下的轨迹偏移范围为[20cm,40cm],偏移量差值为20cm;而在半径1500m下的轨迹偏移范围则为[5cm,15cm],偏移量差值为10cm。在车速100~120km/h时,有人驾驶车辆偏移量均值约为58cm,可见自动驾驶车辆的路径跟踪精度较高[12]。

2.2　纵坡分析

按不同车速进行分类,绘制车辆在不同纵坡下的轨迹偏移量折线图,如图5所示。

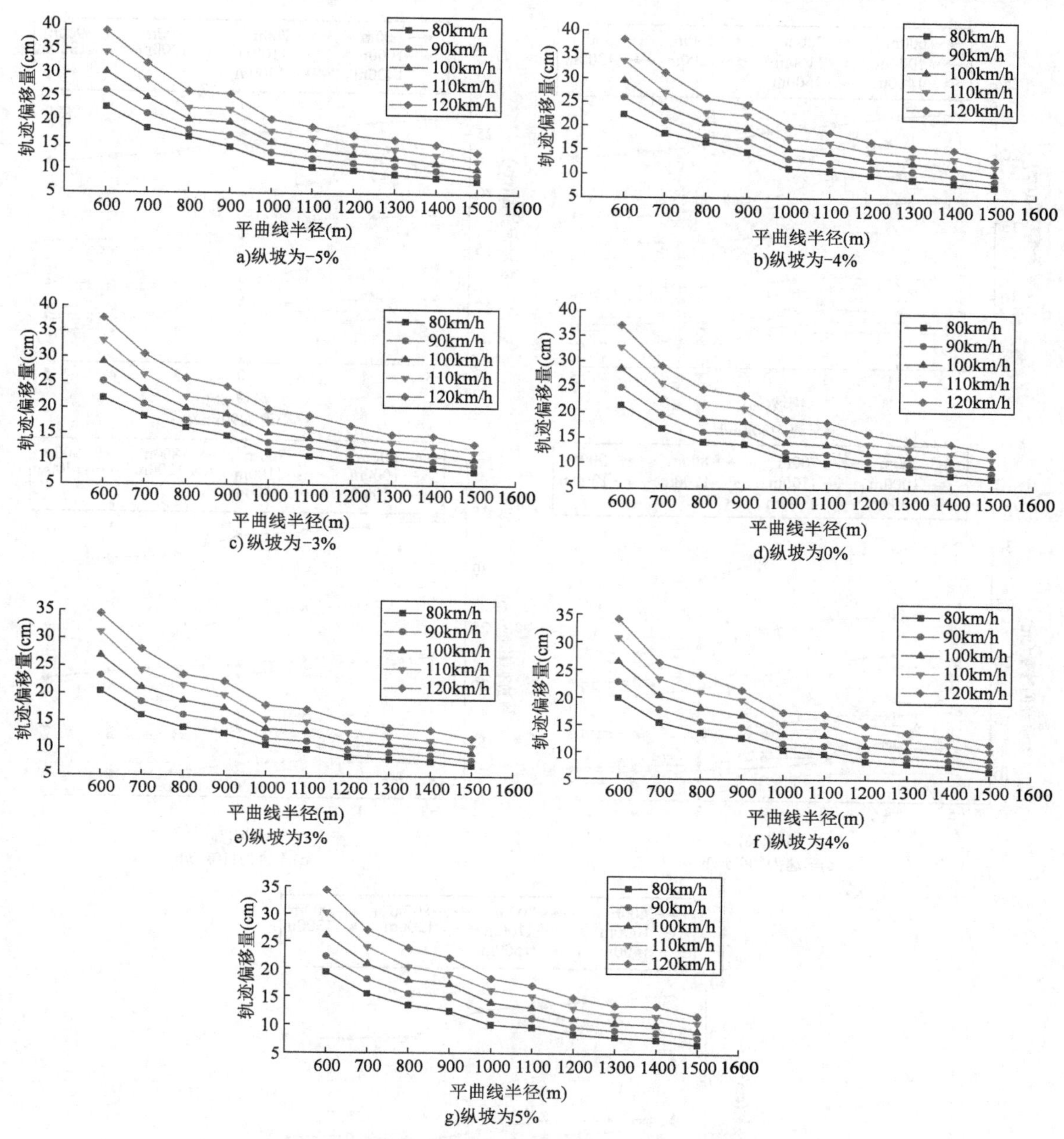

图4 车辆在不同圆曲线半径和车速下的轨迹偏移情况

由图5可知，当弯道位于上坡段时，纵坡越大，轨迹偏移量越小；当弯道位于下坡段时，纵坡越大，轨迹偏移量越大。在同一期望车速下，自动驾驶车辆在下坡段的行驶轨迹偏移量大于上坡段。由于道路模型存在一定的误差，导致在部分路段中车辆的轨迹偏移数值出现小幅度波动，但轨迹偏移的整体变化趋势没有改变。

受纵坡影响，车速会出现小幅度的波动，即上坡时车速降低，下坡时车速提高。可以推测，纵坡影响轨迹偏移现象的机理是：车速的变化影响方向盘的转动速度和转动角度，并导致轨迹偏移量发生变化。

综上所述，自动驾驶车辆的行驶偏移轨迹偏移量整体较小，其偏移量基本小于35cm，说明对于自动驾驶小客车，现有高速公路宽度能够满足车辆的安全行驶需求。

3 轨迹偏移量关系模型构建

为了有效评估自动驾驶车辆对已有道路的适应性，需要探究不同指标对行驶轨迹偏移现象的影响程度。

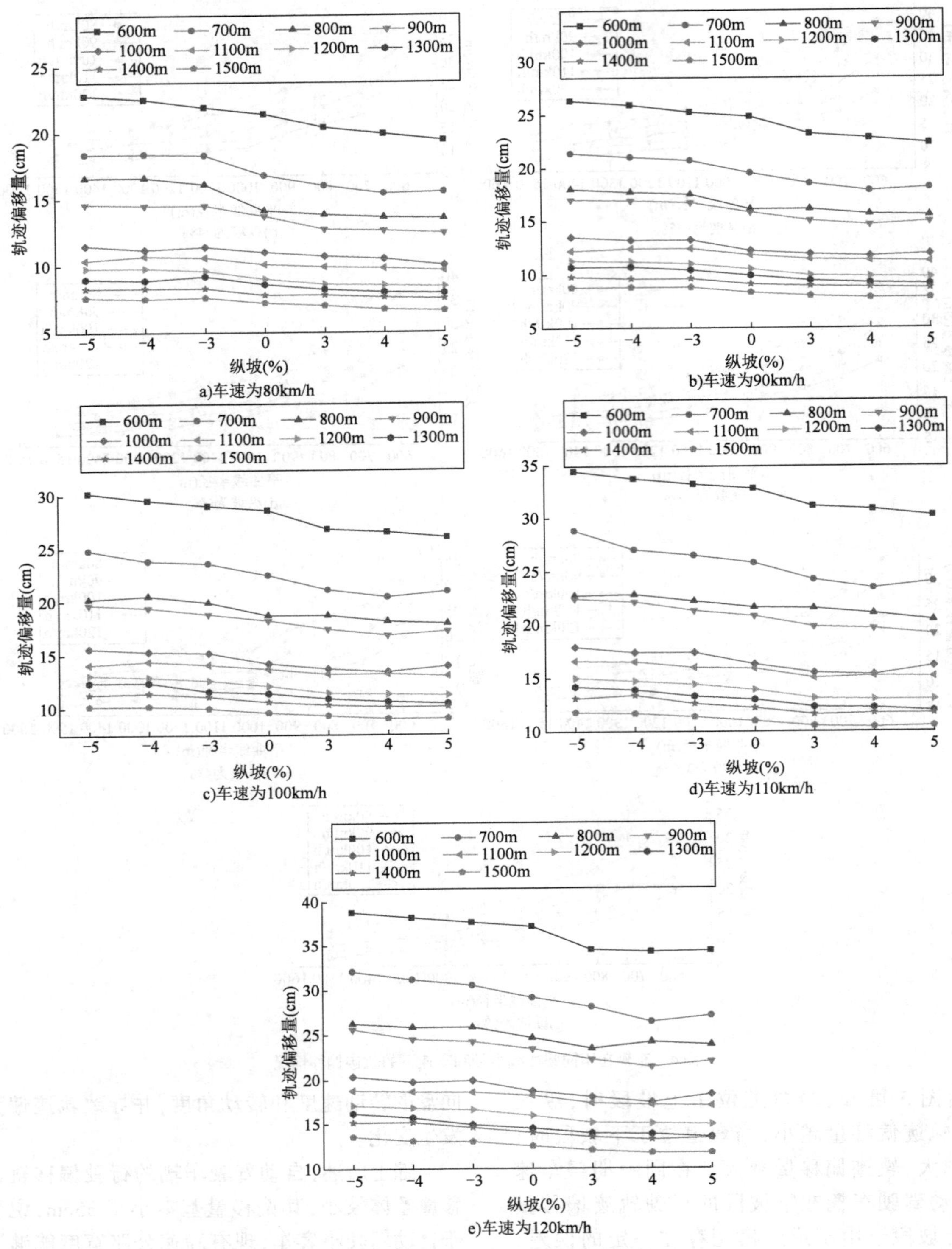

图5　车辆在不同纵坡和圆曲线半径下的轨迹偏移情况

本文基于仿真实验结果,选取车速 v、圆曲线半径 R 和纵坡 i 作为自变量,选取行驶轨迹偏移量绝对值 $|y_m|$ 作为因变量,采用SPSS软件进行线性回归分析,并比较不同自变量组合关系模型的相关性,结果见表2。

在统计学意义上,R^2 值越接近1,说明关系模型的拟合程度越好。由表2可知,对于单个自变量,对应的关系模型的 R^2 值总体较小,相关性一般。对于双自变量组合,其关系模型的 R^2 值整体大于单自变量的关系模型,其中,车速和圆曲线半径组合的关系模型的 R^2 值为 0.879，相关性良好。而车速、圆曲线半径和纵坡组合下的关系模型的 R^2 值最大，为 0.896，拟合效果最优。故本文采用三自变量组合的轨迹偏移量关系模型，并进一步检验模型的拟合优度。经线性回归后，关系模型如式(3)所示，关系模型的拟合优度和系数显著性如表 3 和表 4 所示。

不同自变量组合下轨迹偏移量关系模型的 R^2 值 表 2

自变量	车速	圆曲线半径	纵坡	车速、圆曲线半径	车速、纵坡	圆曲线半径、纵坡	车速、圆曲线半径、纵坡
R^2 值	0.216	0.664	0.017	0.879	0.233	0.681	0.896

模型拟合优度 表 3

R	R 平方	调整后 R^2	标准偏斜度错误
0.948	0.896	0.896	2.147

系数显著性 表 4

自变量	非标准化系数		标准化系数	T	显著性 p	共线性统计资料	
	B	标准误差	Beta			允差	VIF
(常数)	14.147	0.921	—	15.363	0.000	—	—
车速 v	0.218	0.008	0.464	26.846	0.000	1.000	1.000
圆曲线半径 R	−0.019	0.000	−0.815	−47.079	0.000	1.000	1.000
纵坡 i	−0.230	0.030	−0.131	−7.561	0.000	1.000	1.000

注：B 为回归系数，可解释自变量与因变量之间的线性关系；Beta 为标准化系数，可反映各自变量对因变量的影响程度；p 值用于解释显著性水平；VIF 值可解释自变量间是否存在多重共线性。

$$|y_m| = 14.147 + 0.218v - 0.019R - 0.230i \quad (3)$$

式中：$|y_m|$——轨迹偏移量绝对值(cm)；

v——车速(km/h)；

R——圆曲线半径(m)；

i——纵坡(%)。

首先检验模型的拟合优度，由表 3 可知，模型调整后 R^2 为 0.896，模型的拟合优度较好。由表 4 可知，三个自变量的 p 值均小于 0.05，说明自变量均具备显著性差异。此外，自变量的 VIF 值均小于 10，即自变量间不存在多重共线性。由此可见，该关系模型的拟合优度和显著性检验均较好。比较自变量的标准化系数，圆曲线半径对轨迹偏移量的影响程度最大，其次是车速，纵坡对轨迹偏移现象的影响程度较小。该关系模型适用于高速公路场景下的小客车轨迹偏移量计算。

4 结语

为研究自动驾驶小客车在弯坡段的轨迹偏移规律，并在数值上得到定量特征，本文选取了车速、圆曲线半径和纵坡等变量开展仿真实验，最终基于车辆模型在不同线形组合下的仿真试验结果，得到以下结论：

(1)自动驾驶车辆在左转弯会偏向车道中线右侧行驶，在右转弯则会偏向车辆中线左侧行驶，车辆在曲线段轨迹偏移的特征是偏向曲线外侧行驶。

(2)基于仿真结果，自动驾驶车辆行驶轨迹偏移现象受圆曲线半径影响最大，其次是车速，纵坡的影响程度较小，在线形设计中应主要考虑圆曲线半径和设计车速对轨迹偏移现象的影响。

(3)自动驾驶小客车在弯坡段的轨迹偏移量较小，大多集中于[10cm,30cm]，在现有宽度的高速公路上，车辆发生轨迹偏移后车身两侧道路仍有富余宽度，车辆能较好适应现有高速公路线形条件。从轨迹偏移角度来看，现有高速公路可开放给自动驾驶小客车进行测试。此外，可结合轨迹偏移量计算自动驾驶专用车道所需宽度。

本文采用仿真试验开展轨迹偏移规律研究，下一阶段的研究需开展实车试验及周围车辆的干扰研究，以开展进一步的轨迹偏移特征研究。

参考文献

[1] FITZSIMMONS E J. Development and analysis of vehicle trajectories and speed profiles along horizontal curves [J]. Dissertations & Theses

Gradworks,2011.

[2] CHEN Y, QUDDUS M, WANG X. Impact of combined alignments on lane departure: a simulator study for mountainous freeways[J]. Transportation Research (part C): Emerging Technologies,2018,86:346-359.

[3] DAI Z,PAN C,XIONG W,et al. Research on vehicle trajectory deviation characteristics on freeways using natural driving trajectory data [J]. International Journal of Environmental Research and Public Health, 2022, 19 (22):14695.

[4] DING R,PAN C,DAI Z,et al. Lateral oscillation characteristics of vehicle trajectories on the straight sections of freeways [J]. Applied Sciences,2022,12(22):11498.

[5] 陈莹,王晓辉,张晓波,等.山区公路回头曲线的车道偏移行为与自由行驶轨迹模型[J].交通运输工程学报,2022,22(4):382-395.

[6] 庄稼丰,李正军,丁瑞,等.高速公路车辆轨迹摆动特征与小客车道宽度研究[J].交通运输系统工程与信息,2023,23(1):324-336.

[7] 赵敏,潘晓东,杨轸.双车道公路平曲线段行车轨迹偏移实验研究[J].公路工程,2011,36(2):161-163,191.

[8] OTHMAN K. Impact of autonomous vehicles on the physical infrastructure:changes and challenges[J].2021:40.

[9] 印顺超.车联网环境下完全自动驾驶高速公路几何设计标准研究[D].西安:长安大学,2021.

[10] 蒲华乔.公路三维空间曲线连续性衰退对车辆行驶轨迹偏移的影响研究[D].广州:华南理工大学,2021.

[11] 苏晓智,刘维维,张江洪,等.基于关联规则的高速公路纵面线形事故风险概率研究[J].公路交通科技,2021,38(9):1-8.

[12] 庄稼丰,李正军,丁瑞,等.高速公路车辆轨迹摆动特征与小客车道宽度研究[J].交通运输系统工程与信息,2023,23(1):324-336.

Robust Object Recognition in Adverse Environments via Feature Alignment Module

Yuhang Li Meiyun Li* Hanqi Gao

(School of Information Engineering,Chang'an University)

Abstract Despite the remarkable performance of object recognition models trained on high-quality datasets, their performance degrades rapidly in adverse environments. To address this problem, we propose a plug-and-play Feature Alignment Module (FAM) with multi-layers supervision for improving existing models' performance on degraded images. Specifically, we find that in the deep representation space, structure-similar patches exhibit distinct margin distributions under various degradation conditions. Therefore, the FAM is proposed to learn the local mapping relationship between the deep representations of degraded and clean images, initially transforming the degraded features into enhanced ones. Moreover, a multi-layer supervision mechanism is applied to avoid the error accumulation of enhanced features in forward propagation and promote FAM to produce more realistic clean-like features. Evaluations of image classification and object detection tasks demonstrate the effectiveness of our FAM. Particularly, our FAM improves VGG16's accuracy on Fog-5 of ImageNet-C from 17% to 48%.

Keywords Robust visual recognition Feature alignment module Multi-layer supervision mechanism

0 Introduction

Autonomous driving systems have made extraordinary progress in recent years, which largely benefit from highly reliable visual recognition models that are typically trained on high-quality datasets (Simonyan et al., 2014) (Redmon et al., 2016). However, under some common degradation conditions such as fog, noise, motion blur, and low light, images captured in the real world unavoidably suffer from quality degradation. Since most existing recognition models do not take these serious, variable factors into consideration, they will suffer significant degradation in accuracy in adverse environments (Hendrycks et al., 2019).

In practice, image restoration is a simple and effective way to make the model see more clean images, by restroing clean versions from degraded ones. In this line, various restoration techniques including image dehazing (Yang et al., 2022), low-light enhancement (Jiang et al., 2021), and deblurring (Zhang et al., 2020) methods have been developed for improving the visual quality. But unfortunately, these methods are not practical for the following reasons. First, they are devised to achieve pleasing visual perception effects, but can not guarantee a higher accuracy of subsequent high-level vision tasks (Pei et al., 2018). Second, their heavy computation, large scale greatly hinder the system integration. Third, they always require supervised semantic labels for training, which is labeling difficult and expensive. Therefore, IR-based methods are limited in real applications.

Another feasible solution for low-quality object recognition is domain adaption methods, which aim to improve the models' generalization on the target domain by domain transfer. DA-based methods (Du et al., 2021) (Han et al., 2022) frequently employ the domain classifiers to retrain the networks for extracting domain-invariant features, thereby transferring the model across various domains. However, retraining networks often comes at the cost of sacrificing the model's performance on clean images, and their ability to extract effective invariant representations from the degraded images remains questionable, as analyzed in the experimental parts.

In order to boost the performance of existing models in adverse environments, this paper proposes a plug-and-play Feature Alignment Module (FAM) with multi-layer supervision mechanism for feature alignment under various degradation conditions. This method is based on statistical observations that, i) under specific image condition, the structure-similar patches have uniform and clustered margin distributions in the deep representation space; ii) under various image conditions, the structure-similar patches exhibit obviously distinct margin distributions in the deep representation space. These are summarized in Figure 1. Therefore, if we can learn the local mapping relationship between the deep representations of degraded and clean images, we can easily transform degraded features into the clean ones, thereby achieving robust recognition.

More specifically, we innovatively apply the idea of image pre-processing to the shallow feature space, i. e., suppress the effect of image degradation through a feature alignment module (FAM), which performs a degraded-to-clean alignment of features. Thus, we firstly mitigate the adverse effect of image degradation on shallow features and obtain the enhanced features. Afterward, to further reduce the error accumulation of enhanced features in forward propagation, we propose a multi-layers supervision mechanism. By supervising the multi-scale enhanced features propagated in subsequent layers, we effectively improve the propagation stability of enhanced features, thereby achieving robust recognition. After training on a small set of unpaired images, the FAM can seamlessly integrate into existing models to boost their performance on degraded images. Evaluations of image classification and object detection demonstrate the effectiveness of our FAM.

1 Related work

1.1 Image restoration

Image restoration (IR) algorithms are often

devised to enhance input images, thereby pleasing the human visual. For example, Yang et al. proposed a self-augmented dehazing network to recover the latent information from haze in images (Yang et al., 2022). Jiang et al. employed global and local discriminators to convert low-light images to normal-light ones (Jiang et al., 2021). Zhao et al. introduced a lightweight real-time baseline network for blind image deblurring (Zhao et al., 2021). While achieving impressive restoration results, these methods tend to prioritize pleasing the human eyes, and when applied to downstream visual tasks, they can not yield expected accuracy improvements. Besides, IR methods often exhibit large-scale and complexity, making their integration as preprocessors into existing recognition models challenging. Thus, IR methods are not ideal for robust recognition.

1.2 Domain adaption

Domain adaption (DA) methods aim to transfer the knowledge learned from labeled source domains to unlabeled target domains. They are typically achieved by three means: metric learning, pseudo-labeling, adversarial training. Among them, DA-YOLO (Hnewa et al., 2021) serve as exemplar, employing domain classifiers at different scales of detectors to generate domain-invariant features. IA-YOLO (Liu et al., 2022) jointly trains an image processing module to perform adaptive enhancement on each image for improved downstream recognition. While both methods enhance detector performance in adverse environments, they require the labels form source images for network retraining, which is impractical in real-world scenarios. Moreover, retraining the network can lead to performance degradation on clean images.

1.3 Feature correction

In a recent study, Wang introduced a Feature De-drifting Module (FDM) to address shallow drifted feature responses (Wang et al., 2020). However, FDM relies solely on MSELoss in the shallow enhancement layer for feature correction, but neglects the error accumulation in subsequent layers. As a contrast, our proposed FAM is equipped with a multi-layer supervision mechanism, which not only brings propagation stability to the enhanced features in forward propagation, but also promotes the module to produce more realistic clean-like features, thereby achieving robust recognition for deep networks.

2 Proposed method

2.1 Statistical observations

As mentioned above, our FAM originates from statistical observations found in the deep representation space, which are conducted on the structure-similar patches from various degraded images. Therefore, our initial concern is how to select thesuitable representation space. In earlier convolutional neural network (CNN) research (Dodge et al., 2016), it has been found that features learned in shallow layers primarily consist of low-level features, such as texture, edges, and colors, which play a crucial role in network recognition. Thus, using the shallow feature space as a representation space for feature correction is conducive to recovering more structural details and making it easy for deep network recognition.

Afterward, we need to select image patches with similar structures from different types of degraded and clean images as input, as shown in Figure1. More specifically, we sample 500 clean patches and corresponding gaussian noise, motion blur, and low contrast patches from the same positions of different types of images, denoted as P_C, P_G, P_M, and P_L, where the patch size is set to 12×12 in the experiment. Notably, all of the selected clean patches must share similar local structures, in form like an obvious right-slope in the clean patches. Mathematically, they are subjected to the following constraint:

$$\text{SSIM}(p_i, p_j) > T, \forall p_i, p_j \in P_C \quad (1)$$

Where SSIM is the structural similarity measurement, is set to 0.8.

After that, we get the structure-similar clean patches and their degraded versions. Afterwards, to further obtain their deep representations in the embedding space, we use the pre-trained VGG16

(Simonyan et al., 2020) as a feature extractor, and extract the shallow features of each patch from the "Conv2_2" layer. Finally, we employ t-SNE to visualize the distributions of shallow features, as shown in Figure 1.

It isclean that: 1) the specific type of image patches share a similar distribution in the shallow feature space, resulting in indistinguishable cluster; 2) the different types of image patches share distinct distributions in the shallow feature space, resulting in distinguishable clusters. Therefore, if we can learn a local mapping relationship between the deep representations of degraded and clean images, it can be utilized to improve degraded features, benefiting deep network recognition.

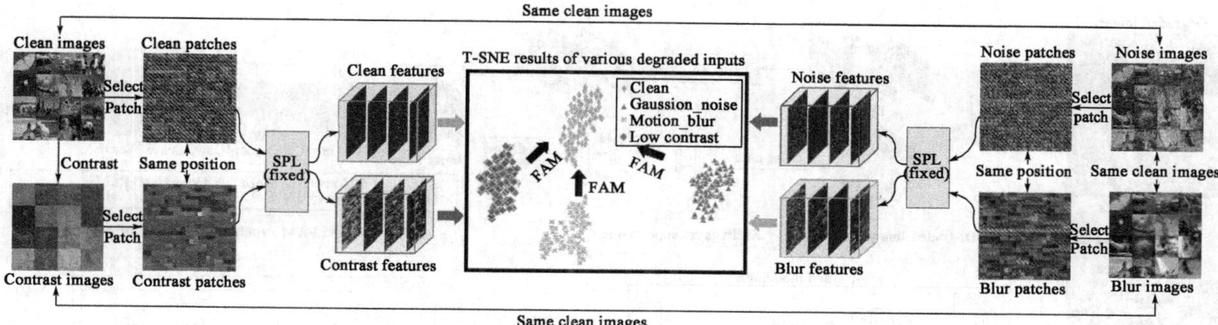

Figure 1 The statistical observations on various types of structure-similar patches in the deep representation space. Zoom in for the best view

2.2 Feature alignment module with multi-layer supervision

In order to learn the local mapping between degraded and clean features, we innovatively apply image processing ideas to feature correction and propose a feature alignment module (FAM) with multi-layer supervision mechanism.

Feature alignment module. Given a clean dataset along with its paired degraed versions lacking semantic labels, our objective is to learn an effective FAM that can be seamlessly integrate into existing models to boost their performance on degraded images. To this end, we propose to learn the local mapping between degraded features and clean ones for feature reconstruction, and rely on a multi-layer supervision mechanism to ensure the stability of enhanced features in forward propagation. As shown in Figure 2a), in the stage of training, we first use the shallow pre-trained layers (SPL) to extract the low-level degraded features (DF) and clean features (CF) respectively, such as "Conv2_2" of VGG16 and "C3_1" of YOLOv5. Then, the proposed FAM is leveraged to enhance the DF, and the obtained enhanced features (EF) are compared with their paired counterparts (CF) to calculate multi-layer MSE losses. Ultimately, the errors are backpropagated to the FAM to update its parameters. In the stage of testing, the FAM is integrated into the existing model, as shown in Figure 2b). The parameters acquired in FAM establish the mapping relationship between the degraded and clean domains.

Moreover, considering that the classification and detection tasks have different requirements for global and local information, we design two different FAM structures. As shown in Figure 2c) and Figure 2d), a flattened structure with some residual connections and a U-Net structure composed of encoder-decoder (Ronneberger et al., 2015) are employed for classification and detection tasks, respectively.

Multi-layer supervision. After the above training, we can get the FAM and transform DF to EF. However, since EF still have errors with CF and continues to accumulate during forward propagation of deep layers, it leads to misclassification or misdetection after enhancement. Therefore, we further introduce a multi-layer supervision mechanism to avoid the errors accumulating during forward propagation, as shown in Figure 2. Specifically, we introduce the multi-scale supervision within several consecutive layers after feature enhancement, which can ensure the propagation stability of enhanced features in subsequent networks. This is expressed as the multi-scale supervision loss:

$$L_{m\_mse} = \lambda_1 \cdot L_{mse}(CF_1 - EF_1) + \lambda_2 \cdot L_{mse}(CF_2 - EF_2) + \lambda_3 \cdot L_{mse}(CF_3 - EF_3) \quad (2)$$

Where λ_i, CF_i and EF_i represent the corresponding weight, clean features, and enhanced features in different layers.

After training as above, a feature alignment module is obtained, which can be seamlessly inserted into existing pre-trained classifiers or detectors to improve their accuracy on degraded images without sacrificing their performance on clean images.

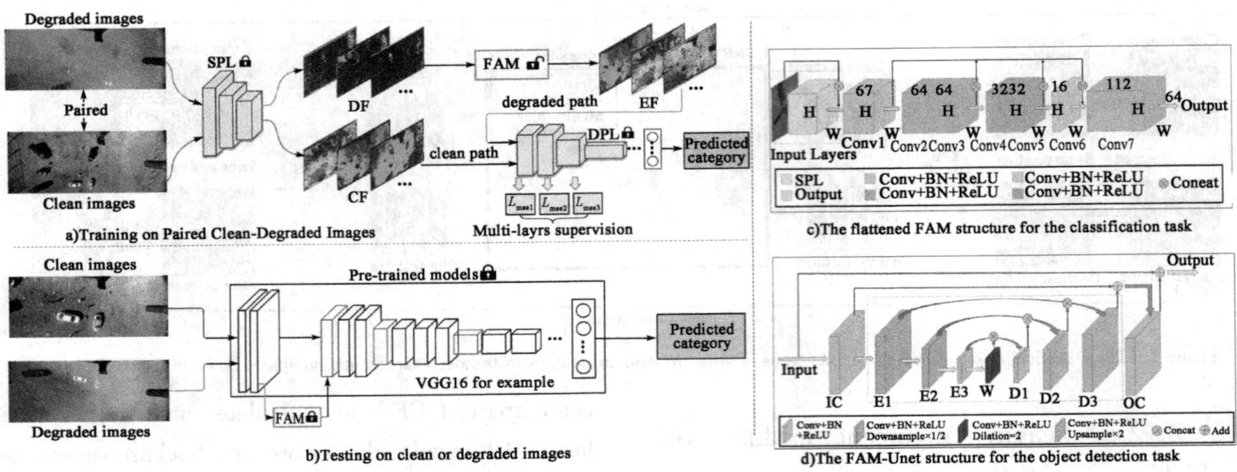

Figure 2 Overview of the Network. a)-b) The training and testing stage of our proposed FAM. c)-d) Two different FAM structures for different tasks

3 Experiments

In this section, we validate our overall design through experiments on low-quality image classification and object detection tasks, respectively.

3.1 Datasets and training settings

ImageNet-C. ImageNet-C serves as a rigorous benchmark consisting of 50000 images belonging to 1000 categories, and covering 19 corruption types. Each type contains five degradation levels. In this section, we show experimental comparisons mainly on two degradation types: fog and motion blur.

UG2 challenge in CVPR 2022. The UG2 dataset is competition data released by the CVPR 2022 challenge and is the first real hazy dataset to align aerial and ground images. The data set includes categories such as cars, human models, and man-made obstacles. We only focus on cars in our experiments.

Training settings. We employ VGG16 (Simonyan et al., 2014) and YOLOv5 (Redmon et al., 2016) pre-trained on clean images as the baselines for classification and detection respectively. The proposed FAM is trained for 1K iterations (about 50 epochs) with a batch size of 5. The initial learning rate of FAM is set to 1×10^{-3} and is multiplied by 0.1 every 10 epochs. The image size is resized to 224 and 640 for classification and detection respectively. All the experiments are run on one Nvidia 3090 GPU.

3.2 Experimental results on low-quality image classification

Quantitative comparisons. We mainly compare our method with the advanced image restoration, i.e., D4 (Yang et al., 2022), SLP (Ling et al., 2023), DBGAN (Zhang et al., 2020), FCL-GAN (Zhao et al., 2022), domain adaptation, i.e., CGDM (Du et al., 2021), TransPar (Han et al., 2022), methods on public benchmarks ImageNet-C. Table 1 and Table 2 show the experimental results on two different degradation types respectively. As can be seen, IR-based methods can alleviate the adverse effects of various degradation factors to a certain extent, and improve the performance of downstream classification task in some cases, such as the bold parts in table. However, they can't always bring out the expected accuracy improvement or even decline. And due to their large-scale network structures, they are not suitable as the preprocessors integrated into existing models.

Quantitative comparisons of FAM and other methods on Fog Table 1

M	Type	Top-1 acc of VGG16(%)				
		L1	L2	L3	L4	L5
VGG16	~	53.6	46.1	36.7	31.6	17.5
D4	IR	60.2	56.2	48.5	42.2	18.3
SLP	IR	58.9	55.2	47.8	39.8	24.2
CGDM	DA	43.7	40.5	36.1	33.0	23.4
TransPar	DA	20.8	16.7	13.1	13.0	8.60
Ours	FC	64.6	61.5	60.7	56.2	48.0

Quantitative comparisons of FAM and other methods on Motion blur Table 2

M	Type	Top-1 acc of VGG16(%)				
		L1	L2	L3	L4	L5
VGG16	~	55.0	40.7	24.0	12.7	8.30
DBGAN	IR	55.6	44.7	28.6	15.4	10.0
FCLGAN	IR	54.5	42.2	25.7	13.5	5.70
CGDM	DA	39.7	28.6	14.8	3.00	1.80
TransPar	DA	29.0	13.6	8.10	4.20	3.10
Ours	FC	62.3	54.4	45.8	36.7	7.50

Moreover, while theoretically, DA-based methods are capable of transferring models across different domains, they are often devised to adapt between different high-quality datasets, such as summer to winter, horse to zebra. Therefore, their ability to adapt from degraded to clean is limited, so they can't yield the expected accuracy improvement, as shown in the tables below. As a contrast, in most cases, our FAM perform well on degraded images by rectifying the degraded features at shallow layers, thereby facilitating recognition by deep networks.

Feature visualization comparisons. To highlight the superiority of our FAM in feature correction, we visualize the feature maps generated by various IR methods and FAM from both synthetic and real foggy scenes. As shown in Figure 3, due to the influence of haze, there are large areas in the image being obscured. While image restoration methods can recover some latent content in the obscured areas, they often lack consistency in restoring object complete regions. In contrast, our FAM indicates a more comprehensive restoration of obscured content hidden in the haze, thereby indicating the recognition-friendliness of our FAM for deep networks. Similar conclusions can be found in real foggy scenes, as shown in Figure 4, after enhancement with FAM, the information of the occluded regions in the image is effectively restored, such as the bus and tree, person and dog, and cows obscured in the fog, enabling accurate recognition by the network.

3.3 Experimental results on low-quality object detection

In this part, we further extend FAM to low-quality object detection task. Instead of comparing it with IR-based or DA-based methods, we focus solely on conducting ablation studies, in which FAM is inserted into different layers of YOLOv5 with the mean Average Precision (mAP) serving as our evaluation metric.

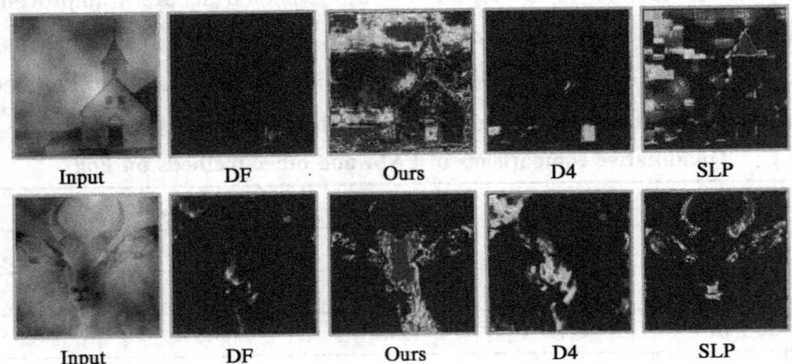

Figure 3 The shallow feature maps of foggy images, clean images, dehazed images, and the ones generated by our UFEM. All the features are extracted from the "Conv2_2" layer of VGG16

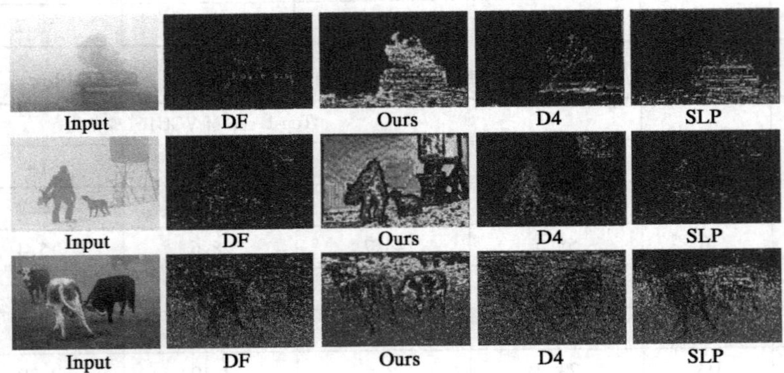

Figure 4 Feature correction comparisons on real foggy scenes, which are collected from the Internet. All the features are extracted from the "Conv2_2" layer of VGG16

Quantitative Comparison at Different Insertion Layers. Here, we mainly compare the experimental results of inserting FAM into different layers of YOLOv5. As shown in Table 3, we insert FAM into the "C3_1", "C3_2", "C3_3", and "C3_4" of YOLOv5 respectively, and achieve different accuracy improvement effects. It can be seen that inserting FAM into the shallow layers of YOLOv5 often results in better accuracy improvement compared to the deeper layers, with the optimal outcome achieved when inserted into the "C3_2" layer. This indicates that performing feature correction at shallow layers to restore low-level information such as structure and texture is more conducive to network recognition. In particular, given the UG2 dataset's lack of strict alignment, the accuracy improvement achieved was only 5.8%. Nevertheless, this still validates the effectiveness of our FAM in scenarios where data alignment is incomplete.

Quantitative results of inserting FAM into different layers of YOLOv5 Table 3

Method	Layers	Acc of YOLOV5	
		mAP@.5	mAP@.5:.95
Baseline	~	0.369	0.232
Y FAM	C3_1	0.394	0.240
Y FAM	C3_2	0.427	0.267
Y FAM	C3_3	0.344	0.206
Y FAM	C3_4	0.380	0.230

Qualitative comparison of FAM. We compared the detection results and feature visualization effects of YOLOv5 on drone hazy images before and after inserting FAM. As shown in Figure 5, after inserting our FAM into YOLOv5, we can significantly improve the false and missed detections of original detector on UAV hazy images, such as the marked arrows in figure. Also, from the feature visualization results, after inserting FAM, the feature responses in the occluded area are effectively restored, thereby improving the recognition accuracy of the subsequent networks.

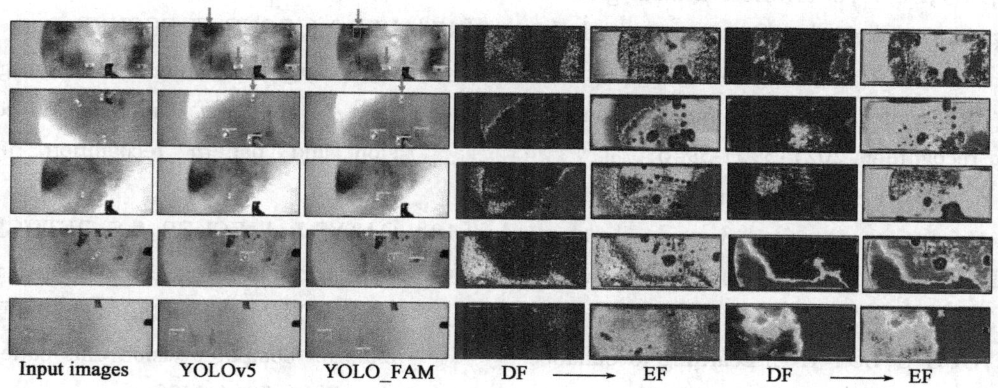

Figure 5 Object detection results comparisons and feature visualization effects of FAM

Through extensive comparisons, the effectiveness of our FAM has been verified. While our method operates without semantic labels, the reliance on paired images remains a limitation. Utilizing entirely unpaired images to guide the feature correction process is our future endeavor.

4 Conclusions

In this study, we focus on addressing that existing visual models, such as image classification or object detection models, are inevitably affected by various corruption cues when applied in real-world environments, resulting in performance degradation. To solve this problem, we innovatively apply the idea of image preprocessing to the shallow feature space and find that there is a local mapping relationship between the deep representations of degraded and clean images. Therefore, we propose a feature alignment module (FAM) with multi-layer supervision mechanism to learn the local mapping relationship between degraded features and clean features. Among them, FAM initially boots the degraded features into enhanced ones. Afterward, the multi-layer supervision mechanism is applied to improve the propagation stability of enhanced features in deep networks, thereby achieving robust recognition. Finally, the FAM can be seamlessly inserted into existing models to boost their performance in adverse environments.

References

[1] SIMONYAN K, ZISSERMAN A. Very deep convolutional networks for large-scale image recognition [J]. arXiv preprint arXiv: 1409.1556, 2014.

[2] REDMON J, DIVVALA S, GIRSHICK R, et al. You only look once: Unified, real-time object detection[C]// Proceedings of the IEEE conference on computer vision and pattern recognition. 2016: 779-788.

[3] HENDRYCKS D, DIETTERICH T. Benchmarking neural network robustness to common corruptions and perturbations[J]. arXiv preprint arXiv: 1903.12261, 2019.

[4] PEI Y, HUANG Y, ZOU Q, et al. Does haze removal help cnn-based image classification[C] // Proceedings of the European Conference on Computer Vision(ECCV). 2018: 682-697.

[5] YANG Y, WANG C, LIU R, et al. Self-augmented unpaired image dehazing via density and depth decomposition[C] // Proceedings of the IEEE/CVF conference on computer vision and pattern recognition. 2022: 2037-2046.

[6] JIANG Y, GONG X, LIU D, et al. Enlightengan: Deep light enhancement without paired supervision[J]. IEEE transactions on image processing, 2021, 30: 2340-2349.

[7] ZHANG K, LUO W, ZHONG Y, et al. Deblurring by realistic blurring[C] // Proceedings of the IEEE/CVF Conference on Computer Vision

and Pattern Recognition. 2020:2737-2746.

[8] DU Z, LI J, SU H, et al. Cross-domain gradient discrepancy minimization for unsupervised domain adaptation [C] // Proceedings of the IEEE/CVF conference on computer vision and pattern recognition. 2021:3937-3946.

[9] HAN Z, SUN H, YIN Y. Learning transferable parameters for unsupervised domain adaptation [J]. IEEE Transactions on Image Processing, 2022, 31:6424-6439.

[10] LI C, GUO C, LOY C C. Learning to enhance low-light image via zero-reference deep curve estimation [J]. IEEE Transactions on Pattern Analysis and Machine Intelligence, 2021, 44(8):4225-4238.

[11] JIANG Q, MAO Y, CONG R, et al. Unsupervised decomposition and correction network for low-light image enhancement [J]. IEEE Transactions on Intelligent Transportation Systems, 2022, 23(10):19440-19455.

[12] ZHAO S, ZHANG Z, HONG R, et al. FCL-GAN: A lightweight and real-time baseline for unsupervised blind image deblurring [C] // Proceedings of the 30th ACM International Conference on Multimedia. 2022:6220-6229.

[13] WANG Y, CAO Y, ZHA Z J, et al. Deep degradation prior for low-quality image classification [C] // Proceedings of the IEEE/CVF Conference on Computer Vision and Pattern Recognition. 2020:11049-11058.

[14] KIM I, HAN S, BAEK J, et al. Quality-agnostic image recognition via invertible decoder[C] // Proceedings of the IEEE/CVF Conference on Computer Vision and Pattern Recognition. 2021:12257-12266.

[15] YANG Z, DONG W, LI X, et al. Self-feature Distillation with Uncertainty Modeling for Degraded Image Recognition [C] // European Conference on Computer Vision. Cham: Springer Nature Switzerland, 2022:552-569.

[16] DODGE S, KARAM L. Understanding how image quality affects deep neural networks[C] // 2016 eighth international conference on quality of multimedia experience (QoMEX). IEEE, 2016:1-6.

[17] DENG J, DONG W, SOCHER R, et al. Imagenet: A large-scale hierarchical image database [C] // 2009 IEEE conference on computer vision and pattern recognition. Ieee, 2009:248-255.

[18] GATYS L A, ECKER A S, BETHGE M. Image style transfer using convolutional neural networks[C] // Proceedings of the IEEE conference on computer vision and pattern recognition. 2016:2414-2423.

[19] GATYS L, ECKER A S, BETHGE M. Texture synthesis using convolutional neural networks [J]. Advances in neural information processing systems, 2015, 28.

[20] ZHU J Y, PARK T, ISOLA P, et al. Unpaired image-to-image translation using cycle-consistent adversarial networks [C] // Proceedings of the IEEE international conference on computer vision. 2017:2223-2232.

[21] KENK M A, HASSABALLAH M. DAWN: vehicle detection in adverse weather nature dataset [J]. arXiv preprint arXiv:2008.05402, 2020.

[22] LING P, CHEN H, TAN X, et al. Single Image Dehazing Using Saturation Line Prior [J]. IEEE Transactions on Image Processing, 2023.

[23] SELVARAJU R R, COGSWELL M, Das A, et al. Grad-cam: Visual explanations from deep networks via gradient-based localization [C] // Proceedings of the IEEE international conference on computer vision. 2017:618-626.

[24] RONNEBERGER O, FISCHER P, BROX T. U-net: Convolutional networks for biomedical image segmentation[C] // Medical Image Computing and Computer-Assisted Intervention-MICCAI 2015: 18th International Conference, Munich, Germany, October 5-9, 2015, Proceedings, Part Ⅲ 18. Springer International Publishing, 2015:234-241.

[25] LIU W, REN G, YU R, et al. Image-adaptive YOLO for object detection in adverse weather conditions [C] // Proceedings of the AAAI

Conference on Artificial Intelligence. 2022,36(2):1792-1800.

[26] HNEWA M,RADHA H. Multiscale domain adaptive yolo for cross-domain object detection [C]//2021 IEEE International Conference on Image Processing (ICIP). IEEE, 2021: 3323-3327.

沥青混合料离析评价方法研究

王帅林　郑南翔　刘子洋*　廖周运　刘金铎　赵礼澳
（长安大学公路学院）

摘　要　为了解决当前沥青路面离析评价的问题，论文通过分析国内外相关文献，调查了国内外沥青路面离析的研究状况，对当前的沥青混合料的离析评价方法优缺点和评价标准进行调研分析。结果表明，在沥青混合料离析检测中，核子密度仪法、钻芯取样法、视觉观察法和铺砂法等存在数据样本少、主观性强、耗时费力，不具连续性和实时反馈等特点，与之相比数字图像分析法具有更好的优势，可以对路面实施高效、连续、无损的系统检测，在沥青路面离析的应用中具有一定的推广价值。

关键词　道路工程　沥青混合料　离析　评价方法

0　引言

目前，研究人员对沥青混合料的离析状况进行了系统的研究，包括离析的原因、种类、性质、路用性能等展开了全面的研究和调查，采用了包括MATLAB编程、核磁共振、断层扫描、区域分割等多种方法来分析混合料的均匀性，提出了采用构造深度比、介电常数、空隙率、集料的方差温度和面积、静距等多重指标对沥青混合料的离析状况进行评价。但截至目前，仍没有提出全面、系统、可靠的评价标准。因此，如何减小沥青混合料离析，提出有效的评价方法和标准是当前急需解决的重要问题。

1　国内外研究现状

随着科技的发展，当前对道路均匀性已度过定性评价的阶段。许多机构都已开展有关对沥青混合料离析定量评价的研究。国内外曾采用多种方法评价沥青混合料的均匀性，如采用核子密度仪[1]、铺砂法、数字图像技术[2]、激光断面仪和热成像相结合[3]等方法来检测沥青混合料的离析程度。由于采用不同试验方法和仪器，因此其试验结果和评价指标之间存在不同的差异。

1991年起，瑞典的研究人员发现热成像技术在沥青混合料均匀性识别方面有明显作用，人们便开始对混合料的均匀性开始研究。1996年，Button等[4]提出采用“分形维数”来评价混合料的均匀性，其值越大，说明集料的角棱性越好。2000年，美国国家交通研究委员会在NCHRP 441报告中[5]，将离析定义为三种类型：集料-沥青离析、温度和级配离析，并选用用面构造深度比来评价沥青路面离析程度。2001年，沈金安等[6]通过分析道路水损害，得出混合料的离析是造成水损害破坏的根本原因。2004年Hunter等[7]采用数字图像处理技术，采用芯样截面上集料面积累计值来评价离析。2005年雷宇[8]采用选择三个与主观判断较为一致的判断指标：表面构造深度、反映整个层厚范围路面整体变化的密度值、能够精确表现级配变化的现场取样级配分析，通过三个指标来评价混合料的离析状况，使用组间均方离差来反应离析的程度，建立了均方离差和细集料分析维数之间的关系，其值越大，离析越容易发生。2006年，长安大学彭金华等[9]对沥青混合料施工和设计过程进行大量调查研究，分析了产生集配和温度离析的原因。2007年，李立寒等[10]通过分析沥青混合料级配组成的分析，研究表明，沥青用量、理论最大密度和级配等指标都可以对混合料的离析程度进行评价。2008年郑晓光等[11]基于先前研究和调查，将离析分为无、轻度、中度和重度四种类型。通过试验研究得出不同程度离析的沥青混合料性能之间的差别。当沥青混合料偏细的时候,其高温稳定性显著降低,而其他路用性能都是略有提高,通过二元方差分析得出实验温度和级配类型对离析具有很大影响。为进一步检验图像识别技术的适用性,刘家辉2012年[12]针对不同级配材料的沥青混合料路面芯样进行CT扫描分析处理,采用扇形扫描的方法,提出采用颗粒面积比作为分析扫描切面粗集料颗粒的分布状态的评价指标。进一步验证了利用CT技术可以作为评价沥青混合料试件横纵向均匀性以及路面施工质量均匀性的合理指标。长安大学叶飞等[13]使用图像坐标为计算对象,利用计算机和数理分析提出了三种新方法来判定颗粒分布的不均匀程度,并验证了其可行性。2018年张争奇[14]通过对混合料路用性能和体积指标进行分析,表明体积参数指标可以用作混合料离析的评价。

2021年陈宇[15]利用图像识别技术,采用四边静矩算法,对沥青混合料均匀进行了研究。通过对AC-13、AC-20和AC-25不同类型摊铺沥青混合料空隙率变化与沥青混合料均匀性的关系,提出了基于空隙率评价标准的静矩离散系数 C_v 评价指标;根据表面构造深度评价摊铺沥青混合料均匀性的评价标准,提出了基于表面构造深度评价标准的静矩离散系数 C_v 评价指标,并将以上两者的评价结果进行对比,提出了基于数字图像的摊铺沥青混合料均匀性评价标准。只给出了一种集料加权算法,没有采用多种算法对数据的精确度进行对比分析,数据的精确度仍存在一些问题。标准提出无离析的AC-25的混合料其变异系数范围应小于17.5%,这也进一步证明周垠成论文中所得到的结果,变异系数 C_v 的取值范围[0～1.5%]。

2　离析的定义

J Don Brock D等[16]对离析进行了描述:离析指混合料中粗细料分别发生局部集中的现象。离析将导致混合料组成不均匀,级配等不能满足设计要求。在NCHRP REPORT 441中定义三种类型的离析:

(1)级配离析,为生产、运输和摊铺阶段沥青混合料粒径集料分别集中的现象。

(2)温度离析,指由于摊铺和运输等导致温度出现较大变化从而发生混合料不均匀冷却的现象。

(3)集料-沥青离析,发生于SMA混合料中。

理想状态的沥青路面应该是集料分布、级配、温度、沥青用量都与设计值保持一致的均质材料。沥青混合料的离析主要有4个特征:①粗细集料分布不均匀;②表面温度的不均匀;③级配偏离设计要求;④沥青用量偏离设计要求。以上4个特征中只要有一个与实际情况中级配和沥青用量不符或超出一个合理的范围,均可认为是出现了离析现象。

3　离析的评价方法

3.1　离析的检测方法及标准

当前道路混合料离析的检测方法可分无损和有损检测两种方式。无损检测法包括:观察法、铺砂法、热成像法、核子密度仪法、渗水试验法、和构造深度法等,有损检测包括:钻芯取样法、数字图像分析法。

1997年美国沥青路面协会在“热拌沥青混合料离析原因与防治”一文中[17],总结了离析成因和处治方法。随后美国国家沥青研究中心提出了离析评价指标和变化范围,如表1所示,接着研究人员据此展开了一系列对沥青混合料评价方法和标准的研究。

NCAT离析评价指标和容许范围　　表1

检测指标	轻度离析	中度离析	重度离析
级配变化	1个筛孔 >5%	2个筛孔 >10%	4个筛孔 >15%
沥青含量变化	0.3%～0.75%	0.75%～1.3%	>1.3%
孔隙率变化	2.5%～4.5%	4.5%～6.5%	>6.5%

3.1.1　沥青混合料离析有损检测方法

(1)钻芯法

钻芯法是一种破坏性检测方法,指在摊铺后在路面上进行钻芯取样,通过试验分析芯样的级配、组成材料的变化来判定离析程度的方法。这种方法虽能反映沥青混合料的均匀性,但试验耗时较长,不利于快速检测。NCHRP441研究报中,提出了采用构造深度比来评价离析的标准。随后文献[18]根据 NCHRP-441 的研究方法，通过室内实验的提出采用可以用密度差值、沥青用量、空隙率和级配偏差的范围来判定离析。具体技术指标如表 2 所示。

沥青离析的判别指标与标准建议值 表2

判别指标	粗集料离析			无离析	细集料离析		
	严重	中度	轻度		严重	中度	轻度
级配偏差值(%)	>35	20 ~ 35	10 ~ 20	<10	10 ~ 20	20 ~ 35	>35
沥青用量差值(%)	< -1.2	-0.8 -1.2	-0.4 -0.8	<0.4	-0.4 -0.8	-0.8 -1.2	>1.2
以标准混合料为准空隙率差值(%)	>5.7	4.1 ~ 5.7	1.6 ~ 4.1	-1.2 ~ 1.6	-1.2 ~ 1.9	-1.9 ~ 2.2	< -1.9
以平均值为准空隙率差值(%)	>4.0	2.0 ~ 4.0	0 ~ 2.0	-1.0 ~ 0	-1.0 ~ 2.0	-2.0 ~ -3.0	< -3.0
密度差值(g/cm^3)	>0.10	0.008 ~ 0.10	0.03 ~ 0.08	<0.03	—	—	—
最大理论密度差值(g/cm^3)	>0.05	0.03 ~ 0.05	0.015 ~ 0.03	<0.014	-0.0015 ~ 0.03	-0.03 ~ 0.05	< -0.06

(2)数字图像分析法

数字图像处理法是通过计算机对在道路中获取到的图像进行除噪、分割、提取等处理从而获得有用信息的技术和方法。其通过获得沥青混合料体积组成特性，如集料面积、直径、粒径、周长、棱角系数、形状系数、质心位置坐标等，采用数学方法提出相应的指标来对沥青混合料离析进行评价的方法。首先用专业相机对沥青面层表面或芯样切片状况进行拍摄，获取数据图像，再通过数学和图像处理技术，从拍摄的照片中提取相应的数据，来分析混合料的体积组成特点，最后，选取合理的离析评价指标来评价离析。近来，国内外许多研究人员采图像处理技术来评价路面的均匀性，但其大多局限于传统的二维图像处理，都用于评价路表的均匀性。为进一步判定离析的程度，相关人员采用断层扫描方法对芯样的三维特性进行了分析，但由于混合料的复杂性，当前研究仍然处于探索阶段。

重庆交通大学英红[19]采用图像处理技术，使用旋转图像切片的最大转动惯量作为混合料均匀性评价的指标，其峰值越大，芯样的均匀性越差。彭勇等[20]采用 DIP 对集料的组成和分布情况进行研究.验证了使用转动惯量价混合料的离析状况的可行性。同时表明：小于 2.36mm 档的集料，其分布状态指标 $difference_i$ 和面积比相对于其他档的集料来说都很小，其对混合料截面上集料分布的状态指标 difference 影响小，计算时可以忽略。王端宜[21]利用 DIP 对路面沥青路面级配离析进行了研究。选择表面构造深度和离析百分比作为沥青混合料离析评价的指标。蒯海东等认为数字图像处理技术能够从微观角度探究产生宏观力学性质差异的原因。

3.1.2 *无损检测方法*

(1)视觉观察法

视觉观察法是评价路面离析的最常用的方法，该方法方便快捷，但多带有测量人员的主观判断，没有一个量化的标准，因此不同的测量人员的测量结果可能会有明显差异。且即使从视觉上认为道路表面均匀的区域也可能出现离析。因为表面的均匀程度并不能完全放映混合料整体的均匀性。由于细级配的混合料离析不易观察，因此该方法仅适用于较粗的混合料。

(2)铺砂法

铺砂法是常用检测沥青混合料离析的方法，一般认为离析区域会具有更高的构造深度，通才使用构造深度比来判定离析的程度。其值越大，其离析越严重。铺砂法方法简单，操作方便。但由于受测试者和方法的局限，有时明显具有显著离析的部位，结果却可能相同，且空隙率很大时，铺砂法就很难测出，具有一定的局限性。NCHRP441 研究报中，通过研究以往的论文研究，采用铺砂法试验法提出了构造深度比来评价离析的标准如表 3 所示。加拿大在 OPSS. 313 标准中采用路面构造深度比值作为评价标准，如表 4 所示。

NCHRP 离析评价标准 表3

评价指标	离析区域构造深度于均匀区域构造深度比值			
界限	无	轻度离析	中度离析	重度离析
上限	0.75	1.16	1.57	>2.09
下限	<1.15	1.56	2.09	—

0PSS.313 的离析评价标准 表4

路面层位	路面离析区域构造深度于均匀区域构造深度比值		
离析程度	轻度离析	中度离析	重度离析
中面层(中等交通量)	<1.9	1.9~2.5	>2.5
中面层(重交通量)	<1.8	1.8~2.6	>2.6
磨耗层	<1.6	1.6~2.2	>2.2

(3)激光构造深度法

利用激光测距的原理测量材料颗粒表面构造深度变化。试验时构造仪会将红外光线发射到材料表面,由接收透镜将光线反射到的二极管上,由二极管给出某一时刻红光线传播的距离,从而获取到路面的参数,如构造深度等。该方法使用方便,操作简单、价格适宜,可以进行实时大量的连续检测。可安装在任何车辆上,进行快速地检测。但受路面的潮湿程度影响较大。为获得较好的测量结果,应需降低车速,在优良天气下测量。研究认为激光构造深度仪与铺砂法两种方式的测量结果具有很好的相关性。Jun-Xia Wu 等[22]人采用激光构造深度仪来测定沥青混合料的离析。通过分析激光断面和铺砂法所得数据的关系来对混合料的离析进行量化。

(4)渗水试验法

渗水试验法是一种间接测量路面离析的方法,通过测量路面的渗水系数,间接反映出道路空隙率的大小。通常假设粗集料区域的离析会具有较高的空隙率,进而抗渗水性较差。这种方法对粗集料的离析比较敏感,对于细集料离析,其结果则区别不大,且渗流的结果受路面状况的限制,在试验时,水流可能在竖向渗流的同时发生侧向渗流,由于级配的不同从而导致不同区域的测量结果有很大差异,因此不利于离析的检测[23]。

(5)核子密度仪法

1968 年美国坎贝尔公司开发了第一台核子密度仪,之后又安装了现场微处理器,提高了工作效率。1997 年,密歇根州立大学研究者使用这种方法对道路的线状离析展开了一系列系统研究,并建议将其作为道路质量控制的程序。测量时,通过测量某一区域的线性密度不同反映离析的大小,首先在路面上设置测量纵线,通过某点密度与均值的偏差大小判定是否产生离析。如果过大则可以认为此处产生了离析。核子密度仪虽能加快对混合料离析的检测,但在测量时存在核辐射安全问题。

(6)无核密度仪

随着人们安全意识的提高,核子密度仪的安全性问题逐渐被人们关注。无核电磁密度仪(PQI)的出现改善了这一缺点。无核电磁密度仪的感应盘由隔离环、发射器和接收器组成。测量时利用电磁原理将检测信号转化为电信号,利用特殊计算程序来获得材料的密度。测量时,发射器会产生电磁波,当电磁波穿过目标后由接收器获得,然后得到材料介电常数,最后通过对电信号进行处理,获得材料的相关物理特性,如密度等。陈少幸等[24]曾采用无核密度仪采用定性和定量相结合的方法来评价路面的离析程度及范围,证明了 PQI 检测具有可信性和可行性。无核电磁密度仪的原理如图1所示。

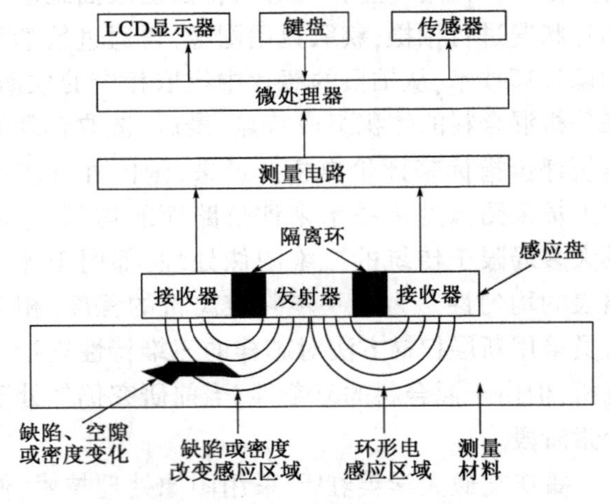

图1 无核密度仪的原理图

(7)红外热成像法

红外热成像法是通过使用红外摄像仪测量沥青混合料摊铺温度来反映总体均匀性的评价方法。其利用红外成像仪可以接收红外能量线的特点,把这些红外线转换处理生成道路热量图。在整个施工过程中,可以得到路面的热量分布,根据识别区域内的温差大小来反应离析程度。红外热成像法可以用于施工过程的实时监控,对问题区域进行及时补救。但其仅能测量路表的温度特性,路面之下的状况无法测量。且发生温度离析的地方并不一定发生级配离析。因此,热成像法具有一定局限性。

(8)探地雷达法

探地雷达法是使用介电常数来测量材料体积特征参数的方法。测量时,根据电磁波在传播时其速度和能量等受到不同介质的影响大小,使其在接收信号上反映出来,由此计算路面的介电常数。因为空隙率对介电常数影响很大,当路面产生离析现象时,其材料的内部不均匀必然会导致不同区域的空隙率存在差异。因此,可以采用空变异性差值来评价离析。探地雷达法可以实现实时快速检测,提高工作效率。但由于受道路潮湿状况影响较大,且对沥青和集料的变化不敏感,因而很难检测道路集料和沥青的含量变化。

4 结语

沥青混合料的离析一直是当前道路工程面临的问题,我国研究人员也对其开展了大量研究如成因、措施和处治方法,但目前国内仍然没有提出高效、系统、全面的评价标准。现行的规范中也没有将离析作为路面施工质量评价指标。沥青混合料离析的传统检测方式有核子密度仪法、探地雷达法、钻芯取样法、视觉观察法和铺砂法等,但是此类检测方法局限性大。铺砂法主观随意性大,一个测点需要反复测量取其平均值作为参考值,工作效率低;钻芯取样法操作复杂、耗时长、效率低,为破坏性检测,对道路结构产生一定影响;视觉观察法依赖于人主观判断,评价效果不一;核子密度仪法操作复杂、价格昂贵难以推广,且现有的评价方法仅是对道路某一局部或有限区域进行检测,无法对路面的整体离析状况进行实时连续检测和评定。图像处理技术能够对路面的离析状况进行快速、无损、连续的的检测和综合评价,可为道路施工质量和使用寿命提供技术支持。因此基于数字图像技术的沥青路面离析检测方法具有重要的工程推广应用价值。

参考文献

[1] WOLFF T F, BALADI G Y, ZHANG J. Test Method to Determine the Existence of Segregation in Bituminous Mixtures: Field and Lab Data and Analysis, Site 2: US-31 by Muskegon (linear Segregation Area). Appendix D[M]. Michigan State University, Pavement Research Center of Excellence, 1997.

[2] STROUP-GARDINER M, BROWN E R. Segregation in hot-mix asphalt pavements[M]. Transportation Research Board, 2000.

[3] 麻旭荣,李立寒. 沥青混合料级配离析判别指标的探讨[J]. 公路交通科技,2006,23(2):48-51.

[4] YEGGONI M, BUTTON J W, ZOLLINGER D G. Fractals of aggregates correlated with creep in asphalt concrete[J]. Journal of transportation engineering, 1996, 122(1): 22-28.

[5] 沈金安. 关于沥青混合料的均匀性和离析问题[J]. 公路交通科技,2001(6):20-24.

[6] HUNTER A E, AIREY G D, COLLOP A C. Aggregate orientation and segregation in laboratory-compacted asphalt samples[J]. Transportation Research Record, 2004, 1891(1): 8-15.

[7] STROUP-GARDINER M, LAW M, NESMITH C. Using infrared thermography to detect and measure segregation in hot mix asphalt pavements [J]. International journal of pavement engineering, 2000, 1(4): 265-284.

[8] 雷宇. 沥青混合料离析成因与控制方法研究[D]. 西安:长安大学,2007.

[9] 彭余华. 沥青混合料离析特征判别与控制方法的研究[D]. 西安:长安大学,2006.

[10] 李立寒,麻旭荣. 级配离析沥青混合料性能的试验研究[J]. 同济大学学报(自然科学版),2007,35(12):1622-1626.

[11] 郑晓光,徐健,丛林,等. 离析对沥青混合料路用性能的影响[J]. 公路交通科技,2008,25(11):16-19.

[12] 刘佳辉. 基于 OTSU 法分区图像识别技术及其在路面均匀性评价中的应用研究 [D]. 广州:华南理工大学,2012.

[13] 叶飞. 路面混合料的离析评价方法研究[D]. 西安:长安大学,2012.

[14] 张争奇,徐耀辉,胡红松,等. 沥青路面离析的数字图像评价方法[J]. 湖南大学学报(自然科学版),2016,43(9):129-135.

[15] 陈宇. 基于数字图像技术的摊铺沥青混合料均匀性分析及评价标准研究[D]. 重庆:重庆交通大学,2021.

[16] BROCK J D,MAY J G,RENEGAR G. Segregation:causes and cures[M]. Chatanooga:Astec Industries,1986.

[17] National Asphalt Pavement Association. Segregation:Causes and cures for hot mix asphalt[J]. National Asphalt Pavement Association, and American Association of State Highway and Transportation Officials,Washington,DC,1997.

[18] 李伟,孙朝云,呼延菊,等. 基于激光3D数据的沥青路面构造深度检测方法[J]. 中外公路,2016,36(5):9-12.

[19] 英红,凌天清. 基于数字图像处理技术的沥青混合料均匀性评价方法[J]. 公路,2007(8):177-179.

[20] 彭勇,孙立军,杨宇亮,等. 一种基于数字图像处理技术的沥青混合料均匀性研究新方法[J]. 公路交通科技,2004,(11):10-12.

[21] 王端宜,李维杰,张肖宁. 用数字图像技术评价和测量沥青路表面构造深度[J]. 华南理工大学学报(自然科学版),2004(2):42-45.

[22] JUN-XIA W,ROMERO P. Analysis of Multivariate Models to Evaluate Segregation in Hot-Mix Asphalt Pavements[J]. Transportation Research Record, TRB, National Research Council, Washington,DC,2004,2012.

[23] 高英,曹荣吉,刘朝晖,等. 高速公路沥青路面渗水性能[J]. 交通运输工程学报,2003,3(3):12-16.

[24] 陈少幸,张肖宁. 应用PQI评价沥青路面离析的研究[J]. 公路交通科技,2006(5):11-15.

高速公路建设项目安全管理"三码制"应用实践

——以乐资铜项目为例

郭世杰[1,2] 杨 俊*[1]

(1. 四川乐资铜高速公路有限公司;2. 西南交通大学土木工程学院)

摘 要 本文介绍了四川乐资铜高速公路有限公司在本质安全管理方面的创新探索,重点关注打通安全管理中的"最后一米",并引入了"三码制"作为安全管理的手段和工具。通过人的安全因素管理、物的安全因素管理和环境的安全因素,结合信息化技术开发"三码管理小程序",致力于提升本质安全水平。

关键词 高速公路 安全管理 本质安全 三码制

0 引言

ESG(环境、社会、治理)评价体系已成为全球范围内对投资企业的一种更全面、更宏观、更长远的考察体系,是考量企业是否能够可持续发展的指标。企业投资建设面临的众多风险挑战,诸如政治风险、环境风险、金融风险、安全风险等,安全已成为ESG体系企业治理中最重要的评价因素之一。结合当前高速公路建设安全管理状况和形势,各高速公路建设单位深刻认识到安全生产已经成为企业生存发展的命脉。因此,在项目建设过程中高度重视全员安全生产责任制,落实全员安全生产管理势在必行,进而促成"人人讲安全、个个会应急"的良好局面。

1 安全管理现状及工程背景

1.1 安全管理现状

建设项目安全管理特点。动态性:在公路工程施工过程中,随着作业种类的变化,危险源和风险类型也会发生变化。因此,安全管理措施需要不断地进行调整和完善,以适应施工过程中的动态变化。时效性:在公路工程施工过程中,存在一些设备设施或作业人员长时间未进行作业或长期作业后,其安全性能或安全意识可能会受到影响,难以保证安全。因此,及时对这些情况进行识别和解决是非常重要的。可加性:针对施工现场存在的各种风险和隐患,从人的不安全行为、物的不安全状态、管理上的缺陷以及环境影响等多个因素入手,制定相应的风险管控和隐患排查措施。通过不同方面安全管理措施的综合落实,可以不断降低风险水平,优化施工现场的安全管理水平。这种可加性使得安全管理工作能够逐步改进和提高。

安全管理现状分析。目前我国公路工程的安全管理工作面临着严峻形势。根据相关调查研究,整体上安全管理工作形势相对稳定,但也存在一些令人担忧的问题。部分工程建设公司为了赶工期、加快建设进度的现象逐渐增加。受外部经济环境的影响,不确定性因素增多,导致各种安全风险和隐患不断增加。此外,公路工程建设中存在着自身安全管理工作力度不足的问题。参与建设的各方普遍存在重视生产效率而忽视安全管理的情况。现场施工人员缺乏足够的安全意识,无法真正履行安全建设的责任,安全技术交底往往流于形式。建设场地的安全管理措施不完备,有效利用安全经费的能力不强,导致工程在建设过程中的安全管理工作更加困难,无法得到有效落实。这些因素都会增加安全建设的风险,并严重威胁到工程建设人员的生命安全,对公路施工的安全性和最终的施工质量产生重大影响。因此,公路工程建设需要加强对安全管理工作的关注,提高各方对安全的重视程度,加强现场施工人员的安全意识培养,完善施工场地的安全管理措施,并合理利用安全经费,以确保公路工程的安全进行和施工质量的提升。

1.2 工程背景

S48 线资中至乐山(以下简称“资乐高速”)、铜梁至资中(四川境)高速公路(以下简称“铜资高速”)是《四川省高速公路网布局规划(2019—2035 年)》9 条横线中的铜梁经乐山至荥经高速公路的重要组成部分,路线横贯川渝两省,向西经乐山至雅安进藏,将 6 条成都放射状国家高速公路(雅西、沿江、成乐、成自泸、成渝、成安渝)串联在一起,并与 5 条省级高速公路相连,向东通过资阳至铜梁实现联系重庆,推动成渝地区双城经济圈建设,强化经济发展带,实现区域经济一体化,具有重要的社会政治经济意义。

铜资高速路线起于川渝界,与铜梁至安岳高速公路(重庆段)相接,横向西经资阳,止于资中县西北侧渔溪镇,与 G76 厦蓉(老成渝)高速公路交叉,接资中至乐山高速公路,路线全长105.264km,设计速度 120km/h,双向六车道,全线设置桥梁 27957.5m/82 座,隧道 3314.5m/1 座;全线共设置 12 处互通式立体交叉,服务区 2 处,管理分中心 1 处。概算批复总投资为 201.71 亿元,计划建设工期 3 年。

资乐高速路线起于资中县鱼溪镇与 G76 厦蓉高速公路交叉,横向西经内江、眉山止于乐山市苏坪村西侧,与天眉乐高速公路相交,路线全长 93.313km,设计速度 100km/h,双向六车道,全线设置桥梁 29806.07m/105 座;全线共设置 13 处互通式立体交叉,服务区 2 处,管理分中心 1 处。概算总投资约为 195.64 亿元,计划建设工期 3 年。

2 本质安全管理

生产经营活动中都存在危险源,危险源就是安全风险的载体,人的不安全行为、物的危险状态和管理上的缺陷就形成了安全隐患,未消除的隐患将可能导致安全事件的发生,大量的安全事件将导致安全事故发生。海因里希安全法则时刻提醒我们,1 起重大安全事故发生的背后,存在着 29 起一般事故、300 起安全事件。本质安全就是通过追求企业生产流程中人、物、环境三要素的安全可靠和谐统一,使各种危害因素始终处于受控制状态,进而逐步趋近本质型、恒久型安全目标。

基于新发展阶段、新发展理念和新发展格局对安全生产提出的更高要求,项目参建各方在落实全员安全生产责任制、规范安全生产管理行为,准确进行风险辨识、落实安全风险分级管控,及时发现、消除安全隐患(含重大事故隐患准确判定),有针对性的安全技术交底,筑牢“应急救援最后一道防线”等方面提升空间较大。

乐资铜公司按照安全生产穿透式管理要求,“一竿子插到底”,在着力在打通安全管理“最后一米”上探索创新,力求做实做细本质安全管理工作,探索解决一线安全管理中的痛点、难点。公司聚焦本质安全管理,以危险源辨识为基础,以风险预防为核心,以人的不安全行为、物的不稳定状态和环境的不利因素为重点,着力斩断事故发生因果链,探索本质安全管理思路和手段。

3 本质安全"三码制"管理

3.1 人的安全因素管理——人员码

乐资铜项目采用了"人员码"作为人的安全因素管理工具,借鉴健康码,融入"管理熔断"理念。人员码是一种标识符号,涵盖了项目业主、设计、监理、试验、总包、标段、协作队伍、班组在内的所有人员,通过"一人一码一卡一编号"的方式对参建全员进行管理。

(1)人员进场前实施全覆盖的安全生产教育培训考核准入制。乐资铜公司牵头组织各参建单位分级实施考核准入工作,公司全员参与安全生产管理合格证培训考核;监理及监理试验室人员由项目公司统一进行面试考核工作;总承包部、标段项目部主要负责人由业主代表处、总监办统一组织准入考核,其他管理人员自行开展安全教育培训考核准入;协作队伍、班组负责人及一线作业人员由标段项目部进行安全教育考核准入。所有考核合格人员将赋予唯一编号和二维码的工作卡,与人员安全档案一一对应。

(2)人员进场后实施全覆盖的安全生产积分扣分制,积分扣分机制分为作业人员和管理人员两类。

①作业人员扣分制,聚焦"三违"问题形成扣分规则。每名作业人员将赋予12分的绿码,若一名作业人员本季度内绿码12分被扣完,则人员码转为黄码,该人员在未完成脱产安全教育培训考核前将无法上岗作业;若本季度内复训合格后的12分再次被扣完,则人员码转为红码,项目部将作出清退离场处理。

②管理人员扣分制,聚焦包保责任制及行业主管部门要求形成扣分规则。一是通过积分扣分制形成"一点出事,一线担责"的包保责任链条,例如包保责任范围内的一线作业人员违章扣分达到10分,项目部主要负责人将被扣掉5分,总承包部主要负责人将被扣掉3分,总监理工程师和业主代表处处长将被扣掉2分,项目公司包保责任人将被扣掉1分。二是落实行业主管部门工作机制的督查清单和各级任务清单,通过逐级监督检查对工作落实不力的管理人员进行扣分,并将扣分结果运用在安全生产考核中,力求打通安全管理"最后一米"。三是将各级管理人员纳入乐资铜项目临时党总支进行管理,充分运用项目公司、施工单位的联动考核制度,依据每月扣分结果,对施工标段、管理人员进行安全生产考核。施工标段考核和管理人员考核结果运用于人员薪酬30%与安全生产挂钩的考核。若一名管理人员本季度内的绿码12分被扣完,则人员码转为黄码,需重新进行安全教育培训考核,并将予以项目全线通报批评,取消年度评优评先资格;若该人员本季度内复训合格后的12分再次被扣完,则人员码转为红码,项目公司将要求项目部更换该管理人员并一次性扣掉项目部主要负责人6分。

人员码运用的本质就是要管住人,同时赋予安全人员应有的权限,摆脱过去"安全资料员"的帽子,让安全人员工作重心放在制止"三违"行为、督促隐患整改,"理直气壮"地抓好安全生产监督工作,保障全员安全生产管理有效运行。希望人员码能成为打通安全人员现场管理权限和技术人员、监理人员、业主代表等管理现场安全的一种有效手段。

3.2 物的安全因素管理——设备码

乐资铜项目的设备码涵盖进场作业的机械设备(含特种设备)的详细信息,将设备型号、设备证照、维保信息等内容的二维码,同步绑定相应操作手、责任人等人员码。机械设备在完成入场审验程序且定期维保到位的情况下赋予绿码;若机械设备超期未维检保养的,设备码转为黄码,禁止施工作业,需在责任人完成规定维检工作后恢复绿码;若机械设备检测报告过期或存在五条以上一般隐患未及时整改的,设备码转为红色,禁止施工作业,需重新组织验收合格后恢复绿码。

3.3 环境的安全因素管理——场所码

乐资铜项目的场所码涵盖施工工点、两区三厂及营地驻地的安全管理内容,将场所的危险源告知、风险分级管控公示、应急避险明白卡和行业部门等要求统一纳入二维码信息档案,所有人员必须扫码进入施工场所,并能够查阅相关信息。人员进场信息的后台统计数据作为劳务工资支付依据，杜绝逃避扫码打卡情况发生。安全人员巡视施工场所可通过场所码及时下发隐患整改通知单，若工点存在 5 ~ 9 条一般隐患，场所码将转为黄码，需及时整改闭环后恢复绿码；若工点存在 10 条以上一般隐患或存在 1 条以上重大隐患，场所码将转为红码，需立即停工整顿，该工点所有作业人员和管理人员需进行安全再培训，经安全生产条件核查通过后恢复绿码。

4 本质安全管理与信息化相结合

乐资铜公司与第三方科研院所合作开发完善“三码管理小程序”，将三码管理统一成为安全管理视窗平台，按照项目业主、监理单位、施工单位三个层级设置相应权限，使得各层级更加全面、及时地了解相应管理层面的安全状态，为项目业主履行好安全生产首要责任、监理单位履行好监理职责、施工单位履行好安全生产主体责任提供支持，避免安全管理“盲人摸象”。程序本着简单易用的原则，生产作业人员在工地现场只需使用微信扫场所码，便能实现人员打卡定位，查阅各类场所信息告知等功能，当因“三违”行为被扣分后，能及时收到信息通知，起到提醒警告的作用。业主代表、监理人员及施工管理人员在工地现场，通过扫人员码、设备码及场所码，能详细了解工点现场人、物、环境的情况，精准实施安全管理，通过后台汇总数据辅助管理；通过视窗平台总览全局，着重关注出现黄码、红码的点位，同时对红码人员进场、机械设备维检超期及场所隐患整改超期进行实时预警，让安全管理工作实现一图看安全、管安全。乐资铜公司印发的包保责任制、积分扣分规则、安全生产考核制等相关制度让三码制信息化管理落到了实处，起到了实效。

5 结语

通过本质安全管理的“三码制”应用，乐资铜公司在工程安全管理上取得了一定的成绩，明显提升了一线作业人员安全意识，管理人员安全管理素质能力，及时、准确发现事故隐患的能力；基于能准确、动态辨识风险，提出有效的安全防范措施；三码与物联网监测融合，实时监测风险，进行预警；信息化对于安全生产管理的“减负”作用愈加明显。

但仍然存在一些问题需要解决。相信在今后的发展中，通过不断地改进和创新，乐资铜公司将能够进一步提高安全管理水平，为企业的可持续发展做出更大的贡献。

5.1 三码制应用中存在的不足

（1）设备码的应用问题。设备码对于进入施工作业场所的管控，仅仅局限于特种设备（如架桥机、龙门吊等）和长期在项目作业的机械设备，对于临时性的社会运输车辆等无法有效进行管控，暂无法针对该类社会车辆的司机、操作手进行考核准入。

（2）人员码的应用问题。人员码虽然能够较好实现对人的安全行为管理，应用过程中较为频繁的安全教育培训和红码人员清退，与成本、进度的管理间产生一定的冲突。

5.2 下一步的思考和设想

高速公路建设是一项战线长、点位多的系统性工程，难以形成封闭施工作业局面，非施工人员、车辆擅自进入红线区域管控难度大。乐资铜公司将在今后的建设过程中将进一步摸索施工区域边界红外线报警、三码管理程序智能化安全数据分析和衔接可视化视频监控等功能，进一步做实安全生产“三基”工作，总结提炼打通安全管理“最后一米”经验成果，为行业其他项目安全管理提供经验和技术支撑。

参考文献

[1] 党伟杰，吴晓玲. 高速公路工程建设的安全管理研究[J]. 城市建设理论研究，2023(30)：31-33.

[2] 尚新鸿，韩胜难，舒国明，等. 全方位高速公路工程建设安全管理体系研究[J]. 石家庄铁路职业技术学院学报，2023，22(4)：30-34.

[3] 廖海清，范世标. 浅谈高速公路扩建工程施工安全管理[J]. 黑龙江交通科技，2014，37(10)：181-182.

[4] 姚学涛. 高速公路隧道施工管理的有效措施分析[J]. 交通世界，2016(36)：64-65.

[5] 宋强. 试论公路工程施工安全管理[J]. 交通企业管理，2007(12)：56-57.

基于 InSAR 和 GIS 的区域性道路沉降风险快速评价方法

任立辰[1] 柳成荫*[1] 张辰熙[1] 刘汉勇[2]
(1. 哈尔滨工业大学(深圳)土木与环境工程学院;2. 交通运输部公路科学研究院)

摘 要 由于卫星干涉测量不受季节或天气的影响,且其中 PS-InSAR 技术能够获取大范围、高质量的地表永久散射体形变数据,为地表形变监测提供足够的数据源。本文基于 PS-InSAR 技术,引入道路危险性与脆弱性元素,将 GIS 与 AHP 方法结合,能够快速分析城市级道路沉降情况。首先结合道路研究现状提取道路危险性元素(包括累积地面沉降量、沉降速率和地形高程)和脆弱性指数(包括道路重要性、养护等级和技术状况评定等级),详细阐述各个元素含义并提出划分依据;之后引入 AHP 方法,对道路风险区域进行判定;然后利用 GIS 叠加遥感图像,将评定结果进行可视化展示,并显示道路沉降各级别对应的预防及控制建议以便快速大范围的决策。

关键词 道路沉降 PS-InSAR AHP 风险评价

0 引言

道路沉降对交通安全和基础设施完整性构成严重威胁,可能导致交通流的中断、事故增加和基础设施的长期损害。目前在道路沉降监测和评估领域面临着两个主要挑战。首先,现有的检测手段存在局限性。传统的地面监测技术,如水准测量和 GPS 监测,虽然在特定条件下可提供准确数据,但往往耗时较长且成本高昂,并且它们的空间覆盖范围有限[1],也可能无法捕捉对于早期识别潜在的沉降风险至关重要的微小形变。其次,缺乏一个全面的道路沉降风险评价体系。一些研究仅考察不同种道路的沉降量,没有利用多源信息通过一个相对统一的标准来指导各个区域的风险管理和防灾策略,这使得防灾措施往往不能有效地对准具体的沉降风险。

解决这些问题需要采取新的技术和方法。在检测手段方面,合成孔径雷达干涉测量(InSAR)技术提供了一种高效方案。InSAR 是一种通过分析多时相 SAR 影像相位差异来探测地表微小形变的遥感技术。其中 PS-InSAR 是一种典型的时序 InSAR 技术,是对一系列不同时期、覆盖同一区域的 SAR 图像进行处理,最终提取到所需地表形变信息的技术。该方法不受气候和天气变化影响,且能够广泛监测毫米级的地面沉降。目前已有研究证实其结果的可靠性,涉及公路[2]、铁路[3-4]和高架桥[5-6]等多种基础设施。为了深入分析道路沉降,结合 PS-InSAR 与其他方法进行综合分析是解释和评估沉降风险的关键。

在评估体系方面,建立一个综合考虑道路沉降多风险因素的评估模型至关重要,层次分析法(Analytic Hierarchy Process,AHP)在这方面应用广泛。AHP 能够用于多标准决策,通过将复杂问题分解为层次结构中的较小、可管理的元素,使决策过程更为明确和量化。该方法允许决策者评估多个因素,最终整合为较为全面的风险评估。自 1977 年由 Saaty[7-8] 提出以来,不断有学者利用 AHP 方法来评估地面沉降这种复杂现象[9-12],充分证明了它在评估和管理地质灾害风险方面的有效性,为地表形变监测安全评估提供了科学依据。利用其制定道路风险沉降评估体系,以完善风险管理策略。

为了对评估方法进行详细叙述,本文首先对 PS-InSAR 技术的原理和处理方法进行介绍,从而获取地表形变数据。之后基于 PS-InSAR 技术的结果,结合道路危险性与脆弱性元素,使用 GIS 与 AHP 方法,构建了道路沉降评估体系。主要涉及沉降危险性因素和道路脆弱性因素的分析,以及

基金项目:国家重点研发计划项目(2022YFB2602105)、国家自然科学基金项目(52378295)。

AHP 沉降风险分析模型的建立。最后,根据试验和评估对福田中心区道路沉降评估结果进行讨论和总结。结果证明结合 PS-InSAR 技术、GIS、AHP 方法的评价体系,能够用于分析和评估城市级道路沉降情况,并对方法局限性和未来研究方向进行了展望。

1 PS-InSAR 处理

1.1 PS-InSAR 原理与方法

通过干涉处理可以获得一系列地表形变监测结果,其中包括形变速率和形变值。进行进一步分析,获取研究区域道路沉降情况。经过处理之后,此时 PS 点相位可以表示为:

$$\varphi = \varphi_{top} + \varphi_{def} + \varphi_{atm} + \varphi_{noi}$$

式中:φ_{top}——残余地形相位;

φ_{def}——卫星两次成像期间地表形变引起的 LOS 相位;

φ_{atm}——大气延迟相位;

φ_{noi}——观测噪声相位,观测噪声相位包括由散射特性变化、系统热噪声、配准误差因素等引起的相位。

使用相应的方法可以得到每个 PS 点沿 LOS 方向上的形变速率和累计形变,将沿 LOS 方向上的形变经过三角函数运算,得到地面沉降。最后进行地理编码。

至此得到了 PS 点的形变速率与形变值,且已匹配到实际地理坐标中,将某地区路网文件与 PS 点分布情况在 ArcGIS 软件中进行交集操作,可以更直观地得到道路沉降分布情况。

1.2 PS-InSAR 处理方法

PS-InSAR 处理方法主要分为以下步骤。

(1)主影像选取

从 $N+1$ 景图像中选择一景作为基准,作为主影像,将其余 N 景作为辅影像与主影像配对,形成 N 个影像对。主影像的选取依据多个因素:通常选择那些时间和空间基线居中,同时具有较强反射信号的影像,以确保生成的干涉图质量。

(2)配准

由于卫星空间位置的改变,通过重复轨道拍摄的时序 SAR 影像覆盖范围会有差别。配准是为了确保在后续的干涉处理中,相同的地表点在所有影像中都对应于相同的像素位置。配准通常涉及复杂的图像处理技术,以最大限度地减少影像之间的几何失配。

(3)生成干涉图

主影像的像素与从影像相应像素的复数信息进行差分干涉处理,得到干涉图。

(4)去地形相位并生成差分干涉图。

使用数字高程模型(DEM)来估计并去除由地形变化引起的相位变化,剩下的相位变化更准确地反映地表形变,得到差分干涉图。

(5)一级 PS 点分析

首先在一级网络中设置较高的阈值以确保 PS 点的可靠性,其中阈值包括振幅离差、平均相干系数等。PS-InSAR 分析通常利用 Delauney 三角网来构建网络,以进行参数求解和误差去除。

(6)扩展点

该操作是用于增强一级 PS 点分析结果的网络,通过添加未包含在一级网中的 PS 点和分布散射点(DS 点)来构建更为复杂的二级网。扩展操作通常会覆盖感兴趣区域的全部区域,并针对二级网调整参数,提高网络的密度和覆盖范围,进而提升分析结果的详细程度和准确性。

1.3 研究区域及数据源

本文所用的 SAR 数据来自 COSMO-SkyMed 卫星系统,该卫星系统在深圳市拥有丰富的 InSAR 数据积累,具有高重访周期与大影像覆盖面积,且分辨率可达 3m。研究采用 COSMO-SkyMed 影像数量为 20 景,单景范围为 40km × 40km,该影像基本覆盖了深圳市大部分核心区域。

本文的研究区域选取深圳市福田中心区约 $4km^2$ 的道路,由滨河大道、红荔路、彩田路及新洲路四条城市干道围合。

1.4 PS-InSAR 试验结果

通过软件处理及 PS-InSAR 分析,得到深圳市福田区的累计沉降、沉降速率以及地理高程,在 ArcGIS 平台导入并实现数据可视化。

2 道路沉降评估体系的构建

2.1 道路沉降风险因素

2.1.1 沉降危险性因素

建立沉降危险性因素的分层体系:结合获得的数据,确定沉降危险性分析的三个指标,即累积地面沉降量(mm)、沉降速率(mm/y)和地形高程(m)。

(1)累积地面沉降量

累积地面沉降量是描述特定时期内地表总体下沉程度的指标,能够反映地面在长时间尺度上的稳定性和变化趋势。道路累计沉降等级对应表见表1。

道路累计沉降等级对应表　表1

等级	1	2	3	4	5
累计沉降(mm)	>45	35~45	25~35	15~25	<15

(2)沉降速率

沉降速率作为衡量地表变化的一项重要指标,它反映了地表随时间的移动速度。这种速度可以是上升也可以是下降,具体取决于地表下的地质活动、人类活动或其他自然因素。道路沉降速率等级对应表见表2。

道路沉降速率等级对应表　表2

等级	1	2	3	4	5
沉降速率(mm/y)	>12	9~12	69	3~6	<3

(3)地形高程

地理高程能够影响水文条件,并间接影响沉降。高程较低的地区可能积水较多,如果排水不良,长期积水可能导致地基软化和沉降。地面高程等级对应表见表3。

地面高程等级对应表　表3

等级	1	2	3	4	5
地面高程(m)	< -9	-9 ~ -3	-3 ~ 3	3 ~ 9	>9

2.1.2　道路脆弱性因素

建立道路脆弱性因素的分层体系:脆弱性分析是指定量分析沉降发生时对受影响道路的威胁和破坏程度。脆弱性分析包括道路重要性、养护等级和技术状况评定等级。

(1)道路重要性

交通流量高通常代表道路承载了大量的车辆和人流,一定程度上反映了道路重要性,所以本研究用交通流量来量化道路的重要性。重要性由交通流量和道路等级加权得到。1级为一般重要、2级为比较重要、3级为非常重要。

(2)养护等级

道路养护等级是根据道路的使用性质、重要性以及所承担的功能等因素,对其维护保养工作的复杂性和投入资源的多少进行的分类。规范中的Ⅲ等养护道路本研究定为1级,Ⅱ等养护道路为2级,Ⅰ等养护道路为3级。

(3)技术状况评定等级

路面的技术状况评定等级(PQI)根据《公路技术状况评定标准》(JTG 5120—2018)确定。C级PQI为1级,B级PQI为2级,A级PQI为3级。

以上每一个风险因素和道路脆弱性因素均可在ArcGIS中实现可视化,用来进行原因分析和决策支持。

2.2　分级标准AHP沉降风险分析模型

2.2.1　模型层次构建

由上文分析可制定模型层次,如图1所示。

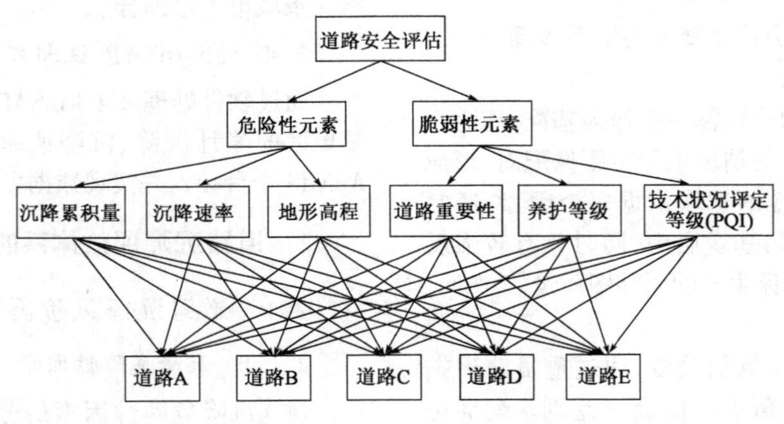

图1　AHP沉降风险分析模型图

2.2.2 制定判断矩阵并计算权重

AHP的数学过程可以分为下面三个步骤。

(1)建立判断矩阵

根据相关经验,通过深圳市福田中心区道路风险的各因素影响程度构建判断矩阵。按照1～5的评分标准,数字刻度含义见表4。

数字刻度含义表 表4

数字刻度	含义
1	两个影响因素具有相同的重要性
2	前者比后者稍微重要
3	前者比后者明显重要
4	前者比后者强烈重要
5	前者比后者极端重要
倒数	用因素间相对重要性的倒数来保持评价互反性

根据专家判断,建立矩阵,矩阵中的每个元素x_{ij}代表了标准i相对于标准j的相对重要性,且矩阵是正互反矩阵。危险性与脆弱性间的判断矩阵如表5所示。危险性元素内部三个指标间的判断矩阵如表6所示。脆弱性元素内部三个指标间的判断矩阵如表7所示。

评分表1 表5

项目	危险性元素	脆弱性元素
危险性元素	1	2
脆弱性元素	1/2	1

评分表2 表6

项目	沉降累积量	沉降速率	地形高程
沉降累积量	1	2	4
沉降速率	1/2	1	2
地形高程	1/4	1/2	1

评分表3 表7

项目	道路重要性	养护等级	PQI
道路重要性	1	2	3
养护等级	1/2	1	2
PQI	1/3	1/2	1

(2)计算一致性指数CI与一致性比率CR

计算矩阵的最大特征值λ_{max},利用含其的公式来定义CI,λ_{max}若等于矩阵的阶数,CI应为0,而CI的值越大,则表示矩阵的不一致性越高。接着计算一致性比率CR,它是CI与相应的平均随机一致性指数RI的比值,其中RI是根据矩阵的阶数预先计算好的值。一般来说,若CR大于0.1,则需要重新评估矩阵的元素。

通过计算可知,评分表2中CR值为0,评分表3中CR值为0.01,均小于0.1,故均通过一致性检验。

(3)计算权重向量

首先将主特征向量视为标准的权重向量;然后计算特征值和特征向量,并且对特征向量进行归一化处理以得到权重,得到的最终权重结果如表8所示。

城市道路沉降风险权重表 表8

城市道路沉降风险	指标层	指标层内权重	最终权重
危险性元素(2/3)	沉降累积量	0.571	0.381
	沉降速率	0.286	0.191
	地形高程	0.143	0.095
脆弱性元素(1/3)	道路重要性	0.540	0.180
	养护等级	0.297	0.099
	PQI	0.163	0.054

2.3 风险评估

道路沉降风险模型结合地理信息系统(GIS)步骤如下:

(1)将福田中心区道路数据带入到AHP模型中数据整合。

(2)根据危险性和脆弱性中的六个元素的权重,叠加六个元素的值,得出风险分析结果。

(3)根据道路沉降风险分析确定的量化结果,制作深圳市福田中心区道路风险图。

(4)根据深圳市福田中心区道路风险图制作道路沉降风险等级图。最终实现评估结果的可视化,共分为五级。

在所建立的道路沉降风险模型中定量分析后,得到总的数据范围是1到5,再假设呈正态分布,且其均值为3(1和5的中点),标准差设为1。则道路沉降风险模型的结果与风险等级对应的关系为:[1,2.16)为高风险区域,设为1级;[2.16,2.75)为中高风险区域,设为2级;[2.75,3.25)为中等风险区域,设为3级;[3.25,3.84)为中低风险区域,设为4级;以及[3.84,5]为低风险区域,设为5级。

3 讨论

根据评估结果,福田中心区的道路状况相对

良好。在地图中位于西北、东北和东南方向的道路沉降风险等级偏低,位于西南方向的道路沉降风险偏高,可能指示着地下水位下降、土壤压实或地质结构变化等问题。

主干路与快速路的沉降风险普遍高于次干路与支路风险。需要加强防护,定期检查,以确保道路的安全性和服务功能。

由此可见,对道路沉降风险进行评估,对于基础设施的规划、维护和风险评估至关重要。

4　结语

本文提出了一种结合 PS-InSAR 技术、GIS、AHP 方法和道路危险性与脆弱性指数的创新方法,用于分析和评估城市级道路沉降情况。通过详细阐述并应用道路危险性指数和脆弱性指数,结合 AHP 方法对道路风险区域进行判定,并利用 GIS 叠加遥感图像进行结果可视化,最后将此方法成功地在深圳市福田中心区进行了使用。所得结果证明了这种方法不仅可以有效评估道路沉降安全性,还能提供针对不同沉降区域的预防和控制建议,为城市道路应急管理提供风险信息和决策依据。

目前的研究仍存在一定的局限性:PS-InSAR 数据受重访周期限制且可能出现建筑物遮挡情况,即使插值补足仍可能出现误差。除此之外,偏远地区的道路养护等级和技术状况评定等级普遍偏低,导致脆弱性因子偏低,对最终评定的风险等级影响较大,需加入其他指标降低这两项权重干扰。后续研究可以增加卫星数据源的种类来提高更新频率。同时为了提高方法的普遍适用性,可以在不同城市或不同类型的地区进行案例研究,并进行对比验证分析等工作。

参考文献

[1] 胡伍生,高成发. GPS 测量原理及其应用[M]. 北京:人民交通出版社,2002.

[2] SHI X,ZHANG Z,NIU F,et al. Stability analysis of Shiwei-Labudalin Highway in Inner Mongolia, Northeastern China using Sentinel-1 InSAR[J]. Cold Regions Science and Technology, 2022, 202:103647.

[3] CHANG L,HANSSEN R F. A probabilistic approach for InSAR time-series postprocessing[J]. Ieee Transactions on Geoscience and Remote Sensing,2016,54(1):421-430.

[4] WANG C,ZHANG Z,ZHANG H. Seasonal deformation features on Qinghai-Tibet railway observed using time-series InSAR technique with high-resolution TerraSAR-X images[J]. Remote Sensing Letters,2017,8(1):1-10.

[5] 王茹,杨天亮,杨梦诗,等. PS-InSAR 技术对上海高架路的沉降监测与归因分析[J]. 武汉大学学报(信息科学版),2018,43(12):2050-2057.

[6] D'AMICO F,GAGLIARDI V,CIAMPOLI L B, et al. Integration of InSAR and GPR techniques for monitoring transition areas in railway bridges [J]. NDT & E International, 2020, 115:102291.

[7] SAATY T L. A scaling method for priorities in hierarchical structures. [J]. Journal of Mathematical Psy chology, 1977, 15 (3): 234-281.

[8] SAATY T L. How to make a decision:the analytic hierarchy process. [J]. European Journal of Operational Research,1990,48(1):9-26.

[9] HE F,GU L,WANG T,et al. The synthetic geo-ecological environmental evaluation of a coastal coal-mining city using spatiotemporal big data: a case study in Longkou,China[J]. Journal of Cleaner Production,2017,142:854-866.

[10] NIKOLAOS P,CHRISTOS R,NIKOLAOS S,et al. Spatial analysis and evaluation of a coal deposit by coupling AHP & GIS techniques [J]. International Journal of Mining and Technology,2019,29:943-953.

[11] FENTAHUN T M,BAGYARAJ M,MELESSE M A,et al. Seismic hazard sensitivity assessment in the Ethiopian Rift, using an integrated approach of AHP and DInSAR methods[J]. The Eyption Journal of Remote Sensing and Space Science,2021,24:735-744.

[12] ZHANG Z H, ZHANG S B, HU C T, et al. Hazard assessment model of ground subsidence coupling AHP, RS and GIS-a case study of Shanghai[J]. Gondwana Research,2023,117:344-362.

“四好农村路”绿色低碳建养模式探析

房传平*
(滕州市交通运输局)

摘 要 为推进农村公路“互联网+智慧交通”新模式，从“四好农村路”的“建、管、养、运”四方面入手，探索农村公路的建设、管理、养护、运行新模式，建成“美丽农村路”“乡村振兴路”“绿色低碳路”，提升群众出行的幸福感和满意度，助推乡村振兴战略的实施。

关键词 四好农村路 路长制 互联网+ 美丽农村路

0 引言

山东省枣庄市被列为国家级“深化农村公路管养体制改革试点市”和省级“交通强国‘四好农村路’建设试点市”。枣庄市的农村公路建设以“深化农村公路管养体制改革”和“交通强国‘四好农村路’”两个试点为契机，紧紧围绕县乡道路建设、农村公路危桥改造、农村公路管养、安防工程提升等攻坚突破为重点，与“美丽乡村”建设紧密融合，统筹推进农村公路深化改革、“四好农村路”试点创建和“路长制”管理等工作任务，加快建设“平安公路”“智慧交通”，掀起了农村公路提升改造的热潮。

传统管养模式的特点是：养路员发现公路病害汇报给修补队伍，修补队伍用拖拉机拉着沥青加温罐车“一路明火一路烟”，现场拌和沥青混合料修补破损路面。这种模式已远不能满足现在的环境保护、安全防火、工程质量等的要求，因此，亟须寻求一种新的管养体系来取代旧的管养模式，来适应和满足时代发展的需求。

为对新建(改建、扩建)农村公路全寿命周期控制，确保建设一条、成功一条、影响一片、惠及一方的原则，使公路更美、乡村更靓，达到绿色低碳、安全环保的要求，需要对农村公路从项目立项到建设、管理、养护、运行形成集成化管理，建成建管并举、管养结合的模式。结合近几年来的工程管理经验和实践成果，从制度的建立、技术应用、整体规划、管养并举等措施方法进行浅析。

1 建立“路长制”组织管理体系

在上级交通运输主管部门的统一指导下，枣庄市辖区内成立了以区(市)政府为主导的农村公路“路长制”领导小组，区、镇设立总路长，乡、村级设立分路长。形成县、乡、村三级路长。明确辖区内农村公路日常养护、路域环境整治、扬尘防治、绿化建设等路长的具体工作。充分发挥各级政府组织领导和统筹调度管理作用。

1.1 加强技术支撑

加快“路长制”智慧化和信息化建设。由政府建设行政主管部门定期开展县、乡、村三级路长人员业务培训和技术指导。工程建设期间以镇为单位聘请第三方工程咨询机构定期或不定期开展工程咨询服务。专人负责日常的管养维运及路域环境，并有市级中控室实时监督指导，从制度上和技术上支撑“路长制”有效运行。

1.2 完善“路长制”考核奖惩措施

各级路长由市“四好农村路”建设领导小组进行日常监督指导，每年负责对各镇“路长制”工作开展情况进行评估，评估结果将纳入对镇街年度综合目标考核。形成以政府为主导、有关部门协同、上下联动、运转高效的工作格局，达到农村公路治理能力显著提升的目的。

1.3 纳入农村公路建管养运的信用评价机制

落实农村公路项目业主制，创新监管形式，推进建立以质量为核心的农村公路信用管理模式。创新农村公路信用评价机制，对农村公路项目参建单位进行信用记录，建立以质量和服务为核心的激励、惩戒管理办法，建立信用台账，与相关信用平台对接并依法向社会公开。强化优胜劣汰机制，将失信企业及相关人员列入黑名单。

2 依托"互联网+",建设立体管理系统

依托"互联网+",建成农村公路+乡村旅游、农村公路+生态产业、农村公路+党建示范。全市统一标牌内容格式和标准尺寸,制定了"路长制"公示牌,公示牌涵盖了该公路的名称、编码、等级等基本信息,并主要公示了各级路长的姓名职务,明确各自的职责和权力,分级管理、分工明确,并纳入二维码管理,手机扫码即可了解有关公路的建、管、养、运等信息,提升智能化水平。设置监督举报电话,置于人民群众的监督之下,广泛接受社会监督。

智慧交通大数据中心、应急指挥中心(图1)形成"天地一体"的交通监控网络、视频分析人工智能平台;建设综合监控与预警系统、安全应急与协同调度系统、综合公路工程管理系统、交通运输监督管理系统、综合交通信息服务系统、综合智能运维系统、综合办公系统、交通运行分析与决策支持系统八大应用系统以及视频监控系统、桥梁安全监测系统。实时监控雨季、冬季等特殊天气对重点路段和部位发生的水毁、地质灾害、路面结冰等灾害。各类违法案件和涉路事件得到及时高效处置。

图1 应急指挥中心

3 低等级公路升级改造技术

路面结构形式一般为路基+水泥稳定类刚性或半刚性基层+5cm厚沥青混凝土面层;也可采用路基+石灰稳定类基层+20cm厚水泥混凝土路面。具体形式要根据当地资源供应情况合理选用。满足绿色、环保、实用、创新的理念,积极推行路面再生利用,鼓励废旧材料循环利用。

3.1 新建农村公路宜选用结构形式

新建农村公路以当地地理环境、经济状况为依据,满足地域总体结构要求为主导,以主要修建三、四级公路为主。以地方盛产建筑材料为侧重点,结合交通状况、经济实力等特点,满足公路工程设计规范、施工规范的要求为前提,建议结构形式为:路基+水泥稳定碎石基层+沥青混凝土面层或路基+水泥(石灰、粉煤灰)稳定土基层+水泥混凝土路面,两种结构形式为常用形式。

3.2 改(扩)建农村公路处理措施

根据原路面结构层性质,通过现场试验,进行科学的分析和研判,并采取以下合理措施进行处理实施。

(1)对于水泥混凝土路面,路面破损严重的,破碎板松动、唧泥、沉陷、错台、露骨严重等病害,已失去维修价值;对于沥青混凝土路面,路面老化、龟裂块度小于0.2m,沉陷、松散严重的路段;路基出现大面积沉陷、变形、边坡坍塌等严重病害的公路,进行重新修建。

首先对路面结构层材料进行铣刨并回收到拌和场进行筛分试验,经配合比验证试验后作为粒料,按比例掺加利用。由于路基变形、失稳,必须重新填筑或作相应处理,保证具有足够的强度、水稳性和整体稳定性,满足施工规范的要求,经验收合格后,再加铺水泥稳定土基层和沥青面层。

(2)对于路基整体性良好,无变形,仅路面损毁严重的路段。首先进行路基强度的验算,路基弯沉值满足规范要求时,经局部补强、挖补后,可采取路面就地冷再生技术。首先按试验数据计算出冷再生处理厚度,计算各类材料需要量,再在旧路面上铺筑一定数量的水泥等无机结合料在路面顶层,用路面冷再生拌和设备拌和均匀,经整形、碾压、养生后,形成路面基层,然后再加铺沥青混凝土面层或水泥混凝土面层。大量实践证明,冷再生技术成熟,施工进度快、质量满足要求、综合造价低,充分利用再生资源,环境污染小,符合国家节能减排、绿色发展的理念。

(3)对于路基和路面综合性能良好,仅路面表面层磨损严重、表面抗滑系数减小的路段,采取加铺沥青面层(水泥混凝土路面为白改黑)的方法。结构形式为老路面+黏层+5cm厚沥青混凝土面层的结构形式,以改善路面的行车舒适度,保护基

层不受破坏，延长公路的使用寿命，并美化路域环境。

4 路域环境建设

4.1 景观建设

农村公路充分发挥支农、助农，服务于农村、农民，促进农村经济发展、建设美丽乡村的作用。推进乡村特色种植、养殖、电商、快递业的发展，将旅游景点、产业园区、乡村物流站点、革命教育基地、公路休闲驿站、停车观景平台（图2）等元素连点成线、串珠成链，丰富农村公路功能定位，推进农村公路与乡村振兴融合发展，打造成为美丽生态景观路、乡村文化旅游路、产业振兴致富路、红色爱国教育路等。真正做到一条路一道风景、一条路一种产业、条条路各具特色的效果。

图2 路侧观景平台

4.2 安防工程

安全问题贯穿于公路工程的全生命周期之中。特别是建成通车后的工矿学校、临水临崖地段是易发多发事故路段。在临水临崖、急弯陡坡段按规范要求设置不低于S级的波形钢板护栏、缆索护栏或者混凝土护栏，并设置警告标志和视线诱导标志，防止灾害事故的发生，降低灾害事故的等级，减少伤亡事故。在人员密集的工矿学校或野生动物出入地段设置金属网或长青绿篱隔离栅。

公铁平交道口、视距不良、公路平交道口、事故易发、多发等路段为重点，交通量大的应设置红绿灯和警告标志、提示标志等。一般路口应合理设置轮廓标、线形诱导标、示警桩、道口标等设施，做到通视效果良好，防止行道树遮挡和损毁。

4.3 绿化、美化、生态化

农村公路的绿化、美化、生态建设离不开路侧绿色植物的景观栽植，合理、科学布局绿篱，使其发挥隔离和美化作用，树种的选择是重点，可以选择开花的花篱；带刺灌木的刺篱或者结果灌木的果篱作为绿化树种。

绿化可采用本地长青绿篱、灌木、乔木，采用“露”“透”“诱”“封”的手段，打造成自然景观。近景“露”，远景“透”，远处景色不好的通过绿化“封”，无法“封”的“诱”开视线。横向有厚度、层次分明；竖向有高度、错落有致；色调有亮度、色差和谐；透视有距离、视线良好。

灌木比较矮小，在地面以下或近根茎处分枝丛生，可在绿篱外栽种。远处可栽种常绿乔木，终年保持常绿，如樟树、紫檀、马尾松等。突出春夏秋冬四季景观。

5 管养模式多样化

由于农村公路具有量大、点多、面广的特点，要求养护管理队伍实时跟进养护管理工作并加强巡查力度。为满足管养任务，传统的单一管养方法不能满足要求，要寻求多元化的方式来共同管养，达到农村公路畅通、舒适、美观、生态化的目的。

由于农村公路的特点，增加了养护管理的难度，特别是地方政府资金投入缺口较大。对于大中修工程，主要以政府财政预算为主。农村公路的新建、改建、扩建列入政府年度财政预算。通过招投标方式，优先选择实力强大的养护公司，签订综合建管养合同或者长期合作合同，引导企业加大资金的投入，让企业成立专业建管养项目部，提高机械化作业水平，大力推广新技术、新工艺、新设备、新材料的应用，合理降低管养成本，保障管养质量，逐步提高管养路段的好路率。

对于偏远和量小的农村公路，可以地方政府为依托，充分调动广大群众参与的积极性，争取社会各界支持，鼓励农村集体经济组织以合作社的形式，以自愿为原则，成立自愿管养队，认养附近路段。爱心企业和社会爱心人士等社会力量也可以认养出入方便的企业专用路、企业冠名路、绿化经营路、爱心路等路段，完成多方位、多渠道出资、招募的目的。建立、完善管养体制，依法依规保护好路产路权，确保“四好农村路”的安全畅通。

6　结语

本文着重论述了农村公路在建设过程中因地制宜,采取合适的结构形式,利用冷再生等技术合理利用资源,达到节能降耗、低碳环保的目的。在管养阶段,摒弃传统的管养模式,以政府为主导,建立路长制,采取企业专用、企业冠名、绿化经营、爱心人士认领等多种模式管养,既减轻了政府财政的压力,又激发了企业、村民的主人公精神,达到了自己的路自己养的效果和目的。大数据监控系统的运用,大大节约了路巡工作量,真正做到了绿色低碳环保。

通过"美丽农村路"的建设,依托当地人文、地理和经济特色,以安全、绿化、美化、生态、旅游、文化为重点,确保建设一条、成功一条、影响一片、惠及一方为原则,实现良性循环。推进农村公路与区域经济、社会、文化的整体均衡与协调发展,与经济社会的深度融合、农村公路与生态美丽深度融合,形成"美丽公路 + "的发展新模式。让建设成果最大程度地惠及广大农村和农民,提升群众出行的幸福感和满意度,提升枣庄形象,助推乡村振兴战略的实施,让群众绿色出行,低碳生产,幸福生活。

参考文献

[1] 中华人民共和国交通运输部. 公路工程技术标准:JTG B01—2014[S]. 北京:人民交通出版社股份有限公司,2015.

[2] 中华人民共和国交通运输部. 小交通量农村公路工程技术标准:JTG 2111—2019[S]. 北京:人民交通出版社股份有限公司,2019.

g-C_3N_4 材料在汽车尾气自净化路面中的应用

杨昊迪*[1]　彭　波[1]　苟国涛[2]　赵武辉[3]

(1. 长安大学公路学院;2. 咸阳市交通运输局;3. 陕西省咸阳路桥工程公司)

摘　要　石墨相氮化碳 g-C_3N_4 作为光催化材料,用于自净化路面能因其较窄的禁带宽度而带来较高的光催化效率,同时 g-C_3N_4 低成本、易制备等优点能够节省经济成本和经济成本。但原生 g-C_3N_4 的利用率不高,本文通过研究对 g-C_3N_4 进行金属、非金属掺杂、构筑异质结、表面修饰提高孔隙率等改性方法,评价 g-C_3N_4 的改性效果以及其应用于自净化路面的性能。结果表明,经过改性的 g-C_3N_4 提升了光生载流子的分离效率、减缓了电子-空穴对的复合问题并增大了比表面积,提高了光催化效率和对尾气的接触吸附性能,故 g-C_3N_4 应用于自净化路面具有光明的应用前景和良好的开发潜力。

关键词　g-C_3N_4　自净化路面　光催化效率

0　引言

汽车尾气含有大量有毒有害气体,易引起各种疾病,同时还会加剧温室效应[1]。据公安部统计,2022 年,全国机动车排放氮氧化物 638 万 t,年内全国氮氧化物排放总量为 2404 万 t,汽车尾气排放的氮氧化物就占到了 1/4 还要多,代表汽车现已成为氮氧化物排放的重要源头,针对汽车尾气的净化变得愈发重要。

如今用太阳能进行光催化降解尾气是实现可持续发展的重要手段[2],自净化路面就是利用光催化反应应对汽车尾气的一项新兴的机外净化技术,自净化路面技术主要通过路面尾气净化技术与自清洁技术改善路面综合环境,路面尾气净化技术主要是应用可重复利用的催化材料至路表面以降低有害气体、重金属等的污染[3]。目前国内外的自净化路面主要使用的是光催化技术[4],通过将光催化材料与路面结合,在经过阳光的照射后对汽车尾气等有害气体的催化降解,实现路面的自净化。目前国内外的光催化材料主要是 TiO_2,但 TiO_2 禁带宽度较大,对光的吸收系数很小,从而导致催化效能不足。g-C_3N_4 作为近年进入视野的新型光催化材料,有原材料多、易制备、成本低、禁带宽度窄等优点,其较大的可吸收光谱范围使之成为越来越受到重视的光催化材料。但将 g-C_3N_4应用于路面处理尾气还未得到良好的推广,在此背景下,将 g-C_3N_4与自净化路面相结合有很好的应用前景和发展潜力。本文主要论述 g-C_3N_4应用于路面的光催化原理、改进方法及 g-C_3N_4与自净化路面结合的未来展望。

1 g-C_3N_4光催化材料概述

1.1 g-C3N4 的发展与结构

19 世纪 30 年代,Berzelius[5] 合成了 C 和 N 的第一个聚合衍生物。随后将这种高分子称为"melon"。Franklin[6] 在 1922 年通过类比碳酸体系脱水得到了 C_3N_4,这是第一次提出氮化碳这一名词。1996 年,Teter 和 Hemley 采用第一性原理对 C_3N_4计算,提出 C_3N_4具有 5 种结构:α 相、β 相、c 相、p 相及 g 相,其中前四种为超硬材料,而 g-C_3N_4是软质相,在常温常压下稳定且具有良好的禁带宽度,可作为光催化材料使用。2009 年,Wang、Domen 等人[7] 首次发现 g-C_3N_4在可见光的作用下,由于其合适的能带结构,能够将水分解并产生氢气。实验结果给后续 g-C_3N_4作为光催化材料的发展带来了巨大的参考价值。

g-C_3N_4在室温条件下有一定的模量。具有适当的禁带宽度(2.70 eV)和良好的稳定性,因此逐渐受到国际学者的关注和研究。一般情况下 g-C_3N_4有两种缩合结构,即三嗪环(C_3N_3)和 3-s-三嗪环(C_6N_7),如图 1 所示[8]。

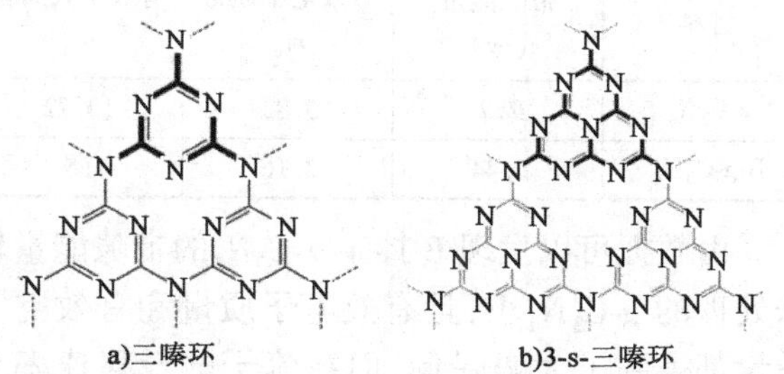

图 1 g-C_3N_4的三嗪和三-s-三嗪(七嗪)结构

德国科学家 Kroke 等人[9] 利用密度泛函理论实验得出 3-s-三嗪环结构更稳定,所以一般认为 3-s-三嗪环是 g-C_3N_4的基本结构单元。g-C_3N_4导带的最小值和价带的最大值是通过 C 原子和 N 原子轨道采用 sp^2杂化,形成高度离域的 π 电子共轭体系组成,其能量差称为禁带宽度,为 2.7 eV,导带为 -1.1 eV,价带为 +1.6 eV[10]。较窄的禁带宽度也是 g-C_3N_4能够作为光催化材料的基础条件。

1.2 g-C_3N_4 的光催化原理

g-C_3N_4的光催化反应的机理实际上指的是在各种光辐射的作用下,g-C_3N_4材料表面能够发生氧化还原反应将有害气体降解为小分子有机物、H_2O 和 CO_2等无害物质[11] 过程如图 2 所示。

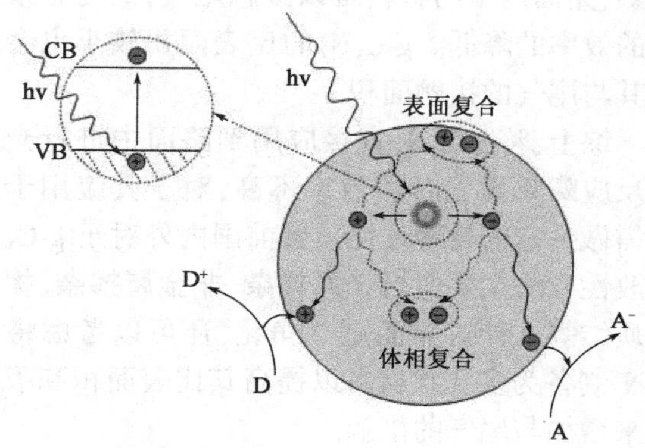

图 2 g-C_3N_4光催化原理图

g-C_3N_4应用于路面尾气净化时,g-C_3N_4光催化材料可以通过吸收光能并产生活性氧自由基,实现对尾气中 CO,HC 和 NO_X 等的降解和转化。用化学式表示 g-C_3N_4光催化反应的 4 个部分[12],步骤如下:

(1)g-C_3N_4生成光生电子-空穴载流子

$$g\text{-}C_3N_4 + hv \rightarrow e^- + h^+$$

(2)部分载流子复合

$$e^- + h^+ \rightarrow 热量$$

(3)产生氧化还原反应

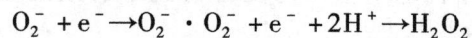

$$O_2^- + e^- \rightarrow O_2^- \cdot O_2^- + e^- + 2H^+ \rightarrow H_2O_2$$

$$H_2O_2 + e^- \rightarrow \cdot OH + OH^-$$

(4)污染气体被降解为盐类和水等物质

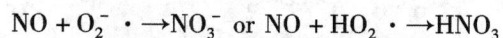

$$O_2^- \cdot + H^+ \rightarrow HO_2 \cdot$$

$$NO + O_2^- \cdot \rightarrow NO_3^- \text{ or } NO + HO_2 \cdot \rightarrow HNO_3$$

$$NO_3^- + NO + h^+ \rightarrow 2NO_2 \text{ or}$$

$$HNO_3 + NO + h^+ \rightarrow 2NO_2 + H^+$$

$$HNO_2 + h^+ \rightarrow NO_2 + h^+$$

$$NO_2 + H_2O + h^+ \rightarrow HNO_3 + H^+$$

$$NO_2 + H^+ + e^- \rightarrow HNO_2$$

1.3 g-C_3N_4材料存在的缺陷

尽管 g-C_3N_4的禁带宽度较窄,能够吸收光谱范围较大,但 g-C_3N_4的光催化活性在未经处理时效率较低,应用到自净化路面技术上并不理想[13]。主要包括光生载流子的分离效率较低、电子-空穴对的容易复合以及材料比表面积不大。

同时,目前光催化材料应用于路面多是以涂抹的方式结合,且尾气与催化材料之间存在一定距离,这就使得尾气与材料的接触不充分,正常的涂抹式结合也使尾气只能和路面表面的催化材料接触,路面内部的材料难以接触尾气,最终导致催化的效率的降低。$g\text{-}C_3N_4$的比表面积较小也会影响其与尾气的接触面积。

综上,将$g\text{-}C_3N_4$直接应用到路面中进行光催化反应降解尾气时的效率不高,对于其应用于路面需做一定的处理改性。目前国内外对于$g\text{-}C_3N_4$的改性方法主要包括金属掺杂、非金属掺杂、构筑异质结等。针对路面尾气净化,还可以考虑将$g\text{-}C_3N_4$制备为多孔状材料以提高其比表面积和吸附性来增加与尾气的接触。

2 $g\text{-}C_3N_4$的改性研究

2.1 金属掺杂

金属掺杂的元素主要包括Fe、Cu、Zn等。金属原子可以插入$g\text{-}C_3N_4$晶格的三角形隙腔中,使其成为光生电子-空穴对的捕获陷阱,延长电子与空穴的复合时间,还可以减少带隙并提供更多的反应活性位点,调节材料的能带结构和电子结构,增强光催化活性。NGUYEN等人将Fe掺杂至$g\text{-}C_3N_4$后测得改性后的$g\text{-}C_3N_4$的光催化反应活性位点增加且电子空穴对复合得到了有效延缓[14]。见图3。

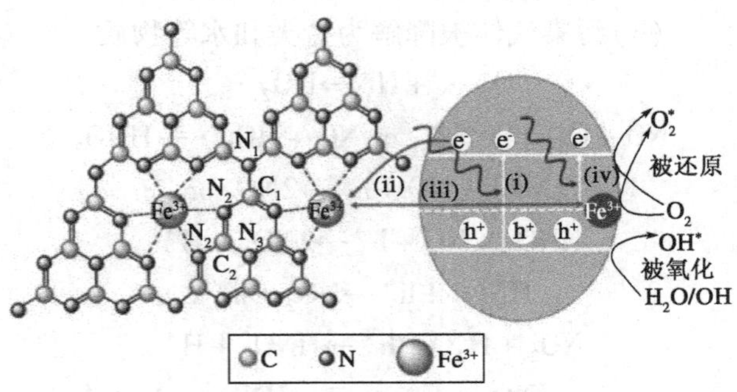

图3 $g\text{-}C_3N_4$掺杂Fe后光催化反应图

2.2 非金属掺杂

非金属元素掺杂的一大特点是可以保持$g\text{-}C_3N_4$的非金属特性。由于非金属具有一定的电离能和电负性,它们可以获得电子进而与其他化合物快速形成共价键。非金属的引入将打破$g\text{-}C_3N_4$的对称性,从而加快电子-空穴对的分离[15]。

通过加热使得材料受热转化为自由基,然后使自由基与目标材料进行聚合实现合成的方法称为热聚合法,是合成非金属掺杂$g\text{-}C_3N_4$的常用方法[16]。采用尿素和硼酸作为前驱体,热聚合法作为合成方法制备B掺杂$g\text{-}C_3N_4$,将0.05g硼酸加入100mL去离子水中,再加入10g尿素,先超声震荡30min,再搅拌30min。60℃下干燥24 h。将产物研磨后放入马弗炉中,以2℃/min的速率加热到400℃并保温4h。研磨最终产物记为0.05BCN。B-g-C3N4作为复合材料较为复杂,而密度泛函理论可以通过计算材料的电子结构和能带结构来预测其光吸收性、光催化性等,对材料各方面进行全面检测,故采用密度泛函理论对产物进行检测,测得B掺杂$g\text{-}C_3N_4$的禁带宽度由2.7ev变为2.44ev,同时通过下式[17]计算材料的载流子有效质量,见表1。

$$m=\frac{h}{2a}$$

式中:m——载流子有效质量;

h——约化普朗克常数;

a——带边能级曲线二次函数拟合后二次项的系数。

$g\text{-}C_3N_4$、$B\text{-}g\text{-}C_3N_4$参数对比表 表1

材料	带隙能量(ev)	有效电子质量 m_e	有效空穴质量 m_h
$g\text{-}C_3N_4$	2.7	5.82	10.72
$B\text{-}g\text{-}C_3N_4$	2.44	2.16	1.51

由数据可以发现B掺杂$g\text{-}C_3N_4$的带隙能量较未处理的$g\text{-}C_3N_4$小,且有效电子质量和有效空穴质量都得到了大幅降低,而载流子的迁移速率与其有效质量成反比,有效质量越小,载流子迁移速率越快。综上,B掺杂的$g\text{-}C_3N_4$光催化效率得到了提升。

Xue等人[18]通过水热处理成功地将O原子引入到$g\text{-}C_3N_4$中,制备了一种新型的O掺杂$g\text{-}C_3N_4$光催化剂。Huang等人[19]结合漫反射光谱和PL光谱,发现$g\text{-}C_3N_4$在O掺杂后,禁带宽度降低,可见光的响应增强。此外,实验测得$O\text{-}g\text{-}C_3N_4$光

催化反应下生成的 O_{2-} 是 g-C_3N_4 的 5 倍，更多的 O_{2-} 表明更快的催化降解效率。现一般认为 O 原子是较好的非金属掺杂元素之一，在提高 g-C_3N_4 的光催化性能方面有非凡的潜力。

2.3 构筑异质结

构筑异质结是一种通过将不同材料组合在一起形成界面结构的改性方法。最常见的构筑异质结有三种类型：TypeⅡ型、Z 型、S 型。大多数 g-C_3N_4 金属氧化物光催化剂表现出 II 型和 Z 型载流子分离机制。

在 II 型异质结中，两个半导体结合形成稳定的异质结，半导体 a 的价带的位置高于半导体 B。在这种情况下，由于电压的差异，导致空穴从半导体 B 的价带迁移到半导体 A 的价带，见图 4[20]。另一方面，电子从半导体 A 的导带转移到半导体 b 的导带，电子和空穴分离的增强将降低复合速率，提高电子的寿命。

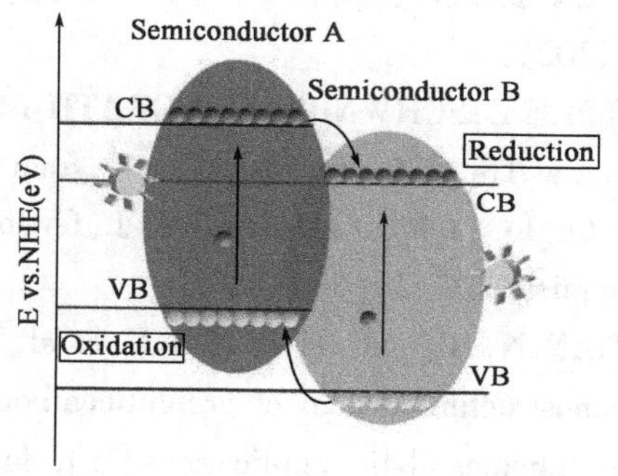

图 4 g-C_3N_4 的 II 型异质结

另一种异质结类型是 Bard 等人在 1995 年最初提出的 Z 型异质结[21]。在这种异质结型中，半导体 B 的导带上产生的电子转移到了半导体 A 的价带中，并与光产生的空穴结合在一起，见图 5[21]。这种光催化剂可以通过增加电子和空穴分离来减少复合，提高氧化还原能力。即使电子和空穴在这些异质结中结合并产生 hv，其他光生载流子也可以取代它们。

2.4 通过表面修饰提高 g-C_3N_4 孔隙率

表面修饰是一种改良材料表面性质和功能的方法，通过在材料表面引入其他物质或改变表面形貌，以提高材料的性能和适用性。针对 g-C_3N_4 应用于路面的一种新兴的技术是用表面修饰提高其孔隙率，孔隙率的提高意味着 g-C_3N_4 在净化尾气时表面能够吸收接触更多的尾气，且多孔构造还能提高其在净化过程中的效率和效果。Zhang 等人报道了一项类似的研究，用三聚氰胺预处理盐酸和醇一步法制备了酸化的 g-C_3N_4，他们发现酸化后的 g-C_3N_4 呈现出带状形态，由聚集的束组成，其中有许多空隙，比原始 g-C_3N_4 的表面体积比更高[22]。实验制备多孔 g-C_3N_4 进行检测：称取 3g 的氯化铵于埚中，再称取 3g 的三聚氰胺加入其中，充分研磨使其两者均匀混合。将粉末放置于管式炉中加热，以 2℃/min 升至 550℃，保温 3h，冷却后即可得到多孔混合 g-C_3N_4。观察未处理的 g-C_3N_4 以及多孔 g-C_3N_4 的微观形态如下图 6，可以明显发现多孔 g-C_3N_4 孔隙率、比表面积得到显著增加，这意味着其具有更大的尾气吸附能力。

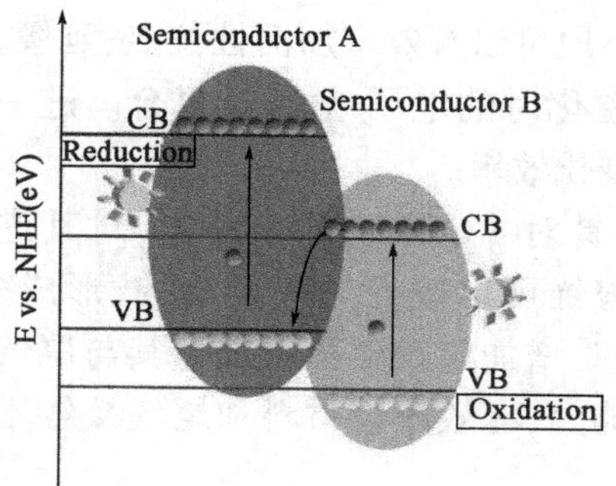

图 5 g-C_3N_4 的 z 型异质结

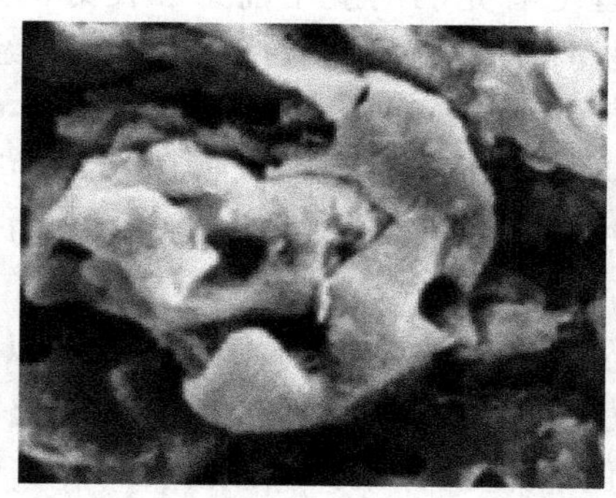

图 6 多孔 g-C_3N_4 微观形态

除了酸预处理外，还可以通过硫介导合成多孔 g-C_3N_4，见图 7[23]，其特点是可以控制 g-C_3N_4 结构形态，应用更加灵活。

3 结语

(1) g-C_3N_4 具有无毒环保，对环境友好、制备原材料方法简单、成本低，能够减少经济成本和时间成本。

(2) g-C_3N_4 有相比于 TiO_2 有更窄的禁带宽度。使其能够吸收的光谱范围更大，光催化效率更高。

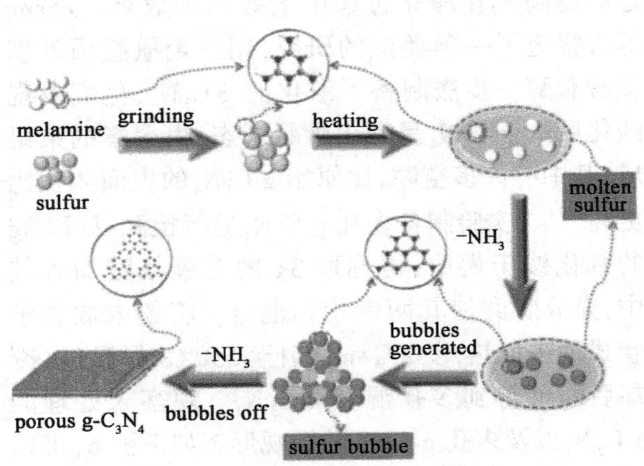

图7　通过硫泡模板介导的方法制备多孔 $g-C_3N_4$ 的示意图

(3)经元素掺杂、与其他材料结合构筑异质结等改性手段可以有效增加活性位点,延缓、隔绝 $g-C_3N_4$ 光催化时的电子-空穴对复合。进一步提高材料的催化效率。

(4)针对 $g-C_3N_4$ 应用于路面,对其进行特殊的表面修饰可以改变其外部结构,形成多孔、气凝胶形态,增加比表面积以提高其与尾气的接触和吸附能力,有效改善材料和尾气接触不充分的问题。

新型光催化剂 $g-C_3N_4$ 用于自净化路面在汽车尾气处理上有光明的应用前景和良好的发展潜力,能提高自净化路面的可持续发展性与经济性、汽车尾气处理材料多元性。目前研究对 $g-C_3N_4$ 进行改性以提高其光催化效率,总结了多种可行的改性方法,从多方面有效提升了 $g-C_3N_4$ 的光催化效率。

除了进一步深入探究 $g-C_3N_4$ 的改性以提高其光催化性能外,还应关注 $g-C_3N_4$ 应用于路面进行尾气净化的探究,深入探索如何提高 $g-C_3N_4$ 与尾气的接触吸附、$g-C_3N_4$ 如何掺加至路面,提高耐久性两大问题。

参考文献

[1] 王泽民.汽车尾气排放检测技术与治理措施分析[J].时代汽车,2023(11):7-9.

[2] WANG L, WANG K, HE T, et al. Graphitic car bon nitride-based pho-tocatalytic materials: preparation strategy and application[J]. ACS Sustainable Chemistry & Engineering, 2020, 8 (43): 16048-16085.

[3]《中国公路学报》编辑部.中国路面工程学术研究综述·2020[J].中国公路学报,2020,33(10):1-66. DOI:10.19721/j.cnki.1001-7372.2020.10.001.

[4] 裴建中,王彦淞,朱春东,等.汽车尾气路面净化材料研究进展与思考[J].中国公路学报,2019,32(4):92-104.

[5] LIEBIG. J. Uber einige Stickstoff-verbindungen [J]. Ann Pharm, 1834, 10: 1-47.

[6] FRANKLIN E C. The ammono carbonic acids [J]. Journal of the American Chemical Society, 1922, 44(3): 486-509.

[7] WANG X, MAEDA K, Thomas A, et al. Ametal-free polymeric photocatalyst for hydrogen production from water under visible light[J]. Nature Materials, 2009, 8(1): 76-80.

[8] 马紫璇. g-C_3N_4 纳米片的制备及其在纤维素气凝胶上的负载和应用[D].上海:东华大学,2021.

[9] KROKE E, SCHWNRZNM. HORATH-BORDON EL e al Trs -riaiedejwvtives. Par L. from trthortr-sriatie fo raphtricCAfstuctures J. fewJounal of Chemisty 202, 26(5): 508-51.

[10] TIAN N, HUANG H W, DU X, et al. Rational nanostructure design of graphiticcarbon nitride for photocatalytic applications[J]. Journal of Materials Chemistry A, 2019, 19: 11584-11612.

[11] 刘建军. g-C;Na 光催化材料异质结构、掺杂及纳米管结构的第一性原理研究[D].武汉:武汉理工大学,2017.

[12] 吴涛. g-C_3N_4 新型沥青路面材料的制备及光催化降解汽车尾气性能研究[D].重庆:重庆交通大学,2017.

[13] CAO X, YANG X, WU T, et al. g-C Na/TiO Photocata-lyst and Its Performance of NO Degradation in EmulsifiedAsphalt[J]. Journal of Materials inCivil Engineering, 2019, 31 (5): 04019031.

[14] NGUYEN V M, MAI O LT, PHAM D C, et al. Fe-doped g-CaNa: high-performance photocatalysts in Rhodamine B decomposition[J]. Polymers, 2020, 12(9): 1963.

[15] CJ MILLER, Y CHANG, C WEGEBERG, et al. Kinetic analysis of H-O2 activation byaniron(Ⅲ) complex in water reveals anonhomolytic generation pathway to aniron(Ⅳ)-oxo complex[J]. ACS Catal,2021,11:787-799.

[16] 王文霞,刘小丰,陈添,等.多孔 g-C,N,基光催化材料的制备及应用研究进展[J].化工进展,2022,41(1):300-309.

[17] 陈芳芳.B 掺杂 g-C3N4 单体及异质结的光催化机理研究[D].汉中:陕西理工大学,2023.

[18] XUE X L, CHEN X Y, ZHANG Z Y. Enhancement of redox capacity derived from O-doping of g18 C3N4/WO3 nanosheets for the photocatalytic degradation of tetracycline under different dissolved oxygen concentration[J]. Dalton Transactions,2022,51:1086-1098.

[19] HUANG J, NIE GC, DINC Y B. Metal-fre enhanced photocatalytic activation of dioygen by g-C N doped with abundant oxygen-containing-functional groups for selective N-deethylation of rhodamine B[J]. Catalysts, 2019, 10(1):6.

[20] AMIRHOSSEIN A, KHASHAYAR G. A comprehensive review of graphitic carbon nitride (g-C3N4)-metal oxide-based nanocomposites: potential for photocatalysis and sensing[J]. Nanomaterials,2022,12:294.

[21] BARD A J, FOX M A. Artificial photosynthesis: solar splitting of water to hydrogen and oxygen[J]. Ac Chem Res,195,28:141-145.

[22] ZHANG X S, HU J Y, JIANG H. Facile modification of a graphitic carbon nitride catalyst to improve its photoreactivity under visible light irradiation[J]. Chem Eng Journal,2014,256:230-237.

[23] WEE J O, LLING L T, YUN H N, et al. Siangpiao chai graphitic carbon nitride (g-C, N4)-based photocatalysts for artificial photosynthesi-sand environmental remediation: are we a step closer to achieving sustainability [J]. Chemical Review,2016,116:7159.

公路预防性养护及经济效益分析

赵家彬*[1,2,3] 张艳红[1,2,3] 仝鑫隆[1,2,3]

(1.中国公路工程咨询集团有限公司;2.公路建设与养护技术、材料及装备交通运输行业研发中心;3.中交集团公路路面养护技术研发中心)

摘 要 为节约资金,使路面长期保持良好的性能,本文通过对咸通高速公路和通界高速公路的运营情况进行调研总结,建立预防性养护对策库,并基于等效年度成本效益法和项目级综合评价法,确定了最佳预防养护对策;对中长期预防性养护方案进行分析对比,计算得到经济效益为预防性养护优于日常维护、小修以及待路面技术状况衰变至中修触发值时进行中修。

关键词 公路 预防性养护 EAC 项目级综合评判法 经济效益 残值分析

0 引言

随着我国公路建设规模的不断扩大,需要进行维修养护的公路数量也呈现逐年攀升之势[1]。对公路进行科学合理的养护,可以有效提升公路路面的技术状况,增强公路基础设施的服务能力,缩短重建周期,以达到最佳的路面使用效果[2-4]。

预防性养护的含义是指在路面结构强度尚且满足使用要求、仅存在轻微损伤前提下,恢复道路使用功能的路面养护措施[5-7]。相比于动辄大、中修的养护措施,预防性养护可延迟路面破裂,节省道路维修成本,具有很大的实用价值和经济效益[8-10]。

本文结合现场实际勘察结果,通过建立咸通高速公路和通界高速公路中长期预防性养护对策库,利用等效年度成本效益法及项目级综合评价法确定最佳预防养护对策;计算咸通、通界路段 2021—2026 年的养护总费用,并分析了预防性养护对比中、小修的经济效益优势。研究结果证明,实施预防性养护,可以节省经费、提高路面残值,使道路长期保持良好的使用性能。

1 项目概况

本项目研究的咸通高速公路及通界高速公路均位于湖北省咸宁市境内,高速公路规划时限为 2021—2026 年,规划范围为湖北省咸通、通界高速公路项目路基、路面、桥涵、交安设施、机电、监控、通信、绿化、房建、环保、四新技术及养护科研、养护信息化等。

咸通高速公路起于京港澳高速公路,向东跨过京广线、武广高铁、107 国道,至咸宁东互通与黄咸高速公路、武咸快速通道相接,折向南连接杭瑞高速公路、106 国道。途经咸宁市区、崇阳县、通山县,公路主线全长 49.31km,按双向四车道标准建设,设计时速 100km,设置咸宁西、张公、咸宁东、马桥、桂花、南林桥等 6 处立体交叉式互通,分离式立交 9 座。

通界高速公路(起讫桩号 K144 + 726 ~ K168 + 541)是指通城至界上(鄂湘界)高速公路,该线路起点位于杭瑞高速公路通城县境内,往南经通城大坪、石南、隽水、五里、马港五个乡镇,终点位于鄂湘界并连接湖南平汝高速公路〈平江至汝城〉平江境内段。通界高速公路作为武深高速的一部分,是武汉城市圈连通长株潭城市群和珠三角地区的重要通道,能有效缓解京港澳高速公路湖北省南段的交通压力。

项目采用 4 车道高速公路标准建设,项目主要路面结构为沥青路面,主要技术标准如表 1 所示。

主要技术标准一览表 表 1

指标名称	单位	数量	备注
技术等级	—	—	高速公路
设计速度	km/h	100	—
公路里程(咸通、通界)	km	73.12	—
路基宽度	m/车道	10.25/3	—

项目地区气候温和,降水充沛,日照充足,四季分明,无霜期长。冬季盛行偏北风,偏冷干燥;夏季盛行偏南风,高温多雨。

项目的咸通向 K18 + 600 ~ K36 + 756、通咸向 K26 + 000 ~ K36 + 756 以及通界全线双向 K144 + 726 ~ K168 + 541 区间为麻面路段,而所属地段雨水充沛、车流量大(尤其是货车),路面上的 1cm 宽度的小坑不计取数,更有裂缝、大坑槽等其他病害,而麻面的点状小坑不能被路检车检测出来,所以从检测数据上不能直观看到路面的潜在病害。这些小坑容易发展为大坑槽、裂缝等病害,对于路面使用性能造成很大影响,也对于通界路段的货车危害极大。

项目咸通路段运营时间 6 年,通界路段运营时间 5 年,随着营运年限的不断增长,管养难度也日益增加。

2 预防性养护措施分析

2.1 预防性养护对策库建立

当前国内沥青路面常用的预防性养护措施包括同步薄层罩面、稀浆封层、渗透型溶剂封层等多项技术措施[11]。预防性养护对策可治疗的道路病害类型包括横纵裂缝、车辙、路面不平、点蚀、疏松、油浸、沥青老化、抛光、防滑损失、渗水等轻、中度病害。由于一些预防性维修对策还可以处理具体的损坏严重程度,因此将损坏程度分为轻、中、重三类。根据《公路沥青路面预防养护技术规范》(JTG/T 5142-01—2021)[12]第 4.4 节对策选择中提供的各类预防养护技术特点,在充分考虑沥青路面常用预防性养护对策的性能和适用条件的基础上,建立预防性养护对策库,如表 2 所示。

沥青路面预防性养护对策库 表2

项目			参数	预防性养护对策										
				Ⅰ	Ⅱ	Ⅲ	Ⅳ	Ⅴ	Ⅵ	Ⅶ	Ⅷ	Ⅸ	Ⅹ	Ⅺ
AADT			<1000	◇	◇	◇	◇	◇	◇	◇	◇	◇	◇	◇
			1000~5000	◇	◇	◇	◇	◇	◇	◇	◇	◇	◇	◇
			>5000	◇		◇	◇		◇	◇	◇		◇	◇
路面主导损坏类型及程度	裂缝类	细小裂缝	—	◇	◇	◇	◇		◇	◇		◇	◇	
		纵向裂缝	轻	◇	◇	◇	◇	◇	◇	◇	◇			
			中	◇			◇		◇	◇	◇			
			重	◇						◇				
		横向裂缝	轻	◇	◇	◇	◇	◇	◇	◇	◇			
			中	◇			◇		◇	◇	◇			
			重	◇						◇				
		块状裂缝	轻	◇	◇		◇	◇	◇	◇	◇			
			中	◇			◇		◇	◇	◇			
			重	◇						◇				
		疲劳裂缝	轻						◇		◇			
			中						◇		◇			
			重											
	变形类	车辙	<5mm	◇	◇	◇	◇			◇				
			5~15mm	◇	◇	◇	◇			◇				
			15~25mm			◇	◇							
		不平整	轻	◇		◇	◇	◇	◇	◇				
			中											
			重											
	表面损坏类	唧浆坑槽	轻	◇	◇	◇	◇	◇	◇	◇		◇	◇	◇
			中	◇	◇	◇	◇			◇		◇		◇
			重	◇			◇			◇				◇
		老化	轻	◇	◇	◇	◇	◇	◇	◇		◇	◇	
			中	◇	◇	◇	◇	◇	◇	◇		◇		
			重	◇						◇				
		泛油	轻	◇		◇	◇	◇	◇	◇				
			中	◇			◇	◇	◇	◇				
			重	◇						◇				
		磨光	—	◇		◇	◇	◇	◇	◇				
		抗滑损失	—	◇	◇	◇	◇	◇	◇	◇				
		路面渗水	—	◇			◇		◇	◇		◇	◇	
		表面磨耗	—	◇			◇	◇	◇	◇				
	其他类	补丁	轻	◇		◇	◇	◇	◇	◇				◇
			中	◇						◇				◇
			重											◇

注：对策库中符号含义为Ⅰ-同步薄层罩面，Ⅱ-稀浆封层，Ⅲ-微表处，Ⅳ-同步纤维磨耗层，Ⅴ-复合封层，Ⅵ-纤维碎石封层，Ⅶ-薄热拌沥青混凝土罩面，Ⅷ-封缝或灌缝，Ⅸ-雾封层，Ⅹ-渗透型溶剂封层，Ⅺ-冷补料。

2.2 预防性养护对策库选取

在路面预防性养护方案中,确定行之有效的预防性养护对策是至关重要的环节之一。因此,在选择具体的预防性养护措施时,必须全面考虑路面病害的种类及其严重程度,通过综合评估路况并结合已有的养护技术和实践经验,初步确定了针对不同路段的个性化预防性养护措施。在选择预防防护对策时,应遵循以下原则,以保证预防防护措施的使用效果和技术优势:

(1)在技术层面上达到了所需的标准。预防性养护措施在技术应用方面展现出了更优的适配性,可灵活应对多样化的路况、交通流量以及公路坡度等复杂条件,不仅确保了技术要求的全面满足,更使得其预防性养护功能得以充分发挥,实现了路面性能的最大化提升。

(2)更经济。即既应该满足技术要求,同时成本最低的预防性维修措施,以提升公路养护效益。

(3)性能满足工程实际要求。为满足公路用户对预防性养护路段路面性能的具体要求,具体公路管理单位采取了一系列预防性养护措施,以确保路面养护质量和效果达到预期水平。

该项目设计行车时速为100km。基于对主路路面、桥面的划分,参考《公路沥青路面预防养护技术规范》(JTG/T 5142-01—2021)[12]中各类预防性养护措施的特点及养护对策库,选取针对本项目预防性养护对策库包括:封缝或灌缝、稀浆封层、碎石封层、同步薄层罩面、同步纤维磨耗层、渗透型溶剂封层以及微表处。

2.3 预防性养护对策确定

为确定本项目预防性养护对策,采用沥青路面预防性养护技术科技相关项目成果[13],在全面考虑预防性维修区段主要病害的前提下,运用等效成本效益分析法和项目级综合评价法分析本工程预防性维修区段的最优维修措施。

2.3.1 等效年度费用(EAC)效益法

预防性养护措施的经济效果是在一定条件下由所采取的预防维修技术措施对路面使用性能产生影响而体现出来的,即其经济性。由于原有的道路处理费用和所用的材料可能存在差异,因此这些措施的费用也会因路面情况而异。具体范围值如表3所示。

预防性养护措施使用寿命及单位费用范围

表3

序号	预防性养护对策	使用年限(年)	单位费用(元/m²)
1	同步薄层罩面	3~5	55~65
2	稀浆封层	2~4	18~22
3	微表处	2~4	23~33
4	碎石封层	2~4	13~20
5	复合封层	3~5	28~40
6	纤维碎石封层	2~4	25~38
7	灌缝或封缝	1~2	9~16
8	薄热拌沥青混凝土罩面	3~5	50~60
9	雾封层	1~2	8~14
10	渗透型溶剂封层	2~4	25~30
11	同步纤维磨耗层	3~5	39~45
12	冷补料修复坑槽技术	2~4	25~40

本项目EAC见表4,同步纤维磨耗层与微表处的EAC值相对较低,而预防性养护措施的经济性一般而言与EAC值成反比,故应优先考虑同步纤维磨耗层与微表处方案。

等效年度费用效益 表4

预防性养护措施	单位费用(元)	使用寿命(年)	EAC
同步薄层罩面	45~55	5	10
微表处	23~33	3	9.33
纤维碎石封层	25~38	3	10.47
封缝或灌缝	9~16	1	12.5
薄热拌沥青混凝土	50~60	4	13.75
同步纤维磨耗层	39~45	5	8.75

2.3.2 项目级综合评价法

项目级综合评价法是指对综合评判系数进行加权,综合评价系数K最大的为最佳对策方案。采用项目级综合评判法,对所有可行的预维护措施做进一步的分析,K值的计算公式为:

$$K=\sum_{j=1}^{n}C_{ij}W_j \tag{1}$$

式中:K——综合评判系数;

C_{ij}——第i种待选养护措施针对第j种影响因素的特征属性值;

W_j——第j种影响因素的权重系数;

n——影响因素的数目。

各影响因素常用预保护措施的特征属性得分

范围及推荐值如表 5 所示;其中,得分越高说明难度越小,效果越好;反之则表示效果越差。

预养性护措施的属性分值范围和推荐值

表 5

影响因素	稀浆封层	微表处	纤维碎石封层	同步薄层罩面	封缝或灌缝	纤维磨耗层	渗透溶剂封层
可获得的材料	3~5(4)	3~5(4)	2~4(4)	2~4(4)	3~5(4)	3~5(4)	4~5(4)
施工质量	3~5(4)	3~5(4)	1~4(4)	3~5(5)	3~5(4)	3~5(5)	4~5(4)
耐久性	1~3(2)	3~5(4)	2~5(5)	4~5(5)	1~2(2)	3~5(5)	4~5(5)
交通干扰	3~5(4)	4~5(4)	1~4(4)	1~5(5)	1~4(4)	1~3(3)	4~5(5)
舒适性	2~4(3)	3~5(5)	2~4(4)	4~5(4)	4~5(4)	4~5(5)	2~5(5)
抗滑性	3~5(4)	3~5(5)	4~5(5)	4~5(5)	1~2(2)	4~5(5)	1~5(5)
噪声	3~5(4)	2~5(5)	1~5(5)	4~5(5)	3~5(4)	3~5(5)	3~5(5)
美观	3~5(4)	3~5(5)	3~5(5)	4~5(5)	3~5(3)	4~5(5)	3~5(5)

最佳预维护措施对应的最大值为最佳预维护措施,各种维护对策 K 值计算结果如表 6 所示。

综合评判系数 K 值计算

表 6

影响因素	同步纤维磨耗层	微表处	权重
可获得的材料	4	4	0.1
施工质量	5	4	0.2
耐久性	5	4	0.2
交通干扰	3	4	0.1
行驶舒适性	5	5	0.2
抗滑性能	4	5	0.1
噪声	4	5	0.05
美观	5	5	0.05
K 值	4.55	4.4	—

根据以上结果以及咸通、通界高速公路现状和养护经费情况,在处理麻面路段,同步纤维磨耗层比微表处更加合适,在普通路段,微路面养护更为经济、适宜。

3 预防性养护效益分析

3.1 预防性养护与小修方案对比

咸通和通界高速公路在开展本项目之前,对于全线采用小修等处治方式进行病害专项处治,所花的小修费用约为 149 万元。

小修基本为点对点针对性维修,一条道路可能每年都需维修,长期下去不仅无法有效提高路面的使用性能,浪费人力财力,也影响路面的美观,行人易对该路段产生路面病害多、养护不用力、相关部门关注不够的印象[14-15]。

采用预防性养护措施可节省大量的日常小修费用,项目节省费用比例如图 1 所示。由图 1 可知,开展预防性养护,可以有效地降低日常小修费用,并多年的保持路面的使用性能,也会使路面的外观更加美观。

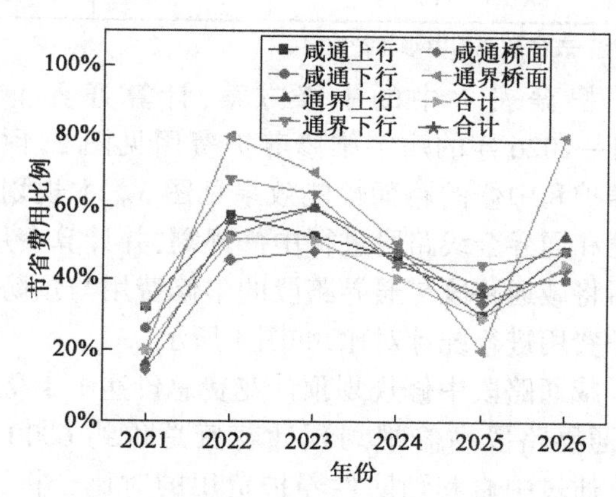

图 1 预防性养护节省费用比例

3.2 预防性养护与中修方案对比

为了验证预防性养护的意义,项目对通界高速公路上行进行规划,不采用预防性养护措施,只根据路况衰变,采取中修方案,如表 7 所示。

通界高速公路上行中修方案 表7

桩号区间	2021	2022	2023	2024	2025	2026
K144～K145				◇		
K145～K146						◇
K146～K147				◇		
K147～K148					◇	
K148～K149					◇	
K149～K150				◇		
K150～K151				◇		
K151～K152						◇
K152～K153						◇
K153～K154			◇			
K154～K155				◇		
K155～K156			◇			
K156～K157						◇
K157～K158				◇		
K158～K159	◇					
K159～K160			◇			
K160～K161				◇		
K161～K162						
K162～K163		◇				
K163～K164				◇		
K164～K165						◇
K165～K166						◇
K166～K167			◇			
K167～K168					◇	
K168～K169			◇			

注：表中的◇为中修养护方案。

根据表7中的中修方案，计算通界上行2021—2026年的病害维修养护费用见图2，预防性养护和中修的路面性能效果见图3。本规划将咸通和通界全线路段进行中修规划，并计算费用，然后将咸通路段与通界路段的中修费用与预防性养护费用进行统计对比，如图4所示。

咸通路段中修规划预计花费总价达1.1亿余元，通界路段中修规划预计花费总价约6000万元。通过中修和预防性养护费用的对比分析，发现若只进行日常养护和小修，待路面技术状况衰变至中修触发值时进行中修养护，那么咸通路段所需中修费用是预防性养护费用的5倍，通界路段处所需的中修费用是其预防性养护费用的3倍。

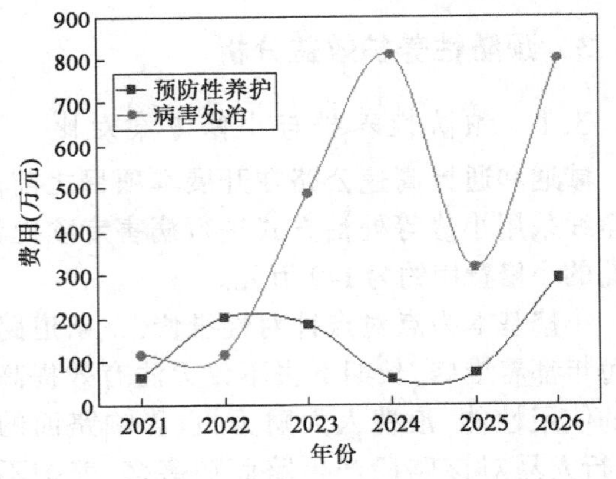

图2 预防性养护与中修费用对比

当路面技术状况衰变至中修触发值时，路面性能已大大降低[16-18]，并且，咸通部分路段以及通界全线为麻面路段，严重影响了路面技术状况的检测,危害正在形成,而优良浮于表面。因此,咸通和统计高速公路亟须进行预防性养护实施,不仅能有效地提高路面使用性能,而且可以节省大量的费用。

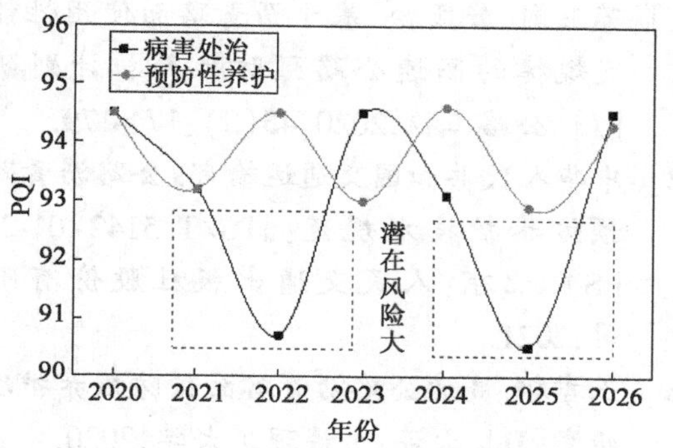

图3 路面性能效果

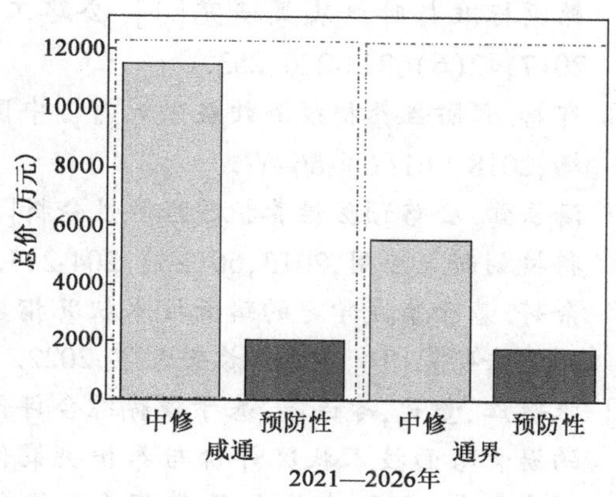

图4 咸通、通界高速公路预防性养护与中修费用对比

3.3 残值分析

为了深入比较两种方案的优劣,本次估算将对各种养护的效果通过路面损坏指数(PCI)及国际平整度指数 IRI 来衡量。结合《公路沥青路面养护技术规范》(JTG 5142—2019)[19]与历年 PCI/IRI 路况指标,可以算得到各年度衰变方程。从基准年开始衰变,衰变到 PCI 的最低可接受水平,便可得出该养护措施的预期使用寿命[20],残值计算公式为:

$$SV = \left(1 - \frac{L_A}{L_B}\right) \times C_x \quad (2)$$

式中:SV——路面残值;

L_A——最后一次改建的施工年份到寿命周期末的年数;

L_B——该改建措施的预期使用寿命;

C_x——该项改建措施的修建费用。

利用上式对具有代表性的通界高速上行路段分别计算其采用预防性养护和传统养护后的两种路面残值,结果如图5所示。

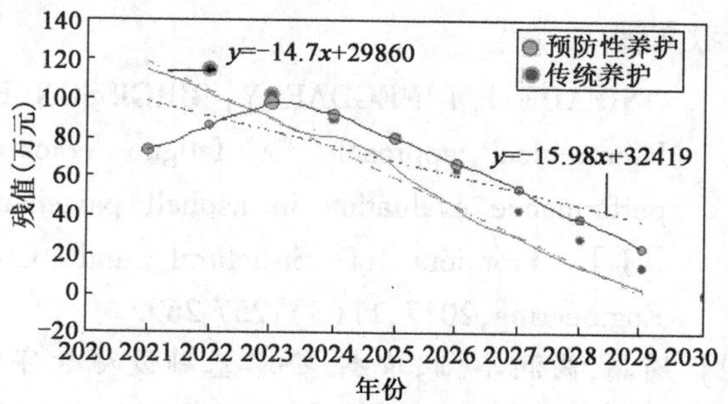

图5 预防性养护与传统养护后路面残值比较

由图5可知,采用预防性养护方案,通界高速公路上行路段路面残值呈先升后降的趋势,2023年的残值最高;采用传统养护方案,通界高速公路上行路段残值虽然在前两年高于预防性养护方案的残值,但其残值在规划中一直处于下降趋势,并从2023年开始低于预防性养护方案。由此可见,在规划期内,通界高速公路上行路段采用预防性养护基本可保持各年度的路面残值优于传统养护方案。

4 结语

(1)采用预防性养护可以有效地提高路面使用性能和外观,如果等到路面衰减到病害处治界限,那么路面的危害已经形成,危险的发生则不可预计和控制,这不符合国家的发展战略,也不符合人文的发展方向。

(2)同步纤维磨耗层的 EAC 值为 8.75,微表处的 EAC 值为 9.33,二者具有相对较低的 EAC 值;同步纤维磨耗层与微表处的综合评判系数 K 分别为 4.55 和 4.4;在处理麻面路段,同步纤维磨耗层比微表处更加合适,在正常路段,微表处养护更经济适用。

(3)若不采用预防性养护方法,只对道路进行日常养护和小修,待路面技术状况衰变至中修触发值时,再进行中修,那么咸通路段中修规划预计花费总价达 1.1 亿余元,为其预防性养护费用的 5 倍;通界路段中修规划预计花费总价约 6000 万元,为其预防性养护费用的 3 倍。

(4)通界高速上行路段预防性养护残值在实施的前两年低于中修残值,但在 2022 后,预防性养护的路面残值将一直高于中修后的路面残值,实现较为长期的效益,因此建议实施预防性养护,

不仅可以节省经费,也可以提高路面残值,使道路长期保持良好的使用性能。

参考文献

[1] ONIFADE I, DINEGDAE Y, BIRGISSON B. Hierarchical approach for fatigue cracking performance evaluation in asphalt pavements [J]. Frontiers of Structural and Civil Engineering,2017,11(3):257-269.

[2] 周晶,呙润华,耿靖杰.公路基础设施数字化管养平台建设研究[J].公路,2023,68(2):321-326.

[3] 肖红刚.公路工程建筑施工与技术养护探索[J].建筑结构,2023,53(1):142.

[4] 刘富勤,秦雅淇,邹伟鹏,等.基于全寿命周期的国道养护综合效益分析[J].公路,2023,68(5):336-345.

[5] 张春安,田智鹏.基于高等级公路沥青路面的预防性养护决策研究[J].公路工程,2019,44(6):77-80,85.

[6] 谭文英,林翔,潘小康.普通干线公路沥青路面预防性养护措施使用效果研究[J].公路,2018,63(3):243-246.

[7] 王向峰,雍黎明.公路沥青路面预防性养护路况标准与时机决策研究[J].公路工程,2017,42(6):223-226,253.

[8] 孙广俊,焦阳,吴炳延,等.基于技术状况的混凝土公路桥梁周期性预防性养护策略研究[J].南京工业大学学报(自然科学版),2022,44(1):82-91.

[9] 韩博,迟凤霞,王洋洋,等.浙江省普通干线公路预防性养护技术应用效果分析与技术比选[J].公路,2021,66(4):327-333.

[10] 黄学林,王观虎,龙小勇,等.机场道面预防性养护评价指标综合改进灰色预测模型[J].铁道科学与工程学报,2021,18(12):3228-3238.

[11] 苏卫国,戴民松.基于沥青路面使用性能衰变规律的高速公路预防性养护计划研究[J].公路工程,2020,45(5):174-179.

[12] 中华人民共和国交通运输部.公路沥青路面预防养护技术规范:JTG/T 5142-01-2021[S].北京:人民交通出版社股份有限公司,2021.

[13] 王孝雄.高速公路沥青路面预防性养护决策研究[D].大连:大连理工大学,2020.

[14] 王向峰,雍黎明.公路沥青路面预防性养护路况标准与时机决策研究[J].公路工程,2017,42(6):223-226,253.

[15] 郑娜.预防性养护经济效益分析[J].中国市场,2018,961(6):66-67.

[16] 汤岳莺.公路预防性养护的经济性分析[J].科技创新与应用,2013,66(26):204-205.

[17] 余婷.基于集成学习的路面技术状况指数预测方法研究[D].西安:长安大学,2022.

[18] 张敏江,董是,冷连志.基于模糊综合评价法的沥青路面技术状况评价与养护决策体系研究[J].沈阳建筑大学学报(自然科学版),2015,31(1):87-94.

[19] 中华人民共和国交通运输部.公路沥青路面养护技术规范:JTG 5142—2019[S].北京:人民交通出版社股份有限公司,2019.

[20] 董元帅,周绪利,侯芸,等.基于寿命周期的沥青路面预养护时机决策优化[J].公路,2020,65(4):325-331.

基于多因素对微生物固化风积沙强度特性影响研究

黄荣松* 樊 林 侯天琪 郑天赞

(长安大学公路学院)

摘 要 为解决沙漠地区防沙固沙等问题,本文采用三种不同因素对微生物固化风积沙强度特性影响进行研究。三种因素分别是胶结液滴注速率、胶结液浓度和菌液与胶结液滴注轮数,其中胶结液滴注速率采用三种,分别是1.5mL/min、2.5mL/min、3.5mL/min;胶结液浓度采用三种:1mol/L、1.5mol/L、2mol/L;菌液与胶结液滴注轮数也采用三种:4轮、6轮、8轮。采用上述变量对风积沙进行微生物固化的室内试验,通过对不同固化试样开展无侧限抗压强度,分析得出三种因素对固化风积沙强度效果影响以及上述因素中最优的固化方案。结果表明:胶结液滴注速率为2.5mL/min,胶结液浓度为2mol/L,菌液与胶结液滴注轮数为8轮时的试样无侧限抗压强度最高,达到了1604.5348kPa。研究结果为干旱沙漠区的防沙固沙工程提供参考。

关键词 微生物固化 风积沙 无侧限抗压强度

0 引言

沙漠化涵盖了全球陆地面积的25%,影响了近25亿人口。根据我国第五次土地荒漠化和沙化监测结果,全国沙漠化土地面积为172.12万km^2,是世界上沙漠化问题最严重的国家之一[1]。因此,土地荒漠化问题亟须防治。在环境友好型发展的要求日益提高的情况下,工程建设中的绿色环保问题变得越来越重要。在众多新型施工技术的研究中,微生物诱导碳酸钙沉淀(MICP)引起了广泛关注。近年来,微生物诱导碳酸钙沉积(MICP)已成为一种新型环保的土体改良技术,其特点包括反应机理简单、过程可控、环境友好等[2]。该技术利用自然界存在的产脲酶菌,分解尿素后产生碳酸钙离子,并使环境pH升高。在碱性环境中,碳酸根离子与钙离子结合生成碳酸钙,从而胶结并填充材料的颗粒和孔隙[3]。MICP作为一种创新性交叉应用,可为解决沙漠区防沙固沙问题提供新思路。

目前有大量文献研究了该技术应用于土体固化改良的实践[4-5],但是对于原状风积沙中的应用研究较少。李驰等[6]利用EICP微生物矿化技术改良分散性土,通过针孔、双密度计和碎块试验,评估了微生物矿化前后土壤的抗分散能力,结果显示,经过微生物矿化改良后的土样抗分散能力显著增强,特别是使用脲酶溶液制备的微生物改性剂。王绪民等[7]利用微生物诱导碳酸钙沉淀(MICP)技术处理泥岩样品,研究了颗粒粒径、制备方式和MICP处理方式对碳酸钙沉淀物的影响,并探讨了MICP方法治理泥岩稳定性的可行性。除此之外,为了增强MICP技术在土体固化中的效果,一些学者针对影响MICP固化效果的胶结液浓度[8-9]、温度[10-11]、pH值[12-13]等相关因素也进行了研究。基于上述研究,本文通过三种不同影响因素对微生物固化原状风积沙强度特性进行研究,以期为沙漠地区的治理与应用提供参考。

1 试验材料与方法

1.1 试验材料

1.1.1 风积沙

本试验采用的风积沙取自于新疆古尔班通古特沙漠,此沙样的颗粒级配如图1所示。

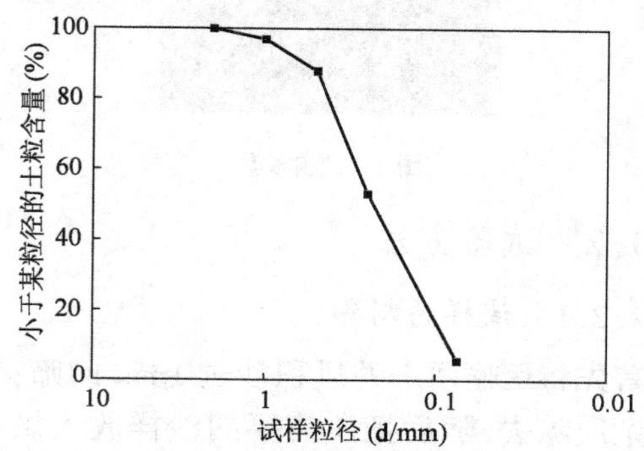

图1 风积沙颗粒级配曲线

1.1.2 菌液

本试验选取的细菌为巴氏芽孢杆菌(Sporosarcina pasteurii),菌种编号:ATCC11859。本次试验将课题组已激活的菌种进行扩大培养,扩大培养液成分如表1所示。将按表中成分配置好的扩大培养液放入高压灭菌锅进行灭菌处理,温度设置为121℃,时间为30min。灭菌完成并冷却后将菌种接入扩大培养液中,随后放入恒温振荡器,时间设置为36h,温度设置为30℃,转速设置为180r/min。

扩大培养液成分表 表1

酵母浸粉	硫酸铵	氢氧化钠
20g/L	10g/L	2g/L

1.1.3 胶结液

本试验所选取的胶结液材料为尿素和氯化钙,配置的胶结液为尿素和氯化钙混合溶液,浓度设置三种,分别为1mol/L、1.5mol/L、2mol/L,混合溶液中两种的摩尔比为1∶1。

1.1.4　试验模具

本试验所用模具为有亚克力板制成的带有底座和帽盖的圆柱筒。模具内径为50mm,高度为100mm,圆柱筒下方为带有小孔的底座,可以便于灌浆时液体的流出,上方为带有注浆孔的帽盖,可以与注浆管连接。圆柱筒采用对半开制作,如图2所示,方便试样固化后的拆模取出。

图2　试验模具

1.2　试验方法

1.2.1　试样的制备

首先将运输回来的风积沙过1mm的筛,把其中的杂质除去,随后把所需要的沙样放入烘箱进行烘干处理。将准备好的模具内壁涂抹凡士林,底部垫一层保鲜膜,靠近内部的保鲜膜一侧也涂抹凡士林,这样可以使固化后的试样更容易从模具中取出,上述工作完成后将模具放入击实器中待用。称取一定量的沙样和清水,将沙样与清水充分搅拌,随后把拌合完成的沙样分5层进行压实。

1.2.2　固化方案

本次试验共设置27种不同类型的试样(表2),每组试样制作三个平行样,试验变量主要有三种,分别是胶结液滴注速率、胶结液浓度和菌液与胶结液滴注轮数,胶结液滴注速率设置三种类型,分别是1.5mL/min、2.5mL/min、3.5mL/min;胶结液浓度设置三种类型分别为1mol/L、1.5mol/L、2mol/L;菌液与胶结液滴注轮数也分三种不同类型:4轮、6轮、8轮(先将菌液用蠕动泵按1mL/min的速率注入试样中,隔3h后进行胶结液的滴注,滴注速率按设置的类型进行,此为一轮结束,隔12h后可进行下一轮滴注,菌液与胶结液的注射量均为1.2V_v)。试验时,支座上需放置一层1mm厚的土工布以防止砂从模具中流出,试样上方同样放置一层土工布以防止注浆时对砂样造成冲刷,同时可以使注入的液体在试样中分布均匀。试样固化如图3所示。

试样固化类型　　表2

胶结液滴注速率(mL/min)	胶结液浓度(mol/L)	菌液与胶结液滴注轮数
1.5	1	4、6、8
1.5	1.5	4、6、8
1.5	2	4、6、8
2.5	1	4、6、8
2.5	1.5	4、6、8
2.5	2	4、6、8
3.5	1	4、6、8
3.5	1.5	4、6、8
3.5	2	4、6、8

图3　试样固化

1.2.3　无侧限抗压强度试验

对于完成养护并烘干的试样,进行无侧限抗压强度试验。如果试样两端不平整,可使用锉刀等工具修整,以防止受压过程中的偏应力影响。使用万能试验机进行无侧限抗压强度试验,应变速率设定为1mm/min,根据极限荷载计算试样的无侧限抗压强度。每组进行三个平行试样,取其平均强度作为该组类型的无侧限抗压强度。

2　试验结果与分析

2.1　胶结液滴注速率对无侧限抗压强度影响

不同胶结液滴注速率处理后的试样无侧限抗压强度对比曲线如图4所示,从图中看出,胶结液滴注速率为2.5mL/min时试样的无侧限抗压强度最高，此时试样的无侧限抗压强度在800～1600kPa之间；胶结液滴注速率为1.5mL/min时试样的无侧限抗压强度居中，此时试样的无侧限抗压强度在750～1500kPa之间；胶结液滴注速率为3.5mL/min时试样的无侧限抗压强度最低，此时试样的无侧限抗压强度在700～1300kPa之间。胶结液滴注速率为2.5mL/min时的平均无侧限抗压强度相较于1.5mL/min时提升了约9%，而相较于3.5mL/min时提升了约17%，由此看出胶结液滴注速率对固化试样的无侧限抗压强度具有一定的影响。

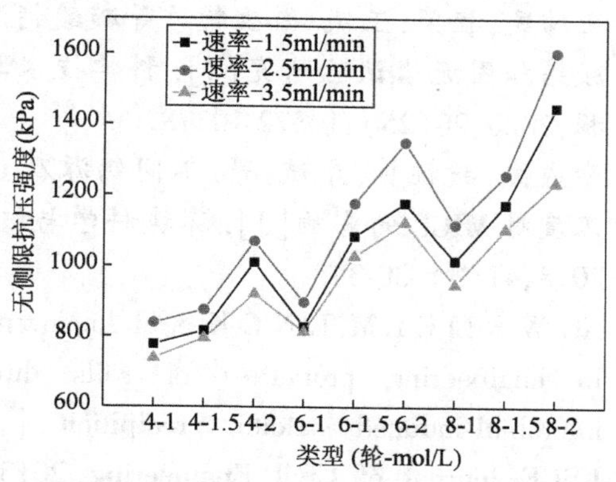

图4 胶结液滴注速率对无侧限抗压强度影响

2.2 胶结液浓度对无侧限抗压强度影响

不同胶结液浓度处理后的试样无侧限抗压强度对比曲线如图5所示。由图中可以看出，胶结液浓度为2mol/L时试样的无侧限抗压强度最高，此时试样的无侧限抗压强度在900～1600kPa之间；胶结液浓度为1.5mol/L时试样的无侧限抗压强度居中，此时试样的无侧限抗压强度在800～1300kPa之间；胶结液浓度为1mol/L时试样的无侧限抗压强度最低，此时试样的无侧限抗压强度在700～1200kPa之间。胶结液浓度为2mol/L时的平均无侧限抗压强度相较于1.5mol/L时提升了近18%，而相较于1mol/L时提升了37%，由此看出胶结液浓度对固化试样的无侧限抗压强度影响非常明显。

2.3 菌液与胶结液滴注轮数对无侧限抗压强度影响

不同菌液与胶结液滴注轮数处理后的试样无侧限抗压强度对比曲线如图6所示，由图中可知，菌液与胶结液滴注轮数为8轮时试样的无侧限抗压强度最高，此时试样的无侧限抗压强度在950～1600kPa之间；菌液与胶结液滴注轮数为6轮时试样的无侧限抗压强度居中，此时试样的无侧限抗压强度在800～1200kPa之间；菌液与胶结液滴注轮数为4轮时试样的无侧限抗压强度最低，此时试样的无侧限抗压强度在700～1100kPa之间。菌液与胶结液滴注轮数为8轮时的平均无侧限抗压强度相较于6轮时提升了约15%，而相较于4轮时提升了39%，由此看出菌液与胶结液滴注轮数对固化试样的无侧限抗压强度影响亦非常明显。

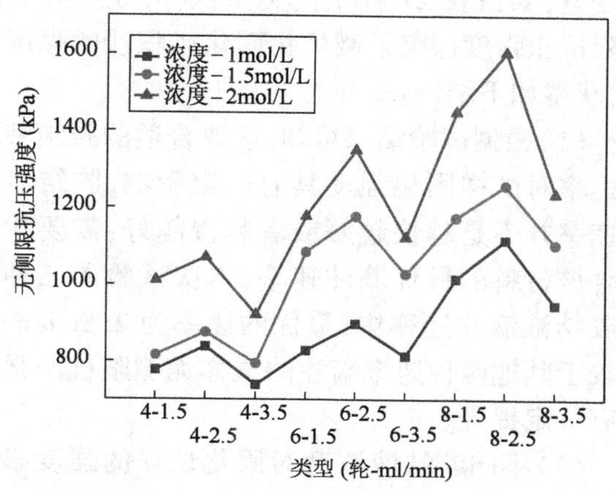

图5 胶结液浓度对无侧限抗压强度影响

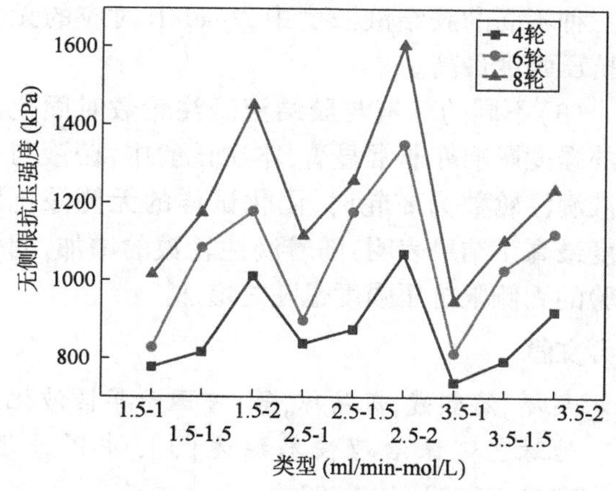

图6 菌液与胶结液滴注轮数对无侧限抗压强度影响

2.4 小结

综上所述，在1.5ml/min、2.5ml/min、3.5ml/min三种不同的胶结液滴注速率中，胶结液滴注速率为2.5ml/min时所对应的无侧限抗压强度最高；1mol/L、1.5mol/L、2mol/L这三种不同的胶结液浓度所对应的无侧限抗压强度依次递增，即胶结液浓度为2mol/L时最优；而三种不同的菌液与胶结液滴注轮数对应的无侧限抗压强度亦是依次递增,三种菌液与胶结液滴注轮数中8轮最优。因此,这27种类型的固化试样中,胶结液滴注速率为2.5ml/min,胶结液浓度为2mol/L,菌液与胶结液滴注轮数为8轮时的试样无侧限抗压强度最高,达到了1604.5348kPa。

3 结语

本文通过微生物固化技术对取自古尔班通古特地区的原状风积沙进行室内试验,控制胶结液滴注速率、胶结液浓度、菌液与胶结液滴注轮数三种变量,共设置27种不同类型试样,通过开展无侧限抗压强度探究了微生物固化风积沙的强度特性,获得如下结论:

(1)根据试验结果可知,选取合适的胶结液滴注速率对试样固化强度具有一定影响,胶结液滴注速率并不是越快越好或者越慢越好,需要找到适合该材料的最优滴注速率,本次试验的三种不同胶结液滴注速率中,最优的速率为2.5ml/min,相较于其他两种速率滴注的试样无侧限抗压强度均有一定提升。

(2)不同胶结液浓度对固化试样的强度影响非常显著,本次试验中,胶结液浓度与无侧限抗压强度成正相关关系,即1mol/L、1.5mol/L、2mol/L这三种不同的胶结液浓度中,2mol/L对应的无侧限抗压强度最高。

(3)不同的菌液与胶结液滴注轮数对固化试样的强度影响亦非常显著,本次试验中,菌液与胶结液滴注轮数为8轮时,固化试样的无侧限抗压强度最高。结果表明:随着滴注轮数的增加,固化试验的无侧限抗压强度也随之增加。

参考文献

[1] 赵洋,潘颜霞,苏洁琼,等.中国干旱区沙化土地绿色环保治理技术综述[J].中国沙漠,2021,41(1):195-202.

[2] 尹黎阳,唐朝生,谢约翰,等.微生物矿化作用改善岩土材料性能的影响因素[J].岩土力学,2019,40(7):2525-2546.

[3] 张茜,叶为民,刘樟荣,等.基于生物诱导碳酸钙沉淀的土体固化研究进展[J].岩土力学,2022,43(2):1-13.

[4] 骆晓伟.基于微生物诱导碳酸钙沉淀技术(MICP)的砂土固化试验研究[D].南京:南京大学,2021.

[5] 赵志峰,孔繁浩.土体环境对微生物诱导碳酸钙沉积加固海相粉土的影响研究[J].防灾减灾工程学报,2018,38(4):608-614,692.

[6] 李驰,史冠宇,武慧敏,等.基于脲酶诱导碳酸钙沉积的微生物矿化技术在分散性土改良中应用的试验研究[J].岩土力学,2021,42(2):333-342.

[7] 王绪民,崔芮,王铖.微生物诱导碳酸钙沉淀胶结加固泥岩试验研究[J].科学技术与工程,2020,20(25):10372-10378.

[8] 李成杰,魏桃员,季斌,等.不同钙源及Ca^{2+}浓度对MICP的影响[J].环境科学与技术,2018,41(3):30-34.

[9] NG W S,LEE L M,TAN C K,et al. Improvements in engineering properties of soils through microbial-induced calcite precipition [J]. KSCE Journal of Civil Engineering, 2013, 17(4):718-728.

[10] 张银峰,万晓红,李娜,等.微生物加固黏土的影响因素与机理分析[J].中国水利水电科学研究院学报,2021,19(2):246-254.

[11] SUN X H,MIAO L C,TONG T Z,et al. Study of the effect of temperature on microbially induced carbonate precipitation [J]. Acta Geotechnica,2019,14(3):627-638.

[12] CHENG L SHAHIN M A CHU J. Soil bio-cementation using a new one-phase low-pH injection method[J]. Acta Geotechnica,2019,14(3):615-626.

[13] ORAL C M,ERCAN B. Influence of pH on morphology, size and polymorph of room temperature synthesized calcium carbonate particles[J]. Powder Technology, 2018, 339:781-788.

内蒙古自治区绿色公路评价体系研究

杨 易*1,3 哈吾儿2 张玉琨3 王拥己3

(1. 长安大学公路学院;2. 中央民族大学理学院;3. 阿拉善盟交通运输工程质量和农村公路服务中心)

摘 要 为把内蒙古自治区建设成为我国北方重要生态安全屏障,推进综合交通统筹融合发展和高质量发展,建成安全、便捷、高效、绿色、经济、包容、韧性的可持续交通体系。本文通过深入分析内蒙古自治区公路建设的发展现状和绿色公路发展内涵,结合可持续发展理论,综合系统论和全寿命周期理论,建立了内蒙古自治区绿色公路评价理论基础。提出了基于 AHP 层次分析法的评价体系构建方法,建立了包含绿色理念、生态环保、资源节约、品质建设、服务提升 5 项一级指标,23 项二级指标在内的内蒙古自治区绿色公路评价指标体系;计算了评价指标权重,给出了评价指标的定量计算方法,构建了灰色聚类模糊综合评价模型;运用建立的评价指标体系和评价计算模型对内蒙古首个绿色公路建设典型示范工程经乌高速公路进行了评价,根据评价结果提出了改进建议。本文提出的内蒙古自治区绿色公路指标体系和评价模型,对内蒙古自治区绿色公路发展和实际工程应用具有指导意义。

关键词 公路 绿色 评价 层次分析 灰色聚类

0 引言

随着我国基础设施建设从高速发展转向高质量发展,“绿色、可持续”的思想逐渐深入人心,在全国范围内发展绿色公路已成为必然趋势,是实现国家“碳达峰、碳中和”目标的重要手段[1-5]。

内蒙古拥有森林、草原、湿地、湖泊、沙漠、戈壁、山地和河谷等多种不同地形环境,负责多样的生态环境对绿色公路的实施提出了很高的要求。而建立一套科学、合理、完善的绿色公路评价体系是实施绿色公路战略的前提。

国外许多专家学者对于绿色公路评价开展了大量的研究。华盛顿大学[6]在 2010 年提出了基础设施可持续发展性评价系统 INVEST,该评价系统从社会组织、经济创新、环境资源三个方面定义了公路可持续的特点,并且提出了“三底线”原则,明确了绿色公路发展的最低要求。Bruno Santo[7]等从公路的规划入手,以低碳节能、资源节约、环境友好为目标,建立了绿色公路评估体系。

国内学者专家也针对这一问题得出了大量的研究成果。汤云[8]在 2015 年基于 DPSIP 模型,对绿色公路的运输属性进行了系统分析,建立了评价模型,同时指出低碳运输是绿色公路的本质任务之一。张正一[9]等在 2018 年在系统总结国内外绿色公路实施情况下,提出了打分制的绿色公路评估技术,得到了较大的推广。刘博洋[10]在 2018 年,针对荒漠化地区高速公路,通过分析其施工组织设计,用 AHP 法和熵权法相结合计算评价指标权重,运用模糊可拓法测算并评价其绿色度等级。余杭[11]在 2019 年,结合江西省的实际情况,利用模糊评价法构建了江西省绿色公路评价体系。李邦武[12],杨梦柔等[13]在 2020 年针对海南省国际旅游岛的定位,提出了适用于海南省的绿色公路施工阶段评价指标体系。席欧[14],李强明[15]等在 2021 年,在行业标准的基础上,根据江苏省的实际情况,对现有评价体系提出了增改意见,建立了适用于江苏省的绿色公路评价体系。

从已有研究成果来看,我国绿色公路评价尚处于起步阶段,统一的全国性的评价标准尚未建立。我国幅员辽阔,地区间差异较大,现有研究存在明显的分区域、分类型、分阶段现象。现有研究大多是针对公路的某一阶段特别是施工阶段对其绿色度进行评价,对绿色公路在全寿命周期内的评价研究略显不足。由于东部地区的经济较发达、科研基础较好,现有研究对象主要集中为东南沿海地区。对于内蒙古自治区,其社会经济、自然资源、生态环境等特点与东南沿海区别较大,不能简单照搬现有研究成果。因此,本文将通过分析内蒙古自治区绿色公路内涵,建立一套适用于内蒙古自治区的绿色公路评价体系,为内蒙古自治区绿色公路实施提供理论依据与技术支撑。

1 绿色公路内涵

1.1 绿色公路理论依据

绿色公路的发展与人类社会的进步基本一致,对于绿色公路发展,其理论依据主要有以下几个:

(1)可持续发展理论

可持续发展理论是绿色公路发展的指导思想之一,要求在满足当前需求的同时,不透支未来有限的资源和生态环境。对于公路工程而言,发展方向应从追求规模速度向高质量、普惠与效率统筹兼顾的转变,提供均等、优质的服务,实现多元融合发展。

(2)全寿命周期理论

全寿命周期概念涵盖了公路工程从规划设计、施工建设、运营养护到拆除重建的整个过程。对于绿色公路,这意味着要在各阶段应用绿色理念、技术和管理模式,将资源的获取、利用、消耗、回收再利用纳入考虑。

(3)综合系统论

作为国家交通的一部分,公路是一个多因素、多变量、多层次的综合系统,与环境、资源、经济、社会等密切相关。在推广绿色公路时,需要将其视为一个不可分割的整体系统,分析其对沿线各要素的影响,实现综合系统的发展。

1.2 内蒙古区域特征对公路影响分析

公路作为连接不同区域的重要通道,其沿线区域的地形地貌、气候条件、生态环境、自然资源和社会经济发展程度等都会对其产生较大的影响,内蒙古自治区区域特征对绿色公路实施的影响主要有以下几个方面:

(1)地形地貌方面产生的影响

内蒙古地区地形地貌复杂,包括高原、平原、山地、丘陵、沙漠和盆地等。这使得公路建设面临填挖方、桥隧建设等对生态环境破坏的挑战。珍惜土地资源,提高土地利用程度是关键。

(2)气候条件方面产生的影响

内蒙古气候干旱且寒冷,要特别关注公路建设中水资源的节约问题,同时应对因温差引起的路面拱胀、裂缝等质量问题。

(3)生态环境方面的影响

内蒙古生态环境恶劣,要在公路建设中注重生态环保,积极进行生态修复,降低公路对环境的影响,特别关注扬尘、空气污染和噪声控制。

(4)自然资源方面的影响

内蒙古自然资源丰富,但对传统能源的依赖较高,公路建设需要注重资源的节约集约,提高对太阳能、风能等清洁能源的利用程度,降低对环境的污染。

(5)社会经济发展程度方面的影响

内蒙古社会经济相对落后,人口稀少且分散,对公路建设和管理提出了挑战。在建设过程中应注重长寿命路面等方式的应用,提升工程品质,并在有限的投资下注重资源节约,如污水处理应用和再生材料利用。

1.3 内蒙古自治区绿色公路内涵

内蒙古自治区在实施绿色公路时,一方面要秉持可持续发展理论,全寿命周期理论,综合系统论等理论依据,另一方面要结合自身的区域特征,凸显作为我国北方重要生态安全屏障的定位,开展科学,准确,创新,特色的绿色公路创建。这就要求内蒙古绿色公路内涵要体现以下几点:

一是体现绿色发展理念。在资金投入中确保绿色公路事业的发展,制定全寿命周期内的绿色可持续规划。定期进行专业技术人员的绿色公路知识培训,广泛宣扬绿色发展理念。

二是体现保护生态环境。加强对公路沿线的生态环境保护,强调工程建设后的生态环境修复。加强对公路沿线的生态环境保护,强调工程建设后的生态环境修复。

三是体现节约集约资源。加强对公路沿线的生态环境保护,强调工程建设后的生态环境修复。强化水资源管理,提高污水处理与利用率,加强再生材料的利用,促进循环经济。

四是体现建设品质工程。推广标准化施工,强化工程质量管理,追求建设品质工程。注重经济效益,采用长寿命路面和功能性路面,应用可持续发展思想,平衡质量与经济。

五是体现提升服务质量。以人为本,加强与

沿线旅游景点的互动，建设公路出行信息化综合系统。完善公路基础服务设施，提升沿线景观，致力提高使用人满意度，为打造美丽新农村提供基础和保障。

2 内蒙古绿色公路评价体系

2.1 评价指标、评价标准和评价方法

在内蒙古自治区绿色公路评价体系中，评价分为三个方面：评价指标、评价标准和评价方法。

(1)评价指标

评价指标体系应全面、准确地反映目标的情况，遵循科学性、系统性、典型性、可操作性和因地制宜性原则。本文通过 AHP 层次分析法构建模型，为各评价指标合理赋予权重，确保评价结果的可靠性和稳定性，其含义图如图 1 所示。

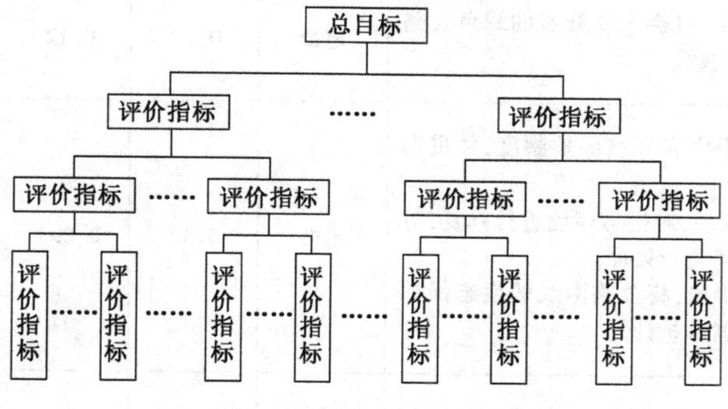

图 1 层次分析法法含义图

(2)评价标准

由于绿色公路是复杂的系统工程，整体评价标准难以建立，因此，对各评价指标建立评价标准，分析各指标是否达到标准，从而评价绿色公路整体。根据内蒙古自治区绿色公路的特性，本文划分评价等级为 G1(深绿)、G2(绿色)、G3(浅绿)、G4(非绿)。

(3)评价方法

绿色公路评价涉及多层次、多因素，应运用数学模型进行评价。本文选择灰色聚类评价法，考虑到内蒙古自治区绿色公路评价数据采集困难、样本数量少的实际情况。该方法适应评价指标没有清晰分布规律的情况，为评价提供一种有效的数学模型。

2.2 评价指标体系的建立

本文采用现场调研法、文献查阅法和咨询专家法等多种方法相结合的方式，最终确定从绿色理念、生态环保、资源节约、品质建设、服务提升 5 个方面，对评价指标进行初选，在对评价指标进行检查和优化后，按照层次分析法的原则，最终形成内蒙古自治区绿色公路评价指标体系。准则层包含了 5 项一级评价指标，方案层包含了 23 项二级评价指标。内蒙古自治区绿色公路评价指标体系及权重计算结果见表 1。

利用 1 ~ 9 标度法，通过层次分析模型计算各指标权重，1 ~ 9 标度法的标度含义如表 2 所示。

1 ~ 9 表读法含义图 表 2

标度	含义
1	i 指标和 j 指标同样重要
3	i 指标比 j 指标略微重要
5	i 指标比 j 指标比较重要
7	i 指标比 j 指标十分重要
9	i 指标比 j 指标绝对重要
2、46、8	两相邻标度无法判断时的折中

通过整理 1 ~ 9 度法数据，构造判断矩阵 A 如下：

$$A=\begin{bmatrix} a_{11} & a_{12} & \cdots & a_{1n} \\ a_{21} & a_{22} & \cdots & a_{2n} \\ \vdots & \vdots & \ddots & \vdots \\ a_{n1} & a_{n2} & \cdots & a_{nn} \end{bmatrix}_{n\times n} \tag{1}$$

式中：$a_{ij}\geqslant 0, a_{ij}=\dfrac{1}{a_{ji}}, a_{ii}=1(i,j=1,2,\cdots,n)$。

计算判断矩阵的权重向量

①计算得出各层的权重向量 w：

$$w=[W_1,\quad W_2,\quad \cdots \quad W_i,\quad \cdots \quad W_n] \tag{2}$$

②对 W 进行归一化处理：

$$w=\left[\frac{W_1}{\sum_{i=1}^{n}W_i},\quad \frac{W_2}{\sum_{i=1}^{n}W_i},\quad \cdots \quad \frac{W_i}{\sum_{i=1}^{n}W_i},\quad \cdots \quad \frac{W_n}{\sum_{i=1}^{n}W_i}\right] \tag{3}$$

③同时令：$w_i=\dfrac{W_i}{\sum_{i=1}^{n}W_i}$，即得到：

$$w=[w_1,\quad w_2,\quad \cdots \quad w_i,\quad \cdots \quad w_n] \tag{4}$$

运用式(1) ~ 式(4)即可计算各指标权重，但需要计算矩阵最大特征根，用以进行一致性检验，若一致性不符合要求，应当采取措施进行修正。

内蒙古自治区绿色公路评价指标体系

表1

目标层	一级指标(准则层)	权重	二级指标(方案层)	指标含义	指标属性	二级指标权重	综合权重
内蒙古自治区绿色公路评价指标体系	绿色理念(A1)	0.10	战略规划(A11)	(1)实施科学完善的绿色公路发展计划; (2)制定并实施绿色施工、绿色设计和绿色养护计划; (3)订立节能减排制度,措施得当,落实得力	定性	0.23	0.023
			专项资金(A12)	(1)每年有纳入财政预算的固定经费用来推进绿色公路事业发展; (2)融资模式多样化,积极推进PPP模式; (3)公私合营,有社会资金注入	定性	0.46	0.046
			专项培训次数(A13)	开展绿色公路理念、知识、技术、应用等培训、教育、公开课、大讲堂等活动的总次数	定量	0.19	0.019
			宣传活动次数(A14)	面向从业人员、社会大众开展的绿色公路宣传活动等总次数。	定量	0.12	0.12
	生态环保(A2)	0.31	沿线环境保护与修复(A21)	(1)建设过程中有环境保护制度,并贯彻落实; (2)建设结束后,对生态环境进行修复,对产生的施工垃圾进行处理; (3)在运营阶段,将公路沿线的生态保护和修复纳入日常养护计划	定性	0.32	0.099
			公路绿化程度(A22)	沿线林、草覆盖率	定性	0.20	0.062
			生态环保投资比重(A23)	生态环保投资占总投资的比重	定量	0.26	0.081
			噪声排放达标率(A24)	沿线路域噪声排放达标的天数占噪声监测总天数的比率	定量	0.10	0.031
			空气质量达标率(A25)	沿线路域空气质量达标的天数占空气监测总天数的比率	定量	0.11	0.034
	资源节约(A3)	0.25	土地利用率(A31)	实际建设用地面积与规划设计用地面积比率	定量	0.36	0.090
			节能系统与措施(A32)	(1)积极推广温拌沥青技术并合理应用; (2)采用全面的供配电节能措施; (3)积极采用节能施工设备	定性	0.16	0.040
			污水处理与利用率(A33)	污水处理利用水量与总污水量的比	定量	0.20	0.050
			再生材料利用率(A34)	再生材料的使用量占总材料用量的比率	定量	0.28	0.070

续上表

目标层	一级指标（准则层）	权重	二级指标（方案层）	指标含义	指标属性	二级指标权重	综合权重
内蒙古自治区绿色公路评价指标体系	品质建设（A4）	0.19	竣工验收工程质量评分（A41）	项目竣工验收工程质量评分	定量	0.21	0.040
			标准化施工（A42）	（1）工地标准化：主要包括驻地和施工现场的标准化；（2）施工标准化：按照规范规定，细化施工流程；（3）管理标注化：严格执行公路建设法律法规强和标准	定性	0.27	0.051
			长寿命路面比重（A43）	长寿命耐久性结构路面的公里数占总里程的比重	定量	0.20	0.038
			功能性路面比重（A44）	功能型路面的公里数占总里程的比重	定量	0.13	0.025
			预防性养护技术与应用（A45）	（1）定期对路况进行检测评定，根据检测结果，制定合理的养护规划；（2）严格落实养护规划，按照规划制定设计、施工等方案；（3）积极推广预防性养护措施并在实际工作中广泛应用	定性	0.19	0.036
	服务提升（A5）	0.16	使用人满意度（A51）	道路使用人满意度	定性	0.31	0.050
			旅游服务功能（A52）	（1）与沿线旅游景点产生良好互动，做到信息关联；（2）沿线风景优美路段设置停车区或观景平台等设施；（3）沿线设置旅游服务站、房车基地、露营大本营等设施	定性	0.19	0.030
			出行信息化（A53）	（1）设置交通指引动态公告牌，及时播报沿线交通状况；（2）利用微信、微博、短视频等新媒方式，及时向社会公告路况情况；（3）构建出行信息化综合服务系统	定性	0.21	0.034
			加气站和充电桩数量（A54）	沿线加气站和充电桩数量	定量	0.08	0.013
			景观优化程度（A55）	（1）路、桥等设施与沿线景观融合，自然协调，无突兀感；（2）根据沿线旅游景点、风土人情等特点，设计公路主题；（3）路面整体整洁美观，油污、积雪、垃圾等及时清理	定性	0.20	0.032

2.3 评级模型的构建

由于绿色公路评价研究尚处于起步阶段，项目实施过程中，相关数据的采集、收集没有得到有效重视，因此也没有贯彻落实。对于内蒙古自治区绿色公路评价体系，数据采集存在种种困难，收集到的样本数量较少，且采集到的样本数据没有明显的分布规律,因此,无法准确地确定其类别灰色聚类评价法是通过"部分"推算"整体",即在已知信息的基础上推算整个系统的运行情况,对不同的观测对象进行分类,以此进行评价,该方法对样本数量要求不高,比较适用于数据难以采集的评价系统[52]。因此,本文采用灰色聚类评价法构建内蒙古自治区绿色公路评价模型。灰色聚类评价法的具体步骤为:

(1)构建灰色矩阵

首先,设有 P 位专家,对内蒙古自治区绿色公路评价指标进行打分,打分依据为评价指标 A_{ij} 的分级标准,打分记作 $a_{ijk}(k=1,2,3\cdots,p)$,得到评价样本的矩阵 A 为:

$$A=\begin{bmatrix} a_{111} & a_{121} & \cdots & a_{1n_11}a_{211} & a_{221} & \cdots & a_{2n_21}\cdots & a_{m11} & a_{m21} & \cdots a_{mn_m1} \\ a_{212} & a_{122} & \cdots & a_{1n_12}a_{212} & a_{222} & \cdots & a_{2n_22}\cdots & a_{m12} & a_{m22} & \cdots a_{mn_m2} \\ \vdots & \vdots & \ddots & \vdots\ \ddots & \vdots & \ddots & \vdots\ \ddots & \vdots & \vdots & \ddots\ \vdots \\ a_{11p} & a_{12p} & \cdots & a_{1n_1p}a_{21p} & a_{22p} & \cdots & a_{2n_2p}\cdots & a_{m1p} & a_{m2p} & \cdots a_{mn_mp} \end{bmatrix}^{\mathrm{T}}$$

式中:a_{ijk}——第 k 个专家对评价指标 A_{ij} 的打分;

m——准则层一级指标的数量;

n——方案层二级指标的数量;

p——专家数量。

(2)构造白化权函数

本文将内蒙古自治区绿色公路评价等级划分为 4 个等级,分别为 G1、G2、G3、G4,对应的设置 4 个灰类,设 4 个灰类等级值化向量 $Z=(Z_1,Z_2,Z_3,Z_4)=(4,3,2,1)$,可以得到其对应的白化权函数。

①灰类——"G1(深绿)"的白化权函数及示意图如图 2 所示。

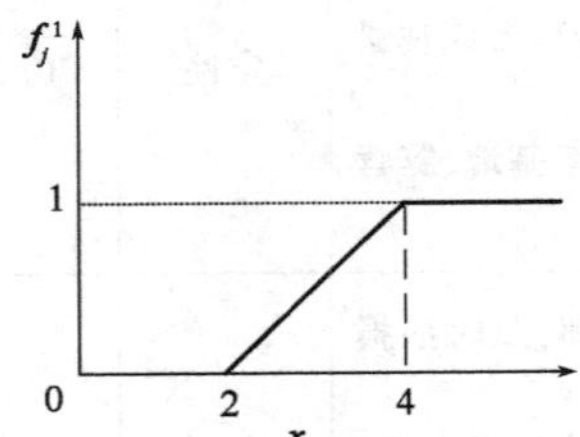

图 2　G1 白化权函数示意图

②灰类——"G2(绿色)"的白化权函数及示意图如图 3 所示。

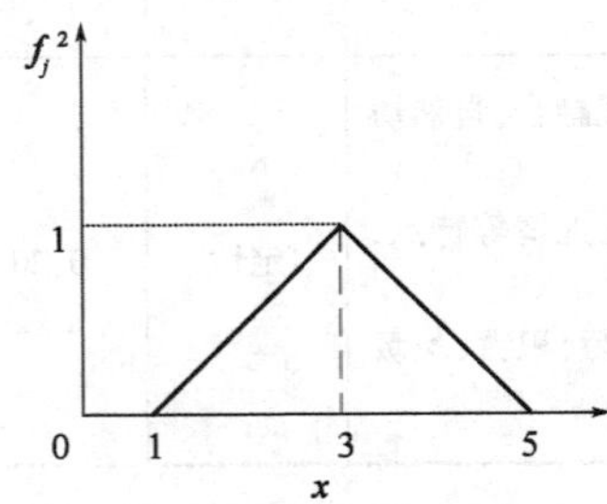

图 3　G2 白化权函数示意图

③灰类——"G3(浅绿)"的白化权函数及示意图如图 4 所示。

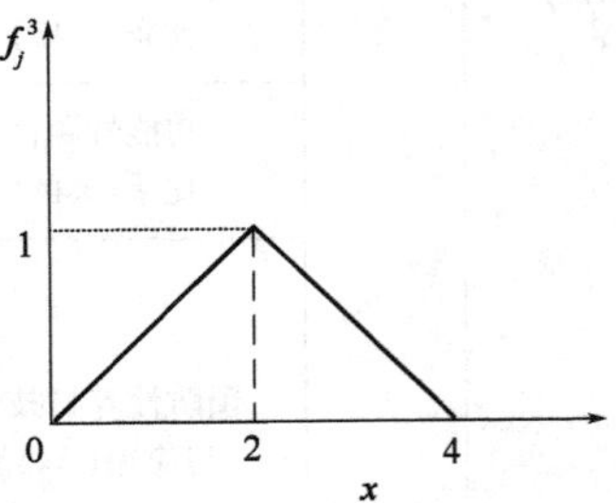

图 4　G3 白化权函数示意图

④灰类——"G4(非绿)"的白化权函数及示意图如图 5 所示。

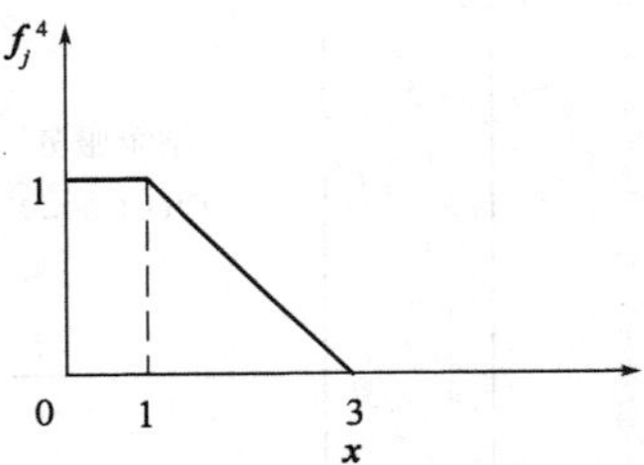

图 5　G4 白化权函数示意图

(3)计算灰色评价系数

对于评价指标 A_{ijq},被评价项目 A_{ijk} 属于第 k 类评价灰数,对应的 $f_{ijq}^k(a_{ij1}),f_{ijq}^k(a_{ij2}),\cdots f_{ijq}^k(a_{ijp})$ 分别是 A_{ijq} 的白化权,其中 a_{ijq} 是全体专家给出分数,设 x_{ijq}^k 是 A_{ijq} 的灰色评价系数,则有:

$$x_{ijq}^k=\sum_{k=1}^{p}f_{ijq}^k(a_{ijq})\quad(k=1,2,3,4)\tag{5}$$

设 x_{ij} 是各 a_{ijq} 的灰色评价系数:

$$x_{ij}=\sum_{j=1}^{4}x_{ijk}=\sum_{j=1}^{4}\sum_{k=1}^{p}f_{ijq}^k(a_{ijk})\tag{6}$$

(4)确定指标的灰色评价权

每个二级指标记 A_{ij} 在第 k 个灰类的灰色评价记做 r_{ijq}^k,则可以得到评价指标 A_{ijp} 的灰色评价向量:

$$r_{ijq}=(r_{ijq}^1,r_{ijq}^2,r_{ijq}^3,r_{ijq}^4) \tag{7}$$

由此可以得到方案层的灰色评价矩阵如下：

$$R_{ij}=\begin{bmatrix} r_{ij1}\\ r_{ij2}\\ r_{ij3}\\ \vdots \end{bmatrix}=\begin{bmatrix} r_{ij1}^1 & r_{ij1}^2 & r_{ij1}^3 & r_{ij1}^4\\ r_{ij2}^1 & r_{ij2}^2 & r_{ij2}^3 & r_{ij2}^4\\ r_{ij3}^1 & r_{ij3}^2 & r_{ij3}^3 & r_{ij3}^4\\ \vdots & \vdots & \vdots & \vdots \end{bmatrix} \tag{8}$$

对方案层的上一层准则层 A_i 进行综合评价，其计算结果为 B_i：

$$B_i=W_iR_i=(b_i^1,b_i^2,b_i^3,b_i^4) \tag{9}$$

依次计算其他评价指标，其灰色评价权矩阵如下：

$$R=\begin{bmatrix} B_1\\ B_2\\ B_3\\ \vdots \end{bmatrix} \tag{10}$$

以 W 为准则层的评价指标权重向量，综合评价结果记做 B，则有：$B=WR=(b_1,b_2,b_3,b_4)$ (11)

将评价得分记做 Y，计算出评价得分 Y，则有：

$$Y=B\cdot Z^{\mathrm{T}}=[B1,B2,B3\quad\cdots\quad\cdots\quad B5]\cdot[4\quad 3\quad 2\quad 1]^{\mathrm{T}} \tag{12}$$

最后，根据最终得分 Y，依据评价标准等级，确定出评价等级。

3 实证分析

经乌高速公路地处内蒙古自治区古东南部，是中丹锡高速公路（G16）克什克腾至承德联络线的内蒙古段。经乌高速公路全长96.151km，总概算59.48亿元，主线采用双向四车道高速公路设计标准，该项目于2019年开工建设，于2023年建成通车。经乌高速公路围绕交通运输部发布《关于实施绿色公路建设的指导意见》（交办公路〔2016〕93号），提出坚持生态优先、实施全程统筹、提升工程品质、助力交旅融合4大目标，在绿色公路建设上取得了较大成果，入选交通运输部确定的第二批绿色公路建设典型示范工程，也是内蒙古首个绿色公路建设典型示范工程[16]。

通过本文建立是绿色公路评价指标体系和评价模型对经乌高速进行评价，计算矩阵过于庞大，在此不展示。

$$B=\mathrm{WR}=[0.312\quad 0.276\quad 0.234\quad 0.185] \tag{13}$$

评价灰类等级共四个等级，“G1（深绿）、G2（绿色）、G3（浅绿）、G4（非绿）”四个等级的灰类等级向量：

$$Z=(Z_1,Z_2,Z_3,Z_4)=(4,3,2,1) \tag{14}$$

则该项目绿色度评价得分为：

$$Y=B\cdot Z^{\mathrm{T}}=3.415 \tag{15}$$

计算结果为3.415，介于G1（深绿）和G2（绿色）之间，更接近于G2（绿色），符合该项目实际情况。

虽然该项目整体“绿色”程度较高，但在计算中发现该项目整体不够均衡，在生态环保和品质建设等方面计算值较高，在资源节约等方面计算值较低，建议下一步要加强节能措施，提高污水回收利用率，推广可再生能源，全面贯彻绿色公路建设理念。

4 结语

（1）本文通过深入分析内蒙古自治区公路建设的发展现状和绿色公路发展内涵，结合可持续发展理论，综合系统论和全寿命周期理论，确立了内蒙古自治区绿色公路评价理论基础。

（2）本文提出了基于AHP层次分析法的评价体系构建方法，建立了包含5项一级指标，23项二级指标在内的内蒙古自治区绿色公路评价指标体系。

（3）本文计算了评价指标权重，给出了评价指标的定量计算方法，构建了灰色聚类模糊综合评价模型。

（4）本文运用建立的评价指标体系和评价计算模型对内蒙古首个绿色公路建设典型示范工程经乌高速进行了评价，根据评价结果提出了改进建议。

（5）本文提出的内蒙古自治区绿色公路评价指标体系，将进一步征求专家意见后进行完善。

参考文献

[1] 陈小薇，曹红运，胡贵华，等. 绿色公路建设典型示范工程调查与评价[J]. 公路，2022，67(2)：155-161.

[2] 高毅，周洪坤，郑雯芳. 公路设计阶段绿色评价体系研究——以康唐公路为例[J]. 建筑经济，2023，44(5)：77-84.

[3] 杨易. 寒旱地区农村公路绿色度评价研究

[D]. 兰州:兰州交通大学,2021.

[4] 张海峰,孙建勇,张红兵. 天津市高速公路绿色服务区评价指标体系研究[J]. 公路,2020,65(2):196-199.

[5] 张正一,王朝辉,张廉,等. 中国绿色公路建设与评估技术[J]. 长安大学学报(自然科学版),2018,38(5):76-86.

[6] Federal Highway Administration(FHWA). Sustainable Highways Self-Evaluation Tool. FHWA, U. S. Department of Transportation, Washington, D. C. ,2011,20.

[7] Bruno Santos. Multiobjective Approach to Long-Term Interuban Multilevel Road Network Planning [J]. Journal of Transportation Engineering. 2009(2);40-47.

[8] 汤云. 基于 DPSIR 模型低碳绿色公路运输发展评价研究[D]. 西安:长安大学,2015.

[9] 张正一,王朝辉,张廉,等. 中国绿色公路建设与评估技术[J]. 长安大学学报(自然科学版),2018,38(5):76-86.

[10] 刘博洋. 荒漠化地区高速公路绿色施工效果评价研究[D]. 兰州:兰州交通大学,2019.

[11] 余航. 江西省绿色公路指标体系与评价标准研究[D]. 重庆:重庆交通大学,2019.

[12] 李邦武,杨梦柔,王晓路,等. 海南省绿色公路施工阶段评价指标体系研究[J]. 公路,2020,65(2):265-272.

[13] 杨梦柔,拜亚南,王晓路,等. 海南省绿色公路规划设计阶段评价体系研究[J]. 公路,2021,66(7):170-176.

[14] 席欧,戈权民,衷平,等. 江苏省绿色公路建设标准体系构建研究[J]. 公路,2021,66(4):235-240.

[15] 李强明,席欧. 江苏省绿色公路评价标准研究[J]. 公路,2022,67(3):327-335.

[16] 张党正,张志强,姚嘉林,等. 内蒙古经乌高速公路绿色公路建设探索与实践[J]. 公路,2021,66(7):176-183

基于多目标规划的沥青路面可持续养护决策研究

曹丽萍*　景智扬

(哈尔滨工业大学交通科学与工程学院)

摘　要　由于传统路面养护决策过程存在如优化目标单一且忽略环境效益等缺陷,已无法满足现阶段的养护需求。为实现道路领域可持续发展并提升养护决策的合理性,本文提出了基于多目标规划的养护决策模型,将环境影响、养护效益和养护成本作为优化目标进行协同决策,并使用 NSGA-II 算法求解模型以获得 Pareto 最优解。将模型应用于案例进行实证分析,针对求得的解集分别使用基于权重法、理想点法和极端法的决策偏好获得该策略下的养护方案。结果表明,模型求解得到的解集分布符合目标函数之间的相关性,较于常规方法能提供权衡了各项目标的最优解并避免决策极端化;同时,通过理想点法获得的最优解能够在养护资金限额内有效提升路用性能水平并降低碳排放量。因此,该模型能够应用于路面养护实践,助于该领域的实现可持续发展。

关键词　多目标规划　路面管理　养护决策　碳排放　NSGA-II

0　引言

道路作为国家重要的交通基础设施,影响着国家经济命脉的发展,但随着环境和交通荷载的作用,其路用性能会逐步退化,影响交通安全与行车舒适,故公路养护部门会制定系列的养护计划

基金项目:国家重点研发计划(2022YFB2602600)。

以提高路用性能[1]。养护工程是资源密集型工程[2]，频繁开展会消耗大量资金和资源并对环境产生负面影响。鉴于路面养护需求与经济、社会和环境间的不平衡，制定可持续发展的路面养护策略是至关重要的。

尽管大量研究关注于路面养护措施与养护时间的优化[3]，但仍局限于养护材料改进与技术升级。现有的养护决策多以单目标整数规划进行，存在优化方向单一的片面性[4]，且未考虑养护工程对社会和环境产生的影响。为促进道路养护可持续发展，养护决策过程中应充分考虑经济[5]、环境[6]等因素，寻找符合现阶段养护需要的权衡方案。

因此，本文对养护决策过程中可持续发展要素进行分析，提出基于多目标规划的养护决策模型，并通过实证分析验证该模型的可行性与优势。

1 养护决策模型说明

多目标规划的本质属于整数规划，在建模前需要对模型目标函数和参数进行说明。以下将从养护需求、经济成本和环境影响进行分析，便于后续模型构建。

1.1 养护单元需求分析

为确定养护需求，根据《公路技术状况评定标准》要求以1km为长度单位划分养护单元，对满足如下准则[7]的相邻养护单元进行合并：①PCI分差在10分以内，RQI分差在8分以内，SRI分差在8分以内；②合并后的养护单元长度不超过5km。

合并养护单元要求其路用性能在养护期限（通常5年）内性能指标不能低于阈值（表1）。在构建养护决策模型时，每个合并养护单元均视为一个决策变量，且规定单位年份内必须采取养护措施或日常养护。

养护单元的养护阈值　　表1

公路等级	PCI	RQI
高速、一级	80	80
二、三、四级	75	75

而养护措施性能的未来值可通过灰色模型预测，在得到未来3年的预测值后与原序列合并形成新序列，由指数函数进行拟合，得到养护措施性能衰变函数。

本文以路用性能水平作为优化目标之一，路用性能水平由性能衰变函数与养护阈值合围面积进行表示，如图1所示。其中，PPI表示路面使用性能，m表示养护措施序号，t_n则表示养护措施实施时间序列。

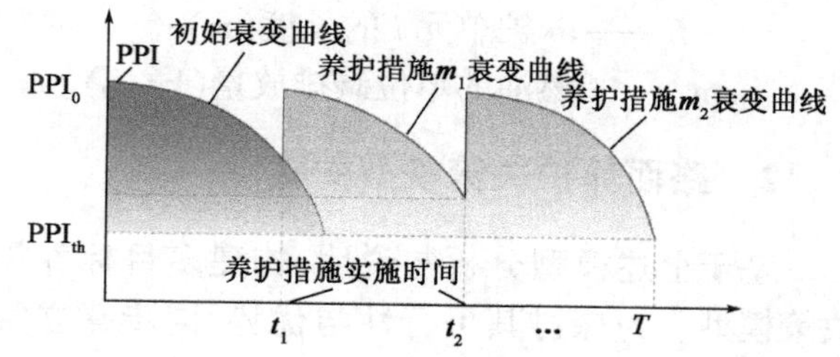

图1　路面使用性能水平与衰变曲线

1.2 养护措施经济分析

养护措施成本包括规划、设计和建造等阶段的费用，就养护部门而言，占多数的费用为工程建造费，而其余费用能通过建造费乘一定的系数表示。考虑资金的时间价值，引入折现率计算全规划期的养护部门成本。

1.3 环境影响分析

环境影响的评价指标常为碳排放量[8]，为考虑社会环境影响，本文将碳排放量的定量分为养护措施碳排放与汽车碳排放两部分。其中，养护措施碳排放量EM_m分为原材料生产碳排放与现场施工碳排放[9]，其计算公式见式(1)：

$$EM_m = \sum_a Us_m^a em_a + Us_m^0 em_0 \tag{1}$$

式中：Us_m^a——措施m中材料a的用量(t)；

em_a——原材料a的单位排放量(kg/t)；

Us_m^0——养护措施m中混合料用量(t)；

em_0——混合料施工单位排放量(kg/t)。

路面行驶质量对汽车油耗碳排放影响较大，为描述汽车油耗与行驶质量间的关系，本文使用世界银行的巴西模型进行预估，见式(2)。

$$Fuel = a + bV + cV^2 + d \cdot IRI \tag{2}$$

式中：Fuel——汽车燃油消耗量(L/100km)；

$a \sim d$——回归参数；

V——汽车平均行驶速度；

IRI——国际平整度指数(m/km)。

拟合参数得到油耗公式后，可通过IRI与RQI的关系式即式(3)得到各养护单元年汽车碳排放量EM_0的计算式，见式(4)：

$$\mathrm{IRI} = f(\mathrm{RQI}) = \frac{1}{a_1}\ln\frac{100 - \mathrm{RQI}}{a_0\mathrm{RQI}} \tag{3}$$

$$\mathrm{EM}_0 = \frac{365 \cdot \mathrm{AADT} \cdot L_i}{100000} \cdot \mathrm{Fuel}(V,\mathrm{RQI}) \cdot \mathrm{em}_{\mathrm{gas}} \tag{4}$$

式中：AADT——年平均日交通量(辆)；

L_i——养护单元 i 的长度(m)；

$\mathrm{em}_{\mathrm{gas}}$——燃油的单位碳排放量(kg/L)。

2　路面养护决策模型构建

基于上述模型分析与说明，构建多目标养护决策模型。为探讨其可行性与优势，同步建立常规数学规划模型用于对比分析。

2.1　多目标养护规划模型

本文自主构建的多目标养护决策模型以路面使用性能最优、养护部门成本最小和全规划期碳排放量最小为优化目标，其框架如图2所示。按该框架构建如下基于多目标规划的养护决策模型：

$$\max f_1 = \sum_j\sum_i\sum_t\sum_m\int_{t-1}^{t}\mathrm{PPI}_{jit}\,\mathrm{d}t \tag{5}$$

$$\min f_2 = \sum_j\sum_i\sum_t\frac{\left[\sum\limits_m x_{jit}^m c_m + \left(1 - \sum\limits_m x_{jit}^m\right)c_0\right]\cdot}{L_{ji}W_{ji}(1+i_0)^{-(t-1)}} \tag{6}$$

$$x_{jit}^m \mathrm{EM}_m L_{ji} W_{ji} + \min f_3 = \sum_j\sum_i\sum_t\sum_m \frac{365\mathrm{AADT}_j \cdot L_{ji}}{100000}\cdot H(V_j,\mathrm{RQI}^{\mathrm{ave}_{jit}})\,\mathrm{em}_0 \tag{7}$$

$$\mathrm{PPI}_{jit} = \begin{cases} \mathrm{PPI}_{ji}^0 \mathrm{e}^{-\gamma_{ji}t} & t\in[0,t_1) \\ \cdots & \\ \sum\limits_m x_{jit}^m a_{jim}\mathrm{e}^{-\gamma_{jim}(t-t_{n-1})} & t\in[t_{n-1},t_n) \\ \sum\limits_m x_{jit}^m a_{jim}\mathrm{e}^{-\gamma_{jim}(t-t_n)} & t\in[t_n,T) \end{cases} \tag{8}$$

$$\sum_i\sum_t\left[\sum_m x_{jit}^m c_m + \left(1-\sum_m x_{jit}^m\right)c_0\right]\cdot L_{ji}W_{ji}$$
$$(1+i_0)-(t-1)$$
$$(1+v_0)\leqslant B_j \tag{9}$$

$$\sum_m x_{jit}^m \leqslant 1 \quad (\forall i\in I,\forall j\in J,\forall t\in T) \tag{10}$$

$$\sum_t\sum_m x_{jit}^m \leqslant 2 \quad (\forall i\in I,\forall j\in J) \tag{11}$$

$$\mathrm{PPI}_{jit} \geqslant \mathrm{PPI}_{\mathrm{th}} \quad (\forall i\in I,\forall j\in J,\forall t\in T) \tag{12}$$

$$\mathrm{PPI}_{jit}^{\mathrm{ave}} = \int_{t-1}^{t}\mathrm{PPI}_{jit}\,\mathrm{d}t \tag{13}$$

上述模型中，式(5)~式(7)表示模型的目标函数，式(8)~式(13)则为模型的约束条件，

式中：J——路线编号，$j\in J$；

I——养护单元编号，$i\in I$；

T——规划期年份，$t\in T$；

t_n——养护措施实施时间序列，$t_n\in T$；

M——养护对策编号，$m\in M$；

PPI_{jit}——t 年 j 路线 i 养护单元的路面使用性能值；

$\mathrm{PPI}_{jit}^{\mathrm{ave}}$——$t$ 年 j 路线 i 养护单元的路面使用性能平均水平；

PPI_{ji}^0——规划期初 j 路线 i 养护单元的路面使用性能值；

γ_{ji}——j 路线 i 养护单元的初始路面使用性能衰变函数回归参数；

$\mathrm{PPI}_{\mathrm{th}}$——路面使用性能养护阈值；

L_{ji}——j 路线 i 养护单元的长度(m)；

W_{ji}——j 路线 i 养护单元的宽度(m)；

a_{jim}、γ_{jim}——j 路线 i 养护单元在采用 m 措施后的路面使用性能衰变函数回归参数；

c_m——m 措施单位成本(万元/m^2)；

c_0——日常养护单位成本(万元/m^2)；

EM_m——m 措施单位碳排放量(kg/m^2)；

AADT_j——j 路线的年平均日交通量(辆)；

V_j——j 路线的平均车速(km/h)；

B_j——j 路线全规划期的资金限额(万元)；

i_0——折现率，通常取8%；

v_0——养护工程其余费用占比，取20%；

x_{jit}^m——t 年 j 路线 i 养护单元是否选用 m 养护措施，0-1变量，其中1表示选用。

2.2　常规养护规划模型

为探讨多目标规划的优势，本文采用约束法将式(6)和式(7)表示的次要目标转换为约束条件并入模型，形成单目标养护规划模型，即常规养护规划模型。关于目标2的约束在模型中已有体现，因此将式(7)改写为如式(14)所示的约束，而其余约束、变量同原模型。

由于全规划期碳排放量限值难以确定，故限值 Q_{EM} 取多目标规划求解得到的 Pareto 前沿中 f_3 的第3四分位数，以保证75%的解集能满足要求。

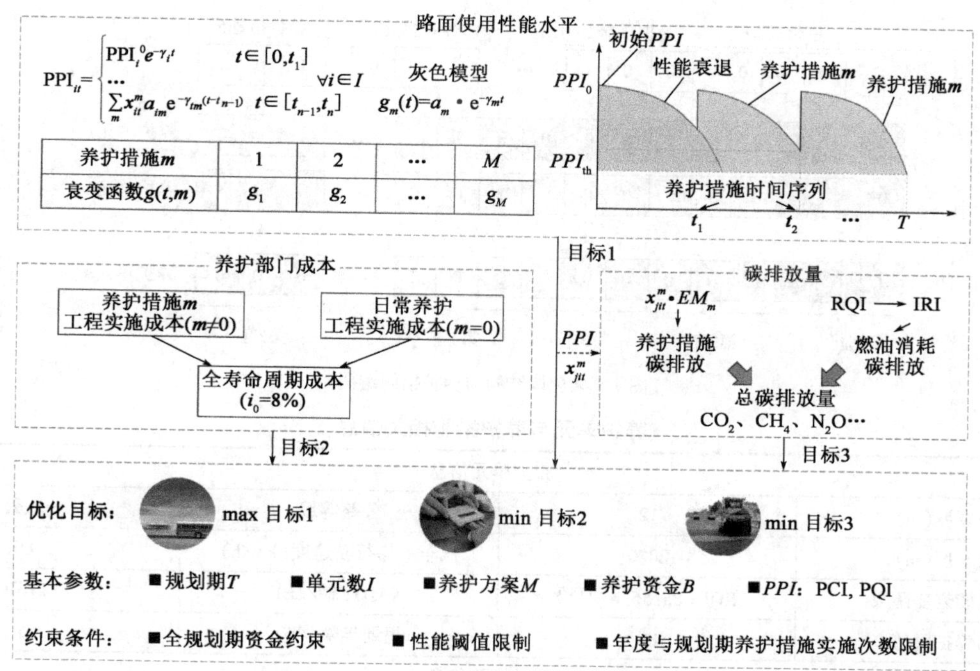

图2 多目标规划模型框架

$$\sum_j \sum_i \sum_t \sum_m x^m_{jit} \mathrm{EM}_m L_{ji} W_{ji} + \frac{365\mathrm{AADT}_j \cdot L_{ji}}{100000} \cdot H(V_j, \mathrm{RQI}^{\mathrm{ave}}_{jit})\mathrm{em}_0 \leqslant Q_{EM} \quad (14)$$

3 案例实证分析

以某高速公路数据为基础，利用多目标规划模型开展规划期为5年的养护决策，并通过不同的决策偏好获得该偏好下的养护方案，将各方案的目标函数进行对比分析，验证该模型的可行性。同时，比较常规数学规划求得的结果，探讨多目标规划法的优势。

3.1 算法设计

对于整数规划模型，常用的求解方法包括分支定界法、蚁群算法、极点搜索法等，考虑到决策变量的规模性，本文采用第二代非支配排序遗传算法（Non-dominated Sorting Genetic Algorithms, NSGA-II）对上述模型进行求解。该算法的优势为在算子选择阶段前根据个体间的支配关系进行分层，使优势群体有更高概率被保留，该算法的流程见图3。在染色体设计方面（图4），采用二进制对养护措施进行编码，如养护措施3的编码为“011”，该方法即缩减了染色体长度并内嵌了式(10)表示的约束条件。单染色体代表了单养护单元的养护措施序列，其长度为$3 \times T$；对于多个养护单元，则定义每个个体具有多条长度为$3 \times T$的染色体。

3.2 案例说明

本文选用哈尔滨市文昌街某路段RQI实测数据进行项目级路面养护决策实证分析，养护措施备选集采用省内常用的养护措施，包括稀浆封层、微表处、Nova-chip、铣刨重铺一层和铣刨重铺两层，分别用序号1～5表示，0则表示日常养护。养护单元与养护措施等基本信息如表2所示。

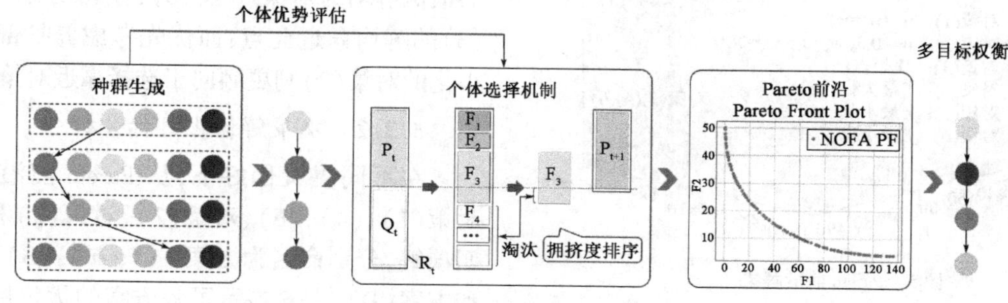

图3 NSGA-II算法整体流程

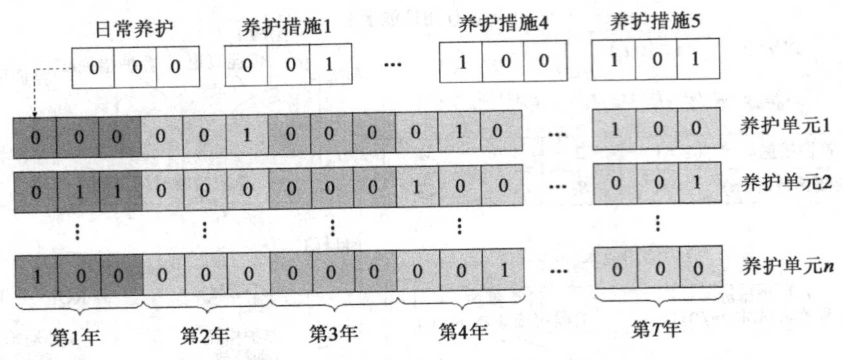

图 4　染色体结构与养护措施编码

养护单元与养护措施相关信息　　表 2

<table>
<tr><td colspan="4">养护单元信息</td></tr>
<tr><td>路段宽度(m)</td><td>12</td><td>公路等级</td><td>一级公路</td></tr>
<tr><td>路段长度(m)</td><td>2000</td><td>汽车平均行驶速度(km/h)</td><td>80</td></tr>
<tr><td>初始性能衰变函数</td><td>$RQI = 85.563e^{-0.018t}$</td><td>AADT(辆/日)</td><td>11670</td></tr>
<tr><td>路面养护阈值</td><td>80</td><td>规划年限(年)</td><td>5</td></tr>
<tr><td colspan="4">养护措施信息</td></tr>
<tr><td>养护措施费用(元/m²)</td><td>[28,40,65,150,190]</td><td rowspan="4">养护措施实施后的路面性能衰变函数</td><td rowspan="4">$RQI = 92.121e^{-0.015t}$
$RQI = 94.254e^{-0.012t}$
$RQI = 96.562e^{-0.01t}$
$RQI = 97.134e^{-0.009t}$
$RQI = 99.811e^{-0.007t}$</td></tr>
<tr><td>养护措施碳排放(kg/m²)</td><td>[4.3,9.7,12.3,17.4,21.5]</td></tr>
<tr><td>日常养护费用(元/m²)</td><td>5</td></tr>
<tr><td>全规划期养护资金(元)</td><td>6000000</td></tr>
<tr><td colspan="4">算法参数</td></tr>
<tr><td>种群规模</td><td>50</td><td>交叉概率</td><td>0.8</td></tr>
<tr><td>染色体条数</td><td>1</td><td>变异概率</td><td>0.2</td></tr>
</table>

3.3　结果分析

调用 Geatpy 中的 NSGA-II 算法共求得 15 个非支配解,如图 5 所示。以下将从解集分布、决策解优化目标和常规数学规划模型对比三方面进行分析。

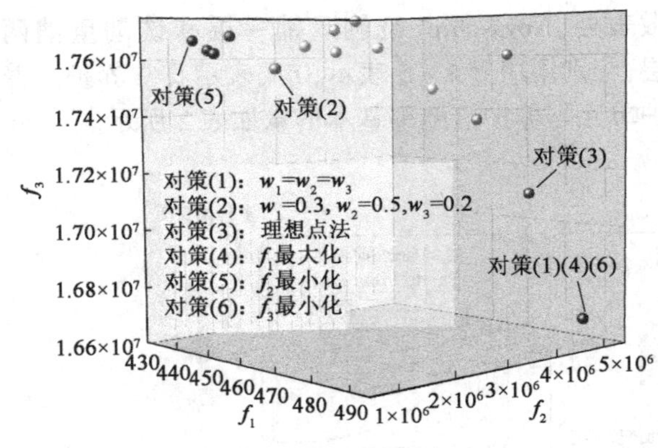

图 5　Pareto 前沿解集

3.3.1　解集分布分析

从解集的三维分布来看,f_1(路用性能)与 f_2(养护成本)呈正相关,而两者与 f_3(碳排放量)均呈负相关,符合工程实际。

本文在决策偏好表示上分别选用权重法、理想点法和极端法。在获得 Pareto 前沿后,决策者可根据偏好选出满意解,并通过横向比较得知该解各目标的优化情况,进而调整偏好得到权衡了各目标的全局最优解。由于路用性能水平和碳排放量的最优解均为对策(4)、(6),使得对策(1)与对策(3)的解均靠近此点;而优先考虑养护部门成本最小化的对策(2)则更倾向于选择靠近对策(5)的解。

3.3.2　决策解优化目标分析

在不同决策偏好下,从 Pareto 前沿中选出了对策(1)、(4)、(6)、对策(2)、对策(3)和对策(5)四项解,分别命名为方案(A)、方案(B)、方案(C)和方案(D),图 6 展示了各方案的优化目标情况。

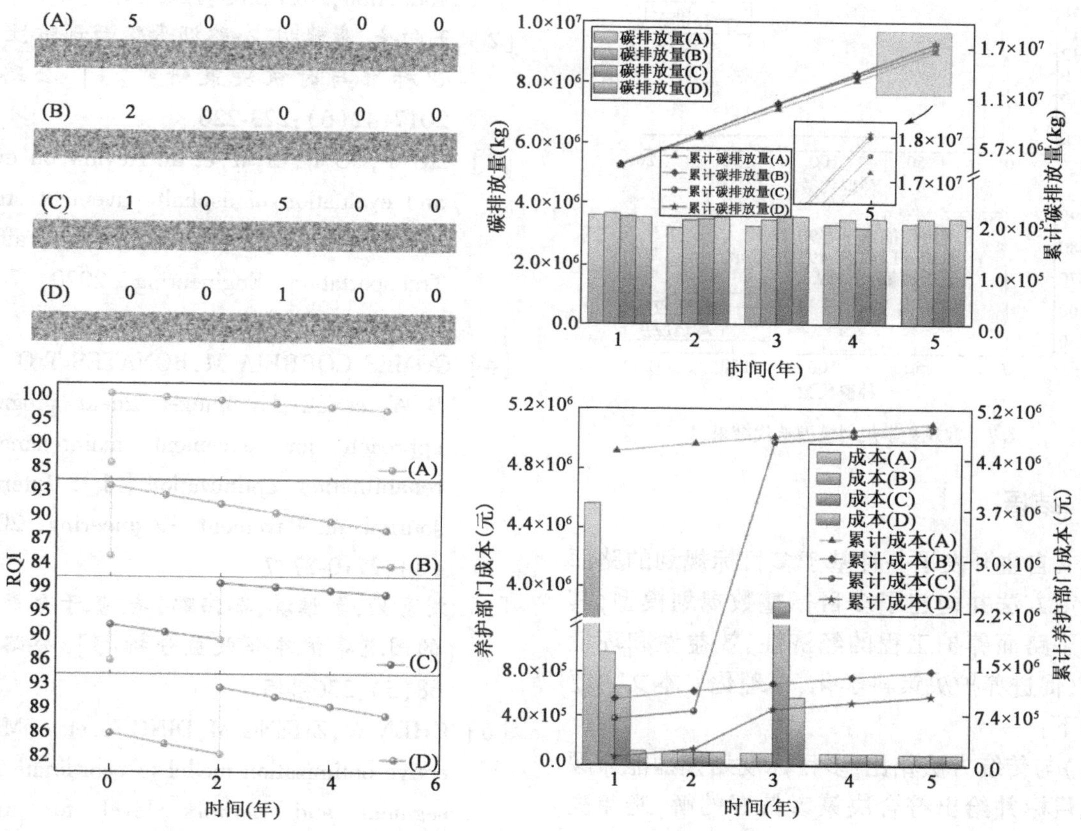

图6 不同策略下解集选择与对应的优化目标

(1)从养护措施实施计划来看,开展养护措施的时间集中在第1、3年,在第1年开展养护工程能大幅提升RQI以满足路用性能水平和碳排放量两项优化目标,而第3年开展养护工程能降低养护部门成本。

(2)从路面使用性能水平来看,在实施养护措施后RQI均有不同程度的提升,而采用高等级的养护措施其衰变速率也越慢,在实践中决策者可通过养护措施性能衰退规律参数的动态调整以获得更满意的方案。

(3)在碳排放量方面,第1年方案(B)的碳排放量略高于方案(A),说明采用铣刨重铺两层后的路面更为平整,节省的燃油碳排放量能弥补工程实施时产生的碳排放量;而第1年方案(D)的碳排放量低于方案(B),表明在采取微表处后所节省的燃油碳排放量不足以抵消养护工程产生的额外碳排放量,在后续年份中总碳排放量也快速增长并最终与方案(D)持平,故微表处环境效益低。从全局而言,四项方案初期的碳排放量差距不大,而方案(A)和方案(C)在后期的累计碳排放量较小,说明养护部门应在初期使用高等级的养护措施能有效减少社会碳排放量。

(4)在养护部门成本方面,方案(A)与方案(C)均采用了铣刨重铺两层,故两者的养护成本较高,但考虑到资金的时间价值,方案(C)即使额外采用稀浆封层,其累计养护部门成本仍小于方案(A),进一步说明同等级的养护措施可在满足阈值的前提下适当后置实施以降低全规划期养护部门成本。

(5)基于理想点法的方案(C)其优化目标为477.82、487.60万元和17110.44t,较只实施日常养护的方案在路用性能水平上提升16.79%,在碳排放量上降低3.96%。

3.3.3 常规数学规划模型对比

保持其余参数等不变,定义全规划其的碳排放量限值为17665660kg,对以路用性能最优为目标的单目标规划模型进行求解,结果为[5,0,0,0,0],与方案(A)一致,说明基于多目标规划的养护决策模型能够包含常规数学规划法获得的最优解。如图7所示。

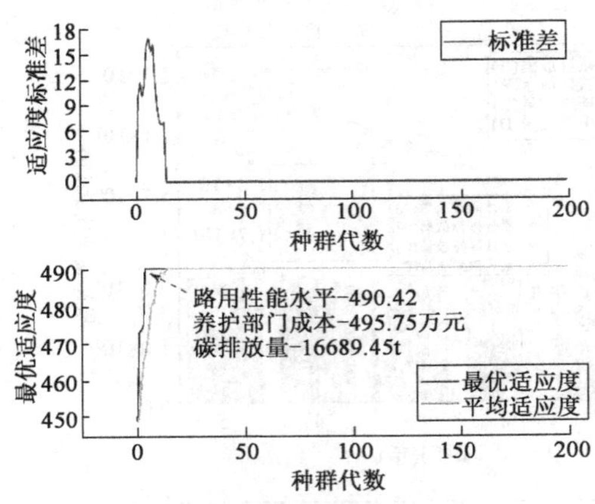

图7　常规数学规划模型迭代结果

4　结语

本文自主开发了一种基于多目标规划的路面养护决策方法并构建了多目标整数规划模型,其中考虑了路面养护工程的经济性、效益性和环境友好度,促进养护决策科学化、合理化。本文主要贡献如下:

(1)与传统方法相比,多目标规划模型能兼顾各优化目标并给出符合决策者偏好的解,避免决策过程极端化。

(2)多目标规划模型的求解结果包含了常规数学规划法的最优解,其中基于理想点法的方案能在资金限额内有效提升路用性能并降低碳排放量,具备可行性。

本文所构建的模型也存在局限,一方面在养护成本核算中未考虑社会经济成本;另一方面,碳排放核算中忽略了年度交通量的变动,需进一步研究并提高模型的适用性。

参考文献

[1] HUANG M, DONG Q, NI F, et al. LCA and LCCA based multi-objective optimization of pavement maintenance[J]. Journal of Cleaner Production, 2021, 283:124583.

[2] 王向峰,雍黎明. 公路沥青路面预防性养护路况标准与时机决策研究[J]. 公路工程, 2017, 42(6):223-226.

[3] LIU Y, SU P, LI M, et al. Review on evolution and evaluation of asphalt pavement structures and materials [J]. Journal of Traffic and Transportation Engineering, 2020, 7 (5): 573-599.

[4] GOMES CORREIA M, BONATES T O, PRATA B A, et al. An integer linear programming approach for pavement maintenance and rehabilitation optimization [J]. International Journal of Pavement Engineering, 2022, 23 (8):2710-2727.

[5] 刘富勤,秦雅淇,邬伟鹏,等. 基于全寿命周期的国道养护综合效益分析[J]. 公路, 2023, 68(5):336-345.

[6] CHEN W, ZHENG M, DING X, et al. Multiobjective optimization model to coordinate between segment and network level for managing pavement and sustainability [J]. Journal of Transportation Engineering, Part B: Pavements, 2022, 148(1):04021074.

[7] 崔鹏. 高速公路养护中长期规划方法研究[D]. 哈尔滨:哈尔滨工业大学, 2017.

[8] 陈思迪. 基于多目标粒子群优化算法的路面预防性养护决策模型研究[D]. 北京:北京交通大学, 2020.

[9] WANG T, LEEIS. Life cycle energy consumption and GHG emission from pavement rehabilitation with different rolling resistance[J], Journal of Cleaner Production, 2012(33):86-96.

江西省高速公路改扩建实践与思考

付凯敏*
(江西省交通投资集团有限责任公司)

摘　要　高速公路改扩建项目面临交通组织难、施工技术要求高、安全环保压力大等难题,而江西高速始终围绕"美绿"高速建设品牌,坚持"低影响、高品质"理念,在改扩建设计、施工、管理等方面积极创新,经过探索实践,形成了江西改扩建特色模式。

关键词 高速公路 改扩建 探索实践 工业化建造 集约化管理

0 引言

自2012年以来,江西高速公路建设围绕畅通沪昆和京九"十字"主骨架,先后经历了"十二五"时期的摸索试验阶段,完成昌樟、昌九通远段改扩建97km;"十三五"时期的探索实践阶段,完成昌九全线改扩建88km;"十四五"时期的总结提升阶段,建成吉康改扩建145km,正在加快建设梨东、昌金、樟吉、昌樟二期等高速改扩建约500km。预计到"十四五"末,江西省八车道以上高速公路通车里程将达到830km,沪昆和京九"十字架"主通道高速公路八车道全面形成,进入全国前列。

江西高速公路改扩建聚焦"边施工边通车,保通行保安全"的痛点和难点,关注既要协调处理好新路与旧路的衔接问题,又要实现减少对旧路和已有生态环境的破坏,还要综合考虑当前低碳与耐久建造技术的发展应用,以及不中断交通情况下的安全和施工保障建设要求,坚持"低影响、高品质"理念,经过实践探索,逐步摸索出一条以灵活设计为原则、工业化建造为导向、装配化施工为抓手、低碳化技术为依托、数智化管控为保障、协同化要求为关键的建设道路,形成了江西高速改扩建特色和模式。

1 江西高速改扩建做法

1.1 突出"灵活"设计,坚持"宽容性"理念

江西高速改扩建在设计上做了一些有益的探索,采用宽容设计理念,在保证项目实施后营运安全和工程质量的前提下,最大限度利用既有道路,避免大规模改建。

1.1.1 充分利用原有路基断面

昌九改扩建将原18m路基边沟加铺承压式盖板作为土路肩,改为20m路基断面,既有效避免了路基两侧因路堑边坡开挖而出现坍塌的风险,又合理控制了工程造价。在分离路基的老路幅起终点过渡段,首次尝试增设左侧硬路肩,全部利用原24.5m老路基,改为5车道路幅宽度,大大提高该路段的通行能力。樟吉改扩建吉安北枢纽主线段及下穿浩吉铁路段受原上跨桥制约,设计采用1.5m硬路肩,通过合理压缩为38m路基断面以满足下穿要求,同时避免了匝道桥梁及铁路桥梁的拆除重建。

1.1.2 老路幅双向路拱横坡方案

首次在高速公路四改八项目中,尝试采取保留双向路拱横坡方案。如昌九改扩建单侧拓宽老路改造试行保留"人字坡"[1],该方案在保证行车安全、舒适的前提下,有效地减少了路面调坡的工程量,同时解决了多车道路面单坡排水不畅的问题。吉康、樟吉高速改扩建部分跨铁路桥路段,采用单侧分离增建的扩建方式,老路幅保留原中分带不拆除,同时维持原路拱横坡通行。

1.1.3 灵活处理改扩建路线方案

对于特殊结构桥、特大桥、隧道或跨铁路段,采用分离增建的扩建方式,如昌樟高速改扩建药湖大桥长10余公里,两侧分离增建六车道新建幅桥梁作为重型车道使用,中间原四车道老桥作为轻型车道使用;吉康改扩建长大纵坡路段采用分离新建,新修下坡幅,原老路留作上坡幅,新建的下坡幅改善路线平纵指标,有效消除了连续长陡下坡带来的安全隐患;樟吉高速公路莲花型段改扩建首次在省内采用立体改扩建方式,国道以高架桥方式抬升,平面空间让给高速公路进行拓宽。如图1、图2所示。

图1 昌樟药湖大桥

1.1.4 灵活处理桥涵改建方案

跨航道、跨铁桥梁分离增建新幅桥梁,老桥均保留利用;除早期空心板桥因病害拆除外,其他桥涵在地方无加高加宽规划需求时,均采取维修加固方式进行利用。对于存在结构性病害的涵洞,

在不影响过水或通行断面的前提下,采取内部套装加固法,避免拆除重建对老路"开肠破肚"式的开挖。

图2 樟吉莲花形段拓宽

1.2 突出"集约"管理,坚持"工业化"理念

江西高速公路经昌樟等改扩建试验后,结合改扩建具有施工工序繁杂、界面不清晰、交叉干扰多、协同要求高等特点,推行集约化管理理念,变原来的线状管理为点状管理,管理更为高效,产品质量和安全也得到保障。

1.2.1 实行大标段模式

江西改扩建按路段划分标段,每段20km左右,金额不小于10亿元,将主体土建、附属交安绿化工程以及存在界面交叉的房建机电管道预埋等全部纳入招标范围。昌九改扩建全线88km划分1个主体土建施工标,确保了项目高效优质建成;昌金改扩建试行全线179km划分3个主体土建EPC标、昌樟改扩建二期将全部工程纳入1个EPC标。大标段模式的推行,切合改扩建"兵团化"作业需求。

1.2.2 推行工业化建造模式

昌九改扩建项目首次在江西省高速公路建设中大规模推行工业化建造方式,实现了全线72%梁板、84%涵洞以及100%小型构件的集中预制生产,做到工厂化生产、流水化作业、智能化控制、信息化管理、装配化施工,不仅具有实践探索作用,培育了江西交通首个装配产业基地,更产生了示范引领效应,开创了江西高速公路建设管理新模式,在省内外公路建设中得到广泛推广应用。吉康、梨东、樟吉、昌金等改扩建项目全面建设工业化、装配化及数智化生产流水线,打造"智慧中心+自动化生产线",建立数智调度指挥中心,混凝土拌和、钢筋加工、梁板预制、新泽西护栏和小构预制等自动生产线(图3、图4)。

图3 昌九构件制造中心

图4 信息化综合平台

1.2.3 创新"厂外无厂"模式

樟吉改扩建在继承昌九集约化模式基础上,全国首次创新探索"厂外无厂"新模式。全线所有厂站以标段为单元,集中选址、集中规划、集中布局,将项目经理部、大临设施等进行集中建造,实现"集中管理、集约节约建设",节约成本约5500万元,减少临时用地占用155亩,减少碳排放约9113t。

1.2.4 "社区式"管理模式

梨东、樟吉等改扩建采用"六化"模式对全线产业工人进行社区式物业化管理[4]。将传统的产业工人围绕建筑工地零散居住模式改为统一集中居住,配置了日常生活、医疗、学习、休闲娱乐等设施,增强了一线工人的幸福感、归宿感,并开展职业技能培训等,不断提升产业工人职业综合素养,推动产业工人转型升级。

1.3 突出"快速"施工,坚持"低影响"理念

由于高速公路改扩建必然对既有公路、周边路网及沿线城镇出行和生产生活带来影响,政府

及社会对工程关注度更高，希望工期越短越好、进度越快越好，给项目建设提出更高的要求。因此，需要采取快速施工技术，将工程建设影响降到最低。

1.3.1 装配式桥涵技术

昌九改扩建首次在省内高速公路项目大面积推行装配式桥涵建造技术，有效地解决公路改扩建桥涵施工时间长、通行安全隐患大、现场施工条件差等难题，在吉康、樟吉、梨东、昌金等改扩建项目均得到大面积推广应用。昌樟改扩建二期立足交通强省试点，开展高速公路装配式桥梁工业化绿色建造攻关研究，探索拟形成一套可推广、可复制的装配式桥梁建设管理和技术标准体系（图5、图6）。

图5 预制箱涵

图6 装配式桥梁

1.3.2 上跨桥顶推技术

总结昌樟、昌九实践经验，吉康、樟吉、梨东、昌金等改扩建项目全线所有的支线上跨桥均改为30m＋50m＋30m、40m＋60m＋40m等大跨度的钢混组合梁桥，在跨越高速公路时只在两侧建设桥墩而中央分隔带无桥墩，钢梁工厂制造与桥梁下部构造施工同步进行，钢梁安装采用主跨全断面顶推法＋边跨吊装法的方式，施工安全、工期短、效率高，达到安全高效和快速施工的效果。

1.3.3 桥梁同步拆除技术

改扩建桥梁拆除采取“全幅封闭、机械破除、分批拆除”的方案，根据上跨桥施工组织计划和交通分流点情况，将全线上跨桥分成若干批次，选择在车流量较小的时段，施工现场全幅封闭交通，采用机械破除法进行同步拆除，完成时间控制在20h以内。

1.3.4 其他快速施工技术

江西改扩建针对拆除桥涵台背、拼接过渡段等狭小区域，采用泡沫轻质土快速回填，保证施工质量的同时，又降低运营安全风险；昌樟改扩建采取顶管法排除原中分带水，避免开挖老路埋设横向排水管；昌九改扩建潦河桥抬升高程路段新旧拼接处拓宽幅采用装配式挡土墙，实现不干扰交通快速施工。

1.4 突出“低碳”要求，坚持“无废化”理念

改扩建面临着大量的废弃物，不仅侵占土地，更可能污染环境，急需加强对工程弃土弃渣、建筑废弃物等的管理，将其作为资源充分有效利用，变资源浪费为资源再生，变污染为环保。

1.4.1 路面废旧材料循环利用

江西高速改扩建实现利用厂拌冷再生混合料约200万t，减少碳排放7万t，节省工程造价约2亿元、土地1000多亩。樟吉改扩建拟在全国铺筑首条全再生路面结构试验路，实现路面废旧材料高值化再生利用率95%以上，探索道路建筑垃圾全量化应用及全结构再生等资源化利用，建立建筑垃圾“拆除-回收-生产-利用”四级闭环管理机新机制。

1.4.2 道路拆除固废资源化利用

昌樟、昌九改扩建项目采用掺碎石等改良措施利用沿线150万m^3高液限土，樟吉改扩建采取“以废治废”利用钢渣或城市建筑垃圾等固废对5万m^3高液限土进行改良利用；昌九、吉康等改扩建全线拆除形成的50余万m^3固体废弃物，采取破碎再生形成集料，用于低等级路面和混凝土等。昌九、樟吉等改扩建开展高速公路阵列式声子晶体声屏障的声学结构设计及应用研究，就地回收利用废旧钢护栏作为声屏障原材料；昌九改

扩建全线70km的中分带旧新泽西墙拆除后先作为交通隔离设施使用,最后再经过装修处理作为改扩建后的永久中分带护栏使用[1];昌金改扩建积极开展多源固废在道路工程中的高值化综合利用研究,助推我省道路工程领域固废循环利用产业升级发展,打造低碳环保的新时代绿色公路示范改扩建工程(图7、图8)。

图7 旧混凝土破碎再利用

图8 昌金循环经济产业园

1.4.3 永临设施结合使用

江西高速改扩建中分带混凝土护栏提前预制,先行用于临时交通维护,移动钢护栏采取租借模式,可继续用于后续改扩建项目。隧道洞口临时碎化工程,按永久工程实施,作为路面工程的一部分;驻地、大临、便道利用地方现有或规划设施,梨东改扩建上饶绿色低碳工业中心与地方合作,按永久厂站布局,项目结束后服务地方建设;昌金改扩建重复利用宜遂项目驻地及拌和站,改造原有的彬江养护基地,打造全省首个建养一体化道路材料循环经济产业园;樟吉、吉康改扩建在吉安养护所合建安全培训中心,按照路地共用模式,打造建筑产业工人培育基地。

1.5 突出"数智"赋能,坚持"智慧化"理念

改扩建施工改变了既有道路条件、运行环境和运行秩序,降低了道路通行能力,甚至引起车流拥挤、堵塞和交通事故等。江西高速改扩建推行数智管控,变被动管理为主动管理,实现科学维护和管理。

1.5.1 智慧主动防护系统

江西高速公路改扩建构建施工作业区安全联控系统,系统融合北斗定位、5G及近场无线通信技术,通过集成远程集成控制主机、固定式报警器、闯入检测道钉、红外预警器、定向音频广播系统及随身报警器等设备,实现车辆闯入事件检测、工作区多维报警、事件驱动远程监控+北斗定位+交通流数据采集等三大功能。

1.5.2 BIM可视化应用

改扩建重点针对枢纽互通交通组织、隧道施工组织、高边坡开挖安全性分析、旧桥拆除推演、大型临时设施可视化方案比选进行BIM可视化模拟,通过利用BIM技术实现虚拟建造加深了管理人员对施工组织调度的理解,同时提升了项目的数智化管理水平。

1.5.3 智慧交通数据平台

吉康改扩建开发智慧交通监测平台,对施工路段交通流进行实时监测和评价,利用大数据分析的手段对往来车辆峰值进行实时推送。搭建交通数据融合分析平台,提出改扩建项目建设交通流监测解决方案。根据路况场景自动匹配规划施工组织计划,减少施工组织的盲目性,以数字化、信息化赋能改扩建项目管理。

1.5.4 改扩建智慧高速

依托梨东改扩建推进智慧高速建设。研发了交通流智能诱导系统,具备了主动发现、全息精准感知、拥堵预测和精细管控能力,有效进行交通组织优化,提升路网通行效率。研制了超长续航无电无网独立杆站,实现无电无网盲区有效实时监测,有效提升提质扩容工程的安全运营管理水平。据不完全统计,减少拥堵时长20%、减少车辆分流限流次数15%,既有效保障了改扩建项目的施工,又有效实现了道路的保通保畅。

1.6 突出"融合"发展,坚持"协同化"理念

改扩建多因素、多需求交织,需要在复杂因素中寻求平衡,实现融合多目标的协同发展。

1.6.1 新路与旧路衔接协同

江西高速公路改扩建注重新旧拼接、减少差异沉降,路基拼接、桥涵台背等区域采取液压强夯增压补强;路面拼接统筹保通与质量需求,注重老路硬路肩检测和处治,多数挖除处理;桥梁拼接优化交通组织,拓宽幅桥在经过交通荷载作用沉降后再与老桥进行刚性连接。

1.6.2 施工与运营管理协同

试行"一路多方"联合工作组,由高速交警、路政、路段管理单位派驻人员与项目办合署办公,建立联勤联动机制,出台系列改扩建涉路办法,形成路警联合、建养融合、齐抓共管的治理格局,实现保施工、保通行、保运营的多重保障。

1.6.3 高速与城镇发展协同

改扩建注重与地方的衔接,为了释放城镇发展空间,采取抬升路基标高或改高架桥方案,或者局部新建复线,将老路作为城市通勤的快速通道,如梨东改扩建上饶城区段及樟吉改扩建吉安城区段均采取新建八车道复线方案;注重交旅融合,打造具有地域人文特色的收费站及服务区等,如昌九改扩建永修服务区为全省首个路地共用的商业服务区,樟吉改扩建打造具有庐陵文化并集"创新+绿色+智慧+商业"于一体的多元化、开放型主题服务区。

1.6.4 建设与路衍产业协同

依托改扩建项目建设,大力发展路衍经济。布局发展装配式产业,如昌九改扩建共青构件制造中心现转型为江西交工装配制造公司,昌樟改扩建二期临时场站拟布局为江西交工南昌装配制造基地;布局发展固废资源化产业,如樟吉改扩建拟在吉安南养护所布局建筑垃圾资源化绿色示范基地;盘活改扩建闲置资产,将省界收费所站改建综合能源体,探索沿线互通枢纽等闲置土地造田、布局光伏等产业。

2 取得的成效

江西高速公路改扩建积极融入绿色公路、平安百年品质工程、交通新基建等创建,以系统思维、创新思维、产业思维推动项目建设,经过探索取得了一批实践成果。

(1)获得了一批示范奖项。昌樟改扩建将绿色低碳理念融入建设全过程,被交通运输部评为"绿色循环低碳公路主题性示范工程";昌九改扩建推行工业化建造理念,被交通运输部列为全国10个打造品质工程的典范,获得行业和省级最高质量奖-公路交通优质工程奖(李春奖)和江西省建设优质工程杜鹃花奖;梨东改扩建入选交通运输部交通运输新型基础设施建设重点工程、江西省政府一号发展工程智慧交通建设专项任务;樟吉改扩建围绕"低碳耐久建造技术与模式"入选部交通运输科技示范;昌樟改扩建二期聚焦装配式桥梁工业化绿色建造,列为江西省交通强省试点项目。

(2)带动了一批产业发展。依托昌九改扩建培育了江西交通首个装配产业基地,立足装配式桥梁、高性能混凝土预制构件、钢结构加工等,进一步在昌樟改扩建二期、南昌北二绕城高速等项目应用,拓展规划布局南昌装配产业园,发展壮大装配产业;依托昌金、樟吉改扩建开展道路及工业固废高值化利用,成功将彬江养护基地打造为全省首个高速建养一体化道路材料循环经济产业园、在吉安南养护所布局建筑垃圾资源化绿色示范基地等,带动固废产业的发展。

(3)探索了一批建设模式。昌九改扩建集约工业化建造模式,吸引十多个省份前来观摩学习,在省内外公路建设中得到广泛推广应用;樟吉改扩建首创"厂外无厂"模式以及梨东改扩建打造"绿色工业中心"等,积极探索创新创优赋予工程建设管理的活力与效益,为江西省乃至全国高速公路建设项目发展提供了参考借鉴。

3 结语

随着高速公路改扩建发展,改扩建理念不断提升,内容更加丰富,展望未来改扩建,有几点体会思考:

(1)改扩建理念、技术进一步发展。随着复杂山区、城区高速改扩建的深入实践,如"轻型、立体、智慧"等复合改扩建技术,指标宽容等方面将进一步推进创新。

(2)改扩建规划、标准进一步完善。从国家层面进行路网级改扩建顶层总体规划,提出合适改扩建时机,制定五年、十年改扩建计划,省级层面注重改扩建(加粗)、复线(加密)的论证。针对各地在实施高速公路改扩建时存在着建设方式方法差别较大、建设理念和指导原则不统一、对关键技术指标的理解存在异议等问题,进一步完善现行行业标准体系中专门针对高速公路改扩建工程的相关标准规范。

(3)改扩建带动产业进一步发展。装配式建筑和固废再生属于国家、行业、地方大力支持发展的新型产业,也是特别切合新发展理念的绿色建造技术,有必要按照"永临结合、路地共享"模式,产业化布局永久性装配基地、固废再生基地。加大科技投入,研究适合山区、滨湖的装配式桥梁建造技术体系及配套装备。探索"以废治废",以路域外的固体废物和城市建筑垃圾资源化利用,实现路域内建筑垃圾的改良处理再利用。

(4)改扩建建设模式进一步丰富。改扩建为保障通行和安全,临时支挡、临时排水、临时路面、临时交安机电及维护设施、智慧管控等投入较大,应兼顾考虑改扩建期的临时需求和运营期的永久需求,统筹两个阶段的设施设备复用问题和数字化系统信息无缝移交问题,实现"永临结合、建养融合"一体化模式。另外,改扩建在标段划分趋于规模更大、内容更全,充分发挥集约化管理模式效能,推进品质建设更有成效;深化工业化建造模式,探索装配化在公路路面、房建等领域进一步应用,实行全线单独预制标模式,实现构件预制更集中、制造更精良。

参考文献

[1] 付凯敏,黄智华,曹林辉.绿色理念在昌九高速公路改扩建工程中的应用实践[C]//世界交通运输工程技术论坛(WTC2021)论文集(上),2021:631-635.

路面工程生命周期能耗与碳排放评价研究综述

杜俊池[1]　朱洪洲*[2]

(1.重庆交通大学土木工程学院;2.重庆交通大学交通土建工程材料国家地方联合工程研究中心)

摘　要　随着全球环境问题的凸显,路面工程的能耗与排放备受关注。然而,在当前国内外的路面工程生命周期评价研究中仍存在一些不足。本文通过梳理路面工程在建设、运营、养护及终期四个阶段的LCA研究成果后发现:在建设阶段,路面LCA研究缺乏统一的评价指标,且大量研究停留在中点定量评价未对其最终影响进行评估,尤其在温拌剂研究中忽略了其上游的环境影响及对路面性能的潜在影响;运营阶段对环保能源的分析评价较为片面,未对其相关上下游能耗与排放进行全面评估;而对路面养护阶段的LCA研究中对最佳再生技术及RAP料的最佳掺量仍未达成共识;国内对路面终期阶段回收处理的环境影响评估较为缺乏。这些问题的解决对今后提高路面工程生命周期评价的准确性和全面性至关重要。

关键词　路面工程　生命周期评价　能源消耗　碳排放

0　引言

随着全球环境问题的加剧,尤其是交通行业对全球温室气体排放的显著影响,我国已将交通领域视为应对气候变化的关键领域。其中,道路领域的能源需求占到了75%左右[1],而全球约28%的能源消耗归因于路网的建设,道路建设所带来的高能耗和高排放引起了广泛关注。因此,生命周期评价法(Life Cycle Assessment,LCA)成为重要的研究工具,该方法从原材料获取到废弃的整个生命周期中评估产品或过程的潜在环境影响,被广泛认可为环境管理和预防性环境保护手段,其技术框架如图1所示。目前的研究主要采用LCA的中点法,将不同温室气体统一换算为

基金项目:重庆市研究生联合培养基地建设项目(JDLHPYJD2020014)、重庆市自然科学基金创新发展联合基金项目(CSTB2022NSCQ-LZX0063)。

CO_2当量，但这不利于对实际影响进行准确评估。此外，研究主要关注中点阶段的定量评估，而对最终产生的人类健康和生态环境影响研究较少，未来的研究应更加全面考虑各种能耗和排放的终点法评价。

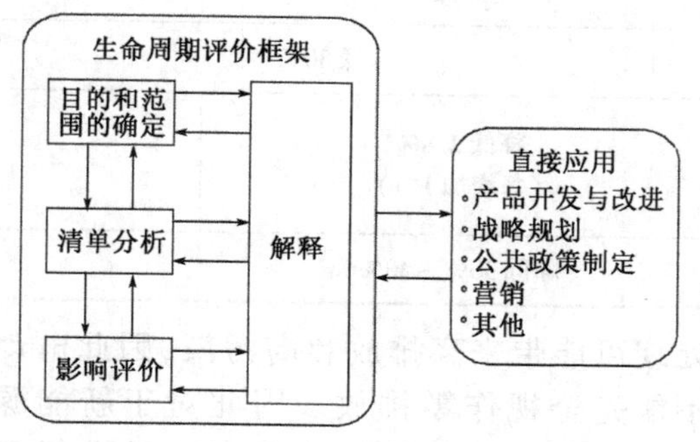

图1 LCA技术框架[2]

1 路面建设阶段能耗及排放

路面建设包括材料物化、运输、施工三个阶段。其中，碳排放主要来源于相关活动的材料和机械设备使用[3]。材料物化与机械加工的碳排放占总量的90%以上[4]，而施工阶段仅占总能耗与排放的6%～8%，材料生产占绝大部分[5]；Park[6]等指出材料生产阶段能耗和排放占比超过50%。贾晓娟[7]的研究显示，不可再生资源、温室效应和酸化效应主要发生在原材料的生产阶段。尚春静[8]提出改进材料的施工工艺和节约用料是有效的节能减排措施。

1.1 路面材料类型

我国主要使用水泥路面和沥青路面，但广泛采用的沥青路面在施工中的高能耗和高排放引起了环保担忧。研究表明，普通混凝土（JCPC）比沥青玛蹄脂碎石（SMA）路面的CO_2排放量高40%～60%，但能耗较低[9]。Stripple[10]认为，即使不考虑原料能与水泥路面的碳化作用，其能耗与排放也高于沥青路面。李肖燕[11]指出，尽管JCPC路面的能耗较高，但其使用寿命更长，年均能耗反而更低。Roudebush[12]提出"能值"概念，并发现水泥路面的综合能值比沥青路面低47.6%；Chan[13]首次引入环境影响货币化概念，运用流程LCA法得出水泥路面的一次性能源消耗为沥青路面的1～3倍，且温室气体排放更少。

由此可知，关于水泥混凝土与沥青混合料这两种材料的具体能耗与排放目前并无统一的评价指标，导致出现不同的结果。因此，后续研究应在统一的评价指标与计算标准下进行，以便合理地进行比较。

1.2 替代材料

为降低环境污染及减少工业副产品对环境的不良影响，许多学者研究将废旧轮胎、高炉渣、金属废料等作为沥青混合料的替代成分，以实现废物利用、减少自然资源消耗和节能减排的目标。

Farina[14]等发现将回收橡胶（CR）应用于路面的上面层，并采用湿法工艺生产具有较好的环境优势；但Bressi[15]等则指出，橡胶处理和增加沥青用量可能降低CR再生沥青混合料的环境优势。Mroueh[16-17]等提出使用高炉底灰替代碎石，经LCA分析表明其能有效降低能耗和排放量，同时显示采用再生资源与废弃材料路面的环境影响小于使用新料的路面。目前的研究主要集中在对资源、能耗以及排放的计算上，而该类替代材料的环境影响还应考虑水污染以及噪声污染等方面。因此，对替代材料的环境影响评估应建立更全面和长期的评价体系，综合考虑其对环境影响的利弊，以实现节能减排及环境友好的目标。

1.3 温拌技术

由于在拌和及施工中的高温，热拌沥青混合料（HMA）导致了大量石化能源的消耗和有害气体的排放。温拌沥青混合料（WMA）技术通过一定措施降低施工温度，从而减少能源消耗和温室气体排放。与HMA相比，其温度可降低30～50℃[18-21]。王清洲[22]等发现，使用1t WMA相对于HMA可以节省1.4kg能源消耗并减少30%排放。然而，吴爽与纪续认为WMA对环境的影响时，需考虑长期使用性能，低性能可能增加养护频率，从而降低整个寿命周期的节能减排效果[23,24]。

目前的温拌技术包括泡沫沥青温拌法、沥青矿物法、化学外加剂法和有机外加剂法。这些技术的生产工艺存在差异，对环境的影响也各异。表1总结了各研究者对温拌沥青技术的能耗和排放研究情况。

温拌沥青技术排放表格　　表1

研究者	温拌剂	对比方式	碳排放	能耗
Graham[25]等	人工沸石	与热拌沥青混合料对比	降低	—
Vidal[26]等	人工沸石	与热拌沥青混合料对比	一致	
张会远[27]等	Aspha-min©	与热拌沥青混合料对比	降低	降低
郭红兵[28]等	Aspha-min©	与热拌沥青混合料对比	降低30%	
Hamzah[29]	Sasobit©	与热拌沥青混合料对比	降低2.8%（每增加1%）	
宋静静[30]	Evotherm©	与热拌沥青混合料对比	降低30%～40%	

目前,关于不同类型温拌剂节能减排效果的对比研究较少,各种温拌剂的最佳掺量尚无定论。对于Aspha-Min©、Sasobit©、Evotherm©等温拌剂的环境影响计算显示,WMA的环保性能并不一定优于HMA[18]。此外,温拌剂的制造过程也涉及能耗与排放。然而,目前的研究大多仅关注其环境保护的有利一面,因此对于温拌剂是否最终具有节能减排效果,还需更深入、广泛的研究。

2　路面运营阶段能耗及排放

路面运营阶段的环境影响主要源于车辆的燃料能源消耗和废气排放,其中燃料燃烧所产生的碳排放占据了路面总生命周期的绝大部分[31-32]。路面状况对行车速度等产生显著影响,是能耗与排放的关键因素。Barth[33]等提出了车辆存在最低碳速度,绘制了碳排放与车速的"U"形关系曲线。各国机构和学者提出了多种排放评价模型,包括美国环保局的MOBILE、MOVES模型,加州大学河滨分校的IVE模型,以及基于发动机层面的CMEM和欧洲环境署的COPERT模型。这些模型采用不同原理和方法来模拟车辆排放,为环保决策提供理论依据。研究结果显示,在较低滚动阻力的路面上,使用阶段减少的能耗和气体排放可能高于施工期间。而对于交通量较大的公路,改善路面性能的节能减排效果更为有效[34]。

随着全球对环境和气候变化的关注,车辆能源正逐步从石油向环保新能源过渡。不同能源在制取、运输和生产等方面的环境影响各异,需要建立相应模型评估不同能源的上游阶段的环境影响。此外,电动汽车的电池生产及报废处理可能带来高排放和高污染,因此电动汽车不能完全视作零排放。因此对于新能源的及相关设备对环境的影响程度还需进行更多深入且长期的LCA研究,以降低对环境的不利影响。

3　路面养护阶段能耗及排放

养护阶段的施工活动涵盖材料生产、运输和现场施工,同时需要考虑材料的循环再生利用和废弃处置[3]。随着节能减排政策的实施,再生沥青混合料(RAP)备受关注,被认为有助于提升路面施工的节能减排效果。再生技术分为就地热再生、就地冷再生、厂拌热再生和厂拌冷再生四类。不过,目前各项研究对再生技术在环境影响方面的排序并不一致[7,35,36]。对厂拌热再生研究表明,其1t生产总能耗较普通热拌沥青混合料低19%,而就地热再生的CO_2排放量要低于厂拌热再生[37-38]。此外,再生沥青在混合料中的掺量也会对施工能耗与排放产生影响。张玉杰[39]研究发现,随着旧料掺量增加,能耗也会随之增大。而Rosario[26]等则提出相反的观点。汪托[40]认为,30%再生料掺量的RAP能耗降低16%,CO_2排放减少20%,并且若使用RAP的沥青路面寿命能达到新拌沥青路面的80%以上,其具有较好的节能减排效果。

总体而言,不同再生技术在能耗和排放的影响上各有优劣。一些研究仅考虑了生产及拌和的环境影响,未考虑加热处置和长期影响;且对RAP的最佳掺量尚无定论。因此,应该建立全过程的再生路面环境影响评价体系,以确定更优的节能减排再生技术。

4 路面终期阶段能耗及排放

路面终期阶段的能耗占比不超过0.1%[41]，因此现有路面生命周期评价通常忽略该阶段。路面使用寿命结束后的处理方式包括直接填埋、旧料回收和留在原位。直接填埋是效益最差的方法，可能中断路面可持续发展、降低土地资源利用率，还可能引起水体和土壤污染，因此在采用前需要全面评估其环境影响。旧料回收是目前最广泛应用的方法，将材料再循环利用在新路面中，其环境影响在前文已有讨论。但在进行生命周期评价时，需要避免重复计算路面终期材料的循环。留在原位通常意味着将原有结构用作后续路面结构的支撑。有研究认为，留在原位的路面应纳入下一阶段的生命周期计算，与旧路面拆除相关的施工、运输等环节不再计入本次生命周期。

对我国而言，大部分道路修建于20世纪90年代至21世纪初，已使用15~20年。尽管一些道路路面性能有所下降，但大多数尚未达到报废回收状态，使我国在路面终期环境影响方面经验相对不足。随着路面使用年限的逐渐增长，今后的研究应更多考虑该阶段的环境影响。

5 结语

通过综合现有有关路面全寿命周期的文献，本文认为当前研究仍存在以下问题：

(1)大量研究在能耗与排放方面仅进行了中点法的定量评价，未深入研究其对人类健康和生态系统的最终影响，因此后续研究应更注重采用终点法的分析评价，例如对人类居住环境或健康状态的长期影响记录或模拟等。

(2)将不同温室气体排放换算为CO_2当量的方法相对较为笼统，应建立诸如包含CO_2、SO_2、CH_4等多种温室气体的综合影响评价指标和评价体系，并查明不同温室气体对自然环境及人体健康的具体影响。

(3)路面材料及替代材料的LCA评价方法缺乏统一指标且没有长期的评价体系。

(4)现有研究主要关注温拌剂的研究主要在拌和施工阶段，忽略了其自身生产过程及长期路用性能的影响。温拌沥青的节能减排效果仍需更深入、长期的研究。

(5)国内目前对路面最终拆除报废的终期阶段所造成的环境影响评估较少，今后的研究重点可对该阶段的处置方法等环境影响进行评估分析，并将回收材料的终期分析与下一阶段的建设期环境影响分析做出明确区分。

参考文献

[1] 毛文成. 热拌沥青混合料运输与摊铺节能减排技术研究[D]. 西安：长安大学，2022.

[2] 杨博，张争奇，张慧鲜. 沥青路面生命周期分析类型的合理选择[J]. 中外公路，2013，33(6)：357-362.

[3] 刘圆圆. 基于ALCA的公路生命周期二氧化碳计量理论与方法研究[D]. 西安：长安大学，2019.

[4] CASS D，MUKHERJEE A. Calculation of greenhouse gas emissions for highway construction operations by using a hybrid life-cycle assessment approach：case study for pavement operations[J]. Journal of Construction Engineering and Management. 2011，137(11)：1015-1025.

[5] 高放. 基于LCA的沥青路面建设期能耗和排放量化分析研究[D]. 重庆：重庆交通大学，2016.

[6] PARK K，HWANG Y，SEO S，et al. Quantitative assessment of environmental impacts on life cycle of highways[J]. Journal of Construction Engineering & Management，2003，129(1)：25-31.

[7] 贾晓娟. 沥青路面材料全生命周期评价研究[D]. 武汉：武汉理工大学，2014.

[8] 尚春静. 基于建筑生命周期的建筑业管理信息化研究[D]. 北京：北京交通大学，2007.

[9] HäKKINEN T，MäKELä K. Environmental impact of concrete and asphalt pavements[J]. Environmental Adaption of Concrete，1996.

[10] STRIPPLE H. Life cycle inventory of asphalt pavements[J]. IVL Swedish Environmental Research Institute Ltd，2000.

[11] 李肖燕. 基于LCA的水泥路面与沥青路面环境影响评价[D]. 南京：东南大学，2015.

[12] ROUDEBUSH W H. Environmental value engineering assessment of concrete and asphalt pavement[J]. PCAR&D Serial,2088a,1999.

[13] CHAN A W. Economic and environmental evaluations of life-cycle cost analysis practice:a case study of michigan DOT pavement projects[J]. 2007.

[14] FARINA A,ZANETTI M C,SANTAGATA E, et al. Life cycle assessment applied to bituminous mixtures containing recycled materials: crumb rubber and reclaimed asphalt pavement [J]. Resources, Conservation & Recycling, 2017,117.

[15] SARA B,JOAO S,MARKO O,et al. A comparative environmental impact analysis of asphalt mixtures containing crumb rubber and reclaimed asphalt pavement using life cycle assessment[J]. International Journal of Pavement Engineering,2021,22(4).

[16] MROUEH U,ESKOLA P,LAINE-YLIJOKI J, et al. Life cycle assessment of road construction[J]. Tielaitoksen selvityksiä,2000.

[17] CARPENTER A C, GARDNER K H, FOPIANO J,et al. Life cycle based risk assessment of recycled materials in roadway construction [J]. Waste Management, 2007, 27 (10): 1458-1464.

[18] CAPITão S D, PICADO-SANTOS L G, MARTINHO F. Pavement engineering materials:review on the use of warm-mix asphalt[J]. Construction and Building Materials,2012,36.

[19] THIVES L P,GHISI E. Asphalt mixtures emission and energy consumption: a review [J]. Renewable and Sustainable Energy Reviews, 2017,72:473-484.

[20] 董文豪.温拌改性沥青性能及碳排放评价研究[D].西安:长安大学,2021.

[21] 秦永春,黄颂昌,苏玉昆,等.温拌沥青混合料中沥青在施工阶段的老化程度[J].同济大学学报(自然科学版),2009,37(9): 1200-1202.

[22] 王清洲,范鑫,刘淑艳,等.温拌沥青路面建设期内节能减排效益测算[J].中外公路, 2017,37(5):318-322.

[23] 吴爽.基于LCA的热拌与温拌沥青路面环境影响研究[D].南京:东南大学,2015.

[24] 纪续. Aspha-min温拌沥青路面材料性能与碳排放评价研究[D].西安:长安大学,2020.

[25] HURLEY G C,PROWELL B D. Evaluation of potential processes for use in warm mix asphalt [J]. Journal of the Association of Asphalt Paving Technologists,2006,75.

[26] VIDAL R,MOLINER E,MARTíNEZ G,et al. Life cycle assessment of hot mix asphalt and zeolite-based warm mix asphalt with reclaimed asphalt pavement[J]. Resources,Conservation and Recycling,2013,74.

[27] 张会远,王连军. Aspha-min温拌沥青混合料节能减排效果的研究[J].公路交通科技(应用技术版),2013,9(5):154-156.

[28] 郭红兵,陈拴发. Aspha-min温拌沥青混合料技术现状与路用性能[J].中外公路,2008(2):152-155.

[29] HAMZAH M O, JAMSHIDI A, SHAHADAN Z. Evaluation of the potential of Sasobit© to reduce required heat energy and CO_2 emission in the asphalt industry[J]. Journal of Cleaner Production,2010,18(18):1859-1865.

[30] 宋静静.不同拌和类型沥青混合料能耗排放研究[D].西安:长安大学,2015.

[31] HKKINEN T, MKEL K. Environmental adaption of concrete, environmental impact of concrete and asphalt pavements[J]. 1996.

[32] 何亮,李冠男,张军辉,等.路面全寿命周期能耗与CO_2排放分析研究进展[J].长安大学学报(自然科学版),2018,38(4):10-20.

[33] BARTH M,BORIBOONSOMSIN K. Real-world carbon dioxide impacts of traffic congestion [J]. University of California Transportation Center,2010.

[34] WANG T, LEE I S, KENDALL A, et al. Life cycle energy consumption and GHG emission

from pavement rehabilitation with different rolling resistance[J]. Journal of Cleaner Production,2012,33:86-96.

[35] CHAPPAT M, BILAL J. Energy consumption and greenhouse gas emissions[J]. Sustainable Development and Environmental Road of the Future,2003.

[36] 朱浩然,张志祥,卢勇,等. 沥青路面热再生能耗及温室气体排放计算分析[C]//北京,2013.

[37] 张争奇,张苛,姚晓光,等. 厂拌热再生技术能耗与排放量化分析[J]. 江苏大学学报(自然科学版),2015,36(5):615-620.

[38] 唐礼泉,郝培文. 沥青路面不同再生方法 CO_2 排放量研究[J]. 中外公路,2012,32(1):104-108.

[39] 张玉杰. 沥青混合料节能减排评价及温拌再生技术研究[D]. 沈阳:沈阳建筑大学,2017.

[40] 汪托,郝培文. 回收沥青路面再利用节能减排效益分析[J]. 中外公路,2013,33(4):325-330.

[41] YU B, LU Q. Life cycle assessment of pavement: methodology and case study[J]. Transportation Research Part D, 2012, 17(5):380-388.

高寒高海拔特长隧道绿色低碳环保施工关键技术

上官洲境[*1,2]　潘孙龙[1,2]　宋远伟[2]　叶　飞[1]
(1. 长安大学公路学院;2. 中交一公局集团有限公司)

摘　要　隧道施工是土木工程领域碳排放的主要来源之一,为减少碳排放,及时总结隧道低碳施工技术最新的研究成果,为其推广应用起到示范效应,本文以天山胜利隧道为例,探究高寒高海拔特长隧道“绿色低碳施工”的技术措施,创新性地提出隧道施工排水污染防治与利用技术、“清污分流、洞内裂隙水收集再利用”技术、移动式除尘设备快速除尘技术以及资源节约利用等技术,研究成果可为特长隧道“绿色低碳施工”技术的推广应用起到作用。

关键词　绿色低碳　高寒高海拔　特长隧道　资源节约利用　环保

0　引言

交通运输行业贡献了近1/4的温室气体排放,其中约72%来自道路交通,而根据美国交通环保局(2008)及清华大学张智慧教授研究成果认为施工行为占总碳排放的40%~50%。目前工程建设中采取绿色低碳建造技术仍然零散,减污降碳及生态保护关键技术尚未突破,实施效果有限且缺乏技术集成耦合,难以引导技术革新与重构。本文以新疆天山胜利隧道为例,针对部分节能降碳技术、环境污染控制技术、生态保护与修复技术、资源节约集约利用技术相继开展了工程实践应用,系统地总结了特长隧道绿色低碳施工技术。

1　工程概况

天山胜利隧道位于新疆乌鲁木齐,是乌尉高速控制性工程,设计为分离式隧道,隧道全长22.110km(左洞)/21.996km(右洞),属特长隧道,穿越天山山脉,地处高寒高海拔地区,气候恶劣多变,地质条件复杂,具有“一长”“二深”“五高”“二新”的特征,施工难度大,施工组织复杂。

1.1　“一长”

(1)全世界最长的高速公路隧道。单洞设计长度22.110km。

1.2　“二深”

(1)隧道埋深深。洞身最大埋深1112.6m。

(2)2号竖井深。2号竖井设计深度702m,为国内最深高速公路隧道竖井。

1.3 “五高”

(1)高地应力:最大地应力值达 21.8MPa。

(2)高地震烈度:基本烈度为Ⅷ度,设计基本地震动峰值加速度为 0.2g,特征周期采用 0.45s,地质构造运动强烈。

(3)高环境要求:隧道穿越天山一号冰川冰达坂,庙儿沟国家森林公园、乌鲁木齐二级饮水水源保护区;生态环境脆弱,环境敏感点多。

(4)高寒:根据天山冰川站夏季营地(海拔 3539m)年平均气温为 -5.4℃,地表 2m 以下为多年冻土层,最大冻结厚度 15 ~ 30m;隧址极端气温达 -42℃。

(5)高海拔:竖井最高海拔 3623m。

1.4 “二新”

(1)隧道施工采用“三洞 + 四竖井”施工方案,其中服务隧道采用 TBM 工法,在国内高速公路特长隧道为首创。

(2)隧道双主洞采用钻爆法施工,通过服务隧道 TBM 超前优势,在车行横道处开辟主洞辅助工作面,实现长隧短打。

2 绿色低碳环保施工关键技术

2.1 隧道施工排水污染防治与利用技术

隧道穿越不良地质时产生的涌水、施工设备等产生的污水以及基岩裂隙水等主要污染物为悬浮物、石油类,pH 呈较强碱性,由于天山山脉存在煤矿,隧道施工涌水还可能有部分金属、非金属元素,水质如下:

(1)进水水质

根据相关资料,施工污水的进水水质见表 1。

进水水质情况(mg/L,pH-无量纲)　　表 1

项目	pH	硫酸盐	氟化物	TN	氨氮	COD	BOD5	挥发酚	石油类
设计值	7.6 ~ 10.5	595	1.48	1.52	0.558	37	8.7	0.0121	0.5

(2)出水标准

根据相关要求,经污水站处理后的水质污染物指标满足《地表水环境质量标准》(GB 3838—2002)Ⅱ类水质标准,具体见表 2。

出水水质限值(mg/L,pH—无量纲)　　表 2

项目	pH	硫酸盐	氟化物	TN	氨氮	COD	BOD5	挥发酚	石油类
标准值	6 ~ 9	≤250	≤1.0	≤0.5	≤0.5	≤15	≤3	≤0.002	≤0.05
去除率	—	≥58%	≥32.5%	≥67.1%	≥10.8%	≥60%	≥65.5%	≥83.5%	≥90%

采用在隧道洞口修建一处 5000m³/d 的生产污水处理厂 + 洞内修建 1 个 10000m³/d + 洞外 1 个 2500m³/d 的钢污水处理箱的方式进行污水处理。生产污水处理厂主要处理氟化物,钢污水处理箱加明矾主要沉淀处理泥水。

2.1.1 洞内污水处理工艺

污水采用装配式钢污水处理箱如图 1、图 2 所示。

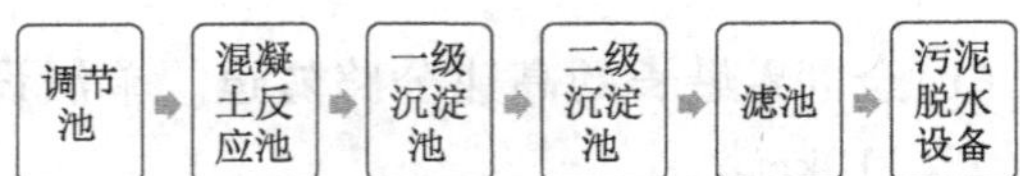

图 1　洞内污水处理工艺流程图

2.1.2 洞外污水处理厂工艺

污水处理厂长 62.4m,宽 21.6m,为两层现浇钢筋混凝土结构。每天可最大可处理 5000m³ 污水。处理后的水源循环利用。

图 2　污泥脱水设备及钢污水处理箱

主体工艺为:电絮凝气浮 + 混凝沉淀 + 除油过滤器 + 碳滤,采用撬装模块化装置组合的形式。

具体工艺流程详见图3。

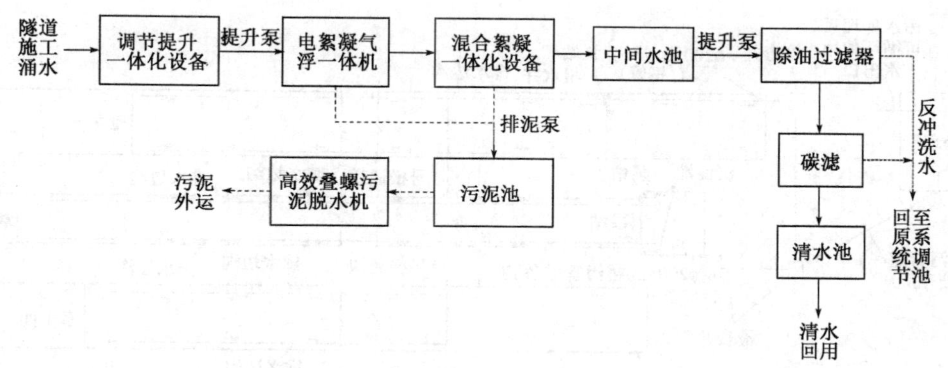

图3 污水处理工艺流程图

2.2 清污分流、洞内裂隙水收集再利用技术

右洞、服务隧道、左洞的最大涌水量分别为106356m³/d、103746m³/d、111342m³/d，最大涌水量与正常涌水量比值约为3，设计涌水量远超生产污水处理能力（17000m³/d），所以要将隧道内的涌水与施工生产产生的污水进行分离。

2.2.1 洞内清水、污水排放路径分配

隧道清水指的是已衬砌段裂隙水和隧道涌水，污水指的施工废水，如油污、速凝剂、脱模机、泥砂等。“清污分流”排水理念是将以上清水和污水实行隔离、分流处理。以隧道二次衬砌施工末端为界通过中心检查井封堵、防渗土工布覆盖等措施实现已衬砌段与施工段水流分离。

已衬砌段裂隙水采用排水模式：第一段是洞口段（左洞645m/右洞537m），裂隙水→环向排水管→横向排水管→中心排水沟→洞外永久排水体系。第二段是洞身段（没有中心排水沟），裂隙水→环向排水管→横向排水管→车通（人通）横向导水沟→服务隧道纵向排水孔→洞外永久排水体系。清水排水途径示意图详见图4。

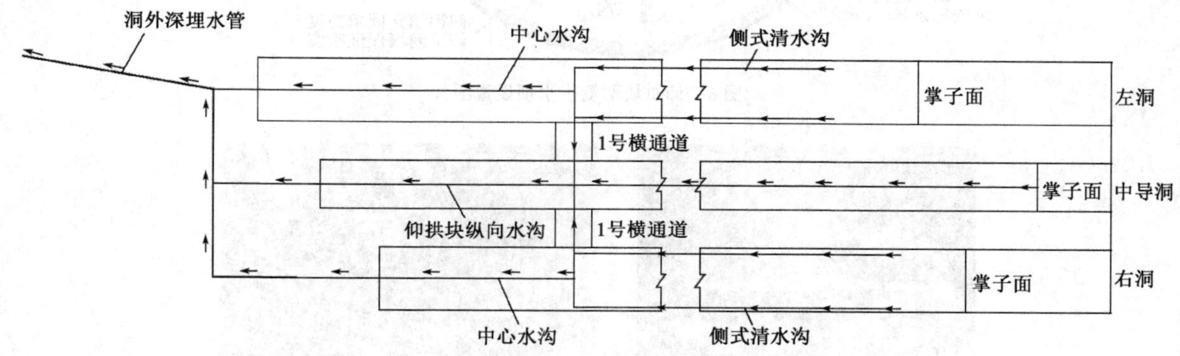

图4 天山胜利隧道内围岩裂隙水排水路径（未被施工污染的水源）

施工废水采用排水模式：施工废水→收集（本标段为顺坡排水，采用主洞和服务隧道两侧的排水边沟）→在洞口设置沉淀池，采用泵站强排→输送至污水处理中心→净化处理→综合利用。污水排水途径示意图详见图5。

2.2.2 清污分流技术

清污分流技术应用最重要的是要把清水和污水彻底分离开，重点在“分流”。

1）主洞清污分流技术

（1）主洞污水：每一个车通处均设置路面边沟，与主洞边沟和服务隧道边沟相连；主洞两侧的边沟通过埋设横向管道相连；将主洞边沟污水引流至服务隧道边沟，统一引流至洞口处的沉淀池，通过沉淀池中的泵站和管道将边沟污水送至污水处理厂。

（2）主洞清水：按照设计的排水路径直接引流至洞外永久排水体系。路径：裂隙水→环向排水管→横向排水管→中心排水沟→洞外永久排水

体系。

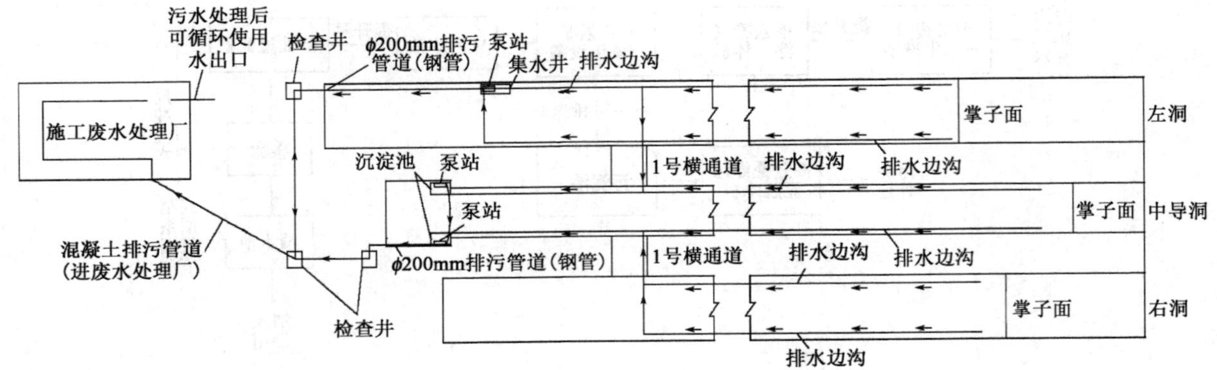

图5 天山胜利隧道施工废水排水路径(裂隙水经过施工污染的)

2)服务TBM隧道清污分流技术

(1)服务TBM隧道污水:全部通过服务隧道两侧的排水边沟,排至预备洞室内的两侧沉淀池,通过泵站和泵送管道输送至生产污水处理厂进口管内。

(2)服务TBM隧道清水:裂隙水→环向排水管→横向排水管→仰拱块内部纵向排水沟→洞外永久排水体系。

3)清污分流的主要措施

(1)服务隧道施工中,在仰拱块安装位置前方与TBM后支腿之间设置拦水坝(图6),在拦水坝内安装大功率泵站,通过泵站和排污管道将仰拱块前方拱底汇集的污水全部排至13号台车后方两侧排水边沟内。在仰拱块最前段设置过滤网(图7),防止固体垃圾及其他悬浮物进入仰拱块内。

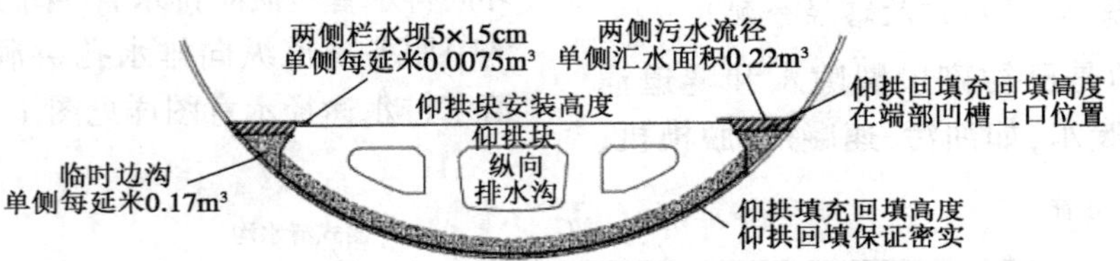

图6 仰拱块两侧拦水坝设置图

图7 增设过滤网与排水泵示意图

(2)对仰拱块横向排水孔堵塞脱落的进行重新安装,保证木塞的牢固性,见图8。防止边沟污水通过仰拱块预留的横向排水孔进入仰拱块内,导致污水与清水混流,造成清水污染。

(3)排查已安装的仰拱块与仰拱块之间是否存在缝隙,针对缝隙采用橡胶材料或沥青麻絮进行堵塞(图9),防止地面污水通过仰拱块之间的缝隙进入仰拱块排水沟内。

2.2.3 洞内裂隙水收集再利用技术

在富水段施作泄水孔,在岩面上打设泄水孔,然后采用PVC钢丝管将线状水沿着开挖岩面引流至仰拱块侧端横向排水管,通过横向排水管引流至仰拱块纵向排水孔内。见图10。

在富水段边沟处设置裂隙水收集池,通过在

两侧边沟处预埋 ϕ300mm 管道搭桥，保证边沟污水排水通畅。在裂隙水收集池附近设置泵站，通过侧墙安装的供水管道和排水管道，将收集池中裂隙水（没有经过污染）通过供水管道送至 TBM 施工工点、主洞施工工点，或通过排水管道直接外排。见图 11。

图 8 仰拱块横向排水孔堵塞

图 9 仰拱块缝隙堵塞

图 10 泄水孔引流

图 11 洞内裂隙水收集再利用

2.3 移动式除尘设备快速除尘技术

在隧道的挖掘爆破和喷射衬砌施工过程中会产生大量的粉尘，通过隧道移动式除尘设备和雾炮车的应用，改善隧道的施工环境，减少机械设备出现的故障率，节约通风除尘及洒水降尘的费用。

除尘设备由除尘箱体、集气管道、风机、控制柜、移动小车等组成，具体见图 12，它是一种高效隧道用除尘装置，同时具有低能耗、零耗水、无二次污染、体积小、自动化程度高等特点。

图 12 移动式除尘设备

2.4 其他绿色低碳节能技术

2.4.1 土地资源节约利用

（1）天山胜利隧道主洞施工便道和 1 号竖井便道利用原金矿便道，改扩建而成。

（2）项目部驻地利用原有望峰道班旧址进行改造，未新征用地。

（3）天山胜利隧道洞口区综合营地利用填平区，合理规划，尽量压缩各功能区用地面积，做好布局合理、功能齐全，满足施工生产需求的同时减少临时用地征用。

（4）1 号竖井位于生态敏感区，在前期策划中多次桌面推演、对比、优化，包括生活区、场站道路、排水设施的建设、稳绞设备距离井口最小距离以及其他大临设施布置合理规划等，在满足现场办公、生活以及施工需要的情况下，确定最终大临规划，节约临时用地 4423m^2。

2.4.2 弃渣利用

隧道洞渣二次利用，采用移动碎石加工场加工碎石，用于洞内结构物施工。对于施工资源化利用无法消纳的渣土，利用工区附近原有厂矿遗留的废弃矿坑进行弃渣,减少施工扰动。

2.4.3 冰川保护措施

项目所有施工、生活取暖全部采用电锅炉取代煤锅炉,钢筋加工场电焊作业采用二氧化碳保护焊,减少空气污染及对冰川保护。

2.4.4 竖井绿色施工

竖井拌和站位置及型号选择,场地布置因地制宜,综合考虑,采用集中供应的方式,采用卧式拌和站建设方案,减少填挖方量和减少混凝土的浪费从而强化现场环保管理;竖井拌和站混凝土工艺采用管道运输,取代车辆运输,减少面积征用;竖井设置生活污水处理厂,处理后的中水全部回用,不外排;竖井施工过程中的弃渣全部外运。

2.4.5 节能与能源利用

(1)现场电能集中输出,办公区域和生活区域均采用 LED 节能灯具,共计 200 盏,与传统的白炽灯相比,采用 LED 灯可节约 13 万度电,减少碳排放 102050kg。

(2)根据现场的场地照明需求,安装 20 套可拆卸式太阳能路灯,可循环使用两次,具有安装轻便,绿色环保,节能降耗等特点。按照每天照明 8h 的时间来计算,与同等亮度的普通路灯对比,整个工期可节省 21120 度电,减少碳排放 16579kg。

(3)项目住宿区采用全新的空气能热水器,它的热效率高达 300% ~500%,比一般的热水器高 4~5 倍,成本就很低,省电。空气能热泵每天的电费在 1~2 元,与一般热水器相比,每月可节省电费费用约 70% ~80%。

(4)项目建设渣石分离厂,对施工过程中废弃的拌合料进行回收处理,处理量每月 $60m^3$(砂、碎石各 $30m^3$),循环利用。

3 结语

3.1 结论

(1)通过洞内和洞外共同分级设置污水处理厂的方式对隧道施工产生的污水进行集中处理,并将处理后的水循环利用,对外零排放,解决了施工废水不得直接排入沿线河流的问题,保证了乌鲁木齐河不被施工污水污染。

(2)通过隧道"清污分流 + 洞内裂隙水收集再利用"技术,减少裂隙水与洞内污水混淆,提高洞内裂隙水的利用效果和直排效果,可有效减少污水处理量的 30%。将 TBM 施工用水距离从最初 5000m(原有从洞口泵至 TBM 施工用水点距离)缩短至 2000m(洞内裂隙水收集池至 TBM 施工用水点距离),解决了隧道设计涌水量远超生产废水处理能力的问题。

(3)通过隧道移动式除尘设备和雾炮车的应用,除尘效率高达 99.9% 以上,无二次污染,解决了粉尘危害施工人员的身体健康的问题。

(4)项目应从前期策划、临建施工以及主体工程建设全周期采取多种措施,尽最大能力去保护好工程施工范围内的生态,做到低碳环保。

3.2 建议

洞外的污水处理厂采用现浇钢筋混凝土结构,建设时费工费事,使用结束后需拆除,不绿色低碳,后期再次建厂建议使用贵州大学恒温的装配式污水处理厂。

目前新能源发展快,可考虑采用绿色低碳环保机械化配套施工技术:如:可持续能源设备(太阳能路灯、风力与太阳能的照明方面),环保设备(移动式除尘设备、施工用水、生活污水的处理),新能源设备(电动挖掘机、装载机、自卸车、混凝土罐车等设备),绿色商混凝土站。

在项目前期探索光伏发电永临结合模式,在项目后期,探索边坡光伏全额上网模式。施工阶段可以采用光伏发电清洁能源,但是要考虑到永临结合,后期用完后可以交付给建设单位,运营期可以采用。

参考文献

[1] 郦建锋,钱爱国.关于高速公路、铁路石渣社会化利用环节水土流失防治的思考[J].中国水土保持,2014,11:32-33.

[2] 段剑锋.利用隧道弃碴加工铁路工程高性能混凝土粗骨料经济分析[J].铁道勘察,2009,4:89-90,93.

[3] 丁远见.隧道施工废水处理技术研究[D].广州:暨南大学,2010.

[4] 严金秀.世界隧道工程技术发展主流趋势——安全、经济、绿色和艺术[J].隧道建设,2021,5:693-696.

[5] 史景革,史彦民.隧道施工对周围水环境影响研究[J].铁道建筑,2013,5:62-64.

[6] 杨斌,莫革,吴东国.隧道施工废水水质特征

分析[J].公路交通技术,2009,3:133-137.
[7] 朱旻航.重庆山区隧道施工废水混凝处理研究[D].重庆:西南大学,2010.
[8] 谢伟智.高速公路绿色施工评价研究[D].重庆:重庆交通大学,2019.
[9] 陈东.高速公路项目绿色施工管理评价研究[D].长沙:长沙理工大学,2014.
[10] 曾环求.海南省高速公路绿色施工评价研究[D].重庆:重庆交通大学,2020.

不同条件公路边坡客土复绿效果影响试验

黄旭飞　范　祥*
(长安大学公路学院)

摘　要　在公路边坡生态修复施工中,客土喷播时十分看重温度湿度。现在根据某一时间段的温度与湿度情况,研究在不同的种植密度、不同的边坡客土厚度、不同的黏合剂浓度情况下,在公路边坡下实施客土喷播技术时,对生态修复植物生长效果的影响。其结果表明:在岩板上实施植株密植时,以每块岩板300株为基础,第一次增加150粒种子密植时,发芽率下降39.4%,第二次增加150粒时,发芽率下降了7.1%。在岩板上更改厚度变量时,与基质厚度为6cm相比,客土厚度下降2cm时,植株发芽率下降了70.5%,当客土基质增加2cm时,发芽率增加了41.8%。在改变黏合剂的含量时,减少基质中黏合剂含量发芽率仅仅降低3%,增加黏合剂含量时发芽率几乎没有变化。综上,为了保障生态修复的效果,应该尽量少密植,增加客土基质厚度。

关键词　公路边坡　温湿度　密植　客土厚度　黏合剂

0　引言

高速公路工程的施工将不可避免地导致大量裸露边坡的出现,这些裸露的公路边坡改变了边坡土壤条件与边坡地形地貌,久而久之,边坡的生态环境将面临严重挑战。如何采用有效经济的防护措施来保证公路边坡长期稳定和恢复公路边坡原有生态状况一直是我们研究的方向。

近些年来,对于广大的学者对生态护坡做出了一些研究。汪益敏等[1]研究了18年的边坡植物的变化更替规律,发现了在边坡生态护坡先引入的外来植株会逐渐被本地物种代替,所以先引入外地优质植物是可行的。刘强等[2]采用一定强度的预制客土模块,在室内人工降雨冲刷试验中,探究了预制客土的抗侵蚀特性。张恒等[3]研究了在降雨的条件下,生态边坡客土稳定性变化,并通过对客土极限状态分析,得到容许位移变化规律。传统方法中的种植槽法在提出来后被各位学者进行优化,比如在对种植槽的实施先改地形[4]与对种植槽采用自渗水方式保水[5]等。喻永详等[6]针对喷播基材滑落问题,使用了聚氨酯分子材料与土壤组成聚氨酯复合材料,发现了在聚氨酯浓度在10%时,能有效地加固边坡,提升植株发芽率。裴海瑜等[7]采用了“坡面排水和9排锚索”方式实现了边坡修复。Zhang M等[8]总结喷播技术,并将滴灌技术与之结合。于辉胜[9]则介绍了厚层基材喷播技术与数字化智能管理技术的实践应用,以及工程取得的生态效益、社会效益和经济效益。Broda J等[10]提出了将羊毛纤维加入边坡绿化,通过将羊毛进行生物降解,产生硝酸盐促进植株生长。申剑等[11]总结了如今现行四种客土喷播技术的工艺、混合料组成、配比与使用范围。张俊云[12]通过研究边坡客土的水分动态平衡,提出植被护坡系统根层储水基本要求,为植被护坡系统水分平衡与控制提供依据。

客土喷播是一种相对普遍且有效的公路边坡生态修复的治理方式,所以探究客土喷播各个影响因素对生态修复的效果是具有重要意义的。本文通过研究不同的试验条件下边坡生态修复中植株的生长状况,并运用科学的方式记录试验的生态修复过程,最后分析修复的规律。

1　设计试验

1.1　主要原材料

基质材料:土壤、水、有机肥、黏合剂、植物纤维、保水剂、化学肥料。

试验材料:白色无纺布、金属网、岩板。

测量仪器:温度湿度仪、直尺。

1.2　试验内容

1.2.1　试验设计

本试验在按照一定的种植基质质量配比(表1),将各种基质材料混合配制出客土基质,并将配置好的客土基质附着到指定角度的岩板上,并将岩板按照1-9编号。

客土基质配比　　表1

材料	土壤	水	有机肥	植物纤维
配比	2.5	1	0.2	0.4

在试验过程中,为了研究3个不同的变量对边坡中生态修复过程中的影响,将岩板分为3块区域,在其中按照不同工况实施试验,工况见表2。

试验工况说明　　表2

工况编号	岩板编号	具体描述
1	1	在每块岩板区域上种植300株植物
	2	在每块岩板区域上种植450株植物
	3	在每块岩板区域上种植600株植物
2	4	每个岩板区域上客土厚度为4cm
	5	每个岩板区域上客土厚度为6cm
	6	每个岩板区域上客土厚度为8cm
3	7	每个岩板区域上基质中黏合剂浓度为1%
	8	每个岩板区域上基质中黏合剂浓度为1.5%
	9	每个岩板区域上基质中黏合剂浓度为2%

1.2.2　试验操作过程

在拌合客土基质过程中,将称量好的土壤、保水剂、有机肥与植物纤维置于搅拌桶中,加入配置的水,搅拌3min,再加入配置好的黏合剂,再搅拌5min。

将客土基质混合好后,为了模拟现场的实际情况,使用适宜小型试验的12孔铝合金菱形网[图1a)]代替实际施工中的镀锌铁网。当达到所需客土厚度一半时,将金属网系好挂在客土基质上并固定。当达到指定厚度时停止喷附,然后将客土基质表面区域分为3个区域,并在每个区域规划播种位置,在实施喷播时,所播种的草种为狗牙根[图1b)]。播种完毕后,使用白色无纺布[图1c)],浸水后附着在客土基质表面。在客土喷播试验的后期,将在第一个七天结束时,揭开无纺白色纱布,并实施追肥,追肥使用的化肥为磷酸二氢钾如[图1d)],在此时使用温度湿度表记录植株的生长情况。

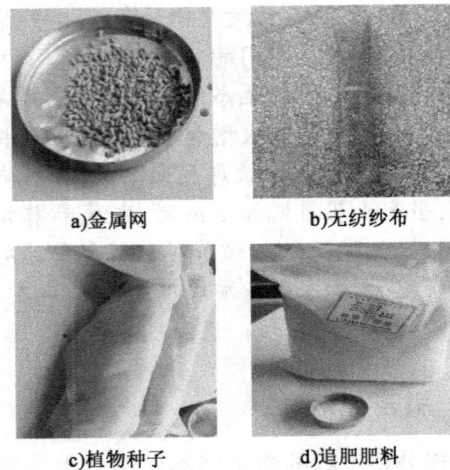

a)金属网　　b)无纺纱布

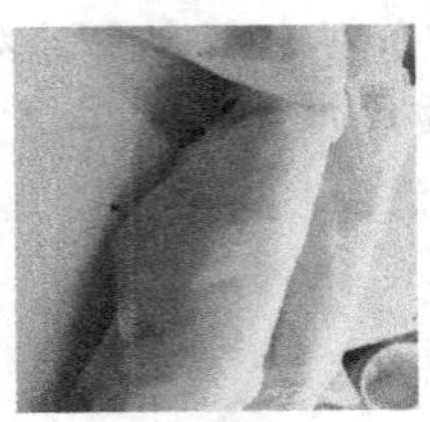

c)植物种子

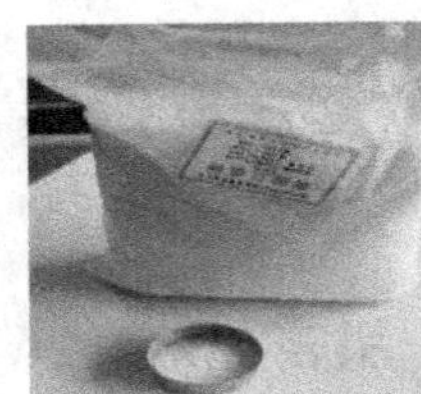

d)追肥肥料

图1　客土辅助工具

在试验过程中,每天做统计记录,并做好补水工作。植物生长播种效果情况如图2a)所示,播种细部图如图2b)所示。

a)播种效果图

b)播种细部图

图2　播种示意图

2　试验结果

2.1　温度与湿度影响说明

在第一次追肥后,对岩质边坡的植物数据开始记录。将所记录到的温度与湿度进行记录

(图3),由于整个试验处于11月初期,在试验时,试验区域每天的温度呈下降趋势,在整个试验过程中,最高温度有17℃,最低温度为9℃。对于湿度来说,在整个试验过程中湿度跨度在25% ~ 80%。在试验过程中,在第4天出现晴朗天气,在第7、8、9、10、11天记录试验时,发生了连续降雨。从整个试验气温的过程上来看,对植物生长既有有利情况也有不利情况,试验时间段的选取是具有意义的。

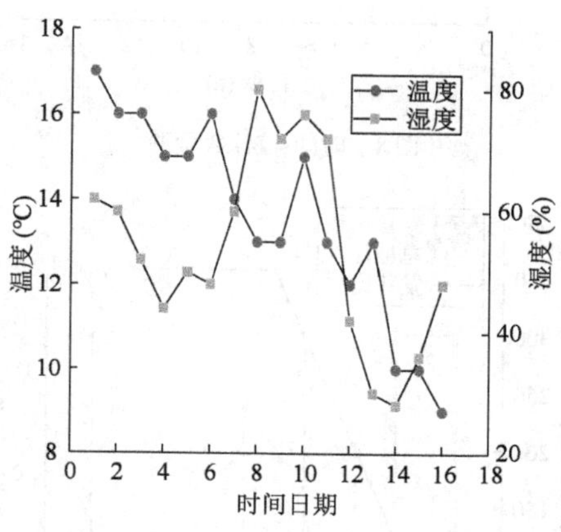

图3 时间-温度湿度图

2.2 植物植株生长数量与高度的分析

2.2.1 工况1分析

在种植一周后,开始追肥,并统计植物生长的数据(图4)。在植物生长的前期,1号岩板、2号岩板、3号岩板的植株种子数量依次递增。所以前期发芽情况1号岩板最差,3号岩板最好。

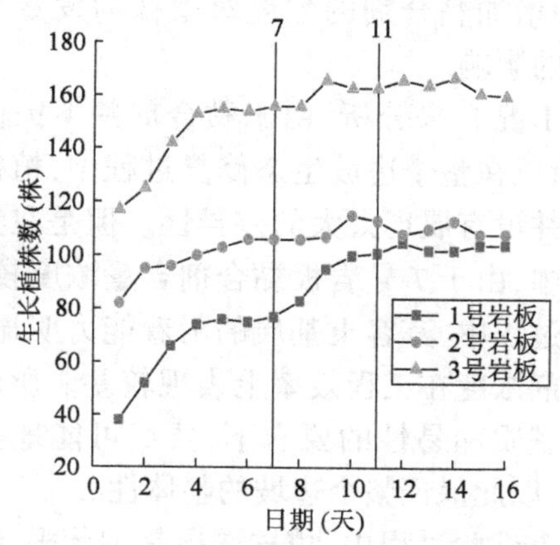

图4 时间日期-植株数量图

在工况1来看,由于每个岩板的起始种子数量不同,所以在统计工况1的植株发芽能力时,采用植株的发芽比例(即在整个试验中岩板上植株发芽的数量与岩板所种植株数量之比)来说明植株的发芽能力。其结果如图5所示。

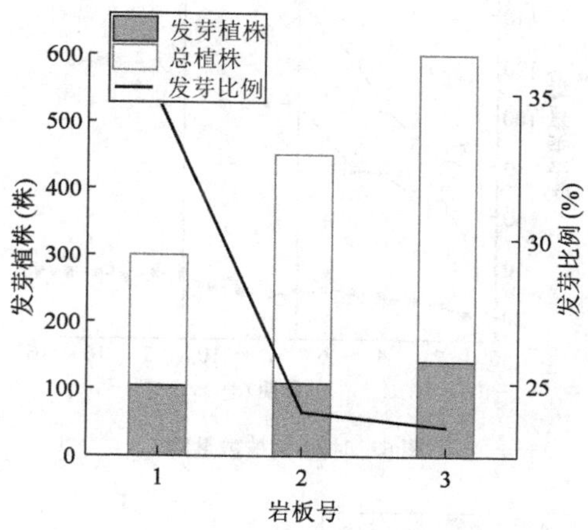

图5 发芽能力图

从图5中可以看出,在相同情况下,更少的植株具有更多的发育空间。以岩板300粒种子为基础,增加150粒植株种子后,植株的发芽比例从63.5%下降到24.1%,再增加150粒种子后,植株的发芽比例从24.1%下降到17%。所以在达到植株密集效果后,尽量地疏植植株种子有利于植株的发芽生长。

从工况1本身情况分析来看,植物的密植与植株的发芽状况有一定的影响。植物生长前期,种植植物稀少的区域其种子有着更好的条件,发芽能力更强,即使面对糟糕的外界状况,也有较好应对能力,但是其种子数也制约着它的绿化效果,经过密植的种子区域在最终效果呈现上有更大优势。

2.2.2 工况2分析

同样在种植一周后给予追肥,并统计生长数据如图6情况。在厚度不一的岩板上,4号岩板缺乏植株生长所需的物质,相对的,6号岩板的生长条件优越,发芽效果明显。

在工况2中,岩板上的植株种子都是相同的。发芽率其结果如图7所示。

在试验中客土基质厚度提高对生态修复效果具有显著的提升。与客土基质厚度为6cm相比,当客土基质减少2cm时,植株的发芽能力减少了70.5%,当客土基质增加2cm时,植株的发芽能力增加了41.8%。所以在植株喷播过程,客土厚度宜厚不宜薄。

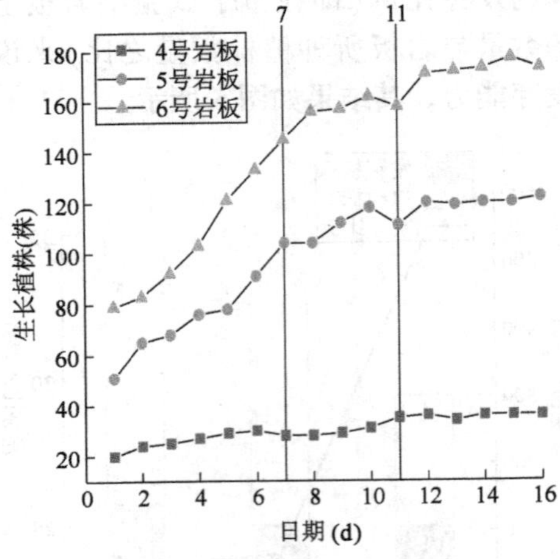

图6　时间-植株数量图

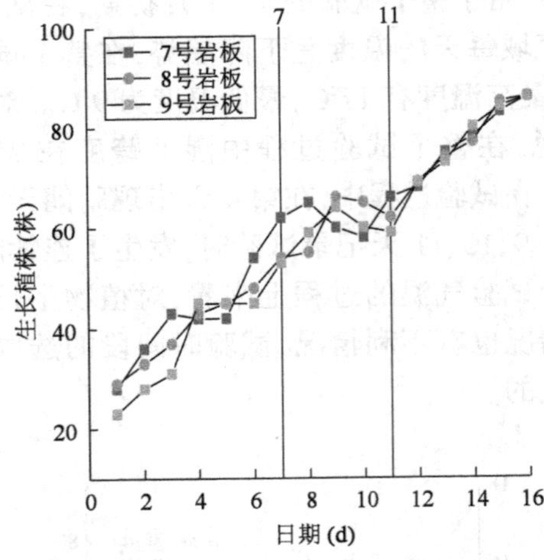

图8　时间-植株数量图

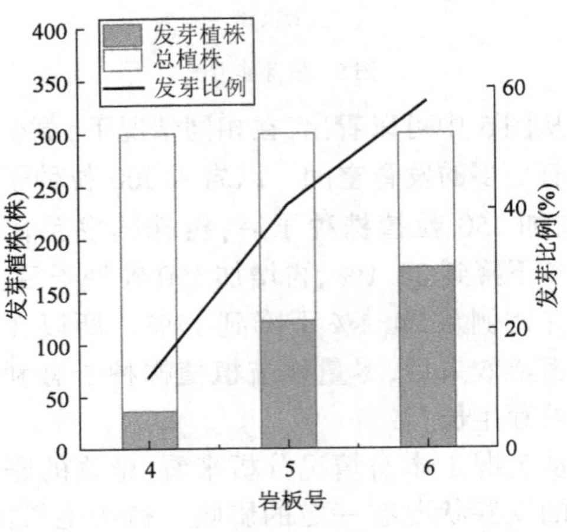

图7　发芽能力图

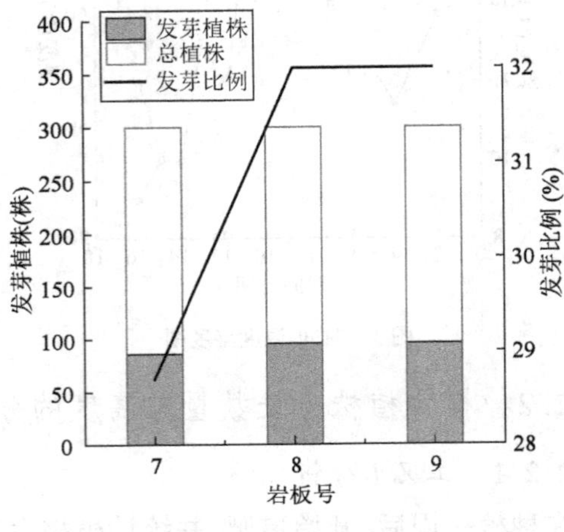

图9　发芽能力图

从工况2本身角度来分析,4号岩板作为客土最少的岩板,本身的物质资源极其缺乏,不利于植物生长,所以岩板上较少的客土不能很好地提供植物生长条件。反之,在6号岩板中无论是发芽扎根能力,还是植株生长能力,在厚实的客土中都均有较好的表现。所以在整个客土喷播过程中,在保证客土基质不滑落的前提下,为了提高客土喷播的效果,要尽量增加客土厚度。

2.2.3　工况3分析

同样在种植一周后,开始实施追肥,并统计植株生长状况如图8。黏合剂可以增加土体黏性,并在土壤中形成团粒结构从而提高土体的整体性。但是黏合剂不提供任何的营养物质给予客土土体,所以整个边坡生长的植株生长发芽情况相似。

在工况3中岩板上的植株种子都是相同的,发芽率结果如图9所示。

工况3中的客土基质配比中的黏合剂的改变对植株的发芽能力影响较小,相比于正常浓度时黏合剂,减少黏合剂的浓度仅仅减少了3.3%的发芽率,而增加黏合剂的浓度对植株的发芽率并没有太大的影响。

从工况3来分析,由于黏合剂并不提供营养物质,所以在整个边坡生态修复过程中,植株的生长状况并没有展现太大的差异性。但是在实际操作过程中,由于7号岩板黏合剂含量浓度较低,整个试验过程中,其客土基质的附着能力明显较差,低黏合剂浓度在工程效率上表现较差。所以在满足客土基质和易性的要求下,要尽可能地多使用黏合剂,以此保证整个边坡的整体性。

整个试验过程中,植株选择是狗牙根,经过半个月生长记录,在不同条件下的生长规律,其生长状况如图10所示。

图 10 生长情况图

3 结语

在整个试验过程中，基于相同的温湿度，针对在岩板上实施的喷播过程，讨论以植株密植、客土厚度与黏合剂使用浓度的改变作为不同的试验变量，探究在相同的温湿度条件下，在不同的工况下岩质边坡客土植株的生长能力，并得到以下结论：

(1)对于在客土基质上种植植株，在考虑边坡生态修复密植时，以 300 粒种子为基础，增加 150 后粒植株种子，植株的发芽比例从 63.5% 下降到 24.1%，再增加 150 粒种子密植后，植株的发芽比例从 24.1% 下降到 17%。所以在保证绿化效果后，可以尽量疏植植株。

(2)在试验中客土基质厚度提高对生态修复效果具有显著的提升。与客土基质厚度为 4cm 相比，当客土基质减少 2cm 时，植株的发芽能力减少了 70.5%，当客土基质增加 2cm 时，植株的发芽能力增加了 41.8%。所以在植株喷播过程，客土厚度宜厚不宜薄。

(3)相比较于正常情况，当减少黏合剂含量时植株的发芽能力有极小幅度下降，当增加黏合剂浓度时对植株的发芽率影响不明显。

综上，在试验中采用密植方式对植株发芽起抑制作用，客土基质的增加对植株发芽起促进作用，黏合剂的浓度改变对植株的发芽能力作用不明显。

参考文献

[1] 汪益敏，陶玥琛，程致远，等. 高速公路路堑边坡客土喷播的长期防护效果[J]. 生态环境学报,2021,30(8):1724-1731.

[2] 刘强，刘伟杰，成昌帅，等. 预制基质客土持水与抗侵蚀性能试验研究[J]. 科学技术与工程,2020,20(34):14171-14177.

[3] 张恒，苏超. 降雨作用下生态边坡客土稳定性研究[J]. 水利水电技术(中英文),2021,52(4):186-191.

[4] 何亚男，李小婷，惠昊. 废弃矿山岩质边坡生态复绿治理思路探讨——以徐州市五山公园广山岩质边坡生态修复治理为例[J]. 绿色科技,2021,23(4):175-177.

[5] 何安良，张东东，谢武平. 矿区高陡边坡生态修复技术应用分析[J]. 清洗世界,2021,37(10):117-118.

[6] 喻永祥，郝社锋，蒋波，等. 基于聚氨酯复合基材的岩质边坡客土生态修复试验研究[J]. 水文地质工程地质,2021,48(2):174-181.

[7] 裴海瑜，湛杰，王政平. 热带地区深厚土质高边坡生态修复设计[J]. 水利水电快报,2021,42(10):93-97.

[8] ZHANG M, HU D, FAN J. Study on the Application of Vegetation Protection and Ecological Restoration Technology in Stone Slope[C]// IOP Conference Series: Earth and Environmental Science. IOP Publishing, 2020, 510(4):042024.

[9] 于辉胜. 区域性废弃矿山生态修复实践与思考[J]. 中国国土资源经济,2021,34(6):84-89.

[10] BRODA J, GAWLOWSKI A. Influence of sheep wool on slope greening[J]. Journal of Natural Fibers,2020,17(6):820-832.

[11] 申剑，周明涛，田德智，等. 我国喷混植生护坡绿化技术浅析[J]. 人民长江,2020,51(3):61-64,80.

[12] 张俊云. 岩石边坡植被护坡系统的水分平衡及控制[J]. 岩石力学与工程学报,2013,32(9):1729-1735.

Unveiling Collaborative Behavior Exchange in the Digital Transformation of Transportation Infrastructure

Yaxin Hou Sheng Xu*
(College of Economics and Management, Chang'an University)

Abstract The digital transformation of transportation infrastructure projects relies heavily on the collaborations of various stakeholders to adopt and properly implement compatible digital technologies. To adapt to the working environment of digital technologies, various collaborative behaviors need to be established among stakeholders to facilitate the collaborative application of digital technologies. However, the process by which stakeholders exchange collaborative behaviors to realize digital value has not been fully elucidated, hindering the establishment of inter-organizational collaborative relationships. Addressing the aforementioned issues, this study, based on the Stakeholder Value Network (SVN) analysis method, constructs the CB-SVN model, which includes five types of collaborative behaviors, five categories of stakeholders, and 60 collaborative behavior flows. The CB-SVN model reveals the complex process of collaborative behavior exchange among project stakeholders, reflecting the effectiveness of different collaborative behaviors. It provides feasible mode references and references for how stakeholders in transportation infrastructure projects can collaborate effectively.

Keywords Transportation infrastructure Digital technology Collaboration Collaborative application Collaborative behaviors Stakeholder value network

0 Introduction

The 20th National Congress Report of the Communist Party underscores the imperative to expedite the construction of a robust transportation nation and a digital China. Achieving the vision of a formidable transportation nation necessitates advancing the digitization of transportation infrastructure and comprehensively enhancing the intelligence and sophistication levels of transportation infrastructure. With the evolution of digital technologies such as Building Information Modeling (BIM), big data, and artificial intelligence (AI), the transportation infrastructure sector is urged to undertake a digital transformation guided by sustainable development principles. By deeply integrating digital technologies within the infrastructure framework, novel value can be generated to drive the high-quality development of the transportation infrastructure sector (Wang et al., 2020).

Digital technologies provide technical support for the digitization of transportation infrastructure construction. The application of digital technologies in transportation infrastructure projects is a dynamic and collaborative process. Building collaboration based on digitization among project stakeholders can integrate and optimize internal and external resources, facilitate information sharing and innovation, and ultimately achieve win-win collaboration goals. Extensive research demonstrates that improving the collaborative relationships among participants plays a crucial role in promoting the application of digital technologies and enhancing project performance (Oesterreich and Teuteberg, 2019; Papadonikolaki et al., 2019; Hosseinian et al., 2020). However, in practice, the stakeholders involved in the construction of transportation infrastructure are more complex, and there is a difficult problem of multi-subject collaboration among the participants in the collaborative application of digital technology, which is not conducive to the digital and intelligent development of transportation infrastructure. Therefore, further exploration of how to promote effective collaboration among project stakeholders to ensure the formation of sustainable and stable collaborative advantages and trust relationships is of significant importance. This exploration is essential for leveraging the application value of digital technologies in transportation infrastructure projects and facilitating the digital transformation of the transportation infrastructure industry.

Collaborative behavior serves as the primary explicit manifestation of collaboration (Bedwell et al., 2012), and the formation of good collaborative relationships among project participants depends on the collaborative behavior among various parties. To promote the empowerment of digital technology in transportation development, the construction of extensive and effective collaborative behaviors that meet the interests of various stakeholders has become a crucial issue concerning the transformation and upgrading of the transportation infrastructure industry. Although existing research emphasizes the importance of reciprocal collaborative behavior for project success (Liu et al., 2023; Chen et al., 2022), they fail to comprehensively understand the interaction and development of collaborative behavior among stakeholders from an overall perspective. Moreover, traditional network methods cannot analyze the multilateral and multi-type interaction relationships among participants (Shipilov et al., 2014). Therefore, this paper uses the Stakeholder Value Network (SVN), which visualizes the complex process of collaborative behavior exchange among participants, and explores strategies to better facilitate the effectiveness of collaborative behavior. This exploration helps guide the practical activities of digital technology collaborative applications in the transportation infrastructure industry, and holds significant theoretical and practical significance for promoting the deep integration of digital technology and the transportation industry.

1 SVN modeling methodology

1.1 Identification of collaborative behaviors

A three-stage approach was adopted to identify collaborative behaviors in this study (Figure 1).

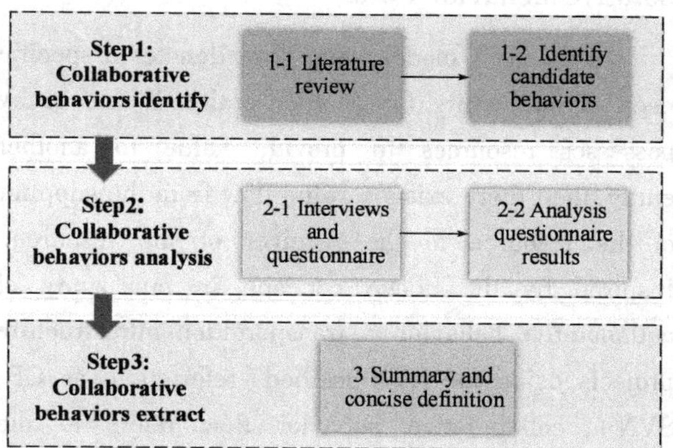

Figure 1 Research flow diagram

Firstly, this study conducted a comprehensive literature review to identify candidate behaviors, and then invited 10 experts to rate the importance of these behaviors using a questionnaire method. The questionnaire preset options are assigned values in the five dimensions of 9,7,5,3,1. According to the survey results, excluding the scores with an average score of 3 or below, five kinds of collaborative behaviors were finally extracted, the definitions are shown in Table 1.

Identification of collaborative behaviors Table 1

No.	Collaborative behaviors type	Description	Reference
1	Adaptive behavior	Actions undertaken by participants to collectively prepare for the demands of digital technology applications	(Chen, 2022; Liao et al., 2018)
2	Joint work behavior	Actions in which participants jointly engage in decision-making and implementation activities for the project	(Adami and Verschoore, 2019; Caniëls et al., 2019)

continued

No.	Collaborative behaviors type	Description	Reference
3	Harmonious behavior	Actions where participants handle potential conflicts of interest in the project in a friendly manner	(Liang and Song,2023; Xue et al. ,2020)
4	Benefit-sharing and risk-sharing behavior	Actions where participants share the benefits of digital technology applications and jointly bear the risks associated with application	(Sun et al. ,2020; Liu et al. ,2017)
5	Information-sharing behavior	Actions where participants actively engage in the exchange and sharing of data, information, and resources among each other	(Gao et al. ,2020; Zheng et al. ,2023)

1.2 Methodology for determining collaborative behavior flows

In the SVN model, value flow denotes a specific need of one entity for another entity. If one entity possesses resources to provide value to another entity, then there exists a value flow from the supplier of the resource to the receiver of the resource. Inspired by the above concept, in our study of collaborative behavior in transportation infrastructure projects using the SVN method (referred to as CB-SVN), collaborative behavior flow refers to the subjective expectation of collaborative behavior from one participant to another participant within the project (Vorakulpipat et al. ,2010).

The determination of collaborative behavior flow can be made using the stakeholder characteristic template proposed by Sutherland (2009). This involves analyzing the roles, goals, and specific needs of a particular stakeholder to determine the collaborative behavior flow " input " from other stakeholders (Le et al. , 2018). By analyzing the inputs from all stakeholders, the collaborative behavior flow of the entire network can be obtained (Wang et al. ,2022). Taking the construction unit as an example, its stakeholder characteristic template is illustrated in Figure 2.

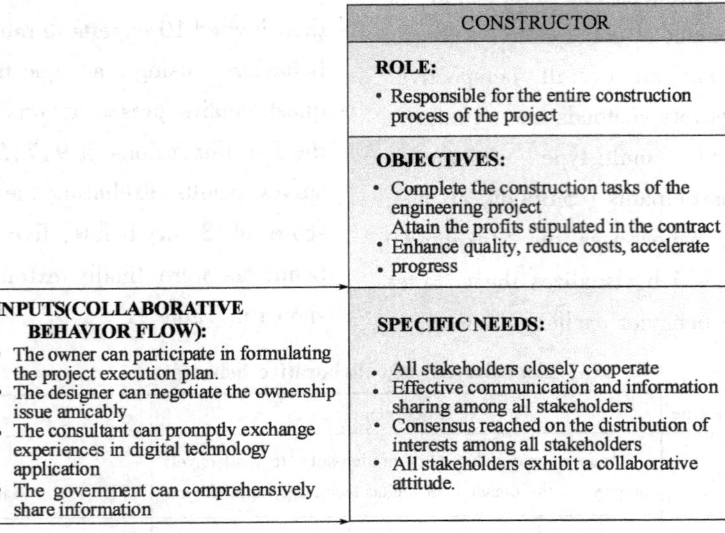

CONSTRUCTOR
ROLE:
• Responsible for the entire construction process of the project
OBJECTIVES:
• Complete the construction tasks of the engineering project
Attain the profits stipulated in the contract
• Enhance quality, reduce costs, accelerate
• progress
SPECIFIC NEEDS:
• All stakeholders closely cooperate
• Effective communication and information sharing among all stakeholders
• Consensus reached on the distribution of interests among all stakeholders
• All stakeholders exhibit a collaborative attitude.
INPUTS(COLLABORATIVE BEHAVIOR FLOW):
• The owner can participate in formulating the project execution plan.
• The designer can negotiate the ownership issue amicably
• The consultant can promptly exchange experiences in digital technology application
• The government can comprehensively share information

Figure 2 Example of stakeholder characteristics template

2 Construction of the CB-SVN model

2.1 Identification of stakeholders

In the construction process of transportation infrastructure projects, government departments are responsible for formulating policies and plans to promote project development, and for supervising and managing engineering projects in accordance with relevant laws and regulations. Owners are the responsible party for project construction management, with duties including project planning, management, supervision, communication, acceptance, and delivery, ensuring that projects are completed on time, within budget, and meet the expected quality standards. Constructors are required to carry out construction according to design drawings and specifications, reasonably arranging construction personnel, mechanical equipment, and construction materials to ensure that construction tasks are completed on schedule. Designers need to develop design schemes according to the owner's requirements and closely cooperate with other stakeholders to ensure the smooth implementation of design schemes. Consultants can apply multidisciplinary knowledge and experience in engineering technology, science, and law to provide technical, project management, and risk assessment consulting services to other participants. Based on the above analysis, this paper finally identifies five types of stakeholders, namely Government (code G), Owners (code O), Consultants (code C), Designers (code D), and Constructors (code GC).

2.2 Determination of collaborative behavior flows

In order to enhance the enthusiasm for collaborative digital technology application among all participants, it is essential to fully understand the collaborative application needs of each party. The stakeholder characteristic template is the best way to determine the collaborative application requirements of all parties. In this study, through systematic literature review and document analysis (Salado, 2021; Sidhu and Moulton, 2020; Xia and Xiang, 2022), the roles, goals, and specific needs of each stakeholder were defined to preliminarily determine the collaborative behavior flow. Subsequently, to ensure the rigor of the research, 1-2 experts were selected from each category of stakeholders for questionnaire surveys, as detailed in Table 2, to validate the accuracy of the collaborative behavior flow among participants.

Demographics of the respondents Table 2

Variables	Category	Frequency
Work experience	1-5years	1
	6-10years	2
	11-15years	3
	15 and above	4
Education	Diploma and below	3
	Bachelor's degree	4
	Master's degree and above	3
Position	Manager	3
	Researcher	5
	Professional technicians and others	2
Company	Owner	1
	Contractor	3
	Designer	2
	Consultant	1
	Government	3

Based on the experts' suggestions, two additional collaborative behavior flows were added to the preliminary model (namely: adaptive behavior provided by designers to consultants and joint work behavior provided by designers to constructors), while two collaborative behavior flows were deleted (namely: benefit-sharing and risk-sharing behavior provided by constructors to consultants and benefit-sharing and risk-sharing behavior provided by owners to constructors). Through the aforementioned process, a total of 60 collaborative behavior flows were finally determined, leading to the creation of the CB-SVN model, as depicted in Figure 3. All collaborative behavior flows are encoded according to the sequence of "behavior recipient code", "collaborative behavior number", and "behavior provider code". For example, O5G represents the information-sharing behavior provided by government to owners.

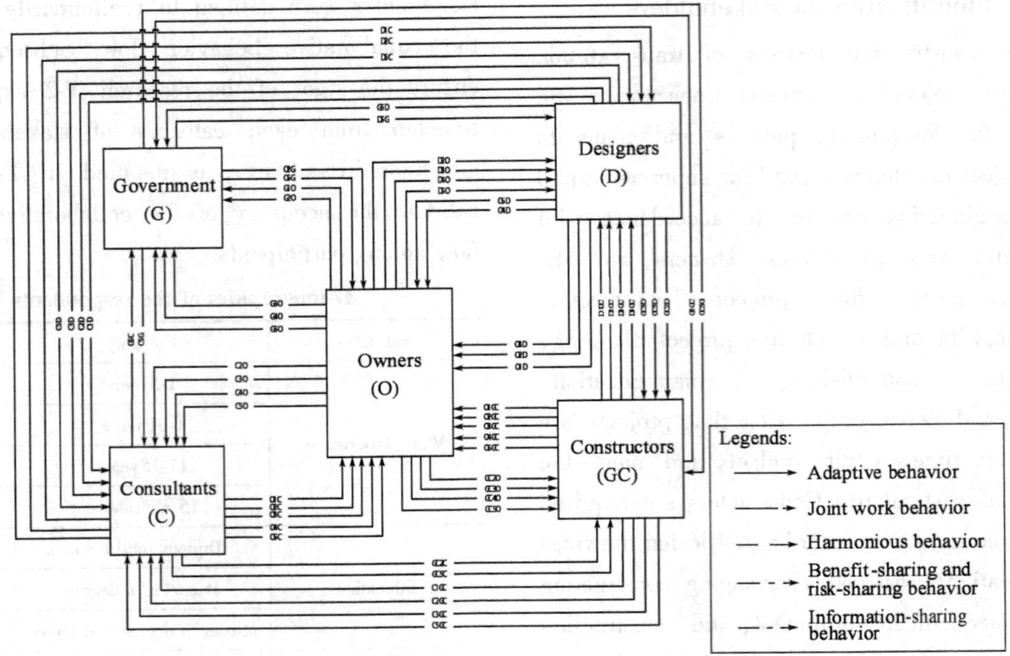

Figure 3 CB-SVN model

3 Discussion

According to Figure3, the CB-SVN model reveals the complex process of collaborative behavior exchange among project participants. Through contractual connections and embedded social relationships, the parties form an open collaborative group. The driving force behind numerous stakeholders collaborating in the application of digital technology is to realize resource exchange and mutual benefit among all parties. Therefore, promoting the collaborative application of digital technology requires fully leveraging the synergistic effects of heterogeneous entities. This is achieved by coordinating actions to fully unleash the potential of all parties and enhance the overall project benefits.

According to the CB-SVN model, the digital value creation paradigm of transportation infrastructure projects is shifting from vertical to flatter structures and gradually towards networked configurations. Within the network, stakeholders vary in their ability to create value, and those in weaker positions may sometimes find themselves passively influenced by core stakeholders, struggling to assert their autonomy. Therefore, to balance the status of stakeholders, it is essential to clearly define the roles, positions, and responsibilities of each stakeholder and establish collaborative relationships through open communication and negotiation to foster positive interactions.

In the CB-SVN model, the execution effectiveness of information-sharing behavior is the highest, accounting for 33.3%, indicating that information-sharing is the foundation for establishing collaborative relationships among participants and provides strong impetus for realizing the value of digital technology applications. Open communication and information exchange among stakeholders have positive effects on resource flow and knowledge integration, fostering inter-organizational trust, facilitating the generation and optimization of digital technology application solutions, and promoting the collaborative application of digital technology. The execution effectiveness of benefit-sharing and risk-sharing behavior is relatively poor, accounting for 11.7% in the CB-SVN model, reflecting insufficient attention and low enthusiasm from all parties. Therefore, stakeholders need to enhance their understanding and attention to such collaborative behaviors, clarify responsibilities, authorities, benefit distribution, risk-sharing, etc., in contracts to ensure overall and individual interests of the project, and to mitigate potential disputes as much as possible.

4 Conclusions

With the widespread application of digital technology in the transportation sector, the level of digitization in infrastructure continues to rise. However, due to the involvement of numerous stakeholders in digital technology applications, difficulties in coordination among them have become a significant obstacle to realizing the full benefits of digital technology. In order to enhance the coordination of digital technology applications among stakeholders, this study focuses on transportation infrastructure projects. By constructing an SVN model of digital technology application collaborative behavior among project participants, the visualization of collaborative behavior facilitates the exchange and transmission of value among participants. This aids stakeholders in understanding the types of collaborative behaviors and in allocating resources reasonably to promote the collaborative application of digital technology. Furthermore, it provides a new perspective for formulating and implementing strategies to drive the application of digital technology in infrastructure, offering insights for the development and implementation of strategies driving the application of digital technology in infrastructure.

This study bears several limitations. Firstly, it only constructed a qualitative CB-SVN model, future research will aim to develop a quantitative CB-SVN model to explore driving pathways and recommend strategies for better harnessing collaborative behaviors. Secondly, the research focused on transportation infrastructure projects funded by the Chinese government, future research should consider diverse cultural backgrounds, industry sectors, and project types to optimize and improve the research conclusions.

References

[1] JIAN W W, CHAO G, SHI D, et al. Current status and future prospects of existing research on digitalization of highway infrastructure[J]. China Journal of Highway and Transport, 2020, 33(11): 101.

[2] OESTERREICH T D, TEUTEBERG F. Behind the scenes: understanding the socio-technical barriers to BIM adoption through the theoretical lens of information systems research [J]. Technological Forecasting and Social Change, 2019, 146(2018): 413-431.

[3] PAPADONIKOLAKI E, VAN O C, KAGIOGLOU M. Organising and managing boundaries: a structurational view of collaboration with Building Information Modelling (BIM) [J]. International Journal of Project Management, 2019, 37(3): 378-394.

[4] HOSSEINIAN S M, FARAHPOUR E, CARM ICHAEL D G. Optimum outcome-sharing construction contracts with multiagent and multioutcome arrangements [J]. Journal of Construction Engineering and Management, 2020, 146(7): 04020067.

[5] BEDWELL W L, WILDMAN J L, DIAZ G D, et al. Collaboration at work: an integrative multilevel conceptualization [J]. Human Resource Management Review, 2012, 22(2): 128-145.

[6] LIU K, LIU Y M, KOU Y Y, et al. Formation mechanism for collaborative behaviour among stakeholders in megaprojects based on the theory of planned behaviour [J]. Building Research and Information, 2023, 51(6): 667-681.

[7] CHEN G, CHEN J, YUAN J, et al. Exploring the impact of collaboration on BIM use effectiveness: a perspective through multiple collaborative behaviors [J]. Journal of Management in Engineering, 2022, 38(6): 04022065.

[8] SHIPILOV A, GULATI R, KILDUFF M, et al. Relational pluralism within and between

organizations [J]. Academy of Management Journal,2014,57(2):449-459.

[9] CHEN G,CHEN J,YUAN J,et al. Exploring the impact of collaboration on BIM use effectiveness: a perspective through multiple collaborative behaviors [J]. Journal of Management in Engineering, 2022, 38(6):04022065.

[10] LIAO L, AI L, TEO E. Organizational change perspective on people management in BIM implementation in building projects [J]. Journal of Management in Engineering,2018, 34(3):04018008.

[11] ADAMI V S,VERSCHOORE J R,ANTUNES J A V. Effect of relational characteristics on management of wind farm interorganizational construction projects [J]. Journal of Construction Engineering and Management, 2019,145(3):05018019.

[12] CANiëLS M C, CHIOCCHIO F, VAN L N P. Collaboration in project teams: The role of mastery and performance climates [J]. International Journal of Project Management, 2019,37(1):1-13.

[13] LIANG X Q,SONG J R. Network analysis and driver paths study for value cocreation behaviors in EPC project based on SVN[J]. China Civil Engineering Journal: 1-12. (in Chinese)

[14] XUE J,SHEN G Q,YANG R J,et al. Dynamic network analysis of stakeholder conflicts in megaprojects: sixteen-year case of Hong Kong-Zhuhai-Macao bridge [J]. Journal of Construction Engineering and Management, 2020,146(9):04020103.

[15] SUN C, XU H, JIANG S. Understanding the risk factors of BIM technology implementation in the construction industry: an interpretive structural modeling (ISM) approach [J]. Engineering, Construction and Architectural Management,2020,27(10):3289-3308.

[16] LIU Y,VAN N S,HERTOGH M. Understanding effects of BIM on collaborative design and construction: an empirical study in China[J]. International Journal of Project Management, 2017,35(4):686-698.

[17] GAO S,SONG X,DING R. Promoting information transfer in collaborative projects through network structure adjustment [J]. Journal of Construction Engineering and Management,2020,146(2):04019108.

[18] ZHENG X,CHEN J,XIA B,et al. Understanding the megaproject social responsibility network among stakeholders: a reciprocal-exchange perspective [J]. Journal of Construction Engineering and Management, 2023,149(11):04023105.

[19] VORAKULPIPAT C,REZGUI Y,HOPFE C J. Value creating construction virtual teams: a case study in the construction sector [J]. 2010,19(2):142-147.

[20] SUTHERLAND T A. Stakeholder value network analysis for space-based earth observations [D]. Massachusetts: Massachusetts Institute of Technology,2009.

[21] LE Y,ZHENG X,LI Y K,et al. Study on the value flows and driver paths of BIM technology application based on SVN [J]. Journal of Industrial Engineering and Engineering Management, 2018, 32 (1): 71-78. (in Chinese)

[22] WANG J Y,SHE J F,DONG S. Value network analysis and driver paths study for organizational safety behaviors in megaproject based on SVN [J]. Chinese Journal of Management Science,2022,30(5):275-296. (in Chinese)

[23] SALADO A. A systems-theoretic articulation of stakeholder needs and system requirements [J]. Systems Engineering, 2021, 24 (2): 83-99.

[24] SIDHU A, MOULTON A. Enriching systems theory based cyber-security and safety analysis using stakeholder value networks [J]. SAE International Journal of Advances and Current Practices in Mobility, 2020, 2 (2020- 01-

0143):3083-3092.

[25] XIA X,XIANG PC. Dynamic network analysis of stakeholder-associated social risks of megaprojects: a case study in China [J]. Engineering, Construction and Architectural Management,2022,30(10):4541-4568.

认知负荷对施工现场隐患识别的影响研究

邓宏泽 徐 晟* 孔媛媛

(长安大学经济与管理学院)

摘 要 智能施工设备的使用使得工程施工活动从体力劳动向体-脑力活动转型,施工人员产生了更高水平的认知负荷。为了厘清高认知负荷下施工人员的安全认知和行为决策特性,本文基于眼动追踪技术,依据心理学试验范式,开展了一项施工现场隐患识别认知试验。试验结果表明,高认知负荷下被试的隐患识别绩效显著降低,搜索隐患时的首次注视时间显著增加,注视计数和扫视计数显著减少,反复注视已识别的隐患目标,更少地将注视点转移至安全区域。

关键词 认知负荷 隐患识别 眼动试验 视觉注意力 扫描路径

0 引言

随着传感技术、机电一体化和人工智能的发展,像协作机器人等一些智能设备开始投入到公路施工中,有效减少了施工人员的体力劳动。但是,为了响应智能机器设备运转时产生的复杂仪表盘信息,施工人员需要耗费更多的脑力资源,而具体施工场景中也有大量信息需要处理,可能导致信息过载,使得施工人员处于高认知负荷状态,难以平衡进行工序操作和隐患识别所需的认知资源,最终影响风险认知效果及行为决策。

相关研究致力于优化智能施工设备的交互方式,采用 NASA-TLX 量表测量施工人员使用智能系统时的认知负荷[1],寻找有利的工程信息格式来指导智能信息系统的设计[2]。便携式生理设备兴起后,学者们通过客观生理数据来表征被试的认知负荷水平[3],避免了量表测量的主观性。Ke 等[4]通过分析被试操作工程仪表盘时的眼动数据,确定具有最优认知负荷的仪表盘信息量。Liu 等[5]基于脑电数据预测施工人员的认知负荷状态并据此调节协作机器人的工作速度。然而,仅调节仪表盘信息类型和信息量来降低认知负荷,不足以改善施工人员与智能施工系统的交互体验,仍需厘清不同认知负荷下施工人员在施工现场的安全认知及行为特性,以此作为理论基础来优化设计智能施工设备。

因此,为了探究认知负荷对施工人员安全认知的影响规律,本研究基于眼动追踪技术,依据心理学试验范式,设计一套施工现场隐患识别认知试验,通过采集分析被试在试验时的注视指标和扫描路径,厘清被试在不同认知负荷条件下的注意力分配和视觉搜索规律,以期优化智能施工设备的设计及应用。

1 试验设计

根据认知负荷理论,数字记忆任务能够诱导产生认知负荷,通过改变数字的维度可以调整认知负荷水平[6-7]。鉴于此,本研究用施工现场的图片模拟真实的施工现场[6],引入数字记忆任务增加被试的认知负荷[5],通过要求被试记忆数字并检查图片中的安全隐患来模拟施工人员与现场环境、设备的交互情景。利用眼动技术记录被试识别隐患时的兴趣区域(Area of interest,AOIs),总结被试的注意力分配和视觉搜索规律。试验程序见图 1。

1.1 试验被试

试验招募了 35 名具有工程管理相关专业背景的研究生作为被试,避免了工作经验和工种不同产生的认知偏差对试验结果造成影响,同时相关的工程专业知识保证了被试能顺利完成相应的隐患识别任务。所有被试双眼视力或矫正视力正常,无色盲色弱现象,满足眼动试验要求。

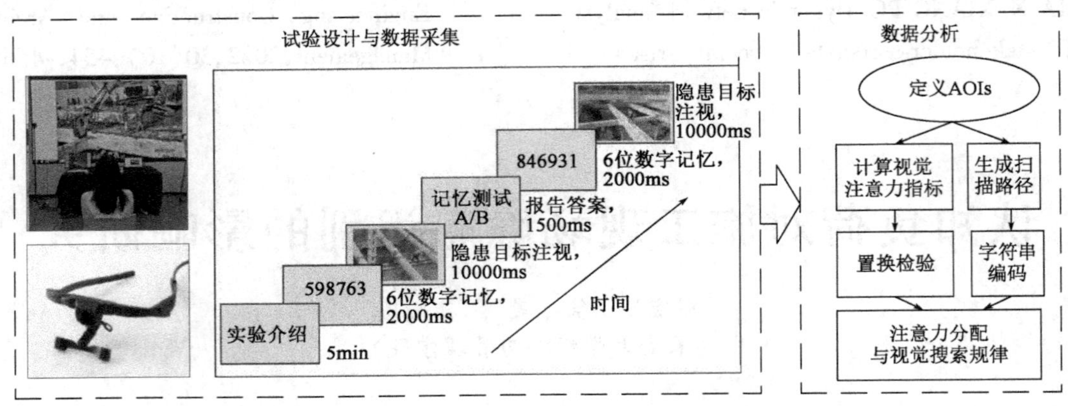

图1　试验程序

1.2　试验材料

试验使用德国公司ERG-ONEERS生产的Dikablis眼动追踪设备,采样频率60Hz,配合使用D-lab软件收集被试在完成隐患识别任务时的相关眼动指标,并生成注视轨迹。

由两名施工安全领域专家从132张实地拍摄的施工现场隐患图片中筛选出40张图片,作为眼动试验的素材,并随机分成两组,每组各20张。选定的40张图片画面清晰,且都存在一个或多个安全隐患,包括防护用品缺失、高处坠落、物体打击和环境杂乱四类隐患,均属于施工现场常见的安全隐患。

1.3　试验流程

试验包括隐患识别和数字记忆两项任务,通过改变所记忆数字的维度可以调整认知负荷水平。具体的试验流程如下:

(1)向被试介绍试验的任务及流程,引导被试签署知情同意书并填写个人基本信息。

(2)引导被试在距显示屏正中4m处坐定,保证被试处于正常坐姿时能轻松观察到施工现场图片全景,避免被试在试验过程中为扫描图片产生不必要的头部运动。辅助被试佩戴Dikablis眼动仪,采用五点法进行校准。

(3)进行第一阶段眼动试验,通过显示屏顺序呈现施工现场图片,共20张,每张呈现10s,要求被试识别图片中的安全隐患。每张图片呈现之前是4s的含"+"白屏,引导被试的注视点回到屏幕中央。待全部图片展示结束,依次回放图片,此时要求被试报告其发现的安全隐患,主试做好记录。

(4)休息五分钟后,重新校准仪器,进行第二阶段试验。在该阶段,被试在进行第一阶段隐患识别任务的基础上,还需同时完成一项数字记忆任务。通过显示屏顺序呈现另一组施工现场图片,共20张,每张呈现10s,每张图片呈现之前,屏幕将出现一串6位数字,持续2s,被试须尽可能记住这串数字,在施工现场照片展示后,屏幕将出现A/B两个选项,持续2s,被试须判断哪个选项是先前呈现的数字串,并大声念出所选答案。全部图片展示结束后,要求被试报告其发现的安全隐患,主试做好记录,试验结束。

2　试验数据处理

2.1　AOIs标记

收集被试在每张施工现场图片上的注视热图,以确定他们对哪些地方感兴趣。综合考虑注视热图和隐患位置,界定照片上的AOIs区域,40张照片总共定义了107个AOIs。定义的AOIs包括:未穿戴防护设备(安全帽、安全绳);坠落(未设置安全标识的临边、洞口);打击(机械打击、高空坠物);环境(材料堆放杂乱、障碍物)。

2.2　眼动数据处理

试验过程中,眼动仪将自动记录被试识别安全隐患时的注视、扫视以及眼球运动相关数据。因试验过程中设备中断,5人部分眼动数据丢失,另有5人注视伪迹过多,3人未能准确理解试验的任务要求,最终选取22人眼动数据用作后续分析。由于试验数据是针对同一批人在不同任务条件下采集的,所得样本不满足相互独立条件,且小样本数据通常无法满足正态分布,不宜采用 t 检验进行差异性分析。置换检验对原始数据重新采样以扩大样本,进而重新计算生成数据的统计分布,对分布非正态性以及小样本量的数据仍有较高的检验功效[7]。因此本文使用 R 软件的 Deducer 工具包对数据进行置换模拟和差异检验。

2.3 扫描路径处理

扫描路径是指被试在检查施工现场图片时其注视点位置的空间变化情况,包含了时间和空间信息,能够反映被试在隐患识别过程中的视觉搜索策略。为了能提取到足够的信息分析被试的扫描模式,分别从两组试验素材中挑选 8 张图片作后续扫描路径分析,要求每张图片至少包含 2 处及以上安全隐患。为了定量分析被试在不同认知负荷下进行隐患识别的视觉搜索策略差异,本文将 D-lab 软件导出的扫描路径数据进行字符串编码处理,即用字符代表被试注视点的空间位置,字符串之间的字符顺序反映被试视觉行为的先后顺序[8]。本研究将注视点位置按 AOIs 划分,不同隐患类型,即不同 AOIs 用不同字母表示,当图一张图片存在同类型隐患时,用相应的小写字母区分,非 AOIs 区域编码为"O",并用 eyePatterns 软件计算转移矩阵,以表明被试的搜索策略。

3 结果与分析

3.1 隐患识别绩效分析

比较试验被试在不同认知负荷条件下的隐患识别绩效,分别计算每一被试在两阶段中识别隐患的平均准确率,使用置换检验分析不同认知负荷状态下被试隐患识别准确率的差异性,模拟排列 10000 次,结果见表 1。结果显示,被试在两种认知负荷条件下的隐患识别准确率存在显著性($p = 0.0038 < 0.01$)差异,高认知负荷条件下隐患识别的准确率平均值为 77.57%,明显低于低认知负荷条件下的结果。可见认知负荷水平会影响被试的隐患识别绩效,有必要对试验的眼动数据做进一步分析以发现其影响机理。

认知负荷对隐患识别绩效的影响 表 1

分组	个案数	平均值	标准差	显著性
低负荷	22	84.38%	6.75%	0.0038
高负荷	22	77.57%	8.45%	

3.2 视觉注意力分配分析

以首次注视时间、AOIs 停留占比、注视次数、平均注视时长和扫视次数作为分析被试视觉注意力分配情况的眼动指标[9-10],对相关的眼动数据进行置换检验,模拟排列 10000 次,结果见表 2。

认知负荷对注意力分配的影响 表 2

指标	平均值 ± 标准差		显著性 p(双尾)
	低认知负荷	高认知负荷	
首次注视时间(ms)	1478.43 ±637.21	1983.83 ±933.31	0.0364 * *
AOIs 占比(%)	44.74 ±14.06	44.39 ±11.99	0.9231
AOIs 注视计数	8.35 ±2.20	7.45 ±1.70	0.0774 *
平均注视时长(ms)	575.75 ±206.17	597.18 ±205.61	0.7371
扫视计数	15.77 ±4.12	13.50 ±3.75	0.0028 * * *

注:$*p < 0.1$, $**p < 0.05$, $***p < 0.01$。

首次注视时间指图片呈现后,被试的注视点首次落到 AOIs 所需的时间。结果显示,被试在两种认知负荷条件下对隐患目标的首次注视时间存在显著性($p = 0.0364 < 0.05$)差异。高认知负荷水平下被试对隐患目标的首次注视时间平均值为 1983.83ms,显著高于低认知负荷水平下的平均值,表明被试认知负荷水平较高时,注意到隐患目标的时间将延长。

AOIs 停留占比,指注视点在 AOIs 停留时间与整个隐患识别任务时间的比值,它可以表明被试将注意力分配到危险区域而不是非危险区域的程度。结果显示,两种认知负荷条件下被试在隐患目标的停留占比不存在显著性($p = 0.9231 > 0.1$)差异,两种条件下的 AOIs 占比相近。根据认知负荷理论,被试处于高认知负荷时,会将有限的注意力资源分配在重要内容而忽略其他信息,试验未发现被试在隐患目标处的注意力增减。可能的原因是,高认知负荷下被试将注意力分配至首个识别到的隐患目标,忽略对其他潜在隐患的搜索,使得 AOIs 占比总体保持不变。

注视次数指在 AOIs 内出现的注视点数量。平均注视时长指构成一个注视点的首个采样点与最后一个采样点之间的平均持续时间。结果显示,两种认知负荷下被试对隐患目标的注视次数存在显著性($p = 0.0774 < 0.1$)差异,平均注视时长不存在显著性($p = 0.7371 > 0.1$)差异。高认知负荷下被试在隐患目标处的注视时长不变,注视次数减少,表明被试识别安全隐患时付出的认知努力减少,对隐患目标的关注降低。

扫视次数指在单个刺激材料中的总扫视次数,用以反映被试在场景中寻找隐患的努力程度。结果显示,高认知负荷下被试在图片刺激的扫视次数显著($p = 0.0028 < 0.01$)减少,表明被试在此状态下搜寻隐患目标的意愿减弱,忽视安全问题。

3.3　扫描路径分析

通过计算被试试验时注视点在 AOIs 的转移概率,比较不同认知负荷下被试识别隐患时的视觉搜索策略差异。以4号和33号试验素材为例(图2),两张素材具有相近的施工场景和隐患类型,通过 eyePatterns 软件计算转移矩阵,结果如图3所示,图中第一列和第一行中的字母列出了场景中包含的区域。可以看出,高认知负荷条件下,被试注视点从 AOIs 转移到非 AOIs 的概率比低认知负荷条件下低,表明被试检查现场环境的努力降低,更关注已发现的安全隐患。此外,高认知负荷下,被试注视点从某一 AOI 回到自身的概率增加,表明高认知负荷时被试需频繁地注视已发现隐患以保持记忆。

a)4号素材-低认知负荷组

b)33号素材-高认知负荷组

图2　试验素材示例

	A	B	C	0	Total
A	28	21	3	29	81
	34.57%	25.93%	3.71%	35.81%	100%
B	7	10	14	16	47
	14.9%	21.28%	29.79%	34.05%	100%
C	3	5	5	19	32
	9.38%	15.63%	15.63%	59.38%	100%
0	37	13	11	126	187
	19.79%	6.96%	5.89%	67.38%	100%
Total	75	49	33	190	347

a)4号转移概率矩阵

	A	B	C	0	Total
A	11	15	13	12	51
	21.57%	29.42%	25.5%	23.53%	100%
B	22	30	5	14	71
	30.99%	42.26%	7.05%	19.72%	100%
C	10	6	7	11	34
	29.42%	17.65%	20.59%	32.36%	100%
0	12	26	10	81	129
	9.31%	20.16%	7.76%	62.8%	100%
Total	55	77	35	118	285

b)33号转移概率矩阵

图3　转移概率矩阵示例

4　结语

为探究不同认知负荷下施工人员的安全认知及行为特性,本研究用施工现场的图片模拟真实的施工现场,引入数字记忆任务调节认知负荷水平,基于眼动技术设计了一套隐患识别认知试验,从视觉注意力分配和扫描模式两个角度分析认知负荷对安全认知的影响规律。

试验结果表明,高认知负荷下被试对现场环境的关注不高,倾向于将注意力分配在已发现的安全隐患,减少搜索其他隐患目标的认知努力,通过反复检查同一隐患的方式以维持对目标的记忆,表现为隐患识别绩效的显著下降。

未来研究可分别分析被试对不同隐患类型的

视觉注意力分配情况。此外,尽管学生被试也有足够的工程知识以完成相应的隐患识别任务,但相关研究表明学生群体与工人群体对不同类型安全隐患的敏感性不同,若使用学生被试完成特定类型的隐患识别试验,所得结果可能与实际情况存在偏差,后续将考虑招募工人被试补充试验。

参考文献

[1] ABBAS A, SEO J, KIM M. Impact of Mobile Augmented Reality System on Cognitive Behavior and Performance during Rebar Inspection Tasks[J]. Journal of Computing in Civil Engineering,2020,34(6):04020050.

[2] SHI Y, DU J, WORTHY A D. The impact of engineering information formats on learning and execution of construction operations: A virtual reality pipe maintenance experiment [J]. Automation in Construction,2020,119:103367.

[3] B. CHENG, C. FAN, H. FU, J. et al. Measuring and computing cognitive statuses of construction workers based on electroencephalogram: A critical review[J], IEEE Transactions on Computational Social Systems. ,2022. 1644-1659.

[4] JINJING K, PINCHAO L, JIE L, et al. Effect of information load and cognitive style on cognitive load of visualized dashboards for construction-related activities [J]. Automation in Construction,2023,154:105029.

[5] YIZHI L, MAHMOUD H, HOUTAN J. Brainwave-driven human-robot collaboration in construction [J]. Automation in Construction, 2021, 124:103556.

[6] JRA, DAB, JGH. Is the binding of visual features in working memory resource-demanding[J]. Journal of experimental psychology. General, 2006,135(2):298-313.

[7] RSA, ELIZABETH L C, SEAN D, et al. Working memory and spatial judgments: Cognitive load increases the central tendency bias. [J]. Psychonomic bulletin review, 2016, 23 (6): 1825-1831.

[8] 倪国栋,方亚琦,张琦,等.风险倾向对新生代建筑工人危险感知的影响机制[J].中国安全科学学报,2023,33(5):221-229.

[9] HASANZADEH S, ESMAEILI B, DODD D M. Measuring the Impacts of Safety Knowledge on Construction Workers' Attentional Allocation and Hazard Detection Using Remote Eye-Tracking Technology [J]. Journal of Management in Engineering, 2017, 33 (5):04017024.

[10] XU Q, CHONG H, LIAO P. Exploring eye-tracking searching strategies for construction hazard recognition in a laboratory scene[J]. Safety Science,2019,120:824-832.

[11] YEWEI O, XIAOWEI L. Differences between inexperienced and experienced safety supervisors in identifying construction hazards: Seeking insights for training the inexperienced [J]. Advanced Engineering Informatics,2022,52:101602.

[12] 郑霞忠,王毓,陈云,等.建筑施工安全培训信息呈现方式学习效果评价[J].中国安全科学学报,2023,33(5):96-102.